l. = lingua, linguaggio
lad. = ladino
lat. = latino
lett. = letterario, letterariamente
letter. = letteratura
lig. = ligure
ling. = linguistica
loc. = locuzione

m. = maschile
mar. = marina
mat. = matematica
mecc. = meccanica
med. = medicina
mediev. = medievale
mer. = meridionale
meteor. = meteorologia
meton. = metonimia, metonimico
mil. = militare (scienza e tecnica)
min. = mineraria (scienza e tecnica)
miner. = mineralogia
mitol. = mitologia
mod. = moderno
molt. = moltiplicativo
mus. = musica

n. = nome
neg. = negazione, negativo, negativamente
nom. = nominativo
nt. = neutro
nucl. = nucleare (scienza e tecnica)
num. = numerale
numism. = numismatica

ogg. = oggetto, oggettivo, oggettivamente
ol. = olandese
omon. = omonimo
onomat. = onomatopea, onomatopeico
ord. = ordinale
oref. = oreficeria
org. az. = organizzazione aziendale
orient. = orientale
orig. = originariamente

pag. = pagina
paleogr. = paleografia
paleont. = paleontologia
parl. = parlato
part. = participio
partcl. = particella
partit. = partitivo
pass. = passato
pedag. = pedagogi
pegg. = peggiorativ
perf. = perfetto
pers. = persona, p
pesca = pesca (indu
pitt. = pittura (arte
pl. = plurale
pleon. = pleonasmo, pleonastico, pleonasticamente
poet. = poetico, poeticamente
pol. = polacco
polit. = politica
pop. = popolare, popolarmente
port. = portoghese
poss. = possessivo
pred. = predicato, predicativo
pref. = prefisso
preindeur. = preindeuropeo
prep. = preposizione, prepositivo
pres. = presente
priv. = privativo
prob. = probabile, probabilmente
pron. = pronome, pronominale
prop. = proposizione
propr. = propriamente
pross. = prossimo
prov. = proverbio, proverbiale
provz. = provenzale
psicol. = psicologia
pt. = posta e telegrafo

q.c. = qualcosa
qc. = qualcuno
qual. = qualificativo

rad. = radiofonia
radd. = raddoppiamento
raff. = rafforzativo
rag. = ragioneria
rec. = reciproco, reciprocamente
reg. = regolare
region. = regionale
rel. = relativo
relig. = religione
rem. = remoto
rifl. = riflessivo
rom. = romano, romanesco
rum. = rumeno

s. = sostantivo
scherz. = scherzoso, scherzosamente
scient. = scientifico
scol. = scolastico

nte

sl. = slavo
slov. = sloveno
sociol. = sociologia
sogg. = soggetto, soggettivo, soggettivamente
sost. = sostantivo
sott. = sottinteso
sp. = spagnolo
spec. = specialmente
spreg. = spregiativo, spregiativamente
st. = storia
stat. = statistica
suff. = suffisso
sup. = superlativo, superlativamente
sved. = svedese

t. = termine
teat. = teatro
tecnol. = tecnologia
ted. = tedesco
tel. = telefonia
tess. = tessile (tecnica)
tip. = tipografia
tosc. = toscano
tr. = transitivo, transitivamente
tv. = televisione

ungh. = ungherese
urban. = urbanistica

v. = verbo
V. = vedi
var. = variante
vc. = voce
ven. = veneto
venez. = veneziano
verb. = verbale
vetr. = vetraria (tecnica)
vezz. = vezzeggiativo
voc. = vocale
vocat. = vocativo
volg. = volgare, volgarmente

zool. = zoologia
zoot. = zootecnia

a Carla,
Fabio
e Massimo

SINONIMI E CONTRARI
edizione minore

DIZIONARIO FRASEOLOGICO DELLE PAROLE EQUIVALENTI, ANALOGHE E CONTRARIE

di Giuseppe Pittàno

LABORAVI FIDENTER

ZANICHELLI

Questo vocabolario è tratto da *SINONIMI E CONTRARI - Dizionario fraseologico delle parole equivalenti, analoghe e contrarie* di Giuseppe Pittàno, edito da Nicola Zanichelli Editore © 1987

Il piano di riduzione dell'opera è stato elaborato da Giuseppe Pittàno e dall'Editore

Riduzione: Giuseppe Pittàno, *con la collaborazione di* Massimo Pittàno *e di* Roberta Balboni *e* Beata Lazzarini

Coordinamento redazionale: Beata Lazzarini

Sovraccoperta: Anna Zamboni

Impaginazione automatica e fotocomposizione: Elios, Trento, con sistema EDG-Zanichelli a cura di Marco Brazzali

Coordinamento della composizione, stampa, confezione: Mauro Stanghellini

---

Collaboratori del Dizionario *SINONIMI E CONTRARI - Dizionario fraseologico delle parole equivalenti, analoghe e contrarie* di Giuseppe Pittàno - Edizione maggiore:

Piano dell'opera: Giuseppe Pittàno *e, per conto dell'Editore,* Enrico Lorenzi *con la collaborazione di* Alessandra Stefanelli

Collaborazione lessicografiche: Alda Brattella, Andrea Comellini, Alessandro Drudi, Giuseppe Marchetti, Giuseppe Moroni, Carla Xella, Nadia Zerbinati

Rilettura: Maria Rosa Biagi Oliva *(lettere A-O, Q, S)* e Carla Bertani della Cooperativa «il nove» *(lettere P, R, T-Z)*

Revisione redazionale e coordinamento operativo: Beata Lazzarini

---

Finito di stampare nel settembre 1989
dalla Rotooffset s.r.l., Via Marzabotto 35 - 40050 Funo (Bologna)
per conto della N. Zanichelli Editore S.p.A.
Via Irnerio 34, 40126 Bologna

Sinonimia

La ricerca linguistica degli ultimi quarant'anni non ha dedicato alla semantica un'attenzione pari a quella riservata alla grammatica. Tuttavia, nel campo della sinonimia essa ha saputo circoscrivere le numerose contraddizioni e difficoltà con scandagli puntuali, riformulazioni e ridefinizioni.

La riflessione moderna sulla sinonimia, pur senza raggiungere esiti definitivi, del tutto improbabili in discipline che, come questa, oltre all'ambito della linguistica investono quello della logica, della filosofia e della psicologia, ha tuttavia presentato sviluppi assai significativi e passibili di ulteriori arricchimenti.

Considerazioni attente sulla sinonimia risalgono alla fine del sec. XVII. Tra gli studiosi di questo argomento ricordiamo in particolare Girard e C. Ch. du Marsais della prima metà del '700 [1]*). Le loro formulazioni contengono* in nuce *gli esiti più recenti della ricerca sulla sinonimia. Come i linguisti di oggi, essi distinguono tra un concetto in senso stretto di sinonimia e un concetto in senso lato, e negano l'esistenza di termini esattamente sinonimi, vale a dire la possibilità della sinonimia designata oggi come 'reale', 'totale', 'integrale' o 'assoluta'. Non esistono, infatti, parole che abbiano una somiglianza di significato "così completa e perfetta che si possano usare indifferentemente in tutte le occasioni"; tuttavia esistono termini sinonimi nel senso che esprimono una stessa idea principale, ciascuno con propri significati accessori che a quella si accompagnano: sfumature diverse di uno stesso colore.*

La linguistica moderna ha particolarmente indagato, con l'ausilio di metodologie sofisticate, il concetto di sinonimia in senso stretto. Le definizioni che sono state proposte, pur nella diversità delle formulazioni, appaiono sostanzialmente uniformi. Punto di riferimento principale è il contesto: "Come tutte le relazioni di senso – dice J. Lyons – la sinonimia è dipendente dal contesto" [2]*). "La semantica dei lessemi – aggiunge S. Stati – non conosce l'esistenza dei sinonimi. Solo le parole attualizzate possono essere sinonime"* [3]*). Per P. Pupier due termini "sono sinonimi quando sono intercambiabili nel medesimo contesto senza concomitante variazione di significato"* [4]*). "Due o più elementi – chiarisce ancora J. Lyons – sono sinonimi se le frasi che risultano dalla sostituzione dell'uno con l'altro hanno lo stesso significato"* [5]*). Ma poiché, come osserva G. Berruto, "la vera identità di significato tra due o più parole diverse è piuttosto difficile da stabilire"* [6]*), ne consegue che "la perfetta sostituibilità nello stesso contesto non si ha che teoricamente. Quindi, la sinonimia in senso stretto non esiste, dato che c'è sempre il valore stilistico, emotivo, sociale, ecc. a differenziare, sia pure leggermente, parole dal significato apparentemente uguale. Si userà perciò il termine* sinonimia *per intendere 'sinonimia in senso largo' applicabile a due parole che abbiano buona parte del significato uguale; e per lo più si intenderà sinonimia riguardo al significato logico-concettuale"* [7]*).*

Queste ultime osservazioni di G. Berruto riflettono convergenze ormai accolte dalla maggior parte degli studiosi di semantica, i quali in generale accettano la distinzione tra significato "cognitivo" (vale a dire, appunto, logico-concettuale, intellettuale) e significato "emotivo" (cioè affettivo, che coinvolge l'immaginazione e le emozioni).

"La sinonimia – secondo J. Lyons – è legata anche alla relazione di equivalenza*; se una frase implica un'altra frase, e viceversa, allora esse sono equivalenti; se in due frasi equivalenti l'elemento* x *di una frase può essere sostituito dall'elemento* y *dell'altra, allora* x *e* y *sono sinonimi"* [8]*).*

H.E. Brekle, come esempio di sinonimia tra singole parole all'interno di frasi equivalenti, propone "Giovanni ha un cavallo */ Giovanni ha un* ronzino*", dove* cavallo *e* ronzino *risultano sinonimi con la precisazione che si tratta di sinonimia* cognitiva *e non* affettiva *o* emotiva [9]*).*

Quanto più le precisazioni e le definizioni teoriche appaiono lucide e conseguenti, tanto più sono rivelatrici della dicotomia tra esse e la realtà della lingua, dove quasi mai è possibile accertare con limpidezza il verificarsi di certe rispondenze ed equivalenze. Il ricorso frequente alla nozione di significato "cognitivo" distinto dall'"affettivo" e l'individuazione della sinonimia reale *o* assoluta *tra due termini come perfetta uguaglianza in essi dei due sensi mostrano al contempo, nell'uso vivo della lingua, la consapevolezza della relatività della sinonimia. Perciò, da un punto di vista pratico e pedagogico, interessa soprattutto la sinonimia* incompleta, *la quale permette di definire* sinonimi *quei* termini che presentano forma differente con significato diversamente affine.

La sinonimia rappresenterebbe così la tendenza *di due o più termini ad assumere, in un determinato contesto, lo stesso significato, sino alla ipotetica totale coincidenza.*

L'avere inteso la sinonimia come equivalenza *e non come* identità, *ha reso possibile, per i sinonimi, classificazioni e distinzioni categoriali o funzionali diverse. Ricordiamo in sintesi la classificazione proposta da G. Devoto e le distinzioni di S. Ullmann.*

G. Devoto [10]*) elenca vari tipi di sinonimi:*

"– *Sinonimi che possono essere distinti in base ad un criterio sempre grammaticale, ma inconscio:* esordiente *e* principiante *sono diversi, perché si esordisce con un libro o una recita, mentre principiante si è per lungo tempo in una scienza o in un'arte ...* Distanziare *è avvantaggiarsi dopo aver superato l'avversario e quindi non è a rigore sinonimo di* superare.

– *Sinonimi che hanno una eco affettiva diversa:* danzatrice *è parola più simpatica di* ballerina; carnefice *meno ostile di* boia ...

– *Sinonimi che hanno una diversa precisione tanto intellettuale quanto affettiva:* esagerazione *generica e* montatura *che indica, più che una cosa ingrandita, una cosa messa su dal niente...;* proteggere, difendere *generici,* salvaguardare, tutelare *particolari.*

– *Sinonimi "socialmente" diversi:* padre *e* babbo, metropolitano *e* pizzardone, alpino *e* scarpone, *forme letterarie e familiari contrapposte.*

– *Sinonimi "socialmente" diversi, che contrappongono lingua "tecnica" e lingua comune: il medico che al collega dice* apiretico, dispnea, eupeptico *e al paziente* sfebbrato, affanno, digestivo.

– *Sinonimi "geograficamente" diversi:* cocomero *e* anguria, popone *e* melone ..., appresso *e* dopo.

– *Sinonimi in lotta per ragioni d'intensità affettiva:* totalitario *contro* integrale, quadrato *contro* massiccio, inconfondibile *contro* unico. *Un rapporto di si-*

nonimia si può stabilire anche tra una parola e una formula: pericolato *rispetto a* chi ha corso pericolo, chilometraggio *rispetto a* percorso chilometrico".
S. Ullmann [11]) *fa invece questa distinzione:*
"*1) Un termine è* più generale *di un altro:* rifiutare - - rigettare
2) Un termine è più intenso *di un altro:* ripudiare - - rifiutare
3) Un termine è più emotivo *di un altro:* rigettare - - declinare
4) Un termine può implicare un'approvazione o una censura morale, mentre l'altro è neutro: avaro - economo
5) Un termine è più professionale *di un altro:* decesso - morte
6) Un termine è più letterario *di un altro:* trapasso - morte
7) Un termine è più colloquiale *di un altro:* respingere - rifiutare
8) Un termine è più locale *o* dialettale *di un altro:* pizzicagnolo - salumiere
9) Uno dei sinonimi appartiene al linguaggio infantile: papà - padre".

Il termine 'sinonimia', come mostra già l'ultimo esempio tratto da G. Devoto, è anche estensibile "a gruppi di elementi lessicali che sono uniti in una particolare costruzione sintagmatica. Si potrebbe ben dire, per esempio, che i sintagmi femmina di leone *e* piccolo di tigre *sono sinonimi degli elementi lessicali* leonessa *e* tigrotto *rispettivamente"* [12]).
La sinonimia può infine interessare frasi diverse che esprimono un medesimo concetto come, ad esempio, taluni proverbi o modi di dire: fare lo gnorri, fare il nesci, fare orecchie da mercante.
Qui è più che altrove evidente, per la differente impronta stilistica di ciascuna espressione, che trattasi di sinonimia 'cognitiva'.

Antonimia, inversione, iponimia

Altre categorie della semantica connesse alla sinonimia sono:
*a) l'**antonimia.** Il contrario di* sinonimia *è* antonimia. *Secondo G. Berruto, essa è il "rapporto oppositivo tra due termini che indicano i due estremi di una dimensione graduale"* [13]). *Caratteristica fondamentale degli antonimi è, infatti, la graduabilità, che si definisce mediante l'operazione di comparazione. Due termini sono* antonimi *o* contrari *quando una frase comparativa contenente uno di essi implica una frase comparativa corrispondente contenente l'altro. Così, se* Giorgio è più alto di Giovanni *implica* Giovanni è più basso di Giorgio, *e l'altra frase* Giorgio è (ora) più alto di prima (= più di quanto lo era prima) *implica* Giorgio era più basso di quanto lo è (ora), *allora i termini* alto *e* basso *sono antonimi, cioè contrari. Ciò appare meglio comprensibile se teniamo presente che un termine come* grande-/piccolo, alto/basso, lontano/vicino, *ecc. è "puramente relativo", tanto che "perde ogni significato quando è privato della sua connotazione di 'più di' e 'meno di'"* [14]).
*b) l'**inversione.** Si parla di* inversione *"quando due parole rappresentano la stessa cosa, la stessa relazione vista da due direzioni opposte* (comprare - vendere)" [15]), marito - moglie, padre - figlio, *ecc.*
La sostituzione di un termine con il termine inverso corrispondente "è associata", analogamente all'antonimia, "con una trasformazione sintattica che permuta i sintagmi nominali" [16]): Gianni è il marito di Isabella / Isabella è la moglie di Gianni; Isabella è la madre di Chiara / Chiara è la figlia di Isabella; Giuseppe comprò l'automobile di Tommaso / Tommaso vendette l'automobile a Giuseppe.
Marito / moglie, madre / figlia, comprò / vendette *sono termini 'inversi'. Si tratta, di una distinzione non operata da tutti i linguisti. Taluni, come il già ricordato Pupier, preferiscono annoverare i termini qui designati come inversi, tra gli antonimi* in senso lato.
*c) l'**iponimia.** L'*iponimia *è definibile propriamente come una* relazione di implicazione unilaterale (ovvero asimmetrica, non reciproca).
In modo semplificato, ma chiaro, G. Berruto la definisce come "appartenenza del significato di una parola ad un significato più ampio rappresentato da un'altra parola" [17]). *Per esempio, il termine* purpureo *implica il termine* rosso; purpureo *è cioè iponimo di* rosso *ma non viceversa* (rosso *non implica, non è iponimo di,* purpureo).
Per questa difficoltà di classificazione, ho preferito ricorrere anche all'adozione del termine CFR. (confronta) *invece di quello di* CONTR. *quando si tratta più di indicazione di confronto o di richiamo che di opposizione.*
Il lettore, infine, non dovrà meravigliarsi se, consultando la voce tenere, *ad esempio, troverà* lasciare *sia come contrario che come sinonimo. Nelle frasi* tieni il posto *e* lascia il posto, tenere *e* lasciare *sono contrari; nelle frasi* tieni il motore acceso *e* lascia il motore acceso *sono invece sinonimi.*
Giunto ormai al termine di questo lavoro, sento il dovere di esprimere il mio ringraziamento all'Editore per la generosa assistenza e a coloro che hanno collaborato e contribuito alla riuscita dell'opera: Alda Brattella, Andrea Comellini, Alessandro Drudi, Beata Lazzarini, Giuseppe Marchetti, Giuseppe Moroni, Carla Xella, Nadia Zerbinati.

Giuseppe Pittàno

NOTE

1) Abbé Girard, *De la justesse de la langue françoise*, Paris, 1718, pp. 26 ss.
C. Ch. du Marsais, *Traité des tropes ou des différents sens dans lesquels on peut prendre un même mot dans une même langue*, in C. Ch. du Marsais, *Oeuvres*, t. I - VI, Paris, 1797, t. III, pp. 255 ss. (l'opera era apparsa la prima volta nel 1730).
2) J. Lyons, *Introduzione alla linguistica teorica*, Bari, 1978, p. 592.
3) S. Stati, *Il significato delle parole*, Messina-Firenze, 1975, p. 92.
4) P. Pupier, alla voce 'lessico' in 'La linguistica', a cura di A. Martinet, Milano, 1972, p. 181.
5) J. Lyons, op. cit., pp. 565-566.
6) G. Berruto, *La semantica*, Bologna, 1976, p. 61.
7) G. Berruto, op. cit., p. 61.
8) J. Lyons, op. cit., p. 595.
9) H.E. Brekle, *Introduzione alla semantica*, Bologna, 1975, p. 93.
10) G. Devoto, cfr. *Enciclopedia Italiana*.
11) S. Ullmann, *La semantica. Introduzione alla scienza del significato*, Bologna, 1966, p. 227.
12) J. Lyons, op. cit., p. 596.
13) G. Berruto, op. cit., p. 64.
14) E. Sapir, cit. da J. Lyons, op. cit., p. 615.
15) G. Berruto, op. cit., p. 66.
16) J. Lyons, op. cit., p. 618.
17) G. Berruto, op. cit., p. 63.

Segni convenzionali di scrittura e pronunzia

Nel vocabolario tutte le voci composte in nero sono accentate: quando l'accento è nero, è obbligatorio secondo l'ortografia della lingua a cui la parola appartiene; l'accento chiaro, invece, indica l'esatta pronunzia quando la parola non è accentata nell'ortografia italiana.

´	accento acuto obbligatorio:	**perché**	**sé** (pron.)	**matinée** (fr.)
`	accento grave obbligatorio:	**falò**	**caffè**	**tribù**
ˆ	accento circonflesso obbligatorio:	**suprême** (fr.)	**tête-à-tête** (fr.)	**chaîne** (fr.)
´	accento acuto non obbligatorio:	**sé** (cong.)	**réte**	**póllo**
`	accento grave non obbligatorio:	**bàttere**	**rètto**	**pòlo**
˘	quando una vocale è breve:	**bŏnus** (lat.)	**bĕne** (lat.)	
¯	quando una vocale è lunga:	**tēlum** (lat.)	**Rōma** (lat.)	

Le vocali **é, ó, é, ó** (indicate nell'alfabeto fonetico con il simbolo [e, o]) sono vocali chiuse, mentre **è, ò, è, ò** (indicate nell'alfabeto fonetico con il simbolo [ɛ, ɔ]) sono vocali aperte.

Alfabeto fonetico e valore dei segni usati per l'indicazione della pronunzia delle parole straniere

simbolo	grafia normale		grafia fonematica	simbolo	grafia normale		grafia fonematica
a	*sàno*		'sano	n	*veneràto*		vene'rato
	rìma		'rima		*fumànte*		fu'mante
ã	**ampère**	*fr.*	ã'pɛr		*tónno*		'tonno
ʌ	*bluff*	*ingl.*	blʌf	ɲ	*ségno*		'seɲɲo
æ	*jazz*	*ingl.*	dʒæz	ŋ	*doping*	*ingl.*	'doupiŋ
b	*cìbo*		'tʃibo	o	*sóle*		'sole
	èrba		'ɛrba		*tàsto*		'tasto
	làbbro		'labbro	ɔ	*mòla*		'mɔla
d	*ràdo*		'rado	ɔ̃	*biberon*	*fr.*	bi'brɔ̃
	càldo		'kaldo	ø	*chartreuse*	*fr.*	ʃar'trøz
	càddi		'kaddi	œ	*chauffeur*	*fr.*	ʃo'fœr
ð	*rutherford*	*ingl.*	'rʌðəfəd	p	*ripòso*		ri'pɔso
dz	*bónzo*		'bondzo		*dirimpètto*		dirim'pɛtto
	azzùrro		ad'dzurro		*cappèllo*		kap'pɛllo
dʒ	*bìgio*		'bidʒo	r	*vàrio*		'varjo
	màrgine		'mardʒine		*càrta*		'karta
	màggio		'maddʒo		*tórre*		'torre
e	*séta*		'seta	s	*diségno*		di'seɲɲo
	vàlle		'valle		*córsa*		'korsa
ɛ	*gèlo*		'dʒɛlo		*pàsso*		'passo
ɛ̃	*gobelin*	*fr.*	gobə'lɛ̃	ʃ	*incònscio*		in'kɔnʃo
ə	*Lager*	*ted.*	'la:gər		*discettàre*		diʃʃet'tare
f	*cìfra*		'tʃifra	t	*carità*		kari'ta
	cànfora		'kanfora		*costànza*		kos'tantsa
	buffóne		buf'fone		*rètto*		'rɛtto
g	*rùga*		'ruga	θ	*lazo*	*sp.*	'laθo
	sàngue		'sangwe	ts	*fòrza*		'fɔrtsa
	lèggo		'lɛggo		*cavézza*		ka'vettsa
h	*coherer*	*ingl.*	kou'hiərə	tʃ	*péce*		'petʃe
i	*prìmo*		'primo		*lanciàre*		lan'tʃare
	màni		'mani		*piccióne*		pit'tʃone
j	*ièri*		'jɛri	u	*sùbito*		'subito
	càppio		'kappjo		*rubàre*		ru'bare
k	*fuòco*		'fwɔko	v	*tovàglia*		to'vaʎʎa
	bifólco		bi'folko		*salvàre*		sal'vare
	sàcco		'sakko		*avviàre*		avvi'are
l	*stàbile*		'stabile	w	*uòvo*		'wɔvo
	càlma		'kalma		*àcqua*		'akkwa
	bóllo		'bollo	x	*navaja*	*sp.*	na'baxa
ʎ	*dìrgli*		'dirʎi	y	*brut*	*fr.*	bryt
	famìglia		fa'miʎʎa	ɥ	*habitué*	*fr.*	abi'tɥe
m	*battésimo*		bat'tezimo	z	*divìsa*		di'viza
	campàna		kam'pana		*sofisma*		sofi'zma
	ammésso		am'messo	ʒ	*frigidaire*	*fr.*	friʒi'dɛr

(') è il segno dell'accento tonico, anteposto nella trascrizione fonetica a tutta la sillaba tonica (es.: *mattìna* /mat'tina/)

(:) è il segno della lunghezza, posposto nella trascrizione fonetica alla vocale lunga (es.: *leader* /*ingl.* 'li:də/)

ABBREVIAZIONI USATE NEL DIZIONARIO

a. = anno
abbigl. = abbigliamento
abbr. = abbreviato, abbreviazione
abl. = ablativo
a.C. = avanti Cristo
acc. = accusativo
acconc. = acconciatura
accr. = accrescitivo
acrt. = accorciativo
aer. = aeronautica
afer. = aferesi, aferetico
aff. = affermativo, affermativamente
agg. = aggettivo, aggettivale, aggettivato
agr. = agricoltura
amer. = americano
anat. = anatomia umana e comparata
ant. = antico, arcaico
antifr. = antifrasi
antit. = antitesi, antitetico
anton. = antonomasia
antrop. = antropologia
ar. = arabo
arald. = araldica
arch. = architettura
archeol. = archeologia
art. = articolo, articolato
ass. = assoluto, assolutamente
astrol. = astrologia
astron. = astronomia
atten. = attenuativo
aus. = ausiliare
autom. = automobilismo
avv. = avverbio, avverbiale, avverbialmente
avvers. = avversativo

banca = banca-borsa
biol. = biologia
bot. = botanica
bur. = burocratico, burocraticamente

ca. = circa
calz. = calzaturiera (tecnica)
card. = cardinale
caus. = causale
centr. = centrale
cfr. = confronta
chim. = chimica
chir. = chirurgia
cin. = cinese
cine. = cinematografia (arte e tecnica)
cit. = citazione, citato
coll. = collettivo
com. = comune, comunemente
comm. = commercio
comp. = composto, composizione
compar. = comparativo, comparazione
compl. = complemento
conc. = concessivo
concl. = conclusivo, conclusione
cond. = condizionale
cong. = congiunzione
congv. = modo congiuntivo
coniug. = coniugazione
cons. = consonante
consec. = consecutivo
contr. = contrario
corr. = corretto, correttamente
correl. = correlativo, correlazione
corrisp. = corrispondente
cosm. = cosmesi-profumeria
costr. = costruzione, costrutto
crist. = cristiano
cuc. = cucina

d.C. = dopo Cristo
dan. = danese
dat. = dativo
deriv. = derivato, derivazione
desin. = desinenza, desinenziale
det. = determinato, determinativo
dev. = deverbale
dial. = dialettale, dialettalismo
dif. = difettivo
dim. = diminutivo
dimostr. = dimostrativo
dir. = diritto
distr. = distributivo

ebr. = ebraico
ecc. = eccetera
eccl. = ecclesiastico
econ. = economia
edil. = edilizia
edit. = editoria
elab. = elaborazione elettronica dei dati
elettr. = elettrotecnica
elettron. = elettronica
ell. = ellissi, ellittico, ellitticamente
enf. = enfatico, enfaticamente
enol. = enologia
es. = esempio
escl. = esclamativo, esclamazione
est. = estensione, estensivo
etn. = etnologia
euf. = eufemismo, eufemistico
evit. = evitato
f. = femminile
fam. = familiare, familiarmente
farm. = farmacia
ferr. = ferrovia
fig. = figurato, figuratamente
filat. = filatelia
filos. = filosofia
fin. = finale
fis. = fisica
fisiol. = fisiologia umana e comparata
fot. = fotografia
fr. = francese
freq. = frequentativo
fut. = futuro

gener. = generale, generalmente; generico, genericamente
genit. = genitivo
geogr. = geografia
geol. = geologia
geom. = geometria
ger. = gerundio
gerg. = gergale
germ. = germanico
giapp. = giapponese
giorn. = giornalismo
gr. = greco
gramm. = grammatica, grammaticale

id. = idem
idraul. = idraulica
imperat. = imperativo
imperf. = imperfetto
impers. = impersonale, impersonalmente
indef. = indefinito
indet. = indeterminativo
indeur. = indeuropeo
indic. = indicativo

inf. = infinito
infant., *inft.* = infantile
ing. = ingegneria
ingl. = inglese
inter. = interiezione, interiettivo
interr. = interrogativo
intr. = intransitivo
ints. = intensivo, intensivamente
inv. = invariabile
irl. = irlandese
iron. = ironico, ironicamente
irr. = irregolare
it. = italiano
iter. = iterativo, iterativamente

l. = lingua, linguaggio
lad. = ladino
lat. = latino
lett. = letterario, letterariamente
letter. = letteratura
lig. = ligure
ling. = linguistica
loc. = locuzione

m. = maschile
mar. = marina
mat. = matematica
mecc. = meccanica
med. = medicina
mediev. = medievale
mer. = meridionale
meteor. = meteorologia
meton. = metonimia, metonimico
mil. = militare (scienza e tecnica)
min. = mineraria (scienza e tecnica)
miner. = mineralogia
mitol. = mitologia
mod. = moderno
molt. = moltiplicativo
mus. = musica

n. = nome
neg. = negazione, negativo, negativamente
nom. = nominativo
nt. = neutro
nucl. = nucleare (scienza e tecnica)
num. = numerale
numism. = numismatica

ogg. = oggetto, oggettivo, oggettivamente
ol. = olandese
omon. = omonimo
onomat. = onomatopea, onomatopeico
ord. = ordinale
oref. = oreficeria

org. az. = organizzazione aziendale
orient. = orientale
orig. = originariamente

pag. = pagina
paleogr. = paleografia
paleont. = paleontologia
parl. = parlato
part. = participio
partcl. = particella
partit. = partitivo
pass. = passato
pedag. = pedagogia
pegg. = peggiorativo
perf. = perfetto
pers. = persona, personale
pesca = pesca (industriale e sportiva)
pitt. = pittura (arte e tecnica)
pl. = plurale
pleon. = pleonasmo, pleonastico, pleonasticamente
poet. = poetico, poeticamente
pol. = polacco
polit. = politica
pop. = popolare, popolarmente
port. = portoghese
poss. = possessivo
pred. = predicato, predicativo
pref. = prefisso
preindeur. = preindeuropeo
prep. = preposizione, prepositivo
pres. = presente
priv. = privativo
prob. = probabile, probabilmente
pron. = pronome, pronominale
prop. = proposizione
propr. = propriamente
pross. = prossimo
prov. = proverbio, proverbiale
provz. = provenzale
psicol. = psicologia
pt. = posta e telegrafo

q.c. = qualcosa
qc. = qualcuno
qual. = qualificativo

rad. = radiofonia
radd. = raddoppiamento
raff. = rafforzativo
rag. = ragioneria
rec. = reciproco, reciprocamente
reg. = regolare
region. = regionale
rel. = relativo
relig. = religione
rem. = remoto
rifl. = riflessivo
rom. = romano, romanesco
rum. = rumeno

s. = sostantivo
scherz. = scherzoso, scherzosamente
scient. = scientifico
scol. = scolastico
sec. = secolo
seg. = seguente
sett. = settentrionale
sign. = significa, significato
sim. = simile, simili, similmente
simil. = similitudine
sin. = sinonimo
sing. = singolare
sl. = slavo
slov. = sloveno
sociol. = sociologia
sogg. = soggetto, soggettivo, soggettivamente
sost. = sostantivo
sott. = sottinteso
sp. = spagnolo
spec. = specialmente
spreg. = spregiativo, spregiativamente
st. = storia
stat. = statistica
suff. = suffisso
sup. = superlativo, superlativamente
sved. = svedese

t. = termine
teat. = teatro
tecnol. = tecnologia
ted. = tedesco
tel. = telefonia
tess. = tessile (tecnica)
tip. = tipografia
tosc. = toscano
tr. = transitivo, transitivamente
tv. = televisione

ungh. = ungherese
urban. = urbanistica

v. = verbo
V. = vedi
var. = variante
vc. = voce
ven. = veneto
venez. = veneziano
verb. = verbale
vetr. = vetraria (tecnica)
vezz. = vezzeggiativo
voc. = vocale
vocat. = vocativo
volg. = volgare, volgarmente

zool. = zoologia
zoot. = zootecnia

AVVERTENZE PER LA CONSULTAZIONE

1. ***Ordinamento e raggruppamento.*** I singoli lemmi e locuzioni sono in carattere tipografico nero e in ordine rigorosamente alfabetico: **a**, **àbaco**, **abàte, abatìno, abat-jour**, ecc. Sempre in neretto, ma in corpo minore sono i rimandi, le forme riflessive o intr. pron., i riferimenti delle forme alterate e dei participi. Es.: **danàro** *V.* **denaro**, **abbandonàre** ... **abbandonarsi**, **abatìno** ... dim. di **abate**, **abbacchiato** part. pass. di **abbacchiare**.

2. ***Struttura della voce.*** Ogni singolo lemma riproduce uno schema fisso in cui sono previste le seguenti partizioni: trascrizione fonematica per le parole straniere, etimologia per le parole straniere o per le italiane che richiedono una spiegazione per capirne meglio i sinonimi, qualifica grammaticale, sezione semantica, fraseologia.

3. ***Vocabolo.*** Il lemma (o esponente o vocabolo) è la parola o la locuzione o l'affisso di cui tratta la voce e si distingue per il carattere nero; su ogni lemma è indicato anche l'accento tonico; si sono usati due tipi di segnaccento: uno nello stesso carattere nero quando è obbligatorio nella scrittura normale (per es. **bontà**, **perciò**, ecc.) e uno stampato in chiaro quando non ricorre nella scrittura normale (per es. **lodàre**, **brusìo**, ecc.). Ambedue hanno la duplice funzione di segnare la sillaba accentata e di indicare il grado di apertura grave o acuto delle *e* e delle *o* toniche (per es. **argoménto**, **acèrbo**, **adulatóre**, **acròbata**, **perché**, **cioè**).
Gli omografi, cioè le parole uguali come scrittura ma di significato diverso, sono distinti da un numero posto alla fine del lemma tra parentesi tonde in neretto (per es. **àncora (1)** ... **ancóra (2)** ...).

4. ***Rinvio.*** Si è fatto uso del rinvio per le *varianti di forma.* Si considera variante di forma di un vocabolo quella parola che presenta, rispetto a un'altra più comune nell'uso, differenze fonetiche o grafiche ma ha la stessa base etimologica e gli stessi significati, tali quindi da comportare identica trattazione se venisse sviluppata in maniera autonoma e distinta.
Il rinvio è stato ancora usato per quelle parole che, pur conservando differenze nell'uso e nella frequenza, coprono sostanzialmente le stesse aree di significato; questo soprattutto quando la vicinanza alfabetica è tale da non richiedere una stesura separata. In questo secondo caso viene data l'indicazione della qualifica grammaticale e, ove occorra, del livello d'uso del vocabolo.

5. ***Qualifica grammaticale.*** La qualifica grammaticale è abbreviata (agg., s. m., s. f., v. tr. ...) ed eventualmente preceduta da una lettera maiuscola in nero (**A**, **B**, ecc.) nel caso che la stessa voce presenti una certa varietà di funzioni grammaticali (per es. **centràle A** agg. ... **B** s. f. ...; **abbagliàre A** v. tr. ... **B** v. intr. ... **C abbagliarsi** v. intr. pron. ...).

6. ***Sezione semantica.*** Questa sezione contiene la trattazione dei vari sinonimi e contrari ed è suddivisa in base alle diverse accezioni del lemma contrassegnate da numeri arabi in grassetto (**1**, **2**, ecc.).
Immediatamente dopo il numero, o se questo manca, dopo la qualifica grammaticale, si trova l'eventuale indicazione dei limiti d'uso stilistici o relativi ai linguaggi specialistici, in carattere corsivo e tra parentesi: (*lett.*), (*poet.*), (*raro*), (*med.*), (*edit.*), (*ing.*), (*biol.*), ecc. oppure una breve spiegazione, sempre in corsivo e tra parentesi, che indica il contesto d'uso dei sinonimi o contrari elencati.
A loro volta, sinonimi e contrari di uso non comune o specialistico sono accompagnati dall'indicazione della loro classe di appartenenza, ad es.: **bambìno** ... bimbo (*fam.*), marmocchio (*scherz.*), frugolino (*fam.*), pargolo (*lett.*), putto (*raro*), baby (*ingl.*).
Le sfumature di una certa evidenza all'interno di una accezione sono precedute da un quadratino.
I contrari seguono i sinonimi e sono preceduti dall'abbreviazione **CONTR**.
Esiste un'ulteriore sezione, introdotta dall'abbreviazione **CFR**. (confronta), che accoglie i termini che non sono né sinonimi né in evidente opposizione con il lemma trattato, ma sono comunque ad esso collegati perché appartenenti a uno stesso contesto o insieme specifico. È il caso di: **democrazìa** ... **CFR**. aristocrazia, oligarchia, dittatura, tirannide, fascismo. **bìgamo** ... **CFR**. monogamo, poligamo.

7. ***La fraseologia sinonimica.*** Una novità di questo dizionario dei sinonimi è costituita da una ricca presenza di fraseologia con la corrispondente sinonimia (per es. *battere a macchina*, dattilografare, dattiloscrivere). Laddove è possibile, per la fraseologia figurata si è cercato di dare una sinonimia figurata (per es. *mangiarsi il fegato* (*fig.*), rodersi di rabbia). Le varie frasi sinonimiche sono separate fra di loro da un quadratino.

8. ***Etimologia.*** Si dà l'etimologia tra parentesi quadre delle numerose parole straniere accolte nel dizionario e delle parole italiane che richiedono una spiegazione per comprenderne i sinonimi. Ecco due esempi: **hobby** ... [vc. ingl., abbr. di *hobby horse*, in origine 'cavallo della giostra']; **bacùcco** ... [dal nome del profeta *(H)abacuc*, rappresentato nella pittura come un vecchio barbuto].

a, A

a s. f. o m. inv. prima lettera dell'alfabeto italiano **FRAS.** *dall'a alla zeta* (*fig.*), dal principio alla fine.

àbaco s. m. **1** tavoletta (per operazioni aritmetiche) **2** aritmetica **3** (*arch.*) lastra quadrangolare, parte superiore del capitello.

abàte s. m. superiore (di un monastero o di una badia), priore.

abatìno s. m. **1** dim. di **abate** **2** (*spreg.*) pretino mondano **3** (*fig.*, *scherz.*) smanceroso, inconcludente.

abat-jour /*fr.* aba'ʒur/ s. m. inv. paralume.

abbacchiàre **A** v. tr. **1** (*raro*) (*di frutti*) bacchiare **2** (*fig.*) (*di persona*) abbattere, avvilire, deprimere **CONTR.** incoraggiare, rianimare, far animo **3** (*fig.*, *tosc.*) svendere **B** **abbacchiarsi** v. intr. pron. deprimersi, abbattersi, avvilirsi **CONTR.** farsi animo, rianimarsi.

abbacchiàto part. pass. di **abbacchiare**; anche agg. (*fig.*) avvilito, abbattuto, depresso, costernato, triste, umiliato, mortificato **CONTR.** allegro, contento, gaio, gioioso, lieto, sollevato.

abbacchiatùra s. f. (*di frutti*) bacchiatura, battitura, raccolta.

abbacinaménto s. m. accecamento, offuscamento (della vista).

abbacinànte part. pres. di **abbacinare**; anche agg. abbagliante, luminosissimo, accecante **CONTR.** opaco, offuscato.

abbacinàre v. tr. **1** accecare (con un bacino rovente) **2** (*est.*) accecare, abbagliare, abbarbagliare **3** (*fig.*) ingannare, illudere, affascinare, stordire.

abbacinàto part. pass. di **abbacinare**; anche agg. **1** accecato **2** (*est.*) abbagliato, abbarbagliato **3** (*fig.*) illuso, ingannato, affascinato.

abbagliaménto s. m. (*anche fig.*) abbarbagliamento, offuscamento (della vista), accecamento.

abbagliànte **A** part. pres. di **abbagliare**; anche agg. (*anche fig.*) abbacinante, accecante, luminosissimo, smagliante **CONTR.** opaco, offuscato **B** s. m. (*autom.*) faro **CONTR.** anabbagliante.

abbagliàre **A** v. tr. **1** abbacinare, abbarbagliare □ (*est.*) accecare **2** (*fig.*) stupire, affascinare, stordire **CONTR.** lasciare indifferente **3** (*est.*) illudere, ingannare **CONTR.** disilludere, disingannare **B** v. intr. (*anche fig.*) **1** mandare bagliori, splendere □ accecare **2** restare abbagliato **C** **abbagliarsi** v. intr. pron. **1** confondersi la vista (per luce troppo intensa) **2** (*fig.*) restare sorpreso, restare stordito **3** (*fig.*) ingannarsi, illudersi **CONTR.** disilludersi, disingannarsi.

abbagliàto part. pass. di **abbagliare**; anche agg. **1** abbacinato, abbarbagliato **2** (*fig.*) affascinato, stupito, illuso, ingannato **CONTR.** disilluso, disingannato.

abbàglio s. m. **1** (*raro*) abbagliamento **2** svista, sbaglio, fallo, errore, illusione, abbacinamento.

abbaiàre v. intr. **1** (*di cane*) latrare, ululare, urlare **2** (*fig.*) (*di persona*) gridare rabbiosamente, urlare, minacciare, insolentire.

abbaìno [dal colore delle lastre di ardesia, grigie come la veste di un *abatino*, in genovese *abbaén*] s. m. **1** (*edil.*) finestra sul tetto **2** soffitta abitabile, mansarda.

abbandonàre **A** v. tr. **1** lasciare per sempre, piantare, piantare in asso, allontanarsi, andarsene, separarsi, sloggiare, voltar le spalle, defezionare, lasciare in tronco, lasciare senza aiuto **CONTR.** restare, rimanere, fermarsi **2** trascurare, disinteressarsi, tralasciare, infischiarsi **CONTR.** curarsi, interessarsi, prendersi cura **3** cessare, desistere, interrompere, rinunciare, smettere, troncare **CONTR.** continuare, proseguire, seguitare, riprendere **4** (*di membra, di cosa*) lasciar cadere, lasciar andare, inclinare, piegare, reclinare **CONTR.** alzare, rialzare, drizzare, sollevare, risollevare **5** (*di corda, di freno, ecc.*) allentare, rilassare **CONTR.** tirare, tendere **B** **abbandonarsi** v. rifl. **1** lasciarsi andare, adagiarsi, appoggiarsi **CONTR.** alzarsi, sollevarsi **2** (*fig.*) affidarsi, darsi interamente □ cedere, non resistere **CONTR.** resistere, opporsi, sostenere, tener testa **3** (*fig.*) avvilirsi, abbattersi, perdersi d'animo, scoraggiarsi **CONTR.** rincorarsi, riconfortarsi, rianimarsi, riprendere animo.

abbandonàto **A** part. pass. di **abbandonare**; anche agg. **1** lasciato, piantato, piantato in asso □ trascurato, tralasciato **CONTR.** curato **2** (*di membra*) piegato, inclinato, reclinato **CONTR.** dritto, eretto, sollevato **3** (*di luogo*) deserto, disabitato **CONTR.** abitato, affollato **B** s. m. orfano, trovatello.

abbandóno s. m. **1** distacco totale, rinuncia,

defezione **2** trascuratezza, desolazione **CONTR.** cura, accuratezza **3** (*di membra*) distensione, rilassamento **CONTR.** tensione **4** (*di animo*) cedimento, scoraggiamento, scoramento, avvilimento **CONTR.** animo, ardimento, coraggio, sangue freddo.

abbarbagliaménto s. m. **1** abbagliamento **2** (*fig.*) errore, sbaglio.

abbarbagliàre A v. tr. **1** abbacinare, abbagliare □ (*est.*) accecare **2** (*fig.*) turbare, frastornare **B** v. intr. mandare barbagli **C abbarbagliarsi** v. intr. pron. **1** (*raro, lett.*) rimanere abbagliato **2** (*raro, fig.*) turbarsi profondamente □ confondersi.

abbarbagliàto part. pass. di **abbarbagliare**; anche agg. **1** abbacinato, abbagliato **2** (*fig.*) turbato, frastornato, illuso **CONTR.** disilluso.

abbarbicàre v. intr. e **abbarbicàrsi** intr. pron. **1** (*di pianta*) emettere radici □ attecchire □ attaccarsi, aggrapparsi **2** (*fig.*) (*di persona*) attaccarsi con forza, avvinghiarsi, aggrapparsi **3** (*fig.*) (*di persona*) fissarsi stabilmente **CONTR.** andarsene **4** (*fig.*) (*di moda, di vizio, ecc.*) far presa, radicarsi, allignare, prender piede, attecchire **CONTR.** sradicarsi.

abbarbicàto part. pass. di **abbarbicare**; anche agg. (*anche fig.*) attaccato, radicato, avvinghiato **CONTR.** sradicato.

abbaruffàre A v. tr. (*di cose*) mettere sossopra, scompigliare **CONTR.** mettere a posto, riordinare **B abbaruffarsi** v. rifl. rec. (*di persone*) accapigliarsi, azzuffarsi, litigare **CONTR.** rappacificarsi, riconciliarsi, rappattumarsi.

abbassàbile agg. calabile, diminuibile, riducibile **CONTR.** aumentabile.

abbassalìngua s. m. inv. (*med.*) cataglosso.

abbassaménto s. m. **1** (*di suolo, di prezzo, ecc.*) calo, diminuzione, depressione □ riduzione **CONTR.** aumento, innalzamento, incremento **2** (*di suolo*) subsidenza, bradisismo **CONTR.** sollevamento, bradisismo negativo **3** (*fig.*) (*di qualità, di valori*) scadimento, peggioramento □ avvilimento, umiliazione, degradazione **CONTR.** innalzamento, miglioramento.

abbassàre A v. tr. **1** (*di cosa*) calare, tirar giù, abbattere, atterrare **CONTR.** alzare, ergere, erigere, sollevare **2** (*di membra*) chinare, reclinare, volgere in basso **CONTR.** alzare, rialzare, sollevare, drizzare **3** (*di prezzo, ecc.*) diminuire, scemare **CONTR.** aumentare, accrescere **4** (*fig.*) (*di persona*) deprimere, umiliare, screditare, disonorare **CONTR.** elevare, esaltare, ingrandire, onorare **B** v. intr. e **abbassarsi** intr. pron. (*di misura, di prezzo, ecc.*) diminuire, calare, ridurre **CONTR.** aumentare, crescere **C** v. rifl. **1** chinarsi, piegarsi **CONTR.** rialzarsi, risollevarsi **2** (*fig.*) umiliarsi, avvilirsi, degradarsi, deprimersi **CONTR.** elevarsi, esaltarsi, gloriarsi, lodarsi, vantarsi.

abbassàto part. pass. di **abbassare**; anche agg. **1** (*di cosa*) calato, tirato giù **CONTR.** alzato, sollevato **2** (*di prezzo, di misura, ecc.*) diminuito, scemato, calato, ridotto **CONTR.** aumentato, cresciuto, accresciuto.

abbàsso A avv. di sotto, in giù **CONTR.** di sopra, in su **B** inter. giù!, a morte!, M! **CONTR.** viva!, evviva!, W!

abbastànza avv. **1** quanto basta, a sufficienza, bastantemente, sufficientemente **CFR.** poco, scarsamente, troppo **2** alquanto, piuttosto, assai **FRAS.** *averne abbastanza* (*fig.*), non poterne più.

abbàttere A v. tr. **1** (*di cosa*) gettar giù, atterrare, demolire, distruggere, diroccare, rovinare, smantellare, spianare, radere al suolo **CONTR.** costruire, edificare, erigere, fabbricare, innalzare **2** (*fig.*) (*di persona e cosa*) indebolire, prostrare, debilitare, esaurire, fiaccare, infiacchire, sfibrare, snervare, svigorire **CONTR.** rafforzare, rinforzare, invigorire, rinvigorire, irrobustire **3** (*di persona o animale*) ammazzare, assassinare, uccidere, macellare **B abbattersi** v. intr. pron. **1** (*di persona o cosa*) cadere, precipitare □ lasciarsi cadere a terra **CONTR.** alzarsi, rialzarsi, sollevarsi, risollevarsi **2** (*fig.*) (*di persona*) sgomentarsi, accasciarsi, avvilirsi **CONTR.** rianimarsi, rincorarsi, farsi coraggio, esaltarsi, inorgoglirsi.

abbattiménto s. m. **1** (*di cosa*) atterramento, demolizione, distruzione, diroccamento, smantellamento **CONTR.** costruzione, edificazione, erezione, fabbrica **2** (*fig.*) (*di persona*) prostrazione, indebolimento, avvilimento, depressione, sconforto, disperazione, pessimismo **CONTR.** esaltazione, euforia, ottimismo.

abbattùto part. pass. di **abbattere**; anche agg. **1** (*di cosa*) atterrato, demolito, distrutto, diroccato, smantellato, spianato **CONTR.** costruito, edificato, eretto, fabbricato, innalzato **2** (*fig.*) (*di persona*) avvilito, depresso, prostrato, scoraggiato, triste, afflitto, pessimista **CONTR.** euforico, esaltato, ottimista.

abbazìa s. f. monastero, convento □ chiesa, parrocchia □ casa religiosa, ritiro.

abbecedàrio [dal nome delle prime quattro lettere dell'alfabeto: *a, b, c, d*] s. m. abbiccì, sillabario.

abbelliménto s. m. ornamento, adornamento, decorazione □ fronzolo, frangia, artifizio **CONTR.** imbruttimento, deturpamento, deformazione.

abbellìre A v. tr. rendere più bello, adornare, ornare, decorare **CONTR.** imbruttire, deturpare, deformare **B abbellirsi** v. rifl. farsi bello, adornarsi, abbigliarsi, agghindarsi **CONTR.** imbruttirsi.

abbellìto part. pass. di **abbellire**; anche agg. imbellito, fatto più bello **CONTR.** imbruttito, deturpato, deformato.

abbeveràre A v. tr. **1** (*di bestiame*) far bere, condurre a bere, dissetare **2** (*fig.*) (*di persona*) imbevere, saziare **B abbeverarsi** v. rifl. **1** (*di bestiame*) togliersi la sete, dissetarsi, bere **2** (*fig.*) (*di persona*) imbeversi, saziarsi.

abbeveratóio s. m. vasca, vaschetta, truogolo, pila.

abbiccì [dal nome delle prime tre lettere dell'alfabeto: *a*, *b*, *c*] s. m. **1** alfabeto **2** abbecedario, sillabario **3** (*fig.*) nozioni elementari, nozioni fondamentali, principi **FRAS.** *essere all'abbicì* (*fig.*), essere all'inizio.

abbiènte agg.; anche s. m. e f. agiato, benestante, facoltoso, ricco, possidente **CONTR.** bisognoso, indigente, miserabile, povero, nullatenente.

abbigliaménto s. m. **1** indumenti, vestiario, vestiti, vesti, abiti □ ornamenti **2** modo di vestire, costume.

abbigliàre A v. tr. vestire □ vestire con eleganza, agghindare □ adornare **B abbigliarsi** v. rifl. vestirsi □ vestire con eleganza, agghindarsi, azzimarsi.

abbinaménto s. m. accoppiamento, appaiamento □ paio, coppia **CONTR.** divisione, sdoppiamento, separazione.

abbinàre v. tr. accoppiare, appaiare **CONTR.** dividere, sdoppiare, separare.

abbindolaménto s. m. imbroglio, inganno, raggiro, truffa.

abbindolàre v. tr. (*fig.*) imbrogliare, ingannare, accalappiare, raggirare, truffare, incantare.

abbindolatóre s. m. (f. *-trice*) imbroglione, ingannatore, raggirone, truffatore, gabbamondo, seduttore.

abbiosciàre v. intr. e **abbiosciàrsi** intr. pron. **1** lasciarsi cadere, accasciarsi **2** (*fig.*) avvilirsi, deprimersi, accasciarsi **CONTR.** rianimarsi, riprender coraggio.

abbiosciàto part. pass. di **abbiosciare**; anche agg. **1** accasciato, afflosciato **2** (*fig.*) avvilito, depresso, accasciato **CONTR.** euforico, esaltato, vivace.

abbisognàre v. intr. **1** aver bisogno, bisognare, necessitare **2** essere necessario, occorrere, bisognare.

abboccaménto s. m. colloquio, appuntamento, convegno, incontro.

abboccàre A v. tr. **1** (*di pesce*) prendere con la bocca, afferrare con la bocca **CONTR.** sputare, emettere **2** (*di recipiente*) riempire fino all'orlo **3** (*di tubi e sim.*) collegare, far combaciare **B** v. intr. **1** (*di pesce*) attaccarsi con la bocca **2** (*fig.*) (*di persona*) farsi ingannare, cadere in inganno, lasciarsi sedurre **3** (*di tubi e sim.*) combaciare **C abboccarsi** v. rifl. rec. incontrarsi (per parlare), parlarsi.

abboccàto part. pass. di **abboccare**; anche agg. **1** (*di persona*) di buona bocca **CONTR.** schifiltoso, schizzinoso **2** (*di vino*) piuttosto dolce, amabile, gradevole **CONTR.** secco, asciutto, aspro, asprigno, sgradevole.

abbonaménto s. m. **1** (*di un servizio*) pagamento anticipato, canone **2** (*est.*) tessera.

abbonàre (1) v. tr. **1** detrarre, defalcare, scontare, scomputare, condonare **CONTR.** aumentare, crescere, accrescere **2** (*fig.*) (*di errore e sim.*) perdonare, non considerare **3** approvare **CONTR.** disapprovare, respingere.

abbonàre (2) A v. tr. fare un abbonamento (per uno) **B abbonarsi** v. rifl. fare un abbonamento (per conto proprio) □ associarsi □ (*fig.*) (*a multe e sim.*) essere ormai abituato.

abbonàto part. pass. di **abbonare (2)**; anche agg. e s. m. **1** socio, sottoscrittore **2** (*fig.*) (*a multe e sim.*) cliente abituale, habitué (*fr.*).

abbondànte part. pres. di **abbondare**; anche agg. ricco, copioso, pieno, largo, dovizioso, numeroso, esuberante, esorbitante, traboccante **CONTR.** scarso, scarseggiante, insufficiente, limitato, manchevole, moderato, modesto.

abbondanteménte avv. copiosamente, largamente, molto, riccamente, profusamente, numerosamente, smoderatamente, strabocchevolmente □ a bizzeffe, a iosa, a palate, a staia, a piene mani, a crepapelle, a tutto spiano, a non finire **CONTR.** scarsamente, insufficientemente, limitatamente, moderatamente, modestamente, poco.

abbondànza s. f. gran quantità, copia, dovizia, iosa, larghezza, profusione, profluvio, quantità, ricchezza, eccedenza, eccesso, esuberanza, ridondanza, valanga, subisso, diluvio **CONTR.** insufficienza, mancanza, manchevolezza, penuria, scarsezza, scarsità, miseria, pochezza, modestia.

abbondàre v. intr. avere in abbondanza, essere in abbondanza, sovrabbondare, sopravanzare, eccedere, esorbitare, riboccare, ridondare, rigurgitare, traboccare, averne da vendere, averne fin sopra i capelli **CONTR.** mancare, scarseggiare, difettare.

abbordàbile agg. (*fig.*) (*di persona*) accessibile, avvicinabile, affabile, cordiale, trattabile, alla mano, alla buona **CONTR.** inabbordabile, inaccessibile, inavvicinabile, intrattabile, scontroso, scostante, freddo, burbero.

abbordàggio s. m. (*mar.*, *anche fig.*) arrembaggio, abbordo.

abbordàre v. tr. **1** (*mar.*) accostarsi di bordo □ andare all'abbordaggio **2** (*est.*) (*di persona*) accostare, farsi incontro **CONTR.** evitare, scansare, schivare, sfuggire **3** (*fig.*) (*di persona*, *di problema*, *ecc.*) affrontare risolutamente, prendere di petto **CONTR.** evitare, eludere.

abborracciaménto s. m. lavoro affrettato, abborracciatura, acciarpamento **CONTR.** lavoro accurato, lavoro coscienzioso.

abborracciàre v. tr. raffazzonare, buttar giù, tirar via, acciabattare, acciarpare **CONTR.** curare, fare con cura, fare con diligenza.

abborracciàto part. pass. di **abborracciare**; anche agg. raffazzonato, tirato via, buttato giù alla meglio, buttato giù, alla meno peggio **CONTR.** curato, accurato, ben fatto.

abborracciatùra s. f. abborracciamento, lavoro affrettato CONTR. lavoro accurato.
abbottonàre A v. tr. (*di abiti, scarpe, ecc.*) chiudere con bottoni CONTR. sbottonare **B abbottonarsi** v. rifl. **1** allacciarsi CONTR. sbottonarsi **2** (*fig., fam.*) (*di persona*) divenire riservato, chiudersi CONTR. sbottonarsi, aprirsi.
abbottonàto part. pass. di **abbottonare**; anche agg. **1** (*di abito, scarpe, ecc.*) chiuso con bottoni CONTR. sbottonato **2** (*fig.*) (*di persona*) riservato, chiuso, segreto, cauto, introverso CONTR. aperto, estroverso, chiacchierone.
abbottonatùra s. f. bottoniera.
abbozzàre (1) v. tr. **1** (*di opera*) delineare, schizzare, tracciare, cominciare, incominciare, iniziare, avviare, modellare, sbozzare, sgrossare, imbastire CONTR. completare, finire, terminare, ultimare, compiere, rifinire, perfezionare **2** (*est., fig.*) (*di progetto e sim.*) presentare a grandi linee □ accennare.
abbozzàre (2) v. intr. frenarsi, pazientare, lasciar correre CONTR. spazientirsi.
abbozzàto part. pass. di **abbozzare (1)**; anche agg. accennato, schizzato, sgrossato, imbastito CONTR. completato, finito, terminato, ultimato, rifinito, compiuto, perfezionato.
abbòzzo s. m. **1** (*di opera*) schizzo, traccia, embrione, delineamento, idea, imbastitura, minuta, modello, sbozzatura, saggio, studio, prima stesura CONTR. bella copia, lavoro finito, lavoro ultimato **2** (*fig.*) (*di progetto e sim.*) tentativo, accenno.
abbracciàre A v. tr. **1** stringere tra le braccia, avvinghiare, allacciare, gettare le braccia al collo, buttarsi al collo, prendere tra le braccia, stringere al cuore CONTR. respingere, allontanare **2** (*fig.*) comprendere, contenere, attorniare, circondare, circoscrivere, racchiudere, includere **3** (*di idee*) accettare, seguire, caldeggiare **B abbracciarsi** v. intr. pron. avvinghiarsi, aggrapparsi **C** v. rifl. rec. stringersi reciprocamente fra le braccia, gettarsi le braccia al collo.
abbracciàto part. pass. di **abbracciare**; anche agg. avvinghiato, stretto, allacciato.
abbràccio s. m. abbracciamento, amplesso, stretta.
abbrancàre A v. tr. afferrare, stringere con forza CONTR. lasciar andare, abbandonare **B abbrancarsi** v. intr. pron. appigliarsi con forza, tenersi saldamente.
abbreviaménto s. m. abbreviatura, abbreviazione, accorciamento, accorciatura, troncamento CONTR. allungamento, prolungamento, aggiunta.
abbreviàre v. tr. accorciare, ridurre, scorciare, tagliare, restringere □ compendiare, riassumere CONTR. espandere, estendere, allungare, prolungare □ diluire, allargare.
abbreviàto part. pass. di **abbreviare**; anche agg. accorciato, ridotto □ compendiato, riassunto CONTR. allungato, prolungato □ esteso, allargato.
abbreviatùra s. f. abbreviazione, abbreviamento, accorciamento □ sigla, troncamento CONTR. allungamento, prolungamento, estensione, amplificazione, espansione, estensione.
abbreviazióne s. f. *V.* **abbreviatura**.
abbrìvo o **abbrìvio** s. m. (*di natante*) **1** velocità iniziale **2** (*fig.*) inizio deciso, spinta.
abbronzàre A v. tr. dare il colore bronzo, abbrunire, annerire **B abbronzarsi** v. intr. pron. assumere il colore bronzo □ (*est.*) (*di pelle*) scurirsi CONTR. schiarirsi.
abbronzàto part. pass. di **abbronzare**; anche agg. bruno, scuro CONTR. chiaro.
abbronzatùra s. f. colore bruno, tintarella (*fam.*).
abbrunàre v. tr. **1** (*di bandiera*) fregiare a lutto **2** fare bruno, scurire CONTR. schiarire.
abbrunàto part. pass. di **abbrunare**; anche agg. a lutto.
abbrunìre v. tr. abbrunare, scurire CONTR. schiarire.
abbrustoliménto s. m. rosolatura, tostatura.
abbrustolìre A v. tr. abbronzare, arrostire, rosolare, tostare **B abbrustolirsi** v. intr. pron. abbronzarsi.
abbrutiménto s. m. degradamento.
abbrutìre A v. tr. ridurre come un bruto, imbestiare CONTR. ingentilire, raffinare **B** v. intr. e **abbrutirsi** intr. pron. divenire simile a un bruto, imbestialirsi, imbestiarsi, degradarsi CONTR. ingentilirsi, raffinarsi.
abbrutìto part. pass. di **abbrutire**; anche agg. reso bruto, imbestiato CONTR. ingentilito.
abbuffàrsi v. rifl. mangiare a crepapelle, riempirsi, rimpinzarsi.
abbuffàta s. f. **1** grande mangiata, scorpacciata **2** (*fig.*) grande abbondanza.
abbuòno s. m. riduzione, ribasso, sconto, defalco, detrazione, diminuzione CONTR. aumento, rincaro.
abdicàre A v. intr. **1** rinunciare al trono (al potere), dimettersi CONTR. accettare, assumere **2** (*est., fig.*) rinunciare, rifiutare, respingere CONTR. accettare, accogliere, gradire, prendere **B** v. tr. (*raro, lett.*) rifiutare.
abdicazióne s. f. **1** rinuncia al trono (al potere), dimissioni CONTR. accettazione, assunzione **2** (*est., fig.*) rinuncia, rifiuto CONTR. accettazione, accoglienza, gradimento.
aberrànte part. pres. di **aberrare**; anche agg. deviante, anormale, anomalo, irregolare □ (*est.*) (*di delitto*) spaventoso, perverso CONTR. normale, regolare.
aberràre v. intr. sviarsi, deviare, errare.
aberrazióne s. f. **1** (*med.*) irregolarità, anomalia, disfunzione CONTR. normalità, regolarità **2** deviazione morale, smarrimento, sviamento, traviamento, errore, pervertimento CONTR. onestà, dirittura, integrità, probità, rettitu-

dine.
abetàia s. f. abetina, bosco di abeti.
abetìna s. f. bosco di abeti, abetaia.
abiètto agg. spregevole, vile, ignobile, basso, indegno, pusillanime **CONTR.** degno, dignitoso, nobile, apprezzato.
abiezióne s. f. abiettezza, bassezza, viltà, disprezzo, vergogna □ avvilimento, accasciamento **CONTR.** decoro, dignità, elevatezza, nobiltà.
àbile agg. **1** adatto, atto, capace, idoneo **CONTR.** disadatto, incapace, inetto, inidoneo **2** bravo, esperto, valente, accorto, efficiente, destro, competente, ingegnoso, perito, pratico, sagace, versatile, versato, agguerrito, ferrato, maestro **CONTR.** inabile, incapace, incompetente, inesperto, imperito (*lett.*), maldestro, inefficiente, buono a nulla.
abilità s. f. **1** capacità, idoneità, attitudine, disposizione, inclinazione, predisposizione, propensione, competenza, ingegnosità, efficienza, esperienza, facoltà, bravura, maestria, perizia, talento, valentia, validità, virtù □ mano □ stoffa, dono, dote **CONTR.** inabilità, incapacità, incompetenza, inesperienza, inettitudine, imperizia, inefficienza, ottusità **2** destrezza, astuzia, sveltezza, prontezza, accortezza, furberia **CONTR.** ingenuità, candore, semplicità.
abilitàre A v. tr. **1** rendere abile, esercitare, impratichire **2** (*alla professione*) autorizzare, concedere l'idoneità **B abilitarsi** v. rifl. (*alla professione*) conseguire l'abilitazione.
abilitàto part. pass. di **abilitare**; anche agg. e s. m. (*alla professione*) autorizzato, dichiarato idoneo.
abilitazióne s. f. (*alla professione*) autorizzazione, idoneità.
abilménte avv. **1** bene, efficientemente, competentemente **CONTR.** male **2** accortamente, avvedutamente, destramente **CONTR.** male, inettamente, maldestramente.
abissàle agg. **1** di abisso □ profondissimo, imo (*poet.*) **2** (*fig.*) senza limiti, profondissimo, incalcolabile, enorme, spropositato **CONTR.** limitato, moderato, modesto, esiguo, scarso.
abissìno s. m. e agg. etiope, etiopico, dell'Abissinia.
abìsso s. m. **1** voragine, baratro, profondità, precipizio, dirupo **CFR.** cima, culmine, vetta **2** (*est.*, *lett.*) inferno **3** (*fig.*) grande differenza, differenza abissale, divario incolmabile **4** (*fig.*) enorme quantità, subisso **5** (*fig.*) rovina, perdizione **CONTR.** redenzione, salvezza.
abitàcolo s. m. (*di veicoli*) cabina.
abitànte part. pres. di **abitare**; anche agg. e s. m. e f. **1** abitatore (*lett.*), dimorante, residente, domiciliato □ cittadino **2** (*al pl.*) cittadini, cittadinanza, popolazione.
abitàre A v. tr. occupare, vivere in **B** v. intr. risiedere, vivere, alloggiare, dimorare, soggiornare, albergare, stare di casa, aver sede.
abitàto A part. pass. di **abitare**; anche agg. popolato, popoloso **CONTR.** disabitato, spopolato, deserto, abbandonato **B** s. m. agglomerato, caseggiato, borgo, paese, città.
abitatóre s. m. (f. *-trice*) (*lett.*) abitante.
abitazióne s. f. edificio, casa, domicilio, alloggio, appartamento, ambiente, stanza, soggiorno, sede, dimora.
àbito s. m. **1** vestito, veste, vestimento (*lett.*) □ divisa, uniforme **2** foggia, modo di vestire, tipo di abbigliamento **3** (*fig.*) (*di persona*) abitudine, disposizione, temperamento, tendenza, inclinazione, contegno **4** aspetto, apparenza.
abituàle agg. consueto, comune, ordinario, solito, usuale, frequente **CONTR.** inconsueto, insolito, inusitato, straordinario, infrequente, raro.
abitualménte avv. di solito, comunemente, ordinariamente, solitamente **CONTR.** eccezionalmente, insolitamente, straordinariamente, infrequentemente, raramente.
abituàre A v. tr. dare l'abitudine, assuefare, avvezzare, addestrare, esercitare, accostumare (*raro*), adusare (*raro*) **CONTR.** disabituare, disavvezzare, divezzare, disassuefare (*raro*) **B abituarsi** v. rifl. assuefarsi, avvezzarsi, addestrarsi, accostumarsi (*raro*), esercitarsi **CONTR.** disabituarsi, disassuefarsi (*raro*), disavvezzarsi.
abituàto part. pass. di **abituare**; anche agg. assuefatto, avvezzo, addestrato, esercitato **CONTR.** disabituato, disavvezzo.
abitudinàrio A agg.; anche s. m. consuetudinario, metodico, meticoloso **CONTR.** volubile, capriccioso, incostante **B** s. m. frequentatore abituale, cliente, habitué (*fr.*), aficionado (*sp.*).
abitùdine s. f. consuetudine, costume, costumanza, usanza, abito, assuefazione, disposizione, inclinazione, mania, piega, vezzo, vizio, tran tran **CONTR.** desuetudine (*raro*), dissuetudine (*raro*), disuso, disusanza (*raro*).
abitùro s. m. abitazione squallida, tugurio, casupola, casipola, baracca, buco, basso, topaia, capanna **CONTR.** palazzo, reggia, magione, casa signorile, villa.
abiùra s. f. (*di fede*) rinunzia, apostasia, abbandono, ripudio, rinnegamento **CONTR.** conversione.
abiuràre v. tr. (*di fede*) apostatare, abbandonare, ripudiare, rinnegare, tradire **CONTR.** convertirsi.
abluzióne s. f. lavaggio, lavatura, lavacro (*lett.*), lavanda, bagno, aspersione.
abnegàre v. tr. (*lett.*) rinunciare.
abnegazióne s. f. rinuncia, sacrificio di sé, dedizione **CONTR.** egoismo, egocentrismo, egotismo.
abnòrme agg. inconsueto, irregolare, insolito,

sproporzionato □ mostruoso **CONTR.** normale, regolare, proporzionato, solito.

abolìre v. tr. annullare, abrogare, sopprimere, cancellare, distruggere, vietare **CONTR.** inaugurare, instaurare, impiantare, attivare, mettere in vigore.

abolìto part. pass. di **abolire**; anche agg. annullato, abrogato, cancellato, soppresso **CONTR.** inaugurato, instaurato, impiantato, attivato.

abolizióne s. f. annullamento, soppressione, abrogazione, cancellazione, distruzione **CONTR.** inaugurazione, instaurazione, attivazione.

abominàto agg. odiato, aborrito, detestato **CONTR.** amato, adorato, ammirato.

abominévole agg. detestabile, esecrabile, esecrando, obbrobrioso, odioso, indegno **CONTR.** adorabile, ammirabile, ammirevole.

abomìnio s. m. abominazione, vergogna, vituperio, obbrobrio, disprezzo, odio □ infamia, empietà **CONTR.** onore, lustro.

aborìgeno agg.; anche s. m. autoctono, indigeno, originario, abitante primitivo **CONTR.** allogeno, forestiero, straniero.

ab origine /*lat.* ab o'ridʒine/ [loc. lat., letteralmente 'dall'origine'] loc. avv. originariamente, fin da principio, fin dall'inizio **CONTR.** fino all'ultimo.

aborrìre v. tr. e intr. avere in orrore, detestare, esecrare, provare avversione, odiare, abominare **CONTR.** adorare, amare, ammirare, apprezzare, approvare.

abortìre v. intr. **1** (*med.*) (*di essere*) partorire anzitempo, interrompere la gravidanza **2** (*fig.*) (*di progetto, di idee, ecc.*) andare a vuoto, fallire **CONTR.** riuscire, realizzarsi.

abòrto s. m. **1** (*med.*) interruzione della gravidanza **2** (*fig.*) (*di persona*) mostro, mostriciattolo **3** (*fig.*) (*di cosa*) fallimento, cosa mal riuscita.

abracadàbra s. m. inv. (*fig.*) gioco di parole, indovinello.

abrasióne s. f. **1** raschiatura, cancellatura **2** (*geogr.*) erosione **3** (*med.*) lesione superficiale, escoriazione, sbucciatura, scorticatura, spellatura.

abrogàre v. tr. annullare, revocare, abolire, cancellare, cassare, estinguere, invalidare **CONTR.** approvare, ristabilire, rimettere in vigore, restituire.

abrogàto part. pass. di **abrogare**; anche agg. annullato, revocato, abolito, cancellato **CONTR.** approvato, ristabilito.

abrogazióne s. f. annullamento, abolizione, cancellazione, cassazione, estinzione **CONTR.** ristabilimento, rimessa in vigore, restituzione.

abulìa s. f. mancanza di volontà, indolenza, apatia, ignavia, irresolutezza, inerzia, pigrizia, svogliatezza **CONTR.** volontà, energia, determinazione, risolutezza.

abùlico agg.; anche s. m. privo di volontà, apatico, indolente, inerte, irresoluto, pigro, svogliato **CONTR.** volitivo, volenteroso, attivo, energico, determinato, risoluto.

abusàre v. intr. **1** usare male, usare illegalmente □ approfittare **CONTR.** fare buon uso, rispettare **2** (*di cibo, di bevanda, ecc.*) eccedere **CONTR.** controllarsi.

abusivaménte avv. indebitamente, illecitamente, illegalmente, irregolarmente, impropriamente **CONTR.** debitamente, regolarmente, normalmente, lecitamente.

abusìvo A agg. indebito, illecito, illegale, non autorizzato, irregolare **CONTR.** lecito, legale, normale, regolare **B** s. m. esercente non autorizzato □ irregolare.

abùso s. m. uso cattivo, illecito, irregolarità, eccesso, illegalità, arbitrio **CONTR.** legalità, moderazione, moderatezza.

acàcia s. f. (*bot.*) robinia.

àcca s. f. o m. (*fam.*) niente, nulla.

accadèmia [dal gr. *Akadêmeia*, bosco sacro all'eroe Academo, dove insegnava Platone] s. f. **1** (*di studio*) associazione □ scuola superiore **2** (*di spettacolo*) trattenimento **3** (*fig.*) retorica, virtuosismo, vana esibizione.

accademicaménte avv. (*fig.*) astrattamente, oziosamente, retoricamente **CONTR.** concretamente, realisticamente.

accadèmico A agg. **1** di accademia **2** universitario **3** (*fig.*) retorico, inconcludente, astratto, ozioso **CONTR.** concreto, realistico **B** s. m. membro di un'accademia, professore universitario.

accadére v. intr. avvenire, capitare, intervenire, occorrere, seguire, sopravvenire.

accadùto A part. pass. di **accadere**; anche agg. successo, avvenuto, capitato **B** s. m. avvenimento, caso, evento.

accalappiaménto s. m. **1** (*di animale*) cattura **2** (*fig.*) (*di persona*) lusinga, inganno, seduzione, insidia, adescamento, trappola, raggiro.

accalappiàre v. tr. **1** (*di animale*) catturare, prendere col laccio **2** (*fig.*) (*di persona*) ingannare, abbindolare, lusingare, sedurre, adescare, infinocchiare, irretire, raggirare, circuire, intrappolare, mistificare.

accalcàre A v. tr. stipare, affollare, pigiare, addensare **CONTR.** diradare, sparpagliare **B accalcarsi** v. intr. pron. affollarsi, stiparsi, fare calca, pigiarsi, ammassarsi **CONTR.** diradarsi, sparpagliarsi.

accaldàrsi v. intr. pron. **1** riscaldarsi, sentirsi accaldato, sudare **CONTR.** raffreddarsi, rinfrescarsi, infreddolirsi, intirizzirsi **2** (*fig.*) (*in una discussione e sim.*) accalorarsi, infervorarsi, scalmanarsi **CONTR.** rimanere indifferente, non scomporsi.

accaldàto part. pass. di **accaldarsi**; anche agg. **1** riscaldato, sudato, caldo **CONTR.** infreddolito, intirizzito **2** (*fig.*) (*in una discussione e sim.*)

infervorato, accalorato, scalmanato **CONTR.** freddo, impassibile.
accaloraménto s. m. eccitazione, entusiasmo, infervoramento **CONTR.** freddezza, indifferenza.
accaloràre A v. tr. eccitare, entusiasmare, infervorare, animare **CONTR.** calmare, intiepidire, raffreddare **B accalorarsi** v. rifl. infervorarsi, riscaldarsi, appassionarsi, eccitarsi, entusiasmarsi **CONTR.** calmarsi, intiepidirsi, raffreddarsi.
accaloràto part. pass. di **accalorare**; anche agg. **1** accaldato, riscaldato, sudato **CONTR.** infreddolito, intirizzito **2** (*fig.*) (*in una discussione e sim.*) eccitato, entusiasmato, infervorato **CONTR.** indifferente, imperturbabile.
accampaménto s. m. attendamento, campo, alloggiamento, accantonamento, baraccamento, bivacco.
accampàre A v. tr. **1** acquartierare, attendare □ disporre in campo **2** (*fig.*) (*di ragione e sim.*) mettere avanti, avanzare, produrre, addurre, affacciare **B accamparsi** v. rifl. **1** (*mil.*) attendarsi, acquartierarsi, accasermarsi, rizzare il campo, piantar le tende □ disporsi in campo **CONTR.** levar le tende, sloggiare **2** (*est.*, *fig.*) sistemarsi provvisoriamente, sistemarsi alla meglio.
accampàto part. pass. di **accampare**; anche agg. **1** attendato, acquartierato **2** (*fig.*) (*di ragione e sim.*) messo avanti, prodotto, addotto.
accaniménto s. m. **1** odio, furore, furia, ira, rabbia, stizza **2** tenacia, ostinazione, insistenza, perseveranza, zelo, assiduità, costanza **CONTR.** incostanza, indolenza, negligenza, svogliatezza.
accanìrsi v. intr. pron. **1** infierire, inferocire, adirarsi, infuriarsi, sdegnarsi **CONTR.** indulgere, perdonare **2** ostinarsi, perseverare **CONTR.** desistere, rinunciare.
accanitaménte avv. ostinatamente, caparbiamente, aspramente **CONTR.** debolmente, fiaccamente.
accanìto part. pass. di **accanirsi**; anche agg. **1** rabbioso, furioso, inferocito **CONTR.** bonario, indulgente, mite **2** ostinato, caparbio, perseverante, tenace **CONTR.** arrendevole, condiscendente, docile, remissivo.
accànto avv. e prep. vicino, a lato, di fianco, nei pressi **CONTR.** discosto, distante, lontano.
accantonaménto s. m. **1** (*di pratica, di progetto, ecc.*) messa in disparte, abbandono **2** (*di denaro*) destinazione, assegnazione □ risparmio.
accantonàre v. tr. **1** (*di pratica, di progetto, ecc.*) mettere da parte □ abbandonare **2** (*di denaro*) destinare, assegnare □ mettere in serbo, risparmiare, conservare **CONTR.** spendere.
accantonàto part. pass. di **accantonare**; anche agg. (*di denaro*) destinato, assegnato □ messo da parte □ risparmiato **CONTR.** speso.
accaparraménto s. m. incetta, requisizione □ bagarinaggio □ mercato nero.
accaparràre A v. tr. incettare, impegnare □ accumulare **B accaparrarsi** v. rifl. assicurarsi, procurarsi, conquistarsi, ottenere.
accaparratóre s. m.; anche agg. (f. *-trice*) incettatore □ bagarino.
accapigliaménto s. m. litigio, rissa, zuffa.
accapigliàrsi v. rifl. rec. **1** prendersi per i capelli, venire alle mani, azzuffarsi, abbaruffarsi, litigare, rissare **CONTR.** accordarsi, rappacificarsi, rappattumarsi **2** (*fig.*) litigare (a parole), contendere **CONTR.** rappacificarsi, accordarsi.
accàpo A avv. (*di una riga, di uno scritto*) all'inizio, al principio **B** s. m. inv. capoverso, alinea.
accapponàre A v. tr. (*di gallo*) castrare **B accapponarsi** v. intr. pron. rabbrividire, inorridire **FRAS.** *far accapponare la pelle*, far venire la pelle d'oca.
accarezzaménto s. m. carezza.
accarezzàre v. tr. **1** (*di persona o animale*) carezzare, far carezze, vezzeggiare **2** (*est.*) (*di cosa*) sfiorare, lambire, toccare delicatamente **3** (*fig.*) (*di persona*) adulare, blandire, lusingare **4** (*fig.*) (*di progetto e sim.*) vagheggiare, sognare.
accarezzàto part. pass. di **accarezzare**; anche agg. **1** carezzato **2** (*est.*) sfiorato, lambito **3** (*fig.*) (*di progetto e sim.*) vagheggiato, sognato.
accartocciàre A v. tr. avvolgere, incartocciare □ raggrinzire **CONTR.** scartocciare □ svolgere, stirare, stendere, distendere **B accartocciarsi** v. intr. pron. ripiegarsi, raggrinzirsi **CONTR.** distendersi, stirarsi.
accartocciàto part. pass. di **accartocciare**; anche agg. piegato □ arrotolato, avvolto □ raggrinzito **CONTR.** scartocciato □ steso, disteso, stirato.
accasàre A v. tr. maritare, sposare **B accasarsi** v. rifl. maritarsi, sposarsi **CONTR.** dividersi, separarsi, divorziare.
accasàto part. pass. di **accasare**; anche agg. maritato, sposato **CFR.** scapolo, nubile, divorziato, separato.
accasciaménto s. m. avvilimento, prostrazione, abbattimento, debolezza, fiacchezza, languore **CONTR.** coraggio, animo, vigore.
accasciàre A v. tr. indebolire, prostrare, infiacchire, abbattere **CONTR.** rafforzare, rinvigorire, rianimare, incoraggiare, sollevare, risollevare **B accasciarsi** v. intr. pron. **1** cadere, crollare, afflosciarsi **CONTR.** alzarsi, rialzarsi **2** (*fig.*) demoralizzarsi, perdersi d'animo, abbattersi, avvilirsi, scoraggiarsi, smarrirsi **CONTR.** rianimarsi, incoraggiarsi, riconfortarsi, risollevarsi, riprendersi.
accasciàto part. pass. di **accasciare**; anche agg. abbattuto, demoralizzato, avvilito, prostrato **CONTR.** rianimato, riconfortato, risollevato.
accatastàre v. tr. ammucchiare, ammassare,

ammonticchiare, affastellare.

accattàre v. tr. elemosinare, mendicare □ (*ass.*) pitoccare, questuare, chiedere l'elemosina.

accàtto s. m. accattonaggio, elemosina □ colletta, questua, cerca.

accattonàggio s. m. accatto, elemosina, mendicità, pitoccheria.

accattóne s. m. mendicante, mendico, pezzente, pitocco.

accavallàre A v. tr. (*di gambe, di catene, ecc.*) sovrapporre □ incrociare **B accavallarsi** v. intr. pron. sovrapporsi, ammonticchiarsi, ammucchiarsi, ammassarsi □ incrociarsi.

accavallàto part. pass. di **accavallare**; anche agg. sovrapposto, incrociato □ ammucchiato, ammassato.

accecaménto s. m. (*fig.*) (*della mente e sim.*) offuscamento, ottenebramento, oscuramento □ inganno.

accecànte part. pres. di **acceccare**; anche agg. (*di luce*) abbagliante, abbacinante, intensissimo **CONTR.** debole, fioco.

accecàre A v. tr. **1** privare della vista, orbare (*raro*) **2** (*est.*) (*di persona, di cose*) appannare, oscurare, velare, schermare □ abbagliare, abbacinare **CONTR.** rischiarare **3** (*fig.*) offuscare la ragione, ottenebrare □ ingannare **4** (*est.*) chiudere, ostruire, intasare, turare, otturare **CONTR.** sturare, aprire, liberare **B** v. intr. divenire cieco.

accecàto part. pass. di **accecare**; anche agg. **1** reso cieco, orbato (*raro*), cieco **2** (*est.*) appannato, oscurato, velato □ abbagliato, abbacinato **CONTR.** rischiarato **3** (*fig.*) offuscato, ottenebrato □ ingannato.

accèdere v. intr. **1** (*di luogo*) accostarsi, appressarsi, avvicinarsi □ avere accesso, entrare, passare **CONTR.** allontanarsi, scostarsi **2** (*fig.*) (*di persona*) acconsentire, aderire, accondiscendere, dare il proprio appoggio **CONTR.** dissentire, discordare.

acceleràre A v. tr. affrettare, rendere più rapido □ incalzare, premere, sollecitare, anticipare **CONTR.** rallentare, frenare, trattenere □ ritardare, posticipare, rimandare **B** v. intr. e **accelerarsi** intr. pron. crescere di velocità, muoversi più velocemente **CONTR.** rallentare.

acceleràto A part. pass. di **accelerare**; anche agg. affrettato, rapido, lesto, svelto, veloce **CONTR.** lento, tardo **B** s. m. treno locale.

acceleratóre s.m.; anche agg. (f. *-trice*) **CONTR.** deceleratore, rallentatore.

accelerazióne s. f. acceleramento, aumento di velocità **CONTR.** decelerazione, rallentamento.

accèndere A v. tr. **1** appiccare il fuoco, dar fuoco, infiammare, infocare, incendiare **CONTR.** spegnere, smorzare **2** (*est.*) riscaldare, far avvampare **CONTR.** raffreddare **3** (*fig.*) (*di sentimento*) suscitare, infiammare, aizzare, eccitare, fomentare, istigare, agitare **CONTR.** calmare, placare, quietare, sedare, smorzare, sopire **4** (*di debito, di ipoteca, ecc.*) fare **CONTR.** estinguere **5** (*di meccanismo*) azionare, avviare **CONTR.** spegnere, disattivare, fermare **B accendersi** v. intr. pron. **1** prendere fuoco, incendiarsi, infiammarsi □ (*est.*) arrossire **CONTR.** spegnersi, smorzarsi **2** (*di astro, di luce, ecc.*) divenire luminoso, brillare, splendere **CONTR.** spegnersi, oscurarsi **3** (*fig.*) (*di persona*) infiammarsi, eccitarsi, accalorarsi, entusiasmarsi □ commuoversi, turbarsi □ adirarsi, infuriarsi **CONTR.** calmarsi, placarsi, quietarsi, sedarsi **4** (*di meccanismo*) avviarsi, entrare in funzione **CONTR.** spegnersi, fermarsi.

accendigàs s. m. inv. (*fam.*) accendino.

accendìno s. m. (*fam.*) accendisigaro □ accendigas.

accendisìgaro s. m. accendino (*fam.*).

accennàre A v. tr. **1** additare, indicare, designare, mostrare **2** (*est.*) fingere **3** (*di disegno*) delineare, abbozzare **4** (*mus.*) dare il motivo, dare lo spunto **B** v. intr. **1** far segno □ fare l'atto **2** (*fig.*) (*di discorso e sim.*) alludere, riferirsi **3** (*di tempo, ecc.*) dare indizio, far presentire **4** segnare col dito, indicare.

accennàto part. pass. di **accennare**; anche agg. delineato, abbozzato □ indicato.

accénno s. m. **1** avvertimento, cenno, segno **2** abbozzo, traccia **3** allusione, riferimento, vago indizio □ presentimento.

accensióne s. f. **1** bruciamento, combustione **CONTR.** spegnimento, estinzione **2** (*dir.*) (*di un debito, di un'ipoteca*) costituzione **CONTR.** estinzione.

accentàto agg. con l'accento, tonico **CONTR.** atono.

accènto s. m. **1** elevazione della voce **2** pronuncia, cadenza **3** (*fig.*) (*di voce*) inflessione, tono **4** (*fig.*) accenno **5** (*poet.*) voce, parola **FRAS.** *mettere l'accento su* (*fig.*), mettere in rilievo.

accentraménto s. m. **1** (*di persone o cose*) concentramento, concentrazione, ammassamento **CONTR.** dispersione, sparpagliamento **2** (*bur.*) centralizzazione **CONTR.** decentramento.

accentràre A v. tr. **1** (*di persone o cose*) riunire insieme, concentrare, ammassare **CONTR.** disperdere, sparpagliare **2** (*bur.*) centralizzare **CONTR.** decentrare **3** (*fig.*) (*di attenzione e sim.*) attirare, far convergere **B accentrarsi** v. intr. pron. concentrarsi, ammassarsi, riunirsi **CONTR.** disperdersi, sparpagliarsi.

accentratóre s. m.; anche agg. (f. *-trice*) unificatore.

accentuàre A v. tr. **1** pronunziare spiccatamente, spiccare, calcare, marcare, sottolineare **CONTR.** attenuare, attutire, smorzare, velare **2** (*raro*) accentare **3** (*fig.*) aumentare, rafforzare **CONTR.** attenuare **4** (*est.*) porre in evidenza, dar rilievo, evidenziare, rilevare, sottolineare **CONTR.** attenuare **B accentuarsi** v. intr. pron. divenire più evidente □ aggravarsi, crescere, aumentare, accrescersi **CONTR.** attenuarsi, diminuire.

accentuàto part. pass. di **accentuare**; anche agg. messo in evidenza, evidenziato, marcato, rilevato **CONTR.** attenuato, attutito, smorzato, velato, debole, scialbo.

accentuazióne s. f. **1** accentazione **2** rilievo, risalto **CONTR.** attenuazione.

accerchiaménto s. m. aggiramento.

accerchiàre A v. tr. cingere in cerchio, mettersi intorno, circondare □ aggirare, chiudere **B accerchiarsi** v. rifl. (*fig.*) circondarsi.

accertaménto s. m. constatazione, verifica, conferma, controllo.

accertàre A v. tr. **1** dare per certo, assicurare, garantire, dichiarare **CONTR.** negare **2** (*di verità e sim.*) appurare, verificare, certificare, affermare, stabilire **B accertarsi** v. rifl. assicurarsi, sincerarsi, garantirsi.

accertàto part. pass. di **accertare**; anche agg. sicuro, indubbio, verificato **CONTR.** incerto, dubbio.

accéso part. pass. di **accendere**; anche agg. **1** ardente, affocato, incendiato, caldissimo, luminoso **CONTR.** spento, smorzato, freddo **2** (*di motore*) messo in azione **3** (*fig.*) (*di discorso, ecc.*) infervorato, entusiasmato, appassionato, fervido, desideroso □ adirato, sdegnato **CONTR.** freddo, apatico, impassibile, indifferente **4** (*di colore*) vivo, intenso, caldo **CONTR.** spento, smorzato, smorto, pallido.

accessìbile agg. **1** (*di luogo*) di facile accesso, raggiungibile, agibile **CONTR.** inaccessibile, irraggiungibile, inagibile **2** (*fig.*) (*di persona*) affabile, cordiale, abbordabile, accostabile, comprensivo, familiare, alla buona, alla mano **CONTR.** burbero, chiuso, inaccessibile, scostante, scontroso, scorbutico, ombroso, superbo **3** (*fig.*) (*di discorso, di scritto, ecc.*) facile, facilmente comprensibile, semplice **CONTR.** difficile, astruso, complicato, incomprensibile **4** (*fig.*) (*di prezzo*) modesto, modico, basso, possibile, alla portata di tutti **CONTR.** caro, alto, eccessivo.

accessibilità s. f. **1** (*di luogo*) raggiungibilità, accesso **CONTR.** inaccessibilità **2** (*fig.*) (*di persona*) affabilità, comprensione **CONTR.** scontrosità.

accèsso s. m. **1** (*di luogo*) adito, entrata, ingresso, passaggio **2** (*a scuola e sim.*) ammissione, accoglimento **3** (*med.*) attacco, crisi, insorgenza improvvisa **4** (*est.*, *fig.*) (*di sentimento*) impulso improvviso, impeto, attacco.

accessòrio A agg. accidentale, complementare, secondario, aggiunto, eccedente, superfluo, non necessario, marginale □ opzionale **CONTR.** essenziale, fondamentale, necessario, primario, principale, sostanziale **B** s. m. spec. al pl. (*di auto, ecc.*) complemento, completamento, optional (*ingl.*) **CONTR.** necessario □ nécessaire (*fr.*).

accétta s. f. ascia, scure, bipenne, pennato, mannaia **FRAS.** *fatto con l'accetta* (*fig.*), grossolano.

accettàbile agg. ammissibile, attendibile, passabile □ gradito **CONTR.** inaccettabile, inammissibile, inattendibile □ sgradito.

accettabilità s. f. ammissibilità, attendibilità **CONTR.** inammissibilità, inattendibilità.

accettabilménte avv. passabilmente.

accettàre v. tr. **1** (*di persone e cose*) ricevere, gradire, accogliere, far buon viso **CONTR.** rifiutare, respingere, ricusare, negare **2** (*di proposta, osservazione, ecc.*) ammettere, approvare, seguire, consentire **CONTR.** disapprovare, biasimare, respingere.

accettazióne s. f. accoglienza, accoglimento, ammissione, approvazione, consenso, gradimento **CONTR.** rifiuto, rigetto, ripudio, ripulsa (*lett.*), ricusazione, rinuncia.

accètto agg. accettato, caro, gradito **CONTR.** sgradito, inaccettabile, respinto, rifiutato.

accezióne s. f. (*di vocabolo*) significato.

acchetàre A v. tr. (*lett.*) calmare, acquietare, placare, rabbonire, rasserenare, tranquillizzare **CONTR.** inasprire, irritare, esacerbare, esasperare **B acchetarsi** v. rifl. chetarsi, placarsi, quietarsi, rabbonirsi, rasserenarsi, tranquillizzarsi **CONTR.** inasprirsi, irritarsi, eccitarsi, sdegnarsi.

acchiappàre v. tr. **1** afferrare, acciuffare, agguantare, abbrancare, cogliere, ghermire, catturare, prendere **CONTR.** lasciarsi sfuggire, lasciar cadere **2** (*di ladro e sim.*) cogliere sul fatto, sorprendere, beccare (*fam.*).

acciaccàre v. tr. ammaccare, schiacciare, sformare, deformare, comprimere, pestare **CONTR.** stirare, stendere, distendere.

acciàcco s. m. disturbo fisico, malessere, indisposizione, malanno, difetto.

acciaieria s. f. fonderia, fucina.

accidèmpoli inter. (*euf.*) accidenti, acciderba, accipicchia.

accidentàle agg. **1** casuale, fortuito, contingente, eventuale **CONTR.** certo, fisso, abituale, consueto, solito, studiato, concertato **2** accessorio, secondario, non necessario, non sostanziale **CONTR.** primario, essenziale, necessario, sostanziale.

accidentalità s. f. casualità, contingenza, incidenza **CONTR.** continuità, permanenza, sostanzialità.

accidentalménte avv. casualmente, per caso, fortuitamente, incidentalmente, occasionalmente **CONTR.** continuamente, permanentemente.

accidentàto agg. **1** (*di persona*) paralizzato **2** (*di terreno*) ineguale, irregolare, sconnesso, movimentato, sconvolto, tormentato, ondu-

lato **CONTR.** liscio, piano, uguale, regolare.
accidènte s. m. **1** evento, caso, contingenza, combinazione, evenienza, fatto fortuito, casualità, imprevisto **2** disgrazia, incidente, sciagura □ cattivo augurio **CONTR.** fortuna □ augurio **3** (*med.*) complicanza (*raro*), colpo apoplettico, paralisi **4** (*fig.*) (*di persona*) tormento, diavolo **CONTR.** angelo **5** niente, nulla **CONTR.** tutto **6** (*di terreno*) ineguaglianza, asperità **7** (*filos.*) contingente **CONTR.** essenza, sostanza.
accidènti inter. accidempoli, acciderba, accipicchia.
accidèrba inter. accidenti, accidempoli, accipicchia.
accìdia s. f. ignavia, indolenza, abulia, inerzia, infingardaggine, neghittosità, ozio, pigrizia, poltroneria, svogliatezza **CONTR.** alacrità, attività, lena, operosità, solerzia, zelo.
accidióso agg. ignavo, indolente, abulico, inerte, infingardo, neghittoso, ozioso, pigro, poltrone, svogliato, annoiato **CONTR.** alacre, attivo, operoso, solerte, zelante.
accigliàrsi v. intr. pron. aggrondarsi, rabbuiarsi, crucciarsi **CONTR.** rasserenarsi, sorridere.
accigliàto part. pass. di **accigliarsi**; anche agg. crucciato, burbero, cupo, tetro, minaccioso **CONTR.** gaio, ilare, lieto, sereno, sorridente.
accìngersi v. rifl. apprestarsi, prepararsi, apparecchiarsi, disporsi, cominciare, intraprendere **CONTR.** desistere, cessare, smettere, interrompere, troncare.
acciottolàre v. tr. lastricare, selciare **CONTR.** disselciare.
acciottolàto A part. pass. di **acciottolare**; anche agg. pavimentato, lastricato, selciato **CONTR.** disselciato **B** s. m. pavimentazione, lastricato, selciato.
acciottolìo s. m. (*di stoviglie e sim.*) rumore.
accipìcchia inter. (*euf.*) accidenti, acciderba, accidempoli.
acciuffàre A v. tr. acchiappare, afferrare, agguantare, abbrancare, ghermire **CONTR.** lasciare, mollare **B acciuffarsi** v. rifl. rec. accapigliarsi, azzuffarsi **CONTR.** rappacificarsi, riconciliarsi.
acciùga s. f. (*zool.*) alice.
acclamàre A v. tr. e intr. applaudire, plaudire (*lett.*), approvare **CONTR.** disapprovare, fischiare, zittire **B** v. tr. **1** eleggere per acclamazione, proclamare **2** (*fig.*) celebrare, lodare, esaltare, elogiare **CONTR.** biasimare, criticare, denigrare, disprezzare.
acclamàto part. pass. di **acclamare**; anche agg. applaudito, approvato **CONTR.** fischiato, disapprovato.
acclamazióne s. f. **1** applauso, plauso, approvazione, ovazione **CONTR.** disapprovazione, biasimo, critica, riprovazione, fischiata **2** elezione per acclamazione, proclamazione.
acclimatàre A v. tr. **1** adattare al clima **2** (*est.*) abituare **B acclimatarsi** v. rifl. **1** adattarsi al clima **2** abituarsi, assuefarsi.
acclimatazióne s. f. **1** adattamento al clima **2** abitudine, assuefazione.
acclimazióne s. f. acclimatazione.
acclùdere v. tr. allegare, acchiudere, includere, unire **CONTR.** escludere, levare, togliere.
acclùso part. pass. di **accludere**; anche agg. allegato, incluso, unito **CONTR.** escluso, tolto.
accoccolàrsi v. rifl. accovacciarsi, accosciarsi, accucciarsi, aggomitolarsi, raggomitolarsi, rannicchiarsi, acciambellarsi.
accodàrsi v. rifl. **1** mettersi in fila, mettersi in coda **CONTR.** mettersi in testa, mettersi davanti **2** (*fig.*) seguire, aggregarsi **CONTR.** staccarsi, allontanarsi.
accogliènte agg. **1** (*di persona*) ospitale, cordiale **CONTR.** inospitale **2** (*di luogo*) piacevole, comodo, confortevole **CONTR.** scomodo, disagevole.
accogliènza s. f. **1** accoglimento (*lett.*), ricevimento, trattamento **CONTR.** commiato, congedo **2** (*est.*) ospitalità.
accògliere v. tr. **1** (*di persona*) ricevere □ ospitare **CONTR.** congedare **2** (*di proposta e sim.*) approvare, accettare, esaudire, fare buon viso **CONTR.** respingere, rifiutare **3** (*di luogo*) contenere, raccogliere.
accogliménto s. m. **1** (*lett.*) (*di persona*) accoglienza, ricevimento **CONTR.** congedo **2** (*di proposta e sim.*) accettazione, approvazione, gradimento **CONTR.** rifiuto, rigetto, ripudio.
accollàre A v. tr. (*fig.*) (*di impegno e sim.*) addossare, gravare, caricare **CONTR.** liberare, sgravare **B accollarsi** v. rifl. (*di impegno e sim.*) addossarsi, assumersi, attribuirsi, incaricarsi **CONTR.** liberarsi, disimpegnarsi.
accollàto part. pass. di **accollare**; anche agg. chiuso al collo, accollacciato **CONTR.** scollato, scollacciato.
accòlta s. f. (*lett.*) riunione, adunanza, raduno, adunata.
accoltellàre v. tr. ferire col coltello, pugnalare.
accoltellàto part. pass. di **accoltellare**; anche agg. ferito di coltello, pugnalato.
accòlto part. pass. di **accogliere**; anche agg. **1** ricevuto, accettato, ospitato □ accetto, gradito **CONTR.** congedato □ respinto □ sgradito **2** raccolto, riunito **CONTR.** disperso.
accomiatàre A v. tr. congedare, licenziare, mandar via, dare commiato, allontanare **CONTR.** accogliere, ricevere **B accomiatarsi** v. rifl. congedarsi, licenziarsi, allontanarsi **CONTR.** arrivare, presentarsi.
accomodàbile agg. riparabile, aggiustabile.
accomodaménto s. m. **1** (*di cosa*) aggiustamento, aggiustatura, accomodatura, riparazione, riattamento, rabberciamento, assestamento, riassestamento **CONTR.** guasto, rottura **2** (*di persone*) accordo, conciliazione, compromesso, transazione **CONTR.** disaccordo, di-

scordia, dissidio, lite, litigio.
accomodànte agg. conciliante, remissivo, adattabile, accondiscendente, arrendevole, docile CONTR. inflessibile, irremovibile, rigido.
accomodàre **A** v. tr. **1** (*di cosa*) riattare, aggiustare, riparare, acconciare, riassettare, riassestare, rabberciare, rappezzare, rattoppare, rammendare □ assestare, addobbare, sistemare, ordinare CONTR. guastare, rompere, rovinare, danneggiare, disfare, distruggere, manomettere **2** (*iron.*) (*di persona*) sistemare, conciare **3** (*di lite e sim.*) comporre, conciliare CONTR. fomentare **B** v. intr. essere comodo, tornare utile, far piacere CONTR. spiacere, dispiacere, rincrescere **C** **accomodarsi** v. rifl. **1** mettersi a proprio agio, mettersi a sedere **2** entrare, venire avanti CONTR. uscire, andarsene **3** adattarsi, sistemarsi **4** accordarsi, aggiustarsi, rappacificarsi, rappattumarsi, riconciliarsi CONTR. bisticciare, litigare, guastarsi.
accomodatùra s. f. riparazione, accomodamento, acconciamento, aggiustamento, aggiustatura, racconciatura, rappezzatura, rappezzo, rattoppatura, rattoppo CONTR. guasto, rottura, strappo, squarcio, avaria.
accompagnaménto s. m. compagnia, seguito, scorta, codazzo, corteggio, corteo.
accompagnàre **A** v. tr. **1** (*di persona*) andare insieme, seguire, scortare, tener dietro □ condurre, portare **2** (*di cose*) accoppiare, abbinare, congiungere, unire CONTR. separare, dividere, disgiungere, staccare, disunire **B** **accompagnarsi** v. rifl. **1** (*di persone*) unirsi, accoppiarsi, associarsi, imbrancarsi □ familiarizzare, frequentare CONTR. dividersi, separarsi □ staccarsi, isolarsi **2** (*di cose*) stare insieme, combinare, associarsi CONTR. discordare, fare a pugni.
accompagnàto part. pass. di **accompagnare**; anche agg. **1** seguito, scortato **2** unito, associato CONTR. diviso, separato, staccato.
accompagnatóre s. m. (f. *-trice*) **1** seguace **2** (*di comitiva*) guida, assistente, steward (*ingl.*), tour leader (*ingl.*) □ hostess (*ingl.*).
accomunàre v. tr. **1** mettere in comune, mettere insieme, associare, unire, legare CONTR. dividere, separare, disgiungere, disunire **2** mettere alla pari, avvicinare, accostare, uguagliare, assimilare CONTR. dividere, separare, disunire.
accomunàto part. pass. di **accomunare**; anche agg. associato, unito □ assimilato, uguagliato CONTR. separato, diviso, disgiunto.
acconciàre **A** v. tr. **1** (*di cosa*) accomodare, racconciare, aggiustare, riparare CONTR. guastare, danneggiare, rompere **2** (*di persona*) abbigliare, adornare, abbellire □ pettinare CONTR. spettinare, arruffare **B** **acconciarsi** v. rifl. **1** disporsi, prepararsi, accingersi **2** (*di capelli*) comporsi, pettinarsi **3** (*di vestiti*) abbigliarsi, agghindarsi.
acconciàto part. pass. di **acconciare**; anche agg. **1** accomodato, aggiustato, riparato CONTR. guastato, rotto **2** (*di persona*) abbigliato, pettinato, agghindato.
acconciatóre s. m. (f. *-trice*) parrucchiere, coiffeur (*fr.*).
acconciatùra s. f. **1** (*di cosa*) accomodamento □ preparazione, allestimento **2** (*di capelli*) pettinatura **3** (*di vesti*) abbigliamento □ vestito, abito.
accóncio agg. idoneo, conveniente, adatto, confacente, opportuno CONTR. disadatto, inadatto, inadeguato, inopportuno, sconveniente.
accondiscendènte part. pres. di **accondiscendere**; anche agg. condiscendente, arrendevole, docile, compiacente, indulgente CONTR. scontroso, sgarbato, scorbutico, bisbetico, difficile.
accondiscendènza s. f. condiscendenza, arrendevolezza, cedevolezza, docilità, benevolenza, bonarietà CONTR. caparbietà, indocilità, ostinazione, resistenza.
accondiscéndere v. intr. condiscendere, consentire, concedere, esaudire CONTR. rifiutare, ricusare, negare, opporsi.
acconsentìre v. intr. essere d'accordo, concordare, approvare, aderire, accondiscendere, cedere, assentire, annuire, dir di sì, accogliere, accettare, permettere, concedere CONTR. disapprovare, negare, ricusare, rifiutare, contraddire, contrastare, opporsi, ribellarsi.
accontentàre **A** v. tr. contentare, soddisfare, appagare, compiacere CONTR. scontentare **B** **accontentarsi** v. rifl. contentarsi, essere soddisfatto CONTR. protestare, reclamare, lagnarsi, essere insoddisfatto.
accónto s. m. anticipo, caparra, arra, pegno.
accoppàre **A** v. tr. (*est., pop., anche fig.*) uccidere, ammazzare, far fuori (*pop.*) **B** **accopparsi** v. intr. pron. uccidersi, morire.
accoppiaménto s. m. appaiamento, collegamento, congiungimento, unione, mescolanza □ coito, copula □ (*raro*) matrimonio CONTR. divisione, separazione □ sdoppiamento.
accoppiàre **A** v. tr. **1** abbinare, appaiare, accompagnare, associare, congiungere, collegare, unire CONTR. disunire, dividere, disgiungere, separare, spaiare, staccare, sdoppiare **2** (*raro*) sposare **B** **accoppiarsi** v. rifl. e rifl. rec. **1** mettersi in coppia, appaiarsi, associarsi, congiungersi, unirsi CONTR. dividersi, disgiungersi, separarsi, spaiarsi, staccarsi, sdoppiarsi, isolarsi **2** sposarsi CONTR. divorziare.
accoppiàta s. f. coppia.
accoppiàto part. pass. di **accoppiare**; anche agg. **1** appaiato, congiunto, collegato, unito CONTR. diviso, disgiunto, disunito, separato, spaiato **2** (*di rima*) baciata.
accoraménto s. m. afflizione, tormento, ambascia, cordoglio, dolore, tristezza, abbatti-

mento CONTR. contentezza, gioia, giocondità, felicità, letizia, tripudio.

accoràre A v. tr. affliggere, contristare, addolorare, rattristare, tormentare, torturare CONTR. allietare, rallegrare B **accorarsi** v. intr. pron. affliggersi, rattristarsi, addolorarsi, tormentarsi CONTR. allietarsi, rallegrarsi, esultare, gioire.

accorataménte avv. mestamente, tristemente, dolorosamente CONTR. allegramente, gioiosamente, lietamente.

accoràto part. pass. di **accorare**; anche agg. afflitto, angosciato, abbattuto, addolorato, triste, contristato, sconfortato, rattristato CONTR. contento, allegro, gaio, lieto, gioioso, esultante.

accorciàbile agg. riducibile, abbreviabile CONTR. allungabile.

accorciaménto s. m. accorciatura, abbreviamento, abbreviatura, contrazione, riduzione CONTR. allungamento, prolungamento, protrazione.

accorciàre A v. tr. abbreviare, raccorciare, scorciare, contrarre, ridurre CONTR. allungare, prolungare, protrarre B **accorciarsi** v. intr. pron. abbreviarsi, scorciarsi, ridursi, contrarsi, diminuire CONTR. allungarsi, protrarsi, aumentare, crescere.

accorciativo agg. e s. m. abbreviativo.

accorciàto part. pass. di **accorciare**; anche agg. abbreviato, ridotto, più corto CONTR. allungato.

accordàre A v. tr. 1 (*di persone*) mettere d'accordo, conciliare, pacificare CONTR. mettere in disaccordo 2 (*di cose*) mettere d'accordo, far coincidere, combinare CONTR. scombinare 3 (*mus.*) intonare □ armonizzare 4 concedere, dare, donare, cedere, consentire, permettere CONTR. negare, rifiutare, ricusare B **accordarsi** v. rifl. rec. mettersi d'accordo, convenire, intendersi, combinare CONTR. litigare, contrastare, altercare, questionare, bisticciare C v. intr. pron. conformarsi, adeguarsi, concordare, essere in armonia CONTR. contrastare, stonare.

accordàto part. pass. di **accordare**; anche agg. 1 (*di colore, di vestito, ecc.*) intonato, armonizzato CONTR. stonato 2 (*di prezzo e sim.*) concordato 3 (*di permesso e sim.*) concesso, consentito, permesso CONTR. negato, rifiutato.

accòrdo s. m. 1 (*di persona*) concordia, consenso, consentimento, intesa, affiatamento, affinità, amicizia, amore, fraternità, corrispondenza, intesa CONTR. contrasto, disaccordo, disarmonia, discordia, discrepanza, dissidio, ostilità 2 (*di colore e sim.*) armonizzazione, armonia CONTR. stonatura, contrasto 3 (*tra persone*) patto, concordato, convenzione, compromesso, intesa, trattato 4 (*ling.*) concordanza.

accòrgersi v. intr. pron. vedere, conoscere, comprendere, capire, avvedersi, intuire, notare, subodorare, aver sentore, indovinare, presentire.

accorgiménto s. m. 1 accortezza, astuzia, avvedutezza, finezza, sagacia, scaltrezza, oculatezza, discernimento CONTR. ingenuità, stoltezza, sciocchezza, sventatezza, ottusità, stolidità 2 stratagemma, espediente, mezzo ingegnoso.

accorpaménto s. m. unione, unificazione CONTR. scorporo, lottizzazione, frazionamento.

accorpàre v. tr. unire, unificare CONTR. scorporare, lottizzare, frazionare.

accórrere v. intr. correre, dirigersi, affluire □ correre in aiuto.

accórso part. pass. di **accorrere**; anche agg. corso, corso in aiuto □ presente CONTR. assente.

accortaménte avv. abilmente, astutamente, avvedutamente, oculatamente, destramente, scaltramente CONTR. ingenuamente, scioccamente, stoltamente, malaccortamente.

accortézza s. f. accorgimento, avvedutezza, finezza, oculatezza, perspicacia, prudenza, sagacia, scaltrezza CONTR. ingenuità, sciocchezza, stoltezza, ottusità, sventatezza.

accòrto part. pass. di **accorgersi**; anche agg. avveduto, cauto, oculato, astuto, desto, destro, perspicace, prudente, sagace, scaltro, sveglio CONTR. ingenuo, malaccorto, sciocco, stolto, sprovveduto, sventato.

accostàbile agg. (*di persona*) abbordabile, avvicinabile, affabile, alla mano, gentile, garbato, cortese CONTR. sgarbato, scortese, burbero, aspro, intrattabile, scontroso.

accostaménto s. m. avvicinamento, contatto CONTR. allontanamento.

accostàre A v. tr. (*di persone e cose*) porre accanto, avvicinare, raccostare, mettere a contatto CONTR. allontanare, scostare, rimuovere B v. intr. (*mar.*) approdare CONTR. salpare C **accostarsi** v. rifl. 1 avvicinarsi, approssimarsi CONTR. allontanarsi, scostarsi 2 (*fig.*) (*a un'idea e sim.*) aderire, seguire, parteggiare CONTR. contrastare, opporsi, avversare, contestare.

accostàto part. pass. di **accostare**; anche agg. 1 appressato, avvicinato CONTR. allontanato, scostato 2 (*di porte, di finestre*) socchiuso CONTR. aperto, spalancato.

accòsto avv. e prep. accanto, a lato, vicino, presso CONTR. lontano, discosto, distante.

accovacciàrsi v. rifl. rannicchiarsi, acquattarsi, accoccolarsi, accosciarsi, accucciarsi, appiattarsi CONTR. alzarsi, rialzarsi, drizzarsi, rizzarsi.

accovacciàto part. pass. di **accovacciarsi**; anche agg. rannicchiato, appiattato, acquattato, accoccolato CONTR. dritto, ritto, in piedi.

accozzàglia s. f. 1 (*di cose*) congerie, miscuglio, confusione, mucchio, insieme disordinato 2 (*di persone*) folla, moltitudine, torma.

accreditàbile agg. credibile □ riferibile, imputabile.
accreditaménto s. m. **1** riconoscimento **2** (*econ.*) accredito, iscrizione a credito **CONTR.** addebito.
accreditàre v. tr. **1** (*di notizia e sim.*) rendere credibile, avvalorare, affermare **CONTR.** togliere credibilità, mettere in dubbio, negare **2** (*di persona*) dar credito, far stimare **CONTR.** screditare **3** (*di denaro*) segnare a credito **CONTR.** addebitare **4** (*di diplomatico*) incaricare **5** (*di giornalista*) autorizzare.
accreditàto part. pass. di **accreditare**; anche agg. **1** (*di persona*) autorevole, stimato **CONTR.** screditato, esautorato **2** (*di diplomatico*) incaricato **3** (*di giornalista*) autorizzato.
accrédito s. m. (*econ.*) accreditamento, iscrizione a credito **CONTR.** addebito.
accréscere A v. tr. aumentare, estendere, maggiorare, ampliare, ingrandire, aggiungere **CONTR.** calare, diminuire, impiccolire, scemare, sottrarre **B** v. intr. e **accrescersi** intr. pron. aumentare, svilupparsi, estendersi, crescere, ampliarsi, ingrandirsi **CONTR.** calare, diminuire, impiccolirsi, scemare.
accresciménto s. m. aumento, crescita, incremento, ingrandimento, maggiorazione, ampliamento, sviluppo **CONTR.** calo, diminuzione, impiccolimento.
accrescitìvo agg. e s. m. **CONTR.** diminutivo **CFR.** vezzeggiativo, peggiorativo.
accresciùto part. pass. di **accrescere**; anche agg. aumentato, cresciuto, ampliato **CONTR.** calato, diminuito, scemato.
accucciàrsi v. rifl. (*di cane*) accovacciarsi, fare la cuccia, rincantucciarsi.
accucciàto part. pass. di **accucciarsi**; anche agg. accovacciato, rincantucciato.
accudìre A v. intr. (*di cosa*) attendere, dedicarsi, occuparsi, avere cura, eseguire **CONTR.** trascurare, non badare, infischiarsi **B** v. tr. (*di persona*) assistere, aiutare **CONTR.** trascurare.
acculturàto agg. integrato, assimilato.
acculturazióne s. f. integrazione culturale, assimilazione.
accumulàbile agg. cumulabile.
accumulàre A v. tr. **1** ammassare, raccogliere, ammonticchiare, ammontare, ammucchiare, affastellare, conglomerare **CONTR.** disperdere, sparpagliare **2** (*ass.*) risparmiare □ far provvista **CONTR.** spendere, sprecare, sperperare, consumare **B accumularsi** v. intr. pron. (*di cose*) ammucchiarsi, ammassarsi, raccogliersi **CONTR.** disperdersi.
accumulàto part. pass. di **accumulare**; anche agg. ammassato, ammucchiato, raccolto **CONTR.** disperso, sparso, sparpagliato.
accumulatóre s. m. (f. *-trice*) **1** (*di denaro*) risparmiatore □ avaro, spilorcio **CONTR.** prodigo, spendaccione, scialacquatore **2** (*fis.*) batteria.
accumulazióne s. f. accumulo, accumulamento, ammassamento, ammucchiamento, affastellamento **CONTR.** dispersione.
accùmulo s. m. *V.* **accumulazione.**
accurataménte avv. attentamente, diligentemente, esattamente, con precisione **CONTR.** trascuratamente, negligentemente, sciattamente.
accuratézza s. f. cura, diligenza, esattezza, precisione, attenzione, finezza **CONTR.** negligenza, trascurataggine, sciatteria, incuria, imprecisione.
accuràto agg. **1** (*di lavoro e sim.*) fatto con cura, esatto, preciso **CONTR.** affrettato, tirato via **2** (*di persona*) diligente, esatto, preciso, premuroso **CONTR.** negligente, sciatto, trascurato, trasandato, impreciso.
accùsa s. f. **1** imputazione, incriminazione, addebito, carico, denunzia, querela □ biasimo, critica, rimprovero, taccia, calunnia, diffamazione, denigrazione **CONTR.** scarico, discarico **2** (*nel gioco delle carte*) accuso.
accusàbile agg. incolpabile, imputabile.
accusàre A v. tr. **1** (*di persona o cose*) incolpare, imputare, incriminare, denunciare, citare □ biasimare, censurare, criticare, tacciare, calunniare, diffamare, denigrare **CONTR.** scolpare, discolpare, scagionare, scusare **2** (*di male, ecc.*) manifestare, palesare, dichiarare **CONTR.** nascondere, celare, occultare **B accusarsi** v. rifl. dichiararsi colpevole, incolparsi **CONTR.** scolparsi, discolparsi, giustificarsi, scagionarsi, scusarsi.
accusàto part. pass. di **accusare**; anche agg. e s. m. imputato, prevenuto, incolpato, incriminato **CONTR.** accusatore, denunciatore.
accusatóre s. m. (f. *-trice*) denunciatore □ delatore, spia, sicofante (*lett.*) **CONTR.** difensore, avvocato, tutore.
acerbaménte avv. **1** (*fig.*) aspramente, crudelmente, duramente, rigidamente, severamente **CONTR.** benignamente, bonariamente, delicatamente, dolcemente □ umanamente **2** (*fig.*) (*di morto e sim.*) immaturamente, innanzitempo, prematuramente **CFR.** a tempo opportuno □ tardi.
acerbità s. f. **1** (*di frutto e sim.*) immaturità, agrezza (*lett.*) **CONTR.** maturità **2** (*fig.*) (*di persona e cosa*) asprezza, crudeltà, durezza, rigidezza, rigore, rigorosità, severità **CONTR.** benignità, bonarietà, clemenza, dolcezza, condiscendenza, indulgenza, longanimità, mansuetudine, mitezza, tolleranza.
acèrbo agg. **1** (*di frutto e sim.*) immaturo, prematuro, agro, brusco **CONTR.** maturo, dolce, gradevole **2** (*fig.*) (*di persona*) molto giovane, immaturo **CONTR.** maturo, esperto **3** (*fig.*) (*di persona e cose*) aspro, crudele, duro, feroce, intrattabile, rigido, ruvido, severo **CONTR.** amabile, benigno, bonario, clemente, dolce, condiscendente, indulgente, longanime, man-

sueto, mite, tollerante.
àcero s. m. (*bot.*) oppio, loppio.
acèrrimo agg. **1** sup. di **acre 2** (*fig.*) accanito, inflessibile, irriducibile, veemente **CONTR.** bonario, condiscendente, dolce, indulgente, mite.
acèrvo s. m. (*lett.*) mucchio, ammasso, catasta, cumulo, monte.
acètico agg. acetoso, acido.
acéto s. m. (*fig., lett.*) mordacità, arguzia.
acetósa s. f. (*bot.*) erba brusca.
acetosèlla s. f. (*bot.*) alleluia, erba luiula, trifoglio acetoso.
acetóso agg. acido, inacidito, acetico, agro.
acherónte [da *Acherònte*, fiume infernale nella mitologia classica] s. m. (*fig., lett.*) oltretomba, aldilà, inferno.
acidaménte avv. (*fig.*) aspramente □ malignamente **CONTR.** dolcemente □ benignamente.
acidificàre A v. tr. rendere acido **B** v. intr. inacidire.
acidità s. f. **1** (*di sapore*) acetosità, acidume, fortore, spunto □ dolcezza **2** (*fig.*) (*di persona, di cosa*) acerbità, asprezza, rigore, severità, mordacità, acrimonia **CONTR.** benignità, bonarietà, dolcezza, bontà, benevolenza, mansuetudine, mitezza, umanità.
àcido A agg. **1** (*di sapore*) acre, agro, aspro, brusco, forte, inacidito, piccante **CONTR.** alcalino □ dolce, dolciastro, dolcigno **2** (*fig.*) (*di persona o cosa*) mordace, maligno, malevolo, pungente, aspro **CONTR.** benigno, benevolo, bonario, dolce, mansueto, mite, umano **3** (*chim.*) **CONTR.** basico, alcalino **B** s. m. sapore aspro **CONTR.** sapore dolce.
acidulo agg. leggermente acido, asprigno **CONTR.** amabile, dolce.
àcino s. m. chicco □ granello, seme.
àcme s. f. **1** (*di malattia*) fase acuta **2** (*fig.*) punto culminante, fase culminante, massimo, apogeo **CONTR.** minimo.
àcqua s. f. **1** H_2O □ (*est.*) liquido **2** pioggia **3** (*spec. al pl.*) cure idropiniche □ terme □ acque termali **4** (*pop.*) orina **5** (*spec. al pl.*) liquido amniotico **6** (*fig.*) limpidezza, luminosità, trasparenza **FRAS.** *acqua dolce*, acqua dei fiumi e dei laghi □ *acqua morta*, acqua stagnante □ *acqua viva*, acqua corrente □ *acqua cheta* (*fig.*), gattamorta □ *a fior d'acqua*, alla superficie □ *filo dell'acqua*, corrente □ *sott'acqua* (*fig.*), di nascosto □ *avere l'acqua alla gola* (*fig.*), essere in grave difficoltà □ *fare un buco nell'acqua* (*fig.*), fallire, non riuscire a nulla □ *essere un pesce fuor d'acqua* (*fig.*), trovarsi a disagio □ *all'acqua di rose* (*fig.*), blando □ *affogare in un bicchiere d'acqua* (*fig.*), smarrirsi per un nonnulla □ *tirare l'acqua al proprio mulino* (*fig.*), fare il proprio interesse.
acquàio s. m. lavandino, lavello, conca, vasca.
acquamarìna s. f. **1** (*miner.*) berillo verde azzurrino **2** (*di colore*) azzurro chiaro.
acquaplàno s. m. (*sport*) surf (*ingl.*).
acquartieraménto s. m. (*mil.*) alloggiamento, accantonamento.
acquartieràre A v. tr. (*mil.*) alloggiare, accampare, accantonare **B acquartierarsi** v. rifl. accamparsi, accantonarsi.
acquasànta s. f. acqua benedetta.
acquasantièra s. f. pila.
acquàta s. f. acquazzone, rovescio, scroscio **CFR.** acquerugiola.
acquàtico agg. (*di animale o pianta*) d'acqua, acquaiolo **CONTR.** terrestre.
acquattàre A v. tr. (*raro*) nascondere, appiattare, rimpiattare **CONTR.** mostrare, manifestare **B acquattarsi** v. rifl. rannicchiarsi, accovacciarsi □ nascondersi **CONTR.** saltar fuori □ alzarsi, drizzarsi.
acquavìte s. f. grappa, fior di vite, acqua arzente □ whisky, vodka.
acquazzóne s. m. acquata, rovescio, nubifragio, scroscio.
acquedótto s. m. conduttura d'acqua, condotto.
àcqueo agg. di acqua, acquoso **CONTR.** arido, asciutto, secco.
acquerùgiola s. f. pioggerella, pioggerellina **CFR.** acquata, acquazzone, rovescio, scroscio.
acquiescènte agg. arrendevole, docile, remissivo, sottomesso, consenziente, condiscendente, conciliante, trattabile **CONTR.** dissenziente, indocile, ostinato, restio, ricalcitrante, ribelle.
acquiescènza s. f. arrendevolezza, docilità, remissività, adattabilità, rinuncia **CONTR.** indocilità, opposizione, ostinazione, cocciutaggine, testardaggine.
acquietàre A v. tr. calmare, placare, quietare, rabbonire, rasserenare, sedare, appagare, soddisfare **CONTR.** eccitare, inasprire, irritare, aizzare **B acquietarsi** v. intr. pron. calmarsi, placarsi, quietarsi, rabbonirsi, rasserenarsi **CONTR.** arrabbiarsi, inasprirsi, irritarsi, inquietarsi, eccitarsi, infiammarsi.
acquirènte s. m. e f.; anche agg. compratore, cliente **CONTR.** venditore, rivenditore.
acquisire v. tr. **1** divenire titolare, acquistare **CONTR.** perdere **2** (*fig.*) (*di nozioni, di esperienza, ecc.*) apprendere, imparare **CONTR.** disimparare.
acquisìto part. pass. di **acquisire**; anche agg. acquistato, non congenito, contratto □ imparato, appreso **CONTR.** congenito, innato, istintivo □ perduto.
acquisizióne s. f. acquisto **CONTR.** perdita.
acquistàre A v. tr. **1** (*di cosa*) comperare □ ottenere, procurarsi **CONTR.** vendere, alienare **2** (*di fama, di esperienza, ecc.*) ottenere, guadagnare, conseguire, procurarsi, procacciarsi, attirarsi, accaparrarsi, cattivarsi, conciliarsi, acquisire, conquistare □ assumere, prendere **CONTR.** perdere, buttare via **B** v. intr. migliorare,

fare progressi, progredire, avanzare □ guadagnare **CONTR.** peggiorare, perdere, scapitare.

acquistàto part. pass. di **acquistare**; anche agg. **1** comperato □ ottenuto **CONTR.** venduto **2** (*di fama, di esperienza, ecc.*) ottenuto, guadagnato, conseguito, procacciato, acquisito, conquistato □ assunto **CONTR.** perso, buttato via.

acquìsto s. m. **1** (*di cosa*) compera, compra **CONTR.** vendita, alienazione **2** (*di persona o cosa*) conquista, guadagno, incremento, vantaggio **CONTR.** perdita, scapito, danno, svantaggio.

acquitrìno s. m. palude, pantano, stagno, ristagno.

acquitrinóso agg. paludoso, pantanoso, stagnante, fangoso, melmoso **CONTR.** arido, asciutto, riarso, secco.

acquolìna s. f. **1** dim. di **acqua** **2** pioggerella, acquerugiola **CFR.** acquazzone, rovescio, scroscio **3** salivazione **4** (*anche fig.*) (*di cose appetitose*) grande desiderio.

acquóso agg. **1** (*di sostanza, di cielo*) pregno di acqua □ simile all'acqua □ umido, piovoso **CONTR.** arido, asciutto, secco **2** (*di terreno*) acquitrinoso, paludoso **CONTR.** arido, asciutto, secco.

àcre agg. **1** (*di sapore*) brusco, acido, pungente, agro, piccante (*est.*), penetrante **CONTR.** dolce, gradevole **2** (*fig.*) (*di persona, di parole, ecc.*) malevolo, mordace, astioso, caustico, acrimonioso, amaro, crudele, fiero, maligno, violento **CONTR.** affabile, affettuoso, benevolo, bonario, dolce, mansueto, mite, gentile, benigno.

acrèdine s. f. **1** (*di sostanza*) asprezza, acidità **2** (*fig.*) (*di persona, di parole, ecc.*) acrimonia, astio, asprezza, malevolenza, malignità, odio, livore, rancore **CONTR.** affabilità, amabilità, benignità, benevolenza, dolcezza, bontà, mitezza.

acreménte avv. acerbamente, astiosamente, aspramente, crudelmente, rigidamente, severamente **CONTR.** affabilmente, amabilmente, benignamente, benevolmente, bonariamente, dolcemente, mitemente.

acrimònia s. f. asprezza, acerbità, acredine, astio, astiosità, livore, malevolenza, malignità, mordacità **CONTR.** affabilità, amabilità, benignità, benevolenza, bonarietà, bontà, dolcezza, gentilezza, mitezza.

acrimonióso agg. aspro, astioso, caustico, amaro, malevolo, mordace, ostile **CONTR.** affabile, affettuoso, benigno, benevolo, bonario, dolce, gentile, mite.

acròbata s. m. e f. **1** funambolo, equilibrista, trapezista, contorsionista, ginnasta **2** (*fig.*) opportunista.

acrobazìa s. f. **1** esercizio acrobatico, acrobatismo, funambolismo **2** (*fig.*) ingegnosità, salti mortali (*fig.*).

acrocòro o **acròcoro** s. m. altopiano.

acròpoli s. f. (*stor.*) rocca, fortezza, cittadella, baluardo.

actinìdia s. f. (*bot., est.*) kiwi.

acuìre **A** v. tr. **1** (*di cosa*) aguzzare, acuminare, affusolare, appuntare **CONTR.** smussare, spuntare, ottundere **2** (*fig.*) (*di situazione, di ingegno, ecc.*) acutizzare, esasperare, esacerbare, eccitare, sollecitare **CONTR.** smorzare, attenuare, attutire **B** **acuirsi** v. intr. pron. (*di situazione, di ingegno, ecc.*) acutizzarsi, sollecitarsi, eccitarsi, esacerbarsi, ravvivarsi □ aggravarsi **CONTR.** attenuarsi, attutirsi.

acuìto part. pass. di **acuire**; anche agg. (*fig.*) aumentato, esacerbato, acutizzato, esasperato **CONTR.** attenuato, attutito, smorzato.

acùleo s. m. **1** (*di insetto*) pungiglione **2** (*di pianta, di animale*) spina **3** (*fig.*) tormento, assillo, angoscia, tribolazione **CONTR.** sollievo, conforto.

acùme s. m. **1** (*lett.*) acutezza **2** (*fig.*) prontezza, perspicacia, ingegno **CONTR.** ottusità, grossezza, rozzezza.

acuminàto agg. appuntito, aguzzo, acuto, affusolato **CONTR.** ottuso, spuntato, smussato, tondeggiante.

acùstica s. f. (*di ambiente*) sonorità.

acùstico agg. sonoro.

acutaménte avv. sottilmente, intelligentemente, argutamente **CONTR.** ottusamente, stupidamente.

acutézza s. f. **1** (*di cosa*) sottigliezza **2** (*fig.*) (*di mente, di ingegno, ecc.*) acume (*lett.*), perspicacia, finezza, prontezza □ intensità, vivezza **CONTR.** ottusità, grossezza, lentezza, rozzezza.

acutizzàre **A** v. tr. (*fig.*) (*di situazione, di sensazione, ecc.*) acuire, esasperare, esacerbare, aggravare □ sollecitare **CONTR.** attenuare, attutire **B** **acutizzarsi** v. intr. pron. acuirsi, aggravarsi, esasperarsi **CONTR.** attenuarsi, attutirsi, diminuire.

acùto **A** agg. **1** (*di cosa*) acuminato, appuntato, appuntito, aguzzo, puntuto, pungente **CONTR.** smussato, spuntato, ottuso, tondeggiante **2** (*fig.*) (*di sensazione*) penetrante, pungente, intenso, violento, vivo, forte, profondo **CONTR.** debole, fiacco, moderato, scarso **3** (*fig.*) (*di mente, di ingegno, ecc.*) perspicace, sottile, fine, intelligente, arguto **CONTR.** ottuso, lento, idiota, stupido, grossolano, rozzo **B** s. m. (*mus.*) nota più alta.

adagiàre **A** v. tr. deporre, posare, mettere **CONTR.** alzare, sollevare **B** **adagiarsi** v. rifl. **1** sdraiarsi, distendersi, stendersi, coricarsi, rilassarsi □ sedersi **CONTR.** alzarsi, rialzarsi, sollevarsi, risollevarsi **2** (*fig.*) (*nella speranza, nell'ozio, ecc.*) abbandonarsi, lasciarsi andare, acquietarsi.

adagiàto part. pass. di **adagiare**; anche agg. steso, disteso, sdraiato, coricato □ posto **CONTR.** sollevato, alzato.

adàgio (1) A avv. **1** piano, lentamente, senza fretta, pian piano, passo passo, a rilento **CONTR.** presto, lestamente, celermente, rapidamente, velocemente **2** cautamente, prudentemente **CONTR.** incautamente, imprudentemente **B** s. m. (*mus.*) movimento lento **CONTR.** presto.

adàgio (2) s. m. sentenza, proverbio, massima, detto, motto, aforisma.

adamantìno agg. **1** di diamante, diamantino **2** (*di luce*) splendente **CONTR.** opaco **3** (*est.*) (*di carattere, di sguardo, ecc.*) duro, inalterabile, costante, irremovibile, freddo **CONTR.** arrendevole, incostante, fiacco, instabile □ dolce.

adattàbile agg. **1** confacente, adeguato, adeguabile **CONTR.** inadattabile, inadeguato **2** (*fig.*) contentabile, facile, alla mano **CONTR.** incontentabile, difficile.

adattaménto s. m. **1** (*di cosa*) accomodamento □ arrangiamento, rielaborazione **2** (*fig.*) (*di persona*) adeguamento, acquiescenza, rassegnazione, pazienza, sopportazione **CONTR.** resistenza, ribellione.

adattàre A v. tr. **1** (*di cosa*) adeguare, acconciare, aggiustare, assestare, approntare, allestire, preparare **2** disporre, applicare **B adattarsi** v. rifl. (*di persona*) adeguarsi, accomodarsi, acconciarsi, conformarsi, uniformarsi, rassegnarsi, sottomettersi, sottostare □ accontentarsi **CONTR.** opporsi, ribellarsi **C** v. intr. pron. (*di persona e cosa*) convenire, essere opportuno, addirsi, confarsi, calzare, quadrare, star bene **CONTR.** non confarsi, sconvenire.

adattàto part. pass. di **adattare**; anche agg. adeguato, acconcio, conforme, idoneo, conveniente **CONTR.** inadatto, sconveniente.

adàtto agg. adeguato, conveniente, opportuno, appropriato, acconcio, atto, confacente, conforme, consono, pertinente, idoneo **CONTR.** disadatto, inadatto, inadeguato, inidoneo, inopportuno, disdicevole, sconfacente (*lett.*).

addebitàre v. tr. **1** (*di denaro e sim.*) segnare a debito □ ascrivere, computare **CONTR.** accreditare **2** (*fig.*) (*di cosa*) incolpare, accusare, attribuire **CONTR.** scusare, scolpare, discolpare.

addébito s. m. **1** attribuzione a debito, addebitamento **CONTR.** accreditamento, accredito **2** (*fig.*) imputazione, accusa **CONTR.** discolpa, scarico, giustificazione.

addènda [vc. dotta, lat. 'cose da aggiungere', ger. di *addĕre* 'aggiungere'] s. m. pl. (*ad un testo*) aggiunte, integrazioni.

addèndo s. m. (*mat.*) numero da sommare **CONTR.** minuendo, sottraendo.

addensaménto s. m. condensamento, infittimento, accentramento **CONTR.** diradamento, rarefazione, diluizione.

addensàre A v. tr. condensare, infittire, raddensare, concentrare, affittire, infoltire, ispessire, accumulare, ammucchiare **CONTR.** diluire, diradare, rarefare, sciogliere **B addensarsi** v. intr. pron. e rifl. infittirsi, condensarsi, infoltirsi, ispessirsi □ accalcarsi, affollarsi **CONTR.** diradarsi, rarefarsi, sfoltirsi.

addentàre v. tr. afferrare (con i denti), azzannare, mordere, morsicare, masticare, stritolare □ (*est.*) afferrare, stringere.

addentràre A v. tr. far penetrare, immettere, spingere **CONTR.** estrarre **B addentrarsi** v. intr. pron. introdursi, inoltrarsi, internarsi, entrare **CONTR.** uscire, venir fuori.

addéntro avv. nell'interno, a fondo, interiormente □ (*fig.*) profondamente, intimamente **CONTR.** esteriormente, superficialmente **FRAS.** *essere addentro* (*fig.*), essere esperto, essere informato, essere coinvolto.

addestraménto s. m. allenamento, esercitazione, ammaestramento, insegnamento.

addestràre A v. tr. allenare, esercitare, ammaestrare, abituare, assuefare, avvezzare, preparare, impratichire, insegnare **CONTR.** disabituare, disavvezzare, disassuefare **B addestrarsi** v. rifl. esercitarsi, allenarsi, assuefarsi (*raro*), impratichirsi **CONTR.** disabituarsi, disassuefarsi (*raro*), disimparare.

addétto A agg. **1** assegnato, incaricato, preposto **CONTR.** estraneo **2** destinato, adibito, impiegato **B** s. m. incaricato.

addiàccio s. m. **1** (*di bestiame*) recinto all'aperto **2** (*mil.*) stazionamento, bivacco, accampamento **FRAS.** *all'addiaccio*, all'aperto.

addiètro avv. **1** a tergo, dietro, indietro **CONTR.** avanti, davanti, innanzi **2** prima, fa, dianzi (*raro*).

addìo A inter. ciao (*fam.*), arrivederci **B** s. m. saluto, separazione, distacco, commiato **FRAS.** *dire addio*, lasciare, abbandonare □ *addio!* (*escl.*), è finita.

addirittùra avv. **1** assolutamente, completamente, perfino □ (*enf.*) nientemeno **2** direttamente, senza indugio, senz'altro.

additàre v. tr. mostrare (col dito), accennare □ (*anche fig.*) indicare, segnalare, mostrare.

additivo s. m. riempitivo, filler (*ingl.*).

addizionàle A agg. aggiuntivo, aggiunto, accessorio, supplementare **B** s. f. sovrimposta.

addizionàre v. tr. **1** (*mat.*) fare l'addizione, sommare **CONTR.** sottrarre **2** (*est.*) aggiungere, annettere, unire **CONTR.** detrarre, levare, sottrarre, defalcare.

addizióne s. f. **1** (*mat.*) somma **CONTR.** sottrazione **2** aggiunta, giunta, complemento, supplemento **CONTR.** detrazione, sottrazione, defalco, diffalco.

addobbàre A v. tr. **1** ornare, parare a festa, adornare, arredare, decorare, guarnire **2** (*fig., scherz.*) vestire con lusso, abbigliare **B addobbarsi** v. rifl. vestirsi con eleganza, abbigliarsi.

addobbàto part. pass. di **addobbare**; anche agg. **1** arredato, decorato, ornato **CONTR.** disadorno, spoglio **2** (*fig., scherz.*) vestito con lusso, agghindato **CONTR.** sciatto, trasandato.

addòbbo s. m. ornamento, decorazione, arredamento, paramento, parato, guarnizione, drappo, arazzo, fregio.

addolcìre A v. tr. **1** (*di cosa*) dolcificare, edulcorare (*raro*), raddolcire, zuccherare, inzuccherare **2** (*fig.*) (*di carattere, di sentimento, ecc.*) attenuare, lenire, mitigare, calmare, moderare, temperare, ammorbidire, ammollire □ ingentilire **CONTR.** esasperare, inasprire, irritare, invelenire **B addolcirsi** v. intr. pron. (*di persona*) calmarsi, moderarsi, mitigarsi **CONTR.** inasprirsi, irritarsi, invelenirsi.

addolcìto part. pass. di **addolcire**; anche agg. **1** dolcificato, edulcorato, zuccherato, inzuccherato **2** (*fig.*) (*di carattere, di sentimento, ecc.*) attenuato, mitigato, moderato, ingentilito **CONTR.** inasprito, esasperato.

addoloràre A v. tr. accorare, affliggere, rattristare, contristare, amareggiare **CONTR.** allietare, rallegrare, sollazzare, confortare, consolare **B addolorarsi** v. intr. pron. affliggersi, accorarsi, attristarsi, contristarsi, rattristarsi **CONTR.** allietarsi, rallegrarsi, confortarsi, consolarsi.

addoloràto part. pass. di **addolorare**; anche agg. afflitto, dolente, angustiato, mesto, sconsolato, sconfortato, tormentato, tribolato, triste, accorato, rammaricato **CONTR.** allegro, contento, gaio, giocondo, giubilante, giulivo, lieto, sereno.

addòme s. m. (*anat.*) pancia, ventre, epa (*lett.*).

addomesticàbile agg. ammaestrabile, domabile, docile, mansueto **CONTR.** indomabile, indocile, fiero, selvaggio.

addomesticàre v. tr. **1** (*di animale*) domare, ammaestrare, ammansare, ammansire, mansuefare **CONTR.** inselvatichire **2** (*fig.*) (*di persona*) abituare, assuefare, familiarizzare, avvezzare **CONTR.** disabituare, disassuefare (*raro*), disavvezzare.

addomesticàto part. pass. di **addomesticare**; anche agg. **1** (*di animale*) domato, ammansato, ammansito, ammaestrato, docile, domestico **CONTR.** indomabile, selvaggio **2** (*fig.*) (*di persona, di elezione, ecc.*) modificato artificiosamente, preparato, predisposto, truccato **CONTR.** autentico, chiaro, regolare.

addormentàre A v. tr. **1** far dormire, indurre al sonno, addormire (*poet.*), assopire **CONTR.** destare, ridestare, svegliare, risvegliare **2** (*fig.*) (*di male, di sentimento*) attenuare, attutire, mitigare **CONTR.** eccitare, esasperare, inasprire, irritare **3** (*fig.*) (*di mente, di sensi*) assopire, intorpidire, impigrire **CONTR.** eccitare, sollecitare, risvegliare **B addormentarsi** v. intr. pron. **1** (*di persona, di animale*) prendere sonno, mettersi a dormire, assopirsi, appisolarsi □ (*est.*) morire **CONTR.** destarsi, ridestarsi, svegliarsi **2** (*fig.*) (*di persona, di mente, ecc.*) impigrirsi, intorpidirsi, attenuarsi, spegnersi **CONTR.** risvegliarsi, scuotersi, riscuotersi.

addormentàto part. pass. di **addormentare**; anche agg. e s. m. **1** (*di persona, di animale*) assopito, assonnato **CONTR.** desto, sveglio **2** (*fig.*) (*di persona, di mente, ecc.*) fiacco, inattivo, inoperoso, neghittoso, pigro □ intormentito, intorpidito **CONTR.** sveglio, alacre, attivo, energico, operoso, pronto, vivace.

addossàre A v. tr. **1** (*di mobile e sim.*) accostare, appoggiare **CONTR.** allontanare, scostare, spostare **2** (*fig.*) (*di responsabilità, di colpa, ecc.*) attribuire, imputare, accollare, imporre, gravare **CONTR.** liberare, sgravare, alleggerire, dispensare, esimere **B addossarsi** v. rifl. **1** appoggiarsi, ammassarsi, accalcarsi **CONTR.** allontanarsi, staccarsi **2** (*fig.*) (*di responsabilità, di colpa, ecc.*) accollarsi, assumersi, attribuirsi, incaricarsi **CONTR.** esimersi, rinunciare, declinare.

addossàto part. pass. di **addossare**; anche agg. (*di mobile e sim.*) accostato, appoggiato **CONTR.** scostato, spostato, staccato.

addòsso A avv. **1** sulle spalle, sul dorso, sulla persona, indosso **2** in corpo, dentro □ nell'intimo **B** locuz. prep. *addosso a* **1** sopra, su **2** molto vicino **3** contro **FRAS.** *mettersi addosso*, indossare □ *tirarsi addosso* (*fig.*), procurarsi, attirarsi □ *avere il diavolo addosso* (*fig.*), essere esagitato □ *mettere le mani addosso*, prendere, afferrare, picchiare, malmenare □ *mettere gli occhi addosso*, desiderare □ *dare addosso* (*fig.*), perseguitare, dare torto, contrariare.

addótto part. pass. di **addurre**; anche agg. **1** (*di motivo e sim.*) arrecato, portato **2** (*di documentazione*) citato, allegato.

addùrre v. tr. **1** allegare, apportare, citare, produrre, presentare **CONTR.** dedurre, detrarre, levare, togliere, stralciare **2** (*lett.*) arrecare, condurre □ procurare, cagionare.

adeguaménto s. m. adeguazione, equilibrio, pareggiamento, accordo, concordanza, corrispondenza, conformità **CONTR.** sbilanciamento, squilibrio, disaccordo, discordanza, sconcordanza.

adeguàre A v. tr. **1** (*di cosa*) pareggiare, proporzionare, conformare, adattare, bilanciare, equilibrare **CONTR.** differenziare, diversificare **2** spianare **B adeguarsi** v. rifl. (*di persona, di cosa*) adattarsi, conformarsi, uniformarsi □ rassegnarsi, sottomettersi **CONTR.** discordare, dissentire □ opporsi.

adeguataménte avv. bene, convenientemente, proporzionatamente **CONTR.** male, sconvenientemente, sproporzionatamente.

adeguàto part. pass. di **adeguare**; anche agg. giusto, proporzionato, adatto, conveniente, idoneo, conforme, corrispondente **CONTR.** inadatto, inadeguato, sproporzionato, sconveniente.

adémpiere A v. tr. e intr. eseguire, compiere, effettuare, realizzare, attuare, soddisfare □ mantenere **CONTR.** respingere, rifiutare **B**

adempiersi v. intr. pron. avverarsi, verificarsi, realizzarsi, attuarsi, effettuarsi.
adempiménto s. m. compimento, esecuzione, effettuazione, realizzazione, soddisfacimento □ obbedienza, osservanza **CONTR.** inadempimento, inadempienza, inosservanza, disobbedienza, trasgressione.
adempìre v. tr. *V.* **adempiere**.
adèpto s. m. affiliato, iscritto, iniziato, seguace, aderente **CONTR.** profano, estraneo.
aderènte A part. pres. di **aderire**; anche agg. attaccato, connesso, unito, contiguo □ combaciante **CONTR.** staccato **B** s. m. seguace, partigiano, fautore, affiliato **CONTR.** estraneo, oppositore, avversario, nemico.
aderènza s. f. **1** adesione, coesione, connessione, contatto, combaciamento **CONTR.** separazione, distacco **2** (*spec. al pl.*) (*fig.*) conoscenze, relazioni, appoggi, amicizie.
aderìre v. intr. **1** (*di cosa*) essere attaccato, combaciare **CONTR.** staccarsi, distaccarsi, scollarsi **2** (*fig.*) (*a un'idea, ad un partito, ecc.*) parteggiare, seguire, favorire **CONTR.** avversare, contrastare, opporsi **3** (*fig.*) (*a richiesta, ad appelli, ecc.*) acconsentire, accogliere, accettare, accondiscendere **CONTR.** respingere, rifiutare, ricusare, negare.
adescaménto s. m. allettamento, lusinga, seduzione, invito, richiamo **CONTR.** allontanamento, rifiuto.
adescàre v. tr. **1** (*di animale*) attirare (con l'esca), prendere **2** (*fig.*) (*di persona*) allettare, attrarre, lusingare, sedurre **CONTR.** allontanare, respingere, disgustare.
adesióne s. f. (*fig.*) assenso, assentimento, consenso, approvazione, appoggio, partecipazione **CONTR.** dissenso, disaccordo, discrepanza, disapprovazione, opposizione, ostilità.
adesìvo A agg. che aderisce, collante **B** s. m. collante, autoadesivo.
adèsso avv. **1** ora, in questo momento, presentemente **2** poco fa, or ora, mo' (*dial.*) **3** tra poco.
ad hoc /*lat.* a'd ɔk/ [loc. lat., letteralmente 'per ciò'] loc. agg. e avv. fatto apposta, appropriato.
adiacènte agg. vicino, limitrofo, contiguo, attiguo, confinante, prossimo **CONTR.** distante, discosto, lontano, staccato.
adiacènza s. f. spec. al pl. vicinanza, prossimità.
adibìre v. tr. destinare, assegnare, riservare, usare, adoperare, impiegare.
adibìto part. pass. di **adibire**; anche agg. destinato, assegnato, riservato, usato, impiegato.
àdipe s. m. (*del corpo*) grasso, pinguedine.
adiposità s. f. pinguedine, obesità **CONTR.** magrezza, secchezza.
adipóso agg. grasso, pingue, obeso **CONTR.** magro, secco, segaligno, allampanato.
adiràrsi v. intr. pron. arrabbiarsi, corrucciarsi, incollerirsi, impermalirsi, inviperirsi, infuriarsi, irritarsi, accendersi, alterarsi, arrovellarsi, esasperarsi, sdegnarsi, stizzirsi, incazzarsi (*volg.*) **CONTR.** calmarsi, raddolcirsi, rabbonirsi, ammansirsi, placarsi, quietarsi, mitigarsi, pacificarsi, rasserenarsi, tranquillizzarsi.
adiràto part. pass. di **adirarsi**; anche agg. arrabbiato, corrucciato, incollerito, impermalito, inviperito, irritato, alterato, esasperato, stizzito, incazzato (*volg.*) **CONTR.** calmo, pacifico, placido, quieto, sereno, tranquillo, rabbonito, raddolcito.
àdito s. m. **1** entrata, passaggio, accesso, ingresso, varco **CONTR.** uscita, egresso (*raro*) **2** (*fig.*) opportunità, occasione, possibilità.
adocchiàre v. tr. **1** guardare, vedere, osservare, notare, scorgere, scoprire **2** guardare con desiderio, occhieggiare.
adocchiàto part. pass. di **adocchiare**; anche agg. guardato, visto, scorto, notato.
adolescènte A agg. adolescenziale **CONTR.** adulto **B** s. m. e f. giovanetto, giovincello, ragazzo, pubere, sbarbatello, minorenne **CFR.** bambino, giovane, adulto, uomo, maggiorenne, anziano, vecchio.
adolescènza s. f. pubertà, pubescenza (*lett.*), prima giovinezza **CFR.** infanzia, giovinezza, maturità, virilità, età matura, vecchiaia.
adolescenziàle agg. dell'adolescenza, di adolescente, adolescente **CFR.** infantile, giovanile, virile, maturo, anziano, vecchio.
adombràre A v. tr. **1** ombreggiare, oscurare **CONTR.** illuminare, rischiarare, schiarire **2** (*fig.*) celare, nascondere, occultare, velare □ simboleggiare, raffigurare, rappresentare **CONTR.** chiarire, spiegare, determinare, precisare, esplicare **B** v. intr. e **adombrarsi** intr. pron. **1** (*di animale*) spaventarsi, imbizzarrirsi **2** (*fig.*) (*di persona*) turbarsi, offendersi, impermalirsi, insospettirsi **CONTR.** tollerare, sopportare.
adoperàbile agg. usabile, utilizzabile **CONTR.** inservibile, inutilizzabile.
adoperàre A v. tr. usare, impiegare, servirsi, valersi, avvalersi, utilizzare, usufruire **B adoperarsi** v. rifl. occuparsi, darsi da fare, affaccendarsi, industriarsi, ingegnarsi, sforzarsi, prodigarsi, brigare, trafficare, cercare, tentare **CONTR.** disinteressarsi, infischiarsene.
adoperàto part. pass. di **adoperare**; anche agg. usato, impiegato, utilizzato.
adoràbile agg. (*est.*) delizioso, amabile, attraente, bello, seducente **CONTR.** detestabile, odioso, repellente, ripugnante, spregevole.
adoràre v. tr. **1** (*di divinità e sim.*) venerare **2** (*est.*) (*di persona*) amare appassionatamente, riverire, idolatrare □ (*di cosa*) bramare, desiderare **CONTR.** odiare, detestare, esecrare, aborrire, abominare, disprezzare.
adoràto part. pass. di **adorare**; anche agg. amato, onorato, riverito □ bramato, desiderato **CONTR.** odiato, detestato, esecrato, disprez-

zato.
adorazióne s. f. **1** (*verso divinità*) culto, venerazione, pietà **2** (*est.*) (*verso persona*) amore sviscerato, ammirazione, devozione **CONTR.** odio, esecrazione, disprezzo, abominazione.
adornàre A v. tr. abbellire, imbellire, ornare, decorare, guarnire **CONTR.** imbruttire, deformare, deturpare, sfigurare **B adornarsi** v. rifl. vestirsi con cura, òrnarsi, agghindarsi.
adornàto part. pass. di **adornare**; anche agg. ornato, decorato, guarnito.
adottàre v. tr. **1** (*di persona*) riconoscere come figlio **2** (*fig.*) (*di sistema, di norme, ecc.*) accettare, fare proprio, accogliere, assumere, eleggere, scegliere, seguire, approvare **CONTR.** respingere, rifiutare, ricusare, ripudiare, scartare.
adozióne s. f. **1** (*di persona*) adottamento (*raro*) **2** (*fig.*) (*di libri di testo, ecc.*) scelta, elezione **3** (*fig.*) (*di provvedimento*) attuazione.
adulàre v. tr. blandire, incensare, lusingare, lisciare, vezzeggiare, lustrare, piaggiare (*lett.*), ossequiare, sviolinare (*fam.*), ungere **CONTR.** calunniare, denigrare, diffamare, disdegnare, spregiare, vituperare.
adulatóre s. m.; anche agg. (f. *-trice*) incensatore, lusingatore, panegirista, piaggiatore (*raro*), cortigiano, leccatore, lecchino, leccapiedi, lustrascarpe, leccaculo (*volg., spreg.*) **CONTR.** denigratore, detrattore, diffamatore, calunniatore.
adulazióne s. f. incensamento, cortigianeria, piaggeria, panegirico, lisciamento, lisciata, lisciatura, leccatura, lusinga, lustratura, gonfiatura, sviolinata, sviolinatura (*fam.*), saponata (*pop.*) **CONTR.** biasimo, denigrazione, diffamazione, calunnia, maldicenza, disprezzo.
adulteràre v. tr. **1** (*di cosa*) alterare, sofisticare, contraffare, falsificare, snaturare **2** (*fig.*) (*di animo, ecc.*) corrompere, guastare, depravare, viziare **CONTR.** sanare, risanare.
adulteràto part. pass. di **adulterare**; anche agg. alterato, falsificato, sofisticato □ corrotto **CONTR.** autentico, genuino, puro.
adultèrio s. m. relazione illecita, tresca □ fornicazione.
adùltero agg.; anche s. m. (*di coniuge*) infedele **CONTR.** fedele.
adùlto A agg. maturo, cresciuto, sviluppato **CONTR.** immaturo, acerbo **B** s. m. uomo.
adunànza s. f. riunione, assemblea, consesso, convegno, raduno, radunanza, radunata, adunata, accolta, raccolta □ compagnia, assembramento, folla.
adunàre A v. tr. raccogliere, radunare, riunire, raggruppare, congregare, concentrare, accumulare, ammassare, ammucchiare **CONTR.** disgregare, sciogliere **B adunarsi** v. intr. pron. riunirsi, raccogliersi, concorrere, assembrarsi **CONTR.** sciogliersi, separarsi, sbandarsi.
adunàta s. f. raduno, radunata, riunione, convocazione.
adùnco agg. a punta, uncinato, curvo, ricurvo, storto **CONTR.** dritto, diritto, rettilineo.
aeràre v. tr. dare aria, ventilare, arieggiare.
aeràto part. pass. di **aerare**; anche agg. ventilato, arieggiato, arioso **CONTR.** chiuso, senz'aria.
aeratóre s. m. ventilatore.
aerazióne s. f. ventilazione, circolazione.
aèreo (1) A agg. **1** di aria, aeriforme, gassoso **2** (*est.*) (*di cosa*) lieve, leggero **CONTR.** greve, pesante **3** (*fig.*) (*di ragionamento*) inconsistente, senza fondamento, vano **CONTR.** consistente, fondato **B** s. m. (*tecn.*) antenna.
aèreo (2) s. m. acrt. di **aeromobile**, **aeroplano**; idrovolante, velivolo, apparecchio.
aerifórme A agg. gassoso, aereo **B** s. m. gas.
aeròbico agg. (*est.*) (*di ginnastica, ecc.*) all'aria □ respiratorio **CONTR.** anaerobico.
aerodinàmico agg. (*est.*) slanciato, affusolato **CONTR.** tozzo, massiccio.
aerolìnea s. f. (*aer.*) linea aerea, aviolinea.
aeromòbile s. m. pallone, dirigibile □ aereo, aeroplano, apparecchio, velivolo.
aeronàutica s. f. aviazione.
aeronàutico agg. dell'aeronautica, aereo.
aeroplàno s. m. aereo, aeromobile, velivolo, apparecchio.
aeropòrto s. m. campo d'aviazione, aerodromo, aeroscalo, scalo aereo, campo di atterraggio.
aeroscàlo s. m. aeroporto, aerodromo, campo di aviazione.
aeròstato s. m. pallone volante, pallone aerostatico, dirigibile.
àfa s. f. **1** aria greve, aria calda, aria soffocante, calura **CONTR.** fresco, frescolino, frescura, venticello, refrigerio **2** (*fig.*) fastidio, noia, tedio **CONTR.** vivacità, gioia.
afasìa s. f. (*med.*) disfasia, incapacità di parlare, incapacità di capire.
affàbile agg. amabile, cortese, garbato, gentile, cordiale, familiare, socievole, alla buona, alla mano, espansivo, comunicativo, accostabile, amichevole **CONTR.** burbero, scortese, sgarbato, scorbutico, intrattabile, screanzato, villano, rozzo, zotico.
affabilità s. f. amabilità, cordialità, cortesia, gentilezza, familiarità, accessibilità, comunicabilità, comunicativa, socievolezza, trattabilità, umanità, urbanità **CONTR.** scortesia, sgarbatezza, sgarbataggine, scontrosità, intrattabilità, rozzezza, rustichezza, villania, zoticaggine, zotichezza.
affaccendàre A v. tr. (*raro*) dare da fare, impegnare **B affaccendarsi** v. rifl. darsi da fare, adoperarsi, affannarsi, affaticarsi, occuparsi **CONTR.** oziare, poltrire, stare con le mani in mano, stare in panciolle.
affaccendàto part. pass. di **affaccendare**; anche agg. indaffarato, occupato, premuroso, sollecito **CONTR.** sfaccendato, sfaticato, scioperato,

ozioso.

affacciàre A v. tr. **1** mostrare, far vedere **2** (*fig.*) (*di pretesa, di proposta, ecc.*) presentare, accampare, prospettare **CONTR.** ritirare **B affacciarsi** v. rifl. **1** (*di persona*) mostrarsi, farsi vedere, farsi avanti, sporgersi **CONTR.** ritirarsi, ritrarsi, nascondersi, sparire **2** (*fig.*) (*di idee, ecc.*) presentarsi □ venire in mente **CONTR.** svanire, dileguarsi.

affamàto agg. **1** famelico, allupato □ (*fig.*) miserabile **CONTR.** sazio, satollo, pago **2** (*fig.*) (*di denaro, di successo, ecc.*) avido, bramoso **CONTR.** indifferente, incurante, noncurante.

affannàre A v. tr. **1** dare affanno **2** (*fig.*) affliggere, angustiare, preoccupare, impensierire, tribolare **CONTR.** consolare, rassicurare, rincorare, incoraggiare, sollevare **B** v. intr. e **affannarsi** v. rifl. **1** patire affanno, ansimare **2** (*fig.*) agitarsi, preoccuparsi, inquietarsi, angustiarsi, accorarsi, tribolare **CONTR.** calmarsi, quietarsi, rincorarsi, rianimarsi, risollevarsi.

affannàto part. pass. di **affannare**; anche agg. **1** ansante, ansimante, anelante, scalmanato **2** (*fig.*) agitato, angustiato, accorato, inquieto, tormentato, turbato **CONTR.** calmo, pacato, pacifico, sereno, tranquillo, serafico, impassibile, imperturbabile.

affànno s. m. **1** respiro difficoltoso, fiato grosso, asma, dispnea **2** (*fig.*) ansia, angustia, angoscia, ambascia, afflizione, dolore, inquietudine, pena, preoccupazione, travaglio **CONTR.** calma, pace, quiete, serenità, tranquillità.

affannosaménte avv. angosciosamente, dolorosamente, penosamente **CONTR.** pacificamente, pacatamente, tranquillamente.

affannóso agg. **1** (*di respiro, di caldo, ecc.*) faticoso, difficile, ansante, ansimante, anelante, affannato **CONTR.** facile, libero **2** (*fig.*) (*di pensiero, di vita, ecc.*) angoscioso, ansioso, doloroso, penoso **CONTR.** piacevole, gradevole, gradito.

affàre s. m. **1** faccenda, cosa, incombenza, negozio, lavoro, compito, impresa **2** (*comm.*) contratto, interesse **3** (*dir.*) processo **4** avvenimento.

affarìsta s. m. e f. faccendiere.

affascinànte part. pres. di **affascinare**; anche agg. attraente, avvincente, bellissimo, incantevole, seducente, delizioso **CONTR.** brutto, repellente, ripugnante, ributtante, disgustoso.

affascinàre v. tr. **1** stregare, affatturare **2** (*fig.*) ammaliare, incantare, allettare, innamorare, sedurre, rapire, abbagliare **CONTR.** allontanare, disgustare, disilludere, disincantare.

affascinàto part. pass. di **affascinare**; anche agg. **1** stregato, affatturato **2** (*fig.*) ammaliato, incantato, allettato, sedotto, abbagliato, rapito **CONTR.** disgustato, disilluso, allontanato.

affastellàre v. tr. **1** raccogliere, legare **2** ammucchiare, ammonticchiare, accatastare, ammassare, accozzare, abborracciare.

affaticaménto s. m. fatica, spossatezza, stanchezza **CONTR.** resistenza, vigore.

affaticàre A v. tr. stancare, spossare, indebolire, fiaccare **CONTR.** rafforzare, rinforzare, irrobustire, invigorire, rinvigorire **B affaticarsi** v. rifl. **1** stancarsi, spossarsi **CONTR.** rafforzarsi, irrobustirsi, rinvigorirsi **2** (*fig.*) darsi pena, darsi da fare, adoperarsi, applicarsi, sforzarsi **CONTR.** disinteressarsi, trascurare.

affaticàto part. pass. di **affaticare**; anche agg. stanco, estenuato, spossato, indebolito, svigorito **CONTR.** energico, forte.

affàtto avv. interamente, assolutamente, completamente, pienamente, totalmente, del tutto, in tutto e per tutto **FRAS.** *niente affatto*, per nulla.

affermàre A v. tr. **1** dire, dichiarare, asserire, sostenere, attestare, giurare **CONTR.** negare, disdire, rinnegare, ritrattare **2** (*ass.*) dire di sì, confermare **CONTR.** dire di no, negare **B affermarsi** v. rifl. **1** (*di persona*) imporsi, avere successo, farsi un nome, distinguersi, emergere **CONTR.** fallire, far fiasco **2** (*di moda, di idea, ecc.*) diffondersi, rafforzarsi **CONTR.** sparire, scomparire.

affermatìvo agg. assertivo, asseverativo, confermativo **CONTR.** negativo.

affermàto part. pass. di **affermare**; anche agg. **1** detto, dichiarato, asserito, sostenuto, giurato **CONTR.** negato, disdetto, ritrattato **2** (*di persona, di nome e sim.*) arrivato, riuscito, di successo **CONTR.** fallito.

affermazióne s. f. **1** asserzione, dichiarazione, asserto, assicurazione **CONTR.** negazione, diniego **2** (*di persona, di idea, ecc.*) successo, vittoria, riuscita **CONTR.** insuccesso, sconfitta, fallimento, fiasco, smacco.

afferràbile agg. **1** prendibile **CONTR.** inafferrabile **2** (*fig.*) (*di concetto, di discorso, ecc.*) comprensibile **CONTR.** incomprensibile.

afferràre A v. tr. **1** prendere, abbrancare, agguantare, ghermire, aggrappare, acchiappare **CONTR.** abbandonare, lasciare, mollare **2** (*fig.*) (*di occasione e sim.*) approfittare, cogliere, profittare, avvantaggiarsi **CONTR.** lasciarsi sfuggire **3** (*fig.*) (*di concetto, di discorso, ecc.*) comprendere, capire, penetrare **CONTR.** non capire, fraintendere, travisare **B afferrarsi** v. rifl. **1** attaccarsi, abbrancarsi, aggrapparsi **CONTR.** mollare, lasciarsi andare **2** (*fig.*) (*a una scusa, ecc.*) appigliarsi **CONTR.** rinunciare.

afferràto part. pass. di **afferrare**; anche agg. **1** preso, abbrancato, ghermito, acchiappato **CONTR.** lasciato, mollato **2** (*fig.*) colto, capito **CONTR.** travisato, frainteso.

affettàre (1) v. tr. ostentare, fingere, simulare, vantare, far mostra, posare.

affettàre (2) v. tr. tagliare a fette □ spezzettare, fare a pezzi.

affettàto (1) part. pass. di **affettare (1)**; anche agg. lezioso, studiato, manierato, ricercato, sdolcinato, sdilinquito, smanceroso, smorfioso, svenevole, caricato, cerimonioso, convenzionale, artificioso, falso, leccato **CONTR.** disinvolto, naturale, semplice, sciolto, spigliato.

affettàto (2) A part. pass. di **affettare (2)**; anche agg. tagliato a fette □ spezzettato, a pezzi **B** s. m. salume (salame, prosciutto, coppa, bresaola, ecc.) a fette.

affettazióne s. f. **1** (*di comportamento, di vestire, ecc.*) leziosaggine, ostentazione, mostra, posa, ricercatezza, smanceria, smorfia, smorfiosità, svenevolezza, caricatura **CONTR.** disinvoltura, naturalezza, scioltezza, semplicità, spigliatezza **2** (*di parlare*) leziosaggine, birignao **CONTR.** semplicità, pulizia.

affettività s. f. affettuosità, affetto, affezione □ emotività **CONTR.** freddezza, indifferenza, apatia.

affettìvo agg. **1** di affetto □ emotivo **2** affettuoso, amorevole, premuroso, tenero **CONTR.** freddo, indifferente, apatico.

affètto (1) s. m. affezione, affettuosità, amore, amorevolezza, attaccamento, amicizia, benevolenza, simpatia, premura, tenerezza **CONTR.** disaffezione, disamore, freddezza, indifferenza, distacco.

affètto (2) agg.; anche s. m. (*di malato*) colpito, ammalato, sofferente **CONTR.** esente, immune.

affettuosaménte avv. amorevolmente, premurosamente, teneramente, dolcemente **CONTR.** freddamente, indifferentemente, ostilmente.

affettuosità s. f. affetto, amore, amorevolezza, amicizia, attaccamento, benevolenza, simpatia, tenerezza **CONTR.** freddezza, malevolenza, inimicizia, ostilità.

affettuóso agg. affezionato, amorevole, attaccato, benevolo, benigno, devoto, espansivo, premuroso, tenero **CONTR.** freddo, indifferente, avverso, ostile, duro, insensibile.

affezionàre A v. tr. innamorare **CONTR.** disaffezionare, disamorare **B affezionarsi** v. intr. pron. legarsi, attaccarsi, innamorarsi **CONTR.** disaffezionarsi, disamorarsi, distaccarsi, raffreddarsi.

affezionataménte avv. con affezione, affettuosamente, teneramente, dolcemente **CONTR.** freddamente, ostilmente.

affezionàto part. pass. di **affezionare**; anche agg. appassionato, dedito, incline, amico, devoto, affettuoso, tenero **CONTR.** avverso, nemico, ostile, contrario.

affezióne s. f. **1** affetto, amore, attaccamento, amicizia, benevolenza, devozione, predilezione, preferenza, simpatia, tenerezza, passione **CONTR.** antipatia, avversione, disaffezione, disamore, disgusto, nausea, ripugnanza, ripulsione **2** (*med.*) malattia.

affiancàre A v. tr. **1** mettere accanto, fiancheggiare **2** (*fig.*) sostenere, aiutare, difendere, proteggere, sorreggere, spalleggiare, favorire **CONTR.** abbandonare, lasciare, avversare, contrariare, osteggiare **B affiancarsi** v. rifl. mettersi al fianco, allinearsi, fiancheggiare.

affiancàto part. pass. di **affiancare**; anche agg. **1** messo accanto **2** (*fig.*) sostenuto, aiutato, difeso, protetto, sorretto, spalleggiato, favorito **CONTR.** avversato, contrariato, osteggiato.

affiataménto s. m. accordo, intesa, comprensione **CONTR.** disaccordo, discordia, incomprensione.

affiatàre A v. tr. mettere d'accordo, accordare **CONTR.** dividere, staccare **B affiatarsi** v. rifl. e rifl. rec. accordarsi, intendersi, familiarizzarsi, fare amicizia **CONTR.** inimicarsi, allontanarsi.

affiatàto part. pass. di **affiatare**; anche agg. d'accordo, vicino, amico, unito **CONTR.** discorde, lontano, nemico.

affibbiàre v. tr. **1** (*di vesti, scarpe, ecc.*) allacciare, legare, abbottonare, unire, congiungere **CONTR.** sfibbiare, sbottonare, slacciare, slegare **2** (*fig.*) (*di cosa sgradevole, noiosa*) dare, attribuire, appioppare, accoccare, assegnare, imporre **CONTR.** levare, togliere.

affidàbile agg. fido, fidato, di fiducia, sicuro, serio, attendibile **CONTR.** infido, insicuro.

affidabilità s. f. **1** (*di persona, di ditta*) fiducia, serietà, affidamento, attendibilità **CONTR.** sfiducia **2** (*di macchina*) funzionalità, sicurezza, garanzia, reliability (*ingl.*) **CONTR.** insicurezza.

affidaménto s. m. **1** custodia, consegna **2** fiducia, garanzia, assegnamento, affidabilità, attendibilità, serietà, sicurezza, assicurazione **CONTR.** sfiducia, diffidenza, dubbio, sospetto, incertezza **FRAS.** *fare affidamento*, avere fiducia, affidarsi.

affidàre A v. tr. consegnare, dare, assegnare, concedere, lasciare in custodia, raccomandare **CONTR.** levare, togliere **B affidarsi** v. rifl. abbandonarsi, darsi, consegnarsi, raccomandarsi, rimettersi, avere fiducia **CONTR.** diffidare, sospettare, dubitare.

affievoliménto s. m. indebolimento, infiacchimento, debolezza, fiacchezza **CONTR.** rafforzamento, invigorimento, rinvigorimento.

affievolìre A v. tr. indebolire, infiacchire, fiaccare, snervare, svigorire, attenuare **CONTR.** rafforzare, rinforzare, irrobustire, invigorire, rinvigorire **B** v. intr. e **affievolirsi** intr. pron. attenuarsi, abbassarsi, indebolirsi, infiacchirsi, snervarsi, svigorirsi, spegnersi **CONTR.** rafforzarsi, rinforzarsi, irrobustirsi, invigorirsi, rinvigorirsi, aumentare, crescere.

affievolìto part. pass. di **affievolire**; anche agg. indebolito, debole, infiacchito, sminuito, attenuato, abbassato **CONTR.** rafforzato, irrobustito, rinvigorito, aumentato, cresciuto.

affìggere A v. tr. **1** (*di avviso, di quadro, ecc.*) attaccare, appendere, fissare □ conficcare **CONTR.** staccare, distaccare, scollare **2** (*est.*) (*di sguardo*) fissare **CONTR.** distogliere, allontanare **3** (*lett.*) (*nella memoria*) imprimere **B affiggersi** v. rifl. (*lett.*) guardare fissamente.

affilàre A v. tr. **1** (*di lama, di punta, ecc.*) rendere tagliente, arrotare, aguzzare, acuminare, appuntare **CONTR.** ottundere, smussare, spuntare **2** (*est.*) (*di viso e sim.*) assottigliare, rendere smunto **CONTR.** ingrassare, ingrossare **B affilarsi** v. intr. pron. dimagrire **CONTR.** ingrassarsi, ingrossarsi.

affilàto part. pass. di **affilare**; anche agg. **1** (*di lama, di punta, ecc.*) tagliente, arrotato, aguzzato, acuminato, aguzzo, pungente, appuntito **CONTR.** ottuso, smussato, spuntato **2** (*di viso e sim.*) sottile, patito, scarno, emaciato, smagrito **CONTR.** grasso, grosso, grassoccio, paffuto, tozzo.

affilatùra s. f. affilamento, aguzzamento, aguzzatura, arrotamento, arrotatura **CONTR.** smussamento, smussatura, spuntatura.

affiliàre A v. tr. **1** (*dir.*) (*di bambino*) ottenere in affiliazione **2** (*a un'associazione*) iscrivere, associare, aggregare **CONTR.** cacciare, allontanare **B affiliarsi** v. rifl. iscriversi (a un'associazione), associarsi **CONTR.** dissociarsi, dimettersi.

affiliàto A part. pass. di **affiliare**; anche agg. (*di associazione*) ascritto, socio, iscritto **B** s. m. **1** (*dir.*) minore assunto in affiliazione **2** (*di associazione*) iniziato, adepto, seguace, proselito, socio, membro.

affinàre A v. tr. **1** (*di cosa*) rendere fine, assottigliare, digrossare **CONTR.** ingrossare, gonfiare **2** (*fig.*) (*di ingegno e sim.*) aguzzare, rendere più penetrante **CONTR.** ottundere **3** (*di materia*) purificare, liberare dalle scorie **4** (*fig.*) (*di stile, di gusto*) raffinare, perfezionare, ingentilire, migliorare **CONTR.** peggiorare, imbarbarire, corrompere, deteriorare **B affinarsi** v. intr. pron. **1** (*di cosa*) assottigliarsi **CONTR.** ingrossarsi **2** (*fig.*) (*di persona, di gusto, ecc.*) migliorare, perfezionarsi, raffinarsi, ingentilirsi **CONTR.** peggiorare, imbarbarirsi, corrompersi, deteriorarsi.

affinché cong. al fine di, perché, acciocché.

affìne A agg. analogo, simile, somigliante **CONTR.** differente, dissimile, diverso, contrario, opposto **B** s. m. parente, congiunto, consanguineo **CONTR.** estraneo.

affinità s. f. **1** (*di idee, di gusti, ecc.*) somiglianza, conformità, analogia, relazione **CONTR.** differenza, dissimiglianza, diversità **2** (*tra persone*) simpatia, attrazione **CONTR.** antipatia, avversione, ripugnanza, ripulsione **3** parentela, consanguineità **CONTR.** estraneità.

affioraménto s. m. emersione **CONTR.** immersione, sprofondamento.

affioràre v. intr. **1** emergere, spuntare, venir fuori **CONTR.** immergersi, sprofondare, inabissarsi **2** (*fig.*) (*di verità, di sospetto, ecc.*) mostrarsi, trapelare **CONTR.** scomparire, sparire, svanire.

affioràto part. pass. di **affiorare**; anche agg. (*anche fig.*) venuto a galla, emerso, spuntato, trapelato **CONTR.** sprofondato, scomparso, svanito.

affissióne s. f. esposizione, pubblicazione.

affisso A part. pass. di **affiggere**; anche agg. attaccato, fissato □ esposto al pubblico, pubblicato **CONTR.** staccato, distaccato **B** s. m. **1** avviso, manifesto, cartello, cartellone □ editto **2** (*spec. al pl.*) imposte, infissi, telaio, porte, finestre **3** (*ling.*) infisso.

affittàre v. tr. **1** (*di casa, podere, ecc.*) dare in affitto, appigionare, locare **CONTR.** sfrattare, disdire **2** (*di cosa*) prendere in affitto □ noleggiare.

affittàto part. pass. di **affittare**; anche agg. **1** (*di casa, di podere, ecc.*) dato in affitto, preso in affitto, locato, appigionato **CONTR.** sfitto **2** (*di cosa*) noleggiato.

affitto s. m. locazione, affittanza, fitto, pigione, appigionamento **CONTR.** sfratto, disdetta.

affittuàrio s. m. fittavolo, fittabile (*dial.*), inquilino, locatario **CONTR.** locatore, padrone, proprietario.

affliggere A v. tr. addolorare, accorare, amareggiare, abbattere, contristare, crucciare, rattristare, prostrare, tormentare, tribolare **CONTR.** allietare, consolare, confortare, dilettare, rallegrare, sollevare, risollevare **B affliggersi** v. intr. pron. addolorarsi, accorarsi, amareggiarsi, contristarsi, crucciarsi, rattristarsi, prostrarsi, tormentarsi, tribolarsi **CONTR.** allietarsi, consolarsi, confortarsi, rallegrarsi, risollevarsi.

afflitto part. pass. di **affliggere**; anche agg. e s. m. addolorato, abbattuto, accorato, amareggiato, avvilito, contristato, infelice, mesto, oppresso, rattristato, triste, tormentato, tribolato **CONTR.** allegro, contento, gaio, giocondo, giulivo, lieto, sereno, spensierato.

afflizióne s. f. **1** dolore, accoramento, avvilimento, mestizia, pena, tristezza, tormento, prostrazione **CONTR.** contentezza, gioia, gaiezza, letizia, spensieratezza **2** sventura, flagello, tribolazione.

afflosciàre A v. tr. rendere floscio **B** v. intr. e **afflosciarsi** intr. pron. **1** (*di cosa*) ammollirsi, sgonfiarsi **CONTR.** indurirsi, gonfiarsi **2** (*fig.*) (*di persona*) abbandonarsi, svenire, cadere **CONTR.** riprendersi, riaversi, alzarsi.

affluènte s. m. (*di fiume*) tributario, immissario, confluente **CONTR.** emissario.

affluènza s. f. **1** (*di fiumi*) confluenza **2** (*di gente*) concorso, afflusso, frequenza, folla **3** (*lett.*) (*di cose*) abbondanza, copia **CONTR.** scarsità, insufficienza.

affluìre v. intr. **1** (*di acque, di merci*) confluire, scorrere **CONTR.** defluire **2** (*di gente*) accorrere, concorrere, convergere, concentrarsi, dirigersi, riversarsi **CONTR.** sfollare □ spargersi, allontanarsi.

afflùsso s. m. affluenza, concorso □ concentrazione **CONTR.** deflusso.

affogàre A v. tr. **1** (*raro, lett., anche fig.*) annegare □ soffocare **2** (*fig.*) mandare in rovina, rovinare **CONTR.** salvare **B** v. intr. **1** annegare, annegarsi **2** (*fig.*) (*di debiti*) essere sovraccarico, essere sommerso **C affogarsi** v. rifl. e intr. pron. annegare, annegarsi □ (*fig.*) essere sommerso **FRAS.** *affogare in un bicchiere d'acqua* (*fig.*), smarrirsi per un nonnulla.

affogàto part. pass. di **affogare**; anche agg. **1** annegato **2** (*fig.*) (*di debiti, di lavoro, ecc.*) oppresso, schiacciato.

affollaménto s. m. folla, calca, ressa, assembramento.

affollàre A v. tr. gremire, riempire, stipare **CONTR.** disertare **B affollarsi** v. intr. pron. accalcarsi, addensarsi, assieparsi, assembrarsi, pigiarsi, accorrere in folla **CONTR.** disperdersi, rarefarsi.

affollàto part. pass. di **affollare**; anche agg. fitto, gremito, stipato, pieno □ carico, colmo **CONTR.** vuoto, deserto, privo.

affondaménto s. m. immersione, sommersione (*raro*), inabissamento **CONTR.** emersione, affioramento, galleggiamento.

affondàre A v. tr. **1** mandare a fondo, immergere, inabissare, sommergere, sprofondare **CONTR.** far riemergere, riportare a galla **2** (*di coltello, ecc.*) piantare, conficcare **CONTR.** estrarre, togliere **B** v. intr. e **affondarsi** intr. pron. (*anche fig.*) andare a fondo, immergersi, sommergersi, inabissarsi, sprofondare, tuffarsi **CONTR.** affiorare, galleggiare, emergere, riemergere.

affondàto part. pass. di **affondare**; anche agg. colato a picco, sommerso, immerso, sprofondato, affossato, infossato **CONTR.** emerso, affiorato, sporgente.

affossàre A v. tr. (*fig.*) accantonare, abbandonare **B affossarsi** v. intr. pron. incavarsi **CONTR.** riempirsi.

affrancaménto s. m. liberazione, emancipazione, redenzione **CONTR.** asservimento, assoggettamento.

affrancàre A v. tr. **1** liberare, redimere, svincolare, emancipare **CONTR.** asservire, assoggettare **2** (*di corrispondenza*) applicare il francobollo **B affrancarsi** v. rifl. liberarsi, redimersi, svincolarsi, emanciparsi **CONTR.** impegnarsi, vincolarsi, essere sottomesso.

affrancàto part. pass. di **affrancare**; anche agg. **1** liberato, redento, emancipato **CONTR.** asservito, assoggettato **2** (*di corrispondenza*) munito di affrancatura, bollato.

affrancatùra s. f. (*est.*) francobollo.

affrànto agg. **1** (*di fisico*) spossato, sfinito, abbattuto, stremato, fiaccato **CONTR.** vigoroso, energico, gagliardo **2** (*per dolore*) prostrato.

affratellaménto s. m. fraternizzazione □ familiarità, unione **CONTR.** disaccordo, dissidio, dissenso.

affratellàre A v. tr. rendere fratelli, accomunare, unire **CONTR.** inimicare, mettere in disaccordo **B affratellarsi** v. rifl. rec. fraternizzare, familiarizzare **CONTR.** inimicarsi, contendersi.

affratellàto part. pass. di **affratellare**; anche agg. unito, accomunato **CONTR.** diviso, nemico.

affrésco s. m. (*fig.*) raffigurazione, descrizione, quadro, scorcio, squarcio.

affrettàre A v. tr. **1** accelerare, incalzare, sollecitare, stimolare, pressare **CONTR.** rallentare, ritardare, frenare, trattenere **2** (*di nozze, di esame, ecc.*) anticipare **CONTR.** posticipare, differire, procrastinare, prorogare, rinviare **B** v. intr. e **affrettarsi** rifl. **1** sbrigarsi, spicciarsi, far presto, premurarsi **CONTR.** attardarsi, indugiare **2** muoversi in fretta **CONTR.** andar piano.

affrettataménte avv. frettolosamente, sbrigativamente, rapidamente, in fretta, presto **CONTR.** adagio, piano, con calma.

affrettàto part. pass. di **affrettare**; anche agg. **1** (*di lavoro, di decisione, ecc.*) fatto in fretta, trascurato **CONTR.** accurato, diligente **2** (*di partenza, di passo, ecc.*) rapido, sollecito, pronto, veloce **CONTR.** lento, tardo.

affrontàre A v. tr. **1** (*di nemico, di ostacolo, ecc.*) fronteggiare, opporsi □ assalire, aggredire **CONTR.** evitare, schivare, fuggire, sfuggire **2** (*di spesa, di onere*) sostenere, fare **CONTR.** evitare **3** (*di problema, di situazione, ecc.*) esaminare, trattare, parlare, svolgere, discutere **B affrontarsi** v. rifl. rec. scontrarsi □ azzuffarsi, venire alle mani **CONTR.** evitarsi, sfuggirsi.

affrontàto part. pass. di **affrontare**; anche agg. **1** (*di nemico, di ostacolo, ecc.*) fronteggiato □ assalito, aggredito **CONTR.** evitato **2** (*di spesa, di onere*) sostenuto, fatto **CONTR.** evitato **3** (*di problema, di situazione, ecc.*) esaminato, trattato, svolto **CONTR.** evitato.

affrónto s. m. ingiuria, offesa, onta, attacco, sopruso, villania **CONTR.** complimento, felicitazione, omaggio, ossequio.

affumicàre v. tr. **1** (*di cosa*) riempire di fumo □ annerire **2** (*di alimento*) trattare con fumo.

affumicàto part. pass. di **affumicare**; anche agg. **1** annerito **2** (*di occhiali*) scuro, oscurato **CONTR.** chiaro **3** (*di alimento*) trattato col fumo.

affusolàre v. tr. assottigliare, rastremare **CONTR.** ingrossare, rendere tozzo.

affusolàto part. pass. di **affusolare**; anche agg. affusato, fusiforme, sottile, affilato **CONTR.** grosso, tozzo, massiccio.

àfono agg. (*med.*) senza voce □ (*est.*) fioco, flebile, soffocato **CONTR.** forte, vivo, sonoro, squillante.

aforìsma s. m. massima, detto, precetto, sentenza, motto sentenzioso, apoftegma, adagio, dettato.

afóso agg. soffocante, opprimente, pesante, torrido **CONTR.** ventilato, aerato, fresco, leggero.

afrodisìaco [da *Afrodite*, la dea dell'amore] agg.; anche s. m. eccitante, erotizzante, erotico, venereo.
agènda [lat., 'cose da farsi', da *agenda*, ger. di *agĕre* 'fare'] s. f. **1** taccuino, diario, notes (*fr.*), block-notes (*ingl.*), rubrica, libretto d'appunti **2** (*est.*) (*di argomenti da discutere*) lista, elenco □ programma.
agènte part. pres. di **agire**; anche s. m. **1** (*di affari*) incaricato, commissionario, amministratore, rappresentante, procuratore, intermediario, mediatore **2** (*di polizia*) guardia, poliziotto, secondino **FRAS.** *agente segreto*, spia □ *agente diplomatico*, ambasciatore □ *agente chimico*, reagente, reattivo.
agenzìa s. f. **1** (*di affari*) compagnia, società, impresa, intermediaria d'affari **2** (*di stampa, di viaggi, ecc.*) organizzazione **3** (*di sede centrale*) succursale, ufficio distaccato, distaccamento, dipendenza.
agevolàre v. tr. facilitare, appianare □ aiutare, appoggiare, assistere, favorire **CONTR.** impacciare, impedire, intralciare, ostacolare, complicare.
agevolàto part. pass. di **agevolare**; anche agg. facilitato, favorito, aiutato, appoggiato **CONTR.** contrariato, intralciato, ostacolato.
agevolazióne s. f. agevolamento, facilitazione □ aiuto, appoggio, favore **CONTR.** complicazione, difficoltà, impaccio, ostacolo.
agévole agg. **1** (*di cosa*) comodo, facile, piano, semplice **CONTR.** difficile, disagevole, malagevole, scomodo, arduo, complicato **2** (*di persona*) mite, trattabile **CONTR.** burbero, intrattabile, scontroso.
agevolézza s. f. comodità, facilità, facilitazione, vantaggio **CONTR.** difficoltà, impaccio, ostacolo, angustia.
agevolménte avv. facilmente, comodamente **CONTR.** disagevolmente, difficilmente, scomodamente.
agganciaménto s. m. aggancio, attacco, collegamento **CONTR.** sganciamento, distacco.
agganciàre v. tr. **1** collegare **CONTR.** sganciare **2** attaccare, fermare, affibbiare **CONTR.** sganciare, sfibbiare, staccare **3** (*fig., fam.*) (*di persona*) fermare, trattenere.
aggàncio s. m. **1** (*raro*) agganciamento **2** (*fig.*) contatto, rapporto, collegamento □ appoggio.
aggéggio s. m. oggettino, bazzecola, inezia, quisquilia, gingillo, ninnolo, nonnulla.
aggètto s. m. (*arch.*) sporgenza, sporto, rilievo, mensola **CONTR.** rientro, rientranza.
agghiacciànte part. pres. di **agghiacciare**; anche agg. (*di delitto, di incidente, ecc.*) orribile, orrendo, spaventoso, spaventevole, terrificante **CONTR.** attraente, gradevole, piacevole, divertente.
agghiacciàre A v. tr. **1** (*di freddo*) congelare, gelare, ghiacciare, raffreddare **CONTR.** scaldare, riscaldare, arroventare **2** (*fig.*) (*di persona o cosa*) inorridire, atterrire, raggelare, spaventare **CONTR.** confortare, consolare, tranquillizzare **B** v. intr. e **agghiacciarsi** intr. pron. congelarsi, gelarsi, ghiacciarsi, raffreddarsi **CONTR.** scaldarsi, riscaldarsi, arroventarsi.
agghiacciàto part. pass. di **agghiacciare**; anche agg. **1** (*dal freddo*) ghiacciato, gelato, congelato, freddissimo **CONTR.** bollente, rovente, arroventato, caldissimo **2** (*fig.*) (*da paura*) atterrito, spaventato, inorridito **CONTR.** dilettato, divertito, confortato, tranquillizzato.
agghindàre A v. tr. vestire con ricercatezza, abbigliare, abbellire, ornare, bardare **B agghindarsi** v. rifl. vestirsi con ricercatezza, abbigliarsi, attillarsi.
agghindàto part. pass. di **agghindare**; anche agg. ben vestito, ornato, abbigliato.
aggiogàre v. tr. **1** (*di animali*) mettere sotto giogo **2** (*fig.*) (*di persona, di popolo, ecc.*) soggiogare, sottomettere, subordinare **CONTR.** liberare, emancipare.
aggiornaménto s. m. **1** (*di professione*) revisione, riqualificazione **2** (*di seduta, di data, ecc.*) dilazione, rinvio, proroga, differimento.
aggiornàre A v. tr. **1** (*di seduta, di data, ecc.*) rimandare, rinviare, prorogare, differire **2** (*di professionisti*) riqualificare, preparare **B aggiornarsi** v. rifl. tenersi al corrente, rinnovarsi, riqualificarsi.
aggiornàto part. pass. di **aggiornare**; anche agg. al corrente, preparato □ rielaborato.
aggiraménto s. m. **1** accerchiamento **2** (*fig.*) inganno, raggiro, insidia.
aggiràre A v. tr. **1** circondare, accerchiare **2** (*fig.*) raggirare, ingannare, imbrogliare, abbindolare, circuire **B aggirarsi** v. intr. pron. **1** vagare, muoversi, andare errando **2** (*di spesa, di numero, ecc.*) approssimarsi, ascendere, ammontare.
aggiudicàre A v. tr. **1** (*una cosa*) assegnare, concedere **CONTR.** togliere, revocare, espropriare **2** (*est.*) (*una vittoria, un premio, ecc.*) attribuire, conferire, consegnare, dare **B aggiudicarsi** v. intr. pron. conquistare, ottenere.
aggiùngere A v. tr. **1** unire, aggregare, allegare, annettere, connettere, associare, addizionare, congiungere, sommare, accompagnare, mescolare, apporre, attaccare, conglobare, accrescere, aumentare **CONTR.** levare, portar via, togliere, detrarre, sottrarre **2** (*nel discorso*) soggiungere, dire **B aggiungersi** v. rifl. congiungersi, unirsi, aggregarsi, mettersi insieme, mescolarsi **CONTR.** separarsi, dividersi, disgiungersi, disunirsi, staccarsi.
aggiùnta s. f. addizione, aggregamento, accrescimento, aumento, annessione, sovrappiù, coda □ complemento, appendice **CONTR.** detrazione, calo, diminuzione, decremento, sottrazione.
aggiuntàre v. tr. attaccare, connettere, unire, cucire **CONTR.** separare, dividere, disgiungere,

disunire, staccare, scucire.

aggiuntivo agg. addizionale, complementare.

aggiùnto A part. pass. di **aggiungere**; anche agg. unito, aggregato, allegato, annesso, associato, addizionato, congiunto □ accessorio, complementare **CONTR.** separato, diviso, disgiunto, disunito, staccato, sottratto **B** s. m. (*di funzionario*) aiuto.

aggiustàbile agg. riparabile, accomodabile, rimediabile **CONTR.** irreparabile, irrimediabile.

aggiustàggio s. m. **1** (*mecc.*) rifinitura **2** aggiustamento, riparazione **CONTR.** guasto, rottura.

aggiustaménto s. m. **1** aggiustatura, accomodamento, accomodatura, riparazione **CONTR.** guasto, rottura, avaria, danno **2** (*fig.*) (*tra persone*) accordo, accomodamento, conciliazione **CONTR.** contrasto, discrepanza, dissidio **3** (*di tiro*) correzione.

aggiustàre A v. tr. accomodare, riparare, riattare, racconciare **CONTR.** guastare, avariare, danneggiare, rompere, spaccare **B aggiustarsi** v. rifl. (*di cosa*) adattarsi, sistemarsi, accomodarsi **C** v. rifl. rec. (*tra persone*) mettersi d'accordo, accordarsi, conciliarsi **CONTR.** litigare, bisticciare, questionare **FRAS.** *aggiustare una lite* (*fig.*), comporre una lite □ *aggiustare per le feste* (*fig.*), conciare male.

aggiustàto part. pass. di **aggiustare**; anche agg. **1** accomodato, riparato, sistemato **CONTR.** rotto, scucito, strappato **2** adatto, appropriato, conveniente, esatto **CONTR.** disadatto, inesatto, sconveniente.

aggiustatóre s. m. (f. *-trice*) riparatore, acconciatore.

aggiustatùra s. f. aggiustamento, accomodamento, accomodatura, riparazione **CONTR.** guasto, danno, rottura.

agglomeraménto s. m. accumulo, mucchio, ammasso, massa, ammassamento, addensamento, agglomerazione.

agglomeràre A v. tr. accumulare, ammassare, ammucchiare, addensare, riunire insieme **CONTR.** disgiungere, disunire, dividere, separare, staccare, sparpagliare, disperdere, disgregare **B agglomerarsi** v. rifl. ammassarsi, ammucchiarsi, accumularsi, addensarsi **CONTR.** disunirsi, dividersi, disgiungersi, disgregarsi, separarsi, staccarsi.

agglomeràto A part. pass. di **agglomerare**; anche agg. riunito, accumulato, ammassato, fitto, compatto, denso **CONTR.** diviso, separato, disgregato, rado **B** s. m. **1** conglomerato **2** insieme, massa **3** (*di case*) abitato, paese.

agglomerazióne s. f. agglomeramento, ammasso, ammassamento, ammucchiamento, addensamento **CONTR.** disunione, disgregazione, divisione, dispersione, separazione.

aggomitolàre A v. tr. avvolgere **CONTR.** sgomitolare, svolgere, dipanare **B aggomitolarsi** v. rifl. avvolgersi, rannicchiarsi, raggomitolarsi **CONTR.** svolgersi, drizzarsi, raddrizzarsi.

aggomitolàto part. pass. di **aggomitolare**; anche agg. raggomitolato, rannicchiato **CONTR.** dritto, disteso.

aggrappàre A v. tr. (*raro*) afferrare, aggranfiare **CONTR.** abbandonare, mollare **B aggrapparsi** v. rifl. (*anche fig.*) attaccarsi, stringersi, afferrarsi, tenersi forte (con le mani) **CONTR.** mollare, staccarsi, rinunciare, abbandonare.

aggravaménto s. m. peggioramento **CONTR.** miglioramento.

aggravànte part. pres. di **aggravare**; anche agg. e s. f. **CONTR.** attenuante, scusante.

aggravàre A v. tr. **1** gravare, caricare, appesantire, opprimere, premere **CONTR.** scaricare, sgravare, alleggerire **2** (*fig.*) (*di situazione, ecc.*) acuire, esacerbare, inasprire, irritare, peggiorare **CONTR.** alleggerire, alleviare, diminuire, scemare, migliorare **B** v. intr. e **aggravarsi** intr. pron. **1** appesantirsi, pesare, premere **2** (*di situazione, ecc.*) peggiorare, inasprirsi, acuirsi **CONTR.** alleviarsi, diminuire, migliorare.

aggravàto part. pass. di **aggravare**; anche agg. **1** carico, oppresso, gravato **CONTR.** scarico, sgravato **2** peggiorato **CONTR.** migliorato.

aggràvio s. m. **1** aggravamento, inasprimento, carico, peso, onere □ gravame, tassa, tributo **CONTR.** sgravio, alleggerimento, alleviamento, sollievo **2** (*lett.*) molestia, incomodo, noia.

aggraziàre v. tr. abbellire, affinare, dirozzare, ingentilire, illeggiadrire **CONTR.** imbruttire, deturpare, deformare.

aggraziàto part. pass. di **aggraziare**; anche agg. **1** bello, grazioso, elegante, attraente, piacevole **CONTR.** brutto, sgraziato, ordinario **2** fine, garbato, di belle maniere **CONTR.** sgarbato, grossolano, rozzo, volgare, villano.

aggredìre v. tr. **1** assalire, assaltare, attaccare, affrontare **CONTR.** difendere, riparare **2** (*fig.*) (*a parole*) investire, affrontare.

aggredìto part. pass. di **aggredire**; anche agg. assalito, assaltato, attaccato, affrontato **CONTR.** difeso.

aggregaménto s. m. aggregazione, unione, insieme, gruppo, aggregato **CONTR.** disgregazione, dissociazione, divisione, separazione.

aggregàre A v. tr. aggiungere, mettere insieme, associare, unire, annettere **CONTR.** disunire, disaggregare, separare, staccare **B aggregarsi** v. rifl. associarsi, accompagnarsi, unirsi **CONTR.** dissociarsi, separarsi, staccarsi.

aggregàto A part. pass. di **aggregare**; anche agg. unito, aggiunto, associato **CONTR.** disgiunto, dissociato, separato **B** s. m. aggregamento, complesso, insieme, unione, ammasso.

aggregazióne s. f. aggregamento, associazione, unione **CONTR.** disgregazione, dissociazione, disunione, separazione.

aggressióne s. f. assalto, attacco □ violenza.

aggressività s. f. irruenza, violenza, impetuosità, veemenza, combattività CONTR. mansuetudine, mitezza, remissività.

aggressìvo agg. irruento, violento, impetuoso, veemente □ battagliero, combattivo CONTR. bonario, dolce, mansueto, mite, remissivo.

aggressóre s. m. (f. *aggreditrice*) assalitore, assaltatore CONTR. aggredito, assalito, attaccato.

aggrinzàre **A** v. tr. corrugare, increspare, aggrinzire CONTR. distendere, spianare **B** v. intr. e **aggrinzarsi** intr. pron. corrugarsi, incresparsi CONTR. distendersi, spianarsi.

aggrinzàto part. pass. di **aggrinzare**; anche agg. aggrinzito, grinzoso, rugoso CONTR. liscio, disteso.

aggrondàto agg. accigliato, accipigliato (*raro*), pensieroso, preoccupato.

aggrottàre v. tr. (*di fronte, di ciglia*) accigliare, aggrondare, corrugare, increspare CONTR. distendere, spianare, stirare.

aggrovigliaménto s. m. groviglio, viluppo □ intrigo, imbroglio.

aggrovigliàre **A** v. tr. avviluppare, avvolgere □ imbrogliare, intrigare CONTR. districare, sbrogliare, sgrovigliare **B** **aggrovigliarsi** v. intr. pron. attorcersi, avvilupparsi, avvolgersi, imbrogliarsi, ingarbugliarsi, intricarsi, ravvilupparsi CONTR. districarsi, sgrovigliarsi, svolgersi, distendersi.

aggrovigliàto part. pass. di **aggrovigliare**; anche agg. avviluppato, imbrogliato, ingarbugliato, intricato CONTR. districato, sgrovigliato, disteso.

aggrumàre **A** v. tr. coagulare, raggrumare, rapprendere CONTR. diluire, liquefare, sciogliere **B** **aggrumarsi** v. intr. pron. coagularsi, raggrumarsi, rapprendersi CONTR. liquefarsi, sciogliersi.

aggrumàto part. pass. di **aggrumare**; anche agg. raggrumato, coagulato, rappreso CONTR. sciolto, disciolto, diluito, liquefatto, liquido.

agguantàre **A** v. tr. afferrare, acchiappare, acciuffare, ghermire, abbrancare CONTR. abbandonare, lasciar andare, mollare **B** **agguantarsi** v. intr. pron. afferrarsi, aggrapparsi CONTR. mollare, lasciarsi andare.

agguantàto part. pass. di **agguantare**; anche agg. afferrato, acchiappato, acciuffato, abbrancato, ghermito CONTR. abbandonato, mollato.

agguàto s. m. imboscata, insidia, appostamento, tranello.

agguerrìre **A** v. tr. **1** allenare alla guerra **2** (*fig.*) (*di prove, di difficoltà, ecc.*) fortificare, rafforzare, rinvigorire, temprare CONTR. indebolire, infiacchire, rammollire □ impaurire, intimorire, spaventare **B** **agguerrirsi** v. rifl. temprarsi, rafforzarsi, rinvigorirsi, prepararsi CONTR. indebolirsi, infiacchirsi, rammollirsi □ impaurirsi, intimorirsi, spaventarsi.

agguerrìto part. pass. di **agguerrire**; anche agg. **1** temprato, fortificato, allenato, esercitato, valoroso, forte CONTR. debole, fiacco □ pauroso, timido, vile **2** (*di giocatore, ecc.*) abile, esperto, preparato, valente, valido CONTR. inesperto, impreparato, sprovveduto.

aghifórme agg. aguzzo, appuntito, puntuto, sottile CONTR. ottuso, smussato, spuntato, grosso.

agiataménte avv. comodamente, bene, riccamente CONTR. disagiatamente, scomodamente.

agiatézza s. f. benessere, prosperità, ricchezza, agio CONTR. disagio, miseria, povertà, ristrettezze.

agiàto agg. **1** comodo CONTR. disagiato, scomodo **2** ricco, benestante, provveduto, abbiente CONTR. indigente, misero, nullatenente, povero, spiantato.

agìbile agg. **1** (*lett.*) (*di cosa*) fattibile, possibile CONTR. impossibile **2** (*di locale*) sicuro, solido CONTR. inagibile.

àgile agg. **1** (*di fisico*) sciolto, destro, svelto, snello, leggero, snodato, flessuoso CONTR. impacciato, lento, grosso, pesante, tardo **2** (*fig.*) (*di mente*) pronto, spigliato, disinvolto, vivace, perspicace CONTR. ottuso, lento, tardo, duro.

agilità s. f. **1** (*di fisico*) scioltezza, sveltezza, prestezza (*raro*), snellezza, speditezza, leggerezza, lestezza, elasticità CONTR. pesantezza, lentezza, goffaggine, tardità (*raro*) **2** (*fig.*) (*di mente*) prontezza, vivacità, spigliatezza, perspicacia CONTR. ottusità, grossezza, rozzezza, stupidità.

agilménte avv. sveltamente, speditamente, prontamente CONTR. lentamente, goffamente.

àgio s. m. **1** comodo, comodità, facilità CONTR. disagio, impaccio, incomodo **2** opportunità, occasione CONTR. inopportunità **3** (*al pl.*) ricchezze, averi, benessere CONTR. miseria, povertà, indigenza, ristrettezze.

agìre v. intr. **1** fare, effettuare, eseguire, adoperarsi, muoversi, darsi da fare □ lavorare, operare CONTR. oziare, poltrire, perder tempo, stare con le mani in mano **2** comportarsi, contenersi, procedere **3** (*dir.*) far causa, difendersi.

agitàbile agg. eccitabile, impressionabile CONTR. impassibile, imperturbabile, calmo.

agitàre **A** v. tr. **1** muovere, sommuovere (*lett.*), scuotere, sbattere, sbatacchiare, scrollare, dimenare, mescolare, rimestare CONTR. fermare, bloccare, immobilizzare **2** (*fig.*) commuovere, eccitare, turbare, impressionare, spaventare CONTR. calmare, placare, quietare, rasserenare, tranquillizzare **3** (*fig.*) dibattere, discutere, trattare **B** **agitarsi** v. rifl. **1** (*di fisico*) dibattersi, dimenarsi, contorcersi, smaniare CONTR. fermarsi, bloccarsi, immobilizzarsi **2** (*fig.*) (*di animo*) commuoversi, turbarsi, eccitarsi, inquietarsi, scombussolarsi CONTR. calmarsi, placarsi, quietarsi, tranquillizzarsi **3**

(*di idee, di sentimenti*) manifestarsi, bollire **4** (*di persone*) muoversi, protestare, scioperare **CONTR.** calmarsi.

agitàto part. pass. di **agitare**; anche agg. **1** (*di cosa*) mosso, scosso, sbattuto, scrollato **CONTR.** fermo, fisso, immobile, stabile **2** (*fig.*) (*di persona*) inquieto, irrequieto, turbato, eccitato, esagitato, smanioso, alterato, ansioso, concitato, confuso, conturbato **CONTR.** calmo, freddo, indifferente, impassibile, imperturbabile, pacato, quieto, pacifico, placido, posato, sereno, tranquillo.

agitatóre s. m. (f. *-trice*) **1** (*di persona*) demagogo, tribuno, sovversivo, sovvertitore, arruffapopoli, rivoluzionario, sedizioso **CFR.** conservatore, reazionario, retrogrado, uomo d'ordine □ conciliatore, pacificatore **2** (*di utensile*) scotitoio, shaker (*ingl.*), sbattighiaccio.

agitazióne s. f. **1** (*di cose*) movimento, dimenamento, scuotimento, dimenio, sbattimento, subbuglio, rimescolamento, rimestamento **CONTR.** immobilità, fissità, stabilità **2** (*fig.*) (*di persona*) ansia, ansietà, commozione, concitazione, inquietudine, orgasmo, smania, turbamento, perturbazione, rimescolamento, scombussolamento **CONTR.** calma, pace, placidità, tranquillità, freddezza, impassibilità, imperturbabilità, indifferenza, apatia.

agnèllo s. m. (*fig.*) timido, mite **CONTR.** prepotente, soverchiatore, violento.

agnolòtto o (*tosc.*) **agnellòtto** s. m. (*cuc.*) raviolo, tortello, cappelletto.

agnòstico agg. (*est.*) disinteressato, indifferente, incurante, noncurante **CONTR.** interessato, partecipe, sollecito.

àgo s. m. **1** (*est.*) (*di bilancia, di bussola, ecc.*) asticciola, lancetta, indicatore **2** (*di insetto*) pungiglione, aculeo.

agognàre v. tr. e intr. bramare, desiderare, ambire, anelare, aspirare, struggersi, sospirare **CONTR.** aborrire, detestare, disdegnare, esecrare.

agognàto part. pass. di **agognare**; anche agg. ambito, bramato, sospirato, desiderato **CONTR.** abominato, aborrito, detestato, disdegnato, esecrato.

à gogo /*fr.* a go'go/ [vc. fr., da un antico *gogue* 'gioia, allegria'] loc. avv. a volontà, a bizzeffe, a profusione, in abbondanza **CONTR.** scarsamente, limitatamente, poco.

agonìa s. f. (*fig.*) angoscia, angustia, ansia, sofferenza, tormento.

agonìsmo s. m. (*sport*) combattività, impegno, accanimento, spirito di emulazione **CONTR.** fiacca, svogliatezza, lentezza.

agonìstico agg. **1** sportivo **2** (*fig.*) battagliero, combattivo, aggressivo **CONTR.** fiacco, svogliato, lento.

agonizzànte part. pres. di **agonizzare**; anche agg. e s. m. e f. moribondo, morente.

agonizzàre v. intr. **1** (*di persona*) essere in agonia, essere moribondo, essere in fin di vita, essere agli estremi, essere alla fine, essere al lumicino **2** (*fig.*) (*di cosa*) languire, essere in declino, venir meno **CONTR.** prender forza, prender vigore, affermarsi.

agorafobìa s. f. **CONTR.** claustrofobia.

agrària s. f. agronomia.

agràrio A agg. agricolo, agreste, rurale **B** s. m. proprietario terriero.

agrèste agg. **1** campagnolo, campestre, villereccio, rustico, rurale **2** (*fig.*) rozzo, grossolano, selvatico **CONTR.** fine, raffinato, distinto.

agrìcolo agg. agrario, agreste, rurale.

agricoltóre s. m. imprenditore agricolo □ coltivatore, contadino, colono, mezzadro, villico, villano.

agricoltùra s. f. agronomia, agraria.

agrimensóre s. m. perito agrario, geometra.

àgro A agg. **1** (*di sapore*) acido, acre, brusco, aspro, pungente **CONTR.** amabile, dolce, gradevole, soave **2** (*fig.*) (*di parole, di rimprovero*) severo, aspro, pungente, acerbo, duro, rigido **CONTR.** affabile, amabile, dolce, garbato, lieve, blando, soave **B** s. m. **1** sapore aspro □ succo di limone **2** (*fig.*) amarezza, tristezza, dolore **CONTR.** dolcezza.

agronomìa s. f. scienza agraria, agricoltura.

agrònomo s. m. perito agrario, geometra.

agrùme s. m. spec. al pl. **CFR.** arancio, limone, mandarino, bergamotto, cedro, chinotto, pompelmo.

agruméto s. m. aranceto, limoneto.

aguzzàre A v. tr. **1** (*di cosa*) acuminare, appuntire, assottigliare, affilare, affusolare, arrotare **CONTR.** smussare, spuntare, ottundere, arrotondare **2** (*fig.*) (*di mente, ecc.*) acuire, stimolare, eccitare, tendere **CONTR.** calmare, frenare, moderare **B aguzzarsi** v. intr. pron. **1** farsi più aguzzo **CONTR.** smussarsi, spuntarsi, ottundersi **2** (*fig.*) acuirsi □ ingegnarsi, sforzarsi.

aguzzìno s. m. **1** birro, sbirro, carceriere, sorvegliante **2** (*fig.*) persona crudele □ tormentatore, torturatore, persecutore, vessatore.

agùzzo agg. **1** (*di cosa*) acuto, appuntito, acuminato, aculeato, appuntato, puntuto, sottile, tagliente **CONTR.** smussato, spuntato, ottuso, arrotondato **2** (*fig.*) (*di mente, ecc.*) penetrante, intenso, acuto, vivo **CONTR.** scialbo, smorto, inespressivo.

àhi inter. ahimè, ohimè.

ahimè inter. ohimè, ahi.

àia s. f. (*di casa contadina*) cortile, corte **FRAS.** *menare il can per l'aia* (*fig.*), mandare per le lunghe.

aitànte agg. robusto, gagliardo, prestante, vigoroso, ardito, valoroso **CONTR.** mingherlino, striminzito, esile, gracile.

aiutànte part. pres. di **aiutare**; anche s. m. e f. aiuto, coadiutore, assistente, ausiliare, collaboratore, cooperatore.

aiutàre A v. tr. assistere, soccorrere, appoggiare, coadiuvare, agevolare, favorire, sorreggere, sostenere, sovvenire (*lett.*), spalleggiare, secondare, fiancheggiare, dar man forte, difendere **CONTR.** avversare, combattere, contrariare, contrastare, impedire, ostacolare, osteggiare (*lett.*), danneggiare, nuocere, mettere i bastoni tra le ruote **B aiutarsi** v. rifl. ingegnarsi, industriarsi, adoperarsi, sforzarsi **CONTR.** oziare, poltrire, bighellonare, stare con le mani in mano, stare in panciolle **C** v. rifl. rec. soccorrersi **CONTR.** combattersi.

aiutàto part. pass. di **aiutare**; anche agg. assistito, soccorso, agevolato, favorito, sostenuto, assecondato **CONTR.** avversato, combattuto, contrastato, ostacolato, danneggiato.

aiùto s. m. **1** assistenza, soccorso, appoggio, ausilio (*lett.*), collaborazione, contributo, man forte, difesa, presidio, protezione, rinforzo, sostegno, sussidio **CONTR.** danno, impedimento, impaccio, intralcio, imbarazzo, difficoltà, ostacolo **2** (*di persona*) aiutante, assistente, coadiutore, collaboratore **CONTR.** avversario, nemico, oppositore.

aizzàre v. tr. eccitare, incitare, istigare, provocare, stimolare □ far incollerire **CONTR.** ammansire, calmare, placare, quietare, frenare, moderare, trattenere.

aizzàto part. pass. di **aizzare**; anche agg. eccitato, incitato, spinto, istigato, provocato **CONTR.** calmato, frenato, trattenuto.

aizzatóre s. m. (f. *-trice*) istigatore, provocatore, sobillatore **CONTR.** conciliatore, pacificatore, paciere.

àla s. f. **1** vanni (*pl. poet.*) **2** (*fig.*, *lett.*) slancio, anelito **3** (*fig.*) favore, protezione, difesa **CONTR.** opposizione, persecuzione **4** (*est.*) (*di edificio*) lato **5** (*di cappello*) falda, tesa **6** (*est.*) (*di esercito*) estremità (dello schieramento) **7** (*sport*) attaccante laterale **FRAS.** *in un batter d'ali* (*fig.*), in un attimo □ *mettere le ali ai piedi* (*fig.*), correre velocemente □ *tarpare le ali* (*fig.*), svigorire, bloccare □ *fare ala*, disporsi ai lati.

alabàrda s. f. partigiana, lancia, giavellotto, zagaglia.

alabardière s. m. lanciere.

àlacre o **alàcre** agg. **1** pronto, svelto, sollecito, solerte, attivo, infaticabile, instancabile, industrioso, operoso, laborioso, volonteroso **CONTR.** fiacco, lento, pigro, neghittoso, ignavo, inerte, indolente, poltrone, scansafatiche **2** (*fig.*) (*di ingegno*) fervido, vivace **CONTR.** lento, ottuso, tardo.

alacreménte avv. prontamente, sollecitamente, speditamente, infaticabilmente, instancabilmente, operosamente, volonterosamente **CONTR.** fiaccamente, lentamente, pigramente, neghittosamente, indolentemente.

alacrità s. f. **1** sveltezza, prontezza, solerzia, sollecitudine, operosità, volontà, infaticabilità, instancabilità, laboriosità **CONTR.** fiacca, lentezza, pigrizia, neghittosità, ignavia, indolenza, inerzia **2** (*fig.*) (*di ingegno*) vivacità, fervore **CONTR.** ottusità, lentezza.

alambìcco s. m. distillatore.

alàno s. m. (*zool.*) **FRAS.** *alano tedesco*, danese.

à la page /*fr.* a la 'paʒ/ [loc. fr., propriamente 'alla pagina', cioè 'alla più recente pagina dei dettami della moda'] loc. agg. inv. aggiornato, all'ultima moda, up-to-date (*ingl.*), in (*ingl.*) **CONTR.** antiquato, sorpassato, out (*ingl.*).

alàto A agg. **1** con ali, aligero (*lett.*), volante □ leggero, veloce **CONTR.** lento **2** (*fig.*) (*di pensiero, di parole*) sublime, elevato, ispirato, fervido **CONTR.** dimesso, modesto, piatto, umile, scialbo **B** s. m. uccello.

àlba s. f. **1** far del giorno, albore, primo albore, bruzzolo (*tosc.*) **CONTR.** tramonto, occaso (*lett.*), vespro (*lett.*), vespero (*lett.*) **2** (*fig.*) (*di tempo*) principio, inizio, prima manifestazione **CONTR.** fine, termine, conclusione.

albeggiàre A v. intr. impers. farsi giorno, spuntare l'alba, aggiornare **CONTR.** annottare, farsi notte **B** v. intr. **1** (*di neve*) biancheggiare **CONTR.** nereggiare, oscurarsi **2** (*fig.*) (*di civiltà*) essere ai primordi, spuntare, profilarsi **CONTR.** tramontare, decadere, declinare.

albergàre A v. tr. **1** (*di persona*) ospitare, alloggiare, ricoverare, accogliere **2** (*fig.*, *lett.*) (*di sentimento*) nutrire, racchiudere **B** v. intr. alloggiare, abitare, dimorare.

albergatóre s. m. (f. *-trice*) locandiere, proprietario d'albergo.

albèrgo s. m. **1** alloggio, locanda, ostello □ hôtel (*fr.*), hôtel garni (*fr.*), motel (*ingl.*) **2** (*lett.*) ricovero, rifugio, ricetto □ ospitalità.

àlbero s. m. **1** pianta **2** (*mar.*) antenna **3** (*mecc.*) asse □ collo d'oca **4** (*di famiglia*) ceppo **FRAS.** *albero genealogico*, genealogia, discendenza.

àlbo A s. m. **1** (*per avvisi*) quadro, tabella, tavola **2** (*di professionisti*) elenco, registro pubblico **3** (*di foto, di francobolli, ecc.*) raccoglitore **4** libro figurato, fumetto **B** agg. (*lett.*) bianco.

albóre s. m. **1** (*lett.*) (*di cielo*) chiarore, alba **CONTR.** crepuscolo **2** (*spec. al pl.*) (*fig.*) (*di civiltà*) inizi, prime manifestazioni, primi segni, primordi.

àlbum *V.* **albo** nei sign. A 3 e 4.

albùme s. m. bianco dell'uovo (*pop.*), chiara (*pop.*).

àlcali s. m. inv. (*chim.*) base.

alcalìno agg. (*chim.*) basico **CONTR.** acido.

alcànna s. f. (*bot.*) henna, henné (*fr.*).

alchìmia o **alchimìa** s. f. **1** (*est.*) chimica **2** (*fig.*) manovra, artifizio □ inganno, falsificazione **CONTR.** chiarezza, limpidezza.

alcióne s. m. (*lett.*) gabbiano, martin pescatore.

àlcol [dall'ar. di Spagna *al-kúhl* 'polvere finissima per tingere le sopracciglia'] s. m. **1** spirito **2** alcol etilico **3** (*est.*) bevanda alcolica **CONTR.** analcolico.

alcòlico A agg. **1** di alcol **2** (*di bevanda*) contenente alcol **B** s. m. bevanda alcolica **CONTR.** analcolico.

alcolìsmo s. m. etilismo □ ubriachezza.

alcolìsta s. m. e f. alcolizzato, etilista **CONTR.** astemio.

alcolizzàto A agg. intossicato dall'alcool □ ubriaco **B** s. m. alcolista, etilista, beone, ubriacone **CONTR.** astemio.

àlcool e deriv. *V.* **alcol** e deriv.

alcunché pron. indef. **1** (*lett.*) qualche cosa **2** (*in frase negativa*) nulla, niente, nessuna cosa.

alcùno A pron. indef. qualcuno, uno **B** agg. indef. **1** (*al pl.*) certo **2** (*al sing.*) (*raro*) qualche **3** (*al sing.*) (*in frasi negative*) nessuno.

aldilà s. m. l'altro mondo, l'oltretomba **CONTR.** questo mondo, questa vita.

alé inter. forza!, coraggio!, su via!, avanti!

aleatòrio agg. rischioso, azzardato, dubbio, incerto, imprevedibile **CONTR.** certo, sicuro.

aleggiàre v. intr. **1** svolazzare **2** (*fig.*) (*di profumo, ecc.*) spirare, alitare **3** (*fig.*) (*di persona*) aggirarsi.

alemànno agg.; anche s. m. germanico, tedesco.

alesàggio s. m. (*mecc.*) (*di cilindro*) calibro □ calibratura.

alesàre v. tr. (*mecc.*) calibrare.

alesatrìce s. f. (*mecc.*) calibratrice.

alesatùra s. f. (*mecc.*) alesaggio, calibratura.

alétta s. f. **1** dim. di **ala 2** pinna **3** (*mecc.*) sporgenza **4** (*di libro*) risvolto.

alfabèto [dal nome delle prime due lettere dell'alfabeto greco *álpha* e *béta*] s. m. **1** (*di una lingua*) lettere □ caratteri **2** (*fig.*) (*di una disciplina*) primi rudimenti, primi elementi **FRAS.** *alfabeto Morse*, alfabeto telegrafico.

alfière s. m. **1** portabandiera, portainsegna, vessillifero (*raro*), gonfaloniere **2** (*fig.*) antesignano, precursore, propugnatore, guida, maestro **CONTR.** seguace, imitatore, scolaro, alunno.

alfìne avv. finalmente, alla fine, infine.

àlgebra s. f. (*fig., fam.*) cosa complicata, astrusità.

àlibi [lat. *alĭbi* 'in altro luogo'] s. m. inv. (*fig.*) giustificazione, pretesto, scusa, scusante.

alìce s. f. (*zool.*) acciuga.

alienàbile agg. vendibile, cedibile **CONTR.** inalienabile, invendibile.

alienàre A v. tr. **1** vendere, cedere **CONTR.** acquistare, comprare **2** (*fig.*) (*di persona, di simpatia, ecc.*) allontanare, rendere ostile, estraniare, distogliere □ perdere **CONTR.** conquistare □ avvicinare, accostare **3** fare impazzire **B alienarsi** v. rifl. **1** allontanarsi, distogliersi, estraniarsi, straniarsi (*lett.*) **2** (*di persona, di simpatia, ecc.*) perdere, giocarsi **CONTR.** conquistare.

alienàto part. pass. di **alienare**; anche agg. **1** venduto, ceduto **CONTR.** acquistato, comprato **2** (*di persona*) distaccato, estatico, astratto (*lett.*) **CONTR.** attento, vigile **3** pazzo, folle, forsennato, infermo di mente **CONTR.** sano di mente.

alienazióne s. f. **1** (*dir.*) vendita, trasferimento (di proprietà) **CONTR.** acquisto, compera **2** (*psicol.*) demenza, pazzia, follia **CONTR.** sanità di mente **3** (*fig.*) astrazione, estasi **4** (*filos.*) estraniazione.

alièno A agg. **1** (*lett.*) altrui, estraneo **CONTR.** proprio **2** contrario, avverso, sfavorevole **CONTR.** favorevole, incline, propenso, proclive (*raro*), disposto **B** s. m.; anche agg. extraterrestre.

alimentàre (1) A agg. nutritivo, commestibile **CONTR.** non commestibile **B** s. m. al pl. commestibili.

alimentàre (2) A v. tr. **1** nutrire, cibare, pascere, sfamare, sostentare, satollare □ allevare **CONTR.** affamare, ridurre alla fame **2** provvedere, rifornire **CONTR.** sfornire, lasciar privo **3** (*fig.*) (*di cose, di sentimenti*) favorire, promuovere, accrescere, aumentare, incrementare **CONTR.** abbassare, diminuire, eliminare, scacciare **B alimentarsi** v. rifl. nutrirsi, cibarsi, pascersi, sfamarsi, sostentarsi, satollarsi **CONTR.** digiunare.

alimentatóre s. m. (f. *-trice*) (*fig.*) fomentatore, sostenitore □ incitatore, eccitatore.

alimentazióne s. f. nutrimento, nutrizione □ vitto, cibarie.

aliménto s. m. **1** cibo, nutrimento, vitto, vivanda, vettovaglia **2** (*al pl.*) mezzi di sussistenza **3** (*fig.*) incentivo, occasione, stimolo.

alìquota s. f. **1** parte, quota, rata **CONTR.** totale **2** percentuale, tasso d'imposta.

aliscàfo s. m. idroplano.

alitàre v. intr. **1** (*est.*) respirare **2** (*fig.*) soffiare leggermente.

àlito s. m. **1** espirazione, fiato, anelito, respiro **2** (*fig.*) leggero soffio □ odore diffuso.

allacciaménto s. m. **1** allacciatura, annodamento, avvolgimento **CONTR.** slacciamento, scioglimento **2** collegamento, raccordo.

allacciàre A v. tr. **1** (*di vesti, di scarpe, ecc.*) stringere con lacci □ (*est.*) legare insieme, affibbiare, annodare, abbottonare **CONTR.** slacciare, sfibbiare, sciogliere, staccare, sbottonare **2** (*tecn.*) collegare, raccordare, unire **CONTR.** disgiungere, disunire, separare, staccare **3** (*fig.*) (*di rapporti*) stabilire, stringere **CONTR.** interrompere, troncare **B allacciarsi** v. rifl. legarsi, stringersi, abbottonarsi, affibbiarsi, annodarsi **CONTR.** slacciarsi, sbottonarsi, sciogliersi.

allacciàto part. pass. di **allacciare**; anche agg. **1** affibbiato, annodato, legato, abbottonato **CONTR.** slacciato, sfibbiato, sciolto, sbottonato **2** abbracciato, stretto **CONTR.** sciolto, staccato.

allacciatùra s. f. **1** allacciamento, annodamen-

to, avvolgimento CONTR. slacciamento, scioglimento **2** laccio, legaccio, legatura.
allagaménto s. m. inondazione, alluvione, straripamento CONTR. prosciugamento.
allagàre A v. tr. **1** inondare, coprire d'acqua CONTR. prosciugare **2** (*est., anche fig.*) invadere, riempire **B** v. intr. e **allagarsi** intr. pron. coprirsi d'acqua, inondarsi CONTR. prosciugarsi, seccarsi.
allagàto part. pass. di **allagare**; anche agg. inondato, invaso CONTR. prosciugato.
allampanàto agg. magro, secco, segaligno, smunto, macilento CONTR. atticciato, grosso, grasso, corpulento, tarchiato, obeso.
allappàre v. tr. (*di denti*) allegare.
allargaménto s. m. espansione, estensione, ampliamento, dilatamento, dilatazione, allargatura, ingrandimento CONTR. contrazione, restringimento, restrizione, riduzione, rimpicciolimento, diminuzione, limitazione.
allargàre A v. tr. dilatare, distendere, aprire, espandere, estendere, stendere, spiegare, ampliare, slargare, ingrandire CONTR. stringere, restringere, ridurre, circoscrivere, limitare, diminuire, rimpiccolire **B allargarsi** v. rifl. e intr. pron. estendersi, ampliarsi, dilatarsi, spiegarsi, espandersi, ingrandirsi CONTR. restringersi, ridursi, diminuire, rimpiccolirsi.
allargàto part. pass. di **allargare**; anche agg. dilatato, ampliato, steso, esteso, ingrandito CONTR. stretto, ristretto, ridotto, diminuito, rimpiccolito.
allargatùra s. f. allargamento, espansione, estensione, ampliamento, dilatamento, dilatazione, ingrandimento CONTR. contrazione, restringimento, riduzione, rimpiccolimento, diminuzione, limitazione.
allarmànte part. pres. di **allarmare**; anche agg. inquietante, preoccupante, scoraggiante, pericoloso CONTR. rassicurante, confortante, incoraggiante, tranquillizzante, sicuro.
allarmàre A v. tr. mettere in agitazione, impaurire, inquietare, spaventare, preoccupare CONTR. calmare, rassicurare, incoraggiare, tranquillizzare **B allarmarsi** v. intr. pron. mettersi in agitazione, impaurirsi, inquietarsi, spaventarsi, preoccuparsi CONTR. calmarsi, rassicurarsi, rincorarsi, farsi animo, tranquillizzarsi.
allarmàto part. pass. di **allarmare**; anche agg. preoccupato, agitato, impaurito, spaventato CONTR. rassicurato, calmato, incoraggiato, tranquillizzato.
allàrme s. m. **1** (*mil.*) segnale di chiamata □ chiamata **2** pericolo **3** timore, agitazione, apprensione, preoccupazione, inquietudine, paura, allarmismo CONTR. calma, tranquillità.
allarmìsmo s. m. allarme, preoccupazione, inquietudine, paura □ disfattismo CONTR. ottimismo, coraggio.
allarmìsta s. m. e f. disfattista CONTR. ottimista.
allarmìstico agg. inquietante, preoccupante CONTR. rassicurante, incoraggiante.
allattàre v. tr. dare il latte □ (*est.*) allevare CONTR. slattare, spoppare, divezzare.
alleànza s. f. accordo, intesa, lega, patto, unione, coalizione, federazione, confederazione, fusione CONTR. ostilità, contrasto, antagonismo.
alleàre A v. tr. accordare, coalizzare **B allearsi** v. rifl. unirsi, associarsi, confederarsi, collegarsi CONTR. disunirsi, dividersi, separarsi.
alleàto part. pass. di **alleare**; anche agg. e s. m. compagno, socio, associato, amico, confederato □ cobelligerante CONTR. avversario, nemico, oppositore, antagonista.
allegàre A v. tr. **1** (*di cosa*) accludere, includere □ unire, connettere CONTR. escludere, levare, togliere **2** (*di ragioni, di prove, ecc.*) addurre, citare, produrre, presentare, riferire **3** (*di denti*) allappare **B** v. intr. **1** maturare **2** (*di metalli*) fare lega.
allegàto A part. pass. di **allegare**; anche agg. accluso, incluso, unito CONTR. escluso, levato, tolto **B** s. m. documento accluso.
alleggeriménto s. m. alleviamento, attenuamento, attenuazione, diminuzione, sgravio □ sollievo, ristoro CONTR. aggravamento, aggravio □ inasprimento.
alleggerìre A v. tr. **1** rendere leggero □ sgravare CONTR. aggravare, appesantire, caricare, oberare (*lett.*) **2** (*fig.*) alleviare, attenuare, diminuire, mitigare, rendere più sopportabile CONTR. accrescere, aumentare, acuire, esasperare, inasprire **3** (*scherz.*) derubare **B alleggerirsi** v. rifl. **1** (*di peso*) sgravarsi □ (*est.*) liberarsi, togliersi CONTR. caricarsi □ mettersi **2** (*fig.*) sentir sollievo, sentir conforto **3** vestirsi con abiti più leggeri.
allegorìa s. f. figura, metafora, simbolo, allusione, parabola, paragone.
allegòrico agg. metaforico, simbolico.
allegraménte avv. gaiamente, lietamente, felicemente, festosamente, giocondamente, giocosamente, gioiosamente, piacevolmente, spensieratamente, briosamente CONTR. malinconicamente, mestamente, tristemente, dolentemente, seriamente.
allegrézza s. f. *V.* **allegria**.
allegrìa s. f. allegrezza, esultanza, festa, festosità, buonumore, brio, giubilo, gaudio, contentezza, gaiezza, gioia, letizia, godimento, soddisfazione, sollazzo, tripudio CONTR. abbattimento, afflizione, avvilimento, depressione, malcontento, malinconia, mestizia, malumore, lutto, tristezza, scontentezza, scontento.
allégro A agg. **1** contento, gaio, giocondo, gioioso, giocoso, ilare, giubilante, gioviale, lieto, festante, festevole, festoso, esultante, raggiante, ridente, sereno, spensierato CONTR. abbattuto, afflitto, avvilito, accigliato, depresso,

malinconico, malcontento, mesto, triste, pensieroso, preoccupato, sconfortato, sconsolato, demoralizzato, giù di corda **2** (*di colori, di suoni e sim.*) vivace, brioso, caldo **CONTR.** smorto, smorzato, spento, freddo **3** (*di vita, di compagnia, ecc.*) spensierato, leggero **CONTR.** serio, grave, posato **B** s. m. (*mus.*) movimento rapido **FRAS.** *donna allegra* (*fig.*), donna di facili costumi, prostituta.

allenaménto s. m. addestramento, esercitazione, preparazione.

allenàre A v. tr. addestrare, esercitare, abituare, preparare, sladinare (*fam.*) **B allenarsi** v. rifl. abituarsi, esercitarsi, addestrarsi, prepararsi.

allenàto part. pass. di **allenare**; anche agg. abituato, addestrato, esercitato, preparato, sladinato (*fam.*) **CONTR.** impreparato, fuori allenamento.

allenatóre A agg. addestratore **B** s. m. (f. *-trice*) tecnico sportivo, istruttore □ (*spec. di calciatori e cavalli da corsa*) trainer (*ingl.*) □ (*di pugile*) sparring partner (*ingl.*).

allentaménto s. m. distensione, rilassamento, allungamento **CONTR.** tensione, contrazione.

allentàre A v. tr. **1** (*di freno, di stretta, ecc.*) rendere meno teso, slentare (*lett.*), mollare, allargare, rilassare **CONTR.** tendere, distendere, stringere, tirare **2** (*di passo, di respiro, ecc.*) rallentare, ritardare, trattenere **CONTR.** accelerare, affrettare **3** (*fig.*) (*di disciplina, di controllo, ecc.*) attenuare, diminuire, mitigare, scemare **CONTR.** accrescere, aumentare, incrementare **B allentarsi** v. intr. pron. **1** (*di freno, di stretta, ecc.*) divenire lento, allargarsi **CONTR.** tendersi, stringersi **2** (*fig.*) (*di disciplina, di controllo, ecc.*) diminuire, calare, scemare **CONTR.** crescere, accrescersi, aumentare.

allentàto part. pass. di **allentare**; anche agg. **1** (*di freno, ecc.*) meno teso, allargato □ malfermo **CONTR.** stretto, teso □ fermo **2** (*fig.*) (*di disciplina, ecc.*) attenuato, diminuito **CONTR.** accresciuto, aumentato, incrementato.

allergìa s. f. **1** (*med.*) esagerata reattività □ anafilassi **CONTR.** immunità **2** (*est., scherz.*) incompatibilità, avversione, insofferenza, ipersensibilità, idiosincrasia **CONTR.** simpatia, attrazione.

allèrgico agg. **1** di allergia □ anafilattico **CONTR.** anallergico **2** (*scherz.*) contrario, refrattario, insofferente, ipersensibile **CONTR.** propenso, incline, favorevole, portato.

allestiménto s. m. apprestamento, approntamento, preparazione, montatura, montaggio, messa a punto, messa in ordine □ apparecchiatura **CONTR.** smontaggio, demolizione, abbattimento, smobilitazione □ sparecchiatura.

allestire v. tr. preparare, mettere a punto, apprestare, montare, approntare, apparecchiare, predisporre □ (*di nave*) armare **CONTR.** disfare, smontare, smobilitare, sparecchiare □ (*di nave*) disarmare.

allestìto part. pass. di **allestire**; anche agg. preparato, apprestato, montato, predisposto **CONTR.** smontato, disfatto, smobilitato.

allettaménto s. m. adescamento, adulazione, attrazione, esca, lusinga, seduzione, blandimento, blandizia, richiamo, invito **CONTR.** ingiuria, insolenza, improperio, oltraggio, vituperio.

allettànte part. pres. di **allettare**; anche agg. attraente, seducente, allettevole, allettatore, bello, invitante, lusinghevole, lusinghiero **CONTR.** repellente, ripugnante, antipatico, disgustoso, odioso, spiacevole.

allettàre v. tr. attirare, adescare, blandire, invitare, lusingare, affascinare, sedurre, invogliare **CONTR.** disgustare, dispiacere, nauseare, stomacare, allontanare, respingere.

allettàto part. pass. di **allettare**; anche agg. attirato, attratto, adescato, lusingato, affascinato, sedotto, invogliato **CONTR.** disgustato, allontanato, respinto, nauseato, stomacato.

allettatóre s. m.; anche agg. (f. *-trice*) adescatore, adulatore, lusingatore, seduttore.

allevaménto s. m. **1** allattamento, alimentazione, nutrizione **2** (*di animali*) riproduzione e crescita **3** (*di persona*) ammaestramento, educazione.

allevàre v. tr. **1** (*di essere*) far crescere, tirar su, allattare, nutrire **2** (*di persona*) educare, istruire, formare, allenare.

allevàto part. pass. di **allevare**; anche agg. tirato su, educato, formato, cresciuto.

alleviaménto s. m. alleggerimento, attenuazione, mitigamento (*raro*), mitigazione, sollievo, consolazione **CONTR.** aggravamento, appesantimento.

alleviàre v. tr. alleggerire, attenuare, calmare, mitigare, temperare **CONTR.** aggravare, accrescere, aumentare, esacerbare, inasprire.

allibire v. intr. impallidire, turbarsi, sbigottirsi, impaurirsi, sbalordirsi, ammutolire.

allibìto part. pass. di **allibire**; anche agg. turbato, sbigottito, sbalordito, ammutolito.

allibratóre s. m. (*in ippica*) registratore di scommesse □ bookmaker (*ingl.*).

allietàre v. tr. rallegrare, dilettare, deliziare, divertire, beare, letificare (*lett.*), ricreare, sollazzare **CONTR.** rattristare, contristare, accorare, addolorare, affliggere.

allietàto part. pass. di **allietare**; anche agg. rallegrato, divertito, deliziato **CONTR.** amareggiato, rattristato, addolorato.

allièvo s. m. alunno, discente, discepolo, scolaro, apprendista **CFR.** maestro, insegnante, professore, istitutore, precettore.

allignàre v. intr. **1** (*di pianta*) mettere radici, radicare, barbicare, barbificare, attecchire, far presa, crescere **CONTR.** seccarsi, disseccarsi, inaridirsi, morire **2** (*fig.*) (*di sentimento, di uso, ecc.*) trovarsi, esistere □ affermarsi, radicarsi, prender piede **CONTR.** sparire, scomparire, morire.

allineaménto s. m. **1** schieramento, fila **2** (*fig.*) (*a idee, ecc.*) adeguamento, consenso **CONTR.** dissenso, contestazione, opposizione.

allineàre A v. tr. mettere in fila, disporre, schierare **CONTR.** scompigliare, scompaginare, sconvolgere, sparpagliare **B allinearsi** v. rifl. **1** mettersi in linea, mettersi in fila, schierarsi, disporsi **CONTR.** disperdersi, sparpagliarsi, rompere le righe **2** (*a idee, ecc.*) adeguarsi, conformarsi **CONTR.** dissentire, opporsi, contestare.

allineàto part. pass. di **allineare**; anche agg. sulla stessa linea, schierato, disposto **CONTR.** disperso, sparpagliato.

allòcco s. m. (*fig.*) sciocco, balordo, scemo, fesso (*fam.*) **CONTR.** furbacchione, volpe, volpone, volpaccia, dritto (*fam.*), marpione.

allocuzióne s. f. discorso solenne, orazione, arringa.

alloggiaménto s. m. **1** (*mil.*) stazionamento, accampamento **2** alloggio, abitazione, dimora.

alloggiàre A v. tr. accogliere, ospitare, albergare, ricoverare **CONTR.** sloggiare, sfrattare **B** v. intr. abitare, dimorare, star di casa, vivere.

allòggio s. m. **1** abitazione, albergo, dimora, casa, domicilio **2** appartamento.

allontanaménto s. m. **1** (*di persona o cosa*) scostamento, separazione, distacco, rimozione, distanziamento **CONTR.** avvicinamento, accostamento, appressamento **2** (*di persona*) congedo, dimissione, licenziamento, cacciata, deposizione, destituzione **CONTR.** accoglimento, assunzione.

allontanàre A v. tr. **1** (*di persona o cosa*) scostare, discostare, rimuovere, separare, staccare **CONTR.** avvicinare, accostare, appressare **2** mandare via, tenere lontano, respingere, cacciare, scacciare □ congedare, licenziare □ deporre, destituire **CONTR.** accogliere, ricevere, assumere **3** riuscire sgradito, dispiacere **CONTR.** riuscire gradito, piacere **B allontanarsi** v. rifl. e intr. pron. andare lontano, scostarsi, discostarsi, partire **CONTR.** avvicinarsi, accostarsi, approssimarsi.

allontanàto part. pass. di **allontanare**; anche agg. respinto, cacciato □ licenziato, destituito **CONTR.** accolto, ricevuto □ assunto.

allopatìa s. f. (*med.*) **CONTR.** omeopatia.

allopàtico agg. (*med.*) eteropatico **CONTR.** omeopatico.

allóra A avv. in quell'istante, in quel momento, in quella occasione □ (*est.*) in quel tempo **CONTR.** ora, adesso **B** in funzione di cong. **1** in tal caso **2** ebbene, dunque **FRAS.** *allora, come allora*, sul momento □ *allora allora*, proprio in quel momento.

allorché cong. quando, nel momento in cui, non appena.

allòro s. m. **1** (*bot.*) lauro **2** (*fig.*) vittoria, trionfo, gloria, onore **FRAS.** *dormire* (o *riposare*) *sugli allori* (*fig.*), accontentarsi di un primo successo.

àlluce s. m. (*del piede*) dito grosso, ditone (*fam.*).

allucinànte part. pres. di **allucinare**; anche agg. **1** (*di cosa luminosa*) abbagliante, abbacinante, accecante **CONTR.** debole, fioco, smorzato **2** (*fig.*) impressionante, spaventoso, pauroso **CONTR.** attraente, gradevole, piacevole.

allucinàre v. tr. **1** (*di cosa luminosa*) abbagliare, abbacinare, confondere la vista **2** (*fig.*) impressionare, spaventare □ ingannare, far travedere.

allucinàto A part. pass. di **allucinare**; anche agg. impressionato, spaventato, terrorizzato **B** s. m. visionario, esaltato.

allucinazióne s. f. abbaglio, abbagliamento, illusione, miraggio, inganno, travedimento.

allucinògeno A s. m. droga, stupefacente **B** agg. stupefacente, narcotico.

allùdere v. intr. accennare, riferirsi, fare allusione **CONTR.** precisare, specificare.

allungaménto s. m. accrescimento, estensione, prolungamento, allungatura (*raro*) □ indugio, prolissità **CONTR.** accorciamento, abbreviamento, contrazione, diminuzione, riduzione, restrizione.

allungàre A v. tr. **1** accrescere, aumentare, sviluppare, prolungare, estendere, dilùngare, slungare □ protrarre, differire **CONTR.** accorciare, abbreviare, contrarre, decurtare, diminuire, ridurre, restringere, tagliare, troncare **2** (*fam.*) dare, porgere **3** (*di vino e sim.*) diluire, stemperare, annacquare **B allungarsi** v. intr. pron. accrescersi, svilupparsi, estendersi, prolungarsi □ dilungarsi, protrarsi **CONTR.** accorciarsi, abbreviarsi, contrarsi, ridursi □ esser conciso **C** v. rifl. distendersi, sdraiarsi, stendersi, coricarsi, adagiarsi **CONTR.** alzarsi, rialzarsi, sollevarsi, risollevarsi **D** v. intr. (*sport*) compiere un allungo.

allungàto part. pass. di **allungare**; anche agg. **1** prolungato, esteso **CONTR.** accorciato, contratto **2** adagiato, disteso, sdraiato **CONTR.** alzato, dritto, sollevato.

allùngo s. m. (*nel ciclismo e nel podismo*) progressiva accelerazione □ (*nel calcio*) passaggio in avanti □ (*nella scherma*) affondo.

allupàto agg. affamato, famelico **CONTR.** sfamato, satollo, sazio.

allusióne s. f. accenno, cenno, riferimento.

allusìvo agg. vago □ evocativo **CONTR.** chiaro, preciso.

alluvióne s. f. **1** straripamento, inondazione, allagamento **CONTR.** prosciugamento □ bonifica **2** (*fig., spreg.*) enorme quantità, diluvio, subisso, moltitudine **CONTR.** scarsità.

almanaccàre v. tr. e intr. lambiccarsi il cervello, fantasticare, congetturare, arzigogolare, scervellarsi, mulinare.

almanàcco s. m. **1** calendario, lunario, effemeride, annuario **2** (*est.*) pubblicazione annuale.

alméno avv. **1** per lo meno, se non altro, se non di più, a dir poco, come minimo **2** (*con valore ottativo*) oh se.

alóne s. m. **1** corona luminosa, cerchio di luce **2** (*fig.*) aureola.

àlpe s. f. **1** (*lett.*) montagna alta, montagna **2** pascolo di alta montagna, alpeggio.

alpèstre agg. montuoso, montagnoso, montano, alpino, rupestre, roccioso, erto **CONTR.** piano, pianeggiante, piatto, livellato.

alpinìsta s. m. e f. scalatore.

alquànto A agg. indef. poco, po', diverso, certo **CONTR.** molto, tutto **B** pron. indef. al pl. alcuni, diversi, certo numero **CONTR.** molti, tutti **C** avv. parecchio, un poco, un po' **CONTR.** molto.

alt A inter. altolà!, fermo!, fermi!, basta!, stop! (*ingl.*) **CFR.** avanti!, continua!, continuate!, ancora!, via! **B** s. m. ordine di arresto, segnale di arresto, altolà, stop (*ingl.*) **CONTR.** via, avvio.

altaléna s. f. **1** dondolo, dondola (*pop.*), biciancola (*tosc.*) **2** (*fig.*) vicenda alterna, avvicendamento, incostanza, mutabilità, instabilità **CONTR.** costanza, fermezza, stabilità.

altalenàre v. intr. **1** giocare con l'altalena **2** (*fig.*) (*di persona*) barcamenarsi, oscillare, destreggiarsi, tergiversare.

altaménte avv. molto, grandemente, intensamente, profondamente □ nobilmente **CONTR.** poco, scarsamente, debolmente, mediocremente □ bassamente.

altàre s. m. ara (*lett.*), tavola liturgica (*eccl.*) **FRAS.** *il sacrificio dell'altare*, la Messa □ *andare all'altare*, sposare □ *innalzare agli altari*, canonizzare □ *porre sugli altari* (*fig.*), esaltare.

altarìno s. m. **1** dim. di **altare**; altare portatile **2** inginocchiatoio (da camera) **FRAS.** *scoprire gli altarini* (*fig.*), rivelare i segreti, scoprire le marachelle.

alteràbile agg. **1** (*di cosa*) cambiabile, mutabile, mutevole □ falsificabile, adulterabile **CONTR.** inalterabile, immutabile, stabile, duraturo **2** (*fig.*) (*di persona*) eccitabile, irascibile **CONTR.** calmo, sereno.

alterabilità s. f. **1** (*di cosa*) mutabilità, mutevolezza **CONTR.** inalterabilità, immutabilità, stabilità **2** (*di persona*) eccitabilità, irascibilità **CONTR.** calma, serenità.

alteraménte avv. fieramente, superbamente, orgogliosamente □ dignitosamente **CONTR.** modestamente, dimessamente □ umilmente □ vergognosamente.

alteràre A v. tr. **1** (*di cosa*) corrompere, guastare, rovinare, adulterare, contraffare, falsificare, peggiorare **CONTR.** sanare, risanare, ripristinare, restaurare **2** (*fig.*) (*di persona*) commuovere, eccitare, sconvolgere, turbare □ far arrabbiare, mandare in bestia, sdegnare **CONTR.** calmare, placare, pacificare, quietare, tranquillizzare **B alterarsi** v. intr. pron. **1** (*di cosa*) modificarsi, rovinarsi, corrompersi, peggiorare **CONTR.** risanarsi, migliorare **2** (*fig.*) (*di persona*) commuoversi, eccitarsi, turbarsi, adirarsi, corrucciarsi, irritarsi, sdegnarsi **CONTR.** calmarsi, placarsi, quietarsi, rasserenarsi, tranquillizzarsi.

alteràto part. pass. di **alterare**; anche agg. **1** modificato □ adulterato, sofisticato, falsificato, guasto **CONTR.** invariato □ genuino, autentico, naturale, puro, schietto **2** (*fig.*) (*di persona*) turbato, indignato, sdegnato, irato, adirato □ eccitato, emozionato, sconvolto **CONTR.** calmo, pacifico, quieto, sereno, tranquillo.

alterazióne s. f. **1** (*di cosa*) modificazione, mutamento, mutazione, cambiamento **CONTR.** fissità, immutabilità, stabilità **2** (*di cibo, di documento, ecc.*) adulterazione, sofisticazione, falsificazione **CONTR.** autenticità, genuinità, naturalezza, purezza.

altercàre v. intr. litigare, bisticciare, questionare, disputare, contendere **CONTR.** accordarsi, rappacificarsi, riconciliarsi.

altèrco s. m. diverbio, litigio, battibecco, bisticcio, contesa, contrasto, disputa, diatriba, questione, rissa, baruffa **CONTR.** accordo, conciliazione, pace, riconciliazione.

alter ego /*lat.* alte'r ɛgo/ [lat. 'un altro io'] loc. sost. m. inv. sostituto.

alterézza s. f. fierezza, dignità, elevato sentire, orgoglio □ alterigia, presunzione, superbia, sussiego **CONTR.** modestia, soggezione, sottomissione, remissività, umiltà.

alterìgia s. f. arroganza, boria, insolenza, presunzione, superbia, sussiego, disdegno **CONTR.** modestia, semplicità, sottomissione, remissività, umiltà.

alternaménte avv. a turno, alternativamente, alternatamente, in successione **CONTR.** continuamente, continuativamente, di continuo.

alternànza s. f. avvicendamento, alternativa, successione, turno.

alternàre A v. tr. avvicendare, dare il turno **CONTR.** continuare **B** v. intr. e **alternarsi** rifl. avvicendarsi, succedersi, darsi il turno **CONTR.** continuare.

alternataménte avv. a turno, alternamente, alternativamente, in successione **CONTR.** continuamente, continuativamente, di continuo.

alternatìva s. f. **1** alternanza, avvicendamento, successione **CONTR.** continuità, persistenza **2** facoltà di scelta, opzione □ dilemma **3** (*est.*) scelta, soluzione, risoluzione, decisione **FRAS.** *in alternativa*, come altra scelta, come altra proposta, invece.

alternativaménte avv. a turno, alternamente, alternatamente, in successione **CONTR.** continuamente, continuativamente, di continuo.

alternatìvo agg. **1** alternato **CONTR.** continuo **2** (*di progetto, di cinema, ecc.*) diverso □ anticonformista **CONTR.** normale, usuale □ conformista.

alternàto part. pass. di **alternare**; anche agg. **1** avvicendato, intervallato **CONTR.** continuo, costante **2** (*elettr.*) periodico **CONTR.** continuo.

altèrno agg. alternato, vicendevole, avvicendato □ scambievole, reciproco **CONTR.** continuo, continuato, costante, ininterrotto, perpetuo.

altèro agg. dignitoso, orgoglioso, fiero □ altezzoso, disdegnoso, sprezzante, superbo, borioso, presuntoso, pettoruto, tronfio **CONTR.** modesto, dimesso, umile, remissivo, sottomesso.

altézza s. f. **1** altitudine, elevatezza, eminenza, altura **CONTR.** bassezza, bassura, piano **2** cima, culmine, sommità, vetta **CONTR.** base, piede □ profondità **3** statura **4** (*fig.*) (*di sentimento, di mente, ecc.*) nobiltà, sublimità, dignità, eccellenza, generosità, grandezza, superiorità **CONTR.** modestia, meschinità, miseria, limitatezza, umiltà **5** (*geogr.*) latitudine **CONTR.** longitudine **6** (*mus.*) acutezza.

altezzosaménte avv. sdegnosamente, superbamente, arrogantemente, sprezzantemente **CONTR.** modestamente, semplicemente, dimessamente, umilmente.

altezzosità s. f. arroganza, boria, albagia, alterigia, presunzione, sprezzo, superbia, spocchia **CONTR.** modestia, discrezione, riserbo, riservatezza, semplicità, umiltà.

altezzóso agg. arrogante, borioso, altero, sprezzante, superbo, spocchioso, presuntuoso **CONTR.** modesto, discreto, riservato, semplice, umile, affabile, alla buona, alla mano.

altìccio agg. brillo, ebbro, allegro **CFR.** ubriaco, avvinazzato □ astemio.

altìmetro s. m. barografo, barometro.

altisonànte agg. **1** (*lett.*) sonoro, risonante, fragoroso **CONTR.** silenzioso, sordo **2** (*fig.*) ridondante, tronfio, gonfio **CONTR.** piano, naturale, semplice, spoglio.

Altìssimo s. m. (*per anton.*) Dio.

altitùdine s. f. altezza (sul mare), altimetria.

àlto A agg. **1** dell'altezza di □ elevato, eminente, prominente, rialzato **CONTR.** basso, poco elevato, piccolo **2** (*di acqua, di sonno, ecc.*) profondo **CONTR.** basso □ leggero **3** (*di regione*) settentrionale **4** (*di stipendio, di prezzo*) grande, elevato **CONTR.** basso **5** (*di voce, di suono*) forte, sonoro, acuto **CONTR.** debole, fioco, smorzato **6** (*fig.*) (*di mente, di sentimento, ecc.*) grande, nobile, eccellente, eccelso, egregio, elevato, profondo, esimio, insigne, sublime **CONTR.** modesto, meschino, umile, basso, trascurato **B** s. m. **1** parte alta **CONTR.** basso **2** cielo **C** avv. **1** in su **CONTR.** basso **2** acutamente, fortemente **CONTR.** a bassa voce, sommessamente **FRAS.** *in alto mare* (*fig.*), ancora lontano dalla conclusione □ *andare a testa alta* (*fig.*), essere fiero, avere la coscienza tranquilla □ *fare alto e basso*, farla da padrone □ *gli alti e i bassi* (*fig.*), le alterne vicende □ *guardare dall'alto in basso* (*fig.*), guardare con alterigia.

altolà inter.; anche s. m. inv. alt, stop (*ingl.*).

altolocàto agg. autorevole, importante, stimato, influente.

altoparlànte s. m. amplificatore (di suono) □ microfono.

altopiàno s. m. zona elevata, pianoro, acrocoro **CFR.** piana, pianura, bassura, collina, montagna.

altorilièvo s. m. scultura in rilievo **CONTR.** bassorilievo.

altrettànto A agg. indef. nello stesso numero, nella stessa quantità, nella stessa misura **B** anche pron. indef. lo stesso □ la stessa misura **C** avv. nello stesso modo, similmente, ugualmente.

altriménti avv. **1** in altro modo, diversamente, differentemente **CONTR.** ugualmente, allo stesso modo **2** in caso contrario, se no **CONTR.** nello stesso caso.

àltro A agg. indef. **1** differente, diverso **CONTR.** simile, uguale **2** nuovo, secondo, aggiunto □ un secondo, novello **3** restante, rimanente **4** scorso, precedente, antecedente **5** prossimo, venturo, seguente, susseguente **B** pron. indef. **1** persona diversa □ cosa diversa **2** (*al pl. m.*) gente, estranei, prossimo **C** in funzione di s. altra cosa **FRAS.** *l'un l'altro*, a vicenda, reciprocamente □ *se non altro*, almeno □ *senz'altro*, certamente □ *tra l'altro*, per giunta □ *più che altro*, soprattutto □ *tutt'altro*, niente affatto.

altroché inter. certamente!, senza dubbio!, sì!

altróve avv. in altro luogo, in altra parte **CFR.** qui, là.

altrùi A agg. poss. inv. di altri, degli altri, del prossimo **CONTR.** suo, proprio **B** in funzione di s. la roba d'altri **C** pron. indef. inv. (*lett.*) altra persona, altri, gli altri.

altruìsmo s. m. amore per il prossimo, filantropia, generosità **CONTR.** egoismo, egotismo.

altruìsta s. m. e f.; anche agg. filantropo, generoso **CONTR.** egoista, egotista.

altruisticaménte avv. generosamente **CONTR.** egoisticamente.

altruìstico agg. generoso **CONTR.** egoistico.

altùra s. f. **1** colle, collina, monte, sommità **CONTR.** bassura **2** (*est.*) alto mare.

alùnno s. m. allievo, scolaro, discepolo, discente □ apprendista.

alveàre s. m. **1** cassetta per le api, arnia, apiario, bugno **2** (*fig.*) caseggiato popolare.

àlveo s. m. **1** (*di fiume*) letto, fondo **2** (*lett.*) cavità **3** (*lett.*) ventre, utero.

alzàbile agg. sollevabile, elevabile **CONTR.** abbassabile.

alzaménto s. m. innalzamento, sollevamento, elevazione **CONTR.** abbassamento, calo.

alzàre A v. tr. **1** elevare, innalzare, levare, rialzare, sollevare, ergere, adergere (*lett.*), estollere (*lett.*), issare, rizzare, drizzare **CONTR.** abbassare, calare, spingere in basso **2** (*di suono,* *di prezzo, ecc.*) aumentare, crescere, dilatare **CONTR.** abbassare, diminuire **3** (*di costruzione*) costruire, erigere, fare, edificare **CONTR.** abbattere, atterrare, demolire, diroccare, buttar giù **B alzarsi** v. intr. pron. **1** (*di essere o cosa*) crescere, aumentare **CONTR.** calare, diminuire **2** (*di astri, di vento, ecc.*) sorgere, levarsi **CONTR.** abbassarsi, calare, tramontare **C** v. rifl. **1** (*di essere*) tirarsi su, sollevarsi, rizzarsi **CONTR.** sedersi, sdraiarsi **2** levarsi in volo **CONTR.** calare **FRAS.** *alzare la cresta* (*fig.*), insuperbire □ *alzare il gomito* (*fig.*), bere troppo □ *alzare i tacchi* (*fig.*), andarsene, fuggire □ *non alzare un dito* (*fig.*), non far nulla.

alzàta s. f. **1** alzamento, sollevamento, innalzamento, elevazione **CONTR.** abbassamento **2** (*di gradino*) altezza **3** (*di mobile*) parte superiore **4** fruttiera **5** (*nella pallavolo*) passaggio **FRAS.** *alzata d'ingegno*, trovata ingegnosa □ *alzata di testa* (*fig.*), puntiglio, decisione avventata □ *alzata di scudi* (*fig.*), ribellione.

alzàto part. pass. di **alzare**; anche agg. levato, ritto, sollevato □ in piedi **CONTR.** abbassato, seduto, sdraiato.

amàbile agg. **1** affabile, simpatico, garbato, gentile, cordiale, cortese, grazioso, piacevole, adorabile, attraente, caro **CONTR.** antipatico, odioso, sgarbato, fastidioso, detestabile, insopportabile, spiacevole **2** (*di vino*) dolce, gradevole **CONTR.** aspro, secco.

amabilità s. f. **1** cortesia, gentilezza, affabilità, cordialità, garbo, grazia, simpatia **CONTR.** sgarbatezza, sgarberia, scortesia, villania, antipatia, odiosità, insopportabilità **2** (*di vino*) dolcezza, gradevolezza **CONTR.** asprezza.

amabilménte avv. gentilmente, cortesemente, affabilmente, garbatamente, graziosamente, adorabilmente **CONTR.** sgarbatamente, scortesemente, villanamente, antipaticamente, odiosamente, insopportabilmente.

amàca s. f. letto pensile □ branda.

amàlgama s. m. **1** (*di metalli*) lega **2** (*anche fig.*) mescolanza, miscuglio, accozzaglia □ unione.

amalgamàre A v. tr. (*anche fig.*) unire, impastare, mescolare, legare **CONTR.** dividere, separare, staccare, sciogliere **B amalgamarsi** v. rifl. (*anche fig.*) fondersi, unirsi, legare **CONTR.** dividersi, separarsi, staccarsi.

amànte A part. pres. di **amare**; anche agg. affezionato, appassionato, incline, propenso **CONTR.** avverso, contrario, nemico, ostile **B** s. m. e f. **1** (*di cosa*) amatore, amico, adoratore, innamorato **CONTR.** nemico **2** (*di persona*) uomo, donna, moroso (*pop.*), fidanzato, ganzo (*spreg.*).

amanuènse s. m. scrivano, copista.

amaraménte avv. dolorosamente, tristemente, aspramente **CONTR.** dolcemente, lietamente, gioiosamente, piacevolmente.

amarànto s. m. (*di colore*) rosso violaceo.

amàre A v. tr. **1** provare amore, voler bene, essere innamorato, provare affetto, adorare, idolatrare, venerare, prediligere, aver caro, essere attaccato **CONTR.** odiare, detestare, aborrire, abominare, esecrare **2** (*verso una classe sociale, verso i poveri*) sentire solidarietà, essere solidale, difendere **CONTR.** disprezzare, disdegnare **3** (*di una cosa*) interessarsi, piacere, andar matto **CONTR.** disinteressarsi, non curarsi, trascurare **4** (*est.*) (*di piante*) richiedere, aver bisogno **5** (*di denaro, di gloria*) desiderare fortemente, essere avido, bramare **CONTR.** aborrire, disdegnare, respingere **B amarsi** v. rifl. rec. volersi bene, adorarsi, idolatrarsi, essere innamorati **CONTR.** odiarsi, detestarsi, aborrirsi.

amareggiàre A v. tr. **1** (*raro*) rendere amaro **CONTR.** addolcire **2** (*fig.*) affliggere, addolorare, crucciare, rattristare, contristare, addolorare **CONTR.** allietare, rallegrare, dilettare **B amareggiarsi** v. rifl. crucciarsi, addolorarsi, affliggersi, rattristarsi, contristarsi **CONTR.** allietarsi, rallegrarsi, dilettarsi, gioire, esultare.

amarézza s. f. **1** (*di sapore*) amaro **CONTR.** dolcezza **2** (*fig.*) accoramento, afflizione, cordoglio, dispiacere, dolore, mestizia **CONTR.** contentezza, letizia, gioia, piacere, soddisfazione **3** (*fig.*) astio, disgusto, acredine, rancore, fiele **CONTR.** benevolenza, benignità, simpatia.

amàro A agg. **1 CONTR.** dolce **2** (*fig.*) aspro, crudele, doloroso, molesto, spiacevole, triste, funesto □ maligno, mordace, sdegnoso **CONTR.** dolce, amabile, gioioso, lieto, soave, piacevole □ benigno, bonario, mite **B** s. m. **1 CONTR.** dolce **2** (*di liquore*) bitter (*ingl.*), amaricante **3** (*fig.*) amarezza, dolore □ rancore, acredine, astio, disgusto **CONTR.** dolcezza, gioia, piacere, soddisfazione □ affetto, benignità, benevolenza, simpatia.

amarógnolo o **amarògnolo** agg. (*di sapore*) un po' amaro, tendente all'amaro **CONTR.** dolciastro.

amàto part. pass. di **amare**; anche agg. e s. m. caro, diletto, prediletto, adorato, idolatrato, benamato, benvoluto **CONTR.** odiato, detestato, aborrito, abominato, esecrato, maledetto.

amatóre s. m. (f. *-trice*) **1** (*di persona*) amante, amico, innamorato **2** (*di una causa*) fautore, sostenitore **CONTR.** avversario, antagonista, rivale **3** (*di cosa*) appassionato, collezionista, dilettante **CONTR.** intenditore, esperto.

amàzzone [dal nome delle *Amazzoni* (dal greco *a-* e *mazós* 'mammella'), le mitiche donne guerriere che si bruciavano la mammella destra per manovrare meglio l'arco] s. f. **1** donna decisa, donna combattiva **2** cavallerizza.

ambascerìa s. f. **1** ambasciata, legazione, delegazione, deputazione, missione diplomatica **2** (*est.*) messaggio, ambasciata.

ambasciàta s. f. **1** (*di comunicazione*) ambasceria, messaggio, avviso, notizia, annunzio, commissione **2** (*di persone*, *di edificio*) legazione, missione diplomatica, nunziatura.

ambasciatóre s. m. (f. *-trice*) **1** (*dir.*) agente diplomatico, rappresentante diplomatico, delegato, nunzio, inviato, console plenipotenziario **2** (*di comunicazione*) messaggero, nunzio, messo, latore, portatore.

ambedùe agg. num. inv.; anche pron. inv. tutti e due, l'uno e l'altro, entrambi, ambo (*lett.*) **CONTR.** nessuno dei due, né l'uno né l'altro.

ambientalìsta s. m. e f. ecologista □ verde.

ambientaménto s. m. ambientazione, adattamento (all'ambiente) □ localizzazione.

ambientàre A v. tr. adattare, abituare all'ambiente □ localizzare **B ambientarsi** v. rifl. abituarsi all'ambiente, adattarsi, adeguarsi, inserirsi.

ambientàto part. pass. di **ambientare**; anche agg. adattato all'ambiente □ abituato, inserito, adeguato **CONTR.** disambientato, spaesato.

ambientazióne s. f. **1** ambientamento, adattamento (all'ambiente) □ localizzazione **2** (*teat.*, *cine.*) ambiente, ricostruzione ambientale.

ambiènte s. m. **1** luogo, località, paese, zona **2** (*est.*, *fig.*) società, classe □ ambito, cerchia, milieu (*fr.*) **3** stanza, camera, locale, vano.

ambiguaménte avv. equivocamente, oscuramente □ subdolamente, falsamente **CONTR.** chiaramente, semplicemente □ schiettamente, lealmente.

ambiguità s. f. **1** equivocità, dubbiezza (*raro*), incertezza, confusione, oscurità **CONTR.** chiarezza, certezza, evidenza, semplicità **2** (*fig.*) doppiezza, finzione, falsità, impostura, ipocrisia **CONTR.** franchezza, schiettezza, sincerità, lealtà, onestà, rettitudine.

ambìguo agg. **1** equivoco, oscuro, confuso, dubbio, incerto **CONTR.** chiaro, certo, evidente, semplice **2** (*fig.*) doppio, equivoco, falso, finto, subdolo, sospettoso, indefinibile **CONTR.** franco, schietto, sincero, leale □ onesto, retto.

ambìre v. tr. e intr. desiderare, bramare, aspirare, agognare **CONTR.** respingere, ricusare, rifiutare, trascurare.

ambìto (1) part. pass. di **ambire**; anche agg. desiderato, agognato, ricercato **CONTR.** rifiutato, respinto.

àmbito (2) s. m. campo, cerchia, ambiente, circuito, giro, milieu (*fr.*).

ambizióne s. f. superbia, alterigia, albagia, altezzosità, arroganza, boria, sufficienza, spocchia □ sete di potere, sete di gloria □ vanagloria, vanità **CONTR.** modestia, umiltà, semplicità, moderazione, discrezione, riserbo.

ambiziosaménte avv. superbamente, altezzosamente, boriosamente, arrogantemente □ vanitosamente **CONTR.** modestamente, discretamente, umilmente, semplicemente.

ambizióso agg. superbo, altero, altezzoso, arrogante, borioso □ assetato di potere, desideroso di gloria □ vanitoso, vanaglorioso **CONTR.** modesto, semplice, umile, discreto, moderato, riservato.

àmbo agg. num. (*lett.*) entrambi, tutti e due, l'uno e l'altro, ambedue **CONTR.** nessuno dei due, né l'uno né l'altro.

ambrosiàno [da S. *Ambrogio*, patrono di Milano] agg. (*est.*) milanese, meneghino (*fam.*).

ambulànte A agg. non fisso □ girovago, vagabondo, nomade **CONTR.** fermo, fisso, stabile **B** s. m. e f. venditore girovago.

ambulànza s. f. autoambulanza, autolettiga, Croce Rossa, Croce Verde.

ambulatoriàle agg. **1** di ambulatorio **2** (*di visita*, *di cura*) ambulatorio **CONTR.** domiciliare.

ambulatòrio A agg. ambulatoriale **B** s. m. studio, consultorio, dispensario, pronto soccorso.

àmen [lat. eccl. *āmen*, dall'ebr. *āmēn* 'è vero, certamente'] inter. (*nella liturgia*) così sia, così è **FRAS.** *in un amen*, in un attimo.

amenaménte avv. **1** piacevolmente, gaiamente, giocondamente, deliziosamente **CONTR.** seriamente, tristemente, cupamente **2** argutamente, facetamente, spiritosamente.

amenità s. f. **1** (*di luogo*) dolcezza, piacevolezza, gaiezza, giocondità, letizia, delizia, vaghezza, bellezza **CONTR.** serietà, tristezza, cupezza **2** (*di dote*) arguzia, facezia, bizzarria **3** (*spreg.*) (*di discorso*) ridicolaggine, stupidità, sciocchezza.

amèno agg. **1** (*di luogo*) piacente, ridente, gaio, giocondo, lieto, piacevole, dilettevole, gradito, bello **CONTR.** grave, serio, cupo, triste **2** (*di persona*) allegro, divertente, arguto, faceto, spiritoso, vivace **CONTR.** burbero, cupo, imbronciato, ingrugnato (*fam.*), ombroso **3** (*di persona*, *di discorso*) bizzarro, strano **CONTR.** equilibrato, posato.

americanàta s. f. (*scherz.*) spacconata □ bizzarria, stranezza.

americàno agg.; anche s. m. dell'America □ statunitense.

amiànto s. m. (*miner.*) asbesto.

amichévole agg. **1** (*di comportamento*) tra amici, di amico, da amico, confidenziale, fraterno **2** (*di saluto*, *ecc.*) affabile, cordiale **CONTR.** freddo **3** (*di parola*, *di sguardo*, *ecc.*) affettuoso, amorevole, benigno, benevolo **CONTR.** avverso, contrario, nemico, malevolo, ostile.

amichevolménte avv. **1** confidenzialmente, fraternamente, di comune accordo **2** affabilmente, cordialmente **CONTR.** freddamente **3** affettuosamente, amorevolmente, benignamente, benevolmente **CONTR.** ostilmente, malignamente.

amicìzia s. f. **1** dimestichezza, confidenza, familiarità, fratellanza, intimità, affetto, affezione, benevolenza, simpatia, cordialità, solidarietà fraterna, concordia **CONTR.** inimicizia, odio, ostilità, avversione, antipatia, aborrimento, repulsione, ripugnanza, malevolenza **2** persona amica, relazione amichevole.

amico A agg. caro, diletto, amichevole, benevolo, affezionato □ favorevole, propizio **CONTR.** avverso, contrario, nemico, malevolo, ostile **B** s. m. **1** familiare, compagno, confidente, alleato, fautore, sostenitore **CONTR.** avversario, nemico, antagonista, rivale **2** (*euf.*) amante, innamorato, spasimante, ganzo (*spreg.*), fidanzato, uomo.

àmido s. m. (*est.*) appretto.

amlètico [dal nome di *Amleto*, l'irresoluto principe danese, protagonista dell'omonima tragedia di Shakespeare] agg. (*est.*) ambiguo, contraddittorio, misterioso, irresoluto, incerto **CONTR.** aperto, franco, schietto, sicuro.

ammaccaménto s. m. ammaccatura, schiacciamento, schiacciatura, contusione.

ammaccàre A v. tr. schiacciare, pestare, premere, contundere, deformare **CONTR.** spianare, stirare, lisciare **B ammaccarsi** v. intr. pron. deformarsi, schiacciarsi **CONTR.** spianarsi, stirarsi.

ammaccàto part. pass. di **ammaccare**; anche agg. deformato, schiacciato □ contuso **CONTR.** spianato, liscio, levigato.

ammaccatùra s. f. ammaccamento, schiacciamento, schiacciatura □ contusione, ecchimosi **CONTR.** prominenza, rialzo, rilievo □ protuberanza, bozza.

ammaestràbile agg. docile, educabile, flessibile **CONTR.** indocile, indomabile, ribelle.

ammaestraménto s. m. insegnamento, addestramento, educazione □ norma, regola.

ammaestràre v. tr. **1** (*di persona*) istruire, educare, addottrinare, insegnare **CONTR.** diseducare **2** (*ad un lavoro*) addestrare, allenare.

ammaestràto part. pass. di **ammaestrare**; anche agg. istruito, educato, addottrinato □ abile, esperto □ addestrato, esercitato **CONTR.** indotto (*lett.*), ignorante □ inabile, inesperto.

ammaestratóre s. m. (f. *-trice*) **1** (*di persona*) educatore, maestro **2** (*di animale*) domatore, addestratore.

ammainàre v. tr. tirar giù, abbassare, calare □ raccogliere, ripiegare **CONTR.** alzare, issare, innalzare, elevare, sollevare **FRAS.** *ammainare la vela* (*fig.*), rinunciare, ritirarsi.

ammalàre A v. tr. **1** (*raro*) provocare malattie **CONTR.** risanare, guarire **2** (*fig.*) corrompere, guastare **B** v. intr. e **ammalarsi** intr. pron. cadere malato, contrarre una malattia **CONTR.** guarire, ristabilirsi, rimettersi in salute.

ammalàto agg.; anche s. m. malato, infermo, ammalazzato, indisposto, allettato, degente **CONTR.** sano, forte, robusto, vegeto, risanato, guarito, ristabilito.

ammaliànte part. pres. di **ammaliare**; anche agg. affascinante, seducente, incantevole, bellissimo, stupendo **CONTR.** bruttissimo, orribile, ripugnante, repellente, disgustoso.

ammaliàre v. tr. **1** affatturare, stregare **2** (*fig.*) incantare, affascinare, sedurre, abbagliare, illudere **CONTR.** disincantare, deludere, disgustare.

ammaliàto part. pass. di **ammaliare**; anche agg. (*fig.*) incantato, affascinato, sedotto **CONTR.** deluso, disgustato, nauseato.

ammaliatóre s. m.; anche agg. (f. *-trice*) incantatore, seduttore, maliardo, fascinatore (*lett.*), affascinatore.

ammànco s. m. disavanzo, deficit (*lat.*), buco **CONTR.** attivo.

ammanettàre v. tr. mettere le manette □ (*est.*) arrestare, fermare **CONTR.** liberare, sciogliere.

ammannìre v. tr. preparare, allestire, apparecchiare, approntare **CONTR.** sparecchiare, disfare.

ammansìre A v. tr. **1** mansuefare, addomesticare **2** (*fig.*) calmare, placare, rabbonire, quietare, mitigare **CONTR.** aizzare, eccitare, inasprire, irritare, provocare **B** v. intr. e **ammansirsi** intr. pron. **1** divenire mansueto **2** (*fig.*) calmarsi, placarsi, quietarsi, intenerirsi, rabbonirsi **CONTR.** inasprirsi, irritarsi, eccitarsi, adirarsi.

ammansìto part. pass. di **ammansire**; anche agg. **1** mansuefatto, addomesticato **CONTR.** selvatico **2** (*fig.*) calmato, placato, rabbonito, mitigato **CONTR.** inasprito, irritato, eccitato.

ammantàre A v. tr. **1** avvolgere con un manto **2** (*fig.*) coprire, vestire, rivestire **CONTR.** svestire, scoprire, svelare **B ammantarsi** v. rifl. **1** (*di persona*) avvolgersi in un manto □ (*est.*) vestirsi **CONTR.** svestirsi, spogliarsi **2** (*fig.*) ostentare **C** v. intr. pron. (*di prato, di albero, ecc.*) ricoprirsi, rivestirsi **CONTR.** spogliarsi.

ammantàto part. pass. di **ammantare**; anche agg. vestito, rivestito, coperto, avvolto **CONTR.** svestito, denudato, spoglio.

ammassaménto s. m. accumulo, mucchio, ammasso, congerie, cumulo, massa, monte **CONTR.** dispersione, spargimento, sparpagliamento.

ammassàre A v. tr. ammucchiare, accumulare, ammontare, ammonticchiare, affastellare, coacervare (*raro*) **CONTR.** disperdere, disseminare, spargere, sparpagliare **B ammassarsi** v. intr. pron. affollarsi, accalcarsi, stiparsi □ accumularsi, ammucchiarsi **CONTR.** disperdersi, spargersi, sparpagliarsi, sfollare.

ammassàto part. pass. di **ammassare**; anche agg. ammucchiato, accumulato □ stipato **CONTR.** sparso, disperso, sparpagliato.

ammàsso s. m. **1** mucchio, ammucchiamento, ammassamento, accumulo, congerie, cumulo, massa, monte **CONTR.** dispersione, spargimento, sparpagliamento **2** (*di generi alimentari*) centro di raccolta, raccolta □ deposito, magazzino.

ammatassàre v. tr. avvolgere, avvoltolare, avviluppare CONTR. sciogliere, sbrogliare, svolgere.
ammattiménto s. m. impazzimento □ turbamento □ fastidio, noia.
ammattire v. intr. **1** diventare matto, impazzire, insanire (*lett.*), uscir di senno CONTR. rinsavire, rinsanire **2** (*fig.*) impazzire, arrovellarsi, perdere la calma, preoccuparsi, rompersi il cervello.
ammattito part. pass. di **ammattire**; anche agg. impazzito, fuori di sé CONTR. rinsavito.
ammazzàre A v. tr. **1** uccidere, far morire, dare la morte, assassinare, sopprimere, trucidare, accoppare, estinguere, freddare, massacrare **2** (*fig.*) (*di lavoro pesante, di preoccupazione*) uccidere, affaticare, stancare □ deprimere, mortificare **B ammazzarsi** v. rifl. **1** darsi la morte, togliersi la vita, uccidersi, suicidarsi, sopprimersi **2** (*fig.*) affaticarsi molto, stancarsi **C** v. intr. pron. morire, perire.
ammazzasètte [da *'che ammazza sette persone'*, un personaggio di un'antica favola che con un solo colpo aveva ucciso sette mostri] s. m. inv. smargiasso, spaccone, fanfarone, millantatore, gradasso, bravaccio, rodomonte, capitan Fracassa CONTR. modesto, timido, umile, agnello, agnellino.
ammazzàto part. pass. di **ammazzare**; anche agg. (*anche fig.*) ucciso, assassinato, massacrato.
ammazzatóio s. m. mattatoio, macello.
ammènda s. f. **1** (*dir.*) pena pecuniaria, multa, penale **2** (*fig.*) riparazione, risarcimento □ scusa.
amméssо part. pass. di **ammettere**; anche agg. **1** ricevuto, accettato, accolto CONTR. respinto, rigettato **2** concesso, supposto.
amméttere v. tr. **1** (*in un luogo, ad un esame, ecc.*) far entrare, introdurre, accettare, accogliere, ricevere CONTR. mandar via, escludere, respingere, rigettare **2** permettere, consentire, autorizzare, concedere, tollerare, approvare CONTR. proibire, vietare, negare, ricusare, impedire, interdire, disapprovare **3** supporre, presupporre, immaginare.
ammezzàto A agg. dimezzato □ a metà, interrotto **B** s. m. (*di edificio*) mezzanino.
ammiccàre v. intr. fare cenni d'intesa, strizzare l'occhio, far l'occhiolino.
amministràre v. tr. **1** dirigere, governare, guidare, reggere, regolare, aver cura, curare CONTR. abbandonare, trascurare **2** (*raro*) (*di sacramenti*) somministrare, dispensare.
amministratìvo A agg. dell'amministrazione □ burocratico **B** s. m. burocrate, impiegato.
amministràto part. pass. di **amministrare**; anche agg. diretto, governato, guidato, retto.
amministratóre s. m. (f. *-trice*) **1** procuratore, agente, gerente, gestore, curatore, intendente, economo □ fattore □ burocrate, impiegato **2** (*di enti, comuni, ecc.*) dirigente, responsabile, governatore CONTR. amministrato.
amministrazióne s. f. **1** governo, gestione, direzione, cura **2** contabilità **3** azienda, ente, ufficio **4** amministratori, dirigenti, responsabili.
ammiràbile agg. ammirevole, mirabile, meraviglioso, stupendo, bellissimo, stupefacente, sorprendente CONTR. brutto, orribile, mostruoso, disgustoso, repellente.
ammirabilménte avv. ammirevolmente, mirabilmente, meravigliosamente, stupendamente CONTR. orrendamente, orribilmente, mostruosamente.
ammiràre v. tr. contemplare, guardare meravigliato, meravigliarsi □ lodare, stimare, rispettare, entusiasmarsi CONTR. disprezzare, disdegnare, biasimare, odiare.
ammiràto part. pass. di **ammirare**; anche agg. **1** contemplato, visto **2** lodato, stimato, rispettato CONTR. disprezzato, odiato.
ammiratóre s. m. (f. *-trice*) **1** adoratore, appassionato, amatore, fan (*ingl.*) **2** corteggiatore, innamorato, filarino (*fam.*, *scherz.*).
ammirazióne s. f. meraviglia, stupore □ stima, considerazione, rispetto, lode, entusiasmo CONTR. disprezzo, disdegno, disistima, biasimo, indifferenza.
ammirévole agg. ammirabile, mirabile, ammirando (*lett.*), bellissimo, meraviglioso, stupendo CONTR. brutto, orrendo, orribile, mostruoso, repellente, disgustoso, ripugnante.
ammirevolménte avv. ammirabilmente, mirabilmente, meravigliosamente, stupendamente CONTR. orrendamente, orribilmente, mostruosamente.
ammissìbile agg. accettabile, attendibile, credibile, possibile, concepibile, immaginabile CONTR. inammissibile, inattendibile, inaccettabile, impossibile, incredibile, inimmaginabile, inconcepibile.
ammissibilità s. f. accettabilità, attendibilità, credibilità, possibilità CONTR. inammissibilità, inaccettabilità, inattendibilità, impossibilità.
ammissióne s. f. accettazione, accoglimento, approvazione CONTR. esclusione, espulsione, rifiuto, rigetto.
ammobiliàre v. tr. mobiliare, arredare, montare CONTR. smobiliare, smontare.
ammobiliàto part. pass. di **ammobiliare**; anche agg. mobiliato, arredato CONTR. senza mobili, spoglio, vuoto.
ammodernaménto s. m. rinnovo, rimodernamento CONTR. invecchiamento.
ammodernàre v. tr. rammodernare, rimodernare, rinnovare, ringiovanire, svecchiare CONTR. invecchiare.
ammodernàto part. pass. di **ammodernare**; anche agg. rimodernato, rinnovato CONTR. invecchiato.
ammòdo A avv. accuratamente, garbatamente, convenientemente, perbene CONTR. male,

sgarbatamente, sconvenientemente **B** agg. inv. equilibrato, saggio, perbene, cortese, garbato, gentile, compito **CONTR.** scortese, sgarbato, villano, screanzato, maleducato.

ammogliàre A v. tr. dare moglie, sposare, accasare **B ammogliarsi** v. rifl. prendere moglie, sposarsi, accasarsi.

ammogliàto part. pass. di **ammogliare**; anche agg. e s. m. sposato, accasato, coniugato **CONTR.** celibe, scapolo.

ammollàre A v. tr. ammollire, inumidire, bagnare **CONTR.** asciugare, seccare, disseccare, prosciugare **B** v. intr. e **ammollarsi** intr. pron. diventare molle, inumidirsi, bagnarsi **CONTR.** asciugarsi, seccarsi, disseccarsi, inaridirsi, prosciugarsi.

ammollìre A v. tr. **1** (*di cosa*) rendere molle, ammorbidire, intenerire **CONTR.** indurire, assodare, rassodare **2** (*fig., lett.*) (*di persona*) addolcire, lenire, intenerire, mitigare, placare, quietare, raddolcire □ infiacchire **CONTR.** eccitare, esacerbare, inasprire, irritare, esasperare **B ammollirsi** v. intr. pron. **1** (*di cosa*) ammorbidirsi, intenerirsi **CONTR.** indurirsi, assodarsi, rassodarsi **2** (*fig.*) (*di persona*) ammansirsi, raddolcirsi, intenerirsi, mitigarsi, placarsi, quietarsi □ infiacchirsi **CONTR.** adirarsi, inasprirsi, irritarsi, esacerbarsi, esasperarsi.

ammoniménto s. m. **1** avviso, avvertimento, consiglio, esortazione, monito □ ammaestramento, insegnamento **2** ammonizione, correzione, rimprovero, riprensione, biasimo **CONTR.** elogio, encomio, lode.

ammonìre v. tr. **1** avvertire, avvisare, suggerire, consigliare □ ammaestrare **2** rimproverare, riprendere, correggere, sgridare **CONTR.** elogiare, encomiare, esaltare, lodare.

ammonìto A part. pass. di **ammonire**; anche agg. **1** avvertito, avvisato, consigliato **2** rimproverato, sgridato, corretto **CONTR.** elogiato, encomiato, esaltato, lodato **B** s. m. (*dir.*) vigilato speciale.

ammonitóre s. m.; anche agg. (f. *-trice*) avvisatore, consigliere, premonitore.

ammonizióne s. f. **1** avvertimento, avviso, consiglio, esortazione, monito **2** riprensione, correzione, rimprovero, biasimo, richiamo **CONTR.** elogio, encomio, esaltazione, lode, plauso (*raro*), consenso.

ammontàre A v. tr. ammassare, accumulare, ammonticchiare, ammucchiare, affastellare, coacervare (*raro*) **CONTR.** disperdere, spargere, sparpagliare **B** v. intr. (*di conto, di cifra, ecc.*) assommare, ascendere, fare **C** in funzione di s. m. totale, somma, importo.

ammonticchiàre A v. tr. accumulare, accatastare, ammontare, ammucchiare, affastellare, coacervare (*raro*), costipare **CONTR.** disperdere, spargere, sparpagliare **B ammonticchiarsi** v. rifl. (*raro*) accalcarsi, ammassarsi, pigiarsi **CONTR.** dividersi, disperdersi, sparpagliarsi.

ammonticchiàto part. pass. di **ammonticchiare**; anche agg. ammucchiato, accatastato, affastellato, stipato **CONTR.** disperso, sparso, sparpagliato.

ammorbàre v. tr. **1** infettare, contagiare **CONTR.** purificare, disinfettare **2** (*di odore, ecc.*) appestare, impestare **3** (*fig.*) (*di pensieri, di sentimenti, ecc.*) corrompere, depravare **CONTR.** correggere, emendare, purificare.

ammorbidiménto s. m. **1** (*di cosa*) intenerimento, ammollimento, rammollimento **CONTR.** indurimento, assodamento, rassodamento **2** (*fig.*) (*di persona*) addolcimento, avvicinamento **CONTR.** irrigidimento, rottura, inasprimento.

ammorbidìre A v. tr. **1** (*di cosa*) rendere morbido, ammollire, intenerire, ammosciare, rammollire, rammorbidire **CONTR.** indurare, indurire, assodare, rassodare **2** (*fig.*) (*di persona*) addolcire, raddolcire, intenerire, lenire, mitigare, temperare **CONTR.** eccitare, esacerbare, esasperare, inasprire, irritare **B** v. intr. e **ammorbidirsi** intr. pron. **1** (*di cosa*) diventare morbido, intenerirsi, rammollirsi **CONTR.** indurirsi, assodarsi, rassodarsi **2** (*fig.*) (*di persona*) addolcirsi, raddolcirsi, intenerirsi, mitigarsi **CONTR.** inasprirsi, irritarsi, adirarsi, esacerbarsi, esasperarsi.

ammorbidìto part. pass. di **ammorbidire**; anche agg. **1** rammollito, intenerito, reso tenero **CONTR.** indurito, rassodato **2** (*fig.*) (*di persona*) addolcito, intenerito, mitigato **CONTR.** inasprito, esacerbato, esasperato.

ammortaménto s. m. (*di debito*) ammortizzamento, estinzione, pagamento.

ammortizzàbile agg. estinguibile **CONTR.** inestinguibile.

ammortizzaménto s. m. (*di debito*) ammortamento, estinzione, pagamento.

ammortizzàre v. tr. **1** (*di debito*) ammortare, estinguere, pagare **2** (*di colpo, di rumore, ecc.*) attutire, attenuare, indebolire **CONTR.** aumentare, accrescere.

ammoscìre A v. tr. afflosciare, ammorbidire **CONTR.** indurire, rassodare **B** v. intr. e **ammoscirsi** intr. pron. afflosciarsi, ammorbidirsi **CONTR.** indurirsi, rassodarsi.

ammucchiaménto s. m. accumulamento, accatastamento, accumulazione, ammassamento, accumulo, ammasso, cumulo **CONTR.** dispersione, spargimento, sparpagliamento.

ammucchiàre A v. tr. accumulare, ammassare, accatastare, ammontare, ammonticchiare, affastellare, coacervare (*raro*), costipare **CONTR.** disperdere, spargere, sparpagliare **B ammucchiarsi** v. intr. pron. affollarsi, ammassarsi, accalcarsi, far ressa, pigiarsi **CONTR.** dividersi, disperdersi, sparpagliarsi.

ammucchiàto part. pass. di **ammucchiare**; anche agg. ammassato, accalcato, pigiato **CONTR.** disperso, sparpagliato.

ammuffìre v. intr. **1** (*di cibo*) fare la muffa, andare a male (*pop.*), guastarsi **2** (*fig.*) (*di persona o cosa*) invecchiare, intristire, sciuparsi **CONTR.** rifiorire.

ammuffìto part. pass. di **ammuffire**; anche agg. **1** (*di cibo*) andato a male (*pop.*), guasto, muffo (*dial.*) **2** (*fig.*) (*di persona o cosa*) vecchio, superato, retrivo **CONTR.** fresco, nuovo, giovane.

ammutinaménto s. m. ribellione, rivolta, insurrezione, sedizione, sollevazione, tumulto, pronunciamento.

ammutinàre A v. tr. (*raro*) sollevare, fare ribellare **B ammutinarsi** v. intr. pron. ribellarsi, rivoltarsi, insorgere, sollevarsi, tumultuare.

ammutinàto part. pass. di **ammutinare**; anche agg. e s. m. insorto, ribelle, sedizioso, sovversivo.

ammutolìre A v. intr. (*est.*) tacere, azzittirsi □ perdere la parola **CONTR.** parlare, diventar loquace **B** v. tr. (*raro*) rendere muto.

ammutolìto part. pass. di **ammutolire**; anche agg. muto, ridotto al silenzio.

amnesìa s. f. dimenticanza, oblio (*poet.*).

amnistìa s. f. condono, grazia, indulto **CFR.** condanna.

amnistiàre v. tr. graziare **CONTR.** condannare.

amnistiàto part. pass. di **amnistiare**; anche agg. e s. m. graziato, condonato **CONTR.** condannato.

àmo s. m. **1** (*per pescare*) uncino **2** (*fig.*) lusinga, insidia, inganno, esca.

amoràle agg. senza morale □ immorale **CONTR.** morale.

amoralità s. f. indifferenza morale □ immoralità **CONTR.** moralità.

amóre s. m. **1** (*verso persone*) affetto, affettuosità, affezione, amicizia, amorevolezza, attaccamento, devozione, adorazione, idolatria, passione, tenerezza, bene **CONTR.** odio, avversione, disamore, animosità, astio, antipatia, distacco, freddezza, indifferenza **2** (*per i poveri, per il prossimo*) solidarietà, carità, generosità **CONTR.** egoismo **3** attrazione sessuale **4** (*al pl.*) amoreggiamenti, relazioni amorose, avventure **5** (*di ideali*) aspirazione, interesse, predilezione **CONTR.** avversione, antipatia, ostilità, incompatibilità **6** (*di gloria, di denaro, ecc.*) forte desiderio □ avidità **CONTR.** disinteresse, indifferenza **7** solerzia, zelo, passione, accuratezza **CONTR.** indifferenza, disinteresse **8** dio dell'amore, Eros **FRAS.** *amore di sé*, egoismo □ *d'amore e d'accordo*, in pieno accordo □ *per amore o per forza*, in ogni modo □ *amor proprio*, orgoglio.

amoreggiaménto s. m. corteggiamento, relazione amorosa, flirt (*ingl.*).

amoreggiàre v. intr. fare all'amore, corteggiare, flirtare.

amorévole agg. affettuoso, tenero, benevolo, benigno, affabile, cordiale, carezzevole, premuroso **CONTR.** burbero, scortese, sgarbato, sprezzante, ostile, malevolo.

amorevolézza s. f. affettuosità, tenerezza, benevolenza, benignità, dolcezza, affabilità, cordialità, premurosità, sollecitudine **CONTR.** malevolenza, avversione, ostilità, scortesia, sgarbatezza, sgarberia, malgarbo.

amorevolménte avv. amorosamente, affettuosamente, benevolmente, benignamente, dolcemente, premurosamente, soavemente **CONTR.** scortesemente, sgarbatamente, ostilmente, sprezzantemente.

amòrfo agg. **1** informe **CONTR.** formato **2** (*fig.*) privo di personalità, privo di carattere, insulso **CONTR.** originale □ personale.

amorosaménte avv. amorevolmente, affettuosamente, dolcemente, sollecitamente, benignamente **CONTR.** scortesemente, sgarbatamente, sprezzantemente, freddamente, ostilmente.

amoróso A agg. amorevole, affettuoso, premuroso, sollecito, appassionato, ardente, tenero, benevolo, benigno, caldo, fervido **CONTR.** disamorato, disinnamorato, freddo, indifferente, ostile, scontroso, sprezzante, staccato **B** s. m. moroso (*pop.*), innamorato, amante, spasimante, corteggiatore, fidanzato, pretendente, patito, cascamorto, vagheggino.

amovìbile agg. movibile, rimovibile, mobile, spostabile, trasferibile **CONTR.** inamovibile, intrasferibile, fisso.

amovibilità s. f. movibilità, trasferibilità **CONTR.** inamovibilità.

ampiaménte avv. estesamente, copiosamente, largamente, abbondantemente, riccamente **CONTR.** poco, scarsamente, insufficientemente.

ampiézza s. f. **1** (*di luogo*) estensione, larghezza, grandezza, spaziosità, vastità **CONTR.** strettezza, ristrettezza, esiguità, limitatezza, piccolezza, angustia **2** (*di cose*) abbondanza, diffusione, ricchezza **CONTR.** povertà, scarsezza, miseria, piccolezza, insufficienza.

àmpio agg. **1** (*di spazio*) capace, esteso, spazioso, vasto, grande **CONTR.** stretto, ristretto, esiguo, limitato, piccolo, angusto **2** (*est.*) (*di cose*) abbondante, copioso, numeroso, ricco **CONTR.** scarso, insufficiente, povero, misero.

amplèsso s. m. **1** (*lett.*) abbraccio **2** (*euf.*) coito.

ampliaménto s. m. (*anche fig.*) allargamento, amplificazione, ingrandimento, dilatamento, dilatazione, accrescimento □ aumento, sviluppo **CONTR.** restringimento, stringimento, rimpiccolimento, diminuzione, limitazione, riduzione.

ampliàre A v. tr. (*anche fig.*) allargare, amplificare, ingrandire, dilatare, estendere, accrescere, aumentare, sviluppare **CONTR.** restringere, impiccolire, rimpiccolire, diminuire, calare, limitare, ridurre **B ampliarsi** v. intr. pron. allargarsi, ingrandirsi, dilatarsi □ aumentare, crescere, svilupparsi **CONTR.** restringersi, rimpiccolirsi, ridursi, diminuire, calare.

ampliàto part. pass. di **ampliare**; anche agg. allargato, ingrandito, esteso, aumentato **CONTR.** ristretto, rimpiccolito, diminuito, ridotto.

amplificàre v. tr. **1** (*anche fig.*) ampliare, allargare, ingrandire, dilatare, estendere, accrescere, aumentare, sviluppare **CONTR.** restringere, impiccolire, rimpiccolire, diminuire, limitare, ridurre **2** (*fig.*) (*di virtù, di pregi, ecc.*) magnificare, esaltare, esagerare **CONTR.** disprezzare, minimizzare.

amplificàto part. pass. di **amplificare**; anche agg. allargato, ingrandito, dilatato, esteso □ (*fig.*) accresciuto, aumentato **CONTR.** diminuito, rimpiccolito, limitato, ridotto.

amplificatóre s. m. (*di suono*) altoparlante □ microfono.

amplificazióne s. f. **1** (*anche fig.*) ampliamento, allargamento, dilatamento, ingrandimento, accrescimento, aumento **CONTR.** restringimento, impiccolimento, diminuzione, limitazione, riduzione **2** (*fig.*) (*di virtù, di pregi, ecc.*) esaltazione, esagerazione **CONTR.** disprezzo, misconoscimento (*raro*).

ampólla s. f. **1** vasetto, boccetta **2** (*est.*) fiala, involucro (di vetro).

ampollosità s. f. magniloquenza (*lett.*), enfasi, esagerazione, turgidezza **CONTR.** semplicità, naturalezza, sobrietà, concisione, stringatezza.

ampollóso agg. gonfio, magniloquente, enfatico, retorico, tronfio, turgido, declamatorio **CONTR.** semplice, naturale, conciso, sobrio, stringato, piano, pedestre.

amputàre v. tr. **1** (*di organo*) asportare □ segare, tagliare, troncare, recidere, mutilare, estirpare **CONTR.** attaccare, congiungere, unire, saldare **2** (*fig.*) (*di scritto, di discorso*) eliminare, accorciare, ridurre **CONTR.** ampliare, allargare, aggiungere.

amputazióne s. f. asportazione, mutilazione, recisione, taglio, troncamento.

amulèto o **amuléto** s. m. talismano, portafortuna.

anabbagliànte agg. e s. m. antiabbagliante **CONTR.** abbagliante.

anacorèta s. m. asceta, eremita, romito (*lett.*), solitario, stilita **CONTR.** cenobita, conventuale.

anacronìstico agg. fuori tempo, antiquato, superato **CONTR.** sincronico, contemporaneo.

analcòlico A agg. senza alcol **CONTR.** alcolico **B** s. m. bevanda senza alcol **CONTR.** alcolico.

analfabèta agg.; anche s. m. e f. illetterato, ignorante **CONTR.** alfabeta (*raro*), colto, dotto, istruito.

analfabetìsmo s. m. ignoranza **CONTR.** cultura, dottrina, istruzione.

analgèsico agg. e s. m. antidolorifico □ calmante, sedativo, tranquillante.

anàlisi s. f. **1** (*di elemento*) divisione, scomposizione, scissione, separazione, sezione, studio **CONTR.** sintesi, composizione, ricomposizione, unificazione **2** (*di situazione, di cosa*) esame, osservazione, indagine, studio **3** psicanalisi **FRAS.** *in ultima analisi*, in definitiva.

analìsta s. m. e f. **1** analizzatore **2** psicanalista.

analiticaménte avv. **1** per analisi **2** particolareggiatamente **CONTR.** sinteticamente.

analìtico agg. **1** di analisi □ portato all'analisi **2** particolareggiato **CONTR.** sintetico.

analizzàbile agg. studiabile, esaminabile, vagliabile.

analizzàre v. tr. (*est.*) (*di cosa, di situazione*) esaminare, studiare, vagliare, considerare **CONTR.** sintetizzare, riassumere, compendiare, riepilogare.

analizzàto part. pass. di **analizzare**; anche agg. (*fig.*) esaminato, vagliato, studiato.

anallèrgico agg. **CONTR.** allergico.

analogaménte avv. similmente, ugualmente, conformemente, adeguatamente **CONTR.** differentemente, diversamente, contrariamente.

analogìa s. f. affinità, somiglianza, similarità, conformità, nesso, rapporto, relazione **CONTR.** dissomiglianza, diversità, differenza, contrasto, opposizione, contrapposizione.

analogicaménte avv. per analogia □ similmente, ugualmente **CONTR.** differentemente, diversamente, contrariamente.

analògico agg. di analogia □ affine, simile, conforme **CONTR.** dissimile, difforme, diverso.

anàlogo agg. affine, simile, somigliante, similare, conforme, correlativo **CONTR.** differente, dissimile, diverso, contrario, contrastante.

anarchìa s. f. **1** mancanza di governo □ sovversivismo, nichilismo **CFR.** assolutismo, dittatura, democrazia, conformismo **2** (*fig.*) confusione, disordine, babilonia, disorganizzazione, caos **CONTR.** ordine, armonia, disciplina, organizzazione.

anàrchico agg.; anche s. m. **1** nichilista, sovversivo, libertario, ribelle, anarcoide **CFR.** assolutista, legittimista, garantista, democratico, conformista **2** (*fig.*) caotico, confuso, disordinato, disorganizzato **CONTR.** ordinato, disciplinato, organizzato.

anatèma o (*raro*) **anàtema** s. m. **1** scomunica **2** (*est.*) maledizione, imprecazione, esecrazione **CONTR.** benedizione **3** (*est.*) sacrilegio.

anatomìa s. f. **1** (*di cadavere*) dissezione **2** (*est.*) (*di un corpo*) forma, struttura **3** (*fig.*) (*di situazione*) analisi minuziosa, analisi **CONTR.** sintesi, compendio.

anatomizzàre v. tr. **1** (*di cadavere*) dissecare, sezionare **2** (*fig.*) (*di situazione*) esaminare minuziosamente, analizzare **CONTR.** sintetizzare.

ànca s. f. fianco.

ancèlla s. f. (*lett.*) schiava, serva **CONTR.** padrona, signora.

ancestràle agg. **1** avito, atavico **2** (*fig.*) profondo, radicato.

ànche cong. e avv. **1** pure **2** persino **3** oltre a ciò, ancora, inoltre.

ancheggiàre v. intr. dimenare i fianchi, ondeggiare.

anchilosàre v. tr. e **anchilosàrsi** intr. pron. (*di membra*) irrigidire, irrigidirsi, paralizzare, paralizzarsi.

anchilosàto part. pass. di **anchilosare**; anche agg. **1** colpito da anchilosi **2** (*fig.*) (*di mente*) rigido, bloccato **CONTR.** agile, sciolto.

ància s. f. (*di clarino, di fagotto*) imboccatura.

àncora (1) s. f. (*mar.*) arpione, rampicone, ormeggio **FRAS.** *gettar l'ancora* (*fig.*), fermarsi, indugiare □ *levare l'ancora* (*anche fig.*), partire, salpare □ *ancora di salvezza* (*fig.*), ultima speranza.

ancóra (2) A avv. **1** anche allora, anche ora, tuttora **2** fino ad ora **3** allora **4** dell'altro, in aggiunta **5** di nuovo, nuovamente, un'altra volta **B** cong. persino, anche.

ancoràggio s. m. **1** (*mar.*) ormeggio **2** collegamento.

ancoràre A v. tr. **1** gettare l'ancora, attraccare, ormeggiare **CONTR.** levare l'ancora, disormeggiare **2** (*est.*) agganciare, assicurare, fermare, fissare, trattenere **CONTR.** sganciare, staccare, liberare **3** (*fig.*) (*di valore*) rapportare, agganciare **CONTR.** liberalizzare **B ancorarsi** v. rifl. **1** gettare l'ancora **2** (*est., anche fig.*) aggrapparsi, attaccarsi, stabilirsi **CONTR.** sganciarsi, staccarsi, liberarsi.

ancoràto part. pass. di **ancorare**; anche agg. **1** ormeggiato **CONTR.** disancorato **2** (*anche fig.*) agganciato, assicurato, fissato **CONTR.** sganciato, staccato, liberato **3** (*fig.*) (*di valore*) rapportato, agganciato **CONTR.** liberalizzato, libero.

ancorché cong. (*lett.*) benché, quantunque, sebbene.

andaménto s. m. svolgimento, procedimento, processo, sviluppo □ funzionamento.

andànte part. pres. di **andare**; anche agg. **1** che va, in movimento **CONTR.** fermo, fisso **2** (*di muro, ecc.*) continuo, continuato **CONTR.** discontinuo **3** (*di anno, ecc.*) corrente, in corso **CFR.** passato, scorso, venturo, prossimo **4** (*fig.*) (*di merce*) comune, usuale □ grossolano, ordinario □ alla buona **CONTR.** fine, pregiato, scelto **5** (*di stile*) facile, scorrevole **CONTR.** difficile, astruso, involuto.

andàre A v. intr. **1** camminare, avanzare, procedere, avviarsi, partire, ire (*lett.*), gire (*lett.*), spostarsi, muoversi, marciare, incedere (*lett.*), aggirarsi, circolare, passeggiare **CONTR.** stare, restare, indugiare, sostare, arrestarsi, fermarsi, soffermarsi, trattenersi **2** recarsi, dirigersi, portarsi, trasferirsi, condursi **CONTR.** venire, tornare, ritornare **3** (*est.*) essere collocato, stare, essere destinato **4** comportarsi, essere **5** (*di moneta*) avere corso, valere □ costare **CONTR.** essere fuori corso **6** diventare, trasformarsi **7** comportarsi, essere **8** (*est.*) (*di tempo, di memoria, ecc.*) dileguarsi, scomparire, sparire, consumarsi □ passare, trascorrere □ morire **9** accadere, succedere **10** (*di affare, di lavoro, ecc.*) procedere **CONTR.** fermarsi, bloccarsi **11** (*di apparecchio*) funzionare, marciare **12** (*di indumento*) stare, calzare, essere adatto, garbare, piacere, andare a genio, gustare **CONTR.** dispiacere, disgustare **13** occorrere, essere necessario **B** in funzione di s. m. **1** andata □ viaggio **2** passo, andatura, portamento **FRAS.** *andare a fondo* (o *a picco*), inabissarsi; (*fig.*) rovinarsi □ *andare addosso*, investire □ *andare dentro*, andare in prigione □ *andare per le lunghe*, dilungarsi □ *lasciar andare*, lasciar correre □ *lasciarsi andare*, abbandonarsi; (*fig.*) scoraggiarsi □ *andare a male*, guastarsi □ *va da sé che*, è logico che □ *andare a finire*, concludersi □ *andarci di mezzo*, essere coinvolto □ *andare e venire*, andirivieni, viavai □ *a lungo andare*, col passare del tempo.

andàta s. f. **1** l'andare □ cammino, viaggio **CONTR.** ritorno **2** (*sport*) turno.

andàto part. pass. di **andare**; anche agg. **1** passato, trascorso **CFR.** presente, futuro, venturo **2** finito, perduto, rovinato, spacciato □ andato a male, avariato **CONTR.** sano.

andatùra s. f. **1** andata, passo, portamento, incesso (*lett.*) **2** (*sport*) ritmo, velocità □ (*di cavallo*) modo di correre.

andàzzo s. m. usanza criticabile, cattiva abitudine □ (*spreg.*) moda, tendenza.

andicappàto agg. e s. m. impedito, minorato, invalido.

andirivièni s. m. **1** andare e venire, viavai **2** (*est.*) labirinto, incrocio di via, meandro.

àndito s. m. **1** corridoio, corsia, ambulacro **2** entrata, ingresso, vestibolo, anticamera, androne □ (*est.*) ripostiglio.

andrògino agg.; anche s. m. ermafrodito.

andróne s. m. corridoio d'ingresso, andito.

andropàusa s. f. climaterio maschile **CFR.** menopausa.

anèddoto s. m. episodio, fatterello, storiella, notizia curiosa, barzelletta.

anelànte part. pres. di **anelare**; anche agg. **1** (*di respiro*) affannato, affannoso, ansante **2** (*est.*) tendente, aspirante, mirante, bramoso, desideroso.

anelàre A v. intr. **1** (*lett.*) respirare con difficoltà, ansare, ansimare **CONTR.** respirare liberamente **2** (*fig.*) aspirare, mirare, tendere, agognare, bramare **CONTR.** aborrire, disdegnare, respingere, rifiutare, trascurare, infischiarsi **B** v. tr. **1** (*poet.*) emettere, esalare **CONTR.** immettere, inspirare **2** (*fig.*) desiderare, aspirare, agognare, bramare, mirare **CONTR.** aborrire, disdegnare, rifiutare, infischiarsi.

anèlito s. m. **1** (*lett.*) (*di respiro*) affanno, ansia □ (*est.*) alito, respiro **2** (*fig.*) (*di gloria, ecc.*) desiderio, brama, aspirazione **CONTR.** disdegno, rifiuto.

anèllo s. m. **1** cerchietto, cerchio **2** (*est.*) (*di sposi*) fede, vera **3** (*al pl.*) anella (*lett.*) **4** (*di capelli*) riccioli **FRAS.** *anello stradale*, raccordo anulare □ *ad anello*, circolare.

anemìa s. f. **1** (*med.*) oligoemia □ linfatismo **2** (*fig.*) fiacchezza, indebolimento, spossatezza, stanchezza **CONTR.** energia, forza, gagliardia, robustezza, vigore.

anèmico A agg. **1** (*med.*) oligoemico □ linfatico **2** (*est.*) pallido, smorto, scarno **CONTR.** colorito, sanguigno **3** (*fig.*) fiacco, debole, spossato, stanco, svigorito **CONTR.** energico, forte, gagliardo, robusto, vigoroso **B** agg.; anche s. m. oligoemico.

anestesìa s. f. narcosi, cloroformizzazione, eterizzazione.

anestètico agg.; anche s. m. narcotico, analgesico, soporifero **CONTR.** eccitante, stimolante, tonico.

anestetizzàre v. tr. narcotizzare, cloroformizzare, eterizzare **CONTR.** eccitare, stimolare.

anfiteàtro s. m. **1** circo, arena, stadio, campo, agone (*poet.*) **2** (*per lezioni*) aula (a gradinate) **3** (*di teatro*) galleria (a gradinate).

anfitrióne [dal nome del protagonista della commedia di Molière, *Amphytrion*, derivata da Plauto] s. m. (*lett.*) padrone di casa, ospite.

ànfora s. f. (*est.*) vaso □ boccale.

anfrattuosità s. f. **1** (*di terreno*) irregolarità **2** scoscendimento, tortuosità, sinuosità.

angariàre v. tr. fare angherie, opprimere, tiranneggiare, tormentare, vessare, sfruttare, far patire, importunare, maltrattare **CONTR.** trattar bene, beneficare, aiutare, soccorrere, favorire.

angèlico agg. **1** di angelo, simile ad un angelo **2** (*est.*) bello, dolce, mite, buono, innocente, puro, perfetto **CONTR.** brutto, demoniaco, diabolico, satanico, indemoniato, perfido, perverso, malvagio, impuro, corrotto, depravato **FRAS.** *salutazione angelica*, Ave Maria.

àngelo s. m. **1** creatura celeste, spirito celeste, messaggero divino, intelligenza celeste **CONTR.** diavolo, demone, satana, demonio, tentatore, belzebù **2** (*fig.*) persona buona, persona perfetta **CONTR.** diavolo, furfante, canaglia, mascalzone.

angherìa s. f. **1** (*est.*) tassa esorbitante, gravezza **2** (*fig.*) prepotenza, sopruso, ingiustizia, vessazione, maltrattamento **CONTR.** generosità, larghezza, liberalità, magnanimità, indulgenza.

anglicìsmo s. m. inglesismo, anglismo (*raro*).

angolàre A agg. **1** che ha angoli **2** ad angolo, squadrato **3** in angolo **B** s. m. cantonale, angoliera, cantoniera **FRAS.** *pietra angolare* (*fig.*), fondamento, sostegno.

angolazióne s. f. **1** (*fot.*, *cine.*, *tv.*) punto di vista **2** (*fig.*) prospettiva, punto di vista **3** (*sport*) tiro diagonale.

angolièra s. f. cantoniera, cantonale.

àngolo s. m. **1** canto, cantonata, cantone, spigolo **2** luogo appartato, cantuccio, posto **3** (*sport*) (*di campo*) vertice **4** (*sport*) corner (*ingl.*), calcio d'angolo.

angolosità s. f. (*fig.*) (*di carattere*) asprezza, durezza, scabrosità **CONTR.** dolcezza, bonarietà, bonomia, amabilità.

angolóso agg. **1** con angoli, spigoloso **2** (*est.*) (*di corpo, ecc.*) duro, ossuto, rigido, scarno **CONTR.** morbido, fine, delicato **3** (*fig.*) (*di carattere*) scabroso, duro, intrattabile, scontroso, permaloso, aspro **CONTR.** affabile, amabile, cordiale, cortese, garbato, gentile, delicato, malleabile.

angòscia s. f. affanno, afflizione, ambascia, ansia, cruccio, dolore, pena, tormento, travaglio, inquietudine, preoccupazione **CONTR.** calma, benessere, placidità, quiete, serenità, tranquillità.

angosciàre A v. tr. affliggere, addolorare, affannare, angustiare, crucciare, tormentare, travagliare **CONTR.** allietare, calmare, confortare, consolare, incoraggiare, rasserenare, sollevare, tranquillizzare **B angosciarsi** v. intr. pron. affannarsi, travagliarsi (*lett.*), affliggersi, crucciarsi, tormentarsi, soffrire, addolorarsi, angustiarsi, preoccuparsi **CONTR.** allietarsi, rallegrarsi, rincorarsi, rianimarsi, calmarsi, rasserenarsi, riconfortarsi, tranquillizzarsi.

angosciàto part. pass. di **angosciare**; anche agg. afflitto, addolorato, angustiato, crucciato, oppresso, travagliato, tormentato **CONTR.** allietato, contento, gaio, gioioso, giulivo, lieto, spensierato.

angosciosaménte avv. affannosamente, ansiosamente, penosamente, tormentosamente **CONTR.** lietamente, gaiamente, placidamente, serenamente, tranquillamente.

angoscióso agg. affannoso, tormentoso, penoso, ansioso, travagliato **CONTR.** lieto, calmo, gaio, sereno, placido, tranquillo.

anguìlla s. f. **1** (*zool.*) ceca, capitone **2** (*fig.*) persona agilissima **3** (*fig.*) furbone **CONTR.** semplicione, ingenuo **FRAS.** *anguilla elettrica*, gimnoto.

angùria s. f. (*sett.*) cocomero.

angustaménte avv. **1** ristrettamente **CONTR.** ampiamente, largamente **2** (*fig.*) grettamente, meschinamente, miseramente **CONTR.** generosamente, liberalmente, largamente.

angùstia s. f. **1** (*di spazio*) strettezza, ristrettezza □ insufficienza **CONTR.** ampiezza, larghezza □ abbondanza, sufficienza **2** (*fig.*) (*di cose*) ristrettezza, povertà, miseria, indigenza, penuria **CONTR.** abbondanza, agiatezza, benessere, opulenza, ricchezza **3** (*fig.*) (*di persona*) grettezza, meschinità, miseria **CONTR.** generosità, liberalità, magnificenza **4** (*fig.*) (*di sentimento*) angoscia, affanno, afflizione, ansia, infelicità, inquietudine, pena, travaglio, tribolazione **CONTR.** contentezza, gioia, giubilo, giocondità, letizia, piacere, soddisfazione.

angustiàre A v. tr. angosciare, affliggere, addolorare, affannare, inquietare, opprimere, preoccupare, rattristare, travagliare, tribolare **CONTR.** allietare, rallegrare, confortare, consolare, sollevare, risollevare **B angustiarsi** v. intr. pron. angosciarsi, affliggersi, addolorarsi, crucciarsi, rattristarsi, tormentarsi, travagliarsi (*lett.*), soffrire **CONTR.** allietarsi, rallegrarsi, confortarsi, rincorarsi, rianimarsi, risollevarsi.

angustiàto part. pass. di **angustiare**; anche agg. afflitto, angosciato, addolorato, rattristato, tormentato, travagliato, tribolato **CONTR.** allegro, contento, lieto, rincorato, rianimato, risollevato.

angùsto agg. **1** (*di luogo*) stretto, ristretto, breve, piccolo □ scomodo, disagevole **CONTR.** ampio, esteso, largo, spazioso, comodo **2** (*fig.*) (*di persona*) gretto, limitato, meschino, misero **CONTR.** generoso, largo, liberale, magnanimo.

ànima s. f. **1** spirito, parte spirituale **CONTR.** corpo, materia **2** principio vitale, forza vitale, soffio vitale, respiro, vita **3** persona, individuo □ animatore **4** (*est.*) (*di cosa*) nucleo, elemento centrale, parte interna, cavità interna □ (*pop.*) (*di frutto*) seme, nocciolo **CONTR.** esterno □ buccia, scorza **5** (*fig.*) animo, calore, energia, ispirazione, sentimento, spiritualità **CONTR.** freddezza, distacco **6** (*fig.*) impulso, sostegno, fattore determinante **FRAS.** *rendere l'anima*, morire □ *anima e corpo*, con tutte le forze □ *con tutta l'anima*, profondamente □ *toccare l'anima* (*fig.*), commuovere □ *rompere l'anima* (*fig.*, *fam.*), seccare, disturbare □ *volere un bene dell'anima*, amare moltissimo □ *non c'è un'anima viva*, non c'è nessuno □ *vendere l'anima al diavolo*, scendere a gravi compromessi.

animàle s. m. **1** essere vivente, essere animato **2** (*est.*) uomo **3** bestia **4** (*fig.*) persona rozza, ignorantone, materialone **CONTR.** persona ragionevole, persona civile.

animalésco agg. bestiale, brutale □ irragionevole **CONTR.** umano, nobile, dignitoso, spirituale.

animalità s. f. istintività, irrazionalità □ bestialità, brutalità **CONTR.** spiritualità, razionalità □ umanità, nobiltà.

animàre A v. tr. **1** infondere l'anima, infondere la vita **2** (*di cosa*) dare vita, dare vivacità, dare vivezza, dare vigore, avvivare (*lett.*), stimolare, promuovere, ravvivare, vivacizzare **CONTR.** spegnere, smorzare, indebolire **3** (*di persona*) incitare, esortare, sollecitare, incoraggiare **CONTR.** disanimare, dissuadere, distogliere, scoraggiare, allontanare **B animarsi** v. intr. pron. **1** (*di persona*) rincorarsi, incoraggiarsi □ eccitarsi, ravvivarsi **CONTR.** abbattersi, avvilirsi, disanimarsi, sconfortarsi, accasciarsi **2** (*di cosa*) ravvivarsi, vivacizzarsi, scaldarsi **CONTR.** spegnersi, smorzarsi, infiacchire.

animataménte avv. vivacemente, briosamente, energicamente, calorosamente **CONTR.** fiaccamente, lentamente, indolentemente, pigramente.

animàto part. pass. di **animare**; anche agg. **1** (*di essere*) vivo, sensibile, vivente **CONTR.** inanimato, esanime, morto **2** (*fig.*) (*di discussione, di mercato, ecc.*) vivo, vivace, brioso, energico, pronto, espressivo, pieno di vita **CONTR.** disanimato, spento, freddo **FRAS.** *cartone animato*, cartoon (*ingl.*).

animatóre s. m.; anche agg. (f. *-trice*) incitatore, eccitatore, stimolatore, promotore.

animazióne s. f. vivacità, brio, ardore, calore □ vita, affollamento **CONTR.** calma, flemma, freddezza, pacatezza □ vuoto, silenzio.

ànimo A s. m. **1** anima, spirito, capacità volitiva **2** coraggio, ardire, ardimento, audacia, energia, forza **CONTR.** timidezza, timore, esitazione, paura, viltà **3** mente, pensiero, parere, opinione **4** disposizione di spirito, intenzione, inclinazione, proposito, proponimento **5** carattere, indole, natura, tendenza **B** in funzione di inter. coraggio!, forza! **FRAS.** *stare di buon animo*, stare tranquillo □ *mettere l'animo in pace*, rassegnarsi.

animosaménte avv. **1** audacemente, arditamente, coraggiosamente, energicamente **CONTR.** timidamente, timorosamente, vigliaccamente, vilmente **2** con animosità, ostilmente **CONTR.** amichevolmente, benignamente.

animosità s. f. malanimo, inimicizia, ostilità, antipatia, avversione, odio, rancore **CONTR.** affetto, amicizia, amore, benevolenza, benignità, simpatia, cordialità.

animóso agg. **1** ardito, ardimentoso, audace, coraggioso, energico **CONTR.** timido, timoroso, vigliacco, vile, codardo, pusillanime **2** (*lett.*) focoso, impetuoso **CONTR.** fiacco, freddo **3** (*lett.*) avverso, maldisposto, ostile **CONTR.** benigno, favorevole, amico.

annacquàre v. tr. **1** (*di vino, di latte*) innacquare (*raro*), allungare, tagliare **2** (*fig.*) (*di notizia, di discorso, ecc.*) moderare, temperare, mitigare, ridurre, attenuare □ indebolire, infiacchire **CONTR.** accentuare, acuire, aumentare, rafforzare, rinforzare, infiammare, rinvigorire **3** (*econ.*) sopravvalutare.

annacquàto part. pass. di **annacquare**; anche agg. **1** (*di vino, di latte*) allungato, tagliato **2** (*fig.*) (*di discorso, ecc.*) debole, indebolito, fiacco, svigorito, sbiadito **CONTR.** vivo, vivido, vigoroso, vivace.

annaffiàre v. tr. (*di pianta, ecc.*) annacquare, adacquare, spruzzare, bagnare, irrigare **CONTR.** asciugare, seccare, prosciugare, disseccare, inaridire.

annaffiàto part. pass. di **annaffiare**; anche agg. **1**

irrigato, bagnato, irrorato **2** (*di vino*) annacquato, allungato.

annaffiatóio s. m. innaffiatoio.

annàli s. m. pl. (*est.*) storia, memorie storiche, cronaca.

annaspàre v. intr. **1** gestire, gesticolare, muoversi scompostamente **2** (*fig.*) affaccendarsi a vuoto, affaticarsi senza costrutto, armeggiare, arrabattarsi **3** (*fig.*) confondersi, imbrogliarsi.

annàta s. f. **1** anno **2** raccolto (di un anno), prodotti (di un anno).

annebbiaménto s. m. (*anche fig.*) intorbidamento, offuscamento, oscuramento **CONTR.** rischiaramento.

annebbiàre A v. tr. **1** coprire di nebbia **2** (*fig.*) oscurare, velare, adombrare, appannare, confondere **CONTR.** snebbiare, schiarire, rischiarare **B annebbiarsi** v. intr. pron. **1** coprirsi di nebbia **2** (*fig.*) offuscarsi, velarsi, oscurarsi, confondersi **CONTR.** schiarirsi, rischiararsi, rasserenarsi.

annegaménto s. m. affogamento.

annegàre A v. tr. (*anche fig.*) affogare, affondare, sommergere □ annullare, distruggere, sopprimere **B** v. intr. e **annegarsi** intr. pron. e rifl. **1** affogare, affogarsi **2** (*fig.*) perdersi, sprofondare, annullarsi.

annegàto part. pass. di **annegare**; anche agg. e s. m. **1** affogato **2** (*fig.*) annullato, distrutto.

annerìre A v. tr. annerare, abbrunare, oscurare **CONTR.** imbiancare, imbianchire, schiarire, candeggiare **B** v. intr. e **annerirsi** intr. pron. divenire nero, oscurarsi, abbuiarsi **CONTR.** imbiancarsi, schiarirsi.

annessióne s. f. unione, aggiunta □ ampliamento, aumento □ conquista **CONTR.** distacco, divisione, separazione.

annèsso o **annésso A** part. pass. di **annettere**; anche agg. attaccato, congiunto, accluso, accoppiato, connesso, collegato, legato, unito **CONTR.** disgiunto, diviso, disunito, separato, staccato, sciolto, slegato **B** s. m. spec. al pl. accessori.

annèttere o **annéttere** v. tr. **1** congiungere, accoppiare, collegare, legare □ accludere, allegare, aggiungere **CONTR.** disgiungere, dividere, disunire, separare, staccare, sciogliere, slegare **2** (*di territorio*) incorporare, occupare **FRAS.** *annettere importanza*, dare importanza.

annichilaménto s. m. (*anche fig.*) annichilimento, annichilazione, annientamento, distruzione □ annullamento **CONTR.** costruzione, edificazione, erezione.

annichilàre A v. tr. **1** (*di cosa*) annichilire, distruggere, annientare **CONTR.** costruire, edificare **2** (*fig.*) (*di persona*) abbattere, avvilire, deprimere, umiliare **CONTR.** esaltare, glorificare, magnificare, vantare, valorizzare **B annichilarsi** v. rifl. e intr. pron. annientarsi, abbassarsi, deprimersi, umiliarsi **CONTR.** esaltarsi, magnificarsi, vantarsi.

annichilìto agg. annientato, distrutto, depresso, umiliato **CONTR.** esaltato, magnificato, glorificato.

annidàre A v. tr. **1** porre nel nido **CONTR.** snidare, scovare **2** (*fig.*) (*di sentimenti, di vizi, ecc.*) accogliere, dar ricetto □ nascondere, tener riposto **CONTR.** esporre, esprimere, esternare, manifestare, palesare **B annidarsi** v. rifl. **1** farsi il nido **2** (*est.*) (*di sentimenti, di vizi, ecc.*) nascondersi, occultarsi **CONTR.** esternarsi, manifestarsi, palesarsi **3** (*fig.*) albergare, trovare ricetto.

annidàto part. pass. di **annidare**; anche agg. **1** posto nel nido **2** (*anche fig.*) nascosto, occultato **CONTR.** manifesto, palese.

annientaménto s. m. **1** (*di cosa*) distruzione, annichilamento, abbattimento, disfacimento, sfacelo, sterminio **CONTR.** edificazione, erezione, costruzione **2** (*fig.*) (*di persona*) accasciamento, depressione, prostrazione **CONTR.** baldanza, energia, animo, forza d'animo, esaltazione.

annientàre v. tr. **1** (*di cosa*) annichilare, annichilire, distruggere, disfare, annullare, schiacciare **CONTR.** edificare, erigere, costruire **2** (*fig.*) (*di persona*) abbattere, deprimere, prostrare, umiliare, mortificare **CONTR.** esaltare, glorificare, magnificare, vantare.

annientàto part. pass. di **annientare**; anche agg. annullato, distrutto, annichilito, disfatto, prostrato, umiliato, mortificato **CONTR.** esaltato, magnificato.

anniversàrio A agg. ricorrente □ annuale **B** s. m. **1** (*di cosa*) ricorrenza, commemorazione annuale **2** (*di persona*) compleanno, genetliaco.

ànno s. m. **1** dodici mesi **2** (*spec. al pl.*) (*di uomo*) vita, età **3** (*di studio*) classe, corso **FRAS.** *verdi anni*, la giovinezza □ *con gli anni*, con l'andar del tempo.

annodàre A v. tr. **1** (*di cose*) legare, stringere, allacciare, accoppiare, congiungere, unire **CONTR.** snodare, disgiungere, disunire, dividere, slegare, sciogliere, staccare **2** (*fig.*) (*di relazione, di amicizia*) fare, stringere, collegare, congiungere, vincolare **CONTR.** rompere **B annodarsi** v. intr. pron. avvilupparsi □ fare nodo, stringersi, congiungersi □ (*raro, fig.*) imbrogliarsi, arruffarsi, ingarbugliarsi **CONTR.** snodarsi, slegarsi, sciogliersi.

annodàto part. pass. di **annodare**; anche agg. legato, serrato, stretto, congiunto, unito **CONTR.** slegato, snodato, sciolto, diviso, separato.

annoiàre A v. tr. importunare, infastidire, molestare, seccare, scocciare (*fam.*), stancare, tediare **CONTR.** allietare, dilettare, divertire, rallegrare, svagare **B annoiarsi** v. intr. pron. seccarsi, scocciarsi (*fam.*), tediarsi **CONTR.** divertirsi, svagarsi, dilettarsi.

annoiàto part. pass. di **annoiare**; anche agg. seccato, scocciato (*fam.*), tediato, disgustato, nauseato □ disattento CONTR. allegro, contento, lieto, soddisfatto □ interessato, attento.

annóso agg. carico d'anni, vecchio, anziano □ antico, antiquato CONTR. giovane, fresco, novello, nuovo, recente.

annotàre v. tr. **1** notare, registrare, scrivere **2** (*di scritto*) commentare, chiosare, postillare, glossare (*raro*).

annotàto part. pass. di **annotare**; anche agg. **1** segnato, notato **2** chiosato, commentato, postillato.

annotatóre s. m. (f. *-trice*) chiosatore, commentatore, glossatore.

annotazióne s. f. **1** nota, appunto **2** postilla, chiosa, commento, glossa, osservazione.

annottàre v. intr. impers. farsi notte, abbuiarsi, imbrunire CONTR. aggiornare, albeggiare, farsi giorno.

annoveràre v. tr. numerare, enumerare, passare in rassegna □ ascrivere, includere, mettere CONTR. togliere, allontanare.

annuàle A agg. annuo **B** s. m. anniversario, commemorazione, ricorrenza.

annuìre v. intr. acconsentire, assentire, consentire CONTR. negare, rifiutare, ricusare.

annullaménto s. m. abolizione, abrogazione, soppressione, invalidazione, cancellazione, eliminazione □ annientamento CONTR. convalidamento, convalida, instaurazione, ratifica, accettazione, approvazione.

annullàre A v. tr. **1** invalidare, sopprimere, cassare, abrogare, revocare CONTR. convalidare, instaurare, rimettere in vigore **2** (*est.*) rendere vano **3** (*di persona, di sentimenti, ecc.*) annientare, estinguere, distruggere, cancellare CONTR. far rinascere **B annullarsi** v. intr. pron. cessare, sparire, svanire, confondersi **C** v. rifl. rec. eliminarsi.

annunciàre v. tr. **1** far sapere, avvertire, avvisare, comunicare, dichiarare, dire, informare, manifestare, notificare, palesare, ragguagliare, rivelare, propalare, proclamare, diffondere, divulgare, segnalare □ predire, presagire, preconizzare CONTR. celare, tacere, occultare, coprire, nascondere **2** (*di tempesta, ecc.*) indicare, essere indizio, promettere, minacciare **3** (*di persona*) presentare, far entrare CONTR. congedare.

annunciàto part. pass. di **annunciare**; anche agg. comunicato, notificato, proclamato, divulgato, rivelato CONTR. celato, taciuto, nascosto.

annunciatóre s. m.; anche agg. (f. *-trice*) **1** ambasciatore, avvisatore, diffusore, divulgatore, messaggero, messo, nunzio, propagatore, propalatore, relatore, spacciatore **2** (*di radio, tv., ecc.*) speaker (*ingl.*), lettore, commentatore.

annùncio s. m. **1** avviso, comunicazione, messaggio, notificazione, notizia, informazione, ragguaglio, segnalazione, cenno **2** (*fig.*) indizio, presagio, profezia, promessa, sintomo, segno premonitore.

annusàre v. tr. **1** fiutare, odorare □ (*di droga*) sniffare (*gerg.*) **2** (*fig.*) (*di pericolo, di imbroglio, ecc.*) accorgersi, intuire, indovinare, avvertire.

annuvolaménto s. m. oscuramento CONTR. rasserenamento.

annuvolàre A v. tr. **1** (*di cielo*) oscurare CONTR. rasserenare, rischiarare, schiarire **2** (*fig.*) (*di persona*) offuscare, turbare, intorbidare **B annuvolarsi** v. intr. pron **1** (*di cielo*) oscurarsi CONTR. rasserenarsi, rischiararsi, aprirsi, schiarirsi **2** (*fig.*) (*di persona*) turbarsi, rannuvolarsi, agitarsi, inquietarsi CONTR. rasserenarsi, tranquillizzarsi, acquietarsi, placarsi.

àno s. m. (*anat., est.*) retto, sedere, culo (*pop.*).

anomalìa s. f. anormalità, eccezione, irregolarità, deviazione dalla norma CONTR. normalità, regolarità, norma, regola, consuetudine.

anòmalo agg. anormale, irregolare, eccezionale, inconsueto CONTR. abituale, comune, consueto, naturale, normale, ordinario, solito.

anonimàto s. m. anonimia.

anonimìa s. f. anonimato.

anònimo A agg. **1** (*di persona, di scritto*) senza nome, innominato, ignoto, incognito □ non firmato, di autore sconosciuto CONTR. conosciuto, noto □ firmato **2** (*fig.*) (*di cosa*) impersonale, senza rilievo, comune CONTR. originale, personale **B** s. m. autore sconosciuto FRAS. *conservare l'anonimo*, non farsi riconoscere.

anoressìa s. f. inappetenza, disappetenza CONTR. appetito, fame.

anormàle agg. e s. m. e f. **1** (*di cosa*) anomalo, irregolare, eccezionale CONTR. normale, naturale, ordinario, solito **2** (*di persona*) andicappato, tarato, morboso, degenerato, irresponsabile, pervertito, squilibrato CONTR. sano, responsabile, equilibrato, saggio, savio.

anormalità s. f. **1** (*di cosa*) anomalia, irregolarità, eccezionalità, eccezione, stranezza CONTR. normalità, naturalezza **2** (*di persona*) handicap (*ingl.*), anomalia, degenerazione, pervertimento, morbosità, squilibrio CONTR. sanità, normalità, equilibrio.

ànsa s. f. **1** (*di utensile, di vaso*) manico, orecchio, maniglia **2** (*est.*) (*di mobile, di costruzione*) sporgenza, rientranza **3** (*di fiume*) sinuosità, curva, meandro.

ansànte part. pres. di **ansare**; anche agg. **1** affannato, ansimante, anelante, trafelato **2** (*lett.*) ansioso CONTR. calmo, tranquillo.

ansàre v. intr. ansimare, boccheggiare.

ànsia s. f. affanno, angoscia, angustia, ansietà, apprensione, ambascia, agitazione, commozione, inquietudine, paura, timore, trepidazione CONTR. calma, flemma, serenità, tranquillità, placidezza, indifferenza.

ansietà s. f. apprensione, angoscia, desiderio, affanno, angustia, dubbio, tormento, inquietudine, timore, trepidazione CONTR. calma, flemma, placidezza, serenità, tranquillità, indifferenza.

ansimànte part. pres. di **ansimare**; anche agg. affannato, anelante, ansante, trafelato, sbuffante.

ansimàre v. intr. **1** affannare, ansare, boccheggiare **2** (*fig.*) (*spec. di locomotiva*) sbuffare.

ansiolìtico s. m.; anche agg. (*farm.*) calmante, sedativo **CONTR.** eccitante, stimolante.

ansióso agg. **1** affannato, angosciato, angustiato, agitato, inquieto, trepidante **CONTR.** calmo, pacifico, placido, sereno **2** bramoso, desideroso, impaziente **CONTR.** paziente, tranquillo.

ànta s. f. **1** (*di dittico, polittico*) tavola **2** (*di mobile*) scuretto, imposta, sportello, battente.

antagonìsmo s. m. contrasto, contesa, discordia, emulazione, gara, opposizione, rivalità **CONTR.** accordo, concordia, armonia, intesa, amicizia, unanimità.

antagonìsta agg.; anche s. m. e f. avversario, competitore, emulo, oppositore, rivale, concorrente **CONTR.** compagno, collega, cooperatore, socio, alleato.

antagonìstico agg. contrario, competitivo, rivale, opposto **CONTR.** alleato, cooperatore, cooperativo.

antàrtico A agg. del polo sud **CONTR.** artico **B** s. m. polo sud **CONTR.** polo nord.

antecedènte A agg. anteriore, precedente **CONTR.** conseguente, seguente, successivo, posteriore **B** s. m. precedente, premessa **CONTR.** conseguenza, conclusione.

antecedènza s. f. anteriorità, precedenza **CONTR.** posteriorità.

antecessóre s. m. predecessore **CONTR.** successore.

antefàtto s. m. premessa, precedente, precedenti **CONTR.** conseguenza.

antenàto s. m. avo, progenitore, proavo, capostipite, radice, precessore (*ant.*), predecessore, primogenitore **CONTR.** discendente, postero, nipote, figlio, progenie, successore.

anténna s. f. **1** palo, asta, pennone, albero **2** (*zool.*) (*di artropodi*) appendice.

antepórre v. tr. mettere innanzi, porre innanzi, premettere, preporre □ preferire, scegliere, prescegliere □ stimare di più **CONTR.** posporre, posticipare.

anterióre agg. **1** antecedente, precedente **CONTR.** seguente, conseguente, successivo, posteriore **2** avanti, davanti **CONTR.** dietro, dopo.

anteriorità s. f. antecedenza, precedenza, preesistenza □ preminenza, priorità **CONTR.** posteriorità, seguito, successione.

anteriorménte avv. **1** davanti **CONTR.** dietro **2** prima, precedentemente **CONTR.** dopo, poi, posteriormente.

antesignàno s. m. (*fig.*) capo, guida, maestro, animatore, precursore, precorritore **CONTR.** seguace, discepolo, scolaro, pedissequo.

antiabbagliànte agg. e s. m. anabbagliante **CONTR.** abbagliante.

antibattèrico s. m.; anche agg. battericida **CONTR.** batterico.

anticàglia s. f. (*spec. spreg.*) antichità □ cosa antiquata, vecchiume **CONTR.** novità.

anticaménte avv. nel tempo antico, nei tempi antichi, una volta, in passato, nel tempo che fu, al tempo dei tempi, originariamente **CONTR.** oggi, oggidì, al giorno d'oggi, attualmente, odiernamente.

anticàmera s. f. ingresso, entrata, atrio, vestibolo, andito, corridoio □ sala d'aspetto.

antichità s. f. **1** vecchiezza, vetustà □ passato, tempo antico, secoli remoti **CONTR.** attualità, modernità, novità **2** (*spec. al pl.*) anticaglia □ reperti archeologici.

anticiclóne s. m. alta pressione **CONTR.** ciclone.

anticipàre v. tr. **1** fare prima del tempo **CONTR.** posticipare, rimandare, procrastinare **2** dare in anticipo **3** (*ass.*) essere in anticipo, arrivare prima **CONTR.** ritardare.

anticipataménte avv. con anticipo, in anticipo, prima **CONTR.** con ritardo.

anticipàto part. pass. di **anticipare**; anche agg. dato in anticipo, fatto in anticipo, pagato in anticipo **CONTR.** ritardato.

anticipazióne s. f. **1** anticipo **CONTR.** ritardo, posticipazione **2** (*banca*) versamento anticipato.

antìcipo s. m. anticipazione **FRAS.** *essere in anticipo* (*fig.*), precorrere i tempi.

anticlericàle agg.; anche s. m. e f. (*polit.*) mangiapreti (*spreg.*) □ laicista **CONTR.** clericale.

antìco A agg. **1** vecchio, vetusto (*lett.*), prisco (*lett.*), pristino (*lett.*), remoto, annoso, arcaico, primitivo, originario □ anziano **CONTR.** attuale, contemporaneo, moderno, odierno □ giovane **2** passato, di vecchia data, d'una volta **CONTR.** nuovo, recente, moderno, d'oggi **B** s. m. solo sing. antichità **CONTR.** modernità **C** s. m. spec. al pl. avi, antenati, progenitori **CONTR.** discendenti, posteri, nipoti, pronipoti **FRAS.** *in antico*, anticamente □ *all'antica*, secondo le antiche usanze; (*spreg.*) in modo antiquato, superato.

anticoncezionàle s. m.; anche agg. antifecondativo, contraccettivo.

anticonformìsmo s. m. originalità, personalità, autonomia, libertà **CONTR.** conformismo.

anticonformìsta s. m. e f.; anche agg. originale, autonomo, personale, libero **CONTR.** conformista.

anticongelànte agg.; anche s. m. antigelo.

anticrìsto s. m. (*fig.*) persona diabolica, diavolo **CONTR.** angelo, santo.

antidiluviàno agg. (*fig.*) antichissimo, preistorico, vecchissimo, remotissimo □ antiquato, vieto, fuori moda, rancido **CONTR.** nuovissimo, recentissimo, attuale, moderno.

antidolorìfico s. m.; anche agg. (*med.*) antalgico, antinevralgico.

antìdoto s. m. **1** contravveleno **CONTR.** veleno **2** (*fig.*) rimedio, conforto, sollievo.
antieconòmico agg. dispendioso, costoso **CONTR.** economico, redditizio.
antiemorràgico s. m. e agg. (*med.*) emostatico.
antiestètico agg. brutto, sproporzionato, malfatto, di cattivo gusto, kitsch (*ted.*) **CONTR.** bello, proporzionato, benfatto, di gusto.
antifebbrìle s. m. (*med.*) antipiretico, febbrifugo.
antifecondatìvo agg. e s. m. anticoncezionale, contraccettivo, spermicida.
antiflogìstico s. m. e agg. antinfiammatorio **CONTR.** flogistico, infiammatorio.
antìfona s. f. **1** (*fig.*) allusione, avvertimento □ (*est.*) discorso noioso **2** (*fig.*) ammonimento, rimprovero, rimbrotto, predicozzo **CONTR.** approvazione, elogio, encomio, lode.
antigèlo s. m. e agg. anticongelante.
antìlope s. f. (*zool.*) gazzella.
antimeridiàno agg. **CONTR.** pomeridiano.
antimilitarìsmo s. m. pacifismo **CONTR.** militarismo.
antimilitarìsta s. m. e f.; anche agg. pacifista **CONTR.** militarista, guerrafondaio.
antimonàrchico agg.; anche s. m. repubblicano **CONTR.** monarchico.
antinébbia s. m. inv.; anche agg. fendinebbia.
antinevràlgico s. m. e agg. (*med.*) antalgico, antidolorifico.
antinfiammatòrio s. m. e agg. (*med.*) antiflogistico **CONTR.** infiammatorio, flogistico.
antiparassitàrio agg. e s. m. anticrittogamico, insetticida, disinfestante.
antipatìa s. f. avversione, repulsione, ripugnanza, intolleranza, incompatibilità, aborrimento, odio, orrore, ribrezzo, uggia **CONTR.** simpatia, attrazione, propensione, affinità, amicizia.
antipaticaménte avv. con antipatia, indisponentemente, odiosamente, fastidiosamente **CONTR.** simpaticamente, piacevolmente.
antipàtico agg.; anche s. m. fastidioso, inviso, odioso, insopportabile, indisponente, irritante, ripugnante, spiacevole, uggioso **CONTR.** simpatico, attraente, gradito, piacevole, piacente.
antìpode s. m. spec. al pl. (*est.*) regioni remote **FRAS.** *essere agli antipodi* (*fig.*), avere idee opposte.
antiquàto agg. in disuso, disusato, fuori moda, vieto, invecchiato, out (*ingl.*) **CONTR.** moderno, recente, attuale, odierno, in (*ingl.*), up-to-date (*ingl.*), alla moda.
antirùggine s. m. minio, vermiglione.
antisemìta s. m. e f.; anche agg. antiebraico **CONTR.** filosemita, filoebraico.
antisèttico agg.; anche s. m. disinfettante, asettico **CONTR.** infettivo, settico.
antisociàle agg.; anche s. m. e f. asociale **CONTR.** sociale.
antispàstico s. m.; anche agg. antispasmodico, calmante **CONTR.** eccitante, irritante.
antistànte agg. prospiciente, di fronte **CONTR.** retrostante.
antìtesi s. f. contrasto, contrapposizione, contrapposto, opposizione, contraddizione **CONTR.** accordo, armonia.
antitètico agg. contrario, contrapposto, opposto **CONTR.** concordante, conforme.
antologìa s. f. raccolta, crestomazia (*lett.*), florilegio, fiore, zibaldone, scelta.
antonomàsia s. f. **FRAS.** *per antonomasia*, per eccellenza.
àntro s. m. **1** caverna, spelonca, grotta, speco (*lett.*), cavità, buca, voragine **2** (*fig.*) tugurio, topaia, stamberga, catapecchia, abituro, buco.
antropofagìa s. f. cannibalismo.
antropòfago agg.; anche s. m. cannibale.
anulàre agg. ad anello, circolare, tondo.
ànzi A cong. invece, all'opposto, al contrario □ o meglio, o piuttosto **B** prep. (*lett.*) prima di, innanzi **CONTR.** dopo **C** avv. (*lett.*) prima.
anzianità s. f. (*est.*) (*di servizio*) durata, lavoro, impiego.
anziàno A agg. **1** di età avanzata, avanti con gli anni, attempato, vecchiotto **CFR.** bambino, giovane, giovanetto, adolescente, ragazzo, uomo, vecchio **2** decano, veterano, senior (*lat.*) **CONTR.** junior (*lat.*) **B** s. m. persona anziana □ decano.
anziché cong. invece di, piuttosto che.
anzidétto agg. suddetto, predetto.
anzitèmpo avv. prima del tempo, anticipatamente, prematuramente, precocemente, ante litteram (*lat.*) **CONTR.** tardivamente.
apartheid /ol. a'partheit/ [vc. ol., da *apart* 'separato' e il suff. *-heid*, che denota stato, condizione] s. f. inv. segregazione razziale, discriminazione razziale □ razzismo.
apartìtico agg. indipendente.
apatìa s. f. insensibilità, indifferenza, indolenza, pigrizia, torpore, abulia, accidia □ impassibilità **CONTR.** alacrità, ardore, attività, calore, energia, laboriosità, operosità, volontà, dinamicità □ sensibilità, impressionabilità.
apàtico agg.; anche s. m. indifferente, indolente, inerte, pigro, torpido, accidioso, abulico, incurante, noncurante, addormentato □ impassibile **CONTR.** alacre, attivo, energico, dinamico, operoso, volonteroso □ sensibile, impressionabile.
aperitìvo s. m. e agg. stomatico, eupeptico.
apertaménte avv. **1** chiaramente, manifestamente, palesemente, esplicitamente **CONTR.** oscuramente, copertamente, implicitamente **2** (*fig.*) francamente, lealmente, schiettamente, sinceramente **CONTR.** ipocritamente, slealmente, perfidamente.
apèrto A part. pass. di **aprire**; anche agg. **1** (*di porta e sim.*) disserrato, schiuso, dischiuso, allargato, spalancato □ (*di ufficio, di negozio*) in

funzione, in attività □ comodo, agevole, accessibile CONTR. chiuso, rinchiuso, serrato, rinserrato □ scomodo, disagevole **2** (*di luogo*) ampio, spazioso, esteso, largo, vasto, libero CONTR. stretto, ristretto, angusto, piccolo, limitato **3** (*fig.*) (*di persona*) franco, leale, schietto, sincero CONTR. ipocrita, sleale, perfido **4** (*est.*) (*di discorso, ecc.*) chiaro, evidente, manifesto, palese, esplicito CONTR. oscuro, coperto, velato, implicito **5** (*fig.*) (*di persona*) svelto, pronto, sveglio, intelligente, sensibile CONTR. idiota, stupido, tonto, torpido, chiuso **B** s. m. luogo libero CONTR. chiuso **C** avv. apertamente, manifestamente, palesemente CONTR. oscuramente, copertamente FRAS. *all'aperto*, all'aria aperta, fuori; (*di gara*) outdoor (*ingl.*) CONTR. indoor (*ingl.*) □ *a braccia aperte* (*fig.*), con gioia, con affetto, con cordialità □ *a viso aperto* (*fig.*), con franchezza, con coraggio.

apertùra s. f. **1** l'aprire, l'aprirsi □ inaugurazione, inizio, avviamento, fase iniziale CONTR. chiusura □ conclusione, fine, termine **2** fenditura, spaccatura, spacco, taglio, fessura, spiraglio, varco, passaggio, sbocco CONTR. chiusura, serratura, barriera, occlusione **3** (*di mente e sim.*) ampiezza, larghezza CONTR. strettezza, ristrettezza **4** (*polit.*) accordo, collaborazione CONTR. chiusura.

àpice s. m. **1** (*di cosa*) cima, vertice, sommità, punta CONTR. fondo, profondità, estremità inferiore, imo (*lett.*) **2** (*fig.*) (*di gloria, di carriera, ecc.*) acme, culmine, vertice, sommo grado, pienezza.

aplomb /*fr.* a'plɔ̃/ [vc. fr., propriamente 'a piombo'] s. m. inv. **1** (*di abito*) perfetta caduta **2** (*fig.*) disinvoltura, spigliatezza, sicurezza CONTR. timidezza, insicurezza, goffaggine.

apocalìsse [da *Apocalisse*, il nome dell'ultimo libro del Nuovo Testamento, scritto da Giovanni] s. f. (*fig.*) catastrofe, disastro, fine del mondo.

apocalìttico agg. (*fig.*) disastroso, catastrofico, atroce, terribile CONTR. fausto, favorevole, felice, fortunato, propizio.

apòcope s. f. (*ling.*) troncamento.

apòcrifo agg. (*di scritto*) non autentico, falso, incerto CONTR. autentico, originale, sicuro.

apogèo s. m. **1** (*astron.*) CONTR. perigeo **2** (*fig.*) (*di gloria, di carriera, ecc.*) apice, culmine, acme, vertice, sommo grado, pienezza.

apòllo [da *Apollo*, l'avvenente dio greco delle arti] s. m. giovane bellissimo, ganimede, fusto (*fam.*) CONTR. mostro, mostriciattolo, sgorbio.

apologèta s. m. (*di fede, di dottrina*) difensore, sostenitore, apologista CONTR. nemico, denigratore, critico, diffamatore.

apologìa s. f. **1** (*di fede, di dottrina, ecc.*) difesa **2** esaltazione, elogio, lode, encomio, panegirico CONTR. critica, denigrazione, diffamazione, calunnia, stroncatura.

apòlogo s. m. allegoria, favola, parabola, racconto.

apòstata s. m. e f. (*di fede*) rinnegato, infedele, traditore CONTR. fedele, devoto.

a posteriori /*lat.* a poste'rjɔri/ [loc. lat., propriamente 'da ciò che è dopo', comp. di *ā* 'da' e *posteriori* 'seguente'] loc. agg. e avv. (*est.*) induttivo CONTR. a priori, deduttivo.

apostolàto s. m. (*est.*) missione, propaganda, propagazione □ dedizione totale.

apostòlico agg. **1** di apostolo **2** (*est.*) papale.

apòstolo s. m. **1** discepolo di Cristo **2** (*est.*) (*di una fede*) propugnatore, sostenitore, fautore, pioniere, promotore, banditore □ predicatore, missionario CONTR. avversario, nemico, antagonista, oppositore FRAS. *il principe degli apostoli*, San Pietro □ *l'apostolo delle genti*, San Paolo.

apostrofàre v. tr. (*a parole*) investire, aggredire, assalire □ inveire, radarguire, rimproverare, prorompere.

apostrofàto part. pass. di **apostrofare**; anche agg. redarguito, rimproverato.

apoteòsi s. f. **1** (*di eroi e imperatori romani*) deificazione, divinizzazione **2** (*fig.*) (*di persona*) celebrazione, esaltazione, glorificazione, magnificazione (*lett.*) CONTR. denigrazione, detrazione (*raro, lett.*), diffamazione, calunnia.

appagaménto s. m. soddisfacimento, soddisfazione CONTR. delusione, scontento.

appagàre **A** v. tr. soddisfare, contentare, accontentare, compiacere □ placare, acquietare CONTR. scontentare, scompiacere, lasciare insoddisfatto **B** **appagarsi** v. rifl. contentarsi, soddisfarsi, compiacersi, ritenersi soddisfatto CONTR. essere scontento, essere insoddisfatto.

appagàto part. pass. di **appagare**; anche agg. soddisfatto, accontentato, contento, compiaciuto CONTR. dispiaciuto, insoddisfatto, scontento.

appaiàre **A** v. tr. accoppiare, abbinare, apparigliare CONTR. spaiare, sdoppiare, separare **B** **appaiarsi** v. rifl. accoppiarsi, unirsi, abbinarsi □ (*raro*) sposarsi CONTR. spaiarsi, spariglìarsi, dividersi, separarsi.

appallottolàre **A** v. tr. arrotolare, raggomitolare **B** **appallottolarsi** v. intr. pron. raggomitolarsi, aggomitolarsi, rannicchiarsi CONTR. stendersi, distendersi, rizzarsi, drizzarsi.

appaltatóre s. m.; anche agg. (f. *-trice*) impresario, assuntore, accollatario (*raro*), concessionario.

appàlto s. m. impresa, concessione □ monopolio, privativa.

appannàggio s. m. **1** (*di governante, ecc.*) assegno annuo, rendita fissa **2** stipendio, retribuzione **3** dote **4** (*fig.*) prerogativa, corredo.

appannaménto s. m. offuscamento, oscuramento, annebbiamento CONTR. schiarimento, rischiaramento.

appannàre A v. tr. (*anche fig.*) offuscare, annebbiare, velare, intorbidare **CONTR.** schiarire, rischiarare, illimpidire **B appannarsi** v. intr. pron. annebbiarsi, oscurarsi, offuscarsi, velarsi **CONTR.** schiarirsi, rischiararsi, illimpidirsi.

appannàto part. pass. di **appannare**; anche agg. **1** (*anche fig.*) annebbiato, oscurato, offuscato, velato **CONTR.** chiaro, limpido, trasparente **2** (*di suono*) attutito, smorzato **CONTR.** forte, sonoro.

apparàto s. m. **1** preparativo, allestimento, apparecchio □ spiegamento **2** paramento, lusso, sfarzo **3** apparecchiatura, impianti **4** (*anat.*) organi **5** (*bur.*) dirigenti, impiegati.

apparecchiàre A v. tr. **1** preparare, allestire, apprestare, approntare, predisporre **CONTR.** sparecchiare, disfare **2** (*ass.*) preparare la tavola, imbandire **CONTR.** sparecchiare **B apparecchiarsi** v. rifl. (*lett.*) prepararsi, disporsi, accingersi, apprestarsi, approntarsi.

apparecchiàto part. pass. di **apparecchiare**; anche agg. preparato, pronto, allestito □ imbandito **CONTR.** disfatto, sparecchiato.

apparécchio s. m. **1** allestimento, apprestamento, preparativo **2** apparato, corredo, attrezzatura, apparecchiatura, dispositivo, congegno **3** (*per anton.*) aeroplano, aereo, velivolo, elicottero, idrovolante.

apparènte part. pres. di **apparire**; anche agg. **1** visibile, evidente, manifesto **CONTR.** invisibile, impercettibile, microscopico, nascosto **2** (*di ricchezza, ecc.*) illusorio, fittizio, esteriore, superficiale **CONTR.** vero, reale, effettivo, certo, concreto.

apparenteménte avv. in apparenza, a prima vista, esteriormente, superficialmente **CONTR.** realmente, effettivamente, concretamente.

apparènza s. f. **1** sembianza (*lett.*), figura, aria, cera, parvenza (*lett.*), esteriorità **CONTR.** realtà, sostanza **2** mostra, pompa, vista, finzione, illusione, lustro, sfoggio, miraggio, simulazione, velo, vernice **CONTR.** verità, realtà, sostanza **FRAS.** *salvare le apparenze*, rispettare la forma.

apparìre v. intr. **1** comparire, mostrarsi, presentarsi, farsi vedere □ farsi avanti **CONTR.** scomparire, sparire, dileguarsi, allontanarsi, eclissarsi **2** (*di astro*) spuntare, sorgere, levarsi **CONTR.** calare, tramontare **3** essere chiaro, essere evidente, risultare, balzare, emergere **4** mettersi in vista, far mostra di sé, far bella figura **5** parere, sembrare.

appariscènte agg. vistoso, specioso, pomposo, di bella presenza, imponente, maestoso, smagliante, spettacoloso **CONTR.** brutto, modesto, misero, incolore, insignificante.

appariscènza s. f. vistosità, imponenza, maestosità, splendidezza, splendore, risalto, spicco, bella apparenza **CONTR.** modestia, squallore, bruttezza.

apparizióne s. f. **1** comparsa, manifestazione **CONTR.** scomparsa, sparizione **2** fantasma, spettro, immagine.

appàrso part. pass. di **apparire**; anche agg. comparso, manifestatosi **CONTR.** scomparso, sparito.

appartaménto s. m. alloggio, abitazione, quartiere, locale.

appartàre A v. tr. mettere in disparte, allontanare, separare, dividere, segregare **CONTR.** aggregare, unire, mischiare **B appartarsi** v. rifl. mettersi in disparte □ ritirarsi, allontanarsi, isolarsi, segregarsi, separarsi, nascondersi **CONTR.** mostrarsi, comparire, farsi vedere □ frequentare la gente.

appartàto part. pass. di **appartare**; anche agg. **1** (*di luogo*) isolato, lontano, remoto, distante, separato, riposto **CONTR.** vicino, in vista **2** (*di persona*) solitario □ isolato, in disparte **CONTR.** estroverso, socievole.

appartenènte part. pres. di **appartenere**; anche agg. proprio, concernente, pertinente, inerente, attinente, relativo, riguardante **CONTR.** estraneo, improprio, inadatto.

appartenènza s. f. proprietà, spettanza □ attinenza, inerenza, pertinenza, competenza, relazione, legame **CONTR.** estraneità.

appartenére v. intr. **1** (*di proprietà*) essere di proprietà **2** (*ad associazione, ecc.*) far parte, essere iscritto **CONTR.** essere estraneo **3** convenire, essere dovuto, confarsi, addirsi, spettare, concernere, riguardare **CONTR.** sconvenire, disdire.

appassiménto s. m. avvizzimento **CONTR.** fioritura.

appassionàre A v. tr. **1** (*a qualcosa*) infervorare, fare innamorare, entusiasmare **CONTR.** disaffezionare, disamorare, distogliere, allontanare **2** (*di persona*) addolorare, affliggere, commuovere, eccitare, turbare **CONTR.** lasciare indifferente **B appassionarsi** v. intr. pron. **1** (*per qualcosa*) sentirsi attratto, innamorarsi, interessarsi **CONTR.** disinteressarsi, trascurare **2** commuoversi, affliggersi, addolorarsi, contristarsi **CONTR.** allietarsi, rallegrarsi, compiacersi, congratularsi, gioire, godere, giubilare, esultare.

appassionataménte avv. con passione, ardentemente, entusiasticamente **CONTR.** spassionatamente, freddamente, indifferentemente.

appassionàto part. pass. di **appassionare**; anche agg. **1** (*per qualcosa*) entusiasta, interessato, sollecito, fanatico □ commosso, turbato **CONTR.** freddo, indifferente, disinteressato, apatico **2** (*di giudizio*) passionale, parziale, soggettivo, non obiettivo **CONTR.** imparziale, obiettivo, sereno **3** addolorato, afflitto, contristato, triste **CONTR.** lieto, allegro, gioioso, sereno.

appassìre v. intr. e **appassìrsi** intr. pron. **1** (*di fiori, piante, ecc.*) avvizzire, sfiorire, inaridirsi, ingiallire, seccarsi, languire **CONTR.** fiorire, rifiorire, sbocciare, prosperare, rinverdire **2** (*fig.*) illanguidire, sfiorire, venir meno, indebolirsi, svigorirsi **CONTR.** ringiovanire, invigorirsi, rinvigorirsi, ravvivarsi.

appassìto part. pass. di **appassire**; anche agg. **1** (*di fiori, piante, ecc.*) passo, vizzo, avvizzito, disseccato, secco, inaridito **2** (*fig.*) indebolito, intristito, svigorito, sciupato **CONTR.** fresco, fiorente, florido, prosperoso, rigoglioso, vigoroso.

appellàre A v. tr. (*raro, lett.*) chiamare □ nominare, denominare **B appellarsi** v. intr. pron. **1** (*dir.*) ricorrere in appello **2** fare appello, rivolgersi.

appellatìvo s. m. **1** epiteto, soprannome □ denominazione **2** (*ling.*) nome comune.

appèllo s. m. **1** chiamata per nome, chiama (*raro*) **2** invito, convocazione, ordine di presentarsi **3** (*est.*) richiamo, implorazione, invocazione, istanza **4** (*dir.*) ricorso **FRAS.** *fare appello*, invocare, ricorrere.

appéna A avv. **1** a fatica, a stento, con difficoltà **CONTR.** agevolmente, facilmente **2** soltanto, non di più □ assai poco **3** da poco, or ora **B** cong. subito dopo che, tosto che.

appèndere A v. tr. **1** attaccare, fissare, sospendere, agganciare **CONTR.** staccare, distaccare, sganciare **2** (*lett.*) impiccare **B appendersi** v. rifl. attaccarsi.

appendiàbiti s. m. attaccapanni.

appendìce s. f. aggiunta, accessorio, complemento, supplemento.

appesantìre A v. tr. **1** rendere pesante, gravare, aggravare, caricare **CONTR.** alleggerire, alleviare, scaricare, sgravare **2** (*fig.*) (*di testa, ecc.*) impigrire, intorpidire **CONTR.** alleggerire, sgranchire **B appesantirsi** v. intr. pron. **1** diventare pesante **CONTR.** alleggerirsi **2** (*fig.*) (*di testa*) intorpidirsi, diventare lento **CONTR.** alleggerirsi.

appesantìto part. pass. di **appesantire**; anche agg. **1** diventato più pesante, aggravato **2** (*fig.*) intorpidito **CONTR.** alleggerito.

appéso part. pass. di **appendere**; anche agg. attaccato, agganciato, sospeso **CONTR.** staccato, sganciato.

appestàre v. tr. **1** contagiare **2** impuzzire, inquinare, ammorbare **CONTR.** profumare, risanare **3** (*fig.*) corrompere, depravare, guastare, contaminare **CONTR.** purificare, risanare, mondare.

appestàto A part. pass. di **appestare**; anche agg. e s. m. ammalato di peste **B** agg. pestilenziale, nauseabondo **CONTR.** profumato, odoroso, olezzante, fragrante.

appetènza s. f. (*lett.*) appetito □ (*fig.*) brama, desiderio.

appetìbile agg. desiderabile, stuzzicante, allettante **CONTR.** inappetibile (*raro*), repellente, ripugnante.

appetibilità s. f. desiderabilità, attrattiva, allettamento, fascino, seduzione **CONTR.** repulsione, ripugnanza.

appetìre v. tr. (*lett.*) desiderare, bramare **CONTR.** essere sazio, essere nauseato.

appetìto s. m. **1** desiderio di cibo, appetenza (*lett.*) **CONTR.** inappetenza, nausea, sazietà **2** (*fig.*) desiderio, cupidigia, brama, voglia, inclinazione □ istinto **CONTR.** avversione, disgusto, antipatia, odio, ripugnanza.

appetitosaménte avv. con appetito, avidamente, bramosamente **CONTR.** svogliatamente.

appetitóso agg. **1** gustoso, saporito, stuzzicante **CONTR.** insipido, disgustoso, nauseante, ripugnante **2** (*fig.*) allettante, attraente, piacente, piacevole, solleticante **CONTR.** repellente, ributtante, ripugnante, sgradevole, spiacevole.

appianàre A v. tr. **1** (*di suolo*) spianare, livellare, pareggiare **CONTR.** rendere accidentato **2** (*fig.*) (*di ostacoli*) rimuovere, togliere **CONTR.** suscitare, fomentare **3** (*fig.*) agevolare, facilitare **CONTR.** ostacolare, impacciare, impedire, intralciare **B appianarsi** v. intr. pron. (*di difficoltà*) risolversi, chiarirsi **CONTR.** confondersi, ingarbugliarsi.

appiattàre A v. tr. (*raro*) nascondere, occultare, rimpiattare **CONTR.** scoprire, svelare, rivelare **B appiattarsi** v. rifl. nascondersi, occultarsi, rimpiattarsi **CONTR.** scoprirsi, mostrarsi, farsi vedere.

appiattiménto s. m. **1** (*di cosa*) schiacciamento **2** (*fig.*) (*di salario, di interesse, ecc.*) compressione, livellamento, calo **CONTR.** differenziazione.

appiattìre A v. tr. **1** rendere piatto, schiacciare **2** (*fig.*) (*di salario, di interesse, ecc.*) livellare, abbassare **B appiattirsi** v. rifl. **1** farsi piatto, schiacciarsi **CONTR.** sollevarsi, rialzarsi **2** (*fig.*) (*di salario, di interesse, ecc.*) livellarsi, abbassarsi.

appiccàre A v. tr. **1** appendere, sospendere, appigliare, agganciare, congiungere **CONTR.** staccare, distaccare, sganciare **2** (*est.*) impiccare **3** (*raro*) cominciare, attaccare **B appiccarsi** v. rifl. **1** attaccarsi, aggrapparsi, afferrarsi, appigliarsi, appendersi **CONTR.** staccarsi, sganciarsi, separarsi **2** impiccarsi.

appiccàto part. pass. di **appiccare**; anche agg. attaccato, congiunto, unito □ appeso, sospeso **CONTR.** staccato, sganciato, separato.

appiccicàre A v. tr. **1** attaccare, incollare **CONTR.** scollare, staccare, distaccare **2** (*fig.*) appioppare, attribuire, affibbiare, dare **B appiccicarsi** v. rifl. (*anche fig.*) attaccarsi, incollarsi, aderire **CONTR.** scollarsi, staccarsi.

appiccicatìccio agg. **1** (*di cosa*) appiccicoso, colloso, vischioso, viscoso, attaccaticcio **CONTR.** fluido, scorrevole **2** (*fig.*) (*di persona*) importuno, molesto, noioso, fastidioso

CONTR. discreto, riservato, riguardoso.

appiccicàto part. pass. di **appiccicare**; anche agg. incollato, attaccato **CONTR.** scollato, staccato.

appièno avv. (*lett.*) pienamente, completamente, del tutto, affatto.

appigliàrsi A v. rifl. (*anche fig.*) (*di persona*) afferrarsi, attaccarsi, aggrapparsi □ abbarbicarsi **CONTR.** staccarsi, separarsi, abbandonare **B** v. intr. pron. (*di incendio*) appiccarsi, estendersi.

appìglio s. m. **1** appoggio, sostegno, appicco, appiccagnolo, attacco **2** (*fig.*) pretesto, cavillo, scusa, occasione.

appioppàre v. tr. (*fig., fam.*) affibbiare, dare, assestare, rifilare □ attribuire.

appisolàrsi v. intr. pron. assopirsi, addormentarsi, dormicchiare, sonnecchiare **CONTR.** svegliarsi, destarsi, scuotersi.

applaudìre v. tr. e intr. **1** acclamare, battere le mani **CONTR.** fischiare, zittire **2** (*est.*) approvare, consentire, acconsentire □ celebrare, encomiare, esaltare, lodare **CONTR.** biasimare, censurare, criticare, disapprovare, sindacare, condannare.

applaudìto part. pass. di **applaudire**; anche agg. approvato, lodato, esaltato, acclamato **CONTR.** fischiato, biasimato, censurato, disapprovato, sindacato, condannato.

applàuso s. m. **1** battimano, acclamazione, ovazione, plauso (*lett.*) **CONTR.** fischi, zittii **2** (*est.*) approvazione, consenso, assenso □ elogio, encomio, esaltazione, lode **CONTR.** disapprovazione, dissenso, censura, critica, biasimo, condanna **FRAS.** *applauso a scena aperta*, panetto.

applicàbile agg. adattabile, riferibile □ applicativo **CONTR.** inapplicabile.

applicàre A v. tr. **1** apporre, attaccare □ accostare, avvicinare **CONTR.** staccare, distaccare, togliere □ allontanare **2** (*fig.*) (*di nome, di multa, ecc.*) dare, attribuire, assegnare, infliggere **3** (*fig.*) (*di mente, ecc.*) impiegare, rivolgere, dedicare **4** (*fig.*) (*di legge*) mettere in atto, far valere, attuare **CONTR.** abrogare, annullare, revocare **5** (*di metodo, ecc.*) adattare, riferire **B applicarsi** v. rifl. dedicarsi, consacrarsi, rivolgersi, darsi □ studiare molto, lavorare molto **CONTR.** disinteressarsi, non curarsi, trascurare, abbandonare.

applicatìvo agg. applicabile, pratico **CONTR.** inapplicabile, teorico.

applicàto A part. pass. di **applicare**; anche agg. **1** attaccato, appiccicato **CONTR.** staccato, distaccato **2** attribuito, dato, assegnato, destinato **3** usato, impiegato **4** (*di scienza*) pratico **CONTR.** puro, teorico **B** s. m. impiegato, subordinato.

applicazióne s. f. **1** attaccatura, incollatura **CONTR.** distacco, separazione **2** guarnizione, ornamento **3** (*fig.*) (*di criterio, di norma*) adattamento, riferimento **4** (*fig.*) (*di legge*) attuazione, realizzazione **5** (*fig.*) (*della mente*) attenzione, concentrazione, impegno **CONTR.** disinteresse, trascuratezza, distrazione.

appoggiàre A v. tr. **1** accostare, sovrapporre, poggiare **CONTR.** scostare, allontanare **2** (*est.*) posare, deporre **3** (*fig.*) (*di idee, di persone, ecc.*) sostenere, favorire, difendere, aiutare, caldeggiare, proteggere **CONTR.** avversare, contrariare, combattere, perseguitare **B** v. intr. poggiare, reggersi **C appoggiarsi** v. rifl. **1** sostenersi, reggersi, puntellarsi **2** (*fig.*) rivolgersi, ricorrere, raccomandarsi, contare, fare assegnamento **3** (*fig.*) (*di teoria, di prova*) fondarsi, basarsi.

appoggiàto part. pass. di **appoggiare**; anche agg. **1** accostato, sovrapposto, poggiato **CONTR.** scostato, allontanato **2** (*fig.*) (*di persona, di proposta*) sostenuto, difeso, favorito, caldeggiato **CONTR.** avversato, combattuto.

appòggio s. m. **1** sostegno, base, supporto **2** (*fig.*) aiuto, favore, protezione, amicizia, simpatia **CONTR.** avversione, inimicizia, malevolenza, ostilità, opposizione.

appollaiàrsi v. rifl. **1** (*di uccelli*) accovacciarsi, posarsi **2** (*est.*) (*di persona*) rannicchiarsi, accoccolarsi, rincantucciarsi **CONTR.** stendersi, distendersi, drizzarsi.

appollaiàto part. pass. di **appollaiarsi**; anche agg. **1** (*di uccelli*) accovacciato, posato **2** (*est.*) (*di persone*) rannicchiato, accoccolato **CONTR.** steso, disteso, dritto.

appórre v. tr. (*di affrancatura, di firma, ecc.*) porre sopra, mettere, aggiungere, applicare **CONTR.** togliere, levare.

apportàre v. tr. **1** portare, cagionare, produrre **2** (*di motivo, di prova, ecc.*) addurre, allegare, produrre, citare.

appòrto s. m. **1** contributo, aiuto, collaborazione **CONTR.** impedimento, intralcio, ostacolo **2** somma, capitale.

appositaménte avv. apposta, a bella posta, intenzionalmente, di proposito □ opportunamente, adeguatamente, acconciamente **CONTR.** involontariamente, casualmente, per caso.

appòsito agg. adatto, adeguato, appropriato, acconcio, particolare, speciale **CONTR.** inadatto, disadatto, inadeguato, non appropriato.

apposizióne s. f. aggiunta, aggiunzione, complemento, supplemento **CONTR.** detrazione, sottrazione, defalco.

appòsta A avv. appositamente, deliberatamente, determinatamente, intenzionalmente, specificatamente, espressamente, volontariamente, di proposito **CONTR.** senza volere, involontariamente, per caso, senza intenzione **B** in funzione di agg. inv. fatto appositamente, adatto, destinato **CONTR.** provvisorio, temporaneo.

appostaménto s. m. **1** agguato, insidia, imboscata **2** (*di caccia*) tesa, capanno, uccellanda, uccellatoio.

appostàre **A** v. tr. fare la posta, spiare, sorprendere □ adocchiare, prendere di mira **B** **appostarsi** v. rifl. mettersi in agguato, nascondersi.

apprèndere **A** v. tr. **1** comprendere, afferrare, percepire, capire □ imparare **CONTR.** disimparare **2** conoscere, sapere **B** **apprendersi** v. rifl. afferrarsi, attaccarsi, aggrapparsi, appigliarsi **CONTR.** staccarsi, lasciarsi andare **C** v. intr. pron. (*fig.*, *lett.*) (*di incendio, di passione*) propagarsi, appiccarsi, comunicarsi.

apprendìsta s. m. e f. praticante, tirocinante, allievo, novizio, principiante, volontario, garzone **CONTR.** maestro, esperto, perito, veterano.

apprendistàto s. m. pratica, tirocinio, noviziato.

apprensióne s. f. agitazione, ansia, ansietà, inquietudine, pena, paura, sospetto, timore, turbamento **CONTR.** calma, impassibilità, quiete, serenità, sicurezza, tranquillità, imperturbabilità.

apprensìvo agg. agitato, ansioso, inquieto, preoccupato, timoroso, turbato **CONTR.** calmo, quieto, sereno, tranquillo, imperturbabile.

appressàre **A** v. tr. (*lett.*) avvicinare, accostare **CONTR.** allontanare, scostare **B** v. intr. e **appressarsi** rifl. (*raro*) avvicinarsi, accostarsi **CONTR.** allontanarsi, scostarsi.

apprèsso **A** avv. e prep. **1** presso, accanto, vicino, nei pressi, nelle vicinanze **CONTR.** lontano **2** dopo, poi, in seguito **CONTR.** prima, innanzi **3** dietro **CONTR.** davanti **B** in funzione di agg. inv. successivo, seguente **CONTR.** precedente, anteriore.

apprestàre **A** v. tr. **1** approntare, allestire, preparare, predisporre, apparecchiare **CONTR.** concludere, finire, terminare **2** (*ant.*) offrire, somministrare **B** **apprestarsi** v. rifl. prepararsi, accingersi, predisporsi, apparecchiarsi.

apprezzàbile agg. notevole, considerevole, pregevole, ragguardevole, stimabile **CONTR.** disprezzabile, spregevole, insignificante, dozzinale, ordinario, da poco.

apprezzaménto s. m. valutazione, stima, giudizio, opinione, parere.

apprezzàre v. tr. **1** (*fig.*) stimare, giudicare, valutare **2** pregiare (*lett.*), gradire, aver caro **CONTR.** disprezzare, sdegnare, disdegnare.

apprezzàto part. pass. di **apprezzare**; anche agg. stimato, valutato **CONTR.** disprezzato.

appròccio s. m. **1** avvicinamento, accostamento **CONTR.** allontanamento **2** (*fig.*) primo contatto.

approdàre v. intr. **1** (*mar.*) giungere a riva, giungere in porto, accostare, attraccare, gettare l'ancora **CONTR.** salpare, levare l'ancora, prendere il largo **2** (*fig.*) (*di scopo*) riuscire, giungere.

appròdo s. m. **1** (*di imbarcazione*) attracco □ scalo, porto, banchina, ancoraggio **2** (*fig.*) (*di persona*) punto di arrivo □ porto.

approfittàre **A** v. intr. avvantaggiarsi, servirsi, valersi, avvalersi, profittare, giovarsi **B** **approfittarsi** v. intr. pron. abusare, sfruttare **CONTR.** fare buon uso.

approfondìre **A** v. tr. **1** (*di solco*) rendere più profondo **2** (*fig.*, *lett.*) (*di sentimenti*) acuire, aggravare **CONTR.** alleggerire, alleviare, diminuire **3** (*fig.*) (*di problema*) studiare a fondo, indagare a fondo, andare a fondo **B** **approfondirsi** v. intr. pron. **1** farsi profondo **2** acuirsi, aggravarsi **CONTR.** alleggerirsi, alleviarsi.

appròntàre v. tr. apprestare, allestire, preparare, apparecchiare, predisporre.

appropriàrsi v. rifl. **1** impadronirsi □ attribuirsi, arrogarsi **2** adattarsi, convenire **CONTR.** sconvenire.

appropriàto part. pass. di **appropriarsi**; anche agg. adeguato, preciso, calzante, apposito, adatto, conveniente, opportuno, giusto, proprio **CONTR.** disadatto, inadatto, improprio, inopportuno, sconveniente.

approssimàre **A** v. tr. appressare, avvicinare, accostare **CONTR.** allontanare, scostare, discostare (*raro*), rimuovere **B** v. rifl. e **approssimarsi** intr. pron. appressarsi, avvicinarsi, accostarsi **CONTR.** allontanarsi, scostarsi, andarsene.

approssimativaménte avv. circa, all'incirca, a un dipresso, press'a poco, quasi **CONTR.** esattamente, precisamente, matematicamente.

approssimatìvo agg. **1** vicino al vero **2** (*est.*) impreciso, inesatto, vago, generico **CONTR.** esatto, preciso, certo, sicuro, matematico.

approssimazióne s. f. avvicinamento, accostamento **CONTR.** allontanamento **FRAS.** *per approssimazione*, all'incirca.

approvàre v. tr. **1** (*di proposta, di azione, ecc.*) dire di sì, acconsentire, accettare, accogliere, ammettere, lodare **CONTR.** disapprovare, biasimare, censurare, criticare, respingere, rigettare, rifiutare **2** (*di titolo*) convalidare, omologare, ratificare, sanzionare **CONTR.** invalidare **3** (*di candidato*) ritenere idoneo, promuovere **CONTR.** bocciare, respingere, trombare (*scherz.*).

approvàto part. pass. di **approvare**; anche agg. **1** accettato, accolto, ammesso, lodato **CONTR.** disapprovato, biasimato, censurato **2** (*di titolo, di documento, ecc.*) convalidato, omologato, ratificato **CONTR.** invalidato **3** (*di candidato*) promosso **CONTR.** bocciato, respinto, trombato (*scherz.*).

approvazióne s. f. **1** consenso, assenso, conferma, accettazione, accoglimento, benestare □ applauso, plauso, lode, elogio, encomio **CONTR.** biasimo, censura, critica, disapprovazione, dissenso, riprovazione **2** (*di titolo*) convalida, ratifica **CONTR.** invalidamento **3** (*di candidato*) promozione, idoneità **CONTR.** bocciatura, trombatura (*scherz.*).

approvvigionaménto s. m. provvista, rifornimento.
approvvigionàre A v. tr. rifornire **B approvvigionarsi** v. rifl. rifornirsi.
appuntaménto s. m. convegno, ritrovo, rendez-vous (*fr.*) □ abboccamento, colloquio.
appuntàre (1) A v. tr. **1** (*con spillo, ago, ecc.*) fissare, fermare, attaccare, cucire **CONTR.** staccare, scucire **2** (*di matita, ecc.*) fare la punta, appuntire, aguzzare, acuminare, affusolare **CONTR.** spuntare, smussare, ottundere **3** puntare □ mirare, fissare **CONTR.** allontanare, distogliere **B appuntarsi** v. intr. pron. rivolgersi, dirigersi, tendere.
appuntàre (2) v. tr. prendere appunti, segnare, notare, annotare.
appuntàto part. pass. di **appuntare (2)**; anche agg. notato, annotato, registrato.
appuntìre v. tr. appuntare, aguzzare, acuminare **CONTR.** spuntare, smussare, ottundere.
appuntìto part. pass. di **appuntire**; anche agg. aguzzo, acuminato, affusolato **CONTR.** spuntato, smussato, ottuso.
appùnto (1) s. m. **1** annotazione, nota, abbozzo **2** (*fig.*) rimprovero, riprensione (*lett.*), biasimo, censura, critica **CONTR.** lode, elogio, encomio, approvazione.
appùnto (2) avv. proprio, precisamente, esattamente **CONTR.** invece, al contrario, viceversa.
appuràre v. tr. constatare, verificare, chiarire, accertare, controllare.
a priori /*lat.* a pri'ɔri/ [loc. lat., propriamente 'da ciò che è prima', comp. di *ā* 'da' e *priori* 'precedente'] loc. agg. e avv. **1** deduttivo **CONTR.** induttivo **2** fin da prima, fin dall'inizio **CONTR.** a posteriori.
aprìre A v. tr. **1** disserrare, schiudere, dischiudere, spalancare □ scavare, fendere, spaccare, squarciare □ sturare **CONTR.** chiudere, serrare, tappare, bloccare, sbarrare, otturare **2** (*di compasso, di braccia, ecc.*) allargare, distendere, stendere, dilatare **CONTR.** stringere, restringere **3** (*fig.*) (*di sentimenti*) dichiarare, spiegare □ manifestare, rivelare, palesare, scoprire **CONTR.** celare, nascondere, occultare **4** (*fig.*) (*di scuola, ecc.*) fondare, istituire **5** (*di celebrazioni, ecc.*) cominciare, iniziare □ inaugurare **B** v. intr. e **aprirsi** intr. pron. **1** fendersi, spaccarsi □ schiudersi, dischiudersi, allargarsi **CONTR.** chiudersi, serrarsi, stringersi, restringersi **2** (*di scuola, di anno, ecc.*) cominciare, iniziare, principiare □ inaugurarsi **CONTR.** concludersi, finire, terminare **C** v. rifl. (*fig.*) (*di persona*) confidarsi, sfogarsi, aprire l'animo **CONTR.** tacere, rimanere abbottonato **FRAS.** *aprire gli orecchi, aprire gli occhi* (*fig.*), stare attento.
àquila s. f. (*fig.*) intelligentone, cima, testa d'uovo **CONTR.** scemo, stupido, idiota, cretino, tonto, imbecille, deficiente **FRAS.** *occhio d'aquila* (*fig.*), occhio acutissimo □ *nido d'aquila* (*fig.*), luogo solitario (in montagna).
aquilìno agg. **1** dell'aquila **2** (*est.*) adunco, arcuato **CONTR.** diritto.
aquilóne s. m. cervo volante, drago volante, cometa.
àra s. f. (*lett.*) altare □ (*est.*) tempio.
arabésco A agg. arabo □ alla foggia araba **B** s. m. **1** fregio **2** (*est.*) ghirigoro, sgorbio.
aràldo s. m. (*est.*) messo, messaggero, ambasciatore □ banditore.
aràre v. tr. **1** (*di terra*) dissodare, assolcare □ coltivare, lavorare **2** (*fig.*) solcare.
aràto part. pass. di **arare**; anche agg. dissodato, lavorato.
arbitràre v. tr. (*di controversia*) decidere, risolvere □ (*sport*) dirigere, fare da arbitro.
arbitrariaménte avv. ad arbitrio, abusivamente, illegalmente, illegittimamente, senza autorizzazione **CONTR.** legalmente, legittimamente, regolarmente.
arbitràrio agg. abusivo, illegale, illegittimo, irregolare, ingiusto, capriccioso **CONTR.** legale, legittimo, giusto, regolare.
arbitràto part. pass. di **arbitrare**; anche s. m. lodo.
arbìtrio s. m. **1** autorità, potere, potestà □ dispotismo, prepotenza, capriccio □ abusivismo, illegalità **CONTR.** discrezione, moderazione □ democrazia □ legalità **2** volontà, piacere, piacimento.
àrbitro s. m. **1** signore, padrone, regolatore **CONTR.** schiavo, servo **2** (*sport*) giudice, direttore di gara, fischietto (*gerg.*), giacchetta nera (*gerg.*).
arboscèllo s. m. alberello, arbusto, frutice.
arbùsto s. m. frutice, arboscello.
àrca s. f. **1** sarcofago, sepolcro, tomba **2** cassa, cassapanca, cassettone □ forziere, scrigno □ madia.
arcaicità s. f. antichità, vetustà (*lett.*) **CONTR.** attualità, modernità, novità.
arcàico agg. **1** antico, antiquato, primitivo, vetusto (*lett.*), vecchio, disusato, sorpassato, out (*ingl.*) **2** (*geol.*) azoico **CONTR.** moderno, fresco, nuovo, recente, in (*ingl.*), up-to-date (*ingl.*).
arcaìsmo s. m. voce antiquata **CONTR.** neologismo.
arcanaménte avv. misteriosamente, occultamente, segretamente **CONTR.** palesemente, chiaramente, manifestamente.
arcàno A agg. misterioso, enigmatico, occulto, ignoto, nascosto, segreto **CONTR.** chiaro, evidente, manifesto, noto, palese **B** s. m. segreto, mistero, enigma.
arcàta s. f. arco.
archè s. f. (*filos.*) principio.
archètipo s. m. primo esemplare, primo modello, originale □ prototipo **CONTR.** copia, imitazione, riproduzione.
archétto s. m. dim. di **arco**; piccolo arco, lunetta.

archiginnàsio s. m. (*ant.*) università.
architettàre v. tr. **1** (*anche fig.*) ideare, progettare, creare, immaginare **2** (*di trame, imbrogli, ecc.*) macchinare, ordire, tramare **CONTR.** sventare, mandare a vuoto, rendere vano.
architettàto part. pass. di **architettare**; anche agg. **1** ideato, progettato **2** (*fig.*) (*di trame, di imbrogli, ecc.*) macchinato, ordito, tramato **CONTR.** sventato.
architétto o **architètto** s. m. **1** ingegnere, urbanista **2** (*fig.*) ideatore, artefice, costruttore, creatore.
architettùra s. f. **1** (*est.*) costruzione, edificio **2** (*est.*) struttura.
archiviàre v. tr. **1** (*di documento*) mettere in archivio **2** (*est.*) (*di questioni*) mettere da parte, accantonare **CONTR.** curarsi, interessarsi, occuparsi.
arcìgno agg. accigliato, aggrondato, aspro, duro, burbero, imbronciato, irritato, severo **CONTR.** calmo, ridente, sereno, dolce, gentile, bonario, benigno, mite.
arciprète s. m. parroco, canonico.
àrco s. m. **1** (*mat.*) mezzo cerchio **2** (*arch.*) arcata, volta, voltone **3** (*fig.*) (*di tempo*) durata, svolgimento **4** (*al pl.*) strumenti a corda.
arcobaléno s. m. iride.
arcolàio s. m. aspo, naspo, bindolo, guindolo.
arcuàre **A** v. tr. inarcare **CONTR.** drizzare **B** **arcuarsi** v. rifl. inarcarsi **CONTR.** drizzarsi.
arcuàto part. pass. di **arcuare**; anche agg. inarcato, ad arco **CFR.** diritto, dritto, rettilineo.
ardènte part. pres. di **ardere**; anche agg. **1** (*di cose*) arroventato, cocente, bruciante, bollente, scottante, infocato, affocato (*lett.*), fiammeggiante, rovente □ luminoso, scintillante **CONTR.** spento, freddo, gelato, gelido, ghiacciato **2** (*fig.*) (*di persona, di discorso, ecc.*) impetuoso, animoso, fervido, focoso, veemente, appassionato **CONTR.** calmo, freddo, flemmatico, impassibile, indifferente, pacifico, placido.
ardenteménte avv. appassionatamente, fervidamente, focosamente, impetuosamente, veementemente **CONTR.** freddamente, flemmaticamente, blandamente, debolmente.
àrdere **A** v. tr. **1** bruciare, abbruciare (*raro*), accendere, incendiare, infiammare, infocare **CONTR.** spegnere, smorzare **2** (*di sole, di caldo*) inaridire, seccare **CONTR.** far rifiorire, far verdeggiare **3** (*fig.*) (*di passione*) infiammare, struggere, consumare, eccitare, stimolare, spronare **CONTR.** frenare, raffrenare, trattenere **B** v. intr. **1** (*di fuoco, di legna, ecc.*) essere acceso, bruciare, divampare, avvampare, fiammeggiare **2** (*di sole, di fiaccola, ecc.*) brillare, risplendere, scintillare **3** (*fig.*) (*per caldo, per desiderio, ecc.*) essere intenso, ribollire □ desiderare **CONTR.** essere freddo, essere indifferente, essere distaccato **4** (*fig., lett.*) (*di battaglia*) infierire, imperversare **CONTR.** placarsi, sedarsi.
ardèsia **A** s. f. lavagna **B** in funzione di agg. inv. (posposto a un s.) (*di colore*) grigio bluastro.
ardiménto s. m. coraggio, audacia, ardire, arditezza, animo, baldanza, bravura, cuore, intrepidezza □ temerità, temerarietà **CONTR.** timore, pusillanimità, paura, viltà, vigliaccheria, codardia, trepidanza, tremarella.
ardìre **A** v. intr. arrischiarsi, attentarsi, osare, avere l'animo, avere il coraggio **CONTR.** esitare, dubitare, temere, impaurirsi, tremare **B** in funzione di s. m. ardimento, coraggio, audacia □ temerità.
arditaménte avv. coraggiosamente, audacemente, animosamente, bravamente, intrepidamente, ardimentosamente **CONTR.** timidamente, timorosamente, paurosamente, vilmente, vigliaccamente, codardamente.
ardìto part. pass. di **ardire**; anche agg. **1** coraggioso, animoso, audace, impavido, intrepido, ardimentoso, baldanzoso **CONTR.** timido, timoroso, pauroso, vile, vigliacco, codardo **2** avventato, sconsiderato, sconsigliato, spavaldo, temerario **CONTR.** cauto, guardingo, prudente, riflessivo **3** (*fig.*) (*di idea, di concetto, ecc.*) nuovo, originale **CONTR.** vecchio, stantio, antiquato, vieto (*lett.*).
ardóre s. m. **1** calore intenso, arsura **CONTR.** freddo, gelo, ghiaccio **2** (*fig.*) (*di sentimento*) passione, slancio, trasporto, brama, desiderio, frenesia □ alacrità, fervore, impeto, vigore, zelo **CONTR.** pigrizia, apatia, indolenza, inerzia, indifferenza, lentezza, neghittosità.
àrduo agg. **1** (*di cammino, ecc.*) ripido, scosceso, impervio □ difficile, disagevole, malagevole, faticoso **CONTR.** facile, agevole, piano **2** (*fig.*) (*di impresa, di compito*) difficile, difficoltoso, astruso, oscuro **CONTR.** facile, chiaro, piano.
àrea s. f. (*est.*) zona, regione.
aréna (1) o **arèna** s. f. sabbia □ spiaggia.
arèna (2) s. f. anfiteatro □ teatro all'aperto, cinema all'aperto.
arenàre v. intr. e **arenàrsi** intr. pron. **1** (*di imbarcazione*) restare in secco, incagliarsi **CONTR.** disincagliarsi **2** (*fig.*) (*di persona, di pratica, ecc.*) fermarsi, arrestarsi, rimanere sospeso **CONTR.** continuare, procedere, proseguire.
arenìle s. m. spiaggia.
àrgano s. m. verricello, paranco, burbera.
argentàto agg. argenteo, inargentato.
argentìno agg. **1** (*lett.*) simile all'argento **2** (*di suono*) chiaro, limpido, sonoro, squillante **CONTR.** cupo, grave, profondo.
argènto s. m. (*est., al pl.*) argenteria **FRAS.** *argento vivo* (*pop.*), mercurio □ *avere addosso l'argento vivo* (*fig.*), non poter star fermo.
argilla s. f. creta, caolino.
arginàre v. tr. **1** cingere di argini □ chiudere **2** (*fig.*) contenere, moderare, frenare, porre freno, arrestare **CONTR.** sfrenare, aizzare, eccita-

re, stimolare.

àrgine s. m. **1** diga, terrapieno, riparo, scarpata, ciglione, molo, gettata, gittata **2** (*fig.*) (*contro il male, ecc.*) barriera, freno, impedimento, ostacolo, riparo **CONTR.** libertà, sfogo, effusione.

argomentàre A v. tr. (*raro*) arguire, dedurre, congetturare, inferire, intuire, pensare, presumere, supporre **B** v. intr. ragionare, disputare, discutere, addurre argomenti **C argomentarsi** v. rifl. (*raro*) adoperarsi, sforzarsi **D** in funzione di s. m. ragionamento, discussione.

argomentazióne s. f. dimostrazione, deduzione, ragionamento, discussione, dissertazione, esposizione.

argoménto s. m. **1** prova, ragione, ragionamento **2** occasione, motivo, pretesto, scusa **3** materia, oggetto, tema, tesi, assunto **4** (*raro*) indizio, segno.

arguìre v. tr. dedurre, argomentare, congetturare, inferire, intuire, pensare, presumere, supporre.

argutaménte avv. acutamente, finemente, spiritosamente, facetamente, piacevolmente, sottilmente **CONTR.** austeramente, gravemente, seriamente, severamente □ ottusamente.

argutézza s. f. **1** acutezza, arguzia, brio, finezza, prontezza, sottigliezza, spirito, vivacità **CONTR.** austerità, gravità, serietà, severità **2** facezia, freddura, frizzo, battuta, motto, spiritosaggine.

argùto agg. acuto, fine, pronto, spiritoso, vivace, brioso, faceto, lepido, piacevole, sottile **CONTR.** austero, aspro, monotono, pedante, pesante, spento, scialbo, barbogio □ lento, tardo, ottuso.

argùzia s. f. **1** acutezza, argutezza, brio, finezza, prontezza, sottigliezza, spirito, vivacità, verve (*fr.*) **CONTR.** austerità, gravità, serietà, severità **2** facezia, freddura, frizzo, battuta, motto, spiritosaggine.

ària (1) s. f. **1** atmosfera, aere (*poet.*), aura (*poet.*), etere (*poet.*) □ vento **2** spazio, cielo **3** (*est.*) clima **4** (*mus.*) melodia, cantata, motivo **FRAS.** *colpo d'aria* (*fig.*), corrente □ *aver la testa per aria* (*fig.*), essere distratto □ *saltare in aria*, esplodere □ *andare all'aria* (*fig.*), andare a monte □ *cambiar aria* (*fig.*), andarsene □ *essere nell'aria* (*fig.*), stare per accadere □ *campato in aria* (*fig.*), senza fondamento.

ària (2) s. f. aspetto, apparenza, espressione, cera, sembiante (*lett.*) **FRAS.** *aver l'aria*, parere □ *darsi delle arie*, vantarsi.

aridaménte avv. freddamente, grettamente, indifferentemente **CONTR.** calorosamente, affettuosamente, amorevolmente, cordialmente.

aridità s. f. **1** (*di clima*) secchezza, asciuttezza, siccità, secco, alidore (*tosc.*) □ sterilità **CONTR.** umidità, umidezza □ fecondità, fertilità **2** (*fig.*) (*di persona*) povertà di sentimento, freddezza, insensibilità, indifferenza **CONTR.** calore, affettuosità, amorevolezza, cordialità, sensibilità, sentimento.

àrido agg. **1** (*di clima*) asciutto, secco, assetato, inaridito, riarso **CONTR.** umido, bagnato **2** (*est.*) (*di campo*) infecondo, sterile **CONTR.** fecondo, fertile **3** (*fig.*) (*di persona*) freddo, insensibile, meschino **CONTR.** caldo, ricco, generoso **4** (*fig.*) (*di scritto*) povero di idee, disadorno **CONTR.** vivace, brillante.

arieggiàre A v. tr. **1** dare aria, aerare, ventilare □ (*est.*) esporre all'aria **CONTR.** chiudere **2** somigliare □ imitare, rammentare **B** v. intr. voler somigliare, atteggiarsi, cercare di essere **CONTR.** differenziarsi, distinguersi.

ariète o (*raro*) **arìete** s. m. montone.

ariétta s. f. **1** dim. di **aria 2** brezza fresca, venticello **3** (*mus.*) canzoncina.

arióso agg. aerato, arieggiato, ventilato, aperto, luminoso **CONTR.** chiuso, privo d'aria, soffocato.

aristocraticaménte avv. finemente, nobilmente, raffinatamente, gentilmente **CONTR.** rozzamente, grossolanamente, volgarmente, villanamente.

aristocràtico agg.; anche s. m. **1** nobile, patrizio **CFR.** plebeo, popolano, borghese, ricco **2** (*est.*) raffinato, elegante, fine **CONTR.** rozzo, grossolano, volgare, villano, zotico **3** (*est.*) altezzoso, altero, borioso, disdegnoso, superbo, schizzinoso **CONTR.** modesto, umile, semplice, affabile, alla buona, alla mano.

aristocrazìa s. f. **1** nobili, nobiltà, patriziato, ottimati **CFR.** popolo, borghesia **2** (*fig.*) fior fiore **3** (*fig.*) raffinatezza, signorilità, eleganza **CONTR.** rozzezza, volgarità, grossolanità.

aritmètica s. f. matematica.

aritmeticaménte avv. matematicamente, rigorosamente **CONTR.** vagamente, inesattamente.

aritmètico agg. **1** matematico **2** (*est.*) chiaro, preciso, rigoroso, esatto **CONTR.** impreciso, incerto, inesatto, vago.

aritmìa s. f. (*med.*) irregolarità, alterazione.

arlecchìno [da *Arlecchino*, la famosa maschera bergamasca con l'abito a losanghe multicolori] **A** s. m. (*fig.*) buffone, burattino **CONTR.** persona seria **B** in funzione di agg. inv. multicolore, variopinto.

àrma s. f. **1** (*est.*) esercito, milizia **2** servizio militare **3** (*arald.*) stemma, insegna **FRAS.** *presentare le armi*, rendere gli onori militari □ *venire alle armi*, venire a battaglia □ *deporre le armi* (*fig.*), arrendersi □ *fatto d'armi*, combattimento □ *essere alle prime armi* (*fig.*), essere ancora inesperto □ *affilare le armi* (*fig.*), prepararsi alla lotta.

armàdio s. m. guardaroba, armoire (*fr.*) **CFR.** cassettone, canterano, comò, trumeau (*fr.*), bacheca, credenza, cofano, stipo, cantonale, scaffale, scansia.

armaménto s. m. **1** armi **2** (*di lavoro*) attrezzi, strumenti, attrezzatura, corredo **3** (*edil., ferr.*)

armatura, sovrastruttura.
armàre A v. tr. **1** fornire di armi, dare le armi **CONTR.** disarmare **2** chiamare alle armi **CONTR.** congedare, smobilitare **3** (*di arma*) caricare **4** (*di attrezzi*) provvedere, fornire, attrezzare, corredare, dotare, guarnire **CONTR.** sfornire, sguarnire, privare, levare, togliere **5** (*fig.*) fortificare, invigorire, rinvigorire **CONTR.** indebolire, infiacchire, debilitare, svigorire **B armarsi** v. rifl. **1** prendere le armi **CONTR.** deporre le armi **2** (*fig.*) (*di volontà, di coraggio, ecc.*) provvedersi, munirsi, premunirsi, fornirsi **CONTR.** deporre, rinunciare.
armàta s. f. **1** (*mil., est.*) esercito **2** flotta militare.
armàto A part. pass. di **armare**; anche agg. **1** fornito di armi **CONTR.** disarmato, inerme, indifeso **2** rafforzato, corazzato **3** (*fig.*) (*di volontà, di coraggio, ecc.*) corredato, fornito, munito, provveduto **CONTR.** privo, sfornito, sprovvisto, mancante, senza **B** s. m. soldato.
armatùra s. f. **1** corazza, lorica, usbergo (*lett.*), bardatura **2** (*est.*) struttura, sostegno, ossatura, impalcatura **3** (*fig.*) difesa, riparo, salvaguardia.
armeggiàre v. intr. **1** maneggiare le armi □ combattere, guerreggiare **2** (*fig.*) affaccendarsi, arrabattarsi, adoperarsi, trafficare, agitarsi, annaspare, dimenarsi **CONTR.** starsene inattivo, oziare, bighellonare, ciondolare **3** (*fig.*) intrigare, tramare, macchinare.
arménto s. m. mandria, branco, gregge, torma.
armìgero A agg. (*lett.*) armato □ militare, guerresco, bellicoso **CONTR.** disarmato, inerme □ imbelle, pauroso, pavido (*lett.*), timido, timoroso **B** s. m. uomo d'armi, guerriero, soldato, militare **CONTR.** civile, borghese.
armistìzio s. m. tregua □ pausa, pace.
armonìa s. f. **1** (*mus.*) (*di suoni*) concordanza, consonanza, concento (*lett.*), concerto, eufonia, accordo **CONTR.** disarmonia, discordanza, dissonanza, stonatura, cacofonia **2** (*fig.*) (*tra cose o persone*) corrispondenza, proporzione, euritmia, equilibrio **CONTR.** sproporzione, dismisura, disordine **3** (*fig.*) (*tra persone*) accordo, buon accordo, buona armonia, concordia, pace, amicizia, affetto, simpatia **CONTR.** disaccordo, discordia, dissenso, dissidio, inimicizia, ostilità, antipatia **4** (*fig.*) conformità.
armònico agg. **1** (*mus.*) armonioso, che crea armonia **CONTR.** disarmonico, inarmonico (*lett.*), stonato **2** (*fig.*) (*di cosa o persona*) ben proporzionato, euritmico, ben congegnato, simmetrico **CONTR.** sproporzionato, asimmetrico.
armoniosaménte avv. armonicamente, proporzionatamente, bene **CONTR.** disarmonicamente, sproporzionatamente, male.
armonióso agg. **1** (*di suono*) armonico, intonato, dolce **CONTR.** disarmonico, inarmonico (*lett.*), stonato **2** (*fig.*) (*di cosa o persona*) proporzionato, bene strutturato, bello **CONTR.** sproporzionato, eccessivo, brutto.
armonizzàre A v. tr. **1** (*mus.*) mettere in armonia **2** (*fig.*) (*di cose*) mettere d'accordo, accordare, equilibrare **B** v. intr. (*di colori, ecc.*) essere in armonia, intonarsi, concordare **CONTR.** discordare, stonare, contrastare, fare a pugni.
arnése s. m. **1** (*di lavoro*) attrezzo, strumento, utensile **2** (*est., fam.*) oggetto, cosa, affare **3** abbigliamento, veste **4** suppellettili, masserizie.
àrnia s. f. alveare, apiario, bugno.
aròma s. m. **1** fragranza, profumo, odore, effluvio (*lett.*), olezzo **CONTR.** puzzo, puzza, fetore, lezzo, odoraccio, peste, tanfo **2** (*spec. al pl.*) spezie, droghe, essenze, oli essenziali.
aromàtico agg. odoroso, fragrante, profumato, olezzante, balsamico **CONTR.** puzzolente, fetente, fetido, pestilenziale, putido (*lett.*).
aromatizzàre v. tr. profumare, odorare **CONTR.** appestare, appuzzare, impuzzire.
aromatizzàto part. pass. di **aromatizzare**; anche agg. profumato.
arpéggio s. m. (*mus.*) accordo.
arpióne s. m. **1** (*mecc.*) nottolino **2** (*di persiana*) cardine, ganghero **3** uncino, caviglia, appiccagnolo, attaccagnolo, chiodo **4** (*pesca*) arpone, fiocina.
arrabattàrsi v. intr. pron. affaticarsi, sforzarsi, ingegnarsi, affannarsi, darsi da fare, agitarsi, armeggiare **CONTR.** starsene inoperoso, starsene inerte, oziare, starsene con le mani in mano, starsene in panciolle.
arrabbiàre A v. intr. (*di cane*) prendere la rabbia **B** v. intr. e **arrabbiarsi** intr. pron. (*di persona*) adirarsi, incollerirsi, incazzarsi (*volg.*), infuriarsi, inviperirsi, irritarsi, stizzirsi, arrovellarsi, fremere, rodersi **CONTR.** calmarsi, pacificarsi, placarsi, quietarsi, rabbonirsi, raddolcirsi, rasserenarsi.
arrabbiataménte avv. furiosamente, rabbiosamente **CONTR.** pacificamente, placidamente, pacatamente, tranquillamente.
arrabbiàto part. pass. di **arrabbiare**; anche agg. **1** (*di cane*) idrofobo **2** (*di persona*) incollerito, infuriato, irato, adirato, iroso, invelenito, inviperito, incazzato (*volg.*), incavolato (*euf.*), stizzito, fremente, rabido (*poet.*) **CONTR.** calmo, pacifico, placido, pacato, quieto, sereno, sorridente, tranquillo **3** (*di avversario, di sostenitore, ecc.*) accanito, fiero, ostinato **CONTR.** indifferente, disinteressato.
arrabbiatùra s. f. collera, furore, ira, irritazione, rabbia, incazzatura (*volg.*), incavolatura (*euf.*) **CONTR.** calma, pacatezza, tranquillità, serenità.
arraffàre v. tr. afferrare, strappare, rapire, abbrancare □ rubare, rapinare, predare **CONTR.** portare □ regalare.
arraffàto part. pass. di **arraffare**; anche agg. strappato, rubato, portato via.

arrampicàrsi v. intr. pron. salire faticosamente, inerpicarsi, rampare (*raro*), issarsi, scalare, dare la scalata **CONTR.** scendere, rotolare, precipitare, ruzzolare **FRAS.** *arrampicarsi sugli specchi* (*fig.*), sostenere tesi inaccettabili, tentare imprese impossibili.

arrampicàto part. pass. di **arrampicarsi**; anche agg. aggrappato, arroccato.

arrampicatóre s. m. (f. *-trice*) **1** scalatore **2** (*fig.*) arrivista, carrierista.

arrancàre v. intr. **1** (*est.*) avanzare a fatica **2** vogare **3** (*fig.*) affannarsi, angustiarsi, travagliarsi **CONTR.** calmarsi, quietarsi, tranquillizzarsi.

arrangiaménto s. m. **1** accordo, accomodamento, compromesso **2** (*di spettacolo*) adattamento **3** (*mus.*) armonizzazione, strumentazione, concertazione.

arrangiàre A v. tr. **1** (*di cosa*) accomodare alla meglio, aggiustare alla meglio, rabberciare, rafforzare, rassettare, racconciare **2** (*fig.*) (*di persona*) malmenare, maltrattare, conciare per le feste **3** (*di spettacolo*) allestire, adattare **4** (*di musica*) armonizzare, strumentare, concertare **B arrangiarsi** v. intr. pron. **1** mettersi d'accordo, accordarsi, venire a un accomodamento, aggiustarsi **CONTR.** contrastare, litigare, questionare, contendere, bisticciare **2** destreggiarsi, barcamenarsi, riuscire a cavarsela, darsi da fare.

arrangiàto part. pass. di **arrangiare**; anche agg. **1** (*di spettacolo*) allestito, adattato **2** (*di musica*) armonizzato, concertato, strumentato.

arrangiatóre s. m. (f. *-trice*) **1** (*di spettacolo*) allestitore **2** (*di musica*) armonizzatore, strumentatore, concertatore.

arrecàre v. tr. **1** (*di cosa*) recare, portare, apportare **CONTR.** levare, togliere **2** (*fig.*) (*di danno, di gioia, ecc.*) causare, cagionare, procurare, produrre **CONTR.** evitare, impedire, togliere.

arrecàto part. pass. di **arrecare**; anche agg. (*fig.*) causato, cagionato, prodotto **CONTR.** evitato, impedito.

arredaménto s. m. (*est.*) mobili, arredo, decorazioni, suppellettili, addobbo, corredo, finimenti, guarnizioni.

arredàre v. tr. ammobiliare, addobbare, ornare, guarnire, corredare, acconciare **CONTR.** smobiliare, sguarnire.

arredàto part. pass. di **arredare**; anche agg. ammobiliato, guarnito, addobbato **CONTR.** smobiliato, sguarnito.

arrèdo s. m. arredamento, suppellettile, guarnizione, ornamento, addobbo, corredo.

arrembàggio s. m. **1** (*mar.*) (*di nave*) abbordaggio, assalto, saccheggio **2** (*fig.*) assalto, attacco disperato.

arrembàre v. tr. **1** (*di nave*) abbordare, assalire **2** attraccare.

arrèndersi v. intr. pron. **1** consegnarsi al nemico, capitolare, darsi per vinto, abbassare le armi, chiedere la resa, alzare bandiera bianca **CONTR.** combattere, resistere, lottare a oltranza **2** (*fig.*) (*all'evidenza, alla ragione, ecc.*) abbandonarsi, cedere, piegarsi, accondiscendere, darsi per vinto **CONTR.** opporsi, resistere.

arrendévole agg. **1** (*di cosa*) cedevole, flessibile, pieghevole, elastico **CONTR.** duro, rigido, resistente **2** (*di persona*) acquiescente, condiscendente, docile, compiacente, benigno, bonario, conciliante **CONTR.** inflessibile, irriducibile, duro, caparbio, ostinato, irremovibile.

arrestàre A v. tr. **1** (*di cosa*) fermare, interrompere, sospendere, troncare **CONTR.** continuare, proseguire **2** (*di persona*) ammanettare, catturare, imprigionare **CONTR.** liberare, rilasciare, dimettere, scarcerare **B arrestarsi** v. rifl. fermarsi, indugiare, sostare, interrompersi **CONTR.** rimettersi in moto, proseguire.

arrestàto part. pass. di **arrestare**; anche agg. **1** (*di cosa*) fermato, interrotto **CONTR.** rimesso in moto **2** (*di persona*) catturato, imprigionato, detenuto **CONTR.** liberato, rilasciato, scarcerato.

arrèsto s. m. **1** (*di cosa*) fermata, indugio, ritardo, sosta □ interruzione, sospensione **CONTR.** continuazione, proseguimento **2** (*di persona*) cattura, fermo, carcerazione, imprigionamento **CONTR.** liberazione, rilascio, scarcerazione.

arretraménto s. m. retrocessione, ritirata **CONTR.** avanzamento, progressione, avanzata.

arretràre A v. tr. mandare indietro, tirare indietro, fare indietreggiare **CONTR.** portare avanti, avanzare **B** v. intr. e **arretrarsi** intr. pron. retrocedere, ritirarsi, indietreggiare, ritrarsi, rinculare **CONTR.** avanzare, avanzarsi, procedere, spingersi avanti.

arretratézza s. f. scarso sviluppo, sottosviluppo, ignoranza **CONTR.** progresso, civiltà, sviluppo.

arretràto A part. pass. di **arretrare**; anche agg. **1** rimasto indietro □ retrocesso, ritiratosi **CONTR.** avanzato, portato avanti **2** (*di numero, di rivista*) precedente **3** (*di persona, di gente, ecc.*) non aggiornato, non progredito, sottosviluppato □ retrivo **CONTR.** aggiornato, evoluto, progredito, civile **4** (*di pagamento, di rate*) incompiuto □ non pagato **CONTR.** compiuto □ pagato, saldato **B** s. m. **1** debito scaduto **2** (*di stipendio, di paga*) somma ancora da riscuotere **3** (*fig.*) faccenda in sospeso, conto da saldare, debito.

arricchiménto s. m. guadagno, profitto **CONTR.** impoverimento, immiserimento.

arricchìre A v. tr. **1** rendere ricco, locupletare (*lett.*) □ accrescere, aggiungere, aumentare **CONTR.** impoverire, immiserire **2** (*fig.*) ornare, adornare, abbellire, decorare, guarnire **CONTR.** imbruttire, deturpare, sguarnire **B** v. intr. e **arricchirsi** rifl. e intr. pron. diventare ricco, farsi ricco, guadagnare □ trarre vantaggio **CONTR.** impoverirsi, immiserirsi.

arricchìto part. pass. di **arricchire**; anche agg. e s. m. **1** divenuto ricco □ accresciuto **CONTR.** impoverito, immiserito **2** (*fig.*) ornato, decorato, guarnito, abbellito **CONTR.** imbruttito, deturpato, sguarnito.

arricciaménto s. m. **1** arricciatura **2** (*bot.*) (*di foglie*) virosi.

arricciàre A v. tr. **1** avvolgere a riccio, fare i ricci, arricciolare, inanellare □ (*est.*) accartocciare **CONTR.** lisciare, stendere, tirare **2** (*di naso, di stoffa, ecc.*) increspare, corrugare, raggrinzare **CONTR.** spianare, stendere, distendere **3** (*di muro*) incalcinare **B arricciarsi** v. intr. pron. **1** diventare riccio □ (*est.*) accartocciarsi **2** (*di naso, di stoffa, ecc.*) incresparsi, raggrinzarsi **CONTR.** spianarsi, stendersi, distendersi.

arricciàto part. pass. di **arricciare**; anche agg. **1** inanellato □ ricciuto **CONTR.** liscio, tirato **2** (*di naso, di stoffa, ecc.*) increspato, corrugato, raggrinzito **CONTR.** liscio, disteso.

arricciatùra s. f. **1** arricciamento □ accartocciatura **CONTR.** lisciamento, lisciatura, spianamento **2** (*di naso, di stoffa, ecc.*) increspatura, piegoline **3** (*di muro*) incalcinatura.

arrìdere v. intr. sorridere, essere propizio, favorire **CONTR.** contrariare, contrastare, essere contro.

arrìnga s. f. **1** discorso, orazione, concione **2** (*dir.*) perorazione.

arringàre v. tr. e intr. pronunciare un'arringa, parlare □ esortare, incitare.

arringatóre s. m. (f. *-trice*) oratore, conferenziere.

arrischiàre A v. tr. rischiare, mettere in pericolo, mettere a repentaglio, avventurare, cimentare, provare, tentare, osare **CONTR.** respingere, rifiutare **B arrischiarsi** v. rifl. rischiare, attentarsi, avventurarsi, osare, cimentarsi **CONTR.** essere cauto, essere prudente, star sul sicuro.

arrivàre A v. intr. **1** pervenire, giungere, venire □ sopraggiungere, sopravvenire **CONTR.** andarsene, partire, allontanarsi **2** (*est.*) raggiungere, toccare, giungere, uguagliare **3** (*fig.*) essere capace, riuscire **4** capire **5** (*ass.*) affermarsi, farsi una posizione **CONTR.** fallire **B** v. tr. (*raro*) raggiungere □ cogliere, colpire.

arrivàto part. pass. di **arrivare**; anche agg. **1** giunto, pervenuto **CONTR.** partito **2** affermato **CONTR.** fallito.

arrivìsmo s. m. carrierismo, ambizione **CONTR.** modestia.

arrivìsta s. m. e f. carrierista, arrampicatore, ambizioso **CONTR.** modesto.

arrivìstico agg. carrieristico, ambizioso **CONTR.** modesto.

arrìvo s. m. **1** venuta, avvento, comparsa **CONTR.** partenza, dipartita (*lett.*), allontanamento, distacco **2** luogo di arrivo, traguardo, linea di arrivo **CONTR.** linea di partenza **3** (*al pl.*) merci arrivate.

arroccàre A v. tr. (*fig.*) coprire, difendere, proteggere **CONTR.** scoprire **B arroccarsi** v. rifl. **1** (*fig.*) mettersi al sicuro, coprirsi, proteggersi, difendersi **CONTR.** scoprirsi, esporsi **2** (*sport*) (*nel calcio*) chiudersi in difesa, fare il catenaccio **CONTR.** scoprirsi.

arrogànte agg.; anche s. m. e f. altezzoso, tracotante, insolente, prepotente, presuntuoso, petulante, superbo, superbioso (*raro*), burbanzoso, protervo, sfrontato **CONTR.** modesto, semplice, umile, affabile, benigno, cortese, discreto, dolce, garbato, gentile, mite.

arroganteménte avv. altezzosamente, insolentemente, prepotentemente, presuntuosamente, superbamente, sfrontatamente **CONTR.** modestamente, semplicemente, umilmente, affabilmente, cortesemente, dolcemente, gentilmente.

arrogànza s. f. alterigia, tracotanza, albagia (*lett.*), iattanza, insolenza, petulanza, presunzione, prepotenza, protervia, sfrontatezza, sicumera, superbia **CONTR.** modestia, semplicità, umiltà, mitezza, affabilità, cortesia, discrezione, dolcezza, garbo, gentilezza.

arrossìre v. intr. **1** diventare rosso, tingersi di rosso **2** diventare rosso, vergognarsi **CONTR.** impallidire.

arrostìre A v. tr. **1** (*di vivanda*) rosolare, abbrustolire, tostare, cuocere a fuoco vivo **CFR.** lessare, bollire **2** (*di clima*) inaridire, seccare, disseccare **CONTR.** inumidire **B** v. intr. e **arrostirsi** intr. pron. (*fig.*) abbronzarsi troppo, cuocersi.

arrostìto part. pass. di **arrostire**; anche agg. rosolato, abbrustolito, tostato **CFR.** lesso, lessato, bollito, in umido, a bagnomaria.

arròsto A s. m. carne arrostita **CFR.** lesso, bollito, umido, stracotto **B** agg. arrostito **CFR.** lessato, bollito, in umido, a bagnomaria.

arrotàre v. tr. **1** (*di lama*) affilare, dare il taglio, rendere tagliente, aguzzare, acuminare, assottigliare **CONTR.** smussare, ottundere, arrotondare **2** (*di pavimento*) levigare, lisciare **CONTR.** irruvidire **3** (*di denti*) stropicciare, sfregare insieme **4** (*di veicolo*) investire, urtare.

arrotàto part. pass. di **arrotare**; anche agg. **1** (*di lama*) affilato, assottigliato **CONTR.** smussato, ottuso **2** (*di pavimento*) levigato, lisciato **CONTR.** ruvido, scabro **3** (*di veicolo*) investito, urtato.

arrotatùra s. f. affilatura **CONTR.** smussamento, smussatura.

arrotìno s. m. arrotatore, arrotacoltelli.

arrotolàre v. tr. avvolgere, avvoltolare, involgere **CONTR.** srotolare, svolgere, distendere.

arrotolàto part. pass. di **arrotolare**; anche agg. avvolto **CONTR.** srotolato.

arrotondaménto s. m. **1** tornimento (*raro*), tornitura **2** (*di cifra*) accrescimento, aumento □ calo, diminuzione.

arrotondàre A v. tr. **1** (*di cosa*) rendere rotondo, tornire **2** (*di prezzo, di numero*) accrescere, aumentare □ calare, diminuire **B arrotondarsi** v. intr. pron. **1** diventare rotondo **2** (*est.*) ingrassare **CONTR.** dimagrire.

arrotondàto part. pass. di **arrotondare**; anche agg. **1** reso tondo **2** (*di prezzo, di numero*) accresciuto, aumentato □ calato, diminuito.

arrovellàre A v. tr. (*raro*) tormentare, angustiare, infastidire **CONTR.** calmare, placare, rasserenare **B arrovellarsi** v. rifl. **1** arrabbiarsi, irritarsi, stizzirsi, adirarsi **CONTR.** calmarsi, placarsi, quietarsi, rabbonirsi, rasserenarsi **2** accalorarsi, agitarsi, sforzarsi, darsi da fare **CONTR.** oziare, poltrire, stare con le mani in mano **FRAS.** *arrovellarsi il cervello* (*fig.*), scervellarsi, cercare a tutti i costi una soluzione.

arroventàre A v. tr. rendere rovente, infiammare, infocare **CONTR.** raffreddare, refrigerare, agghiacciare **B arroventarsi** v. intr. pron. diventare rovente, infocarsi **CONTR.** raffreddarsi, agghiacciarsi.

arroventàto part. pass. di **arroventare**; anche agg. rovente, infocato, infiammato □ caldissimo, bollente **CONTR.** freddo, gelido, ghiacciato.

arruffàre A v. tr. **1** (*di capelli, di fili*) scompigliare, disordinare, rabbuffare, scarmigliare **CONTR.** lisciare, pettinare, ravviare **2** (*fig.*) (*di questione, ecc.*) confondere, disordinare, complicare, imbrogliare, sconvolgere, turbare **CONTR.** ordinare, riordinare, rassettare, dipanare **B arruffarsi** v. rifl. (*di capelli, di fili*) scarmigliarsi **CONTR.** lisciarsi, pettinarsi, ravviarsi **C** v. intr. pron. (*di questione, ecc.*) imbrogliarsi **CONTR.** chiarirsi, dipanarsi.

arruffataménte avv. disordinatamente **CONTR.** ordinatamente.

arruffàto part. pass. di **arruffare**; anche agg. **1** (*di capelli, di fili*) disordinato, scompigliato **CONTR.** ordinato, assettato **2** (*di questione, ecc.*) confuso, imbrogliato **CONTR.** chiaro, evidente.

arruffòne s. m. confusionario, pasticcione, annaspone □ imbroglione.

arrugginìre A v. tr. **1** (*di ferro*) rendere rugginoso **2** (*fig.*) (*di persona, di mente, ecc.*) indebolire, intorpidire, corrompere, guastare **CONTR.** rafforzare, invigorire, migliorare **B** v. intr. e **arrugginirsi** intr. pron. **1** (*di ferro*) ricoprirsi di ruggine **2** (*fig.*) (*di persona, di mente, ecc.*) intorpidirsi, perdere la forma, svigorirsi **CONTR.** rafforzarsi, invigorirsi.

arrugginìto part. pass. di **arrugginire**; anche agg. **1** (*di ferro*) rugginoso **2** (*fig.*) (*di persona, di mente, ecc.*) intorpidito, indebolito, lento **CONTR.** agile, vivace.

arruolaménto s. m. **1** (*mil.*) coscrizione, leva, reclutamento **CONTR.** congedo **2** (*di personale*) ingaggio, assunzione **CONTR.** licenziamento.

arruolàre A v. tr. **1** (*mil.*) reclutare, chiamare alle armi **CONTR.** congedare **2** (*di personale*) assumere, assoldare, ingaggiare **CONTR.** licenziare **B arruolarsi** v. rifl. entrare nell'esercito.

arruolàto A part. pass. di **arruolare**; anche agg. reclutato □ assunto, ingaggiato **CONTR.** congedato, licenziato **B** s. m. coscritto, recluta.

arsenàle s. m. **1** cantiere, darsena **2** fabbrica di armi □ deposito di armi **3** (*est.*) accolta, cantiere.

àrso part. pass. di **ardere**; anche agg. bruciato, riarso, infocato □ disseccato, inaridito **CONTR.** fresco, umido, inumidito, bagnato.

arsùra s. f. **1** calore eccessivo, siccità, aridità **CONTR.** umidità, acquosità **2** secchezza, bruciore, gran sete **CONTR.** freschezza, refrigerio, ristoro.

àrte s. f. **1** creatività □ attività artistica **2** creazione artistica □ stile **3** mestiere, lavoro **4** metodo, modo, tecnica, regola **5** (*est.*) abilità, accorgimento, destrezza, artificio, astuzia **CONTR.** semplicità, naturalezza **6** (*nel Medioevo*) corporazione **FRAS.** *arti liberali*, arti intellettuali □ *belle arti*, pittura, scultura, architettura □ *a regola d'arte*, perfettamente □ *essere senz'arte né parte* (*fig.*), non sapere far niente □ *ad arte*, artificiosamente, a bella posta.

artefàre v. tr. alterare, contraffare, falsificare.

artefàtto part. pass. di **artefare**; anche agg. alterato, adulterato, artificiale, non genuino, sofisticato, modificato, affatturato, falso, falsificato, finto, fittizio, innaturale **CONTR.** genuino, naturale, semplice, vero, autentico, buono.

artéfice s. m. e f. artista, autore □ artigiano, operaio, maestro, fabbro.

artèria s. f. **1** (*anat.*) vaso **2** (*est., fig.*) via di comunicazione, strada.

àrtico A agg. boreale, settentrionale **CONTR.** antartico, australe, meridionale **B** s. m. polo nord, artide **CONTR.** polo sud, antartide.

articolàre A v. tr. **1** (*di membra*) muovere **2** (*di parola*) pronunciare distintamente, pronunciare, dire **3** (*fig.*) (*di legge, di manifestazione*) scindere, suddividere, distinguere, separare **CONTR.** congiungere, riunire **B articolarsi** v. rifl. **1** (*di membra*) muoversi, snodarsi **2** (*fig.*) (*di legge, ecc.*) scindersi, suddividersi, distinguersi **CONTR.** congiungersi, riunirsi.

articolataménte avv. chiaramente, distintamente **CONTR.** confusamente.

articolàto A part. pass. di **articolare**; anche agg. **1** libero, sbloccato **CONTR.** bloccato, paralizzato, rigido **2** snodato □ sinuoso, frastagliato **3** (*fig.*) (*di suono, di discorso, ecc.*) chiaro, distinto, scorrevole □ ben congegnato **CONTR.** confuso, farraginoso **4** (*di veicolo*) con rimorchio **B** s. m. autotreno, tir.

articolazióne s. f. **1** (*anat.*) giuntura, nodo, legamento **2** (*di cose*) collegamento, cerniera **3** (*di parole*) pronuncia, scansione.

articolìsta s. m. e f. giornalista, pubblicista.

artìcolo s. m. **1** (*di legge, di regolamento e*

sim.) parte, punto, capitolo **2** (*di giornale*) pezzo, scritto **3** (*di merce*) capo, oggetto.

artificiàle agg. **1** (*di allattamento, di cibo, ecc.*) non naturale, ottenuto artificialmente **CONTR.** naturale, genuino **2** (*fig.*) artificioso, artefatto, finto, fittizio, falsificato, contraffatto, non spontaneo **CONTR.** naturale, genuino, schietto, semplice, spontaneo.

artificialménte avv. in modo artificiale, artificiosamente **CONTR.** naturalmente, spontaneamente.

artificière s. m. **1** (*est.*) artigliere **2** pirotecnico.

artifìcio s. m. **1** espediente, ingegnosità, accorgimento, astuzia, stratagemma, trovata, invenzione □ frode, inganno, malizia **2** affettazione, artificiosità, ricercatezza, preziosismo, ricerca di effetto, mancanza di naturalezza **CONTR.** naturalezza, semplicità, spontaneità, immediatezza, schiettezza, genuinità **FRAS.** *fuochi di artificio*, fuochi pirotecnici.

artificiosaménte avv. affettatamente, ricercatamente, studiatamente, manieratamente, in modo innaturale **CONTR.** naturalmente, semplicemente, spontaneamente, schiettamente, genuinamente.

artificiosità s. f. affettazione, artificio, ricercatezza, mancanza di naturalezza **CONTR.** naturalezza, semplicità, schiettezza, immediatezza, genuinità.

artificióso agg. **1** ingegnoso **CONTR.** rozzo, grossolano **2** affettato, artefatto, artificiale, innaturale, ricercato, convenzionale, manierato, non spontaneo **CONTR.** naturale, semplice, schietto, spontaneo, genuino, immediato.

artigiàno s. m. artiere (*raro*), artefice, operaio.

artìglio s. m. **1** (*di rapace*) unghione, granfia, grinfia, sgrinfia (*pop.*), branca (*lett.*) **2** (*fig.*) mano avida, mano feroce.

artìsta s. m. e f. **1** artefice, maestro, pittore, scultore, architetto, musicista, attore, poeta, scrittore **2** (*est.*) maestro d'arte □ intenditore d'arte **3** (*est.*) stravagante, bizzarro.

artisticaménte avv. in modo artistico, da artista, finemente, raffinatamente, elegantemente **CONTR.** rozzamente, grossolanamente.

artìstico agg. **1** dell'arte □ degli artisti **2** bello, fine, elegante, raffinato, di gusto **CONTR.** rozzo, grossolano, andante, di cattivo gusto, kitsch (*ted.*).

àrto s. m. membro □ braccio, gamba.

artrìte s. f. (*med.*) infiammazione delle articolazioni □ (*est.*) reumatismo.

arzigogolàre v. intr. almanaccare, fantasticare, ghiribizzare (*raro*) □ sottilizzare.

arzigogolàto part. pass. di **arzigogolare**; anche agg. complicato, artificioso, contorto, lezioso **CONTR.** chiaro, semplice, naturale.

arzìllo agg. agile, vispo, vivace, energico, pronto, svelto, giovanile, vegeto, rubizzo, brioso **CONTR.** lento, grave, pesante, acciaccato, acciaccoso, fiacco.

asbèsto s. m. (*miner.*) amianto.

ascendènte A part. pres. di **ascendere**; anche agg. ascendentale, ascensionale **CONTR.** discendente **B** s. m. **1** antenato, avo **CONTR.** discendente, nipote, pronipote **2** (*fig.*) autorità, influsso, influenza, potere.

ascendènza s. f. antenati, avi, genealogia **CONTR.** discendenza, nipoti, pronipoti.

ascéndere o **ascèndere A** v. intr. **1** salire, innalzarsi, montare **CONTR.** scendere, discendere, venir giù, smontare **2** (*fig.*) innalzarsi, elevarsi, raggiungere **3** (*di numero*) ammontare, assommare, giungere a **B** v. tr. (*raro, lett.*) salire, scalare.

ascensionàle agg. ascendentale, ascendente **CONTR.** discendente.

ascensióne s. f. salita, ascesa (*lett.*) □ scalata **CONTR.** discesa.

ascésa s. f. **1** (*lett.*) salita, ascensione **CONTR.** discesa **2** (*fig.*) avanzamento, successo **CONTR.** insuccesso, fallimento.

ascèsso s. m. (*med.*) enfiagione, enfiatura (*raro*), empiema, postema.

ascèta s. m. **1** mistico, eremita, anacoreta, monaco, devoto **CONTR.** miscredente, materialista, ateo **2** (*est.*) persona austera, contemplativo **CONTR.** gaudente, vitaiolo, viveur (*fr.*).

ascètico agg. (*est.*) contemplativo, mistico □ austero, severo, morigerato **CONTR.** materialista, frivolo.

ascetìsmo s. m. misticismo, spiritualismo, spiritualità, mortificazione **CONTR.** materialismo, frivolezza, mondanità.

àscia s. f. scure, accetta, bipenne.

asciugamàno s. m. asciugatoio, canovaccio, panno, salvietta.

asciugaménto s. m. prosciugamento, asciugatura, essiccamento **CONTR.** inumidimento, umidificazione.

asciugànte A part. pres. di **asciugare**; anche agg. assorbente **B** s. f. carta assorbente.

asciugàre A v. tr. **1** prosciugare, disseccare, essiccare, inaridire, disidratare □ tergere, detergere **CONTR.** bagnare, inumidire, ammollare, immollare, intridere **2** (*fig.*) (*di tasca, di portafoglio, ecc.*) svuotare, privare, prosciugare **CONTR.** riempire, rifornire **B asciugarsi** v. rifl. detergersi **CONTR.** bagnarsi, lavarsi **C** v. intr. e intr. pron. prosciugarsi, inaridirsi **CONTR.** inumidirsi, immollarsi.

asciugàto part. pass. di **asciugare**; anche agg. prosciugato, asciutto, secco **CONTR.** bagnato, umido, inumidito.

asciugatùra s. f. asciugamento, prosciugamento, essiccamento **CONTR.** inumidimento, umidificazione.

asciùtto A agg. **1** secco, arido, inaridito, prosciugato, rasciugato, alido (*lett.*), arso, riarso, adusto (*lett.*) **CONTR.** bagnato, umido, inumidito, acquoso, madido **2** (*di tempo*) limpido, sereno, secco **CONTR.** coperto, nuvoloso, nebbioso **3** (*fig.*) (*di corpo*) magro, snello, agile, scarno, esile, gracile CONTR. grasso, grosso, adiposo, corpulento, polposo, polputo **4** (*fig.*) (*di tasca, di portafoglio, ecc.*) privo, vuoto CONTR. pieno, rifornito **5** (*fig.*) (*di stile*) sobrio, misurato, breve, conciso, laconico, serrato, stringato CONTR. ampio, abbondante, diffuso, prolisso, verboso **6** (*fig.*) (*di carattere*) freddo, riservato, scontroso, sgarbato CONTR. affabile, amabile, cordiale, espansivo, estroverso, garbato, gentile **B** s. m. terreno asciutto □ terraferma **C** avv. asciuttamente, concisamente, recisamente, seccamente CONTR. affabilmente, cordialmente, gentilmente FRAS. *restare all'asciutto* (*fig.*), restare senza soldi □ *rimanere a bocca asciutta* (*fig.*), rimanere digiuno.

ascoltàre v. tr. **1** udire, prestare attenzione, stare attento □ origliare, orecchiare (*raro*), spiare **2** dar retta, accogliere, obbedire □ esaudire CONTR. respingere, rifiutare, rigettare **3** (*med.*) auscultare.

ascoltatóre s. m. (f. *-trice*) uditore □ spettatore.

ascólto s. m. ascoltazione, audizione FRAS. *dare ascolto*, dar retta.

ascrìvere v. tr. **1** iscrivere, annoverare CONTR. escludere, togliere dal numero **2** attribuire, imputare, addebitare, apporre, assegnare.

asessuàto agg. **1** senza sesso CONTR. sessuato **2** (*fig.*) neutro, indifferenziato.

asèttico agg. **1** disinfettato, sterilizzato, antisettico CONTR. settico, infetto, infettato **2** (*fig.*) privo di passionalità, freddo, sterile CONTR. caldo, passionale.

asfaltàre v. tr. bitumare.

asfaltatùra s. f. bitumatura.

asfàlto s. m. bitume.

asfissìa s. f. (*med.*) soffocamento, soffocazione.

asfissiànte part. pres. di **asfissiare**; anche agg. **1** soffocante **2** (*fig.*) (*di persona, di discorso*) noioso, opprimente, fastidioso, pesante, seccante CONTR. divertente, gradevole, gradito, ameno, piacevole.

asfissiàre A v. tr. **1** (*med.*) soffocare **2** (*fig., fam.*) (*di persona, di discorso*) opprimere, molestare, infastidire, annoiare, seccare, rompere (*volg.*) CONTR. dilettare, divertire, deliziare, sollazzare **B** v. intr. soffocare **C asfissiarsi** v. rifl. soffocarsi.

asìlo s. m. **1** rifugio, ricovero, ricetto (*lett.*), ritiro, ricettacolo, nascondiglio CONTR. luogo pericoloso **2** (*per bambini, per anziani, ecc.*) ospizio, istituto □ orfanotrofio **3** scuola materna, giardino d'infanzia, Kindergarten (*ted.*).

asimmetrìa s. f. sproporzione, disarmonia CONTR. simmetria, proporzione, razionalità, armonia.

asimmètrico agg. sproporzionato, disarmonico CONTR. simmetrico, proporzionato, armonico.

asinerìa s. f. asinaggine, asinità, somaraggine, ciucaggine, balordaggine, goffaggine, ignoranza, scempiaggine, sciocchezza, stolidezza, stupidità □ asinata CONTR. saggezza, senno, sapere, saviezza, cervello.

àsino s. m. **1** (*zool.*) somaro, ciuco **2** (*fig.*) zoticone, cretino, sciocco, testardo, cocciuto □ testone, zuccone, ignorante, analfabeta CONTR. intellettuale, colto, erudito.

àsma s. f. affanno, ambascia, dispnea, bolsaggine.

asmàtico agg. affannoso, faticoso, rantoloso, bolso, imbolsito.

asociàle agg.; anche s. m. e f. chiuso, introverso, riservato, taciturno CONTR. sociale, socievole, aperto, estroverso.

àsola s. f. occhiello.

asperità s. f. **1** asprezza, ruvidezza, ruvidità, rugosità, scabrezza, scabrosità CONTR. levigatezza, morbidezza **2** (*fig.*) difficoltà, impedimento, durezza CONTR. facilità, agevolezza.

aspettàre v. tr. **1** attendere CONTR. andarsene **2** (*ass.*) indugiare, trattenersi, star fermo CONTR. affrettarsi, spicciarsi, muoversi **3** desiderare, bramare CONTR. disdegnare, aborrire **4** (*fig.*) sperare, ripromettersi, prevedere CONTR. disperare FRAS. *aspettare un bambino* (*fig.*), essere incinta.

aspettativa s. f. **1** attesa, aspettazione □ speranza, assegnamento **2** (*bur.*) dispensa del servizio.

aspettàto part. pass. di **aspettare**; anche agg. atteso.

aspètto (1) s. m. (*di sala*) attesa □ indugio.

aspètto (2) s. m. **1** vista, sguardo **2** (*est.*) faccia, viso, volto, figura, sembiante (*lett.*), aria, apparenza, atteggiamento, piglio, presenza, fisico, portamento **3** (*di situazione*) punto di vista, prospettiva.

aspirànte part. pres. di **aspirare**; anche agg. e s. m. e f. anelante □ candidato.

aspiràre A v. tr. **1** inspirare, inalare CONTR. espirare, emettere **2** (*est.*) trarre a sé, risucchiare CONTR. rimettere **B** v. intr. anelare, desiderare, agognare, bramare, mirare, aspettare, cercare, esigere, pretendere, concupire (*lett.*), volere CONTR. respingere, ricusare, rifiutare, rigettare.

aspirazióne s. f. **1** inspirazione, inalazione CONTR. espirazione, emissione **2** (*fig.*) desiderio, brama, fine, mira, scopo, ideale CONTR. apatia, disinteresse, indifferenza, noncuranza.

àspo s. m. (*tess.*) arcolaio, bindolo, guindolo, incannatoio.

asportàbile agg. amovibile CONTR. inamovibile.

asportàre v. tr. portare via, levare, togliere □ estirpare, eliminare, sradicare, strappare CONTR. aggiungere, apportare, mettere, immettere.

asportazióne s. f. **1** (*med.*) escissione **2** detrazione, sottrazione □ eliminazione, estirpazione, sradicamento, troncamento, amputazione, mutilazione **CONTR.** aggiunta, aggiungimento, aggiunzione, accrescimento, aumento.

aspraménte avv. **1** acerbamente, acremente, crudelmente, duramente, fieramente **CONTR.** blandamente, benignamente, benevolmente, affabilmente, amabilmente, dolcemente, indulgentemente, mitemente **2** accanitamente, fortemente, impetuosamente, ostinatamente **CONTR.** debolmente, fiaccamente, scarsamente, superficialmente.

asprézza s. f. **1** (*di sapore*) sapore aspro, acredine, acerbezza (*raro*), agrezza (*lett.*), fortore **CONTR.** dolcezza, amabilità, soavità **2** (*di tatto*) ruvidità, ruvidezza, asperità, scabrezza, scabrosità **CONTR.** levigatezza, liscezza (*raro*), morbidezza **3** (*fig.*) (*di carattere, di parole, ecc.*) durezza, crudeltà, rigore, rigidità, rigidezza, severità □ barbarie, rozzezza **CONTR.** amabilità, dolcezza, bonarietà, benevolenza, garbatezza, gentilezza, mitezza, tenerezza.

àspro agg. **1** (*di sapore*) agro, brusco, acerbo □ acre, forte, irritante, pungente **CONTR.** amabile, dolce, soave, piacevole, gradevole, gradito **2** (*di tatto*) ruvido, scabro, irto, ispido **CONTR.** liscio, levigato, piano **3** (*est.*) (*di luogo*) malagevole, scosceso, difficile, impervio, impraticabile, selvaggio **CONTR.** agevole, comodo, facile, pianeggiante, praticabile **4** (*est.*) (*di suono*) acuto, stridente, stridulo **CONTR.** armonioso, melodioso, dolce, soave **5** (*fig.*) (*di carattere*) rigido, austero, rigoroso, duro, crudele, severo, burbero, scortese, sgarbato, intrattabile, scontroso, rozzo **CONTR.** amabile, benevolo, bonario, cortese, garbato, gentile, mite **6** (*fig.*) (*di rimprovero, di lotta, ecc.*) animoso, forte, fiero, impetuoso **CONTR.** debole, fiacco, indolente, languido, molle.

assaggiàre v. tr. **1** (*di cibo*) assaporare, gustare, degustare, pregustare, prelibare (*lett.*) □ spilluzzicare, sbocconcellare **2** (*fig.*) (*di forze, ecc.*) provare, sperimentare, tentare.

assàggio s. m. **1** degustazione, prelibazione (*raro*) **2** piccola quantità, pezzetto, sorso **3** (*fig., raro*) esperimento, prova, saggio **4** (*fig.*) campione, scampolo.

assài **A** avv. **1** abbastanza, sufficientemente **CONTR.** insufficientemente **2** molto, parecchio **CONTR.** poco, scarsamente **B** in funzione di agg. parecchio, numeroso **CONTR.** poco, scarso.

assalìre v. tr. **1** investire, attaccare, aggredire, caricare, scagliarsi, avventarsi, dare addosso, stringersi addosso, fare impeto, muovere guerra **CONTR.** scappare, fuggire, sfuggire, evitare, eludere, schivare, indietreggiare, ritirarsi **2** (*fig.*) (*di paura, di pensiero, ecc.*) impadronirsi, invadere, prendere, opprimere.

assalitóre s. m. (f. *-trice*) aggressore, attaccante, assaltatore, investitore, invasore, invaditore (*raro*) **CONTR.** aggredito, assalito, attaccato, investito.

assaltàre v. tr. dare l'assalto, assalire, attaccare.

assaltatóre s. m. (f. *-trice*) assalitore, aggressore, attaccante **CONTR.** assalito, aggredito, attaccato.

assàlto s. m. **1** attacco, carica, impeto, investimento, colpo di mano, aggressione, battaglia, incursione, invasione, irruzione, scorreria □ abbordaggio, arrembaggio **CONTR.** contrassalto, contrattacco, controffensiva □ fuga, ritirata, rotta, disfatta **2** (*sport, scherma*) scontro **3** (*pugilato*) ripresa.

assaporàre v. tr. **1** (*di cibo*) gustare, assaggiare □ sorseggiare **CONTR.** trangugiare, divorare, ingollare, ingurgitare □ tracannare **2** (*fig.*) (*di sentimenti, di musica*) godere, godersi □ ascoltare.

assassinàre v. tr. **1** (*di persona*) uccidere, ammazzare **2** (*fig.*) (*di reputazione, ecc.*) danneggiare, rovinare, guastare, sciupare □ maltrattare **CONTR.** accomodare, riparare.

assassìnio s. m. **1** (*di persona*) uccisione, omicidio, ammazzamento, delitto **2** (*fig.*) (*di cosa*) danneggiamento, rovina, violenza, sopruso **CONTR.** accomodatura, aggiustamento, riparazione.

assassìno **A** s. m. omicida, uccisore, sicario, killer (*ingl.*) □ brigante, grassatore, malandrino, masnadiero, malvivente, terrorista □ uomo malvagio **B** agg. **1** malvagio, criminale **2** (*fig.*) (*di sguardo, di parola, ecc.*) seducente, attraente, provocante, affascinante, ammaliante **CONTR.** disgustoso, repellente, ripugnante, ributtante, antipatico.

àsse (1) s. f. tavola, tavolone, tavolato, pancone, assito.

àsse (2) s. m. **1** (*tecnol.*) (*di ruota*) sala, assale **2** (*mat.*) retta, segmento, linea **FRAS.** *asse stradale*, mediana della carreggiata, mezzeria.

assecondàre v. tr. secondare, aiutare, favorire, appoggiare, incoraggiare, sostenere, caldeggiare □ acconsentire, compiacere, esaudire **CONTR.** avversare, contrariare, contrastare, combattere, osteggiare, ostacolare, opporsi.

assediàre v. tr. **1** (*di luogo*) cingere d'assedio, bloccare, circondare, accerchiare, asserragliare, affamare **CONTR.** toglier l'assedio, sbloccare, liberare **2** (*est.*) chiudere tutt'attorno □ attorniare, affollare **3** (*fig.*) (*di persona*) importunare, infastidire, tormentare, assillare, molestare.

assediàto part. pass. di **assediare**; anche agg. e s. m. **1** **CONTR.** assediante **2** (*est.*) attorniato, circondato **3** (*fig.*) (*di persona*) importunato, infastidito, assillato, oppresso.

assèdio s. m. **1** (*di luogo*) accerchiamento, cerchio, blocco, stretta **CONTR.** sblocco, liberazione **2** (*fig.*) (*di persona*) importunità, molestia,

insistenza.
assegnàbile agg. attribuibile, determinabile.
assegnaménto s. m. **1** assegnazione, attribuzione **2** rendita, provento, entrata, rimunerazione **CONTR.** spesa, sborso, esborso, uscita **3** (*fig.*) fiducia, speranza, affidamento, fondamento.
assegnàre v. tr. **1** dare, fissare, aggiudicare, attribuire, consegnare **CONTR.** togliere, levare, privare **2** (*di incarico*) destinare, eleggere, nominare, mandare, conferire **CONTR.** togliere, allontanare **3** (*di termine, di tempo*) stabilire, prescrivere, fissare.
assegnàto part. pass. di **assegnare**; anche agg. **1** attribuito, dato, consegnato **CONTR.** tolto, levato **2** destinato **3** da pagare, contro assegno **CONTR.** affrancato.
assegnazióne s. f. **1** aggiudicazione, attribuzione, consegna, distribuzione **2** destinazione, nomina **CONTR.** allontanamento, espulsione, destituzione.
asségno s. m. **1** assegnamento, assegnazione, rendita, denaro, provvigione, sussidio **2** (*banca*) titolo di credito **3** somma da pagare **FRAS.** *assegno di studio*, presalario □ *assegno turistico*, travellers' cheque (*ingl.*).
assemblàggio s. m. (*tecnol.*) unione.
assemblàre v. tr. (*tecnol.*) unire.
assemblèa s. f. **1** (*dir.*) parlamento, dieta, consiglio, senato, camera **2** (*est.*) adunanza, congresso, riunione, consiglio, seduta.
assembraménto s. m. adunanza, adunata, riunione, folla, affollamento, ammassamento □ dimostrazione **CONTR.** sfollamento.
assembràre A v. tr. (*raro*) adunare, radunare, raccogliere, riunire **CONTR.** sciogliere, sparpagliare **B** v. intr. e **assembrarsi** intr. pron. affollarsi, adunarsi, riunirsi, convenire **CONTR.** sciogliersi, sfollare.
assennataménte avv. giudiziosamente, avvedutamente, prudentemente, saggiamente, saviamente **CONTR.** avventatamente, dissennatamente, imprudentemente, precipitosamente, sconsideratamente.
assennatézza s. f. senno, giudizio, buonsenso, criterio, avvedutezza, discernimento, prudenza, saggezza, saviezza **CONTR.** avventatezza, dissennatezza, imprudenza, sventatezza, sconsideratezza, faciloneria.
assennàto agg. giudizioso, prudente, avveduto, ragionevole, saggio, savio **CONTR.** avventato, dissennato, imprudente, sventato, sconsiderato, facilone.
assènso s. m. consenso, approvazione, assentimento, acconsentimento (*raro*), adesione, beneplacito, benestare **CONTR.** dissenso, disapprovazione, disaccordo, divergenza, negazione, rifiuto.
assentàrsi v. intr. pron. allontanarsi, andarsene, partire, ritirarsi **CONTR.** arrivare, giungere, tornare, ritornare, presentarsi.
assènte agg. **1** non presente, lontano, distante **CONTR.** presente **2** (*fig.*) (*di mente*) distratto, disattento, svagato, assorto, astratto **CONTR.** attento, raccolto, vigile.
assenteìsmo s. m. **1** (*dal lavoro*) assenza **CONTR.** presenza, assiduità **2** (*fig.*) disinteresse, indifferenza, apatia, astensionismo, disimpegno, qualunquismo **CONTR.** partecipazione, impegno, zelo.
assenteìsta agg.; anche s. m. e f. **1** (*dal lavoro*) assente **CONTR.** presente **2** (*fig.*) indifferente, apatico, disimpegnato **CONTR.** partecipe, impegnato.
assentìre v. intr. consentire, acconsentire, annuire, approvare, accondiscendere **CONTR.** disapprovare, dissentire, discordare, negare.
assènza s. f. **1** (*di persona*) lontananza □ distanza, distacco, separazione **CONTR.** presenza, vicinanza **2** (*di cosa*) mancanza, difetto, carenza, privazione **CONTR.** presenza, abbondanza, copia, eccedenza, eccesso.
asserìre v. tr. affermare, assicurare, asseverare (*raro*), attestare, dichiarare, certificare, garantire, giurare, scommettere **CONTR.** negare, smentire, dissentire.
asserragliàre A v. tr. chiudere, serrare, barricare, sbarrare **CONTR.** aprire, disserrare, spalancare **B asserragliarsi** v. rifl. barricarsi, rinchiudersi, fortificarsi, mettersi al sicuro.
assertóre s. m. (f. *-trice*) sostenitore, propugnatore, difensore, fautore **CONTR.** negatore, oppositore.
asserviménto s. m. assoggettamento, sottomissione **CONTR.** affrancamento, emancipazione, liberazione.
asservìre A v. tr. assoggettare, sottomettere **CONTR.** affrancare, emancipare, liberare **B asservirsi** v. rifl. rendersi servo, assoggettarsi, sottomettersi, obbligarsi **CONTR.** affrancarsi, emanciparsi, liberarsi.
asserzióne s. f. affermazione, asserto, assicurazione, attestazione, dichiarazione □ giudizio **CONTR.** negazione, opposizione.
assestaménto s. m. **1** accomodamento, aggiustamento, assetto, ordine, ordinamento, sistemazione **CONTR.** confusione, disordine, scompiglio, sconvolgimento **2** (*edil., costr.*) abbassamento (delle strutture), calo.
assestàre A v. tr. **1** mettere in sesto, ordinare, adattare, aggiustare, assettare, regolare, sistemare **CONTR.** buttare all'aria, mettere sottosopra, confondere, scompigliare, sconvolgere **2** (*est.*) (*di schiaffo, ecc.*) affibbiare, appioppare, dare **CONTR.** ricevere, subire **B assestarsi** v. rifl. adattarsi, assettarsi, aggiustarsi, sistemarsi.
assestàto part. pass. di **assestare**; anche agg. **1** ordinato, accomodato, aggiustato, sistemato **CONTR.** confuso, caotico, disordinato **2** (*fig.*) (*di persona*) assennato, avveduto, giudizioso, equilibrato **CONTR.** avventato, dissennato,

sconsiderato, sventato, squilibrato.

assetàto agg. **1** tormentato dalla sete **CONTR.** dissetato **2** (*est.*) (*di terreno, di piante, ecc.*) arido, riarso, secco, inaridito **CONTR.** umido, bagnato, innaffiato, irrigato **3** (*fig.*) (*di denaro, di gloria, ecc.*) avido, bramoso, desideroso **CONTR.** sazio, soddisfatto □ disgustato, nauseato, stomacato.

assettàre A v. tr. accomodare, sistemare, assestare, disporre □ abbigliare, acconciare, adornare **CONTR.** disordinare, scompigliare **B assettarsi** v. rifl. abbigliarsi, adornarsi □ ravviarsi **CONTR.** disordinarsi, arruffarsi.

assettàto part. pass. di **assettare**; anche agg. ordinato, assestato, sistemato □ attillato, ravviato **CONTR.** disordinato, trasandato, trascurato, sciamannato (*tosc.*).

assètto s. m. **1** ordine, sistemazione, apparato, disposizione **CONTR.** confusione, disordine, caos, scompiglio **2** (*est.*) abito, tenuta, equipaggiamento.

assicuràre A v. tr. **1** rendere sicuro, mettere al sicuro, dar sicurezza □ difendere, proteggere, preservare, riparare, cautelare, salvare **CONTR.** esporre a rischio, esporre a pericolo **2** asserire, attestare, dimostrare, dichiarare, certificare, garantire, giurare, promettere **CONTR.** negare, smentire **B assicurarsi** v. rifl. **1** accertarsi, controllare, verificare **2** mettersi al sicuro, cautelarsi, garantirsi.

assicuràto part. pass. di **assicurare**; anche agg. **1** sicuro, garantito **CONTR.** incerto, insicuro **2** fermato, fissato, legato **CONTR.** slegato, staccato.

assicuraziòne s. f. **1** affermazione, conferma, garanzia, impegno, promessa **2** (*dir.*) contratto assicurativo.

assideraménto s. m. (*med.*) intirizzimento, intorpidimento.

assideràre A v. tr. ghiacciare, gelare, intirizzire, intorpidire **CONTR.** scaldare, riscaldare, infiammare **B** v. intr. e **assiderarsi** intr. pron. ghiacciarsi, gelarsi, intirizzirsi, intorpidirsi **CONTR.** scaldarsi, riscaldarsi, aver caldo.

assideràto part. pass. di **assiderare**; anche agg. agghiacciato, gelato, infreddolito, intirizzito, intormentito **CONTR.** accaldato, sudato.

assiduaménte avv. continuamente, costantemente, frequentemente □ diligentemente, pazientemente **CONTR.** saltuariamente, sporadicamente, con discontinuità □ negligentemente.

assiduità s. f. **1** continuità, costanza, frequenza **CONTR.** incostanza, saltuarietà, sporadicità, discontinuità **2** diligenza, pazienza, perseveranza, zelo, cura **CONTR.** negligenza, svogliatezza, trascuratezza, incuria.

assìduo agg. **1** (*di cosa*) continuo, costante, incessante, ininterrotto, frequente **CONTR.** discontinuo, incostante, interrotto, occasionale, saltuario, sporadico **2** (*di persona*) frequente, abituale □ diligente, paziente, perseverante, zelante **CONTR.** saltuario, sporadico □ negligente, svogliato, trascurato, incurante.

assième A avv. insieme **B** s. m. complesso, unione **FRAS.** *mettere assieme*, riunire.

assiepaménto s. m. calca, folla, ressa, affollamento, pigia pigia.

assiepàre A v. tr. (*lett.*) far siepe □ (*fig.*) circondare, chiudere, ostruire **B assieparsi** v. intr. pron. affollarsi, accalcarsi, ammassarsi, far ressa **CONTR.** disperdersi, spargersi, sparpagliarsi, andarsene.

assillànte part. pres. di **assillare**; anche agg. fastidioso, noioso, molesto, insistente, seccante, scocciante (*fam.*) **CONTR.** piacevole, gradevole, divertente, dilettevole.

assillàre A v. tr. molestare, tormentare, assediare, infastidire, seccare, scocciare (*fam.*) □ (*est.*) incitare **CONTR.** liberare, dare pace **B** v. intr. (*lett.*) smaniare.

assillàto part. pass. di **assillare**; anche agg. tormentato, molestato, assediato, infastidito, seccato, scocciato (*fam.*) **CONTR.** liberato.

assillo s. m. **1** (*zool.*) estro, tafano **2** (*fig.*) tormento, affanno □ stimolo, incitamento, eccitamento, incentivo, pungolo **CONTR.** freno, ritegno.

assimilàbile agg. digeribile **CONTR.** indigesto.

assimilàre A v. tr. **1** (*lett.*) rendere simile, parificare, uguagliare **CONTR.** differenziare, diversificare **2** (*biol.*) assorbire, digerire **CONTR.** non digerire **3** (*fig.*) far proprio, accettare, assorbire **B assimilarsi** v. intr. pron. diventare simile, rendersi simile, imitare **CONTR.** differenziarsi, diversificarsi.

assimilaziòne s. f. **1** (*biol.*) (*di cibo*) digestione, elaborazione **2** (*fig.*) (*di nozioni, ecc.*) apprendimento.

assiòma s. m. verità evidente □ massima, aforisma, sentenza, adagio, principio, proposizione, detto, motto, asserto.

assistènte A part. pres. di **assistere**; anche agg. aiutante, coadiuvante **B** s. m. e f. collaboratore, aiuto, aiutante □ sorvegliante.

assistènza s. f. **1** presenza **CONTR.** assenza **2** cura, vigilanza, sorveglianza **CONTR.** indifferenza, noncuranza, trascuratezza **3** aiuto, soccorso, appoggio, ausilio (*lett.*), sostegno **CONTR.** danno, impedimento, nocumento (*lett.*), ostacolo, pregiudizio.

assìstere A v. intr. presenziare, partecipare, intervenire **CONTR.** star lontano, essere assente **B** v. tr. curare, aiutare, soccorrere □ coadiuvare, appoggiare, sostenere **CONTR.** disinteressarsi, trascurare, abbandonare, non badare.

assistìto part. pass. di **assistere**; anche agg. e s. m. aiutato, soccorso □ curato, sorvegliato **CONTR.** trascurato, abbandonato.

àsso s. m. (*fig.*) campione □ persona eccezionale **CONTR.** nullità, schiappa, sbercia (*tosc.*) **FRAS.** *avere l'asso nella manica* (*fig.*), essere sicuro di riuscire □ *piantare in asso* (*fig.*), lasciare bruscamente, abbandonare.

associàre A v. tr. **1** rendere partecipe, far partecipare, prendere, ammettere **CONTR.** escludere, allontanare, respingere **2** mettere insieme, unire, accompagnare, accomunare, aggregare, appaiare, accoppiare, accostare, collegare, fondere □ mettere in relazione **CONTR.** dissociare, disunire, dividere, separare, staccare, scindere **B associarsi** v. rifl. **1** unirsi, aggregarsi, confederarsi, fondersi **CONTR.** dividersi, dissociarsi, separarsi, staccarsi **2** abbonarsi, iscriversi **CONTR.** disabbonarsi **3** (*fig.*) partecipare, condividere **CONTR.** dissociarsi, isolarsi.

associàto part. pass. di **associare**; anche agg. e s. m. **1** partecipe, socio, membro **2** abbonato, iscritto.

associazióne s. f. **1** associamento, aggruppamento, riunione **CONTR.** disunione, separazione **2** (*biol.*) linkage (*ingl.*) **3** compagnia, società, lega, corporazione, sodalizio, circolo, confederazione, confraternita, congregazione, setta **4** (*fig.*) (*di idee*) collegamento.

assodàre A v. tr. **1** (*anche fig.*) rassodare, indurare, indurire, consolidare, irrobustire **CONTR.** ammollare, ammollire, rammollire, intenerire, indebolire, debilitare, fiaccare **2** (*fig.*) (*di verità, di fatti, ecc.*) accertare, provare, stabilire **B assodarsi** v. intr. pron. (*anche fig.*) rassodarsi, indurirsi, consolidarsi, rafforzarsi, invigorirsi **CONTR.** rammollirsi, intenerirsi, indebolirsi, fiaccarsi.

assodàto part. pass. di **assodare**; anche agg. (*fig.*) accertato, provato, stabilito.

assoggettaménto s. m. sottomissione, asservimento, conquista □ adattamento **CONTR.** affrancamento, emancipazione, liberazione.

assoggettàre A v. tr. sottomettere, asservire, soggiogare **CONTR.** affrancare, emancipare, liberare **B assoggettarsi** v. rifl. adattarsi, sottomettersi, rassegnarsi **CONTR.** affrancarsi, emanciparsi, liberarsi, ribellarsi.

assolàto agg. soleggiato, solatio, aprico (*lett.*) **CONTR.** ombroso, ombreggiato.

assoldàre v. tr. **1** ingaggiare, arruolare, reclutare **2** (*est.*) pagare, retribuire, remunerare.

assoldàto part. pass. di **assoldare**; anche agg. **1** ingaggiato, arruolato, reclutato **2** (*est.*) pagato, retribuito.

assòlto part. pass. di **assolvere**; anche agg. esentato, liberato, sciolto, prosciolto, svincolato □ perdonato, graziato, amnistiato **CONTR.** obbligato, vincolato □ condannato, imprigionato.

assolutaménte avv. **1** in assoluto, generalmente **CONTR.** relativamente **2** in ogni caso, ad ogni costo, necessariamente **CONTR.** condizionatamente **3** del tutto, completamente, interamente **CONTR.** parzialmente.

assolutézza s. f. illimitatezza **CONTR.** relatività, limitatezza.

assolutìsmo s. m. dispotismo, tirannia, dittatura **CFR.** democrazia, liberalismo, parlamentarismo.

assolutìsta s. m. e f.; anche agg. **1** assolutistico, dispotico, tirannico **CFR.** democratico, liberale **2** (*fam.*) prepotente, autoritario **CONTR.** tollerante, docile, mite.

assolutìstico agg. assolutista, dispotico, tirannico **CFR.** liberale, democratico.

assolùto agg. **1** (*lett.*) illimitato **CONTR.** relativo, limitato **2** (*di verità, ecc.*) generale, universale **CONTR.** particolare, relativo **3** (*di ordine, ecc.*) perentorio, deciso **4** (*di governo*) dispotico, totalitario, tirannico, dittatoriale **CFR.** democratico, liberale **5** (*di obbedienza, di padronanza, ecc.*) completo, totale □ cieco, esclusivo, incondizionato **CONTR.** scarso, limitato, condizionato, relativo, parziale.

assoluzióne s. f. **1** proscioglimento, liberazione □ grazia, amnistia **CONTR.** condanna, castigo, punizione **2** (*relig.*) (*dei peccati*) remissione.

assòlvere v. tr. **1** (*da obblighi*) dispensare, disobbligare, esentare, esimere, esonerare, liberare, sciogliere, prosciogliere **CONTR.** obbligare, costringere, vincolare **2** (*dir.*) dichiarare innocente **CONTR.** condannare, castigare, punire **3** (*relig.*) rimettere i peccati **4** (*di compito*) adempiere, compiere, soddisfare **CONTR.** disattendere.

assolviménto s. m. adempimento, compimento **CONTR.** inadempienza.

assomigliàre A v. tr. **1** paragonare, confrontare **2** rendere simile **CONTR.** differenziare **B** v. intr. e **assomigliarsi** intr. pron. essere simile, sembrare, parere **CONTR.** differenziarsi, diversificarsi.

assonànza s. f. accordo, armonia, corrispondenza **CONTR.** dissonanza, disarmonia, disaccordo.

assonnàto agg. insonnolito, sonnacchioso, sonnolento **CONTR.** desto, sveglio, vigile.

assopiménto s. m. sopore **CONTR.** risveglio.

assopìre A v. tr. **1** (*di persona*) addormentare **CONTR.** svegliare, risvegliare, ridestare **2** (*fig.*) (*di sentimenti*) calmare, addolcire, placare, quietare, sedare, tranquillizzare **CONTR.** eccitare, scuotere, spronare, stimolare, elettrizzare **B assopirsi** v. intr. pron. **1** (*di persona*) addormentarsi **CONTR.** svegliarsi, risvegliarsi, ridestarsi **2** (*fig.*) (*di sentimenti*) calmarsi, placarsi, quietarsi, tranquillizzarsi **CONTR.** eccitarsi, scuotersi, riscuotersi.

assorbènte part. pres. di **assorbire**; anche agg. bibace (*lett.*), bibulo (*lett.*) **CONTR.** impermeabile, idrorepellente.

assorbìre v. tr. **1** imbeversi, impregnarsi **CONTR.** essere impermeabile **2** (*fig.*) (*di idee, di modi, ecc.*) rendere proprio, assimilare **CONTR.** rifiutare, opporsi **3** (*fig.*) (*di energia, ecc.*) consumare, eliminare, esaurire **CONTR.**

produrre, dare **4** (*fig.*) (*di tempo, di impegno*) impegnare, occupare.

assordànte part. pres. di **assordare**; anche agg. rimbombante, rintronante, rumorosissimo **CONTR.** fievole, smorzato, sommesso.

assordàre A v. tr. **1** rendere sordo □ (*est.*) assordire, rintronare, stordire **CONTR.** affievolire, attutire, smorzare **2** (*fig.*) frastornare, infastidire **B** v. intr. divenire sordo.

assortiménto s. m. (*di merci*) scelta, raccolta, serie, fornimento, varietà.

assortìre v. tr. **1** (*di merce*) disporre, distinguere, ordinare, classificare **CONTR.** confondere, mescolare **2** (*di negozio*) rifornire.

assortìto part. pass. di **assortire**; anche agg. **1** vario, diverso **2** scelto, ordinato, armonico **CONTR.** confuso, disordinato, disarmonico.

assòrto agg. intento, assorbito, immerso, sprofondato, rapito **CONTR.** distratto, svagato.

assottigliaménto s. m. affilamento □ diminuzione, calo, riduzione **CONTR.** ingrossamento □ accrescimento, aumento.

assottigliàre A v. tr. **1** (*di cosa*) affilare, aguzzare **CONTR.** ingrossare, ottundere **2** (*di viso, ecc.*) dimagrire, far dimagrire, smagrire **CONTR.** ingrassare, ingrossare **3** (*fig.*) (*di scorte*) diminuire, scemare, ridurre **CONTR.** accrescere, aumentare **4** (*fig.*) (*di ingegno*) acuire, affinare **CONTR.** ottundere **B assottigliarsi** v. intr. pron. **1** divenir sottile □ dimagrire **CONTR.** ingrossarsi **2** (*fig.*) (*di scorte*) diminuire, scemare, ridursi **CONTR.** accrescersi, crescere, aumentare.

assuefàre A v. tr. abituare, avvezzare, accostumare **CONTR.** disabituare, disavvezzare, divezzare **B assuefarsi** v. rifl. abituarsi, prender l'abitudine, avvezzarsi, accostumarsi (*raro*) **CONTR.** disabituarsi, disavvezzarsi, divezzarsi, perdere l'abitudine.

assuefàtto part. pass. di **assuefare**; anche agg. abituato, avvezzo **CONTR.** disabituato, disavvezzo.

assuefazióne s. f. abitudine, consuetudine, pratica **CONTR.** desuetudine (*raro*), dissuetudine (*lett.*).

assùmere A v. tr. **1** (*di impegno, di onere, ecc.*) accettare, addossarsi **CONTR.** rifiutare, rinunciare, lasciare, deporre, declinare **2** (*di contegno, ecc.*) attribuirsi, prendere, avere **3** (*di personale*) prendere, chiamare, dare lavoro, prendere alle dipendenze **CONTR.** licenziare, congedare **4** (*al trono*) innalzare **CONTR.** deporre **B assumersi** v. rifl. attribuirsi, addossarsi, prendersi **CONTR.** lasciare, deporre, declinare, rinunciare.

assùnto part. pass. di **assumere**; anche agg. **1** accettato, addossatosi **CONTR.** rifiutato, deposto, declinato **2** preso alle dipendenze, impiegato **CONTR.** licenziato.

assunzióne s. f. **1** (*al trono, ad una carica*) elevazione, innalzamento **CONTR.** deposizione **2** (*di impiego, di lavoro*) chiamata □ nomina □ accettazione **CONTR.** licenziamento.

assurdaménte avv. illogicamente, irragionevolmente, irrazionalmente, incoerentemente **CONTR.** logicamente, ragionevolmente, razionalmente, coerentemente.

assurdità s. f. controsenso, paradosso, incongruenza, nonsenso, incoerenza, illogicità, irragionevolezza, irrazionalità, contraddizione, stravaganza, bestialità **CONTR.** logica, logicità, coerenza, congruenza, ragionevolezza, razionalità, buonsenso.

assùrdo A agg. illogico, paradossale, incongruente, incongruo, incoerente, insensato, irragionevole, irrazionale, contraddittorio, impossibile, gratuito, stravagante **CONTR.** logico, coerente, congruente, ragionevole, razionale, possibile, sensato, esatto **B** s. m. assurdità, paradosso, controsenso, nonsenso **CONTR.** logica.

àsta s. f. **1** bastone □ manico **2** (*di arma*) lancia, giavellotto, picca, alabarda, zagaglia **3** (*di vendita*) incanto, licitazione □ appalto, concorso.

astànte s. m. e f. presente □ assistente □ circostante **CONTR.** assente, lontano.

astanterìa s. f. pronto soccorso □ infermeria.

astèmio agg.; anche s. m. **1** astinente (da alcol) **2** (*est.*) sobrio, temperante **CONTR.** beone, bevitore, ubriacone, sbornione.

astenérsi v. rifl. **1** trattenersi, contenersi, frenarsi, temperarsi, desistere, evitare, privarsi, rinunciare **CONTR.** abbandonarsi, cedere, darsi **2** (*ass.*) (*nelle votazioni*) non votare **CONTR.** votare.

astenìa s. f. debolezza, depressione, fiacchezza, abbattimento **CONTR.** stenia, energia, forza, robustezza, vigore.

astensióne s. f. rinuncia, abbandono □ privazione **CONTR.** accettazione, accoglimento, accoglienza.

astensionìsmo s. m. (*da votazioni*) assenteismo **CONTR.** partecipazione, impegno.

astensionìsta s. m. e f.; anche agg. assenteista **CONTR.** impegnato, partecipe.

asterìsco s. m. (*tip.*) stelletta, stelloncino □ nota, richiamo.

asteròide s. m. (*astron.*) pianetino, planetoide.

asticèlla s. f. **1** dim. di **asta 2** regolo, bastoncino, sbarretta.

astinènza s. f. astensione, rinuncia □ continenza, sobrietà, temperanza, misura, moderazione □ digiuno **CONTR.** incontinenza, intemperanza, smoderatezza.

àstio s. m. rancore, malanimo, odio, ruggine, antipatia, avversione, malevolenza, inimicizia, livore, invidia, ostilità **CONTR.** affetto, amicizia, amore, amorevolezza, benevolenza, simpatia.

astiosaménte avv. odiosamente, invidiosamente, con livore, ostilmente **CONTR.** affettuosamente, amichevolmente, amorosamente, benevolmente, benignamente.

astióso agg. malevolo, invidioso, invido (*lett.*), ostile **CONTR.** affettuoso, amichevole, amorevole, benevolo, benigno.

astràle agg. celeste, siderale, sidereo (*lett.*) **CONTR.** terrestre.

astràrre A v. tr. (*lett.*) allontanare, distogliere, staccare **CONTR.** applicare, rivolgere **B** v. intr. prescindere, non considerare **CONTR.** considerare, tener presente **C astrarsi** v. rifl. concentrarsi.

astrattaménte avv. **1** in modo astratto **CONTR.** concretamente **2** distrattamente **CONTR.** attentamente.

astrattézza s. f. astrazione **CONTR.** concretezza.

astràtto part. pass. di **astrarre**; anche agg. **1** (*di concetto*) mentale □ fuori della realtà, irreale **CONTR.** concreto, empirico **2** (*di discorso*) vago, indeterminato, generico **CONTR.** determinato, esatto, preciso □ concreto **3** (*lett.*) (*di persona*) assorto, immerso, rapito **CONTR.** attento, vigile **FRAS.** *in astratto*, astrattamente, in generale.

astrazióne s. f. **1** concetto astratto **2** (*fig.*) assurdità **3** (*lett.*) distrazione **CONTR.** attenzione, applicazione **FRAS.** *fare astrazione*, prescindere.

àstro s. m. stella, pianeta, satellite.

astrologìa s. f. (*est.*) divinazione.

astrològico agg. (*est.*) divinatorio.

astròlogo s. m. (*est.*) indovino.

astronàuta s. m. e f. cosmonauta.

astronàve s. f. cosmonave.

astronòmico agg. (*fig.*) esagerato, eccessivo, iperbolico **CONTR.** moderato, modesto, limitato, piccolo.

astrusaménte avv. oscuramente, incomprensibilmente **CONTR.** chiaramente, comprensibilmente.

astrùso agg. difficile, incomprensibile, inesplicabile, enigmatico, oscuro, complicato, ermetico, misterioso, recondito, sibillino **CONTR.** chiaro, comprensibile, evidente, manifesto, ovvio, palese, semplice.

astùccio s. m. scatoletta, cassetta, custodia, busta, fodero, guaina, scrigno, teca.

astutaménte avv. accortamente, acutamente, avvedutamente, sagacemente, scaltramente, finemente, ingegnosamente, oculatamente, furbamente, maliziosamente **CONTR.** apertamente, candidamente, francamente, ingenuamente, semplicemente, schiettamente.

astùto agg. accorto, acuto, avveduto, destro, sagace, scaltro, dritto (*fam.*), sottile, fino, ingegnoso, lesto, oculato, perspicace, calcolatore, furbo, malizioso **CONTR.** aperto, candido, franco, ingenuo, semplice.

astùzia s. f. **1** (*di qualità*) accortezza, acume, astutezza (*raro*), avvedutezza, destrezza, sagacia, sagacità (*raro*), scaltrezza, sottigliezza, finezza, ingegnosità, lestezza, oculatezza, perspicacia, calcolo, furberia, malizia **CONTR.** candore, ingenuità, dabbenaggine, schiettezza, semplicità, sincerità, franchezza, linearità **2** (*di mezzo*) accorgimento, stratagemma, raggiro, trappola, espediente, imbroglio.

atàvico agg. avito, ereditario, ancestrale.

atavìsmo s. m. (*med.*) ereditarietà.

ateìsmo s. m. negazione di Dio, miscredenza, incredulità, irreligiosità **CONTR.** teismo □ religiosità, fede, pietà, devozione.

atelier /*fr.* atə'lje/ [vc. fr., 'mucchio di schegge di legno', poi 'cantiere', dall'ant. fr. *astelle* 'scheggia di legno'] s. m. inv. **1** laboratorio □ studio **2** boutique (*fr.*), sartoria.

atenèo [dal lat. *Athenaeum* 'tempio di Atena', istituto di istruzione superiore fondato a Roma da Adriano] s. m. università □ accademia, istituto superiore.

àteo agg.; anche s. m. negatore di Dio, miscredente, scettico, incredulo, irreligioso □ (*spreg.*) empio **CONTR.** credente, religioso, pio, fedele, devoto.

atìpico agg. anormale, originale **CONTR.** tipico, normale.

atlànte [da *Atlante*, il mitologico titano costretto da Giove a reggere sulle spalle il mondo] s. m. (*arch.*) telamone **CFR.** cariatide.

atlèta s. m. e f. **1** sportivo, ginnasta, campione **2** (*est.*) uomo robusto, fusto (*fam.*) **CONTR.** mezza cartuccia **3** (*fig.*) (*di ideali*) difensore, campione.

atlètico agg. forte, gagliardo, robusto, vigoroso **CONTR.** debole, gracile, mingherlino, striminzito.

atmosfèra s. f. **1** aria **2** (*fig.*) ambiente, clima.

atòmico agg. **1** nucleare **2** (*fig.*) (*di bellezza, ecc.*) eccezionale, travolgente, straordinario **CONTR.** insignificante, modesto, trascurabile.

atomizzàre v. tr. **1** nebulizzare **2** distruggere con l'atomica.

atomizzatóre s. m. nebulizzatore, atomizer (*ingl.*).

àtomo s. m. **1** (*est.*) frammento, corpuscolo **2** (*fig.*) nonnulla, briciolo.

atonìa s. f. (*med.*) debolezza, indebolimento, fiacchezza, languore, rilassamento **CONTR.** energia, forza, gagliardia, slancio, vigore.

atònico agg. (*med.*) debole, fiacco, languido **CONTR.** tonico.

àtono agg. **1** (*di sillaba*) non accentato **CONTR.** accentato **2** (*est.*) debole, fiacco **CONTR.** forte **3** (*fig.*) inespressivo, indifferente, languido **CONTR.** espressivo, vivo, energico.

atòssico agg. **CONTR.** tossico, velenoso.

àtrio s. m. **1** vestibolo, entrata, ingresso, anticamera, andito, androne **2** (*anat.*) (*del cuore*) orecchietta.

atróce agg. crudele, efferato, feroce, disumano, inumano, barbaro, spietato, orrendo, orribile, tremendo, terribile, straziante □ odioso, esecrabile, insopportabile, immane **CONTR.** dolce, mite, soave, benevolo, benigno, blando, clemente, mansueto, umano.

atroceménte avv. crudelmente, efferatamente, ferocemente, barbaramente, spietatamente, orrendamente, orribilmente, terribilmente **CONTR.** dolcemente, mitemente, soavemente, benevolmente, benignamente, blandamente, umanamente.

atrocità s. f. crudeltà, efferatezza, ferocia, barbarie, spietatezza, orrore **CONTR.** dolcezza, mitezza, soavità, benevolenza, benignità, umanità.

atrofìa s. f. (*med.*) diminuzione, indebolimento **CONTR.** ipertrofia.

atròfico agg. debole, indebolito, magro, smunto **CONTR.** ipertrofico, grasso, prospero, fiorente.

atrofizzàre A v. tr. **1** indebolire, rendere atrofico **2** (*fig.*) (*di mente, ecc.*) consumare, ottundere, spegnere, indebolire, paralizzare **CONTR.** rafforzare, sviluppare **B atrofizzarsi** v. intr. pron. **1** diminuire, indebolirsi **2** (*fig.*) (*di mente, ecc.*) consumarsi, ottundersi, diminuire, svigorirsi, paralizzarsi **CONTR.** rafforzarsi, accrescersi, svilupparsi.

attaccabottóni s. m. e f. (*fam.*) chiacchierone, seccatore, scocciatore (*fam.*), rompiscatole (*fam.*).

attaccabrìghe s. m. e f. inv. (*fam.*) attaccalite, litighino, litigioso, rissoso **CONTR.** pacificone.

attaccaménto s. m. **1** unione, congiungimento, aderenza, adesione, legame **CONTR.** distacco, staccamento (*raro*) **2** (*fig.*) (*di sentimenti*) affetto, affezione, devozione, fedeltà **CONTR.** avversione, disamore, distacco, indifferenza.

attaccànte A part. pres. di **attaccare**; anche agg. **1** appiccicoso, colloso, attaccaticcio **CONTR.** fluido, scorrevole **2** (*nel gioco*) sfidante **B** s. m. (*nel calcio*) avanti, punta **CONTR.** difesa.

attaccapànni s. m. appendiabiti, gruccia, appiccagnolo, attaccagnolo, uncino, gancio, beccatello.

attaccàre A v. tr. **1** incollare, agglutinare, conglutinare, saldare, appiccicare, applicare, unire, congiungere, assicurare, fermare, fissare, affissare (*raro, lett.*), affiggere □ agganciare, appendere, sospendere **CONTR.** staccare, distaccare, sganciare, levare, togliere **2** (*fig.*) (*di febbre, di vizio, ecc.*) trasmettere, comunicare, contagiare, diffondere **CONTR.** liberare **3** (*di avversario*) assalire, aggredire, investire, caricare, dare addosso, fare impeto, andare all'attacco **CONTR.** evitare, sfuggire, schivare, eludere **4** (*fig.*) (*di idee*) avversare, combattere, criticare, osteggiare **CONTR.** approvare, elogiare, lodare, appoggiare, sostenere, difendere **5** (*di lite, di discorso, ecc.*) cominciare, iniziare, dar l'avvio **CONTR.** concludere, finire, terminare **B** v. intr. **1** aderire, appiccicarsi **CONTR.** staccarsi **2** (*di pianta, di moda*) attecchire **CONTR.** morire, finire **3** andare all'assalto **CONTR.** ritirarsi, indietreggiare, fuggire, scappare **4** cominciare, iniziare, avviarsi **CONTR.** concludersi, finire, terminare **C attaccarsi** v. intr. pron. **1** aderire, appiccicarsi **CONTR.** staccarsi **2** (*di febbre, di vizio, ecc.*) trasmettersi, diffondersi **3** (*di persone, di rampicante, ecc.*) appigliarsi, aggrapparsi (*anche fig.*) **4** (*fig.*) (*di persona*) affezionarsi, legarsi **CONTR.** disaffezionarsi, disamorarsi, distaccarsi, straniarsi.

attaccatìccio agg. **1** appiccicoso, appiccicaticcio, colloso **CONTR.** fluido, scivoloso **2** (*fig.*) (*di persona*) fastidioso, importuno, molesto, seccante **CONTR.** divertente, gradito, piacevole.

attaccàto part. pass. di **attaccare**; anche agg. **1** incollato, saldato, unito, fissato □ appeso **CONTR.** staccato, sganciato **2** (*fig.*) (*di persona*) affezionato, devoto **CONTR.** disaffezionato, disamorato, avverso, ostile.

attaccatùra s. f. attacco, connessione, giuntura, unione.

attàcco s. m. **1** attaccatura, connessione, giunzione, giuntura, unione, legame, appicco, aggancio **CONTR.** distacco, divisione, separazione, sganciamento, slegamento **2** (*elettr.*) presa **3** assalto, combattimento, battaglia, carica, incursione, scorreria, colpo di mano **CONTR.** contrattacco, contrassalto, controffensiva □ ritirata, sganciamento, fuga, disfatta **4** (*di febbre, di ira, ecc.*) accesso **5** (*fig.*) critica, rimprovero, polemica □ offesa **CONTR.** approvazione, lode, appoggio, sostegno **6** (*di musica, di lavoro, ecc.*) avvio, inizio.

attanagliàre v. tr. **1** (*di tenaglia*) afferrare **2** (*est.*) (*di persona*) abbrancare, stringere forte, serrare **CONTR.** mollare, lasciar andare **3** (*fig.*) (*di preoccupazione, ecc.*) assillare, travagliare, tormentare **CONTR.** accarezzare, blandire.

attardàre A v. tr. (*lett.*) rallentare, frenare, trattenere **CONTR.** affrettare, accelerare **B attardarsi** v. intr. pron. fermarsi, trattenersi, indugiare **CONTR.** affrettarsi, sbrigarsi, spicciarsi.

attecchiménto s. m. presa.

attecchìre v. intr. **1** (*di pianta*) mettere radici, allignare, barbicare, far presa, radicarsi, prosperare, crescere **CONTR.** seccarsi, disseccarsi, inaridirsi, morire **2** (*fig.*) (*di moda, di vizio, ecc.*) diffondersi, affermarsi, propagarsi **CONTR.** morire, svanire, sparire.

atteggiaménto s. m. **1** espressione, gesto, movenza, atto, posa, positura, posizione, aria, aspetto **2** (*est.*) contegno, comportamento, condotta.

atteggiàre A v. tr. disporre, muovere **B atteggiarsi** v. rifl. voler sembrare, affettare, ostentare, posare, fingere, impostarsi, impancarsi.

atteggiàto part. pass. di **atteggiare**; anche agg. disposto, mosso.

attempàto agg. anziano, anzianotto, vecchiotto **CFR.** bambino, ragazzo, giovane, adolescente, maturo, vecchio.

attendaménto s. m. accampamento, bivacco □ campeggio.

attendàrsi v. intr. pron. piantare le tende, accamparsi, bivaccare.

attendènte s. m. (*mil.*) ordinanza.

attèndere A v. tr. **1** aspettare, stare in attesa □ indugiare, trattenersi **CONTR.** andarsene □ affrettarsi, spicciarsi, sbrigarsi, muoversi **2** sperare **CONTR.** disperare **B** v. intr. (*al lavoro, allo studio, ecc.*) accudire, applicarsi, badare, interessarsi, occuparsi **CONTR.** disinteressarsi, non curare, trascurare, tralasciare, infischiarsi.

attendìbile agg. **1** (*di cosa*) prevedibile, probabile **CONTR.** imprevedibile, improbabile **2** (*di persona, di notizia, ecc.*) degno di fede, credibile **CONTR.** inattendibile, incredibile.

attendibilità s. f. credibilità **CONTR.** inattendibilità, incredibilità.

attenére A v. tr. (*lett.*) mantenere, osservare, rispettare **CONTR.** trasgredire, violare, contravvenire **B** v. intr. spettare, concernere, appartenere, riguardare, riferirsi **C attenersi** v. rifl. (*fig.*) conformarsi, aderire, osservare, seguire, stare **CONTR.** trasgredire, violare, contravvenire.

attentaménte avv. diligentemente, prontamente, sollecitamente **CONTR.** distrattamente, sbadatamente, negligentemente.

attentàre A v. intr. insidiare **B attentarsi** v. intr. pron. osare, ardire, arrischiarsi, azzardarsi.

attentàto s. m. tentativo criminoso □ terrorismo □ assassinio, misfatto, delitto.

attentatóre s. m. (f. *-trice*) terrorista □ assassino, criminale.

attènti inter. attenzione **FRAS.** *mettere sull'attenti* (*fig.*), fare filare dritto.

attènto agg. diligente, intento, sollecito, raccolto, vigile, vigilante, pronto, sollecito **CONTR.** disattento, distratto, sbadato, svagato, negligente, noncurante.

attenuànte A part. pres. di **attenuare**; anche agg. scusante, attenuativo, dirimente **CONTR.** aggravante **B** s. f. scusante, scusa, giustificazione **CONTR.** aggravante.

attenuàre A v. tr. **1** (*di urto, di rumore, ecc.*) attutire **CONTR.** aggravare, accrescere **2** (*fig.*) (*di dolore, di ricordo, ecc.*) addolcire, alleggerire, alleviare, diminuire, calare, scemare, calmare, sopire, lenire **CONTR.** accrescere, aumentare, aggravare, inasprire, irritare **B attenuarsi** v. intr. pron. **1** assottigliarsi **CONTR.** ingrossarsi **2** (*fig.*) addolcirsi, alleviarsi, indebolirsi, calare, diminuire, scemare, calmarsi **CONTR.** accrescersi, aumentare, aggravarsi, inasprirsi.

attenuàto part. pass. di **attenuare**; anche agg. **1** (*di urto, di rumore, ecc.*) attutito **CONTR.** aggravato, aumentato **2** (*fig.*) (*di dolore, di ricordo, ecc.*) alleviato, diminuito, scemato, calmato, addolcito **CONTR.** accresciuto, aumentato, aggravato, inasprito.

attenuazióne s. f. addolcimento, alleggerimento, diminuzione **CONTR.** aumento, aggravamento, inasprimento.

attenzióne s. f. **1** applicazione, concentrazione, considerazione, cura, diligenza, studio, vigilanza, riflessione, solerzia, tensione **CONTR.** disattenzione, distrazione, incuria, negligenza, sbadataggine, trascuratezza **2** (*spec. al pl.*) cortesia, gentilezza, premura, riguardo **CONTR.** scortesia, sgarbatezza, sgarberia, villania.

atterràggio s. m. (*aer.*) arrivo **CONTR.** decollo.

atterraménto s. m. abbattimento □ demolizione **CONTR.** edificazione, costruzione, erezione.

atterràre A v. tr. **1** (*di albero, di aereo, ecc.*) abbattere, rovesciare □ demolire, distruggere, disfare **CONTR.** innalzare, sollevare, rialzare, rizzare, erigere, costruire, edificare **2** (*fig., lett.*) (*di persona*) umiliare, avvilire, prostrare **CONTR.** esaltare, confortare, risollevare, rincuorare, incoraggiare **B** v. intr. (*aer.*) toccar terra, arrivare **CONTR.** decollare, alzarsi, partire.

atterrìre A v. tr. impaurire, spaventare, sbigottire, terrorizzare **CONTR.** rianimare, rincuorare, incoraggiare, risollevare **B atterrirsi** v. intr. pron. impaurirsi, sbigottirsi, spaventarsi **CONTR.** rianimarsi, farsi animo, rincuorarsi, risollevarsi.

atterrìto part. pass. di **atterrire**; anche agg. spaventato, sbigottito, terrorizzato.

attésa s. f. **1** aspettativa, aspettazione □ indugio **2** curiosità, speranza □ ansia, apprensione, inquietudine **CONTR.** indifferenza, disinteresse, noncuranza.

attéso part. pass. di **attendere**; anche agg. **1** aspettato □ previsto, sperato, desiderato, invocato **CONTR.** inatteso, insperato, inaspettato, imprevisto, improvviso **2** dato, considerato.

attestàre v. tr. affermare, asserire, assicurare, certificare, garantire, testimoniare, giurare □ dimostrare chiaramente **CONTR.** negare, smentire.

attestàto A part. pass. di **attestare**; anche agg. affermato, garantito, testimoniato, testificato (*raro*) **CONTR.** negato, smentito **B** s. m. attestazione, certificato, dichiarazione, documento, diploma.

attestazióne s. f. **1** affermazione, testimonianza, assicurazione, conferma, giuramento **2** (*est.*) attestato, certificato, dichiarazione, documento, diploma **3** (*fig.*) (*di affetto, di stima, ecc.*) dimostrazione, segno, indizio.

àttico s. m. **1** (*arch.*) frontone **2** (*edil.*) ultimo piano.

attiguità s. f. contiguità, vicinanza, adiacenza, prossimità **CONTR.** lontananza, distanza, distacco.

attìguo agg. contiguo, vicino, prossimo, adiacente **CONTR.** lontano, distante, distaccato.

attillàre A v. tr. **1** (*raro*) abbigliare **2** far aderire **B attillarsi** v. rifl. vestirsi con cura, abbigliarsi, agghindarsi, lisciarsi **CONTR.** trascurarsi.

attillàto part. pass. di **attillare**; anche agg. **1** (*di persona*) elegante, agghindato, azzimato **CONTR.** trasandato, trascurato, sciatto **2** (*di abito*) aderente, ben modellato **CONTR.** largo, cascante.

àttimo s. m. istante, momento, baleno, batter d'occhio, minuto, secondo **CONTR.** eternità, perpetuità.

attinènte agg. riguardante, concernente, pertinente, appartenente, relativo, spettante **CONTR.** estraneo, alieno.

attinènza s. f. **1** connessione, rapporto, relazione, legame, appartenenza, spettanza **CONTR.** estraneità **2** parentela, amicizia **3** (*al pl.*) accessori, annessi.

attingere A v. tr. **1** (*lett.*) toccare, raggiungere (*anche fig.*) **2** (*di acqua*) prendere, tirar su, raccogliere **CONTR.** versare **3** (*fig.*) (*di denaro, di notizia, ecc.*) trarre, derivare, ricavare, ottenere, procacciarsi, procurarsi, avere, sapere **B** v. intr. (*lett.*) pervenire, giungere.

attìnto part. pass. di **attingere**; anche agg. **1** tirato su, preso, raccolto **2** (*fig.*) tratto, ricavato, derivato.

attiràre v. tr. **1** trarre, attrarre, richiamare **CONTR.** allontanare, respingere **2** (*fig.*) (*di simpatia, di applausi, ecc.*) cattivarsi, acquistarsi, procurarsi, ottenere, guadagnare **CONTR.** allontanare, respingere, estraniare.

attitudinàle agg. vocazionale.

attitùdine s. f. disposizione, abilità, capacità, idoneità, inclinazione, propensione, tendenza, talento, vocazione, dono, bernoccolo **CONTR.** incapacità, inettitudine, inidoneità, imperizia.

attivaménte avv. alacremente, energicamente, intensamente, laboriosamente, operosamente **CONTR.** pigramente, fiaccamente, debolmente, lentamente, indolentemente, neghittosamente, oziosamente.

attivàre v. tr. mettere in azione, rendere operante, iniziare, avviare **CONTR.** disattivare, fermare, frenare, bloccare.

attivazióne s. f. messa in opera, avviamento **CONTR.** disattivazione, cessazione.

attivìsmo s. m. dinamismo, attività, energia **CONTR.** indolenza, pigrizia.

attivìsta s. m. e f. propagandista, agitatore.

attivìstico agg. dinamico, energico **CONTR.** indolente, fiacco, pigro.

attività s. f. **1** alacrità, energia, laboriosità, operosità, prontezza, risolutezza, solerzia, speditezza, vivacità, azione, dinamismo **CONTR.** pigrizia, accidia, fiacca, indolenza, lentezza, inerzia, neghittosità, ozio **2** (*econ.*) attivo **CONTR.** passività, passivo.

attìvo A agg. **1** (*di intelletto*) pratico **CONTR.** contemplativo **2** alacre, energico, laborioso, operoso, pronto, risoluto, solerte, spedito, vivace, dinamico, sollecito, volonteroso **CONTR.** pigro, abulico, fiacco, inattivo, indolente, inerte, inoperoso, lento, neghittoso, ozioso **3** (*gramm.*) **CONTR.** passivo **4** (*econ.*) positivo, proficuo, vantaggioso **CONTR.** passivo **B** s. m. (*econ.*) attività, profitto, entrate, crediti **CONTR.** passivo, debiti, deficit (*lat.*).

attizzàre v. tr. **1** (*di fuoco*) ravvivare, accendere, riaccendere **CONTR.** spegnere, estinguere, soffocare, smorzare **2** (*fig.*) (*di sentimento*) aizzare, eccitare, istigare, provocare, rinfocolare, suscitare, stuzzicare **CONTR.** calmare, placare, sopire, estinguere, sedare.

àtto (1) s. m. **1** azione, fatto, opera, operazione **2** atteggiamento, gesto, moto, movenza, movimento, mossa, cenno **3** comportamento, condotta, azione **4** (*est.*) (*di sentimento*) dimostrazione, espressione, estrinsecazione, manifestazione □ dichiarazione, attestazione **5** (*dir.*) documento giuridico □ contratto □ attestato **6** (*al pl.*) (*di relazioni, di interventi e sim.*) raccolta **7** (*di opera teatrale*) parte **FRAS.** *mettere in atto*, realizzare □ *all'atto pratico*, in pratica □ *prendere atto*, tener conto, constatare.

àtto (2) agg. **1** abile, adatto, capace, idoneo **CONTR.** inabile, incapace, inetto, inidoneo **2** appropriato, conveniente **CONTR.** disadatto, sconveniente.

attònito agg. impressionato, sbalordito, sorpreso, stupefatto, stupito, smarrito, stordito, incantato **CONTR.** impassibile, imperturbabile, indifferente, freddo.

attorcigliàre A v. tr. avvolgere, avviticchiare, attorcere **CONTR.** svolgere, spiegare **B attorcigliarsi** v. rifl. e intr. pron. avvolgersi, torcersi **CONTR.** svolgersi, spiegarsi.

attóre s. m. (f. *-trice*) **1** interprete, artista □ commediante, divo, stella, star (*ingl.*) **CONTR.** spettatore **2** (*fig.*) protagonista, eroe **CONTR.** spettatore **3** (*dir.*) citante, accusatore **CONTR.** convenuto, accusato.

attorniàre A v. tr. **1** circondare, cingere, accerchiare, far cerchio **2** (*fig.*) circuire, aggirare, ingannare **B attorniarsi** v. rifl. circondarsi.

attórno avv. e prep. in giro, intorno, all'intorno, in cerchio **FRAS.** *darsi d'attorno* (*fig.*), darsi da fare □ *levarsi d'attorno* (*fig.*), liberarsi □ *stare attorno* (*fig.*), occuparsi, importunare.

attraccàre v. tr. e intr. (*mar.*) ormeggiare, gettare l'ancora, approdare **CONTR.** disormeggiare, salpare, partire, prendere il largo.

attràcco s. m. (*mar.*) approdo **CONTR.** partenza.

attraènte part. pres. di **attrarre**; anche agg. seducente, gradevole, affascinante, piacente, simpatico, amabile, bello, piacevole **CONTR.** brutto, antipatico, repellente, ripugnante, ributtante, disgustoso, spiacevole, stomachevole.

attràrre v. tr. **1** attirare □ richiamare **CONTR.** allontanare, respingere **2** (*fig.*) allettare, lusingare, avvincere, sedurre, rapire, cattivare, affascinare, interessare **CONTR.** respingere, ripugnare, disgustare, stomacare, allontanare, infastidire, seccare, scocciare (*fam.*).

attrattìva s. f. fascino, seduzione, allettamento, lusinga, richiamo, incanto, malia □ interesse, simpatia **CONTR.** repulsione, ripugnanza, disgusto, schifo, nausea, antipatia, avversione.

attrattìvo agg. (*raro*) attraente, avvincente, seducente, allettante **CONTR.** repellente, ripugnante, odioso, antipatico, disgustoso.

attraversaménto s. m. **1** passaggio, transito **2** (*di strade*) incrocio.

attraversàre v. tr. **1** traversare, incrociare, valicare, varcare, oltrepassare, superare, penetrare, percorrere, fendere, solcare □ guadare, traghettare **2** (*fig.*) (*di tempo, di difficoltà, ecc.*) vivere, sperimentare, passare, trascorrere.

attraversàto part. pass. di **attraversare**; anche agg. **1** percorso, traversato, incrociato **2** (*fig.*) ostacolato, impedito **CONTR.** agevolato, aiutato.

attravèrso A avv. (*lett.*) trasversalmente, obliquamente, di sbieco, di sghembo **CONTR.** per diritto **B** prep. **1** da parte a parte, da una parte all'altra **2** mediante, per mezzo **3** trasversalmente.

attrazióne s. f. **1** (*fig.*) allettamento, attrattiva, fascino, lusinga, seduzione, richiamo, incanto, malia □ vivo interesse, simpatia **CONTR.** disgusto, antipatia, avversione, repulsione, ripugnanza, nausea, schifo **2** (*di spettacolo*) numero sensazionale, richiamo.

attrezzàre A v. tr. rifornire del necessario, arredare, corredare, equipaggiare **CONTR.** disattrezzare, sfornire **B attrezzarsi** v. rifl. fornirsi, equipaggiarsi.

attrezzàto part. pass. di **attrezzare**; anche agg. fornito, equipaggiato, corredato.

attrezzatùra s. f. attrezzi, corredo, equipaggiamento.

attrezzìsta s. m. e f. ginnasta □ (*teat.*) trovarobe.

attrézzo s. m. arnese, strumento, utensile □ arredo.

attribuìbile agg. assegnabile, riferibile.

attribuìre v. tr. **1** assegnare, concedere, accordare, aggiudicare □ addossare, affibbiare, appioppare **CONTR.** togliere, levare, privare, spogliare, espropriare **2** (*di opera, di colpa, ecc.*) ascrivere, ritenere □ imputare.

attribuìto part. pass. di **attribuire**; anche agg. **1** assegnato, accordato, aggiudicato □ addossato, affibbiato, appioppato **CONTR.** tolto, sottratto **2** (*di opera, di colpa, ecc.*) ascritto, ritenuto □ imputato.

attribùto s. m. **1** caratteristica, condizione, natura, proprietà, qualità, titolo **2** (*est.*) distintivo □ simbolo, segno, emblema, immagine **3** (*ling.*) aggettivo.

attribuzióne s. f. **1** assegnazione, conferimento **2** (*al pl.*) facoltà, poteri, diritti □ obblighi.

attrìto s. m. **1** (*fis.*) sfregamento, sfregatura, strofinio, confricazione (*raro*), logorio **2** (*fig.*) (*di persone*) contrasto, dissidio, discordia, dissenso, disaccordo, divergenza, urto **CONTR.** accordo, armonia, concordia, intesa, consenso, unanimità.

attuàbile agg. realizzabile, effettuabile, fattibile **CONTR.** inattuabile, irrealizzabile, impossibile.

attuabilità s. f. fattibilità, possibilità **CONTR.** inattuabilità.

attuàle agg. **1** presente, odierno □ fresco, nuovo **CFR.** passato □ futuro **2** in atto, effettivo, reale **CONTR.** potenziale, virtuale.

attualità s. f. **1** realtà, effettività, consistenza **CFR.** potenzialità, eventualità **2** modernità, novità □ moda, voga **CONTR.** inattualità.

attualizzàre v. tr. rendere attuale □ realizzare.

attualménte avv. **1** realmente, effettivamente **2** ora, adesso, oggi **CFR.** una volta, allora □ poi, domani, in futuro.

attuàre A v. tr. effettuare, realizzare, eseguire **CONTR.** distruggere, annullare □ differire, rimandare, soprassedere **B attuarsi** v. intr. pron. effettuarsi, realizzarsi, compiersi.

attuàto part. pass. di **attuare**; anche agg. effettuato, realizzato, eseguito **CONTR.** distrutto, annullato.

attuazióne s. f. realizzazione, effettuazione, esecuzione, compimento **CONTR.** differimento, dilazione, proroga, rinvio.

attutìre A v. tr. attenuare, smorzare, rintuzzare, mitigare, quietare, calmare, diminuire **CONTR.** acuire, esasperare, inasprire, irritare **B attutirsi** v. intr. pron. attenuarsi, quietarsi, acquietarsi, calmarsi, mitigarsi **CONTR.** acuirsi, esasperarsi, inasprirsi, irritarsi.

attutìto part. pass. di **attutire**; anche agg. attenuato, smorzato, mitigato, calmato, diminuito **CONTR.** acuito, inasprito.

audàce agg. **1** ardimentoso, coraggioso, intrepido, ardito, valoroso □ arrischiato, temerario **CONTR.** timido, timoroso, pauroso, trepidante, trepido (*lett.*), vile, vigliacco, pusillanime, codardo, coniglio **2** (*est.*) (*di film, di vestito, ecc.*) provocante, spinto □ insolente, sfacciato **CONTR.** sobrio, pudico, controllato **3** (*est.*) (*di idea, di moda, ecc.*) innovatore **CONTR.** tradizionale, sorpassato.

audacemènte avv. arditamente, coraggiosamente, intrepidamente, valorosamente **CONTR.** timidamente, paurosamente, vilmente, vigliaccamente, codardamente.

audàcia s. f. ardire, ardimento, arditezza, coraggio, intrepidezza, valore □ temerarietà **CONTR.** timidezza, timore, paura, codardia, viltà, vigliaccheria, pusillanimità.

àudio s. m. inv. (*tv.*) voce, suono **CONTR.** video.

audizióne s. f. ascolto, ascoltazione.

àuge s. f. solo sing. apice, culmine, vertice, massimo grado **FRAS.** *essere in auge*, essere al cul-

mine del successo.
auguràre A v. tr. auspicare □ desiderare, sperare CONTR. deprecare **B augurarsi** v. rifl. aspettarsi, sperare, ripromettersi.
auguràto part. pass. di **augurare**; anche agg. desiderato, sperato CONTR. deprecato.
augùrio s. m. **1** auspicio, indizio, presagio, pronostico, oroscopo **2** desiderio, speranza, voto CONTR. malaugurio, maledizione, iettatura.
augùsto agg. sacro, maestoso, venerabile, nobile, solenne CONTR. abietto, vile, spregevole.
àula s. f. **1** classe **2** sala.
àulico agg. **1** di corte **2** nobile, colto, raffinato, elevato, solenne CONTR. modesto, volgare, alla buona.
aumentàbile agg. estendibile, estensibile CONTR. diminuibile, abbassabile, riducibile, scemabile.
aumentàre A v. tr. accrescere, ingrandire, ampliare, amplificare, dilatare, estendere, gonfiare, ingrossare, allungare, prolungare, incrementare, maggiorare, sviluppare, moltiplicare, raddoppiare, triplicare, addizionare, aggiungere CONTR. calare, diminuire, ridurre, scemare, impiccolire, rimpiccolire, ribassare, sottrarre, togliere **B** v. intr. crescere, accrescersi, estendersi, ingrandirsi, ingrossarsi CONTR. calare, diminuire, ridursi, rimpiccolirsi, scemare.
auménto s. m. accrescimento, crescita, ampliamento, amplificazione, dilatazione, estensione, ingrandimento, ingrossamento, incremento, maggiorazione, accentuazione, arricchimento, moltiplicazione, sviluppo CONTR. calo, decremento, decrescenza, diminuzione, impiccolimento, rimpiccolimento, riduzione, sottrazione.
au pair /*fr.* o 'pɛr/ [loc. fr., propriamente 'alla pari'] loc. agg. e avv. (*di governante, di studentessa e sim.*) alla pari.
àureo agg. **1** d'oro **2** simile all'oro, dorato **3** (*est.*) luminoso, splendente CONTR. opaco, scuro, appannato **4** (*lett., fig.*) nobile, pregevole, prezioso, ottimo, perfetto CONTR. meschino, modesto, spregevole, vile, volgare.
aurèola s. f. **1** (*dei santi*) nimbo, raggiera **2** (*est.*) alone **3** (*fig.*) splendore di gloria, fama.
auròra o **auróra** s. f. **1** primo mattino □ (*est.*) alba CFR. tramonto, sera, notte **2** (*fig.*) inizio, principio CONTR. declino, tramonto, fine, termine, conclusione.
ausiliàre A agg. ausiliario, sussidiario, accessorio CONTR. primario, principale **B** s. m. e f. aiuto, aiutante, collaboratore, coadiutore, cooperatore, assistente.
ausiliàrio agg. e s. m. *V.* **ausiliare.**
auspicàbile agg. augurabile, desiderabile, sperabile □ gradito CONTR. deprecabile □ sgradito.
auspicàre v. tr. **1** (*lett., est.*) pronosticare **2** (*est.*) augurare, sperare □ patrocinare CONTR. deprecare, scongiurare.
auspicàto part. pass. di **auspicare**; anche agg. fausto, felice CONTR. infausto, infelice.
auspìcio s. m. **1** (*stor.*) divinazione **2** (*est.*) pronostico, presagio □ augurio **3** (*fig.*) protezione, favore, patrocinio CONTR. opposizione, ostilità, persecuzione.
austeraménte avv. **1** (*di mangiare, di vestire, ecc.*) sobriamente, parcamente, modestamente CONTR. raffinatamente, elegantemente **2** (*di trattare*) rigidamente, seriamente, severamente, gravemente, aspramente, fermamente CONTR. benignamente, bonariamente, dolcemente.
austerità s. f. **1** rigidezza, rigore, serietà, severità, gravità, asprezza, inflessibilità, durezza, fermezza □ solennità CONTR. bonarietà, benignità, clemenza, indulgenza, tolleranza, dolcezza **2** (*di cibo, di vestito, ecc.*) sobrietà, frugalità CONTR. raffinatezza, eleganza **3** (*econ.*) economia rigida, austerity (*ingl.*) CONTR. finanza allegra.
austerity /*ingl.* ɔ:'stɛriti/ [vc. ingl., dal fr. *austérité*, dal lat. *austeritāte(m)* 'austerità'] s. f. inv. austerità.
austèro agg. rigido, rigoroso, serio, severo, grave, aspro, inflessibile, duro, fermo □ solenne CONTR. benigno, bonario, clemente, corrivo, dolce, indulgente, tollerante.
australe agg. antartico, meridionale, sud CONTR. artico, boreale, settentrionale.
autarchìa s. f. **1** autocontrollo, self-control (*ingl.*) **2** autonomia, indipendenza CONTR. dipendenza, soggezione, sottomissione, servaggio.
autàrchico agg. **1** autonomo **2** nazionale, interno.
aut aut /*lat.* 'aut 'aut/ [lat., o... o] s. m. inv. alternativa □ scelta □ dilemma.
autenticaménte avv. veramente, fondatamente, genuinamente CONTR. falsamente.
autenticàre v. tr. **1** (*dir.*) (*di documento*) autentificare (*raro*), convalidare CONTR. invalidare, annullare **2** (*est.*) (*di opera d'arte, di dichiarazione, ecc.*) confermare, dichiarare autentico.
autenticàto part. pass. di **autenticare**; anche agg. convalidato, riconosciuto autentico CONTR. invalidato.
autenticazióne s. f. autentica, certificazione, convalida, convalidazione, omologazione, ratifica CONTR. invalidazione.
autenticità s. f. **1** (*di documento*) validità CONTR. falsità **2** (*di prodotto, ecc.*) genuinità, originalità, verità CONTR. contraffazione, falsificazione.
autèntico agg. **1** (*di documento*) valido, convalidato CONTR. invalidato, annullato **2** (*est.*) (*di prodotto*) vero, reale, genuino □ autorevole, degno di fede, credibile, attendibile CONTR. falso, falsificato, fittizio, inattendibile, incre-

dibile.

autìsta s. m. automobilista, pilota, conducente, conduttore □ chauffeur (*fr.*), autiere (*mil.*).

autoaccensióne s. f. autocombustione.

autoadesìvo agg. e s. m. adesivo.

autoambulànza s. f. autolettiga.

autoammirazióne s. f. autocompiacimento, autoesaltazione, narcisismo, vanagloria, vanità **CONTR.** autocommiserazione, vittimismo.

autobiografìa s. f. confessioni, memorie, ricordi, ricordanze (*lett.*).

autobiogràfico agg. personale.

autobótte s. f. autocisterna.

àutobus o **autobùs** [fr. *autobus*, comp. di *auto-* e *bus*] s. m. automezzo pubblico, bus □ filobus **FRAS.** *perdere l'autobus* (*fig.*), perdere l'occasione.

autocàrro s. m. camion, truck (*ingl.*).

autocistèrna s. f. autobotte.

autocombustióne s. f. autoaccensione.

autocommiserazióne s. f. vittimismo **CONTR.** autocompiacimento.

autocompiaciménto s. m. autoesaltazione, autoammirazione, narcisismo, vanità, vanagloria, ostentazione **CONTR.** autocommiserazione, vittimismo, modestia, riserbo, umiltà.

autocontròllo s. m. autarchia □ self-control (*ingl.*) **CONTR.** impulsività.

autocorrièra s. f. corriera.

autòcrate s. m. **1** sovrano assoluto □ (*est.*) despota, tiranno **2** (*fig.*) prepotente, soverchiatore **CONTR.** mite, umile, agnello.

autocrazìa s. f. governo assoluto, dispotismo, tirannia, tirannide **CONTR.** democrazia, liberalismo, parlamentarismo.

autòctono agg. indigeno, aborigeno, originario **CONTR.** allogeno, immigrato.

autodecisióne s. f. autodeterminazione.

autodeterminazióne s. f. autodecisione.

autòdromo o (*evit.*) **autodròmo** s. m. (*di automobili*) pista.

autogòl s. m. inv. (*nel calcio*) autorete.

autògrafo A agg. (*di scritto*) originale **CONTR.** apografo, apocrifo **B** s. m. **1** (*letter.*) originale **CONTR.** copia **2** (*est.*) firma.

autogrill [comp. di *auto-* e dall'ingl. *grill(room)* 'rosticceria'] s. m. inv. (*sulle autostrade*) ristorante, caffè-ristorante.

autolesionìsmo s. m. (*est.*) masochismo.

autolesionìsta s. m. e f. (*est.*) masochista.

autolettìga s. f. autoambulanza.

autolìnea s. f. autoservizio.

autòma s. m. robot.

automaticaménte avv. **1** macchinalmente, meccanicamente **2** (*fig.*) inconsciamente, inconsapevolmente, involontariamente **CONTR.** consciamente, consapevolmente, volontariamente.

automàtico agg. **1** (*tecnol.*) meccanico **CONTR.** manuale **2** (*fig.*) inconscio, inconsapevole, involontario **CONTR.** consapevole, volontario, voluto, fatto apposta **3** (*fig.*) (*di reazione*) conseguente, successivo.

automatìsmo s. m. meccanismo.

automatizzàre v. tr. meccanizzare.

automatizzazióne s. f. automazione.

automazióne s. f. automatizzazione, meccanizzazione.

automèzzo s. m. autoveicolo.

automòbile s. f. auto, autoveicolo, autovettura, macchina.

automobilìsta s. m. e f. (*di automobile*) autista, conducente, pilota, conduttore □ chauffeur (*fr.*).

automotrìce s. f. (*ferr.*) motrice, locomotiva, locomotrice, locomotore.

autonomìa s. f. **1** autarchia, libertà, indipendenza **CONTR.** dipendenza, soggezione, sottomissione, servitù, subordinazione **2** (*est.*) autosufficienza **3** (*polit.*) extraparlamentarismo.

autònomo A agg. **1** autosufficiente **2** (*est.*) libero, indipendente, staccato **CONTR.** dipendente, soggetto, subordinato, asservito **B** agg. e s. m. (*polit.*) extraparlamentare.

autopsìa s. f. necroscopia, sezione, dissezione.

autóre s. m. (f. *-trice*) **1** creatore, artefice, fattore □ inventore, scopritore, promotore, padre □ istigatore □ responsabile **2** artista, scrittore, letterato, poeta □ pittore, scultore, architetto.

autoréte s. f. autogol.

autorévole agg. qualificato, accreditato, stimato, considerato, prestigioso, potente, importante, influente **CONTR.** irrilevante, insignificante, trascurabile, screditato, squalificato.

autorevolézza s. f. autorità, prestigio, rilevanza, considerazione, importanza, potenza, influenza, credibilità □ competenza **CONTR.** irrilevanza, trascurabilità, modestia, nullità □ soggezione.

autorevolménte avv. con autorità, influentemente, prestigiosamente, considerevolmente, molto **CONTR.** modestamente, trascurabilmente, poco, per nulla.

autoriméssa s. f. rimessa, garage (*fr.*).

autorità s. f. **1** potere, potestà, diritto, forza, signoria, supremazia **CONTR.** dipendenza, obbedienza, soggezione, sottomissione, servitù **2** (*spec. al pl.*) (*est.*) personalità, capi □ boss (*ingl.*) □ persona autorevole **3** ascendente, influenza, influsso □ credito, prestigio, stima **CONTR.** cattiva fama, discredito.

autoritariaménte avv. (*est.*) dispoticamente, duramente, prepotentemente, arrogantemente **CONTR.** benignamente, bonariamente, mitemente.

autoritàrio agg. (*est.*) prepotente, dispotico, duro, arrogante **CONTR.** arrendevole, benigno, bonario, mite.

autoritarìsmo s. m. dispotismo, rigore, inflessibilità **CONTR.** arrendevolezza, bonarietà, mitezza.

autorizzàre v. tr. **1** permettere, consentire, concedere, accordare, tollerare **CONTR.** proibire, vietare, interdire, impedire, negare, precludere, rifiutare **2** giustificare, legittimare, approvare, convalidare **CONTR.** disapprovare, invalidare.
autorizzàto part. pass. di **autorizzare**; anche agg. **1** accordato, permesso, consentito **CONTR.** proibito, vietato **2** approvato, convalidato, legittimato **CONTR.** disapprovato, invalidato.
autorizzazióne s. f. permesso, consenso, concessione, licenza, nulla osta **CONTR.** proibizione, divieto, interdizione, preclusione, rifiuto.
autoservìzio s. m. autolinea.
autosufficiènte agg. autonomo **CONTR.** dipendente □ andicappato.
autosufficiènza s. f. autonomia **CONTR.** dipendenza □ handicap (*ingl.*).
autotelàio s. m. chassis (*fr.*).
autotrèno s. m. tir, autoarticolato, articolato.
autoveìcolo s. m. automezzo.
autovettùra s. f. automobile, auto, macchina.
autùnno s. m. **1** stagione autunnale **2** (*est.*, *fig.*) declino.
àva s. f. nonna, avola (*lett.*), antenata, progenitrice.
avallàre v. tr. **1** (*di cambiale, ecc.*) garantire **2** (*fig.*) (*di tesi, di prove, ecc.*) sostenere, confermare, garantire, approvare, consentire **CONTR.** rifiutare, disapprovare, dissentire.
avampósto s. m. posto avanzato, piccolo reparto, scolta.
avance /*fr.* a'vãs/ [vc. fr., da *avancer* 'avanzare'] s. f. inv. approccio, proposta, profferta.
avanguàrdia s. f. **1** reparto avanzato **CONTR.** retroguardia **2** (*est.*, *fig.*) (*di movimento culturale*) innovazione, movimento innovatore **CONTR.** reazione **FRAS.** *essere all'avanguardia* (*fig.*), essere davanti agli altri, precedere.
avanguardista s. m. e f. (*di movimento culturale*) innovatore, antitradizionalista **CONTR.** reazionario.
avanscopèrta s. f. ricognizione, esplorazione.
avanspettàcolo s. m. varietà.
avànti **A** avv. **1** (*di spazio*) innanzi, dinnanzi **CONTR.** dietro, indietro **2** (*di tempo*) prima, dapprima, antecedentemente **CONTR.** poi, dopo, in seguito, posteriormente **B** prep. **1** (*di spazio*) davanti, dinnanzi **CONTR.** dietro **2** (*di tempo*) prima di **CONTR.** dopo **C** in funzione di agg. (posposto a un s.) prima, precedente **CONTR.** dopo, seguente, successivo **D** s. m. inv. (*nel calcio*) attaccante **E** inter. **1** si accomodi!, accomodati!, ecc. **2** forza!, coraggio! **FRAS.** *andare avanti* (*fig.*), fare progressi □ *tirare avanti* (*fig.*), vivere □ *farsi avanti* (*fig.*), mettersi in vista □ *essere avanti* (*fig.*), essere a buon punto □ *d'ora in avanti*, d'ora in poi.
avant'ièri o **avantièri** avv. l'altro ieri, ieri l'altro, ierlaltro.
avanzaménto s. m. **1** avanzata **CONTR.** ritirata, retrocessione **2** (*bur.*) promozione **CONTR.** degradazione, destituzione, retrocessione **3** (*fig.*) progresso, accrescimento, incremento **CONTR.** regresso, diminuzione.
avanzàre (1) **A** v. intr. **1** andare avanti, venire avanti, procedere, inoltrarsi **CONTR.** indietreggiare, retrocedere, ritirarsi, arretrare **2** (*fig.*) (*di carriera, di studio, ecc.*) progredire, migliorare **CONTR.** regredire **3** (*di costruzione*) sporgere in fuori **CONTR.** rientrare **B** v. tr. **1** (*di cosa*) portare in avanti, spingere avanti **CONTR.** ritirare **2** (*fig.*) (*di proposta, di domanda, ecc.*) presentare, proporre, porgere, affacciare **3** (*fig.*) (*in abilità, ecc.*) superare, vincere, sorpassare **CONTR.** essere inferiore **4** (*fig.*) (*di carriera*) elevare, promuovere **CONTR.** far retrocedere, degradare **C** **avanzarsi** v. intr. pron. **1** farsi innanzi, camminare **CONTR.** farsi indietro, retrocedere, indietreggiare, arretrare, ritirarsi **2** (*fig.*) approssimarsi, avvicinarsi **CONTR.** allontanarsi.
avanzàre (2) **A** v. tr. **1** dover avere, essere creditore **CONTR.** dovere, essere debitore **2** risparmiare, mettere da parte **CONTR.** spendere, consumare, sperperare, scialacquare **B** v. intr. rimanere, restare, essere d'avanzo, sovrabbondare **CONTR.** mancare, scarseggiare.
avanzàta s. f. avanzamento, progresso □ puntata offensiva, vittoria **CONTR.** ritirata, indietreggiamento, retrocessione, arretramento, regresso.
avanzàto part. pass. di **avanzare (1)**; anche agg. **1** collocato avanti **CONTR.** retrocesso **2** (*fig.*) avvantaggiato **CONTR.** svantaggiato **3** (*fig.*) (*di persone, di idee, ecc.*) innovatore, evoluto, progredito **CONTR.** tradizionalista, conservatore, retrogrado **4** (*di tempo*) inoltrato, maturo **CONTR.** prematuro, precoce.
avànzo s. m. **1** resto, residuo, rimanenza, reliquia, rimanente, rimasuglio, ritaglio, scampolo, pezzo, eccedenza, sovrabbondanza □ risparmio **CONTR.** intero, totale, il tutto **2** (*al pl.*) rovine, ruderi, macerie **3** (*mat.*) resto **FRAS.** *avanzo di galera, avanzo di forca*, delinquente.
avaraménte avv. grettamente, sordidamente, meschinamente **CONTR.** generosamente, liberalmente, abbondantemente.
avarìa s. f. (*di nave, di motore, ecc.*) danno, guasto, rottura □ (*est.*) deterioramento.
avariàre **A** v. tr. guastare, danneggiare, rovinare, sciupare, deteriorare **B** v. intr. e **avariarsi** intr. pron. guastarsi, rovinarsi, sciuparsi, deteriorarsi.
avariàto part. pass. di **avariare**; anche agg. guasto, danneggiato, rovinato, deteriorato, corrotto, fradicio, marcio **CONTR.** sano, intatto, perfetto, funzionante.
avarìzia s. f. spilorceria, taccagneria, tirchieria, grettezza, sordidezza, pidocchieria, pitoccheria, cupidigia, esosità, avidità **CONTR.** genero-

sità, larghezza, liberalità, magnificenza, grandiosità □ prodigalità.

avàro agg. e s. m. **1** taccagno, tirchio, spilorcio, gretto, sordido, pitocco, tirato, avido, esoso, meschino, pittima, arpagone, cacastecchi (*pop.*, *spreg.*), stitico (*fam.*) **CONTR.** generoso, largo, liberale, magnanimo, magnifico, splendido, disinteressato, prodigo, spendaccione **2** (*fig.*) (*di raccolto, di terra, ecc.*) scarso □ magro, improduttivo, povero **CONTR.** abbondante □ fecondo, fertile, rigoglioso □ ricco.

àve [vc. dotta, lat. *ăve*, formula di saluto] **A** inter. salve!, salute! **B** s. f. e m. inv. avemaria.

avellàno s. m. (*bot.*) nocciolo.

avèllo s. m. (*lett.*) tomba, sarcofago, sepolcro.

avére A v. tr. **1** possedere, essere fornito, essere provvisto **CONTR.** mancare, essere sprovvisto **2** (*di cose, vestiti, scarpe, ecc.*) tenere, portare □ indossare, vestire, calzare **3** (*di posto, di lettera, ecc.*) ottenere, conseguire, ricevere, acquistare **CONTR.** respingere, ricusare, rifiutare **4** (*di febbre, di malattia, ecc.*) essere affetto, essere in preda **5** (*di fame, di sonno, ecc.*) provare, sentire □ soffrire **6** (*seguito da agg. o sost.*) stimare, giudicare, ritenere, reputare **B** v. intr. (*raro*) esserci **C** in funzione di s. m. spec. al pl. ricchezze, beni, sostanze, denaro **FRAS.** *avere a che fare*, avere rapporti □ *averne fin sopra i capelli* (o *gli occhi*) (*fig.*), essere arcistufo □ *avercela con uno*, provare rancore verso uno □ *avere del padre*, assomigliare al padre □ *avere a mente*, ricordare □ *aversela a male*, offendersi.

aviatóre s. m. (f. *-trice*) pilota.

aviazióne s. f. **1** aeronautica **2** (*est.*) arma aerea.

avidaménte avv. con avidità, bramosamente, ingordamente, golosamente, cupidamente **CONTR.** moderatamente, svogliatamente, apaticamente.

avidità s. f. brama, cupidigia, ingordigia, desiderio, voglia, golosità, fame, sete **CONTR.** sazietà, svogliatezza, indifferenza.

àvido agg. bramoso, desideroso, cupido, voglioso, ingordo, goloso, affamato, assetato **CONTR.** sazio, satollo, pieno, disdegnoso, indifferente.

àvo s. m. **1** (*lett.*) nonno, avolo (*lett.*) **2** (*spec. al pl.*) antenato.

avùlso agg. strappato, divelto □ separato, staccato **CONTR.** piantato, conficcato, infisso □ unito, riunito.

avvalérsi v. intr. pron. valersi, giovarsi, servirsi **CONTR.** respingere, rifiutare, ricusare.

avvallaménto s. m. abbassamento, depressione, cedimento, frana, incavo, incavatura, infossamento, scoscendimento **CONTR.** rialto, rilievo, prominenza, sporgenza, altura.

avvallàre A v. tr. (*raro, lett.*) abbassare, volgere a terra **CONTR.** alzare, sollevare **B avvallarsi** v. intr. pron. abbassarsi, incavarsi, infossarsi, cedere, franare, scoscendere, formare una depressione **CONTR.** elevarsi, alzarsi, rialzarsi, sollevarsi, risollevarsi.

avvallàto part. pass. di **avvallare**; anche agg. depresso, incavato □ incassato **CONTR.** sporgente, prominente, rilevato.

avvaloràre A v. tr. dare valore, convalidare, confermare, comprovare, appoggiare **CONTR.** togliere valore, invalidare **B avvalorarsi** v. intr. pron. rafforzarsi, acquistar vigore **CONTR.** indebolirsi.

avvampàre A v. intr. **1** prender fuoco, accendersi, divampare, infiammarsi, ardere, bruciare **CONTR.** spegnersi, smorzarsi, estinguersi **2** (*di sdegno, di rabbia, ecc.*) arrossire **CONTR.** impallidire **3** (*di cielo, ecc.*) risplendere, rilucere, brillare **CONTR.** essere opaco **B** v. tr. infiammare, far bruciare **CONTR.** raffreddare.

avvantaggiàre A v. tr. dare vantaggio, accrescere, aumentare, incrementare, migliorare **CONTR.** diminuire, danneggiare, peggiorare **B avvantaggiarsi** v. rifl. **1** procurarsi un vantaggio, approfittare, trarre profitto **CONTR.** perdere **2** (*est.*) approfittare **3** (*est.*) prevalere, sopravanzare **CONTR.** essere inferiore.

avvantaggiàto part. pass. di **avvantaggiare**; anche agg. favorito **CONTR.** svantaggiato.

avvedérsi v. intr. pron. rendersi conto, accorgersi, avvertire, capire, comprendere.

avvedutaménte avv. accortamente, scaltramente, astutamente **CONTR.** avventatamente, sventatamente, ingenuamente.

avvedutézza s. f. accortezza, astuzia, scaltrezza, sagacia, accorgimento □ avvertenza, cautela, consapevolezza **CONTR.** avventatezza, sconsideratezza, sventatezza, ingenuità.

avvedùto part. pass. di **avvedersi**; anche agg. sagace, accorto, astuto, scaltro, furbo □ cauto, giudizioso, prudente **CONTR.** avventato, sconsiderato, sventato, semplicione, ingenuo.

avvelenaménto s. m. intossicazione **CONTR.** disintossicazione.

avvelenàre A v. tr. **1** (*di cibo, ecc.*) rendere velenoso, versare veleno **CONTR.** disintossicare **2** (*di persona*) intossicare □ uccidere col veleno **3** (*fig.*) turbare, amareggiare **CONTR.** allietare, rallegrare, addolcire, raddolcire **4** (*fig.*) guastare, corrompere, rovinare **CONTR.** salvare, redimere **B avvelenarsi** v. rifl. **1** prendere il veleno, intossicarsi **CONTR.** disintossicarsi **2** uccidersi col veleno.

avvelenàto part. pass. di **avvelenare**; anche agg. **1** intossicato **CONTR.** disintossicato **2** ucciso col veleno **3** velenoso **CONTR.** innocuo **4** (*fig.*) irato, rabbioso **CONTR.** bonario, calmo, mite, mansueto **5** (*fig.*) guastato, corrotto, rovinato **CONTR.** salvato, redento **FRAS.** *avere il dente avvelenato* (*fig.*), nutrire rancore.

avvenènte agg. bello, leggiadro, grazioso, piacente, amabile **CONTR.** brutto, mostruoso, sgraziato, goffo, rozzo, deforme.

avvenènza s. f. bellezza, grazia, leggiadria, amabilità, gentilezza di modi **CONTR.** bruttezza, deformità, mostruosità, sgraziataggine, goffaggine, rozzezza.

avveniménto s. m. fatto, evento □ accadimento (*raro*), accidente, caso, avventura, vicenda, circostanza, congiuntura, episodio, evenienza.

avvenìre (1) v. intr. accadere, capitare, succedere, seguire, intervenire (*lett.*), verificarsi, aver luogo.

avvenìre (2) A agg. inv. futuro, venturo **CONTR.** passato, trascorso **B** s. m. inv. **1** futuro, domani **CONTR.** passato **2** (*est.*) sorte □ benessere, grandezza.

avventàre A v. tr. **1** (*di cosa*) scagliare, gettare, lanciare, proiettare, vibrare **CONTR.** trattenere **2** (*fig.*) (*di giudizio, ecc.*) dire a caso, azzardare **B avventarsi** v. rifl. lanciarsi, gettarsi, scagliarsi, precipitarsi, assalire, investire **CONTR.** frenarsi, trattenersi.

avventataménte avv. inconsideratamente, sconsideratamente, imprudentemente, irriflessivamente **CONTR.** consideratamente, ponderatamente, prudentemente.

avventatézza s. f. imprudenza, inconsideratezza, sconsideratezza, sventatezza, leggerezza, precipitazione **CONTR.** consideratezza, ponderatezza, prudenza, riflessione.

avventàto part. pass. di **avventare**; anche agg. e s. m. imprudente, inconsiderato, sconsiderato, incauto, irriflessivo, precipitoso, frettoloso **CONTR.** cauto, guardingo, prudente, ponderato, riflessivo.

avventìzio agg. temporaneo, provvisorio, instabile, incerto, casuale, accidentale, occasionale **CONTR.** stabile, duraturo, fisso, certo.

avvènto s. m. **1** venuta, arrivo **CONTR.** partenza, dipartita **2** (*est.*) (*al trono, ecc.*) assunzione, elevazione **CONTR.** destituzione, rimozione.

avventóre s. m. (f. *-trice*) cliente, frequentatore assiduo, habituè (*fr.*).

avventùra s. f. **1** avvenimento, fatto, caso, vicenda, imprevisto □ impresa rischiosa **2** amore passeggero, flirt (*ingl.*).

avventuràre A v. tr. affidare, arrischiare, azzardare **B avventurarsi** v. rifl. arrischiarsi □ tentare, azzardare.

avventurièro A s. m. **1** giramondo, girovago **2** (*est.*) imbroglione, gabbamondo, impostore, lestofante, mestatore **CONTR.** galantuomo, brav'uomo **B** agg. amante dell'avventura.

avventuróso agg. **1** (*di persona*) avventuriero **2** (*est.*) (*di viaggio, ecc.*) ricco di avventure □ rischioso, pericoloso **CONTR.** sicuro, tranquillo **3** (*lett.*) avventurato, fausto, favorevole, felice, propizio **CONTR.** sfortunato, infausto, infelice, sfavorevole.

avveràre A v. tr. concretare, realizzare, attuare, effettuare **B avverarsi** v. intr. pron. realizzarsi, attuarsi, effettuarsi, adempiersi, verificarsi.

avversaménte avv. contrariamente, sfavorevolmente **CONTR.** favorevolmente.

avversàre v. tr. contrariare, perseguitare, contrastare, osteggiare, opporsi, odiare **CONTR.** secondare, assecondare, aiutare, appoggiare, favorire, sostenere.

avversàrio A s. m. antagonista, competitore, contendente, emulo, rivale □ nemico **CONTR.** alleato, amico, compagno, socio **B** agg. contrario, avverso, ostile, nemico **CONTR.** amico, favorevole.

avversàto part. pass. di **avversare**; anche agg. combattuto, ostacolato, osteggiato **CONTR.** aiutato, appoggiato, favorito.

avversióne s. f. ostilità, antipatia, odio, malanimo, ripugnanza, repulsione, disgusto, aborrimento **CONTR.** amore, simpatia, inclinazione, propensione, predilezione, preferenza, benevolenza.

avversità s. f. spec. al pl. calamità, disgrazia, contrarietà, sfortuna, sventura, disdetta, iella (*fam.*), scalogna (*fam.*), iattura, sciagura **CONTR.** fortuna, felicità, successo, ventura, cuccagna, buon vento.

avvèrso A agg. contrario, sfavorevole, nemico, malevolo, ostile □ disgraziato, sfortunato **CONTR.** amico, favorevole, fausto, propizio, benigno, benevolo **B** prep. contro **CONTR.** per, a favore, pro.

avvertènza s. f. **1** attenzione, cautela, cura, accorgimento, accortezza, circospezione, consideratezza, considerazione, diligenza, precauzione, riflessione **CONTR.** avventatezza, disavvertenza, distrazione, inavvedutezza, imprudenza, imprevidenza, sconsideratezza **2** ammonimento, avviso, avvertimento, consiglio, indicazione **3** (*spec. al pl.*) istruzioni, informazioni.

avvertìbile agg. percepibile, percettibile, osservabile **CONTR.** impercettibile, impalpabile, invisibile.

avvertiménto s. m. ammonimento, ammonizione, avvertenza, avviso, consiglio, istruzione, esortazione, raccomandazione, suggerimento.

avvertìre v. tr. **1** avvisare, informare, annunciare, far sapere **CONTR.** tenere all'oscuro **2** ammonire, consigliare, esortare, indurre, raccomandare, suggerire, far intendere **CONTR.** sconsigliare, dissuadere, distogliere **3** notare, osservare, percepire, sentire.

avvertìto part. pass. di **avvertire**; anche agg. **1** ammonito, informato, avvisato **CONTR.** tenuto all'oscuro **2** accorto, avveduto, vigile **CONTR.** malaccorto, disavveduto, sbadato, sventato.

avvezzàre A v. tr. abituare, assuefare, educare **CONTR.** disabituare, disavvezzare, divezzare **B avvezzarsi** v. rifl. abituarsi, assuefarsi **CONTR.** disabituarsi, disavvezzarsi.

avvézzo agg. abituato, avvezzato, assuefatto **CONTR.** disabituato, disavvezzo.

avviaménto s. m. **1** avvio, incamminamento, indirizzo, instradamento, iniziazione, preparazione, propedeutica, inizio, principio **CONTR.** conclusione, fine, termine **2** (*di impresa commerciale*) valore **3** (*mecc.*) (*di motore*) messa in moto.

avviàre A v. tr. **1** (*di persona*) indirizzare, incamminare, instradare □ addestrare **CONTR.** arrestare, fermare, trattenere **2** (*di lavoro, ecc.*) cominciare, iniziare, intraprendere **CONTR.** concludere, finire, terminare **3** (*di motore*) mettere in moto **CONTR.** fermare, bloccare **B avviarsi** v. intr. pron. **1** (*di persona*) mettersi in via, incamminarsi □ (*fig.*) indirizzarsi **CONTR.** fermarsi, trattenersi, sostare **2** (*di motore*) mettersi in moto **3** (*fig.*) prepararsi, stare per.

avviàto part. pass. di **avviare**; anche agg. **1** incamminato, indirizzato **2** (*di lavoro*) incominciato, iniziato **CONTR.** concluso, finito, terminato **3** (*fig.*) (*di commercio, di negozio, ecc.*) prospero, attivo **CONTR.** regredito, passivo.

avvicendaménto s. m. rotazione, turno, vicenda, giro, alternanza.

avvicendàre A v. tr. alternare, mutare, cambiare **B avvicendarsi** v. rifl. rec. alternarsi, succedersi.

avvicinàbile agg. (*fig.*) abbordabile, accessibile, accostabile, affabile, cordiale, gentile, alla buona, alla mano **CONTR.** inabbordabile, burbero, intrattabile, sgarbato, scontroso, scostante, orso.

avvicinaménto s. m. accostamento, ravvicinamento **CONTR.** allontanamento, scostamento, distacco.

avvicinàre A v. tr. **1** mettere vicino, accostare, appressare, approssimare **CONTR.** allontanare, scostare, discostare, rimuovere **2** abbordare, entrare in rapporto **B avvicinarsi** v. intr. pron. **1** farsi vicino, accostarsi, appressarsi **CONTR.** allontanarsi, scostarsi, staccarsi **2** (*fig.*) assomigliarsi, essere simile **CONTR.** differire, distinguersi.

avvilènte part. pres. di **avvilire**; anche agg. deprimente, demoralizzante, mortificante **CONTR.** rincorante, incoraggiante.

avviliménto s. m. accasciamento, abbattimento, depressione, scoraggiamento, scoramento, costernazione, demoralizzazione, prostrazione □ abiezione, degradazione, umiliazione **CONTR.** ardimento, baldanza, esaltazione, coraggio, sicurezza, arditezza, animo, conforto, sollievo.

avvilìre A v. tr. **1** svilire, sminuire, degradare, svalutare **CONTR.** rivalutare, valorizzare **2** deprimere, sconfortare, scoraggiare, umiliare **CONTR.** confortare, riconfortare, rianimare, rinfrancare, incoraggiare, sollevare **B avvilirsi** v. intr. pron. **1** perdersi d'animo, abbattersi, accasciarsi, deprimersi, smarrirsi, scoraggiarsi, disperare **CONTR.** rinfrancarsi, rianimarsi, rincorarsi, farsi coraggio **2** umiliarsi, degradarsi **CONTR.** elevarsi, nobilitarsi.

avvilìto part. pass. di **avvilire**; anche agg. depresso, sconfortato, disanimato, mogio **CONTR.** euforico, felice, vivace, soddisfatto, contento, raggiante.

avviluppàre A v. tr. avvolgere, aggrovigliare, intricare **CONTR.** svolgere, disinvolgere, districare, sciogliere, aprire **B avvilupparsi** v. rifl. ravvolgersi **C** v. intr. pron. ingarbugliarsi, imbrogliarsi, intricarsi **CONTR.** districarsi.

avvinazzàto part. pass. di **avvinazzare**; anche agg. e s. m. ubriaco, alticcio, sborniato, sbronzo.

avvincènte part. pres. di **avvincere**; anche agg. affascinante, seducente, suggestivo, attraente, fascinoso **CONTR.** scostante, repellente, ripugnante, sgradevole.

avvincere v. tr. **1** (*lett.*) legare, stringere **CONTR.** slegare, sciogliere **2** (*fig.*) attrarre, affascinare, ammaliare, sedurre **CONTR.** allontanare, disgustare, ripugnare, stomacare, nauseare.

avvinghiàre A v. tr. cingere, stringere, avviticchiare **CONTR.** svincolare, liberare **B avvinghiarsi** v. rifl. rec. stringersi, abbarbicarsi, avviticchiarsi **CONTR.** svincolarsi, liberarsi.

avvìnto part. pass. di **avvincere**; anche agg. **1** avvinghiato, stretto **CONTR.** svincolato, sciolto **2** (*fig.*) affascinato, attratto, ammaliato, sedotto **CONTR.** disgustato, nauseato, stomacato.

avvìo s. m. avviamento, principio, inizio, mossa **CONTR.** conclusione, fine, termine.

avvisàglia s. f. **1** indizio, sintomo, presentimento, cenno, prodromo **2** (*mil.*) breve combattimento, scaramuccia.

avvisàre v. tr. **1** dare avviso, avvertire, far sapere, annunciare, informare, riferire, riportare **2** ammonire, consigliare, esortare, persuadere, suggerire **CONTR.** dissuadere, sconsigliare.

avvisàto part. pass. di **avvisare**; anche agg. avvertito, informato **CONTR.** lasciato all'oscuro.

avvìso s. m. **1** avvertimento, avvertenza, annuncio, notizia, notificazione, comunicazione, informazione, nuova, partecipazione **2** foglio affisso, bando, manifesto, cartellone, tabella **3** inserzione (pubblicitaria) **4** consiglio, ammonimento, ammonizione, monito (*lett.*) **5** parere, opinione, idea.

avvistàre v. tr. scorgere, riconoscere, distinguere.

avvistàto part. pass. di **avvistare**; anche agg. scorto, riconosciuto.

avvitàre A v. tr. invitare, stringere, fermare **CONTR.** svitare **B avvitarsi** v. rifl. (*aer.*) cadere a vite.

avvizziménto s. m. appassimento, deperimento □ (*fig.*) invecchiamento **CONTR.** rifiorimento □ (*fig.*) ringiovanimento.

avvizzìre A v. tr. rendere vizzo, fare appassire □ (*fig.*) invecchiare **CONTR.** far rifiorire □ (*fig.*) ringiovanire **B** v. intr. diventare vizzo, appassire □ (*fig.*) invecchiare, intristire **CONTR.**

prosperare, rifiorire □ (*fig.*) ringiovanire.

avvocàto s. m. **1** dottore in diritto, laureato in legge □ legale, procuratore □ leguleio (*spreg.*), azzeccagarbugli, cavalocchio, mozzorecchi (*spreg.*), paglietta (*dial.*) **2** (*est.*) protettore, patrocinatore, patrono, consulente, consigliere, difensore.

avvolgènte part. pres. di **avvolgere**; anche agg. circondante.

avvòlgere A v. tr. **1** affagottare, accartocciare, arrotolare, avviluppare, avvoltolare, ravvoltolare, aggomitolare, aggrovigliare, imballare, incartare, involgere, ravvolgere, fasciare, attorcigliare **CONTR.** svolgere, scartare, scartocciare, sciogliere, aprire **2** ricoprire, rivestire **3** (*raro*, *fig.*) aggirare, ingannare **B avvolgersi** v. intr. pron. girarsi intorno □ (*est.*) aggrovigliarsi, attorcigliarsi **C** v. rifl. avvilupparsi, avvoltolarsi, ravvolgersi, cingersi, stringersi addosso **CONTR.** levarsi, liberarsi, togliersi, deporre.

avvolgìbile A agg. arrotolabile **B** s. m. persiana, tapparella (*pop.*).

avvolgiménto s. m. **1** avviluppamento, arrotolamento, ravvolgimento □ giro, rotolo, viluppo **CONTR.** scioglimento, sviluppo, svolgimento **2** (*fig.*, *raro*) imbroglio, inganno, intrigo, raggiro **3** (*mil.*) aggiramento, manovra avvolgente.

avvòlto part. pass. di **avvolgere**; anche agg. involto, ravvolto, avviluppato, fasciato, attorto, attorcigliato **CONTR.** sciolto, svolto, aperto.

avvoltóio s. m. (*fig.*) persona avida, rapace.

azièndа s. f. amministrazione, impresa □ ditta, ente.

azionàre v. tr. muovere, avviare, far funzionare, accendere **CONTR.** fermare, frenare, bloccare, spegnere.

azióne (1) s. f. **1** opera, operazione, operato, attività, lavoro □ moto, movimento **CONTR.** inattività, inerzia, inazione, ozio **2** atto, fatto, impresa, iniziativa, gesto, mossa **3** manifestazione **4** fatto d'armi, scontro, battaglia **5** (*di opera*) soggetto, svolgimento, trama **6** (*dir.*) causa, processo **7** (*sport*) manovra.

azióne (2) s. f. (*di capitale*) quota, parte, titolo di credito.

azzannàre v. tr. **1** afferrare, addentare **CONTR.** lasciar andare, mollare **2** (*fig.*, *raro*) criticare, denigrare **CONTR.** elogiare, lodare.

azzardàre A v. tr. **1** arrischiare, rischiare, avventurare, osare, mettere a repentaglio **2** (*di proposta, di domanda, ecc.*) fare, avanzare **B azzardarsi** v. intr. pron. arrischiarsi, cimentarsi, osare.

azzardàto part. pass. di **azzardare**; anche agg. audace, temerario, arrischiato, avventato **CONTR.** cauto, guardingo, prudente, timoroso.

azzàrdo s. m. **1** pericolo, rischio **CONTR.** sicurezza, tranquillità **2** caso, fortuna, sorte, alea, biribissi.

azzeccagarbùgli s. m. leguleio (*spreg.*), cavalocchio, mozzorecchi (*spreg.*), paglietta (*dial.*).

azzeccàre v. tr. **1** colpire nel segno □ affibbiare, appioppare, assestare, menare, vibrare **CONTR.** sbagliare la mira **2** (*fig.*) indovinare, imbroccare □ riuscir bene **CONTR.** fallire, sbagliare, errare.

azzeccàto part. pass. di **azzeccare**; anche agg. colto nel segno □ (*fig.*) indovinato **CONTR.** sbagliato.

azzeràre v. tr. **1** portare a zero **2** (*est.*) annullare, cancellare.

azzimàto agg. vestito con cura, acconciato, attillato, agghindato, abbellito, lisciato **CONTR.** sciatto, trasandato, sciamannato (*tosc.*).

azzittìre A v. tr. azzittare, far tacere **CONTR.** far parlare **B** v. intr. e **azzittirsi** intr. pron. azzittarsi, far silenzio, tacere **CONTR.** parlare.

azzuffàrsi v. rifl. e rifl. rec. venire alle mani, picchiarsi, abbaruffarsi, accapigliarsi, attaccar briga, rissare, questionare, litigare **CONTR.** rappacificarsi, rappaciarsi, pacificarsi, riconciliarsi.

azzùrro agg. e s. m. **1** blu, turchino, zaffiro, celeste, ceruleo (*lett.*), cilestrino (*lett.*), pervinca **2** (*sport*) italiano, nazionale **FRAS.** *pesce azzurro*, sardine, acciughe, sgombri □ *il principe azzurro* (*est.*), lo sposo ideale, lo sposo sognato.

azzurrógnolo o **azzurrògnolo** agg. azzurro pallido, azzurrastro, grigio-azzurro.

b, B

b s. m. o f. **FRAS.** *di serie b* (*fig.*), inferiore, di qualità inferiore, meno importante, scadente **CONTR.** eccellente, ottimo, superiore.

babàu s. m. **1** mostro, spauracchio **2** (*est.*) persona terribile.

babbèo agg.; anche s. m. sciocco, semplicione, scimunito, stupido, balordo **CONTR.** intelligente, vivace, scaltro, furbo, marpione.

bàbbo s. m. (*fam.*) padre, papà (*fam.*), pa' (*merid.*), genitore (*lett.*).

babbùccia s. f. pantofola, pianella, scarpina (di lana).

babbuìno s. m. (*fig.*) babbeo, balordo, sciocco.

babèle [dalla biblica torre di *Babele*, dal cui crollo ebbe inizio la confusione delle lingue] s. f. confusione, disordine, trambusto, casino (*pop.*), bailamme, baraonda, cagnara (*fam.*), diavolio, cancan **CONTR.** ordine, tranquillità, pace, quiete, silenzio.

babórdo s. m. **1** (*di nave*) fianco sinistro **CONTR.** tribordo **2** (*mar.*) sinistra **CONTR.** dritta.

baby /*ingl.* 'beibi/ [ingl., dim. di *babe*, voce infant.] **A** s. m. e f. inv. **1** neonato **2** bambino **B** s. f. inv. (*fam.*) ragazza, giovane donna **C** in funzione di agg. **1** (*di abiti*, *di moda*) infantile, per bambino **2** (*di misura*) piccolo **CFR.** grande, medio.

baby-sitter /*ingl.* 'beibi 'sitə/ [lett. 'assistente (*sitter*) di bambino (*baby*)'] s. f. e m. inv. bambinaia, sorvegliante (di bambini), custode (di bambini), nurse (*ingl.*), bonne (*fr.*), fräulein (*ted.*), dada (*fam.*).

bacàre A v. tr. **1** (*di cibo*) guastare **2** (*fig.*) (*di animo*, *di mente*) corrompere, contaminare **CONTR.** risanare, guarire **B** v. intr. e **bacarsi** intr. pron. **1** (*di cibo*) far vermi, guastarsi **2** (*fig.*) (*di mente*, *di animo*) corrompersi, contaminarsi **CONTR.** risanare, guarire.

bacàto part. pass. di **bacare**; anche agg. **1** (*di cibo*) guastato dai bachi, guasto **CONTR.** sano, intatto, senza bachi **2** (*fig.*) (*di mente*, *di animo*) guasto, corrotto, deviato, viziato □ malato, con idee sbagliate **CONTR.** sano, pulito, chiaro.

bàcca s. f. **1** (*bot.*) chicco, grano □ coccola □ bagola (*dial.*) **2** (*di collana*) perla, grana, grano.

baccalà s. m. **1** merluzzo (salato ed essiccato) □ (*pop.*, *sett.*) stoccafisso **2** (*fig.*) persona magra, persona allampanata **CONTR.** ciccione, grassone **3** (*fig.*) stupido, sciocco, babbeo **CONTR.** furbo, scaltro, dritto.

baccalaureàto s. m. **1** (*in Francia*) baccellierato, licenza superiore □ (*nei paesi anglosassoni*) laurea **2** diplomato, laureato.

baccanàle [dal lat. *Bacchanāle*, festa in onore di Bacco] s. m. spec. al pl. orgia, festa orgiastica □ baldoria, gozzoviglia, festa chiassosa.

baccàno s. m. fracasso, frastuono, chiasso, strepito, clamore, cagnara (*fam.*), cancan, diavolio, schiamazzo, bailamme, casino (*pop.*) **CONTR.** silenzio, quiete, tranquillità, pace, calma.

bacchétta s. f. **1** verga, bastoncino, ramo **2** (*di frusta e sim.*) manico, impugnatura **3** (*mus.*) asta, stecca **4** (*mus.*) arco, archetto **5** (*sport*) asta **6** (*segno di comando*) scettro, bastone **7** (*arch.*) tondino, modanatura (tonda e sottile) **FRAS.** *a bacchetta*, con assoluta autorità, dispoticamente.

bacchettóne s. m. bigotto, baciapile, baciasanti, paolotto, pinzochero, collotorto □ clericale □ ipocrita, tartufo, fariseo **CFR.** miscredente, ateo, empio, blasfemo, mangiapreti, anticlericale □ laico □ pio □ leale.

bacchiàre v. tr. (*di olive*, *di castagne e sim.*) abbacchiare, abbattere, percuotere (col bacchio), raccogliere.

bàcco [da *Bacco*, dio del vino] s. m. **1** (*lett.*) vino **2** (*scherz.*) vizio del bere, ubriachezza, sbornia, sbronza (*fam.*), balla (*dial.*) **FRAS.** *per bacco!*, *per baccone!*, *per bacco baccone!*, *per bacchissimo!*, *corpo di bacco!*, per Dio!, Dio buono!, sant'Iddio!, per dindirindina!

bachèca s. f. (*per avvisi*) albo, vetrina □ (*per mostre*) cassetta, vetrinetta.

bacheròzzo s. m. **1** bruco, baco □ insetto **2** (*dial.*) scarafaggio, blatta **3** (*fig.*) uomo disgustoso, verme (*fig.*).

baciamàno s. m. **1** il baciare la mano **2** (*spec. al pl.*) (*est.*) salamelecchi, ossequi, cerimonie.

baciapile s. m. e f. inv. bigotto, bacchettone, baciasanti, pinzochero, collotorto, paolotto □ clericale □ ipocrita, tartufo, fariseo **CFR.** miscredente, ateo, blasfemo, empio, mangiapreti, anticlericale □ pio □ laico □ leale, sincero.

baciàre A v. tr. **1** (*di persone e cose*) dare un bacio, dare baci, sbaciucchiare **2** (*fig.*) (*di co-*

se) sfiorare, lambire, toccare appena, carezzare **B baciarsi** v. rifl. rec. (*di persone*) darsi un bacio, darsi dei baci, scambiarsi dei baci **C** v. intr. pron. (*raro*) (*di cose*) combaciare, essere a contatto **FRAS.** *baciarsi i gomiti*, essere molto soddisfatto.

baciàto part. pass. di **baciare**; anche agg. (*di rima*) accoppiato.

bacìle s. m. **1** bacino, bacinella, catino, catinella **2** (*arch.*) echino, ovulo.

bacìllo s. m. **1** (*biol.*) microbo, microbio, batterio, schizomicete, cocco, virus **2** (*fig.*) infezione, contagio, decadimento, corruzione.

bacinèlla s. f. **1** dim. di **bacino 2** bacile, catino, catinella.

bacinétto s. m. **1** dim. di **bacino 2** (*anat.*) pelvi renale.

bacìno s. m. **1** bacinella, bacile, catino, recipiente, vassoio **2** (*anat.*) pelvi, cavità pelvica **3** (*di acqua*) serbatoio, cisterna, vasca, peschiera □ lago artificiale **4** (*geol.*) area depressa, depressione, conca **5** (*di fiume*) valle, vallata **6** (*di minerali*) area, zona, giacimento **7** (*mar.*) darsena.

bàcio s. m. il baciare **FRAS.** *bacio di Giuda*, tradimento, lusinga da traditore.

backgammon /*ingl.* 'bækgamən/ [vc. ingl., comp. di *back* 'indietro' e *gammon* 'gioco'] s. m. inv. (*gioco*) tavola reale, tric trac, sbaraglino.

background /*ingl.* 'bækgraund/ [vc. ingl., letteralmente 'retrofondo', comp. di *back* 'dietro' e *ground* 'fondo'] s. m. inv. fondo, sfondo, sottofondo, retroterra, retroscena, preparazione.

bàco s. m. **1** (*zool.*) larva □ insetto □ bruco, bacherozzo, bacherozzolo □ bombice (del gelso) **2** (*pop.*) verme, bigatto (*sett.*) **3** (*fig.*) pensiero fisso, fissazione, tarlo, rodimento.

bacon /*ingl.* 'beikən/ [vc. ingl., dall'ant. fr. *bacon*, di origine francone (*bakko*, della stessa radice dell'ingl. *back* 'parte posteriore del corpo')] s. m. inv. pancetta affumicata, lardo affumicato.

bacùcco [dal nome del profeta *(H)abacuc*, rappresentato nella pittura come un vecchio barbuto] agg.; anche s. m. (f. *-a*) vecchio e rimbecillito, rincitrullito, cucco, matusa (*gerg.*) **CONTR.** giovanile, aitante, sveglio.

bàda s. f. **1** (*lett.*, *raro*) attesa, indugio **2** vigilanza, sorveglianza **FRAS.** *tenere a bada*, tenere a freno, trattenere, sorvegliare, guardare.

badàre A v. intr. **1** prendersi cura, occuparsi, aver cura, sorvegliare, custodire, vigilare **CONTR.** trascurare **2** (*di azioni*) fare attenzione, stare attento, porre mente, considerare **CONTR.** distrarsi, svagarsi **3** (*di lavoro*, *di interessi*) dedicarsi con impegno, impegnarsi, interessarsi **CONTR.** disinteressarsi, disimpegnarsi **B** v. tr. **1** sorvegliare, custodire, vigilare, aver cura **CONTR.** trascurare **2** (*di azioni*) continuare, indugiare, trattenersi **CONTR.** smettere, cessare.

badéssa s. f. **1** (*di convento*) superiora, madre superiora, priora **2** (*fig.*) donnone, donna maestosa, matrona.

badilànte s. m. sterratore.

badìle s. m. pala.

bàffo s. m. **1** (*spec. al pl.*) mustacchi, mostacchi, mostacci, favoriti, peli (del labbro) **2** (*fig.*, *est.*) (*di inchiostro*, *di colore*) macchia, sgorbio **3** (*spec. al pl.*) onda spumosa **FRAS.** *ridere sotto i baffi*, ridere di nascosto, ridere con malizia o compiacimento □ *da leccarsi i baffi*, *coi baffi* (*fig.*), squisito, eccellente, gustosissimo, buonissimo □ *non fare un baffo*, non intimidire per nulla.

bagagliàio s. m. **1** (*ferr.*) carro merci, vettura portabagagli **2** (*aer.*) vano bagagli **3** (*autom.*) baule, bagagliera, portabagagli.

bagàglio s. m. **1** equipaggio, fardello, fagotto, pacco, involto, sacco, borsa, valigia **2** (*mil.*) salmerie **3** (*fig.*) (*di studio*, *di esperienza*) patrimonio, possesso, corredo.

bagarinàggio s. m. incetta, accaparramento.

bagarìno s. m. (*spec. di biglietti per spettacoli*) incettatore, accaparratore, borsanerista.

bagarre /*fr.* ba'gar/ [vc. fr., dal provz. *bagarro*, di origine basca (*batzarre* 'riunione')] s. f. inv. **1** (*sport*) finale veloce e confuso **2** (*est.*) tumulto, confusione.

bagattèlla o **bagatèlla** s. f. bazzecola, inezia, quisquilia, sciocchezza, nonnulla, piccolezza, minuzia.

baggianàta s. f. stupidaggine, stupidata, sciocchezza, cretinata, corbelleria.

baggiàno agg.; anche s. m. **1** sciocco, stupido, grullo □ babbeo, minchione (*pop.*), fesso (*pop.*), scemo, cretino **CONTR.** sveglio, acuto, intelligente, furbo, dritto **2** (*lett.*) contadino.

baglióre s. m. **1** (*di corpo luminoso*) barbaglio, splendore, fulgore, sfolgorio □ lampo, baleno, folgore □ fiamma **CONTR.** caligine, offuscamento, opacità **2** (*fig.*) (*di civiltà e sim.*) albore, manifestazione, apparizione **CONTR.** crepuscolo, scomparsa, fine.

bagnànte A part. pres. di **bagnare**; anche agg. **B** s. m. e f. chi fa il bagno (spec. in mare) □ (*est.*) villeggiante (in località marina o termale).

bagnàre A v. tr. **1** cospargere di liquido, immergere nel liquido, aspergere **CONTR.** asciugare, rasciugare, prosciugare, detergere **2** (*di piante*, *di panni*, *ecc.*) innaffiare, annaffiare, annacquare, umettare, irrigare, inumidire, ammollare **CONTR.** seccare, essiccare, disidratare **3** (*di cose assorbenti*) inzuppare, imbevere, impregnare, intingere, intridere, macerare **4** (*fig.*) (*di occasione felice*) festeggiare bevendo, bere, brindare **5** (*di corsi di acqua*, *di mare*) toccare, lambire, costeggiare **B bagnarsi** v. rifl. fare il bagno □ cospargersi d'acqua **C** v. intr. pron. ammollarsi, inzupparsi, aspergersi **CONTR.** asciugarsi, prosciugarsi, seccarsi, essic-

carsi, disidratarsi.
bagnasciùga s. m. spiaggia, costa, riva, battigia.
bagnàto A part. pass. di **bagnare**; anche agg. **1** irrorato, innaffiato, annaffiato, umettato, irrigato, umido, inumidito □ madido, mollo, zuppo, mezzo □ rorido (*poet.*) **CONTR.** asciutto, asciugato, seccato, disidratato, essiccato **2** (*di cose assorbenti*) inzuppato, intriso, imbevuto, immerso, macerato **CONTR.** prosciugato **3** (*fig.*) (*di luogo*) lambito, toccato, sfiorato **B** s. m. terreno bagnato, luogo bagnato.
bagnatùra s. f. **1** annaffiata, innaffiata, irrigazione **CONTR.** asciugata, prosciugamento, essiccazione **2** immersione, macerazione **3** bagno, balneazione **4** (*spec. al pl.*) (*raro*) stagione dei bagni.
bagnìno s. m. sorvegliante, assistente (di spiaggia, di piscina).
bàgno s. m. **1** immersione, bagnatura, balneazione, nuotata **2** lavata, doccia, docciatura (*raro*), aspersione, lavacro, alluvione, lavanda, lavaggio, lavatura **3** (*di metallo*) immersione, soluzione, rivestimento **4** stanza da bagno, vasca □ acqua **5** gabinetto, toilette (*fr.*), water (*ingl.*), cesso (*pop.*) **6** (*spec. al pl.*) (*fig.*) stabilimento balneare, terme, acque, fanghi **7** (*est.*) stabilimento di pena, penitenziario, carcere, casa di lavoro, casa di forza, reclusorio **FRAS.** *bagno di sole*, elioterapia, cura del sole □ *bagno di sangue*, strage, massacro, carneficina, macello □ *bagno turco*, bagno di vapore, sauna.
bagórdo s. m. spec. al pl. stravizi, gozzoviglie, baldoria, bisboccia **CONTR.** sobrietà, astinenza, digiuno, penitenza.
baguette /*fr.* ba'gɛt/ [vc. fr., letteralmente 'bacchetta', dall'it. *bacchetta*] s. f. inv. **1** (*abbigl.*) baghetta, guarnizione, orlo, cordoncino, spiga **2** brillante (rettangolare) □ pietra preziosa.
bah inter. mah!, sarà vero?, forse, chissà!, vada come vuole.
bàia s. f. insenatura, golfo, rientranza, rada, cala, ansa, porto □ fiordo.
bài bài *V.* **bye-bye**.
bailàmme [dalla rumorosa festa turca del *bairam*] s. m. inv. confusione, baraonda, babele, babilonia, casino (*pop.*), cagnara (*fam.*), diavolio, cancan, schiamazzo **CONTR.** ordine, tranquillità, quiete, pace, silenzio.
baiòcco s. m. soldo, denaro, quattrino, moneta.
baionétta [da *Bayonne*, città francese famosa per queste armi fin dal 1500] s. f. (*est.*) arma bianca.
bàita s. f. casetta, casupola, capanna, ricovero, rifugio, baracca, malga.
balaùstra s. f. balaustrata, parapetto, ringhiera.
balbettàre A v. intr. **1** balbutire, tartagliare, barbugliare, farfugliare, incespicare, impappinarsi, annaspicare, scilinguare, ciangottare **CONTR.** parlare spedito **2** cominciare a parlare, ciangottare **B** v. tr. dire confusamente, pronunciare confusamente, biascicare **CONTR.** dire chiaramente.
balbettìo s. m. balbettamento □ farfuglio, biascichio.
balbùzie s. f. tartagliamento, blesità (*med.*).
balbuziènte agg. e s. m. e f. balbo, bleso, tartaglione.
balconàta s. f. **1** balcone, terrazza **2** (*di teatro, di stadio*) gradinata **3** (*di nave*) galleria (di balconi).
balcóne s. m. terrazza, loggia, finestra con ringhiera, verone (*lett.*).
baldacchìno s. m. **1** capocielo, sopraccielo, drappo □ padiglione, tenda **2** (*di nicchie, tombe e sim.*) coronamento.
baldànza s. f. sicurezza, spavalderia, iattanza, ardimento, arditezza, coraggio **CONTR.** paura, timore, timidezza, esitazione, viltà, vigliaccheria, avvilimento.
baldanzosaménte avv. spavaldamente, sicuramente, arditamente, coraggiosamente **CONTR.** timidamente, con esitazione, pavidamente, vilmente.
baldanzóso agg. spavaldo, sicuro, ardito, ardimentoso, coraggioso **CONTR.** timido, pauroso, pavido, vile, codardo, scoraggiato, avvilito.
bàldo agg. disinvolto e sicuro, coraggioso, baldanzoso **CONTR.** insicuro, timido, esitante, pauroso, pavido, vile, scoraggiato.
baldòria s. f. **1** allegria rumorosa, festa allegra □ (*spreg.*) gozzoviglia, baccanale, bagordo, bisboccia **2** (*tosc.*) (*in occasione di feste*) falò, fiammata.
baléna s. f. (*fig., scherz.*) omone, donnone.
balenaménto s. m. lampeggiamento, lampo, balenio.
balenàre v. intr. **1** (*di cielo*) lampeggiare **2** (*est.*) (*di cose*) splendere all'improvviso, scintillare, guizzare, sfolgorare **3** (*di idee*) sorgere all'improvviso, manifestarsi all'improvviso.
balenìo s. m balenamento, scintillio, sfolgorio.
baléno s. m. lampo, folgore, folgorio, sfolgorio, bagliore **FRAS.** *in un baleno* (*fig.*), in un attimo, in un amen.
balèra s. f. locale da ballo, pista da ballo (spec. all'aperto).
balèstra s. f. **1** (*mil.*) arco □ catapulta, mangano, scorpio (*lett.*), scorpione, balista (*lett.*) **2** (*mecc.*) molla ad arco, sospensione.
balestrière s. m. arciere.
bàlia (1) s. f. nutrice □ (*ant.*) levatrice □ (*raro*) bambinaia, sorvegliante (di bambini), baby-sitter (*ingl.*), nurse (*ingl.*), bonne (*fr.*), fräulein (*ted.*) **FRAS.** *tenere a balia* (*fig.*), allevare, proteggere, controllare.
balìa (2) s. f. (*lett.*) autorità, potere assoluto,

potestà, arbitrio, signoria **FRAS.** *in balia di*, in potere di, alla mercé di.

bàlla s. f. **1** fardello, involto, fagotto, collo **2** (*est.*) sacco (di iuta) **3** (*fig.*) frottola, panzana, fandonia, bugia, bomba (*dial.*), bubbola **CONTR.** verità **4** (*dial.*) sbornia, ubriacatura, sbronza.

ballàre A v. intr. **1** danzare, far quattro salti (*fam.*) **2** (*est.*) (*per gioia*) saltare, saltellare **3** (*per rabbia, per nervoso*) agitarsi, fremere **4** (*di cose*) oscillare, tentennare, sobbalzare, traballare **5** (*fig.*) (*di veste*) essere largo, essere sproporzionato **CONTR.** stringere, essere stretto **B** v. tr. (*di ballabile*) danzare, eseguire, fare.

ballerina s. f. **1** danzatrice, baiadera, mima, girl (*ingl.*), danseuse (*fr.*) **2** scarpetta scollata, paperina, cenerentola **3** (*zool.*) cutrettola, batticoda □ motacilla flava **4** (*bot.*) morella, bugola, erba morta, morandola.

ballerino s. m. **1** danzatore □ mimo, coreografo, boy (*ingl.*) **2** cavaliere **FRAS.** *cavalli ballerini*, cavalli da circo.

ballétto s. m. **1** dim. di **ballo 2** musica per danza □ pantomima **3** compagnia di ballerini, corpo di ballo.

ballìsta s. m. e f. (*scherz.*) fanfarone, bugiardo, smargiasso, spaccone, millantatore, pataccone (*dial.*).

bàllo s. m. **1** danza, balletto □ carola (*lett.*) □ pantomima **2** giro di danza **3** ballabile **4** festa danzante, veglione, veglia, festival **FRAS.** *ballo di San Vito* (*pop.*), corea □ *corpo di ballo*, compagnia di ballerini □ *essere in ballo* (*fig.*), essere impegnato, andare di mezzo □ *mettere in ballo, tirare in ballo*, rendere partecipe, coinvolgere, discutere, mettere in discussione, addurre come scusa.

ballonzolàre v. intr. **1** ballare a salti, saltellare □ ballare alla buona, ballare in famiglia **2** saltellare, camminare saltellando, balzellare, muoversi sussultando.

ballottàggio s. m. scrutinio decisivo (tra due candidati o proposte) □ (*est.*) finale, gara finale.

ballottàre v. tr. **1** votare, mettere ai voti **2** sballottare.

balneàre agg. **1** dei bagni, di bagni (spec. di mare) □ termale **2** (*fig.*) (*di governo e sim.*) estivo.

baloccàre A v. tr. **1** divertire, far divertire, trastullare **CONTR.** rattristare, annoiare **2** (*raro*) tenere a bada, badare **B baloccarsi** v. rifl. giocare, divertirsi, trastullarsi, gingillarsi, perdere il tempo, darsi bel tempo, spassarsela **CONTR.** lavorare, impegnarsi.

balordàggine s. f. storditaggine, stolidezza, stupidaggine, grulleria □ assurdità, strampaleria **CONTR.** intelligenza, acume □ buonsenso, saggezza, equilibrio, sensatezza.

balordaménte avv. **1** sciocamente, stupidamente, stolidamente **CONTR.** intelligentemente, vivacemente, acutamente, furbamente **2** assurdamente, insensatamente **CONTR.** sensatamente, ragionevolmente.

balórdo agg.; anche s. m. **1** (*di persona*) sciocco, tonto, stupido, grullo, scemo, stolido, coglione (*volg.*) **CONTR.** intelligente, acuto, sveglio, vivo, vivace, dritto, furbo **2** stordito, intontito **CONTR.** sveglio, pronto, agile **3** (*di idea, di discorso*) assurdo, strampalato, privo di senso **CONTR.** sensato, ragionevole **4** (*di cosa*) malriuscito, malfatto **5** (*di tempo*) incerto, uggioso **CFR.** bello, sereno □ brutto.

balsàmico A agg. **1** (*di clima, di medicamento*) medicamentoso, salutare, salubre, lenitivo, benefico **CONTR.** nocivo, insano, dannoso, pernicioso **2** (*fig.*) (*di erbe, di aria*) profumato, odoroso, aromatico, aromatizzato, olezzante **CONTR.** puzzolente, pestilente, pestifero, ammorbante **B** s. m. balsamo, lenimento, lenitivo.

bàlsamo s. m. **1** (*di medicamento*) lenimento, medicamento balsamico **2** (*fig.*) (*di parole, di azioni, ecc.*) rimedio, conforto, sollievo, ristoro **CONTR.** colpo, mazzata, grave dolore **3** cibo ristoratore, bevanda ristoratrice □ leccornia **CONTR.** schifezza, tossico.

baluàrdo s. m. **1** bastione, fortificazione, fortilizio, forte, fortezza, propugnacolo (*raro*), casamatta **2** (*fig.*) (*di persona, di idee, ecc.*) difesa, sostegno, riparo, argine □ ostacolo, impedimento.

baluginàre v. intr. **1** balenare, lampeggiare, scintillare, guizzare **2** (*fig.*) (*di idee, di ricordi*) balenare, presentarsi rapidamente, presentarsi confusamente.

bàlza s. f. **1** (*di luogo*) dirupo, balzo, rupe, scoglio, scogliera **2** (*di veste, di tenda e sim.*) orlo, frangia, frappa, striscia, guarnizione, falpalà, volante, volant (*fr.*), ruche (*fr.*) **3** (*di cavallo*) balzana.

balzàno agg. **1** (*di cavallo*) che ha le balzane **2** (*fig.*) (*di essere o cosa*) stravagante, bizzarro, strano, eccentrico, capriccioso, lunatico, originale, cervellotico **CONTR.** equilibrato, posato, ordinato, normale, tranquillo.

balzàre A v. intr. **1** saltare su, rimbalzare, lanciarsi, scagliarsi **2** (*per emozione*) sussultare, trasalire, sobbalzare **3** (*fig.*) (*di cose*) risaltare, essere evidente, spiccare **CONTR.** scomparire, nascondersi **B** v. tr. (*raro*) sbalzare, ribaltare, rovesciare **CONTR.** rialzare, risollevare.

bàlzo (1) s. m. **1** salto, guizzo, scatto, rimbalzo **2** (*di cuore*) sussulto, trasalimento.

bàlzo (2) s. m. **1** (*di terreno*) sporgenza, rilievo, rialzo, prominenza **CONTR.** avvallamento, depressione, cavità **2** (*di luogo*) balza, dirupo, rupe, scoglio **3** (*di veste, di tenda e sim.*) orlo, frangia, striscia, guarnizione, falpalà, volante, volant (*fr.*), ruche (*fr.*).

bambàgia s. f. cotone (in fiocchi), cotone idrofilo, ovatta **FRAS.** *essere di bambagia* (*fig.*), essere molto delicato □ *nella bambagia* (*fig.*), con ogni riguardo, con ogni premura.

bambìna s. f. **1** fanciulla □ bimba, piccina, piccola (*fam.*) □ ragazza, giovane donna **2** (*est.*) figlia.

bambinàia s. f. sorvegliante, custode (di bambini), baby-sitter (*ingl.*), nurse (*ingl.*), bonne (*fr.*), fräulein (*ted.*), dada (*fam.*).

bambinàta s. f. bambinaggine, puerilità, ragazzata □ birichinata, monelleria.

bambinésco agg. puerile, infantile, fanciullesco □ ingenuo, innocente, inesperto **CFR.** virile, senile, maturo, esperto.

bambìno A s. m. **1** fanciullo □ bimbo (*fam.*), marmocchio (*scherz.*), frugolino (*fam.*), piccino (*fam.*), pupo (*fam.*), piccolo (*fam.*), pargolo (*lett.*), pargoletto (*lett.*), infante (*lett.*), bambolo (*lett.*), putto (*raro*), puttino (*raro*), bebé (*fam.*), baby (*ingl.*) **CFR.** ragazzo, adolescente, adulto, uomo, anziano, vecchio **2** (*spec. al pl.*) (*est.*) figlio **3** (*fig.*, *iron. o scherz.*) (*di persona adulta*) sciocccherello, immaturo, ingenuo **B** agg. **1** (*di persona*) molto giovane **2** (*di mente, di carattere, ecc.*) inesperto, semplice, immaturo, ingenuo **CONTR.** esperto, maturo, abile, furbo.

bambinóne s. m. **1** accr. di **bambino 2** (*fig.*, *scherz.*) ingenuo, giocherellone, immaturo **CONTR.** vecchietto.

bambòccio s. m. **1** bambino grassoccio **2** (*fig.*) semplicione, sempliciotto, persona inesperta **CONTR.** furbone, dritto (*fam.*) **3** (*anche fig.*) fantoccio, pupazzo, burattino.

bàmbola s. f. **1** pupa, pupattola, fantoccio, bambolotto **2** (*fig.*) donna bella, donna vistosa, vamp (*ingl.*) □ bimba graziosa.

bambolòtto s. m. **1** pargoletto paffuto (*lett.*), pargolo (*lett.*) **2** pupazzo, bambola, fantoccio.

banàle agg. **1** convenzionale, comune, usuale, senza originalità, ovvio, trito, corrente, andante **CONTR.** originale, eccentrico, non comune, stravagante, strano, capriccioso **2** volgare, triviale, ordinario, grossolano, plebeo, plateale **CONTR.** fine, delicato, raffinato, gentile, elegante.

banalità s. f. **1** cosa banale, mediocrità, convenzionalità **CONTR.** originalità, stranezza, stravaganza, eccentricità, inventiva, intelligenza **2** volgarità, trivialità, scurrilità **CONTR.** finezza, delicatezza, raffinatezza, gentilezza, eleganza.

banalizzàre v. tr. rendere banale, volgarizzare **CONTR.** nobilitare.

banàna s. f. **1** frutto del banano **2** (*est.*) boccolo, onda, ciocca.

bànca s. f. **1** (*econ.*) banco, istituto di credito, istituto bancario, istituto di emissione, monte, cassa **2** (*di organi del corpo, ecc.*) deposito.

bancarèlla s. f. **1** dim. di **banca 2** (*di ambulante*) banco, banchetto, carretto.

bancarellìsta s. m. e f. ambulante.

bancarótta s. f. (*anche fig.*) fallimento.

bancarottière s. m. (*anche fig.*) fallito.

banchettàre v. intr. pranzare lautamente, gozzovigliare, bisbocciare.

banchétto s. m. **1** dim. di **banco 2** (*est.*) (*di ambulante*) bancarella **3** convito, convivio, simposio, pranzo, festino.

banchìna s. f. **1** dim. di **banca 2** (*di porto*) approdo, molo, rialzo **3** (*di stazione*) marciapiede.

banchìsa s. f. banchiglia, pack (*ingl.*), distesa di ghiacci.

bànco s. m. **1** panca, scanno, sedile **2** (*di negozio*) tavolo, bancone **3** (*est.*) negozio, bottega, botteghino **4** (*econ.*) banca, istituto di credito, monte, cassa **5** (*geol.*) strato, ammasso, colonia **6** (*di nebbia*) coltre, cortina.

bancogìro s. m. (*banca*) trasferimento (di una somma da un conto ad un altro).

banconòta s. f. (*banca*) biglietto (di banca), cartamoneta, carta, moneta.

band /*ingl.* bænd/ [vc. ingl., cfr. *banda* (*3*)] s. f. inv. orchestra (da ballo), orchestra jazz, jazz-band (*ingl.*) □ gruppo, complesso.

bànda (1) s. f. lato, parte.

bànda (2) s. f. **1** striscia, nastro, guarnizione **2** (*cine.*) nastro, pista, colonna **3** (*fis.*) (*di spettro di un gas*) tratto continuo □ (*di onde elettromagnetiche*) serie.

bànda (3) s. f. **1** (*ant.*) insegna, drappo, bandiera, vessillo, stendardo **2** (*di guerriglieri, di malviventi*) squadra, gruppo, accozzaglia di banditi, associazione per delinquere, gang (*ingl.*) **3** (*est.*) brigata, compagnia, combriccola **4** (*di suonatori*) complesso, fanfara, corpo di musica, band (*ingl.*).

bandèlla s. f. **1** dim. di **banda (3)**; fanfara **2** (*edit.*) risvolto.

banderuòla s. f. **1** bandierina, drappella **2** insegna girevole, manica segnavento, anemoscopio, ventarola, pennoncello **3** (*fig.*) (*di persona*) voltagabbana, girella **CONTR.** persona di carattere, persona coerente.

bandièra s. f. **1** drappo, drappella, stendardo, vessillo, fiamma, orifiamma, pavese, gagliardetto, gonfalone, pennello, guidone **2** (*fig.*) insegna, simbolo **FRAS.** *bandiera abbrunata, a mezz'asta*, bandiera a lutto □ *voltare bandiera, cambiare bandiera* (*fig.*), cambiare idea, cambiare partito.

bandierìna s. f. **1** dim. di **bandiera 2** (*sport*) asta, paletto **FRAS.** *tiro dalla bandierina*, calcio d'angolo.

bandinèlla s. f. **1** striscia **2** drappo **3** asciugamano girevole.

bandìre v. tr. **1** (*di concorso, di asta, ecc.*) annunziare, proclamare, rendere pubblico, pubblicare **2** (*di persona*) esiliare, mettere al bando, confinare, cacciar via **CONTR.** chiamare, richiamare in patria **3** (*fig.*) (*di cose*) mettere da parte, tralasciare, eliminare, togliere

CONTR. introdurre, mettere, portare.
bandìsta s. m. e f. (*in una banda musicale*) suonatore, musicante.
banditismo s. m. pirateria, gangsterismo, brigantaggio, grassazione, terrorismo.
bandìto A part. pass. di **bandire**; anche agg. esiliato, messo al bando, confinato **B** s. m. fuorilegge, malvivente, brigante, masnadiere, malandrino, pirata, rapinatore, grassatore, gangster (*ingl.*), terrorista, assassino, sicario, killer (*ingl.*), bandolero (*sp.*).
banditóre s. m. (f. *-trice*) **1** (*di bando, di avviso*) lettore, urlatore **2** (*di idee, di novità*) promotore, propagandista, diffusore **3** (*di asta*) direttore.
bàndo s. m. **1** annuncio, avviso, notificazione, editto, comunicazione, grida (*lett.*), proclama, ordine, ukase (*russo*) **2** condanna, esilio, proscrizione **FRAS.** *porre in bando, mettere al bando*, bandire, condannare, esiliare; (*fig.*) mettere da parte.
bandolèro /*sp.* bando'lero/ s. m. bandito, fuorilegge.
bàndolo s. m. **1** (*di matassa*) capo, inizio **2** (*fig.*) (*di un problema*) soluzione, via di uscita **FRAS.** *perdere il bandolo* (*fig.*), confondersi.
bang /*ingl.* 'bæŋ/ [vc. onomat.] **A** inter. bum! **B** s. m. inv. (*di sparo, di urto e sim.*) rumore, fragore, boato, scoppio **FRAS.** *bang sonico* (*aer.*), boato.
banlieue /*fr.* ban'ljø/ [vc. fr., letteralmente 'periferia'] s. f. inv. periferia, sobborghi, cintura, dintorni, suburbio, zona suburbana, hinterland (*ted.*), comprensorio.
bàntam [ingl. *bantam* 'piccolo gallo da combattimento'] s. m. (*sport*) peso gallo.
bar [fr. *bar*, dall'ingl. *bar* 'barra', per la sbarra di appoggio che esisteva in alcuni locali] s. m. inv. caffè, mescita, buffet (*fr.*), buvette (*fr.*), pub (*ingl.*), snack-bar (*ingl.*).
bara s. f. feretro, cassa (da morto), cataletto, catafalco, sarcofago.
baràbba [da *Barabba*, il malfattore liberato al posto di Cristo] s. m. inv. briccone, malfattore □ mariuolo, birichino.
baràcca s. f. **1** capanna, capannone, riparo, magazzino, ricovero, baita, favela (*sp.*) **2** (*fam.*) famiglia, impresa, azienda (di non facile conduzione) **3** (*di burattini*) teatrino **FRAS.** *piantare baracca e burattini* (*fig.*), abbandonare tutto, andarsene.
baraccaménto s. m. insieme di baracche, villaggio di baracche □ accampamento, bidonville (*fr.*), favelas (*sp.*).
baracchìno s. m. **1** dim. di **baracca 2** (*per militari e alpinisti*) ricovero, rifugio, baita **3** (*pop.*) (*di gelati, di giornali*) edicola, chiosco.
baraccóne s. m. **1** accr. di **baracca 2** (*di fiera, di circo*) tendone, padiglione.
baraónda s. f. gran confusione, babilonia, babele, disordine, chiasso, casino (*pop.*), casotto (*pop.*), bailamme, cagnara (*fam.*) **CONTR.** ordine, tranquillità, pace, quiete, silenzio.
baràre v. intr. **1** (*al gioco*) ingannare **2** (*est.*) truffare, imbrogliare, raggirare.
bàratro s. m. abisso, precipizio, burrone, dirupo, strapiombo.
barattàre v. tr. scambiare, cambiare, mutare, permutare.
baratterìa s. f. inganno, frode, imbroglio, truffa.
barattière s. m. imbroglione, truffatore, frodatore.
baràtto s. m. scambio, cambio, permuta.
baràttolo s. m. vasetto, lattina, scatola.
barba s. f. **1** (*del mento, delle guance*) peli, pelosità, onor del mento (*lett., scherz.*), pizzo, pizzetto, mosca **2** (*fig.*) uomo barbuto □ (*est.*) autorità □ saggio, esperto **3** (*bot.*) radichetta, filamento **4** (*fig.*) noia, lagna **FRAS.** *farsi la barba*, radersi □ *farla in barba a*, imbrogliare, ingannare □ *servire di barba e capelli* (*fig.*), trattare duramente, fare il pelo e il contropelo.
barbabiètola s. f. bietola.
barbablù [da *Barbablù*, il protagonista di una favola di Perrault] s. m. inv. **1** marito violento e geloso **2** (*est.*) spauracchio, mostro.
barbacàne s. m. (*mil.*) rinforzo, contrafforte, fortilizio, sperone.
barbagiànni [da *barba* (*2*) 'zio' e *Gianni*] s. m. (*fig.*) babbeo, scimunito, balordo, sciocco **CONTR.** dritto, sveglio.
barbaraménte avv. selvaggiamente, crudelmente, ferocemente, rozzamente, vandalicamente **CONTR.** civilmente, umanamente, educatamente.
barbàrico agg. **1** dei barbari **2** (*est.*) barbaro, disumano, crudele, feroce, brutale, incivile, selvaggio **CONTR.** civile, umano, gentile, cortese, fine, colto.
barbàrie s. f. inv. **1** inciviltà, selvatichezza, rozzezza **CONTR.** civiltà, cultura, raffinatezza **2** ferocia, crudeltà, brutalità, atrocità, disumanità **CONTR.** bontà, generosità, pietà, umanità.
barbarìsmo s. m. forestierismo, parola straniera, locuzione straniera, forma straniera **CFR.** francesismo, gallicismo, spagnolismo, ispanismo, lusismo, inglesismo, anglicismo, anglismo, americanismo, tedeschismo, germanismo, olandesismo, slavismo, arabismo, turchismo, ebraismo, nipponismo, ecc.
bàrbaro A s. m. **1** persona incivile, selvaggio **CONTR.** persona civile **2** (*spec. al pl.*) (*per i greci e i romani*) forestiero, straniero **CFR.** greco, romano **3** (*est.*) persona arretrata, persona incivile **B** agg. **1** (*per i greci e i romani*) forestiero, straniero **CFR.** greco, romano **2** (*est.*) primitivo, selvaggio, incivile, vandalo, incolto **CONTR.** civile, evoluto, colto, raffinato **3** crudele, disumano, inumano, feroce, barbarico **CONTR.** buono, mite, generoso, gentile, cortese □ pio, pietoso.

barbecue /*ingl.* ba:bikju:/ [vc. ingl., dallo sp. *barbacoa*, da una l. indigena amer.] s. m. inv. **1** cottura all'aperto (su braci o alla griglia) **2** griglia, graticola, gratella (per cottura all'aperto).

barbière s. m. parrucchiere, acconciatore, coiffeur (*fr.*), conciateste, barbitonsore (*scherz.*), figaro (*scherz.*), tonsore (*ant.*).

barbìno A s. m. **1** dim. di **barba**; barbetta, pizzetto **2** (*tosc.*) nettatoio (per rasoio) **B** agg. **1** gretto, meschino **CONTR.** intelligente, aperto, generoso **2** fatto male, senza grazia **FRAS.** *fare una figura barbina*, fare una gran brutta figura.

barbitùrico agg. e s. m. sedativo, calmante □ ipnotico, sonnifero, narcotico, soporifero **CONTR.** eccitante, stimolante.

barbògio agg.; anche s. m. **1** vecchio e rimbambito, rimbecillito, decrepito **CONTR.** giovane, sveglio, giovanile, arzillo **2** (*est.*) brontolone, rompiscatole, noioso **CONTR.** bonaccione, bonario **3** antipatico, odioso **CONTR.** simpatico, piacevole, amabile.

barbóne s. m. **1** accr. di **barba 2** cane **3** barbuto, chi ha la barba lunga **4** (*est.*) vagabondo, mendicante, accattone, clochard (*fr.*).

barbóso agg. noioso, pesante, tedioso, seccante, stuccante, stucchevole, lagnoso **CONTR.** brillante, vivace, interessante, piacevole.

barca (1) s. f. **1** (*di covoni*) bica **2** (*fig.*) (*di soldi, di debiti e sim.*) mucchio, gran quantità.

barca (2) s. f. **1** imbarcazione, navicella, canoa, canotto, scialuppa, lancia, sandolino, gondola **2** (*fig.*) famiglia, lavoro, affare **FRAS.** *la barca di Pietro* (*fig.*), la Chiesa.

barcàccia s. f. **1** pegg. di **barca (2) 2** (*nei teatri*) palco, grande palco.

barcaiòlo s. m. **1** nocchiero, battelliere, poppiere, canottiere, rematore, gondoliere **2** traghettatore, passatore (*ant.*) **3** noleggiatore (di barche).

barcamenàrsi v. intr. pron. (*di persona*) destreggiarsi, tergiversare, oscillare, altalenare.

barcollaménto s. m. ondeggiamento, traballamento **CONTR.** saldezza, sicurezza, stabilità.

barcollàre v. intr. **1** stare malfermo, ondeggiare, traballare, vacillare **CONTR.** essere fermo, essere stabile **2** (*fig.*) perdere autorità, perdere stima, diminuire **CONTR.** rafforzarsi, crescere.

barcollìo s. m. traballamento, traballio.

barcollóni avv. barcollando, ondeggiando, vacillando, traballando **CONTR.** sicuramente, saldamente.

bardàre A v. tr. **1** (*di cavallo*) mettere la barda **2** mettere i finimenti, sellare, imbrigliare **3** (*fig.*) vestire vistosamente, addobbare **B** v. rifl. (*scherz.*) adornarsi pomposamente, vestirsi pomposamente.

bardatùra s. f. **1** (*del cavallo*) finimento **2** (*scherz.*) abbigliamento pomposo.

barèlla s. f. **1** lettuccio, portantina, lettiga, palanchino **2** cataletto.

baricèntro s. m. (*fis.*) centro di gravità.

barìle s. m. botticella.

barìsta s. m. e f. **1** (*di bar*) servitore (al banco), cameriere, barman (*ingl.*) **2** proprietario (di bar).

barìtono A s. m. **CFR.** tenore, basso **B** agg. (*ling.*) atono **CONTR.** tonico.

barlùme s. m. **1** luce incerta, luce debole □ penombra, crepuscolo **2** (*fig.*) (*di speranza, di intelligenza, ecc.*) indizio, accenno.

barman /*ingl.* 'ba:mən/ [vc. ingl., letteralmente 'uomo (*man*) del bar (*bar*)'] s. m. barista, cameriere.

bàro s. m. (*al gioco*) truffatore, trappolone □ (*est.*) imbroglione, raggirone.

barocchìsmo s. m. tendenza al barocco, gongorismo, preziosismo, secentismo, marinismo.

baròcco A s. m. rococò **B** agg. **1** rococò **2** (*fig.*) fastoso, enfatico, pesante, ampolloso, spagnolesco, ricercato, ridondante, bizzarro, esagerato **CONTR.** contenuto, sobrio, semplice, misurato, severo, austero.

barògrafo s. m. barometro □ altimetro.

baròmetro s. m. barografo □ altimetro.

baróne s. m. (f. *-essa*) **1** gran feudatario **2** nobile **3** (*est.*) personaggio molto potente, signore, capo, despota.

baronésco agg. baronale.

bàrra s. f. **1** asta, sbarra, verga, spranga, palanca, palo, putrella, stanga **2** (*di congegno*) leva di comando □ timone **3** tramezzo, barriera, ringhiera **4** (*di segno grafico*) lineetta.

barràre v. tr. sbarrare, chiudere **CONTR.** aprire, liberare.

barricàre A v. tr. **1** ostruire con barricate **2** (*est.*) sbarrare, barrare, chiudere **CONTR.** aprire, liberare **B barricarsi** v. rifl. rinchiudersi, asserragliarsi, sbarrarsi **CONTR.** uscire fuori, liberarsi.

barricàta s. f. riparo, vallo, trincea, ostacolo **FRAS.** *essere dall'altra parte della barricata* (*fig.*), dissentire radicalmente.

barrièra s. f. **1** sbarramento, chiusura □ confine □ cancello, steccato **2** (*fig.*) impedimento, ostacolo, difficoltà, divisione **3** (*aer.*) punto critico, limite **4** (*sport*) schieramento compatto.

barrìre v. intr. (*di elefante*) emettere barriti, urlare.

barrìto s. m. **1** (*di elefante*) urlo **2** (*est.*) urlo forte e sgraziato.

barroccìno s. m. calesse.

barùffa s. f. mischia, zuffa, tafferuglio □ litigio.

baruffàre v. intr. litigare, venire alle mani **CONTR.** rappacificarsi.

barzellétta s. f. facezia, freddura, arguzia □ battuta.

basàle agg. **1** di base, della base **2** fondamentale, essenziale **CONTR.** secondario, complementare.

basaménto s. m. **1** (*di costruzione*) base, fondamento, zoccolo **2** (*di cosa*) struttura di base, punto di appoggio **3** (*di motore*) incastellatura.

basàre A v. tr. **1** (*di cosa*) collocare sulla base, appoggiare, fondare **2** (*fig.*) (*di teoria, di discorso, ecc.*) fondare, imperniare, impostare **B basarsi** v. intr. pron. **1** fondarsi, porsi, poggiare, imperniarsi **2** (*est.*) fare assegnamento.

bàse A s. f. **1** parte inferiore, basamento, fondamento, piedistallo, zoccolo, sostegno, appoggio, supporto **2** (*fig.*) (*di ragionamento, di idea, ecc.*) principio, caposaldo, fulcro, cardine, fondamento, origine, radice **3** (*mil.*) zona militare, stazione, quartiere, acquartieramento **4** lato orizzontale, larghezza **5** (*di solido*) faccia di appoggio **6** (*di partito, di sindacato e sim.*) iscritti, militanti **7** (*di trucco*) fondo, fondotinta **8** (*sport*) vertice **9** (*chim.*) alcali **B** in funzione di agg. fondamentale, principale, essenziale, primario, di fondo **CONTR.** secondario, complementare **FRAS.** *in base a*, secondo, stando a, sul fondamento di □ *a base di*, costituito principalmente di.

baseball /*ingl.* 'beisbɔːl/ [vc. ingl., letteralmente 'palla (*ball*) a base (*base*)'] s. m. inv. (*sport*) pallabase.

basétta s. f. fedina, scopettone.

bàsico agg. **1** basilare, fondamentale, essenziale **CONTR.** complementare, secondario **2** (*chim.*) alcalino **CONTR.** acido.

basilàre agg. fondamentale, essenziale, basico **CONTR.** complementare, secondario.

basilica s. f. tempio, cattedrale, duomo, santuario, chiesa.

basista s. m. e f. **1** (*di partito, di organizzazione*) sostenitore della base **2** (*nella malavita*) organizzatore □ informatore, palo, madama (*gerg.*).

basket /*ingl.* 'baːskit/ s. m. inv. (*sport*) acrt. di **basket-ball**; pallacanestro □ canestro.

basket-ball /*ingl.* 'baːskit bɔl/ [loc. ingl., comp. di *basket* 'cesto' e *ball* 'palla'] loc. sost. m. inv. (*sport*) pallacanestro, canestro, basket (*ingl.*).

bàssa s. f. bassa pianura, piana **CONTR.** altopiano, altura.

bassaménte avv. **1** volgarmente, meschinamente, ignobilmente **CONTR.** nobilmente, elevatamente **2** a voce bassa, sottovoce **CONTR.** forte, a voce alta.

bassézza s. f. **1** scarsa elevatezza, piccolezza **CONTR.** altezza, grandezza **2** (*fig.*) (*di prezzo*) esiguità, modestia **CONTR.** eccessività, esagerazione **3** (*fig.*) miseria morale, abiezione, grettezza, servilismo **CONTR.** nobiltà d'animo, fierezza **4** (*fig.*) viltà, indegnità **CONTR.** coraggio, dignità.

bàsso A agg. **1** poco elevato, poco alto, inferiore alla media **CONTR.** alto **2** stretto, poco esteso **CONTR.** esteso, spazioso, largo **3** posto in basso, inferiore **CONTR.** posto in alto, superiore **4** (*di fiume, di zona*) a valle, verso il mare □ vicino alla foce **CONTR.** a monte, verso il monte, vicino alla sorgente **5** (*di suono, di voce*) grave, profondo, sommesso **CONTR.** acuto, alto **6** (*di pressione*) debole **CONTR.** alto **7** (*di ceto*) meno importante, umile, modesto, povero **CONTR.** nobile, abbiente, ricco **8** (*di animo*) volgare, meschino, immorale **CONTR.** nobile, elevato, morale **9** (*di prezzo*) piccolo, scarso, moderato, contenuto, esiguo **CONTR.** alto, elevato, sostenuto **10** (*geogr.*) meridionale, del sud, australe **CONTR.** alto, settentrionale, del nord, boreale **11** (*di epoca*) tardo **CONTR.** primo **B** avv. **1** in giù, verso terra **CONTR.** in su, verso l'alto **2** (*di parlare, di cantare*) sommessamente, sottovoce **CONTR.** a voce alta **C** s. m. **1** parte inferiore, fondo, basamento **CONTR.** parte alta, alto, cima, vetta **2** (*mus.*) strumento dai toni gravi □ cantante con voce grave **3** (*a Napoli*) seminterrato (d'abitazione) **FRAS.** *bassa stagione*, il periodo meno frequentato (di stagione turistica) □ *a basso* o *da basso*, giù.

bassofóndo s. m. **1** (*di mare*) secca **2** (*al pl.*) strati sociali infimi □ malavita **3** (*est.*) luoghi di malavita **CONTR.** quartieri alti, quartieri bene.

bassopiàno s. m. pianura (poco elevata), bassura, piana **CONTR.** altopiano.

bassorilièvo s. m. scultura in rilievo □ anaglifo, cammeo **CONTR.** altorilievo.

bàsta A inter. **1** finiscila, finiamola, finitela, smettila, smettiamola, smettetela **CONTR.** ancora, continua, continuiamo, continuate **2** niente altro **CONTR.** altro **B** cong. purché, a patto che.

bastàrdo A agg. **1** (*di figlio*) illegittimo, naturale, adulterino, spurio **CONTR.** legittimo **2** (*di animale*) ibrido, non di razza **CONTR.** di razza, puro **3** (*fig.*) spurio, corrotto, degenerato, alterato **CONTR.** puro, incorrotto, sano **4** (*fig.*) irregolare, eterogeneo **CONTR.** regolare **B** s. m. **1** (*pop.*) (*di figlio*) illegittimo, trovatello, esposto, figlio di N.N., figlio di mignotta (*spreg., anche fig.*), figlio di puttana (*spreg., anche fig.*) **CONTR.** figlio legittimo **2** (*di animale*) incrocio, sangue misto, mezzosangue, meticcio **CONTR.** animale di razza.

bastàre A v. intr. **1** essere sufficiente, occorrere **2** durare, valere **CONTR.** finire, esaurirsi **B** v. intr. impers. essere sufficiente.

bastìa s. f. fortezza, fortificazione, bastione, baluardo, fortilizio.

bastiménto s. m. nave, vascello, piroscafo, motonave, galeone, transatlantico.

bastionàta s. f. **1** bastioni, mura fortificate, fortificazione **2** (*est.*) muraglia rocciosa.

bastióne s. m. fortificazione, fortezza, baluardo, fortilizio, forte, mura fortificate.

bàsto s. m. **1** (*di bestie da soma*) sella, bardatura **2** (*fig.*) peso eccessivo, carico, soma **FRAS.** *mettere il basto* (*fig.*), sottomettere, domare.

bastonàre A v. tr. **1** percuotere, legnare, battere, randellare, manganellare, bussare, tamburare (*raro*), pestare, spianare le costole, rompere il groppone **2** (*fig.*) attaccare violentemente, criticare aspramente, maltrattare **B bastonarsi** v. rifl. rec. percuotersi, picchiarsi, randellarsi, darsele di santa ragione.

bastonàta s. f. **1** legnata, randellata, manganellata, bussata **2** (*fig.*) batosta, danno, disgrazia, sfortuna, dissesto **CONTR.** fortuna, colpo fortunato.

bastonatùra s. f. **1** bastonata, legnata, randellata, manganellata, bussata **2** (*fig.*) danno, disgrazia, duro colpo **CONTR.** fortuna, colpo fortunato.

bastoncìno s. m. **1** dim. di **bastone**; verghetta, asticciola **2** (*sport*) (*nella staffetta*) testimone **3** (*edil.*) tondino.

bastóne s. m. **1** ramo, legno, canna, giannetta, bordone, alpenstock (*ted.*) □ bacchetta □ pertica, asta, stanga, bacchio, palo □ manganello, randello, clava, verga **2** (*di re, di autorità*) scettro, pastorale, verga **3** (*fig.*) aiuto, sostegno, appoggio.

batòcchio s. m. **1** bastone □ (*per ciechi*) canna **2** (*di campana*) battaglio, batacchio **3** (*di porta*) battiporta, picchiotto.

batòsta s. f. **1** percossa, colpo, bastonata, bussata, legnata **2** (*fig.*) grave disgrazia, grande sconfitta, dissesto, grave perdita, grave danno □ forte scossa **CONTR.** grande fortuna, successo.

battage /*fr.* ba'taʒ/ [vc. fr., propriamente 'battitura', dal v. *battre* nell'espressione *battre la grosse caisse* 'battere la grancassa'] s. m. inv. pubblicità massiccia, lancio (pubblicitario), campagna (pubblicitaria), propaganda, martellamento (pubblicitario), strombazzamento.

battàglia s. f. **1** scontro, combattimento, conflitto, zuffa, mischia, fatto d'armi **2** (*fig.*) (*di idee, di sentimenti, ecc.*) contrasto, lotta, tenzone (*lett.*), lite, controversia, scontro **CONTR.** pace, accordo, consenso, tregua.

battagliàre v. intr. lottare, combattere, far battaglia, azzuffarsi, litigare **CONTR.** essere in pace, andare d'accordo, concordare.

battaglièro agg. bellicoso, combattivo, rissoso, litigioso, pugnace (*lett.*) **CONTR.** pacifico, mansueto, tranquillo, pacioccone.

battèllo s. m. navicella, scialuppa, palischermo, barca, bragozzo, burchiello, paranza, zattera, canotto.

battènte s. m. **1** (*di porta, di finestra e sim.*) imposta, scuro, scuretto, persiana □ stipite **2** batacchio, battaglio, battiporta, picchiotto, battitoio.

bàttere A v. tr. **1** percuotere, colpire, picchiare **2** (*di metallo*) lavorare a caldo, modellare **3** (*di moneta*) coniare **4** (*di cereali*) trebbiare **5** (*di carne, di verdura*) pestare, tritare, schiacciare **6** (*est.*) (*di luogo*) percorrere, scorrere, girare, frequentare **CONTR.** abbandonare, lasciare **7** (*fig.*) (*di avversario*) vincere, superare, sconfiggere, sbaragliare **CONTR.** perdere, arrendersi, ritirarsi, cedere **8** (*mus.*) (*di tempo*) scandire, dirigere, regolare, indicare, marcare **9** (*di orologio*) rintoccare, suonare, scandire **10** (*sport*) (*nel tennis, nel calcio e sim.*) dare il primo colpo, tirare **B** v. intr. **1** (*di pioggia, di vento*) cadere con insistenza, cadere con violenza, soffiare con violenza, colpire **2** (*a una porta*) bussare **3** (*di cuore, di polso*) palpitare, pulsare **CONTR.** fermarsi, arrestarsi **4** (*fig.*) (*su un argomento*) insistere, persistere **CONTR.** smettere, mollare **5** (*di prostituta*) prostituirsi, fare la battona **C battersi** v. rifl. (*di petto, di testa*) percuotersi, colpirsi, picchiarsi **D** v. intr. pron. (*fig.*) (*per qualcuno, per qualcosa*) lottare, gareggiare **CONTR.** rinunciare, cedere **FRAS.** *battersela*, fuggire, svignarsela, ritirarsi □ *battere a macchina*, dattilografare, dattiloscrivere □ *battere in ritirata*, ritirarsi, fuggire □ *battere i tacchi* (*fig.*), ritirarsi, fuggire □ *battere le mani*, applaudire □ *battersi il petto* (*fig.*), pentirsi □ *in un batter d'occhio*, in un attimo.

batterìa s. f. **1** unità d'artiglieria **2** (*di serie di utensili*) pezzi, attrezzi, arnesi **3** (*mus.*) strumenti a percussione **4** (*di orologio*) suoneria **5** (*fis.*) insieme di pile, pila, accumulatore **6** (*per allevamento industriale*) gabbie **7** (*sport*) gara eliminatoria, turno eliminatorio **FRAS.** *scoprire le batterie* (*fig.*), rivelare le proprie intenzioni.

battèrico agg. dei batteri, microbico.

battèrio s. m. bacillo, microbo, microbio, schizomicete, cocco, spirillo.

batteriològico agg. **1** della batteriologia **2** batterico, microbico.

batterìsta s. m. e f. suonatore di batteria, percussionista.

battésimo s. m. **1** (*relig.*) primo sacramento **2** (*fig.*) inaugurazione, iniziazione, primo incontro **FRAS.** *tenere a battesimo*, fare da padrino, fare da madrina □ *battesimo di sangue* (*fig.*), martirio.

battezzàre v. tr. **1** (*di persona*) dare il battesimo, amministrare il battesimo **2** tenere a battesimo **3** dare il nome, chiamare **4** (*est.*) bagnare, spruzzare **5** (*scherz.*) (*di vino*) annacquare, allungare.

battezzàto part. pass. di **battezzare**; anche agg. e s. m. **1** cristiano **CONTR.** pagano **2** (*scherz.*) (*di vino*) annacquato, allungato **CONTR.** puro, schietto.

battibaléno s. m. attimo, momento brevissimo, istante, lampo.

battibécco s. m. disputa, diverbio, alterco, litigio.

batticuòre s. m. **1** palpitazione, palpito, cardio-

palmo **2** (*fig.*) ansia, apprensione, agitazione, angoscia, timore, paura.
battìgia s. f. battima, bagnasciuga, arenile.
battimàno s. m. **1** applauso **CONTR.** fischi, zittii **2** (*fig.*) plauso, approvazione **CONTR.** disapprovazione, rimprovero, condanna.
battipòrta s. m. **1** batacchio, picchiotto, battaglio **2** seconda porta (di riparo alla prima).
battiscópa s. m. inv. (*di parete*) zoccolo.
battistràda s. m. inv. **1** (*di corteo*) guida **2** (*est.*) precursore, staffetta.
bàttito s. m. **1** colpo, botta **2** (*di cuore, di polso*) pulsazione, palpito, palpitazione, batticuore □ fremito.
battitóre s. m. **1** (*nel gioco*) tiratore **2** esploratore, perlustratore **FRAS.** *libero battitore* (*fig.*), autonomo, indipendente.
battitùra s. f. **1** colpo, percossa, botta **2** (*di un colpo*) impronta **3** (*di cereali*) trebbiatura.
battóna s. f. (*pop.*) prostituta (da marciapiede), puttana (*volg.*).
battùta s. f. **1** colpo, percossa **2** (*di dattiloscritto*) lettera **3** (*teat.*) frase, discorso **4** freddura, facezia, barzelletta **5** (*mus.*) misura, tempo, ritmo **6** caccia, partita di caccia **7** (*fig.*) (*di polizia*) rastrellamento, perlustrazione **8** (*di palla, di pallone*) messa in gioco, rimessa in gioco **CONTR.** ribattuta **9** (*sport*) colpo di stacco, lancio **FRAS.** *non perdere una battuta* (*fig.*), stare molto attento □ *battuta d'arresto* (*fig.*), sosta, attesa □ *alle prime battute* (*fig.*), all'inizio, agli inizi.
battùto A part. pass. di **battere**; anche agg. **1** percosso, colpito, picchiato, malmenato, pestato **2** (*di metallo*) lavorato al martello, laminato **3** (*di moneta*) coniato **4** sconfitto, vinto, superato, sgominato, abbattuto, umiliato, affranto **B** s. m. **1** (*di verdura, di carne*) trito, pesto **2** (*edil.*) pavimento di terra, pavimento in calcestruzzo.
batùffolo s. m. **1** (*di cotone*) fiocco, bioccolo, involto **2** (*di bimbo o di animale grasso*) bambolotto.
baùle s. m. **1** cofano, cassa □ forziere, arca (*lett.*) **2** (*di auto e sim.*) bagagliera, bagagliaio, portabagagli **FRAS.** *fare i bauli* (*fig.*), andarsene.
baulétto s. m. **1** dim. di **baule 2** cofanetto, portagioie, portagioielli **3** borsetta (a forma di baule).
bàva s. f. **1** schiuma, liquido schiumoso **2** (*del baco da seta*) filo **3** (*di vento*) soffio leggero, alito **4** (*di metallo fuso*) sbavatura **FRAS.** *avere la bava alla bocca* (*fig.*), essere furibondo.
bavaglìno s. m. **1** dim. di **bavaglio 2** tovagliolino, pettorina.
bavàglio s. m. **1** (*per tappare la bocca*) panno, fazzoletto, fascia **2** (*per proteggere il petto*) bavaglino, tovagliolo, pettorina **FRAS.** *mettere il bavaglio* (*fig.*), impedire di parlare, soffocare, far tacere.
bàvero s. m. (*di abito*) colletto, collare, collo **FRAS.** *prendere per il bavero* (*fig.*), aggredire, imbrogliare.
bavóso agg. cosparso di bava, pieno di bava, che cola bava, schiumoso.
bazàr [dal persiano *bàzàr* 'mercato'] s. m. **1** mercato orientale **2** (*est.*) emporio, supermercato, bottegone.
bazooka /*ingl.* bə'zu:kə/ [vc. ingl. d'America, propriamente 'strumento simile a un trombone' dal pop. *bazoo* 'trombetta' (?)] s. m. inv. **1** (*mil.*) lanciarazzi anticarro **2** (*di cinepresa*) cavalletto.
bàzza (1) s. f. colpo fortunato, fortuna, cuccagna **CONTR.** sfortuna.
bàzza (2) s. f. mento sporgente □ (*fam.*) mento.
bazzècola s. f. bagattella, inezia, quisquilia, nonnulla, piccolezza, sciocchezza.
bazzicàre v. tr. e intr. frequentare, praticare, intrattenersi sistematicamente.
bear /*ingl.* 'bɛə/ [vc. ingl., 'ribassista'] s. m. inv. (*banca*) speculatore al ribasso, ribassista **CONTR.** bull.
beàre A v. tr. rendere beato, appagare □ deliziare, dilettare, estasiare **B bearsi** v. intr. pron. dilettarsi, estasiarsi, deliziarsi.
beat /*ingl.* bi:t/ [vc. ingl., letteralmente 'battuto, avvilito, esaurito', sottinteso *generation* 'generazione'] s. m. e f. inv. e agg. contestatore, anticonformista □ capellone **CONTR.** conformista **FRAS.** *beat generation*, generazione contestataria, gioventù bruciata.
beataménte avv. felicemente, dolcemente, tranquillamente, serenamente **CONTR.** tristemente, infelicemente □ nervosamente.
beatitùdine s. f. piena felicità, gioia, letizia, dolcezza, esultanza, soddisfazione **CONTR.** infelicità, tristezza, amarezza, insoddisfazione.
beàto A part. pass. di **beare**; anche agg. felice, fortunato, esultante, giubilante □ sereno, tranquillo, soddisfatto **CONTR.** infelice, triste, sfortunato □ insoddisfatto, nervoso **B** s. m. **CONTR.** dannato **FRAS.** *il regno dei beati*, il paradiso □ *il Beatissimo Padre*, il papa.
beauty-case /*ingl.* 'bju:ti 'keis/ [comp. di *beauty* 'bellezza' e *case* 'cassetta'] loc. sost. m. inv. (*per toeletta*) bauletto, valigetta, scatola, borsetta, nécessaire (*fr.*), trousse (*fr.*).
bebé s. m. (*fam.*) bambino, bimbo, putto (*raro*), puttino (*raro*), pupo (*fam.*), pargoletto, baby (*ingl.*).
beccàio s. m. **1** macellaio **2** (*est., spreg.*) carnefice **3** (*iron., spreg.*) cattivo chirurgo.
beccamòrti s. m. (*spreg.*) becchino, necroforo, fossore (*ant.*).
beccàre A v. tr. **1** (*di uccello*) prendere col becco **2** (*est.*) (*di persona*) mangiare, mangiucchiare **3** (*di uccelli, di insetti*) colpire, ferire (col becco, col pungiglione) **4** (*fig., fam.*) (*di segreto, di voto, ecc.*) riuscire a ottenere, car-

pire, strappare □ cogliere, azzeccare □ (*di malanno, ceffone, ecc.*) prendere, pigliare □ sorprendere, cogliere □ catturare **B beccarsi** v. rifl. rec. **1** (*di uccelli*) colpirsi col becco, darsi delle beccate **2** (*fig.*) (*di persona*) bisticciare, litigare.

beccàta s. f. **1** (*di uccelli*) colpo (di becco) □ (*di insetti*) puntura **2** (*fig.*) commento derisorio.

becchéggio s. m. (*di imbarcazione, di aereo*) oscillazione, oscillamento **CONTR.** rollio, rullio.

becchìme s. m. (*per uccelli*) mangime, cibo.

becchìno s. m. beccamorti, necroforo, fossore (*ant.*), affossatore.

bécco s. m. **1** (*di uccello*) rostro **2** (*di insetto*) pungiglione **3** (*scherz., fig.*) (*di persona*) bocca **4** (*est.*) (*di oggetto*) sporgenza, punta, beccuccio **5** (*di apparecchio a gas*) beccuccio, bruciatore, cannello **FRAS.** *non avere il becco di un quattrino*, essere senza soldi, essere in bolletta □ *bagnarsi il becco* (*fig.*), bere □ *aprire il becco* (*fig.*), parlare □ *chiudere il becco, tenere il becco chiuso* (*fig.*), tacere □ *mettere il becco* (*fig.*), intromettersi (spec. a sproposito) □ *restare a becco asciutto* (*fig.*), non avere nulla, restare escluso.

beccùccio s. m. **1** (*di oggetti*) punta, cannello **2** (*per capelli*) pinzetta.

bécero A s. m. (*tosc.*) volgarone, ignorantone, maleducato, zoticone, cafone **CONTR.** raffinato, signore **B** agg. volgare, insolente, cafone, zotico, ignorante **CONTR.** raffinato, fine, educato.

beduìno [dall'ar. *bedawi*, abitante del deserto, nome dei nomadi arabi delle steppe e dei deserti del Medio Oriente e dell'Africa settentrionale] s. m. (*fig.*) persona rozza, persona strana, girovago.

befàna s. f. **1** (*pop.*) epifania **2** vecchia dei regali (della notte dell'epifania) **3** (*est., spreg.*) vecchia, vecchiaccia brutta.

bèffa s. f. **1** burla, celia, farsa, gioco, scherzo, tiro birbone, birichinata **2** scherno, derisione, dileggio, ludibrio, canzonatura.

beffàrdo agg. canzonatorio, ironico, mordace, satirico, derisorio, beffeggiatore, scherzoso, faceto **CONTR.** serio, austero, severo, grave.

beffàre A v. tr. **1** dileggiare, deridere, burlare, canzonare, beffeggiare, schernire **2** prendere in giro □ buscherare, imbrogliare **B beffarsi** v. intr. pron. prendersi gioco, deridere, ironizzare, irridere.

beffeggiàre v. tr. beffare, canzonare, deridere, dileggiare, farsi beffe.

beffeggiatóre A s. m. (f. *-trice*) (*lett.*) derisore, canzonatore, burlone **B** agg. canzonatorio, beffardo, ironico, satirico **CONTR.** serio, serioso, contegnoso, grave.

bèga s. f. **1** litigio, contrasto, lite **2** briga, noia, molestia, grattacapo, seccatura.

beghìno s. m. (*spreg.*) bigotto, pinzochero, bacchettone, baciapile.

bèh inter. (*fam.*) **1** bene!, proprio così! **2** allora, ebbene, dunque.

beige /*fr.* bɛʒ/ agg. e s. m. inv. (*di colore*) grigio nocciola, nocciola, avana, lionato, falbo (*lett.*), sauro, marrone chiaro.

belàre v. intr. **1** (*di pecora o capra*) emettere belati **2** (*fig., fam.*) (*di persona*) piagnucolare, lamentarsi, frignare, gemere **3** (*fig.*) parlare con voce tremula.

belàto s. m. (*fig.*) (*di persona*) voce tremula, piagnucolio, lamento.

bèlla s. f. **1** (*est.*) (*di donna*) amata, innamorata, fidanzata **2** (*di scritto*) bella copia **CONTR.** brutta, brutta copia, malacopia **3** (*nel gioco*) partita decisiva, spareggio.

bellaménte avv. **1** elegantemente, garbatamente, diplomaticamente **CONTR.** in malo modo, malamente, sgarbatamente, senza tatto **2** tranquillamente, beatamente, serenamente **CONTR.** nervosamente.

bellavìsta s. f. **1** bella veduta, bel panorama **2** (*est.*) belvedere, terrazza.

bellétto s. m. **1** (*per trucco*) crema, cosmetico, rossetto **2** (*fig.*) (*di stile*) artifizio.

bellézza s. f. **1** (*di cosa, di luogo*) beltà, vaghezza, incanto, magnificenza, splendore, amenità, gradevolezza, armonia **CONTR.** bruttezza, bruttura, orrore, squallore **2** (*di persona*) avvenenza, belluria (*tosc.*), leggiadria, grazia, eleganza, fascino, attrattiva, squisitezza, piacevolezza, venustà (*lett.*) **CONTR.** grossolanità, goffaggine, sgradevolezza, sconcezza **3** cosa bella, persona bella **CONTR.** bruttezza, cosa brutta, persona brutta.

bèllico agg. di guerra, guerresco **CONTR.** pacifico.

bellicosaménte avv. guerrescamente, marzialmente □ riottosamente, aggressivamente **CONTR.** pacificamente □ tranquillamente.

bellicóso agg. **1** guerriero, guerresco, guerrafondaio, marziale, agguerrito **CONTR.** imbelle, pacifico, amante della pace **2** indocile, battagliero, combattivo, aggressivo, pugnace (*lett.*), riottoso, rissoso **CONTR.** mite, arrendevole, remissivo, tranquillo.

belligerànte agg. e s. m. e f. combattente, contendente, guerreggiante, in guerra **CFR.** neutrale, in pace.

belligerànza s. f. stato di guerra **CFR.** pace, neutralità.

bellimbùsto s. m. damerino, ganimede, vagheggino, zerbinotto, cascamorto, civettone, pappagallo, dandy (*ingl.*).

bèllo A agg. **1** (*di cosa, di luogo*) gradevole, piacevole, delizioso, incantevole, ameno, splendido, magnifico, vago **CONTR.** brutto, sgradevole, orrido, orribile, squallido, triste **2** (*di persona*) avvenente, attraente, elegante, armonioso, appariscente, affascinante, aggraziato, vezzoso, leggiadro, seducente, ammaliante, ben fatto, formoso, vago, venusto (*lett.*) **CONTR.** brutto, repellente, sgraziato, malfatto, goffo, disarmonico, sproporzionato, laido, racchio (*pop.*) **3** (*di patrimonio, di capitale e sim.*) vistoso, cospicuo, notevole, grande **CONTR.** piccolo, modesto, scarso **4** (*di azione*) buono, nobile, generoso **CONTR.** cattivo, ignobile **B** s. m. **1** bellezza, grazia, eleganza **CONTR.** bruttezza **2** tempo buono, sereno **CONTR.** maltempo, brutto **3** amato, moroso (*pop.*) **FRAS.** *belle lettere*, letteratura □ *belle arti*, arti figurative □ *bel mondo*, società ricca ed elegante □ *bell'ingegno*, ingegno vivace □ *bello spirito* (*iron.*), persona spiritosa □ *bella stagione*, primavera □ *farsi bello*, adornarsi, attribuirsi meriti non propri □ *bell'e*, già, quasi, proprio □ *darsi bel tempo* (*fig.*), darsi all'ozio, ai piaceri □ *a bello studio, a bella posta*, con intenzione, apposta □ *bell'e buono*, vero e proprio □ *dirne delle belle* (*iron.*), dire delle assurdità, dire delle sciocchezze □ *bel bello*, adagio adagio, lemme lemme, tranquillamente □ *alla bell'e meglio*, in modo approssimativo, all'incirca □ *sul più bello*, nel momento culminante □ *del bello e del buono*, molta fatica.

beltà s. f. (*lett.*) bellezza **CONTR.** bruttezza.

bélva s. f. **1** animale feroce, fiera, bestia **2** (*fig.*) persona crudele, persona feroce, persona spietata, persona bestiale **CONTR.** persona mite, persona umana, persona pietosa.

belvedére A s. m. inv. **1** terrazza, bellavista, belosguardo **2** panorama, bella vista **B** in funzione di agg. (posposto al nome) panoramico.

belzebù [da *Beelzeboúb*, nome greco di un'antica divinità fenicia] s. m. inv. principe dei diavoli, diavolo, demonio.

benaccètto agg. (*lett.*) gradito, benvoluto, ben accolto **CONTR.** malaccetto, sgradito.

benamàto agg. (*lett.*) amatissimo, carissimo, diletto, adorato **CONTR.** odiato, inviso, malvisto.

benché cong. **1** (*con valore conc.*) sebbene, quantunque **2** (*con valore avvers.*) ma, tuttavia.

bènda s. f. **1** striscia, fasciatura, fascia **2** (*di sacerdoti, di dignitari*) infula, velo **FRAS.** *avere la benda agli occhi* (*fig.*), non rendersi conto della realtà.

bendàggio s. m. **1** bendatura, fasciatura, bende **2** (*sport*) fasciatura (delle mani del pugile).

bendàre A v. tr. **1** fasciare, coprire con bende, avvolgere **CONTR.** sbendare **2** coprire gli occhi (con una benda) **CONTR.** sbendare **B bendarsi** v. rifl. **1** fasciarsi, avvolgersi, mettersi la benda **CONTR.** sbendarsi **2** coprirsi gli occhi (con una benda) **CONTR.** sbendarsi, scoprirsi.

bendispósto agg. favorevole, disponibile **CONTR.** maldisposto.

bène A avv. **1** (*di agire*) rettamente, onestamente, giustamente **CONTR.** male, ingiustamente, disonestamente **2** (*di stare, di essere*) in salute, in forze **CONTR.** male **3** (*di parlare, di comprendere e sim.*) con sicurezza, con proprietà, efficacemente, perfettamente **CONTR.** male, senza sicurezza **4** (*di vivere, di passarsela*) agiatamente, nell'agiatezza, riccamente **CONTR.** nella ristrettezza, poveramente **5** (*di vestire, di comportarsi*) elegantemente, con gusto □ educatamente **CONTR.** rozzamente, male **B** in funzione di agg. inv. di buona famiglia, ricco **CONTR.** modesto, povero **C** in funzione di inter. **1** bravo!, bravi! **2** sta bene, va bene **D** s. m. **1** (*di cosa*) bontà □ onestà, giustizia **CONTR.** male □ disonestà, ingiustizia **2** (*di azione*) opera di misericordia, opera pia, carità **3** beneficio, giovamento, utilità, vantaggio **CONTR.** svantaggio, danno, inutilità **4** (*di sentimento*) affetto, amore **CONTR.** odio, avversione **5** persona amata, amore **CONTR.** persona odiata, nemico **6** (*econ.*) necessità, bisogno, esigenza **7** (*spec. al pl.*) averi, ricchezza, proprietà, possedimenti, patrimonio **FRAS.** *stare poco bene*, essere indisposto □ *gli sta bene!*, se lo merita! □ *va bene!*, d'accordo! □ *di bene in meglio*, sempre meglio □ *bene o male*, in un modo o nell'altro.

benedétto part. pass. di **benedire**; anche agg. **1** (*di cose*) consacrato, santificato **2** (*di persona*) beato, santo, sacro **3** (*est.*) (*di terra, di luogo*) colmo di ogni bene, fertile, ricco **CONTR.** povero, arido **4** (*di momento, di occasione*) fausto, fortunato, beneaugurato, salutare □ auspicato, atteso, desiderato **CONTR.** maledetto, disgraziato, sfortunato □ indesiderato, malaugurato, brutto.

benedìre v. tr. **1** (*di cose*) consacrare (con la benedizione), santificare **CONTR.** sconsacrare **2** (*di persona*) invocare la protezione divina, augurare bene **CONTR.** maledire **3** (*di persona o cosa*) ringraziare, essere grato, lodare, esaltare **CONTR.** maledire, bestemmiare, esecrare **4** (*di Dio, di santi e sim.*) proteggere, assistere, tutelare **CONTR.** perseguitare, mandare in rovina **5** (*scherz.*) (*di vino*) annacquare **FRAS.** *mandare* (o *andare*) *a farsi benedire* (*fig.*), mandare (o andare) alla malora, mandare (o andare) al diavolo.

benedizióne s. f. **1** (*di cose*) consacrazione **CONTR.** sconsacrazione **2** funzione religiosa **3** (*di persona e cosa*) invocazione di bene, augurio **CONTR.** maledizione, anatema, imprecazione, malaugurio **4** (*di persona*) riconoscenza, gratitudine, riconoscimento **CONTR.** ingratitudine **5** (*di Dio, dei santi*) protezione, favore, tutela **CONTR.** avversione, ostilità **6** (*di persona o cosa*) bene, fortuna, dono **CONTR.** calamità, disgrazia, sfortuna.

beneducàto agg. educato, compito, civile, urbano, ammodo, garbato **CONTR.** maleducato, sgarbato, incivile, villano.

benefattóre s. m.; anche agg. (f. *-trice*) oblatore, offerente, donatore, filantropo, caritatevole, generoso CONTR. egoista, avaro, tutto per sé.
beneficènte agg. (*lett.*) benefico, generoso, caritatevole CONTR. egoista, avaro.
beneficènza s. f. carità, assistenza, aiuto, filantropia, opera pia, beneficio, sussidio, offerta, elemosina.
beneficiàre A v. intr. (*di rendita, di beni*) trarre utile, avvantaggiarsi **B** v. tr. (*di persona*) fare del bene, aiutare CONTR. danneggiare, nuocere.
beneficiàrio agg. e s. m. **1** commendatario **2** intestatario, destinatario.
benefìcio s. m. **1** aiuto, favore, piacere, beneficenza CONTR. danno, torto **2** (*est.*) utilità, utile, vantaggio, frutto, interesse, giovamento, sollievo CONTR. svantaggio, danno, detrimento FRAS. *con beneficio di inventario* (*fig.*), con riserva □ *beneficio ecclesiastico*, prebenda.
benèfico agg. **1** (*di cosa*) utile, vantaggioso, giovevole CONTR. svantaggioso, dannoso **2** (*di persona*) che fa del bene, caritatevole □ generoso CONTR. malefico □ avaro, egoista.
benemèrito A agg.; anche s. m. meritevole, benemerente (*lett.*), encomiabile, degno CONTR. immeritevole, indegno **B** s. m. merito, benemerenza, riconoscimento CONTR. demerito FRAS. *la Benemerita* o *l'arma benemerita*, i carabinieri, l'arma dei carabinieri.
beneplàcito s. m. **1** approvazione, consenso, benestare, favore CONTR. disapprovazione, opposizione **2** volontà, potestà, capriccio, arbitrio.
benèssere s. m. solo sing. **1** salute, sanità, floridezza CONTR. malessere, cattiva salute, malattia **2** agiatezza, prosperità, ricchezza CONTR. miseria, bisogno, indigenza, povertà.
benestànte s. m. e f.; anche agg. abbiente, agiato, ricco, facoltoso CONTR. indigente, povero, bisognoso.
benestàre s. m. inv. **1** benessere CONTR. malessere **2** approvazione, consenso, assenso, beneplacito CONTR. disapprovazione, opposizione, dissenso.
benevolènza s. f. indulgenza, favore, benignità, amorevolezza, cordialità, bonarietà, degnazione CONTR. malevolenza, astio, animosità, disdegno, malanimo, ostilità.
benevolménte avv. benignamente, affabilmente, cordialmente, amorevolmente, bonariamente, favorevolmente CONTR. astiosamente, animosamente, ostilmente.
benèvolo agg. benigno, affabile, affettuoso, cordiale, amorevole, clemente, indulgente, bonario, umano CONTR. malevolo, maldisposto, maligno, avverso, ostile, animoso, astioso.
benfàtto agg. **1** (*di persona o cosa*) ben formato, armonico, proporzionato CONTR. malfatto, disarmonico, brutto **2** (*fig.*) (*di persona, di animo*) nobile, elevato, buono CONTR. ignobile, malvagio.
beniamìno [dal biblico *Beniamino*, figlio prediletto di Giacobbe] s. m. **1** figlio prediletto CONTR. pecora nera, cenerentola **2** (*est.*) favorito, prediletto, cocco (*fam.*, *scherz.*), benamato, preferito, protetto, pupillo CONTR. cenerentola, perseguitato, avversato.
benignaménte avv. cortesemente, benevolmente, affabilmente, amorevolmente, umanamente, indulgentemente CONTR. malignamente, malvagiamente, male.
benignità s. f. indulgenza, clemenza, bontà, benevolenza, amorevolezza, condiscendenza, bonarietà, degnazione, cortesia, affabilità CONTR. malevolenza, animosità, malanimo, disdegno, ostilità.
benigno agg. **1** (*di persona*) ben disposto, affettuoso, cortese, buono, amorevole, affabile, umano CONTR. maligno, mal disposto, cattivo, malvagio **2** (*di giudizio, di atteggiamento e sim.*) indulgente, favorevole, benevolo, mite CONTR. duro, sfavorevole, negativo **3** (*di malattia*) non pericoloso, non mortale CONTR. maligno, mortale.
benintenzionàto agg. ben disposto, favorevole, disponibile CONTR. malintenzionato, mal disposto.
benintéso avv. certamente, naturalmente FRAS. *beninteso che*, purché.
benpensànte s. m. e f.; anche agg. **1** saggio, assennato, moderato CONTR. dissennato, scriteriato **2** (*est.*) conformista, conservatore, borghese, tradizionalista CONTR. anticonformista, innovatore, rivoluzionario.
benservìto s. m. **1** attestato di servizio **2** (*est.*, *iron.*) licenziamento.
bensì cong. però, ma, invece, anzi, al contrario.
benvìsto agg. gradito, accetto CONTR. malvisto, sgradito.
benvolére A v. tr. volere bene, stimare CONTR. malvolere, disistimare **B** in funzione di s. m. solo sing. affetto, benignità, benevolenza CONTR. malevolenza, odio.
benvolùto part. pass. di **benvolere**; anche agg. benaccetto, amato, stimato CONTR. malvoluto, odiato, disprezzato.
benzinàio o (*pop.*) **benzinàro** s. m. pompista.
beóne s. m. ubriacone CONTR. astemio.
beòta [dal nome degli abitanti della *Beozia*, ritenuti stupidi] s. m. e f.; anche agg. (*fig.*) stupido, idiota, cretino, sciocco, tardo, tonto, lento, scemo CONTR. intelligente, sveglio.
berciàre v. intr. urlare, vociare.
bére A v. tr. **1** (*di liquido*) inghiottire, mandare giù, tracannare, trangugiare, sorseggiare, sorbire, centellinare, ingollare, trincare, degustare **2** (*di terreno, di materia assorbente*) assorbire CONTR. essere impermeabile **3** (*di motore*) consumare, bruciare (carburante) **4** (*ass.*) sbevazzare, alzare il gomito, ubriacarsi, ine-

briarsi, avvinazzarsi, sborniarsi **CONTR.** essere astemio **5** dissetarsi, togliersi la sete, abbeverarsi **6** brindare, libare **7** (*di persona semplice*) credere ingenuamente **CONTR.** diffidare **B** in funzione di s. m. solo sing. bevanda □ vino, alcol.

berlina (1) s. f. **1** (*di condannati*) pubblico ludibrio **2** (*fig.*) scherno, derisione, dileggio **FRAS.** *mettere alla berlina* o *in berlina* (*fig.*), esporre al ridicolo.

berlina (2) [da *Berlino*, la città dove comparve per la prima volta] s. f. **1** carrozza di gala **2** automobile chiusa, limousine (*fr.*) **CONTR.** spider (*ingl.*).

bernòccolo s. m. **1** (*di cosa*) protuberanza, bozza, bugna, sporgenza, gonfiore, bitorzolo **2** (*fig.*) (*di persona*) disposizione, vocazione, attitudine, propensione, tendenza **CONTR.** idiosincrasia, avversione, ripugnanza.

bernoccolùto agg. bitorzoluto, nodoso **CONTR.** liscio, levigato.

berrétto s. m. copricapo, cappello, berretta.

bersagliàre v. tr. **1** (*di cosa*) prendere di mira, mirare **2** (*est.*) (*di domande, di pugni, ecc.*) colpire ripetutamente, tempestare **3** (*fig.*) (*di persona*) perseguitare, vessare, tormentare **CONTR.** favorire, aiutare.

bersàglio s. m. **1** punto, segno, mira, meta **2** (*fig.*) scopo, obiettivo **3** (*est.*) (*di persona*) oggetto.

bestémmia s. f. **1** (*verso Dio, Madonna e santi*) blasfema (*lett.*), moccolo (*pop.*), canchero (*dial.*) **2** imprecazione, maledizione, vituperio **CONTR.** preghiera, invocazione, giaculatoria **3** (*est.*) assurdità, sproposito, eresia.

bestemmiàre v. tr.; anche ass. **1** (*di Dio, Madonna e santi*) offendere con bestemmie, imprecare, tirare moccoli (*pop.*) **CONTR.** pregare **2** (*di sorte*) maledire **CONTR.** benedire **3** (*fig.*) (*di lingua straniera*) parlare stentatamente, biascicare **CONTR.** parlare speditamente **4** (*fig.*) dire spropositi, dire assurdità.

bestemmiatóre s. m.; anche agg. (f. *-trice*) blasfemo, empio, bocca sacrilega **CONTR.** pio, timorato di Dio.

béstia s. f. **1** animale, belva, fiera, quadrupede **2** (*fig.*) bruto, rozzo, ignorante e violento **CONTR.** signore **FRAS.** *bestia feroce*, fiera □ *andare in bestia*, infuriarsi □ *bestia nera* (*fig.*), spauracchio.

bestiàle agg. **1** di bestia, ferino **CONTR.** umano **2** (*est.*) brutale, animalesco, feroce, crudele, bruto, irragionevole **CONTR.** delicato, mite, ragionevole, equilibrato **3** (*fig.*) enorme, grandissimo **CONTR.** piccolissimo **4** (*gerg.*) bellissimo, interessantissimo, intrigante (*gerg.*), fantastico, meraviglioso **CONTR.** insignificante.

bestialità s. f. **1** brutalità, crudeltà, violenza, ferocia, barbarie, disumanità **CONTR.** umanità, gentilezza, cortesia, mitezza **2** (*fig.*) sproposito, assurdità, cretinata.

bestiàme s. m. bestie domestiche □ armento, gregge, mandria **FRAS.** *bestiame grosso*, buoi e vacche □ *bestiame minuto*, pecore e capre.

betòn s. m. calcestruzzo.

béttola s. f. osteriaccia, osteria, taverna, gargotta, bistrot (*fr.*).

bevànda s. f. bibita, beveraggio, beva (*raro*), drink (*ingl.*) □ liquore, tisana, pozione, beverone, decotto, sciroppo.

beveróne s. m. **1** bevanda, beveraggio, intruglio **2** (*est.*) bevanda medicamentosa, pozione.

bevìbile agg. potabile **CONTR.** imbevibile.

bevitóre s. m. (f. *-trice*) beone **CONTR.** astemio.

bevùta s. f. **1** bevanda **2** bicchierata, rinfresco, brindisi, degustazione, libagione, trincata.

bevùto agg. ubriaco, ebbro, sbronzo (*fam.*), avvinazzato.

biàda s. f. **1** (*per bestiame*) foraggio, granaglie, cereale **2** (*al pl.*) (*lett.*) messi.

biancàstro agg. tendente al bianco, bianco sporco, grigio **CFR.** nerastro.

biancheggiàre A v. intr. **1** apparire bianco, tendere al bianco, imbianchire **CFR.** nereggiare **2** (*est.*) albeggiare, farsi chiaro, schiarire **CONTR.** annottare, abbuiare, imbrunire **B** v. tr. imbiancare **CFR.** annerire.

biancherìa s.f. indumenti intimi, lingeria □ telerie.

bianchétto agg. dim. di **bianco**; un po' bianco, bianchiccio **CFR.** nericcio, neretto.

bianchézza s. f. biancore, candidezza, candore, color bianco, chiarezza □ chiarità □ pallore, pallidezza **CFR.** nerezza, nero.

bianchìccio agg. tendente al bianco, bianchetto **CFR.** nericcio, neretto.

biànco A agg. **1** (*di cosa*) candido, color latte, latteo, cereo, color neve, niveo, pallido, argenteo, eburneo (*lett.*), albo (*raro, lett.*), chiaro **CFR.** nero, scuro, bruno, corvino **2** (*anche fig.*) (*di cose*) immacolato, pulito, incontaminato **CONTR.** sporco, contaminato **3** (*di capelli*) canuto **CONTR.** nero, biondo **4** (*di pagina*) non scritto, senzà scrittura **CONTR.** scritto **5** (*di sport, di vacanza e sim.*) invernale, sulla neve, di montagna **B** s. m. **1** colore bianco **CONTR.** nero **2** parte bianca, parte scritta **3** (*di persona*) persona di pelle bianca **CFR.** nero, giallo, pellerossa **4** (*di uovo*) albume, chiara (*pop.*) **FRAS.** *non distinguere bianco da nero* (*fig.*), non capire nulla □ *far vedere nero per bianco* (*fig.*), dare a intendere una cosa per un'altra □ *il bianco dell'occhio* (*pop.*), la sclerotica □ *il bianco dell'uovo* (*pop.*), l'albume □ *mettere nero su bianco*, mettere per scritto □ *in bianco* (*di cibo*), senza sughi e droghe; (*di pesce*) lesso □ *di punto in bianco*, all'improvviso, inaspettatamente, di sorpresa, alla sprovvista.

bianconéro agg.; anche s. m. (*calcio*) juventino.

biancóre s. m. (*lett.*) **1** (*di cosa*) candore, bianchezza **CONTR.** nerezza **2** (*di alba*) lucore (*lett.*), luce diffusa **CONTR.** oscurità, buio.

biascicàre v. tr. **1** (*di cibo*) mangiare lentamente, mangiare svogliatamente, masticare male, ruminare **2** (*fig.*) (*di lingue straniere*) parlare con difficoltà, parlare alla meglio **CONTR.** parlare bene.

biasimàre v. tr. criticare, disapprovare, riprendere, censurare, sindacare, riprovare, rimproverare, condannare, vituperare, stigmatizzare **CONTR.** approvare, lodare, elogiare, incensare, esaltare, decantare, encomiare.

biasimévole agg. degno di biasimo, riprovevole, criticabile, censurabile, deplorevole, condannabile **CONTR.** lodevole, elogiabile, encomiabile, ammirevole, meritorio.

biàsimo s. m. critica, rimprovero, disapprovazione, riprovazione, condanna, deplorazione **CONTR.** elogio, lode, plauso, encomio, complimento.

Bibbia s. f. **1** Storia sacra, Sacra Scrittura, Antico e Nuovo Testamento, Vangelo **2** (*est.*) (*con iniziale minuscola, di scritto o di persona*) fonte certa, bocca della verità.

biberon /*fr.* bibəˈrõ/ s. m. inv. poppatoio.

bibita s. f. bevanda dissetante, soft-drink (*ingl.*), beveraggio, beva (*raro*).

biblico agg. **1** della Bibbia **2** (*fig.*) (*di impresa*) solenne, grandioso, imponente, enorme, apocalittico **3** (*di parole*) profetico, divino.

bibliografìa s. f. **1** descrizione di libri, catalogazione di libri **2** elenco dei libri (su un argomento, su un autore, ecc.) **3** opere, libri (di un dato periodo).

bibliotèca s. f. raccolta di libri, collezione di libri □ libreria.

bicchieràta s. f. (*est.*) bevuta (in compagnia), rinfresco, brindisi.

bicchière s. m. **1** calice, coppa, nappo (*lett.*), gotto **2** (*di granata*) involucro **3** (*per dadi*) bussolotto **FRAS.** *il bicchiere della staffa*, il bicchiere del congedo □ *fondo di bicchiere* (*fig.*), diamante falso.

biciclétta s. f. bici (*fam.*), biciclo, ciclo, dueruote (*fam.*), tandem **FRAS.** *bicicletta da neve*, ski-bob (*ingl.*).

bicòcca s. f. (*lett.*) **1** piccola rocca, castelletto **2** (*spreg.*) catapecchia, casupola, baracca.

bicolóre A agg. **1** che ha due colori **CFR.** monocolore, tricolore, policromo **2** (*fig.*) (*di governo*) bipartitico, di due partiti **CFR.** tripartitico, quadripartitico, pentapartitico **B** s. m. governo di due partiti **CFR.** monocolore, tripartito, quadripartito, pentapartito.

bicromìa s. f. riproduzione a due colori **CFR.** tricromia, quadricromia, policromia.

bidèllo s. m. inserviente, messo, usciere, custode, addetto, fattorino, valletto.

bidonàre v. tr. (*pop.*) imbrogliare, truffare, raggirare, buscherare (*pop.*).

bidonàro s. m. (*pop.*) bidonista, imbroglione, truffatore, trappolone.

bidonàta s. f. (*pop.*) imbroglio, raggiro, truffa, bidone (*pop.*).

bidóne s. m. **1** (*di recipiente*) stagna, fusto, tanica **2** (*pop.*) (*di cosa*) bidonata (*pop.*), truffa, imbroglio, raggiro □ trappola **3** (*est.*, *spreg.*) (*di atleta, di artista, ecc.*) incapace, cane **4** (*est.*, *spreg.*) (*di donna*) ragazza brutta.

bidonista s. m. e f. truffatore, imbroglione, trappolone, bidonaro (*pop.*).

bidonville /*fr.* bidɔ̃ˈvil/ [vc. fr., da *bidon* 'bidone' e *ville* 'città'] s. f. inv. quartiere di baracche, baraccopoli, baraccamento, favelas (*sp*).

bièco agg. **1** (*spec. di sguardo*) obliquo, torvo, storto, losco **CONTR.** dritto, retto **2** (*est.*) (*di persona, di parole, ecc.*) sinistro, minaccioso, cattivo, malvagio **CONTR.** sereno, mite, buono.

bièlla s. f. (*mecc.*) albero, braccio, tirante, asta.

biennàle A agg. **1** di due anni, bienne **CFR.** annuale, triennale, quadriennale, ecc. **2** (*di manifestazione, di mostra e sim.*) che ricorre ogni due anni **B** s. f. manifestazione, mostra, esposizione (che si fa ogni due anni).

bietolóne s. m. **1** accr. di **bietola**; atreplice **2** (*fig.*) (*di persona*) babbeo, sciocco, insulso **CONTR.** furbone, abile.

bìfido agg. biforcuto, bicorne, bipartito, a due punte.

bifólco s. m. **1** boaro, vaccaro, contadino **2** (*fig.*) ignorante, villanzone, villano, rozzo, screanzato **CFR.** raffinato, snob (*ingl.*).

bìfora s. f. finestra con due aperture **CFR.** monofora, trifora, quadrifora, polifora.

biforcàre A v. tr. (*di cose*) dividere in due, diramare **B biforcarsi** v. intr. pron. (*di strade, di fiumi, ecc.*) dividersi (in due), diramarsi **CONTR.** congiungersi, unirsi.

biforcazióne s. f. (*di strade, di fiumi, ecc.*) divisione, diramazione, bivio, separazione, divergenza **CONTR.** confluenza, congiungimento.

biforcùto agg. bifido, bipartito, a due punte **FRAS.** *lingua biforcuta* (*fig.*), lingua maligna.

bifórme agg. con due forme, bicipite, bicefalo □ bifido, biforcuto.

bifrónte agg. **1** che ha due fronti, con due facce, bicefalo **2** (*fig.*) (*di persona*) ambiguo, doppio, sleale **CONTR.** chiaro, leale, onesto **3** (*di comportamento*) contrastante, opposto **CONTR.** coerente, rettilineo **4** (*di parola*) che si può leggere alla rovescia (es. *ala*).

big /*ingl.* big/ s. m. inv. personaggio importante, capo, notabile, autorità, leader (*ingl.*), vip (*ingl.*) **CONTR.** povero diavolo.

bìga s. f. (*nel mondo classico*) cocchio (a due ruote).

bigamìa s. f. l'avere due mogli **CFR.** monogamia, poligamia.

bìgamo agg.; anche s. m. chi ha due mogli **CFR.** monogamo, poligamo.

bighellonàre v. intr. oziare, ciondolare, vagabondare, girovagare, girellare senza scopo.

bighellóne s. m. ozioso, ciondolone, fannullone, vagabondo, girellone, perdigiorno, perditempo.

bigiàre v. tr. (*anche ass., sett.*) marinare la scuola, saltare la scuola (*dial.*), far fughino (*dial.*).

bìgio agg. **1** (*di colore*) grigio, grigio spento, cinerino, cinereo, cinerognolo, grigiastro, sale e pepe **2** (*fig.*) (*di persona*) indeciso, incerto, poco chiaro **CONTR.** sicuro, deciso, chiaro.

biglietterìa s. f. (*nei locali pubblici, nelle stazioni e sim.*) vendita di biglietti, botteghino, sportello, chiosco.

bigliétto s. m. **1** (*per corrispondenza*) foglietto, cartoncino **2** (*per servizi vari*) carta, cedola, scontrino, talloncino, bolletta, contromarca, tessera, ricevuta, tagliando, buono, coupon (*franc.*), ticket (*ingl.*) **3** (*di denaro*) carta, moneta, pezzo **FRAS.** *biglietto di banca*, carta-moneta.

bignàmi o **bignamìno** [da *Bignami*, autore-editore dei noti manualetti riassuntivi] s. m. (*pop.*) riassunto, sunto, sintesi, compendio, breviario, abregé (*fr.*).

bignè [fr. *beignet*, da *beigne* 'bugna, bernoccolo'] s. m. bombolone, krapfen (*ted.*), cremino.

bigodìno s. m. (*per capelli*) molletta, diavoletto.

bigotterìa s. f. bigottismo, bacchettoneria, santimonia □ ipocrisia **CFR.** miscredenza, empietà □ pietà □ lealtà, sincerità.

bigottìsmo s. m. bigotteria, bacchettoneria, santimonia □ ipocrisia **CFR.** miscredenza, empietà, anticlericalismo □ pietà □ lealtà, sincerità.

bigòtto [forse dall'ant. ted. *bi got* 'per Dio', intercalare spregiativo dei Normanni] s. m. e agg. bacchettone, baciapile, baciasanti, pinzochero, collotorto, paolotto □ clericale □ tartufo, ipocrita, fariseo **CFR.** empio, blasfemo, ateo, miscredente, mangiapreti, anticlericale □ pio □ laico □ leale, sincero.

bijou /*fr.* bi'ʒu/ [vc. fr., dal bretone *bizou* 'anello', da *biz* 'dito'] s. m. inv. **1** gioiello, gioia, gemma, prezioso, pietra preziosa **2** (*fig.*) (*di cosa*) raffinatezza, eleganza, magnificenza **3** (*di persona*) delizia, amore, tesoro.

bikìni [dall'atollo di *Bikini*, dove fu sperimentata l'atomica, da cui il significato di 'esplosivo, atomico'] s. m. due pezzi, reggiseno e mutandine **CFR.** monochini, topless (*ingl.*), top (*ingl.*).

bilància s. f. **1** libra, bascula, stadera **2** (*astr.*) settimo segno dello zodiaco **3** (*pesca*) rete quadra **FRAS.** *porre sulla bilancia* (*fig.*), valutare, esaminare.

bilanciàre A v. tr. **1** (*con bilancia*) pesare **2** (*fig.*) (*di idee, di progetti e sim.*) considerare, confrontare, esaminare **3** (*anche fig.*) (*di conto*) pareggiare, adeguare, far corrispondere **CONTR.** spareggiare, sbilanciare, differenziare **4** (*di peso, di corpo*) equilibrare, librare, porre in bilico **CONTR.** squilibrare **B** v. intr. (*di conto, di peso*) essere esatto, corrispondere, quadrare, essere uguale **C bilanciarsi** v. rifl. e rifl. rec. **1** (*di persona*) equilibrarsi, tenersi in equilibrio **CONTR.** perdere l'equilibrio, ondeggiare, oscillare **2** (*di cose*) pareggiarsi, corrispondere, essere uguale, quadrare **CONTR.** differenziarsi.

bilancière s. m. **1** (*mecc.*) braccio oscillante **2** (*per coniare*) torchio □ pressa **3** (*di funamboli*) asta, pertica.

bilancìno s. m. **1** dim. di **bilancia 2** cavallo di rinforzo, rinforzo, pertichino, trapelo.

bilàncio s. m. **1** rendiconto, resoconto, conteggio, conto □ resa dei conti □ prospetto **2** (*fig.*) (*di azioni, di situazioni*) valutazione riassuntiva, rassegna, esame.

bilateràle agg. (*di patto, accordo e sim.*) tra due parti, a due **CFR.** monolaterale, trilaterale, ecc.

bile s. f. **1** (*anat.*) fiele **2** (*fig.*) collera, stizza, rabbia, sdegno **CONTR.** calma, tranquillità, serenità.

bilia s. f. **1** (*di biliardo*) palla □ buca **2** pallina.

biliardìno s. m. flipper (*ingl.*).

bilico s. m. **1** equilibrio instabile, instabilità **CONTR.** equilibrio, stabilità **2** (*di campana*) perno, asse, centro, traversa girevole **3** (*di sportello, finestra, ecc.*) cerniera **4** (*fig.*) dubbio, incertezza **CONTR.** sicurezza, certezza.

bilìngue agg. e s. m. e f. **1** che parla due lingue, diglotta **2** scritto in due lingue **CFR.** monolingue, plurilingue.

bilinguìsmo s. m. diglossia **CFR.** monolinguismo, plurilinguismo.

bilùstre agg. decennale, decenne.

bìmbo s. m. **1** bambino, pargolo (*lett.*), fanciullo, maschietto, marmocchio (*scherz.*), baby (*ingl.*) **CFR.** adolescente, ragazzo, giovane, vecchio, anziano **2** figlio piccolo **3** (*iron.*) immaturo, ingenuo, inesperto **CONTR.** maturo, abile, furbo.

bimensìle agg. bimestrale **CFR.** mensile, trimestrale, ecc.

bimestràle agg. di due mesi, bimensile **CFR.** mensile, trimestrale, ecc.

bimèstre s. m. due mesi **CFR.** trimestre, quadrimestre, ecc.

binàrio (1) agg. doppio, duplice **CONTR.** semplice, singolo, unico.

binàrio (2) s. m. (*di treno, di tram e sim.*) rotaie, guide **CONTR.** monorotaia.

binàto agg. accoppiato, duplicato, gemello **CONTR.** singolo, semplice, unico.

bìnda s. f. (*mecc.*) cricco, argano.

binòmio s. m. **1** (*mat.*) **CFR.** monomio, trinomio, polinomio, ecc. **2** (*est.*) paio, coppia.

biodegradàbile agg. decomponibile **CONTR.** indegradabile.

biografìa s. f. vita, ritratto, profilo, storia, medaglione.

biondàstro agg. biondeggiante, che tende al biondo, biondo sporco.
biondeggiànte part. pres. di **biondeggiare**; anche agg. che tende al biondo, biondastro □ (*di messi*) biondo, dorato.
biondeggiàre v. intr. **1** essere biondo, apparire biondo **2** imbiondire.
bióndo A agg. (*di colore*) giallo chiaro, dorato, flavo (*lett.*), platinato, fulvo **B** s. f. pl. (*gerg.*) sigarette.
biopsìa s. f. (*med.*) esame, analisi.
biosistèma s. m. ecosistema.
bipartìre A v. tr. (*anche fig.*) dividere in due, biforcare **CFR.** riunire, unire, unificare **B bipartirsi** v. intr. pron. (*anche fig.*) dividersi in due, biforcarsi, diramarsi **CFR.** unirsi, riunirsi, unificarsi.
bipartìtico agg. (*spec. di governo*) bipartito, di due partiti, bicolore **CFR.** monocolore, tricolore, tripartitico, ecc.
bipartìto A part. pass. di **bipartire**; anche agg. **1** diviso in due □ biforcuto **2** (*fig.*) (*spec. di governo*) di due partiti, bicolore **CFR.** monocolore, tripartito, quadripartito, pentapartito **B** s. m. governo di due partiti, alleanza di due partiti **CFR.** monocolore, tripartito, quadripartito, pentapartito.
bipartizióne s. f. divisione in due parti □ biforcamento, biforcazione **CFR.** unificazione.
bìpede A agg. con due piedi **CFR.** quadrupede **B** s. m. **1** animale con due piedi **CFR.** quadrupede **2** (*scherz.*) uomo **CFR.** quadrupede, animale.
bipènne o **bipénne** s. f. scure, mannaia.
bìrba s. f. **1** birbante, briccone, birbaccione, mascalzone, canaglia, imbroglione **CONTR.** galantuomo **2** (*scherz.*) ragazzaccio, monello, birichino.
birbaccióne s. m. birbone, briccone, furfante, canaglia □ imbroglione, furbone.
birbànte s. m. **1** birbone, briccone, birbaccione, mascalzone, canaglia, farabutto, malfattore, manigoldo, imbroglione **2** (*scherz.*) monello, birichino, ragazzaccio, birba.
birbanterìa s. f. bricconata, birboneria, birbonata, mascalzonata, canagliata.
birbantésco agg. birbonesco, canagliesco.
birbonàggine s. f. birboneria, birbanteria, birbonata, canagliata.
birbonàta s. f. birbanteria, bricconata, birboneria, canagliata.
birbóne A s. m. furfante, birbante, briccone, mascalzone, canaglia, imbroglione, birbaccione, birba, manigoldo, malandrino **B** agg. **1** cattivo, maligno, malvagio **CONTR.** buono, benigno **2** (*raff.*, *scherz.*) (*di fame, di tempo, ecc.*) intenso, boia (*pop.*).
birbonerìa s. f. birbanteria, bricconata, birbonaggine, birbonata, canagliata.
birbonésco agg. birbantesco, canagliesco.
birichinàta s. f. monelleria, birbanteria, birbonata.
birichìno A s. m. **1** ragazzo vivace, monello, birba **2** (*est.*) birbone, briccone, furbone, furbastro, imbroglione **B** agg. (*di persone, di sguardo, ecc.*) vispo, irrequieto, vivace, scaltro, furbo, sbarazzino.
birìllo s. m. (*di biliardo*) ometto.
bìro [dal nome dell'ungherese Lázló *Birò*, l'inventore] s. f. penna a sfera.
bìrra s. f. cervogia (*raro*), cervisia (*raro*) **FRAS.** *a tutta birra* (*fig.*), a grande velocità □ *dare la birra* (*fig.*), superare nettamente □ *farci la birra* (*pop.*), considerare inutile.
bis A inter. di nuovo!, replica!, ancora! **CONTR.** basta! **B** in funzione di s. m. replica, ripetizione **C** in funzione di agg. (*spec. di treno, di convoglio*) supplementare **FRAS.** *fare il bis*, replicare, ripetere; prenderne ancora.
bisàccia s. f. borsa, sacca, zaino □ tasca.
bisàvolo s. m. bisavo, bisnonno □ antenato, avo.
bisbètico agg.; anche s. m. litigioso, puntiglioso, brontolone, stizzoso □ stravagante, lunatico **CONTR.** pacifico, placido, bonario □ metodico.
bisbigliàre A v. intr. **1** parlare sottovoce, mormorare, sussurrare **CONTR.** urlare, gridare, vociare **2** far pettegolezzi, spettegolare, sparlare, malignare, dir male **CONTR.** dir bene, elogiare **B** v. tr. dire sottovoce, mormorare, sussurrare **CONTR.** urlare.
bisbìglio (1) s. m. mormorio, sussurro, sussurrio **CONTR.** urlo, grido.
bisbiglìo (2) s. m. mormorio, sussurrio **CONTR.** gridio, vocio.
bisbòccia s. f. baldoria, gozzoviglia, bagordo, allegro festino **CONTR.** astinenza, digiuno, continenza, penitenza.
bisbocciàre v. intr. fare bisboccia, fare baldoria, gozzovigliare, bagordare, gavazzare, straviziare **CONTR.** fare penitenza, digiunare.
bìsca s. f. casa da gioco, casinò.
bìschero s. m. **1** (*di strumenti a corda*) pirolo, cavicchio, collabo **2** (*pop.*, *tosc.*, *fig.*) sciocco, imbecille, fesso, stupido, minchione **CONTR.** furbacchione.
bischétto s. m. deschetto, tavolino (del calzolaio).
bìscia s. f. **1** serpe, serpente, aspide (*lett.*) **2** (*fig.*) persona strisciante, infida **FRAS.** *a biscia*, a zigzag □ *biscia d'acqua*, mangiarospi.
biscòtto s. m. **1** galletta **2** terracotta non smaltata **3** buffetto, biscottino, colpetto (sulla guancia).
biscuit /*fr.* bis'kɥi/ [vc. fr., letteralmente 'biscotto'] s. m. inv. **1** porcellana non smaltata **2** semifreddo.
bisecànte s. f. (*geom.*) bisettrice.
bisessuàle agg. bisessuato, monoclino, ermafrodito **CONTR.** unisessuale, unisessuato.
bisettrìce s. f. (*geom.*) bisecante.
bisìllabo A agg. (*di parola*) di due sillabe **CFR.**

monosillabo, trisillabo, quadrisillabo, polisillabo **B** s. m. parola di due sillabe □ verso di due sillabe **CFR.** monosillabo, trisillabo, quadrisillabo, polisillabo.

bislàcco agg.; anche s. m. stravagante, bizzarro, strano, strambo, cervellotico, lunatico **CONTR.** equilibrato, sensato, assennato.

bisnipóte s. m. e f. pronipote.

bisnònno s. m. bisavo, bisavolo □ avo, antenato.

bisognàre **A** v. intr. occorrere, abbisognare, essere utile, necessitare, avere bisogno, avere necessità **CONTR.** averne abbastanza, bastare **B** v. intr. impers. occorrere, essere necessario, convenire, dovere.

bisógno s. m. **1** necessità, urgenza, esigenza, opportunità, uopo (*lett.*), occorrenza **CONTR.** sufficienza, abbondanza **2** (*est.*) povertà, miseria, indigenza, penuria, disagio, privazione, ristrettezza **CONTR.** abbondanza, ricchezza, opulenza, agiatezza, benessere **3** (*spec. al pl.*) necessità corporali, defecazione, minzione.

bisognóso agg. e s. m. **1** bisognevole **2** povero, misero, indigente, disagiato, nullatenente **CONTR.** ricco, agiato, abbiente, danaroso, facoltoso.

bissàre v. tr. ripetere, rifare, fare il bis, replicare.

bistécca s. f. fetta di carne, costata, costoletta, cotoletta, braciola, filetto, cartonata.

bisticciàre v. intr. e **bisticciarsi** v. rifl. rec. litigare, altercare, questionare, accapigliarsi **CONTR.** fare la pace, rappacificarsi, andare d'accordo, accordarsi.

bistìccio s. m. **1** lite, litigio, alterco, baruffa, diverbio, battibecco, contrasto **CONTR.** pace, accordo **2** (*lett.*) gioco di parole □ allitterazione □ polisenso.

bistrattàre v. tr. maltrattare, trattare male, strapazzare, offendere, villaneggiare, umiliare **CONTR.** trattare bene, rispettare, onorare, venerare.

bistrattàto part. pass. di **bistrattare**; anche agg. maltrattato, strapazzato, ingiuriato, villaneggiato, umiliato, offeso **CONTR.** trattato bene, rispettato, onorato, venerato.

bistrot /*fr.* bis'tro/ s. m. inv. caffè (spec. a Parigi) □ bettola, osteria, mescita, taverna, pub (*ingl.*).

bìsturi [forse dall'ant. italiano *pistorese*, di Pistoia, città famosa per le sue lame] s. m. (*med.*) lancia, coltello, coltello chirurgico.

bitórzolo s. m. bernoccolo, catorzolo, protuberanza, bozza □ brufolo, foruncolo, pustola, tubercolo.

bitter [ingl., letteralmente 'amaro'] **A** agg. inv. amaro **CONTR.** dolce **B** s. m. inv. (*di bevanda*) amaro □ (*est.*) aperitivo.

bitumàre v. tr. rivestire col bitume, incatramare, asfaltare.

bitumatùra s. f. asfaltatura, incatramatura.

bitùme s. m. catrame, asfalto, pece.

bivaccàre v. intr. **1** stare al bivacco, passare la notte all'addiaccio □ attendarsi, accamparsi **2** (*fig.*) sistemarsi provvisoriamente, sistemarsi alla meglio.

bivàcco s. m. campo all'aperto, campo all'addiaccio, accampamento, campeggio, attendamento, tendopoli, camping (*ingl.*).

bivalènte agg. (*est.*) con due possibilità, con due interpretazioni, a due soluzioni, a due usi **CFR.** monovalente, polivalente.

bìvio s. m. **1** (*di strada e sim.*) biforcazione, incrocio, crocicchio, crocevia, diramazione **CFR.** trivio, quadrivio **2** (*fig.*) incertezza, dubbio, indecisione **CONTR.** risolutezza, sicurezza, decisione.

bizzarraménte avv. strambamente, stranamente, estrosamente, capricciosamente, curiosamente **CONTR.** equilibratamente, normalmente, conformisticamente.

bizzarrìa s. f. stramberia, stranezza, stravaganza, originalità, eccentricità, estrosità, estro, capriccio, fantasia, ghiribizzo, grillo, singolarità, snobismo **CONTR.** equilibrio, posatezza □ conformismo.

bizzàrro agg. **1** (*di essere, di cosa*) originale, strano, strambo, cervellotico, lunatico, stravagante, estroso, capriccioso, fantasioso, singolare, curioso, bislacco, balzano, eccentrico, snob (*ingl.*) **CONTR.** normale, comune, equilibrato □ conformista **2** (*di cavallo*) focoso, ombroso **CONTR.** posato.

bizzèffe vc.; solo nella loc. avv. *a bizzeffe*, in grande quantità, a iosa, abbondantemente **CONTR.** poco, scarsamente.

bizzóso agg. **1** (*di persona*) stizzoso, collerico, irritabile, capriccioso **CONTR.** sereno, equilibrato, pacifico, bonaccione, tranquillo **2** (*di cavallo*) focoso, ombroso **CONTR.** posato.

black-out /*ingl.* blæk 'aut/ [vc. ingl., 'oscuramento', comp. di *black* 'nero, scuro' e *out* 'fuori'] s. m. inv. **1** oscuramento totale, buio □ (*est.*) totale mancanza, interruzione completa **2** (*fig.*) silenzio assoluto, silenzio stampa.

blandìre v. tr. (*lett.*) **1** (*di persona*) accarezzare, carezzare **2** (*fig.*) (*di dolore, di ira e sim.*) lenire, attenuare, calmare **CONTR.** accentuare, acuire, esaltare, inasprire **3** (*di persona*) lusingare, adulare, adescare **CONTR.** respingere, allontanare.

blàndo agg. dolce, delicato, carezzevole, piacevole, mite, affabile, soave, tenero, affettuoso **CONTR.** aspro, brusco, amaro, irritante, sgradevole, spiacevole, violento, bruto, crudo.

blasfèmo **A** agg. empio, irriverente **CONTR.** pio, devoto **B** s. m. bestemmiatore.

blasóne s. m. **1** stemma gentilizio, insegna araldica, insegna nobiliare, scudo gentilizio **2** nobiltà.

blateràre v. intr. e tr. (*spreg.*) cianciare, urlare, chiacchierare a vanvera.

blìnda s. f. (*di automezzo, di cassaforte, ecc.*) corazza, copertura, rivestimento, protezione.

blindàggio s. m. (*di automezzo, di cassaforte, ecc.*) corazzatura, rivestimento, copertura, protezione □ blinda.

blindàre v. tr. (*di automezzo, di cassaforte, ecc.*) corazzare, rivestire, proteggere, rafforzare.

blindàto part. pass. di **blindare**; anche agg. (*di automezzi, di cassaforte, ecc.*) corazzato, rivestito, protetto, fortificato, rafforzato.

blitz /*ingl.* blits/ [vc. ingl., dal ted. *Blitzkrieg*, propriamente 'guerra lampo' (comp. di *Blitz* 'lampo' e *Krieg* 'guerra')] s. m. inv. incursione improvvisa, irruzione.

bloccàre A v. tr. **1** (*di città, di fortezza e sim.*) assediare, asserragliare, cingere, circondare, isolare, accerchiare **CONTR.** liberare, togliere l'assedio **2** (*di passaggio*) sbarrare, chiudere, impedire l'accesso, vietare, proibire **CONTR.** aprire, rendere transitabile, rendere agibile **3** (*di meccanismo*) arrestare, fermare, immobilizzare **CONTR.** sbloccare, mettere in funzione, mettere in moto, far funzionare, liberare **4** (*di persona, di palla, ecc.*) prendere saldamente, afferrare con sicurezza **CONTR.** lasciare, mollare **5** (*fig.*) (*di mente, di animo*) chiudere, inibire **CONTR.** aprire, disinibire, liberare **B bloccarsi** v. intr. pron. **1** (*di meccanismo*) fermarsi, arrestarsi improvvisamente, non funzionare più, chiudersi **CONTR.** mettersi in moto, funzionare, liberarsi, aprirsi **2** (*fig.*) (*di persona*) chiudersi, inibirsi **CONTR.** liberarsi, sfogarsi.

blocchétto s. m. **1** dim. di **blocco (1) 2** cubetto.

blòcco (1) s. m. **1** (*di materia*) massa, masso, macigno **2** (*di merce*) notevole quantità, stock (*ingl.*) **3** (*fig.*) (*di forze, di partiti e sim.*) alleanza, coalizione, unione **CONTR.** disunione **4** (*per appunti*) bloc-notes (*fr.*), notes **FRAS.** *in blocco*, in massa, nell'insieme □ *blocchi di partenza* (*sport*), attrezzi di appoggio.

blòcco (2) s. m. **1** (*di congegno*) arresto, fermo, freno **CONTR.** sblocco, rimessa in funzione, rimessa in moto, ripresa **2** (*di città, di fortezza e sim.*) assedio, accerchiamento, isolamento **CONTR.** liberazione, rottura dell'assedio **3** (*di passaggio*) interruzione, sbarramento, chiusura **CONTR.** apertura, transitabilità **4** (*di funzione organica*) interruzione, arresto **CONTR.** ripresa **5** (*di mente, di animo*) chiusura, inibizione **CONTR.** sblocco, liberazione **FRAS.** *posto di blocco*, posto di sbarramento, posto di controllo.

bloc-notes /*fr.* blɔk 'nɔt/ s. m. inv. taccuino, libretto per appunti, agenda (a fogli staccabili), notes, block-notes (*ingl.*).

blu agg.; anche s. m. azzurro cupo, azzurrognolo, turchino, turchese, pervinca, celeste, ceruleo, cobalto, oltremare, indaco, glauco.

bluàstro agg. tendente al blu, azzurrognolo.

bluff /*ingl.* blʌf/ s. m. inv. inganno, finzione, imbroglio, raggiro □ vanteria, smargiassata, sbruffonata, millanteria, strombazzatura □ notizia infondata **CONTR.** verità, realtà.

bluffàre v. intr. **1** (*al gioco*) fingere (di avere carte buone) **CONTR.** dichiarare il vero **2** (*fig.*) ingannare, imbrogliare, vantarsi, millantarsi **CONTR.** dire la verità, essere autentico.

bluffatóre s. m. imbroglione, falso, millantatore **CONTR.** galantuomo.

blùsa s. f. **1** camicetta (da donna) **2** camiciotto da lavoro, tuta.

bòa s. f. **1** galleggiante, gavitello **2** (*est.*) palloncino (per segnalazioni), segnale luminoso.

boàto s. m. **1** rombo, rimbombo, tuono **2** (*aer.*) bang sonico.

bob /*ingl.* bɔb/ s. m. inv. guidoslitta.

bobìna s. f. **1** (*per avvolgervi filo, carta, pellicola, ecc.*) supporto, rocchetto, rullo, cilindro **2** filo, nastro, pellicola **FRAS.** *bobina d'accensione*, trasformatore.

bócca s. f. **1** (*di essere*) cavità orale □ (*est.*) fauci, labbra, becco, rostro **2** (*fig.*) persona a carico **3** (*di vaso, di tubo, ecc.*) apertura, imboccatura, orlo **4** (*di fiume*) foce **CONTR.** sorgente **5** (*di montagna, di mare*) stretto, strettoia, passo **FRAS.** *restare a bocca aperta* (*fig.*), stupirsi, sbalordirsi, meravigliarsi, trasecolare, strabiliare □ *restare a bocca asciutta*, rimanere digiuno; (*fig.*) rimanere deluso □ *essere di bocca buona*, mangiare di tutto; (*fig.*) contentarsi facilmente □ *fare la bocca a* (*fig.*), abituarsi a □ *non aprir bocca* (*fig.*), non dire nulla, non parlare, tacere □ *chiudere* (*cucire, tappare*) *la bocca* (*fig.*), far tacere □ *tenere la bocca chiusa* (o *cucita*) (*fig.*), tacere □ *mettere in bocca* (*fig.*), suggerire, attribuire □ *acqua in bocca!*, silenzio! □ *bocca da fuoco*, pezzo di artiglieria □ *bocca di lupo* (*mar.*), nodo scorsoio □ *bocca di leone* (*bot.*), antirrino.

boccàccia s. f. **1** pegg. di **bocca 2** smorfia, ghigno, sberleffo **3** bocca amara (*spec. per cattiva digestione*) **4** (*fig.*) boccalone, maldicente, sguaiato.

boccàglio s. m. (*di tubo, di presa e sim.*) imboccatura, estremità.

boccàle s. m. **1** brocca **2** (*di birra*) pinta, bicchiere.

boccàta s. f. (*di cibo*) boccone, morso **FRAS.** *una boccata di aria* (*fig.*), un po' d'aria, una passeggiatina.

boccétta s. f. **1** bottiglietta **2** (*di biliardo*) pallino.

boccheggiànte part. pres. di **boccheggiare**; anche agg. **1** ansimante, ansante **2** agonizzante, moribondo.

boccheggiàre v. intr. **1** respirare affannosamente, ansimare, ansare **2** agonizzare, tirare gli ultimi respiri (*pop.*).

bocchétta s. f. **1** dim. di **bocca 2** (*est.*) (*di vaso, di tubo e sim.*) apertura □ boccaglio **3** (*di serratura*) borchia **4** (*di tombino*) coperchio.

bocchettóne s. m. (*di tubo, di serbatoio e sim.*) imboccatura.
bocchìno s. m. **1** dim. di **bocca 2** (*di strumento a fiato, di pipa*) imboccatura.
bòccia s. f. **1** (*scherz.*) capo, testa **2** bottiglia, ampolla **3** (*per gioco*) palla.
bocciàre A v. tr. **1** (*di legge, di candidato*) respingere, non approvare, trombare **CONTR.** approvare, promuovere **2** (*di boccia*) colpire **CONTR.** sbagliare **B** v. intr. (*di candidato*) essere respinto **CONTR.** essere promosso.
bocciatùra s. f. (*di proposta, di studente, ecc.*) disapprovazione, trombatura **CONTR.** promozione □ elezione.
boccìno s. m. **1** dim. di **boccia 2** (*nel gioco delle bocce*) pallino.
bocciòlo o (*raro*) **bòcciolo** s. m. boccio, boccia, bottone.
bóccolo s. m. (*di capelli*) ciocca, ricciolo, buccola.
bocconcìno s. m. **1** dim. di **boccone 2** boccone saporito, leccornia, ghiottoneria **3** (*al pl.*) spezzatino.
boccóne s. m. **1** (*di cibo*) boccata, morso **2** (*est.*) cibo, pasto □ ghiottoneria **FRAS.** *boccone amaro* (*fig.*), umiliazione, rimprovero □ *a pezzi e bocconi*, poco per volta.
boccóni avv. prono, disteso sul ventre **CONTR.** supino.
body /*ingl.* 'bɔdi/ [vc. ingl., propriamente 'corpo'] s. m. inv. (*abbigl.*) guaina.
body building /*ingl.* 'bɔdi 'bildiŋ/ loc. sost. m. inv. culturismo, cultura fisica.
bohème /*fr.* bo'ɛm/ [V. *bohémien*] s. f. **1** vita libera, vita di artista, vita da zingaro, scapigliatura **CONTR.** vita borghese, conformismo **2** (*est.*) ambiente libero, anticonformista **CONTR.** ambiente conformista, ambiente borghese.
bohémien /*fr.* boe'mjɛ̃/ [vc. fr., propriamente 'boemo', poi 'zingaro'] s. m. artista, scapigliato, anticonformista, capellone, hippy (*ingl.*), disordinato, scioperato **CONTR.** conformista, borghese.
bòia A s. m. **1** carnefice, giustiziere, impiccatore, fucilatore, assassino, esecutore (di morte) **2** (*est.*) delinquente, aguzzino **3** manigoldo, malfattore, gaglioffo, furfante **CONTR.** galantuomo **B** in funzione di agg. (*pop.*) (*di mondo, di fame, ecc.*) cattivo, triste, malvagio, terribile.
boiàta s. f. **1** (*pop.*) cattiveria, crudeltà **2** birbonata, bricconata, birbanteria **3** (*di cosa fatta male*) porcheria, schifezza **CONTR.** capolavoro, meraviglia.
boicottàggio [V. *boicottare*] s. m. **1** isolamento, blocco, esclusione, interdizione **2** ostacolo, impedimento **CONTR.** favoreggiamento, aiuto.
boicottàre [da J. *Boycott*, duro amministratore al quale nel 1880 si ribellarono i coloni] v. tr. **1** isolare, bloccare, interdire, escludere **2** ostacolare, sabotare, impedire **CONTR.** favorire, aiutare.
boicottatóre s. m.; anche agg. sabotatore.
boiler /*ingl.* 'bɔilə/ [vc. ingl., propriamente 'bollitore'] s. m. inv. scaldacqua, scaldabagno, riscaldatore, bollitore.
boîte /*fr.* bwat/ [vc. fr., propriamente 'scatola'] s. f. inv. **1** scatola **2** locale notturno, ritrovo notturno, night (*ingl.*), cabaret (*fr.*).
bòlgia s. f. **1** borsa, sacca, bisaccia **2** (*dell'Inferno dantesco*) fossa **3** (*fig.*) babilonia, bordello, casino (*pop.*).
bólla (1) s. f. **1** (*di vapore, di gas e sim.*) sferetta **2** (*nel vetro e nel metallo fuso*) occlusione **3** (*med.*) vescichetta, rigonfiamento.
bólla (2) s. f. **1** sigillo **2** (*di papa, di regnante*) lettera (munita di sigillo), breve, diploma **3** (*di merce*) bolletta, ricevuta, polizza, contromarca, fattura.
bollàre v. tr. **1** (*di documento, di merce*) timbrare, marcare, contrassegnare, vistare, punzonare, suggellare **2** (*di corrispondenza*) affrancare **3** (*fig.*) (*di persona*) colpire moralmente, infamare, diffamare, disonorare, stigmatizzare **CONTR.** onorare, elogiare, esaltare.
bollàto part. pass. di **bollare**; anche agg. **1** (*di lettera, di documento, di merce*) timbrato, marcato, contrassegnato **2** (*di corrispondenza*) affrancato **3** (*fig.*) (*di persona*) colpito moralmente, disonorato, infamato, diffamato **CONTR.** onorato, esaltato, elogiato **FRAS.** *carta bollata*, carta legale, carta da bollo.
bollènte part. pres. di **bollire**; anche agg. **1** che bolle **2** (*di cosa*) ardente, scottante, rovente, infocato, caldissimo **CONTR.** freddo, gelido, ghiacciato, gelato **3** (*fig.*) (*di persona*) focoso, impaziente, fervido, passionale **CONTR.** calmo, tranquillo, apatico.
bollétta (1) s. f. **1** dim. di **bolla (2) 2** (*di consegna, di pagamento*) bolla, ricevuta, polizza, contromarca **3** (*della luce, del telefono e sim.*) nota, conto.
bollétta (2) s. f. (*raro*) povertà, miseria **FRAS.** *in bolletta*, senza denaro, senza una lira, squattrinato, al verde.
bollettìno s. m. **1** dim. di **bolletta (1) 2** (*di consegna, di pagamento*) polizza, ricevuta **3** annuncio, avviso, comunicazione, comunicato, informazione **4** rivista, notiziario, giornale, rassegna, periodico.
bollìre A v. intr. **1** (*di liquido*) formare bolle, entrare in ebollizione, gorgogliare, brulicare **2** (*est.*) (*di cibo*) cuocersi **3** (*di persona*) fremere, ardere **CONTR.** calmarsi, placarsi **B** v. tr. (*di cibo*) lessare.
bollìto A part. pass. di **bollire**; anche agg. lessato **B** s. m. carne bollita, lesso.
bóllo s. m. **1** timbro, sigillo, contrassegno, segno, marchio, stampiglia, impronta, conio, punzone, suggello **2** francobollo, marca da bollo, affrancatura **FRAS.** *carta da bollo*, carta legale, carta bollata □ *in bollo*, in carta bollata.

bollóre s. m. **1** (*di cosa*) ebollizione, bollitura, ribollimento, sobbollimento **2** (*est.*) (*di temperatura*) caldo eccessivo, ardore, arsura **CONTR.** gran freddo, gelo **3** (*fig.*) (*di persona*) agitazione, eccitazione **CONTR.** calma, quiete.

bolognése agg.; anche s. m. e f. petroniano, felsineo □ (*sport*) rossoblù.

bolscevìco agg.; anche s. m. comunista.

bolscevìsmo s. m. comunismo.

bómba **A** s. f. **1** ordigno esplosivo, granata, shrapnel (*ingl.*), siluro **2** (*fig.*, *dial.*) fandonia, balla, grossa bugia **CONTR.** verità **3** (*est.*) notizia esplosiva, notizia clamorosa, scoop (*ingl.*) **4** (*fig.*) droga, doping (*ingl.*) **5** krapfen (*ted.*), bombolone, bignè **6** gomma da masticare, chewing-gum (*ingl.*) **B** in funzione di agg. inv. (*di notizia, di fatti*) esplosivo, clamoroso, che desta scalpore **FRAS.** *a prova di bomba* (*anche fig.*), molto solido, molto robusto □ *tornare a bomba* (*fig.*), tornare all'argomento.

bombàrda s. f. mortaio, lanciabombe, cannone.

bombardaménto s. m. **1** lancio di bombe, cannoneggiamento □ caduta di bombe **2** (*fig.*) (*di pugni, di domande, ecc.*) gragnola, raffica **3** (*di mass media*) intensa propaganda, pressione, martellamento.

bombardàre v. tr. **1** (*di bersaglio*) colpire con bombe, sganciare bombe, cannoneggiare **2** (*fig.*) (*di persona*) sottoporre a forte pressione, premere, investire, martellare.

bombardière s. m. caccia-bombardiere, fortezza volante.

bombàre v. tr. incurvare, arrotondare.

bombàto part. pass. di **bombare**; anche agg. convesso, incurvato, ricurvo, arrotondato, bombé (*fr.*), tondeggiante, a cupola **CONTR.** concavo.

bomber /*ingl.* 'bɔmə/ [vc. ingl., propriamente 'bombardiere'] s. m. inv. (*nel calcio*) cannoniere □ (*nel pugilato*) bombardiere.

bombìre v. intr. (*lett.*) **1** rimbombare **2** (*di api e sim.*) ronzare.

bómbola s. f. (*per gas*) contenitore, bottiglia **FRAS.** *bombola spray*, atomizzatore.

bombolóne s. m. **1** accr. di **bombola** **2** (*tosc.*) bomba **3** (*di dolce*) bignè, krapfen (*ted.*), cremino.

bombonièra s. f. confettura.

bonàccia s. f. **1** (*di mare, di vento*) calma, bel tempo **CONTR.** tempesta, bufera, burrasca, maltempo **2** (*fig.*) quiete, tranquillità, pace **CONTR.** agitazione, irrequietezza, nervosismo.

bonaccióne agg.; anche s. m. semplice, affabile, tranquillo, bonario, pacioccone **CONTR.** litigioso, iracondo, polemico, irrequieto, aggressivo.

bonariaménte avv. affabilmente, benevolmente, mitemente, tranquillamente **CONTR.** malignamente, malamente, nervosamente.

bonarietà s. f. bonomia, semplicità, mitezza, bontà, affabilità, benevolenza **CONTR.** malignità, cattiveria, aggressività, irosità.

bonàrio agg. mite, indulgente, affabile, semplice □ benevolo, buono **CONTR.** burbero, aggressivo, violento, irritabile, iroso □ malvagio.

bonbon /*fr.* bɔ̃:bɔ̃/ [fr. *bonbon*, reduplicazione infant. di *bon* 'buono'] s. m. inv. confetto, pasticcino, zuccherino, chicca.

bonìfica s. f. **1** (*di terreno*) risanamento, prosciugamento, rimessa a coltura **CONTR.** impaludamento, abbandono **2** (*est.*) terreno bonificato □ colmata □ appoderamento **CONTR.** palude, acquitrino □ terra incolta **3** (*fig.*) (*di ambiente, di costumi, ecc.*) rinascita, miglioramento, pulizia **CONTR.** corruzione, inquinamento.

bonificàre v. tr. **1** (*di terreno*) risanare, rendere coltivabile, rimettere a coltura □ prosciugare, colmare □ appoderare **CONTR.** abbandonare, trascurare **2** (*est.*) (*da mine, da malattie, ecc.*) liberare, sgombrare **CONTR.** minare □ contaminare **3** (*econ.*) eseguire un bonifico **4** (*fig.*) (*di ambiente, di costumi, ecc.*) risanare, migliorare, ripulire **CONTR.** inquinare, contagiare.

bonomìa s. f. mitezza, semplicità, bonarietà, affabilità, benevolenza **CONTR.** asprezza, cattiveria, malignità, aggressività, irosità.

bontà s. f. **1** mitezza, dolcezza, delicatezza, amorevolezza, mansuetudine, cortesia, benignità, generosità, altruismo, clemenza, buon cuore, affettuosità, soavità, umanità **CONTR.** cattiveria, durezza, crudeltà, rozzezza, scortesia, malvagità, malignità, perfidia, malanimo, egoismo **2** benevolenza, cortesia, favore, indulgenza, bonarietà **CONTR.** malevolenza, scortesia **3** (*di cibo, di vino e sim.*) gradevolezza, piacevolezza, amabilità **CONTR.** disgusto, schifezza **4** (*di metodo, di cura e sim.*) utilità, vantaggio, giustezza **CONTR.** svantaggio, inutilità.

bon ton /*fr.* bɔ̃:tɔ̃/ [loc. fr., propriamente 'buon (*bon*) gusto (*ton*)'] loc. sost. m. inv. signorilità, garbo, raffinatezza, buone maniere **CONTR.** rozzezza, ignoranza.

bonus /*lat.* 'bɔnus/ [vc. ingl., 'premio, gratifica' dal lat. *bonus* 'buono'] s. m. inv. gratifica.

bookmaker /*ingl.* 'bukmeikə/ [vc. ingl., comp. di *book* 'libro, registro, lista' e *maker* 'compilatore'] s. m. inv. (*in ippica*) allibratore.

boom /*ingl.* buwm/ [vc. ingl., di origine onomat.] s. m. **1** (*econ.*) intenso sviluppo, impetuoso rialzo, esplosione economica **CONTR.** recessione, ristagno **2** (*fig.*) rapida affermazione, rapida espansione □ popolarità, successo **CONTR.** crollo, rapido tramonto **3** (*aer.*) boato.

boomerang /*ingl.* 'bu:məræŋ/ [forma ingl. di una vc. australiana] s. m. (*fig.*) ritorsione.

borbottàre **A** v. intr. parlare confusamente, bofonchiare, brontolare, mugugnare (*dial.*), parlottare **B** v. tr. dire confusamente, farfugliare.

borbottìo s. m. brontolio, borboglio, mormorio.

bòrchia s. f. **1** (*di chiodo e sim.*) capocchia **2** (*di cintura, di borsa e sim.*) dischetto, scudetto, rosetta, bulletta **3** (*per attacchi*) guarnizione.

bordàre v. tr. **1** orlare, listare, incorniciare, filettare, contornare **2** (*di vela*) distendere.

bordàta s. f. **1** (*di veliero*) zigzag controvento **2** (*di cannoni*) sparo simultaneo (sullo stesso bordo) **3** (*fig.*) (*di fischi, di urla e sim.*) sequela, sfilza, raffica.

bordatùra s. f. **1** (*di lamiera*) sagomatura **2** (*di veste, di tenda e sim.*) orlatura, orlo, lista, contorno, bordo, bordatura, bordure (*fr.*), vivagno, balza, cimosa, lembo, falda.

bordeaux /*fr.* bɔr'do/ [da *Bordeaux*, centro di famosi vigneti] in funzione di agg. inv. (posposto a un s.) (*di colore*) rosso bruno, rosso scuro.

bordèllo s. m. **1** postribolo, casa di tolleranza, casino (*pop.*), lupanare **2** (*fig.*) ambiente corrotto, luogo di malaffare, luogo malfamato **3** (*fig.*) casino (*pop.*), luogo di gran confusione □ confusione, disordine, frastuono, fracasso CONTR. ordine, tranquillità, calma.

bórdo s. m. **1** (*di nave*) fianco **2** (*est.*) nave **3** (*di veste, di strada, ecc.*) orlo, margine, estremità □ bordatura, balza, guarnizione, orlatura FRAS. *a bordo di*, su, in □ *virare di bordo* (*fig.*), cambiare opinione.

bordùra s. f. **1** (*di veste, di tenda e sim.*) bordatura, orlatura, lista, frangia, balza **2** (*di giardino e sim.*) margine, bordo, orlo **3** (*di arazzo*) decorazione **4** (*di pietanza*) guarnizione, contorno.

boreàle agg. settentrionale, nordico, del nord CONTR. meridionale, australe, del sud.

borgàta s. f. **1** borgo, paese, villaggio, contrada, gruppo di case, frazione **2** (*di Roma*) rione popolare (periferico).

borghése A agg. **1** della borghesia CFR. nobile, proletario, plebeo **2** (*di abito*) civile CFR. militare, talare **B** s. m. e f.; anche agg. (*est.*) benestante, benpensante, amante del quieto vivere, conservatore, conformista □ meschino, banale CONTR. anticonformista, progressista, rivoluzionario FRAS. *in borghese*, in abito civile, senza divisa, senza uniforme.

borghesemènte avv. (*spreg.*) conformisticamente, grettamente.

borghesìa s. f. classe benestante, classe conservatrice, conservatori CFR. proletariato □ nobiltà.

bórgo s. m. **1** (*di campagna*) paese, villaggio, borgata, gruppo di case, frazione **2** (*di città*) quartiere, sobborgo.

borgomàstro s. m. sindaco (spec. in Germania).

bòria s. f. vanagloria, boriosità, albagia, spocchia, alterigia, altezzosità, superbia, tronfiezza CONTR. umiltà, modestia, semplicità.

borióso agg. vanaglorioso, vanitoso, ambizioso, superbo, tronfio, altezzoso, burbanzoso CONTR. umile, modesto, semplice.

borràccia s. f. fiasca, fiaschetta, bottiglia.

borraccìna s. f. (*bot.*) muschio, teppa.

bórsa s. f. **1** sacchetto, saccoccia, tasca, busta, borsello, borsetto, borsetta, sporta, valigetta, zaino **2** (*est.*) denaro, soldi, portafoglio, portamonete **3** (*di studenti, di ricercatori*) sussidio, finanziamento, borsa di studio **4** (*sport*) (*nel pugilato*) somma pattuita, compenso **5** (*anat.*) sacca.

borsaiòlo s. m. ladro, tagliaborse, borseggiatore.

borsanéra s. f. mercato nero, strozzinaggio □ bagarinaggio, incetta.

borseggiàre v. tr. derubare, rapinare, rapire.

borseggiatóre s. m. (f. *-trice*) borsaiolo, tagliaborse, ladro.

borséggio s. m. furto, rapina.

borsellìno s. m. portamonete, portafoglio, borsello.

boscàglia s. f. bosco, foresta, macchia, selva.

boscaiòlo s. m. taglialegna, spaccalegna, lavoratore del bosco □ guardaboschi.

boschìvo agg. **1** boschereccio, silvestre, silvano **2** boscoso, coltivato a bosco, ricco di boschi, selvoso, alberato, forestale CONTR. deserto, privo di vegetazione, arido, brullo, nudo.

bòsco s. m. (*anche fig.*) selva, foresta, boscaglia, macchia, albereto, giungla, parco.

boscóso agg. coperto di boschi, boschivo, selvoso, silvestre, alberato, arborato, forestale CONTR. deserto, privo di vegetazione, arido, brullo, nudo.

boss /*ingl.* bɔs/ s. m. inv. capo, padrone, principale, dirigente.

bòssolo s. m. **1** (*per votazione*) urna **2** (*per dadi*) bussolotto **3** (*di proiettili*) involucro.

bòtola s. f. apertura, portello, boccaporto, caditoia, trabocchetto.

bòtta s. f. **1** (*di corpo contundente*) colpo, percossa, bastonata, legnata, randellata, manganellata, battuta, urto **2** (*fig.*) (*di danno, disgrazia*) batosta, duro colpo **3** (*di rumore*) esplosione, fragore, sparo, detonazione, scoppio **4** (*fig.*) (*di parole, di discorso*) battuta, frecciata, frizzo, allusione mordace **5** (*sport*) (*nella scherma*) colpo FRAS. *a botta calda* (*fig.*), lì per lì, sul momento □ *tenere botta*, resistere, perseverare □ *botta e risposta* (*fig.*), scambio di battute.

bótte s. f. **1** fusto, barile **2** (*est., mar.*) coffa, vela quadra **3** (*dial., rom.*) carrozzella, carrozza **4** (*edil.*) soffitto semicilindrico FRAS. *essere in una botte di ferro* (*fig.*), essere al sicuro.

bottéga s. f. **1** (*di rivenditore*) negozio, spaccio, rivendita, emporio, esercizio, bazar, boutique (*fr.*) **2** (*di artigiano*) laboratorio, officina **3** (*di artista*) studio.

bottegàio s. m. gestore di bottega, negoziante,

esercente, rivenditore, gerente.

botteghìno s. m. **1** dim. di **bottega** **2** (*di teatro e sim.*) biglietteria **3** banco del lotto, lotto □ chiosco delle scommesse.

bottìglia s. f. boccia, ampolla, boccale, borraccia, thermos (o termos).

bottìno s. m. preda, spoglio, razzia, rapina.

bòtto s. m. **1** (*di corpo contundente*) botta, percossa, colpo **2** (*di rumore*) esplosione, fragore, sparo, detonazione **3** (*spec. al pl.*) fuochi d'artificio **FRAS.** *di botto*, all'improvviso □ *in un botto*, in un attimo.

bottóne s. m. **1** (*di indumenti, scarpe e sim.*) dischetto, brocca, brocchetta **2** (*mecc.*) perno **3** (*di apparecchi elettrici, fotografici e sim.*) pulsante, dispositivo di messa in moto, dispositivo di accensione **4** (*bot.*) bocciolo, boccio **FRAS.** *stanza dei bottoni* (*fig.*), centro direzionale, direzione, posto di comando.

bottonièra s. f. **1** (*di indumenti e scarpe*) abbottonatura, fila di bottoni, affibbiatura **2** (*di pulsanti*) quadro, pulsantiera.

boulevard /*fr.* bulə'var/ [dal neerlandese *bolwere* 'opera (*were*) di fortificazione con tavole (*bol*)'] s. m. inv. viale (di circonvallazione).

bouquet /*fr.* bu'kɛ/ [letteralmente 'boschetto', dim. di *bois* 'bosco'] s. m. inv. **1** (*di fiori*) mazzo, mazzolino **2** (*di vino, di essenza*) profumo, aroma.

boutique /*fr.* bu'tik/ [vc. fr., propriamente 'bottega'] s. f. inv. negozio, bottega.

bovàro s. m. vaccaro, vaccaio, mandriano □ buttero.

box /*ingl.* bɔks/ [vc. ingl., originariamente '(recinto di legno di) *bosso*'] s. m. inv. **1** (*di locale*) compartimento, reparto **2** (*per animali*) recinto □ stalla **3** (*autom.*) posto di rifornimento **4** garage (*fr.*), posto macchina, parcheggio, posteggio **5** (*per bambini*) recinto **FRAS.** *box-office* (*cine.*), botteghino; incasso.

boxe /*fr.* bɔks/ [vc. fr., dall'ingl. *box*] s. f. inv. pugilato.

boxeur /*fr.* bɔk'sœr/ [da *boxe*] s. m. inv. pugile, pugilatore.

boy /*ingl.* bɔi/ [vc. ingl., letteralmente 'ragazzo'] s. m. inv. **1** (*di rivista*) ballerino **2** (*di albergo*) giovane inserviente, fattorino **3** (*nel tennis*) raccattapalle **4** (*ippica*) mozzo di stalla.

boy-friend /*ingl.* 'bɔi 'frend/ [vc. ingl., comp. di *boy* 'ragazzo' e *friend* 'amico'] s. m. inv. amico, fidanzato, ragazzo, filarino (*fam., scherz.*), moroso, flirt.

boy-scout /*ingl.* 'bɔi 'skaut/ [vc. ingl., letteralmente 'giovane (*boy*) esploratore (*scout*)'] s. m. inv. giovane esploratore.

bòzza s. f. **1** (*di scritto*) prima stesura, minuta, brutta copia, abbozzo, bozzetto, schizzo **2** (*tip.*) prova di stampa.

bozzettìsta s. m. e f. **1** (*lett.*) autore di bozzetti **2** cartonista, cartellonista.

bozzétto s. m. **1** modello, abbozzo, bozza, schizzo, studio, prova **2** racconto, novella.

bracalóni avv. (*di calze, pantaloni e sim.*) cascanti.

braccàre v. tr. **1** (*di selvaggina*) stanare, levare, incalzare **2** (*fig.*) (*di persona*) inseguire, cercare, ricercare con ostinazione.

braccétto s. m. dim. di **braccio** **FRAS.** *a braccetto*, sottobraccio.

bracciàle s. m. **1** (*ornamento*) braccialetto **2** (*di orologio*) cinturino **3** (*contrassegno*) fascia **4** (*nel gioco del pallone a bracciale e sim.*) copertura, protezione.

braccialétto s. m. **1** dim. di **bracciale**; bracciale **2** (*ornamento*) armilla, bracciale, cerchietto.

bracciànte s. m. e f. (*in agricoltura*) lavoratore giornaliero.

bràccio s. m. **1** (*dell'uomo*) arto superiore □ (*est.*) bicipite **2** (*fig.*) (*della legge e sim.*) facoltà, forza, potere, autorità **3** (*al pl.*) (*fig.*) mano d'opera, lavoratori, operai, braccianti **4** (*di mobile, di macchina*) parte sporgente, bracciolo, sostegno, appoggio **5** (*di mulino a vento*) pala **6** (*di carcere*) ala, reparto **7** (*di fiume, di lago*) ramo, diramazione **8** (*di mare, di terra*) canale, stretto, istmo **9** (*di misura*) mezzo metro (circa) **FRAS.** *parlare a braccio* (o *a braccia*), parlare improvvisando □ *alzare le braccia* (*fig.*), arrendersi □ *incrociare le braccia* (*fig.*), scioperare □ *sentirsi cascare le braccia* (*fig.*), avvilirsi, scoraggiarsi.

bracciòlo s. m. (*di poltrona, di sedia, ecc.*) sostegno, braccio, appoggio.

bràce s. f. carbone acceso, cinigia, tizzone **FRAS.** *farsi di brace* (*fig.*), arrossire violentemente □ *essere sulle braci* (*fig.*), essere impaziente.

bracière s. m. scaldino, caldano, caldanino, veggio (*tosc.*).

braciòla s. f. bistecca, costoletta, costata, cotoletta, filetto, carbonata.

bradisìsmo s. m. (*di suolo*) innalzamento □ abbassamento.

bràdo agg. **1** (*spec. di equini e bovini*) non addomesticato, libero **CONTR.** addomesticato **2** (*di allevamenti*) all'aperto **CONTR.** al chiuso, in stalla **3** (*fig., est.*) brutale, bruto, primitivo, rozzo, selvaggio **CONTR.** civile, educato, gentile.

bràma s. f. desiderio ardente, avidità, bramosia, smania, voglia, cupidigia, fame, sete **CONTR.** avversione, ripugnanza, sdegno □ sazietà, apatia, indifferenza.

bramàre v. tr. (*lett.*) desiderare, anelare, agognare, concupire, ardere, spasimare **CONTR.** disprezzare, disdegnare, rifiutare, ripugnare.

bramìre v. intr. **1** (*di animale*) emettere bramiti, ruggire, rugliare **2** (*est., lett.*) (*di persona*) gridare selvaggiamente.

bramìto s. m. **1** (*di animale*) urlo, grido, ruggito, ruglio **2** (*est.*) (*di persona*) grido selvaggio.

bramosìa s. f. brama, desiderio, avidità, smania, voglia, cupidigia **CONTR.** avversione, sdegno, ripugnanza, rifiuto.
bramóso agg. avido, smanioso, desideroso, assetato, voglioso, ansioso, desioso (*lett.*), cupido (*lett.*) **CONTR.** avverso, contrario.
brànca s. f. **1** (*di animale*) zampa, artiglio, tentacolo, granfia **2** (*fig.*) (*di persona*) mano avida, mano rapace, mano, grinfia **3** (*di arnese*) impugnatura, estremità **4** (*di albero*) ramo **5** (*fig.*) (*di sapere, di economia, ecc.*) ramo, settore, parte, ripartizione.
brancicàre **A** v. intr. (*anche fig.*) annaspare, brancolare, andare tentoni, andare alla cieca **B** v. tr. toccare, palpare, palpeggiare, tastare, tasteggiare.
brànco s. m. **1** (*di animali*) mandria, gregge, torma **2** (*est.*, *spreg.*) (*di persone*) masnada, accozzaglia, ciurma, ciurmaglia, gruppo, marmaglia.
brancolàre v. intr. (*anche fig.*) andare tentoni, andare alla cieca, annaspare, brancicare.
brànda s. f. (*da campo, da spiaggia, ecc.*) letto, lettuccio □ amaca.
brandèllo s. m. frammento, brano, pezzo, pezzetto, avanzo, piccola quantità.
brandìre v. tr. (*di spada, di bastone e sim.*) impugnare saldamente, agitare con forza □ alzare minacciosamente.
brandy /*ingl.* 'brændi/ [vc. ingl., da *brandwine* 'vino bruciato'] s. m. inv. acquavite, arzente (*raro*), cognac (*fr.*), whisky (*ingl.*).
bràno s. m. **1** (*di cose*) pezzo, brandello, piccola quantità **2** (*di opera letteraria o musicale*) pezzo, parte, frammento, passo, passaggio.
branzìno s. m. (*zool.*, *sett.*) spigola.
bravàta s. f. **1** provocazione, prepotenza **2** spavalderia, smargiassata, spacconata, millanteria, ostentazione.
bràvo **A** agg. **1** (*di capacità*) abile, valente, capace, esperto, competente, efficiente, sicuro **CONTR.** incapace, inesperto, ignorante, incompetente, inefficiente, insicuro **2** (*di sentimenti*) buono, onesto, dabbene, probo, umano, leale, semplice **CONTR.** cattivo, disonesto, malvagio, disumano **3** (*di soldato e sim.*) animoso, coraggioso, prode, valoroso, audace, ardito **CONTR.** vile, imbelle, pusillanime, codardo, pauroso **B** in funzione di inter. bene!, forza!, coraggio! **CONTR.** male!, bestia!, cane! **C** s. m. (*spec. nell'Italia secentesca*) sgherro, bandito, giannizzero, scherano, satellite, sicario.
bravùra s. f. abilità, perizia, maestria, valentia, capacità, esperienza, competenza, destrezza, efficienza, sicurezza **CONTR.** incapacità, incompetenza, inesperienza, imperizia, inefficienza, insicurezza.
break /*ingl.* 'breik/ [vc. ingl., da *to break* 'staccare, interrompere'] **A** inter. (*sport*) separatevi!, staccatevi! **B** s. m. inv. intervallo, sosta, pausa, interruzione.
breakfast /*ingl.* 'breikfast/ [vc. ingl., propriamente 'rottura (*break*) del digiuno (*fast*)'] s. m. inv. prima colazione, colazione, spuntino.
bréccia (1) s. f. apertura, spaccatura, rottura, squarcio, buco, passaggio.
bréccia (2) s. f. pietrisco, ghiaia, sassi, ciottoli.
brefotròfio s. m. (*per bambini abbandonati*) ospizio.
bretèlla s. f. **1** (*spec. al pl.*) (*di vestiario*) spalline **2** (*fig.*) (*di vie di comunicazione*) raccordo, collegamento.
brève **A** agg. **1** (*nel tempo*) di poca durata, fugace, fuggevole, effimero, rapido, veloce, lesto **CONTR.** lungo, duraturo, diuturno **2** (*est.*) (*di discorso, di scritto e sim.*) conciso, stringato, succinto, laconico, tacitiano **CONTR.** prolisso, verboso, diffuso, interminabile **3** (*nello spazio*) poco esteso, corto, piccolo, stretto, angusto **CONTR.** esteso, lungo, grande, largo, spazioso, vasto **B** s. m. (*di papa, di re*) lettera, bolla **FRAS.** *tra breve*, tra poco □ *in breve, a farla breve*, in poche parole.
breveménte avv. rapidamente, velocemente, fugacemente □ concisamente, stringatamente **CONTR.** lungamente, a lungo □ prolissamente, diffusamente.
brevettàre v. tr. **1** (*di persona*) abilitare, patentare **2** (*di invenzione, di marchio*) tutelare, riconoscere come esclusivo.
brevettàto part. pass. di **brevettare**; anche agg. **1** (*di persona*) munito di brevetto, patentato **2** (*di cosa*) garantito, protetto, coperto da brevetto.
brevétto s. m. **1** (*di invenzione*) paternità, invenzione esclusiva, privativa, concessione **2** (*di abilità*) patente, licenza, idoneità, certificato, abilitazione.
breviàrio s. m. **1** (*eccl.*) ufficio, salterio, ore canoniche **2** (*di libro*) compendio, sommario, riassunto **3** (*est.*, *fig.*) vangelo (*fig.*).
brevità s. f. **1** (*di tempo*) breve durata, fugacità, rapidità, velocità, fuggevolezza **CONTR.** lunghezza, lunga durata, lentezza **2** (*di discorso, di scritto e sim.*) concisione, stringatezza, laconicità **CONTR.** prolissità, verbosità **3** (*di cosa*) piccolezza, cortezza, strettezza, angustia, poca estensione, pochezza, limitatezza **CONTR.** vastità, spaziosità, larghezza.
brézza s. f. venticello, zefiro, aura (*lett.*).
brìcco s. m. cuccuma, caffettiera, teiera, samovar.
bricconàta s. f. birbanteria, birbonata, birboneria, malefatta.
briccóne **A** s. m. **1** birbante, birbone, furfante, mascalzone, imbroglione, manigoldo, malvagio, disonesto, farabutto, canaglia, lazzarone **CONTR.** galantuomo **2** (*est.*, *fam.*) furbone, furbacchione, astuto **CONTR.** sempliciotto, ingenuo **B** agg. malvagio, disonesto, imbroglione **CONTR.** buono, onesto, leale, sincero.
brìciola s. f. **1** (*di pane e sim.*) mica, minuzzo-

lo, briciolo **2** (*est.*) quantità minima **CONTR.** moltissimo **3** inezia, nonnulla **FRAS.** *andare in briciole*, frantumarsi □ *ridurre in briciole*, frantumare, sminuzzare, distruggere.

bricolage /*fr.* briko'laʒ/ [vc. fr., da *bricoler* 'passare da un'occupazione ad un'altra, fare piccoli lavori'] s. m. inv. lavoro per hobby, hobby (*ingl.*), passatempo, fare-da-sé, fai-da-te, do-it-yourself (*ingl.*).

bridge /*ingl.* bridʒ/ [vc. ingl., adattamento di *biritch*, nome di un gioco russo o turco] s. m. inv. (*gioco di carte*) ponte (*raro*).

brìga s. f. **1** molestia, fastidio, bega, noia, cruccio, difficoltà **2** controversia, lite, contrasto, litigio.

brigantàggio s. m. banditismo, pirateria, gangsterismo, terrorismo.

brigànte s. m. **1** bandito, pirata, fuorilegge, gangster (*ingl.*), terrorista, malfattore **2** (*est.*) furfante, lazzarone, farabutto, imbroglione, manigoldo, canaglia **CONTR.** galantuomo **3** (*fam.*, *scherz.*) briccone, birbone, furbone, furbacchione, furbastro **CONTR.** semplicione, ingenuo.

brigantésco agg. piratesco, banditesco, furfantesco.

brigàre v. intr. **1** darsi da fare, adoperarsi, affaccendarsi, ingegnarsi, trafficare **CONTR.** infischiarsi, star con le mani in mano **2** intrigare, imbrogliare, raggirare.

brigàta s. f. **1** (*di amici, di persone*) gruppo, comitiva, compagnia, carovana **2** (*mil.*) due reggimenti **3** (*est.*) (*di combattenti, di partigiani e sim.*) gruppo, raggruppamento, squadra.

brigatìsta s. m. e f. bierrista □ (*est.*) terrorista.

brìglia s. f. spec. al pl. **1** (*di cavallo*) redini, guide **2** (*di cavallo*) finimenti **3** (*fig.*) freno, guida, controllo, disciplina **4** (*per sorreggere bambini*) strisce, guide, bretelle **5** (*idr.*) sostegno, diga, argine **FRAS.** *a briglia sciolta* (*fig.*), sfrenatamente, liberamente □ *tirare la briglia* (*fig.*), usare rigore.

brigóso agg. molesto, noioso, difficile **CONTR.** facile, leggero, piacevole.

brillànte **A** part. pres. di **brillare**; anche agg. **1** (*di cosa*) lucente, luminoso, splendente, scintillante, sfavillante, smagliante **CONTR.** spento, buio **2** (*est.*) (*di persona, di discorso, ecc.*) vivace, spiritoso, brioso, piacevole, arguto, vivo **CONTR.** grigio, noioso, barboso **3** (*di carriera, di azione, ecc.*) fortunato, ben riuscito, magnifico **CONTR.** sfortunato **B** s. m. **1** diamante, rosetta, solitario **2** (*est.*) anello con brillante.

brillanteménte avv. vivacemente, spiritosamente, briosamente, piacevolmente, argutamente **CONTR.** noiosamente, barbosamente, tediosamente.

brillantìna s. f. pomata (per capelli).

brillàre **A** v. intr. **1** (*di cosa*) risplendere, splendere, luccicare, scintillare, sfolgorare, ardere, sfavillare, fulgere (*lett.*), rifulgere, lampeggiare, raggiare **CONTR.** essere offuscato **2** (*fig.*) (*di persona*) spiccare, distinguersi, farsi notare, emergere, eccellere, primeggiare **CONTR.** scomparire, nascondersi, restare inosservato **3** (*di mina*) esplodere **B** v. tr. (*di mina*) fare esplodere.

brillìo s. m. luccichio, scintillio, sfavillio.

brìllo agg. leggermente ubriaco, alticcio, un po' bevuto, allegro **CONTR.** sobrio.

brìna s. f. **1** rugiada congelata, brinata, ghiaccio, ghiacciata **2** (*fig.*, *raro*, *lett.*) canizie incipiente.

brinàta s. f. brina, ghiacciata.

brindàre v. intr. (*per augurare, per festeggiare*) fare brindisi, libare, bere.

brìndisi [dalla loc. ted. (*ich*) *bring dir's* 'te lo offro'] s. m. (*per saluto, per augurio e sim.*) bevuta, cincin, cin cin, libagione (*scherz.*).

brìo s. m. vivacità, gaiezza, piacevolezza, arguzia, argutezza □ spigliatezza, spirito, disinvoltura, estro, verve (*fr.*) **CONTR.** monotonia, noia, pedanteria, aridità, freddezza.

brioche /*fr.* bri'ɔʃ/ [vc. fr., dall'ant. normanno *brier* 'impastare col matterello'] s. f. inv. focaccina.

briosaménte avv. vivacemente, argutamente, brillantemente, piacevolmente, spiritosamente **CONTR.** noiosamente, pedantemente, aridamente.

brióso agg. vivace, gaio, arguto, spigliato, disinvolto, brillante, piacevole, ameno, spiritoso, estroso **CONTR.** monotono, noioso, pedante, arido, freddo, compassato.

brìscola s. f. spec. al pl. (*fig.*, *fam.*) botte, percosse.

bristol /*ingl.* 'bristl/ [dalla città inglese di *Bristol*, famosa per le sue cartiere] s. m. inv. cartoncino (semilucido).

brìvido s. m. **1** tremore, tremito, tremolio □ sussulto, palpito, fremito □ ribrezzo, raccapriccio, pelle d'oca **2** (*fig.*) forte emozione, impressione, eccitazione, turbamento, sbigottimento.

brizzolàto agg. **1** (*di animale*) maculato, chiazzato, variegato, picchiettato **2** (*est.*) (*di capelli*) pepe e sale, grigio, bianco-grigio.

bròcca s. f. orcio, boccale □ giara.

bròcco s. m. **1** (*di pianta*) brocca, ramo secco, stecco, spino, sterpo **2** germoglio **3** (*di cavallo*) ronzino, rozza, brenna **4** (*est.*, *fig.*) (*di persona, spec. di atleta*) buono a nulla, incapace, schiappa, cane, sbercia (*fam.*, *tosc.*) **CONTR.** campione.

bròccolo s. m. **1** cavolo romano **2** cima di rapa **3** (*fig.*) (*di persona*) stupido.

bròdo s. m. **1** (*di carne, di verdure*) consommé (*fr.*) **2** (*spreg.*) broda, brodaglia, broscia **FRAS.** *tutto fa brodo* (*fig.*), tutto serve.

brogliàccio s. m. **1** registro provvisorio, elenco provvisorio **2** scartafaccio, malacopia **3**

diario.

bróncio s. m. muso FRAS. *fare* (*tenere, avere*) *il broncio* (*fig.*), aversene a male, essere irritato.

brontolàre A v. intr. **1** (*di persona*) mormorare, bofonchiare, borbottare, lagnarsi, lamentarsi **2** (*di tuono, di mare, ecc.*) rumoreggiare **B** v. tr. **1** dire sottovoce, mormorare, borbottare **2** rimproverare, rimbrottare.

brontolìo s. m. brontolamento, borbottio, rumore.

brontolóne s. m.; anche agg. borbottone, bisbetico, seccatore, scocciatore (*fam.*).

brónzeo agg. **1** di bronzo **2** color bronzo, abbronzato **3** (*di voce, di suono*) forte, stentoreo **4** (*fig.*) (*di atteggiamento*) duro, impudente, sfacciato, impenetrabile.

bronzìna s. f. **1** (*mecc.*) cuscinetto **2** campanella, campanellino, sonaglio.

brónzo s. m. **1** lega di rame e stagno **2** statua, scultura (in bronzo) **3** (*lett.*) campana **4** (*lett.*) cannone, pezzo d'artiglieria FRAS. *faccia di bronzo* (*fig.*), sfrontato, impudente.

brucàre v. tr. **1** (*di pecore, capre e sim.*) rodere, strappare (a piccoli morsi) **2** (*di frasche, di rami*) sfogliare **3** (*di olive*) spiccare, staccare, raccogliere (dal ramo).

bruciacchiàre A v. tr. strinare, bruciare qua e là **B bruciacchiarsi** v. intr. pron. e rifl. strinarsi, scottarsi.

bruciànte part. pres. di **bruciare**; anche agg. **1** cocente, scottante CONTR. tiepido, fresco **2** (*fig.*) (*di dolore, di sconfitta e sim.*) doloroso, vergognoso, irritante, amaro, duro, grave, fulmineo **3** (*di cambiale*) in scadenza.

bruciapélo nella loc. avv. *a bruciapelo* **1** (*di un colpo*) da molto vicino **2** (*fig.*) (*di domanda, di discorso*) alla sprovvista, improvvisamente, all'improvviso.

bruciàre A v. tr. **1** incendiare, accendere, dar fuoco, ardere CONTR. spegnere, estinguere, smorzare **2** (*est.*) cuocere troppo, tostare, carbonizzare, abbrustolire □ incenerire, cremare □ strinare, bruciacchiare **3** ustionare, infiammare, scottare **4** (*di ferita, di porro e sim.*) cauterizzare, cicatrizzare **5** (*di gelo, di ruggine, ecc.*) corrodere, intaccare, inaridire, seccare **6** (*fig.*) (*di passione, di tempo*) consumare rapidamente, struggere, infiammare, esaurire **7** (*fig.*) (*di avversario*) vincere, sconfiggere **B** v. intr. **1** (*di fuoco, di legna, ecc.*) essere acceso, ardere, avvampare, consumarsi bruciando CONTR. spegnersi **2** (*di cosa*) essere molto caldo, scottare CONTR. gelare **3** (*di alcol, di ferita, ecc.*) produrre bruciore, produrre infiammazione, irritare CONTR. lenire, calmare **4** (*fig.*) (*di passione, di sentimento e sim.*) essere intenso, ardere □ patire, soffrire **5** (*di offesa, contrarietà e sim.*) dispiacere, rincrescere, indispettire, rammaricare, addolorare CONTR. rallegrare, allietare, fare piacere, dare gioia **C bruciarsi** v. intr. pron. e rifl. **1** (*di parti del corpo*) scottarsi, ustionarsi, strinarsi □ darsi fuoco **2** (*di cosa*) prendere fuoco **3** (*fig.*) (*di persona*) sprecarsi, perdersi, compromettersi, rovinarsi, fallire CONTR. riuscire, avere successo FRAS. *bruciare le tappe* (*fig.*), accelerare, affrettarsi □ *bruciarsi le ali* (*fig.*), danneggiarsi, rovinarsi.

bruciàto A part. pass. di **bruciare**; anche agg. **1** consumato dal fuoco, incendiato, arso, incenerito, carbonizzato, cremato, strinato, bruciacchiato, cotto troppo **2** (*est.*) ustionato, infiammato, scottato **3** (*di ferita, di porro e sim.*) cauterizzato **4** (*di colore*) marron scuro, color caffè **5** (*fig.*) (*di persona*) sprecato, rovinato, perduto, fallito, precocemente esaurito, consumato **B** s. m. bruciaticcio.

bruciatùra s. f. scottatura, ustione, incendio.

bruciòre s. m. **1** (*di scottatura, di puntura, ecc.*) dolore, irritazione, prurito, infiammazione, brucio **2** (*fig.*) umiliazione, mortificazione **3** (*fig.*) desiderio ardente, desio (*lett.*), ardore, brama, bramosia, febbre.

brùco s. m. **1** baco, bacherozzo, bacherozzolo **2** (*pop.*) verme.

brùfolo o **brùffolo** s. m. (*di pelle*) foruncolo, pustola, papula, bollicina.

brughièra s. f. landa, steppa, gerbido (*dial.*).

brùgo s. m. (*bot.*) brentolo, crecchia.

brulicànte part. pres. di **brulicare**; anche agg. formicolante, pullulante.

brulicàre v. intr. **1** (*di insetti, di folla*) muoversi confusamente, formicolare, rimescolarsi **2** (*fig.*) (*di pensieri*) agitarsi, pullulare.

brulichìo s. m. formicolio, rimescolio, brulicame, confusione.

brùllo agg. (*di terreno, di pianta*) arido, nudo, spoglio, sterile, infecondo, improduttivo CONTR. lussureggiante, rigoglioso, ubertoso, ricco, boscoso, selvoso.

brùno A agg. e s. m. (*di colore*) scuro, scuriccio, marron scuro, bruciato, nericcio, moro, morello, seppia, terra di Siena, color tabacco, testa di moro, bronzeo, color cioccolato, color noce, color caffelatte, castano **B** s. m. **1** (*est.*) oscurità, tenebre □ crepuscolo CONTR. luce, giorno **2** abito nero, lutto.

bruscaménte avv. **1** aspramente, burberamente, sgarbatamente CONTR. dolcemente, amorevolmente, garbatamente **2** improvvisamente, inaspettatamente, rapidamente CONTR. lentamente, a poco a poco.

brùsco A agg. **1** (*di sapore, di gusto e sim.*) aspro, acre, agro, acido, pungente CONTR. dolce **2** (*est.*) (*di persona, di modi, ecc.*) sgarbato, burbero, spicciativo, chiuso, sgradevole □ austero, rigido, arcigno, introverso CONTR. garbato, delicato, estroverso **3** (*di mutamento*) improvviso, inatteso, imprevedibile, imprevisto, rapido CONTR. lento, previsto **B** s. m. sapore aspro, sapore agro FRAS. *tra il lusco e il brusco*, all'imbrunire.

brùscolo s. m. granello, fuscello, pezzettino.

brusìo s. m. mormorio, bisbiglio, sussurrio, vocio, brontolio, brulichio **CONTR.** urla, frastuono, rumore, grida confuse.

brut /*fr.* bryt/ [vc. fr., letteralmente 'bruto', nel senso di 'naturale, genuino, primitivo'] agg. inv. (*di champagne*) molto secco, senza zucchero **CONTR.** dolce, amabile.

brutàle agg. **1** belluino (*raro*, *lett.*), ferino (*lett.*) **2** (*est.*) feroce, violento, selvaggio, bestiale, animalesco, bruto, crudo, crudele, disumano, barbaro, basso, grossolano, malvagio, volgare, irragionevole **CONTR.** umano, ragionevole, mite, civile, gentile.

brutalità s. f. bestialità, ferocia, violenza, crudeltà, barbarie, disumanità, grossolanità, malvagità, bassezza, durezza, volgarità **CONTR.** umanità, gentilezza, cortesia, civiltà, mitezza.

brutalizzàre v. tr. trattare brutalmente, maltrattare, violentare, seviziare, torturare.

brutalménte avv. bestialmente, ferocemente, crudelmente, barbaramente, selvaggiamente □ grossolanamente, volgarmente **CONTR.** umanamente, civilmente, ragionevolmente □ delicatamente, urbanamente.

brutaménte avv. animalescamente, brutalmente, barbaramente, selvaggiamente, bestialmente **CONTR.** umanamente, civilmente, gentilmente.

brùto agg. e s. m. animalesco, irragionevole, brutale, selvaggio, violento, crudele, feroce, bestiale, disumano, barbaro, grossolano, malvagio, volgare **CONTR.** umano, ragionevole, mite, civile, gentile, educato.

brùtta s. f. (*fam.*) brutta copia, malacopia, minuta, brogliaccio **CONTR.** bella, bella copia.

bruttaménte avv. in modo brutto □ indecorosamente □ ostilmente **CONTR.** bellamente □ decorosamente □ benevolmente.

bruttézza s. f. sgradevolezza, spiacevolezza □ sconcezza, laidezza, sozzura □ goffaggine, disarmonia, deformità, orrore **CONTR.** bellezza, venustà, grazia, leggiadria, armonia.

brùtto A agg. **1** (*di aspetto*) antiestetico, sgradevole, spiacevole, disarmonico, sgraziato, deforme, malfatto, goffo, disadorno, mostruoso, orribile, orrendo, abominevole, disgustoso, schifoso, orrido, ripugnante, ributtante □ ignobile, di nessun pregio **CONTR.** bello, piacevole, gradevole, armonico, ben fatto, elegante □ pregevole **2** (*di contenuto*) sconcio, laido, turpe, sporco, pornografico, immorale **CONTR.** pulito, morale **3** (*di strada, di situazione, ecc.*) scomodo, difficoltoso, difficile, penoso **CONTR.** comodo, confortevole, tranquillo, felice **4** (*di tempo*) piovoso, nuvoloso, nebbioso, uggioso **CONTR.** sereno, chiaro **B** s. m. solo sing. **1** bruttezza, bruttura, sgradevolezza, disgustosità, schifosità **CONTR.** bello, bellezza, gradevolezza **2** cattivo tempo, nuvolo **CONTR.** tempo bello, sereno **FRAS.** *brutto male* (*euf.*), tumore maligno □ *brutta copia*, malacopia, minuta, brogliaccio □ *con le brutte*, in modo sbrigativo, rudemente, rozzamente □ *vedersela brutta*, trovarsi in difficoltà □ *guardare brutto* o *di brutto*, guardare male, con ostilità.

bùa s. f. (*inft.*, *fam.*) dolore, male, ferita □ malattia.

bubbóne s. m. **1** tumefazione, ascesso, tumore **2** (*fig.*) (*di corruzione e sim.*) male pericoloso, pericolo, minaccia.

bùca s. f. **1** (*del terreno, di acque, ecc.*) cavità, apertura, buco, fossa, depressione, voragine, fenditura, squarcio □ tana, nascondiglio **2** (*di monte*) valle stretta, gola, strettoia **3** (*per lettere*) cassetta **4** (*del suggeritore*) botola **5** (*di locale*) ristorante sotterraneo, cantina, grotta, grottino **6** (*fig.*) deficit (*lat.*), buco, debito, dissesto **FRAS.** *in buca* (*fig.*), in difficoltà, in stato di inferiorità.

bucanéve s. m. (*bot.*) foraneve, galanto.

bucanière s. m. pirata, corsaro, filibustiere, avventuriero.

bucàre A v. tr. **1** (*di cosa appuntita*) forare, perforare, trivellare, sforacchiare, crivellare, bucherellare, traforare, trapassare, trapanare **CONTR.** tappare, otturare, ostruire, chiudere, turare, tamponare **2** (*di spino, di spillo e sim.*) pungere, ferire **3** (*di gomma, di pneumatico*) forare **B** v. intr. **1** (*di ciclista, di automobilista e sim.*) subire una bucatura, forare **2** (*sport*) mancare un colpo, fallire, sbagliare **CONTR.** azzeccare, assestare il colpo, prendere a segno **C** **bucarsi** v. intr. pron. e rifl. **1** (*di persona*) pungersi, ferirsi **2** (*di pneumatico*) forarsi **3** (*gerg.*) iniettarsi droga, drogarsi, siringarsi.

bucàto (1) s. m. **1** (*di panni*) lavatura, pulitura, imbiancatura **2** panni lavati **FRAS.** *di bucato*, pulitissimo, appena lavato.

bucàto (2) A part. pass. di **bucare**; anche agg. **1** (*di cosa*) forato, perforato, bucherellato, crivellato, punto **2** (*di pneumatico*) forato **3** (*sport*) mancato, sbagliato **B** s. m. laterizio forato, tavella, tavellone **FRAS.** *avere le mani bucate* (*fig.*), scialacquare, spendere con facilità.

bucatùra s. f. **1** foratura, foro **2** (*di gomma, di pneumatico e sim.*) foratura **3** (*giorn.*) buco, vuoto.

bùcchero s. m. vaso, coppa, boccale, ciotola (di argilla nera).

bùccia s. f. **1** (*di frutto, di pianta e sim.*) scorza, corteccia, pelle, pellicola, tegumento, guscio **2** (*est.*) (*di formaggio, di salame e sim.*) pellicola, pellicina, crosta, involucro **3** (*fam.*) pelle, vita **FRAS.** *rivedere le bucce*, controllare severamente.

bucherellàre v. tr. sforacchiare, foracchiare, crivellare.

bucherellàto part. pass. di **bucherellare**; anche agg. sforacchiato, foracchiato, crivellato.

buchétta s. f. **1** dim. di **buca** **2** (*per lettere*) cassetta.

bùco s. m. **1** cavità, cavo, scavo, apertura, buca, voragine, crepaccio, squarcio, fenditura, pertugio, fessura, foro, traforo **2** (*di animale*) tana, nascondiglio, covo, antro, grotta, spelonca **3** (*del naso, delle orecchie e sim.*) foro, orifizio **4** (*gerg.*) iniezione (di droga) **5** (*di locale*) catapecchia, stamberga, tana, tugurio, spelonca **CONTR.** reggia **6** (*fig.*) lavoro da poco, impieguccio **7** (*fig.*) (*in un discorso*) mancanza, lacuna, vuoto **8** (*giorn.*) bucatura, vuoto **9** (*nel lavoro*) intervallo, tempo libero **10** (*di denaro*) debito, passivo, ammanco, deficit (*lat.*) **CONTR.** credito, attivo **11** (*sport*) fallimento, sbaglio, azione non riuscita **FRAS.** *fare un buco nell'acqua* (*fig.*), fallire.

bucòlico agg. pastorale, idilliaco, idillico, arcadico, campestre.

budèllo s. m. **1** (*pop.*) intestino, viscere **2** (*fig.*) tubo **3** (*di via*) vicolo (lungo e stretto), vicoletto.

budget /*ingl.* 'bʌdʒit/ [vc. ingl., dal fr. *bougette* 'piccola borsa (*bourse*)', poi 'borsa del ministro del tesoro', quindi 'bilancio dello stato'] s. m. inv. **1** bilancio, preventivo, consuntivo □ piano finanziario **2** (*est.*) stanziamento, somma a disposizione.

budìno s. m. **1** (*cuc.*) timballo, sformato, pasticcio **2** (*raro*) sanguinaccio.

bùe s. m. **1** giovenco, manzo, vitello **2** carne di bue **3** (*fig.*) (*di persona*) stolido, ignorante, sciocco, tardo **CONTR.** sveglio, intelligente **4** uomo fortissimo, ercole.

bufèra s. f. **1** tempesta, tormenta, fortunale, uragano, turbine, burrasca, procella (*lett.*) **CONTR.** bonaccia, calma, bel tempo **2** (*fig.*) (*di sentimento, di situazione*) grave sconvolgimento, tormenta, furore, furia, eccitazione **CONTR.** tranquillità, quiete, pace.

buffet /*fr.* by'fɛ/ s. m. inv. **1** credenza, armadio a vetri **2** (*nei ricevimenti*) tavola di rinfreschi, rinfresco **3** (*in stazione, luogo di attesa e sim.*) posto di ristoro, caffè, ristorante, ristoratore, buvette (*fr.*).

buffétto s. m. **1** (*delle dita*) schiocco **2** colpetto (sulla gota), biscotto.

bùffo A agg. **1** faceto, allegro, strano, curioso, grottesco, farsesco, ridicolo **CONTR.** serio, serioso, severo, austero **2** (*di commedia, opera musicale e sim.*) comico, burlesco **CONTR.** serio **B** s. m. **1** attore comico, giullare, pagliaccio **CONTR.** attore tragico, attore drammatico **2** (*solo sing.*) (*di cose, di fatto*) comicità, curiosità, stranezza.

buffonàta s. f. buffoneria, bambocciata, burattinata, pagliacciata, arlecchinata, carnevalata, farsa, ridicolaggine, ciarlataneria.

buffóne s. m. **1** (*nel medioevo*) giullare, giocoliere **2** (*di spettacolo*) pagliaccio, clown (*ingl.*) **3** (*est.*) burlone, bontempone, allegrone **4** (*spreg.*) ciarlatano, ciurmadore (*ant.*), sciocco, voltagabbana, banderuola.

buffonerìa s. f. buffonata, bambocciata, burattinata, carnevalata, farsa, pagliacciata, ridicolaggine, ciarlataneria.

buffonésco agg. carnevalesco, farsesco, giullaresco, burattinesco **CONTR.** serio, serioso, austero.

buggeràre v. tr. (*fam.*) ingannare, imbrogliare, buscherare (*pop.*), truffare, raggirare, gabbare, turlupinare.

buggeratùra s. f. raggiro, imbroglio, truffa, buscheratura (*pop.*), inganno, turlupinatura, presa in giro, fregatura (*pop.*).

bugìa s. f. menzogna, falsità, fandonia, frottola, panzana, balla, bomba (*dial.*), bubbola, ciancia, impostura, patacca (*dial., sett.*) **CONTR.** verità.

bugiardàggine s. f. falsità, ipocrisia, menzogna, falsificazione, calunnia **CONTR.** verità, sincerità.

bugiardaménte avv. falsamente, mentitamente, fallacemente, fintamente **CONTR.** sinceramente.

bugiàrdo A agg. falso, fallace, mentitore, menzognero, ingannatore, ingannevole, impostore, simulatore, finto, ballista (*scherz.*) **CONTR.** sincero, leale, franco, schietto **B** s. m. falso, ballista (*scherz.*), fanfarone, millantatore, simulatore, impostore.

bugigàttolo s. m. **1** stanzino buio, ripostiglio, sgabuzzino, buco, sottoscala, stambugio **2** abitazione squallida, stamberga, buco, catapecchia, tana **CONTR.** reggia, palazzo, villa.

bùio A agg. **1** oscuro, scuro, tenebroso, fosco, fondo, cupo, caliginoso, nebbioso, tetro, atro (*lett.*), opaco **CONTR.** luminoso, chiaro, limpido, lucente, sfavillante **2** (*fig.*) (*di persona*) corrucciato, triste, cupo, minaccioso **CONTR.** felice, raggiante **3** (*fig.*) (*di discorso, di situazione*) incomprensibile, astruso □ intricato, confuso □ incerto, difficile, brutto **CONTR.** evidente, semplice, chiaro □ felice, bello **B** s. m. **1** oscurità, tenebra, caligine, ombra, opacità, offuscamento, foschia, notte **CONTR.** luminosità, luce **2** (*fig.*) ambiguità, incomprensibilità, astrusità, confusione **CONTR.** chiarezza, evidenza **FRAS.** *essere al buio* (*fig.*), ignorare □ *tenere al buio* (*fig.*), nascondere.

bùlbo s. m. globo □ bolla □ sfera.

bulicàre v. intr. **1** (*di acque termali*) sgorgare bollendo **2** (*spec. dell'acqua*) bollire, ribollire **3** (*fig.*) brulicare, pullulare.

bulldog /*ingl.* 'buldɔg/ [vc. ingl, comp. di *bull* 'toro' e *dog* 'cane'] s. m. inv. (*est.*) molosso, mastino.

bulldozer /*ingl.* 'buldouzə/ [da *bulldoze*, nell'ingl. d'America 'intimidire con la forza'] s. m. inv. trattore, cingolato, caterpillar (*ingl.*), apripista.

bùllo s. m. spavaldo, bellimbusto, gradasso, patacca (*dial.*) □ teppista, bravaccio.

bullóne s. m. vite con dado, chiavarda, cavicchia, dado.

bungalow /*ingl.* 'bʌngəlou/ [vc. ingl., di origine indostana: *banglā* 'bengalese', cioè originariamente '(casa) del Bengala'] s. m. inv. villino.

bùnker [vc. ted., *Bunker*, dall'ingl. *bunker*, propriamente 'deposito (di carbone in un'officina)'] s. m. inv. ricovero militare, casamatta, rifugio blindato, fortino.

buonaféde s. f. sincerità, onestà, convinzione onesta, fiducia, lealtà, ingenuità **CONTR.** malafede, slealtà, doppiezza, frode.

buonagràzia s. f. cortesia, gentilezza, benevolenza **CONTR.** scortesia, ignoranza.

buonànima s. f. defunto, scomparso.

buonanòtte o **buòna nòtte** inter. e s. f. buon riposo, sonno felice **FRAS.** *...e buonanotte!*, *...e buonanotte sonatori!*, *e buonanotte al secchio!*, adesso basta!, e qui non ci riusciamo più!

buonaséra o **buòna séra** inter. e s. f. felice sera, felice pomeriggio.

buoncostùme o **buòn costùme** s. m. morale comune, morale, moralità **CONTR.** malcostume, immoralità.

buondì inter. e s. m. buon giorno.

buongiórno o **buòn giórno** inter. e s. m. buona giornata, felice giornata.

buongràdo vc.; solo nella loc. avv. *di buon grado*, volentieri **CONTR.** malvolentieri.

buongustàio s. m. **1** amatore della buona cucina, gourmet (*fr.*) **2** (*est.*) intenditore, buon conoscitore, raffinato **CONTR.** rozzo, dilettante.

buongùsto s. m. solo sing. **1** gusto, finezza, eleganza, senso del decoro **CONTR.** cattivo gusto, kitsch (*ted.*) **2** delicatezza, buonsenso, intelligenza **CONTR.** indelicatezza.

buòno (1) A agg. **1** (*di natura, di qualità*) onesto, morale, probo, dabbene, giusto, virtuoso, bravo **CONTR.** cattivo, disonesto, immorale, ingiusto **2** (*di animo*) generoso, benevolo, caritatevole, di cuore, pietoso, umano, altruista, clemente, amorevole **CONTR.** malvagio, disumano, spietato, avaro, insensibile **3** (*di modi*) dolce, affettuoso, amorevole, affabile, cortese **CONTR.** duro, scortese, ignorante, rozzo **4** (*di carattere*) quieto, tranquillo, sereno, mite, mansueto, docile **CONTR.** nervoso, rissoso, irritabile, instabile, mutevole **5** (*di motivo, di ragione*) giusto, valido, plausibile, accettabile, conveniente **CONTR.** ingiusto, infondato, inaccettabile **6** (*di lavoro*) esatto, rigoroso, ben fatto, serio, bello **CONTR.** inesatto, brutto, mal fatto **7** (*di rimedio, di consiglio*) appropriato, efficace, salutare, utile **CONTR.** inefficace, inutile, vano **8** (*di affare*) propizio, favorevole, vantaggioso **CONTR.** sfavorevole, svantaggioso, dannoso **9** (*di compagnia, di comitiva*) gradevole, piacevole, divertente, bello **CONTR.** sgradevole, noioso **10** (*di cibo, di bevanda*) squisito, gustoso, soave, delicato, delizioso **CONTR.** disgustoso, cattivo, ripugnante **11** (*di raccolto, di annata*) abbondante, notevole, ricco, considerevole, copioso **CONTR.** povero, scarso, misero **12** (*di terreno*) fertile, produttivo, redditizio **CONTR.** arido, improduttivo, avaro **13** (*di fisico*) solido, robusto, forte, sano **CONTR.** debole, gracile, malato, esile **14** (*di lavoratore, di professionista*) capace, esperto, valido, idoneo, energico, provetto, abile, valente, sicuro, ferrato **CONTR.** incapace, inesperto, inetto, debole, modesto **15** (*spesso iron.*) (*di società, di ambiente*) borghese, ricco, bene **CONTR.** basso, plebeo, umile, proletario **B** s. m. **1** bontà, bene **CONTR.** cattiveria, male **2** (*di tempo*) bello, bel tempo, sereno **CONTR.** brutto tempo, cattivo tempo **FRAS.** *alla buona*, in modo semplice, alla meglio □ *essere in buona*, essere di buon umore, essere ben disposto □ *con le buone*, senza asprezza, cortesemente □ *con le buone o con le cattive*, in ogni modo □ *buono a nulla*, incapace, inetto □ *buon per me*, per mia fortuna □ *un poco di buono*, un briccone.

buòno (2) s. m. **1** ricevuta, tagliando, polizza, scontrino, talloncino, bolletta, biglietto, cedola, coupon (*fr.*) **2** titolo di Stato, obbligazione.

buonóra A nella loc. avv. *di buonora*, di buon mattino, per tempo **CONTR.** tardi **B** nella loc. inter. *alla buonora!*, finalmente!

buonsènso o **buòn sènso** s. m. solo sing. saggezza, equilibrio, senso comune, senno, discernimento, assennatezza, prudenza, giudizio, criterio **CONTR.** dissennatezza, imprudenza.

buontempóne s. m. spensierato, gaudente, compagnone, giovialone, burlone, tipo ameno, mattacchione, allegrone **CONTR.** morigerato, austero, parco, severo, serioso.

buonumóre o **buòn umóre** s. m. allegria, allegrezza, giocondità, giovialità, ilarità, gaiezza, brio **CONTR.** malumore, tristezza, scontento, malinconia **FRAS.** *di buonumore*, allegro, ben disposto, gioviale.

buonuòmo o **buòn uòmo** s. m. **1** persona perbene, galantuomo □ ingenuo, mite **CONTR.** disonesto □ furbone, prepotente **2** (*come appellativo*) signore!

buonuscìta s. f. **1** compenso, denaro, somma, indennizzo **2** indennità.

burattinàio s. m. puparo, marionettista.

burattinàta s. f. **1** commedia di burattini **2** (*fig.*) buffonata, bambocciata, pagliacciata, arlecchinata, carnevalata, farsa, ridicolaggine, ciarlataneria.

burattìno s. m. **1** marionetta, fantoccio, bamboccio, pupazzo, pupo **2** (*fig.*) (*di persona*) buffone, girella, pagliaccio, voltagabbana, sciocco **FRAS.** *piantar baracca e burattini* (*fig.*), abbandonare tutto, andarsene.

bùrbero agg. severo, austero, rigido, scontroso, arcigno, accigliato, imbronciato, brusco, sgarbato, scortese, aspro, scostante **CONTR.** gentile, garbato, mite, bonario, cordiale.

bureau /*fr.* by'ro/ s. m. inv. **1** scrittoio, scrivania **2** (*di albergo e sim.*) ufficio, studio, direzione.

buriàna s. f. **1** (*dial.*) temporale improvviso, burrasca **2** (*fig.*, *pop.*) trambusto, chiasso, scompiglio, baldoria, confusione □ burrasca, sfuriata.

burìno s. m. e agg. **1** (*spreg.*) contadino **CONTR.** cittadino **2** (*est.*) zotico, grossolano, ignorante **CONTR.** civile, educato, fine.

bùrla s. f. **1** scherzo, beffa, tiro birbone, pasquinata, sfottitura, sfottò (*pop.*, *fam.*), presa in giro, celia, canzonatura, gioco, farsa, carnevalata **2** quisquiglia, sciocchezza, nonnulla **CONTR.** difficoltà.

burlàre A v. tr. beffare, canzonare, schernire, deridere, prendere in giro, prendere per i fondelli (*fam.*), coglionare (*pop.*), minchionare, sfottere (*pop.*) **B** v. intr. scherzare, giocare **C** **burlarsi** v. intr. pron. farsi beffe, farsi gioco, deridere, schernire, prendere in giro, prendere per i fondelli (*fam.*).

burlésco A agg. **1** giocoso, scherzoso, comico, ridicolo, faceto, derisorio, buffo, brillante, ironico, umoristico, canzonatorio **CONTR.** serio, serioso **2** (*di stile*) caricaturale **CONTR.** serio, serioso **B** s. m. caricaturale, comico.

burlétta s. f. **1** dim. di **burla**; scherzetto **2** celia, ridicolaggine, buffonata, pagliacciata **FRAS.** *mettere in burletta*, mettere in ridicolo.

burlóne s. m. buontempone, tipo ameno, mattacchione, allegrone, canzonatore, spiritosone, giovialone, spiritoso, arguto **CONTR.** contegnoso, burbero, serio, austero, musone, accigliato.

buròcrate s. m. **1** impiegato, funzionario (spec. di alto grado), colletto bianco (*fig.*) **2** (*fig.*, *spreg.*) formalista, pedante, gretto, fiscale, conformista **CONTR.** anticonformista, persona elastica.

burocraticaménte avv. con burocrazia □ (*fig.*, *spreg.*) fiscalmente, pedantemente **CONTR.** senza burocrazia, elasticamente.

burocràtico agg. **1** della burocrazia, dei funzionari **2** (*fig.*, *spreg.*) metodico, pedante, formalista, gretto, fiscale **CONTR.** aperto, anticonformista, elastico, agile.

burocratìsmo s. m. fiscalismo, formalismo, pedanteria **CONTR.** anticonformismo, elasticità, agilità.

burocratizzàre v. tr. **1** rendere burocratico, ufficializzare **2** (*fig.*, *spreg.*) fiscalizzare **CONTR.** liberalizzare.

burocratizzazióne s. f. ufficializzazione, pedanteria, fiscalismo, fiscalizzazione **CONTR.** liberalizzazione.

burocrazìa s. f. **1** amministrazione (spec. pubblica) **2** (*fig.*, *spreg.*) formalismo, fiscalismo, grettezza, pedanteria, lungaggine **CONTR.** snellezza, liberalismo, agilità, elasticità **3** burocrati, funzionari, impiegati (spec. pubblici).

burràsca s. f. **1** (*di tempo*) tempesta, bufera, fortunale, temporale, turbine, tormento, uragano, procella (*lett.*) **CONTR.** calma, bonaccia, bel tempo **2** (*fig.*) (*di avvenimento*) sconvolgimento, disgrazia, disavventura, batosta □ finimondo, scompiglio, buriana (*dial.*), sfuriata **CONTR.** tranquillità, quiete, pace.

burrascosaménte avv. tormentosamente, convulsamente **CONTR.** tranquillamente, pacificamente.

burrascóso agg. **1** (*di tempo*) tempestoso, procelloso (*lett.*), turbinoso, temporalesco, impetuoso **CONTR.** calmo, quieto, immobile, sereno **2** (*fig.*) (*di persona*, *di avvenimento*) agitato, convulso, violento, tormentoso, contrastato **CONTR.** tranquillo, pacifico.

burróne s. m. baratro, scoscendimento, precipizio, voragine, abisso, strapiombo, dirupo, borro, botro, anfratto, foiba.

burróso agg. **1** butirroso **2** (*fig.*) tenerissimo, delicatissimo, morbidissimo.

bus /*ingl.* bʌs/ [acrt. di *autobus*] s. m. inv. autobus, filobus, vettura, corriera.

buscàre v. tr. e **buscàrsi** v. intr. pron. procacciarsi, procurarsi, prendersi □ cercare, guadagnarsi, ottenere **FRAS.** *buscarsele* (*fam.*), essere picchiato, prendersele.

business /*ingl.* 'biznis/ [vc. ingl., col significato originario di 'impresa, lavoro'] s. m. inv. affare, attività economica, transazione □ impresa commerciale, impresa industriale.

bussàre A v. intr. (*alla porta*) battere, picchiare **B** v. tr. **1** (*di persona o animale*) percuotere, battere, picchiare, bastonare, legnare, randellare, manganellare **2** (*al gioco*) avere buon gioco **FRAS.** *bussare a quattrini* (*fig.*), chiedere soldi.

bùsso s. m. **1** colpo **2** forte rumore, botta, tonfo, scoppio, rimbombo, bang (*ingl.*).

bùssola s. f. **1** (*fig.*) orientamento, controllo **2** (*fig.*) norma, guida.

bussolòtto s. m. (*per giochi di dadi*, *di prestigio*) barattolo, bicchiere, scatola **FRAS.** *gioco dei bussolotti*, gioco di prestigio; (*fig.*) travisamento (della realtà).

bùsta s. f. **1** (*per corrispondenza*) custodia, involucro **2** (*per documenti*) cartella, guaina **3** (*per occhiali e attrezzi vari*) astuccio, contenitore, boîte (*fr.*).

bustarèlla s. f. **1** dim. di **busta** **2** (*fig.*) compenso illecito, soldi sottobanco, sbruffo (*gerg.*).

bustìno s. m. **1** dim. di **busto** **2** (*abbigl.*) corpetto (con stecche), corsetto **3** (*di abito femminile*) parte superiore.

bùsto s. m. **1** tronco, torace, torso, fusto, petto **2** (*scult.*) scultura (dalla vita in su), erma **3** (*abbigl.*) guaina, guêpière (*fr.*), corsetto, corpetto, bustino.

buttàre A v. tr. **1** gettare, lanciare, scagliare, tirare, scaraventare □ mandare giù, lasciare cadere **CONTR.** prendere, tirare su, tirare indietro, trattenere **2** (*fig.*) (*di tempo, di fatica, ecc.*) sciupare, dissipare, disperdere, sprecare, dilapidare **CONTR.** risparmiare, economizzare, utilizzare **3** (*di liquido*) perdere, lasciare uscire **CONTR.** trattenere **4** (*di pianta*) gemmare, produrre, generare, germogliare, germinare **B buttarsi** v. rifl. **1** gettarsi, lanciarsi, scagliarsi, slanciarsi, precipitarsi, piombare, avventarsi, irrompere **CONTR.** frenarsi, trattenersi **2** (*in una impresa*) impegnarsi, impegolarsi **CONTR.** disimpegnarsi, abbandonare **3** osare, tentare, provarci **CONTR.** ritirarsi **FRAS.** *buttar giù* (*fig.*), abbattere, demoralizzare □ *buttare all'aria* (*fig.*), mettere sottosopra, far fallire.

butteràto agg. vaioloso, pustoloso.

bùttero s. m. mandriano, guardiano (spec. di bufali, tori, cavalli), cow-boy (*ingl.*).

buzzùrro s. m. **1** castagnaro, caldarrostaio **2** (*spreg.*) nuovo arrivato (in città) **3** ignorantone, villano, zoticone, incivile, villanzone **CONTR.** raffinato, civile, snòb (*ingl.*).

bye-bye /*ingl.* 'bai 'bai/ [vc. ingl., inizialmente propria del linguaggio inft.] inter. addio, arrivederci, ciao.

by night /*ingl.* 'bai 'nait/ [vc. ingl., letteralmente 'presso (*by*) la notte (*night*)'] loc. agg. e avv. notturno, di notte.

by pass /*ingl.* 'bai pa:s/ [vc. ingl., letteralmente 'presso (*by*) il passaggio (*pass*)'] loc. sost. m. inv. (*med., urban.*) bipasso, collegamento, derivazione, ponte, raccordo, deviazione, diramazione.

c, C

ca' o (*raro*) **cà** s. f. (*arch.*) (*di palazzi storici e di toponimi spec. sett.*) casa.

cabarè s. m. inv. **1** adattamento di **cabaret** **2** vassoio.

cabaret /*fr.* kabaˈrɛ/ [dall'ol. *cabret*, dal piccardo *cambrette* 'cameretta'] s. m. inv. café-chantant (*fr.*), caffè concerto, music-hall (*ingl.*), night-club (*ingl.*), varieté (*fr.*).

cabìna s. f. **1** (*di nave*) cameretta **2** (*di ascensore e sim.*) vano **3** (*di autoveicoli, di aerei, ecc.*) abitacolo **4** (*di spiaggia, di piscina e sim.*) capanno, casotto, spogliatoio.

cabriolet /*fr.* kabriɔˈlɛ/ [fr., da *cabrioler* 'fare capriole'] s. m. inv. **1** carrozzina, calessino **2** (*di automobile*) decappottabile **CONTR.** berlina.

cacào s. m. (*est.*) cioccolata, cioccolato.

cacàre **A** v. intr. (*volg.*) defecare, evacuare, scaricare, andar di corpo, liberarsi **B** v. tr. (*volg.*) espellere, eliminare **FRAS.** *cacarsi sotto* (*fig.*), avere paura □ *cacare uno* (*fig.*), disprezzare uno, ignorare uno.

cacarèlla s. f. **1** (*volg.*) dissenteria, diarrea, sciolta (*fam.*) **CONTR.** stitichezza **2** (*fig.*) paura, fifa, tremarella **CONTR.** coraggio, baldanza.

cacasótto s. m. e f. inv. (*pop.*) vigliacco, pavido, incapace **CONTR.** coraggioso, responsabile.

càcca s. f. **1** (*inft., pop.*) escrementi, feci, sterco, merda (*volg.*) **2** (*est., inft.*) sudiciume, sporcizia, porcheria.

càccia s. f. **1** venagione, uccellatura, uccellagione, battuta, cattura □ pesca **2** (*est.*) selvaggina, cacciagione, preda **3** (*est.*) (*di persona*) inseguimento, ricerca, appostamento, battuta **4** (*fig.*) (*di notizia, di impiego, ecc.*) cerca, ricerca, scoperta.

cacciagióne s. f. selvaggina, preda, caccia.

cacciàre **A** v. tr. **1** (*di animale o persona*) inseguire, cercare, ricercare **2** (*est.*) allontanare, scacciare, espellere, bandire, esiliare, licenziare, mandare via **CONTR.** chiamare, ricevere, accettare, accogliere **3** (*fig.*) (*di pensieri, di preoccupazioni, ecc.*) eliminare, allontanare, rimuovere **CONTR.** procurarsi, cercare **4** (*di persona o cosa*) spingere, ficcare, conficcare □ mettere, buttare, nascondere **CONTR.** tirare fuori, riprendere, liberare, estrarre **B** v. intr. andare a caccia, uccellare **C** **cacciarsi** v. rifl. (*anche fig.*) mettersi, introdursi, infilarsi, ficcarsi, intromettersi, nascondersi **CONTR.** uscire, venire fuori, liberarsi.

cacciàta s. f. allontanamento, scacciata, espulsione, esilio, bando, proscrizione **CONTR.** chiamata, invito, accoglienza.

cacciatóre s. m. (f. *-trice*) **1** uccellatore, battitore, guardiacaccia **2** (*fig.*) (*di notizie, di onori, ecc.*) cercatore, ricercatore **FRAS.** *cacciatore di frodo*, bracconiere.

cacciavìte s. m. giravite.

cachet /*fr.* kaˈʃɛ/ [vc. fr., da *cacher* 'nascondere'] s. m. inv. **1** (*farm.*) cialdino, capsula □ analgesico, antinevralgico **2** (*di attore, di cantante e sim.*) contratto, remunerazione, gettone, compenso **3** (*per capelli*) colorante, tinta, tintura.

càchi agg.; anche s. m. giallo sabbia.

caciàra s. f. (*centr.*) gazzarra, confusione, schiamazzo, strepito, baccano, fracasso, clamore, casino (*pop.*) **CONTR.** quiete, tranquillità, silenzio, pace.

càcio s. m. (*tosc.*) formaggio **FRAS.** *come il cacio sui maccheroni* (*fig.*), a proposito.

cacofonìa s. f. suono sgradevole **CONTR.** eufonia.

cacofònico agg. (*di suono*) sgradevole **CONTR.** eufonico.

cadaùno agg. e pron. indef. ciascuno, ognuno, ciascheduno.

cadàvere s. m. **1** (*di persona*) salma, spoglia □ corpo morto, corpo, morto **2** (*di animale*) carogna, carcassa.

cadavèrico agg. (*fig.*) macilento, emaciato, smunto, sparuto, spettrale, pallido **CONTR.** florido, prosperoso, colorito, rubicondo, sano.

cadènte part. pres. di **cadere**; anche agg. **1** (*di costruzione*) fatiscente, cascante, vacillante, traballante **CONTR.** saldo, solido, fermo, stabile **2** (*di persona*) decrepito, cascante, disfatto, debole, ciondolante **CONTR.** vigoroso, arzillo, energico, florido, robusto, saldo, sano, vegeto **3** (*di meteorite, di stella*) cascante **4** (*di anno, di mese e sim.*) morente, uscente, che se ne va **CONTR.** entrante.

cadènza s. f. **1** (*di voce, di suono*) modulazione, accentazione, accento, inflessione, cantilena **2** (*di passo, di marcia, ecc.*) ritmo **3** (*mus.*) passaggio.

cadenzàre v. tr. ritmare, scandire, cantilenare, modulare.

cadére v. intr. **1** (*anche fig.*) precipitare, cascare, piombare, stramazzare, ribaltare, capitombolare, crollare, rovinare, schiantarsi, sfasciarsi, diroccarsi, sprofondare □ morire, perire, finire **CONTR.** alzarsi, levarsi, rizzarsi □ resistere, tenere duro **2** (*di capelli, di abito, ecc.*) scendere, pendere **3** (*fig.*) (*di regime, di governo e sim.*) finire, essere rovesciato **CONTR.** nascere, sorgere **4** (*fig.*) (*di vento, di sole, ecc.*) calare, finire, scendere, tramontare □ diminuire, placarsi **CONTR.** nascere, salire, sorgere □ crescere, aumentare **5** (*fig.*) (*di fatto, di festa, ecc.*) ricorrere, accadere, capitare, apparire, presentarsi, giungere, arrivare **6** (*di parola*) uscire, terminare, finire **CONTR.** cominciare, iniziare **FRAS.** *cadere dalle nuvole* (*fig.*), meravigliarsi □ *cadere in piedi* (*fig.*), cavarsela con poco danno □ *cadere dalla padella nella brace* (*fig.*), capitare di male in peggio □ *fare cadere le braccia* (*fig.*), fare disperare, deprimere.

cadétto [fr. *cadet*, dal guascone *capdet* 'capo'] **A** agg.; anche s. m. **1** (*di figlio*) secondogenito **CONTR.** primogenito **2** (*sport*) di serie B, di secondo piano **B** s. m. (*di accademia militare*) allievo.

caducità s. f. **1** transitorietà, fugacità, labilità, temporaneità, fragilità, mutabilità **CONTR.** stabilità, saldezza, durevolezza, solidità, persistenza, invariabilità, immutabilità, perennità **2** (*dir.*) inefficacia, decadenza.

cadùco agg. **1** effimero, fugace, labile, passeggero, fuggevole, fragile, perituro (*lett.*), precario, transitorio, temporaneo, momentaneo, instabile **CONTR.** saldo, duraturo, stabile, durevole, perpetuo, perenne **2** (*di organo animale o vegetale*) deciduo **CONTR.** perenne, permanente **FRAS.** *mal caduco* (*pop.*), epilessia.

cadùta s. f. **1** capitombolo, crollo, ruzzolone, tombolo, stramazzata (*raro*), rotolone, discesa **CONTR.** risalita, ascesa, salita **2** (*fig.*) (*di città, di governo, ecc.*) capitolazione, resa, cessazione, rovina, fine **CONTR.** nascita, formazione, crescita, tenuta **3** (*di tensione, di prezzo, ecc.*) calo, diminuzione **CONTR.** aumento, salita, crescita **4** (*d'acqua*) salto.

cadùto A part. pass. di **cadere**; anche agg. **1** cascato, precipitato, crollato, piombato, ruzzolato, stramazzato □ morto, perito, finito **2** (*di regime, di governo e sim.*) finito, rovesciato **CONTR.** nato, creato, sorto **3** (*di vento, di sole, ecc.*) calato, tramontato □ diminuito **CONTR.** nato, salito, sorto □ cresciuto, aumentato **B** s. m. morto in combattimento, morto in guerra, morto.

café-chantant /*fr.* ka'fe ʃã'tã/ [vc. fr., propriamente 'caffè cantante'] loc. sost. m. inv. caffè-concerto, cabaret (*fr.*), varietè (*fr.*), night (*ingl.*), night-club (*ingl.*), music-hall (*ingl.*).

café-society /*ingl.* 'kæfei sə'saiəti/ [vc. ingl., propriamente 'società da caffè'] loc. sost. f. inv. bel mondo, buona società, gente bene.

caffè s. m. **1** (*est.*) espresso **2** bar, caffetteria.

caffellàtte s. m. inv. cappuccino, latte macchiato.

caffetterìa s. f. bar, caffè.

caffettièra s. f. **1** bricco, cuccuma **2** (*scherz.*) vecchia locomotiva, vecchia automobile.

cafonàggine s. f. cafonata, cafoneria, rozzezza, grossolanità, volgarità, villania, inurbanità, sgarbatezza, zoticaggine **CONTR.** raffinatezza, garbo, garbatezza, finezza, signorilità, gentilezza, urbanità, civiltà.

cafóne A s. m. (*dial., merid.*) contadino, villico, bifolco, bracciante **B** agg.; anche s. m. (*est., spreg.*) villano, zotico, buzzurro, villanzone, becero, screanzato, insolente, incivile, ignorante **CONTR.** gentiluomo, signore.

cagionàre v. tr. causare, provocare, generare, determinare, arrecare, suscitare **CONTR.** impedire, evitare, scansare, sventare, ostacolare.

cagionévole agg. debole, malaticcio, infermiccio (*raro*), ammalazzato, infermo, fragile **CONTR.** sano, robusto, forte, vegeto, florido, prospero, vigoroso.

cagliàre A v. intr. (*di latte*) coagularsi, aggrumarsi, raggrumarsi, rapprendersi, stringersi, addensarsi, rappigliarsi, condensarsi **B** v. tr. quagliare (*dial.*), coagulare.

càglio s. m. **1** quaglio, presame **2** (*zool.*) abomaso.

cagnàra s. f. **1** (*di cani*) latrato, canea, canizza **2** (*fig., fam.*) chiasso, gazzarra, frastuono, rissa, litigio, baraonda, baldoria, baccano, casino (*pop.*), fracasso **CONTR.** silenzio, tranquillità, quiete, pace.

cagnésco agg. (*fig.*) (*di sguardo, di atteggiamento*) ostile, minaccioso, malvagio, sinistro, bieco, torvo, cattivo, irato, sdegnato, accigliato **CONTR.** mite, sereno, bonario, calmo, cordiale, amichevole, amabile **FRAS.** *guardare in cagnesco* (*fig.*), guardare torvo □ *stare in cagnesco* (*fig.*), essere sdegnato.

caimàno s. m. (*est.*) coccodrillo, alligatore.

càla s. f. rada, insenatura, golfo, baia, seno, darsena, porto, ancoraggio.

calabróne s. m. **1** bofonchio (*dial.*) **2** (*fig.*) corteggiatore, importuno, seccatore, scocciatore, rompiscatole.

calafatàre v. tr. **1** (*di scafo di nave*) impeciare, incatramare, stoppare **2** (*di scafo metallico*) saldare, stagnare.

calamàro s. m. **1** (*zool.*) calamaretto, totano **2** (*spec. al pl.*) (*fig.*) occhiaie livide.

calamìta s. f. **1** magnete **2** (*fig.*) attrattiva, richiamo.

calamità s. f. catastrofe, disastro, sciagura, sventura, disgrazia, cataclisma **CONTR.** fortuna, ventura.

calamitàre v. tr. **1** magnetizzare **2** (*fig.*) (*di sguardo, di attenzione, ecc.*) attirare, attrarre, ipnotizzare, affascinare, suggestionare, strega-

re **CONTR.** respingere, allontanare, distrarre.
calamitàto part. pass. di **calamitare**; anche agg. **1** magnetizzato **2** (*fig.*) (*di sguardo, di attenzione, ecc.*) attirato, attratto, ipnotizzato, affascinato, suggestionato, stregato **CONTR.** respinto, allontanato, distratto.
calamitóso agg. (*lett.*) rovinoso, infausto, nefasto, infelice, funesto, ruinoso, luttuoso, ferale, disastroso **CONTR.** fausto, lieto, fortunato, propizio, prospero, favorevole.
càlamo s. m. **1** (*bot.*) acoro □ (*est.*) canna **2** (*lett.*) stelo **3** cannuccia, cannello **4** (*lett.*) penna.
calandràre v. tr. laminare, spianare, levigare, lucidare, satinare.
calandratùra s. f. laminazione, laminatura, levigatura, lucidatura, satinatura.
calànte part. pres. di **calare**; anche agg. decrescente, declinante, scemante, in calo **CONTR.** crescente, sorgente, in crescita.
calàppio s. m. **1** laccio, cappio, trappola, nodo, lacciolo **2** (*fig.*) agguato, insidia, trappola, inganno, trabocchetto, tranello, imbroglio.
calàre A v. tr. **1** abbassare, mandare giù, tirare giù **CONTR.** sollevare, alzare **2** (*di vela*) ammainare **CONTR.** alzare, issare **3** (*fig.*) (*di prezzo, di pretese, ecc.*) diminuire, abbassare **CONTR.** aumentare, crescere **4** (*nel gioco*) giocare, mettere giù, buttare **B** v. intr. **1** discendere, scendere **CONTR.** salire, risalire **2** (*di peso, di volume, ecc.*) diminuire, scemare, decrescere, ridursi, abbassarsi **CONTR.** aumentare, crescere, ingrandire, salire **3** (*di astro*) tramontare, declinare, scendere, scomparire **CONTR.** sorgere, nascere, spuntare, crescere, levarsi **C calarsi** v. rifl. discendere, scendere, venire giù **CONTR.** salire, inerpicarsi, arrampicarsi, ascendere.
calàta s. f. **1** discesa, scesa **CONTR.** salita, arrampicata, ascesa **2** (*di popoli, di barbari, ecc.*) invasione, discesa **CONTR.** ritirata, risalita **3** (*di luogo*) china, scesa, discesa, declivio, pendio, sdrucciolo, pendenza **CONTR.** erta, salita **4** (*di lingua*) cadenza, cantilena, inflessione, accentazione, accento, pronuncia **5** (*di porto*) banchina.
calàto part. pass. di **calare**; anche agg. **1** disceso, sceso **CONTR.** salito **2** (*di peso, di volume, ecc.*) diminuito, scemato, ridotto **CONTR.** cresciuto, aumentato, salito **3** (*di tenda, di serranda, ecc.*) abbassato, tirato giù **CONTR.** alzato, sollevato **4** (*di astro*) tramontato **CONTR.** spuntato, sorto.
càlca s. f. moltitudine, folla, ressa, pigia pigia, pigiò, affollamento, frotta, turba, torma, pressa, assembramento, brulicame, formicolaio, serra serra **CONTR.** vuoto.
calcàgno s. m. tallone, garretto **FRAS.** *avere qualcuno alle calcagna* (*fig.*), avere qualcuno sempre dietro, essere inseguito □ *mostrare le calcagna* (*fig.*), fuggire.
calcàre v. tr. **1** premere, calpestare, pigiare, schiacciare, pestare **2** (*fig.*) (*di strada e sim.*) percorrere **3** (*fig.*) esagerare, eccedere □ vessare, opprimere, gravare **4** (*fig.*) (*di parole*) accentuare, evidenziare, rilevare, sottolineare **CONTR.** sorvolare, saltare **FRAS.** *calcare le scene* (*fig.*), recitare □ *calcare le orme di uno* (*fig.*), imitare uno □ *calcare la mano* (*fig.*), esagerare.
càlce s. m. solo sing. (*fig.*) parte bassa, basso, fondo, piè □ *in calce* (*fig.*), in fondo, a piè di pagina.
calcestrùzzo s. m. beton.
calciàre A v. intr. **1** scalciare **2** spingare (*lett.*) **B** v. tr. (*di pallone*) colpire, tirare, sferrare.
calcìna s. f. malta.
càlcio (1) s. m. **1** (*di persona*) pedata, calcagnata, colpo **2** (*di animale*) zampata, unghiata **3** (*fig.*) ingiuria, insulto, vigliaccata, ingratitudine **4** (*sport*) football (*ingl.*) **FRAS.** *dare un calcio* (*fig.*), abbandonare, piantare □ *trattare a calci* (*fig.*), trattare villanamente □ *calcio d'angolo*, corner □ *calcio di rimbalzo*, drop (*ingl.*).
càlcio (2) s. m. (*di armi da fuoco*) piede.
càlco s. m. (*di scultura, di disegno, ecc.*) impronta, copia □ traccia.
calcolàbile agg. computabile, misurabile, annoverabile **CONTR.** incalcolabile.
calcolàre v. tr. **1** (*mat.*) contare, computare, conteggiare **2** (*tra gli amici, come presente, ecc.*) annoverare, considerare, includere, comprendere **CONTR.** escludere, eliminare **3** (*fig.*) (*di vantaggio, di danno, ecc.*) stimare, esaminare, valutare, giudicare, prestabilire **4** (*fig.*) (*di gesto, di parola, ecc.*) ponderare, misurare, soppesare.
calcolatóre agg.; anche s. m. (f. *-trice*) **1** computista, contabile **2** (*fig.*) (*di persona*) ragionatore, furbo, scaltro, astuto, freddo, accorto **CONTR.** disinteressato, svagato, semplice, ingenuo **3** (*di macchina*) calcolatrice.
càlcolo s. m. **1** (*mat.*) computo, conteggio, conto **2** (*per anton.*) matematica **3** (*fig.*) (*di cosa*) stima, valutazione **4** (*fig.*) (*di aspettativa*) assegnamento, conto **5** (*est.*) congettura, previsione, ipotesi, supposizione **6** (*fig.*) (*di comportamento*) premeditazione □ astuzia □ freddezza □ interesse, tornaconto **CONTR.** sconsideratezza, leggerezza, avventatezza, irriflessione □ disinteresse □ ingenuità.
calcolòsi s. f. (*med.*) litiasi, mal della pietra.
calcolóso agg. (*med.*) litiasico.
caldàia s. f. **1** caldaio, calderone, paiolo, pentolone **2** (*tecnol.*) autoclave, digestore.
caldaménte avv. calorosamente, entusiasticamente, appassionatamente, affettuosamente, cordialmente, vivamente, sinceramente, festosamente **CONTR.** freddamente, distaccatamente, tranquillamente, serenamente, equilibratamente, pacatamente.

caldàna s. f. **1** calura, canicola, caldura, afa CONTR. freddo, gelo, rigore **2** (*al viso o al capo*) vampa, vampata CONTR. brivido, pallore **3** (*fig.*) (*d'ira*) sfuriata.

caldarròsta s. f. bruciata.

caldeggiàre v. tr. appoggiare, sostenere, raccomandare, favorire, aiutare, assecondare CONTR. avversare, ostacolare, osteggiare, combattere, contrastare, opporsi.

calderóne s. m. **1** pentolone, paiolo, caldaia **2** (*fig.*) guazzabuglio, accozzaglia, confusione, casino (*pop.*), casotto (*pop.*).

càldo A agg. **1** (*di cosa*) ardente, scottante, bollente, bruciante, infocato, torrido, cocente, rovente CONTR. freddo **2** (*fig.*) (*di persona, di discorso, ecc.*) impetuoso, focoso, irruente, appassionato □ avventato, balzano CONTR. calmo, tranquillo, sereno, equilibrato, pacato **3** (*fig.*) (*di saluto, di simpatia, ecc.*) affettuoso, cordiale, vivo, sincero CONTR. freddo, distaccato **4** (*di alimento*) appena cotto, appena sfornato, riscaldato CONTR. freddo, raffreddato **5** (*fig.*) (*di notizia, di avvenimento, ecc.*) molto recente, fresco, nuovo CONTR. vecchio, passato **6** (*est., fig.*) (*di colore, di luce, ecc.*) intenso, luminoso, vivo, vivido CONTR. freddo, spento **7** (*fig.*) (*di voce*) gradevole, carezzevole, vellutato, morbido, dolce CONTR. aspro, secco, brusco, distaccato **8** (*di momenti, di giorni, ecc.*) critico, difficile, duro CONTR. calmo, tranquillo, sereno **B** s. m. **1** calore, temperatura elevata CONTR. freddo, gelo **2** (*fig.*) ardore, desiderio, entusiasmo CONTR. indifferenza, freddezza FRAS. *a sangue caldo* (*fig.*), con impeto, eccitato □ *a calde lacrime* (*fig.*), dirottamente □ *pigliarsela calda* (*fig.*), preoccuparsi, agitarsi □ *non fare né caldo né freddo* (*fig.*), lasciare indifferente.

calendàrio s. m. almanacco, lunario, effemeride.

calènde s. f. pl. (*nel calendario romano*) primo giorno del mese FRAS. *alle calende greche*, mai.

calendimàggio s. m. primo maggio.

calèndola o **calèndula** s. f. calta, fiorrancio, collandria (*pop.*).

calèsse s. m. barroccino.

càlibro s. m. **1** (*tecnol.*) diametro interno **2** (*est.*) bocca da fuoco **3** (*fig.*) (*di persona*) portata, importanza, qualità, carattere FRAS. *grosso calibro* (*fig.*), persona molto importante, pezzo da novanta.

càlice s. m. bicchiere, coppa FRAS. *a calice*, svasato.

calìffo s. m. (*nella comunità musulmana*) imano □ muftì, guida, principe.

calìgine s. f. **1** nebbia, bruma, foschia CONTR. limpidezza, trasparenza **2** (*fig.*) (*di mente, di spirito*) offuscamento, ottenebramento CONTR. lucidità, perspicacia, chiarezza.

caliginóso agg. brumoso, fosco, nebbioso CONTR. limpido, nitido, terso, trasparente, chiaro.

càlle A s. m. (*poet.*) callaia, viottolo, sentiero, cavedagna, redola (*tosc.*) **B** s. f. **1** (*di Venezia*) via, viuzza **2** (*est.*) vicolo, chiasso, chiassetto, chiassuolo.

call-girl /*ingl.* 'kɔ:l gə:l/ [ingl., 'ragazza squillo', comp. di *to call* 'chiamare' e *girl* 'ragazza'] loc. sost. f. inv. ragazza squillo, squillo.

calligrafìa s. f. **1** bella scrittura **2** (*est.*) scrittura.

callìsta s. m. e f. pedicure □ podologo.

càllo s. m. **1** (*med.*) durone, callosità, occhio di pernice, occhio pollino **2** (*di cavallo*) ugnella.

callosità s. f. indurimento, ispessimento, callo, durone.

callóso agg. **1** indurito CONTR. liscio, morbido **2** (*fig.*) (*di coscienza*) incallito, insensibile CONTR. sensibile.

càlma s. f. **1** (*di cielo, di mare, ecc.*) bonaccia, quiete, tranquillità CONTR. tempesta, agitazione, movimento **2** (*fig.*) (*di luogo, di situazione, ecc.*) silenzio, distensione, equilibrio, serenità, tranquillità CONTR. turbolenza, agitazione, subbuglio, confusione, disordine, casino (*pop.*) **3** (*fig.*) (*di persona, di spirito, ecc.*) tranquillità, quiete, serenità, pacatezza, imperturbabilità, flemma CONTR. irrequietudine, agitazione, ansia, inquietudine, impetuosità, nervosismo, irritabilità.

calmànte agg.; anche s. m. lenitivo, tranquillizzante, sedativo, tranquillante, analgesico, anestetico, antispasmodico, anodino CONTR. eccitante, tonico, stimolante.

calmàre A v. tr. **1** placare, sedare, quietare, acquietare, smorzare, mitigare, rabbonire, abbonire, ammansire, abbonacciare CONTR. irritare, eccitare, esasperare, provocare, esacerbare, aizzare, inasprire, fomentare, innervosire **2** (*di dolore, di ira, ecc.*) alleviare, lenire, attutire, sopire, placare, mitigare, smorzare CONTR. aumentare, acutizzare, esasperare **B calmarsi** v. intr. pron. **1** quietarsi, acquietarsi, rabbonirsi, ammansirsi, tranquillizzarsi CONTR. inquietarsi, irritarsi, innervosirsi, agitarsi, adirarsi, spazientirsi, angustiarsi, angosciarsi, arrabbiarsi, incollerirsi, stizzirsi, impazientirsi, infuriarsi **2** (*di dolore, di ira, ecc.*) attutirsi, placarsi, mitigarsi, smorzarsi CONTR. esacerbarsi, acuirsi, riacutizzarsi.

calmieràre v. tr. (*di prezzi*) regolare, regolamentare, fissare, stabilire, contenere, controllare.

càlmo agg. **1** (*di cielo, di mare, ecc.*) quieto, tranquillo, fermo CONTR. agitato, burrascoso, tempestoso **2** (*fig.*) (*di persona, di carattere, ecc.*) sereno, tranquillo, quieto, pacato, pacifico, pacioso, imperturbabile, impassibile, flemmatico CONTR. irritabile, eccitabile, agitato, nervoso, suscettibile, insofferente, tormentato, nevrotico.

càlo s. m. **1** calata, discesa, abbassamento CONTR. sollevamento, risalita **2** (*fig.*) (*di vista, di peso, ecc.*) diminuzione, abbassamento, riduzione, alleggerimento, deperimento CONTR. aumento, rafforzamento, invigorimento **3** (*fig.*) (*di prestigio, di potere, ecc.*) declino, decadenza CONTR. ascesa.

calóre s. m. **1** caldo, bollore, afa, calura, caldura, caldana, canicola, vampa CONTR. freddo, frescura, fresco **2** (*fig.*) (*di sentimenti*) fervore, entusiasmo, ardore, impeto, vigore, eccitazione, vivacità, passione, premura, sollecitudine, slancio CONTR. freddezza, indifferenza, calma, insensibilità, apatia, indolenza **3** (*di animale*) estro **4** (*med.*) febbre.

calorìfero s. m. termosifone, radiatore, termoconvettore.

calorosaménte avv. fervidamente, entusiasticamente, vivacemente, festosamente, cordialmente, animatamente CONTR. freddamente, con indifferenza, con distacco.

calorosità s. f. cordialità, calore, ardore, fervore, impeto, entusiasmo CONTR. freddezza, indifferenza, distacco.

caloróso agg. **1** (*di cibo, di bevanda*) riscaldante, infiammante, irritante CONTR. rinfrescante **2** (*di persona*) CONTR. freddoloso **3** (*fig.*) (*di carattere*) focoso, impetuoso, irruente, animato, appassionato CONTR. calmo, tranquillo, pacato, equilibrato **4** (*fig.*) (*di discorso, di saluto, ecc.*) affettuoso, cordiale, fervido, festoso, entusiasta, caldo CONTR. freddo, indifferente, distaccato.

calòscia s. f. soprascarpa.

calòtta s. f. **1** (*di meccanismo, di motore*) coperchio, copertura, emisfero **2** (*anat.*) volta **3** (*di copricapo*) papalina, zucchetto, zuccotto.

calpestàre v. tr. **1** pestare, premere, schiacciare **2** (*fig.*) (*di affetti, di diritti, ecc.*) disprezzare, offendere, conculcare, violare CONTR. esaltare, onorare.

calpestàto part. pass. di **calpestare**; anche agg. **1** pestato, premuto, schiacciato **2** (*fig.*) (*di affetti, di diritti, ecc.*) disprezzato, offeso, conculcato, violato CONTR. esaltato, onorato.

calpestìo s. m. scalpiccio, trapestio (*pop.*).

calumet /*fr.* kaly'mɛ/ [forma normanno-piccarda, corrispondente al fr. *chalumeau* 'cannello (di paglia)'] s. m. inv. (*di pellirosse*) pipa sacra FRAS. *fumare il calumet della pace* (*fig.*), rappacificarsi.

calùnnia s. f. diffamazione, maldicenza, insinuazione, impostura, mormorazione, denigrazione, falsa accusa CONTR. elogio, lode, esaltazione.

calunniàre v. tr. denigrare, diffamare, insinuare, mormorare CONTR. esaltare, elogiare, lodare.

calunniatóre s. m. (f. *-trice*) diffamatore, maldicente, denigratore, impostore, detrattore, malalingua, linguaccia, linguacciuto, lingualunga, mormoratore, sparlatore CONTR. elogiatore, lodatore.

calunniosaménte avv. falsamente, bugiardamente, malignamente CONTR. sinceramente, benevolmente.

calunnióso agg. diffamatorio, menzognero, falso, mendace, inventato, maligno, denigratorio, ingannevole, bugiardo CONTR. elogiativo, sincero.

calùra s. f. (*lett.*) caldo afoso, caldura, afa, vampa, canicola, arsura CONTR. frescura, fresco, freddo.

calvàrio [dal luogo dove Gesù fu crocifisso, dal lat. *calvāria* 'teschio'] s. m. **1** Via Crucis **2** (*est.*) tribolazione, sofferenza, tormento, travaglio, dolore, pena CONTR. godimento, piacere.

calvìzie s. f. inv. alopecia, calvezza, pelata (*pop.*) CONTR. capigliatura, capelli, chioma, zazzera.

càlvo agg.; anche s. m. **1** pelato, rapato, spelacchiato CONTR. chiomato, capelluto, zazzeruto, capellone, zazzerone **2** (*fig.*) (*di luogo*) spoglio, nudo, brullo CONTR. verdeggiante, boscoso, alberato.

càlza s. f. **1** calzerotto, pedalino (*dial.*), calzino, calzetto, calzettone **2** (*est.*) calzamaglia **3** (*est.*) maglia, lavoro a maglia.

calzànte A part. pres. di **calzare**; anche agg. **1** (*di indumento*) aderente, attillato CONTR. largo **2** (*fig.*) (*di discorso, di argomento, ecc.*) appropriato, efficace, acconcio, adatto, conveniente, proprio, confacente CONTR. improprio, inadatto, inefficace **B** s. m. calzatoio, corno, stecca, calzascarpe CONTR. tirastivali, cavastivali.

calzàre A v. tr. **1** (*di indumento*) infilare, mettere, portare, avere CONTR. sfilare, levare, togliere **2** (*di mobile, di botte, ecc.*) puntellare, rincalzare, appuntellare CONTR. scalzare **B** v. intr. **1** (*di indumento*) aderire, adattarsi **2** (*fig.*) (*di discorso, di argomento, ecc.*) convenire, adattarsi, quadrare, appropriarsi FRAS. *calzare a pennello, a cappello* (*fig.*), andare benissimo.

calzascàrpe s. m. inv. calzatoio, calzante, corno, stecca CONTR. tirastivali, cavastivali.

calzatùra s. f. scarpa, calzare (*lett.*) CFR. ciabatta, pantofola, pianella, babbuccia, zoccolo, stivale, sandalo, ciocia, caloscia.

calzétta s. f. calzino, calzetto, pedalino (*dial.*) FRAS. *mezza calzetta* (*fig.*), persona mediocre.

calzolàio s. m. **1** ciabattino **2** (*est.*) pantofolaio, pianellaio, zoccolaio, scarparo.

calzoncìni s. m. pl. brachette, pantaloncini, pants (*ingl.*), shorts (*ingl.*).

calzóne s. m. spec. al pl. pantaloni, brache.

camaleónte s. m. **1** (*zool., est.*) lucertola **2** (*fig.*) (*di persona*) opportunista, banderuola, girella, ipocrita, voltafaccia, saltimbanco, ciarlatano, funambolo.

camaleòntico agg. mutevole, incostante, funambolico, ipocrita, opportunistico **CONTR.** coerente, costante, lineare.

cambiàbile agg. **1** sostituibile, mutabile, commutabile, permutabile, scambiabile **CONTR.** inconvertibile, immutabile, incommutabile, invariabile **2** (*fig.*) (*di persona, di carattere, ecc.*) mutevole, volubile, alterabile, incostante, instabile, mobile, fluttuante **CONTR.** costante, coerente, fermo, pertinace, tenace, perseverante.

cambiàle s. f. **1** pagherò, tratta, effetto, vaglia cambiario **2** (*fig.*) promessa.

cambiaménto s. m. mutamento, trasformazione, cambio, modificazione, variazione, alterazione, metamorfosi, rinnovamento, tramutamento, trasfigurazione, innovazione **CONTR.** immutabilità, staticità, inalterabilità, costanza, coerenza.

cambiàre A v. tr. **1** mutare, variare, modificare, sostituire, cangiare (*lett.*), alternare, avvicendare **CONTR.** lasciare, mantenere, conservare **2** (*fig.*) (*di parole, di atteggiamento, ecc.*) travisare, falsare, svisare **CONTR.** mantenere **3** (*fig.*) (*di espressione, di colore, ecc.*) alterarsi, mutare, trasformarsi, sbiancarsi, impallidire **4** (*di cose*) scambiare, permutare, barattare, sostituire **5** (*di denaro, di moneta*) spicciolare, convertire, sostituire, trasformare **6** (*di velocità*) variare, accelerare, decelerare, modificare **7** (*di situazione, di istituzione, ecc.*) trasformare, correggere, modificare, mutare, riformare, rinnovare, tramutare, convertire, migliorare, peggiorare **B** v. intr. **1** (*di persona*) mutare, migliorare, peggiorare **2** (*di condizioni atmosferiche*) mutare, variare, volgere, voltare **C cambiarsi** v. rifl. (*di abbigliamento*) mutarsi □ (*est.*) vestirsi □ svestirsi **D** v. intr. pron. (*di persona*) correggersi, modificarsi, mutarsi, trasformarsi, rinnovarsi, convertirsi **FRAS.** *cambiare aria* (*fig.*), squagliarsela □ *cambiare le carte in tavola, in mano* (*fig.*), girare la frittata, fare un voltafaccia.

càmbio s. m. **1** cambiamento, sostituzione, alternanza, avvicendamento, mutamento □ turno **2** (*di cose*) scambio, baratto, permuta, sostituzione **3** (*di denaro, di moneta*) scambio, conversione, sostituzione, trasformazione.

cambùsa [dall'ol. *Kabuis* 'cucina sulla nave'] s. f. (*nelle navi*) dispensa, bettolino.

càmera (1) s. f. **1** stanza, locale, vano, ambiente, sala **2** (*per anton.*) stanza da letto **3** (*est.*) arredamento, mobili, mobilia **4** (*polit.*) parlamento, senato **5** camera a gas, camera ardente, camera blindata, camera oscura **6** (*est.*) (*di organizzazione*) associazione, ente, confederazione, unione, sindacato, corporazione **FRAS.** *camera di sicurezza*, cella.

càmera (2) s. f. macchina fotografica, cinepresa.

cameraman /*ingl.* 'kæmərəmən/ [vc. ingl., comp. di *camera* 'camera (2)' e *man* 'uomo'] s. m. inv. (*cine.*, *tv.*) operatore.

cameràta (1) s. f. **1** dormitorio, stanzone **2** compagnia, circolo, sodalizio, accolta, gruppo, associazione, congregazione.

cameràta (2) s. m. e f. **1** compagno, amico, commilitone, sodale **2** fascista.

cameratescaménte avv. amichevolmente, confidenzialmente, familiarmente **CONTR.** ostilmente, freddamente.

cameratésco agg. amichevole, confidenziale, solidale **CONTR.** indifferente, ostile, freddo.

cameratìsmo s. m. amicizia, solidarietà, dimestichezza, familiarità, confidenza **CONTR.** inimicizia, avversione, freddezza, indifferenza.

camerière s. m. domestico, servo, servitore, servente, famiglio (*ant.*).

camerìno s. m. **1** (*di teatro e sim.*) stanzino, spogliatoio **2** (*fam.*) gabinetto, toletta, toilette (*fr.*), bagno, cesso (*pop.*), latrina **3** (*di nave militare*) cabina.

camicétta s. f. **1** dim. di **camicia 2** blusa, blusetta, corpetto.

camìcia s. f. **1** camicetta, camiciotto, blusa, blusetta **2** (*tecn.*) involucro, intercapedine, rivestimento **3** (*bur.*) fascia, copertina, carpetta **FRAS.** *in maniche di camicia*, senza giacca □ *rimanere in camicia* (*fig.*), diventare povero □ *nato con la camicia* (*fig.*), fortunato □ *sudare sette camicie* (*fig.*), faticare molto □ *giocarsi la camicia* (*fig.*), perdere tutto (al gioco) □ *Camicie nere*, fascisti □ *Camicie brune*, nazionalsocialisti, nazisti.

camiciòla s. f. **1** dim. di **camicia 2** maglia, maglietta, canottiera.

camiciòtto s. m. **1** accr. di **camicia 2** blusotto, tuta.

camìno s. m. **1** focolare **2** (*est.*) comignolo, canna fumaria, fumaiolo □ ciminiera **3** (*in alpinismo*) solco **4** (*di vulcano*) condotto, pozzo **5** (*di terreno carsico*) pozzo.

càmion s. m. inv. **1** autocarro **2** (*est.*) autotreno, autoarticolato, autosnodato, autocisterna.

camioncìno s. m. **1** dim. di **camion 2** furgone, furgoncino.

camionétta s. f. jeep (*ingl.*).

camionìsta s. m. guidatore di camion, autista, conduttore, conducente.

cammèllo in funzione di agg. inv. (posposto a un s.) (*di colore*) nocciola scuro.

camminaménto s. m. **1** (*mil.*) trincea, scavo **2** (*di caccia*) passaggio mascherato.

camminàre v. intr. **1** procedere, avanzare, muoversi, errare, incedere, passeggiare, deambulare (*lett.*), marciare, percorrere, vagare, vagabondare, arrancare, incamminarsi **CONTR.** fermarsi, arrestarsi, sostare, soffermarsi **2** (*est.*) (*di veicolo, di congegno*) andare, funzionare **CONTR.** fermarsi, arrestarsi **3** (*fig.*) (*di scienza, di società, ecc.*) progredire, avanzare, svilupparsi, procedere, migliorare **CONTR.** arrestarsi

4 (*fig.*) (*di discorso, di film, ecc.*) svolgersi, filare, dipanarsi, svilupparsi **CONTR.** ingarbugliarsi.

camminàta s. f. **1** passeggiata, scarpinata, cammino, trottata, giro, girata, tragitto **2** (*di modo di camminare*) andatura, andata, passo, andamento, incedere, incesso (*lett.*), marcia.

camminatóre s. m. (f. *-trice*) podista, pedone, marciatore.

cammìno s. m. **1** (*anche fig.*) percorso, strada, via, tragitto, itinerario, viaggio, giro **2** (*est.*) (*di astri*) moto **3** (*di fiume*) corso **4** (*di nave*) rotta.

camòrra s. f. **1** malavita, mala (*gerg.*), cricca, camarilla, congrega, consorteria □ (*est.*) mafia, cosca □ racket (*ingl.*) **2** (*fig.*) prepotenza, arroganza, prevaricazione.

camorrìsta s. m. e f. **1** mafioso, malvivente, delinquente **2** (*fig.*) prepotente, rissoso, arrogante, insolente **CONTR.** mite, timido, arrendevole.

campàgna s. f. **1** contado, agro, campo **CONTR.** città **2** (*est.*) fondo, podere, tenuta **3** (*est.*) (*di attività economica, sportiva, ecc.*) stagione, raccolta **4** (*mil.*) guerra, conflitto, spedizione **5** (*fig.*) (*elettorale, pubblicitaria, ecc.*) propaganda **6** (*fig.*) esperienza amorosa, battaglia.

campagnòlo A agg. agreste, contadinesco, rurale, villereccio (*lett.*), campestre, rustico **CONTR.** cittadino, civico, urbano **B** s. m. contadino, agricoltore, coltivatore, villico (*lett.*), colono, villano **CONTR.** cittadino.

campàna s. f. **1** bronzo (*lett.*), squilla, martinella **2** (*fig.*) (*di contendenti*) versione, opinione, ragione □ parte **3** (*di protezione*) vaso, calotta **4** (*di gioco infantile*) settimana **FRAS.** *a campana*, scampanato, svasato □ *tenere sotto una campana di vetro*, custodire con molta cura.

campanàccio s. m. **1** pegg. di **campano 2** bronza, campano.

campanèlla s. f. **1** dim. di **campana 2** sonaglio, tintinnabolo, bubbolo, campanello **3** (*bot., pop.*) campanula, convolvolo.

campanèllo s. m. **1** sonaglio, campanella, tintinnabolo, bubbolo **2** (*est.*) (*elettrico*) soneria □ (*est.*) pulsante.

campanìle s. m. **1** torre campanaria **2** (*fig.*) paese natio □ campanilismo **FRAS.** *di campanile* (*fig.*), gretto, meschino □ paesano, strapaesano □ tra squadre della stessa città.

campàre A v. intr. **1** vivere, esistere □ campicchiare, vivacchiare, vivucchiare, vegetare, sopravvivere **CONTR.** morire, perire **2** (*fig.*) mantenersi, sostenersi **B** v. tr. liberare, salvare, scampare, difendere, proteggere, aiutare, tutelare, nutrire, mantenere, allevare **FRAS.** *tirare a campare*, badare a vivere.

campàto agg. (*fig.*) fondato, basato, collocato **FRAS.** *campato in aria* (*fig.*), infondato.

campeggiàre v. intr. **1** accamparsi, manovrare **2** (*di turisti, di sportivi, ecc.*) attendarsi, soggiornare, piantare la tenda **3** (*anche fig.*) (*di figura, di personaggio, ecc.*) spiccare, risaltare, avere rilievo.

campéggio s. m. camping (*ingl.*), attendamento, accampamento.

camper /*ingl.* 'kæmpə/ [vc. ingl., propriamente 'campeggiatore', da *to camp* 'accamparsi'] s. m. inv. (*est.*) autocaravan, motorhome (*ingl.*).

campèstre agg. agreste, campagnolo, rurale, rustico, contadinesco, villereccio (*lett.*), villico (*lett.*) **CONTR.** cittadino, urbano.

camping /*ingl.* 'kæmpiŋ/ [ingl., deriv. da *to camp* 'campeggiare'] s. m. inv. campeggio, attendamento, accampamento, tendopoli.

campionàrio s. m. (*di merci*) saggio, scelta, mostra, esempio.

campionàto s. m. gara, competizione.

campióne A s. m. (f. *-essa*) **1** guerriero, eroe **2** (*fig.*) difensore, propugnatore, paladino, sostenitore, fautore **CONTR.** oppositore, avversario, nemico **3** (*di sport, di gioco, ecc.*) atleta, vincitore □ asso, modello **4** (*di merce, di lavoro, ecc.*) mostra, saggio, modello, tipo, esemplare **5** (*fis.*) (*di unità di misura*) prototipo, modello, archetipo **B** in funzione di agg. inv. (posposto a un s.) **1** vittorioso, vincitore **2** esemplare, modello, panel (*ingl.*).

càmpo s. m. **1** agro **2** (*spec. al pl.*) (*est.*) campagna □ podere, fondo **3** (*di minerali, di gas*) giacimento, area, zona **4** (*sport*) terreno **5** (*di truppa*) accampamento, bivacco, baraccamento, attendamento, raccolta, accantonamento **6** (*fis.*) area, zona, regione **7** (*cine.*) spazio **8** (*di dipinto, di rilievo*) sfondo, superficie **9** (*arald.*) fondo, sfondo **10** (*di attività, di studio, ecc.*) ambito, ramo, materia, argomento, settore, branca **11** (*dial.*) piazza **FRAS.** *campo d'aviazione*, aeroporto □ *campo di tiro*, tirassegno □ *campo di concentramento*, lager (*ted.*).

camposànto s. m. cimitero, certosa.

camuffàre A v. tr. mascherare, travestire, truccare, trasformare **B camuffarsi** v. rifl. **1** travestirsi, mascherarsi, truccarsi, trasformarsi **2** (*fig.*) fingersi, infingersi.

camùso agg. (*di naso*) schiacciato, piatto.

canàglia A s. f. solo sing. (*lett., spreg.*) ciurmaglia, gentaglia, marmaglia, plebaglia, canagliume, feccia, genia, razzaccia, cialtronaglia, furfantaglia, plebaglia **CONTR.** gente perbene **B** s. f. furfante, farabutto, mascalzone, birbante, briccone, delinquente, carogna, cialtrone, lazzarone, teppista **CONTR.** galantuomo.

canagliàta s. f. mascalzonata, bricconata, birbonata, cialtronata, furfanteria, carognata, lazzaronata.

canagliésco agg. furfantesco, carognesco, cialtronesco, bricconesco, birbantesco.

canàle s. m. **1** naviglio, emissario, roggia, alveo

2 (*est.*) condotto, collettore, chiavica, cloaca, fogna, fosso, fossato, tubo, conduttura, doccia, doccione, gronda, sifone **3** (*di erosione*) solco, incassatura **4** (*di radio, tv., ecc.*) via, tramite, mezzo □ onda, banda, gamma di frequenza □ programma **5** (*anat.*) dotto.

canalizzàre v. tr. incanalare, inalveare, regolare.

canalizzazióne s. f. regolazione, incanalamento, inalveazione.

cànapa s. f. **FRAS.** *canapa di Calcutta*, iuta □ *canapa di Manila*, abacà.

canapè s. m. inv. **1** (*di mobile*) divanetto, sofà, ottomana, lettino, amorino **2** (*di cibo*) tartina.

cànapo s. m. fune, corda, gomena, sartia, cavo, gherlino.

canarino [da *canarino*, il passeriforme che prende il nome dalle isole *Canarie*, da cui proviene] in funzione di agg. inv. (posposto a un s.) (*di colore*) giallino.

cancàn [deformazione infant. di *canard*, 'anitra'; la danza sarebbe detta così per i movimenti che ricordano lo sculettare dell'anitra] s. m. inv. **1** (*est.*) chiasso, confusione, casino (*pop.*), chiassata, baccano, strepito, fracasso, frastuono, bailamme, cagnara (*fam.*), subbuglio, trambusto, scompiglio, agitazione, baldoria, gazzarra **CONTR.** silenzio, quiete, ordine, tranquillità, calma, serenità **2** (*fig.*) scandalo, pettegolezzo, chiacchiera, malignità, maldicenza.

cancellàre A v. tr. **1** (*di scritto, di disegno, ecc.*) depennare, cassare, abradere **2** (*fig.*) (*di legge, di ricordo, ecc.*) annullare, eliminare, abrogare, abolire, invalidare, estinguere, revocare, depennare, sopprimere **B cancellarsi** v. intr. pron. scomparire, dileguarsi **CONTR.** apparire, comparire.

cancellàta s. f. inferriata, cancello.

cancellatùra s. f. cancellazione, cassatura, cassamento (*raro*), frego, abrasione, espunzione, depennamento.

cancellazióne s. f. **1** (*di scritto, di disegno, ecc.*) cancellatura, frego, cassatura, cassamento (*raro*), espunzione, depennamento **2** (*fig.*) (*di legge, di debito, ecc.*) abrogazione, abolizione, annullamento, eliminazione, estinzione, revocazione **CONTR.** convalida, conservazione.

cancellerésco agg. (*fig.*) (*di stile, di modi, ecc.*) pedante, burocratico, conformista, formale, prolisso, burbanzoso **CONTR.** semplice, agile, vivace, anticonformista.

cancellière s. m. **1** attuario, segretario, archivista **2** ministro della giustizia **3** (*in Germania e in Austria*) primo ministro.

cancellino s. m. cimosa, cassino.

cancèllo s. m. cancellata, saracinesca, inferriata.

cancerò: geno agg. canceroso, oncogeno □ (*est.*) mutageno.

cancrèna s. f. **1** necrosi **2** (*fig.*) corruzione □ vizio insanabile.

càncro s. m. **1** (*med.*) tumore, carcinoma, neoplasma, neoplasia **2** (*fig.*) corrosione, disfacimento **3** (*fig.*) (*di gelosia, di invidia, ecc.*) fissazione, monomania, mania.

candeggiàre v. tr. sbiancare, imbiancare.

candéggio s. m. imbianchimento, decolorazione, sbianca.

candéla s. f. cero, cera, moccolo, torcia.

candelàbro s. m. candeliere, doppiere, bugia.

candelière s. m. candelabro, doppiere, bugia.

candidaménte avv. ingenuamente, schiettamente, semplicemente, sinceramente, innocentemente **CONTR.** astutamente, scaltramente, furbescamente, maliziosamente, malignamente.

candidàre A v. tr. proporre, presentare **CONTR.** bocciare, trombare (*fig., scherz.*) **B candidarsi** v. rifl. proporsi, presentarsi.

candidàto s. m. **1** (*a una carica*) aspirante **2** (*a un concorso, a un esame*) concorrente, esaminando.

candidatùra s. f. presentazione, proposta **CFR.** bocciatura, trombatura (*fig., scherz.*).

candidézza s. f. **1** bianchezza, candore, nitidezza, biancore **CONTR.** nerezza (*raro*) **2** (*raro, fig.*) innocenza, ingenuità, purezza, sincerità, schiettezza, semplicità, lealtà **CONTR.** malizia, malignità, doppiezza, astuzia, scaltrezza, furbizia, furberia.

càndido agg. **1** bianco, luminoso, immacolato **CONTR.** nero, scuro **2** (*fig.*) innocente, sincero, puro, semplice, ingenuo, schietto, franco, leale **CONTR.** scaltro, astuto, accorto, furbo, avveduto, furbacchione, malizioso, falso, ipocrita, insincero, doppio.

candìre v. tr. giulebbare, confettare, sciroppare.

candìto part. pass. di **candire**; anche agg. giulebbato, confettato, sciroppato.

candóre s. m. **1** candidezza, bianchezza, nitidezza **CONTR.** nero, nerezza (*raro*) **2** (*fig.*) innocenza, sincerità, purezza, schiettezza, semplicità **CONTR.** malizia, malignità, doppiezza, scaltrezza, furberia.

càne A s. m. **1** (*fig.*) (*di persona*) aguzzino, iracondo, crudele, spietato, malvagio **2** (*spreg.*) (*di attore, di professionista, ecc.*) cagnaccio (*fig.*), incapace, inabile, maldestro **CONTR.** campione, divo, big, specialista **3** (*di meccanismo*) dente **B** in funzione di agg. inv. (posposto a un s.) **1** (*pop.*) (*di mondo, di paese, ecc.*) malvagio, tristo, cattivo, boia (*pop.*) **CONTR.** buono, felice **2** (*pop.*) (*di freddo, di fame, ecc.*) grande, forte, intenso **CONTR.** poco, debole **FRAS.** *da cane* (*fig.*), orrendo, duro, pessimo, malissimo, crudelmente, duramente □ *cane lupo*, pastore tedesco □ *essere come cane e gatto* (*fig.*), non andare mai d'accordo □ *come un cane bastonato*, avvilito, mogio, umiliato □ *drizzar le gambe ai cani* (*fig.*), tentare l'impossibile □ *non c'è un cane* (*fig.*), non c'è anima viva □ *cane sciolto* (*fig.*), deputato isolato, autonomo.

canèstro s. m. **1** cesta, canestra, paniere, cestello, corba, corbello, gerla, fiscella **2** (*sport*) (*nella pallacanestro*) cesto.

cangiànte part. pres. di **cangiare**; anche agg. e s. m. (*di colore*) allocroico, gatteggiante, iridescente **CONTR.** monocromo, monocromatico.

cangiàre A v. tr.; anche intr. (*lett.*) cambiare, muovere, variare, sostituire **CONTR.** mantenere, lasciare **B cangiarsi** v. intr. pron. (*lett.*) trasformarsi, cambiarsi, muoversi, modificarsi, correggersi, rimuoversi, alterarsi **CONTR.** mantenersi, conservarsi.

canìcola s. f. (*est.*) grande caldo, calura, caldura, afa, vampa **CONTR.** freddo, gelo.

canìle s. m. **1** (*per cane*) cuccia **2** (*fig.*) (*di ambiente*) tana, covacciolo, covile.

canìno agg. di cane, da cane **FRAS.** *tosse canina*, pertosse □ *rosa canina*, rosa selvatica, rosa di bosco, rosa di macchia, rosa di siepe, rosellina.

cànna s. f. **1** (*est.*) culmo **2** (*est.*) bastone, pertica **3** (*di organo, di camino, ecc.*) tubo **4** (*fig.*) gola, trachea, esofago **5** (*fig.*) (*di acquedotto, di acquaio, e sim.*) tubo, cannella, doccione, doccia, condotto **6** (*fig., poet.*) zampogna **FRAS.** *povero in canna* (*fig.*), poverissimo.

cannèlla s. f. **1** dim. di **canna 2** tubicino, cannula, ugello □ (*est.*) rubinetto.

cannèllo s. m. **1** dim. di **canna 2** cilindretto, asticciola, cannetta, rocchetto, pezzetto **3** (*fig.*) (*di ghiaccio*) ghiacciolo.

cannìbale [sp. *caníbal*, alterazione di *caribal*, a sua volta da *caribe*, parola della lingua dei *Caraibi* (o *Caribi*), che significa 'ardito'] s. m. e f. **1** antropofago **2** (*fig.*) aguzzino, belva, iena, mostro, carnefice, boia, bestia.

cannibalésco agg. (*fig.*) crudele, feroce, spietato, disumano, efferato, selvaggio, truce, sanguinario, bestiale, perverso, brutale, degenerato **CONTR.** umano, civile, buono.

cannibalìsmo s. m. **1** antropofagia **2** (*fig.*) crudeltà, ferocia, atrocità, efferatezza, brutalità, inumanità, disumanità, sadismo, inesorabilità, truculenza, spietatezza, nequizia (*lett.*), ferinità (*lett.*), perversità **CONTR.** umanità, bontà, mitezza, pietà, clemenza, benignità, compassione.

cannocchiàle s. m. **FRAS.** *a cannocchiale* (*est.*), a tubi rientranti, telescopico.

cannonàta s. f. **1** colpo di cannone **2** (*est.*) (*di cannone*) rimbombo, rombo, rintrono, boato, tuono **3** (*fig.*) fandonia, vanteria, fola, frottola, panzana, fanfaluca (*fig.*), balla (*fig.*), millanteria, spacconata, smargiassata, bravata **4** (*fig.*) (*di cosa o persona eccezionale*) portento, prodigio, fenomeno, sorpresa, meraviglia, spettacolo **5** (*fig.*) (*nel calcio*) stangata.

cannóne A s. m. **1** pezzo da fuoco, bocca da fuoco **2** (*di stufa, di acquaio, ecc.*) tubo **3** (*di equino*) stinco **4** (*fig.*) (*di persona*) portento, fenomeno, eccezione **B** in funzione di agg. inv. (posposto a un s.) (*fig.*) grassissimo **CONTR.** magrissimo.

cannoneggiàre v. tr.; anche intr. bombardare, colpire.

cannonière s. m. **1** bombardiere, artigliere **2** (*fig.*) (*nel calcio*) goleador (*sp.*), bomber (*ingl.*).

canòa s. f. canotto, piroga.

canòcchia s. f. (*zool.*) cicala di mare, squilla, pannocchia.

cànone s. m. **1** norma, principio, regola, schema, criterio, precetto, metodo, disciplina **2** (*di affitto, di abbonamento, ecc.*) quota, mensile, annualità **3** (*eccl.*) norma giuridica, legge, decisione **4** (*di libri, di leggi, ecc.*) elenco, catalogo, raccolta, serie **5** (*di critica, di morale, ecc.*) modello, modo di pensare, mentalità.

canonicàto s. m. **1** (*di canonico*) prebenda **2** (*est.*) beneficio, sinecura, vantaggio, facilitazione, pacchia.

canònico agg. valido, regolare, legittimo **CONTR.** illegittimo, irregolare.

canonizzàre v. tr. santificare, beatificare.

canonizzàto part. pass. di **canonizzare**; anche agg. santificato, beatificato.

canonizzazióne s. f. santificazione, beatificazione.

canòro agg. **1** (*di uccello*) canterino **2** (*di suono*) melodioso, armonioso, eufonico, armonico, musicale **CONTR.** stonato, cacofonico, inarmonico, disarmonico.

canottièra s. f. (*est.*) maglietta.

canòtto s. m. barchetta, palischermo, canoa, scialuppa.

canovàccio s. m. **1** strofinaccio, asciugamano, asciugatoio **2** (*fig.*) (*di commedia, di film e sim.*) trama, intreccio □ traccia, schema, abbozzo, sommario.

cantambànco s. m. cantastorie.

cantànte part. pres. di **cantare**; agg.; anche s. m. e f. cantore, canterino □ canzonettista □ cantautore □ vocalist (*ingl.*).

cantàre A v. intr. **1** modulare, gorgheggiare, canterellare, canticchiare, intonare, vocalizzare, stornellare **2** (*di animale*) cinguettare, fischiare, frinire □ gracidare **3** (*fig.*) (*di spia e sim.*) confessare, parlare, riferire, soffiare, spiattellare, fare la spia **CONTR.** tacere **B** v. tr. **1** canterellare, canticchiare, intonare **2** (*fig.*) (*di poeta e sim.*) celebrare, magnificare, lodare, esaltare **CONTR.** vituperare, denigrare **C** s. m. poemetto □ storia in versi.

cantastòrie s. m. e f. inv. **1** cantambanco, cantimbanco **2** (*spreg.*) ciarlatano.

canteràno s. m. cassettone, comò, canterale.

canterìno A agg. canoro, cantaiolo (*raro*), melodioso, armonico, armonioso **CONTR.** stonato, disarmonico **B** s. m. cantatore, cantore, can-

tante.
càntico s. m. canto, inno, lauda, canzone.
cantière s. m. arsenale, darsena, squero (*venez.*), bacino □ fabbrica.
cantilèna s. f. **1** filastrocca, ninna nanna, nenia, cantafavola **2** (*est.*) (*di tono, di voce*) cadenza, inflessione, ritmo **3** (*fig.*) (*di discorso*) tiritera, tirata, lungaggine, lungagnata, chiacchierata, birignao.
cantìna s. f. **1** tinaia, celliere □ (*est.*) dispensa **2** (*est.*) interrato, seminterrato, scantinato, sotterraneo **3** osteria, bettola, canova, taverna, mescita, bottiglieria, fiaschetteria, pub (*ingl.*).
cantinière s. m. vinaio, oste, bettoliere, taverniere, tavernaio, vinattiere (*lett.*), vinaio.
cànto (1) s. m. **1** melodia, canzone, canzonetta, cantata, aria, arietta **2** (*di animale*) cinguettio, gorgheggio, trillo, verso, fischio, gracidio **3** (*di strumento musicale*) suono **4** (*lett.*) lirica, poesia, poema, inno, canzone.
cànto (2) s. m. **1** (*di strada, di edificio e sim.*) angolo, spigolo, cantone, cantuccio, cantonata, svolta, voltata **2** parte, lato, banda **FRAS.** *in un canto, da un canto* (*fig.*), da parte, in disparte □ *d'altro canto*, d'altronde.
cantonàta s. f. **1** (*di edificio*) angolo, spigolo, svolta, voltata, canto, cantone **2** (*fig.*) errore, equivoco, abbaglio, granchio, sbaglio, malinteso, svarione, dirizzone, qui pro quo, fallo, svista, sfarfallone, sproposito, marronata (*pop.*), marrone (*pop.*).
cantóne (1) s. m. **1** (*di luogo*) angolo, canto, cantuccio, parte, lato **2** luogo remoto **3** (*di bandiera*) comparto, striscia, ripartizione.
cantóne (2) s. m. (*in vari stati*) regione, distretto.
cantonière s. m. casellante, stradino, guardabarriere.
cantóre s. m. (f. *-tora*); anche agg. **1** corista **2** (*fig.*) poeta, esaltatore.
cantùccio s. m. **1** dim. di **canto (2)**; (*di stanza, di mobile, ecc.*) angolo, canto, cantone, spigolo, angoletto, angolino **2** (*est.*) nascondiglio, ripostiglio.
canùto agg. (*di capelli, di barba*) bianco **CFR.** nero, scuro, bruno, grigio, biondo, ramato.
canzonàre v. tr. burlare, deridere, beffare, dileggiare, schernire, irridere, motteggiare, corbellare, berteggiare (*lett.*), sbeffare, sbeffeggiare, sbertare (*lett.*), sbertucciare (*lett.*) **CONTR.** lodare, rispettare, ammirare, apprezzare, riverire.
canzonatóre s. m. (f. *-trice*); anche agg. burlone, beffatore, beffeggiatore, derisore, dileggiatore, irrisore, schernitore, motteggiatore, berteggiatore (*lett.*), sbeffeggiatore.
canzonatòrio agg. beffardo, derisorio, dileggiatore, schernitore, ironico, irrisorio, sbeffeggiatore, ridanciano.
canzonatùra s. f. beffa, baia, burla, celia, gabbo, corbellatura (*pop.*), berta (*lett.*), burletta, irrisione, dileggio, scherno, scherzo, motteggio.
canzóne s. f. **1** (*lett.*) poesia, lirica **2** (*mus.*) canto, canta, canzonetta **3** (*fig.*) noia, monotonia, ripetizione, barba (*fig.*) **FRAS.** *canzone a ballo*, ballata.
càos s. m. confusione, disordine, casino (*pop.*), baraonda, babilonia, babele, rivoluzione, scompiglio, scombuglio (*ant.*), soqquadro, subbuglio, trambusto, tafferuglio, accozzaglia, pandemonio, guazzabuglio, miscuglio, arruffio **CONTR.** ordine, organicità, organizzazione, regola, regolazione, quiete, armonia.
caoticaménte avv. disordinatamente, confusamente **CONTR.** ordinatamente, sistematicamente.
caòtico agg. (*fig.*) disordinato, confuso, accozzato, arruffato, ingarbugliato, scompigliato, intricato, babelico, mescolato, rimescolato, informe, tumultuario, disorganico **CONTR.** ordinato, tranquillo, armonico, sistemato, assestato, regolato, organizzato, organico.
capàce agg. **1** (*di luogo, di cosa, ecc.*) ampio, spazioso, largo, vasto, comodo **CONTR.** piccolo, stretto, angusto, limitato, circoscritto **2** (*di persona*) atto, idoneo, acconcio, adatto **CONTR.** inadatto, inidoneo **3** (*est.*) abile, esperto, bravo, valido, valente, eccellente, impegnato **CONTR.** incapace, inesperto, principiante, impreparato **4** (*est.*) intelligente, dotato, provveduto, acuto, ingegnoso, svelto, pronto □ disposto **CONTR.** sprovveduto, sciocco, incapace **FRAS.** *è capace che* (*fam.*), è possibile che, è probabile che.
capacità s. f. **1** (*di cosa*) capienza, volume, ampiezza, grandezza, tenuta, larghezza **2** (*di persona*) idoneità, abilità, facoltà, attitudine, competenza, destrezza, ingegnosità, sagacia, intelligenza **CONTR.** incapacità, inidoneità, inabilità, incompetenza.
capacitàre A v. tr. convincere, persuadere, sincerare **CONTR.** dissuadere **B capacitarsi** v. intr. pron. credere, rendersi conto, convincersi, persuadersi.
capànna s. f. **1** ricovero, baracca, baita **2** (*est.*) tugurio, abituro, catapecchia, stamberga, topaia, bicocca, casupola **CONTR.** villa, palazzo, reggia.
capannèllo s. m. **1** dim. di **capanno 2** (*di persone*) crocchio, assembramento, gruppetto, gruppo.
capànno s. m. **1** casotto, capanna, ricovero, capannuccia, riparo **2** (*di spiaggia*) cabina, casotto, spogliatoio **3** (*di giardino*) bersò, pergola, pergolato, frascato.
capannóne s. m. **1** accr. di **capanno 2** tettoia, magazzino, deposito □ fienile.
caparbiaménte avv. testardamente, ostinatamente, cocciutamente, pervicacemente, tenacemente, puntigliosamente **CONTR.** docilmen-

te, arrendevolmente.

caparbietà s. f. caparbieria, testardaggine, cocciutaggine, ostinazione, ostinatezza, caponaggine, caponeria (*raro*), insistenza, irremovibilità, pervicacia, persistenza, tenacia, zucconaggine, puntiglio, rigidezza, inflessibilità CONTR. arrendevolezza, docilità, condiscendenza, remissività, persuadibilità, incostanza, flessibilità.

capàrbio agg. cocciuto, ostinato, testardo, insistente, irremovibile, pervicace, pertinace, persistente, tenace, zuccone, puntiglioso, inflessibile, rigido, fissato, irriducibile, mulo (*fig.*), testone CONTR. arrendevole, docile, condiscendente, cedevole, remissivo, accomodante, flessibile.

capàrra s. f. **1** arra, pegno, anticipo, deposito, malleveria, cauzione, sicurtà **2** (*fig.*) garanzia, anticipazione.

capatìna s. f. visitina, salto.

capeggiàre v. tr. guidare, comandare, dirigere, reggere, dominare CONTR. ubbidire, subire, sottomettersi.

capeggiatóre s. m. (f. *-trice*) capo, guida, capobanda, capoccia (*scherz., spreg.*), dominatore, leader (*ingl.*).

capéllo s. m. spec. al pl. capigliatura, chioma, crine (*lett.*), zazzera FRAS. *avere un diavolo per capello* (*fig.*), essere arrabbiatissimo □ *spaccare un capello in quattro* (*fig.*), fare un'analisi sottile □ *non torcere un capello* (*fig.*), non fare alcun male □ *mettersi le mani nei capelli* (*fig.*), disperarsi □ *averne fin sopra i capelli* (*fig.*), non poterne più □ *sentire rizzarzi i capelli* (*fig.*), inorridire □ *prendersi per i capelli* (*fig.*), litigare.

capellóne s. m.; anche agg. **1** capelluto, chiomato, zazzeruto CONTR. calvo, pelato, rapato **2** (*gerg.*) hippy (*ingl.*), bohémien (*fr.*).

capèstro s. m. **1** (*per impiccare*) corda, fune, cappio **2** (*est.*) forca **3** (*di animale*) cavezza.

capezzàle s. m. **1** guanciale, cuscino, origliere (*raro, lett.*), piumaccio **2** (*est.*) (*spec. di malato*) letto.

capiènte agg. capace, grande, vasto, ampio CONTR. piccolo, modesto.

capiènza s. f. capacità, volume.

capigliatùra s. f. chioma, capellatura, capelli, criniera, zazzera, crine (*lett.*).

capillàre agg. **1** sottile, stretto, esile, fine CONTR. grosso, spesso, grande **2** (*fig.*) (*di propaganda, di indagine, ecc.*) minuzioso, analitico, esteso, ramificato, meticoloso CONTR. generico, sommario, modesto.

capillarità s. f. **1** sottigliezza **2** (*fig.*) (*di propaganda, di indagine, ecc.*) minuziosità CONTR. genericità, sommarietà.

capillarménte avv. ad uno ad uno, singolarmente □ minuziosamente CONTR. genericamente, sommariamente.

capìre A v. tr. **1** intendere, afferrare, penetrare, percepire, comprendere, intuire CONTR. fraintendere, travisare, stravolgere **2** (*di preoccupazione, di imbarazzo, ecc.*) giustificare, comprendere, scusare **B** v. intr. **1** intendere, afferrare, intuire, essere intelligente **2** (*lett.*) entrare, includere, abbracciare, stare **C capirsi** v. rifl. rec. intendersi, comprendersi, essere d'accordo, andare d'accordo, accordarsi CONTR. fraintendersi, litigare.

capirósso s. m. (*zool., pop.*) cardellino, penelope, anatra matta □ (*centr., sett.*) fischione □ (*centr.*) moriglione.

capitàle A agg. **1** (*di pena, di peccato, ecc.*) mortale CONTR. veniale **2** (*di fatto, di argomento, ecc.*) principale, fondamentale, essenziale, importantissimo, precipuo, primario, predominante, dominante, sostanziale, basilare CONTR. secondario, accidentale, accessorio, complementare, minimo **B** s. f. città principale □ metropoli **C** s. m. **1** (*econ.*) somma fruttifera, valore fruttifero, fondi, denaro **2** (*est.*) ricchezza, denaro, patrimonio, beni, valore, averi, proprietà, sostanza, fortuna, possesso, risorse, rendite **3** (*fig.*) padroni, padronato, capitalisti CONTR. proletariato, classe operaia, lavoratori.

capitalìsmo s. m. (*est.*) potere economico, proprietà, capitalisti CONTR. proletariato □ collettivismo, comunismo, socialismo.

capitalìsta A s. m. e f. **1** proprietario, ricco, abbiente, possidente CONTR. nullatenente, povero, indigente **2** (*est.*) padrone CONTR. proletario **B** agg. capitalistico CONTR. socialista, comunista.

capitalìstico agg. capitalista CONTR. socialista, comunista.

capitanàre v. tr. **1** (*raro*) (*di soldati e sim.*) guidare, capitaneggiare (*raro*), capeggiare, condurre **2** (*est.*) (*di impresa, di squadra, ecc.*) dirigere, comandare, guidare, essere a capo CONTR. obbedire, seguire.

capitàno s. m. **1** capo, comandante, governante, guida □ condottiero **2** (*est.*) (*di impresa, di squadra, ecc.*) capo □ caposquadra CONTR. dipendente □ gregario.

capitàre A v. intr. **1** (*di persona*) arrivare, sopraggiungere, giungere □ venirsi a trovare, finire, piombare **2** (*di cose*) accadere, presentarsi, sopravvenire **B** v. intr. impers. succedere, accadere, avvenire.

capitàto part. pass. di **capitare**; anche agg. **1** (*di persona*) arrivato, sopraggiunto, giunto, finito **2** (*di cosa*) accaduto, successo, avvenuto, sopravvenuto.

capitolàre v. intr. **1** cedere, arrendersi, piegarsi, sottomettersi CONTR. attaccare, assalire, aggredire **2** (*fig.*) subire, rassegnarsi, rinunciare CONTR. aggredire, attaccare.

capitolazióne s. f. **1** convenzione, accordo, patti, negoziato, trattativa **2** (*est., anche fig.*) resa, caduta □ rinuncia, rassegnazione, sotto-

missione **CONTR.** attacco, aggressione, presa, occupazione.
capitolino [da *capitolīnu(m)*, agg. di *Capitōliu(m)* 'Campidoglio'] agg. (*est.*) romano.
capitolo s. m. **1** (*di libro*) capo, parte, suddivisione **2** (*al pl.*) (*di trattato*) patto, convenzione **3** (*relig.*) collegio, adunanza, riunione **FRAS.** *avere voce in capitolo* (*fig.*), godere di credito, avere prestigio, potere.
capitombolàre v. intr. ruzzolare, cadere, cascare, rotolare, precipitare, stramazzare **CONTR.** alzarsi.
capitómbolo s. m. **1** ruzzolone, ruzzolata, rotolone, cascata, caduta, capriola **2** (*fig.*) fallimento, rovescio, rovina, dissesto, bancarotta, crac **CONTR.** fortuna.
capitóne s. m. (*est.*) anguilla.
càpo A s. m. (f. *scherz.* -*a*) **1** testa, capoccia (*dial.*), zucca (*scherz.*) **2** (*fig.*) intelletto, mente, animo, pensiero, cervello, intelligenza **3** (*est.*) (*di persona*) governante, dirigente, direttore, superiore, guida, comandante, capitano, condottiero □ (*mar.*) sottufficiale □ capoccia □ organizzatore **CONTR.** subalterno, soggetto, dipendente, sottoposto, suddito **4** (*di azienda*) quadro **5** (*spec. al pl.*) (*di bestiame*) unità, individuo **6** (*anche fig.*) (*di cosa*) cima, estremità, inizio, origine, principio **CONTR.** fine, conclusione **7** (*di spillo, di chiodo e sim.*) testa, capocchia **CONTR.** punta **8** (*di vestiario e sim.*) articolo, genere, oggetto **9** (*di filati*) canapo, corda **10** (*geogr.*) promontorio, sporgenza **B** in funzione di agg. inv. (posposto a un s.) dirigente, comandante **FRAS.** *essere a capo*, comandare, dirigere □ *non sapere dove battere il capo* (*fig.*), non sapere che pesci pigliare □ *chinare il capo* (*fig.*), rassegnarsi, sottomettersi □ *alzare il capo* (*fig.*), ribellarsi □ *fra capo e collo* (*fig.*), all'improvviso □ *lavata di capo* (*fig.*), rimprovero □ *non avere né capo né coda* (*fig.*), essere disordinato, essere inconcludente □ *in capo al mondo* (*fig.*), lontanissimo □ *in capo a* (*fig.*), tra □ *venire a capo* (*fig.*), concludere, risolvere □ *per sommi capi* (*fig.*), sommariamente □ *capo dello Stato*, presidente della Repubblica □ *capo del governo*, presidente del consiglio.
capobànda s. m. **1** (*di banda musicale*) direttore **2** (*di malviventi*) caporione.
capòccia A s. m. **1** (*di famiglia colonica*) capo, reggitore, vergaro **2** (*di lavoranti, di pastori, ecc.*) sorvegliante **3** (*spreg.*) (*di malviventi*) caporione, boss (*ingl.*) **B** s. f. (*dial.*) testa, capo.
capocciόne s. m. **1** (*dial., est.*) testone **2** (*fig., scherz.*) genio, intelligenza **3** (*dial., fig., spreg.*) caporione, boss (*ingl.*).
capodànno o **càpo d'ànno** s. m. primo gennaio, primo dell'anno **CONTR.** ultimo dell'anno, San Silvestro.
capofamìglia s. m. (*di famiglia colonica*) reggitore, vergaro.
capofila s. m. e f. inv. **1** primo □ testa **CONTR.** coda, ultimo **2** capo, principale esponente.
capofitto agg. (*raro*) **FRAS.** *a capofitto*, col capo all'ingiù, con grande impegno.
capogìro s. m. vertigine, stordimento, giracapo **FRAS.** *da capogiro* (*fig.*), (*di prezzo*) altissimo.
capolìnea s. m. terminale, terminal (*ingl.*) □ stazione iniziale.
capolìno s. m. dim. di **capo FRAS.** *fare capolino*, sporgersi, spuntare.
caponàggine s. f. caponeria (*raro*), testardaggine, caparbietà, cocciutaggine, ostinazione, ostinatezza, accanimento, protervia, zucconaggine, puntiglio, pervicacia **CONTR.** arrendevolezza, remissività, docilità, condiscendenza.
capopòpolo s. m. demagogo, caporione, arruffapopoli, tribuno, sovvertitore, rivoluzionario, agitatore **CONTR.** gregario, seguace.
caporàle s. m. **1** (*est.*) ignorantone, autoritario, prepotente, rozzo, villano **CONTR.** persona civile, persona educata **2** (*di operai*) caposquadra, capo.
caporióne s. m. (*spreg.*) capo, boss (*ingl.*), capoccia, capobanda, capoccione (*dial.*).
caposàldo s. m. **1** punto fortificato, baluardo **2** (*fig.*) elemento essenziale, base, fondamento, sostegno, cardine, principio.
caposcuòla s. m. e f. (*nelle arti, nelle scienze, ecc.*) innovatore, iniziatore, fondatore, creatore **CONTR.** seguace, epigono.
capostìpite s. m. **1** primo antenato, fondatore **2** (*est.*) (*di esemplare*) archetipo, modello **CONTR.** copia, riproduzione, trascrizione, duplicato.
capote /*fr.* ka'pɔt/ [vc. fr., da *cape* 'cappa'] s. f. inv. (*di autoveicoli*) cappotta, mantice, tettuccio.
capovèrso s. m. **1** alinea, accapo, daccapo **2** (*est.*) paragrafo, comma.
capovòlgere A v. tr. **1** voltare, rovesciare, ribaltare, invertire, arrovesciare, rivoltare **CONTR.** raddrizzare, alzare **2** (*fig.*) (*di situazione e sim.*) ribaltare, rovesciare, sovvertire, invertire, sconvolgere, sommuovere, rivoluzionare, trasformare **B capovolgersi** v. intr. pron. **1** rovesciarsi, ribaltarsi, cappottare, rivoltarsi **2** (*fig.*) (*di situazione e sim.*) cambiarsi, mutarsi, innovarsi (*raro*), trasformarsi radicalmente □ cambiare.
capovolgiménto s. m. **1** inversione, rovesciamento, ribaltamento **2** (*fig.*) (*di situazione e sim.*) cambiamento, mutamento, trasformazione, innovamento, sovvertimento, sconvolgimento.
capovòlto part. pass. di **capovolgere**; anche agg. **1** voltato, rovesciato, ribaltato, invertito, rivoltato **2** (*di situazione e sim.*) cambiato, mutato, trasformato.
càppa s. f. **1** mantello, cappotto **2** camino **3**

(*fig.*) (*del cielo*) volta **4** (*mar.*) (*di boccaporto, di strumenti*) copertura FRAS. *cappa di piombo* (*fig.*), peso, angoscia, oppressione □ *film, racconti di cappa e spada* (*fig.*), film, racconti di avventure di armi e di corte.

cappèlla [dal luogo dove era venerata la *cappa* di S. Martino di Tours] s. f. **1** oratorio, edicola, tempietto **2** tabernacolo, nicchia.

cappellétto s. m. **1** dim. di **cappello** **2** (*cuc., spec. al pl.*) tortellino, agnolotto, raviolo.

cappèllo s. m. **1** copricapo □ berretto **2** (*est.*) (*di chiodo e sim.*) testa, capocchia **3** (*est.*) (*di comignolo*) copertura **4** (*fig.*) (*di scritto, di discorso*) introduzione FRAS. *cappello a cilindro*, tuba □ *cavarsi il cappello, fare tanto di cappello* (*fig.*), riconoscere il merito □ *prendere cappello* (*fig.*), impermalirsi.

cappellóne s. m. **1** accr. di **cappello** **2** (*cine.*) cow-boy **3** (*mil., scherz.*) recluta, cappella, novellino CONTR. anziano, veterano.

càpperi inter. (*euf.*) perbacco!

càppio s. m. **1** nodo, fiocco, annodatura, legatura, legamento **2** capestro, corda.

cappottàre v. intr. (*di aereo, di autoveicolo*) ribaltarsi, capovolgersi, rovesciarsi CONTR. drizzarsi, raddrizzarsi.

cappòtto s. m. pastrano, mantello, paltò, gabbano, cappa, soprabito, tabarro.

cappuccino (1) s. m.; anche agg. (*di frate*) francescano.

cappuccino (2) [dal colore dell'abito dei frati *cappuccini*] s. m. cappuccio, caffellatte, latte macchiato.

cappùccio s. m. abbr. di **cappuccino (2)**; caffellatte, latte macchiato.

capriccio s. m. **1** ghiribizzo, grillo, bizzarria, originalità, arbitrio, desiderio, estro, singolarità, fantasticheria, fisima, stramberia, frullo, stravaganza, ticchio **2** (*di bambino*) bizza, puntiglio, ripicca **3** (*est.*) (*di innamoramento, di infatuazione*) desiderio, uzzolo (*tosc.*) **4** (*di cosa strana*) bizzarria, stranezza, singolarità, curiosità.

capricciosaménte avv. **1** bizzarramente, irragionevolmente, volubilmente, in modo balzano CONTR. ragionevolmente, saggiamente, equilibratamente, giudiziosamente **2** estrosamente, originalmente, eccentricamente, snob (*ingl.*) CONTR. ordinariamente, comunemente, normalmente.

capricciόso agg. **1** (*di persona*) bizzoso, balzano, volubile, incostante, strambo, illogico, irragionevole CONTR. ragionevole, equilibrato, savio, saggio, logico, metodico, posato, riflessivo, giudizioso **2** (*di persona o cosa*) estroso, originale, bizzarro, stravagante, ghiribizzoso, fantasioso, curioso, singolare, insolito, eccentrico, strambo, snob (*ingl.*) CONTR. solito, normale, comune, ovvio, ordinario, trito, abusato, semplice, usuale **3** (*di tempo, di stagione e sim.*) mutevole, instabile CONTR. stabile.

caprifòglio s. m. (*bot.*) madreselva, abbracciabosco.

capriòla s. f. **1** salto, capovolta **2** (*est.*) capitombolo, ruzzolone, rotolone, ruzzolata **3** (*di ballerino*) scambietto.

càpro s. m. becco, irco, caprone FRAS. *capro espiatorio* (*fig.*), vittima.

capróne s. m. **1** capro, irco, becco **2** (*fig., spreg.*) (*di persona*) zotico, rozzo, tanghero, zoticone, sudicione, sozzone.

càpsula s. f. **1** involucro, rivestimento, contenitore **2** (*di arma da fuoco*) cappellotto **3** (*di medicinale*) cialda, cialdino, cachet (*fr.*), cascè, pillola, perla **4** (*tecnol.*) scodelletta, scodella **5** (*di dente*) rivestimento.

captàre v. tr. **1** cattivarsi, attirarsi, propiziarsi, acquistarsi CONTR. alienarsi, allontanare **2** (*di suono, di immagine, ecc.*) intercettare, ricevere, cogliere **3** (*fig.*) (*di pensiero, di desiderio, ecc.*) indovinare, intuire, intendere, afferrare, fiutare, cogliere.

capziosaménte avv. cavillosamente, pretestuosamente, artificiosamente CONTR. schiettamente, semplicemente, chiaramente.

capziosità s. f. cavillosità, cavillo, sofisma, pretesto, arzigogolo, sottigliezza, sofisticheria CONTR. semplicità, schiettezza, chiarezza.

capzióso agg. cavilloso, sottile, sofisticato, arzigogolato, tendenzioso, artificioso CONTR. semplice, schietto, chiaro.

carabàttola s. f. **1** cianfrusaglia, chincaglieria, minuzzaglia **2** (*fig.*) bazzecola, bagattella, inezia, baggianata, sciocchezza, nonnulla.

carabìna s. f. (*est.*) fucile.

caràmbola s. f. (*fig.*) urto, spinta, scontro, spintone, collisione.

caramèlla s. f. **1** zuccherino, chicca, pastiglia, drop (*ingl.*) **2** (*fam.*) monocolo.

caramellàre v. tr. candire, confettare.

caramellàto part. pass. di **caramellare**; anche agg. candito, confettato.

caramellóso agg. **1** dolciastro **2** (*fig.*) sdolcinato, lezioso, stucchevole, smaccato, svenevole, smorfioso, smanceroso, affettato CONTR. brusco, burbero, austero, rigido, energico, rude, sgarbato.

caraménte avv. affettuosamente, amorevolmente, teneramente, cordialmente, dolcemente, gentilmente, delicatamente CONTR. freddamente, indifferentemente, rudemente.

caràttere s. m. **1** (*dell'alfabeto*) segno, lettera **2** (*tip.*) lettera, tipo **3** (*est.*) scrittura **4** (*di persona*) indole, personalità, natura, temperamento, disposizione, umore, inclinazione **5** (*di cosa*) caratteristica, impronta, marchio, attributo, qualità, stile, tipo, peculiarità, requisito, particolarità.

caratteriàle agg.; anche s. m. (*est.*) (*di bambino*) difficile, impulsivo, aggressivo.

caratterìno s. m. **1** dim. di **carattere** **2** (*iron.*) caratteraccio, persona difficile, bisbetico, litigioso, capriccioso, puntiglioso, stizzoso.

caratteristica s. f. qualità, nota, contrassegno, attributo, requisito, particolarità, proprietà, peculiarità, connotato, tipicità, impronta.

caratteristicaménte avv. originalmente, tipicamente **CONTR.** genericamente.

caratterìstico agg. particolare, proprio, tipico, peculiare, esclusivo, personale, specifico, singolare, originale, speciale, unico, indicativo **CONTR.** comune, impersonale, generico, solito, normale, generale, universale, indistinto.

caratterizzàre v. tr. **1** distinguere, qualificare, dimostrare, rivelare, manifestare, differenziare, definire, designare, contrassegnare, contraddistinguere, diversificare **CONTR.** eguagliare, confondere, nascondere **2** (*di epoca, di situazione, ecc.*) rappresentare, descrivere, interpretare, figurare, delineare, configurare.

caratterizzazióne s. f. definizione, rappresentazione, descrizione.

caravan /*ingl.* kærə'væn/ [vc. ingl. 'carovana, carrozzone', poi 'roulotte'] s. m. roulotte (*fr.*), camper (*ingl.*).

carbóne s. m. **1** (*est.*) bragia, bracia, brace, carbonella **2** (*raro, est.*) (*di colore*) nero **FRAS.** *essere sui carboni accesi* (*fig.*), provare un acuto disagio □ *carbone bianco*, energia elettrica.

carbonèlla s. f. brace, bragia, bracia.

carburànte s. m. combustibile □ petrolio, benzina, nafta, metano, gas, gas liquido.

carcàssa s. f. **1** scheletro, ossatura **2** (*est.*) (*di animale*) cadavere, scheletro, carogna, carcame **3** (*fig.*) (*di persona, di cosa*) rottame, sfasciume, ciabatta (*pop.*), cencio, rudere, relitto **4** (*di natante, di macchinario, ecc.*) struttura portante, ossatura, scheletro, castello, intelaiatura, fusto, telaio, sostegno.

carceràre v. tr. imprigionare, incarcerare, rinchiudere, ingabbiare, arrestare, detenere, segregare **CONTR.** scarcerare, sprigionare, liberare, rilasciare.

carceràto part. pass. di **carcerare**; anche agg. e s. m. incarcerato, imprigionato, detenuto, prigioniero, arrestato, galeotto, recluso, segregato, ergastolano **CONTR.** liberato, libero.

carcerazióne s. f. detenzione, incarcerazione, prigionia, imprigionamento, arresto, reclusione, segregazione, cattività **CONTR.** scarcerazione, rilascio, liberazione.

càrcere s. m. e f. **1** prigione, galera, penitenziario, stabilimento penale, colonia penale, gattabuia (*pop., scherz.*), reclusorio (*raro*) **2** (*est.*) carcerazione.

carcerière s. m. **1** secondino, guardiano, custode **2** (*fig., spreg.*) aguzzino, oppressore, tiranno, despota, prepotente, soverchiatore.

carcinòma s. m. (*med.*) cancro, tumore, neoplasia.

cardàre v. tr. cardeggiare, carmunare, scardassare, pettinare, scapecchiare, garzare.

cardatóre s. m. (f. *-trice*) cardaiolo, garzatore, scardassatore, lanaiolo.

cardatùra s. f. scardassatura, garzatura.

cardellìno s. m. capirosso.

cardinàle A agg. principale, fondamentale, basilare **CONTR.** secondario, complementare **B** s. m. principe della Chiesa **C** in funzione di agg. inv. (posposto al s.) (*di colore*) porpora.

càrdine s. m. **1** (*di porta, di finestra*) perno, ganghero, arpione **2** (*fig.*) (*di dottrina, di sistema, ecc.*) fondamento, sostegno, base, principio, supporto, caposaldo.

cardiopàlmo s. m. **1** batticuore, palpitazione, tachicardia **CONTR.** bradicardia, brachicardia **2** (*fig.*) ansia, agitazione, trepidazione, affanno, angoscia **CONTR.** tranquillità, serenità, pace.

carènte agg. mancante, insufficiente, deficiente, incompleto, inadeguato, scarso, difettoso, imperfetto, limitato **CONTR.** completo, sufficiente, intero, totale, perfetto, idoneo, adeguato, abbondante, copioso.

carènza s. f. mancanza, penuria, assenza, insufficienza, scarsezza, scarsità, limitatezza, deficienza, difetto, privazione **CONTR.** abbondanza, eccedenza, eccesso, sufficienza, profusione, dovizia, copiosità.

carestìa s. f. **1** penuria, mancanza, scarsità, scarsezza, difetto **CONTR.** abbondanza, eccedenza, sufficienza, eccesso, profusione, dovizia, copiosità **2** (*est.*) miseria, indigenza, ristrettezza, povertà, fame **CONTR.** ricchezza, prosperità, dovizia, benessere.

carézza s. f. **1** amorevolezza, tenerezza, accarezzamento **2** (*est.*) (*di vento, di sole, ecc.*) tocco leggero **3** (*est.*) blandizia, moina, lusinga, vezzo, smanceria, festa, blandimento (*lett.*) **CONTR.** sgarbo, sgarberia, insulto, scortesia, villania, offesa, insolenza.

carezzàre v. tr. **1** (*anche fig.*) accarezzare, lisciare **2** (*fig.*) lusingare, blandire, vezzeggiare, adulare, compiacere, accattivare **CONTR.** offendere, urtare, provocare, contrariare, inasprire.

carezzévole agg. piacevole, amorevole, dolce, garbato, lusinghiero, suadente, affettuoso, incantevole, amabile **CONTR.** ruvido, burbero, brusco, violento, sgradevole, spiacevole, antipatico, scostante.

càrgo s. m. inv. **1** nave da carico, nave mercantile **2** aereo da carico, aereo da trasporto.

cariàre A v. tr. **1** (*est.*) (*di denti*) produrre la carie, guastare **2** (*est.*) corrodere, consumare, intaccare, erodere, sgretolare **B cariarsi** v. intr. pron. guastarsi, bacarsi, corrompersi.

cariàtide [dal gr. *karyátis*, 'donna di Caria', perché a sostenere gli architravi vennero raffigurate le donne di Caria fatte prigioniere dagli Ateniesi] s. f. **1** (*fig.*) (*di persona*) mummia, statua **2** sorpassato, nostalgico.

cariàto part. pass. di **cariare**; anche agg. **1** (*di den-*

te) attaccato dalla carie, guasto **2** (*est.*) consumato, intaccato, eroso □ bacato, corrotto, guastato.

càrica s. f. **1** grado, incarico, dignità, posto, autorità, responsabilità, ufficio, mansione **2** (*fig.*) (*fisica o morale*) energia, spinta, forza, potenza, impulso **3** (*di bombe, di armi e sim.*) esplosivo □ caricamento **4** (*di soldati, di polizia e sim.*) urto, assalto, attacco, impeto **CONTR.** fuga, arretramento, indietreggiamento **FRAS.** *tornare alla carica* (*fig.*), insistere di nuovo □ *dare la carica*, caricare □ *in carica*, in servizio, detentore del titolo.

caricaménto s. m. carica, carico **CONTR.** scaricamento, scarico.

caricàre A v. tr. **1** porre, mettere, sistemare, collocare **CONTR.** scaricare **2** (*di peso eccessivo*) aggravare, sovraccaricare **CONTR.** alleggerire **3** (*fig.*) (*di debiti, di impegni e sim.*) accollare, addossare, oberare, sovraccaricare, opprimere **CONTR.** alleggerire, sgravare, alleviare **4** (*di cibo*) riempire, appesantire **5** (*fig.*) (*di colore, di dose, ecc.*) eccedere, calcare, rafforzare, esagerare, esasperare **CONTR.** attenuare, alleggerire, moderare **6** (*fig.*) (*di persona*) montare, gasare (*gerg.*), esaltare **CONTR.** smontare, calmare **7** (*di soldati, di polizia e sim.*) attaccare, assalire, assaltare, avventarsi **CONTR.** scappare, fuggire, sfuggire, arretrare, indietreggiare **8** (*sport*) ostacolare **B caricarsi** v. rifl. **1** gravarsi, riempirsi **2** (*fig.*) (*di debiti, di impegni e sim.*) accollarsi, addossarsi, sovraccaricarsi **CONTR.** alleggerirsi, sgravarsi **3** (*fig.*) montarsi la testa, gasarsi (*gerg.*), esaltarsi **CONTR.** calmarsi, smontarsi **FRAS.** *caricare la mano* (*fig.*), eccedere □ *caricare le tinte* (*fig.*), esagerare nel descrivere.

caricàto part. pass. di **caricare**; anche agg. **1** sistemato, collocato, messo **CONTR.** scaricato **2** (*di persona*) attaccato, assalito **3** (*sport*) ostacolato **4** carico, gravato, aggravato, riempito **CONTR.** scarico, vuoto, libero **5** (*fig.*) affettato, eccessivo, manierato, artificioso, svenevole, esagerato, lezioso **CONTR.** naturale, semplice, modesto, spontaneo, disinvolto **6** (*fig.*) (*di persona*) montato, gasato (*gerg.*), esaltato.

caricatùra s. f. **1** ritratto satirico, disegno satirico, scritto satirico, satira **2** (*est.*) ridicolizzazione, goffaggine **3** esagerazione, eccesso **CONTR.** attenuazione.

caricaturàle agg. **1** satirico, parodistico **2** (*est.*) ridicolo, goffo, grottesco **CONTR.** serio, normale, naturale **3** (*est.*) esagerato, eccessivo, iperbolico **CONTR.** misurato, moderato.

càrico A s. m. **1** (*di merce*) caricamento **CONTR.** scarico **2** fardello, peso, soma **3** (*fig.*) (*di lavoro, di doveri, ecc.*) aggravio, onere, obbligo, impegno, responsabilità, peso, pensiero **4** accusa, colpa **5** (*tecnol.*) forza, peso, potenza **6** (*nella briscola*) asso, tre **B** agg. **1** (*anche fig.*) pieno, sovraccarico, colmo, colmato, riempito, inzeppato, gremito, stipato, pigiato, traboccante, ricco **CONTR.** vuoto, sgombro, privo **2** (*fig.*) (*di preoccupazioni, di debiti, ecc.*) oppresso, gravato, oberato, vessato **CONTR.** libero **3** (*di colore, di suono*) intenso, forte **CONTR.** tenue, delicato **4** (*est.*) (*di bevanda, di profumo, ecc.*) concentrato, forte, denso, pesante **CONTR.** leggero, delicato **5** (*di orologio, di congegno*) pronto, funzionante **CONTR.** scarico **FRAS.** *persona a carico* (*fig.*), persona da mantenere □ *deporre a carico* (*fig.*), deporre contro.

càrie s. f. inv. (*est.*) sgretolamento, corrosione, consunzione.

carìno agg. leggiadro, piacevole, bellino, grazioso, aggraziato, avvenente, delizioso, adorabile, piacente, armonioso, gentile, garbato **CONTR.** sgraziato, brutto, sgradevole, sgarbato.

cariocinèsi s. f. (*biol.*) mitosi.

carìsma s. m. **1** (*relig.*) grazia, dono divino **2** (*fig.*) prestigio personale, ascendente, influenza.

carità s. f. **1** amore, affetto **CONTR.** odio, avversione **2** filantropia, umanità, benevolenza, altruismo, pietà, compassione, misericordia, bontà, benignità, indulgenza **CONTR.** egoismo, cattiveria, malevolenza, malignità, durezza, disumanità, crudeltà **3** beneficenza, elemosina, obolo, sovvenzione, offerta, elargizione, aiuto **4** (*est.*) cortesia, favore, piacere **FRAS.** *carità pelosa* (*fig.*), carità interessata □ *per carità!* (*iron.*), per piacere!, per favore!

caritatévole agg. pietoso, umano, benevolo, altruista, compassionevole, misericordioso, buono, benigno, indulgente, soccorrevole (*lett.*), filantropo, generoso **CONTR.** egoista, cattivo, malevolo, maligno, duro, disumano, crudele, spietato.

caritatevolménte avv. pietosamente, umanamente, benevolmente, generosamente, misericordiosamente, benignamente, indulgentemente, filantropicamente **CONTR.** egoisticamente, malevolmente, malignamente, duramente, crudelmente, spietatamente.

carlìnga s. f. fusoliera.

carlòna [da *Carlo Magno*, rappresentato come un bonaccione nei poemi cavallereschi più tardi] vc.; solo nella loc. avv. *alla carlona*, alla buona, frettolosamente, trascuratamente, grossolanamente, negligentemente **CONTR.** diligentemente, bene, accuratamente, seriamente, attentamente, scrupolosamente, esattamente.

càrme s. m. poesia, canto, lirica, poemetto.

carmìnio [lat. mediev. *carminiu(m)*, prob. dall'incontro fra l'ar. *qirmiz* 'colore scarlatto' e il lat. *mĭnium* 'minio'] **A** s. m. colore rosso vivo **B** agg. rosso vivo.

carnagióne s. f. colorito, incarnato, carnato (*tosc.*), cera, tinta, colore.

carnàio s. m. **1** (*est.*) strage, massacro, eccidio,

macello, carneficina, ecatombe, scempio, sterminio **2** (*spreg.*) (*di folla*) calca, moltitudine, ressa, pigia pigia, affollamento, torma, turba, brulicame, formicolio.

carnàle agg. **1** corporeo, corporale **CONTR.** spirituale, morale **2** (*di amore, di peccato, ecc.*) lussurioso, sensuale, libidinoso, lascivo, voluttuoso, impudico, materiale **CONTR.** pudico, casto, puro, verecondo, pudibondo, freddo, spirituale **3** (*di rapporto*) sessuale **CONTR.** spirituale, platonico **4** (*di parente*) congiunto, consanguineo **FRAS.** *fratello carnale*, figlio degli stessi genitori.

carnalità s. f. **1** lussuria, sensualità, libidine, concupiscenza, lascivia, voluttà, materialità **CONTR.** pudicizia, purità, castità, candore **2** sensualità **CONTR.** spiritualità.

carnalménte avv. **1** sensualmente, lussuriosamente, voluttuosamente, impudicamente **CONTR.** castamente, pudicamente, puramente **2** sessualmente **CONTR.** platonicamente, spiritualmente.

carnascialésco agg. **1** (*lett.*) carnevalesco, allegro, burlesco, faceto **CONTR.** serio, grave, austero, severo, lugubre **2** (*est.*) buffonesco, ridicolo, giullaresco **CONTR.** serio, austero, severo.

càrne s. f. **1** (*di uomo, di animale*) tessuti molli, polpa, muscolo, ciccia **2** (*est.*) corpo, natura umana **CONTR.** spirito **3** consanguineo, figlio, figlia **4** (*spec. al pl.*) costituzione, fisico, carnagione, aspetto **5** (*di frutto*) polpa **FRAS.** *carne della mia carne*, figlio mio, figlia mia □ *mettere molta carne al fuoco* (*fig.*), intraprendere troppe cose contemporaneamente □ *non essere né carne né pesce* (*fig.*), non avere caratteristiche definite □ *in carne e ossa*, in persona □ *in carne*, florido.

carnéfice s. m. **1** boia, giustiziere, impiccatore **2** (*fig., lett.*) tormentatore, tiranno, manigoldo, aguzzino, persecutore, oppressore, despota, vessatore, carceriere.

carneficìna s. f. distruzione, massacro, strage, eccidio, macello, ecatombe, scempio, sterminio, carnaio, ammazzamento.

carnet /*fr.* kar'nɛ/ [fr., dal lat. *quaterni* 'foglio piegato in quattro'] s. m. inv. libretto, taccuino.

carnevalàta s. f. **1** mascherata, baldoria, festa, gazzarra, baccanale, allegria **2** (*est., fig.*) pagliacciata, bambocciata, burattinata.

carnevàle s. m. **1** (*fig.*) tempo di baldorie **CONTR.** quaresima **2** (*fig.*) baccanale, baldoria, festa, bisboccia, bagordo, gozzoviglia **3** (*fig.*) baraonda, chiasso, confusione, casino (*pop.*) **4** (*fig., spreg.*) carnevalata, pagliacciata, bambocciata, burattinata.

carnevalésco agg. **1** carnascialesco (*lett.*) **2** (*fig.*) buffonesco, buffo, ridicolo, burlesco, faceto, pagliaccesco, benevolo, scherzoso, bernesco **CONTR.** serio, austero, severo.

carnìvoro agg. **CFR.** erbivoro, onnivoro.

carnosità s. f. **1** escrescenza **2** (*fig.*) (*di frutto*) pienezza **3** (*di linea, di colore, ecc.*) pastosità, morbidezza **CONTR.** durezza, freddezza.

carnóso agg. **1** pingue, grassoccio, ciccioso, muscoloso, formoso, cicciuto, polputo, polpacciuto, tondo, paffuto, pasciuto **CONTR.** magro, secco, rinsecchito, segaligno, affilato, asciutto, esile, sottile, ossuto, striminzito **2** (*di labbra, ecc.*) tumido, turgido **CONTR.** sottile **3** carneo **4** (*est.*) (*di frutto, di vegetale, ecc.*) polposo, morbido, sugoso **CONTR.** secco, asciutto.

càro (1) A agg. **1** amato, diletto, prediletto, adorato, benamato **CONTR.** odiato, detestato, esecrato, inviso, aborrito, malvoluto, malaccetto, malvisto **2** gradevole, gradito, simpatico, dolce, gentile, amabile, soave, accetto, grazioso, garbato, piacevole, cortese, delicato **CONTR.** sgradevole, sgradito, ostico, antipatico, aspro, rude, urtante **3** (*di cosa*) prezioso, importante, pregiato, speciale **CONTR.** irrilevante, trascurabile, insignificante **4** costoso, dispendioso, salato, pepato **CONTR.** economico, conveniente, vantaggioso, a buon mercato **B** in funzione di avv. a caro prezzo, molto, assai, parecchio **CONTR.** niente, nulla, poco **C** s. m. genitore, parente, amico **FRAS.** *pagarla cara* (*fig.*), scontarla duramente.

càro (2) s. m. (*di prezzi*) rincaro, rialzo, escalation (*ingl.*) **CONTR.** diminuzione, calo.

carógna s. f. **1** (*di animale*) carcassa, cadavere, carcame **2** (*fig.*) (*di persona*) vigliacco, mascalzone, farabutto, birbone, furfante, manigoldo, ribaldo, scellerato, lazzarone, cialtrone, canaglia, delinquente.

carognàta s. f. mascalzonata, vigliaccata, lazzaronata, birbonata, bricconata, canagliata, furfanteria, infamia, iniquità, malvagità, perfidia, scellerataggine, scelleratezza, turpitudine.

carosèllo [napoletano *carusiello* 'palla di creta' (simile alla testa di un *caruso* 'ragazzo') perché i giocatori si lanciavano palle di creta] s. m. **1** (*di cavalieri*) torneo, torneamento, quintana **2** (*est.*) (*di veicoli e sim.*) viavai, andirivieni, confusione **3** (*fig.*) (*di fatti, di pensieri, ecc.*) turbine, turbinio, accavallamento, vortice, folla **4** (*di gioco infantile*) giostra, girotondo.

caròta s. f. **1** (*min.*) campione, saggio, nucleo, testimone **2** (*fig., fam.*) frottola, bugia, balla, panzana **CONTR.** verità.

carotàggio s. m. (*min.*) prelievo, prelevamento.

carovàna [persiano *kârwân* 'compagnia di mercanti che fanno viaggio insieme'] s. f. **1** convoglio, colonna **2** (*est.*) brigata, comitiva, compagnia, banda, schiera, combriccola, drappello **3** (*est., fig.*) tirocinio, noviziato, pratica **4** (*di facchini, di scaricatori e sim.*) cooperativa, corporazione.

carpétta s. f. cartella, busta, custodia, raccoglitore.

carpìre v. tr. estorcere, rapinare, rubare, sottrarre, ghermire, strappare, sgraffignare, afferrare, abbrancare, agguantare, artigliare, arraffare, impossessarsi **CONTR.** dare, regalare □ confidare.

carpóni avv. gattoni.

carràbile agg. **1** carraio, carrozzabile, carreggiabile, rotabile, percorribile **2** (*est.*) camionabile, camionale.

carràio **A** agg. carrabile, carrozzabile, carreggiabile, rotabile, percorribile **B** s. m. carradore.

carré /*fr.* ka're/ [vc. fr., propriamente 'quadrato'] **A** s. m. inv. **1** (*di abito*) sprone **2** (*di maiale*) lombata **B** in funzione di agg. (*di pane*) a cassetta.

carreggiàbile agg. **1** carrabile, carrozzabile, carraio, rotabile **2** (*est.*) camionale, camionabile.

carreggiàta s. f. **1** carrareccia **2** rotaia, solco **3** scartamento **4** (*fig.*) retta via, giusto cammino, direzione giusta **FRAS.** *mettersi in carreggiata* (*fig.*), cominciare a funzionare, entrare in argomento □ *rimettersi in carreggiata* (*fig.*), ritornare sulla strada giusta, rientrare in argomento □ *uscire di carreggiata* (*fig.*), commettere un errore, divagare, cambiare argomento.

carrétta s. f. **1** carretto, barroccio, biroccio, barroccino, biroccino **2** (*spreg.*) (*di veicolo vecchio*) bidone (*gerg.*), carcassa **3** (*fig.*) (*di persona*) catorcio, cataplasma (*fig.*), impiastro (*fig.*) **FRAS.** *tirare la carretta* (*fig.*), tirare avanti stentatamente.

carrettiére s. m. **1** carrettaio, barrocciaio, birocciaio **2** (*fig.*) volgarone, becero, villano, cafone, buzzurro, screanzato, insolente, sguaiato **CONTR.** gentiluomo, signore, raffinato.

carrétto s. m. **1** dim. di **carro** **2** carretta, biroccino, barroccino, carriola □ truck (*ingl.*).

carrièra s. f. **1** professione, impiego, corso di studio, curricolo, curriculum (*lat.*) **2** (*est.*) promozione **CONTR.** retrocessione **3** (*fig.*) strada, fortuna, successo **CONTR.** sfortuna, insuccesso **4** (*di andatura*) corsa, velocità, rapidità, speditezza, celerità **CONTR.** lentezza **FRAS.** *fare carriera*, avanzare, avere successo.

carrierìsmo s. m. arrivismo, ambizione.

carrierìsta s. m. e f. arrivista, ambizioso.

càrro s. m. **1** barroccio, biroccio, carretto □ carriaggio □ carrozzone, carrettone □ treggia, treggione **2** (*ferr.*) vagone **3** veicolo, autoveicolo **FRAS.** *Piccolo carro*, Orsa minore □ *Gran carro*, Orsa maggiore □ *mettere il carro davanti ai buoi* (*fig.*), agire prematuramente □ *essere l'ultima ruota del carro* (*fig.*), essere il meno importante □ *carro di Tespi*, teatro ambulante □ *carro armato*, tank (*ingl.*).

carròzza s. f. **1** carrozzella, carrozzino, calesse, calessino, landò, berlina, coupé (*fr.*), cab (*ingl.*), cabriolet (*fr.*), giardiniera, cocchio **2** (*ferr.*) vagone.

carrozzèlla s. f. **1** dim. di **carrozza** **2** carrozza, landò, fiacre (*fr.*), calesse, calessino **3** (*per neonato*) carrozzina, passeggino.

carrozzìna s. f. **1** dim. di **carrozza** **2** (*per neonato*) carrozzino, carrozzella, passeggino.

carrozzóne s. m. (*di circo, di zingari e sim.*) carro, carrettone, roulotte (*fr.*).

carrùcola s. f. puleggia, girella, paranco, bozzello (*mar.*) **FRAS.** *ungere la carrucola* (*fig.*), corrompere.

càrta s. f. **1** (*est.*) foglio, pagina, documento **2** (*raro*) lettera, biglietto **3** (*di moneta*) banconota, biglietto, cartamoneta **4** (*est.*) (*di vivande, di vini e sim.*) lista, nota, menu (*fr.*) **5** (*di Stato, di enti, ecc.*) costituzione, statuto, legge fondamentale **6** (*est.*) scritto, scrittura, libro **7** (*geogr.*) carta geografica, mappa, pianta, mappamondo, planisfero **8** (*spec. al pl.*) (*da gioco*) mazzo **FRAS.** *carta bollata*, carta legale □ *carta bianca* (*fig.*), pieni poteri □ *mandare a carte quarantotto* (*fig.*), mandare all'aria, mandare in malora □ *mangiare alla carta*, mangiare secondo il menu □ *avere le carte in regola* (*fig.*), essere qualificato □ *fare carte false* (*fig.*), fare di tutto □ *carte scoperte* (*fig.*), apertamente, chiaramente, senza nascondere nulla □ *mettere le carte in tavola* (*fig.*), parlare chiaramente; agire con franchezza □ *giocare l'ultima carta* (*fig.*), fare un estremo tentativo □ *avere buone carte in mano* (*fig.*), avere buone possibilità di successo.

cartacarbóne s. f. carta copiativa.

cartamonéta s. f. solo sing. biglietto di banca, banconota, carta, moneta, cartavalori.

cartapésta s. f. **FRAS.** *di cartapesta* (*fig.*), fragile, debole, fiacco, vile **CONTR.** forte, energico, retto.

cartéggio s. m. **1** corrispondenza **2** (*est.*) raccolta di lettere.

cartèlla s. f. **1** biglietto, scheda, foglio **2** (*di scritto*) facciata, foglio **3** (*di credito*) documento, certificato **4** (*arch.*) tabella **5** (*per fogli e sim.*) custodia, borsa, carpetta, busta, raccoglitore.

cartellìno s. m. **1** dim. di **cartello (1)** **2** foglietto, cartoncino, etichetta **3** modulo, scheda.

cartèllo (1) s. m. **1** avviso, manifesto **2** (*di negozio, di strada, ecc.*) insegna □ indicatore, segnale.

cartèllo (2) s. m. **1** (*tra imprese*) contratto, intesa, accordo, convenzione, trust (*ingl.*), pool (*ingl.*) **2** (*est.*) (*spec. in politica*) alleanza, intesa.

cartellóne s. m. **1** accr. di **cartello (1)**; (*di pubblicità*) manifesto, avviso **2** (*della tombola*) tabella, cartella **3** (*teat., sport*) programma.

càrter [dal n. dell'inventore I.H. *Carter*] s. m. inv. copricatena.

cartesiàno [da *Cartesio*, il celebre filosofo razionalista francese] agg. (*fig.*) razionale, evidente, chiaro, logico, speculativo **CONTR.** irrazionale, illogico, oscuro.

cartevalóri s. f. pl. (*gener.*) cartamoneta, titolo, carta bollata, cambiale, francobollo, marca, assegno, azione.

cartina s. f. **1** dim. di **carta 2** (*per aghi, per spilli, ecc.*) bustina **3** (*farm.*) involucro □ dose.

cartòccio s. m. **1** involto, involucro, pacco, pacchetto, cartoccino, fagotto **2** (*est.*) cartocciata **3** (*di granoturco*) brattee.

cartomànte s. m. e f. indovino, mago.

cartoncino s. m. **1** dim. di **cartone 2** biglietto, bigliettino, bristol (*ingl.*).

cartóne s. m. **1** (*di dipinto, di mosaico, ecc.*) disegno **2** fumetto, striscia, cartone animato, cartoon (*ingl.*), strip (*ingl.*) **3** (*per imballaggio*) scatolone □ contenitore □ custodia.

cartonista s. m. e f. fumettista, fumettore, animatore, vignettista.

cartoon /*ingl.* ka:'tu:n/ [vc. ingl., 'cartone, vignetta'] s. m. inv. cartone animato, fumetto, striscia, strip (*ingl.*), film d'animazione.

cartùccia s. f. **1** (*per arma*) munizione, pallottola **2** (*di penna, di accendino, ecc.*) ricambio, refill (*ingl.*) **FRAS.** *mezza cartuccia* (*fig.*), mezzacalzetta, persona da poco □ *sparare l'ultima cartuccia* (*fig.*), fare l'ultimo tentativo, fare l'ultimo sforzo.

càsa s. f. **1** edificio, costruzione, fabbricato **2** (*est.*) abitazione, dimora, alloggio, abituro □ casale, casamento, casolare, casupola, chalet (*fr.*), dacia, cottage (*ingl.*), baracca, palazzo, villa, villino **3** (*est.*) (*di animale*) tana, nido, covo, caverna **4** domicilio, residenza **5** (*fig.*) (*di ambiente familiare*) tetto, focolare, nido, rifugio, asilo **6** famiglia, familiari **7** (*est.*) casato, stirpe, dinastia **8** (*fig.*) patria **9** (*relig.*) convento, monastero, ordine **10** (*comm.*) ditta, azienda, società, impresa □ negozio **11** (*sport*) (*nel calcio*) campo, porta □ (*nel baseball*) angolo del diamante **12** (*di scacchiera*) casella, riquadro, quadro, quadretto **FRAS.** *casa di cura*, clinica □ *casa da gioco*, casinò □ *casa di riposo*, ospizio □ *casa di pena*, penitenziario, galera □ *casa di tolleranza*, casino, postribolo, lupanare □ *casa albergo*, residence house □ *casa editrice*, editore □ *a casa del diavolo* (*fig.*), molto lontano, in località scomoda □ *mettere su casa* (*fig.*), sposarsi, arredarsi una nuova abitazione □ *fatto in casa*, casalingo □ *padrone di casa*, locatore □ *cambiare casa*, traslocare □ *a casa mia* (*fig.*), secondo me.

casàcca s. f. **1** giacca **2** (*di ciclisti, di calciatori, ecc.*) maglia.

casàccio s. m. pegg. di **caso FRAS.** *a casaccio*, disordinatamente, casualmente, a vanvera, incoscientemente, irriflessivamente, sconsideratamente, sbadatamente, sventatamente.

casàle s. m. casolare, cascinale, fattoria, caseggiato rurale.

casalingo agg. **1** casereccio, familiare, domestico **CONTR.** forestiero, estraneo **2** (*est.*) (*di prodotto, di cucina, ecc.*) semplice, genuino, naturale, casereccio **CONTR.** artificiale, adulterato, sofisticato.

casanòva [dal n. di G. *Casanova*, famoso avventuriero veneziano] s. m. inv. (*per anton.*) seduttore, avventuriero, bellimbusto, vagheggino, cascamorto, playboy (*ingl.*).

casàro s. m. formaggiaio, cascinaio.

casàta s. f. casato, famiglia, lignaggio, stirpe, casa, dinastia, schiatta, progenie.

casàto s. m. **1** casata, famiglia, lignaggio, stirpe, casa, dinastia **2** cognome.

cascàme s. m. (*anche fig.*) residuo, scarto, avanzo, ritaglio, resto, rimasuglio, scoria □ (*di seta*) fioretto.

cascamòrto s. m. vagheggino, innamorato, damerino, patito, spasimante, galante, casanova, playboy (*ingl.*), bellimbusto.

cascànte part. pres. di **cascare**; anche agg. **1** (*di edificio*) cadente, fatiscente **2** (*fig.*) (*di persona, di fisico, ecc.*) languido, debole, ciondolante, fiacco, floscio, vizzo, flaccido, moscio, svigorito, spossato, disfatto, sfatto, sfinito, estenuato, snervato **CONTR.** vigoroso, forte, energico, robusto, saldo, sodo, fiorente, florido, sano, vitale **3** (*fig.*) svenevole, languido **CONTR.** rude, rozzo.

cascàre v. intr. (*fam.*) cadere, capitombolare, precipitare, crollare, ruzzolare, piombare, stramazzare, rovinare **CONTR.** alzarsi, levarsi, rialzarsi, sollevarsi, rizzarsi **FRAS.** *cascare bene, cascare male* (*fig.*), capitare bene, capitare male □ *qui casca l'asino!* (*fig.*), qui viene il difficile! □ *c'è cascato* (*fig.*), è caduto nel tranello □ *fare cascare le braccia* (*fig.*), deprimere, fare disperare □ *fare cascare dall'alto* (*fig.*), concedere con sufficienza; ingrandire molto.

cascàta s. f. **1** (*fam.*) caduta, capitombolo, ruzzolone, tombolo, tombolata, stramazzata, tonfo **2** (*di corso d'acqua*) salto, cateratta, rapida.

cascatóre s. m. (*cine.*) controfigura, stunt-man (*ingl.*).

cascina s. f. **1** (*sett.*) cascinale, fattoria, casolare **2** baita, latteria, vaccheria, caseificio.

cascinàle s. m. cascina, fattoria, casolare.

càsco (1) s. m. **1** (*est.*) elmo □ camauro **2** (*di parrucchiere*) asciugacapelli.

càsco (2) s. m. (*di banane*) grappolo.

caseggiàto s. m. **1** abitato, casale, cascinale **2** casamento, casermone, isolato.

caseificio s. m. cascina, vaccheria.

casèlla s. f. **1** (*di mobile, di scaffalatura e sim.*) scomparto, scompartimento, sezione, suddivisione, posto **2** (*di foglio, di registro, ecc.*) quadretto **3** (*di scacchiera*) riquadro.

casellànte s. m. e f. cantoniere.

casellàrio s. m. **1** (*per carte, per documenti e sim.*) scaffale **2** (*di tribunale*) schedario.

casèllo s. m. **1** (*di ferrovie*) cantoniera **2** (*di autostrada*) uscita, terminale, terminal (*ingl.*) □ entrata, ingresso.

caseréccio agg. casalingo, genuino, semplice, naturale **CONTR.** adulterato, artificiale, sofisticato.

casinista s. m. e f. (*pop.*) pasticcione, confusionario, scombinato.

casino s. m. **1** (*di campagna*) villino, villetta **2** (*di caccia, di pesca*) capanno, casetta, pescaia, uccellatoio, paretaio **3** (*di gioco*) casinò, bisca, ridotto **4** (*pop.*) casotto, bordello, postribolo, lupanare, lupanaio, casa di tolleranza, casa di malaffare, casa chiusa **5** (*fig., pop.*) baccano, confusione, casotto, bailamme, cagnara, diavolio, frastuono, strepito, scompiglio, baraonda, babele, babilonia, pandemonio, disordine, caos **CONTR.** ordine, quiete, tranquillità, serenità.

casinò s. m. casa da gioco, bisca, casino, ridotto.

casistica s. f. elenco di esempi, elenco di casi.

càso s. m. **1** avvenimento imprevisto, combinazione, circostanza, concomitanza, occasione, congiuntura, accidente, casualità, coincidenza **2** fatalità, sorte, fortuna, fato, destino, ventura, alea, provvidenza **3** fatto, vicenda, evento, avvenimento, circostanza, affare, episodio, dramma, avventura, vicissitudine **4** ipotesi, possibilità, evenienza, occasione, probabilità, eventualità **5** opportunità, occorrenza, convenienza, destro **6** (*ling.*) uscita, terminazione **FRAS.** *a caso*, casualmente, a vanvera, inconsideratamente; per combinazione □ *per caso*, accidentalmente □ *si dà il caso*, accade □ *non è il caso*, non conviene □ *nel caso che*, qualora □ *fare al caso*, essere opportuno □ *far caso*, fare attenzione.

casomài o **càso mài** cong. nel caso che, putacaso, eventualmente, qualora, posto che, purché, semmai.

casòtto s. m. **1** baracca, capanna, ricovero, rifugio, capanno **2** (*ferr.*) casello **3** (*di spiaggia, di piscina e sim.*) cabina, capanno **4** (*di giornali, gelati, ecc.*) chiosco, edicola **5** (*di cane*) cuccia, canile **6** (*di guardia*) garitta, guardiola **7** (*pop.*) casino, bordello, postribolo, lupanare, lupanaio, casa di tolleranza, casa di malaffare, casa chiusa.

càspita inter. (*euf.*) accidenti, accipicchia, salute.

càssa s. f. **1** cassetta, cassone, baule, cassapanca, arca □ madia **2** (*per denaro, per preziosi e sim.*) scrigno, forziere, cofano, cassaforte **3** (*est.*) (*di banca, di negozio, ecc.*) sportello, registratore **4** somma, denaro, malloppo (*gerg.*) **5** (*di impresa*) amministrazione **6** (*di banca*) banca, monte, istituto di credito **7** (*di meccanismo*) involucro, custodia **8** (*di corpo umano*) cavità **9** (*est.*) torso, tronco, torace **10** (*mus.*) altoparlante, diffusore **FRAS.** *cassa delle api*, arnia □ *cassa da morto* (*pop.*), feretro, bara □ *a pronta cassa* (*fig.*), in contanti.

cassafòrte s. f. cassa, forziere, scrigno, stipo, armadio blindato.

cassàre v. tr. **1** (*di parole e sim.*) cancellare, abradere, depennare, espungere, obliterare **CONTR.** introdurre, aggiungere, interpolare **2** (*di legge e sim.*) annullare, abrogare, revocare, abolire, invalidare, cancellare **CONTR.** proporre, approvare, ratificare.

cassazióne s. f. (*di legge e sim.*) annullamento, abrogazione, revoca, abolizione, invalidazione, soppressione, cancellazione **CONTR.** proposta, approvazione, convalida, ratifica.

cassétta s. f. **1** dim. di **cassa** **2** (*della posta, delle elemosine, ecc.*) contenitore, custodia **3** (*di gioielli, di preziosi e sim.*) scrigno, teca, astuccio, scatola **4** (*fig.*) (*di negozio, di teatro e sim.*) cassa □ incasso **5** (*di carrozza*) sedile, serpa **6** (*mus.*) musicassetta **FRAS.** *pane in cassetta* (*fig.*), pane carré □ *di cassetta* (*fig.*), commerciale, da resa.

cassettóne s. m. **1** comò, canterano, canterale **2** (*di soffitto*) lacunare.

cassino s. m. cancellino, cimosa, raschino, grattino.

cast /*ingl.* ka:st/ [vc. ingl., da *to cast* 'assegnare le parti agli attori'] s. m. inv. (*cine., teat.*) (*di attori*) complesso, insieme, attori, elenco artistico.

càsta s. f. **1** (*est.*) gruppo sociale, classe, ceto **2** (*est.*) categoria, gruppo, ordine, condizione.

castàgna s. f. **1** marrone **2** (*sport*) sventola □ sberla, tiro secco **FRAS.** *castagna lessa*, ballotta □ *castagna arrostita*, caldarrosta, bruciata □ *castagna d'acqua*, trapa □ *castagna di terra*, bulbo castano □ *prendere in castagna* (*fig.*), cogliere in fallo.

castagnòla s. f. **1** petardo, castagnetta, mortaretto **2** (*spec. al pl.*) nacchere, castagnette.

castaménte avv. puramente, pudicamente, morigeratamente **CONTR.** impuramente, impudicamente, lussuriosamente.

castàno agg.; anche s. m. (*di colore*) marrone rossiccio, bruno scuro.

castellàno s. m. (*est.*) feudatario □ signore, signorotto.

castèllo s. m. **1** maniero **2** (*est.*) fortezza, rocca, fortilizio, cittadella, fortificazione **3** (*est.*) dimora signorile **4** paese, borgo, borgata, villaggio **5** (*edil., tecnol.*) impalcatura, armatura, telaio, traliccio, ossatura **FRAS.** *letto a castello*, letto a lettiere sovrapposte □ *castelli in aria* (*fig.*), progetti fantastici e irrealizzabili.

castigàbile agg. punibile **CONTR.** perdonabile.

castigàre v. tr. **1** punire **CONTR.** perdonare □ premiare, lodare, elogiare **2** (*est.*) reprimere, picchiare, battere, domare, percuotere, bastonare **3** (*lett.*) (*di scritto, di stile e sim.*) emendare, perfezionare, correggere, modificare, purgare, migliorare, raffinare **CONTR.** peggiorare, guastare.

castigataménte avv. sobriamente, misuratamente, pudicamente, costumatamente **CONTR.** immoralmente, licenziosamente, scorrettamente, sregolatamente.

castigatézza s. f. irreprensibilità, sobrietà, correttezza, moderazione, moralità, controllo, misura, inappuntabilità, incensurabilità **CONTR.** smoderatezza, intemperanza, esagerazione, scorrettezza, sfrenatezza, sregolatezza, licenza, licenziosità, immoralità, eccesso.

castigàto part. pass. di **castigare**; anche agg. **1** punito **CONTR.** perdonato □ premiato **2** (*di stile, di linguaggio e sim.*) corretto, emendato, modificato, purgato, migliorato, raffinato **CONTR.** peggiorato, guastato **3** (*fig.*) (*di comportamento*) morale, pudico, pudibondo, costumato, virtuoso, moderato, controllato, misurato, inappuntabile, temperante, incensurabile, probo **CONTR.** smodato, intemperante, immorale, scorretto, sfrenato, sregolato, licenzioso.

castigatóre s. m.; anche agg. (f. *-trice*) punitore, repressore.

castìgo s. m. **1** punizione, pena, correzione, riprensione, lezione, penitenza **CONTR.** perdono □ premio, ricompensa **2** (*fig.*) (*di cosa, di persona*) dannazione, maledizione, inferno, calamità, disgrazia, tormento, sventura, flagello **CONTR.** fortuna, gioia, piacere.

castità s. f. purezza, astinenza, pudicizia, temperanza, moderazione, costumatezza, morigeratezza **CONTR.** lussuria, incontinenza, libidine, lascivia, impudicizia.

càsto agg. **1** puro, continente, sobrio, illibato, astinente, pudico, pudibondo, castigato, verecondo, incorrotto, intatto, onesto, virtuoso, morigerato, temperante **CONTR.** impuro, corrotto, depravato, intemperante, smodato, sregolato, licenzioso, lascivo, impuro, vizioso **2** (*lett.*) (*di stile*) semplice, castigato, schietto, purgato, puro **CONTR.** artefatto, arzigogolato, barocco.

castràre v. tr. **1** (*di persona o animale*) evirare **2** (*di castagne*) incidere **3** (*fig.*) (*di scritto, di film e sim.*) purgare **4** (*fig.*) (*di persona*) togliere vitalità, togliere originalità, inibire, chiudere **CONTR.** aprire, disinibire.

castràto part. pass. di **castrare**; anche agg. e s. m. **1** evirato, eunuco **2** (*fig.*) effeminato, fiacco, debole □ chiuso, inibito **CONTR.** forte, aperto, disinibito, libero.

castronerìa s. f. (*pop.*) balordaggine, castronaggine (*pop.*), sbaglio, sciocchezza, corbelleria, sproposito, fesseria, errore, baggianata, asinata.

casual /*ingl.* 'kæʒuəl/ [vc. ingl., propriamente 'casuale', quindi 'trascurato, alla buona'] agg. inv. (*di abbigliamento*) libero, disinvolto, sportivo.

casuàle agg. accidentale, fortuito, occasionale, incidentale, eventuale □ contingente, accessorio, secondario, marginale **CONTR.** consueto, abituale, solito, fisso □ sostanziale, certo, essenziale, primario, precipuo, voluto, calcolato, preparato.

casualità s. f. accidentalità, imprevedibilità, eventualità, contingenza **CONTR.** consuetudine, normalità, continuità, abitudine.

casualménte avv. per caso, accidentalmente, fortuitamente, occasionalmente, incidentalmente, eventualmente **CONTR.** abitualmente, normalmente, sistematicamente, volutamente.

casùpola s. f. casetta, casipola, abituro, tugurio, capanna.

cataclisma s. m. **1** inondazione, diluvio, nubifragio, alluvione **2** (*fig.*) (*sociale, economico, ecc.*) sconvolgimento, sconquasso, catastrofe, calamità, flagello, disastro, sciagura, rovina, sventura, tracollo.

catacómba s. f. (*fig.*) luogo chiuso, luogo cupo, tomba.

catafàscio vc.; solo nella loc. avv. *a catafascio*, sottosopra, alla rinfusa, sossopra, disordinatamente, confusamente, caoticamente □ in rovina, alla rovina.

catagIòsso s. m. (*med.*) abbassalingua.

catalizzàre v. tr. (*fig.*) stimolare, attirare, attrarre, spronare, aizzare, eccitare **CONTR.** respingere, allontanare.

catalogàre v. tr. **1** (*di libri, di documenti, ecc.*) registrare, rubricare, schedare **2** (*est.*) (*di pregi, di meriti, ecc.*) elencare, enumerare, annoverare.

catalogazióne s. f. registrazione, compilazione, schedatura.

catàlogo s. m. **1** (*di libri, di riviste, ecc.*) elenco, lista, inventario, nota **2** (*est.*) (*di mostra, di francobolli, ecc.*) volume, fascicolo, registro, rubrica **3** (*fig.*) (*di meriti, di difetti, ecc.*) enumerazione, elencazione, elenco.

catapécchia s. f. tugurio, casupola, casipola, abituro, stamberga, topaia, bicocca, stambugio **CONTR.** villa, reggia.

catapultàre A v. tr. lanciare, scagliare, gettare, avventare, proiettare, buttare, scaraventare **CONTR.** attirare **B catapultarsi** v. rifl. (*fig.*) (*di persona*) precipitarsi, slanciarsi, scagliarsi, lanciarsi, avventurarsi.

catapultàto part. pass. di **catapultare**; anche agg. (*anche fig.*) lanciato, scagliato, gettato, buttato.

catàrro s. m. espettorato, muco, spurgo, escreato.

catàrsi s. f. purificazione □ (*est.*) liberazione, superamento, purgazione.

catàrtico agg. purificatorio, purificatore, liberatorio.

catàsta s. f. mucchio, ammasso, cumulo, raccolta, fascio, ammucchiamento, ammassamento.

catàstrofe s. f. sciagura, disastro, disgrazia,

sventura, rovina, sterminio, tracollo, danno □ cataclisma, calamità, sconvolgimento, flagello, rivolgimento, sconquasso, distruzione, finimondo CONTR. fortuna, ventura.

catastroficaménte avv. rovinosamente, disastrosamente, funestamente, dolorosamente □ pessimisticamente CONTR. fortunatamente, faustamente, felicemente □ ottimisticamente.

catastròfico agg. **1** rovinoso, calamitoso, doloroso, disastroso, esiziale, funesto, micidiale CONTR. fortunato, fausto, felice, sereno **2** (*fig.*) pessimistico CONTR. ottimistico.

catechismo s. m. **1** insegnamento religioso □ dottrina **2** (*est.*) indottrinamento, addottrinamento.

catechista s. m. e f. catecheta, catechizzatore, evangelizzatore.

categorìa s. f. tipo, classe, specie, serie, ordine, sistema, genere, parte, famiglia, frazione, grado, gruppo, divisione.

categoricaménte avv. assolutamente, assolutisticamente, nettamente, recisamente, indubbiamente CONTR. ipoteticamente, relativamente, condizionatamente, imprecisamente, dubbiamente.

categoricità s. f. assolutezza, drasticità CONTR. incertezza, vaghezza.

categòrico agg. **1** incondizionato, indubitabile, indubbio, assoluto CONTR. condizionato, relativo **2** (*est.*) (*di risposta, di tono, ecc.*) preciso, ordinato, netto, reciso CONTR. vago, incerto.

caténa s. f. **1** (*lett.*) collana, monile **2** (*fig.*) legame, vincolo, obbligo, impegno, difficoltà, impedimento, ostacolo, dovere, condizione, laccio, unione, ceppo CONTR. libertà, indipendenza, autonomia **3** (*est.*) servitù, soggezione, schiavitù, dipendenza, giogo, oppressione, sottomissione, servaggio CONTR. indipendenza, libertà **4** (*anche fig.*) (*di cose, di eventi, ecc.*) fila, sequela, serie, concatenazione, filza, riga, schiera, sfilata, tirata, infilzata, collezione, complesso, quantità, succedersi, successione **5** (*arch.*) tirante FRAS. *tenere in catene* (*fig.*), tenere in soggezione □ *a catena*, che si susseguono ininterrottamente, l'uno dopo l'altro.

catenàccio **A** s. m. **1** chiavistello, catorcio (*tosc.*), chiavaccio, paletto **2** (*fig., scherz.*) (*di cosa malandata*) carcassa, catorcio (*fam.*), bidone (*pop.*), rottame **B** in funzione di agg. (posposto al s.) che blocca, che chiude FRAS. *fare catenaccio*, arroccarsi.

cateràtta s. f. **1** (*di fiume*) cascata, salto, rapida **2** (*di canale, di serbatoio e sim.*) chiusura, saracinesca, chiusa, diga, diaframma, serra.

catèrva s. f. moltitudine, folla, quantità, abbondanza, copia, congerie, profusione, miriade, infinità, subisso, torma, turba, massa, stuolo, sciame, mucchio, infinità, dovizia, cumulo, valanga CONTR. scarsità, scarsezza, pochezza, limitatezza, mancanza.

catetère s. m. sonda, cannula.

catinèlla s. f. bacinella, catino, bacile, bacino, conca FRAS. *a catinelle* (*fig.*), a dirotto.

catino s. m. **1** bacile, bacinella, catinella, bacino, conca, lavabo, lavamani, vaso **2** (*geogr.*) dolina □ bacino, conca **3** (*arch.*) (*di abside, di nicchia e sim.*) semicalotta **4** (*fig., sport*) stadio.

catòrcio s. m. **1** (*raro, tosc.*) chiavistello, catenaccio, chiavaccio, paletto **2** (*fig., fam.*) (*di cosa o persona malandata*) coccio, carcassa, rottame □ impiastro, cataplasma.

catramàre v. tr. incatramare, bitumare, asfaltare.

catràme s. m. asfalto, bitume □ pece liquida.

càttedra s. f. **1** (*ant.*) seggio, trono, pulpito, pergamo **2** (*est.*) insegnamento, disciplina, posto FRAS. *stare* (*montare, parlare*) *in cattedra* (*fig.*), atteggiarsi a persona autorevole, darsi arie professorali.

cattedràle s. f. chiesa principale, metropolitana, duomo.

cattedràtico **A** agg. **1** universitario **2** (*est.*) (*di tono, di accento, ecc.*) professorale, pedantesco, solenne, sentenzioso, noioso CONTR. semplice, modesto, familiare **B** s. m. professore universitario, accademico.

cattivaménte avv. malamente, malignamente, perfidamente, crudelmente CONTR. benevolmente, bonariamente, amorevolmente, dolcemente.

cattivèria s. f. **1** malefatta, ribalderia, canagliata, scelleratàggine, bricconata **2** malignità, malanimo, malvagità, perfidia, perversità, scelleratezza, crudeltà, tristizia (*lett.*), empietà, indegnità, iniquità CONTR. bontà, mitezza, benignità, benevolenza, umanità, generosità.

cattivo **A** agg.; anche s. m. **1** (*di animo, di sentimento, ecc.*) malvagio, maligno, perfido, perverso, scellerato, crudele, empio, violento, spietato, riprovevole, turpe, disonesto, bieco, infido, tristo, malo, rio (*lett.*), diabolico, feroce, abietto, nefando, criminale CONTR. buono, mite, benevolo, benigno, umano, generoso, bonario, amorevole, mansueto, dolce **2** (*di comportamento*) inquieto, turbolento, sgarbato, indocile, capriccioso, agitato, irrequieto, molesto, ribelle, maleducato, scortese, sguaiato, rustico, villano, brusco CONTR. buono, docile, quieto, calmo, tranquillo, urbano, garbato **3** (*di umore*) nervoso, arrabbiato, nero CONTR. tranquillo, sereno **4** (*di metodo, di lavoro, ecc.*) sbagliato, inefficace, inadatto, scadente, disadatto, inutile CONTR. giusto, efficace, valido, buono **5** (*di attitudini, di capacità, ecc.*) incapace, inetto, inabile, inefficiente, tristo CONTR. abile, serio, efficiente, capace, bravo **6** (*di affare, di situazione, ecc.*) negativo, sfavorevole, svantaggioso, brutto CONTR. buono, favorevole, vantaggioso, lucroso **7** (*di *scelta, di decisione e sim.*) pericoloso, svantaggioso, sbagliato, improvvido (*lett.*), avventato **CONTR.** buono, bello, vantaggioso, giusto **8** (*di notizia, di occasione, ecc.*) contrario, infausto, doloroso, triste, spiacevole, indesiderato, difficile, pericoloso **CONTR.** buono, favorevole, piacevole, fausto **9** (*di male*) maligno, incurabile **CONTR.** curabile, benigno **10** (*di fisico, di salute*) cagionevole, malfermo **CONTR.** buono **11** (*di libro, di spettacolo e sim.*) brutto, diseducativo, immorale, negativo **CONTR.** bello, piacevole, costruttivo, educativo **12** (*di bevanda, di cibo*) guasto, disgustoso, amaro, indigesto, aspro, immangiabile, rivoltante, stomachevole, nauseabondo, repellente **CONTR.** buono, gustoso, appetitoso, saporito **13** (*di odore, di suono, ecc.*) spiacevole, sgradevole, fastidioso, molesto, brutto **CONTR.** gradevole, piacevole, buono, bello **14** (*di tempo*) piovoso, nuvoloso, brutto **CONTR.** bello, sereno **15** (*di clima, di aria*) malsano, nocivo **CONTR.** buono, salubre, salutare **16** (*di mare*) burrascoso, agitato **CONTR.** calmo, tranquillo **B** s. m. (*di persona*) mascalzone, manigoldo, canaglia, tristo, birbone, birbante, briccone, ribaldo, malfattore, malandrino, carogna, figuro **CONTR.** buonuomo, galantuomo **FRAS.** *nascere sotto cattiva stella* (*fig.*), nascere in condizioni sfavorevoli □ *trovarsi in cattive acque* (*fig.*), essere in un momento difficile, essere in situazione difficile □ *farsi il sangue cattivo* (*fig.*), prendersela, inquietarsi, agitarsi troppo □ *con le cattive*, con modi bruschi □ *cattiva lingua*, maldicente, pettegolo, maligno.

cattolicità s. f. universalità □ mondo cattolico, cattolici.

cattòlico agg. **1** universale **2** della Chiesa romana.

cattùra s. f. **1** (*di animale*) presa **CONTR.** liberazione **2** (*di persona*) arresto, fermo, sequestro, carcerazione **CONTR.** liberazione, scarcerazione, rilascio, proscioglimento.

catturàre v. tr. **1** (*di animale*) prendere **CONTR.** liberare **2** (*di persona*) arrestare, carcerare, fermare, sequestrare, imprigionare, prendere, acchiappare, acciuffare **CONTR.** rilasciare, scarcerare, liberare, mollare, prosciogliere.

càusa s. f. **1** origine, motivo, ragione, fonte, movente, occasione, principio, cagione, sorgente, perché, radice, seme, colpa, pretesto, germe **CONTR.** conseguenza, effetto, risultato **2** (*dir., est.*) processo, dibattito, lite **3** (*di rivendicazione*) scopo, obiettivo, ideale, idealità, ragione, diritto **FRAS.** *causa di forza maggiore* (*fig.*), causa non dipendente dalla volontà dell'uomo □ *essere parte in causa* (*fig.*), essere direttamente interessato.

causàle s. f. **1** (*di delitto*) causa, movente **2** (*di pagamento*) motivo, giustificazione.

causàre v. tr. cagionare, procurare, provocare, determinare, produrre, arrecare, fruttare, indurre **CONTR.** evitare, impedire, ostacolare, fermare, contrastare.

causticità s. f. **1** (*di sostanza*) corrosività **2** (*fig.*) (*di discorso, di parola e sim.*) asprezza, sarcasmo, ironia, provocazione, veleno **CONTR.** benignità, mitezza, dolcezza.

càustico agg. **1** (*di sostanza*) corrosivo, bruciante, corrodente, erosivo **2** (*fig.*) (*di discorso, di parola e sim.*) aspro, mordace, beffardo, sarcastico, ironico, pungente, penetrante, maldicente, acre, amaro, offensivo, provocante, provocatorio, sardonico, velenoso **CONTR.** benigno, benevolo, mite, mellifluo, blando, dolce, cortese, gentile.

cautaménte avv. prudentemente, avvedutamente, sagacemente, oculatamente, assennatamente **CONTR.** incautamente, malaccortamente, avventatamente, sconsideratamente.

cautèla s. f. prudenza, accortezza, circospezione, discernimento, riserbo, avvedutezza, riflessione, oculatezza, ponderazione, controllo, avvertenza, precauzione, accorgimento, difesa **CONTR.** irriflessione, leggerezza, avventatezza, imprudenza, temerarietà, arditezza, audacia, sconsideratezza, sventataggine.

cautelàre (1) agg. cautelativo, prudenziale, difensivo, preventivo.

cautelàre (2) A v. tr. assicurare, difendere, proteggere, salvaguardare, garantire, preservare, tutelare, premunire **CONTR.** danneggiare, nuocere, esporre **B cautelarsi** v. rifl. difendersi, premunirsi, assicurarsi, guardarsi, proteggersi, salvaguardarsi, preservarsi, tutelarsi **CONTR.** danneggiarsi, nuocersi, esporsi.

cautelatìvo agg. cautelare, difensivo, prudenziale, preventivo, precauzionale.

cauterizzàre v. tr. bruciare.

càuto agg. accorto, prudente, guardingo, avveduto, circospetto, sagace, destro, oculato, assennato, attento, avvertito, controllato, criteriato, diplomatico, discreto, giudizioso, misurato, ponderato, riflessivo, saggio, vigile □ furbo, scaltro **CONTR.** incauto, malaccorto, imprudente, avventato, insensato, sconsiderato, temerario, arrischiato, intempestivo, incontrollato, inconsiderato, inconsulto.

cauzióne s. f. garanzia, assicurazione, pegno, malleveria, sicurtà, arra, caparra, promessa.

càva s. f. **1** miniera □ (*est.*) fossa, buca **2** (*raro*) grotta, spelonca, tana, caverna.

cavalcàre A v. tr. **1** (*di cavallo e altro animale*) montare **CONTR.** smontare **2** (*est.*) (*di ramo, di muro, ecc.*) stare a cavalcioni **3** (*di ponte, di viadotto e sim.*) scavalcare, attraversare, superare **B** v. intr. andare a cavallo.

cavalcatùra s. f. cavallo, asino, mulo.

cavalcavìa s. m. inv. ponte, viadotto, passerella.

cavalière s. m. **1** cavallerizzo, cavalcatore **2** (*mil.*) cavalleggero **3** (*est.*) (*di ideali*) paladino, difensore, campione **4** (*est.*) signore, gentiluomo **5** (*est.*) (*in balli, in manifestazioni, ecc.*) accompagnatore **6** (*est.*) corteggiatore, cicisbeo, spasimante, vagheggino, damerino.

cavallerescaménte avv. nobilmente, generosamente, gentilmente, educatamente, lealmente **CONTR.** ignobilmente, grettamente, meschinamente, rozzamente.

cavalleréscо agg. **1** da cavaliere **2** (*est.*) nobile, generoso, leale, magnanimo, fido, giusto, gentile, educato, elevato, retto **CONTR.** ignobile, sleale, ingeneroso, scortese, egoista, gretto, meschino, rozzo, ignorante.

cavallerìa s. f. **1** (*mil.*) milizia a cavallo **CFR.** fanteria, marina, aviazione **2** (*est.*) lealtà, generosità, nobiltà, magnanimità, gentilezza, raffinatezza, cortesia, educazione **CONTR.** slealtà, scortesia, grettezza, egoismo, meschinità, rozzezza.

cavallétta s. f. **1** (*gener.*) locusta **2** (*fig.*) (*di persona*) sfruttatore, divoratore, parassita, dissipatore, avido.

cavallétto s. m. **1** trespolo, treppiede **2** (*di teleferica, di gru e sim.*) pilone, traliccio.

cavàllo s. m. **1** destriero (*lett.*), corsiero (*lett.*), giumento, cavalcatura, palafreno, ronzino **2** (*per ginnastica*) cavallina **3** (*di pantaloni, di mutande*) inforcatura **4** cavallo vapore **FRAS.** *a cavallo*, a cavalcioni □ *a cavallo di due secoli*, tra due secoli □ *da cavallo* (*fig.*), fortissimo □ *essere a cavallo* (*fig.*), essere in situazione favorevole, essere fuori di ogni difficoltà □ *cavallo di battaglia* (*fig.*), pezzo forte, specialità □ *il cavallo di S. Francesco* (*fig.*), le gambe.

cavallóne s. m. **1** accr. di **cavallo 2** (*fig.*) (*di mare*) ondata, onda, flutto, maroso, frangente.

cavàre A v. tr. **1** togliere, estrarre, levare, rimuovere, svellere, estirpare, trarre, sfoderare, strappare, asportare, sradicare **CONTR.** mettere, introdurre, infilare **2** (*fig.*) (*di vantaggio, di risultato, ecc.*) ottenere, ricavare, derivare, riportare, raccogliere, conseguire, guadagnare, carpire **B cavarsi** v. rifl. **1** (*anche fig.*) (*di indumento, di voglia, ecc.*) togliersi, levarsi **CONTR.** mettersi, infilarsi **2** (*fig.*) (*da guai, da impicci, ecc.*) sottrarsi, liberarsi **CONTR.** mettersi, impelagarsi **FRAS.** *non cavare un ragno da un buco* (*fig.*), non ottenere nessun risultato, non riuscire a nulla □ *cavarsela*, farcela, uscirne bene.

cavèrna s. f. **1** grotta, antro, spelonca, speco (*lett.*), tana, cava **2** (*fig.*) (*di abitazione*) tugurio, stamberga, abituro, topaia, bicocca, spelonca **3** (*med.*) cavità.

cavernìcolo s. m. **1** troglodita **2** (*fig.*) rozzo, rozzone, primitivo, selvaggio, villanzone, buzzurro, cafone, tanghero **CONTR.** raffinato, ricercato, signore, elegantone, snob (*ingl.*).

cavernóso agg. **1** cavo, incavato, anfrattuoso, profondo, scuro **2** (*fig.*) (*di suono*) cupo, roco, profondo **CONTR.** limpido, chiaro, squillante, argentino.

càvia A s. f. **1** porcellino d'India **2** (*fig.*) (*di persona*) oggetto di esperimento □ (*est.*) vittima **B** in funzione di agg. inv. (posposto a un s.) sperimentale.

cavìcchio s. m. **1** (*agr.*) foraterra **2** (*di scala*) piolo **3** (*mus.*) bischero, pirolo, collabo **4** legnetto, zeppa, bietta **5** (*fig.*) pretesto, scusa.

cavìglia s. f. **1** (*di piede*) collo **2** (*di timone*) maniglia, impugnatura **3** cavicchio, arpione, uncino **4** (*ferr.*) vite.

cavillàre v. intr. sottilizzare, arzigogolare, sofisticare, ammennicolare (*lett.*), almanaccare.

cavillatóre s. m.; anche agg. (f. *-trice*) cavilloso, arzigogolone, ammennicolone, almanaccone.

cavìllo s. m. cavillosità, capziosità, sofisma, sottigliezza, sofisticheria, pretesto, arzigogolo.

cavillosaménte avv. capziosamente, pretestuosamente, sottilmente, sofisticamente **CONTR.** chiaramente, semplicemente.

cavillosità s. f. sofisticheria, capziosità, arzigogoleria, cavillo **CONTR.** chiarezza, linearità, franchezza, semplicità.

cavillóso A agg. capzioso, pretestuoso, sofisticato, arzigogolato, complicato **CONTR.** lineare, chiaro, franco, semplice **B** s. m. cavillatore, arzigogolone, almanaccone.

cavità s. f. **1** grotta, caverna, buca, incavo, incavatura, infossamento, cavo, concavità, avvallamento, scanalatura **2** (*anat.*) cavo, alveolo, caverna.

càvo (1) A agg. incavato, vuoto, concavo, scavato, cavernoso □ profondo **CONTR.** prominente, protuberante, rilevato **B** s. m. **1** (*di mani, di tronco, ecc.*) incavatura, cavità, concavità, incavo, infossamento, solco **CONTR.** prominenza, protuberanza, rilievo **2** (*anat.*) cavità **3** scavo.

càvo (2) s. m. **1** corda, fune, canapo, gomena, gherlino (*mar.*) **2** (*elettr., tel.*) conduttore.

cavolàta s. f. (*fig., euf., pop.*) balordaggine, sciocchezza, stupidaggine, stupidata, cretinata.

càvolo A s. m. **1** broccolo **2** (*fig., euf., pop.*) babbeo, stupido **CONTR.** dritto (*fam.*), scaltro, intelligentone **3** (*fig., euf., pop.*) niente, nulla **4** (*spec. al pl.*) (*fig., euf., volg.*) fatto, caso **B** in funzione di inter. perbacco!, diavolo!, capperi! **FRAS.** *che cavolo vuoi?* (*fig.*), che diavolo vuoi? □ *col cavolo!*, *un cavolo!*, nient'affatto! □ *del cavolo*, di nessun valore.

cazzàta s. f. (*volg.*) balordaggine, sciocchezza, stupidaggine, cavolata (*euf., pop.*), stupidata, cretinata.

càzzo A s. m. **1** (*volg.*) pene, membro, fallo, asta, verga, pisello (*pop.*) **2** (*fig., volg.*) cavolo, niente, nulla **CONTR.** tutto **3** (*spec. al pl.*) (*fig., euf., volg.*) cavolo, fatto, caso **B** in funzione di inter. (*volg.*) perbacco!, diavolo!, cavolo!, capperi!, caspita! **FRAS.** *testa di cazzo* (*fig., volg.*), stupido, cretino.

cazzottàta s. f. (*pop.*) cazzottatura, rissa, zuffa, colluttazione, accapigliamento, azzuffamento, baruffa.

cazzòtto s. m. (*pop.*) pugno, percossa, sgrugnata (*pop.*), sgrugnone (*pop.*), sgrugno (*pop.*), uppercut (*ingl.*).

ce A pron. pers. atono di prima pers. pl. ci, a noi **B** avv. ci, in questo luogo, in quel luogo, lì, là.

cecità s. f. (*fig.*) ignoranza, ottusità, irragionevolezza, irrazionalità, sconsideratezza, offuscamento, ottenebramento **CONTR.** giudizio, discernimento, perspicacia, ragionevolezza, attenzione, sagacia.

cedènza s. f. spec. al pl. (*econ.*) (*di titoli*) perdita, calo **CONTR.** crescita, aumento.

cèdere A v. intr. **1** arretrare, ritirarsi, arrendersi, piegarsi, ripiegare, indietreggiare **CONTR.** avanzare, procedere **2** (*fig.*) (*al dolore, alla tentazione, ecc.*) rassegnarsi, piegarsi, desistere, arrendersi, capitolare, accondiscendere, abbandonarsi, subire, rinunziare, acconsentire, assecondare **CONTR.** resistere, sottrarsi, ribellarsi **3** (*di terreno, di fondazioni, ecc.*) avvallarsi, piegarsi, sprofondare, abbassarsi, rompersi, sfondarsi, curvarsi, affossarsi **CONTR.** alzarsi, sollevarsi □ resistere **4** (*fig., lett.*) dare luogo, lasciare il posto **B** v. tr. **1** concedere, dare, lasciare, consegnare **CONTR.** ricevere **2** (*econ.*) trasferire, vendere, trasmettere, rilasciare **CONTR.** acquistare, comprare.

cedévole agg. **1** (*di cosa*) duttile, malleabile □ pieghevole, flessibile, molle, flessile (*lett.*), gracile, plastico, riducibile, trattabile, floscio **CONTR.** resistente, duro, rigido, tenace **2** (*fig.*) (*di persona, di carattere, ecc.*) arrendevole, docile, remissivo, dolce, trattabile, compiacente, bonario, affabile, accomodante, accondiscendente, ossequente, debole **CONTR.** ostinato, inflessibile, caparbio, intrattabile, scontroso, saldo, fermo, incrollabile.

cedevolézza s. f. **1** (*di cosa*) duttilità, malleabilità, flessibilità, plasticità, fragilità, riducibilità, trattabilità **CONTR.** resistenza, rigidezza, durezza, tenacità **2** (*fig.*) (*di persona, di carattere, ecc.*) docilità, arrendevolezza, remissività, bonarietà, accondiscendenza, debolezza **CONTR.** ostinazione, inflessibilità, caparbietà, intrattabilità, scontrosità, fermezza.

cedìbile agg. trasferibile, vendibile **CONTR.** intrasferibile, invendibile.

cediménto s. m. **1** (*di terreno, di impalcatura, ecc.*) avvallamento, franamento, affossamento, sprofondamento, abbassamento, crollo, caduta **2** (*di diritto, di titoli, ecc.*) cessione, trasferimento **CONTR.** acquisto, compera.

cèdola s. f. tagliando, scontrino, polizza, bolletta, buono, coupon (*fr.*), foglietto.

cefalèa s. f. cefalalgia, emicrania, mal di testa, mal di capo.

cèffo s. m. **1** (*di animale*) muso **2** (*est., spreg.*) (*di persona*) faccia, grugno, muso **3** (*est.*) persona sinistra.

ceffóne s. m. schiaffo, scapaccione, pacca, manrovescio, ganascione, sganascione, ceffata.

celàre A v. tr. (*lett.*) nascondere, occultare, tacere, velare **CONTR.** mostrare, manifestare, dichiarare **B celarsi** v. rifl. nascondersi, rintanarsi, segregarsi, rimpiattarsi **CONTR.** manifestarsi, palesarsi.

celàta s. f. elmo.

celataménte avv. di nascosto, nascostamente, clandestinamente, occultamente, velatamente **CONTR.** apertamente, chiaramente.

celàto part. pass. di **celare**; anche agg. nascosto, occultato, occulto, taciuto, velato, segreto, rintanato **CONTR.** manifesto, aperto, dichiarato.

celebèrrimo agg. notissimo, arcinoto, famosissimo **CONTR.** sconosciuto, ignoto.

celebràre v. tr. **1** (*lett.*) lodare, esaltare, acclamare, commemorare, onorare, encomiare, plaudire, ricordare, evocare, magnificare **CONTR.** infamare, denigrare, vituperare, biasimare **2** (*di ricorrenza*) festeggiare, solennizzare, glorificare **3** (*di funzione sacra*) compiere, dire, eseguire **4** (*dir.*) (*di causa, di processo*) svolgere, compiere, fare, tenere **5** (*di contratto, di matrimonio, ecc.*) stipulare, rogare, contrarre, concludere.

celebratìvo agg. evocativo, commemorativo.

celebràto part. pass. di **celebrare**; anche agg. **1** (*di persona*) illustre, celebre, famoso □ lodato, commemorato, onorato **CONTR.** infamato, denigrato, vituperato **2** (*di ricorrenza*) festeggiato, solennizzato **3** (*di rito sacro*) compiuto, detto **4** (*dir.*) (*di causa, di processo*) svolto, compiuto, tenuto **5** (*di contratto, di matrimonio, ecc.*) stipulato, contratto.

celebrazióne s. f. commemorazione, festeggiamento, festa, cerimonia, anniversario, rievocazione, ricorrenza □ esaltazione, plauso.

cèlebre agg. famoso, illustre, noto, rinomato, glorioso, insigne, chiaro, inclito, preclaro (*lett.*), eminente, autorevole, esimio, importante, stimato **CONTR.** oscuro, ignoto, ignorato, sconosciuto.

celebrità s. f. **1** fama, rinomanza, gloria, notorietà, importanza **CONTR.** oscurità **2** (*di persona*) persona celebre, persona famosa, vip (*ingl.*), star (*ingl.*), gloria, autorità **CONTR.** nullità.

cèlere A agg. rapido, svelto, veloce, immediato, lesto, sbrigativo, spedito, sollecito, scattante, spicciativo, spiccio **CONTR.** lento, lungo, pigro, tardo **B** s. f. polizia motorizzata.

celerità s. f. rapidità, velocità, sveltezza, immediatezza, prestezza, speditezza, sollecitudine, scatto, solerzia **CONTR.** lentezza, calma, flemma, pigrizia, indugio.

celerménte avv. rapidamente, velocemente, sveltamente, speditamente, lestamente, sollecitamente, sbrigativamente, spicciativamente CONTR. lentamente, adagio, pigramente.

celèste A agg. **1** del cielo **2** (*fig.*) divino, paradisiaco, soprannaturale CONTR. infernale, diabolico **B** agg.; anche s. m. (*est.*) (*di colore*) azzurro, ceruleo, cilestre (*lett.*).

celestiàle agg. sovrumano, ineffabile, divino, paradisiaco, beato CONTR. infernale, diabolico.

cèlia s. f. scherzo, beffa, burla, canzonatura, baia, burletta, derisione, irrisione, dileggio, motteggio, lazzo.

celiàre v. intr. scherzare, burlare, beffare, canzonare, beffeggiare, dileggiare, deridere, motteggiare, punzecchiare.

cèlibe s. m.; anche agg. scapolo, celibatario CFR. nubile, zitella.

cèlla s. f. **1** cameretta, stanzetta **2** (*per vivande*) dispensa, cantina **3** vano □ cabina **4** (*di alveare*) celletta, alveolo.

cèllula s. f. **1** (*di corpo, di sostanza minerale e sim.*) cavità **2** (*tecnol.*) elemento, dispositivo, apparecchio, contenitore, recipiente **3** (*di partito, di organizzazione*) nucleo minimo, raggruppamento di base.

cellulàre A agg. **1** di cellula **2** carcerario **B** s. m. **1** carcere, prigione **2** (*est.*) (*per detenuti*) furgone, carrozzone.

cellulìte s. f. (*gener.*) adipe, grasso.

cellulòide s. f. (*est.*) film, cinema.

cémbalo s. m. (*mus.*) **1** clavicembalo, spinetta **2** tamburello.

cementàre v. tr. (*fig.*) (*di amicizia, di affetti e sim.*) saldare, consolidare, rinforzare, rinsaldare, raffermare, stringere, rinnovare CONTR. rompere, spezzare, impedire.

cementàto part. pass. di **cementare**; anche agg. (*fig.*) (*di amicizia, di affetti e sim.*) saldato, consolidato, stretto CONTR. rotto, spezzato, impedito.

cementazióne s. f. **1** (*di metallo*) indurimento **2** (*fig.*) (*di amicizia, di sentimento, ecc.*) rafforzamento, consolidamento, rinsaldamento, rinnovamento CONTR. rottura.

ceménto s. m. (*fig.*) forza unificante, consolidamento, rafforzamento, garanzia.

céna s. f. **1** pasto serale CFR. pranzo, desinare, colazione **2** (*est.*) banchetto, convito.

cenàcolo s. m. **1** (*nell'antichità*) sala da pranzo **2** (*di dipinto*) ultima cena **3** (*fig.*) (*di artisti, di letterati e sim.*) accolta, circolo, gruppo, fucina, officina.

cenàre v. intr. **1** fare cena **2** (*est.*) mangiare CFR. pranzare, desinare, fare colazione.

cenciaiòlo s. m. cenciaio, rigattiere, straccivendolo, stracciaiolo, stracciaio, robivecchi.

cèncio s. m. **1** straccio, brandello, brindello, biracchio (*raro, lett.*) **2** (*est.*) vestito logoro, vestituccio, straccio, straccetto **3** (*per pulire*) strofinaccio, panno, canovaccio **4** (*fig.*) cosa di poco valore, cosetta, ciarpa, ciarpame **5** (*est.*) (*di persona*) straccio (*fig.*), persona malridotta CONTR. fior di salute **6** (*al pl.*) (*di dolci*) frappa, frittella FRAS. *cappello a cencio*, cappello floscio.

cencióso agg. **1** (*di stoffa, di vestito, ecc.*) rattoppato, lacero, frusto, trito, liso, logoro, consunto, sbrindellato, strappato, stracciato CONTR. nuovo, sano, integro **2** (*di persona*) brindelloso, stracciato, lacero, sbrindellato, malconcio, malandato, malvestito, straccione, sbrendolone CONTR. elegante, chic (*fr.*).

cénere A s. f. (*raro*) m. **1** (*di legna, di carbone*) residuo, polvere **2** (*al pl. f.*) (*di corpo umano*) resti, resti mortali **B** in funzione di agg. inv. (*di colore*) cenerino, cinerino, cinereo, grigio, bigio FRAS. *andare in cenere* (*fig.*), andare completamente distrutto □ *ridurre in cenere* (*fig.*), distruggere, annientare □ *le Sacre Ceneri*, primo giorno di Quaresima.

cenerèntola [dal n. del famoso personaggio delle fiabe] s. f. (*est.*) ragazza umiliata □ persona trascurata, ultimo □ cosa trascurata.

cenerìno agg. grigio, grigiolino, bigio, cinereo, cenere, cenerognolo.

cenerógnolo o **cenerògnolo** agg. bigio, grigio, cenerino, cinerino, cenere.

cénno s. m. **1** (*di occhi, di mano, ecc.*) accenno, gesto, atto, segno, segnale, movimento, ammicco **2** (*di fatto, di discorso, ecc.*) traccia, spiegazione, notizie, allusione, accenno, menzione **3** (*est., fig.*) (*di stanchezza, di pace, ecc.*) indizio, avviso, manifestazione, segno, avvertimento, annuncio, sintomo.

cenòbio s. m. monastero, convento, eremo.

cenobìta s. m. (*anche fig.*) monaco, eremita, asceta, anacoreta.

cenobìtico agg. **1** monacale, monastico, conventuale, eremitico **2** (*fig.*) (*di vita, di esistenza e sim.*) austero, rigido, severo, grave, rigoroso, appartato, solitario CONTR. gaudente, pubblico.

censiménto s. m. **1** (*di popolazione, di beni, ecc.*) rilevazione, novero, valutazione, accampionamento **2** (*est.*) catasto, estimo **3** (*di dati*) raccolta.

censìre v. tr. **1** (*di popolazione, di beni, ecc.*) rilevare, noverare, valutare, accampionare **2** (*est.*) registrare, iscrivere **3** (*di dati*) raccogliere.

censìto part. pass. di **censire**; anche agg. registrato, iscritto, rilevato, raccolto.

cènso s. m. **1** (*nell'antica Roma*) censimento **2** (*raro*) patrimonio, entrate, rendite, beni, possesso, sostanza **3** (*est.*) ricchezza CONTR. povertà, miseria.

censóre s. m. **1** (*di scritto, di film, ecc.*) revisore, esaminatore, critico, giudice **2** (*nei convitti*) sorvegliante, educatore, precettore, istitutore, mentore **3** (*fig., spesso spreg.*) moralizzatore, biasimatore, catone.

censùra s. f. **1** (*di scritto, di film, ecc.*) controllo, revisione, esame critico, critica **2** (*est., fig.*) critica, biasimo, riprensione, rimprovero, condanna **CONTR.** elogio, lode, encomio, approvazione.

censuràbile agg. criticabile, biasimevole, biasimabile, riprovevole, condannabile **CONTR.** incensurabile, irreprensibile, elogiabile, lodevole, encomiabile.

censuràre v. tr. **1** (*di scritto, di film, ecc.*) rivedere, esaminare, controllare, correggere, tagliare **CONTR.** approvare, permettere **2** (*est., fig.*) (*di persona, di comportamento, ecc.*) biasimare, criticare, disapprovare, riprovare, riprendere, rimproverare, sindacare, stigmatizzare, deplorare, condannare **CONTR.** approvare, elogiare, lodare, esaltare, decantare, magnificare, encomiare.

censuratóre s. m.; anche agg. (f. *-trice*) censore.

centellinàre v. tr. **1** sorseggiare, sorsare (*raro*) **CONTR.** tracannare, ingollare, ingurgitare **2** (*fig.*) (*di discorso, di gioia, ecc.*) gustare, assaporare, delibare, degustare.

centenàrio A agg. centenne, secolare **B** s. m. **1** (*di persona*) centenne **2** (*di anniversario*) centennale.

centennàle agg. **1** centenario, secolare **2** (*di anniversario*) centenario.

centèsimo s. m. **1** (*est.*) soldo, lira, denaro **2** nulla, quasi nulla **CONTR.** molto **FRAS.** *lesinare il centesimo*, spendere con parsimonia □ *pagare al centesimo*, pagare scrupolosamente.

cèntina s. f. **1** (*di arco, di volta, ecc.*) ossatura, armatura, scheletro, struttura **2** (*di fusoliera*) armatura, nervatura **3** (*di ricamo*) smerlo.

centinàio s. m. **1** cento, circa cento **2** (*est.*) molti, molte, moltissimi, parecchi **CONTR.** pochi, pochissimi **FRAS.** *centinaia e centinaia*, moltissimi.

centinàre v. tr. **1** (*di volta, di arco, ecc.*) armare, sostenere □ sagomare **2** (*di stoffa*) ricamare, orlare, smerlare.

cènto agg. num. card. inv.; anche s. m. inv. (*est.*) molti, parecchi, innumerevoli, numerosi, moltissimi **CONTR.** pochi, rari **FRAS.** *novantanove volte su cento*, quasi sempre □ *al cento per cento*, completamente, del tutto.

centomìla agg. num. card. inv. (*est.*) moltissimi, parecchi, infiniti, innumerevoli **CONTR.** pochissimi, rari.

centóne s. m. **1** (*est.*) antologia **2** (*est.*) zibaldone, insieme eterogeneo.

centotrédici s. m. inv. (*est.*) pronto intervento, polizia.

centràle A agg. **1** di centro, del centro □ mediano, medio **CONTR.** periferico □ meridionale, settentrionale **2** (*fig.*) (*di problema, di argomento e sim.*) principale, fondamentale, primario, primo, precipuo, essenziale, capitale, sostanziale, dominante, massimo, basilare, maggiore **CONTR.** secondario, complementare, accessorio **B** s. f. **1** (*di banca, di scuola, ecc.*) sede principale **CONTR.** succursale, filiale, dépendance (*fr.*) **2** (*di beni, di servizi, ecc.*) centro, centro di produzione.

centralinìsta s. m. e f. telefonista.

centralizzàre v. tr. accentrare, concentrare, incentrare, riunire, raccogliere, unificare **CONTR.** decentrare, delegare, suddividere, pluralizzare.

centralizzàto part. pass. di **centralizzare**; anche agg. accentrato, unificato, concentrato, riunito **CONTR.** decentrato, delegato, suddiviso.

centralizzazióne s. f. accentramento, concentramento, incentramento, unificazione, riunione **CONTR.** decentramento, delega, suddivisione.

centràre v. tr. **1** (*di bersaglio*) inquadrare □ (*est.*) colpire, fare centro, cogliere **CONTR.** sbagliare, mancare, fallire **2** (*fig.*) (*di argomento*) azzeccare, indovinare, capire, cogliere, imbroccare **CONTR.** sbagliare, equivocare **3** (*di ruota, di elica e sim.*) equilibrare, bilanciare **CONTR.** sbilanciare, disequilibrare (*raro*), squilibrare.

centràto part. pass. di **centrare**; anche agg. **1** (*di bersaglio*) inquadrato □ (*est.*) colpito, colto **CONTR.** sbagliato, mancato, fallito **2** (*fig.*) (*di argomento*) azzeccato, indovinato, capito, colto, imbroccato **CONTR.** sbagliato, equivocato **3** (*di ruota, di elica e sim.*) equilibrato, bilanciato **CONTR.** sbilanciato, squilibrato.

centrìpeto agg. (*est.*) gravitazionale **CONTR.** centrifugo.

cèntro s. m. **1** (*anche fig.*) punto mediano □ parte centrale □ metà, mezzo □ nucleo, cuore **CONTR.** periferia **2** (*di discorso, di questione e sim.*) nocciolo, essenza, sostanza **3** (*di gravità*) baricentro **4** (*di terremoto*) epicentro **CONTR.** ipocentro **5** (*di organo*) nucleo **6** (*di attività, di iniziativa, ecc.*) polo, punto di incontro, luogo □ istituzione, istituto □ raggruppamento **7** (*nel calcio*) tiro a rete **FRAS.** *fare centro* (*fig.*), azzeccare, sfondare □ *essere nel proprio centro* (*fig.*), essere a proprio agio.

centuplicàre v. tr. (*fig.*) accrescere enormemente, moltiplicare, aumentare, incrementare **CONTR.** ridurre, diminuire.

centuplicàto part. pass. di **centuplicare**; anche agg. (*fig.*) enormemente accresciuto, moltiplicato, aumentato, incrementato **CONTR.** ridotto, diminuito.

céppo s. m. **1** (*di albero*) ceppa, ceppaia, base, piede **2** (*est.*) (*spec. quello di Natale*) ciocco □ (*est.*) Natale **3** (*fig.*) (*di famiglia, di popolazione*) capostipite **4** (*est.*) stirpe, famiglia, progenie, schiatta **5** (*di batteri*) coltura **6** (*di aratro*) base **7** (*di antiche artiglierie*) affusto **8** (*di freno, di ruote*) cuneo **9** (*al pl.*) (*di prigionieri*) blocchi □ (*est.*) catene **10** (*est., fig.*) schiavitù, asservimento, servitù, cattività, giogo, oppressione **CONTR.** libertà, affrancamento **11** (*al. pl.*) (*in ginnastica*) blocchi

FRAS. *spezzare i ceppi* (*fig.*), riacquistare la libertà.

céra (1) s. f. **1** (*est.*) candela **2** (*per scarpa*) lucido **FRAS.** *cera di Spagna*, ceralacca □ *essere di cera* (*fig.*), essere debole.

céra (2) s. f. **1** (*di viso*) carnagione, colorito, incarnato, colore **2** (*est.*) aspetto, espressione, aria.

ceràmica s. f. (*est.*) terracotta, faenza, maiolica, porcellana, terraglia.

ceràre v. tr. (*raro*) incerare.

ceràto part. pass. di **cerare**; anche s. m. e agg. incerato, impermeabile **CONTR.** permeabile.

cèrbero [dal n. del mitico custode dell'Ade] s. m. **1** custode burbero, guardiano severo □ carceriere **2** (*fig.*) iracondo, iroso, ringhioso, rabbioso.

cérca s. f. questua, accattonaggio, accatto, elemosina, busca.

cercàre A v. tr. **1** ricercare, frugare, rovistare, perlustrare, indagare, esplorare, perquisire, investigare **CONTR.** dare, offrire □ trovare, scoprire **2** (*est.*) (*di notizia, di informazione, ecc.*) domandare, chiedere, informarsi **CONTR.** dare, fornire **3** (*di gloria, di denaro, ecc.*) desiderare, agognare, ambire, aspirare, bramare **B** v. intr. (*di capire, di fuggire, ecc.*) tentare, sforzarsi.

cercàto part. pass. di **cercare**; anche agg. **1** ricercato, frugato **CONTR.** dato, offerto □ trovato, scoperto **2** (*di notizia, di informazione, ecc.*) richiesto **CONTR.** dato, fornito **3** (*di gloria, di denaro, ecc.*) desiderato, agognato, ambito, bramato.

cercatóre agg. (f. *-trice*); anche s. m. **1** ricercatore, investigatore, inquisitore, perquisitore, esploratore, indagatore **2** (*di frate*) questuante, cercante.

cérchia s. f. **1** (*di mura, di alberi, ecc.*) cinta, giro, cerchio, circolo, recinto, chiostra, corona, circonferenza, contorno, perimetro, circuito **2** (*di morene*) anfiteatro **3** (*fig.*) (*di persone, di amicizie, ecc.*) ambito, circolo, giro.

cerchiàre v. tr. cingere, circondare, recingere, contornare, serrare, legare, stringere, fasciare, avvolgere, avviluppare, attorniare.

cerchiàto part. pass. di **cerchiare**; anche agg. **1** circondato, cinto, contornato, serrato, legato, fasciato, avvolto, avviluppato, attorniato **2** (*di occhio*) infossato, pesto.

cérchio s. m. **1** circonferenza, circolo, giro, circuito, perimetro, cinta **2** (*di sfera celeste, di globo terrestre*) circolo, meridiano, parallelo, orbita **3** (*di ruota*) cerchione **4** (*di ornamento*) cerchietto, anello, orecchino, braccialetto, ghirlanda, corona **5** (*di persone, di compagnia, ecc.*) capannello, assembramento, crocchio, gruppo □ ambito, circolo, giro **6** (*di luce, di ombra*) zona.

cerebràle agg. **1** di cervello **2** (*fig.*) (*di persona, di opera, ecc.*) logico, arido, freddo, intellettuale **CONTR.** emotivo, passionale, impulsivo, spontaneo.

cerebralìsmo s. m. intellettualismo, calcolo **CONTR.** sentimentalismo, passionalità.

cerebralménte avv. logicamente, aridamente, freddamente **CONTR.** emotivamente, impulsivamente.

cèreo agg. (*di volto, di mani, ecc.*) pallido, bianco, smorto, terreo, sbiancato, esangue, livido **CONTR.** colorito, roseo, rubizzo, rubicondo.

cerimònia s. f. **1** (*relig.*) funzione, rito, liturgia **2** (*di avvenimento, di ricorrenza e sim.*) solennità, festa, celebrazione, commemorazione, anniversario **3** (*al pl.*) complimenti, smancerie, ossequi, convenevoli, convenienze, affettazione **CONTR.** sgarberia, villania **4** (*est.*) etichetta, formalità □ cerimoniale, rituale **CONTR.** familiarità **FRAS.** *senza cerimonie*, con semplicità □ *senza troppe cerimonie*, bruscamente.

cerimoniàle s. m.; anche agg. rituale □ etichetta, formalità.

cerimoniosaménte avv. ossequiosamente, complimentosamente, affettatamente **CONTR.** spontaneamente, familiarmente □ bruscamente.

cerimoniosità s. f. affettazione, ossequiosità **CONTR.** spontaneità, immediatezza □ ruvidità.

cerimonióso agg. complimentoso, ossequioso, affettato, gentile, smanceroso **CONTR.** spontaneo, familiare □ brusco, ruvido.

cerìno s. m. **1** fiammifero **2** stoppino.

cèrnere v. tr. (*lett.*) scegliere, separare, distinguere, selezionare, dividere **CONTR.** mescolare, mischiare, scompigliare, confondere.

cernièra s. f. **1** (*di porte, di finestre, ecc.*) serratura a incastro **2** (*di abito e sim.*) lampo, zip.

cèrnita s. f. scelta, selezione, separazione, spoglio, vaglio.

certaménte avv. indubbiamente, sicuramente, indubitatamente, indiscutibilmente, chiaramente, evidentemente, innegabilmente.

certézza s. f. convinzione, persuasione, sicurezza, assicurazione □ evidenza □ verità **CONTR.** incertezza, dubbio, timore.

certificàre A v. tr. attestare, affermare, precisare, asserire, documentare, sincerare, chiarire, testimoniare, garantire, informare **B certificarsi** v. rifl. (*raro*) convincersi, accertarsi, sincerarsi, assicurarsi.

certificàto s. m. attestazione, attestato □ documento, carta, foglio □ permesso.

certificazióne s. f. **1** documenti, documentazione □ attestazione **2** (*di documento*) autenticazione.

cèrto A agg. **1** indiscutibile, indubbio, immancabile, sicuro, indubitabile, assicurato, inconfutabile, ineluttabile, innegabile, incontrastabile, irrefutabile, inequivocabile **CONTR.** discutibile, ipotetico, controverso, indeterminato **2** (*di dato, di elemento, ecc.*) esplicito, manifesto, lampante, palese, sicuro, chiaro, evidente, concreto, reale **CONTR.** oscuro, incerto, dubbio, ambiguo **3** (*di persona*) convinto, persuaso, sicuro **CONTR.** incerto, perplesso, irresoluto, indeciso **B** agg. indef. **1** alcuno, qualche, alquanto **2** tale **C** pron. indef. al pl. alcuni, taluni, certuni **D** avv. certamente, sicuramente, indubitabilmente, indiscutibilmente, chiaramente, evidentemente, innegabilmente.

certòsa o **certósa** s. f. **1** (*di Certosini*) monastero, convento, abbazia **2** (*dial.*) cimitero.

certosìno A agg. (*fig.*) (*di vita, di persona*) duro, ritirato, solitario, laborioso, umile, paziente, appartato, faticoso, operoso **B** s. m. **1** monaco **2** (*est.*) (*di persona*) eremita, misantropo, anacoreta **3** (*di liquore*) chartreuse (*fr.*) **4** (*di dolce*) panspeziale, panpepato **FRAS.** *da certosino* (*fig.*), molto paziente.

cerùleo agg. (*lett.*) celeste, cerulo, azzurro, cilestrino, celestino, celestrino.

cervellìno s. m. **1** dim. di **cervello 2** intelligenza limitata **CONTR.** cervellone **3** (*fig.*) svanito, svampito, sciocco **CONTR.** sveglio, equilibrato.

cervèllo s. m. **1** (*est.*) testa, capo **2** uomo **3** (*est.*) senno, intelletto, intelligenza, giudizio, ingegno, pensiero, conoscenza, coscienza, ragione, discernimento, raziocinio, saggezza, criterio, buonsenso, assennatezza, avvedutezza **CONTR.** stoltezza, stupidità, insensatezza **4** (*fig.*) (*di organizzazione, di banda e sim.*) mente, capo **5** (*elab.*) elaboratore □ hard (*ingl.*) **CONTR.** soft (*ingl.*) **FRAS.** *avere il cervello di una gallina, di una formica* (*fig.*), essere poco intelligente □ *dare di volta il cervello* (*fig.*), impazzire.

cervelloticaménte avv. bizzarramente, capricciosamente, stranamente □ illogicamente, irragionevolmente **CONTR.** equilibratamente, sensatamente □ razionalmente.

cervellòtico agg. **1** (*di persona*) bizzarro, strano, stravagante, capriccioso, strambo, strampalato, fantasioso **CONTR.** equilibrato, sensato, ponderato **2** (*di pensiero, di discorso, ecc.*) arbitrario, irragionevole, illogico, arzigogolato, contorto **CONTR.** logico, sensato, ragionevole, chiaro, lineare.

cesellàre v. tr. **1** (*di metallo*) incidere, sbalzare **2** (*est., fig.*) (*di scritto, di opera d'arte e sim.*) rifinire, curare, perfezionare, limare, polire, levigare **CONTR.** sbozzare, abborracciare, raffazzonare.

cesellatóre s. m. (f. *-trice*) **1** incisore, bulinatore, bulinista **2** (*est., fig.*) (*di scrittore, di artista e sim.*) stilista, perfezionista **CONTR.** raffazzonatore, abborracciatore, superficiale.

cesellatùra s. f. incisione, sbalzo, bulinatura.

cesèllo s. m. punzone, bulino, scalpelletto, ciappola, granitoio **FRAS.** *lavorare di cesello*, cesellare (*anche fig.*).

cespùglio s. m. **1** cespo, cespite □ bronco **2** (*est., fig.*) (*di capelli*) groviglio.

cespuglióso agg. **1** (*di terreno*) pieno di cespugli, cespugliato, intricato **CONTR.** brullo, nudo **2** (*fig.*) (*di capigliatura*) aggrovigliato, folto, disordinato, avviluppato, intricato **CONTR.** ordinato, liscio, pettinato.

cessàre A v. intr. **1** finire, terminare, smettere, tralasciare, desistere, concludersi, esaurirsi, morire, perire **CONTR.** cominciare, avviarsi, iniziare, principiare **2** (*di attività commerciale*) chiudere **CONTR.** aprire, avviarsi, cominciare **B** v. tr. porre fine, finire, sospendere, compiere, concludere, interrompere **CONTR.** cominciare, incominciare, iniziare, principiare.

cessàte il fuòco loc. sost. m. solo sing. tregua, sospensione.

cessàto part. pass. di **cessare**; anche agg. finito, terminato, concluso, esaurito, morto, sospeso, compiuto, concluso, interrotto **CONTR.** iniziato, cominciato, avviato.

cessazióne s. f. interruzione, fine, chiusura, sospensione, conclusione **CONTR.** inizio, avvio, principio, avviamento.

cessióne s. f. **1** (*lett.*) abbandono, rinuncia **2** (*di diritti, beni e sim.*) trasferimento, consegna □ ritenuta.

cèsso s. m. (*pop.*) latrina, ritirata, camerino, gabinetto, bagno, toilette (*fr.*), water (*ingl.*).

césta s. f. **1** canestro, paniere, cesto, sporta, cestello, corbello, gerla, corba **2** (*di aerostato*) navicella **3** (*di attore*) corredo di scena.

cestèllo s. m. **1** dim. di **cesto 2** paniere, canestro, cestino, corbello.

cestìno s. m. **1** dim. di **cesto 2** panierino, canestrino, corbello □ sacchetto, involucro, borsa, borsina.

césto s. m. **1** cesta, paniere, canestro, canestra, corba, corbello, gerla **2** (*sport*) canestro.

cesùra s. f. **1** (*di verso*) pausa, spezzatura **2** (*fig.*) pausa, sospensione, posa □ rottura, iato.

cèto s. m. **1** classe, casta, ordine, stato, categoria, gruppo sociale **2** (*est.*) condizione, grado, professione.

cétra s. f. **1** (*mus.*) lira, pentacordo, eptacordo, testuggine **2** (*fig., poet.*) ispirazione, canto.

chalet /*fr.* ʃa'lɛ/ [vc. fr., dal preindeur. *cala* 'rientranza, riparo'] s. m. inv. **1** villetta, villino **2** edicola, chiosco, padiglione.

champagne /*fr.* ʃã'paɲ/ [fr., dalla regione fr. della *Champagne*, dove viene prodotto] **A** s. m. inv. (*gener.*) spumante **B** in funzione di agg. inv. (posposto a un s.) (*di colore*) biondo spento.

chance /*fr.* ʃãs/ [vc. fr., dal lat. *cadĕntia*, part. pres. nt. pl. di *cădere* 'cadere' (in questo caso 'caduta dei dadi')] s. f. inv. **1** probabilità, possibilità, opportunità **2** (*est.*) doti, qualità, numeri **3** (*est.*) occasione, fortuna, sorte, caso, alea.

charme /*fr.* ʃarm/ [vc. fr., dal lat. *carme(n)*

'carme, incantesimo'] s. m. inv. grazia, fascino, attrattiva, seduzione, avvenenza, amabilità, garbo, vaghezza, incanto **CONTR.** goffaggine, bruttezza, sgraziataggine, ineleganza, sgarbataggine, sgarbatezza.

charter /*ingl.* 'tʃa:tə/ [vc. ingl., propriamente 'statuto, carta'] **A** s. m. inv. **1** (*mar.*) nolo, noleggio **2** aereo non di linea **B** agg. non di linea.

châssis /*fr.* ʃa'si/ [vc. fr., da *châsse* 'cassa'] s. m. inv. **1** (*di autoveicolo*) autotelaio, telaio, struttura **2** (*di pellicola*) custodia.

check-up /*ingl.* 'tʃek ʌp/ [vc. ingl., lett. 'controllo'] s. m. inv. controllo, esame, esame di controllo.

chef /*fr.* ʃɛf/ [vc. fr., 'capo'] s. m. inv. capocuoco, maître (*fr.*).

cherubino s. m. **1** (*est.*) angelo **CONTR.** demonio, satana, diavolo **2** (*di dipinto o scultura*) putto.

chetichèlla vc.; solo nella loc. avv. *alla chetichella*, di nascosto, nascostamente, celatamente, furtivamente, di sotterfugio, silenziosamente, di soppiatto, quatto quatto, segretamente, tacitamente, di straforo, in sordina, sotto sotto **CONTR.** apertamente, chiaramente, scopertamente, ostentatamente, palesemente, francamente, evidentemente.

chewing-gum /*ingl.* 'tʃu:in gʌm/ [vc. amer., 'gomma (*gum*) da masticare (*chewing*)'] s. m. inv. gomma americana, cicca (*dial.*), bubble-gum (*ingl.*).

chi **A** pron. rel. m. e f. sing. **1** colui il quale, colei la quale **2** uno che, qualcuno che **3** se qualcuno **4** chiunque **B** pron. indef. correl. l'uno, l'altro, alcuni, altri **C** pron. interr. m. e f. quale persona, quali persone.

chiàcchiera s. f. **1** (*spec. al pl.*) discorso, conversazione **2** (*est.*) ciancia, ciarla □ dicerie, pettegolezzo **3** ciarlata, cicalata, vaniloquio, sproloquio, blateramento, cicaleccio **4** loquacità, parlantina, scilinguagnolo, verbosità, garrulità, logorrea, prolissità, lungaggine **CONTR.** laconicità, mutismo, concisione **5** (*al pl.*) (*di dolci*) chiacchiere di suora (*pop.*), meringa, spumiglia □ frappa **FRAS.** *fare due* o *quattro chiacchiere* (*fig., fam.*), parlare del più e del meno □ *a chiacchiere*, a parole.

chiacchieràre v. intr. **1** discorrere, parlare, conversare, dialogare, comunicare, discutere, confabulare, ragionare **CONTR.** tacere **2** malignare, spettegolare, pettegolare, sparlare, mormorare, criticare, spiattellare, spifferare, ridire, snocciolare, strombazzare, riferire, rivelare, cantare (*fig.*), fare la spia **CONTR.** tacere, ammutolire.

chiacchieràta s. f. **1** conversazione, dialogo **2** sproloquio, lungagnata, tiritera, cicalata, ciacolata (*sett.*), ciarlata, filastrocca.

chiacchieràto part. pass. di **chiacchierare**; anche agg. (*di persona*) di cui si sparla, dubbio, sospetto **CONTR.** pulito, onesto.

chiacchierìccio s. m. **1** chiacchierio, cicaleccio, brusio, cicalio, bisbiglìo, mormorio, vocio, ronzio, parlottio **CONTR.** silenzio **2** pettegolezzo, chiacchiere, maldicenza.

chiacchierìno agg.; anche s. m. ciarliero, loquace, chiacchierone, verboso, garrulo **CONTR.** silenzioso, taciturno, chiuso, laconico.

chiacchierìo s. m. chiacchiericcio, cicaleccio, brusio, parlottio, bisbiglìo, mormorio, vocio, cicalio, ronzio **CONTR.** silenzio.

chiacchieróne s. m.; anche agg. **1** ciarliero, loquace, verboso, parolaio, prolisso, logorroico **CONTR.** silenzioso, taciturno, chiuso, laconico **2** pettegolo, linguacciuto, maldicente, ciarlone, sparlatore, chiassone **CONTR.** riservato, abbottonato (*pop.*).

chiamàre **A** v. tr. **1** (*anche fig.*) interpellare, nominare, far venire, convocare, invitare, indurre, attirare □ gridare □ suonare □ svegliare, destare **2** (*di soldati, di alunni, ecc.*) convocare, radunare, adunare, raccogliere **CONTR.** congedare, licenziare **3** (*di nome, di soprannome*) nominare, mettere nome, soprannominare, denominare □ definire, qualificare, contraddistinguere **4** (*ad una carica*) designare, nominare, destinare, assumere, eleggere **5** (*di aiuto, di soccorso e sim.*) invocare, sollecitare, richiedere **CONTR.** dare, prestare **6** (*di spirito, di anime e sim.*) evocare **7** (*dir.*) citare **8** (*anche fig.*) trarre a sé, attirare **B** **chiamarsi** v. intr. pron. avere per nome, avere per cognome, soprannominarsi **C** v. rifl. (*lett.*) dichiararsi, riconoscersi **FRAS.** *chiamare le cose con il loro nome* (*fig.*), parlare francamente.

chiamàta s. f. **1** chiama, appello □ convocazione □ richiesta, ordine, invito, bando, richiamo, mobilitazione **2** (*est.*) (*al sacerdozio e sim.*) ispirazione, vocazione, attitudine, elezione, designazione **3** (*di scritto*) richiamo, nota, segno, indicazione **4** (*teat.*) applauso.

chiamàto part. pass. di **chiamare**; anche agg. **1** convocato, fatto venire, invitato, attirato □ svegliato, destato **2** (*di soldati, di alunni, ecc.*) convocato, riunito, adunato, raccolto **CONTR.** congedato **3** (*di nome*) detto, nominato, soprannominato, denominato □ qualificato **4** (*ad una carica*) designato, nominato, eletto **5** (*di aiuto e sim.*) invocato, sollecitato, richiesto **CONTR.** dato, prestato **6** (*di anime, di spirito*) evocato **7** (*dir.*) citato.

chiàppa s. f. spec. al pl. (*pop.*) natica.

chiàra s. f. (*pop.*) (*di uovo*) albume, bianco.

chiaraménte avv. con chiarezza, schiettamente, comprensibilmente, francamente, esplicitamente, evidentemente, limpidamente, lucidamente, palesemente, manifestamente, distintamente, pienamente **CONTR.** oscuramente, confusamente, involutamente, tortuosamente, ambiguamente.

chiarézza s. f. **1** limpidezza, luminosità, splendore, trasparenza, nitidezza, chiarità, lucentezza **CONTR.** oscurità **2** (*fig.*) (*di discorso, di comportamento, ecc.*) comprensibilità, evidenza, lucidità, intelligenza, intelligibilità, perspicuità, sincerità **CONTR.** incomprensibilità, ambiguità, tortuosità, confusione.

chiarificàre v. tr. **1** (*di liquido*) schiarire, purificare, depurare, distillare **CONTR.** intorbidare, inquinare **2** (*fig.*) (*di pensiero, di parole, ecc.*) chiarire, spiegare, delucidare, illustrare □ appurare, accertare, verificare **CONTR.** nascondere, confondere.

chiarificatóre agg. esplicativo, dichiarativo, interpretativo, illustrativo.

chiarificazióne s. f. **1** (*di liquido*) distillazione, purificazione **CONTR.** intorbidamento, inquinamento **2** (*fig.*) (*di discorso, di fatto, ecc.*) chiarimento, spiegazione, precisazione, delucidazione, illustrazione, descrizione, determinazione.

chiariménto s. m. spiegazione, chiarificazione, precisazione, delucidazione, illustrazione.

chiarìre A v. tr. **1** (*di liquido*) rendere chiaro, rendere limpido, distillare, purificare, chiarificare, depurare **CONTR.** intorbidare, inquinare **2** (*fig.*) (*di discorso, di fatto, ecc.*) delucidare, spiegare, precisare, chiarificare, definire, commentare, determinare, documentare, esemplificare, illuminare, illustrare, specificare **CONTR.** confondere, complicare, oscurare, adombrare **3** (*di verità, di motivo, ecc.*) appurare, risolvere, accertare, verificare, stabilire, cercare, definire **CONTR.** nascondere, coprire, confondere **B** v. intr. e **chiarirsi** intr. pron. (*di tempo, di aria e sim.*) schiarire, rasserenarsi **CONTR.** oscurarsi, offuscarsi, annebbiarsi, incupirsi, rabbuiarsi **C** v. rifl. accertarsi, assicurarsi, convincersi.

chiarìssimo agg. (*di persona*) illustrissimo, nobilissimo, eccellente, eminente, egregio.

chiarìto part. pass. di **chiarire**; anche agg. **1** spiegato, precisato, definito, illustrato **2** (*di verità, di motivo, ecc.*) appurato, risolto, accertato, definito **CONTR.** nascosto, confuso.

chiàro A agg. **1** (*di aria, di cielo, ecc.*) luminoso, lucente, splendente, limpido, sereno, terso, nitido, puro **CONTR.** scuro, oscuro, offuscato, buio, annuvolato, nuvoloso, nebbioso, brumoso **2** (*di colore*) pallido, tenue, leggero, scialbo, delicato, smorzato, spento **CONTR.** scuro, cupo, intenso, carico, vivace **3** (*di acqua, di liquido, ecc.*) puro, limpido, trasparente, cristallino **CONTR.** torbido, fangoso, limoso, limaccioso, melmoso, inquinato **4** (*fig.*) (*di discorso, di comportamento, ecc.*) onesto, sincero, schietto, franco, leale, aperto, esplicito, preciso, irrevocabile **CONTR.** falso, ambiguo, menzognero, ipocrita, dubbioso **5** (*fig.*) (*di suono*) limpido, squillante, argentino, terso, puro, penetrante **CONTR.** roco, rauco, fioco, cupo **6** (*fig.*) (*di intonazione, di tono*) netto, deciso, perentorio, risoluto **CONTR.** esitante, timoroso **7** (*fig.*) (*di linguaggio, di ragionamento, ecc.*) comprensibile, evidente, intelligibile, afferrabile, facile, nitido, indubbio, percettibile, capibile, accessibile **CONTR.** incomprensibile, inintelligibile, oscuro, confuso, contorto, difficile, inafferrabile, enigmatico, involuto **8** (*di persona*) illustre, insigne, egregio, celebre, famoso, rinomato **CONTR.** oscuro, sconosciuto **B** s. m. **1** (*di lanterna, di luna, ecc.*) chiarezza, luminosità, lume, chiarore, luce **CONTR.** buio, oscurità **2** (*di disegno*) lumeggiatura **C** in funzione di avv. apertamente, francamente, sinceramente, lealmente, schiettamente, onestamente **CONTR.** oscuramente, confusamente, tortuosamente, involutamente **FRAS.** *giorno chiaro*, mattino avanzato □ *chiaro e tondo* (*fig.*), netto, deciso, decisamente □ *mettere in chiaro* (*fig.*), chiarire □ *non vederci chiaro* (*fig.*), notare qualcosa di losco □ *cantarla chiara* (*fig.*), parlare senza peli sulla lingua.

chiaróre s. m. luce, bagliore, albore, crepuscolo, barlume, barbaglio, lume, albeggiamento, chiaria (*poet.*), luccicore, luminosità, limpidezza, splendore, fulgore, lucentezza, sfolgorio, biancore **CONTR.** buio, tenebra, oscurità, opacità, caligine, offuscamento.

chiaroscùro s. m. (*fig.*) alternanza, contrasto.

chiaroveggènte agg.; anche s. m. e f. indovino, veggente, divinatore, profetico, profeta, mago, pronosticatore, astrologo, chiromante, vate, vaticinatore.

chiaroveggènza s. f. **1** preveggenza, divinazione, prescienza, astrologia, chiromanzia, antiveggenza, anticonoscenza **2** (*est.*) perspicacia, sagacità, intuizione, presentimento, acutezza, acume, intuito, sottigliezza **CONTR.** ottusità, tardezza, cecità, torpidità.

chiassàta s. f. **1** strepito, rumore, bordello (*fig.*), casino (*pop.*), strepitio, vocio, gridio, urlio, cagnara (*fig., fam.*), gazzarra, bailamme, baraonda, schiamazzo, finimondo, pandemonio, putiferio, scompiglio, subbuglio **CONTR.** calma, tranquillità, quiete **2** lite, litigata, scenata, alterco □ rabbuffo.

chiàsso s. m. **1** rumore, fracasso, frastuono, clamore, tumulto, baccano, strepito, strepitio, clangore (*lett.*), fragore, stridore, rombo, rimbombo, trambusto, tramestio, trapestio **CONTR.** silenzio **2** (*est.*) schiamazzo, cagnara (*fam.*), baraonda, gazzarra, bailamme, scompiglio, pandemonio, vocio, finimondo, putiferio, casino (*fig., pop.*), gridio, baccano **CONTR.** silenzio, quiete **3** (*est.*) clamore, scalpore, fama, successo, spicco, curiosità, interesse **CONTR.** indifferenza.

chiassóne agg.; anche s. m. chiacchierone, estroverso, burlone, fracassone, allegrone, ridanciano, mattacchione, giovialone, piacevolone **CONTR.** taciturno, musone □ introverso.

chiassosaménte avv. **1** rumorosamente, clamorosamente **CONTR.** silenziosamente, tacitamente **2** (*est.*) (*di vestire e sim.*) vistosamente, sfarzosamente, in modo sgargiante **CONTR.** modestamente.

chiassóso agg. **1** clamoroso, rumoroso, fragoroso, tonante, rintronante, rimbombante, fracassone, rumoreggiante, sonoro, strepitante, strillante, urlante **CONTR.** silenzioso, silente, tacito **2** (*est.*) (*di abito, di colore, ecc.*) sgargiante, vistoso, sfacciato, sguaiato, appariscente **CONTR.** delicato, modesto.

chiàtta s. f. zattera, barcone.

chiavàta s. f. **1** (*volg.*) coito, amplesso **2** (*volg., fig.*) imbroglio, truffa, fregata (*volg.*) □ danno, rovina.

chiàve A s. f. **1** (*fig.*) (*di vicenda, di problema, ecc.*) perno, fulcro, cardine, centro □ mezzo per risolvere, soluzione **2** (*fig.*) (*di luogo, di città, ecc.*) punto strategico, perno **3** (*fig.*) tono, carattere, aspetto, angolazione **B** in funzione di agg. inv. (posposto a un s.) risolutivo, decisivo, determinante, importante **CONTR.** insignificante, nullo **FRAS.** *sotto chiave* (*fig.*), ben custodito, prigioniero □ *avere le chiavi di qualcosa* (*fig.*), avere in mano la situazione □ *avere le chiavi del cuore di uno* (*fig.*), dominare la volontà e i sentimenti di uno □ *chiave di volta* (*fig.*), elemento fondamentale □ *in chiave politica* (*fig.*), sotto l'aspetto politico.

chiàvica s. f. **1** fogna, cloaca **2** paratoia, saracinesca, cateratta, chiusa, tombino, compluvio, acquaio (*pop.*).

chiavistèllo s. m. catenaccio, paletto, chiavaccio, catorcio, saliscendi.

chiàzza s. f. **1** (*di pelle*) macchia **2** (*est.*) patacca, pillacchera, frittella, imbratto, padella.

chiazzàre v. tr. **1** macchiare **2** (*est.*) impataccare, imbrattare, insudiciare, sporcare, lordare, insozzare, impillaccherare, impiastricciare **CONTR.** pulire, smacchiare, nettare, lavare.

chiazzàto part. pass. di **chiazzare**; anche agg. **1** macchiato **2** (*est.*) impataccato, imbrattato, sporco, insozzato, lordo **CONTR.** pulito, netto, lavato.

chic /*fr.* ʃik/ **A** agg. inv. fine, elegante, raffinato, distinto, squisito, snob (*ingl.*) **CONTR.** volgare, rozzo, comune, dozzinale, grossolano **B** s. m. inv. raffinatezza, eleganza, distinzione **CONTR.** rozzezza, volgarità, grossolanità.

chicca s. f. **1** (*inft., fam.*) confetto, caramella, pasticcino, zuccherino, pasticca, cioccolatino, dolcino, biscotto, dolciume **2** (*fig.*) preziosità, rarità, squisitezza.

chicchessìa pron. indef. m. e f. solo sing. **1** chiunque, qualunque, qualsivoglia persona **2** (*in frasi negative*) nessuno, veruno, alcuno.

chicco s. m. **1** (*di caffè, di grandine, ecc.*) seme, granello, grano **2** (*di uva*) acino, grano.

chièdere A v. tr. **1** domandare, richiedere, esigere, imporre, pretendere □ informarsi **CONTR.** dare, offrire **2** (*di pace, di tranquillità e sim.*) desiderare, ricercare, sollecitare, invocare **3** (*ass.*) elemosinare, mendicare **B** v. intr. (*fam.*) chiamare, volere **FRAS.** *chiedere scusa*, scusarsi □ *chiedere la mano di una donna* (*fig.*), chiederla in moglie.

chièrica o **chièrica** s. f. tonsura.

chièrico o **chièrico** s. m. **1** sacerdote, prete, seminarista, ostiario, accolito **CONTR.** laico **2** (*est.*) sagrestano **3** (*lett.*) dotto, letterato.

chièsa s. f. **1** (*di credenti, di fedeli*) società, comunità **2** (*per anton.*) Chiesa cattolica **3** (*est.*) tempio, basilica, cattedrale, duomo, abbazia, certosa, collegiata, oratorio, cappella, santuario **4** parrocchia, pieve **5** (*fig., spreg.*) conventicola.

chièsto part. pass. di **chiedere**; anche agg. domandato, richiesto, sollecitato, invocato, elemosinato, preteso **CONTR.** dato, offerto.

chiesuòla s. f. **1** cappella, chiesetta, chiesina **2** (*fig., spreg.*) (*di politicanti e sim.*) conventicola **3** (*di artisti, di letterati e sim.*) cenacolo, accolta **4** (*di bussola magnetica*) abitacolo.

chignon /*fr.* ʃiˈɲɔ̃/ [vc. fr., in origine 'nuca'] s. m. inv. (*di capelli*) crocchia, nodo.

chilometràggio s. m. (*est.*) chilometri.

chilomètrico agg. (*fig.*) interminabile, lunghissimo, inesauribile, infinito, eterno **CONTR.** breve, corto, sintetico.

chimèra [dal n. del favoloso mostro con corpo e testa di leone e seconda testa di capra] s. f. (*fig.*) fantasticheria, illusione, utopia, speranza, sogno, fantasticaggine (*raro*), lusinga, miraggio, inganno, immaginazione **CONTR.** realtà, verità.

chimèrico agg. (*fig.*) stravagante, fantastico, illusorio, utopico, immaginifico, apparente, ingannevole, favoloso, fallace, ingannatore **CONTR.** vero, reale, realistico, certo, positivo, concreto.

chìna s. f. pendice, declivio, pendio, scesa, discesa, scoscendimento, calata, clivio **CONTR.** salita, erta **FRAS.** *prendere una brutta china* (*fig.*), prendere una strada pericolosa, volgersi al male.

chinàre A v. tr. piegare, curvare, reclinare, abbassare, inclinare, inchinare **CONTR.** alzare, sollevare, rialzare **B chinarsi** v. rifl. **1** piegarsi, curvarsi, abbassarsi, inclinarsi, inchinarsi **CONTR.** alzarsi, sollevarsi, drizzarsi, rialzarsi, rizzarsi, ergersi **2** (*fig.*) (*di persona*) sottomettersi, rassegnarsi, umiliarsi, accettare, obbedire, ossequiare **CONTR.** ribellarsi, rivoltarsi **FRAS.** *chinare il capo, chinare la schiena* (*fig.*), sottomettersi.

chinàto part. pass. di **chinare**; anche agg. **1** piegato, curvato, reclinato, abbassato **CONTR.** alzato, sollevato, rialzato **2** (*fig.*) (*di persona*) sottomesso, rassegnato, umiliato, obbediente **CONTR.** ribelle.

chincaglierìa s. f. cianfrusaglia, minuzie, minuteria, minutaglia, ninnolo.

chìno agg. chinato, piegato, ripiegato, reclinato, abbassato **CONTR.** alto, ritto, alzato.

chiòcciola s. f. **1** (*est.*) lumaca **2** (*tecnol.*) madrevite **3** (*mus.*) (*di violino*) riccio **4** caracollo **FRAS.** *a chiocciola*, a vite, a spirale, elicoidale.

chiòdo s. m. **1** (*pop.*) fitta, dolore, trafitta, trafittura, nevralgia **2** (*fig.*) idea fissa, ossessione, assillo, fissazione, mania, incubo, pallino (*pop.*), tormento **3** (*fig.*, *fam.*) debito **FRAS.** *roba da chiodi* (*fig.*), cose incredibili, assurdità, porcheria □ *battere sullo stesso chiodo* (*fig.*), insistere sullo stesso argomento.

chiòma s. f. **1** (*di persona*) capigliatura, zazzera, capellatura (*lett.*), capelliera (*lett.*) **CONTR.** calvizie, pelata (*pop.*) **2** (*est.*) (*di animale*) criniera, crine **3** (*fig.*) (*di albero*) fronde, rami, foglie **4** (*di cometa*) alone, corona, scia, coda.

chiomàto agg. **1** (*di persona*) capelluto, capellone, zazzeruto **CONTR.** calvo, pelato (*pop.*) **2** (*di animale*) crinito **3** (*di albero*) frondoso, fronzuto, frondeggiante.

chiòsa s. f. glossa, postilla, nota, spiegazione, commento.

chiosàre v. tr. **1** postillare, annotare, glossare **2** (*est.*, *lett.*) commentare, spiegare, chiarire, esporre.

chiòsco s. m. **1** (*di giornalaio, di gelataio, ecc.*) casotto, edicola, padiglione **2** (*di arbusti, di alberi e sim.*) capanno, pergola, berceau (*fr.*), bersò, pergolato.

chiòstra s. f. (*lett.*) recinto, cerchia, chiusura, cinta, giro, corona, cerchio, circolo, anello, chiudenda, corte, riparo.

chiòstro s. m. **1** (*di monastero*) cortile **2** (*est.*) convento, monastero **3** (*fig.*) clausura, cella.

chiòtto agg. **1** quieto, silenzioso, ritirato, cheto, quatto, taciturno **CONTR.** rumoroso, agitato, irrequieto, loquace, ciarliero **2** sornione, subdolo **CONTR.** franco, aperto.

chiromànte s. m. e f. indovino, veggente, preveggente.

chiromanzìa s. f. preveggenza, chiroscopia.

chirùrgo s. m. medico, operatore.

chiùdere A v. tr. **1** (*di apertura, di passaggio, ecc.*) serrare, otturare, tappare, sbarrare, sprangare, sigillare, turare, zaffare, piombare, ostruire, murare, legare, fermare, barrare **CONTR.** schiudere, dischiudere, aprire **2** (*di persona, di cosa*) serrare, accerchiare, asserragliare, stringere, imprigionare, rinserrare □ calettare **CONTR.** disserrare, liberare **3** (*di spazio*) limitare, recingere, delimitare, circoscrivere, trincerare, assiepare, circondare **CONTR.** aprire **4** (*di ali, di braccia e sim.*) ripiegare **CONTR.** spiegare **5** (*di denaro, di oggetti e sim.*) riporre, nascondere, serrare, inchiavardare **6** (*di attività*) sospendere, cessare, finire **CONTR.** aprire, iniziare **7** (*di scritto, di lavoro, ecc.*) terminare, ultimare, concludere, finire **CONTR.** iniziare, cominciare **8** (*di fila, di elenco, ecc.*) essere l'ultimo, essere in coda **CONTR.** aprire, essere il primo, essere in testa **B** v. intr. (*di porta, di sportello e sim.*) combaciare **C chiudersi** v. intr. pron. **1** serrarsi **2** (*di ferite*) rimarginarsi, cicatrizzarsi **CONTR.** aprirsi **3** (*di tempo, di cielo*) oscurarsi, annuvolarsi, incupirsi, rannuvolarsi **CONTR.** rasserenarsi, aprirsi, rischiararsi **D** v. rifl. **1** (*nello scialle, nel cappotto e sim.*) avvolgersi **2** (*fig.*) (*in casa, in sé, ecc.*) raccogliersi, nascondersi, ritirarsi **CONTR.** uscire **FRAS.** *chiudere un occhio* (*fig.*), lasciar correre □ *non chiudere occhio* (*fig.*), non riuscire a dormire □ *chiudere la bocca a uno* (*fig.*), non permettergli di parlare □ *chiudere la porta in faccia* (*fig.*), scacciare, non aiutare □ *chiudere i giorni* (*fig.*), morire.

chiùnque A pron. indef. solo sing. **1** qualunque persona **2** chicchessia, tutti, ognuno **B** pron. rel. indef. solo sing. qualunque persona che.

chiùsa s. f. **1** barricata, assito, ostacolo, riparo, recinto, cancellata **2** (*di bacino, di canale*) sbarramento, diga, cateratta, diaframma, argine □ pescaia **3** (*di valle*) restringimento **4** (*di componimento, di discorso e sim.*) conclusione, fine **CONTR.** inizio.

chiusìno s. m. **1** (*di pozzetto, di botola e sim.*) tombino, coperchio **2** (*di forno*) chiusura, coperchio, lastra.

chiùso A agg. **1** (*di apertura, di passaggio, ecc.*) serrato, suggellato, sbarrato, sprangato, sigillato, otturato, ostruito, tappato, murato, piombato, fermato, legato, barrato **CONTR.** aperto, accessibile, scoperto, schiuso, socchiuso **2** (*di persona, di cosa*) serrato, accerchiato, asserragliato, stretto, imprigionato, rinserrato **CONTR.** disserrato, liberato **3** (*di spazio*) limitato, recinto, delimitato, circoscritto, circondato **CONTR.** aperto **4** (*di ali, di braccia*) ripiegato **CONTR.** aperto **5** (*di denaro, di oggetti*) riposto, nascosto **6** (*di attività*) finito **CONTR.** iniziato **7** (*di luogo*) inaccessibile, impenetrabile, celato, ascoso, nascosto, riparato **CONTR.** aperto, accessibile **8** (*di tempo, cielo*) coperto, nuvoloso, oscurato, cupo **CONTR.** aperto, sereno, chiaro, limpido **9** (*fig.*) (*di linguaggio*) incomprensibile, oscuro, sibillino **CONTR.** chiaro, comprensibile **10** (*fig.*) (*di temperamento, di persona*) riservato, introverso, taciturno, ritirato, raccolto **CONTR.** estroverso, loquace, ciarliero, logorroico **B** s. m. recinto, chiusura, steccato **FRAS.** *a occhi chiusi* (*fig.*), con molta sicurezza; sbadatamente; completamente.

chiusùra s. f. **1 CONTR.** apertura **2** (*fig.*) (*di discussione, di attività, ecc.*) fine, cessazione, conclusione, termine **CONTR.** inizio, principio, apertura **3** (*di porta, di abito, ecc.*) serratura □ abbottonatura, lampo, cerniera **4** (*fig.*) (*verso persona o cosa*) preclusione **CONTR.** apertura.

choc /*fr.* ʃɔk/ [fr., da *choquer* 'urtare'] s. m. inv. trauma, urto, scossa, colpo, shock (*ingl.*).

ci **A** pron. pers. atono di prima pers. pl. **1** noi **2** a noi **B** in funzione di pron. dimostr. **1** di ciò, in ciò, su ciò, su questo, questa cosa, quella cosa, quelle cose **2** (*dial.*) a lui, a lei, a loro **C** avv. **1** qui, lì, là, in questo luogo, in quel luogo **2** da questo luogo, da quel luogo, per questo, per quel luogo.

ciabàtta s. f. **1** pantofola, pianella, babbuccia **2** scarpetta, scarpa vecchia **3** (*fig.*) (*di cosa*) roba vecchia, roba da nulla **4** (*fig.*) (*di persona*) carcassa, rottame, rudere.

ciabattàio s. m. pantofolaio.

ciabattàre v. intr. **1** strascicare, acciabattare, scalpicciare, scarpicciare, strascinare **2** (*fig.*) lavoracchiare, abborracciare, acciarpare, raffazzonare.

ciabattìno s. m. calzolaio.

ciabattóne s. m. **1** (*fam.*) strascicone, ciampicone (*tosc.*) **2** (*fig.*) acciarpone, abborracciatore, improvvisatore, raffazzonatore, ciabattino (*fig.*), ciarlatano **3** (*fig.*) sciattone, cialtrone, straccione, sciamannato, trascurato **CONTR.** elegantone, damerino, dandy (*ingl.*), snob (*ingl.*).

ciàlda s. f. **1** brigidino, wafer (*ingl.*), ostia **2** coccarda.

cialtróne s. m. **1** mascalzone, briccone, gaglioffo, manigoldo, sfacciato **2** pigrone, sfaccendato, ciabattone, trasandato **CONTR.** dinamico □ elegantone, accurato.

cialtronerìa s. f. **1** mascalzonaggine, bricconaggine, bricconeria, birbanteria, furfanteria **CONTR.** onestà, probità **2** cialtronata, mascalzonata, gaglioffata **3** sciatteria, trascuratezza, sciattaggine, trascurataggine, negligenza, pigrizia **CONTR.** ordine, accuratezza, eleganza, pulizia.

ciambèlla s. f. **1** buccellato, bracciatella (*region.*), berlingozzo (*tosc.*) **2** salvagente **3** (*di capelli*) cercine.

ciància s. f. **1** chiacchiera, ciarla, ciarlata, cicalata, sproloquio, vaniloquio, blateramento, cicaleccio **2** fandonia, diceria, mormorazione, pettegolezzo, maldicenza, invenzione, malignità, calunnia, insinuazione **CONTR.** verità.

cianciàre v. intr. blaterare, chiacchierare, ciarlare, cicalare, straparlare, pettegolare, spettegolare, sparlare, spifferare, spiattellare **CONTR.** tacere.

ciancicàre **A** v. intr. **1** blaterare, farfugliare, barbugliare, tartagliare, balbutire, cincischiare **2** biascicare, biasciare **3** (*est.*) lavoricchiare, lavorucchiare, lavoracchiare, scarognare **B** v. tr. (*dial.*) gualcire, spiegazzare, sgualcire, brancicare, sciupare.

cianfrusàglia s. f. chincaglieria, inezia, bazzecola, bagattella, minuteria, minutaglia, ninnolo.

ciangottàre v. tr. **1** balbettare, cianciare, barbugliare, tartagliare, biascicare, parlottare, bisbigliare, farfugliare **2** cianciare, cicalare, ciarlare, blaterare **CONTR.** tacere **3** (*di uccelli*) cinguettare, cantare **4** (*est.*) (*di acqua*) gorgogliare, chioccolare, mormorare.

ciangottìo s. m. **1** balbettio, balbettamento, barbugliamento, tartagliamento, biascicamento **2** parlottio, chiacchierio **3** (*di uccelli*) cinguettio, pigolio **4** (*di acqua*) gorgoglio, chioccolio, mormorio.

cianòtico agg. (*est.*) bluastro, livido.

ciaramèlla s. f. cennamella, piva, cornamusa, zampogna.

ciàrla s. f. **1** pettegolezzo, malignità, maldicenza, calunnia, mormorazione, fandonia, invenzione, voce, diffamazione, insinuazione, diceria **CONTR.** verità **2** chiacchiera, ciancia, ciarlata, cicalata, ciacola (*sett.*), ciacolata (*sett.*), cicaleccio, blateramento **3** (*fam.*, *scherz.*) loquacità, parlantina, scilinguagnolo, verbosità, garrulità, prolissità **CONTR.** laconicità, mutismo, concisione.

ciarlàre v. intr. **1** chiacchierare, cianciare, blaterare, cicalare, straparlare, parlottare, vociare **CONTR.** tacere **2** pettegolare, spettegolare, pettegoleggiare (*raro*), criticare, mormorare, spifferare **CONTR.** tacere.

ciarlatanerìa s. f. **1** ciurmeria, imbroglio, inganno, impostura, mistificazione, frode, truffa, trappola, abbindolamento **2** buffonaggine, millanteria, iattanza, vanagloria.

ciarlatàno s. m. **1** imbonitore, cantambanco, strillone, saltimbanco, cabalista (*raro*) **2** (*est.*) imbroglione, impostore, gabbamondo, mistificatore, ciurmatore, ingannatore, frodatore, truffatore, abbindolatore, trappolone **CONTR.** galantuomo **3** incapace, ciabattone, improvvisatore, raffazzonatore **CONTR.** competente, esperto, preciso, perfezionista.

ciarlièro agg. chiacchierino, chiacchierone, loquace, garrulo, pettegolo, linguacciuto **CONTR.** taciturno, silenzioso, laconico.

ciarlóne agg.; anche s. m. chiacchierone, linguacciuto, pettegolo, blaterone, cicalone, ciarlatore, parolaio **CONTR.** taciturno, silenzioso, laconico, conciso.

ciarpàme s. m. cenci, robaccia, cianfrusaglia.

ciascùno **A** agg. indef. solo sing. ogni, ognuno **B** pron. indef. solo sing. ognuno, tutti.

cibàre **A** v. tr. **1** alimentare, nutrire, imboccare, sfamare **CONTR.** affamare **2** (*est.*) allevare, sostenere **B** **cibarsi** v. rifl. nutrirsi, sostenersi, alimentarsi **CONTR.** digiunare.

cibària s. f. cibi, vettovaglie, commestibili, alimenti, viveri.

cìbo s. m. **1** alimento, cibaria, commestibile, nutrimento, nutritura (*ant.*), sostentamento **2** vivanda, pietanza, vitto, pasto.

cibòrio s. m. **1** tabernacolo, edicola **2** (*est.*) pisside.

cicàla s. f. (*fig.*) chiacchierone, pettegolo, ciarlone **FRAS.** *cicala di mare*, canocchia.

cicalàre v. intr. chiacchierare, ciarlare, blaterare, cianciare, spettegolare, pettegoleggiare (*raro*) **CONTR.** tacere.

cicaléccio s. m. **1** chiacchiericcio, chiacchierio, cicalio, brusio **2** (*est.*) cinguettio.

cicalìo s. m. chiacchiericcio, chiacchierio, cicaleccio, brusio, mormorio, ronzio.

cicatrizzànte part. pres. di **cicatrizzare**; anche agg. e s. m. vulnerario.

cicatrizzàre A v. tr. rimarginare, sanare, guarire **CONTR.** aprire **B cicatrizzarsi** v. intr. e intr. pron. (*anche fig.*) rimarginarsi, rigenerarsi, sanarsi, chiudersi, guarire **CONTR.** aprirsi.

cicatrizzàto part. pass. di **cicatrizzare**; anche agg. rimarginato, sanato, guarito, chiuso **CONTR.** aperto.

cicatrizzazióne s. f. rimarginazione, guarigione **CONTR.** apertura.

cìcca s. f. **1** (*di sigaretta o sigaro*) mozzicone, avanzo **2** (*fig.*) nulla, cosa da nulla.

cicchétto s. m. **1** (*di liquore o vino*) bicchierino **2** rabbuffo, rimprovero, ramanzina, sgridata, rimbrotto, strapazzata, paternale, strigliata, predicozzo **CONTR.** lode, elogio, encomio.

cìccia s. f. (*fam.*) carne.

ciccióne s. m. (*fam.*) grassone, corpulento, pingue, obeso **CONTR.** magro, secco, segaligno, affilato, asciutto, allampanato.

ciceróne [dal n. del famoso oratore latino M. Tullio *Cicerone*] s. m. **1** (*di musei, di città*) accompagnatore, guida **2** (*est., fam., scherz.*) parlatore, saccentone, sapientone.

cicisbèo s. m. **1** (*nel sec. XVIII*) cavalier servente **2** (*est.*) damerino, vagheggino, corteggiatore, amoroso, civettone, dandy (*ingl.*), playboy (*ingl.*).

ciclamìno in funzione di agg. inv. (posposto a un s.) (*di colore*) rosa-violaceo.

ciclicaménte avv. periodicamente, a fasi alterne **CONTR.** discontinuamente, irregolarmente.

ciclicità s. f. periodicità □ (*est.*) regolarità, continuità, ritmicità **CONTR.** aperiodicità, discontinuità.

cìclico agg. periodico, ricorrente, ritmico □ (*est.*) regolare **CONTR.** aperiodico, intermittente, discontinuo.

cìclo s. m. **1** (*di fenomeno, di tempo, ecc.*) successione, periodo, serie, fase, concentrazione, sequenza, sequela, circolo, giro, corso **CONTR.** aperiodicità, discontinuità **2** (*di malattia*) decorso **3** (*di conferenze, di opere, ecc.*) serie, gruppo.

ciclóne s. m. **1** uragano, turbine, tornado, bufera, tromba d'aria, vortice, tempesta **2** (*fig.*) (*di persona*) irruento, turbine (*fig.*) **FRAS.** *nell'occhio del ciclone* (*fig.*), nel momento più critico.

ciclòpe [da mitici *ciclopi*, giganti con un solo occhio in mezzo alla fronte] s. m. (*est.*) gigante, colosso, omaccione, omone **CONTR.** omuncolo, pigmeo, lillipuziano, nano.

ciclòpico agg. (*est.*) colossale, enorme, gigantesco, immane, smisurato, mastodontico, titanico, potente, poderoso **CONTR.** piccolo, nano, minuscolo.

cièco agg.; anche s. m. **1** orbo, accecato **CFR.** monocolo, guercio **2** (*est.*) ottenebrato, accecato, inconsiderato, sconsiderato, offuscato, irragionevole, sconvolto, folle, pazzo **CONTR.** riflessivo, sereno, ponderato **3** (*di obbedienza, di fedeltà, ecc.*) totale, assoluto **4** (*di passione, di paura, ecc.*) sconvolgente, travolgente **5** (*est.*) (*di vicolo, di finestra, ecc.*) chiuso, murato, coperto, occulto, nascosto, invisibile, ostruito, senza uscita, senza sbocco, finto **CONTR.** aperto, visibile, evidente, vero **6** (*di luogo*) buio, tenebroso **CONTR.** chiaro, illuminato, luminoso **FRAS.** *vicolo cieco* (*fig.*), situazione senza via d'uscita □ *alla cieca* (*fig.*), senza vedere, senza riflettere, a tentoni, a caso, sconsideratamente.

cièlo s. m. **1** firmamento, volta celeste **CONTR.** terra **2** atmosfera, aria, etere, clima **3** (*fig.*) (*di ambiente, di recipiente, ecc.*) parte superiore, volta, cupola, soffitto **CONTR.** pavimento **4** (*fig., relig.*) paradiso, empireo **CONTR.** inferno **5** (*est.*) Dio, divinità, Provvidenza **6** (*nel sistema tolemaico*) sfera, sfera celeste **FRAS.** *toccare il cielo con un dito* (*fig.*), essere felicissimo □ *innalzare al cielo* (*fig.*), esaltare □ *sotto un altro cielo* (*fig.*), in un altro paese □ *apriti cielo!*, perbacco! □ *essere al settimo cielo* (*fig.*), essere al colmo della felicità □ *a cielo aperto*, allo scoperto □ *non stare né in cielo né in terra* (*fig.*), essere assurdo.

cìfra s. f. **1** segno, nota, carattere **2** (*est.*) numero **3** (*di denaro*) somma, ammontare **4** (*di nome, di iniziale*) monogramma, sigla **5** (*di messaggio e sim.*) codice, formula, chiave **6** (*mus.*) carattere.

cifràre v. tr. **1** (*di biancheria*) siglare **2** (*di messaggio, di dispaccio e sim.*) trascrivere **CONTR.** decriptare, decrittare, decifrare, decodificare.

cifràrio s. m. formulario, codice.

cifràto part. pass. di **cifrare**; anche agg. **1** siglato **2** crittografico **CONTR.** chiaro **3** (*est.*) oscuro, ermetico **CONTR.** chiaro, comprensibile, evidente, palese.

cìglio s. m. **1** (*di palpebra*) orlo (*est.*), pelo, peluzzo **2** (*est.*) sopracciglio **3** (*poet.*) occhio, sguardo, vista, volto **4** (*di strada, di fosso, ecc.*) margine, sponda, scarpata, ripa, greppo (*lett.*), terrapieno, argine **5** (*spec. al pl.*) (*biol.*) appendice vibratile, filamento **FRAS.** *non batter ciglio* (*fig.*), rimanere impassibile □ *in un batter di ciglio* (*fig.*), in un attimo □ *a ciglio asciutto* (*fig.*), senza piangere.

ciglióne s. m. (*di strada, di precipizio, ecc.*) sponda, argine, scarpata, orlo, ripa, greppo (*lett.*), terrapieno, china, costa, piaggia (*raro, lett.*).

cìgno s. m. (*fig., lett.*) poeta, musicista, artista, creatore **FRAS.** *il cigno di Busseto* (*fig.*), Giuseppe Verdi □ *il canto del cigno* (*fig.*), l'ultimo capolavoro.

cigolàre v. intr. **1** (*di cardine, di porte, ecc.*) scricchiolare, stridere, sgrigliolare (*raro*) **2** (*lett.*) (*di tizzone, di uccelli, ecc.*) sibilare, gemere, fischiare, stridere, crepitare.

cigolìo s. m. **1** (*di cardine, di porte, ecc.*) scricchiolio, scricchio (*raro*), scricchiolamento, stridio **2** (*di tizzone, di uccelli, ecc.*) sibilo, gemito, fischio, crepitio.

cilécca s. m. (*tosc.*) beffa, burla, celia, allettamento **FRAS.** *fare cilecca* (*fig.*), fallire, non riuscire, incepparsi.

cilìcio s. m. (*fig.*) tortura, tormento, supplizio, martirio, molestia, assillo, mortificazione, sofferenza, oppressione.

ciliègia s. f. cerasa (*dial.*) □ (*est.*) amarena, visciola, marasca.

cilìndro s. m. **1** (*est.*) rullo, fusello, rocchetto **2** (*di copricapo*) tuba.

cìma s. f. **1** vertice, sommità, vetta, sommo, colmo, culmine, apice, capo **CONTR.** fondo, base **2** (*di torre, di edificio e sim.*) fastigio, pinnacolo, cuspide, guglia, comignolo **CONTR.** base **3** (*di rilievo*) monte, vetta, altura, cocuzzolo, cresta, acume **CONTR.** piede, base, valle **4** (*di cosa*) capo, estremità, punta **5** (*fam.*) (*di persona*) ingegno, genio, talento **CONTR.** asino, somaro **6** (*mar.*) corda, cavo, canapo, fune, gomena **FRAS.** *da cima a fondo* (*fig.*), da capo a piedi, interamente □ *cime di rapa*, broccoli di rapa.

cimàre v. tr. **1** (*di pianta*) spuntare, svettare, scapitozzare, scamozzare, scocuzzolare (*raro*), scorciare □ potare **2** (*di panno*) tosare, radere, pareggiare.

cimèlio s. m. **1** antichità, reliquia **2** (*est.*) ricordo **3** (*est., scherz.*) (*di persona*) mummia (*fig.*).

cimentàre A v. tr. **1** (*di metallo prezioso*) saggiare, provare, purificare **2** (*est.*) (*di pazienza, di coraggio, ecc.*) mettere alla prova, sperimentare, provare **B cimentarsi** v. rifl. **1** (*in un'impresa*) esporsi, avventurarsi, arrischiarsi, ardire, azzardare **CONTR.** ritirarsi, rinunciare **2** (*fig.*) mettersi alla prova, confrontarsi, provarsi.

ciménto s. m. **1** (*est.*) verifica, prova, esperimento, saggio, tentativo **2** (*fig.*) rischio, repentaglio, azzardo, ventura, avventura.

cìmice s. f. **1** (*dial.*) puntina da disegno **2** (*spreg.*) (*di fascista*) distintivo.

ciminièra s. f. fumaiolo, camino.

cimitèro s. m. **1** camposanto, certosa, catacomba, necropoli **2** (*fig.*) (*di luogo*) landa, deserto.

cimósa s. f. **1** (*di stoffa, di tessuto*) vivagno **2** (*est.*) orlo, bordo **3** (*per cancellare*) cancellino, girella, cassino.

cimùrro s. m. (*scherz.*) raffreddoraccio □ catarro.

cinàbro s. m. **1** solfuro di mercurio **2** (*di colore*) rosso brillante, cinabrese, vermiglio, carminio **3** (*est.*) rossetto, belletto.

cincìn inter. alla salute!, salute!, prosit! (*lat.*).

cincischiàre A v. tr. **1** tagliuzzare, frastagliare, trinciare **2** (*di stoffa, di carta, ecc.*) sgualcire, spiegazzare, aggrinzire, sciupacchiare, incincignare (*tosc.*), sciupare **CONTR.** lisciare, stirare, spianare, distendere **3** (*ass.*) (*di persona*) perdere tempo **B cincischiarsi** v. intr. pron. sgualcirsi, rovinarsi, spiegazzarsi **CONTR.** stirarsi, lisciarsi **C** v. intr. balbettare, farfugliare.

cinematogràfico agg. **1** filmistico, filmico **2** (*est.*) (*di stile, di ritmo*) rapido, vivace, immediato **CONTR.** lento, fiacco **3** (*est.*) (*di avvenimento, di furto, ecc.*) strabiliante, spettacolare, inverosimile, fantastico **CONTR.** reale.

cinèreo agg. **1** (*di colore*) grigio, bigio, cenerino, cinerognolo **2** (*est.*) (*di volto, di colorito*) livido, terreo **CONTR.** roseo **3** (*di luce*) tenue, pallido, fievole, grigiastro.

cineserìa s. f. **1** (*spec. al pl.*) ninnolo, gingillo **2** (*spreg.*) cianfrusaglia **3** (*raro, fig.*) cerimoniosità **4** (*fig.*) meticolosità, sottigliezza, pignoleria, cavillosità.

cìngere A v. tr. **1** (*di muro, di cancellata, ecc.*) attorniare, circondare, accerchiare, cerchiare, chiudere, stringere, contornare, circoscrivere, contenere, serrare, recingere **2** (*di abito, di corona, ecc.*) avvolgere, avviluppare, fasciare, indossare, legare, affibbiare, allacciare **CONTR.** slegare, togliere, sciogliere, strappare **3** (*di braccia*) avvinghiare, abbracciare, serrare, stringere, avvincere, avviticchiare **B cingersi** v. rifl. stringersi, avvolgersi, fasciarsi, allacciarsi, affibbiarsi, avvinghiarsi, avvincersi **CONTR.** sciogliersi.

cìnghia s. f. **1** cintura, cinta, cinto □ (*est.*) striscia, fascia **2** cingolo, correggia, laccio, nastro **FRAS.** *tirare, stringere la cinghia* (*fig.*), campare a fatica, fare economia □ *cinghia di trasmissione* (*fig.*), tramite, intermediario.

cingolàto s. m. **1** (*est.*) trattore **2** carro armato.

cinguettàre v. intr. **1** (*di uccello*) cantare **2** (*est.*) (*di persona*) balbettare, ciangottare, farfugliare □ (*est.*) chiacchierare, parlottare, cicalare, ciarlare.

cinguettìo s. m. parlottio, chiacchierio, ciangottio.

cìnico agg.; anche s. m. sprezzante, impudente, beffardo, sfrontato, spregiudicato □ indifferente, insensibile **CONTR.** rispettoso, ossequioso, osservante, riguardoso.

cinìsmo s. m. sprezzo, impudenza, insensibilità, irrisione, sfrontatezza, spregiudicatezza □ indifferenza, insensibilità **CONTR.** rispetto, ossequio, riguardo.

cìnta s. f. **1** (*di mura e sim.*) cerchia **2** (*est.*) recinto, recinzione, steccato **3** (*di città, di paese*) perimetro, limite **4** cintola **5** (*arch.*) (*di colonna*) collarino.

cintàre v. tr. recingere, cingere, circondare, chiudere, serrare.
cìnto A part. pass. di **cingere**; anche agg. **1** (*di giardino, di città, ecc.*) circondato, attorniato, accerchiato, cerchiato, chiuso, stretto, contornato, serrato, recinto, fortificato **2** (*di capo, di corpo, ecc.*) avvolto, avviluppato, fasciato, legato, affibbiato, allacciato **CONTR.** slegato, slacciato, sciolto **B** s. m. cintura, cintola, cingolo, fasciatura, ventriera.
cìntola s. f. cintura, cinta, vita □ cinto, fascia, fusciacca.
cintùra s. f. **1** cintola, cinta, fascia, fusciacca, cintolo, legaccio, cinghia, cingolo, correggia, cinturone **2** (*est.*) (*di abito, di corpo*) vita **3** (*est.*) contorno, fascia, anello, corona **4** (*arch.*) modanatura **5** (*fig.*) (*di verde, industriale*) zona, fascia, area **6** (*di città*) banlieue (*fr.*), hinterland (*ted.*), dintorni, suburbio **CONTR.** centro.
cinturìno s. m. cinghino, laccetto, laccio, legaccio, cinghietta, fascetta.
ciò pron. dimostr. questo, questa cosa, codesto, codesta cosa, quello, quella cosa **FRAS.** *a ciò*, a questo fine □ *con tutto ciò*, tuttavia, non di meno.
ciòcca s. f. **1** (*di capelli, d'erba, ecc.*) mucchietto, mazzetto, ciuffo, ciuffetto, fascetto **2** (*tosc.*) (*di foglie, di erbe e sim.*) rametto.
ciòcco s. m. (*di albero*) ceppo, pedale.
cioccolàta s. f. cioccolato □ (*est.*) cacao.
cioè avv. **1** intendo dire, vale a dire, in altre parole **2** ossia, ovvero, piuttosto.
ciondolaménto s. m. dondolamento, ondeggiamento, vacillamento.
ciondolàre A v. intr. **1** (*di cosa*) dondolare, oscillare, penzolare, spenzolare **2** (*di persona*) tentennare, ondeggiare, tremolare, vacillare **3** (*est., fig.*) bighellonare, oziare, vagabondare **B** v. tr. dondolare, fare oscillare.
ciòndolo s. m. ninnolo pendente, pendaglio, medaglione, penzolo.
ciondolóne s. m. **1** bighellone, fannullone, perdigiorno **CONTR.** lavoratore **2** sciatto, trasandato, trascurato **CONTR.** ricercato, raffinato.
ciondolóni avv. **1** penzoloni **2** (*fig.*) oziosamente, fiaccamente, negligentemente, trascuratamente, sbadatamente **CONTR.** alacremente, energicamente, attivamente □ diligentemente, attentamente, accuratamente.
ciononostànte avv. malgrado ciò, tuttavia.
ciòtola s. f. tazza, coppa.
ciòttolo s. m. sasso, pietra.
ciottolóso agg. sassoso.
cipiglio s. m. **1** (*della fronte*) increspamento, corrugamento, accigliatura (*raro*) **2** (*est.*) guardataccia, occhiataccia, piglio, sguardataccia.
cipólla s. f. **1** (*est.*) (*di giacinto, di tulipano, ecc.*) bulbo **2** (*fig., scherz.*) orologio da tasca, orologio **3** (*di oggetti vari*) palla.
cìppo s. m. **1** erma **2** pietra di confine, pilastro.
cìrca A prep. (*di argomento*) a proposito di, intorno a, per quanto riguarda **B** avv. pressappoco, quasi, suppergiù, approssimativamente **CONTR.** precisamente.
cìrco s. m. anfiteatro, arena, sferisterio □ stadio.
circolànte part. pres. di **circolare (1)**; anche agg. viaggiante, ambulante.
circolàre (1) v. intr. **1** ruotare, girare, rotare **2** (*est.*) muoversi, spostarsi, andare □ allontanarsi, andare via **CONTR.** fermarsi, sostare, bloccarsi **3** (*di sangue, di linfa*) fluire **CONTR.** arrestarsi, fermarsi **4** (*est.*) (*di notizie, di idee, ecc.*) diffondersi, propagarsi, spandersi.
circolàre (2) A agg. rotondo, orbicolare □ trigonometrico **CONTR.** rettilineo **B** s. f. avviso, comunicazione.
circolarménte avv. in tondo, in giro.
circolazióne s. f. **1** (*di aria, di veicoli, ecc.*) movimento, giro, rotazione, moto, spostamento **CONTR.** arresto, sosta **2** (*di valori, di moneta, ecc.*) movimento, flusso, spostamento □ corso legale **CONTR.** stasi, arresto, ristagno **3** (*di sangue, di linfa*) flusso, circolo **CONTR.** arresto, stasi **FRAS.** *mettere in circolazione* (*fig.*), propagare, diffondere □ *togliere dalla circolazione uno* (*fig.*), uccidere uno.
cìrcolo s. m. **1** cerchio, circonferenza, giro **2** (*spec. al pl.*) (*geogr.*) circonferenza **3** (*di sangue, di linfa*) circolazione **4** (*bur.*) circoscrizione, distretto **5** (*culturale, sportivo, ecc.*) associazione, club, ritrovo, società, casinò □ cenacolo, cerchia, accolta □ ambiente **6** gruppo, capannello, crocchio **FRAS.** *circolo vizioso* (*fig.*), situazione irresolubile, diallelo (*filos.*).
circondàbile agg. accerchiabile, attorniabile, contornabile, circuibile, fortificabile.
circondàre A v. tr. **1** (*di città, di esercito, ecc.*) accerchiare, attorniare, asserragliare, serrare, assediare **CONTR.** liberare **2** (*fig.*) (*di simpatia, di affetto, ecc.*) stringere, avvolgere **3** (*di mura, di monti, ecc.*) cingere, cerchiare, stringere, chiudere, serrare, delimitare, contornare **4** (*di aria, di luce, ecc.*) circonfondere, avvolgere, pervadere **B circondarsi** v. rifl. attorniarsi, accompagnarsi **CONTR.** isolarsi.
circondàrio s. m. **1** circoscrizione, distretto, territorio **2** (*est.*) vicinanze, forense.
circondàto part. pass. di **circondare**; anche agg. **1** (*di città, di esercito, ecc.*) accerchiato, attorniato, asserragliato, assediato **CONTR.** liberato **2** (*fig.*) (*da simpatia, da affetto, ecc.*) avvolto, stretto **3** (*da mura, da monti, ecc.*) cinto, cerchiato, chiuso, delimitato **4** (*da aria, da luce, ecc.*) avvolto, pervaso **5** (*da persone*) attorniato, accompagnato **CONTR.** isolato.
circonferènza s. f. **1** perimetro, circolo, giro, circuito **2** (*est.*) (*di luogo*) perimetro.
circonlocuzióne s. f. perifrasi, giro di parole.
circonvenìre v. tr. insidiare, raggirare, circuire,

ingannare, imbrogliare, abbindolare.

circonvenzióne s. f. inganno, imbroglio, insidia, raggiro, abbindolamento, frode, trappola, raggiramento.

circonvoluzióne s. f. **1** giro, avvolgimento, spira, voluta, spirale, giravolta **2** (*anat.*) (*di corteccia cerebrale*) piega.

circoscrìtto part. pass. di **circoscrivere**; anche agg. **1** (*fig.*) (*di fatto, di ambiente, ecc.*) contenuto, limitato, ristretto, racchiuso, chiuso **CONTR.** aperto, allargato, amplificato **2** (*di territorio*) delimitato, limitato, chiuso, racchiuso **CONTR.** allargato, ampliato.

circoscrìvere v. tr. **1** (*fig.*) (*di fatto, di fenomeno, ecc.*) contenere, limitare, restringere, rattenere (*lett.*), ridurre **CONTR.** ampliare, aprire **2** (*di territorio*) delimitare, demarcare, restringere, localizzare, limitare, chiudere, racchiudere **CONTR.** allargare, ampliare, amplificare.

circoscrizióne s. f. **1** delimitazione **2** distretto, provincia, territorio, circondario.

circospètto agg. cauto, guardingo, prudente, accorto, avveduto, riservato, attento, misurato, controllato, provveduto (*raro*) **CONTR.** imprudente, incauto, sconsiderato, inconsiderato, avventato, temerario, intempestivo, sfrenato, incontrollato, audace, sventato.

circospezióne s. f. cautela, prudenza, precauzione, avvertenza, accorgimento, oculatezza, previdenza, assennatezza, avvedutezza, ponderatezza **CONTR.** imprudenza, avventatezza, sventatezza, irriflessione, precipitazione.

circostànte agg. vicino, circonvicino, limitrofo, confinante, prossimo, finitimo, attiguo, adiacente **CONTR.** lontano, distante, remoto, staccato.

circostànza s. f. **1** condizione, contingenza, congiuntura, occorrenza, bisogno, emergenza **2** caso, occasione, situazione.

circostanziàre v. tr. precisare, particolareggiare, specificare, determinare.

circostanziàto part. pass. di **circostanziare**; anche agg. precisato, specificato, determinato, particolareggiato **CONTR.** generico, generalizzato.

circuìre v. tr. **1** (*raro, lett.*) attorniare, circondare, aggirare, accerchiare **2** (*fig.*) raggirare, ingannare, insidiare, circonvenire, imbrogliare, abbindolare.

circùito s. m. **1** giro, circonferenza, perimetro, cerchia, confine, cinta, recinto **2** (*di gara*) tracciato, percorso **3** (*est.*) corsa, gara **FRAS.** *corto circuito*, contatto □ *in circuito*, in giro, tutt'intorno.

circumnavigazióne s. f. periplo.

cistèrna s. f. **1** serbatoio, pozzo, vasca, ricetto **2** (*est.*) autobotte.

cìsti s. f. vescica, tumore, natta **FRAS.** *cisti biliare*, cistifellea.

cistifèllea s. f. (*anat.*) cisti biliare, colecisti.

citàre v. tr. **1** (*dir.*) chiamare, notificare, convocare, convenire **2** (*di prova*) addurre, allegare **3** (*di brano, di autore e sim.*) riportare, riferire, riprodurre, menzionare, nominare, allegare **CONTR.** tacere **4** (*est.*) (*a modello, a esempio, ecc.*) indicare, mostrare.

citàto part. pass. di **citare**; anche agg. **1** (*dir.*) convocato, chiamato **2** (*di prova*) addotto, riferito **3** (*di scritto, di autore e sim.*) riportato, riferito, menzionato.

citazióne s. f. **1** (*dir.*) notificazione, libello, precetto, intimidazione **2** (*di prova*) adduzione **3** (*di scritto, di autore e sim.*) riferimento, richiamo, riproduzione, rimando **4** (*al merito*) menzione.

citrùllo agg.; anche s. m. sciocco, grullo, stupido, dabbene, fesso (*pop.*), cretino, babbeo, baggiano, ebete, idiota, imbecille, ottuso, stolto, scimunito, stolido **CONTR.** intelligente, sagace, svelto, acuto, perspicace, sveglio, lucido.

città s. f. **1** urbe (*lett.*), metropoli, capoluogo **CFR.** borgo, villaggio, paese, paesello, contado, campagna **2** (*di città*) quartiere, parte **3** (*est.*) cittadinanza, popolazione, cittadini **4** (*anche fig.*) convivenza civile, collettività, comunità **FRAS.** *città eterna*, Roma □ *città aperta*, città smilitarizzata □ *città degli studi*, quartiere universitario □ *città giardino*, quartiere residenziale □ *città satellite*, quartiere periferico □ *palazzo di città*, municipio.

cittadèlla s. f. **1** rocca, area, acropoli **2** (*fig.*) (*di ideale, di movimento e sim.*) baluardo, sostegno, difesa, base.

cittadinànza s. f. abitanti, cittadini, popolazione.

cittadìno A agg. **1** (*di via, di mura, ecc.*) urbano, cittadinesco (*ant.*) **CONTR.** rustico, villico, campagnolo **2** (*di autorità, di istituti, ecc.*) civico, comunale, municipale, urbano **CONTR.** rurale, foraneo, forese **B** s. m. (*di stato, di città*) abitante □ (*al pl.*) popolazione, abitanti.

ciùccio (1) s. m. tettarella, succhiotto, ciucciotto.

ciùccio (2) s. m. (*mer.*) asino, ciuco, somaro.

ciùco s. m. **1** asino **2** (*fig.*) (*di persona*) ignorante, maleducato, zotico, testone, asino (*fig.*), somaro (*fig.*).

ciùffo s. m. **1** (*di capelli, di peli*) ciocca □ tricoma **2** (*di piume*) mazzetto, pennacchietto **3** (*di erba, di arbusti*) cespuglio, mazzetto, cespo.

ciùrma s. f. **1** (*di galera*) rematori **2** (*est.*) (*di nave*) equipaggio, basso personale **3** (*fig.*) marmaglia, gentaglia, ciurmaglia, canaglia, canagliume, feccia, plebaglia.

civétta A s. f. **1** (*fig.*) (*di donna*) donna fatua e vanitosa, fraschetta **2** (*giorn.*) locandina □ avviso **B** in funzione di agg. inv. (posposto a un s.) richiamo, esca, tranello.

civetterìa s. f. moine, leziosaggine, frivolezza, vanità.

civettuòlo agg. lezioso, grazioso, attraente, allettante.

cìvico agg. **1** (*di banda, di museo, ecc.*) cittadino, comunale, municipale, urbano **CONTR.** foraneo, rurale, forese **2** (*di senso, di dovere, ecc.*) civile, sociale.

civile A agg. **1** (*di libertà, di virtù, ecc.*) civico, sociale **2** (*di guerra*) fratricida **3** (*di vita, di abito, ecc.*) borghese, cittadino **CONTR.** ecclesiastico, militare, religioso **4** (*di matrimonio, di funerale*) non religioso **CONTR.** religioso **5** (*di nazione, di popolo*) evoluto, civilizzato, incivilito **CONTR.** barbaro, selvaggio, incivile **6** (*di persona, di modi, ecc.*) urbano, perbene, umano, garbato, educato, beneducato, compito □ cortese, amabile, affabile, piacevole **CONTR.** maleducato, inurbano, rozzo, villano, sgarbato, grossolano **B** s. m. privato cittadino, borghese **CFR.** militare, religioso.

civilizzàre A v. tr. incivilire, dirozzare, ingentilire **CONTR.** imbarbarire **B civilizzarsi** v. rifl. incivilirsi, dirozzarsi, ingentilirsi **CONTR.** imbarbarirsi.

civilizzàto part. pass. di **civilizzare**; anche agg. incivilito, civile **CONTR.** incivile, selvaggio.

civilizzazióne s. f. incivilimento, civiltà, progresso **CONTR.** imbarbarimento, regressione.

civilménte avv. (*fig.*) educatamente, garbatamente, cortesemente, urbanamente, umanamente, compitamente **CONTR.** maleducatamente, screanzatamente, sgarbatamente, villanamente, scortesemente, rozzamente, grossolanamente.

civiltà s. f. **1** civilizzazione, incivilimento, evoluzione, progresso **CONTR.** barbarie **2** cultura **3** progresso, benessere, sviluppo **CONTR.** regresso, involuzione, degenerazione **4** gentilezza, educazione, cortesia, garbo, urbanità **CONTR.** maleducazione, villania, rozzezza, grossolanità, inciviltà.

clàcson s. m. inv. avvisatore acustico, tromba, sirena.

clamóre s. m. **1** frastuono, strepito, baccano, schiamazzo, chiassata, gridio, vocio, fragore, urlio, chiasso **CONTR.** silenzio, mormorio, sussurrio **2** (*est.*) (*di avvenimento, di notizia, ecc.*) chiasso, scalpore, eco, risonanza, impressione, scandalo **3** (*raro*) lagnanza, protesta.

clamorosaménte avv. **1** chiassosamente, rumorosamente, fragorosamente **CONTR.** silenziosamente, tacitamente **2** (*est.*) strepitosamente, straordinariamente, singolarmente **CONTR.** modestamente, scarsamente.

clamoróso agg. **1** chiassoso, rumoroso, fragoroso, tumultuoso **CONTR.** silenzioso, tacito, muto **2** (*di successo, di avvenimento, ecc.*) strepitoso, eccezionale, straordinario, singolare, insolito **CONTR.** modesto, scarso.

clan [celtico, *clan* 'famiglia'] s. m. inv. **1** (*fig.*) gruppo **2** (*spreg.*) conventicola, cricca, clientela, congrega, chiesuola, camarilla **3** (*sport*) squadra, scuderia, società, ambiente sportivo.

clandestìno agg. **1** (*di contratto, di matrimonio, ecc.*) segreto, nascosto, occulto, furtivo **CONTR.** palese **2** (*di stampa, di gioco, ecc.*) illegale, proibito, illecito, vietato **CONTR.** legale, lecito, regolare.

clangóre s. m. **1** (*lett.*) (*di tromba*) strepito, suono, squillo **2** (*est.*) clamore, fragore, baccano, schiamazzo, chiassata, gridio, vocio, fracasso, tumulto, urlio, chiasso **CONTR.** silenzio, pace.

clàsse s. f. **1** ceto, casta, gruppo, condizione **2** (*est.*) (*di medici, di artisti, ecc.*) categoria, gruppo, insieme, novero **3** (*di animali, di piante, ecc.*) divisione, suddivisione, specie, gruppo, famiglia, serie **4** (*mil.*) leva **5** (*di scuola*) corso □ (*est.*) alunni □ (*est.*) aula **6** (*est.*) (*di veicolo*) categoria **7** (*fig.*) (*di persona, di cosa*) qualità, stile, eccellenza, abilità, pregio, valore **8** (*mat.*) insieme, collezione, set (*ingl.*) **FRAS.** *di classe, di gran classe* (*fig.*), di gran pregio, di gran distinzione □ *fuori classe* (*fig.*), eccezionale, imbattibile.

classicità s. f. **1** mondo greco e romano **2** (*est.*) eleganza, equilibrio, decoro, misura.

clàssico A agg. **1** greco e romano **CONTR.** moderno, contemporaneo **2** (*est.*) esemplare, tipico □ perfetto, eccellente, misurato □ tradizionale **CONTR.** eccentrico, estroso, nuovo **B** s. m. **1** (*di opera, di artista*) modello **2** (*al pl.*) scrittori greci e latini.

classìfica s. f. graduatoria, classificazione.

classificàbile agg. valutabile, riconoscibile, identificabile **CONTR.** inclassificabile.

classificàre A v. tr. **1** (*di documenti, di piante, ecc.*) ordinare **2** (*est.*) valutare, giudicare, riconoscere **B classificarsi** v. intr. pron. piazzarsi, arrivare.

classificatóre s. m. (*per fogli, per documenti e sim.*) cartella, armadio, contenitore, schedario, nomenclatore.

classificazióne s. f. **1** (*di documenti, di piante, ecc.*) ripartizione, distribuzione, ordinamento □ tassonomia □ catalogazione, elenco, schedatura **2** (*di persone*) valutazione, graduatoria.

claudicànte part. pres. di **claudicare**; anche agg. e s. m. **1** zoppicante, zoppo, sciancato, storpio **CONTR.** diritto, saldo, spedito **2** (*fig.*) (*di discorso, di ragionamento, ecc.*) difettoso, imperfetto, malfermo, malsicuro, incerto **CONTR.** perfetto, sicuro, saldo.

claudicàre v. intr. (*lett.*) zoppicare, vacillare, arrancare, rancare (*raro*).

claunésco agg. buffonesco, pagliaccesco, giullaresco, cialtronesco, ridicolo **CONTR.** serio, serioso, austero, severo, rigido.

clàusola s. f. **1** (*di contratto, di patto, ecc.*) aggiunta, precisazione, modificazione, allegato **2** (*est.*) (*di discorso*) inciso **3** (*di periodo*) chiusa, conclusione.

claustràle agg. **1** monacale, monastico, conventuale **2** (*est.*) chiuso, rinchiuso, quieto, austero, solitario **CONTR.** aperto, libero, spensierato, indulgente, ameno.

claustrofobìa s. f. **CONTR.** agorafobia.

clausùra s. f. **1** (*est.*) convento **2** (*fig.*) solitudine **3** (*fig.*) luogo solitario.

clàva s. f. mazza, randello, bastone.

clemènte agg. **1** indulgente, mite, pietoso, generoso, benigno, benevolo, misericordioso, tollerante, comprensivo, compassionevole, pio, umano **CONTR.** rigido, rigoroso, implacabile, inesorabile, intollerante, insofferente, crudo, irriducibile **2** (*di stagione, di clima e sim.*) mite, dolce, tollerabile **CONTR.** rigido, crudo, inclemente, brutto.

clementeménte avv. indulgentemente, mitemente, benignamente, umanamente **CONTR.** rigorosamente, crudamente, rigidamente.

clemènza s. f. indulgenza, generosità, mitezza, tolleranza, benignità, condiscendenza, benevolenza, mitezza, misericordia, perdono, umanità **CONTR.** inclemenza, intolleranza, inesorabilità, severità, rigidezza, rigore, durezza.

clericàle **A** agg. (*fig.*) religioso, ecclesiastico, confessionale **B** agg.; anche s. m. e f. (*spesso spreg.*) religioso, ecclesiastico □ temporalista, papista, sanfedista, paolotto **CONTR.** anticlericale.

clèro s. m. ecclesiastici, sacerdoti, religiosi **CONTR.** laici, laicato.

cliché /*fr.* kli'ʃe/ s. m. inv. **1** (*tip.*) lastra, stereotipo **2** (*fig.*) modello, tipo convenzionale, luogo comune, stereotipo, stampo.

cliènte s. m. e f. **1** avventore, acquirente, compratore **CONTR.** venditore, negoziante **2** (*di bar, di cinema, ecc.*) frequentatore **3** (*di avvocato*) patrocinato **CONTR.** patrocinatore **4** (*est., spreg.*) servitore, galoppino.

clientèla s. f. **1** clienti **2** (*est.*) sostenitori, fautori □ servitori, galoppini.

clientelìsmo s. m. favoritismo.

clìma s. m. **1** (*est.*) tempo, temperatura □ aria, cielo **2** (*fig.*) (*di politica, di cultura, ecc.*) ambiente, condizione, situazione.

climatèrio s. m. (*est.*) età critica **FRAS.** *climaterio femminile*, menopausa □ *climaterio maschile*, andropausa.

climatizzàre v. tr. condizionare.

clìnica s. f. casa di cura, ospedale.

clìnico agg. (*fig.*) (*di occhio, di sguardo e sim.*) esperto, intuitivo.

clip /*ingl.* klip/ [ingl. 'graffa, fermaglio', da *to clip* 'abbrancare, fermare'] s. f. inv. **1** fermaglio **2** (*est.*) orecchino, spilla **3** spezzone.

clistère s. m. clisma, enteroclisma, enteroclisi, lavativo (*pop.*), serviziale (*raro*).

cloàca s. f. **1** fogna, chiavica, collettore, tombino, chiusino **2** (*fig., spreg.*) colluvie, putridume, marciume, sudiciume □ ambiente corrotto.

clou /*fr.* klu/ [vc. fr., propriamente 'chiodo'] s. m. inv. (*di spettacolo, di gara, ecc.*) culmine, colmo, bello, punto culminante.

clown /*ingl.* 'klaun/ [vc. ingl., 'contadino rozzo', dal lat. *colōnu(m)* 'colono'] s. m. inv. pagliaccio, buffone.

club /*ingl.* klʌb/ [vc. ingl., propriamente 'bastone' dalla mazza che veniva spedita ai soci per la convocazione] s. m. inv. circolo, sodalizio, consorzio, associazione.

coabitàre v. intr. convivere, abitare insieme.

coacèrvo s. m. **1** (*lett.*) accozzaglia, accumulo, cumulo, mucchio, ammasso, raccolta, congerie, acervo (*lett.*), affastellamento, accumulamento, mescolanza **2** (*di redditi, di interessi*) accumulamento, accumulazione **CONTR.** divisione, separazione.

coadiutóre s. m. (f. *-trice*) **1** aiutante, aiuto, collaboratore, cooperatore, coadiuvante, socio, supplente, aggiunto, vicario **2** (*relig.*) vicario, viceparroco.

coadiuvànte agg.; anche s. m. e f. coadiutore, aiutante, aiuto, collaboratore, socio, supplente, vicario.

coadiuvàre v. tr. collaborare, cooperare, aiutare, supplire, assistere **CONTR.** ostacolare, contrastare, avversare, discordare, opporsi.

coagulànte **A** part. pres. di **coagulare**; anche agg. coagulativo **B** s. m. caglio, coagulo, presame.

coagulàre **A** v. tr. **1** (*di sostanza liquida*) raggrumare, rapprendere, rappigliare (*raro*) **2** (*di latte*) cagliare, accagliare, stringere, quagliare **B** v. intr. e **coagularsi** intr. pron. **1** (*di liquido*) rapprendersi, raggrumarsi, aggrumarsi, rappigliarsi (*raro*), condensarsi, rassodarsi, ispessirsi, addensarsi, stringersi **CONTR.** sciogliersi, liquefarsi **2** (*di latte*) cagliarsi, stringersi, quagliarsi, accagliarsi, rapprendersi, rappigliarsi (*raro*) **CONTR.** sciogliersi, liquefarsi.

coagulàto part. pass. di **coagulare**; anche agg. rappreso, cagliato.

coagulazióne s. f. coagulamento, condensamento, rassodamento, addensamento **CONTR.** liquefazione, scioglimento.

coàgulo s. m. **1** grumo **2** cagliata, caglio, presame.

coalizióne s. f. alleanza, lega, unione, colleganza (*raro*), confederazione, intesa, patto, accordo **CONTR.** divisione, inimicizia.

coalizzàre **A** v. tr. unire, alleare, confederare, federare **CONTR.** dividere, disunire **B** **coalizzarsi** v. rifl. rec. unirsi, allearsi, confederarsi, associarsi, federarsi **CONTR.** dividersi, combattersi.

coalizzàto part. pass. di **coalizzare**; anche agg. unito, alleato, confederato, federato **CONTR.** diviso, disunito, avverso.

coartàre v. tr. **1** forzare, costringere, obbligare, sforzare, violentare, conculcare **2** (*raro, lett.*) restringere, comprimere.

coartàto part. pass. di **coartare**; anche agg. forzato, costretto, obbligato, conculcato.
coattivaménte avv. obbligatoriamente, coercitivamente, forzatamente **CONTR.** liberamente.
coattìvo agg. **1** costrittivo, coercitivo, repressivo **CONTR.** libero, volontario **2** (*dir.*) obbligatorio, forzoso, cogente **CONTR.** libero.
coàtto agg. forzato, obbligatorio, costrittivo, forzoso, imposto **CONTR.** facoltativo, volontario, libero.
cobàlto in funzione di agg. inv. (posposto a un s.) (*di colore*) azzurro intenso, turchino, zaffiro.
cobelligerànte agg.; anche s. m. alleato **CONTR.** nemico.
còcca s. f. **1** (*di freccia*) tacca **2** (*di fazzoletto, di grembiule, ecc.*) angolo, lembo, punta, becca □ nodo.
coccàrda s. f. rosetta, distintivo, fregio, contrassegno, emblema, nastrino.
cocchière s. m. vetturino, fiaccheraio, postiglione, auriga (*lett.*), automedonte (*scherz.*).
còcchio s. m. carrozza □ carro.
coccinìglia s. f.; anche agg. (*di colore*) rosso intenso, vermiglio, carminio.
còccio s. m. **1** terracotta, terraglia, vaso **2** (*di vaso, di bottiglia, ecc.*) frammento **3** (*di persona*) catorcio, rottame, carcassa, impiastro (*fig.*), cataplasma (*fig.*).
cocciutàggine s. f. caparbietà, testardaggine, caparbieria, pervicacia, ostinazione, ostinatezza, pertinacia, inflessibilità, rigidezza, caponaggine, caponeria (*raro*), insistenza, protervia, persistenza, zucconaggine, puntiglio **CONTR.** arrendevolezza, condiscendenza, docilità, remissività, mutevolezza, persuadibilità.
cocciutaménte avv. caparbiamente, testardamente, ostinatamente, puntigliosamente **CONTR.** arrendevolmente, remissivamente, docilmente.
cocciùto agg.; anche s. m. caparbio, ostinato, testardo, pervicace, pertinace, protervo, capone, zuccone, puntiglioso, impertinente, fissato, incapato (*tosc.*), insistente, testone **CONTR.** arrendevole, remissivo, condiscendente, cedevole, docile, persuasibile.
còcco s. m. (*fam., scherz.*) coccolo, beniamino, preferito, tesoro, prediletto, protetto.
còccola s. f. bacca.
coccolàre A v. tr. vezzeggiare, blandire, carezzare, viziare, lisciare **CONTR.** maltrattare, malmenare **B coccolarsi** v. rifl. crogiolarsi, godersela.
coccolóni avv. accovacciato, accosciato, accoccolato **CONTR.** ritto.
cocènte part. pres. di **cuocere**; anche agg. **1** ardente, scottante, bollente, bruciante, infuocato, rovente, torrido, caldissimo **CONTR.** freddo **2** (*fig.*) (*di passioni*) violento, veemente, irruente, appassionato, focoso, impetuoso, intenso, struggente **CONTR.** calmo, quieto, pacato, equilibrato, tranquillo **3** (*fig.*) (*di dolore, di rimorso e sim.*) pungente, acuto, intenso, tormentoso **CONTR.** blando, lieve, tenue.
cocktail /*ingl.* 'kɔkteil/ [vc. ingl. d'America, 'coda di gallo', comp. di *cock* 'gallo' e *tail* 'coda'] s. m. inv. (*est.*) ricevimento, rinfresco, party (*ingl.*).
cocómero s. m. anguria, melone d'acqua **FRAS.** *cocomero asinino*, schizzetto, sputaveleno.
cocùzzolo s. m. **1** (*di testa*) sommità **2** (*est.*) (*di cappello e sim.*) cupola **3** (*est.*) (*di monte, di edificio, ecc.*) cima, sommità, vetta **CONTR.** piede, base, fondo.
códa s. f. **1** (*est.*) (*di aereo, di fila, ecc.*) parte posteriore, estremità, fine **CONTR.** inizio, cima, parte anteriore **2** (*anche fig.*) (*di lettera, di discussione, ecc.*) appendice, prolungamento, aggiunta, estremità, fine, conclusione **CONTR.** inizio, principio, prologo, preambolo, introduzione **3** (*di cometa*) scia, chioma **4** (*di occhio*) angolo, estremità **5** (*di abito*) strascico **6** (*di capelli*) treccia □ codino **7** (*di persone*) fila **FRAS.** *in coda*, in fondo □ *con la coda fra le gambe* (*fig.*), mogio mogio □ *avere la coda di paglia* (*fig.*), sapere di essere in difetto □ *con la coda dell'occhio*, nascostamente □ *vettura di coda*, ultima vettura □ *a coda di rondine*, a trapezio, a divergenza □ *coda di rondine*, frac, marsina □ *non avere né capo né coda* (*fig.*), essere sconclusionato.
codardaménte avv. vigliaccamente, vilmente, paurosamente **CONTR.** coraggiosamente, valorosamente, arditamente, ardimentosamente.
codardìa s. f. (*lett.*) viltà, pusillanimità, vigliaccheria, paura, ignavia **CONTR.** coraggio, valore, ardire, audacia, ardimento.
codàrdo agg.; anche s. m. vile, vigliacco, pusillanime, pauroso, ignavo **CONTR.** coraggioso, impavido, intrepido, valoroso, ardito, audace, ardimentoso.
codàzzo s. m. corteo, seguito, accompagnamento, accompagnatura, scorta.
còdice s. m. **1** (*est.*) manoscritto **2** raccolta di leggi **3** (*est.*) legge, diritto **4** (*di sistema, di lingua, ecc.*) combinazione, chiave, formula, cifra □ simboli □ segni convenzionali, regole **5** (*di vita, morale, ecc.*) norme, regole.
codicìllo s. m. aggiunta, postilla, poscritto.
codìfica s. f. **1** codificazione □ norme, regole **2** (*di messaggio, di dati, ecc.*) trascrizione **CONTR.** decodificazione.
codificàre v. tr. **1** (*di norma, di uso, ecc.*) ratificare, sanzionare, legalizzare **2** (*di messaggio, di dati, ecc.*) trascrivere in codice, tradurre in codice **CONTR.** decodificare, interpretare, decrittare (*mil.*).
codificàto part. pass. di **codificare**; anche agg. **1** (*di norma, di uso, ecc.*) ratificato, sanzionato, legalizzato **2** (*di messaggio, di dati, ecc.*) trascritto in codice **CONTR.** decodificato, interpretato.
codificatóre s. m. (f. *-trice*); anche agg. compila-

tore, raccoglitore.

coefficiènte s. m. (*fig.*) (*di fenomeno*) fattore, elemento, concausa.

coercìbile agg. frenabile, contenibile, raffrenabile, imbrigliabile, domabile **CONTR.** incoercibile, irrefrenabile, indomabile.

coercibilità s. f. frenabilità, contenibilità **CONTR.** irrefrenabilità, incontenibilità.

coercitìvo agg. costrittivo, coattivo, cogente, obbligatorio, forzoso, repressivo, forzato **CONTR.** volontario, libero, spontaneo, autonomo.

coercizióne s. f. costrizione, coazione, coartazione, obbligo, costringimento, pressione, violenza, oppressione **CONTR.** libertà, autonomia.

coerènte agg. **1** (*di roccia*) cementato, compatto **CONTR.** friabile **2** (*fig.*) (*di persona, di discorso, ecc.*) conseguente, conforme, lineare, costante, logico, fedele **CONTR.** incoerente, contraddittorio, incostante.

coerenteménte avv. conseguentemente, linearmente, costantemente **CONTR.** incoerentemente, contraddittoriamente, incostantemente.

coerènza s. f. **1** (*di elementi, di organismo*) coesione **2** (*fig.*) (*di idee, di comportamento, ecc.*) unione, armonia, accordo, concordanza, nesso □ costanza **CONTR.** discordanza, disordine, incostanza.

coesióne s. f. **1** connessione, coerenza, aderenza **CONTR.** incoerenza **2** (*fig.*) (*di scritto, di idee, ecc.*) accordo, unione, unità, conformità, logica, costanza, armonia, congruenza, corrispondenza, inerenza, consequenzialità **CONTR.** incoerenza, contraddizione, discrepanza, discordanza.

coesistènza s. f. convivenza.

coesìstere v. intr. convivere.

cofanétto s. m. **1** dim. di **cofano 2** stipetto, scatola, astuccio, custodia, cassetta.

còfano s. m. **1** forziere, scrigno, cassaforte **2** cassa, stipo, cassetto, cassetta.

cogitazióne s. f. (*lett.*) meditazione, riflessione, considerazione, ponderazione, approfondimento, introspezione, raccoglimento **CONTR.** spensieratezza, irriflessione, leggerezza, superficialità, sventatezza.

cògliere v. tr. **1** (*di fiore, di frutta e sim.*) prendere, spiccare, raccogliere, staccare **2** (*fig.*) (*di occasione, di momento, ecc.*) afferrare, prendere, acchiappare, approfittare, impadronirsi **3** (*di successo*) acquistarsi, procurarsi, raggiungere, ottenere **4** (*anche fig.*) (*di bersaglio*) colpire **5** (*fig.*) (*di significato, di pensiero, ecc.*) intendere, capire, indovinare, afferrare **FRAS.** *cogliere la palla al balzo* (*fig.*), approfittare immediatamente dell'occasione □ *cogliere alla sprovvista* (*fig.*), sorprendere □ *cogliere nel giusto*, indovinare.

coglionàre v. tr. (*volg.*) deridere, canzonare, beffare.

coglionàta s. f. (*volg.*) fesseria, sciocchezza, balordaggine.

coglionatùra s. f. (*volg.*) derisione, canzonatura.

coglióne A s. m. (*volg.*) testicolo **B** s. m.; anche agg. (*volg.*) sciocco, balordo, grullo, babbeo, gonzo, fesso **CONTR.** furbo, furbacchione, scaltro, dritto.

coglionerìa s. f. (*volg.*) stupidità, balordaggine, imbecillità, ingenuità, dabbenaggine □ fesseria, sciocchezza.

cognac /*fr.* kɔ'ɲak/ o (*evit.*) **cògnac** [dalla città francese di *Cognac*, dove lo si produce] s. m. inv. acquavite, brandy (*ingl.*), arzente (*lett.*).

cognizióne s. f. **1** (*lett.*) conoscenza, consapevolezza, coscienza **CONTR.** inconsapevolezza, ignoranza **2** (*spec. al pl.*) (*di scienze, di musica, ecc.*) nozioni, informazioni **CONTR.** ignoranza **3** (*dir.*) competenza.

cognóme s. m. casato, nome di famiglia.

coibènte s. m.; anche agg. isolante □ insonorizzante.

coiffeur /*fr.* kwa'fœr/ [vc. fr., da *coiffer*, propriamente 'coprire il capo con una *cuffia*' (*coiffe*)] s. m. inv. parrucchiere, pettinatore, acconciatore.

coincidènza s. f. **1** (*di fatti, di avvenimenti*) simultaneità, concorso, incontro, concomitanza, contemporaneità, coesistenza, sincronia, sincronismo **CONTR.** diacronia **2** (*fig.*) (*di opinioni e sim.*) uguaglianza, identità, conformità, consonanza, omogeneità, uniformità, analogia **CONTR.** disparità, differenza, divergenza, discordanza, contrasto **3** (*mat., est.*) corrispondenza, identità **4** (*di mezzi di trasporto*) coordinamento, corrispondenza.

coincìdere v. intr. **1** (*di fatti, di idee, ecc.*) corrispondere, collimare, combaciare, riscontrarsi, quadrare **CONTR.** divergere, contrastare **2** (*di arrivo, di partenza, ecc.*) incontrarsi, accadere, combinarsi **CONTR.** divergere, essere sfasato.

coinvòlgere v. tr. implicare, trascinare, involgere (*raro*), compromettere **CONTR.** allontanare, estromettere.

coinvòlto part. pass. di **coinvolgere**; anche agg. implicato, compromesso, trascinato **CONTR.** allontanato, estromesso.

còito s. m. accoppiamento, copula.

colà avv. là, in quel luogo.

colabròdo s. m. inv. colino, passino, colatoio, cola.

colàre A v. tr. **1** (*di liquido, di fluido*) filtrare, passare, purgare, vagliare, setacciare **2** (*di metallo, di gesso, ecc.*) fondere □ versare **B** v. intr. **1** (*di liquido, di fluido*) cadere, fluire, gocciolare, stillare, scorrere, uscire **2** (*di contenitore*) perdere **3** (*di cera, di burro e sim.*) struggersi, squagliarsi, fondersi, sciogliersi, liquefarsi

CONTR. rapprendersi, coagularsi FRAS. *colare a fondo, colare a picco*, affondare, fare affondare.

colàta s. f. **1** (*di lava*) flusso, effusione **2** (*di fango, di pietrisco e sim.*) scorrimento, scivolamento, smottamento **3** (*in fonderia*) metallo fuso □ fusione □ colaticcio.

colàto part. pass. di **colare**; anche agg. **1** (*di liquido, di fluido*) filtrato, passato, purgato, vagliato, setacciato **2** (*di metallo, di gesso, ecc.*) fuso □ versato **3** (*di liquido*) caduto, gocciolato, stillato, uscito **4** (*di oro*) raffinato, purificato, fuso FRAS. *prendere tutto per oro colato* (*fig.*), credere a tutto con fiducia.

colazióne s. f. **1** breakfast (*ingl.*), asciolvere (*lett.*) **2** pranzo.

colecìsti s. f. (*anat.*) cistifellea.

còlf [da *col(laboratrice) f(amiliare)*] s. f. collaboratrice familiare, donna di servizio, donna, domestica, governante, cameriera, fantesca.

colìno s. m. passino, filtro, colatoio, cola.

còlla s. f. **1** adesivo, gomma, mastice, resina, glutine, collante, pece, pegola **2** (*est.*) appiccicaticcio, piastriccio, attaccaticcio FRAS. *colla di pesce*, ittiocolla.

collaboràre v. intr. **1** coadiuvare, cooperare, aiutare, concorrere, affiancare **2** contribuire, partecipare.

collaboratóre s. m. (f. *-trice*); anche agg. cooperatore, coadiutore, aiutante, aiuto, assistente, adiutore FRAS. *collaboratrice familiare*, colf, donna di servizio.

collaborazióne s. f. cooperazione, aiuto, assistenza, contributo.

collage /*fr.* kɔ'laʒ/ s. m. inv. (*fig.*) (*di idee, di episodi, ecc.*) insieme, misto, mistione.

collàna s. f. **1** monile, vezzo, girocollo, filo, catenella, collier (*fr.*) **2** (*di ordine cavalleresco*) collare **3** (*fig.*) (*di opere*) raccolta, collezione, serie.

collant /*fr.* kɔ'lɑ̃/ [vc. fr., propriamente part. pres. di *coller* 'incollare', da *colle* 'colla'] s. m. inv. (*est.*) calzamaglia.

collànte s. m.; anche agg. adesivo.

collàre s. m. **1** (*di peli, di piume o squame*) anello **2** (*di abito*) gorgiera, colletto, sottogola, goletta **3** (*est.*) (*di animale, spec. di cane*) cinghia, guinzaglio **4** collana, vezzo, catenella, girocollo, collier (*fr.*) **5** (*relig.*) soggolo, cinturino, collarino **6** (*arch.*) collarino **7** (*mar.*) anello.

collàsso s. m. malore, mancamento, svenimento, cedimento, deliquio.

collateràle agg. **1** laterale, vicino CONTR. lontano **2** (*di parte, di effetto, ecc.*) secondario, accessorio CONTR. primario, principale.

collateralménte avv. di fianco □ parallelamente.

collaudàre v. tr. provare, verificare, controllare, accertare, riscontrare.

collaudàto part. pass. di **collaudare**; anche agg. verificato, controllato.

collaudatóre s. m. (f. *-trice*); anche agg. verificatore, controllore.

collàudo s. m. verifica, prova, controllo, accertamento.

collazionàre v. tr. confrontare, riscontrare, paragonare, raffrontare, comparare.

còlle (1) s. m. valico, varco, passo, sella, forcella, passaggio, gola.

còlle (2) s. m. collina, poggio, monticello, clivo (*poet.*), piaggia (*lett.*).

collèga s. m. e f. **1** (*di lavoro, di ufficio*) compagno **2** (*di attività*) collaboratore **3** (*di azioni riprovevoli*) complice.

collegaménto s. m. rapporto, legame, unione, connessione, raccordo, allacciamento, congiungimento, congiunzione, contatto, attacco CONTR. disgiungimento, sconnessione, sfasamento.

collegàre **A** v. tr. **1** unire, congiungere, connettere, allacciare, raccordare, mettere in comunicazione CONTR. dividere, separare, slegare, sciogliere, disunire **2** (*fig.*) (*di ragionamenti, di idee e sim.*) connettere, coordinare, riunire CONTR. confondere, sconvolgere **B** **collegarsi** v. rifl. rec. **1** unirsi, congiungersi, accordarsi, allearsi, associarsi, fare lega CONTR. dividersi, separarsi **2** (*spec. per telefono, per radio*) mettersi in comunicazione, comunicare **C** v. intr. pron. (*di argomenti, di idee e sim.*) essere unito.

collegàto part. pass. di **collegare**; anche agg. **1** unito, congiunto, connesso, allacciato, in comunicazione CONTR. diviso, separato, slegato, sciolto, disunito **2** (*di ragionamenti, di idee, ecc.*) connesso, coordinato CONTR. sconnesso, scoordinato.

collegiàle **A** agg. (*di decisione, di voto, ecc.*) collettivo, assembleare **B** s. m. e f. **1** (*di collegio*) allievo, convittore **2** (*fig.*) giovane imbarazzato, timido, timoroso.

collegialità s. f. collettività, insieme, unitarietà CONTR. individualità, singolarità.

collegialménte avv. collettivamente, insieme, in comune, globalmente.

collègio s. m. **1** (*di medici, di avvocati, ecc.*) corpo, associazione, consesso, riunione, adunanza **2** (*elettorale*) circoscrizione **3** (*di giovani*) convitto, istituto, educandato, educatorio (*raro*).

còllera s. f. ira, sdegno, rabbia, furore, stizza, indignazione, iracondia, corruccio, furia, bile, disdegno, irritazione, caldana CONTR. calma, placidità, tranquillità, serenità, mitezza.

collericaménte avv. rabbiosamente, irosamente, stizzosamente, biliosamente, astiosamente CONTR. placidamente, tranquillamente, pacatamente, serenamente, mitemente.

collèrico agg.; anche s. m. irascibile, rabbioso, iroso, furioso, iracondo, stizzoso, astioso, bilioso, fegatoso, focoso, irritabile, ringhioso, alterabile **CONTR.** placido, calmo, conciliante, sereno, pacato, tranquillo, mite.

collétta s. f. questua, raccolta, cerca, accatto.

collettivaménte avv. tutti insieme, collegialmente, globalmente, assemblearmente, concordemente **CONTR.** singolarmente, individualmente, separatamente.

collettivìsmo s. m. (*est.*) socialismo, comunismo **CONTR.** individualismo, liberismo.

collettivìsta agg.; anche s. m. e f. (*est.*) socialista, comunista **CONTR.** individualista, liberista.

collettività s. f. comunità, pluralità, società.

collettìvo A agg. comune, generale, pubblico, sociale □ complessivo **CONTR.** individuale, particolare, speciale, privato, singolo **B** s. m. organismo, gruppo □ cooperativa.

collétto s. m. **1** (*di indumento*) bavero, baverino, solino, collarino, goletta **2** (*di albero*) piede, ceppo **3** (*di carne bovina*) spalla.

collettóre A agg. (f. *-trice*) raccoglitore **B** s. m. **1** (*di persona*) esattore **2** (*idraul.*) condotto, canale, conduttura, fogna **3** (*lett.*) collezionista.

collezionàre v. tr. raccogliere, accumulare, raggruppare, radunare.

collezionàto part. pass. di **collezionare**; anche agg. raccolto, accumulato, radunato.

collezióne s. f. **1** (*di monete, di francobolli, ecc.*) raccolta, assortimento **2** (*di pubblicazioni*) collana, serie, raccolta.

collezionìsta s. m. e f. raccoglitore, amatore.

collier /*fr.* kɔ'lje/ [vc. fr., dal tardo lat. *collāriu(m)* 'collare'] s. m. inv. collana, vezzo, girocollo.

collimàre v. intr. (*anche fig.*) coincidere, combaciare, corrispondere **CONTR.** divergere, contrastare, urtarsi, scontrarsi, differire.

collìna s. f. colle, poggio, altura, rilievo, monticello, dosso.

collisióne s. f. **1** (*di cose*) urto, scontro, cozzo **2** (*fig.*) (*di persone, di idee*) contrasto, conflitto, divergenza, alterco, diverbio **CONTR.** accordo.

còllo (1) s. m. **1** (*est.*) cervice, nuca, gola, collottola **2** (*est.*) (*di indumento*) colletto, bavero, solino, collarino, goletta **3** (*di piede*) caviglia **FRAS.** *prendere per il collo* (*fig.*), strozzare, esigere prezzi esosi □ *tra capo e collo* (*fig.*), all'improvviso □ *rompersi l'osso del collo* (*fig.*), rovinarsi □ *a rotta di collo* (*fig.*), a precipizio □ *mettere i piedi sul collo* (*fig.*), sopraffare □ *bere a collo*, bere direttamente dalla bottiglia □ *fino al collo* (*fig.*), fino al massimo di sopportabilità □ *collo d'oca* (*mecc.*), albero a gomiti.

còllo (2) s. m. (*di merce*) plico, pacco, balla, involto, sacco, cassa, cassetta, baule, valigia, barile, involto.

collocàbile agg. sistemabile, allogabile.

collocaménto s. m. **1** collocazione, sistemazione, allogamento **2** impiego, lavoro, ufficio, occupazione **3** (*est.*) matrimonio.

collocàre A v. tr. **1** porre, sistemare, mettere, allogare, disporre, ordinare, allestire, posare, accomodare, impiantare, installare, situare **CONTR.** levare, togliere, eliminare **2** (*est.*) (*di persona*) impiegare, sistemare **3** (*di capitale*) investire, impiegare, piazzare **4** (*est.*) vendere **CONTR.** comperare **5** (*di ragazza*) accasare, maritare, sposare **B collocarsi** v. rifl. **1** mettersi, sistemarsi, porsi **CONTR.** levarsi, togliersi **2** mettersi a posto, sistemarsi, occuparsi **CONTR.** licenziarsi, dimettersi.

collocazióne s. f. **1** collocamento, sistemazione, allogamento **2** (*di libri, di riviste e sim.*) disposizione, ordine, assetto **3** lavoro, occupazione, impiego, ufficio, incarico, collocamento, sistemazione.

colloquiàle agg. familiare, confidenziale **CONTR.** ampolloso, ossequioso.

colloquiàre v. intr. **1** conversare, parlare, chiacchierare **2** (*fig.*) trattare, dialogare, parlamentare.

collòquio s. m. **1** conversazione, dialogo, abboccamento, incontro **2** (*est.*) convegno, congresso, seduta, riunione **3** (*di studente*) esame preliminare, esame orale, orale □ esame.

collosità s. f. densità, viscosità, appiccicume **CONTR.** fluidità, scorrevolezza.

collóso agg. appiccicoso, viscoso, denso, glutinoso, appiccicaticcio, gelatinoso **CONTR.** fluido, scorrevole, limpido.

collòttola s. f. nuca □ (*est.*) collo.

colluttazióne s. f. **1** rissa, lotta, baruffa, accapigliamento, cagnara, tafferuglio, zuffa, azzuffamento, mischia, parapiglia **2** (*fig.*) scontro, disputa.

colmàre v. tr. **1** (*anche fig.*) riempire, empire, caricare **CONTR.** vuotare, svuotare **2** (*di terreno, di palude*) interrare, bonificare.

colmàto part. pass. di **colmare**; anche agg. **1** riempito, caricato, pieno **CONTR.** vuotato, vuoto **2** (*di terreno, di palude*) bonificato.

cólmo (1) agg. **1** pieno, ripieno, traboccante, raso, carico, empito, gremito, rigonfio, stipato, straboccante, straripante, zeppo, zeppato (*raro*) **CONTR.** vuoto **2** (*di vetro, di specchio e sim.*) bombato, convesso, rilevato, tondeggiante **CONTR.** incavato.

cólmo (2) s. m. **1** cima, sommità, culmine, apice, vertice, vetta, punta □ promontorio **2** (*di fiume*) piena **CONTR.** magra **3** (*fig.*) (*di felicità, di prosperità ecc.*) apice, vertice, culmine, acme **CONTR.** fondo, punto più basso.

colómbo s. m. **1** (*zool.*) piccione □ (*est.*) palombo **2** (*spec. al pl.*) (*fig., fam.*) innamorati, amanti.

colònia s. f. **1** (*di persone*) comunità, gruppo **2** (*di animali o vegetali*) aggregato **3** (*di territori*) possedimento **4** istituto di cura, istituto di riposo □ luogo di cura.

coloniàle A agg. **1** di colonia, delle colonie **2**

(*di politica*) imperialistico **B** s. m. spec. al pl. derrate, spezie.
colonialismo s. m. (*est.*) imperialismo.
colonizzàre v. tr. **1** ridurre a colonia □ (*est.*) conquistare, occupare **2** bonificare, mettere a coltura CONTR. abbandonare.
colonizzazióne s. f. **1** occupazione, conquista CONTR. abbandono **2** bonifica CONTR. abbandono.
colónna s. f. **1** pilastro, piedritto, sostegno **2** (*est.*) cippo, stele, obelisco, cariatide **3** (*fig.*) (*di persona*) appoggio, aiuto, sostegno, fondamento, cardine, caposaldo **4** (*di numero, di parole, ecc.*) fila, serie, elenco **5** (*di soldati, di auto, ecc.*) coda, schiera, formazione FRAS. *colonna infame*, gogna □ *colonna vertebrale*, spina dorsale □ *quinta colonna*, sabotatori interni □ *colonne d'Ercole*, stretto di Gibilterra; (*fig.*) limite invalicabile, grado estremo.
colonnàto s. m. portico, balaustra, peristilio, propileo.
colòno s. m. contadino, coltivatore, agricoltore, campagnolo, villico (*lett.*).
colorànte part. pres. di **colorare**; anche s. m. colore, tintura, tinta.
coloràre **A** v. tr. **1** tingere, colorire, tinteggiare **2** (*est.*) pitturare, dipingere **3** (*fig., raro*) mascherare, camuffare, simulare **B** **colorarsi** v. intr. pron. **1** tingersi **2** (*di volto*) ravvivarsi, arrossarsi CONTR. sbiancarsi, impallidire **3** (*fig., raro*) camuffarsi, mascherarsi.
coloràto part. pass. di **colorare**; anche agg. tinto, dipinto, pitturato.
colóre s. m. **1** tinta, colorazione, tono **2** colorante **3** (*di persona*) colorito, carnagione, incarnato **4** (*fig.*) aspetto, apparenza, parvenza, sembianza **5** pretesto, simulazione, finzione **6** (*al pl., est.*) (*di nazione, di società sportiva, ecc.*) bandiera, stemma □ squadra, società **7** (*di carta da gioco*) seme **8** (*di suono*) gradazione, intensità, forza **9** (*fig.*) (*di politica, di religione, ecc.*) idea, opinione, parte, partito FRAS. *senza colore*, incolore, opaco; (*fig.*) impersonale, scialbo □ *a colori*, colorato □ *dirne di tutti i colori* (*fig.*), imprecare violentemente □ *diventare di tutti i colori* (*fig.*), turbarsi improvvisamente.
colorìre **A** v. tr. **1** colorare, tingere, dipingere, pitturare **2** (*fig.*) (*di racconto, di descrizione e sim.*) abbellire, vivacizzare, animare, avvivare CONTR. banalizzare, appiattire, smorzare **3** simulare **B** **colorirsi** v. intr. pron. ravvivarsi, animarsi, arrossarsi CONTR. impallidire, sbiancarsi, sbiancare.
colorìto **A** agg. **1** dipinto, tinto, colorato CONTR. scolorito, stinto, sbiadito, incolore, pallido **2** (*di viso*) vivace, roseo CONTR. pallido, smorto **3** (*fig.*) (*di linguaggio*) espressivo, vivace, fantasioso, pittoresco, icastico CONTR. banale, monotono, noioso, incolore, piatto, inespressivo **B** s. m. **1** colore, tinta, tono **2** (*di persona*) carnagione, incarnato, colore.
colóro pron. dimostr. quelli, quelle.
colossàle agg. enorme, gigantesco, smisurato, straordinario, grandissimo, madornale, grandioso, imponente, maestoso, monumentale, ciclopico, possente, immenso, mastodontico, stragrande, immane, titanico CONTR. piccolissimo, minimo, minuscolo, esiguo, microscopico.
colòsso s. m. **1** (*est.*) gigante, titano, mole, ciclope, omone, omaccione CONTR. nano, pigmeo **2** (*est.*) (*di persona*) personalità eccezionale, big (*ingl.*) **3** (*fig.*) (*di industria, di complesso, ecc.*) gigante (*fig.*) **4** (*cine.*) film grandioso, colossal (*ingl.*).
cólpa s. f. **1** reato, crimine, misfatto, fallo, delitto, dolo, sbaglio, reità, infrazione CONTR. innocenza **2** peccato, fallo, caduta, errore, macchia, mancanza CONTR. innocenza **3** responsabilità, torto, difetto **4** causa, opera, azione.
colpévole **A** agg. criminale, doloso, colposo, riprovevole, responsabile CONTR. innocente **B** s. m. e f. **1** reo, imputato, criminale, malfattore, delinquente CONTR. innocente, incolpevole **2** (*relig.*) peccatore CONTR. innocente.
colpevolézza s. f. reità, colpa, imputabilità, dolo, responsabilità CONTR. innocenza.
colpìre v. tr. **1** percuotere, battere, ferire, bastonare, urtare, picchiare **2** (*di bersaglio, di nave, ecc.*) centrare, cogliere □ danneggiare, ferire CONTR. mancare, fallire, sbagliare **3** (*fig.*) azzeccare, imbroccare, indovinare CONTR. fallire **4** (*fig.*) (*di persona, di opinione*) impressionare **5** (*di persona*) punire, danneggiare □ criticare CONTR. favorire □ elogiare.
colpìto part. pass. di **colpire**; anche agg. **1** percosso, battuto, ferito, bastonato, urtato, picchiato **2** (*di bersaglio, di nave, ecc.*) centrato, colto □ danneggiato, ferito **3** (*fig.*) azzeccato, imbroccato, indovinato CONTR. fallito **4** (*fig.*) (*di persona, di opinione*) impressionato **5** (*di persona*) punito, danneggiato □ criticato CONTR. favorito □ elogiato.
cólpo s. m. **1** botta, percossa, bastonata, scossone, pacca, urto, spinta, picchio **2** (*est.*) fendente, mazzata, stoccata, piattonata, pugnalata, frustata, stangata, staffilata, coltellata, sciabolata, calcio, pedata, pugno, cazzotto, schiaffo, gomitata, manata, scapaccione, testata, zampata, zannata, sassata **3** (*di suono*) tonfo, schianto, scoppio, fragore, esplosione **4** (*est.*) sparo, detonazione, fucilata, cannonata, revolverata, pistolettata **5** (*est.*) cartuccia **6** (*sport*) (*nella scherma*) stoccata □ (*nel tennis e altri sport*) lancio **7** (*in banca, al gioco, ecc.*) azione, rapina, furto, impresa fortunata, vincita, affare **8** (*med.*) apoplessia, accidente, attacco, paralisi **9** (*est.*) emozione, impressione, entusiasmo, ammirazione **10** (*giorn.*) scoop (*ingl.*) FRAS. *dare un colpo al cerchio e uno alla botte* (*fig.*), barcamenarsi □ *senza colpo*

ferire (*fig.*), senza combattere, senza spargere sangue □ *colpo di grazia* (*fig.*), colpo mortale, crollo definitivo □ *colpo basso* (*fig.*), azione disonesta □ *colpo di sole*, insolazione □ *colpo di telefono*, telefonata □ *colpo di testa* (*fig.*), decisione precipitosa, capriccio □ *colpo di fulmine* (*fig.*), avvenimento inaspettato, innamoramento a prima vista □ *colpo di fortuna*, fortuna improvvisa □ *colpo di scena* (*fig.*), mutamento improvviso □ *di colpo, a un colpo, di un colpo*, a un tratto, repentinamente, improvvisamente □ *colpo di mano* (*fig.*), attacco improvviso, azione inaspettata □ *colpo giornalistico* (*fig.*), notizia sensazionale, scoop (*ingl.*) □ *a colpo sicuro* (*fig.*), senza sbagliare.

colpóso agg. intenzionale □ colpevole **CONTR.** preterintenzionale □ innocente.

coltellàta s. f. **1** (*di coltello*) colpo, ferita **2** (*fig.*) dolore, colpo, sofferenza.

coltèllo s. m. **1** lama, coltella, coltellaccio, temperino, trinciante **2** (*di aratro*) coltro **3** (*di bilancia, di pendolo*) fulcro **FRAS.** *coltello chirurgico*, bisturi □ *avere il coltello per il manico* (*fig.*), essere in posizione di vantaggio □ *lotta a coltello* (*fig.*), lotta accanita □ *a coltello, in coltello*, di taglio □ *da tagliarsi col coltello* (*fig.*), fittissimo, molto denso.

coltivàre v. tr. **1** (*di terreno*) lavorare, fertilizzare, arare, zappare, bonificare, vangare, curare **CONTR.** trascurare, abbandonare **2** (*fig.*) (*di mente, di ingegno e sim.*) esercitare, educare, curare **CONTR.** trascurare **3** (*est.*) (*di passione, di speranza, ecc.*) nutrire, fomentare, carezzare **CONTR.** spegnere **4** (*est.*) (*di hobby, di studio, ecc.*) dedicarsi, applicarsi, studiare, seguire **CONTR.** odiare, trascurare.

coltivàto part. pass. di **coltivare**; anche agg. **1** (*di terreno*) lavorato, arato, zappato, vangato, curato, bonificato, coltivo **CONTR.** incolto, desertico **2** (*di fiori, di perle, ecc.*) non spontaneo **CONTR.** spontaneo.

coltivatóre s. m. (f. *-trice*); anche agg. **1** agricoltore **2** (*raro*) cultore.

coltivazióne s. f. **1** coltura, colto (*raro*) **2** (*est.*) piantagione, campo.

cólto agg. **1** (*raro*) (*di luogo*) coltivato **CONTR.** incolto, desertico **2** (*di persona*) erudito, dotto, istruito, sapiente, enciclopedico **CONTR.** ignorante, indotto, incolto, rozzo.

cóltre s. f. **1** coperta **2** panno, drappo **3** (*fig.*) (*di nebbia, di neve, ecc.*) manto, strato.

coltùra s. f. **1** coltivazione, colto (*raro*) **2** (*est.*) piantagione, campo **3** (*di piante*) specie **4** (*di animali*) allevamento.

colùi pron. dimostr. **1** quello, quegli **2** (*ass., spreg.*) quel tale, quell'uomo.

comandaménto s. m. **1** comando, ordine, prescrizione **2** (*relig.*) precetto.

comandànte part. pres. di **comandare**; anche agg. e s. m. capo, guida, capitano, condottiero.

comandàre A v. intr. imporsi, ordinare, dominare, padroneggiare **CONTR.** ubbidire **B** v. tr. **1** ordinare, imporre, ingiungere, intimare, disporre, decretare, volere, prescrivere, stabilire, statuire **CONTR.** ubbidire, accettare, subire **2** (*di esercito, di nave e sim.*) capitanare, guidare, governare, dirigere **3** (*di cibo, di cura, ecc.*) ordinare, chiedere, prescrivere, raccomandare, consigliare **CONTR.** sconsigliare **4** (*di prudenza, di attenzione, ecc.*) esigere, richiedere, volere **5** (*bur.*) destinare, mandare, inviare, trasferire **CONTR.** chiamare, richiamare **6** (*di meccanismo, di macchina*) regolare, far funzionare, controllare.

comandàto part. pass. di **comandare**; anche agg. **1** ordinato, imposto, intimato, disposto, voluto, prescritto, stabilito **CONTR.** accettato, subito **2** (*di esercito, di nave, ecc.*) capitanato, guidato, governato, diretto **3** (*di cibo, di cura, ecc.*) ordinato, chiesto, prescritto, raccomandato, consigliato **CONTR.** sconsigliato **4** (*di prudenza, di attenzione, ecc.*) richiesto **5** (*bur.*) destinato, mandato, inviato, trasferito **CONTR.** chiamato, richiamato.

comàndo s. m. **1** ingiunzione, intimazione, ordine, imposizione, prescrizione, precetto, disposizione **CONTR.** ubbidienza, accettazione **2** (*militare, politico, ecc.*) guida, potere, impero, governo, dominio, signoria, autorità, potestà **3** (*in gare e sim.*) primo posto, testa **CONTR.** fine, coda **4** (*bur.*) assegnazione provvisoria, spostamento, trasferimento **5** (*mecc.*) leva di trasmissione.

comàre s. f. **1** madrina, santola (*sett.*) **2** (*est., fam.*) vicina, amica **3** (*region.*) levatrice **4** (*spreg.*) pettegola, chiacchierona.

combaciàre v. intr. **1** aderire, congiungersi, combinare, collimare, coincidere, corrispondere **2** (*fig.*) (*di opinioni, di idee, ecc.*) collimare, coincidere **CONTR.** divergere, discordare, differire.

combattènte part. pres. di **combattere**; anche agg. e s. m. e f. soldato, belligerante, guerriero **FRAS.** *ex combattente*, reduce.

combàttere A v. intr. **1** battersi, guerreggiare, battagliare, pugnare (*lett.*), azzuffarsi, scontrarsi, cimentarsi **2** (*fig.*) (*contro il vizio, contro la fame, ecc.*) opporsi, contrastare, lottare, agitarsi, dibattersi **3** (*fig.*) (*per una causa*) lottare, dibattersi, travagliarsi, agitarsi, affaccendarsi **B** v. tr. **1** affrontare, attaccare, assalire, fronteggiare **CONTR.** evitare, sfuggire **2** (*est., sport*) disputare **3** (*fig.*) (*di tesi, di opinione e sim.*) contrastare, attaccare, avversare **CONTR.** accettare **C combattersi** v. rifl. rec. affrontarsi, azzuffarsi, scontrarsi, battersi **CONTR.** essere alleati, essere amici.

combattiménto s. m. **1** lotta, scontro, battaglia, pugna (*lett.*), conflitto **CONTR.** pace **2** (*est.*) duello, zuffa, rissa, scaramuccia, baruffa **3** (*est., sport*) incontro, competizione, partita, match (*ingl.*) **4** (*fig.*) polemica, controversia, contrasto CONTR. accordo FRAS. *mettere fuori combattimento* (*fig.*), indebolire, fiaccare □ *fuori combattimento*, knock out (*ingl.*).

combattività s. f. aggressività, bellicosità, grinta CONTR. remissività, mitezza, arrendevolezza.

combattìvo agg. battagliero, aggressivo, bellicoso, pugnace, energico CONTR. pacifico, tranquillo, mite, imbelle, remissivo, arrendevole.

combattùto part. pass. di **combattere**; anche agg. **1** affrontato, fronteggiato CONTR. evitato **2** (*est.*, *sport*) disputato, giocato **3** agitato, travagliato, confuso, incerto CONTR. certo, sicuro, sereno, tranquillo.

combinàbile agg. accordabile □ mescolabile, fusibile.

combinàre A v. tr. **1** accordare, unire, fondere, accozzare, connettere, legare, congegnare, comporre, congiungere CONTR. dividere, disunire **2** (*chim.*) unire, mescolare CONTR. scomporre, decomporre, disgregare **3** (*di opinioni, di gusti, ecc.*) mettere d'accordo, fare coincidere CONTR. scombinare **4** (*di affare*) trattare, contrattare, concludere CONTR. scombinare, rovinare, far saltare **5** (*di incontro, di spettacolo, ecc.*) organizzare, concertare, stabilire, concordare CONTR. far saltare **6** (*fam.*, *scherz.*) (*di guaio, disastro e sim.*) fare **B** v. intr. corrispondere, coincidere, collimare, combaciare, aderire **C combinarsi** v. intr. pron. **1** (*chim.*) reagire **2** (*di discorsi, di colori, ecc.*) accordarsi, convenire, intendersi CONTR. discordare, dissentire **3** (*fam.*) trovarsi, sistemarsi.

combinazióne s. f. **1** (*chim.*) reazione, sintesi **2** (*di fatti*) caso, accidente, imprevisto, coincidenza, circostanza, congiuntura **3** (*di colore, di carte, ecc.*) possibilità, incastro, accostamento, unione.

combrìccola s. f. **1** congrega, consorteria, combutta, camarilla, conventicola, camorra, conciliabolo, mafia, teppa **2** compagnia, cricca, brigata, comitiva, banda, gruppo, camerata, ghenga (*scherz.*).

combustìbile agg. infiammabile, accendibile, bruciabile CONTR. incombustibile, ininfiammabile.

combustióne s. f. (*est.*) arsione, incendio, bruciamento, accensione CONTR. spegnimento, estinzione.

combùtta s. f. **1** combriccola, conventicola, cricca, congrega, ghenga (*scherz.*), consorteria, camarilla, camorra, accozzaglia **2** adunanza, conciliabolo, accordo, complotto.

cóme A avv. **1** alla maniera di, nel modo che □ quasi **2** in quale modo **3** in qualità di **4** quanto **B** cong. **1** che, in quale modo **2** così come **3** appena che, quando **4** quasi, quasi che **5** (*fam.*) per esempio **6** (*raro*) poiché, siccome **C** s. m. inv. modo, maniera, mezzo.

comfort /*ingl.* 'kʌmfət/ [vc. ingl., dal fr. *confort* 'conforto'] s. m. inv. comodità, agio, conforto CONTR. scomodità, disagio.

còmica s. f. farsa, commedia.

comicaménte avv. umoristicamente, briosamente, argutamente CONTR. tragicamente, tristemente, austeramente, seriamente.

comicità s. f. amenità, umorismo, arguzia, brio, humour (*ingl.*), causticità, lepidezza CONTR. tragicità, tristezza, serietà, severità, tetraggine, austerità, drammaticità.

còmico A agg. buffo, ameno, burlesco, faceto, bizzarro, ridicolo, spassoso, brillante, giocoso, buffonesco, scherzoso, allegro, farsesco CONTR. serio, severo, triste, tetro, tragico, austero, funereo, lugubre, drammatico **B** s. m. **1** commediante, istrione, guitto, buffone, clown (*ingl.*) **2** umorista **C** s. m. solo sing. comicità, umorismo, amenità, arguzia, brio, humour (*ingl.*), causticità CONTR. tragicità, drammaticità, tristezza, gravità, solennità, pedanteria, tetraggine.

comìgnolo s. m. **1** (*di tetto*) colmo **2** (*di camino*) fumaiolo, rocca, ciminiera.

cominciàre A v. tr. incominciare, iniziare, principiare, avviare, imprendere (*lett.*), intraprendere □ (*est.*) aprire, inaugurare, introdurre, promuovere CONTR. finire, terminare, concludere, smettere **B** v. intr. iniziare, principiare, esordire CONTR. concludere, terminare, finire, cessare, smettere **C** in funzione di s. m. solo sing. (*raro, lett.*) principio, inizio CONTR. fine, termine, conclusione.

cominciàto part. pass. di **cominciare**; anche agg. iniziato, avviato, intrapreso □ (*est.*) aperto, inaugurato, introdotto, promosso CONTR. finito, terminato, concluso, smesso.

comitàto s. m. associazione, commissione, organizzazione.

comitìva s. f. carovana, compagnia, brigata, combriccola, banda, gruppo.

comìzio s. m. **1** adunanza, conferenza, congresso **2** riunione, raduno.

còmma s. m. alinea, capoverso, daccapo, sottoparagrafo.

commando /*ingl.* kə'ma:ndou/ [vc. ingl., dal port. *commando* 'comando'] s. m. inv. pattuglia, reparto, gruppo.

commèdia s. f. **1** dramma **2** (*est.*, *scherz.*) finzione, dissimulazione, impostura, simulazione, inganno, infingimento CONTR. realtà, verità **3** (*est.*, *scherz.*) buffonata, ridicolaggine, farsa, scherzo, burla CONTR. tragedia.

commediànte s. m. e f. **1** teatrante, istrione, guitto, comico, buffone, clown (*ingl.*) **2** (*fig.*) simulatore, ingannatore, ipocrita.

commediògrafo s. m. drammaturgo.

commemoràre v. tr. ricordare, celebrare, rammentare, rievocare, memorare (*lett.*) CONTR. dimenticare, scordare.

commemorativo agg. evocativo, celebrativo.

commemorazióne s. f. celebrazione, rievocazione, anniversario, cerimonia.

commendàre v. tr. (*lett.*) lodare, approvare, elogiare, encomiare, esaltare, incensare, osannare, magnificare, sublimare **CONTR.** biasimare, disprezzare.

commensàle s. m. e f. convitato, invitato, banchettante, conviva (*lett.*).

commensuràbile agg. (*est.*) paragonabile, confrontabile, comparabile **CONTR.** incommensurabile.

commentàre v. tr. **1** (*di libro, di autore, ecc.*) spiegare, chiarire, interpretare, illustrare □ annotare, postillare, chiosare (*lett.*), glossare **2** (*di fatto, di avvenimento, ecc.*) considerare, giudicare, criticare, sindacare.

commentàrio s. m. **1** commento **2** memorie, diario.

commentatóre s. m. (f. *-trice*) **1** (*di libro, di autore, ecc.*) interprete, illustratore, chiosatore (*lett.*), glossatore, postillatore **2** (*di fatti, di avvenimenti, ecc.*) speaker (*ingl.*).

comménto s. m. **1** (*di fatti, di avvenimenti, ecc.*) esposizione, spiegazione, interpretazione, osservazione, delucidazione, chiarimento **2** (*di libro, di autore, ecc.*) annotazione, chiosa (*lett.*), glossa, commentario, esegesi, postilla, nota **3** (*est.*) critica, discussione, protesta □ allusione.

commerciàbile agg. negoziabile, mercanteggiabile, trafficabile, trattabile, contrattabile, comprabile, vendibile **CONTR.** invendibile.

commerciabilità s. f. negoziabilità, trattabilità.

commerciàle agg. **1** mercantile **2** (*di prodotto*) comune, ordinario **CONTR.** fine, speciale **3** (*di libro, di film, ecc.*) di cassetta, da resa **CONTR.** artistico, di qualità.

commercialìsta s. m. e f. (*est.*) fiscalista, tributarista.

commerciànte agg.; anche s. m. e f. mercante, trafficante, venditore, negoziante, bottegaio.

commerciàre A v. intr. trafficare, negoziare, mercanteggiare **B** v. tr. vendere, smerciare, rivendere, importare, esportare.

commèrcio s. m. **1** mercatura (*raro*), scambio, traffico, smercio, vendita, compra, compravendita, speculazione, negoziazione, affari **2** (*est., lett.*) relazione, rapporto, corrispondenza, contatto **FRAS.** *in commercio*, in vendita □ *fuori commercio*, esaurito, non commerciabile.

comméssa s. f. commissione, ordinazione, ordinativo.

comméssо (1) s. m. **1** venditore, fattorino, garzone, dipendente, apprendista, lavorante **2** impiegato, incaricato.

comméssо (2) part. pass. di **commettere**; anche agg. **1** (*di fatto*) compiuto **2** (*di merce*) ordinato, commissionato, richiesto.

commessùra s. f. commettitura, giuntura, attacco, attaccatura, incastro, unione, combaciamento, articolazione, congiuntura, giunzione **CONTR.** sconnessione, sconnessura, stacco.

commestìbile A agg. mangereccio, mangiabile, alimentare, edule, esculento **CONTR.** immangiabile □ velenoso **B** s. m. al pl. cibo, alimento, vivanda, cibaria, vettovaglia.

comméttere A v. tr. **1** (*lett.*) (*di parti*) congiungere, unire, incastrare **2** (*di azione*) compiere, fare, eseguire **3** (*di merce*) ordinare, richiedere, commissionare **4** (*di potere, di decisione, ecc.*) affidare, delegare **B** v. intr. (*di parti*) combaciare, collimare, combinare, coincidere, aderire, corrispondere **CONTR.** disgiungersi, sconnettersi **C commettersi** v. rifl. affidarsi, esporsi.

commiàto s. m. **1** congedo, licenza, saluto, addio **2** (*est.*) ripulsa, separazione, ripudio **3** (*letter.*) tornata.

commilitóne s. m. compagno di armi, compagno di lotta, compagno di camerata.

comminàre v. tr. (*di pena, di sanzione*) minacciare, sancire, prescrivere, stabilire, destinare, imporre, sanzionare, statuire, stabilire, decretare **CONTR.** derogare, abrogare, abolire, condonare, perdonare.

comminazióne s. f. sanzione, prescrizione.

commiseràbile agg. commiserevole, miserando, miserevole.

commiseràre v. tr. compassionare, compatire, compiangere **CONTR.** invidiare.

commiserazióne s. f. compassione, compatimento, pietà **CONTR.** invidia.

commissàrio s. m. **1** delegato, mandatario, funzionario, incaricato, rappresentante **2** (*di commissione*) membro **FRAS.** *commissario d'esame*, esaminatore □ *commissario sportivo*, ufficiale di gara.

commissionàre v. tr. commettere, ordinare, affidare, delegare, richiedere, prenotare **CONTR.** offrire.

commissionàto part. pass. di **commissionare**; anche agg. commesso, ordinato, affidato, delegato, prenotato, richiesto **CONTR.** offerto.

commissióne s. f. **1** incarico, incombenza, compito, faccenda □ ordine **2** (*est.*) (*di prestazioni*) compenso, somma **3** (*di merce*) ordinazione, ordine, ordinativo, commessa **CONTR.** offerta **4** (*spec. al pl.*) acquisti, incombenze, compere **CONTR.** vendite **5** (*di persone*) comitato, collegio, giunta, giuria **6** rappresentanza, delegazione.

commisuràre v. tr. **1** misurare, commensurare, paragonare, valutare, confrontare, comparare, raffrontare, equiparare, agguagliare **2** adeguare, regolare.

committènte s. m. e f. commissionario **CONTR.** esecutore, appaltatore, commissario.

committènza s. f. committenti, clientela, clienti.

commòsso part. pass. di **commuovere**; anche agg.

turbato, intenerito, impietosito, toccato, impressionato, emozionato, agitato, concitato □ convinto, persuaso CONTR. freddo, impassibile, indifferente, insensibile, arido, duro.

commovènte agg. emozionante, rattristante, lacrimevole, pietoso, appassionante, toccante, patetico CONTR. esilarante, rallegrante.

commozióne s. f. turbamento, agitazione, emozione, intenerimento, pietà, batticuore, tremore, concitazione, concitamento CONTR. impassibilità, indifferenza, insensibilità, freddezza.

commuòvere A v. tr. impietosire, turbare, eccitare, agitare, scuotere, intenerire, sconvolgere, toccare, appassionare CONTR. rendere indifferente, rendere insensibile **B commuoversi** v. intr. pron. **1** turbarsi, impietosirsi, intenerirsi, agitarsi, eccitarsi CONTR. restare indifferente, restare insensibile **2** persuadersi, piegarsi, convincersi, cedere CONTR. irrigidirsi, resistere.

commutàbile agg. intercambiabile, cambiabile, convertibile, trasformabile CONTR. immutabile.

commutabilità s. f. intercambiabilità, convertibilità, trasformabilità CONTR. immutabilità.

commutàre v. tr. **1** scambiare, cambiare, mutare, tramutare, convertire, trasformare **2** (*elettr.*) invertire.

commutatóre s. m. (*elettr.*) convertitore, trasformatore.

commutazióne s. f. **1** cambiamento, sostituzione, tramutamento, scambio **2** (*elettr.*) inversione FRAS. *forcella di commutazione*, gancio.

comò s. m. cassettone, canterano, canterale.

comodaménte avv. agiatamente, agevolmente, facilmente, tranquillamente, confortevolmente, senza fatica CONTR. faticosamente, difficilmente, scomodamente, disagiatamente.

comodità s. f. **1** agio, conforto, comodo, comfort (*ingl.*), confort (*fr.*) CONTR. disagio, incomodo **2** opportunità, convenienza, occasione, congiuntura, vantaggio CONTR. svantaggio, scapito, danno, perdita.

còmodo (1) agg. **1** (*di vita, di casa, ecc.*) agiato, agevole, facile, gradevole, confortevole CONTR. disagiato, scomodo, difficile, duro **2** (*di abito, di scarpe e sim.*) ampio CONTR. scomodo, stretto **3** (*di persona*) a proprio agio, tranquillo, pacifico, indisturbato □ seduto, sdraiato CONTR. scomodo, a disagio.

còmodo (2) s. m. **1** agio, comodità, conforto, confort (*fr.*), comfort (*ingl.*) CONTR. disagio, incomodo **2** opportunità, vantaggio, utilità, convenienza, giovamento, profitto, utile, possibilità, guadagno, tornaconto CONTR. svantaggio, danno, scapito, perdita FRAS. *a suo comodo*, a suo piacere □ *far comodo*, essere utile □ *di comodo*, vantaggioso, opportuno, favorevole.

compaesàno s. m. conterraneo, compatriota, corregionale, connazionale, concittadino CONTR. forestiero, straniero, estraneo.

compàgine s. f. **1** unione, insieme, complesso, aggregazione, connessione, concatenamento, coesione CONTR. disgregazione, divisione, disunione **2** (*est., sport*) squadra.

compagnìa s. f. **1** unione, insieme, stare insieme CONTR. solitudine, isolamento **2** combriccola, comitiva, brigata, banda, gruppo, carovana, cricca, camerata, squadra, congrega (*scherz.*) **3** (*mil.*) reparto, schiera, drappello, squadra **4** (*di assicurazione, di navigazione, ecc.*) società, impresa, ditta, ragione **5** (*di religiosi*) confraternita, congregazione FRAS. *...e compagnia bella*, e tutti gli altri; (*fig.*) eccetera eccetera.

compàgno A s. m. **1** amico, collega, camerata, compare, socio, complice, commilitone, condiscepolo CONTR. nemico, avversario, estraneo **2** convivente, consorte **3** (*di partito marxista*) comunista, socialista **4** (*di società*) socio **B** agg. (*fam.*) simile, corrispondente, pari, uguale, identico □ appaiato CONTR. differente, diverso □ singolo FRAS. *compagno di strada* (*fig.*), fiancheggiatore.

compagnóne s. m. burlone, amicone, buontempone, giovialone CONTR. musone, misantropo, solitario.

comparàbile agg. **1** confrontabile, paragonabile, equiparabile, simile, somigliante CONTR. incomparabile, differente, dissimile **2** commensurabile CONTR. incommensurabile.

comparàre v. tr. paragonare, confrontare, riscontrare, raffrontare, collazionare.

comparazióne s. f. **1** paragone, raffronto, riscontro, confronto **2** (*ling.*) similitudine □ metafora.

compàre s. m. **1** padrino, santolo (*sett.*) **2** compagno, amico, collega, socio CONTR. nemico, avversario, concorrente **3** (*spreg.*) complice, connivente, manutengolo, favoreggiatore.

comparìre v. intr. **1** mostrarsi, presentarsi, apparire, spuntare, affacciarsi, manifestarsi CONTR. sparire, disparire, eclissarsi, scomparire, dissolversi, squagliarsi (*pop.*), sfumare **2** (*di pubblicazione*) uscire, apparire **3** (*raro*) sembrare, parere **4** fare bella mostra, fare figura, distinguersi, essere appariscente CONTR. sfigurare.

compàrsa s. f. **1** apparizione, comparizione, manifestazione CONTR. scomparsa, sparizione, dileguamento **2** (*dir.*) esposto, dichiarazione scritta FRAS. *fare da comparsa* (*fig.*), fare atto di presenza senza parlare e senza agire.

compàrso part. pass. di **comparire**; anche agg. **1** apparso, spuntato CONTR. scomparso **2** (*di pubblicazione*) uscito, pubblicato.

compartimentazióne s. f. suddivisione, ripartizione.

compartiménto s. m. **1** divisione, suddivisione, distribuzione, ripartizione **2** (*di carrozza ferroviaria*) scompartimento **3** (*di territorio*) circoscrizione, provincia, zona **FRAS.** *compartimento stagno*, paratia; (*fig.*) ambiente isolato, attività isolata.

compartizióne s. f. **1** suddivisione, ripartizione, divisione, distribuzione **CONTR.** somma, unione **2** compartimento, comparto, zona.

compassàto agg. (*fig.*) (*di persona, di atteggiamento, ecc.*) controllato, misurato, ponderato, rigido, sostenuto, severo, contegnoso, austero, calcolato, sobrio, sorvegliato, regolato, freddo, distaccato, pedante, sufficiente, pignolo **CONTR.** disinvolto, franco, spigliato, allegro □ incontrollato, sguaiato, sfrenato, esuberante.

compassionàre v. tr. commiserare, compatire, compiangere **CONTR.** invidiare.

compassióne s. f. commiserazione, compatimento, pietà, indulgenza, carità, tolleranza □ disprezzo, pena **CONTR.** invidia.

compassionévole agg. **1** (*di persona, di sguardo, ecc.*) misericordioso, pietoso, indulgente, benigno, umano, sensibile **CONTR.** crudele, spietato, duro, efferato **2** (*di fatto, di sorte, ecc.*) pietoso, lacrimevole, miserando, miserevole, commovente, patetico, infelice, lamentabile **CONTR.** felice, divertente, piacevole.

compassionevolménte avv. **1** misericordiosamente, pietosamente, indulgentemente, benignamente, umanamente **CONTR.** crudelmente, spietatamente, duramente **2** pietosamente, lacrimevolmente, miserevolmente, pateticamente, infelicemente **CONTR.** felicemente, piacevolmente.

compàsso s. m. **1** (*mar.*) bussola magnetica **2** (*raro, fig.*) esattezza, precisione, ponderatezza, rigore **CONTR.** inesattezza, parzialità **3** (*spreg.*) pedanteria **CONTR.** superficialità.

compatìbile agg. **1** (*di persona, di errore, ecc.*) tollerabile, giustificabile, perdonabile **CONTR.** incompatibile, ingiustificabile **2** (*di impegno, di lavoro, ecc.*) conciliabile, accordabile **CONTR.** inconciliabile, incompatibile, contrastante.

compatibilità s. f. conciliabilità □ accordo **CONTR.** incompatibilità, inconciliabilità, contrasto.

compatiménto s. m. **1** compassione, commiserazione, compianto **CONTR.** invidia **2** indulgenza, tolleranza, benevolenza, pietà **CONTR.** severità, rigidezza, durezza, disprezzo.

compatìre A v. tr. **1** commiserare, compassionare, compiangere **CONTR.** invidiare **2** scusare, giustificare, comprendere, tollerare **CONTR.** criticare, condannare, disprezzare, schernire **B compatirsi** v. rifl. rec. (*fam.*) tollerarsi.

compatriòta s. m. e f. connazionale, conterraneo, concittadino, compaesano **CONTR.** straniero, forestiero.

compattézza s. f. **1** (*di cosa*) densità, fittezza, spessezza (*raro*), consistenza **CONTR.** radezza, rarefazione **2** (*fig.*) (*di idee, di sentimenti e sim.*) unione, concordia, solidarietà, unanimità **CONTR.** contrasto, discordia, diversità, differenza, opposizione.

compàtto agg. **1** (*di cosa*) denso, fitto, spesso, unito **2** (*fig.*) (*di idee, di sentimenti, ecc.*) concorde, solidale, unanime **CONTR.** discorde, disunito, opposto, contrastante.

compendiàbile agg. riassumibile, sintetizzabile, riducibile, riepilogabile **CONTR.** allungabile, estensibile.

compendiàre A v. tr. riassumere, sunteggiare, restringere, sintetizzare, abbreviare, accorciare, ricapitolare, ridurre, riepilogare **CONTR.** allungare, estendere □ diluire **B compendiarsi** v. intr. pron. riassumersi, sintetizzarsi, ridursi **CONTR.** dilungarsi, estendersi.

compèndio s. m. **1** riassunto, sunto, riduzione, riepilogo, sintesi, sommario, epitome **2** insieme, somma, complesso **FRAS.** *in compendio* (*fig.*), in breve, in succinto.

compendiosaménte avv. brevemente, concisamente, stringatamente, sinteticamente **CONTR.** prolissamente, diffusamente.

compendióso agg. breve, conciso, succinto, stringato, sintetico, ristretto, riassuntivo, corto, serrato, laconico, spiccio **CONTR.** prolisso, diffuso, lungo, lento, interminabile.

compenetràre A v. tr. **1** penetrare, entrare **2** (*fig.*) (*di animo, di mente, ecc.*) pervadere, colmare, riempire **B compenetrarsi** v. intr. pron. (*fig.*) immedesimarsi, impregnarsi **C** v. rifl. rec. penetrarsi, fondersi, confondersi.

compensàre v. tr. **1** (*di persona*) rimunerare, pagare, retribuire, ricompensare, ricambiare **2** (*anche fig.*) (*di danno, di favore, ecc.*) ripagare, risarcire, indennizzare, rimediare **3** (*di entrate, di spese, ecc.*) equilibrare, bilanciare, supplire, pareggiare, controbilanciare **CONTR.** squilibrare, sbilanciare.

compensatìvo agg. **1** rimunerativo, retributivo **CONTR.** passivo **2** equilibratore **CONTR.** squilibratore.

compensàto part. pass. di **compensare**; anche agg. **1** rimunerato, ripagato, risarcito, ricompensato, contraccambiato **2** (*di entrate, di spese, ecc.*) bilanciato, pareggiato, controbilanciato **CONTR.** squilibrato, sbilanciato.

compensazióne s. f. **1** (*di danno e sim.*) risarcimento, indennizzo **2** (*di entrate, di uscite, ecc.*) equilibrio, pareggio, bilanciamento **CONTR.** squilibrio, spareggio, sbilanciamento.

compènso s. m. **1** (*di lavoro*) paga, retribuzione, rimunerazione, pagamento, salario, mercede, indennità, corrispettivo **2** (*di danno e sim.*) risarcimento, riparazione, indennizzo **3** (*di favore, di sacrificio, ecc.*) ricompensa, contraccambio **4** (*di entrate, di uscite, ecc.*) equilibrio, bilanciamento, pareggio **CONTR.** squilibrio, spareggio **FRAS.** *in compenso*, in cambio;

(*fig.*) d'altra parte.

competènte A agg.; anche s. m. e f. (*di persona*) esperto, capace, intenditore, conoscitore, abile, adatto, atto, idoneo, valido **CONTR.** incompetente, inesperto, incapace, ignaro, profano **B** agg. (*lett.*) (*di compenso, di mancia, ecc.*) adeguato, adatto, conveniente, opportuno, spettante **CONTR.** inadeguato, inadatto.

competènza s. f. **1** (*di persona*) cognizione, perizia, intelligenza, autorità, capacità, abilità, esperienza, pratica, autorevolezza **CONTR.** incompetenza, incapacità, inabilità, imperizia, inesperienza, inadeguatezza **2** (*di cosa*) attinenza, spettanza, pertinenza, giurisdizione **3** (*spec. al pl.*) compenso, onorario, paga.

compètere v. intr. **1** gareggiare, misurarsi, contendere, rivaleggiare, disputare, concorrere, lottare **2** riguardare, spettare, convenire, appartenere, essere di competenza.

competitività s. f. **1** concorrenza **2** rivalità, gara, lotta.

competitóre s. m. (f. *-trice*) **1** concorrente, rivale, emulo, avversario, antagonista **CONTR.** cooperatore, collaboratore, alleato **2** gareggiatore, contendente.

competizióne s. f. **1** antagonismo, concorrenza, rivalità, emulazione, contrasto **CONTR.** accordo, intesa, concordia, patto, compromesso **2** gara, incontro, match (*ingl.*).

compiacènte part. pres. di **compiacere**; anche agg. **1** accomodante, cortese, condiscendente, docile, servizievole, gentile, remissivo, indulgente, benigno, comprensivo, conciliante, trattabile **CONTR.** scontroso, scortese, indocile, insofferente, impaziente, irriducibile, intrattabile **2** (*spreg.*) accomodante, facile, intrallazzatore, abbordabile **CONTR.** difficile, scontroso, serio, irriducibile.

compiacènza s. f. **1** soddisfazione, piacere, compiacimento, godimento, gioia, appagamento **CONTR.** dispiacere, dolore, disappunto, insoddisfazione **2** cortesia, degnazione, condiscendenza, bontà, gentilezza, garbo, benignità, civiltà, urbanità, riguardo **CONTR.** scortesia, villania, sgarbatezza, sgarbo.

compiacére A v. intr. assecondare, condiscendere, consentire, secondare, permettere, accondiscendere, concedere **CONTR.** negare, contrastare, contraddire, opporsi, contestare, resistere, disapprovare **B compiacersi** v. intr. pron. **1** (*con sé stesso*) dilettarsi, bearsi, godersi, deliziarsi, crogiolarsi, gloriarsi, divertirsi, spassarsi, sollazzarsi **CONTR.** seccarsi, annoiarsi, affliggersi, crucciarsi, preoccuparsi, affannarsi, rattristarsi **2** (*con gli altri*) rallegrarsi, congratularsi, felicitarsi, complimentarsi **CONTR.** condolersi, compiangere, commiserare, compatire, impietosirsi **3** degnarsi, accondiscendere **CONTR.** rifiutarsi **C** v. tr. contentare, soddisfare, appagare, accontentare, secondare, esaudire **CONTR.** contrariare, scontentare, deludere, avversare, ostare, contrastare.

compiaciménto s. m. **1** (*lett.*) condiscendenza, approvazione, degnazione, consenso, assenso **CONTR.** dissenso, disapprovazione, opposizione, contrarietà **2** rallegramento, soddisfazione, piacere, gioia, sollievo, allegrezza, congratulazione, plauso **CONTR.** commiserazione, compianto, deplorazione, dispiacere.

compiaciùto part. pass. di **compiacere**; anche agg. rallegrato, felice, lieto, contento, soddisfatto **CONTR.** amareggiato, dispiaciuto, insoddisfatto.

compiàngere A v. tr. commiserare, compassionare, compatire **CONTR.** congratularsi, rallegrarsi **B compiangersi** v. intr. pron. (*raro, lett.*) rammaricarsi, dolersi, rincrescersi, deplorare, dispiacersi, affliggersi **CONTR.** compiacersi, allietarsi, gioire, esultare.

compiànto A part. pass. di **compiangere**; anche agg. **1** pianto, commiserato **2** defunto **B** s. m. dolore, cordoglio, lamento, lutto, rimpianto, pianto, afflizione, pena, dispiacere **CONTR.** gioia, esultanza, gaudio.

cómpiere A v. tr. **1** compire, realizzare, concludere, terminare, ultimare, finire, completare **CONTR.** cominciare, incominciare, iniziare, principiare, avviare, intraprendere **2** (*di dovere, di azione, ecc.*) fare, eseguire, adempiere, assolvere **CONTR.** iniziare, cominciare **3** (*di anni*) finire **CONTR.** iniziare **B** v. intr. e **compiersi** intr. pron. avverarsi, realizzarsi, verificarsi, effettuarsi, adempiersi, avvenire, accadere.

compilàre v. tr. comporre, redigere, scrivere, stendere, raccogliere.

compilatóre s. m. (f. *-trice*) raccoglitore, redattore.

compilazióne s. f. **1** redazione, composizione, raccolta, stesura **2** pubblicazione, opera.

compiménto s. m. conclusione, termine, fine, completamento, effettuazione, cessazione, chiusura, adempimento, attuazione, realizzazione, esaurimento, esecuzione **CONTR.** inizio, principio, abbozzo.

compitaménte avv. cortesemente, educatamente, garbatamente, gentilmente, civilmente **CONTR.** villanamente, sgarbatamente, scortesemente, incivilmente.

compitàre v. tr. sillabare, scandire.

compitazióne s. f. scansione, sillabazione, spelling (*ingl.*).

compitézza s. f. cortesia, urbanità, garbo, signorilità, educazione, creanza, gentilezza, garbatezza, contegno, civiltà **CONTR.** scortesia, villania, sgarberia, sgarbatezza, sgarbo, inurbanità, malagrazia, sgraziataggine.

cómpito (1) s. m. **1** incarico, mansione, ufficio, incombenza, dovere, missione, mandato **2** (*di scuola*) esercizio, esercitazione, elaborato.

compito (2) part. pass. di **compire**; anche agg. **1** finito, concluso, compiuto, completato, terminato, ultimato, attuato, realizzato, esaurito, completo **CONTR.** cominciato, iniziato, avviato, intrapreso □ incompiuto, interrotto, imperfetto, troncato, sospeso, incompleto, abbozzato **2** (*di dovere, di azione, ecc.*) fatto, eseguito, adempiuto, assolto **CONTR.** cominciato, iniziato, intrapreso **3** (*di anni*) terminato, finito **CONTR.** iniziato **4** (*di persona, di modi, ecc.*) educato, garbato, cortese, gentile, beneducato, costumato, urbano **CONTR.** maleducato, villano, scortese, rozzo, inurbano, screanzato, zotico, ineducato.

compiutaménte avv. completamente, interamente, integralmente, totalmente, pienamente, del tutto **CONTR.** incompiutamente, incompletamente, parzialmente, frazionatamente, malamente, approssimativamente.

compiutézza s. f. **1** completezza **2** perfezione.

compleànno s. m. genetliaco, natalizio, anniversario.

complementàre agg. accessorio, secondario, aggiuntivo, marginale □ (*di strada*) complanare **CONTR.** fondamentale, principale, essenziale.

compleménto s. m. **1** supplemento, aggiunta, addizione, aggregazione, giunta, soprappiù, superfluo **CONTR.** essenziale **2** (*ling.*) determinazione, espansione.

complessàto s. m.; anche agg. (*est.*) inibito, represso □ fissato □ introverso □ insicuro, timido **CONTR.** disinibito □ estroverso □ sicuro, spontaneo.

complessióne s. f. **1** corporatura, costituzione, struttura, fisico, aspetto **2** (*raro*) temperamento, natura, carattere, indole, personalità.

complessità s. f. difficoltà, astrusità, molteplicità, multiformità, varietà **CONTR.** semplicità, linearità, facilità.

complessivaménte avv. nel complesso, nell'insieme, in tutto, generalmente, totalmente, globalmente, cumulativamente, collettivamente **CONTR.** in particolare, singolarmente, particolarmente, parzialmente, frammentariamente, individualmente, distintamente.

complessìvo agg. generale, totale, globale, comune, cumulativo, collettivo **CONTR.** particolare, speciale, parziale, diviso, frammentario, suddiviso, singolo, specifico, individuale, distinto.

complèsso (1) agg. **1** (*di organismo, di reato, ecc.*) multiforme, composito, contrastante, contraddittorio, eterogeneo **CONTR.** semplice, elementare **2** (*est.*) (*di questione, di compito, ecc.*) complicato, difficile, difficoltoso, astruso **CONTR.** facile, lineare, chiaro, piano, ovvio, banale.

complèsso (2) s. m. **1** insieme, totalità, unione, globalità, generalità **CONTR.** particolarità, parzialità, individualità **2** (*di industrie*) insieme, organismo, organizzazione **3** (*di cantanti, di artisti, ecc.*) gruppo, corpo, compagnia, band (*ingl.*) □ orchestra.

complèsso (3) s. m. (*est.*) ossessione, idea fissa, fissazione, mania, inibizione □ insicurezza, preoccupazione **CONTR.** disinibizione □ sicurezza **FRAS.** *avere dei complessi*, sentirsi inferiore, essere timido □ *senza complessi*, spontaneo, sicuro.

completaménto s. m. **1** integramento, integrazione **2** compimento, perfezionamento, finitura, conclusione, fine **CONTR.** principio, inizio, abbozzo, preliminare.

completàre v. tr. **1** (*di numero, di conto, ecc.*) aggiungere, integrare, arrotondare, perfezionare **CONTR.** togliere, sottrarre **2** (*di lavoro, di compito, ecc.*) compiere, finire, terminare, concludere, ultimare **CONTR.** iniziare, cominciare, intraprendere.

completàto part. pass. di **completare**; anche agg. **1** (*di numero, di conto, ecc.*) integrato, arrotondato **CONTR.** tolto, sottratto **2** (*di lavoro, di compito, ecc.*) compito, compiuto, finito, terminato, ultimato **CONTR.** iniziato, cominciato, intrapreso.

completézza s. f. interezza, totalità, globalità **CONTR.** parzialità, frammentarietà.

complèto A agg. **1** intero, finito, totale, integro, integrale, compiuto **CONTR.** parziale, incompleto, frammentario, incompiuto **2** (*di teatro, di treno, ecc.*) pieno, tutto occupato **CONTR.** vuoto **3** (*di fiducia, di speranza e sim.*) assoluto, totale, illimitato, incondizionato, infinito **CONTR.** relativo, parziale, limitato **B** s. m. **1** (*di persone, di cose*) pieno, pienone **2** (*di oggetti, di accessori*) set (*ingl.*), insieme, batteria, linea **FRAS.** *al completo, al gran completo*, con tutti i posti occupati, tutto pieno, con la presenza di tutti.

complicànza s. f. (*med.*) complicazione □ (*est., raro*) difficoltà, inconveniente, impedimento, intralcio, ingombro **CONTR.** facilitazione, semplificazione, appianamento, chiarimento.

complicàre A v. tr. intricare, imbrogliare, intralciare, confondere, impicciare, rendere difficile **CONTR.** semplificare, appianare, sbrogliare, dipanare, facilitare, agevolare **B complicarsi** v. intr. pron. **1** imbrogliarsi, confondersi, intorbidarsi, intricarsi **CONTR.** semplificarsi, appianarsi, sbrogliarsi, dipanarsi **2** (*di malattia, di situazione, ecc.*) peggiorare, aggravarsi **CONTR.** guarire, migliorare, risolversi.

complicàto part. pass. di **complicare**; anche agg. confuso, difficile, complesso, contorto, intricato, imbrogliato, tortuoso, macchinoso **CONTR.** semplice, piano, chiaro, evidente, lineare, limpido, comprensibile.

complicazióne s. f. **1** difficoltà, contrasto, contrarietà, contrattempo, inconveniente, impedimento, intralcio, ingombro, intrico, viluppo **CONTR.** facilitazione, semplificazione, appianamento, chiarimento **2** (*med.*) complicanza, accidente, aggravamento **CONTR.** miglioramento, guarigione.

còmplice o **cómplice** s. m. e f. **1** connivente, correo, partecipe, favoreggiatore, compare, manutengolo **CONTR.** estraneo, innocente **2** (*est.*, *scherz.*) compagno.

complicità s. f. correità, connivenza, favoreggiamento, associazione, partecipazione **CONTR.** estraneità, innocenza.

complimentàre **A** v. tr. fare i complimenti □ ossequiare, riverire **CONTR.** insultare, ingiuriare □ commiserare **B** **complimentarsi** v. intr. pron. congratularsi, felicitarsi, rallegrarsi, compiacersi **CONTR.** compiangere, commiserare.

compliménto s. m. **1** felicitazione, congratulazione, omaggio, rallegramento, ossequio **CONTR.** offesa, insulto, ingiuria, disprezzo **2** (*al pl.*) convenevoli, cerimonie, salamelecchi, smorfie, smancerie **CONTR.** sgarberie, insulti, villanie.

complimentóso agg. **1** cerimonioso, ossequioso, affettato, smanceroso, lezioso **CONTR.** spigliato, semplice, disinvolto, naturale **2** gentile, cortese **CONTR.** sgarbato, villano, insolente, maleducato.

complottàre v. intr. **1** congiurare, cospirare, macchinare, ordire, intrigare, tramare, concertare **2** (*est.*) parlottare.

complòtto s. m. congiura, intrigo, trama, macchinazione, cospirazione.

componènte part. pres. di **comporre**; anche agg. e s. m. e f. **1** (*di persona*) membro, partecipante, costituente **2** (*di insieme, di miscuglio, ecc.*) elemento, ingrediente **3** (*mat.*) sottoinsieme, elemento.

componìbile agg. unibile, accostabile □ scomponibile.

componiménto s. m. **1** (*di lite, di disputa e sim.*) accordo, conciliazione, accomodamento, transazione, pacificazione, aggiustamento, appianamento **2** (*letterario, musicale, ecc.*) composizione, scrittura, stesura, opera, lavoro, pezzo **3** (*scolastico*) composizione, tema, esercitazione, lavoro.

compórre **A** v. tr. **1** (*di mobile, di farmaco, ecc.*) combinare, assestare, unire, disporre, formare, costruire, fabbricare, fare, riunire, montare, mescolare **CONTR.** scomporre, disfare, smontare **2** (*di romanzo, di musica, ecc.*) compilare, scrivere, fare, produrre, creare, concepire **3** (*di capelli, di vestito, ecc.*) assestare, acconciare, accomodare, ordinare, ravviare **CONTR.** disordinare, scarmigliare, gualcire, scompigliare **4** (*di viso*) atteggiare, impostare, posare **5** (*di litiganti, di lite e sim.*) conciliare, riconciliare, pacificare, rappacificare, accordare **CONTR.** inimicare □ suscitare, creare **B** **comporsi** v. rifl. (*raro*) atteggiarsi, accomodarsi, impostarsi, rassettarsi **CONTR.** scomporsi, alterarsi.

comportaménto s. m. condotta, atteggiamento, contegno, modo di fare **FRAS.** *teoria del comportamento*, comportamentismo, behaviorismo.

comportàre **A** v. tr. **1** (*di errore, di vacanza, ecc.*) consentire, permettere, concedere, ammettere **2** (*di fatica, di salute, ecc.*) implicare, richiedere **3** (*lett.*) sopportare, tollerare, soffrire **B** **comportarsi** v. intr. pron. agire, procedere, contenersi.

compòsito agg. composto, complesso, complicato, molteplice, eterogeneo, multiforme, vario, assortito, eclettico **CONTR.** semplice, unico, monotono, uniforme.

compositóre s. m. (f. *-trice*) autore (spec. di musica).

composizióne s. f. **1** compilazione, elaborazione, redazione, sistemazione, ordinamento, disposizione, assetto **CONTR.** scomposizione, scompaginamento, scioglimento **2** (*musicale, letteraria, ecc.*) creazione, opera, brano, pezzo □ quadro **3** (*scolastico*) componimento, tema, esercitazione, lavoro **4** (*di comitato, di giuria, ecc.*) formazione, struttura, natura **5** (*di ricetta, di sostanza, ecc.*) mescolanza, lega, amalgama, miscuglio □ (*est.*) composto, elemento, componente, ingrediente **6** (*di litiganti, di lite, ecc.*) componimento, accordo, conciliazione, accomodamento, transazione, pacificazione, aggiustamento **CONTR.** lite, rissa, guerra.

compósta s. f. **1** conserva, marmellata, confettura **2** fertilizzante, terricciato.

compostaménte avv. correttamente, contegnosamente, ordinatamente, dignitosamente **CONTR.** scompostamente, disordinatamente, indecentemente.

compostézza s. f. **1** contegno, correttezza, ordine, serietà, grazia, contegnosità, decenza, raccoglimento, costumatezza, decoro **CONTR.** incompostezza, scompostezza, disordine, indecenza, scostumatezza **2** (*fig.*) temperanza, sobrietà, misura **CONTR.** intemperanza.

compósto **A** part. pass. di **comporre**; anche agg. **1** (*di lavoro, di meccanismo, ecc.*) composito, complesso, complicato, molteplice, eterogeneo, eclettico, vario, multiforme, assortito **CONTR.** semplice, unico, monotono, uniforme **2** (*di mobile, di sostanza, ecc.*) fatto, formato, sistemato, ordinato, aggregato **3** (*di opera musicale, letteraria, ecc.*) scritto, fatto, creato, prodotto, ideato, inventato **4** (*di persona, di modi, ecc.*) ordinato, corretto, contegnoso, serio, modesto, riservato, costumato, raccolto **CONTR.** scomposto, disordinato, indecente, sfrontato **5** (*di volto*) atteggiato **6** (*mat.*) non primo, fattorizzabile **CONTR.** primo **B** s. m. mescolanza, miscuglio, lega, amalgama, fusione, insieme, combinazione.

compràre v. tr. **1** acquistare, acquisire **CONTR.** vendere, donare, regalare **2** (*est.*) corrompere, prezzolare, sedurre, subornare.

compratóre s. m. (f. *-trice*) acquirente, cliente,

acquisitore **CONTR.** venditore, bottegaio, negoziante.

comprèndere A v. tr. **1** (*di cosa*) contenere, racchiudere, includere, abbracciare, incorporare, raggruppare, unire **CONTR.** escludere, eliminare, eccettuare **2** (*di persona*) intendere, capire, afferrare, intuire **3** (*est.*) (*di errore, di persona, ecc.*) compatire, giustificare, scusare, perdonare **B comprendersi** v. rifl. intendersi, capirsi, compatirsi, perdonarsi.

comprendònio s. m. (*fam., scherz.*) intelligenza, intelletto, cervello, giudizio, testa.

comprensìbile agg. intelligibile, chiaro, afferrabile, evidente, capibile, facile, accessibile, concepibile, decifrabile, percepibile **CONTR.** incomprensibile, inafferrabile, inintelligibile, oscuro, sfuggente, enigmatico.

comprensibilità s. f. chiarezza, intelligibilità, facilità, evidenza, afferrabilità, accessibilità **CONTR.** incomprensibilità, oscurità, inafferrabilità, inaccessibilità.

comprensióne s. f. **1** intelligenza, intendimento, cognizione, penetrazione **2** condiscendenza, indulgenza, tolleranza, umanità **CONTR.** durezza, inflessibilità, intolleranza, disumanità, fiscalismo.

comprensìvo agg. **1** (*di prezzo, di trattamento, ecc.*) inclusivo **CONTR.** esclusivo **2** (*di persona*) tollerante, indulgente, umano, aperto, condiscendente **CONTR.** incomprensivo, intollerante, intransigente, ottuso, chiuso, duro, disumano, fiscale.

comprensoriàle agg. territoriale, zonale, distrettuale.

comprensòrio s. m. regione, area, territorio, zona, distretto, banlieue (*fr.*), hinterland (*ted.*), dintorni, suburbio.

compréso part. pass. di **comprendere**; anche agg. **1** (*nel numero, nel gruppo, ecc.*) incluso, contenuto, incorporato **CONTR.** escluso, eliminato **2** (*con la mente*) capito, inteso, afferrato, intuito **3** (*est.*) (*di persona, di errore, ecc.*) compatito, giustificato, scusato, perdonato.

comprèssa s. f. pastiglia, pillola, cachet (*fr.*), cialdino.

comprèsso part. pass. di **comprimere**; anche agg. **1** premuto, stretto, calcato, pigiato, schiacciato, pressato **CONTR.** allentato, sciolto, libero **2** (*fig.*) (*di persona, di passioni, ecc.*) oppresso, represso, soffocato, vessato, soggiogato, gravato **CONTR.** libero, disteso.

comprìmere v. tr. **1** calcare, premere, schiacciare, pigiare, serrare, pressare, stringere **CONTR.** liberare, allentare, sciogliere, distendere, mollare **2** (*fig.*) (*di spesa, di passioni, ecc.*) contenere, reprimere, soffocare, frenare, trattenere, dominare, vincere **CONTR.** liberare, lasciare libero, allargare.

comprimìbile agg. contenibile, reprimibile, moderabile **CONTR.** irrefrenabile, incontenibile.

compromésso (1) part. pass. di **compromettere**; anche agg. **1** coinvolto, implicato, esposto **CONTR.** estraneo **2** danneggiato, pregiudicato, intaccato, invalidato **CONTR.** favorito, appoggiato.

compromésso (2) s. m. **1** (*tra litiganti, tra parti*) accordo, transazione **2** (*dir.*) contratto preliminare **3** (*est., spreg.*) cedimento, deviazione, espediente, ripiego, rimedio, mezzuccio.

compromettènte part. pres. di **compromettere**; anche agg. rischioso, pericoloso, arrischiato, dubbio **CONTR.** sicuro.

comprométtere A v. tr. **1** (*di reputazione, di esito, ecc.*) rischiare, pregiudicare, danneggiare **CONTR.** difendere, tutelare **2** (*di persona*) coinvolgere, danneggiare, esporre, implicare **CONTR.** salvaguardare, tutelare, difendere **B compromettersi** v. rifl. esporsi, impegnarsi, arrischiarsi, impegolarsi, pregiudicarsi **CONTR.** tutelarsi, salvaguardarsi, difendersi.

comprovànte part. pres. di **comprovare**; anche agg. provante, attestante, avvalorante, probatorio **CONTR.** negante.

comprovàre v. tr. **1** provare, confermare, dimostrare, documentare, convalidare, avvalorare, confortare **CONTR.** negare, confutare, contraddire **2** (*raro*) approvare, ratificare **CONTR.** respingere, negare.

comprovàto part. pass. di **comprovare**; anche agg. **1** provato, confermato, dimostrato, documentato, avvalorato **CONTR.** negato, contraddetto, confutato **2** (*di fede, di onestà, ecc.*) provato, sicuro, fedele **CONTR.** dubbio, equivoco, incerto.

compùnto agg. contrito, pentito, afflitto, mortificato, avvilito, dispiaciuto, triste **CONTR.** allegro, felice, giocondo, spensierato.

compunzióne s. f. pentimento, contrizione, mortificazione, afflizione, dispiacere, avvilimento **CONTR.** gioia, felicità, compiacimento.

computàbile agg. calcolabile, contabile, valutabile, annoverabile, ascrivibile, addebitabile **CONTR.** incalcolabile, inestimabile, incommensurabile.

computàre v. tr. **1** calcolare, contare, annoverare, noverare (*lett.*), numerare, conteggiare, valutare **2** (*lett.*) addebitare, ascrivere.

computisterìa s. f. contabilità, ragioneria.

còmputo s. m. calcolo, conto, conteggio, computazione (*raro*).

comunàle A agg. civico, municipale, urbano **B** s. m. teatro municipale, stadio municipale.

comùne (1) A agg. **1** (*di bene, di interesse, ecc.*) generale, comunitario, collettivo, universale, sociale, pubblico, complessivo, di tutti **CONTR.** particolare, proprio, privato, singolare, individuale, personale **2** (*di opinione, di uso, ecc.*) usuale, diffuso, solito, consueto, normale, abituale, medio, ordinario, usitato (*lett.*), frequente **CONTR.** insolito, inconsueto, anormale, straordinario, inusitato, strano, infrequente, eccezionale, singolare, raro, originale **3** (*di gente, di roba, ecc.*) volgare, grossolano, triviale, basso, mediocre, dozzinale, andante **CONTR.** scelto, raffinato, distinto, fine, elegante, eccellente, snob (*ingl.*) **B** s. m. solo sing. mediocrità, banalità, normalità **CONTR.** singolarità, originalità **FRAS.** *far causa comune*, agire insieme □ *fuori del comune, non comune*, raro, distinto, eccellente, straordinario □ *uscire dal comune* (*fig.*), distinguersi.

comùne (2) s. m. **1** municipio **2** (*est.*) città.

comunèlla s. f. combriccola, combutta, lega, cricca, conventicola, accordo, conciliabolo, congrega, intesa **FRAS.** *fare comunella*, accordarsi, riunirsi, stare insieme.

comuneménte avv. generalmente, abitualmente, usualmente, ordinariamente, solitamente, quotidianamente **CONTR.** insolitamente, eccezionalmente, straordinariamente, inusitatamente.

comunicabilità s. f. **1** divulgabilità, trasmissibilità **CONTR.** incomunicabilità **2** affabilità, cordialità, espansività, estroversione **CONTR.** freddezza, introversione.

comunicàre A v. tr. **1** trasmettere, diffondere, notificare, rendere comune **CONTR.** nascondere, celare **2** amministrare l'eucaristia **B** v. intr. **1** (*di persona*) corrispondere, conversare, parlare, dire, conferire, essere in comunicazione, essere in relazione **2** (*di porta, di apertura, ecc.*) sboccare, sfociare, immettere, mettere in comunicazione **3** (*di persone, ecc.*) capirsi, intendersi, condividere **C comunicarsi** v. intr. pron. **1** (*di entusiasmo, di incendio, ecc.*) propagarsi, trasmettersi, diffondersi **CONTR.** recedere, ritirarsi, cessare, spegnersi **2** fare la comunione, ricevere l'eucaristia.

comunicatìva s. f. capacità di comunicare, espansività, affabilità, estroversione, cordialità **CONTR.** chiusura, introversione.

comunicatìvo agg. **1** (*di persona, di temperamento, ecc.*) espansivo, estroverso, affabile, cordiale **CONTR.** chiuso, introverso **2** (*anche fig.*) (*di infezione, di risata, ecc.*) comunicabile, contagioso, trasmissibile **CONTR.** incomunicabile, intrasmissibile.

comunicàto A part. pass. di **comunicare**; anche agg. propagato, divulgato, trasmesso, partecipato, notificato, propalato, annunciato **CONTR.** taciuto, nascosto, tenuto nascosto **B** s. m. comunicazione, bollettino, rapporto, relazione, informazione, notizia, nota, avviso.

comunicazióne s. f. **1** (*di calore, di pensiero, ecc.*) diffusione, trasmissione **2** comunicato, notizia, nota, partecipazione, avviso, avvertenza, notificazione, informazione, appello □ relazione **3** (*di notizia, di disposizione, ecc.*) diffusione, divulgazione, irradiazione, propalazione **4** (*tra luoghi*) passaggio, andito, sbocco, apertura, uscio **5** (*spec. al pl.*) (*stradale, aerea, ecc.*) collegamento.

comunióne s. f. **1** (*di interessi, di idee, ecc.*) comunanza, unione, partecipazione, collettività □ contitolarità **CONTR.** divisione **2** (*relig.*) eucaristia.

comunìsmo s. m. collettivismo, bolscevismo, marxismo, socialismo.

comunìsta agg.; anche s. m. e f. collettivista, bolscevico, marxista, socialista, picino (*gerg.*), pici (*gerg.*).

comunità s. f. **1** collettività, società, pluralità, associazione, gruppo **2** (*relig.*) congregazione, confraternita, convento, cenobio, monastero □ parrocchia **3** comune, municipio □ cittadinanza.

comunitàrio agg. comune, collettivo, pubblico, sociale **CONTR.** privato.

comùnque A avv. in ogni modo, in ogni caso **B** cong. **1** in qualunque modo, in qualsiasi modo **2** tuttavia, non di meno, con tutto ciò, malgrado ciò, nonostante, con ciò.

cón prep. che introduce diversi rapporti **1** (*di compagnia e unione*) insieme, in compagnia di **2** (*di relazione*) verso □ contro **3** (*di mezzo*) per mezzo di **4** (*di limitazione*) a proposito di **5** (*di causa*) a causa di **6** (*concessivo, limitativo, avversativo*) nonostante, malgrado.

conàto s. m. **1** tentativo, sforzo **2** (*di vomito*) attacco, impulso.

cónca s. f. **1** (*di recipiente*) catino, catinella, vaso □ anfora **2** (*geogr.*) bacino, cavità, concavità, valle.

concatenaménto s. m. concatenazione, collegamento, connessione, relazione, rapporto, connessura, intreccio, dipendenza, successione, sequela.

concatenàre A v. tr. **1** (*raro, lett.*) (*di cose*) collegare, unire, congiungere, attaccare, annodare, avvincere, intrecciare **CONTR.** staccare, sciogliere, dividere, separare **2** (*fig.*) (*di fatti, di pensieri, ecc.*) collegare, associare, connettere **CONTR.** dividere, dissociare **B concatenarsi** v. rifl. rec. (*anche fig.*) collegarsi, unirsi, legarsi, connettersi, associarsi, annodarsi, intrecciarsi **CONTR.** slegarsi, isolarsi, dividersi, dissociarsi.

concatenàto part. pass. di **concatenare**; anche agg. (*anche fig.*) collegato, intrecciato, unito, connesso, legato, associato **CONTR.** slegato, sciolto, dissociato, diviso, isolato.

concatenazióne s. f. concatenamento, connessione, collegamento, connessura, relazione, rapporto, dipendenza, successione, sequela.

còncavo agg. cavo, incavato, scavato, affossato, rientrato, rientrante, cupo (*dial.*) **CONTR.** convesso, prominente, rilevato, tondeggiante.

concèdere A v. tr. **1** dare, largire (*lett.*), elargire, dispensare, accordare □ permettere, consentire, acconsentire, assentire, esaudire, accondiscendere **CONTR.** negare, rifiutare, resistere **2** (*in una discussione*) ammettere, accettare, convenire **CONTR.** negare, rifiutare **B concedersi** v. rifl. (*spec. di donna nel rapporto sessuale*) darsi, cedere **CONTR.** resistere, opporsi, rifiutarsi.

concentraménto s. m. **1** (*di truppe, di capitali, ecc.*) concentrazione, ammassamento, riunione, raccolta **CONTR.** decentramento, dislocamento, dispersione, sparpagliamento, frazionamento **2** (*politico, amministrativo, ecc.*) accentramento, centralizzazione **CONTR.** decentramento.

concentràre A v. tr. **1** (*di truppe, di capitali, ecc.*) ammassare, raccogliere, adunare, raggruppare, riunire, accentrare, ammucchiare **CONTR.** sparpagliare, dividere, frazionare, disseminare, diffondere, diradare, decentrare, dislocare, disperdere **2** (*di sostanza, di elemento*) condensare, restringere **CONTR.** diluire, allungare, stemperare **B concentrarsi** v. rifl. raccogliersi, impegnarsi **CONTR.** distrarsi, svagarsi.

concentràto A part. pass. di **concentrare**; anche agg. **1** (*di truppe, di capitali, ecc.*) raccolto, riunito, ammassato, adunato, accentrato, ammucchiato **CONTR.** sparpagliato, decentrato, disperso, diviso, frazionato **2** (*di sostanza, di elemento*) condensato, denso, ristretto, rappreso **CONTR.** diluito, allungato, stemperato **3** (*fig.*) (*di passione*) profondo, intenso **CONTR.** leggero, superficiale **4** (*di persona, di mente*) pensieroso, raccolto, impegnato, meditabondo **CONTR.** svagato, distratto, disattento, spensierato, sbadato **B** s. m. **1** conserva **2** (*fig.*) (*di bugie, di sciocchezze, ecc.*) cumulo, mucchio.

concentrazióne s. f. **1** (*di truppe, di capitali, ecc.*) concentramento, convergenza, confluenza, ammassamento, riunione, raccolta **CONTR.** sparpagliamento, decentramento, dislocamento, dispersione, frazionamento **2** (*fig.*) (*della mente*) meditazione, raccoglimento, impegno **CONTR.** distrazione, disattenzione, sbadataggine.

concepìbile agg. **1** immaginabile, pensabile, intelligibile, comprensibile, intuibile, ideabile **CONTR.** inconcepibile, impensabile, inimmaginabile **2** possibile, ammissibile, tollerabile, accettabile, plausibile **CONTR.** impossibile, intollerabile, inammissibile, inaccettabile.

concepiménto s. m. **1** concezione, fecondazione, generazione **2** (*fig.*) concetto, pensiero **3** (*fig.*) (*di un piano, di un progetto e sim.*) ideazione, progettazione, disegno.

concepìre v. tr. **1** generare, procreare **2** (*di sentimento, di passione*) provare, sentire, nutrire **3** (*est.*) (*di idea, di progetto e sim.*) ideare, formare, immaginare, disegnare, progettare, creare **4** (*est., raro, lett.*) comprendere, capacitarsi, rendersi conto, persuadersi, convincersi, immaginare.

concepìto part. pass. di **concepire**; anche agg. **1** generato, procreato **2** (*est.*) (*di sentimento, di passione*) provato, sentito, nutrito **3** (*di idea, di progetto e sim.*) ideato, immaginato, progettato, creato.

concernènte part. pres. di **concernere**; anche agg. riguardante, spettante, interessante.

concèrnere v. tr. riguardare, spettare, appartenere, interessare, riferirsi, competere.

concertàre A v. tr. **1** (*mus.*) accordare, affiatare, armonizzare **2** (*di attacco, di truffa, ecc.*) preparare, predisporre, organizzare, stabilire, combinare, ordire, complottare, tramare, intrigare, macchinare, congiurare **B concertarsi** v. rifl. accordarsi, convenire, concordare **CONTR.** discordare, dissentire, litigare.

concertàto part. pass. di **concertare**; anche agg. preparato, predisposto, organizzato, combinato, ordito, tramato, fissato, definito, stabilito.

concèrto s. m. **1** (*mus.*) composizione strumentale, esecuzione musicale **2** (*est.*) orchestra **3** (*raro*) accordo, collaborazione, intesa **FRAS.** *di concerto*, insieme, d'accordo.

concessióne s. f. **1** permesso, dono, grazia, privilegio, favore, facilitazione, facoltà **CONTR.** proibizione, negazione, divieto **2** (*di mutuo, di servizio, ecc.*) conferimento, autorizzazione, assegnazione □ licenza □ privilegio, appalto **3** (*raro*) ammissione, confessione **CONTR.** ritrattazione.

concèsso part. pass. di **concedere**; anche agg. dato, elargito, accordato, permesso, consentito, esaudito **CONTR.** negato, rifiutato **FRAS.** *dato e non concesso che*, ammesso per ipotesi che.

concètto s. m. **1** (*di libertà, di grazia, ecc.*) rappresentazione, senso, significato, concezione **2** (*est.*) pensiero, idea, nozione **3** opinione, giudizio, parere, criterio □ stima, considerazione, impressione, reputazione, fama **FRAS.** *essere in concetto di*, farsi fama di □ *impiegato di concetto*, impiegato con responsabilità.

concettóso agg. **1** conciso, sintetico, laconico **CONTR.** prolisso, verboso **2** (*est.*) involuto, difficile, sentenzioso **CONTR.** facile, semplice, chiaro.

concezióne s. f. **1** (*di un piano, di un romanzo, ecc.*) ideazione, concepimento, invenzione, progettazione, disegno **2** (*della libertà, della vita, ecc.*) pensiero, concetto, idea **3** concepimento.

conchìglia s. f. **1** guscio, nicchio **2** (*raro*) mollusco.

conciàre A v. tr. **1** sottoporre a concia, trattare **2** (*raro*) acconciare, accomodare, aggiustare **CONTR.** sporcare, sciupare, rovinare, insudiciare, deteriorare **3** (*antifr.*) trattare per le feste (*fig.*), ridurre in cattivo stato, battere, maltrattare, sistemare **4** (*di pietra*) lavorare, squadrare, rifinire **5** (*di animale*) castrare **6** (*dial.*) condire **B conciarsi** v. rifl. **1** abbigliarsi, acconciarsi, accomodarsi, aggiustarsi **2** sporcarsi, insudiciarsi, ridursi male □ abbigliarsi male.

conciàto part. pass. di **conciare**; anche agg. **1** (*di tabacco, di olive, ecc.*) trattato, lavorato □ concio CONTR. naturale **2** acconciato, abbigliato, accomodato, pulito CONTR. disordinato, sporco, sudicio **3** (*antifr.*) mal ridotto, in cattivo stato, battuto, maltrattato.

conciatùra s. f. concia, trattamento.

conciliàbile agg. accomodabile, accordabile, compatibile, adattabile CONTR. inconciliabile, incompatibile, contrastante.

conciliànte part. pres. di **conciliare**; anche agg. **1** accomodante, arrendevole, accondiscendente, compiacente, docile, malleabile, trattabile, pieghevole, remissivo, condiscendente CONTR. irriducibile, inaccostabile, irremovibile, inflessibile, ostinato, pervicace, duro, inesorabile, caparbio, cocciuto, indocile **2** (*al sonno, al riposo, ecc.*) suadente, cattivante □ invitante CONTR. urtante, irritante, indisponente **3** conciliativo, conciliatore, pacificante, pacificatore CONTR. provocatorio, provocatore.

conciliàre A v. tr. **1** (*di persone, di opinioni, ecc.*) accordare, pacificare, appaciare (*lett.*), accomodare, temperare, moderare, calmare, aggiustare, contemperare, rappacificare, rabbonire CONTR. mettere in lite, creare discordia, seminare zizzania □ urtare, irritare, contrariare, esasperare, inasprire, esacerbare **2** (*di sonno, di simpatia, ecc.*) procurare, procacciare, favorire, cattivare, accattivare CONTR. allontanare, disturbare, guastare, rompere, interrompere **B conciliarsi** v. rifl. e rifl. rec. **1** accordarsi, armonizzarsi, combinarsi, intendersi CONTR. discordare, urtarsi, scontrarsi **2** cattivarsi, accattivarsi, acquistarsi, conquistarsi, procurarsi, attirarsi CONTR. perdere, giocarsi.

conciliatóre agg.; anche s.m. (f. *-trice*) conciliante, conciliativo, conciliatorio, rappacificatore, moderatore, equilibratore CONTR. provocatorio, provocatore.

conciliazióne s. f. accordo, accomodamento, aggiustamento, riavvicinamento, pacificazione, raggiustamento □ composizione, transazione, intesa, patto, compromesso CONTR. opposizione, disaccordo, discordia, dissidio, discrepanza, dissenso □ intransigenza.

concìlio s. m. **1** (*relig.*) sinodo, concistoro **2** (*est.*, *spec. scherz.*) riunione, adunanza.

concimàia s. f. (*anche fig.*) letamaio, immondezzaio, mondezzaio □ lerciume.

concimàre v. tr. ingrassare, fertilizzare, stabbiare, sovesciare.

concimazióne s. f. concimatura (*raro*), ingrasso, fertilizzazione, ingrassamento.

concìme s. m. **1** letame, concio, stabbio, ingrasso **2** (*est.*) fertilizzante.

concisaménte avv. brevemente, stringatamente, laconicamente, succintamente CONTR. prolissamente, verbosamente, diffusamente.

concisióne s. f. brevità, essenzialità, stringatezza, laconicità, breviloquenza (*lett.*), compendiosità, concettosità CONTR. prolissità, verbosità, lungaggine, ridondanza, loquacità.

concìso agg. breve, stringato, succinto, essenziale, serrato, laconico, compendioso, concettoso, spiccio, secco, tacitiano (*lett.*), contenuto CONTR. prolisso, verboso, diffuso, lungo, loquace.

concitataménte avv. convulsamente, freneticamente, nervosamente, agitatamente, spasmodicamente CONTR. quietamente, placidamente, serenamente, tranquillamente, pacatamente.

concitàto agg. agitato, commosso, turbato, conturbato, emozionato, frenetico, inquieto, eccitato, convulso, alterato, nervoso, esagitato CONTR. calmo, quieto, freddo, pacato, indifferente, impassibile, tranquillo, sereno, placato, placido.

concitazióne s. f. agitazione, commozione, foga, impeto, eccitazione, emozione, turbamento, confusione, nervosismo CONTR. calma, pacatezza, tranquillità, serenità, autodominio, quiete, placidità, imperturbabilità.

concittadìno agg.; anche s. m. cittadino, compatriota, conterraneo, compaesano, connazionale CONTR. straniero, forestiero.

conclamàre v. tr. proclamare, acclamare, gridare.

conclùdere A v. tr. **1** (*di patto, di affare, ecc.*) fare, definire, stipulare, stringere, realizzare, effettuare, concretare, firmare, decidere CONTR. avviare, intavolare □ disdire, disfare, annullare, troncare **2** (*di lavoro, di discorso, ecc.*) finire, terminare, chiudere □ riepilogare, riassumere CONTR. iniziare, cominciare, avviare □ esordire **3** (*con 'che'*) argomentare, dedurre, stabilire, dimostrare, provare, constatare, arguire **B** v. intr. (*di obiezione, di argomento, ecc.*) convincere, persuadere, essere valido, essere utile CONTR. dissuadere **C concludersi** v. intr. pron. terminare, finire, chiudersi, cessare, scadere CONTR. iniziare, principiare, incominciare, cominciare.

conclusióne s. f. **1** (*di patto, di affare, ecc.*) compimento, esito, fine, definizione CONTR. inizio, avvio, principio **2** (*con 'trarre, venire', ecc.*) risoluzione, deduzione, decisione **3** (*di discorso, di libro, ecc.*) compendio, riepilogo, somma, riassunto.

conclusìvo agg. finale, decisivo, ultimo, definitivo, risolutivo □ concludente, fattivo CONTR. iniziale, preliminare, esplorativo □ inconcludente, inefficace.

conclùso part. pass. di **concludere**; anche agg. **1** (*di affare, di patto, ecc.*) definito, stipulato, concretato, fatto, firmato, deciso CONTR. avviato, intavolato □ disdetto, troncato **2** (*di lavoro, di discorso, ecc.*) finito, terminato, chiuso CONTR. iniziato, cominciato, avviato □ incompiuto.

concomitànte agg. simultaneo, contemporaneo, coesistente, coincidente, consussistente (*raro*), sincrono □ concorrente **CONTR.** anteriore, precedente □ posteriore, successivo.

concomitànza s. f. simultaneità, contemporaneità, coincidenza, coesistenza, concorso, sincronismo □ concorrenza **CONTR.** anteriorità, precedenza □ posteriorità.

concordàre A v. tr. **1** (*lett.*) (*di opinioni, di testimonianze, ecc.*) mettere d'accordo, accordare **2** (*di patto, di prezzo, ecc.*) stabilire, pattuire, fissare, combinare, convenire, patteggiare **B** v. intr. **1** (*di persone, di idee, ecc.*) essere d'accordo, mettersi d'accordo, convenire, acconsentire, accordarsi, conciliarsi **CONTR.** discordare, divergere, contrastare **2** (*ling.*) corrispondere.

concordàto A part. pass. di **concordare**; anche agg. (*di patto, di prezzo, ecc.*) stabilito, fissato, pattuito, combinato, convenuto, patteggiato **B** s. m. **1** accordo, patto, convenzione **2** (*dir.*) contratto, transazione.

concòrde agg. **1** unanime, uguale, conforme, uniforme, consenziente, assenziente, consono, armonico **CONTR.** discorde, discordante, differente, diverso, inconciliabile **2** (*di movimento*) simultaneo, sincrono.

concòrdia s. f. amicizia, pace, consenso, accordo, armonia, concordanza, conformità, unione, uniformità **CONTR.** discordia, disaccordo, difformità, inimicizia, dissidio, contrasto, contraddizione, discrepanza, divergenza, incompatibilità.

concorrènte part. pres. di **concorrere**; anche agg. e s. m. e f. **1** (*in concorso, in elezioni, ecc.*) candidato, aspirante **2** (*in affari*) competitore, antagonista, emulo, rivale, contendente **CONTR.** socio, collega, alleato, amico **3** (*in gare, in competizioni e sim.*) partecipante, gareggiatore.

concorrènza s. f. **1** (*di candidato, di rivale, ecc.*) gara, competizione, emulazione, rivalità, antagonismo **CONTR.** collaborazione, accordo, compromesso, patto, intesa **2** (*in affari*) competitività □ concorrenti, rivali **3** (*bur.*) raggiungimento.

concorrenziàle agg. competitivo **CONTR.** monopolistico.

concórrere v. intr. **1** (*lett.*) (*di persone*) accorrere, affluire, convergere, adunarsi, confluire, andare, riversarsi, concentrarsi **CONTR.** divergere, allontanarsi, sparpagliarsi, disperdersi **2** (*a impresa, a spesa, ecc.*) cooperare, partecipare, contribuire, collaborare, aiutare, coadiuvare **CONTR.** avversare, sabotare, ostacolare **3** (*in gara, in appalto, ecc.*) competere, gareggiare, rivaleggiare, emulare, aspirare **CONTR.** arrendersi, ritirarsi, mollare.

concórso s. m. **1** (*di gente*) affluenza, folla, affollamento, calca **2** (*dir.*) compartecipazione **3** (*di elementi, di fattori, ecc.*) concomitanza, simultaneità, convergenza, contemporaneità, compresenza **CONTR.** assenza, mancanza, accidentalità **4** (*a impresa, a spesa, ecc.*) collaborazione, partecipazione, aiuto, appoggio **CONTR.** opposizione, sabotaggio, rifiuto **5** (*a impiego, a borsa di studio, ecc.*) selezione, esame **6** (*sport*) gara, competizione.

concretaménte avv. realmente, effettivamente, tangibilmente, positivamente, praticamente, a fatti **CONTR.** astrattamente, idealmente, apparentemente, a parole.

concretàre A v. tr. attuare, realizzare, concretizzare, effettuare **B concretarsi** v. intr. pron. concretizzarsi, attuarsi, realizzarsi, avverarsi.

concretézza s. f. realtà, positività, effettività, effettualità □ materialità **CONTR.** astrattezza, astrazione, indeterminatezza, irrealtà □ immaterialità.

concretizzàre v. tr. e intr. pron. *V.* **concretare**.

concrèto agg.; anche s. m. **1** (*raro*) denso, compatto, solido, consistente, rappreso, condensato **CONTR.** sciolto, liquido **2** preciso, determinato, reale, realistico, effettivo, positivo, materiale, corporeo, sostanziale, pratico, effettuale, definito, tangibile, vero, certo **CONTR.** teorico, astratto, illusorio, immaginario, apparente, ideale, irreale, fantastico, generico, vago, indefinito **FRAS.** *in concreto*, concretamente, nella realtà □ *arte concreta*, concretismo.

concrezióne s. f. solidificazione, incrostazione, condensamento, aggregamento, deposito.

concupìre v. tr. (*lett.*) desiderare, bramare, agognare, appetire, sognare, smaniare, spasimare, struggersi **CONTR.** disprezzare, ripugnare, trascurare.

concupiscènte agg. (*lett.*) voluttuoso, bramoso, voglioso, lussurioso **CONTR.** casto, puro.

concupiscènza s. f. desiderio, brama, bramosia, desio (*lett.*), voglia, cupidità, voluttà, cupidigia, lussuria **CONTR.** indifferenza, avversione □ purezza, castità.

concussióne s. f. estorsione, frode.

condànna s. f. **1** (*est.*) pena **CONTR.** perdono, grazia, assoluzione, condono **2** (*fig.*) (*spec. morale*) disapprovazione, biasimo, riprovazione, vituperio, rimprovero, censura, critica, deplorazione, riprensione **CONTR.** lode, elogio, encomio, plauso, esaltazione, approvazione, compiacimento, complimento.

condannàbile agg. **1** degno di condanna **CONTR.** assolvibile **2** biasimevole, riprovevole, censurabile, criticabile, deprecabile, vituperabile, denigrabile **CONTR.** encomiabile, ammirabile, ammirevole, lodevole, meritorio, incensurabile.

condannàre v. tr. **1** dichiarare colpevole, punire, castigare **CONTR.** assolvere, perdonare, condonare **2** disapprovare, biasimare, riprovare, censurare, deplorare, riprendere **CONTR.**

elogiare, approvare, lodare, encomiare, esaltare **3** (*est.*) (*al lavoro, a scrivere, ecc.*) obbligare, costringere **CONTR.** liberare **4** (*est.*) (*di malato*) spacciare, dichiarare inguaribile.

condannàto A part. pass. di **condannare**; anche agg. **1** punito, castigato **CONTR.** assolto, perdonato, condonato **2** disapprovato, biasimato, rimproverato, censurato, deplorato **CONTR.** elogiato, lodato, esaltato, approvato **3** (*est.*) (*al lavoro, a scrivere, ecc.*) obbligato, costretto **CONTR.** liberato **4** (*est.*) (*di malato*) spacciato, inguaribile **CONTR.** guaribile **B** s. m. reo, prigioniero, carcerato, forzato, galeotto.

condensàre A v. tr. **1** concentrare, addensare □ comprimere □ (*di vapore*) liquefare **CONTR.** sciogliere, diluire, stemperare **2** (*fig.*) (*di concetto, di scritto, ecc.*) riassumere, riepilogare, compendiare, concentrare, ridurre, schematizzare, sintetizzare **CONTR.** allungare, ampliare, allargare **B condensarsi** v. intr. pron. addensarsi, assodarsi, rassodarsi, rappigliarsi, rapprendersi, coagularsi, ispessirsi □ (*di vapore*) diventare liquido **CONTR.** sciogliersi, liquefarsi.

condensàto A part. pass. di **condensare**; anche agg. **1** concentrato, compresso □ (*di vapore*) liquefatto **CONTR.** sciolto, diluito, stemperato **2** denso, spesso **CONTR.** rado **3** (*di scritto, di concetto, ecc.*) riassunto, compendiato, sintetizzato, schematizzato **CONTR.** ampliato, allungato, allargato **B** s. m. (*di opera, di discorso e sim.*) compendio, riassunto, schema, sintesi.

condensazióne s. f. concentrazione, compressione □ (*di vapore*) liquefazione **CONTR.** rarefazione, diluizione.

condiménto s. m. **1** insaporimento, salsa, sugo, condito (*raro*), intingolo, droga, spezia **2** (*fig.*) accompagnamento, ornamento, abbellimento.

condìre v. tr. **1** insaporare, insaporire, assaporire **CONTR.** scondire **2** (*est.*) abbellire, ornare, adornare, infiorare, addolcire.

condiscendènza s. f. arrendevolezza, comprensione, docilità, bonarietà, trattabilità, cortesia, indulgenza, affabilità, degnazione, benevolenza, benignità, tolleranza, duttilità, malleabilità **CONTR.** rigidezza, inflessibilità, caparbietà, scontrosità, intrattabilità, ostinazione, rigore, insofferenza, implacabilità, irriducibilità, inesorabilità, resistenza.

condiscéndere v. intr. acconsentire, cedere, accondiscendere, concedere, accordare, compiacere, permettere, secondare, assecondare, indulgere, consentire, annuire, avallare, aderire, secondare, esaudire, conformarsi, adattarsi **CONTR.** dissentire, opporsi, rifiutare, contrastare, osteggiare, ostacolare.

condìto A part. pass. di **condire**; anche agg. **1** insaporato, insaporito **CONTR.** scondito **2** (*est.*) abbellito, ornato, adornato, infiorato, addolcito **B** s. m. (*raro*) condimento.

condivìdere v. tr. **1** (*raro, lett.*) dividere, spartire **CONTR.** unire **2** (*fig.*) (*di idee, di sentimenti e sim.*) partecipare, prendere parte **CONTR.** disinteressarsi, fregarsene (*pop.*).

condivìso part. pass. di **condividere**; anche agg. sentito, approvato **CONTR.** osteggiato, combattuto.

condizionaménto s. m. dipendenza, subordinazione, legame, influenza, limitazione, suggestionamento **CONTR.** indipendenza, autonomia.

condizionàre v. tr. **1** (*di comportamento, di scelta, ecc.*) influenzare, suggestionare, influire, agire, operare, dominare □ limitare, vincolare, subordinare, sottomettere **CONTR.** liberare, svincolare, affrancare **2** (*di merce, di prodotto*) preparare, confezionare, sistemare, acconciare, trattare.

condizionàto part. pass. di **condizionare**; anche agg. **1** subordinato, dipendente, influenzato, limitato, suggestionato **CONTR.** libero, indipendente **2** (*di merce, di prodotto*) preparato, confezionato, sistemato, acconciato.

condizionatóre s. m. refrigeratore, calorifero, ventilatore.

condizióne s. f. **1** patto, accordo, vincolo, obbligo, impegno, promessa **2** riserva, limitazione **CONTR.** libertà **3** (*dei lavoratori, di abito, ecc.*) situazione, stato **4** (*est.*) (*economica, sociale*) posizione, stato, ceto, grado, classe, origine **5** (*per concorrere, per l'assunzione, ecc.*) requisito, qualità, titolo.

condogliànza s. f. al pl. partecipazione, rammarico, compianto, commiserazione, lamento, querela (*lett.*), compassione **CONTR.** rallegramento, congratulazione, felicitazione.

condonàre v. tr. **1** (*di pena, di detenzione, ecc.*) rimettere, abbonare, detrarre, perdonare, graziare, diminuire **CONTR.** aumentare **2** scusare, giustificare **CONTR.** accusare **3** (*da un obbligo, da un servizio, ecc.*) esonerare, esentare, dispensare, esimere, liberare **CONTR.** obbligare.

condóno s. m. indulto, grazia, perdono, amnistia, remissione **CONTR.** condanna, pena.

condótta s. f. **1** comportamento, contegno, costume, atteggiamento, abitudine, regola **2** (*di lavoro, di gioco, ecc.*) regola, metodo, programma, regime, tattica **3** (*di azienda, di operazione, ecc.*) conduzione, guida, comando, direzione **4** (*di acqua, di gas, ecc.*) conduttura, tubazione, tubiera, tubi **5** (*di medico, di veterinario*) zona, area, comprensorio **6** (*ferr.*) treno merci **FRAS.** *senza condotta*, sregolato, senza misura, scapestrato.

condottièro s. m. guida □ capo, capitano, comandante, generale.

condótto (1) part. pass. di **condurre**; anche agg. **1** portato, recato **2** (*di azienda, di istituto, ecc.*) guidato, diretto, amministrato, retto, gestito **3** (*di veicolo*) guidato, pilotato, governato **4** (*di acqua, di gas, ecc.*) trasportato, convogliato **5**

(*fig.*) (*da sentimenti*) trascinato, indotto, istigato **6** (*fig.*) (*di vita*) passato, trascorso **7** (*di medico*) comunale.

condótto (2) s. m. **1** conduttura, tubo, tubatura, passaggio, canale, acquedotto, doccia **2** (*anat.*) apertura, meato, orifizio, canalicolo.

conducènte A part. pres. di **condurre**; anche agg. (*lett.*) guidatore, conduttore, manovratore **B** s. m. e f. (*di veicolo*) autista, conduttore, manovratore, guidatore, pilota, vetturino, carrettiere, camionista, chauffeur (*fr.*).

condùrre A v. tr. **1** (*di azienda, di affare, ecc.*) dirigere, amministrare, regolare, gestire, reggere, soprintendere, capitanare, trattare **2** (*di persona, di animale*) accompagnare, menare, scortare, recare, guidare, portare **3** (*di veicolo*) guidare, pilotare, governare **4** (*di trasmissione, di spettacolo*) dirigere, animare **5** (*est.*) (*di acqua, di elettricità, ecc.*) trasportare, convogliare, incanalare **CONTR.** disperdere **6** (*fig.*) (*di passioni*) trascinare, indurre, portare, istigare, obbligare **7** (*fig.*) (*di esistenza*) passare, trascorrere **8** (*di linea e sim.*) tracciare **B** v. intr. **1** (*fig.*) (*di strada*) terminare, finire, sboccare, andare, portare **CONTR.** cominciare, iniziare **2** (*sport*) essere in testa, guidare □ essere in vantaggio **C condursi** v. rifl. comportarsi, agire, contenersi **D** v. intr. pron. **1** recarsi, portarsi **CONTR.** partire, avviarsi **2** (*fig.*) ridursi, indursi, risolversi.

conduttóre s. m. (f. *-trice*) **1** conducente, guidatore, automobilista, autista, manovratore **2** affittuario, locatario **CONTR.** locatore **3** (*elettr.*) filo.

conduttùra s. f. condotto, tubatura, tubiera, tubi, canale, doccia.

conduzióne s. f. **1** (*di caldaia, di immobile, ecc.*) sorveglianza, manutenzione **2** (*di calore, di elettricità*) trasmissione, propagazione, passaggio, convezione, irraggiamento, trasporto **3** locazione, affitto.

confabulàre v. intr. conversare, parlottare, discorrere, mormorare, bisbigliare, sussurrare **CONTR.** urlare, gridare.

confacènte part. pres. di **confarsi**; anche agg. **1** adatto, conveniente, opportuno, decoroso, adeguato, appropriato, idoneo **CONTR.** inopportuno, inadatto, disadatto, disdicevole, inidoneo, inadeguato **2** giovevole, utile, vantaggioso **CONTR.** dannoso, nocivo, pernicioso, inutile.

confàrsi v. intr. pron. **1** addirsi, convenire, adattarsi **CONTR.** sconvenire, disdire **2** giovare, conferire **CONTR.** nuocere, danneggiare, disturbare.

confederàre A v. tr. unire, associare, federare **CONTR.** dividere, dissociare **B confederarsi** v. rifl. **1** unirsi, collegarsi, associarsi, aggregarsi **CONTR.** dissociarsi **2** (*raro, fig.*) allearsi **CONTR.** combattersi.

confederàto part. pass. di **confederare** anche agg. e s. m. unito, alleato, associato **CONTR.** diviso, disunito.

confederazióne s. f. **1** unione, alleanza, coalizione, lega, colleganza, intesa **2** (*di enti*) associazione.

conferènza s. f. **1** riunione, colloquio, congresso **2** discorso, lettura, lezione **FRAS.** *conferenza stampa*, intervista.

conferiménto s. m. assegnazione, attribuzione, collazione, concessione **CONTR.** privazione, perdita.

conferìre A v. tr. **1** (*di merce*) portare, raccogliere, adunare, radunare, accumulare, ammassare **2** (*est.*) (*di coraggio, di onore, ecc.*) aggiungere, infondere, dare, donare **CONTR.** togliere **3** (*di onorificenza, di premio, ecc.*) accordare, attribuire, concedere, dare, assegnare, largire, aggiudicare **CONTR.** togliere, negare **B** v. intr. **1** (*di persone*) abboccarsi, parlare, trattare, ragionare, discutere **2** (*di vestito, di pettinatura, ecc.*) giovare, donare, aiutare, abbellire **CONTR.** danneggiare, imbruttire.

conférma s. f. assicurazione, ratificazione, prova, dimostrazione, attestazione, affermazione, approvazione, convalida.

confermàre A v. tr. **1** (*di speranza, di opinione, ecc.*) rafforzare, raffermare, corroborare, confortare **CONTR.** togliere, indebolire **2** (*di parola, di testimonianza, ecc.*) ribadire, ripetere **CONTR.** smentire, rimangiarsi **3** (*di ordine, di disposizione, ecc.*) approvare, ratificare, ribadire, convalidare, sanzionare, omologare **CONTR.** disdire, annullare **4** (*di fatti, di risultati, ecc.*) dimostrare, provare, avvalorare, attestare, asseverare **CONTR.** modificare, negare, smentire **5** (*di impegno, di promessa, ecc.*) riaffermare, ribadire, asserire, assicurare, garantire **CONTR.** disdire, negare, contraddire **6** (*relig.*) cresimare **B confermarsi** v. rifl. rafforzarsi, raffermarsi, consolidarsi **CONTR.** indebolirsi **C** v. intr. pron. (*di opinione, di stima, ecc.*) acquistare credito **CONTR.** calare, diminuire.

confessàre A v. tr. **1** (*di colpa, di torto, ecc.*) dichiarare, ammettere, riconoscere **CONTR.** negare, disconoscere, ricusare, disdire **2** (*di idea, di desiderio, ecc.*) rivelare, palesare, manifestare, dire, riferire, raccontare, svelare **CONTR.** tacere, nascondere, occultare **B confessarsi** v. rifl. **1** rivelarsi, dichiararsi, riconoscersi, giudicarsi **2** (*est., fig.*) confidarsi **3** (*relig.*) accusare i propri peccati.

confessàto part. pass. di **confessare**; anche agg. **1** (*di colpa, di torto, ecc.*) dichiarato, ammesso, riconosciuto **CONTR.** negato, disconosciuto **2** (*di idea, di desiderio, ecc.*) rivelato, palesato, svelato **CONTR.** nascosto, occultato, taciuto **3** (*est., fig.*) confidato.

confessióne s. f. **1** affermazione, ammissione, riconoscimento, rivelazione, palesamento, dichiarazione **CONTR.** negazione, rinnegazione **2** (*di fede*) professione **3** (*relig.*) (*di sacramen-*

to) penitenza **4** (*cattolica, protestante, ecc.*) comunità.

confèsso agg. dichiarato, riconosciuto **CONTR.** inconfesso.

confettàre v. tr. **1** candire, giulebbare **2** (*chim.*) cheratinizzare.

confètto s. m. (*est.*) chicca, dolcetto, caramella, zuccherino **FRAS.** *mangiare confetti di uno* (*fig.*), festeggiarne le nozze.

confettùra s. f. marmellata, composta, conserva.

confezionàre v. tr. **1** (*di pacco, di merce e sim.*) impacchettare, imballare, sistemare, acconciare, preparare **2** (*di vestiario*) cucire, fare, eseguire, lavorare.

confezionàto part. pass. di **confezionare**; anche agg. **1** (*di pacco, di merce e sim.*) impacchettato, imballato, preparato **CONTR.** aperto, sballato **2** (*di vestiario*) cucito, fatto, eseguito, lavorato.

confezióne (1) s. f. **1** (*di merce*) imballo, involucro, imballaggio **2** (*di vestiario, di medicinale, ecc.*) preparazione, sistemazione, apprestamento, approntamento.

confezióne (2) s. f. spec. al pl. abiti, indumenti.

conficcàre A v. tr. **1** ficcare, infilare, piantare, configgere, introdurre, incastrare, incuneare, inchiodare **2** (*est.*) (*nella mente, nell'animo*) imprimere, fissare, stampare (*fig.*) **CONTR.** cancellare, togliere, levare **B conficcarsi** v. intr. pron. ficcarsi, piantarsi, configgersi **CONTR.** togliersi, levarsi, cancellarsi.

confidàre A v. intr. fidare, sperare, contare, fidarsi **CONTR.** diffidare, temere **B confidarsi** v. intr. pron. sfogarsi, affidarsi, aprirsi, sbottonarsi (*fig.*), confessarsi **CONTR.** tacere, nascondere, celare **C** v. tr. **1** (*di segreto, di speranza, ecc.*) rivelare, palesare, raccontare, dire, confessare, svelare, riferire, manifestare **CONTR.** tacere, nascondere, occultare **2** (*di documento e sim.*) affidare, consegnare **3** (*lett.*) sperare, presumere, credere, auspicare, contare, immaginare **CONTR.** disperare.

confidènte A agg. fiducioso, fidente, sicuro, credulo **CONTR.** sfiduciato, diffidente, incredulo, sospettoso **B** s. m. e f. **1** amico intimo **CONTR.** estraneo **2** spia, informatore, delatore, denunciatore, sicofante (*lett.*).

confidènza s. f. **1** familiarità, dimestichezza, intimità, amicizia, intrinsichezza (*raro*) **CONTR.** estraneità, freddezza, indifferenza **2** fiducia, sicurezza, certezza, stima, assegnamento, speranza **CONTR.** sfiducia, insicurezza, incertezza, diffidenza **3** rivelazione, segreto, comunicazione, confessione **FRAS.** *in confidenza*, segretamente.

confidenziàle agg. **1** (*di parole, di saluto, ecc.*) amichevole, familiare, intimo, affabile, cordiale **CONTR.** riservato, sostenuto, freddo, controllato **2** (*di lettera, di informazione, ecc.*) segreto, riservato, privato, personale, circospetto, prudente **CONTR.** palese, manifesto, notorio, evidente.

confidenzialménte avv. **1** amichevolmente, familiarmente, affabilmente **CONTR.** freddamente, formalmente **2** segretamente, riservatamente, privatamente, personalmente, prudentemente **CONTR.** palesemente, manifestamente.

configgere A v. tr. e intr. pron. conficcare, inchiodare, ficcare, piantare, fissare, incastrare **CONTR.** togliere, estrarre **B configgersi** v. intr. pron. conficcarsi, ficcarsi, piantarsi **CONTR.** uscire, venire fuori.

configuràre A v. tr. (*raro*) rappresentare, disegnare, simboleggiare, descrivere, delineare, raffigurare, esprimere, adombrare, definire **B configurarsi** v. intr. pron. presentarsi, mostrarsi, atteggiarsi.

configurazióne s. f. **1** figura, forma, aspetto, immagine, struttura **2** (*geogr.*) aspetto, conformazione, struttura **3** (*mat.*) fase.

confinànte A part. pres. di **confinare**; anche agg. limitrofo, adiacente, contiguo, attiguo, contermine (*raro*), vicino, finitimo, propinquo (*lett.*), circostante, circonvicino **CONTR.** lontano, distante, staccato **B** s. m. e f. vicino.

confinàre A v. tr. **1** (*di persona*) bandire, relegare, esiliare, mandare al confino □ bandire, scacciare **CONTR.** chiamare, invitare, far venire **2** (*fig.*) (*in casa, in convento, ecc.*) chiudere, segregare, isolare, rinchiudere, relegare **CONTR.** tirare fuori, liberare **B confinarsi** v. rifl. isolarsi, ritirarsi, rinchiudersi, estraniarsi, appartarsi, rintanarsi **CONTR.** uscire, venir fuori, partecipare.

confinàto part. pass. di **confinare**; anche agg. e s. m. **1** (*di politico, di persona pericolosa*) bandito, relegato, esiliato, isolato, rinchiuso **2** (*in casa, in convento, ecc.*) ritirato, isolato, appartato, rintanato.

confìne s. m. **1** (*di Stato*) frontiera, limite, demarcazione **2** (*est.*) termine, fine, limite, margine **3** pietra, sbarra, cippo, barriera **4** (*spec. al pl.*) (*raro*) confino.

confìno s. m. esilio, bando, relegazione, domicilio coatto.

confìsca s. f. espropriazione, sequestro, requisizione, incameramento, esproprio.

confiscàre v. tr. espropriare, sequestrare, requisire, incamerare.

confiscàto part. pass. di **confiscare**; anche agg. sequestrato, requisito.

conflìtto s. m. **1** scontro, guerra, combattimento, lotta, battaglia **CONTR.** pace, pacificazione **2** (*di idee, di sentimenti, ecc.*) contrasto, scontro, urto, opposizione, cozzo, dissenso, diversità, contrapposizione **CONTR.** accordo, armonia, concordanza, intesa, comprensione.

conflittualità s. f. lotta, contrasto, opposizione, agitazione **CONTR.** pace, intesa.

confluènte part. pres. di **confluire**; anche agg. e s.

m. immissario, affluente **CONTR.** defluente, emissario.

confluìre v. intr. **1** (*di fiume, di strada, ecc.*) immettersi, congiungersi, unirsi, incontrarsi **CONTR.** divergere, diramarsi, defluire **2** (*di elementi, di merci, ecc.*) congiungersi, convergere, unirsi, fondersi, mescolarsi, incontrarsi.

confóndere A v. tr. **1** mescolare, disordinare, rimescolare, rimestare, scompigliare, sovvertire, arruffare, imbrogliare, ingarbugliare **CONTR.** ordinare **2** (*est.*) (*di nomi, di colori, ecc.*) scambiare, sbagliare **CONTR.** distinguere, riconoscere, azzeccare, discernere **3** (*est.*) (*di persona*) turbare, agitare, scombussolare, sconvolgere, disorientare, imbarazzare, sorprendere, sbalordire **CONTR.** calmare, quietare, confortare, rincorare, incoraggiare **4** (*est.*) (*di vista*) abbagliare, offuscare **5** (*est., lett.*) (*di nemico, di orgoglio, ecc.*) umiliare, annientare, distruggere **CONTR.** esaltare, premiare, confortare **B confondersi** v. intr. pron. **1** (*di colori, di suoni, ecc.*) scambiarsi, mescolarsi, rimanere indistinto **CONTR.** distinguersi **2** (*di persona*) turbarsi, smarrirsi, scoraggiarsi, accasciarsi **CONTR.** rinfrancarsi, rianimarsi.

confondìbile agg. scambiabile **CONTR.** inconfondibile.

conformàre A v. tr. **1** formare, plasmare, foggiare, modellare, configurare, sagomare **2** (*alle capacità, alle situazioni, ecc.*) adeguare, adattare, uniformare, accordare, concordare, armonizzare **CONTR.** differenziare, diversificare **B conformarsi** v. rifl. (*alle abitudini, alla situazione, ecc.*) adeguarsi, adattarsi, uniformarsi, rassegnarsi, condiscendere, accondiscendere, aderire **CONTR.** dissentire, contrapporsi, opporsi, ribellarsi, rifiutarsi, differenziarsi, diversificarsi **C** v. intr. pron. (*di cose*) strutturarsi, configurarsi, plasmarsi, formarsi.

conformazióne s. f. figura, forma, struttura.

confórme A agg. simile, corrispondente, somigliante, concorde, consono, affine, uguale **CONTR.** dissimile, differente, diverso, difforme, contrario **B** avv. secondo, seguendo, dipendentemente, in ossequio a, in conformità a **CONTR.** contro, avverso (*raro*).

conformìsmo s. m. **1** qualunquismo (*est.*), convenzionalismo, adattamento, adeguamento, uniformità, imitazione **CONTR.** anticonformismo, autonomia, ribellione, originalità, difformità, libertà **2** (*est.*) piattume, banalità, monotonia, abitudine **CONTR.** originalità, diversità.

conformìsta A s. m. e f. benpensante, qualunquista (*est.*), integrato **CONTR.** anticonformista, autonomo, ribelle **B** agg. convenzionale, banale, consuetudinario, passivo **CONTR.** originale.

conformità s. f. **1** concordanza, corrispondenza, somiglianza, uguaglianza, uniformità **CONTR.** originalità, difformità, divergenza, diversità **2** ossequio, adeguamento, dipendenza **CONTR.** disprezzo, rifiuto, ribellione.

confortàbile agg. **1** consolabile, incoraggiabile **CONTR.** inconsolabile **2** (*di tesi, di atteggiamento, ecc.*) sostenibile, convalidabile, avvalorabile **CONTR.** insostenibile, indifendibile.

confortànte part. pres. di **confortare**; anche agg. consolante, rasserenante, incoraggiante, tranquillizzante, piacevole, gradevole **CONTR.** sconfortante, sconsolante, scoraggiante, desolante, affliggente, umiliante.

confortàre A v. tr. **1** (*raro*) rafforzare, rinvigorire, rinforzare, corroborare **CONTR.** indebolire, fiaccare **2** (*lett.*) (*di tesi, di atteggiamento, ecc.*) confermare, riaffermare, ribadire, sostenere, convalidare, appoggiare, avvalorare **CONTR.** combattere, contrastare, invalidare **3** (*di malato, di abbattuto, ecc.*) consolare, sollevare, rasserenare, sostenere, alleviare, racconsolare (*lett.*), giovare, lenire, sedare, attenuare, calmare, tranquillizzare **CONTR.** sconfortare, rattristare, sconvolgere, addolorare, contristare, immalinconire **4** (*nel lavoro, nello studio, ecc.*) incoraggiare, rincorare, incitare, animare, esortare **CONTR.** distrarre, distogliere, scoraggiare **B confortarsi** v. intr. pron. (*raro*) rinvigorirsi, rafforzarsi, rinforzarsi **CONTR.** indebolirsi, fiaccarsi **C** v. rifl. rec. consolarsi, tranquillizzarsi, rassegnarsi, rasserenarsi, calmarsi, incoraggiarsi **CONTR.** affliggersi, disperarsi, addolorarsi, rattristarsi, abbattersi, avvilirsi.

confortàto part. pass. di **confortare**; anche agg. **1** (*di tesi, di atteggiamento, ecc.*) confermato, convalidato, sostenuto, appoggiato, avvalorato **CONTR.** combattuto, contrastato, invalidato **2** (*di malato, di abbattuto, ecc.*) consolato, sollevato, rasserenato, calmato, tranquillizzato **CONTR.** rattristato, sconfortato, addolorato, scoraggiato, immalinconito **3** (*nel lavoro, nello studio, ecc.*) incoraggiato, incitato, animato, esortato **CONTR.** distratto, distolto, scoraggiato **4** (*dal cibo, dal sonno, ecc.*) rinvigorito, rafforzato **CONTR.** indebolito, fiaccato.

confortévole agg. **1** (*di parole, di gesto, ecc.*) confortante, consolante, rasserenante, incoraggiante, tranquillizzante **CONTR.** sconfortante, sconsolante, scoraggiante, desolante, affliggente **2** (*di poltrona, di albergo, ecc.*) comodo, agevole, elegante **CONTR.** scomodo, disagiato, disagevole.

confortevolménte avv. comodamente, agiatamente **CONTR.** disagiatamente, scomodamente.

confòrto (1) s. m. **1** (*raro*) ristoro **2** consolazione, sollievo, sostegno, incoraggiamento, esortazione, aiuto, rifugio (*fig.*) **CONTR.** sconforto, avvilimento, scoraggiamento, abbattimento **3** (*di tesi, di comportamento, ecc.*) sostegno, appoggio, assenso, avallo **CONTR.** opposizione, contrarietà.

confòrto (2) s. m. agio, comodità, comfort

(*ingl.*), confort (*fr.*) CONTR. disagio, scomodità.

confratèrnita s. f. congregazione, comunità, associazione.

confrontàre v. tr. comparare, paragonare, raffrontare, commisurare, collazionare, riscontrare, agguagliare, contrapporre, accostare, misurare, equiparare.

confrónto s. m. **1** paragone, riscontro, comparazione, collazione, parallelo, raffronto, raffrontamento (*raro*) **2** (*sport*) gara, incontro, competizione **3** (*dir.*) contraddittorio FRAS. *in confronto, a confronto di*, a paragone di, rispetto a □ *nei confronti di*, riguardo a, in relazione a.

confusaménte avv. **1** caoticamente, disordinatamente, ingarbugliatamente CONTR. ordinatamente **2** (*fig.*) vagamente, incertamente, indistintamente, nebulosamente, oscuramente CONTR. bene, chiaramente, distintamente.

confusionàrio agg.; anche s.m. confusionista, disordinato, disorganizzato, casinista (*pop.*), inconcludente, sgangherato, caotico, sconclusionato, arruffone, acciabattone, pasticcione, scombinato CONTR. ordinato, regolato, metodico, attento, composto, organizzato, preciso, sistematico, disciplinato.

confusióne s. f. **1** mescolanza, caos, disordine, guazzabuglio, accozzaglia, arruffio, babilonia, farragine, congerie, intrico, viluppo, zibaldone, pasticcio, garbuglio, rimescolamento, soqquadro, rimescolio CONTR. ordine, organizzazione **2** baraonda, pandemonio, bailamme, scompiglio, subbuglio, tumulto, diavolio, mischia, putiferio, parapiglia, tramestio, bordello, agitazione, concitazione, scombussolio, chiasso, casino (*pop.*) CONTR. ordine, disciplina, regola, tranquillità **3** scambio, errore, sbaglio, disguido **4** (*est.*) (*di mente, di animo*) disorientamento, imbarazzo, smarrimento, turbamento, mortificazione, avvilimento, vergogna, sbigottimento, sconcerto CONTR. sicurezza, baldanza, tranquillità, impassibilità.

confùso part. pass. di **confondere**; anche agg. **1** caotico, disordinato, accozzato, arruffato, intricato, pasticciato, ingarbugliato, rimescolato, farraginoso, incasinato (*pop.*), inviluppato, imbrogliato CONTR. ordinato **2** (*est.*) (*di suoni, di colori, ecc.*) scambiato, sbagliato CONTR. chiaro, distinto, evidente **3** (*fig.*) (*di idee, di racconto, ecc.*) incerto, vago, nebuloso, indistinto, ambiguo, indefinito, indeterminato, oscuro CONTR. chiaro, limpido **4** (*di persona*) disorientato, imbarazzato, perplesso, sconcertato, turbato, mortificato, avvilito, sbalordito, sbigottito, umiliato CONTR. tranquillo, sicuro, impassibile, indifferente, baldanzoso.

confutàbile agg. oppugnabile, discutibile, contestabile, rintuzzabile, controbattibile CONTR. inconfutabile, indiscutibile, inoppugnabile, incontrastabile, incontrobattibile.

confutàre v. tr. contraddire, ribattere, controbattere, discutere, oppugnare, impugnare, contestare, rintuzzare, respingere, infirmare, riprovare, obiettare, argomentare, cavillare CONTR. approvare, confermare, ammettere, accettare, acconsentire, concordare.

confutazióne s. f. obiezione, contestazione, disputa, reazione, ritorsione, contraddizione, antilogia, contraddittorio CONTR. ammissione, accettazione, approvazione, conferma, consenso, concordanza.

congedàre A v. tr. **1** accomiatare, licenziare CONTR. ricevere, accogliere, assumere **2** (*mil.*) dimettere, licenziare CONTR. reclutare **B congedarsi** v. rifl. accomiatarsi, licenziarsi, andarsene CONTR. presentarsi, arrivare.

congedàto part. pass. di **congedare**; anche agg. **1** accomiatato, licenziato CONTR. accolto, ricevuto, assunto **2** (*mil.*) licenziato CONTR. reclutato.

congèdo s. m. **1** commiato CONTR. accoglienza **2** (*mil.*) licenza □ permesso CONTR. reclutamento **3** (*letter.*) commiato, tornata.

congegnàre v. tr. **1** comporre, costruire, combinare, unire, congiungere, strutturare, sistemare, montare, incastrare, commettere CONTR. scommettere, scomporre, disfare **2** (*fig.*) (*di piano, di truffa, ecc.*) ideare, inventare, definire, concepire.

congegnàto part. pass. di **congegnare**; anche agg. **1** costruito, strutturato, composto, sistemato **2** (*fig.*) (*di piano, di truffa, ecc.*) ideato, inventato, creato, concepito.

congégno s. m. apparecchio, strumento, meccanismo, dispositivo, ordigno, macchina, arnese, artifizio, struttura.

congelaménto s. m. **1** raffreddamento, assideramento, congelazione, surgelamento, solidificazione CONTR. riscaldamento, fusione, sublimazione, liquefazione **2** (*fig.*) (*di credito, di programmazione, ecc.*) sospensione, interruzione, blocco CONTR. sblocco.

congelàre A v. tr. **1** raffreddare, agghiacciare, ghiacciare, surgelare, gelare, condensare, solidificare CONTR. riscaldare, liquefare, sciogliere, fondere, sublimare **2** (*fig.*) (*di credito, di programmazione, ecc.*) sospendere, bloccare, frenare, raffreddare (*fig.*), interrompere CONTR. sbloccare **B congelarsi** v. intr. pron. **1** ghiacciarsi, agghiacciarsi, surgelarsi, rapprendersi, solidificarsi, condensarsi, gelarsi **2** (*fig.*) raffreddarsi, gelarsi, assiderarsi, irrigidirsi CONTR. riscaldarsi.

congelàto part. pass. di **congelare**; anche agg. **1** gelato, raffreddato, ghiacciato, surgelato, solidificato CONTR. caldo, riscaldato, fuso, sublimato, liquefatto, sciolto **2** (*fig.*) (*di credito, di programmazione, ecc.*) sospeso, interrotto, bloccato CONTR. sbloccato.

congelatóre s. m.; anche agg. frigorifero, frigo,

frigidaire (*fr.*), freezer (*ingl.*), surgelatore, cella frigorifera.

congeniàle agg. connaturale, consono, conforme, confacente, affine **CONTR.** contrario, distante, diverso, opposto.

congènito agg. innato, nativo, ingenito, insito, connaturale, connaturato, ereditario, originario **CONTR.** acquisito.

congestionàre A v. tr. intralciare, inceppare, ostruire, ingombrare, imbarazzare **CONTR.** liberare, alleggerire, facilitare, districare, sbarazzare **B congestionarsi** v. intr. pron. **1** (*di persona*) arrossarsi, infiammarsi, agitarsi **2** (*di traffico, di città, ecc.*) diventare caotico, affollarsi, riempirsi, bloccarsi **CONTR.** snellirsi, alleggerirsi, liberarsi, vuotarsi.

congestionàto part. pass. di **congestionare**; anche agg. **1** (*di persona*) arrossato, infiammato, rosso, agitato **CONTR.** calmo, sereno **2** (*di traffico, di città, ecc.*) caotico, pesante □ ostruito, bloccato, ingombro **CONTR.** leggero, snello □ libero, vuoto.

congestióne s. f. **1** (*med.*) aumento di sangue **2** (*fig.*) caos, intralcio, ostacolo, impedimento, inceppamento, blocco **CONTR.** snellimento, alleggerimento.

congettùra s. f. supposizione, ipotesi, opinione, teoria, argomentazione, concessione, probabilità **CONTR.** certezza, verità, prova, documentazione.

congetturàre v. tr.; anche intr. ipotizzare, supporre, immaginare, opinare, argomentare, presumere, figurarsi, dedurre, ritenere, reputare, credere, presupporre **CONTR.** asserire, affermare.

congiùngere A v. tr. unire, stringere, allacciare, accoppiare, legare, connettere, saldare, attaccare, collegare, appaiare, abbinare, aggiuntare, incollare **CONTR.** dividere, disgiungere, staccare, separare **B congiungersi** v. intr. pron. unirsi, allacciarsi, legarsi, collegarsi, saldarsi, accoppiarsi, attaccarsi, riunirsi, appaiarsi **CONTR.** dividersi, separarsi, disgiungersi, staccarsi **FRAS.** *congiungere in matrimonio*, sposare □ *congiungersi in matrimonio*, sposarsi.

congiungiménto s. m. **1** (*lett.*) (*di persone, di animali*) unione, accoppiamento, copula **2** (*di cose*) congiunzione, legamento, attaccatura, giuntura **CONTR.** disgiungimento, disgiunzione.

congiùnto A part. pass. di **congiungere**; anche agg. unito, stretto, allacciato, legato, connesso, saldato, attaccato, collegato, appaiato, abbinato, incollato, appiccicato **CONTR.** staccato, disunito, disgiunto, separato, diviso **B** s. m. parente, consanguineo, familiare **CONTR.** estraneo.

congiuntùra s. f. **1** congiunzione, unione, connessura, collegamento **2** (*di ossa*) giuntura, articolazione **3** (*economica, politica, ecc.*) fase, occasione, circostanza, caso, opportunità, condizione, contingenza, situazione, momento, combinazione, evento, avvenimento, evenienza.

congiunzióne s. f. **1** congiungimento, unione, accoppiamento, riunione, appaiamento, connessura **CONTR.** divisione, separazione, disgiunzione **2** (*ling.*) funzionale di collegamento.

congiùra s. f. **1** cospirazione, complotto **2** (*est.*) intrigo, macchinazione, trama, maneggio, tranello, imbroglio, lega, ordimento.

congiuràre v. intr. **1** complottare, cospirare, tramare **2** (*est.*) macchinare, intrigare, architettare, ordire.

congiuràto A part. pass. di **congiurare**; anche agg. (*raro*) cospirato, macchinato, ordito, tramato, complottato, architettato **B** s. m. **1** cospiratore, congiuratore **2** (*est.*) macchinatore, agitatore, intrigante.

conglobàre v. tr. **1** riunire, raccogliere, conglomerare, agglomerare □ ammassare, ammucchiare, adunare, radunare, affastellare, accatastare, accumulare **CONTR.** dividere, separare, distinguere **2** (*di denaro, di servizi, ecc.*) sommare, computare, conglomerare.

conglobàto part. pass. di **conglobare**; anche agg. **1** riunito, raccolto, ammassato, accumulato **CONTR.** diviso, separato **2** (*di denaro, di servizi, ecc.*) sommato, computato, conglomerato.

conglomeràto A agg. conglobato, riunito, agglomerato, ammassato **CONTR.** disgregato, scomposto **B** s. m. **1** (*di elementi*) riunione, ammassamento □ calcestruzzo **2** (*di case*) agglomerato.

conglomerazióne s. f. agglomerazione, conglobamento, ammasso, ammassamento, accumulo **CONTR.** separazione, divisione, disgregazione, sgretolamento.

congratulàrsi v. intr. pron. complimentarsi, felicitarsi, rallegrarsi, compiacersi, congioire (*raro*) **CONTR.** condolersi, commiserare, compiangere.

congratulazióne s. f. complimento, felicitazione, rallegramento, omaggio, ossequio, compiacimento, plauso, complimento **CONTR.** condoglianza, compianto, commiserazione.

congrèga s. f. combriccola, combutta, conciliabolo, conventicola, camarilla, consorteria, cricca, camorra.

congregàre A v. tr. adunare, radunare, riunire □ (*est.*) associare, accomunare, aggregare **B congregarsi** v. intr. pron. riunirsi, radunarsi, adunarsi.

congregazióne s. f. **1** associazione, confraternita, compagnia, comunità, corporazione **2** adunanza.

congressìsta s. m. e f. convegnista □ partecipante.

congrèsso s. m. convegno, simposio, symposium (*lat.*), assemblea, adunanza, consesso, riunione, conferenza.

congruènte agg. **1** coerente, proporzionato, corrispondente, concorde, conveniente, confacente, adeguato, conforme **CONTR.** incongruente, incoerente, contraddittorio, inadeguato **2** (*di figure, di grandezze, ecc.*) equivalente, uguale, identico **CONTR.** incongruente.

congruènza s. f. convenienza, proporzione, conformità, concordanza, coerenza, corrispondenza, uguaglianza **CONTR.** incongruenza, incoerenza.

còngruo agg. conveniente, adeguato, proporzionato, rispondente, opportuno, adatto, acconcio, appropriato, conforme, congruente **CONTR.** inadeguato, incongruo, incongruente, sproporzionato, inadatto.

conguagliàre v. tr. pareggiare, equiparare, uguagliare, adeguare, parificare, perequare **CONTR.** spareggiare, sperequare.

conguàglio s. m. conguagliamento (*raro*), equiparazione, pareggio, pareggiamento, perequazione **CONTR.** spareggio, sperequazione.

coniàre v. tr. **1** (*di moneta, di medaglie e sim.*) battere, imprimere, improntare, foggiare **2** (*fig.*) (*di slogan, di parola, ecc.*) creare, inventare.

conìglio s. m. (*fig.*) (*di persona*) pauroso, vigliacco, vile, codardo, fifone **CONTR.** leone (*fig.*), coraggioso, ardito, sfegatato.

coniugàle agg. matrimoniale.

coniugàre A v. tr. **1** (*di verbo*) flettere **2** (*raro*) sposare **B coniugarsi** v. rifl. **1** sposarsi **2** (*di verbo*) flettersi.

coniugato part. pass. di **coniugare**; anche agg. e s. m. congiunto, sposato.

coniugazióne s. f. **1** (*di verbo*) flessione **2** (*biol.*) accoppiamento.

còniuge s. m. (*raro*) f. consorte, marito, moglie, sposo, sposa.

connaturàto agg. congenito, ingenito, innato, insito, radicato **CONTR.** acquisito, artificiale, artificioso.

connazionàle agg.; anche s. m. e f. compatriota, conterraneo, compaesano, concittadino **CONTR.** straniero, forestiero.

connessióne s. f. **1** unione, collegamento, attacco, congiunzione, attaccatura, connessura **CONTR.** sconnessione **2** (*di fatti, di idee, ecc.*) nesso, legame, relazione, rapporto, attinenza, concatenazione, coerenza, interdipendenza **CONTR.** libertà, autonomia.

connèsso part. pass. di **connettere**; anche agg. **1** attaccato, collegato, unito, congiunto **CONTR.** disgiunto, staccato, diviso, separato **2** collegato, interdipendente, concatenato, attinente **CONTR.** indipendente, autonomo, libero **FRAS.** *annessi e connessi*, tutto compreso.

connèttere A v. tr. **1** unire, collegare, congiungere, attaccare, combinare, aggiuntare, allacciare, legare **CONTR.** dividere, staccare, separare, disgiungere **2** (*est.*) (*di pensieri, di fatti, ecc.*) associare, concatenare, collegare **CONTR.** dissociare **B connettersi** v. intr. pron. ricollegarsi, collegarsi, allacciarsi **CONTR.** dissociarsi.

connivènte agg.; anche s. m. e f. complice, favoreggiatore, correo, consenziente **CONTR.** estraneo.

connivènza s. f. consenso, complicità, favoreggiamento, correità **CONTR.** estraneità.

connotàto s. m. spec. al pl. (*di persona*) tratto, fattezza, fisionomia □ (*est.*) caratteristica, connotazione **FRAS.** *cambiare i connotati* (*scherz.*), percuotere fino a sfigurare.

connotazióne s. f. connotato (*fig.*), caratteristica, tratto.

connùbio s. m. **1** (*lett.*) matrimonio, coniugio (*lett.*), imeneo, unione **2** (*fig.*) accordo, unione **3** (*est.*) (*spec. politico*) alleanza.

còno s. m. **1** (*est.*) gelato **2** (*di conifera*) strobilo, pigna **FRAS.** *a cono*, conico.

conoscènte A part. pres. di **conoscere**; anche agg. consapevole, conscio **B** s. m. e f. amico, conoscenza **CONTR.** estraneo, forestiero, sconosciuto.

conoscènza s. f. **1** cognizione, consapevolezza, idea, comprensione, apprendimento **CONTR.** ignoranza **2** cultura, istruzione, sapere, competenza, cervello, esperienza **CONTR.** ignoranza, incompetenza **3** (*est.*) conoscente **CONTR.** estraneo, sconosciuto **4** (*est.*) familiarità, dimestichezza **CONTR.** estraneità **5** (*con perdere, acquistare*) coscienza, controllo, facoltà.

conóscere A v. tr. **1** apprendere, imparare **2** sapere, venire a sapere **CONTR.** ignorare **3** (*di colore, di parola, ecc.*) intendere, percepire, avvertire, distinguere, ravvisare, comprendere, capire, discernere, penetrare, interpretare **4** familiarizzare **5** (*di persona o cosa*) riconoscere, ravvisare, distinguere, raffigurare **B conoscersi** v. rifl. (*lett.*) considerarsi, dichiararsi, riconoscersi **C** v. rifl. rec. incontrarsi, frequentarsi, avere rapporti □ fare l'amore **D** v. intr. **1** (*raro*) percepire, riconoscere **2** (*raro, lett.*) essere in sé **CONTR.** perdere conoscenza **FRAS.** *conoscere i propri polli* (*fig.*), sapere con chi si ha a che fare □ *conoscere carnalmente*, possedere sessualmente.

conoscìbile agg. **1** percepibile, intelligibile, afferrabile **CONTR.** inafferrabile, inintelligibile, irriconoscibile **2** apprendibile, comprensibile **CONTR.** incomprensibile, inconoscibile.

conoscitóre s. m. (f. *-trice*) esperto, intenditore, competente, specialista **CONTR.** incompetente, ignorante.

conosciùto part. pass. di **conoscere**; anche agg. **1** appreso, imparato, saputo **CONTR.** ignorato **2** (*di colore, di parole, ecc.*) capito, inteso, percepito, distinto, ravvisato, riconosciuto **3** (*di persona*) incontrato, visto **4** (*di amore, di amicizia, ecc.*) provato, sperimentato **CONTR.** sconosciuto **5** (*di persona o cosa*) noto, famoso, rinomato, popolare, manifesto, palese, saputo, risaputo, pubblico, insigne **CONTR.** sconosciuto, ignoto, ignorato, incognito.

conquìsta s. f. **1** (*est.*) (*di territorio, di città, ecc.*) occupazione □ espugnazione, invasione, soggiogamento, aggiogamento **CONTR.** perdita, abbandono **2** (*fig.*) (*della scienza, della tecnica, ecc.*) scoperta, invenzione, progresso, vittoria **3** (*est.*) (*in amore*) successo **CONTR.** insuccesso.

conquistàre v. tr. **1** (*di città, di territorio, ecc.*) impadronirsi, invadere, occupare, espugnare, soggiogare, prendere, vincere, impossessarsi, sottomettere **CONTR.** perdere, abbandonare **2** (*di libertà, di ricchezza, ecc.*) ottenere, acquistare, conseguire, raggiungere, cogliere (*fig.*), afferrare (*fig.*) **3** (*est.*) (*di amicizia, di stima, ecc.*) cattivarsi, guadagnarsi, procurarsi **CONTR.** perdere **4** (*est.*) (*di persona*) sedurre, far innamorare, fascinare (*lett.*), incantare, ammaliare **CONTR.** deludere.

conquistatóre s. m. (f. *-trice*) **1** vincitore, trionfatore, soggiogatore, invasore, usurpatore **CONTR.** vinto, soggiogato, conquistato, sconfitto **2** (*est.*) (*di donne*) casanova, seduttore, adescatore, lusingatore.

consacràre A v. tr. **1** (*di sacerdote*) ordinare, ungere **2** (*di re, di poeta e sim.*) proclamare, confermare, riconoscere **3** (*est.*) (*di diritto, di verità, ecc.*) sancire, sanzionare, convalidare, legittimare, statuire **4** (*di chiesa, di cappella*) dedicare, destinare, intitolare, benedire **CONTR.** sconsacrare **5** (*est.*) (*di forze, di impegno, ecc.*) dedicare, offrire, donare **6** (*di tempo*) spendere, riservare **B consacrarsi** v. rifl. dedicarsi, votarsi, darsi, donarsi, offrirsi.

consacrazióne s. f. dedicazione, ordinazione, benedizione, offerta **CONTR.** sconsacrazione.

consanguineità s. f. parentela, affinità, comunanza **CONTR.** estraneità.

consanguìneo agg.; anche s. m. parente, affine, congiunto, propinquo **CONTR.** estraneo.

consapévole agg. **1** edotto, informato, avvertito, avvisato **CONTR.** ignaro, inconsapevole **2** conscio, cosciente, sciente (*lett.*) **CONTR.** inconsapevole, inconscio.

consapevolézza s. f. coscienza, conoscenza **CONTR.** inconsapevolezza.

consapevolménte avv. consciamente, coscientemente **CONTR.** inconsapevolmente, senza sapere.

cònscio A agg. consapevole, cosciente, edotto, informato, avvertito **CONTR.** inconscio, inconsapevole, ignaro **B** s. m. solo sing. **CONTR.** inconscio.

consecutìvo agg. **1** seguente, successivo **CONTR.** precedente, antecedente **2** continuo, ininterrotto, continuativo **CONTR.** discontinuo, intermittente, saltuario.

conségna s. f. **1** (*di lettera, di pacco, ecc.*) recapito, rimessa □ trasmissione **CONTR.** ricevimento, ritiro **2** deposito, custodia **3** (*mil.*) prescrizione, ordine **4** (*mil.*) punizione, castigo **CONTR.** premio, ricompensa **FRAS.** *passare le consegne* (*fig.*), passare ad altri l'incarico.

consegnàre v. tr. **1** (*di lettera, di pacco, ecc.*) recapitare, rimettere, depositare, commettere **CONTR.** ricevere, ritirare **2** (*di chiavi, di documento, ecc.*) affidare, dare, cedere **CONTR.** prendere, ricevere in consegna **3** (*mil.*) punire **CONTR.** premiare.

consegnàto part. pass. di **consegnare**; anche agg. **1** (*di lettera, di pacco, ecc.*) recapitato, rimesso, depositato **CONTR.** ricevuto, ritirato **2** (*di chiavi, di documento, ecc.*) affidato, dato, ceduto **CONTR.** preso, ricevuto in consegna **3** (*mil.*) punito **CONTR.** premiato.

conseguènte part. pres. di **conseguire**; anche agg. **1** derivato, derivante, proveniente **CONTR.** causato, provocato **2** seguente, susseguente, posteriore, successivo **CONTR.** antecedente, precedente **3** coerente, consequenziale, logico, conseguenziale **CONTR.** incoerente, illogico.

conseguenteménte avv. **1** quindi, necessariamente, per conseguenza **2** logicamente, coerentemente **CONTR.** illogicamente, incoerentemente **3** (*arc.*) successivamente, posteriormente, dopo **CONTR.** antecedentemente, prima.

conseguènza s. f. **1** (*filos.*) conclusione, deduzione **2** effetto, risultato, seguito, ripercussione, contraccolpo **CONTR.** causa **3** (*arc.*) importanza, rilevanza, rilievo, portata **CONTR.** irrilevanza **FRAS.** *a, per, in conseguenza di*, per effetto di, a cagione di □ *di conseguenza*, conseguentemente, quindi.

conseguìbile agg. ottenibile, raggiungibile, possibile, acquistabile **CONTR.** irraggiungibile, impossibile.

conseguiménto s. m. raggiungimento, ottenimento, acquisizione, conquista, esito, risultato **CONTR.** fallimento.

conseguìre A v. tr. ottenere, raggiungere, acquisire, conquistare, avere □ realizzare, soddisfare **CONTR.** fallire, mancare, perdere **B** v. intr. derivare, risultare, scaturire, seguire, succedere, provenire, dipendere, discendere **CONTR.** causare, provocare, determinare, produrre, generare.

conseguìto part. pass. di **conseguire**; anche agg. **1** raggiunto, ottenuto, conquistato, avuto, realizzato **CONTR.** fallito, mancato, perduto **2** derivato, risultato, scaturito, seguito, dipeso **CONTR.** causato, provocato, determinato, prodotto, generato.

consènso s. m. **1** (*a decisioni, a bilanci, ecc.*) approvazione, assenso, benestare, beneplacito, permesso, acquiescenza, consentimento (*lett.*), accordo **CONTR.** disapprovazione, negazione, ripudio, veto, divieto **2** (*a ideologie, a partiti, ecc.*) adesione, consentimento, conformità, concordanza, accettazione **CONTR.** discordanza, dissenso, opposizione **3** accordo, intesa.

consentire **A** v. intr. **1** (*di decisione, di scelta, ecc.*) approvare, assentire, ammettere, riconoscere, conformarsi, concordare, convenire **CONTR.** negare, rifiutare, discordare **2** (*a richiesta, a pretesa, ecc.*) accondiscendere, aderire, acconsentire, cedere, arrendersi, approvare, piegarsi, annuire **CONTR.** dissentire, disapprovare, contraddire, negare, rifiutare **B** v. tr. (*di passaggio, di lavoro, ecc.*) concedere, permettere, accordare **CONTR.** negare, rifiutare, impedire, ostacolare, precludere, vietare.

consenziènte part. pres. di **consentire**; anche agg. e s. m. e f. assenziente, concorde, favorevole **CONTR.** dissenziente, discorde.

consequenziàle agg. conseguente, coerente **CONTR.** incoerente.

consèrto agg. congiunto, intrecciato, unito **FRAS.** *braccia conserte*, braccia intrecciate sul petto.

consèrva s. f. **1** (*raro*) conservazione, mantenimento **2** confettura, composta, marmellata **3** dispensa **4** serbatoio **5** (*raro*) vivaio, peschiera.

conservàre **A** v. tr. **1** (*di alimenti*) serbare, mantenere, preservare **CONTR.** guastare, alterare, sciupare **2** (*anche fig.*) (*di documento, di ricordi, ecc.*) custodire, tenere, serbare, salvaguardare, tutelare, proteggere **CONTR.** buttare via, abbandonare, trascurare, perdere **3** (*est.*) (*di onore, di dignità, ecc.*) preservare, proteggere, mantenere, difendere **CONTR.** perdere, sciupare **B** **conservarsi** v. intr. pron. mantenersi, preservarsi, resistere, durare **CONTR.** guastarsi, deteriorarsi, alterarsi, rovinarsi □ sciuparsi, decadere, invecchiare, declinare.

conservativo agg. conservatore, conservatorio, di mantenimento.

conservatóre **A** agg. (f. *-trice*) conservativo, conservatorio **B** agg.; anche s. m. tradizionalista, moderato □ reazionario **CONTR.** innovatore, progressista **C** s. m. bibliotecario, archivista.

conservatòrio **A** agg. conservativo, conservatore **B** s. m. **1** liceo musicale **2** (*arc.*) collegio.

conservatorismo s. m. conservazione, reazione **CONTR.** progresso, progressismo, innovazione.

conservazióne s. f. **1** mantenimento □ difesa, salvaguardia, protezione, custodia, cura **CONTR.** perdita, deterioramento **2** (*est.*) manutenzione **3** durata, stabilità **4** (*polit.*) conservatorismo, conservatori, moderati, reazione **CONTR.** progresso, progressisti, innovatori.

consèsso s. m. concilio, congresso, assemblea, riunione, consiglio.

consideràre **A** v. tr. **1** (*di motivo, di vantaggio, ecc.*) esaminare, valutare, ponderare, studiare, vagliare, analizzare **CONTR.** trascurare, sorvolare **2** (con *che*) pensare, riflettere, ponderare, notare, badare, guardare, osservare, meditare **CONTR.** trascurare, tralasciare **3** (*di codice, di regolamento e sim.*) contemplare, prevedere **CONTR.** omettere, trascurare **4** (*amico, onesto, ecc.*) giudicare, reputare, ritenere **5** (*di persona*) stimare, apprezzare, valutare **CONTR.** disistimare **B** **considerarsi** v. rifl. reputarsi, credersi, giudicarsi, ritenersi, stimarsi.

consideratézza s. f. cautela, prudenza, riflessione, ponderatezza, avvertenza, accorgimento, sensatezza, circospezione, considerazione, discernimento **CONTR.** avventatezza, imprudenza, inconsideratezza, sconsideratezza, imprevidenza, inavvedutezza, sventatezza, insensatezza, storditaggine.

consideràto part. pass. di **considerare**; anche agg. **1** (*di motivo, di vantaggio, ecc.*) esaminato, valutato, ponderato, vagliato, analizzato, meditato, pensato, riflettuto **CONTR.** trascurato, sorvolato **2** (*di caso, di errore, ecc.*) contemplato, previsto **CONTR.** dimenticato, omesso **3** (*di persona*) giudicato, reputato, stimato, apprezzato, ascoltato, accreditato, influente **CONTR.** disistimato, ignorato, trascurato **4** cauto, prudente, attento, guardingo, avveduto, accorto **CONTR.** avventato, sconsiderato, imprudente, sventato, incauto, temerario **FRAS.** *tutto considerato*, complessivamente, tutto sommato, alla fin fine, insomma, in conclusione.

considerazióne s. f. **1** attenzione, riflessione, ponderazione, avvedutezza, cautela, meditazione, prudenza **CONTR.** sconsideratezza, avventatezza, inconsideratezza, imprevidenza, imprudenza, inavvedutezza, sventatezza, insensatezza, storditaggine **2** credito, stima, importanza, reputazione, rinomanza □ riguardo, rispetto **CONTR.** disistima, disprezzo **3** (*su un argomento, su uno scritto, ecc.*) osservazione, ragionamento, commento.

considerévole agg. **1** (*di persona*) importante, stimabile, insigne, notabile, influente **CONTR.** trascurabile, insignificante **2** (*di numero, di prezzo, ecc.*) grande, notevole, considerabile, apprezzabile, cospicuo, ragguardevole **CONTR.** trascurabile, insignificante.

consigliàbile agg. opportuno, suggeribile **CONTR.** inopportuno, sconsigliabile **FRAS.** *è consigliabile che*, è bene che.

consigliàre **A** v. tr. **1** (*di libro, di vestito, ecc.*) suggerire, indicare, proporre **CONTR.** sconsigliare **2** (*di prudenza, di non fumare, ecc.*) raccomandare, prescrivere, esortare, ammonire, incoraggiare, istigare, incitare, avvertire, avvisare, predicare, sollecitare, pungolare **CONTR.** sconsigliare, scoraggiare, dissuadere, distogliere, disapprovare **B** **consigliarsi** v. intr. pron. consultarsi, domandare suggerimenti.

consigliàto part. pass. di **consigliare**; anche agg. suggerito, indicato, proposto, raccomandato, prescritto **CONTR.** sconsigliato.

consiglière s. m. **1** suggeritore, ispiratore, ammonitore, incitatore, istigatore, esortatore **2**

consulente, esperto.

consìglio s. m. **1** suggerimento, esortazione, avvertimento, parere, ammonimento, ammaestramento, monito, spinta, pungolo, sollecitazione, incitamento, avvertenza, proposta **2** avvedutezza, senno, accortezza, riflessione, ponderazione, meditazione, prudenza **3** (*raro*) decisione, risoluzione, deliberazione, soluzione **4** (*di quartiere, scolastico, di fabbrica, ecc.*) riunione, adunanza, consulta, consesso □ colloquio, consultazione, consulenza **5** collegio, assemblea, consulta **FRAS.** *ridurre a miglior consiglio*, far cambiare idea □ *venire a più miti consigli* (*fig.*), ridurre le proprie pretese.

consistènte part. pres. di **consistere**; anche agg. **1** formato, composto, fatto, basato, fondato **2** (*di cosa*) solido, tenace, resistente, duro, sodo, denso, robusto, compatto, spesso, fitto **CONTR.** inconsistente, molle, debole, cedevole, rado **3** (*fig.*) (*di testimonianza, di aiuto, ecc.*) valido, attendibile, convincente, fondato, efficace, forte, grande **CONTR.** inconsistente, inefficace, debole, inattendibile, labile.

consistènza s. f. **1** (*di sostanza, di materia, di corpo e sim.*) solidità, resistenza, durezza, tenacità, robustezza, compattezza, spessore, fittezza, grossezza, densità, solidità **CONTR.** inconsistenza, rarefazione, fluidità **2** (*fig.*) (*di idea, sospetto, ecc.*) validità, fondatezza, stabilità, efficacia, valore **CONTR.** inconsistenza, infondatezza, instabilità, inefficacia.

consìstere v. intr. comporsi, constare, essere, essere fatto, fondarsi, basarsi.

consociàre A v. tr. associare, unire, collegare, accomunare, fondere, confederare, affiliare, comprendere, conglobare **CONTR.** dividere, scindere, dissociare, separare, isolare, sciogliere, staccare, disunire, allontanare, disgregare **B consociarsi** v. rifl. rec. associarsi, unirsi, confederarsi **CONTR.** dividersi, scindersi, sciogliersi.

consociàto part. pass. di **consociare**; anche agg. e s. m. socio, consocio, affiliato, associato **CONTR.** autonomo, libero.

consolàbile agg. confortabile, alleviabile **CONTR.** inconsolabile, desolato, sconfortato, sconsolato.

consolànte part. pres. di **consolare**; anche agg. confortante, rasserenante, lieto, piacevole, confortevole, incoraggiante **CONTR.** sconsolante, desolante, rattristante, scoraggiante, affliggente, deprimente.

consolàre A v. tr. **1** confortare, incoraggiare, rincuorare, lenire, alleviare, placare, rassicurare, rianimare, riconfortare, calmare, disacerbare (*lett.*), risollevare, sollevare, sostenere, tranquillare, tranquillizzare, distrarre, rasserenare, addolcire, alleggerire **CONTR.** affliggere, addolorare, rattristare, sconfortare, disanimare, abbattere, scorare, scoraggiare, accorare, contristare, deprimere, sgomentare, accasciare, demoralizzare **2** rallegrare, allietare, rasserenare **CONTR.** addolorare, affliggere, rattristare, immalinconire **B consolarsi** v. intr. pron. **1** confortarsi, incoraggiarsi □ rasserenarsi **CONTR.** sconsolarsi, sconfortarsi, abbattersi, avvilirsi, disperarsi, affliggersi, scoraggiarsi **2** rallegrarsi, allietarsi, rasserenarsi, risollevarsi **CONTR.** rattristarsi, addolorarsi, immalinconirsi.

consolàto part. pass. di **consolare**; anche agg. **1** confortato, incoraggiato, rincuorato, rassicurato, rianimato, sollevato, calmato, rasserenato **2** rallegrato, allietato, rasserenato **CONTR.** afflitto, addolorato, rattristato, immalinconito, depresso, amareggiato, sconfortato, scoraggiato, demoralizzato.

consolatóre s. m. (f. *-trice*); anche agg. confortatore, rasserenatore, consolatorio, consolante, confortante, rasserenante, incoraggiante **CONTR.** sconsolante, desolante, rattristante, deprimente, scoraggiante.

consolatòrio agg. consolatore, tranquillizzante, rasserenante, confortante **CONTR.** rattristante, sconsolante, sconfortante, scoraggiante, desolante.

consolazióne s. f. **1** sollievo, conforto, alleviamento, balsamo (*fig.*), aiuto, rifugio, sostegno **CONTR.** sconforto, scoraggiamento, scoramento, afflizione, abbattimento, avvilimento, disperazione, desolazione, irritazione **2** (*est.*) gioia, letizia, piacere, allegrezza, serenità **CONTR.** tristezza, disperazione, desolazione.

console /*fr.* kɔ̃'sɔl/ s. f. inv. **1** tavolo da parete **2** (*di apparecchi*) tastiera.

consolidaménto s. m. (*anche fig.*) rafforzamento, rinvigorimento, rinforzamento, rassodamento, assodamento, solidificazione □ assestamento **CONTR.** indebolimento □ crisi.

consolidàre A v. tr. **1** (*di edificio, di fondamenta, ecc.*) rafforzare, irrobustire, solidificare, assodare, rinsaldare, rassodare, rinforzare, rinvigorire **CONTR.** indebolire, sciogliere **2** (*fig.*) (*di posizione, di istituzione, ecc.*) rafforzare, stabilizzare, rinsaldare **CONTR.** indebolire, destabilizzare **B consolidarsi** v. intr. pron. **1** rafforzarsi, solidificarsi, rassodarsi, irrobustirsi **CONTR.** indebolirsi, sciogliersi **2** (*fig.*) (*di autorità, di prestigio, ecc.*) crescere, aumentare, stabilizzarsi, affermarsi **CONTR.** indebolirsi, diminuire, calare.

consolidàto A part. pass. di **consolidare**; anche agg. **1** rafforzato, rinsaldato, irrobustito **CONTR.** indebolito, calato, diminuito **2** stabile, sicuro, durevole **CONTR.** instabile, incerto, deperibile, debole **3** (*di debito*) a lunga scadenza, a scadenza indeterminata **B** s. m. debito a lunga scadenza, debito a scadenza indeterminata.

consonànza s. f. **1** unisono **CONTR.** dissonanza **2** (*di suoni*) armonia **CONTR.** dissonanza **3**

(*fig.*) (*di intenti, di opinioni e sim.*) corrispondenza, rispondenza, conformità CONTR. disaccordo **4** allitterazione.

cònsono agg. corrispondente, conforme, concordante, consonante, confacente, consentaneo, congeniale, coerente, proporzionato, adeguato, adatto CONTR. difforme, dissono, dissonante, stridente, diverso, inadeguato, dissimile, disadatto.

consorèlla A s. f. suora **B** agg. solo f. **1** (*di nazione, di lingua, ecc.*) affine **2** (*est.*) (*di società*) consociata.

consòrte A agg.; anche s. m. e f. (*lett.*) compagno, partecipe **B** s. m. e f. coniuge, marito, moglie, sposo, sposa.

consorterìa s. f. (*spreg.*) camarilla, cricca, congrega, combriccola, fazione, setta, partito.

consorziàre A v. tr. associare, consociare **B consorziarsi** v. rifl. e intr. pron. associarsi, consociarsi, unirsi in consorzio.

consòrzio s. m. **1** (*lett.*) società, unione, insieme **2** (*di imprenditori*) associazione, accordo, cartello, trust (*ingl.*).

constàre A v. intr. consistere, comporsi, essere formato, essere costituito, essere **B** v. intr. impers. risultare, essere noto □ sapere, essere a conoscenza CONTR. ignorare.

constatàre v. tr. appurare, verificare, accertare, assodare, stabilire, notare, riscontrare, riconoscere, chiarire, esaminare, certificare, provare, rilevare, osservare, considerare.

constatàto part. pass. di **constatare**; anche agg. appurato, accertato, assodato, riscontrato, esaminato, chiarito.

constatazióne s. f. accertamento, verifica, verificazione, riscontro, esame, chiarimento, rilievo, risultanza, conferma, riconoscimento.

consuèto A agg. solito, abituale, usitato, usuale, ordinario, normale, quotidiano, regolare CONTR. inconsueto, insolito, straordinario, eccezionale, inusitato, desueto, nuovo, strano, originale **B** s. m. solo sing. consuetudine, solito, maniera, normale, abitudine FRAS. *di consueto, per consueto*, abitualmente, usualmente, quotidianamente.

consuetudinàrio A agg. tradizionale, solito, abituale, normale, usuale CONTR. insolito, eccezionale **B** s. m. abitudinario, metodico CONTR. volubile, capriccioso.

consuetùdine s. f. **1** abitudine, costume, regola, pratica **2** costume, tradizione, andazzo, voga, rito, moda, usanza, uso, costumanza CONTR. disuso, desuetudine (*lett.*) **3** (*lett.*) (*con persona o cosa*) dimestichezza, familiarità, confidenza, intimità CONTR. avversione, ostilità, estraneità.

consulènte agg.; anche s. m. e f. esperto, specialista, consigliere, competente.

consulènza s. f. assistenza, consiglio, parere.

consùlta s. f. **1** consiglio, riunione, adunanza **2** assemblea popolare.

consultàre A v. tr. **1** (*di medico, di esperto, ecc.*) interrogare, interpellare **2** (*est.*) (*di documento, di libro, ecc.*) esaminare, compulsare, scartabellare, spogliare, spulciare, studiare, disaminare, scorrere **B consultarsi** v. intr. pron. consigliarsi, informarsi **C** v. rifl. rec. discutere, dibattere.

consultazióne s. f. **1** (*med.*) consulto, visita □ disamina **2** consiglio, parere **3** parere popolare **4** (*spec. al pl.*) colloqui, abboccamento.

consùlto s. m. consultazione, disamina, esame □ (*med.*) visita.

consultòrio s. m. centro medico sociale □ (*est.*) ambulatorio.

consumàre A v. tr. **1** (*di materia*) logorare, sciupare, corrodere, rodere, intaccare, guastare, rovinare, distruggere **2** (*fig.*) (*di tempo, di denaro, ecc.*) sciupare, sprecare, sperperare, disperdere, dissipare CONTR. risparmiare, economizzare **3** (*est.*) (*di tempo*) impiegare, utilizzare, passare, trascorrere **4** (*di luce, di gas, ecc.*) adoperare, usare, finire, esaurire **5** (*di cibo, di bevanda*) mangiare, bere **B consumarsi** v. intr. pron. (*anche fig.*) logorarsi, struggersi, indebolirsi, macerarsi, distruggersi, crucciarsi, rodersi CONTR. irrobustirsi, rinforzarsi, ristorarsi, risollevarsi, rianimarsi.

consumàto (1) part. pass. di **consumare**; anche agg. **1** (*di materia*) logorato, sciupato, corroso, roso, intaccato, guastato, rovinato, distrutto CONTR. nuovo, intatto, integro, illeso **2** (*di tempo, di denaro, ecc.*) sciupato, sprecato, dissipato CONTR. risparmiato, economizzato **3** (*di tempo*) impiegato, utilizzato, passato, trascorso **4** (*di luce, di gas, ecc.*) usato, adoperato, esaurito **5** (*di cibo, di bevanda*) mangiato, bevuto **6** (*fig.*) (*di persona*) logorato, distrutto, indebolito, roso CONTR. irrobustito, rinforzato, ristorato, rianimato.

consumàto (2) agg. (*di persona*) esperto, pratico, abile, capace, perito, provetto, competente, intenditore, conoscitore CONTR. inesperto, imperito, incapace, inetto.

consumatóre A agg. (f. *-trice*) (*raro*) logoratore, struggitore, distruttore **B** s. m. utente, fruitore, cliente, compratore CONTR. produttore, venditore.

consumazióne s. f. **1** (*di patrimonio, di energie, ecc.*) consumo, uso, logorio, diminuzione, esaurimento, sperpero, disfacimento, dilapidazione, distruzione CONTR. costituzione, acquisto, incremento, aumento **2** (*fig.*) (*di organismo*) consunzione, deperimento, indebolimento CONTR. rafforzamento, rinvigorimento **3** (*di cibo, di bevanda*) ordinazione.

consùmo s. m. uso, impiego, consumazione □ bene da consumare □ bisogno □ logorio, esaurimento, disfacimento CONTR. produzione, creazione, conservazione FRAS. *a uso e consumo di*, a favore di □ *di consumo*, da cassetta, da resa.

consuntìvo A agg. (*econ.*) finale, conclusivo **CONTR.** preventivo **B** s. m. rendiconto **CONTR.** preventivo.

consùnto agg. **1** (*di cosa*) logorato, liso, consumato, corroso, eroso, roso, smangiato, frusto, tarlato, scalcagnato, sgangherato, trito, spelacchiato, disfatto, sdrucito, squinternato **CONTR.** nuovo, intatto, integro, compatto **2** (*di persona*) sfinito, estenuato, distrutto, esaurito, esausto, invecchiato, sciupato, stanco, vizzo, affaticato, smunto, indebolito, emaciato, scarno, pallido **CONTR.** vigoroso, energico, sano, robusto, rinvigorito, fresco, aitante, gagliardo.

consunzióne s. f. **1** deperimento, indebolimento, disfacimento, cachessia, estenuazione **CONTR.** rafforzamento, rinvigorimento **2** (*pop.*) tisi, tubercolosi, etisia **3** (*lett.*) logorio, consumazione, logoramento.

cónta s. f. conteggio.

contàbile s. m. e f. computista, ragioniere □ commercialista.

contabilità s. f. **1** ragioneria, computisteria **2** operazioni contabili, conti □ bilancio, rendiconto, conteggio, computo **3** (*est.*) (*di ufficio*) amministrazione, ragioneria.

contachilòmetri s. m. inv. tachimetro.

contadinésco agg. **1** campagnolo, contadino, rustico, villereccio (*lett.*), rurale, campestre, agreste, villico, forese **CFR.** cittadino, urbano, civico **2** (*spreg.*) villano, grossolano, zotico, inurbano, rozzo, volgare **CONTR.** civile, fine, raffinato, gentile, distinto, signorile.

contadìno A s. m. **1** lavoratore della terra, agricoltore, mezzadro, coltivatore, colono, villico (*scherz.*) **2** (*spreg.*) bifolco, villano, tanghero, villanzone, zappaterra, maleducato, screanzato, ignorantone, rozzo, volgare **CONTR.** signore, gentiluomo, elegantone, raffinato **B** agg. **1** campagnolo, rurale, agreste, campestre, forese, agricolo, rustico, villereccio (*lett.*), contadinesco, villico **CFR.** cittadino, urbano, cittadinesco, civico **2** (*spreg.*) contadinesco, villano, grossolano, zotico, rusticano, inurbano, rozzo, volgare **CONTR.** civile, raffinato, distinto, signorile, gentile, fine, elegante.

contàdo s. m. campagna **CONTR.** città.

contagiàre A v. tr. **1** (*di malattia*) infettare, contaminare, attaccare il contagio **CONTR.** disinfettare, disinfestare **2** (*fig.*) (*di vizio, di male, ecc.*) contaminare, corrompere, guastare, intaccare, ammorbare, avvelenare, fuorviare, depravare **CONTR.** redimere, sanare, purificare **B contagiarsi** v. intr. pron. (*anche fig.*) infettarsi, contaminarsi.

contàgio s. m. **1** infezione, contaminazione, trasmissione, propagazione **CONTR.** guarigione **2** epidemia, pestilenza **3** (*fig.*) corruzione, contaminazione, corruttela **CONTR.** moralità.

contagiosità s. f. (*anche fig.*) trasmissibilità, diffusibilità.

contagióso agg. **1** (*di malattia*) infettivo **2** (*di aria, di ambiente*) contagiato **3** (*fig.*) (*di esempio, di riso, ecc.*) comunicabile, comunicativo, propagabile.

contagìri s. m. inv. tachimetro.

contagócce s. m. inv. (*est.*) pompetta **FRAS.** *col contagocce* (*fig.*), poco alla volta, molto lentamente.

container /*ingl.* kən'teinə/ [vc. ingl., da *to contain* 'contenere'] s. m. inv. contenitore □ cassone.

contaminàre v. tr. **1** insudiciare, inquinare, sporcare, imbrattare, insozzare, infestare **CONTR.** pulire, purificare, disinfestare **2** infettare, contagiare **3** (*fig.*) corrompere, guastare, viziare, deviare, depravare **CONTR.** redimere, salvare.

contaminatóre s. m.; anche agg. (f. *-trice*) deturpatore, corruttore.

contaminazióne s. f. **1** inquinamento, contagio **2** (*fig.*) corruzione, offesa, disonore, pervertimento, oltraggio **CONTR.** onestà, onore.

contànte A agg. (*di denaro*) liquido **B** s. m. denaro, quattrini.

contapàssi s. m. inv. podometro.

contàre A v. tr. **1** (*di alunni, di denaro, ecc.*) calcolare, computare, numerare, conteggiare, valutare **2** (*fig.*) (*di aiuti, di minuti, ecc.*) limitare, lesinare **CONTR.** largheggiare **3** (*di scuse, di bugie, ecc.*) considerare **CONTR.** trascurare, tralasciare **4** (*di fare, di dire, ecc.*) prevedere, riproporsi, pensare, credere, ritenere **5** (*di amici, di studenti, ecc.*) annoverare, avere, noverare (*lett.*), possedere **6** (*lett., dial.*) (*di favole, di storie*) raccontare, riferire, narrare, dire, novellare (*lett.*) **7** (*raro*) reputare, stimare, valutare, giudicare, considerare, ritenere **B** v. intr. **1** calcolare, conteggiare, computare **2** (*molto, poco, ecc.*) valere, importare, servire **3** (*su persona o cosa*) fare affidamento, confidare, sperare **CONTR.** diffidare **C contarsi** v. rifl. valutarsi, ritenersi, stimarsi, considerarsi **FRAS.** *contarsi sulla punta delle dita* (*fig.*), essere pochissimi □ *contarle grosse*, dire grandi bugie □ *contare come il due di coppe*, non valere nulla, non avere nessuna importanza.

contàta s. f. calcolo, riscontro.

contàto part. pass. di **contare**; anche agg. **1** calcolato, computato, numerato, conteggiato, valutato **2** (*lett., dial.*) (*di favola, di storia, ecc.*) raccontato, narrato, detto **3** (*fig.*) (*di tempo, di viveri, ecc.*) limitato, poco, scarso **CONTR.** molto, illimitato **FRAS.** *avere le ore contate, avere i giorni contati* (*fig.*), avere poco tempo da vivere.

contatóre s. m. **CFR.** tassametro, contagiri, contachilometri.

contattàre v. tr. avvicinare, accostare, prendere contatto □ incontrare, parlare **CONTR.** tenere lontano, allontanare, allontanarsi.

contàtto s. m. **1** aderenza, accostamento, adesione, toccamento, tocco, toccata □ contiguità, vicinanza, prossimità, attiguità **CONTR.** distacco, disunione □ distanza **2** (*fig.*) (*tra persone*) relazione, rapporto, unione, incontro, amicizia **3** (*elettr.*) collegamento.

contéggio s. m. calcolo, conto, computo, bilancio □ controllo **FRAS.** *conteggio alla rovescia*, count down (*ingl.*).

contégno s. m. **1** comportamento, condotta **2** (*est.*) atteggiamento, portamento, tratto, maniera, modo di fare **3** (*est.*) riserbo, serietà, dignità, compostezza, ritegno □ alterigia, superbia **FRAS.** *assumere un contegno* (*fig.*), ostentare disinvoltura.

contegnóso agg. riservato, compassato, composto, dignitoso □ altero, scostante, sussiegoso, sostenuto **CONTR.** affabile, disinvolto, spigliato, disinibito □ semplice, modesto.

contemperàre v. tr. **1** (*di cose*) adattare, conformare, adeguare, accomodare, aggiustare **CONTR.** differenziare **2** (*di persona, di carattere, ecc.*) mitigare, moderare, temperare, raddolcire, ammorbidire, correggere, addolcire **CONTR.** esagerare, esasperare, inasprire, esacerbare.

contemplàre v. tr. **1** (*di persona, di panorama, ecc.*) ammirare, rimirare, guardare, vagheggiare, scrutare, osservare **CONTR.** disdegnare, ignorare **2** (*di caso, di imprevisto, ecc.*) considerare, esaminare, prevedere, comprendere **CONTR.** escludere, respingere, rifiutare **3** (*di mistero, di fede, ecc.*) meditare, riflettere, pensare.

contemplativo **A** agg. ascetico, meditativo, mistico, religioso, spirituale, estatico **CONTR.** attivo, materiale, terreno **B** s. m. contemplatore, asceta, mistico, meditatore, spiritualista **CONTR.** materialista □ pratico.

contemplazióne s. f. **1** meditazione, considerazione **2** estasi, rapimento, elevazione, misticismo, ascetismo **CONTR.** materialismo **3** (*relig.*) visione di Dio.

contèmpo s. m. nella loc. avv. *nel contempo*, frattanto, contemporaneamente **CONTR.** prima, dopo.

contemporaneaménte avv. simultaneamente, frattanto, nel contempo **CONTR.** separatamente, singolarmente □ prima, dopo.

contemporaneità s. f. simultaneità, sincronismo, sincronia, coesistenza.

contemporàneo **A** agg. **1** coevo, coetaneo **2** simultaneo, sincrono **3** odierno, attuale, coesistente **CONTR.** passato □ futuro **B** s. m. coetaneo, coevo **CONTR.** precursore, predecessore □ successore, postero.

contendènte s. m. e f. **1** litigante **2** avversario, competitore, concorrente, antagonista, rivale **CONTR.** alleato, compagno, collega.

contèndere **A** v. tr. **1** contrastare, impedire, contestare, negare, proibire, vietare **CONTR.** permettere, ammettere, concedere **2** disputarsi, litigarsi **CONTR.** accordarsi **B** v. intr. **1** competere, gareggiare, disputare, tenzonare (*lett.*), emulare **2** litigare, questionare, altercare, discutere, urtarsi **CONTR.** accordarsi, rappacificarsi.

contenére **A** v. tr. **1** (*anche fig.*) racchiudere, accogliere, comprendere, includere, abbracciare **2** (*di ira, di desiderio, ecc.*) reprimere, trattenere, frenare, moderare, dominare **CONTR.** sfogare, manifestare, abbandonarsi, sfrenare **B** **contenersi** v. rifl. padroneggiarsi, dominarsi, astenersi, governarsi **CONTR.** perdere il controllo, abbandonarsi **C** v. intr. pron. comportarsi, procedere, condursi.

conteniménto s. m. freno □ (*di salario e sim.*) raffreddamento.

contenitóre s. m. **1** recipiente, involucro, scatola, tanica, bidone **2** container (*ingl.*).

contentàbile agg. accontentabile, facile **CONTR.** incontentabile, difficile.

contentàre **A** v. tr. accontentare, soddisfare, appagare, compiacere, acquietare, concedere, esaudire **CONTR.** scontentare, disgustare, deludere, contrariare **B** **contentarsi** v. intr. pron. appagarsi, soddisfarsi, limitarsi, accontentarsi, allietarsi.

contentézza s. f. allegria, allegrezza, felicità, letizia, piacere, gioia, soddisfazione, giocondità, buonumore, gaiezza, lietezza, esultanza, gaudio **CONTR.** scontentezza, mestizia, dispiacere, afflizione, malumore, malinconia, tristezza, desolazione, malcontento, scontento, insoddisfazione, infelicità, sconforto.

contentìno s. m. aggiunta, soprappiù.

contènto agg. **1** pago, soddisfatto, appagato, placato, disteso, sedato **CONTR.** scontento, insoddisfatto, inappagato, deluso **2** lieto, allegro, felice, giocondo, raggiante, beato, giulivo, gioioso, esultante **CONTR.** infelice, triste, afflitto, mesto, malinconico, desolato, cupo, esasperato, irritato **FRAS.** *contento come una Pasqua* (*fig.*), contentissimo, felicissimo.

contenùto **A** part. pass. di **contenere**; anche agg. **1** (*anche fig.*) racchiuso, raccolto, incluso, compreso **2** (*di ira, di desiderio, ecc.*) trattenuto, represso, frenato, moderato **CONTR.** smodato, esagerato, sfrenato, sregolato, eccessivo, intemperante **3** (*est.*) (*di persona, di stile, ecc.*) sobrio, misurato, dignitoso, equilibrato, discreto, serio, severo, controllato, compassato, posato **CONTR.** espansivo, allegro, faceto, spensierato, frivolo, fatuo, facilone, leggero, superficiale **B** s. m. **1** (*di recipiente*) capacità, capienza, contenenza **2** (*di libro, di film, ecc.*) argomento, concetto, sostanza, tema, soggetto.

contenzióne s. f. **1** riduzione, contenimento **2** (*med.*) contenimento, compressione, immobilizzazione **3** (*lett.*) lite, disputa, contrasto.

conterràneo agg.; anche s. m. compaesano, concittadino, compatriota, connazionale **CONTR.**

forestiero, straniero, estraneo.

contésa s. f. **1** controversia, polemica, disputa, lite, litigio, contrasto, alterco, altercazione, questione, discussione, dissidio, lotta, rissa, zuffa **CONTR.** pace, concordia, riconciliazione, accordo, pacificazione **2** (*est.*) competizione, gara.

contèso part. pass. di **contendere**; anche agg. **1** contrastato, contestato, vietato, proibito **CONTR.** permesso, ammesso, concesso **2** disputato, litigato, discusso, controverso **CONTR.** chiaro, evidente, ammesso.

contestàbile agg. discutibile, oppugnabile, impugnabile, disputabile, contrastabile, controvertibile, opinabile **CONTR.** incontestabile, indiscutibile, inoppugnabile, indubbio, accertato, sicuro.

contestàre v. tr. **1** (*di accusa, di multa, ecc.*) notificare, intimare, dichiarare, comunicare **2** (*fig.*) (*di tesi, di affermazione, ecc.*) negare, contrastare, oppugnare, impugnare, protestare, controvertere (*raro*) □ polemizzare, criticare, disapprovare, condannare, rifiutare, demolire (*fig.*) **CONTR.** accettare, approvare, ammettere, lodare.

contestatàrio agg.; anche s. m. contestatore □ protestatario.

contestàto part. pass. di **contestare**; anche agg. **1** (*di reato, di multa, ecc.*) notificato, intimato, comunicato **2** (*di tesi, di affermazione, ecc.*) negato, contrastato, impugnato, criticato, disapprovato **CONTR.** accettato, approvato, lodato.

contestatóre s. m.; anche agg. (f. *-trice*) contestatario □ protestatario.

contestazióne s. f. **1** (*di reato, di multa, ecc.*) notifica, notificazione, intimazione, dichiarazione, comunicazione **2** (*di sistema politico, economico, ecc.*) opposizione, rifiuto, negazione □ protesta, critica **CONTR.** accettazione, approvazione **3** (*est.*) contesa, lite, disputa, polemica, diatriba.

contèsto s. m. **1** tessitura, intreccio **2** (*fig.*) (*di ragionamento, di scritto, ecc.*) trama, intreccio, insieme, schema, testo □ ambiente.

contestuàle agg. **1** del contesto **2** (*di fatto*) simultaneo, contemporaneo **CONTR.** precedente, anteriore, seguente, posteriore.

contiguità s. f. prossimità, vicinanza, adiacenza, attiguità, propinquità **CONTR.** lontananza, distanza, distacco.

contiguo agg. adiacente, attiguo, limitrofo, vicino, confinante, prossimo, contermine, finitimo, propinquo, comunicante **CONTR.** lontano, distante, distaccato, separato, diviso.

continènte (1) s. m. (*gener.*) terraferma **FRAS.** *continente antico*, Asia, Africa, Europa □ *continente nuovo*, America □ *continente nuovissimo*, Australia □ *continente nero*, Africa.

continènte (2) agg. morigerato, temperante, sobrio, misurato, controllato, parco, austero, castigato, modesto, casto, astinente **CONTR.** incontinente, intemperante, smodato, smoderato, eccessivo, esagerato, sfrenato, dissoluto, vizioso.

continènza s. f. moderazione, misura, sobrietà, morigeratezza, moderatezza, castigatezza, parsimonia, regolatezza, astinenza, castità, temperanza **CONTR.** incontinenza, intemperanza, dissolutezza, eccesso, esagerazione, sfrenatezza.

contingènte A agg. accidentale, casuale, accessorio, eventuale **CONTR.** necessario, assoluto **B** s. m. **1** (*filos.*) possibile **CONTR.** assoluto **2** (*di cose*) quantità, quota, parte, contributo, contribuzione **3** (*mil.*) classe, scaglione.

contingènza s. f. **1** (*filos.*) accidentalità, eventualità, possibilità **CONTR.** necessità **2** (*est.*) variabilità **3** (*della vita, del mercato, ecc.*) circostanza, congiuntura, situazione, occasione, accidente, caso **CONTR.** inevitabilità **4** (*di retribuzione*) indennità variabile.

continuaménte avv. sempre, ininterrottamente, incessantemente, assiduamente, instancabilmente, costantemente, indefessamente, permanentemente, insistentemente **CONTR.** mai, raramente, periodicamente, saltuariamente, eccezionalmente, talvolta, di rado, ogni tanto, casualmente, occasionalmente, accidentalmente.

continuàre A v. tr. (*di lavoro, di cammino, ecc.*) seguitare, proseguire, prolungare **CONTR.** interrompere, sospendere, finire, troncare, ultimare, cessare **B** v. intr. (*di pioggia, di dolore, ecc.*) durare, perseverare, persistere, seguitare, permanere, insistere **CONTR.** smettere, cessare, finire **C** v. intr. impers. (*a piovere, a nevicare e sim.*) non smettere, perseverare, persistere **CONTR.** smettere, finire.

continuativaménte avv. ininterrottamente, incessantemente, senza interruzione **CONTR.** a intervalli, a singhiozzo.

continuatìvo agg. stabile, durevole, duraturo, permanente, ininterrotto, costante **CONTR.** saltuario, periodico, momentaneo.

continuatóre s. m. (f. *-trice*) prosecutore □ discepolo □ erede **CONTR.** creatore, fondatore □ maestro □ capostipite.

continuazióne s. f. prosecuzione, proseguimento, seguito, prolungamento, successione **CONTR.** interruzione, troncamento, sospensione, cessazione, termine, fine, arresto **FRAS.** *in continuazione*, senza interruzione.

continuità s. f. **1** proseguimento, prosecuzione, persistenza, perpetuità, unione, linearità, stabilità, costanza, permanenza **CONTR.** discontinuità, interruzione, intermittenza, alternanza, troncamento, provvisorietà, labilità, temporaneità **2** (*est., raro, lett.*) coesione, compattezza, unità **CONTR.** incoerenza, incongruenza.

contìnuo A agg. **1** incessante, ininterrotto, instancabile, persistente, insistente, costante, inesausto, immutabile, uniforme, assiduo, durevole, permanente, consecutivo, stabile, continuativo, prolungato CONTR. discontinuo, intermittente, interrotto, tronco, alterno, alternato, saltuario, periodico **2** (*raro*) perenne, eterno, perpetuo, inestinguibile, sempiterno CONTR. effimero, provvisorio, transitorio, temporaneo **3** (*elettr.*) CONTR. alternato, variabile **B** s. m. continuità FRAS. *di continuo*, continuamente, senza interruzione, ripetutamente.

cónto s. m. **1** (*pop.*) operazione **2** calcolo, computo, conteggio, somma □ spesa **3** bilancio, contabilità □ dare e avere **4** (*est.*) (*del dentista, della sarta, ecc.*) nota, fattura, lista, parcella, elenco **5** (*fig.*) valutazione, previsione, analisi **6** (*fig.*) assegnamento **7** (*fig.*) giustificazione **8** (*fig.*) considerazione, stima, pregio, importanza **9** (*fig.*) vantaggio, tornaconto, guadagno, opportunità FRAS. *il conto torna* (*fig.*), la situazione è chiara □ *saldare, chiudere il conto* (*fig.*), regolare una questione □ *far conto di*, ripromettersi; fingere, immaginare □ *a conti fatti, in fin dei conti* (*fig.*), in conclusione □ *a buon conto* (*fig.*), in ogni caso, a ogni modo □ *render conto* (*fig.*), giustificarsi □ *tenere da conto*, conservare con cura □ *mettere conto* (*fig.*), valere la pena □ *per conto mio*, per quel che mi riguarda, da parte mia □ *far di conto*, contare.

contòrcere A v. tr. torcere, attorcigliare, attorcere, arroncigliare (*ant.*), rattorcere (*lett.*) CONTR. svolgere, raddrizzare, addrizzare **B contorcersi** v. rifl. torcersi, dimenarsi, divincolarsi, agitarsi, ripiegarsi, dibattersi CONTR. raddrizzarsi, distendersi.

contorciménto s. m. **1** contorsione, torsione, torcimento, storcimento, spasimo **2** (*fig.*) (*di pensiero, di stile, ecc.*) stortura, deformazione.

contornàre A v. tr. **1** circondare, cingere, cerchiare, chiudere, recingere, abbracciare (*fig.*), steccare CONTR. liberare, aprire **2** (*di guarnizione, di ornamento*) guarnire, orlare, incorniciare, profilare, delineare, inquadrare **3** (*fig.*) (*di persone*) attorniare, circondare **B contornarsi** v. rifl. circondarsi, attorniarsi CONTR. allontanare, liberarsi.

contornàto part. pass. di **contornare**; anche agg. **1** (*anche fig.*) circondato, cinto, attorniato, chiuso CONTR. libero, aperto **2** (*di guarnizione, di ornamento*) guarnito, orlato, incorniciato, ornato CONTR. spoglio, privo.

contórno s. m. **1** contornamento (*raro*), perimetro, cerchia, cinta, circonferenza, profilo, linea, margine, orlo, cornice, cintura, corona, limite **2** (*di vivanda*) guarnizione **3** (*numism.*) fregio, leggenda, ornamento, bordo **4** (*est.*) (*di veste, di tenda, ecc.*) bordura, cimosa, frangia **5** (*spec. al pl.*) dintorni, vicinanze, adiacenze, paraggi.

contorsióne s. f. **1** contorcimento, torsione, torcimento **2** (*fig.*) (*di pensiero, di stile, ecc.*) difficoltà, arzigogolo, stortura, deformazione.

contòrto part. pass. di **contorcere**; anche agg. **1** (*di cosa*) torto, attorcigliato, rattorto (*raro, lett.*) CONTR. raddrizzato, addrizzato, dritto **2** (*di persone*) storto, attorcigliato, sbilenco, rattrappito, storpiato, deforme CONTR. diritto, eretto **3** (*fig.*) (*di discorso, di stile, ecc.*) involuto, astruso, oscuro, forzato, sforzato, arzigogolato, intricato, ravvolto CONTR. semplice, piano, chiaro, lineare, scorrevole.

contrabbandàre v. tr. **1** introdurre di contrabbando **2** (*fig.*) (*di merce, di idee, ecc.*) fare apparire, dare ad intendere.

contrabbàndo s. m. traffico illecito □ frodo FRAS. *di contrabbando* (*fig.*), di nascosto, furtivamente, illecitamente.

contraccambiàre v. tr. **1** (*di favore, di dono, ecc.*) ricambiare, corrispondere, ripagare, rendere, rimeritare **2** (*di ospitalità e sim.*) ricompensare.

contraccàmbio s. m. **1** ricompensa **2** scambio, permuta, permutazione, baratto.

contraccettivo agg.; anche s. m. antifecondativo, anticoncezionale, anticoncettivo.

contraccólpo s. m. **1** urto, colpo, rinculo, ripercussione **2** (*fig.*) (*di fatto, di notizia, ecc.*) ripercussione, conseguenza, riflesso, effetto CONTR. causa, motivo.

contraddétto part. pass. di **contraddire**; anche agg. **1** confutato, contestato, ribattuto, rimbeccato, disapprovato CONTR. approvato **2** contrastato, smentito, disdetto, negato, rinnegato CONTR. confermato, riconfermato, avvalorato.

contraddìre A v. tr. e intr. **1** confutare, contestare, ribattere, rimbeccare, disapprovare, controvertere (*raro*), contrapporre CONTR. ammettere, approvare, accettare, consentire **2** contrastare, smentire, disdire, negare, rinnegare CONTR. confermare, riconfermare, corroborare, ratificare, avvalorare, dimostrare, confortare **B contraddirsi** v. rifl. e rifl. rec. smentirsi, ritrattarsi CONTR. essere conseguente.

contraddistìnguere v. tr. (*anche fig.*) distinguere, contrassegnare, caratterizzare, segnare, differenziare, diversificare, individualizzare, classificare CONTR. mescolare, confondere □ uniformare, conformare.

contraddistìnto part. pass. di **contraddistinguere**; anche agg. (*anche fig.*) distinto, contrassegnato, caratterizzato, segnato, differenziato, diversificato, individualizzato CONTR. confuso, mescolato, indistinto, uniforme, conforme.

contraddittóre s. m. (f. *-trice*) oppositore, contestatore CONTR. sostenitore.

contraddittoriaménte avv. incoerentemente, in contrasto, discordemente, illogicamente CONTR. coerentemente, logicamente, concordemente.

contraddittòrio A agg. **1** (*di affermazione, di*

decisione, ecc.) opposto, contrario, contrastante, discordante, diverso, incompatibile **CONTR.** concorde, concordante **2** (*fig.*) (*di persona, di comportamento, ecc.*) incoerente, incerto, ambiguo, assurdo, irragionevole, illogico, incongruo, sconclusionato, inconseguente **CONTR.** ragionevole, razionale, logico, coerente **B** s. m. confutazione, disputa, polemica, confronto, contestazione, contrasto, opposizione **CONTR.** consenso, accordo.

contraddizióne s. f. opposizione, contrasto, incoerenza, contrarietà, smentita, negazione, antilogia, antinomia **CONTR.** approvazione, accettazione, ammissione □ consenso, assenso.

contraènte s. m. e f. stipulante.

contraffàre A v. tr. **1** (*di voce, di gesto, ecc.*) imitare, copiare, simulare, scimmiottare, scimmieggiare (*raro*), mimare, parodiare **2** (*di fatto, di realtà, ecc.*) alterare, dissimulare, modificare, cambiare **3** (*di prodotto, di alimento, ecc.*) falsificare, fatturare, sofisticare, adulterare, plagiare **B contraffarsi** v. rifl. travestirsi, trasformarsi, mascherarsi.

contraffàtto part. pass. di **contraffare**; anche agg. **1** (*di voce, di gesto, ecc.*) imitato, copiato, scimmiottato, simulato, parodiato **CONTR.** autentico, vero **2** (*di fatto, di realtà, ecc.*) alterato, dissimulato, modificato **CONTR.** inalterato, vero **3** (*di prodotto, di alimento, ecc.*) falsificato, fatturato, sofisticato, adulterato **CONTR.** genuino, autentico, sincero **4** (*di persona*) travestito, trasformato, mascherato **CONTR.** scoperto.

contraffattóre s. m. (f. *-trice*) imitatore, falsificatore, sofisticatore, plagiario.

contraffazióne s. f. imitazione, falsificazione, alterazione, plagio **CONTR.** autenticità, genuinità.

contraffòrte s. m. **1** (*arch.*) rinforzo, fortificazione, sperone, barbacane **2** (*geogr.*) propaggine, diramazione.

contrappàsso s. m. pena del taglione □ corrispondenza.

contrappesàre A v. tr. **1** bilanciare, compensare, uguagliare, equilibrare, pareggiare, adeguare **CONTR.** differenziare, sbilanciare, squilibrare **2** (*fig.*) (*di proposta, di decisione, ecc.*) soppesare, esaminare, ponderare, valutare, pesare **B contrappesarsi** v. rifl. rec. equilibrarsi, pareggiarsi, uguagliarsi, compensarsi, adeguarsi **CONTR.** spareggiarsi, scompensarsi.

contrappéso s. m. (*fig.*) equilibrio, equilibratore.

contrapponìbile agg. raffrontabile, confrontabile, equiparabile, paragonabile, comparabile **CONTR.** inconfrontabile, incomparabile.

contrappórre A v. tr. **1** opporre, mettere contro **2** (*fig.*) confrontare, paragonare, comparare **3** contrastare, eccepire, contestare **CONTR.** approvare, lodare **B contrapporsi** v. rifl. opporsi, contestare **CONTR.** concordare, assentire.

contrapposizióne s. f. opposizione, antitesi, negazione, contrasto, contraddizione □ contestazione **CONTR.** analogia, conformità, accordo, consenso.

contrappósto A part. pass. di **contrapporre**; anche agg. contrario, opposto, inverso, diverso, antitetico, rovescio **CONTR.** simile, analogo, identico, concorde **B** s. m. antitesi, contrapposizione, contestazione **CONTR.** consenso, accordo.

contrappùnto s. m. **1** (*est.*) (*di temi, di motivi, ecc.*) alternanza **2** (*fig., scherz.*) accompagnamento **FRAS.** *fare il contrappunto* (*fig.*), scimmiottare.

contrariaménte avv. diversamente □ viceversa, inversamente, al rovescio, al contrario, all'opposto **CONTR.** ugualmente □ concordemente, in accordo.

contrariàre v. tr. **1** (*di persona, di sentimenti, ecc.*) contrastare, avversare, ostacolare, intralciare, precludere, impedire, contraddire **CONTR.** facilitare, favorire, secondare, assecondare, assentire **2** (*di modo, di atteggiamento, ecc.*) infastidire, irritare, seccare, deludere, scontentare, disturbare **CONTR.** piacere, soddisfare, appagare, accontentare.

contrariàto part. pass. di **contrariare**; anche agg. **1** contrastato, avversato, ostacolato, intralciato, precluso, impedito **CONTR.** assecondato, favorito, facilitato **2** irritato, infastidito, seccato, deluso, scontento, urtato, insoddisfatto **CONTR.** soddisfatto, appagato, pago, contento.

contrarietà s. f. **1** avversione, opposizione, contrasto □ ostilità, antagonismo, rifiuto **CONTR.** favore, armonia **2** impedimento, avversità, sfortuna, disdetta, disgrazia, disavventura, disappunto **CONTR.** fortuna, favore **3** fastidio, antipatia, ripugnanza, riluttanza, ritrosia **CONTR.** simpatia, favore, accettazione.

contràrio A agg. **1** (*di parere, di risultato, ecc.*) contrapposto, opposto, discrepante, contrastante, discordante, incompatibile, differente, diverso **CONTR.** concordante, uguale, analogo, concorde **2** (*di vento, di tempo, ecc.*) avverso, sfavorevole, negativo, infausto **CONTR.** favorevole, propizio, vantaggioso **3** (*est.*) (*alla salute, al sonno, ecc.*) nocivo, dannoso **CONTR.** benefico, vantaggioso, utile **B** s. m. rovescio, inverso, opposto **CONTR.** diritto **FRAS.** *al contrario*, all'opposto □ *avere qualcosa in contrario*, avere delle obiezioni da muovere □ *in caso contrario*, altrimenti.

contràrre A v. tr. **1** (*di muscolo, di volto, ecc.*) restringere, corrugare, raggrinzare, stringere, strizzare, rattrappire **CONTR.** stendere, distendere **2** (*est.*) (*di spesa, di costi e sim.*) ridurre, limitare, contenere, diminuire **CONTR.** aumentare, accrescere **3** (*di malattia, di vizio, ecc.*) prendere **CONTR.** perdere, lasciare, guarire **4** (*di amicizia, di relazione, ecc.*) stabilire, intrecciare, concludere CONTR. perdere, lasciare, rompere **5** (*di impegno, di debito, ecc.*) assumere, addossarsi, stipulare CONTR. assolvere, liberarsi □ pagare **6** (*di parentela*) stringere **B** **contrarsi** v. intr. pron. **1** restringersi, raggrinzarsi, corrugarsi, rattrappirsi CONTR. distendersi **2** (*ling.*) fondersi.

contrassegnàre v. tr. **1** distinguere, contraddistinguere, segnare, marcare, bollare **2** caratterizzare, differenziare, diversificare, dividere CONTR. confondere.

contrassegnàto part. pass. di **contrassegnare**; anche agg. **1** distinto, contraddistinto, segnato, marcato, bollato **2** (*fig.*) caratterizzato, differenziato, diversificato CONTR. confuso.

contrasségno s. m. **1** segno distintivo, bollo, marchio, emblema, contromarca **2** (*fig.*) attestato, testimonianza, indizio, prova, dimostrazione, manifestazione.

contrastànte agg. discordante, contrario, contrapposto, opposto, discrepante, incompatibile, antitetico CONTR. concordante, uguale, coerente.

contrastàre **A** v. tr. **1** avversare, ostacolare, impedire, intralciare, precludere CONTR. favorire, facilitare, agevolare, secondare **2** (*di diritto, di piacere, ecc.*) negare, contestare, rifiutare, disconoscere, contrariare, rimbeccare, ribattere, contraddire, disapprovare CONTR. approvare, accettare, assentire, convenire, indugiare **B** v. intr. **1** contendere, discutere, disputare, litigare, altercare, opporsi, questionare CONTR. accordarsi, ammettere **2** discordare, dissentire CONTR. concordare, convenire **3** lottare, combattere CONTR. pacificare **C** **contrastarsi** v. rifl. contendersi, disputarsi, battersi CONTR. accordarsi, intendersi, comprendersi.

contrastàto part. pass. di **contrastare**; anche agg. **1** avversato, conteso, combattuto, ostacolato, faticoso, difficile CONTR. facile, semplice, agevole, favorito, facilitato **2** (*di diritto, di piacere, ecc.*) negato, rifiutato, contrariato, disapprovato CONTR. approvato, accettato **3** discusso, problematico, opinabile, contestato, incerto CONTR. indiscutibile, incontestabile, incontrovertibile.

contràsto s. m. **1** ostacolo, impedimento, intoppo, difficoltà **2** discordia, diverbio, conflitto, disputa, litigio, alterco, lite, antagonismo, attrito, baruffa, contesa, battibecco, bisticcio, dissapore, discussione, scontro, urto, contestazione, opposizione **3** (*fig.*) (*di idee, di sentimenti e sim.*) conflitto CONTR. concordia, armonia **4** (*di colori, di suoni, ecc.*) contrapposizione, urto, incompatibilità CONTR. armonia, equilibrio, concordia **5** (*di foto, di immagine e sim.*) spicco, risalto, rilievo, stacco CONTR. uniformità, grigiore, piattezza.

contrattaccàre v. tr. (*fig.*) replicare, reagire, ritorcere, contraddire.

contrattàcco s. m. **1** contrassalto, controffensiva **2** (*fig.*) replica, reazione, ritorsione, obiezione FRAS. *passare al contrattacco* (*fig.*), replicare violentemente.

contrattàre v. tr. trattare, mercanteggiare, patteggiare, pattuire, combinare, negoziare, discutere, concordare □ vendere, comprare.

contrattazióne s. f. patteggiamento, trattativa, negoziazione, negozio (*raro*), discussione.

contrattèmpo s. m. impedimento, inciampo, intoppo, ostacolo, difficoltà, incaglio, inconveniente, handicap (*ingl.*), noia, contrarietà, sorpresa, avversità CONTR. fortuna, facilitazione.

contràttile agg. retrattile.

contràtto (1) s. m. **1** accordo, patto, trattato, convenzione, compromesso, obbligazione, negozio, negoziazione **2** (*est.*) scrittura, documento, strumento.

contràtto (2) part. pass. di **contrarre**; anche agg. **1** (*di muscolo, di volto, ecc.*) rattrappito, contorto, raccorciato, ristretto CONTR. disteso, allungato, sciolto, rilassato **2** (*fig.*) (*di persona*) teso, nervoso, inasprito, inibito, impaurito CONTR. tranquillo, rilassato, sereno **3** (*est.*) (*di spesa, di costi, ecc.*) ridotto, limitato, contenuto, diminuito CONTR. aumentato, accresciuto **4** (*di malattia, di vizio, ecc.*) preso CONTR. guarito, perso **5** (*di amicizia, di relazione, ecc.*) stabilito, intrecciato, concluso CONTR. perso, rotto, abbandonato **6** (*di impegno, di debito, ecc.*) assunto, stipulato, fatto CONTR. assolto, pagato **7** (*di parentela*) stretto.

contravveléno s. m. **1** antidoto CONTR. veleno, tossico **2** (*fig.*) rimedio CONTR. causa.

contravvenìre v. intr. trasgredire, eludere, disobbedire, violare, derogare CONTR. osservare, ubbidire, conformarsi, adeguarsi.

contravvenzióne s. f. **1** violazione, trasgressione, infrazione, inosservanza, disobbedienza **2** ammenda, multa, penale.

contrazióne s. f. **1** rattrappimento, raccorciamento, restringimento, contorcimento, contrattura, raggrinzimento, raggricchiamento CONTR. distensione, allungamento, allentamento, allargamento, rilassamento **2** (*med.*) spasmo, spasimo, crampo **3** (*ling.*) fusione **4** (*fig.*) (*di prezzi, di importazioni, ecc.*) diminuzione, calo, riduzione, restrizione CONTR. aumento, crescita.

contribuìre v. intr. cooperare, prendere parte, collaborare, concorrere, aiutare, coadiuvare, sostenere, partecipare, intervenire CONTR. sabotare, ostacolare, contrariare, osteggiare, contestare.

contribùto s. m. (*anche fig.*) contribuzione, partecipazione, apporto, aiuto, cooperazione □ quota, parte, offerta.

contribuzióne s. f. **1** cooperazione, partecipazione, aiuto, apporto CONTR. rifiuto, sabotaggio, contestazione **2** contributo, quota, parte, offerta.

contrito agg. pentito, mortificato, accorato, affranto, compunto, ravveduto, dispiaciuto, dolente, afflitto, ricreduto, umiliato **CONTR.** impenitente, indifferente, noncurante, cocciuto, ostinato □ lieto, contento.

contrizióne s. f. compunzione, pentimento, rimorso, ravvedimento, rinsavimento, resipiscenza (*lett.*), rammarico, mortificazione, rincrescimento, accoramento, afflizione **CONTR.** impenitenza, pervicacia, indifferenza, noncuranza, menefreghismo □ contentezza, gioia.

cóntro A prep. **1** avverso (*raro*) **CONTR.** a favore **2** verso, addosso a **3** di fronte, davanti, di faccia **CONTR.** di dietro, di schiena **B** avv. in opposizione, ostilmente **CONTR.** favorevolmente **FRAS.** *di contro*, dirimpetto, di fronte, davanti, di dietro, dietro **C** s. m. inv. svantaggio **CONTR.** vantaggio **FRAS.** *il pro e il contro*, il vantaggio e lo svantaggio □ *per contro*, al contrario, all'opposto, invece.

controbàttere v. tr. (*fig.*) replicare, ribattere, confutare, rintuzzare, rimbeccare, obiettare, ridire, ribadire, contrastare, contraddire **CONTR.** assentire, convenire, approvare, ammettere, confermare, accettare.

controbilanciàre A v. tr. **1** (*di cose*) equilibrare, bilanciare, contrappesare, compensare **CONTR.** squilibrare, sbilanciare, differenziare **2** (*fig.*) (*di vizi, di meriti, ecc.*) pareggiare, compensare, uguagliare, equiparare, adeguare **B controbilanciarsi** v. rifl. rec. (*anche fig.*) bilanciarsi, equipararsi, compensarsi, equilibrarsi **CONTR.** sbilanciarsi, differenziarsi.

controffensìva s. f. **1** contrattacco, contrassalto **2** (*fig.*) reazione, replica, ritorsione.

controfigùra s. f. **1** (*cine., est.*) cascatore, stuntman (*ingl.*) **2** (*fig.*) sostituto.

controindicàre v. tr. sconsigliare **CONTR.** indicare, consigliare, prescrivere.

controindicazióne s. f. **1** incompatibilità, dannosità, pericolosità, inopportunità **CONTR.** prescrizione **2** (*di scritto*) notazione, annotazione, nota, avvertenza.

controllàbile agg. **1** (*di notizia, di fatto, ecc.*) verificabile, riscontrabile, appurabile, accertabile **CONTR.** incontrollabile, inaccertabile **2** (*di persona*) sorvegliabile, vigilabile **CONTR.** incontrollabile **3** (*di atteggiamento, di gesti, ecc.*) dominabile, contenibile, frenabile □ sindacabile **CONTR.** incontenibile, irrefrenabile □ insindacabile **4** (*di macchina, di Stato, ecc.*) governabile **CONTR.** ingovernabile.

controllàre A v. tr. **1** (*di meccanismo, di lavoro, ecc.*) rivedere, verificare, riscontrare, ispezionare, appurare, esaminare, sindacare, revisionare, vagliare, spulciare, riguardare, ripassare, accertare **CONTR.** tralasciare, trascurare **2** (*di bambini, di stufa, ecc.*) sorvegliare, vigilare, badare **CONTR.** trascurare, disinteressarsi **3** (*di macchina, di potere, ecc.*) governare, dirigere, padroneggiare, avere in pugno **CONTR.** lasciarsi sfuggire, perdere il controllo **4** (*fig.*) (*di nervi, di passioni, ecc.*) dominare, frenare, contenere, disciplinare, moderare **CONTR.** sfogare, liberare **B controllarsi** v. rifl. (*fig.*) dominarsi, frenarsi, sorvegliarsi, contenersi, disciplinarsi, moderarsi **CONTR.** abbandonarsi, lasciarsi andare, perdere il controllo.

controllàto part. pass. di **controllare**; anche agg. **1** (*di meccanismo, di lavoro, ecc.*) riveduto, verificato, riscontrato, ispezionato, esaminato, revisionato, riguardato, ripassato **CONTR.** trascurato, tralasciato **2** (*di bambino, di stufa, ecc.*) sorvegliato, vigilato, badato **CONTR.** trascurato, incontrollato **3** (*di macchina, di potere, ecc.*) governato, padroneggiato, diretto **CONTR.** incontrollato, senza guida **4** (*fig.*) (*di nervi, di passioni, ecc.*) dominato, frenato, contenuto **CONTR.** sfrenato, libero.

contròllo s. m. **1** (*di meccanismo, di lavoro, ecc.*) esame, ispezione, verifica, revisione, riscontro **2** (*di bambino, di stufa, ecc.*) sorveglianza, vigilanza **3** (*di veicolo, di governo, ecc.*) potere, dominio, governo, direzione, predominio **4** (*fig.*) (*di nervi, di passioni, ecc.*) dominio, padronanza.

controllóre s. m. **1** verificatore, revisore, ispettore **2** bigliettaio.

contromàrca s. f. biglietto, gettone, contrassegno, scontrino, buono, coupon (*fr.*).

contromàrcia s. f.; anche avv. retromarcia.

contropàrte s. f. (*dir.*) parte avversaria, avversario.

contropartita s. f. (*fig.*) cambio, contraccambio, contrapposizione, compenso.

contropélo avv.; anche s. m. **FRAS.** *prendere contropelo* (*fig.*), indisporre, irritare □ *a contropelo, di contropelo, in contropelo* (*fig.*), al contrario (per dispetto) □ *fare il contropelo* (*fig.*), criticare.

contropiède s. m. (*nel calcio*) contrattacco **FRAS.** *di contropiede* (*fig.*), alla sprovvista, di sorpresa.

controproducènte agg. dannoso, pericoloso, controindicato, inadatto, svantaggioso, pregiudizievole, nocivo **CONTR.** vantaggioso, proficuo, giovevole, favorevole, utile.

controrivoluzionàrio agg.; anche s. m. (*est.*) reazionario **CONTR.** rivoluzionario.

controrivoluzióne s. f. (*est.*) reazione **CONTR.** rivoluzione.

controsènso s. m. assurdità, contraddizione, incongruenza, nonsenso **CONTR.** cosa sensata, buonsenso, senso comune.

controstòmaco A avv. **1** con ripugnanza, con nausea **CONTR.** volentieri, golosamente, con appetito **2** (*fig.*) svogliatamente, controvoglia, di malavoglia, malvolentieri **CONTR.** volentieri, di buona voglia **B** s. m. nausea, voltastomaco, ripugnanza **CONTR.** appetenza.

controvalóre s. m. (*di denaro*) corrispettivo, equivalente.

controvèrsia s. f. contesa, dissidio, disputa, dibattito, disaccordo, discussione, questione, lite, dissenso, litigio, alterco, vertenza CONTR. accordo, intesa, consenso.

controvèrso agg. dubbio, contraddittorio, incerto, discusso, contestato, problematico, opinabile, oscuro, ambiguo, indeterminato, ipotetico CONTR. incontroverso, indiscutibile, incontrovertibile, certo, sicuro, chiaro, indiscusso, inoppugnabile.

controvòglia avv. malvolentieri, svogliatamente, controstomaco, di malavoglia, a malincuore, di malanimo, di contraggenio CONTR. volentieri, con piacere.

contumàcia s. f. **1** latitanza, assenza, renitenza, diserzione CONTR. presenza **2** (*med.*) quarantena, isolamento **3** (*raro*) disobbedienza, indocilità, ostinazione, ribellione, pervicacia CONTR. docilità, obbedienza, mitezza, umiltà.

contùndere v. tr. ammaccare, pestare, colpire, ferire.

conturbànte part. pres. di **conturbare**; anche agg. eccitante, scioccante, sconvolgente, procace CONTR. calmante, rasserenante, tranquillo, composto, pudico, controllato.

conturbàre A v. tr. turbare, alterare, esagitare, agitare, perturbare, sconvolgere, scombussolare, sconcertare, eccitare, scioccare, disturbare CONTR. calmare, tranquillizzare, tranquillare, rasserenare, quietare, acquietare, placare **B conturbarsi** v. intr. pron. turbarsi, alterarsi, rimescolarsi, sconvolgersi, esagitarsi, agitarsi, perturbarsi, scombussolarsi, sconcertarsi, eccitarsi CONTR. calmarsi, tranquillizzarsi, quietarsi, placarsi, rasserenarsi.

conturbàto part. pass. di **conturbare**; anche agg. turbato, agitato, alterato, sconvolto, scombussolato, sconcertato, scioccato, eccitato, disturbato CONTR. calmato, calmo, tranquillizzato, rasserenato, placato.

contusióne s. f. ammaccatura, ecchimosi, livido, lividura, colpo, percossa, botta □ (*med.*) lesione da trauma.

contùso part. pass. di **contundere**; anche agg. e s. m. ammaccato, pestato, pesto, percosso.

conurbazióne s. f. agglomerazione urbana, agglomerato urbano □ grande città □ metropoli.

convàlida s. f. convalidazione, convalidamento, autenticazione, autentica.

convalidaménto s. m. riconoscimento legale, convalidazione, convalida, autenticazione, autentica.

convalidàre v. tr. **1** (*dir.*) (*di atto, di documento*) dichiarare valido, avvalorare, confermare, sanzionare, ratificare, omologare CONTR. invalidare, infirmare, annullare **2** (*est.*) (*di dubbio, di ipotesi, ecc.*) rafforzare, avvalorare, confermare, confortare CONTR. indebolire, affievolire.

convegnìsta s. m. e f. (*est.*) congressista, partecipante.

convégno s. m. **1** incontro, colloquio, appuntamento, abboccamento **2** riunione, simposio, symposium (*lat.*), seminario, tavola rotonda **3** ritrovo.

convenévole A agg. (*lett.*) conveniente, adeguato, opportuno, adatto, giusto, ragionevole CONTR. sconveniente, inopportuno, inadatto, inadeguato **B** s. m. **1** giustezza, convenienza, decoro □ misura **2** (*al pl.*) ossequio, saluto, cerimonia, cortesia, complimento, smanceria.

conveniènte part. pres. di **convenire**; anche agg. **1** giunto, arrivato, pervenuto, adunato CONTR. partito **2** (*di abito, di discorso, ecc.*) adatto, opportuno, appropriato, adeguato, comodo, ragionevole, giusto, acconcio, proprio, conforme, consigliabile, congruo, favorevole, buono, proporzionato, decoroso CONTR. inadatto, inadeguato, sconveniente, inopportuno, improprio, ingiusto, sfavorevole **3** (*di affare, di prezzo, ecc.*) vantaggioso, favorevole, lucroso, utile, redditizio, produttivo, fruttuoso, proficuo, rimunerativo CONTR. svantaggioso, infruttuoso, inutile, dannoso.

convenienteménte avv. **1** (*di parlare, di comportarsi, ecc.*) opportunamente, adeguatamente, decorosamente, bene, giustamente CONTR. male, sconvenientemente, indecorosamente **2** (*di comprare, di vendere, ecc.*) vantaggiosamente, fruttuosamente, utilmente, bene, a buon prezzo CONTR. svantaggiosamente, male, rimettendoci.

conveniènza s. f. **1** (*tra parti, tra elementi, ecc.*) simmetria, corrispondenza, adeguatezza, proporzione, equilibrio CONTR. inadeguatezza, sproporzione, asimmetria, squilibrio **2** opportunità, caso CONTR. inopportunità **3** (*spec. al pl.*) cerimonia, complimento, convenevoli, smanceria, ossequio **4** cortesia, buona creanza, galateo, garbo, decoro, riguardo **5** (*spec. di affari*) utilità, vantaggio, interesse, comodo, tornaconto, utile CONTR. svantaggio, danno.

convenìre A v. intr. **1** (*di persone, di fiumi, ecc.*) riunirsi, trovarsi, incontrarsi, adunarsi, confluire, convergere CONTR. separarsi, sparpagliarsi, dividersi, disperdersi **2** (*su una cosa*) concordare, consentire, ammettere, riconoscere, essere d'accordo CONTR. dissentire, discordare, negare **3** (*su un affare, sul prezzo e sim.*) accordarsi, accomodarsi, intendersi, aggiustarsi CONTR. contrastare, contestare, discordare **4** (*di atteggiamenti, di discorsi, ecc.*) adattarsi, confarsi, addirsi, attagliarsi CONTR. disdire, sconvenire **5** (*di prezzo, di vendita, ecc.*) essere vantaggioso, rendere, essere buono CONTR. essere dannoso **B** v. intr. impers. essere doveroso, essere necessario, essere opportuno, essere utile **C convenirsi** v. intr. pron. essere appropriato, confarsi, addirsi CONTR. disdire, essere sconvenevole **D** v. tr. **1** (*di spesa, di impegno, ecc.*) fissare, stabilire, pattuire, prefiggere, determinare, decidere **2** (*dir.*) citare, chiamare.

convènto s. m. monastero, abbazia, cenobio, chiostro, abbadia, badia.

conventuàle agg. **1** cenobitico, monastico, monacale, claustrale **CONTR.** secolare, mondano **2** (*est.*) (*di vita, di arredamento, ecc.*) severo, austero, rigido, rigoroso, duro, spoglio, semplice **CONTR.** mite, piacevole, ameno, tollerante.

convenùto A part. pass. di **convenire**; anche agg. pattuito, stabilito, stipulato, patteggiato, prefissato, determinato **B** s. m. **1** accordo, convenzione, patto, intesa, contratto, impegno **2** (*dir.*) citato in giudizio **CONTR.** attore **3** (*a riunione, a convegno, ecc.*) partecipante, presente **CONTR.** assente.

convenzionàle agg. **1** (*di gesto, di segno, ecc.*) stabilito, prestabilito, convenuto, concordato, stipulato, determinato, patteggiato **CONTR.** improvvisato, spontaneo **2** (*spreg.*) (*di discorso, di moda, ecc.*) banale, consuetudinario, comune, conformista, solito, impersonale, superficiale, insulso, trito □ affettato, manierato **CONTR.** originale, nuovo, profondo □ spontaneo, semplice **3** (*di armi, di metodo, ecc.*) usuale, tradizionale, consueto, comune, abituale **CONTR.** inconsueto, insolito, straordinario, strano, inusitato.

convenzionalìsmo s. m. conformismo **CONTR.** originalità.

convenzionàre A v. tr. stabilire, convenire, pattuire, prestabilire **B convenzionarsi** v. rifl. accordarsi.

convenziòne s. f. **1** contratto, accordo □ intesa **2** patto, trattato **3** (*spec. politica o legislativa*) assemblea **4** (*spec. al pl.*) consuetudini, usanze, usi, abitudini, tradizioni, schemi tradizionali.

convergènte part. pres. di **convergere**; anche agg. **1** confluente, concorrente **CONTR.** divergente **2** (*di intenti, di interessi, ecc.*) concordante, coincidente, identico **CONTR.** divergente, differente, diverso.

convergènza s. f. **1** (*anche fig.*) concorrenza, confluenza **CONTR.** divergenza **2** (*biol.*) parallelismo morfologico.

convèrgere A v. intr. **1** confluire, concorrere, dirigersi, convenire, unirsi, incontrarsi, affluire **CONTR.** divergere, separarsi, dividersi **2** (*fig.*) (*di idee, di fini, ecc.*) identificarsi, coincidere **CONTR.** differenziarsi, diversificarsi, contrastare **3** (*fig.*) mirare, puntare **B** v. tr. (*lett.*) indirizzare, dirigere.

conversàre A v. intr. chiacchierare, discorrere, parlare, ragionare, intrattenersi **CONTR.** tacere **B** s. m. (*lett.*) conversazione.

conversatóre s. m. (f. *-trice*) **1** parlatore **2** (*est.*) chiacchierone **CONTR.** taciturno.

conversaziòne s. f. **1** chiacchierata, confabulazione, dialogo, discorso, colloquio **2** breve discorso, conferenza, tavola rotonda.

conversiòne s. f. **1** trasformazione, cambiamento, sostituzione **2** (*fig.*) (*di idea, di religione, ecc.*) ravvedimento □ passaggio **3** (*mil.*) evoluzione.

convertìbile A agg. cambiabile, trasformabile, mutabile, permutabile, cangiabile, commutabile, scambiabile, intercambiabile, tramutabile **CONTR.** inconvertibile **B** s. f. (*autom.*) cabriolet (*fr.*) **C** s. m. (*aer.*) convertiplano.

convertibilità s. f. cambiabilità, trasformabilità, permutabilità, commutabilità, intercambiabilità, scambiabilità, tramutabilità **CONTR.** inconvertibilità, immutabilità.

convertìre A v. tr. **1** trasformare, tramutare, mutare, cambiare, sostituire **2** (*di moneta, di oro, ecc.*) scambiare, cambiare, permutare, commutare, barattare **3** (*fig.*) (*a un'idea, al bene, ecc.*) persuadere, indurre, volgere, voltare, convincere **B convertirsi** v. rifl. **1** ravvedersi, abiurare, pentirsi **CONTR.** ostinarsi, persistere, dubitare **2** (*est.*) (*a un'idea, al bene, ecc.*) rivolgersi, mutare vita, persuadersi, convincersi **C** v. intr. pron. (*in acqua, in odio, ecc.*) trasformarsi, mutarsi, tramutarsi, cambiarsi.

convertìto part. pass. di **convertire**; anche agg. e s. m. **1** convinto, persuaso, ravveduto **CONTR.** dubbioso, incerto, perplesso **2** (*in acqua, in odio, ecc.*) trasformato, tramutato, mutato, cambiato **3** (*di moneta, di oro, ecc.*) scambiato, permutato, barattato, commutato.

convertitóre s. m. (f. *-trice*) **1** apostolo **2** (*tecnol.*) commutatore, trasformatore.

convertitrìce s. f. (*tecnol.*) commutatrice.

convessità s. f. prominenza, protuberanza, incurvatura, bombatura **CONTR.** incavo, avvallamento, affossamento, incavamento, abbassamento, concavità.

convèsso agg. curvo, incurvato, tondeggiante, rilevato, sporgente, gibboso, bombato, inarcato **CONTR.** concavo, incavato, avvallato, affossato.

convincènte part. pres. di **convincere**; anche agg. persuasivo, suasivo, invitante, attraente, allettante, stimolante **CONTR.** dissuasivo, repellente, ributtante.

convìncere A v. tr. **1** persuadere, capacitare **CONTR.** dissuadere **2** dimostrare, provare, documentare **B convincersi** v. intr. pron. persuadersi, capacitarsi, accertarsi, riconoscere **CONTR.** dissuadersi.

convìnto part. pass. di **convincere**; anche agg. **1** (*di persona*) persuaso, capacitato, consapevole, sicuro **CONTR.** dubbioso, perplesso, dissuaso **2** (*di cosa*) certo, sicuro, indubitabile, accertato, evidente, indiscutibile, vero **CONTR.** dubbio, incerto, discutibile.

convinziòne s. f. **1** certezza, persuasione, convincimento, sicurezza **CONTR.** dubbio, incertezza, perplessità **2** (*spec. al pl.*) opinione, principio, idea, credo, fede, pensiero.

convitàto agg. e s. m. commensale, invitato, conviva (*lett.*), banchettante.

convìtto s. m. **1** collegio, educandato, istituto **2** convittori.

convittóre s. m. (f. *-trice*) collegiale, educando.

convivènte part. pres. di **convivere**; anche agg. e s. m. e f. coabitante.

convivènza s. f. **1** coabitazione **2** (*fig.*) coesistenza □ compatibilità, contemperanza **CONTR.** incompatibilità.

convìvere v. intr. coabitare.

convocàre v. tr. **1** (*di persone*) radunare, riunire, raccogliere **CONTR.** congedare **2** (*di assemblea, di riunione, ecc.*) chiamare, indire **CONTR.** congedare, sciogliere.

convocàto part. pass. di **convocare**; anche agg. **1** (*di persona*) radunato, riunito, raccolto, chiamato **CONTR.** congedato **2** (*di assemblea, di riunione, ecc.*) indetto **CONTR.** congedato □ sciolto.

convocazióne s. f. **1** riunione **2** invito.

convogliàre v. tr. **1** (*raro*) accompagnare, scortare, seguire **2** (*di persone, di traffico, ecc.*) dirigere, riunire, indirizzare, avviare **CONTR.** disperdere □ dirottare, deviare **3** (*di acqua*) incanalare, immettere **CONTR.** deviare **4** (*di fiume*) trasportare, trascinare, travolgere.

convogliàto part. pass. di **convogliare**; anche agg. **1** (*di traffico, di persone, ecc.*) diretto, indirizzato, avviato **CONTR.** dirottato, deviato **2** (*di acqua*) incanalato, immesso **CONTR.** deviato **3** (*di materiale*) trasportato, trascinato, travolto.

convogliatóre s. m. trasportatore.

convòglio s. m. **1** carovana, corteo **2** treno **3** (*mil.*) scorta, accompagnamento.

convolàre v. intr. usato nella loc. *convolare a giuste nozze*, sposarsi, maritarsi.

convulsaménte avv. agitatamente, spasmodicamente, istericamente, incontrollatamente **CONTR.** rilassatamente, placidamente.

convulsióne s. f. **1** contrazione, spasimo, crampo, contrattura, eclampsia, contorcimento, contorsione, tensione □ (*est.*) epilessia **CONTR.** immobilità, rilassamento, rilasciamento **2** (*est.*) (*di riso, di pianto e sim.*) scoppio, convulso **3** (*fig., raro*) (*di cielo, di mare*) cataclisma, sussulto, scossa, sconvolgimento, sobbalzo.

convùlso A agg. **1** (*di movimento, di tremito, ecc.*) spasmodico, contratto, rattratto **CONTR.** rilassato **2** (*di mani, di viso, ecc.*) scosso, agitato, conturbato, alterato, sconvolto, confuso **CONTR.** calmo, quieto, tranquillo, rilassato, placido, placato **3** (*fig.*) (*di pianto, di riso e sim.*) isterico, incontrollato, violento, sconnesso **CONTR.** quieto, pacato **4** (*di traffico, di ritmo, ecc.*) intenso, febbrile, frenetico, disordinato, esagitato, tumultuario (*raro*), concitato, affannato **CONTR.** equilibrato, regolare **B** s. m. **1** scoppio, convulsione **2** (*est.*) epilessia.

cooperàre v. intr. coadiuvare, collaborare, concorrere, contribuire, aiutare, sostenere, assistere **CONTR.** ostacolare, avversare, contrariare, intralciare, opporsi.

cooperativa s. f. impresa collettiva, società, associazione, consociazione, consorzio.

cooperativo agg. associativo, cooperativistico.

cooperatóre s. m.; anche agg. (f. *-trice*) **1** coadiutore, collaboratore, aiutante, sostenitore **2** socio, consociato, consorziato.

cooperazióne s. f. **1** collaborazione, aiuto, concorso, assistenza, sostegno **2** cooperativismo, associazionismo.

cooptàre v. tr. chiamare a far parte, associare.

coordinaménto s. m. coordinazione, collegamento, organizzazione **CONTR.** disorganizzazione.

coordinàre v. tr. collegare, mettere in relazione, ordinare, disporre, adattare, regolare, organizzare, preparare **CONTR.** disorganizzare.

coordinàto A part. pass. di **coordinare**; anche agg. **1** collegato, messo in relazione, ordinato, adattato, organizzato, regolato, assestato **CONTR.** scoordinato, sregolato, disorganizzato **2** (*ling.*) paratattico **CONTR.** subordinato, ipotattico **B** s. m. al pl. (*di vestiario, di biancheria e sim.*) insieme, completo, set (*ingl.*).

coordinatóre s. m. (f. *-trice*) moderatore □ organizzatore.

coordinazióne s. f. **1** coordinamento, organizzazione, ordine, allineamento, disposizione, regolazione **CONTR.** disordine, scoordinamento **2** (*ling.*) paratassi **CONTR.** subordinazione, ipotassi.

copàle s. m. e f. vernice, pelle verniciata.

copèrchio s. m. copertura, chiusino.

copèrta s. f. **1** panno, coltre, trapunta, pannolano **2** drappo, gualdrappa **3** (*di poltrona, di libro, ecc.*) fodera, copertura, copertina **4** (*di nave*) ponte, tolda.

copertìna s. f. **1** dim. di **coperta** **2** coperta, fodera, copertura, rivestimento, involucro **FRAS.** *ragazza copertina*, cover girl (*ingl.*), pin-up girl (*ingl.*).

copèrto (1) A part. pass. di **coprire**; anche agg. **1** ricoperto, rivestito, velato, chiuso, riparato, protetto, difeso, schermato □ vestito, imbacuccato **CONTR.** aperto, scoperto, scoperchiato, svestito **2** (*fig.*) (*di spalle, di ritirata, ecc.*) protetto, difeso **CONTR.** scoperto, esposto **3** (*fig.*) (*di sole, di cielo, ecc.*) occultato, nascosto, velato □ nuvoloso, scuro, cupo **CONTR.** scoperto, sereno, limpido, pulito, terso, chiaro **4** (*fig.*) (*di parlare, di discorso, ecc.*) ambiguo, dissimulato, oscuro, nascosto, segreto, velato, ermetico, simulato, infido **CONTR.** aperto, chiaro, comprensibile **5** (*di baci, di attenzioni, ecc.*) colmato, riempito **6** (*di ruggine, di neve, ecc.*) cosparso, rivestito, colmo, pieno, carico, ammantato **CONTR.** privo, vuoto **7** (*fig.*) (*di* *rischio, di conto, ecc.*) garantito, assicurato □ pagato, onorato **CONTR.** scoperto **B** s. m. **1** luogo protetto **2** tetto, copertura **FRAS.** *essere al coperto* (*fig.*), al sicuro, al riparo.

copèrto (2) s. m. (*a tavola*) posto □ (*est.*) pasto.

copertóne s. m. **1** telone **2** (*di veicolo*) pneumatico.

copertùra s. f. **1** rivestimento, involucro, fodera, protezione, coperchio **2** (*est.*) tetto **3** (*fig.*) maschera, mascheratura **4** garanzia, cauzione **5** (*mil., sport*) difesa.

còpia (1) s. f. sing. (*lett.*) abbondanza, profusione, dovizia, copiosità, profluvio, opulenza, ubertà, esuberanza, larghezza, ricchezza **CONTR.** scarsezza, scarsità, penuria, pochezza, mancanza, carestia, rarità, miseria, carenza, insufficienza, strettezza.

còpia (2) s. f. **1** (*di scritto, di disegno, ecc.*) trascrizione, duplicato, facsimile, doppione, calco, riproduzione **CONTR.** originale **2** (*d'oggetto d'arte*) imitazione □ (*est.*) falso, contraffazione **CONTR.** originale **3** (*di libro, di giornale, ecc.*) esemplare **4** (*di foto, di film e sim.*) positivo, stampa **FRAS.** *brutta copia*, minuta □ *bella copia*, stesura finale.

copiàre v. tr. **1** trascrivere, ricopiare □ riprodurre, ricalcare, ritrarre **2** (*est.*) (*di gesto, di moda, ecc.*) imitare □ scimmiottare **3** ripetere, plagiare, contraffare □ simulare.

copiàto part. pass. di **copiare**; anche agg. **1** trascritto, ricopiato, riprodotto, ritratto **2** (*est.*) (*di gesto, di moda, ecc.*) imitato □ scimmiottato **3** plagiato, contraffatto □ simulato.

copiatùra s. f. **1** ricopiatura, copia, trascrizione **2** imitazione, plagio, contraffazione.

copióne s. m. (*di film, di spettacolo*) testo, sceneggiatura □ (*est.*) trama.

copiosaménte avv. molto, abbondantemente, a profusione, largamente, riccamente **CONTR.** scarsamente, poco, insufficientemente.

copióso agg. (*lett.*) molto, abbondante, ricco, esuberante, traboccante, numeroso, fecondo, cospicuo, dovizioso, pingue, molteplice **CONTR.** poco, scarso, scarseggiante, mancante, limitato, insufficiente.

copìsta s. m. e f. **1** amanuense, copiatore (*arc.*) **2** (*est.*) dattilografo.

còppa s. f. **1** bicchiere, calice, vaso, cratere, tazza **2** (*est.*) recipiente, contenitore **3** (*di bilancia*) piattello **4** (*sport*) trofeo □ gara **FRAS.** *contare come il due di coppe* (*fig.*), non contare nulla.

còppia s. f. **1** paio, pariglia, paro, ambo, piccia (*tosc.*) **2** sposi, morosi (*pop.*), fidanzati, amanti **FRAS.** *a coppia, in coppia*, a due a due, insieme.

copricàpo s. m. inv. cappello, berretto, casco, cuffia, cappuccio.

copricaténa s. m. inv. carter.

coprilètto s. m. inv. coperta, drappo.

coprìre A v. tr. **1** rivestire, velare, ricoprire, vestire, tappare, nascondere, chiudere, riparare **CONTR.** scoprire, aprire, scoperchiare, togliere, svestire **2** (*est.*) (*di vegetazione, di neve, ecc.*) ammantare, avvolgere **3** (*fig.*) (*di spalle, di ritirata, ecc.*) proteggere, difendere **CONTR.** scoprire, sguarnire, esporre **4** (*fig.*) (*di difetto, di verità, ecc.*) occultare, dissimulare, nascondere, mascherare, celare, velare, fingere, adombrare, mimetizzare **CONTR.** svelare, rivelare, manifestare, dichiarare, scoprire **5** (*fig.*) (*di suono, di voce*) superare, sopraffare **6** (*fig.*) (*di debito*) soddisfare, garantire, pagare, onorare **7** (*fig.*) (*di carica, di funzione, ecc.*) occupare, tenere, ricoprire, esercitare, espletare **8** (*fig.*) (*di distanza*) percorrere **9** (*fig.*) (*di baci, di elogi, ecc.*) colmare, riempire **B coprirsi** v. rifl. **1** ripararsi, vestirsi, ornarsi, imbacuccarsi, rivestirsi **CONTR.** scoprirsi, svestirsi, togliersi, levarsi **2** (*di spalle, dai colpi, ecc.*) difendersi, pararsi **CONTR.** esporsi **3** (*da rischi*) premunirsi, garantirsi **4** (*fig.*) (*di gloria, di disonore, ecc.*) colmarsi, riempirsi **C** v. intr. pron. (*di muffa, di neve, ecc.*) riempirsi, colmarsi, ammantarsi, ricoprirsi **CONTR.** liberarsi, scoprirsi, vuotarsi.

còpula s. f. **1** (*lett.*) accoppiamento, congiungimento **2** coito **3** (*ling.*) legamento, unione.

copywriter /*ingl.* 'kɔpiraitə/ [vc. ingl., comp. di *copy* 'copia' e *writer* 'scrittore', da *to write* 'scrivere'] s. m. e f. inv. redattore, pubblicitario, creativo.

coràggio A s. m. **1** forza morale, animo, ardimento, audacia, valore, fegato (*fig.*), sangue freddo, ardire, intrepidezza, sicurezza, eroismo, baldanza, prodezza, cuore, bravura, fermezza **CONTR.** viltà, vigliaccheria, codardia, paura, timore, pusillanimità, fifa (*fam., scherz.*), timidezza **2** impudenza, sfacciataggine, spavalderia, temerità, temerarietà, arroganza, insolenza, presunzione, protervia, tracotanza, sfrontatezza, sconsideratezza, iattanza, millanteria, improntitudine **CONTR.** modestia, umiltà, pudore, discrezione, rispetto **B** in funzione di inter. orsù!, orvia!, animo!, forza! **FRAS.** *prendere il coraggio a due mani* (*fig.*), decidere senza esitazione.

coraggiosaménte avv. intrepidamente, arditamente, impavidamente, audacemente, valorosamente, baldanzosamente, eroicamente, strenuamente, spericolatamente, fermamente, stoicamente **CONTR.** paurosamente, pavidamente, vilmente, vigliaccamente, codardamente, timorosamente, timidamente.

coraggióso agg. **1** ardimentoso, audace, animoso, intrepido, impavido, prode, valoroso, ardito, baldanzoso, gagliardo, baldo, strenuo, temerario, eroico, valente, fermo, forte, stoico, fegatoso, spericolato **CONTR.** pauroso, pavido, timido, pusillanime, timoroso, vile, vigliacco, codardo, spaurito, sbigottito, impaurito, allarmato, spaventato **2** spavaldo, arrogante, insolente, protervo, tracotante, sfrontato **CONTR.** abbattuto, scoraggiato, avvilito, accasciato.

coràle agg. (*est.*) concorde, unanime, collettivo, generale, universale, consono, unisono **CONTR.** individuale, parziale, singolo.

corallìno agg. rosso acceso, rosso vivo.

coràllo in funzione di agg. inv. (posposto a un s.) (*di colore*) rosso acceso, rosso vivo.

coralménte avv. concordemente, unanimemente, universalmente, collettivamente, insieme **CONTR.** individualmente, singolarmente.

coràzza s. f. **1** armatura, usbergo, catafratta, lorica **2** (*di animali, di oggetti*) guscio, rivestimento **3** (*fig.*) difesa, protezione, riparo, schermo, baluardo.

corazzàre A v. tr. **1** (*di nave, di automezzo, ecc.*) armare, blindare, fortificare, rafforzare **2** (*fig.*) (*di persona*) proteggere, difendere, premunire **B corazzarsi** v. rifl. (*fig.*) proteggersi, premunirsi, difendersi.

corazzàto part. pass. di **corazzare**; anche agg. **1** (*di nave, di automezzo, ecc.*) armato, blindato, fortificato, rafforzato, schermato **2** (*fig.*) (*di persona*) difeso, protetto, premunito.

corbelleria s. f. **1** (*pop.*) balordaggine, sciocchezza, stupidaggine, baggianata **2** sproposito, sbaglio, errore, granchio, cantonata.

còrda s. f. **1** fune, canapo, gomena, spago, cavo, sartia, alzaia **2** capestro, laccio, cavezza, correggia **3** (*di religioso*) cordiglio, cingolo, cintolo, cordone **4** (*di tessuto*) trama **5** (*nell'ippica*) steccato **6** (*mus., est.*) suono, nota, tono, registro **7** (*nel pugilato*) fune **8** (*arch.*) (*di arco*) luce, portata **FRAS.** *dare corda* (*fig.*), lasciare libertà d'azione □ *tenere sulla corda* (*fig.*), mantenere in ansia, lasciare nel dubbio, lasciare nell'incertezza □ *tagliare la corda* (*fig.*), scappare □ *essere con la corda al collo* (*fig.*), essere in difficoltà □ *mettere alle corde* (*fig.*), mettere alle strette □ *toccare una corda sensibile* (*fig.*), toccare un argomento delicato □ *mostrare la corda* (*fig.*), dare segni di stanchezza □ *essere giù di corda* (*fig.*), essere abbattuto, non essere in forma □ *corda d'Ippocrate*, tendine d'Achille.

cordèlla s. f. **1** dim. di **corda 2** stringa, nastrino.

cordiàle A agg. **1** (*di bevanda*) tonico, corroborante **2** (*di saluto, di accoglienza e sim.*) caloroso, caldo, fervido, festoso, entusiastico **CONTR.** freddo, gelido, indifferente **3** (*di persona*) affabile, gentile, aperto, accogliente, schietto, sincero, espansivo, spontaneo, affettuoso **CONTR.** freddo, ostile, sgarbato, burbero, indifferente, scostante, sostenuto, ruvido **B** s. m. (*di bevanda*) corroborante, tonico.

cordialità s. f. affabilità, cortesia, sincerità, schiettezza, bontà, calore, favore, affettuosità, amorevolezza, espansività **CONTR.** freddezza, ruvidezza, ostilità, indifferenza.

cordialménte avv. affabilmente, gentilmente, cortesemente, fervidamente, schiettamente, apertamente, sinceramente, espansivamente, calorosamente, festosamente, affettuosamente **CONTR.** gelidamente, freddamente, ostilmente, sgarbatamente.

cordìglio s. m. cordone, corda, cingolo, cintolo.

cordòglio s. m. dolore, pena, lutto, accoramento, angustia, ambascia, tormento, costernazione, dispiacere, travaglio, desolazione, mestizia, strazio, struggimento, duolo (*lett.*) **CONTR.** gaudio, gioia, giubilo, letizia, esultanza, piacere, felicità.

cordóne s. m. **1** accr. di **corda 2** (*est.*) cavetto, tirante, fune **3** (*di religioso*) cordiglio, cingolo, cintolo **4** (*di ordine cavalleresco*) collana, collare **5** (*arch.*) modanatura, rilievo **6** (*di polizia, di militari, ecc.*) sbarramento.

còre *V.* **cuore**.

coreografìa s. f. (*fig.*) fasto, pompa, pomposità, fastosità, spettacolarità **CONTR.** semplicità, modestia.

coreogràfico agg. (*fig.*) fastoso, appariscente, spettacolare, vistoso, pomposo, sfarzoso **CONTR.** semplice, modesto.

coriàceo agg. **1** duro, resistente, tenace, secco, tiglioso, stopposo **CONTR.** morbido, tenero, molle, duttile **2** (*fig.*) (*di persona, di carattere*) insensibile, irremovibile, inesorabile, duro, ostile, rigido, spiacevole, irriducibile, inflessibile, caparbio, cocciuto, pervicace **CONTR.** elastico, malleabile, trattabile, docile, arrendevole, mite, accomodante, remissivo, dolce, buono.

coricàre A v. tr. mettere a letto □ (*est.*) sdraiare, adagiare, distendere, posare, appoggiare **CONTR.** alzare, sollevare, rizzare, rialzare, issare **B coricarsi** v. intr. pron. **1** andare a letto, mettersi a letto □ (*est.*) sdraiarsi, adagiarsi, stendersi, giacere, distendersi, allungarsi **CONTR.** alzarsi, rizzarsi, sollevarsi, adergersi **2** (*di astro*) tramontare, calare, declinare, scendere **CONTR.** sorgere, nascere, spuntare, alzarsi.

coricàto part. pass. di **coricare**; anche agg. a letto □ (*est.*) adagiato, disteso, appoggiato, sdraiato **CONTR.** alzato, sollevato.

corìsta A s. m. e f. cantore **B** s. m. diapason.

cornàcchia s. f. (*fig.*) (*di persona*) linguacciuto, linguaccia, malalingua, maldicente, pettegolo, chiacchierone, calunniatore, sparlatore, maledico (*lett.*), denigratore.

cornalìna s. f. (*miner.*) corniola.

cornamùsa s. f. piva, zampogna, cennamella, ciaramella.

corner /*ingl.* 'kɔːnə/ [ingl., propriamente 'angolo', dal lat. *cornu* 'corno'] s. m. inv. (*sport*) calcio d'angolo **FRAS.** *salvarsi in corner* (*fig.*), cavarsela alla meglio, salvarsi all'ultimo momento.

cornétta s. f. trombetta.

cornìce s. f. **1** telaio, inquadratura, intelaiatura, supporto **2** (*arch.*) cornicione, fregio, trabeazione, modanatura **3** (*est.*) (*di monti, di capelli, ecc.*) contorno, corona, giro, cerchio, cerchia **4** (*di roccia, di neve*) orlo, gradino, terrazza, cengia.

cornicióne s. m. **1** accr. di **cornice 2** (*arch.*) cornice, trabeazione, architrave.

corniòla s. f. (*miner.*) cornalina □ (*est.*) cammeo.

còrno s. m. **1** (*est.*) (*di monte*) cima, vetta **2** calzatoio, calzascarpe, calzante **3** (*mus.*) oboe **4** (*fig.*) (*di luna, di esercito, ecc.*) estremità, angolo, sporgenza, braccio, lato, parte, fianco **5** (*fig.*) (*di dilemma*) alternativa, possibilità **6** (*euf., pop.*) nulla, niente **FRAS.** *rompersi le corna* (*fig.*), restare sconfitto, avere la peggio □ *dire peste e corna* (*fig.*), sparlare □ *fare le corna* (*fig.*), tradire □ *prendere il toro per le corna* (*fig.*), affrontare decisamente uno, la situazione □ *un corno!*, nient'affatto.

cornùto agg.; anche s. m. **1** con corna **2** a forma di corno **3** (*pop.*) (*di persona*) tradito.

còro s. m. **1** (*di cantori, di danzatori*) coristi □ ballerini, attori **2** (*di parole, di grida e sim.*) insieme, unisono **3** (*est.*) (*di persone*) gruppo **4** (*est.*) (*di cicale, di grilli, ecc.*) canto, verso **5** (*di angeli, di beati*) ordine, schiera **FRAS.** *in coro*, insieme, all'unisono.

coròlla s. f. **FRAS.** *a corolla*, svasato, a campana.

corollàrio s. m. **1** conseguenza, deduzione, risultanza **CONTR.** premessa **2** aggiunta, appendice, complemento, soprappiù.

coróna s. f. **1** diadema, ghirlanda, serto **2** (*est., fig.*) autorità, sovranità **3** (*fig., sport*) titolo di campione □ premio, onore, gloria **4** (*fig., lett.*) (*di santo, di gloria, ecc.*) aureola **5** (*est.*) (*di oggetto*) fascia, anello, cerchio **6** (*astron.*) (*di astro*) alone, aureola, chioma **7** (*di monti, di capelli, ecc.*) cornice, giro, cinta, cerchio, cerchia, serie, catena **8** (*relig.*) rosario **9** (*di albero*) chioma **10** (*fig., lett.*) coronamento, compimento **FRAS.** *a corona*, circolarmente, in giro, torno torno □ *far corona*, circondare □ *sfilare la corona* (*fig.*), dire una serie di ingiurie.

coronaménto s. m. **1** compimento, conclusione, fine, termine **CONTR.** principio, inizio **2** (*arc.*) incoronazione.

coronàre A v. tr. **1** incoronare, inghirlandare, indiademare **2** (*est.*) (*di monti, di capelli, ecc.*) cingere, circondare, incorniciare, aureolare (*lett.*) **3** (*est., fig.*) (*di atleta, di poeta, ecc.*) premiare, onorare, glorificare, esaltare, osannare **4** (*fig.*) (*di lavoro, di carriera, ecc.*) terminare, completare, compiere, finire **CONTR.** iniziare, cominciare **B coronarsi** v. rifl. **1** incoronarsi, inghirlandarsi **2** (*lett., fig.*) fregiarsi, adornarsi.

coronàto part. pass. di **coronare**; anche agg. **1** incoronato, inghirlandato, indiademato **2** (*est.*) (*da monti, da capelli, ecc.*) cinto, circondato, incorniciato, aureolato **3** (*di atleta, di poeta, ecc.*) premiato, onorato, glorificato, esaltato, osannato **FRAS.** *testa coronata*, sovrano, regnante.

corpacciùto agg. grosso, corpulento, panciuto, massiccio, tarchiato, atticciato, corposo, pingue, obeso, adiposo, pesante, robusto, membruto, tracagnotto, complesso (*raro*) **CONTR.** smilzo, esile, snello, allampanato, mingherlino, magro, smunto, segaligno, secco, macilento, gracile, scarno, emaciato, affilato, scheletrico, striminzito.

corpétto s. m. **1** camiciola, maglietta, corpino, vitina, copribusto, giacchettino, sottoveste **2** panciotto, gilè, farsetto, giustacuore.

còrpo s. m. **1** materia, massa **2** (*est.*) oggetto, cosa **3** (*est.*) sostanza, elemento, corpuscolo **4** (*di persona*) fisico, costituzione, organismo, carne □ sensi **CONTR.** anima, spirito **5** (*est.*) corporatura, forma, aspetto, persona, personale **6** (*est.*) cadavere, salma, spoglia, carcassa **7** (*anat.*) parte, elemento, formazione, organo **8** (*pop.*) pancia, ventre □ utero **9** (*di edificio, di oggetto*) sagoma, forma, mole, massa, volume **10** (*di materia*) consistenza, solidità, forza **11** (*di persone*) categoria, collegio, compagnia, ordine, corporazione, organismo, società **12** (*mil.*) specialità, unità **13** (*di opere*) raccolta, corpus (*lat.*) **14** (*mar.*) (*di nave*) scafo, fusto **15** (*mus.*) (*di strumento*) cassa, mole esteriore **16** (*di carattere tipografico*) altezza **FRAS.** *a corpo morto* (*fig.*), con impeto, con decisione □ *anima e corpo* (*fig.*), senza riserve, completamente □ *avere il diavolo in corpo* (*fig.*), essere molto agitato □ *andare di corpo* (*pop., euf.*), defecare, cacare (*volg.*) □ *guardia del corpo*, gorilla (*fig.*), guardaspalle □ *a corpo a corpo*, a stretto contatto, all'arma bianca.

corporàle agg. corporeo, carnale, materiale, fisico, fisiologico **CONTR.** spirituale, psichico, intellettuale, mistico.

corporalménte avv. fisicamente, di persona, materialmente **CONTR.** spiritualmente, intellettualmente.

corporatìvo agg. categoriale.

corporatùra s. f. complessione, figura, conformazione, persona, taglia, fattezza, personale, statura.

corporazióne s. f. associazione, società, compagnia, corpo, arte.

corporeità s. f. **1** fisicità, materialità, carnalità **CONTR.** spiritualità **2** (*fig.*) consistenza **CONTR.** inconsistenza.

corpòreo agg. **1** (*di piacere, di interesse, ecc.*) corporale, carnale, materiale, fisico **CONTR.** spirituale, psichico, intellettuale, mistico **2** (*di sostanza*) materiale, sensibile, tangibile, visibile, reale, effettivo, palpabile, toccabile

CONTR. incorporeo, intangibile, immaginario, illusorio, immateriale, invisibile.

corposaménte avv. densamente, consistentemente, massicciamente, sostanziosamente CONTR. inconsistentemente, leggermente.

corpóso agg. denso, compatto, consistente, solido, voluminoso, sostanzioso, rilevato, sodo CONTR. inconsistente, diradato, delicato, diluito, tenue, leggero.

corpulènto agg. corposo, corpacciuto, massiccio, grasso, panciuto, tarchiato, atticciato, pingue, fatticcio, obeso, adiposo, pesante, robusto, membruto, tracagnotto, complesso (*raro*) CONTR. smilzo, esile, snello, allampanato, mingherlino, magro, smunto, segaligno, secco, macilento, gracile, scarno, emaciato, affilato, scheletrico, striminzito.

corpulènza s. f. robustezza, grassezza, grossezza, solidità, adiposità, pesantezza, robustezza, complessità, pinguedine, carnosità, obesità, paffutezza CONTR. magrezza, secchezza, snellezza, esilità, gracilità, emaciamento.

corpus /*lat.* 'kɔrpus/ [lat. 'corpo'] s. m. inv. **1** (*di opere*) raccolta, insieme **2** (*ling.*) campione.

corpùscolo s. m. **1** corpo piccolissimo □ granello **2** particella, atomo, corpo.

corredàre A v. tr. dotare, munire, provvedere, attrezzare, fornire, rifornire, equipaggiare, accompagnare, guarnire, arredare □ allegare CONTR. privare, sguarnire, sfornire **B corredarsi** v. rifl. rifornirsi, provvedersi, munirsi, attrezzarsi, equipaggiarsi, fornirsi CONTR. privarsi, sguarnirsi.

corredàto part. pass. di **corredare**; anche agg. dotato, fornito, munito, attrezzato, equipaggiato, completato CONTR. privo, sfornito.

corrèdo s. m. **1** (*di casa, di nave, ecc.*) equipaggiamento, dotazione, arredo, attrezzatura, occorrente, bagaglio **2** dote, vestiario **3** (*fig.*) (*di libro*) citazioni, note, indicazioni □ illustrazioni **4** (*fig.*) (*di nozioni, di sapere e sim.*) bagaglio (*fig.*), possesso.

corrèggere A v. tr. **1** cambiare, emendare, rettificare, rivedere, modificare, risanare, riformare, riparare, variare, aggiustare, rabberciare, restaurare, ritoccare, limare, cancellare CONTR. guastare, peggiorare **2** (*di difetto*) curare, guarire CONTR. accentuare **3** (*di persona*) ammonire, consigliare, avvertire □ (*est.*) riprendere, rimproverare, redarguire, richiamare, biasimare, educare, castigare, raddrizzare CONTR. corrompere, viziare, depravare **4** (*di bevanda, di carburante, ecc.*) rettificare, migliorare □ alterare **B correggersi** v. intr. pron. cambiarsi, emendarsi, ravvedersi, migliorarsi, riformarsi, raddrizzarsi, modificarsi CONTR. peggiorarsi, peggiorare.

correggìbile agg. **1** (*di cosa*) emendabile, rettificabile, cambiabile, rivedibile, modificabile, riparabile, aggiustabile, restaurabile, cancellabile CONTR. incorreggibile, irreparabile **2** (*di persona*) ravvedibile, malleabile, raddrizzabile, migliorabile CONTR. incorreggibile, indisciplinato, caparbio, irremovibile, protervo, pervicace, irrecuperabile.

corregionàle agg.; anche s. m. e f. conterraneo, compaesano, compatriota CONTR. straniero, forestiero.

correità s. f. complicità, concorso, connivenza, collusione, corresponsabilità CONTR. estraneità, innocenza.

correlàre v. tr. mettere in correlazione, collegare CONTR. slegare.

correlazióne s. f. **1** relazione, dipendenza, rapporto, legame, corrispondenza, conformità, attinenza CONTR. indipendenza, diversità **2** (*ling.*) consecuzione.

corrènte (1) A part. pres. di **correre**; anche agg. **1** (*di acque*) fluente, scorrente CONTR. fermo, stagnante **2** (*di stile, di eloquio e sim.*) fluido, scorrevole, spedito, facile, spontaneo, veloce, sciolto, disinvolto CONTR. impacciato, impedito, duro, difficoltoso, lento **3** (*fig.*) (*di bassorilievo, di posta, ecc.*) ininterrotto CONTR. interrotto, saltuario **4** (*di monete*) circolante CONTR. fuori corso **5** (*di prezzo, di norme, ecc.*) di mercato, attuale, vigente CONTR. vecchio, scaduto **6** (*di mese, di anno e sim.*) in corso, attuale, presente CONTR. scorso, passato □ prossimo, venturo **7** (*di opinione, di uso, ecc.*) comune, diffuso, usuale CONTR. raro, disusato, di pochi **8** (*di cosa*) ordinario, scadente, grossolano CONTR. fino, scelto, pregiato **B** s. m. solo sing. spec. nella loc. *essere al corrente*, essere informato □ *mettere al corrente*, informare.

corrènte (2) s. f. **1** (*di acqua*) flusso, fiumana, rapida **2** (*est.*) (*di persone, di veicoli, ecc.*) fila, carovana, folla, massa **3** (*elettr.*) flusso **4** (*est.*) energia elettrica, energia □ luce **5** (*fig.*) uso, moda, voga, andazzo **6** (*fig.*) (*di politica, di letteratura, ecc.*) indirizzo, movimento, opinione **7** (*di politici, di artisti, ecc.*) gruppo □ linea FRAS. *seguire la corrente* (*fig.*), fare come gli altri.

correnteménte avv. **1** speditamente, con proprietà, spontaneamente, facilmente, disinvoltamente, fluidamente, scorrevolmente CONTR. impacciatamente, lentamente, difficoltosamente **2** comunemente, usualmente, generalmente, per lo più CONTR. raramente, casualmente.

còrreo o (*raro*) **corrèo** s. m. complice, corresponsabile, connivente CONTR. estraneo, innocente.

córrere A v. intr. **1** accorrere, affrettarsi, precipitarsi, slanciarsi, trottare (*fig.*), galoppare (*fig.*), volare (*fig.*), sgambettare, andare di carriera, andare in fretta **2** (*di liquido*) fluire, scorrere, fuoriuscire, andare CONTR. stagnare, ristagnare **3** (*di sguardo, di mano, ecc.*) dirigersi, indirizzarsi **4** (*est.*) (*di tempo*) trascorrere, passare, trapassare, fluire **CONTR.** fermarsi **5** (*bur.*) cominciare, decorrere **CONTR.** finire, terminare **6** (*fig.*) (*di strada e sim.*) snodarsi, stendersi, andare, passare **7** (*di distanza*) intercorrere, frapporsi **8** (*fig.*) (*di voce, di fama, ecc.*) circolare, diffondersi, propagarsi **9** (*raro*) (*di avvenimenti*) avvenire, accadere **10** (*di discorso, di scritto e sim.*) essere scorrevole, essere chiaro **CONTR.** incepparsi, essere oscuro **B** v. tr. **1** percorrere **2** (*fig.*) (*di rischio*) esporsi **3** (*di gara*) disputare, partecipare **FRAS.** *ci corre*, c'è differenza □ *lasciar correre* (*fig.*), sorvolare □ *correre la cavallina* (*fig.*), condurre vita disordinata □ *correre dietro*, rincorrere.

corresponsióne s. f. **1** pagamento, paga, ricompensa **2** (*fig.*) ricambio, gratitudine **CONTR.** ingratitudine.

correttaménte avv. **1** giustamente, esattamente, regolarmente, senza errori **CONTR.** scorrettamente, irregolarmente **2** civilmente, educatamente, onestamente, irreprensibilmente **CONTR.** scorrettamente, maleducatamente, disonestamente.

correttézza s. f. **1** irreprensibilità, castigatezza, costumatezza, inappuntabilità, sobrietà, modestia, onestà **CONTR.** scorrettezza, scostumatezza, disonestà, sregolatezza, immodestia **2** educazione, civiltà, urbanità, forma, galateo, proprietà **CONTR.** sconvenienza, malacreanza, ignoranza.

correttivo agg. e s. m. **1** correzione, miglioramento □ rettificante **2** (*al pl.*) ammendamenti.

corrètto part. pass. di **correggere**; anche agg. **1** cambiato, emendato, rettificato, rivisto, modificato, variato, ritoccato **CONTR.** guastato, peggiorato **2** (*di difetto*) curato, guarito **CONTR.** accentuato **3** (*di persona*) ammonito, avvertito □ (*est.*) rimproverato, richiamato **CONTR.** corrotto, viziato, depravato **4** (*di bevanda, di carburante, ecc.*) rettificato, migliorato □ alterato **5** (*di compito, di ragionamento, ecc.*) esatto, regolare, giusto **CONTR.** scorretto, irregolare, pieno di errori **6** (*di persona, di modi, ecc.*) irreprensibile, castigato, costumato, onesto, decoroso, sobrio, inappuntabile, urbano, educato, civile, formale **CONTR.** scorretto, disonesto, indecoroso, maleducato, screanzato.

correttóre s. m. (f. *-trice*) revisore, censore.

correzióne s. f. **1** (*di scritto, di lavoro e sim.*) revisione, controllo, sostituzione, rettifica **2** (*di persona*) ammonimento, riprensione, rimprovero, ammonizione, monito, avvertenza, raccomandazione **CONTR.** elogio, lode **3** (*est.*) punizione, castigo, pena **CONTR.** premio, ricompensa **4** (*di legge, di strada, ecc.*) miglioramento, emendamento, modificazione, mutazione, cambiamento, accomodamento, modifica, ritocco **5** (*di bevanda, di carburante, ecc.*) aggiunta, rettifica □ alterazione.

corrìda s. f. tauromachia.

corridóio s. m. **1** andito, androne, ballatoio, galleria **2** passaggio **3** (*di strada*) corsia **4** (*mar.*) ponte sotto coperta **5** (*sport*) (*nel calcio*) varco.

corridóre s. m. (*est.*) podista, ciclista, centauro, motociclista, automobilista.

corrièra s. f. autocorriera, autobus, bus, torpedone, pullman (*ingl.*), diligenza.

corrière s. m. **1** messo, messaggero, staffetta, postino, portalettere, procaccia **2** spedizioniere, autotrasportatore **3** servizio postale □ corrispondenza **4** giornale.

corrimàno s. m. appoggiamano, mancorrente, guardamano, ringhiera.

corrispettivaménte avv. rispettivamente, correlativamente, proporzionalmente, relativamente, scambievolmente.

corrispettività s. f. correlazione, dipendenza, corrispondenza.

corrispettivo A agg. **1** corrispondente, correlativo, equivalente, proporzionato, relativo, adeguato **CONTR.** inadeguato **2** (*dir.*) spettante **B** s. m. controprestazione, equivalente, compenso, mercede, pagamento, paga.

corrispondènte A part. pres. di **corrispondere**; anche agg. **1** (*di versione, di cifra, ecc.*) conforme, somigliante, simile **CONTR.** differente, dissimile, contrario, diverso **2** (*di paga, di ricompensa, ecc.*) adeguato, proporzionato, relativo, correlativo, corrispettivo **CONTR.** inadeguato, sproporzionato **B** s. m. e f. **1** giornalista, reporter (*ingl.*), inviato **2** (*di banca, di azienda, ecc.*) rappresentante.

corrispondènza s. f. **1** equivalenza, identità, riscontro, affinità, conformità, correlazione, consonanza, accordo, fedeltà **CONTR.** difformità, differenza, divario, discordanza, sperequazione **2** carteggio, epistolario **3** posta, lettere **4** (*giorn.*) articolo, scritto **5** (*di treni, di corriere, ecc.*) coincidenza **6** (*di affetti, di sentimenti e sim.*) contraccambio, reciprocità **7** (*di parti*) simmetria, proporzione **CONTR.** asimmetria, sproporzione.

corrispóndere A v. tr. **1** (*di persona, di attenzione e sim.*) contraccambiare, ricambiare, ripagare **CONTR.** respingere **2** (*di stipendio, di paga e sim.*) pagare, versare, dare **B** v. intr. **1** (*di cifra, di racconto, ecc.*) equivalere, coincidere, concordare **CONTR.** discordare, differire **2** (*alle attese, ai desideri, ecc.*) essere all'altezza, soddisfare, confarsi, rispondere, esaudire **CONTR.** venire meno, deludere, tradire **3** (*di edificio, di finestra e sim.*) affacciarsi, sovrastare, guardare, coincidere **4** (*di sensazione, di dolore, ecc.*) diffondersi, comunicare **5** (*di affetto, di simpatia, ecc.*) contraccambiare, ricambiare, aderire, consentire **6** (*di persona*) corteggiare, comunicare, parlare **7** scriversi, essere in corrispondenza.

corrispósto part. pass. di **corrispondere**; anche agg. **1** (*di attenzione, di affetto, ecc.*) ricambiato, contraccambiato, ripagato **CONTR.** respinto **2** (*di paga, di denaro e sim.*) pagato, versato.

corroborànte A part. pres. di **corroborare**; anche agg. fortificante, rinforzante, ricostituente, rinvigorente **CONTR.** debilitante, calmante **B** s. m. tonico, cordiale.

corroboràre A v. tr. **1** fortificare, rinvigorire, ritemprare, rinforzare **CONTR.** debilitare, indebolire, infiacchire **2** (*fig.*) rinfrancare, rinsaldare, ristorare, sollevare, incoraggiare **CONTR.** sconfortare, scoraggiare **3** (*fig.*) (*di tesi, di argomento e sim.*) avvalorare, convalidare, confermare, dimostrare, asseverare **CONTR.** invalidare, infirmare, confutare **B corroborarsi** v. rifl. fortificarsi, ritemprarsi, irrobustirsi, rinforzarsi **CONTR.** debilitarsi, indebolirsi, infiacchirsi.

corroboràto part. pass. di **corroborare**; anche agg. **1** fortificato, rinvigorito, ritemprato, rinforzato **CONTR.** debilitato, indebolito, infiacchito **2** (*fig.*) rinfrancato, rinsaldato, ristorato, sollevato, incoraggiato **CONTR.** sconfortato, scoraggiato **3** (*fig.*) (*di tesi, di argomento e sim.*) avvalorato, convalidato, dimostrato, confermato **CONTR.** invalidato, infirmato, negato, respinto, confutato.

corródere A v. tr. **1** consumare, intaccare, logorare, rodere, limare, mangiare (*fig.*), guastare **2** (*di acqua, di vento, ecc.*) sgretolare, scavare, sfaldare, erodere **B corrodersi** v. intr. pron. consumarsi, sgretolarsi, sfaldarsi, intaccarsi.

corrómpere A v. tr. **1** alterare, guastare, contaminare, inquinare, avvelenare, contagiare, decomporre, infettare, ammorbare **CONTR.** sanare, purificare, purgare, ripulire **2** (*fig.*) (*di persona, di animo, ecc.*) depravare, guastare, traviare, pervertire, sedurre, viziare, forviare **CONTR.** nobilitare, elevare □ redimere **3** (*fig.*) (*con denaro*) comprare, subornare **B corrompersi** v. intr. pron. **1** alterarsi, guastarsi, putrefarsi, decomporsi **CONTR.** mantenersi **2** (*fig.*) depravarsi, forviarsi **CONTR.** nobilitarsi, elevarsi □ redimersi.

corrompìbile agg. **1** alterabile, guastabile, inquinabile, decomponibile, deperibile **2** (*di persona*) corruttibile, comprabile, venale **CONTR.** incorruttibile, onesto.

corrosióne s. f. erosione, corrodimento.

corrosìvo agg. **1** (*di sostanza*) caustico, erosivo, bruciante **2** (*fig.*) (*di ingegno, di parole, ecc.*) caustico, mordace, distruttore, corrompente, guastatore, demolitore.

corróso part. pass. di **corrodere**; anche agg. **1** consumato, intaccato, logorato, roso, limato, mangiato (*fig.*), guastato **2** (*dall'acqua, dal vento, ecc.*) sgretolato, sfaldato, scavato, eroso.

corrótto part. pass. di **corrompere**; anche agg. **1** alterato, guastato, contaminato, inquinato, decomposto **CONTR.** sano, intatto **2** (*fig.*) (*di persona*) depravato, traviato, viziato, pervertito **CONTR.** onesto, elevato □ redento **3** venale, comprato (*fig.*), venduto (*fig.*) **CONTR.** onesto, irreprensibile.

corrucciàto agg. **1** contristato, sdegnato, irritato, arrabbiato, incollerito, esasperato **CONTR.** placato, calmato, rabbonito, tranquillizzato **2** accigliato, risentito, rabbuiato **CONTR.** rasserenato, disteso, sereno.

corrugaménto s. m. **1** increspamento, aggrinzamento **CONTR.** spianamento **2** (*geol.*) rilievo, piega.

corrugàre A v. tr. aggrinzare, aggrondare, aggrottare, increspare, raggrinzare **CONTR.** spianare, distendere **B corrugarsi** v. intr. pron. aggrinzarsi, accigliarsi, aggrondarsi, aggrottarsi, indispettirsi, turbarsi **CONTR.** spianarsi, calmarsi, quietarsi.

corrugàto part. pass. di **corrugare**; anche agg. aggrinzato, aggrottato, aggrondato **CONTR.** spianato, disteso.

corrùsco agg. (*lett.*) risplendente, rilucente, fiammeggiante, balenante, scintillante, lampeggiante, fiammante **CONTR.** opaco, fosco, oscuro, offuscato.

corruttìbile agg. **1** (*di cosa*) corrompibile, contaminabile, alterabile, inquinabile, putrescibile **CONTR.** incorruttibile **2** (*est.*) (*di corpo, di uomo, ecc.*) mortale, caduco **CONTR.** immortale **3** (*di persona*) vendibile, comprabile, venale **CONTR.** incorruttibile, onesto.

corruttibilità s. f. **1** alterabilità **CONTR.** incorruttibilità **2** (*est.*) caducità **CONTR.** immortalità **3** venalità **CONTR.** onestà.

corruttóre s. m.; anche agg. (f. *-trice*) pervertitore, seduttore, depravatore, ingannatore, tentatore, corrompitore **CONTR.** moralizzatore, educatore.

corruzióne s. f. **1** decomposizione, disfacimento, putrefazione, fradiciume, putridume **2** (*lett.*) (*di aria, di acque, ecc.*) inquinamento, ammorbamento **CONTR.** disinquinamento, purificazione **3** (*arc.*) contagio **4** (*di costumi, di società, ecc.*) degenerazione, depravazione, corruttela, immoralità **CONTR.** moralità, rettitudine, giustizia, onestà, purezza **5** (*di minore, di incapace, ecc.*) seduzione, subornazione, adescamento, istigazione **6** (*di lingua, di stile e sim.*) alterazione, decadimento **CONTR.** nobilitazione, progresso.

córsa s. f. **1** galoppata, scorrazzata, scorrazzamento, carriera, galoppo **2** gita, visita **3** (*anche fig.*) gara, competizione **4** (*di mezzo di trasporto*) viaggio □ (*est.*) tragitto, percorso □ (*est.*) treno, corriera, autobus, bus, tram, battello, traghetto **5** scorribanda, pirateria, scorreria **FRAS.** *corsa campestre*, cross-country (*ingl.*).

corsàro s. m. pirata, filibustiere, bucaniere.

corsètto s. m. **1** bustino, corpetto, fascetta **2** corsaletto □ liseuse (*fr.*).
corsìa s. f. **1** corridoio, passaggio, passerella **2** (*di tappeto*) guida, passatoia **3** (*di ospedale*) camerone **4** (*di strada*) carreggiata, parte, lato **5** (*di pista, di piscina e sim.*) settore.
córso (1) part. pass. di **correre**; anche agg. **1** accorso, arrivato, volato (*fig.*) **2** (*di tempo*) trascorso, passato **3** (*fig.*) (*di voce, di notizia e sim.*) circolato, diffuso **4** (*di gara*) disputato, fatto **5** (*di distanza, di cammino, ecc.*) percorso.
córso (2) s. m. **1** cammino, percorso, viaggio **2** (*di fiume e sim.*) percorso, tratto □ lunghezza □ flusso, fluire **3** (*di sangue*) circolazione **CONTR.** arresto **4** (*di astro*) moto, movimento **5** (*di persone, di veicoli*) movimento, sfilata, flusso **6** (*est.*) (*di città*) via principale **7** (*est.*) passeggio **8** (*della vita, del tempo, ecc.*) svolgimento, ciclo, evoluzione **9** (*di lavoro, di stampa, ecc.*) espletamento, esecuzione, svolgimento, compimento **CONTR.** fine, termine **10** (*di malattia, di temperatura, ecc.*) andamento **11** (*di studi*) ciclo □ lezione, lezioni □ trattato **12** gruppo di classi **13** (*est.*) anno di studio **14** (*di moneta*) circolazione **15** (*econ.*) valore, prezzo, quotazione **FRAS.** *nel corso di*, durante □ *in corso*, già iniziato, in svolgimento □ *fuori corso*, non più in uso, in ritardo negli studi.
córte s. f. **1** cortile, cavedio, chiostro, patio (*sp.*) **2** reggia, palazzo **3** (*est.*) cortigiani **4** (*est.*) seguito, corteggio, corteo, accompagnamento, codazzo **5** (*di giudici*) collegio **FRAS.** *fare la corte*, corteggiare, adulare, lusingare □ *corte dei miracoli* (*est.*), rifugio di accattoni, di banditi.
cortéccia s. f. **1** libro, floema, scorza, tegumento **CONTR.** interno **2** (*est.*) (*di frutta*) buccia, guscio **CONTR.** polpa **3** (*anat.*) (*di organo*) parte esterna **4** (*di pane*) crosta **5** (*fig.*) facciata, apparenza, superficie, esteriorità **CONTR.** sostanza, realtà.
corteggiaménto s. m. corte, vagheggiamento, flirt (*ingl.*).
corteggiàre v. tr. **1** (*raro, lett.*) accompagnare, attorniare, seguire □ adulare, blandire, ossequiare **CONTR.** trascurare **2** vagheggiare, vezzeggiare, fare la corte, civettare, flirtare.
corteggiàto part. pass. di **corteggiare**; anche agg. **1** blandito, ossequiato, adulato **CONTR.** trascurato **2** desiderato, ricercato □ seguito **CONTR.** trascurato.
corteggiatóre s. m. (f. *-trice*) **1** spasimante, cascamorto, damerino, vagheggino **2** (*est.*) adulatore.
cortèo s. m. **1** corteggio, corte, codazzo, seguito, accompagnamento **2** processione **3** manifestazione, sfilata.
cortése agg. **1** (*di poesia, di vita, ecc.*) cavalleresco **2** (*di persona, di modi, ecc.*) gentile, garbato, affabile, compito, compiacente, cerimonioso, urbano, costumato, squisito, deferente, riguardoso **CONTR.** scortese, maleducato, sgarbato, inurbano, villano, rozzo **3** (*lett.*) generoso, prodigo **CONTR.** avaro, egoista, gretto, meschino.
corteseménte avv. gentilmente, garbatamente, affabilmente, amabilmente, deferentemente **CONTR.** scortesemente, villanamente, sgarbatamente, rozzamente.
cortesìa s. f. **1** affabilità, cordialità, gentilezza, garbo, deferenza, urbanità, finezza, squisitezza, grazia, cavalleria, benignità, compiacenza, liberalità, condiscendenza, compitezza, creanza, garbatezza, civiltà, riguardo **CONTR.** scortesia, sgarbatezza, inurbanità, malacreanza, sconvenienza, villania, rozzezza **2** piacere, favore, gentilezza **CONTR.** torto, dispiacere.
cortigiàna s. f. (*fig.*) prostituta, meretrice, puttana (*volg.*), etera.
cortigiàno s. m. (*est.*) adulatore, lusingatore, piaggiatore, incensatore, leccapiedi, ruffiano (*pop.*) **CONTR.** autonomo, dignitoso, fiero.
cortìle s. m. **1** corte, cavedio, chiostro, patio (*sp.*) **2** (*di casa colonica*) corte, aia **FRAS.** *animali da cortile*, pollame, conigli.
cortìna s. f. **1** tenda, baldacchino, velo, tendina, velario, cortinaggio **2** sipario **3** (*fig.*) (*di silenzio, di ostilità, ecc.*) barriera, impedimento, sbarramento **4** (*fig.*) (*di nebbia, di fumo, ecc.*) strato, cappa, mantello.
córto A agg. **1** (*di spazio, di tempo*) breve **CONTR.** lungo, interminabile, prolungato **2** (*di statura*) basso **CONTR.** alto **3** (*di discorso*) succinto, spiccio, sintetico, conciso, stringato, compendioso **CONTR.** lungo, prolisso, diffuso **4** (*fig.*) (*di vista, di intelligenza e sim.*) scarso, esiguo, insufficiente, poco, difettoso, difettante, imperfetto, limitato **CONTR.** abbondante, eccessivo, molto, acuto, perfetto **B** avv. cortamente, brevemente, sinteticamente **CONTR.** prolissamente, prolungatamente **FRAS.** *prendere la via corta* (*fig.*), prendere la soluzione più sbrigativa □ *andare per le corte*, essere sbrigativo □ *per farla corta*, riassumendo, in conclusione □ *a corto di*, con poco, con pochi.
cortometràggio s. m. (*est.*) documentario.
corvé [vc. fr., *corvée* '(opera) richiesta'] s. f. inv. **1** servizio **2** (*fig.*) fatica, ufficio, commissione, sfacchinata **CONTR.** riposo.
corvìno agg. nero lucido, nero intenso, nerissimo **CONTR.** bianco, bianchissimo, candido.
còsa s. f. **1** corpo, ente, essere **2** ragione, essenza, idea, pensiero **3** oggetto, roba **4** (*est.*) averi, beni **5** (*est.*) masserizie, suppellettili **6** cibo **7** (*di scrittore, di pittore, ecc.*) opera, lavoro **8** situazione, circostanza, affare **9** fatto, avvenimento, azione, atto, faccenda, storia **10** causa, motivo, scopo □ uso **11** parola, discorso **12** problema, lavoro, affare **FRAS.** *qualunque cosa*, checché □ *nessuna cosa*, nulla □ *per la qual cosa*, perciò, quindi □ *sopra ogni cosa*,

più di tutto □ *la cosa pubblica*, lo Stato □ *a cose fatte*, quando tutto è risolto □ *è cosa fatta*, è concluso.

còsca s. f. nucleo di mafiosi □ cricca.

cosciènte agg. **1** consapevole, conscio, lucido, responsabile, convinto, persuaso **CONTR.** incosciente, inconsapevole, irresponsabile, ottenebrato **2** coscienzioso, corretto, onesto, diligente, scrupoloso, meticoloso, retto, rigoroso **CONTR.** irresponsabile, negligente, trascurato, noncurante, facilone.

coscienteménte avv. **1** consapevolmente, consciamente, responsabilmente, lucidamente **CONTR.** incoscientemente, inconsapevolmente, irresponsabilmente **2** coscienziosamente, onestamente, rettamente **CONTR.** incoscientemente, disonestamente, negligentemente.

cosciènza s. f. **1** (*di sé, del pericolo, ecc.*) consapevolezza, sensibilità, sensazione, sensi, percezione, conoscenza, discernimento **CONTR.** incoscienza, inconsapevolezza, insensibilità **2** onestà, probità, lealtà, rettitudine, maturità, rigore **CONTR.** disonestà, incoscienza, debolezza, mollezza **3** convinzione, convincimento, principio, opinione **4** scrupolo, diligenza, competenza, capacità, scrupolosità, coscienziosità **CONTR.** incoscienza, irresponsabilità, negligenza, trascuratezza, noncuranza **5** anima, intimo, interiorità, spirito, mente **6** lealtà, onestà, probità, schiettezza, sincerità **CONTR.** disonestà, slealtà **7** impegno, serietà, responsabilità, rigore **CONTR.** disimpegno, irresponsabilità, faciloneria **8** sensibilità, interesse, interessamento, sollecitudine **CONTR.** disinteresse.

coscienziosaménte avv. scrupolosamente, diligentemente, rigorosamente, seriamente, responsabilmente, competentemente, onestamente, accuratamente, attentamente **CONTR.** incoscientemente, negligentemente, pigramente, sciattamente.

coscienziosità s. f. diligenza, scrupolosità, rigorosità, rigore, scrupolo, serietà, impegno, responsabilità, capacità, competenza, austerità, onestà, accuratezza, attenzione, esattezza, precisione, cura **CONTR.** negligenza, trascuratezza, pigrizia, inerzia, disattenzione, noncuranza, sciatteria, trasandatezza.

coscienzióso agg. diligente, scrupoloso, cosciente, corretto, onesto, meticoloso, attento, retto, rigoroso, zelante, preciso, puntuale, severo, austero, esatto, accurato **CONTR.** negligente, trascurato, noncurante, irresponsabile, disonesto, sciatto, trasandato.

coscrìtto agg. recluta, cappellone (*scherz.*) **CONTR.** veterano, anziano.

coscrìvere v. tr. **1** arruolare, reclutare **CONTR.** riformare, congedare **2** (*est.*) ingaggiare **CONTR.** licenziare.

coscrizióne s. f. arruolamento, leva, reclutamento **CONTR.** congedo.

così **A** avv. **1** in questo modo, in tal guisa **2** talmente, tanto **3** parimenti **B** in funzione di agg. tale, siffatto, simile, cosiffatto **C** cong. **1** tanto **2** (*con valore concl.*) perciò, pertanto, quindi **3** (*con valore avvers., conc.*) nonostante, sebbene **4** (*in prop. consec.*) a tal punto **5** (*con valore ottativo*) magari, volesse il cielo che!, almeno!, Dio volesse! **FRAS.** *e così?*, e allora? □ *e così via, e così via dicendo*, eccetera □ *e così sia*, amen □ *così così*, alla meglio, mediocremente □ *basta così*, è sufficiente.

cosicché cong. di modo che, in conseguenza di ciò, perciò.

cosiddétto agg. detto, denominato, chiamato, soprannominato.

cosmètico **A** s. m. belletto, pomata, crema, trucco **B** agg. di bellezza.

còsmico agg. universale, generale, totale **CONTR.** particolare, individuale.

còsmo s. m. universo, mondo **CONTR.** caos.

cosmonàuta s. m. e f. astronauta.

cosmonàutico agg. spaziale.

cosmonàve s. f. astronave.

cosmopolìta s. m. e f.; anche agg. **1** internazionale **CONTR.** nazionale **2** (*est.*) (*di mentalità*) ampio, aperto **CONTR.** ristretto, gretto, meschino, angusto.

cosmopolitìsmo s. m. universalismo, internazionalismo **CONTR.** nazionalismo, razzismo.

cospàrgere v. tr. disseminare, spargere, spruzzare, costellare, aspergere, ricoprire, velare, nebulizzare **CONTR.** pulire, ripulire.

cospàrso part. pass. di **cospargere**; anche agg. disseminato, sparso, spruzzato, costellato, ricoperto, velato **CONTR.** libero, pulito, ripulito.

cospètto s. m. presenza, vista **FRAS.** *al cospetto di*, dinanzi a, alla presenza di □ *cospetto!*, perbacco!

cospicuità s. f. considerevolezza, grandezza **CONTR.** piccolezza.

cospìcuo agg. **1** (*di patrimonio, di rendita e sim.*) ingente, considerevole, grande, notabile, vistoso, notevole, rilevante **CONTR.** piccolo, trascurabile **2** (*di persona, di fama, ecc.*) esimio, ragguardevole, pregevole, famoso, egregio, distinto **CONTR.** mediocre, oscuro **3** (*arc.*) manifesto, visibile, evidente.

cospiràre v. intr. **1** complottare, congiurare, ordire, intrigare, macchinare, tramare, tessere, architettare, concertarsi **2** (*est.*) tentare di nuocere **3** (*fig.*) (*a un fine*) concorrere, cooperare, aiutare, consentire, coadiuvare **CONTR.** avversare, sabotare, nuocere.

cospiratóre s. m. (f. *-trice*) agitatore, congiurato, sovvertitore, rivoluzionario, orditore, intrigante, macchinatore.

cospirazióne s. f. **1** complotto, congiura, rivoluzione, colpo, golpe (*sp.*), intrigo, trama, macchinazione, insurrezione, raggiro, maneggio **CONTR.** reazione **2** (*fig.*) (*per un fine*) consenso, cooperazione, concorso.

còsta s. f. **1** (*anat.*) costola **2** (*est.*) fianco, lato, parte **3** (*di libro*) dorso **4** (*di foglia*) nervatura **5** (*di fiume, di mare e sim.*) riva, lido, litorale, spiaggia, ripa **6** (*di altura*) fianco, pendice, pendio, versante, declivio **7** (*di coltello, di spada e sim.*) **CONTR.** taglio **8** (*di stoffa*) costola, riga saliente □ costura **FRAS.** *di costa*, di lato, di fianco.

costànte agg. **1** (*di temperatura, di vento, ecc.*) durevole, stabile, persistente, uniforme, immutabile, invariabile, continuo, invariato, inalterato **CONTR.** incostante, instabile, mutabile, alterabile, variabile **2** (*di persona, di carattere*) saldo, tenace, perseverante, fedele, incrollabile, inflessibile, fermo, indomito, pertinace **CONTR.** volubile, incostante, instabile, leggero, infedele, mutevole.

costanteménte avv. durevolmente, stabilmente, regolarmente, invariabilmente, continuamente, saldamente, tenacemente **CONTR.** incostantemente, instabilmente, variabilmente, volubilmente.

costànza s. f. **1** (*di persona*) fermezza, perseveranza, tenacia, inflessibilità, fedeltà, stabilità, persistenza, pertinacia, energia, ostinazione, carattere, saldezza, assiduità, insistenza, coerenza **CONTR.** incostanza, volubilità, leggerezza, infedeltà, mutevolezza **2** (*di fenomeno*) inalterabilità, invariabilità, uniformità, fissità, durevolezza **CONTR.** alterabilità, variabilità, instabilità.

costàre **A** v. intr. valere, avere il prezzo di □ essere costoso **CONTR.** non valere, essere economico **B** v. intr. e tr. **1** (*fig.*) (*di sacrificio, di fatica, ecc.*) implicare, esigere, richiedere, comportare **2** rincrescere, dispiacere, addolorare, affliggere **CONTR.** rallegrare, allietare **FRAS.** *costi quel che costi*, a qualsiasi prezzo, in ogni modo.

costàta s. f. (*est.*) bistecca, braciola, fracosta (*dial.*).

costeggiàre v. tr. **1** (*di imbarcazione*) navigare lungo, cabotare **2** (*est.*) (*di persona*) camminare lungo **3** (*fig.*) (*di strada, di ruscello, ecc.*) fiancheggiare, estendersi, correre lungo **CONTR.** allontanarsi.

costellàre v. tr. cospargere, riempire, disseminare, spruzzare, ricoprire **CONTR.** liberare, ripulire.

costellàto part. pass. di **costellare**; anche agg. cosparso, riempito, disseminato, ricoperto **CONTR.** libero, vuoto.

costernàre v. tr. avvilire, affliggere, scoraggiare, abbattere, addolorare, spaventare, deprimere, demoralizzare, sgomentare, prostrare, disanimare **CONTR.** animare, confortare, incoraggiare, rinfrancare, sollevare.

costernàto part. pass. di **costernare**; anche agg. afflitto, avvilito, mogio, depresso, sgomento, scoraggiato, abbattuto, addolorato, demoralizzato, disanimato, accasciato **CONTR.** lieto, baldanzoso, rinfrancato, sollevato, rianimato.

costernazióne s. f. smarrimento, abbattimento, disperazione, dolore, avvilimento, afflizione, sbigottimento, sconforto, scoraggiamento **CONTR.** baldanza, allegria, conforto, sollievo, tripudio.

costièra s. f. **1** litorale, scogliera **2** (*di altura*) pendio, fianco □ salita.

costièro agg. litoraneo.

costipàre **A** v. tr. **1** (*di terreno*) rullare, comprimere **CONTR.** sollevare **2** ammassare, stivare, ammucchiare, pigiare, riempire **CONTR.** diradare, vuotare **3** rendere stitico, astringere **B** **costiparsi** v. intr. pron. (*fam.*) raffreddarsi.

costipàto part. pass. di **costipare**; anche agg. **1** (*di terreno*) rullato **2** (*di persona*) raffreddato **3** stitico.

costipazióne s. f. **1** (*di terreno*) compressione **2** stitichezza, stipsi **3** (*fam.*) raffreddore, costipamento, raffreddamento, infreddatura.

costituènte **A** s. m. **1** (*chim.*) elemento **2** (*polit.*) legislatore **B** s. f. assemblea legislativa.

costituìre **A** v. tr. **1** (*di società, di scuola, ecc.*) organizzare, fondare, istituire, creare, impiantare □ comporre, formare **CONTR.** sciogliere **2** (*di più persone o cose*) formare, essere **3** (*dir.*) dichiarare **4** (*a rappresentante, a difensore, ecc.*) eleggere, nominare **CONTR.** destituire **B** **costituirsi** v. intr. pron. **1** formarsi, comporsi, radunarsi □ organizzarsi, ordinarsi **2** (*dir.*) presentarsi, consegnarsi, nominarsi, dichiararsi **CONTR.** sottrarsi.

costituìto part. pass. di **costituire**; anche agg. **1** organizzato, fondato, istituito, creato, formato, composto **CONTR.** sciolto **2** eletto, nominato.

costituzionàle agg. fisico.

costituzionalménte avv. fisicamente.

costituzióne s. f. **1** (*di società, di scuola, ecc.*) fondazione, istituzione, creazione **CONTR.** scioglimento **2** (*est.*) (*di cosa*) composizione, formazione **3** complessione, organismo, corporatura, conformazione, figura **4** fisico, salute **5** statuto, carta costituzionale, leggi **6** (*di reo, di ricercato*) presentazione **CONTR.** fuga.

còsto s. m. **1** spesa **2** prezzo, valore **3** (*fig.*) rischio, fatica, sacrificio, disagio, sforzo **FRAS.** *a ogni costo, a tutti i costi*, in qualunque modo □ *a nessun costo*, in nessun modo.

còstola s. f. **1** costa **2** (*di libro*) dorso **3** (*di lama, di pettine, ecc.*) costa **4** (*di foglia*) nervatura **5** (*arch.*) costolone, nervatura **6** (*raro*) spigolo **FRAS.** *alle costole* (*fig.*), sempre vicino.

costolétta s. f. **1** dim. di **costola** **2** bistecca, braciola, costata.

costóne s. m. **1** accr. di **costa** **2** (*di montagna*) cresta, propaggine.

costóso agg. **1** caro, dispendioso, prezioso, salato (*fig.*) **CONTR.** economico **2** faticoso, laborioso **CONTR.** leggero.

costrétto part. pass. di **costringere**; anche agg. **1** obbligato, vincolato, forzato, indotto **2** (*di riso, di pianto, ecc.*) represso, frenato **3** (*lett.*) stretto, compresso CONTR. allentato.

costrìngere v. tr. **1** (*a fare, a dire, ecc.*) obbligare, vincolare, coartare, forzare, indurre, sforzare, violentare **2** (*fig.*) (*di riso, di ira, ecc.*) moderare, reprimere, frenare CONTR. sfogare, dare libero sfogo **3** (*lett.*) stringere, comprimere, pressare, stipare, ammassare, ridurre, serrare, racchiudere CONTR. allentare, sciogliere, mollare.

costrittìvo agg. **1** coercitivo, coattivo, obbligante, obbligatorio, costrittore, limitativo, opprimente CONTR. liberatorio □ facoltativo **2** (*med.*) astringente CONTR. lassativo.

costrizióne s. f. coartazione, coercizione, coazione, obbligo, limitazione, oppressione, imposizione, violenza, vincolo CONTR. liberazione, allentamento, rilassamento, svincolamento.

costruìbile agg. edificabile.

costruìre v. tr. **1** fabbricare, edificare, erigere, innalzare, fare, elevare CONTR. abbattere, distruggere, rovinare, demolire, diroccare **2** (*fig.*) (*di teoria, di sistema, ecc.*) comporre, ideare, congegnare, fondare, determinare, creare **3** (*di periodo, di discorso, ecc.*) ordinare, disporre.

costruìto part. pass. di **costruire**; anche agg. **1** fabbricato, edificato, eretto, innalzato, fatto CONTR. abbattuto, distrutto, atterrato, demolito **2** (*di teoria, di sistema, ecc.*) ideato, composto, creato, congegnato **3** (*di periodo, di discorso, ecc.*) ordinato, disposto.

costruttivaménte avv. positivamente CONTR. negativamente.

costruttìvo agg. (*fig.*) operativo, concreto, positivo CONTR. distruttivo, negativo.

costrùtto s. m. **1** (*di parole*) ordine, disposizione, costruzione **2** frase, espressione, proposizione **3** (*est.*) (*di discorso, di frase*) senso, significato, validità, consistenza **4** (*fig.*) risultato, utilità, profitto, vantaggio, utile, giovamento, guadagno, tornaconto CONTR. svantaggio, danno, inutilità FRAS. *senza costrutto*, inutile.

costruttóre s. m.; anche agg. (f. *-trice*) edificatore, imprenditore □ fondatore CONTR. distruttore, demolitore.

costruzióne s. f. **1** edificazione, fabbricazione, erezione CONTR. distruzione, abbattimento, demolizione **2** edificio, fabbricato, opera, fabbrica, opificio **3** (*fig.*) (*di romanzo, di opera d'arte, ecc.*) struttura, fattura, trama, intreccio **4** (*ling.*) costrutto □ disposizione **5** (*di gioco*) meccano.

costùme s. m. **1** abitudine, consuetudine, regola, pratica, mania **2** usanza, credenza, uso, tradizione, costumanza, rito, moda, voga, andazzo, andamento **3** condotta, contegno, educazione, comportamento **4** (*est.*) (*di vestire*) moda, foggia **5** (*est.*) indumento, abito, veste, body (*ingl.*).

costumìsta s. m. e f. vestiarista.

coténna s. f. **1** cotica (*dial.*) **2** (*scherz., spreg.*) (*di uomo*) pelle **3** (*est.*) (*di terreno*) superficie, cotica, zolla erbosa.

cotillon /*fr.* kɔti'jɔ̃/ [vc. fr., da *cotte* 'sottana', poi 'danza con cotillon'] s. m. inv. omaggio, regalo.

cotolétta s. f. bistecca impanata, fettina, braciola, costoletta.

cotonàre v. tr. (*di capelli*) accotonare, increspare, gonfiare.

cotóne s. m. **1** bambagia, ovatta **2** (*est.*) filo, filato □ tela.

còtta (1) s. f. **1** cottura, cozione (*ant.*), bollitura, friggitura, rosolatura **2** (*fig., pop.*) ubriacatura, sbornia (*pop.*), sbronza (*fam.*) **3** (*di atleta e sim.*) crisi, défaillance (*fr.*), prostrazione, intontimento, spossatezza, esaurimento CONTR. energia, vigore **4** (*fig., scherz.*) sbandata, scuffia (*pop.*), passione, innamoramento, amore, infatuazione, incapricciamento, invaghimento FRAS. *furbo di tre cotte* (*fig.*), furbissimo.

còtta (2) s. f. tunica, armatura, sopravveste, tonaca.

cottage /*ingl.* 'kɔtidʒ/ [vc. ingl., dal fr. *cotage*, dal ted. *Kote* 'capanna'] s. m. inv. casetta di campagna, villino, dacia (in Russia).

còttimo s. m. forfait (*fr.*).

còtto A part. pass. di **cuocere**; anche agg. **1** cucinato, bollito, arrostito, fritto, arrosto, abbrustolito, tostato CONTR. crudo, naturale **2** (*est.*) bruciato, scottato, ustionato, inaridito, disseccato **3** (*fig.*) (*di persona, spec. di atleta*) prostrato, intontito, sfinito, spossato, stravolto, esaurito, esausto, stremato CONTR. energico, vigoroso, fresco, forte **4** (*fig.*) ubriaco, sbronzo **5** (*fig.*) innamorato, infatuato, incapricciato, invaghito **B** s. m. mattone, terracotta FRAS. *farne di cotte e di crude* (*fig.*), farne di tutti i colori.

cottùra s. f. cotta, cozione (*ant.*), bollitura, friggitura, rosolatura.

coulisse /*fr.* ku'lis/ [vc. fr., *coulisse*, da *couler* 'filtrare'] s. f. inv. **1** incastro, scanalatura **2** (*fig.*) (*di teatro*) quinta FRAS. *porta a coulisse*, porta scorrevole.

coupon /*fr.* ku'pɔ̃/ [vc. fr., 'tagliando', da *couper* 'tagliare'] s. m. inv. tagliando, cedola, buono.

covàre A v. tr. **1** (*di uovo*) riscaldare **2** (*fig.*) (*di persona, di denaro, ecc.*) curare, custodire, proteggere, difendere, coccolare, adorare CONTR. trascurare **3** (*fig.*) (*nel letto*) indugiare, poltrire **4** (*fig.*) (*di odio, di sospetto, ecc.*) nutrire, annidare, meditare, maturare **5** (*di piano, di progetto e sim.*) preparare, architettare **B** v. intr. (*fig.*) (*di fuoco, di inganno, ecc.*)

stare celato, dissimularsi, annidarsi, essere latente CONTR. apparire, essere evidente, manifestarsi FRAS. *gatta ci cova!* (*fig.*), c'è un imbroglio!

covàta s. f. **1** nidiata **2** pulcini **3** (*fig., scherz.*) figliolanza, prole.

cover girl /*ingl.* 'kʌvə gə:l/ [vc. ingl., comp. di *cover* 'copertina' e *girl* 'ragazza'] loc. sost. f. inv. ragazza copertina, pin-up girl (*ingl.*), fotomodella.

covìle s. m. **1** covo, nido, tana, cuccia, canile **2** (*fig.*) stanzaccia, stamberga, giaciglio.

cóvo s. m. **1** (*di animali*) tana, covile, riparo, covacciolo, cuccia, buco, caverna, spelonca **2** (*est.*) (*di persona*) giaciglio, letto **3** (*fig.*) (*di banditi, di ladri e sim.*) nascondiglio, rifugio, ricetto, ricettacolo, asilo, riparo.

covóne s. m. fastello, fascio, bica.

cow-boy /*ingl.* 'kau bɔi/ s. m. inv. mandriano.

coyote /*sp.* ko'jote/ [vc. sp., dall'azteco *coyotl* 'sciacallo'] s. m. inv. (*zool.*) cane delle praterie, lupo della steppa.

còzza s. f. **1** (*pop.*) mitilo, peocio, muscolo, arsella **2** (*dial.*) racchia (*pop.*), racchiona (*pop.*).

cozzàre A v. intr. **1** colpire con le corna, incornare **2** (*est.*) (*contro qualcuno, contro il muro, ecc.*) urtare, battere, sbattere **3** (*fig.*) (*di persone*) litigare, contrastare, contraddire **4** (*fig.*) (*di cose*) contrastare, discordare CONTR. concordare **B** v. tr. **1** urtare, investire **2** (*fig.*) sbattere, battere **C cozzarsi** v. rifl. rec. urtarsi, scontrarsi.

còzzo s. m. **1** (*di persone*) colpo, cozzata, botta, cornata, capata **2** (*est.*) (*di veicoli*) urto, scontro, collisione **3** (*fig.*) (*di idee, di sentimenti, ecc.*) contrasto, conflitto, lite, contraddizione, dissidio CONTR. accordo, intesa, armonia.

crac s. m. inv. (*fig.*) rovina, fallimento, crollo, tracollo, dissesto, bancarotta, crisi CONTR. boom (*ingl.*), esplosione, espansione.

cracker /*ingl.* 'krækə/ [vc. ingl., da *to crack* 'spaccarsi, fendersi'] s. m. inv. galletta.

cràmpo s. m. contrazione, convulsione, spasmo.

crànio s. m. **1** teschio, capo **2** (*fig., fam.*) testa, mente, cervello.

crapulóne s. m. mangione, golosone, beone, gozzovigliatore CONTR. moderato, temperante, morigerato.

cràsi s. f. (*ling.*) fusione, unione.

cràsso agg. **1** (*lett.*) fitto, denso, grasso, spesso, compatto CONTR. rarefatto, rado, diradato **2** (*fig.*) (*di ignoranza, di risata, ecc.*) grossolano, rozzo, villano, volgare CONTR. garbato, controllato, delicato, fine.

cratère s. m. **1** (*archeol.*) vaso, bicchiere, coppa **2** (*geol.*) (*di vulcano*) bocca, cavità **3** (*di esplosione*) buca, cavità.

cravàtta s. f. (*est.*) sciarpa, laccio, anello, nastro, fascia.

cravattìno s. m. farfalla (*fig.*), farfallino (*fig.*), papillon (*fr.*).

creànza s. f. educazione, garbatezza, urbanità, contegno, garbo, compitezza, civiltà, gentilezza, cortesia, costumatezza CONTR. maleducazione, malacreanza.

creàre v. tr. **1** produrre, fare, plasmare, formare, foggiare □ (*est.*) costruire, comporre CONTR. distruggere **2** (*di persone, di animali*) procreare, generare, far nascere CONTR. distruggere, uccidere **3** (*est.*) (*di romanzo, di personaggio, ecc.*) inventare, ideare, concepire **4** (*di istituzione, di industria, ecc.*) fondare, istituire, attuare, realizzare, impiantare, costituire CONTR. abolire, sciogliere, distruggere **5** (*di imbarazzo, di scandalo, ecc.*) suscitare, provocare, causare, eccitare, determinare **6** (*di candidato*) eleggere, nominare, acclamare CONTR. destituire.

creatività s. f. capacità creativa, fantasia.

creatìvo A agg. fantasioso **B** s. m. pubblicitario, copy-writer (*ingl.*).

creàto A part. pass. di **creare**; anche agg. **1** formato, fondato, fatto, prodotto, costruito, istituito, impiantato, realizzato, costituito CONTR. distrutto, abolito, disciolto **2** (*di persona, di animale*) generato, procreato CONTR. ucciso **3** (*est.*) (*di romanzo, di personaggio, ecc.*) inventato, ideato, concepito **4** (*di imbarazzo, di scandalo, ecc.*) suscitato, provocato, causato, determinato **5** (*di candidato*) eletto, nominato CONTR. destituito **B** s. m. cosmo, universo, mondo, spazio.

creatóre A agg. (f. *-trice*) realizzatore, creativo **B** s. m. **1** autore, artefice, inventore, fondatore, fattore, ideatore, plasmatore, demiurgo CONTR. distruttore **2** (*per anton.*) Dio **3** genitore, generatore.

creatùra s. f. **1** uomo, essere, individuo **2** bambino, figlio, figliolo, bimbo, fanciullo **3** protetto, beniamino.

creazióne s. f. **1** creato, universo, mondo, cosmo **2** invenzione, ideazione, generazione, composizione, esecuzione, produzione, scoperta, opera, trovata **3** (*di società, di scuola, ecc.*) istituzione, fondazione, formazione CONTR. abolizione, soppressione **4** elezione, nomina, acclamazione CONTR. destituzione.

credènte part. pres. di **credere**; anche agg. e s. m. e f. praticante, fedele, professante, religioso CONTR. miscredente, scettico, incredulo, ateo, empio.

credènza (1) s. f. **1** fede, religione, confessione, dottrina **2** opinione, convinzione, teoria, avviso, convincimento **3** tradizione, leggenda **4** superstizione, pregiudizio **5** giudizio, parere **6** fiducia, attendibilità **7** (*comm.*) credito, fiducia, fido, credibilità.

credènza (2) s. f. armadio, dispensa, buffet (*fr.*).

crédere A v. tr. **1** ritenere vero **2** stimare, giudicare, reputare, pensare, immaginare, ritenere, supporre, opinare, presumere, congetturare, figurarsi **B** v. intr. **1** confidare, sperare **2** (*ass.*) avere fede **C credersi** v. rifl. stimarsi, giudicarsi, reputarsi, immaginarsi, ritenersi, supporsi, presumersi **D** in funzione di s. m. opinione, avviso, parere, convinzione, convincimento, criterio, idea, giudizio **FRAS.** *dare a credere* (*fig.*), illudere.

credìbile agg. attendibile, verosimile, plausibile, possibile, dimostrabile, probabile **CONTR.** incredibile, inattendibile, assurdo, inverosimile, indimostrabile, impossibile.

credibilità s. f. attendibilità, plausibilità, possibilità, verosimiglianza, probabilità **CONTR.** inverosimiglianza, assurdità, incredibilità.

credibilménte avv. verosimilmente, plausibilmente **CONTR.** incredibilmente, assurdamente.

crédito s. m. **1** reputazione, stima, fiducia, attendibilità, prestigio, favore, considerazione, influenza, potere, autorità **CONTR.** discredito, disistima, sfiducia **2** (*dir.*) spettanza, attivo, fido **CONTR.** debito, passività, deficit (*lat.*) **3** banca, istituto bancario.

creditóre s. m. (f. *-trice*) **CONTR.** debitore.

crèdo s. m. inv. **1** dogma, fede **2** (*fig.*) ideale, idealità, ideologia, idee, principi.

credulità s. f. ingenuità, dabbenaggine, corrività (*raro*, *lett.*), semplicità, sciocchezza, stolidezza **CONTR.** incredulità, scetticismo, accortezza.

crèdulo agg. ingenuo, semplicione, corrivo, sciocco, stolido, semplice, sempliciotto, fiducioso **CONTR.** incredulo, scettico, accorto.

credulóne agg.; anche s. m. ingenuo, sciocco, semplice, semplicione, stolido, credulo **CONTR.** incredulo, scettico, accorto.

credùto part. pass. di **credere**; anche agg. **1** ritenuto vero **2** stimato, giudicato, reputato, ritenuto, presunto, supposto, immaginato.

crèma A s. f. **1** panna **2** (*fig.*) (*di persone*) fior fiore, élite (*fr.*), crème (*fr.*) **CONTR.** schiuma **3** zabaione, zuppa inglese **4** (*di verdure*) passato **5** (*di cosmetico*) pomata □ (*per scarpe*) lucido **B** in funzione di agg. inv. (posposto a un s.) (*di colore*) bianco-giallognolo.

cremàre v. tr. (*di cadavere*) bruciare, incenerire, ardere, incinerare **CFR.** inumare.

cremazióne s. f. (*di cadavere*) incinerazione, incenerimento **CFR.** inumazione.

crème /*fr.* krɛm/ [vc. fr., 'crema'] s. f. inv. (*fig.*) (*di persone*) crema, fior fiore, élite (*fr.*).

crèmisi s. m.; anche agg. rosso vivo.

cremóso agg. denso, pastoso **CONTR.** liquido.

crèn s. m. inv. (*bot.*) barbaforte, rafano.

crèolo agg.; anche s. m. (*est.*) meticcio.

crèpa s. f. **1** fessura, fenditura, spaccatura, screpolatura, spacco, incrinatura, crepatura, crepaccio **2** (*fig.*) dissidio, dissapore, screzio, contrasto, malinteso, lite, rottura **CONTR.** accordo, armonia, amicizia.

crepàccio s. m. fenditura, spaccatura, crepa, squarcio.

crepacuòre s. m. cordoglio, afflizione, dolore, accoramento, angustia, lacerazione, amarezza, ambascia, angoscia, esulcerazione, disperazione, desolazione, patimento, strazio, struggimento, sofferenza **CONTR.** gioia, godimento, serenità, felicità, consolazione, gaudio, giubilo, letizia.

crepapèlle vc.; solo nella loc. avv. *a crepapelle*, da morire, da scoppiare, tantissimo, smodatamente, a più non posso, a crepapancia.

crepàre A v. intr. e **creparsi** intr. pron. **1** spaccarsi, aprirsi, fendersi, squarciarsi, incrinarsi **2** (*di pelle, di corteccia e sim.*) screpolarsi **B** v. intr. **1** (*fig., fam.*) scoppiare (*fig.*), schiattare, sbellicarsi, smascellarsi **2** (*est.*) morire **CONTR.** nascere.

crepàto part. pass. di **crepare**; anche agg. **1** spaccato, squarciato, incrinato **2** (*di pelle, di corteccia e sim.*) screpolato **3** (*fig., fam.*) scoppiato (*fig.*) **4** (*est.*) morto **CONTR.** nato.

crepatùra s. f. spaccatura, fenditura, fessura, screpolatura, buco, crepa, spacco, incrinatura, rottura.

crêpe /*fr.* krɛ:p/ [vc. fr., propriamente 'crespo'] s. m. inv. **1** crespo **2** frittella.

crepitàre v. intr. **1** (*di pioggia, di fuoco, ecc.*) scoppiettare, scricchiolare, tamburellare, picchiettare, rumoreggiare, scrosciare **2** (*lett.*) (*spec. di foglie*) frusciare, stormire.

crepitìo s. m. crepito, scoppiettio, scricchiolio, tamburellamento, picchiettio, scroscio.

crepuscolàre agg. **1** (*di luce, di cielo e sim.*) del crepuscolo □ semibuio, semiscuro, incerto, fioco **CONTR.** chiaro, luminoso, brillante, lucente, radioso, splendente **2** (*fig., lett.*) vago, evanescente, incerto, tenue, sommesso, dubbio, scolorito **CONTR.** evidente, chiaro, tangibile, concreto **3** (*di poesia*) sommesso, dimesso, intimista.

crepùscolo s. m. **1** alba, albore, vespro, barlume **2** (*est.*) tramonto **3** (*fig.*) (*di persona, di civiltà*) declino, decadenza, tramonto (*fig.*) **CONTR.** albori, origine, principio.

crescèndo s. m. (*fig.*) aumento **CONTR.** diminuendo, calando, diminuzione.

crescènte A part. pres. di **crescere**; anche agg. aumentante, in aumento □ (*di astro*) sorgente **CONTR.** calante **B** s. m. (*lett.*) falce di luna **C** s. f. focaccia, crescenza.

crescènza s. f. **1** crescita, accrescimento, aumento **2** focaccia, crescente.

créscere A v. tr. **1** (*di prezzo, di tasse, ecc.*) accrescere, aumentare, ampliare, amplificare, allungare, allargare **CONTR.** calare, diminuire, decrescere, restringere **2** (*di persona*) allevare, educare **3** (*di fiore, di pianta*) coltivare **B** v. intr. **1** svilupparsi, ingrandirsi, allargarsi, allungarsi, alzarsi, prosperare, accrescersi **CONTR.**

calare, diminuire, impiccolirsi, decrescere, restringersi **2** (*est.*) (*di età*) avanzare negli anni **3** (*di vegetazione*) germogliare, allignare, prosperare, fiorire, attecchire, radicare, barbicare, prosperare **4** (*di numero, di intensità, ecc.*) aumentare, ampliarsi, ingigantire, estendersi, gonfiarsi, dilatarsi **CONTR.** diminuire, impiccolirsi, restringersi **5** (*di livello, di prezzo, ecc.*) salire, aumentare **CONTR.** decrescere, diminuire, calare **6** (*di astro*) salire, aumentare **CONTR.** calare, decrescere, impallidire **7** (*in fama, in stima, ecc.*) progredire, migliorare, prosperare, perfezionarsi **CONTR.** regredire, peggiorare, calare **8** sovrabbondare, essere in più, avanzare **CONTR.** mancare **9** (*mus.*) (*di nota*) stonare.

créscita s. f. aumento.

cresciùto part. pass. di **crescere**; anche agg. **1** aumentato, ampliato, allungato, allargato **CONTR.** calato, diminuito **2** (*di persona*) allevato, educato **3** (*di fiore, di pianta*) coltivato **4** (*est.*) (*di età*) avanzato negli anni **5** (*di vegetazione*) germogliato, allignato, prosperato, fiorito, attecchito, radicato **6** (*di prezzo, di livello, ecc.*) salito, aumentato **CONTR.** diminuito, calato **7** (*di astro*) salito, aumentato **CONTR.** calato.

crèsima s. f. (*relig.*) confermazione, crisma.

crespàto agg. increspato, ondulato, raggrinzito **CONTR.** liscio.

crespatùra s. f. increspatura, raggrinzamento, crespa, ondulazione.

créspo A agg. **1** (*di capello*) ondulato, arricciato, ricciuto, riccioluto, riccio, arricciolato, boccoluto **CONTR.** liscio, diritto, tirato **2** (*di tessuto*) increspato, pieghettato **CONTR.** liscio **3** (*di pelle*) grinzoso, rugoso, raggrinzito **CONTR.** liscio, teso **B** s. m. **1** crêpe (*fr.*), velo nero **2** (*est.*) lutto.

crésta s. f. **1** (*di uccelli*) ciuffo, pennacchio **2** (*est.*) sporgenza, rilievo **3** (*est.*) testa, capo **4** cuffietta, cuffia, crestina **5** (*di montagna*) crinale, spartiacque, dorsale **6** (*est.*) (*di argine, di onda, ecc.*) sommità, cima, vertice, vetta, sommo **CONTR.** base, piede **FRAS.** *fare la cresta sulla spesa*, rubare sulla spesa □ *alzare la cresta* (*fig.*), insuperbirsi □ *essere sulla cresta dell'onda* (*fig.*), essere in un momento felice, riscuotere il favore di tutti.

créta s. f. **1** (*miner.*) calcare □ (*est.*) argilla **2** coccio, terracotta **3** (*geol.*) biancana.

cretinàta s. f. sciocchezza, stupidata, scemenza, balordaggine, fesseria (*pop.*), asinata, somarata, castroneria, corbelleria.

cretinerìa s. f. **1** stupidità, imbecillità, deficienza, idiozia, stoltezza, imbecillaggine, cretinaggine **CONTR.** intelligenza, genialità, ingegno, intelletto, mente, perspicacia, intendimento **2** sciocchezza, scemenza, stupidata, balordaggine, fesseria (*pop.*), asinata, castroneria, corbelleria.

cretinìsmo s. m. (*est.*) imbecillità, balordaggine, deficienza, idiozia, stupidità, stoltezza, cretinaggine, stolidità, scimunitaggine, insensatezza, scipitezza **CONTR.** intelligenza, accortezza, ingegno, criterio, sagacia, acutezza, perspicacia, intendimento.

cretìno agg.; anche s. m. imbecille, stupido, deficiente, idiota, stolto, sciocco, stolido, scimunito, insensato, scipito, balordo, fesso (*pop.*), asino, baggiano, bietolone, ebete, fatuo, gonzo, grullo, babbeo, insipiente, mentecatto, oca (*fig.*), ottuso, tonto **CONTR.** saggio, intelligente, sagace, perspicace, acuto, capace, sveglio, accorto, pronto, avveduto, penetrante, lucido, illuminato.

cretóso agg. argilloso, calcareo.

crìbbio [euf. per *Cristo*] inter. (*euf.*) perbacco!

cric *V.* **cricco.**

crìcca s. f. camarilla, combriccola, consorteria, camorra (*est.*), congrega, mafia (*est.*), conventicola, conciliabolo.

crìcco s. m. martinello, martinetto, binda.

crick *V.* **cricco.**

criminàle A agg. criminoso, delittuoso, delinquenziale, cattivo, scellerato, colpevole, malvagio **CONTR.** innocente, onesto, retto, incolpevole **B** s. m. e f. delinquente, reo, colpevole, assassino **CONTR.** innocente.

criminalìsta s. m. e f. penalista.

criminalità s. f. delinquenza □ delittuosità, criminosità, scelleratezza **CONTR.** onestà, innocenza.

crìmine s. m. delitto, assassinio, reato, imputazione, colpa, misfatto, scelleratezza **CONTR.** innocenza.

criminosaménte avv. delittuosamente, criminalmente, malvagiamente, scelleratamente **CONTR.** onestamente, innocentemente, rettamente.

crinàle s. m. dorsale, sommità, spartiacque, cresta.

crinièra s. f. **1** (*di cavallo, di leone, ecc.*) crini **2** (*est.*) (*di persona*) capigliatura, capelli, chioma **3** (*di cometa*) chioma.

crinolìna s. f. sottogonna, faldiglia, guardinfante.

crioessiccàre v. tr. liofilizzare.

crioterapìa s. f. frigoterapia, termoterapia.

crìpta s. f. **1** (*di chiesa*) sotterraneo **2** (*anat.*) cavità.

crisàlide s. f. (*zool.*) ninfa, pupa.

crìsi s. f. **1** (*med.*) peggioramento, scompenso, accesso, parossismo, modificazione **CONTR.** guarigione, miglioramento, lisi **2** (*est.*) (*di pianto, di riso, ecc.*) scoppio, accesso **3** (*di politica, di economia, ecc.*) perturbazione, difficoltà, dissesto, recessione, depressione, rovina, disordine, squilibrio **CONTR.** espansione, esplosione, boom (*ingl.*), benessere **4** (*morale, religiosa, ecc.*) turbamento, smarrimento, inquietudine, perturbazione, sconcerto

CONTR. entusiasmo, fede, crescita.

crìsma s. m. **1** olio consacrato, unguento, unzione **2** (*fig.*) approvazione, convalida, consacrazione CONTR. disapprovazione.

cristallièra s. f. vetriera, vetrina.

cristallìno agg. **1** (*fig.*) luminoso, limpido, trasparente, nitido, puro, chiaro, terso CONTR. offuscato, fosco, opaco, oscuro, torbido **2** (*fig.*) (*di voce*) chiara, sonora, squillante **3** (*fig.*) (*di coscienza, di carattere e sim.*) puro, onesto, limpido CONTR. disonesto, tortuoso, ambiguo.

cristallizzàre v. intr. e **cristallizzàrsi** intr. pron. **1** (*miner.*) solidificarsi CONTR. sciogliersi **2** (*fig.*) (*di persona, di sistema, ecc.*) irrigidirsi, fossilizzarsi, fermarsi, immobilizzarsi, invecchiare CONTR. aggiornarsi, adeguarsi, modernizzarsi.

cristallizzàto part. pass. di **cristallizzare**; anche agg. **1** (*miner.*) solidificato CONTR. sciolto **2** (*fig.*) (*di persona, di sistema, ecc.*) fermo, irrigidito, fossilizzato, arretrato CONTR. aggiornato, avanzato, moderno.

cristallizzazióne s. f. **1** (*miner.*) solidificazione CONTR. scioglimento **2** (*fig.*) (*di persona, di situazione, ecc.*) irrigidimento, fossilizzazione, immobilizzazione, invecchiamento CONTR. flessibilità, malleabilità, duttilità, adeguamento, aggiornamento, modernizzazione.

cristàllo s. m. **1** vetro **2** (*est.*) specchio, lente, bicchiere.

cristianaménte avv. **1** da cristiano **2** (*est.*) amorevolmente, umanamente, caritatevolmente □ cortesemente, gentilmente CONTR. malamente, crudelmente, bestialmente □ sgarbatamente, scortesemente.

cristianésimo s. m. cristianità.

cristianità s. f. cristianesimo □ Chiesa.

cristianizzàre v. tr. evangelizzare.

cristiàno A agg. **1** di Cristo, del cristianesimo **2** (*est.*) buono, caritatevole, umano, benigno, pietoso, compassionevole CONTR. impietoso, disumano, crudele, feroce **3** (*est., fam.*) decoroso, decente, conveniente, adeguato, gentile, cortese CONTR. indecoroso, indecente, indegno, sgarbato, scortese **B** s. m. **1** fedele, battezzato **2** (*fam.*) uomo.

Crìsto A s. m. **1** Gesù, Messia, Redentore, Salvatore, Incarnato, Nazareno **2** (*est.*) crocifisso **3** (*fam.*) (*di persona*) poveraccio, disgraziato CONTR. fortunato, felice **4** (*est., pop.*) nulla, niente CONTR. tutto **5** (*pop., dial.*) caduta, ruzzolone, capitombolo **B** in funzione di inter. (*volg.*) perbacco!, perdio! (*pop.*), perdinci! (*euf.*), perdindirindina! (*euf.*), cribbio! (*euf.*).

critèrio s. m. **1** norma, regola, principio, legge, canone, metodo **2** buonsenso, senno, discernimento, giudizio, avvedutezza, ragione, sensatezza, ponderatezza, assennatezza, raziocinio, saviezza CONTR. sconsideratezza, pochezza, faciloneria, forsennatezza (*raro*), insania, stoltezza **3** (*sport*) criterium.

crìtica s. f. **1** giudizio, disamina, esame, valutazione □ analisi, recensione **2** critici, studiosi, specialisti **3** (*fam.*) giudizio negativo, biasimo, censura, rimprovero, appunto, accusa CONTR. lode, approvazione, encomio, premio.

criticàbile agg. **1** discutibile, opinabile, contestabile, contrastabile CONTR. indiscutibile, irrefutabile, inconfutabile, incontestabile, incontrastabile **2** biasimevole, riprovevole, vituperabile, condannabile, deprecabile, denigrabile CONTR. encomiabile, lodevole, ammirabile, meritorio.

criticaménte avv. **1** dal punto di vista critico **2** biasimevolmente, negativamente CONTR. positivamente.

criticàre v. tr. **1** giudicare, esaminare, valutare, rivedere, recensire **2** biasimare, disapprovare, censurare, riprendere, sindacare, stroncare, demolire, sferzare, pungere CONTR. lodare, approvare, premiare, esaltare.

criticàto part. pass. di **criticare**; anche agg. biasimato, censurato, disapprovato, sindacato, stroncato, demolito □ sferzato CONTR. lodato, approvato, apprezzato, esaltato.

criticismo s. m. **1** CONTR. dogmatismo **2** atteggiamento critico, polemica CONTR. benevolenza, stima, approvazione.

crìtico A agg. **1** biasimatore, censorio CONTR. lodatore, adulatore, estimatore **2** (*di momento, di situazione, ecc.*) difficile, pericoloso, incerto, arduo, malcerto (*raro*), grave CONTR. facile, semplice, piano, sicuro, tranquillo **B** s. m. recensore, esegeta, censore, esaminatore, giudice, studioso, specialista.

crittografìa s. f. scrittura segreta, codice.

crittogràfico agg. **1** cifrato, segreto CONTR. palese **2** (*fig.*) (*di messaggio, di discorso*) oscuro, incomprensibile CONTR. chiaro, comprensibile.

crivellàre v. tr. **1** bucherellare, sforacchiare, trafiggere, trapassare **2** vagliare, setacciare.

crivèllo s. m. buratto, setaccio, vaglio.

croccànte agg. (*di pane*) scricchiolante CONTR. molle, elastico.

crocchétta s. f. polpettina, croquette (*fr.*), supplì.

cròcchio s. m. **1** (*di persone*) capannello, circolo, gruppo, assembramento **2** (*di rumore*) scricchiolio, scricchio, scricchiamento, scricchiolamento.

cróce s. f. **1** crocifisso **2** (*fig.*) patibolo, patimento, pena, tormento, sofferenza, afflizione, dolore, vessazione, tribolazione, affanno, disgrazia, supplizio, castigo CONTR. gioia, gaudio, felicità, sollievo, consolazione FRAS. *in croce*, (*di oggetti*) trasversalmente □ *a occhio e croce*, pressappoco, all'incirca □ *farci una croce sopra* (*fig.*), non pensarci più □ *mettere in croce* (*fig.*), affliggere □ *stare in croce* (*fig.*), essere in pena □ *Croce Rossa*, *Croce Verde*, pronto soccorso □ *croce di Sant'Andrea*, croce

a X, croce decussata □ *croce uncinata*, svastica.
crocerossìna s. f. infermiera.
crocevìa s. m. inv. crocicchio, incrocio, bivio, trivio, quadrivio, biforcazione, intersecazione, biforcamento.
crociàta s. f. (*fig.*) campagna □ apostolato.
crocìcchio s. m. crocevia, incrocio, bivio, trivio, quadrivio, biforcazione, ramificazione, intersecazione, biforcamento.
crocièra s. f. **1** navigazione **2** volo **3** viaggio (per mare).
crocifiggere A v. tr. **1** mettere in croce **2** (*fig.*) tormentare, affliggere, travagliare, contristare, addolorare, angariare **CONTR.** consolare, lenire, acquietare, confortare, blandire **B crocifiggersi** v. rifl. (*fig.*) mortificarsi, affliggersi, affannarsi, macerarsi, martirizzarsi **CONTR.** rallegrarsi, allietarsi, confortarsi, consolarsi.
crocifisso A part. pass. di **crocifiggere**; anche agg. messo in croce **B** s. m. (*est.*) croce.
crogiolàre A v. tr. rosolare **B crogiolarsi** v. intr. pron. (*fig.*) bearsi, compiacersi, deliziarsi, dilettarsi, godersela.
crogiòlo s. m. **1** fornello, colatoio **2** (*fig.*) (*di idee, di popoli, ecc.*) luogo di incontro, incontro, fusione.
croissant /*fr.* krwa'sã/ [vc. fr., propriamente 'crescente', cioè 'luna crescente', per la forma] s. m. inv. cornetto.
crollànte part. pres. di **crollare**; anche agg. instabile, vacillante, cadente, fatiscente **CONTR.** stabile, fermo, solido.
crollàre A v. tr. **1** (*di capo*) scuotere, tentennare, scrollare, dimenare, agitare **2** (*di spalle*) sollevare **B** v. intr. **1** (*di edificio, di albero, ecc.*) cadere, precipitare, rovinare, sfasciarsi, diroccarsi, abbattersi, schiantarsi **CONTR.** sorgere, ergere, erigersi **2** (*est.*) (*di persone*) cadere, stramazzare, sprofondare **CONTR.** alzarsi, sollevarsi **3** (*fig.*) (*per dolore, per sonno, ecc.*) cedere, arrendersi, piegarsi, abbandonarsi **CONTR.** sollevarsi, riprendersi, svegliarsi.
crollàto part. pass. di **crollare**; anche agg. **1** (*di edificio, di albero, ecc.*) caduto, precipitato, rovinato **CONTR.** sorto, eretto **2** (*est.*) (*di persona*) stramazzato, sprofondato **CONTR.** sollevato, alzato.
cròllo s. m. **1** scotimento, scossa, urto, scrollone, squasso **2** (*di edificio, di albero, ecc.*) caduta, cedimento, rovina, tracollo, sfasciamento, smembramento, disfacimento **3** (*fig.*) (*di borsa, di speranza, ecc.*) fine, fallimento, cedimento, tracollo, crac **CONTR.** nascita, inizio, crescita □ boom (*ingl.*).
cromìa s. f. (*di colore*) tonalità.
crònaca s. f. **1** narrazione, cronistoria, relazione, resoconto, descrizione, reportage (*fr.*) **2** rubrica.
crònico agg. **1** (*di malattia*) permanente, incurabile, inguaribile, insanabile, irrecuperabile, irrimediabile, irreversibile **CONTR.** acuto, curabile, guaribile, passeggero, recuperabile, sanabile **2** (*est.*) (*di abitudine, di vizio, ecc.*) persistente, radicato, inveterato, incallito **CONTR.** sradicabile, transitorio, temporaneo.
cronìsta s. m. e f. **1** cronachista **2** (*di giornale*) redattore, speaker (*ingl.*).
cronistòria s. f. cronaca, narrazione, relazione, resoconto, descrizione.
cronografìa s. f. (*est.*) cronologia.
cronògrafo s. m. (*est.*) cronometro.
cronologìa s. f. (*di fatti, di avvenimenti*) ordine, successione □ cronografia.
cronometràggio s. m. (*di tempo*) misurazione.
cronometràre v. tr. (*di tempo*) misurare.
cronomètrico agg. (*fig.*) puntuale, preciso, esatto, rigoroso **CONTR.** inesatto, trascurato, noncurante, ritardatario.
cronòmetro s. m. (*est.*) orologio □ cronografo.
cross /*ingl.* krɔs/ [vc. ingl., propriamente 'croce'] s. m. inv. **1** (*nel calcio*) traversone **2** (*nel pugilato*) diretto **3** acrt. di **motocross**.
cròsta s. f. **1** incrostazione, scorza, buccia, concrezione, indurimento, gruma **2** (*fig.*) apparenza, superficie, facciata **CONTR.** sostanza, realtà, essenza **3** (*di sangue*) grumo, placca **4** (*di crostaceo*) guscio, involucro **5** (*fig., spreg.*) dipinto di poco valore.
crostìno s. m. tartina.
cròtalo s. m. **1** (*zool.*) serpente a sonagli **2** (*spec. al pl.*) nacchere.
crucciàre A v. tr. tormentare, addolorare, affliggere, irritare, rattristare, inquietare, esasperare, travagliare, infastidire, indispettire **CONTR.** confortare, sollevare, consolare, rallegrare, lenire, rasserenare, placare **B crucciarsi** v. intr. pron. affliggersi, tormentarsi, rammaricarsi, rattristarsi, conturbarsi, travagliarsi, dolersi, macerarsi, risentirsi, agitarsi, sdegnarsi, adirarsi, inquietarsi, stizzirsi **CONTR.** allietarsi, consolarsi, rassegnarsi, placarsi, distendersi, rallegrarsi.
crucciàto part. pass. di **crucciare**; anche agg. addolorato, afflitto, inquieto, irritato, triste, esasperato, indispettito **CONTR.** sereno, allegro, soddisfatto, disteso.
crùccio s. m. afflizione, pena, tormento, dolore, ansia, preoccupazione, dispiacere, rammarico, fastidio, briga, seccatura, rovello (*lett.*), spina (*fig.*) **CONTR.** gioia, consolazione, sollievo, felicità, piacere, serenità, tranquillità.
cruciàle agg. decisivo, critico, fondamentale **CONTR.** secondario, insignificante.
crucivèrba s. m. inv. parole incrociate, puzzle (*ingl.*).
crudaménte avv. aspramente, brutalmente, bruscamente, rudemente, ostilmente **CONTR.** dolcemente, blandamente, civilmente, garbatamente.
crudèle agg. **1** disumano, spietato, malvagio,

cattivo, duro, inesorabile, feroce, efferato, snaturato, belluino, terribile, ferino, inclemente, sanguinario, sadico, selvaggio, tirannico, truce, truculento, bruto, brutale **CONTR.** buono, benigno, mite, dolce, tenero, generoso, pietoso, compassionevole, umano, misericordioso, clemente, soccorrevole (*lett.*), caritatevole, ineffabile **2** (*di destino, di malattia, ecc.*) doloroso, tormentoso, acerbo, atroce, aspro, amaro, penoso **CONTR.** dolce, benigno, mite, misericordioso, felice.

crudelménte avv. **1** spietatamente, brutalmente, ferocemente, efferatamente, trucemente, selvaggiamente, sadicamente **CONTR.** benignamente, mitemente, dolcemente, pietosamente, misericordiosamente, umanamente **2** dolorosamente, acerbamente, amaramente, penosamente, tormentosamente **CONTR.** dolcemente, benignamente, mitemente, felicemente.

crudeltà s. f. disumanità, ferocia, durezza, spietatezza, efferatezza, inumanità, cattiveria, brutalità, sadismo, inclemenza, inesorabilità, truculenza, asprezza, ferinità, barbarie, atrocità, empietà, malvagità **CONTR.** bontà, umanità, mitezza, pietà, compassione, dolcezza, indulgenza, tenerezza, clemenza, benignità.

crudézza s. f. **1** (*di clima*) rigidezza, inclemenza, rigore **CONTR.** mitezza, dolcezza **2** (*fig.*) (*di carattere*) asprezza, durezza, severità, rigore, inumanità, aridità, acidità, rigidezza, rudezza **CONTR.** dolcezza, tenerezza, mitezza, mansuetudine, benignità, benevolenza, misericordia.

crùdo agg. **1** (*di alimento*) non cotto, naturale **CONTR.** cotto, cucinato **2** (*di seta, di metallo, ecc.*) greggio, grezzo **CONTR.** lavorato, trattato, raffinato **3** (*di clima, di stagione*) rigido, inclemente, freddo, aspro **CONTR.** mite, dolce, clemente, caldo **4** (*fig.*) (*di parole, di metodi, ecc.*) brusco, reciso, aspro, schietto, brutale, inflessibile, inclemente, rigoroso, severo **CONTR.** mite, indulgente, benevolo, favorevole **5** (*lett.*) (*di condanna, di vendetta, ecc.*) spietato, crudele, inesorabile, inumano, implacabile, efferato **CONTR.** umano, clemente, buono, pietoso.

cruènto agg. **1** (*lett.*) sanguinoso, insanguinato **CONTR.** incruento **2** (*raro*) feroce, bellicoso **CONTR.** mite, pacifico.

crumìro s. m. **CONTR.** scioperante.

crùna s. f. **1** (*di ago*) foro **2** (*fig., lett.*) strettoia.

crùsca s. f. **1** semola, tritello, cruschello **2** (*pop.*) lentiggini **FRAS.** *vendere crusca per farina* (*fig.*), ingannare.

cruscòtto s. m. pannello di guida, pannello di comando.

cubatùra s. f. volume.

cùbico agg. cubiforme, cuboide.

cubìcolo s. m. cameretta, cella.

cubifórme agg. cubico, cuboide.

cubitàle agg. **1** (*anat.*) ulnare **2** (*fig.*) grandissimo, enorme, colossale, gigantesco, grandioso, madornale **CONTR.** piccolissimo, microscopico.

cubòide agg. cubico, cubiforme.

cuccàgna s. f. **1** bengodi **2** (*est.*) pacchia, abbondanza, fortuna, ricchezza **CONTR.** miseria, carestia, povertà **3** vita allegra, baldoria **CONTR.** austerità.

cuccétta s. f. **1** dim. di **cuccia 2** (*di nave, di treno e sim.*) lettino.

cucchiàio s. m. **1** cucchiaia □ cucchiaiata **2** (*di scavatrice, di draga*) secchione.

cùccia s. f. **1** (*di cane*) canile, giaciglio **2** (*fig., fam.*) letto □ lettuccio, giaciglio.

cucciàre v. intr. e **cucciàrsi** intr. pron. accucciarsi, acquattarsi.

cucciolàta s. f. **1** cuccioli **2** (*fig., fam.*) figliolanza, prole.

cùcciolo s. m. **1** cagnolino, animaletto **2** (*fig.*) giovane inesperto, pivellino **CONTR.** veterano, vecchio navigato.

cùccuma s. f. bricco, caffettiera.

cucìna s. f. **1** arte culinaria, gastronomia **2** (*est.*) vivande, cibi **3** (*giorn., gerg.*) lavoro redazionale □ redazione.

cucinàre v. tr. **1** (*di vivanda*) cuocere, preparare □ (*ass.*) fare da mangiare **2** (*fig., fam.*) (*di articolo, di sorpresa, ecc.*) accomodare, assestare, arrangiare, aggiustare □ preparare **3** (*scherz.*) (*di persona*) maltrattare, conciare per le feste.

cucinàto part. pass. di **cucinare**; anche agg. cotto, preparato.

cucinìno s. m. cucinotto.

cucinòtto s. m. cucinino.

cucìre v. tr. **1** agucchiare, rattoppare, rappezzare, rammendare, imbastire, ricucire, impunturare, trapuntare, ricamare **CONTR.** scucire **2** (*med.*) suturare, dare i punti **CONTR.** togliere i punti **3** (*fig.*) (*di discorso, di frasi e sim.*) collegare, unire, imbastire (*fig.*), congiungere, connettere **CONTR.** slegare, disunire **FRAS.** *cucire la bocca* (*fig.*), fare tacere □ *cucirsi la bocca* (*fig.*), tacere.

cucìto A part. pass. di **cucire 1** unito, ricucito **CONTR.** scucito **2** (*med.*) suturato **3** (*fig.*) appiccicato, attaccato **B** s. m. lavoro d'ago **FRAS.** *avere le labbra cucite* (*fig.*), tacere □ *avere gli occhi cuciti* (*fig.*), non voler vedere.

cucitrìce s. f. (*da ufficio*) pinzatrice.

cucitùra s. f. **1** impuntura, imbastitura, basta, rattoppo, giunta **CONTR.** scucitura **2** (*med.*) sutura **3** costura.

cùffia s. f. **1** berrettino, berretta, reticella, cresta, scuffia (*pop.*), cuffiotto **2** (*tecnol.*) copertura, cupola, riparo **FRAS.** *cavarsela per il rotto della cuffia* (*fig.*), cavarsela alla meglio, farcela per poco □ *prendere una cuffia* (*fig., pop.*), innamorarsi perdutamente.

cùi A pron. rel. **1** il quale, la quale, i quali, le

quali **2** (*lett.*) al quale, alla quale, ai quali, alle quali **3** (*lett.*) che **4** del quale, della quale, dei quali, delle quali **B** loc. cong. per cui, perciò, per la qual cosa, quindi.

culinària s. f. gastronomia.

culinàrio agg. gastronomico.

cùlla s. f. **1** lettino, cuna (*lett.*), zana **2** (*fig.*) nascita, infanzia, natali **3** (*fig.*) (*di persona, di civiltà, ecc.*) luogo natio, luogo di origine.

cullàre A v. tr. **1** (*di bambino*) dondolare, ninnare, addormentare **2** blandire, accarezzare **3** (*di sogno, di sentimento e sim.*) coltivare, custodire **4** ingannare, lusingare **B cullarsi** v. rifl. **1** dondolarsi, oscillare **2** (*fig.*) (*in speranze, in illusioni*) adagiarsi, illudersi, abbandonarsi.

culminànte part. pres. di **culminare**; anche agg. decisivo, cruciale, capitale, finale **CONTR.** secondario, insignificante.

culminàre v. intr. (*fig.*) arrivare all'apice, sfociare, terminare, finire **CONTR.** cominciare, iniziare.

cùlmine s. m. **1** (*di monte, di torre, ecc.*) sommità, cima, colmo, vetta, cuspide **CONTR.** fondo, base, baratro **2** (*fig.*) (*di gloria, di carriera, ecc.*) apice, vertice, apogeo, fastigio, acme **CONTR.** inizio, principio.

cùlo s. m. **1** (*pop.*) deretano, didietro, sedere, posteriore **2** (*volg.*) ano **3** (*est.*) (*di recipiente, di sacco, ecc.*) base, fondo **4** (*fig.*) fortuna **CONTR.** sfortuna **FRAS.** *prendere per il culo* (*fig.*), canzonare, imbrogliare □ *essere culo e camicia* (*fig.*), essere in grande familiarità □ *faccia da culo* (*fig.*), sfrontato, mentitore, imbroglione, antipatico □ *a cul di sacco*, a fondo chiuso, senza uscita □ *farsi il culo, farsi un culo così* (*fig.*), faticare molto.

culottes /*fr.* ky'lɔt/ [vc. fr., da *cul* 'culo'] s. f. pl. mutandine (da donna).

cùlto s. m. **1** latria **2** rito, liturgia **3** religione **4** (*fig.*) (*dell'amicizia, per la madre, ecc.*) adorazione, venerazione, devozione, rispetto **CONTR.** disprezzo, spregio **5** (*fig.*) (*della persona, del vestire, ecc.*) cura, premura, sollecitudine **CONTR.** noncuranza, trascuratezza **FRAS.** *ministro del culto*, sacerdote.

cultóre s. m. (f. *-trice*) studioso, appassionato.

cultùra s. f. **1** erudizione, sapienza, dottrina, istruzione, conoscenza, sapere **CONTR.** ignoranza, rozzezza **2** civiltà, civilizzazione **CONTR.** barbarie, arretratezza **3** (*agr.*) coltivazione, coltura.

culturàle agg. di cultura, istruttivo.

culturìsmo s. m. cultura fisica, body building.

cumulàbile agg. accumulabile □ agganciabile, conglobabile.

cumulàre v. tr. accumulare, ammassare, ammucchiare, accatastare, ammonticchiare □ agganciare, conglobare **CONTR.** dividere, separare, sparpagliare, suddividere.

cumulativaménte avv. complessivamente, globalmente, collettivamente **CONTR.** individualmente, singolarmente, parzialmente, separatamente.

cumulatìvo agg. collettivo, complessivo, globale, comprensivo **CONTR.** diviso, parziale, individuale, separato, singolo.

cùmulo s. m. **1** mucchio, ammasso, catasta, acervo (*lett.*), coacervo (*lett.*), raccolta **2** (*di redditi*) unione **CONTR.** separazione.

cùneo s. m. bietta, conio, zeppa, calzatoia, calzuolo.

cunétta s. f. **1** canaletto **2** (*est.*) (*del fondo stradale*) cuna, avvallamento, affossamento **CONTR.** dosso.

cunìcolo s. m. galleria, passaggio, scavo, tunnel.

cunicoltóre s. m. (f. *-trice*) coniglicoltore.

cunicoltùra s. f. coniglicoltura.

cuòcere A v. tr. **1** cucinare, bollire, arrostire, friggere, abbrustolire, tostare **2** (*di sole, di fiamma e sim.*) bruciare, inaridire, disseccare **3** (*fig.*) tormentare, affliggere, molestare **CONTR.** allietare, dare sollievo **4** (*raro*) fare innamorare **B** v. intr. **1** bruciare, inaridire, disseccarsi, ardere **2** (*fig.*) offendere, umiliare, dispiacere **C cuocersi** v. intr. pron. **1** scottarsi **2** (*fig.*) affliggersi, tormentarsi, risentirsi, indispettirsi **3** (*raro*) innamorarsi **FRAS.** *lasciare cuocere nel proprio brodo* (*fig.*), disinteressarsi.

cuòco s. m. cuciniere.

cuoiàme s. m. pellame.

cuòio s. m. **1** corame, cuoiame, pelle **2** (*fig., scherz.*) (*di persona*) pelle **FRAS.** *tirare le cuoia* (*fig.*), morire.

cuòre s. m. **1** (*fig.*) sentimento, bontà, affetto, compassione, carità, generosità **CONTR.** indifferenza, durezza, insensibilità **2** amore, vita **3** animo, intimo, coscienza **4** (*fig.*) ardimento, coraggio, ardire, arditezza, audacia, intrepidezza **CONTR.** timore, paura, timidezza, viltà, pusillanimità **5** (*est.*) persona **6** (*est., fig.*) petto, seno **7** (*fig.*) (*di frutto, di città, ecc.*) centro, nucleo, profondo, mezzo, nocciolo **FRAS.** *di buon cuore* (*fig.*), generoso □ *di cuore*, volentieri, sinceramente, generosamente □ *a cuore aperto* (*fig.*), sinceramente □ *avere in cuore* (*fig.*), avere in animo, avere l'intenzione □ *rodersi il cuore* (*fig.*), consumarsi di rabbia □ *non gli basta il cuore*, non ha il coraggio □ *donna del cuore*, amata □ *amico del cuore*, amico prediletto □ *stare a cuore*, premere □ *prendersi a cuore*, occuparsi □ *toccare il cuore*, commuovere □ *mettersi una mano sul cuore* (*fig.*), fare appello alla propria coscienza.

cupaménte avv. tetramente, tristemente **CONTR.** allegramente, spensieratamente.

cupézza s. f. ombrosità, tetraggine, opacità, tristezza, impenetrabilità **CONTR.** chiarezza, limpidezza □ serenità, allegria.

cupidaménte avv. (*lett.*) avidamente, desiderosamente, bramosamente □ concupiscentemente **CONTR.** sobriamente, discretamente □ castamente, pudicamente.

cupidigia s. f. avidità, desiderio, brama, bramosia, smania, ingordigia, cupidità, concupiscenza, voglia, libidine, avarizia **CONTR.** temperanza, moderazione, sobrietà, misura, discrezione.

cùpo agg. **1** (*di recipiente, di pozzo e sim.*) profondo, cavo, fondo, concavo, avvallato **CONTR.** elevato, convesso **2** (*di notte, di penombra, ecc.*) buio, tenebroso, oscuro, scuro, fosco, tetro, ombroso, triste **CONTR.** luminoso, chiaro, gaio, limpido, sereno, aperto, soleggiato, ridente **3** (*di bosco*) folto, fitto, denso, impenetrabile **CONTR.** rado **4** (*est.*) (*di colore*) scuro **CONTR.** chiaro **5** (*di suono, di rumore*) sordo, minaccioso, basso, indistinto, profondo **CONTR.** limpido, sonoro, vibrante, squillante **6** (*fig.*) (*di persona*) pensieroso, taciturno, triste, pensoso, assorto, preoccupato, meditabondo **CONTR.** spensierato, allegro, loquace.

cùra s. f. **1** interessamento, considerazione, riguardo, attenzione **CONTR.** noncuranza, disinteressamento, indifferenza **2** premura, sollecitudine, amorevolezza, avvertenza, cautela, vigilanza **CONTR.** disinteresse, noncuranza **3** (*lett.*) preoccupazione, affanno, cruccio, afflizione, angustia, inquietudine, pena, assillo, seccatura **CONTR.** sollievo, gioia, serenità, pace, tranquillità, consolazione **4** (*di lavoro*) accuratezza, diligenza, zelo, precisione, solerzia, impegno, studio, esattezza **CONTR.** incuria, trascuratezza, negligenza **5** (*di patrimonio, di ente, ecc.*) direzione, amministrazione, governo **6** (*relig.*) parrocchia, prebenda **7** (*med.*) terapia, trattamento, rimedio **FRAS.** *aver cura*, occuparsi □ *a cura di*, per opera di □ *casa di cura*, clinica privata □ *cura dell'uva*, ampeloterapia, botrioterapia.

curàbile agg. guaribile, trattabile, rimediabile, sanabile, medicabile, recuperabile **CONTR.** inguaribile, insanabile, irrecuperabile, incurabile, irrimediabile, cronico.

curabilità s. f. guaribilità, trattabilità, sanabilità, recuperabilità **CONTR.** incurabilità, insanabilità, cronicità.

curàre A v. tr. **1** (*di malato*) assistere **CONTR.** trascurare **2** (*est.*) sanare, guarire, recuperare, trattare **3** (*di ferita*) medicare, bendare, fasciare **CONTR.** trascurare **4** (*di interessi, di ente, ecc.*) accudire, badare, provvedere, governare, seguire □ procurare **CONTR.** trascurare **B curarsi** v. rifl. occuparsi, darsi pensiero, studiarsi, adoperarsi, impicciarsi **CONTR.** sorvolare, trascurare.

curatìvo agg. terapeutico.

curàto s. m. parroco.

curatóre s. m. (f. *-trice*) **1** amministratore **2** (*di libri, di articoli, ecc.*) redattore, critico, estensore.

cùria s. f. **1** foro, tribunale **2** cancelleria **3** corte.

curiàle A agg. **1** (*est.*) aulico, solenne, cortigianesco, avvocatesco **CONTR.** semplice, sciatto **2** (*lett.*) cortigiano, nobile **CONTR.** volgare **B** s. m. avvocato, leguleio (*spreg.*), legale, causidico (*spreg.*).

curiosàggine s. f. curiosità, indiscrezione, petulanza, importunità **CONTR.** discrezione, riguardo.

curiosaménte avv. **1** con curiosità, attentamente **CONTR.** distrattamente, distaccatamente **2** bizzarramente, stranamente, insolitamente, singolarmente **CONTR.** normalmente, comunemente.

curiosàre v. intr. osservare, indagare, cercare, frugare, spiare, origliare, ficcanasare, scuriosire (*raro, tosc.*), interessarsi **CONTR.** disinteressarsi, essere discreto.

curiosità s. f. **1** interesse, desiderio, attesa, attenzione **CONTR.** indifferenza, disinteresse **2** indiscrezione, curiosaggine, petulanza, importunità **CONTR.** discrezione, tatto, riguardo **3** (*di cosa*) rarità, bizzarria, stranezza, novità.

curióso A agg. **1** (*di persona, di sguardo, ecc.*) interessato, desideroso, attento **CONTR.** indifferente, disinteressato **2** (*di persona*) ficcanaso, indiscreto, indagatore, frugone, invadente **CONTR.** discreto, riservato **3** (*di persona, di fatto, ecc.*) insolito, singolare, strano, bizzarro, strampalato, balzano, eccentrico, estroso, stravagante, originale, ghiribizzoso (*raro*), bislacco **CONTR.** normale, comune, ordinario, equilibrato **B** s. m. ficcanaso, indiscreto, frugone, invadente.

currìcolo s. m. carriera, percorso, professione, resoconto, curriculum, curriculum vitae (*lat.*).

currìculum s. m. inv. curricolo.

curriculum vitae /*lat.* kur'rikulum 'vite/ [vc. lat., propriamente 'carriera della vita'] loc. sost. m. inv. curricolo, curriculum, carriera.

cùrva s. f. **1** arco, parabola, curvatura **2** gobba, incurvamento, piegatura, piega, curvatura, gomito **3** (*di grafico*) isobara, isobata **4** (*geogr.*) isoipsa, curva di livello **5** (*spec. al pl.*) (*fig., fam.*) (*di corpo*) rotondità, sinuosità **6** (*di strada, di fiume e sim.*) svolta, tornante, gomito **CONTR.** rettilineo.

curvàbile agg. piegabile, flettibile, flessibile **CONTR.** rigido.

curvàre A v. tr. piegare, inarcare, arcuare, incurvare, flettere, chinare **CONTR.** raddrizzare **B** v. intr. (*di strada, di veicolo, ecc.*) svoltare, voltare, girare **C curvarsi** v. rifl. piegarsi, flettersi, chinarsi, inarcarsi, inchinarsi **CONTR.** raddrizzarsi, alzarsi **D** v. intr. pron. ingobbire, aggobbire.

curvatùra s. f. **1** piegatura, piegamento, curvamento **2** curva, gobba, gomito, piega, incurvamento **3** (*anat.*) ripiegamento.

curvilìneo agg. curvo, sinuoso, arcuato, ricurvo **CONTR.** rettilineo, dritto.

cùrvo agg. **1** piegato, arcuato, curvilineo, inarcato, sinuoso, incurvato, ricurvo, falcato, lunato, adunco **CONTR.** diritto, rettilineo, rigido **2** (*di persona, di capo*) chino, prono **CONTR.** diritto, impettito **3** (*est.*) (*di persona, di spalle e sim.*) gobbo, ingobbito, cascante **CONTR.** diritto, eretto.

cuscinétto A s. m. **1** dim. di **cuscino 2** tampone, puntaspilli **3** (*mecc.*) ralla **4** (*fam.*) deposito adiposo, grasso **B** in funzione di agg. inv. (posposto a un s.) (*fig.*) (*di stato, di zona, ecc.*) intermedio, interposto, frapposto.

cuscìno s. m. guanciale, origliere (*raro, lett.*), capezzale, piumaccio.

cuspidàle agg. cuspidato, a cuspide, aguzzo **CONTR.** smussato, tondeggiante.

cuspidàto agg. cuspidale, aguzzo, puntuto **CONTR.** smussato, tondeggiante.

cùspide s. f. **1** (*di lancia, di freccia, ecc.*) vertice, punta, cima □ rilievo **2** (*di edificio*) coronamento, guglia **3** (*est.*) (*di montagna*) vetta, cima.

custòde A s. m. e f. **1** guardiano, portinaio, portiere, usciere, sorvegliante □ bidello **2** (*est.*) carceriere, secondino **3** (*fig.*) (*di memorie, di tradizioni, ecc.*) difensore, protettore, conservatore □ depositario **B** in funzione di agg. (*lett.*) protettore.

custòdia s. f. **1** sorveglianza, guardia, vigilanza **2** carcerazione **3** responsabilità, salvaguardia, cura, protezione, difesa **4** mantenimento, affidamento **5** astuccio, scatola, fodero, guaina, scrigno, cartella, cassaforte □ teca, reliquario, ciborio **FRAS.** *agente di custodia*, guardia carceraria.

custodìre A v. tr. **1** (*di cosa, di segreto*) conservare, serbare **2** (*anche fig.*) (*di innocenza, di memorie, ecc.*) tutelare, salvaguardare, preservare, curare, proteggere, guardare, governare, difendere **CONTR.** trascurare, negligere (*raro, lett.*) **3** (*di persona*) assistere, badare, provvedere **CONTR.** abbandonare, trascurare **4** (*di prigioniero*) sorvegliare, vigilare, piantonare **CONTR.** trascurare **B custodirsi** v. rifl. badarsi, curarsi **CONTR.** trascurarsi.

cutàneo agg. della pelle, epidermico, epiteliale.

cùte s. f. pelle, epidermide, derma, epitelio.

cuticola s. f. pelliccola, membrana, pellicina.

d, D

da I prep. che introduce diverse determinazioni **1** (*di causa*) per, a causa di, a motivo di **2** (*di luogo*) presso, per, attraverso **3** (*di provenienza*) da parte di **4** (*di mezzo*) per mezzo di, mediante **5** (*di fine o scopo*) per **6** (*di qualità*) con **7** (*di limitazione*) quanto a, limitatamente a **8** (*di modo*) come **II** prep. che introduce diverse proposizioni **1** (*consecutiva*) che **2** (*finale*) per.

dabbène agg. inv. perbene, probo, onesto, buono, integro, retto, onorato, esemplare, intemerato, ineccepibile, integerrimo, incorrotto, coscienzioso, giusto, galantuomo **CONTR.** disonesto, corrotto, dissoluto, immorale, scapestrato, vizioso □ cattivo, malvagio, maligno, perfido, perverso **FRAS.** *uomo dabbene*, galantuomo □ *dabben uomo*, sciocco, sempliciotto.

daccàpo avv. dal principio, di nuovo, ancora, un'altra volta **CONTR.** di seguito, non più.

dacché cong. **1** da quando, dopo che **CONTR.** prima che **2** (*lett.*) poiché, dal momento che, giacché, siccome.

dàdo s. m. **1** (*per gioco*) cubetto, astragalo, aliosso **2** (*est.*) cubetto, cubo **3** (*mecc.*) bullone **4** (*arch.*) base, basamento, piedistallo, plinto, zoccolo **FRAS.** *a dadi*, a cubetti; (*est.*) a quadretti, a scacchi.

dàlia s. f. (*bot.*) giorgina.

daltonismo s. m. (*med.*) discromatopsia, acromatopsia, allocromasia.

d'altrónde avv. d'altra parte.

dàma s. f. **1** nobildonna, gentildonna, signora **CONTR.** popolana, comare, donnetta, donnicciola **2** (*di ballerino*) compagna **3** (*fam.*, *tosc.*) fidanzata.

damascàre v. tr. **1** (*di panno*) lavorare a damasco, tessere a opera □ arabescare **2** (*di armi*) damaschinare, ageminare, intarsiare, niellare.

damascàto part. pass. di **damascare**; anche agg. **1** (*di panno*) lavorato a damasco □ arabescato **2** (*di armi*) damaschinato, ageminato, intarsiato, niellato.

damerìno s. m. bellimbusto, vagheggino, cicisbeo, ganimede, cascamorto, donnaiolo, dongiovanni, playboy (*ingl.*), zerbinotto, dandy (*ingl.*), moscardino (*raro*), elegantone **CONTR.** trasandato, inelegante, straccione, pezzente, rozzo, sciattone, sciamannato (*tosc.*).

danàro *V.* **denaro**.

danaróso agg. facoltoso, ricco, agiato, abbiente, dovizioso (*lett.*), benestante **CONTR.** povero, indigente, bisognoso, nullatenente, spiantato, pezzente, straccione, miserabile, disgraziato, mendicante.

dancing /*ingl.* 'da:nsiŋ/ [vc. ingl., part. pres. di *to dance* 'danzare'] s. m. inv. sala da ballo, locale da ballo, night (*ingl.*), night-club (*ingl.*).

danése s. m. (*zool.*) alano tedesco.

dannàre A v. tr. **1** (*lett.*) condannare, castigare, punire **CONTR.** graziare, assolvere, riabilitare, salvare, redimere **2** condannare alla pena eterna **B dannarsi** v. rifl. **1** perdere l'anima, andare all'inferno **CONTR.** salvarsi, redimersi **2** tormentarsi, affliggersi, crucciarsi, disperarsi, dolersi, conturbarsi, travagliarsi **CONTR.** allietarsi, rallegrarsi, rasserenarsi, consolarsi, confortarsi.

dannazióne A s. f. **1** condanna, castigo, punizione, perdizione **CONTR.** felicità, grazia, beatitudine **2** condanna all'inferno **CONTR.** salvazione, redenzione **3** (*fig.*) (*di persona o cosa*) tormento, pena, afflizione, dolore, affanno, strazio **CONTR.** sollievo, liberazione, contentezza, gioia, gaudio, giubilo, letizia **B** in funzione di inter. maledizione!

danneggiaménto s. m. danno, guasto, deterioramento, avaria, rottura **CONTR.** accomodamento, aggiustatura, restauro, riparazione, rifacimento, ripristino.

danneggiàre A v. tr. **1** sciupare, guastare, conciare male, deteriorare, manomettere, fracassare, rompere, rovinare **CONTR.** accomodare, aggiustare, restaurare, riparare, rifare, ripristinare **2** (*fig.*) (*di onore e sim.*) offendere, nuocere, ferire, ledere, spregiare, ingiuriare **CONTR.** rispettare, difendere **B danneggiarsi** v. rifl. essere causa del proprio danno, subire un danno, soffrire un danno, andare di mezzo.

danneggiàto part. pass. di **danneggiare**; anche agg. e s. m. **1** sciupato, guastato, rovinato, deteriorato, maltrattato, strapazzato, fracassato, rotto, manomesso **CONTR.** aggiustato, accomodato, restaurato **2** (*fig.*) (*di onore e sim.*) offeso, ingiuriato, leso, spregiato **CONTR.** riparato, difeso, onorato.

dànno s. m. **1** danneggiamento, avaria, deterioramento, guasto, manomissione, rottura

CONTR. accomodamento, aggiustatura, restauro, riparazione, rifacimento, ripristino **2** avversità, disgrazia, calamità, catastrofe, rovescio, sciagura, accidente, sinistro **CONTR.** fortuna, ventura, buona sorte **3** (*fig.*) perdita, scapito, svantaggio, discapito, disfavore (*lett.*) **CONTR.** vantaggio, risarcimento, compenso, indennizzo **4** (*med.*) (*di organo*) alterazione, lesione **FRAS.** *chiedere i danni*, esigere il risarcimento.

dannosaménte avv. con danno, pericolosamente, rovinosamente, svantaggiosamente, disgraziatamente, disavventuratamente, pregiudizievolmente **CONTR.** fortunatamente, utilmente, vantaggiosamente.

dannóso agg. controproducente, nocivo, pernicioso, rovinoso, sinistro, deleterio, pericoloso, pregiudizievole, funesto, esiziale, malefico, nefasto, svantaggioso **CONTR.** innocuo, inoffensivo, giovevole, proficuo, utile, vantaggioso.

dànza s. f. **1** ballo **2** (*est.*) ondeggiamento, oscillazione **3** (*lett.*) intrigo, imbroglio.

danzànte part. pres. di **danzare**; anche agg. **1** (*est.*) (*di cosa*) ondeggiante, oscillante **CONTR.** fermo, fisso, immobile **2** (*di trattenimento*) con danze, da ballo, di ballo.

danzàre A v. intr. **1** (*di persona*) ballare, saltare, fare quattro salti **2** (*fig.*) (*di cosa*) agitarsi, volteggiare, ondeggiare, oscillare **CONTR.** essere fermo, essere immobile **B** v. tr. ballare.

danzatóre s. m. (f. *-trice*) ballerino.

dappertùtto avv. in ogni parte, in tutti i luoghi, per ogni dove, ovunque, dovunque **CONTR.** in nessun luogo, da nessuna parte.

dappòco agg. inv. **1** (*di persona*) inetto, incapace, imperito (*lett.*), inesperto, buono a nulla, meschino, sciocco **CONTR.** abile, capace, energico, fattivo, in gamba, intelligente, valente **2** (*di cosa*) poco importante, di scarso valore, marginale, secondario, irrilevante **CONTR.** centrale, basilare, fondamentale, essenziale, rilevante, importante, di primaria importanza.

dapprìma avv. prima, in un primo momento, inizialmente, in un primo tempo, sul principio, al principio, all'inizio, sulle prime **CONTR.** successivamente, in un secondo tempo, in un secondo momento, più tardi, in seguito, poi, dopo, alla fine.

dapprincìpio avv. in principio, da principio, inizialmente, prima, dapprima, in origine, antecedentemente **CONTR.** dopo, posteriormente, poi, in seguito, successivamente, alla fine.

dàre A v. tr. **1** consegnare, porgere □ accordare, cedere, concedere, offrire, trasferire □ distribuire **CONTR.** prendere, pigliare, ricevere, accettare **2** donare, regalare, largire, elargire **CONTR.** accettare, gradire **3** (*di tempo, di attività, ecc.*) dedicare, consacrare, spendere **4** (*di premio, di incarico, ecc.*) affidare, assegnare, attribuire, aggiudicare, conferire **CONTR.** levare, togliere, carpire **5** (*di ordine, di lezione, ecc.*) impartire **6** (*di pena*) infliggere **CONTR.** condonare **7** (*di medicina e sim.*) somministrare, prescrivere, propinare **8** (*di denaro e sim.*) pagare, sborsare, erogare **CONTR.** incassare, intascare, riscuotere **9** (*di notizia, di parere, ecc.*) comunicare, far conoscere, fornire, palesare, trasmettere **CONTR.** nascondere, celare **10** (*di pugno, di calcio, ecc.*) assestare, sferrare, vibrare, affibbiare **CONTR.** ricevere **11** (*di febbre, di nausea, ecc.*) arrecare, causare, destare, provocare, infondere, suscitare **12** (*di utile*) fruttare, produrre, rendere **13** (*di concerto, di film, ecc.*) eseguire, rappresentare □ interpretare **14** (*di benvenuto, di buon anno, ecc.*) augurare **B** v. intr. **1** (*contro qualcosa*) battere, colpire, urtare **2** (*in escandescenze, in lacrime, ecc.*) prorompere, scoppiare **3** (*di finestra, di facciata, ecc.*) affacciarsi, guardare, essere esposto, essere rivolto, corrispondere **4** (*di fiume, di strada*) sboccare, finire, gettarsi **C darsi** v. rifl. **1** (*allo studio, alla musica, ecc.*) applicarsi, dedicarsi, consacrarsi, impegnarsi, interessarsi, occuparsi **CONTR.** disinteressarsi, trascurare **2** (*alla gioia, al nemico, ecc.*) abbandonarsi, cedere □ arrendersi, consegnarsi, sottomettersi **CONTR.** resistere, far fronte, fronteggiare, ribellarsi **D** v. intr. pron. (*a correre, a gridare, ecc.*) cominciare, iniziare **CONTR.** cessare, desistere, smettere **E** v. intr. impers. e intr. pron. (*di caso e sim.*) avvenire, accadere, verificarsi **F** in funzione di s. m. solo sing. passivo, debito, dovuto **CONTR.** credito, attivo **FRAS.** *dare fuoco*, incendiare □ *dare alla luce*, partorire □ *dare alla testa*, stordire □ *dare di testa*, ammattire □ *dare nel segno*, colpire nel segno; (*fig.*) indovinare □ *dare nell'occhio*, attirare l'attenzione □ *darsele*, picchiarsi □ *darsi d'attorno, darsi da fare*, affaccendarsi.

dàrsena s. f. **1** scalo, cala **2** arsenale, cantiere, officina, squero (*venez.*).

dàta s. f. **1** giorno, mese e anno **2** tempo, epoca, era, periodo, momento **FRAS.** *di antica data, di vecchia data, di lunga data*, antico, risaputo, arcinoto □ *di fresca data*, recente.

datàbile agg. collocabile, riportabile.

datàre A v. tr. **1** mettere la data **2** (*di avvenimento*) collocare **B** v. intr. avere inizio, cominciare, decorrere, risalire **CONTR.** finire, terminare.

datàto part. pass. di **datare**; anche agg. (*fig.*) superato, sorpassato **CONTR.** attuale, moderno.

datazióne s. f. data, cronologia.

dàto A part. pass. di **dare**; anche agg. **1** consegnato, assegnato, trasferito □ accordato, ceduto, concesso, offerto, porto □ distribuito **CONTR.** preso, ricevuto, accettato **2** donato, regalato, largito, elargito **CONTR.** accettato, gradito **3** (*di tempo, di attività, ecc.*) dedicato, consacrato, speso **4** (*di premio, di incarico, ecc.*) affidato, assegnato, attribuito, aggiudicato, conferito CONTR. levato, tolto, carpito **5** (*di ordine, di lezione, ecc.*) impartito **6** (*di pena*) inflitto CONTR. condonato **7** (*di medicina e sim.*) somministrato, prescritto, propinato **8** (*di denaro e sim.*) regalato, prestato, distribuito, pagato, sborsato, erogato CONTR. preso, ricevuto, incassato, intascato **9** (*di notizia, di parere, ecc.*) comunicato, fornito, trasmesso CONTR. nascosto, celato **10** (*di pugno, di calcio, ecc.*) assestato, sferrato, affibbiato CONTR. ricevuto **11** (*di febbre, di nausea, ecc.*) causato, provocato, suscitato **12** (*di utile*) fruttato, prodotto, reso **13** (*di concerto, di film, ecc.*) eseguito, rappresentato **14** (*di benvenuto e sim.*) augurato **15** (*di tempo, di luogo, ecc.*) certo, determinato, stabilito, particolare, speciale **16** (*di persona*) dedito, votato, inclinato **B** s. m. fatto accertato, elemento, nozione, presupposto □ caratteristica.

datóre s. m. (f. *-trice*) FRAS. *datore di lavoro*, imprenditore.

dattilografàre v. tr. dattiloscrivere, scrivere a macchina.

dattilografàto part. pass. di **dattilografare**; anche agg. dattiloscritto, scritto a macchina.

dattilògrafo s. m. (*est.*) copista.

dattiloscritto A agg. scritto a macchina, dattilografato **B** s. m. testo dattilografato.

dattiloscrìvere v. tr. dattilografare, scrivere a macchina.

davànti A avv. di fronte, di faccia, dirimpetto, dinanzi CONTR. di dietro, nella parte posteriore, alle spalle **B** nella loc. prep. *davanti a*, alla presenza di, al cospetto di **C** in funzione di agg. anteriore CONTR. di dietro, posteriore **D** in funzione di s. m. parte anteriore, facciata CONTR. parte posteriore, didietro, retro.

davantìno s. m. pettorina.

davanzàle s. m. soglia, parapetto.

da vicino *V.* **davvicino**.

davvéro avv. **1** in verità, effettivamente, per davvero, veramente, realmente, sul serio CONTR. per scherzo **2** molto, assai, oltremodo CONTR. poco, scarsamente.

dàzio s. m. **1** gabella, imposta, tributo, tassa, pedaggio □ dogana **2** ufficio daziario.

deambulàre v. intr. (*lett., anche scherz.*) passeggiare, camminare, ciondolare, vagabondare.

deambulazióne s. f. andatura, camminata □ (*raro*) passeggio, passeggiata.

debellàre v. tr. vincere definitivamente, sconfiggere, battere, annientare, distruggere, sgominare, sbaragliare CONTR. perdere, avere la peggio, essere sconfitto.

debilitànte part. pres. di **debilitare**; anche agg. estenuante, sfibrante, spossante, snervante, stancante CONTR. corroborante, eccitante, ricostituente, rinforzante, tonico.

debilitàre A v. tr. indebolire, stancare, infiacchire, abbattere, estenuare, fiaccare, sfibrare, snervare, spossare, stremare, svigorire, esaurire CONTR. rinforzare, irrobustire, rinvigorire, corroborare, fortificare, tonificare **B debilitarsi** v. intr. pron. indebolirsi, infiacchirsi, deperire, esaurirsi, sfibrarsi, sfiancarsi, snervarsi, spossarsi, perdere le forze CONTR. rafforzarsi, irrobustirsi, rinvigorirsi, ricuperare le forze.

debilitàto part. pass. di **debilitare**; anche agg. indebolito, esaurito, infiacchito, abbattuto, sfibrato, snervato, cascante, estenuato, svigorito, stanco, spossato, stremato CONTR. rinforzato, irrobustito, forte, gagliardo, robusto, vigoroso.

debilitazióne s. f. debolezza, indebolimento, infiacchimento, spossamento, spossatezza, stanchezza, esaurimento CONTR. irrobustimento, rafforzamento, rinvigorimento □ energia, forza, gagliardia, vigore.

debitaménte avv. nel modo dovuto, convenientemente, adeguatamente, opportunamente CONTR. indebitamente, inadeguatamente, inopportunamente.

débito (1) agg. **1** (*di modo, di tempo, ecc.*) opportuno, conveniente, doveroso, dovuto, adatto, appropriato, necessario CONTR. non dovuto, indebito, non necessario, inadatto, inopportuno, disadatto, sconveniente **2** (*est.*) (*di punizione, di riconoscimento, ecc.*) giusto, meritato, proporzionato CONTR. ingiusto, immeritato, sproporzionato.

débito (2) s. m. **1** cosa dovuta, somma dovuta □ deficit (*lat.*), passivo CONTR. credito □ attivo **2** (*di gratitudine, di coscienza, ecc.*) dovere, obbligo.

debitóre s. m. (f. *-trice*) **1** (*dir.*) trattario CONTR. creditore **2** (*fig.*) (*di gratitudine e sim.*) obbligato.

débole A agg. **1** debilitato, indebolito, deperito, fiacco, abbattuto, accasciato, sfibrato, snervato, spossato, stremato, esaurito, stanco, svigorito, estenuato, cascante, fragile, gracile, infermiccio (*raro*), invalido, languido, molle CONTR. forte, forzuto, gagliardo, robusto, vigoroso, aitante, muscoloso, energico, florido, prosperoso, rubizzo **2** (*fig.*) (*di carattere, di volontà, ecc.*) incostante, cedevole, arrendevole, irresoluto CONTR. costante, perseverante, risoluto, volitivo **3** (*fig.*) (*di ragionamento, di scusa, ecc.*) poco convincente, poco persuasivo, fallace, inconsistente CONTR. convincente, persuasivo, valido, consistente **4** (*di suono, di luce, ecc.*) fievole, fioco, smorzato, indistinto CONTR. forte, intenso, vivo, vivace **B** s. m. e f. **1** (*fisicamente*) gracile, fragile, infermiccio CONTR. robusto, forte, sano **2** (*moralmente*) incostante, irresoluto CONTR. volitivo, risoluto **C** s. m. **1** carenza, difetto, debolezza CONTR. forte, punto di forza **2** inclinazione, predilezione, preferenza, simpatia, penchant (*fr.*) CONTR. avversione, antipatia, idiosincrasia, odio.

debolézza s. f. **1** (*fisica*) mancanza di vigore, debilitamento, deperimento, indebolimento, abbattimento, accasciamento, fiacca, fiacchezza, languidezza, languore, mollezza, estenuazione, esaurimento, fragilità, gracilità, impotenza, infermità, invalidità, cascaggine (*raro*), sfinitezza, sfinimento, spossatezza, snervatezza, stanchezza, prostrazione, rilassatezza **CONTR.** forza, gagliardia, robustezza, resistenza, saldezza, vigore, vigoria, energia, potenza **2** (*fig.*) (*morale*) dappocaggine, viltà □ cedevolezza, incostanza, indecisione, irresolutezza **CONTR.** costanza, risolutezza, decisione, prontezza, coraggio, valore **3** (*fig.*) presunzione, vanità **CONTR.** modestia, discrezione, pudore **4** (*fig.*) errore, sproposito, difetto, imperfezione, magagna, pecca **CONTR.** dote, merito, pregio, prerogativa, virtù.

debolménte avv. con debolezza, senza energia, fiaccamente, languidamente, mollemente, fragilmente, stancamente, senza forza, senza vigore **CONTR.** energicamente, vigorosamente, fortemente, gagliardamente, robustamente.

debordàre v. intr. (*anche fig.*) straripare, tracimare, traboccare, straboccare, eccedere, rigurgitare **CONTR.** mancare, scarseggiare, essere insufficiente.

debuttànte part. pres. di **debuttare**; anche agg. e s. m. e f. esordiente, principiante, novellino, novizio **CONTR.** esperto, maestro, professionista, veterano.

debuttàre v. intr. **1** (*teat.*) esordire **2** (*est.*) (*di attività, di carriera e sim.*) iniziare, incominciare, intraprendere **CONTR.** finire, terminare, concludere.

debùtto s. m. **1** (*teat.*) esordio, prima **CONTR.** serata d'addio, addio, serata di commiato, commiato **2** (*di attività, di carriera e sim.*) principio, inizio **CONTR.** conclusione, fine, termine.

decadènte part. pres. di **decadere**; anche agg. **1** (*di persona, di aspetto, ecc.*) invecchiato, deperito, stanco, debole **CONTR.** aitante, giovanile, forte **2** (*di popolo, di civiltà, ecc.*) calante, declinante, tralignante **CONTR.** ascendente, emergente, in ascesa.

decadènza s. f. **1** (*di persona*) declino, deperimento, esaurimento, svigorimento, invecchiamento **CONTR.** rafforzamento, irrobustimento, rinvigorimento, ringiovanimento **2** (*di popolo, di civiltà, ecc.*) decadimento, degenerazione, regresso, scadimento **CONTR.** ascesa, progresso, avanzamento, miglioramento.

decadére v. intr. (*anche fig.*) andare in disuso, andare in decadenza □ declinare, tramontare, degenerare, scadere, rovinare, tralignare, deperire, sfiorire, svigorirsi, invecchiare **CONTR.** andare in vigore □ avanzare, progredire, rifiorire, rinascere, risorgere, ringiovanire.

decadiménto s. m. **1** (*anche fig.*) decadenza, declino, scadimento, degenerazione, disfacimento, invecchiamento **CONTR.** fioritura, rifiorimento, avanzamento, ascesa, progresso, miglioramento, ringiovanimento **2** (*fis. nucl.*) disintegrazione radioattiva.

decadùto part. pass. di **decadere**; anche agg. **1** (*di persona, di legge, ecc.*) andato in decadenza, in disuso □ declinato, tramontato, degenerato, scaduto, rovinato, deperito, sfiorito, invecchiato **CONTR.** in vigore, rinato, risorto, rinvigorito **2** (*di persona*) immiserito, impoverito **CONTR.** arricchito.

decalcomanìa s. f. calcomania.

decàlogo s. m. **1** dieci comandamenti, tavole della legge **2** (*est.*) norme fondamentali, precetti, regole.

decantàre v. tr. lodare, celebrare, esaltare, elogiare, incensare, magnificare, osannare **CONTR.** biasimare, criticare, denigrare, disapprovare, disprezzare, condannare, detrarre (*raro*), vilipendere.

decapitàre v. tr. **1** (*di persona*) decollare, mozzare il capo, ghigliottinare **2** (*est.*) (*di albero e sim.*) recidere, cimare, scamozzare, scapezzare, scapitozzare, svettare.

decapitazióne s. f. **1** (*di persona*) decollazione, esecuzione capitale, taglio della testa **2** (*est.*) (*di albero e sim.*) recisione, potatura, taglio.

decedùto agg. e s. m. morto, defunto, trapassato **CONTR.** nato, vivente, vivo.

deceleràre v. tr. e intr. diminuire la velocità, rallentare **CONTR.** aumentare la velocità, accelerare.

deceleratóre s. m. rallentatore **CONTR.** acceleratore.

decelerazióne s. f. **1** riduzione di velocità, rallentamento **CONTR.** acceleramento, accelerazione **2** (*fis.*) accelerazione negativa, ritardazione (*raro*).

decennàle **A** agg. di dieci anni, decenne (*lett.*) **B** s. m. decimo anniversario.

decènnio s. m. dieci anni, due lustri.

decènte agg. **1** (*di stipendio, di scusa, ecc.*) conveniente, decoroso, dignitoso □ accettabile, adeguato, opportuno, passabile, presentabile **CONTR.** indecente, sconveniente, indecoroso □ inaccettabile, inadeguato, inopportuno, inammissibile **2** (*di atteggiamento, di vestito, ecc.*) castigato, morigerato, pudico, verecondo **CONTR.** indecente, impudico, immorale, inverecondo, lascivo, osceno.

decenteménte avv. **1** convenientemente, dignitosamente, decorosamente **CONTR.** indecentemente, sconvenientemente, indecorosamente **2** pudicamente, castigatamente, morigeratamente **CONTR.** indecentemente, impudicamente, inverecondamente.

decentraménto s. m. allontanamento dal centro, dislocamento □ autonomia **CONTR.** accentramento, concentramento □ centralizzazione.

decentràre v. tr. allontanare dal centro □ rendere autonomo **CONTR.** accentrare, concentrare □ centralizzare.

decentràto part. pass. di **decentrare**; anche agg. allontanato dal centro, periferico □ autonomo **CONTR.** accentrato □ centralizzato.

decènza s. f. **1** (*di lavoro, di luogo, ecc.*) convenienza, decoro, dignità □ accettabilità, ammissibilità **CONTR.** indecenza, sconvenienza, indegnità **2** (*di gesto, di comportamento, ecc.*) castigatezza, morigeratezza, pudore, temperanza, verecondia **CONTR.** indecenza, impudicizia, immoralità, inverecondia, lascivia, oscenità.

decèsso s. m. morte **CONTR.** nascita.

decìdere A v. tr. **1** (*di data, di scelta, ecc.*) deliberare, stabilire, fissare, determinare, giudicare, risolvere □ scegliere, optare **CONTR.** esitare, titubare, tentennare, essere incerto, tergiversare **2** (*di controversia, di causa e sim.*) risolvere, definire, giudicare, concludere, terminare, troncare **CONTR.** tardare, indugiare, mandare in lungo **B** v. tr. e intr. (*del destino, della vita, ecc.*) essere determinante, essere decisivo, risolvere **C decidersi** v. intr. pron. risolversi, determinarsi, prendere una decisione.

decifràbile agg. leggibile □ comprensibile, intelligibile, spiegabile, interpretabile **CONTR.** illeggibile □ incomprensibile, inintelligibile, indecifrabile, astruso, oscuro, inspiegabile.

decifràre v. tr. **1** (*di iscrizione, di telegramma, ecc.*) leggere, interpretare, decodificare **CONTR.** codificare **2** (*fig.*) (*di sentimenti, di intenzioni, ecc.*) interpretare, capire, comprendere, intendere, indovinare, intuire, riconoscere, scorgere.

decifraziòne s. f. deciframento (*raro*), spiegazione, interpretazione, decodificazione **CONTR.** codificazione.

decimàre v. tr. **1** (*est.*) (*di persone o animali*) fare strage, sterminare **2** (*est.*) falcidiare **CONTR.** aumentare, accrescere **3** (*est.*) (*di cose*) depredare, saccheggiare.

decimaziòne s. f. **1** (*est.*) (*di persone o animali*) strage, sterminio **2** (*di raccolto e sim.*) forte diminuzione, grave danno **CONTR.** aumento, accrescimento, crescita.

decìmetro s. m. **1** un decimo di metro **2** (*est.*) righello.

dècimo agg. num.; anche s. m. **FRAS.** *decima musa*, cinematografia.

decìna s. f. dieci, circa dieci **FRAS.** *a decine*, in gran numero.

decisaménte avv. **1** energicamente, risolutamente, senza esitazione **CONTR.** debolmente, fiaccamente, irresolutamente **2** certamente, evidentemente, senza dubbio, senz'altro, veramente **CONTR.** per nulla, affatto, per niente.

decisióne s. f. **1** deliberazione, determinazione, partito, provvedimento, risoluzione, scelta **2** (*dir.*) pronuncia **3** risolutezza, energia, fermezza, prontezza, sicurezza, determinatezza **CONTR.** titubanza, esitazione, irresolutezza, indecisione, dubbio, perplessità.

decisionìsmo s. m. risolutezza, fermezza, ostinatezza **CONTR.** incertezza, titubanza, dubbio.

decisìvo agg. risolutivo, conclusivo, definitivo, determinante **CONTR.** provvisorio, incerto, dubbio, problematico, in sospeso.

decìso part. pass. di **decidere**; anche agg. **1** (*di data, di scelta, ecc.*) definito, deliberato, fissato, statuito, stabilito □ scelto, optato **CONTR.** indefinito **2** (*di controversia, di causa e sim.*) risolto, concluso, definito **CONTR.** irrisolto, sospeso **3** (*di persona, di azione, ecc.*) risoluto, energico, determinato, fermo, pronto **CONTR.** incerto, indeciso, irresoluto, tentennante, titubante **4** (*est.*) (*di colore, di tono, ecc.*) marcato, rilevato, vivace **CONTR.** indistinto, vago, indeterminato, smorzato.

deck /*ingl.* dek/ [vc. ingl., propriamente 'ponte, pavimento'] s. m. inv. (*mus.*) piastra di registrazione, registratore.

declamàre v. tr. e intr. recitare **CFR.** conversare, chiacchierare, discorrere.

declamatòrio agg. enfatico, ampolloso **CONTR.** asciutto, secco, naturale, semplice.

declamazióne s. f. **1** recita, recitazione **2** (*est.*) discorso enfatico, discorso retorico **CFR.** conversazione, chiacchierata.

declassaménto s. m. squalifica, degradazione, decadimento **CONTR.** promozione, qualifica.

declassàre v. tr. degradare, deprezzare, squalificare **CONTR.** promuovere, qualificare.

declassàto part. pass. di **declassare**; anche agg. degradato, deprezzato, squalificato **CONTR.** promosso, qualificato.

declinànte part. pres. di **declinare**; anche agg. digradante, calante □ tramontante **CONTR.** crescente, in salita □ sorgente.

declinàre A v. intr. **1** (*di terreno, di sole, ecc.*) abbassarsi, digradare, pendere, piegarsi □ tramontare **CONTR.** alzarsi, innalzarsi, elevarsi, rizzarsi, salire □ sorgere **2** (*fig.*) (*di giorno, di luce, ecc.*) volgere alla fine, diminuire, scemare, venir meno **CONTR.** aumentare, crescere, accrescersi **3** (*da una direzione*) deviare, allontanarsi **B** v. tr. **1** (*lett.*) (*di capo, di ginocchia, ecc.*) abbassare, piegare in giù, chinare **CONTR.** alzare, levare, sollevare **2** (*di responsabilità, di invito, ecc.*) rifiutare, evitare, eludere **CONTR.** accettare, accogliere, gradire **3** (*bur.*) (*di generalità, di nome*) dichiarare, rendere noto, dire **CONTR.** celare, nascondere, tacere **4** (*ling.*) flettere **C** in funzione di s. m. solo sing. (*di giorno, di civiltà, ecc.*) ultima fase, declino, tramonto **CONTR.** nascita, inizio, principio, albori.

declinazióne s. f. (*ling.*) flessione.

declìno s. m. 1 (*lett.*) pendenza, declivio CONTR. erta, salita 2 (*fig.*) (*di civiltà, di nazione, ecc.*) decadimento, decadenza, degenerazione, regresso, scadimento CONTR. ascesa, avanzamento, progresso, miglioramento, rinnovamento 3 (*di bellezza, di gioventù, ecc.*) fine, termine, tramonto CONTR. nascita, fiore, rifiorimento.

declìvio s. m. china, pendio, pendenza, discesa □ versante CONTR. erta, salita, ascesa (*lett.*).

decodificàre v. tr. (*est.*) decifrare, interpretare, capire CONTR. codificare.

decodificàto part. pass. di **decodificare**; anche agg. (*est.*) decifrato, capito, interpretato CONTR. codificato.

decodificazióne s. f. (*est.*) decifrazione, comprensione, interpretazione CONTR. codificazione.

decollàggio s. m. (*aer., anche fig.*) decollo, partenza CONTR. atterraggio.

decollàre v. intr. 1 (*aer.*) staccarsi dal suolo, alzarsi, partire CONTR. atterrare, arrivare 2 (*fig.*) (*di economia, di attività, ecc.*) avviarsi bene, espandersi CONTR. andare in crisi, calare.

décolleté /*fr.* dekol'te/ [vc. fr., da *décolleter* 'lasciare scoperto il collo'] **A** agg. inv. (*di abito*) scollato CONTR. accollato **B** s. m. inv. scollatura CONTR. accollatura.

decòllo s. m. 1 (*aer.*) decollaggio, partenza CONTR. atterraggio, arrivo 2 (*fig.*) (*di economia, di attività, ecc.*) fase di avvio, inizio CONTR. fine, calo.

decolonizzàre v. tr. CONTR. colonizzare.

decolonizzazióne s. f. CONTR. colonizzazione.

decoloránte part. pres. di **decolorare**; anche agg. e s. m. scolorante CONTR. colorante.

decoloràre v. tr. privare del colore, scolorire □ (*di capelli*) ossigenare CONTR. colorare, colorire.

decoloràto part. pass. di **decolorare**; anche agg. scolorito □ (*di capelli*) ossigenato CONTR. colorato, colorito.

decolorazióne s. f. scoloramento, scolorimento CONTR. coloramento, colorazione.

decomponìbile agg. scomponibile, divisibile, separabile □ (*mat.*) fattorizzabile CONTR. componibile □ indecomponibile, indivisibile, inseparabile.

decompórre **A** v. tr. 1 disgregare, scomporre, scindere, sciogliere, dissolvere, dividere, separare, sezionare □ (*mat.*) fattorizzare CONTR. aggregare, comporre, ricomporre, attaccare, legare, mescolare, unire 2 (*fig.*) (*di lineamenti, di atteggiamento, ecc.*) alterare, corrompere, guastare CONTR. sanare, risanare **B decomporsi** v. intr. pron. 1 (*chim.*) disgregarsi, disciogliersi, dissolversi, scindersi CONTR. aggregarsi, attaccarsi, ricomporsi, legarsi, unirsi 2 (*di materia*) corrompersi, alterarsi, guastarsi, putrefarsi.

decomposizióne s. f. alterazione, dissolvimento, disgregazione, dissoluzione, scomposizione □ putrefazione CONTR. freschezza, integrità.

decompósto part. pass. di **decomporre**; anche agg. 1 disgregato, dissolto, scomposto □ putrefatto CONTR. fresco, integro, sano 2 (*fig.*) (*di lineamenti, di atteggiamento, ecc.*) alterato, scomposto, corrotto, guasto CONTR. incorrotto, puro.

decompressióne s. f. abbassamento, depressione CONTR. compressione.

decongelaménto s. m. decongelazione, scongelazione, scongelamento CONTR. congelamento, congelazione.

decongelàre v. tr. scongelare CONTR. congelare.

decongelàto part. pass. di **decongelare**; anche agg. scongelato CONTR. congelato.

decongelazióne s. f. decongelamento, scongelamento CONTR. congelamento, congelazione.

decongestionaménto s. m. (*fig.*) (*di traffico, di luogo, ecc.*) scorrimento □ liberazione, sgombro CONTR. congestionamento, blocco, intasamento.

decongestionàre v. tr. 1 (*med.*) CONTR. congestionare 2 (*fig.*) (*di traffico, di luogo, ecc.*) rendere scorrevole □ liberare, sgombrare CONTR. congestionare, ingorgare, intasare, bloccare.

decoràre v. tr. 1 abbellire, adornare, addobbare, parare, fregiare, tappezzare CONTR. imbruttire, deturpare, guastare, spogliare 2 (*di medaglia, di onorificenza*) insignire, fregiare, onorare CONTR. destituire, degradare.

decoratìvo agg. 1 ornamentale, esornativo (*lett.*), appariscente 2 (*iron.*) (*di persona*) rappresentativo, prestigioso CONTR. insignificante.

decoràto **A** part. pass. di **decorare**; anche agg. 1 abbellito, ornato, adornato, adorno, fregiato CONTR. imbruttito, deturpato, guastato 2 (*di medaglia, di onorificenza*) insignito, fregiato, onorato CONTR. degradato, destituito **B** s. m. insignito di medaglia.

decoratóre s. m. (f. *-trice*) affrescatore, pittore, stuccatore □ imbianchino (*spreg.*).

decorazióne s. f. 1 abbellimento, pompa, ornamento, adornamento, addobbo, fregio, paramento CONTR. imbruttimento, deturpazione, guasto 2 medaglia, croce, onorificenza.

decòro s. m. 1 decenza, dignità, convenienza CONTR. indecenza, indegnità, sconvenienza 2 onore, gloria, prestigio, lustro, ornamento, pompa, splendore CONTR. disonore, vergogna.

decorosaménte avv. dignitosamente, decentemente, convenientemente CONTR. indecorosamente, indecentemente, sconvenientemente, vergognosamente.

decoróso agg. decente, dignitoso, degno, onesto, onorato, onorevole □ adatto, convenien-

te, vantaggioso, opportuno **CONTR.** indecoroso, indecente, indegno □ sconveniente, inadatto, svantaggioso, inopportuno.
decorrènza s. f. data d'inizio, inizio **CONTR.** scadenza, fine.
decórrere v. intr. **1** (*di tempo*) passare, trascorrere **2** (*di impegno, di legge, ecc.*) cominciare, avere effetto, diventare effettivo **CONTR.** finire, terminare, scadere **FRAS.** *a decorrere da*, a partire da.
decórso (1) part. pass. di **decorrere**; anche agg. **1** (*di tempo*) passato, trascorso **CONTR.** attuale, moderno **2** (*di obbligo, di legge, ecc.*) cessato, scaduto **CONTR.** ancora valido, in vigore.
decórso (2) s. m. corso, svolgimento, sviluppo, evoluzione, processo, durata, periodo **FRAS.** *nel decorso di*, durante.
decòtto s. m. (*est.*) infuso, infusione, decozione, pozione, tisana.
decrepitézza s. f. (*anche fig.*) estrema vecchiezza, vetustà (*lett.*) **CONTR.** giovinezza, freschezza.
decrèpito agg. **1** vecchio, vecchissimo, vetusto (*lett.*), cadente **CFR.** bambino, fanciullo, giovane **2** (*fig.*) (*di idee, di cultura, ecc.*) privo di vitalità, superato, sorpassato, in decadenza **CONTR.** vitale, attuale, moderno.
decrescènte part. pres. di **decrescere**; anche agg. calante, scemante **CONTR.** crescente, in aumento.
decréscere v. intr. diminuire, calare, scemare, abbassarsi **CONTR.** crescere, accrescersi, aumentare, salire.
decretàre v. tr. statuire, ordinare, comandare, determinare, deliberare, sancire, stabilire, decidere, fissare **CONTR.** abrogare, annullare, revocare.
decréto s. m. ordinanza, ordine, sentenza, delibera, decisione, editto, legge, norma, precetto, provvedimento, statuto, rescritto, motuproprio **CONTR.** obbedienza, ottemperanza.
dècuplo agg. **1** dieci volte maggiore **2** (*est.*) molto maggiore **CONTR.** molto minore.
decurtàre v. tr. ridurre, diminuire, sottrarre, calare, abbreviare, accorciare, tagliare **CONTR.** accrescere, aumentare, aggiungere, incrementare, allungare.
dèdalo [da *Dedalo*, il mitico costruttore del labirinto di Creta] s. m. labirinto, intrico di vie, intrico di passaggi, groviglio.
dèdica s. f. dedicatoria, offerta, omaggio □ iscrizione.
dedicàre A v. tr. **1** (*di via, di scuola, ecc.*) intitolare **2** (*di chiesa*) consacrare **3** (*di libro, di poesia, ecc.*) offrire, donare **CONTR.** accettare, accogliere, ricevere **B dedicarsi** v. rifl. votarsi, darsi, consacrarsi, applicarsi, accudire, attendere, interessarsi, impegnarsi, occuparsi **CONTR.** disinteressarsi, trascurare, disimpegnarsi.
dedicàto part. pass. di **dedicare**; anche agg. **1** (*di via, di scuola, ecc.*) intitolato **2** (*di chiesa*) consacrato **3** (*di libro, di poesia, ecc.*) destinato, offerto, donato **CONTR.** accettato, accolto, ricevuto.
dèdito agg. appassionato, inclinato, incline (*lett.*), interessato, propenso, disposto □ (*raro*) affezionato **CONTR.** alieno, avverso, contrario, disinteressato, nemico, ostile.
dedizióne s. f. **1** abnegazione, altruismo, spirito di sacrificio **CONTR.** egoismo, egotismo, interesse, lucro **2** (*lett.*) resa, sottomissione **CONTR.** attacco, contrattacco, ribellione, rivolta.
dedótto part. pass. di **dedurre**; anche agg. **1** desunto, derivato, tratto, ricavato, arguito **CONTR.** indotto **2** (*di spesa, di peso, ecc.*) detratto, defalcato, tolto **CONTR.** aggiunto, addizionato, sommato.
deducìbile agg. desumibile, derivabile, ricavabile, arguibile.
dedùrre v. tr. **1** (*di conclusione, di trama, ecc.*) arguire, concludere, desumere, inferire, argomentare □ derivare, trarre **CONTR.** indurre **2** (*di spesa, di peso, ecc.*) defalcare, detrarre, sottrarre, levare, togliere **CONTR.** aggiungere, addizionare, sommare, unire.
deduttivaménte avv. per via deduttiva, sillogisticamente **CONTR.** induttivamente.
deduttìvo agg. per astrazione, conseguente, per sillogismo, illativo **CONTR.** induttivo.
deduzióne s. f. **1** conclusione, illazione, argomentazione **CONTR.** induzione **2** (*filos.*) sillogismo **3** (*di spesa, di peso, ecc.*) detrazione, sottrazione, defalco **CONTR.** aggiunta, addizione, somma.
défaillance /*fr.* defa'jãs/ [vc. fr., da *défaillir*, propriamente 'fare difetto, fallire (*faillir*) del tutto (*dé-*)'] s. f. inv. (*spec. nel linguaggio sportivo*) improvvisa debolezza, crisi, collasso, cotta **CONTR.** performance (*ingl.*).
defalcàre v. tr. detrarre, dedurre, sottrarre, levare, togliere, diminuire **CONTR.** aggiungere, sommare, addizionare, aumentare.
defecàre A v. intr. espellere le feci, andare di corpo, cacare (*volg.*), scaricare il ventre, evacuare **B** v. tr. (*chim.*) purificare, decantare, filtrare **CONTR.** inquinare, intorbidare.
defecazióne s. f. deiezione, evacuazione □ feci, cacca (*pop.*), merda (*volg.*).
defenestràre v. tr. **1** gettare dalla finestra **2** (*fig.*) cacciare, deporre, destituire, licenziare **CONTR.** assumere, insediare, installare □ riabilitare.
deferènte part. pres. di **deferire**; anche agg. ossequioso, rispettoso, condiscendente, ossequiente, remissivo, riguardoso, riverente **CONTR.** irrispettoso, irriverente, irriguardoso, insolente.
deferènza s. f. ossequio, ossequiosità, condiscendenza, cortesia, rispetto, riverenza **CONTR.** irriverenza, insolenza, disubbidienza,

disprezzo, arroganza, superbia.
deferìre v. tr. **1** rimettere, sottoporre, inviare, trasferire **CONTR.** ricevere, accogliere **2** (*lett.*) dare, consegnare **CONTR.** ricevere.
defezionàre v. intr. disertare, tradire, mancare, venir meno.
defezióne s. f. diserzione, tradimento, abbandono, fuga, apostasia, fellonia (*lett.*) **CONTR.** fedeltà, devozione, dedizione, attaccamento.
defezionìsta s. m. e f. traditore, disertore, fellone (*lett.*) **CONTR.** fedele, devoto.
deficiènte A agg. (*di cosa*) mancante, manchevole, difettoso, insufficiente, carente, scarso, quasi privo **CONTR.** sufficiente, integro, intero, abbondante, pieno, ricco **B** agg.; anche s. m. e f. **1** oligofrenico, incapace, ipodotato **CONTR.** superdotato **2** (*spreg.*) cretino, idiota, imbecille, incapace, inetto, stupido, tonto **CONTR.** intelligente, sveglio, acuto, capace, ingegnoso, perspicace.
deficiènza s. f. **1** (*di mezzi, di viveri, ecc.*) scarsezza, scarsità, difetto, insufficienza, carenza, mancanza, manchevolezza, inadeguatezza **CONTR.** sovrabbondanza, abbondanza, pienezza, ricchezza **2** (*di preparazione*) lacuna, manchevolezza **CONTR.** buona preparazione **3** (*spreg.*) cretineria, idiozia, imbecillità, incapacità, inettitudine, stupidità **CONTR.** intelligenza, acume, acutezza, capacità, ingegno, perspicacia **FRAS.** *deficienza mentale*, oligofrenia.
deficit /*lat.* 'dɛfitʃit/ [vc. lat., letteralmente '(esso) manca'] s. m. inv. disavanzo, passivo, rosso (*banca*), ammanco, perdita, eccedenza passiva **CONTR.** attivo, avanzo, eccedenza attiva, sovrappiù, surplus (*fr.*), nero.
deficitàrio agg. **1** (*di bilancio, di azienda, ecc.*) in perdita, passivo, in passivo, in disavanzo **CONTR.** attivo, in attivo **2** (*di alimentazione, di organizzazione, ecc.*) insufficiente, carente, scarso **CONTR.** abbondante, ricco, efficiente.
defilàre A v. tr. (*mil.*) sottrarre al tiro □ sottrarre alla vista **B defilarsi** v. rifl. **1** (*fig.*) sottrarsi alla vista **CONTR.** esporsi **2** (*est.*) appartarsi, estraniarsi □ andarsene, tagliare la corda (*fig.*) **CONTR.** esporsi, offrirsi.
défilé /*fr.* defi'le/ [vc. fr., part. pass. di *défiler* 'marciare in *fila* per un passaggio stretto e difficile'] s. m. inv. sfilata di moda.
definìbile agg. determinabile, distinguibile, riconoscibile, spiegabile **CONTR.** indefinibile, indeterminabile, inspiegabile.
definìre v. tr. **1** (*di confine, di accordo, ecc.*) determinare, precisare, specificare, stabilire, limitare, delimitare **CONTR.** lasciare in sospeso **2** (*di concetto, di parola, ecc.*) spiegare, descrivere, chiarire **3** (*di lite, di questione, ecc.*) risolvere, terminare, concludere, comporre, decidere **CONTR.** iniziare, avviare.
definitivaménte avv. in modo definitivo, in modo conclusivo, per sempre **CONTR.** provvisoriamente, transitoriamente, temporaneamente.
definitìvo agg. **1** definitorio **2** conclusivo, decisivo, finale, risolutivo, ultimo **CONTR.** iniziale □ provvisorio, temporaneo, transitorio.
definìto part. pass. di **definire**; anche agg. **1** (*di accordo, di limite, ecc.*) determinato, preciso, certo, stabilito **CONTR.** indefinito, indeterminato, impreciso, incerto **2** (*di lite, di questione, ecc.*) risolto, concluso, composto, deciso **CONTR.** irrisolto, sospeso, troncato **3** (*di concetto, di parola, ecc.*) spiegato, chiarito, precisato.
definitòrio agg. definitivo.
definizióne s. f. **1** (*di confine, di accordo, ecc.*) determinazione, precisazione, limitazione, delimitazione **CONTR.** indeterminatezza **2** (*di lite, di questione, ecc.*) risoluzione, decisione, composizione, conclusione **CONTR.** inizio, avvio **3** (*di concetto, di parola, ecc.*) spiegazione, precisazione.
deflagràre v. intr. **1** (*chim.*) bruciare rapidamente, esplodere, scoppiare **2** (*fig.*) (*di guerra, di malattia, ecc.*) manifestarsi violentemente, scatenarsi, scoppiare.
deflagrazióne s. f. (*anche fig.*) esplosione, detonazione, scoppio.
deflazióne s. f. (*econ.*) riduzione dei prezzi, contrazione monetaria **CONTR.** inflazione.
deflèttere v. intr. **1** piegare □ (*est.*) deviare, spostarsi **2** (*fig.*) (*di principi e sim.*) deviare, desistere, allontanarsi, recedere, rinunciare **CONTR.** mantenere, irrigidirsi.
defluìre v. intr. **1** (*di liquido*) scorrere, fluire, scendere **CONTR.** affluire **2** (*fig.*) (*di persone*) uscire, sgombrare **CONTR.** entrare, affluire.
deflùsso s. m. **1** (*di liquido*) scorrimento, uscita **CONTR.** afflusso **2** (*fig.*) (*di persone*) uscita, sgombro **CONTR.** entrata, afflusso.
deforestazióne s. f. deforestamento, disboscamento **CONTR.** rimboschimento.
deformàbile agg. alterabile **CONTR.** indeformabile, inalterabile.
deformabilità s. f. alterabilità **CONTR.** indeformabilità, inalterabilità.
deformànte part. pres. di **deformare**; anche agg. deturpante.
deformàre v. tr. **1** (*di fisico, di mente, ecc.*) alterare, sformare, deturpare, guastare, sciupare, imbruttire **CONTR.** dare la forma, informare (*lett.*), abbellire **2** (*fig.*) (*di verità, di documento, ecc.*) alterare, falsare, fraintendere, svisare, travisare **CONTR.** capire, comprendere, intendere, interpretare, penetrare.
deformàto part. pass. di **deformare**; anche agg. **1** (*di fisico, di mente, ecc.*) alterato, sformato, deturpato, guastato, sciupato, imbruttito **CONTR.** abbellito **2** (*fig.*) (*di verità, di discorso, ecc.*) falsato, svisato, frainteso **CONTR.** capito, compreso, inteso.
deformazióne s. f. **1** (*di cosa*) alterazione,

cambiamento, deturpazione, imbruttimento CONTR. abbellimento **2** (*fig.*) (*di mente, di concetto, ecc.*) aberrazione, corruzione.

defórme agg. malfatto, sformato, brutto, difettoso, informe, irregolare, mostruoso, ripugnante, sproporzionato CONTR. bello, ben fatto, grazioso, perfetto, proporzionato, regolare.

deformità s. f. bruttezza, difetto, imperfezione, irregolarità, malformazione, mostruosità, stortura □ anomalia, degenerazione CONTR. bellezza, grazia, armonia, proporzione, regolarità, perfezione.

defraudàre v. tr. togliere con frode, frodare, carpire, portar via, sottrarre, truffare, derubare CONTR. dare, regalare.

defraudàto part. pass. di **defraudare**; anche agg. privato con frode, frodato, truffato, derubato CONTR. dato, regalato.

defraudazióne s. f. frode, inganno.

defùnto A agg.; anche s. m. morto, deceduto, scomparso, estinto **B** agg. (*fig.*) finito, scomparso, passato, perduto, sorpassato CONTR. vivo, presente, in auge.

degeneràre v. intr. **1** (*di persona*) tralignare, imbastardirsi, dirazzare **2** (*fig.*) (*di persona o cosa*) corrompersi, decadere, pervertirsi, peggiorare, tralignare CONTR. migliorare, perfezionarsi **3** (*di scherzo, di discussione, ecc.*) passare i limiti, andare a finire male.

degeneràto part. pass. di **degenerare**; anche agg. e s. m. imbastardito □ degenere, corrotto, pervertito, tralignato.

degenerazióne s. f. **1** alterazione, imbastardimento, tralignamento **2** (*fig.*) (*di costume, di vita, ecc.*) decadenza, decadimento, corruzione, pervertimento CONTR. miglioramento, perfezionamento.

degènere agg. degenerato, imbastardito, corrotto, pervertito, tralignato, vizioso.

degènte agg.; anche s. m. e f. costretto a letto, ammalato, ricoverato CONTR. sano.

degènza s. f. ricovero.

deglutìre v. tr. inghiottire, ingoiare, ingollare, trangugiare CONTR. rigettare, vomitare, rimettere.

deglutizióne s. f. inghiottimento, ingoiamento, ingestione CONTR. rigurgito, vomito.

degnaménte avv. adeguatamente, bene, convenientemente, decorosamente, meritatamente, giustamente CONTR. indegnamente, immeritatamente, ingiustamente, inadeguatamente, male, sconvenientemente, indecorosamente, spregevolmente.

degnàre A v. tr. giudicare degno, stimare degno, ritenere meritevole **B** v. intr. e **degnarsi** intr. pron. accondiscendere, compiacersi, consentire CONTR. sdegnare, disdegnare (*raro*), rifiutare, negare.

dégno agg. **1** (*di stima, di fede, ecc.*) meritevole CONTR. immeritevole **2** (*di comandare, di occupare un posto, ecc.*) adatto, atto, capace, idoneo, in grado di, buono, preparato CONTR. inadatto, incapace, inetto, impreparato **3** (*di parole, di compenso, ecc.*) conveniente, adeguato, caratteristico, conforme, peculiare, proprio □ giusto, proporzionato CONTR. inadeguato, sconveniente, alieno **4** (*di persona*) rispettabile, ragguardevole, stimabile, insigne, valente, eccellente, onesto, retto, virtuoso CONTR. indegno, disprezzabile, spregevole, disonesto, losco.

degradàbile agg. decomponibile, deteriorabile, deperibile CONTR. indegradabile, indeteriorabile, resistente, incorruttibile.

degradabilità s. f. deteriorabilità, deperibilità CONTR. indegradabilità, indeteriorabilità.

degradaménto s. m. degradazione, decadimento, abiezione, avvilimento, bassezza, degenerazione, scadimento CONTR. elevazione, crescita, elevatezza, decoro, dignità, nobiltà.

degradànte part. pres. di **degradare**; anche agg. (*di vita, di comportamento, ecc.*) abietto, brutto, vile, ignobile, indecoroso, avvilente, disonorevole, umiliante CONTR. bello, decoroso, elevato, nobile, onorevole.

degradàre A v. tr. **1** (*di ufficiale e sim.*) punire con la degradazione, retrocedere, squalificare, destituire CONTR. promuovere □ riabilitare **2** (*fig.*) (*di persona, di coscienza, ecc.*) privare della dignità, avvilire, abbassare, deprimere, svilire, umiliare CONTR. elevare, innalzare, promuovere, sollevare **B degradarsi** v. rifl. umiliarsi, avvilirsi, abbrutirsi, abbassarsi, rendersi abietto, scadere CONTR. elevarsi, nobilitarsi, migliorarsi, riabilitarsi **C** v. intr. e intr. pron. (*di terreno*) calare, scendere CONTR. alzarsi, salire.

degradazióne s. f. **1** (*di ufficiale e sim.*) perdita del grado, destituzione, retrocessione, squalifica CONTR. promozione, riabilitazione **2** (*fig.*) degrado, svilimento, scadimento, deterioramento, avvilimento, abiezione, abbrutimento, pervertimento CONTR. elevazione, miglioramento, nobilitazione, riabilitazione.

degràdo s. m. (*anche fig.*) degradazione, deterioramento, scadimento, pervertimento CONTR. miglioramento, elevazione.

degustàre v. tr. assaggiare, assaporare, gustare □ godere.

degustazióne s. f. **1** assaggio □ (*scherz.*) bevuta **2** (*est.*) osteria, mescita, bar.

deidratàre v. tr. disidratare CONTR. idratare.

deificàre v. tr. **1** divinizzare □ consacrare, santificare **2** (*fig.*) esaltare, glorificare, magnificare CONTR. denigrare, disprezzare, screditare, umiliare, vilipendere.

deificazióne s. f. **1** apoteosi □ consacrazione, santificazione **2** (*fig.*) glorificazione, apoteosi, celebrazione, esaltazione, magnificazione (*raro*) CONTR. denigrazione, disprezzo, umiliazione, vilipendio.

déjeuner /*fr.* deʒœ'ne/ [vc. fr., da *déjeuner*

'fare colazione'] s. m. inv. prima colazione, colazione □ pranzo.

delatóre s. m. (f. *-trice*) spia, denunciatore, accusatore, sicofante (*lett.*).

delazióne s. f. accusa, denuncia, spiata, spionaggio, soffiata (*pop.*).

delèbile agg. cancellabile, annullabile (*raro*) CONTR. indelebile, incancellabile.

dèlega s. f. procura, mandato, incarico, autorizzazione, delegazione.

delegàre v. tr. incaricare, commettere, deputare, demandare, affidare, investire □ eleggere, nominare, scegliere.

delegàto part. pass. di **delegare**; anche agg. e s. m. rappresentante, incaricato, deputato, eletto, nominato, scelto, investito □ procuratore.

delegazióne s. f. **1** delega, incarico, mandato, procura **2** commissione, deputazione, legazione, comitato, rappresentanza □ delegati, incaricati.

deletèrio agg. dannoso, nocivo, pernicioso, rovinoso, esiziale, funesto CONTR. benefico, salutare, sano, utile, vantaggioso.

delfìno s. m. **1** (*in Francia*) principe ereditario **2** (*est.*) probabile successore.

delibàre v. tr. (*lett.*) **1** assaggiare, gustare **2** esaminare superficialmente, toccare di passaggio CONTR. approfondire, studiare.

delìbera s. f. deliberazione, decisione, provvedimento, decreto.

deliberàre A v. tr. **1** decidere, determinare, disporre, decretare, stabilire, risolvere **2** (*lett.*) discutere, esaminare, riflettere, considerare **3** (*in un'asta*) aggiudicare **B** v. intr. provvedere.

deliberataménte avv. **1** di proposito, apposta, intenzionalmente, consapevolmente, volontariamente CONTR. senza intenzione, involontariamente **2** decisamente, energicamente, risolutamente CONTR. dubbiosamente, fiaccamente, incertamente.

deliberàto A part. pass. di **deliberare**; anche agg. **1** decretato, stabilito, deciso **2** discusso, esaminato, considerato **3** (*in un'asta*) aggiudicato **4** fermo, risoluto, ben deciso, determinato, pronto CONTR. dubbioso, esitante, incerto, indeciso, irresoluto, titubante **B** s. m. decisione, deliberazione.

deliberazióne s. f. **1** fermo proposito, intenzione, decisione, risoluzione, determinazione, partito **2** delibera, provvedimento, decreto.

delicataménte avv. **1** con riguardo, riguardosamente, con cura, accuratamente, attentamente, lievemente CONTR. senza riguardo, grossolanamente, sbadatamente **2** (*fig.*) finemente, garbatamente, gentilmente, raffinatamente, squisitamente, discretamente, educatamente, prudentemente, riguardosamente CONTR. aspramente, sgarbatamente, rozzamente, ruvidamente, maleducatamente, grossolanamente, villanamente, zoticamente.

delicatézza s. f. **1** (*di materia*) finezza, leggerezza, morbidezza, dolcezza, tenerezza, squisitezza CONTR. asprezza, rozzezza, ruvidezza **2** (*di cristallo, di specchio, ecc.*) fragilità CONTR. saldezza, sodezza, solidità, infrangibilità **3** (*est.*) (*di fisico, di salute, ecc.*) debolezza, gracilità, esilità CONTR. forza, gagliardia, robustezza, vigore **4** (*fig.*) (*di argomento*) difficoltà, scabrosità CONTR. facilità, semplicità **5** (*fig.*) (*di persona, di modi, ecc.*) finezza, garbo, gentilezza, raffinatezza, sensibilità, squisitezza, discrezione, educazione, prudenza, riguardo, tatto CONTR. asprezza, rozzezza, sgarbatezza, maleducazione, grossolanità, villania, zoticaggine.

delicàto agg. **1** (*di materia*) morbido, liscio, dolce, fine, leggero, lieve, sottile, tenero □ elegante, gradevole, squisito CONTR. aspro, grossolano, rozzo, ruvido, sgradevole **2** (*di cristallo, di specchio, ecc.*) deperibile, fragile CONTR. duraturo, saldo, sodo, solido, infrangibile **3** (*est.*) (*di persona, di fisico, ecc.*) debole, gracile, esile, mingherlino CONTR. forte, gagliardo, robusto, vigoroso, aitante, atletico **4** (*fig.*) (*di argomento*) difficile, imbarazzante, scabroso CONTR. facile, semplice **5** (*fig.*) (*di persona, di modi, ecc.*) fine, garbato, gentile, discreto, educato, raffinato, sensibile, prudente, riguardoso CONTR. aspro, sgarbato, rozzo, ruvido, maleducato, grossolano, villano, zotico.

delimitàre v. tr. limitare, circoscrivere, definire, designare, racchiudere CONTR. far sconfinare.

delimitazióne s. f. limitazione, limite □ circoscrizione CONTR. sconfinamento □ allargamento.

delineaménto s. m. disegno, rappresentazione.

delineàre A v. tr. **1** (*di profilo, di andamento, ecc.*) tracciare, rappresentare, abbozzare, schizzare, disegnare **2** (*fig.*) (*di situazione, di programma, ecc.*) descrivere sommariamente, indicare, prospettare CONTR. precisare, descrivere **B delinearsi** v. intr. pron. apparire, disegnarsi □ (*fig.*) annunciarsi, prospettarsi.

delineàto part. pass. di **delineare**; anche agg. **1** (*di profilo, di andamento, ecc.*) abbozzato, schizzato, disegnato, tracciato **2** (*fig.*) (*di situazione, di programma, ecc.*) descritto sommariamente, indicato, prospettato.

delinquènte part. pres. di **delinquere**; anche agg. e s. m. e f. criminale, reo, colpevole, malfattore, disonesto, abietto CONTR. innocente, onesto, galantuomo.

delinquènza s. f. **1** criminalità CONTR. innocenza, onestà, galantomismo **2** (*est.*) criminali, delinquenti CONTR. onesti, galantuomini.

delinquenziàle agg. delittuoso, criminale CONTR. onesto.

delirànte part. pres. di **delirare**; anche agg. (*anche fig.*) fuori di sé, farneticante, vaneggiante, irragionevole, folle, insensato □ esaltato, fanatico, eccitato, entusiasta CONTR. ragionevole,

assennato, equilibrato, calmo, freddo, indifferente.
deliràre v. intr. (*anche fig.*) farneticare, vaneggiare, sragionare, vagellare (*tosc.*), essere fuori di sé □ entusiasmarsi, esaltarsi, eccitarsi, impazzire **CONTR.** ragionare, riflettere, essere in sé, parlare sensatamente.
delìrio s. m. **1** (*med.*) confusione mentale, alterazione mentale □ allucinazione, vaneggiamento, farnetico (*raro*), follia, pazzia, furore **CONTR.** ragionamento, lucidità, assennatezza **2** (*est.*) (*di sensi, di passioni, ecc.*) profondo turbamento, affanno, ansietà, frenesia, inquietudine, smania, tormento, sfrenato desiderio **CONTR.** autocontrollo, calma, flemma, serenità, tranquillità **3** (*fig.*) (*per attori, per atleti, ecc.*) eccitamento, eccitazione, entusiasmo, esaltazione, ebbrezza, fanatismo, fervore **CONTR.** freddezza, apatia, distacco, indifferenza.
delìtto s. m. **1** crimine, reato, misfatto, scelleratàggine, scelleratezza, maleficio (*lett.*) □ (*gener.*) assassinio, omicidio, uccisione **2** (*est.*) colpa, errore, fallo, peccato, mancanza.
delittuosaménte avv. criminalmente, scelleratamente, illecitamente, illegalmente **CONTR.** onestamente, rettamente, innocentemente, legalmente.
delittuóso agg. colpevole, criminale, criminoso, scellerato, illecito, illegale **CONTR.** onesto, retto, incolpevole, innocente, legale.
delìzia s. f. piacere, diletto, felicità, gioia, gaudio, godimento, allettamento, attrattiva, soavità, spasso, voluttà, paradiso **CONTR.** dolore, sofferenza, strazio, dispiacere, amarezza, afflizione, tormento, tribolazione.
deliziàre A v. tr. procurare delizia, dilettare, divertire, dar piacere, far piacere, ricreare, sollazzare **CONTR.** dispiacere, amareggiare, addolorare, annoiare, infastidire, irritare, molestare, seccare, scocciare (*fam.*), tediare, esacerbare, esasperare **B deliziarsi** v. intr. pron. bearsi, ricrearsi, godere, trarre piacere, dilettarsi, sollazzarsi **CONTR.** amareggiarsi, addolorarsi, annoiarsi, infastidirsi, irritarsi, seccarsi, scocciarsi (*fam.*).
deliziosaménte avv. dolcemente, gradevolmente, piacevolmente, soavemente, squisitamente, simpaticamente, incantevolmente, meravigliosamente **CONTR.** amaramente, aspramente, sgradevolmente, spiacevolmente, odiosamente.
delizióso agg. gradevole, simpatico, attraente, bello, carino, dolce, piacevole, soave, squisito, incantevole, meraviglioso, splendido, paradisiaco **CONTR.** brutto, odioso, antipatico, sgradevole, spiacevole, disgustoso, repellente, ripugnante, schifoso, stomachevole.
dèlta s. m. o f. (*di fiume*) foce ramificata **CFR.** estuario **FRAS.** *a delta*, a triangolo, triangolare.
delucidàre v. tr. chiarire, commentare, illustrare, spiegare **CONTR.** confondere, ingarbugliare.
delucidazióne s. f. spiegazione, chiarimento, commento, esegesi, illustrazione.
deludènte part. pres. di **deludere**; anche agg. insoddisfacente, inappagante, insufficiente, misero, scarso, amaro, sconfortante **CONTR.** soddisfacente, appagante, confortante, ottimo.
delùdere v. tr. **1** tradire le aspettative, tradire le speranze, disilludere, beffare, gabbare, frustrare, ingannare, venir meno, mancare **CONTR.** blandire, illudere, lusingare, promettere **2** (*raro*) (*di vigilanza e sim.*) eludere, evitare, schivare, sfuggire, sottrarsi **CONTR.** affrontare, fronteggiare.
delusióne s. f. disinganno, disillusione, insoddisfazione, sconforto, amarezza □ insuccesso, fallimento □ beffa, corbellatura (*pop.*), fregatura (*pop.*) **CONTR.** illusione, lusinga, promessa □ appagamento, soddisfazione, conforto □ successo.
delùso part. pass. di **deludere**; anche agg. disilluso, disingannato, insoddisfatto, sconfortato, inappagato, frustrato □ beffato, fregato (*pop.*), gabbato **CONTR.** appagato, pago, contento, soddisfatto, confortato.
demagnetizzàre v. tr. smagnetizzare **CONTR.** magnetizzare.
demagogìa s. f. falsa democrazia, democrazia degenerata, populismo, oclocrazia **CFR.** democrazia □ oligarchia, aristocrazia □ dittatura.
demagogicaménte avv. (*est.*) populisticamente, con demagogia **CFR.** democraticamente □ aristocraticamente, dittatorialmente.
demagògico agg. populistico **CFR.** democratico □ oligarchico, aristocratico □ dittatoriale.
demagògo s. m. capopopolo, caporione, tribuno, sobillatore, agitatore, arruffapopoli **CFR.** democratico □ uomo d'ordine, conservatore, moderato, reazionario, retrivo □ dittatore.
demandàre v. tr. affidare, rimettere, deferire, delegare, deputare **CONTR.** incaricarsi, caricarsi, assumersi.
demaniàle agg. pubblico, statale, regionale, provinciale, comunale **CONTR.** privato.
demànio s. m. **1** beni pubblici, patrimonio pubblico **CONTR.** beni privati **2** (*est.*) pubblica amministrazione, stato, regione, provincia, comune.
demarcàre v. tr. segnare, tracciare, circoscrivere, delimitare.
demarcazióne s. f. limite, delimitazione, confine.
demènte agg.; anche s. m. e f. folle, pazzo, matto, squilibrato, dissennato, insano, psicopatico, frenetico, forsennato, maniaco, alienato **CONTR.** sano di mente, saggio, assennato, equilibrato, ragionevole.
demènza s. f. squilibrio, follia, pazzia, dissennatezza, insania, alienazione, psicopatia, mania, frenesia □ schizofrenia **CONTR.** assenna-

tezza, senno, sensatezza, giudizio, equilibrio, ragionevolezza.

demenziàle agg. **1** di demenza, di follia, folle, psicopatico **2** (*est.*) (*di discorso, di atto, ecc.*) incoerente, sconsiderato, illogico, folle, pazzo CONTR. ragionevole, saggio.

demèrito s. m. azione biasimevole, colpa, fallo, difetto, peccato, torto □ giudizio negativo CONTR. merito, benemerenza.

demilitarizzàre v. tr. smilitarizzare CONTR. militarizzare.

demilitarizzàto part. pass. di **demilitarizzare**; anche agg. smilitarizzato CONTR. militarizzato.

demilitarizzazióne s. f. smilitarizzazione CONTR. militarizzazione.

demistificàre v. tr. criticare, demitizzare, dissacrare CONTR. mitizzare, miticizzare (*raro*), esaltare.

demistificazióne s. f. critica, demitizzazione, dissacrazione CONTR. mitizzazione, esaltazione.

demitizzàre v. tr. demistificare, dissacrare CONTR. mitizzare, esaltare.

demiùrgico agg. (*fig.*) creatore, creativo.

demiùrgo s. m. **1** (*filos.*) artefice del mondo, creatore **2** (*fig.*) artefice, massima autorità □ (*iron.*) capo supremo, big (*ingl.*).

democraticaménte avv. **1** in modo democratico CFR. demagogicamente, autoritariamente, dittatorialmente **2** (*est.*) (*di agire, di comportarsi, ecc.*) affabilmente, cordialmente, benevolmente, semplicemente, alla buona, alla mano CONTR. alteramente, altezzosamente, orgogliosamente, superbamente.

democràtico A agg. **1** della democrazia □ libero, liberale, popolare CFR. demagogico, autoritario, dittatoriale **2** (*est.*) (*di persona, di modi, ecc.*) affabile, cordiale, familiare, semplice, alla buona, alla mano CONTR. aristocratico, signorile □ altero, altezzoso, orgoglioso, superbo, ambizioso, scostante, distaccato **B** s. m. **1** liberale, popolare CONTR. dittatore, autoritario **2** persona alla mano, persona affabile CONTR. ambizioso, altezzoso.

democrazìa s. f. **1** governo popolare, sovranità popolare CFR. aristocrazia, oligarchia, dittatura, tirannide, fascismo **2** (*est.*) paese democratico **3** (*est.*) (*di comportamento*) affabilità, semplicità, familiarità, cordialità CONTR. ambizione, altezzosità, superbia, orgoglio FRAS. *democrazia popolare*, stato comunista.

démodé /*fr.* demɔ'de/ [vc. fr., part. pass. di *démoder* 'mettere fuori (*dé-*) di moda (*mode*)'] agg. inv. fuori moda, passato di moda, disusato, scaduto, sorpassato, antiquato, out (*ingl.*) CONTR. attuale, di moda, moderno, odierno, in voga, in (*ingl.*).

demografìa s. f. (*est.*) popolazione.

demolìre v. tr. **1** (*di cosa*) abbattere, atterrare, buttar giù, diroccare, smantellare, spianare, distruggere CONTR. costruire, edificare, erigere, fabbricare, innalzare **2** (*fig.*) (*di persona, di teoria, ecc.*) annientare, rovinare, screditare □ confutare, rovesciare, distruggere CONTR. accreditare, avvalorare, far stimare, lodare, elogiare, esaltare □ appoggiare, confermare.

demolìto part. pass. di **demolire**; anche agg. **1** (*di cosa*) abbattuto, atterrato, diroccato CONTR. costruito, eretto, innalzato **2** (*fig.*) (*di persona, di teoria, ecc.*) annientato, rovinato, screditato □ confutato, rovesciato, distrutto CONTR. accreditato, avvalorato, stimato, lodato, esaltato □ appoggiato, confermato.

demolitóre s. m.; anche agg. (f. *-trice*) abbattitore (*raro*), distruttore CONTR. costruttore, edificatore.

demolizióne s. f. **1** (*di cosa*) abbattimento, atterramento, diroccamento, distruzione, smantellamento CONTR. costruzione, edificazione, erezione, fabbricazione **2** (*di persona, di teoria, ecc.*) annientamento, screditamento, stroncatura CONTR. elogio, esaltazione, lode, adulazione.

dèmone s. m. **1** genio, spirito, folletto **2** (*fig.*) passione sfrenata **3** (*lett.*) demonio, diavolo.

demonìaco agg. **1** demonico, diabolico CONTR. divino, angelico **2** (*est.*) diabolico, infernale, crudele, efferato, malvagio, perverso CONTR. buono, benigno, pio, santo.

demònico agg. demoniaco, diabolico CONTR. divino, angelico.

demònio s. m. **1** spirito maligno, diavolo, Belzebù, Lucifero, Satana CONTR. angelo **2** (*est.*) tentazione, istigazione, lusinga, seduzione **3** (*fig.*) (*di persona*) abbietto, perverso, malvagio □ ossesso, furibondo CONTR. angelo, santo **4** (*fig.*) (*di ragazzo*) terremoto (*fig.*) **5** (*fig.*) (*di persona*) instancabile, attivissimo CONTR. posapiano, indolente.

demoralizzàre A v. tr. **1** abbattere, accasciare, avvilire, deprimere, disanimare, scoraggiare, sfiduciare (*raro*) CONTR. entusiasmare, esaltare, rendere ottimista, animare, rianimare, confortare, riconfortare, rincorare, incoraggiare, sollevare, risollevare, ricreare **2** (*raro*) corrompere, pervertire, depravare CONTR. moralizzare, nobilitare **B demoralizzarsi** v. intr. pron. abbattersi, accasciarsi, avvilirsi, deprimersi, disanimarsi, scoraggiarsi CONTR. entusiasmarsi, esaltarsi, rianimarsi, confortarsi, riconfortarsi, rincorarsi, incoraggiarsi, farsi animo, ricrearsi, risollevarsi, tirarsi su.

demoralizzàto part. pass. di **demoralizzare**; anche agg. abbattuto, accasciato, avvilito, depresso, disanimato, scoraggiato, triste CONTR. euforico, entusiasta, esaltato, esuberante, ottimista, rianimato, riconfortato, risollevato.

demoralizzazióne s. f. abbattimento, accasciamento, avvilimento, depressione, prostrazione, sconforto, scoraggiamento, scoramento, tristezza CONTR. euforia, entusiasmo, esaltazione, ottimismo, animo, coraggio, energia, spirito.

demòrdere v. intr. lasciare la presa, cedere, mollare, abbandonare, arrendersi, darsi per vinto CONTR. aggrapparsi, afferrare, prendere.

demoscopìa s. f. (*est.*) rilevazione, indagine, ricerca, inchiesta.

demotivàre v. tr. disincentivare, disinteressare CONTR. incentivare, interessare.

demotivàto part. pass. di **demotivare**; anche agg. senza motivazione, disincentivato, disinteressato CONTR. incentivato, interessato, motivato.

denàro s. m. moneta, quattrini, soldi, bezzi, schei (*sett.*), pila (*gerg.*), grana (*gerg.*), contante, spiccioli, baiocchi, conquibus (*scherz.*) □ capitale, peculio (*scherz.*), averi, rendita □ valuta.

denaróso *V.* **danaroso**.

denigràre v. tr. calunniare, diffamare, infamare, screditare, sottovalutare, sparlare, vituperare CONTR. celebrare, elogiare, encomiare, esaltare, decantare, incensare, lodare, onorare, apprezzare, vantare, adulare.

denigràto part. pass. di **denigrare**; anche agg. calunniato, diffamato, infamato, screditato CONTR. elogiato, encomiato, esaltato, decantato, apprezzato, lodato, adulato.

denigratóre s. m.; anche agg. (f. *-trice*) calunniatore, diffamatore, diffamatorio, denigratorio, maldicente, criticone CONTR. celebratore, elogiatore, esaltatore, lodatore, adulatore, incensatore □ elogiativo, laudativo (*lett.*), laudatorio (*raro*), esaltatorio.

denigratòrio agg. diffamatorio, infamatorio, denigratore, diffamatore, calunniatore CONTR. elogiativo, laudativo (*lett.*), esaltatorio, laudatorio (*raro*), celebrativo.

denigrazióne s. f. calunnia, diffamazione, maldicenza, detrazione (*lett.*), critica CONTR. apologia, elogio, encomio, esaltazione, lode, incensamento, celebrazione.

denominàre A v. tr. chiamare, nominare, soprannominare, appellare (*lett.*), indicare **B denominarsi** v. intr. pron. prendere nome, avere per nome, chiamarsi.

denominàto part. pass. di **denominare**; anche agg. chiamato, nominato, soprannominato, indicato.

denominazióne s. f. nome, appellativo, titolo, epiteto, soprannome, qualificazione.

denotàre v. tr. dare a vedere, dare a conoscere, esprimere, indicare, manifestare, palesare, significare, rivelare.

denotazióne s. f. indicazione, manifestazione.

densaménte avv. fittamente, abbondantemente, molto CONTR. poco, scarsamente.

densità s. f. consistenza, spessezza (*raro*), compattezza, fittezza (*raro*), foltezza, concentrazione, intensità CONTR. inconsistenza, radezza (*raro*), rarefazione, tenuità, leggerezza.

dènso agg. **1** fitto, spesso, folto, compatto, consistente, serrato, stretto CONTR. rado, rarefatto, diradato, diluito, tenue **2** (*di buio, di notte, ecc.*) cupo, oscuro, intenso, profondo, compatto **3** (*fig.*) (*di pensieri, di osservazioni, ecc.*) abbondante, frequente, pieno, ricco CONTR. scarso, povero, privo, vuoto.

dentàta s. f. morso, morsicatura, zannata.

dentàto agg. **1** con denti **2** (*est.*) a forma di dente FRAS. *ruota dentata*, ingranaggio.

dentatùra s. f. **1** denti **2** (*di ingranaggio*) sporgenze.

dènte s. m. **1** (*fig.*) (*dell'invidia, della calunnia e sim.*) assalto, morso, asprezza **2** (*di pettine, di ingranaggio*) dentatura, punta □ risalto, sporgenza, intaccatura **3** (*geogr.*) cima aguzza, guglia, picco FRAS. *dente di leone*, tarassaco, piscialetto, soffione □ *a denti asciutti* (*fig.*), senza mangiare, senza ottenere nulla □ *a denti stretti* (*fig.*), controvoglia, con rabbia, col massimo impegno □ *fuori dei denti* (*fig.*), con franchezza, senza riguardo □ *battere i denti* (*fig.*), tremare □ *mostrare i denti* (*fig.*), assumere un atteggiamento minaccioso □ *difendere coi denti* (*fig.*), difendere strenuamente □ *stringere i denti* (*fig.*), resistere con tutte le forze □ *al dente*, moderatamente cotto □ *avere il dente avvelenato* (*fig.*), nutrire odio, avercela □ *mettere sotto i denti*, mangiare □ *armato fino ai denti*, armato di tutto punto.

dentellàto agg. a dentelli, frastagliato, seghettato.

dentellatùra s. f. dentelli, frastagliatura.

dentèllo s. m. **1** dim. di **dente 2** punta, risalto, tacca **3** (*arch.*) modanatura.

dentièra s. f. **1** protesi dentaria **2** (*mecc.*) cremagliera.

dentìsta s. m. e f. odontoiatra, cavadenti (*scherz., spreg.*).

dentìstico agg. odontoiatrico.

déntro A avv. **1** (*di luogo*) nell'interno, all'interno, nella parte interna CONTR. fuori, all'esterno **2** (*fig.*) nell'intimo, nell'animo, nel cuore, nella mente, interiormente CONTR. esteriormente **B** prep. **1** in, nel, nello, nella, negli, nelle **2** (*di tempo*) entro, nel corso di **C** in funzione di s. m. solo sing. **1** interno, parte interna, didentro CONTR. esterno **2** (*fig.*) intimo, intimità, anima FRAS. *andar dentro* (*fig.*), andare in prigione □ *darci dentro* (*fig., fam.*), impegnarsi a fondo, lavorare sodo.

denudaménto s. m. scoprimento, denudazione (*raro*) CONTR. vestizione.

denudàre A v. tr. **1** (*anche fig.*) spogliare, scoprire, svestire □ (*est.*) privare CONTR. vestire, rivestire, coprire, ricoprire **2** (*fig., lett.*) (*di pensieri, di intenzioni e sim.*) palesare, svelare CONTR. celare, nascondere, occultare **B denudarsi** v. rifl. spogliarsi, scoprirsi, svestirsi CONTR. vestirsi, rivestirsi, coprirsi, ricoprirsi.

denudàto part. pass. di **denudare**; anche agg. (*anche fig.*) spogliato, nudo, spoglio CONTR. vestito, coperto.

denùncia s. f. **1** delazione, accusa, querela **2** (*di nascita, dei redditi, ecc.*) notifica, notificazione, rapporto, referto, dichiarazione □ pubblicazione.

denunciàre v. tr. **1** sporgere denuncia, accusare, incriminare, querelare **CONTR.** scagionare, scolpare **2** (*di scomparsa, di attività, ecc.*) dichiarare, notificare, riferire, segnalare **CONTR.** celare, nascondere, occultare, coprire **3** (*di scandalo, di malessere, ecc.*) rendere noto, rendere evidente, manifestare, indicare, rivelare **CONTR.** nascondere, coprire.

denunciàto part. pass. di **denunciare**; anche agg. **1** accusato, incriminato, querelato **2** (*di scomparsa, di attività, ecc.*) dichiarato, notificato, segnalato **CONTR.** celato, nascosto, occultato **3** (*di scandalo, di malessere, ecc.*) reso noto, manifestato, rivelato **CONTR.** nascosto, coperto.

denunciatóre s. m.; anche agg. (f. *-trice*) accusatore, delatore, spia □ informatore, notificatore, segnalatore.

denùnzia e deriv. *V.* **denuncia** e deriv.

denutrìto agg. iponutrito, macilento, magro, emaciato, scarno, sparuto □ debole, deperito, fiacco **CONTR.** ipernutrito, grasso, ben pasciuto, paffuto, corpulento, gagliardo, robusto, vigoroso.

denutrizióne s. f. iponutrizione, nutrizione insufficiente □ debolezza, deperimento, esaurimento, macilenza, magrezza **CONTR.** ipernutrizione, adiposità, corpulenza, grassezza, obesità, pinguedine □ gagliardia, robustezza, vigore.

deodorànte part. pres. di **deodorare**; anche s. m. (*est.*) antiodorante, profumo.

deodoràre v. tr. (*est.*) profumare.

depauperaménto s. m. impoverimento, depauperazione, deperimento **CONTR.** arricchimento.

depauperàre v. tr. impoverire, stremare **CONTR.** arricchire.

depauperàto part. pass. di **depauperare**; anche agg. impoverito, stremato **CONTR.** arricchito.

depenalizzàre v. tr. **CONTR.** penalizzare.

depenalizzàto part. pass. di **depenalizzare**; anche agg. **CONTR.** penalizzato.

depenalizzazióne s. f. **CONTR.** penalizzazione.

dépendance /*fr.* depɑ̃'dɑ̃s/ [vc. fr., dall'ant. *maison de despens* 'casa che serve da dipendenza a un'altra'] s. f. inv. edificio minore, dipendenza □ succursale.

depennàre v. tr. **1** (*di cifra, di nome, ecc.*) cancellare, cassare, espungere **CONTR.** scrivere **2** (*fig.*) (*di persona*) eliminare, togliere **CONTR.** iscrivere, inserire.

deperìbile agg. deteriorabile, degradabile **CONTR.** resistente, indegradabile.

deperibilità s. f. deteriorabilità, degradabilità **CONTR.** resistenza, indeteriorabilità.

deperiménto s. m. **1** (*di persona*) perdita di forza, indebolimento, infiacchimento, svigorimento, esaurimento, sfinimento, debolezza **CONTR.** irrobustimento, rafforzamento, rinvigorimento, vigore **2** (*di cosa*) deterioramento **CONTR.** miglioramento **3** (*fig.*) (*di nazione, di costumi, ecc.*) decadenza, rovina **CONTR.** miglioramento, progresso.

deperìre v. intr. **1** (*di persona*) perdere le forze, consumarsi, indebolirsi, svigorirsi, esaurirsi **CONTR.** irrobustirsi, rafforzarsi, rinvigorirsi, rifiorire **2** (*di cosa*) deteriorarsi, guastarsi, scadere, sciuparsi **CONTR.** migliorare.

deperìto part. pass. di **deperire**; anche agg. indebolito, svigorito, esaurito, sfinito, denutrito, magro □ debole **CONTR.** forte, vigoroso, robusto, energico, ben messo, florido.

depilàre v. tr. pelare, togliere i peli, rasare.

depilazióne s. f. rasatura.

depistàre v. tr. portare su una falsa strada, far deviare, sviare.

dépliant /*fr.* depli'ɑ̃/ [vc. fr., sostantivazione del part. pres. di *déplier*, letteralmente, '(di)spiegare, svolgere'] s. m. inv. pieghevole pubblicitario, volantino.

deploràbile agg. **1** deplorevole, lacrimevole, lamentabile, lamentevole (*raro*) **CONTR.** invidiabile, fortunato **2** biasimevole, condannabile, riprovevole, spiacevole **CONTR.** encomiabile, lodevole □ piacevole.

deploràre v. tr. **1** (*di disgrazia, di morte, ecc.*) lamentare, piangere, compiangere, commiserare, compatire, rammaricarsi **CONTR.** invidiare, rallegrarsi **2** (*di condotta e sim.*) biasimare, condannare, disapprovare **CONTR.** approvare, elogiare, esaltare, lodare.

deploràto part. pass. di **deplorare**; anche agg. spiacevole, deplorevole, sfortunato **CONTR.** fortunato, piacevole.

deplorazióne s. f. **1** compianto, rincrescimento **CONTR.** invidia **2** biasimo, condanna, disapprovazione, riprovazione **CONTR.** approvazione, elogio, esaltazione, lode.

deplorévole agg. **1** (*di disgrazia, di morte, ecc.*) deplorabile, lamentabile, lacrimevole, lamentevole (*raro*), compassionevole, miserevole, pietoso **CONTR.** invidiabile **2** (*di condotta e sim.*) biasimevole, condannabile, riprovevole □ spiacevole **CONTR.** encomiabile, lodabile, lodevole □ piacevole, fortunato.

depórre A v. tr. **1** mettere giù, posare, depositare □ adagiare, collocare **CONTR.** prendere su, alzare, sollevare **2** togliersi, svestire, levarsi di dosso **CONTR.** mettersi, indossare, infilare, vestire **3** (*fig.*) (*da una carica, da un ufficio, ecc.*) rimuovere, destituire, allontanare □ detronizzare **CONTR.** assumere, insediare, reintegrare **4** (*fig.*) (*di idea, di orgoglio, ecc.*) lasciare, abbandonare, liberarsi, rinunciare, desistere **CONTR.** insistere, persistere, perseverare, ostinarsi **B** v. tr. e intr. (*dir.*) testimoniare.

deportàre v. tr. trasferire, confinare, esiliare, relegare **CONTR.** richiamare, rimpatriare.
deportàto part. pass. di **deportare**; anche agg. e s. m. confinato, esiliato, esule, relegato **CONTR.** rimpatriato.
deportazióne s. f. trasferimento, confino, esilio, relegazione, bando **CONTR.** rimpatrio.
depositàre A v. tr. **1** affidare in deposito, consegnare □ scaricare **CONTR.** ritirare □ caricare **2** porre, collocare, deporre, posare, mettere **CONTR.** prendere, prender su, sollevare **3** (*di liquido*) lasciar cadere **B depositarsi** v. intr. pron. far sedimento, decantarsi, raccogliersi sul fondo.
depositàrio s. m. **1** (*anche fig.*) consegnatario, fiduciario, custode, difensore **CONTR.** depositante **2** (*fig.*) (*di segreto, di confessione e sim.*) confidente.
depòsito s. m. **1** (*di merce*) consegna, recapito **CONTR.** restituzione, ritiro **2** (*di materiale*) ammasso, raccolta □ (*geol.*) accumulo **3** (*chim.*) sedimento **4** (*di luogo*) magazzino, ripostiglio, dock (*ingl.*), fondaco, emporio.
deposizióne s. f. **1** collocamento, adagiamento (*raro*) **CONTR.** sollevamento **2** (*fig.*) (*da una carica*) rimozione, destituzione, allontanamento, licenziamento **CONTR.** assunzione, riassunzione, insediamento, reintegramento **3** (*dir.*) testimonianza, attestazione, dichiarazione.
depósto part. pass. di **deporre**; anche agg. **1** rimosso, destituito, licenziato, allontanato **CONTR.** assunto, insediato **2** lasciato, abbandonato, messo **CONTR.** preso, ritirato, tolto.
depravàre v. tr. degenerare, corrompere, pervertire, contaminare, guastare, viziare **CONTR.** elevare, correggere, purificare, raddrizzare.
depravàto part. pass. di **depravare**; anche agg. e s. m. corrotto, perverso, pervertito, degenerato, degenere, guasto, disonesto, dissoluto, debosciato, scostumato, vizioso, immorale **CONTR.** casto, puro, morigerato, onesto, virtuoso.
depravazióne s. f. corruzione, pervertimento, disonestà, degenerazione, dissolutezza, impudicizia, impurità, scostumatezza, sregolatezza, vizio **CONTR.** castità, castigatezza, morigeratezza, onestà, dirittura, virtù, continenza, pudicizia, purezza.
deprecàre v. tr. **1** (*di male e sim.*) scongiurare **CONTR.** auspicare **2** (*di vizio, di modo di vivere, ecc.*) biasimare, condannare, deplorare, disapprovare **CONTR.** approvare, elogiare, esaltare, lodare.
depredàre v. tr. **1** mettere a sacco, saccheggiare, devastare, far preda, predare, razziare **2** derubare, sottrarre, spogliare **CONTR.** dare, donare, elargire, consegnare, regalare □ restituire, rendere, ridare.
depressióne s. f. **1** (*di terreno*) abbassamento, avvallamento, cavità, conca □ dolina, foiba **CONTR.** elevazione, gobba, prominenza, sporgenza **2** (*fig., econ.*) recessione, congiuntura sfavorevole, crisi, sboom (*gerg.*) **CONTR.** espansione, prosperità, boom (*ingl.*) **3** (*fig.*) (*di persona*) avvilimento, abbattimento, demoralizzazione, scoramento, scoraggiamento, sconforto, accasciamento, prostrazione, tristezza **CONTR.** euforia, ottimismo, allegria, gioia, eccitazione, felicità.
depressìvo agg. **1** deprimente, sconfortante, critico, triste **CONTR.** eccitante, stimolante, euforico **2** di depressione.
deprèsso part. pass. di **deprimere**; anche agg. **1** (*di terreno*) abbassato, schiacciato, compresso □ avvallato, incavato, concavo **CONTR.** elevato, prominente, sporgente, convesso **2** (*fig.*) (*di zona, di popolazione*) arretrato, povero, sottosviluppato **CONTR.** ricco, progredito, industrializzato **3** (*fig.*) (*di persona*) abbattuto, accasciato, avvilito, demoralizzato, disanimato, prostrato, scorato, scoraggiato, triste, pessimista **CONTR.** euforico, allegro, esaltato, baldanzoso, coraggioso, eccitato, ottimista.
deprezzaménto s. m. diminuzione di valore, calo **CONTR.** apprezzamento, rincaro.
deprezzàre v. tr. **1** (*econ.*) diminuire il prezzo, diminuire il valore, calare, rinvilire **CONTR.** apprezzare (*raro*), rincarare **2** (*fig.*) (*di persona, di opera, ecc.*) disprezzare, sminuire, denigrare **CONTR.** esaltare, magnificare.
deprimènte part. pres. di **deprimere**; anche agg. (*fig.*) avvilente, demoralizzante, opprimente, scoraggiante, umiliante, doloroso, triste **CONTR.** eccitante, esaltante, incoraggiante, rincorante, confortante.
deprìmere A v. tr. **1** spingere in giù, abbassare **CONTR.** alzare, sollevare **2** (*fig.*) (*di persona, di animo*) abbattere, avvilire, demoralizzare, disanimare, rattristare, incupire, opprimere, scoraggiare, umiliare **CONTR.** eccitare, esaltare, corroborare, rincorare, incoraggiare, sollevare, rianimare **B deprimersi** v. intr. pron. **1** (*di terreno*) diventare basso, avvallarsi **CONTR.** alzarsi **2** (*fig.*) (*di persona, di animo*) abbattersi, avvilirsi, demoralizzarsi, disanimarsi, scoraggiarsi, rattristarsi, incupirsi **CONTR.** entusiasmarsi, esaltarsi, eccitarsi, rianimarsi, rincorarsi, incoraggiarsi, risollevarsi.
depuraménto s. m. depurazione, chiarificazione **CONTR.** inquinamento.
depuràre A v. tr. **1** (*di sostanza*) purificare, chiarificare, filtrare, purgare, raffinare □ disinfettare **CONTR.** inquinare, sporcare, insozzare □ infettare **2** (*fig.*) (*di scritto, di ambiente, ecc.*) rendere puro, affinare, correggere, perfezionare □ ripulire, liberare **CONTR.** corrompere, guastare, depravare, pervertire, viziare, involgarire **B depurarsi** v. intr. pron. purificarsi, filtrarsi, chiarificarsi, purgarsi **CONTR.** inquinarsi, sporcarsi.
depuratìvo A agg. depuratorio, chiarificatore, purificatore **CONTR.** inquinante **B** s. m. (*est.*)

purgante.
depuràto part. pass. di **depurare**; anche agg. **1** (*di sostanza*) chiarificato, filtrato, raffinato **CONTR.** inquinato, sporcato **2** (*fig.*) (*di stile, di scritto e sim.*) affinato, ingentilito **CONTR.** involgarito.
depurazióne s. f. purificazione, chiarificazione, filtrazione, raffinamento **CONTR.** inquinamento.
deputàto s. m. **1** (*est.*) parlamentare, onorevole **2** delegato, designato, destinato, incaricato, inviato □ eletto, nominato.
deragliaménto s. m. uscita dalle rotaie □ sviamento.
deragliàre v. intr. uscire dalle rotaie □ sviare.
derby /*ingl.* 'da:bi/ [dal n. del conte di *Derby* (contea ingl.), che la promosse] s. m. inv. **1** corsa al galoppo **2** (*est., sport*) partita di campanile.
derelitto A agg. abbandonato □ desolato, disabitato, squallido, triste **CONTR.** curato, assistito □ abitato, popoloso, fiorente **B** s. m. orfano, trovatello.
deretàno s. m. sedere, posteriore, didietro, culo (*pop.*), natiche, podice.
deridere v. tr. schernire, dileggiare, beffare, beffeggiare, burlare, canzonare, irridere, motteggiare, mettere in ridicolo, pigliarsi gioco □ screditare, disprezzare, sottovalutare, spregiare **CONTR.** ammirare, apprezzare, applaudire, onorare, pregiare (*lett.*), rispettare, stimare.
derisióne s. f. beffa, burla, scherno, dileggio, canzonatura, irrisione, motteggio, disprezzo, spregio (*lett.*) **CONTR.** ammirazione, apprezzamento, onore, rispetto, riguardo, stima.
derìso part. pass. di **deridere**; anche agg. schernito, beffato, burlato, canzonato, irriso, disprezzato **CONTR.** ammirato, apprezzato, applaudito, onorato, rispettato, stimato.
derisòrio agg. beffardo, canzonatorio, irrisorio, fatto per scherno **CONTR.** ammirativo, rispettoso.
derìva s. f. deviazione, spostamento **FRAS.** *andare alla deriva,* essere trascinato dalla corrente; (*fig.*) subire passivamente le avversità.
derivànte part. pres. di **derivare**; anche agg. tratto, prodotto, causato, conseguente **CONTR.** antecedente, anteriore.
derivàre A v. tr. **1** deviare, dirigere altrove **2** (*fig.*) trarre, dedurre, ricavare **B** v. intr. **1** (*di fiume, di acque*) scaturire, sgorgare, nascere, provenire, uscire **CONTR.** sfociare, terminare, sboccare **2** (*fig.*) (*di male, di ricchezza, ecc.*) avere origine, essere originato, essere tratto, conseguire, provenire **CONTR.** arrivare, finire, terminare **3** (*di vino, di frutta, ecc.*) essere prodotto.
derivàto part. pass. di **derivare**; anche agg. **1** (*di fiume, di acqua*) scaturito, sgorgato, nato **CONTR.** sboccato, sfociato, terminato **2** (*fig.*) (*di male, di ricchezza, ecc.*) originato, causato, dedotto, proveniente, determinato **3** (*fig.*) (*di vino, di farina, ecc.*) ottenuto, prodotto, ricavato.
derivazióne s. f. **1** (*di acque, di linee elettriche, ecc.*) deviazione, diramazione **2** (*fig.*) (*di merce, di parola, ecc.*) fonte, origine, provenienza □ discendenza **CONTR.** fine, termine, conseguenza.
dèrma s. m. (*est.*) epidermide, cute, pelle.
dèroga s. f. derogazione, abolizione parziale, abrogazione, eccezione, revoca, rinuncia □ inosservanza **CONTR.** conferma, ratifica **FRAS.** *in deroga, a deroga,* facendo un'eccezione, contrariamente, in contrasto.
derogàbile agg. abrogabile, revocabile **CONTR.** inderogabile, irrevocabile.
derogàre v. intr. **1** (*a legge, a norma e sim.*) togliere autorità, togliere valore, fare un'eccezione, limitare, revocare **CONTR.** conservare, mantenere in vigore **2** (*fig.*) (*a principi, a consigli, ecc.*) rinunciare □ contravvenire, discostarsi, mancare, non osservare, non attenersi, violare, trasgredire **CONTR.** osservare, ottemperare, attenersi, rispettare, ubbidire.
derràta s. f. spec. al pl. prodotto agricolo, prodotto alimentare, vettovaglia □ (*est.*) merce, mercanzia.
derubàre v. tr. rubare, depredare, portar via, rapinare, spogliare, carpire, sottrarre □ (*fig.*) frodare, defraudare, privare **CONTR.** dare, donare, elargire, regalare □ ridare, rendere, restituire.
derubàto part. pass. di **derubare**; anche agg. depredato, rapinato, spogliato □ (*fig.*) defraudato, privato.
descrittìvo agg. espositivo, narrativo □ analitico **CONTR.** sintetico.
descrìtto part. pass. di **descrivere**; anche agg. **1** (*di persona o cosa*) raccontato, detto, scritto, esposto, espresso, narrato, riferito, spiegato **2** (*di linea, di segno e sim.*) delineato, disegnato, tracciato.
descrittóre s. m.; anche agg. (f. *-trice*) narratore, illustratore.
descrìvere v. tr. **1** (*di persona o cosa*) narrare, raccontare, riferire, dire, scrivere, rappresentare, raffigurare, esporre, esprimere, spiegare **2** (*di linea, di segno, ecc.*) delineare, disegnare, tracciare □ dipingere, ritrarre.
descrivìbile agg. rappresentabile, esprimibile, narrabile, raccontabile, riferibile **CONTR.** indescrivibile, inesprimibile, indicibile, inenarrabile, ineffabile.
descrizióne s. f. rappresentazione, esposizione, narrazione, racconto □ immagine, quadro, ritratto, schizzo.
desèrtico agg. (*est.*) arido, secco □ improduttivo **CONTR.** umido □ produttivo, fertile.
desèrto A agg. **1** disabitato, spopolato, vuoto **CONTR.** abitato, popolato, popoloso **2** privo di vegetazione, incolto, desolato, selvaggio, squallido □ vuoto, abbandonato, solo, solita-

rio, isolato CONTR. coltivato, lavorato, fertile, produttivo **B** s. m. **1** (*geogr.*) superficie arida, zona senza vegetazione CONTR. terra fertile, terra abitata **2** (*est.*) landa, steppa, tundra, zona incolta FRAS. *predicare al deserto* (*fig.*), parlare invano a chi non vuole ascoltare.

déshabillé /*fr.* dezabi'je/ [vc. fr., dal part. pass. di *déshabiller* 'svestire', comp. di *dés-* oppositivo e *habiller* 'vestire'] s. m. inv. vestaglia, abito da camera FRAS. *in déshabillé*, non ancora vestito.

desideràbile agg. appetibile, attraente, gradevole, amabile, piacevole, bello, auspicabile CONTR. indesiderabile, sgradevole, spiacevole, brutto.

desideràre v. tr. **1** aver voglia, agognare, ambire, anelare, appetire, aspettare, aspirare, concupire (*lett.*), sognare, sospirare, vagheggiare CONTR. odiare, disprezzare, sdegnare, non volere, respingere, ricusare, rifiutare **2** (*di riforma, di lavoro, ecc.*) volere, esigere, pretendere, cercare, ricercare, richiedere **3** (*raro*) (*di persona*) rimpiangere, provare rammarico FRAS. *farsi desiderare*, farsi aspettare □ *lasciare a desiderare*, non soddisfare.

desiderativo agg. (*ling.*) ottativo.

desideràto part. pass. di **desiderare**; anche agg. agognato, ambito, aspettato, sognato, sospirato, vagheggiato □ richiesto, ricercato, voluto CONTR. odiato, disprezzato, sdegnato, respinto, ricusato, rifiutato.

desidèrio s. m. **1** (*di persona o cosa perduta*) rimpianto, bisogno, nostalgia, senso di mancanza **2** (*di cibo, di gloria, ecc.*) appetito, aspettazione, brama, bramosia, avidità, cupidigia, desio (*lett.*), fame, febbre, gola, sete, smania, vaghezza, voglia, uzzolo (*tosc.*), capriccio □ fantasia, sogno CONTR. odio, avversione, antipatia, disgusto, nausea, ripugnanza, disprezzo.

desiderosaménte avv. avidamente, ansiosamente, bramosamente, impazientemente, appassionatamente CONTR. svogliatamente, indifferentemente, con disgusto, malvolentieri, controvoglia.

desideróso agg. avido, bramoso, cupido (*lett.*), desioso (*poet.*), voglioso, affamato, assetato, ansioso, impaziente, smanioso CONTR. sazio, pieno, disgustato, indifferente, svogliato.

design /*ingl.* di'zain/ s. m. inv. disegno industriale.

designàre v. tr. **1** additare, indicare, accennare, segnare, segnalare, mostrare, far notare **2** (*di figura, di fiore, ecc.*) raffigurare, rappresentare, simboleggiare, denotare **3** (*a carica, a ufficio*) destinare, proporre, scegliere **4** (*di giorno, di ora e sim.*) convenire, stabilire, fissare.

designàto part. pass. di **designare**; anche agg. **1** indicato, additato, mostrato, segnalato **2** (*di figura, di fiore, ecc.*) raffigurato, rappresentato, simboleggiato **3** (*a carica, a ufficio*) destinato, indicato, proposto, scelto **4** (*di giorno, di ora e sim.*) convenuto, fissato, stabilito.

designazióne s. f. **1** accenno, definizione, indicazione, segnalazione **2** destinazione, proposta, scelta.

designer /*ingl.* di'zainə/ [vc. ingl., dal verbo *to design* 'disegnare'] s. m. inv. disegnatore □ (*est.*) progettista.

desinènza s. f. (*est.*) terminazione, uscita.

desìstere v. intr. cessare, finire, smettere, interrompere, rinunciare, recedere, troncare, tralasciare, ritirarsi, abbandonare CONTR. cominciare, iniziare, avviare.

desolànte part. pres. di **desolare**; anche agg. sconfortante, affliggente, doloroso, triste, tormentoso □ brutto, disgustoso CONTR. confortante, lieto, rincorante, incoraggiante □ bello, piacevole.

desolàre A v. tr. **1** (*lett.*) (*di luogo*) devastare, saccheggiare, rovinare, distruggere, spogliare, guastare CONTR. risparmiare, salvare **2** (*di persona*) affliggere, addolorare, costernare, sconfortare, rattristare, tormentare, angosciare CONTR. confortare, consolare, rincorare, incoraggiare, rianimare, risollevare **B desolarsi** v. rifl. affliggersi, addolorarsi, accorarsi, disanimarsi, sconfortarsi, angosciarsi, rattristarsi CONTR. confortarsi, consolarsi, rincorarsi, rianimarsi, tirarsi su.

desolataménte avv. mestamente, tristemente, sconsolatamente CONTR. allegramente, felicemente, lietamente.

desolàto part. pass. di **desolare**; anche agg. **1** (*di luogo*) devastato, saccheggiato, rovinato, distrutto, spogliato, abbandonato, deserto, squallido, spopolato CONTR. risparmiato, intatto □ popolato, popoloso **2** (*di persona*) afflitto, addolorato, affranto, costernato, sconfortato, angosciato, sconsolato, rattristato, triste, tormentato CONTR. consolato, confortato, contento, lieto, allegro, felice, pago, soddisfatto.

desolazióne s. f. **1** (*di luogo*) devastazione, distruzione, rovina, guasto □ abbandono, miseria, squallore CONTR. ricchezza, splendore, sontuosità **2** afflizione, angoscia, dolore, disperazione, sconforto, sgomento, smarrimento, tristezza CONTR. animazione, allegrezza, contentezza, felicità, gioia, giocondità, letizia.

dèspota s. m. **1** sovrano assoluto, autocrate, padrone assoluto, monarca assoluto, tiranno, dittatore CONTR. suddito, oppresso, servo, schiavo **2** (*est.*) prepotente, autoritario, violento, ras CONTR. democratico □ sottomesso, timido.

dessert /*fr.* de'sɛr/ [vc. fr., part. pass. di *desservir* 'sparecchiare'] s. m. inv. ultima portata, frutta, dolce CONTR. antipasto.

destabilizzàre v. tr. rendere instabile, turbare,

indebolire, abbattere, rovinare, scuotere CONTR. stabilizzare, consolidare, rafforzare.

destabilizzazióne s. f. turbamento, indebolimento, disfacimento, tracollo CONTR. stabilizzazione, consolidamento, rafforzamento.

destàre A v. tr. **1** scuotere dal sonno, ridestare, svegliare, risvegliare, chiamare, fare alzare CONTR. addormentare, sopire, assopire **2** (*fig.*) (*di persona, di attenzione, ecc.*) scuotere, accendere, aizzare, eccitare, sollecitare, stimolare CONTR. calmare, frenare, raffreddare, sedare, trattenere **3** (*fig.*) (*di passioni, di interesse, ecc.*) suscitare, far nascere, provocare, scatenare CONTR. spegnere, smorzare, calmare, placare **4** (*di fiamma, di fuoco*) riaccendere, ravvivare CONTR. spegnere, smorzare **B destarsi** v. intr. pron. **1** scuotersi dal sonno, ridestarsi, svegliarsi, risvegliarsi, alzarsi CONTR. addormentarsi, assopirsi **2** (*fig.*) svegliarsi, scuotersi dall'inerzia, aprire gli occhi CONTR. infiacchirsi, snervarsi, svigorirsi **3** (*fig.*) (*di passione, di vento, ecc.*) nascere, sorgere, manifestarsi, palesarsi, farsi notare, farsi sentire CONTR. spegnersi, calare, tramontare.

destàto part. pass. di **destare**; anche agg. **1** svegliato, risvegliato, chiamato CONTR. addormentato, assopito **2** (*fig.*) (*di persona, di attenzione, ecc.*) scosso, eccitato, stimolato CONTR. calmato, placato, frenato, raffreddato **3** (*di passione, di interessi, ecc.*) nato, provocato, scatenato CONTR. spento, calmato, placato.

destinàre v. tr. **1** dare in sorte, stabilire □ (*est.*) decidere, deliberare, fissare, stabilire **2** (*di persona, di carica, ecc.*) assegnare, designare, deputare, eleggere, proporre **3** (*di lettera, di dono, ecc.*) indirizzare, inviare, spedire □ rivolgere, dirigere.

destinatàrio s. m. ricevente CONTR. mittente.

destinàto part. pass. di **destinare**; anche agg. **1** fatale, voluto dal destino □ (*est.*) deciso, deliberato, stabilito **2** (*di persona, di carica, ecc.*) assegnato, designato, eletto, incaricato **3** (*di lettera, di dono, ecc.*) indirizzato, inviato, spedito □ rivolto, diretto.

destinazióne s. f. **1** fine, finalità, scopo □ uso **2** (*di funzionario, di inviato, ecc.*) residenza, sede **3** (*di viaggio, di lettera, ecc.*) meta, punto di arrivo, recapito CONTR. punto di partenza.

destìno s. m. **1** fato, fatalità, necessità, stella **2** (*gener.*) sorte, ventura, vicenda **3** (*raro*) recapito, destinazione FRAS. *è destino che*, è fatale che.

destituìre v. tr. **1** rimuovere, esonerare, licenziare, dispensare, allontanare, deporre, liquidare, silurare CONTR. assumere, riassumere, insediare, promuovere **2** (*lett.*) privare.

destituìto part. pass. di **destituire**; anche agg. **1** rimosso, esonerato, licenziato, silurato CONTR. assunto, riassunto, insediato, promosso **2** (*di discorso, di notizia, ecc.*) privo, mancante, sfornito CONTR. fornito, provvisto.

destituzióne s. f. rimozione, esonero, dispensa, licenziamento, allontanamento, siluramento CONTR. assunzione, riassunzione, insediamento, promozione.

désto agg. **1** sveglio, svegliato, destato CONTR. addormentato, assopito **2** (*lett., fig.*) attento, cauto, guardingo, vigile, vigilante CONTR. avventato, distratto, disattento, sbadato **3** (*fig.*) alacre, attivo, pronto, sagace, solerte, vivace, capace CONTR. lento, torpido, indolente, neghittoso, pigro.

dèstra s. f. **1** dritta CONTR. sinistra, manca **2** (*polit.*) forze conservatrici, partito conservatore, conservazione, reazione □ parte conservatrice, parte reazionaria CONTR. sinistra □ parte progressista **3** (*mar.*) tribordo CONTR. babordo.

destreggiàre v. intr. e **destreggiàrsi** intr. pron. procedere con accortezza, barcamenarsi, agire accortamente, tergiversare, navigare tra due acque, arrangiarsi, difendersi.

destrézza s. f. **1** (*di fisico*) agilità, prontezza, snellezza, scioltezza, lestezza □ abilità, capacità, facilità CONTR. lentezza, impaccio, goffaggine □ incapacità, inettitudine **2** (*fig.*) (*di mente*) accortezza, avvedutezza, prudenza, sagacia, tatto, politica (*est.*) □ astuzia, scaltrezza CONTR. inavvedutezza, imprevidenza, imprudenza, ingenuità, dabbenaggine.

destrìsmo s. m. **1** (*med.*) CONTR. mancinismo, sinistrismo **2** (*polit.*) conservatorismo, reazione CONTR. sinistrismo.

dèstro A agg. **1** a destra, di destra, dritto CONTR. sinistro, mancino **2** (*fig.*) (*di mano, di mente, ecc.*) veloce, agile, pronto, lesto, sciolto, snello □ abile, capace CONTR. goffo, lento, impacciato □ maldestro, incapace, inetto **3** (*fig.*) (*di persona*) accorto, avveduto, prudente, sagace □ astuto, scaltro CONTR. inavveduto, imprevidente, imprudente, ingenuo, semplicione **B** s. m. opportunità, occasione, eventualità, momento favorevole, comodità CONTR. inopportunità, momento sfavorevole FRAS. *braccio destro* (*fig.*), aiuto, collaboratore.

destròrso agg. (*fig., scherz.*) destroide, conservatore, reazionario CONTR. sinistrorso, progressista.

destròsio s. m. zucchero □ (*chim.*) glucosio, esosio.

desùmere v. tr. **1** (*di notizia, di dato, ecc.*) trarre, ricavare, derivare **2** (*di ragione, di pensiero e sim.*) arguire, argomentare, dedurre, congetturare, intuire.

desumìbile agg. deducibile, derivabile, ricavabile, argomentabile, intuibile.

desùnto part. pass. di **desumere**; anche agg. **1** (*di notizia, di dato, ecc.*) tratto, ricavato, derivato **2** (*di ragione, di pensiero, ecc.*) arguito, congetturato, dedotto.

detective /*ingl.* di'tektiv/ [vc. ingl., abbr. di *detective policeman* 'poliziotto (*policeman*), che protegge (*detective*)'] s. m. inv. investigatore, poliziotto privato, agente investigativo.

detector /*ingl.* di'tektə/ [vc. ingl., dal lat. tardo *detĕctor*, da *detĕgere* 'scoprire'] s. m. inv. (*tecnol.*) rivelatore.

detenére v. tr. **1** (*di cosa*) avere, possedere, conservare, tenere, occupare **CONTR.** abbandonare, lasciare, rinunciare, cedere **2** (*di persona*) tenere in prigione **CONTR.** liberare, rilasciare, scarcerare.

detentìvo agg. (*di pena e sim.*) restrittivo.

detentóre s. m.; anche agg. (f. *-trice*) possessore, proprietario, padrone.

detenùto part. pass. di **detenere**; anche agg. e s. m. carcerato, prigioniero, imprigionato **CONTR.** libero, scarcerato.

detenzióne s. f. **1** (*di armi, di titolo, ecc.*) possesso **2** carcerazione, incarceramento, prigionia **CONTR.** libertà, scarcerazione.

detergènte part. pres. di **detergere**; anche agg. e s. m. detersivo.

detèrgere v. tr. pulire, ripulire, tergere, astergere (*lett.*), mondare, nettare, forbire □ asciugare, togliere **CONTR.** sporcare, imbrattare, insozzare, insudiciare, lordare.

deterioràbile agg. alterabile □ degradabile **CONTR.** indeteriorabile, inalterabile, indegradabile.

deterioraménto s. m. alterazione, danneggiamento, deteriorazione (*raro*), guasto, peggioramento **CONTR.** miglioramento, risanamento, accomodamento.

deterioràre A v. tr. guastare, danneggiare, rovinare, alterare, peggiorare **CONTR.** migliorare, sanare **B** v. intr. e **deteriorarsi** intr. pron. **1** alterarsi, guastarsi, peggiorare, rovinarsi **CONTR.** migliorare **2** (*fig.*) (*di costumi, di morale e sim.*) corrompersi, degenerare **CONTR.** migliorarsi, progredire.

deterioràto part. pass. di **deteriorare**; anche agg. **1** guastato, danneggiato, rovinato, alterato, peggiorato **CONTR.** migliorato, sanato **2** (*di costumi, di morale e sim.*) corrotto, degenerato **CONTR.** migliorato.

determinàbile agg. facile a stabilirsi, definibile, precisabile, specificabile **CONTR.** indeterminabile, indefinibile, imprecisabile.

determinànte part. pres. di **determinare**; anche agg. decisivo, fondamentale, risolutivo, determinativo (*raro*) **CONTR.** complementare, secondario.

determinàre A v. tr. **1** (*di confine, di significato, ecc.*) fissare i limiti, circoscrivere, delimitare, misurare **2** (*di prezzo, di data, ecc.*) stabilire, fissare, definire, distinguere, indicare, precisare, specificare **3** (*di causa, di effetto, ecc.*) produrre, causare, provocare, suscitare **4** (*di persona*) indurre, costringere **5** (*lett.*) (*di fare, di parlare, ecc.*) deliberare, decidere, risolvere **B determinarsi** v. intr. pron. risolversi, decidersi, indursi, disporsi.

determinataménte avv. **1** chiaramente, esplicitamente **CONTR.** confusamente **2** energicamente, risolutamente **CONTR.** fiaccamente, debolmente.

determinatézza s. f. **1** (*di cosa*) esattezza, precisione **CONTR.** indeterminatezza, imprecisione **2** (*di persona*) decisione, risolutezza **CONTR.** indecisione, incertezza.

determinàto part. pass. di **determinare**; anche agg. **1** (*di data, di numero, ecc.*) stabilito, definito, precisato, preciso, certo, specificato, particolare, singolare, speciale **CONTR.** indeterminato, imprecisato, impreciso, incerto, vago **2** (*di persona, di intenzione, ecc.*) deciso, fermo, pronto, risoluto **CONTR.** incerto, indeciso, irresoluto, tentennante, titubante.

determinazióne s. f. **1** (*di confine, di significato, ecc.*) definizione, indicazione precisa, delimitazione **2** (*di persona*) decisione, deliberazione, risoluzione, proposito, partito **3** (*ling.*) complemento, espansione.

detersìvo agg.; anche s. m. detergente.

detèrso part. pass. di **detergere**; anche agg. pulito, ripulito, nettato, puro (*lett.*), asciugato.

detestàbile agg. abominevole, esecrabile, odioso, ripugnante □ antipatico, molesto, spiacevole **CONTR.** adorabile, amabile, gradevole, gradito, grato, gustoso, piacente, piacevole, simpatico.

detestabilménte avv. esecrabilmente, odiosamente, obbrobriosamente, sgradevolmente **CONTR.** adorabilmente, amabilmente, gradevolmente, lodevolmente.

detestàre A v. tr. avere in orrore, abominare, aborrire, esecrare, maledire, odiare □ biasimare, condannare, riprovare **CONTR.** adorare, amare, approvare, benedire, gradire, lodare, prediligere **B detestarsi** v. rifl. rec. odiarsi, non potersi soffrire **CONTR.** adorarsi, amarsi, aversi in simpatia.

detonazióne s. f. scoppio fragoroso, esplosione.

detràrre v. tr. e intr. **1** togliere via, levare, sottrarre, eliminare, dedurre, defalcare, diminuire, scemare **CONTR.** aggiungere, addizionare, sommare, unire **2** (*fig., raro*) (*di persona*) denigrare, diffamare, ledere, calunniare, offendere **CONTR.** elogiare, esaltare, incensare, lodare, adulare.

detràtto part. pass. di **detrarre**; anche agg. sottratto, tolto, levato, defalcato **CONTR.** aggiunto, addizionato, sommato.

detrazióne s. f. **1** diminuzione, calo, sottrazione, sminuimento (*raro*), decremento (*raro*) **CONTR.** aggiunta, addizione, accrescimento, aumento, incremento **2** (*fig., raro*) calunnia, denigrazione, diffamazione, maldicenza, offesa **CONTR.** elogio, esaltazione, incensamento, lode, adulazione.

detrito s. m. **1** frammento, frantume, pezzetto **2** (*fig.*) avanzo, relitto, residuo.

detronizzàre v. tr. **1** (*di regnante*) deporre dal trono, deporre **CONTR.** intronizzare □ incoronare **2** (*est.*) (*di dirigente*) destituire, licenziare, spodestare **CONTR.** insediare, assumere.

detronizzazióne s. f. **1** (*di regnante*) deposizione **CONTR.** incoronazione **2** (*di dirigente*) destituzione, spodestamento, licenziamento **CONTR.** assunzione, insediamento.

détta s. f. nella loc. *a detta di*, secondo quel che si dice, come dice, come dicono.

dettagliànte s. m. e f. venditore al minuto, minutante (*raro*), bottegaio, negoziante **CONTR.** grossista.

dettagliàre v. tr. **1** descrivere minutamente, particolareggiare, circostanziare, ragguagliare **CONTR.** compendiare, riassumere, sintetizzare, stringere, riepilogare, sunteggiare **2** vendere al minuto **CONTR.** vendere all'ingrosso.

dettagliataménte avv. particolareggiatamente, minutamente, minuziosamente, nei minimi particolari **CONTR.** brevemente, compendiosamente, sinteticamente, stringatamente.

dettagliàto part. pass. di **dettagliare**; anche agg. nei minimi particolari, particolareggiato, minuto, minuzioso, circostanziato **CONTR.** breve, compendiato, compendioso, conciso, serrato, sintetico, stringato, succinto, riassuntivo.

dettàglio s. m. circostanza particolare, particolare, particolarità, minuzia **CONTR.** il tutto, l'insieme **FRAS.** *al dettaglio*, al minuto.

dettàme s. m. **1** precetto, norma, principio, insegnamento, prescrizione **2** consiglio, suggerimento, ispirazione.

dettàre v. tr. **1** (*est.*) dire, suggerire **2** (*di patti, di legge, ecc.*) prescrivere, imporre, stabilire, intimare, ingiungere **CONTR.** ascoltare, seguire, ubbidire **3** (*di coscienza, di esperienza, ecc.*) suggerire, consigliare, indicare, additare, mostrare, dire.

dettàto A part. pass. di **dettare**; anche agg. (*est.*) detto, suggerito **B** s. m. (*lett.*) proverbio, detto, massima, motto, sentenza, adagio, aforisma.

détto A part. pass. di **dire**; anche agg. **1** enunciato, espresso, pronunciato, riferito □ suggerito **CONTR.** taciuto, omesso, sottinteso **2** (*di persona*) soprannominato, chiamato, cosiddetto **3** già nominato, suddetto **B** s. m. parola, discorso □ motto, massima, sentenza, adagio, aforisma □ arguzia, facezia.

deturpàre v. tr. **1** deformare, sfigurare, imbruttire, guastare, devastare, sformare **CONTR.** adornare, abbellire, imbellire **2** (*fig.*) (*di animo, di scritto, ecc.*) rovinare, corrompere, deteriorare, macchiare, contaminare, insozzare, insudiciare **CONTR.** elevare, nobilitare, abbellire, esaltare, purificare.

deturpàto part. pass. di **deturpare**; anche agg. **1** deformato, imbruttito, sfigurato **CONTR.** adorno, abbellito, imbellito **2** (*fig.*) (*di animo, di scritto, ecc.*) guastato, rovinato, corrotto, insozzato **CONTR.** elevato, nobilitato, purificato.

deturpazióne s. f. deturpamento (*raro*), deformazione, deterioramento, imbruttimento **CONTR.** abbellimento, miglioramento.

deus ex machina /*lat.* 'dεus 'εks 'makina/ [lat., propriamente 'il dio che appare dalla macchina'] loc. sost. m. inv. **1** (*est.*) risolutore, factotum, padrone **2** (*spreg.*) (*di situazione, di trama*) manovratore, intrigante, maneggione, organizzatore.

devastàre v. tr. **1** (*di luogo*) guastare, rovinare, distruggere, infestare, saccheggiare, sterminare, spogliare, depredare, mettere a soqquadro, mettere a ferro e fuoco, fare man bassa **CONTR.** far fiorire, rendere fiorente, arricchire, costruire, rinnovare, riparare **2** (*fig.*) (*di persona, di viso, ecc.*) deturpare, sfigurare, sfregiare, imbruttire **CONTR.** abbellire, imbellire **3** (*fig.*) (*di dispiacere, di paura, ecc.*) abbattere, sconvolgere, turbare **CONTR.** confortare, ricreare, sollevare, risollevare.

devastàto part. pass. di **devastare**; anche agg. **1** (*di luogo*) distrutto, rovinato, depredato, saccheggiato **CONTR.** costruito, ricostruito, rinnovato **2** (*fig.*) (*di persona, di viso, ecc.*) deturpato, sfigurato, sfregiato **CONTR.** abbellito, imbellito **3** (*fig.*) (*da dispiacere, da paura, ecc.*) abbattuto, affranto, sconvolto **CONTR.** confortato, ricreato, risollevato.

devastatóre s. m.; anche agg. (f. *-trice*) distruttore, sterminatore, depredatore, saccheggiatore □ deturpante, sfigurante **CONTR.** costruttore, ricostruttore, restauratore, riparatore.

devastazióne s. f. **1** (*di luogo*) desolazione, distruzione, guasto, rovina, soqquadro, saccheggio, sterminio **CONTR.** ricostruzione, riparazione **2** (*fig.*) (*di persona, di animo, ecc.*) deturpamento, rovina, sfregio □ abbattimento, sconvolgimento **CONTR.** sollievo, conforto, abbellimento.

deviaménto s. m. **1** deviazione, fuorviamento **2** (*fig.*) aberrazione, traviamento, sviamento.

deviànte part. pres. di **deviare**; anche agg. **1** aberrante, deragliante **2** (*di natura, di carattere e sim.*) diverso, disadattato, anormale **CONTR.** inserito, normale.

deviàre A v. intr. **1** uscire di strada, cambiare direzione □ mutare corso □ deragliare **2** (*fig.*) (*dalla norma, dal giusto e sim.*) allontanarsi, distogliersi, discostarsi □ corrompersi, pervertirsi, traviarsi **3** (*fig.*) (*da un argomento*) divagare, uscire dal tema **B** v. tr. **1** (*di traffico, di fiume, ecc.*) far cambiare direzione, dirigere altrove, incanalare, indirizzare □ far mutare corso **2** (*raro, fig.*) (*di persona, di discorso, ecc.*) distogliere, allontanare.

deviàto part. pass. di **deviare**; anche agg. **1** (*di traffico, di fiume, ecc.*) diretto altrove, indirizzato, incanalato **2** (*fig.*) (*di persona, di discorso, ecc.*) allontanato, distolto **3** (*fig.*) (*di persona*) corrotto, pervertito, traviato.

deviazióne s. f. **1** (*di strada, di bussola, ecc.*) deviamento, mutamento, cambio di direzione, fuorviamento □ strada laterale **2** (*di vertebra, di luce, ecc.*) spostamento □ (*fis.*) scattering (*ingl.*) **3** (*fig.*) (*dalla norma, dal giusto e sim.*) allontanamento, aberrazione, errore, traviamento **CONTR.** pentimento, ravvedimento, resipiscenza (*lett.*) **4** (*fig.*) (*di discorso e sim.*) digressione, divagazione.

devoluzióne s. f. (*di bene, di denaro, ecc.*) trasferimento, trasmissione, passaggio □ offerta **CONTR.** accettazione, ricevimento.

devòlvere v. tr. (*di bene, di denaro, ecc.*) trasmettere, passare, trasferire, attribuire, consegnare, dare, destinare **CONTR.** accettare, ricevere.

devotaménte avv. **1** con devozione, piamente, religiosamente **CONTR.** empiamente, irreligiosamente, sacrilegamente **2** appassionatamente, ardentemente □ scrupolosamente **CONTR.** freddamente, indifferentemente.

devòto A agg. (*a un ideale*) consacrato □ dedito, destinato, votato **B** agg.; anche s. m. **1** (*di persona o cosa*) pio, religioso, sacro **CONTR.** empio, irreligioso, ateo, miscredente **2** (*a una persona*) affezionato, sincero, fedele, amico □ ossequioso, deferente, rispettoso, umile **CONTR.** avverso, contrario, ostile, infedele, ribelle, sprezzante.

devozióne s. f. **1** (*relig.*) intensa religiosità, pietà **CONTR.** empietà, irreligiosità, ateismo **2** pratica religiosa, culto, preghiera **3** (*verso persone*) ossequio, deferenza, affetto, affezione, attaccamento, dedizione □ obbedienza, riverenza, soggezione **CONTR.** avversione, inimicizia, ostilità, disprezzo, antipatia **4** (*al pl.*) (*relig.*) preghiere.

dì s. m. giorno.

diabolicaménte avv. malignamente, malvagiamente, perfidamente, perversamente, spietatamente **CONTR.** benignamente, bonariamente, dolcemente, mitemente, mansuetamente, umanamente.

diabòlico agg. **1** di diavolo, da diavolo, demoniaco, infernale, satanico **CONTR.** angelico, celeste, divino **2** (*est.*) (*di aspetto*) bruttissimo, orrendo, orribile **CONTR.** bellissimo, affascinante, meraviglioso, splendido, stupendo **3** (*est.*) (*di persona, di azione, ecc.*) cattivo, maligno, malvagio, perfido, perverso, spietato **CONTR.** buono, benigno, bonario, dolce, mite, mansueto, umano.

diacronìa s. f. **CONTR.** sincronia.

diacrònico agg. **CONTR.** sincronico.

diadèma s. m. **1** corona reale, corona imperiale **2** fascia, benda □ aureola, corona, coroncina, serto.

diafanità s. f. limpidezza, trasparenza, chiarezza, nitidezza, pellucidità (*lett.*) **CONTR.** opacità, oscurità, cupezza (*raro*), torbidezza.

diàfano agg. **1** limpido, trasparente, chiaro, nitido □ semitrasparente, traslucido, pellucido (*lett.*) **CONTR.** opaco, oscuro, cupo, fosco, offuscato, torbido **2** (*fig.*) (*di viso, di mani, ecc.*) delicato, gracile, esile, magro, sottile □ pallido **CONTR.** forte, robusto, nerboruto, vigoroso □ rubicondo, rubizzo.

diafonìa s. f. **1** (*mus.*) contrappunto □ dissonanza, disarmonia **2** (*tel.*) radiodisturbo, noise (*ingl.*).

diafràmma s. m. **1** divisione, separazione, tramezzo **2** (*fig.*) impedimento, imbarazzo, ostacolo, barriera, difficoltà.

diàgnosi s. f. (*est.*) giudizio, opinione, parere, valutazione.

diagnosticàre v. tr. (*est.*) riconoscere, individuare, identificare, scoprire, trovare.

diagonàle A s. f. linea obliqua **CONTR.** retta □ verticale **B** s. m. (*nel calcio, nel tennis*) tiro obliquo **C** agg. trasversale, obliquo **CONTR.** orizzontale □ verticale.

diagonalménte avv. trasversalmente, obliquamente, di traverso, di sghembo **CONTR.** orizzontalmente □ verticalmente.

diagràmma s. m. rappresentazione grafica, grafico, disegno.

dialèttica s. f. **1** logica **2** (*est.*) abilità nel discutere.

dialetticaménte avv. logicamente, razionalmente □ sottilmente, polemicamente **CONTR.** illogicamente, irrazionalmente.

dialèttico A agg. (*est.*) logico, convincente, persuasivo, razionale □ sottile, polemico **CONTR.** illogico, irrazionale **B** s. m. **1** logico **2** ragionatore □ polemico.

dialètto s. m. vernacolo, parlata locale, patois (*fr.*) **CONTR.** lingua nazionale.

dialogàre A v. tr. dialogizzare **B** v. intr. discutere □ (*raro*) conversare, discorrere, parlare **CONTR.** tacere.

dialogàto A part. pass. di **dialogare**; anche agg. in forma dialogata, dialogico **B** s. m. dialogo, parte dialogata.

dialògico agg. dialogato.

dialogizzàre A v. tr. dialogare **B** v. intr. conversare, discutere, dialogare, parlare **CONTR.** tacere.

diàlogo s. m. discorso, colloquio, conversazione, discussione, disputa, scambio di opinioni **CONTR.** monologo.

diamànte s. m. (*miner.*) carbonio cristallizzato □ brillante, solitario, gemma, rosetta **FRAS.** *a diamante, a punta di diamante*, a piramide quadrangolare □ *carattere di diamante* (*fig.*), carattere fortissimo □ *nozze di diamante*, sessantesimo anniversario di matrimonio.

diametralménte avv. (*fig.*) del tutto, totalmente, radicalmente **CONTR.** per nulla.

diàpason s. m. **1** (*mus.*) registro □ ottava **2** (*fig.*) culmine, massimo grado **3** corista.

diapositiva s. f. slide (*ingl.*) **FRAS.** *diapositiva* *a colori*, diacolor (*ingl.*).

diarchìa s. f. CFR. monarchia, triarchia.

diària s. f. indennità, trasferta, indennità di trasferta, soprassoldo giornaliero □ (*est.*) rimborso spese.

diàrio s. m. **1** annotazioni giornaliere, giornale, effemeride, agenda, cronaca giornaliera **2** registro giornaliero, giornale di classe **3** (*di esami, di ricevimento, ecc.*) prospetto.

diarrèa s. f. (*med.*) dissenteria, sciolta (*fam.*).

diàspora s. f. dispersione, migrazione, emigrazione, esodo CONTR. immigrazione, rimpatrio, ritorno.

diavolerìa s. f. **1** azione diabolica, cattiveria, intrigo, malizia, malvagità, perfidia, raggiro, trucco, garbuglio **2** stranezza, stravaganza, strampaleria.

diavolétto s. m. **1** dim. di **diavolo** **2** folletto **3** (*scherz.*) (*di bimbo*) giamburrasca **4** (*per capelli*) bigodino FRAS. *diavoletto di Cartesio*, ludione.

diàvolo s. m. **1** spirito del male, demonio, Satana, Lucifero, Belzebù, Berlicche (*scherz.*), maligno CONTR. angelo, spirito celeste **2** (*fig.*) maligno, perfido, violento, malvagio, perverso CONTR. brav'uomo, galantuomo **3** (*fig.*) persona vivace, scatenato, irrequieto CONTR. pacificone, polentone (*fam.*) FRAS. *mandare al diavolo* (*fig.*), cacciare in malo modo; mandare in rovina □ *andare al diavolo* (*fig.*), andare in rovina; togliersi di torno □ *fare il diavolo a quattro* (*fig.*), fare grande confusione □ *buon diavolo* (*fig.*), persona bonaria □ *povero diavolo* (*fig.*), persona sfortunata □ *saperne una più del diavolo* (*fig.*), essere furbissimo □ *farina del diavolo* (*fig.*), roba acquistata disonestamente □ *casa del diavolo*, inferno; (*fig.*) baccano, scompiglio; luogo scomodo e lontano □ *avere un diavolo per capello* (*fig.*), essere di pessimo umore.

dibàttere A v. tr. **1** (*raro*) agitare velocemente, sbattere, scuotere **2** (*fig.*) (*di proposta, di argomento, ecc.*) discutere, esaminare, considerare, vagliare, trattare **B dibattersi** v. rifl. **1** agitarsi, contorcersi, dimenarsi, divincolarsi, scuotersi CONTR. star fermo, restare immobile **2** (*fig.*) lottare, battersi □ angustiarsi, preoccuparsi, struggersi.

dibàttito s. m. dibattimento, discussione, disputa, controversia, scontro, polemica.

dibattùto part. pass. di **dibattere**; anche agg. discusso, esaminato, trattato.

diboscaménto s. m. deforestamento, deforestazione CONTR. rimboscamento, rimboschimento.

diboscàre v. tr. deforestare CONTR. rimboscare, rimboschire.

dicerìa s. f. voce maligna, chiacchiera, ciancia, ciarla, maldicenza, mormorazione, pettegolezzo CONTR. voce fondata, verità.

dichiarànte part. pres. di **dichiarare**; anche agg. e s. m. e f. parlante, scrivente.

dichiaràre A v. tr. **1** (*di idee, di sentimenti*) manifestare, palesare, rivelare, svelare, scoprire CONTR. celare, nascondere, occultare, coprire, tacere, velare **2** (*di verità, di estraneità, ecc.*) affermare, attestare, assicurare, asserire, certificare, giurare, proclamare, sostenere □ denunciare CONTR. negare, smentire **3** (*di persona*) eleggere, nominare, scegliere **4** (*innocente, vincitore, ecc.*) sentenziare, giudicare, proclamare □ fissare, stabilire **B dichiararsi** v. rifl. **1** mostrarsi, riconoscersi, professarsi, dirsi, confessarsi **2** manifestare le proprie opinioni, manifestarsi □ confessare il proprio amore.

dichiarataménte avv. apertamente, chiaramente, esplicitamente, evidentemente, manifestamente, palesemente CONTR. copertamente, occultamente, implicitamente.

dichiaratìvo agg. esplicativo, chiarificatore, indicativo.

dichiaràto part. pass. di **dichiarare**; anche agg. **1** (*di idee, di sentimenti*) manifestato, palesato, rivelato, svelato, manifesto, evidente, chiaro, esplicito, palese □ schietto, risoluto, convinto CONTR. coperto, celato, nascosto, occulto **2** (*di verità, di estraneità, ecc.*) affermato, attestato, asserito, proclamato, giurato, sostenuto □ denunciato CONTR. negato, smentito **3** (*di persona*) eletto, nominato **4** (*di innocente, di vincitore, ecc.*) giudicato, proclamato, riconosciuto **5** (*di idee, di amore, ecc.*) manifestato, confessato CONTR. nascosto, occulto.

dichiarazióne s. f. **1** (*lett.*) chiarimento, delucidazione, descrizione, spiegazione **2** (*di idee, di amore, ecc.*) affermazione, attestazione, asserzione, comunicazione, annuncio, notificazione, precisazione **3** (*di guerra, di resa, ecc.*) intimazione, proclamazione.

dicitùra s. f. **1** frase, scritta **2** didascalia □ intestazione, titolo.

dicotomìa s. f. divisione in due parti, bipartizione □ biforcazione.

didascalìa s. f. **1** dicitura, nota, sottotitolo, spiegazione, scritta **2** avvertenza, avviso.

didascàlico agg. istruttivo, educativo, ammaestrativo (*raro*), divulgativo, dottrinale.

didàttica s. f. pedagogia, metodo, metodologia.

didatticaménte avv. (*est.*) pedagogicamente, metodologicamente.

didàttico agg. **1** pedagogico, di insegnamento **2** (*est.*) educativo, istruttivo, moraleggiante.

dièci s. m. decina.

diecimìla s. f. FRAS. *biglietto da 10.000 lire*, deca (*gerg.*).

diecìna *V.* **decina**.

dièta (1) s. f. **1** (*med.*) regola di vitto, alimentazione, regime dietetico **2** (*est.*) astinenza, sobrietà □ digiuno, inedia.

dièta (2) s. f. (*est.*) assemblea, adunanza, consulta.

dietìsta s. m. e f. dietologo.
dietòlogo s. m. dietista, nutrizionista.
diètro A avv. **1** nella parte posteriore, di dietro □ appresso **CONTR.** avanti, davanti, nella parte anteriore **2** (*fig.*) alle spalle **B** prep. **1** nella parte posteriore, nella parte retrostante **CONTR.** davanti **2** di là da **CONTR.** di qua da **3** al seguito, appresso **4** dopo **CONTR.** prima **5** secondo, conformemente **C** in funzione di agg. inv. (*raro*) posteriore **CONTR.** davanti, anteriore **D** in funzione di s. m. parte posteriore, didietro, retro **CONTR.** davanti, parte anteriore **FRAS.** *tener dietro*, seguire; (*fig.*) imitare □ *correre dietro* (*fig.*), aspirare, desiderare □ *essere dietro a*, essere intento a □ *farsi correr dietro* (*fig.*), farsi desiderare.
diètro frónt in funzione di s. m. inv. (*fig.*) voltafaccia **CONTR.** costanza, coerenza.
difèndere A v. tr. **1** preservare, cautelare, proteggere, salvaguardare, custodire, salvare, riparare, tutelare □ appoggiare, patrocinare, propugnare, sostenere □ fortificare, munire, agguerrire **CONTR.** avversare, combattere, contrastare, osteggiare **2** discolpare, scagionare, scusare **CONTR.** accusare, incolpare **B difendersi** v. rifl. **1** cercare di preservarsi, proteggersi, resistere, ripararsi, schermirsi **CONTR.** abbandonarsi, esporsi **2** sostenere le proprie ragioni **3** discolparsi, scusarsi **CONTR.** accusarsi, incolparsi, confessare **4** (*fam.*) cavarsela, barcamenarsi, destreggiarsi **CONTR.** arrendersi, cedere.
difensìva s. f. difesa **CONTR.** attacco, offensiva.
difensìvo agg. di difesa, protettivo **CONTR.** offensivo.
difensóre s. m.; anche agg. (f. *-sóra*) **1** patrocinatore, paladino, patrono, campione, propugnatore, custode, tutore □ avvocato **CONTR.** avversario, nemico, offensore **2** (*sport*) difesa.
difésa s. f. **1** aiuto, appoggio, presidio, prevenzione, custodia, protezione, riparo, salvaguardia, scampo, soccorso □ schermo, scudo, baluardo, bastione, argine, diga **CONTR.** danno, offesa, ostacolo **2** apologia, patrocinio, tutela, perorazione, panegirico, arringa **CONTR.** accusa, imputazione □ requisitoria, filippica **3** (*est.*) avvocato difensore, difensori **CONTR.** accusa, accusatori.
diféso part. pass. di **difendere**; anche agg. **1** custodito, coperto, guardato, preservato, protetto, riparato, salvaguardato □ fortificato, guarnito, munito **CONTR.** indifeso, incustodito, scoperto, sguarnito **2** assistito, patrocinato, tutelato, giustificato, scusato **CONTR.** accusato, attaccato, incolpato.
difettàre v. intr. **1** mancare, essere privo, scarseggiare **CONTR.** abbondare, sovrabbondare, eccedere, esorbitare, traboccare **2** essere difettoso.
difettìvo agg. mancante, manchevole, incompleto, scarso, difettoso, imperfetto **CONTR.** completo, intero, ottimo, perfetto.
difètto s. m. **1** (*di cibo, di memoria, ecc.*) mancanza, manchevolezza, deficienza, penuria, scarsità, assenza, privazione **CONTR.** abbondanza, sovrabbondanza, eccedenza, quantità **2** (*di fabbricazione, di vista, ecc.*) imperfezione, pecca, tara, svantaggio, inconveniente, punto debole **CONTR.** perfezione, vantaggio, prerogativa, privilegio **3** colpa, peccato, vizio, errore, torto **CONTR.** pregio, virtù **4** (*med.*) minorazione, handicap (*ingl.*).
difettosaménte avv. imperfettamente, incompletamente, approssimativamente, manchevolmente **CONTR.** completamente, perfettamente, ottimamente.
difettóso agg. **1** deficiente, imperfetto, incompiuto, incompleto, lacunoso, mancante, manchevole, mediocre, scarso, scadente, scorretto □ mal funzionante **CONTR.** sufficiente, abbondante, sovrabbondante, completo, perfetto **2** brutto, deforme, malfatto, sgraziato **CONTR.** bello, grazioso, avvenente, formoso, ben fatto.
diffamàre v. tr. calunniare, denigrare, screditare, infamare, insinuare, mormorare, sparlare, disonorare **CONTR.** elogiare, encomiare, esaltare, incensare, lodare, onorare.
diffamatóre s. m.; anche agg. (f. *-trice*) calunniatore, denigratore, detrattore, maldicente, maligno, malignatore (*raro*), mormoratore, sparlatore **CONTR.** elogiatore, encomiatore (*raro*), esaltatore, incensatore, lodatore.
diffamatòrio agg. calunnioso, denigratorio, infamante, ingiurioso, maligno, insolente, offensivo, oltraggioso **CONTR.** elogiativo, esaltatore, adulatorio.
diffamazióne s. f. calunnia, denigrazione, detrazione, ingiuria, insinuazione, maldicenza, malignità, mormorazione, offesa, oltraggio, vituperio **CONTR.** elogio, encomio, esaltazione, incensamento, lode, onore, apologia.
differènte agg. diverso, dissimile, dissomigliante, difforme, discordante, discrepante (*raro*), distinto, eterogeneo □ contrario, opposto, vario **CONTR.** simile, somigliante, affine, analogo, consimile, conforme, corrispondente, uguale, pari, identico.
differenteménte avv. altrimenti, diversamente, variamente **CONTR.** ugualmente, analogamente, similmente.
differènza s. f. diversità, disparità, disuguaglianza, dissomiglianza, discordanza, discrepanza (*raro*) □ contrasto, dissonanza, divergenza, divario **CONTR.** somiglianza, rassomiglianza, similitudine, affinità, analogia, conformità, corrispondenza, uguaglianza, parità, identità.
differenziaménto s. m. differenziazione, diversificazione, variazione □ differenza, diversità **CONTR.** uguaglianza, immutabilità.
differenziàre A v. tr. diversificare, distinguere,

separare, sceverare (*lett.*) □ modificare, variare **CONTR.** uguagliare, equiparare, pareggiare **B** **differenziarsi** v. intr. pron. essere differente, distinguersi, diversificarsi **CONTR.** assomigliarsi, essere simile, uguagliarsi.

differenziàto part. pass. di **differenziare**; anche agg. distinto, separato, sceverato (*lett.*), diversificato **CONTR.** uguagliato, equiparato, pareggiato.

differenziazióne s. f. distinzione, diversificazione, variazione **CONTR.** uguaglianza, immutabilità.

differìbile agg. prorogabile, rinviabile **CONTR.** indifferibile, improrogabile, perentorio.

differiménto s. m. dilazione, proroga, rinvio, aggiornamento **CONTR.** anticipo, anticipazione.

differìre A v. tr. rinviare, aggiornare, rimandare, dilazionare, prorogare, procrastinare, protrarre, ritardare, temporeggiare **CONTR.** anticipare, fare subito **B** v. intr. essere diverso, differenziarsi, distinguersi, diversificarsi, dissomigliare, divergere, distaccarsi, variare □ discordare, dissentire **CONTR.** somigliare, assomigliare, rassomigliare, conformarsi, corrispondere, essere uguale.

differìto part. pass. di **differire**; anche agg. rinviato, rimandato, aggiornato, dilazionato, prorogato, procrastinato, protratto **CONTR.** anticipato, fatto subito.

difficile A agg. **1** (*di cammino, di lavoro, ecc.*) arduo, duro, difficoltoso, faticoso, grave, gravoso, disagevole, malagevole, pericoloso, preoccupante **CONTR.** facile, agevole, leggero, lieve **2** (*di problema, di scritto, ecc.*) astruso, complesso, complicato, enigmatico, imbrogliato, ingarbugliato, inesplicabile, oscuro, ostico, scabroso, spinoso **CONTR.** facile, chiaro, comprensibile, aperto, piano, semplice **3** (*di persona*) intrattabile, bisbetico, permaloso, aspro, scontroso, scostante □ esigente, incontentabile, schizzinoso **CONTR.** affabile, benevolo, benigno, bonario, calmo, cordiale, cortese, garbato, gentile, docile, fine, mansueto, mite, trattabile, alla buona, alla mano □ contentabile, di bocca buona **4** (*di avvenimento, ecc.*) poco probabile, poco sicuro, dubbio, incerto **CONTR.** certo, sicuro, possibile, realizzabile **B** s. m. difficoltà, problema, ostacolo **CONTR.** soluzione.

difficilménte avv. **1** faticosamente, stentatamente, con sforzo **CONTR.** facilmente, agevolmente, comodamente **2** poco probabilmente □ raramente **CONTR.** molto probabilmente, spesso.

difficoltà s. f. **1** (*di problema, di scritto, ecc.*) complessità, astrusità, osticità, oscurità, scabrosità **CONTR.** facilità, chiarezza, semplicità, comprensibilità **2** (*di viaggio, della vita, ecc.*) complicazione, disagio, ostacolo, contrasto, impedimento, contrattempo, inciampo, intoppo, intralcio, scoglio, osso duro, fatica, sforzo, guaio, nodo, spina **CONTR.** facilità, agevolezza, comodità, naturalezza, semplicità **3** (*da fare, da porre, ecc.*) obiezione, dubbio, contestazione, incertezza **4** (*spec. al pl.*) penuria di mezzi, scarsità di denaro **CONTR.** ricchezza, agiatezza, opulenza.

difficoltóso agg. **1** (*di cosa*) difficile, arduo, astruso, complicato, duro, imbrogliato, oscuro, scabroso **CONTR.** facile, agevole, chiaro, comprensibile, piano, semplice **2** (*di persona*) scontroso, suscettibile, permaloso, bisbetico, aspro **CONTR.** affabile, benigno, bonario, calmo, cordiale, cortese, garbato, gentile, docile, dolce, fine, mansueto, mite, trattabile, alla buona, alla mano.

diffìda s. f. (*dir.*) avviso, intimazione, ingiunzione.

diffidàre A v. intr. non avere fiducia, non fidarsi, dubitare, sospettare, temere **CONTR.** avere fiducia, fidarsi, confidare, sperare **B** v. tr. (*dir.*) intimare, ingiungere.

diffidènte agg. sospettoso, dubbioso, ombroso, timoroso, guardingo, scettico, sfiduciato **CONTR.** fiducioso, fidente (*lett.*), credulo, sicuro.

diffidènza s. f. sfiducia, sospetto, ombrosità, dubbio, timore **CONTR.** fiducia, fede, certezza, sicurezza, speranza.

diffóndere A v. tr. **1** (*di luce, di calore, ecc.*) spandere, spargere, emettere, emanare, effondere, versare **CONTR.** attirare, attrarre, ricevere, raccogliere **2** (*fig.*) (*di notizia, di scritto, ecc.*) divulgare, propagare, comunicare, propalare, trasmettere, veicolare **CONTR.** ricevere, accogliere **B** **diffondersi** v. intr. pron. **1** (*di nebbia, di calore, ecc.*) spargersi, spandersi, espandersi, allargarsi **CONTR.** restringersi, dissiparsi **2** (*fig.*) (*di notizia, di fama, ecc.*) propagarsi, divulgarsi, serpeggiare, arrivare, giungere **3** (*a parlare, a scrivere*) dilungarsi, soffermarsi, indugiare **CONTR.** essere conciso, sorvolare, sfiorare.

diffusaménte avv. abbondantemente, ampiamente, estesamente, largamente, lungamente, minuziosamente, meticolosamente, dettagliatamente, particolareggiatamente, prolissamente **CONTR.** brevemente, concisamente, laconicamente, stringatamente, succintamente, sinteticamente.

diffusióne s. f. **1** (*di calore, di luce, ecc.*) emissione, emanazione, spargimento, allargamento, dilatazione, effusione □ (*fis.*) scattering (*ingl.*) **CONTR.** attrazione, condensazione **2** (*fig.*) (*di idee, di notizie, ecc.*) propagazione, divulgazione, comunicazione, trasmissione **CONTR.** accoglimento, ricezione, ricevimento.

diffùso part. pass. di **diffondere**; anche agg. **1** (*di luce, di calore, ecc.*) sparso, effuso, esteso, ampio, dilatato **CONTR.** attirato, attratto **2** (*di notizia, di scritto, ecc.*) divulgato, propagato, comunicato, trasmesso **CONTR.** ricevuto, accolto **3** (*di discorso, di scritto*) prolisso, minuzioso, esteso, meticoloso, particolareggiato **CONTR.** breve, conciso, sintetico, succinto, laconico **4** comune, corrente, usato.

diffusóre A s. m. (*di idee*) propagatore, apostolo **B** s. m.; anche agg. (*tecnol.*) distributore □ (*mus.*) cassa, altoparlante (*est.*).

difilàto A agg. dritto, rapido, veloce, deciso, risoluto **CONTR.** lento, pigro, tardo, flemmatico **B** in funzione di avv. **1** direttamente, rapidamente, in fretta **CONTR.** adagio, lentamente, pigramente **2** di seguito, ininterrottamente **CONTR.** a intervalli.

difrónte A avv. di faccia, davanti **CONTR.** didietro, dietro **B** in funzione di agg. inv. dirimpetto **CONTR.** didietro.

dìga s. f. **1** argine, molo, sbarramento, terrapieno **2** (*fig.*) barriera, riparo, difesa, baluardo, ostacolo.

digerìbile agg. **1** assimilabile **CONTR.** indigeribile (*raro*), indigesto **2** (*fig.*) (*di persona, di parola, ecc.*) sopportabile, tollerabile, accettabile **CONTR.** insopportabile, intollerabile, inaccettabile.

digerìre v. tr. **1** (*di cibo*) assimilare, elaborare, smaltire **CONTR.** rigettare, vomitare, dar di stomaco **2** (*fig.*) (*di rabbia, di insulto, ecc.*) riuscire a dominare, farsi passare, mandare giù (*fig.*), liberarsi **3** (*fig.*) (*di persona, di discorso, ecc.*) tollerare, sopportare, accettare **CONTR.** respingere, rifiutare, ripudiare **4** (*fig.*) (*di concetto, di materia, ecc.*) capire, comprendere, assimilare, impadronirsi.

digestióne s. f. assimilazione, chilificazione **CONTR.** indigestione.

digestìvo agg. (*med.*) peptico, eupeptico, stomatico.

digitàle agg. (*elab., gener.*) numerico **CONTR.** analogico.

digiunàre v. intr. **1** astenersi dal cibo, fare astinenza, non mangiare, osservare il digiuno **CONTR.** cibarsi, mangiare, saziarsi, riempirsi, satollarsi, rimpinzarsi **2** (*fig.*) astenersi, privarsi **CONTR.** saziarsi, riempirsi.

digiùno (1) s. m. **1** astensione dal cibo, astinenza, dieta □ mancanza di cibo, fame, inedia **CONTR.** intemperanza, smoderatezza **2** (*fig.*) privazione, mancanza **CONTR.** abbondanza, sovrabbondanza.

digiùno (2) agg. **1** che non ha mangiato, senza cibo, vuoto □ affamato **CONTR.** pieno, rimpinzato, pago, sazio, satollo, sfamato **2** (*fig.*) (*di notizie, di conoscenze, ecc.*) privo, mancante □ libero, esente □ ignaro, ignorante, profano, impreparato **CONTR.** fornito, provvisto □ preparato, ferrato, sicuro.

diglossìa s. f. (*est.*) bilinguismo.

diglòtta agg. e s. m. e f. bilingue.

dignità s. f. **1** decenza, decoro, distinzione, elevatezza, fierezza, nobiltà, serietà, signorilità, rispettabilità □ maestosità **CONTR.** abiezione, bassezza, ignobiltà, indegnità, meschinità, volgarità, viltà **2** alto grado, alto ufficio, carica **3** considerazione, stima, importanza **4** (*spec. al pl.*) persona autorevole, autorità, maggiorente, magnate.

dignitàrio s. m. maggiorente, capo, primate, ottimate, magnate, nobile **CONTR.** plebeo, popolano, proletario.

dignitosaménte avv. decentemente, decorosamente, fieramente, nobilmente, signorilmente, altamente **CONTR.** abiettamente, bassamente, indegnamente, ignobilmente, meschinamente, vilmente, volgarmente.

dignitóso agg. **1** (*di persona, di portamento, ecc.*) pieno di dignità, decoroso, distinto, elevato, fiero, nobile, serio, signorile **CONTR.** abietto, basso, ignobile, indegno, meschino, vile, volgare **2** (*di lavoro, di compenso, ecc.*) decoroso, decente, adeguato, adatto **CONTR.** indecoroso, misero, umiliante.

digradàre v. intr. **1** (*di terreno, di strada, ecc.*) scendere gradatamente, abbassarsi, declinare, calare, essere in declivio **CONTR.** elevarsi, ergersi, innalzarsi, salire **2** (*fig.*) (*di luce, di suono, ecc.*) attenuarsi, diminuire, scemare □ sfumare **CONTR.** aumentare, accrescersi, rafforzarsi, intensificarsi.

digrignàre v. tr. (*di denti*) arrotare, far stridere.

diktat /*ted.* dik'ta:t/ s. m. inv. **1** trattato imposto, pace imposta **2** (*est., fig.*) ordine, condizione perentoria.

dilagànte part. pres. di **dilagare**; anche agg. **1** (*di acque*) straripante **2** (*fig.*) (*di corruzione, di moda, ecc.*) diffuso, imperante **CONTR.** in disuso.

dilagàre v. intr. **1** (*di acque*) tracimare, straripare, espandersi, spargersi **CONTR.** impaludare, stagnare, raccogliersi, inalvearsi **2** (*fig.*) (*di corruzione, di moda, ecc.*) diffondersi, propagarsi, allignare, prender piede **CONTR.** morire, spegnersi, passare.

dilagàto part. pass. di **dilagare**; anche agg. **1** (*di acque*) straripato, tracimato **2** (*fig.*) (*di corruzione, di moda, ecc.*) diffuso, allignato **CONTR.** morto, passato.

dilaniàre A v. tr. **1** fare a pezzi, smembrare, lacerare, sbranare **2** (*fig.*) (*di rimorso, di gelosia, ecc.*) straziare, tormentare, torturare **CONTR.** dare gioia, rallegrare, ricreare, sollevare **B dilaniarsi** v. rifl. (*lett.*) (*di vesti, di capelli, ecc.*) straziarsi **C** v. rifl. rec. straziarsi, tormentarsi, ferirsi.

dilaniàto part. pass. di **dilaniare**; anche agg. **1** lacerato, sbranato, smembrato **2** (*fig.*) (*da rimorso, da gelosia, ecc.*) roso, tormentato, torturato, straziato, ferito **CONTR.** rallegrato, ricreato.

dilapidàre v. tr. sperperare, dissipare, scialacquare, sprecare, spandere, buttar via **CONTR.** conservare, economizzare, risparmiare, mettere da parte, lesinare.

dilapidatóre s. m.; anche agg. (f. *-trice*) dissipatore, scialacquatore, sperperatore, sprecone, spendaccione **CONTR.** economo, parsimonioso, risparmiatore □ avaro, tirchio, taccagno.

dilapidazióne s. f. sperpero, dissipazione, spreco, sciupio, scialacquamento **CONTR.** economia, parsimonia, risparmio □ avarizia, tirchieria, taccagneria.

dilataménto s. m. dilatazione, allargamento, espansione, estensione, gonfiamento, ingrossamento **CONTR.** contrazione, diminuzione, restringimento, sgonfiamento.

dilatàre A v. tr. **1** allargare, ampliare, accrescere, aumentare, ingrandire, ingrossare, gonfiare, espandere, distendere, estendere **CONTR.** contrarre, diminuire, restringere, limitare, ridurre, sgonfiare **2** (*fig.*) (*di notizie, di discorsi, ecc.*) diffondere, divulgare, propagare, propalare **B dilatarsi** v. intr. pron. allargarsi, ampliarsi, crescere, aumentare, ingrandirsi, ingrossarsi, gonfiarsi, espandersi, estendersi, distendersi **CONTR.** contrarsi, diminuire, restringersi, limitarsi, ridursi, sgonfiarsi.

dilatàto part. pass. di **dilatare**; anche agg. allargato, ampliato □ aperto, spalancato, largo, disteso, esteso **CONTR.** contratto, compatto, ridotto, ristretto, serrato.

dilatazióne s. f. allargamento, ampliamento, accrescimento, aumento, espansione, distensione, estensione, gonfiamento, gonfiore **CONTR.** contrazione, diminuzione, restringimento, riduzione, limitazione.

dilazionàbile agg. differibile, prorogabile **CONTR.** indifferibile, improrogabile.

dilazionàre v. tr. differire, procrastinare, prorogare, rimandare, rinviare, indugiare, ritardare **CONTR.** anticipare, accelerare, affrettare, fare subito.

dilazionàto part. pass. di **dilazionare**; anche agg. differito, procrastinato, prorogato, rimandato, rinviato **CONTR.** anticipato, accelerato, affrettato.

dilazióne s. f. differimento, proroga, procrastinazione, rinvio, rimando, indugio, prolungamento, tergiversazione **CONTR.** azione immediata.

dileguàre A v. tr. fare scomparire, disperdere, dissipare □ sciogliere **B** v. intr. e **dileguarsi** intr. pron. svanire, scomparire, sparire, disperdersi, dissolversi □ allontanarsi, fuggire **CONTR.** apparire, comparire, mostrarsi.

dilèmma s. m. (*fig.*) problema insolubile, scelta □ alternativa, aut aut (*lat.*) **CONTR.** soluzione.

dilettànte A part. pres. di **dilettare**; anche agg. (*raro*) attraente, piacevole **CONTR.** sgradevole, spiacevole **B** agg.; anche s. m. e f. **1** amatore, cultore **CONTR.** professionista, specialista, intenditore **2** (*est., spreg.*) inesperto, incompetente, facilone, principiante, apprendista, orecchiante, superficiale **CONTR.** esperto, competente, perito, maestro.

dilettantìsmo s. m. **1** hobby (*ingl.*), sport (*ingl.*), passione **CONTR.** professionismo **2** (*spreg.*) faciloneria, superficialità, negligenza, incompetenza, approssimazione, pressappochismo **CONTR.** competenza, perizia, pratica, capacità, esperienza.

dilettantìstico agg. **1** di dilettante, da dilettante **CONTR.** professionistico **2** (*spreg.*) dilettantesco, superficiale **CONTR.** profondo, competente, capace.

dilettàre A v. tr. dare piacere, deliziare, divertire, accontentare, appagare, allietare, attrarre, interessare, rallegrare, ricreare, sollazzare **CONTR.** affliggere, annoiare, contristare, rattristare, infastidire, molestare, deprimere, opprimere, seccare, scocciare (*fam.*), tediare **B dilettarsi** v. intr. pron. provare piacere, compiacersi, divertirsi, gioire, godere, interessarsi, rallegrarsi, sollazzarsi **CONTR.** affliggersi, annoiarsi, contristarsi, rattristarsi, infastidirsi, deprimersi, seccarsi, scocciarsi (*fam.*), tediarsi.

dilettévole agg. piacevole, ameno, attraente, divertente, dolce, gradevole, gradito **CONTR.** fastidioso, noioso, opprimente, deprimente, seccante, scocciante (*fam.*), spiacevole, sgradevole.

dilètto (1) part. pass. di **diligere**; anche agg. caro, amato, prediletto, benvoluto **CONTR.** odiato, inviso, detestato.

dilètto (2) s. m. **1** godimento, piacere, gioia, giocondità, gusto, compiacimento, dolcezza, sollazzo **CONTR.** disgusto, dispiacere, fastidio, molestia, noia, oppressione **2** divertimento, svago, distrazione, piacere **CONTR.** sacrificio, peso, noia.

diligènte agg. **1** (*di persona*) accurato, attento, assiduo, coscienzioso, laborioso, operoso, premuroso, puntuale, solerte, sollecito, scrupoloso, studioso, vigilante, zelante **CONTR.** negligente, disattento, distratto, pigro, trascurato, noncurante, sbadato, sventato **2** (*di lavoro, di scritto, ecc.*) accurato, curato, rigoroso, esatto, preciso **CONTR.** inesatto, impreciso, tirato via, trascurato, confuso.

diligenteménte avv. accuratamente, attentamente, assiduamente, laboriosamente, operosamente, premurosamente, sollecitamente, studiosamente, coscienziosamente, scrupolosamente, zelantemente □ esattamente **CONTR.** negligentemente, distrattamente, pigramente, trascuratamente, sbadatamente, sventatamente.

diligènza (1) s. f. **1** (*di persona*) accuratezza, applicazione, assiduità, attenzione, coscienziosità, impegno, laboriosità, operosità, pazienza, premura, puntualità, solerzia, sollecitudine, scrupolo, studio, vigilanza, zelo **CONTR.** negligenza, disattenzione, distrazione, noncuranza, pigrizia, sbadataggine, sventatezza, trascuratezza **2** (*di lavoro, di scritto, ecc.*)

cura, rigore, esattezza, precisione **CONTR.** inesattezza, imprecisione, trascuratezza.

diligènza (2) s. f. carrozza pubblica, corriera, posta.

diluènte part. pres. di **diluire**; anche agg. e s. m. solvente **CONTR.** coagulante.

diluìre v. tr. **1** sciogliere, allungare, stemperare **CONTR.** concentrare, coagulare, rapprendere, rappigliare (*raro*), rassodare, condensare, ispessire **2** (*fig.*) (*di pensiero, di discorso, ecc.*) esprimere con troppe parole, allungare **CONTR.** condensare, riassumere, sintetizzare.

diluìto part. pass. di **diluire**; anche agg. **1** sciolto, stemperato, allungato **CONTR.** coagulato, concentrato, condensato, rappreso, rassodato **2** (*fig.*) (*di pensiero, di discorso, ecc.*) scialbo, scolorito □ diffuso, prolisso **CONTR.** condensato, riassunto, sintetico.

diluizióne s. f. scioglimento, stemperamento (*raro*) **CONTR.** concentrazione, coagulazione, rassodamento.

dilungàre A v. tr. (*lett.*) allontanare, allungare (*ant.*), rimuovere **CONTR.** accostare, avvicinare **B dilungarsi** v. intr. pron. **1** allungarsi **CONTR.** accorciarsi **2** (*lett.*) allontanarsi, discostarsi **CONTR.** avvicinarsi **3** (*fig.*) (*parlando*) soffermarsi a lungo, diffondersi, andare per le lunghe, fare digressioni **CONTR.** essere conciso, riassumere, stringere.

diluviàle agg. (*est.*) torrenziale, scrosciante.

diluviàre v. intr. **1** piovere dirottamente **2** (*fig.*) venire giù in abbondanza, grandinare.

dilùvio s. m. **1** pioggia dirotta □ alluvione, inondazione, nubifragio **2** (*fig.*) (*di parole, di carte, ecc.*) grande quantità, grande abbondanza, profluvio, profusione, mucchio, caterva, fracco (*dial.*) □ invasione **CONTR.** scarsità, esiguità, pochezza.

dimagriménto s. m. dimagramento, smagrimento **CONTR.** ingrassamento, ingrossamento, impinguamento (*raro*).

dimagrìre v. intr. diventare magro, dimagrare, smagrire, snellire **CONTR.** ingrassare, ingrossare, impinguarsi.

dimagrìto part. pass. di **dimagrire**; anche agg. smagrito, magro, snellito **CONTR.** ingrassato, grasso.

dimenàre A v. tr. agitare, dondolare, oscillare, scrollare, scuotere, tentennare **CONTR.** tener fermo, fermare, trattenere **B dimenarsi** v. rifl. **1** agitarsi, dibattersi, contorcersi, divincolarsi **CONTR.** fermarsi, stare fermo **2** (*fig.*) adoperarsi, affaccendarsi, darsi da fare **CONTR.** oziare, poltrire, impigrirsi, stare con le mani in mano, stare in panciolle.

dimensióne s. f. **1** estensione □ grandezza, mole, formato, misura, volume **2** (*fig.*) (*di avvenimento, di discorso, ecc.*) misura, valore, proporzione, atmosfera, clima, parametro □ aspetto, carattere, caratteristica.

dimenticàbile agg. obliabile (*lett.*) **CONTR.** indimenticabile.

dimenticànza s. f. **1** amnesia, oblio (*lett.*) □ mancanza di memoria, lacuna **CONTR.** memoria, ricordo, rimembranza (*lett.*) **2** incuria, trascuratezza, negligenza □ disattenzione, distrazione **CONTR.** diligenza, cura, attenzione, concentrazione.

dimenticàre A v. tr. **1** perdere la memoria, scordare, scordarsi, obliare (*lett.*) **CONTR.** ricordare, ricordarsi, rammentarsi, rimembrare (*lett.*) **2** (*est.*) (*di doveri, di amici, ecc.*) trascurare, omettere, tralasciare, non darsi pensiero **CONTR.** curare, occuparsi, provvedere, interessarsi, prendersi a cuore **3** (*di offese e sim.*) considerare con indulgenza, perdonare, condonare **CONTR.** condannare, punire **4** (*di cosa*) scordare, lasciare per trascuratezza, abbandonare **CONTR.** trovare, ritrovare **B dimenticarsi** v. intr. pron. scordare, scordarsi, obliare (*lett.*), non ricordarsi **CONTR.** ricordarsi, rammentarsi.

dimenticàto part. pass. di **dimenticare**; anche agg. **1** caduto in dimenticanza, scordato, obliato (*lett.*) □ ignorato, trascurato, tralasciato, abbandonato **CONTR.** ricordato, rammentato □ curato, apprezzato, stimato **2** (*di cosa*) lasciato, abbandonato, scordato **CONTR.** trovato, ritrovato.

dimessaménte avv. umilmente, modestamente, semplicemente □ poveramente **CONTR.** alteramente, orgogliosamente, superbamente □ elegantemente, riccamente.

dimésso part. pass. di **dimettere**; anche agg. **1** (*da un luogo*) fatto uscire, rilasciato, accomiatato, congedato **CONTR.** accolto, accettato, ricevuto, ricoverato **2** (*da una carica*) deposto, destituito, esonerato, licenziato **CONTR.** assunto, installato **3** (*di atteggiamento, di voce, ecc.*) umile, modesto, sottomesso, semplice **CONTR.** altero, altezzoso, fiero, immodesto, orgoglioso, superbo **4** (*di persona, di abito, ecc.*) sciatto, povero, negligente, trasandato, trascurato, disadorno, spoglio, abbandonato **CONTR.** accurato, diligente, elegante, ricco, fastoso.

dimestichézza s. f. **1** (*di persona*) familiarità, intimità, amicizia, intrinsichezza (*raro*), confidenza **CONTR.** estraneità, freddezza, ostilità, insocievolezza, selvatichezza **2** (*fig.*) (*di cosa*) esperienza, pratica, conoscenza **CONTR.** inesperienza, imperizia.

diméttere A v. tr. **1** (*da un luogo*) far uscire, rilasciare, accomiatare, congedare **CONTR.** fare entrare, accettare, accogliere, ricevere, ricoverare **2** (*da una carica*) deporre, destituire, esonerare, licenziare **CONTR.** assumere, riassumere, insediare, installare **3** (*lett.*) (*di orgoglio, di lavoro, ecc.*) abbandonare, tralasciare, deporre **CONTR.** assumere **B dimettersi** v. rifl. dare le dimissioni, lasciare, rinunciare, ritirarsi, licenziarsi **CONTR.** accettare, assumere.

dimezzàre v. tr. dividere a metà, dividere in

due, bipartire, bisecare, smezzare **CONTR.** raddoppiare, duplicare.

dimezzàto part. pass. di **dimezzare**; anche agg. **1** diviso a metà, smezzato **CONTR.** raddoppiato, duplicato **2** (*fig.*) (*di notizia, di discorso, ecc.*) incompleto, parziale **CONTR.** completo.

diminuìre A v. tr. **1** sminuire, ridurre, impiccolire, rimpiccolire, scemare, abbreviare, accorciare, assottigliare, calare, dedurre, detrarre **CONTR.** accrescere, aumentare, ingrandire, ingrossare, allungare **2** (*fig.*) (*di ricordo, di dolore, ecc.*) attenuare, attutire, mitigare, moderare □ abbattere, indebolire, infiacchire **CONTR.** rafforzare, rinforzare, rinvigorire **B** v. intr. ridursi, calare, decrescere, restringersi, scemare **CONTR.** aumentare, crescere **C diminuirsi** v. rifl. abbassarsi, avvilirsi, disprezzarsi, svalutarsi, sottovalutarsi **CONTR.** sopravvalutarsi, stimarsi, esaltarsi, lodarsi, vantarsi.

diminuìto part. pass. di **diminuire**; anche agg. **1** impiccolito, rimpiccolito, sminuito, ridotto, abbreviato, accorciato, assottigliato, calato **CONTR.** accresciuto, aumentato, ingrandito, ingrossato, allungato **2** (*fig.*) (*di ricordo, di dolore, ecc.*) attenuato, attutito, indebolito **CONTR.** rafforzato, rinforzato, rinvigorito.

diminutìvo agg. e s. m. (*est.*) vezzeggiativo **CFR.** accrescitivo, peggiorativo.

diminuzióne s. f. **1** calo, rimpicciolimento, riduzione, decrescenza, detrazione, menomazione, sminuimento (*raro*) **CONTR.** accrescimento, crescita, aumento, incremento, aggiunta, ingrandimento, ingrossamento, allungamento **2** (*fig.*) (*di persona*) indebolimento, scadimento, umiliazione **CONTR.** rafforzamento, rinvigorimento.

dimissióne s. f. congedo, esonero, licenziamento □ abbandono, rinunzia, recesso **CONTR.** assunzione, riassunzione, insediamento.

dimòra s. f. **1** permanenza, soggiorno, sosta, stanza (*lett.*) **CONTR.** passaggio, transito **2** abitazione, casa, alloggio, domicilio, residenza, sede **3** (*lett.*) indugio, ritardo **CONTR.** fretta, prontezza, sollecitudine **FRAS.** *ultima* (o *estrema*) *dimora*, sepolcro, tomba, cimitero.

dimoràre v. intr. **1** abitare, risiedere, albergare, soggiornare, sostare, stare, trattenersi, vivere **2** (*lett.*) indugiare, tardare **CONTR.** affrettarsi, sbrigarsi, spicciarsi.

dimostràbile agg. provabile, comprovabile, documentabile **CONTR.** indimostrabile.

dimostrabilità s. f. provabilità (*raro*) **CONTR.** indimostrabilità.

dimostrànte A part. pres. di **dimostrare**; anche agg. comprovante, indicante **B** s. m. e f. manifestante.

dimostràre A v. tr. **1** (*di affetto, di stima, ecc.*) mostrare, manifestare, palesare, scoprire, esprimere **CONTR.** celare, coprire, nascondere, occultare **2** (*di verità, di tesi, ecc.*) provare, confermare, chiarire, risolvere **3** (*di funzionamento, di caratteristica, ecc.*) spiegare, insegnare, descrivere, indicare, rappresentare **4** (*ass.*) partecipare a una manifestazione, manifestare **B dimostrarsi** v. rifl. manifestarsi, rivelarsi, comportarsi da, apparire, mostrarsi.

dimostratìvo agg. rivelatore, rivelante, probatorio.

dimostrazióne s. f. **1** (*di affetto, di stima, ecc.*) manifestazione, attestazione, indizio, mostra, segno, segnale, ostentazione, sfoggio **2** (*di teorema, di tesi, ecc.*) argomentazione, prova, ragionamento, spiegazione ragionata **3** (*di protesta, di solidarietà, ecc.*) manifestazione, assemblea, assembramento, comizio, raduno **4** (*mil.*) esibizione intimidatoria.

dinàmica s. f. **1** (*fis.*) **CONTR.** statica **2** (*est.*) (*di eventi, di fatti, ecc.*) successione, sviluppo, svolgimento.

dinamicaménte avv. **1** (*fis.*) **CONTR.** staticamente **2** (*fig.*) attivamente, energicamente, decisamente, vivacemente **CONTR.** debolmente, fiaccamente, mollemente, pigramente, svogliatamente.

dinamicità s. f. (*spec. fig.*) dinamismo, attivismo, vivacità, velocità **CONTR.** lentezza, fiacchezza, debolezza.

dinàmico agg. **1** (*fis.*) **CONTR.** statico **2** (*fig.*) (*di persona, di vita, ecc.*) energico, alacre, attivo, deciso, operoso, solerte, vivace, vitale □ agitato, mosso **CONTR.** debole, fiacco, inattivo, inerte, lento, molle, pigro, svogliato, neghittoso.

dinamìsmo s. m. **1** (*fis.*) **CONTR.** staticità **2** (*est.*) (*di persona, di vita, ecc.*) dinamicità, alacrità, decisione, energia, operosità, solerzia, vivacità, vitalità, sprint (*ingl.*) **CONTR.** debolezza, fiacchezza, inattività, inerzia, lentezza, mollezza, pigrizia, svogliatezza.

dinamitàrdo s. m. terrorista □ (*est.*) rivoluzionario.

dinamìte s. f. (*est.*) nitroglicerina □ esplosivo.

dìnamo s. f. inv. (*elettr.*, *gener.*, *est.*) generatore □ alimentatore.

dinànzi A avv. **1** (*di luogo*) di fronte **CONTR.** di dietro **2** (*di tempo*) prima **CONTR.** poi, dopo, in seguito **B** nelle loc. prep. **1** davanti a, di fronte a **CONTR.** di diètro **2** alla presenza di **C** in funzione di agg. **1** situato davanti **2** avanti, precedente, antecedente **CONTR.** seguente, successivo.

dinastìa s. f. **1** casa regnante, famiglia regnante, sovrani **2** famiglia, eredi.

dintórno A avv. e prep. intorno, tutto in giro, da ogni parte **B** s. m. spec. al pl. luoghi circostanti, vicinanze, adiacenze, sobborghi, periferia, paraggi, banlieue (*fr.*), hinterland (*ted.*).

Dìo s. m. **1** Iddio, Domineddio, Ente supremo, Essere supremo, Creatore, Altissimo, Onnipotente, Padreterno, Signore **2** (*nelle religioni politeistiche*) divinità, nume, essere immortale **3** (*fig.*) persona eccezionale, superuomo □

idolo, mito **FRAS.** *il Figlio di Dio*, Gesù Cristo □ *la Sposa di Dio*, la Chiesa □ *senza Dio*, ateo □ *ben di Dio, grazia di Dio* (*fig.*), abbondanza □ *come Dio volle*, finalmente □ *Dio sa quando*, chissà quando □ *fatto come Dio vuole*, fatto male, fatto alla meglio □ *fatto come Dio comanda*, fatto bene, fatto con cura.

diòcesi s. f. (*eccl.*) circoscrizione vescovile.

dionisìaco [da *Dioniso*, dio dell'entusiasmo e del vino] agg. **1** di Dioniso, bacchico **2** (*est.*) esaltante, sfrenato, entusiastico, delirante.

dipanàre v. tr. **1** (*di matassa*) svolgere, aggomitolare **CONTR.** sdipanare, aggrovigliare **2** (*fig.*) (*di faccenda, di intrigo, ecc.*) chiarire, districare, sbrogliare, spiegare **CONTR.** imbrogliare, ingarbugliare.

dipanatóio s. m. arcolaio, aspo, bindolo, guindolo.

dipartiménto s. m. **1** (*in alcuni paesi*) ministero **2** circoscrizione □ area.

dipendènte A part. pres. di **dipendere**; anche agg. **1** soggetto, subordinato **CONTR.** reggente, autonomo, indipendente, libero **2** causato, prodotto, originato, derivato **CONTR.** finito, terminato **B** s. m. e f. inferiore, soggetto, subalterno, subordinato, sottoposto **CONTR.** capo, superiore, direttore, dirigente, padrone, principale **C** s. f. (*ling.*) subordinata **CONTR.** reggente, principale.

dipendènza (1) s. f. **1** (*di cosa*) derivazione, provenienza □ connessione, relazione **2** (*di persona*) soggezione, sottomissione, subordinazione, servitù, obbedienza, inferiorità □ deferenza, rispetto **CONTR.** indipendenza, libertà, autonomia, emancipazione, comando, superiorità **FRAS.** *essere alle dipendenze di*, dipendere da.

dipendènza (2) s. f. *V.* **dépendance**.

dipèndere v. intr. **1** (*di cosa*) trarre origine, originarsi, essere causato, essere determinato, derivare, procedere, provenire, scaturire □ essere legato, essere condizionato, costituire la conseguenza **2** (*di persona*) essere sottoposto, essere soggetto, obbedire **CONTR.** comandare, essere a capo.

dipingere A v. tr. **1** pitturare, pingere (*lett.*) □ affrescare, acquerellare, colorare, colorire, istoriare, miniare, pennelleggiare (*raro*), tinteggiare, verniciare □ (*ass.*) dedicarsi alla pittura **2** (*di viso, di labbra e sim.*) tingere, imbellettare, truccare **CONTR.** struccare **3** (*fig.*) (*di carattere, di situazione, ecc.*) descrivere, illustrare, rappresentare, ritrarre, tratteggiare **B dipingersi** v. intr. pron. colorirsi, colorarsi **CONTR.** scolorirsi, scolorarsi **C** v. rifl. tingersi, imbellettarsi, truccarsi **CONTR.** struccarsi.

dipinto A part. pass. di **dipingere**; anche agg. **1** pitturato, affrescato, acquerellato, colorato, istoriato, miniato, tinteggiato, verniciato □ variopinto **CONTR.** scolorito **2** imbellettato, truccato **CONTR.** struccato **B** s. m. pittura, quadro □ affresco, ritratto, acquerello, pastello, guazzo, miniatura.

diplòma s. m. attestazione, attestato, licenza, patente □ laurea.

diplomàre A v. tr. conferire un diploma □ (*est.*) laureare **B diplomarsi** v. intr. pron. ottenere un diploma □ (*est.*) laurearsi.

diplomàtica s. f. (*est.*) archivistica, cronologia, paleografia, papirologia.

diplomaticaménte avv. **1** secondo la diplomazia, per via diplomatica **2** (*fig.*) abilmente, accortamente, finemente, prudentemente, con tatto **CONTR.** avventatamente, imprudentemente, grossolanamente, rozzamente, sfacciatamente.

diplomàtico A agg. **1** paleografico **2** della diplomazia **B** agg.; anche s. m. (*est.*) abile, accorto, avveduto, fine, prudente, riservato, politico **CONTR.** avventato, imprudente, grossolano, rozzo, sfacciato.

diplomàto part. pass. di **diplomare**; anche agg. e s. m. fornito di diploma □ laureato.

diplomazìa s. f. **1** corpo diplomatico □ carriera diplomatica **2** (*est.*) accortezza, abilità, prudenza, finezza, tatto, politica **CONTR.** avventatezza, imprudenza, grossolanità, rozzezza, sfacciataggine.

diprèsso avv. solo nella loc. avv. *a un dipresso*, all'incirca, pressappoco.

diradaménto s. m. rarefazione, sfoltimento, allargamento **CONTR.** addensamento, infittimento, ispessimento.

diradàre A v. tr. **1** (*di vegetazione, di nebbia, ecc.*) rarefare, sfoltire, allargare, alleggerire **CONTR.** addensare, infittire, infoltire, ispessire **2** (*di visite, di incontri e sim.*) diminuire, accorciare **CONTR.** intensificare, moltiplicare, raddoppiare **B** v. intr. e **diradarsi** intr. pron. **1** (*di vegetazione, di nebbia, ecc.*) diventare più rado, rarefarsi, alleggerirsi, sfoltirsi □ ridursi **CONTR.** addensarsi, infittirsi, infoltire, ispessirsi □ aumentare **2** (*di visite, di incontri, ecc.*) diminuire, accorciarsi, calare, diventare meno frequente **CONTR.** intensificarsi, moltiplicarsi, raddoppiarsi.

diradàto part. pass. di **diradare**; anche agg. **1** (*di vegetazione, di nebbia, ecc.*) sfoltito, sfrondato, rarefatto, alleggerito **CONTR.** addensato, infittito, infoltito, folto, spesso **2** (*di visite, di incontri, ecc.*) calato, diminuito **CONTR.** accresciuto, aumentato.

diramàre A v. tr. **1** (*raro*) tagliare i rami **2** (*fig.*) (*di notizia, di ordine, ecc.*) inviare, mandare, spedire, trasmettere □ diffondere, emanare, spargere, far circolare **CONTR.** accogliere, ricevere **B** v. intr. e **diramarsi** intr. pron. **1** (*raro*) (*di albero*) dividersi in rami □ (*est.*) (*di strada, di fiume, ecc.*) ramificarsi, biforcarsi, bipartirsi **CONTR.** unificarsi, riunirsi, congiungersi **2** (*fig.*) (*di stirpe, di teoria, ecc.*) discendere, derivare **3** (*di notizia, di ordine, ecc.*) diffondersi, spargersi, trasmettersi **CONTR.** arrivare, giungere, ricevere.

diramàto part. pass. di **diramare**; anche agg. (*di notizia, di ordine, ecc.*) impartito, emanato, diffuso, fatto circolare **CONTR.** ricevuto, giunto.

diramazióne s. f. **1** (*di albero*) ramificazione, ramo □ (*est.*) (*di strada, di fiume, ecc.*) biforcamento, biforcatura, biforcazione, crocevia, bivio, bipartizione □ strada secondaria, scorciatoia **CONTR.** strada principale, strada maestra **2** (*fig.*) (*di notizia, di ordine, ecc.*) invio, spedizione, trasmissione, diffusione **CONTR.** ricevimento, ricezione.

dìre A v. tr. **1** (*ass.*) parlare, esprimersi **CONTR.** tacere **2** (*di parola, di discorso, ecc.*) pronunciare, proferire, recitare **3** (*di verità, di bugia, ecc.*) dichiarare, affermare, asserire, sostenere **CONTR.** negare, smentire **4** (*di opinione, di segreto, ecc.*) manifestare, palesare, rivelare, divulgare, propalare □ esporre, enunciare, narrare, raccontare, riferire, riportare **CONTR.** celare, nascondere, tener segreto **5** (*di tacere, di partire, ecc.*) ammonire, consigliare, esortare, suggerire □ comandare, imporre, ordinare **6** (*in francese, in inglese, ecc.*) chiamare, nominare □ tradurre **7** (*di sentimenti, di pensiero, ecc.*) esprimere, indicare, simboleggiare, significare □ dimostrare, provare **B** v. intr. impers. correr voce, esser fama **C** in funzione di s. m. discorso, parlare, parola **FRAS.** *arte del dire*, retorica □ *dire la sua*, esporre il proprio parere □ *dirla grossa*, dire uno sproposito □ *non c'è che dire*, non c'è niente da obiettare □ *per meglio dire*, più precisamente □ *è tutto dire*, non occorre aggiungere altro □ *dire chiaro e tondo*, dire apertamente □ *non vuol dire*, non ha importanza □ *per così dire*, in certo modo □ *avere* (*o trovare*) *da dire*, trovare da lamentarsi □ *dirsela con uno*, essere in armonia con uno □ *hai un bel dire*, per quanto tu dica.

direttaménte avv. **1** in linea retta **CONTR.** obliquamente, di traverso **2** difilato, immediatamente, subito, addirittura, senz'altro **CONTR.** poi, più tardi **3** senza intermediari, senza terzi, personalmente, de visu (*lat.*) **CONTR.** indirettamente, per sentito dire.

direttìssimo agg.; anche s. m. (*ferr.*) espresso.

direttìva s. f. disposizione □ linea di condotta, indirizzo, istruzione, norma, regola, orientamento.

direttìvo A agg. (*di funzione, di comitato, ecc.*) dirigente □ direzionale **B** s. m. (*di partito, di associazione*) direzione, dirigenti, direttorio.

dirètto A part. pass. di **dirigere**; anche agg. **1** (*di via, di linea, ecc.*) diritto, senza deviazione, rettilineo **CONTR.** obliquo, storto, tortuoso, traverso **2** (*di conseguenza, di dipendenza, ecc.*) immediato **CONTR.** indiretto, mediato **3** (*di lettera, di discorso, ecc.*) indirizzato, mandato, inviato, spedito, rivolto **CONTR.** ricevuto **4** (*di esercito, di governo, ecc.*) comandato, guidato, presieduto, retto, amministrato, disciplinato **B** s. m. (*sport*) (*nel pugilato*) cross (*ingl.*).

direttóre s. m. (f. *-trice*) dirigente □ capo, superiore, soprintendente, preside, presidente, reggente, rettore **CONTR.** dipendente, inferiore, subalterno, subordinato, esecutore **FRAS.** *direttore spirituale*, confessore □ *direttore d'incontro*, arbitro.

direttòrio s. m. collegio direttivo, direttivo.

direttrìce A s. f. **1** dirigente **2** (*fig.*) (*di azione, di comportamento, ecc.*) linea, impostazione □ normativa, guida **B** agg. direzionale.

direzionàle agg. di direzione, indicatore, direttrice □ dirigenziale.

direzióne s. f. **1** senso, verso, lato, parte **2** (*fig.*) (*di idee, di economia, ecc.*) indirizzo, corso, tendenza, condotta, linea, regola **3** (*di impresa, di politica, ecc.*) governo, guida, comando □ gruppo direttivo, direttivo, direttorio □ dirigenti, dirigenza.

dirigènte A part. pres. di **dirigere**; anche agg. direttivo, direzionale **B** s. m. e f. direttore □ capo, soprintendente, superiore, preside, presidente, reggente, rettore **CONTR.** dipendente, inferiore, subalterno, subordinato.

dirigènza s. f. dirigenti, direttivo, direttorio □ comando, governo, guida.

dirigenziàle agg. direttivo **CONTR.** esecutivo.

dirìgere A v. tr. **1** (*di cammino, di sguardo, ecc.*) avviare, volgere, indirizzare, rivolgere **2** (*di lettera, di merce, ecc.*) indirizzare, inviare, mandare, spedire **CONTR.** ricevere **3** (*di azienda, di scuola, ecc.*) comandare, governare, guidare, presiedere, reggere, regolare, soprintendere, sorvegliare, amministrare, disciplinare, dare le direttive **CONTR.** dipendere, sottostare, sottomettersi, ubbidire, ottemperare, seguire **B dirigersi** v. rifl. **1** andare verso, avviarsi, incamminarsi, tendere **2** (*raro*) (*a persona*) rivolgersi.

dirigìbile s. m. aerostato.

dirimpètto A avv. di contro, di faccia, di fronte, davanti **CONTR.** dietro, alle spalle **B** nella loc. prep. *dirimpetto a*, di fronte a, di faccia a **C** in funzione di agg. inv. antistante, davanti **CONTR.** retrostante, di dietro.

dirittaménte avv. **1** direttamente, senza deviare **CONTR.** obliquamente **2** rettamente, onestamente, giustamente **CONTR.** disonestamente, ingiustamente **3** (*fig.*) immediatamente, subito □ decisamente **CONTR.** indirettamente, più tardi.

dirìtto (1) A agg. **1** (*di linea, di via, ecc.*) in linea retta, retto, rettilineo, diretto **CONTR.** curvo, obliquo, storto, sghembo, tortuoso **2** (*di palo, di muro, ecc.*) ritto, perpendicolare, verticale □ eretto, rigido, sollevato **CONTR.** steso, disteso, giacente, sdraiato □ floscio, cascante **3** (*di lato, di mano, ecc.*) destro **CONTR.**

sinistro, mancino **4** (*fig.*) (*di persona*) retto, onesto, giusto, leale CONTR. disonesto, ingiusto, sleale **5** (*fam.*) furbo, scaltro, volpone CONTR. ingenuo, minchione, semplicione **B** avv. **1** in linea retta, avanti CONTR. obliquamente, di sghembo **2** (*anche fig.*) direttamente CONTR. indirettamente **C** s. m. **1** davanti CONTR. retro, rovescio **2** (*nel tennis*) drive (*ingl.*) FRAS. *per diritto e per traverso* (*fig.*), in qualunque modo.

diritto (2) s. m. **1** legge, norme legislative, norme giuridiche, ordinamento giuridico **2** giure (*raro*), giurisprudenza, scienza giuridica **3** ragione, giustizia CONTR. forza, ingiustizia, torto, violenza **4** (*di proprietà, di passaggio, ecc.*) interesse, facoltà, privilegio, prerogativa, titolo, beneficio, spettanza **5** (*est., gener.*) pretesa **6** (*di bollo, di segreteria, ecc.*) tassa, imposta FRAS. *a buon diritto*, a ragione □ *di diritto*, per legge.

dirizzàre *V.* **drizzare**.

diroccaménto s. m. abbattimento, atterramento, demolizione, distruzione, smantellamento CONTR. costruzione, edificazione, erezione, fabbricazione.

diroccàre v. tr. abbattere, atterrare, demolire, distruggere, smantellare, spianare CONTR. costruire, edificare, erigere, fabbricare.

diroccàto part. pass. di **diroccare**; anche agg. semidistrutto, cadente, demolito, abbattuto, atterrato, smantellato, in rovina, rovinato CONTR. nuovo, intatto, restaurato.

dirompènte agg. **1** (*fig.*) (*di persona, di carattere, ecc.*) prorompente, impetuoso, veemente CONTR. calmo, pacato, lento **2** (*di proiettile*) ad alto esplosivo.

dirottaménte avv. a dirotto, molto abbondantemente, impetuosamente, smoderatamente, incontenibilmente CONTR. moderatamente, modicamente, misuratamente, regolatamente, sobriamente.

dirottaménto s. m. deviamento, deviazione, cambiamento di direzione, mutamento di direzione.

dirottàre A v. tr. **1** (*di aereo, di nave*) far deviare, far cambiare direzione **2** (*est.*) (*di traffico*) deviare **B** v. intr. **1** (*di aereo, di nave*) deviare **2** (*est.*) (*di traffico*) cambiare direzione.

dirottatóre s. m. (f. *-trice*) pirata dell'aria.

dirótto agg. violento, irrefrenabile, incontenibile, abbondantissimo, copiosissimo, furioso □ scrosciante CONTR. moderato, modico, misurato, regolato, sobrio.

dirùpo s. m. luogo roccioso, burrone, precipizio, scoscendimento, anfratto CONTR. piano, pianoro, spianata.

disabbigliàto agg. (*raro*) svestito, spoglio CONTR. vestito.

disabitàto agg. deserto, spopolato, abbandonato CONTR. abitato, popolato, popoloso.

disabituàre A v. tr. disavvezzare, divezzare, svezzare, disassuefare (*raro*) CONTR. abituare, avvezzare, assuefare **B** **disabituarsi** v. intr. pron. disavvezzarsi, disassuefarsi (*raro*) CONTR. abituarsi, avvezzarsi, assuefarsi.

disabituàto part. pass. di **disabituare**; anche agg. disavvezzo, disavvezzato CONTR. avvezzo, abituato.

disaccòrdo s. m. **1** (*mus.*) disarmonia, dissonanza CONTR. armonia, consonanza **2** (*fig.*) (*di persone, di opinioni, ecc.*) dissenso, discordanza, discordia, disparere (*raro*), dissidio CONTR. accordo, armonia, concordia, consenso.

disadattaménto s. m. incapacità di adattamento □ incapacità di inserimento, asocialità CONTR. adattamento.

disadattàto agg.; anche s. m. incapace di inserirsi, disinserito, asociale, déraciné (*fr.*), sradicato.

disadórno agg. **1** (*di casa, di abito, ecc.*) senza ornamenti, sobrio, semplice □ misero, povero, squallido CONTR. ornato, ricco, sfarzoso, sontuoso **2** (*est.*) (*di discorso, di scritto, ecc.*) nudo, spoglio, essenziale CONTR. gonfio, ampolloso, retorico, enfatico.

disagévole agg. malagevole, disagiato, incomodo, scomodo, faticoso □ difficile, laborioso, gravoso CONTR. agevole, comodo, facile, piano.

disaggregàre v. tr. disgregare, decomporre, disunire, separare CONTR. aggregare, attaccare, congiungere, unire.

disaggregazióne s. f. disgregazione, separazione, divisione CONTR. aggregazione, unione.

disagiàto agg. **1** (*di luogo*) privo di agi, disagevole, scomodo, incomodo, poco confortevole CONTR. comodo, confortevole **2** (*di persona*) bisognoso, povero, indigente, misero, disgraziato CONTR. agiato, ricco, facoltoso.

disàgio s. m. **1** mancanza di agi, scomodità, molestia, fastidio □ privazione, stento, sofferenza, patimento CONTR. agio, comodità, benessere **2** (*fig.*) difficoltà, imbarazzo CONTR. agio.

disambientàto agg. disorientato, déraciné (*fr.*), spaesato, a disagio CONTR. ambientato, inserito, a proprio agio.

disamoràre A v. tr. disinnamorare, disaffezionare, allontanare, raffreddare, distaccare CONTR. affezionare, far amare, attirare **B** **disamorarsi** v. intr. pron. disinnamorarsi, disaffezionarsi, allontanarsi, raffreddarsi, staccarsi CONTR. affezionarsi, innamorarsi, attaccarsi.

disamoràto part. pass. di **disamorare**; anche agg. e s. m. disinnamorato, disaffezionato, distaccato, disinteressato, indifferente CONTR. innamorato, affezionato, interessato.

disamóre s. m. disaffezione, distacco, freddezza, raffreddamento, indifferenza, disinteresse CONTR. affetto, affezione, amore, attaccamento, predilezione, interesse.

disancoràre **A** v. tr. levare l'ancora, salpare CONTR. ancorare **B** **disancorarsi** v. intr. pron. e rifl. **1** liberarsi dall'ancora **2** (*fig.*) liberarsi, sciogliersi, staccarsi CONTR. ancorarsi, legarsi, attaccarsi.

disanimàre **A** v. tr. scoraggiare, abbattere, accasciare, avvilire, deprimere, demoralizzare, sconfortare, scorare (*lett.*), sfiduciare, sbigottire, sgomentare CONTR. incoraggiare, animare, rianimare, confortare, consolare, rincorare, sollevare, risollevare **B** **disanimarsi** v. intr. pron. perdersi d'animo, scoraggiarsi, abbattersi, accasciarsi, avvilirsi, demoralizzarsi, deprimersi, sconfortarsi, scorarsi (*lett.*), sfiduciarsi, sbigottirsi, sgomentarsi CONTR. incoraggiarsi, rianimarsi, confortarsi, consolarsi, rincorarsi, risollevarsi, tirarsi su.

disapprovàre v. tr. non approvare, biasimare, condannare, criticare, censurare, riprovare, sconfessare □ bocciare, respingere CONTR. approvare, elogiare, esaltare, lodare, accettare □ promuovere.

disapprovàto part. pass. di **disapprovare**; anche agg. biasimato, condannato, criticato, censurato, sconfessato □ bocciato, respinto CONTR. approvato, elogiato, esaltato, lodato, accettato □ promosso.

disapprovazióne s. f. riprovazione, biasimo, critica, censura, condanna □ bocciatura CONTR. approvazione, elogio, esaltazione, lode, accettazione, consenso □ promozione.

disappùnto s. m. contrarietà, delusione, dispiacere, disagio, disturbo, molestia, fastidio, noia, rammarico, rincrescimento CONTR. contentezza, gioia, piacere, soddisfazione.

disarcionàre v. tr. **1** (*di cavallo*) sbalzare di sella **2** (*fig.*) (*di funzionario*) deporre, allontanare CONTR. insediare.

disarmàre **A** v. tr. **1** privare delle armi □ sguarnire □ smobilitare CONTR. armare, guarnire □ mobilitare **2** (*fig.*) (*di persona*) sopraffare, convincere, persuadere □ fiaccare, indebolire CONTR. eccitare, inasprire **3** (*edil.*) togliere le impalcature CONTR. armare **B** v. intr. **1** smobilitare CONTR. armarsi **2** (*fig.*) (*di persona*) darsi per vinto, arrendersi, cedere, desistere CONTR. opporsi, reggere, resistere, tener duro, tener testa.

disarmàto part. pass. di **disarmare**; anche agg. **1** privo di armi, senza armi, inerme CONTR. armato **2** (*fig.*) (*di persona*) senza difesa, inerme, debole, indifeso □ ingenuo CONTR. forte, agguerrito, preparato.

disàrmo s. m. **1** smobilitazione CONTR. armamento **2** (*fig., fam.*) disuso CONTR. uso.

disarmonìa s. f. **1** (*di suoni*) discordanza, dissonanza CONTR. armonia, accordo **2** (*est.*) (*di colori, di persone, ecc.*) disaccordo, contrasto, attrito, discordanza CONTR. euritmia, armonia, accordo, concordia, intesa, amicizia.

disarmònico agg. **1** (*di suono*) aspro, sgradevole, sordo, stonato CONTR. armonico, armonioso, gradevole, intonato **2** (*fig.*) (*di colori, di movimento, ecc.*) discordante, contrastante, disordinato, irregolare CONTR. armonico, ritmico, ordinato, regolare, coerente.

disarticolàre **A** v. tr. **1** (*med.*) slogare, snodare **2** (*fig.*) scomporre, slegare, privare dei nessi CONTR. legare, collegare **B** **disarticolarsi** v. intr. pron. slogarsi.

disarticolàto part. pass. di **disarticolare**; anche agg. scomposto, slegato, privo di nesso, indistinto CONTR. articolato, legato, distinto.

disastràre v. tr. danneggiare grandemente, rovinare.

disastràto **A** part. pass. di **disastrare**; anche agg. danneggiato gravemente, rovinato **B** s. m. alluvionato, terremotato, sinistrato.

disàstro s. m. **1** (*ferroviario, aereo, ecc.*) grave disgrazia, calamità, cataclisma, catastrofe, sciagura, rovina, sconquasso, sinistro, flagello, sterminio CONTR. fortuna, ventura, buona sorte, beneficio **2** (*fig.*) (*di spettacolo, di impresa, ecc.*) disavventura, fallimento, fiasco, tracollo CONTR. fortuna, caso favorevole **3** (*est., fig.*) (*di persona*) sventura, disgrazia, incapace, buono a nulla, rovina CONTR. tesoro, gioiello, competente.

disastrosaménte avv. rovinosamente, catastroficamente CONTR. fortunatamente, felicemente.

disastróso agg. **1** rovinoso, calamitoso, catastrofico, dannoso, doloroso, disgraziatissimo CONTR. fortunato, felice **2** (*di viaggio, di cammino, ecc.*) disagiato, disagevole, scomodo CONTR. agevole, comodo, facile, piacevole **3** (*di esame, di prova, ecc.*) pessimo, deludente, negativo CONTR. ottimo, positivo.

disattènto agg. distratto, sbadato, incurante, noncurante, negligente, spensierato CONTR. attento, diligente, assiduo, preciso, scrupoloso.

disattenzióne s. f. **1** distrazione, sbadataggine, disavvertenza, inavvertenza, negligenza, noncuranza, sventatezza, trascuratezza CONTR. attenzione, diligenza, applicazione, assiduità, precisione, scrupolo **2** mancanza di riguardo, scortesia, sgarberia, indelicatezza CONTR. riguardo, cortesia, garbo, gentilezza, delicatezza.

disattivàre v. tr. **1** (*di ordigno*) scaricare, disinnescare, rendere inoffensivo CONTR. caricare, innescare **2** (*di attività, di servizio, ecc.*) smobilitare, chiudere, eliminare CONTR. attivare, iniziare.

disattivàto part. pass. di **disattivare**; anche agg. **1** (*di ordigno*) scaricato, disinnescato CONTR. caricato, innescato **2** (*di attività, di servizio, ecc.*) smobilitato, chiuso, eliminato CONTR. attivato, iniziato, aperto.

disavànzo s. m. deficit (*lat.*), passivo, debito, scapito CONTR. avanzo, attivo, credito, eccedenza.

disavvedutaménte avv. inconsideratamente, sconsideratamente, incautamente, sbadatamente, disattentamente, distrattamente **CONTR.** avvedutamente, accortamente, cautamente, prudentemente, attentamente, diligentemente.

disavvedutézza s. f. inconsideratezza (*raro*), sconsideratezza, inavvertenza, sbadataggine, disattenzione, distrazione **CONTR.** avvedutezza, accortezza, prudenza, attenzione, diligenza.

disavvedùto agg. inconsiderato, sconsiderato, incauto, malcauto, malaccorto, sbadato, disattento, distratto **CONTR.** avveduto, accorto, cauto, prudente, attento, diligente.

disavventùra s. f. contrarietà, disgrazia, sfortuna, vicenda sfortunata, odissea **CONTR.** fortuna, caso fortunato.

disavvertènza s. f. disattenzione, distrazione, sbadataggine, sventatezza **CONTR.** attenzione, diligenza, precisione.

disavvertitaménte avv. sbadatamente, distrattamente, sventatamente **CONTR.** attentamente, diligentemente.

disboscàre e deriv. *V.* **diboscare** e deriv.

disbrigàre A v. tr. risolvere, sbrigare, eseguire, espletare **CONTR.** avviare, impostare **B disbrigarsi** v. rifl. (*lett.*) liberarsi, sbrogliarsi, districarsi.

disbrìgo s. m. risoluzione, esecuzione, espletamento, compimento.

discàpito s. m. scapito, svantaggio, danno, perdita **CONTR.** guadagno, utile, vantaggio.

discàrica s. f. **1** (*di rifiuti*) scarico □ fogna **2** (*di merci*) scarico **CONTR.** carico.

discendènte A part. pres. di **discendere**; anche agg. **1** in discesa, calante **CONTR.** in salita, ascendente **2** derivante, nato, originato, proveniente **CONTR.** ascendente **B** s. m. e f. figlio, postero, erede, successore **CONTR.** padre, genitore, progenitore, antenato.

discendènza s. f. **1** generazione, nascita, origine, stirpe, famiglia, ceppo, lignaggio (*lett.*), schiatta, razza **CONTR.** ascendenza **2** figli, nipoti, pronipoti, posteri, successori, eredi **CONTR.** padri, progenitori, antenati **3** (*fig.*) nascita, origine, provenienza.

discèndere A v. intr. **1** scendere, calare, degradare, venir giù □ (*est.*) smontare **CONTR.** salire, ascendere, montare, andar su **2** (*di astro*) declinare, tramontare, morire **CONTR.** sorgere, nascere **3** (*fig.*) (*di persona, di fiume, ecc.*) nascere, trarre origine, derivare, provenire **4** (*fig.*) (*di conseguenza, di risultato, ecc.*) conseguire, risultare **B** v. tr. scendere **CONTR.** salire.

discèpolo s. m. allievo, alunno, scolaro, studente □ seguace, imitatore **CONTR.** insegnante, docente, maestro, professore, precettore.

discerniménto s. m. criterio, giudizio, oculatezza, capacità critica, perspicacia, acume □ saggezza, buonsenso, senno **CONTR.** dissennatezza, sciocchezza, stoltezza, sconsideratezza, superficialità.

discésa s. f. **1** (*di persone*) calata, invasione **2** (*di luogo*) china, pendio, declivio, scesa **CONTR.** salita, erta **3** (*sport*) attacco.

discéso part. pass. di **discendere**; anche agg. **1** sceso, calato, venuto giù, smontato **CONTR.** salito, montato **2** (*di astro*) declinato, tramontato **CONTR.** sorto, nato **3** (*fig.*) (*di persona, di fiume, ecc.*) derivato, proveniente.

dischiùdere v. tr. **1** (*di occhio, di bocca, ecc.*) aprire, schiudere, socchiudere, disserrare **CONTR.** chiudere, rinchiudere, serrare **2** (*fig.*) (*di mistero, di verità, ecc.*) svelare, scoprire, manifestare, rivelare, palesare **CONTR.** celare, coprire, nascondere, occultare.

dischiùso part. pass. di **dischiudere**; anche agg. **1** (*di occhio, di bocca, ecc.*) aperto, schiuso, socchiuso, disserrato **CONTR.** chiuso, serrato **2** (*fig.*) (*di mistero, di verità, ecc.*) svelato, scoperto, rivelato **CONTR.** celato, coperto, nascosto, occultato.

discìnto agg. **1** (*di persona*) vestito succintamente, poco vestito, scollacciato, scomposto, seminudo **CONTR.** ben vestito, coperto, ricoperto **2** (*di vesti*) semiaperto, scomposto, scollacciato **CONTR.** chiuso, allacciato.

disciògliere A v. tr. **1** (*lett.*) (*di capelli, di nodo, ecc.*) sciogliere, slegare, svincolare, disfare, disgiungere, separare □ disperdere, licenziare **CONTR.** legare, congiungere, unire, raccogliere, stringere **2** (*fig.*) (*di questione, di dubbio, ecc.*) districare, risolvere, spiegare **3** (*di materia*) liquefare, sciogliere, fondere, squagliare, stemperare, struggere **CONTR.** coagulare, condensare, rassodare, solidificare **B disciogliersi** v. intr. pron. (*di materia*) sciogliersi, liquefarsi, fondersi, squagliarsi, struggersi **CONTR.** coagularsi, condensarsi, rapprendersi, rassodarsi, solidificarsi **C** v. rifl. (*lett.*) liberarsi, svincolarsi □ disperdersi.

disciòlto part. pass. di **disciogliere**; anche agg. **1** (*di capelli, di nodo, ecc.*) slegato, disfatto, liberato, libero, svincolato **CONTR.** legato, congiunto, unito, stretto **2** (*di materia*) fuso, liquefatto, sciolto, squagliato, stemperato **CONTR.** coagulato, condensato, rassodato, rappreso, solidificato.

disciplìna s. f. **1** insegnamento, ammaestramento, magistero, dottrina **2** (*di studio*) materia, ramo, scienza **3** (*di scuola, di partito, ecc.*) norma, precetto, regola, regolamento **4** (*a leggi, a superiori, ecc.*) obbedienza, ossequio, ottemperanza, sottomissione **CONTR.** disubbidienza, indisciplina, insubordinazione **5** (*di strumento*) cilicio, penitenza, flagello.

disciplinataménte avv. ordinatamente, educatamente, bene **CONTR.** indisciplinatamente, diseducatamente, male.

disciplinàto agg. **1** (*di persona, di comportamento, ecc.*) ubbidiente, ossequente, rispettoso, sottomesso, subordinato **CONTR.** indisciplinato, disubbidiente, insubordinato **2** (*di traffico, di commercio, ecc.*) regolato, ordinato, diretto **CONTR.** libero, liberalizzato.

dìsco s. m. **1** piastra circolare □ piatto, ruota, scudo, ruzzola **2** (*di astro*) cerchio **FRAS.** *cambiare disco* (*fig.*), cambiare discorso □ *disco verde* (*fig.*), via libera □ *disco rosso* (*fig.*), ostacolo, impedimento.

discoidàle agg. discoide, discoideo.

discòide A agg. discoidale, discoideo **B** s. m. (*farm.*) pasticca.

discoidèo agg. discoidale, discoide.

dìscolo agg.; anche s. m. **1** scapestrato, scapigliato □ scorretto, scostumato **CONTR.** corretto, costumato, morigerato **2** indisciplinato, indocile, insolente, ribelle, impertinente, disubbidiente **CONTR.** disciplinato, docile, remissivo, ubbidiente.

discólpa s. f. giustificazione, scusa, scarico, difesa **CONTR.** colpa □ accusa.

discolpàre A v. tr. scolpare, scagionare, difendere, giustificare, scusare **CONTR.** accusare, incolpare, incriminare, tacciare **B discolparsi** v. rifl. scolparsi, scagionarsi, difendersi, giustificarsi, scusarsi, dichiararsi innocente **CONTR.** accusarsi, incolparsi, confessare.

disconóscere v. tr. misconoscere, sconfessare, rinnegare, negare, fingere di non conoscere **CONTR.** conoscere, riconoscere, approvare.

disconosciménto s. m. sconfessione, negazione, rifiuto **CONTR.** accettazione, accoglimento, riconoscimento.

discontinuaménte avv. irregolarmente, saltuariamente, frammentariamente, a intervalli **CONTR.** regolarmente, continuamente, ininterrottamente.

discontinuità s. f. mancanza di continuità, irregolarità, intermittenza, saltuarietà, interruzione, intervallo □ frammentarietà □ incoerenza **CONTR.** continuità, persistenza, regolarità □ coerenza.

discontìnuo agg. non continuo, non uguale, irregolare, saltuario, interrotto, intermittente, intervallato □ frammentario □ incoerente **CONTR.** continuo, continuato, ininterrotto, regolare, persistente □ coerente.

discordànte part. pres. di **discordare**; anche agg. **1** (*di cose*) disarmonico, dissonante, stonato **CONTR.** armonico, intonato **2** (*di opinione, di discorsi, ecc.*) contrastante, discorde, dissenziente, diverso, contraddittorio, incompatibile, inconciliabile, opposto **CONTR.** accordato, concordante, conforme, consenziente.

discordànza s. f. **1** (*di cose*) disaccordo, disarmonia, dissonanza, stonatura **CONTR.** armonia, concordanza **2** (*di idee, di discorsi, ecc.*) disaccordo, divario, contrasto, dissenso, discordia, divergenza, differenza **CONTR.** armonia, accordo, concordanza, consenso, somiglianza, uguaglianza.

discordàre v. intr. **1** (*di cose*) non armonizzare, non legare, dissonare, stonare **CONTR.** armonizzare, intonarsi **2** (*di persone, di opinioni, ecc.*) contrastare, dissentire, differire **CONTR.** accordarsi, concordare, intendersi.

discòrde agg. discordante, discrepante, contrastante, contraddittorio, dissenziente, dissidente, differente, diverso, incompatibile, inconciliabile, opposto **CONTR.** concorde, concordante, consenziente.

discordeménte avv. diversamente, differentemente, contraddittoriamente **CONTR.** concordemente, conformemente, in accordo.

discòrdia s. f. contrasto, disaccordo, disparere (*raro*), discrepanza, dissapore, dissidio, disunione, antagonismo, divergenza, incompatibilità, inconciliabilità, inimicizia, lite, malumore, screzio, urto, attrito, conflitto, guerra, rottura, scissione, scisma **CONTR.** armonia, accordo, concordia, pace, unanimità, amicizia, consenso, conformità, consentimento (*lett.*), intesa, unione.

discórrere v. intr. **1** parlare, ragionare, discutere, trattare □ chiacchierare, conversare, confabulare **2** (*dial.*) essere fidanzati, fare all'amore, flirtare.

discorsivaménte avv. semplicemente, confidenzialmente, familiarmente **CONTR.** solennemente, ufficialmente, con sostenutezza.

discorsìvo agg. semplice, piano, chiaro, confidenziale, colloquiale, familiare **CONTR.** solenne, formale, ufficiale, sostenuto.

discórso s. m. **1** (*tra persone*) colloquio, conversazione, abboccamento, chiacchierata, dialogo, discussione □ ciancia, ciarla, chiacchiera, diceria, pettegolezzo **2** (*di letteratura, di politica, ecc.*) dissertazione, conferenza, orazione, arringa, allocuzione, concione, dibattito, dibattimento, sermone, predica.

discotèca s. f. **1** raccolta di dischi **2** (*est.*) sala da ballo, dancing (*ingl.*), disco (*ingl.*).

discrédito s. m. disistima, scredito, disonore, sfiducia **CONTR.** credito, fiducia, stima, reputazione.

discrepànte agg. discordante, discorde, contrastante, differente, diverso **CONTR.** concordante, concorde, analogo, simile, uguale.

discrepànza s. f. disaccordo, diversità, dissenso, divario, divergenza, discordanza, contrasto, differenza **CONTR.** concordanza, accordo, analogia, somiglianza, uguaglianza.

discretaménte avv. **1** delicatamente, moderatamente, prudentemente, educatamente **CONTR.** grossolanamente, maleducatamente, rozzamente, villanamente **2** abbastanza, sufficientemente, benino **CONTR.** male, maluccio □ per nulla, niente affatto.

discréto agg. **1** (*di persona*) moderato, cauto, giudizioso, misurato, prudente, riguardoso, educato, saggio □ fidato, riservato **CONTR.** grossolano, indiscreto, importuno, imprudente, irriguardoso, maleducato, rozzo, villano □ chiacchierone **2** (*di prezzo, di richiesta, ecc.*) ragionevole, moderato, equilibrato, sensato CONTR. irragionevole, esagerato, smodato **3** (*di artista, di figura, ecc.*) abbastanza buono, abbastanza soddisfacente, decente, buono CONTR. cattivo, pessimo, mediocre.

discrezióne s. f. **1** capacità di discernere, criterio, giudizio, discernimento, buon senso, avvedutezza, oculatezza, saggezza CONTR. dissennatezza, stoltezza, avventatezza, sconsideratezza **2** misura, moderazione, cautela, prudenza, tatto, riservatezza, riguardo, creanza, educazione CONTR. indiscretezza, indiscrezione, grossolanità, maleducazione, rozzezza, villania **3** arbitrio, libera volontà FRAS. *a discrezione*, secondo il proprio giudizio, secondo le proprie esigenze □ *senza discrezione*, smisuratamente.

discriminànte A part. pres. di **discriminare**; anche agg. discriminatorio □ selettivo **B** s. f. (*dir.*) attenuante CONTR. aggravante.

discriminàre v. tr. distinguere, differenziare CONTR. confondere, mescolare.

discriminatòrio agg. discriminante □ selettivo.

discriminazióne s. f. distinzione, differenza FRAS. *discriminazione razziale* (*est.*), apartheid (*ol.*).

discussióne s. f. **1** dialogo, colloquio, dibattito, dibattimento, esame, disamina, trattazione **2** (*est.*) battibecco, contrasto, litigio, controversia, alterco, diverbio, contesa, polemica CONTR. accordo, consenso, consentimento, intesa.

discùsso part. pass. di **discutere**; anche agg. **1** (*di problema, di proposta, ecc.*) esaminato, considerato, dibattuto, disputato, trattato **2** (*di atteggiamento, di decisione, ecc.*) criticato, chiacchierato CONTR. lodato, approvato.

discùtere v. tr. e intr. **1** (*di problema, di proposta, ecc.*) esaminare, considerare, dibattere, disputare, questionare, trattare, ragionare, sviluppare **2** (*di decisione, di innocenza, ecc.*) mettere in dubbio, dubitare, criticare, confutare CONTR. accettare, ammettere, approvare **3** (*est.*) altercare, contrastare, contendere, litigare, polemizzare CONTR. accordarsi, consentire, intendersi.

discutìbile agg. dubbio, incerto, controverso, opinabile, problematico □ criticabile, censurabile, condannabile, riprovevole CONTR. indiscutibile, certo, indubbio, incontrastabile, irrefutabile, inoppugnabile.

discutibilità s. f. opinabilità, problematicità (*raro*), incertezza □ criticabilità CONTR. indiscutibilità, certezza, irrefutabilità.

disdegnàre v. tr. sdegnare, aborrire, disprezzare, avversare, respingere, rifiutare CONTR. apprezzare, stimare, pregiare.

disdegnàto part. pass. di **disdegnare**; anche agg. sdegnato, disprezzato, aborrito, avversato CONTR. apprezzato, stimato, pregiato.

disdégno s. m. sdegno, disprezzo, avversione, antipatia, disgusto, disistima CONTR. apprezzamento, stima, rispetto, simpatia.

disdegnosaménte avv. sdegnosamente, sprezzantemente, alteramente, superbamente CONTR. affabilmente, cortesemente, modestamente, rispettosamente, umilmente.

disdétta s. f. **1** sfortuna, disgrazia, sciagura, danno, iattura, iettatura (*fam.*), scalogna (*fam.*) CONTR. fortuna, buona sorte, successo **2** (*dir.*) (*di contratto, di licenza*) scioglimento CONTR. stipula, firma.

disdettàre v. tr. (*di contratto*) dare la disdetta, sciogliere, annullare CONTR. fare, stipulare, firmare.

disdettàto part. pass. di **disdettare**; anche agg. sciolto, annullato CONTR. stipulato, firmato.

disdétto part. pass. di **disdire**; anche agg. **1** (*di affermazione*) smentito, ritrattato CONTR. affermato, ribadito, convalidato **2** (*di impegno, di invito, ecc.*) sciolto, rescisso, abrogato □ rifiutato, respinto, annullato CONTR. accettato, accolto □ mantenuto.

disdicévole agg. sconveniente, indecente, indegno, inopportuno, biasimevole, riprovevole CONTR. conveniente, decente, degno, opportuno, apprezzabile, lodevole.

disdìre A v. tr. **1** (*di affermazione*) negare, ritrattare, smentire CONTR. confermare, convalidare, ribadire **2** (*di impegno, di invito, ecc.*) rifiutare, respingere, annullare □ sciogliere, rescindere, abrogare CONTR. accettare, accogliere □ conservare, mantenere, osservare, rinnovare **B disdirsi** v. rifl. ritrattarsi, contraddirsi.

diseducàre v. tr. educare male, guastare, corrompere CONTR. educare.

diseducatìvo agg. diseducante CONTR. educativo, istruttivo, formativo.

disegnàre v. tr. **1** delineare, tracciare, schizzare, tratteggiare, dipingere, effigiare, ritrarre **2** (*fig.*) (*di impresa, di trama, ecc.*) progettare, elaborare, ideare **3** (*fig.*) (*di carattere, di personaggio, ecc.*) descrivere, rappresentare, esporre **4** (*di fare, di partire, ecc.*) avere in animo, progettare, proporsi, pensare.

disegnatóre s. m. (f. *-trice*) (*est.*) grafico □ designer (*ingl.*).

diségno s. m. **1** rappresentazione grafica □ abbozzo, arabesco, bozzetto, figura, schizzo, illustrazione, immagine, ritratto, vignetta, mappa, pianta, spaccato, profilo, scorcio, silhouette (*fr.*) **2** (*fig.*) (*di opera letteraria, artistica, ecc.*) traccia, schema, sommario **3** (*di persona*) intenzione, proposito, progetto, idea.

diseguàle e deriv. *V.* **disuguale** e deriv.

disequilibrio s. m. (*fis.*) squilibrio, instabilità CONTR. equilibrio, stabilità.

disERBÀnte agg. erbicida.

diseredàto agg. e s. m. **1** privato dell'eredità **2** (*fig.*) povero, misero, miserabile, indigente, nullatenente, disgraziato, spiantato CONTR. agiato, benestante, facoltoso, ricco, abbiente, possidente, capitalista, miliardario.

disertàre A v. tr. (*anche fig.*) abbandonare, lasciare, andarsene CONTR. giungere, popolare, coltivare **B** v. intr. **1** (*mil.*) abbandonare il reparto □ passare al nemico, tradire CONTR. essere fedele **2** (*est.*) (*di partito, di compagnia, ecc.*) defezionare, abbandonare, rinnegare CONTR. aderire, iscriversi, inserirsi.

disertóre s. m. (f. *-trice*) fuggiasco, traditore, transfuga CONTR. fedele, leale.

diserzióne s. f. **1** (*mil.*) abbandono del reparto □ passaggio al nemico, tradimento □ renitenza CONTR. fedeltà **2** (*est.*) (*dal lavoro, dal partito, ecc.*) defezione, allontanamento, abbandono CONTR. ingresso, entrata, iscrizione.

disfaciménto s. m. **1** distruzione, annientamento, rovina □ putrefazione, decomposizione CONTR. integrità, interezza **2** (*fig.*) (*di famiglia, di società, ecc.*) sfacelo, dissoluzione, scioglimento CONTR. costituzione, formazione.

disfàre A v. tr. **1** (*anche fig.*) distruggere, abbattere, buttar giù, demolire, guastare, rovinare, smantellare □ scomporre, staccare CONTR. fare, costruire, edificare, erigere, ricomporre, ricostruire, tirar su **2** (*di burro, di cera, ecc.*) liquefare, fondere, sciogliere, squagliare, struggere CONTR. coagulare, condensare, rassodare, solidificare **B disfarsi** v. intr. pron. **1** (*di costruzione, di città, ecc.*) ridursi in pezzi, andare distrutto, crollare, rovinare **2** (*di burro, di neve, ecc.*) dissolversi, sciogliersi, fondersi, liquefarsi CONTR. condensarsi, rassodarsi, solidificarsi **3** (*fig.*) (*per amore, per dolore, ecc.*) struggersi, consumarsi **C** v. rifl. (*di persona o cosa*) liberarsi, sbarazzarsi □ privarsi, rinunciare CONTR. accalappiare, prendere, acquistare.

disfasìa s. f. (*med.*) afasia.

disfàtta s. f. sconfitta, rotta, fuga, sbaraglio CONTR. vittoria, successo, trionfo.

disfattìsmo s. m. (*est.*) sfiducia, passività, pessimismo CONTR. fiducia, ottimismo.

disfattìsta agg. e s. m. e f. (*est.*) sfiduciato, pessimista CONTR. fiducioso, ottimista.

disfàtto part. pass. di **disfare**; anche agg. **1** (*anche fig.*) abbattuto, distrutto, guasto, rovinato CONTR. costruito, fatto, eretto □ integro, intatto **2** (*di cera, di neve, ecc.*) fuso, liquefatto, sciolto CONTR. coagulato, condensato, rassodato, solidificato **3** (*di persona, di viso, ecc.*) cascante, deperito, esausto, malandato CONTR. fiorente, florido, sano, robusto, vigoroso.

disfunzióne s. f. **1** (*med.*) alterazione **2** (*est.*) cattivo funzionamento, disservizio.

disgelàre A v. tr. sciogliere il gelo, sgelare CONTR. gelare **B** v. intr. e **disgelarsi** intr. pron. sgelarsi, sghiacciarsi □ sciogliersi CONTR. gelarsi, ghiacciarsi □ condensarsi.

disgèlo s. m. **1** (*di ghiaccio, di fiume, ecc.*) fusione, scioglimento CONTR. congelamento **2** (*fig.*) (*tra persone, tra stati, ecc.*) miglioramento dei rapporti □ distensione CONTR. raffreddamento, tensione.

disgiùngere A v. tr. **1** separare, disunire, dividere, spartire, staccare CONTR. congiungere, collegare, connettere, unire, riunire **2** (*fig.*) (*di fatti, di problemi, ecc.*) considerare separatamente, distinguere **B disgiungersi** v. rifl. e rifl. rec. dividersi, separarsi, staccarsi CONTR. congiungersi, collegarsi, unirsi, riunirsi.

disgiungìbile agg. **1** separabile, divisibile, staccabile, scomponibile CONTR. indisgiungibile, indivisibile **2** (*fig.*) (*di fatti, di problemi, ecc.*) distinguibile, separabile CONTR. inseparabile.

disgiuntìvo agg. separativo CONTR. congiuntivo, coordinativo.

disgiùnto part. pass. di **disgiungere**; anche agg. **1** diviso, separato, staccato, sciolto □ discosto, lontano CONTR. congiunto, connesso, unito, aderente, vicino **2** (*fig.*) (*di fatti, di problemi, ecc.*) distinto, considerato separatamente CONTR. unito.

disgiunzióne s. f. divisione, distacco, separazione □ allontanamento CONTR. congiunzione, collegamento, connessione, unione □ avvicinamento.

disgrafìa s. f. (*med.*) agrafia.

disgràzia s. f. **1** perdita del favore, perdita della grazia CONTR. favore, grazia **2** sventura, avversità, sfortuna, sfiga (*volg.*), iella (*pop.*), scalogna, iettatura CONTR. fortuna, culo (*pop.*) **3** accidente, incidente, infortunio, calamità, disastro, guaio, iattura (*raro*), rovescio, sinistro, sciagura, tracollo, catastrofe, batosta, rovina CONTR. fortuna, buona sorte, successo, bazza, cuccagna.

disgraziataménte avv. sfortunatamente, malauguratamente, sventuratamente, purtroppo CONTR. fortunatamente, felicemente, per buona sorte.

disgraziàto agg. e s. m. **1** sfortunato, sventurato, sfigato (*volg.*), iellato (*pop.*), scalognato, sciagurato, infelice, meschino, misero, povero CONTR. fortunato, bene avventurato, felice **2** (*lett.*) (*di corpo, di forma*) brutto, deforme, sgraziato CONTR. bello, aggraziato, grazioso **3** (*di idea, di incontro, ecc.*) infausto, malaugurato, spiacevole CONTR. piacevole, fortunato.

disgregaménto s. m. **1** disgregazione, sgretolamento, scomposizione CONTR. aggregazione **2** (*fig.*) (*di ideali, di costumi, ecc.*) dissoluzione, decadenza CONTR. nascita, moralizzazione.

disgregàre A v. tr. **1** frantumare, sgretolare, scheggiare, sminuzzare □ dividere, separare, staccare CONTR. aggregare, congiungere, congregare, unire **2** (*fig.*) (*di persone, di partiti, ecc.*) disunire, dividere, indebolire, logorare, rovinare CONTR. unire, rafforzare **B disgregarsi** v. intr. pron. **1** andare in frantumi, frantumarsi, sgretolarsi, scheggiarsi □ scomporsi, decomporsi **2** (*fig.*) (*di persone, di partiti, ecc.*) perdere la coesione, disunirsi, dividersi, indebolirsi, logorarsi, rovinarsi CONTR. unirsi, rafforzarsi.

disgregàto part. pass. di **disgregare**; anche agg. **1** frantumato, sgretolato, scheggiato CONTR. aggregato, unito **2** (*fig.*) (*di persone, di partiti, ecc.*) disunito, diviso, indebolito, logorato, rovinato CONTR. unito, rafforzato.

disgregazióne s. f. **1** disgregamento, sgretolamento, scomposizione CONTR. aggregazione **2** (*fig.*) (*di ideali, di costumi, ecc.*) dissoluzione, mancanza di coesione, decadenza CONTR. nascita, moralizzazione.

disguìdo s. m. equivoco, errore, malinteso, sbaglio, svista.

disgustàre A v. tr. **1** (*di cibo, di odore, ecc.*) nauseare, ripugnare, stomacare CONTR. appetire, gradire, gustare **2** (*fig.*) (*di persona, di discorso, ecc.*) infastidire, dispiacere, stancare CONTR. allettare, dilettare, divertire, rallegrare, ricreare, sollazzare, svagare **B disgustarsi** v. intr. pron. **1** (*di cibo, di odore, ecc.*) provare disgusto, nausearsi, stomacarsi CONTR. appetire, gradire, gustare **2** (*fig.*) guastarsi, rompere l'amicizia CONTR. fare la pace, rappacificarsi.

disgustàto part. pass. di **disgustare**; anche agg. (*anche fig.*) nauseato, stomacato, sazio, stanco, scocciato (*pop.*) CONTR. contento, soddisfatto.

disgùsto s. m. nausea, ripugnanza, sazietà, avversione, fastidio, repulsione, antipatia □ dispiacere, molestia CONTR. gusto, piacere, soddisfazione, simpatia.

disgustosaménte avv. sgradevolmente, spiacevolmente, in modo nauseante CONTR. piacevolmente, gradevolmente.

disgustóso agg. cattivo, nauseante, ripugnante, stomachevole, sgradevole, spiacevole CONTR. gustoso, gradevole, gradito, piacevole.

disidratàre A v. tr. deidratare CONTR. idratare **B disidratarsi** v. intr. pron. deidratarsi CONTR. idratarsi.

disillùdere A v. tr. togliere le illusioni, deludere, disingannare, disincantare CONTR. illudere, ingannare, incantare **B disilludersi** v. intr. pron. perdere le illusioni, disingannarsi, disincantarsi CONTR. illudersi, ingannarsi.

disillusióne s. f. delusione, disinganno CONTR. illusione, inganno.

disillùso part. pass. di **disilludere**; anche agg. e s. m. deluso, disingannato, senza più illusioni CONTR. illuso, ingannato.

disimpegnàre A v. tr. **1** (*di persona o cosa*) sciogliere da un impegno, liberare da un obbligo □ (*est.*) riscattare CONTR. impegnare, obbligare **2** (*di locale, di auto, ecc.*) liberare □ rendere indipendente **3** (*di lavoro, di funzione, ecc.*) adempiere, esercitare **B disimpegnarsi** v. rifl. **1** (*da impegno*) liberarsi, sciogliersi, svincolarsi CONTR. impegnarsi **2** (*in affari, in politica, ecc.*) cavarsela bene, saperci fare, riuscire CONTR. essere incapace, fallire.

disimpegnàto part. pass. di **disimpegnare**; anche agg. libero, indipendente, autonomo CONTR. impegnato, vincolato.

disimpégno s. m. **1** (*in politica, in affari, ecc.*) mancanza di impegno, autonomia, libertà CONTR. impegno **2** (*di locale*) passaggio libero, corridoio.

disincantàre v. tr. **1** sciogliere da incantesimo CONTR. incantare **2** (*est.*) scuotere da un sogno, richiamare alla realtà **3** (*fig.*) disingannare, disilludere CONTR. illudere.

disincantàto part. pass. di **disincantare**; anche agg. smaliziato, disilluso, disingannato CONTR. illuso, ingannato, beffato.

disincentivàre v. tr. scoraggiare, non favorire, demotivare, disinteressare CONTR. incentivare, incoraggiare, interessare, spingere.

disincentìvo s. m. disincentivante, disinvito (*ant., raro*), freno, ostacolo CONTR. incentivo, stimolo.

disinfestànte part. pres. di **disinfestare**; anche agg. e s. m. antiparassitario.

disinfestàre v. tr. sanare, mondare CONTR. infestare.

disinfestazióne s. f. risanamento, pulizia CONTR. infestazione.

disinfettànte part. pres. di **disinfettare**; anche agg. e s. m. sterilizzante, antisettico, asettico CONTR. infettante, settico.

disinfettàre v. tr. sterilizzare, purificare, depurare CONTR. infettare, inquinare.

disinfettàto part. pass. di **disinfettare**; anche agg. sterilizzato, purificato, depurato CONTR. infettato, inquinato.

disinfezióne s. f. sterilizzazione, purificazione, depurazione, asepsi CONTR. infezione, inquinamento, sepsi.

disinformàto agg. non informato, impreparato CONTR. informato, preparato.

disinformazióne s. f. mancanza di informazione, impreparazione CONTR. informazione, preparazione.

disingànno s. m. delusione, disillusione CONTR. illusione, inganno.

disinibìre A v. tr. (*est.*) liberare, sbloccare CONTR. inibire, bloccare **B disinibirsi** v. intr. pron. (*est.*) liberarsi, sbloccarsi CONTR. inibirsi, bloccarsi.

disinibìto part. pass. di **disinibire**; anche agg. (*est.*) libero, sbloccato, estroverso, espansivo CONTR. inibito, bloccato, introverso, chiuso.

disinnamoràre A v. tr. disamorare, disaffezionare CONTR. innamorare, affezionare **B disin-**

namorarsi v. rifl. disamorarsi, disaffezionarsi CONTR. innamorarsi.

disinnescàre v. tr. (*anche fig.*) (*di bomba, di mina e sim.*) disattivare CONTR. innescare.

disinnescàto part. pass. di **disinnescare**; anche agg. (*anche fig.*) (*di bomba, di mina e sim.*) disattivato CONTR. innescato.

disinnestàre v. tr. (*elettr.*) disinserire CONTR. innestare, inserire.

disinquinaménto s. m. purificazione, depurazione, disinfezione CONTR. inquinamento, contaminazione.

disinquinàre v. tr. purificare, pulire, disinfettare, depurare CONTR. inquinare, contaminare.

disinquinàto part. pass. di **disinquinare**; anche agg. purificato, pulito, disinfettato, depurato CONTR. inquinato, contaminato.

disintasàre v. tr. sturare, liberare, stasare CONTR. intasare, otturare, ostruire, ingorgare.

disintegràre **A** v. tr. e intr. **1** frantumare, sbriciolare, sminuzzare, stritolare **2** (*fig.*) (*di odio, di disaccordo e sim.*) disgregare, distruggere **B** **disintegrarsi** v. intr. pron. (*anche fig.*) frantumarsi, sbriciolarsi, disgregarsi, sciogliersi.

disintegrazióne s. f. disgregazione, dissoluzione, frantumazione □ (*radioattiva*) decadimento.

disinteressàre **A** v. tr. rendere indifferente, togliere l'interesse CONTR. interessare **B** **disinteressarsi** v. intr. pron. non provare interesse, perdere l'interesse, non curarsi, fregarsene (*pop.*), infischiarsene CONTR. interessarsi, occuparsi.

disinteressataménte avv. **1** con disinteresse, gratuitamente CONTR. interessatamente **2** imparzialmente, spassionatamente, obiettivamente CONTR. parzialmente.

disinteressàto part. pass. di **disinteressare**; anche agg. **1** altruista, generoso CONTR. interessato, avido, egoista **2** equo, imparziale, obiettivo, spassionato, distaccato CONTR. appassionato, parziale, soggettivo, tendenzioso **3** indifferente, noncurante, freddo CONTR. partecipe, preoccupato.

disinterèsse s. m. **1** altruismo, abnegazione, generosità CONTR. interesse, avidità, egoismo **2** equità, imparzialità, obiettività, spassionatezza CONTR. parzialità, partigianeria, animosità **3** indifferenza, noncuranza, freddezza CONTR. ansia, cura, partecipazione, interesse.

disintossicànte part. pres. di **disintossicare**; anche agg. e s. m. (*est.*) depurativo CONTR. velenoso.

disintossicàre v. tr. purificare, depurare CONTR. intossicare, avvelenare, drogare.

disintossicàto part. pass. di **disintossicare**; anche agg. purificato, depurato CONTR. intossicato, avvelenato, drogato.

disintossicazióne s. f. purificazione, depurazione CONTR. intossicazione, avvelenamento.

disinvoltaménte avv. **1** spigliatamente, francamente, scioltamente, spontaneamente CONTR. goffamente, sgraziatamente, impacciatamente **2** audacemente, sfacciatamente, sfrontatamente CONTR. riguardosamente, rispettosamente, prudentemente.

disinvòlto agg. **1** sciolto, spigliato, franco, disimpacciato, naturale, spontaneo CONTR. goffo, impacciato, intrigato, timido **2** ardito, audace, sfacciato, spregiudicato, spudorato, sfrontato CONTR. riguardoso, rispettoso, discreto, prudente.

disinvoltùra s. f. **1** spigliatezza, scioltezza, franchezza, naturalezza, spontaneità, sicurezza CONTR. goffaggine, impaccio, timidezza **2** ardimento, audacia, sfacciataggine, spregiudicatezza, spudoratezza, sfrontatezza CONTR. riguardo, rispetto, discrezione, prudenza, pudore.

dislivèllo s. m. **1** differenza di livello **2** (*fig.*) diversità di grado, diversità di sviluppo, differenza, distacco, stacco, distanza, salto, balzo, gap (*ingl.*), scarto, divario.

dislocaménto s. m. **1** distribuzione, trasferimento, ripartizione, dislocazione, collocamento **2** (*mil.*) distaccamento.

dislocàre v. tr. collocare, distribuire, trasferire, ripartire.

dislocàto part. pass. di **dislocare**; anche agg. collocato, distribuito, disposto, trasferito.

dislocazióne s. f. collocamento, distribuzione, trasferimento, ripartizione, dislocamento.

dismisùra s. f. eccesso, intemperanza, smisuratezza CONTR. misura, moderatezza, moderazione, limite, regola FRAS. *a dismisura*, eccessivamente, troppo.

disobbedìre e deriv. *V.* **disubbidire** e deriv.

disoccupàto agg. e s. m. **1** senza lavoro, senza occupazione CONTR. occupato, impiegato **2** (*lett.*) ozioso, fannullone, scioperato, sfaccendato CONTR. affaccendato, laborioso, industrioso, operoso.

disoccupazióne s. f. CONTR. occupazione, lavoro.

disonestà s. f. **1** corruzione, immoralità, ingiustizia, iniquità, malvagità, perfidia, frode, slealtà CONTR. onestà, lealtà, rettitudine, probità, integrità, dirittura **2** immoralità, impudicizia, spudoratezza, scostumatezza, dissolutezza CONTR. onestà, pudicizia, pudore, castità, castigatezza, costumatezza, morigeratezza, purezza.

disonestaménte avv. **1** ingiustamente, iniquamente, malvagiamente, perfidamente, fraudolentemente, slealmente CONTR. onestamente, lealmente, rettamente, giustamente, equamente **2** impudicamente, scostumatamente, spudoratamente, sconciamente, dissolutamente CONTR. onestamente, pudicamente, castamente, castigatamente, morigeratamente.

disonèsto agg. e s. m. **1** corrotto, immorale, ingiusto, iniquo, losco, malvagio, perfido, sleale, fraudolento (*lett.*), ladro **CONTR.** onesto, leale, probo, retto, integro **2** immorale, dissoluto, impudico, scostumato, spudorato **CONTR.** onesto, pudico, casto, castigato, costumato, morigerato, puro.

disonoràre A v. tr. **1** privare dell'onore, macchiare l'onore, infamare, diffamare, screditare, svergognare **CONTR.** onorare, celebrare, esaltare, elogiare, lodare **2** sedurre, violentare □ deflorare, sverginare **B disonorarsi** v. rifl. perdere l'onore, compromettersi **CONTR.** farsi onore.

disonorataménte avv. senza onore, vergognosamente, indegnamente **CONTR.** onoratamente, onorevolmente, degnamente.

disonoràto part. pass. di **disonorare**; anche agg. **1** infamato, svergognato **CONTR.** onorato, celebrato, elogiato, esaltato, lodato **2** sedotto, violentato □ deflorato, sverginato.

disonóre s. m. **1** infamia, ignominia, obbrobrio, onta, vergogna, disdoro, vituperio **CONTR.** onore, onoratezza, onorabilità, buon nome, dignità **2** (*di persona*) vergogna, pecora nera (*fig.*) **CONTR.** orgoglio, vanto.

disonorévole agg. infamante, vergognoso, disdicevole **CONTR.** onorevole, onorifico, prestigioso.

disonorevolménte avv. con disonore, vergognosamente, indegnamente **CONTR.** onorevolmente, degnamente, prestigiosamente.

disópra o **di sópra A** avv. **1** sopra **CONTR.** sotto **2** prima **CONTR.** dopo **B** in funzione di agg. inv. **1** superiore **CONTR.** inferiore **2** esterno **CONTR.** interno **C** in funzione di s. m. inv. **1** parte superiore, coperchio, cima, vetta **CONTR.** parte inferiore, disotto, fondo, base **2** parte esterna, esterno, copertura **CONTR.** parte interna, interno.

disordinàre A v. tr. **1** mettere in disordine, buttare all'aria, mettere sottosopra, rimescolare, scompigliare, scomporre, sparpagliare, disperdere, arruffare, scompaginare **CONTR.** ordinare, riordinare, assestare, assettare, sistemare **2** (*fig.*) (*di progetti e sim.*) confondere, sconvolgere, turbare, perturbare, scombussolare, sovvertire **CONTR.** impostare, preparare **B** v. intr. eccedere, esagerare, trasmodare **CONTR.** frenarsi, moderarsi, trattenersi **C disordinarsi** v. intr. pron. uscire dall'ordine, scompigliarsi, scomporsi **CONTR.** ordinarsi, sistemarsi.

disordinataménte avv. senza ordine, alla rinfusa, confusamente, scompostamente □ sciattamente, trascuratamente □ sfrenatamente, sregolatamente **CONTR.** ordinatamente, compostamente □ elegantemente, accuratamente □ misuratamente, moderatamente, sobriamente.

disordinàto part. pass. di **disordinare**; anche agg. **1** privo di ordine, confuso, rimescolato, scompigliato, scomposto, sparpagliato, disperso □ sciatto, trascurato, arruffato **CONTR.** ordinato, composto, assestato, assettato, sistemato □ elegante, accurato **2** (*di bevitore, di mangiatore, ecc.*) eccessivo, esagerato, sfrenato, sregolato, sconveniente **CONTR.** misurato, moderato, discreto, sobrio, temperato **3** (*nel lavoro*) disorganizzato, confusionario, pasticcione, casinista (*pop.*) **CONTR.** organizzato, preciso, diligente.

disórdine s. m. **1** confusione, scompiglio, rimescolamento, baraonda, soqquadro, subbuglio, arruffio, sconvolgimento, sconquasso, anarchia, babele, babilonia, cataclisma, caos, casino (*pop.*) □ sciatteria, trascuratezza **CONTR.** ordine, assetto, regola, sistemazione **2** (*nel mangiare, nel bere, ecc.*) eccesso, intemperanza, sfrenatezza, sregolatezza, sconvenienza **CONTR.** misura, moderazione, discrezione, sobrietà, temperanza **3** (*di azienda, di amministrazione, ecc.*) disorganizzazione **CONTR.** organizzazione **4** (*spec. al pl.*) tumulto, ribellione, sommossa, dimostrazione **CONTR.** pace, tranquillità.

disorganicaménte avv. disordinatamente, confusamente **CONTR.** organicamente, ordinatamente.

disorgànico agg. inorganico, incoerente, informe □ disordinato, confuso **CONTR.** organico, ordinato, omogeneo, sistematico.

disorganizzàre A v. tr. confondere, disgregare, disordinare, guastare, scompigliare, scomporre, sconvolgere, turbare **CONTR.** organizzare, ordinare **B disorganizzarsi** v. intr. pron. alterarsi, confondersi, disgregarsi, scomporsi **CONTR.** organizzarsi, ordinarsi.

disorganizzàto part. pass. di **disorganizzare**; anche agg. male organizzato, disorganico, confuso, disgregato, sconvolto **CONTR.** organizzato, ordinato, organico, sistematico.

disorganizzazióne s. f. disorganicità, confusione, disordine, anarchia, caos □ disfunzione, disservizio **CONTR.** organizzazione, organicità, ordine, buon funzionamento.

disorientaménto s. m. **1** perdita dell'orientamento **CONTR.** orientamento **2** (*fig.*) confusione, smarrimento, turbamento, incertezza, dubbio, sconcerto **CONTR.** equilibrio, lucidità, sicurezza.

disorientàre A v. tr. **1** far perdere l'orientamento **CONTR.** orientare **2** (*fig.*) sconcertare, confondere, sbalordire, stupire **CONTR.** equilibrare, rassicurare **B disorientarsi** v. intr. pron. **1** perdere l'orientamento **CONTR.** orientarsi **2** (*fig.*) rimanere perplesso, confondersi, smarrirsi, sconcertarsi, turbarsi **CONTR.** essere lucido, essere sicuro.

disorientàto part. pass. di **disorientare**; anche agg. (*fig.*) confuso, smarrito, interdetto, perplesso, spaesato, dubbioso, incerto, turbato **CONTR.** calmo, impassibile, imperturbabile, tranquillo, lucido, sicuro.

disótto o **di sótto** **A** avv. sotto, giù **CONTR.** sopra, disopra, su **B** in funzione di agg. inv. **1** inferiore, basso **CONTR.** superiore, alto **2** interno **CONTR.** esterno **C** in funzione di s. m. inv. **1** parte inferiore, basso, fondo, base **CONTR.** parte superiore, alto, cima, coperchio **2** interno **CONTR.** esterno.

dispàccio s. m. **1** lettera diplomatica, comunicato □ documento **2** (*est.*, *gener.*) comunicazione, lettera, telegramma.

disparàto agg. differente, diverso, disuguale, contraddittorio **CONTR.** affine, analogo, simile, somigliante, della stessa specie.

dìspari agg. **1** (*di numero*) caffo (*tosc.*) **CONTR.** pari **2** (*raro*) differente, diverso, disuguale **CONTR.** uguale **3** (*di forza, di potere, ecc.*) inferiore, inadeguato, impari **CONTR.** superiore, maggiore, adeguato.

disparità s. f. disuguaglianza, differenza, diversità □ divergenza **CONTR.** parità, uguaglianza.

dispàrte avv. nella loc. *in disparte*, da parte, da lato, in luogo appartato, in luogo discosto **CONTR.** presso, vicino **FRAS.** *starsene in disparte* (*est.*), vivere appartato □ *mettersi* (o *tirarsi*) *in disparte* (*fig.*), non partecipare □ *in disparte da*, lontano da.

dispèndio s. m. spesa eccessiva, spreco di denaro □ consumo eccessivo, sperpero, spreco, perdita, scapito **CONTR.** risparmio, economia, guadagno, utile.

dispendiosaménte avv. con dispendio, con forte spesa **CONTR.** economicamente.

dispendióso agg. caro, costoso, salato (*fig.*), pepato (*fig.*) **CONTR.** economico, a buon mercato.

dispènsa s. f. **1** (*di viveri, di denaro, ecc.*) distribuzione, somministrazione, elargizione, assegnazione **2** (*di mobile, di locale*) armadio, credenza □ cambusa **3** (*da tasse, da obbligo, ecc.*) esenzione, esonero, condono, remissione □ concessione, licenza, permesso, privilegio **CONTR.** dovere, obbligo, onere, osservanza **4** (*di pubblicazione*) fascicolo, periodico, numero.

dispensàre **A** v. tr. **1** (*di denaro, di viveri, ecc.*) distribuire, elargire, assegnare, spartire, dividere **CONTR.** ricevere, accettare **2** (*da tasse, da obbligo, ecc.*) esentare, esimere, esonerare, liberare, disimpegnare **CONTR.** obbligare, vincolare, impegnare **B** **dispensarsi** v. rifl. esimersi, sottrarsi **CONTR.** impegnarsi, obbligarsi.

dispensatóre s. m.; anche agg. (f. *-trice*) dispensiere (*lett.*), distributore, elargitore **CONTR.** ricevente.

disperàre **A** v. tr. (*lett.*) non sperare più, cessare di sperare, abbandonare la speranza **CONTR.** sperare, confidare **B** v. intr. perdere la speranza **CONTR.** sperare, confidare **C** **disperarsi** v. intr. pron. abbandonarsi alla disperazione, abbattersi, accasciarsi, avvilirsi, demoralizzarsi, disanimarsi, sconfortarsi, scoraggiarsi, sgomentarsi, deprimersi **CONTR.** incoraggiarsi, confortarsi, consolarsi, confidare, rianimarsi, riconfortarsi, rincorarsi, risollevarsi □ perseverare, persistere, tener duro.

disperataménte avv. **1** (*con piangere e sim.*) con disperazione, sconsolatamente, inconsolabilmente, angosciosamente **CONTR.** fiduciosamente, speranzosamente **2** (*con lavorare, correre, ecc.*) a più non posso, freneticamente, accanitamente, alla disperata, come un disperato, a corpo morto, ostinatamente **CONTR.** tranquillamente, adagio adagio.

disperàto **A** part. pass. di **disperare**; anche agg. **1** senza speranza, sconfortato, sconsolato, scoraggiato, abbattuto, accasciato, avvilito, costernato, demoralizzato, depresso, inconsolabile **CONTR.** fiducioso, fidente (*lett.*), speranzoso, felice, sereno **2** (*di gesto, di parole, ecc.*) provocato dalla disperazione, inconsulto **CONTR.** meditato **3** (*di attacco, di lotta, ecc.*) arrabbiato, furibondo, furioso **CONTR.** calmo, placido, tranquillo **4** (*fig.*) (*di lavoro, di corsa, ecc.*) ostinato, duro, ossessivo, eccessivo, frenetico, intenso, violento **CONTR.** calmo, sereno, lento **B** s. m. (*fam.*) miserabile, spiantato, squattrinato, pezzente, rovinato **CONTR.** agiato, benestante, ricco, danaroso, miliardario, nababbo, creso **FRAS.** *alla disperata*, disperatamente, con furia, alla meglio.

disperazióne s. f. **1** abbattimento, accasciamento, avvilimento, costernazione, demoralizzazione, depressione, prostrazione, sconforto, sfiducia, scoraggiamento, pessimismo **CONTR.** speranza, fiducia, conforto, consolazione, serenità, sicurezza, certezza, tranquillità, aspettazione, assegnamento, ottimismo **2** (*est.*) angoscia, dolore **CONTR.** gioia, piacere **3** (*di persona o cosa*) croce (*fig.*), disgrazia, preoccupazione, tormento **CONTR.** consolazione, conforto.

dispèrdere **A** v. tr. **1** (*di persone, di foglie, ecc.*) allontanare, scacciare □ (*est.*) disseminare, sparpagliare, spargere qua e là, sbandare **CONTR.** concentrare, raccogliere, riunire, adunare, raggruppare, radunare **2** (*di denaro, di forze, ecc.*) dissipare, consumare, dilapidare, scialacquare, sperperare, distruggere, rovinare **CONTR.** accumulare, ammassare **B** **disperdersi** v. intr. pron. **1** (*di persone, di cose*) sbandarsi, sparpagliarsi, sciogliersi, dividersi, separarsi **CONTR.** concentrarsi, raccogliersi, radunarsi, riunirsi, raggrupparsi **2** (*di energie, di patrimonio, ecc.*) perdersi, andare perduto **CONTR.** conservarsi **3** (*fig.*) (*in chiacchiere, in cose inutili*) perdere tempo, dissipare energie, divagare, distrarsi **CONTR.** impegnarsi, concretizzare.

dispersióne s. f. **1** disperdimento (*raro*), sbandamento, spargimento, sparpagliamento **CONTR.** riunione, raccoglimento, raccolta **2** (*di *denaro, di energie, ecc.*) dissipazione, sciupio, spreco, sperpero, perdita inutile **CONTR.** accumulazione, accumulo **3** (*di gas, di corrente, ecc.*) fuga, perdita.

dispersivaménte avv. superficialmente, disorganicamente, disordinatamente **CONTR.** ordinatamente, organicamente, ragionatamente.

dispersività s. f. superficialità, disordine, disorganicità **CONTR.** concentrazione, ordine, organicità.

dispersìvo agg. (*fig.*) superficiale, disorganico, disordinato **CONTR.** ordinato, organico, preciso □ riflessivo.

dispèrso A part. pass. di **disperdere**; anche agg. **1** perduto, smarrito, perso, introvabile **CONTR.** trovato, ritrovato, rinvenuto, rintracciato **2** sbandato, sparso, sparpagliato, disseminato **CONTR.** concentrato, raccolto, radunato, riunito **3** (*fig.*) dispersivo, superficiale **CONTR.** profondo, riflessivo **B** s. m. (*in guerra, in mare, ecc.*) scomparso **CONTR.** reduce.

dispètto s. m. **1** fastidio, molestia, dispiacere □ ingiuria, offesa, onta, ripicca, sopruso, villania **CONTR.** cortesia, gentilezza, rispetto **2** stizza, irritazione, amarezza, rancore, risentimento, sdegno **CONTR.** simpatia, piacere, gioia.

dispettosaménte avv. con dispetto, per ripicca, stizzosamente, scortesemente, sgarbatamente **CONTR.** cortesemente, garbatamente, gentilmente.

dispettóso agg. **1** antipatico, irritante, scortese, scontroso, sgarbato □ malevolo, maligno **CONTR.** simpatico, affabile, amabile, cortese, garbato, gentile **2** fatto per dispetto, offensivo, provocatorio **CONTR.** cortese, gentile.

dispiacére A v. intr. riuscire sgradito, spiacere, non garbare, non andare a genio, irritare, offendere, scontentare, urtare, ripugnare **CONTR.** piacere, contentare, soddisfare, garbare, essere gradito, andare a genio **B dispiacersi** v. intr. pron. dolersi, rammaricarsi, rincrescere **CONTR.** allietarsi, compiacersi, rallegrarsi, esultare, gioire **C** in funzione di s. m. afflizione, pena, rammarico, rincrescimento, affanno, amarezza, cruccio, dolore, malumore, scontentezza **CONTR.** piacere, contentezza, gioia, giubilo, esultanza, diletto, letizia, soddisfazione.

display /*ingl.* dis'plei/ [vc. ingl., dal v. *to display* 'esporre'] s. m. inv. (*elettron.*) schermo, video, tabellone luminoso.

disponìbile agg. **1** (*di denaro, di mezzi, ecc.*) utilizzabile, usabile, servibile **CONTR.** indisponibile, inutilizzabile **2** (*di luogo, di impiego, ecc.*) vuoto, libero, non occupato, vacante **CONTR.** occupato **3** (*fig.*) (*di persona*) libero da impegni, libero, disimpegnato □ disoccupato **CONTR.** impegnato, occupato **4** (*fig.*) sensibile, accessibile, abbordabile, aperto **CONTR.** chiuso, ristretto, scostante.

disponibilità s. f. **1** utilizzabilità **CONTR.** indisponibilità **2** (*fig.*) (*di persona*) disposizione, sensibilità, apertura **CONTR.** chiusura, refrattarietà **3** (*spec. al pl.*) risorse, mezzi.

dispórre A v. tr. **1** collocare, mettere a posto, sistemare, ordinare **CONTR.** disordinare, scompigliare, rimescolare, buttare all'aria, mettere sottosopra **2** (*di occorrente, di animo, ecc.*) apprestare, apparecchiare, preparare, predisporre, organizzare **3** (*di persona*) persuadere, spingere, incitare, indurre **CONTR.** frenare, trattenere, distogliere, dissuadere **4** (*di autorità, di legge, ecc.*) comandare, ordinare, prescrivere **B** v. intr. **1** (*di partire, di fare, ecc.*) decidere, stabilire **2** (*est.*) (*di persone, di denaro, ecc.*) poter utilizzare, avere a disposizione **3** (*di intelligenza, di amicizie, ecc.*) essere dotato, essere fornito, avere, possedere **C disporsi** v. rifl. **1** (*in fila, in cerchio, ecc.*) ordinarsi, sistemarsi **2** (*a partire, a parlare, ecc.*) prepararsi, accingersi, apprestarsi, apparecchiarsi (*lett.*) **CONTR.** rifiutarsi, opporsi.

dispositìvo s. m. **1** congegno, meccanismo **2** (*dir.*) contenuto decisorio **FRAS.** *dispositivo di sicurezza*, sicura; (*fig.*) piano.

disposizióne s. f. **1** collocazione, assetto, ordine, sistemazione, composizione **CONTR.** disordine, scompiglio **2** stato d'animo, condizione di spirito **3** (*per la musica, per la fisica, ecc.*) attitudine, inclinazione, idoneità, propensione, tendenza, vena **4** facoltà di disporre **5** (*di autorità, di medico, ecc.*) ordine, comando, volontà, decisione, prescrizione, legge **FRAS.** *a disposizione di*, agli ordini di, alle dipendenze di, al servizio di.

dispósto A part. pass. di **disporre**; anche agg. **1** ordinato, sistemato, collocato **CONTR.** disordinato, scompigliato **2** (*di occorrente, di animo, ecc.*) apprestato, apparecchiato, preparato, predisposto, organizzato **CONTR.** impreparato **3** (*di legge, di norma, ecc.*) comandato, ordinato, prescritto, deciso, stabilito **4** (*a partire, al perdono, ecc.*) animato, inclinato, incline (*lett.*), propenso **CONTR.** contrario, alieno, avverso **B** s. m. (*dir.*) disposizione, deliberazione, ordine, decreto.

dispoticaménte avv. tirannicamente, prepotentemente, autoritariamente, dittatorialmente, assolutisticamente, spietatamente **CONTR.** democraticamente, liberalmente, benignamente, umanamente.

dispòtico agg. tirannico, autoritario, dittatoriale, imperioso, assoluto □ duro, prepotente, spietato **CONTR.** democratico, liberale, libero, mite, umano.

dispotìsmo s. m. assolutismo, dittatura, tirannide, totalitarismo, autoritarismo **CONTR.** democrazia, liberalismo, indulgenza, umanità.

dispregiatìvo agg. sprezzante, spregiativo **CONTR.** elogiativo, encomiastico, laudativo (*lett.*).

dispregiatóre s. m.; anche agg. (f. *-trice*) (*lett.*)

spregiatore (*lett.*), disprezzatore (*raro*), derisore, schernitore CONTR. elogiatore, estimatore, lodatore.

disprègio s. m. disistima, disprezzo, scarsa considerazione CONTR. apprezzamento, considerazione, rispetto, stima.

disprezzàbile agg. **1** (*di persona*) degno di disprezzo, spregevole, indegno CONTR. apprezzabile, lodevole, encomiabile **2** (*di cosa*) poco pregiato, poco importante, trascurabile, irrilevante CONTR. importante, rilevante, notevole.

disprezzàre v. tr. **1** disdegnare, spregiare, dispregiare (*lett.*), sprezzare (*lett.*), disistimare, vilipendere, denigrare, abominare □ deridere, irridere, schernire CONTR. apprezzare, elogiare, esaltare, lodare, rispettare, stimare **2** (*di legge, di disciplina, ecc.*) infischiarsi, ridersi, trascurare, disubbidire CONTR. curare, interessarsi, occuparsi, ubbidire.

disprèzzo s. m. dispregio, disistima, disdegno, biasimo, denigrazione, dileggio (*lett.*), offesa, oltraggio, ingiuria, scherno □ (*est.*) noncuranza, indifferenza CONTR. apprezzamento, considerazione, elogio, esaltazione, lode, onore, pregio, rispetto, stima.

dìsputa s. f. **1** dibattito, scambio di idee, dibattimento, discussione **2** alterco, contesa, lite, contrasto, diverbio CONTR. conversazione amichevole, chiacchierata.

disputàre A v. intr. **1** ragionare, discutere, trattare, parlare **2** (*di gara, di premio e sim.*) competere, gareggiare **B** v. tr. **1** (*di questione, di argomento e sim.*) esaminare, discutere **2** (*di successo, di carriera e sim.*) contrastare, negare, ostacolare CONTR. consentire, lasciare, permettere **3** (*di gara, di premio e sim.*) contendere, combattere, adoperarsi per ottenere □ affrontare, sostenere □ giocare **C disputarsi** v. rifl. contendersi, battersi, gareggiare.

disputàto part. pass. di **disputare**; anche agg. **1** (*di argomento*) discusso, trattato, esaminato **2** (*di gara, di premio e sim.*) conteso, combattuto □ affrontato, sostenuto □ giocato.

disquisizióne s. f. discussione, indagine, ricerca □ esposizione.

dissacrànte part. pres. di **dissacrare**; anche agg. dissacratorio, profanatorio □ derisorio.

dissacràre v. tr. (*fig.*) profanare, sconsacrare □ contestare, screditare □ deridere.

dissacràto part. pass. di **dissacrare**; anche agg. (*anche fig.*) profanato, sconsacrato □ contestato, screditato □ deriso.

dissacratòrio agg. (*anche fig.*) profanatorio, profanatore, dissacrante □ derisorio, offensivo.

dissanguaménto s. m. **1** perdita di sangue, salasso **2** (*fig.*) perdita di denaro, salasso (*fam.*) CONTR. guadagno.

dissanguàre A v. tr. **1** privare del sangue **2** (*fig.*) (*spec. economicamente*) esaurire, impoverire, rovinare CONTR. rinsanguare, arricchire **B dissanguarsi** v. intr. pron. **1** perdere molto sangue **2** (*fig.*) (*spec. economicamente*) rovinarsi, esaurirsi, impoverirsi CONTR. rinsanguarsi, arricchirsi.

dissanguàto part. pass. di **dissanguare**; anche agg. **1** privato del sangue □ esangue, pallido CONTR. ricco di sangue, pletorico **2** (*fig.*) (*spec. economicamente*) esausto, stremato, esaurito, rovinato CONTR. rinsanguato, arricchito.

dissapóre s. m. contrasto, screzio, disaccordo, dissenso, disparere (*raro*), dissidio, disarmonia, cruccio CONTR. accordo, amicizia, armonia, concordia, consenso, intesa.

disseccàre A v. tr. **1** seccare, essiccare, asciugare, prosciugare, inaridire CONTR. bagnare, inumidire, imbevere, inzuppare **2** (*fig.*) inaridire, isterilire CONTR. ravvivare, rianimare **B disseccarsi** v. intr. pron. **1** seccarsi, essiccarsi, asciugarsi, prosciugarsi, inaridirsi CONTR. bagnarsi, inumidirsi, imbeversi, inzupparsi **2** (*fig.*) inaridirsi, isterilirsi CONTR. ravvivarsi, rianimarsi.

disseccàto part. pass. di **disseccare**; anche agg. **1** seccato, essiccato, prosciugato CONTR. bagnato, inumidito, inzuppato **2** (*fig.*) inaridito, isterilito CONTR. ravvivato, rianimato.

disseminàre v. tr. **1** spargere, cospargere □ spandere, sparpagliare CONTR. raccogliere, radunare, riunire, accumulare, ammassare **2** (*fig.*) (*di notizie, di paura, ecc.*) diffondere, divulgare.

disseminàto part. pass. di **disseminare**; anche agg. **1** sparso, cosparso **2** (*fig.*) (*di notizie, di paura, ecc.*) diffuso, divulgato.

dissennàto agg. privo di senno, insensato, demente, folle, irragionevole, pazzo, stolto, squilibrato CONTR. assennato, giudizioso, ragionevole, saggio, equilibrato.

dissènso s. m. **1** disaccordo, discordia, dissapore, dissensione (*raro*), dissentimento (*lett.*), disparere (*raro*), divergenza, screzio CONTR. accordo, armonia, assenso, consenso, concordia, intesa **2** (*ideologico*) deviazione, deviazionismo, eterodossia, contrasto, conflitto, distacco, critica, opposizione CONTR. consenso, ortodossia.

dissenterìa s. f. (*med.*) diarrea, sciolta (*fam.*) CONTR. stitichezza.

dissentìre v. intr. discordare, divergere, contrastare, discrepare (*raro*), essere di parere diverso, essere in conflitto CONTR. assentire, concordare.

dissepólto part. pass. di **disseppellire**; anche agg. (*anche fig.*) dissotterrato, esumato, disseppellito, riesumato, rimesso in uso CONTR. sepolto, sotterrato.

disseppellìre v. tr. **1** esumare, levare dalla tomba CONTR. seppellire, inumare **2** (*est.*) (*di resti, di ruderi e sim.*) dissotterrare, scavare, riportare alla luce CONTR. interrare **3** (*fig.*) (*di* *usi, di tradizioni e sim.*) riesumare, rimettere in uso, ripristinare, riscoprire, rievocare **CONTR.** far morire, abbandonare.

dissertazióne s. f. discorso, conferenza, trattazione, trattato, studio.

dissestàre A v. tr. **1** disordinare, spostare, squilibrare **CONTR.** ordinare, riordinare, assestare, riassestare **2** (*fig.*) (*di economia, di famiglia, ecc.*) danneggiare gravemente, rovinare, sconquassare, scardinare (*fig.*) **CONTR.** dare inpulso, rinvigorire, rinsaldare **B dissestarsi** v. rifl. rovinarsi, andare in malora, fallire **CONTR.** rimettersi in sesto.

dissestàto part. pass. di **dissestare**; anche agg. **1** disordinato, instabile, squilibrato **CONTR.** ordinato, assestato, equilibrato **2** (*fig.*) (*di persona, di economia, ecc.*) sconquassato, scardinato (*fig.*), rovinato, indebitato, fallito, impoverito **CONTR.** florido, saldo, solido, ricco.

dissèsto s. m. **1** disordine, instabilità, squilibrio **CONTR.** ordine, assetto, assestamento **2** (*fig.*) (*spec. economico*) rovina, crisi, sbilancio, fallimento, deficit (*lat.*) **CONTR.** floridezza, saldezza, solidità, ricchezza.

dissetàre A v. tr. **1** levare la sete, soddisfare la sete **CONTR.** assetare **2** (*fig.*) appagare, soddisfare, saziare **CONTR.** deludere, scontentare **B dissetarsi** v. rifl. **1** levarsi la sete **2** (*fig.*) appagarsi.

dissidènte A agg. dissenziente, discorde, discordante **CONTR.** assenziente, consenziente, concorde **B** s. m. e f. oppositore, avversario, critico **CONTR.** amico, fautore, seguace, sostenitore.

dissidènza s. f. contrasto, dissidio, discordia, scissione, secessione **CONTR.** accordo, armonia, concordia, intesa, unanimità.

dissìdio s. m. dissenso, contrasto, controversia, discordia, dissensione, litigio **CONTR.** armonia, concordia, intesa, pacificazione, unanimità.

dissìmile agg. differente, diverso, disuguale, distinto **CONTR.** simile, consimile, conforme, identico, pari, uguale.

dissimulàre v. tr. **1** nascondere, mascherare, coprire, celare, non manifestare, mimetizzare, minimizzare, reprimere **CONTR.** manifestare, mostrare, palesare, rivelare, svelare **2** (*ass.*) fingere, simulare, mentire **CONTR.** essere franco, essere sincero.

dissimulàto part. pass. di **dissimulare**; anche agg. **1** nascosto, mascherato, non manifestato, latente, represso **CONTR.** manifestato, palesato, rivelato, svelato **2** finto, simulato **CONTR.** vero, reale.

dissimulatóre s. m.; anche agg. (f. *-trice*) finto, ipocrita, falso, impostore, simulatore, bugiardo **CONTR.** franco, schietto, sincero, verace, veritiero.

dissimulazióne s. f. **1** finzione, mascheramento, doppiezza, ipocrisia, falsità **CONTR.** franchezza, schiettezza, sincerità, veracità **2** finzione, simulazione **CONTR.** realtà.

dissipàre A v. tr. **1** (*di nubi, di nebbia, ecc.*) dissolvere, disperdere, disseminare, sparpagliare, far dileguare, far svanire **CONTR.** accumulare, addensare, condensare, infittire **2** (*di denaro, di patrimonio e sim.*) dilapidare, scialacquare, sperperare, profondere **CONTR.** economizzare, risparmiare, lesinare **3** (*fig.*) (*di tempo, di energie, ecc.*) sciupare, consumare inutilmente, sprecare, buttare via, disperdere **CONTR.** utilizzare, far buon uso, mettere a profitto **B dissiparsi** v. intr. pron. consumarsi, dissolversi, dileguarsi **CONTR.** accumularsi, addensarsi, infittirsi.

dissipataménte avv. dissolutamente, sregolatamente **CONTR.** assennatamente, equilibratamente, regolatamente.

dissipàto part. pass. di **dissipare**; anche agg. **1** (*di nubi, di nebbia, ecc.*) disperso, disseminato, sparso, sparpagliato, dissolto **CONTR.** accumulato, addensato, condensato, infittito **2** (*di denaro, di patrimonio, ecc.*) dilapidato, scialacquato, sperperato, profuso **CONTR.** economizzato, risparmiato, lesinato **3** (*fig.*) (*di tempo, di energie, ecc.*) sciupato, sprecato, buttato via, disperso **CONTR.** utilizzato, messo a profitto **4** (*di persona, di vita, ecc.*) distratto, svagato □ scapestrato, scioperato, dissoluto, corrotto **CONTR.** assennato, equilibrato, morigerato, serio.

dissipatóre s. m.; anche agg. (f. *-trice*) dilapidatore, scialacquatore, sprecone, sciupone, sperperatore, prodigo **CONTR.** economo, parsimonioso, risparmiatore □ avaro, taccagno, tirchio, tirato, spilorcio.

dissipazióne s. f. **1** (*di denaro, di energie, ecc.*) scialacquio, sperpero, spreco, sciupio, prodigalità, profusione, distruzione **CONTR.** economia, parsimonia, risparmio □ avarizia, taccagneria, tirchieria, spilorceria **2** (*di condotta, di vita e sim.*) scioperatezza, scioperataggine, sregolatezza, intemperanza, scapestrataggine **CONTR.** misura, moderatezza, morigeratezza, costumatezza, temperanza.

dissociàbile agg. divisibile, separabile, disgiungibile **CONTR.** indissociabile, indivisibile, inseparabile.

dissociàre A v. tr. (*anche fig.*) disgiungere, dividere, disunire, scompagnare, separare, scindere **CONTR.** associare, consociare, collegare, congiungere, unire **B dissociarsi** v. rifl. **1** (*fig.*) dissentire, non aderire, discordare, divergere, tenersi fuori □ opporsi **CONTR.** associarsi, consentire **2** sdoppiarsi.

dissociàto A part. pass. di **dissociare**; anche agg. disgiunto, disunito, diviso, scompagnato, scisso, separato **CONTR.** associato, consociato, collegato, congiunto, unito **B** agg. e s. m. (*fig.*) disordinato, incoerente **CONTR.** ordinato, coerente **C** s. m. dissenziente, dissidente **CONTR.**

consenziente.

dissociazióne s. f. **1** scomposizione, disgiunzione, distacco, divisione, scissione, separazione **CONTR.** associazione, congiungimento, congiunzione, unione **2** sdoppiamento **3** (*fig.*) disordine, incoerenza **CONTR.** ordine, coerenza **4** (*fig.*) dissenso, distacco **CONTR.** assenso.

dissodaménto s. m. aratura, scasso.

dissodàre v. tr. **1** arare, scassare, rendere coltivabile **2** (*fig.*) affinare, raffinare, dirozzare, ingentilire, educare **CONTR.** imbarbarire.

dissodàto part. pass. di **dissodare**; anche agg. arato, lavorato **CONTR.** incolto.

dissòlto part. pass. di **dissolvere**; anche agg. sciolto, disciolto, disfatto **CONTR.** intatto, integro.

dissolutézza s. f. disonestà, licenza, licenziosità, scostumatezza, sfrenatezza, smoderatezza, intemperanza, corruzione, dissipazione, depravazione, vizio **CONTR.** onestà, virtù, castità, costumatezza, castigatezza, freno, misura, moderazione, modestia, morigeratezza, probità, purezza, temperanza.

dissolùto agg. e s. m. licenzioso, disonesto, scostumato, scapestrato, sfrontato, spudorato, sfrenato, intemperante, corrotto, depravato, vizioso, libidinoso **CONTR.** onesto, casto, castigato, costumato, misurato, moderato, modesto, morigerato, puro, pudico, probo, temperante, virtuoso.

dissoluzióne s. f. **1** scioglimento, disfacimento **2** (*fig.*) corruzione, dissolutezza, licenziosità **CONTR.** castità, modestia, morigeratezza **3** (*fig.*) (*spec. morale*) crollo, decadenza, declino **CONTR.** ascesa, progresso, crescita.

dissòlvere A v. tr. **1** (*raro*) sciogliere, disciogliere, fondere, liquefare, stemperare **CONTR.** coagulare, condensare, rassodare, solidificare **2** (*di ente, di famiglia, ecc.*) disunire, disgregare, disfare, dissociare, scindere, separare **CONTR.** collegare, congiungere, unire **3** (*di fumo, di nebbia, ecc.*) dissipare, disperdere **CONTR.** addensare, infittire **B dissolversi** v. intr. pron. **1** sciogliersi, disfarsi, disgregarsi, disunirsi **CONTR.** unirsi, congiungersi, formarsi **2** (*di fumo, di nebbia, ecc.*) dissiparsi, dileguare, sparire, scomparire, svanire **CONTR.** addensarsi, infittirsi, apparire, comparire, precisarsi.

dissonànte agg. **1** (*di suono*) disarmonico, scordato, stonato, sgradevole, aspro, stridente **CONTR.** armonico, armonioso, accordato, gradevole, intonato, dolce, soave **2** (*di locale*) sordo **3** (*fig.*) (*di parere, di colore, ecc.*) contrastante, discordante, diverso **CONTR.** concordante, concorde, simile.

dissonànza s. f. **1** (*di suoni*) disarmonia, discordanza, stonatura, asprezza **CONTR.** armonia, accordo, assonanza, consonanza **2** (*fig.*) (*di pareri, di colori, ecc.*) disaccordo, discordia, dissidio, discrepanza (*raro*), divergenza, dissenso, contrasto □ differenza, disuguaglianza **CONTR.** accordo, armonia, consenso, convergenza, intesa □ uguaglianza, somiglianza.

dissotterràre v. tr. **1** esumare, disseppellire **CONTR.** inumare, seppellire, tumulare **2** (*di ruderi, di resti e sim.*) portare alla luce, scavare **CONTR.** seppellire **3** (*fig.*) (*di usi, di tradizioni, ecc.*) ripristinare, rimettere in uso, rievocare **CONTR.** dimenticare, abbandonare, far morire.

dissotterràto part. pass. di **dissotterrare**; anche agg. **1** esumato, disseppellito **CONTR.** inumato, sepolto, tumulato **2** (*di ruderi, di resti e sim.*) portato alla luce, scavato **CONTR.** sepolto **3** (*fig.*) (*di usi, di tradizioni, ecc.*) ripristinato, rimesso in uso, rievocato **CONTR.** dimenticato, abbandonato.

dissuadére v. tr. distogliere, sconsigliare, rimuovere, indurre ad astenersi, fare recedere, stornare **CONTR.** consigliare, indurre, persuadere, cercare di convincere, incitare, spingere.

dissuasióne s. f. allontanamento **CONTR.** esortazione, convincimento, persuasione.

dissuasìvo agg. disinvitante **CONTR.** persuasivo, invitante, allettante.

dissuàso part. pass. di **dissuadere**; anche agg. sconsigliato, distolto, fatto recedere **CONTR.** consigliato, persuaso, convinto, indotto, spinto.

distaccaménto s. m. (*mil.*) dislocamento.

distaccàre A v. tr. **1** staccare, disgiungere, disunire, dividere, separare **CONTR.** attaccare, congiungere, incollare, saldare, unire **2** (*fig.*) (*dallo studio, dalle amicizie, ecc.*) allontanare, distogliere, alienare, disaffezionare **CONTR.** avvicinare, affezionare **3** (*di militari, di impiegati, ecc.*) trasferire, mandare in distaccamento **4** (*sport*) staccare, distanziare, superare, battere **B distaccarsi** v. intr. pron. **1** staccarsi, dividersi, separarsi **CONTR.** attaccarsi, congiungersi, unirsi **2** (*fig.*) (*dallo studio, dalle amicizie, ecc.*) allontanarsi, disaffezionarsi, abbandonare, interrompere, trascurare, rompere **CONTR.** avvicinarsi, affezionarsi **3** (*fig.*) (*per bellezza, per intelligenza, ecc.*) distinguersi, risaltare, eccellere **CONTR.** confondersi.

distaccàto part. pass. di **distaccare**; anche agg. **1** staccato, disgiunto, disunito, diviso, separato **CONTR.** attaccato, unito, congiunto, saldato **2** (*fig.*) (*dalle cose, dagli amici, ecc.*) indifferente, imperturbabile, impassibile, freddo, disaffezionato **CONTR.** appassionato, interessato, partecipe **3** (*sport*) staccato, distanziato.

distàcco s. m. **1** disunione, divisione, separazione, allontanamento, partenza **CONTR.** congiungimento, unione, avvicinamento, contatto **2** (*dalle cose, dagli amici, ecc.*) disinteresse, indifferenza, imperturbabilità, insensibilità **CONTR.** interesse, partecipazione, passione **3** (*sport*) vantaggio, svantaggio **4** (*aer.*) decollo **CONTR.** atterraggio.

distànte A part. pres. di **distare**; anche agg. **1** lontano, discosto **CONTR.** vicino, attiguo, contiguo, prossimo **2** (*fig.*) differente, diverso **CONTR.** simile, pari, uguale **B** in funzione di avv. lontano **CONTR.** vicino.

distànza s. f. **1** intervallo, spazio, tratto, lontananza **CONTR.** vicinanza, unione, contatto **2** tempo **3** (*sport*) lunghezza **4** (*fig.*) (*di grado, di condizione, ecc.*) differenza, diversità, disparità **CONTR.** somiglianza, uguaglianza **FRAS.** *mantenere le distanze* (*fig.*), non dare confidenza.

distanziàre v. tr. **1** allontanare, discostare **CONTR.** avvicinare, accostare **2** (*sport*) distaccare, staccare **3** (*fig.*) (*per abilità, per ingegno, ecc.*) superare, battere, lasciare indietro, prevalere **CONTR.** rimanere indietro.

distàre v. intr. **1** essere lontano, stare lontano **CONTR.** essere vicino **2** (*fig.*) (*di opinioni, di condizioni, ecc.*) differire, diversificarsi, discordare, distinguersi **CONTR.** assomigliare, somigliarsi, accostarsi, identificarsi, essere uguale.

distèndere A v. tr. **1** (*anche fig.*) (*di arco, di nervi, ecc.*) allentare, rilassare **CONTR.** tendere, tirare **2** (*di foglio, di gambe, ecc.*) stendere, estendere, allungare, allargare, ampliare, spiegare, svolgere, tendere, tirare **CONTR.** contrarre, piegare, ritrarre, ritirare **3** (*di ferito, di carte da gioco, ecc.*) adagiare, sistemare **CONTR.** alzare, rialzare, sollevare, tirar su **B distendersi** v. rifl. **1** (*fig.*) rilassarsi **CONTR.** eccitarsi **2** sdraiarsi, adagiarsi **CONTR.** alzarsi, rialzarsi, tirarsi su, rizzarsi in piedi **C** v. intr. pron. (*di deserto, di mare, ecc.*) estendersi, allargarsi, diffondersi.

distensióne s. f. **1** allungamento, allargamento, allentamento **CONTR.** contrazione, restringimento, rattrappimento **2** rilassamento **CONTR.** eccitazione **3** (*fig.*) (*spec. politica*) miglioramento di rapporti, disgelo **CONTR.** tensione, atmosfera tesa.

distensìvo agg. **1** rilassante, riposante **CONTR.** eccitante **2** (*fig.*) pacifico **CONTR.** teso.

distésa s. f. **1** (*di territorio, di mare, ecc.*) estensione, superficie ampia, tratto **CONTR.** spazio limitato **2** (*di cose*) serie, fila, successione **FRAS.** *a distesa*, senza interruzione, con la massima intensità.

distesaménte avv. minutamente, particolareggiatamente, diffusamente **CONTR.** brevemente, sommariamente, succintamente.

distéso part. pass. di **distendere**; anche agg. **1** (*anche fig.*) (*di arco, di nervi, ecc.*) allentato, rilassato **CONTR.** teso, tirato **2** (*di foglio, di gambe, ecc.*) steso, allungato, allargato, diffuso, spiegato, svolto, teso, tirato **CONTR.** contratto, piegato, ritratto, ritirato **3** (*di ferito, di carte da gioco, ecc.*) adagiato, sistemato **CONTR.** alzato, sollevato, in piedi **4** (*est.*) (*di territorio, di mare, ecc.*) ampio, vasto, esteso **CONTR.** stretto, ristretto, breve.

distillàre A v. tr. **1** (*chim.*) sottoporre a distillazione, filtrare, lambiccare, decantare □ ottenere per distillazione **2** stillare, versare a gocce **3** (*fig.*) estrarre faticosamente **4** (*fig.*) (*nella mente, nell'animo*) infondere, instillare, trasfondere **CONTR.** estrarre, cavare **B** v. intr. trasudare, colare **CONTR.** erompere, sgorgare, zampillare **FRAS.** *distillarsi il cervello* (*fig.*), lambiccarsi, scervellarsi.

distillàto part. pass. di **distillare**; anche agg. ottenuto per distillazione, filtrato, decantato.

distillatóre s. m. distillatoio (*ant.*), alambicco, lambicco, storta.

distillazióne s. f. (*chim.*) separazione, filtrazione.

distillerìa s. f. (*correntemente*) liquoreria.

distìnguere A v. tr. **1** discernere, differenziare, sceverare (*lett.*), capire, comprendere, intendere, notare, percepire, riconoscere, individuare **CONTR.** accomunare, confondere, mescolare, scambiare **2** (*di etichetta, di segno, ecc.*) rendere riconoscibile, contrassegnare, classificare, segnalare **CONTR.** accomunare, uguagliare **3** (*di meriti, di difetti, ecc.*) rendere diverso, caratterizzare, qualificare □ fare risaltare, fare emergere, mettere in luce **4** (*di opera, di libro, ecc.*) spartire, suddividere, dividere, separare **CONTR.** unificare **B distinguersi** v. intr. pron. **1** essere riconoscibile, differenziarsi **CONTR.** confondersi, scambiarsi **2** farsi notare, emergere, segnalarsi, spiccare, primeggiare.

distinguìbile agg. individuabile, visibile, evidente **CONTR.** indistinguibile, indistinto, vago, confuso.

distìnta s. f. nota, elenco, lista, listino, catalogo.

distintaménte avv. **1** separatamente, a parte **CONTR.** unitamente **2** chiaramente, nettamente **CONTR.** indistintamente, confusamente, vagamente **3** con distinzione, elegantemente **CONTR.** sciattamente, trascuratamente **4** (*bur.*) (*spec. nelle corrispondenze*) deferentemente, cortesemente.

distintìvo A agg. proprio, caratteristico, particolare **CONTR.** comune, generale **B** s. m. **1** (*di partito, di associazione, ecc.*) contrassegno, insegna, mostrina □ (*mar.*) insegna, guidone, fiamma **2** (*fig.*) caratteristica, elemento caratterizzante.

distìnto part. pass. di **distinguere**; anche agg. **1** diviso, separato, staccato □ diverso, differenziato **CONTR.** congiunto, unito □ uguale **2** chiaro, marcato, netto, nitido, riconoscibile **CONTR.** indistinto, confuso, vago, irriconoscibile **3** (*di persona*) eccellente, esimio, insigne, notevole, ragguardevole, segnalato, singolare, straordinario **CONTR.** comune, mediocre, modesto, ordinario **4** (*di persona, di modi, ecc.*) elegante, raffinato, signorile **CONTR.** grossolano, rozzo, volgare.

distinzióne s. f. **1** discriminazione, differenza,

differenziazione, divisione, separazione, ripartizione, classificazione CONTR. confusione, mescolamento, mescolanza, zibaldone **2** segno d'onore, privilegio □ caratteristica **3** garbo, cortesia, signorilità, raffinatezza □ deferenza, rispetto CONTR. grossolanità, rozzezza, volgarità, ignoranza □ supponenza, alterigia.

distògliere A v. tr. **1** (*di persona, di sguardo, ecc.*) allontanare, togliere via, rimuovere, volgere altrove CONTR. attirare, attrarre, accostare, avvicinare **2** (*fig.*) (*dal lavoro, da un'idea, ecc.*) far desistere, dissuadere, sconsigliare, stornare, distrarre CONTR. indurre, persuadere, incitare, spingere **B distogliersi** v. rifl. staccarsi, abbandonare, lasciare □ distrarsi, sviarsi CONTR. applicarsi, dedicarsi, attendere.

distòlto part. pass. di **distogliere**; anche agg. **1** (*di persona, di sguardo, ecc.*) allontanato, rimosso CONTR. attirato, attratto **2** (*fig.*) (*di animo, di mente, ecc.*) distratto, dissuaso, staccato CONTR. preso, intento.

distòrcere A v. tr. **1** storcere, contorcere, stravolgere CONTR. drizzare, raddrizzare **2** (*fig.*) (*di verità, di significato, ecc.*) falsare, alterare **B distorcersi** v. rifl. contorcersi CONTR. irrigidirsi, drizzarsi.

distorsióne s. f. **1** contorsione, storcimento CONTR. irrigidimento, raddrizzamento **2** lussazione, storta **3** (*fis., mus.*) aberrazione, alterazione **4** (*fig.*) (*di verità, di significato, ecc.*) falsa interpretazione, falsificazione, alterazione.

distòrto part. pass. di **distorcere**; anche agg. **1** torto, storto, contorto, piegato CONTR. irrigidito, raddrizzato, diritto, dritto **2** (*fig.*) (*di verità, di significato, ecc.*) falsato, inesatto, alterato, male interpretato CONTR. esatto, giusto.

distràrre A v. tr. **1** rivolgere altrove, staccare, distogliere CONTR. rivolgere, dirigere **2** (*di denaro*) sottrarre, usare per altro scopo **3** (*fig.*) (*di persona, di mente, ecc.*) distogliere, sviare, rendere disattento CONTR. attirare, impegnare, far concentrare **4** (*est.*) svagare, divertire, ricreare CONTR. annoiare, infastidire, seccare □ tormentare, addolorare **B distrarsi** v. rifl. **1** essere disattento, perdere la concentrazione, estraniarsi, fantasticare, divagare CONTR. concentrarsi, raccogliersi, impegnarsi **2** (*est.*) svagarsi, divertirsi, ricrearsi, sollazzarsi CONTR. annoiarsi, seccarsi □ tormentarsi, addolorarsi.

distrattaménte avv. disattentamente, sbadatamente, negligentemente, superficialmente CONTR. attentamente, diligentemente, scrupolosamente.

distràtto part. pass. di **distrarre**; anche agg. **1** (*di sguardo*) distolto, staccato CONTR. rivolto, diretto **2** (*di denaro*) sottratto, usato per altro scopo **3** (*di persona, di mente, ecc.*) sbadato, disattento, assente, svagato, sventato, incantato, soprappensiero, negligente, superficiale CONTR. attento, assiduo, concentrato, diligente, riflessivo, scrupoloso.

distrazióne s. f. **1** disattenzione, sbadataggine, sventatezza, disavvertenza, dimenticanza, negligenza, superficialità CONTR. attenzione, assiduità, applicazione, concentrazione, diligenza, riflessione, scrupolosità **2** svago, divertimento, ricreazione, diversivo, passatempo CONTR. fastidio, noia, seccatura □ tormento, dolore.

distrétto s. m. circoscrizione, zona, circolo, area □ (*anat.*) regione.

distrettuàle agg. circoscrizionale.

distribuìre v. tr. **1** assegnare, dare, dispensare, dividere, compartire (*raro*), ripartire, spartire CONTR. raccogliere, radunare, riunire **2** (*di libri, di truppe, ecc.*) disporre, ordinare, sistemare **3** (*di stampa, di acqua, ecc.*) diffondere, fornire, erogare.

distributóre agg. e s. m. **1** (f. *-trice*) erogatore □ diffusore, fornitore **2** (*di carburante*) pompa FRAS. *distributore d'accensione*, spinterogeno.

distribuzióne s. f. divisione, assegnazione, ripartizione, spartizione □ donazione, elargizione, erogazione CONTR. raccolta, riunione.

districàre A v. tr. **1** sbrogliare, sciogliere, slegare, snodare, disfare, dipanare CONTR. imbrogliare, aggrovigliare, arruffare, intricare **2** (*fig.*) (*di questione, di problema, ecc.*) chiarire, risolvere, spiegare CONTR. confondere **B districarsi** v. rifl. (*anche fig.*) tirarsi fuori, liberarsi, sbrogliarsi □ cavarsela, uscire d'impiccio CONTR. impigliarsi, restare prigioniero, rimanere incastrato (*fig.*).

distrùggere A v. tr. **1** (*di cosa*) abbattere, atterrare, buttar giù, demolire, diroccare, fracassare, disfare, radere al suolo, smantellare, spianare, stritolare □ polverizzare, incenerire □ devastare, desolare, guastare, rovinare, saccheggiare CONTR. creare, costruire, edificare, erigere, fondare, innalzare □ salvare, difendere □ piantare **2** (*anche fig.*) (*di persona o cosa*) ridurre al nulla, annientare, annichilire, annullare, cancellare, disperdere, dissipare, eliminare, paralizzare, soffocare, sopprimere, sbaragliare, massacrare, fare strage, uccidere □ consumare CONTR. dare vita, creare, potenziare, esaltare, valorizzare □ alimentare □ guarire **B distruggersi** v. rifl. (*di persona*) ridursi malissimo, consumarsi, deperire, struggersi CONTR. rifiorire, ristabilirsi **C** v. intr. pron. (*fig.*) (*di persona o cosa*) andare in rovina □ dissolversi, disfarsi.

distruttìbile agg. annientabile, deperibile, consumabile, degradabile, eliminabile CONTR. indistruttibile, duraturo, eterno.

distruttìvo agg. distruttore, devastatore □ negativo CONTR. costruttivo, costruttore □ positivo.

distrùtto part. pass. di **distruggere**; anche agg. **1** (*di cosa*) abbattuto, atterrato, buttato giù, smantellato, demolito, disfatto, disgregato, devastato, guastato, rovinato, eliminato, soppresso, sradicato □ polverizzato, incenerito **CONTR.** costruito, edificato, eretto, fondato, innalzato, salvato, difeso □ piantato **2** (*fig.*) (*di persona o cosa*) annientato, annichilito, annullato, cancellato, disperso, dissipato, eliminato, paralizzato, soffocato, soppresso, sbaragliato, massacrato □ consumato **CONTR.** potenziato, esaltato, valorizzato □ alimentato □ guarito **3** (*fig.*) (*di persona*) stanco, svigorito, sfinito, sciupato □ disperato, sfiduciato **CONTR.** energico, forte, rinforzato, rinvigorito, irrobustito □ fiducioso, speranzoso.

distruttóre s. m.; anche agg. (f. *-trice*) **1** (*anche fig.*) annientatore, demolitore, devastatore, eversore, estirpatore, sovvertitore, sterminatore, dissipatore, guastatore **CONTR.** costruttore, edificatore, fondatore, restauratore, difensore **2** (*aer.*) spoiler (*ingl.*).

distruzióne s. f. (*anche fig.*) abbattimento, atterramento, demolizione, disfacimento, smantellamento, devastazione, desolazione, guasto, rovina, saccheggio □ annientamento, annichilimento, annullamento, dispersione, eliminazione, soppressione **CONTR.** costruzione, edificazione, erezione, fondazione, restauro, rifacimento, riparazione, riassetto □ potenziamento, valorizzazione, esaltazione.

disturbàre A v. tr. importunare, infastidire, molestare, dar noia, seccare, scocciare (*fam.*), rompere (*gerg.*), incomodare, distrarre, frastornare □ interrompere, intralciare, ostacolare **CONTR.** far piacere, allietare, divertire, rallegrare, distrarre **B disturbarsi** v. rifl. prendersi l'incomodo, scomodarsi, incomodarsi, darsi pena, preoccuparsi **CONTR.** restar comodo, disinteressarsi.

disturbatóre s. m.; anche agg. (f. *-trice*) importuno, frastornatore, molesto, noioso, perturbatore, seccatore, guastafeste, scocciatore (*fam.*), rompiscatole (*fam.*) **CONTR.** riservato, discreto, rispettoso, educato □ simpaticone, spiritoso.

distùrbo s. m. **1** incomodo, molestia, fastidio, imbarazzo, impaccio, impedimento, inconveniente, intralcio, ostacolo, noia, seccatura, scocciatura (*fam.*), contrattempo **CONTR.** comodo, comodità, agio, piacere, gradimento **2** (*di fisico*) acciacco, malanno, malessere, indisposizione **CONTR.** salute, integrità, benessere **3** (*di meccanismo*) disfunzione, difetto **CONTR.** perfezione, esattezza **4** (*di comunicazione*) perturbazione, noise (*ingl.*) **CONTR.** chiarezza.

disubbidiènte part. pres. di **disubbidire**; anche agg. e s. m. e f. indisciplinato, indocile, insubordinato, ribelle, restio, ricalcitrante, renitente, turbolento **CONTR.** ubbidiente, disciplinato, docile, condiscendente, ossequente.

disubbidiènza s. f. indisciplinatezza, indocilità, insubordinazione, opposizione, resistenza, renitenza, ribellione, trasgressione **CONTR.** ubbidienza, disciplina, disciplinatezza, ossequio, sottomissione, subordinazione.

disubbidìre v. intr. e tr. contravvenire, ribellarsi, rivoltarsi, sollevarsi, trasgredire, resistere, opporsi **CONTR.** ubbidire, sottomettersi, sottostare, ottemperare, cedere, conformarsi.

disuguagliànza s. f. differenza, disparità, diversità, ineguaglianza, sperequazione **CONTR.** uguaglianza, conformità, identità, parità, perequazione, omogeneità, uniformità.

disuguàle agg. **1** differente, diverso, dissimile, ineguale **CONTR.** uguale, identico, pari **2** (*di terreno, di paesaggio, ecc.*) difforme, irregolare **CONTR.** uniforme, regolare **3** (*fig.*) (*di carattere, di rendimento, ecc.*) incostante, incoerente, mutevole **CONTR.** costante, coerente, fermo, stabile.

disumanaménte avv. crudelmente, ferocemente, duramente, efferatamente, brutalmente, spietatamente **CONTR.** umanamente, benignamente, bonariamente, dolcemente, mitemente, pietosamente.

disumàno agg. crudele, feroce, inumano, spietato, brutale, duro, efferato, atroce □ freddo, insensibile **CONTR.** umano, benigno, buono, compassionevole, indulgente, mite, pietoso.

disunìre A v. tr. **1** separare, dividere, disgiungere **CONTR.** collegare, congiungere, unire **2** (*fig.*) disgregare, mettere in discordia, fare litigare **CONTR.** pacificare, conciliare, riconciliare **B disunirsi** v. rifl. e rifl. rec. separarsi, dividersi, staccarsi **CONTR.** unirsi.

disunìto part. pass. di **disunire**; anche agg. **1** diviso, disgiunto, separato, staccato **CONTR.** collegato, congiunto, unito **2** (*fig.*) (*di stile, di discorso, ecc.*) disorganico, disuguale, irregolare **CONTR.** organico, uguale, regolare, omogeneo **3** (*fig.*) discorde, in lite, diviso **CONTR.** unito, concorde.

disusàto agg. non più in uso, in disuso, insolito, antiquato, vieto (*lett.*), out (*ingl.*), fuori moda **CONTR.** in uso, usato, solito, in (*ingl.*), alla moda.

disùso s. m. non uso **CONTR.** uso **FRAS.** *in disuso* (*fig.*), antiquato, vieto, fuori moda, out (*ingl.*).

disvalóre s. m. (*econ.*) perdita, calo di valore.

dìto s. m. **FRAS.** *mostrare a dito* (*fig.*), indicare, additare alla riprovazione □ *legarsela al dito* (*fig.*), giurare vendetta □ *sapere sulla punta delle dita* (*fig.*), conoscere a fondo □ *non muovere un dito* (*fig.*), non aiutare assolutamente □ *toccare il cielo con un dito* (*fig.*), essere al colmo della felicità □ *mordersi le dita* (*fig.*), rammaricarsi, rimpiangere □ *contarsi sulle dita* (*fig.*), essere in pochi □ *mettere il dito sulla piaga* (*fig.*), rivelare le difficoltà □

nascondersi dietro un dito (*fig.*), nascondere l'evidenza.

ditóne s. m. **1** accr. di **dito 2** (*fam.*) alluce.

ditta s. f. impresa, azienda, casa, compagnia, società.

dittatóre s. m. **1** tiranno, despota, autocrate, oppressore **CONTR.** democratico, liberale **2** (*est.*) autoritario, prepotente, intollerante **CONTR.** democratico, tollerante, mite.

dittatoriàle agg. (*anche fig.*) dittatorio, assolutista, autoritario, dispotico, tirannico, oppressivo, oppressore, intollerante **CONTR.** democratico, liberale, tollerante □ affabile, umano.

dittatùra s. f. **1** governo di emergenza, governo autoritario, regime assoluto, assolutismo **CONTR.** democrazia **2** (*fig.*) tirannide, dispotismo, oppressione □ prepotenza, intolleranza, violenza **CONTR.** libertà, tolleranza.

dìttico s. m. **CFR.** ancona, trittico, polittico.

diùrno agg. **1** del giorno, giornaliero **CONTR.** notturno **2** mattutino, pomeridiano **CONTR.** serale, notturno.

dìva s. f. **1** (*lett.*) dea **2** (*cine.*, *teat.*) stella, star (*ingl.*), attrice.

divagazióne s. f. **1** digressione, diversione (*raro*) □ variazione **2** (*raro*) svago, divertimento, distrazione **CONTR.** noia, tedio, fastidio □ tristezza, dolore.

divampàre v. intr. **1** (*di incendio*, *di benzina*, *ecc.*) accendersi all'improvviso, avvampare **CONTR.** spegnersi, estinguersi **2** (*fig.*) (*di ira*, *di passione*, *ecc.*) ardere, infiammarsi **CONTR.** placarsi, calmarsi **3** (*fig.*) (*di rivolta*, *di battaglia*, *ecc.*) manifestarsi con violenza, prorompere, scatenarsi, infuriare **CONTR.** calmarsi, placarsi, cessare.

divàno s. m. sofà, canapè, ottomana, sultana, dormeuse (*fr.*).

divaricàre A v. tr. aprire, spalancare, allargare, far divergere **CONTR.** chiudere, restringere **B divaricarsi** v. intr. pron. divergere **CONTR.** unirsi, chiudersi.

divaricàto part. pass. di **divaricare**; anche agg. aperto, spalancato, allargato, divergente **CONTR.** chiuso, stretto, unito.

divaricazióne s. f. apertura □ biforcazione, diramazione **CONTR.** chiusura, unione.

divàrio s. m. differenza, diversità, discordanza, disparità **CONTR.** uguaglianza, accordo, concordanza.

divèlto agg. (*lett.*) strappato, staccato, sradicato, estirpato **CONTR.** conficcato, piantato.

divenìre A v. intr. diventare, farsi □ riuscire, trasformarsi, cambiarsi, mutare **B** in funzione di s. m. solo sing. (*filos.*) fluire, flusso, trasformazione **CONTR.** essere.

diventàre v. intr. divenire, farsi □ riuscire, trasformarsi **FRAS.** *diventare bianco* (*fig.*), impallidire □ *diventare rosso* (*fig.*), arrossire, vergognarsi.

divèrbio s. m. alterco, battibecco, litigio, discussione, disputa, contesa **CONTR.** conversazione, chiacchierata.

divergènte part. pres. di **divergere**; anche agg. **1** deviante **CONTR.** convergente **2** (*di opinioni*, *di racconto*, *ecc.*) differente, contrastante, diverso, opposto, controverso, in contrasto **CONTR.** concordante, uguale, simile □ unanime.

divergènza s. f. **1** deviazione **CONTR.** convergenza **2** (*di fiume*, *di strada*, *ecc.*) biforcazione **3** (*fig.*) (*di opinioni*, *di racconto*, *ecc.*) differenza, discordanza, disparità, discrepanza (*raro*), contrasto, controversia **CONTR.** convergenza, accordo, armonia, concordanza, consenso, unanimità.

divèrgere v. intr. **1** (*di strade*, *di fiumi*, *ecc.*) cambiare direzione, allontanarsi, deviare, scostarsi **CONTR.** convergere, confluire **2** (*fig.*) (*di gusti*, *di opinioni*, *ecc.*) essere lontano, contrastare, differire, differenziarsi, diversificarsi, opporsi **CONTR.** accordarsi, armonizzarsi, concordare, conformarsi, corrispondere, uniformarsi.

diversaménte avv. **1** in altro modo, differentemente **CONTR.** ugualmente, similmente, analogamente **2** altrimenti, se no, in caso contrario **CONTR.** ugualmente.

diversificàre A v. tr. rendere diverso, differenziare, distinguere, modificare, variare □ distribuire diversamente, investire diversamente **CONTR.** uguagliare, equiparare, pareggiare **B** v. intr. e **diversificarsi** intr. pron. essere diverso, differire, differenziarsi, distinguersi **CONTR.** assomigliarsi, essere simile, uguagliarsi.

diversificazióne s. f. differenza, diversità, varietà **CONTR.** uguaglianza, uniformità.

diversità s. f. **1** differenza, difformità, disparità, dissomiglianza, disuguaglianza, contrasto, discrepanza (*raro*), distanza, divario **CONTR.** uguaglianza, identità, conformità, somiglianza, uniformità **2** (*est.*) (*di forme*, *di colori*, *ecc.*) varietà, molteplicità, complessità **CONTR.** semplicità, uniformità, monotonia.

diversìvo s. m. distrazione, divertimento, passatempo, svago □ variazione, varietà **CONTR.** uniformità, monotonia, grigiore, tran tran.

divèrso A agg. differente, dissimile, dissomigliante, difforme, discordante, discrepante (*raro*), distinto, contrario, opposto, eterogeneo, vario **CONTR.** simile, somigliante, affine, analogo, consimile, conforme, corrispondente, identico, pari, uguale, uniforme **B** agg. e pron. indef. al pl. molti, parecchi, più **CONTR.** pochi, rari **C** s. m. **1** anormale, caratteriale **CONTR.** normale **2** (*euf.*) omosessuale.

divertènte part. pres. di **divertire**; anche agg. piacevole, spassoso, dilettevole, interessante, ricreativo, sollazzevole (*lett.*), ameno, gustoso **CONTR.** noioso, molesto, seccante, spiacevole, sgradevole, sgradito □ rattristante, triste, malinconico.

divertiménto s. m. svago, passatempo, spasso, diporto, gioco, festa, distrazione, sollazzo (*lett.*), piacere, trastullo **CONTR.** noia, molestia, tedio, seccatura, scocciatura (*fam.*) □ malinconia, tristezza.

divertìre A v. tr. rallegrare, dilettare, ricreare, svagare, sollazzare (*lett.*), trastullare, interessare, intrattenere **CONTR.** annoiare, infastidire, molestare, seccare, scocciare (*fam.*), stancare, tediare □ affliggere, immalinconire, opprimere, rattristare **B divertirsi** v. rifl. distrarsi, svagarsi, spassarsi, spassarsela, sollazzarsi (*lett.*), trastullarsi, stare allegro **CONTR.** annoiarsi, crucciarsi, seccarsi, scocciarsi (*fam.*), tediarsi □ immalinconirsi, rattristarsi.

divertìto part. pass. di **divertire**; anche agg. **1** rallegrato, allegro, interessato **CONTR.** disinteressato, indifferente □ annoiato, seccato, scocciato (*fam.*), tediato □ triste, addolorato **2** compiaciuto, ironico **CONTR.** serio, grave.

dividèndo s. m. **1** (*mat.*) **CONTR.** divisore **2** (*di titoli azionari*) utile, profitto.

divìdere A v. tr. **1** fare in parti, suddividere, tagliare, spaccare, spezzare, spezzettare, squartare, dimezzare, disgiungere, disunire, fendere, sezionare, separare, smembrare, scindere, isolare, disgregare **CONTR.** collegare, congiungere, ricongiungere, comporre, ricomporre, raccogliere, saldare, unire, riunire **2** (*di scolari, di piante, ecc.*) ripartire in gruppi, classificare, distinguere, suddividere **CONTR.** accomunare, unificare, mescolare **3** (*di utili, di bottino, ecc.*) distribuire, spartire, compartire (*lett.*), dispensare, assegnare **CONTR.** raccogliere, radunare, riunire **4** (*fig.*) (*di gioie, di dolori, ecc.*) condividere, avere in comune **5** (*fig.*) (*di persone*) inimicare, rendere ostile, mettere in discordia **CONTR.** conciliare, riconciliare, pacificare, rappacificare **6** (*mat.*) **CFR.** moltiplicare **B dividersi** v. rifl. **1** allontanarsi, separarsi **CONTR.** unirsi, congiungersi **2** (*in gruppi, per classi, ecc.*) distribuirsi, suddividersi, ripartirsi **CONTR.** unirsi, unificarsi, mescolarsi **C** v. rifl. rec. (*di coniugi*) separarsi, cessare la convivenza **D** v. intr. pron. (*di epoca, di storia, ecc.*) essere diviso, suddividersi, ripartirsi.

divièto s. m. proibizione, interdizione, veto, inibizione, impedimento **CONTR.** permesso, autorizzazione, concessione, licenza, consenso.

divinaménte avv. **1** per opera divina, in modo divino **CONTR.** umanamente **2** (*est.*) ottimamente, perfettamente, eccellentemente, egregiamente, magnificamente **CONTR.** pessimamente, male, imperfettamente, difettosamente, mediocremente.

divinazióne s. f. **1** magia, astrologia □ profezia **2** (*est.*) predizione, presentimento.

divincolaménto s. m. contorcimento, contorsione, guizzo.

divincolàre A v. tr. (*lett.*) muovere, agitare, dimenare **CONTR.** tener fermo **B divincolarsi** v. rifl. dimenarsi, contorcersi, guizzare, dibattersi **CONTR.** star fermo, irrigidirsi, immobilizzarsi **FRAS.** *divincolare la coda*, scodinzolare.

divinità s. f. **1** natura divina, essenza divina **CONTR.** umanità **2** Dio **3** essere divino, divo (*lett.*), nume **4** (*fig.*) eccellenza, perfezione, sublimità **CONTR.** mediocrità, meschinità, limitatezza.

divinizzàre v. tr. **1** deificare **CONTR.** umanizzare **2** (*fig.*) (*di poeta, di arte, ecc.*) celebrare, esaltare, nobilitare **CONTR.** umiliare, squalificare.

divinizzazióne s. f. deificazione, apoteosi.

divìno agg. **1** di Dio □ delle divinità □ degli dei **CONTR.** umano, terreno, terrestre **2** (*di essere, di creatura*) celeste, ultraterreno **CONTR.** terrestre, terreno □ diabolico **3** (*di onore*) degno di Dio □ degno degli dei **4** (*fig.*) eccellente, straordinario, sovrumano, sovrannaturale, sublime, perfetto, squisito, celeste, celestiale □ bellissimo, stupendo **CONTR.** pessimo, imperfetto, difettoso, mediocre, meschino □ bruttissimo, orrendo.

divìsa s. f. **1** uniforme, tenuta, montura (*raro, tosc.*), assisa, livrea **2** emblema, insegna **3** (*arald.*) motto, frase.

divisìbile agg. scindibile, spartibile **CONTR.** indivisibile, inscindibile.

divisióne s. f. **1** partizione, taglio, spaccatura, dimezzamento, fenditura, fetta, frazione, sezione, pezzo, porzione, interruzione, separazione, scissione, analisi, smembramento **CONTR.** collegamento, congiunzione, ricongiungimento, ricomposizione, saldatura, unione, riunione **2** suddivisione, steccato, transenna **3** (*di cariche, di poteri, ecc.*) distribuzione, spartizione, assegnazione, ripartizione **CONTR.** riunione, accentramento, concentrazione **4** (*mil.*) unità **5** (*sport*) (*di squadre di calcio*) gruppo, raggruppamento **6** (*bot.*) categoria **7** (*di opera, di discorso e sim.*) suddivisione, partizione **8** (*di ministero, di amministrazione*) ripartizione **9** (*di matrimonio, di beni*) separazione **CONTR.** unione, comunione **10** (*mat.*) **CFR.** moltiplicazione.

divisionìsmo s. m. (*pitt.*) puntinismo.

divisionìsta agg.; anche s. m. e f. (*pitt.*) puntinista.

divìsmo s. m. **1** (*est.*) esibizionismo **2** fanatismo, infatuazione.

divìso part. pass. di **dividere**; anche agg. **1** tagliato, spaccato, dimezzato, frazionato, sezionato, interrotto, scisso, separato, analizzato, smembrato □ lontano, isolato **CONTR.** collegato, congiunto, ricongiunto, ricomposto, saldato, unito, riunito **2** (*di scolari, di piante, ecc.*) ripartito, suddiviso, classificato, distinto, spartito **CONTR.** accomunato, unificato, mescolato **3** (*di utili, di bottino*) distribuito, assegnato, spartito, dispensato **CONTR.** raccolto, radunato, riunito, conservato **4** (*fig.*) (*di gioie, di dolori*) condiviso, in comune **5** (*di persona*) incerto, indeciso, tentennante **CONTR.** certo, fermo, sicuro **6** (*fig.*) discorde, ostile, avverso **CONTR.** concorde, consenziente, unanime **7** (*mat.*) **CFR.** moltiplicato.

divisóre s. m. (*mat.*) **CONTR.** dividendo.

divisòrio A agg. separatore **CONTR.** unificatore, unificante **B** s. m. tramezzo, assito, tavolato, transenna, muro, paratia, parete.

divo s. m. artista molto popolare □ sportivo famoso □ personaggio, big (*ingl.*), vip (*ingl.*), star (*ingl.*).

divoràre A v. tr. **1** sbranare **2** (*est.*) mangiare avidamente, mangiare voracemente, ingoiare, ingurgitare, trangugiare **CONTR.** assaporare, gustare, assaggiare **3** (*fig.*) (*di passione, di fuoco, ecc.*) distruggere, consumare □ tormentare, agitare, logorare, minare **CONTR.** spegnere, calmare, placare **4** (*fig.*) (*di denaro, di beni e sim.*) scialacquare, dilapidare, dissipare, sperperare, sprecare **CONTR.** economizzare, risparmiare, lesinare **5** (*fig.*) (*di libro*) leggere avidamente, leggere d'un fiato **6** (*fig.*) (*di strada*) percorrere a tutta velocità **7** (*fig.*) (*di persona, di cosa*) fissare intensamente, fissare con desiderio **CONTR.** guardare fuggevolmente, dare un'occhiata **B divorarsi** v. intr. pron. (*fig.*) (*dalla rabbia, dal desiderio, ecc.*) struggersi, consumarsi, logorarsi, angustiarsi, crucciarsi, tormentarsi, ardere **CONTR.** godere, avere piacere.

divoratóre s. m.; anche agg. (f. *-trice*) gran mangiatore, mangione, ingordo, ghiottone, golosone, lurco (*lett.*) **CONTR.** digiunatore, parco, sobrio, inappetente.

divorziàre v. intr. far divorzio □ (*est.*) dividersi, separarsi **CONTR.** sposarsi □ mettersi insieme.

divorziàto part. pass. di **divorziare**; anche agg. e s. m. separato per divorzio □ (*est.*) diviso, separato **CONTR.** sposato □ unito.

divòrzio s. m. **1** scioglimento del matrimonio **CONTR.** matrimonio **2** (*fig.*) ripudio, separazione.

divulgàre A v. tr. **1** (*di notizia, di prodotto, ecc.*) rendere noto, diffondere, propagare, propalare, pubblicare, spargere □ propagandare, pubblicizzare **CONTR.** celare, nascondere, occultare, tener segreto **2** (*di scienza, di cultura, ecc.*) rendere comprensibile, rendere accessibile, spiegare, delucidare, volgarizzare, chiarire **CONTR.** confondere, ingarbugliare, rendere incomprensibile **B divulgarsi** v. intr. pron. spargersi, diffondersi, propagarsi, spandersi **CONTR.** rimanere segreto.

divulgatìvo agg. **1** propagandistico, pubblicitario **2** esplicativo, facile, semplice.

divulgatóre s. m.; anche agg. (f. *-trice*) diffonditore, diffusore, volgarizzatore, propagatore □ propagandista, banditore.

divulgazióne s. f. **1** (*di notizie, di idee, ecc.*) diffusione, propagazione, propalazione (*raro*) □ propaganda, pubblicità **CONTR.** segretezza **2** (*di scienza, di cultura, ecc.*) esposizione facile, esposizione piana, spiegazione, delucidazione, volgarizzazione **CONTR.** complicazione, astruseria.

dizionàrio s. m. vocabolario, lessico, calepino (*lett.*), glossario □ (*est.*) enciclopedia.

dizióne s. f. **1** recitazione **2** pronuncia, modo di pronunciare **3** discorso, frase, parola, locuzione.

dóccia s. f. **1** tubo, condotto, gronda, grondone, grondaia, doccione □ (*est., gener.*) canale **2** bagno a spruzzo.

docènte agg.; anche s. m. e f. insegnante, maestro, professore, precettore, pedagogo, istitutore, aio **CONTR.** allievo, alunno, scolaro, discente, studente.

dòcile agg. **1** mite, arrendevole, condiscendente, pieghevole, sottomesso, remissivo, disciplinato, ubbidiente, acquiescente □ plasmabile **CONTR.** indocile, disubbidiente, ostinato, restio, ribelle, ritroso, indisciplinato, insubordinato **2** (*di animale*) addomesticato, domestico, mansueto **CONTR.** selvatico, brado, non addomesticato, feroce **3** (*fig.*) (*di materia, di macchina, ecc.*) morbido, plasmabile, lavorabile □ facile a manovrarsi **CONTR.** duro.

docilità s. f. acquiescenza, arrendevolezza, condiscendenza, mansuetudine, mitezza, remissività, ubbidienza, sottomissione **CONTR.** indocilità, disubbidienza, ostinazione, indomabilità, durezza, ribellione, insubordinazione.

docilménte avv. con docilità, disciplinatamente, remissivamente, mitemente **CONTR.** indisciplinatamente, ostinatamente.

documentàbile agg. dimostrabile, comprovabile **CONTR.** indimostrabile.

documentàre A v. tr. provare, comprovare, dimostrare, certificare **B documentarsi** v. rifl. fornirsi di documentazione, procurarsi le prove.

documentàrio agg. e s. m. (*cine.*) cortometraggio.

documentàto part. pass. di **documentare**; anche agg. fondato su documenti □ attendibile, comprovato, degno di fede **CONTR.** privo di prove, inattendibile, incredibile.

documentazióne s. f. **1** documenti **2** (*est.*) prova, testimonianza.

documénto s. m. **1** atto, attestato, attestazione, carta, certificato, diploma, fede, strumento **2** testimonianza, materiale **3** dimostrazione, prova.

dodicèsimo agg. num. ord. decimosecondo (*lett.*), duodecimo (*lett.*).

dódici agg. num. card. dozzina □ serqua.

dogàna s. f. **1** (*gener.*) ufficio fiscale, dazio □ fondaco **2** edificio della dogana **3** gabella (*ant.*), tassa, imposta, tributo, dazio.

doganàle agg. daziario.

doganière s. m. guardia doganale, impiegato di dogana, daziere, guardia di finanza, gabelliere (*ant.*).

dògma s. m. **1** verità rivelata, articolo di fede **CONTR.** eresia, eterodossia **2** (*est.*) assioma, principio indiscutibile, principio assoluto, verità incontrastabile, verità indiscussa.

dogmaticaménte avv. assolutamente, senza discussione.

dogmàtico agg. assoluto, indiscutibile, assiomatico, indubitabile **CONTR.** relativo, controverso, discutibile.

dogmatìsmo s. m. **1** (*filos.*) assolutismo **CONTR.** scetticismo, relativismo **2** (*est.*) assolutismo, intransigenza, intolleranza **CONTR.** transigenza, tolleranza, indulgenza.

dólce A agg. **1** simile a zucchero, simile a miele, zuccherino, melato □ dolcigno, dolciastro □ zuccherato □ (*di formaggio*) delicato, gradevole, non piccante □ (*di acqua*) senza sale **CONTR.** amaro, acre, aspro □ senza zucchero □ (*di formaggio*) piccante □ (*di acqua*) salato, duro **2** (*fig.*) (*di viso, di ricordo, ecc.*) grato, gradito, gradevole, bello, leggiadro, delicato, delizioso, piacevole, soave, allettante, amabile, seducente **CONTR.** brutto, sgradevole, spiacevole, disgustoso, repellente, ripugnante **3** (*di pendio*) non ripido, declive **CONTR.** ripido **4** (*fig.*) (*di clima*) mite, tiepido, temperato, clemente **CONTR.** aspro, inclemente, rigido **5** (*fig.*) (*di persona, di carattere, ecc.*) arrendevole, amabile, benigno, bonario, buono, condiscendente, docile, indulgente, mansueto, mite, delicato, gentile, tenero, umano **CONTR.** aspro, crudele, disumano, duro, feroce, efferato, malvagio, spietato, violento, inesorabile **6** (*di casa, di amico, ecc.*) diletto, amato **CONTR.** odiato, odioso, aborrito **B** s. m. **1** sapore dolce **CONTR.** sapore aspro □ sapore salato **2** dolciume, confetto □ torta, pasta, budino, caramella, cioccolatino, crema, pasticcio **FRAS.** *carbone dolce*, carbone non minerale □ *il dolce far niente*, l'ozio □ *la dolce metà* (*fig.*), la moglie □ *dolce vita*, vita spensierata, vita mondana.

dolceménte avv. amabilmente, amorevolmente, delicatamente, deliziosamente, gradevolmente, gentilmente, mollemente, soavemente, umanamente, teneramente **CONTR.** amaramente, aspramente, bruscamente, duramente, sgarbatamente, rozzamente, ruvidamente, violentemente.

dolcézza s. f. **1** sapore dolce **CONTR.** amarezza **2** (*fig.*) (*di viso, di paesaggio, ecc.*) delicatezza, grazia, leggiadria, bellezza, piacevolezza, soavità **CONTR.** bruttezza, sgraziataggine, spiacevolezza **3** (*fig.*) (*di clima*) mitezza, clemenza, tepore **CONTR.** asprezza, inclemenza, rigidità **4** (*fig.*) (*di persona, di modi, ecc.*) amabilità, amorevolezza, arrendevolezza, bontà, condiscendenza, delicatezza, docilità, benignità, bonarietà, gentilezza, mansuetudine, mitezza, indulgenza, tenerezza, umanità **CONTR.** asprezza, crudeltà, durezza, efferatezza, ferocia, malvagità, spietatezza, violenza, inesorabilità **5** (*spec. al pl., fig.*) (*della vita, dell'estate, ecc.*) gioia, diletto, godimento, piacere, felicità **CONTR.** afflizione, cruccio, dispiacere, dolore, avversità, contrarietà **6** (*fig.*) persona amata, amore.

dolciàstro agg. **1** dolcigno, melato, stucchevole, smaccato, nauseante, nauseabondo **CONTR.** amarognolo, amariccio **2** (*fig., lett.*) (*di parole*) ambiguo, mellifluo, affettato **CONTR.** aperto, franco, schietto, sincero.

dolcificànte part. pres. di **dolcificare**; anche agg. e s. m. edulcorante **CONTR.** amaricante.

dolcificàre v. tr. edulcorare, addolcire, raddolcire, candire, zuccherare, inzuccherare **CONTR.** rendere amaro.

dolcificàto part. pass. di **dolcificare**; anche agg. edulcorato, zuccherato.

dolcificazióne s. f. addolcimento, edulcorazione.

dolciùme s. m. **1** sapore dolce, sapore stucchevole **2** (*spec. al pl.*) dolce, pasta, confetto, torta, caramella, cioccolatino.

dolènte part. pres. di **dolere**; anche agg. **1** (*di parte del corpo*) dolorante **2** (*di persona, di fatto, ecc.*) addolorato, afflitto, contrariato, dispiacente, dispiaciuto, spiacente **CONTR.** contento, soddisfatto, compiaciuto, lieto, felice **3** (*di viso, di sguardo*) atteggiato a dolore **CONTR.** contento, lieto, soddisfatto.

dolére A v. intr. **1** (*di parte del corpo*) far male **2** dispiacere, rincrescere □ angosciare, arrecare dolore **CONTR.** dare gioia, confortare, consolare □ essere contento, godere **B dolersi** v. intr. pron. **1** provare rincrescimento, affliggersi, rammaricarsi, rattristarsi, pentirsi **CONTR.** essere contento, gioire, compiacersi, essere soddisfatto **2** lamentarsi, lagnarsi **CONTR.** compiacersi.

dòlo s. m. inganno, frode, truffa, imbroglio, intenzione criminosa **CONTR.** onestà, innocenza, probità, rettitudine, buona fede.

dolorànte agg. dolente, doloroso, dolorifico (*lett.*).

dolóre s. m. **1** (*fisico*) sofferenza fisica, male, algia, fitta, strazio, spasimo, supplizio, tormento, tortura **CONTR.** godimento, piacere **2** (*morale*) accoramento, afflizione, affanno, angoscia, cordoglio, cruccio, crepacuore, desolazione, dispiacere, disperazione, doglia, lutto, oppressione, patema, patimento, pena, rodimento, strazio, struggimento, tribolazione, travaglio, mestizia, tristezza, spina, ferita **CONTR.** contentezza, esultanza, festa, gaudio (*lett.*), gioia, giubilo, godimento, letizia, piacere, soddisfazione.

dolorosaménte avv. affannosamente, angosciosamente, disperatamente, luttuosamente, mestamente, tristemente, sconsolatamente, tormentosamente, penosamente **CONTR.** festosamente, gioiosamente, lietamente, piacevolmente.

doloróso agg. **1** (*di male, di ferita, ecc.*) dolorifico (*raro*), dolorante **2** (*di vita, di avvenimento, ecc.*) crudele, amaro, luttuoso, penoso, disgraziato, infelice, sfortunato, duro, grave, tormentoso, triste, straziante **CONTR.** lieto, gioioso, gradevole, piacevole, divertente, simpatico, spassoso.

dolosaménte avv. fraudolentemente, ingannevolmente **CONTR.** onestamente, innocentemente.

dolóso agg. fraudolento, ingannevole, ingannatore, finto, falso, truffaldino □ colposo, intenzionale **CONTR.** onesto, innocente, leale, probo, retto, schietto, sincero □ preterintenzionale.

domàbile agg. addomesticabile, ammaestrabile, docile, malleabile **CONTR.** indomabile, indocile.

domànda s. f. **1** (*per sapere*) interrogazione, quesito, interpellanza, richiesta **CONTR.** risposta, replica **2** (*per ottenere*) preghiera, implorazione, invito, supplica **3** petizione, istanza, ricorso, memoriale **CONTR.** concessione, grazia **4** (*econ.*) richiesta **CONTR.** offerta.

domandàre A v. tr. **1** (*per sapere*) chiedere, richiedere, interrogare, informarsi, cercare **CONTR.** rispondere, replicare **2** (*per ottenere*) chiedere, esigere, reclamare, sollecitare, invocare **CONTR.** accordare, concedere, esaudire □ ottenere, raggiungere, conseguire **3** (*lett.*) (*di tempo, di fatica, ecc.*) richiedere, esigere, volere **B** v. intr. informarsi, chiedere notizie.

domàni A avv. **1** **CONTR.** ieri **2** in futuro, in avvenire **CONTR.** in passato, una volta **B** in funzione di s. m. **1** **CONTR.** ieri **2** (*est.*) futuro, avvenire **CONTR.** passato **FRAS.** *oggi o domani*, prima o poi □ *domani l'altro*, dopodomani, posdomani □ *domani a otto*, tra una settimana a partire da domani □ *da oggi al domani*, subito, in fretta.

domàre v. tr. **1** (*di animale*) rendere mansueto, addomesticare, ammaestrare, ammansare, ammansire, educare **2** (*di persona*) rendere docile, rendere ubbidiente, piegare **3** (*fig.*) (*di malattia, di rivolta, ecc.*) soggiogare, sottomettere, vincere, debellare, sconfiggere □ fiaccare, stroncare **4** (*fig.*) (*di passioni, di istinti, ecc.*) tenere a freno, dominare, padroneggiare, soffocare □ controllare **CONTR.** sfrenare, lasciar libero, scatenare.

domàto part. pass. di **domare**; anche agg. **1** (*di animale*) ammaestrato, ammansato, ammansito **2** (*di persona*) soggiogato, sottomesso, vinto □ fiaccato, stroncato **CONTR.** ribelle, indomito **3** (*fig.*) (*di passioni, di istinti, ecc.*) tenuto a freno, dominato, padroneggiato, soffocato □ controllato **CONTR.** sfrenato, lasciato libero.

domatóre s. m. (f. *-trice*) (*di animali*) ammaestratore.

domenicàle agg. **1** (*est.*) festivo **CONTR.** feriale **2** (*fig.*) (*di atmosfera, di clima, ecc.*) allegro, gaio, lieto, spensierato **CONTR.** malinconico, mesto, triste.

domèstico A agg. **1** della casa, familiare, casalingo □ privato **CONTR.** estraneo, forestiero □ pubblico **2** (*di trattamento, di tono, ecc.*) confidenziale, familiare, affabile, alla buona, alla mano, semplice **CONTR.** sostenuto, sofisticato, fine, raffinato **3** (*di animale, di pianta*) addomesticato, docile, mansueto □ coltivato **CONTR.** selvatico, brado, feroce □ spontaneo **B** s. m. familiare, servitore, servo, inserviente, cameriere **CONTR.** padrone, superiore.

domiciliàto agg. abitante, alloggiato, residente.

domicìlio s. m. **1** residenza, recapito, sede, stanza (*lett.*) **2** (*est.*) casa, abitazione, dimora.

dominàbile agg. governabile, controllabile, guidabile (*raro*) **CONTR.** ingovernabile, incontrollabile.

dominànte part. pres. di **dominare**; anche agg. regnante □ prevalente, sovrastante, principale, superiore □ al potere, di potere **CONTR.** inferiore, soggetto, sottostante, secondario.

dominàre A v. tr. **1** (*di persona, di Stato, ecc.*) tenere soggetto, padroneggiare, comandare, signoreggiare □ governare, reggere, guidare **CONTR.** essere soggetto, sottostare, ubbidire **2** (*di monte, di edificio, ecc.*) sovrastare, stare sopra, incombere **3** (*fig.*) (*di passione, di situazione, ecc.*) contenere, frenare, soffocare, reprimere □ controllare **CONTR.** sfrenare, scatenare, lasciar libero **B** v. intr. **1** essere padrone assoluto, spadroneggiare, regnare, governare **CONTR.** dipendere, sottostare, servire **2** (*di persona, di musica, ecc.*) eccellere, essere superiore, primeggiare, prevalere **CONTR.** essere inferiore **3** (*di monte, di edificio, ecc.*) ergersi, elevarsi, risaltare, spiccare **C** **dominarsi** v. rifl. controllarsi, frenarsi, trattenersi **CONTR.** sfrenarsi, scatenarsi.

dominàto part. pass. di **dominare**; anche agg. **1** (*di persona, di Stato, ecc.*) soggetto, governato, comandato, retto **CONTR.** dominante, governante **2** sovrastato **CONTR.** sovrastante **3** (*fig.*) (*di passione, di situazione, ecc.*) contenuto, frenato, soffocato, represso □ controllato **CONTR.** sfrenato, scatenato □ incontrollato.

dominatóre s. m.; anche agg. (f. *-trice*) padrone, signore, sovrano **CONTR.** servo, soggetto, sottomesso, oppresso.

dominazióne s. f. dominio, governo, autorità, egemonia, potere, potestà, possesso, signoria, sovranità, giurisdizione, padronanza, predominio **CONTR.** dipendenza, soggezione, sottomissione, subordinazione, ubbidienza.

domìnio s. m. **1** autorità, potere, dominazione, egemonia, governo, possesso, potestà, padronanza, predominio, signoria, sovranità, comando, impero, supremazia **CONTR.** dipendenza, soggezione, sottomissione, subordinazione, ubbidienza **2** (*raro*) proprietà **3** territorio sottomesso, possedimento, colonia **4** (*fig.*) (*della letteratura, delle scienze, ecc.*) campo, ambito, sezione, sfera, settore **FRAS.** *di pubblico dominio*, di proprietà pubblica; (*fig.*) noto a tutti □ *dominio di sé*, autocontrollo.

donàre A v. tr. dare in dono, dare in omaggio, offrire, regalare, largire, elargire, prodigare **CONTR.** ricevere, accettare, gradire **B** v. intr. **1** fare una donazione **2** (*di vestito, di colore, ecc.*) stare bene, giovare, conferire, imbellire **CONTR.** danneggiare, imbruttire, nuocere **C donarsi** v. rifl. offrirsi, votarsi.

donàto part. pass. di **donare**; anche agg. dato in dono, regalato, largito, elargito, accordato, concesso **CONTR.** accettato, accolto, gradito.

donatóre s. m.; anche agg. (f. *-trice*) **1** benefattore, largitore (*lett.*), oblatore, offerente **CONTR.** beneficiato **2** (*dir.*) **CONTR.** beneficiario, donatario.

donazióne s. f. dono, largizione, elargizione, regalia, offerta □ (*dir.*) liberalità.

dónde avv. **1** da dove, da quale luogo **2** (*con valore rel.*) dal quale, dal luogo da cui **3** (*con valore caus.*) da cui.

dóndola s. f. **1** dondolo **2** (*pop.*) altalena.

dondolaménto s. m. dondolio, oscillamento, ondeggiamento, ciondolamento.

dondolàre A v. tr. muovere in qua e in là, fare oscillare, fare ondeggiare, tentennare, cullare **CONTR.** tener fermo, tenere immobile **B** v. intr. e **dondolarsi** rifl. **1** muoversi in qua e in là, oscillare, ondeggiare, ciondolare, altalenare **CONTR.** stare fermo, stare immobile **2** (*fig.*) bighellonare, oziare, gingillarsi, perder tempo **CONTR.** impegnarsi, applicarsi, lavorare.

dondolìo s. m. dondolamento, oscillamento, ondeggiamento.

dongiovànni [dal n. del personaggio *Don Giovanni* Tenorio, il libertino protagonista di varie opere letterarie e musicali] s. m. seduttore, donnaiolo □ cascamorto, vagheggino, spasimante, dandy (*ingl.*), playboy (*ingl.*) **CONTR.** uomo morigerato □ misogino.

dònna s. f. **1** femmina **CONTR.** maschio, uomo **2** signora □ moglie, sposa **CFR.** bambina, fanciulla, ragazza **3** (*ell.*) domestica, fantesca, cameriera, collaboratrice familiare, colf **CONTR.** padrona, signora **4** (*lett.*) signora, padrona **CONTR.** serva, schiava **5** attrice **6** (*negli scacchi e nelle carte*) dama, regina **FRAS.** *donna di casa*, casalinga, massaia □ *donna perduta* o *di strada* o *di malaffare*, prostituta, puttana (*volg.*).

donnaiòlo s. m. dongiovanni **CONTR.** misogino.

dóno A s. m. **1** regalo, presente, donativo, largizione, elargizione, mancia, regalia **2** (*fig.*) concessione, favore, grazia, privilegio **3** (*fig.*) (*della parola, della semplicità, ecc.*) qualità, virtù, dote, pregio, merito, prerogativa, requisito **B** in funzione di agg. inv. (posposto al s.) regalo.

dópo A avv. **1** in seguito, più tardi, poi, indi, successivamente **CONTR.** prima, precedentemente, innanzitutto **2** oltre, al di là **CONTR.** al di qua **B** prep. **1 CONTR.** prima di **2** oltre □ dietro **CONTR.** al di qua di **C** cong. (*di tempo*) poi che **CONTR.** prima che.

dopoché cong. da quando, dal momento che.

dopodiché avv. infine.

dopodomàni avv. e s. m. posdomani (*lett.*), domani l'altro **CONTR.** l'altro ieri, ieri l'altro.

dopoprànzo A avv. nel primo pomeriggio, nel pomeriggio **B** s. m. inv. pomeriggio.

dopotùtto avv. insomma, alla fin fine, in conclusione, in fin dei conti, tutto considerato.

doppiàggio s. m. (*cine.*) doppiatura, traduzione, edizione.

doppiaménte avv. **1** due volte, in misura doppia □ per due ragioni **2** (*fig.*) con doppiezza, falsamente, fintamente, ambiguamente, ipocritamente, slealmente, subdolamente **CONTR.** apertamente, francamente, lealmente, schiettamente, sinceramente.

doppiatóre s. m. (f. *-trice*) (*cine.*) traduttore, prestavoce.

doppiatùra s. f. (*cine.*) doppiaggio, traduzione, edizione.

doppiétta s. f. **1** fucile a due canne **2** coppiola **3** (*fis.*) dipolo.

dóppio A agg. **1** (*di paga, di fatica, ecc.*) duplicato, raddoppiato □ composto di due parti **CONTR.** dimezzato, semplice, scempio (*raro*) **2** (*di errore, di copia, ecc.*) duplice □ ripetuto due volte **CONTR.** semplice **3** (*est.*) (*di tessuto, di cartone, ecc.*) grosso, spesso **CONTR.** sottile, tenue **4** (*fig.*) (*di persona, di discorso, ecc.*) falso, finto, infido, ambiguo, ipocrita, simulatore, dissimulatore, ingannatore, impostore, menzognero, sleale, subdolo **CONTR.** aperto, franco, genuino, leale, schietto, sincero, trasparente **B** s. m. **1** due volte **CONTR.** metà **2** (*di fune*) capo **3** (*teat., cine.*) (*di attore*) supplente, sostituto **4** (*di persona*) contrario **C** avv. due volte **CONTR.** semplice **FRAS.** *vederci doppio* (*fig.*), essere ubriaco; avere le traveggole □ *fare il doppio gioco* (*fig.*), barcamenarsi □

a cento doppi, molte volte di più □ *a doppia mandata*, con due giri di chiave.

doppióne s. m. **1** copia, duplicato CONTR. prima copia, originale **2** (*teat.*) raddoppio.

doràre v. tr. **1** ricoprire d'oro, indorare, inaurare (*lett.*) **2** (*fig.*) abbellire, illuminare CONTR. imbruttire, deturpare.

doràto part. pass. di **dorare**; anche agg. **1** simile all'oro, giallo **2** ricoperto d'oro, indorato.

doratùra s. f. **1** indoramento, indoratura **2** rivestimento di oro □ ornamento d'oro, fregio d'oro.

dormicchiàre v. intr. **1** dormire leggermente, sonnecchiare, fare un pisolino CONTR. dormire profondamente **2** (*fig.*) distrarsi, essere disattento CONTR. stare attento, concentrarsi, raccogliersi.

dormiènte part. pres. di **dormire**; anche agg. e s. m. e f. addormentato CONTR. sveglio, desto.

dormiglióne s. m.; anche agg. (*est.*) pigro, poltrone CONTR. sveglio, desto, attivo.

dormìre A v. intr. **1** fare un sonno, riposare □ addormentarsi, appisolarsi, assopirsi, prender sonno, sonnecchiare, russare, schiacciare un sonnellino, essere in braccio a Morfeo CONTR. essere sveglio, vegliare □ svegliarsi, destarsi, ridestarsi, riscuotersi **2** (*est.*) stare inerte, stare inattivo, oziare, starsene in panciolle □ essere lento CONTR. agire, lavorare, operare □ essere attivo **3** (*fig.*) fidarsi, stare sicuro CONTR. diffidare **4** giacere morto, riposare **5** (*fig.*) (*di luoghi*) essere silenzioso, essere immobile **6** (*di carte, di pratiche, ecc.*) giacere dimenticato, giacere, essere fermo, non procedere CONTR. mettersi in moto, procedere **B** s. m. (*raro*) sonno FRAS. *dormire della grossa*, dormir sodo □ *dormire tra due guanciali* (*fig.*), essere sicuro □ *dormire con gli occhi aperti* (*fig.*), vigilare □ *dormire in piedi* (*fig.*), avere molto sonno □ *dormirci sopra* (*fig.*), rimandare; (*est.*) non pensarci □ *far dormire* (*fig.*), annoiare.

dormìta s. f. sonno, sonno ristoratore, riposo CONTR. veglia.

dormitòrio s. m. camerata.

dorsàle A agg. (*anat.*) del dorso CONTR. ventrale **B** s. m. (*di sedia, di divano e sim.*) spalliera □ (*di letto*) testata **C** s. f. (*geogr.*) catena montuosa □ cresta, crinale, spartiacque.

dòrso s. m. **1** schiena, tergo, dosso, spalle, groppa, groppone CONTR. petto, sterno, torace **2** parte posteriore, esterno CONTR. parte anteriore, interno **3** (*di libro*) costola, costa **4** (*aer.*) (*di ala*) estradosso **5** (*di montagna*) colmo, cresta.

dosàggio s. m. dosatura, misura, dose.

dosàre v. tr. **1** (*di ingredienti, di medicina, ecc.*) dividere in dosi, misurare, pesare **2** (*fig.*) (*di spese, di parole, ecc.*) usare con parsimonia, distribuire oculatamente, risparmiare □ misurare (*fig.*) CONTR. sciupare, sprecare, sperperare, usar male.

dosàto part. pass. di **dosare**; anche agg. **1** diviso in dosi, misurato, pesato **2** (*fig.*) (*di spese, di parole, ecc.*) distribuito oculatamente, ben regolato □ misurato CONTR. sregolato, disordinato □ incontrollato.

dosatóre s. m. (*est.*) regolatore, misuratore.

dosatùra s. f. dosaggio, misura, dose.

dòse s. f. **1** quantità determinata, quantità, porzione, presa, cartina **2** (*est., anche fig.*) (*di vino, di legnate, ecc.*) razione, quantità, mucchio □ (*di eroina*) bag (*ingl.*).

dossàle s. f. **1** (*di pareti, mobili e sim.*) rivestimento **2** (*di altare*) pala, paliotto.

dossier /*fr.* do'sje/ [dall'intitolazione scritta sul dorso (*dos*) dell'incartamento] s. m. inv. fascicolo, pratica, cartella □ (*est.*) incartamento, documenti, notizie riservate.

dòsso s. m. **1** (*lett.*) dorso □ schiena, tergo, spalle, groppa, groppone CONTR. petto, sterno, torace **2** (*est.*) corpo, persona **3** (*est.*) (*di monte, di collina e sim.*) prominenza, rilievo □ (*est.*) cima, sommità CONTR. cavità, incavo **4** (*di strada*) rialzo, gobba CONTR. avvallamento, cunetta FRAS. *togliersi un peso di dosso* (*fig.*), liberarsi di una preoccupazione □ *mettersi in dosso*, indossare.

dotàre v. tr. **1** fornire della dote, dare in dote **2** (*anche fig.*) (*di servizi, di ingegno, ecc.*) provvedere, corredare, fornire, guarnire, arricchire, ornare CONTR. sfornire, spogliare, privare.

dotàto part. pass. di **dotare**; anche agg. (*anche fig.*) (*di servizi, di ingegno, ecc.*) provvisto, provveduto, corredato, fornito, guarnito, munito, adorno, adornato, arricchito CONTR. privo, sprovvisto, sfornito, sguarnito, mancante.

dotazióne s. f. **1** (*di beni, di mezzi, ecc.*) assegnazione □ quantità, corredo □ uso **2** (*mil.*) armamento, equipaggiamento **3** (*raro*) dote.

dòte s. f. **1** assegno dotale, dotazione (*raro*) □ corredo **2** (*dell'onestà, della chiarezza, ecc.*) dono, pregio, prerogativa, abilità, virtù, qualità.

dottaménte avv. in modo dotto, con dottrina, sapientemente, espertamente, magistralmente CONTR. inespertamente, rozzamente, ignorantemente.

dòtto A agg. **1** (*di persona*) colto, erudito, istruito, sapiente, studioso CONTR. indotto, incolto, ignorante, illetterato, analfabeta **2** (*di libro, di citazione, ecc.*) ricco di dottrina, erudito □ istruttivo **B** s. m. studioso, erudito, colto, sapiente, scienziato, maestro, uomo di cultura CONTR. ignorante, ignorantone, analfabeta, zoticone.

dottoràle agg. **1** di dottore, da dottore **2** (*est., iron.*) dottoresco, contegnoso, solenne, sussiegoso, saputo CONTR. semplice, naturale, alla buona, alla mano.

dottóre s. m. **1** (*ass.*, *fam.*) medico **2** laureato **3** dotto, colto, sapiente, studioso □ docente CONTR. empirico, praticone.

dottrìna s. f. **1** cultura, erudizione, istruzione, sapienza, sapere, scienza, scibile CONTR. ignoranza, incultura, asineria, somaraggine, insipienza (*lett.*), rozzezza **2** (*relig.*) principi teorici, dogma, catechismo, catechesi.

dottrinàle agg. didattico, didascalico.

dottrinàrio A agg. (*est.*) dogmatico, assoluto, rigido CONTR. libero, aperto **B** s. m. dogmatico, assolutista CONTR. possibilista.

double-face /*fr.* dubl 'fas/ [vc. fr., comp. di *double* 'doppio' e *face* 'faccia', nel senso di 'parte dritta del tessuto'] loc. agg. inv. a due dritti, rovesciabile.

dóve A avv. **1** in quale luogo, verso quale luogo **2** nel luogo in cui **3** (*preceduto da un s.*) il luogo in cui **4** in cui, nel quale **B** cong. mentre, laddove **C** in funzione di s. m. inv. luogo FRAS. *dove che sia*, in qualsiasi luogo □ *per ogni dove*, dappertutto.

dovére A v. intr. **1** avere l'obbligo, essere obbligato, essere tenuto, essere vincolato CONTR. essere libero **2** avere necessità, avere convenienza, avere bisogno **3** stare per, essere in procinto di, aver deciso **4** essere probabile, essere possibile **5** (*di denaro*, *di favore*, *ecc.*) essere debitore, dover pagare CONTR. essere creditore, dover avere **B** s. m. **1** obbligo, debito, compito, ufficio, responsabilità, caso di coscienza CONTR. diritto **2** conveniente, giusto, onesto **3** (*dir.*) debito, dovuto, passivo, obbligazione CONTR. credito, attivo **4** (*di scolaro*) compito, esercizi **5** (*spec. al pl.*) saluti, complimenti, cerimonie.

doverosaménte avv. **1** per dovere, obbligatoriamente CONTR. volontariamente **2** come si deve, bene, convenientemente CONTR. male, sconvenientemente.

doveróso agg. **1** debito, dovuto, obbligatorio CONTR. facoltativo, volontario **2** conveniente, opportuno CONTR. sconveniente, inopportuno.

dovùnque avv. **1** ovunque (*lett.*), in qualunque luogo in cui **2** dappertutto, in ogni luogo CONTR. in nessun luogo.

dovutaménte avv. nel modo dovuto, debitamente, opportunamente, convenientemente.

dovùto A part. pass. di **dovere**; anche agg. **1** (*di febbre*, *di guasto*, *ecc.*) causato, prodotto, provocato, compiuto **2** (*di tempo*, *di paga*, *ecc.*) opportuno, conveniente □ spettante, competente, debito, meritato CONTR. inopportuno, sconveniente □ immeritato **B** s. m. dovere, debito, giusto, conveniente, onesto.

down /*ingl.* daun/ [dal nome di J. L. H. *Down*, medico inglese che studiò il mongolismo] agg.; anche s. m. inv. (*med.*, *pop.*) mongoloide.

dozzìna s. f. **1** dodici, serqua **2** (*raro*) pensione, vitto e alloggio FRAS. *di dozzina*, ordinario, di poco valore.

dozzinàle agg. ordinario, comune, grossolano, poco pregiato, mediocre, scadente CONTR. fine, pregiato, raffinato, scelto, squisito.

dragamìne s. m. inv. spazzamine.

dràgo s. m. **1** (*mitol.*) dragone □ (*est.*) serpente **2** demonio **3** (*aer.*) pallone frenato **4** (*gerg.*, *fig.*) uomo in gamba, dritto (*fam.*), furbo, furbone CONTR. sciocco, semplicione FRAS. *drago volante*, aquilone.

dràmma s. m. **1** componimento teatrale □ commedia, tragedia, melodramma, mimo, farsa, recita **2** (*est.*) vicenda dolorosa, disgrazia, sciagura, sventura CONTR. fortuna, successo **3** tensione, forza drammatica **4** (*fig.*) grave problema, cruccio, tormento.

drammaticaménte avv. **1** in modo drammatico, pietosamente, dolorosamente CONTR. allegramente, comicamente, scherzosamente **2** (*fig.*) clamorosamente, esageratamente CONTR. moderatamente, modestamente.

drammaticità s. f. **1** carattere drammatico, gravità, intensità CONTR. comicità **2** (*est.*) efficacia rappresentativa, vivacità espressiva, forza drammatica, potenza drammatica.

drammàtico agg. **1** teatrale □ di teatro, da teatro **2** (*fig.*) (*di fatto*, *di situazione*, *ecc.*) altamente emotivo, spaventoso, terribile, commovente, doloroso, pietoso, triste CONTR. comico, ridicolo, allegro **3** (*est.*) (*di giornata*) movimentatissimo, complicato, agitatissimo CONTR. calmo, tranquillo.

drammatizzàre v. tr. **1** ridurre in forma di dramma **2** (*fig.*) (*anche ass.*) esagerare □ perdere la testa CONTR. attenuare, minimizzare.

drammatizzazióne s. f. **1** riduzione a dramma **2** (*pedag.*) animazione.

drammatùrgo s. m. commediografo, tragediografo.

drappéggio s. m. **1** panneggio **2** pieghe.

drappèllo s. m. **1** (*di armati*) gruppo, plotone, schiera, squadra **2** (*est.*) (*di persone*) gruppo, schiera.

dràppo s. m. **1** tessuto pregiato, stoffa operata □ (*est.*, *lett.*) tessuto, stoffa **2** (*lett.*) abito fastoso **3** (*nelle gare*) palio.

dràstico agg. energico, efficace, duro, severo, violento CONTR. blando, leggero, benigno, bonario, indulgente, mite, moderato.

drenàggio s. m. **1** (*di terreno*) bonifica, prosciugamento **2** (*med.*) apertura, canale, dotto **3** (*econ.*) (*di capitali*, *di lavoratori*, *ecc.*) afflusso, richiamo, reclutamento FRAS. *drenaggio fiscale*, fiscal drag (*ingl.*).

drenàre v. tr. **1** (*di terreno*) prosciugare, bonificare **2** (*econ.*) (*di capitali*, *di lavoratori*, *ecc.*) attirare, reclutare, fare affluire.

dribblàre A v. intr. (*sport*) palleggiare **B** v. tr. **1** (*di avversario*) scartare **2** (*est.*) eludere, evitare, schivare.

dribbling /*ingl.* 'dribliŋ/ [vc. ingl., da *to dribble* 'dribblare'] s. m. inv. (*sport*) palleggio, dribblaggio, scarto.

drink /*ingl.* driŋk/ [vc. ingl., propriamente 'bevanda' da *to drink* 'bere'] s. m. inv. **1** bevanda alcolica □ cocktail (*ingl.*) **2** (*est.*) festicciola, ricevimento, riunione, cocktail (*ingl.*).

drìtta s. f. **1** destra, lato destro **CONTR.** sinistra, manca **2** (*di nave*) fianco destro **CONTR.** manca **3** (*gerg.*) informazione, consiglio **FRAS.** *a dritta e a manca* (*est.*), in ogni direzione; a tutti.

drìtto A agg. **1** diritto, ritto, drizzato **CONTR.** steso, disteso, curvo **2** destro **CONTR.** sinistro, mancino **3** (*fam.*) astuto, scaltro, furbo **CONTR.** ingenuo, minchione, sciocco **B** s. m. **1** (*di cosa*) diritto, faccia principale **CONTR.** rovescio **2** (*fam.*) (*di persona*) furbacchione, drago (*gerg.*) **CONTR.** minchione, fesso (*fam.*), ingenuo, sciocco **C** avv. in linea retta, difilato, direttamente **CONTR.** obliquamente, a zigzag.

drive in /*ingl.* 'draiv in/ [ingl. d'America, letteralmente 'guidare (*drive*) dentro (*in*)', sott. cinema, ristorante, ecc.] s. m. inv. cineparco, cineparcheggio.

driver /*ingl.* 'draivə/ [vc. ingl., dal v. *to drive* 'guidare, condurre'] s. m. inv. (*di cavalli da corsa*) guidatore.

drizzàre A v. tr. **1** raddrizzare **CONTR.** curvare, piegare, torcere **2** (*lett.*) (*di nave, di occhi, ecc.*) dirigere, rivolgere **CONTR.** allontanare, distogliere **3** (*di edificio, di antenna, ecc.*) rizzare, innalzare, costruire, erigere, edificare **CONTR.** abbattere, atterrare, demolire, buttar giù, abbassare, calare **B drizzarsi** v. rifl. alzarsi, rizzarsi, levarsi, sollevarsi **CONTR.** coricarsi, sdraiarsi, stendersi **C** v. intr. pron. (*raro, lett.*) dirigersi, rivolgersi.

dròga s. f. **1** (*gener.*) spezia □ sostanza aromatica **2** narcotico, stupefacente □ erba (*gerg.*), basilico (*gerg.*), rimba (*gerg.*), insalata (*gerg.*), reginetta (*gerg.*) **3** (*fig., est.*) abitudine radicata, vizio incorreggibile, veleno (*fig.*).

drogàre A v. tr. **1** (*di alimento*) condire con droghe, aromatizzare **2** somministrare droghe **3** (*fig.*) (*di dati, di informazioni, ecc.*) alterare, modificare, falsare **B drogarsi** v. rifl. fare uso di droghe, bucarsi (*fam.*).

drogàto part. pass. di **drogare**; anche agg. e s. m. **1** (*di alimento*) aromatizzato **2** tossicodipendente, tossicomane, rimbato (*gerg.*).

dry /*ingl.* 'drai/ [vc. ingl., propriamente 'secco'] **A** agg. inv. (*di alcolici*) secco **CONTR.** amabile, dolce **B** s. m. inv. alcolico secco.

dualìsmo s. m. **1** (*filos.*) **CONTR.** monismo **2** (*fig.*) contrasto, antagonismo, lotta, attrito **CONTR.** accordo, armonia, concordia.

dualità s. f. duplicità, dualismo **CONTR.** unicità (*raro*).

dùbbio A agg. **1** ambiguo, incerto, non sicuro, malsicuro, indeterminato, ipotetico, controverso, contestabile, oscuro, problematico, imprevedibile □ indefinito, indistinto **CONTR.** certo, sicuro, chiaro, determinato, prevedibile, incontestabile, indiscutibile, irrepugnabile (*lett.*) □ definito, distinto **2** (*di persona, di carattere*) esitante, dubbioso, indeciso, irresoluto, perplesso, titubante **CONTR.** pronto, risoluto, deciso, sicuro, spigliato **3** (*di moralità, di provenienza, ecc.*) ambiguo, equivoco, sospetto **CONTR.** sicuro, certo, chiaro, limpido, specchiato, integro **B** s. m. **1** incertezza, esitazione, indecisione, irresolutezza, perplessità, titubanza, tergiversazione (*raro*) □ sospetto, timore, inquietudine **CONTR.** certezza, sicurezza, decisione, risolutezza, risoluzione, confidenza, franchezza **2** dilemma, problema, questione **3** punto controverso, elemento ambiguo, ambiguità, incertezza **CONTR.** certezza **FRAS.** *senza dubbio* o *senza ombra di dubbio*, certamente □ *dubbio amletico* (*fig.*), dubbio insolubile.

dubbiosaménte avv. **1** incertamente, confusamente **CONTR.** certamente, sicuramente **2** timorosamente, ansiosamente **CONTR.** arditamente, animosamente, coraggiosamente, audacemente.

dubbióso agg. **1** esitante, incerto, indeciso, irresoluto, perplesso, tentennante, titubante, fluttuante, oscillante **CONTR.** deciso, determinato, pronto, risoluto, sicuro **2** diffidente, sospettoso **CONTR.** fiducioso **3** (*di faccenda, di votazione, ecc.*) non sicuro, sospetto, equivoco, ambiguo, discutibile, oscuro **CONTR.** evidente, chiaro, sicuro.

dubitàbile agg. incerto, discutibile □ sospetto, ambiguo **CONTR.** indubitabile, indiscutibile, chiaro.

dubitàre v. intr. **1** essere in dubbio, essere dubbioso, essere in forse, non essere sicuro, non avere la certezza, esitare, pencolare, tentennare, titubare **CONTR.** essere certo, essere sicuro, non avere dubbi **2** (*di dogma, di verità, ecc.*) mettere in discussione, fare delle riserve, obiettare **CONTR.** accettare, affermare, accogliere, ammettere **3** (*di persona, di cosa*) diffidare, sospettare **CONTR.** fidarsi, confidare **4** temere, avere paura **CONTR.** avere piacere, godere.

dubitativaménte avv. incertamente, timidamente, debolmente **CONTR.** energicamente, forte, sicuramente.

dubitatìvo agg. incerto, dubbioso **CONTR.** certo, sicuro.

dùe agg. num. card. **1** paio **2** (*est.*) (*di parole, di chiacchiere, ecc.*) pochi, piccola quantità **CONTR.** molti **FRAS.** *a due a due*, due per volta.

duecènto s. m. inv. tredicesimo secolo, secolo decimoterzo.

duèllo s. m. **1** combattimento tra due, singolar tenzone (*lett.*) **2** (*fig.*) contesa, contrasto, lotta, gara.

duepèzzi s. m. bikini **CFR.** monokini, costume intero.

duétto s. m. **1** (*mus.*) duo □ canto a due voci **2** (*fam., scherz.*) (*tra due*) diverbio **3** (*fam.*) coppia, duo (*fig.*).

dùnque A cong. e avv. **1** perciò, pertanto, quindi **2** allora, quindi **B** in funzione di s. m. inv. conclusione, punto fondamentale, momento decisivo, nocciolo.

dùo s. m. inv. **1** (*mus.*) duetto **2** (*est.*) coppia inseparabile, duetto (*fig.*).

duòmo s. m. cattedrale □ chiesa principale.

dùplex [dal fr. *duplex* 'duplice, doppio'] s. m. inv.; anche agg. (*tel.*) **CONTR.** simplex, singolo.

duplicàre v. tr. **1** (*raro*) raddoppiare, geminare (*lett.*), rendere doppio **CONTR.** sdoppiare, dimezzare **2** (*di documento*) riprodurre, fotocopiare.

duplicàto A part. pass. di **duplicare**; anche agg. **1** (*raro*) raddoppiato, geminato (*lett.*), reso doppio **CONTR.** sdoppiato, dimezzato **2** (*di documento*) riprodotto, fotocopiato **B** s. m. copia, doppione **CONTR.** prima copia, originale.

duplicazióne s. f. **1** raddoppiamento, geminazione (*raro*) **CONTR.** sdoppiamento, dimezzamento **2** (*di documento*) riproduzione, fotocopiatura, fotocopia.

dùplice agg. doppio **CONTR.** semplice, unico.

duplicità s. f. **1** doppiezza (*raro*), molteplicità **CONTR.** semplicità, unicità (*raro*) **2** (*fig.*) falsità, finzione, doppiezza, ipocrisia, slealtà, simulazione **CONTR.** franchezza, lealtà, schiettezza, sincerità.

duraménte avv. **1** saldamente, solidamente **CONTR.** mollemente, morbidamente, teneramente **2** (*fig.*) aspramente, acerbamente, crudelmente, severamente **CONTR.** dolcemente, gentilmente, mitemente, umanamente **3** (*fig.*) faticosamente, stentatamente **CONTR.** facilmente, leggermente, piacevolmente.

duránte prep. all'epoca di, al tempo di, nel corso di, nello spazio di, intanto che.

duràre A v. intr. **1** continuare ad essere, conservarsi, mantenersi, resistere, perdurare, permanere, sussistere **CONTR.** venir meno, cessare, finire, terminare **2** (*di riunione, di causa, ecc.*) andare per le lunghe, prolungarsi **3** (*di cibo, di denaro, ecc.*) bastare, essere sufficiente **CONTR.** mancare, venir meno **4** (*a piangere, a negare, ecc.*) perseverare, insistere, ostinarsi **B** v. tr. (*lett.*) (*di fatica e sim.*) fare, soffrire, sopportare **FRAS.** *durarla*, resistere □ *durare da Natale a S. Stefano*, durare pochissimo.

duràta s. f. corso, permanenza, persistenza, estensione □ conservazione, resistenza **CONTR.** cessazione, fine, termine, interruzione **FRAS.** *di lunga durata*, lungo; resistente □ *di breve durata*, corto, effimero.

duratùro agg. durevole, di lunga durata, stabile, costante, persistente, perpetuo, permanente **CONTR.** caduco, effimero, instabile, fugace, passeggero, provvisorio, transitorio, temporaneo.

durévole agg. duraturo, di lunga durata, persistente, saldo, stabile, granitico, costante, perenne, permanente, perpetuo **CONTR.** caduco, effimero, instabile, fugace, labile, passeggero, provvisorio, transitorio, temporaneo.

durevolézza s. f. durata, resistenza, persistenza, durezza, saldezza, solidità **CONTR.** debolezza, fragilità, delicatezza □ caducità, labilità, fugacità, instabilità, precarietà, provvisorietà, transitorietà.

durevolménte avv. saldamente, tenacemente, stabilmente, per sempre, perpetuamente **CONTR.** instabilmente, fugacemente, provvisoriamente, temporaneamente, transitoriamente.

durézza s. f. **1** compattezza, consistenza, resistenza, sodezza, solidità, rigidezza **CONTR.** mollezza, morbidezza, tenerezza, cedevolezza, elasticità, flessibilità, leggerezza **2** (*fig.*) (*di clima*) asprezza, crudezza, inclemenza **CONTR.** dolcezza, clemenza, mitezza **3** (*fig.*) (*di carattere*) mancanza di elasticità, caparbietà, ostinazione, cocciutaggine, testardaggine **CONTR.** elasticità, arrendevolezza, condiscendenza, docilità, remissività **4** (*fig.*) cattiveria, crudeltà, insensibilità, inesorabilità, inflessibilità, severità, malvagità **CONTR.** amabilità, benignità, bonarietà, bontà, clemenza, dolcezza, indulgenza, mansuetudine, mitezza, moderazione, pietà, sensibilità, umanità **5** (*fig.*) (*di lavoro, di impegno, ecc.*) difficoltà **CONTR.** facilità.

dùro A agg. **1** compatto, consistente, resistente, sodo, solido, rigido, calloso, ferreo, granitico □ ruvido, ispido **CONTR.** molle, morbido, tenero, cedevole, elastico, flessibile **2** (*fig.*) (*di vita, di necessità, ecc.*) difficile, doloroso, grave, pesante, amaro, spiacevole **CONTR.** facile, leggero, lieve, dolce, piacevole **3** (*fig.*) (*di clima*) aspro, crudo, freddo, inclemente **CONTR.** dolce, clemente, mite, piacevole **4** (*fig.*) (*di carattere*) poco elastico, caparbio, cocciuto, ostinato, testardo, irremovibile □ poco intelligente **CONTR.** elastico, arrendevole, condiscendente, docile, remissivo, sottomesso **5** (*fig.*) (*di discorso, di rimprovero, ecc.*) aspro, crudele, cattivo, inesorabile, inflessibile, insensibile, malvagio, rigido, rigoroso, severo, spietato, pericoloso **CONTR.** amabile, benigno, bonario, buono, clemente, dolce, indulgente, mansueto, mite, moderato, pietoso, sensibile, umano **6** (*di acqua*) calcareo **CONTR.** dolce, leggero **7** (*fig., lett.*) (*di scritto, di problema, ecc.*) difficile, arduo, incomprensibile, ostico

CONTR. facile, comprensibile **B** s. m. **1** **CONTR.** molle, morbido, tenero **2** (*fig.*) difficoltà **3** (*fig.*) inflessibile, spietato, forte **CONTR.** mite, arrendevole, tenero, delicato **C** in funzione di avv. **1** aspramente, severamente **CONTR.** dolcemente, mitemente **2** tenacemente □ profondamente, sodamente, saporitamente **CONTR.** male, poco, a intervalli **FRAS.** *pane duro*, pane raffermo □ *essere duro d'orecchio*, sentirci poco □ *avere la pelle dura* (*fig.*), essere molto resistente □ *a muso duro*, rudemente, decisamente □ *tener duro*, resistere □ *osso duro* (*fig.*), persona (o cosa) difficile da affrontare □ *cappello duro*, bombetta.

dùttile agg. **1** (*di materiale*) cedevole, malleabile, assottigliabile, flessibile, pieghevole, plasmabile **CONTR.** duro, rigido, inflessibile **2** (*fig.*) (*di carattere*) arrendevole, malleabile, docile, remissivo, trattabile, flessibile **CONTR.** indocile, duro, ostinato, restio, ribelle, intrattabile.

duttilità s. f. **1** (*di materiale*) cedevolezza, malleabilità, flessibilità, pieghevolezza, plasmabilità **CONTR.** durezza, rigidità, inflessibilità **2** (*fig.*) (*di carattere*) adattabilità, arrendevolezza, docilità, remissività, flessibilità, trattabilità **CONTR.** indocilità, durezza, inflessibilità, ostinazione, rigidezza, intrattabilità.

duvet /*fr.* dy've/ [vc. fr., 'lanugine, piuma' e 'letto di piuma'] s. m. inv. giacca di piuma, piumino, piumone.

e,E

é cong. **1** anche **2** (*con valore avversativo*) ma, invece **3** (*con valore enf. e esortativo*) ebbene.

èbano in funzione di agg. inv. (*di colore*) nerissimo, nero scuro.

ebbène cong. **1** (*con valore concl.*) dunque, orbene **2** (*raff., enf.*) allora.

ebbrézza s. f. **1** ubriachezza, ebrietà **CFR.** sobrietà, astinenza (da alcol) **2** (*est.*) (*di passioni, ecc.*) voluttà, entusiasmo, euforia, esaltazione, rapimento, stordimento, tumulto, turbamento **CONTR.** abbattimento, apatia, indifferenza, inerzia, freddezza.

èbbro agg. **1** ubriaco, avvinazzato, sbronzo (*fam.*) **CFR.** sobrio, astemio **2** (*fig.*) (*per passioni, ecc.*) fuori di sé, esaltato, rapito, inebriato, stordito, impazzito **CFR.** apatico, abbattuto, indifferente.

ebetàggine s. f. ottusità, stupidità, imbecillità, scemenza, cretinata, cretineria **CONTR.** intelligenza, vivacità, prontezza.

èbete agg.; anche s. m. e f. ottuso, imbecille, stupido, cretino, idiota, scemo, scimunito, rimbambito, babbeo **CONTR.** intelligente, sveglio, scaltro, furbo.

ebolliziòne s. f. bollore, evaporazione.

ebraicìsta s. m. e f. ebraista □ sionista.

ebràico agg.; anche s. m. giudaico, israelitico, giudeo, israelita □ sionista.

ebraìsmo s. m. giudaismo □ sionismo.

ebrèo s. m.; anche agg. giudeo, israelita □ sionista.

ecatómbe s. f. **1** (*nell'antica Grecia*) sacrificio di cento buoi **2** (*fig.*) (*di persone, di animali*) sterminio, strage, eccidio, massacro, carneficina, macello, scempio **3** (*fig.*) (*di cosa*) rovina, distruzione, disastro, grave danno.

eccedènte part. pres. di **eccedere**; anche agg. e s. m. superfluo, soverchio (*lett.*), esorbitante, sovrabbondante, esagerato, eccessivo □ eccesso, avanzo, restante, rimanente, resto, il di più **CONTR.** mancante, scarso, insufficiente, manchevole.

eccedènza s. f. eccesso, avanzo, restante, rimanente, resto, il di più **CFR.** insufficienza, mancanza, deficit (*lat.*).

eccèdere v. tr. **1** (*di limiti, ecc.*) andare oltre, oltrepassare, superare, sorpassare, trapassare **2** (*ass.*) (*di misura, ecc.*) esagerare, trascendere, esorbitare, abbondare, soverchiare (*lett.*), abusare **CONTR.** trattenersi, limitarsi, contenersi □ scarseggiare, mancare.

eccellènte agg. egregio, eminente, esimio, esemplare, illustre, famoso □ ottimo, buonissimo, squisito, meraviglioso, pregevole **CONTR.** spregevole, inferiore, infimo □ pessimo, schifoso, orrendo.

eccellentemènte avv. benissimo, ottimamente, egregiamente, meravigliosamente, esemplarmente, magistralmente **CONTR.** pessimamente, malissimo.

eccellènza s. f. **1** preminenza, superiorità, primato □ squisitezza, finezza, raffinatezza, perfezione **CONTR.** inferiorità □ mediocrità, pessima qualità **2** (*est.*) eminenza **FRAS.** *per eccellenza*, per antonomasia.

eccèllere v. intr. essere superiore, superare, distinguersi, emergere, primeggiare, sovrastare, soverchiare (*lett.*), sopravvanzare (*raro*), dominare, grandeggiare **CONTR.** essere inferiore.

eccèlso **A** part. pass. di **eccellere**; anche agg. **1** altissimo **CONTR.** bassissimo **2** (*fig.*) sommo, eminente **CONTR.** infimo, misero **B** s. m. **1** (*est.*) (*per anton.*) Dio **2** il cielo, il Paradiso.

eccentricamènte avv. bizzarramente, con originalità, stranamente, anticonformisticamente, snobisticamente, vistosamente **CONTR.** normalmente, conformisticamente.

eccentricità s. f. **1** distanza dal centro **CONTR.** centralità **2** (*fig.*) (*di persona, di vestito, ecc.*) originalità, stravaganza, stramberia, singolarità, anticonformismo, bizzarria, stranezza, snobismo, vistosità **CONTR.** normalità, conformismo, usualità.

eccèntrico **A** agg. **1** distante dal centro, fuori centro, scentrato **CONTR.** centrale, centrato **2** (*fig.*) (*di persona, di vestito, ecc.*) bizzarro, singolare, stravagante, strano, anticonformista, snob (*ingl.*), vistoso **CONTR.** normale, comune, conformista, scialbo **B** s. m. (*mecc.*) camma.

eccepìbile agg. discutibile, criticabile, confutabile, opinabile, opponibile, rilevabile **CONTR.** ineccepibile, indiscutibile, inconfutabile, inopinabile (*lett.*).

eccepìre v. tr. obiettare, opporre, contrapporre, rilevare, ridire, replicare **CONTR.** ammettere, accettare, concordare, approvare.

eccessivamènte avv. troppo, esageratamente,

smoderatamente, smodatamente, smisuratamente, enormemente, eccezionalmente, oltremodo, oltremisura **CONTR.** scarsamente, insufficientemente, moderatamente, poco.

eccessività s. f. eccesso, superfluo, sovrabbondanza, esagerazione, esorbitanza, esuberanza, enormità, superfluità, eccedenza, ridondanza **CONTR.** scarsità, scarsezza, pochezza, povertà, insufficienza.

eccessìvo agg. esagerato, esorbitante, eccedente, soverchio (*lett.*), sovrabbondante, traboccante, enorme, sproporzionato, troppo, smodato, sfrenato, intemperante, smisurato **CONTR.** scarso, insufficiente, misurato, contenuto, poco.

eccèsso s. m. esagerazione, dismisura, esuberanza, esorbitanza, eccedenza, sovrabbondanza, enormità, sproporzione □ intemperanza, abuso **CONTR.** mancanza, difetto, esiguità, insufficienza □ temperanza, moderazione, misura, astinenza **FRAS.** *all'eccesso*, esageratamente, eccessivamente, oltre i limiti, all'estremo □ *in eccesso*, eccessivamente, esageratamente, oltremodo □ *dare in eccessi*, arrabbiarsi smodatamente, dare in escandescenze, incazzarsi (*volg.*).

eccètera vc. (anche abbreviato in **ecc.** o **etc.**) e tutto il rimanente, e così via, e simili.

eccètto A prep. eccettuato (*raro*), tranne, all'infuori di, fuorché, escluso, esclusi, salvo **CONTR.** compreso, incluso **B** nella loc. cong. *eccetto che*, a meno che, salvo il caso che.

eccettuàbile agg. (*raro*) escludibile, scartabile, eliminabile.

eccettuàre v. tr. escludere, scartare, eliminare, fare eccezione □ esentare, dispensare, esimere **CONTR.** comprendere, includere, contenere, implicare □ coinvolgere, corresponsabilizzare.

eccettuàto A part. pass. di **eccettuare**; anche agg. escluso, scartato, eliminato, non compreso □ esentato, dispensato **CONTR.** compreso, incluso □ coinvolto, implicato, corresponsabilizzato **B** in funzione di prep. (*raro*) tranne, eccetto, salvo **CONTR.** compreso, incluso **C** nella loc. cong. *eccettuato che* (*raro*), tranne che, salvo che.

eccezionàle agg. singolare, straordinario, raro, insolito, speciale, anomalo, eteroclito (*lett.*), anormale, inusitato, inconsueto **CONTR.** comune, regolare, normale, consueto, usuale, solito **FRAS.** *in via eccezionale*, eccezionalmente, per eccezione.

eccezionalménte avv. per eccezione, insolitamente **CONTR.** generalmente, solitamente.

eccezióne s. f. **1** anomalia, anormalità, singolarità, rarità **CONTR.** normalità, consuetudine, regola, uso comune **2** astrazione, esclusione, eliminazione, esclusiva □ limitazione, restrizione **3** deroga □ privilegio, favore **4** obiezione, pregiudiziale, censura **FRAS.** *in via d'eccezione*, eccezionalmente.

ecchìmosi o **ecchimòsi** s. f. (*med.*) contusione, pesto, livido, lividura, ematoma.

eccìdio s. m. sterminio, strage, ecatombe, macello, massacro, carneficina, scempio, uccisione.

eccitàbile agg. emotivo, impressionabile, sensibile, commovibile (*raro*) □ impulsivo, nervoso, irritabile, infiammabile **CONTR.** insensibile, impassibile, indifferente, freddo, apatico □ calmo, pacifico, sereno, tranquillo, controllato.

eccitabilità s. f. emotività, impressionabilità, sensibilità □ impulsività, irritabilità **CONTR.** apatia, insensibilità, impassibilità, freddezza □ calma, tranquillità.

eccitaménto s. m. **1** (*di stato d'animo*) eccitazione, eccitabilità, emotività, impulso **CONTR.** calma, apatia, insensibilità **2** (*di persona, di cosa*) incitamento, incentivo, stimolo, spinta, istigazione, provocazione **CONTR.** freno, impedimento.

eccitànte A part. pres. di **eccitare**; anche agg. **1** (*di sostanza, di azione*) stimolante, eccitativo (*raro*), tonico **CONTR.** calmante, sedativo, lenitivo **2** (*di comportamento, di vista, ecc.*) provocante, stuzzicante, allettante, seducente, sexy (*ingl.*) **CONTR.** deprimente, scoraggiante, apatico **B** s. m. (*di sostanza, di medicamento*) stimolante, energetico, tonico **CONTR.** calmante, sedativo, lenitivo.

eccitàre A v. tr. **1** (*di sensazioni, di sensi*) risvegliare, stimolare, suscitare, destare, accendere, stuzzicare, svegliare, animare, avvivare **CONTR.** calmare, frenare, placare, sedare, smorzare, spegnere, trattenere **2** (*di persona*) muovere, provocare, istigare, aizzare, invogliare, esortare, pungolare, spronare, spingere, incitare, infervorare, infiammare, accalorare, elettrizzare **CONTR.** frenare, placare, calmare, trattenere **3** (*di persona*) agitare, mettere in agitazione, suggestionare, turbare, impressionare, confondere **CONTR.** calmare, tranquillizzare **B eccitarsi** v. intr. pron. turbarsi, agitarsi, impressionarsi, confondersi, conturbarsi **CONTR.** calmarsi, tranquillizzarsi.

eccitazióne s. f. **1** (*di stato d'animo*) eccitamento, eccitabilità, emotività, impulso, animazione, agitazione, confusione, turbamento, movimento, orgasmo **CONTR.** apatia, insensibilità, impassibilità, calma, freddezza **2** (*a qualcosa*) incitamento, istigazione, spinta, stimolo, incentivo, provocazione **CONTR.** freno, impedimento.

ecclesiàstico A agg. ecclesiale, chiesastico, religioso **B** s. m. sacerdote, prete, chierico **CONTR.** laico, civile, borghese.

ècco A avv. **1** (*per annunciare, presentare e sim.*) questo è, quello è **2** (*raff.*) improvvisamente, inaspettatamente **3** (*seguito da un part. pass.*) già **B** in funzione di inter. (*pleon.*) (*con valore ints.*) vedi, vedete.

eccóme avv. certamente, certo, senza dubbio, perbacco, sicuro.
echeggiàre v. intr. (*anche fig.*) fare eco, risonare, rimbombare, ripetere, rintronare.
eclatànte agg. **1** (*di notizia, di vittoria, ecc.*) clamoroso, strepitoso, eccezionale □ evidentissimo, che fa colpo **CONTR.** insignificante, secondario, poco importante **2** (*di bellezza, di moda, ecc.*) splendido, radioso, smagliante, scintillante, chiassoso, appariscente **CONTR.** comune, spento, modesto.
eclèttico agg.; anche s. m. **1** (*est.*) (*di persona*) versatile, enciclopedico **2** (*di stile*) composto, eterogeneo, vario **CONTR.** uniforme.
eclissàre A v. tr. **1** (*di corpo celeste*) provocare un'eclissi **2** (*fig.*) (*di persona*) umiliare, sfigurare, oscurare, offuscare, superare, vincere **B eclissarsi** v. intr. pron. **1** (*di sole, di luna*) oscurarsi, offuscarsi **CONTR.** apparire **2** (*fig., scherz.*) (*di persona*) scomparire, andarsene di nascosto **CONTR.** apparire, comparire.
eclìssi o **eclìsse** s. f. **1** (*del sole, della luna*) oscuramento **2** (*fig.*) (*di persona*) scomparsa, sparizione **CONTR.** comparsa, apparizione.
ècloga *V.* **egloga**.
èco s. m. e f. **1** (*di suono*) ripetizione, ripercussione, rimbombo **2** (*fig.*) (*di persona*) fama, notizia, diceria, voce, commento.
ecogoniòmetro s. m. sonar.
ecològico agg. ambientale □ naturale, naturalistico.
ecologìsta s. m. e f. verde, ambientalista.
economìa s. f. **1** attività economica **2** scienza economica **3** risparmio, parsimonia, lesina, frugalità, sobrietà, buon uso **CONTR.** sperpero, prodigalità, sciupio, spreco, dissipazione, profusione **4** (*di un lavoro letterario, artistico, ecc.*) proporzione, ordine, equilibrio **CONTR.** sproporzione, squilibrio.
economicaménte avv. **1** con economia, risparmiando, parsimoniosamente, frugalmente, sobriamente **CONTR.** prodigalmente, dissipatamente, sperperando **2** rispetto all'economia, rispetto alla resa, finanziariamente.
econòmico agg. **1** dell'economia **2** (*est., fig.*) (*di cosa*) poco costoso, a buon mercato, modesto **CONTR.** caro, costoso, dispendioso, lussuoso **3** (*fig.*) (*di persona*) parsimonioso, risparmiatore, frugale, sobrio **CONTR.** dissipatore spendaccione, prodigo.
economizzàre v. tr. e intr. fare economia, risparmiare, misurare, lesinare, essere sobrio **CONTR.** sprecare, sciupare, sperperare, dissipare, dilapidare, buttare via.
ecònomo A s. m. amministratore **B** agg. parsimonioso, risparmiatore, economico, parco, sobrio, frugale **CONTR.** sprecone, spendaccione, dissipatore, scialacquatore, prodigo.
ecosistèma s. m. biosistema.
écru /*fr.* e'kry/ [vc. fr., comp. di *é-* pref. raff. e *cru* 'crudo'] agg. inv. **1** (*di tessuto*) crudo, greggio **CONTR.** raffinato, lavorato **2** (*di colore*) bianco sporco, paglierino chiaro.
ecumènico agg. **1** di tutto il mondo cattolico **2** (*est.*) universale, generale, mondiale.
ecumenìsmo s. m. universalismo.
eczèma s. m. infiammazione cutanea, eruzione cutanea, dermatosi, erpete.
éd *V.* **e**.
edelweiss /*ted.* 'e:dəlvais/ [vc. ted., letteralmente 'nobile (*edel*) bianco (*weiss*)'] s. m. inv. (*bot.*) stella alpina.
edèma o **èdema** s. m. (*med.*) accumulo sieroso, tumefazione, gonfiore, enfiagione, esantema.
èden [dal nome del Paradiso Terrestre della Bibbia, assegnato agli uomini prima del peccato] s. m. (*est., fig.*) paradiso, luogo meraviglioso, luogo delizioso **CONTR.** inferno.
édera s. f. (*bot.*) ellera **FRAS.** *il partito dell'edera*, il partito repubblicano.
edìcola s. f. **1** tempietto, cappella, tabernacolo, nicchia **2** (*di giornali, ecc.*) chiosco, baracchino (*pop.*), baracchina (*pop.*).
edificànte part. pres. di **edificare**; anche agg. **1** (*edil.*) edilizio, costruttore **CONTR.** demolitore **2** (*fig.*) esemplare, ammirevole, lodevole, confortante, consolante, educativo **CONTR.** corruttore, depravante, deprimente, sconfortante, diseducativo.
edificàre v. tr. **1** (*edil.*) fabbricare, costruire, alzare, innalzare, erigere, elevare, fare **CONTR.** abbattere, demolire, distruggere, atterrare **2** (*fig.*) (*di istituzione*) fondare, istituire **3** (*di persona*) indurre al bene, dar buon esempio, consolare, confortare, educare **CONTR.** indurre al male, scandalizzare, corrompere, diseducare.
edificazióne s. f. **1** costruzione, fabbricazione, fabbrica **CONTR.** demolizione, distruzione **2** (*fig.*) (*di discorso, ecc.*) buon esempio, esemplarità, ammaestramento, incitamento, sprone **CONTR.** cattivo esempio, scandalo.
edifìcio o **edifìzio** s. m. **1** costruzione, fabbrica, fabbricato, mole, palazzo, casa, immobile **2** (*est.*) complesso, struttura.
edile A agg. edilizio, edificatorio (*raro*) **B** s. m. operaio edile, muratore.
edilìzia s. f. tecnica della costruzione □ costruzioni, abitazioni.
èdito agg. pubblicato, stampato **CONTR.** inedito.
editóre (1) agg. (f. *-trice*); anche s. m. stampatore.
editóre (2) s. m. (f. *-trice*) **1** (*di un'opera altrui*) curatore **2** (*raro*) (*di giornale*) direttore.
editorìa s. f. industria libraria □ (*est.*) stampa.
editoriàle s. m. (*giorn.*) articolo di fondo.
editorialìsta s. m. e f. (*giorn.*) fondista.
edìtto s. m. ordine, comando, ordinanza, precetto, disposizione, ingiunzione, decreto, proclama, bando, avviso, scritto.
edizióne s. f. **1** (*di libro, di opera*) pubblica-

zione, stampa **2** (*est.*) opera **3** copia, esemplare **4** (*di giornale*) tiratura **5** (*est.*) (*di spettacoli, manifestazioni, feste e sim.*) esecuzione, allestimento, presentazione, svolgimento **6** tipo, produzione.

edòtto agg. informato, istruito, ammaestrato, consapevole, conscio **CONTR.** ignaro, inconsapevole, inconscio.

educàre v. tr. **1** (*di persona*) formare, ammaestrare, istruire, erudire, indirizzare, insegnare, tirar su, allevare **CONTR.** diseducare, corrompere, guastare **2** (*di gusto, di comportamento*) affinare, dirozzare, digrossare, incivilire **CONTR.** rovinare, guastare **3** (*di persona o animale*) abituare, avvezzare, allenare, esercitare **CONTR.** disabituare, disavvezzare **4** (*lett.*) (*di pianta*) allevare, coltivare.

educataménte avv. civilmente, urbanamente, compitamente, garbatamente, cortesemente **CONTR.** incivilmente, sgarbatamente, rozzamente.

educatìvo agg. istruttivo, formativo, edificante **CONTR.** diseducativo, corruttivo.

educàto part. pass. di **educare**; anche agg. **1** istruito, ammaestrato, formato, erudito **CONTR.** ignorante **2** (*est.*) compito, cortese, bennato (*lett.*), beneducato, civile, garbato, ammodo, urbano, costumato □ fine, raffinato **CONTR.** maleducato, scortese, incivile, sgarbato, villano, screanzato □ rozzo.

educatóre s. m. (f. *-trice*) precettore, maestro, pedagogo, pedagogista, istitutore, mentore (*lett.*), aio **CONTR.** diseducatore, corruttore.

educazióne s. f. **1** istruzione, formazione, ammaestramento, scuola, indirizzo **2** creanza, urbanità, civiltà, garbo, cortesia, gentilezza **CONTR.** maleducazione, malacreanza, ignoranza, inciviltà, inurbanità, rozzezza, grossolanità.

edulcorànte part. pres. di **edulcorare**; anche agg. e s. m. dolcificante **CONTR.** amaricante.

edulcoràto part. pass. di **edulcorare**; anche agg. **1** addolcito, dolcificato **2** (*fig.*) (*di racconto, ecc.*) attenuato, mitigato **CONTR.** esasperato, enfatizzato.

efèlide s. f. (*med.*) lentiggine.

effeminatézza s. f. mollezza, leziosaggine, sdolcinatura, svenevolezza, frivolezza **CONTR.** virilità, mascolinità, vigoria, vigore, robustezza.

effeminàto agg. e s. m. **1** femmineo, donnesco **CONTR.** mascolino, virile **2** (*est., spreg.*) molle, lezioso, delicato, debole, frivolo **CONTR.** forte, energico.

efferatézza s. f. ferocia, crudeltà, atrocità, spietatezza, barbarie, sadismo **CONTR.** mitezza, dolcezza, umanità.

effervescènte agg. **1** frizzante **2** (*fig.*) (*di persona, di discorso, ecc.*) fervido, brioso, vivace □ agitato, eccitato, ardente, esaltato **CONTR.** piatto, grigio, spento □ calmo, tranquillo, sereno, pacato.

effervescènza s. f. **1** (*di gas*) ebollizione, frizzantino **CONTR.** defervescenza **2** (*fig.*) (*di persone*) fervore, agitazione, ardore, eccitamento, esaltazione, fermento **CONTR.** tranquillità, calma, pacatezza.

effettivaménte avv. in realtà, realmente, veramente, in verità, di fatto, in effetti **CONTR.** teoricamente, in teoria, apparentemente.

effettività s. f. verità, realtà, consistenza, tangibilità **CONTR.** irrealtà, inconsistenza □ apparenza, falsità.

effettìvo A agg. **1** vero, reale, tangibile, concreto, consistente **CONTR.** immaginario, irreale, apparente, inconsistente, falso **2** (*di impiegato*) di ruolo, titolare **CONTR.** incaricato, supplente **B** s. m. **1** titolare **CONTR.** supplente, incaricato **2** (*mil.*) insieme, numero (degli uomini in forza) **3** (*di cose*) complesso, consistenza.

effètto s. m. **1** (*di cosa*) conseguenza, esito, risultato, frutto, prodotto, riuscita, corollario, conclusione **CONTR.** causa, principio **2** (*est.*) (*di progetto, di idea, ecc.*) attuazione, realizzazione, esecuzione, efficacia, validità, compimento **CONTR.** inefficacia, vuoto **3** (*fig.*) impressione, commozione **4** (*di palla, ecc.*) traiettoria, rotazione **5** (*banca*) titolo di credito, cambiale, ordine di pagamento **6** (*di luce, di suono, ecc.*) fenomeno, gioco **FRAS.** *di effetto*, vistoso, appariscente □ *in effetto* o *in effetti*, effettivamente, in realtà, realmente, di fatto □ *per effetto di*, a causa di, per, in conseguenza di.

effettuàbile agg. realizzabile, eseguibile, attuabile, fattibile **CONTR.** irrealizzabile, inattuabile.

effettuàre A v. tr. mandare a effetto, mettere in atto, realizzare, eseguire, fare, attuare, apportare, applicare, completare, compire, adempiere **B effettuarsi** v. intr. pron. accadere, avvenire, capitare.

effettuazióne s. f. esecuzione, realizzazione, attuazione, compimento, concretizzazione **CONTR.** annullamento, distruzione, abolizione.

efficàce agg. valido, efficiente, attivo, utile, sicuro, adeguato □ energico, forte **CONTR.** inefficace, inefficiente, inutile, inadeguato □ debole, scarso.

efficaceménte avv. bene, utilmente, adeguatamente, validamente □ energicamente, vigorosamente **CONTR.** inefficacemente, male, inadeguatamente □ debolmente, scarsamente.

efficàcia s. f. validità, virtù, valore, effetto, efficienza, utilità, adeguatezza, influenza □ vigore, forza, potenza, energia **CONTR.** inefficacia, inefficienza, inutilità, inadeguatezza □ debolezza, scarsezza.

efficiènte agg. valido, efficace, utile, attivo □ energico, forte, vigoroso **CONTR.** incapace, inefficace, inattivo, inutile □ debole, scarso.

efficienteménte avv. con efficienza, energicamente, validamente, attivamente □ opportunamente **CONTR.** debolmente, scarsamente, inadeguatamente.

efficientìsmo s. m. massima efficienza, tempestività **CONTR.** inefficienza.

efficiènza s. f. efficacia, validità, valore, effetto, virtù, utilità □ vigore, capacità, forza, potenza, attività, energia **CONTR.** inefficienza, inefficacia, inutilità, incapacità, debolezza, scarsezza.

effigiàre v. tr. ritrarre, riprodurre, raffigurare, rappresentare, disegnare, modellare, dipingere.

effigie s. f. figura, ritratto, immagine, simulacro.

effìmero agg. **1** della durata di un giorno **2** (*est.*) (*di bellezza, di gloria, ecc.*) breve, caduco, fuggevole, fuggitivo, fugace, labile, passeggero, momentaneo, transitorio, temporaneo, transeunte (*lett.*), fragile, precario, mortale, perituro (*lett.*) **CONTR.** duraturo, durevole, stabile, costante, permanente, imperituro (*lett.*), immortale, eterno.

efflùsso s. m. (*di gas, di liquido*) fuoriuscita, uscita, emanazione, fuga.

effusióne s. f. **1** (*di liquido*) spargimento, versamento, flusso, spandimento **CONTR.** ritenzione, assorbimento **2** (*di gas*) diffusione, espansione **3** (*di lava*) emissione **4** (*fig.*) (*di sentimenti*) dimostrazione di affetto, calore, espansività **CONTR.** freddezza, indifferenza.

egèmone agg.; anche s. m. principale, guida, direttore, predominante, superiore, egemonico **CONTR.** secondario, inferiore, soggetto, suddito, subordinato, subalterno, dipendente.

egemonìa s. f. supremazia, predominio, preminenza, dominazione, superiorità, impero, comando □ guida, direzione **CONTR.** dipendenza, soggezione, inferiorità, sudditanza, subordinazione.

egemònico agg. egemone, principale, predominante, superiore **CONTR.** soggetto, suddito, secondario, inferiore, subordinato, subalterno, dipendente.

egemonìsmo s. m. egemonia.

egemonizzàre v. tr. impadronirsi, dirigere, dominare.

egìzio agg.; anche s. m. egiziano.

ègloga s. f. poesia pastorale, poemetto pastorale, bucolica, idillio.

egocentricaménte avv. egoisticamente **CONTR.** altruisticamente.

egocèntrico agg.; anche s. m. egoista, egotista **CONTR.** altruista, generoso, disinteressato.

egocentrìsmo s. m. egoismo, egotismo □ solipsismo **CONTR.** altruismo, disinteresse, generosità.

egoìsmo s. m. egocentrismo, egotismo, amore di sé □ avarizia, interesse **CONTR.** altruismo, generosità, disinteresse.

egoìsta A s. m. e f. egotista, egocentrico □ avaro, sordido, interessato **CONTR.** altruista, generoso, disinteressato **B** agg. egoistico □ interessato, avaro **CONTR.** altruistico, disinteressato, generoso.

egoisticaménte avv. egocentricamente, da egoista, interessatamente **CONTR.** altruisticamente, generosamente, disinteressatamente.

egoìstico agg. egoista □ interessato, avaro **CONTR.** altruistico, disinteressato, generoso.

egregiaménte avv. distintamente, eccellentemente, degnamente, bene, a puntino **CONTR.** bassamente, mediocremente, spregevolmente, indegnamente, modestamente.

egrègio agg. singolare, eccellente, onorevole, spettabile, degno, distinto, non comune, esimio, valente **CFR.** spregevole, mediocre, comune, ordinario.

eguàle e deriv. *V.* **uguale** e deriv.

èhi inter. (*di meraviglia, ammirazione, ecc.*) ehilà!, oh!, ohi!

ehm inter. (*di esitazione, minaccia, ironia e sim.*) mah!

elaboràre v. tr. **1** (*di progetto, ecc.*) eseguire diligentemente, comporre, preparare, formare, elucubrare **2** (*di cibo*) digerire, trasformare, metabolizzare **3** (*di dati*) preparare, fornire, eseguire.

elaborataménte avv. accuratamente, esattamente, con precisione **CONTR.** imprecisamente, male, rozzamente.

elaboràto A part. pass. di **elaborare**; anche agg. **1** (*di lavoro*) accurato, ben fatto, preciso, esatto **CONTR.** malfatto, impreciso, inesatto **2** (*di stile*) studiato, curato, raffinato, ricercato **CONTR.** grezzo, rozzo **3** (*di motore*) truccato, trasformato, potenziato **B** s. m. lavoro, compito, scritto, rapporto, relazione.

elaboratóre A agg. (f. *-trice*) esecutore **B** s. m. calcolatore, trasformatore, cervello elettronico, computer (*ingl.*).

elaborazióne s. f. **1** lavorazione, lavoro, esecuzione, preparazione, trasformazione, trattamento **2** accuratezza, ricercatezza, finezza **CONTR.** rozzezza, trascuratezza, negligenza.

elargìre v. tr. donare, concedere generosamente, dispensare, regalare.

elargizióne s. f. dono, regalo, distribuzione □ obolo, elemosina, offerta.

elasticaménte avv. (*fig.*) agilmente, duttilmente, sveltamente **CONTR.** rigidamente, ottusamente.

elasticità s. f. **1** (*di cose*) flessibilità **2** (*est.*) (*di membra*) scioltezza, agilità, leggerezza, flessuosità **CONTR.** rigidezza, rigidità, durezza **3** (*fig.*) (*di mente, di carattere*) duttilità, malleabilità, prontezza, adattabilità **CONTR.** ottusità, scarsa adattabilità, lentezza.

elàstico agg. **1** (*di cose*) flessibile **2** (*di membra*) agile, sciolto, flessuoso, leggero **CONTR.** rigido, duro **3** (*fig.*) (*di mente*) sveglio, duttile, pronto, svelto, aperto CONTR. ottuso, chiuso, lento, torpido **4** (*spreg.*) (*di morale, di coscienza*) dubbio, ambiguo, equivoco CONTR. rigido, retto, integro.

elefànte s. m. (f. *-essa*) (*fig.*) omone lento FRAS. *elefante marino*, foca elefantina □ *elefante di mare*, gambero marino.

elefantìaco agg. (*fig.*) enorme, smisurato, pesante, massiccio, grosso, goffo, elefantesco CONTR. piccolo, leggero, esile, snello.

elegànte agg. fine, accurato, chic (*fr.*), raffinato, delicato, squisito, di gusto, distinto, ricercato, forbito CONTR. inelegante, rozzo, trasandato, sciatto, di cattivo gusto, kitsch (*ted.*).

eleganteménte avv. ricercatamente, accuratamente, bene, con gusto, graziosamente, finemente, raffinatamente, forbitamente, con ricercatezza, distintamente CONTR. inelegantemente, rozzamente, sciattamente, senza gusto.

elegànza s. f. gusto, raffinatezza, ricercatezza, finezza, accuratezza, delicatezza, squisitezza, distinzione, forbitezza, sciccheria (*pop.*) CONTR. ineleganza, rozzezza, trasandatezza, trascuratezza, sciatteria, kitsch (*ted.*).

elèggere v. tr. **1** (*lett.*) scegliere, preferire, anteporre CONTR. posporre **2** (*est.*) (*di domicilio, di sede e sim.*) fissare, stabilire CONTR. cambiare, mutare, trasferire **3** (*a cariche*) nominare, votare, incaricare, investire, chiamare, acclamare, deputare CONTR. destituire, bocciare, trombare (*scherz.*), respingere.

eleggibilità s. f. elettività.

elegìaco agg. **1** di elegia **2** (*fig., lett.*) triste, mesto, malinconico CONTR. gioioso, allegro, festoso.

elementàre A agg. **1** di elemento **2** (*est.*) (*di nozioni, di congegni*) facile, semplice, rudimentale, limpido, chiaro CONTR. difficile, astruso, complicato **3** (*di gusti, di abitudini*) primitivo, semplice, sobrio CONTR. raffinato, elegante, snob (*ingl.*) **4** (*di principi, di condizioni*) basilare, fondamentale, principale, indispensabile, essenziale CONTR. secondario, accessorio **B** s. f. pl. scuole elementari.

elementarità s. f. semplicità, primitività, sobrietà, rudimentalità, ingenuità CONTR. difficoltà, astrusità, complicatezza, complessità.

elementarizzàre v. tr. semplificare CONTR. complicare.

elementarménte avv. semplicemente, facilmente □ rudimentalmente CONTR. difficilmente, astrusamente, complicatamente.

eleménto s. m. **1** (*filos.*) corpo, atomo, materia, sostanza □ (*al pl.*) forze naturali **2** (*chim.*) corpo semplice **3** (*di apparecchio, di meccanismo, di costruzione, ecc.*) parte, unità CONTR. insieme **4** (*est.*) (*di parola, di medicinale, ecc.*) costituente, componente, ingrediente, materia, sostanza, agente, fattore CONTR. insieme, totale **5** (*fig.*) (*di società*) ambiente, condizione, situazione, mezzo naturale **6** (*di un gruppo, di una comunità*) persona, individuo, tizio (*fam.*) **7** (*spec. al pl.*) (*di un problema, di una questione e sim.*) dato fondamentale, prova, argomento, argomentazione, requisito, presupposto, documentazione, qualità **8** (*al pl.*) (*di una scienza, di un'arte e sim.*) primi rudimenti, principi, base, fondamento, prime regole.

elemòsina s. f. carità, beneficenza, offerta, obolo, aiuto, soccorso, sussidio, sovvenzione, elargizione.

elemosinàre A v. tr. chiedere in elemosina, accattare, mendicare, questuare, tendere la mano **B** v. intr. chiedere l'elemosina, mendicare, questuare, andare alla cerca.

elencàre v. tr. enumerare □ registrare, notare, inventariare, rubricare CONTR. derubricare, cancellare.

elènco s. m. lista, elencazione, enumerazione, indice, nota, registro, inventario, catalogo, rubrica, alfabetario, indirizzario.

elettività s. f. eleggibilità.

elètto part. pass. di **eleggere**; anche agg. e s. m. **1** (*in una votazione, in una scelta*) scelto, prescelto, nominato, preferito, chiamato CONTR. bocciato, trombato (*scherz.*) **2** (*di persona, di sentimenti, ecc.*) distinto, pregiato, nobile, elevato, squisito CONTR. basso, ignobile, negletto, trascurato **3** (*spec. al pl.*) predestinato (al paradiso), chiamato (da Dio) CONTR. dannato, reprobo.

elettoràto s. m. elettori, votanti.

elettóre s. m. (f. *-trice*) avente diritto al voto, votante.

elettricità s. f. **1** magnetismo □ corrente (elettrica), energia (elettrica) **2** (*fig., fam.*) agitazione, irritabilità, tensione, nervosismo, irrequietezza, eccitabilità □ dinamismo, attività CONTR. calma, apatia, indolenza, tranquillità.

elèttrico agg. **1** di elettricità **2** (*est.*) (*di meccanismo alimentato elettricamente*) ad energia elettrica, ad elettricità FRAS. *blu elettrico*, azzurro brillante.

elettrizzànte part. pres. di **elettrizzare**; anche agg. (*fig.*) entusiasmante, eccitante CONTR. tranquillante, calmante.

elettrizzàre A v. tr. (*fig.*) entusiasmare, eccitare, galvanizzare, animare, infervorare CONTR. calmare, placare, frenare **B elettrizzarsi** v. intr. pron. (*fig.*) eccitarsi, entusiasmarsi, infervorarsi, galvanizzarsi CONTR. calmarsi, placarsi, frenarsi.

elettrocalamìta s. f. (*fis.*) elettromagnete.

elettrodinàmica s. f. CONTR. elettrostatica.

elettrodinàmico agg. CONTR. elettrostatico.

elèttrodo s. m. conduttore (di elettricità).

elettromagnète s. m. (*fis.*) elettrocalamita.

elettronegatìvo agg. (*fis.*) CONTR. elettropositivo.

elettropositìvo agg. (*fis.*) CONTR. elettronegativo.
elettrostàtica s. f. CONTR. elettrodinamica.
elettrostàtico agg. CONTR. elettrodinamico.
elevaménto s. m. elevazione, innalzamento □ (*est.*) punto elevato CONTR. abbassamento, depressione.
elevàre A v. tr. **1** levare in alto, alzare, sollevare CONTR. abbassare, calare **2** (*di edificio, di monumento e sim.*) costruire, edificare, erigere CONTR. abbattere, demolire **3** (*fig.*) (*di persona, di spirito*) promuovere, rendere migliore, esaltare, nobilitare CONTR. umiliare, avvilire, involgarire, deprimere **B elevarsi** v. intr. pron. **1** levarsi in alto, alzarsi, sollevarsi, divenire più alto CONTR. abbassarsi, calare **2** (*fig.*) nobilitarsi, eccellere, emergere, distinguersi, distaccarsi, essere superiore, sovrastare, soverchiare (*lett.*), grandeggiare CONTR. essere inferiore, scomparire.
elevatézza s. f. **1** altezza CONTR. bassezza **2** (*fig.*) (*di sentimenti, di mente e sim.*) nobiltà, dignità, eccellenza, sublimità CONTR. bassezza, viltà, volgarità.
elevàto part. pass. di **elevare**; anche agg. **1** alzato, innalzato, sollevato, eretto CONTR. abbassato, calato, abbattuto, demolito **2** (*fig.*) (*di sentimenti, di mente, ecc.*) nobile, eletto, sublime, eccellente CONTR. basso, vile, volgare, abietto.
elevazióne s. f. **1** innalzamento, sollevamento CONTR. abbassamento, calata **2** (*est.*) (*di terreno*) elevamento, punto elevato, luogo elevato CONTR. abbassamento, depressione **3** (*fig.*) rapimento, estasi **4** (*fig.*) esaltazione, dignità, onore CONTR. umiliazione, retrocessione **5** (*sport*) slancio in alto **6** (*astron.*) altezza.
elezióne s. f. **1** (*a cariche*) scelta, chiamata, nomina **2** (*operazione elettorale*) votazione **3** (*di atto volontario*) libera scelta.
elìdere A v. tr. **1** (*ling.*) sopprimere **2** (*est.*) annullare, eliminare, togliere, rimuovere, sopprimere CONTR. aggiungere, mettere **B elidersi** v. rifl. rec. annullarsi, sopprimersi.
eliminàre v. tr. **1** togliere, rimuovere, scartare, espellere, cacciare, allontanare, epurare, mandar via CONTR. aggiungere, includere, ammettere, riammettere **2** (*pop.*) ammazzare, far fuori, uccidere.
eliminatòrio agg. esclusivo, selettivo.
eliminazióne s. f. **1** esclusione, allontanamento, rimozione CONTR. inclusione, aggiunta, immissione **2** (*pop.*) uccisione, distruzione.
eliocèntrico agg. (*astron.*) CONTR. geocentrico.
eliocentrìsmo s. m. (*astron.*) CONTR. geocentrismo.
elioterapìa s. f. cura del sole, fototerapia.
elipòrto s. m. eliscalo.
eliscàlo s. m. eliporto.
elisióne s. f. **1** eliminazione, annullamento CONTR. introduzione **2** (*ling.*) soppressione.
elisìr s. m. inv. liquore corroborante, cordiale, tonico.
elitàrio agg. di élite, di classe, privilegiato, ristretto, razzista, snob (*ingl.*) CONTR. popolare, proletario.
élite /*fr.* e'lit/ [vc. fr., propriamente 'scelta'] s. f. inv. cerchia ristretta, casta, classe dirigente, fior fiore, crema, crème (*fr.*).
élla pron. pers. f. di terza pers. sing. (*lett.*) essa, lei.
ellènico agg. (*spec. con riferimento alla Grecia classica*) greco.
ellenìsmo s. m. **1** alessandrinismo **2** (*ling.*) grecismo.
ellenìstico agg. alessandrino.
ellìssi s. f. (*ling.*) omissione (di parole).
ellìttico (1) agg. ovale.
ellìttico (2) agg. (*ling.*) incompleto.
élmo s. m. (*di soldati, di minatori e sim.*) copricapo.
elocuzióne s. f. eloquio, esposizione, parlata, discorso, oratoria, eloquenza.
elogiàre v. tr. fare elogi, encomiare, lodare, esaltare, decantare, glorificare, magnificare, incensare CONTR. biasimare, disapprovare, condannare, censurare, disprezzare, detrarre, abbattere.
elogiativaménte avv. facendo elogi, lodevolmente.
elogiatìvo agg. esaltatorio, glorificatorio, encomiastico CONTR. spregiativo, censorio, biasimevole.
elogiatóre s. m.; anche agg. (f. *-trice*) lodatore, esaltatore, magnificatore, glorificatore CONTR. spregiatore, detrattore, censore.
elògio s. m. lode, plauso, applauso, esaltazione, encomio, panegirico CONTR. biasimo, disapprovazione, detrazione, censura, condanna.
eloquènte agg. **1** (*di oratore*) facondo, ornato, magniloquente CONTR. taciturno, laconico **2** (*di segni, di manifestazioni e sim.*) significativo, indicativo, efficace, espressivo CONTR. insignificante, inespressivo.
eloquenteménte avv. **1** facondamente CONTR. laconicamente □ poveramente **2** significativamente, efficacemente CONTR. insignificantemente.
eloquènza s. f. facondia, arte del dire, declamazione, oratoria, comunicativa, forza espressiva, magniloquenza, eloquio, elocuzione CONTR. difficoltà di parola, laconicità, taciturnità.
elòquio s. m. modo di parlare, loquela, facondia, favella, discorso.
élsa s. f. (*della spada*) impugnatura, guardamano, guardia, coccia, pomo.
elucubràre v. tr. pensare, elaborare, meditare, ponderare, ponzare (*scherz.*), macchinare, almanaccare, arzigogolare, rimuginare, escogitare, immaginare, congetturare.
elùdere v. tr. **1** (*di ostacolo, di osservazione, ecc.*) schivare, evitare, fuggire, scansare, sfuggire CONTR. affrontare, sfidare **2** (*di legge, di

buonafede, ecc.) ingannare, raggirare, trasgredire CONTR. osservare.

elusivaménte avv. evasivamente, di sfuggita, ambiguamente CONTR. chiaramente, apertamente.

elusività s. f. evasività, ambiguità CONTR. chiarezza.

elusìvo agg. evasivo, sfuggente, ambiguo CONTR. chiaro, aperto.

elùso part. pass. di **eludere**: anche agg. **1** (*di ostacolo*) evitato, schivato, scansato CONTR. affrontato **2** (*di legge, ecc.*) raggirato, trasgredito CONTR. osservato.

elvètico [da *Helvetii*, il nome degli antichi abitanti dell'attuale Svizzera] agg. svizzero.

elzevìro [dal nome dell'antica famiglia di tipografi olandesi *Elzevier*, che idearono quei caratteri con cui si componeva generalmente l'articolo di apertura della terza pagina] s. m. (*giorn.*) articolo di terza pagina.

emaciaménto s. m. dimagramento CONTR. ingrassamento.

emaciàto agg. molto magro, macilento, smunto, sparuto CONTR. grasso, florido.

emanàre A v. tr. **1** (*di liquido, di profumo e sim.*) mandar fuori, emettere, sprigionare, esalare **2** (*di notizie, di disposizioni*) pubblicare, diffondere, propagare, sancire, promulgare, divulgare CONTR. nascondere **B** v. intr. scaturire, derivare, provenire, diffondersi, uscire, esalare, sprigionarsi, sgorgare, trapelare CONTR. assorbire, contenere.

emanazióne s. f. **1** (*di notizie, di sentenze e sim.*) emissione, pubblicazione, diffusione □ derivazione, filiazione **2** (*di liquido, di profumo e sim.*) esalazione, odore, sprigionamento, effluvio, flusso **3** (*di gas, di acqua, ecc.*) fuga, fuoriuscita, perdita CONTR. assorbimento, ritenzione.

emancipàre A v. tr. rendere libero, liberare, sciogliere, svincolare, affrancare, far evolvere, maturare CONTR. sottomettere, asservire, schiavizzare, opprimere **B emanciparsi** v. intr. rendersi libero, rendersi indipendente, liberarsi, svincolarsi, affrancarsi, evolversi, maturare CONTR. sottomettersi, restare schiavo, restare ignorante.

emancipataménte avv. liberamente, autonomamente.

emancipàto part. pass. di **emancipare**; anche agg. **1** maggiorenne CONTR. minorenne **2** libero, indipendente, evoluto □ spregiudicato CONTR. schiavo, sottomesso, ignorante □ bigotto.

emancipazióne s. f. liberazione, indipendenza, autonomia, libertà □ evoluzione CONTR. soggezione, dipendenza □ ignoranza.

emarginàre v. tr. **1** (*bur.*) indicare in margine, segnare in margine, annotare in margine **2** (*di persona*) allontanare, estromettere, isolare, segregare CONTR. accogliere, accettare.

emarginàto A part. pass. di **emarginare**; anche agg. **1** (*bur.*) segnato in margine, annotato in margine **2** (*di persona*) allontanato, estromesso □ drop-out (*ingl.*) CONTR. accolto, accettato **B** s. m. **1** (*bur.*) nota a margine **2** (*di persona*) allontanato, estromesso, isolato, segregato CONTR. accolto, accettato.

emarginazióne s. f. allontanamento, estromissione, segregazione, isolamento CONTR. accoglienza, accettazione.

ematòma s. m. (*med.*) livido, ecchimosi, pesto, contusione.

emàzia s. f. globulo rosso, eritrocita CFR. leucocita.

embàrgo [dallo sp. *embargar* 'impedire'] s. m. blocco economico, sanzioni □ sequestro, fermo CONTR. dissequestro, liberazione.

emblèma s. m. figura simbolica, simbolo, segno, immagine, personificazione.

emblematicaménte avv. simbolicamente.

emblemàtico agg. (*fig., lett.*) rappresentativo, simbolico.

embrionàle agg. **1** dell'embrione **2** (*fig.*) embrionario, in fase di formazione, progettuale, iniziale CONTR. finale, terminale, formato.

embrióne s. m. **1** (*biol.*) (*di individuo, di animale*) primi stadi di sviluppo □ feto **2** (*bot.*) (*di piante*) abbozzo, germe **3** (*fig.*) (*di cosa o idea*) abbozzo, prime linee, fase iniziale CONTR. realizzazione, fase finale.

emendàbile agg. correggibile CONTR. incorreggibile.

emendaménto s. m. **1** correzione, rettifica, variazione **2** (*di testo legislativo*) modifica, variante.

emendàre A v. tr. correggere, rivedere, ripulire, modificare, rettificare, variare, purgare, risanare **B emendarsi** v. rifl. (*di persona*) correggersi, migliorarsi.

emendatóre s. m.; anche agg. (f. *-trice*) correttore, revisore.

emergènte part. pres. di **emergere**; anche agg. **1** sporgente, affiorante CONTR. sommerso **2** (*di situazione*) risultante, evidente CONTR. nascosto, oscuro.

emergènza s. f. eventualità, necessità, bisogno, imprevisto □ pericolo, disgrazia, disastro CONTR. normalità, quotidianità.

emèrgere v. intr. **1** venire a galla, venir fuori, affiorare, sporgere, levarsi, alzarsi, sorgere, innalzarsi, galleggiare, spuntare, comparire CONTR. immergere, sommergere, abbassarsi, scomparire, sprofondare **2** (*fig.*) (*di situazione*) risultare, apparire, essere chiaro, essere evidente, balzare agli occhi CONTR. nascondersi **3** (*fig.*) (*di persone, di idee*) segnalarsi, distinguersi, spiccare, eccellere, elevarsi CONTR. scomparire, nascondersi, restare ignoto.

emèrito agg. **1** famoso, notorio, insigne, illustre, celebre, chiaro, esimio CONTR. famigerato **2** (*spreg.*) noto, famigerato CONTR. illustre, insigne.

emersióne s. f. **1** affioramento **CONTR.** immersione **2** (*astron.*) riapparizione.
emèrso part. pass. di **emergere**; anche agg. (*anche fig.*) venuto a galla, apparso fuori, venuto fuori, venuto su, affiorato, affiorante, emergente, sporgente, galleggiante **CONTR.** immerso, sommerso, nascosto.
eméttere v. tr. **1** mandare fuori, mettere fuori, cacciare, buttare, lanciare, gettare **CONTR.** immettere, trattenere, ritenere, nascondere, soffocare **2** (*est.*) (*di moneta, di francobolli, ecc.*) mettere in circolazione, mettere in commercio, fare uscire **CONTR.** ritirare **3** (*fig.*) (*di giudizio, di notizia e sim.*) esprimere, enunciare, formulare, pronunciare **CONTR.** ritrattare **4** (*di giudizio, di proclama, ecc.*) emanare, diffondere **CONTR.** ritirare.
emiciclo s. m. semicerchio, mezzocerchio.
emicrània s. f. cefalea, cefalalgia, mal di testa, mal di capo.
emigrànte part. pres. di **emigrare**; anche agg. e s. m. e f. che emigra, chi emigra □ espatriato □ esule, profugo **CONTR.** rimpatriato, immigrato.
emigràre v. intr. espatriare, esulare (*raro*), trasmigrare, andare all'estero **CONTR.** immigrare, rimpatriare.
emigràto part. pass. di **emigrare**; anche agg. e s. m. espatriato, emigrante □ esule, profugo, fuoriuscito **CONTR.** immigrato □ rimpatriato.
emigratòrio agg. migratorio **CONTR.** immigratorio.
emigrazióne s. f. **1** espatrio, migrazione, trasmigrazione, esodo □ esilio **CONTR.** immigrazione, rimpatrio **2** emigranti **CONTR.** immigranti.
eminènte agg. **1** (*di luogo, di costruzione, ecc.*) sovrastante, alto, elevato, sopraelevato **CONTR.** sottostante, basso, inferiore **2** (*fig.*) (*di persona*) eccellente, illustre, famoso, eccelso, celebre, noto, rinomato, insigne **CONTR.** oscuro, ignoto, sconosciuto, ignorato.
eminentemènte avv. **1** eccellentemente, egregiamente, esemplarmente, ottimamente, magistralmente **CONTR.** pessimamente, malamente **2** prevalentemente, particolarmente, specificamente **CFR.** genericamente, generalmente, vagamente.
eminènza s. f. **1** (*di luogo, di costruzione, ecc.*) elevazione, prominenza, altezza, altura, poggio, sporgenza, protuberanza **CONTR.** avvallamento, affossamento, bassura **2** (*fig.*) (*di persona*) eccellenza, elevatezza, superiorità, preminenza **CONTR.** inferiorità, pessima qualità, mediocrità **FRAS.** *eminenza grigia* (*fig.*), consigliere segreto.
emìro s. m. **1** discendente di Maometto **2** (*nel mondo arabo*) capotribù.
emissàrio A agg. (*raro*) scaricatore **CONTR.** caricatore, immissario **B** s. m. **1** (*di acque*) scarico, sbocco, uscita **CONTR.** immissario **2** (*di persona*) mandante, mandatario, spia, informatore, agente segreto.
emissióne s. f. **1** (*di gas, di acqua e sim.*) fuoriuscita, uscita, emanazione, flusso, spargimento, diffusione **CONTR.** immissione **2** (*di francobolli, monete e sim.*) uscita, messa in circolazione, distribuzione **3** (*di sentenza, di giudizio*) enunciazione, formulazione **4** (*di voti religiosi*) professione.
emistìchio s. m. (*di poesia*) mezzo verso.
emittènte part. pres. di **emettere**; anche agg. **1** che emette, mittente **2** (*di stazione radio - tv*) trasmittente **CONTR.** ricevente.
emolliènte s. m.; anche agg. (*med.*) fluidificante, mollificante, demulcente □ lenitivo.
emoluménto s. m. **1** (*di professionista*) retribuzione, paga, onorario, mercede, compenso, provvigione, competenza **2** (*est.*) stipendio, salario **3** (*ant.*) lucro, profitto, guadagno, entrata, rendita.
emorragìa s. f. fuoriuscita di sangue, flusso (di sangue) □ emottisi, epistassi.
emostàtico agg. e s. m. antiemorragico.
emotivaménte avv. per emotività □ passionalmente, incontrollatamente **CONTR.** razionalmente, freddamente.
emotività s. f. impressionabilità, sensibilità, ipersensibilità, emozionalità, reattività, perturbabilità, irritabilità, facilità a turbarsi, perdita di controllo **CONTR.** calma, freddezza, imperturbabilità, controllo, impassibilità, apatia.
emotivo A agg. emozionante, appassionante, commovente, entusiasmante **B** agg.; anche s. m. impressionabile, emozionabile, sensibile, ipersensibile, reattivo, irritabile, sensitivo, facile a turbarsi □ irrazionale **CONTR.** calmo, freddo, controllato, imperturbabile, impassibile, insensibile, indifferente, apatico □ razionale.
emozionàbile agg. emotivo, sensibile, emozionale, sensitivo, suscettivo **CONTR.** calmo, freddo, controllato, imperturbabile, impassibile, insensibile, apatico.
emozionàle agg. di emozione, emotivo, reattivo, sensitivo **CONTR.** razionale.
emozionalità s. f. emotività, impressionabilità, sensibilità, ipersensibilità, reattività **CONTR.** calma, freddezza, imperturbabilità, controllo, impassibilità, apatia.
emozionànte part. pres. di **emozionare**; anche agg. commovente, appassionante, entusiasmante, eccitante, toccante **CONTR.** freddo, scialbo.
emozionàre A v. tr. impressionare, turbare, entusiasmare, appassionare, toccare, commuovere **CONTR.** lasciare indifferente **B emozionarsi** v. intr. turbarsi, entusiasmarsi, appassionarsi, commuoversi **CONTR.** restare indifferente, essere apatico, controllarsi.
emozionàto part. pass. di **emozionare**; anche agg. impressionato, turbato, commosso, appassio-

nato, eccitato **CONTR.** calmo, tranquillo, controllato, impassibile, insensibile, indifferente, apatico.
emozióne s. f. impressione, emotività, turbamento, commozione, apprensione, tenerezza **CONTR.** controllo, ragione.
empiaménte avv. sacrilegamente, irriverentemente □ senza pietà **CONTR.** piamente □ pietosamente.
émpiere *V.* **empire**.
empietà s. f. **1** irreligiosità, irriverenza, incredulità, ateismo, profanazione, sacrilegio **CONTR.** pietà, religiosità, fede **2** cattiveria, malvagità, crudeltà, spietatezza, iniquità, scelleratezza **CONTR.** bontà, generosità, pietà.
empiménto s. m. **1** riempimento **CONTR.** svuotamento **2** (*ant.*) (*di dovere, di compito*) adempimento.
émpio agg. **1** (*in senso religioso*) irreligioso, sacrilego, profanatore, ateo, irriverente, bestemmiatore **CONTR.** religioso, pio **2** (*di sentimenti*) spietato, crudele, malvagio, cattivo, scellerato **CONTR.** buono, generoso, pietoso **3** (*di sorte*) avverso, funesto, ingiusto **CONTR.** favorevole, benigno.
empìre A v. tr. **1** riempire, imbottire, inzeppare, infittire, infarcire, rimpinzare, saziare, intasare, pigiare, ingombrare, saturare, gremire, affollare, occupare completamente **CONTR.** vuotare, evacuare, sgombrare, liberare **2** (*di scritto*) compilare, scrivere, completare **3** (*di gioia, di piacere, ecc.*) infondere, pervadere □ commuovere **4** (*fig.*) (*di difetto, di mancanza e sim.*) colmare, riparare **B empirsi** v. rifl. saziarsi, rimpinzarsi **CONTR.** vuotarsi □ aver fame **C** v. intr. (*di folla*) traboccare, gremirsi, popolarsi **CONTR.** vuotarsi, sgonfiarsi.
empiricaménte avv. praticamente, in pratica, sperimentalmente **CONTR.** teoricamente, scientificamente.
empìrico A agg. sperimentale, pratico, non scientifico **CONTR.** scientifico, teorico **B** s. m. (*med., spec. spreg.*) sperimentatore, praticone **CONTR.** esperto, scienziato.
empirìsmo s. m. sperimentalismo, pratica, superficialità (*spreg.*) **CONTR.** scientificità, metodo scientifico.
empiristicaménte avv. praticamente □ sperimentalmente **CONTR.** teoricamente, scientificamente.
empòrio s. m. **1** centro commerciale, mercato, deposito **2** magazzino, bazar, bottegone, bottega, negozio, spaccio.
emù s. m. (*zool.*) struzzo australiano.
emulàre v. tr. sforzarsi di uguagliare, cercare di superare, entrare in gara, gareggiare, competere, rivaleggiare, concorrere, confrontarsi.
emulatìvo agg. emulatorio, competitivo, concorrenziale.
emulazióne s. f. desiderio di uguagliare, sforzo per superare, gara, competizione, concorrenza, rivalità, imitazione.
èmulo agg.; anche s. m. imitatore, competitore, concorrente, rivale, antagonista, avversario.
encèfalo s. m. (*anat.*) massa cerebrale, cervello.
encìclica s. f. lettera papale, messaggio papale.
enciclopèdico agg. (*fig.*) ricco di cognizioni, nozionistico □ versatile, eclettico.
enciclopedìsmo s. m. (*est.*) nozionismo.
encomiàbile agg. degno di encomio, lodevole, elogiabile, apprezzabile, stimabile, eccellente, irreprensibile **CONTR.** spregevole, biasimevole, censurabile, condannabile, riprovevole.
encomiàre v. tr. lodare, elogiare, esaltare, apprezzare, congratularsi **CONTR.** condannare, riprovare, biasimare.
encomiasticaménte avv. elogiativamente, lodando, molto bene **CONTR.** criticando, con disprezzo, molto male.
encòmio s. m. lode, elogio, apprezzamento, plauso, complimento, congratulazione **CONTR.** biasimo, censura, condanna.
endèmico agg. (*anche fig.*) (*di malattia, di male*) proprio, caratteristico, specifico, particolare.
endòcrino agg. (*anat.*) **CONTR.** esocrino.
endògeno agg. interno **CONTR.** esogeno, esterno.
endovéna s. f. endovenosa.
endovenósa s. f. endovena.
energètico agg.; anche s. m. **1** di energia **2** stimolante, corroborante, fortificante, tonico **CONTR.** calmante, tranquillante, sedativo.
energìa s. f. **1** (*di fisico*) forza, vigore, resistenza, prestanza, potenza, vitalità, robustezza, gagliardia, attività **CONTR.** debolezza, fiacca, languore, astenia **2** (*di animo, di carattere e sim.*) forza d'animo, fermezza, severità, rigore, durezza, coraggio, decisione **CONTR.** debolezza, incertezza, indecisione **3** (*di stile*) efficacia, vivacità, concisione, concettosità **CONTR.** fiacchezza, monotonia, lungaggine **4** (*di sensazione, di sentimento*) intensità, impeto, gravità **CONTR.** insensibilità, apatia.
energicaménte avv. vigorosamente, risolutamente, decisamente, fermamente, coraggiosamente **CONTR.** debolmente, blandamente, fiaccamente, con indecisione.
enèrgico agg. **1** (*di fisico*) forte, vigoroso, potente, gagliardo, virile, efficiente, attivo **CONTR.** debole, fiacco, pigro **2** (*di morale*) risoluto, deciso, volitivo, sicuro, fermo, coraggioso **CONTR.** irresoluto, indeciso, insicuro, abulico, pauroso **3** (*di modi*) spiccio, sbrigativo **CONTR.** lento, indeciso.
energùmeno s. m. infuriato, indiavolato, indemoniato, ossesso, violento, facinoroso, prepotente **CONTR.** mite, tranquillo, pacifico.
ènfasi s. f. (*nel parlare*) esagerazione, magniloquenza, ampollosità, amplificazione, veemenza, impetuosità, passionalità **CONTR.**

pacatezza, misura, controllo, equilibrio.

enfaticaménte avv. ampollosamente, pomposamente, impetuosamente, passionalmente **CONTR.** pacatamente, misuratamente, moderatamente, equilibratamente.

enfàtico agg. (*nel parlare*) esagerato, ampolloso, veemente, pomposo, impetuoso, passionale **CONTR.** pacato, misurato, controllato, equilibrato, moderato.

enfatizzàre v. tr. (*di discorso, di situazione, ecc.*) rendere enfatico, esagerare, ingrandire, gonfiare **CONTR.** attenuare, ridimensionare, sgonfiare.

engagé /*fr.* ãga'ʒe/ [vc. fr., letteralmente 'impegnato'] agg. inv. impegnato (culturalmente, politicamente, ecc.).

enìgma s. m. **1** indovinello, rebus, rompicapo, sciarada, anagramma, quiz (*ingl.*) **2** (*est.*) discorso oscuro, ambiguità, astrusità, astruseria **3** (*fig.*) cosa misteriosa, persona misteriosa, mistero, arcano.

enigmaticaménte avv. ambiguamente, oscuramente, misteriosamente, arcanamente, in modo sibillino **CONTR.** chiaramente, semplicemente.

enigmàtico agg. astruso, oscuro, arcano, misterioso, ambiguo, sibillino, impenetrabile, incomprensibile **CONTR.** chiaro, evidente, semplice, comprensibile.

ennèsimo [dal numero *n*, che simboleggia un numero indeterminato in una sequenza] agg. num. ord. indef. (*fam.*) infinitesimo, centesimo, millesimo.

enórme agg. (*anche fig.*) grandissimo, stragrande, smisurato, sterminato, colossale, gigantesco, immenso, mastodontico, madornale, imponente, immane, ciclopico, straordinario, eccezionale, eccessivo, esorbitante, sproporzionato **CONTR.** piccolissimo, minuscolo, minimo, invisibile, impercettibile, microscopico, lillipuziano.

enormità s. f. **1** (*di misura*) grandezza straordinaria, straordinarietà, immensità, eccezionalità, eccesso **CONTR.** piccolezza, pochezza, quisquilia **2** (*di cosa*) sciocchezza, baggianata, fesseria (*pop.*), atto inconsulto **3** scelleratezza, nefandezza.

enotèca s. f. cantina, raccolta di vini.

en passant /*fr.* ãpa'sã/ [loc. fr., letteralmente 'nel passare'] loc. avv. di sfuggita, incidentalmente, tra l'altro.

en plein /*fr.* ã'plɛ̃/ [loc. fr., letteralmente 'in pieno'] loc. sost. m. inv. (*fig.*) colpo fortunato, vincita massima, ottima riuscita.

ensemble /*fr.* ã'sãbl/ [vc. fr., letteralmente 'insieme'] s. m. inv. insieme, gruppo, complesso.

ènte s. m. **1** (*filos.*) essere, essenza, entità, esistenza, natura, individuo, cosa **2** (*dir.*) società, fondazione, istituzione.

entèrico agg. intestinale.

enteroclìsi s. f. lavanda intestinale, clistere, enteroclisma, lavativo (*pop.*), serviziale (*raro*).

enteroclìsma s. m. enteroclisi, clistere, lavativo (*pop.*), serviziale (*raro*), lavanda intestinale.

entità s. f. **1** (*filos.*) ente, essere, esistenza, essenza, natura, individuo, cosa **2** (*fig.*) importanza, valore, consistenza, quantità, numero, totale, insieme.

entourage /*fr.* ãtu'ra:ʒ/ [vc. fr., da *entourer* 'stare attorno'] s. m. inv. (*di conoscenze*) cerchia, giro, ambito.

entràmbi agg. num; anche pron. (f. *entrambe*) ambedue, tutti e due, l'uno e l'altro.

entrànte part. pres. di **entrare**; anche agg. **1** (*di settimane, mesi e sim.*) cominciante, prossimo, venturo **2** (*fig.*) (*di persona, di discorso, ecc.*) convincente, suadente, insinuante.

entràre v. intr. **1** introdursi, immettersi, accedere, andar dentro, penetrare, insinuarsi, cacciarsi, ficcarsi, intrufolarsi, immischiarsi, inserirsi, infilarsi, intromettersi **CONTR.** uscire, venir fuori, andarsene **2** (*est.*) stare, poter stare, essere contenuto, trovare posto, incorporarsi, incastrarsi **3** (*fig.*) (*di concetti*) essere capito, essere ricordato **4** (*in un gruppo, in una categoria*) accedere, inserirsi, essere ammesso, essere accolto **CONTR.** essere respinto, andarsene **5** (*fig.*) (*di attività*) dare inizio, iniziare, cominciare, attaccare **CONTR.** cessare, finire, terminare, ritirarsi **FRAS.** *entrare in ballo, entrare in gioco* (*fig.*), intervenire □ *entrare in vigore*, diventare obbligatorio, essere operante □ *entrare in possesso*, ottenere, occupare □ *entrarci*, avere a che fare, avere rapporto □ *entrare in scena* (*fig.*), cominciare ad agire.

entràta s. f. **1** ingresso, accesso, adito, imbocco **CONTR.** uscita **2** (*di abitazione*) ingresso, vestibolo, atrio **3** (*di orario di lavoro*) apertura, inizio, ingresso, principio **CONTR.** fine, chiusura **4** (*fig., econ.*) provento, incasso, reddito, rendita, guadagno **CONTR.** uscita, perdita, passivo, deficit (*lat.*) **FRAS.** *entrate e uscite*, incassi e spese.

entrotèrra s. m. inv. retroterra.

entusiasmànte part. pres. di **entusiasmare**; anche agg. esaltante, eccitante, appassionante, elettrizzante **CONTR.** avvilente, deprimente, demoralizzante.

entusiasmàre A v. tr. esaltare, infervorare, estasiare, appassionare, eccitare, elettrizzare **CONTR.** deprimere, prostrare, avvilire, accasciare, abbattere **B entusiasmarsi** v. intr. pron. divenire entusiasta, esaltarsi, infervorarsi, estasiarsi, appassionarsi, eccitarsi, elettrizzarsi **CONTR.** deprimersi, prostrarsi, avvilirsi, accasciarsi, abbattersi.

entusiàsmo s. m. **1** esaltazione, fervore, estasi, eccitazione, delirio, ardore, calore, impeto, esultanza, ebbrezza □ sprint (*ingl.*) **CONTR.**

abbattimento, avvilimento, depressione, demoralizzazione **2** infatuazione, ammirazione CONTR. indifferenza, freddezza, disprezzo.

entusiàsta A agg. **1** esaltato, infervorato, estasiato, eccitato, elettrizzato, inebriato CONTR. depresso, prostrato, avvilito, abbattuto □ freddo, apatico, indifferente **2** soddisfatto, contento, appagato CONTR. insoddisfatto, scontento, inappagato, deluso **B** s. m. e f. infervorato, esaltato, infatuato, innamorato, fanatico, fan (*ingl.*), ammiratore CONTR. indifferente, apatico, freddo, insensibile, incurante.

entusiasticaménte avv. calorosamente, caldamente, fervorosamente, festosamente, gioiosamente, ardentemente, appassionatamente CONTR. freddamente, gelidamente, con indifferenza, con distacco.

entusiàstico agg. caloroso, caldo, fervido, gioioso, festoso, ardente, appassionato CONTR. freddo, distaccato, indifferente, apatico, gelido.

enucleàre v. tr. **1** (*di questione, di problema*) spiegare, chiarire **2** (*chir.*) asportare.

enumeràre v. tr. elencare, numerare, catalogare, registrare.

enumerazióne s. f. elenco, numerazione, lista, catalogo □ conto, conta.

enunciàre v. tr. esprimere, esporre, pronunciare, affermare, dire, dichiarare, manifestare, presentare.

enunciatìvo agg. espositivo, dichiarativo.

enunciàto A part. pass. di **enunciare**; anche agg. esposto, illustrato **B** s. m. (*di un teorema, di un problema*) enunciazione, esposizione, presentazione.

enunciazióne s. f. esposizione, presentazione, dichiarazione, affermazione, manifestazione.

enzìma s. m. fermento.

enzimàtico agg. fermentativo.

epèntesi s. f. (*ling.*) inserzione.

èpica s. f. epopea, epos, saga, poesia eroica, poesia epica.

epicèntro s. m. (*anche fig.*) centro, punto centrale CONTR. ipocentro.

èpico A agg. **1** eroico **2** (*est.*) grandioso, leggendario, stupefacente **B** s. m. poeta epico, aedo, vate.

epicureìsmo s. m. (*est.*) materialismo □ vita gaudente.

epicurèo [dal filosofo greco *Epicuro*, sostenitore della felicità individuale] s. m.; anche agg. **1** di Epicuro **2** (*est., spreg.*) gaudente, materialista.

epidemìa s. f. **1** pestilenza, peste, moria, contagio **2** (*fig., fam.*) larga diffusione, invasione.

epidèmico agg. contagioso, infettivo, pestilenziale.

epidermicaménte avv. **1** in modo epidermico **2** (*fig.*) superficialmente CONTR. profondamente.

epidèrmico agg. **1** dell'epidermide, della pelle, cutaneo **2** (*fig.*) (*di sentimenti*) superficiale, poco profondo CONTR. profondo, radicato.

epidèrmide s. f. **1** (*anat.*) pelle, cute **2** (*fig.*) tegumento.

epifanìa s. f. befana (*pop.*), festa dei Re Magi.

epìfisi s. f. (*anat.*) ghiandola pineale.

epifonèma s. m. (*retorica*) esclamazione.

epìgono s. m. **1** (*di artista, scrittore, ecc.*) imitatore, seguace, discendente, successore **2** (*est.*) ultimo rappresentante, erede.

epìgrafe s. f. iscrizione, epitaffio, lapide □ dedica.

epigraficaménte avv. concisamente, laconicamente CONTR. prolissamente, verbosamente.

epigràfico agg. **1** di epigrafe **2** (*fig.*) conciso, concettoso, telegrafico, lapidario, laconico CONTR. prolisso, lungo, verboso.

epigràmma s. m. componimento satirico, motto arguto, arguzia.

epigrammàtico agg. **1** di epigramma **2** (*est.*) conciso e pungente, satirico, arguto, canzonatorio.

epilessìa s. f. (*med.*) mal caduco, morbo comiziale □ convulsioni.

epìlogo s. m. **1** (*di dramma, ecc.*) parte finale, finale CONTR. prologo **2** (*est.*) fine, termine, finale, conclusione CONTR. inizio, preludio.

episcopàle agg. vescovile, pastorale FRAS. *Chiesa episcopale*, Chiesa anglicana.

episcopàto s. m. **1** dignità di vescovo **2** vescovi.

episcòpio s. m. (*lett.*) vescovado, curia.

episodicaménte avv. occasionalmente, irregolarmente CONTR. regolarmente, normalmente.

episòdico agg. **1** di episodio **2** (*di film, di romanzo, ecc.*) a episodi, a puntate **3** (*est.*) frammentario □ occasionale, sporadico, straordinario, secondario, isolato CONTR. unitario □ ricorrente, regolare, normale.

episòdio s. m. **1** (*di romanzo, di film, ecc.*) azione accessoria, avvenimento secondario **2** avvenimento, vicenda, fatto, caso, avventura **3** (*di opera radio* o *teletrasmessa*) puntata.

epìstola s. f. (*presso gli antichi*) lettera, missiva □ (*scherz.*) lettera noiosa.

epitàffio s. m. (*su tomba*) iscrizione, epigrafe.

epìteto s. m. denominazione, soprannome □ titolo ingiurioso, nome ingiurioso.

època s. f. **1** era, evo, età **2** tempo, periodo FRAS. *fare epoca* (*fig.*), essere memorabile.

epopèa s. f. **1** poema epico, epica, epos, saga **2** (*est.*) impresa eroica, impresa memorabile, gesta.

èpos s. m. inv. leggenda epica, epica, saga.

eppùre cong. (*con valore avvers.*) tuttavia, nondimeno, ciononostante, malgrado ciò.

epuràre v. tr. **1** (*raro*) liberare da impurità, depurare, ripulire, chiarificare, filtrare, decantare, purgare CONTR. sporcare, inquinare **2** (*fig.*) (*di ufficio, di incarico e sim.*) liberare, ripulire

3 (*di persona*) estromettere, allontanare, cacciare, espellere CONTR. ammettere, assumere.

epurazióne s. f. 1 depurazione, decantazione, chiarificazione, espurgo CONTR. inquinamento 2 (*fig.*) (*di ufficio, incarico e sim.*) liberazione □ estromissione, allontanamento, espulsione, cacciata CONTR. ammissione, assunzione.

equaménte avv. ugualmente, serenamente, giustamente, imparzialmente CONTR. ingiustamente, parzialmente, diversamente.

equànime agg. sereno, giusto, imparziale, spassionato CONTR. parziale, ingiusto, partigiano.

equanimità s. f. imparzialità, serenità, giustizia, equità CONTR. parzialità, ingiustizia, iniquità, partigianeria.

equazióne s. f. (*mat.*) uguaglianza.

equidistànte agg. ugualmente distante, a uguale distanza FRAS. *rette equidistanti*, rette parallele.

equilàtero agg. (*mat.*) con i lati uguali CFR. isoscele, scaleno.

equilibràre A v. tr. (*anche fig.*) porre in equilibrio, bilanciare, controbilanciare, uguagliare, equivalere, neutralizzare, correggere CONTR. squilibrare, rendere disuguale **B equilibrarsi** v. rifl. e rifl. rec. mettersi in equilibrio, tenersi in equilibrio.

equilibrataménte avv. con equilibrio, assennatamente, ponderatamente CONTR. sregolatamente, senza equilibrio.

equilibràto part. pass. di **equilibrare**; anche agg. 1 in equilibrio, bilanciato, uguale, equivalente CONTR. squilibrato, sbilanciato, disuguale 2 (*fig.*) (*di persona, di ragionamento*) giusto, equanime, assennato, ponderato CONTR. squilibrato, dissennato □ ingiusto, parziale.

equilibratóre A agg. (f. *-trice*) moderatore, stabilizzante CONTR. destabilizzante, destabilizzatore **B** s. m. (*raro, spec. fig.*) moderatore, neutralizzatore, stabilizzatore CONTR. squilibratore, destabilizzatore.

equilibrio s. m. 1 stabilità, statica, bilico, contrappeso, riposo CONTR. instabilità, squilibrio, scompenso 2 (*del corpo*) posizione eretta 3 (*di parti, di colori, ecc.*) proporzione, armonia CONTR. sproporzione, contrasto, disarmonia 4 (*fig.*) (*di carattere*) coerenza, costanza, saldezza, moderazione, buonsenso, senno, saggezza, ponderatezza, misura, equanimità CONTR. incostanza, instabilità, sregolatezza, incoerenza 5 (*di comportamento specie in politica*) convivenza, conciliazione, collaborazione CONTR. opposizione, contrasto.

equilibrìsmo s. m. 1 funambolismo, giochi di equilibrio, destrezza, acrobatismo 2 (*fig.*) trasformismo, opportunismo CONTR. coerenza, congruenza.

equilibrìsta s. m. e f. 1 funambolo, acrobata 2 (*fig.*) (*spec. in politica*) trasformista, opportunista, politicone CONTR. persona coerente, persona conseguente.

equìno A agg. di cavallo, cavallino **B** s. m. animale degli equidi (cavallo, asino, zebra, mulo, quagga).

equipaggiaménto s. m. attrezzatura, arredamento, corredo, forniture, bagaglio, strumenti, indumenti, mezzi.

equipaggiàre A v. tr. corredare, attrezzare, arredare, fornire del necessario **B equipaggiarsi** v. rifl. attrezzarsi, corredarsi, fornirsi del necessario.

equipaggiàto part. pass. di **equipaggiare**; anche agg. attrezzato, corredato, fornito CONTR. sfornito, sprovvisto.

equipàggio s. m. 1 (*di nave*) personale di bordo, ciurma, marinai □ (*di aereo*) personale di volo 2 (*di materiale*) equipaggiamento, attrezzatura, corredo, bagaglio 3 carrozza signorile.

equiparàbile agg. 1 uguagliabile, adeguabile CONTR. inadeguabile 2 paragonabile, comparabile CONTR. incomparabile.

equiparàre v. tr. 1 pareggiare, perequare, uguagliare, adeguare, livellare □ parificare, riconoscere legalmente CONTR. spareggiare, sperequare, diversificare, differenziare 2 comparare, confrontare, paragonare.

equiparàto part. pass. di **equiparare**; anche agg. 1 perequato, uguagliato, adeguato □ parificato, legalmente riconosciuto 2 comparato, paragonato.

equiparazióne s. f. 1 perequazione, adeguamento, livellamento □ parificazione, riconoscimento legale CONTR. spareggio, sperequazione, differenza, disuguaglianza 2 comparazione, paragone, confronto.

équipe /*fr.* e'kip/ [vc. fr., da *équiper* 'fornire di equipaggio'] s. f. inv. 1 (*sport*) squadra 2 gruppo (di persone).

equità s. f. giustizia, imparzialità, equanimità, onestà, rettitudine CONTR. ingiustizia, parzialità.

equivalènte A part. pres. di **equivalere**; anche agg. 1 equipollente, pari, uguale CFR. diverso, inferiore, superiore 2 (*geom.*) di uguale area, di uguale volume **B** s. m. valore uguale, somma uguale, corrispettivo.

equivalènza s. f. equipollenza, parità, uguaglianza CFR. diversità, inferiorità, superiorità.

equivalére A v. intr. avere lo stesso valore, corrispondere CONTR. differire **B equivalersi** v. rifl. rec. avere lo stesso valore, corrispondere, significare la stessa cosa CONTR. differire.

equivocaménte avv. in modo equivoco, oscuramente, ambiguamente CONTR. inequivocabilmente, chiaramente.

equivocàre v. intr. sbagliarsi, prendere un abbaglio CONTR. capire bene.

equivoco A agg. 1 ambiguo, incerto, oscuro CONTR. univoco, inequivocabile, indubbio, certo, chiaro **2** (*fig.*) (*di comportamento*) ambiguo, dubbio, sospettoso, poco chiaro, losco **CONTR.** onesto, chiaro, pulito **B** s. m. ambiguità, errore, dubbio, abbaglio, malinteso, qui pro quo (*lat.*) **CONTR.** chiarezza, evidenza.

èquo agg. **1** giusto, imparziale, retto, equanime, moderato, onesto **CONTR.** iniquo, ingiusto, parziale, disonesto **2** proporzionato, conveniente **CONTR.** sproporzionato.

èra s. f. periodo, età, evo, epoca, tempo.

eràrio s. m. **1** finanze statali, tesoro dello Stato **2** (*est.*) (*dello Stato*) amministrazione finanziaria, fisco.

èrba A s. f. **1** pianta erbacea, piante erbacee **2** (*spec. al pl.*) verdure, erbaggi **3** (*gergo*) droga, marijuana **B** in funzione di agg. (posposto al s.) color erba **FRAS.** *erba medicinale*, semplice □ *erba da gatti*, maro □ *erba amara*, balsamite □ *erba spagna*, erba medica □ *erba strega*, licopodio □ *erba miseria*, tradescanzia □ *erba trinità*, epatica □ *in erba* (*fig.*), agli inizi, ancora inesperto □ *fare di ogni erba un fascio* (*fig.*), mettere insieme alla rinfusa, mettere tutto sullo stesso piano.

erbàceo agg. (*di vegetale*) a fusto tenero, tenero, simile all'erba.

erbétta s. f. **1** erbaggio, erba commestibile **2** erba aromatica **3** (*region.*) prezzemolo.

erbicìda s. m. diserbante.

erbìvoro agg.; anche s. m. **CFR.** carnivoro, onnivoro.

èrcole [dal nome *Ercole*, il semidio greco famoso per la sua forza] s. m. persona fortissima, omone, gigante.

erède s. m. e f. **1** successore, discendente, figlio **2** (*fig.*) seguace □ epigono.

eredità s. f. **1** beni ereditati, asse ereditario, successione **2** caratteri ereditari **3** (*fig.*) retaggio.

ereditàrio agg. **1** di eredità, degli avi, avito **2** (*biol.*) dell'ereditarietà □ congenito **FRAS.** *principe ereditario*, erede al trono.

eremìta s. m. **1** anacoreta, romito **CONTR.** cenobita **2** (*est.*) solitario, selvatico **CONTR.** persona socievole **FRAS.** *Bernardo l'eremita*, paguro.

eremitàggio s. m. **1** luogo da eremita, romitaggio, eremo, ermo (*lett.*) **CONTR.** cenobio **2** (*est.*) abitazione isolata, luogo solitario □ solitudine.

eresìa s. f. **1** (*relig.*) eterodossia, allodossia (*raro, lett.*), scisma **CONTR.** ortodossia, dogma **2** (*est.*) opinione erronea □ grosso sproposito, bestemmia, bestialità **CONTR.** verità.

erètico A agg. di eresia, eterodosso, ereticale **CONTR.** ortodosso **B** s. m. **1** chi professa eresie, eterodosso **CONTR.** ortodosso **2** (*fam.*) ateo, miscredente **CONTR.** credente.

erètto part. pass. di **erigere**; anche agg. ritto, dritto **CONTR.** abbassato.

erezióne s. f. **1** innalzamento, drizzamento **CONTR.** abbassamento **2** (*fig.*) fondazione, creazione, istituzione, ente.

ergastolàno s. m. galeotto, forzato.

ergàstolo s. m. **1** galera a vita **2** casa di pena, penitenziario.

èrgere A v. tr. **1** levare, alzare **CONTR.** abbassare, chinare **2** (*di costruzione*) erigere, edificare, costruire **3** (*fig.*) innalzare, elevare **B ergersi** v. rifl. drizzarsi, innalzarsi, elevarsi **CONTR.** abbassarsi.

erìgere A v. tr. **1** (*di costruzione*) innalzare, alzare, elevare **CONTR.** abbassare, demolire **2** (*fig.*) (*di istituzione*) fondare, istituire, creare, costituire **B erigersi** v. rifl. **1** elevarsi, alzarsi, levarsi **CONTR.** abbassarsi **2** (*fig.*) (*di istituzione*) costituirsi **3** (*a giudice, a moderatore, ecc.*) elevarsi, impancarsi, atteggiarsi.

erigìbile agg. istituibile, fondabile.

eritèma s. m. (*della pelle*) eritrosi, arrossamento.

eritrocìta o **eritrocìto** s. m. (*anat.*) globulo rosso, emazia **CFR.** leucocita.

ermafroditìsmo s. m. (*biol.*) androginia.

ermafrodìto agg.; anche s. m. **1** androgino, bisessuale, bisessuato, monoclino **CONTR.** unisessuale, unisessuato **2** (*spreg.*) invertito.

ermenèutica s. f. critica, analisi, esegesi.

ermeticaménte avv. **1** a chiusura stagna **2** (*fig.*) oscuramente, incomprensibilmente, enigmaticamente **CONTR.** chiaramente, comprensibilmente, apertamente.

ermètico agg. **1** (*di contenitore*) perfettamente chiuso, a chiusura stagna **2** (*fig.*) (*di persona, di pensiero, ecc.*) oscuro, impenetrabile, incomprensibile, imperscrutabile, enigmatico **CONTR.** chiaro, comprensibile, evidente, lampante, aperto.

ermetìsmo s. m. (*fig.*) oscurità, incomprensibilità **CONTR.** chiarezza, comprensibilità, evidenza.

eródere v. tr. (*anche fig.*) consumare, rodere, corrodere, intaccare, scavare.

eròe s. m. (f. *-ina*) **1** (*mitol.*) semidio **2** (*est.*) combattente coraggioso, valoroso, prode □ paladino, campione, modello **CONTR.** vigliacco, pavido, vile, pusillanime □ imbelle **3** (*di romanzo, di film, ecc.*) protagonista, personaggio principale **CFR.** comparsa, generico **FRAS.** *l'eroe dei due mondi*, Garibaldi.

erogàbile agg. che si può erogare, spendibile □ distribuibile, rifornibile.

erogàre v. tr. **1** (*di somma, di sussidio, ecc.*) spendere, dare, concedere, devolvere, largire **CONTR.** ricevere, avere, prendere **2** (*di energia, di gas, ecc.*) fornire, somministrare, distribuire.

erogatóre agg. (f. *-trice*) (*di energia, di gas, ecc.*) fornitore, somministratore, distributore.

erogazióne s. f. fornitura, somministrazione, distribuzione.

eroicaménte avv. da eroe, valorosamente, coraggiosamente, intrepidamente, prodemente, gloriosamente **CONTR.** vilmente, vigliaccamente, pavidamente.

eròico agg. di eroe, da eroe, valoroso, coraggioso, prode, intrepido, glorioso □ epico, leggendario **CONTR.** vile, pusillanime, pavido, vigliacco □ imbelle **FRAS.** *verso eroico*, esametro.

eroìna s. f. **1** donna eroica **2** (*di romanzo, di film, ecc.*) protagonista **CFR.** comparsa.

eroìsmo s. m. coraggio, intrepidezza, eroicità **CONTR.** viltà, pusillanimità.

erómpere v. intr. (*anche fig.*) balzare fuori, prorompere, uscire impetuosamente, scoppiare **CONTR.** irrompere.

èros [da *Eros*, il dio greco dell'amore] s. m. inv. (*psicol.*) libido, istinto di conservazione □ amore sessuale, impulso amoroso, pulsione erotica, erotismo.

erosióne s. f. **1** (*di acqua*) corrosione, corrodimento **2** (*di ghiacciaio*) esarazione **3** (*med.*) abrasione, ferita superficiale.

erosìvo agg. corrosivo, abrasivo.

eròtico agg. **1** dell'erotismo, sessuale, sensuale **2** (*di sostanza*) erotizzante, afrodisiaco **3** (*di film, di romanzo e sim.*) licenzioso, osceno, pornografico.

erotìsmo s. m. passione sessuale, eccitamento sessuale, pulsione erotica, eros.

erotizzànte agg. (*di sostanza*) erotico, afrodisiaco.

errabóndo agg. (*lett.*) errante, vagante, peregrinante, ramingo, randagio, erratico, vagabondo, nomade **CONTR.** stabile, fisso, stanziato, sedentario, fermo.

erránte part. pres. di **errare**; anche agg. errabondo (*lett.*), vagante, peregrinante, erratico, ramingo, vagabondo, randagio, nomade **CONTR.** stabile, fisso, stanziato, sedentario, fermo **FRAS.** *stella errante*, pianeta.

erràre v. intr. **1** vagare, peregrinare, vagabondare, ramingare (*lett.*) **CONTR.** stare fermo, stanziarsi, stabilirsi **2** (*fig.*) sbagliare, mancare **CONTR.** fare bene, avere ragione.

errata corrige /*lat.* er'rata 'kɔrridʒe/ loc. sost. m. e (*raro*) f. inv. elenco degli errori corretti, correzioni.

erràto part. pass. di **errare**; anche agg. sbagliato, erroneo, scorretto, inesatto, falso **CONTR.** esatto, corretto, vero **FRAS.** *andare errato*, sbagliare, errare.

erroneaménte avv. per errore □ in modo sbagliato, scorrettamente **CONTR.** correttamente.

erròneo agg. errato, sbagliato, scorretto, inesatto, falso **CONTR.** esatto, corretto, vero.

erróre s. m. **1** sbaglio, fallo, inesattezza □ cantonata, disguido, malinteso, equivoco, qui pro quo (*lat.*), gaffe (*fr.*), granchio, lapsus (*lat.*) **CONTR.** esattezza **2** (*di lingua*) sgrammaticatura, scorrezione (*raro*), scorrettezza, strafalcione, sproposito, svarione □ solecismo **CONTR.** correttezza, regolarità **3** (*di pensiero, di idea e sim.*) opinione errata, eresia, eterodossia **CONTR.** verità, ortodossia **4** (*est.*) colpa, peccato, difetto **CONTR.** discolpa, merito, virtù.

èrta s. f. salita, rampa, costa, montata (*raro*), ascesa **CONTR.** discesa, china **FRAS.** *stare all'erta*, vigilare.

èrto part. pass. di **ergere**; anche agg. **1** eretto, ritto, diritto **CONTR.** abbassato **2** (*di luogo*) ripido, scosceso **CFR.** piano, declive.

erudìre A v. tr. istruire, addottrinare, ammaestrare, educare **B erudirsi** v. intr. pron. istruirsi.

eruditaménte avv. coltamente, dottamente **CONTR.** ignorantemente, incoltamente.

eruditìsmo s. m. erudizione arida, pedanteria.

erudìto part. pass. di **erudire**; anche agg. e s. m. colto, dotto, istruito **CONTR.** ignorante, incolto.

erudizióne s. f. dottrina, istruzione, cultura, conoscenza **CONTR.** ignoranza, incultura.

eruttàre A v. intr. ruttare **B** v. tr. **1** (*di vulcano e sim.*) emettere, mandare fuori **2** (*fig.*) (*di imprecazioni, di insulti e sim.*) mandar fuori, proferire.

eruzióne s. f. **1** (*di materiale vulcanico*) emissione violenta, eruttamento **2** (*della pelle*) sfogo.

es /*ted.* ɛs/ [ted. *Es*, sostantivazione del pron. nt. di terza pers. sing. (*esso*)] s. m. id, inconscio.

esacerbàre A v. tr. inasprire, aggravare, acuire, esasperare, irritare, inacerbire, rincrudire **CONTR.** calmare, sedare, placare, lenire, addolcire **B esacerbarsi** v. intr. pron. inasprirsi, irritarsi, amareggiarsi **CONTR.** placarsi, calmarsi.

esacerbàto part. pass. di **esacerbare**; anche agg. inasprito, esasperato, acuito, inacerbito, amareggiato **CONTR.** rabbonito, raddolcito, calmo, placato.

esacerbazióne s. f. inasprimento, irritazione, esasperazione, amarezza **CONTR.** calma, serenità, pacatezza.

esaèdro s. m. (*mat.*) poliedro a sei facce, cubo, prisma esagonale, piramide esagonale **CFR.** ettaedro, ottaedro, ecc.

esageràre A v. tr. **1** (*con parole*) ingrandire, amplificare, gonfiare, esaltare, fare sembrare maggiore **CONTR.** diminuire, attenuare, rimpiccolire **2** (*di colore, di tono, ecc.*) accentuare, esasperare, portare all'estremo **CONTR.** attenuare, moderare, diminuire **B** v. intr. (*nel fare, nel dire, ecc.*) eccedere, sovrabbondare, superare i limiti, oltrepassare la misura **CONTR.** contenersi, limitarsi, stare nei limiti.

esagerataménte avv. eccessivamente, esasperatamente, in modo esagerato.

esageràto A part. pass. di **esagerare**; anche agg. caricato, eccessivo, gonfiato, esaltato, ingrandito, esasperato, accentuato **CONTR.** diminuito, attenuato, rimpicciolito, moderato, contenuto, limitato **B** s. m. (*di persona*) esaltato, pataccone (*region.*).

esagerazióne s. f. eccessività, eccesso, ingrandimento, esasperazione, ampliamento, montatura, enfasi **CONTR.** attenuazione, moderazione, diminuzione.

esagitàto agg. e s. m. molto agitato, agitato, turbato **CONTR.** calmo, placato, pacato.

esalàre A v. tr. mandare fuori, effondere, sprigionare, spirare, emettere **B** v. intr. emanare.

esalazióne s. f. emanazione, esalamento, effluvio, emissione, sprigionamento, fuga, perdita **CONTR.** assorbimento.

esaltànte part. pres. di **esaltare**; anche agg. entusiasmante, eccitante, elettrizzante, inebriante **CONTR.** deprimente, avvilente.

esaltàre A v. tr. **1** magnificare, celebrare, decantare, lodare, glorificare **CONTR.** deprimere, diminuire, umiliare, avvilire **2** (*a dignità, a cariche e sim.*) innalzare, sollevare, elevare **CONTR.** abbassare, degradare **3** (*di persona*) rendere entusiasta, entusiasmare, eccitare, elettrizzare, inebriare, estasiare **CONTR.** avvilire, prostrare, deprimere **B esaltarsi** v. rifl. **1** entusiasmarsi, eccitarsi, elettrizzarsi, inebriarsi, montarsi la testa, estasiarsi **CONTR.** avvilirsi, prostrarsi, deprimersi **2** gloriarsi, vantarsi.

esaltàto part. pass. di **esaltare**; anche agg. e s. m. entusiasmato, entusiasta, elettrizzato, inebriato, estasiato, eccitato, infervorato, fanatico **CFR.** calmo, controllato, distaccato, freddo.

esaltatóre s. m.; anche agg. (f. *-trice*) **1** celebratore, glorificatore, elogiatore, magnificatore **CONTR.** detrattore, spregiatore **2** eccitante, stimolante **CONTR.** deprimente, calmante.

esaltazióne s. f. **1** magnificazione, lode, elogio, celebrazione **CONTR.** disapprovazione, censura, biasimo **2** (*ad una carica*) innalzamento, elevazione **3** (*fig.*) (*di stato d'animo*) entusiasmo, eccitazione, estasi **CONTR.** depressione, abbattimento.

esàme s. m. **1** (*di persona, di cosa, di situazione, ecc.*) analisi, disamina, considerazione, indagine, ricerca, scandaglio, vaglio, riflessione, revisione **2** (*di attitudine, di documento, ecc.*) controllo, verifica, prova.

esaminàbile agg. analizzabile, verificabile.

esaminàre v. tr. **1** analizzare, osservare **2** (*di studente*) sottoporre a esame.

esaminatóre s. m.; anche agg. (f. *-trice*) esaminante **CONTR.** esaminando.

esàngue agg. **1** dissanguato, morente **CFR.** sanguigno, pletorico, rubizzo **2** (*fig.*) debole, languido, pallido, smorto, spento **CONTR.** forte, vivace, energico.

esànime agg. morto, inanimato, svenuto, moribondo, quasi morto **CONTR.** vivo, vivace, animato, pieno di vita.

esàrca s. m. **1** (*nell'impero romano d'Oriente*) comandante supremo **2** (*nei domini bizantini in Italia*) governatore.

esasperàre A v. tr. inasprire, acuire, accentuare, aggravare, irritare, inacerbire, rincrudire **CONTR.** calmare, sedare, placare, lenire, addolcire **B esasperarsi** v. intr. pron. adirarsi, irritarsi, arrabbiarsi, infuriarsi, stizzirsi, incazzarsi (*volg.*) **CONTR.** calmarsi, placarsi, quietarsi, scazzarsi (*volg.*).

esasperazióne s. f. estrema irritazione, massima intensità □ rabbia, incazzatura (*volg.*) **CONTR.** calma, serenità.

esattaménte avv. **1** con precisione, rigorosamente, fedelmente, puntualmente, regolarmente, ineccepibilmente **CONTR.** imprecisamente, irregolarmente, senza precisione **2** puntualmente **3** scrupolosamente, diligentemente, attentamente, coscienziosamente **CONTR.** trascuratamente, negligentemente, distrattamente, sbadatamente.

esattézza s. f. **1** precisione, rigore, giustezza, regolarità, veridicità, fedeltà, puntualità **CONTR.** inesattezza, imprecisione, irregolarità, falsità, infedeltà **2** scrupolosità, diligenza, cura, attenzione, zelo, scrupolo **CONTR.** facioneria, incuria, distrazione, apatia, trascuratezza.

esàtto agg. **1** preciso, rigoroso, vero, regolare, fedele, puntuale, ineccepibile **CONTR.** errato, inesatto, impreciso, irregolare, infedele, eccepibile, falso **2** (*di ora, di orario e sim.*) preciso, puntuale **CONTR.** inesatto, impreciso **3** (*nel pagare*) puntuale **CONTR.** moroso **4** (*di persona*) scrupoloso, diligente, attento, zelante, coscienzioso **CONTR.** facilone, trascurato, negligente, distratto, sbadato.

esattóre s. m. (f. *-trice*) collettore, ricevitore, riscuotitore (di affitti, di abbonamenti, di tasse e sim.).

esattorìa s. f. ricevitoria.

esaudìre v. tr. **1** appagare, accogliere, accettare, ascoltare, accondiscendere, accontentare, soddisfare **CONTR.** negare, rifiutare, respingere **2** (*di desiderio, di voto e sim.*) realizzare.

esauribile agg. terminabile, consumabile, logorabile **CONTR.** inesauribile.

esauribilità s. f. logorabilità, consumabilità **CONTR.** inesauribilità.

esauriènte part. pres. di **esaurire**; anche agg. approfondito, esaustivo, compiuto, soddisfacente, convincente **CONTR.** incerto, dubbio, incompleto, insoddisfacente, sospensivo.

esaurienteménte avv. compiutamente, completamente, sufficientemente, abbondantemente **CONTR.** insufficientemente.

esauriménto s. m. **1** (*di cose*) fine, consumo, svuotamento **2** (*di persona*) indebolimento, spossatezza, sfinimento **CONTR.** rafforzamento, irrobustimento **FRAS.** *esaurimento nervoso*, nevrastenia.

esaurìre A v. tr. **1** (*anche fig.*) (*di cose*) consumare, finire, svuotare **CONTR.** riempire, empire **2** (*di persona*) indebolire, spossare, sfinire, debilitare **CONTR.** rinvigorire, rafforzare **B esaurirsi** v. rifl. **1** (*di persona*) logorarsi, inde-

bolirsi, sfinirsi, debilitarsi, spossarsi CONTR. rinvigorirsi, rafforzarsi, irrobustirsi **2** (*di cose*) consumarsi, finire, svuotarsi.
esaurito part. pass. di **esaurire**; anche agg. **1** (*di cose*) consumato, finito, svuotato **2** (*di merce*) interamente venduto **3** (*di persona*) spossato, logorato, debilitato, sfinito CONTR. rinvigorito, robusto, in forma, energico, forte.
esàusto agg. **1** (*di cose*) vuoto, finito, consumato CONTR. pieno, inesausto **2** (*fig.*) (*di persona*) stremato, esaurito, spossato, sfinito, indebolito, prostrato CONTR. vigoroso, forte, energico, in forma.
esautoràre v. tr. privare (di autorità, di potere, di prestigio, ecc.), destituire.
esautorazióne s. f. privazione (di autorità, di potere, di prestigio, ecc.), destituzione.
esazióne s. f. (*di denaro, di imposte e sim.*) riscossione, riscotimento, incasso, introito CONTR. pagamento, versamento, esborso.
ésca s. f. **1** (*per catturare animali*) cibo **2** (*fig.*) inganno, lusinga, seduzione, illusione, adescamento, allettamento, lustra (*ant.*) **3** (*fig.*) incitamento, incentivo, fomite, stimolo CONTR. disincentivo **4** (*per accendere il fuoco*) materiale secco FRAS. *dare esca* (*fig.*), incitare.
escalation /*ingl.* eskəˈleiʃən/ [vc. ingl., dal verbo *to escalate* 'intensificare', a sua volta da *escalade* 'ascesa, scalata'] s. f. inv. aumento progressivo, intensificazione CONTR. diminuzione, recessione.
escandescènza s. f. spec. al pl. rabbia violenta, collera furibonda, furore, furia □ improperi CONTR. calma, tranquillità, autocontrollo.
esclamàre v. intr. dire ad alta voce, gridare, urlare.
esclamazióne s. f. **1** grido, espressione di allegria (di gioia, di ammirazione, di sdegno, ecc.) **2** (*ling.*) interiezione **3** (*retorica*) epifonema.
esclùdere A v. tr. **1** (*di persona*) chiudere fuori, lasciare al di fuori, non ammettere, respingere, cacciare, rifiutare, eliminare CONTR. accogliere, ammettere, accettare, includere **2** (*di cosa*) eccettuare, fare eccezione CONTR. comprendere **3** (*da obblighi, da tasse, ecc.*) esentare, dispensare, derogare, esonerare CONTR. ammettere **B escludersi** v. rifl. rec. elidersi, eliminarsi, annullarsi.
esclusióne s. f. **1** eliminazione, rifiuto, cacciata, allontanamento, esonero CONTR. inclusione **2** (*da obblighi, di impegni, ecc.*) eccezione, deroga CONTR. ammissione.
esclusìva s. f. **1** privativa, monopolio, privilegio, godimento esclusivo **2** eccezione.
esclusivaménte avv. soltanto, solo, solamente, unicamente CONTR. anche, inoltre, per di più.
esclusivismo s. m. (*verso gli altri*) intolleranza, intransigenza, egoismo, individualismo CONTR. tolleranza, liberalità, apertura mentale, generosità, altruismo.
esclusivìsta s. m. e f. **1** (*verso gli altri*) intollerante, intransigente, egoista, individualista CONTR. tollerante, liberale, aperto, generoso, altruista **2** (*comm.*) venditore esclusivo.
esclusività s. f. **1** particolarità, unicità CONTR. genericità, generalità **2** esclusivismo, intolleranza, egoismo CONTR. tolleranza, generosità **3** (*comm.*) esclusiva, privativa, monopolio.
esclusìvo agg. **1** eliminatorio **2** particolare, singolare, individuale, riservato CONTR. generale, comune **3** unico, singolo, senza uguali CONTR. normale, ordinario.
esclùso part. pass. di **escludere**; anche agg. e s. m. **1** (*di persona o cosa*) lasciato fuori, non ammesso, respinto, rifiutato, eliminato □ eccettuato CONTR. ammesso, accolto **2** (*di persona*) esente, esonerato CONTR. incluso, compreso.
escogitàre v. tr. inventare, trovare, pensare, ideare, congetturare, almanaccare.
escoriàre v. tr. (*della pelle*) ledere superficialmente, scorticare, spellare, abradere.
escoriazióne s. f. (*della pelle*) lesione superficiale, scorticatura, spellatura, abrasione.
escreménto s. m. spec. al pl. feci, merda (*volg.*), cacca (*fam.*), sterco.
escrescènza s. f. protuberanza, sporgenza, tumefazione.
escursióne s. f. gita, passeggiata, scampagnata, viaggio.
esecràbile agg. esecrando, spregevole, aborrito, abominevole, detestabile, odioso CONTR. amabile, lodevole, piacevole, gradito.
esecràre v. tr. aborrire, detestare, odiare, maledire CONTR. amare, adorare, benedire.
esecutività s. f. (*dir.*) possibilità di eseguire, esecuzione, effettuazione, attuazione □ esecutorietà, operatività.
esecutìvo agg. esecutorio, attuativo, operativo.
esecutóre s. m. (f. *-trice*) chi esegue, attuatore, operatore, curatore, effettuatore.
esecuzióne s. f. **1** (*di cosa*) attuazione, realizzazione, effettuazione **2** (*dir.*) (*di sentenza, di atto, ecc.*) adempimento, osservanza □ (*di persona*) uccisione, fucilazione, impiccagione, decapitazione.
esèdra s. f. **1** (*nel mondo classico*) portico semicircolare, emiciclo **2** (*uso moderno*) piazza semicircolare, edificio semicircolare.
esegèsi s. f. (*di testo*) interpretazione critica, studio critico, critica, analisi, spiegazione, ermeneutica.
esegèta s. m. (*di testo*) critico, interprete, ermeneuta.
esegètica s. f. (*di testo*) interpretazione critica, critica, analisi.
esegètico agg. di esegesi, interpretativo, critico, analitico.
eseguìbile agg. realizzabile, fattibile, attuabile CONTR. irrealizzabile, inattuabile.

eseguìre v. tr. **1** attuare, effettuare, realizzare, compiere, adempiere, operare, fare **2** (*di musica*) interpretare.
esèmpio s. m. **1** modello, dimostrazione, prova, tipo **2** caso, accidente, avvenimento, fatto, castigo, punizione, ammonimento.
esemplàre (1) agg. **1** dimostrativo **2** (*est.*) edificante, eccellente, singolare, raro **CONTR.** ignobile, volgare.
esemplàre (2) s. m. **1** modello **2** (*di cose analoghe*) copia **CONTR.** originale **3** (*di persone o cose diverse*) tipo, campione.
esemplarità s. f. tipicità **CONTR.** atipicità.
esemplificativo agg. dimostrativo, esemplare.
esemplificazióne s. f. **1** spiegazione con esempi **2** esempio.
esentàre A v. tr. dispensare, esimere, esonerare, escludere, liberare **CONTR.** obbligare, costringere, imporre **B esentarsi** v. rifl. esimersi, dispensarsi, liberarsi **CONTR.** obbligarsi, impegnarsi.
esènte agg. **1** (*da obbligo, da dovere*) dispensato, esentato, esonerato **CONTR.** obbligato, tenuto, costretto **2** (*est.*) (*da mali*) libero, preservato, immune, franco **CONTR.** soggetto, sottomesso, sottoposto.
esenzióne s. f. esonero, immunità, privilegio, franchigia, deroga, liberazione, dispensa **CONTR.** obbligo, osservanza, dovere, costrizione.
esèquie s. f. pl. cerimonie funebri, onoranze funebri, funerale, mortorio.
esercènte part. pres. di **esercire**; anche s. m. e f. bottegaio, negoziante, commerciante, rivenditore, venditore, gerente.
esercìre v. tr. **1** (*di negozio*) gestire, amministrare, reggere, tenere, avere **2** (*di professione*) esercitare, professare.
esercitàre A v. tr. **1** (*di corpo, di memoria, ecc.*) tenere in esercizio, tenere in funzione, addestrare, abituare, allenare **2** (*di diritto, ecc.*) usare, adoperare, valersi **3** (*di attività*) attendere, professare, esercire **B esercitarsi** v. rifl. addestrarsi, allenarsi.
esercitazióne s. f. pratica, esercizio, addestramento, allenamento, uso.
esèrcito s. m. **1** forze armate, milizia armata, soldatesca, soldati **2** (*fig.*) gran quantità, massa, mucchio, moltitudine.
esercìzio s. m. **1** addestramento, allenamento, esercitazione, movimento **2** (*est.*) (*di scuola*) esercitazione, eserciziario **3** (*di professione*) uso, pratica, funzione **4** (*di impresa, di azienda e sim.*) funzionamento, gestione, attività **5** (*est.*) (*di attività commerciale*) azienda, bottega, negozio, rivendita, vendita, spaccio **FRAS.** *in esercizio*, funzionante, attivo □ *fuori esercizio*, non funzionante.
esibire A v. tr. mostrare, esporre, presentare, far vedere, porgere, dichiarare □ offrire, proferire **CONTR.** nascondere, occultare **B esibirsi** v. rifl. **1** farsi notare, mostrarsi, mettersi in mostra **2** (*in uno spettacolo*) partecipare, prendere parte, intervenire.
esibizióne s. f. **1** mostra, bella mostra, ostentazione, dimostrazione, esposizione, sfoggio, sfarzo **CONTR.** occultamento **2** (*sport*) gara, incontro, partita dimostrativa.
esibizionìsmo s. m. ostentazione, bella mostra, sfoggio **CONTR.** modestia, riservatezza.
esibizionìsta agg.; anche s. m. e f. vanaglorioso, borioso, patacca (*dial.*), ostentatore, megalomane **CONTR.** modesto, timido, riservato.
esibizionìstico agg. ostentatorio, vanaglorioso, borioso **CONTR.** modesto, timido, riservato.
esigènte part. pres. di **esigere**; anche agg. pieno di pretese, pretenzioso, che esige molto, meticoloso, pignolo **CONTR.** superficiale, facile, leggero.
esigènza s. f. spec. al pl. bisogno, richiesta, necessità, pretesa **CONTR.** soprappiù, superfluo.
esigere v. tr. **1** pretendere, volere, richiedere, reclamare, chiedere **2** (*di denaro, di credito e sim.*) riscuotere **CONTR.** pagare.
esigibile agg. (*di denaro, di credito, ecc.*) riscuotibile.
esigibilità s. f. (*di denaro, di credito, ecc.*) riscuotibilità.
esiguità s. f. pochezza, piccolezza, scarsità, esilità, sottigliezza, brevità, povertà **CONTR.** abbondanza, ricchezza, esuberanza, profusione, dovizia.
esìguo agg. piccolo, irrilevante, minuscolo, esile, tenue, minuto, sottile □ modico, scarso **CONTR.** grande, grosso, enorme □ abbondante, ricco.
esilarànte part. pres. di **esilarare**; anche agg. che fa ridere, divertente, spassoso, piacevole, umoristico **CONTR.** rattristante, triste.
èsile agg. **1** (*di fisico, di cose*) sottile, tenue, magro, minuto, smilzo, gracile, delicato, fragile **CONTR.** grosso, massiccio, solido, robusto, forte, vigoroso **2** (*fig.*) (*di speranza, di luce, ecc.*) debole, fievole, fioco, tenue **CONTR.** forte, intenso, potente.
esiliàre A v. tr. **1** mandare in esilio, bandire, proscrivere, espellere, confinare **CONTR.** rimpatriare, richiamare **2** (*est.*) mandare via, allontanare, cacciare, eliminare **CONTR.** chiamare, accogliere **B esiliarsi** v. rifl. **1** andarsene in esilio, espatriare, emigrare **CONTR.** rimpatriare **2** (*est.*) appartarsi, ritirarsi, isolarsi **CONTR.** socializzare, stare con gli altri.
esiliàto part. pass. di **esiliare**; anche agg. e s. m. esule, profugo, fuoriuscito, bandito, confinato **CONTR.** rimpatriato.
esilio s. m. **1** espatrio, bando, proscrizione, confino, allontanamento dalla patria **CONTR.** rimpatrio **2** (*fig.*) separazione, isolamento, distacco.
esilità s. f. sottigliezza, tenuità, gracilità, deli-

catezza, fragilità CONTR. robustezza, grossezza, solidità, vigore, vigoria.

esilménte avv. debolmente, fievolmente, fiocamente CONTR. forte, intensamente.

esìmere A v. tr. rendere libero, dispensare, esentare, esonerare CONTR. vincolare, obbligare, impegnare, imporre **B esimersi** v. rifl. sottrarsi, liberarsi, svincolarsi, esentarsi CONTR. impegnarsi, obbligarsi, vincolarsi.

esìmio agg. eccellente, egregio, insigne, distinto, famoso, celebre, noto, illustre CONTR. oscuro, ignoto, sconosciuto.

esistènte part. pres. di **esistere**; anche agg. che esiste, vivente CONTR. inesistente.

esistènza s. f. **1** realtà, essenza, l'essere CONTR. inesistenza **2** vita.

esistenziàle agg. dell'esistenza, vitale.

esìstere v. intr. **1** (*di cosa*) essere, esserci, sussistere, durare **2** (*di persona*) essere vivo, vivere CONTR. essere morto.

esitàre v. intr. essere incerto, essere perplesso, tentennare, titubare, indugiare, dubitare, tergiversare CONTR. essere sicuro, decidersi.

esitazióne s. f. indecisione, perplessità, incertezza, irresolutezza, dubbio, tentennamento, titubanza CONTR. risolutezza, sicurezza, decisione, prontezza.

èsito s. m. **1** (*raro*) uscita CONTR. entrata, ingresso **2** (*di denaro*) spesa, vendita, spaccio, commercio **3** (*di azione, di prova, ecc.*) riuscita, risultato, risposta, conclusione, fine, sbocco, conseguenza.

esòcrino agg. (*anat.*) CONTR. endocrino.

èsodo s. m. **1** (*di persone*) emigrazione, migrazione, partenza, espatrio CONTR. ingresso, affluenza, immigrazione **2** (*per anton.*) uscita del popolo ebraico dall'Egitto **3** (*est.*) (*di capitali, di somme e sim.*) allontanamento, espatrio CONTR. affluenza **4** (*letter.*) (*nella tragedia greca*) ultimo episodio.

esòfago s. m. (*anat.*) strozza, canna della gola.

esògeno agg. esterno CONTR. endogeno, interno.

esoneràre A v. tr. liberare, dispensare, esentare, esimere CONTR. vincolare, impegnare, obbligare, imporre **B esonerarsi** v. rifl. dispensarsi, esentarsi, esimersi, sottrarsi, liberarsi, svincolarsi CONTR. vincolarsi, obbligarsi.

esònero s. m. dispensa, esenzione, sgravio, deroga, franchigia CONTR. obbligo, vincolo, impegno, imposizione.

esorbitànte part. pres. di **esorbitare**; anche agg. eccessivo, enorme, esagerato, eccedente, smisurato, soverchio, sproporzionato CONTR. mancante, manchevole, insufficiente.

esorbitànza s. f. eccedenza, eccesso, superfluo, soverchio, sovrabbondanza CONTR. mancanza, deficienza, insufficienza, scarsità, scarsezza, carenza, povertà.

esorbitàre v. intr. uscire dai limiti, passare la misura, sorpassare, superare, oltrepassare, eccedere CONTR. contenersi, trattenersi.

esorcìsmo s. m. esorcizzazione □ scongiuro.

esorcìsta s. m. esorcizzatore.

esorcizzàre v. tr. **1** liberare dal demonio **2** (*est.*) (*di pericolo*) scongiurare, allontanare.

esorcizzazióne s. f. esorcismo □ scongiuro.

esordiènte part. pres. di **esordire**; anche agg. e s. m. e f. principiante, debuttante, novellino, novizio, tirocinante, persona alle prime armi CONTR. maestro, esperto, veterano, navigato.

esòrdio s. m. **1** (*di discorso e sim.*) introduzione, preambolo, proemio, preparazione, prologo **2** (*mus.*) ouverture (*fr.*), apertura, preludio CONTR. finale **3** (*fig.*) inizio, principio, debutto, avvio CONTR. fine, termine, conclusione.

esordire v. intr. cominciare, incominciare, iniziare, principiare, debuttare CONTR. finire, terminare, chiudere, concludere, smettere.

esortàre v. tr. incitare, spingere, suggerire, persuadere, invitare, indurre, consigliare, avvertire, ammonire CONTR. sconsigliare, dissuadere, distogliere, frenare.

esortatìvo agg. esortatorio (*raro*), persuasivo CONTR. dissuasivo.

esortatóre s. m.; anche agg. (f. *-trice*) incitatore, persuasore, promotore, consigliere CONTR. dissuasore.

esortazióne s. f. incitamento, suggerimento, invito, consiglio, avvertimento, ammonizione, ammonimento CONTR. dissuasione, freno.

esosaménte avv. **1** avaramente, grettamente, sordidamente, avidamente CONTR. generosamente, prodigalmente, disinteressatamente **2** (*tosc.*) odiosamente, antipaticamente CONTR. simpaticamente, amabilmente.

esosfèra s. f. (*di atmosfera*) involucro esterno CFR. stratosfera, mesosfera.

esosità s. f. **1** avarizia, grettezza, sordidezza, spilorceria, avidità, pitoccheria, taccagneria, tirchieria CONTR. generosità, prodigalità, magnanimità, liberalità, disinteresse **2** (*tosc.*) odiosità, antipatia CONTR. simpatia, amabilità.

esòso agg. **1** (*di persona*) avaro, gretto, sordido, spilorcio, avido, pitocco, taccagno, tirchio CONTR. generoso, prodigo, magnanimo **2** (*di prezzo*) eccessivo, esorbitante, esagerato, da strozzino CONTR. moderato, modico, modesto, accessibile **3** (*tosc.*) odioso, antipatico, detestabile, insopportabile CONTR. simpatico, amabile.

esotèrico agg. **1** (*filos.*) (*di insegnamento*) intimo, segreto, iniziatico, riservato CONTR. pubblico, diffuso, manifesto **2** (*fig.*) misterioso, incomprensibile, enigmatico, oscuro, arcano, astruso CONTR. chiaro, evidente, lampante, comprensibile, facile.

esòtico agg. **1** di paesi lontani, forestiero, straniero CONTR. indigeno, autoctono, nostrano, nazionale, casalingo **2** (*est.*) strano, stravagante, bizzarro, curioso, eccentrico, insolito,

originale **CONTR.** normale, consueto, comune, solito, semplice, ordinario.
esotìsmo s. m. **1** (*in arte, in letteratura e sim.*) motivo straniero, elemento straniero **2** (*ling.*) forestierismo **3** esterofilia **CONTR.** sciovinismo, esterofobia.
esotizzànte agg.; anche s. m. e f. amante dell'esotico, tendente all'esotico.
espàndere A v. tr. **1** ingrandire, allargare, dilatare, estendere, aumentare, ampliare, allungare **CONTR.** restringere, ridurre, limitare, contenere **2** (*di liquidi, di odori, ecc.*) diffondere, spandere, effondere, emanare, esalare, sprigionare **B espandersi** v. intr. pron. **1** dilatarsi, estendersi, aumentare, crescere, ampliarsi, allungarsi **CONTR.** restringersi, ridursi, contenersi **2** (*di liquidi, di odori, ecc.*) diffondersi, effondersi, emanare, esalare, sprigionarsi **3** (*raro*) (*di persona*) aprirsi, confidarsi.
espansióne s. f. **1** aumento, dilatazione, ampliamento, allargamento, ingrossamento, allungamento **CONTR.** restringimento, riduzione, condensazione, contenimento, contrazione **2** (*di attività*) diffusione, sviluppo, crescita **CONTR.** recessione, diminuzione, contrazione **3** (*fig.*) (*di sentimenti*) manifestazione affettuosa, tenerezza, effusione, confidenza, sfogo, abbandono **CONTR.** chiusura, blocco, freddezza, autocontrollo, ritegno **4** (*ling.*) determinazione, complemento.
espansionìsmo s. m. (*est.*) colonialismo **CONTR.** anticolonialismo.
espansionista agg.; anche s. m. e f. (*est.*) colonialista **CONTR.** anticolonialista.
espansionìstico agg. (*est.*) coloniale, colonialistico, colonialista **CONTR.** anticolonialista.
espansivaménte avv. apertamente, cordialmente, teneramente **CONTR.** freddamente.
espansività s. f. affettuosità, espansione, confidenza, tenerezza, cordialità, effusione **CONTR.** freddezza, autocontrollo, ritegno, chiusura, blocco.
espansìvo agg. (*fig.*) (*di persona*) estroverso, affettuoso, aperto, cordiale, tenero **CONTR.** introverso, freddo, chiuso, controllato, ermetico.
espànso part. pass. di **espandere**; anche agg. diffuso, dilatato.
espatriàre v. intr. andarsene dalla patria, emigrare, migrare, esulare, trasmigrare, andare all'estero **CONTR.** rimpatriare.
espàtrio s. m. emigrazione, migrazione, esodo □ esilio **CONTR.** rimpatrio, ritorno in patria.
espediènte s. m. trovata, rimedio, ripiego, risorsa, mezzo, mezzuccio, accorgimento, pretesto, compromesso, compenso, scusa, scappatoia, cavata, artifizio, stratagemma, escamotage (*fr.*) □ furbizia, furberia, raggiro, astuzia.
espèllere v. tr. **1** scacciare, allontanare, cacciare, estromettere, mandare via, licenziare, mettere alla porta, respingere, destituire **CONTR.** introdurre, far entrare, accogliere **2** (*med.*) (*dal corpo*) mandare fuori.
esperiènza s. f. **1** conoscenza, pratica, esercizio, perizia, abilità, uso, abitudine **CONTR.** inesperienza, imperizia, incapacità **2** (*est.*) conoscenza del mondo, conoscenza della vita **3** prova, saggio, esperimento, sperimentazione □ test (*ingl.*).
esperimentàre *V.* **sperimentare.**
esperiménto s. m. prova, esperienza, saggio, sperimentazione, tentativo □ test (*ingl.*).
espertaménte avv. da esperto, abilmente, competentemente **CONTR.** inespertamente, senza competenza, maldestramente.
espèrto agg.; anche s. m. **1** pratico, competente, intenditore, conoscitore □ dotto, colto **CONTR.** inesperto, incompetente, imperito □ ignorante, incolto **2** bravo, abile, provetto, capace, valente, buono, perito, sicuro, consumato, ferrato, navigato **CONTR.** incapace, cattivo, inabile, tristo, maldestro.
espettorànte agg.; anche s. m. emolliente, anticatarrale.
espettoràre v. tr. (*med.*) espellere muco, scatarrare, spurgare, scaracchiare (*pop.*).
espettoràto A part. pass. di **espettorare**; anche agg. espulso dai bronchi **B** s. m. catarro, escreato.
espiàbile agg. (*di colpa e sim.*) emendabile, scontabile, riparabile **CONTR.** inespiabile.
espiàre v. tr. (*di colpa e sim.*) emendare, scontare, riparare, pagare, pagare il fio, purificarsi, fare penitenza.
espiatòrio agg. riparatorio, riparatore, purificatorio, purificatore, liberatorio.
espiazióne s. f. (*di colpa e sim.*) riparazione, emenda (*raro*), risarcimento, riscatto, scotto, penitenza, pena, castigo, fio.
espiràre v. tr. e intr. espellere l'aria (dai polmoni) **CONTR.** inspirare, aspirare.
espiratóre agg. (f. *-trice*) **CONTR.** inspiratore.
espiratòrio agg. di espirazione **CONTR.** inspiratorio.
espirazióne s. f. emissione di aria (dai polmoni) **CONTR.** inspirazione, aspirazione.
espletaménto s. m. (*bur.*) espletazione (*raro*), compimento, termine, fine, assoluzione **CONTR.** inizio, avvio.
espletàre v. tr. (*bur.*) compiere, assolvere, finire, terminare, portare a termine **CONTR.** iniziare, cominciare, avviare.
espletìvo agg. (*ling.*) pleonastico, riempitivo □ espressivo, rafforzativo.
esplicàre v. tr. **1** (*di attività*) esercitare, svolgere, sviluppare **2** (*lett.*) (*di concetto e sim.*) esporre, spiegare.
esplicatìvo agg. chiarificatore, interpretativo.
esplicazióne s. f. **1** (*di concetto e sim.*) chiarimento, spiegazione **2** (*di attività*) esercizio, svolgimento, sviluppo.

esplicitaménte avv. senza sottintesi, chiaramente, apertamente, palesemente CONTR. implicitamente, oscuramente, vagamente.
esplicitàre v. tr. esprimere, spiegare, dichiarare CONTR. nascondere, velare.
esplìcito agg. senza sottintesi, chiaro, preciso, perspicuo, espresso, manifesto, dichiarato, patente CONTR. implicito, sottinteso, taciuto, inespresso, oscuro.
esplòdere **A** v. intr. **1** (*di proiettile, di cosa*) scoppiare, conflagrare, deflagrare, brillare **2** fendersi, squarciarsi, spaccarsi, aprirsi **3** (*fig.*) (*di persona*) erompere, prorompere, scoppiare, sbottare □ rivelarsi improvvisamente, manifestarsi all'improvviso **B** v. tr. (*di proiettile*) sparare, tirare.
esploràbile agg. perlustrabile, osservabile, ispezionabile, indagabile CONTR. inesplorabile.
esploràre v. tr. **1** cercare di conoscere, investigare, osservare, indagare, ricercare, analizzare, scrutare **2** (*di territorio sconosciuto*) cercare di scoprire, perlustrare, ispezionare, percorrere, viaggiare.
esplorativo agg. di esplorazione □ investigativo.
esploratóre **A** agg. (f. *-trice*) che esplora □ investigatore, indagatore □ spia (*raro*), informatore (*raro*) **B** s. m. **1** chi esplora, viaggiatore, pioniere □ ricognitore **2** nave da ricognizione FRAS. *giovane esploratore*, boy-scout, scout.
esplorazióne s. f. **1** indagine, ricognizione, perlustrazione, investigazione, osservazione □ scoperta □ avanscoperta **2** (*med.*) esame.
esplosióne s. f. **1** scoppio, detonazione, conflagrazione, deflagrazione, brillamento □ sparo, scarica **2** (*fig.*) (*di riso, di rabbia e sim.*) scoppio, scatto, sfogo, impeto, manifestazione improvvisa.
esplosività s. f. (*fig.*) (*di situazione*) pericolosità.
esplosìvo **A** agg. **1** di esplosione **2** esplodente, detonante, deflagrante **B** s. m. sostanza esplodente, detonante.
esplòso part. pass. di **esplodere**; anche agg. **1** (*di bomba, di mina, ecc.*) scoppiato **2** (*di proiettile*) sparato, scaricato □ scoppiato **3** (*fig.*) (*di risata, di pianto e sim.*) scoppiato, improvviso.
esponènte **A** part. pres. di **esporre**; anche agg. (*raro*) espositore **B** s. m. e f. **1** (*in un'istanza*) richiedente, instante, presentatore **2** (*fig.*) (*di organizzazione, di attività, ecc.*) figura rappresentativa, rappresentante, personalità **C** s. m. **1** (*ling.*) lemma, voce **2** (*mat.*) indice.
espórre **A** v. tr. **1** porre fuori, mettere in mostra, mostrare, presentare CONTR. nascondere, celare, occultare **2** (*fot.*) sottoporre alla luce **3** (*a critiche, a dicerie e sim.*) offrire, abbandonare, lasciare CONTR. difendere, salvare **4** (*di vita, di interessi, ecc.*) rischiare, arrischiare, porre in pericolo, mettere a repentaglio **5** (*di fatti, di opinioni, ecc.*) narrare, riferire, raccontare, dire, esprimere, descrivere, spiegare, manifestare □ leggere, interpretare, commentare **B** **esporsi** v. rifl. **1** (*a pericolo, a critiche, ecc.*) andare incontro, affrontare, avventurarsi, arrischiarsi CONTR. sottrarsi, sfuggire, evitare **2** compromettersi, impegnarsi, vincolarsi CONTR. liberarsi, disimpegnarsi.
esportàre v. tr. **1** (*di merci, di capitali, ecc.*) portare all'estero, mandare all'estero, portare fuori CONTR. importare **2** (*di idee, di metodi, ecc.*) diffondere, divulgare CONTR. importare.
esportatóre s. m.; anche agg. (f. *-trice*) **1** (*di merci, di capitali, ecc.*) chi esporta, che esporta CONTR. importatore **2** (*fig.*) (*di idee, di metodi, ecc.*) diffusore, divulgatore.
esportazióne s. f. **1** (*di merci, di capitali, ecc.*) spedizione all'estero, trasferimento all'estero CONTR. importazione **2** (*est.*) merci esportate **3** (*fig.*) (*di idee, di metodi, ecc.*) diffusione, divulgazione CONTR. importazione.
esposìmetro s. m. (*fot.*) fotometro.
espositìvo agg. esplicativo, descrittivo.
espositóre s. m.; anche agg. (f. *-trice*) **1** (*in mostre, in fiere, ecc.*) standista **2** (*di fatti, di opinioni, ecc.*) narratore, raccontatore, illustratore.
esposizióne s. f. **1** (*di cose*) mostra, rassegna, fiera, esibizione **2** (*di luogo*) posizione, collocazione, orientamento **3** (*di neonato*) abbandono **4** (*di fatti, di opinioni, ecc.*) narrazione, racconto, resoconto, descrizione, spiegazione, interpretazione **5** (*comm.*) debito, deficit (*lat.*) CONTR. credito.
espósto **A** part. pass. di **esporre**; anche agg. **1** in mostra, in vetrina, in vista, scoperto CONTR. nascosto, occultato, coperto **2** (*fot.*) sottoposto alla luce **3** (*di luogo*) collocato, rivolto, orientato **4** (*a critiche, a pericoli, ecc.*) alla mercé, abbandonato, indifeso CONTR. difeso, tutelato **5** (*comm.*) creditore CONTR. debitore **B** s. m. **1** (*ad un'autorità*) esposizione, scritto, memoriale, domanda, petizione, istanza, richiesta **2** (*di bimbo*) trovatello, bimbo abbandonato **3** (*comm.*) indebitato, debitore CONTR. creditore.
espressaménte avv. **1** chiaramente, esplicitamente, senza sottintesi CONTR. oscuramente, ambiguamente **2** apposta, appositamente, su ordinazione, a bella posta, proprio CONTR. a caso, casualmente, senza intenzione.
espressióne s. f. **1** (*di pensiero, di sentimento, ecc.*) manifestazione, comunicazione, rivelazione, atteggiamento, estrinsecazione, segno, atto, aria, piglio, viso, faccia, gesto **2** (*est.*) (*di opera artistica*) capacità espressiva, espressività, sentimento, significato, intensità, forza, vigore, vigoria, passione **3** (*ling.*) parola, vocabolo, termine □ (*est.*) modo di dire, frase,

frase idiomatica, locuzione.

espressivaménte avv. efficacemente, eloquentemente, intensamente **CONTR.** inespressivamente, debolmente.

espressività s. f. efficacia, vigore, intensità, forza □ eloquenza **CONTR.** inespressività, inefficacia, debolezza.

espressìvo agg. eloquente, significativo, efficace, vigoroso, intenso, forte **CONTR.** inespressivo, insignificante, inefficace, debole.

esprèsso (1) part. pass. di **esprimere**; anche agg. dichiarato, manifesto, esplicito, chiaro, preciso, patente, senza sottintesi **CONTR.** inespresso, implicito, sottinteso, taciuto, oscuro.

esprèsso (2) A agg. **1** (*di mezzo di trasporto, di corrispondenza, ecc.*) celere, rapido, veloce **CONTR.** lento, tardo **2** (*di cibo, di lavoro, ecc.*) fatto sul momento, fatto apposta, su ordinazione **CONTR.** già preparato, pronto **B** s. m. **1** caffè espresso **2** francobollo espresso □ (*est.*) lettera veloce **3** (*ferr.*) direttissimo.

esprimere A v. tr. **1** (*di pensiero, ecc.*) manifestare, esternare, estrinsecare, esporre, palesare, rivelare, formulare, comunicare, dire, spiegare, enunciare, pronunciare **2** (*di opera d'arte, ecc.*) rappresentare, raffigurare, interpretare, descrivere, simboleggiare **CONTR.** tacere, nascondere, velare, mascherare **B esprimersi** v. intr. pron. esporre, spiegarsi, farsi capire, parlare.

esprimìbile agg. dicibile, manifestabile, formulabile, enunciabile, pronunciabile **CONTR.** inesprimibile, indicibile, impronunciabile.

espropriàre v. tr. (*di proprietà, di bene, ecc.*) privare, spossessare, spogliare, togliere, sottrarre.

espropriazióne s. f. (*di proprietà, di bene e sim.*) esproprio, privazione **CONTR.** appropriazione.

espròprio s. m. (*di proprietà, di bene e sim.*) espropriazione, privazione **CONTR.** appropriazione.

espugnàbile agg. (*anche fig.*) prendibile, conquistabile **CONTR.** inespugnabile, imprendibile.

espugnàre v. tr. **1** (*di luogo*) impadronirsi, conquistare, occupare, prendere d'assalto, prendere a forza **2** (*fig.*) costringere alla resa, prendere a forza.

espugnazióne s. f. (*anche fig.*) (*di luogo*) assalto, occupazione, conquista, presa.

espulsióne s. f. **1** (*di persona*) cacciata, allontanamento, bando, radiazione, licenziamento, estromissione, destituzione **CONTR.** accoglimento **2** (*di cosa*) emissione, rigetto, distacco **CONTR.** introduzione, ammissione.

espùlso part. pass. di **espellere**; anche agg. scacciato, cacciato, allontanato, estromesso, respinto **CONTR.** accolto, ammesso.

espùngere v. tr. (*di parole, di brani*) eliminare, togliere, tagliare, cancellare, sopprimere, purgare, dispensare, cassare **CONTR.** interpolare, aggiungere, intercalare.

espunzióne s. f. (*di parole, di brani*) eliminazione, cancellazione, soppressione, taglio **CONTR.** interpolazione, aggiunta, intercalare.

éssa pron. pers. f. di terza pers. sing. ella, lei.

èsse s. f. o m. inv. **FRAS.** *a esse*, ricurvo, serpeggiante.

essènza s. f. **1** entità, sostanza, realtà, essere, ente, costituzione, natura **2** (*est.*) (*di discorso, di scritto e sim.*) parte fondamentale, fondamento, caratteristica, contenuto, concetto **3** (*chim.*) sostanza volatile, olio essenziale, spirito, estratto, profumo, elisir **4** (*nel linguaggio forestale*) albero, arbusto, legno.

essenziàle A agg. necessario, indispensabile, fondamentale, sostanziale, principale, primario, capitale **CONTR.** secondario, accessorio, accidentale, superfluo, complementare, ausiliare **B** s. m. cosa principale, necessario, indispensabile **CONTR.** superfluo, accessorio.

essenzialità s. f. necessarietà, indispensabilità, fondamentalità **CONTR.** secondarietà, complementarietà, accidentalità.

essenzialménte avv. fondamentalmente, principalmente, primariamente **CONTR.** secondariamente, accidentalmente.

èssere A v. intr. **1** (*ass.*) esistere, sussistere, consistere □ apparire, manifestarsi, mostrarsi, presentarsi, trasparire, comparire **2** (*di avvenimento*) accadere, avvenire, aver luogo, succedere, capitare **3** (*in relazioni di luogo*) arrivare, giungere, pervenire, capitare **4** (*anche fig.*) (*in situazione, ecc.*) trovarsi, vivere □ diventare, divenire, riuscire **5** (*di cosa*) costare, valere, pesare, misurare **B** v. intr. impers. (*di caldo, di freddo, ecc.*) fare **C** in funzione di s. m. **1** esistenza, vita, condizione, essenza, principio, ente, materia, elemento **2** (*fam.*) persona, uomo, individuo, creatura □ organismo, realtà, cosa.

essiccànte A part. pres. di **essiccare**; anche agg. che essicca, essiccativo, asciugante, prosciugante **CONTR.** bagnante, idratante **B** s. m. (*med.*) cicatrizzante.

essiccàre A v. tr. **1** (*di terreno*) prosciugare, bonificare **CONTR.** allagare **2** (*di piaga, di ferita*) asciugare **3** (*di sostanza*) seccare, disseccare, disidratare, inaridire **CONTR.** umettare, inumidire, bagnare, idratare **B essiccarsi** v. intr. pron. **1** seccarsi, asciugarsi, prosciugarsi, disidratarsi **CONTR.** bagnarsi, inumidirsi **2** (*fig.*) inaridirsi, spegnersi, esaurirsi **CONTR.** accendersi, alimentarsi, crescere.

essiccativo agg. essiccante, prosciugante **CONTR.** bagnante, idratante.

essiccazióne s. f. essiccamento (*raro*), disseccamento, asciugamento, prosciugamento, disidratazione **CONTR.** irrigazione, innaffiamento, bagnatura, inumidimento, idratazione.

ésso pron. pers. m. di terza pers. sing. **1** egli, lui,

quello **2** (*al pl.*) loro, quelli.
èst s. m. **1** (*di punto cardinale*) levante, oriente **CONTR.** ovest, ponente **2** (*di terra*) paesi orientali (rispetto all'Europa), regioni orientali (degli USA), Oriente **CONTR.** west (*ingl.*), ovest, Occidente.
èstasi s. f. **1** (*relig.*) rapimento mistico **2** (*est., fig.*) rapimento, esaltazione, entusiasmo, visibilio, ebbrezza, incanto, incantesimo.
estasiàre A v. tr. mandare in estasi, rapire, esaltare, entusiasmare, incantare, affascinare, inebriare, mandare in visibilio **B estasiarsi** v. intr. pron. andare in estasi, esaltarsi, entusiasmarsi, inebriarsi, andare in visibilio.
estasiàto part. pass. di **estasiare**; anche agg. (*fig.*) rapito, stupito, incantato, inebriato, affascinato.
estàte s. f. stagione estiva **CONTR.** inverno.
estàtico agg. **1** di estasi **2** estasiato, rapito, incantato, affascinato.
estemporaneaménte avv. **1** all'improvviso, improvvisamente, all'impronta **CONTR.** meditatamente, premeditatamente, pensatamente **2** inopportunamente **CONTR.** opportunamente.
estemporaneità s. f. **1** improvvisazione, immediatezza **CONTR.** preparazione **2** inopportunità **CONTR.** opportunità.
estemporàneo agg. **1** immediato, improvviso, improvvisato, impreparato, all'impronta **CONTR.** preparato, meditato, pensato **2** inopportuno **CONTR.** opportuno.
estèndere A v. tr. **1** allargare, ampliare, stendere, allungare, aumentare, accrescere, diffondere, dilatare, sviluppare **CONTR.** restringere, limitare, accorciare, diminuire, ridurre, abbreviare **2** (*fig., raro*) (*di rapporto, di referto, ecc.*) compilare, stendere, scrivere, trascrivere, redigere **B estendersi** v. intr. pron. **1** allargarsi, ampliarsi, stendersi, allungarsi, aumentare, diffondersi, dilatarsi, svilupparsi, propagarsi **CONTR.** restringersi, limitarsi, accorciarsi, diminuire, ridursi, abbreviarsi **2** distendersi, dispiegarsi.
estensìbile agg. **1** allargabile, allungabile, ampliabile, dilatabile **CONTR.** restringibile, riducibile **2** (*fig.*) (*di saluti, di auguri e sim.*) trasmissibile.
estensióne s. f. **1** ampliamento, allargamento, aumento, accrescimento, dilatamento, diffusione, sviluppo **CONTR.** restringimento, limitazione, diminuzione, riduzione, accorciamento **2** (*di parole*) significato, senso **3** (*di superficie, ecc.*) ampiezza, distesa, lunghezza, larghezza, dimensione, misura, apertura, grandezza, spazio **4** (*di suoni*) gamma, serie.
estensivaménte avv. su vasti territori, diffusamente **CONTR.** intensivamente.
estensìvo agg. (*agr.*) praticato su vasti terreni, praticato su larga scala **CONTR.** intensivo.
estenuànte part. pres. di **estenuare**; anche agg. spossante, stancante, snervante, sfibrante, fiaccante, struggente, deprimente **CONTR.** riposante, ristoratore, entusiasmante, esaltante, eccitante, fortificante.
estenuàre A v. tr. **1** rendere magro, fare dimagrire **CONTR.** ingrassare **2** (*est.*) indebolire, fiaccare, sfibrare, spossare, stancare, snervare, struggere, deprimere **CONTR.** rinvigorire, fortificare, rafforzare, riposare, rilassare **B estenuarsi** v. intr. pron. stancarsi, spossarsi, snervarsi, struggersi, deprimersi **CONTR.** rinvigorirsi, fortificarsi, rafforzarsi, rilassarsi.
estenuatìvo agg. estenuante, snervante, stancante, sfibrante, fiaccante, struggente, deprimente, depressivo **CONTR.** riposante, ristoratore, entusiasmante, esaltante, eccitante, fortificante.
estenuàto part. pass. di **estenuare**; anche agg. fiaccato, indebolito, spossato, sfibrato, snervato, distrutto **CONTR.** rinvigorito, fortificato, rilassato.
estenuazióne s. f. spossatezza **CONTR.** vigoria.
esterióre agg.; anche s. m. esterno, estrinseco, di fuori □ apparente **CONTR.** interiore, interno, intrinseco □ sostanziale.
esteriorità s. f. esterno, apparenza, parvenza, facciata, superficialità **CONTR.** interno, interiorità.
esteriorizzàto agg. esternato, manifestato, espresso, palesato **CONTR.** celato, nascosto, occultato, introiettato.
esteriorizzazióne s. f. manifestazione, palesamento **CONTR.** interiorizzazione, introiezione.
esteriorménte avv. all'esterno, dall'esterno, di fuori **CONTR.** interiormente, all'interno, dall'interno, di dentro.
esternaménte avv. dalla parte esterna, all'esterno, di fuori **CONTR.** internamente, dentro.
esternàre A v. tr. (*di sentimenti*) manifestare, esprimere, estrinsecare, palesare **CONTR.** celare, nascondere, occultare **B esternarsi** v. intr. pron. palesarsi, manifestarsi **CONTR.** nascondersi **C** v. rifl. (*di persona*) confidarsi, aprirsi **CONTR.** chiudersi.
estèrno A agg. **1** che è al di fuori, esteriore, estrinseco **CONTR.** interno, interiore, intrinseco **2** (*est.*) (*di aspetto*) apparente, superficiale, accidentale **CONTR.** sostanziale, essenziale **3** (*di collegiale, di studente, ecc.*) non convittore **CONTR.** interno **4** (*sport*) fuori casa, in trasferta **CONTR.** in casa **B** s. m. **1** lato di fuori, parte di fuori **CONTR.** interno **2** (*di collegiale, di studente, ecc.*) non convittore **CONTR.** interno.
èstero A agg. forestiero, straniero **CONTR.** interno **B** s. m. territorio straniero **CONTR.** patria.
esterrefàtto agg. **1** spaventato, atterrito, terrorizzato, inorridito **CONTR.** incoraggiato, allettato **2** sbalordito, stupito, stupefatto, sconvolto **CONTR.** insensibile, indifferente.
estéso part. pass. di **estendere**; anche agg. allargato, ampliato, ampio, vasto, largo, spazioso

CONTR. ristretto, stretto, piccolo, angusto, limitato **FRAS.** *significato esteso* (*fig.*), traslato □ *per esteso*, senza abbreviazioni.

estèta s. m. e f. (*est.*) persona di gusto, raffinato **CONTR.** rozzo.

estètica s. f. **1** studio del bello **2** (*est.*) avvenenza, bellezza, grazia, vaghezza **CONTR.** bruttezza, disarmonia.

esteticaménte avv. **1** secondo l'estetica **2** armonicamente, con gusto **CONTR.** senza gusto.

estètico agg. **1** dell'estetica **2** (*est.*) bello, avvenente, aggraziato, armonioso, artistico **CONTR.** antiestetico, brutto, sgraziato, disarmonico.

estetìsta s. m. e f. visagista.

estimàre *V.* **stimare**.

estimatìvo agg. valutativo.

estimatóre s. m. (f. *-trice*) intenditore, conoscitore □ ammiratore **CONTR.** detrattore, spregiatore.

èstimo s. m. (*di beni*) stima, valutazione, perizia.

estìnguere A v. tr. **1** (*di fuoco, di incendio e sim.*) spegnere, spengere (*lett.*), smorzare **CONTR.** accendere, alimentare **2** (*fig.*) (*di sete, di fame e sim.*) eliminare, annullare, far svanire, calmare **CONTR.** aumentare, accrescere **3** (*di debito*) pagare, saldare, coprire **4** (*lett.*) (*di persona*) uccidere, annientare **B estinguersi** v. intr. pron. **1** (*di fuoco, di incendio, ecc.*) spegnersi, smorzarsi **CONTR.** accendersi, crescere **2** (*fig.*) finire, morire **CONTR.** cominciare, nascere.

estinguìbile agg. **1** (*di fuoco, di incendio, ecc.*) spegnibile **CONTR.** inestinguibile **2** (*fig.*) (*di fame, di sete e sim.*) eliminabile, placabile **CONTR.** inestinguibile, ineliminabile **3** (*di debito*) pagabile, saldabile **CONTR.** inestinguibile.

estìnto A part. pass. di **estinguere**; anche agg. **1** (*di fuoco, di incendio e sim.*) spento, smorzato **CONTR.** acceso, alimentato **2** (*fig.*) (*di fame, di sete e sim.*) eliminato, annullato, placato **CONTR.** aumentato, accresciuto **3** (*di persona, di famiglia, ecc.*) finito, cessato, morto **CONTR.** vivo **B** s. m. morto, defunto **CONTR.** vivo.

estinzióne s. f. **1** (*di fuoco, di incendio e sim.*) spegnimento **CONTR.** accensione **2** (*di stirpe, di famiglia e sim.*) fine, esaurimento, morte **CONTR.** inizio, origine, nascita.

estirpàbile agg. sradicabile.

estirpàre v. tr. **1** (*di pianta, di dente, ecc.*) sollevare, divellere, sradicare, strappare, togliere **2** (*fig.*) (*di vizio, di male e sim.*) distruggere, annientare, eliminare, fare scomparire **CONTR.** accrescere, alimentare.

estirpatóre agg. (f. *-trice*); anche s. m. (*spec. fig.*) chi estirpa, annientatore, debellatore, vincitore **CONTR.** alimentatore.

estirpazióne s. f. sradicamento, asportazione, estrazione.

estìvo agg. dell'estate **CONTR.** invernale.

estòrcere v. tr. carpire, sottrarre, rubare, togliere con forza, togliere con inganno.

estorsióne s. f. sottrazione □ racket (*ingl.*) □ furto, frode.

estradàre v. tr. (*dir.*) consegnare.

estradàto part. pass. di **estradare**; anche agg. (*dir.*) consegnato.

estradizióne s. f. (*dir.*) consegna.

estragiudiziàle *V.* **extragiudiziale**.

estraneità s. f. **1** (*a fatti, a discorsi, ecc.*) non partecipazione **CONTR.** partecipazione **2** (*est.*) disinteresse, indifferenza, assenza **CONTR.** interesse, presenza.

estràneo A agg. (*a fatti, a discorsi, ecc.*) non partecipe, che non c'entra, assente, lontano □ indifferente, disinteressato **CONTR.** partecipe, responsabile, coinvolto, presente □ interessato **B** s. m. persona estranea, intruso □ forestiero, sconosciuto **CONTR.** interessato, responsabile □ conoscente.

estraniàrsi v. rifl. rendersi estraneo, disinteressarsi, non partecipare, isolarsi, rinchiudersi **CONTR.** partecipare, interessarsi, intromettersi, intervenire.

estraparlamentàre *V.* **extraparlamentare**.

estrapolàre v. tr. (*est.*) ricavare, estrarre.

estrapolazióne s. f. **1** (*mat.*) induzione, previsione **2** (*est.*) estrazione, espunzione **CONTR.** introduzione, inserimento □ interpolazione.

estràrre v. tr. **1** trarre fuori, tirare fuori, cavare, togliere, levare, svellere **CONTR.** introdurre, mettere dentro, immettere **2** (*di numero, di regola, ecc.*) trovare, ricavare **3** (*di minerali*) scavare, tirar fuori **4** (*al lotto, alla tombola*) sorteggiare, tirare a sorte.

estrattìvo agg. **1** di estrazione **2** (*di industria, di attività*) minerario.

estràtto A part. pass. di **estrarre**; anche agg. **1** tratto fuori, tirato fuori, cavato, tolto, levato, svelto **CONTR.** introdotto, messo dentro, immesso **2** (*di regola, di numero, ecc.*) trovato, ricavato **3** (*di minerali*) scavato **4** (*al lotto, alla tombola*) sorteggiato, tirato a sorte **B** s. m. **1** (*di prodotto*) condensato, essenza, quintessenza **2** (*di libro, di rivista e sim.*) fascicoletto, capitolo, parte □ riassunto, sunto, compendio, sintesi, sommario, epitome **3** (*di conto commerciale*) stralcio, saldo.

estrazióne s. f. **1** (*di radice, di dente, ecc.*) asportazione **2** (*di materia*) prelevamento, prelievo **CONTR.** immissione **3** (*di lotto, di tombola, ecc.*) sorteggio **4** (*chim.*) separazione **5** (*fig.*) origine, derivazione, nascita, ceto, classe.

estremaménte avv. grandemente, sommamente, assai, molto, enormemente **CONTR.** per nulla, assai poco.

estremìsmo s. m. massimalismo, radicalismo, intransigenza □ sovversivismo, eversione **CONTR.** moderazione, equilibrio.

estremìsta s. m. e f. massimalista, radicale, intransigente □ sovversivo, eversivo, rivoluzionario **CONTR.** moderato.

estremìstico agg. massimalistico, radicale, intransigente □ sovversivo, eversivo, rivoluzionario **CONTR.** moderato.

estremità s. f. **1** (*anche fig.*) parte estrema, punto terminale, termine, fine, fondo, orlo, capo, testa, cima, sommità, punta, principio, inizio **2** (*al pl.*) piedi, gambe, mani, braccia.

estrèmo A agg. **1** (*anche fig.*) ultimo, postremo (*lett.*), finale, massimo, sommo, minimo **2** (*di necessità e sim.*) urgentissimo, gravissimo **3** (*di interesse, di valore, ecc.*) notevolissimo, grandissimo, considerevole, cospicuo, rilevante **CONTR.** minimo, insignificante, irrilevante **B** s. m. **1** (*anche fig.*) punto, limite, momento estremo, fine, termine **2** (*mat.*) primo termine, quarto termine **3** (*spec. al pl.*) (*di documento*) elemento di identificazione, dati, generalità **4** (*di reato*) elemento costitutivo **5** (*fig.*) esagerazione, eccesso **FRAS.** *Estremo Oriente*, Asia Orientale □ *estremi onori*, onoranze funebri □ *essere agli estremi*, essere alla fine, essere in punto di morte □ *all'estremo*, alla fine.

estrinsecàre v. tr. manifestare, esprimere, esternare, palesare, significare **CONTR.** nascondere, dissimulare.

estrinsecazióne s. f. manifestazione □ concretizzazione, oggettivazione **CONTR.** dissimulazione □ soggettivazione.

estrìnseco agg. esterno, estraneo, esteriore, apparente, superficiale **CONTR.** intrinseco, intimo, interno.

èstro s. m. **1** (*est.*) incitamento, stimolo, ardore, fantasia, vena, ispirazione **2** disposizione, inclinazione, tendenza **3** inventiva, capriccio, ghiribizzo, grillo, estrosità **4** (*biol.*) calore.

estrométtere A v. tr. porre al di fuori, mandare via, espellere, cacciare, allontanare, respingere **CONTR.** intromettere, accogliere, accettare **B estromettersi** v. rifl. porsi al di fuori, allontanarsi, andarsene, ritirarsi **CONTR.** intromettersi, inserirsi.

estromissióne s. f. allontanamento, cacciata, espulsione **CONTR.** introduzione, accoglimento.

estrosaménte avv. bizzarramente, capricciosamente, originalmente **CONTR.** piattamente, banalmente.

estróso agg. bizzarro, capriccioso, originale, singolare, fantasioso, creativo **CONTR.** piatto, grigio, conformista, banale.

estrovèrso agg. e s. m. (*psicol.*) estrovertito, volto in fuori, espansivo **CONTR.** introverso.

estuàrio s. m. (*geogr.*) foce a imbuto **CFR.** delta.

esuberànte agg. **1** (*di cosa*) sovrabbondante, eccedente, eccessivo, ridondante, rigoglioso **CONTR.** scarso, insufficiente, scarseggiante, inadeguato **2** (*fig.*) (*di persona*) vivace, brioso, vitale, euforico **CONTR.** spento, abulico.

esuberànza s. f. **1** (*di cose*) grande abbondanza, sovrabbondanza, eccesso, eccedenza, ridondanza **CONTR.** scarsità, insufficienza **2** (*fig.*) (*di persona*) vivacità, espansività, brio, vitalità, euforia **CONTR.** grigiore, abulia.

èsule s. m. e f.; anche agg. esiliato, profugo, proscritto, emigrato, fuoriuscito, espatriato.

esultànza s. f. intensa allegrezza, allegria, gioia, letizia, contentezza, gaudio, giubilo, tripudio, entusiasmo **CONTR.** afflizione, tristezza, mestizia, scontento, malinconia.

esultàre v. intr. gioire, godere, tripudiare, giubilare, essere felicissimo, essere pieno di gioia, entusiasmarsi **CONTR.** rattristarsi, essere triste, soffrire, abbattersi.

esumàre v. tr. **1** (*di resti umani*) trarre dalla tomba, disseppellire, dissotterrare, scavare **CONTR.** inumare, seppellire, interrare, tumulare **2** (*fig.*) (*di cose dimenticate*) trarre dall'oblio, rimettere in luce, rimettere in voga, riesumare **CONTR.** dimenticare, far dimenticare, nascondere.

esumazióne s. f. **1** (*di resti umani*) disseppellimento, dissotterramento, rimozione (di cadavere) **CONTR.** inumazione, seppellimento, sepoltura, tumulazione, interramento **2** (*di cose dimenticate*) riesumazione **CONTR.** dimenticanza.

età s. f. **1** (*della vita*) anni, tempo □ generazione □ vita **2** (*est.*) periodo, epoca, era, evo **3** (*bur.*) tempo legale, tempo utile **FRAS.** *la prima età, la tenera età*, l'infanzia □ *la verde età*, l'adolescenza, la giovinezza □ *la terza età*, la vecchiaia, gli anziani □ *di una certa età*, avanti con gli anni.

etanòlo s. m. alcol etilico.

etèreo agg. **1** dell'etere, aereo **CONTR.** terreno, terrestre **2** (*poet.*) del cielo, celeste **CONTR.** terreno **3** (*est.*) limpidissimo, diafano, immacolato, celestiale □ incorporeo **CONTR.** grossolano, materiale, corporeo.

eternaménte avv. in eterno, senza fine, per sempre, sempre, illimitatamente, perpetuamente, perennemente **CONTR.** precariamente, provvisoriamente, limitatamente, temporaneamente.

eternàre A v. tr. immortalare □ rendere durevole, rendere perenne, perpetuare **B eternarsi** v. rifl. **1** farsi immortale, immortalarsi, passare ai posteri **2** essere durevole, essere perenne **CONTR.** finire, cessare, morire.

eternità s. f. **1** perpetuità, perennità, immortalità, indistruttibilità, infinito, tempo infinito **CONTR.** mortalità, caducità, temporalità, precarietà, provvisorietà, temporaneità **2** vita eterna.

etèrno A agg. **1** senza principio e senza fine, senza fine, senza tempo, infinito, sempiterno, immortale, perpetuo, illimitato, perenne, imperituro, interminabile, indistruttibile, inestinguibile, indefettibile, immarcescibile (*lett.*) CONTR. caduco, effimero, mortale, perituro, precario, provvisorio **2** (*di attesa, di discorso, ecc.*) incessante, interminabile, lunghissimo, che non finisce mai CONTR. corto, veloce, breve, rapido, spiccio, piccolo **B** s. m. eternità FRAS. *il sonno eterno*, la morte □ *la vita eterna*, l'aldilà □ *la città eterna*, Roma □ *in eterno*, per l'eternità, per sempre, eternamente.

eterogeneità s. f. diversità, difformità, varietà, diversificazione, discordanza, disparità, divergenza CONTR. omogeneità, compattezza, uniformità.

eterogèneo agg. diverso, difforme, differente, dissimile, differenziato, vario, svariato, discorde CONTR. omogeneo, unito, compatto, uniforme, uguale, simile.

eterosessuàle agg.; anche s. m. e f. CONTR. omosessuale.

èthos s. m. inv. costume, norma di vita, morale.

ètica s. f. morale, filosofia morale, moralità, eticità.

eticaménte avv. secondo l'etica, moralmente.

etichétta (1) s. f. **1** (*di oggetti*) cartellino, cartello, fascetta, marchio **2** (*fig.*) (*di persone, di movimento, ecc.*) definizione sommaria, classificazione, marchio, designazione.

etichétta (2) s. f. **1** (*di usi, di costumi, ecc.*) cerimoniale, formalità, consuetudine, norma, regola **2** (*est.*) galateo, correttezza, buona creanza CONTR. maleducazione, scorrettezza.

etichettàre v. tr. **1** fornire di etichetta **2** (*est.*) classificare, designare, definire.

eticità s. f. moralità, morale, etica.

ètico agg. **1** (*filos.*) dell'etica, della morale **2** morale, moralistico CONTR. immorale.

etilìsmo s. m. alcolismo.

etilista s. m. e f. alcolista, ubriacone, beone, sbornione.

ètimo s. m. (*ling.*) origine, etimologia, significato originario, derivazione.

etimologìa s. f. **1** studio dell'origine delle parole **2** (*di parole*) derivazione, origine, etimo.

etimologìsta s. m. e f. etimologo.

etimòlogo s. m. etimologista.

etìope agg.; anche s. m. e f. etiopico, abissino.

etiòpico agg. etiope, abissino.

etnìa s. f. razza, gruppo razziale.

ètnico agg. di una razza, di un popolo, razziale.

etologìa s. f. comportamentismo.

etrùsco agg.; anche s. m. **1** dell'antica Etruria **2** (*poet.*) toscano.

eucaristìa o **eucarestìa** s. f. comunione □ ostia consacrata, pane eucaristico.

eufemìsmo s. m. (*ling.*) eufemia, attenuazione CONTR. .amplificazione, esagerazione, malignità.

eufemisticaménte avv. con eufemismo, benevolmente CONTR. esageratamente, malignamente.

eufemìstico agg. di eufemismo, attenuato, benevolo CONTR. amplificato, esagerato, maligno.

eufonìa s. f. (*ling.*) (*di suono*) armonia, gradevolezza CONTR. cacofonia, sgradevolezza, disarmonia.

eufonicaménte avv. (*di parlare*) armonicamente, gradevolmente CONTR. disarmonicamente, cacofonicamente.

eufònico agg. (*di suono*) gradevole, armonico CONTR. cacofonico, sgradevole, disarmonico.

eufòrbia s. f. erba cipressina, ricino selvatico, erba mora.

euforìa s. f. entusiasmo, ottimismo, eccitazione, esaltazione, vitalità, esuberanza, vivacità □ benessere CONTR. disforia, avvilimento, abbattimento, depressione □ malessere.

euforicaménte avv. entusiasticamente, con esuberanza □ eccitatamente, molto vivacemente CONTR. disforicamente, con avvilimento.

eufòrico agg. entusiasta, ottimista, esuberante, eccitato, esaltato, pieno di vivacità CONTR. disforico, avvilito, abbattuto, depresso, triste.

eunùco s. m. **1** (*med.*) (*di uomo*) evirato, castrato **2** (*negli harem*) guardiano (evirato) **3** (*fig.*) incapace, inetto, debole, impotente.

èureka inter. evviva!, trovato!

euritmìa s. f. armonia, accordo, equilibrio, proporzione, ritmo CONTR. disarmonia, squilibrio, sproporzione □ aritmia, anomalia.

euritmicaménte avv. armonicamente, equilibratamente, proporzionatamente CONTR. disarmonicamente, squilibratamente, sproporzionatamente.

eurìtmico agg. armonico, equilibrato, proporzionato, ritmico CONTR. disarmonico, squilibrato, sproporzionato.

europarlaménto s. m. parlamento europeo.

evacuàre A v. tr. **1** vuotare, sgombrare, espellere CONTR. riempire, colmare **2** (*ass.*) andare di corpo, defecare, cacare (*volg.*) **B** v. intr. andarsene, andar via, sgombrare CONTR. entrare, riempire.

evacuazióne s. f. **1** liberazione, sgombro, evacuamento CONTR. riempimento, occupazione **2** (*di feci*) defecazione.

evàdere A v. intr. **1** (*da un luogo*) fuggire, scappare, scampare, dileguarsi, prendere il largo, squagliarsela, svignarsela, sparire, scomparire CONTR. entrare **2** (*di tasse, di fisco*) non pagare, sottrarsi, sfuggire CONTR. pagare **3** (*fig.*) (*da preoccupazioni, da molestie e sim.*) distrarsi, dimenticare, distaccarsi **B** v. tr. **1** (*di corrispondenza, di pratica, ecc.*) sbrigare, eseguire, finire **2** (*di tasse, di fisco*) non pagare, sottrarsi, sfuggire CONTR. pagare.

evanescènte agg. sfumato, digradante, leggero, affievolito, debole CONTR. accentuato, marcato, crescente.

evanescènza s. f. dissolvenza, sfumatura, affievolimento, debolezza CONTR. intensificazione, rafforzamento.

evangelizzàre v. tr. **1** predicare il Vangelo, convertire (a Cristo) **2** (*fig.*) (*a idee, a movimenti, ecc.*) convincere, persuadere.

evaporàre v. intr. **1** (*di liquido*) diventare vapore, vaporare, svaporare CONTR. condensarsi **2** (*di odori, di aromi*) volatilizzarsi, esalare, svanire.

evaporàto part. pass. di **evaporare**; anche agg. vaporato, svaporato, volatilizzato, esalato, svanito CONTR. condensato.

evaporatóre s. m. inalatore CONTR. condensatore.

evaporazióne s. f. aerificazione, vaporizzazione, esalazione CONTR. condensazione.

evasióne s. f. **1** (*da un luogo*) fuga **2** (*fig.*) (*da preoccupazioni, da molestie*) allontanamento, distrazione, distacco CONTR. entrata **3** (*di corrispondenza, di pratiche, ecc.*) disbrigo, trattazione, definizione, risposta CONTR. ricevimento, accettazione **4** (*di tasse, di fisco*) mancato pagamento, frode fiscale CONTR. pagamento.

evasivaménte avv. elusivamente, vagamente CONTR. chiaramente, sicuramente.

evasìvo agg. sfuggente, poco chiaro, vago, elusivo CONTR. chiaro, evidente, positivo, pertinente, proprio, sicuro.

evenìènza s. f. occorrenza, caso, occasione, eventualità, possibilità, ipotesi.

evènto s. m. fatto, avvenimento, caso, esito, riuscita, risultato.

eventuàle agg. possibile, accidentale, fortuito, casuale, probabile, incerto, presumibile, ipotizzabile, virtuale, potenziale CONTR. certo, sicuro, reale, indubbio.

eventualità s. f. **1** evento **2** possibilità, probabilità, caso, casualità, ipotesi, evenienza, occasione.

eventualménte avv. nel caso, casomai, semmai, nell'ipotesi, nell'evenienza.

eversióne s. f. **1** (*lett.*) rovina, demolizione, distruzione, crollo CONTR. costruzione, ricostruzione **2** sovversione, sovvertimento, rovesciamento, rivolta, ribellione, rivoluzione CONTR. restaurazione, reazione.

eversìvo agg. sovversivo, rivoluzionario, ribelle, sovvertitore CONTR. reazionario.

eversóre s. m. **1** (*lett.*) distruttore, demolitore CONTR. costruttore, ricostruttore **2** sovvertitore, sovversivo, ribelle, rivoluzionario CONTR. reazionario.

evidènte agg. **1** chiaro, manifesto, aperto, palese, perspicuo, lampante CONTR. oscuro **2** indubbio, indubitabile, certo, irrefutabile, inconfutabile, indiscusso, indiscutibile, inoppugnabile CONTR. incerto, ambiguo, dubbio, discutibile, equivoco.

evidenteménte avv. certamente, sicuramente, indubbiamente, manifestamente, chiaramente, visibilmente, francamente CONTR. ambiguamente, discutibilmente, equivocamente □ oscuramente.

evidènza s. f. **1** chiarezza, certezza, perspicuità, limpidezza, luminosità CONTR. oscurità, ambiguità, incertezza, dubbio **2** risalto, spicco, luce CONTR. ombra **3** (*bur.*) prova.

evìncere v. tr. dedurre, desumere, arguire, ricavare.

eviràre v. tr. **1** asportare i testicoli, castrare **2** (*fig.*) infiacchire, indebolire, svigorire, fiaccare, sfiaccare CONTR. rinvigorire, rafforzare, ringagliardire.

eviràto part. pass. di **evirare**; anche agg. e s. m. **1** castrato, eunuco **2** (*fig.*) infiacchito, indebolito, svigorito, fiacco, imbelle CONTR. forte, vigoroso, virile, maschio.

evitàbile agg. scansabile, schivabile, eludibile CONTR. inevitabile.

evitàre v. tr. **1** (*di pericolo, ecc.*) scansare, schivare, eludere, sfuggire CONTR. incappare, incorrere, imbattersi **2** (*di impegno, di spesa, ecc.*) liberarsi, sottrarsi, tenersi lontano CONTR. soggiacere, sottomettersi **3** (*di pensiero, di preoccupazione, ecc.*) togliere, liberare CONTR. addossare, caricare.

èvo s. m. **1** periodo, epoca, età, tempo antico, tempo medio, tempo moderno **2** (*raro*) lungo spazio di tempo.

evocàre v. tr. **1** (*di defunti*) richiamare in vita **2** (*fig.*) (*di evento*) ricordare, rievocare, celebrare CONTR. dimenticare.

evocatìvo agg. rievocativo, celebrativo.

evocazióne s. f. **1** scongiuro □ invocazione **2** rievocazione, ricordo, celebrazione.

evolutìvo agg. di evoluzione □ dello sviluppo CONTR. involutivo.

evolùto part. pass. di **evolvere**; anche agg. **1** sviluppato CONTR. involuto **2** (*est.*) maturo, progredito, civile, moderno, privo di pregiudizi CONTR. immaturo, incivile, ignorante, retrogrado.

evoluzióne s. f. **1** svolgimento, sviluppo, progresso, cambiamento, mutamento CONTR. involuzione, regresso **2** (*biol.*) trasformazione **3** (*sport, mil.*) manovra, movimento **4** (*aer.*) volo in curva, cabrata, picchiata, spirale.

evoluzionìsmo s. m. (*biol.*) trasformismo.

evòlvere **A** v. tr. (*raro*) sviluppare, svolgere, cambiare, mutare **B** **evolversi** v. intr. pron. trasformarsi, cambiare, mutare, svilupparsi, progredire CONTR. involversi, regredire, degenerare.

evvìva **A** inter. (*di esultanza, plauso, entusiasmo, approvazione e sim.*) bene!, bravo!, urrà!, viva! CONTR. abbasso!, a morte! **B** in funzione di s. m. inv. applauso, plauso, acclamazione, osanna, ovazione, congratulazione CONTR. fischi, disapprovazione, ostilità, zittii.

ex /*lat.* ɛks/ [prep. lat. con vari sign. (*da, fuori, secondo*)] **A** prep. (premesso a un s.) già, una volta, ora non più **B** in funzione di s. m. o f. ex moglie, ex marito, ex direttore, ecc.

ex aequo /*lat.* ɛg'z ɛkwo/ [lat., letteralmente 'dal (*ex*) giusto (*aequo*)' sott. 'diritto'] loc. avv. (*di classifica, di premio, ecc.*) alla pari, a pari merito □ in parti uguali.

ex cathedra /*lat.* ɛks 'katedra/ [lat., letteralmente 'dalla (*ex*) cattedra (*cathedra*)'] loc. avv. **1** (*delle dichiarazioni del papa in materia di fede e di morale*) dalla cattedra, dogmaticamente **2** (*est.*) perentoriamente, superbamente, con sufficienza, con sussiego **CONTR.** umilmente, modestamente, pacatamente.

excursus /*lat.* eks'kursus/ [vc. lat., propriamente 'scorreria', dal part. pass. di *excŭrrere* 'correre fuori'] s. m. inv. divagazione, digressione.

ex novo /*lat.* ɛks 'nɔvo/ [lat., letteralmente 'da (*ex*) nuovo (*novo*)'] loc. avv. daccapo, di nuovo, dall'inizio, da principio, di sana pianta, completamente.

exploit /*fr.* ɛks'plwa/ [vc. fr., ant. fr. *espleit*, dal lat. parlato *explĭcitum* 'azione compiuta'] s. m. inv. (*spec. nello sport*) impresa singolare, impresa eccezionale □ trovata sensazionale.

èxtra [dall'avv. e prep. lat. *extra* 'fuori di'] **A** prep. (*di costo, di spesa, ecc.*) fuori di, non incluso **B** in funzione di agg. inv. **1** (*di qualità*) superiore (*seguito da un altro agg. gli dà valore di sup.*) **2** (*di spettacolo, di treno, ecc.*) fuori dell'usuale, insolito, straordinario, supplementare, soprannumerario **CONTR.** ordinario, comune, normale, in programma **C** in funzione di s. m. inv. soprappiù, eccedenza, eccesso **CONTR.** insufficienza, mancanza, scarsità.

extraeuropèo agg. non europeo **CONTR.** europeo.

extragiudiziàle agg. (*dir.*) stragiudiziale, estraneo alla causa **CONTR.** giudiziale.

extraparlamentàre agg.; anche s. m. e f. (*di partito, di movimento, ecc.*) fuori del parlamento □ autonomo **CONTR.** parlamentare.

extraterrèstre agg. e s. m. e f. alieno **CONTR.** terrestre.

extraurbàno agg. fuori città, periferico **CONTR.** urbano.

f, F

fabbisógno s. m. occorrente, necessario, quanto occorre.
fàbbrica s. f. **1** (*di procedimento*) edificazione, costruzione, fabbricazione, lavorazione CONTR. demolizione, abbattimento, distruzione **2** (*edil.*) edificio, fabbricato, casa, costruzione **3** (*di luogo di lavoro*) stabilimento, manifattura, officina, opificio, cantiere.
fabbricàbile agg. edificabile, costruibile, erigibile.
fabbricànte part. pres. di **fabbricare**; anche agg. e s. m. e f. costruttore □ autore □ industriale.
fabbricàre v. tr. **1** (*edil.*) costruire, edificare, erigere, innalzare CONTR. abbattere, demolire, distruggere **2** (*di cosa*) fare, produrre, confezionare, comporre, congegnare, foggiare, formare, lavorare **3** (*fig.*) (*di alibi, di trama, ecc.*) immaginare, inventare □ architettare, macchinare, ordire CONTR. sventare, mandare a vuoto FRAS. *fabbricare castelli in aria* (*fig.*), fantasticare.
fabbricàto A part. pass. di **fabbricare**; anche agg. **1** (*edil.*) edificato, costruito, eretto, innalzato CONTR. abbattuto, demolito, distrutto **2** (*fig.*) (*di progetto e sim.*) architettato, ideato **B** s. m. (*edil.*) edificio, costruzione □ casa.
fabbricatóre s. m.; anche agg. (f. *-trice*) costruttore, architetto.
fabbricazióne s. f. costruzione, fabbrica, lavorazione, produzione.
fàbbro s. m. **1** fabbro ferraio, magnano (*tosc.*) CFR. maniscalco, ramaio, stagnaio, calderaio **2** (*est., lett.*) (*di trama, di progetto, ecc.*) artefice, creatore, maestro, escogitatore (*raro*).
faccènda s. f. **1** lavoro, affare, negozio, occupazione, impresa, incombenza, commissione, mansione **2** fatto, situazione, vicenda, caso, circostanza, avvenimento.
faccendière s. m.; anche agg. **1** affaccendato, sgobbone, factotum CONTR. fannullone, indolente, pigro **2** (*per lo più spreg.*) armeggione, trafficante, traffichino, intrigante, maneggione, procacciante, affarista.
faccétta s. f. **1** dim. di **faccia 2** volto grazioso, visino CONTR. ceffo, grinta, muso **3** (*di pietra preziosa*) sfaccettatura.
facchìno s. m. **1** portabagagli, scaricatore, camalo (*sett.*), coolie (*ingl.*), portatore, uomo di fatica **2** (*est.*) becero, trivialone, zoticone, tanghero, villanzone CONTR. gentiluomo, signore, raffinato.
fàccia s. f. **1** volto, viso, muso, ceffo, grugno, grinta, mostaccio **2** espressione, aspetto, apparenza, cera, aria, fisionomia, lineamenti, sembiante (*lett.*) **3** (*di casa, di moneta, ecc.*) parte esterna, parte anteriore, dritto □ facciata □ superficie CONTR. parte posteriore, rovescio, retro **4** (*mat.*) superficie **5** (*fig.*) ardimento, ardire, coraggio, sfacciataggine, sfrontatezza, impudenza CONTR. riserbo, ritegno, riguardo, modestia, pudore FRAS. *a faccia a faccia*, di fronte, molto vicino □ *perdere la faccia*, disonorarsi □ *conservare la faccia*, conservare la dignità.
facciàta s. f. **1** (*di edificio*) esterno, parte anteriore, faccia, fronte, frontespizio, prospetto CONTR. parte posteriore, retro **2** (*di libro*) pagina **3** (*fig.*) (*di persona*) apparenza, aspetto, esteriorità, parvenza CONTR. interiorità.
facènte part. pres. di **fare** FRAS. *facente funzione*, sostituto, supplente, vicario, pro-.
facèto agg. piacevole, arguto, spiritoso, ameno, brioso, scherzoso, lepido, festevole □ pungente CONTR. serio, grave, sostenuto, burbero, imbronciato, cupo, tetro.
facèzia s. f. arguzia, barzelletta, celia, freddura, battuta, lepidezza, piacevolezza, scherzo, spiritosaggine.
fachìro [dall'ar. *faqīr* 'povero, mendicante'] s. m. **1** asceta **2** (*est.*) persona magrissima CONTR. grassone, ciccione.
fàcile agg. **1** agevole, senza difficoltà, comodo, leggero, lieve, piano CONTR. difficile, arduo, difficoltoso, faticoso, gravoso, malagevole, pesante **2** (*di scritto, di discorso, ecc.*) chiaro, comprensibile, evidente, intelligibile, semplice, scorrevole, spontaneo, lucido, piano, perspicuo CONTR. oscuro, incomprensibile, indecifrabile, astruso, complicato **3** (*di persona, di carattere, ecc.*) affabile, compiacente, condiscendente, trattabile, tollerante, indulgente, arrendevole, docile CONTR. difficile, inflessibile, intrattabile, indocile, scompiacente, intollerante **4** (*a fare, a dire, ecc.*) incline, propenso, pronto, disposto □ corrivo CONTR. avverso, contrario **5** (*che piova, che arrivi, ecc.*) probabile, verosimile, possibile CONTR. improbabile, impossibile.

facilità s. f. **1** agio, agevolezza, comodità □ capacità, possibilità, prontezza **CONTR.** difficoltà, fatica, malagevolezza □ incapacità, impossibilità **2** (*di scritto, di discorso, ecc.*) chiarezza, evidenza, immediatezza, lucidità, perspicuità, naturalezza, scorrevolezza, spontaneità, semplicità **CONTR.** oscurità, astruseria, innaturalezza, incomprensibilità **3** (*di persona*) arrendevolezza, compiacenza, condiscendenza, docilità □ affabilità, cordialità **CONTR.** inflessibilità, rigidità □ sgarbatezza.

facilitàre v. tr. agevolare, aiutare, favorire, appianare, rendere possibile **CONTR.** ostacolare, impedire, impacciare, fermare, frenare, intralciare, andicappare.

facilitàto part. pass. di **facilitare**; anche agg. agevolato, aiutato, favorito, appianato **CONTR.** ostacolato, impedito, andicappato.

facilitazióne s. f. agevolazione, agevolezza, appoggio, vantaggio **CONTR.** ostacolo, impedimento, impaccio, intralcio, handicap (*ingl.*).

facilménte avv. agevolmente, comodamente, speditamente, bene, perfettamente, senza sforzo, come niente fosse □ apertamente, chiaramente **CONTR.** difficilmente, faticosamente, disagiatamente, laboriosamente.

facilóne s. m. superficialone, dilettante **CONTR.** pedante, pignolo.

faciloneria s. f. superficialità, imprecisione, dilettantismo **CONTR.** pedanteria, pignoleria, minuziosità.

facinoróso agg.; anche s. m. **1** violento, rissoso □ malfattore, delinquente, scellerato **CONTR.** pacifico, galantuomo **2** ribelle, fazioso, agitatore, rivoluzionario **CONTR.** pacifico, moderato, uomo d'ordine.

facoltà s. f. **1** capacità, possibilità, attitudine, idoneità □ dote, dono, istinto, virtù, forza **CONTR.** incapacità, impotenza, inidoneità, impossibilità **2** autorità, potere, diritto, arbitrio, privilegio, permesso, autorizzazione, balìa **CONTR.** divieto, proibizione **3** caratteristica, proprietà **4** (*spec. al pl.*) beni, averi, ricchezza, denaro **CONTR.** miseria, povertà.

facoltativaménte avv. liberamente **CONTR.** obbligatoriamente.

facoltativo agg. libero, possibile **CONTR.** obbligatorio.

facoltóso agg.; anche s. m. danaroso, ricco, dovizioso, ben provvisto **CONTR.** bisognoso, indigente, nullatenente, povero, spiantato, al verde.

facóndo agg. eloquente, loquace, magniloquente, verboso, sciolto, di parola facile **CONTR.** breve, conciso, laconico, serrato, stringato, succinto, sobrio.

facsìmile o **fac-simile** s. m. inv. **1** copia, riproduzione **CFR.** originale □ imitazione **2** telefax, fax, telecopia.

factòtum s. m. e f. inv. uomo di fiducia □ faccendone, armeggione, faccendiere, maneggione.

fading /*ingl.* 'feidiŋ/ [vc. ingl., da *to fade*, 'affievolirsi'] s. m. inv. **1** (*cine.*, *tv.*) dissolvenza **2** (*radio*) affievolimento, evanescenza.

fagiàno [lat. *phasiānu(m)*, dal gr. *phasianós* '(uccello) del Fasi', fiume della Colchide] s. m. (*zool.*) **FRAS.** *fagiano alpestre*, gallo cedrone.

fagiòlo s. m. (*bot.*) **FRAS.** *fagiolo americano*, fagiolone □ *fagiolo cinese*, soia □ *capitare a fagiolo*, arrivare al momento giusto □ *andare a fagiolo* (*fam.*), andare a genio.

fàglia s. f. (*geol.*) frattura, fenditura.

fagocitàre v. tr. (*fig.*) assorbire, incorporare, accaparrarsi.

fagòtto s. m. **1** involto, fardello, pacco □ viluppo **2** (*fig.*) persona goffa, persona sgraziata **CONTR.** persona disinvolta, persona spigliata **FRAS.** *far fagotto*, andarsene in fretta, morire.

fàida [longobardo *faihida* 'diritto alla vendetta privata'] s. f. vendetta □ (*est.*) lotta.

fài da te loc. sost. m. inv. do-it-yourself (*ingl.*), bricolage (*fr.*).

faìna [lat. parl. *fagīna(m)* '(martora) dei faggi'] s. f. (*fig.*) persona brutta □ malvagio, cattivo □ furbastro, dritto (*fam.*).

fair play /*ingl.* fɛə 'plei/ [loc. ingl., letteralmente 'gioco (*play*) leale (*fair*)'] loc. sost. m. inv. comportamento corretto, correttezza, capacità di trattare, diplomazia.

fàlce s. f. **CFR.** ronca, roncola, falcetto, pennato, frullana.

falciàre v. tr. **1** tagliare, recidere, segare, mietere **2** (*fig.*) (*di persona, di vita*) far morire, distruggere.

falciatóre s. m.; anche agg. (f. *-trice*) (*di cereali*) mietitore.

falciatùra s. f. **1** (*di fieno*) taglio **2** (*di cereali*) mietitura.

falcìdia [vc. dotta, lat. *quarta(m) Falcidia(m)* 'la quarta parte dell'eredità', dal n. del tribuno della plebe C. *Falcidius* che propose questa legge] s. f. **1** (*fig.*) detrazione, defalco, diffalco, tara, riduzione **CONTR.** addizione, aggiunta, soprappiù **2** (*est.*) strage, sterminio, decimazione.

falcidiàre v. tr. **1** detrarre, defalcare, diffalcare, ridurre **CONTR.** addizionare, aggiungere **2** (*fig.*) distruggere, sterminare, decimare.

fàlco s. m. **1** (*zool.*) **CFR.** astore, girifalco, gheppio, sparviero **2** (*fig.*) (*di persona*) rapace, avido **CONTR.** generoso, disinteressato **3** furbastro, dritto (*fam.*) **4** (*fig.*, *polit.*) intransigente, guerrafondaio **CONTR.** colomba, pacifista.

fàlda s. f. **1** strato sottile, striscia, filamento, velo □ fiocco □ lamina, scaglia, sfoglia, lamella **2** (*di veste*) lembo, bordo, orlo, striscia □ piega **3** (*di monte*) pendice **4** (*di cappello*) tesa.

falegnàme s. m. ebanista, marangone (*dial.*) □ stipettaio, carpentiere.

falegnamerìa s. f. ebanisteria.

fàlla s. f. squarcio, fenditura, rottura, spaccatura, apertura, crepa, breccia.

fallàce agg. falso, ingannevole, illusorio, mendace (*lett.*), menzognero, erroneo, bugiardo □ caduco, effimero, fugace **CONTR.** verace, veridico, veritiero □ duraturo, permanente.

fallàcia s. f. falsità, inganno, menzogna, malafede, slealtà, ipocrisia **CONTR.** verità, veracità, lealtà, franchezza, sincerità.

fallimentàre agg. **1** di fallimento **2** (*fig.*) disastroso, rovinoso **FRAS.** *prezzo fallimentare* (*fig.*), prezzo di assoluta concorrenza.

falliménto s. m. **1** (*dir.*) decozione, dissesto, insolvenza, bancarotta **2** (*fig.*) crollo, disastro, disfatta, rovina, sconfitta, esito negativo, fiasco **CONTR.** successo, riuscita, trionfo, vittoria.

fallìre A v. intr. **1** (*dir.*) fare fallimento, fare bancarotta **2** (*in un'impresa*) non riuscire, sbagliare, errare, ingannarsi □ andare a monte **CONTR.** riuscire, avere successo, trionfare, vincere **3** (*lett.*) (*di speranza, di aspettativa, ecc.*) venir meno, deludere, mancare, frustrare **CONTR.** rispondere, corrispondere **B** v. tr. (*di scopo, di bersaglio, ecc.*) non colpire, non raggiungere **CONTR.** colpire, raggiungere.

fallìto A part. pass. di **fallire**; anche agg. **1** (*dir.*) andato in fallimento, decotto **2** (*di tentativo, di scopo, ecc.*) mancato, non riuscito □ infondato, vano **CONTR.** riuscito, conseguito, raggiunto □ fondato, giustificato **3** (*raro*) difettoso **CONTR.** sano, normale **B** s. m. **1** (*dir.*) insolvente, bancarottiere **2** (*est.*) spostato, frustrato.

fàllo (1) s. m. **1** (*di persona*) errore, sbaglio, equivoco, malinteso **2** colpa, peccato, mancanza, debolezza, trascorso, trasgressione **CONTR.** virtù, pregio **3** (*di cosa*) mancamento, difetto, imperfezione **4** (*sport*) infrazione, fault (*ingl.*) **FRAS.** *senza fallo*, senza dubbio.

fàllo (2) s. m. pene, verga, membro, asta, cazzo (*volg.*).

fallòcrate s. m. maschilista **CONTR.** femminista.

fallocrazìa s. f. maschilismo □ società maschilista **CONTR.** femminismo.

fallosaménte avv. scorrettamente **CONTR.** correttamente.

fallóso agg. **1** difettoso, imperfetto **CONTR.** perfetto **2** (*sport*) scorretto **CONTR.** corretto.

falò s. m. **1** fiammata, rogo, pira (*lett.*) **2** (*fig.*) distruzione.

falsaménte avv. **1** erroneamente **CONTR.** esattamente **2** ingiustamente, iniquamente, slealmente **CONTR.** giustamente, equamente, lealmente **3** simulatamente □ affettatamente, artificiosamente **CONTR.** autenticamente, naturalmente.

falsàre v. tr. alterare, contraffare, falsificare, adulterare, sofisticare, manipolare, manomettere, artefare, snaturare, denaturare, corrompere, guastare, viziare.

falsarìga s. f. **1** foglio rigato **2** (*fig.*) esempio, norma, modello.

falsàrio s. m. contraffattore, falsificatore, adulteratore, sofisticatore, falsatore (*lett.*).

falsàto part. pass. di **falsare**; anche agg. alterato, adulterato, contraffatto, falsificato, travisato □ artificioso **CONTR.** autentico, genuino, naturale.

falsatóre s. m. (f. *-trice*) (*lett.*) adulteratore, contraffattore, falsificatore.

falsificàre v. tr. contraffare, alterare, adulterare, sofisticare, manipolare, snaturare, corrompere, guastare, viziare.

falsificàto part. pass. di **falsificare**; anche agg. alterato, contraffatto, falsato □ inventato **CONTR.** autentico, genuino, naturale.

falsificatóre s. m. (f. *-trice*) contraffattore, adulteratore, falsario, sofisticatore, travisatore, falsatore (*lett.*).

falsificazióne s. f. adulterazione, alterazione, manomissione, manipolazione, sofisticazione, contraffazione.

falsità s. f. **1** erroneità, fallacia, illusorietà, precarietà, vanità **CONTR.** realtà, vero, verità, fondatezza, autenticità **2** doppiezza, ipocrisia, slealtà **CONTR.** franchezza, lealtà **3** menzogna, bugia □ frode, inganno, insidia **4** (*di documento, di moneta, ecc.*) contraffazione, falso **CONTR.** autenticità.

fàlso A agg. **1** (*di ragionamento, di informazione, ecc.*) errato, erroneo, sbagliato, inesatto, inattendibile **CONTR.** giusto, esatto **2** (*di documento, di prodotto, ecc.*) alterato, contraffatto, adulterato, falsificato, artefatto, truccato **CONTR.** autentico, genuino, naturale **3** (*di discorso, di persona, di speranza, ecc.*) simulato, finto, bugiardo, mendace (*lett.*), menzognero, infido, malsicuro, ipocrita, fallace, illusorio, fantastico, immaginario, inattendibile, infondato **CONTR.** sincero, vero, fondato, attendibile, credibile, sicuro **4** (*di denti, di capelli, ecc.*) posticcio, artificiale **CONTR.** vero, naturale **B** s. m. solo sing. falsità, bugia, menzogna **CONTR.** verità, vero **C** s. m. (*di opera d'arte, di documento, ecc.*) falsificazione, contraffazione **CONTR.** originale.

fàma s. f. **1** notizia, voce, diceria **2** stima pubblica, reputazione, nome, nomea, considerazione **3** notorietà, rinomanza, celebrità, onore, gloria, popolarità, grido, credito, nominanza (*raro*) **CONTR.** oscurità, discredito, disistima, disprezzo.

fàme s. f. (*raro al pl.*) **1** inanizione, inedia, languore □ appetito, voracità **CONTR.** sazietà, pienezza **2** (*est.*) carestia, miseria **CONTR.** abbondanza, sovrabbondanza, profusione **3** (*fig.*) (*di affetto, di denaro, ecc.*) bisogno, desiderio, brama, bramosia (*lett.*), cupidigia, sete, smania **CONTR.** abbondanza, sazietà **FRAS.** *morto di fame* (*fig.*), miserabile.

famèlico agg. **1** affamato, vorace **CONTR.** satollo, sazio **2** (*lett., fig.*) avido, cupido, desideroso, bramoso, voglioso CONTR. disinteressato, indifferente, sazio.

famigeràto agg. **1** che ha cattiva fama CONTR. onorato **2** (*spreg.*) noto, famoso CONTR. ignoto, sconosciuto.

famìglia s. f. **1** casa, casata, lignaggio, stirpe, razza, sangue, ceppo, discendenza, origine, prosapia (*lett.*), schiatta □ focolare domestico **2** servitù □ seguito, corte **3** (*est.*) gruppo, categoria, genere **4** (*relig.*) ordine, congregazione FRAS. *farsi una famiglia*, sposarsi, maritarsi, ammogliarsi □ *avere famiglia*, essere sposato, avere dei figli □ *essere di famiglia*, essere di casa.

familiàre A agg. **1** della famiglia CONTR. estraneo, forestiero **2** noto, conosciuto, domestico, abituale, comune, consueto, ordinario, solito CONTR. sconosciuto, inconsueto, insolito, raro **3** affabile, alla buona, semplice, schietto, naturale CONTR. altezzoso, burbero, scortese, sgarbato, superbo **4** (*fig.*) confidenziale, intimo, riservato CONTR. pubblico, ufficiale **B** s. m. e f. persona di famiglia, parente CONTR. estraneo, forestiero.

familiarità s. f. dimestichezza, domestichezza (*raro*), intimità, confidenza □ affabilità, amicizia, benevolenza, semplicità CONTR. rispetto, ritegno, soggezione, deferenza □ altezzosità, alterigia, distacco, scortesia, superbia.

familiarizzàre v. intr. e **familiarizzarsi** intr. pron. prendere familiarità, prendere dimestichezza, acquistare confidenza, affiatarsi, abituarsi CONTR. essere scontroso.

familiarménte avv. confidenzialmente, alla buona, amichevolmente CONTR. altezzosamente, scortesemente, sgarbatamente, superbamente.

famóso agg. celebre, illustre, rinomato, insigne, celebrato, esimio, glorioso, ìnclito (*lett.*) □ noto, conosciuto, notorio CONTR. ignoto, ignorato, sconosciuto.

fan /*ingl.* fæn/ [vc. ingl., abbr. di *fanatic* 'fanatico'] s. m. e f. inv. fanatico, aficionado (*sp.*), tifoso, sostenitore, invasato, esaltato, maniaco □ fazioso, settario CONTR. gelido, freddo, indifferente □ denigratore, dispregiatore □ avversario.

fanàle s. m. faro, lampione, lampada, lanterna.

fanalerìa s. f. fanali, luci.

fanalìno s. m. dim. di **fanale** FRAS. *fanalino di coda* (*fig.*), ultimo.

fanaticaménte avv. entusiasticamente, freneticamente CONTR. freddamente, indifferentemente.

fanàtico agg.; anche s. m. **1** esaltato, esagitato, eccitato, invasato, delirante, squilibrato, testa calda CONTR. freddo, distaccato, equilibrato, ponderato, ragionevole **2** (*est.*) entusiasta, appassionato, infatuato, partigiano, sostenitore, fan (*ingl.*) CONTR. indifferente, disinteressato □ dispregiatore, disprezzatore, denigratore □ avversario.

fanatìsmo s. m. **1** esaltazione, idolatria, feticismo, superstizione, furore, invasamento, delirio □ faziosità, spirito di parte, estremismo, settarismo CONTR. equilibrio, distacco, freddezza, misura, ragionevolezza **2** (*est.*) entusiasmo, adorazione, ammirazione CONTR. indifferenza, disinteresse, disprezzo.

fanatizzàre v. tr. portare al fanatismo □ entusiasmare, esaltare, invasare CONTR. avvilire, abbattere.

fanciùlla s. f. ragazza, giovinetta, adolescente, donzella (*lett.*), girl (*ingl.*) CFR. bambina, donna, anziana, vecchia.

fanciullésco agg. **1** di fanciullo, da fanciullo, bambinesco, infantile CFR. senile, adulto, maturo **2** (*est.*) puerile, sciocco CONTR. maturo, accorto.

fanciullézza s. f. **1** puerizia (*lett.*), prima età CFR. infanzia, adolescenza, giovinezza, maturità, vecchiaia **2** (*fig.*) origine, primordi.

fanciùllo s. m. **1** bambino, ragazzo, ragazzino, ragazzetto, giovinetto, garzoncello (*lett.*) CFR. bimbo, adolescente, giovane, uomo, anziano, vecchio **2** (*fig.*) ingenuo, inesperto CONTR. maturo, esperto **3** (*fig.*) agli inizi, giovane, immaturo CONTR. sviluppato, perfetto.

fandònia s. f. favola, fola, menzogna, panzana, fanfaluca, fanfaronata CONTR. verità, vero, realtà.

fanfàra s. f. banda (musicale).

fanfaronàta s. f. millanteria, smargiassata, spacconata, odomontata, gradassata, guasconata, pataccata (*region.*).

fanfaróne s. m. millantatore, smargiasso, spaccone, gradasso, rodomonte, guascone, ammazzasette, pataccone (*region.*) CONTR. modesto, riservato, umile.

fanghìglia s. f. **1** mota, melma, fanghiccio, poltiglia □ acqua fangosa **2** (*geol.*) deposito argilloso.

fàngo s. m. **1** melma, mota, brago, limo (*lett.*), belletta (*lett.*), melletta (*tosc.*), loto (*lett.*), motriglia (*tosc.*), poltiglia **2** (*fig.*) abiezione, miseria morale.

fangóso agg. **1** pieno di fango, infangato, melmoso, limaccioso, limoso (*raro*), lutulento (*lett.*), motoso (*raro*) CONTR. arido, secco **2** (*fig.*, *lett.*) abietto, laido, corrotto, riprovevole, miserabile, vile CONTR. degno, nobile, dignitoso, elevato, decoroso.

fannullàggine s. f. (*raro*) oziosaggine, infingardaggine, neghittosità, oziosità, ozio CONTR. attività, laboriosità, operosità, solerzia.

fannullóne s. m. bighellone, ozioso, sfaccendato, sfaticato, ciondolone, infingardo, poltrone, scansafatiche, pigrone CONTR. dinamico, lavoratore, trafficone, faccendone.

fantapolìtico agg. utopistico, irrealizzabile CONTR. realizzabile, possibile.

fantascientìfico agg. (*est.*) utopistico, irrealizzabile, science fiction (*ingl.*) CONTR. realizzabile, possibile.

fantasìa **A** s. f. **1** immaginazione, immaginativa, inventiva, invenzione, finzione CONTR. realtà, verità **2** (*raro*) intelletto, mente **3** immagine, sogno, fantasticheria, favola, congettura CONTR. realtà, verità **4** bizzarria, capriccio, estro, ghiribizzo, stravaganza, voglia **5** tessuto vistoso, abito vistoso **B** in funzione di agg. inv. (posposto al s.) **1** (*di tessuto, di abito, ecc.*) vistoso, a vivaci colori **2** (*di gioiello, di collana*) non prezioso, di imitazione CONTR. prezioso, autentico.

fantasiosaménte avv. bizzarramente, fantasticamente, estrosamente.

fantasióso agg. **1** (*di racconto, di film, ecc.*) pieno di estro, ricco di fantasia, vivace, brillante CONTR. spento, grigio, serio, arido, monotono **2** (*di persona o cosa*) bizzarro, capriccioso, estroso, originale, strano, stravagante, cervellotico CONTR. spento, grigio, scialbo, squallido.

fantàsma **A** s. m. **1** immagine, visione, illusione, apparenza CONTR. realtà, verità **2** apparizione, larva, ombra, spettro, lemure **B** in funzione di agg. inv. (posposto al s.) (*di governo, di re, ecc.*) senza potere, non ufficiale CONTR. ufficiale.

fantasmagòrico agg. **1** spettacolare, fantastico **2** molteplice, vario, complesso CONTR. semplice.

fantasticaménte avv. bizzarramente, capricciosamente, fantasiosamente, spettacolarmente, meravigliosamente, magnificamente CONTR. sobriamente, poveramente, squallidamente.

fantasticàre **A** v. tr. immaginare, sognare, vagheggiare □ elaborare, ideare **B** v. intr. almanaccare, astrologare, arzigogolare, lavorare di fantasia, rimuginare, congetturare, divagare, vaneggiare, delirare, sognare, far castelli in aria, essere con la testa tra le nuvole.

fantasticherìa s. f. fantasticaggine, chimera, sogno, fantasia, immaginazione, vaneggiamento, castello in aria, capriccio, grillo, ghiribizzo CONTR. realismo, realtà.

fantàstico agg. **1** della fantasia □ dotato di fantasia, vivace, brillante CONTR. piatto, opaco, grigio, spento **2** (*di cosa*) frutto di fantasia, immaginario, finto, fittizio, chimerico, cervellotico, utopistico, inventato CONTR. positivo, reale, vero **3** (*di persona o cosa*) bizzarro, capriccioso, strano □ estroso, stravagante CONTR. piatto, grigio, conformista **4** (*fam.*) eccezionale, magnifico, straordinario, incantevole, stupendo, meraviglioso, bestiale (*gerg.*) CONTR. brutto, mediocre, meschino, orrendo, schifoso.

fànte s. m. soldato di fanteria, fantaccino.

fantìno s. m. jockey (*ingl.*).

fantòccio **A** s. m. **1** manichino, pupazzo, bamboccio □ burattino, marionetta, pupo **2** (*fig.*) uomo senza volontà, debole, inetto, sciocco, balordo, semplicione CONTR. uomo di carattere, volitivo **B** in funzione di agg. inv. (posposto al s.) (*di governo*) di comodo.

fantomàtico agg. **1** spettrale, fantastico, chimerico, fantasmagorico □ immaginario, irreale CONTR. reale, veritiero, effettivo **2** inafferrabile, irreperibile, misterioso, enigmatico.

farabùtto [ted. *Freibeuter* 'libero saccheggiatore, corsaro'. Cfr. *filibustiere*] s. m. canaglia, disonesto, furfante, imbroglione, mascalzone, birbone, briccone, truffatore CONTR. galantuomo, brav'uomo, onesto.

faraònico [da *faraone*, titolo degli antichi re d'Egitto] agg. **1** dei faraoni **2** (*fig.*) grandioso, monumentale, sfarzoso CONTR. semplice, modesto, meschino.

farcìre v. tr. imbottire, riempire CONTR. svuotare, vuotare.

farcito part. pass. di **farcire**; anche agg. imbottito, riempito CONTR. svuotato, vuoto.

fard /fr. far/ [vc. fr., derivata da *farder* 'imbellettare'] s. m. inv. fondotinta.

fardèllo s. m. **1** involto, fagotto, pacco □ bagaglio **2** (*fig.*) peso, carico, aggravio, onere.

fàre **A** v. tr. **1** (*ass.*) agire, operare, adoperarsi, affaticarsi, applicarsi, lavorare CONTR. oziare, riposare, poltrire, bighellonare, stare con le mani in mano, stare in panciolle **2** (*di edificio, di impianto, ecc.*) creare, erigere, fabbricare CONTR. abbattere, demolire, distruggere, disfare, guastare **3** (*di opera, di lavoro, ecc.*) compiere, eseguire, realizzare, attuare, effettuare, formare, mandare a effetto, concretare, mettere in atto, mettere in opera □ causare, cagionare □ imitare **4** (*di cibo*) cucinare, preparare **5** (*di città, ecc.*) raccogliere, mettere insieme, contare, contenere, raggiungere **6** (*di denaro, di fortuna, ecc.*) procurarsi, ottenere **7** (*di allievi, di proseliti, ecc.*) allevare, educare, plasmare **8** (*di bello, brutto, ecc.*) rendere, far diventare, ridurre **9** (*di acqua, di odore, ecc.*) emettere, lasciare uscire □ lasciare entrare **10** (*di somma, di divisione, ecc.*) dare come risultato **11** (*di opera, di film, ecc.*) rappresentare, portare sulla scena, recitare **12** (*di segretario, di presidente, ecc.*) eleggere, nominare, scegliere, promuovere CONTR. deporre, bocciare **13** (*di sport, di mestiere, ecc.*) esercitare, praticare, dedicarsi **14** (*di intelligente, di furbo, ecc.*) credere, giudicare, immaginare, pensare, ritenere **15** (*di racconto, di storia, ecc.*) dire, parlare, interloquire, narrare **B** v. intr. **1** (*per te, per noi, ecc.*) adattarsi, convenire, giovare, essere utile, confarsi CONTR. sconvenire, disdirsi (*lett.*), non adattarsi **2** (*di tempo*) compiersi, terminare CONTR. cominciare, iniziarsi **3** (*di pianta*) allignare, attecchire **4** (*di ambizioso, di povero, ecc.*) essere, dare l'impressione **C** **farsi** v. rifl. **1** (*di cattolico, di bud-*

dista, ecc.) rendersi □ convertirsi **2** (*di luogo*) portarsi, andare, venire, muoversi **3** (*gerg.*) drogarsi **D** v. intr. pron. **1** (*di grande, di lontano, ecc.*) divenire, diventare **2** (*di racconto, di storia, ecc.*) cominciare, rifarsi **CONTR.** finire, terminare **E** s. m. **1** attività, lavoro, fatica **2** (*di persona*) atteggiamento, contegno, modo, maniera, portamento, tono **3** (*di vita, di giorno, ecc.*) inizio, principio, fase iniziale **CONTR.** fine, termine **FRAS.** *fare e disfare* (*fig.*), spadroneggiare □ *darsi da fare*, adoperarsi □ *far fuoco*, sparare □ *fare scuola*, insegnare; servire da modello □ *fare un colpo*, rubare □ *fare colpo* (*fig.*), impressionare □ *fare animo*, incoraggiare □ *fare la pelle*, uccidere □ *fare il callo* (*fig.*), abituarsi □ *far silenzio*, tacere □ *non farcela*, non riuscire □ *farla finita*, smettere; uccidersi □ *fare fino*, essere chic □ *fare a botte*, azzuffarsi □ *farla franca* (*fig.*), salvarsi, liberarsi, farcela.

farfallóne s. m. **1** (*fig.*) fatuo, zerbinotto, corteggiatore, bellimbusto, damerino **2** (*fig.*) sproposito, errore, sfarfallone (*fam.*), strafalcione.

farfugliàre v. intr. barbugliare, borbogliare (*raro, lett.*), brontolare □ balbettare □ frusciare, stormire.

farìna s. f. grano macinato **FRAS.** *farina gialla*, farina di granoturco □ *farina di patate*, fecola □ *farina dolce*, farina di castagne.

farinàceo agg. farinoso.

farìnge s. f. o m. fauci, gola.

farinóso agg. di farina □ farinaceo.

farisèo [da *Farisei*, una setta ebraica che si distingueva per la formale osservanza della Legge mosaica] s. m. (*fig.*) falso, finto, ipocrita, impostore, sleale **CONTR.** aperto, franco, schietto, sincero, leale, retto.

farmacèutica s. f. farmacologia.

farmacèutico agg. officinale.

farmacìa s. f. **1** (*di scienza*) farmaceutica, farmacologia **2** (*di negozio*) spezieria (*pop.*).

farmacista s. m. e f. speziale (*pop.*).

fàrmaco s. m. medicamento, medicina, rimedio specifico.

farmacologìa s. f. farmaceutica, farmacia.

farneticànte part. pres. di **farneticare**; anche agg. delirante, vaneggiante **CONTR.** assennato, equilibrato, ragionevole.

farneticàre v. intr. delirare, vaneggiare, sragionare □ dire assurdità **CONTR.** ragionare, parlare a tono.

farnètico A agg. delirante, vaneggiante, pazzo **CONTR.** assennato, equilibrato, ragionevole **B** s. m. frenesia, delirio, follia, pazzia, smania, vaneggiamento **CONTR.** assennatezza, senno, equilibrio.

fàro s. m. **1** fanale, lanterna, riflettore **2** (*di veicoli*) proiettore, luce **3** (*fig.*) (*di persona*) guida, luce.

fàrsa s. f. **1** commedia buffa, comica **CONTR.** tragedia **2** (*fig.*) scherzo, buffonata, burletta **CONTR.** tragedia.

farsésco agg. **1** di farsa, da farsa **2** (*fig.*) ridicolo, comico, buffo **CONTR.** serio, drammatico, tragico.

fascétta s. f. **1** dim. di **fascia 2** (*di carta*) banda, striscia □ benda **3** (*abbigl.*) busto.

fàscia s. f. **1** striscia, banda, benda, lista, nastro **2** cintura, sciarpa, fusciacca, ventriera, perizoma **3** (*arch.*) listello, modanatura **4** (*est.*) (*di territorio*) zona **5** (*di impiegati, di contribuenti, ecc.*) gruppo, categoria, classe **FRAS.** *bambino in fasce*, neonato □ *fin dalle fasce*, fin dalla nascita.

fasciànte part. pres. di **fasciare**; anche agg. **1** avvolgente **2** (*di vestito*) molto aderente **CONTR.** largo, cascante.

fasciàre A v. tr. **1** avvolgere, involgere, bendare **CONTR.** sfasciare, sbendare, svolgere **2** (*lett.*) (*di mare, di boschi, ecc.*) attorniare, cingere, circondare □ ricoprire, rivestire **3** (*di abito, di stoffa*) aderire **CONTR.** essere largo **B fasciarsi** v. rifl. avvolgersi in fasce □ ricoprirsi, rivestirsi.

fasciàto part. pass. di **fasciare**; anche agg. **1** avvolto in fasce **CONTR.** sfasciato **2** (*lett.*) (*da mare, da boschi, ecc.*) attorniato, cinto, circondato, rivestito.

fasciatùra s. f. fascia, benda, bendatura, bendaggio.

fascìcolo s. m. **1** plico, piego **2** (*di riviste*) numero, dispensa, puntata **3** (*est.*) (*di pubblicazione*) libretto, opuscolo.

fascìna s. f. fascio, fastello.

fàscino s. m. attrattiva, charme (*fr.*) □ incanto, malia, seduzione, influsso, lusinga, richiamo, allettamento □ prestigio **CONTR.** repulsione, ripugnanza, disgusto, fastidio, sazietà.

fascinóso agg. affascinante, attraente, seducente **CONTR.** repellente, ripugnante, disgustoso.

fàscio s. m. **1** (*di spighe, di erba, ecc.*) covone, fastello, fascina, manipolo, mannello, mazzo **2** (*fig.*) (*di cose*) raccolta, gruppo, congerie, insieme, quantità, ammasso **3** (*di persone*) gruppo, unione, associazione **FRAS.** *in un fascio*, uniti strettamente □ *andare in un fascio*, disfarsi □ *far d'ogni erba un fascio*, non distinguere il buono dal cattivo.

fascismo s. m. (*est.*) dittatura di destra, totalitarismo di destra, nazionalismo, corporativismo.

fascista s. m. e f.; anche agg. **1** (*est.*) nazionalista, corporativista □ littorio **2** (*spreg.*) dispotico, violento, prepotente, totalitario, reazionario **CONTR.** democratico, tollerante.

fàse s. f. **1** (*di corpo celeste*) aspetto **2** (*est.*) (*di persona, di malattia, ecc.*) stadio, stato, periodo, momento, condizione **FRAS.** *essere fuori fase* (*fig.*), non sentirsi bene, essere giù.

fastèllo s. m. fascio, fascina, covone, manipo-

lo, mannello, mazzo.
fàsti s. m. pl. **1** (*stor.*) annali, cronache **CONTR.** nefasti **2** (*fig.*) imprese gloriose, memorie eroiche, avvenimenti memorabili.
fastìdio s. m. **1** (*di sensazione*) molestia, disagio, disturbo, avversione, noia, tedio, uggia, antipatia **CONTR.** propensione, inclinazione, amore, passione, simpatia **2** (*di cibo*) nausea, disgusto, ripugnanza **CONTR.** appetenza, appetito, desiderio **3** (*di cosa*) incomodo, seccatura, grattacapo, affanno, disturbo, imbarazzo, tormento **CONTR.** piacere, diletto, gioia, godimento.
fastidiosaménte avv. sgradevolmente, spiacevolmente □ noiosamente, molestamente **CONTR.** gradevolmente, piacevolmente.
fastidióso agg. **1** (*di persona, di cosa*) noioso, seccante, molesto, importuno, irritante, sgradevole, spiacevole, intollerabile **CONTR.** gradevole, gradito, dilettevole, divertente, piacevole **2** (*di persona*) insofferente, irritabile, iroso, sgarbato **CONTR.** paziente, tollerante, garbato.
fastìgio s. m. **1** (*di edificio*) parte superiore, sommità, coronamento □ tetto **CONTR.** base **2** (*fig.*) (*di gloria, di potere, ecc.*) apice, culmine, altezza, sublimità, grado massimo **CONTR.** bassezza, fondo, meschinità.
fàsto s. m. sfarzo, lusso, sontuosità, magnificenza, opulenza, ostentazione, pompa, sfoggio, splendore **CONTR.** meschinità, modestia, povertà, semplicità, umiltà.
fastosaménte avv. lussuosamente, sfarzosamente, sontuosamente **CONTR.** modestamente, poveramente, semplicemente, umilmente.
fastosità s. f. sontuosità, lusso, magnificenza, fasto, opulenza, pompa, sfarzo, sfoggio **CONTR.** meschinità, modestia, povertà, semplicità, umiltà.
fastóso agg. sfarzoso, sontuoso, lussuoso, magnifico, opulento, pomposo, ricco, splendido **CONTR.** meschino, misero, modesto, povero, semplice, umile.
fasùllo agg. contraffatto, falso, fittizio, ingannevole, non genuino **CONTR.** autentico, genuino, vero.
fàta s. f. **1** (*mitol.*) parca **2** (*nelle favole*) maga, incantatrice **3** (*fig.*) donna bellissima, vamp **CONTR.** megera, arpia, strega.
fatàle agg. **1** (*di destino, di legge, ecc.*) inevitabile, necessario **2** (*di avvenimento*) esiziale, funesto, infausto, disastroso, mortale **CONTR.** fausto, felice, fortunato, lieto, provvidenziale **3** (*fig.*) (*di donna, di occhi, ecc.*) affascinante, seducente, incantevole **CONTR.** repellente, ripugnante.
fatalìsmo s. m. (*est.*) rassegnazione, sottomissione **CONTR.** lotta, ribellione.
fatalìsta s. m. e f. rassegnato, sottomesso **CONTR.** indocile, ribelle.
fatalìstico agg. rassegnato, sottomesso **CONTR.** di sfida, di lotta.
fatalità s. f. **1** destino, fato **2** sorte avversa, disgrazia, iattura, sfortuna **CONTR.** fortuna, provvidenza.
fatalménte avv. **1** per volere del fato, necessariamente **2** disgraziatamente, sventuratamente **CONTR.** fortunatamente, provvidenzialmente.
fatàto agg. **1** magico **2** (*fig.*) affascinante, incantato.
fatìca s. f. **1** sforzo, lavoro, impegno, opera **CONTR.** riposo, ozio, fannullaggine (*raro*) **2** affaticamento, stanchezza, debolezza, spossatezza, strapazzo, prostrazione **CONTR.** instancabilità, energia, vigore, vigoria **3** (*fig.*) pena, difficoltà, stento, travaglio **CONTR.** gioia, piacere **FRAS.** *a fatica*, a stento.
faticàre v. intr. **1** far fatica, durar fatica, affaticarsi, sforzarsi, strapazzarsi, sfacchinare, spossarsi, stancarsi, accaldarsi, arrabattarsi, sudare sette camicie **CONTR.** riposare, oziare, stare con le mani in mano, stare in panciolle, prendersela comoda **2** (*fig.*) penare, stentare.
faticàta s. f. grande fatica, sfaticata, faticaccia, corvé, corvèe (*fr.*).
faticosaménte avv. penosamente, stentatamente, con fatica □ tenacemente **CONTR.** agevolmente, facilmente.
faticóso agg. gravoso, pesante, affaticante, duro, oneroso, difficile, improbo □ malagevole, scomodo **CONTR.** leggero, lieve, dilettevole, piacevole, agevole, facile, comodo.
fatìdico agg. **1** premonitore, presago, profetico **2** fatale, ineluttabile □ (*est.*) atteso, aspettato.
fàto s. m. destino, sorte, caso, fatalità, necessità, provvidenza.
fàtta s. f. specie, genere, qualità, sorta, tipo.
fattàccio s. m. **1** pegg. di **fatto (2)** **2** crimine, delitto, misfatto.
fatterèllo s. m. **1** dim. di **fatto (2)** **2** raccontino, aneddoto.
fattézza s. f. spec. al pl. lineamenti, tratti, faccia, cera, sembianza (*lett.*), fisionomia.
fattìbile agg. possibile, realizzabile, attuabile, effettuabile **CONTR.** impossibile, irrealizzabile, inattuabile.
fattivaménte avv. attivamente, operosamente, efficacemente **CONTR.** debolmente, inefficacemente.
fattivo agg. attivo, operoso, dinamico, efficace, energico, produttivo **CONTR.** fiacco, debole, inattivo, inefficace.
fàtto (1) part. pass. di **fare**; anche agg. **1** (*di edificio, di impianto, ecc.*) fabbricato, creato, costruito, eretto, realizzato, prodotto **2** (*di lavoro, di opera, ecc.*) operato, compiuto, effettuato □ accaduto, avvenuto **3** (*di cosa*) formato **4** (*di persona, di frutto, ecc.*) maturo, cresciuto, sviluppato, adulto **CONTR.** acerbo, immaturo **5** (*di giorno, di notte e sim.*) inoltrato, avanzato **CONTR.** iniziato **6** (*per uno scopo*) adatto, disposto, nato **CONTR.** inadatto, disa-

datto **7** (*gerg.*) drogato **FRAS.** *così fatto*, tale □ *a conti fatti*, tutto considerato □ *detto fatto*, immediatamente □ *è fatta!*, non c'è rimedio.

fàtto (2) s. m. **1** azione, atto, opera □ impresa **2** avvenimento, accaduto, fenomeno, circostanza, evento, vicenda, episodio, caso **3** (*di romanzo, di film, ecc.*) argomento, materia, trama **4** cosa, affare, faccenda **FRAS.** *passare a vie di fatto*, venire alle mani □ *fatto di sangue*, delitto □ *sapere il fatto suo*, conoscere bene il proprio mestiere, conoscere le proprie capacità.

fattóre s. m. (f. *-essa, -tora*) **1** (*lett.*) artefice, autore, creatore, fondatore **2** (*di azienda, di beni, ecc.*) amministratore □ agente, castaldo **3** (*di successo, di benessere, ecc.*) causa, elemento determinante **CONTR.** effetto, conseguenza **4** (*mat.*) termine **5** (*scient.*) coefficiente.

fattorìa s. f. azienda agricola, tenuta □ fazenda (*port.*), ranch (*ingl.*), farm (*ingl.*).

fattorìno s. m. commesso, garzone, inserviente □ portalettere.

fattucchièra s. f. maga, maliarda, incantatrice, strega.

fattùra s. f. **1** (*di abito, di attrezzo, ecc.*) confezione, creazione, fabbricazione, preparazione, lavoro, opera □ compilazione **2** (*comm.*) nota, conto, ticket (*ingl.*) **3** (*pop.*) stregoneria, maleficio, malia, incanto, incantesimo.

fatturàre v. tr. **1** (*di alimento, ecc.*) manipolare, adulterare, affatturare, sofisticare, alterare, falsificare **2** (*comm.*) mettere in conto, fare la fattura.

fatturàto A part. pass. di **fatturare**; anche agg. **1** (*di alimento*) adulterato, manipolato, sofisticato, alterato **2** (*comm.*) messo in conto **B** s. m. (*comm.*) vendite.

fatuaménte avv. frivolamente, futilmente, scioccamente **CONTR.** seriamente, sensatamente.

fàtuo agg. vuoto, vano, frivolo, leggero, vanerello □ goffo, insensato, balordo, sciocco, stolto, stupido **CONTR.** serio, grave, ponderato, riflessivo, sensato.

fàuci s. f. pl. **1** gola □ bocca **2** (*fig.*) (*di caverna, di fiume, ecc.*) apertura, imboccatura □ sbocco, foce.

fàuna [vc. dotta, lat. *Fauna(m)*, figlia (o sposa) del dio Fauno, protettore delle greggi] s. f. **1** animali **CFR.** flora **2** (*est., scherz.*) persone.

faunésco agg. di fauno, da fauno □ (*fig.*) malizioso, sensuale.

faustaménte avv. felicemente, fortunatamente **CONTR.** infaustamente, nefastamente.

fàusto agg. propizio, favorevole □ lieto, felice, fortunato, prospero, roseo, sereno **CONTR.** infausto, nefasto, sfavorevole, sfortunato, ostile.

fautóre s. m.; anche agg. (f. *-trice*) sostenitore, promotore, patrocinatore, favoreggiatore, protettore, partigiano **CONTR.** avversario, contrario, detrattore, denigratore, nemico.

fàva s. f. (*bot.*) **FRAS.** *prendere due piccioni con una fava* (*fig.*), conseguire due risultati in una sola volta.

favèlla s. f. **1** parola **2** lingua, linguaggio, idioma, parlata, discorso.

favìlla s. f. **1** scintilla, monachina **2** (*fig.*) (*di sentimento, di avvenimento*) principio, cagione, causa, incentivo, motivo, movente, occasione **CONTR.** effetto, conseguenza.

fàvola s. f. **1** apologo, fola, leggenda, mito **2** fiaba, novella, racconto fantastico **3** commedia, dramma **4** bugia, fandonia, frottola, menzogna, panzana □ chiacchiera, diceria **CONTR.** verità, vero **5** (*di persona*) oggetto di riso, oggetto di scherno, zimbello.

favolìsta s. m. e f. scrittore di favole, novellista, novelliere.

favolìstica s. f. favole.

favolosaménte avv. (*est.*) meravigliosamente, eccezionalmente, esageratamente, straordinariamente **CONTR.** malissimo, pochissimo.

favolóso agg. **1** (*di racconto, di fatto, ecc.*) leggendario, mitico, fantastico, fantasioso, immaginario **CONTR.** reale, vero **2** (*di ricchezza, di prezzo, ecc.*) incredibile, enorme, esagerato, grandissimo □ eccezionale, favorevolissimo **CONTR.** scarsissimo, sconvenientissimo.

favóre s. m. **1** (*del pubblico, dei lettori, ecc.*) benevolenza, preferenza, simpatia, predilezione, apprezzamento, appoggio, approvazione, consenso, sostegno, stima **CONTR.** antipatia, avversione, disapprovazione, disistima, disprezzo, dissenso, opposizione **2** (*di azione*) cortesia, gentilezza, beneficio, grazia, piacere, servizio □ dono **CONTR.** scortesia, sgarbo, sgarberia **3** (*di provvedimento, di finanziamento, ecc.*) aiuto, vantaggio, beneficio **CONTR.** danno, svantaggio **4** (*di persona, delle tenebre, ecc.*) complicità **FRAS.** *di favore*, vantaggioso, favorevole.

favoreggiaménto s. m. **1** favore, favoritismo, agevolazione **2** complicità.

favoreggiàre v. tr. aiutare, favorire, proteggere, sostenere, agevolare **CONTR.** avversare, contrariare, contrastare, ostacolare, osteggiare.

favoreggiatóre s. m. (f. *-trice*) **1** fautore, sostenitore, patrocinatore, agevolatore **CONTR.** avversario, detrattore, nemico **2** complice.

favorévole agg. **1** (*di momento, di vento, ecc.*) adatto, idoneo, opportuno, vantaggioso, propizio **CONTR.** inadatto, inopportuno, svantaggioso, avverso, sfavorevole **2** (*di disposizione, di persona, ecc.*) benigno, benevolo, ben disposto, consenziente, compiacente, propenso, amico, sostenitore **CONTR.** contrario, sfavorevole, malevolo, maldisposto, ostile, avverso, nemico **3** (*di voto, di giudizio, ecc.*) di approvazione, a favore, positivo **CONTR.** contrario, negativo.

favorevolménte avv. **1** amichevolmente, benevolmente, benignamente **CONTR.** avversamente, ostilmente **2** convenientemente, opportunamente, vantaggiosamente **CONTR.** inopportunamente.

favorìre A v. tr. **1** (*di persona o cosa*) aiutare, appoggiare, assistere, caldeggiare, giovare, incoraggiare, proteggere, sorreggere, sostenere, soccorrere **CONTR.** avversare, contrariare, combattere, osteggiare **2** (*di attività, di cultura, ecc.*) promuovere, facilitare, agevolare, alimentare **CONTR.** impedire, intralciare, ostacolare **B** v. intr. con l'inf. accettare, acconsentire **CONTR.** rifiutare, negare.

favoritìsmo s. m. parzialità, protezione, nepotismo **CONTR.** equità, imparzialità.

favorìto A part. pass. di **favorire**; anche agg. **1** amato, prediletto, preferito, primo **CONTR.** trascurato, ultimo **2** (*sport*) probabile vincitore **B** s. m. **1** prediletto, beniamino, cocco (*fam.*), cocchino (*fam.*) **2** (*sport*) probabile vincitore **3** (*spec. al pl.*) fedine, basettoni, scopettoni.

fazióne s. f. **1** (*spec. polit.*) setta, corrente, movimento, parte **2** (*sport, spec. nel calcio*) squadra.

faziosaménte avv. parzialmente, settariamente, fanaticamente, violentemente **CONTR.** equilibratamente, equamente, moderatamente, serenamente, obiettivamente.

faziosità s. f. partigianeria, parzialità, settarismo **CONTR.** moderatismo.

fazióso agg.; anche s. m. estremista, fanatico, settario, partigiano, parziale □ ribelle, sovversivo, agitatore **CONTR.** equilibrato, equo, obiettivo, moderato, tranquillo.

fazzolétto s. m. moccichino (*pop.*), pezzuola □ (*da collo*) fisciù, fichu (*fr.*) □ foulard (*fr.*).

fèbbre s. f. **1** (*med.*) piressia □ (*est.*) temperatura **2** (*est.*) (*delle labbra*) herpes **3** (*fig.*) (*di denaro, di gloria, ecc.*) passione ardente, desiderio intenso, frenesia, furia, orgasmo (*est.*), brama, foia (*est., fig.*), eccitazione.

febbricitànte agg. piretico **CONTR.** sfebbrato, apiretico.

febbrìfugo o (*evit.*) **febbrifùgo** agg.; anche s. m. antifebbrile.

febbrìle agg. **1** piretico, di febbre **2** (*fig.*) (*di lavoro, di attività, ecc.*) intenso, instancabile, agitato, convulso, frenetico, eccitato, esaltato, irrequieto **CONTR.** lento, spento, tranquillo.

febbrilménte avv. convulsamente, intensamente, freneticamente **CONTR.** lentamente, tranquillamente.

fèccia s. f. **1** (*di svinatura, di filtrazione, ecc.*) deposito, sedimento, fondiglio, posatura, residuo, scoria **2** (*di persone*) parte peggiore, gentaglia, malavita, mala (*gerg.*).

fècola s. f. **1** amido **2** (*per anton.*) fecola di patate.

fecondaménte avv. (*anche fig.*) fertilmente, produttivamente, abbondantemente, riccamente **CONTR.** aridamente, improduttivamente, poveramente.

fecondàre v. tr. **1** (*di donna o animale*) ingravidare, rendere fecondo, rendere prolifico **2** (*anche fig.*) (*di terreno, di mente, ecc.*) rendere produttivo, fertilizzare, alimentare, sviluppare, potenziare, maturare **CONTR.** isterilire, inaridire.

fecondazióne s. f. concepimento.

fecondità s. f. **1** (*di persona o animale*) capacità di procreare, prolificità **CONTR.** sterilità, impotenza **2** (*di terra, di pianta, ecc.*) fertilità, produttività, feracità (*lett.*), ubertà (*lett.*) **CONTR.** aridità, infecondità, improduttività **3** (*fig.*) (*di ingegno, ecc.*) capacità creativa, creatività, ricchezza, inventiva, fantasia.

fecóndo agg. **1** (*di persona o animale*) atto a procreare, prolifico **CONTR.** sterile, impotente **2** (*di terra, di albero, ecc.*) fertile, fruttifero, produttivo, ferace (*lett.*), ubertoso (*lett.*) **CONTR.** arido, infecondo, improduttivo **3** (*fig.*) (*di ingegno, ecc.*) ricco di inventiva, creativo.

fedaìn o **fedayìn** [pl. dell'ar. classico *fidāi* 'che offre la sua anima in riscatto, volontario della morte'] s. m. inv. guerrigliero palestinese, guerrigliero arabo.

féde s. f. **1** (*in un'idea*) adesione incondizionata □ assentimento, consenso, convinzione, credenza, fiducia **CONTR.** sfiducia, diffidenza, dissenso, dubbio, incertezza **2** (*relig.*) religione, professione, credo, dogma □ religione cristiana, cattolicesimo **CONTR.** ateismo, incredulità, miscredenza **3** (*spec. polit.*) idea, ideale **4** (*di sposo, di promessa, ecc.*) fedeltà, lealtà, onestà, onore, osservanza, parola, coscienza retta **CONTR.** infedeltà, slealtà, disonestà, inosservanza, trasgressione, tradimento **5** anello matrimoniale, vera **6** (*bur.*) certificato, documento, atto, attestazione, attestato **FRAS.** *far fede*, attestare □ *in buona fede*, senza cattiva intenzione □ *in mala fede*, con inganno.

fedéle A agg. **1** (*di sposo, di alleato, ecc.*) fido (*lett.*), devoto, leale, onesto, retto, sicuro, coscienzioso, di parola □ zelante **CONTR.** infido, infedele, sleale, traditore, disonesto, malfido **2** (*relig.*) credente, pio, praticante, cristiano **CONTR.** ateo, miscredente, empio **3** (*di amico, di cliente, ecc.*) affezionato, assiduo, sostenitore □ frequentatore, cliente **CONTR.** occasionale, saltuario **4** (*di ritratto, di traduzione, ecc.*) esatto, puntuale, diligente, preciso, attendibile **CONTR.** inesatto, impreciso, negligente, inattendibile **B** s. m. e f. seguace □ frequentatore □ tifoso, ammiratore, fan (*ingl.*).

fedelménte avv. **1** diligentemente, puntualmente, esattamente, attendibilmente **CONTR.** inesattamente, negligentemente **2** lealmente, onestamente, rettamente **CONTR.** slealmente, proditoriamente, disonestamente.

fedeltà s. f. **1** (*di comportamento*) fede, lealtà,

coscienziosità, onestà, rettitudine □ devozione, deferenza, rispetto □ pietà, religione **CONTR.** infedeltà, tradimento, slealtà, disonestà **2** (*di notizia, di traduzione, ecc.*) esattezza, precisione, attendibilità, credibilità, veracità, conformità, corrispondenza **CONTR.** inesattezza, imprecisione, inattendibilità, diversità, divergenza.

fèdera s. f. (*di guanciale*) fodera, involucro.

federativo agg. associativo.

federàto agg. confederato, associato, unito.

federazióne s. f. **1** (*di governo*) confederazione, Stato federale **2** (*di commercianti, di partiti, ecc.*) associazione, unione □ ente.

fedina s. f. certificato penale.

feedback /*ingl.* 'fi:dbæk/ [vc. ingl., propriamente 'rifornimento all'indietro', comp. di *feed* 'alimento' e *back* 'indietro'] s. m. inv. retroazione, effetto retroattivo □ reazione.

feeling /*ingl.* 'fi:liŋ/ [vc. ingl., da *to feel* 'sentire'] s. m. inv. **1** sentimento, sensazione □ senso, opinione **2** emozione, eccitazione **3** compassione, comprensione, partecipazione, simpatia.

fégato s. m. (*fig.*) coraggio, audacia, ardimento, ardire, temerità, temerarietà, sangue freddo **CONTR.** paura, timore, vigliaccheria, tremarella, fifa (*dial.*) **FRAS.** *mangiarsi il fegato* o *rodersi il fegato* (*fig.*), struggersi di rabbia.

felice agg. **1** (*di persona*) contento, lieto, beato, pago, soddisfatto, allegro, raggiante, esultante, giubilante, giulivo **CONTR.** infelice, scontento, insoddisfatto, malinconico, mesto, triste, afflitto, travagliato, cupo **2** (*di situazione, di posizione, ecc.*) fortunato, propizio, invidiabile **CONTR.** sfortunato, disgraziato, iellato (*dial.*) **3** (*di esito, di giorno, ecc.*) favorevole, fausto, propizio □ conveniente, opportuno **CONTR.** sfavorevole, infausto, avverso □ sconveniente, inopportuno.

feliceménte avv. **1** lietamente, allegramente **CONTR.** infelicemente, tristemente **2** convenientemente, opportunamente, bene **CONTR.** sconvenientemente, inopportunamente, male.

felicità s. f. **1** contentezza, beatitudine, delizia, gioia, giubilo, letizia, esultanza, tripudio, appagamento **CONTR.** infelicità, scontentezza, malinconia, mestizia, tristezza, afflizione, dolore, tribolazione **2** benessere, prosperità, agiatezza, floridezza, fortuna **CONTR.** miseria, penuria, indigenza **3** (*di parola, di pennello, ecc.*) abilità, capacità, perizia, perfezione **CONTR.** incapacità, imperizia, imperfezione.

felicitazióne s. f. spec. al pl. rallegramenti, complimenti, congratulazioni **CONTR.** condoglianze, compianto, cordoglio.

felino agg. **1** di gatto, da gatto **2** (*fig.*) agile, snello **CONTR.** tozzo, sgraziato **3** (*fig.*) astuto, guardingo, subdolo **CONTR.** ingenuo.

félpa s. f. peluche (*fr.*).

felpàto agg. **1** lavorato a felpa □ ricoperto di felpa **2** (*fig.*) (*di passo e sim.*) attutito, morbido, silenzioso, impercettibile **CONTR.** chiassoso, rumoroso.

felsìneo [dal lat. *Fèlsina*, ant. n. di Bologna, di origine etrusca] agg. bolognese, petroniano.

felùca s. f. (*di accademico, di ufficiale, ecc.*) bicorno.

fémmina A s. f. **1** animale femmina □ donna **CONTR.** maschio □ uomo **2** (*fig.*) timido, debole, pavido **CONTR.** coraggioso **3** (*di vite*) madrevite **CONTR.** maschio **B** in funzione di agg. femminile.

femmìneo agg. **1** (*lett.*) di donna, da donna, donnesco, muliebre (*lett.*) **CONTR.** maschile, mascolino **2** (*lett.*) effeminato, debole, fiacco, molle, snervato **CONTR.** virile, maschio, energico, forte.

femminilità s. f. femminino, fascino femminile, dolcezza, grazia □ sex-appeal (*ingl.*) **CONTR.** mascolinità, virilità.

femminilménte avv. **1** con femminilità **CONTR.** maschilmente **2** effeminatamente **CONTR.** virilmente.

fèmore s. m. (*anat., est.*) coscia **CFR.** tibia.

fèndere A v. tr. **1** spaccare, rompere, squarciare, aprire, dividere, separare, scindere (*lett.*) **CONTR.** attaccare, riattaccare, congiungere, ricongiungere, unire **2** (*di folla, di acque, ecc.*) attraversare, solcare, farsi strada **B fendersi** v. intr. pron. screpolarsi, aprirsi, spaccarsi, creparsi, incrinarsi, scheggiarsi.

fenditùra s. f. crepa, fessura, apertura, spacco, spaccatura, squarcio, solco, rottura, taglio, crepatura, screpolatura, lacerazione.

fenicòttero s. m. (*zool.*) fiammingo.

fenòlo s. m. (*chim.*) acido fenico, ossibenzene.

fenomenàle agg. (*fig.*) straordinario, eccezionale, meraviglioso, mirabile, inaudito, enorme □ notevole, strano **CONTR.** comune, consueto, naturale, normale, ordinario.

fenòmeno A s. m. **1** manifestazione, fatto, caso, evento **2** (*fam.*) (*di persona o cosa*) eccezione □ mostro **B** in funzione di agg. inv. (posposto al s.) (*fam.*) stupefacente, sorprendente, straordinario.

feràle agg. (*lett.*) funesto, funereo, luttuoso, lugubre, mortale □ infausto, tristissimo, di malaugurio **CONTR.** lieto, gioioso, giocondo, rallegrante, allegro, fausto.

fèretro s. m. bara, cassa da morto, cataletto.

fèria s. f. al pl. periodo di riposo, vacanze, feste **CONTR.** (*est.*) lavoro.

feriàle agg. lavorativo, di lavoro, non festivo **CONTR.** festivo.

feriménto s. m. (*est.*) ferita □ colpo.

ferire A v. tr. **1** (*di lama, di arma, ecc.*) produrre una ferita, colpire, vulnerare (*lett.*), lacerare, piagare, percuotere □ trafiggere, accoltellare, forare, tagliare, infilzare, pugnalare, sbudellare **CONTR.** curare, medicare, sanare, cicatrizzare, rimarginare **2** (*fig.*) (*di parole, di atto, ecc.*) addolorare, mortificare, offendere, umiliare □ commuovere **CONTR.** adulare, blandire, elogiare, esaltare, lodare **B ferirsi** v. rifl. prodursi una ferita **FRAS.** *senza colpo ferire*, senza spargere sangue.

ferìta s. f. **1** (*di lama, di arma, ecc.*) taglio, lacerazione, lesione, piaga, squarcio, trauma □ botta, colpo, contusione, ecchimosi □ scalfittura, scorticatura, sbucciatura, puntura, sfregio, morsicatura, escoriazione, graffiatura **2** (*fig.*) (*di sentimenti*) strazio, spasimo, tormento, pena, afflizione **CONTR.** gioia, godimento, piacere.

ferìto part. pass. di **ferire**; anche agg. e s. m. **1** (*da lama, da arma, ecc.*) colpito, percosso, piagato, contuso, pesto, scorticato, sfregiato, trafitto **CONTR.** guarito, rimarginato, cicatrizzato □ illeso **2** (*di sentimenti*) afflitto, mortificato, offeso **CONTR.** elogiato, lodato, incoraggiato.

fermacapélli s. m. inv. fermaglio, spillone.

fermacàrte s. m. inv. calcafogli (*raro*), calcalettere (*raro*).

fermacravàtta o **fermacravàtte** s. m. inv. fermaglio, spilla.

fermàglio s. m. fibbia, spilla, spillone, fibula (*lett.*), fermacapelli.

fermaménte avv. **1** saldamente, solidamente, stabilmente **CONTR.** debolmente, instabilmente **2** decisamente, energicamente, risolutamente, recisamente **CONTR.** fiaccamente, dubbiosamente, incertamente.

fermàre A v. tr. **1** trattenere, frenare, arrestare, bloccare, raffrenare, rattenere (*lett.*), impedire **CONTR.** avviare, far partire, muovere **2** (*di sospetto, di indiziato, ecc.*) arrestare, catturare, ammanettare **CONTR.** liberare, dimettere, rilasciare **3** (*di cosa*) rendere saldo, attaccare, fissare, assicurare, legare stretto **CONTR.** allentare, staccare, sciogliere, slegare **4** (*fam.*) (*di posto, di biglietto, ecc.*) prenotare **B fermarsi** v. intr. pron. **1** (*di persona e cosa*) arrestarsi, bloccarsi, immobilizzarsi □ interrompersi, smettere **CONTR.** avviarsi, incamminarsi, muoversi, spostarsi **2** (*di persona*) trattenersi, soffermarsi, sostare, soggiornare **CONTR.** affrettarsi, spicciarsi, sbrigarsi, partire **3** (*in un luogo*) insediarsi, stabilirsi **C** v. intr. (*di autobus, di treno, ecc.*) sostare, fare una fermata.

fermàta s. f. **1** (*di treno, di servizio, ecc.*) sosta, tappa, stazione □ alt, stop (*ingl.*) **CONTR.** continuazione, proseguimento **2** (*di lavoro, di tempo, ecc.*) arresto, interruzione, pausa, intervallo, sospensione, riposo, respiro, posa, sosta.

fermentàre A v. intr. **1** essere in fermentazione, bollire, ribollire **CONTR.** sbollire **2** (*fig.*) (*di animo, di mente, ecc.*) essere agitato, essere in subbuglio, agitarsi, turbarsi, commuoversi **CONTR.** calmarsi, placarsi, quietarsi **3** (*di pasta, di vino, ecc.*) lievitare **B** v. tr. far fermentare □ far lievitare.

fermentàto part. pass. di **fermentare**; anche agg. lievitato.

fermentazióne s. f. bollitura □ lievitazione □ decomposizione.

ferménto s. m. **1** enzima **2** lievito **3** (*fig.*) (*di persone*) agitazione, eccitazione, inquietudine □ subbuglio, tumulto **CONTR.** calma, pace, quiete, stasi, tranquillità.

férmo A agg. **1** immobile, immoto (*lett.*), fisso, fissato, stabile, sicuro, statico □ stagnante **CONTR.** mobile, movibile, amovibile **2** (*fig.*) (*di persona*) costante, fedele, saldo, irremovibile, incrollabile, immutabile, pertinace, ostinato, tenace, deciso, energico, risoluto **CONTR.** indeciso, incostante, instabile, leggero, mutevole, volubile, arrendevole **3** (*fig.*) stabilito **B** s. m. **1** (*di apparecchio, di tempo, ecc.*) fermata, interruzione **CONTR.** avviamento, avvio **2** (*dir.*) arresto, cattura **CONTR.** rilascio, dimissione **3** (*di congegno*) sicura, sicurezza **FRAS.** *per fermo*, con sicurezza.

feróce agg. **1** crudele, disumano, efferato, inumano, sanguinario, snaturato, malvagio, brutale **CONTR.** benigno, bonario, buono, mansueto, compassionevole, misericordioso, mite, umano **2** (*di caldo, di freddo, ecc.*) intollerabile, violento, vivissimo, accanito **CONTR.** scarso, modesto, moderato, piacevole.

feroceménte avv. crudelmente, brutalmente, spietatamente, efferatamente, inumanamente, malvagiamente □ mostruosamente, orribilmente **CONTR.** benignamente, bonariamente, mansuetamente, misericordiosamente, mitemente, umanamente, dolcemente.

feròcia s. f. crudeltà, brutalità, disumanità, inumanità, efferatezza, malvagità, spietatezza, ferocità □ barbarie, violenza **CONTR.** benignità, bonarietà, bontà, compassione, mansuetudine, misericordia, mitezza, pietà, umanità.

ferragósto [lat. *feriae Augusti* 'festa d'agosto'] s. m. 15 agosto, Assunta, mezzagosto.

ferràme s. m. ferraglia.

ferraménta s. f. ferrareccia.

ferràre A v. tr. munire di ferro **B ferrarsi** v. rifl. (*fig.*) (*in una materia*) perfezionarsi, temprarsi.

ferràto part. pass. di **ferrare**; anche agg. **1** munito di ferro, rivestito di ferro □ blindato, corazzato **2** (*fig.*) (*di persona*) competente, esperto, intenditore, provetto, versato, addentro **CONTR.** incompetente, inesperto, ignaro, profano **FRAS.** *strada ferrata*, ferrovia.

ferreaménte avv. inflessibilmente, severamente **CONTR.** mitemente, blandamente.

fèrreo agg. **1** di ferro, fatto di ferro **2** (*fig.*) (*di fisico, di salute, ecc.*) resistente, robusto, forte, gagliardo, vigoroso □ tenace **CONTR.** debole, fragile, delicato, gracile **3** (*fig.*) (*di carattere, di disciplina, ecc.*) inflessibile, rigoroso, severo, duro, inesorabile **CONTR.** mite, molle, tollerante, indulgente.

fèrro s. m. **1** lama, coltello, falce, accetta, ascia, scure, rasoio, bisturi **2** (*lett.*) spada, sciabola **3** (*spec. al pl.*) catene, ceppi, manette **4** (*spec. al pl.*) graticola **FRAS.** *ferro stagnato*, latta □ *ferro crudo*, ferraccio □ *mettere a ferro e fuoco*, distruggere □ *essere in una botte di ferro* (*fig.*), essere sicuro □ *avere il pugno di ferro* (*fig.*), essere rigido □ *alibi di ferro* (*fig.*), alibi inattaccabile □ *a ferro di cavallo*, a semicerchio □ *essere ai ferri corti* (*fig.*), essere alle strette □ *mettere ai ferri*, incatenare.

ferrovìa s. f. strada ferrata **FRAS.** *ferrovia sotterranea*, metropolitana, métro (*fr.*).

ferruginóso agg. **1** ferroso **2** color ruggine.

ferry-boat /*ingl.* 'fɛri 'bout/ [vc. ingl., di *to ferry* 'traghettare' e *boat* 'battello'] s. m. inv. traghetto, nave traghetto.

fèrtile agg. **1** (*di terra*) fecondo, ferace (*lett.*), fruttifero, produttivo, ubertoso (*lett.*) **CONTR.** arido, infecondo, improduttivo, sterile **2** (*fig.*) (*di mente, di ingegno, ecc.*) fecondo, ricco.

fertilità s. f. **1** fecondità, feracità (*lett.*), produttività, ubertà (*lett.*) **CONTR.** aridità, infecondità, improduttività, sterilità **2** (*fig.*) (*di ingegno e sim.*) ricchezza **CONTR.** povertà.

fertilizzànte part. pres. di **fertilizzare**; anche agg. e s. m. concime.

fertilizzàre v. tr. rendere fertile, concimare.

fertilizzazióne s. f. concimazione.

fervènte part. pres. di **fervere**; anche agg. **1** caldissimo, bollente, cocente, infocato, rovente, scottante, bruciante **CONTR.** freddissimo, gelato, gelido, ghiacciato **2** (*fig.*) (*di discorso, di preghiera, ecc.*) acceso, ardente, caloroso, entusiastico, fervido, fervoroso, appassionato, intenso, veemente, vivace, vivo **CONTR.** debole, fiacco, frigido, blando.

fèrvere v. intr. **1** (*lett.*) essere cocente, ardere **2** (*di liquido*) ribollire **3** (*fig.*) (*di vita, di attività*) fremere, brulicare **CONTR.** languire.

fervidaménte avv. fervorosamente, con zelo, entusiasticamente **CONTR.** freddamente, fiaccamente, svogliatamente.

fèrvido agg. **1** caldissimo, ardente, bollente, cocente, infocato, bruciante, rovente, scottante **CONTR.** freddissimo, gelato, gelido, ghiacciato **2** (*fig.*) (*di discorso, di salute, ecc.*) acceso, appassionato, ardente, caloroso, entusiastico, fervoroso, intenso, vivace, vivo, zelante **CONTR.** debole, fiacco, frigido, indolente, torpido.

fervóre s. m. **1** (*lett.*) bollore, ardore, bruciore, vampa, gran calore **CONTR.** freddo, gelo, ghiaccio **2** (*fig.*) (*di vita, di attività, ecc.*) impeto, intensità, foga, veemenza, vivacità, zelo, entusiasmo **CONTR.** fiacca, freddezza, torpore, lentezza, pigrizia, apatia **3** (*di festa, di manifestazione*) culmine, clou (*fr.*).

fervoróso agg. **1** (*lett.*) caldissimo, ardente, bollente, cocente, infocato, rovente, scottante **CONTR.** freddissimo, gelato, gelido, ghiacciato **2** (*fig.*) acceso, appassionato, accalorato, concitato, fervido, intenso, sentito, veemente, vivo, zelante **CONTR.** debole, fiacco, frigido, indolente, torpido.

fesserìa s. f. **1** (*pop.*) balordaggine, stoltezza, stupidità, stupidaggine, cretinaggine, asinata **2** (*est.*) inezia, bagattella, quisquilia, cretinata.

fésso agg.; anche s. m. (*pop.*) sciocco, balordo, tonto, imbecille, cretino, minchione (*pop.*), stolido, stolto, stupido **CONTR.** acuto, astuto, furbo, intelligente, sagace, sveglio, in gamba.

fessùra s. f. **1** crepa, fenditura, incrinatura, spaccatura, spacco, apertura **2** (*raro*) (*spec. di porte e finestre socchiuse*) interstizio, spiraglio **3** (*raro*) screpolatura, ruga.

fèsta s. f. **1** giorno solenne, festività, solennità □ domenica □ vacanza **CONTR.** lutto □ giorno feriale, giorno lavorativo **2** (*fam.*) compleanno, genetliaco, onomastico, anniversario □ sagra **3** (*fig.*) esultanza, felicità, gioia, giubilo, sollazzo, tripudio **CONTR.** malinconia, mestizia, lutto, pianto, tristezza **4** (*verso una persona*) lieta accoglienza, benevolenza, buon viso **CONTR.** scortesia, sgarbatezza, malgarbo **FRAS.** *far la festa a uno* (*fig.*), uccidere uno □ *conciare per le feste*, maltrattare.

festànte agg. (*lett.*) allegro, lieto, gioioso, giubilante, esultante, entusiastico □ ameno, ridente **CONTR.** afflitto, dolente, malinconico, mesto, triste, cupo.

festeggiaménto s. m. spec. al pl. festa, feste □ sagra.

festeggiàre v. tr. **1** (*di festa, di compleanno, ecc.*) celebrare, solennizzare **2** (*di persona*) accogliere festosamente, far festa, onorare **CONTR.** mandar via, respingere.

festeggiàto part. pass. di **festeggiare**; anche agg. **1** (*di ricorrenza, di compleanno, ecc.*) celebrato, solennizzato **2** (*di persona*) onorato □ elogiato, lodato **CONTR.** biasimato, criticato **3** benaccolto **CONTR.** respinto.

festìno s. m. **1** dim. di **festa** **2** festa, trattenimento, banchetto, convito (*lett.*), simposio.

fèstival [vc. ingl., dall'ant. fr. *festival* 'festivo, piacevole'] s. m. inv. festa, festa popolare, sagra □ festa musicale.

festività s. f. **1** festa **2** (*lett.*) allegrezza, festosità, festevolezza (*raro*), gaiezza, letizia **CONTR.** afflizione, malinconia, mestizia, tristezza.

festìvo agg. **1** di festa **CONTR.** feriale **2** (*lett.*) (*di modi, di parole, ecc.*) allegro, lieto, festoso, gaio, gioioso, giocondo **CONTR.** malinconico, mesto, triste, funebre, lugubre.

festosaménte avv. allegramente, gaiamente, gioiosamente, giocondamente, lietamente **CONTR.** mestamente, tristemente.

festosità s. f. allegrezza, cordialità, gaiezza,

giocondità, letizia **CONTR.** mestizia, tristezza, broncio, musoneria.

festóso agg. **1** allegro, cordiale, gaio, giocondo, gioioso, lieto **CONTR.** malinconico, mesto, triste, funebre, lugubre **2** ridente, vivace **CONTR.** cupo, monotono.

fetènte agg. **1** fetido, puzzolente, graveolente (*lett.*), maleolente (*lett.*) **CONTR.** profumato, odoroso, olezzante (*lett.*) **2** (*pop.*, *fig.*) meschino, vile, abietto, spregevole **CONTR.** apprezzabile, degno, nobile, pregevole.

fetìccio s. m. (*anche fig.*) idolo □ amuleto, talismano.

feticìsmo s. m. **1** idolatria **2** (*fig.*) ammirazione eccessiva, fanatismo, esaltazione **CONTR.** disprezzo.

feticìsta s. m. e f.; anche agg. **1** idolatra **2** ammiratore cieco, esaltato, fanatico, fan (*ingl.*).

fètido agg. puzzolente, fetente, graveolente (*lett.*), maleolente (*lett.*) **CONTR.** profumato, odoroso, olezzante (*lett.*).

fetóre s. m. puzzo, puzza, lezzo, tanfo, afrore, peste **CONTR.** profumo, fragranza, olezzo (*lett.*).

fétta s. f. (*fig.*) parte, pezzo, porzione, striscia.

fettùccia s. f. **1** dim. di **fetta 2** nastro, gallone, rotella, striscia **3** (*di strada*) rettilineo.

feudàle agg. **1** del feudo □ del feudalesimo **2** (*fig.*) arretrato, reazionario □ dispotico **CONTR.** evoluto, moderno, riformatore.

feudalésimo s. m. (*fig.*) arretratezza **CONTR.** modernità.

feudalità s. f. feudatari.

feudatàrio s. m. (*stor.*, *est.*) padrone arretrato, latifondista, signorotto.

fèudo s. m. **1** (*fig.*) possedimenti, fondo, tenuta **2** (*fig.*) dominio, area di potere.

feuilleton /*fr.* fœj'tɔ̃/ [vc. fr., da *feuille* 'foglio'] s. m. inv. romanzo d'appendice.

fiàba s. f. **1** novella, racconto, commedia □ favola, fola □ (*fig.*) illusione, sogno **CONTR.** realtà, vero **2** (*fig.*) fandonia, frottola, bugia **CONTR.** verità.

fiabésco agg. **1** di fiaba, da fiaba **2** (*est.*, *fig.*) favoloso, fantastico, incantato, straordinario, irreale, incredibile **CONTR.** reale, concreto, effettivo.

fiàcca s. f. stanchezza, svogliatezza, debolezza, fiacchezza, lentezza, pigrizia, spossatezza **CONTR.** alacrità, energia, forza, gagliardia, solerzia, vigore, vigoria **FRAS.** *battere la fiacca*, lavorare controvoglia, essere pigro.

fiaccaménte avv. debolmente, lentamente, pigramente, stancamente, svogliatamente **CONTR.** alacremente, energicamente, gagliardamente, vigorosamente.

fiaccàre v. tr. **1** (*di persona*, *di fisico*, *ecc.*) indebolire, debilitare, affaticare, logorare, spossare **CONTR.** rafforzare, rinvigorire, rinforzare **2** (*di cosa*) rompere, schiantare, spezzare.

fiaccàto part. pass. di **fiaccare**; anche agg. **1** (*di persona*, *di fisico*, *ecc.*) indebolito, spossato **CONTR.** rafforzato, rinvigorito **2** (*di cosa*) rotto, spezzato, infranto **CONTR.** intero, intatto, sano.

fiacchézza s. f. fiacca, debolezza, spossatezza, stanchezza, lentezza, pigrizia **CONTR.** alacrità, energia, forza, gagliardia, solerzia, vigore, vigoria.

fiàcco agg. spossato, debole, affaticato, snervato, stanco, stremato, stracco (*pop.*), sfinito, esausto □ indolente, pigro, svogliato **CONTR.** alacre, energico, forte, gagliardo, solerte, vigoroso.

fiàccola s. f. **1** torcia, teda (*lett.*), face (*poet.*) **2** (*fig.*) (*di fede*, *di libertà*, *ecc.*) luce, fiamma, ideale □ seme.

fiàla s. f. ampolla, boccetta, bottiglietta.

fiàmma s. f. **1** lingua di fuoco, fiammata, vampa, vampata, fuoco □ rogo **2** (*fig.*) (*di sentimento*) ardore, fervore, entusiasmo, passione, vivo desiderio □ amore ardente **CONTR.** freddezza, frigidità, indifferenza **3** (*est.*, *scherz.*) amato, amata, amore **4** (*fig.*) (*di colore*) rosso acceso, scarlatto □ rossore **5** (*al pl.*) (*mil.*) mostrine **FRAS.** *andare in fiamme*, bruciare □ *far fuoco e fiamme* (*fig.*), darsi molto da fare □ *diventare di fiamma*, arrossire □ *mettere a fuoco e fiamme*, devastare □ *fiamme gialle*, guardie di finanza.

fiammànte agg. **1** fiammeggiante, infocato **CONTR.** spento, estinto **2** luccicante, scintillante, splendente **CONTR.** offuscato, opaco, spento **3** (*fig.*) rosso acceso, scarlatto □ vistoso, appariscente **CONTR.** incolore, grigio, spento **FRAS.** *nuovo fiammante*, nuovissimo.

fiammàta s. f. **1** fiamma gagliarda □ vampa, vampata **2** (*fig.*) (*di sentimento*) ebbrezza, eccitazione, esaltazione.

fiammeggiànte part. pres. di **fiammeggiare**; anche agg. **1** ardente, incandescente, infocato **CONTR.** spento, estinto **2** (*fig.*) splendente, sfavillante, luccicante, lampeggiante, scintillante **CONTR.** offuscato, opaco, smorzato **3** (*fig.*) (*di colore*) rosso acceso, scarlatto □ sgargiante.

fiammeggiàre v. intr. **1** bruciare, ardere, divampare □ mandare fiamme **CONTR.** spegnersi, estinguersi **2** (*fig.*) risplendere, scintillare, rosseggiare, sfolgorare, sfavillare □ spiccare **CONTR.** offuscarsi, abbuiarsi.

fiammìfero s. m. solfanello, zolfanello, zolfino (*raro*), cerino, fulminante (*dial.*).

fiammìngo agg.; anche s. m. (*est.*) belga □ olandese.

fiancàta s. f. **1** (*di nave*, *di mobile*, *ecc.*) parte laterale, parete **2** (*di monte*) pendice **3** (*mar.*, *raro*) bordata.

fiancheggiaménto s. m. **1** (*mil.*) protezione dei fianchi **2** (*polit.*) sostegno, appoggio, aiuto.

fiancheggiàre v. tr. **1** (*di monti*, *di strada*, *ecc.*) chiudere ai fianchi □ stare ai lati □ scortare **2** (*fig.*) (*di persona*) aiutare, sostenere, favorire, secondare, spalleggiare, appoggiare **CONTR.** avversare, combattere, contrariare, contrastare, ostacolare.

fiancheggiàto part. pass. di **fiancheggiare**; anche agg. **1** scortato **2** (*fig.*) (*di persona*) appoggiato, favorito, sostenuto, spalleggiato **CONTR.** contrastato, ostacolato, avversato.

fiancheggiatóre s. m.; anche agg. (f. *-trice*) fautore, sostenitore **CONTR.** avversario, nemico.

fiànco s. m. **1** (*est.*) anca □ (*al pl.*) bacino □ cintola, vita **2** lato, banda, canto, fiancata **3** (*fig.*) resistenza, forza **CONTR.** debolezza **FRAS.** *al fianco*, vicino □ *di fianco*, lateralmente □ *prestare il fianco* (*fig.*), presentare il lato debole.

fiaschetteria s. f. osteria, mescita, bettola □ trattoria.

fiàsco s. m. **1** (*est.*) fiasca, borraccia, bottiglia **2** (*fig.*) insuccesso, fallimento, smacco **CONTR.** successo, trionfo, vittoria.

fiatàre A v. intr. **1** (*raro*) alitare, respirare, tirare il fiato **CONTR.** asfissiare, soffocare **2** (*fig.*) aprir bocca, parlare **CONTR.** tacere, star zitto **B** v. tr. (*raro*) emettere, pronunciare.

fiàto s. m. **1** alito, respiro, soffio, sbuffo □ esalazione, puzzo, profumo □ (*est.*) vita **CONTR.** mancanza di respiro, asfissia, soffocazione **2** (*lett.*) voce, favella **3** (*sport*) energia, forza, resistenza **CONTR.** debolezza, fiacchezza, defaillance (*fr.*) **FRAS.** *avere il fiato grosso*, ansimare □ *d'un fiato* (*fig.*), senza interruzione, tutto in una volta □ *sprecare il fiato* (*fig.*), parlare inutilmente.

fibbia s. f. fermaglio, spilla, fibula (*archeol.*).

fìbra s. f. **1** (*est.*) filamento, filo **2** (*fig.*) (*di persona*) complessione, corporatura, costituzione, struttura **3** (*fig.*) energia, forza, vigore, vigoria **CONTR.** debolezza, fiacchezza, spossatezza, svogliatezza **4** (*fig.*) (*del cuore, dell'animo*) intimo.

fibróso agg. **1** di fibre **2** (*est.*) filamentoso, legnoso, duro, tiglioso **CONTR.** molle, morbido, tenero.

fibula s. f. **1** (*anat.*) perone **2** (*archeol.*) fibbia, fermaglio.

fica s. f. (*volg.*) vulva, vagina.

ficcanàso s. m. e f. curioso, indiscreto, intrigante, invadente **CONTR.** discreto, delicato, riservato.

ficcàre A v. tr. **1** conficcare, figgere (*lett.*), configgere, infiggere, piantare, far entrare, spingere dentro, introdurre, infilare, inserire, immergere, incastrare **CONTR.** estirpare, svellere, sconficcare, strappare, sradicare, levare, divellere (*lett.*) **2** (*fig.*) (*di occhi, di attenzione, ecc.*) affissare, fissare, appuntare, dirigere, rivolgere **CONTR.** allontanare, distogliere, stornare **B ficcarsi** v. rifl. cacciarsi, spingersi, conficcarsi, penetrare, entrare, intromettersi □ nascondersi, occultarsi □ fermarsi, rimanere **CONTR.** togliersi, cavarsi □ uscire, andarsene □ liberarsi.

fiche /*fr.* fiʃ/ [vc. fr., da *ficher* 'ficcare', propriamente 'chiodo che si conficca'] s. f. inv. **1** (*per il gioco*) gettone, marca, puglia **2** (*banca*) tagliando.

fìco A agg. (*gerg.*) bello, elegante, alla moda, in (*ingl.*) **CONTR.** brutto, out (*ingl.*) **B** s. m. elegantone, fusto (*gerg.*) **CONTR.** brocco (*gerg.*).

fidanzàto agg. e s. m. promesso sposo.

fidàre A v. tr. affidare, concedere, dare □ palesare, svelare **B** v. intr. confidare, aver fiducia, fare assegnamento **CONTR.** diffidare, dubitare, sospettare **C fidarsi** v. intr. pron. **1** confidare, aver fiducia, affidarsi, fare assegnamento, dar credito **CONTR.** diffidare, dubitare, sospettare **2** (*fam.*) sentirsi capace, sentirsela **CONTR.** temere, esitare.

fidataménte avv. sicuramente, lealmente **CONTR.** slealmente, perfidamente.

fidàto agg. siucro, leale, fedele, probo, onesto **CONTR.** sleale, infedele, infido, perfido.

fìdo (1) A agg. (*lett.*) fedele, fidato, devoto, leale, affezionato **CONTR.** sleale, infedele, infido, perfido **B** s. m. seguace fidato, compagno fidato.

fìdo (2) s. m. (*banca*) credito, castelletto.

fidùcia s. f. **1** fede, certezza, sicurezza, assegnamento, affidamento □ affetto, amicizia, familiarità, abbandono **CONTR.** sfiducia, diffidenza, dubbio, sospetto □ distacco, freddezza **2** credito, reputazione, stima **CONTR.** discredito, disistima, sfiducia.

fiduciàrio A agg. basato sulla fiducia **B** s. m. incaricato.

fiduciosaménte avv. con fiducia, tranquillamente, serenamente **CONTR.** senza speranza, sospettosamente.

fiducióso agg. pieno di fiducia, speranzoso, confidente, fidente (*lett.*), sicuro, sereno, tranquillo □ coraggioso □ credulone **CONTR.** sfiduciato, diffidente, incredulo, sospettoso.

fièle s. m. solo sing. **1** (*anat.*) bile **2** (*fig.*) amarezza, rancore, astio, acrimonia, malanimo, livore, odio, ruggine **CONTR.** amore, benevolenza, benignità, dolcezza, indulgenza.

fièra (1) s. f. mercato □ esposizione, mostra, rassegna □ festa.

fièra (2) s. f. belva, bestia feroce, animale selvatico **CONTR.** animale domestico.

fieraménte avv. **1** coraggiosamente, intrepidamente, dignitosamente, orgogliosamente, altezzosamente **CONTR.** umilmente, debolmente, vilmente, servilmente **2** accanitamente, risolutamente, energicamente **CONTR.** debolmente, fiaccamente **3** furiosamente, violentemente, severamente, implacabilmente **CONTR.** blandamente, bonariamente, mitemente.

fierézza s. f. **1** coraggio, energia, forza, intrepidezza **CONTR.** debolezza, mollezza, paura, viltà, vigliaccheria **2** dignità, austerità, orgoglio, alterigia, altezzosità **CONTR.** modestia, umiltà, semplicità, sottomissione □ servilismo.

fièro agg. **1** (*di strage, di lotta, ecc.*) aspro, terribile, feroce, crudele, efferato, violento, spietato, selvaggio, truce **CONTR.** sereno, cavalleresco, onesto **2** (*di persona*) coraggioso, energico, ardimentoso, intrepido, gagliardo, valoroso **CONTR.** debole, pauroso, pusillanime, remissivo, vile **3** (*di persona, di modi, di carattere, ecc.*) altero, sdegnoso, superbo, orgoglioso, risoluto, inflessibile, severo □ dignitoso **CONTR.** modesto, semplice, umile, alla mano **4** (*di sdegno, di amore, ecc.*) ardente, veemente **CONTR.** blando, fiacco, moderato, scarso.

fièvole agg. debole, fioco, flebile, attenuato, languido, smorzato **CONTR.** forte, gagliardo, robusto □ stentoreo.

fievolménte avv. debolmente, flebilmente, languidamente, fiocamente **CONTR.** fortemente, gagliardamente.

fìfa s. f. (*fam., scherz.*) paura, viltà, vigliaccheria, terrore, spavento **CONTR.** animo, ardimento, ardire, coraggio.

fifóne agg.; anche s. m. (*fam., scherz.*) pauroso, codardo, pusillanime, vile, vigliacco **CONTR.** ardimentoso, ardito, coraggioso, intrepido.

fifty-fifty /*ingl.* 'fifti 'fifti/ [loc. dell'ingl. d'America, propriamente 'cinquanta-cinquanta'] loc. avv. (*est.*) a metà, in parti uguali.

fìglia s. f. **1** bambina, ragazza, donna **CFR.** figlio, bambino, ragazzo, uomo **2** nata, generata **3** (*di bollettario*) tagliando, ricevuta **CONTR.** madre.

figliàstro s. m. **CFR.** fratellastro, sorellastra.

figliàta s. f. nidiata.

fìglio s. m. **1** nato, maschio, figliolo, rampollo (*scherz.*) **2** (*al pl.*) prole, nati (maschi e femmine) □ (*est.*) posteri, discendenti, progenie **CONTR.** antenati, ascendenti **3** (*est.*) persona cara **4** (*di un paese*) cittadino, originario **5** (*fig.*) (*di ingegno, di lavoro, ecc.*) frutto, prodotto, risultato **CONTR.** causa **FRAS.** *Figlio di Dio*, Cristo □ *figlio di Adamo*, uomo □ *figlio di papà* (*spreg.*), signorino □ *figli dei figli*, posteri.

figliòlo o **figliuòlo** s. m. **1** figlio, rampollo (*scherz.*) **CFR.** genitore, padre, madre **2** (*est.*) ragazzo, giovanotto **3** (*est.*) caro.

figùra s. f. **1** aspetto, forma, conformazione, configurazione, struttura **2** (*di persona*) corporatura, fattezze, sembianze □ viso, volto **3** (*di cosa*) disegno, illustrazione, immagine, effige, simulacro □ scultura, statua **4** (*ling.*) simbolo, allegoria, traslato **5** (*di cosa, di persona*) apparenza, mostra, comportamento **FRAS.** *far figura*, figurare.

figuràccia s. f. **1** pegg. di **figura 2** pessima figura **CONTR.** figurone.

figurànte s. m. e f. comparsa.

figuràre A v. tr. **1** (*di materia*) plasmare, lavorare, dar forma **2** (*di situazione, di ambiente, ecc.*) descrivere, ritrarre, rappresentare, raffigurare **3** (*fig.*) (*di virtù, di vizio, ecc.*) immaginare □ simboleggiare **4** (*di pensiero*) esprimere, manifestare **5** (*con* di *e l'inf.*) fingere, far mostra, far vista **B** v. intr. **1** (*di persona, di cosa*) far figura, farsi notare **2** (*in un elenco, tra i candidati, ecc.*) stare, trovarsi, risultare, essere compreso, apparire, comparire.

figurataménte avv. allegoricamente, metaforicamente, simbolicamente **CONTR.** propriamente, realisticamente.

figurativaménte avv. **1** con figure **2** simbolicamente **CONTR.** realisticamente.

figurativo agg. **CONTR.** astratto **FRAS.** *arti figurative*, pittura e scultura.

figuràto part. pass. di **figurare**; anche agg. **1** (*di libro, di favola, ecc.*) con figure, illustrato, decorato **2** (*di linguaggio, di pittura, ecc.*) allegorico, metaforico, simbolico **CONTR.** proprio, realistico.

figurazióne s. f. **1** immagine, rappresentazione □ disegno, figura, quadro, statua **2** (*fig.*) allegoria, personificazione.

figurìna s. f. **1** dim. di **figura 2** statuetta **3** immaginetta, cartoncino.

figurinìsta s. m. e f. (*di moda*) stilista, designer (*ingl.*).

figurìno s. m. **1** dim. di **figura 2** disegno, schizzo □ (*est.*) giornale di moda **3** (*fig.*) bellimbusto, elegantone, damerino, zerbinotto, dandy (*ingl.*).

fìla s. f. **1** serie, ordine, allineamento, linea, riga, coda, teoria, fuga, corteo, sfilata, filare □ collana, corona **2** (*est.*) (*di soldati, di scolari, ecc.*) schieramento, formazione, gruppo **3** (*fig.*) (*di avvenimenti, di guai, ecc.*) successione, serie, sequenza **FRAS.** *in fila indiana*, uno dietro l'altro □ *di fila*, senza interruzione, di seguito.

filaménto s. m. fibra, filo □ stelo, peduncolo.

filamentóso agg. **1** filoso **2** stopposo, fibroso.

filànda s. f. filatoio, setificio.

filànte part. pres. di **filare (1)**; anche agg. **1** (*di vino, di aceto, ecc.*) vischioso **2** (*fig.*) (*di veicolo, di persona*) rapido, veloce **CONTR.** lento, tardo **FRAS.** *stella filante*, stella cadente.

filantropìa s. f. altruismo, umanità, umanitarismo, solidarietà, amore, carità, beneficenza **CONTR.** egoismo, misantropia.

filantropicaménte avv. altruisticamente, con altruismo, liberalmente, caritatevolmente **CONTR.** egoisticamente, misantropicamente.

filantròpico agg. altruistico, caritatevole, umano **CONTR.** egoistico, misantropico.

filantropìsmo s. m. umanitarismo, umanità, altruismo **CONTR.** egoismo, misantropia.

filàntropo s. m.; anche agg. altruista, umano, buono, caritatevole **CONTR.** egoista, misantropo.

filàre (1) A v. tr. **1** (*di fibre o altri materiali*) ridurre in filo **2** (*fig., mar.*) (*di cavo e sim.*) lasciare scorrere, mollare **3** (*fig.*) (*di recipiente*) colare, lasciar sgocciolare, versare a filo, versare a gocce **B** v. intr. **1** (*di ragno, di baco e sim.*) fare la tela, fare il bozzolo **2** ridursi a filo, allungarsi in filo **3** (*est.*) (*di liquido*) uscire lentamente **4** (*fig.*) (*di discorso, di progetto, ecc.*) svolgersi logicamente, essere logico, scorrere **5** (*fig.*) (*di veicolo, di persona*) correre velocemente □ andarsene alla svelta **6** (*fig., scherz.*) amoreggiare, flirtare **FRAS.** *filarsela*, svignarsela □ *fila!*, va via! □ *filare in gamba, filare dritto* (*fig.*), fare il proprio dovere.

filàre (2) s. m. (*di alberi*) fila, serie, successione.

filarìno s. m. (*fam., scherz.*) flirt (*ingl.*) □ innamorato, moroso (*dial.*).

filarmònico agg.; anche s. m. musicofilo □ musicomane **CONTR.** musicofobo.

filastròcca s. f. **1** poesiola, canzonetta, limerick (*ingl.*) **2** (*est.*) tiritera, litania, cantilena, cantafavola, lungaggine, sproloquio.

filàto A part. pass. di **filare (1)**; anche agg. **1** ridotto in fili **2** (*fig.*) (*di discorso, di ore, ecc.*) continuo, ininterrotto, costante □ scorrevole, fluido, ordinato **CONTR.** discontinuo, intermittente **B** s. m. filo.

filatóio s. m. **1** macchina per filare □ (*raro*) arcolaio, bindolo **2** filanda.

filettàre v. tr. (*di vite*) impanare.

filettàto part. pass. di **filettare**; anche agg. (*di vite*) impanato.

filétto s. m. **1** (*di tessuto e sim.*) striscetta □ cordoncino □ gallone **2** (*di penna*) tratto **3** (*anat.*) frenulo **4** (*mecc.*) (*di vite*) pane, scanalatura.

filiàle A agg. di figlio, da figlio **B** s. f. (*di un'azienda*) sede secondaria, impresa dipendente **CONTR.** sede centrale, casa madre.

filiazióne s. f. (*fig.*) derivazione, provenienza, dipendenza, emanazione.

filibustering /*ingl.* 'filibʌstəriŋ/ [vc. ingl. da *to filibuster* 'fare un'azione da filibustiere'] s. m. inv. (*polit.*) ostruzionismo, opposizione, sabotaggio, filibusteria **CONTR.** collaborazione.

filibustière [sp. *filibustero*, dall'ol. *vrijbuiter* 'libero cacciatore di bottino', comp. di *vrji* 'libero' e *buit* 'bottino'] s. m. **1** corsaro, bucaniere, pirata, predone **2** (*fig.*) avventuriero, imbroglione, farabutto **CONTR.** galantuomo.

filifórme agg. a forma di filo □ sottile.

filigràna s. f. **1** ricamo, arabesco **2** (*di banconota, di francobollo e sim.*) marchio, disegno, figura.

filigranàto agg. **1** (*di carta*) con filigrana, a filigrana **2** (*fig.*) (*di scritto, di viso, ecc.*) venato, velato.

filisteìsmo s. m. (*fig.*) grettezza, meschinità, conformismo, limitatezza di vedute **CONTR.** larghezza di vedute, apertura mentale.

filistèo [ebr. *Pelishtīm*: il significato di 'conformismo' assunto dalla parola nacque nel sec. XVI tra gli studenti tedeschi che paragonavano sé stessi al popolo eletto e gli altri cittadini ai Filistei] agg.; anche s. m. (*fig.*) gretto, meschino, reazionario, retrivo, conformista, borghese, codino □ ipocrita **CONTR.** aperto, libero, laico, innovatore.

film [vc. ingl., letteralmente 'pellicola'] s. m. inv. **1** pellicola **2** (*est.*) cinema, filmato **3** patina, strato, ricopertura **FRAS.** *film d'animazione*, disegno animato, cartone animato, cartoon.

filmàre v. tr. (*con la macchina da presa*) riprendere.

filmàto A part. pass. di **filmare**; anche agg. ripreso **B** s. m. ripresa, film.

filmico agg. cinematografico.

filo s. m. **1** refe □ filato, tessuto **2** filamento **3** cordicella, spago, cavo, tirante □ collana **4** (*di coltello, di spada, ecc.*) taglio, lama **5** (*di muro, di mobile, ecc.*) spigolo **6** (*fig.*) (*di voce, di vento, ecc.*) minima quantità, pochino, pochissimo **CONTR.** molto **7** (*fig.*) (*di discorso, di idee, ecc.*) andamento, ordine, continuazione, continuità, direzione, indirizzo **8** (*fig.*) (*di questione, di problema, ecc.*) bandolo, capo **9** (*al pl.*) le fila **10** (*di congiura, di manovre, ecc.*) redini **FRAS.** *dare del filo da torcere* (*fig.*), procurare difficoltà □ *filo della schiena* (*fig.*), spina dorsale □ *passare a fil di spada*, trafiggere □ *essere attaccato a un filo* (*fig.*), essere in condizioni di insicurezza □ *essere sul filo del rasoio* (*fig.*), essere in situazione pericolosa □ *per filo e per segno*, dettagliatamente □ *a filo*, per diritto □ *fare il filo* (*fig.*), corteggiare.

filobus s. m. autobus elettrico, bus, filovia.

filodrammàtico A agg. (*teat.*) di dilettanti **B** s. m. (*teat.*) dilettante.

filologìa s. f. linguistica, glottologia.

filològico agg. linguistico, glottologico.

filòlogo s. m. linguista, glottologo.

filóne (1) s. m. **1** accr. di **filo 2** (*di miniera, di roccia, ecc.*) vena, venatura □ strato **3** (*fig.*) (*di letteratura, di pensiero, ecc.*) tradizione, indirizzo.

filóne (2) s. m. (*fam.*) furbastro, furbacchione, imbroglione, dritto (*fam.*) **CONTR.** ingenuo, minchione (*pop.*).

filosofàre v. intr. **1** filosofeggiare **2** (*est.*) indagare, meditare, riflettere □ almanaccare.

filosofeggiàre v. intr. **1** filosofare **2** (*spreg.*) atteggiarsi a filosofo □ fare ipotesi, fantasticare, almanaccare.

filosofìa s. f. **1** ricerca del sapere **CFR.** teoretica, metafisica, gnoseologia, morale, estetica, logica, pedagogia, psicologia, sociologia, teologia **2** (*di un filosofo*) sistema, indirizzo, ideologia, concezione **3** (*fig.*) saggezza, serenità, tranquillità, equilibrio, imperturbabilità **CONTR.** inquietudine, irrequietezza, turbamento.

filosoficaménte avv. (*fig.*) pazientemente,

rassegnatamente, serenamente, saggiamente, con distacco, tranquillamente **CONTR.** impazientemente, irrequietamente, parzialmente, nervosamente.

filosòfico agg. **1** della filosofia **2** di filosofo, da filosofo **3** (*fig.*) sereno, paziente, distaccato **CONTR.** inquieto, impaziente, nervoso.

filòsofo s. m. **1** cultore di filosofia **2** (*fig.*) saggio, equilibrato **CONTR.** squilibrato, folle.

filtràbile agg. colabile, distillabile.

filtràre A v. tr. (*di liquido*) colare, distillare **B** v. intr. **1** passare, trapelare, colare, stillare, trasudare **CONTR.** sgorgare **2** (*fig.*) (*di notizia, di luce, ecc.*) divulgarsi, diffondersi □ penetrare.

filtràto part. pass. di **filtrare**; anche agg. **1** (*di liquido*) colato, distillato **2** (*di notizia, di luce, ecc.*) divulgato, diffuso □ penetrato.

filtro (1) s. m. colatoio, colino.

filtro (2) s. m. bevanda magica □ fattura, incantesimo, malìa.

filza s. f. **1** (*di perle, di salsicce, ecc.*) fila, infilzata □ collana **2** (*fig.*) (*di bugie, di avvenimenti, ecc.*) serie, sequela, successione **3** (*di documenti*) fascio.

finàle A agg. ultimo, conclusivo, estremo, terminale □ definitivo, decisivo **CONTR.** iniziale, primo **B** s. m. ultima parte, fase conclusiva, fine, chiusa, conclusione **CONTR.** inizio, principio, avvio **C** s. f. (*sport*) gara conclusiva □ finish (*ingl.*).

finalità s. f. fine, scopo, intenzione, meta, proposito.

finalizzàre v. tr. dare uno scopo, indirizzare, rivolgere, dirigere.

finalizzàto part. pass. di **finalizzare**; anche agg. diretto, indirizzato, rivolto.

finalménte avv. **1** da ultimo, alla fine, infine **CONTR.** dapprima, da principio **2** in conclusione, insomma.

finànza s. f. spec. al pl. **1** (*dir.*) (*di Stato, di ente, ecc.*) risorse □ demanio, erario, fisco **2** (*est.*) disponibilità economiche, denaro, soldi, quattrini.

finanziaménto s. m. sovvenzione, dotazione, pagamento.

finanziàre v. tr. sovvenzionare, dotare, pagare.

finanziariaménte avv. economicamente.

finanziàrio agg. economico.

finanziàto part. pass. di **finanziare**; anche agg. sovvenzionato, pagato.

finanziatóre s. m.; anche agg. (f. *-trice*) sovvenzionatore, pagatore.

finanzière s. m. **1** banchiere, bancario **2** guardia di finanza □ (*al pl.*) fiamme gialle.

finché cong. fino a quando, fino a che, fino a tanto che, fintanto che.

fine (1) A s. f. **1** punto terminale, termine, compimento, conclusione, chiusa, coronamento, chiusura, cessazione □ estremità, estremo, fondo □ esito, risultato, meta **CONTR.** inizio, principio, avviamento, avvio **2** morte □ caduta, distruzione, rovina **CONTR.** nascita, rinascita **B** s. m. **1** scopo, intendimento, intento, intenzione, ideale, aspirazione, disegno, meta, mira, obiettivo, proposito **2** effetto, esito, riuscita **FRAS.** *alla fine dei conti* (*fig.*), tutto considerato □ *alla fin fine*, dopo tutto □ *secondo fine*, fine non confessabile.

fine (2) agg. **1** (*di cosa*) fino, sottile, minuto, acuto, delicato **CONTR.** grosso, spesso, massiccio **2** (*fig.*) (*di persona, di ingegno, ecc.*) acuto, penetrante, perspicace □ accorto, arguto, astuto, malizioso, sagace **CONTR.** grossolano, rozzo, volgare **3** (*fig.*) (*di persona o cosa*) di buon gusto, raffinato, squisito, eccellente, sopraffino **CONTR.** comune, dozzinale, ordinario, volgare.

fineménte avv. ottimamente, perfettamente □ raffinatamente, squisitamente **CONTR.** grossolanamente, ordinariamente, rozzamente.

fine settimàna loc. sost. m. o f. inv. week-end (*ingl.*).

finèstra s. f. **1** (*di edificio*) apertura, luce □ (*est.*) battenti, persiana **2** (*est.*) apertura, squarcio, orifizio, varco □ ferita **FRAS.** *stare alla finestra* (*fig.*), non impegnarsi; stare a vedere.

finestrìno s. m. **1** dim. di **finestra** **2** sportellino.

finézza s. f. **1** sottigliezza, tenuità, esilità □ morbidezza □ (*di metallo*) purezza **CONTR.** grossezza, spessore **2** (*fig.*) (*di cosa*) delicatezza, raffinatezza, squisitezza, pregio **CONTR.** grossolanità, rozzezza **3** (*fig.*) (*di mente, di ingegno, ecc.*) accortezza, avvedutezza, acume, arguzia, scaltrezza **CONTR.** ingenuità, candore, semplicità **4** (*fig.*) (*di modi, di animo, ecc.*) garbo, gentilezza, grazia □ cortesia, favore **CONTR.** malgarbo, sgarbatezza, scortesia, inurbanità.

fìngere A v. tr. **1** supporre, figurarsi, immaginare, far finta, far credere, dare a vedere **2** simulare, dissimulare, falsare, mentire **CONTR.** essere franco, essere sincero **B fingersi** v. rifl. voler apparire, farsi credere, atteggiarsi, mostrarsi.

finimóndo s. m. **1** fine del mondo **2** (*fig.*) gran confusione, gran disordine, sconquasso, trambusto, pandemonio, baraonda □ rovina, sciagura **CONTR.** pace, quiete, silenzio, tranquillità.

finìre A v. tr. **1** portare a termine, dar fine, compiere, completare, concludere, smettere, sbrigare, espletare, terminare, ultimare □ esaurire, consumare **CONTR.** cominciare, iniziare, intraprendere, principiare, avviare **2** (*di persona*) ammazzare, uccidere **B** v. intr. **1** aver fine □ giungere alla fine, smettere, concludersi, cessare **CONTR.** cominciare, avere inizio, mettere capo **2** (*di strada, di fiume, ecc.*) aver termine, terminare, sboccare **3** (*di discorso, di azione, ecc.*) andare a parare □ mirare, tendere **4** essere mandato, essere relegato **5** (*con* *compl. predicativo*) diventare, riuscire **6** estinguersi, morire **CONTR.** nascere **C** in funzione di s. m. solo sing. termine, fine **CONTR.** inizio, principio.

finitaménte avv. **1** accuratamente, compiutamente, perfettamente **CONTR.** imperfettamente **2** (*raro*) limitatamente **CONTR.** infinitamente.

finitézza s. f. **1** (*di lavoro, di scritto, ecc.*) compiutezza, perfezione, eccellenza, raffinatezza **CONTR.** incompiutezza, imperfezione, grossolanità **2** (*del mondo, dell'uomo, ecc.*) incompiutezza, limitatezza **CONTR.** compiutezza, perfezione.

finìtimo agg. confinante, vicino, limitrofo, attiguo, contiguo **CONTR.** lontano, discosto, distante, remoto.

finìto A part. pass. di **finire**; anche agg. **1** compiuto, concluso, risolto, terminato **CONTR.** iniziato, principiato, avviato **2** (*di lavoro, di artista, ecc.*) accurato, completo, corretto, diligente, perfetto, eccellente, ottimo **CONTR.** incompleto, imperfetto, trasandato, trascurato, pessimo **3** (*di persona o cosa*) esaurito, esausto, spossato, svigorito □ cessato, venuto meno **CONTR.** energico, forte, gagliardo, valido, vigoroso □ in corso, attuale **B** s. m. **1** (*di modo verbale*) **CONTR.** infinito **2** (*filos.*) limitato, circoscritto □ caduco **CONTR.** illimitato, infinito **FRAS.** *è finita*, non c'è più niente da fare □ *farla finita*, smettere, finire; uccidersi, suicidarsi.

finitùra s. f. **1** rifinitura, perfezionamento, ultima mano **CONTR.** imperfezione, incompiutezza **2** ornamento, guarnizione.

finlandése agg.; anche s. m. e f. finnico.

fìnnico agg. finlandese.

fino (1) A prep. **1** sino □ (*con v. all'inf.*) tanto da **2** (*in loc. prep.*) perfino, persino, anche, pure **B** avv. pure, anche, perfino, finanche.

fino (2) agg. **1** sottile, fine, minuto **CONTR.** grosso, massiccio, spesso **2** (*di oro, di olio, ecc.*) puro, purissimo **CONTR.** impuro, grezzo, miscelato, tagliato **3** (*fig.*) (*di udito, di vista, ecc.*) acuto, eccellente, ottimo, perfetto, raffinato, squisito **CONTR.** difettoso, duro, debole, imperfetto, rozzo, cattivo, pessimo **4** (*fig.*) (*di persona, di mente, ecc.*) acuto, astuto, fine, penetrante, perspicace, sagace **CONTR.** ingenuo, malaccorto, minchione (*pop.*) **FRAS.** *far fino*, apparire elegante, essere raffinato, rendere elegante, rendere raffinato, far chic.

finòcchio s. m. (*pop.*) omosessuale, sodomita, pederasta.

finóra avv. fino adesso, fino ad ora, fino a questo momento, fino ad oggi.

fìnta s. f. **1** finzione, simulazione, inganno **2** (*sport*) mossa simulata, azione simulata **3** (*di vestito*) pattina, patta **FRAS.** *far finta*, fingere.

fìnto A part. pass. di **fingere**; anche agg. **1** simulato, falso, insincero, menzognero, mentitore, bugiardo, doppio, ambiguo, fittizio, ipocrita **CONTR.** franco, leale, schietto, sincero, verace, veritiero **2** (*di materiale*) artificiale, contraffatto, artefatto, falsificato, falso, imitato, posticcio **CONTR.** autentico, genuino, naturale, originale, vero **B** s. m. impostore, dissimulatore, fariseo, ipocrita **CONTR.** sincero, autentico, galantuomo, candido, ingenuo **C** s. m. solo sing. finzione **CONTR.** vero, verità, realtà.

finzióne s. f. **1** (*di persona*) falsità, simulazione, dissimulazione, doppiezza, finta, impostura, ipocrisia, menzogna **CONTR.** franchezza, lealtà, schiettezza, sincerità **2** (*di cosa*) apparenza, artificio, creazione, immaginazione, invenzione **CONTR.** realtà, verità, vero.

fìo s. m. espiazione, castigo, pena, punizione **CONTR.** premio, ricompensa.

fiocaménte avv. fievolmente, debolmente, piano, poco □ raucamente **CONTR.** forte, assai, molto.

fioccàre v. intr. **1** (*di neve*) cadere a fiocchi □ nevicare **2** (*fig.*) (*di sgridate, di punizioni, ecc.*) cadere, scendere, scrosciare □ susseguirsi.

fiòcco s. m. **1** (*di stoffa, di corda, ecc.*) annodatura, nodo □ nappa **2** (*di lana, di seta e sim.*) bioccolo, batuffolo **3** (*di neve, di nebbia e sim.*) falda **4** (*di tessile*) fibra.

fiòcina s. f. arpione, rampone.

fiòco agg. **1** (*di suono*) fievole, rauco, soffocato, flebile, afono **CONTR.** forte, altisonante, fragoroso, squillante **2** (*di luce*) debole, incerto, velato, offuscato, tenue **CONTR.** chiaro, limpido, luminoso, vivo.

fiónda s. f. frombola (*lett.*).

fioràio s. m. fiorista.

fiòrdo s. m. insenatura.

fióre s. m. **1** (*fig.*) (*di cosa*) parte scelta, parte migliore, parte più bella, parte più fine, meglio □ apice, perfezione, culmine **CONTR.** scarto, peggio □ fine **2** (*est.*) (*di persona*) bellezza, delizia **CONTR.** bruttura, orrore **3** (*fig.*) eleganza, ornamento, ricercatezza **4** (*fig.*) (*di soldi e sim.*) grande quantità, abbondanza **CONTR.** difetto, scarsezza, scarsità **5** (*fig.*) parte esterna, superficie **CONTR.** interno **6** (*di vino e sim.*) fioretta, muffa **FRAS.** *essere in fiore* (*fig.*), essere in pieno rigoglio □ *fior di farina*, farina purissima □ *fior di latte*, panna □ *rose e fiori* (*fig.*), bello □ *fiore all'occhiello* (*fig.*), orgoglio, motivo di prestigio, vanto □ *fior d'ogni mese*, calendola, fiorrancio □ *fior di passione*, passiflora □ *fiore rosso*, adonide □ *fiore di primavera*, pratolina □ *fiore di maggio*, narciso □ *fiore nobile*, stella alpina.

fiorènte part. pres. di **fiorire**; anche agg. **1** in fiore, florido, rigoglioso **CONTR.** appassito, avvizzito, secco, sfiorito, vizzo **2** (*fig.*) (*di situazione, di economia, ecc.*) prospero, ricco, in pieno sviluppo **CONTR.** povero, decadente, in crisi.

fiorentìna s. f. (*est.*) costata, bistecca.

fiorentìno agg.; anche s. m. **1** di Firenze **2** (*cal-*

cio) viola, gigliato.

fioricoltóre e deriv. *V.* **floricoltore** e deriv.

fiorìre A v. intr. **1** far fiori, coprirsi di fiori □ aprirsi, germogliare, sbocciare **CONTR.** appassire, avvizzire, languire, seccare, sfiorire **2** (*fig.*) (*di commercio, di arte, ecc.*) essere in pieno rigoglio, essere in vigore, prosperare, svilupparsi, sbocciare, diffondersi **CONTR.** languire, decadere, morire **3** (*di vino, di rame, ecc.*) coprirsi di muffa, ossidarsi □ (*di intonaco*) incresparsi **B** v. tr. **1** (*raro*) far fiorire **2** cospargere di fiori, ornare di fiori.

fiorìto part. pass. di **fiorire**; anche agg. **1** (*di pianta*) in fiore, sbocciato **CONTR.** appassito, avvizzito **2** (*di prato, di stoffa, ecc.*) coperto di fiori, pieno di fiori, ornato di fiori, fiorato **3** (*fig.*) (*di stile, di discorso, ecc.*) ornato, adorno, abbellito, forbito, elegante **CONTR.** disadorno, inelegante, nudo, povero, sciatto, trasandato, trascurato, rozzo **4** (*est.*) cosparso, pieno, zeppo **CONTR.** privo.

fioritùra s. f. **1** efflorescenza (*lett.*) **CONTR.** sfioritura **2** (*fig.*) (*di arte, di economia, ecc.*) grande sviluppo, rigoglio □ boom (*ingl.*) □ abbondanza, quantità **CONTR.** decadenza, crisi, declino **3** (*fig.*) (*di stile, di discorso, ecc.*) abbellimento, ornamento, fioretto **4** (*di umidità*) macchia □ (*di pelle*) eruzione, sfogo.

fiòtto s. m. **1** (*di mare*) flutto, onda □ (*est.*) rumore **2** (*di liquido, di sangue, ecc.*) getto, spruzzo, zampillo □ sbocco, flusso □ sbuffo, spruzzo **3** (*raro*) (*di persona*) borbottio, piagnucolio.

fìrma s. f. **1** nome e cognome, autografo, sottoscrizione □ sigla, parafa, paraffo (*raro*) **2** (*fig.*) nome, prestigio, stima □ (*est.*) scrittore famoso, personaggio **CONTR.** sconosciuto **3** conferma, ratifica, approvazione **CONTR.** bocciatura, disapprovazione **4** (*raro*) ditta **5** (*comm.*) rappresentanza **6** (*gerg., mil.*) firmaiolo (*gerg.*) **FRAS.** *fare onore alla propria firma*, rispettare gli impegni □ *ci farei la firma!*, ne sarei felice.

firmaménto s. m. **1** cielo, sfera celeste, volta celeste **2** (*fig.*) (*del cinema, del teatro, ecc.*) ambiente, mondo.

firmàre v. tr. **1** apporre la firma, sottoscrivere □ siglare, parafare **2** (*est.*) (*di trattato, di pace, ecc.*) ratificare, sanzionare, accettare.

firmatàrio s. m.; anche agg. sottoscrittore, sottoscritto, scrivente, firmante.

first-lady /*ingl.* 'fə:st 'leidi/ [vc. ingl., letteralmente 'prima (*first*) signora (*lady*)'] s. f. inv. (*fig.*) prima donna.

fiscal drag /*ingl.* 'fiskal 'dræg/ [loc. ingl., comp. di *fiscal* 'fiscale' e *drag* 'trascinamento'] loc. sost. m. inv. prelievo fiscale, drenaggio fiscale.

fiscàle agg. **1** del fisco, tributario **2** (*fig.*) (*di persona, di comportamento, ecc.*) duro, rigoroso, vessatorio, inquisitorio, esigente, intransigente, severo **CONTR.** benigno, indulgente, tollerante, comprensivo.

fiscalìsmo s. m. **1** fiscalità **2** (*di persona*) eccessivo rigore, intransigenza, severità, durezza **CONTR.** indulgenza, tolleranza, comprensione.

fiscalìsta s. m. e f. consulente fiscale, commercialista, tributarista.

fiscalità s. f. **1** fisco **2** (*fig.*) eccessiva rigidezza, pignoleria, severità, vessazione, durezza, intransigenza **CONTR.** indulgenza, tolleranza, comprensione.

fiscalizzàre v. tr. (*di tributi statali*) accollarsi assumersi.

fiscalizzazióne s. f. (*di tributi statali*) assunzione.

fiscalménte avv. **1** tributariamente **2** vessatoriamente, duramente, intransigentemente, severamente **CONTR.** benignamente, comprensivamente, indulgentemente.

fischiàre A v. intr. sibilare, zufolare, fischiettare □ soffiare, stridere **B** v. tr. **1** (*di aria musicale*) modulare fischiando, zufolare **2** (*di persona, di spettacolo, ecc.*) disapprovare, zittire, schernire **CONTR.** applaudire, acclamare.

fischiàta s. f. **1** fischio, sibilo □ stridio **2** (*di persona, di spettacolo, ecc.*) disapprovazione, scherno **CONTR.** applauso, acclamazione.

fischiettàre v. tr. e intr. zufolare.

fischiettìo s. m. zufolio.

fischiétto s. m. **1** dim. di **fischio** **2** (*sport, fig., est.*) arbitro.

fìschio s. m. sibilo, zufolo □ stridio.

fìsco s. m. erario, cassa dello Stato, tesoro.

fisicaménte avv. **1** secondo la fisica **2** concretamente, materialmente **CONTR.** spiritualmente **3** nel fisico, nella salute □ esteriormente **CONTR.** moralmente, spiritualmente □ interiormente.

fìsico A agg. **1** della fisica, naturale □ concreto, materiale, reale **CONTR.** astratto, metafisico **2** (*di sensazione, di piacere, ecc.*) corporeo, materiale □ carnale, sensuale **CONTR.** intellettuale, morale, spirituale **B** s. m. (*est.*) conformazione corporea, corpo, complessione □ stato di salute.

fìsima s. f. fissazione, fantasia, ticchio, ubbia, capriccio, ghiribizzo, grillo, ossessione.

fisiologicaménte avv. naturalmente, normalmente.

fisiològico agg. (*est.*) naturale, normale.

fisionomìa s. f. **1** (*di persona*) aspetto, lineamenti, faccia, volto, sembianze (*lett.*), fattezze **2** (*est.*) (*di cosa*) caratteristiche, aspetto.

fisioterapìa s. f. (*med.*) fisiatria, terapia fisica.

fisioterapìsta s. m. e f. fisiatra.

fisonomìa *V.* **fisionomia.**

fissaménte avv. in modo fisso, intensamente, attentamente.

fissàre A v. tr. **1** rendere fisso, fermare, ficcare, conficcare, piantare **CONTR.** muovere, smuovere, spostare **2** (*est.*) (*di sguardo*) guardare fissamente, guardare intensamente, adocchiare **CONTR.** guardare di sfuggita **3** (*di data, di patto, ecc.*) determinare, prefiggere, stabilire □ pattuire, convenire **CONTR.** disdire □ rimangiarsi **4** (*di albergo, di posto, ecc.*) prenotare **CONTR.** disdire **B fissarsi** v. intr. pron. **1** (*in un luogo*) stabilirsi, fermarsi **2** (*fig.*) (*su una cosa*) ostinarsi, insistere, perseverare, impuntarsi.

fissàto A part. pass. di **fissare**; anche agg. **1** fisso, fermato, ficcato, conficcato, piantato **CONTR.** staccato, volante, mosso, smosso, spostato **2** (*est.*) guardato intensamente, adocchiato **3** (*di data, di patto, ecc.*) stabilito, deciso, determinato, convenuto **CONTR.** disdetto **4** (*di albergo, di posto, ecc.*) prenotato **CONTR.** disdetto **5** (*di persona*) maniaco **B** s. m. maniaco.

fissatóre s. m. fissativo.

fissazióne s. f. (*psicol.*) monomania, ossessione, mania □ (*est.*) fisima, idea fissa, capriccio, ghiribizzo, grillo, ticchio.

fissióne s. f. (*fis. nucl.*) scissione, rottura, disintegrazione **CFR.** fusione.

fissità s. f. **1** immobilità, immutabilità, invariabilità, stabilità □ intensità **CONTR.** mobilità, mutabilità, instabilità **2** (*est.*) costanza, fermezza, tenacia **CONTR.** incostanza, volubilità.

fìsso A agg. **1** fissato, attaccato, confitto, infitto, inchiodato **CONTR.** staccato, sconficcato, schiodato, divelto, volante **2** (*di persona, di stella, ecc.*) fermo, immobile, immoto (*lett.*), saldo **CONTR.** mobile **3** (*est.*) (*di sguardo, di pensiero, ecc.*) concentrato, intento, intenso, penetrante **CONTR.** distratto, disattento, svagato **4** (*est.*) (*di persona*) fermo, irremovibile, ostinato, risoluto, tenace, costante **CONTR.** arrendevole, cedevole, condiscendente, incostante, mutevole, volubile **5** (*fig.*) (*di lavoro, di prezzo, ecc.*) non saltuario, regolare, stabile, definito, deliberato, regolato □ concordato, prefissato, invariabile **CONTR.** instabile, precario, provvisorio, saltuario, transitorio □ non trattabile **B** avv. fissamente, intensamente **CONTR.** distrattamente, superficialmente **C** s. m. stipendio, retribuzione, compenso.

fitologìa s. f. botanica.

fìtta s. f. **1** dolore acuto, trafittura, trafitta (*raro*), puntura **2** (*fig.*) vivo turbamento **3** (*di persone, di cose*) folla, moltitudine, gran quantità, mucchio.

fittaménte avv. densamente, spessamente □ abbondantemente, insistentemente, ininterrottamente, rapidamente **CONTR.** poco, scarsamente.

fittézza s. f. compattezza, densità, foltezza, spessezza (*raro*), spessore **CONTR.** radezza (*raro*), radità (*raro*), rarefazione.

fittìzio agg. ingannevole, falso, finto, simulato, artefatto, artificioso, apparente, immaginario, irreale **CONTR.** autentico, genuino, reale, vero, concreto.

fìtto (1) A agg. **1** (*lett.*) confitto, ficcato, infitto, piantato, cacciato dentro, trafitto **CONTR.** divelto, sconficcato, strappato **2** (*di nebbia, di bosco, ecc.*) compatto, denso, folto, spesso, serrato □ frequente □ numeroso **CONTR.** rado, raro, rarefatto □ scarso **B** avv. ininterrottamente, intensamente, fittamente, abbondantemente **CONTR.** poco, scarsamente **C** s. m. folto, pieno, colmo, culmine, apice **FRAS.** *a capo fitto*, col capo all'ingiù; (*fig.*) con grande impegno.

fìtto (2) s. m. affitto, canone, locazione, nolo.

fiumàna s. f. **1** fiume gonfio, fiume in piena **2** (*est.*) piena **3** (*fig.*) (*di gente, di parole, ecc.*) folla, massa, moltitudine, gran quantità, abbondanza, profusione **CONTR.** scarsità, povertà, mancanza.

fiùme A s. m. **1** corso di acqua **2** greto, alveo **3** (*fig.*) grande quantità, abbondanza, copia, massa, profusione □ folla **CONTR.** scarsezza, scarsità, mancanza, povertà **B** in funzione di agg. inv. (posposto al s.) (*di discorso, di seduta, ecc.*) interminabile, lunghissimo **CONTR.** corto, breve.

fiutàre v. tr. **1** annasare (*lett., dial.*), annusare, odorare, sentire l'odore **2** (*di tabacco, di cocaina e sim.*) aspirare, sniffare (*gerg.*) **3** (*fig.*) (*di pericolo, di affare, ecc.*) intuire, indovinare, presagire, presentire, prevedere, pronosticare, subodorare □ indagare.

fiùto s. m. **1** odorato, olfatto **2** (*fig.*) (*di pericolo, di affare, ecc.*) naso (*fig.*), intuizione, intuito, acume, perspicacia **CONTR.** ottusità, stupidità, idiozia.

fixing /*ingl.* 'fixiŋ/ [vc. ingl., propriamente 'fissaggio', da *to fix* 'fissare'] s. m. inv. (*borsa*) prezzo, quotazione □ (*est.*) chiusura.

flaccidézza s. f. mollezza, cedevolezza, flaccidità (*raro*) **CONTR.** durezza, sodezza.

flàccido agg. **1** floscio, cascante, molle, moscio, vizzo **CONTR.** duro, saldo, sodo **2** (*fig.*) (*di persona, di carattere, ecc.*) debole, languido, snervato, svigorito **CONTR.** energico, forte, robusto, vigoroso.

flacóne s. m. boccetta, bottiglietta, fiala.

flagellàre A v. tr. **1** sferzare, frustare, fustigare, staffilare, battere, percuotere, colpire **2** (*lett.*) affliggere, angariare, perseguitare, tormentare, vessare □ biasimare, rimproverare **CONTR.** consolare, rallegrare **B flagellarsi** v. rifl. percuotersi, frustarsi, fustigarsi, sferzarsi, battersi.

flagellàto part. pass. di **flagellare**; anche agg. **1** frustato, fustigato, percosso **2** (*fig.*) afflitto, angustiato, molestato, perseguitato, tormentato, vessato **CONTR.** consolato, rallegrato.

flagellatóre s. m.; anche agg. (f. *-trice*) (*anche fig.*) fustigatore □ tormentatore.

flagellazióne s. f. fustigazione.

flagèllo s. m. **1** sferza, frusta, staffile, disciplina

2 (*fig.*) (*di guerra, di grandine, ecc.*) calamità, danno, rovina, sciagura CONTR. fortuna, bazza, cuccagna **3** (*fig.*) (*di persona*) tormentatore, tormento, disastro **4** (*fig.*) (*di persona*) fustigatore, flagellatore, censore **5** (*fam.*) (*di gente o cosa*) quantità enorme, massa, moltitudine, sciame, subisso (*fam.*) CONTR. esiguità, scarsità, povertà, mancanza.

flagrànte [lat. tardo *flagrănti crīmine* (*comprehĕndi*) 'essere colto sul delitto ancora caldo'] agg. **1** (*dir.*) flagranza, fatto **2** (*fig.*) evidente, chiaro, manifesto, lampante, palese CONTR. celato, nascosto, occulto.

flagrànza s. f. (*dir.*) flagrante.

flash /*ingl.* flæʃ/ [vc. ingl., propriamente 'lampo'] s. m. inv. **1** (*fot.*) lampo, lampeggiatore **2** sorgente luminosa **3** (*est., fig.*) notizia giornalistica importante (trasmessa con precedenza assoluta).

flashback /*ingl.* 'flæʃbæk/ [vc. ingl., comp. di *flash* 'lampo' e *back* 'indietro'] s. m. inv. (*cine., anche fig.*) rievocazione, sguardindietro CONTR. flashforward (*ingl.*).

flatulènza s. f. flato, scoreggia (*volg.*).

flautìsta s. m. e f. flauto (*est.*).

flàuto s. m. **1** ottavino, zufolo, piffero, siringa **2** (*est.*) (*di persona*) flautista.

flèbile agg. fievole, fioco, sommesso □ lamentevole, lamentoso □ malinconico, mesto, triste CONTR. forte, robusto, alto, sonoro, squillante □ allegro, giocondo, giocoso.

flebilménte avv. fievolmente, debolmente, sommessamente □ lamentosamente □ malinconicamente, mestamente, tristemente CONTR. forte, altamente, sonoramente □ allegramente, giocondamente.

flèmma s. f. calma, lentezza, pacatezza, placidezza, placidità, freddezza, imperturbabilità □ pazienza, sopportazione CONTR. foga, fretta, furia, furore, impeto, slancio □ impazienza, insofferenza.

flemmaticaménte avv. con calma, lentamente, pacatamente, placidamente, imperturbabilmente □ pazientemente CONTR. furiosamente, impetuosamente, con foga, con slancio □ impazientemente.

flemmàtico agg. calmo, lento, pacato, placido, tardo, riflessivo □ paziente, tollerante CONTR. furioso, impetuoso, irriflessivo, emotivo □ impaziente, intollerante.

flessìbile agg. **1** (*di cosa*) pieghevole, duttile, malleabile, molle, elastico, flessuoso □ agile CONTR. inflessibile, rigido, duro **2** (*fig.*) (*di persona, di carattere, ecc.*) cedevole, arrendevole, docile, accomodante, adattabile, condiscendente CONTR. indocile, irriducibile, duro, inflessibile, rigido.

flessibilità s. f. **1** (*di cosa*) pieghevolezza, duttilità, elasticità, flessuosità □ agilità CONTR. inflessibilità, durezza, rigidità **2** (*fig.*) (*di persona, di carattere, ecc.*) arrendevolezza, cedevolezza, docilità, adattabilità, condiscendenza CONTR. indocilità, durezza, irriducibilità, rigidezza, inflessibilità.

flessióne s. f. **1** piegamento, curvatura **2** (*ling.*) declinazione, coniugazione **3** (*di forze, di vendite, ecc.*) calo, diminuzione, ribasso, riduzione CONTR. aumento, accrescimento **4** (*fig.*) (*di voce*) inflessione, intonazione.

flessuosaménte avv. sinuosamente, morbidamente, scioltamente, elasticamente CONTR. rigidamente, duramente.

flessuosità s. f. flessibilità, pieghevolezza, agilità, elasticità, scioltezza CONTR. durezza, rigidità.

flessuóso agg. **1** flessibile, pieghevole, elastico, agile, sciolto CONTR. duro, rigido **2** (*di strada, di fiume, ecc.*) incurvato, sinuoso CONTR. diritto, dritto.

flèttere A v. tr. **1** piegare, curvare, incurvare, inclinare, arcuare CONTR. rizzare, raddrizzare, irrigidire **2** (*ling.*) declinare, coniugare **B flettersi** v. rifl. e intr. pron. piegarsi, curvarsi CONTR. drizzarsi, irrigidirsi.

flirt /*ingl.* flə:t/ [vc. ingl., da *to flirt* 'muovere, ondeggiare'] s. m. inv. **1** amoretto, passioncella, capriccio, amore giovanile, cotta **2** (*di persona*) amore, moroso (*dial.*), innamorato, filarino (*fam., scherz.*).

flirtàre v. intr. amoreggiare, civettare, corteggiare, filare (*fam., scherz.*).

flogìstico agg. (*med.*) infiammatorio CONTR. antiflogistico.

flogòsi o **flògosi** s. f. (*med.*) infiammazione.

floppy disk /*ingl.* 'flɔpi disk/ [vc. ingl., comp. di *floppy* 'allentato, floscio' e *disk* 'disco'] s. m. inv. (*elab.*) dischetto.

flòra [vc. dotta, *Flora*, dea dei fiori] s. f. vegetali □ (*est.*) vegetazione CFR. fauna.

floreàle agg. di fiori FRAS. *stile floreale*, liberty.

floricoltóre s. m. (f. *-trice*) (*est.*) giardiniere.

floricoltùra s. f. (*est.*) giardinaggio.

floridaménte avv. prosperamente, prosperosamente, rigogliosamente CONTR. stentatamente.

floridézza s. f. **1** formosità, prosperosità, freschezza, rigoglio, sanità, vigore, vigoria, floridità (*raro*) CONTR. debolezza, delicatezza, gracilità, esilità, magrezza, secchezza **2** (*fig.*) benessere, ricchezza, prosperità, potenza CONTR. miseria, povertà.

flòrido agg. **1** (*lett.*) (*di pianta, di giardino, ecc.*) fiorito, in fiore □ fecondo, fertile CONTR. appassito, arido, inaridito, secco, sterile **2** (*est.*) (*di persona, di aspetto, ecc.*) fiorente, fresco, rigoglioso, robusto, prosperoso, sano, vegeto, vigoroso, rubizzo CONTR. debole, delicato, esile, gracile, magro, malaticcio, avvizzito **3** (*fig.*) (*di commercio, di situazione, ecc.*) prospero, ricco, potente CONTR. misero, povero.

flosciaménte avv. mollemente, flaccidamente

CONTR. rigidamente.

flòscio agg. **1** flaccido, cascante, molle, moscio, vizzo CONTR. consistente, duro, rigido **2** (*est.*) (*di carattere, di educazione, ecc.*) debole, fiacco, snervato, svigorito CONTR. energico, risoluto, vigoroso.

flòtta s. f. marina, armata navale, naviglio, flottiglia.

fluènte part. pres. di **fluire**; anche agg. **1** corrente, scorrente, sciolto, fluido CONTR. fermo, immobile, stagnante **2** (*fig.*) (*di parola*) scorrevole, facile, disinvolto CONTR. stentato, lento **3** (*fig.*) (*di capigliatura*) lungo CONTR. corto.

fluidaménte avv. (*fig.*) facilmente, scorrevolmente CONTR. stentatamente, lentamente.

flùido **A** agg. **1** fluente, liquido, scorrente, scorrevole CONTR. viscoso, fermo, immobile, stagnante **2** (*fig.*) (*di parola e sim.*) facile, naturale, sciolto, scorrevole CONTR. stentato **3** (*fig.*) (*di rapporto, di carattere, ecc.*) incerto, instabile, labile □ impreciso, sfumato CONTR. certo, stabile, duraturo □ definito **B** s. m. **1** (*fis.*) CONTR. solido **2** (*est.*) succo, linfa, umore **3** (*fig.*) (*di simpatia, di pensiero, ecc.*) corrente, emanazione.

fluìre v. intr. **1** scorrere, sgorgare, defluire, scivolare, colare, scendere CONTR. fermarsi, stagnare **2** (*del tempo*) trascorrere, passare CONTR. fermarsi.

flùsso s. m. **1** (*di liquido*) effusione, fuoriuscita, getto, versamento, emissione **2** (*est.*) (*di folla, di merci, ecc.*) gran movimento, viavai, andirivieni □ marea.

flùtto s. m. (*lett.*) onda, ondata, maroso.

fluttuànte part. pres. di **fluttuare**; anche agg. **1** ondeggiante, fluente □ vacillante CONTR. fermo, immobile, stagnante **2** (*fig.*) (*di persona, di carattere, ecc.*) dubbioso, incerto, irresoluto □ instabile, variabile CONTR. deciso, determinato, risoluto □ sicuro, stabile.

fluttuàre v. intr. **1** ondeggiare □ galleggiare □ (*est.*) (*di bandiera e sim.*) sventolare, svolazzare CONTR. essere immobile **2** (*fig.*) (*di persona, di pensiero, ecc.*) dubitare, esitare, tergiversare, essere indeciso CONTR. essere deciso, essere sicuro **3** (*fig., econ.*) (*di moneta*) oscillare CONTR. essere stabile.

fluttuazióne s. f. **1** ondeggiamento, agitazione CONTR. immobilità, stabilità **2** fluitazione **3** (*fig.*) (*di pensiero, di persona, ecc.*) dubbio, incertezza, indecisione, turbamento CONTR. certezza, decisione, determinatezza **4** (*di grandezza*) mutamento, variazione CONTR. immutabilità, invariabilità **5** (*econ.*) (*di moneta*) oscillazione, quotazione, floating (*ingl.*).

fobìa s. f. **1** (*psicol.*) paura eccessiva, repulsione **2** (*est.*) ripugnanza, avversione, odio, intolleranza, antipatia, idiosincrasia CONTR. amore, simpatia, propensione, tolleranza.

fòbico agg. ossessivo.

fòca s. f. **1** (*zool.*) vitello marino **2** (*fig.*) grassone, ciccione CONTR. mingherlino.

focàccia s. f. schiacciata, sfogliata, torta FRAS. *rendere pan per focaccia*, rendere la pariglia.

focàle agg. (*fig.*) (*di punto, di questione, ecc.*) centrale, nodale, fondamentale CONTR. marginale, secondario.

focalizzàre v. tr. **1** (*fot.*) mettere a fuoco **2** (*fig.*) (*di argomento*) precisare, mettere a punto.

fóce s. f. sbocco, bocca, delta, estuario □ varco CONTR. sorgente.

focolàio s. m. **1** (*med.*) centro d'infezione **2** (*lett.*) focolare **3** (*fig.*) (*di rivolta, di vizio, ecc.*) centro.

focolàre s. m. **1** focolaio (*lett.*) □ camino **2** (*est., fig.*) casa, famiglia, ambiente domestico **3** (*fig.*) (*di rivolta, di vizio, ecc.*) centro.

focosaménte avv. (*fig.*) ardentemente, appassionatamente CONTR. freddamente, con distacco, con indifferenza.

fòdera s. f. rivestimento, involucro, federa, sopraccoperta, copertina □ guscio.

foderàme s. m. fodere.

foderàre v. tr. rivestire, ricoprire, avvolgere CONTR. sfoderare.

foderàto part. pass. di **foderare**; anche agg. avvolto, ricoperto, rivestito.

fòdero s. m. guaina, astuccio, custodia.

fóga s. f. ardore, fuoco, furia, impeto, slancio, veemenza, empito (*lett.*) □ fretta CONTR. calma, flemma, lentezza, pacatezza, placidezza (*raro*).

fòggia s. f. **1** (*di fare, di parlare, ecc.*) modo maniera **2** (*di cosa*) aspetto, figura, forma guisa **3** costume, usanza **4** moda, modo di vestire.

foggiàre v. tr. **1** modellare, formare, dar forma CONTR. disfare **2** (*fig.*) (*di carattere, di abitudini, ecc.*) formare, plasmare.

foggiàto part. pass. di **foggiare**; anche agg. modellato, plasmato.

fòglia s. f. **1** (*est.*) petalo, brattea □ fronda, siepe, cespuglio **2** (*di metallo*) lamina, lamella FRAS. *mangiare la foglia* (*fig.*), intuire le intenzioni altrui □ *non muover foglia* (*fig.*), non far niente.

fogliàme s. m. foglie.

fogliétto s. m. **1** dim. di **foglio** **2** avviso, bollettino **3** (*anat.*) membrana.

fòglio s. m. **1** pezzo di carta □ (*est.*) carta **2** (*di materiale*) lamina, lastra **3** pagina, stampato □ giornale □ documento □ carta da lettere.

fógna s. f. **1** chiavica, cloaca, collettore, pozzo nero, smaltitoio **2** (*fig.*) letamaio (*fig.*), luogo corrotto **3** (*fig.*) (*di persona*) porcaccione, maialone □ mangione, ingordo.

fognatùra s. f. fogne.

föhn /*ted.* fø:n/ [vc. ted., dal precedente ant. alto ted. *phōnno*, dal lat. (*ventus*) *favōnius* 'favonio', vento caldo di ponente] s. m. inv. asciugacapelli.

fòia s. f. eccitazione, libidine, fregola (*pop.*) □ brama, foga, frenesia **CONTR.** frigidità, calma.

folàta s. f. raffica, ventata, buffo, soffio.

folclóre [dall'ingl., comp. di *folk* 'popolo' e *lore* 'dottrina'] s. m. **1** demopsicologia, demologia, etnografia **2** tradizioni popolari, manifestazioni popolari.

folclorìstico agg. del folclore □ (*est.*) popolare, tradizionale, di costume, di colore.

folgorànte part. pres. di **folgorare**; anche agg. **1** abbagliante, fiammeggiante, sfolgorante, splendente **CONTR.** appannato, opaco, offuscato **2** (*fig.*) (*di sguardo, di dolore, ecc.*) acuto, intenso, penetrante, vivace, vivido, vivo **CONTR.** debole, fiacco, spento.

folgoràre A v. intr. **1** (*lett.*) balenare, lampeggiare **2** (*fig.*) (*di sguardo, di stelle, ecc.*) brillare, rifulgere, risplendere, scintillare, sfavillare, sfolgorare **CONTR.** offuscarsi, oscurarsi, appannarsi **B** v. tr. **1** (*anche fig.*) fulminare **2** colpire con una scarica elettrica.

folgorazióne s. f. **1** (*med.*) fulminazione **2** (*fig.*) illuminazione, ispirazione.

fólgore s. f. fulmine, saetta, lampo.

folk /*ingl.* 'fouk/ [vc. ingl., propriamente 'popolo'] **A** agg. inv. (*spec. di musica*) popolare **B** s. m. inv. canto popolare, musica popolare.

fólla o **fòlla** s. f. **1** (*di persone*) moltitudine, calca, massa, ressa, assembramento, affluenza, andirivieni, concorso, viavai, pigia pigia, serra serra, piena, popolo, sciame, frotta, turba, branco, accozzaglia, caterva, ciurma, formicolio, nugolo, fiumana, confusione, brulicame (*raro*), brulichio **2** (*fig.*) (*di cose, di idee, ecc.*) quantità, congerie.

fòlle agg.; anche s. m. e f. **1** (*di persona*) matto, pazzo, alienato, demente, dissennato, insano, mentecatto, stolto **CONTR.** assennato, saggio, savio, sano di mente, equilibrato **2** (*di azione, di idea, ecc.*) avventato, imprudente, irriflessivo, sconsiderato □ rischioso **CONTR.** prudente, ponderato, meditato.

folleggiàre v. intr. **1** fare follie **2** (*est.*) divertirsi spensieratamente, scatenarsi.

folleménte avv. **1** pazzamente, sconsideratamente **CONTR.** assennatamente, saggiamente **2** appassionatamente □ sfrenatamente **CONTR.** moderatamente, misuratamente.

follétto s. m. **1** spiritello **2** (*fig.*) (*di bimbo*) frugoletto.

follìa s. f. **1** pazzia, alienazione, demenza, dissennatezza, insania, stoltezza **CONTR.** assennatezza, saggezza, saviezza, senno **2** temerarietà, mattana (*fam.*) **FRAS.** *alla follia*, perdutamente.

foltaménte avv. densamente, fittamente **CONTR.** scarsamente, poco.

fólto A agg. abbondante, numeroso, fitto, denso, serrato, spesso □ fronzuto, rigoglioso □ gremito, pieno **CONTR.** rado, diradato, rarefatto **B** s. m. (*di bosco, di folla, ecc.*) fitto, mezzo, cuore.

fomentàre v. tr. eccitare, incitare, istigare, attizzare, suscitare, risvegliare, stimolare, promuovere **CONTR.** smorzare, spegnere, attenuare, attutire, diminuire.

fomentatóre s. m.; anche agg. (f. *-trice*) istigatore, sobillatore **CONTR.** pacificatore.

fomentazióne s. f. **1** (*med.*) fomento, suffumigio **2** (*fig.*) incitamento, sobillazione **CONTR.** dissuasione.

foménto s. m. **1** (*med.*) fomentazione, suffumigio **2** (*fig.*) eccitamento, incitamento, istigazione, stimolo, subornazione **CONTR.** dissuasione.

fòn *V.* **föhn**.

fondàle s. m. **1** (*di acque*) profondità **2** (*teat.*) sfondo.

fondamentàle agg. basilare □ (*est.*) importantissimo, essenziale, sostanziale **CONTR.** complementare, integrativo, secondario.

fondamentalménte avv. essenzialmente, sostanzialmente **CONTR.** secondariamente.

fondaménto s. m. **1** (*di costruzione*) basamento, base, sostegno □ plinto, zoccolo **CONTR.** sommità, tetto, coronamento, vertice, fastigio **2** (*fig.*) (*di ragionamento, di ipotesi, ecc.*) base, sostegno □ fondatezza **CONTR.** infondatezza, inconsistenza **3** (*fig.*) (*di dottrina, di morale, ecc.*) principio, presupposto, causa prima □ prime nozioni, rudimenti **CONTR.** effetto, conseguenza.

fondàre A v. tr. **1** (*di costruzione*) gettare le fondamenta □ costruire, edificare, erigere **CONTR.** abbattere, demolire, diroccare, distruggere, smantellare, spianare **2** (*fig.*) (*di istituzione, di scuola, ecc.*) costituire, iniziare, istituire, stabilire **CONTR.** abolire, sopprimere **3** (*fig.*) (*di scienza, di teoria, ecc.*) inventare, scoprire **4** (*fig.*) (*di sospetto, di ipotesi, ecc.*) basare **B fondarsi** v. intr. pron. **1** avere le basi, basarsi, erigersi, reggersi **2** fare assegnamento, fidarsi.

fondataménte avv. con fondatezza, ragionevolmente **CONTR.** infondatamente.

fondatézza s. f. fondamento, attendibilità, plausibilità **CONTR.** inattendibilità, infondatezza.

fondàto part. pass. di **fondare**; anche agg. **1** (*di costruzione*) edificato, costruito, gettato, eretto, fornito di fondamenta **2** (*fig.*) (*di ragionamento, di ipotesi, ecc.*) basato, stabilito, creato, istituito **3** (*fig.*) (*di sospetto, di motivo, ecc.*) attendibile, plausibile, giustificabile, valido **CONTR.** inattendibile, infondato, ingiustificabile.

fondatóre s. m.; anche agg. (f. *-trice*) iniziatore, istitutore, creatore, ideatore, promotore **CONTR.** distruttore, demolitore.

fondazióne s. f. **1** fondamento, inizio, istituzione, costituzione, impianto, edificazione

CONTR. abbattimento, demolizione, distruzione □ abolizione **2** (*al pl.*) (*di costruzione*) fondamenta, basamento **3** (*dir.*) ente morale, ente, istituzione.

fondènte s. m. fondant (*fr.*).

fóndere A v. tr. **1** liquefare, sciogliere, struggere **CONTR.** rassodare, solidificare, indurire **2** (*di scultura*) colare **3** (*fig.*) (*di colori, di suoni, ecc.*) unire, amalgamare, armonizzare, legare, raggruppare **CONTR.** separare, dividere, distinguere **4** (*fig.*) (*di beni, di denaro, ecc.*) dissipare, profondere, sperperare **CONTR.** economizzare, risparmiare **B** v. intr. liquefarsi, sciogliersi **CONTR.** rassodarsi, solidificarsi **C fondersi** v. intr. pron. **1** liquefarsi, sciogliersi **CONTR.** rassodarsi, solidificarsi **2** (*fig.*) unirsi, raccogliersi, mescolarsi □ confondersi **CONTR.** separarsi, dividersi □ distinguersi.

fondìna s. f. **1** (*per pistola*) custodia **2** (*per minestra*) scodella, piatto fondo.

fondista s. m. e f. editorialista.

fóndo A s. m. **1** parte inferiore □ orlo inferiore □ profondità **CONTR.** superficie □ cima, sommità **2** (*di vino, di olio, ecc.*) feccia, fondiglio, deposito, posatura **3** (*est.*) merci invendute **4** (*fig.*) (*di animo, di pensiero, ecc.*) intimo, profondo, parte più interna, parte più nascosta, estremità **CONTR.** esterno **5** (*fig.*) (*di persona*) animo, indole, temperamento **6** (*teat.*) sfondo **7** (*di vernice e sim.*) strato **8** podere, proprietà terriera, immobile **9** (*spec. al pl.*) denaro, finanze, beni **B** agg. **1** profondo □ incassato, incavato **CONTR.** alto **2** (*est.*) (*di bosco, di notte, ecc.*) folto, fitto, denso, intricato □ cupo **CONTR.** rado, diradato, rarefatto, trasparente **FRAS.** *fondi neri* (*fig.*), fondi segreti □ *conoscere a fondo*, conoscere bene □ *dar fondo*, finire □ *da cima a fondo*, completamente, dal principio alla fine □ *in fondo*, in conclusione, tutto sommato □ *andare a fondo*, affondare □ *andare fino in fondo* (*fig.*), sviscerare completamente.

fonèma s. m. (*ling.*) suono.

fonemàtica s. f. fonologia.

fonendoscòpio s. m. (*med.*) stetoscopio.

fonògrafo s. m. grammofono, giradischi, radiogrammofono, mangiadischi.

fonologìa s. f. fonematica.

fontàna s. f. **1** fonte, sorgente, polla, zampillo **2** (*fig.*) (*di vita, di benessere, ecc.*) origine, causa, motivo.

fontanière s. m. idraulico, trombaio (*tosc.*).

fónte A s. f. **1** sorgente, fontana, getto d'acqua, polla, scaturigine (*lett.*), zampillo **2** (*fig.*) (*di vita, di benessere, ecc.*) principio, origine, causa, elemento primo **3** (*spec. al pl.*) documenti originali **B** s. m. fonte battesimale, battistero.

football /*ingl.* 'futbɔ:l/ [vc. ingl., comp. di *foot* 'piede' e *ball* 'pallone'] s. m. inv. calcio, pallone.

foraggiàre v. tr. **1** provvedere di foraggio **2** (*fig.*) sovvenzionare, finanziare, rifornire di denaro.

foràggio s. m. **CFR.** fieno, erba, orzo, avena, paglia, mangime, erba medica, trifoglio.

foràre A v. tr. bucare, perforare, traforare, trivellare, trapanare, succhiellare (*raro*) □ bucherellare, foracchiare, sforacchiare, crivellare □ rodere, rosicchiare **CONTR.** chiudere, otturare, sigillare, tappare, turare, zaffare **B forarsi** v. intr. pron. bucarsi, perforarsi.

foratùra s. f. buco, foro, fenditura.

fòrbice s. f. **1** (*spec. al pl.*) cesoie **2** (*al pl., pop.*) (*di granchi, di scorpioni, ecc.*) chele.

forbìre A v. tr. **1** nettare, pulire, asciugare, tergere (*lett.*), detergere **CONTR.** sporcare, imbrattare, insudiciare, insozzare, lordare **2** lustrare, lucidare **CONTR.** appannare, offuscare **B forbirsi** v. rifl. pulirsi, nettarsi, asciugarsi **CONTR.** sporcarsi, imbrattarsi, insudiciarsi, insozzarsi, lordarsi.

forbìto part. pass. di **forbire**; anche agg. **1** (*di cosa*) netto, pulito, terso, nitido, scintillante **CONTR.** sozzo, sporco, sudicio, laido, lordo, lurido **2** (*fig.*) (*di persona, di discorso, ecc.*) elegante, raffinato, compito, curato **CONTR.** goffo, rozzo, sciatto, trasandato, trascurato.

fórca s. f. **1** forcone, bidente □ (*est.*) tridente **2** biforcazione □ forcella **3** patibolo **4** (*geogr.*) valico.

forcèlla s. f. **1** forcina **2** (*geogr.*) passo, sella, varco.

forchétta s. f. (*anat.*) forcella **FRAS.** *buona forchetta* (*fig.*), gran mangiatore □ *parlare in punta di forchetta* (*fig.*), parlare affettatamente.

forcìna s. f. **1** forcella **2** molletta per capelli.

forcing /*ingl.* 'fɔ:siŋ/ [vc. ingl., da *to force* 'forzare'] s. m. inv. (*sport*) attacco.

forcùto agg. a forca, biforcuto, bifido.

forèsta s. f. selva, bosco.

forestàle agg. boschivo □ selvoso.

forestièro agg.; anche s. m. **1** di altro paese, straniero □ esterno, estero, esotico **CONTR.** del luogo, nostrano, patrio, nazionale, indigeno **2** ospite □ cliente □ turista, viaggiatore.

forfait (1) /*fr.* fɔr'fɛ/ [vc. fr., propriamente 'contratto a prezzo fisso', comp. di *fors* 'fuori' e *fait* 'fatto'] s. m. inv. cottimo □ prezzo in blocco □ prezzo fisso.

forfait (2) /*fr.* for'fɛ/ [vc. fr., dall'ingl. *forfeit*, a sua volta dall'ant. fr. *forfait* 'misfatto'] s. m. inv. (*sport*) assenza, ritiro **CONTR.** partecipazione **FRAS.** *dichiarare forfait* (*anche fig.*), ritirarsi, abbandonare.

fòrgia s. f. fucina.

forgiàbile agg. (*anche fig.*) malleabile, deformabile □ plasmabile **CONTR.** duro, rigido.

forgiàre v. tr. **1** lavorare alla forgia, fucinare □ (*est.*) modellare, plasmare **CONTR.** fondere, distruggere **2** (*fig.*) (*di persona, di carattere ecc.*) formare, educare, plasmare.

forgiatóre s. m. **1** fucinatore, fabbro **2** (*fig.*) educatore, plasmatore (*lett.*).

fórma A s. f. **1** (*filos.*) causa formale, principio intelligibile CONTR. materia **2** (*di cosa o persona*) aspetto, configurazione, figura, foggia, formato, conformazione, sagoma, disegno, modello, stampo, struttura **3** (*est.*) (*di persona*) apparenza, aria CONTR. realtà, sostanza **4** (*spec. al pl.*) complessione fisica, corporatura, fattezze, lineamenti, fisionomia, sembianze (*lett.*) **5** (*di fisico*) buone condizioni **6** (*di scritto e sim.*) qualità, veste, stile CONTR. contenuto **7** (*spec. al pl.*) buone maniere, garbo □ esteriorità, formalità, convenzioni sociali CONTR. sostanza, interiorità **8** (*di cosa*) sorta, tipo, specie □ modo **9** (*di Stato, di Ente*) ordinamento, costituzione **B** in funzione di agg. inv. (posposto al s.) (*di peso*) ideale.

formàggio s. m. cacio.

formàle agg. **1** (*di intervento, di processo, ecc.*) ufficiale, solenne, convenzionale CONTR. privato, riservato **2** (*est.*) chiaro, esplicito, espresso, preciso, testuale CONTR. indeterminato, sommario, sottinteso, vago.

formalìsmo s. m. convenzionalismo □ pignoleria, pedanteria CONTR. elasticità.

formalìsta s. m. e f. conformista, pignolo, pedante CONTR. elastico, anticonvenzionale.

formalìstico agg. convenzionale, conformista □ pedante CONTR. anticonvenzionale □ elastico.

formalità s. f. **1** modalità, consuetudine, procedura **2** forma esteriore, cerimoniale, etichetta, convenzione sociale, galateo.

formalizzàre A v. tr. rendere formale **B formalizzarsi** v. intr. pron. preoccuparsi, offendersi, scandalizzarsi, meravigliarsi.

formalménte avv. espressamente, ufficialmente CONTR. privatamente, riservatamente.

forma mentis /*lat.* 'fɔrma 'mɛntis/ [loc. lat., letteralmente 'forma della mente'] loc. sost. f. struttura mentale, abito mentale, mentalità.

formàre A v. tr. **1** plasmare, modellare, foggiare, abbozzare, sagomare, comporre, costruire, fabbricare, edificare, fare, creare CONTR. sformare, deformare, disfare, distruggere, demolire **2** (*fig.*) (*di persona, di mente, ecc.*) educare, addestrare, ammaestrare, istruire **3** (*di famiglia, di partito, ecc.*) dare origine, costituire, istituire CONTR. disfare, dividere **4** (*di periodo, di discorso, ecc.*) organizzare, redigere, scrivere **5** (*di vanto, di orgoglio, ecc.*) essere **B formarsi** v. intr. pron. prodursi, crearsi, crescere, svilupparsi CONTR. morire, scomparire.

formatìvo agg. costruttivo □ (*est.*) educativo, istruttivo CONTR. diseducativo.

formàto A part. pass. di **formare**; anche agg. **1** fatto, composto, costituito **2** completo, sviluppato CONTR. incompleto **B** s. m. forma, dimensione.

formatóre s. m.; anche agg. (f. *-trice*) ideatore □ educatore □ costruttore CONTR. distruttore.

formazióne s. f. **1** costituzione, creazione, genesi, istituzione, origine, sviluppo **2** (*fig.*) (*di persona*) educazione, maturazione **3** (*di militari, di atleti, ecc.*) disposizione, schieramento, squadra, unità.

formèlla s. f. **1** dim. di **forma 2** riquadro **3** pannello □ mattonella, piastrella.

formìca s. f. FRAS. *a passo di formica* (*fig.*), molto lentamente.

formicàio s. m. **1** nido di formiche **2** (*fig.*) folla, moltitudine, calca, ressa.

formichière s. m. (*zool.*) mirmecofago, mangiaformiche.

formicolànte part. pres. di **formicolare**; anche agg. brulicante □ pullulante.

formicolàre v. intr. **1** brulicare, agitarsi freneticamente **2** (*fig.*) essere pieno, essere gremito, pullulare **3** (*di mano, di piede, ecc.*) essere intorpidito, informicolirsi, prudere.

formicolìo s. m. **1** brulichio, agitazione **2** (*di mano, di piede, ecc.*) torpore, intorpidimento, prurito.

formidàbile agg. **1** (*lett.*) pauroso, spaventevole, spaventoso, terribile, terrificante, tremendo CONTR. delizioso, piacevole **2** (*di urlo, di rumore, ecc.*) fortissimo, molto intenso CONTR. debole, moderato **3** (*est.*) eccezionale, straordinario CONTR. comune, normale, ordinario.

formidabilménte avv. eccezionalmente, straordinariamente CONTR. scarsamente, poco.

formosità s. f. bellezza, appariscenza, floridezza CONTR. deformità, magrezza, macilenza.

formóso agg. bello, ben fatto, florido, prosperoso, appariscente CONTR. brutto, deforme, macilento, sparuto.

fòrmula s. f. **1** (*dir.*) espressione rituale, frase rituale **2** (*est.*) frase fatta, frase convenzionale **3** frase, detto, motto, massima **4** (*mat.*) espressione **5** (*di cibo, di medicina, ecc.*) ricetta **6** (*autom., sport*) categoria.

formulàre v. tr. dire, esprimere, manifestare □ elaborare, preparare.

formulàrio s. m. **1** raccolta di formule **2** questionario, modulo **3** ricettario.

formulàto part. pass. di **formulare**; anche agg. detto, espresso, scritto.

formulazióne s. f. enunciazione, enunciato.

fornàce s. f. (*fig.*) forno, luogo caldissimo CONTR. ghiacciaia.

fornàio s. m. panettiere.

fornìre A v. tr. **1** dare, provvedere, somministrare □ arredare, equipaggiare, corredare, munire CONTR. togliere, sfornire, sguarnire **2** (*di prove, di testimonianze, ecc.*) esibire, procurare **B fornirsi** v. rifl. provvedersi, munirsi.

fornìto part. pass. di **fornire**; anche agg. corredato, munito, dotato, provvisto □ ammobiliato, ornato □ colmo, pieno CONTR. sfornito, sprovvisto, privo, sguarnito.

fornitóre s. m.; anche agg. (f. *-trice*) negoziante, commerciante **CONTR.** cliente.

fornitùra s. f. provvista, rifornimento.

fórno s. m. **1** camera di cottura **2** panetteria **3** (*fig.*) fornace, luogo caldissimo **CONTR.** ghiacciaia **4** (*scherz.*) bocca grandissima, bocca larghissima **5** (*teat.*) sala vuota.

fóro (1) s. m. buco, apertura, orifizio, occhiello, pertugio, fessura, traforo.

fòro (2) s. m. **1** (*stor.*) (*a Roma*) piazza centrale, piazza □ (*ad Atene*) agorà **2** (*dir.*) tribunale, organo giudiziario □ (*est.*) avvocati, giudici.

fórra s. f. fossato scosceso, dirupo, gola, baratro, burrone, scoscendimento.

fórse A avv. **1** probabilmente, facilmente □ (*euf.*) difficilmente **2** circa, all'incirca **3** (*enf. e ints.*) per caso **B** in funzione di s. m. inv. dubbio, incertezza.

forsennataménte avv. dissennatamente, follemente **CONTR.** assennatamente, saggiamente, sensatamente.

forsennatézza s. f. dissennatezza, follia, insensatezza **CONTR.** senno, assennatezza, sensatezza.

forsennàto agg.; anche s. m. dissennato, folle, matto, furente, furioso, frenetico, alienato, demente, delirante, squilibrato **CONTR.** assennato, calmo, equilibrato, posato, saggio, savio, sensato.

fòrte A agg. **1** robusto, gagliardo, vigoroso, sano, aitante, corpulento, forzuto, erculeo, muscoloso, nerboruto **CONTR.** debole, delicato, gracile, mingherlino, svigorito **2** energico, risoluto, determinato, coraggioso, animoso, ardito, audace, inflessibile, irremovibile, perseverante, tenace, tetragono (*lett.*) **CONTR.** fiacco, irresoluto, indeciso, incerto, timido, titubante **3** (*di materiale*) resistente, saldo, solido, tenace **CONTR.** debole, malfermo, fragile **4** (*di dolore e sim.*) duro da sopportare, doloroso, serio **CONTR.** leggero, piacevole **5** (*di appetito, di spesa*) considerevole, grande, notevole, ragguardevole **CONTR.** piccolo, modesto, scarso **6** (*di luce, di vento, ecc.*) intenso, potente, veemente **CONTR.** blando, debole, tenue **7** (*gerg.*) magnifico, stupendo, straordinario **CONTR.** insignificante **B** avv. **1** (*di bussare, di tenere, ecc.*) con forza, fortemente, vigorosamente, energicamente, saldamente **CONTR.** debolmente **2** (*di piovere, di temere, ecc.*) grandemente, molto, assai **CONTR.** poco **3** (*di parlare, di chiamare, ecc.*) ad alta voce **CONTR.** piano, a bassa voce **4** (*di correre e sim.*) celermente, velocemente **CONTR.** lentamente, adagio, piano **C** s. m. fortezza, fortificazione, fortilizio, rocca, roccaforte.

forteménte avv. **1** gagliardamente, vigorosamente, saldamente **CONTR.** debolmente **2** decisamente, energicamente, ardentemente, potentemente, profondamente □ strenuamente, valorosamente **CONTR.** fiaccamente, timidamente, timorosamente.

fortézza s. f. **1** (*di edificio*) fortificazione, forte, fortilizio, piazzaforte, rocca, roccaforte **2** (*fig.*) (*di persona*) fermezza, forza, gagliardia, saldezza, energia, intrepidezza **CONTR.** debolezza, fiacchezza, neghittosità, pigrizia.

fortificànte part. pres. di **fortificare**; anche agg. corroborante, energetico, tonificante **CONTR.** debilitante.

fortificàre A v. tr. **1** (*mil.*) munire di fortificazioni, munire, trincerare, barricare **CONTR.** indebolire, sguarnire **2** (*di persona o cosa*) rendere forte, rafforzare, corroborare, irrobustire, rinvigorire, temprare **CONTR.** debilitare, indebolire, illanguidire, snervare, svigorire **B fortificarsi** v. rifl. e intr. pron. **1** (*mil.*) trincerarsi, barricarsi **2** (*di persona*) rafforzarsi, irrobustirsi, rinvigorirsi **CONTR.** indebolirsi, svigorirsi.

fortificazióne s. f. **1** corroboramento, rinvigorimento **CONTR.** debilitazione, indebolimento **2** luogo fortificato, forte, fortezza, fortilizio, roccaforte, rocca.

fortilìzio s. m. piccola fortezza, forte, rocca.

fortìno s. m. piccolo forte, fortilizio, casamatta, ridotto.

fortuitaménte avv. per caso, casualmente, accidentalmente, inaspettatamente **CONTR.** apposta, volutamente, calcolatamente.

fortùito agg. accidentale, casuale, occasionale, inatteso, inaspettato **CONTR.** calcolato, preparato, procurato, voluto.

fortùna s. f. **1** destino, sorte, caso, fato, vicenda, combinazione □ provvidenza divina **2** sorte favorevole, destino propizio, buona riuscita, successo, ventura, cuccagna, bazza, felicità, buona stella **CONTR.** sfortuna, disdetta, disgrazia, iettatura, scalogna (*fam.*), iella (*rom.*) **3** patrimonio, ricchezza, beni, averi **4** (*mar.*) tempesta, fortunale **FRAS.** *portare fortuna*, essere di buon augurio □ *colpo di fortuna*, successo insperato.

fortunàle s. m. tempesta, bufera, burrasca, procella (*lett.*) **CONTR.** bonaccia, calma.

fortunataménte avv. per buona sorte, per fortuna **CONTR.** sfortunatamente, disgraziatamente.

fortunàto agg. **1** (*di persona*) che ha fortuna, favorito dalla sorte, felice **CONTR.** sfortunato, disgraziato **2** (*di evento, di impresa, ecc.*) felice, fausto, propizio, prospero **CONTR.** infausto, infelice, disgraziato.

forum /*ingl.* 'fɔːrəm/ [vc. ingl., dal lat. *forum* 'piazza'] s. m. inv. riunione, meeting (*ingl.*) □ dibattito.

forùncolo s. m. (*med.*) pustola, pustoletta, pedicello (*raro*) □ (*al pl., est.*) acne.

forviànte part. pres. di **forviare**; anche agg. deviante, sviante □ traviante.

forviàre A v. intr. **1** uscire di strada, deviare, sviare **2** (*fig.*) traviarsi, corrompersi, guastarsi **CONTR.** riabilitarsi, guarire, redimersi **B** v. tr. **1** condurre fuori strada, deviare, dirottare **2** (*fig.*) corrompere, depravare, pervertire, traviare **CONTR.** recuperare, riabilitare, redimere.

fòrza A s. f. **1** robustezza, gagliardia, vigore, vigoria, nerbo, potenza, potere, possanza (*lett.*) **CONTR.** debolezza, fiacchezza, impotenza, snervatezza, spossatezza **2** (*di carattere, di volontà, ecc.*) energia, impegno, sforzo, zelo **CONTR.** svogliatezza, negligenza, noncuranza **3** (*di luce, di argomento, ecc.*) intensità, validità, efficacia, facoltà, virtù □ potere, autorità **CONTR.** inefficacia, invalidità **4** (*di vento, di acqua, ecc.*) impeto, potenza, violenza, veemenza, furia □ prepotenza, sopraffazione **CONTR.** mitezza, dolcezza, moderazione **5** (*con inf.*) necessità, obbligo **6** (*spec. al pl.*) milizie, truppe, schiera, gruppo, contingente, formazione, esercito **B** in funzione di inter. coraggio!, avanti! **FRAS.** *a viva forza*, con violenza □ *per forza*, costretto, malvolentieri, a malincuore.

forzàre A v. tr. **1** costringere, obbligare, coartare, sforzare **2** (*di voce, di fisico, ecc.*) sottoporre a sforzo **3** (*di porta, di serratura, ecc.*) aprire a forza, sfondare, scassinare **4** (*di tappo, di coperchio e sim.*) premere con forza, pigiare, spingere **B** v. intr. stringere □ aprirsi con difficoltà **CONTR.** essere largo, avere gioco.

forzataménte avv. per forza, necessariamente □ controvoglia **CONTR.** volontariamente, volentieri, spontaneamente.

forzàto A part. pass. di **forzare**; anche agg. **1** costretto, obbligato, coartato, coatto, imposto con la forza, obbligatorio **CONTR.** libero, volontario **2** (*di ritardo, di assenza, ecc.*) dovuto a forza maggiore, involontario **CONTR.** voluto **3** (*di allegria, di gentilezza, ecc.*) affettato, lezioso, ricercato **CONTR.** disinvolto, naturale, semplice, spontaneo **B** s. m. ergastolano, galeotto.

forzatùra s. f. **1** scassinatura, rottura **2** (*fig.*) esagerazione, sforzo **CONTR.** naturalezza.

forzière s. m. cassaforte, scrigno, cofano.

forzosaménte avv. a forza, contro la propria volontà **CONTR.** volontariamente.

forzóso agg. **1** coatto, coattivo, coercitivo **CONTR.** libero, volontario **2** (*raro*) gagliardo, forte, robusto **CONTR.** debole, fiacco.

forzùto agg. fortissimo, aitante, muscoloso, nerboruto, membruto, robusto, vigoroso, gagliardo **CONTR.** debole, esile, gracile, delicato, mingherlino.

foschìa s. f. scarsa visibilità, offuscamento, nebbia, smog (*ingl.*) **CONTR.** limpidezza, buona visibilità.

fósco o **fòsco** agg. **1** (*di colore*) scuro, nerognolo, nericcio **2** (*di tempo, di luce, ecc.*) nebbioso, offuscato, caliginoso, torbido, velato **CONTR.** chiaro, limpido, nitido, terso, trasparente **3** (*fig.*) (*di sguardo, di aspetto, ecc.*) cupo, tetro, triste, angoscioso **CONTR.** gaio, giocondo, ilare, lieto, ridente **FRAS.** *dipingere a fosche tinte*, mettere in cattiva luce, presentare pessimisticamente.

fosforescènte agg. (*est.*) fosforeo, brillante, luminoso, scintillante **CONTR.** fosco, opaco, oscuro.

fosforescènza s. f. (*est.*) brillio, chiarore, luccichio, luminescenza, scintillio **CONTR.** offuscamento, opacità.

fòssa s. f. **1** fosso, fossato, buca, cavità, incavatura, scavo □ pozzo, canale, fogna **2** buca □ (*est.*) sepoltura, tomba **3** (*geol.*) depressione, sprofondamento **4** (*anat.*) cavità **FRAS.** *avere un piede nella fossa* (*fig.*), essere vicino a morire □ *scavarsi la fossa con le proprie mani* (*fig.*), causare la propria rovina.

fossàto s. m. lunga fossa, canale □ torrente, torrentello.

fossétta s. f. **1** dim. di **fossa 2** (*anat.*) piccola cavità, depressione, infossatura.

fòssile agg. e s. m. (*fig.*) arretrato, superato, sorpassato, out (*ingl.*), incartapecorito, retrivo, gretto, matusa (*gerg.*) **CONTR.** innovatore, progressista, in (*ingl.*).

fossilizzàre A v. tr. rendere fossile **B fossilizzarsi** v. intr. pron. **1** diventare fossile **2** (*fig.*) (*di persona*) chiudersi, fermarsi, incartapecorire **CONTR.** aprirsi, evolversi.

fossilizzàto part. pass. di **fossilizzare**; anche agg. **1** ridotto allo stato fossile **2** (*fig.*) invecchiato, sorpassato, superato, out (*ingl.*) **CONTR.** aperto, moderno, progressista, in (*ingl.*).

fòsso s. m. fossa, fossato, solco, canale, roggia (*sett.*), borro (*lett.*) **FRAS.** *saltare il fosso* (*fig.*), decidersi definitivamente, decidersi bruscamente.

fòto s. f. acrt. di **fotografia.**

fotocòpia s. f. copia fotostatica □ xerocopia □ (*est.*) riproduzione, copia, duplicato.

fotocopiàre v. tr. xerocopiare □ (*est.*) riprodurre.

fotocopiatrìce s. f. duplicatore.

fotocronìsta s. m. e f. (*est.*) fotoreporter.

fotogenìa s. f. fotogenicità.

fotogenicità s. f. fotogenia.

fotogènico agg. (*est.*) (*di viso*) espressivo.

fotografìa s. f. **1** (*est.*) ritratto **2** (*fig.*) (*di fatto, di situazione, ecc.*) descrizione esatta, descrizione meticolosa.

fotogràfico agg. **1** della fotografia **2** illustrato con fotografie **3** (*fig.*) (*di descrizione, di disegno, ecc.*) esatto, minuto, minuzioso, preciso **CONTR.** inesatto, impreciso, vago.

fotorepòrter [da *foto* e *reporter* 'cronista'] s. m. e f. inv. (*est.*) fotocronista.

fotoromànzo s. m. cineromanzo.

fotosìntesi s. f. funzione clorofilliana.

fóttere v. tr. (*fig., pop.*) ingannare, fregare

(*pop.*), imbrogliare, raggirare.

fottìo s. m. (*volg.*) grande quantità, mucchio, casino (*pop.*), fracasso (*fig.*), fracco (*dial.*) CONTR. poco.

fottùto part. pass. di **fottere**; anche agg. **1** (*fig.*, *pop.*) fregato (*pop.*), imbrogliato, ingannato **2** (*fig.*) esecrabile, spregevole CONTR. lodevole, pregevole **3** (*fig.*) spacciato, rovinato CONTR. salvo.

foulard /*fr.* fu'lar/ [vc. fr., *foulard*, dal provz. *foulat*, da *foular* 'follare'] s. m. inv. fazzoletto di seta, fazzoletto da testa, fazzoletto da collo.

frac s. m. marsina, coda di rondine.

fracassàre A v. tr. ridurre in pezzi, infrangere, spaccare, rompere, frantumare, spezzare, schiantare, sfasciare, sconquassare CONTR. acconciare, accomodare, aggiustare **B fracassarsi** v. intr. pron. rompersi, infrangersi, andare in pezzi, frantumarsi, spaccarsi, spezzarsi, schiantarsi, sfasciarsi, sconquassarsi.

fracassàto part. pass. di **fracassare**; anche agg. rotto, spaccato, spezzato, infranto, schiantato, sconquassato □ malconcio CONTR. acconciato, racconciato, accomodato, aggiustato.

fracàsso s. m. **1** fragore, frastuono, baccano, strepito, chiasso, sconquasso, trambusto, schiamazzo, rumore, casino (*pop.*) CONTR. pace, quiete, silenzio, tranquillità **2** (*fam.*) gran quantità, mucchio, fracco (*dial.*).

fràcco s. m. (*dial.*) grande quantità, mucchio, casino (*pop.*), fracasso (*fam.*) CONTR. poco.

fràdicio A agg. **1** bagnato, molle, intriso, inzuppato, umido, grondante CONTR. arido, asciutto, secco **2** (*di uova, di frutta, ecc.*) marcio, guasto, putrefatto, putrido, decomposto, andato a male CONTR. fresco, intatto, sano **3** (*fig.*) (*di persona*) corrotto, depravato, pervertito CONTR. incorrotto, puro, virtuoso **B** s. m. **1** marcio **2** (*fig.*) corruzione **3** fango, fanghiglia, fangosità.

fradiciùme s. m. **1** marciume, putridume, marcia (*pop.*), sozzura **2** umidità **3** (*fig.*) corruzione, depravazione CONTR. moralità, onestà, purezza.

fràgile agg. **1** (*di cosa*) facilmente rompibile, friabile, delicato CONTR. infrangibile **2** (*fig.*) (*di persona*) debole, gracile, delicato, cagionevole, malaticcio CONTR. forte, gagliardo, robusto, vigoroso **3** (*fig.*) (*di carattere, ecc.*) labile, suscettibile, insicuro CONTR. forte, sicuro, saldo **4** (*fig.*) (*di speranza, di felicità, ecc.*) tenue, caduco, effimero, transitorio CONTR. duraturo, durevole, stabile.

fragilità s. f. **1** (*di cosa*) facilità a rompersi, friabilità, delicatezza CONTR. infrangibilità, durezza **2** (*fig.*) (*di persona, di carattere, ecc.*) debolezza, gracilità, labilità, suscettibilità, insicurezza CONTR. forza, sicurezza, resistenza, saldezza **3** (*di felicità, di fortuna, ecc.*) tenuità, caducità CONTR. stabilità, durata.

fragilménte avv. debolmente CONTR. fortemente.

fragóre s. m. chiasso, rumore, baccano, fracasso, frastuono, strepito, rimbombo CONTR. calma, pace, silenzio, tranquillità.

fragorosaménte avv. chiassosamente, strepitosamente, rumorosamente CONTR. silenziosamente.

fragoróso agg. chiassoso, rumoroso, strepitante, assordante, rimbombante, rintronante CONTR. silenzioso, silente (*poet.*), tranquillo.

fragrànte agg. odoroso, profumato, aromatico, olezzante (*lett.*) CONTR. puzzolente, nauseabondo.

fragrànza s. f. buon odore, profumo, olezzo (*lett.*), aroma CONTR. puzzo, puzza, fetore, lezzo, peste.

fraintèndere v. tr. intendere una cosa per un'altra, intendere a rovescio, travisare, equivocare, sbagliare CONTR. capire.

fraintéso part. pass. di **fraintendere**; anche agg. travisato, equivocato, sbagliato CONTR. capito.

frammassóne s. m. massone, libero muratore.

frammentàre v. tr. suddividere in frammenti, dividere, spezzettare CONTR. unire, legare.

frammentariaménte avv. a frammenti CONTR. integralmente.

frammentarietà s. f. disorganicità CONTR. organicità.

frammentàrio agg. **1** in frammenti, incompleto, lacunoso CONTR. integro, intero **2** (*fig.*) privo di unità, disunito, disorganico CONTR. organico, unitario.

frammentazióne s. f. divisione in frammenti, suddivisione.

framménto s. m. **1** pezzetto, scheggia, frantume, brandello, rottame □ rudere CONTR. intero, totalità **2** (*di opera*) passo, brano, passaggio, squarcio.

frammìsto agg. mischiato, mescolato, inframmezzato, confuso CONTR. separato, diviso.

fràna s. f. **1** franamento, smottamento, scoscendimento □ (*est.*) slavina, valanga **2** (*fig.*) (*di speranze, di ideali, ecc.*) crollo, fallimento, malora, rovina, tracollo CONTR. nascita, affermazione, realizzazione.

franàbile agg. franoso.

franàre v. intr. **1** smottare, scoscendere, precipitare, diruparsi □ (*est.*) crollare, rovinare, sprofondare **2** (*fig.*) (*di speranze, di ideali, ecc.*) fallire, dissolversi, scomparire CONTR. nascere, affermarsi, realizzarsi.

francaménte avv. **1** con franchezza, apertamente, schiettamente, sinceramente □ in verità CONTR. copertamente, occultamente **2** decisamente, risolutamente, certamente.

francescàno [da san *Francesco* d'Assisi] **A** agg. (*est.*) mite, umile □ frugale, povero, sobrio CONTR. ricco, sfarzoso, superbo **B** s. m. frate minore, cappuccino, conventuale, osservante, terziario □ clarissa.

francesìsmo s. m. gallicismo.

franchézza s. f. **1** schiettezza, sincerità, lealtà, onestà, semplicità CONTR. doppiezza, falsità, finzione, ipocrisia, simulazione **2** ardimento, baldanza, coraggio, decisione, disinvoltura, prontezza, scioltezza, sicurezza, spigliatezza, presenza di spirito □ sfacciataggine, sfrontatezza CONTR. imbarazzo, incertezza, insicurezza, irresolutezza, timidezza, titubanza.
franchìgia s. f. **1** (*lett.*) privilegio □ affrancamento, libertà CONTR. soggezione **2** (*da imposte o dazi*) esenzione.
frànco A agg. **1** (*da impegni, da oneri, ecc.*) libero, esente, immune, sciolto CONTR. soggetto, assoggettato **2** animoso, ardito, coraggioso, risoluto, baldanzoso □ disinvolto, sicuro, spedito, spigliato, svelto CONTR. imbarazzato, impacciato, incerto, insicuro, irresoluto, timido **3** schietto, sincero, leale, aperto CONTR. falso, finto, ipocrita, sleale, simulatore **B** avv. apertamente, francamente CONTR. nascostamente, occultamente FRAS. *farla franca* (*fig.*), cavarsela impunemente.
francobóllo s. m. bollo □ marca da bollo.
frangènte s. m. **1** onda schiumosa □ (*est.*) scogliera, bassofondo **2** (*fig.*) situazione difficile, momento delicato, difficoltà □ pericolo CONTR. fortuna, felicità.
frangétta s. f. frontino, fratina.
fràngia s. f. **1** guarnizione, fronzolo, nappa, fiocco, penero **2** (*fig.*) (*di discorso*) aggiunta, particolare, ornamento **3** (*di capelli*) ciuffo, fratina, frangetta, frontino **4** fascia costiera **5** (*fig.*) (*di un partito, di un movimento, ecc.*) gruppo periferico.
frangìbile agg. fragile, friabile CONTR. infrangibile.
frangiflùtti s. m. diga, sbarramento.
franóso agg. franabile.
frantóio s. m. (*per olive*) torchio, trappeto.
frantumàre A v. tr. ridurre in pezzi, ridurre in frantumi, frangere (*lett.*), sminuzzare, stritolare, rompere, spezzare **B frantumarsi** v. intr. pron. ridursi in frantumi, spezzarsi, rompersi, sminuzzarsi.
frantumàto part. pass. di **frantumare**; anche agg. sminuzzato, stritolato, schiacciato.
frantumazióne s. f. spezzettamento, spezzettatura, rottura, stritolamento.
fràppa s. f. frangia, bordo, frastaglio, smerlatura.
frappé /*fr.* fra'pe/ o **frappè** [vc. fr., part. pass. di *frapper* 'battere'] agg. e s. m. inv. frullato.
frappórre A v. tr. porre in mezzo, frammettere, interporre, frammischiare, inserire, introdurre □ interpolare CONTR. levare, togliere **B frapporsi** v. rifl. mettersi in mezzo, intromettersi, immischiarsi, interporsi CONTR. estromettersi, stare fuori, disinteressarsi.
frapposizióne s. f. interposizione, intromissione CONTR.estromissione.
frappósto part. pass. di **frapporre**; anche agg. posto in mezzo, interposto CONTR. levato, tolto, estromesso.
frasàrio s. m. fraseologia, terminologia □ linguaggio, stile □ gergo.
fràsca s. f. ramoscello, fronda, ramo.
fràse s. f. locuzione, espressione, proposizione, modo di dire.
fraseologìa s. f. frasario, terminologia □ linguaggio.
fràssino s. m. (*bot.*) ornello, orno.
frastagliàre v. tr. tagliare qua e là, tagliuzzare.
frastagliàto part. pass. di **frastagliare**; anche agg. **1** tagliuzzato, seghettato **2** (*di costa*) con rientranze e sporgenze.
frastornàre v. tr. disturbare, distrarre, distogliere, impedire, importunare, confondere, sconcertare CONTR. concentrare.
frastornàto part. pass. di **frastornare**; anche agg. disturbato, distratto, confuso, sconcertato CONTR. concentrato, attento.
frastuòno s. m. clamore, fracasso, fragore, strepito, baccano, schiamazzo CONTR. calma, pace, silenzio.
fràte s. m. monaco.
fratellànza s. f. **1** (*est.*) fraternità, amicizia, comunanza di ideali CONTR. inimicizia, ostilità **2** confraternita, sodalizio.
fratèllo s. m. **1** (*al pl.*) figli **2** (*est.*) confratello, amico, compagno □ compatriota **3** frate, converso.
fraternaménte avv. amichevolmente, benevolmente CONTR. ostilmente.
fraternità s. f. affetto fraterno, amore fraterno, fratellanza, solidarietà, amicizia, comunanza di ideali CONTR. inimicizia, ostilità.
fraternizzàre v. intr. stringere amicizia, affratellarsi, solidarizzare, far causa comune.
fratèrno agg. **1** di fratello, da fratello **2** (*est.*) affettuoso, benevolo, cordiale, tenero CONTR. freddo, ostile.
frattàglia s. f. spec. al pl. regaglie, rigaglie, interiora, viscere.
frattànto avv. intanto, nel mentre, nel frattempo.
frattùra s. f. **1** (*med.*) rottura **2** (*geol.*) spaccatura, crepa, screpolatura, incrinatura, scoscendimento **3** (*fig.*) (*di rapporti, di avvenimenti, ecc.*) interruzione, sospensione CONTR. continuazione, continuità **4** (*fig.*) (*tra persone, tra parti*) disaccordo, dissenso, rottura CONTR. accordo, consenso.
fratturàre A v. tr. spezzare, rompere **B fratturarsi** v. intr. pron. spezzarsi, rompersi.
fraudolenteménte avv. con frode, ingannevolmente CONTR. lealmente, onestamente.
fraudolènto agg. **1** ingannevole, ingannatore, falso CONTR. leale, onesto, sincero **2** fatto con frode, doloso, colposo CONTR. in buona fede.
fraudolènza s. f. **1** frode, malafede, falsità, furbizia, malizia CONTR. candore, ingenuinità □ onestà **2** imbroglio, inganno, truffa.

frazionàbile agg. divisibile, suddivisibile, ripartibile CONTR. indivisibile.
frazionaménto s. m. ripartizione, suddivisione, lottizzazione CONTR. unificazione, accorpamento.
frazionàre v. tr. dividere in parti, ripartire, spartire, suddividere, lottizzare CONTR. unire, unificare, accorpare.
frazionàrio agg. (*mat.*) di frazione □ fratto.
frazionàto part. pass. di **frazionare**; anche agg. diviso, ripartito, suddiviso, spartito, lottizzato CONTR. intero, unificato, accorpato.
frazióne s. f. **1** porzione, parte CONTR. intero, tutto **2** (*fig.*) parte minima □ attimo **3** (*di abitato*) borgata, borgo.
fréccia s. f. **1** dardo, quadrello (*lett.*), saetta (*lett.*), strale (*lett.*) **2** (*di orologio*) lancetta, sfera **3** (*fig.*) frecciata, malignità □ stoccata **4** cuspide, guglia **5** (*nei veicoli*) indicatore di direzione.
frecciàta s. f. **1** colpo di freccia **2** (*fig.*) allusione maliziosa, battuta maligna, stoccata.
freddaménte avv. **1** con freddezza, con distacco, con indifferenza CONTR. cordialmente, entusiasticamente **2** a sangue freddo, crudelmente.
freddàre A v. tr. **1** raffreddare, intiepidire CONTR. scaldare, riscaldare **2** uccidere, ammazzare **B freddarsi** v. intr. pron. diventare freddo, raffreddarsi CONTR. scaldarsi, riscaldarsi.
freddézza s. f. **1** freddo, gelo CONTR. ardore, bollore, caldo, calore **2** (*fig.*) indifferenza, apatia, scarsa cordialità, mancanza di affetto CONTR. affettuosità, affabilità, cordialità **3** (*fig.*) impassibilità, imperturbabilità, autocontrollo, distacco, obiettività CONTR. commozione, entusiasmo, fervore, partecipazione, slancio.
fréddo A agg. **1** gelido, gelato, diaccio (*tosc.*), ghiacciato, agghiacciato, rigido CONTR. ardente, bollente, caldo, cocente, fervente **2** (*fig.*) (*di persona*) flemmatico, impassibile, indifferente, insensibile, privo di entusiasmo, indolente, pigro, svogliato CONTR. appassionato, entusiasta, esaltato, focoso, impetuoso, pieno d'ardore **B** s. m. **1** mancanza di calore, freddezza, gelo, ghiaccio, rigore, sizza (*tosc.*) □ stagione fredda, inverno CONTR. caldo, caldura, calura, canicola □ estate **2** (*fig.*) disagio □ indifferenza, insensibilità CONTR. passione, entusiasmo FRAS. *sangue freddo* (*fig.*), autocontrollo □ *non far né caldo né freddo* (*fig.*), lasciare del tutto indifferente □ *a freddo* (*fig.*), senza emozione, senza partecipazione, pacatamente, lucidamente □ *freddo cane*, freddissimo.
freddolóso agg. CONTR. caloroso.
freezer /*ingl.* 'fri:zə/ [vc. ingl., da *to freeze* 'congelare'] s. m. inv. refrigeratore, congelatore.
fregàre A v. tr. **1** strofinare, soffregare, sfregare, stropicciare, confricare (*lett.*), strusciare □ massaggiare **2** (*pop.*) ingannare, imbrogliare, raggirare, truffare, turlupinare, danneggiare **3** (*pop.*) rubare, grattare (*gerg.*), sgraffignare (*fam.*) **B fregarsi** v. rifl. strofinarsi, strusciarsi **C** v. intr. pron. (*pop.*) disinteressarsi CONTR. interessarsi.
fregatùra s. f. **1** (*raro*) sfregamento, strofinamento **2** (*pop.*) danno, inganno, imbroglio, truffa, turlupinatura □ delusione.
fregiàre A v. tr. ornare □ abbellire, adornare, decorare, guarnire CONTR. deturpare, deformare, imbruttire, guastare **B fregiarsi** v. rifl. **1** adornarsi, decorarsi **2** (*fig.*) andare fiero, gloriarsi, vantarsi CONTR. vergognarsi.
fregiàto part. pass. di **fregiare**; anche agg. abbellito, adorno, decorato, insignito, ornato CONTR. disadorno, spoglio.
frégio s. m. decorazione, ornamento, abbellimento, guarnizione.
fremènte part. pres. di **fremere**; anche agg. agitato, sconvolto, turbato, commosso, sdegnato □ palpitante CONTR. calmo, controllato, quieto, tranquillo.
frèmere v. intr. **1** essere agitato, essere commosso, essere sconvolto, essere turbato, adirarsi, rabbrividire, palpitare CONTR. essere calmo, essere tranquillo **2** (*lett.*) (*di mare, di foglie, ecc.*) rumoreggiare □ tremare, vibrare, garrire.
frèmito s. m. **1** brivido, mormorio, sussurro, tremito, tremore, tremolio, scossa, fruscio **2** (*fig.*) agitazione, commozione CONTR. impassibilità, imperturbabilità, indifferenza.
frenàbile agg. coercibile, controllabile CONTR. incoercibile, irrefrenabile.
frenàre A v. tr. **1** (*di meccanismo*) rallentare, fermare, bloccare CONTR. accelerare, sbloccare **2** (*fig.*) (*di pianto, di scala mobile, ecc.*) contenere, moderare, raffreddare, dominare, reprimere, soffocare, trattenere, vincere CONTR. sfogare, dar libero corso **B frenarsi** v. rifl. **1** rallentare, fermarsi, bloccarsi CONTR. accelerare, sbloccarsi **2** (*fig.*) dominarsi, contenersi, padroneggiarsi, trattenersi CONTR. sfogarsi, liberarsi.
frenàta s. f. frenatura, rallentamento, bloccatura, bloccaggio CONTR. accelerata, sblocco.
frenàto part. pass. di **frenare**; anche agg. **1** bloccato, rallentato CONTR. accelerato **2** (*di prezzo, di scala mobile, ecc.*) contenuto, moderato, represso, raffreddato.
frenesìa s. f. **1** pazzia, esaltazione, delirio, furore CONTR. calma, equilibrio, placidità, placidezza (*raro*) **2** (*est.*) agitazione, eccitazione, impazienza, smania, bramosia (*lett.*) CONTR. freddezza, impassibilità, indifferenza.
freneticaménte avv. appassionatamente, ardentemente, calorosamente, entusiasticamente CONTR. freddamente, fiaccamente, svogliatamente.
frenètico agg. **1** delirante, demente, forsennato, furente, pazzo CONTR. calmo, equilibrato,

assennato, savio **2** (*est.*) agitato, eccitato, entusiasta, appassionato, smanioso **CONTR.** freddo, impassibile, indifferente.

fréno o **frèno** s. m. **1** (*di carro, di cavallo, ecc.*) morso, barbazzale, cavezza □ martinicca **2** (*fig.*) ritegno, moderazione, disciplina, dominio, remora (*lett.*) □ contenimento **3** (*fig., lett.*) autorità, potere **FRAS.** *mordere il freno* (*fig.*), essere insofferente alla disciplina □ *scuotere il freno* (*fig.*), liberarsi da una schiavitù □ *allentare il freno* (*fig.*), dare più libertà □ *stringere il freno* (*fig.*), dare meno libertà □ *tenere a freno* (*fig.*), guidare con energia, controllare.

frequentàbile agg. trattabile, praticabile, bazzicabile □ visitabile **CONTR.** infrequentabile.

frequentàre v. tr. **1** (*di luogo*) visitare spesso **2** (*di scuola*) essere iscritto **3** (*di persona*) praticare, bazzicare, trattare, essere in relazione **CONTR.** trascurare, disinteressarsi.

frequentatìvo agg. ripetitivo, iterativo.

frequentàto part. pass. di **frequentare**; anche agg. affollato, popolato, popoloso, trafficato, pieno di traffico **CONTR.** deserto, disabitato, spopolato.

frequentatóre s. m. (f. *-trice*) assiduo, avventore, cliente □ habitué (*fr.*).

frequènte agg. compiuto spesso, ripetuto, continuo □ assiduo, consueto, costante □ abbondante **CONTR.** inconsueto, infrequente, insolito, raro, discontinuo.

frequenteménte avv. spesso, sovente, ripetutamente, assiduamente **CONTR.** raramente, di rado.

frequènza s. f. **1** (*di fenomeni, di visite, ecc.*) ripetizione, assiduità, ripetersi **CONTR.** rarità, scarsezza, infrequenza, assenza **2** (*di persone*) affluenza, afflusso, affollamento, calca, concorso, folla **CONTR.** assenza, scarsità.

freschézza s. f. **1** fresco, frescura **CONTR.** caldo, calura **2** (*est.*) (*di persona, di pianta, ecc.*) floridezza, rigoglio, prosperosità, giovinezza, bellezza **CONTR.** avvizzimento, decadimento, magrezza **3** (*fig.*) (*di discorso, di dipinto, ecc.*) naturalezza, spontaneità **CONTR.** artificio, artificiosità, sforzo.

frésco A agg. **1** (*di temperatura*) leggermente freddo, piacevolmente freddo, né caldo né freddo, gradevole, piacevole **CONTR.** freddo □ caldo **2** (*di pane, di uovo, ecc.*) recente, nuovo, fatto da poco **CONTR.** vecchio, stantio, rancido **3** (*fig.*) (*di persona, di fisico, ecc.*) giovane, fiorente, florido, rigoglioso, sano, vigoroso **CONTR.** sfiorito, appassito, avvizzito, floscio, vizzo **4** (*di mente, di persona, ecc.*) riposato, ristorato **CONTR.** stanco, spossato, affaticato **5** (*fig.*) (*di discorso, di stile, ecc.*) naturale, spontaneo, vivace □ gaio, brioso **CONTR.** artificioso, convenzionale, manierato **B** s. m. freschezza, frescura, temperatura gradevole **CONTR.** gelo □ ardore, calura **FRAS.** *di fresco*, da poco tempo □ *fresco di studi*, appena diplomato, appena laureato □ *star fresco* (*fig.*), essere capitato male □ *mettere al fresco* (*fig.*), mettere in prigione.

frescùra s. f. aria fresca, fresco, freschezza **CONTR.** caldo, calura.

frétta s. f. premura, urgenza, foga, furia, precipitazione, prescia (*rom.*), sollecitudine □ rapidità, velocità, celerità, impazienza **CONTR.** calma, flemma, lentezza, posatezza, indugio, ritardo.

frettolosaménte avv. in fretta, in fretta e furia, rapidamente, affrettatamente, sbrigativamente, sommariamente **CONTR.** adagio, con calma, lentamente, diligentemente.

frettolóso agg. **1** (*di persona*) pronto, rapido, spedito, svelto, veloce **CONTR.** lento, tardo, flemmatico **2** (*di lavoro*) fatto in fretta, affrettato, avventato, intempestivo, precipitoso, sconsiderato **CONTR.** accurato, diligente, ponderato, tempestivo.

friàbile agg. disgregabile, frantumabile, polverizzabile **CONTR.** compatto, duro, massiccio, resistente, adamantino.

friabilità s. f. disgregabilità, fragilità, frantumabilità **CONTR.** compattezza, durezza, sodezza.

frìggere A v. tr. cuocere in padella, soffriggere, rosolare, grillettare **B** v. intr. **1** grillare, grillettare □ scoppiettare, stridere **2** (*fig.*) (*di persona*) fremere, struggersi, rodersi, tormentarsi, angustiarsi **FRAS.** *essere fritto* (*fig.*), essere rovinato □ *mandare a farsi friggere* (*fig.*), mandare al diavolo.

friggitorìa s. f. rosticceria □ grill-room (*ingl.*), grill (*ingl.*).

frigidaire /*fr.* friʒi'dɛr/ [n. commerciale; vc. fr., dal lat. *frigidum* 'freddo'] s. m. inv. frigorifero, frigo, ghiacciaia.

frigidità s. f. **1** (*lett.*) freddo, freddezza (*lett.*) **CONTR.** caldo, calore, bollore **2** (*fig.*) indifferenza, insensibilità, apatia, tiepidità (*raro*) **CONTR.** ardore, fervore, impeto, veemenza **3** (*med.*) insensibilità sessuale □ impotenza.

frignàre v. intr. piagnucolare, gemere **CONTR.** gridare, strillare.

frignóne s. m. piagnucolone.

frìgo s. m. acrt. di **frigorifero**.

frigorìfero A agg. refrigerante **CONTR.** calorifico **B** s. m. frigo, refrigeratore, frigidaire (*fr.*), ghiacciaia.

frittàta s. f. **FRAS.** *fare una frittata* (*fig.*), combinare un guaio □ *rivoltare la frittata* (*fig.*), rigirare il discorso.

frittèlla s. f. **1** **CFR.** bignè, tortello, krapfen (*ted.*) **2** (*fig.*) (*di unto*) macchia.

frìtto part. pass. di **friggere**; anche agg. **1** cotto in padella **2** (*fig.*) (*di persona*) rovinato, conciato per le feste **CONTR.** salvo **FRAS.** *fritto e rifritto* (*fig.*), ripetuto fino alla noia.

frivolézza s. f. **1** fatuità, futilità, leggerezza, puerilità, superficialità, volubilità **CONTR.** se-

rietà, ponderatezza, ponderazione **2** inezia, minuzia, quisquilia, bagattella, capriccio.
frìvolo agg. fatuo, futile, leggero, puerile, superficiale, vacuo, vano, volubile, capriccioso **CONTR.** serio, ponderato, profondo, importante.
frizionàre v. tr. massaggiare.
frizióne s. f. **1** massaggio, strofinamento, fregagione (*pop.*) **2** (*mecc.*) attrito **3** (*mecc.*, *est.*) cambio, pedale del cambio **4** (*fig.*) (*tra persone*) contrasto, dissenso, dissidio, opposizione, attrito **CONTR.** accordo, armonia, intesa.
frizzànte part. pres. di **frizzare**; anche agg. **1** (*di acqua, di vino, ecc.*) effervescente, gasato, spumante □ piccante, pizzicante, pungente **CONTR.** fermo **2** (*fig.*) (*di parola, di ingegno, ecc.*) arguto, mordace, pungente, spiritoso, vivace, ironico, sarcastico **CONTR.** monotono, pesante, noioso.
frizzàre v. intr. **1** (*di freddo, di alcol, ecc.*) pizzicare, pungere, bruciare, prudere **2** (*di acqua, di vino, ecc.*) spumare, essere effervescente.
frìzzo s. m. **1** freddo pungente **2** (*fig.*) arguzia, facezia, frecciata, freddura, spiritosaggine, battuta.
frodàre v. tr. derubare, defraudare, carpire □ imbrogliare, ingannare, truffare.
frodàto part. pass. di **frodare**; anche agg. defraudato, derubato □ imbrogliato, ingannato, truffato.
frodatóre s. m. (f. *-trice*) imbroglione, truffatore, gabbamondo, mariolo **CONTR.** galantuomo.
fròde s. f. fraudolenza, imbroglio, inganno, raggiro, ruberia, truffa, disonestà, marioleria, perfidia, dolo, malafede **CONTR.** lealtà, onestà, probità, buona fede, rettitudine, sincerità.
fròdo s. m. solo sing. artificio, inganno, sotterfugio □ contrabbando **FRAS.** *di frodo*, senza licenza; (*fig.*) furtivamente.
frollàre A v. intr. intenerire, stagionare, macerare **B frollarsi** v. intr. pron. intenerirsi, stagionarsi, macerarsi.
fròllo agg. **1** (*di cosa*) tenero, morbido, molle, floscio □ fradicio, marcio **CONTR.** duro, tiglioso, stopposo □ intatto, sano **2** (*fig.*) (*di persona, di carattere, ecc.*) debole, fiacco, infrollito, snervato, spossato, svigorito **CONTR.** energico, forte, gagliardo, robusto, vigoroso.
frónda (1) s. f. **1** (*di pianta*) ramoscello, frasca, tralcio **2** (*spec. al pl.*) (*fig.*) ornamenti superflui, fronzoli, ridondanze.
frónda (2) [fr. *fronde* 'fionda'; il n. deriva dalla frase di Bachaumont, che 'il Parlamento faceva come i ragazzi che, giocando alla fionda, lanciavano sassi alle guardie che cercavano di impedirli'] s. f. (*est.*) opposizione, critica, ribellione.
frondìsta [da *fronda (2)*] s. m. e f. ribelle, oppositore, avversario.
frondóso agg. **1** fronzuto, verdeggiante, rigoglioso **CONTR.** nudo, spoglio **2** (*fig.*) (*di discorso, di scritto, ecc.*) ampolloso, magniloquente, ridondante **CONTR.** arido, conciso, spoglio, stringato □ naturale, semplice.
frontàle agg. **1** della fronte **2** (*di scontro, di attacco*) diretto **CONTR.** di spalle, di fianco □ indiretto.
frontalménte avv. di fronte □ direttamente **CONTR.** di spalle, di dietro □ indirettamente.
frónte A s. f. **1** (*est.*) testa □ faccia, viso, volto **CONTR.** tergo **2** aspetto, volto **3** (*di testimoni, di avversari, ecc.*) confronto, paragone, presenza **4** (*di casa, di mobile, ecc.*) parte anteriore □ facciata **CONTR.** parte posteriore, retro **B** s. m. **1** (*mil.*) linea, zona di combattimento, zona di operazioni **CONTR.** retrovie **2** (*polit.*) unione, associazione, partito **FRAS.** *di fronte*, dirimpetto □ *a fronte alta* (*fig.*), senza vergogna □ *far fronte*, fronteggiare, affrontare.
fronteggiàre v. tr. **1** far fronte, tener testa, resistere, combattere, contrastare, affrontare **CONTR.** arrendersi, cedere, piegarsi **2** guardare, essere rivolto, stare di fronte.
frontespìzio s. m. **1** (*arch.*) cornice, timpano, frontone **2** (*di libro*) prima pagina.
frontièra s. f. **1** confine **2** (*fig.*) (*della scienza, del bene, ecc.*) limite, linea di separazione.
frónzolo s. m. spec. al pl. ornamento superfluo, nastrino, fiocchetto, Kitsch (*ted.*).
fronzùto agg. frondoso, frondeggiante (*lett.*), verdeggiante, rigoglioso **CONTR.** nudo, spoglio.
fròtta s. f. branco, folla, gruppo, moltitudine, ondata, quantità, schiera, caterva □ congerie.
fròttola s. f. bugia, fandonia, menzogna, balla, panzana □ ciancia, pettegolezzo **CONTR.** verità, vero.
frugàle agg. moderato, parco, sobrio, temperante □ parsimonioso **CONTR.** ghiotto, goloso, intemperante, smodato, smoderato.
frugalità s. f. moderazione, sobrietà, temperanza □ parsimonia **CONTR.** avidità, ghiottoneria, gola, golosità, voracità, intemperanza, smoderatezza.
frugalménte avv. moderatamente, sobriamente □ parsimoniosamente **CONTR.** avidamente, smoderatamente.
frugàre A v. intr. cercare, rovistare, tastare, stuzzicare □ smuovere, sparpagliare **B** v. tr. (*di tasche, di bagagli, ecc.*) esaminare, perquisire, indagare □ (*est.*) fissare, scrutare.
frugolétto s. m. dim. di **frugolo**; bambino vivace, diavoletto.
frùgolo s. m. bambino vivace, diavoletto.
fruìbile agg. godibile, usabile **CONTR.** inservibile.
fruìre A v. intr. servirsi, usare, valersi, avvalersi, possedere, giovarsi, godere **B** v. tr. (*raro*) godere.
fruizióne s. f. godimento, uso.
frullàre A v. tr. agitare, girare, rimestare, sbattere **B** v. intr. **1** (*di uccelli*) agitare le ali, svolazzare □ sibilare **2** (*di trottola, di attrezzo,*

ecc.) ruotare velocemente, girare, roteare **3** (*est.*) (*di persona*) affaccendarsi, darsi d'attorno **4** (*fig.*) (*di pensieri, di idee*) girare, agitarsi, venire.

frullàto A part. pass. di **frullare**; anche agg. agitato, sbattuto **B** s. m. frappé (*fr.*).

frullatóre s. m. frullino.

frullìno s. m. frullatore.

frullìo s. m. frullo.

frùllo s. m. (*di ali*) battito, frullio, svolazzo, fruscio.

fruménto s. m. (*bot.*) grano.

frumentóne s. m. **1** accr. di **frumento 2** (*bot.*) granoturco, mais.

frusciàre v. intr. (*di fronde*) bisbigliare, stormire □ (*di acqua*) gorgogliare.

fruscìo s. m. stropiccio, frullio, frullo □ gorgoglio, sciacquio.

frùsta s. f. sferza, staffile, scudiscio, nerbo, flagello.

frustàre v. tr. **1** sferzare, staffilare, scudisciare, flagellare **2** (*fig.*) (*di costumi, di scritti, ecc.*) censurare, criticare aspramente **CONTR.** adulare, blandire, elogiare, lodare.

frustàta s. f. **1** sferzata, staffilata, scudisciata **2** (*est.*) stimolo, spinta **3** (*fig.*) censura, aspra critica **CONTR.** adulazione, elogio, lode.

frustìno s. m. **1** dim. di **frusta 2** scudiscio □ sferzino.

frustràre v. tr. vanificare, annullare, mandare a vuoto □ deludere, ingannare **CONTR.** appagare, soddisfare.

frustràto part. pass. di **frustrare**; anche agg. e s. m. deluso, insoddisfatto □ inappagato, svanito, sfumato **CONTR.** appagato, soddisfatto □ affermato.

frustrazióne s. f. delusione, insoddisfazione, insuccesso **CONTR.** appagamento, soddisfacimento, successo.

fruttàre A v. intr. (*di campo, di pianta, ecc.*) fruttificare, produrre, dar frutto **B** v. tr. **1** (*di campo, di pianta, ecc.*) produrre **2** (*est.*) (*di capitale, di denaro, ecc.*) rendere **3** (*fig.*) (*di stima, di posto, ecc.*) procurare, causare, provocare.

fruttìfero agg. **1** (*di albero, di zona, ecc.*) fecondo, fertile **CONTR.** sterile, infecondo **2** (*fig.*) (*di capitale, di investimento, ecc.*) redditizio, vantaggioso.

fruttificàre v. intr. dar frutto, fruttare.

fruttivéndolo s. m. fruttaiolo □ (*est.*) verduraio, erbivendolo □ ortolano.

frùtto s. m. **1** (*di terra, di attività, ecc.*) prodotto **2** (*fig.*) (*di capitale, di investimento, ecc.*) profitto, utile, vantaggio, interesse, guadagno, reddito **3** (*fig.*) (*di un'azione*) conseguenza, effetto, risultato **CONTR.** causa, motivo, movente.

fruttòsio s. m. (*chim.*) levulosio.

fruttuosaménte avv. utilmente, con profitto, efficacemente **CONTR.** infruttuosamente, inutilmente.

fruttuóso agg. **1** (*di pianta, di annata, ecc.*) ricco di frutti, fruttifero **CONTR.** infruttifero, sterile **2** (*fig.*) (*di investimento, di attività, ecc.*) redditizio, utile, vantaggioso □ efficace **CONTR.** improduttivo, inutile, inefficace, dannoso.

fu terza persona sing. del pass. rem. di **essere**; in funzione di agg. (*davanti ai nomi propri di pers.*) defunto, morto, compianto.

fucilàre v. tr. sparare.

fucilàta s. f. sparo, schioppettata □ detonazione.

fucìle s. m. **1** (*di arma*) moschetto, carabina, schioppo, doppietta, archibugio, trombone **2** (*di persona*) tiratore □ fuciliere.

fucìna s. f. **1** forgia, officina **2** (*fig.*) (*di letterati, di artisti, ecc.*) ambiente, sorgente, crogiolo.

fùco s. m. pecchione.

fùga s. f. **1** partenza precipitosa, scappata **2** (*est.*) (*di acqua, di gas, ecc.*) fuoriuscita **3** (*mil.*) ritirata, rotta, sbandamento, disfatta □ defezione, diserzione □ evasione, sfuggita **4** (*di archi, di saloni, ecc.*) serie, seguito **5** (*fig.*) (*dal mondo, dalla realtà, ecc.*) evasione.

fugàce agg. di breve durata, caduco, effimero, fuggevole, labile (*lett.*), momentaneo, passeggero, precario, provvisorio, transitorio **CONTR.** durevole, duraturo, stabile, saldo, costante, perenne, permanente.

fugaceménte avv. brevemente, fuggevolmente, rapidamente, velocemente **CONTR.** durevolmente, stabilmente, perennemente.

fugacità s. f. caducità, precarietà, breve durata, fuggevolezza, momentaneità, provvisorietà, transitorietà **CONTR.** durata, stabilità, perennità.

fugàre v. tr. far fuggire, cacciare, scacciare, disperdere, allontanare, dileguare, spazzar via **CONTR.** far venire, attirare, far nascere.

fuggévole agg. di breve durata, caduco, effimero, fugace, labile (*lett.*), momentaneo, passeggero, precario, provvisorio, rapido, transitorio **CONTR.** durevole, duraturo, saldo, stabile, costante, perenne, permanente.

fuggevolézza s. f. caducità, fugacità, precarietà, momentaneità, provvisorietà, transitorietà **CONTR.** durata, stabilità, perennità.

fuggevolménte avv. brevemente, fugacemente, rapidamente, velocemente □ furtivamente **CONTR.** durevolmente, saldamente, perennemente.

fuggiàsco agg.; anche s. m. fuggitivo, esule, profugo, latitante, disertore, uccel di bosco.

fuggifùggi s. m. fuga □ (*est.*) parapiglia, trambusto.

fuggìre A v. intr. **1** scappare, svignarsela, filare, evadere, sgattaiolare, galoppare, alzare il tacco, darsela a gambe, prendere il largo, voltare la schiena, battere in ritirata, pigliare il volo, mettersi la strada fra le gambe, far fagotto, levar le tende **CONTR.** arrivare, giungere, venire, sopraggiungere, capitare □ resistere **2** (*sui monti, all'estero, ecc.*) rifugiarsi, nascondersi □ emigrare **CONTR.** venire, arrivare □ tornare, rientrare **3** (*di tempo, di paesaggio, ecc.*) scorrere rapidamente, passare in fretta, andarsene **4** (*fig.*) (*di luce, di forza, ecc.*) scomparire, spegnersi, dileguarsi, venire meno **CONTR.** apparire, presentarsi, sorgere, comparire **B** v. tr. schivare, evitare, scansare, sfuggire, eludere, sottrarsi **CONTR.** affrontare, andare incontro, aggredire.

fuggitìvo A agg. fugace, fuggevole, incostante, volubile **CONTR.** durevole, stabile, perenne **B** s. m. fuggiasco □ disertore, evaso □ esule.

fùlcro s. m. **1** (*di leva*) perno, punto di appoggio **2** (*fig.*) (*di questione, di ragionamento, ecc.*) sostegno, cardine, nucleo, centro, base, fondamento.

fùlgido agg. luminoso, rilucente, splendente **CONTR.** offuscato, opaco, oscuro.

fulgóre s. m. splendore, lucentezza, luminosità, fulgidezza (*raro*), fulgidità (*raro*) **CONTR.** oscurità, tenebra, buio.

fuliggine s. f. caligine (*dial.*) □ nerofumo.

fulligginóso agg. **1** caliginoso (*dial.*) **2** (*est.*) nerastro, nerognolo, nereggiante, scuro □ nebbioso **CONTR.** chiaro, limpido, luminoso, smagliante, trasparente.

full time /*ingl.* 'ful 'taim/ [loc. ingl., da *full* 'pieno' e *time* 'tempo'] loc. agg. e s. m. inv. tempo pieno **CONTR.** part-time.

fulminànte A part. pres. di **fulminare**; anche agg. **1** folgorante **2** (*fig.*) (*di malattia e sim.*) letale, mortale, micidiale **3** (*fig.*) (*di sguardo, di parola, ecc.*) raggelante, mortificante, umiliante **B** s. m. **1** (*dial.*) fiammifero **2** (*di fucile*) innesco.

fulminàre A v. tr. **1** folgorare, saettare (*lett.*) **2** (*est.*) (*di scarica elettrica, di arma, ecc.*) abbattere, atterrare, uccidere **3** (*fig.*) (*con lo sguardo, con la parola, ecc.*) mortificare, umiliare, gelare **B** v. intr. impers. cader fulmini **C fulminarsi** v. intr. pron. (*fam.*) (*di lampadina, di valvola e sim.*) fondersi, bruciarsi.

fulminàto part. pass. di **fulminare**; anche agg. **1** folgorato **2** (*est.*) (*da scarica elettrica, da arma, ecc.*) abbattuto, atterrato, ucciso **3** (*fig.*) (*dallo sguardo, dalla parola, ecc.*) raggelato, umiliato, mortificato **4** (*fam.*) (*di lampadina, di valvola e sim.*) fuso, bruciato.

fulminatóre s. m.; anche agg. (f. *-trice*) fulminante.

fulminazióne s. f. folgorazione.

fùlmine s. m. (*anche fig.*) folgore, saetta, lampo.

fulmineaménte avv. improvvisamente, repentinamente □ rapidissimamente **CONTR.** lentissimamente, adagio adagio.

fulmìneo agg. **1** rapidissimo, velocissimo □ violentissimo □ improvviso, inatteso **CONTR.** lentissimo **2** (*raro, fig.*) (*di sguardo, di parola, ecc.*) minaccioso.

fùlvo agg.; anche s. m. lionato, giallo rossiccio, biondo rame.

fumaiòlo s. m. camino, ciminiera, comignolo.

fumànte part. pres. di **fumare**; anche agg. **1** fumoso **2** (*est.*) (*di vivanda*) bollente □ ancora caldo.

fumàre v. intr. mandar fumo □ (*est.*) vaporare □ sudare.

fumé /*fr.* fy'me/ [vc. fr., part. pass. di *fumer* 'fumare'] agg. inv. color fumo, grigio scuro, grigio bruno.

fumeggiàre A v. intr. fumigare, fumare **B** v. tr. sfumare.

fumétto s. m. **1** nuvoletta □ giornalino (*fam.*), giornaletto (*fam.*) **2** (*est., spreg.*) (*di scritto*) banalità.

fùmo s. m. **1** (*est.*) esalazione, foschia, nebbia, vapore **2** (*di tabacco*) il fumare **3** (*fig.*) apparenza, esteriorità **CONTR.** sostanza, realtà **4** (*fig.*) boria, superbia, vanità **CONTR.** modestia, semplicità, umiltà **5** (*al pl.*) (*del vino, dell'ira, ecc.*) esaltazione, euforia, delirio, offuscamento **FRAS.** *gettare fumo negli occhi* (*fig.*), illudere, mistificare □ *andare in fumo* (*fig.*), svanire, fallire □ *venditore di fumo* (*fig.*), mistificatore.

fumògeno agg. **1** fumoso **2** (*di cortina, di nube, ecc.*) di fumo.

fumóso agg. **1** fumogeno **2** (*est.*) pieno di fumo □ annebbiato, offuscato, velato **CONTR.** chiaro, luminoso, trasparente, limpido, terso **3** (*fig.*) (*di stile, di discorso, ecc.*) oscuro, arzigogolato, contorto, ambiguo, ermetico, incerto, impreciso **CONTR.** chiaro, comprensibile, evidente, preciso **4** (*fig.*) (*di persona, di carattere, ecc.*) borioso, superbo, tronfio, vanaglorioso **CONTR.** modesto, semplice, umile.

funambolésco agg. (*fig.*) abilissimo, spregiudicato **CONTR.** scrupoloso, rigido, lineare.

funambolismo s. m. **1** acrobatismo, equilibrismo **2** (*fig.*) abilità, spregiudicatezza, opportunismo **CONTR.** scrupolosità, rigidezza, linearità.

funàmbolo s. m. **1** acrobata, equilibrista **2** (*fig.*) politicone, diplomatico, manovratore, opportunista **CONTR.** persona rigida, persona coerente.

fùne s. f. corda, cordone, cavo, canapo, gomena.

fùnebre agg. **1** funerario, mortuario **2** (*fig.*) (*di aria, di ambiente, ecc.*) triste, funereo, tetro, lugubre, luttuoso, mesto **CONTR.** allegro, brioso, gaio, giocondo, lieto, ridente, scherzoso.

funeràle s. m. esequie, mortorio, accompagnamento funebre, onoranze funebri, estremi onori.

funeràrio agg. funebre, mortuario.

funèreo agg. **1** funebre **2** (*est.*) (*di aria, di ambiente, ecc.*) lugubre, luttuoso, triste, mesto, buio □ funesto **CONTR.** allegro, brioso, gaio, festoso, giocondo, lieto, ridente, scherzoso.

funestaménte avv. dannosamente, pericolosamente, nocivamente **CONTR.** utilmente, vantaggiosamente, provvidenzialmente.

funestàre v. tr. provocare lutti, devastare □ addolorare, affliggere, rattristare **CONTR.** allietare, dilettare, rallegrare.

funèsto agg. **1** mortale, luttuoso **2** (*est.*) (*di evento, di persona, ecc.*) doloroso, esiziale, fatale □ dannoso, nocivo, pericoloso, deleterio, infausto, nefasto **CONTR.** fausto, lieto □ provvidenziale, utile, vantaggioso.

fùngere v. intr. funzionare, fare da, fare le veci, sostituire.

fùngo s. m. **1** (*bot.*) micete **2** (*est.*, *med.*) fungosità, muffa **FRAS.** *crescere come un fungo*, crescere in fretta.

funicolàre s. f. teleferica, funivia.

funivìa s. f. funicolare, teleferica.

funzionàle agg. (*di apparecchio, di mobile, ecc.*) pratico, razionale, efficiente **CONTR.** inefficiente, irrazionale.

funzionalità s. f. praticità, razionalità, efficienza **CONTR.** inefficienza, irrazionalità.

funzionaménto s. m. funzione, movimento, meccanismo.

funzionàre v. intr. **1** muoversi, procedere, comportarsi, andare **2** fungere, fare da, sostituire, fare le veci.

funzionàrio s. m. dirigente, burocrate, pubblico ufficiale, magistrato **CONTR.** impiegatuccio, travet.

funzióne s. f. **1** attività, carica, compito, incarico, incombenza, mansione, ufficio **2** (*di organo, di meccanismo, ecc.*) funzionamento, azione, operazione **3** (*fig.*) (*di persona o cosa*) ruolo, valore, compito, finalità **4** rito religioso, cerimonia, festa, solennità **FRAS.** *in funzione*, funzionante, in (*ingl.*) □ *funzione clorofilliana*, fotosintesi.

fuòco s. m. **1** (*est.*) fiamma, fiammata, vampa, vampata, falò, incendio, brace □ rogo, pira **2** focolare, camino **3** (*est.*) nucleo familiare **4** (*fig.*) bagliore, fulgore, splendore **CONTR.** oscurità, tenebra **5** (*fig.*) (*di sentimenti, di passioni*) intensità, ardore, fervore, passione, eccitazione, esaltazione, vigore, vivacità **CONTR.** freddezza, gelo, apatia, indolenza, fiacchezza **6** (*di arma*) esplosione, sparo **FRAS.** *prender fuoco*, accendersi; (*fig.*) arrabbiarsi, incazzarsi (*volg.*) □ *andare a fuoco*, bruciare □ *bollare a fuoco* (*fig.*), coprire d'infamia □ *parole di fuoco* (*fig.*), parole terribili □ *dare fuoco alle polveri* (*fig.*), dare inizio alle ostilità □ *trovarsi tra due fuochi* (*fig.*), trovarsi tra due pericoli □ *il fuoco eterno*, l'inferno □ *fare fuoco*, sparare □ *soffiare sul fuoco* (*fig.*), aizzare gli animi □ *mettere a fuoco* (*fig.*), puntualizzare, delineare chiaramente □ *mettere a ferro e fuoco*, incendiare e saccheggiare □ *far fuoco e fiamme* (*fig.*), strepitare □ *prova del fuoco* (*fig.*), prova decisiva.

fuorché A cong. tranne che, eccetto che, salvo che, a meno che, se non **B** prep. eccetto, tranne, salvo **CONTR.** compreso, anche, pure, perfino.

fuòri A avv. (troncato in **fuor**, *poet.* **for**) **1** esternamente, verso l'esterno □ lontano □ oltre, al di là **CONTR.** dentro, internamente □ vicino **2** (*fam.*) fuori di casa □ (*est.*) via, lontano **CONTR.** in casa, qui **B** prep. **1** lontano, distante **CONTR.** in, vicino **2** (*fig.*) (*di spesa, di addebito, ecc.*) extra **C** in funzione di s. m. solo sing. esterno □ facciata **CONTR.** interno **FRAS.** *far fuori* (*fig.*), uccidere □ *essere fuori di sé* (*fig.*), sragionare □ *fuori mano*, lontano □ *fuori luogo* (*fig.*), inopportuno □ *fuori misura*, eccessivo, eccezionale, eccessivamente □ *fuori programma*, non previsto, non compreso.

fuoriclàsse o **fuòri clàsse** s. m. e f. inv.; anche agg. **1** (*sport*) asso, campione, campionissimo **CONTR.** brocco **2** eccezionale, eccellente, straordinario, superiore **CONTR.** inferiore, infimo, pessimo, scadente.

fuoricombattiménto s. m. inv. (*nel pugilato*) knock out (*ingl.*).

fuorigiòco o **fuòri giòco** s. m. inv. (*sport*) posizione irregolare.

fuorilégge s. m. e f. inv. bandito, brigante.

fuorisèrie o **fuòri sèrie A** agg. inv. **1** fuoriclasse, di lusso **CONTR.** di serie, economico **2** (*fig.*, *fam.*) eccezionale, straordinario, fenomenale **CONTR.** scadente, infimo, pessimo **B** s. f. **1** macchina fuori serie **2** (*di persona*) fuoriclasse, asso, campione, campionissimo **CONTR.** brocco.

fuoriuscìre v. intr. uscire, sgorgare, stillare, colare **CONTR.** entrare.

fuoriuscìta s. f. emissione, espulsione, uscita, fuga **CONTR.** entrata, immissione.

fuoriuscìto part. pass. di **fuoriuscire**; anche agg. e s. m. esule, profugo, fuggiasco, proscritto, bandito, emigrato.

furbacchióne s. m. **1** accr. di **furbo 2** furbone, birbone, volpone **CONTR.** ingenuo, candido.

furbaménte avv. astutamente, scaltramente, maliziosamente **CONTR.** candidamente, ingenuamente.

furberìa s. f. furbizia, malizia, astuzia, scaltrezza □ accorgimento, scappatoia, trucco **CONTR.** candore, dabbenaggine, ingenuità, schiettezza, semplicità, sincerità.

furbescaménte avv. maliziosamente, astutamente, scaltramente **CONTR.** candidamente, ingenuamente.

furbésco agg. malizioso, astuto, scaltro, ingannevole **CONTR.** candido, ingenuo, schietto, semplice, sincero.

furbìzia s. f. furberia, malizia, astuzia, scaltrezza **CONTR.** candore, dabbenaggine, ingenuità, schiettezza, semplicità, sincerità.

fùrbo agg. malizioso, astuto, scaltro, volpone, marpione □ birbante, birbone, imbroglione

CONTR. candido, ingenuo, schietto, semplice, sincero.

furènte agg. furioso, furibondo, infuriato, forsennato, esagitato, esasperato, frenetico, inviperito, iracondo, rabbioso, scatenato, fuori di sé **CONTR.** calmo, flemmatico, mite, pacifico, placido, sereno, tranquillo.

furfànte s. m. birbone, briccone, disonesto, canaglia, delinquente, farabutto, malandrino, malfattore **CONTR.** galantuomo.

furfanterìa s. f. birbonata, bricconata, disonestà, malvagità, ribalderia **CONTR.** dirittura, integrità, lealtà, onestà, probità, rettitudine.

furfantésco agg. canagliesco, malvagio, disonesto **CONTR.** onesto.

fùria s. f. **1** (*di persona*) collera, furore, frenesia, ira, rabbia, bile **CONTR.** calma, tranquillità, mansuetudine, mitezza **2** (*fig.*) (*di persona*) ciclone (*fig.*), tornado (*fig.*) **3** (*di vento, di passione, ecc.*) foga, forza, impeto, impetuosità, veemenza, violenza **CONTR.** calma, freddezza, serenità **4** fretta, premura, sollecitudine, urgenza, smania **CONTR.** calma, flemma **FRAS.** *a furia di*, a forza di □ *in fretta e furia*, velocemente.

furibóndo agg. furente, furioso, infuriato, inviperito, iracondo, rabbioso, fuori di sé, incazzato (*volg.*) □ ardente, impetuoso, veemente, violento **CONTR.** calmo, flemmatico, mite, pacifico, placido, sereno, tranquillo.

furiosaménte avv. impetuosamente, violentemente, rabbiosamente **CONTR.** pacatamente, placidamente, tranquillamente.

furióso A agg. **1** (*di persona*) furente, furibondo, adirato, iracondo, rabbioso, incazzato (*volg.*) **CONTR.** calmo, flemmatico, mansueto, mite, pacifico, placido, sereno, tranquillo **2** (*di mare, di vento, ecc.*) agitato, impetuoso, veemente, violento **CONTR.** debole, calmo **3** (*di persona, di lavoro, ecc.*) concitato, frettoloso, impaziente **CONTR.** lento, paziente **B** s. m. alienato, agitato.

furóre s. m. **1** collera, furia, ira, rabbia, bile **CONTR.** benignità, bonarietà, mansuetudine, mitezza **2** (*anche fig.*) (*di acque, di passioni, ecc.*) impeto, violenza, veemenza, foga, ardore, entusiasmo, frenesia, intensità **CONTR.** calma, lentezza, flemma, freddezza, distacco **FRAS.** *far furore*, avere molto successo, suscitare entusiasmo.

furoreggiàre v. intr. far furore, avere molto successo □ spadroneggiare, impazzare.

furtivaménte avv. nascostamente, segretamente, clandestinamente, cautamente, con circospezione **CONTR.** apertamente, palesemente.

furtivo agg. **1** (*di merce*) rubato **2** (*di gesto, di sguardo, ecc.*) clandestino, nascosto, occulto, segreto □ cauto, circospetto **CONTR.** aperto, evidente, manifesto, palese, visibile, chiaro.

fùrto s. m. ruberia, ladroneccio (*raro*), ladrocinio, ladreria □ colpo □ plagio.

fuscèllo s. m. rametto, ramoscello, festuca, stecco, pagliuzza.

fusciàcca s. f. sciarpa, fascia, cintura.

fusióne s. f. **1** liquefazione, scioglimento **CONTR.** solidificazione, rassodamento, indurimento **2** (*fis. nucl.*) **CFR.** fissione **3** (*fig.*) (*di partiti, di società, ecc.*) aggregamento, assimilazione, unione **CONTR.** divisione, separazione, scissione, disgregazione **4** (*fig.*) (*di persone, di sentimenti, ecc.*) accordo, affiatamento, armonia, concordia, intesa **CONTR.** disaccordo, discordia, dissidio, contrasto.

fusionìsta s. m. e f.; anche agg. **CONTR.** scissionista.

fùso part. pass. di **fondere**; anche agg. **1** (*di materia*) liquefatto, sciolto **CONTR.** solidificato, rassodato, indurito **2** (*fig.*) (*di stile, di colori, ecc.*) unificato, unito, amalgamato, legato, armonico, armonizzato, mescolato **CONTR.** diviso, distinto, disarmonico, separato.

fustigàre v. tr. **1** frustare, flagellare, sferzare, scudisciare **2** (*fig.*) (*di costumi, di vizi, ecc.*) censurare, criticare, condannare **CONTR.** approvare, lodare, esaltare.

fustigatóre s. m.; anche agg. (f. *-trice*) **1** flagellatore **2** (*fig.*) censore, critico **CONTR.** esaltatore, lodatore.

fustigazióne s. f. flagellazione.

fustìno s. m. **1** dim. di **fusto 2** barattolo.

fùsto s. m. **1** (*bot.*) gambo, stelo, caule, pedale, tronco □ (*est.*) albero **2** (*anat.*) busto, tronco, torace, petto **3** (*fam.*) giovane atletico, giovane aitante **4** (*di cosa*) intelaiatura, ossatura, sostegno **5** (*per benzina, per olio, ecc.*) contenitore, tanica, barile **6** (*di cannone*) affusto.

fùtile agg. frivolo, inutile, vano, leggero, superficiale, volubile, da nulla, sciocco **CONTR.** importante, rilevante, profondo, serio, utile.

futilità s. f. **1** frivolezza, leggerezza, superficialità, irrilevanza, vanità **CONTR.** importanza, profondità, rilevanza, serietà **2** inezia, sciocchezza, bagattella, bazzecola, quisquilia.

futilménte avv. frivolamente, superficialmente □ inutilmente, vanamente **CONTR.** seriamente, profondamente □ proficuamente, utilmente.

futuraménte avv. in futuro, in avvenire **CONTR.** nel passato.

futurìbile agg. (*est.*) possibile □ avveniristico.

futùro A agg. prossimo, venturo, avvenire, di domani **CONTR.** passato, precedente, trascorso **B** s. m. **1** avvenire, domani **CONTR.** passato, ieri **2** (*al pl.*) posteri, discendenti **CONTR.** antenati, avi, padri **FRAS.** *la vita futura*, l'oltretomba.

g, G

gabardine /*fr.* gabar'din/ s. f. o m. inv. impermeabile, soprabito.
gabbàre A v. tr. ingannare, imbrogliare, raggirare, truffare, beffare, deludere **B gabbarsi** v. intr. pron. prendersi gioco, burlarsi, farsi beffe.
gàbbia s. f. **1** uccelliera, voliera **2** (*est.*) (*di animali grossi*) recinto **3** (*fig.*) prigione, galera **4** (*di ascensore e altro*) vano, contenitore **5** (*edil.*) armatura, intelaiatura.
gabbiàno s. m. (*zool.*) laro (*raro*), alcione (*lett.*), martin pescatore.
gabbióne s. m. **1** accr. di **gabbia 2** argine, riparo **3** contenitore, vano, intelaiatura **4** (*edil.*) armatura, intelaiatura.
gabèlla s. f. imposta, dazio, tassa.
gabellàre v. tr. **1** tassare **2** riconoscere per vero, approvare, stimare **CONTR.** respingere, rifiutare **3** spacciare per vero, far credere.
gabinétto s. m. **1** salotto, salottino **2** (*di professionista*) studio, ufficio □ ambulatorio **3** laboratorio scientifico **4** spogliatoio □ latrina, camerino, cesso (*pop.*), water (*ingl.*), bagno **5** (*polit.*) ministero, consiglio dei ministri.
gaffe /*fr.* gaf/ [fr., da *gaffe* 'gancio'] s. f. inv. abbaglio, cantonata, errore, granchio, sproposito, topica.
gag /*ingl.* gæg/ [vc. ingl., letteralmente 'chiudere la bocca a uno (con una battuta inattesa)', da *to gaggen* 'soffocare'] s. f. inv. trovata comica, battuta, barzelletta, freddura, sketch (*ingl.*), numero, scenetta.
gagà s. m. bellimbusto, elegantone, zerbinotto, damerino **CONTR.** sciattone, sciamannone (*tosc.*), trasandato.
gaggìa s. f. robinia, acacia.
gagliardaménte avv. energicamente, fortemente, intensamente, risolutamente, straordinariamente, vigorosamente **CONTR.** debolmente, fiaccamente, scarsamente, timidamente.
gagliardétto s. m. **1** (*mar.*) banderuola **2** piccola bandiera, stendardo, vessillo, drappella, labaro, pennone.
gagliardìa s. f. forza, robustezza, vigoria, vigore, aitanza, gagliardezza (*raro*) □ energia, prodezza **CONTR.** debolezza, fiacchezza, languidezza, mollezza □ neghittosità □ timidezza.
gagliàrdo agg. **1** forte, forzuto, nerboruto, robusto, aitante, prestante, vigoroso **CONTR.** debole, gracile, esile, delicato, mingherlino **2** energico, fermo, coraggioso, valoroso, risoluto **CONTR.** fiacco, languido, molle, neghittoso, timido.
gaglioffàggine s. f. **1** balordaggine, gagliofferia (*raro*), scempiaggine **CONTR.** buon senso, saggezza, saviezza **2** cialtroneria, mascalzonaggine, ribalderia **CONTR.** onestà, probità, rettitudine.
gagliòffo agg.; anche s. m. **1** cialtrone, briccone, furfante, manigoldo, mascalzone, ribaldo **CONTR.** galantuomo **2** ozioso, pigro, poltrone, scioperato **CONTR.** alacre, attivo, laborioso, operoso **3** balordo, minchione (*pop.*), sciocco, stupido, semplicione **CONTR.** accorto, astuto, avveduto, furbo, scaltro.
gaiaménte avv. allegramente, felicemente, lietamente, spensieratamente **CONTR.** mestamente, malinconicamente, tristemente, infelicemente.
gaiézza s. f. allegria, allegrezza, felicità, festosità, gioia, giocondità, letizia, spensieratezza **CONTR.** mestizia, malinconia, malumore, afflizione, tristezza.
gàio agg. **1** (*di persona o cosa*) allegro, lieto, giocondo, festante, festevole, festoso **CONTR.** mesto, malinconico, afflitto, triste **2** (*di luogo, di persona*) ameno, ridente, vivace, luminoso **CONTR.** cupo, funebre, lugubre, luttuoso.
gàla (1) s. f. o raro m. eleganza, sfarzo, lusso, fasto, pompa, sfoggio, festa **CONTR.** modestia, povertà, semplicità.
gàla (2) s. f. ornamento, guarnizione, nastro, trina.
galànte agg. **1** (*di persona*) complimentoso, cerimonioso, garbato, gentile, manieroso **CONTR.** sgarbato, maleducato, rozzo, scortese, villano **2** (*di discorso, di lettera, ecc.*) amoroso **3** (*raro*) (*di cosa*) bello, elegante, grazioso **CONTR.** brutto, orrendo, sgraziato.
galanteménte avv. garbatamente, gentilmente, delicatamente □ cerimoniosamente **CONTR.** sgarbatamente, scortesemente, rozzamente, villanamente.
galanterìa s. f. **1** affabilità, cortesia, finezza, garbo, gentilezza, grazia, urbanità □ civetteria **CONTR.** sgarbatezza, scortesia, rozzezza, villania **2** (*est.*) complimento, omaggio □ lusinga **CONTR.** ingiuria, insulto, insolenza **3** cosa gra-

ziosa, ninnolo □ raffinatezza, sciccheria (*pop.*) □ eccornia, ghiottoneria.

galantuòmo A s. m. brav'uomo, valentuomo, gentiluomo, uomo onesto, uomo dabbene **CONTR.** disonesto, farabutto, cialtrone, mascalzone, ribaldo **B** agg. onesto, probo **FRAS.** *il tempo è galantuomo*, il tempo rende giustizia.

galàssia [dal greco *galaxías* 'Via Lattea', perché si credeva che avesse avuto origine dal latte di Giunone] s. f. **1** (*astron.*) sistema stellare □ (*est.*) Via Lattea **2** (*fig.*) sfera di persone.

galatèo [dal titolo del trattato sull'educazione di Giovanni della Casa, dedicato a Galeazzo (*Galateus*) Florimonte] s. m. buona educazione, buona creanza, compitezza, cortesia, garbatezza, gentilezza, urbanità, bon ton (*fr.*) **CONTR.** scortesia, sgarbatezza, inciviltà, inurbanità, cafoneria.

galeòtto s. m. **1** rematore di galea **2** (*est.*) forzato, ergastolano, carcerato **3** (*est.*) briccone, furfante, birbante, canaglia **CONTR.** galantuomo.

galèra s. f. **1** (*mar.*) vascello a remi, bireme **2** prigione, ergastolo, lavori forzati, bagno penale, gattabuia **3** (*est.*) luogo di sofferenza, vita insopportabile, lavoro tormentoso **CONTR.** paradiso, eden.

gàlla s. f. **1** (*bot.*) cecidio **2** vescichetta, gallozzola **3** (*fig.*) cosa leggerissima **FRAS.** *a galla*, sul pelo dell'acqua □ *venire a galla* (*fig.*), manifestarsi □ *rimanere a galla* (*fig.*), salvarsi da situazioni critiche.

galleggiaménto s. m. emersione.

galleggiànte A part. pres. di **galleggiare**; anche agg. che galleggia **B** s. m. **1** (*spec. al pl.*) (*mar.*) gavitello, sughero, boa **2** chiatta, zattera.

galleggiàre v. intr. stare a galla, stare a fior d'acqua, emergere **CONTR.** affondare, sommergersi.

gallerìa s. f. **1** traforo, tunnel □ passaggio sotterraneo, cunicolo □ via coperta **2** (*arch.*) ambulacro, corridoio **3** (*tecn.*) condotto, dotto **4** pinacoteca, museo **5** (*di teatro, di sala cinematografica, ecc.*) loggia, loggione, balconata.

gallerìsta s. m. e f. (*di galleria d'arte*) gestore.

gallétta s. f. biscotto, cracker (*ingl.*).

gallétto s. m. **1** dim. di **gallo 2** giovane gallo **3** (*fig.*) ragazzo intemperante **4** uomo galante, seduttore, corteggiatore.

gallicismo [da *gallicum* 'della Gallia', l'antica Francia] s. m. francesismo.

gallìna s. f. (*zool.*) femmina del gallo □ pollastra, chioccia **FRAS.** *gallina prataiola*, fagianella □ *cervello di gallina* (*fig.*), poca intelligenza □ *zampe di gallina* (*fig.*), scrittura inintelligibile; rughe intorno agli occhi □ *andare a letto con le galline* (*fig.*), andare a letto molto presto.

gàllo s. m. (*sport*) peso gallo, bantam **FRAS.** *gallo cedrone*, urogallo, fagiano alpestre □ *gallo delle praterie*, tetraone □ *al canto del gallo* (*fig.*), prima di giorno □ *fare il gallo*, imbaldanzirsi; fare il galante con le donne.

gallonàto A part. pass. di **gallonare**; anche agg. ornato di galloni **B** s. m. (*mil.*) ufficiale.

gallóne s. m. **1** frangia, gala, guarnizione **2** (*mil.*) distintivo □ grado **FRAS.** *togliere i galloni*, degradare.

galoppànte part. pres. di **galoppare**; anche agg. **1** che galoppa **2** (*di malattia*) a decorso rapido **CONTR.** lento **3** (*fig.*) (*di inflazione, ecc.*) rapido, veloce, sbrigliato, sfrenato **CONTR.** lento.

galoppàre v. intr. **1** (*di cavallo*) andare di galoppo, correre a briglia sciolta **2** (*fig.*) (*di persona, di inflazione, ecc.*) correre □ sbrigarsi, spicciarsi **3** (*fig.*) (*di fantasia, ecc.*) sbrigliarsi, sfrenarsi, scatenarsi **CONTR.** fermarsi, contenersi.

galoppàta s. f. **1** (*di cavallo*) corsa al galoppo **2** (*di persona*) rapida corsa **3** (*fig.*) faticata, sfacchinata.

galoppatóio s. m. pista per cavalli, maneggio.

galoppìno s. m. fattorino, inserviente, messo.

galòppo s. m. (*di cavallo*) andatura veloce **CFR.** passo, trotto, corsa, ambio **FRAS.** *al* (o *di*) *galoppo* (*fig.*), in tutta fretta.

galvanizzàre v. tr. **1** rivestire di metallo **2** (*fig.*) elettrizzare, eccitare, rianimare, scuotere **CONTR.** frenare, mitigare, moderare, temperare.

galvanizzàto part. pass. di **galvanizzare**; anche agg. **1** rivestito di metallo **2** (*fig.*) eccitato, elettrizzato, scosso **CONTR.** frenato, moderato.

gàmba s. f. **1** (*anat.*) (*di persona*) arto inferiore **2** (*di animale*) zampa **3** (*di tavolo, di sedia, ecc.*) sostegno, supporto **4** (*est.*) (*di lettera, di nota, ecc.*) asta, linea verticale **FRAS.** *in gamba*, forte, vigoroso, pronto, bravo □ *a quattro gambe*, carponi □ *prendere sotto gamba* (*fig.*), prendere alla leggera □ *darsela a gambe*, fuggire □ *con la coda tra le gambe* (*fig.*), mortificato □ *raddrizzare le gambe ai cani* (*fig.*), tentare l'impossibile.

gàmbero s. m. **FRAS.** *gambero marino*, omaro, lupicante, astice □ *fare come i gamberi*, camminare all'indietro (*fig.*), non fare progressi.

gàmbo s. m. **1** (*di foglia, di fiore, ecc.*) fusto sottile, stelo, picciolo, peduncolo, pedicello **2** (*fig.*) sostegno.

game /*ingl.* 'geim/ s. m. inv. (*nel tennis*) mano, gioco.

gàmma s. f. **1** (*mus.*) scala □ tonalità, gradazione **2** (*fig.*) (*di cose*) insieme, serie, successione.

ganàscia s. f. **1** (*nell'uomo*) mascella **2** (*di morsa*) bocca **FRAS.** *mangiare a due* (o *a quattro*) *ganasce* (*fig.*), mangiare con grande avidità.

gàncio s. m. **1** uncino, ganghero, raffio, rampino, rampone, ronciglio (*lett.*), appiccagnolo, attaccagnolo **2** (*pugilato*) crochet (*fr.*), hook (*ingl.*) **3** (*tel.*) forcella di commutazione **4** (*raro, fig.*) (*di persona*) avido, disonesto, ladrone.

gang /*ingl.* gæŋ/ [vc. ingl. *gang*, dal v. ant. ingl. *gangan* 'andare (assieme)'] s. f. inv. **1** (*di malviventi*) banda **2** (*scherz.*) combriccola, cricca, gruppo, squadra.

gànglio s. m. **1** (*anat.*) nodo, plesso **2** (*fig.*) nucleo, nodo vitale, centro vitale.

gangster /*ingl.* 'gæŋstə, 'ganster, 'gangster/ [vc. ingl. da *gang*] s. m. inv. malvivente, delinquente, bandito, brigante, malandrino **CONTR.** galantuomo.

gàra s. f. **1** competizione, disputa **2** contrasto, disaccordo, dissidio **CONTR.** accordo, cooperazione **3** concorso.

garage /*fr.* ga'raʒ/ [vc. fr., *garage*, da *garer* 'porre al riparo'] s. m. inv. autorimessa, box (*ingl.*).

garànte agg.; anche s. m. e f. mallevadore, fideiussore solidale.

garantìre **A** v. tr. **1** assicurare, mallevare (*poet.*), dar cauzione **2** (*di ordine pubblico, di salute, ecc.*) salvaguardare, tutelare, proteggere **3** (*est.*) (*di notizia, di verità, ecc.*) confermare, affermare, dare per certo **B garantirsi** v. intr. pron. assicurarsi, difendersi, premunirsi.

garantìto part. pass. di **garantire**; anche agg. e s. m. assicurato, tutelato, salvaguardato □ sicuro, certo **CONTR.** incerto, insicuro.

garanzìa s. f. **1** malleveria, mallevadoria (*raro*), guarentigia, cauzione, avallo, reliability (*ingl.*), affidabilità **2** (*fig.*) assicurazione, certezza, sicurezza, conferma, promessa certa **CONTR.** incertezza, insicurezza.

garbàre v. intr. piacere, contentare, andare a genio, riuscire gradito **CONTR.** dispiacere, spiacere, contrariare, rincrescere.

garbataménte avv. **1** cortesemente, educatamente, gentilmente, civilmente **CONTR.** sgarbatamente, scortesemente **2** acconciamente, bellamente, convenientemente **CONTR.** sconvenientemente, malamente.

garbatézza s. f. **1** cortesia, gentilezza, garbo, finezza, grazia, urbanità **CONTR.** sgarbatezza, sguaiataggine, inurbanità, villania, cafoneria **2** (*raro*) piacere, favore **CONTR.** sgarberia, dispetto, villanata.

garbàto part. pass. di **garbare**; anche agg. **1** cortese, educato, fine, civile, gentile, manieroso **CONTR.** scortese, sgarbato, maleducato, villano, inurbano, incivile, cafone **2** grazioso, aggraziato, elegante, ben fatto **CONTR.** sgraziato, malfatto, brutto, informe, rozzo.

garbìno s. m. libeccio, vento di sud-ovest, africo.

gàrbo s. m. **1** cortesia, compitezza, educazione, finezza, civiltà, garbatezza, gentilezza, urbanità **CONTR.** sgarbatezza, sgarbo, sguaiataggine, inciviltà, maleducazione, inurbanità, cafoneria **2** eleganza, grazia, leggiadria, bellezza, finitezza **CONTR.** bruttezza, deformità, ineleganza, rozzezza.

garbùglio s. m. **1** intrico, intreccio, groviglio, viluppo, labirinto **2** (*fig.*) imbroglio, intrigo, confusione, disordine **CONTR.** ordine, regolatezza.

garden-party /*ingl.* 'ga:dn 'pa:ti/ [loc. ingl., letteralmente 'ricevimento (*party*) in giardino (*garden*)'] loc. sost. m. inv. festa all'aperto, ricevimento, trattenimento.

gareggiàre v. intr. competere, concorrere, contendere, combattere, lottare, emulare, rivaleggiare, tenzonare (*lett.*), misurarsi, scendere in lizza **CONTR.** cooperare, collaborare, coadiuvare, accordarsi, intendersi.

gargarìsmo s. m. **1** sciacquo, collutorio **2** (*fig.*) gorgheggio sgraziato.

gargarizzàre v. tr. **1** fare i gargarismi **2** (*fig., spreg.*) gorgheggiare.

garibaldino **A** agg. **1** di Garibaldi **2** (*fig.*) animoso, impetuoso, avventato **CONTR.** ponderato, prudente, riflessivo □ timido, timoroso **B** s. m. volontario di Garibaldi □ (*della guerra di liberazione*) partigiano, patriota **FRAS.** *alla garibaldina*, temerariamente, audacemente.

garìtta s. f. casotto, guardiola, riparo.

garrìre v. intr. **1** (*di uccelli*) stridere, strepitare, gridare □ cinguettare **2** (*lett.*) (*di persona*) chiacchierare, ciarlare **3** (*lett.*) rimproverare, sgridare **4** (*lett.*) (*di bandiera*) sventolare, sbattere.

garrìto s. m. (*di uccelli*) stridio, cinguettio.

gàrrulo agg. **1** (*di uccelli*) acuto, stridulo, stridente **CONTR.** dolce, melodioso, soave **2** (*raro, lett.*) (*di persona*) loquace, ciarliero, chiacchierone □ petulante, pettegolo, maldicente **CONTR.** silenzioso, taciturno, laconico **3** (*est., lett.*) (*di festa, di gioco, ecc.*) festoso, rumoroso, animato **CONTR.** tranquillo.

gàrza s. f. fascia, benda, reticella.

garzóne s. m. **1** commesso, fattorino, apprendista, lavorante, giovane di bottega, mozzo, bracciante **CONTR.** padrone, principale, capo della ditta **2** (*poet.*) giovinetto, ragazzo.

gas [parola creata dal chim. ol. J.B. v. Helmont, dal lat. *chaos* 'caos', pronunciato quasi *ga(o)s*] s. m. **1** aeriforme **2** (*est.*) gas illuminante, gas combustibile **3** (*est.*) (*di motore*) miscela di aria e benzina **FRAS.** *gas delle paludi*, metano □ *gas delle miniere*, grisou □ *a tutto gas* (*fig.*), alla massima velocità; con il massimo impegno □ *dare gas*, accelerare.

gasàre **A** v. tr. **1** rendere effervescente **2** uccidere col gas, asfissiare **B gasarsi** v. rifl. (*fam., gerg.*) montarsi la testa, esaltarsi, agitarsi.

gasàto part. pass. di **gasare**; anche agg. **1** effervescente **2** asfissiato **3** (*fam., gerg.*) montato, esaltato, agitato.

gasdótto s. m. conduttura per gas □ (*est.*) metanodotto.

gassóso agg. aeriforme □ (*est.*) effervescente.

gastroentèrico agg. (*med.*) gastrointestinale.
gastrointestinàle agg. (*med.*) gastroenterico.
gastronomìa s. f. culinaria, arte culinaria □ cucina.
gastronòmico agg. della cucina, culinario.
gâteau /*fr.* ga'to/ s. m. inv. torta, dolce (spec. farcito).
gàtta s. f. femmina del gatto **FRAS.** *gatta ci cova!* (*fig.*), c'è sotto un inganno □ *gatta da pelare* (*fig.*), impresa difficile.
gattabùia s. f. (*pop.*, *scherz.*) prigione, carcere, galera.
gattamòrta s. f. ipocrita, sornione, impostore, simulatore **CONTR.** persona sincera.
gàtto s. m. **1** (*zool.*) micio (*fam.*), felino (*scherz.*) **2** (*di macchina*) maglio, berta, battipalo **3** (*mar.*) coffa di galea **FRAS.** *in quattro gatti* (*fig.*), in pochissimi □ *gatto a nove code*, staffile, knut (*russo*) □ *gatto delle nevi*, cingolato per zone nevose.
gattóni avv. carponi □ rannicchiato, quatto quatto □ cautamente.
gattopàrdo s. m. **FRAS.** *gattopardo americano*, ocelot (*fr.*), ozelot.
gauche /*fr.* 'goʃ/ [vc. fr., letteralmente 'sinistra'] s. f. (*polit.*) sinistra **CONTR.** destra.
gaucho /*spagn.* 'gautʃo/ [dalla vc. quicha *wáhča* 'povero, indigente' (?)] s. m. (*delle Pampas*) mandriano.
gaudènte agg.; anche s. m. e f. buontempone, vitaiolo, festaiolo, bisboccione, epicureo, viveur (*fr.*) **CONTR.** morigerato, sobrio, temperante.
gàudio s. m. gioia intensa, piacere, allegrezza, contentezza, letizia, esultanza, giubilo, tripudio **CONTR.** tristezza, dolore, affanno, afflizione, mestizia.
gaudiosaménte avv. gioiosamente, lietamente, allegramente **CONTR.** tristemente, mestamente, malinconicamente.
gavétta s. f. gamella, gamellino **FRAS.** *venire dalla gavetta* (*est.*), venire dal nulla.
gay /*ingl.* gei/ [vc. ingl., propriamente 'gaio'] s. m. e f. omosessuale, invertito, diverso, pederasta □ lesbica.
gazebo /*ingl.* gə'zi:bou/ [vc. ingl., deriv. dalla sovrapposizione del v. (*to*) *gaz(e)* 'guardare fissamente' col lat. *(vid)ebo* 'vedrò' (?)] s. m. inv. chiosco (da giardino), bersò.
gazzàrra s. f. baccano, baldoria, baraonda, chiasso, clamore, fracasso, frastuono, strepito, casino (*volg.*) **CONTR.** silenzio, pace, quiete, tranquillità, ordine.
gazzèlla s. f. (*zool.*) antilope africana.
gazzétta s. f. **1** giornale, notiziario, bollettino, diario, quotidiano **2** (*fig.*) pettegolo, chiacchierone **CONTR.** persona riservata.
gazzettìno s. m. **1** dim. di **gazzetta** **2** rubrica, bollettino, notiziario **3** (*fig.*) pettegolo, chiacchierone **CONTR.** persona riservata.
gèisha [dal giapp. *sha* 'persona' e *gei* 'd'arte', artistico, poi 'danzatrice'] s. f. (*est.*) entraîneuse (*fr.*), accompagnatrice □ donna di facili costumi, prostituta, puttana (*volg.*).
gelàre **A** v. tr. agghiacciare, congelare, aggelare (*lett.*), raggelare, raffreddare **CONTR.** sgelare, scaldare, riscaldare **B** v. intr. e **gelarsi** intr. pron. **1** agghiacciarsi, congelarsi □ condensarsi **CONTR.** scaldarsi, ardere, bruciare **2** (*est.*) patire un gran freddo **C** v. intr. impers. far molto freddo, ghiacciare.
gelàta s. f. gelo, freddo intenso.
gelatièra s. f. sorbettiera.
gelatìna s. f. **1** brodo solidificato **2** (*med.*) terreno colturale **3** (*teat.*) lastra colorata, filtro **FRAS.** *gelatina esplosiva*, dinamite.
gelatinóso agg. colloso, glutinoso, rappreso **CFR.** fluido, liquido, scorrevole □ solido, duro.
gelàto **A** part. pass. di **gelare**; anche agg. freddissimo, gelido, ghiacciato □ intirizzito **CONTR.** bollente, scottante, ardente, cocente, torrido **B** s. m. sorbetto, cassata, cono.
gelidaménte avv. (*anche fig.*) freddamente, gelatamente □ con freddezza, con distacco **CONTR.** caldamente.
gèlido agg. **1** freddissimo, gelato, ghiacciato **CONTR.** bollente, scottante, ardente, cocente, torrido **2** (*fig.*) (*di persona, di parole, ecc.*) scostante, arido, impassibile, indifferente **CONTR.** cordiale, garbato, gentile, affabile, affettuoso.
gèlo s. m. **1** freddo intenso **CONTR.** caldo, ardore, afa, canicola, bollore **2** ghiaccio, gelata, brinata **3** (*fig.*) (*di persona*) violenta emozione, profondo sgomento, sbigottimento, paura **4** bibita ghiacciata **5** gelatina di frutta.
gelóne s. m. (*med.*) pernione, buganza (*sett.*).
gelosaménte avv. **1** con gelosia, sospettosamente **CONTR.** fiduciosamente **2** invidiosamente **3** attentamente, scrupolosamente **CONTR.** distrattamente, sbadatamente.
gelosìa s. f. **1** (*in amore*) dubbio, sospetto, assillo, cruccio, rovello, timore, tormento **CONTR.** fiducia, sicurezza, serenità **2** (*di mestiere, di carriera, ecc.*) invidia, rivalità, dispetto, risentimento **CONTR.** accordo, solidarietà, indulgenza **3** (*di cose*) cura, scrupolo, zelo **CONTR.** trascuratezza, superficialità.
gelóso agg. **1** (*in amore*) sospettoso, ingelosito, timoroso **CONTR.** fiducioso, certo, sicuro, sereno **2** (*di mestiere, di carriera, ecc.*) invidioso, dispettoso, suscettibile **CONTR.** indulgente, solidale **3** (*di cose*) attento, premuroso, sollecito, zelante □ riservato **CONTR.** trascurato, superficiale.
gèlso s. m. (*bot.*) moro.
gemèllo **A** agg. **1** nato dallo stesso parto, gemino (*lett.*), binato (*lett.*) **CONTR.** unico **2** (*di persone o cose*) simile, uguale, compagno, affine □ simmetrico, parallelo **CONTR.** dissimile, disuguale, diverso, altro **B** s. m. **1** nato da parto gemellare **2** (*spec. al pl.*) (*di camicia*) bottoni accoppiati, polsino **FRAS.** *anime gemelle*, per-

sone intimamente simili.

gèmere A v. intr. **1** (*di persona o animale*) lamentarsi, lagnarsi, dolersi, piagnucolare CONTR. ridere, esultare **2** (*fig.*) affliggersi, penare, soffrire CONTR. gioire, godere, compiacersi **3** (*di ruota, di palco, ecc.*) cigolare, scricchiolare **4** (*del mare*) rumoreggiare **5** (*di ferita, di botte, ecc.*) gocciolare, stillare, trasudare, filtrare **B** v. tr. (*di ferita, di botte, ecc.*) emettere.

geminàre v. tr. raddoppiare CONTR. sdoppiare, unificare.

geminàto part. pass. di **geminare**; anche agg. (*ling.*) ripetuto, raddoppiato, doppio □ lungo CONTR. sdoppiato, unificato □ breve.

geminazióne s. f. (*ling.*) ripetizione, raddoppiamento, duplicazione CONTR. sdoppiamento, unificazione.

gèmito s. m. lamento, pianto flebile, lagna, piagnisteo, piagnucolio, piagnucolamento (*raro*) CFR. grido, risata.

gèmma s. f. **1** (*bot.*) germoglio, boccio, bocciolo, bottone, occhio **2** pietra preziosa, gioia **3** (*fig.*) stella, astro **4** (*fig.*) preziosità, bellezza, splendore □ pregio, vanto.

gemmàre A v. intr. germogliare, mettere le gemme CONTR. seccarsi, morire **B** v. tr. **1** ornare di gemme **2** (*lett.*) emettere.

gendàrme s. m. **1** carabiniere, agente, poliziotto **2** (*fig.*) donna autoritaria, virago (*lett.*).

genealogìa s. f. schiatta, stirpe, nascita, origine, discendenza, ceppo, generazione.

genealògico agg. della genealogia, generazionale.

generàle (1) A agg. **1** comune, complessivo, collettivo, universale CONTR. particolare, speciale, individuale, parziale, locale **2** generico, indeterminato, vago, distratto CONTR. specifico, concreto **B** s. m. complesso, tutto CONTR. particolare FRAS. *in generale*, generalmente, in astratto □ *stare sulle generali*, parlare genericamente.

generàle (2) s. m. **1** (*mil.*) comandante supremo **2** (*dei gesuiti*) papa nero.

generalità s. f. **1** universalità, principio generale, astrazione CONTR. particolarità, singolarità **2** maggioranza, maggior parte CONTR. minoranza **3** (*al pl.*) (*bur.*) dati personali.

generalizzàre A v. tr. **1** rendere comune, diffondere, estendere CONTR. restringere, specializzare **2** (*ass.*) considerare in generale **B generalizzarsi** v. intr. pron. diventare abituale, diventare comune, diffondersi, estendersi.

generalizzazióne s. f. **1** astrazione CONTR. concretezza **2** diffusione, estensione CONTR. restrizione, specializzazione.

generalménte avv. **1** totalmente, universalmente, complessivamente CONTR. particolarmente, parzialmente **2** di solito, per lo più, ordinariamente, solitamente, spesso CONTR. insolitamente, raramente.

generàre A v. tr. **1** (*di esseri*) far nascere, mettere al mondo, dare alla luce, creare, figliare CONTR. uccidere, far morire, annientare, distruggere **2** (*di terra, di pianta*) produrre, dare, far crescere **3** (*fig.*) (*di cosa*) causare, cagionare, provocare, suscitare, creare, far sorgere, dare origine CONTR. uccidere, spegnere, far morire **B generarsi** v. intr. pron. prodursi, formarsi, derivare, venire, provenire, nascere CONTR. scomparire, spegnersi, morire.

generatìvo agg. **1** atto a generare, generatore **2** (*ling.*) trasformazionale.

generàto part. pass. di **generare**; anche agg. **1** (*di esseri*) procreato, nato, venuto al mondo CONTR. morto **2** (*fig.*) (*di cose*) causato, prodotto, suggerito, ispirato.

generatóre A agg. (f. *-trice*) che genera, generativo, procreatore **B** s. m. genitore □ (*est.*) ispiratore, modello.

generazióne s. f. **1** procreazione, riproduzione, nascita □ genesi, origine **2** discendenza, razza, stirpe, progenie, schiatta, prole **3** (*fig.*) formazione, produzione FRAS. *generazione spontanea*, abiogenesi, autogenesi.

gènere s. m. **1** (*di animali e vegetali*) gruppo di specie **2** (*est.*) tipo, sorta, specie, classe, qualità, categoria, ordine, famiglia, maniera, varietà CONTR. generalità, totalità **3** (*di vita, di comportamento, ecc.*) modo, stile, tipo **4** mercanzia, merce, derrata **5** sesso FRAS. *in genere*, in generale, generalmente, per lo più.

genericaménte avv. indeterminatamente, approssimativamente, vagamente CONTR. esattamente, precisamente.

genericità s. f. indeterminatezza, superficialità, imprecisione, vaghezza CONTR. precisione, determinatezza.

genèrico A agg. (*est.*) generale, vago, impreciso, indeterminato, indistinto □ astratto CONTR. specifico, speciale, particolare **B** s. m. (*teat.*) attore secondario.

generosaménte avv. nobilmente, magnanimamente, largamente, prodigalmente, signorilmente, liberalmente, gentilmente, munificamente, splendidamente, disinteressatamente, altruisticamente □ coraggiosamente CONTR. meschinamente, avaramente, miseramente, tirchiamente, grettamente, spilorciamente □ vilmente.

generosità s. f. nobiltà, magnanimità, liberalità, larghezza, magnificenza, munificenza, prodigalità, signorilità □ disinteresse, altruismo CONTR. meschinità, avarizia, tirchieria, spilorceria, taccagneria, grettezza, calcolo □ interesse, egoismo.

generóso agg. **1** nobile, magnanimo, liberale, largo, magnifico, munifico, prodigo, splendido, signorile, magnificente (*lett.*) □ disinteressato, altruista CONTR. meschino, ingeneroso, illiberale, avaro, tirchio, taccagno, spilorcio, gretto □ interessato, egoista **2** (*fig.*) (*di raccol-

to, di forme, ecc.) largo, ampio, abbondante, ricco **CONTR.** modesto, scarso, piccolo **3** (*di vino*) gagliardo, forte **CONTR.** debole, poco alcolico.

gènesi s. f. **1** (*dell'uomo*) generazione, origine, nascita **CONTR.** fine, termine **2** (*di cosa*) formazione e sviluppo **CONTR.** fine, termine.

genetlìaco A agg. (*lett.*) natalizio **B** s. m. compleanno.

genìa s. f. **1** (*spreg., lett.*) stirpe, schiatta, generazione, discendenza **2** (*spreg.*) moltitudine, accozzaglia, canaglia, gentaglia, gentaccia, marmaglia.

genìale agg. **1** (*di persona*) intelligentissimo, acutissimo, ingegnoso, pieno di ingegno **CONTR.** idiota, stupido, sciocco, tonto **2** (*di studi, di interessi, ecc.*) congeniale, connaturale **CONTR.** acquisito, appreso **3** (*lett.*) (*di persona o cosa*) attraente, gioviale, lieto, piacevole, simpatico **CONTR.** antipatico, odioso, ripugnante.

genialità s. f. **1** creatività, originalità, talento □ ingegno, intelligenza **CONTR.** idiozia, stupidità, imbecillità **2** (*lett.*) affabilità, piacevolezza, amabilità, cordialità, giovialità **CONTR.** antipatia, odiosità, repulsione.

genialménte avv. originalmente, ingegnosamente, intelligentemente **CONTR.** scioccamente, stupidamente.

genialòide s. m. e f. persona bizzarra, ingegnaccio, cervellaccio.

gènio s. m. **1** (*mitol.*) nume tutelare **2** spirito protettore, spirito ispiratore, demone **3** (*di persona*) talento, ingegno, intelligenza, acutezza di ingegno, intuizione creativa, ispirazione □ propensione, tendenza **CONTR.** idiozia, stupidità, imbecillaggine **4** persona geniale, creativo, creatore, ingegno, inventore **5** (*di lingua, di nazione, ecc.*) caratteristica, natura **6** simpatia, piacere, gusto **CONTR.** antipatia, disgusto **FRAS.** *andare a genio*, garbare, piacere.

genitàle A agg. generativo, riproduttivo **B** s. m. (*spec. al pl.*) organi sessuali.

genitóre s. m. procreatore, generatore □ (*al pl.*) padre e madre.

gentàglia s. f. (*spreg.*) canaglia, ciurmaglia, marmaglia, canagliume, gentame (*lett.*) **CONTR.** gente per bene, galantuomini.

gènte s. f. **1** (*lett.*) popolo, nazione, stirpe □ famiglia □ popolazione **2** persone, folla, moltitudine, massa **CONTR.** individuo **3** categoria, genere.

gentildònna s. f. nobildonna, dama, signora **CONTR.** donnetta, donnicciola.

gentìle agg. **1** affabile, amabile, civile, compiacente, delicato, fine, garbato, educato, benevolo, cordiale, beneducato, distinto, grazioso, manieroso, premuroso, urbano □ nobile, elevato **CONTR.** grossolano, rozzo, scortese, sgarbato, villano, cafone, rustico, zotico, aspro, burbero **2** (*di vino, di frutto, ecc.*) gradevole, morbido, delicato, piacevole **CONTR.** sgradevole, forte, aspro.

gentilézza s. f. **1** affabilità, cortesia, garbatezza, grazia, garbo, amabilità, educazione, finezza, delicatezza, buona creanza, piacevolezza, squisitezza, urbanità □ nobiltà **CONTR.** rozzezza, scortesia, sgarbatezza, inciviltà, grossolanità, inurbanità, villania, cafoneria **2** favore, servizio, piacere, cortesia.

gentilìzio agg. nobiliare, aristocratico, patrizio **CONTR.** plebeo, popolano, volgare.

gentilménte avv. affabilmente, cortesemente, educatamente, finemente, delicatamente, garbatamente, urbanamente **CONTR.** rozzamente, scortesemente, sgarbatamente, villanamente.

gentiluòmo s. m. **1** nobiluomo, aristocratico, patrizio **CONTR.** plebeo, popolano **2** galantuomo, valentuomo, signore, raffinato, gentleman (*ingl.*) **CONTR.** villanzone, trivialone, zoticone, cafone, cialtrone, ignorantone, gaglioffo, mascalzone.

gentleman /*ingl.* 'dʒentlmən/ [vc. ingl., comp. di *gentle* 'bennato' e *man* 'uomo'] s. m. inv. gentiluomo, signore □ raffinato **CONTR.** ignorantone, cafone, cialtrone.

genuflèsso part. pass. di **genuflettersi**; anche agg. inginocchiato.

genuflèttersi v. intr. pron. inginocchiarsi □ (*fig.*) umiliarsi.

genuinaménte avv. autenticamente, spontaneamente, sinceramente, schiettamente **CONTR.** falsamente, sofisticatamente.

genuinità s. f. autenticità, naturalezza, purezza, sincerità, spontaneità, originalità, schiettezza **CONTR.** artificiosità, falsità, falsificazione, contraffazione.

genuìno agg. **1** (*di cosa*) naturale, vero, autentico, originale, non alterato, non adulterato, non sofisticato **CONTR.** alterato, adulterato, artefatto, sofisticato, contraffatto **2** (*di persona*) schietto, puro, semplice, sincero, spontaneo **CONTR.** falso, menzognero, mendace (*lett.*), insincero, sofisticato.

geocentrìsmo s. m. **CONTR.** eliocentrismo.

geòmetra s. m. e f. agrimensore.

geometricità s. f. regolarità **CONTR.** irregolarità.

geomètrico agg. **1** della geometria **2** (*fig.*) esatto, preciso, logico, coerente, rigoroso **CONTR.** inesatto, impreciso, illogico, incoerente.

geràrca s. m. capo, comandante, direttore, dirigente, primate **CONTR.** dipendente, inferiore, subalterno, subordinato, suddito.

gerarchìa s. f. ordine, classe, scala, graduatoria, ordinamento, rapporto □ dignità.

gerarchicaménte avv. in ordine gerarchico, secondo il grado, secondo la carica.

geràrchico agg. di gerarchia □ secondo il grado, secondo la carica.

gerènte s. m. e f. amministratore, gestore □ dirigente.

gerènza s. f. gestione, amministrazione.

gergàle agg. del gergo □ (*est.*) dialettale.

gèrgo s. m. lingua convenzionale, lingua oscura, lingua misteriosa □ lingua furbesca □ (*est.*) dialetto □ argot (*fr.*), slang (*ingl.*).

gèrla s. f. cesta, cesto, canestro, paniere.

germànico agg. **1** degli antichi Germani **2** tedesco, teutonico.

gèrme s. m. **1** germoglio, seme, embrione **2** bacillo, batterio, microbo **3** (*fig.*) (*di civiltà, di corruzione, ecc.*) origine, radice, causa, cagione, principio, inizio **CONTR.** conseguenza, effetto, esito, prodotto, risultato.

germinàle agg. **1** del germe, germinativo **2** (*fig.*) iniziale **CONTR.** finale.

germinàre A v. intr. **1** germogliare, rampollare, sbocciare, spuntare, nascere, crescere, svilupparsi **CONTR.** disseccarsi, inaridirsi, morire **2** (*fig.*) (*di civiltà, di corruzione, ecc.*) avere origine, formarsi, sorgere, crescere **B** v. tr. (*lett.*) generare, creare, produrre.

germinativo agg. germinale.

germinazióne s. f. germogliamento (*raro*), sboccio □ germoglio □ generazione, procreazione, produzione.

germogliàre A v. intr. **1** germinare, sbocciare, gemmare, spuntare, rampollare, buttare, tallire, pollare (*raro*) **CONTR.** seccarsi, disseccarsi, inaridirsi, morire **2** (*fig.*) (*di amore, di vizio, ecc.*) crescere, nascere, avere origine, apparire, manifestarsi **B** v. tr. (*raro*) generare, produrre.

germóglio s. m. **1** gemma, getto, pollone, brocca, messa, messiticcio (*raro*), rampollo, tallo, virgulto, vermena (*lett.*) **2** (*fig., lett.*) (*di vizio, di virtù, ecc.*) origine, causa, principio, abbozzo.

geroglìfico s. m. **1** (*ling.*) scrittura ideografica **2** (*fig.*) scrittura incomprensibile, arabesco, ghirigoro, scarabocchio.

gèsso s. m. **1** solfato di calcio idrato **2** (*est.*) statua di gesso, scultura in gesso □ calco **3** gessetto.

gèsta s. f. pl. imprese insigni, imprese eroiche, imprese memorabili □ (*iron.*) bravata.

gestànte s. f. donna incinta, donna gravida.

gestazióne s. f. **1** gravidanza **2** (*fig.*) preparazione, allestimento, apprestamento, apparecchiamento, incubazione.

gesticolàre v. intr. fare gesti, gestire □ agitarsi, scalmanarsi.

gesticolazióne s. f. gesticolamento, gesti □ mimica.

gestióne s. f. amministrazione, conduzione, cura, direzione, governo.

gestìre v. tr. amministrare, condurre, portare avanti, curare, dirigere, governare, reggere.

gèsto s. m. **1** movimento, atteggiamento, cenno, movenza **2** posa, aspetto, portamento **3** azione, atto.

gestóre s. m. (f. *-trice*) amministratore, gerente, direttore, curatore.

gesuìta [da *Gesuita*, membro dell'ordine religioso della Compagnia di Gesù] s. m. (*fig.*) ipocrita, falso, subdolo **CONTR.** sincero, galantuomo.

gettàre A v. tr. **1** scagliare, lanciare, buttare, tirare, scaraventare, vibrare, proiettare, catapultare, avventare □ buttar via, abbandonare **CONTR.** tenere, mantenere, trattenere **2** (*di liquido, di gas, ecc.*) emettere, spandere, mandar fuori **3** (*di metallo fuso, di gesso, ecc.*) versare **4** (*di seme, ecc.*) disseminare, spargere **5** (*di fondamenta, di ponte, ecc.*) porre, costruire, edificare **6** (*di un'arte, di una scienza, ecc.*) porre i principi, porre le basi **7** (*fig.*) (*di tasse, imposte, ecc.*) fruttare, rendere **B gettarsi** v. rifl. **1** (*di persona o animale*) lanciarsi, avventarsi, precipitarsi, balzare, irrompere, spingere **CONTR.** trattenersi **2** buttarsi, lasciarsi cadere **3** (*di fiume, di strada, ecc.*) sboccare, sfociare, entrare **C** v. intr. **1** (*di fonte, di rubinetto, ecc.*) versare, sgorgare **2** (*di pianta*) germogliare, germinare, gemmare, sbocciare, spuntare, rampollare **CONTR.** inaridirsi, disseccarsi **FRAS.** *gettare la polvere negli occhi* (*fig.*), ingannare subdolamente □ *gettare a mare* (*fig.*), disfarsi, abbandonare □ *gettare all'aria* (*fig.*), mettere sottosopra; far fallire □ *gettarsi nella mischia* (*fig.*), partecipare attivamente □ *gettarsi giù*, coricarsi; (*fig.*) avvilirsi.

gettàta s. f. **1** (*di oggetti*) lancio, getto **2** (*di metallo fuso, di cemento, ecc.*) colata, fusione **3** (*di costruzione*) diga, antemurale, molo **4** (*di pianta*) germoglio, tallo, messa, pollone.

gettàto part. pass. di **gettare**; anche agg. **1** (*di oggetto*) scagliato, lanciato, tirato, scaraventato, proiettato **CONTR.** tenuto, trattenuto **2** (*di denaro, di tempo, ecc.*) sperperato, sprecato **CONTR.** risparmiato, economizzato **3** (*di metallo, ecc.*) fuso, colato.

gèttito s. m. **1** (*raro*) getto, gettata **2** (*di denaro*) resa, introito, provento □ profitto, guadagno.

gètto s. m. **1** (*di oggetto*) lancio, tiro, gettito (*raro*) **2** (*di acqua, di gas, ecc.*) fuoriuscita, eruzione, zampillo, flusso **3** (*di metallo liquefatto*) fusione, colata **4** gettata di calcestruzzo **5** (*di pianta*) germoglio, pollone, tallo, messa **FRAS.** *a getto continuo, di getto* (*fig.*), senza interruzione □ *primo getto* (*fig.*), abbozzo.

gettóne s. m. marca, marchetta, puglia, contrassegno, dischetto, fiche (*fr.*).

ghènga s. f. **1** gang (*ingl.*) **2** (*scherz.*) combriccola, compagnia, gruppo □ banda.

ghermìre v. tr. **1** (*di animali da preda*) artigliare **2** (*fig.*) prendere con forza, afferrare, abbrancare, agguantare, carpire.

ghétto [dal nome dell'isoletta veneziana dove nel Cinquecento vennero relegati gli ebrei, così chiamata perché vi era una fonderia (dial.

ghèto 'getto')] s. m. **1** rione degli ebrei **2** (*est.*) luogo sudicio, luogo lurido **3** (*est.*) casa misera, catapecchia **4** (*fig.*) isolamento (sociale, politico, ecc.).

ghiacciàia s. f. **1** deposito di ghiaccio **2** frigorifero, frigo, frigidaire (*fr.*) **3** (*est.*) luogo gelido, siberia.

ghiacciàio s. m. ammasso di ghiaccio **CFR.** nevaio, iceberg (*ingl.*), ice-field (*ingl.*).

ghiacciàre A v. intr. e **ghiacciàrsi** intr. pron. divenire ghiaccio, congelarsi **CONTR.** riscaldarsi, infocarsi, infiammarsi **B** v. intr. impers. (*raro*) gelare **C** v. tr. far divenire ghiaccio, coprire di ghiaccio, agghiacciare □ (*est.*) raffreddare, intirizzire **CONTR.** scaldare, riscaldare, infocare, infiammare.

ghiacciàto part. pass. di **ghiacciare**; anche agg. **1** coperto di ghiaccio, agghiacciato, gelato, congelato, diacciato (*tosc.*), diaccio (*tosc.*) □ (*est.*) freddissimo, gelido, frigido **CONTR.** ardente, bollente, caldissimo, arroventato, infocato, infiammato **2** (*fig.*) (*di cuore, di sentimento, ecc.*) impassibile, indifferente, freddo **CONTR.** caldo, cordiale, passionale.

ghiàccio A s. m. acqua congelata □ (*est.*) gelo, freddo intenso **CONTR.** ardore, calore **B** agg. gelato, ghiacciato, gelido **CONTR.** ardente, bollente, caldissimo, infocato **FRAS.** *rimanere di ghiaccio* (*fig.*), rimanere insensibile □ *rompere il ghiaccio* (*fig.*), rompere l'imbarazzo, rompere il silenzio.

ghiàia s. f. sassi tritati, sassi, sassolini, pietrisco, breccia, brecciame, ghiara (*ant.*).

ghiaióso agg. pieno di ghiaia, sassoso.

ghibellìno [ted. mediev. *Wibelingen*, dal nome del castello di *Wibeling* (oggi *Waibling*) in Franconia] s. m.; anche agg. **CONTR.** guelfo.

ghignàre v. intr. sogghignare, ridere sarcasticamente □ sghignazzare.

ghìgno s. m. sogghigno, ghignata, riso beffardo, riso sarcastico □ smorfia.

ghìngheri vc.; nella loc. avv. (*fam., scherz.*) *in ghingheri*, tutto agghindato.

ghiottaménte avv. avidamente, golosamente, ingordamente, voracemente **CONTR.** schifiltosamente, schizzinosamente, svogliatamente.

ghiótto agg. **1** (*di cibo*) goloso, ingordo, vorace **CONTR.** schifiltoso, schizzinoso **2** (*fig.*) (*di persona*) avido, bramoso, desideroso, interessato **CONTR.** indifferente, noncurante, incurante **3** (*fig.*) (*di notizia, di curiosità*) eccitante **4** (*di vivanda*) appetitoso, gustoso, prelibato, stuzzicante **CONTR.** disgustoso, nauseante, ripugnante.

ghiottóne s. m. mangione, golosone, diluvione (*raro*), lurco (*lett.*) **CONTR.** parco, sobrio.

ghiottonerìa s. f. **1** golosità, gola, ingordigia, voracità, ghiotteria (*lett.*) **CONTR.** disgusto, nausea, svogliatezza **2** leccornia, golosità, ghiotteria (*lett.*), cibo ghiotto **CONTR.** sbobba (*pop.*), schifezza, porcheria **3** (*fig.*) avidità, cupidigia, brama.

ghìrba s. f. **1** (*per acqua*) otre, sacco di pelle **2** (*gerg.*) vita, pelle.

ghiribìzzo s. m. capriccio, estro, grillo, fantasia, bizzarria, ticchio, voglia □ arzigogolo **CONTR.** riflessione, meditazione.

ghirigòro s. m. arabesco, rabesco, intreccio □ svolazzo, scarabocchio □ sigla, abbreviazione.

ghirlànda s. f. **1** corona, serto, diadema **2** (*fig., lett.*) cerchio, circolo, giro.

ghìsa s. f. ferraccio.

già avv. **1** ormai, oramai **2** fin da ora □ fin da allora **3** prima d'ora □ un tempo, precedentemente **4** (*davanti a un nome indicante carica*) ex **5** (*ass.*) davvero, proprio, precisamente, appunto, per l'appunto.

giàcca s. f. **CFR.** giubba, farsetto, casacca, figaro, bolero, marsina, smoking (*ingl.*) □ piumino, piumone, duvet (*fr.*).

giacché cong. poiché, perché, dacché, dal momento che.

giaccóne s. m. piumone, piumino, duvet (*fr.*).

giacènte part. pres. di **giacere**; anche agg. **1** coricato, disteso □ degente **CONTR.** ritto, in piedi **2** posto, collocato, situato **3** (*fig.*) dimenticato, trascurato, sospeso □ inutilizzato **4** abbattuto, prostrato, soggiogato, vinto.

giacènza s. f. **1** (*in clinica, ecc.*) degenza **2** (*di merce*) avanzo, residuo, rimanenza, invenduto.

giacére v. tr. **1** (*di persona*) star disteso, star coricato, star sdraiato □ star rannicchiato □ dormire **CONTR.** star ritto, stare in piedi **2** (*di luogo*) essere situato, essere posto, distendersi, estendersi, stare **3** essere sepolto **4** (*mat.*) appartenere **5** (*fig.*) (*di capitale, di persona, ecc.*) stare inerte, stare inattivo □ essere dimenticato, essere inutilizzato, ristagnare, languire.

giacìglio s. m. **1** lettuccio, branda, cuccetta, saccone **2** covile, cuccia □ strame.

giaciménto s. m. (*di minerali*) deposito, miniera, accumulo.

giacobinìsmo s. m. (*est.*) radicalismo, estremismo **CONTR.** moderatismo.

giacobìno [fr. *jacobin* 'appartenente al Club des *Jacobins*', fondato nel Convento dei domenicani di S. Giacomo (*Jacobins*)] s. m. (*est.*) estremista, radicale **CONTR.** moderato.

giaculatòria s. f. **1** orazione breve, preghiera, invocazione **2** (*scherz.*) monotona ripetizione **3** (*antifr.*) bestemmia, imprecazione.

giaggiòlo s. m. (*bot.*) iris, iride.

giallàstro agg. giallo spento, gialliccio, giallognolo, gialligno (*raro*).

giallìccio agg. giallo pallido, giallognolo, gialligno (*raro*).

giàllo A agg. **1** (*di colore*) tra l'arancio e il verde, canarino, paglierino, zafferano **CFR.** arancio, arancione, dorato, biondo, fulvo **2** (*per* *rabbia, per paura, ecc.*) pallido, cereo, smorto **3** (*di romanzo, di film, ecc.*) poliziesco **B** s. m. **1** colore giallo **2** parte gialla □ (*di uovo*) tuorlo **3** (*di persona*) persona di pelle gialla **CFR.** bianco, nero, ecc. **4** romanzo poliziesco, film poliziesco □ caso poliziesco **FRAS.** *cera gialla*, cera vergine □ *pagine gialle*, elenco telefonico per categorie □ *terra gialla*, ocra.

giallógnolo agg. giallo spento, giallastro, gialliccio, gialligno (*raro*).

giamburràsca [dal n. del protagonista del *Giornalino di Giamburrasca*, di Vamba] s. m. inv. enfant terrible (*fr.*), diavolo (*fig.*) **CONTR.** angelo (*fig.*).

giammài avv. ints. mai, in nessun tempo **CONTR.** sempre.

giapponése agg. e s. m. e f. del Giappone, nipponico **FRAS.** *lotta giapponese*, judo.

giardinàggio s. m. (*est.*) floricoltura, orticoltura.

giardinétta s. f. (*di autovettura*) familiare, station-wagon (*ingl.*).

giardinièra s. f. **1** (*est.*) floricultrice □ ortolana **2** (*di varie verdure*) contorno **FRAS.** *maestra giardiniera*, maestra di scuola materna.

giardinière s. m. (*est.*) floricoltore, orticoltore □ ortolano.

giardìno s. m. **1** parco, boschetto, brolo (*lett.*), orto **2** luogo fertile, luogo ridente **CONTR.** deserto **FRAS.** *giardino pensile*, giardino su terrazza □ *giardino zoologico*, zoo □ *giardino di infanzia*, asilo infantile.

giarrettièra s. f. (*di calza*) elastico, legaccio, nastro, fascetta.

giavellòtto s. m. lancia, alabarda, picca, zagaglia □ (*sport*) asta.

gibbosità s. f. gobba, gibbo, protuberanza, rilievo, convessità **CONTR.** cavità, concavità, incavo, infossamento.

gibbóso agg. gobbo, curvo, protuberante □ (*di terreno*) ondulato, irregolare **CONTR.** cavo, incavato, concavo, infossato.

gibèrna s. f. cartucciera.

gigànte A s. m. **1** (*est.*) titano, ciclope, colosso, omone, omaccione, corazziere, granatiere, torre **CONTR.** omino, omarino, nano, nanerottolo, lillipuziano, pigmeo **2** (*fig.*) (*per virtù, per ingegno, ecc.*) genio, persona superiore **B** agg. enorme, grandissimo, gigantesco **CONTR.** minuscolo, piccolissimo, esiguo, minimo.

giganteggiàre v. intr. innalzarsi come gigante, sovrastare, eccellere, essere superiore, primeggiare **CONTR.** essere inferiore, abbassarsi, sottomettersi, umiliarsi.

gigantescaménte avv. enormemente, ciclopicamente, possentemente **CONTR.** esiguamente.

gigantésco agg. colossale, enorme, grandissimo, imponente, possente, poderoso, grandioso, titanico, ciclopico **CONTR.** piccolissimo, minimo, minuscolo, esiguo, nano.

gigantìsmo s. m. (*fig.*) imponente grandezza □ (*fig.*) megalomania.

gigantografìa s. f. macrofotografia **CONTR.** microfotografia.

gigliàto A agg. ornato di gigli **B** agg.; anche s. m. (*calcio*) viola, fiorentino.

gìglio s. m. **1** (*bot.*) fiordaliso (*lett.*) **2** (*fig.*) persona pura, persona casta **FRAS.** *giglio bianco*, lirio □ *giglio giallo*, acoro □ *giglio gentile*, martagone, turbante da turco □ *giglio d'acqua*, ninfea bianca □ *la città del giglio* (*per anton.*), Firenze.

gigolo /*fr.* ʒigɔ'lo/ o **gigolò** s. m. inv. mantenuto □ sfruttatore, magnaccia (*dial.*).

gilè s. m. corpetto, panciotto, pullover (*ingl.*).

ginecologìa s. f. (*est.*) ostetricia.

ginecòlogo s. m. (*est.*) ostetrico.

gingillàre A v. tr. (*lett.*) prendere in giro, raggirare **B gingillarsi** v. intr. pron. baloccarsi, giocherellare, trastullarsi, oziare, perdere il tempo **CONTR.** agire, applicarsi, lavorare.

gingìllo s. m. **1** balocco, giocattolo, trastullo, ciondolo, ninnolo **2** (*fig.*) bagattella, inezia, sciocchezza, passatempo.

ginnàsta s. m. e f. atleta □ acrobata, equilibrista.

ginnàstica s. f. **1** educazione fisica □ (*est.*) moto, movimento **2** (*fig.*) (*della mente*) esercitazione.

ginòcchio s. m. **FRAS.** *in ginocchio*, ginocchioni □ *piegare il ginocchio* (*fig.*), umiliarsi □ *mettere in ginocchio* (*fig.*), vincere □ *far venire il latte alle ginocchia* (*fig.*), essere noioso e sciocco; essere lento.

giocàre A v. intr. **1** divertirsi, baloccarsi, trastullarsi, giocherellare, ricrearsi, spassarsi, svagarsi, sollazzarsi **2** (*sport*) gareggiare, disputare un incontro **3** (*al lotto, ai cavalli, ecc.*) scommettere, puntare **4** (*fig.*) (*di persona*) burlarsi □ ingannare, imbrogliare **5** (*di snodo, di articolazione, ecc.*) aver gioco, muoversi liberamente **CONTR.** essere rigido, essere bloccato **6** (*di fortuna, di caso, ecc.*) agire, intervenire **7** (*fig.*) (*di luce, di colore, ecc.*) riflettersi, risaltare, scorrere **B** v. tr. **1** (*di carte, di numeri*) inserire, mettere in tavola, impegnare **2** (*di denaro*) scommettere, puntare □ (*est.*) perdere **CONTR.** vincere **3** (*fig.*) (*di posto, di reputazione, ecc.*) arrischiare, rischiare, mettere in pericolo, mettere a repentaglio **CONTR.** salvaguardare **4** (*di partita, di incontro, ecc.*) sostenere, affrontare **5** (*fig.*) (*di persona*) burlare, beffare, prendere in giro, ingannare, truffare **FRAS.** *giocare a carte scoperte* (*fig.*), procedere senza misteri □ *giocare un brutto tiro* (*fig.*), fare un brutto scherzo □ *giocarsi la camicia, giocarsi l'osso del collo* (*fig.*), giocarsi tutto, rischiare tutto.

giocàta s. f. **1** partita **2** mano, giro, mossa **3** posta, scommessa.

giocatóre s. m. (f. *-trice*) **1** chi gioca **2** (*sport*) atleta **3** ciarlatano, prestigiatore **4** schiavo del gioco.

giocàttolo s. m. balocco, trastullo, gingillo, ninnolo.

giocherellàre v. intr. baloccarsi, gingillarsi, trastullarsi □ distrarsi.

giocherellóne agg.; anche s. m. amante del gioco, allegrone, spensierato.

giochétto s. m. **1** dim. di **gioco** **2** gioco facile □ lavoro facile **3** scherzo □ intrigo, raggiro, espediente, trucco.

giòco s. m. **1** divertimento, passatempo, diporto, sollazzo, spasso, svago, ricreazione **2** (*di oggetto*) balocco, giocattolo, trastullo **3** (*di carte, di calcio, ecc.*) gara, competizione □ partita □ manifestazione sportiva **4** (*di denaro*) giocata, puntata, posta **5** vizio del giocare **6** (*fig.*) beffa, burla, celia, scherzo □ zimbello □ imbroglio, inganno **7** (*est.*) (*di snodo, di articolazione, ecc.*) azione, movimento □ congegno **8** (*fig.*) (*di luce, di colori, ecc.*) artificio, finzione, effetto luminoso **FRAS.** *gioco da ragazzi* (*fig.*), cosa molto facile □ *entrare in gioco* (*fig.*), aver parte □ *mettere in gioco* (*fig.*), rischiare □ *fare il gioco di uno* (*fig.*), assecondarlo nelle sue finalità □ *avere buon gioco* (*fig.*), avere buone possibilità di riuscita □ *fare buon viso a cattivo gioco* (*fig.*), adattarsi alla malasorte □ *farsi gioco* (*fig.*), burlarsi.

giocofòrza s. m. inv. solo nella loc. *essere giocoforza*, essere inevitabile, occorrere, bisognare.

giocolière s. m. prestigiatore □ acrobata, saltimbanco.

giocondaménte avv. allegramente, lietamente, festevolmente, gioiosamente, piacevolmente **CONTR.** tristemente, dolentemente, malinconicamente, mestamente.

giocondità s. f. allegrezza, allegria, contentezza, ilarità, diletto, esultanza, festosità, gioia, giubilo, letizia □ piacevolezza **CONTR.** tristezza, afflizione, dolore, malinconia, mestizia, umor nero, musoneria, ipocondria.

giocóndo agg. allegro, contento, ilare, esultànte, festevole, gaio, gioioso, giulivo, giubilante, lieto □ piacevole, dilettevole **CONTR.** triste, dolente, malinconico, mesto, immusonito, imbronciato.

giocosaménte avv. facetamente, scherzosamente □ allegramente, lietamente **CONTR.** seriamente, gravemente, tristemente.

giocosità s. f. scherzosità, festività, piacevolezza, allegria, gaiezza, giocondità, ilarità **CONTR.** austerità, serietà, severità, gravità, solennità.

giocóso agg. scherzoso, burlesco, faceto, festevole, allegro, gaio, giocondo, ilare, dilettevole, piacevole **CONTR.** austero, serio, severo, grave, solenne.

giógo s. m. **1** (*fig.*) soggezione, severità, schiavitù, dipendenza, oppressione **CONTR.** libertà, autonomia, indipendenza **2** (*di bilancia*) asta **3** (*geogr.*) catena montuosa, giogaia □ sommità, valico, passo, sella.

giòia (1) s. f. allegrezza, allegria, contentezza, esultanza, gaudio (*lett.*), giubilo, felicità, giocondità, godimento, piacere, tripudio, conforto, consolazione, delizia, diletto, dolcezza **CONTR.** tristezza, afflizione, dolore, pena, pianto, malinconia, mestizia, ipocondria.

giòia (2) s. f. pietra preziosa, gioiello, gemma.

gioiellerìa s. f. **1** oreficeria, negozio di gioielli **2** gioie, gioielli, pietre preziose.

gioiellière s. m. (*est.*) orefice.

gioièllo s. m. **1** gioia, gemma, pietra preziosa, monile **2** (*fig.*) persona cara □ cosa bellissima, capolavoro.

gioiosaménte avv. allegramente, giocondamente, lietamente, festosamente, gaiamente, deliziosamente, piacevolmente **CONTR.** tristemente, dolentemente, malinconicamente, mestamente.

gioióso agg. allegro, contento, festoso, gaio, lieto, esultante, festevole, giulivo, giubilante □ piacevole, dilettevole, ameno **CONTR.** triste, dolente, malinconico, mesto, immusonito, imbronciato □ funesto.

gioìre v. intr. esultare, giubilare, godere, gongolare, rallegrarsi, tripudiare, andare in visibilio, andare in brodo di giuggiole **CONTR.** rattristarsi, affliggersi, addolorarsi, piangere, soffrire, tribolare.

giorgìna [dal nome del botanico russo Ivan Ivanovic *Georgi*] s. f. (*bot.*) dalia.

giornalàio s. m. venditore di giornali, edicolante, edicolista.

giornàle **A** agg. (*raro, lett.*) giornaliero **B** s. m. **1** quotidiano □ notiziario, gazzetta, gazzettino, organo **2** settimanale, periodico, rassegna, rivista, effemeride **3** (*di bordo, di viaggio, ecc.*) registro, mastro □ diario.

giornalétto s. m. **1** dim. di **giornale** **2** (*fam.*) giornalino illustrato, fumetto.

giornalièro **A** agg. **1** di ogni giorno, quotidiano **2** (*est.*) abituale, solito **3** (*fig.*) (*di umore, di carattere*) lunatico, incostante, mutevole, volubile **CONTR.** costante, fermo, perseverante **B** s. m. operaio a giornata, bracciante.

giornalìno s. m. **1** dim. di **giornale** **2** (*fam.*) fumetto, giornaletto.

giornalìsmo s. m. **1** professione del giornalista **2** stampa, giornalisti.

giornalìsta s. m. e f. **1** chi scrive sui giornali **2** (*spreg.*) pennivendolo, pennaiolo, gazzettiere **CFR.** notista, articolista, politologo, pubblicista, redattore, cronista, corrispondente, inviato, reporter (*ingl.*), critico, elzevirista.

giornalìstico agg. dei giornalisti □ del giornalismo.

giornàta s. f. **1** giorno, dì, ventiquattrore **CONTR.** nottata **2** (*est.*) tempo, vita **3** paga giornaliera, guadagno giornaliero **4** cammino di un giorno, distanza di un giorno □ viaggio (*raro*) **5** (*di corse*) tappa □ (*di campionato di* *calcio, ecc.*) tornata, incontro **6** festa, solennità, ricorrenza **FRAS.** *vivere alla giornata*, vivere senza pensare al futuro □ *in giornata*, entro oggi.

giórno s. m. **1** ventiquattrore, dì, giornata **CONTR.** notte **2** (*est.*) periodo, tempo **3** festa, solennità, ricorrenza **FRAS.** *di giorno in giorno*, ogni giorno □ *vivere giorno per giorno*, vivere alla giornata □ *a giorni*, tra pochi giorni; talvolta □ *l'uomo del giorno*, l'uomo di cui tutti parlano □ *essere al giorno*, essere al corrente □ *andare a giorni*, essere incostante □ *alla luce del giorno* (*fig.*), apertamente, palesemente.

giòstra s. f. **1** torneo, torneamento (*ant.*), quintana **2** girotondo **3** (*anche fig.*) carosello.

giostràre v. intr. **1** torneare □ duellare, combattere **2** muoversi, dimenarsi **3** (*fig.*) ingegnarsi, arrabattarsi, armeggiare.

giovaménto s. m. utilità, vantaggio, beneficio, aiuto, utile, pro **CONTR.** danno, pregiudizio, nocumento, scapito.

gióvane A agg. **1** (*di persona*) in età giovanile □ fiorente, florido, fresco **CONTR.** vecchio **2** (*tra due persone*) più giovane, junior (*lat.*) **CONTR.** senior (*lat.*) **3** (*di animale, di pianta, ecc.*) nato da poco, sorto da poco □ (*est.*) (*di vino, di legna, ecc.*) immaturo, non stagionato **CONTR.** vecchio, stagionato **4** (*fig.*) (*di persona*) ingenuo, candido, immaturo, inesperto **CONTR.** esperto, abile, provetto, perito **B** s. m. e f. **1** giovanotto □ ragazza, signorina **CONTR.** vecchio **2** (*fam.*) nubile, scapolo **CONTR.** maritato, sposato **3** allievo, scolaro **4** garzone, apprendista, lavorante **CONTR.** padrone, principale, capo.

giovanìle agg. **1** della giovinezza, dei giovani □ di giovane, da giovane **CONTR.** senile **2** (*est.*) energico, robusto, vigoroso **CONTR.** debole, fiacco, snervato.

giovanòtto s. m. **1** uomo giovane **CONTR.** vecchio **2** (*fam.*) scapolo **CONTR.** maritato, sposato **3** (*mar.*) mozzo.

giovàre A v. intr. **1** essere utile, essere vantaggioso, recare beneficio, far pro, convenire, servire, importare **CONTR.** nuocere, danneggiare, offendere **2** (*lett.*) dilettare, piacere **CONTR.** dispiacere **B** v. intr. impers. essere utile, essere vantaggioso, convenire **CONTR.** sconvenire, nuocere **C giovarsi** v. intr. pron. servirsi, valersi, avvalersi, approfittare, profittare.

gioventù s. f. **1** giovinezza, primavera della vita, mattino della vita, verde età, verdi anni **CONTR.** vecchiezza, vecchiaia **2** giovani **CONTR.** vecchi **3** (*fig.*) freschezza, vivacità, rigoglio **CONTR.** appassimento, avvizzimento.

giovévole agg. utile, vantaggioso, proficuo, profittevole (*lett.*), efficace, buono **CONTR.** inutile, dannoso, nocivo, pernicioso, rovinoso, micidiale.

gioviàle agg. gaio, giocondo, ilare, lieto, cordiale, espansivo, allegro, sereno, sorridente **CONTR.** accigliato, burbero, ingrugnato, musone □ triste, mesto, malinconico.

giovialità s. f. affabilità, amabilità, cordialità, ilarità, giocondità, buon umore, allegria, spensieratezza **CONTR.** austerità, gravità, serietà, musoneria □ tristezza, mestizia, malinconia.

giovialménte avv. allegramente, giocondamente, cordialmente **CONTR.** austeramente, severamente □ tristemente, mestamente, malinconicamente.

giovinàstro s. m. giovane scapestrato, ragazzaccio, teppista, teddy boy (*ingl.*) **CONTR.** giovane per bene.

gióvine *V.* **giovane.**

giovinézza s. f. gioventù, età giovanile, primavera della vita, verde età, verdi anni **CONTR.** vecchiezza, vecchiaia.

giradìschi s. m. (*est.*) grammofono, fonografo, mangiadischi.

giradìto s. m. (*med.*) patereccio, panereccio (*pop.*).

giràffa s. f. **1** (*zool.*) camelopardo **2** (*per microfono*) carrello mobile **3** (*fig.*) spilungone **CONTR.** nanerottolo **FRAS.** *da giraffa* (*fig.*), molto lungo.

giraménto s. m. contorcimento □ capogiro, vertigine.

giramóndo s. m. e f. inv. **1** globe-trotter (*ingl.*), autostoppista **CONTR.** sedentario **2** avventuriero, gabbamondo, imbroglione **CONTR.** galantuomo.

giranàstri s. m. inv. mangianastri.

giràndola s. f. **1** (*est.*) giochi d'acqua **2** (*di giocattolo*) mulinello **3** banderuola, anemoscopio, pennoncello **4** (*fig.*) banderuola, lunatico, persona volubile, voltagabbana **CONTR.** persona di carattere **5** (*fig.*) (*di voci, di fatti, ecc.*) vertiginoso susseguirsi, ridda.

girandolàre v. intr. girellare, gironzare, gironzolare, girovagare, bighellonare, vagabondare, andare oziando, andare a zonzo.

girandolóne s. m. **1** accr. di **girandola 2** girellone, bighellone, ciondolone, dondolone, vagabondo, sfaccendato.

girandolóni avv. gironzolando, bighellonando, vagabondando, a gironzolo, a zonzo.

giràre A v. tr. **1** muovere in giro, muovere intorno, ruotare □ roteare **2** (*di pagina, di bistecca, ecc.*) voltare, rivoltare, volgere **3** (*di domanda, di pratica*) rivolgere, dirigere, trasferire **4** (*di isola, di paese, ecc.*) aggirare, costeggiare □ percorrere, visitare **5** (*cine.*) filmare, riprendere **6** (*di questione, di frase, ecc.*) mutare, cambiare, presentare sotto altro aspetto **7** (*tip.*) spostarsi, andare a capo, andare a pagina successiva **B** v. intr. **1** muoversi in giro, ruotare □ roteare **CONTR.** andare diritto **2** voltare, voltarsi, volgersi **CONTR.** andare diritto **3** (*est.*) muoversi, camminare, passeggiare, andare in giro, aggirarsi, viaggiare □ circolare **CONTR.** star fermo **4** (*di fiume, di corridoio, ecc.*) correre in giro, circondare, attorniare **5** (*di denaro, di notizia, ecc.*) passare di mano in mano □ (*fig.*) diffondersi, propagarsi, spargersi **6** (*fig.*) (*di idee, di pensieri*) mulinare, turbinare **7** (*tosc.*) (*di vino*) guastarsi, alterarsi **C girarsi** v. rifl. volgersi, voltarsi, muoversi, agitarsi, cambiare posizione **FRAS.** *girare al largo*, non accostarsi; (*fig.*) andar cauti □ *far girare le scatole* (*fam.*), seccare molto, rompere (*pop.*) □ *gira e rigira* (*fig.*), per quanto si faccia e si dica □ *secondo come gira* (*fig.*), secondo l'umore del momento.

girasóle s. m. (*bot.*) elianto, mirasole.

giràta s. f. **1** voltata, giravolta □ avvolgimento □ avvitamento **2** giro, passeggiata, gita **3** (*di titolo di credito*) trasferimento.

giràto part. pass. di **girare**; anche agg. **1** messo in giro, ruotato, roteato, avvolto **2** rivolto, voltato **3** (*di titolo di credito*) trasferito, accreditato.

giravite s. m. cacciavite.

giravòlta s. f. **1** giro su sé stesso, giro, piroetta, prillo (*raro*) □ spira, voluta **2** tortuosità, sinuosità, andirivieni, serpeggiamento, labirinto, ravvolgimento (*raro*), curva, svolta □ meandro **CONTR.** rettifilo, rettilineo **3** (*fig.*) (*di umore, di idee, ecc.*) improvviso mutamento, cambiamento **CONTR.** costanza, fermezza.

girellàre v. intr. gironzolare, girovagare, girandolare, gironzare, bighellonare, errare, vagare, vagabondare, andare a zonzo, andare oziando.

girétto s. m. **1** dim. di **giro 2** passeggiatina.

girévole agg. che può girare, rotante, mobile **CONTR.** fisso, immobile.

girìno s. m. (*di rana*) larva.

girl /*ingl.* gə:l/ s. f. inv. (*di varietà*) ballerina.

gìro s. m. **1** (*di luogo, di mura, ecc.*) cerchio, circuito, circolo, circonferenza, perimetro **2** (*di astri, di occhi, ecc.*) rotazione, orbita, rivoluzione, aggiramento (*ant.*), roteamento, conversione, giravolta □ piroetta □ spira, voluta □ curva **3** (*di abito*) apertura **4** cammino, passeggio, passeggiata, camminata, gita, viaggio **5** (*sport*) gara a tappe, tour (*fr.*) **6** (*di chiacchiere, di notizie, ecc.*) divulgazione, diffusione **7** (*di denaro, di affari, ecc.*) volume, circolazione, traffico, corso **8** (*fig.*) (*di tempo*) spazio, periodo, intervallo □ vicenda **9** (*fig.*) (*di vicende, di avvenimenti, ecc.*) andamento, piega **10** (*fig.*) (*nei giochi di carte*) mano, turno **11** (*di persona, di attività, ecc.*) cerchio, cerchia, ambito, ambiente, gruppo **12** (*est., gerg.*) tresca, relazione illecita, relazione amorosa **FRAS.** *giro di parole* (*fig.*), circonlocuzione □ *prendere in giro* (*fig.*), canzonare □ *essere su di giri* (*fig.*), essere euforico □ *essere giù di giri* (*fig.*), essere demoralizzato □ *mettere in giro*, diffondere □ *essere nel giro* (*fig.*), conoscere bene l'ambiente.

gironzolàre v. intr. girellare, girovagare, girandolare, gironzare, bighellonare, errare, vagare, vagabondare, andare a zonzo, andare oziando.

giroscòpio s. m. girostato, stabilizzatore.

girovagàre v. intr. gironzolare, girellare, girandolare, gironzare, bighellonare, errare, vagare, vagabondare, andare a zonzo, andare oziando.

giròvago agg.; anche s. m. **1** girellone, gironzolone, girandolone, bighellone, ciondolone, dondolone, sfaccendato, vagabondo **2** ambulante, rivendugliolo.

gìta s. f. escursione, viaggetto, passeggiata, camminata, scampagnata.

gitàno [dal lat. parl. *(Ae)gyptānum* 'proveniente dall'Egitto (*Aegyptus*)'] **A** s. m. zingaro **B** agg. degli zingari, zingaresco.

gitànte s. m. e f. turista, escursionista.

gittàta s. f. gettata, portata.

giù avv. in basso, a basso, verso il basso **CONTR.** su, sopra **FRAS.** *andare giù* (*fig.*), deperire □ *giù di moda* (*fig.*), fuori moda, in disuso □ *essere giù, essere giù di corda* (*fig.*), essere depresso □ *mandar giù* (*fig.*), sopportare □ *su per giù, giù di lì*, all'incirca □ *giù per*, lungo.

giùbba s. f. giacca, giacchetta, farsetto, marsina (*tosc.*) □ casacca **FRAS.** *rivoltare la giubba* (*fig.*), cambiare idea, cambiare partito.

giubbétto s. m. **1** dim. di **giubba 2** corpetto.

giubbòtto s. m. **1** dim. di **giubba 2** casacca.

giubilànte part. pres. di **giubilare**; anche agg. esultante, felice, festante, tripudiante □ (*fig.*) bello, festoso, piacevole **CONTR.** afflitto, depresso, infelice, malinconico, mesto, triste.

giubilàre A v. intr. esultare, gioire, godere, gongolare, tripudiare **CONTR.** affliggersi, immalinconirsi, attristarsi, rattristarsi **B** v. tr. **1** pensionare, mettere a riposo **2** (*est.*) assegnare una sinecura.

giubilèo [dal lat. crist. *iubilǎeu(m)*, sott. *annu(m)* 'anno', dall'ebr. *yōbēl* 'il (corno di) capro', col quale si annunciava la solennità religiosa celebrata ogni cinquantesimo anno] s. m. **1** Anno Santo **2** (*est.*) cinquantenario.

giùbilo s. m. allegrezza, allegria, esultanza, festa, gaudio, gioia, giocondità, tripudio **CONTR.** afflizione, malinconia, mestizia, tristezza.

giùda [dal nome di Giuda Iscariota, traditore di Cristo] s. m. traditore.

giudàico agg. del giudaismo □ dei giudei, ebraico, ebreo, israelita.

giudaìsmo s. m. ebraismo.

giudèo A s. m. ebreo **B** agg. dei Giudei.

giudicàbile A agg. che si può giudicare, discutibile **CONTR.** indiscutibile **B** s. m. e f. (*dir.*) imputato.

giudicàre A v. tr. **1** valutare, vagliare, esaminare, calcolare, misurare, osservare, considerare, pesare, ponderare, sondare □ criticare, recensire **2** (*dir.*) decidere con sentenza, sentenziare, condannare, assolvere **3** stimare, credere, pensare, reputare, ritenere, dedurre, argomentare, opinare **B** v. intr. **1** esprimere giudizi **2** pensare.

giudicàto A part. pass. di **giudicare**; anche agg. **B** s. m. **1** (*dir.*) cosa giudicata **2** provvedimento giurisdizionale **FRAS.** *passato in giudicato*, definitivo, inappellabile.

giùdice s. m. e f. **1** magistrato giudicante □ ufficiale giudicante **CONTR.** giudicato **2** organo giudiziario **3** (*sport*) arbitro **4** (*di opera letteraria, artistica, ecc.*) competente, intenditore, critico.

giudiziàle agg. (*dir.*) giudiziario.

giudiziàrio agg. (*dir.*) giudiziale.

giudìzio s. m. **1** senno, prudenza, discernimento, saggezza, criterio, equilibrio, buon senso, oculatezza **CONTR.** avventatezza, impudenza, sventatezza **2** opinione, parere, idea, concetto, congettura, apprezzamento, deduzione, induzione, stima, valutazione, critica **3** (*dir.*) processo, dibattimento, lite **4** sentenza, verdetto, deliberazione, decisione **5** (*per anton.*) giudizio universale.

giudiziosaménte avv. accortamente, assennatamente, avvedutamente, prudentemente, saggiamente, saviamente, riflessivamente **CONTR.** avventatamente, dissennatamente, irriflessivamente, imprudentemente, sconsideratamente.

giudizióso agg. accorto, assennato, avveduto, prudente, saggio, savio, riflessivo **CONTR.** avventato, dissennato, irriflessivo, imprudente, malaccorto, sconsiderato.

giuggiolóne s. m. (*fig.*) scioccone, bietolone, credulone, giucco (*tosc.*) **CONTR.** furbacchione, dritto.

giulivaménte avv. allegramente, felicemente, giocondamente, gioiosamente, lietamente **CONTR.** seriamente, malinconicamente, mestamente, tristemente.

giulivo agg. allegro, felice, giocondo, ilare, lieto **CONTR.** serio, malinconico, mesto, triste.

giullàre s. m. giocoliere □ cantastorie □ (*est.*) buffone, saltimbanco.

giullarésco agg. buffonesco **CONTR.** serio.

giuménta s. f. cavalla da sella □ asina, mula.

giunchéto s. m. giuncaia, cespuglio di giunchi.

giùnco s. m. (*est., dial.*) vinco, vimine **FRAS.** *giunco del Nilo*, papiro □ *giunco marino*, sparto.

giùngere A v. intr. arrivare, pervenire □ sopraggiungere **CONTR.** partire, andarsene, allontanarsi **B** v. tr. **1** congiungere, unire, collegare, accostare **CONTR.** disgiungere, disunire, dividere, separare, staccare **2** (*lett.*) raggiungere, ottenere, conseguire □ cogliere, colpire.

giùngla s. f. **1** foresta tropicale **2** (*est.*) intrico, groviglio □ ambiente insidioso.

giunònico [da *Giunone*, nome della moglie di Giove] agg. (*est.*) (*di donna*) formoso, prosperoso, imponente, matronale **CONTR.** gracile, magro, stentato.

giùnta s. f. (*di comune, regione o provincia*) consiglieri □ (*gener.*) commissione, consulta, assemblea, organo collegiale.

giùnto A part. pass. di **giungere**; anche agg. **1** arrivato, pervenuto □ sopraggiunto **CONTR.** partito **2** collegato, congiunto, unito, intrecciato **CONTR.** disgiunto, disunito, diviso, separato, staccato **B** s. m. (*mecc.*) organo di collegamento, raccordo, giuntura, accoppiamento.

giuntùra s. f. **1** congiunzione, unione, commettitura, connessione, incastratura, snodatura, giunto, raccordo **2** (*anat.*) articolazione, nocca.

giuòco e deriv. *V.* **gioco** e deriv.

giuraménto s. m. promessa solenne, voto, attestazione, giuro (*lett.*), sacramento (*lett.*) **CONTR.** spergiuro.

giuràre A v. tr. promettere solennemente, affermare solennemente, attestare, asserire, far fede **B** v. intr. prestare giuramento **CONTR.** spergiurare, mancare di parola.

giuràto A part. pass. di **giurare**; anche agg. **1** (*di promessa, di patto, ecc.*) confermato con giuramento, vincolato con giuramento **2** (*di nemico*) accanito, fierissimo, implacabile **B** s. m. membro di una giuria.

giureconsùlto s. m. giurista, giurisperito, esperto di diritto □ avvocato.

giurìa s. f. **1** (*dir.*) corpo dei giurati, giurati **2** commissione, giudici.

giurìdico agg. di diritto, legale, giudiziario.

giurisdizióne s. f. **1** (*dir.*) funzione giudiziale, potestà giudiziale **2** competenza, pertinenza, prerogativa □ attribuzione, sfera di influenza.

giurisprudènza s. f. **1** scienza del diritto, scienza giuridica, giure (*raro*) **2** (*di facoltà universitaria*) legge.

giustaménte avv. **1** con giustizia, secondo giustizia, lecitamente, legittimamente **CONTR.** illecitamente, ingiustamente **2** esattamente, perfettamente, bene **CONTR.** male, imperfettamente **3** fondatamente, per giusti motivi **CONTR.** senza fondamento **4** onestamente, lodevolmente **CONTR.** disonestamente, immoralmente **5** (*di misura*) circa, quasi.

giustappórre v. tr. accostare, avvicinare **CONTR.** allontanare, scostare.

giustapposizióne s. f. accostamento, avvicinamento **CONTR.** allontanamento, scostamento.

giustézza s. f. **1** verità, onestà, rettitudine **CONTR.** iniquità, disonestà **2** convenienza □ esattezza, precisione **CONTR.** sconvenienza □ imprecisione.

giustificàbile agg. ammissibile, legittimo **CONTR.** inammissibile, illegittimo.

giustificàre A v. tr. **1** (*di decisione, di azione*) legittimare, coonestare (*lett.*), convalidare

CONTR. infirmare, invalidare **2** (*di pensiero, di comportamento, ecc.*) dimostrare giusto, motivare, provare, spiegare □ capire **3** (*di assenza, di errore*) scusare, scagionare, difendere CONTR. incolpare, condannare **B giustificarsi** v. rifl. scagionarsi, discolparsi, scusarsi, difendersi CONTR. accusarsi, confessare.

giustificatìvo A agg. che giustifica, di scusa **B** s. m. documento, documentazione, attestato □ copia.

giustificàto part. pass. di **giustificare**; anche agg. perdonato, scagionato, scusato CONTR. accusato, condannato.

giustificazióne s. f. difesa, discolpa, allegazione, discarico, scusa, motivazione CONTR. accusa, condanna, imputazione.

giustìzia s. f. **1** diritto, equità, equanimità, imparzialità, onestà, rettitudine CONTR. ingiustizia, iniquità, parzialità, disonestà **2** autorità giudiziaria, magistratura, magistrati □ tribunale **3** pena, condanna, punizione.

giustiziàre v. tr. punire con la morte □ fucilare, impiccare, decapitare CONTR. assolvere, graziare, perdonare.

giustiziàto part. pass. di **giustiziare**; anche agg. e s. m. punito con la morte □ fucilato, impiccato, decapitato CONTR. assolto, graziato, perdonato.

giustizière s. m. esecutore, boia, carnefice.

giùsto A agg. **1** (*di pena, di premio, ecc.*) conforme a giustizia, equo, equanime, imparziale, spassionato, onesto, retto, legittimo, ragionevole CONTR. ingiusto, iniquo, parziale, disonesto, malvagio, perverso **2** (*di discorso, di ragionamento, ecc.*) vero, reale, oggettivo, sincero CONTR. soggettivo, insincero **3** (*di momento, di decisione, ecc.*) opportuno, conveniente, adeguato, appropriato CONTR. inopportuno, sconveniente, inadeguato **4** (*di misura, di peso, ecc.*) esatto, preciso CONTR. inesatto, impreciso **B** avv. **1** esattamente, precisamente, puntualmente CONTR. inesattamente, erroneamente **2** proprio, davvero, appunto, per l'appunto **3** circa, quasi, pressappoco **C** s. m. onesto, probo, galantuomo CONTR. disonesto, mascalzone **D** s. m. solo sing. **1** dovuto **2** giustizia, rettitudine CONTR. ingiustizia, iniquità.

glàbro agg. liscio, imberbe, rasato, pelato, depilato CONTR. barbuto, peloso, villoso.

glacé /*fr.* gla'se/ agg. inv. **1** (*di pelle*) lucido, brillante **2** (*di frutta, di dolci*) candito, glassato.

glaciàle agg. **1** di ghiaccio **2** (*est.*) freddissimo, gelato, gelido, rigido CONTR. caldissimo, ardente, bollente, rovente, torrido **3** (*di aspetto*) simile al ghiaccio **4** (*fig.*) (*di comportamento*) distaccato, indifferente, insensibile, impenetrabile CONTR. affabile, cordiale, espansivo, simpatico.

gladiatóre [dal lat. *gladiatōre(m)*, lo schiavo o volontario mantenuto per combattere in duelli nel circo, per pubblico spettacolo] s. m. (*est.*) lottatore.

gli A pron. pers. m. sing. a lui, ad esso **B** pron. pers. m. e f. pl. (*fam.*) a essi, a esse, a loro.

globàle agg. complessivo, generale, integrale, totale, comprensivo CONTR. parziale, particolare, speciale, specifico, frammentario.

globalménte avv. complessivamente, totalmente, generalmente CONTR. parzialmente, frammentariamente, particolarmente.

globe-trotter /*ingl.* 'gloub 'trɔtə/ s. m. e f. inv. giramondo, autostoppista.

glòbo s. m. **1** sfera, palla **2** (*per anton.*) terra, mondo □ mappamondo.

globulàre agg. sferico, rotondo, globoso, globuloso.

glòbulo s. m. piccolo globo, globetto FRAS. *globulo rosso*, emazia, eritrocita □ *globulo bianco*, leucocita.

glòria s. f. **1** fama, celebrità, rinomanza, onore, lustro, lode, nome, nomea, immortalità CONTR. infamia, disonore, ignominia, oscurità **2** vanto, orgoglio, motivo di fierezza CONTR. vergogna.

gloriàre A v. tr. (*lett.*) esaltare, magnificare, celebrare, glorificare, lodare CONTR. calunniare, criticare, denigrare **B gloriarsi** v. intr. pron. vantarsi, lodarsi, elogiarsi, esaltarsi, millantarsi, glorificarsi, compiacersi, pavoneggiarsi, vanagloriarsi CONTR. abbassarsi, avvilirsi, disprezzarsi, calunniarsi, infamarsi, umiliarsi.

glorificàre A v. tr. esaltare, magnificare, celebrare, gloriare (*lett.*), lodare, onorare, decantare, immortalare CONTR. biasimare, censurare, denigrare, calunniare, umiliare **B glorificarsi** v. rifl. e intr. pron. vantarsi, lodarsi, elogiarsi, esaltarsi, gloriarsi, millantarsi, compiacersi, pavoneggiarsi, vanagloriarsi CONTR. abbassarsi, avvilirsi, calunniarsi, disprezzarsi, infamarsi, umiliarsi.

glorificàto part. pass. di **glorificare**; anche agg. esaltato, celebrato, onorato CONTR. calunniato, denigrato, infamato, umiliato.

glorificatóre s. m.; anche agg. (f. *-trice*) (*raro*) esaltatore, celebratore CONTR. denigratore, calunniatore.

glorificazióne s. f. esaltazione, celebrazione, lode, onore, apoteosi CONTR. calunnia, detrazione, diffamazione.

gloriosaménte avv. onorevolmente, onoratamente, coraggiosamente, eroicamente CONTR. vilmente, vigliaccamente, meschinamente.

glorióso agg. **1** (*di persona, di epoca, ecc.*) celebre, celebrato, famoso, illustre, rinomato, inclito (*lett.*), preclaro (*lett.*), insigne, lodato, immortale CONTR. calunniato, denigrato, disprezzato, infamato, infame, abietto, oscuro **2** (*di azione*) onorevole, onorato, decoroso CONTR. disonorevole, vergognoso **3** (*relig.*) glorificato in cielo CONTR. dannato.

glòssa s. f. chiosa, commento, postilla, nota,

annotazione.

glossàre v. tr. annotare, commentare, chiosare, postillare, spiegare.

glossatóre s. m. (f. *-trice*) commentatore, annotatore, chiosatore.

glottologia s. f. linguistica, filologia.

glottòlogo s. m. linguista, filologo.

glucòsio s. m. zucchero, destrosio, esosio.

glùteo s. m. (*anat.*) natica.

glùtine s. m. colla, materia vischiosa.

glutinóso agg. appiccicaticcio, attaccaticcio, colloso, vischioso □ grasso **CONTR.** fluido, scorrevole.

gnòmo s. m. (*mitol.*) spiritello, elfo, nano **CONTR.** gigante **FRAS.** *gnomi di Zurigo*, banchieri svizzeri.

goal /*ingl.* 'goul/ s. m. inv. (*nel calcio*) rete, punto, gol.

gòbba s. f. **1** gibbosità, gibbo (*ant.*) **2** (*est.*) prominenza, protuberanza, curvatura, rigonfiamento, rilievo, escrescenza, convessità **CONTR.** incavo, concavità.

gòbbo A agg. **1** (*di persona*) gibboso, con la gobba **CONTR.** diritto, eretto **2** (*di cosa*) curvo, convesso, piegato, contorto, storto **CONTR.** dritto, rettilineo **B** s. m. **1** persona gobba **2** protuberanza, rigonfiamento, prominenza, rilievo **CONTR.** incavo, concavità.

góccia s. f. **1** stilla, gocciola, gocciolo **2** (*est.*) sorso **3** minima parte □ inezia **FRAS.** *a goccia a goccia*, a poco a poco □ *fino all'ultima goccia*, fino in fondo.

gócciola s. f. dim. di **goccia**; goccio, stilla □ lacrima.

gocciolànte part. pres. di **gocciolare**; anche agg. sgocciolante, stillante, trasudante.

gocciolàre A v. tr. sgocciolare, gocciare **B** v. intr. uscire a gocciole, sgocciolare, gocciare, colare, stillare □ trapelare, trasudare.

gocciolìo s. m. stillicidio, gocciolamento.

gócciolo s. m. (*di liquido*) piccola quantità □ sorso.

godére A v. intr. **1** gioire, rallegrarsi, essere felice, esultare, giubilare, tripudiare, compiacersi, dilettarsi, sguazzare, spassarsela, andare in brodo di giuggiole, andare in solluchero **CONTR.** patire, soffrire, affliggersi, rattristarsi **2** (*di clima, di panorama, ecc.*) essere avvantaggiato, trarre beneficio, avere **CONTR.** essere danneggiato **3** appagare i sensi □ venire (*volg.*) **B** v. tr. **1** (*di bene, di pensione, ecc.*) usufruire, usare, adoperare, servirsi, valersi, sfruttare, possedere, avere **2** (*di pace, di sole, ecc.*) assaporare, gustare.

goderéccio agg. **1** (*di cosa*) che dà piacere **2** (*di persona*) gaudente, buontempone.

godiménto s. m. gioia, felicità, piacere, soddisfazione, gaudio, delizia, diletto, giocondità, allegrezza, riso, sollazzo, goduria (*scherz.*) **CONTR.** dispiacere, afflizione, amarezza, cruccio, dolore, patimento, sofferenza, tribolazione, tormento, travaglio, contrarietà.

godùria s. f. (*scherz.*) godimento, piacere, gioia, sollazzo **CONTR.** dispiacere.

goffàggine s. f. balordaggine, dappocaggine, inettitudine, ingenuità, scempiaggine, stoltezza □ impaccio □ cattivo gusto, kitsch (*ted.*) **CONTR.** sfacciataggine, sfrontatezza, spigliatezza, disinvoltura, vivacità, prontezza di spirito □ buon gusto.

goffaménte avv. balordamente, rozzamente, scioccamente □ sgraziatamente, ridicolmente **CONTR.** disinvoltamente, spigliatamente, spiritosamente □ elegantemente, con grazia.

gòffo agg. **1** (*di persona*) impacciato, grossolano, rozzo □ balordo, inetto, mammalucco, sciocco, scimunito, stupido **CONTR.** brioso, disinvolto, spigliato, spiritoso, vivace **2** (*di abito, di maniere, ecc.*) brutto, inelegante, malfatto, sgraziato, ridicolo, kitsch (*ted.*) **CONTR.** bello, aggraziato, elegante, grazioso.

gógna s. f. (*est.*) berlina **FRAS.** *mettere alla gogna* (*fig.*), esporre al pubblico scherno.

góla s. f. **1** esofago, gorgozzule, strozza □ (*est.*) collo **2** (*est.*) (*di cibo*) ghiottoneria, golosità, ingordigia, voracità **CONTR.** sobrietà, temperanza **3** (*fig.*) (*di cosa*) avidità, brama, bramosia, cupidigia **CONTR.** avversione, ripugnanza **4** (*fig.*) (*di camino, di acquaio, ecc.*) apertura, cavità, imboccatura, passaggio **5** (*geogr.*) valle stretta, passo, forra **6** (*tecnol.*) incavo, scanalatura **7** (*arch.*) modanatura, onda **FRAS.** *far gola*, suscitare desiderio □ *avere un nodo alla gola* (*fig.*), stare per piangere □ *mentire per la gola* (*fig.*), mentire sfacciatamente □ *avere l'acqua alla gola* (*fig.*), essere in grave difficoltà.

goleador /*sp.* golea'dor/ s. m. (*calcio*) cannoniere.

gòlf [dall'ingl. *golf(-coat)* '(giacca da) golf'] s. m. inv. giacca di maglia, pullover (*ingl.*).

gólfo s. m. (*geogr.*) seno di mare, insenatura, baia, rada, fiordo □ (*est.*) mare **FRAS.** *golfo mistico*, orchestra.

goliardicaménte avv. da goliardo, spensieratamente.

goliàrdico agg. **1** di goliardo, da goliardo **2** (*est.*) spensierato.

goliàrdo [dall'ant. fr. *gouliard*, dal biblico *Golia* che nel medioevo rappresentava il diavolo protettore dei dissoluti clerici vaganti, con sovrapposizione di *goule* 'gola', nel senso di 'ingordigia'] s. m. studente universitario.

golosaménte avv. **1** ingordamente, voracemente **CONTR.** sobriamente, parcamente **2** bramosamente, voluttuosamente **CONTR.** freddamente, indifferentemente.

golosità s. f. **1** ghiottoneria, goloseria (*raro*), ingordigia, voracità **CONTR.** inappetenza, sobrietà, frugalità, moderazione, temperanza **2** (*di cibo*) ghiottoneria, leccornia **CONTR.** sbobba (*pop.*), brodaglia, porcheria, schifezza **3**

(*fig.*) avidità, brama, desiderio, voglia **CONTR.** avversione, ripugnanza.

golóso agg. **1** (*di cibo*) ghiotto, ghiottone, divoratore, ingordo, insaziabile, leccone (*tosc.*), diluvione (*raro*), lurco (*lett.*), mangione, pappalardo (*raro*), pappatore, pappone (*fam.*), strippone (*pop.*), vorace **CONTR.** sobrio, parco, temperante, astinente, frugale, misurato **2** (*fig.*) (*di notizie, ecc.*) desideroso, avido, bramoso **CONTR.** indifferente, disinteressato.

golpe /*sp.* 'golpe/ [vc. sp., letteralmente 'colpo', sott. *de Estado* 'di Stato'] s. m. colpo di Stato.

gómito s. m. **1** (*anat.*) cubito, ulna **2** (*est.*) (*di strada, di fiume, ecc.*) angolo, curvatura □ curva, svolta, voltata **CONTR.** rettilineo **3** (*est.*) (*di tubo, ecc.*) raccordo angolato **FRAS.** *alzare il gomito* (*fig.*), bere eccessivamente □ *a gomito*, angolato □ *fare un gomito*, piegarsi ad angolo.

gomìtolo s. m. (*di filo, di lana, ecc.*) palla □ (*est.*) viluppo.

gómma s. f. (*di veicolo*) pneumatico.

gommatùra s. f. (*di veicolo*) gomme, treno di gomme.

gommìsta s. m. gommaio (*tosc.*), riparatore di pneumatici □ venditore di pneumatici.

gommóne s. m. battello pneumatico.

gommosità s. f. vischiosità.

gommóso agg. **1** di gomma, della gomma **2** (*est.*) simile a gomma **3** (*est.*) attaccaticcio, vischioso **CFR.** fluido, liquido, solido.

gonfalóne s. m. insegna, stendardo, vessillo, labaro, drappo, bandiera.

gonfalonière s. m. alfiere, vessillifero, portabandiera.

gonfiaménto s. m. dilatazione, enfiamento (*raro*) □ gonfiore, gonfiezza.

gonfiàre A v. tr. **1** dilatare, enfiare, inturgidire, ingrossare, rigonfiare, intumidire, tumefare, accrescere **CONTR.** sgonfiare **2** (*fig.*) (*di meriti, di notizie, ecc.*) esaltare, esagerare □ adulare, lisciare **CONTR.** attenuare, diminuire, impiccolire □ denigrare, diffamare, disprezzare **B** v. intr. e **gonfiarsi** intr. pron. **1** dilatarsi, enfiarsi, ingrossarsi, inturgidirsi **CONTR.** sgonfiarsi, impiccolirsi, diminuire **2** (*di persona*) inorgoglirsi, insuperbirsi, millantarsi, vanagloriarsi, vantarsi, pavoneggiarsi, esaltarsi, gasarsi (*fam., gerg.*) **CONTR.** calunniarsi, screditarsi, umiliarsi, abbassarsi, avvilirsi.

gonfiàto part. pass. di **gonfiare**; anche agg. **1** dilatato, enfiato, gonfio, rigonfio, tumido, turgido **CONTR.** sgonfiato, sgonfio **2** (*fig.*) (*di persone*) inorgoglito, altero, superbo, borioso, altezzoso, tronfio, esaltato, gasato (*fam., gerg.*) **CONTR.** dimesso, modesto, semplice, umile.

gonfiatùra s. f. **1** enfiatura, inturgidimento, ingrossamento, dilatamento **CONTR.** sgonfiatura, rimpiccolimento **2** (*fig.*) (*di notizie, di persona, ecc.*) esagerazione, montatura □ adulazione **CONTR.** attenuazione, diminuzione □ denigrazione, diffamazione, disprezzo.

gónfio A agg. **1** dilatato, enfiato, gonfiato, ingrossato, inturgidito, turgido, tumido, tumefatto □ voluminoso, grasso **CONTR.** sgonfio, sgonfiato □ magro, piccolo **2** (*fig.*) (*di orgoglio, di rabbia, ecc.*) pieno, imbevuto, traboccante **CONTR.** vuoto **3** (*fig.*) (*di persona*) borioso, orgoglioso, arrogante **CONTR.** dimesso, modesto, semplice, umile **4** (*fig.*) (*di stile*) ampolloso, magniloquente, retorico, ridondante, enfatico **CONTR.** arido, asciutto, rapido, secco, nervoso **B** s. m. (*pop.*) gonfiezza, rigonfiamento **CONTR.** sottigliezza, tenuità.

gonfióre s. m. enfiagione, gonfiezza, gonfio (*pop.*), tumescenza, turgidità, turgore (*lett.*), tumidezza, tumidità (*raro*), rigonfiamento **CONTR.** sottigliezza, esilità, tenuità.

gongolànte part. pres. di **gongolare**; anche agg. allegro, beato, esultante, felice, giubilante, soddisfatto, ridente, compiaciuto **CONTR.** addolorato, afflitto, contristato, rattristato, mesto, abbattuto, avvilito.

gongolàre v. intr. gioire, giubilare, bearsi, esultare, godere, tripudiare, far festa, andare in brodo di giuggiole **CONTR.** addolorarsi, affliggersi, avvilirsi, gemere, lamentarsi, piangere, essere a terra.

goniòmetro s. m. rapportatore.

gónna o **gònna** s. f. gonnella, sottana.

good-bye /*ingl.* 'gud'bai/ [vc. ingl., contraz. di *God be with you* 'Dio sia con te'] inter. addio, ciao, salve, arrivederci.

gòra s. f. **1** fossato, canale, rivolo **2** (*lett.*) stagno, palude **3** macchia, chiazza.

gorgheggiàre A v. intr. (*di uccelli*) modulare il canto, fare gorgheggi □ trillare □ cantare **CONTR.** gridare, urlare **B** v. tr. (*di cantante*) cantare gorgheggiando.

gorghéggio s. m. modulazione della voce □ trillo **CONTR.** grido, urlo.

górgo s. m. **1** mulinello, vortice, risucchio **2** (*est.*) fondo, abisso marino **3** (*fig.*) abisso morale.

gorgogliànte part. pres. di **gorgogliare**; anche agg. ribollente, rumoreggiante **CONTR.** silenzioso.

gorgogliàre v. intr. (*di liquido*) rumoreggiare, bollire, ribollire □ (*est.*) (*di persona*) borbottare, farfugliare □ brontolare.

gorgóglio (1) s. m. gorgogliamento (*raro*), bollore, rumore, mormorio.

gorgoglìo (2) s. m. borbottio, mormorio.

gorìlla s. m. inv. **1** (*fig.*) uomo grande e grosso, uomo sgraziato **2** (*fig.*) guardia del corpo, guardia giurata.

gòta s. f. (*lett.*) guancia, ganascia.

gòtico agg. **1** dei Goti **2** (*est.*) germanico, tedesco □ medioevale **3** (*est.*) barbaro, astruso **4** (*arch.*) ogivale, a sesto acuto.

gòtta s. f. **CFR.** artrite, podagra, chiragra.

governànte (1) part. pres. di **governare**; anche

agg. e s. m. che governa, dominante □ capo, reggente CONTR. governato, suddito.
governànte (2) s. f. bambinaia, istitutrice, aia.
governàre A v. tr. **1** (*di cosa*) guidare, condurre, dirigere, manovrare, pilotare **2** (*di stato, di cittadini, ecc.*) amministrare, reggere, dominare, comandare, capitanare, presiedere, soprastare □ regnare, avere la signoria CONTR. dipendere, ubbidire, essere soggetto **3** (*di animali*) curare, custodire □ provvedere al sostentamento CONTR. trascurare **B governarsi** v. rifl. dominarsi, regolarsi, contenersi, moderarsi □ agire, condursi.
governatìvo agg. del governo □ statale.
governàto part. pass. di **governare**; anche agg. **1** diretto, amministrato, guidato CONTR. governatore, reggente **2** custodito, curato CONTR. trascurato.
governatóre s. m. (f. *-trice*) **1** (*raro*) governante, reggente **2** soprintendente, direttore.
govèrno s. m. **1** direzione, amministrazione, controllo, guida, comando, maneggio, reggimento (*raro*), signoria, dominio, potere **2** regime politico **3** (*di casa, di animali, ecc.*) cura, gestione □ coltivazione.
gózzo s. m. **1** (*pop.*) ingluvie **2** (*est.*) gola □ stomaco **3** (*med.*) gozzaia (*raro*), ipertiroidismo.
gozzovìglia s. f. baldoria, bagordo, crapula, stravizio, bisboccia, orgia, baccanale CONTR. digiuno, astinenza.
gozzovigliàre v. intr. far baldoria, bagordare, bisbocciare, gavazzare (*lett.*), straviziare CONTR. digiunare, fare astinenza.
gracchiàre v. intr. **1** (*di animali*) gracidare, chiocciare (*raro*) **2** (*fig.*) (*di persona*) ciarlare, cicalare □ schiamazzare, strepitare.
gracidàre v. intr. **1** (*di animali*) gracchiare, chiocciare (*raro*) **2** (*fig.*) (*di persona*) ciarlare, cicalare □ cigolare, crepitare.
gràcile agg. **1** esile, magro, mingherlino, scarno, smilzo, sottile, snello, sparuto CONTR. grosso, massiccio, corpulento, tarchiato, tozzo **2** debole, delicato, malandato, malaticcio, cagionevole, stentato CONTR. forte, gagliardo, robusto, vigoroso.
gracilità s. f. **1** esilità, magrezza, sottigliezza, snellezza CONTR. grossezza, mole, spessore, spessezza (*raro*) **2** debolezza, delicatezza, fragilità, cagionevolezza CONTR. forza, gagliardia, robustezza, vigore.
gradàsso [dal n. di *Gradasso*, rinomato guerriero saraceno dei poemi cavallereschi] s. m. fanfarone, millantatore, smargiasso, spaccone, borioso, bravaccio, rodomonte, guascone, ammazzasette, patacca (*region.*) CONTR. modesto, riservato, timido, umile, agnellino, pecora.
gradataménte avv. per gradi, progressivamente □ metodicamente, ordinatamente □ a poco a poco CFR. velocemente, adagio □ saltuariamente, a intervalli, a sbalzi.
gradazióne s. f. **1** (*in una serie*) passaggio graduale, gradualità, gamma, sfumatura, sequenza, scala, crescendo, decrescendo CONTR. saltuarietà, discontinuità, intermittenza, salto, sbalzo **2** (*di alcol*) grado, percentuale.
gradévole agg. accetto, amabile, attraente, delizioso, desiderabile, dolce, gradito, piacevole, simpatico CONTR. sgradevole, sgradito, ingrato, ostico, repellente, ripugnante, ributtante, schifoso.
gradevolézza s. f. amabilità, piacevolezza, dolcezza CONTR. sgradevolezza, ripugnanza.
gradevolménte avv. amabilmente, piacevolmente, simpaticamente CONTR. sgradevolmente, sgraditamente.
gradiènte s. m. **1** rapporto, progressione **2** (*gener.*) variazione.
gradiménto s. m. accettazione, accoglienza, approvazione, compiacimento, favore, simpatia, soddisfazione CONTR. rifiuto, ripulsa (*lett.*), rigetto, ripudio, disapprovazione.
gradinàta s. f. scalinata, scalea, scalone, scala.
gradìno s. m. scalino, grado (*ant.*) □ ripiano, balza.
gradìre A v. tr. accettare (con piacere), accogliere, compiacersi, godere, gustare □ (*est.*) desiderare CONTR. respingere, rifiutare, rigettare, ripudiare, sgradire (*lett.*), disapprovare **B** v. intr. (*lett.*) garbare, piacere, essere gradito, andare a genio □ assecondare, compiacere CONTR. contrariare, deludere, scontentare.
gradìto part. pass. di **gradire**; anche agg. accetto, benaccetto, grato, gradevole, amato, caro, piacevole, simpatico CONTR. sgradevole, sgradito, spiacevole, antipatico, odioso.
gràdo (1) s. m. piacere, compiacenza, benevolenza, gradimento, soddisfazione CONTR. rifiuto, rigetto, ripudio, disapprovazione FRAS. *di buon grado*, volentieri.
gràdo (2) s. m. **1** (*ant.*) scalino, gradino **2** (*di gerarchia, di ceto, ecc.*) misura, fase, stadio **3** (*fig.*) (*in una graduatoria*) stato, condizione, posizione, situazione **4** (*di ufficiale, di impiegato, ecc.*) dignità, rango, ceto, classe, ufficio, carica, importanza **5** (*di misura*) parte, suddivisione FRAS. *a grado a grado*, poco per volta □ *in sommo grado*, moltissimo □ *essere in grado*, essere capace.
graduàbile agg. regolabile.
graduàle agg. che procede per gradi, progressivo CONTR. saltuario, intermittente, discontinuo.
gradualismo s. m. (*polit.*) riformismo CONTR. massimalismo, estremismo.
gradualità s. f. progressività CONTR. saltuarietà.
gradualménte avv. per gradi, di grado in grado, a poco a poco □ progressivamente CONTR.

saltuariamente.

graduàre v. tr. **1** (*di strumento*) dividere in gradi **2** (*di difficoltà, di spese, ecc.*) ordinare per gradi **3** (*est.*) fare una graduatoria **4** (*est.*) (*di congegno*) adattare, regolare.

graduàto A part. pass. di **graduare**; anche agg. **1** (*di strumento*) diviso in gradi **2** (*di congegno*) adattato, regolato **B** s. m. appuntato, caporale, caporalmaggiore.

graduatòria s. f. classificazione, serie, elenco, scala, classifica.

graduazióne s. f. divisione in gradi □ graduatoria.

gràffa s. f. grappa, griffa □ fermaglio.

graffétta s. f. **1** dim. di **graffa 2** fermaglio.

graffiànte part. pres. di **graffiare**; anche agg. (*fig.*) acuto, pungente, che colpisce, che lascia il segno, shoccante **CONTR.** spento, insignificante, debole.

graffiàre v. tr. **1** (*di unghie*) lacerare, sgraffiare (*pop.*) **2** (*est.*) (*di cosa appuntita*) incidere, rigare, scalfire, raschiare, grattare **3** (*fig.*) (*di parole*) attaccare, mordere, pungere **CONTR.** adulare, blandire, lusingare **4** (*fam.*) rubare, sgraffignare (*fam.*).

graffiatùra s. f. **1** graffio, graffiata, ferita leggera **2** incisione, scalfittura, segno.

gràffio s. m. **1** graffiatura, graffiata, lacerazione, ferita leggera **2** incisione, scalfittura, segno.

graffìto A s. m. incisione, disegno inciso **B** agg. inciso, scolpito.

grafìa s. f. scrittura, carattere □ ortografia □ (*est.*) calligrafia.

gràfica s. f. (*est.*) incisione, litografia, serigrafia.

gràfico A agg. di grafia, di disegno **B** s. m. **1** rappresentazione grafica □ diagramma **2** disegnatore, incisore, litografo □ tipografo □ impaginatore.

gragnòla o **gragnuòla** s. f. **1** grandine, grandinata, tempesta **2** (*fig.*) (*di sassi, di colpi, ecc.*) sequela, successione, subisso (*fam.*), profluvio □ scarica.

grammàtica s. f. **1** (*di una lingua, di un'arte, ecc.*) regole, norme **2** testo di lingua **3** correttezza.

grammàtico A s. m. **1** studioso di grammatica □ retore **2** (*est., spreg.*) erudito, pedante **B** agg. grammaticale.

gràmmo s. m. **1** millesimo di chilo **2** (*fig.*) minimo, briciolo, granello.

grammòfono s. m. fonografo □ giradischi.

gràmo agg. **1** infelice, meschino, mesto, misero, povero, tapino, travagliato, tribolato, doloroso **CONTR.** ricco, felice, lieto **2** (*di ingegno, di idee, ecc.*) debole, gracile **CONTR.** forte, gagliardo, robusto, vigoroso.

gràna (1) s. f. **1** granello □ acino, seme **2** struttura interna □ struttura granulare □ granulosità **3** (*fig., pop.*) seccatura, fastidio, noia □ scandalo.

gràna (2) s. f. (*gerg.*) denaro, quattrini, soldi.

granàglie s. f. pl. cereali.

granàio s. m. **1** deposito di grano, silo **2** (*fig.*) regione ricca di grano.

granàta (1) s. f. scopa, ramazza (*gerg.*).

granàta (2) s. f. bomba, proiettile, proietto.

granàta (3) A s. f. **1** melagrana **2** (*miner.*) granato **B** s. m. inv.; anche agg. (*calcio*) torinista.

granatìna s. f. granita, gramolata, ghiacciata.

grancàssa s. f. grande tamburo **FRAS.** *battere la grancassa* (*fig.*), attirare rumorosamente l'attenzione, fare una chiassosa propaganda, strombazzare.

grànchio s. m. (*fig.*) errore, sbaglio, cantonata, equivoco, qui pro quo (*lat.*).

grandangolàre s. m. (*tecnol.*) fish eye (*ingl.*).

grànde A agg. **1** (*di misura, dimensione, quantità, ecc.*) grosso, robusto, voluminoso, massiccio, abbondante, ampio, alto, lungo, largo, esteso, vasto □ colossale, enorme, ingente, imponente, gigantesco, mastodontico, smisurato, sconfinato, sterminato, monumentale, piramidale, titanico **CONTR.** piccolo, piccino, esiguo, meschino, basso, breve **2** (*di qualità, di merito, ecc.*) importante, rilevante, considerevole, eminente, famoso, solenne **CONTR.** irrilevante, insignificante, trascurabile, irrisorio, comune **B** s. m. e f. **1** adulto **CONTR.** bambino, bimbo, fanciullo **2** personaggio, persona di valore, big (*ingl.*), vip (*ingl.*) **CONTR.** nullità **C** s. m. solo sing. grandezza, magnificenza **FRAS.** *alla grande*, sfarzosamente, splendidamente □ *farsi grande*, crescere; vantarsi.

grandeggiàre v. intr. **1** essere grande, apparire grande, campeggiare, torreggiare, sovrastare, signoreggiare, eccellere, distinguersi **CONTR.** essere piccolo, essere meschino **2** vivere con sfarzo □ darsi grandi arie, ostentare boria, farsi grande **CONTR.** essere modesto, essere umile.

grandeménte avv. molto, assai, parecchio, abbondantemente, notevolmente, ampiamente, largamente, copiosamente, sommamente, straordinariamente, altamente, intensamente, vivamente, fortemente, potentemente **CONTR.** poco, scarsamente, esiguamente, limitatamente, debolmente, irrisoriamente.

grandézza s. f. **1** (*di misure*) dimensione, misura, ampiezza, estensione, capacità, superficie, vastità, mole, grossezza, altezza, lunghezza, larghezza **2** (*di qualità*) eccellenza, nobiltà, dignità, generosità, liberalità, grandiosità, magnanimità, magnificenza, sublimità **CONTR.** piccolezza, esiguità, meschinità, modestia, umiltà **3** fasto, lusso, ostentazione, pompa, sfarzo, grandigia (*lett.*) **CONTR.** miseria, modestia, povertà.

grandinàre A v. intr. impers. cadere la grandine **B** v. intr. (*fig.*) (*di sassi, di pugni, ecc.*) abbattersi, venir giù violentemente □ susseguirsi □ crepitare **C** v. tr. (*raro*) (*di sassi, di pugni, ecc.*) lanciare, scagliare.

grandinàta s. f. **1** caduta di grandine **2** grandine **3** (*fig.*) sequela, fitta serie, subisso (*fam.*).

gràndine s. f. **1** gragnola, tempesta **2** (*fig.*) (*di sassi, di pugni, ecc.*) sequela, fitta serie, subisso (*fam.*).

grandiosaménte avv. fastosamente, lussuosamente, maestosamente, magnificamente, pomposamente, sfarzosamente **CONTR.** meschinamente, modestamente, poveramente, umilmente.

grandiosità s. f. fasto, grandezza, imponenza, maestosità, magnificenza, ostentazione, pomposità □ sublimità □ munificenza, prodigalità **CONTR.** meschinità, miseria, modestia, povertà □ grettezza.

grandióso agg. **1** (*di persone o cose*) imponente, maestoso, monumentale, solenne, magnifico, singolare, splendido, sublime □ fastoso **CONTR.** piccolo, esiguo, meschino, misero, modesto, povero **2** (*di persona*) megalomane, ostentatore **CONTR.** riservato, umile, discreto.

granèllo s. m. **1** (*di cereali, di frutti, ecc.*) chicco, seme, acino, grano, pippolo (*dial.*) **2** (*est.*) (*di sale, di sabbia, ecc.*) briciola, bruscolo, minuzzolo, pezzetto, pezzettino, particella, minimo.

granìta s. f. granatina, gramolata, ghiacciata.

granìtico agg. **1** di granito **2** (*fig.*) (*di carattere*) saldo, incrollabile, forte, duro, irremovibile **CONTR.** debole, incerto, irresoluto, tentennante, incostante.

gràno s. m. **1** (*bot.*) frumento, messe **2** (*est.*) chicco, granello, seme, acino **3** (*fig.*) briciolo, minimo, particella, pezzetto.

grantùrco o **granotùrco** [da *grano* e *turco* nel senso di 'esotico', 'forestiero'] s. m. (*bot.*) mais, frumentone, granone (*dial.*).

granulàre agg. **1** di granelli, granelloso, granuloso **2** (*est.*) scabro, rugoso **CONTR.** levigato, liscio.

grànulo s. m. **1** granello, seme **2** (*farm.*) pillola, compressa.

granulóso agg. **1** granelloso, granulare **2** (*est.*) scabro, ruvido **CONTR.** levigato, liscio.

gràppa s. f. acquavite.

gràppolo s. m. **1** (*bot.*) racemo, graspo (*sett.*) **2** (*fig.*) (*di persone, di cose*) gruppo, massa, insieme, serie.

grassaménte avv. **1** abbondantemente, lautamente □ riccamente **CONTR.** miseramente, meschinamente, poveramente **2** grossolanamente, volgarmente **CONTR.** elegantemente, finemente.

grassatóre s. m. brigante, malandrino, rapinatore, ladrone, bandito.

grassazióne s. f. rapina a mano armata, estorsione □ rapina, furto, ruberia.

grassétto agg.; anche s. m. (*tip.*) neretto.

grassézza s. f. **1** (*di persona*) adiposità, adipe, carnosità, corposità, corpulenza, grasso, obesità, pinguedine, ciccia (*fam.*) **CONTR.** magrezza, esilità, gracilità, snellezza, sottigliezza **2** (*di terreno*) fertilità, feracità (*lett.*), produttività **CONTR.** aridità, sterilità, improduttività.

gràsso A agg. **1** (*di persona*) adiposo, ciccioso (*raro*), cicciuto, carnoso, carnacciuto (*ant.*), corpulento, obeso, pingue, paffuto, polpacciuto, polputo, tondo, boffice (*lett.*) **CONTR.** magro, esile, gracile, snello, smilzo, sottile, allampanato, asciutto, secco **2** (*di cosa*) oleoso, untuoso, unto □ succulento **CONTR.** magro, asciutto **3** (*di terreno*) fertile, ferace (*lett.*), produttivo, ubertoso (*lett.*) **CONTR.** arido, sterile, improduttivo **4** (*fig.*) (*di persona, di guadagni, ecc.*) ricco, agiato, opulento □ abbondante, grosso, vantaggioso **CONTR.** misero, povero, indigente, spiantato **5** (*fig.*) (*di discorso, di risata, ecc.*) grossolano, volgare, licenzioso, lascivo, lubrico (*lett.*), osceno, sboccato, triviale **CONTR.** castigato, irreprensibile, corretto **B** s. m. **1** (*di persona, di animale*) tessuto adiposo □ lardo, strutto, sugna **2** (*di cosa*) unto, untuosità □ lubrificante **3** (*di persona*) grassezza, obesità, pinguedine **CONTR.** magrezza, esilità, snellezza.

grassòccio agg. piuttosto grasso, cicciuto, paffutello, rotondetto, ciccioso (*raro*) **CONTR.** magrolino, mingherlino.

grassóne agg.; anche s. m. **1** accr. di **grasso** **2** pancione, trippone, bombolo (*scherz.*), palla di grasso **CONTR.** magrolino, mingherlino.

grassùme s. m. **1** grasso, lardo, sugna **2** (*est.*) sudiciume, unto, untuosità.

gràta s. f. **1** inferriata, graticolato, cancellata, gabbia □ steccato **2** gratella, graticola.

gratèlla s. f. **1** dim. di **grata** **2** graticola, grata, griglia, grill (*ingl.*), ferri.

graticcio s. m. **1** cannaio, canniccio, riparo di vimini **2** stuoia, giaciglio, amaca.

graticola s. f. **1** gratella, grata, griglia, grill (*ingl.*), ferri **2** piccola grata, sottile inferriata **3** (*tecnol.*) reticolato.

graticolàto s. m. grata □ graticcio, inferriata.

gratificàre A v. tr. **1** concedere una gratifica, ricompensare □ beneficare **2** (*di successo, di compenso, ecc.*) soddisfare, appagare, rendere contento **CONTR.** umiliare, frustrare **B gratificarsi** v. rifl. (*lett.*) ingraziarsi **CONTR.** inimicarsi.

gratificazióne s. f. **1** gratifica, compenso, premio **2** soddisfazione, appagamento **CONTR.** umiliazione, frustrazione, insoddisfazione.

gratin /*fr.* gra'tɛ̃/ [vc. fr., da *gratter* 'grattare', perché la crosta deve essere *grattata* via] s. m. inv. crosta **FRAS.** *al gratin*, gratinato.

gràtis /*lat.* 'gratis/ [contrazione di *grātiis*, abl. pl. di *grātia* 'grazia', con valore avv. ('graziosamente')] avv. gratuitamente, a ufo, a sbafo, a scrocco, senza pagare, alla portoghese **CONTR.** a pagamento, pagando.

gratitùdine s. f. riconoscenza, riconoscimento □ ringraziamento **CONTR.** ingratitudine.

gràto agg. **1** (*di persona o cosa*) accetto, gradito, piacevole, attraente, caro, delizioso, dolce, gradevole, simpatico **CONTR.** sgradevole, sgradito, ingrato, spiacevole **2** (*di persona*) riconoscente, obbligato, deferente **CONTR.** ingrato, sconoscente.

grattacàpo s. m. fastidio, preoccupazione, noia, pensiero, seccatura, cruccio, scocciatura (*fam.*).

grattàre A v. tr. **1** stropicciare con le unghie **2** (*est.*) fregare, raschiare, sfregare, raspare, graffiare **3** (*di formaggio, di pane, ecc.*) grattugiare **4** (*fig., pop.*) rubare, sgraffignare (*fam.*) **5** (*scherz.*) (*di chitarra, ecc.*) suonare male, strimpellare **B grattarsi** v. rifl. stropicciarsi, fregarsi **C** v. intr. **1** stridere **2** (*pop.*) (*di marcia*) ingranare male, raschiare.

grattàta s. f. **1** stropicciata, fregata **2** (*di marcia*) innesto difettoso, raschiata.

grattàto part. pass. di **grattare**; anche agg. **1** raschiato, sfregato **2** (*di formaggio, di pane, ecc.*) grattugiato.

grattugiàre v. tr. (*di formaggio, di pane, ecc.*) grattare, sbriciolare □ tritare.

grattugiàto part. pass. di **grattugiare**; anche agg. (*di formaggio, di pane, ecc.*) grattato, sbriciolato □ tritato.

gratuitaménte avv. **1** gratis, per niente, a ufo, a sbafo, a scrocco, alla portoghese **CONTR.** a pagamento, pagando **2** senza compenso, disinteressatamente **CONTR.** interessatamente **3** (*di accusare, di affermare, ecc.*) arbitrariamente, infondatamente, senza motivo, senza ragione **CONTR.** a buon diritto, giustamente.

gratùito agg. **1** regalato, donato, gratis, senza compenso, in dono □ a ufo, a sbafo, a scrocco **CONTR.** pagato, retribuito, ricompensato **2** (*fig.*) (*di accusa, di affermazione, ecc.*) arbitrario, assurdo, immotivato, infondato, discutibile, senza ragione **CONTR.** fondato, motivato, accertato, indiscutibile, provato.

gravàbile agg. tassabile **CONTR.** esente da tasse.

gravàme s. m. **1** (*spec. fig.*) peso, carico **2** imposta, tassa, aggravio, carico, servitù **CONTR.** sgravio, esonero fiscale.

gravàre A v. tr. (*anche fig.*) caricare, premere, opprimere, appesantire **CONTR.** sgravare, alleggerire **B** v. intr. **1** premere, pesare **2** (*fig., lett.*) rincrescere, dispiacere.

gravàto part. pass. di **gravare**; anche agg. (*spec. fig.*) oppresso, carico, appesantito **CONTR.** sgravato, alleggerito.

gràve A agg. **1** (*di peso*) pesante, greve, oneroso, ponderoso (*lett.*) **CONTR.** leggero, lieve **2** (*di responsabilità, di impegni, ecc.*) carico, sovraccarico, colmo, pieno **CONTR.** libero, esente, scarico **3** (*fig.*) (*di sacrifici, di preoccupazioni, ecc.*) duro, doloroso, angoscioso, molesto, spiacevole **CONTR.** piacevole, gradevole, gradito, divertente **4** (*fig.*) (*di suono, di odore, ecc.*) intenso, forte, fastidioso **CONTR.** lieve, delicato **5** (*fig.*) (*di malattia, di situazione, ecc.*) minaccioso, pericoloso, preoccupante, mortale **CONTR.** leggero, tranquillo, sereno, innocuo, inoffensivo **6** (*fig.*) (*di contegno, di discorso, ecc.*) autorevole, serio, ponderato, riflessivo □ austero, contegnoso, sostenuto **CONTR.** allegro, spensierato, sconsiderato, sventato, irriflessivo **B** s. m. corpo, peso.

graveménte avv. **1** molto, assai, in modo grave **CONTR.** poco, lievemente **2** seriamente, solennemente, austeramente **CONTR.** allegramente, affabilmente, bonariamente.

gravidànza s. f. (*med.*) gestazione, stato interessante.

gràvido agg. **1** (*di donna*) incinta, ingravidata, gestante, pregna **2** (*est.*) (*di cosa*) carico, pieno, abbondante, impregnato, pregno, saturo **CONTR.** svuotato, vuoto, privo.

gravità s. f. **1** (*fis.*) forza di attrazione **2** (*di accusa, di prova, ecc.*) importanza, serietà, valore **CONTR.** irrilevanza, trascurabilità, leggerezza **3** (*di situazione*) pericolosità, drammaticità **CONTR.** tranquillità, sicurezza **4** (*di persona, di portamento, ecc.*) compostezza, dignità, austerità, serietà, fierezza, sostenutezza, sussiego **CONTR.** leggerezza □ disinvoltura, affabilità, cordialità, giovialità.

gravitàre v. intr. **1** orbitare **2** (*fig.*) (*di persona*) muoversi nell'orbita, operare nell'ambito di influenza **3** (*di cosa*) premere, gravare, poggiare, pesare.

gravitazióne s. f. attrazione.

gravosaménte avv. duramente, faticosamente, penosamente **CONTR.** lievemente, piacevolmente.

gravosità s. f. gravità, pericolosità □ aggravio.

gravóso agg. **1** grave, pesante **CONTR.** leggero, lieve **2** (*fig.*) faticoso, penoso, increscioso, tormentoso, intollerabile, spiacevole, molesto **CONTR.** piacevole, divertente, gradevole, gradito, desiderabile.

gràzia s. f. **1** bellezza, attrattiva, avvenenza, formosità, graziosità, leggiadria, vaghezza, venustà (*lett.*) **CONTR.** bruttezza, deformità, laidezza, orrore **2** amabilità, cortesia, decoro, delicatezza, eleganza, finezza, garbatezza, garbo, gentilezza, misura, piacevolezza, signorilità, urbanità **CONTR.** sgarbatezza, sgraziataggine, goffaggine, scortesia, sguaiataggine, rozzezza, villania, inurbanità, zoticaggine **3** (*lett.*) benevolenza, benignità, favore, predilezione, simpatia, amore, amicizia **CONTR.** malevolenza, antipatia, avversione, malanimo, odio, ostilità, inimicizia **4** (*relig.*) misericordia, aiuto divino **5** dono, concessione, esaudimento (*raro*), consenso, permesso **6** gratitudine, riconoscenza, ringraziamento □ omaggio **CONTR.** ingratitudine, sconoscenza **7** clemenza, amnistia, condono, perdono, sgravio di pena, annullamento di pena **FRAS.** *di grazia*, per piacere □ *in grazia di*, per riguardo di, in virtù di.

grazïàre v. tr. **1** amnistiare, perdonare, condonare **CONTR.** condannare, castigare, punire **2** regalare, concedere **CONTR.** negare, rifiutare.

grazïàto part. pass. di **graziare**; anche agg. e s. m. **1** amnistiato, perdonato, condonato **CONTR.** condannato, punito **2** favorito, appagato **CONTR.** inappagato.

gràzie A inter. tanti ringraziamenti! **B** s. m. inv. ringraziamento **FRAS.** *grazie a*, per merito di, con l'aiuto di.

graziosaménte avv. **1** amabilmente, cortesemente, delicatamente, garbatamente, elegantemente, finemente, gentilmente, piacevolmente, urbanamente **CONTR.** sgarbatamente, sgraziatamente, scortesemente, rozzamente, villanamente **2** benevolmente, benignamente, di buon animo **CONTR.** ostilmente **3** gratuitamente, gratis, senza interessi **CONTR.** interessatamente.

graziosità s. f. bellezza, delicatezza, finezza, gentilezza, squisitezza **CONTR.** bruttezza, goffaggine, grossolanità, sgarbatezza.

grazióso agg. **1** bello, avvenente, attraente, carino, leggiadro, vezzoso, piacente **CONTR.** brutto, deforme, laido, orrendo, ripugnante, schifoso **2** aggraziato, fine, garbato, gentile, cortese, affabile, amabile, dolce, elegante **CONTR.** sgraziato, goffo, sgarbato, scortese, sguaiato **3** (*di prestito*) gratuito, senza interessi **CONTR.** a interesse.

grecismo s. m. ellenismo.

grèco A agg.; anche s. m. della Grecia, ellenico **B** s. m. grecale.

gregàrio A s. m. **1** soldato semplice **2** (*est.*) (*di partito, di organizzazione*) seguace, subalterno **CONTR.** superiore, capo, comandante, capitano **B** agg. di gregario, da gregario.

grègge s. m. **1** greggia (*raro*), branco d'ovini □ armento, mandria **2** (*fig.*) (*di persone*) massa, branco, moltitudine **3** (*relig.*) credenti **4** (*fig., spreg.*) torma, accozzaglia, massa servile.

gréggio A agg. **1** (*di prodotto*) naturale, non lavorato, grezzo, grossolano, ruvido **CONTR.** lavorato, elaborato, digrossato, dirozzato, raffinato **2** (*fig.*) (*di mente, di carattere, ecc.*) non ancora formato, rozzo, primitivo **CONTR.** evoluto, formato, raffinato **B** s. m. petrolio non raffinato.

grembiùle o (*dial.*) **grembiàle** s. m. **1** zinale (*dial.*), grembio (*tosc.*) **2** sopravveste (da lavoro) □ spolverino.

grèmbo s. m. **1** ventre materno, utero **2** (*fig.*) interno, centro, mezzo, seno **3** (*fig., lett.*) insenatura, avvallamento, rientranza.

gremìre A v. tr. **1** (*di cose*) empire, riempire **CONTR.** vuotare, svuotare **2** (*di gente*) affollare, accalcare, stipare **CONTR.** sfollare **B gremirsi** v. intr. pron. affollarsi, riempirsi **CONTR.** svuotarsi, sfollarsi.

gremìto part. pass. di **gremire**; anche agg. pieno, ingombro, zeppo, affollato **CONTR.** vuoto, libero, sfollato.

gréppia s. f. **1** rastrelliera □ mangiatoia **2** (*fig.*) impiego, posto.

gréto s. m. (*di fiume*) ghiareto (*raro*) □ alveo, letto.

grettaménte avv. angustamente, meschinamente □ tirchiamente **CONTR.** generosamente, splendidamente, brillantemente.

grettézza s. f. **1** spilorceria, tirchieria, taccagneria **CONTR.** generosità, larghezza, liberalità, prodigalità **2** (*fig.*) meschinità, angustia, piccineria **CONTR.** magnificenza, splendidezza, liberalità.

grétto agg. **1** tirchio, tirato, taccagno, avaro, spilorcio **CONTR.** generoso, largo, liberale, prodigo, spendaccione **2** (*fig.*) meschino, angusto, limitato, piccino **CONTR.** magnifico, splendido, generoso.

grève agg. **1** (*di persona o cosa*) grave, pesante □ massiccio **CONTR.** leggero, lieve **2** (*fig.*) (*di situazione*) duro, doloroso, angoscioso, penoso **CONTR.** gradevole, piacevole, dilettevole.

grézzo *V.* **greggio**.

grìda s. f. bando, editto, decreto, avviso.

gridàre A v. intr. sbraitare, strillare, urlare, strepitare, vociare, schiamazzare, berciare (*tosc.*), sfiatarsi, sgolarsi, spolmonarsi, tonare □ (*est.*) esclamare, alzare la voce **CONTR.** bisbigliare, mormorare, sussurrare **B** v. tr. **1** dire gridando **CONTR.** sussurrare **2** (*di innocenza, ecc.*) affermare, dichiarare, proclamare, sostenere □ acclamare **3** (*fig.*) (*di aiuto*) implorare, invocare, domandare **4** (*di notizia*) divulgare, notificare **5** (*fam.*) (*di persona*) ammonire, rimproverare, sgridare **CONTR.** elogiare, encomiare, lodare.

grìdo s. m. **1** urlo, strillo, bercio (*tosc.*), ululato □ clamore, schiamazzo, baccano, rumore □ verso **CONTR.** bisbiglio, mormorio, sussurro **2** (*fig.*) implorazione, invocazione **3** (*fig.*) celebrità, fama, rinomanza **CONTR.** oscurità **FRAS.** *l'ultimo grido* (*fig.*), l'ultima novità.

grifàgno agg. **1** (*lett.*) (*di uccelli*) rapace **2** (*fig.*) (*di sguardo, di viso, ecc.*) fiero, minaccioso, crudele, duro, terribile □ vivido, penetrante **CONTR.** mite, mansueto, dolce, sereno.

griffe /*fr.* grif/ [dal longobardo *grīfan* 'acchiappare'] s. m. inv. marchio, impronta □ firma, etichetta.

grigiàstro agg. tendente al grigio, grigio sporco, color cenere.

grìgio agg.; anche s. m. **1** bigio, cenerognolo, cinereo (*lett.*), cenerino, cenericcio, ferrigno, perlaceo □ pallido, smorto, livido **2** (*di capelli*) brizzolato, sale e pepe **CFR.** nero, bianco, biondo, rosso, castano **3** (*fig.*) (*di vita, di discorso, ecc.*) uniforme, scialbo, monotono, cupo, malinconico, triste **CONTR.** allegro, brillante, gaio, giocondo, lieto.

grigióre s. m. **1** aspetto grigio □ luce incerta, foschia **CFR.** chiarezza, limpidità, oscurità, buio **2** (*fig.*) (*di vita, di discorso, ecc.*) monotonia □ mediocrità, meschinità **CONTR.** vivacità, allegria.

grìglia s. f. **1** graticola, gratella, grill (*ingl.*), ferri **2** inferriata, grata □ persiana □ cancellata.

grill /*ingl.* gril/ s. m. inv. **1** gratella, graticola, ferri **2** friggitoria, rosticceria.

grìllo s. m. (*fig.*) capriccio, ghiribizzo, fantasia, voglia, desiderio.

grìnfia s. f. **1** (*pop.*) (*di animale*) artiglio, granfia, unghia **2** (*fig.*) (*di persona*) mano rapace.

grìngo /*sp.* 'gringo/ s. m. (*spreg.*) forestiero, nordamericano (per gli abitanti dell'America Latina).

grìnta s. f. **1** faccia truce, faccia arcigna, grugno, muso □ faccia tosta **2** (*est.*) aggressività, combattività **CONTR.** mitezza, arrendevolezza.

grintóso agg. aggressivo, combattivo **CONTR.** mite, arrendevole.

grìnza s. f. **1** (*di pelle*) ruga **2** (*di stoffa*) piega, increspatura, arricciatura **FRAS.** *non fare una grinza*, calzare a pennello; (*fig.*) essere perfetto.

grinzóso agg. **1** (*di pelle*) rugoso, grinzo **CONTR.** liscio, levigato **2** (*di stoffa*) increspato, crespo, raggrinzato, raggrinzito, spiegazzato **CONTR.** liscio □ stirato.

grippàre v. intr. e **gripparsi** intr. pron. bloccarsi, incepparsi.

grónda s. f. **1** orlo del tetto, grondone, doccia, doccione, grondaia □ embrice **2** (*est.*) margine.

grondàia s. f. gronda, canale, canaletto.

grondànte part. pres. di **grondare**; anche agg. gocciolante, stillante □ intriso.

grondàre A v. intr. **1** (*di acqua*) docciare (*lett.*), piovere giù, sgorgare, colare abbondantemente **2** (*di lacrime, di sangue, ecc.*) essere intriso □ sudare **B** v. tr. versare, lasciar colare.

gròppa s. f. **1** (*di quadrupede*) dorso **2** (*fam., scherz.*) (*di persona*) schiena, spalle, groppone **3** (*raro*) cima tondeggiante □ cumulo.

gróppo s. m. **1** groviglio, intrico, nodo, viluppo **2** (*fig.*) nodo, senso di oppressione **3** (*fig.*) difficoltà, dubbio, intoppo.

groppóne s. m. **1** accr. di **groppa** **2** (*fam., scherz.*) schiena, spalle.

grossaménte avv. alla buona, alla grossa, rozzamente, superficialmente **CONTR.** finemente, raffinatamente.

grossézza s. f. **1** dimensione, volume, grandezza, massa, mole, proporzione, larghezza, spessore **2** sviluppo notevole □ gonfiezza □ grandiosità, imponenza **CONTR.** esiguità, piccolezza, sottigliezza **3** (*fig.*) (*di modi, di discorso, ecc.*) materialità, grossolanità, ottusità, rozzezza **CONTR.** finezza, acume, acutezza.

grossìsta s. m. e f. commerciante all'ingrosso, venditore all'ingrosso **CONTR.** dettagliante, minutante.

gròsso A agg. **1** voluminoso, massiccio, spesso, largo, gonfio □ grande **CONTR.** piccolo, esiguo, sottile **2** (*di vino, di sangue, ecc.*) denso, viscoso, poco fluido □ pesante **CONTR.** fluido, liquido, scorrevole **3** (*di persona, di animale*) robusto, muscoloso, corpacciuto, corpulento, tarchiato, atticciato, membruto, quartato (*raro*), tozzo **CONTR.** magro, esile, snello, smilzo, slanciato **4** (*di famiglia, di associazione, ecc.*) grande, numeroso **CONTR.** piccolo **5** (*di affare, di eredità, ecc.*) grande, ricco **CONTR.** modesto, piccolo **6** (*di persona, di successo, ecc.*) importante, rilevante, considerevole **CONTR.** insignificante, irrilevante, trascurabile **7** (*di disgrazia, di rischio, ecc.*) doloroso, duro, grave, gravoso, pesante **CONTR.** leggero, lieve, piacevole **8** (*fig.*) (*di persona, di modi, ecc.*) grossolano, materiale, ordinario, rozzo, goffo **CONTR.** delicato, fine, acuto, raffinato **B** s. m. **1** (*di cosa*) parte grossa **2** (*di persona*) parte più numerosa, massa **FRAS.** *grosso d'udito*, sordastro □ *fiato grosso*, fiato affannoso □ *pezzo grosso*, persona importante, big (*ingl.*), boss (*ingl.*), vip (*ingl.*) □ *di grosso*, di molto, grossolanamente □ *alla grossa*, rozzamente.

grossolanaménte avv. **1** rozzamente, volgarmente **CONTR.** finemente, garbatamente **2** sommariamente, approssimativamente, superficialmente **CONTR.** ponderatamente, profondamente.

grossolanità s. f. **1** rozzezza, zoticaggine, sgarbatezza, sgarbataggine, indelicatezza, goffaggine, materialità, volgarità **CONTR.** delicatezza, distinzione, finezza, garbo, gentilezza **2** superficialità, approssimazione, sciatteria, trascuratezza **CONTR.** profondità, accuratezza, cura, diligenza.

grossolàno agg. **1** (*di cosa*) rozzo, ordinario, grezzo, andante, scadente, brutto, sgraziato **CONTR.** raffinato, rifinito, accurato **2** (*di persona*) volgare, villano, zotico, scortese, sguaiato, maleducato, goffo **CONTR.** cortese, educato, fine, garbato, gentile, civile, compito **3** (*di ragionamento, di discorso, ecc.*) ignorante, ottuso, sciocco **CONTR.** acuto, intelligente, perspicace.

grossomòdo loc. avv. a un di presso, più o meno, a grandi linee, all'incirca.

gròtta s. f. **1** antro, caverna, spelonca **2** (*dial.*) cantina, sotterraneo.

grottescaménte avv. ridicolmente, goffamente **CONTR.** seriamente.
grottésco agg. bizzarro, ridicolo, strano, stravagante, strambo, buffo, capriccioso, goffo □ brutto, deforme, mostruoso.
groviglio s. m. **1** garbuglio, groppo, intrico, intreccio, nodo, viluppo, aggrovigliamento **2** (*fig.*) confusione, farragine.
gru s. f. **1** (*est.*) (*di macchina per sollevare pesi*) argano **2** (*cine.*) carrello mobile.
grùccia s. f. **1** stampella **2** puntello, sostegno **3** (*per abito*) ometto, portabiti.
grugnìre A v. intr. **1** (*di maiale*) emettere grugniti **2** (*fig.*) (*di persona*) brontolare, bofonchiare (*lett.*) **B** v. tr. borbottare.
grugnito s. m. **1** verso del porco **2** (*fig.*) (*di persona*) borbottio, brontolio.
grùgno s. m. **1** (*di porco*) muso, grifo **2** (*spreg.*) (*di persona*) ceffo, grinta, muso **3** (*fig., fam.*) broncio, cipiglio, espressione corrucciata.
grullàggine s. f. balordaggine, dabbenaggine, melensaggine, semplicioneria, grulleria, stupidità, stupidaggine, sciocchezza, storditaggine, scempiaggine **CONTR.** buonsenso, saggezza □ astuzia, avvedutezza, furbizia, malizia, scaltrezza.
grùllo agg.; anche s. m. **1** balordo, citrullo, credulone, ingenuo, melenso, semplicione, sciocco, stolido, allocco, oca, stupido **CONTR.** astuto, avveduto, furbo, malizioso, scaltro, dritto (*fam.*) **2** imbambolato, istupidito, intontito, stordito, apatico, frastornato **CONTR.** attento, sveglio, vigile.
grùmo s. m. **1** coagulo, grommo (*raro*) **2** (*est.*) pallottola, globulo, granello.
grumóso agg. pieno di grumi, granuloso **CONTR.** liscio.
gruppettàro s. m. (*gerg.*) extraparlamentare.
grùppo s. m. **1** aggruppamento, raggruppamento, insieme, unione, ammasso, fascio, mazzo, serie **2** associazione, categoria, classe, fazione □ trust (*ingl.*), cartello **3** classificazione, suddivisione.
grùzzolo s. m. mucchietto di soldi, risparmio, tesoretto.
guadagnàre A v. tr. **1** (*di denaro, di pane, ecc.*) trarre profitto, profittare, lucrare, speculare, procurarsi denaro **CONTR.** rimetterci, perdere **2** (*di posto, di favore, ecc.*) ottenere, acquistare, conquistare, raggiungere **CONTR.** perdere, rimetterci **3** (*est.*) (*di premio, di medaglia, ecc.*) meritare, vincere **B** v. intr. fare migliore figura, avvantaggiarsi, risaltare □ acquistare moralmente **CONTR.** rimetterci, perderci.
guadagnàto part. pass. di **guadagnare**; anche agg. ottenuto, conseguito, conquistato, meritato.
guadàgno s. m. **1** lucro, utile, profitto, provento, introito, frutto, reddito, ricavo □ stipendio, salario, paga, emolumento, compenso, prebenda **CONTR.** perdita, spesa **2** (*fig.*) vantaggio, utilità, interesse, tornaconto, acquisto, beneficio **CONTR.** danno, scapito, svantaggio.
guadàre v. tr. passare a guado, guazzare (*raro*).
guàdo s. m. guazzo (*tosc.*), acqua bassa □ passo, varco.
guaìna s. f. **1** fodero, custodia □ astuccio, borsa **2** (*est.*) membrana □ rivestimento **3** busto, ventriera, body (*ingl.*) **4** orlo, orlatura.
guàio s. m. malanno, disgrazia, calamità, sventura □ contrattempo, difficoltà, inconveniente, contrarietà **CONTR.** fortuna, giovamento, utilità, vantaggio, situazione favorevole.
guaìre v. intr. **1** (*di cane*) emettere guaiti, gagnolare, guaiolare **CONTR.** abbaiare, latrare **2** (*est.*) (*di persona*) gemere, lamentarsi, piagnucolare.
guaìto s. m. **1** (*di cane*) gagnolìo, abbaio lamentoso **CONTR.** latrato **2** (*est.*) (*di persona*) gemito, lagno, lamento □ grido, strido.
gualcìre A v. tr. sgualcire, stropicciare, aggrinzare, spiegazzare **CONTR.** stirare, lisciare, spianare **B gualcirsi** v. intr. pron. sgualcirsi, stropicciarsi, spiegazzarsi **CONTR.** stirarsi, spianarsi.
gualdràppa s. f. drappo, coperta.
guància s. f. **1** gota, ganascia □ (*est.*) viso, volto **2** (*raro*) lato, fianco **FRAS.** *porgere l'altra guancia* (*fig.*), non reagire ad un'offesa.
guancià le s. m. cuscino, origliere (*lett.*) □ materassino, strapuntino.
guànto s. m. **FRAS.** *calzare come un guanto*, adattarsi perfettamente □ *ladro in guanti gialli*, ladro dall'aspetto di gentiluomo □ *mandare o gettare il guanto* (*fig.*), sfidare a duello □ *raccogliere il guanto* (*fig.*), accettare una sfida □ *trattare coi guanti* (*fig.*), trattare con molti riguardi.
guantóne s. m. **1** accr. di **guanto 2** guanto da pugilato **3** manopola.
guàppo s. m. (*dial., mer.*) camorrista □ (*est.*) prevaricatore, violento, teppista.
guardalìnee s. m. inv. **1** (*ferr.*) cantoniere **2** (*nel calcio*) segnalinee.
guardàre A v. tr. **1** rivolgere lo sguardo, fissare lo sguardo, osservare, esaminare, considerare, ispezionare, adocchiare, studiare, guatare (*lett.*), scrutare, squadrare □ ammirare, contemplare, mirare, vagheggiare □ cercare con gli occhi, sgranare gli occhi addosso, divorare con gli occhi, covare con gli occhi **2** custodire, difendere, proteggere, sorvegliare, vigilare, curare, assistere □ fare la guardia **B** v. intr. **1** (*di salute, di fatti, ecc.*) badare, preoccuparsi, porre mente, fare attenzione **2** (*con* di + *inf.*) procurare, cercare, sforzarsi, tentare, fare in modo di **3** (*di orientamento*) essere rivolto, essere esposto, essere orientato **C guardarsi** v. rifl. **1** osservarsi, rimirarsi **2** (*da cose*) astenersi, evitare **3** (*da persone*) stare in guardia, difendersi, vigilare **D** v. rifl. rec. osservarsi l'un l'altro **FRAS.** *non guardare in faccia a nessuno*, agire

con imparzialità □ *non guardarsi più* (*fig.*), avere rotto l'amicizia □ *guardare a vista*, non perdere d'occhio.

guardaròba s. m. inv. **1** armadio **2** stanza degli armadi **3** (*di teatro, cinema, ecc.*) anticamera **4** corredo **5** (*raro*) guardarobiere.

guardasigìlli s. m. ministro della giustizia.

guardàta s. f. sguardo, occhiata, sbirciata, guardatina.

guardàto part. pass. di **guardare**; anche agg. **1** osservato, esaminato, considerato **2** difeso, protetto, custodito **CONTR.** indifeso.

guàrdia s. f. **1** custodia, difesa, protezione, sorveglianza, vigilanza **2** (*sport*) difesa **3** guarnigione, scorta, picchetto, ronda **4** guardiano, sentinella, custode, sorvegliante, piantone, vedetta, vigile **5** (*di arma*) impugnatura **6** (*di livello, di segnale*) sicurezza **FRAS.** *guardia giurata* (*est.*), gorilla, vigilante (*sp.*) □ *mettere in guardia*, avvertire di un pericolo □ *guardia bassa* (*pugilato*), crouch (*ingl.*).

guardiàno s. m. custode, guardia, sorvegliante, sentinella, vigile.

guardìna s. f. (*di caserma*) camera di sicurezza, stanza di custodia.

guardìngo agg. **1** cauto, circospetto, prudente, avveduto, riflessivo, oculato, sagace **CONTR.** incauto, imprudente, avventato, inconsiderato, sconsiderato, precipitoso, sventato, temerario **2** (*est.*) diffidente, sospettoso **CONTR.** fiducioso, fidente (*lett.*).

guardiòla s. f. **1** portineria **2** (*di sentinella*) casotto, garitta.

guardóne s. m. voyeur (*fr.*), scopofilo.

guardrail /*ingl.* 'ga:dreil/ s. m. inv. guardavia, barriera.

guarìbile agg. sanabile, curabile, medicabile **CONTR.** inguaribile, incurabile, insanabile.

guarigióne s. f. risanamento, ristabilimento, riacquisto della salute **CFR.** aggravamento, peggioramento □ morte.

guarìre A v. tr. **1** risanare, sanare, far guarire, restituire la salute □ curare **CFR.** far ammalare □ uccidere **2** (*fig.*) (*dalla paura, dal vizio, ecc.*) liberare, redimere **CONTR.** asservire, assoggettare **B** v. intr. **1** rimettersi (in salute), riacquistare la salute, risanarsi, ristabilirsi, riaversi, rifiorire **CONTR.** ammalarsi, contrarre una malattia □ aggravarsi, peggiorare □ morire **2** (*fig.*) (*da paura, da vizio, ecc.*) liberarsi, redimersi **CONTR.** diventare schiavo, assoggettarsi.

guarìto part. pass. di **guarire**; anche agg. risanato, ristabilito.

guaritóre s. m. (f. *-trice*) (*spesso spreg.*) medicone, empirico.

guarnigióne s. f. **1** presidio, distaccamento **2** caserma, quartiere.

guarnìre v. tr. **1** (*di fortificazione*) fornire di armi, munire □ fortificare, armare **CONTR.** sguarnire **2** (*di cose*) ornare, abbellire, acconciare, adornare, decorare, rifinire **CONTR.** deturpare, imbruttire **3** (*di pietanza*) contornare.

guarnìto part. pass. di **guarnire**; anche agg. **1** (*di fortificazione*) difeso, fortificato, protetto **CONTR.** sguarnito **2** (*di cosa*) dotato, fornito, provvisto **CONTR.** sfornito, sprovvisto **3** (*di pietanza*) contornato, con contorno.

guarnizióne s. f. **1** (*di abito, di tenda, ecc.*) abbellimento, guarnitura (*lett.*), ornamento, finimento □ fregio, fronzolo, gala **2** (*di pietanza*) contorno.

guastafèste s. m. e f. inv. disturbatore, importuno, rompiscatole (*volg.*), scocciatore (*fam.*).

guastàre A v. tr. **1** danneggiare, rovinare, sciupare, deteriorare, adulterare, avariare, logorare, alterare, deformare, deturpare, sformare, rompere, manomettere □ distruggere, disfare, scomporre, sconquassare **CONTR.** accomodare, aggiustare, restaurare, riparare, racconciare **2** (*fig.*) (*di amicizia, di pace, ecc.*) turbare, scombussolare, sconvolgere **CONTR.** riordinare □ rasserenare **3** (*fig.*) (*di animo, di sentimenti, ecc.*) corrompere, pervertire, depravare, traviare, viziare, insozzare **CONTR.** purificare, purgare, mondare **B guastarsi** v. intr. pron. **1** rompersi, non funzionare più **2** (*di alimento*) andare a male, marcire, avariarsi □ rovinarsi, deteriorarsi, sciuparsi **3** (*fig.*) (*di animo, di sentimenti, ecc.*) corrompersi, pervertirsi, traviarsi, cambiare in peggio **CONTR.** redimersi, riabilitarsi **4** (*fig.*) (*di tempo*) perturbarsi, volgere al brutto **CONTR.** rasserenarsi **C** v. rifl. rec. rompere l'amicizia, inimicarsi **CONTR.** riconciliarsi.

guastàto part. pass. di **guastare**; anche agg. guasto, rotto, manomesso **CONTR.** intatto □ funzionante.

guàsto (1) agg. **1** (*di cosa*) danneggiato, guastato, rovinato, alterato, deteriorato, sciupato, logorato, manomesso, rotto **2** (*di alimento*) andato a male, marcito, fradicio, avariato **3** (*di stomaco, di dente, ecc.*) infermo, malato □ cariato **CONTR.** intatto, integro, sano, perfetto **4** (*fig.*) (*di persona*) corrotto, depravato, pervertito, traviato, viziato **CONTR.** puro, incorrotto, incontaminato.

guàsto (2) s. m. **1** rottura, danno, rovina, alterazione, deturpamento, avaria, deterioramento, logorio, manomissione, sciupio □ devastazione, distruzione, saccheggio □ magagna, marcio, putridume □ carie **2** (*fig.*) corruzione, depravazione, pervertimento, vizio **CONTR.** purezza, onestà **3** contrasto, discordia, dissapore **CONTR.** amicizia, accordo, concordia, intesa.

guàzza s. f. rugiada.

guazzabùglio s. m. accozzaglia, congerie, farragine, miscuglio, confusione, disordine **CONTR.** ordine, serie ordinata.

guazzàre v. intr. **1** (*di persona, di animale*) sguazzare, diguazzare □ nuotare **2** (*di liquido*) scuotersi, agitarsi.

guazzétto s. m. **1** dim. di **guazzo** **2** umido, intingolo, salsa, sugo, salmì.

guàzzo s. m. **1** pantano, pozza, pozzanghera, stagno □ fanghiglia **2** guado **3** pittura a tempera □ tempera, gouache (*fr.*).

guelfismo s. m. **CONTR.** ghibellinismo.

guèlfo [dal capostipite della casa di Baviera *Welf* 'cucciolo', della stessa radice di *Wolf* 'lupo'] s. m.; anche agg. **1** sostenitore del papa **CONTR.** ghibellino **2** neoguelfo **CONTR.** ghibellino **3** (*est.*) clericale **CONTR.** anticlericale, laico.

guêpière /*fr.* gɛ'pjɛr/ [dal fr. *guêpe* 'vespa' attraverso il paragone *taille de guêpe* 'vita di vespa'] s. f. inv. bustino, busto.

guèrcio agg.; anche s. m. strabico, losco (*ant.*), lusco (*raro*), bircio (*tosc.*) □ orbo da un occhio.

guèrra s. f. **1** lotta armata, conflitto, conflagrazione, ostilità, campagna, spedizione **CONTR.** pace **2** (*fig.*) contrasto, discordia, dissidio, dissenso, opposizione, resistenza, disputa, polemica **CONTR.** accordo, armonia, concordia, consenso, unanimità, pacifica convivenza.

guerrafondàio agg.; anche s. m. (*spreg.*) guerraiolo, bellicista, militarista **CONTR.** pacifista.

guerreggiàre **A** v. intr. fare la guerra, essere in guerra, combattere, lottare, battagliare, azzuffarsi, assalirsi **CONTR.** essere in pace, vivere in pace **B** v. tr. (*raro*) combattere, assaltare, assalire.

guerreggiàto part. pass. di **guerreggiare**; anche agg. combattuto, perseguitato, aggredito, assalito.

guerrésco agg. **1** proprio della guerra, bellico, militare **2** bellicoso, battagliero, guerriero, marziale **CONTR.** pacifico, imbelle.

guerrièro **A** s. m. uomo d'arme, armigero □ soldato, militare, combattente □ capitano, condottiero **B** agg. bellicoso, combattivo, guerresco, agguerrito, battagliero, marziale, fiero **CONTR.** pacifico, imbelle.

guerriglièro s. m. partigiano, ribelle.

gùfo s. m. (*fig.*) misantropo, orso, selvaggio **CONTR.** buontempone, cordialone, giovialone.

gùglia s. f. pinnacolo, cuspide, aguglia, obelisco, estremità, punta □ piramide.

gugliàta s. f. agata, agugliata.

guìda s. f. **1** (*di veicolo*) comando, governo, conduzione **2** (*fig.*) (*di persona*) direzione, direttiva, consiglio, ammaestramento, forza ispiratrice, sussidio, norma, regola, faro, lume **3** conducente, condottiero, conduttore, guidatore, accompagnatore, scorta, pilota, timoniere, rettore, battistrada **4** (*fig.*) maestro, mentore, pedagogo, consigliere, esempio, modello, ispiratore **5** (*di museo, di città, ecc.*) cicerone, accompagnatore, hostess (*ingl.*) **6** (*di libro*) baedeker (*ted.*), vademecum **7** (*per scale, per pavimenti*) striscia, tappeto **8** carreggiata, rotaia **9** (*al pl.*) briglie, redini.

guidàre v. tr. **1** accompagnare, avviare, condurre, fare da guida, fare strada, scortare, dirigere **2** (*fig.*) ammaestrare, educare, consigliare, incitare, indirizzare, instradare, influenzare, ispirare **CONTR.** abbandonare, disinteressarsi **3** (*di veicolo, di cavallo, ecc.*) comandare, governare, manovrare, pilotare, reggere.

guidàto part. pass. di **guidare**; anche agg. **1** accompagnato, scortato **2** condotto, manovrato, pilotato **3** (*fig.*) consigliato, influenzato, ispirato, sorretto.

guidatóre s. m. (f. *-trice*) **1** conducente, conduttore, pilota, manovratore □ accompagnatore, guida, scorta, battistrada, staffetta **2** (*di cavalli da corsa*) driver (*ingl.*) **3** (*fig.*) maestro, consigliere, educatore.

guinzàglio s. m. **1** laccio, catenella, catena, correggia, briglia **2** (*fig.*) freno, impedimento, vincolo.

guìsa s. f. modo, maniera □ costume, foggia, uso, usanza.

guìtto **A** agg. **1** misero, sudicio □ meschino **2** (*fig.*) avaro, spilorcio **CONTR.** generoso, largo, liberale, splendido **B** s. m. **1** persona meschina **2** attore da strapazzo.

guizzànte part. pres. di **guizzare**; anche agg. che guizza, scattante, che si torce.

guizzàre v. intr. **1** (*di pesce, di fiamma, ecc.*) muoversi a scatti □ torcersi, dibattersi, agitarsi, contrarsi **2** (*fig.*) (*di persona*) fuggire abilmente, sfuggire □ balzare, saltare **3** (*fig.*) (*di stella, di spada, ecc.*) oscillare □ balenare.

guìzzo s. m. **1** scatto, balzo, scossa, sussulto, soprassalto, trasalimento **2** (*di stella, di spada, ecc.*) oscillazione, baleno, balenio.

gulasch /*ted.* 'gulaʃ/ [ungh. *gulyás* (sott. *hus*) 'carne del mandriano' (da *gulya* 'mandria di bovini'), attraverso il ted.] s. m. inv. spezzatino all'ungherese.

gùru s. m. inv. (*in India*) maestro spirituale □ capo religioso □ santone.

gùscio s. m. involucro, rivestimento, buccia, corteccia, scorza, baccello **FRAS.** *guscio di noce* (*fig.*), barchetta □ *al guscio*, à la coque (*fr.*) □ *stare nel proprio guscio* (*fig.*), vivere ritirati □ *uscire dal guscio* (*fig.*), viaggiare, andarsene da casa; cambiare abitudini.

gustàbile agg. assaggiabile □ godibile.

gustàre **A** v. tr. **1** sentire il sapore **2** assaggiare, degustare, assaporare, mangiare **3** (*fig.*) (*di musica, di poesia, ecc.*) godere, capire, comprendere, intendere **B** v. intr. piacere, garbare, riuscire gradito **CONTR.** dispiacere, spiacere.

gustàto part. pass. di **gustare**; anche agg. assaggiato, assaporato □ goduto.

gùsto s. m. **1** (*di cibo, di bevanda*) sapore, gustosità □ (*est.*) appetito **CONTR.** disgusto **2** (*fig.*) (*di musica, di lettura, ecc.*) piacere, soddisfazione, diletto, godimento **3** (*di cosa*) inclinazione, voglia, desiderio, capriccio **4** (*di persona*) sensibilità, buongusto □ eleganza, distinzione, raffinatezza **CONTR.** cattivo gusto, grossolanità, rozzezza **5** tendenza estetica, maniera, stile □ moda, voga.

gustosaménte avv. **1** appetitosamente, saporitamente □ golosamente **2** (*fig.*) con interesse, piacevolmente, simpaticamente.

gustosità s. f. **1** squisitezza, bontà **2** (*fig.*) diletto, interesse.

gustóso agg. **1** (*di cibo, di bevanda*) appetitoso, saporito, saporoso (*lett.*), squisito **CONTR.** disgustoso, ripugnante, schifoso **2** (*fig.*) (*di discorso, di libro, ecc.*) ameno, gradito, piacevole, grato, bello, interessante, simpatico **CONTR.** brutto, sgradevole, sgradito, antipatico.

gutturàle agg. di gola □ rauco, sordo **CONTR.** chiaro, limpido.

h, H

habitat /*lat.* 'abitat/ [vc. lat., letteralmente 'egli abita'] s. m. inv. **1** ambiente naturale **2** (*fig.*) ambiente ideale, spazio, milieu (*fr.*).

habitué /*fr.* abi'tɥe/ [vc. fr., letteralmente 'abituato'] s. m. inv. frequentatore, cliente □ aficionado (*sp.*), abitudinario **CONTR.** cliente occasionale.

habitus /*lat.* 'abitus/ [vc. lat., letteralmente 'abito'] s. m. inv. **1** (*biol.*) (*di animale, di vegetale*) abito, aspetto, carattere, caratteristiche **2** (*est.*) (*di persona*) comportamento, atteggiamento, contegno, mentalità, abitudine, carattere.

hall /*ingl.* hɔ:l/ s. f. inv. (*di albergo, di teatro, di palazzo, ecc.*) atrio, vestibolo, anticamera, sala, aula, foyer (*fr.*).

hallo /*ingl.* hə'lou/ inter. (*al telefono*) pronto!

handicap /*ingl.* 'hændikæp/ [vc. ingl., originariamente 'gioco nel quale la posta era tenuta con la mano (*hand*) in (*in*) un berretto (*cap*)'] s. m. inv. **1** (*sport*) corsa pareggiata, competizione pareggiata **2** (*sport*) vantaggio, abbuono **3** (*est., fig.*) svantaggio, ostacolo, difetto, deficienza costituzionale, impedimento, tara, minorazione.

handicappàto *V.* **andicappato**.

hangar /*fr.* ã'gar/ [forse dal francone *haimgard* 'recinto (*gard*) intorno alla casa (*haim*)'] s. m. inv. capannone □ aviorimessa, aerorimessa.

happening /*ingl.* 'hæpəniŋ/ [vc. ingl., letteralmente 'avvenimento', dal v. *to happen* 'accadere, avvenire'] s. m. inv. accadimento (*lett.*), avvenimento, evento □ manifestazione, spettacolo □ performance (*ingl.*).

harakiri /*giapp.* hara'kiri/ [vc. giapp., letteralmente 'tagliare (*kiri*) il ventre (*hara*)'] s. m. inv. suicidio (dei samurai giapponesi).

hardware /*ingl.* 'ha:dwɛə/ [vc. ingl., propriamente 'oggetti (*ware*) di metallo (*hard*, propriamente 'duro, rigido')'] s. m. inv. (*di elaboratore*) apparecchiature, unità fisiche **CONTR.** software, programmi.

harèm [dall'ar. *harīm* 'luogo inviolabile'] s. m. inv. **1** (*nell'abitazione musulmana*) gineceo **2** (*est.*) le donne.

hascìsc [dall'ar. *ḥašīš* 'erbe'] s. m. inv. (*est.*) canapa indiana.

haute /*fr.* ot/ [vc. fr., letteralmente 'alta', sott. 'società'] s. f. inv. alta società, gran mondo, jet-society (*ingl.*), jet-set (*ingl.*).

haute-couture /*fr.* 'ot ku'tyr/ [vc. fr., letteralmente 'alta (*haute*) moda (*couture*, propriamente 'cucitura')'] loc. sost. f. inv. alta moda □ sartoria di lusso.

hènna s. f. henné (*fr.*), alcanna.

henné /*fr.* e'ne/ s. m. inv. henna, alcanna.

herpes /*lat.* ɛrpes/ [dal gr. *hérpēs*, dal v. *hérpein* 'strisciare', perché malattia che striscia e si diffonde sulla pelle] s. m. inv. (*med.*) erpete **FRAS.** *herpes zoster*, fuoco di Sant'Antonio.

hi-fi /*ingl.* 'hai fai/ loc. sost. f. inv. acrt. di **high fidelity**.

high fidelity /*ingl.* 'hai fi'deliti/ loc. sost. f. inv. (*mus.*) alta fedeltà.

high life /*ingl.* 'hai laif/ [ingl., letteralmente 'alta (*high*) vita (*life*)'] loc. sost. f. inv. alta società, gran mondo, haute (*fr.*), jet-society (*ingl.*), jet-set (*ingl.*), high society (*ingl.*).

high society /*ingl.* 'hai sə'saiəti/ loc. sost. f. inv. alta società, gran mondo, haute (*fr.*), jet-society (*ingl.*), jet-set (*ingl.*), high life (*ingl.*).

hinterland /*ted.* 'hintərlant/ [vc. ted., comp. di *hinter* 'dietro' e *Land* 'terra'] s. m. inv. (*geogr., urban.*) (*di grande città*) retroterra, cintura, banlieue (*fr.*), suburbio, comprensorio, dintorni, territorio circostante.

hippy /*ingl.* 'hipi/ s. m. e f. inv.; anche agg. bohemien (*fr.*), capellone.

hitlerìàno [da *Hitler*] agg.; anche s. m. nazista, nazionalsocialista.

hit-parade /*ingl.* 'hit pə'reid/ [loc. ingl., propriamente 'parata, sfilata (*parade*) di cose di successo (*hit*)'] loc. sost. f. inv. (*di canzoni di successo*) classifica, graduatoria di successo.

hobby /*ingl.* 'hɔbi/ [vc. ingl., abbr. di *hobby horse*, in origine 'cavallo della giostra'] s. m. inv. svago, passatempo □ mania, pallino, occupazione.

holding /*ingl.* 'houldiŋ/ [vc. ingl., da *to hold* 'controllare'] s. f. inv. gruppo finanziario.

hollywoodiàno [da *Hollywood*, centro dell'industria cinematografica americana] agg. (*est., fig.*) sfarzoso, spettacoloso, spettacolare, sontuoso **CONTR.** semplice, modesto.

honing /*ingl.* 'houniŋ/ [vc. ingl., da *hone* 'cote, lapidello'] s. m. inv. (*tecnol.*) lisciatura, levigatura, finitura.

honoris causa /*lat.* o'nɔris 'kauza/ [loc. lat., propriamente 'per causa (*causa*) di onore (*honoris*)'] loc. agg. (*di laurea*) per meriti eccezionali.

hostess /*ingl.* 'houstis/ [ant. fr. *hostesse*, da *hoste* 'ospite'] s. f. inv. **1** (*di aereo*) assistente di volo □ (*di treno, pullman, ecc.*) assistente **2** guida turistica.

hot dog /*ingl.* 'hɔt dɔg/ [slang americano, letteralmente 'cane (*dog*) caldo (*hot*)', ironica allusione popolare] loc. sost. m. inv. **1** panino imbottito (con würstel) **2** (*sport*) sci acrobatico.

hôtel /*fr.* o'tɛl/ [ant. fr. *hostel*, dal tardo lat. *hospitale(m)* 'ospitale'] s. m. inv. albergo.

hot jazz /*ingl.* 'hɔt dʒæz/ loc. sost. m. inv. jazz caldo **CONTR.** cold jazz, jazz freddo, jazz moderno.

humour /*ingl.* 'hju:mə/ [ant. fr. *(h)umor*, dal lat. *(h)umōre(m)* 'umore'] s. m. inv. senso dell'umorismo □ umorismo.

humus /*lat.* 'umus/ [lat., letteralmente 'suolo, terra'] s. m. inv. **1** terriccio fertile, umo **2** (*fig.*) terreno propizio, ambiente.

i, I

i s. f. o m. **FRAS.** *mettere i puntini sulle i* (*fig.*), precisare bene, chiarire.
iàto s. m. **1** (*anat.*) apertura **2** (*fig.*) (*tra due cose*) interruzione □ vuoto.
iattànza s. f. millanteria, tracotanza, presunzione, sicumera, spocchia, superbia, prosopopea, vanagloria, vanteria, ostentazione, baldanza, orgoglio **CONTR.** modestia, riserbo, semplicità, misura, moderazione, umiltà.
ibèrico agg. spagnolo, ispanico.
ibernàre v. intr. cadere in letargo, svernare.
ibernazióne s. f. **1** (*di animale*) letargo invernale, svernamento **2** (*med.*) ipotermia.
ìbice s. m. (*zool.*) stambecco.
ibridàre v. tr. incrociare.
ibridìsmo s. m. **1** (*est.*) incrocio **2** (*fig.*) (*di idee, di colori, ecc.*) misto, commistione.
ìbrido A agg. (*fig.*) eterogeneo, mescolato, misto, ambiguo, disarmonico **CONTR.** puro, schietto, omogeneo, armonico **B** s. m. **1** (*di animale o vegetale*) incrocio, innesto **2** (*fig.*) (*di cose*) incrocio, mescolanza, insieme.
icasticità s. f. chiarezza, evidenza, efficacia, incisività, realismo **CONTR.** debolezza, fiacchezza, irrealtà.
icnografìa s. f. (*di edificio*) pianta.
icòna o **icóna** s. f. **1** immagine sacra **2** segno visivo.
iconoclàsta [seguace dell'iconoclastia, movimento sorto nel sec. VIII d.C. nella Chiesa orientale contro il culto delle immagini sacre] agg. e s. m. e f. (*est.*, *fig.*) anticonformista, distruttore di tabù, innovatore, anticonvenzionalista, sovvertitore di valori **CONTR.** conformista, rispettoso, osservante.
iconoclastìa s. f. (*fig.*) anticonvenzionalismo, sovversione di valori **CONTR.** conservatorismo.
iconoclàstico agg. (*fig.*) anticonformista, anticonvenzionale, sovvertitore di valori **CONTR.** conformista, rispettoso, osservante.
iconografìa s. f. immagini □ illustrazioni.
iconograficaménte avv. illustrativamente.
iconogràfico agg. illustrativo.
ics s. m. o f. x **FRAS.** *a x* (*fig.*), storto □ incrociato.
ictus /*lat.* 'iktus/ [vc. lat., *ictu(m)*, propriamente 'colpo'] s. m. inv. **1** accento metrico **2** (*med.*) accesso.
Iddìo s. m. Dio, Signore, Padreterno.
idèa s. f. **1** (*filos.*) archetipo, forma universale □ modello primo, mente divina, Dio □ ideale □ essenza, proprietà **2** (*della realtà, del bene, ecc.*) nozione, concetto, concezione, cognizione, conoscenza, convinzione, pensiero, percezione **3** (*spec. al pl.*) (*di politica, di economia, ecc.*) convinzione, fede, ideale, ideologia, dottrina, teoria, scienza, cultura **4** (*su persona o cosa*) opinione, giudizio, parere, avviso **5** (*di fare, di partire, ecc.*) intenzione, proposito, progetto, ispirazione □ invenzione, pensata, trovata, prospettiva **6** sogno, fantasia, utopia, fisima, capriccio, ghiribizzo, ubbia, illusione, mania **7** (*con persona o cosa*) analogia, apparenza, vaga somiglianza, sentore, impressione **8** (*di libro, di film, ecc.*) motivo ispiratore, filo conduttore, programma □ schema, riassunto **9** (*di cosa*) quantità minima, minimo, poco **CONTR.** molto **FRAS.** *idea fissa*, fissazione □ *non avere la minima* (o *la più pallida*) *idea*, ignorare del tutto.
ideàle A agg. **1** (*di mondo, di modello, ecc.*) astratto, teorico **CONTR.** reale, concreto, sensibile **2** (*di racconto, di ipotesi, ecc.*) fantastico, immaginario, immateriale, irreale, assurdo, impossibile **CONTR.** vero, materiale, tangibile, positivo **3** (*di amico, di lavoro, ecc.*) eccellente, perfetto, esemplare □ simpatico, soddisfacente □ adatto, vantaggioso **CONTR.** cattivo, imperfetto, insoddisfacente, odioso □ dannoso, nocivo **B** s. m. **1 CONTR.** reale **2** (*politico, religioso, ecc.*) idea, ideologia, concetto **3** (*del politico, dello studioso, ecc.*) modello, esemplare, esempio **4** (*nobile, di gloria, ecc.*) aspirazione, idealità, desiderio □ sogno **CONTR.** realtà.
idealìsmo s. m. **1** idealità, pensiero **CONTR.** materialismo **2** (*est.*) mancanza di concretezza, ingenuità, sogno **CONTR.** realismo, concretezza.
idealìsta s. m. e f. **1 CONTR.** materialista **2** (*est.*) ingenuo, sognatore **CONTR.** realista, concreto.
idealisticaménte avv. **1** idealmente **CONTR.** materialmente **2** (*est.*) ingenuamente, immaginariamente **CONTR.** concretamente, realisticamente.
idealìstico agg. (*est.*) immaginario, irreale **CONTR.** concreto, realistico.

idealità s. f. **1** (*filos.*) soggettività □ spiritualità, immaterialità **CONTR.** oggettività, materialità **2** idea, pensiero, concetto **3** perfezione **4** ideale, aspirazione **CONTR.** grettezza, meschinità.

idealizzàre v. tr. **1** rendere ideale, rappresentare idealmente **CONTR.** materializzare **2** esaltare, nobilitare, trasfigurare **CONTR.** abbassare, avvilire, disprezzare.

idealizzàto part. pass. di **idealizzare**; anche agg. esaltato, nobilitato **CONTR.** abbassato, avvilito, disprezzato.

idealizzazióne s. f. esaltazione, nobilitazione, sublimazione **CONTR.** disprezzo, umiliazione.

idealménte avv. in modo ideale, mentalmente, astrattamente, teoricamente **CONTR.** praticamente.

ideàre v. tr. **1** (*di libro, di film, ecc.*) concepire, pensare, immaginare **2** (*di scherzo, di congegno, ecc.*) escogitare, progettare, proporre, inventare, scoprire.

ideàto part. pass. di **ideare**; anche agg. **1** (*di libro, di film, ecc.*) concepito, pensato, immaginato **2** (*di scherzo, di congegno, ecc.*) escogitato, progettato, proposto, inventato, scoperto.

ideatóre s. m. (f. *-trice*) inventore, creatore, progettatore, scopritore.

ideazióne s. f. **1** conoscenza, pensiero **2** (*di romanzo, di viaggio, ecc.*) progetto, proposito, scoperta.

idem /*lat.* 'idem/ [vc. lat., propriamente 'la stessa cosa (di prima)'] **A** pron. dimostr. inv. stesso, medesimo **B** in funzione di avv. (*fam., scherz.*) ugualmente, allo stesso modo **CONTR.** diversamente.

idèntico agg. uguale, stesso □ (*est.*) simile **CONTR.** differente, dissimile, diverso, distinto, altro.

identificàbile agg. riconoscibile, individuabile, ravvisabile **CONTR.** irriconoscibile.

identificàre **A** v. tr. **1** (*di concetti, di teorie, ecc.*) considerare identico **CONTR.** diversificare, differenziare **2** (*di ladro, di motivo, ecc.*) riconoscere, ravvisare, scoprire **B** **identificarsi** v. rifl. immedesimarsi, investirsi **CONTR.** diversificarsi **C** v. intr. pron. essere identico, coincidere **CONTR.** contrastare, divergere.

identificazióne s. f. **1** immedesimazione **CONTR.** diversificazione **2** riconoscimento.

identikìt [vc. ingl., 'apparecchiatura (*kit*) per l'identificazione (*identification*, abbr. *identi-*)'] s. m. (*fig.*) profilo, immagine ideale.

identità s. f. **1** uguaglianza, coincidenza **CONTR.** differenza, diversità, differenziazione, diversificazione, distinzione **2** (*di persona, di luogo, ecc.*) qualificazione, riconoscimento.

ideogràfico agg. simbolico.

ideogràmma s. m. **1** segno ideografico **2** grafico, diagramma.

ideologìa s. f. ideologismo, concezione di vita, concezione del mondo □ (*est.*) idea, concetto, idealità.

ideologicaménte avv. concettualmente, idealmente **CONTR.** realisticamente, praticamente.

ideològico agg. concettuale, teorico **CONTR.** pratico, realistico.

ideologìsmo s. m. ideologia.

ideòlogo s. m. teorico, concettuale **CONTR.** pratico, realista.

idillìaco agg. idillico, sentimentale, romantico □ ottimistico, utopistico □ sereno, calmo, quieto **CONTR.** realistico, razionale □ tempestoso.

idillicaménte avv. **1** poeticamente **2** (*est., fig.*) tranquillamente, serenamente, pacificamente **CONTR.** tumultuosamente, tempestosamente **3** delicatamente, teneramente **CONTR.** duramente, aspramente.

idìllico agg. idilliaco, sentimentale, romantico □ ottimistico, utopistico □ sereno, calmo, quieto **CONTR.** realistico, razionale □ tempestoso.

idìllio s. m. **1** poesia pastorale, poesia **2** (*est., fig.*) vita tranquilla, vita serena □ pace **3** (*fig.*) amore delicato, amore tenero □ tenerezza **CONTR.** litigio, discordia, dissidio **FRAS.** *tessere un idillio* (*iron.*), amoreggiare.

idiòma s. m. lingua, linguaggio, parlata, dialetto.

idiomàtico agg. **FRAS.** *frase idiomatica*, modo di dire.

idiosincrasìa s. f. **1** (*med., gener.*) intolleranza **2** (*est., fig.*) avversione, ripugnanza, intolleranza, incompatibilità, allergia **CONTR.** propensione, inclinazione, simpatia.

idiòta agg.; anche s. m. e f. **1** (*med.*) oligofrenico **2** (*est.*) stupido, deficiente, sciocco, insensato, imbecille, cretino, beota, ebete □ ignorante, rozzo **CONTR.** intelligente, accorto, acuto, avveduto.

idiotaménte avv. stupidamente, scioccamente, cretinamente **CONTR.** intelligentemente, acutamente.

idiozìa s. f. (*est.*) stupidità, stupidaggine, imbecillità, cretinismo, ottusità **CONTR.** intelligenza, accortezza, acume, avvedutezza.

idolàtra s. m. e f.; anche agg. **1** adoratore di idoli, pagano **2** fanatico, esaltato.

idolatràre v. tr. (*fig.*) amare incondizionatamente, venerare □ ammirare fanaticamente **CONTR.** detestare, esecrare, odiare, disprezzare.

idolatràto part. pass. di **idolatrare**; anche agg. (*fig.*) molto amato, venerato □ ammirato fanaticamente **CONTR.** detestato, esecrato, odiato, disprezzato.

idolatrìa s. f. **1** adorazione degli idoli **2** (*fig.*) ammirazione eccessiva, fanatismo, esaltazione **CONTR.** esecrazione, odio, disprezzo.

idoleggiàre v. tr. **1** vagheggiare **2** amare fanaticamente, idolatrare, venerare **CONTR.** detestare, esecrare, odiare, disprezzare.

ìdolo s. m. **1** feticcio, simulacro **2** (*fig.*) persona molto amata, ideale, modello, sogno.
idoneaménte avv. adeguatamente, opportunamente, convenientemente **CONTR.** inadeguatamente, inopportunamente, sconvenientemente.
idoneità s. f. **1** attitudine, capacità, abilità, disposizione, sufficienza **CONTR.** inidoneità, incapacità, inettitudine **2** (*di esame*) promozione, ammissione.
idòneo agg. **1** (*al lavoro, all'insegnamento, ecc.*) abile, atto, capace, valente **CONTR.** inidoneo, incapace, inabile, inetto **2** (*di tempo, di luogo, ecc.*) adatto, adeguato, opportuno, conveniente, acconcio **CONTR.** disadatto, inopportuno, sconveniente.
idrànte s. m. **1** presa d'acqua **2** pompa antincendio.
idràto A agg. (*chim.*) combinato con acqua **CONTR.** anidro **B** s. m. (*chim.*) idrossido.
idràulico A agg. **1** idrico **2** ad acqua **B** s. m. fontaniere, trombaio (*tosc.*).
ìdrico agg. **1** di acqua **2** idraulico.
idròfilo agg. **CONTR.** idrofugo.
idrofobìa s. f. **1** (*med.*) rabbia, lissa **2** (*chim.*) idrorepellenza.
idròfobo agg. **1** (*med.*) arrabbiato **2** (*fig., fam.*) (*di persona*) furioso, rabbioso, arrabbiato, incollerito, furente **CONTR.** calmo, pacifico, placido, posato, tranquillo **3** (*chim.*) idrorepellente **CONTR.** idrofilo.
idròfugo agg. impermeabile **CONTR.** permeabile □ idrofilo.
idrografìa s. f. (*est.*) oceanografia.
idrogràfico agg. (*est.*) oceanografico.
idrògrafo s. m. (*est.*) oceanografo.
idropòrto s. m. idroscalo, idroaeroporto.
idrorepellènte agg. (*chim.*) idrofobo **CONTR.** idrofilo, impermeabilizzato.
idrorepellènza s. f. (*chim.*) idrofobia **CONTR.** idrofilia.
idroscàlo s. m. idroporto, idroaeroporto.
idròssido s. m. idrato.
idroterapìa s. f. (*med.*) crenoterapia, cura delle acque.
idrovìa s. f. canale navigabile □ rete navigabile.
idrovolànte s. m. idroplano.
idròvora s. f. pompa, bindolo.
ièlla s. f. (*dial.*) disdetta, sfortuna, iettatura, sfiga (*volg.*) **CONTR.** fortuna, successo, ventura.
ièna s. f. (*fig.*) belva (*fig.*).
ieraticaménte avv. (*est.*) solennemente **CONTR.** dimessamente.
ieràtico agg. **1** sacerdotale, sacro **2** (*fig.*) solenne, compassato **CONTR.** umile, dimesso.
ièri A avv. **1** giorno scorso **CONTR.** domani **2** poco fa **B** in funzione di s. m. **1** giorno scorso **CONTR.** domani **2** (*est.*) passato **CONTR.** futuro **FRAS.** *da ieri a oggi* (*fig.*), in brevissimo tempo.
ièri l'àltro o **ierlàltro** avv. avantieri.
iettatóre s. m. (f. *-trice*) menagramo (*fam.*).
iettatùra s. f. **1** influsso malefico, malocchio, malaugurio **2** (*est.*) sfortuna, sventura, disdetta, scalogna, scarogna (*dial.*), sfiga (*volg.*), malasorte, iella (*dial.*) **CONTR.** fortuna, successo.
igiène s. f. salute, sanità □ pulizia.
igienicaménte avv. salubremente, sanamente **CONTR.** antigienicamente, nocivamente.
igiènico agg. **1** sanitario **2** (*di ambiente, di cibo*) salubre, salutare, sano, pulito **CONTR.** antigienico, dannoso, nocivo, sporco **3** (*fig., fam.*) opportuno, conveniente, consigliabile, prudente **CONTR.** inopportuno, sconsigliabile, sconveniente.
igienìsta s. m. e f. maniaco dell'igiene □ culturista.
ignàro agg. **1** ignorante, inesperto, non al corrente **CONTR.** esperto, pratico, al corrente **2** inconsapevole □ innocente **CONTR.** consapevole, responsabile.
ignàvo agg.; anche s. m. (*lett.*) pigro, indolente, inerte, inetto, infingardo, fiacco, neghittoso, accidioso, vile **CONTR.** attivo, operoso, solerte, laborioso.
ignòbile agg.; anche s. m. e f. spregevole, abietto, basso, volgare, plebeo, infame, meschino, vile **CONTR.** nobile, decoroso, distinto, eletto, elevato, superiore.
ignobilménte avv. bassamente, volgarmente, vergognosamente **CONTR.** nobilmente, decorosamente, distintamente.
ignobiltà s. f. bassezza, meschinità, viltà, disonore, vergogna **CONTR.** nobiltà, decoro, distinzione.
ignomìnia s. f. disonore, infamia, vergogna, obbrobrio, onta, vituperio **CONTR.** onore, decoro, dignità □ bellezza.
ignominiosaménte avv. vergognosamente, spregevolmente, disonorevolmente **CONTR.** onorevolmente, decorosamente, dignitosamente, lodevolmente.
ignominióso agg. disonorante, infamante, spregevole, vergognoso **CONTR.** onorevole, decoroso, dignitoso, encomiabile, meritevole, rispettabile.
ignorantàggine s. f. ignoranza, rozzezza □ villania, villanata **CONTR.** finezza, gentilezza.
ignorànte part. pres. di **ignorare**; anche agg. e s. m. e f. **1** (*di mestiere, di usi, ecc.*) ignaro, inesperto, incompetente, profano **CONTR.** abile, competente, esperto, provetto **2** (*di sapere*) incolto, analfabeta, illetterato, zotico **CONTR.** dotto, erudito, sapiente, letterato **3** (*di modi*) maleducato, villano, zotico **CONTR.** fine, educato, raffinato, civile.
ignorànza s. f. **1** (*di lavoro*) imperizia, insipienza, incompetenza **CONTR.** perizia, abilità, competenza **2** (*di sapere*) mancanza di istruzione, asineria, asinaggine, ignorantaggine **CONTR.** sapere, scienza, cultura, erudizione **3**

(*di modi*) maleducazione, rozzezza **CONTR.** finezza, gentilezza, educazione.

ignoràre v. tr. **1** (*di fatto, di scienze, ecc.*) non conoscere, non sapere **CONTR.** conoscere, sapere **2** (*di problema, di persona, ecc.*) fingere di non conoscere, sottovalutare, trascurare, dimenticare **CONTR.** aver cura, avere a cuore, interessarsi, curarsi.

ignoràto part. pass. di **ignorare**; anche agg. **1** ignoto, sconosciuto **CONTR.** noto, conosciuto **2** trascurato, dimenticato **CONTR.** curato.

ignòto A agg. non conosciuto, ignorato, incognito (*raro*), oscuro, sconosciuto **CONTR.** noto, conosciuto **B** s. m. sconosciuto, forestiero **CONTR.** conoscente.

ignùdo agg.; anche s. m. (*lett.*) nudo, spoglio, spogliato, svestito **CONTR.** vestito, coperto, ricoperto.

igròmetro s. m. igroscopio.

igroscòpio s. m. igrometro.

iguàna s. f. (*zool.*) lucertolone.

il art. det. m. sing. **1** (*con valore dimostrativo*) questo, quello **2** ogni, ciascuno **3** (*di tempo*) nel, durante.

ìla s. f. (*zool.*) raganella.

ìlare agg. allegro, contento, gaio, giocondo, giulivo, lieto, ridente, di buon umore **CONTR.** malinconico, mesto, triste, abbattuto, afflitto.

ilarità s. f. allegria, gaiezza, giocondità, letizia, buon umore **CONTR.** malinconia, mestizia, tristezza, abbattimento, afflizione.

illanguidìre A v. tr. rendere languido, indebolire, infiacchire, svigorire **CONTR.** rafforzare, invigorire, rinvigorire, rinforzare **B** v. intr. e **illanguidirsi** intr. pron. divenire languido, indebolirsi, infiacchirsi, affievolirsi, svigorirsi **CONTR.** rafforzarsi, invigorirsi, rinvigorirsi, rinforzarsi.

illazióne s. f. conclusione, conseguenza, deduzione **CONTR.** induzione.

illecitaménte avv. illegalmente, immoralmente, disonestamente **CONTR.** lecitamente, legalmente, moralmente, onestamente.

illécito A agg. illegale, non permesso, vietato □ disonesto, immorale **CONTR.** lecito, conveniente, permesso □ onesto, morale **B** s. m. illegalità **CONTR.** legalità.

illegàle agg. contrario alla legge, illecito, vietato, illegittimo **CONTR.** legale, lecito, permesso.

illegalità s. f. illegittimità, illecito **CONTR.** legalità, legittimità, lecito.

illegalménte avv. illecitamente, illegittimamente **CONTR.** legalmente, lecitamente.

illeggìbile agg. indecifrabile, incomprensibile, misterioso, oscuro **CONTR.** leggibile, decifrabile, comprensibile, chiaro.

illegittimaménte avv. illegalmente, illecitamente **CONTR.** legittimamente, lecitamente.

illegittimità s. f. illegalità, illecito **CONTR.** legittimità, legalità.

illegìttimo agg. illegale, illecito, non valido **CONTR.** legittimo, legale, valido, permesso.

illéso agg. incolume, indenne, salvo, immune □ intatto, integro **CONTR.** leso, danneggiato, guastato, rovinato □ colpito, ferito.

illetteràto agg.; anche s. m. analfabeta □ (*est.*) ignorante, incolto **CONTR.** colto, dotto, erudito, sapiente.

illibataménte avv. castamente, puramente, onestamente **CONTR.** impuramente, impudicamente.

illibatézza s. f. castità, integrità, purezza, innocenza, candore □ verginità **CONTR.** impurità, impudicizia, turpitudine, sconcezza, oscenità.

illibàto agg. casto, integro, puro, incorrotto, innocente, candido □ vergine **CONTR.** impuro, impudico, disonesto, osceno, turpe.

illiberàle agg. **1** dispotico, tirannico, reazionario, conservatore **CONTR.** liberale, democratico, progressista **2** gretto, meschino **CONTR.** liberale, generoso.

illimitataménte avv. infinitamente, senza limitazioni, senza riserve **CONTR.** limitatamente.

illimitatézza s. f. mancanza di limiti, infinità **CONTR.** limitatezza.

illimitàto agg. **1** (*di spazio, di tempo, ecc.*) senza limiti, infinito, sconfinato **CONTR.** limitato **2** (*di fiducia, di potere, ecc.*) senza riserve, pieno, totale, intero, assoluto **CONTR.** limitato, relativo, ristretto.

illividìre A v. tr. **1** rendere livido **2** coprire di lividi **B** v. intr. e **illividirsi** intr. pron. divenire livido □ impallidire.

illogicaménte avv. irragionevolmente, assurdamente **CONTR.** logicamente, ragionevolmente.

illogicità s. f. assurdità, mancanza di logica, incongruenza **CONTR.** logica, conseguenza.

illògico agg. contrario alla logica, assurdo, irragionevole, incongruente **CONTR.** logico, ragionevole, congruente.

illùdere A v. tr. ingannare, imbrogliare, abbagliare, gabbare **CONTR.** deludere, disilludere, disingannare **B illudersi** v. rifl. ingannarsi, crearsi illusioni, sperare invano **CONTR.** disilludersi, disingannarsi.

illuminàre A v. tr. **1** (*di cosa*) rischiarare, distenebrare (*raro*), rendere luminoso □ dare luce **CONTR.** oscurare, ottenebrare, offuscare, rabbuiare **2** (*fig.*) (*di persona, di situazione*) informare, mettere al corrente, mostrare, chiarire **CONTR.** tenere all'oscuro, ottenebrare, chiudere **3** (*di occhi, di viso, ecc.*) far brillare □ abbellire, adornare **B illuminarsi** v. intr. pron. **1** diventare luminoso, accendersi, risplendere **CONTR.** oscurarsi, offuscarsi, ottenebrarsi **2** (*fig.*) (*di occhi, di viso, ecc.*) ravvivarsi, splendere **CONTR.** rabbuiarsi, rattristarsi.

illuminàto part. pass. di **illuminare**; anche agg. **1** rischiarato, chiaro, pieno di luce **CONTR.** oscurato, offuscato **2** (*fig.*) (*di persona*) dotto, intelligente, sapiente, superiore □ aperto, progressista CONTR. ottenebrato, ignorante, ottuso □ chiuso, retrogrado.

illuminazióne s. f. **1** illuminamento, rischiaramento CONTR. oscuramento, offuscamento, ottenebramento **2** (*fig.*) rivelazione, folgorazione CONTR. chiusura, ottenebramento.

illusióne s. f. **1** inganno dei sensi, inganno della mente, apparenza **2** vana speranza, miraggio, sogno, chimera, utopia, errore CONTR. delusione, disillusione, disinganno □ realtà.

illusionìsmo s. m. prestidigitazione.

illusionìsta s. m. e f. prestigiatore.

illùso part. pass. di **illudere**; anche agg. e s. m. ingannato, gabbato, mistificato, raggirato, deluso, scornato CONTR. disilluso, disingannato.

illusoriaménte avv. ingannevolmente, falsamente, fallacemente CONTR. realisticamente, autenticamente.

illusorietà s. f. apparenza, fallacia CONTR. realtà, autenticità.

illusòrio agg. apparente, fallace, falso, immaginario, ingannevole, specioso CONTR. reale, vero, autentico, genuino, concreto.

illustràre v. tr. **1** (*di scritto, di fatto, ecc.*) chiarire, spiegare, delucidare, commentare, annotare **2** (*di libro e sim.*) ornare di figure, disegnare, dipingere **3** (*raro*) rendere illustre.

illustratìvo agg. iconografico.

illustràto part. pass. di **illustrare**; anche agg. ornato di illustrazioni, disegnato, dipinto.

illustratóre s. m. (f. *-trice*) **1** (*di libro e sim.*) disegnatore, grafico **2** (*di scritto, di fatto, ecc.*) commentatore.

illustrazióne s. f. **1** (*di scritto, di fatto, ecc.*) chiarimento, spiegazione, delucidazione, commento, nota, chiosa **2** figura, disegno, stampa, fotografia, incisione, vignetta, fumetto, strip (*ingl.*).

illùstre agg. celebre, eminente, famoso, insigne, nobile, inclito (*lett.*), rinomato CONTR. oscuro, ignoto, sconosciuto.

imbacuccàre A v. tr. incappucciare, incappottare, infagottare CONTR. scoprire **B imbacuccarsi** v. rifl. coprirsi bene, incappucciarsi, incappottarsi, infagottarsi CONTR. scoprirsi.

imbacuccàto part. pass. di **imbacuccare**; anche agg. ben coperto, infagottato, incappottato CONTR. scoperto.

imbaldanzìre A v. tr. rendere baldanzoso, animare, inorgoglire, insuperbire, ringalluzzire CONTR. avvilire, scoraggiare, intimidire, infiacchire **B** v. intr. e **imbaldanzirsi** intr. pron. diventare baldanzoso, inorgoglirsi, insuperbirsi, ringalluzzirsi CONTR. abbattersi, accasciarsi, avvilirsi, scoraggiarsi.

imballàggio s. m. confezionamento, imballo, confezione, packaging (*ingl.*) □ contenitore.

imballàre v. tr. (*di merce*) confezionare, abballare, affagottare, affardellare, impaccare, involgere □ sistemare CONTR. sballare.

imballàto part. pass. di **imballare**; anche agg. (*di merci*) sistemato, confezionato, impaccato, abballato CONTR. sballato.

imbalsamàre v. tr. mummificare, impagliare.

imbalsamàto part. pass. di **imbalsamare**; anche agg. (*anche fig.*) mummificato, impagliato.

imbalsamatóre s. m. (f. *-trice*) impagliatore, mummificatore.

imbalsamazióne s. f. mummificazione, impagliatura.

imbambolàto agg. attonito, incantato, intontito, assente, smarrito CONTR. attento, sveglio, vigile.

imbandìre v. tr. **1** preparare, ammannire, apparecchiare □ preparare un pranzo **2** (*fig.*) offrire.

imbarazzànte part. pres. di **imbarazzare**; anche agg. di disagio, difficile, delicato, scomodo □ fastidioso, molesto.

imbarazzàre A v. tr. **1** (*di traffico, di movimento, ecc.*) impacciare, intralciare, disturbare, incagliare, impicciare, impedire, imbrogliare, inceppare, ostruire, paralizzare CONTR. sbarazzare, sgombrare, liberare, favorire, aprire **2** mettere a disagio, confondere **B imbarazzarsi** v. intr. pron. confondersi, sconcertarsi.

imbarazzàto part. pass. di **imbarazzare**; anche agg. **1** impacciato, intralciato, disturbato, incagliato, impicciato, impedito, imbrogliato, inceppato, ostruito, paralizzato CONTR. sgombro, libero **2** confuso, messo a disagio, sconcertato CONTR. sicuro, tranquillo, disinvolto.

imbaràzzo s. m. **1** (*di cosa*) ingombro, incaglio, intoppo, impedimento, difficoltà, imbroglio, inciampo, ostacolo, pastoia, remora **2** (*di persona*) disagio, confusione, turbamento □ perplessità, incertezza, titubanza CONTR. ardimento, disinvoltura, sfacciataggine.

imbarbariménto s. m. decadimento CONTR. incivilimento, civilizzazione.

imbarbarìre A v. tr. far decadere, corrompere CONTR. incivilire, civilizzare **B** v. intr. e **imbarbarirsi** intr. pron. decadere, regredire, corrompersi CONTR. avanzare, progredire, incivilirsi.

imbarbarìto part. pass. di **imbarbarire**; anche agg. decaduto, regredito, corrotto CONTR. progredito, incivilito.

imbarcadèro s. m. molo, imbarcatoio, banchina, pontile.

imbarcàre A v. tr. **1** caricare, prendere a bordo CONTR. sbarcare, scaricare **2** (*est.*) (*su mezzo di trasporto*) caricare, far salire CONTR. scaricare, fare scendere **3** (*fig.*) (*in una vicenda*) coinvolgere CONTR. liberare **B imbarcarsi** v. rifl. **1** salire a bordo CONTR. sbarcare, scendere, approdare **2** (*est., scherz.*) (*su un veicolo*) salire **3** (*fig.*) (*in una vicenda*) farsi coinvolgere, impegnarsi, entrare, avventurarsi CONTR. disimpegnarsi, liberarsi, uscire **C** v. intr. pron. (*di legno*) incurvarsi, arcuarsi.

imbarcàto part. pass. di **imbarcare**; anche agg. **1**

caricato a bordo **CONTR.** sbarcato **2** (*fig.*) impegnato, coinvolto **CONTR.** disimpegnato, libero.

imbarcazióne s. f. natante □ barca, canotto, scialuppa, battello, chiatta.

imbàrco s. m. **1** salita a bordo **2** (*di nave*) partenza **3** porto, molo, banchina, pontile, imbarcadero.

imbastardìre A v. tr. **1** rendere bastardo, far degenerare **2** (*fig.*) (*di costumi, di lingua, ecc.*) alterare, corrompere, guastare □ imbarbarire **CONTR.** migliorare, correggere, nobilitare **B** v. intr. e **imbastardirsi** intr. pron. **1** diventare bastardo **2** (*fig.*) corrompersi, degenerare, tralignare **CONTR.** migliorarsi, correggersi, nobilitarsi.

imbastìre v. tr. **1** cucire provvisoriamente **2** (*fig.*) (*di discorso, di progetto, ecc.*) delineare, abbozzare □ avviare, iniziare **CONTR.** perfezionare □ completare, finire, terminare **3** (*tecnol.*) montare **CONTR.** smontare.

imbastìto part. pass. di **imbastire**; anche agg. **1** cucito provvisoriamente **2** (*fig.*) (*di discorso, di progetto, ecc.*) avviato, iniziato **CONTR.** completato, finito, terminato **3** (*tecnol.*) montato **CONTR.** smontato.

imbastitùra s. f. **1** cucitura provvisoria **2** (*fig.*) (*di discorso, di progetto, ecc.*) schema, traccia, abbozzo **CONTR.** svolgimento, sviluppo, compimento **3** (*tecnol.*) montaggio **CONTR.** smontaggio.

imbàttersi v. intr. pron. **1** incontrare, incappare, intoppare **CONTR.** evitare **2** ottenere in sorte.

imbattìbile agg. invincibile, insuperabile □ impareggiabile **CONTR.** battibile, vincibile, superabile.

imbattibilità s. f. invincibilità, insuperabilità □ invulnerabilità **CONTR.** vulnerabilità.

imbattùto agg. mai vinto, insuperato, invitto **CONTR.** battuto, sconfitto, vinto.

imbavagliàre v. tr. **1** mettere il bavaglio **2** (*fig.*) (*di persona, di stampa e sim.*) impedire di parlare, obbligare a tacere, far tacere, costringere al silenzio □ privare della libertà, censurare.

imbeccàre v. tr. **1** (*di volatile*) introdurre nel becco □ imboccare **2** (*fig.*) (*di persona*) dare l'imbeccata, suggerire, ispirare, consigliare, indettare (*lett.*).

imbeccàta s. f. (*fig.*) suggerimento, ispirazione, consiglio.

imbecillàggine s. f. imbecillità, stupidità, stoltezza, cretinaggine, cretineria, scemenza, ottusità **CONTR.** intelligenza, arguzia, spirito, acume, genialità.

imbecìlle agg. e s. m. e f. stolto, scemo, stupido, scimunito, stolido, balordo, cretino, ebete, grullo, idiota, citrullo, mentecatto, ottuso, sempliciotto **CONTR.** intelligente, accorto, avveduto, furbo, scaltro, sveglio.

imbecillità s. f. imbecillaggine, stoltezza, scemenza, stupidità, cretinaggine, cretineria, ottusità, dabbenaggine **CONTR.** intelligenza, spirito, accortezza, arguzia, acume, acutezza, genialità.

imbèlle agg. **1** pacifico **CONTR.** bellicoso **2** (*est.*) timido, vile, fiacco, codardo, pavido, pauroso **CONTR.** ardimentoso, audace, coraggioso, valoroso, temerario.

imbellìre A v. tr. rendere bello, abbellire, adornare, ingentilire **CONTR.** imbruttire, deturpare, sfigurare **B** v. intr. diventare più bello **CONTR.** imbruttirsi.

imbèrbe agg. **1** senza barba, glabro, liscio **CONTR.** barbuto **2** (*fig., scherz.*) inesperto, ingenuo, immaturo, pivello, pivellino, novellino **CONTR.** esperto, maturo, scaltro, furbo, provetto.

imbestialìre A v. tr. mandare in bestia, fare incazzare (*volg.*) **CONTR.** ammansire, calmare, rabbonire **B** v. intr. e **imbestialirsi** intr. pron. adirarsi, incollerirsi, incazzarsi (*volg.*), arrabbiarsi, montare in bestia, andare in bestia, infuriarsi, perdere il lume della ragione, perdere il lume degli occhi **CONTR.** ammansirsi, calmarsi, rabbonirsi, tranquillizzarsi.

imbestialìto part. pass. di **imbestialire**; anche agg. arrabbiato, incollerito, infuriato, incazzato (*volg.*) **CONTR.** ammansito, calmato, calmo, tranquillo.

imbevùto agg. **1** bagnato, inzuppato, impregnato, intriso **CONTR.** secco, arido **2** (*fig.*) (*di idee, di concetti, ecc.*) influenzato, indottrinato.

imbiancàre A v. tr. **1** rendere bianco, imbianchire □ tinteggiare **2** (*est.*) (*di alba, di luna, ecc.*) rischiarare, illuminare **CONTR.** oscurare, offuscare, velare **3** (*di panni*) mettere in bucato, candeggiare **B** v. intr. e **imbiancarsi** intr. pron. **1** diventare bianco □ incanutire **2** (*fig.*) (*di persona*) impallidire **CONTR.** arrossire **3** (*est.*) (*di cielo, di orizzonte e sim.*) diventare chiaro, schiarirsi □ albeggiare **CONTR.** oscurarsi, offuscarsi, velarsi.

imbiancàto part. pass. di **imbiancare**; anche agg. reso bianco, tinteggiato **FRAS.** *sepolcro imbiancato* (*fig.*), ipocrita, falso.

imbiancatùra s. f. (*di muro*) tinteggiatura.

imbiondìre A v. tr. rendere biondo, tingere di biondo **B** v. intr. e **imbiondirsi** intr. pron. diventare biondo, biondeggiare.

imbizzarrìre A v. intr. e **imbizzarrìrsi** intr. pron. **1** diventare bizzarro, adombrarsi **2** (*fig.*) incollerirsi, stizzirsi, adirarsi, incazzarsi (*volg.*) **CONTR.** ammansirsi, calmarsi, placarsi, quietarsi **B** v. tr. (*raro*) innervosire **CONTR.** calmare, placare.

imboccàre A v. tr. **1** (*est.*) (*di bimbo, di ammalato e sim.*) nutrire, alimentare, dare da mangiare □ (*di volatile*) imbeccare **2** (*fig.*) (*di persona*) dare l'imbeccata, imbeccare, istruire, ispirare, suggerire, consigliare **3** (*di strada,* *di porto, ecc.*) immettersi, entrare, penetrare, sfociare **CONTR.** lasciare, uscire, abbandonare **B** v. intr. **1** immettere, terminare, sfociare, mettere capo **CONTR.** nascere, scaturire, avere origine **2** (*di tappo, di ingranaggio*) entrare, adattarsi bene, incastrarsi, ingranare.

imboccàto part. pass. di **imboccare**; anche agg. **1** (*di bimbo, di ammalato e sim.*) nutrito, alimentato **2** (*fig.*) (*di persona*) imbeccato, istruito, ispirato, consigliato **3** (*di strada*) preso **CONTR.** lasciato, abbandonato.

imboccatùra s. f. apertura, bocca, passaggio, imbocco, ingresso □ estremità.

imbócco s. m. entrata, imboccatura.

imbonìre v. tr. persuadere, attirare, cattivarsi, ingraziarsi **CONTR.** allontanare, inimicarsi.

imbonitóre s. m. (f. *-trice*) strillone □ ciarlatano.

imboscaménto s. m. occultamento **CONTR.** ritrovamento.

imboscàre A v. tr. (*est.*) nascondere, occultare, celare **CONTR.** mostrare, fare vedere **B imboscarsi** v. rifl. **1** (*est.*) nascondersi **2** (*est.*) sottrarsi all'obbligo militare.

imboscàta s. f. **1** agguato, insidia, appostamento **2** (*fig.*) frode, inganno, tranello, trappola.

imboscàto part. pass. di **imboscare**; anche agg. e s. m. **1** (*est.*) nascosto **2** (*est.*) scansafatiche.

imbottigliaménto s. m. (*est.*) (*di traffico*) paralisi, blocco **CONTR.** sblocco.

imbottigliàre A v. tr. (*est.*) (*di traffico, di persona, ecc.*) bloccare, paralizzare □ accerchiare **CONTR.** liberare, sbloccare **B imbottigliarsi** v. intr. pron. rimanere bloccato.

imbottigliàto part. pass. di **imbottigliare**; anche agg. **1** (*di liquido*) in bottiglia **CONTR.** sfuso **2** (*est.*) (*di traffico, di persona, ecc.*) bloccato, ostruito □ accerchiato **CONTR.** liberato, sbloccato.

imbottìre v. tr. **1** (*di coperta, di divano, ecc.*) riempire di lana (di stoppa, ecc.), ovattare **2** (*di panino, di torta, ecc.*) farcire **3** (*fig.*) (*di cervello, di mente e sim.*) riempire, colmare, rimpinzare **CONTR.** svuotare.

imbottìta s. f. coltrone, trapunta.

imbottìto part. pass. di **imbottire**; anche agg. **1** (*di coperta, di divano, ecc.*) con imbottitura **2** (*di panino, di torta, ecc.*) farcito **3** (*est.*) rivestito, protetto.

imbracàre v. tr. legare, stringere, cingere.

imbranàto agg.; anche s. m. (*gerg.*) impacciato, goffo, tonto, intontito, balordo, maldestro **CONTR.** disinvolto, spigliato, sveglio, attento.

imbrattàre A v. tr. insudiciare, sporcare, lordare, insozzare, macchiare **CONTR.** pulire, nettare, tergere, detergere, sbrattare, purificare **B imbrattarsi** v. rifl. insudiciarsi, sporcarsi, lordarsi, insozzarsi **CONTR.** pulirsi.

imbrattàto part. pass. di **imbrattare**; anche agg. insudiciato, sporcato, lordato, insozzato, macchiato **CONTR.** pulito, terso, netto.

imbrigliaménto s. m. contenimento, sbarramento, freno.

imbrigliàre v. tr. (*fig.*) (*di fantasia, di passioni, ecc.*) tenere a freno, frenare, impedire, ostacolare **CONTR.** sbrigliare, sfrenare, liberare.

imbrigliàto part. pass. di **imbrigliare**; anche agg. **1** con le briglie **2** (*fig.*) (*di fantasia, di passioni, ecc.*) frenato, impedito, bloccato, ostacolato **CONTR.** sbrigliato, sfrenato, libero.

imbroccàre v. tr. **1** colpire nel segno, centrare **CONTR.** sbagliare la mira, fallire il colpo, mancare **2** (*fig.*) indovinare, azzeccare **CONTR.** sbagliare, fallire.

imbroccàto part. pass. di **imbroccare**; anche agg. **1** (*di colpo*) messo a segno, centrato **CONTR.** sbagliato **2** (*di bersaglio*) centrato **CONTR.** sbagliato **3** (*fig.*) (*di risposta, di strada, ecc.*) indovinato, azzeccato **CONTR.** sbagliato, fallito.

imbrogliàre A v. tr. **1** (*di fili, di carte, ecc.*) arruffare, aggrovigliare, avviluppare, avvolgere, ingarbugliare, intricare, intrecciare, confondere **CONTR.** sbrogliare, districare, dipanare **2** (*mar.*) chiudere le vele **3** (*fig.*) (*di affare, di traffico, ecc.*) complicare, intralciare, ostacolare, impedire, impacciare **CONTR.** liberare, agevolare, appianare, facilitare **4** (*fig.*) (*di idee, di persona, ecc.*) confondere **CONTR.** chiarire **5** (*fig.*) (*di persona*) ingannare, frodare, gabbare, raggirare, truffare, turlupinare, abbindolare, circuire **B imbrogliarsi** v. intr. pron. **1** (*di cose*) mescolarsi, intrecciarsi, aggrovigliarsi, arruffarsi, ingarbugliarsi, confondersi **CONTR.** sbrogliarsi, districarsi, dipanarsi **2** (*di persona*) sbagliarsi, fare confusione, smarrirsi, perdersi **CONTR.** essere sicuro **3** (*fig.*) (*di faccenda, di cosa, ecc.*) complicarsi, intricarsi **CONTR.** chiarirsi, appianarsi.

imbrogliàto part. pass. di **imbrogliare**; anche agg. **1** (*di fili, di carte, ecc.*) intrecciato, aggrovigliato, arruffato, ingarbugliato **CONTR.** sbrogliato, districato **2** (*fig.*) (*di affare, di traffico, ecc.*) complicato, ostacolato, intralciato **CONTR.** liberato, agevolato, facilitato **3** (*fig.*) (*di persona*) ingannato, frodato, gabbato, raggirato, truffato, turlupinato, circuìto **4** (*fig.*) (*di idee, di discorso, ecc.*) confuso, turbato, complicato **CONTR.** chiaro, semplice.

imbròglio s. m. **1** (*di fili, di nodi, ecc.*) viluppo, groviglio, garbuglio, intrico, intreccio, arruffio **2** (*fig.*) complicazione, situazione imbarazzante, pasticcio **3** (*fig.*) truffa, frode, inganno, raggiro, broglio, ciurmeria (*raro*), turlupinatura.

imbroglióne s. m.; anche agg. frodatore, lestofante, ciurmatore (*ant.*), gabbamondo, impostore, intrigante, armeggione, mestatore, truffatore, avventuriero, venditore di fumo **CONTR.** galantuomo, onesto.

imbronciàre v. intr. e **imbronciàrsi** v. intr. pron. mettere il broncio, immusonirsi, ingrugnarsi, corrucciarsi, crucciarsi, impermalirsi, offendersi **CONTR.** rasserenarsi, distendersi, rallegrarsi.

imbronciàto part. pass. di **imbronciare**; anche agg. **1** (*di persona*) immusonito, ingrugnato, ingrugnito, indispettito, crucciato, offeso, burbero **CONTR.** lieto, gaio, ridente, sereno **2** (*di cielo, di tempo*) nuvoloso, annebbiato **CONTR.** chiaro, sereno.

imbrunìre A v. intr. e **imbrunìrsi** intr. pron. diventare scuro, diventare fosco, incupirsi **CONTR.** schiarire, schiarirsi **B** v. intr. impers. farsi sera, annottare **CONTR.** albeggiare, farsi giorno **C** in funzione di s. m. sera **CONTR.** alba **FRAS.** *sull'imbrunire*, verso sera.

imbruttìre A v. tr. **1** rendere brutto, deturpare, sfigurare **CONTR.** abbellire, imbellire **2** (*di scritto, di quadro, ecc.*) deformare, alterare, deturpare **B** v. intr. diventare brutto □ deturparsi, alterarsi **CONTR.** imbellire, imbellirsi.

imbucàre A v. tr. **1** (*di corrispondenza*) impostare, spedire **2** (*di cosa*) nascondere, infilare, riporre **CONTR.** tirare fuori, scoprire **B imbucarsi** v. rifl. **1** infilarsi in una buca **2** (*est.*) rintanarsi, nascondersi, infilarsi **CONTR.** uscire, venire fuori.

imbùto s. m. **1** imbottavino, pevera **2** (*archeol.*) infundibulo **FRAS.** *mangiare con l'imbuto* (*fig.*), mangiare in fretta.

imitàbile agg. ripetibile, riproducibile, simulabile, scimmiottabile **CONTR.** inimitabile, originale.

imitàre v. tr. **1** (*di persona, di esempio, ecc.*) prendere a modello, seguire □ riprodurre, copiare **CONTR.** fare l'opposto, essere autonomo **2** (*di gesti, di voce, ecc.*) mimare, ripetere, contraffare, simulare, scimmiottare **3** (*di cosa*) sembrare, assomigliare.

imitatìvo agg. imitatorio (*raro*) **FRAS.** *armonia imitativa*, onomatopeia.

imitàto part. pass. di **imitare**; anche agg. **1** (*di persona, di esempio, ecc.*) preso a modello, seguito □ riprodotto, copiato **CONTR.** opposto, autentico **2** (*di gesto, di voce, ecc.*) mimato, ripetuto, contraffatto, simulato, scimmiottato.

imitatóre s. m. (f. *-trice*) seguace □ (*spreg.*) copiatore, contraffattore, pedissequo, plagiario, scimmiottatore **CONTR.** creatore, ideatore, inventore.

imitazióne s. f. copiatura, riproduzione, copia □ contraffazione, falsificazione **CONTR.** creazione, invenzione originale.

immacolàto agg. **1** (*di persona*) senza macchia, senza colpa, puro, purissimo, illibato, incontaminato, virtuoso **CONTR.** contaminato, impuro, depravato, corrotto, macchiato, viziato **2** (*di cosa*) bianchissimo, candido □ pulitissimo **CONTR.** macchiato, sporco **FRAS.** *l'Immacolata*, la Madonna, Maria Vergine.

immagazzinaménto s. m. stoccaggio.

immagazzinàre v. tr. **1** mettere in magazzino, stoccare **2** (*fig.*) (*di idee, di nozioni, ecc.*) accumulare, concentrare.

immaginàbile agg. concepibile, pensabile, prevedibile, presumibile, ideabile, ammissibile, credibile **CONTR.** inimmaginabile, impensabile, incredibile, assurdo.

immaginàre v. tr. **1** rappresentarsi, concepire **CONTR.** vedere, verificare, accertare, riscontrare **2** (*di scoperta, di nuovo metodo, ecc.*) ideare, inventare **3** (*con* che *o* di) credere, pensare, supporre, ritenere, stimare □ illudersi □ intuire.

immaginàrio agg. fantastico, apparente, fittizio, illusorio, inconsistente, inesistente, irreale, astratto, presunto, cervellotico **CONTR.** concreto, materiale, reale, tangibile, vero.

immaginatìva s. f. fantasia, immaginazione, inventiva □ ispirazione artistica.

immaginatìvo agg. inventivo, fantastico, fantasioso **CONTR.** concreto.

immaginàto part. pass. di **immaginare**; anche agg. **1** rappresentato, concepito **CONTR.** visto, accertato **2** (*di sistema, di metodo, ecc.*) inventato, ideato **3** creduto, supposto, stimato, ritenuto.

immaginazióne s. f. **1** fantasia, immaginativa, inventiva □ ispirazione artistica **2** invenzione, illusione, fantasticheria, fisima, chimera, ubbia, utopia, sogno, castello in aria **CONTR.** realtà.

immàgine s. f. **1** forma, figura, sembianza, apparenza, aspetto, parvenza □ riproduzione **2** (*mat.*) rappresentazione **3** ricordo, reminiscenza □ impressione, sensazione **4** fantasma, ombra, spettro, visione, apparizione.

immaginóso agg. ricco di immaginazione, fantasioso □ immaginifico (*lett.*) **CONTR.** realistico, positivo.

immalinconìre A v. tr. rattristare, incupire **CONTR.** allietare, dilettare, rallegrare **B** v. intr. e **immalinconirsi** intr. pron. diventare malinconico, intristire, rattristarsi, incupirsi **CONTR.** allietarsi, dilettarsi, rallegrarsi.

immancàbile agg. certo, inevitabile, sicuro, scontato **CONTR.** incerto, eventuale, aleatorio.

immancabilménte avv. senza fallo, di sicuro, certamente, sicuramente, inevitabilmente **CONTR.** incertamente, dubbiamente.

immàne agg. **1** (*lett.*) enorme, grandissimo, smisurato, immenso, gigantesco **CONTR.** piccolissimo, minimo, minuscolo, microscopico **2** (*di disastro, di sventura e sim.*) terribile, spaventoso, catastrofico.

immanènte agg. insito, connaturato, intrinseco, inerente **CONTR.** trascendente □ estrinseco, esteriore.

immanentìsmo s. m. **CONTR.** trascendentalismo.

immanènza s. f. **CONTR.** trascendenza.

immangiàbile agg. non commestibile □ disgustoso **CONTR.** mangiabile.

immanicàto agg. (*fig.*) in contatto, legato, protetto **CONTR.** isolato.
immanità s. f. **1** enormità, grandiosità **CONTR.** piccolezza **2** (*di disastro, di delitto, ecc.*) disastrosità, spaventosità □ crudeltà, ferocia.
immateriàle agg. (*est.*) incorporeo, spirituale, ideale, astratto **CONTR.** materiale, corporeo, tangibile, concreto.
immaterialità s. f. incorporeità, spiritualità **CONTR.** materialità, corporeità, tangibilità.
immatricolàre A v. tr. iscrivere, registrare **CONTR.** depennare, cancellare **B immatricolarsi** v. rifl. farsi registrare, iscriversi.
immatricolàto part. pass. di **immatricolare**; anche agg. registrato, iscritto.
immatricolazióne s. f. iscrizione, registrazione.
immaturaménte avv. prematuramente, precocemente, prima del tempo, troppo presto **CONTR.** tardivamente, troppo tardi.
immaturità s. f. **1** acerbità **CONTR.** maturità **2** (*fig.*) prematurità, precocità **CONTR.** tardività, ritardo **3** (*fig.*) inesperienza, ingenuità **CONTR.** esperienza, avvedutezza, scaltrezza.
immatùro agg. **1** acerbo **CONTR.** maturo **2** (*fig.*) non bene sviluppato □ inesperto **CONTR.** maturo, esperto **3** (*di morte, di scomparsa e sim.*) precoce, prematuro □ intempestivo **CONTR.** tardivo.
immedesimàre A v. tr. identificare, unificare, unire, fondere **CONTR.** distinguere, diversificare **B immedesimarsi** v. rifl. identificarsi, compenetrarsi, investirsi **CONTR.** astrarsi, liberarsi.
immedesimàto part. pass. di **immedesimare**; anche agg. identificato, compenetrato **CONTR.** astratto, lontano.
immedesimazióne s. f. identificazione, compenetrazione **CONTR.** astrazione.
immediataménte avv. **1** direttamente **CONTR.** indirettamente **2** senza ritardo, istantaneamente, prontamente, subito **CONTR.** comodamente, più tardi, in avvenire.
immediatézza s. f. **1** prontezza **CONTR.** lentezza **2** naturalezza, spontaneità **CONTR.** artificio, ricercatezza.
immediàto agg. **1** (*di contatto, di intervento, ecc.*) diretto, senza interposizione **CONTR.** indiretto, mediato **2** (*di decisione, di partenza, ecc.*) istantaneo, pronto **CONTR.** ritardato, tardivo **3** (*fig.*) (*di reazione, di passione, ecc.*) non mediato, incontrollato, spontaneo, istintivo **CONTR.** mediato, controllato, artificioso, forzato.
immemoràbile agg. remoto **CONTR.** recente.
immèmore agg. dimentico **CONTR.** memore.
immensaménte avv. enormemente, smisuratamente, molto **CONTR.** scarsamente, poco.
immensità s. f. **1** (*di spazio, di mare, ecc.*) grande estensione, enormità, vastità **CONTR.** piccolezza, limitatezza, esiguità **2** (*di persone*) grande moltitudine, quantità enorme **CONTR.** scarsezza.
immènso agg. **1** (*di distanza, di mare, ecc.*) incommensurabile, sconfinato, smisurato, illimitato, sterminato, enorme, estesissimo, vastissimo, grandissimo **CONTR.** piccolissimo, minimo, esiguo, limitato, ridotto, ristretto, scarsissimo **2** (*di sentimento*) intensissimo, profondissimo **CONTR.** scarso, superficiale.
immèrgere A v. tr. **1** (*in un liquido*) tuffare, attuffare (*raro, lett.*), sommergere, affondare, bagnare **CONTR.** tirare su, estrarre **2** (*anche fig.*) (*di spada e sim.*) far penetrare, ficcare, infiggere, introdurre, immettere **CONTR.** estrarre, cavar fuori **B immergersi** v. rifl. **1** (*in un liquido*) tuffarsi, attuffarsi (*raro, lett.*) □ penetrare **CONTR.** riemergere, affiorare, emergere **2** (*fig.*) (*nello studio, nel sonno, ecc.*) sprofondare, abbandonarsi, dedicarsi, darsi, consacrarsi **CONTR.** sollevarsi, alzarsi.
immeritataménte avv. ingiustamente, senza merito □ senza colpa, a torto **CONTR.** giustamente, a ragione, meritamente, meritatamente.
immeritàto agg. non meritato, ingiusto **CONTR.** meritato, giusto.
immeritévole agg. non meritevole, indegno **CONTR.** meritevole, degno.
immèrito avv. senza ragione, a caso, casualmente **CONTR.** volutamente, a ragion veduta.
immersióne s. f. tuffo, bagno □ ammollo.
immèrso part. pass. di **immergere**; anche agg. **1** (*in un liquido*) tuffato, attuffato (*raro, lett.*), sommerso **CONTR.** emerso, riemerso, affiorato **2** (*anche fig.*) (*di spada e sim.*) penetrato, piantato, ficcato, introdotto **CONTR.** estratto, cavato **3** (*fig.*) (*nello studio, nel sonno, ecc.*) sprofondato, abbandonato, dedicato, consacrato **CONTR.** sollevato, libero.
immésso part. pass. di **immettere**; anche agg. introdotto, inserito **CONTR.** estratto, tolto, cavato.
imméttere v. tr. fare entrare, mettere dentro, introdurre, inserire **CONTR.** estrarre, cavar fuori.
immigrànte part. pres. di **immigrare**; anche agg. e s. m. e f. emigrante **CONTR.** rimpatriante.
immigràre v. intr. emigrare, espatriare **CONTR.** rimpatriare.
immigràto part. pass. di **immigrare**; anche agg. e s. m. emigrato, espatriato **CONTR.** rimpatriato.
immigratòrio agg. emigratorio.
immigrazióne s. f. emigrazione **CONTR.** rimpatrio.
imminènte agg. **1** (*lett.*) (*di roccia, di monte, ecc.*) sporgente, sovrastante, pendente **2** (*fig.*) (*di pericolo, di guerra, ecc.*) prossimo, vicino **CONTR.** lontano, remoto.
imminènza s. f. prossimità, vicinanza **CONTR.** lontananza.
immischiàre A v. tr. implicare, intromettere **CONTR.** separare, sceverare **B immischiarsi** v.

intr. pron. intromettersi, impicciarsi, frammettersi, inframmettersi, ingerirsi **CONTR.** disinteressarsi, non curarsi, liberarsi.

immiserìre A v. tr. impoverire, depauperare **CONTR.** arricchire **B** v. intr. e **immiserirsi** intr. pron. impoverirsi □ decadere.

immiserìto part. pass. di **immiserire**; anche agg. **1** impoverito, povero **CONTR.** arricchito, ricco **2** (*fig.*) triste, avvilito, abbattuto **CONTR.** lieto, allegro, esultante.

immissàrio s. m. affluente **CONTR.** emissario.

immissióne s. f. introduzione, inserimento **CONTR.** estrazione.

immòbile A agg. fermo, fisso, immoto (*lett.*), saldo, stabile, incrollabile **CONTR.** mobile, movibile, instabile, traballante, tentennante, vacillante **B** s. m. bene immobile □ casa, appartamento □ terra, podere **CONTR.** bene mobile.

immobiliàre agg. **CONTR.** mobiliare.

immobilìsmo s. m. conservatorismo □ misoneismo **CONTR.** progressismo.

immobilità s. f. fissità, stabilità, staticità, inerzia **CONTR.** mobilità, movibilità, instabilità.

immobilizzàre v. tr. **1** rendere immobile, fermare, fissare □ costringere all'immobilità **CONTR.** lasciar andare, lasciar libero **2** (*di capitali*) investire in beni immobili.

immobilizzàto part. pass. di **immobilizzare**; anche agg. fermato, arrestato, tenuto fermo **CONTR.** liberato.

immobilizzazióne s. f. fermo, arresto, immobilizzo.

immoderatézza s. f. smoderatezza, eccesso, esagerazione **CONTR.** moderatezza, moderazione.

immoderàto agg. smodato, smoderato, sfrenato, eccessivo, esagerato **CONTR.** moderato, modico, regolato, temperato.

immodèstia s. f. sfacciataggine, sfrontatezza, spudoratezza, impudenza, millanteria, iattanza, smoderatezza **CONTR.** misura, modestia, moderazione, discrezione, semplicità, umiltà.

immodèsto agg. **1** sfacciato, sfrontato, impudente, millantatore, presuntuoso **CONTR.** modesto, moderato, discreto, semplice, umile **2** impudico, inverecondo, licenzioso, spudorato, lascivo **CONTR.** pudico, verecondo, casto.

immolàre A v. tr. sacrificare **B immolarsi** v. rifl. darsi in olocausto, dare la vita, sacrificarsi.

immolatóre s. m.; anche agg. (f. *-trice*) sacrificatore.

immolazióne s. f. sacrificio □ olocausto □ uccisione.

immondezzàio s. m. **1** mondezzaio, letamaio, pattumiera **2** (*raro, fig.*) ambientaccio, ambiente turpe, ambiente vizioso.

immondìzia s. f. sporcizia, spazzatura, sudiciume, pattume □ rifiuti.

immóndo agg. **1** sporco, sozzo, sudicio, lercio, lurido, lordo **CONTR.** pulito, mondo, netto, terso **2** (*fig.*) (*di vizio, di animo, ecc.*) impuro, sconcio, disonesto, osceno □ corrotto, depravato, perverso **CONTR.** onesto, casto, puro, verecondo, costumato, virtuoso **3** (*relig.*) impuro, contaminato **CONTR.** puro, purificato.

immoràle agg. **1** corrotto, disonesto **CONTR.** morale, onesto **2** impudico, licenzioso, osceno, scandaloso, scostumato, turpe **CONTR.** costumato, puro, virtuoso.

immoralità s. f. **1** corruzione, disonestà **CONTR.** moralità, morale, onestà, rettitudine **2** dissolutezza, impudicizia, impurità, licenziosità, oscenità, scostumatezza, turpitudine **CONTR.** costumatezza, onestà, morigeratezza, purezza, virtù.

immoralménte avv. **1** disonestamente, corrottamente **CONTR.** onestamente, moralmente **2** dissolutamente, impudicamente, scostumatamente **CONTR.** moralmente, morigeratamente, costumatamente.

immortalàre A v. tr. rendere immortale, eternare, perpetuare **B immortalarsi** v. intr. pron. diventare immortale, procurarsi fama perpetua, diventare famoso □ perpetuarsi, eternarsi.

immortàle agg. **1** eterno **CONTR.** mortale **2** perenne, perpetuo, imperituro **CONTR.** caduco, effimero, fugace, passeggero, temporaneo, transitorio.

immortalità s. f. **1** eternità **CONTR.** mortalità **2** fama imperitura.

immotivàto agg. senza motivo □ irrazionale **CONTR.** motivato.

immùne agg. esente, libero, privo, salvo, sciolto □ illeso, scampato □ (*anche fig.*) immunizzato, vaccinato **CONTR.** soggetto □ colpito, danneggiato, leso.

immunità s. f. esenzione, esonero, franchigia, privilegio **CONTR.** obbligo, costrizione.

immunizzàre v. tr. (*med.*) rendere immune □ (*anche fig.*) vaccinare.

immunizzàto part. pass. di **immunizzare**; anche agg. immune □ (*anche fig.*) vaccinato.

immusonìrsi v. intr. pron. (*fam.*) fare il broncio, imbronciarsi, corrucciarsi **CONTR.** rasserenarsi.

immusonìto part. pass. di **immusonirsi**; anche agg. (*fam.*) imbronciato, corrucciato **CONTR.** rasserenato.

immutàbile agg. costante, fisso, stabile, inalterabile, invariabile □ eterno, perenne **CONTR.** mutabile, mutevole, instabile, variabile, incostante □ passeggero, caduco.

immutabilità s. f. costanza, fissità, stabilità, inalterabilità, invariabilità □ eternità, perennità **CONTR.** mutabilità, mutevolezza, instabilità, variabilità, incostanza □ caducità.

immutabilménte avv. costantemente, stabilmente, immobilmente, invariabilmente □ eternamente **CONTR.** instabilmente, mutevolmente.

immutàto agg. costante, fisso, inalterato **CONTR.** mutato, alterato.

impacchettàre v. tr. **1** fare un pacchetto, impaccare, avvolgere, legare, imballare **CONTR.** spacchettare, aprire, slegare, svolgere **2** (*est.*, *fig.*) ammanettare, imprigionare, legare.

impacchettàto part. pass. di **impacchettare**; anche agg. **1** avvolto, legato, imballato **CONTR.** spacchettato, aperto, svolto, slegato **2** (*est.*, *fig.*) ammanettato, legato, imprigionato.

impacciàre A v. tr. impedire, intralciare, imbarazzare, bloccare, impicciare, implicare, disturbare **CONTR.** disimpacciare, disimpegnare, sciogliere, liberare **B impacciarsi** v. intr. pron. intromettersi, immischiarsi, ingerirsi, ficcarsi **CONTR.** disinteressarsi, non curarsi, liberarsi.

impacciàto part. pass. di **impacciare**; anche agg. imbarazzato, confuso, esitante, incerto, irresoluto, goffo **CONTR.** disinvolto, spigliato, franco, libero, disimpacciato □ sfacciato.

impàccio s. m. **1** imbarazzo, perplessità, turbamento **CONTR.** disinvoltura, scioltezza □ sfacciataggine **2** ostacolo, impedimento, impiccio, incaglio, ingombro, intoppo, intralcio **CONTR.** aiuto, sostegno, vantaggio **3** (*est.*) fastidio, noia □ difficoltà, disagio.

impadronìrsi v. intr. pron. **1** impossessarsi, appropriarsi, conquistare, occupare, farsi padrone **CONTR.** perdere, abbandonare **2** (*fig.*) (*di una lingua, di un mestiere, ecc.*) afferrare, impossessarsi, imparare, conoscere a fondo **CONTR.** disimparare.

impagàbile agg. **1** (*di cosa*) senza prezzo, inestimabile, prezioso **CONTR.** trascurabile, spregevole **2** (*est.*) (*di carattere, di doti, ecc.*) straordinario, eccezionale, impareggiabile, piacevole, divertente **CONTR.** brutto, difficile, mediocre, modesto.

impaginatùra s. f. impaginazione.

impaginazióne s. f. impaginatura.

impagliàre v. tr. **1** imbottire di paglia, rivestire di paglia, imballare con paglia **CONTR.** spagliare **2** (*di animale*) imbalsamare.

impagliàto part. pass. di **impagliare**; anche agg. **1** imbottito di paglia, rivestito di paglia, imballato con paglia **CONTR.** spagliato **2** (*di animale*) imbalsamato.

impagliatùra s. f. **1** copertura in paglia, rivestimento in paglia, imballo con paglia **2** (*di animali*) tassidermia, imbalsamazione.

impalàto agg. rigido, impettito, immobile, irrigidito **CONTR.** cascante, dinoccolato.

impalcatùra s. f. **1** struttura, armatura, castello, palco, ponte, ponteggio, impalcato **2** (*fig.*) (*di un sistema, di uno Stato, ecc.*) struttura, intelaiatura, ossatura, base.

impallidìre v. intr. **1** (*di persona*) divenire pallido, sbiancare, scolorirsi **CONTR.** arrossire, colorirsi **2** (*est.*) (*di luce, di cielo, ecc.*) sbiadire □ offuscarsi, oscurarsi, smorzarsi **CONTR.** illuminarsi, accendersi **3** (*fig.*) (*di persona*) allibire, sbigottire **CONTR.** rianimarsi, rinfrancarsi **4** (*fig.*) (*di ricordo, di sentimento, ecc.*) attenuarsi, indebolirsi **CONTR.** ravvivarsi, accentuarsi.

impallidìto part. pass. di **impallidire**; anche agg. **1** (*di persona*) sbiancato, scolorito, pallido, smorto **CONTR.** arrossito, rosso **2** allibito, sbigottito **CONTR.** rinfrancato, rianimato **3** (*fig.*) (*di ricordo, di luce, ecc.*) attenuato, sfumato, sbiadito, offuscato **CONTR.** ravvivato, accentuato, vivo, acceso.

impalmàre v. tr. (*lett.*) sposare.

impalpàbile agg. finissimo, minutissimo, sottilissimo, tenue, evanescente **CONTR.** palpabile, grosso, grossolano, voluminoso.

impalpabilità s. f. estrema finezza, estrema sottigliezza **CONTR.** palpabilità, grossezza, voluminosità.

impanàre v. tr. (*di vite*) filettare.

impantanàre A v. tr. rendere pantanoso, impaludare **B impantanarsi** v. intr. pron. **1** impaludarsi **CONTR.** spantanarsi **2** (*fig.*) invischiarsi, ingolfarsi, impegolarsi **CONTR.** liberarsi, uscire, cavarsela.

impaperàrsi v. intr. pron. prendere una papera, confondersi, impappinarsi.

impappinàre A v. tr. (*raro*) far confondere **B impappinarsi** v. intr. pron. (*nel parlare*) imbrogliarsi, confondersi, impaperarsi.

imparagonàbile agg. impareggiabile, incomparabile **CONTR.** paragonabile, comparabile.

imparàre v. tr. apprendere, conoscere, studiare □ sperimentare □ impratichirsi, istruirsi **CONTR.** disimparare, dimenticare, non ritenere.

imparàto part. pass. di **imparare**; anche agg. appreso, conosciuto, studiato **CONTR.** disimparato, dimenticato.

impareggiàbile agg. **1** senza paragone, incomparabile, inarrivabile, ineguagliabile **CONTR.** pareggiabile, eguagliabile **2** (*est.*) (*di consiglio, di aiuto, ecc.*) prezioso, insostituibile, singolare, eccezionale, straordinario, unico **CONTR.** cattivo, pessimo, brutto.

imparentàre A v. tr. apparentare **B imparentarsi** v. intr. pron. apparentarsi.

ìmpari agg. **1** dispari, caffo (*tosc.*) **CONTR.** pari **2** (*est.*) (*di sforzo, di esito, ecc.*) inferiore, ineguale, disuguale **CONTR.** pari, uguale, superiore.

imparisìllabo agg. e s. m. **CONTR.** parisillabo.

impartìre v. tr. dare, distribuire, dispensare, ripartire □ donare, elargire, concedere.

impartìto part. pass. di **impartire**; anche agg. dato □ distribuito, dispensato, ripartito □ elargito, donato, concesso.

imparziàle agg. equo, equanime, giusto, spassionato, neutrale, obiettivo **CONTR.** parziale, iniquo, ingiusto, partigiano, settario.

imparzialità s. f. equità, equanimità, giustizia, neutralità, obiettività **CONTR.** parzialità, iniquità, ingiustizia, partigianeria, settarismo.

imparzialménte avv. equamente, giustamente,

spassionatamente **CONTR.** parzialmente, iniquamente, ingiustamente.

impasse /*fr.* ɛ̃'pas/ [vc. fr., comp. di *in-* neg. e di un deriv. da *passer* 'passare'] s. f. inv. **1** via senza uscita, vicolo cieco **2** (*fig.*) intoppo, difficoltà **CONTR.** facilitazione, agevolazione.

impassìbile agg. imperturbabile, freddo, indifferente, insensibile □ calmo, sereno, tranquillo **CONTR.** agitato, nervoso, commosso, sensibile, sensitivo, emotivo, appassionato.

impassibilità s. f. imperturbabilità, freddezza, indifferenza, insensibilità □ calma, serenità, tranquillità **CONTR.** agitazione, nervosismo, commozione, emotività, sensibilità, turbamento.

impassibilménte avv. imperturbabilmente, freddamente **CONTR.** agitatamente, nervosamente.

impastàre v. tr. **1** amalgamare, mescolare **2** (*est.*) incollare.

impastàto part. pass. di **impastare**; anche agg. **1** mescolato **2** (*est.*) incollato **3** (*fig.*) fatto, costituito, composto.

impastatrìce s. f. molazza, mescolatrice □ betoniera.

impàsto s. m. **1** mescolanza, mistura, amalgama, impastatura **2** (*fig.*) (*di colori, di stili, ecc.*) miscuglio □ insieme, misto, combinazione.

impataccàre A v. tr. (*fam.*) insudiciare, macchiare, imbrattare **CONTR.** pulire, mondare, nettare, tergere, detergere **B impataccarsi** v. rifl. insudiciarsi, macchiarsi **CONTR.** pulirsi, detergersi.

impataccàto part. pass. di **impataccare**; anche agg. (*fam.*) insudiciato, sudicio, macchiato, imbrattato **CONTR.** pulito, mondo, netto.

impattàre v. tr. e intr. pareggiare, terminare alla pari, far pari e patta **CONTR.** vincere, perdere.

impàtto s. m. **1** urto, cozzo, scontro □ percussione **2** (*fig.*) influsso, influenza.

impaurire A v. tr. intimorire, spaventare, atterrire, spaurire, sgomentare, sbigottire, allarmare, intimidire, terrorizzare **CONTR.** rinfrancare, rianimare, incoraggiare **B** v. intr. e **impaurirsi** intr. pron. spaventarsi, spaurirsi, sgomentarsi, sbigottirsi, allarmarsi, smarrirsi **CONTR.** rinfrancarsi, rianimarsi.

impaurìto part. pass. di **impaurire**; anche agg. spaventato, intimorito, atterrito, spaurito, sgomentato, sbigottito, allarmato, intimidito, terrorizzato **CONTR.** rinfrancato, rianimato, incoraggiato.

impavidaménte avv. coraggiosamente, intrepidamente **CONTR.** paurosamente, pavidamente, vilmente.

impàvido agg. senza paura, ardito, ardimentoso, coraggioso, imperterrito, intrepido, impassibile, imperturbabile **CONTR.** pavido, pauroso, timido, timoroso, vile.

impaziènte agg. **1** insofferente, intollerante, irrequieto, smanioso, nervoso **CONTR.** paziente, tollerante, pacifico, mite, quieto, tranquillo **2** (*di partire, di sapere, ecc.*) ansioso, bramoso, desideroso **CONTR.** indifferente, contrario, avverso.

impazienteménte avv. **1** smaniosamente, nervosamente **CONTR.** pacificamente, tranquillamente **2** ansiosamente, bramosamente **CONTR.** indifferentemente, malvolentieri.

impaziènza s. f. insofferenza, intolleranza, smania, inquietudine, ansia, fretta, agitazione, nervosismo **CONTR.** pazienza, calma, flemma, impassibilità, imperturbabilità, self-control (*ingl.*).

impazziménto s. m. intrigo, ammattimento, fatica, noia **CONTR.** piacere, divertimento.

impazzìre v. intr. **1** diventare pazzo, ammattire, impazzare (*raro*), insanire, perder la ragione, uscir di senno **CONTR.** rinsavire **2** (*est.*) innamorarsi perdutamente, infatuarsi, cuocersi (*fig.*) **CONTR.** disamorarsi, disinnamorarsi **3** (*fig.*) (*per una cosa difficile*) perdere la testa, scervellarsi, lambiccarsi il cervello, rompersi il capo **4** (*fig.*) (*di strumenti*) funzionare a caso, funzionare male **5** (*est.*) (*di traffico, di circolazione e sim.*) diventare caotico, diventare inestricabile, bloccarsi **CONTR.** regolarsi, sbloccarsi.

impazzìto part. pass. di **impazzire**; anche agg. **1** ammattito, matto **CONTR.** rinsavito **2** (*est.*) innamorato perdutamente, infatuato, cotto **3** (*fig.*) (*di strumenti*) guasto **CONTR.** perfetto **4** (*di traffico, di circolazione e sim.*) caotico, inestricabile, bloccato **CONTR.** ordinato, scorrevole.

impeccàbile agg. irreprensibile, incensurabile, infallibile, inappuntabile, perfetto **CONTR.** biasimevole, censurabile, reprensibile, imperfetto.

impeccabilità s. f. irreprensibilità, incensurabilità, infallibilità, perfezione **CONTR.** fallibilità, imperfezione.

impeccabilménte avv. irreprensibilmente, infallibilmente, perfettamente **CONTR.** male, imperfettamente.

impeciàre v. tr. coprire di pece, incatramare, impegolare, calafatare.

impeciàto part. pass. di **impeciare**; anche agg. coperto di pece, incatramato, impegolato, calafatato.

impediménto s. m. **1** ostacolo, difficoltà, contrarietà, contrattempo, impaccio, ingombro, incaglio, intoppo, imbarazzo, ostruzione, barriera, contrasto **CONTR.** facilità, agevolezza, vantaggio, aiuto, soccorso **2** (*al pl.*) (*mil.*) bagagli, salmerie, carriaggi.

impedìre v. tr. **1** (*di parlare, di entrare, ecc.*) proibire, vietare, inibire, interdire, negare **CONTR.** permettere, consentire, acconsentire, autorizzare, concedere **2** (*di lavoro, di traffico, ecc.*) intralciare, ostacolare, impacciare, incagliare, inceppare, ostruire, arrestare, intercettare, fermare, frenare, trattenere, vincolare CONTR. aiutare, facilitare, favorire, soccorrere **3** (*di braccia, di gambe*) debilitare, inabilitare.

impedìto part. pass. di **impedire**; anche agg. **1** vietato, inibito, interdetto, impossibilitato CONTR. libero, autorizzato **2** (*di lavoro, di traffico, ecc.*) ostacolato, intralciato, incagliato, ostruito, inceppato □ impegnato, occupato CONTR. facilitato, favorito □ libero **3** (*di braccia, di gambe*) debilitato, inabile, minorato, andicappato, handicappato, invalido CONTR. abile, sano.

impegnàre **A** v. tr. **1** (*di gioiello, di mobile, ecc.*) dare in pegno, pignorare □ ipotecare CONTR. disimpegnare **2** (*di posto, di persona, ecc.*) riservare, accaparrare □ vincolare, obbligare, costringere, forzare CONTR. lasciar libero, liberare, svincolare **B** **impegnarsi** v. rifl. **1** (*in un'impresa, a partire, ecc.*) obbligarsi, addossarsi, incaricarsi, imbarcarsi, impegolarsi, vincolarsi CONTR. disimpegnarsi, liberarsi, svincolarsi, affrancarsi **2** (*nello studio, nel lavoro, ecc.*) mettersi d'impegno, darsi da fare, sforzarsi CONTR. prendersela comoda, bighellonare.

impegnatìva s. f. autorizzazione.

impegnatìvo agg. gravoso, laborioso, oneroso CONTR. leggero, lieve, superficiale.

impegnàto part. pass. di **impegnare**; anche agg. **1** (*di gioiello, di mobile, ecc.*) dato in pegno, pignorato □ ipotecato **2** (*di posto*) riservato **3** (*nello studio, nel lavoro, ecc.*) obbligato, preso, affaccendato, occupato, dedito, immerso CONTR. libero, disimpegnato FRAS. *non impegnato* (*polit.*), non allineato.

impégno s. m. **1** obbligo, promessa, vincolo, legame **2** appuntamento **3** briga, incombenza, incarico, compito **4** sollecitudine, zelo, cura, diligenza, fervore, premura, solerzia □ interessamento CONTR. disimpegno, negligenza, noncuranza, indifferenza, disinteresse, svogliatezza.

impegolàre **A** v. tr. spalmare di pece, impeciare, incatramare □ calafatare **B** **impegolarsi** v. rifl. (*fig.*) impelagarsi, invischiarsi, impantanarsi (*fig.*), incasinarsi (*pop.*), ingolfarsi CONTR. liberarsi, disimpegnarsi, disimpacciarsi, districarsi, affrancarsi.

impegolàto part. pass. di **impegolare**; anche agg. impelagato, impantanato (*fig.*), ingolfato CONTR. liberato, libero.

impelagàrsi v. rifl. impegolarsi, invischiarsi, ingolfarsi, impantanarsi (*fig.*) CONTR. liberarsi, disimpegnarsi.

impelagàto part. pass. di **impelagarsi**; anche agg. impegolato, ingolfato, impantanato, incasinato (*pop.*) CONTR. liberato, libero.

impellènte agg. imperioso, urgente, pressante CONTR. prorogabile, differibile.

impenetràbile agg. **1** (*di cosa*) incompenetrabile, inaccessibile, impermeabile, chiuso CONTR. penetrabile, permeabile, accessibile, aperto **2** (*fig.*) (*di persona, di diseorso, ecc.*) incomprensibile, inesplicabile, imperscrutabile, ermetico, oscuro □ chiuso, riservato CONTR. chiaro, comprensibile, evidente, manifesto, palese, perspicace.

impenetrabilità s. f. **1** (*di cosa*) inaccessibilità, incompenetrabilità, impermeabilità CONTR. accessibilità, compenetrabilità, permeabilità **2** (*di persona, di discorso, ecc.*) incomprensibilità, inesplicabilità, oscurità CONTR. chiarezza, comprensibilità, evidenza **3** (*fig.*) (*di persona*) insensibilità, freddezza CONTR. sensibilità.

impenitènte agg. incallito, incorreggibile, indurito, ostinato, pervicace CONTR. penitente, pentito, contrito □ correggibile.

impenitènza s. f. ostinazione, pervicacia CONTR. pentimento, contrizione □ arrendevolezza, elasticità.

impennàre **A** v. tr. (*aer.*) cabrare **B** **impennarsi** v. intr. pron. **1** (*di aereo, di cavallo*) eseguire un'impennata **2** (*fig.*) (*di persona*) inalberarsi, risentirsi, arrabbiarsi, adombrarsi, impermalirsi, stizzirsi, incazzarsi (*volg.*) CONTR. ammansirsi, placarsi, quietarsi, calmarsi.

impennàta s. f. **1** (*aer.*) cabrata brusca **2** (*fig.*) collera improvvisa, scatto d'ira, incazzatura (*volg.*).

impensàbile agg. inconcepibile, inimmaginabile, imprevedibile, imprevisto, inaspettato, inatteso, improvviso CONTR. pensabile, immaginabile, prevedibile, previsto, atteso, temuto.

impensàto agg. imprevisto, inaspettato, improvviso CONTR. previsto, atteso, programmato.

impensierire **A** v. tr. inquietare, preoccupare, turbare, tormentare, crucciare CONTR. calmare, placare, quietare, tranquillizzare **B** **impensierirsi** v. intr. pron. turbarsi, preoccuparsi, darsi pensiero, inquietarsi, crucciarsi CONTR. disinteressarsi, fregarsene (*pop.*), sbattersene (*pop., volg.*), infischiarsene.

impensierìto part. pass. di **impensierire**; anche agg. ansioso, angosciato, inquieto, preoccupato, turbato CONTR. calmo, tranquillo, indifferente □ divertito.

imperànte part. pres. di **imperare**; anche agg. dominante, di moda, in (*ingl.*) CONTR. fuori moda, out (*ingl.*).

imperàre v. intr. **1** dominare, regnare, comandare, avere la supremazia CONTR. obbedire, soggiacere, sottostare **2** (*fig.*) (*di uso, di linguaggio, ecc.*) predominare, essere in voga, essere di moda.

imperativaménte avv. imperiosamente, autoritariamente CONTR. bonariamente, mitemente □ democraticamente.

imperativo agg. **1** impositivo **2** imperioso, autoritario □ rigido, severo **CONTR.** bonario, mite, mansueto □ democratico.

imperatóre s. m. (f. *-trice*) sovrano, monarca, despota, zar (di Russia), kaiser (di Germania), mikado (del Giappone), scià (di Persia), sultano (di paesi arabi), gran khan (di Cina), negus neghesti (di Etiopia).

impercettìbile agg. **1** piccolissimo, infinitesimale, microscopico, invisibile **CONTR.** percettibile, visibile, grandissimo, enorme **2** (*est.*) (*di segno, di rumore*) lieve, sfuggente **CONTR.** marcato, pesante.

impercettibilità s. f. piccolezza, invisibilità **CONTR.** grandezza, enormità.

impercettibilménte avv. lievissimamente, leggerissimamente, insensibilmente **CONTR.** percettibilmente, sensibilmente.

imperdonàbile agg. inescusabile (*lett.*), ingiustificabile, irrimediabile **CONTR.** perdonabile, scusabile, rimediabile.

imperfètto agg. **1** incompiuto, incompleto **CONTR.** perfetto, compiuto, completo **2** difettoso, manchevole, insufficiente, scadente **CONTR.** eccellente, pregevole, ottimo.

imperfezióne s. f. difetto, manchevolezza, mancanza, deficienza, fallo, magagna, pecca, tara **CONTR.** perfezione, compiutezza, finitezza, eccellenza.

imperiàle agg. sovrano.

imperialìsmo s. m. espansionismo, colonialismo.

imperialìsta A s. m. colonialista **B** agg. imperialistico, colonialista, espansionistico.

imperialìstico agg. colonialista, espansionistico.

imperiosaménte avv. alteramente, orgogliosamente, superbamente, dispoticamente **CONTR.** modestamente, umilmente, mitemente, democraticamente.

imperiosità s. f. autorità □ arroganza, superbia **CONTR.** mitezza, modestia, umiltà.

imperióso agg. **1** autoritario □ altero, orgoglioso, superbo **CONTR.** sottomesso, obbediente, arrendevole **2** (*fig.*) (*di necessità e sim.*) impellente, urgente, irresistibile, pressante, ineluttabile **CONTR.** ritardabile, prorogabile, procrastinabile.

imperìzia s. f. inabilità, inesperienza, incapacità, inettitudine, ignoranza **CONTR.** abilità, attitudine, capacità, esperienza.

imperlàre A v. tr. **1** adornare con perle, ingemmare, ingioiellare **2** (*fig.*) (*di sudore, di rugiada, ecc.*) cospargere di gocce, bagnare, spruzzare **B imperlarsi** v. intr. pron. coprirsi di goccioline, bagnarsi.

impermalìre A v. tr. far risentire, offendere **B impermalirsi** v. intr. pron. aversela a male, indispettirsi, offendersi, adontarsi, adirarsi, arrabbiarsi, stizzirsi.

impermeàbile A agg. **CONTR.** permeabile **B** s. m. (*est.*) soprabito.

impermeabilità s. f. **CONTR.** permeabilità.

impermeabilizzàto agg. impermeabile.

imperniàre A v. tr. **1** fissare con perni, collegare, fermare **2** (*fig.*) (*di racconto, di ragionamento, ecc.*) basare, fondare, incentrare **B imperniarsi** v. intr. pron. (*fig.*) basarsi, fondarsi, incentrarsi.

impèro A s. m. **1** (*di territorio*) dominio **2** (*anche fig.*) potere assoluto, autorità assoluta, dominio □ sfera, ambito **B** in funzione di agg. inv. (posposto al n.) (*di stile*) neoclassico fiorito.

imperscrutàbile agg. inscrutabile, impenetrabile, incomprensibile, misterioso **CONTR.** scrutabile, comprensibile, chiaro.

imperscrutabilità s. f. inscrutabilità (*raro*), incomprensibilità, impenetrabilità, oscurità **CONTR.** chiarezza, comprensibilità, evidenza, perspicuità.

imperscrutabilménte avv. impenetrabilmente, misteriosamente **CONTR.** chiaramente.

impersonàle agg. **1** (*di verbo, di forma e sim.*) indeterminato **CONTR.** determinato, personale **2** (*di stile, di giudizio, ecc.*) privo di originalità, banale, comune, scialbo, piatto, generico **CONTR.** originale, personale.

impersonalità s. f. banalità, genericità, piattezza **CONTR.** originalità, personalità.

impersonalménte avv. **1** in forma impersonale, indeterminatamente **CONTR.** personalmente, determinatamente **2** senza originalità, banalmente, piattamente **CONTR.** originalmente, personalmente.

impersonàre A v. tr. rappresentare, incarnare, personificare □ interpretare **B impersonarsi** v. rifl. immedesimarsi **C** v. intr. pron. incarnarsi □ attuarsi.

impertèrrito agg. imperturbabile, impassibile, impavido, intrepido, ardito, audace, coraggioso, valoroso, saldo **CONTR.** trepidante, turbato, pavido (*lett.*), atterrito, sgomento, spaventato.

impertinènte agg. insolente, sfacciato, maleducato, ignorante, irriverente, spudorato, arrogante, petulante, presuntuoso **CONTR.** rispettoso, riguardoso, cortese, ossequioso, garbato, gentile.

impertinènza s. f. insolenza, sfacciataggine, irriverenza, ignoranza, maleducazione, sconvenienza, scortesia, villania, petulanza, presunzione **CONTR.** rispetto, riguardo, cortesia, ossequio, garbo, affabilità, gentilezza.

imperturbàbile agg. impassibile, imperterrito, insensibile □ calmo, sereno **CONTR.** sensibile, turbato, commosso, agitato, emotivo, nervoso.

imperturbabilità s. f. impassibilità, indifferenza □ calma, serenità **CONTR.** sensibilità, turbamento, commozione, emozione, agitazione, nervosismo.

imperturbàto agg. impassibile □ calmo, sereno **CONTR.** turbato, agitato, commosso, nervoso.

imperversàre v. intr. **1** infuriare, infierire, inferocire, incrudelire, sfrenarsi **CONTR.** contenersi, dominarsi, frenarsi, moderarsi, stare calmo **2** (*scherz.*) (*di moda, di costume e sim.*) dominare, dilagare, imperare, essere di moda, essere in, avere successo **CONTR.** essere fuori moda, essere out.

impèrvio agg. impraticabile, inaccessibile, irraggiungibile, malagevole **CONTR.** pervio, accessibile, agevole, praticabile.

impestàre v. tr. (*pop.*) appestare, ammorbare.

ìmpeto s. m. moto violento, impetuosità, foga, furia, veemenza, violenza, slancio, spinta □ assalto **CONTR.** calma, flemma, freddezza, placidità, tranquillità.

impettìto agg. diritto, eretto, impalato, rigido, col petto in fuori □ tronfio, pettoruto **CONTR.** cascante, curvo.

impetuosaménte avv. veementemente, violentemente, furiosamente **CONTR.** freddamente, pacatamente, placidamente, lentamente.

impetuosità s. f. irruenza, veemenza, foga, furia, slancio, focosità, impulsività, violenza **CONTR.** calma, flemma, freddezza, pacatezza, placidità, lentezza.

impetuóso agg. focoso, irruente, impulsivo, veemente, violento, furioso **CONTR.** calmo, flemmatico, freddo, pacato, placido, lento.

impiantàre v. tr. **1** (*di macchina, di congegno, ecc.*) installare, piazzare **CONTR.** disfare, distruggere, demolire **2** (*est.*) (*di lavoro, di discussione, ecc.*) avviare, fondare, istituire, iniziare, mettere in piedi **CONTR.** finire, terminare.

impiànto s. m. **1** (*di attività, di casa, ecc.*) collocazione, fondazione, installazione, allestimento, avviamento **2** (*di riscaldamento, di produzione, ecc.*) attrezzature, struttura, macchinario, servizi **3** (*med.*) trapianto.

impiastràre A v. tr. impiastricciare, impeciare, imbrattare □ (*est.*) insudiciare, insozzare **CONTR.** pulire, ripulire, tergere, detergere, nettare **B impiastrarsi** v. rifl. ungersi.

impiastricciàre v. tr. (*spreg.*) impiastrare, imbrattare, sporcare **CONTR.** pulire, ripulire, tergere, detergere, nettare.

impiàstro s. m. **1** cataplasma **2** (*fig., fam.*) (*di persona*) pedante, noioso, molesto **CONTR.** spiritoso, giovialone, mattacchione **3** (*fig., fam.*) cagionevole, malaticcio **CONTR.** sano, vegeto.

impiccàre A v. tr. appendere per la gola, appiccare, strangolare **B impiccarsi** v. rifl. appiccarsi.

impiccàto part. pass. di **impiccare**; anche agg. e s. m. appiccato, strangolato □ soffocato.

impicciàre A v. tr. impacciare, ostacolare, imbarazzare, intralciare, ingombrare **CONTR.** disimpacciare (*raro*), sbarazzare, sgombrare, liberare **B impicciarsi** v. intr. pron. immischiarsi, intromettersi, inframmettersi, ingerirsi, mettere il naso **CONTR.** disinteressarsi, fregarsene (*pop.*), infischiarsi.

impìccio s. m. ingombro, intralcio, ostacolo, impedimento, impaccio □ contrattempo, difficoltà.

impicciόne s. m. curioso, ficcanaso, intrigante, maneggione **CONTR.** riservato, prudente, uno che bada ai fatti suoi, menefreghista.

impiccolìre A v. tr. impicciolire, impiccinire, rimpicciolire, diminuire, sminuire **CONTR.** ingrandire, ingrossare, accrescere, aumentare **B** v. intr. e **impiccolirsi** intr. pron. farsi piccolo, diminuire, restringersi, ridursi **CONTR.** ingrandirsi, ingrossarsi, crescere, aumentare.

impiegàre A v. tr. **1** (*di carta, di forbici, ecc.*) adoperare, utilizzare, usare, sfruttare **2** (*di denaro*) spendere, investire **3** (*di tempo*) trascorrere, occupare **4** (*di persona*) assumere, fare lavorare, occupare **CONTR.** licenziare, mandare a spasso (*fig.*) **B impiegarsi** v. rifl. ottenere un impiego, trovare un impiego, trovare lavoro, lavorare **CONTR.** licenziarsi.

impiegàto A part. pass. di **impiegare**; anche agg. **1** (*di carta, di forbici, ecc.*) adoperato, utilizzato, usato, sfruttato **2** (*di denaro*) speso, investito **3** (*di tempo*) trascorso, occupato **4** (*di persona*) assunto, occupato **CONTR.** licenziato, disoccupato **B** s. m. stipendiato, funzionario, pubblico ufficiale, burocrate.

impiègo s. m. **1** uso, utilizzazione **2** ufficio, occupazione, posto, lavoro, posto di lavoro, carica.

impietosaménte avv. crudelmente, spietatamente, disumanamente **CONTR.** pietosamente, umanamente.

impietosìre A v. tr. muovere a pietà, commuovere, intenerire **CONTR.** inferocire, inasprire **B impietosirsi** v. intr. pron. sentire pietà, commuoversi, intenerirsi **CONTR.** inferocirsi, inasprirsi.

impietosìto part. pass. di **impietosire**; anche agg. mosso a pietà, commosso, intenerito **CONTR.** inferocito, inasprito, spietato.

impietóso agg. crudele, disumano, spietato **CONTR.** pietoso, umano.

impietrìre A v. tr. **1** pietrificare **2** (*fig.*) indurire, rendere insensibile **CONTR.** commuovere, turbare **B** v. intr. e **impietrirsi** intr. pron. **1** pietrificarsi **2** (*fig.*) diventare duro, diventare insensibile **CONTR.** commuoversi, turbarsi.

impietrìto part. pass. di **impietrire**; anche agg. (*fig.*) pietrificato, reso insensibile.

impigliàre A v. tr. avviluppare, avvolgere, intricare **CONTR.** sciogliere, districare **B impigliarsi** v. intr. pron. avvilupparsi, avvolgersi, intricarsi, rimanere preso, restare intricato **CONTR.** sciogliersi, districarsi.

impigrìre A v. tr. rendere pigro, impoltronire, infiacchire **CONTR.** spigrire, spoltronire, svegliare, scuotere **B** v. intr. e **impigrirsi** intr. pron. diventare pigro, infiacchirsi, impoltronirsi **CONTR.** spigrirsi, spoltronirsi, svegliarsi, scuotersi, affaccendarsi.

impigrìto part. pass.; anche agg. impoltronito, infiacchito, pigro **CONTR.** svegliato, scosso, spigrito.

impinzàre A v. tr. riempire, rimpinzare **B impinzarsi** v. rifl. rimpinzarsi, saziarsi.

impinzàto part. pass. di **impinzare**; anche agg. riempito, ripieno, rimpinzato.

impiombàre v. tr. saldare con piombo, riempire di piombo □ (*di dente*) otturare □ (*di pacco*) sigillare **CONTR.** spiombare.

impiombàto part. pass. di **impiombare**; anche agg. piombato, riempito con piombo □ (*di dente*) otturato □ (*di pacco*) sigillato **CONTR.** spiombato.

implacàbile agg. implacato, inesorabile, irriducibile, inflessibile, ostinato □ (*est.*) duro, crudele, terribile, spietato **CONTR.** mite, debole □ conciliante, arrendevole, indulgente, pietoso, misericordioso, generoso.

implacabilità s. f. inesorabilità, inflessibilità, ostinazione **CONTR.** placabilità □ indulgenza, arrendevolezza.

implacabilménte avv. inesorabilmente, inflessibilmente, ostinatamente **CONTR.** placabilmente □ indulgentemente, misericordiosamente.

implacàto agg. implacabile, irriducibile, inflessibile, ostinato □ (*est.*) duro, crudele, spietato **CONTR.** mite, debole □ conciliante, arrendevole, pietoso, misericordioso, generoso.

implementàre v. tr. attivare **CONTR.** disattivare.

implicàre A v. tr. **1** (*di cosa*) comprendere, sottintendere, racchiudere in sé, contenere **CONTR.** escludere, eliminare **2** (*di persona*) coinvolgere, trascinare, impegnare, compromettere, impegolare **CONTR.** disimpegnare, liberare **B implicarsi** v. intr. pron. coinvolgersi, impegnarsi, impegolarsi **CONTR.** disimpegnarsi, liberarsi.

implicàto part. pass. di **implicare**; anche agg. coinvolto, compromesso, trascinato **CONTR.** disimpegnato, libero.

implicazióne s. f. rapporto, connessione, relazione □ conseguenza.

implicitaménte avv. non espressamente, non dichiaratamente □ indirettamente **CONTR.** esplicitamente, espressamente □ direttamente.

implìcito agg. sottinteso, compreso, contenuto, racchiuso **CONTR.** esplicito, chiaro, espresso.

implorànte part. pres. di **implorare**; anche agg. supplichevole, supplice **CONTR.** imperioso, altezzoso.

imploràre v. tr. chiedere, impetrare, supplicare, scongiurare **CONTR.** comandare, imporre, ingiungere □ bestemmiare, maledire.

implorazióne s. f. preghiera, supplica, impetrazione **CONTR.** comando, imposizione, ingiunzione □ bestemmia, maledizione.

impollinàre v. tr. (*bot.*) fecondare.

impollinazióne s. f. (*bot.*) fecondazione **FRAS.** *impollinazione diretta*, autogamia □ *impollinazione indiretta*, eterogamia.

impoltronìre A v. tr. rendere poltrone, impigrire, infiacchire **CONTR.** spigrire, spoltrire, spoltronire, scuotere, svegliare **B** v. intr. e **impoltronirsi** intr. pron. divenire poltrone, impigrirsi, infiacchirsi, intorpidirsi, poltrire **CONTR.** affaccendarsi, arrabattarsi, lavorare, sfacchinare, spoltronirsi, scuotersi, svegliarsi.

impoltronìto part. pass. di **impoltronire**; anche agg. impigrito, infiacchito, pigro **CONTR.** svegliato, scosso, spigrito, attivo.

impolveràre A v. tr. coprire di polvere □ sporcare **CONTR.** spolverare **B impolverarsi** v. intr. pron. coprirsi di polvere □ sporcarsi.

impolveràto part. pass. di **impolverare**; anche agg. coperto di polvere □ sporco **CONTR.** spolverato □ pulito, lucido.

impomatàto agg. unto di pomata □ cosparso di brillantina □ (*est.*) ben curato, azzimato.

imponderàbile agg. (*fig.*) non analizzabile, imprevedibile, incomprensibile, misterioso, oscuro **CONTR.** analizzabile, prevedibile, valutabile.

imponderabilità s. f. **1** (*fis.*) assenza di peso **CONTR.** ponderabilità **2** (*fig.*) imprevedibilità, misteriosità, oscurità **CONTR.** prevedibilità.

imponènte agg. enorme, solenne, grandioso, maestoso, autorevole **CONTR.** piccolo, meschino, misero, insignificante.

imponènza s. f. grandiosità, maestosità, solennità, importanza **CONTR.** piccolezza, meschinità, miseria.

imponìbile agg. tassabile **CONTR.** esente da tasse.

imponibilità s. f. tassabilità **CONTR.** esenzione da tasse.

impopolàre agg. non popolare, antipopolare □ (*est.*) antipatico □ poco conosciuto □ difficile **CONTR.** popolare □ (*est.*) simpatico □ noto, conosciuto.

impopolarità s. f. disapprovazione popolare, ostilità □ antipatia **CONTR.** popolarità □ simpatia.

imporporàre A v. tr. tingere di porpora, arrossare **B imporporarsi** v. intr. pron. (*di viso, di cielo, ecc.*) arrossire □ arrossarsi **CONTR.** impallidire, sbiancare.

imporporàto part. pass. di **imporporare**; anche agg. tinto di porpora, arrossato, rosso **CONTR.** pallido, sbiancato.

impórre A v. tr. **1** (*di corona, di coperchio, ecc.*) porre sopra, metter sopra, sovrapporre **CONTR.** togliere, levare **2** (*di nome*) dare, conferire **3** (*di legge, di ordine, ecc.*) fare osservare, fare rispettare, far valere **4** (*di obbligo, di rispetto, ecc.*) comandare, ingiungere, intimare, obbligare, prescrivere, comminare **B imporsi** v. rifl. affermarsi, farsi valere, avere successo **CONTR.**

fallire **C** v. intr. pron. (*di questione, di decisione, ecc.*) essere necessario, urgere, premere □ balzare agli occhi.

import /*ingl.* 'impɔ:t/ [vc. ingl., da *to import* 'importare'] s. m. inv. importazione **CONTR.** export (*ingl.*), esportazione.

importànte A agg. **1** (*di cosa*) considerevole, essenziale, grave, notevole, notabile, rilevante, serio, significante, urgente, di gran peso, di grande interesse, utile, prestigioso **CONTR.** insignificante, irrilevante, modesto, meschino, trascurabile, futile **2** (*di persona*) autorevole, potente, influente, ragguardevole, insigne, famoso **CONTR.** oscuro, ignoto, insignificante, modesto **B** s. m. solo sing. l'essenziale.

importànza s. f. **1** entità, peso, rilevanza, calibro, rilievo, valore, interesse, gravità, serietà **CONTR.** insignificanza, irrilevanza, meschinità, modestia, futilità **2** credito, considerazione, fiducia, stima **CONTR.** discredito, disistima, disprezzo **3** boria, ostentazione **CONTR.** semplicità, umiltà.

importàre A v. tr. **1 CONTR.** esportare **2** (*raro*) (*di danno, di sacrifici, ecc.*) arrecare, cagionare, comportare, richiedere, implicare, comprendere **B** v. intr. premere, interessare, stare a cuore **C** v. intr. impers. **1** interessare, premere, stare a cuore **2** essere necessario, bisognare, occorrere.

importazióne s. f. import (*ingl.*) **CONTR.** esportazione, export (*ingl.*).

impòrto s. m. **1** ammontare, entità, costo, prezzo **2** (*est.*) somma.

importunàre v. tr. disturbare, infastidire, seccare, molestare, tormentare, annoiare, scocciare (*fam.*), rompere (*gerg.*) **CONTR.** allietare, dilettare, divertire, rallegrare, ricreare, svagare.

importùno agg.; anche s. m. indiscreto, molesto, fastidioso, noioso, seccante, seccatore, scocciante (*fam.*), scocciatore (*fam.*), guastafeste, rompiscatole (*volg.*), rompipalle (*volg.*), rompiballe (*volg.*), rompi (*gerg.*), pesante, tedioso **CONTR.** discreto, moderato, prudente, gradito, accetto □ piacevole, divertente.

imposizióne s. f. **1** posa **2** comando, ordine, ingiunzione, intimazione, prepotenza, soperchieria, sopraffazione **CONTR.** obbedienza, sottomissione **3** (*gener.*) tassa, imposta, balzello, gravezza, tributo.

impossessàrsi v. intr. pron. **1** impadronirsi, occupare, conquistare, appropriarsi, farsi padrone **CONTR.** perdere, abbandonare **2** (*fig.*) (*di una lingua, di un mestiere, ecc.*) afferrare, impadronirsi □ acquistare la padronanza, imparare **CONTR.** disimparare.

impossìbile agg. **1** (*di sogno, di progetto, ecc.*) inattuabile, irrealizzabile, ineseguibile, impraticabile **CONTR.** possibile, attuabile, facile, fattibile, realizzabile, effettuabile **2** (*est.*) (*di persona, di cibo, ecc.*) insopportabile, intollerabile, sgradevole, cattivo **CONTR.** sopportabile, tollerabile, gradevole, buono **3** (*di problema, di impresa, ecc.*) difficilissimo **CONTR.** facilissimo.

impossibilità s. f. **1** inattuabilità, irrealizzabilità, impraticabilità **CONTR.** fattibilità, possibilità, attuabilità, effettuabilità **2** (*di muoversi, di scrivere, ecc.*) incapacità **CONTR.** capacità.

impossibilitàre v. tr. rendere impossibile, bloccare, impedire **CONTR.** lasciare, permettere, sbloccare.

impossibilitàto part. pass. di **impossibilitare**; anche agg. impedito □ bloccato **CONTR.** libero.

impòsta s. f. **1** (*di porta, di finestra*) anta, battente, sportello, persiana, gelosia, scuro, scuretto **2** (*dir.*) imposizione, tributo, tassa, aggravio, contributo, contribuzione, dazio, dogana, gabella, gravame, gravezza, balzello.

impostàre (1) A v. tr. (*di lavoro, di attività, ecc.*) mettere le basi, mettere le fondamenta □ avviare, iniziare, preparare, abbozzare **CONTR.** compiere, completare, finire, terminare **B impostarsi** v. intr. pron. prepararsi.

impostàre (2) v. tr. (*di corrispondenza*) imbucare, spedire **CONTR.** ritirare, ricevere.

impostàto (1) part. pass. di **impostare (1)**; anche agg. (*di lavoro, di attività, ecc.*) avviato, iniziato, abbozzato, preparato **CONTR.** completato, finito, terminato.

impostàto (2) part. pass. di **impostare (2)**; anche agg. (*di corrispondenza*) imbucato, spedito **CONTR.** ricevuto, ritirato.

impostazióne s. f. (*di lavoro, di attività, ecc.*) avvio, inizio, abbozzo, organizzazione.

impósto part. pass. di **imporre**; anche agg. **1** (*di corona, di coperchio, ecc.*) posto, sovrapposto **CONTR.** tolto, levato **2** (*di nome*) dato, conferito **3** (*di obbligo, di rispetto, ecc.*) comandato, intimato, prescritto.

impostóre s. m. (f. *-tora*) ipocrita, imbroglione, ingannatore, mentitore, bugiardo, ciarlatano **CONTR.** sincero, onesto.

impostùra s. f. ipocrisia, frode, imbroglio, inganno, falsità, finzione, raggiro, ciarlataneria, menzogna **CONTR.** probità, lealtà, onestà, rettitudine, sincerità, verità.

impotènte agg. **1** debole, inetto, incapace, inabile, fiacco, svigorito, invalido **CONTR.** potente, capace, valido, vigoroso **2** (*med.*) sessualmente incapace **CONTR.** virile.

impotènza s. f. **1** debolezza, inettitudine, incapacità, fiacchezza, mancanza di forza, invalidità **CONTR.** potenza, capacità, forza, vigore, vigoria, validità **2** (*med.*) incapacità sessuale **CONTR.** virilità.

impoveriménto s. m. depauperamento, immiserimento **CONTR.** arricchimento.

impoverìre A v. tr. **1** rendere povero, immiserire, depauperare **CONTR.** arricchire **2** (*fig.*) indebolire, svilire **CONTR.** potenziare, rafforzare **B impoverirsi** v. intr. pron. **1** diventare povero, immiserirsi **CONTR.** arricchirsi **2** (*fig.*) scemare, languire, indebolirsi **CONTR.** rafforzarsi, potenziarsi.

impoverìto part. pass. di **impoverire**; anche agg. **1** immiserito, depauperato **CONTR.** arricchito **2** (*fig.*) indebolito, scemato **CONTR.** rafforzato, potenziato.

impraticàbile agg. **1** (*di luogo, di strada*) impervio, inaccessibile, disagevole **CONTR.** accessibile, agevole **2** (*fig.*) (*di persona*) inavvicinabile, inaccostabile, intrattabile **CONTR.** trattabile, affabile, cordiale, alla mano, alla buona.

impraticabilità s. f. inaccessibilità, disagevolezza (*raro*) **CONTR.** praticabilità.

impratichìre A v. tr. rendere pratico, rendere esperto, esercitare, addestrare **B impratichirsi** v. intr. pron. diventare pratico, imparare, addestrarsi, impadronirsi **CONTR.** disimparare.

imprecàre v. intr. inveire, lanciare insulti, maledire, bestemmiare **CONTR.** benedire.

imprecazióne s. f. invettiva, maledizione, esecrazione, insulto, bestemmia **CONTR.** benedizione, preghiera, invocazione.

imprecisàbile agg. approssimato, vago, indeterminato, imprecisato, indefinito **CONTR.** precisabile, determinabile, determinato, definito, certo.

imprecisàto agg. non ben definito, incerto, indeterminato, generico, vago **CONTR.** definito, determinato, certo, sicuro.

imprecisióne s. f. **1** indeterminatezza, genericità **CONTR.** precisione, determinatezza **2** inesattezza, approssimazione **CONTR.** esattezza, accuratezza.

imprecìso agg. indeterminato, inesatto, approssimativo **CONTR.** preciso, determinato, esatto.

impregnàre A v. tr. **1** (*di acqua, di alcol, ecc.*) imbevere, intridere, inzuppare, immollare, bagnare **CONTR.** asciugare, prosciugare, seccare, disseccare **2** (*est., anche fig.*) (*di fumo, di pregiudizi, ecc.*) riempire, colmare, inquinare **CONTR.** liberare, vuotare, disinquinare **3** (*di femmina, spec. di animale*) fecondare, ingravidare **CONTR.** sgravare **B impregnarsi** v. intr. pron. **1** (*di acqua, di alcol, ecc.*) imbeversi, intridersi, inzupparsi, immollarsi, bagnarsi **CONTR.** asciugarsi, prosciugarsi, seccarsi, disseccarsi **2** (*est., anche fig.*) (*di fumo, di pregiudizi, ecc.*) riempirsi, colmarsi, inquinarsi **CONTR.** liberarsi, vuotarsi, disinquinarsi **3** (*di femmina, spec. di animale*) diventare gravida **CONTR.** sgravarsi.

impregnàto part. pass. di **impregnare**; anche agg. **1** (*di acqua, di alcol, ecc.*) imbevuto, intriso, inzuppato, bagnato **CONTR.** secco, asciutto **2** (*est., anche fig.*) (*di fumo, di pregiudizi, ecc.*) pieno, colmo, inquinato **CONTR.** vuoto, libero, disinquinato **3** (*solo f.*) (*di femmina, spec. di animale*) pregna, gravida, incinta **CONTR.** sgravata.

imprendìbile agg. **1** inafferrabile **CONTR.** prendibile, afferrabile **2** (*di luogo*) inespugnabile **CONTR.** espugnabile, conquistabile.

imprenditóre s. m. (f. *-trice*) impresario, appaltatore.

impreparàto agg. non preparato, inesperto, ignorante, sprovveduto **CONTR.** preparato, esperto, capace.

impreparazióne s. f. **1** mancanza di preparazione **CONTR.** preparazione **2** inesperienza, ignoranza, sprovvedutezza **CONTR.** capacità, esperienza.

imprésa s. f. **1** opera, azione, attività, lavoro, progetto, iniziativa, compito **2** (*spec. mil.*) fatto, gesta, spedizione **3** organizzazione, organismo, azienda, società **4** appalto.

impresàrio s. m. imprenditore, appaltatore □ accollatario (*raro*).

imprescindìbile agg. indispensabile, irrinunciabile, inevitabile, inderogabile **CONTR.** derogabile, evitabile, inutile, superfluo.

imprescindibilménte avv. inderogabilmente.

impressionàbile agg. emotivo, emozionabile, eccitabile **CONTR.** impassibile, imperturbabile, insensibile.

impressionabilità s. f. emotività, sensibilità, eccitabilità **CONTR.** impassibilità, imperturbabilità, insensibilità.

impressionànte agg. sconvolgente, conturbante, sconcertante, emozionante, scioccante, shoccante □ eccezionale **CONTR.** insignificante, modesto.

impressionàre A v. tr. fare impressione, colpire, emozionare, scuotere, scioccare, shoccare, sconcertare, turbare, conturbare, sbigottire, agitare, commuovere, far colpo **CONTR.** lasciare indifferente **B impressionarsi** v. intr. pron. turbarsi, spaventarsi, emozionarsi, sbigottirsi, sconcertarsi, confondersi **CONTR.** restare indifferente.

impressionàto part. pass. di **impressionare**; anche agg. turbato, emozionato, scioccato, shoccato, scosso, commosso, sbigottito, sconcertato **CONTR.** impassibile, imperturbabile, indifferente, apatico.

impressióne s. f. **1** (*est.*) (*di timbro, di dita, ecc.*) impronta, segno **2** (*raro*) (*di libri e sim.*) stampa, edizione **3** (*biol., raro*) imprinting (*ingl.*) **4** (*fig.*) sensazione fisica, percezione **5** (*fig.*) turbamento, emozione, shock (*ingl.*), choc (*fr.*), sbigottimento, agitazione, commozione, eccitazione, suggestione **CONTR.** indifferenza, impassibilità, apatia **6** opinione, convinzione, convincimento, idea □ dubbio, sospetto **FRAS.** *fare impressione*, impressionare, meravigliare, sbigottire.

imprèsso part. pass. di **imprimere**; anche agg. **1** (*anche fig.*) (*di libro, di ricordo, ecc.*) stampato **CONTR.** cancellato **2** (*fig.*) (*di dolore, di gioia, ecc.*) evidente, visibile **CONTR.** invisibile.

imprestàre v. tr. prestare, dare a prestito.

imprevedìbile agg. inopinabile, impensabile, inimmaginabile, inaspettato, inatteso **CONTR.** prevedibile, presumibile, probabile, immaginabile.

imprevedibilménte avv. impensabilmente, inaspettatamente **CONTR.** prevedibilmente.

imprevidènte agg. improvvido, inavveduto, avventato, incauto, inconsiderato, irriflessivo, leggero, sconsiderato, sventato **CONTR.** previdente, cauto, guardingo, prudente, saggio, accorto, avveduto, circospetto, oculato.

imprevidentemente avv. improvvidamente, incautamente, sconsideratamente, inavvedutamente **CONTR.** previdentemente, avvedutamente, accortamente, saggiamente.

imprevidènza s. f. avventatezza, inavvedutezza, inconsideratezza, irriflessione, leggerezza, sconsideratezza, sventatezza **CONTR.** cautela, previdenza, prudenza, saggezza, accortezza, avvedutezza, circospezione, oculatezza.

imprevìsto A agg. **1** inaspettato, inatteso, impreveduto, impensato **CONTR.** atteso, aspettato, previsto **2** improvviso, subitaneo **CONTR.** calcolato **B** s. m. inconveniente, accidente, eventualità, incertezza **CONTR.** certezza.

impreziosìre v. tr. **1** rendere prezioso **2** (*fig.*) ornare, arricchire **CONTR.** imbruttire, deturpare.

imprigionaménto s. m. carcerazione, incarcerazione, incarceramento **CONTR.** scarcerazione, scarceramento, liberazione.

imprigionàre v. tr. **1** mettere in prigione, carcerare, incarcerare, arrestare **CONTR.** scarcerare, liberare **2** (*fig.*) rinchiudere, rinserrare, trattenere, bloccare **CONTR.** liberare.

imprigionàto part. pass. di **imprigionare**; anche agg. (*anche fig.*) incarcerato, rinchiuso, bloccato **CONTR.** liberato.

imprìmere v. tr. **1** (*di marchio, di orma, ecc.*) improntare, segnare, marchiare, suggellare **CONTR.** cancellare **2** (*fig.*) (*nella memoria, nel cuore*) fissare, far penetrare **CONTR.** cancellare **3** (*raro*) stampare **4** (*di movimento, di velocità, ecc.*) comunicare, dare, trasmettere, infondere **CONTR.** togliere.

imprinting /*ingl.* 'imprintiŋ/ [vc. ingl., propriamente 'impressione, stampa', da *to imprint* 'stampare, imprimere'] s. m. inv. (*biol.*) impronta.

improbàbile agg. non probabile, dubbio, incerto, poco verosimile □ irreale **CONTR.** probabile, attendibile, credibile, verosimile.

improbabilità s. f. inattendibilità, inverosimiglianza **CONTR.** probabilità, attendibilità, verosimiglianza.

ìmprobo agg. **1** (*di persona*) malvagio, disonesto, cattivo, ingiusto, tristo **CONTR.** probo, onesto, giusto, retto, buono **2** (*di fatica, di compito, ecc.*) duro, difficoltoso, faticoso, arduo, ingrato **CONTR.** leggero, lieve, piacevole, gradevole.

improduttività s. f. sterilità, infecondità □ scarsa redditività, deficit (*lat.*) **CONTR.** produttività, fertilità □ redditività.

improduttivo agg. infruttifero, sterile, infecondo □ deficitario, passivo **CONTR.** produttivo, fertile, fruttifero, redditizio.

imprónta s. f. **1** (*anche fig.*) traccia, orma, segno, impressione, marchio, sigillo, suggello, stampo, calco **2** (*di moneta*) conio □ prova di conio **3** (*raro, biol.*) imprinting (*ingl.*).

improntàre A v. tr. **1** segnare con impronta, imprimere, effigiare **2** (*fig.*) (*di volto, di discorso, ecc.*) atteggiare, disporre **B improntarsi** v. intr. pron. (*fig.*) atteggiarsi.

improntitùdine s. f. sfacciataggine, indiscrezione, petulanza, sfrontatezza, sfrontataggine (*raro*), impudenza **CONTR.** discrezione, prudenza, tatto, moderazione, pudore, verecondia.

impropèrio s. m. ingiuria, insulto, contumelia, invettiva, insolenza, oltraggio, offesa, villania **CONTR.** complimento, elogio, lode, cortesia.

impropriaménte avv. inesattamente, approssimativamente □ scorrettamente **CONTR.** propriamente, esattamente □ correttamente.

improprietà s. f. **1** mancanza di proprietà, imprecisione **CONTR.** proprietà, precisione **2** (*di lingua*) locuzione impropria, parola impropria □ scorrettezza.

impròprio agg. non proprio, non appropriato, errato □ inopportuno, sconveniente □ scorretto, ingiusto **CONTR.** proprio, appropriato □ opportuno, conveniente □ corretto, giusto.

improrogàbile agg. indifferibile, indilazionabile **CONTR.** prorogabile, differibile, dilazionabile, rimandabile, aggiornabile.

improrogabilità s. f. indifferibilità, indilazionabilità **CONTR.** prorogabilità, differibilità.

improrogabilménte avv. sicuramente, puntualmente □ senza proroga, indifferibilmente **CONTR.** con proroga.

improvvisaménte avv. all'improvviso, di sorpresa, inaspettatamente, repentinamente, fulmineamente, subitamente, ad un tratto, all'istante, di punto in bianco **CONTR.** gradualmente, lentamente, a poco a poco.

improvvisàre A v. tr. **1** (*di discorso, di scherzo, ecc.*) dire all'impronto, dire estemporaneamente, dire senza preparazione, fare senza preparazione **CONTR.** preparare **2** (*di cena, di festa, ecc.*) allestire in fretta, combinare in fretta, preparare lì per lì **CONTR.** preparare con cura, organizzare **B improvvisarsi** v. rifl. divenire d'un tratto **CONTR.** divenire a poco a poco.

improvvisàta s. f. (*fam.*) sorpresa, cosa inaspettata □ sorpresa piacevole □ arrivo inaspettato **CONTR.** cosa preparata.

improvvisatóre s. m. (f. *-trice*) estemporaneo □ poeta estemporaneo.

improvvisazióne s. f. **1** improvvisata (*fam.*) **2** faciloneria, impreparazione CONTR. preparazione, serietà.

improvvìso agg. **1** (*di notizia, di disgrazia, ecc.*) inatteso, impreveduto, imprevisto, inaspettato, impensato, inopinato CONTR. lento, graduale, previsto, calcolato, aspettato **2** (*est.*) (*di simpatia, di fuga, ecc.*) subitaneo, repentino, brusco, fulmineo, istantaneo CONTR. lento, tardo.

imprudènte agg. sconsiderato, temerario, avventato, incauto, inconsiderato, irriflessivo, leggero, malaccorto, sconsigliato CONTR. prudente, accorto, avveduto, cauto, circospetto, calcolatore, guardingo, previdente, riflessivo.

imprudenteménte avv. sconsideratamente, temerariamente, avventatamente, incautamente, inconsideratamente, leggermente, malaccortamente, sconsigliatamente CONTR. prudentemente, accortamente, avvedutamente, cautamente, riflessivamente.

imprudènza s. f. avventatezza, inconsideratezza, sconsideratezza, irriflessione, imprevidenza, leggerezza, temerarietà, temerità, precipitazione CONTR. prudenza, accortezza, avvedutezza, calcolo, circospezione, previdenza, ponderatezza, tempestività.

impudènte agg.; anche s. m. e f. sfacciato, sfrontato, spudorato, svergognato, inverecondo, petulante CONTR. pudico, delicato, discreto, contegnoso, riguardoso.

impudenteménte avv. sfacciatamente, sfrontatamente, spudoratamente CONTR. delicatamente, discretamente, riguardosamente.

impudènza s. f. sfacciataggine, sfrontatezza, spudoratezza, petulanza, improntitudine, faccia tosta CONTR. decoro, pudore, riguardo, ritegno.

impudicaménte avv. inverecondamente, disonestamente, lascivamente, oscenamente, spudoratamente, svergognatamente, procacemente CONTR. pudicamente, castamente, illibatamente, onestamente, verecondamente.

impudicìzia s. f. immoralità, inverecondia, indecenza, lascivia, libidine, oscenità, spudoratezza CONTR. pudicizia, pudore, castità, illibatezza, continenza, verecondia, moralità, onestà.

impudìco agg. inverecondo, immorale, disonesto, lascivo, osceno, spudorato, svergognato, immodesto, procace CONTR. pudico, casto, continente, illibato, morale, onesto, verecondo.

impugnàbile agg. contestabile, contrastabile, discutibile CONTR. inoppugnabile, incontestabile, indubbio, indiscusso.

impugnàre (1) v. tr. stringere in pugno, afferrare, abbrancare CONTR. lasciare, mollare.

impugnàre (2) v. tr. contestare, contraddire, confutare, contrastare, contrariare, combattere, opporsi CONTR. accettare, approvare, gradire, essere d'accordo.

impugnàto part. pass. di **impugnare (1)**; anche agg. afferrato, abbrancato CONTR. lasciato, mollato.

impugnatùra s. f. manico, manubrio □ elsa, guardia.

impulsivaménte avv. irriflessivamente, istintivamente, precipitosamente CONTR. ponderatamente, riflessivamente, consideratamente.

impulsività s. f. irriflessione, emotività, passionalità, istinto CONTR. riflessione, cautela, considerazione, ponderatezza, ponderazione.

impulsìvo agg. irriflessivo, istintivo, emotivo, focoso, precipitoso, passionale CONTR. calmo, flemmatico, moderato, pacato, ponderato, riflessivo, sereno, tranquillo.

impùlso s. m. **1** spinta, propulsione, urto **2** (*fig.*) (*di ira, di cuore, ecc.*) stimolo, spinta, slancio, incremento, incitamento, istigazione, movente CONTR. ritegno, freno **3** (*fig.*) (*dei sensi, della natura, ecc.*) inclinazione, tendenza.

impuneménte avv. senza pena □ senza danno, senza pericolo, senza rischio, senza difficoltà CONTR. pericolosamente, rischiosamente, con danno.

impunibilità s. f. impunità, immunità CONTR. punibilità.

impunità s. f. impunibilità, immunità.

impuntàre A v. intr. **1** inciampare, incespicare, intoppare **2** (*fig.*) (*nel parlare*) incespicare, balbettare **B impuntarsi** v. intr. pron. **1** (*di animali, di bambini, ecc.*) fermarsi □ bloccarsi **2** (*fig.*) ostinarsi, impuntigliarsi (*lett.*), incaponirsi CONTR. cedere, arrendersi, lasciar correre.

impuntitùra s. f. cucitura, imbastitura.

impuraménte avv. lascivamente, libidinosamente, oscenamente, impudicamente, disonestamente CONTR. puramente, castamente, onestamente, illibatamente.

impurità s. f. **1** (*di cosa*) lordura, sozzura, sporcizia, inquinamento CONTR. pulizia, nettezza, limpidezza **2** (*di persona*) immoralità, lascivia, libidine, sconcezza CONTR. purità, purezza, castità, illibatezza, morigeratezza, virtù.

impùro agg. **1** (*di cosa*) contaminato, infetto, inquinato, torbido CONTR. pulito, netto, limpido **2** (*fig.*) (*di persona, di pensiero, ecc.*) immondo, immorale, incontinente, lascivo, osceno, scostumato, impudico, disonesto, vizioso CONTR. puro, casto, illibato, incontaminato, morigerato, onesto, virtuoso FRAS. *razza impura*, razza mista.

imputàbile A s. m. e agg. (*di persona*) responsabile, colpevole CONTR. innocente **B** agg. (*di cosa*) ascrivibile, attribuibile.

imputàre v. tr. **1** (*est.*) (*di delitto*) considerare responsabile, accusare, incolpare, incriminare CONTR. discolpare, discriminare, scusare **2** (*di responsabilità, di debito, ecc.*) attribuire, addebitare, ascrivere **CONTR.** liberare, esonerare.

imputàto A part. pass. di **imputare**; anche agg. **1** (*di delitto*) accusato, incolpato, incriminato **2** (*di responsabilità, di debito, ecc.*) attribuito, addebitato, ascritto **B** s. m. accusato, incolpato, incriminato.

imputazióne s. f. **1** (*di reato*) accusa, incriminazione, incolpazione (*raro*) **2** (*di debito, di responsabilità, ecc.*) attribuzione.

imputridìre A v. intr. diventare putrido, marcire, putrefarsi, infradiciarsi, infracidire, decomporsi, guastarsi **B** v. tr. rendere putrido, guastare, decomporre.

imputridito part. pass. di **imputridire**; anche agg. marcio, putrefatto, infradiciato, decomposto, guastato, infetto **CONTR.** sano, incorrotto, intatto, integro.

in (1) prep. che introduce molte determinazioni **1** (*di luogo*) sopra, dentro □ verso, contro □ per, attraverso **2** (*di tempo*) durante **3** (*di modo*) con **4** (*di mezzo*) con, mediante, per mezzo di **5** (*di limitazione*) per, quanto a **6** (*di materia*) di **7** (*di fine*) per **8** (*di causa*) per, a causa di.

in (2) /*ingl.* in/ [vc. ingl. *in* 'dentro'] prep. e agg. alla moda, aggiornato, up to date (*ingl.*) **CONTR.** out (*ingl.*), fuori moda, antiquato, sorpassato.

inabbordàbile agg. inavvicinabile, altero, scontroso, intrattabile, insocievole, selvatico **CONTR.** abbordabile, avvicinabile, affabile, bonario, cordiale, cortese, socievole, alla mano.

inàbile agg. **1** inadatto, incapace, inetto, inesperto, imperito **CONTR.** abile, atto, capace **2** (*raro*) maldestro, malaccorto **CONTR.** accorto, destro, esperto, perito.

inabilità s. f. incapacità, inettitudine, inesperienza **CONTR.** abilità, attitudine, capacità, esperienza.

inabilitàre v. tr. **1** rendere inabile □ (*mil.*) scartare **CONTR.** abilitare, riabilitare **2** (*dir.*) limitare, interdire **CONTR.** abilitare, riabilitare.

inabilitazióne s. f. (*dir.*) interdizione **CONTR.** abilitazione.

inabissaménto s. m. sommersione, sprofondamento, immersione **CONTR.** emersione, affioramento.

inabissàre A v. tr. sommergere, sprofondare, gettare nell'abisso **CONTR.** far emergere, tirare su **B inabissarsi** v. intr. pron. andare a fondo, sommergersi, sprofondare, sprofondarsi, immergersi **CONTR.** emergere, affiorare.

inabitàbile agg. inospitale **CONTR.** abitabile, ospitale.

inaccessìbile agg. **1** (*di luogo*) irraggiungibile, impervio, inarrivabile, impraticabile **CONTR.** accessibile, praticabile, raggiungibile **2** (*di persona*) scontroso, scostante, inavvicinabile, inabbordabile **CONTR.** accessibile, abbordabile, affabile, bonario, cortese, socievole, alla mano **3** (*fig.*) (*di mistero, di problema, ecc.*) oscuro, inafferrabile, complicato, incomprensibile **CONTR.** comprensibile, semplice, evidente.

inaccessibilità s. f. **1** (*di luogo*) impraticabilità, irraggiungibilità **CONTR.** accessibilità **2** (*di persona*) inabbordabilità, scontrosità, insocievolezza **CONTR.** affabilità, cordialità, socievolezza **3** (*fig.*) (*di mistero, di problema, ecc.*) oscurità, inafferrabilità, incomprensibilità **CONTR.** comprensibilità, facilità, evidenza.

inaccettàbile agg. intollerabile, inammissibile **CONTR.** accettabile, tollerabile, ammissibile.

inaccostàbile agg. (*anche fig.*) inavvicinabile, inaccessibile, inabbordabile □ scontroso **CONTR.** accostabile, avvicinabile, abbordabile □ affabile.

inacidìre A v. tr. rendere acido, inacetire, acidificare **B** v. intr. e **inacidirsi** intr. pron. **1** diventare acido, prendere un sapore acido **2** (*fig.*) (*di persona, di carattere e sim.*) inasprirsi, esacerbarsi, irritarsi **CONTR.** addolcirsi, raddolcirsi, calmarsi, rasserenarsi.

inacidito part. pass. di **inacidire**; anche agg. **1** diventato acido **2** (*fig.*) (*di persona, di carattere, ecc.*) inasprito, esacerbato, inacerbito **CONTR.** calmo, sereno, tranquillo.

inadàtto agg. disadatto □ inadeguato **CONTR.** adatto □ adeguato.

inadeguataménte avv. sproporzionatamente, insufficientemente **CONTR.** adeguatamente, sufficientemente.

inadeguatézza s. f. insufficienza, sproporzione **CONTR.** adeguatezza, proporzione, sufficienza.

inadeguàto agg. insufficiente, sproporzionato **CONTR.** adeguato, sufficiente, proporzionato.

inadempìbile agg. inattuabile, ineffettuabile, ineseguibile **CONTR.** adempibile, attuabile, effettuabile, eseguibile.

inadempiènte agg.; anche s. m. e f. inosservante, ribelle, disobbediente, renitente **CONTR.** adempiente, osservante, ligio, ossequente.

inadempiènza s. f. inosservanza, inadempimento, disobbedienza **CONTR.** adempimento, attuazione, osservanza.

inadempiménto s. m. inosservanza, inadempienza **CONTR.** adempimento, attuazione, osservanza.

inadopràbile agg. inservibile, inutilizzabile **CONTR.** utilizzabile, servibile.

inafferràbile agg. **1** imprendibile, sfuggente **CONTR.** afferrabile, prendibile **2** (*fig.*) (*di persona, di concetto, ecc.*) incomprensibile, oscuro, imprecisabile, indefinibile **CONTR.** chiaro, comprensibile, evidente, manifesto, palese, perspicuo.

inafferrabilità s. f. **1** imprendibilità **CONTR.** afferrabilità, prendibilità **2** (*fig.*) (*di persona, di concetto, ecc.*) incomprensibilità, oscurità, astrusità **CONTR.** afferrabilità, comprensibilità.

inagìbile agg. impercorribile, infrequentabile,

inabitabile □ inservibile, inutilizzabile **CONTR.** agibile, frequentabile, abitabile □ servibile, utilizzabile.

inagibilità s. f. inabitabilità □ inservibilità, inutilizzabilità **CONTR.** abitabilità, usabilità, utilizzabilità.

inalàre v. tr. assorbire per inalazione □ inspirare.

inalazióne s. f. (*med.*) aspirazione.

inalberàre A v. tr. (*di bandiera, di insegna e sim.*) alzare, elevare **CONTR.** ammainare, abbassare **B inalberarsi** v. intr. pron. **1** impennarsi **2** (*fig.*) (*di persona*) adirarsi, irritarsi, adombrarsi, incollerirsi, offendersi, sdegnarsi, incazzarsi (*volg.*) **CONTR.** rabbonirsi, calmarsi, chetarsi, mitigarsi, placarsi.

inalienàbile agg. (*dir.*) incedibile, invendibile, intrasferibile **CONTR.** alienabile, cedibile, vendibile, trasferibile.

inalienabilità s. f. (*dir.*) incedibilità, invendibilità, intrasferibilità **CONTR.** alienabilità, cedibilità, vendibilità, trasferibilità.

inalteràbile agg. **1** immutabile, invariabile **CONTR.** alterabile, mutabile, variabile **2** (*fig.*) (*di persona, di viso e sim.*) imperturbabile, impassibile, sereno **CONTR.** agitato, turbato, sconvolto, nervoso.

inalterabilità s. f. **1** invariabilità, immutabilità **CONTR.** variabilità, mutabilità **2** (*fig.*) (*di persona, di viso e sim.*) imperturbabilità, impassibilità, serenità **CONTR.** agitazione, turbamento, nervosismo.

inalteràto agg. invariato, immutato, costante **CONTR.** alterato, mutato.

inamidàto agg. **1** bagnato con l'amido □ rigido **2** (*fig., scherz.*) (*di persona*) rigido, impettito, sussiegoso **CONTR.** cordiale, modesto, semplice.

inammissìbile agg. inaccettabile **CONTR.** ammissibile, accettabile.

inammissibilità s. f. inaccettabilità **CONTR.** ammissibilità, accettabilità.

inamovìbile agg. stabile, fisso, intrasferibile **CONTR.** amovibile, trasferibile.

inanellàto agg. **1** arricciato, arricciolato, con boccoli **2** adorno di anelli.

inanimàto agg. **1** senza vita **CONTR.** animato **2** privo di sensi □ esanime, morto **CONTR.** vivo.

inappagàbile agg. insaziabile, incontentabile **CONTR.** appagabile, saziabile, contentabile.

inappagaménto s. m. insaziabilità, incontentabilità **CONTR.** appagamento, soddisfacimento.

inappagàto agg. insoddisfatto, deluso, scontento **CONTR.** appagato, contento, soddisfatto.

inappellàbile agg. **1** (*dir.*) (*di sentenza*) inoppugnabile **CONTR.** appellabile **2** (*est., fig.*) (*di decisione, di giudizio, ecc.*) ineccepibile, definitivo, indiscutibile **CONTR.** eccepibile, discutibile, provvisorio, transitorio.

inappetènte agg. senza appetito, nauseato, disgustato **CONTR.** appetente, affamato, divoratore.

inappetènza s. f. (*med.*) anoressia □ mancanza di appetito, disappetenza, nausea, disgusto **CONTR.** bulimia □ appetenza, appetito, voracità.

inappuntàbile agg. **1** (*di persona*) incensurabile, irreprensibile, lodevole **CONTR.** biasimevole, censurabile **2** (*di lavoro, di vestito, ecc.*) ottimo, perfetto, preciso, senza difetti, adattissimo **CONTR.** pessimo, impreciso, difettoso, inidoneo, disadatto, sconveniente.

inarcaménto s. m. incurvamento, curvatura.

inarcàre A v. tr. arcuare, curvare, incurvare, piegare **CONTR.** raddrizzare, distendere **B inarcarsi** v. intr. pron. curvarsi, incurvarsi, piegarsi **CONTR.** raddrizzarsi, distendersi.

inarcàto part. pass. di **inarcare**; anche agg. arcuato, ad arco, curvo **CONTR.** diritto, disteso.

inaridìre A v. tr. **1** seccare, disseccare, prosciugare **CONTR.** bagnare, inumidire, innaffiare, immollare **2** (*fig.*) (*di mente, di cuore, ecc.*) rendere arido, spegnere, impoverire **CONTR.** arricchire, alimentare, vivificare **B** v. intr. e **inaridirsi** intr. pron. **1** seccarsi, disseccarsi, asciugarsi, prosciugarsi **CONTR.** bagnarsi, inumidirsi **2** (*fig.*) (*di mente, di cuore, ecc.*) diventare arido, spegnersi, venire meno, affievolirsi **CONTR.** rafforzarsi, alimentarsi, vivificarsi.

inaridìto part. pass. di **inaridire**; anche agg. **1** seccato, disseccato, prosciugato **CONTR.** bagnato, inumidito **2** (*fig.*) (*di mente, di cuore, ecc.*) arido, spento, impoverito, affievolito **CONTR.** arricchito, alimentato, vivificato.

inarrestàbile agg. irrefrenabile **CONTR.** arrestabile, frenabile.

inarrivàbile agg. **1** irraggiungibile **2** (*fig.*) (*di persona, di talento, ecc.*) impareggiabile, ineguagliabile, inimitabile **CONTR.** pareggiabile, eguagliabile.

inarticolàto agg. disarticolato, indistinto **CONTR.** articolato, distinto.

inascoltàto agg. non ascoltato, inesaudito **CONTR.** ascoltato, esaudito.

inaspettataménte avv. all'improvviso, improvvisamente, impensatamente, inaspettatamente **CONTR.** preavvisando, con preavviso.

inaspettàto agg. inatteso, imprevisto, impensato, inopinato, insperato **CONTR.** aspettato, atteso, previsto, sperato.

inespriménto s. m. rincrudimento, recrudescenza, peggioramento **CONTR.** alleviamento, miglioramento.

inasprìre A v. tr. rendere più aspro, esasperare, esacerbare, inacerbire, irritare, acuire, rincrudire (*raro*) **CONTR.** calmare, mitigare, placare, rabbonire, raddolcire, lenire **B** v. intr. e **inasprirsi** intr. pron. diventare più aspro, esasperarsi, esacerbarsi, irritarsi, sdegnarsi **CONTR.** calmarsi, mitigarsi, placarsi, rabbonirsi, raddolcirsi.

inasprìto part. pass. di **inasprire**; anche agg. esasperato, esacerbato, irritato, sdegnato **CONTR.** calmato, mitigato, placato, rabbonito.

inattaccàbile agg. **1** inespugnabile **CONTR.** attaccabile, espugnabile **2** (*di persona, di condotta, ecc.*) incensurabile, irreprensibile, inappuntabile, onestissimo **CONTR.** biasimabile, biasimevole, censurabile, criticabile, disonesto, immorale.

inattaccabilità s. f. irreprensibilità, incensurabilità, rettitudine, onestà **CONTR.** attaccabilità, disonestà, immoralità.

inattendìbile agg. inverosimile, improbabile, incredibile **CONTR.** attendibile, credibile, logico, verosimile.

inattendibilità s. f. incredibilità, inverosimiglianza, improbabilità **CONTR.** attendibilità, credibilità, verosimiglianza.

inattéso agg. inaspettato, imprevisto, improvviso, subitaneo **CONTR.** aspettato, atteso, previsto.

inattitùdine s. f. mancanza di attitudine, indisposizione, inabilità, incapacità **CONTR.** attitudine, capacità, disposizione, predisposizione.

inattività s. f. inerzia, inazione, indolenza, inoperosità, ozio, pigrizia **CONTR.** attività, alacrità, energia, fervore, slancio, operosità, solerzia.

inattìvo agg. inerte, inoperoso, indolente, infingardo, ozioso, pigro, poltrone, scansafatiche, svogliato **CONTR.** attivo, alacre, energico, laborioso, operoso, solerte, dinamico.

inattuàbile agg. impossibile, irrealizzabile, ineffettuabile, ineseguibile **CONTR.** attuabile, effettuabile, eseguibile, possibile.

inattuabilità s. f. impossibilità, ineffettuabilità, irrealizzabilità **CONTR.** attuabilità, effettuabilità, possibilità.

inattuàle agg. superato, invecchiato, anacronistico, fuori tempo, out (*ingl.*) **CONTR.** attuale, moderno, odierno, recente, in (*ingl.*).

inaudìto agg. straordinario, quasi incredibile, inconcepibile, inverosimile, nuovo **CONTR.** noto, risaputo, comune, ordinario, ovvio.

inauguràre v. tr. **1** iniziare, rinnovare □ consacrare **2** (*fig.*) (*di sistema, di modo, ecc.*) avviare, cominciare, instaurare **CONTR.** porre fine, chiudere, concludere.

inauguràto part. pass. di **inaugurare**; anche agg. **1** iniziato, rinnovato □ consacrato, scoperto **2** (*fig.*) (*di sistema, di modo, ecc.*) avviato, cominciato, instaurato **CONTR.** finito, chiuso, concluso **3** scoperto □ aperto.

inauguratóre s. m.; anche agg. (f. *-trice*) iniziatore, instauratore.

inaugurazióne s. f. **1** (*di anno scolastico, di corso, ecc.*) apertura, inizio **CONTR.** chiusura, fine **2** (*di monumento, di chiesa, ecc.*) consacrazione **CONTR.** sconsacrazione **3** (*fig.*) (*di sistema, di metodo, ecc.*) costituzione, formazione.

inavvedutaménte avv. inavvertitamente, sbadatamente, malaccortamente, incautamente **CONTR.** avvedutamente, avvertitamente, cautamente, attentamente.

inavvedutézza s. f. sbadataggine, disattenzione, disavvertenza, sventatezza, inavvertenza **CONTR.** avvedutezza, attenzione, applicazione, vigilanza.

inavvedùto agg. sbadato, disattento, incauto, malaccorto **CONTR.** avveduto, attento, diligente, vigilante.

inavvertènza s. f. disavvertenza, inavvedutezza, disattenzione, sbadataggine, trascurataggine, trascuratezza **CONTR.** accorgimento, attenzione, avvedutezza, applicazione, cura, diligenza, vigilanza.

inavvertitaménte avv. senza volere, senza accorgersi, sbadatamente, incautamente, imprudentemente **CONTR.** attentamente, cautamente, diligentemente.

inavvertito agg. improvviso, inaspettato, inatteso □ inosservato **CONTR.** atteso, aspettato, avvertito.

inavvicinàbile agg. **1** (*di persona*) inaccostabile, inabbordabile, scontroso, intrattabile **CONTR.** avvicinabile, abbordabile, trattabile, alla mano **2** (*di cosa*) carissimo, costosissimo **CONTR.** a buon mercato.

inazióne s. f. inerzia, ozio, inattività **CONTR.** attività, operosità, solerzia.

incagliàre A v. tr. ostacolare, arrestare, impedire, intralciare, inceppare, impigliare, sabotare, boicottare **CONTR.** disincagliare, disimpacciare, liberare, favorire, aiutare **B** v. intr. e **incagliarsi** intr. pron. **1** (*mar.*) arenarsi, andare in secca **CONTR.** disincagliarsi, liberarsi **2** arrestarsi, bloccarsi, trovare ostacoli, interrompersi **CONTR.** mettersi in moto, muoversi, proseguire.

incalcolàbile agg. **1** non calcolabile, difficile da calcolare **CONTR.** calcolabile, computabile, numerabile **2** (*est.*) (*di danno, di bene, ecc.*) inestimabile, immisurabile, incommensurabile □ enorme, immenso **CONTR.** piccolo, esiguo, modesto.

incalliménto s. m. indurimento.

incallìre A v. tr. **1** rendere calloso **2** (*fig.*) (*di cuore, di carattere, ecc.*) indurire, rendere insensibile **CONTR.** intenerire, commuovere, turbare **B** v. intr. e **incallirsi** intr. pron. **1** diventare calloso **2** (*fig.*) (*nel vizio, nell'ozio, ecc.*) indurire, assuefarsi, abituarsi □ perseverare **CONTR.** intenerirsi, commuoversi □ disabituarsi.

incallito part. pass. di **incallire**; anche agg. **1** calloso **2** (*fig.*) (*di giocatore, di fumatore, ecc.*) accanito, indurito, ostinato, impenitente, incorreggibile, inveterato, irriducibile **CONTR.** correggibile, docile, emendabile, migliorabile, recuperabile, redimibile.

incalzànte part. pres. di **incalzare**; anche agg. insistente, pressante, incombente, imminente, prossimo **CONTR.** lontano, remoto.

incalzàre A v. tr. **1** inseguire, stare alle calcagna, stare alle costole, perseguitare **2** (*fig.*) (*di tempo, di pericolo, ecc.*) premere, farsi urgente, sollecitare, spingere, far premura **B incalzarsi** v. rifl. rec. succedersi rapidamente, susseguirsi velocemente.

incameraménto s. m. confisca, incamerazione **CONTR.** distribuzione, assegnazione, reintegrazione, rifusione.

incameràre v. tr. confiscare, avocare **CONTR.** dare, distribuire, assegnare, restituire, risarcire, rifondere.

incamiciàre v. tr. (*tecnol.*) rivestire, consolidare.

incamminàre A v. tr. **1** mettere in cammino, mettere in movimento, avviare **CONTR.** fermare **2** (*fig.*) (*in un'arte, in una professione, ecc.*) indirizzare, guidare, avviare, dirigere **CONTR.** distogliere, allontanare **B incamminarsi** v. intr. pron. **1** mettersi in cammino, avviarsi **CONTR.** fermarsi **2** (*fig.*) (*in un'arte, in una professione, ecc.*) indirizzarsi, dirigersi, volgersi **CONTR.** distogliersi, allontanarsi.

incanalàre A v. tr. **1** (*di acque*) inalveare, canalizzare **CONTR.** deviare **2** (*di persone, di traffico, ecc.*) convogliare, dirigere **CONTR.** deviare **B incanalarsi** v. intr. pron. **1** (*di acque*) raccogliersi in un canale, inalvearsi, canalizzarsi **CONTR.** deviare, tracimare **2** (*fig.*) (*di persone, di traffico*) dirigersi, avviarsi, confluire **CONTR.** deviare.

incanalatùra s. f. **1** incanalamento, inalveamento, canalizzazione **CONTR.** deviazione, tracimazione **2** canale.

incancellàbile agg. **1** indelebile **CONTR.** cancellabile **2** (*fig.*) (*di giornata, di ricordo e sim.*) indistruttibile, inestinguibile □ indimenticabile **CONTR.** dimenticabile, caduco, labile, passeggero.

incancrenìre v. intr. e **incancrenìrsi** intr. pron. **1** (*med.*) gangrenare, andare in cancrena **2** (*fig.*) (*di situazione, di vizio, ecc.*) aggravarsi, inasprirsi, radicarsi **CONTR.** alleggerirsi, alleviarsi, guarire.

incandescènte agg. **1** rovente, arroventato, infocato, fiammeggiante, caldissimo **CONTR.** spento, freddo, gelato, gelido **2** (*fig.*) (*di polemica, di ambiente, ecc.*) ardente, accalorato, appassionato, impetuoso **CONTR.** calmo, flemmatico, indifferente.

incandescènza s. f. arroventamento, arroventatura **CONTR.** raffreddamento.

incantàre A v. tr. **1** (*di mago, di strega, ecc.*) affatturare, fatturare, fatare, stregare **2** (*fig.*) (*di persona*) affascinare, ammaliare, avvincere, sedurre, rapire, estasiare, incatenare, legare, meravigliare, stupire, sorprendere **CONTR.** deludere, disgustare, disincantare, respingere **B incantarsi** v. intr. pron. **1** restare trasognato, restare attonito, imbambolarsi, rimanere estatico **2** (*di macchina, di meccanismo, ecc.*) arrestarsi, bloccarsi, incepparsi **CONTR.** funzionare, andare.

incantàto part. pass. di **incantare**; anche agg. **1** magico, fatato, stregato, fatturato **2** (*fig.*) (*di persona o cosa*) affascinante, incantevole, meraviglioso, stupendo **CONTR.** bruttissimo, orribile, orrendo, repellente, ripugnante **3** (*fig.*) (*di persona*) intontito, trasognato, stupefatto, stupito, attonito, avvinto, estasiato, meravigliato, rapito **CONTR.** disincantato, deluso, disilluso, sveglio.

incantatóre A agg. (f. *-trice*) affascinante, seducente, ammaliatore **CONTR.** repellente, ripugnante **B** s. m. **1** mago, stregone, negromante □ maga, maliarda, fattucchiera **2** (*fig.*) seduttore, ammaliatore, fascinatore (*lett.*), conquistatore.

incantésimo s. m. **1** incantamento, incanto, incantagione (*lett.*), fattura, malia, sortilegio **2** seduzione, fascino, attrattiva, charme (*fr.*) **CONTR.** repulsione, disgusto, fastidio.

incantévole agg. affascinante, bellissimo, delizioso, grazioso, piacevole, seducente **CONTR.** bruttissimo, orrendo, orribile, repellente, ripugnante, spiacevole.

incantevolménte avv. deliziosamente, fascinosamente, stupendamente, seducentemente, piacevolmente **CONTR.** orrendamente, orribilmente, disgustosamente.

incànto (1) s. m. **1** incantamento, incantesimo, incantagione (*lett.*), fattura, malia, sortilegio **2** (*fig.*) fascino, seduzione, charme (*fr.*), piacere **3** (*fig.*) (*di persona o cosa*) meraviglia, delizia, miracolo, prodigio **CONTR.** orrore, schifo, porcheria **4** (*fig.*) atmosfera incantata, suggestione.

incànto (2) s. m. vendita all'asta, asta.

incanutìre A v. intr. diventare canuto, ingrigire, imbiancarsi **B** v. tr. rendere canuto, ingrigire.

incapàce agg.; anche s. m. e f. inabile, inetto, inidoneo, disadatto, inesperto **CONTR.** capace, abile, idoneo, esperto.

incapacità s. f. inettitudine, inabilità, inidoneità, ignoranza, incompetenza **CONTR.** capacità, attitudine, bravura, abilità, competenza, idoneità.

incaponìrsi v. intr. pron. ostinarsi, incaparbirsi, intestarsi, intestardirsi, impuntarsi, fissarsi, insistere **CONTR.** arrendersi, cedere, lasciar correre.

incaponìto part. pass. di **incaponirsi**; anche agg. intestardito, ostinato, fissato, cocciuto, caparbio, testardo **CONTR.** arrendevole, docile, remissivo.

incappàre v. intr. capitare, incorrere, imbattersi **CONTR.** sfuggire, sottrarsi.

incappucciàre A v. tr. **1** coprire col cappuccio, imbacuccare **2** (*fig.*) (*di neve*) ammantare **B incappucciarsi** v. rifl. e intr. pron. **1** coprirsi col cappuccio, imbacuccarsi **2** (*fig.*) (*di neve*) ammantarsi.

incappucciàto part. pass. di **incappucciare**; anche agg. **1** munito di cappuccio, imbacuccato **2** (*di neve e sim.*) avvolto, coperto.

incapricciàrsi v. intr. pron. invaghirsi, innamorarsi, bramare.

incapsulàre v. tr. rivestire con capsula, rivestire, chiudere.

incapsulàto part. pass. di **incapsulare**; anche agg. rivestito con capsula, rivestito, chiuso.

incarceràre v. tr. **1** carcerare, imprigionare **CONTR.** scarcerare, liberare **2** (*est.*) confinare, segregare.

incarceràto part. pass. di **incarcerare**; anche agg. **1** imprigionato **2** (*est.*) confinato, segregato.

incardinàre A v. tr. **1** (*di porta, di finestra, ecc.*) porre sui cardini **CONTR.** scardinare **2** (*di discorso, di ragionamento e sim.*) incentrare, fondare, basare **B incardinarsi** v. intr. pron. reggersi, fondarsi, imperniarsi, basarsi, incentrarsi.

incaricàre A v. tr. dare incarico, affidare, accollare, addossare, commettere, delegare, deputare **CONTR.** dispensare, esentare, esimere, esonerare **B incaricarsi** v. intr. pron. assumersi un incarico, impegnarsi, obbligarsi, promettere **CONTR.** dispensarsi, esimersi, sottrarsi.

incaricàto A part. pass. di **incaricare**; anche agg. **1** delegato, deputato, inviato, impiegato· **2** (*di professore e sim.*) non di ruolo, non titolare, supplente **CONTR.** di ruolo, titolare, effettivo **B** s. m. **1** agente, rappresentante **CONTR.** mandante **2** (*di professore*) supplente **CONTR.** titolare, effettivo.

incàrico s. m. **1** commissione, compito, delega, incombenza, impegno, mandato, missione □ ufficio, carica **2** (*di professore*) posto non di ruolo, supplenza.

incarnàre A v. tr. personificare, impersonare, rappresentare **B incarnarsi** v. intr. pron. **1** prendere carne e figura umana **2** (*di idea, di progetto e sim.*) concretarsi **3** (*di unghia*) crescere dentro la carne, incarnire.

incarnàto (1) part. pass. di **incarnare**; anche agg. incarnito.

incarnàto (2) agg. e s. m. colore rosa carne, carnicino, ostro, roseo.

incarnazióne s. f. **1** umanizzazione, trasformazione **2** (*fig.*) manifestazione, personificazione.

incarnìto agg. penetrato nella carne, incarnato.

incartaménto s. m. carte, documenti □ fascicolo, inserto, dossier (*fr.*), cartella.

incartapecorito agg. grinzoso, aggrinzito, crespo, vizzo, rinsecchito **CONTR.** liscio, florido, fiorente.

incartàre v. tr. avvolgere nella carta, accartocciare, incartocciare, avvolgere **CONTR.** scartare, scartocciare.

incartàto part. pass. di **incartare**; anche agg. accartocciato, incartocciato, avvolto **CONTR.** scartato, scartocciato.

incàrto s. m. **1** incartamento **2** involucro.

incartocciàre v. tr. incartare, accartocciare, avvolgere **CONTR.** scartare, scartocciare.

incasellàre v. tr. **1** mettere in casella, disporre in casellario **2** (*fig.*) (*di numeri, di dati e sim.*) riunire ordinatamente, ordinare, classificare.

incasinàre v. tr. (*pop.*) **1** fare confusione, disordinare, scompigliare, scombussolare **CONTR.** ordinare, sistemare **2** impelagare, impegolare, invischiare **CONTR.** liberare.

incasinàto part. pass. di **incasinare**; anche agg. (*pop.*) **1** disordinato, scompigliato, confuso, intricato, scombussolato **CONTR.** ordinato, sistemato **2** impegolato, invischiato, impelagato **CONTR.** liberato, libero.

incassàre A v. tr. **1** (*di merce*) collocare in casse, imballare □ (*est.*) (*di gioielli*) montare **CONTR.** sballare □ smontare **2** (*est., ling.*) inserire **3** (*di denaro e sim.*) riscuotere, introitare, ricevere in pagamento **CONTR.** pagare, sborsare, spendere **4** (*nel pugilato*) subire **CONTR.** dare **5** (*fig.*) (*di offesa, di accusa, ecc.*) sopportare bene **CONTR.** respingere, confutare **B incassarsi** v. intr. pron. (*di strada, di fiume, ecc.*) restringersi, incanalarsi, infossarsi, chiudersi **CONTR.** allargarsi, aprirsi.

incassàto part. pass. di **incassare**; anche agg. **1** (*di merce*) imballato □ (*di gioielli*) montato **CONTR.** sballato, smontato **2** (*est., ling.*) inserito **3** (*di denaro e sim.*) riscosso, introitato, ricevuto **4** (*nel pugilato*) subito **CONTR.** dato **5** (*fig.*) (*di offesa, di accusa, ecc.*) sopportato bene **CONTR.** respinto, confutato **6** (*di strada, di fiume, ecc.*) infossato, affossato, chiuso, stretto, incanalato **CONTR.** allargato, aperto, largo, libero, prominente, sporgente.

incassatóre s. m. (f. *-trice*) **1** imballatore **2** pugile molto resistente **3** (*fig.*) persona capace di sopportare.

incassatùra s. f. **1** imballo **2** cavità, incavo **CONTR.** rilievo, sporgenza, prominenza.

incàsso s. m. riscossione, esazione, introito **CONTR.** pagamento, sborso, esborso, versamento, rimborso.

incastonàre v. tr. fermare nel castone, montare, incassare, legare.

incastonàto part. pass. di **incastonare**; anche agg. montato, legato, rilegato, incassato.

incastonatùra s. f. montatura, incassatura, incastro, legatura, rilegatura.

incastràre A v. tr. **1** commettere, connettere, conficcare, inserire, introdurre, cacciar dentro **CONTR.** disincastrare, sconficcare, sconnettere, strappare **2** (*fig., fam.*) mettere nei pasticci, impegolare, invischiare, prendere, chiudere **CONTR.** liberare **B incastrarsi** v. intr. pron. inserirsi, ficcarsi dentro **CONTR.** liberarsi, uscire **C** v. intr. (*mecc.*) adattarsi, ingranare perfettamente.

incastràto part. pass. di **incastrare**; anche agg. **1** conficcato, introdotto, innestato, inserito CONTR. tolto, cavato, estratto, disinnestato, disinserito **2** (*est.*) bloccato, immobilizzato, imprigionato CONTR. liberato **3** (*fig.*, *fam.*) imbrigliato, impegolato, nei pasticci CONTR. libero.

incàstro s. m. **1** apertura, cavità, intaglio **2** incastratura, innesto, introduzione, inserzione CONTR. estrazione.

incatenaménto s. m. (*fig.*) concatenamento, concatenazione, connessione, legame CONTR. sconnessione.

incatenàre A v. tr. **1** legare con catene, mettere le catene □ imprigionare **2** (*fig.*) (*di cuori*, *di sentimenti*, *ecc.*) soggiogare, vincolare, legare, asservire, ammaliare □ impacciare, impedire, inceppare CONTR. svincolare, liberare **B incatenarsi** v. rifl. e rifl. rec. collegarsi strettamente, legarsi, unirsi, concatenarsi CONTR. svincolarsi, liberarsi.

incatenàto part. pass. di **incatenare**; anche agg. **1** legato con catene, in catene, imprigionato CONTR. slegato, libero **2** (*fig.*) (*da sentimenti*, *da passioni*, *ecc.*) dominato, soggiogato, asservito CONTR. liberato, libero.

incatramàre v. tr. ricoprire di catrame, asfaltare, bitumare □ calafatare.

incatramàto part. pass. di **incatramare**; anche agg. asfaltato, bitumato □ calafatato.

incautaménte avv. imprudentemente, sconsideratamente, inconsideratamente, avventatamente, irriflessivamente, sconsigliatamente, temerariamente CONTR. cautamente, prudentemente, avvedutamente, riflessivamente.

incàuto agg. imprudente, sconsiderato, inconsiderato, avventato, irriflessivo, sconsigliato, temerario, improvvido (*lett.*) CONTR. cauto, prudente, avveduto, considerato, guardingo, riflessivo.

incavàre v. tr. rendere cavo, infossare, avvallare, scavare, scanalare, solcare CONTR. empire, riempire, colmare.

incavàto part. pass. di **incavare**; anche agg. infossato, affossato, scavato, concavo, cavo CONTR. sporgente, prominente □ grasso, paffuto.

incavatùra s. f. **1** cavità, incavo, infossamento, scanalatura, solco CONTR. sporgenza, rilievo, protuberanza, colmo, colmatura, riempimento **2** (*di vita*) assottigliamento CONTR. ingrossamento.

incàvo o (*evit.*) **ìncavo** s. m. cavità, incavatura, infossamento, scanalatura, solco CONTR. sporgenza, rilievo, protuberanza, colmo.

incavolàrsi v. intr. pron. (*euf.*) arrabbiarsi, incazzarsi (*volg.*) CONTR. calmarsi, rabbonirsi.

incavolàto part. pass. di **incavolarsi**; anche agg. (*euf.*) incazzato (*volg.*), arrabbiato CONTR. calmato, calmo, rabbonito.

incavolatùra s. f. (*euf.*) incazzatura (*volg.*), arrabbiatura.

incazzàrsi v. intr. pron. (*volg.*) arrabbiarsi, incavolarsi (*euf.*) CONTR. calmarsi, rabbonirsi, scazzarsi (*volg.*).

incazzàto part. pass. di **incazzarsi**; anche agg. (*volg.*) incavolato (*euf.*), arrabbiato, irato CONTR. calmato, calmo, rabbonito.

incazzatùra s. f. (*volg.*) incavolatura (*euf.*), arrabbiatura.

incendiàre A v. tr. **1** dare alle fiamme, dar fuoco, distruggere col fuoco, ardere, bruciare, abbruciare CONTR. spegnere, estinguere, smorzare **2** (*fig.*) (*di animi*, *di passioni*, *ecc.*) infiammare, eccitare, entusiasmare, elettrizzare, esasperare, infervorare, scuotere CONTR. calmare, pacificare, placare **B incendiarsi** v. intr. pron. **1** prendere fuoco, bruciare **2** (*fig.*) (*di persona*, *di animi*, *ecc.*) infiammarsi, eccitarsi, entusiasmarsi, elettrizzarsi, esasperarsi, infervorarsi CONTR. calmarsi, placarsi.

incendiàrio A agg. (*fig.*) (*di parole*, *di occhi*, *ecc.*) ardente, aggressivo □ polemico CONTR. rasserenante, sereno, mite, remissivo **B** s. m. piromane.

incendiàto part. pass. di **incendiare**; anche agg. bruciato, arso CONTR. spento, estinto.

incèndio s. m. **1** gran fuoco, fuoco violento, combustione, conflagrazione **2** (*fig.*) (*di passioni*) ardore, fervore, trasporto, entusiasmo □ passione ardente, commozione CONTR. freddezza, indifferenza, apatia **3** (*fig.*) (*di guerra*) rovina, disastro, conflagrazione.

incenerìre A v. tr. **1** ridurre in cenere, bruciare, incendiare, ardere □ (*di cadaveri*) cremare **2** (*fig.*) annientare, distruggere **B incenerirsi** v. intr. pron. diventare cenere.

incenerìto part. pass. di **incenerire**; anche agg. **1** ridotto in cenere, bruciato □ cremato **2** (*fig.*) annientato, distrutto.

incensàre A v. tr. **1** fumigare con l'incenso, dare l'incenso **2** (*fig.*) lodare, adulare, blandire, lisciare, lusingare, piaggiare CONTR. calunniare, denigrare, diffamare **B incensarsi** v. rifl. rec. adularsi, blandirsi, lisciarsi CONTR. denigrarsi, calunniarsi.

incensatóre s. m. (f. *-trice*) adulatore, lodatore, piaggiatore CONTR. calunniatore, detrattore.

incensière s. m. braciere, turibolo.

incènso s. m. **1** olibano (*raro*, *lett.*) **2** (*fig.*) adulazione, incensamento, lode sperticata, cortigianeria, lisciamento, panegirico, piaggeria, sviolinata CONTR. calunnia, maldicenza, diffamazione.

incensuràbile agg. irreprensibile, inappuntabile, perfetto CONTR. censurabile, criticabile.

incensurabilità s. f. irreprensibilità, perfezione CONTR. imperfezione.

incensuràto agg.; anche s. m. (*dir.*) senza precedenti penali, impregiudicato CONTR. pregiudicato.

incentivàre v. tr. incrementare, stimolare, incoraggiare, spingere **CONTR.** frenare, bloccare, arrestare, raffreddare (*fig.*), congelare (*fig.*).

incentivàto part. pass. di **incentivare**; anche agg. incrementato, stimolato, incoraggiato, spinto **CONTR.** frenato, bloccato, arrestato, raffreddato (*fig.*), congelato (*fig.*).

incentivazióne s. f. incremento, aumento, spinta, incoraggiamento, stimolo **CONTR.** freno, blocco, arresto, raffreddamento (*fig.*), congelamento (*fig.*).

incentìvo s. m. stimolo, spinta, incitamento, impulso, incentivazione, incoraggiamento, istigazione **CONTR.** arresto, freno, blocco, handicap (*ingl.*).

incentràre A v. tr. (*raro*) collocare nel centro **B incentrarsi** v. intr. pron. **1** (*raro*) accentrarsi, essere accentrato **2** (*fig.*) imperniarsi, fondarsi, concentrarsi.

incentràto part. pass. di **incentrare**; anche agg. (*fig.*) imperniato, fondato, concentrato.

inceppaménto s. m. impedimento, imbarazzo, incaglio, intoppo, intralcio, ostacolo, blocco **CONTR.** disincaglio, liberazione.

inceppàre A v. tr. **1** (*raro*) mettere in ceppi, incarcerare **CONTR.** scarcerare, liberare **2** (*est.*) impedire, incagliare, intralciare, legare, ostacolare, bloccare, frenare, trattenere **CONTR.** liberare, svincolare **B incepparsi** v. intr. pron. bloccarsi, arrestarsi, incantarsi, smettere di funzionare **CONTR.** funzionare, andare, muoversi.

inceràre v. tr. spalmare di cera □ (*di pavimento*) lucidare.

incertaménte avv. indecisamente, con titubanza, con esitazione, dubbiosamente, irresolutamente **CONTR.** risolutamente, sicuramente, decisamente.

incertézza s. f. **1** indeterminatezza **CONTR.** determinatezza **2** esitazione, dubbio, perplessità, indecisione, irresolutezza, titubanza □ ansia, preoccupazione **CONTR.** certezza, decisione, determinazione, energia, prontezza, risolutezza, audacia.

incèrto A agg. **1** (*di persona, di passo, ecc.*) indeciso, insicuro, irresoluto, dubbioso, esitante, fluttuante, perplesso, titubante, vacillante, tentennante **CONTR.** deciso, determinato, fermo, risoluto, sicuro **2** (*di interpretazione, di esito, ecc.*) aleatorio, discutibile, dubbio, problematico, indeterminato, malsicuro, vago **CONTR.** certo, indubbio, sicuro, definito **3** (*di tempo*) variabile, instabile **CONTR.** stabile **B** s. m. (*est.*) eventualità, imprevisto, accidente, possibilità, eventuale vantaggio, eventuale pericolo, rischio **CONTR.** certezza, sicurezza.

incespicàre v. intr. **1** inciampare, intoppare, impigliarsi, mettere il piede in fallo **CONTR.** camminare speditamente **2** (*fig.*) (*parlando*) impuntarsi, sbagliare, balbettare **CONTR.** parlare speditamente.

incessànte agg. continuo, continuato, assiduo, ininterrotto, perpetuo, persistente, eterno, senza fine **CONTR.** momentaneo, effimero, passeggero, interrotto, saltuario.

incessanteménte avv. continuamente, assiduamente, ininterrottamente, perpetuamente, eternamente **CONTR.** saltuariamente, a intervalli.

incètta s. f. accaparramento, requisizione, raccolta, bagarinaggio **CONTR.** distribuzione, offerta, spaccio, vendita.

incettàre v. tr. fare incetta, accaparrare, requisire, raccogliere **CONTR.** dispensare, distribuire, elargire, offrire, ripartire.

incettatóre s. m.; anche agg. (f. *-trice*) accaparratore □ raccoglitore, reclutatore, bagarino **CONTR.** distributore, elargitore.

inchièsta s. f. investigazione, ricerca, indagine, esame, interrogatorio, inquisizione □ referendum.

inchinàre A v. tr. chinare, volgere in basso, incurvare **B inchinarsi** v. intr. pron. **1** chinarsi, piegarsi, incurvarsi **CONTR.** rizzarsi, drizzarsi, erigersi **2** (*fig.*) rendere omaggio, ossequiare, riverire **CONTR.** insorgere, ribellarsi, disprezzare **3** rassegnarsi, umiliarsi, accettare, accondiscendere, cedere **CONTR.** rifiutare, respingere.

inchìno s. m. riverenza.

inchiodàre A v. tr. **1** chiodare (*raro*), fissare con chiodi **CONTR.** schiodare **2** (*fig.*) tener fermo, fermare, immobilizzare, bloccare, arrestare **CONTR.** liberare **3** (*fig.*) (*di debitore*) piantare chiodi (*fig.*), non pagare **CONTR.** pagare **B inchiodarsi** v. intr. pron. **1** bloccarsi, fermarsi **CONTR.** sbloccarsi, liberarsi **2** (*fig.*) indebitarsi **CONTR.** sdebitarsi.

inciampàre v. intr. **1** urtare col piede, incespicare, intoppare, impigliarsi, mettere il piede in fallo **2** (*fig.*) imbattersi, incappare **3** (*fig.*) (*nel parlare, nello scrivere*) incagliarsi, inceparsi, intopparsi.

inciàmpo s. m. **1** ostacolo, impedimento **2** (*fig.*) intoppo, difficoltà, contrarietà, contrattempo, handicap (*ingl.*).

incidentàle agg. casuale, fortuito, accessorio, secondario **CONTR.** primario, principale, precipuo.

incidentalménte avv. per caso, casualmente, fortuitamente, accidentalmente, di passaggio **CONTR.** solitamente, comunemente, abitualmente.

incidènte s. m. **1** fatto accessorio, accidente, avvenimento, caso, evento □ digressione **2** infortunio, sciagura, disgrazia.

incidènza s. f. **1** (*fig.*) effetto, influsso, peso **2** (*raro*) digressione.

incìdere (1) v. intr. gravare, pesare, influire, avere importanza, ricadere.

incìdere (2) v. tr. **1** aprire tagliando, tagliare, aprire, intagliare, scalfire, scolpire, graffiare, graffire **CONTR.** chiudere, richiudere **2** (*fig.*) (*nella mente, nel cuore e sim.*) imprimere, stampare, fissare **CONTR.** cancellare **3** (*su disco, su nastro*) registrare **CONTR.** cancellare **4** (*fig.*) (*di risparmi, di riserve e sim.*) intaccare, consumare **CONTR.** aggiungere, aumentare.

incinerazióne s. f. **1** (*chim.*) riduzione in cenere **2** cremazione.

incìnta agg. solo f. gravida, gestante, pregna, pregnante (*lett.*), in stato interessante.

incipiènte agg. nascente, iniziale, all'inizio **CONTR.** finale, conclusivo, agli sgoccioli.

incipit /*lat.* 'intʃipit/ [vc. lat., letteralmente 'incomincia (qui)'] s. m. inv. (*di scritto*) inizio, primi versi, prime parole.

incisióne s. f. **1** taglio, ferita, intaglio, incavo, apertura **2** diaclipto □ riproduzione □ xilografia, calcografia, acquaforte, fototipia, fotoincisione, galvanoplastica, zincotipia □ rilievo, altorilievo **3** (*su disco, su nastro*) registrazione **CONTR.** cancellazione.

incisivaménte avv. chiaramente, efficacemente, vivamente **CONTR.** debolmente, fiaccamente.

incisività s. f. efficacia, vivezza, evidenza, icasticità **CONTR.** fiacchezza, inefficacia, imprecisione.

incisìvo agg. **1** tagliente **CONTR.** ottuso, smussato **2** (*fig.*) (*di stile, di parole, ecc.*) efficace, vivo, evidente, netto, nitido, icastico, preciso **CONTR.** debole, fiacco, impreciso, vago.

incìso A part. pass. di **incidere (2)**; anche agg. **1** tagliato, scolpito, aperto, intagliato, scalfito, graffiato **2** (*nella mente, nel cuore, ecc.*) impresso, stampato **CONTR.** cancellato **3** (*di suono, di disco e sim.*) registrato **CONTR.** cancellato **B** s. m. frase incidentale, parentesi **FRAS.** *per inciso*, incidentalmente.

incisóre s. m. **1** intagliatore, cesellatore, xilografo, calcografo, litografo, niellatore **2** (*di suoni*) registratore.

incitaménto s. m. esortazione, incoraggiamento, stimolo, sprone, impulso, eccitazione, spinta **CONTR.** dissuasione, freno, remora.

incitàre v. tr. indurre, spronare, stimolare, esortare, eccitare, istigare, persuadere, pungolare, spingere, sospingere, incoraggiare **CONTR.** trattenere, frenare, dissuadere, distogliere, sconsigliare.

incitatóre s. m.; anche agg. (f. *-trice*) esortatore, istigatore, persuasore, stimolatore **CONTR.** dissuasore.

incitrullìto agg. imbecillito, rimbecillito, incretinito, rincretinito **CONTR.** rinsavito.

incivìle agg. **1** selvaggio, barbaro, arretrato **CONTR.** civile, civilizzato **2** (*di persona, di comportamento, ecc.*) villano, screanzato, ineducato, maleducato, rozzo, scortese, sgarbato, ignorante, grossolano, inurbano **CONTR.** beneducato, civile, cortese, garbato, gentile, urbano.

incivilimento s. m. civiltà, civilizzazione, dirozzamento **CONTR.** imbarbarimento.

incivilìre A v. tr. rendere civile, civilizzare, dirozzare, ingentilire, raffinare **CONTR.** imbarbarire, far decadere **B incivilirsi** v. intr. pron. diventare civile, civilizzarsi, dirozzarsi, ingentilirsi, raffinarsi **CONTR.** imbarbarirsi, regredire.

incivilìto part. pass. di **incivilire**; anche agg. civilizzato, dirozzato, ingentilito, raffinato **CONTR.** imbarbarito.

incivilménte avv. scortesemente, sgarbatamente, villanamente, ignorantemente, rozzamente, grossolanamente, maleducatamente **CONTR.** civilmente, cortesemente, garbatamente, gentilmente, urbanamente.

inciviltà s. f. barbarie, rozzezza, scortesia, sgarbataggine, villania, volgarità, ignoranza, maleducazione **CONTR.** civiltà, finezza, garbo, gentilezza, educazione, urbanità.

inclassificàbile agg. **1** (*di lavoro, di spesa, ecc.*) indefinibile, incalcolabile **CONTR.** classificabile, calcolabile **2** (*fig.*) (*di compito, di comportamento, ecc.*) pessimo, inqualificabile, scorretto, scadente, orribile **CONTR.** ottimo, lodevole, corretto.

inclemènte agg. (*anche fig.*) aspro, duro, crudele, crudo, rigido, inesorabile, spietato, sfavorevole, avverso **CONTR.** clemente, propizio, favorevole, mite, dolce.

inclemènza s. f. (*anche fig.*) asprezza, durezza, rigidità, avversità, crudeltà, inesorabilità, spietatezza **CONTR.** clemenza, indulgenza, mitezza.

inclinàre A v. tr. **1** piegare, flettere, chinare, abbassare **CONTR.** alzare, drizzare, rizzare, sollevare **2** (*fig.*) (*di persona, di animo e sim.*) disporre, rendere incline, indirizzare, persuadere, predisporre **CONTR.** dissuadere, distogliere, allontanare **B** v. intr. **1** (*di cosa*) pendere, piegare **2** (*fig.*) (*di persona*) avere inclinazione, essere disposto, propendere, sentirsi portato **CONTR.** essere contrario, essere alieno, essere refrattario, rifuggire.

inclinàto part. pass. di **inclinare**; anche agg. **1** piegato, chinato, abbassato **CONTR.** alzato, ritto, sollevato **2** (*fig.*) (*di persona, di animo e sim.*) disposto, propenso, incline, proclive (*lett.*), predisposto, portato, favorevole **CONTR.** alieno, avverso, contrario, refrattario.

inclinazióne s. f. **1** pendenza, declività (*lett.*), declivio, abbassamento □ spostamento **2** (*fis., astron.*) angolo **3** (*fig.*) (*di persona*) attitudine, disposizione, abitudine, attrazione, predilezione, predisposizione, propensione, proclività (*raro, lett.*), tendenza, amore, gusto, passione, simpatia, interesse, vocazione **CONTR.** avversione, contrarietà, opposizione, ripulsione, ripugnanza, antipatia, idiosincrasia, rifiuto, rigetto.

inclìne agg. propenso, proclive (*lett.*), inclinato, disposto, favorevole, interessato **CONTR.** alieno, avverso, contrario, negato.

inclùdere v. tr. **1** (*in busta, in plico e sim.*)

chiudere dentro, accludere, allegare, introdurre, inserire **CONTR.** escludere, lasciar fuori **2** (*in una lista, nel novero, ecc.*) comprendere, annoverare, mettere, accogliere **CONTR.** escludere, estromettere **3** (*di fatto, di episodio, ecc.*) implicare, racchiudere, comportare **CONTR.** escludere.

inclusióne s. f. **1** (*in una lista, nel novero, ecc.*) inserimento, introduzione, accoglienza **CONTR.** esclusione **2** (*miner.*) corpo estraneo.

inclusìvo agg. comprendente.

inclùso part. pass. di **includere**; anche agg. **1** (*in lettera, in plico e sim.*) accluso, allegato, inserito, introdotto **CONTR.** escluso, lasciato fuori **2** (*in una lista, nel novero, ecc.*) compreso, annoverato, messo, accolto **CONTR.** escluso, estromesso.

incoercìbile agg. irreprimibile, irrefrenabile, irriducibile, inarrestabile **CONTR.** coercibile, reprimibile, arrestabile, frenabile.

incoercibilità s. f. irriducibilità, inarrestabilità **CONTR.** coercibilità.

incoercibilménte avv. inarrestabilmente, irrefrenabilmente.

incoerènte agg. **1** (*di materia*) non compatto, non cementato, sciolto **CONTR.** compatto, cementato **2** (*fig.*) (*di persona, di ragionamento, ecc.*) illogico, incongruente, inconseguente, assurdo, contraddittorio, discrepante, discordante, sconclusionato **CONTR.** coerente, congruente, conseguente, logico, razionale.

incoerenteménte avv. illogicamente, incongruentemente, contraddittoriamente, assurdamente **CONTR.** coerentemente, conseguentemente, logicamente, razionalmente.

incoerènza s. f. **1** (*di materia*) mancanza di coesione, mancanza di compattezza **CONTR.** compattezza **2** (*fig.*) (*di persona, di ragionamento, ecc.*) illogicità, irrazionalità, incongruenza, inconseguenza, assurdità, contraddittorietà, discrepanza, discordanza, difformità, sconclusionatezza **CONTR.** coerenza, connessione, conformità, logicità, logica, razionalità □ accordo, armonia.

incògnita s. f. cosa ignota, fatto imprevedibile, mistero, punto interrogativo **CONTR.** certezza.

incògnito agg. sconosciuto, ignoto, ignorato, anonimo **CONTR.** noto, conosciuto **FRAS.** *in incognito*, senza farsi riconoscere.

incollàre A v. tr. dare la colla, attaccare, appiccicare **CONTR.** scollare, staccare **B incollarsi** v. intr. pron. attaccarsi, appiccicarsi **C** v. rifl. (*fig.*) (*di persona*) tenersi vicinissimo, stare vicinissimo, appiccicarsi (*fig.*) **CONTR.** allontanarsi, stare lontano.

incollerìto part. pass. di **incollerire**; anche agg. infuriato, adirato, arrabbiato, irritato, stizzito, incazzato (*volg.*), incavolato (*euf.*) **CONTR.** calmo, placato, quieto, rabbonito.

incolóre o **incolóro** agg. **1** privo di colore, sbiadito, scolorito **CONTR.** colorito **2** (*fig.*) (*di persona, di stile, ecc.*) privo di interesse, privo di vivacità, banale, insignificante, scialbo, mediocre, monotono, anonimo, impersonale **CONTR.** vivace, interessante, espressivo, significativo.

incolpàre A v. tr. accusare, imputare, incriminare, dichiarare colpevole **CONTR.** discolpare, scagionare **B incolparsi** v. rifl. accusarsi, incriminarsi **CONTR.** discolparsi, scagionarsi.

incólto agg. **1** (*di luogo*) non coltivato, abbandonato, deserto **CONTR.** coltivato, abitato **2** (*fig.*) (*di barba, di capelli e sim.*) sciatto, non curato, trascurato, negletto **CONTR.** curato, accurato **3** (*fig.*) (*di persona*) privo di istruzione, privo di cultura, ignorante, rozzo, zotico **CONTR.** colto, dotto, erudito, istruito, raffinato.

incòlume agg. illeso, salvo, sano e salvo, indenne, intatto **CONTR.** colpito, ferito, leso.

incolumità s. f. salvezza, conservazione, integrità **CONTR.** danno, ferita, lesione.

incombènte part. pres. di **incombere**; anche agg. sovrastante, presente, imminente, opprimente **CONTR.** lontano, remoto, futuro.

incombènza s. f. incarico, commissione, compito, mandato, faccenda, occupazione.

incómbere v. intr. **1** sovrastare, incalzare, essere imminente **CONTR.** essere lontano **2** spettare, competere, convenire, toccare.

incombustìbile agg. ininfiammabile **CONTR.** combustibile, infiammabile.

incominciàre A v. tr. cominciare, iniziare, principiare, avviare, intraprendere, accingersi, imprendere (*lett.*) **CONTR.** por fine, finire, terminare, concludere **B** v. intr. avere inizio, iniziare, cominciare □ nascere, sorgere **CONTR.** aver fine, concludersi, terminare.

incominciàto part. pass. di **incominciare**; anche agg. cominciato, iniziato, avviato, principiato, intrapreso □ nato, sorto **CONTR.** finito, terminato, concluso.

incommensuràbile agg. incalcolabile, incomputabile, immenso, infinito, illimitato, grandissimo, smisurato **CONTR.** commensurabile, piccolissimo, minimo, esiguo, limitato.

incommensurabilità s. f. infinità, immensità, smisuratezza **CONTR.** commensurabilità, piccolezza, esiguità, limitatezza.

incommensurabilménte avv. infinitamente, immensamente, illimitatamente, smisuratamente **CONTR.** minimamente, pochissimo, limitatamente.

incomodàre A v. tr. scomodare, disturbare, importunare, infastidire, seccare, scocciare (*fam.*), tediare **CONTR.** far piacere, divertire, interessare **B incomodarsi** v. rifl. scomodarsi, disturbarsi, darsi pena, infastidirsi, importunarsi, seccarsi, scocciarsi (*fam.*).

incomodità s. f. incomodo, disagio, disturbo, difficoltà, fastidio, imbarazzo, impaccio, handicap (*ingl.*) **CONTR.** agio, comodo, comodità

□ piacere.

incòmodo s. m. **1** disagio, disturbo, fastidio, imbarazzo, incomodità, handicap (*ingl.*), noia, seccatura, scocciatura (*fam.*) CONTR. agio, comodo, comodità □ piacere **2** indisposizione, disturbo, acciacco.

incomparàbile agg. impareggiabile, unico, senza paragone, senza confronto, ineguagliabile, straordinario, eccellente, eccezionale, incredibile CONTR. insignificante, banale, stupido, da nulla, di nessun valore, di nessuna importanza.

incomparabilità s. f. eccezionalità, straordinarietà, incredibilità CONTR. banalità, stupidità, nullità, mediocrità.

incomparabilménte avv. straordinariamente, immensamente, incredibilmente, eccezionalmente CONTR. mediocremente, poco, per nulla.

incompatìbile agg. **1** inconciliabile, irreconciliabile CONTR. conciliabile **2** intollerabile, insopportabile, insostenibile CONTR. compatibile, sopportabile, tollerabile.

incompatibilità s. f. **1** inconciliabilità, incomprensione, contrasto, discordia, discrepanza, ostilità CONTR. compatibilità, accordo, armonia, concordia **2** (*med.*) intollerabilità, antagonismo CONTR. compatibilità, tollerabilità.

incompetènte agg.; anche s. m. e f. privo di competenza, inesperto, inabile, impreparato, profano, ignorante CONTR. competente, abile, capace, esperto, preparato, addentro.

incompetènza s. f. impreparazione, inesperienza, inabilità, imperizia, ignoranza CONTR. competenza, abilità, capacità, esperienza, preparazione.

incompiutézza s. f. manchevolezza, deficienza, difetto, insufficienza, scarsità, imperfezione CONTR. compiutezza, perfezione, finitezza, eccellenza.

incompiùto agg. incompleto, non compiuto, non finito, da ultimare □ imperfetto, manchevole CONTR. compiuto, completo, finito □ perfetto, eccellente.

incomplèto agg. **1** incompiuto, non finito □ imperfetto, manchevole CONTR. completo, compiuto, finito □ perfetto, eccellente **2** (*di autobus, di teatro, ecc.*) non pieno CONTR. completo, pieno.

incompósto agg. **1** confuso, disordinato, arruffato, scomposto, trasandato CONTR. composto, ordinato **2** (*di atti, di risa, ecc.*) sgarbato, indecoroso, indecente CONTR. garbato, decoroso, dignitoso.

incomprensìbile agg. impenetrabile, inesplicabile, oscuro, astruso, imperscrutabile, inintelligibile, indecifrabile, enigmatico CONTR. comprensibile, chiaro, evidente, intelligibile, lampante, manifesto, palese, perspicuo.

incomprensibilità s. f. inintelligibilità (*raro*), oscurità, inspiegabilità, imperscrutabilità, impenetrabilità CONTR. comprensibilità, chiarezza, evidenza, intelligibilità, perspicuità.

incomprensibilménte avv. inintelligibilmente, oscuramente, inspiegabilmente, inesplicabilmente, astrusamente CONTR. comprensibilmente, intelligibilmente, chiaramente, manifestamente, palesemente.

incompréso agg. non capito, indecifrato, ignorato CONTR. compreso, capito, conosciuto, noto.

incompressìbile agg. incomprimibile CONTR. compressibile, comprimibile.

incomprimìbile agg. incompressibile CONTR. comprimibile, compressibile.

incomputàbile agg. incalcolabile, incommensurabile □ infinito, smisurato, grandissimo CONTR. computabile, calcolabile, commensurabile □ piccolo.

incomunicàbile agg. intrasmissibile CONTR. comunicabile, trasmissibile.

incomunicabilità s. f. incapacità di comunicare, incomprensibilità, incomprensione □ solitudine CONTR. comunicabilità, comprensione.

inconcepìbile agg. impensabile, incredibile, inimmaginabile, inopinabile, inspiegabile, assurdo, illogico, improbabile, strano CONTR. pensabile, immaginabile, intelligibile, credibile, logico, spiegabile.

inconciliàbile agg. irreconciliabile, irriducibile, incompatibile, contrastante, contrario CONTR. conciliabile, compatibile.

inconciliabilità s. f. incompatibilità, irreconciliabilità (*raro*), contrasto CONTR. conciliabilità, compatibilità.

inconciliabilménte avv. incompatibilmente, irriducibilmente, contrariamente CONTR. conciliabilmente, compatibilmente.

inconcludènte A agg. **1** sconclusionato, inutile, vano, senza costrutto CONTR. efficace, utile, coerente, concludente **2** dappoco, incapace, inetto, irresoluto CONTR. attivo, capace, coerente, risoluto **B** s. m. e f. buono a nulla, incapace, inetto CONTR. intraprendente, volitivo, attivo, capace.

incondizionataménte avv. illimitatamente, assolutamente, pienamente, totalmente CONTR. condizionatamente, limitatamente, relativamente.

incondizionàto agg. assoluto, illimitato, pieno, totale, senza riserve CONTR. condizionato, limitato, relativo.

inconfessàbile agg. (*est.*) sconcio, turpe, vergognoso, ignominioso, disonesto CONTR. confessabile, lecito, onesto.

inconfessàto agg. celato, nascosto, tenuto segreto CONTR. confessato, evidente, manifesto, palese.

inconfondìbile agg. caratteristico, tipico CONTR. confondibile.

inconfondibilménte avv. inequivocabilmente, tipicamente, chiaramente CONTR. equivocamente, oscuramente.

inconfutàbile agg. incontrovertibile, inoppugnabile, indiscutibile, innegabile CONTR. refutabile, oppugnabile, discutibile, incerto.

inconfutabilménte avv. indiscutibilmente, inoppugnabilmente, innegabilmente CONTR. confutabilmente, discutibilmente.

incongruènte agg. contraddittorio, incoerente, illogico, irragionevole, assurdo, discordante, sconveniente CONTR. congruente, coerente, logico, ragionevole, conveniente.

incongruenteménte avv. contraddittoriamente, incoerentemente, illogicamente, irragionevolmente, assurdamente CONTR. congruentemente, coerentemente, logicamente.

incongruènza s. f. incoerenza, contraddittorietà, illogicità, incongruità, sconvenienza, assurdità CONTR. congruenza, coerenza, logica, ragionevolezza, convenienza.

incòngruo agg. disadatto, sproporzionato, incongruente, discordante, contraddittorio, incoerente CONTR. congruo, coerente, proporzionato.

inconoscìbile agg. **1** irriconoscibile CONTR. riconoscibile **2** (*di mistero, di animo, ecc.*) imperscrutabile, impenetrabile, inaccessibile, misterioso, enigmatico, trascendentale CONTR. conoscibile, evidente, perspicuo, razionale, dimostrabile, documentabile.

inconsapévole agg. ignaro, inconscio, incosciente □ irresponsabile □ involontario CONTR. consapevole, conscio, responsabile □ volontario.

inconsapevolézza s. f. ignoranza, incoscienza, irresponsabilità CONTR. consapevolezza, responsabilità, volontà.

inconsapevolménte avv. senza sapere, inavvertitamente, inconsciamente, involontariamente CONTR. consapevolmente, consciamente, volontariamente.

inconsciaménte avv. inconsapevolmente, inavvertitamente, senza sapere, involontariamente CONTR. consciamente, consapevolmente, volontariamente.

incònscio agg. inconsapevole, ignaro.

inconsideràbile agg. insignificante, trascurabile, inattendibile CONTR. considerevole, attendibile, importante.

inconsideràto agg. sconsiderato, avventato, imprudente, imprevidente, incauto, irriflessivo, precipitoso CONTR. avveduto, cauto, guardingo, ponderato, prudente, riflessivo, attento.

inconsistènte agg. **1** (*di materia*) fluido, cedevole, molle CONTR. consistente, sodo, solido, duro **2** (*fig.*) (*di ragionamento, di scusa, ecc.*) vuoto, debole, fiacco, fallace, infondato, impreciso CONTR. fondato, preciso, consistente, logico.

inconsistènza s. f. **1** (*di materia*) mollezza, cedevolezza CONTR. consistenza, compattezza, sodezza, durezza **2** (*fig.*) (*di ragionamento, di scusa, ecc.*) debolezza, fragilità, fallacia, tenuità, infondatezza CONTR. fondatezza, validità, consistenza, logicità.

inconsolàbile agg. sconsolato, sconfortato, desolato, disperato CONTR. consolabile, confortabile.

inconsuèto agg. insolito, inusitato, strano, straordinario, sorprendente, nuovo, curioso CONTR. consueto, solito, comune, ordinario, usuale.

inconsùlto agg. avventato, imprudente, impulsivo, incontrollato, irriflessivo, temerario CONTR. calcolato, prudente, riflessivo, controllato.

inconsumàbile agg. incorruttibile, indistruttibile, eterno, duraturo CONTR. caduco, effimero, momentaneo, passeggero, temporaneo, transitorio.

incontaminàto agg. intatto, puro, incorrotto, illibato, vergine CONTR. contaminato, corrotto, impuro.

incontenìbile agg. irrefrenabile, incoercibile, inarrestabile, travolgente CONTR. contenibile, frenabile, arrestabile.

incontentàbile agg. difficile da accontentare, impossibile da accontentare, scontento, insoddisfatto, pretenzioso, insaziabile CONTR. contentabile, contento, soddisfatto.

incontentabilità s. f. insaziabilità, scontentezza, insoddisfazione, pretenziosità CONTR. contentabilità, adattabilità, condiscendenza, modestia.

incontestàbile agg. indiscutibile, inconfutabile, innegabile, inoppugnabile, irrefutabile, certo, evidente, sicuro CONTR. contestabile, discutibile, incerto.

incontestabilità s. f. indiscutibilità, inoppugnabilità, irrefutabilità, certezza CONTR. discutibilità, dubbiezza (*raro*), incertezza.

incontestabilménte avv. indiscutibilmente, innegabilmente, irrefutabilmente CONTR. discutibilmente, dubbiamente.

incontestàto agg. indiscusso, incontrastato, irrefragabile (*lett.*), indubitabile, indubbio, certo, sicuro, evidente CONTR. contestabile, discusso, dubbio, incerto.

incontinènte agg; anche s. m. e f. intemperante, estremista, dissoluto, smoderato, sfrenato, licenzioso CONTR. continente, moderato, temperato, parco, sobrio.

incontinènza s. f. intemperanza, smodatezza, smoderatezza, sfrenatezza, licenza, lussuria CONTR. continenza, temperanza, moderazione, sobrietà FRAS. *incontinenza urinaria*, enuresi.

incontràre A v. tr. **1** (*anche fig.*) trovare per caso, imbattersi, incappare, incrociare CONTR. evitare, sfuggire, scampare **2** (*fig., ass.*) (*di moda, di film, ecc.*) ottenere approvazione, avere successo, piacere **3** (*sport*) disputare un incontro, disputare una partita, scontrarsi, misurarsi **B** v. intr. (*di porte, di finestre e sim.*) corrispondere, combaciare **C incontrarsi** v. intr. pron. **1** imbattersi, incappare, incrociare **2** (*fig.*) (*nelle idee, nelle scelte, ecc.*) essere d'accordo, concordare, convenire **CONTR.** discordare, dissentire, essere in disaccordo **3** (*di strade, di fiumi, ecc.*) confluire, unirsi **CONTR.** dividersi, separarsi **D** v. rifl. rec. **1** (*con uno*) conoscersi, fare conoscenza, vedersi, parlarsi **2** azzuffarsi, scontrarsi **CONTR.** pacificarsi.

incontrastàbile agg. incontestabile, inconfutabile, indiscutibile, irrefutabile, inoppugnabile, indubitabile, indubbio, certo, sicuro **CONTR.** contrastabile, confutabile, discutibile, dubitabile, dubbio, incerto.

incontrastàto agg. indiscusso, indubitato, incontroverso, sicuro **CONTR.** contrastato, controverso, dubbio, incerto.

incóntro s. m. **1** visita, appuntamento □ convegno, riunione, ritrovo **2** (*di moda, di gusti, ecc.*) favore, gradimento, buona accoglienza **CONTR.** sfavore, rifiuto **3** (*sport*) competizione, gara □ scontro, match (*ingl.*), partita **4** (*raro, fig.*) occasione, caso.

incontrollàbile agg. **1** non verificabile **CONTR.** controllabile, verificabile **2** (*di risata, di pianto, ecc.*) incontenibile, incoercibile, irrefrenabile, istintivo **CONTR.** frenabile, dominabile, coercibile.

incontrollataménte avv. senza controllo, involontariamente, istintivamente, impulsivamente, spontaneamente **CONTR.** calcolatamente, volontariamente.

incontrollàto agg. **1** (*di voci, di notizia, ecc.*) privo di controllo, non dimostrato, infondato **CONTR.** controllato, dimostrato, fondato **2** (*di gesto, di ira, ecc.*) involontario, istintivo, impulsivo, spontaneo **CONTR.** controllato, calcolato, volontario.

inconveniènte A agg. (*lett.*) sconveniente, inopportuno **CONTR.** conveniente, opportuno **B** s. m. contrattempo, difficoltà, guaio, intoppo, intralcio, ostacolo, disturbo, handicap (*ingl.*) **CONTR.** comodità, vantaggio, fortuna.

incoraggiaménto s. m. incitamento, conforto, stimolo, esortazione **CONTR.** scoraggiamento, dissuasione, allontanamento.

incoraggiànte part. pres. di **incoraggiare**; anche agg. confortante, consolante, lusinghiero □ confortevole □ favorevole **CONTR.** scoraggiante □ scomodo □ sfavorevole.

incoraggiàre v. tr. **1** (*di persona*) incitare, confortare, consolare, rincorare, animare, spronare, far animo, incorare (*lett.*) **CONTR.** scoraggiare, avvilire, dissuadere, abbattere, demoralizzare **2** (*di iniziativa, di tentativo, ecc.*) promuovere, secondare, favorire, appoggiare, caldeggiare **CONTR.** avversare, contrariare, contrastare, impedire, ostacolare, osteggiare, boicottare.

incoraggiàto part. pass. di **incoraggiare**; anche agg. **1** (*di persona*) incitato, confortato, consolato, rincorato, animato, spronato **CONTR.** scoraggiato, avvilito, dissuaso, abbattuto, demoralizzato **2** (*di iniziativa, di tentativo, ecc.*) promosso, assecondato, favorito, appoggiato, caldeggiato **CONTR.** contrastato, avversato, ostacolato, osteggiato, boicottato.

incorniciàre v. tr. **1** mettere in cornice **CONTR.** scorniciare **2** (*fig.*) (*di capelli, di trecce e sim.*) ornare, inquadrare, porre in risalto.

incorniciatùra s. f. cornice.

incoronàre v. tr. **1** cingere di corona, coronare **CONTR.** scoronare, detronizzare **2** (*fig.*) (*di capelli, di fiori e sim.*) inghirlandare □ cingere, circondare **3** (*fig.*) (*di poeta, di vincitore, ecc.*) proclamare, dichiarare.

incoronàto part. pass. di **incoronare**; anche agg. **1** cinto di corona **2** (*fig.*) (*di fiori, di alloro, ecc.*) inghirlandato, cinto.

incoronazióne s. f. coronazione, coronamento, incoronamento.

incorporàbile agg. assimilabile, accorpabile, unibile.

incorporàre A v. tr. **1** (*di elementi*) mescolare, miscelare, fondere, unire, amalgamare **CONTR.** scorporare, disgiungere, dividere, separare, staccare **2** (*fig.*) (*di territorio*) annettere, includere, fondere **CONTR.** dividere, distaccare **3** (*di acqua, di profumo, ecc.*) assorbire, ritenere **CONTR.** emettere **B incorporarsi** v. rifl. rec. unirsi, amalgamarsi, mescolarsi **CONTR.** dividersi, separarsi.

incorporàto part. pass. di **incorporare**; anche agg. **1** (*di elementi*) mescolato, miscelato, fuso, unito, amalgamato **CONTR.** diviso, disunito, disgiunto, separato, staccato **2** (*fig.*) (*di territorio*) annesso, incluso, fuso **CONTR.** diviso, distaccato **3** (*di acqua, di profumo, ecc.*) assorbito, ritenuto **CONTR.** emesso.

incorporazióne s. f. **1** (*di elementi*) incorporamento, miscela, unione, amalgama, fusione **CONTR.** divisione, separazione **2** (*di territorio*) annessione, incorporamento **CONTR.** distacco.

incorporeità s. f. immaterialità, spiritualità **CONTR.** corporeità, materialità.

incorpòreo agg. **1** immateriale, spirituale, incorporale (*lett.*), astratto **CONTR.** corporeo, materiale **2** invisibile, evanescente, etereo **CONTR.** visibile, tangibile.

incorreggìbile agg. indocile, irriducibile, irremovibile, ostinato, impenitente, incallito **CONTR.** correggibile, docile, arrendevole, condiscendente.

incorreggibilità s. f. irremovibilità, ostinazione, indocilità, irriducibilità **CONTR.** docilità, arrendevolezza, condiscendenza.

incorreggibilménte avv. irriducibilmente, ostinatamente **CONTR.** docilmente, arrendevolmente.

incórrere v. intr. cader dentro, andare a finire,

finire, cadere, cascare, incappare, subire CONTR. evitare, sfuggire, liberarsi, sottrarsi.

incorrottaménte avv. onestamente, integramente, puramente, illibatamente CONTR. corrottamente, disonestamente, depravatamente, impuramente.

incorrótto agg. **1** (*di materia*) intatto, integro, sano CONTR. corrotto, guasto, marcio, putrefatto **2** (*fig.*) (*di persona, di fede, ecc.*) onesto, puro, incontaminato, casto, illibato CONTR. corrotto, depravato, impuro, disonesto.

incorruttibile agg. **1** (*di cosa*) inalterabile, indecomponibile, resistente CONTR. alterabile, corrompibile, decomponibile **2** (*fig.*) (*di persona, di fede, ecc.*) incorrompibile, onesto, probo, retto, integro, intemerato, virtuoso CONTR. corruttibile, comprabile, disonesto, depravato, vizioso.

incorruttibilità s. f. **1** (*di cosa*) inalterabilità, indecomponibilità, resistenza CONTR. corruttibilità, decomponibilità **2** (*fig.*) (*di persona, di fede, ecc.*) onestà, probità, rettitudine, illibatezza, incontaminatezza, purezza CONTR. corruttibilità, corruttela (*raro*), disonestà, immoralità.

incorruttibilménte avv. integramente, intemeratamente, onestamente, rettamente, virtuosamente CONTR. disonestamente, depravatamente, viziosamente.

incosciènte agg. **1** privo di coscienza CONTR. cosciente **2** inconsapevole, inconscio CONTR. consapevole, conscio **3** irresponsabile, sconsiderato, imprudente, sciagurato, disgraziato, imprevidente CONTR. considerato, cauto, prudente, avveduto, previdente.

incoscientemènte avv. **1** inconsapevolmente CONTR. consciamente **2** irresponsabilmente, sconsideratamente, imprudentemente, sciaguratamente CONTR. prudentemente, avvedutamente, cautamente.

incosciènza s. f. **1** perdita dei sensi CONTR. coscienza **2** inconsapevolezza, sconsideratezza, irresponsabilità, imprudenza, imprevidenza CONTR. coscienza, cognizione, consapevolezza, responsabilità, prudenza, previdenza.

incostànte agg. variabile, mutevole, mutabile, instabile, leggero, volubile CONTR. costante, coerente, fermo, perseverante.

incostantemènte avv. variabilmente, mutevolmente, saltuariamente CONTR. costantemente, fermamente, immutabilmente.

incostànza s. f. variabilità, mutabilità, mutevolezza, instabilità, volubilità, leggerezza, incoerenza CONTR. costanza, coerenza, carattere, fermezza, perseveranza.

incredìbile agg. inattendibile, inverosimile, inammissibile, inconcepibile, assurdo, falso □ favoloso, strano CONTR. credibile, probabile, verosimile, attendibile.

incredibilità s. f. inattendibilità, inverosimiglianza, improbabilità, inconcepibilità, assurdità, stranezza CONTR. credibilità, probabilità, verosimiglianza.

incredibilménte avv. assurdamente, inverosimilmente □ (*est.*) eccezionalmente, straordinariamente CONTR. credibilmente, verosimilmente.

incredulità s. f. **1** scetticismo, diffidenza, sospetto, sfiducia CONTR. credulità, fiducia **2** (*relig.*) ateismo, empietà, irreligiosità, miscredenza CONTR. fede, religiosità.

incrèdulo agg.; anche s. m. **1** scettico, sospettoso, diffidente, dubbioso CONTR. credulo, credulone, fiducioso **2** (*relig.*) miscredente, ateo, irreligioso, eretico, empio CONTR. credente, fedele, religioso.

incrementàre v. tr. sviluppare, aumentare, accrescere, ampliare, promuovere CONTR. diminuire, calare, contenere, frenare, limitare.

increménto s. m. accrescimento, ampliamento, aumento, crescita, sviluppo □ progresso CONTR. diminuzione, calo, abbassamento, impiccolimento.

increscìosamente avv. spiacevolmente, fastidiosamente CONTR. piacevolmente, gradevolmente.

incresciόso agg. spiacevole, fastidioso, molesto, seccante CONTR. gradito, grato, piacevole.

increspàre A v. tr. corrugare, aggrinzare, raggrinzare, ondulare CONTR. distendere, stirare, lisciare, spianare **B incresparsi** v. intr. pron. corrugarsi, aggrinzarsi, raggrinzarsi CONTR. distendersi, spianarsi.

increspàto part. pass. di **increspare**; anche agg. corrugato, raggrinzato □ ondulato CONTR. disteso, liscio □ spianato.

increspatùra s. f. **1** increspamento, corrugamento, raggrinzamento □ ondulazione **2** (*spec. di stoffa*) crespa, pieghettatura.

incretinìre A v. tr. rendere cretino, istupidire, imbecillire, rincitrullire CONTR. svegliare (*fig.*), rendere intelligente **B** v. intr. e **incretinirsi** intr. pron. imbecillire, rimbecillire, rincitrullire, istupidire CONTR. diventare intelligente, svegliarsi (*fig.*).

incretinito part. pass. di **incretinire**; anche agg. istupidito, rimbecillito, rincitrullito CONTR. reso intelligente, svegliato (*fig.*), sveglio.

incriminàbile agg. imputabile, accusabile, incolpabile CONTR. incolpevole, innocente.

incriminàre v. tr. accusare, imputare CONTR. discolpare.

incriminàto part. pass. di **incriminare**; anche agg. accusato, imputato, incolpato, sotto accusa CONTR. discolpato, innocente.

incriminazióne s. f. imputazione, accusa, denuncia CONTR. discolpa, proscioglimento, assoluzione.

incrinàre A v. tr. **1** fendere, screpolare, far crepare **2** (*fig.*) (*di amicizia, di rapporto, ecc.*) danneggiare, compromettere, guastare, intaccare, rovinare, turbare CONTR. rafforzare, favorire **B incrinarsi** v. intr. pron. **1** fendersi, aprirsi in fessure, screpolarsi **2** (*fig.*) (*di amicizia, di rapporto, ecc.*) guastarsi, compromettersi **CONTR.** rafforzarsi, rinsaldarsi.

incrinàto part. pass. di **incrinare**; anche agg. **1** screpolato, intaccato **CONTR.** integro, sano **2** (*fig.*) (*di amicizia, di rapporto, ecc.*) guastato, rovinato, turbato **CONTR.** rafforzato, rinsaldato, forte.

incrinatùra s. f. **1** fenditura, screpolatura **2** (*fig.*) (*tra persone*) screzio, dissenso **CONTR.** accordo, armonia.

incrociàre A v. tr. **1** intersecare, incrocicchiare, mettere di traverso **2** (*di strada, di ferrovia e sim.*) attraversare, tagliare **CONTR.** correre parallelamente **3** (*di veicoli*) incontrare **4** (*di animali, di piante*) accoppiare, ibridare **B** v. intr. navigare, volare **C incrociarsi** v. rifl. rec. **1** intersecarsi **2** (*di persone, di strade, ecc.*) incontrarsi, attraversarsi, tagliarsi **3** (*di animali*) accoppiarsi, ibridarsi **FRAS.** *incrociare le braccia* (*fig.*), scioperare.

incrociàto part. pass. di **incrociare**; anche agg. **1** a croce □ accavallato **2** (*di persone, di veicoli, ecc.*) incontrato **3** (*di animali, Di piante*) accoppiato, ibrido.

incrócio s. m. **1** crocevia, crocicchio, bivio, trivio, quadrivio **2** (*di animali, di piante*) accoppiamento, ibridazione, ibrido.

incrollàbile agg. saldo, stabile, duro, fermo, immobile, irremovibile **CONTR.** caduco, incerto, instabile, malfermo.

incrollabilménte avv. fermamente, saldamente, stabilmente **CONTR.** incertamente, instabilmente.

incrostaménto s. m. incrostazione, concrezione, crosta, deposito, strato.

incrostàre A v. tr. **1** ricoprire di crosta, ingrommare □ intonacare **CONTR.** scrostare, stonacare (*raro*) **2** (*di gemma, di smalto, ecc.*) ricoprire, smaltare □ intarsiare **B incrostarsi** v. intr. pron. e intr. rivestirsi di crosta, raggrumarsi.

incrostàto part. pass. di **incrostare**; anche agg. **1** intonacato, spalmato □ ingrommato **2** (*di gemma, di mobile, ecc.*) smaltato □ intarsiato.

incrostazióne s. f. **1** incrostamento, crosta, deposito, concrezione **2** (*di gemma, di mobile, ecc.*) smaltatura □ intarsio.

incrudelìre A v. tr. (*raro*) rendere crudele **CONTR.** intenerire, mitigare **B** v. intr. infierire, inferocire, imperversare, infuriare, torturare, seviziare □ irritarsi, inasprirsi **CONTR.** ammansarsi, ammansirsi, mitigarsi, placarsi, rabbonirsi, raddolcirsi.

incruènto agg. non sanguinoso, senza feriti, senza morti **CONTR.** cruento, sanguinoso **FRAS.** *battaglia incruenta* (*fig.*), polemica, discussione.

incubatrìce s. f. culla termostatica.

incubazióne s. f. **1** cova, covatura **2** (*fig.*) (*di avvenimento*) lenta preparazione, maturazione.

ìncubo s. m. **1** sogno angoscioso, sogno oppressivo **2** (*fig.*) pensiero angoscioso, angoscia, oppressione, affanno, turbamento **CONTR.** conforto, consolazione, sollievo.

incùdine s. f. ceppo **FRAS.** *essere fra l'incudine e il martello* (*fig.*), trovarsi fra due gravi pericoli.

inculcàre v. tr. imprimere, fissare, infondere □ comunicare, insegnare, convincere, persuadere **CONTR.** dissuadere, distogliere, sconsigliare, sradicare dalla mente.

inculcàto part. pass. di **inculcare**; anche agg. impresso, infuso, insegnato **CONTR.** sradicato, spazzato via.

incuneàre A v. tr. conficcare, far penetrare, ficcare dentro, incastrare, infiltrare **CONTR.** cavar fuori, estrarre, strappare **B incunearsi** v. intr. pron. penetrare, cacciarsi dentro, infiltrarsi, insinuarsi, infilarsi **CONTR.** uscire, venir fuori.

incupìre A v. tr. **1** (*di cosa*) rendere cupo, scurire **CONTR.** schiarire **2** (*fig.*) (*di persona*) rattristare, rabbuiare, impensierire **CONTR.** allietare, rallegrare **B** v. intr. e **incupirsi** intr. pron. **1** (*di cielo, di tempo e sim.*) rabbuiarsi, rannuvolarsi, ottenebrarsi **CONTR.** rischiararsi **2** (*fig.*) (*di persona*) rattristarsi, rabbuiarsi, impensierirsi, preoccuparsi **CONTR.** allietarsi, rallegrarsi.

incupìto part. pass. di **incupire**; anche agg. **1** (*di cielo, di tempo e sim.*) rannuvolato, ottenebrato **CONTR.** schiarito **2** (*fig.*) (*di persona*) rattristato, preoccupato, impensierito **CONTR.** allietato, rallegrato, lieto.

incuràbile agg. **1** (*di malato*) inguaribile, insanabile, cronico **CONTR.** curabile, guaribile **2** (*fig.*) (*di vizio, di difetto, ecc.*) incorreggibile, inveterato **CONTR.** correggibile, emendabile.

incurabilità s. f. (*anche fig.*) inguaribilità, insanabilità **CONTR.** curabilità, sanabilità.

incurabilménte avv. (*anche fig.*) inguaribilmente, incorreggibilmente.

incurànte agg. noncurante, dimentico, negligente, trascurato, disinteressato **CONTR.** diligente, interessato, meticoloso, premuroso.

incùria s. f. trascuratezza, negligenza, noncuranza, incuranza **CONTR.** cura, diligenza, meticolosità, premura, zelo.

incuriosìre A v. tr. render curioso, interessare, intrigare, attirare, appassionare **B incuriosirsi** v. intr. pron. diventare curioso, interessarsi, appassionarsi **CONTR.** disinteressarsi, trascurare.

incuriosìto part. pass. di **incuriosire**; anche agg. interessato, intrigato **CONTR.** disinteressato.

incursióne s. f. attacco, scorreria, scorribanda, irruzione, raid (*ingl.*) **CONTR.** evacuazione, fuga, ritirata.

incurvàre A v. tr. curvare, flettere, piegare **CONTR.** drizzare, raddrizzare **B incurvarsi** v. intr. pron. farsi curvo, curvarsi, flettersi, piegarsi **CONTR.** drizzarsi, raddrizzarsi.

incurvàto part. pass. di **incurvare**; anche agg. curvo, inclinato, piegato **CONTR.** ritto, diritto.
incurvatùra s. f. curva, curvatura, incurvamento, piega.
incustodìto agg. privo di custodia, senza sorveglianza, indifeso, abbandonato **CONTR.** custodito, difeso, guardato, sorvegliato, vigilato.
incùtere v. tr. infondere, imprimere, imporre, suscitare, causare **CONTR.** togliere, eliminare, sedare, sopire, spegnere.
ìndaco s. m. e agg. azzurro-violetto, azzurro cupo.
indaffaràto agg. affaccendato, occupato, preso **CONTR.** sfaccendato, ozioso.
indagàre A v. tr. investigare, cercare, ricercare, esaminare, studiare, scrutare, esplorare, inquisire, cercare di scoprire, cercare di sapere **CONTR.** coprire, nascondere **B** v. intr. fare indagini.
indàgine s. f. **1** esame, studio, analisi, osservazione, ricerca, esplorazione **2** investigazione, inchiesta.
indébito agg. non dovuto, illecito, illegittimo, ingiusto, sconveniente, disdicevole **CONTR.** debito, doveroso, dovuto, giusto, lecito, conveniente.
indebolimènto s. m. fiacchezza, prostrazione, debilitazione, esaurimento, estenuazione, illanguidimento, abbattimento, svigorimento **CONTR.** invigorimento, rinvigorimento, rafforzamento, rinforzamento, irrobustimento.
indebolìre A v. tr. fiaccare, illanguidire, svigorire, debilitare, esaurire, estenuare, infiacchire, sfibrare, snervare, stancare, stremare, abbattere, spossare **CONTR.** rafforzare, rinforzare, invigorire, rinvigorire, tonificare **B** v. intr. e **indebolirsi** intr. pron. diventar debole, infiacchirsi, snervarsi, stancarsi, esaurirsi, spossarsi, svigorirsi, deperire **CONTR.** rafforzarsi, rinforzarsi, invigorirsi, rinvigorirsi.
indebolìto part. pass. di **indebolire**; anche agg. fiaccato, svigorito, debilitato, esaurito, estenuato, sfibrato, snervato, stancato, stremato, spossato **CONTR.** rinvigorito, rafforzato, tonificato.
indecènte agg. osceno, sconveniente, indecoroso, sconcio, turpe, spudorato, sfrontato **CONTR.** decente, decoroso, onesto, onorevole, pulito, dignitoso.
indecentemènte avv. oscenamente, sconvenientemente, indecorosamente, sconciamente, turpemente, spudoratamente **CONTR.** decentemente, decorosamente, onestamente, onorevolmente, dignitosamente.
indecènza s. f. oscenità, sconvenienza, sconcezza, turpitudine, spudoratezza, indegnità **CONTR.** decenza, decoro, onestà, pudore, modestia, dignità.
indecifràbile agg. illeggibile, incomprensibile, inesplicabile, enigmatico, misterioso, oscuro **CONTR.** decifrabile, comprensibile, leggibile, chiaro, manifesto, palese.
indecisióne s. f. incertezza, perplessità, titubanza, irresolutezza, dubbio, esitazione **CONTR.** decisione, energia, fermezza, prontezza, risolutezza, sicurezza, audacia.
indecìso agg. incerto, irresoluto, perplesso, titubante, dubbioso, esitante, debole **CONTR.** deciso, energico, fermo, pronto, risoluto, sicuro, audace.
indeclinàbile agg. **1** (*ling.*) invariabile **CONTR.** declinabile, variabile **2** (*raro*) inevitabile, imprescindibile, inderogabile **CONTR.** evitabile, eludibile.
indecorosamènte avv. indecentemente, indegnamente, disonorevolmente, vergognosamente **CONTR.** decorosamente, decentemente, degnamente, convenientemente, onorevolmente.
indecoróso agg. indecente, indegno, sconveniente, disdicevole, disonorevole, vergognoso **CONTR.** decoroso, decente, degno, conveniente, onorevole.
indefèsso agg. assiduo, instancabile, infaticabile **CONTR.** incostante, saltuario, stancabile.
indefinìbile agg. indeterminabile, indescrivibile, indicibile, inesprimibile, inenarrabile, imprecisabile, inspiegabile, ineffabile, vago **CONTR.** definibile, determinabile, spiegabile, chiaro, logico.
indefinitamènte avv. senza limiti, senza fine **CONTR.** limitatamente.
indefinìto agg. **1** indeterminato, non definito, imprecisato, impreciso, vago **CONTR.** definito, determinato **2** irrisolto **CONTR.** risolto.
indeformàbile agg. inalterabile, ingualcibile **CONTR.** deformabile, alterabile.
indeformabilità s. f. inalterabilità **CONTR.** deformabilità.
indegnamènte avv. **1** immeritevolmente, immeritatamente **CONTR.** degnamente, meritatamente **2** bassamente, vergognosamente, turpemente, sconvenientemente **CONTR.** nobilmente, lodevolmente, irreprensibilmente.
indegnità s. f. bassezza, turpitudine, infamia **CONTR.** dignità, nobiltà, onore.
indégno agg. **1** (*di persona*) immeritevole □ degenere **CONTR.** degno, meritevole **2** (*di persona, di atto, ecc.*) iniquo, vergognoso, turpe, biasimevole, basso, indecoroso, spregevole, abietto **CONTR.** nobile, generoso, encomiabile, lodevole, irreprensibile.
indelèbile agg. incancellabile, indistruttibile, perpetuo □ (*fig.*) durevole **CONTR.** delebile, cancellabile, effimero, caduco, labile.
indelebilmènte avv. indistruttibilmente, incancellabilmente, perpetuamente □ sempre **CONTR.** provvisoriamente, per poco □ mai.
indelicatamènte avv. scorrettamente, sgarbatamente, indiscretamente, sconvenientemente **CONTR.** delicatamente, discretamente, convenientemente, educatamente, garbatamente.

indelicatézza s. f. **1** indiscrezione **CONTR.** discrezione **2** sconvenienza, scorrettezza, sgarbatezza, scortesia **CONTR.** delicatezza, cortesia, correttezza, garbo, squisitezza.

indelicàto agg. indiscreto, scorretto, sconveniente, sgarbato **CONTR.** delicato, discreto, educato, garbato, corretto.

indemoniàto agg.; anche s. m. **1** ossesso, posseduto dal demonio, indiavolato **2** (*fig.*) adirato, infuriato, incazzato (*volg.*), imbestialito **CONTR.** calmo, placato, quieto, rabbonito **3** (*fig.*) vivacissimo **CONTR.** apatico, indolente.

indènne agg. illeso, incolume, sano e salvo **CONTR.** danneggiato, leso, colpito, ferito.

indennità s. f. **1** rimborso, compenso, rifusione, retribuzione □ restituzione **2** indennizzo, risarcimento.

indennizzàre v. tr. risarcire, compensare, rifondere **CONTR.** danneggiare.

indennìzzo s. m. risarcimento, indennità, rimborso.

inderogàbile agg. inevitabile, necessario, obbligatorio, categorico, perentorio **CONTR.** derogabile, abrogabile, revocabile, facoltativo.

inderogabilità s. f. obbligatorietà, perentorietà, categoricità **CONTR.** derogabilità, dilazionabilità, revocabilità.

inderogabilménte avv. obbligatoriamente, perentoriamente, categoricamente **CONTR.** liberamente, facoltativamente.

indescrivìbile agg. indicibile, inenarrabile, indefinibile, ineffabile **CONTR.** descrivibile, definibile.

indesideràbile agg. sgradito, spiacevole, sgradevole, indesiderato **CONTR.** desiderabile, piacevole, gradevole.

indesideràto agg. indesiderabile, sgradito **CONTR.** desiderato, desiderabile, gradito, accetto.

indeterminàbile agg. indefinibile **CONTR.** determinabile, definibile.

indeterminabilità s. f. indefinibilità **CONTR.** definibilità.

indeterminataménte avv. indefinitamente, imprecisamente, vagamente, genericamente **CONTR.** determinatamente, definitamente, precisamente.

indeterminatézza s. f. **1** imprecisione, indefinitezza, vaghezza **CONTR.** determinatezza, esattezza, precisione **2** incertezza, irresolutezza, indecisione, dubbio **CONTR.** determinazione, decisione, risolutezza, energia.

indeterminàto agg. incerto, indefinito, vago, impreciso, generico **CONTR.** determinato, certo, definito, preciso.

indeterminazióne s. f. **1** imprecisione, indeterminatezza, indefinitezza **CONTR.** determinatezza, precisione **2** indecisione, irresolutezza, incertezza, dubbio **CONTR.** determinazione, decisione, risolutezza, energia.

indiàno agg.; anche s. m. **1** (*dell'India*) indico (*raro, lett.*) **2** (*d'America*) pellerossa, indio **FRAS.** *in fila indiana* (*fig.*), uno dietro l'altro □ *fare l'indiano* (*fig.*), fingere di non capire.

indiavolàto agg. **1** indemoniato, diabolico, ossesso **2** (*fig.*) (*di persona, di rumore, ecc.*) terribile, violento, furioso, insopportabile, rabbioso **CONTR.** calmo, mansueto, mite, gioviale, bonario, pacifico.

indicàre v. tr. **1** accennare, additare, mostrare, far vedere **CONTR.** celare, nascondere, occultare **2** (*di prezzo, di rimedio, ecc.*) dire, suggerire, consigliare **CONTR.** sconsigliare **3** (*di sicurezza, di malattia, ecc.*) denotare, manifestare, rivelare, significare, dimostrare **CONTR.** nascondere, celare.

indicativaménte avv. orientativamente, approssimativamente **CONTR.** precisamente.

indicativo agg. **1** (*di prezzo e sim.*) approssimativo, orientativo **CONTR.** accertato, definito **2** (*di sintomo, di segno, ecc.*) rappresentativo, significativo, sintomatico **CONTR.** insignificante **3** (*ling.*) determinativo.

indicàto part. pass. di **indicare**; anche agg. **1** mostrato □ denotato □ stabilito, fissato **2** (*est.*) (*di persona, di cura, ecc.*) adatto, appropriato, efficace, opportuno, consigliabile, consigliato, suggerito **CONTR.** controindicato, inadatto, inefficace, sconsigliabile, sconsigliato.

indicatóre A agg. (f. *-trice*) segnalatore □ rivelatore **B** s. m. indice, lancetta, ago, freccia □ livello **FRAS.** *indicatore di conteggio*, teletaxe □ *cartello indicatore*, cartello stradale.

indicazióne s. f. **1** cenno, segno, designazione, segnalazione **2** (*per l'uso*) dicitura, didascalia, precisazione, delucidazione, istruzioni □ informazione **3** (*di medico*) consiglio, suggerimento, prescrizione □ terapia.

ìndice s. m. **1** (*anat.*) secondo dito della mano **2** (*di segnale*) lancetta, indicatore, freccia, sfera, ago **3** (*fig.*) (*di malattia, di ignoranza, ecc.*) indizio, segno, sintomo, manifestazione **4** (*di libro e sim.*) sommario □ catalogo, elenco, lista, inventario **5** (*mat.*) esponente **6** numero, rapporto.

indicìbile agg. indescrivibile, inenarrabile, ineffabile, inesprimibile □ (*est.*) enorme, straordinario **CONTR.** descrivibile, esprimibile □ modesto, scarso.

indicibilménte avv. indescrivibilmente, enormemente, straordinariamente **CONTR.** poco, scarsamente.

indicizzàre v. tr. (*econ.*) ancorare, collegare, rapportare, agganciare **CONTR.** liberalizzare, fare fluttuare.

indicizzàto part. pass. di **indicizzare**; anche agg. ancorato, collegato, rapportato, agganciato **CONTR.** liberalizzato, libero, fluttuante.

indietreggiàre v. intr. tirarsi indietro, arretrare, retrocedere, ripiegare, ritirarsi, rinculare, ritrarsi **CONTR.** avanzare, procedere, progredire, farsi avanti.

indiètro avv. dietro, addietro **CONTR.** avanti **FRAS.** *dare indietro*, restituire □ *volere indietro*, pretendere la restituzione □ *lasciare indietro* (*fig.*), omettere □ *tirarsi indietro* (*fig.*), sottrarsi a un impegno □ *essere* (o *restare*) *indietro*, (*di orologio*) ritardare; (*di persona*) essere poco evoluto, essere poco intelligente □ *fare un passo avanti e uno indietro* (*fig.*), non progredire □ *far macchina* (o *marcia*) *indietro*, (*di veicolo*) retrocedere; (*di persona*) rimangiarsi la parola, ritirarsi □ *andare all'indietro* (*fig.*), regredire.

indifendìbile agg. insostenibile **CONTR.** difendibile, sostenibile.

indiféso agg. **1** (*di luogo*) privo di difesa, privo di protezione, incustodito, scoperto, sguarnito **CONTR.** difeso, protetto, custodito, guarnito **2** (*fig.*) (*di persona*) incapace di difendersi, inerme, sprovveduto, ingenuo **CONTR.** accorto, astuto, scaltro **3** (*di soldato*) disarmato **CONTR.** armato.

indifferènte agg. **1** (*di giudizio, di parere e sim.*) imparziale, neutrale **CONTR.** parziale **2** (*di persona*) apatico, insensibile, noncurante, incurante, freddo, impassibile, imperturbabile **CONTR.** sensibile, appassionato, fervido, interessato, premuroso **3** (*di problema, di questione, ecc.*) insignificante, irrilevante, da poco **CONTR.** significante, significativo, importante, rilevante **4** (*ling.*) ancipite.

indifferenteménte avv. **1** imparzialmente, ugualmente **CONTR.** differentemente, parzialmente **2** apaticamente, impassibilmente, imperturbabilmente, freddamente **CONTR.** interessatamente, premurosamente, appassionatamente.

indifferènza s. f. apatia, disinteresse, insensibilità, impassibilità, freddezza, imperturbabilità, noncuranza **CONTR.** sensibilità, fervore, interessamento, partecipazione, premura.

indifferenziàto agg. indistinto **CONTR.** differenziato, distinto.

indifferìbile agg. improrogabile, indilazionabile **CONTR.** differibile, dilazionabile, prorogabile.

indìgeno agg. e s. m. **1** aborigeno, nativo, autoctono **CONTR.** forestiero, straniero, esotico, allogeno **2** (*est.*) selvaggio **CONTR.** civilizzato.

indigènte agg.; anche s. m. e f. povero, bisognoso, misero, miserabile, nullatenente, affamato, pezzente **CONTR.** ricco, agiato, danaroso, facoltoso, ben provvisto, opulento, miliardario, milionario.

indigènza s. f. povertà, bisogno, miseria, strettezze, ristrettezze, fame **CONTR.** ricchezza, abbondanza, dovizia, opulenza, averi, beni.

indigerìbile agg. **1** non digeribile, indigesto, pesante **CONTR.** digeribile, leggero **2** (*fig.*) (*di persona, di discorso, ecc.*) antipatico, insopportabile, molesto, ostico, spiacevole **CONTR.** sopportabile, tollerabile, piacevole, simpatico.

indigestióne s. f. **1** gastrite acuta, imbarazzo di stomaco **2** (*fig.*) (*di film, di romanzi, ecc.*) disgusto, nausea, sazietà **CONTR.** gusto, piacere **FRAS.** *fare un'indigestione*, mangiare troppo; (*fig.*) essere nauseato.

indigèsto agg. **1** difficile da digerire, pesante **CONTR.** digeribile, leggero **2** (*fig.*) (*di persona, di discorso, ecc.*) antipatico, fastidioso, insopportabile, molesto, ostico, pesante, tedioso, uggioso **CONTR.** amabile, gradevole, gradito, piacevole, simpatico, attraente.

indignàre A v. tr. muovere a sdegno, sdegnare, esacerbare, esasperare, irritare, inasprire **CONTR.** fare piacere, compiacere, accontentare, soddisfare **B indignarsi** v. intr. pron. sdegnarsi, adirarsi, infuriarsi, irritarsi, risentirsi, scandalizzarsi, arrabbiarsi, incazzarsi (*volg.*) **CONTR.** calmarsi, placarsi, quietarsi, rabbonirsi.

indignàto part. pass. di **indignare**; anche agg. sdegnato, irritato, adirato, arrabbiato, incazzato (*volg.*), disgustato, risentito, crucciato, offeso **CONTR.** calmo, placato, pacato, quieto, rabbonito.

indignazióne s. f. sdegno, ira, irritazione, risentimento, cruccio, rabbia **CONTR.** approvazione, compiacimento, piacere.

indimenticàbile agg. memorabile, inobliabile (*lett.*), incancellabile □ magnifico, splendido **CONTR.** dimenticabile, cancellabile.

indimostràbile agg. non dimostrabile, non documentabile, non provabile, inspiegabile **CONTR.** dimostrabile, documentabile, spiegabile.

indipendènte agg. **1** padrone di sé, autonomo, libero, svincolato **CONTR.** dipendente, soggetto, subordinato, schiavo, vincolato **2** (*ling.*) principale, reggente **CONTR.** dipendente, subordinato.

indipendenteménte avv. **1** liberamente, autonomamente, senza vincoli **CONTR.** subordinatamente, dipendentemente **2** a prescindere da, all'infuori.

indipendènza s. f. autonomia, libertà **CONTR.** dipendenza, soggezione, sudditanza, schiavitù, servitù.

indìre v. tr. stabilire, bandire, intimare, ordinare, proclamare **CONTR.** disdire, revocare.

indirettaménte avv. in modo indiretto, obliquamente □ di traverso **CONTR.** direttamente.

indirètto agg. non diretto, obliquo, storto, traverso □ mediato **CONTR.** diretto, immediato.

indirizzàre A v. tr. **1** (*di cammino, di passi, ecc.*) dirigere, avviare, incamminare **CONTR.** sviare, forviare **2** (*est.*) (*di lettera, di pacco, ecc.*) mandare, inviare **CONTR.** ricevere **3** (*fig.*) (*verso il bene, agli studi, ecc.*) instradare, guidare, ammaestrare, spingere **CONTR.** distogliere, allontanare, dissuadere **4** (*di pensiero, di parola, ecc.*) rivolgere **CONTR.** distogliere **5** (*di* *corrispondenza*) corredare dell'indirizzo **B indirizzarsi** v. rifl. **1** dirigersi, incamminarsi, avviarsi, andare, recarsi **CONTR.** allontanarsi **2** (*fig.*) rivolgersi **CONTR.** rifiutare.

indirizzàto part. pass. di **indirizzare**; anche agg. **1** avviato, diretto **2** rivolto **3** (*fig.*) incline, propenso.

indirìzzo s. m. **1** (*di lettera, di pacco, ecc.*) soprascritta, recapito **2** (*di luogo*) direzione, meta **3** (*fig.*) (*di studi, politica, ecc.*) criterio direttivo, condotta, avvio, avviamento, orientamento, tendenza **4** (*di saluto, di felicitazioni, ecc.*) messaggio, discorso.

indisciplìna s. f. indisciplinatezza, insubordinazione, disobbedienza, indocilità **CONTR.** disciplina, disciplinatezza, docilità, sottomissione, ubbidienza.

indisciplinataménte avv. senza disciplina, insubordinatamente, indocilmente **CONTR.** disciplinatamente, ubbidientemente, docilmente.

indisciplinàto agg. **1** insubordinato, disubbidiente, indocile, ribelle, ricalcitrante, renitente, restio, riottoso **CONTR.** disciplinato, docile, malleabile, sottomesso, ubbidiente **2** (*di traffico, di movimento e sim.*) disordinato, caotico **CONTR.** ordinato.

indiscretaménte avv. ineducatamente □ inopportunamente **CONTR.** discretamente, educatamente.

indiscréto agg. indelicato, ineducato, maleducato, invadente, curioso, importuno, irriguardoso, petulante, sfacciato, ficcanaso **CONTR.** discreto, delicato, beneducato, cortese, riguardoso, prudente.

indiscrezióne s. f. **1** indelicatezza, indiscretezza (*raro*), ineducazione, invadenza, curiosità, importunità (*lett.*), improntitudine, petulanza, sfacciataggine **CONTR.** discrezione, delicatezza, educazione, cortesia, riguardo, ritegno, prudenza, tatto **2** rivelazione di notizia riservata □ pettegolezzo.

indiscriminàto agg. indifferenziato, indistinto, senza discernimento, senza distinzione, generale, generico **CONTR.** differenziato, particolare, individuale, distinto.

indiscùsso agg. inoppugnabile, certo, evidente, chiaro, incontrastato, inconfutabile, inconfutato (*raro*) **CONTR.** discusso, discutibile, controverso, confutabile, confutato.

indiscutìbile agg. chiaro, evidente, indubbio, certo, inconfutabile, irrefutabile, incontrastabile, inoppugnabile, incontestabile **CONTR.** discutibile, oppugnabile (*lett.*), contestabile, dubbio.

indiscutibilità s. f. inoppugnabilità, incontestabilità, inconfutabilità **CONTR.** discutibilità, contestabilità.

indiscutibilménte avv. indubbiamente **CONTR.** discutibilmente.

indispensàbile agg. necessario, essenziale, impellente, inevitabile, obbligatorio **CONTR.** non necessario, inutile, superfluo, facoltativo.

indispensabilità s. f. necessità, impellenza **CONTR.** superfluità, inutilità.

indispensabilménte avv. necessariamente, inevitabilmente **CONTR.** inutilmente, superfluamente.

indispettìre A v. tr. indisporre, irritare, stizzire, stuzzicare, contrariare **CONTR.** calmare, placare, rabbonire, rasserenare **B indispettirsi** v. intr. pron. e intr. adirarsi, stizzirsi, irritarsi, turbarsi **CONTR.** calmarsi, placarsi, rabbonirsi.

indispettìto part. pass. di **indispettire**; anche agg. adirato, stizzito, irritato, turbato **CONTR.** placato, rabbonito, calmato.

indisponènte part. pres. di **indisporre**; anche agg. irritante, scostante, urtante, antipatico **CONTR.** piacevole, attraente, delizioso, spassoso, simpatico.

indisponìbile agg. **1** non libero, inutilizzabile **CONTR.** disponibile, utilizzabile, libero **2** non disposto, ostile, contrario **CONTR.** propenso, favorevole.

indisponibilità s. f. **1** inutilizzabilità **CONTR.** disponibilità, utilizzabilità **2** indisposizione, ostilità, antipatia **CONTR.** simpatia, propensione.

indispórre v. tr. irritare, indispettire, disgustare, turbare **CONTR.** attrarre, allettare, lusingare, sedurre.

indisposizióne s. f. **1** lieve infermità, lieve malore, malessere, incomodo, acciacco **2** indisponibilità, antipatia, ostilità **CONTR.** disponibilità, simpatia, propensione.

indispósto agg. **1** leggermente ammalato, malaticcio **CONTR.** sano **2** mal disposto, indisponibile, ostile, avverso, contrario **CONTR.** disposto, disponibile, propenso, favorevole.

indissociàbile agg. inseparabile, indivisibile, inscindibile **CONTR.** dissociabile, separabile, divisibile, scindibile.

indissolùbile agg. insolubile, inscindibile, indivisibile **CONTR.** solubile, dissolubile, divisibile.

indissolubilità s. f. inseparabilità, inscindibilità, indivisibilità **CONTR.** dissolubilità, separabilità, divisibilità.

indissolubilménte avv. inseparabilmente, inscindibilmente, intimamente **CONTR.** liberamente, per nulla.

indistintaménte avv. indiscriminatamente, ugualmente, senza distinzioni □ confusamente, vagamente, oscuramente **CONTR.** distintamente, chiaramente.

indistinto agg. vago, indiscriminato, indeterminato, confuso, oscuro, indefinibile, generico **CONTR.** distinto, chiaro, evidente, definito, manifesto, palese.

indistruttìbile agg. indeperibile, indegradabile, resistentissimo, solidissimo **CONTR.** distruttibile, debolissimo, degradabile.

indistruttibilità s. f. insopprimibilità, indeperibilità, perennità CONTR. distruttibilità, deperibilità, fragilità.
indisturbàto agg. tranquillo, in pace CONTR. disturbato.
indìvia s. f. (*bot.*) scarola □ (*est.*) cicoria.
individuàle agg. dell'individuo, personale, particolare, privato, proprio, singolare CONTR. collettivo, comune, generale, complessivo.
individualìsmo s. m. (*est.*) personalismo □ egoismo CONTR. altruismo, collettivismo.
individualìsta s. m. e f. egoista CONTR. altruista, collettivista.
individualìstico agg. egoistico, egoista, personalistico, personale CONTR. altruistico, collettivistico.
individualità s. f. **1** personalità **2** originalità.
individualizzàre v. tr. **1** (*di fine, di difetto, ecc.*) individuare, trovare, scoprire, definire, specificare **2** (*di insegnamento, di cura, ecc.*) personalizzare CONTR. spersonalizzare, generalizzare.
individualizzazióne s. f. **1** (*di fine, di difetto, ecc.*) individuazione, scoperta, definizione, specificazione, determinazione **2** (*di insegnamento, di cura, ecc.*) personalizzazione CONTR. spersonalizzazione, generalizzazione.
individualménte avv. in modo individuale, uno per uno, singolarmente, personalmente CONTR. collettivamente, complessivamente, generalmente.
individuàre A v. tr. caratterizzare, specificare □ determinare con precisione, identificare, riconoscere, scoprire **B individuarsi** v. intr. pron. caratterizzarsi, distinguersi.
individuazióne s. f. identificazione, riconoscimento.
indivìduo s. m. **1** singolo, essere, persona, uomo CONTR. comunità, società **2** (*est., spreg.*) sconosciuto, figuro, tizio **3** (*stat.*) unità.
indivisìbile agg. inseparabile, indissolubile, inscindibile, unico, unitario, singolo CONTR. divisibile, separabile, frazionabile, scomponibile, multiplo.
indivisibilità s. f. inseparabilità, indissolubilità, inscindibilità, unicità CONTR. divisibilità, separabilità, frazionabilità, scomponibilità, molteplicità.
indivìso agg. congiunto, unico, unito CONTR. diviso, separato, staccato, disgiunto, frazionato.
indiziàre v. tr. dichiarare sospetto, sospettare.
indiziàto part. pass. di **indiziare**; anche agg. e s. m. sospettato in base a indizi, sospettato.
indìzio s. m. circostanza, traccia, indicazione, segno, segnale, sintomo CONTR. certezza, sicurezza, prova.
indocilità s. f. disobbedienza, indisciplina, indisciplinatezza, riottosità, renitenza, riluttanza CONTR. arrendevolezza, docilità, disciplina, disciplinatezza (*raro*), obbedienza.
indocilménte avv. disobbedientemente, indisciplinatamente, riottosamente, riluttantemente CONTR. docilmente, disciplinatamente, arrendevolmente.
ìndole s. f. disposizione naturale, predisposizione, inclinazione, carattere, natura, temperamento, tempra, tendenza, istinto.
indolènte agg. pigro, ignavo, neghittoso, fiacco, insensibile, indifferente, infingardo, svogliato, incurante, trascurato, accidioso, apatico CONTR. alacre, attivo, energico, laborioso, operoso, risoluto, solerte.
indolènza s. f. pigrizia, ignavia, indifferenza, infingardaggine, negligenza, svogliatezza, accidia, apatia CONTR. alacrità, attività, energia, laboriosità, operosità, risolutezza, solerzia.
indolenziménto s. m. intormentimento, intorpidimento, appesantimento, formicolio.
indolenzìre A v. tr. intormentire, intorpidire, informicolire **B** v. intr. e **indolenzirsi** intr. pron. intormentirsi, intorpidirsi, informicolirsi, intirizzirsi.
indolenzìto part. pass. di **indolenzire**; anche agg. intormentito, intorpidito, informicolito, intirizzito, pesto, dolorante.
indolóre o **indolóro** agg. (*anche fig.*) non doloroso CONTR. doloroso.
indomàbile agg. indocile, indomito (*lett.*), ribelle, indisciplinato CONTR. domabile, docile, mansueto.
indomàni s. m. giorno seguente, giorno dopo CONTR. giorno precedente, giorno prima.
indòmito agg. (*lett.*) indomato (*lett.*), indomabile, indocile, ribelle, fiero, coraggioso, selvaggio CONTR. domato, docile, mansueto.
indoor /*ingl.* 'indɔ:/ [vc. ingl., letteralmente '(gioco eseguito) in casa (*door*, propriamente 'porta')'] agg. inv. (*sport*) in stadio coperto, al palasport CONTR. outdoor (*ingl.*), all'aperto.
indoràre A v. tr. **1** dorare, rivestire d'oro **2** (*fig.*) (*di sole, di luce*) fare risplendere, illuminare **B indorarsi** v. intr. pron. prendere un colore dorato FRAS. *indorare la pillola* (*fig.*), attenuare un dispiacere con parole opportune.
indoràto part. pass. di **indorare**; anche agg. **1** dorato **2** (*fig.*) (*dal sole, dalla luce*) illuminato, splendente.
indossàre v. tr. avere addosso, mettersi addosso, infilarsi, vestire, cingere CONTR. togliersi, levarsi, sfilarsi.
indossàto part. pass. di **indossare**; anche agg. messo, vestito CONTR. tolto, levato.
indossatóre s. m. (f. *-trice*) presentatore (di moda).
indossatrìce s. f. modella, presentatrice (di moda).
indótto part. pass. di **indurre**; anche agg. **1** spinto, persuaso, convinto, incitato, invogliato, istigato, stimolato, portato CONTR. dissuaso, distolto, sconsigliato **2** (*di ragionamento, di causa, ecc.*) dipendente, derivante, derivato,

ricavato.

indottrinàre v. tr. addottrinare, istruire, ammaestrare □ catechizzare □ imbeccare.

indottrinàto part. pass. di **indottrinare**; anche agg. addottrinato, istruito, ammaestrato □ catechizzato □ imbeccato.

indovinàre v. tr. **1** (*di futuro*) presentire, prevedere, pronosticare, predire, presagire, intuire, divinare (*lett.*), antivedere (*lett.*), profetare, profetizzare, vaticinare **CONTR.** sbagliare **2** (*di desiderio, di gusto, ecc.*) azzeccare, colpire nel segno, imbroccare **CONTR.** sbagliare, fallire.

indovinàto part. pass. di **indovinare**; anche agg. **1** (*di futuro*) presentito, previsto, pronosticato, presagito, intuito, profetato, vaticinato **CONTR.** sbagliato **2** (*di desiderio, di gusto, ecc.*) azzeccato, imbroccato, ben riuscito **CONTR.** sbagliato, fallito.

indovinèllo s. m. **1** quesito enigmistico, gioco di parole, rompicapo **2** (*est.*) discorso oscuro, enigma.

indovìno s. m. divinatore, chiaroveggente, mago, stregone, negromante, profeta, vate (*lett.*), vaticinatore, augure, aruspice, astrologo □ cartomante, chiromante.

indubbiaménte avv. certamente, sicuramente, chiaramente, indiscutibilmente, innegabilmente **CONTR.** per nulla, affatto (*in frase negativa*).

indùbbio agg. certo, chiaro, evidente, indiscusso, indubitabile, innegabile, palese, sicuro **CONTR.** dubbio, incerto, ambiguo, oscuro, problematico.

indubitàbile agg. certo, sicuro, innegabile, indiscusso, chiaro, inequivocabile **CONTR.** dubbio, incerto, dubitabile, ambiguo, discutibile.

indugiàre A v. tr. (*raro*) differire, ritardare, dilazionare, prorogare, procrastinare, rinviare **CONTR.** affrettare, sollecitare, stimolare, accelerare **B** v. intr. tardare, esitare, tentennare, temporeggiare, tergiversare, attendere □ fermarsi, sostare, trattenersi, dilungarsi **CONTR.** agire prontamente, affrettarsi, sbrigarsi, accelerare, far presto □ andare, muoversi, proseguire **C** **indugiarsi** v. intr. pron. trattenersi, soffermarsi, intrattenersi, fermarsi, sostare, dilungarsi **CONTR.** andare, muoversi, proseguire.

indùgio s. m. ritardo, sosta, arresto, mora (*lett.*), pausa, remora, rallentamento, sospensione □ esitazione, incertezza **CONTR.** urgenza, furia, fretta, premura, sollecitudine □ sicurezza.

indulgènte part. pres. di **indulgere**; anche agg. clemente, longanime (*lett.*), benevolo, benigno, bonario, comprensivo, condiscendente, generoso, misericordioso, mite, paziente, tollerante, umano **CONTR.** implacabile, insofferente, intollerante, duro, inflessibile, rigido, severo, spietato.

indulgenteménte avv. benevolmente, benignamente, bonariamente, misericordiosamente, generosamente, mitemente, pazientemente, umanamente **CONTR.** implacabilmente, duramente, inflessibilmente, rigidamente, severamente, spietatamente.

indulgènza s. f. clemenza, longanimità (*lett.*), benevolenza, benignità, bonarietà, comprensione, condiscendenza, generosità, mitezza, pazienza, tolleranza, umanità **CONTR.** implacabilità, durezza, insofferenza, intolleranza, rigidità, rigore, severità, spietatezza.

indùlgere v. intr. **1** (*ai difetti, alle debolezze, ecc.*) compatire, compassionare, giustificare, perdonare, scusare **CONTR.** condannare **2** (*a richiesta, al sonno, ecc.*) accondiscendere, acconsentire, assecondare, concedere, cedere, abbandonarsi **CONTR.** opporsi, avversare, contrastare, resistere.

induménto s. m. capo di vestiario, vestito, veste, abito, vestimento.

induriménto s. m. **1** assodamento, rassodamento, incallimento **CONTR.** ammollimento, ammorbidimento, rammollimento, rilassamento, intenerimento **2** (*fig.*) ostinazione, cocciutaggine, pervicacia **CONTR.** arrendevolezza, docilità, elasticità, condiscendenza.

indurìre A v. tr. **1** rendere duro, assodare, rassodare, consolidare **CONTR.** ammollare, ammorbidire, intenerire, rilassare **2** (*est.*) (*a fatiche, a disagi, ecc.*) assuefare, abituare, fortificare, irrobustire **CONTR.** disabituare, indebolire, infiacchire **3** (*fig.*) (*di persona*) rendere insensibile, rendere indifferente **CONTR.** commuovere, sensibilizzare **B** v. intr. e **indurirsi** intr. pron. **1** diventare duro, rassodarsi, consolidarsi **CONTR.** ammorbidirsi, intenerirsi, rilassarsi **2** (*fig.*) (*di persona*) ostinarsi □ diventare insensibile **CONTR.** cedere, piegarsi □ commuoversi.

indurìto part. pass. di **indurire**; anche agg. **1** duro, assodato, rassodato, consolidato, compatto, irrigidito **CONTR.** tenero, molle, ammorbidito, intenerito **2** (*fig.*) (*di persona*) insensibile □ crudele, spietato **CONTR.** sensibile, mansueto, mite.

indùrre A v. tr. persuadere, muovere, spingere, convincere, incitare, invogliare, istigare, trascinare, piegare **CONTR.** dissuadere, distogliere, sconsigliare, allontanare **B** **indursi** v. intr. pron. risolversi, decidersi, persuadersi.

indùstria s. f. **1** attività industriale, azienda, manifattura, fabbrica, opificio, stabilimento □ produzione, lavorazione, organizzazione **2** operosità, ingegnosità, attività, impegno, intraprendenza, applicazione, assiduità, zelo, diligenza, solerzia, lavoro **CONTR.** indolenza, inattività, neghittosità, negligenza, ozio, pigrizia, svogliatezza.

industriàle A agg. dell'industria □ imprenditoriale **CFR.** agricolo, commerciale, artigianale, impiegatizio, terziario **B** s. m. imprenditore, capitalista, impresario CFR. agricoltore, commerciante, artigiano, impiegato FRAS. *costo industriale*, costo di produzione.

industrialménte avv. **1** a livello industriale **2** con metodi industriali, per mezzo dell'industria CONTR. naturalmente □ artigianalmente.

industriàrsi v. intr. pron. adoperarsi, ingegnarsi, arrabattarsi, darsi da fare, darsi d'attorno CONTR. poltrire, oziare, bighellonare, stare in panciolle, stare con le mani in mano.

industriosaménte avv. ingegnosamente, attivamente, operosamente CONTR. neghittosamente, indolentemente, pigramente.

industrióso agg. laborioso, ingegnoso, intraprendente, attivo, operoso, diligente, indaffarato CONTR. indolente, incapace, inetto, apatico, ignavo, pigro, poltrone, svogliato.

induttivaménte avv. per induzione, sperimentalmente, praticamente CONTR. deduttivamente, teoricamente.

induttìvo agg. (*filos.*) fondato sull'induzione □ sperimentale, pratico CONTR. deduttivo □ teorico.

induzióne s. f. argomentazione, congettura, supposizione, ipotesi □ sperimentazione CONTR. deduzione, conclusione □ teoria.

inebetìre **A** v. tr. rendere ebete, istupidire □ stordire **B** v. intr. e **inebetirsi** intr. pron. diventare ebete, istupidire □ intontirsi.

inebetìto part. pass. di **inebetire**; anche agg. istupidito, incretinito, rimbambito, allocchito, intontito, stordito CONTR. perspicace, pronto, sveglio, vivace, vispo.

inebriànte part. pres. di **inebriare**; anche agg. **1** esilarante **2** (*fig.*) eccitante, esaltante, entusiasmante CONTR. rattristante, avvilente, deprimente, triste.

inebriàre **A** v. tr. **1** procurare ebrezza, ubriacare, sborniare (*pop.*) **2** (*fig.*) eccitare, esaltare, entusiasmare, rapire, rallegrare, scaldare CONTR. rattristare, deprimere, avvilire **B** **inebriarsi** v. intr. pron. **1** ubriacarsi **2** (*fig.*) eccitarsi, esaltarsi, entusiasmarsi CONTR. rattristarsi, deprimersi, avvilirsi.

ineccepìbile agg. irreprensibile, inattaccabile, incensurabile, irrefutabile, regolare, legale CONTR. eccepibile, biasimabile, biasimevole, censurabile, irregolare, illegale.

ineccepibilità s. f. irreprensibilità, inattaccabilità, regolarità, legalità CONTR. eccepibilità, attaccabilità, irregolarità, illegalità.

ineccepibilménte avv. irreprensibilmente, regolarmente, legalmente CONTR. eccepibilmente, irregolarmente, illegalmente.

inèdia s. f. lungo digiuno, inanizione, esaurimento, languore □ anoressia CONTR. sazietà, satollamento (*raro*), pienezza.

inèdito **A** agg. **1** non pubblicato □ manoscritto, dattiloscritto CONTR. edito, pubblicato **2** (*fig.*) sconosciuto, ignorato, nuovo, esclusivo, unico CONTR. noto, conosciuto, risaputo **B** s. m. scritto non pubblicato □ manoscritto, dattiloscritto CONTR. pubblicazione, libro.

ineducàto agg. incivile, inurbano, maleducato, rozzo, scortese, screanzato, villano, zotico CONTR. educato, civile, fine, cortese, garbato, gentile.

ineducazióne s. f. maleducazione, rozzezza, scortesia, inciviltà CONTR. educazione, civiltà, finezza, cortesia, garbo, gentilezza.

ineffàbile agg. indicibile, indescrivibile, inenarrabile, inesprimibile □ (*est.*) eccezionale, straordinario □ (*iron.*, *spreg.*) incomparabile, impareggiabile CONTR. dicibile, definibile, descrivibile, esprimibile, narrabile □ piccolo, insignificante.

ineffabilità s. f. indicibilità, indescrivibilità □ (*est.*) eccezionalità, straordinarietà CONTR. modestia, piccolezza.

ineffabilménte avv. indicibilmente, straordinariamente CONTR. poco, moderatamente, modestamente.

inefficàce agg. inutile, sterile, vano, inane (*lett.*), inefficiente CONTR. efficace, efficiente, utile.

inefficàcia s. f. inutilità, sterilità, vanità CONTR. efficacia, efficienza, utilità.

inefficiènte agg. inefficace, incapace, scarso, lento CONTR. efficiente, capace, abile, attivo.

inefficiènza s. f. inefficacia, incapacità, lentezza CONTR. efficienza, capacità, attività.

ineguagliàbile agg. impareggiabile CONTR. pareggiabile.

ineguagliànza s. f. disuguaglianza, disparità CONTR. uguaglianza, parità.

ineguàle agg. **1** diseguale, disuguale, differente, dissimile, diverso, dissomigliante CONTR. uguale, identico, preciso **2** (*di superficie*) difforme, scabro CONTR. uniforme, liscio **3** (*di moto, di andatura, ecc.*) irregolare, discontinuo, incostante, variabile CONTR. regolare, continuo, costante.

inelegànte agg. grossolano, rozzo, goffo, volgare CONTR. elegante, fine, raffinato.

inelegànza s. f. rozzezza, goffaggine, volgarità CONTR. eleganza, finezza, raffinatezza.

ineluttàbile agg. inevitabile, irreparabile, irrimediabile, fatale CONTR. evitabile, rimediabile, riparabile.

ineluttabilità s. f. inevitabilità, irreparabilità, irrimediabilità, fatalità CONTR. riparabilità, evitabilità.

ineluttabilménte avv. inevitabilmente, irreparabilmente, fatalmente, irrimediabilmente.

inenarràbile agg. indescrivibile, indicibile, ineffabile, inesprimibile, irriferibile, inconcepibile □ meraviglioso, straordinario CONTR. narrabile, concepibile, riferibile □ comune, ordinario, modesto.

inequivocàbile agg. inconfondibile, chiaro, netto, evidente CONTR. equivocabile, incerto, oscuro.

inequivocabilménte avv. inconfondibilmente, tipicamente, chiaramente, nettamente.
inerènte agg. riguardante, connesso, congiunto, intrinseco, inseparabile, pertinente, apparente, riferito **CONTR.** staccato, separato, estraneo, estrinseco.
inerènza s. f. relazione, attinenza, appartenenza, connessione, unione **CONTR.** separazione, distinzione, estraneità.
inèrme agg. (*anche fig.*) senza armi, disarmato, indifeso, sprovveduto **CONTR.** armato, difeso.
inerpicàrsi v. intr. pron. arrampicarsi, salire, aggrapparsi **CONTR.** scendere.
inèrte agg. **1** inattivo, inoperoso, indolente, infingardo, ozioso, pigro, poltrone, scioperato, passivo **CONTR.** alacre, attivo, indaffarato, laborioso, operoso, solerte, zelante **2** immobile, immoto (*lett.*), rigido **CONTR.** mobile.
inèrzia s. f. **1** inattività, inazione, inoperosità, indolenza, infingardaggine, ignavia, oziosità, pigrizia, poltroneria, abulia **CONTR.** alacrità, attività, infaticabilità, laboriosità, operosità, solerzia, zelo **2** immobilità, rigidità **CONTR.** mobilità.
inesattaménte avv. impropriamente, imprecisamente, erroneamente **CONTR.** esattamente, propriamente, precisamente.
inesattézza s. f. **1** imprecisione **2** (*est.*) errore, sbaglio, improprietà.
inesàtto agg. impreciso, approssimato, infedele □ falso, erroneo, sbagliato **CONTR.** esatto, preciso, fedele, giusto.
inesauribile agg. copiosissimo, ricchissimo, infinito, inesausto (*lett.*), perenne **CONTR.** esauribile, poco, scarso, modesto, finito.
inesauribilità s. f. infinità, perennità, illimitatezza, grande abbondanza **CONTR.** esauribilità, limitatezza, scarsezza.
ineseguìbile agg. inadempibile **CONTR.** eseguibile, effettuabile.
inesistènte agg. assente, insussistente, illusorio, infondato, immaginario, fantastico, fittizio **CONTR.** presente, esistente, reale, evidente, concreto, certo, effettivo.
inesistènza s. f. assenza, insussistenza, illusorietà, infondatezza **CONTR.** presenza, esistenza, realtà, evidenza, concretezza, certezza, fondatezza.
inesoràbile agg. **1** implacabile, spietato, irremovibile, inflessibile, crudele **CONTR.** clemente, compiacente, condiscendente, dolce, mansueto, mite, pietoso **2** (*di fato, di morte e sim.*) inevitabile, ineluttabile, fatale **CONTR.** evitabile, riparabile.
inesorabilità s. f. **1** implacabilità, irremovibilità, inflessibilità, crudeltà, spietatezza **CONTR.** clemenza, mitezza, mansuetudine, pietà, compassione **2** (*del fato, della morte e sim.*) inevitabilità, ineluttabilità, fatalità **CONTR.** evitabilità, riparabilità.
inesorabilménte avv. **1** implacabilmente, crudelmente, spietatamente **CONTR.** dolcemente, mitemente, mansuetamente, pietosamente **2** ineluttabilmente, inevitabilmente.
inesperiènza s. f. **1** imperizia, inabilità **CONTR.** esperienza, abilità, pratica **2** (*est.*) candore, ingenuità, innocenza, semplicità **CONTR.** malizia, accortezza, scaltrezza.
inespertaménte avv. **1** senza esperienza, imperitamente (*raro*) **CONTR.** espertamente, abilmente **2** (*est.*) candidamente, ingenuamente, innocentemente **CONTR.** maliziosamente, scaltramente.
inespèrto agg. **1** privo di esperienza, imperito, ignaro, novellino, novizio, principiante **CONTR.** esperto, abile, pratico, provetto **2** (*est.*) candido, ingenuo, innocente, semplice **CONTR.** scaltrito, smaliziato, navigato.
inesplicàbile agg. incomprensibile, inspiegabile, enigmatico, imbrogliato, impenetrabile, intricato, astruso, difficile, oscuro **CONTR.** chiaro, comprensibile, evidente, intelligibile, lampante, manifesto, palese, perspicuo.
inesplicabilità s. f. incomprensibilità, oscurità **CONTR.** chiarezza, evidenza, perspicuità.
inesploràbile agg. impenetrabile, impervio **CONTR.** esplorabile, penetrabile.
inesploràto agg. non esplorato, ignorato, incognito, sconosciuto **CONTR.** esplorato, noto, conosciuto.
inespressìvo agg. insignificante, scialbo, fiacco, inefficace **CONTR.** espressivo, significativo, vivace, efficace.
inesprèsso agg. non espresso, non manifesto, nascosto, latente **CONTR.** espresso, manifesto, chiaro, aperto.
inesprimìbile agg. indicibile, ineffabile, indefinibile **CONTR.** esprimibile, definibile.
inespugnàbile agg. imprendibile, inconquistabile, invincibile, inattaccabile **CONTR.** espugnabile, prendibile, vincibile, attaccabile.
inespugnabilità s. f. imprendibilità, invincibilità **CONTR.** prendibilità, debolezza.
inestimàbile agg. inapprezzabile, incalcolabile, incomparabile □ (*est.*) preziosissimo, meraviglioso **CONTR.** apprezzabile, calcolabile, misurabile □ modesto, da poco, da nulla, insignificante.
inestimabilménte avv. incomparabilmente, incalcolabilmente, meravigliosamente **CONTR.** per nulla, affatto (*in frase negativa*).
inestinguìbile agg. inesauribile □ (*fig.*) sempre vivo, perenne, perpetuo, eterno, infinito **CONTR.** esauribile □ (*fig.*) caduco, effimero, perituro, temporaneo.
inestirpàbile agg. (*anche fig.*) ben radicato, indistruttibile **CONTR.** estirpabile, distruttibile (*raro*).
inestricàbile agg. (*anche fig.*) imbrogliatissimo, intricatissimo, insolubile, irresolubile, insuperabile **CONTR.** solubile, superabile.

inettitùdine s. f. dappocaggine, incapacità, imperizia, inabilità **CONTR.** attitudine, capacità, abilità, perizia.

inètto agg.; anche s. m. inabile, incapace, imperito, maldestro, inesperto, dappoco, nullità **CONTR.** abile, capace, destro, esperto, perito, valente □ personalità.

inevitàbile agg. immancabile, ineluttabile, indeclinabile, irreparabile, irrimediabile, necessario, fatale, prestabilito **CONTR.** evitabile, eludibile.

inevitabilità s. f. ineluttabilità, irreparabilità, irrimediabilità, necessità, fatalità **CONTR.** evitabilità, eludibilità.

inevitabilménte avv. ineluttabilmente, irreparabilmente, irrimediabilmente, certamente, necessariamente, fatalmente **CONTR.** per nulla, affatto (*in frase negativa*).

in extremis /*lat.* in eks'trɛmis/ [loc. lat., letteralmente 'negli (*in*) ultimi (*extrēmis*), sott. momenti della vita'] loc. avv. **1** negli estremi momenti, in fin di vita, sul punto di morte **2** negli ultimi attimi, all'ultimo momento **CONTR.** subito, all'inizio.

inèzia s. f. bagattella, bazzecola, quisquilia, nonnulla, sciocchezza, piccolezza, coserella, miseria, frivolezza **CONTR.** cosa importante, cosa rilevante.

infagottàre A v. tr. affagottare, affardellare, avvolgere, involtare **CONTR.** svolgere, disinvolgere, aprire **B infagottarsi** v. rifl. imbacuccarsi, avvolgersi, affagottarsi, vestirsi sgraziatamente.

infallìbile agg. **1** non soggetto a sbagliare □ attendibile **CONTR.** fallibile **2** (*est.*) sicuro, certo, efficace **CONTR.** incerto, inefficace.

infallibilità s. f. **1** impossibilità di sbagliare **CONTR.** fallibilità **2** (*est.*) sicurezza, certezza **CONTR.** insicurezza, incertezza.

infallibilménte avv. certamente, sicuramente, inevitabilmente **CONTR.** incertamente.

infamànte part. pres. di **infamare**; anche agg. disonorevole, ignominioso, infamatorio, diffamante, diffamatorio, turpe **CONTR.** dignitoso, onorevole, onorifico, degno, meritevole.

infamàre A v. tr. calunniare, diffamare, disonorare, infangare, screditare **CONTR.** elogiare, esaltare, lodare, onorare, rispettare, riverire, stimare **B infamarsi** v. intr. pron. coprirsi di infamia, disonorarsi, screditarsi **CONTR.** farsi onore, distinguersi.

infamàto part. pass. di **infamare**; anche agg. calunniato, denigrato, diffamato, disonorato, screditato **CONTR.** elogiato, lodato, esaltato, onorato.

infàme agg. nefando, disonorevole, ignobile, ignominioso, obbrobrioso, odioso, scellerato, scandaloso, vituperevole (*lett.*), vituperoso, tristo, turpe, pessimo **CONTR.** buono, onorevole, lodevole, decoroso, meritevole, meritorio, dignitoso, nobile.

infàmia s. f. infamità, disonore, ignominia, iniquità, obbrobrio, onta, nefandezza, scelleratezza, turpitudine, vergogna, vituperio **CONTR.** bontà, buona fama, buon nome, credibilità, onore, stima, virtù.

infangàre A v. tr. **1** sporcare di fango, inzaccherare, impillaccherare (*tosc.*), immelmare **CONTR.** sfangare (*raro*), spazzolare **2** (*fig.*) (*di persona*) disonorare, infamare, calunniare, screditare **CONTR.** elogiare, esaltare, lodare, onorare, rispettare, riverire, stimare **B infangarsi** v. rifl. **1** inzaccherarsi, impillaccherarsi (*tosc.*), immelmarsi **CONTR.** sfangarsi (*raro*), spazzolarsi **2** (*fig.*) disonorarsi, infamarsi, screditarsi.

infangàto part. pass. di **infangare**; anche agg. **1** fangoso **2** (*fig.*) calunniato, screditato, disonorato, infamato **CONTR.** onorato, elogiato, esaltato, lodato.

infànte s. m. e f. bambinetto, pargolo, pargoletto **CFR.** adolescente, giovane, adulto, anziano, vecchio.

infantìle agg. **1** puerile, bambinesco, fanciullesco **CFR.** adolescenziale, giovanile, virile, senile **2** (*fig.*) (*di comportamento, di discorso, ecc.*) puerile, immaturo, ingenuo, semplice **CONTR.** maturo, serio.

infantilìsmo s. m. immaturità, puerilità **CONTR.** maturità.

infànzia s. f. **1** prima età, puerizia **CFR.** adolescenza, gioventù, maturità, vecchiaia, senilità **2** (*in generale*) bambini **3** (*fig.*) (*di civiltà, di epoca, ecc.*) inizi, primordi **CONTR.** fine.

infarcìre v. tr. **1** farcire, riempire, insaccare, rimpinzare **CONTR.** vuotare, svuotare **2** (*fig.*) (*di nozioni, di citazioni, ecc.*) riempire confusamente, imbottire **CONTR.** liberare, sgombrare.

infarcìto part. pass. di **infarcire**; anche agg. **1** farcito, riempito, pieno **CONTR.** vuoto **2** (*fig.*) (*di nozioni, di citazioni, ecc.*) imbottito, pieno **CONTR.** libero, sgombro.

infarinàre A v. tr. **1** cospargere farina □ (*est.*) impolverare **2** (*est.*) (*di capelli, di neve, ecc.*) imbiancare **3** (*fig.*) (*di storia, di letteratura, ecc.*) dare una infarinatura **B infarinarsi** v. rifl. **1** sporcarsi di farina **2** (*scherz.*) incipriarsi.

infarinàto part. pass. di **infarinare**; anche agg. **1** cosparso di farina □ (*est.*) impolverato **2** (*di neve, di canizie, ecc.*) imbiancato, bianco **3** (*scherz.*) incipriato.

infarinatùra s. f. (*fig.*) (*di storia, di letteratura, ecc.*) conoscenza superficiale, conoscenza generica **CONTR.** conoscenza profonda, cultura.

infastidìre A v. tr. recare fastidio, annoiare, contrariare, disturbare, importunare, incomodare, seccare, scocciare (*fam.*), rompere (*gerg.*), rompere le palle (*volg.*), stufare, tediare **CONTR.** allietare, dilettare, divertire, compiacere, rallegrare **B infastidirsi** v. intr. pron. provare fastidio, annoiarsi, seccarsi, scocciarsi (*fam.*), rompersi (*gerg.*), stufarsi, tediarsi **CONTR.** divertirsi, rallegrarsi.

infastidìto part. pass. di **infastidire**; anche agg. annoiato, importunato, seccato, scocciato (*fam.*), rotto (*gerg.*), stufato, stufo, tediato **CONTR.** rallegrato, divertito, allietato.

infaticàbile agg. instancabile, indefesso, perseverante **CONTR.** affaticato, stanco.

infaticabilità s. f. instancabilità, perseveranza **CONTR.** fiacchezza, debolezza, stanchezza.

infaticabilménte avv. instancabilmente, indefessamente, senza sosta **CONTR.** fiaccamente, debolmente.

infàtti cong. in realtà, invero, veramente, difatti **CONTR.** invece, al contrario.

infatuàre A v. tr. entusiasmare, esaltare, infervorare, invasare **CONTR.** deprimere, demoralizzare, angosciare **B infatuarsi** v. intr. pron. infervorarsi, esaltarsi, entusiasmarsi, perdere la testa **CONTR.** deprimersi, demoralizzarsi, disilludersi.

infatuàto part. pass. di **infatuare**; anche agg. esaltato, fanatico, infervorato, entusiasta, cotto (*fam.*) **CONTR.** depresso, demoralizzato, disilluso, deluso, indifferente, apatico.

infatuazióne s. f. entusiasmo, esaltazione, fanatismo □ cotta (*fam.*), simpatia **CONTR.** demoralizzazione, disillusione, delusione, indifferenza, apatia.

infàusto agg. **1** nefasto, sfortunato, funesto, disgraziato, malaugurato, triste, luttuoso **CONTR.** fausto, fortunato, favorevole, felice **2** (*euf.*) (*di prognosi, di esito e sim.*) mortale.

infecondità s. f. sterilità, aridità, improduttività **CONTR.** fecondità, fertilità.

infecóndo agg. **1** (*di persona, di terreno, ecc.*) sterile, arido, improduttivo **CONTR.** fecondo, fertile, produttivo **2** (*fig.*) (*di tentativo, di polemica, ecc.*) vano, inutile **CONTR.** utile, efficace.

infedéle A agg.; anche s. m. infido, falso, fedifrago, malfido, perfido, sleale, spergiuro, traditore **CONTR.** fedele, fido, fidato, leale, retto, onesto **B** agg. (*di traduzione, di copia, ecc.*) non conforme all'originale **CONTR.** fedele.

infedelménte avv. falsamente, perfidamente, slealmente **CONTR.** fedelmente, lealmente, onestamente.

infedeltà s. f. falsità, perfidia, slealtà, tradimento, malafede **CONTR.** fedeltà, lealtà, onestà, rettitudine.

infelìce A agg.; anche s. m. misero, sventurato, disgraziato, disperato, afflitto, triste, depresso, dolente, povero, sfortunato, tapino, tribolato **CONTR.** felice, fortunato, contento, beato, lieto, soddisfatto **B** agg. **1** (*di lavoro, di film, ecc.*) mal riuscito, malfatto, brutto **CONTR.** ben fatto, bello **2** (*di esito, di tempo, ecc.*) sfavorevole, contrario, negativo **CONTR.** favorevole, positivo.

infeliceménte avv. miseramente, sventuratamente, sfortunatamente, disgraziatamente **CONTR.** felicemente, fortunatamente, beatamente.

infelicità s. f. **1** miseria, sventura, disgrazia, sfortuna, guaio, calamità, tristezza, afflizione, avversità, disdetta, dolore, pena, tribolazione, sciagura **CONTR.** felicità, fortuna, contentezza, gioia, giubilo, letizia, soddisfazione **2** (*di una domanda, di un gesto, ecc.*) inopportunità, intempestività, sconvenienza **CONTR.** opportunità, tempestività, convenienza.

inferióre A agg. **1** più basso, infimo, sottostante **CONTR.** superiore, più alto, sommo, supremo **2** (*fig.*) minore, da meno, secondario **CONTR.** principale, primario **B** s. m. e f. subalterno, subordinato, dipendente, soggetto, sottoposto **CONTR.** capo, superiore, dirigente, direttore.

inferiorità s. f. dipendenza, soggezione **CONTR.** superiorità, supremazia, preminenza.

inferiorménte avv. più in basso, più giù **CONTR.** superiormente, più su.

inferìre v. tr. **1** (*di colpo, di pugnalata, ecc.*) infliggere, arrecare, causare, produrre **2** (*da un discorso, da un gesto, ecc.*) dedurre, argomentare, concludere, arguire.

infermità s. f. malattia, malanno, male, acciacco, invalidità **CONTR.** salute, sanità, robustezza, vigore.

infèrmo A agg.; anche s. m. ammalato, malato, invalido **CONTR.** sano, robusto, vegeto **B** agg. (*fig.*) debole, fiacco, malfermo □ imbelle **CONTR.** energico, vigoroso.

infernàle agg. **1** dell'inferno □ (*anche fig.*) diabolico, maligno **CONTR.** angelico, celestiale **2** (*fig., fam.*) (*di caldo, di rumore, ecc.*) grande, straordinario □ terribile, spaventoso **CONTR.** dolce, mite, soave.

infèrno s. m. **1** (*in diverse religioni*) ade, averno, erebo, geenna, tartaro, oltretomba **2** (*nel cristianesimo*) luogo di dannazione **CONTR.** paradiso, eden **3** (*fig.*) ambiente insopportabile □ persona insopportabile □ angoscia, tormento, spavento **CONTR.** paradiso, gioia **FRAS.** *d'inferno* (*fig.*), terribile, maligno, diabolico, infernale, spaventoso, straordinario □ *va all'inferno!*, va alla malora! □ *mandare all'inferno* (*fig.*), mandare all'altro mondo; mandare alla malora.

inferocìre A v. tr. (*anche fig.*) rendere feroce □ fare arrabbiare, fare imbestialire **CONTR.** ammansire, addolcire, calmare, pacificare, placare, rabbonire **B** v. intr. e **inferocirsi** intr. pron. **1** (*anche fig.*) diventare feroce □ arrabbiarsi, imbestialirsi **2** infierire, incrudelire, imperversare **CONTR.** rabbonirsi, raddolcirsi, calmarsi, placarsi.

inferocìto part. pass. di **inferocire**; anche agg. (*anche fig.*) divenuto feroce, feroce □ irritatissimo, arrabbiatissimo, imbestialito **CONTR.** ammansito, calmato, placato, rabbonito.

inferriàta s. f. grata, graticolato, griglia □ cancello.
infèrto part. pass. di **inferire**; anche agg. inflitto □ vibrato, assestato.
infervoraménto s. m. ardore, fervore, eccitamento **CONTR.** abbattimento, freddezza, impassibilità, imperturbabilità.
infervoràre A v. tr. infiammare, eccitare, entusiasmare, incitare, infatuare **CONTR.** abbattere, deprimere, calmare, raffreddare, intiepidire **B infervorarsi** v. intr. pron. accendersi, accalorarsi, eccitarsi, entusiasmarsi, appassionarsi **CONTR.** abbattersi, deprimersi, calmarsi, raffreddarsi, intiepidirsi.
infervoràto part. pass. di **infervorare**; anche agg. eccitato, entusiasmato, appassionato **CONTR.** abbattuto, depresso, calmato, raffreddato, intiepidito.
infestànte part. pres. di **infestare**; anche agg. danneggiatore, invasore, infestatore **CONTR.** disinfestante.
infestàre v. tr. danneggiare, rovinare, devastare, depredare □ invadere **CONTR.** disinfestare, salvare, difendere, sanare.
infestàto part. pass. di **infestare**; anche agg. danneggiato, rovinato, devastato □ invaso **CONTR.** disinfestato, salvato, difeso, sanato.
infestatóre s. m.; anche agg. (f. *-trice*) danneggiatore, invasore, infestante **CONTR.** disinfestante.
infettàre A v. tr. **1** rendere infetto, contagiare, guastare, infestare, inquinare, ammorbare, appestare, intossicare, viziare **CONTR.** disinfettare, purificare, sanare **2** (*fig.*) contaminare, corrompere, depravare, pervertire **CONTR.** purificare, sanare **B infettarsi** v. intr. pron. prendere un'infezione **CONTR.** disinfettarsi.
infettìvo agg. (*med.*) contagioso, epidemico.
infètto agg. **1** (*med.*) guasto, contagiato, intossicato, ammorbato, appestato, avvelenato, imputridito, infestato, inquinato, marcio, putrefatto, putrido, settico **CONTR.** incorrotto, puro, sano, asettico **2** (*fig.*) (*di ambiente, di persona, ecc.*) guasto, corrotto, contaminato, depravato, immorale, vizioso, disonesto **CONTR.** incontaminato, puro, onesto.
infeudàre A v. tr. (*fig.*) sottomettere, asservire, assoggettare, obbligare **CONTR.** emancipare, liberare **B infeudarsi** v. rifl. (*fig.*) asservirsi, assoggettarsi, obbligarsi.
infezióne s. f. **1** ammorbamento, inquinamento, guasto, putrefazione, suppurazione, sepsi **CONTR.** disinfezione, risanamento, asepsi, sterilizzazione **2** (*fig.*) corruzione, contaminazione, immoralità, vizio **CONTR.** moralità, onestà, virtù.
infiacchiménto s. m. indebolimento, debilitazione, debolezza, fiacchezza, mollezza **CONTR.** irrobustimento, rafforzamento, rinvigorimento.
infiacchìre A v. tr. svigorire, indebolire, debilitare, fiaccare, estenuare, infrollire, prostrare, abbattere **CONTR.** irrobustire, rafforzare, invigorire, rinvigorire **B** v. intr. e **infiacchirsi** intr. pron. indebolirsi, estenuarsi, svigorirsi, abbattersi **CONTR.** irrobustirsi, rafforzarsi, invigorirsi, rinvigorirsi.
infiacchito part. pass. di **infiacchire**; anche agg. fiacco, indebolito, estenuato, spossato, svigorito **CONTR.** irrobustito, rafforzato, fiacco.
infiammàbile agg. **1** accendibile **CONTR.** ininfiammabile, antincendio **2** (*fig.*) (*di persona*) entusiasmabile, esaltabile, eccitabile, irascibile **CONTR.** calmo, flemmatico, pacifico.
infiammàre A v. tr. **1** accendere, incendiare, ardere, infocare, avvampare, bruciare **CONTR.** estinguere, spegnere, smorzare **2** (*fig.*) (*di persona, di fantasia, ecc.*) eccitare, entusiasmare, infervorare, incitare, stimolare **CONTR.** calmare, placare, quietare, raffreddare **3** (*di guance, di cielo, ecc.*) arrossare, tingere di rosso **CONTR.** fare impallidire **4** (*med.*) causare infiammazione **CONTR.** sfiammare **B infiammarsi** v. intr. pron. **1** accendersi, infocarsi, avvampare, prendere fuoco **CONTR.** estinguersi, spegnersi **2** (*fig.*) (*di persona, di fantasia, ecc.*) eccitarsi, entusiasmarsi, infervorarsi, ardere **CONTR.** calmarsi, placarsi, quietarsi, raffreddarsi **3** (*fig.*) (*di guance, di cielo, ecc.*) arrossire, diventare rosso **CONTR.** impallidire **4** (*med.*) subire un'infiammazione **CONTR.** sfiammarsi.
infiammàto part. pass. di **infiammare**; anche agg. **1** acceso, arroventato, incandescente, infocato, bruciante **CONTR.** estinto, spento **2** (*fig.*) (*di persona, di fantasia, ecc.*) eccitato, esaltato, entusiasmato, infervorato **CONTR.** calmo, flemmatico, freddo, impassibile **3** (*di guance, di cielo, ecc.*) arrossato, divenuto rosso **CONTR.** pallido, impallidito **4** (*med.*) colpito da infiammazione **CONTR.** sfiammato.
infiammatòrio agg. (*med.*) di infiammazione, flogistico.
infiammazióne s. f. **1** (*raro*) combustione, incendio **2** (*med.*) ardore, bruciore, flogosi.
inficiàre v. tr. contestare la validità, dichiarare falso, invalidare, infirmare **CONTR.** convalidare, ratificare.
infidaménte avv. falsamente, fallacemente, perfidamente, slealmente, infedelmente, ingannevolmente **CONTR.** fedelmente, lealmente, onestamente.
infìdo agg. poco fidato, fallace, falso, infedele, ingannatore, ingannevole, malfido, malsicuro, perfido, sleale **CONTR.** fido, fidato, fedele, leale, sincero, schietto.
infierìre v. intr. **1** incrudelire, essere spietato, inasprirsi **CONTR.** mitigarsi, placarsi, rabbonirsi, raddolcirsi **2** (*di peste, di guerra, ecc.*) imperversare, infuriare **CONTR.** placarsi, spegnersi, finire.
infìggere A v. tr. conficcare, ficcar dentro, con-

figgere, immergere, piantare **CONTR.** sconficcare, strappare, svellere **B infiggersi** v. intr. pron. conficcarsi, ficcarsi, configgersi, immergersi, piantarsi **CONTR.** sconficcarsi.

infilàre A v. tr. **1** (*di filo, di chiave, ecc.*) introdurre, far passare, mettere **CONTR.** sfilare, togliere **2** (*di vestito, di occhiali, ecc.*) indossare, vestire, mettere, calzare **CONTR.** togliere, svestire **3** (*di persona, di perla, ecc.*) passare da parte a parte, infilzare, trafiggere **CONTR.** sfilare **4** (*di strada, di porta, ecc.*) imboccare, penetrare **CONTR.** lasciare **5** (*fig.*) (*di bersaglio, di risposta, ecc.*) imbroccare, azzeccare **CONTR.** sbagliare **B infilarsi** v. rifl. mettersi dentro, cacciarsi, introdursi, gettarsi, tuffarsi **CONTR.** uscire.

infilàto part. pass. di **infilare**; anche agg. **1** (*di filo, di chiave, ecc.*) introdotto, fatto passare **CONTR.** sfilato **2** (*di vestito, di occhiali, ecc.*) indossato, vestito, calzato, messo **CONTR.** tolto **3** (*di persona, di perla, ecc.*) passato da parte a parte, infilzato, trafitto **CONTR.** sfilato **4** (*di strada, di porta, ecc.*) imboccato, preso **CONTR.** lasciato **5** (*di bersaglio, di risposta, ecc.*) azzeccato, imbroccato, centrato **CONTR.** sbagliato.

infiltràrsi v. intr. pron. **1** (*di gas, di acqua, ecc.*) penetrare, trapelare, trasudare **2** (*fig.*) (*di persona*) insinuarsi, introdursi **CONTR.** uscire.

infiltràto A part. pass. di **infiltrarsi**; anche agg. **1** penetrato, trapelato **2** (*fig.*) (*di persona*) insinuatosi, introdottosi **B** s. m. informatore, spia, talpa (*fig.*).

infiltraziòne s. f. **1** (*di gas, di acqua, ecc.*) penetrazione, infiltramento **2** (*fig.*) (*di persona*) insinuazione, introduzione.

infilzàre v. tr. **1** infilare, fare una filza **CONTR.** sfilzare **2** trafiggere, trapassare.

infilzàto part. pass. di **infilzare**; anche agg. **1** infilato **2** trafitto, trapassato.

ìnfimo agg. più basso, ultimo, imo (*lett.*) **CONTR.** sommo, supremo.

infìne avv. **1** alla fine, finalmente **CONTR.** anzitutto, innanzitutto **2** insomma, in conclusione.

infingardàggine s. f. pigrizia, indolenza, inerzia, neghittosità, poltroneria, svogliatezza, accidia, ignavia **CONTR.** alacrità, attività, laboriosità, operosità, solerzia, sollecitudine, dinamicità.

infingàrdo agg. pigro, indolente, inerte, inoperoso, inattivo, neghittoso, poltrone, fannullone, scansafatiche, sfaticato, svogliato **CONTR.** alacre, attivo, laborioso, operoso, solerte, sollecito, dinamico.

infinità s. f. **1** infinitezza (*raro*), illimitatezza, immensità, vastità **CONTR.** finitezza, limitatezza, piccolezza, pochezza **2** grande abbondanza, enorme quantità, moltitudine, miriade **CONTR.** scarsezza, scarsità, insufficienza, mancanza.

infinitaménte avv. senza fine, senza limite, illimitatamente □ enormemente, immensamente **CONTR.** finitamente, limitatamente □ per nulla, poco.

infinitesimàle agg. minimo, piccolissimo, microscopico **CONTR.** enorme, grandissimo, stragrande, massimo.

infinitèsimo A s. m. parte infinitesima, quantità piccolissima, pochissimo **CONTR.** moltissimo, gran parte **B** agg. piccolissimo, minimo, microscopico **CONTR.** enorme, grandissimo, stragrande, massimo.

infinìto A agg. **1** illimitato, sconfinato, sterminato **CONTR.** limitato, circoscritto, ristretto **2** enorme, grandissimo, immenso, smisurato, sterminato, copiosissimo, innumerevole, incalcolabile **CONTR.** esiguo, piccolo, scarso, minimo **B** s. m. **1** spazio illimitato □ tempo illimitato **2** (*ling.*) modo infinito **FRAS.** *all'infinito*, senza fine □ *andare all'infinito*, non finire mai.

infinocchiàre v. tr. (*fam.*) ingannare, imbrogliare, aggirare, raggirare, abbindolare, gabbare, circuire, mistificare, turlupinare, fregare (*pop.*), darla a bere, dare a credere, darla a intendere **CONTR.** agire lealmente.

infinocchiatùra s. f. imbroglio, raggiro, truffa, inganno, fregatura (*pop.*), turlupinatura.

infiochìre A v. tr. affiochire, indebolire **CONTR.** rafforzare, rinforzare, invigorire, rinvigorire **B** v. intr. affiochirsi, indebolirsi **CONTR.** rinvigorirsi, rinforzarsi.

infioràre A v. tr. **1** adornare di fiori, coprire di fiori **2** (*fig.*) (*di discorso, di stile, ecc.*) abbellire, ornare, adornare, impreziosire □ allietare, rallegrare **CONTR.** imbruttire, deturpare □ rattristare **B infiorarsi** v. rifl. (*di persona*) adornarsi di fiori **C** v. intr. pron. **1** (*di prato, di albero e sim.*) coprirsi di fiori **CONTR.** sfiorire **2** (*fig.*) (*di discorso, di stile, ecc.*) abbellirsi, ornarsi, impreziosirsi **CONTR.** imbruttire, deturparsi.

infioràto part. pass. di **infiorare**; anche agg. **1** ornato di fiori, coperto di fiori **CONTR.** sfiorito **2** (*di discorso, di stile, ecc.*) abbellito, impreziosito **CONTR.** imbruttito, deturpato.

infiorettàre v. tr. (*anche fig.*) infiorare.

infirmàre v. tr. **1** invalidare, annullare, impugnare **CONTR.** confermare, convalidare, ratificare **2** confutare, contestare, ribattere **CONTR.** approvare.

infischiàrsi v. intr. pron. non curarsi, ridersi, fregarsene (*pop.*) **CONTR.** interessarsi, curarsi, preoccuparsi.

infìsso A part. pass. di **infiggere**; anche agg. ficcato dentro, conficcato, piantato, inchiodato **CONTR.** sconficcato, schiodato **B** s. m. **1** serramento, porta, finestra **2** (*ling.*) affisso.

infittìre A v. tr. rendere fitto, ispessire, addensare, infoltire **CONTR.** diradare, rarefare, sfoltire **B** v. intr. e **infittirsi** intr. pron. divenire più fitto, ispessirsi, addensarsi, infoltirsi **CONTR.** diradarsi, rarefarsi, sfoltirsi.

inflativo agg. inflazionistico **CONTR.** deflativo, deflazionistico.

inflazionàre v. tr. **1** portare all'inflazione, svalutare **CONTR.** deflazionare, rivalutare **2** (*fig.*) gonfiare, aumentare eccessivamente **CONTR.** sgonfiare, diminuire.

inflazionàto part. pass. di **inflazionare**; anche agg. svalutato □ gonfiato, eccessivamente aumentato **CONTR.** deflazionato, rivalutato □ sgonfiato, diminuito.

inflazióne s. f. **1** aumento dei prezzi, svalutazione **CONTR.** deflazione, rivalutazione **2** (*fig.*) diffusione eccessiva, rapida crescita **CONTR.** eccessivo calo, rapida diminuzione.

inflazionìstico agg. inflativo **CONTR.** deflazionistico, deflativo.

inflessìbile agg. **1** (*di cosa*) rigido, duro, non pieghevole **CONTR.** flessibile, pieghevole, tenero **2** (*fig.*) (*di persona, di carattere, ecc.*) inesorabile, irremovibile, implacabile, freddo, insensibile, irriducibile **CONTR.** bonario, condiscendente, arrendevole, clemente, dolce, indulgente, benigno, mansueto, mite, pietoso.

inflessibilità s. f. **1** (*di cosa*) rigidezza, durezza **CONTR.** flessibilità, pieghevolezza **2** (*fig.*) (*di persona, di carattere, ecc.*) inesorabilità, irremovibilità, implacabilità, fierezza **CONTR.** arrendevolezza, bonarietà, benignità, condiscendenza, clemenza, dolcezza, indulgenza, mansuetudine, misericordia, mitezza, pietà.

inflessibilménte avv. inesorabilmente, irremovibilmente, implacabilmente, fieramente **CONTR.** bonariamente, benignamente, dolcemente, mitemente, pietosamente.

inflessióne s. f. **1** (*lett.*) flessione, piegamento **2** (*di voce*) cadenza, modulazione **3** (*fis.*) deformazione **4** (*mus.*) modulazione **FRAS.** *inflessione vocalica*, metafonia.

infliggere v. tr. far subire, applicare, imporre, irrogare, assegnare, impartire **CONTR.** esimere, liberare.

inflitto part. pass. di **infliggere**; anche agg. imposto, assegnato, dato, irrogato **CONTR.** tolto, annullato.

influènte part. pres. di **influire**; anche agg. autorevole, importante, potente, stimato **CONTR.** privo d'autorità, privo di prestigio, disistimato, disprezzato, insignificante.

influènza s. f. **1** (*di cosa*) azione, efficacia, influsso **2** (*di persona*) autorità, ascendente, prestigio, potere, influsso, credito, autorevolezza, favore, peso **CONTR.** discredito, sfavore, disistima **3** (*med.*) grippe (*fr.*), febbre influenzale.

influenzàbile agg. debole, suggestionabile, dominabile, abulico **CONTR.** forte, energico, indipendente, autonomo, indomabile, volitivo.

influenzàre v. tr. dominare, influire, avere influenza, impressionare, suggestionare **CONTR.** lasciar libero.

influìre v. intr. influenzare, agire, operare, avere efficacia **CONTR.** essere inefficace.

influsso s. m. **1** (*astrol.*) influenza **2** azione, potere, influenza, efficacia, potenza.

infocàre A v. tr. (*anche fig.*) arroventare, accendere, incendiare, infiammare, incenerire **CONTR.** estinguere, spegnere, smorzare **B infocarsi** v. intr. pron. **1** arroventarsi **CONTR.** raffreddarsi **2** (*fig.*) (*di persona*) infiammarsi, adirarsi, irritarsi, accalorarsi **CONTR.** calmarsi, placarsi, rabbonirsi.

infocàto part. pass. di **infocare**; anche agg. **1** arroventato, rovente, infiammato, bollente **CONTR.** freddo, spento **2** (*fig.*) (*di persona, di animo, ecc.*) ardente, appassionato, eccitato, fremente, turbato **CONTR.** freddo, impassibile, indifferente.

infognàrsi v. intr. pron. (*fam.*) cacciarsi in un impiccio, impelagarsi, impantanarsi **CONTR.** disimpacciarsi, liberarsi, uscire.

infoltìre A v. tr. rendere folto, infittire, addensare, ispessire **CONTR.** sfoltire, diradare, rarefare **B** v. intr. diventare folto, infittirsi, addensarsi, ispessirsi **CONTR.** sfoltirsi, diradarsi, rarefarsi.

infondataménte avv. senza fondamento, ingiustificatamente **CONTR.** fondatamente, giustamente.

infondatézza s. f. mancanza di basi sicure, mancanza di fondamento, mancanza di prove, inconsistenza, insussistenza **CONTR.** fondatezza, consistenza.

infondàto agg. privo di fondatezza, incerto, ingiustificato, insussistente, inconsistente **CONTR.** fondato, giustificato, certo, consistente, legittimo.

infóndere v. tr. (*fig.*) far nascere, suscitare, eccitare, ispirare, instillare, insinuare, destare, imprimere, incutere, comunicare **CONTR.** sopire, attutire, togliere, levare.

inforcàre v. tr. **1** prendere con la forca **2** (*di bicicletta, di occhiali, ecc.*) montare, salire, mettersi **CONTR.** scendere, discendere.

informàle agg. non ufficiale, confidenziale **CONTR.** formale, ufficiale.

informàre A v. tr. **1** (*lett.*) modellare, formare, improntare, plasmare **CONTR.** sformare **2** (*fig.*) (*di vita, di carattere, ecc.*) indirizzare, conformare, caratterizzare, educare, disporre, preparare **3** (*di persona*) ragguagliare, dar notizia, avvisare, avvertire, rendere edotto, far sapere, comunicare, notificare □ ammaestrare, erudire, istruire **B informarsi** v. intr. pron. **1** (*raro*) prendere forma **2** procurarsi notizie, cercare di sapere, chiedere informazioni.

informàto part. pass. di **informare**; anche agg. **1** formato, improntato, plasmato, indirizzato, conformato **2** messo a conoscenza, tenuto al corrente, aggiornato, avvertito, consapevole, edotto, ragguagliato **CONTR.** disinformato.

informatóre A agg. (f. *-trice*) ispiratore **B** s. m.

1 esploratore, delatore, spia, confidente **2** (*giorn.*) redattore, corrispondente, inviato, collaboratore.

informazióne s. f. ragguaglio, notizia, avviso, indicazione, notificazione, relazione, rapporto.

infórme agg. **1** senza forma, amorfo, sformato, confuso, imperfetto, irregolare **CONTR.** ben formato, regolare, perfetto **2** (*raro*) deforme **CONTR.** normale.

infornàta s. f. (*fig.*, *scherz.*) grande quantità, grande numero, moltissimi **CONTR.** pochissimi.

infortunàto agg.; anche s. m. vittima di infortunio, vittima di incidente, sinistrato.

infortùnio s. m. disgrazia, incidente, sciagura, sinistro, disastro, caso sfortunato **CONTR.** fortuna, caso fortunato.

infossaménto s. m. avvallamento, cavità, concavità, incavo, fossa, buca **CONTR.** convessità, prominenza, protuberanza, rilievo.

infossàre A v. tr. mettere in una fossa, seppellire, sotterrare **CONTR.** disseppellire, dissotterrare **B infossarsi** v. intr. pron. **1** incavarsi **2** avvallarsi, affondare, sprofondare **CONTR.** colmarsi, riempirsi.

infossàto part. pass. di **infossare**; anche agg. incavato, avvallato **CONTR.** colmo, convesso, prominente, rilevato.

infossatùra s. f. cavità.

infradiciàre A v. tr. **1** inzuppare, immollare, bagnare **CONTR.** asciugare, disseccare, essiccare, prosciugare **2** rendere marcio, decomporre **B infradiciarsi** v. intr. pron. **1** inzupparsi, immollarsi, bagnarsi **CONTR.** asciugarsi, disseccarsi, prosciugarsi **2** marcire, imputridire, putrefarsi, decomporsi, guastarsi.

infradiciàto part. pass. di **infradiciare**; anche agg. **1** inzuppato, bagnato **CONTR.** asciutto, asciugato, disseccato, secco **2** marcito, imputridito, putrefatto, decomposto.

infradiciatùra s. f. **1** bagnata **2** putrefazione.

inframmezzàre v. tr. intramezzare, frammezzare (*raro*), porre in mezzo, intercalare.

inframmezzàto part. pass. di **inframmezzare**; anche agg. frammezzato, intercalato.

infràngere A v. tr. **1** rompere, spezzare, frantumare, fracassare, fare a pezzi, sfasciare, spaccare, stritolare **CONTR.** accomodare, raccomodare, racconciare, rappezzare, riparare **2** (*fig.*) (*di legge, di patto, ecc.*) trasgredire, violare, rompere, mancare, venire meno **CONTR.** mantenere, osservare, rispettare **B infrangersi** v. intr. pron. **1** frantumarsi, rompersi, spezzarsi, fracassarsi, sfasciarsi, spaccarsi, stritolarsi, battere contro, sbattere contro **2** (*fig.*) (*di speranza, di illusioni, ecc.*) cadere, finire, svanire, fiaccarsi **CONTR.** nascere, spuntare, fiorire.

infrangìbile agg. duro, resistente, solidissimo **CONTR.** frangibile, fragile, delicato.

infrànto part. pass. di **infrangere**; anche agg. **1** spezzato, rotto, frantumato, fracassato, fatto a pezzi, fiaccato, sfasciato, stritolato **CONTR.** intero, intatto, illeso, indenne **2** (*fig.*) (*di speranza, di illusioni, ecc.*) deluso, caduto, finito, svanito **CONTR.** nato, spuntato, fiorito **FRAS.** *cuore infranto* (*fig.*), deluso in amore.

infrarósso agg. e s. m. (*fis.*) ultrarosso.

infrastruttùra s. f. **1** strutture, installazioni, impianti **2** servizi pubblici.

infrazióne s. f. trasgressione, violazione, inosservanza, disubbidienza **CONTR.** osservanza, ubbidienza.

infreddatùra s. f. rinite, corizza, raffreddore, costipazione.

infreddoliménto s. m. raffreddamento, intirizzimento.

infreddolìre v. intr. e **infreddolìrsi** intr. pron. abbrividire (*lett.*), rabbrividire, intirizzirsi **CONTR.** accaldarsi, riscaldarsi, incalorirsi.

infreddolìto part. pass. di **infreddolire**; anche agg. intirizzito, gelato, raffreddato **CONTR.** caldo, accaldato, riscaldato.

infrenàbile agg. irrefrenabile, incoercibile, indomabile **CONTR.** frenabile, domabile, coercibile, moderabile.

infrequènte agg. rado, raro, scarso, inconsueto, insolito, sporadico **CONTR.** frequente, comune, consueto, ordinario, solito.

infrequenteménte avv. raramente, sporadicamente **CONTR.** frequentemente, comunemente, ordinariamente, solitamente.

infrequènza s. f. rarità, scarsità, sporadicità **CONTR.** frequenza, assiduità, abbondanza.

infrollìre A v. intr. e **infrollìrsi** intr. pron. **1** diventare frollo **2** (*fig.*) infiacchirsi, fiaccarsi, indebolirsi, svigorirsi **CONTR.** rafforzarsi, invigorirsi, rinvigorirsi, irrobustirsi **B** v. tr. (*raro*) rendere frollo.

infronzolàre v. tr. ornare di fronzoli □ abbigliare, agghindare.

infruttuóso agg. **1** infruttifero, sterile, improduttivo, infecondo **CONTR.** fruttuoso, fruttifero, fecondo, fertile, ubertoso (*lett.*) **2** (*fig.*) inutile, vano, inefficace **CONTR.** utile, vantaggioso, proficuo, efficace.

infuocàre *V.* **infocare**.

infurbìre v. intr. e **infurbìrsi** intr. pron. (*raro*) diventare furbo, scaltrirsi **CONTR.** incretinire, istupidire.

infuriàre A v. tr. rendere furioso, aizzare, eccitare, irritare **CONTR.** acquietare, calmare, mitigare, placare, rabbonire **B** v. intr. (*di vento, di tempesta, ecc.*) infierire, imperversare **CONTR.** calmarsi, placarsi, cessare **C infuriarsi** v. intr. pron. incollerirsi, adirarsi, corrucciarsi, esasperarsi, irritarsi, imbestialirsi, incazzarsi (*volg.*), incavolarsi (*euf.*), perdere le staffe, andare su tutte le furie **CONTR.** acquietarsi, calmarsi, mitigarsi, placarsi, rabbonirsi, rasserenarsi.

infusióne s. f. **1** macerazione **2** (*est.*) infuso, decotto.

infùso A part. pass. di **infondere**; anche agg. **1** versato dentro, intriso, tuffato, bagnato **2** trasfuso, ispirato, destato, suscitato **B** s. m. infusione □ (*est.*) decotto.

ingabbiàre v. tr. **1** mettere in gabbia **2** (*fig.*) rinserrare, rinchiudere, imprigionare **CONTR.** far uscire, liberare.

ingabbiatùra s. f. (*edil.*) struttura portante, incastellatura.

ingaggiàre v. tr. **1** (*mil.*) arruolare, assoldare **CONTR.** congedare **2** (*di lavoratore, di artista, ecc.*) assumere, impegnare, scritturare **CONTR.** licenziare, dare il benservito **3** (*di gara, di battaglia, ecc.*) cominciare, iniziare, avviare, attaccare **CONTR.** finire, terminare, concludere.

ingaggiàto part. pass. di **ingaggiare**; anche agg. arruolato, reclutato, assunto, scritturato **CONTR.** licenziato.

ingaggiatóre s. m. arruolatore, reclutatore, procacciatore, procuratore.

ingàggio s. m. **1** arruolamento, reclutamento **2** compenso, cachet (*fr.*).

ingagliardìre A v. tr. rafforzare, rinforzare, fortificare, invigorire, rinvigorire **CONTR.** indebolire, debilitare, infiacchire, illanguidire, snervare, svigorire **B** v. intr. e **ingagliardirsi** intr. pron. rafforzarsi, rinforzarsi, fortificarsi, invigorirsi, rinvigorirsi **CONTR.** indebolirsi, infiacchirsi, illanguidirsi, snervarsi, svigorirsi.

ingannàre A v. tr. **1** frodare, truffare, gabbare, illudere, imbrogliare, infinocchiare (*fam.*), intrappolare, irretire, mistificare, abbindolare, accalappiare, adescare, aggirare, raggirare, beffare, buscherare (*pop.*), circuire, fregare (*fam.*), darla a bere, darla a intendere, menare per il naso **CONTR.** agire lealmente, essere sincero **2** (*di speranze, di attesa, ecc.*) tradire, deludere **CONTR.** rispondere, soddisfare **3** (*di vigilanza e sim.*) eludere **B ingannarsi** v. intr. pron. sbagliarsi, giudicare falsamente, errare, illudersi, prendere un abbaglio **CONTR.** disilludersi, disingannarsi.

ingannàto part. pass. di **ingannare**; anche agg. **1** frodato, truffato, imbrogliato, gabbato, infinocchiato, abbindolato, raggirato, circuito **2** (*di speranza, di attesa, ecc.*) deluso, tradito **CONTR.** mantenuto, soddisfatto.

ingannatóre s. m.; anche agg. (f. *-trice*) **1** imbroglione, frodatore, falso, ipocrita, impostore, raggiratore, truffatore, ciurmatore (*ant.*), gabbamondo, abbindolatore, ciarlatano, macchinatore, mistificatore, trappolone, cavaliere d'industria **CONTR.** onesto, sincero, leale **2** (*di sogno, di speranza, ecc.*) illusorio, fallace, ingannevole, mendace **CONTR.** vero, veritiero.

ingannévole agg. illusorio, fallace, menzognero, mendace, artificioso, bugiardo, falso, insidioso **CONTR.** leale, onesto, retto, sincero, verace, vero.

ingànno s. m. **1** frode, imbroglio, fallacia, falsità, insidia, menzogna, mistificazione, raggiro, sotterfugio, truffa, abbindolamento, artificio, broglio, mena, tranello, trappola, trama, trappoleria (*raro*) **CONTR.** franchezza, lealtà, onestà, probità, rettitudine **2** illusione, errore, miraggio, abbaglio, apparenza **CONTR.** realtà, verità.

ingarbugliàre A v. tr. **1** (*di cosa*) confondere, imbrogliare, arruffare, intricare, disordinare, scompigliare **CONTR.** sbrogliare, districare, sciogliere, disciogliere □ chiarire, semplificare **2** (*fig.*) (*di persona*) ingannare, illudere, imbrogliare, infinocchiare (*fam.*), raggirare, fregare (*fam.*) **B ingarbugliarsi** v. intr. pron. **1** confondersi, intricarsi, complicarsi **CONTR.** sbrogliarsi □ chiarirsi **2** (*fig., fam.*) impappinarsi, incepparsi, balbettare.

ingarbugliàto part. pass. di **ingarbugliare**; anche agg. (*anche fig.*) confuso, intricato, imbrogliato, arruffato, scompigliato **CONTR.** chiaro, evidente, semplice.

ingegnàrsi v. intr. pron. **1** darsi da fare, adoperarsi, sforzarsi, studiarsi, industriarsi, arrabattarsi, cercare, darsi d'attorno **CONTR.** non curarsi, poltrire, impigrirsi, oziare **2** destreggiarsi, arrangiarsi, barcamenarsi.

ingégno s. m. **1** acume, capacità, cervello, genio, intelletto, intelligenza, mente, vivacità mentale, spirito, testa **CONTR.** imbecillità, imbecillaggine, idiozia, cretineria, stupidaggine, stupidità □ mediocrità **2** (*raro*) inclinazione, disposizione, indole **3** (*est.*) (*di persona*) genio, mente superiore, superdotato **CONTR.** mediocre, cretino, ipodotato **4** (*lett.*) espediente, artificio, abilità, astuzia, inganno.

ingegnosaménte avv. acutamente, sapientemente, intelligentemente **CONTR.** stupidamente, scioccamente.

ingegnosità s. f. ingegno, acume, capacità, cervello, intelligenza **CONTR.** stupidità, imbecillità, cretineria, idiozia.

ingegnóso agg. **1** di ingegno, acuto, sottile, intelligente, abile, capace, industrioso, intraprendente, solerte, spiritoso **CONTR.** incapace, inetto, inabile, indolente, ottuso **2** artificioso, ricercato, studiato **CONTR.** semplice, naturale.

ingelosìre A v. tr. rendere geloso **B** v. intr. e **ingelosirsi** intr. pron. diventare geloso, insospettirsi, adombrarsi, diffidare.

ingelosito part. pass. di **ingelosire**; anche agg. geloso, insospettito, sospettoso, diffidente.

ingemmàre v. tr. **1** adornare con gemme, ingioiellare **2** (*fig.*) abbellire, ornare, adornare **CONTR.** imbruttire, deturpare.

ingeneràre A v. tr. **1** (*lett.*) generare **2** (*est.*) provocare, cagionare, causare, produrre, suscitare **B ingenerarsi** v. intr. pron. avere origine, derivare, prodursi **CONTR.** finire, spegnersi.

ingènte agg. immenso, grandissimo, enorme, smisurato, sterminato, vastissimo **CONTR.** piccolissimo, minimo, esiguo, insignificante, trascurabile.

ingentiliménto s. m. affinamento, incivilimento, dirozzamento **CONTR.** imbarbarimento.
ingentilìre A v. tr. rendere gentile, dirozzare, affinare, incivilire, raggentilire (*raro*), nobilitare **CONTR.** imbarbarire, involgarire **B ingentilirsi** v. intr. pron. dirozzarsi, affinarsi **CONTR.** imbarbarirsi, involgarirsi.
ingenuaménte avv. candidamente, innocentemente, schiettamente, sinceramente, spontaneamente, naturalmente **CONTR.** astutamente, scaltramente, accortamente, maliziosamente, furbescamente.
ingenuità s. f. candore, semplicità, inesperienza, naturalezza, innocenza, schiettezza, sincerità, spontaneità **CONTR.** astuzia, scaltrezza, accorgimento, accortezza, avvedutezza, sagacia, furberia, furbizia, malizia.
ingènuo A agg. innocente, candido, privo di malizia, inesperto, schietto, sincero, puro, pulito **CONTR.** astuto, scaltro, accorto, avveduto, sagace, furbo, malizioso **B** s. m. credulone, semplicione, sempliciotto **CONTR.** furbo, scaltro, calcolatore, furbacchione, dritto (*fam.*).
ingerènza s. f. intromissione, inframmettenza, intrusione **CONTR.** disinteresse, noncuranza.
ingerìre A v. tr. inghiottire, ingoiare, ingollare, ingurgitare, trangugiare **CONTR.** rigettare, rimettere, vomitare **B ingerirsi** v. intr. pron. intromettersi, frammettersi, inframmettersi **CONTR.** disinteressarsi, non curarsi, fregarsene (*pop.*), sbattersene (*pop.*, *volg.*), infischiarsi.
ingestióne s. f. inghiottimento, ingoiamento (*raro*), trangugiamento (*raro*) **CONTR.** rigetto.
inghiottiménto s. m. ingestione, ingoiamento (*raro*), trangugiamento (*raro*) **CONTR.** rigetto.
inghiottìre v. tr. **1** (*di persona, di animale*) deglutire, ingerire, ingoiare, ingollare, ingurgitare, trangugiare, ingozzare □ tracannare **CONTR.** rigettare, rimettere, vomitare **2** (*fig.*) (*di voragine, di mare, ecc.*) assorbire, fare sprofondare, seppellire, sommergere **3** (*fig.*) (*di offese, di insulti, ecc.*) sopportare, tollerare, subire, mandar giù **CONTR.** arrecare, causare, fare, infliggere.
inghiottìto part. pass. di **inghiottire**; anche agg. **1** deglutito, ingoiato, ingerito, trangugiato, tracannato **CONTR.** rigettato, rimesso, vomitato **2** (*fig.*) assorbito, fagocitato, sommerso **3** (*fig.*) (*di offesa, di insulto, ecc.*) sopportato, tollerato, subito **CONTR.** causato, inflitto, fatto, arrecato.
inghippo s. m. (*dial.*, *centr.*) imbroglio, inganno, raggiro, trucco, espediente.
inghirlandàre A v. tr. **1** ornare con ghirlande **2** (*est.*) cingere, contornare, circondare, ornare, adornare **B inghirlandarsi** v. rifl. ornarsi di ghirlande, cingersi, ornarsi.
ingiallìto agg. **1** divenuto giallo, giallognolo **2** (*fig.*) invecchiato.
ingigantìre A v. tr. **1** ingrandire enormemente, rendere gigantesco, accrescere moltissimo **CONTR.** impiccolire, rimpicciolire, diminuire **2** (*fig.*) (*di notizia, di problema, ecc.*) ingrandire, esagerare, gonfiare **CONTR.** attenuare, moderare, ridimensionare **B** v. intr. (*anche fig.*) diventare enorme, ingrandirsi enormemente, gonfiarsi **CONTR.** rimpicciolirsi, sgonfiarsi.
ingigantìto part. pass. di **ingigantire**; anche agg. (*anche fig.*) ingrandito enormemente, accresciuto esageratamente, gonfiato, esagerato **CONTR.** rimpicciolito, ridimensionato, sgonfiato.
inginocchiaménto s. m. genuflessione.
inginocchiàrsi v. intr. pron. **1** porsi in ginocchio, genuflettersi **2** (*est.*, *fig.*) sottomettersi, umiliarsi, avvilirsi **CONTR.** ribellarsi, rivoltarsi, insorgere, insuperbire.
inginocchiàto part. pass. di **inginocchiarsi**; anche agg. **1** in ginocchio, genuflesso **CONTR.** diritto, in piedi **2** (*est.*, *fig.*) sottomesso, umiliato, prostrato, avvilito **CONTR.** ribelle, inorgoglito.
ingioiellàre A v. tr. **1** ornare di gioielli, ingemmare **2** (*fig.*) ornare, impreziosire **CONTR.** imbruttire, deturpare **B ingioiellarsi** v. rifl. ornarsi di gioielli, ingemmarsi.
ingioiellàto part. pass. di **ingioiellare**; anche agg. carico di gioielli, ingemmato.
ingiùngere v. tr. intimare, imporre, comandare, ordinare **CONTR.** ricevere.
ingiuntìvo agg. imperativo, impositivo, intimativo.
ingiunzióne s. f. ordine, comando, imposizione, intimazione **CONTR.** ubbidienza, ottemperanza, adempimento, accettazione.
ingiùria s. f. **1** offesa, affronto, insulto, oltraggio, contumelia (*lett.*), epiteto, improperio, impertinenza, insolenza, invettiva, parolaccia, villania **CONTR.** complimento, elogio, lode, ossequio **2** (*est.*) (*del tempo, del terremoto, ecc.*) guasto, danno, torto **CONTR.** beneficio, vantaggio.
ingiuriàre A v. tr. **1** fare ingiuria, offendere, insolentire, insultare, inveire, oltraggiare, svillaneggiare, vilipendere, vituperare, dire corna, dire male, denigrare, diffamare **CONTR.** complimentare, elogiare, lodare, ossequiare, dir bene **2** fare torto, fare danno **B ingiuriarsi** v. rifl. rec. scambiarsi ingiurie, insolentirsi, insultarsi, offendersi **CONTR.** complimentarsi, elogiarsi, lodarsi, ossequiarsi.
ingiurióso agg. offensivo, oltraggioso, diffamatore, insolente, insultante **CONTR.** elogiativo, laudativo, complimentoso, rispettoso.
ingiustaménte avv. iniquamente, illecitamente, illegittimamente, illegalmente **CONTR.** giustamente, lecitamente, legittimamente, legalmente.
ingiustificàbile agg. inescusabile (*lett.*), imperdonabile, condannabile **CONTR.** giustificabile, spiegabile, perdonabile.
ingiustificàto agg. privo di giustificazione, im-

motivato **CONTR.** giustificato, motivato.

ingiustìzia s. f. **1** iniquità, illegalità, illegittimità, parzialità, prepotenza **CONTR.** equità, equanimità, giustizia, imparzialità, onestà **2** offesa, sopruso, torto, angheria, abuso, soperchieria **CONTR.** favore, gentilezza.

ingiùsto agg. iniquo, illecito, illegale, indebito, ingiustificato, immotivato, infondato, parziale, irragionevole **CONTR.** giusto, lecito, legale, imparziale, ragionevole, motivato, giustificato, fondato.

inglése A agg. dell'Inghilterra **B** s. m. abitante dell'Inghilterra **FRAS.** *riso all'inglese*, riso in bianco □ *filarsela* (o *andarsene*) *all'inglese*, andarsene alla chetichella, senza salutare nessuno □ *sale inglese*, solfato di magnesio.

inglesìsmo s. m. anglicismo, anglismo (*raro*).

inglobàre v. tr. incorporare, conglobare **CONTR.** scorporare.

ingloriόso agg. **1** privo di gloria, oscuro **CONTR.** glorioso, famoso **2** vergognoso, obbrobrioso, ignominioso, umiliante, disonorevole, biasimevole, riprovevole **CONTR.** glorioso, ammirabile, ammirevole, lodevole, onorevole.

inglùvie s. f. (*zool.*) gozzo.

ingoiàre v. tr. **1** inghiottire, ingollare, ingerire, ingozzare, ingurgitare, trangugiare **CONTR.** rigettare, rimettere, vomitare **2** (*fig.*) (*di insulto, di offesa e sim.*) sopportare, subire, tollerare **CONTR.** fare, arrecare, infliggere, causare.

ingoiàto part. pass. di **ingoiare**; anche agg. **1** inghiottito, ingollato, ingerito, ingurgitato, trangugiato **CONTR.** rigettato, rimesso, vomitato **2** (*fig.*) (*di insulto, di offesa e sim.*) sopportato, tollerato, subito **CONTR.** fatto, arrecato, causato, inflitto.

ingolfàre A v. tr. (*fig.*) (*nei debiti, nei guai, ecc.*) immergere, sommergere, sprofondare, impelagare **CONTR.** liberare **B ingolfarsi** v. intr. pron. **1** formare un golfo **2** (*fig.*) (*nella politica, negli affari, ecc.*) impegnarsi, dedicarsi, applicarsi, immergersi **3** (*fig.*) (*nei guai, nei debiti, ecc.*) avventurarsi, cacciarsi **CONTR.** uscire, tirarsi fuori, liberarsi **4** (*est.*) (*di macchina*) bloccarsi **CONTR.** avviarsi.

ingolfàto part. pass. di **ingolfare**; anche agg. **1** (*fig.*) (*nella politica, nei debiti, ecc.*) immerso, impegnato, sommerso, oberato **CONTR.** libero **2** (*di motore*) bloccato **CONTR.** funzionante.

ingollàre v. tr. inghiottire, ingoiare, ingurgitare, trangugiare **CONTR.** rigettare, rimettere, vomitare.

ingolosìre A v. tr. **1** rendere goloso **2** (*fig.*) allettare, attirare, attrarre **CONTR.** disgustare, nauseare, stomacare **B** v. intr. e **ingolosirsi** intr. pron. **1** diventare goloso **2** (*fig.*) desiderare ardentemente **CONTR.** odiare, rifiutare.

ingombrànte part. pres. di **ingombrare**; anche agg. **1** troppo grande, voluminoso, imbarazzante **CONTR.** piccolissimo, minuscolo **2** (*fig.*) fastidioso, invadente **CONTR.** cauto, misurato, prudente.

ingombràre v. tr. impacciare, impedire, ostacolare, bloccare, imbarazzare, ostruire **CONTR.** sgombrare, liberare, sbarazzare, disimpegnare.

ingombràto part. pass. di **ingombrare**; anche agg. ingombro, pieno, carico, imbarazzato, ostruito **CONTR.** libero, sgombro, vuoto.

ingómbro (1) agg. ingombrato, intralciato, ostruito, impedito, ostacolato, pieno, sovraccarico **CONTR.** sgombro, libero, disimpegnato.

ingómbro (2) s. m. impaccio, impedimento, intoppo, intralcio, imbarazzo, ostacolo, handicap (*ingl.*) **CONTR.** aiuto, sussidio, facilitazione, agio.

ingordaménte avv. avidamente, ghiottamente, golosamente, insaziabilmente, voracemente **CONTR.** apaticamente, di malavoglia, controvoglia, schifiltosamente.

ingordìgia s. f. **1** insaziabilità, voracità, avidità, golosità, ghiottoneria **CONTR.** sobrietà, astinenza, digiuno, continenza **2** (*fig.*) (*di denari, di gloria, ecc.*) brama, bramosia, cupidigia, voglia **CONTR.** disprezzo, rifiuto.

ingórdo agg. **1** ghiotto, vorace, avido, goloso, insaziabile **CONTR.** sobrio, continente, temperante **2** (*fig.*) (*di denari, di gloria, ecc.*) avido, bramoso, cupido (*lett.*) **CONTR.** sprezzante, disdegnoso, incurante.

ingorgàre A v. tr. ostruire, intasare, otturare, bloccare, ingolfare **CONTR.** sgorgare, stasare, sturare, liberare **B ingorgarsi** v. intr. pron. ostruirsi, intasarsi, otturarsi, bloccarsi, ingolfarsi, ristagnare **CONTR.** sgorgarsi, scorrere, liberarsi.

ingórgo s. m. **1** ostruzione, intasamento, otturazione, blocco, accumulo **CONTR.** sgorgamento, apertura, sblocco, liberazione **2** (*med.*) ristagno □ aumentato flusso.

ingozzàre v. tr. **1** inghiottire, ingoiare, ingollare, ingerire, ingurgitare, trangugiare **CONTR.** rigettare, rimettere, vomitare **2** (*fig.*) (*di offesa, di torto, ecc.*) sopportare, subire, tollerare **CONTR.** arrecare, causare, fare, infliggere, provocare.

ingozzàto part. pass. di **ingozzare**; anche agg. **1** inghiottito, ingoiato, ingollato, ingerito, trangugiato **CONTR.** rigettato, rimesso, vomitato **2** (*fig.*) (*di offesa, di torto, ecc.*) sopportato, subito, tollerato **CONTR.** causato, provocato, fatto, arrecato.

ingranàggio s. m. **1** (*est.*) ruota dentata, meccanismo **2** (*fig.*) concatenamento, catena, spira.

ingranàre A v. intr. **1** (*mecc.*) indentare, incastrarsi **2** (*fam.*) (*di persona, di collaborazione, ecc.*) prendere l'avvio, iniziare bene, inserirsi, funzionare, andare bene, legare (*fig.*) **CONTR.** andare male, non funzionare **3** (*mecc.*) grippare **B** v. tr. (*di marcia*) incastrare, innestare, inserire **CONTR.** disinnestare, disinserire.

ingranàto part. pass. di **ingranare**; anche agg. **1** (*mecc.*) incastrato, indentato **2** (*di marcia*) innestato, inserito **CONTR.** disinnestato, disinserito.

ingrandiménto s. m. **1** aumento, allargamento, accrescimento, ampliamento, dilatamento, ingrossamento, incremento, sviluppo **CONTR.** calo, diminuzione, impicciolimento, riduzione **2** (*fot.*) macrofotografia **CONTR.** microfotografia.

ingrandìre A v. tr. **1** ampliare, aumentare, accrescere, dilatare, estendere, ingrossare, maggiorare **CONTR.** calare, diminuire, impicciolire, ridurre □ attenuare, menomare, scemare **2** (*fig.*) (*di notizia, di fatto, ecc.*) esagerare, gonfiare, esaltare, magnificare, celebrare, vantare **CONTR.** minimizzare, sgonfiare, sminuire, ridimensionare **B** v. intr. e **ingrandirsi** intr. pron. (*anche fig.*) crescere, allargarsi, estendersi, ampliarsi, ingrossarsi, espandersi, prosperare **CONTR.** calare, diminuire, impicciolirsi, ridursi, decadere, scadere, regredire.

ingrassàggio s. m. (*mecc.*) grassaggio.

ingrassaménto s. m. **1** (*di persona, di animale*) impinguamento, ingrasso **CONTR.** dimagramento **2** (*di terreno*) concimazione, fertilizzazione **CONTR.** impoverimento, esaurimento.

ingrassàre A v. tr. **1** (*di persona, di animale*) rendere grasso, impinguare, impolpare **CONTR.** dimagrare **2** (*di terreno*) concimare, fertilizzare **CONTR.** impoverire, esaurire **3** (*mecc.*) ungere di grasso, lubrificare **B** v. intr. e **ingrassarsi** intr. pron. **1** diventare grasso, diventare più grasso, crescere di peso **CONTR.** dimagrire, smagrire **2** (*fig.*) arricchirsi, prosperare, avvantaggiarsi **CONTR.** impoverirsi, immiserirsi **FRAS.** *andare a ingrassare i cavoli* (*scherz.*), morire.

ingrassàto part. pass. di **ingrassare**; anche agg. **1** (*di persona, di animale*) grasso, pingue, impinguato, impolpato, appesantito **CONTR.** dimagrito, magro **2** (*di terreno*) concimato, fertilizzato **CONTR.** impoverito, esaurito **3** (*mecc.*) unto, lubrificato.

ingratitùdine s. f. sconoscenza, disconoscenza, irriconoscenza (*raro*) **CONTR.** gratitudine, riconoscenza, memoria.

ingràto agg. **1** (*di persona*) disconoscente, sconoscente, immemore **CONTR.** grato, riconoscente, memore **2** (*di lavoro, di ricordo, ecc.*) sgradito, sgradevole, spiacevole, faticoso, doloroso, duro, ostico, disgustoso **CONTR.** gradevole, gradito, piacevole, leggero, facile, agevole.

ingravidàre A v. tr. rendere gravida, mettere incinta, fecondare, impregnare **B** v. intr. e **ingravidarsi** intr. pron. diventare gravida, restare incinta, impregnarsi **CONTR.** sgravarsi.

ingravidàta part. pass. di **ingravidare**; anche agg. solo f. gravida, incinta, impregnata, fecondata.

ingraziàre A v. tr. rendere accetto, rendere gradito **CONTR.** rendere sgradito **B ingraziarsi** v. rifl. rendersi accetto, rendersi favorevole, accattivarsi, propiziarsi **CONTR.** inimicarsi, rendere ostile.

ingrediènte s. m. **1** elemento, componente **2** (*est.*) (*di romanzo, di film, ecc.*) motivo, elemento.

ingrèsso s. m. **1** entrata, apertura, adito, accesso, passaggio, porta □ anticamera, atrio, vestibolo **CONTR.** uscita **2** (*di personalità*) prima entrata, entrata solenne □ prima apparizione.

ingrossaménto s. m. aumento, crescita, sviluppo □ rigonfiamento **CONTR.** calo, diminuzione, riduzione.

ingrossàre A v. tr. **1** rendere grosso, accrescere, aumentare, gonfiare, ingrandire **CONTR.** calare, diminuire, scemare, ridurre **2** (*di vento, di acque, ecc.*) gonfiare **B** v. intr. e **ingrossarsi** intr. pron. diventare grosso, allargarsi, aumentare, crescere, accrescersi, estendersi, gonfiarsi, ingrandirsi **CONTR.** calare, diminuire, scemare, ridursi.

ingrossàto part. pass. di **ingrossare**; anche agg. cresciuto, ingrassato, gonfiato, gonfio **CONTR.** calato, diminuito, ridotto.

ingròsso avv. nella loc. avv. *all'ingrosso* **1** in grande quantità, in grandi partite **CONTR.** al minuto, al dettaglio **2** a colpo d'occhio, senza cura, pressappoco, all'incirca **CONTR.** precisamente, accuratamente.

ingrugnàre v. intr. e **ingrugnàrsi** v. rifl. (*fam.*) fare il grugno, mettere il muso, crucciarsi, imbronciarsi, impermalirsi, rabbuiarsi, rannuvolarsi, offendersi **CONTR.** rabbonirsi, raddolcirsi, rasserenarsi.

ingrugnàto part. pass. di **ingrugnare**; anche agg. (*fam.*) imbronciato, impermalito, rannuvolato, offeso **CONTR.** lieto, ridente, sereno.

inguaiàre A v. tr. (*pop.*) mettere nei guai, mettere nei pasticci, incasinare (*volg.*), compromettere **CONTR.** liberare, districare **B inguaiarsi** v. rifl. mettersi nei guai, mettersi nei pasticci, incasinarsi (*volg.*), impelagarsi, compromettersi **CONTR.** liberarsi, districarsi.

inguaiàto part. pass. di **inguaiare**; anche agg. messo nei guai, impelagato, incasinato (*volg.*) **CONTR.** liberato, libero.

inguaIcìbile agg. indeformabile **CONTR.** deformabile.

inguarìbile agg. incurabile, insanabile □ cronico **CONTR.** guaribile, sanabile.

ìnguine s. m. (*anat.*) basso ventre.

ingurgitàre v. tr. ingerire, inghiottire, ingoiare, trangugiare **CONTR.** rigettare, rimettere, vomitare.

ingurgitàto part. pass. di **ingurgitare**; anche agg. ingerito, inghiottito, ingoiato, trangugiato **CONTR.** rigettato, rimesso, vomitato.

inibìre A v. tr. impedire, proibire, vietare, interdire □ bloccare, fermare, chiudere **CONTR.** concedere, consentire, acconsentire, accordarsi, lasciare, permettere, tollerare □ liberare **B** **inibirsi** v. intr. pron. (*di persona*) bloccarsi, chiudersi CONTR. aprirsi, liberarsi, sbloccarsi.

inibìto part. pass. di **inibire**; anche agg. e s. m. impedito, impacciato, ostacolato, represso, chiuso, bloccato CONTR. disinibito, disinvolto, disimpacciato, aperto, sbloccato.

inibitóre agg. (f. *-trice*) inibitorio, bloccante CONTR. liberatore, liberatorio, sbloccante.

inibitòrio agg. inibitore, bloccante CONTR. liberatorio, liberatore, sbloccante.

inibizióne s. f. divieto, proibizione, interdizione, impedimento □ blocco, chiusura CONTR. autorizzazione, concessione, licenza, permesso □ sblocco, liberazione.

inidoneità s. f. incapacità, inettitudine CONTR. idoneità, capacità, attitudine, abilità.

inidòneo agg. incapace, inadatto, inabile, inetto, disadatto CONTR. idoneo, capace, adatto.

iniettàre A v. tr. immettere, inoculare, introdurre, far entrare CONTR. estrarre, levare, togliere, cavar fuori, far uscire **B** **iniettarsi** v. intr. pron. **1** inocularsi, farsi una iniezione **2** (*di occhi*) arrossarsi.

iniettàto part. pass. di **iniettare**; anche agg. **1** inoculato, introdotto **2** (*di occhi*) arrossato.

iniezióne s. f. **1** immissione, inoculazione, introduzione CONTR. estrazione **2** (*med.*) puntura (*pop.*) □ (*est.*) medicamento, medicina **3** (*fig.*) (*di ottimismo, di denaro, ecc.*) carica, dose.

inimicàre A v. tr. rendere nemico CONTR. amicare (*raro*) **B** **inimicarsi** v. intr. pron. diventare nemico, rendersi nemico, rompere, guastarsi CONTR. amicarsi (*raro*), propiziarsi, cattivarsi, ingraziarsi.

inimicìzia s. f. avversione, malevolenza, animosità, antipatia, malanimo, rancore, odio CONTR. amicizia, affetto, affezione, benevolenza, simpatia, inclinazione, amore.

inimitàbile agg. impareggiabile, incomparabile, ineguagliabile □ bellissimo, eccellente CONTR. imitabile, comparabile, pareggiabile, uguagliabile.

inimmaginàbile agg. impensabile, inconcepibile, imprevedibile, incredibile CONTR. immaginabile, pensabile, concepibile, prevedibile, credibile.

ininfluènte agg. secondario, non determinante CONTR. influente, determinante.

inintelligìbile agg. incomprensibile, inconoscibile, indecifrabile □ confuso, oscuro CONTR. intelligibile, chiaro, comprensibile, evidente, manifesto, palese, perspicuo.

inintelligibilità s. f. incomprensibilità, oscurità CONTR. chiarezza, comprensibilità.

inintermediàri loc. avv. senza intermediari, senza mediatori, direttamente CONTR. tramite mediatori.

ininterrottaménte avv. continuamente, assiduamente CONTR. saltuariamente, alternativamente.

ininterrótto agg. continuo, assiduo, incessante, perpetuo, non stop (*ingl.*) CONTR. interrotto, discontinuo, saltuario, alterno.

iniquaménte avv. **1** ingiustamente CONTR. equamente, giustamente **2** malvagiamente, perversamente, malamente, perfidamente CONTR. bene, onestamente, rettamente.

iniquità s. f. **1** ingiustizia, malvagità, perversità, scelleratezza CONTR. equità, equanimità, giustizia, imparzialità **2** colpa, crimine, delitto, malefatta, misfatto, sopruso.

inìquo agg. **1** ingiusto CONTR. equo, giusto **2** (*est.*) malvagio, perverso, cattivo, infame, maligno, perfido, scellerato, tristo CONTR. buono, onesto, probo, retto.

iniziàle A agg. dell'inizio, preventivo CONTR. finale, terminale, conclusivo **B** s. f. **1** (*di parola*) prima lettera **2** (*al pl.*) (*di nome e cognome*) sigla.

inizialménte avv. in principio, originariamente, subito, dapprima CONTR. alla fine, poi, infine.

iniziàre A v. tr. **1** dare inizio, incominciare, cominciare, principiare, avviare, abbozzare, impostare, incanalare, intavolare, intraprendere, introdurre, dare l'avvio CONTR. finire, terminare, concludere **2** (*al lavoro, allo studio, ecc.*) avviare, instradare, introdurre, far conoscere, far imparare CONTR. distogliere, allontanare **3** (*ad una setta*) affiliare CONTR. espellere, estromettere **B** v. intr. e **iniziarsi** intr. pron. avere inizio, cominciare, incominciare, principiare CONTR. finire, terminare, concludersi.

iniziatìva s. f. **1** idea, impulso, progetto, piano, proposta, spinta CONTR. risultato, conclusione **2** intraprendenza, operosità CONTR. indolenza, inerzia, noncuranza.

iniziàto A part. pass. di **iniziare**; anche agg. **1** cominciato, avviato, principiato, abbozzato, intrapreso CONTR. finito, terminato, concluso **2** (*al lavoro, agli studi, ecc.*) avviato, instradato, introdotto CONTR. distolto, allontanato **3** (*ad una setta*) affiliato CONTR. espulso, allontanato **B** s. m. adepto, proselito, neofita, affiliato, seguace, catecumeno CONTR. profano, estraneo.

iniziatóre s. m.; anche agg. (f. *-trice*) (*lett.*) promotore, fondatore, innovatore CONTR. distruttore.

iniziazióne s. f. (*ad una setta*) affiliazione CONTR. espulsione, allontanamento.

inìzio s. m. cominciamento, principio, esordio, avvio, avviamento □ attacco, prima fase, fase iniziale, primordi CONTR. fine, termine, compimento, conclusione, espletamento.

in loco /*lat.* in 'lɔko/ [lat., letteralmente 'nel (*in*) luogo (*lŏco*)'] loc. avv. sul luogo, nel luogo, nello stesso luogo.

innaffiàre *V.* **annaffiare**.

innalzaménto s. m. sollevamento, elevazione

CONTR. abbassamento.

innalzàre A v. tr. **1** levare in alto, alzare, sollevare, issare **CONTR.** abbassare, calare, tirar giù, ammainare **2** (*di temperatura, di livello, ecc.*) fare crescere, aumentare **CONTR.** fare calare, diminuire **3** (*di costruzione*) elevare, costruire, edificare, erigere **CONTR.** abbattere, demolire **4** (*fig.*) (*ad una carica, ad una dignità, ecc.*) accrescere l'importanza, esaltare, celebrare, glorificare **CONTR.** dimettere, detronizzare, allontanare, umiliare **B** v. intr. pron. **1** aumentare, crescere **CONTR.** calare **2** (*di monte, di campanile, ecc.*) levarsi in alto, elevarsi, erigersi **CONTR.** abbassarsi **C innalzarsi** v. rifl. alzarsi □ (*fig.*) esaltarsi, insuperbirsi, inorgoglirsi, gonfiarsi, darsi arie, vanagloriarsi **CONTR.** avvilirsi, denigrarsi, deprimersi, umiliarsi.

innalzàto part. pass. di **innalzare**; anche agg. alzato, eretto, sollevato **CONTR.** abbassato, calato, tirato giù.

innamoraménto s. m. nascita dell'amore □ cotta (*scherz.*).

innamoràre A v. tr. **1** suscitare amore, accendere d'amore **CONTR.** disamorare, disinnamorare **2** (*est.*) conquistare, affascinare, incantare, invogliare, ammaliare, appassionare, rapire **CONTR.** disilludere, disgustare, dispiacere, nauseare, stomacare, allontanare **B innamorarsi** v. intr. pron. **1** (*di una persona*) invaghirsi, accendersi d'amore, infiammarsi, incapricciarsi, prendere una cotta (*scherz.*) **CONTR.** sdegnare, disdegnare, provare antipatia, detestare **2** (*est.*) (*di una cosa*) appassionarsi, entusiasmarsi, desiderare intensamente **CONTR.** disinteressarsi, fregarsene (*pop.*) **C** v. rifl. rec. sentire amore l'uno per l'altro **CONTR.** provare antipatia, detestarsi, odiarsi.

innamoràto part. pass. di **innamorare**; anche agg. e s. m. **1** preso da amore, cotto (*scherz.*) □ spasimante, adoratore, corteggiatore **CONTR.** disamorato, disinnamorato **2** (*est.*) (*di musica, di arte, ecc.*) affascinato, appassionato **CONTR.** indifferente, noncurante, insensibile.

innànzi A avv. **1** avanti, davanti, dinanzi **CONTR.** dietro **2** poi, in seguito **CONTR.** prima **3** prima, precedentemente, in passato **CONTR.** poi, dopo, in seguito, in futuro **B** prep. **1** davanti a, in presenza di **2** prima di **C** in funzione di agg. (posposto a un s.) precedente, anteriore **CONTR.** seguente, posteriore **FRAS.** *innanzi negli anni*, anziano □ *tirare innanzi* (*fig.*), vivere alla meglio.

innàto agg. ingenito, congenito, connaturato, insito, nativo, ereditario, naturale, connaturale, intrinseco, istintivo **CONTR.** acquisito, acquistato, appreso, contratto.

innaturàle agg. anormale, insolito, strano □ soprannaturale □ artificiale **CONTR.** naturale, normale, ordinario, solito.

innegàbile agg. inconfutabile, certo, evidente, sicuro, incontestabile, indubitabile, indubbio, irrefutabile **CONTR.** negabile, confutabile, contestabile, dubbio, incerto, oscuro.

innegabilménte avv. inconfutabilmente, irrefutabilmente, indubbiamente, certamente, sicuramente **CONTR.** per nulla, affatto (*in frase negativa*).

inneggiànte part. pres. di **inneggiare**; anche agg. osannante, festoso, plaudente **CONTR.** insultante, fischiante.

inneggiàre v. intr. **1** cantare un inno **2** (*fig.*) celebrare, elogiare, esaltare, glorificare, magnificare, osannare **CONTR.** ingiuriare, rimproverare, sindacare, biasimare, criticare, censurare, disapprovare, vilipendere, vituperare.

innervosìre A v. tr. rendere nervoso, rendere inquieto, irritare, mettere in ansia **CONTR.** calmare, placare, rabbonire, rasserenare, mitigare **B innervosirsi** v. intr. pron. diventare nervoso, irritarsi, incollerirsi, perdere la calma **CONTR.** calmarsi, placarsi, rabbonirsi, rasserenarsi, mitigarsi.

innervosìto part. pass. di **innervosire**; anche agg. irritato, nervoso, incollerito, inquieto **CONTR.** calmato, placato, rabbonito, rasserenato.

innescàre v. tr. **1** fornire di esca **2** applicare l'esca **3** (*fig.*) preparare, mettere in moto, dare il via **CONTR.** fermare, arrestare.

innestàre A v. tr. **1** (*agr.*) margottare, far attecchire **2** (*mecc.*) (*di marcia, di congegno*) incastrare, inserire □ ingranare **CONTR.** disinnestare, levare, togliere **3** (*med.*) inoculare, iniettare, vaccinare □ praticare un innesto (di organi), trapiantare **4** (*fig.*) (*di racconto, di brano, ecc.*) inserire, fondere insieme **B innestarsi** v. intr. pron. inserirsi, sovrapporsi, aggiungersi, fondersi.

innèsto s. m. **1** (*agr., est.*) pollone, tallo **2** (*mecc.*) giunto **3** (*med.*) inoculazione, vaccinazione □ trapianto **4** (*elettr.*) presa.

ìnno s. m. **1** canto di lode, cantico, canto di vittoria, epinicio □ lauda, responsorio, salmo, sequenza **2** (*fig.*) (*alla libertà, alla pace, ecc.*) panegirico, lode, elogio.

innocènte A agg.; anche s. m. e f. **1** non colpevole, incolpevole **CONTR.** reo, colpevole **2** (*fig.*) puro, candido, illibato, immacolato, incontaminato, integro, intemerato, ingenuo, irreprensibile, mondo, privo di malizia, retto, semplice, schietto, virtuoso **CONTR.** contaminato, corrotto, depravato, impuro, immorale, malizioso, vizioso **B** s. m. (*est.*) bambino.

innocenteménte avv. candidamente, ingenuamente, irreprensibilmente, rettamente, semplicemente, virtuosamente **CONTR.** colpevolmente, immoralmente, maliziosamente, viziosamente.

innocènza s. f. **1** incolpevolezza, estraneità **CONTR.** colpa, colpevolezza, reità **2** (*fig.*) purezza, purità, candore, illibatezza, incontaminatezza, ingenuità, irreprensibilità, rettitudine, semplicità **CONTR.** corruzione, depravazione, impurità, malizia, malignità, perversione, pervertimento.

innòcuo agg. **1** inoffensivo, non pericoloso **CONTR.** nocivo, pericoloso **2** incapace, inetto, insignificante, frivolo **CONTR.** pericoloso, importante, interessante.

innominàbile agg. indegno, infame, nefando, turpe, vergognoso, sconcio, osceno, indecente **CONTR.** bello, nobile, onesto, puro, degno, decente.

innominàto agg. **1** anonimo **CONTR.** nominato **2** (*dir.*) atipico **CONTR.** tipico.

innovàre A v. tr. rinnovare, riformare, restaurare, mutare, svecchiare, ammodernare, rimodernare, modernizzare **CONTR.** invecchiare **B innovarsi** v. intr. pron. (*raro*) rinnovarsi, mutarsi, rimodernarsi, svecchiarsi, modernizzarsi **CONTR.** invecchiare, declinare, decadere.

innovatóre s. m.; anche agg. (f. *-trice*) novatore, rinnovatore, promotore, iniziatore, progressista **CONTR.** conservatore, tradizionalista.

innovazióne s. f. rinnovamento, rinnovazione, novità, mutamento, mutazione, riforma, rivolgimento, nuovo ordine **CONTR.** conservazione, status quo (*lat.*), reazione, retro, vecchiume (*spreg.*).

innumerévole agg. numerosissimo, illimitato, infinito, incalcolabile **CONTR.** numerabile, calcolabile, limitato, singolare, unico.

inoculàre v. tr. **1** (*med.*) iniettare, introdurre, trasfondere **2** (*agr.*) innestare a occhio **3** (*fig.*) (*di odio, di sospetto, ecc.*) insinuare, ispirare, suscitare, suggerire **CONTR.** togliere, liberare.

inoffensìvo agg. innocuo, mansueto, mite, innocente, pacifico **CONTR.** offensivo, dannoso, nocivo, pericoloso, pernicioso.

inoltràre A v. tr. (*bur.*) (*di lettera, di pratica, ecc.*) trasmettere, mandare, avviare, far proseguire **CONTR.** ricevere **B inoltrarsi** v. intr. pron. procedere, progredire, proseguire, avanzare, andare oltre, addentrarsi **CONTR.** arretrare, indietreggiare, regredire, retrocedere, ritirarsi.

inoltràto part. pass. di **inoltrare**; anche agg. avanzato, profondo **CONTR.** iniziato □ finito.

inóltre avv. oltre a ciò, per di più, poi.

inondàre v. tr. **1** allagare, sommergere □ bagnare abbondantemente **CONTR.** asciugare, prosciugare **2** (*fig.*) (*di notizie, di prodotti, ecc.*) invadere, pervadere, riempire, riversare in grande quantità.

inondàto part. pass. di **inondare**; anche agg. **1** allagato, sommerso **2** (*fig.*) (*da pubblicità o da prodotti, ecc.*) invaso, riempito, occupato.

inondazióne s. f. **1** alluvione, allagamento, piena, straripamento **2** (*fig.*) (*di notizie, di prodotti, ecc.*) grande quantità, invasione, larga diffusione.

inoperosaménte avv. oziosamente, accidiosamente, neghittosamente, in panciolle **CONTR.** attivamente, alacremente, laboriosamente.

inoperosità s. f. inattività, inerzia, ozio, oziosità, accidia, infingardaggine, neghittosità, poltroneria, scioperataggine **CONTR.** alacrità, attività, attivismo, laboriosità, operosità, solerzia.

inoperóso agg. inattivo, inerte, ozioso, accidioso, infingardo, neghittoso, poltrone, scioperato, fannullone **CONTR.** alacre, attivo, laborioso, operoso, solerte.

inopinàbile agg. (*lett.*) impensabile, imprevedibile, inconcepibile, inimmaginabile, incredibile, imprevisto, inatteso, inaspettato, improvviso, subitaneo **CONTR.** atteso, immaginabile, pensabile, prevedibile, previsto.

inopinabilménte avv. *V.* **inopinatamente**.

inopinataménte avv. improvvisamente, inaspettatamente, repentinamente **CONTR.** prevedibilmente.

inopinàto agg. impensato, improvviso, imprevisto, inatteso, inaspettato, subitaneo **CONTR.** aspettato, atteso, previsto.

inopportunaménte avv. intempestivamente, importunamente, sconvenientemente **CONTR.** opportunamente, convenientemente, tempestivamente.

inopportunità s. f. intempestività, importunità, sconvenienza **CONTR.** opportunità, convenienza, tempestività.

inopportùno agg. intempestivo, fuori luogo, fuor di proposito, importuno, sconveniente **CONTR.** opportuno, conveniente, tempestivo.

inoppugnàbile agg. inconfutabile, innegabile, incontestabile, indiscutibile, incontrovertibile, incontrastabile, evidente, certo **CONTR.** oppugnabile, discutibile, negabile (*raro*), confutabile, incerto.

inoppugnabilità s. f. incontestabilità, inconfutabilità, incontrovertibilità **CONTR.** oppugnabilità, discutibilità, confutabilità, incertezza.

inorganicaménte avv. disorganicamente, disordinatamente **CONTR.** organicamente, ordinatamente, sistematicamente.

inorgànico agg. disorganico, disarmonico, disordinato, sconnesso, slegato, frammentario **CONTR.** organico, armonico, omogeneo, ordinato, organizzato, ben congegnato, sistematico.

inorgoglìre A v. tr. rendere orgoglioso, insuperbire **CONTR.** abbattere, deprimere, mortificare, umiliare **B** v. intr. e **inorgoglirsi** intr. pron. insuperbirsi, gonfiarsi, montare in superbia **CONTR.** abbattersi, avvilirsi, accasciarsi, disanimarsi, scoraggiarsi.

inorgoglìto part. pass. di **inorgoglire**; anche agg. insuperbito, gonfio, tronfio **CONTR.** umiliato, umile, abbattuto.

inorridìre A v. tr. suscitare orrore, raccapricciare, spaventare, atterrire **CONTR.** allettare, attirare, attrarre, lusingare **B** v. intr. provare orrore, spaventarsi, atterrirsi, allibire, raccapricciare, rabbrividire **CONTR.** essere allettato, essere attratto, essere incantato.

inospitàle agg. **1** (*di persona*) non ospitale □ incivile, ineducato, maleducato, scortese, sgarbato **CONTR.** ospitale □ cortese, educato, garbato, civile **2** (*di luogo*) disagevole, inabitabile, scomodo, selvaggio **CONTR.** accogliente, ameno, abitabile, comodo.

inospitalità s. f. mancanza di ospitalità □ inciviltà, scortesia **CONTR.** ospitalità □ civiltà, cortesia.

inosservànte agg. inadempiente, noncurante, trasgressore, disubbidiente **CONTR.** osservante, ubbidiente.

inosservànza s. f. trasgressione, inadempienza, inadempimento, noncuranza, omissione, disubbidienza **CONTR.** osservanza, adempimento, ubbidienza, diligenza, scrupolosità.

inosservàto agg. **1** non visto, inavvertito **CONTR.** visto, osservato, avvertito **2** (*di dovere, di norma, ecc.*) inadempiuto, omesso, trascurato, trasgredito **CONTR.** adempiuto, osservato, rispettato.

in primis /*lat.* in 'primis/ [loc. lat., propriamente 'tra le prime (cose)'] loc. avv. anzitutto, in primo luogo, prima di tutto **CONTR.** infine, da ultimo.

input /*ingl.* 'input/ [vc. ingl., letteralmente 'ciò che è messo (*put*) dentro (*in*)'] s. m. inv. **1** (*elab.*) introduzione dei dati **CONTR.** output (*ingl.*) **2** (*est.*) elementi iniziali, dati iniziali **CONTR.** risultato **3** (*fig.*) partenza **CONTR.** esito.

inquadràre A v. tr. **1** incorniciare, contornare, filettare **2** (*est.*) (*di persona, di opera, ecc.*) dare il giusto rilievo, inserire, collocare □ capire **3** (*mil.*) ordinare nei quadri, distribuire nei reparti **4** (*di impiegati, di lavoratori*) inserire nei ruoli, mettere in ruolo **B inquadrarsi** v. intr. pron. collocarsi, inserirsi, disporsi.

inquadratùra s. f. **1** incorniciatura, inquadramento **2** (*est.*) inserimento nei ruoli.

inqualificàbile agg. biasimevole, criticabile, riprovevole, indegno, spregevole, turpe, vergognoso **CONTR.** ammirevole, ammirabile, encomiabile, lodevole, meritorio, degno, pregevole.

in quànto A avv. come, in qualità di **B** cong. **1** perché, poiché, per il fatto che **2** quanto **FRAS.** *in quanto a*, rispetto a, per quanto riguarda.

inquietaménte avv. agitatamente, nervosamente **CONTR.** tranquillamente, serenamente.

inquietànte part. pres. di **inquietare**; anche agg. allarmante, preoccupante □ conturbante **CONTR.** rassicurante, confortante, incoraggiante.

inquietàre A v. tr. agitare, affliggere, angustiare, crucciare, impensierire, molestare, preoccupare, turbare, conturbare, perturbare, allarmare, impaurire, travagliare **CONTR.** calmare, quietare, rassicurare, tranquillizzare, rasserenare **B inquietarsi** v. intr. pron. agitarsi, angustiarsi, affliggersi, impensierirsi, turbarsi, allarmarsi, impaurirsi □ impazientirsi, spazientirsi, adirarsi, crucciarsi, irritarsi, stizzirsi **CONTR.** calmarsi, quietarsi, rassicurarsi, tranquillizzarsi, rasserenarsi.

inquièto agg. **1** agitato, ansioso, apprensivo, impensierito, irrequieto, preoccupato, smanioso, travagliato, trepidante, turbato, conturbato, perturbato **CONTR.** calmo, pacato, posato, sereno, tranquillo **2** crucciato, irritato, stizzito **CONTR.** bonario, conciliante, accomodante, arrendevole.

inquietùdine s. f. apprensione, preoccupazione, agitazione, affanno, ansia, angustia, ansietà, cruccio, pena, preoccupazione, smania, nervoso, nervosismo, tormento, travaglio, trepidazione, turbamento **CONTR.** calma, quiete, pace, pacatezza, placidità, serenità, sicurezza, tranquillità, sangue freddo.

inquilìno s. m. pigionante, pigionale, affittuario **CONTR.** locatore, proprietario, padrone di casa.

inquinaménto s. m. **1** contaminazione, infezione, avvelenamento, contagio, corrompimento, putrefazione, degrado, alterazione, polluzione **CONTR.** disinquinamento, disinfestazione, disinfezione, depurazione **2** (*dir.*) (*di prove*) alterazione, manomissione, deviazione **3** (*fig., raro*) corruzione, depravazione, immoralità **CONTR.** purezza, onestà, moralità.

inquinànte part. pres. di **inquinare**; anche agg. contaminante, infestante, degradante **CONTR.** disinquinante, disinfestante, disinfettante, purificante, depuratore.

inquinàre v. tr. **1** infettare, avvelenare, contaminare, infestare, insozzare, guastare, degradare, alterare **CONTR.** disinquinare, disinfestare, disinfettare, purificare, depurare **2** (*fig.*) corrompere, depravare, pervertire, viziare, traviare **CONTR.** educare, correggere.

inquinàto part. pass. di **inquinare**; anche agg. **1** infettato, infetto, avvelenato, contaminato, infestato, degradato, alterato **CONTR.** disinquinato, disinfestato, disinfettato, purificato, depurato **2** (*fig.*) alterato, corrotto, pervertito **CONTR.** educato, corretto.

inquirènte A agg. (*dir.*) inquisitore, istruttore **CONTR.** inquisito □ accusato, imputato **B** s. m. organo inquisitore, requirente, inquisitore.

inquisire A v. tr. sottoporre a indagini, sottoporre a inchiesta **B** v. intr. indagare, investigare, cercar di sapere, spiare.

inquisitóre A agg. (f. *-trice*) indagatore, inquisitorio **B** s. m. inquirente, requirente.

inquisitòrio agg. **1** di inquisitore, da inquisitore, inquisitivo, indagatore **2** (*est., fig.*) ostile, severo, sospettoso, fiscale **CONTR.** benevolo, benigno, bonario, indulgente, mite, tollerante.

inquisiziòne s. f. **1** (*relig.*) tribunale ecclesiastico **2** (*est.*) indagine, inchiesta, investigazione, ricerca.

insabbiaménto s. m. (*fig.*) (*di pratica, di proposta, ecc.*) blocco, sospensione, arresto, occultamento **CONTR.** disbrigo.

insabbiàre A v. tr. **1** coprire di sabbia **2** (*fig.*) (*di pratica, di proposta, ecc.*) non far procedere, arrestare, interrompere, ostacolare, bloccare, sospendere **CONTR.** sbrigare **B insabbiarsi** v. intr. pron. **1** coprirsi di sabbia **2** (*di natante*) arenarsi **3** (*fig.*) (*di pratica, di proposta, ecc.*) non procedere, arrestarsi, interrompersi, fermarsi, bloccarsi **CONTR.** muoversi, sbloccarsi, procedere.

insaccàre A v. tr. **1** mettere in un sacco **2** (*di carne*) mettere nei budelli **3** (*fig.*) ammucchiare, pigiare, stipare **4** (*di persona*) infagottare, vestire goffamente **5** (*pop.*) mangiare avidamente, inghiottire, ingurgitare **B insaccarsi** v. rifl. infagottarsi, vestirsi goffamente **C** v. intr. pron. **1** (*cadendo*) rientrare in sé **2** pigiarsi, stiparsi.

insaccàto A part. pass. di **insaccare**; anche agg. **1** messo in un sacco **2** (*di carne*) messo in budelli **B** s. m. spec. al pl. salume.

insalàta s. f. **1** erbe condite **2** (*fig.*) (*di cose*) confusione, mescolanza, accozzaglia, caos, centone, cibreo, congerie, intruglio, guazzabuglio **FRAS.** *in insalata*, condito con olio, sale e aceto.

insalùbre agg. malsano, dannoso, deleterio, nocivo, pericoloso, pernicioso **CONTR.** salubre, salutare, sano, benefico, giovevole, vantaggioso.

insalubrità s. f. dannosità, nocività **CONTR.** salubrità, sanità.

insanàbile agg. **1** incurabile, inguaribile □ irrimediabile **CONTR.** curabile, guaribile □ rimediabile **2** (*fig.*) (*di dolore, di odio, ecc.*) irriducibile, implacabile, ineliminabile **CONTR.** placabile, riducibile.

insània s. f. pazzia, follia, demenza, alienazione, delirio, mania **CONTR.** lucidità, raziocinio, saggezza, senno, sensatezza, sanità mentale, giudizio.

insàno agg. **1** (*lett.*) demente, matto, pazzo **CONTR.** sano, normale **2** (*est.*) (*di passione, di desiderio, ecc.*) folle, forsennato, dissennato, maniaco, delirante, stolto □ disonesto, torbido, impuro **CONTR.** lucido, ragionevole, saggio, sensato, assennato, giudizioso □ onesto, puro.

insaponàre v. tr. **1** lavare col sapone **2** (*fig.*) adulare, lusingare, lisciare, incensare **CONTR.** denigrare, disprezzare, infamare.

insaponàta s. f. **1** insaponatura **2** (*fig.*) adulazione, lisciata **CONTR.** critica, denigrazione.

insaponatùra s. f. **1** insaponata **2** (*fig.*) adulazione, lisciata **CONTR.** critica, denigrazione.

insapóre *V.* **insaporo**.

insaporìre A v. tr. dare sapore, condire **CONTR.** insipidire **B insaporirsi** v. intr. pron. diventare saporito, acquistare sapore **CONTR.** insipidire.

insapóro o **insapòro** agg. senza sapore, insipido **CONTR.** saporito, gustoso.

insapùta s. f. solo nella loc. prep. *all'insaputa*, senza che si sappia, senza mettere al corrente, di nascosto **CONTR.** con preavviso.

insaziàbile agg. (*anche fig.*) ingordo, vorace, avido, inappagabile, incontentabile **CONTR.** saziabile, appagabile, contentabile, pago, sazio, satollo, soddisfatto.

insaziabilità s. f. (*anche fig.*) ingordigia, voracità, avidità, incontentabilità **CONTR.** saziabilità, appagamento.

insaziabilménte avv. (*anche fig.*) ingordamente, voracemente, avidamente, incontentabilmente **CONTR.** saziabilmente, moderatamente, scarsamente, poco.

inscenàre v. tr. **1** (*di spettacolo*) mettere in scena, allestire, rappresentare **2** (*fig.*) (*di lite, di dimostrazione, ecc.*) fare pubblicamente, preparare ostentatamente.

inscindìbile agg. imprescindibile, inseparabile, indivisibile **CONTR.** scindibile, separabile, divisibile.

inscindibilménte avv. inseparabilmente, indivisibilmente, indissolubilmente **CONTR.** liberamente.

insecchìre A v. tr. rendere secco, seccare, disseccare, inaridire, prosciugare **CONTR.** ingrassare, impinguare **B** v. intr. diventare secco, seccarsi, disseccarsi, inaridirsi, prosciugarsi □ dimagrire, smagrire, emaciarsi, scarnirsi, affilarsi, allampanarsi, assottigliarsi, spolparsi **CONTR.** ingrassarsi, impinguarsi, rimpolparsi, irrobustirsi.

insediaménto s. m. **1** presa di possesso, ingresso **CONTR.** congedo **2** installazione □ stanziamento □ abitato.

insediàre A v. tr. fare prendere possesso, investire **CONTR.** congedare **B insediarsi** v. intr. pron. **1** prendere possesso, entrare in carica **CONTR.** dimettersi **2** (*di popolazioni, di gruppi e sim.*) installarsi, stanziarsi, stabilirsi **CONTR.** trasferirsi, partire.

inségna s. f. **1** segno, simbolo, distintivo **2** (*di città, di famiglia, ecc.*) stemma, arme **3** (*di esercito, di squadra, ecc.*) vessillo, bandiera, stendardo, gonfalone, labaro **4** (*di negozio, di via, ecc.*) targa □ cartello indicatore.

insegnaménto s. m. **1** ammaestramento, disciplina, dottrina, educazione, istruzione, materia, lezione **2** (*est.*) (*di insegnante*) professione, magistero **3** (*del vangelo, di Platone, ecc.*) precetto, ammaestramento, consiglio, indicazione.

insegnànte A part. pres. di **insegnare**; anche agg. docente, magistrale **CONTR.** discente **B** s. m. e f. docente, maestro, professore, aio, istitutore, istruttore, pedagogo, precettore **CONTR.** allievo, alunno, discente, discepolo, scolaro, seguace.

insegnàre A v. tr. **1** far imparare, far apprendere, istruire, esporre, spiegare □ addottrinare, addestrare, ammaestrare, educare, indirizzare **CONTR.** apprendere, imparare, impratichirsi **2** (*di strada, di segreto, ecc.*) indicare, mostrare, additare, accennare, rivelare **CONTR.** nascondere **B** v. intr. fare l'insegnante, fare il professore.

inseguiménto s. m. tallonamento **CONTR.** fuga.

inseguìre v. tr. **1** correre dietro, incalzare, rincorrere, tallonare **CONTR.** fuggire, scappare, filare, svignarsela, prendere il largo, darsela a gambe **2** (*fig.*) (*di sogni, di speranze, ecc.*) cercare di raggiungere, vagheggiare, perseguire.

inseguìto part. pass. di **inseguire**; anche agg. rincorso, incalzato, tallonato **CONTR.** inseguitore.

inseguitóre s. m. (f. *-trice*); anche agg. segugio (*fig.*), investigatore **CONTR.** inseguito.

inselvatichìre A v. tr. **1** (*anche fig.*) rendere selvatico **CONTR.** dirozzare, incivilire, ingentilire **2** (*fig.*) inasprire, irritare **CONTR.** ingentilire, incivilire **B** v. intr. e **inselvatichirsi** intr. pron. **1** (*anche fig.*) diventare selvatico **CONTR.** dirozzarsi, incivilirsi **2** (*di persona*) divenire intrattabile **CONTR.** incivilire, ingentilirsi.

inselvatichìto part. pass. di **inselvatichire**; anche agg. **1** (*anche fig.*) diventato selvatico **CONTR.** coltivato, incivilito **2** (*di persona*) intrattabile, rozzo **CONTR.** civile, gentile.

inseminàre v. tr. fecondare.

inseminàto part. pass. di **inseminare**; anche agg. fecondato.

inseminazióne s. f. fecondazione.

insenatùra s. f. rientranza, seno, rada, baia, golfo.

insensataménte avv. scioccamente, stoltamente, stupidamente, dissennatamente **CONTR.** assennatamente, sensatamente, saggiamente, giudiziosamente.

insensatézza s. f. insensataggine (*raro*), stoltezza, sciocchezza, stupidaggine, balordaggine, dissennatezza, melensaggine, scempiaggine, insulsaggine **CONTR.** senno, saggezza, sensatezza, spirito, criterio, giudizio, buonsenso.

insensàto agg. **1** stolto, sciocco, stolido, stupido, balordo, melenso, dissennato, irragionevole, scriteriato, stordito, scimunito **CONTR.** assennato, ragionevole, sensato, savio, avveduto, spiritoso, sveglio **2** (*di ragionamento, di lavoro, ecc.*) assurdo, inspiegabile, ingiustificato, immotivato **CONTR.** sensato, ragionato, giustificato, motivato, spiegabile.

insensibile agg. **1** (*di cosa*) impercettibile, inavvertibile, leggerissimo, lievissimo **CONTR.** sensibile, percettibile, avvertibile, visibile, forte **2** (*fig.*) (*di persona*) freddo, impassibile, indifferente, duro, spietato, apatico, inerte **CONTR.** sensibile, sensitivo, delicato, impressionabile, emotivo.

insensibilità s. f. **1** mancanza di sensibilità, impercettibilità, estrema leggerezza **CONTR.** sensibilità, percettibilità **2** (*di persona*) freddezza, frigidezza, impassibilità, imperturbabilità, indifferenza, durezza, apatia, inerzia **CONTR.** sensibilità, sensitività, delicatezza, impressionabilità, emotività, gentilezza d'animo.

insensibilménte avv. inavvertibilmente, impercettibilmente, leggerissimamente, lievissimamente **CONTR.** sensibilmente, percettibilmente.

inseparàbile agg. indivisibile, inscindibile, strettamente connesso **CONTR.** divisibile, separabile, isolato.

inseparabilità s. f. indivisibilità, inscindibilità **CONTR.** divisibilità, separabilità.

inseparabilménte avv. indivisibilmente, indissolubilmente, inscindibilmente **CONTR.** divisibilmente (*raro*).

inseriménto s. m. inserzione, immissione, introduzione, inclusione, innesto, innesco **CONTR.** estrazione, disinnesco.

inserìre A v. tr. **1** introdurre, immettere, ficcar dentro, conficcare, piantare, incastrare **CONTR.** disinserire, estrarre, levare, togliere **2** (*fig.*) (*di scritto, di racconto, ecc.*) includere, interpolare **CONTR.** escludere, togliere **B inserirsi** v. intr. pron. **1** (*di cosa*) unirsi, congiungersi, attaccarsi **CONTR.** staccarsi, disunirsi **2** (*fig.*) (*di persona*) entrare a far parte, introdursi, integrarsi **CONTR.** staccarsi, andarsene, allontanarsi.

inserìto part. pass. di **inserire**; anche agg. **1** introdotto, messo, immesso, piantato, incastrato **CONTR.** disinserito, tolto, cavato, estratto **2** (*fig.*) (*di scritto, di racconto, ecc.*) incluso, interpolato **CONTR.** escluso, tolto **3** (*di persona*) introdotto, integrato **CONTR.** emarginato, allontanato.

insèrto s. m. fascicolo, incartamento, foglio, cartella, documento, pratica.

inservìbile agg. inutilizzabile, inutile, inadoprabile (*raro*), fuori uso **CONTR.** servibile, adoperabile, utilizzabile, utile, in uso.

inserviènte s. m. e f. servitore, garzone, fattorino, uomo di fatica **CONTR.** padrone, dirigente, superiore.

inserzióne s. f. **1** inserimento, introduzione, inclusione **CONTR.** estrazione **2** (*nei giornali*) annuncio, avviso, notizia **3** (*ling.*) epentesi.

insètto s. m. (*fig.*) persona spregevole, meschino, verme (*fig.*).

insicurézza s. f. incertezza, perplessità, indecisione, irresolutezza, smarrimento **CONTR.** certezza, risolutezza, sicurezza, decisione.

insicùro agg.; anche s. m. incerto, malsicuro, indeciso, irresoluto, perplesso **CONTR.** certo, risoluto, sicuro, deciso.

insìdia s. f. **1** inganno, agguato, tranello, trama, intrigo, imboscata, trappola, trabocchetto, macchinazione □ (*est.*) pericolo nascosto **2** (*fig.*) lusinga, allettamento, seduzione, suggestione, malia.

insidiàre v. tr. e intr. tendere insidie, ordire inganni, tramare, macchinare, complottare, intrigare □ circuire, irretire, abbindolare **CONTR.** mostrarsi apertamente, combattere apertamente.

insidiosaménte avv. pericolosamente, fraudolentemente **CONTR.** apertamente, lealmente.

insidióso agg. ingannevole, pieno d'insidie, fraudolento, fallace, infido **CONTR.** aperto, franco, leale, schietto, sincero.

insième A avv. **1** in compagnia, assieme, unitamente, congiuntamente **CONTR.** separatamente, partitamente (*lett.*) **2** nello stesso tempo, contemporaneamente, simultaneamente **CONTR.** prima, dopo, successivamente **3** vicendevolmente, l'un l'altro **CONTR.** separatamente **B** in funzione di s. m. **1** totalità, complesso, aggregato, ammasso, congerie, fascio, mucchio, moltitudine **CONTR.** parte, porzione, frazione **2** (*mat.*) collezione, classe, aggregato **3** accordo, armonia, affiatamento **CONTR.** disaccordo, discordia **FRAS.** *mettersi insieme*, unirsi, associarsi, convivere □ *mettere insieme*, raccogliere, organizzare, allestire □ *stare bene insieme*, andare d'accordo, armonizzare.

insìgne agg. famoso, illustre, chiaro, distinto, nobile, ragguardevole, rinomato, considerevole, cospicuo, eccellente □ di gran pregio, di gran valore **CONTR.** oscuro, ignorato, ignoto, trascurato, insignificante.

insignificànte agg. privo di interesse, privo di personalità, privo di importanza, mediocre, banale, futile, irrilevante, spento, grigio **CONTR.** importante, rilevante, significante, significativo, interessante, eccezionale.

insignìre v. tr. decorare, fregiare, ornare **CONTR.** degradare, destituire.

insincerità s. f. falsità, fallacia, finzione, doppiezza, ipocrisia, impostura, menzogna, dissimulazione **CONTR.** sincerità, franchezza, lealtà, semplicità, schiettezza, veracità.

insincèro agg. falso, finto, fallace, doppio, ipocrita, bugiardo, menzognero, dissimulatore **CONTR.** sincero, aperto, franco, leale, semplice, schietto, verace, veritiero.

insindacàbile agg. non criticabile, incensurabile, indiscutibile, inappellabile, definitivo **CONTR.** sindacabile, discutibile, appellabile, criticabile, non definitivo.

insinuànte part. pres. di **insinuare**; anche agg. suadente, carezzevole, dolce, lusinghiero, persuasivo, suggestivo **CONTR.** brutale, violento, rozzo, sgarbato, aspro.

insinuàre A v. tr. **1** introdurre, far penetrare, infilare **CONTR.** estrarre, tirar fuori **2** (*fig.*) (*di sospetto, di desiderio, ecc.*) far nascere, ispirare, suggerire, suscitare, istigare **CONTR.** dissipare, allontanare **B insinuarsi** v. intr. pron. (*anche fig.*) introdursi, infiltrarsi, penetrare, inserirsi **CONTR.** uscire, allontanarsi.

insinuatóre s. m. (f. *-trice*) istigatore, diffamatore, denigratore.

insinuazióne s. f. **1** (*raro*) introduzione, inserimento **CONTR.** estrazione **2** (*fig.*) accusa indiretta, accusa subdola, allusione maligna, malignità, diffamazione **3** (*ling.*) dissimulazione.

insìpido agg. **1** privo di sapore, scipito **CONTR.** saporito, gustoso **2** (*fig.*) scialbo, senza vivacità, insulso, banale, melenso, piatto **CONTR.** arguto, spiritoso, vivace, intelligente.

insistènte part. pres. di **insistere**; anche agg. **1** continuo, incessante, persistente, ripetuto **CONTR.** effimero, passeggero, discontinuo, interrotto, saltuario **2** importuno, indiscreto, invadente, petulante, inopportuno, ostinato, scocciante (*pop.*) **CONTR.** discreto, delicato, modesto, riservato.

insistenteménte avv. **1** continuamente, ripetutamente **CONTR.** saltuariamente **2** importunamente, petulantemente **CONTR.** con discrezione, delicatamente.

insistènza s. f. persistenza, pertinacia, petulanza, ostinazione, inopportunità, indiscrezione **CONTR.** condiscendenza, discrezione.

insìstere v. intr. **1** perseverare, persistere, ostinarsi, incalzare, premere, pretendere **CONTR.** desistere, smettere, essere discreto **2** (*di edificio*) sorgere, essere costruito.

ìnsito agg. congenito, ingenito, innato, connaturale, connaturato, radicato **CONTR.** acquisito, acquistato, appreso, mutuato.

in situ /*lat.* in 'situ/ [loc. lat., propriamente 'nel sito'] loc. avv. sul posto.

insociévole agg. asociale, scontroso, selvatico, misantropo, ritroso, schivo, solitario, orso (*fig.*) **CONTR.** socievole, affabile, amabile, cortese, gentile.

insoddisfacènte agg. insufficiente, deludente **CONTR.** eccezionale, ottimo.

insoddisfàtto agg. scontento, malcontento, inappagato, incontentabile, insaziabile **CONTR.** soddisfatto, contento, appagato, pago, sazio.

insoddisfazióne s. f. scontentezza, malcontento, incontentabilità, insaziabilità **CONTR.** soddisfazione, contentezza, appagamento, sazietà.

insofferènte agg. impaziente, intollerante, scontento, smanioso **CONTR.** paziente, tollerante, indulgente.

insofferenteménte avv. impazientemente **CONTR.** pazientemente.

insofferènza s. f. impazienza, intolleranza, scontentezza, smania **CONTR.** pazienza, tolleranza, indulgenza, sopportazione.

insolènte agg. arrogante, impertinente, irriguardoso, irrispettoso, irriverente, petulante, prepotente, inurbano, screanzato **CONTR.** affabile, amabile, cortese, discreto, fine, garbato, gentile, riguardoso.

insolenteménte avv. arrogantemente, irriverentemente, prepotentemente, sfrontatamente, sfacciatamente **CONTR.** affabilmente, discretamente, garbatamente, amabilmente, gentilmente, riguardosamente.

insolènza s. f. **1** impertinenza, arroganza, impudenza, irriverenza, petulanza, prepotenza, protervia, sfacciataggine, sfrontatezza, superbia, tracotanza **CONTR.** affabilità, amabilità, bonarietà, condiscendenza, cortesia, garbo, gentilezza, riguardo **2** insulto, ingiuria, villania, offesa, oltraggio **CONTR.** lode, elogio, esaltazione.

insolitaménte avv. eccezionalmente, stranamente, straordinariamente **CONTR.** comunemente, ordinariamente, abitualmente.

insòlito agg. inconsueto, inusitato, eccezionale, nuovo, strano, curioso, straordinario, raro, diverso **CONTR.** comune, consueto, ordinario, solito, usato.

insolùbile agg. **1** indissolubile, inseparabile **CONTR.** solubile, divisibile, separabile **2** (*fig.*) (*di questione, di dubbio, ecc.*) inesplicabile, inestricabile, inspiegabile, irrisolvibile, enigmatico **CONTR.** chiaro, comprensibile, facile, palese, perspicuo, risolvibile, semplice.

insolubilménte avv. inesplicabilmente, inestricabilmente **CONTR.** comprensibilmente, facilmente, semplicemente.

insolùto agg. **1** (*di problema, di dubbio, ecc.*) irrisolto, non chiarito, non spiegato **CONTR.** risolto, chiarito, spiegato **2** (*di sostanza*) non sciolto **CONTR.** sciolto **3** (*di debito*) non pagato **CONTR.** pagato.

insolvènte agg. (*dir.*) insolvibile, che non può pagare **CONTR.** solvibile, solvente.

insolvènza s. f. (*dir.*) insolvibilità, impossibilità di pagare, dissesto **CONTR.** solvibilità, solvenza.

insómma A avv. in breve, infine, in conclusione, finalmente, in fin dei conti **B** in funzione di inter. (*con valore dubitativo*) così così, né bene né male.

insondàbile agg. inesplorabile **CONTR.** sondabile, esplorabile.

insònne agg. **1** senza sonno, sveglio, vigile **CONTR.** dormiente, addormentato **2** (*est.*) instancabile, alacre, attivo, laborioso, operoso, solerte, infaticabile **CONTR.** indolente, inerte, pigro, neghittoso, ozioso, poltrone.

insonnolìto agg. assonnato, sonnolento, sonnacchioso **CONTR.** sveglio, vigile.

insopportàbile agg. intollerabile, insostenibile, insoffribile (*lett.*), inammissibile, grandissimo, gravissimo **CONTR.** sopportabile, tollerabile, leggero, lieve, piccolissimo.

insopportabilità s. f. insostenibilità, intollerabilità **CONTR.** sopportabilità, tollerabilità.

insopportabilménte avv. intollerabilmente, insoffribilmente (*raro*) **CONTR.** sopportabilmente, tollerabilmente.

insopprimìbile agg. ineliminabile, inderogabile, ineluttabile **CONTR.** eliminabile, sopprimibile.

insorgènte part. pres. di **insorgere**; anche agg. incipiente, iniziale **CONTR.** finale, conclusivo.

insorgènza s. f. (*spec. di malattia, di febbre e sim.*) manifestazione improvvisa, apparizione **CONTR.** scomparsa.

insórgere v. intr. **1** ribellarsi, rivoltarsi, sollevarsi, ammutinarsi **CONTR.** soggiacere, sottostare, subire, sopportare, tollerare **2** (*di malattia, di difficoltà, ecc.*) manifestarsi all'improvviso, apparire, destarsi, scatenarsi **CONTR.** sopirsi, attutirsi, spegnersi, cessare.

insormontàbile agg. insuperabile, imbattibile, invincibile **CONTR.** superabile, battibile, vincibile.

insórto part. pass. di **insorgere**; anche agg. e s. m. **1** sopravvenuto, sopraggiunto □ apparso **CONTR.** cessato, scomparso **2** (*di persona*) rivoltoso, ribelle, sedizioso, rivoluzionario, sovversivo **CONTR.** sottomesso, soggetto, docile.

insospettàbile agg. **1** al di sopra di ogni sospetto, irreprensibile **CONTR.** sospettabile, criticabile **2** (*est.*) impensabile, imprevedibile **CONTR.** pensabile, prevedibile.

insospettabilménte avv. impensabilmente, imprevedibilmente **CONTR.** prevedibilmente.

insospettataménte avv. imprevedibilmente, impensabilmente **CONTR.** prevedibilmente.

insospettàto agg. **1** (*di persona*) esente da sospetti, fidato, sicuro **CONTR.** sospettato **2** (*est.*) (*di ostacolo, di resistenza, ecc.*) imprevisto, impensato, inaspettato **CONTR.** previsto, aspettato.

insospettìre A v. tr. suscitare sospetto, mettere in sospetto, mettere una pulce nell'orecchio (*fig.*), allarmare, mettere in guardia **CONTR.** tranquillizzare, rassicurare **B** v. intr. e **insospettirsi** intr. pron. mettersi in sospetto, allarmarsi **CONTR.** fidarsi, confidare, tranquillizzarsi, rassicurarsi.

insospettìto part. pass. di **insospettire**; anche agg. messo in sospetto, messo in guardia, allarmato **CONTR.** tranquillizzato, rassicurato.

insostenìbile agg. **1** (*di spesa, di impegno, ecc.*) insopportabile, insoffribile (*lett.*), intollerabile **CONTR.** sopportabile, sostenibile, tollerabile **2** (*di tesi, di argomento, ecc.*) indifendibile, assurdo, irragionevole **CONTR.** difendibile, ragionevole.

insostenibilità s. f. **1** (*di spesa, di impegno, ecc.*) insopportabilità, insoffribilità (*lett.*), intollerabilità **CONTR.** sopportabilità, sostenibilità, tollerabilità **2** (*di tesi, di argomento, ecc.*) assurdità, irragionevolezza **CONTR.** ragionevolezza.

insostituìbile agg. unico □ prezioso **CONTR.** sostituibile, cambiabile.

insozzàre A v. tr. imbrattare, sporcare, macchiare, insudiciare, lordare **CONTR.** pulire, tergere, detergere, nettare **B insozzarsi** v. rifl. macchiarsi, sporcarsi, lordarsi, imbrattarsi **CONTR.** pulirsi, tergersi, detergersi.

insozzàto part. pass. di **insozzare**; anche agg. imbrattato, sporco, sozzo, macchiato, insudiciato, lordo **CONTR.** pulito, terso, deterso.
insperàbile agg. improbabile, inattendibile, incredibile, quasi impossibile **CONTR.** sperabile, probabile, possibile.
insperabilménte avv. incredibilmente, insperatamente, inaspettatamente **CONTR.** prevedibilmente.
insperataménte avv. improvvisamente, inaspettatamente, inopinatamente **CONTR.** prevedibilmente.
inspèràto agg. improvviso, inaspettato, inopinato, inatteso, imprevisto **CONTR.** atteso, aspettato, sperato, scontato.
inspiegàbile agg. inesplicabile, incomprensibile, indefinibile **CONTR.** spiegabile, comprensibile.
inspiegabilménte avv. inesplicabilmente, incomprensibilmente **CONTR.** comprensibilmente.
inspiràre v. tr. (*di aria, di ossigeno e sim.*) aspirare, introdurre **CONTR.** espirare.
inspiratòrio agg. **CONTR.** espiratorio.
inspirazióne s. f. aspirazione **CONTR.** espirazione.
instàbile agg. **1** malfermo, precario, provvisorio **CONTR.** fermo, stabile, duraturo **2** (*est.*) (*di tempo, di vento e sim.*) variabile **CONTR.** stabile **3** (*fig.*) (*di persona, di volontà, ecc.*) volubile, incostante, mutevole, incoerente, irresoluto **CONTR.** costante, coerente, risoluto.
instabilità s. f. **1** mutabilità, precarietà, provvisorietà **CONTR.** stabilità, durevolezza, saldezza **2** (*fig.*) incostanza, variabilità, volubilità, incoerenza, leggerezza **CONTR.** coerenza, costanza, fermezza, perseveranza, carattere.
instabilménte avv. (*fig.*) incostantemente, volubilmente, incoerentemente **CONTR.** coerentemente, costantemente.
installàre A v. tr. **1** (*in un ufficio, in una carica e sim.*) insediare, intronizzare **CONTR.** deporre, espellere, scacciare **2** (*di persona*) sistemare, collocare **3** (*est.*) (*di apparecchio, di impianto e sim.*) montare, far funzionare **CONTR.** smontare **B installarsi** v. intr. pron. stabilirsi, insediarsi, prendere posto, piazzarsi **CONTR.** spostarsi, allontanarsi, andarsene.
installàto part. pass. di **installare**; anche agg. **1** (*di persona*) insediato, sistemato, collocato **CONTR.** cacciato, espulso **2** (*di apparecchio, di impianto e sim.*) montato, sistemato **CONTR.** smontato.
installatóre s. m. (f. *-trice*) montatore.
installazióne s. f. **1** (*di persona*) insediamento, assunzione **CONTR.** deposizione, espulsione **2** (*di apparecchio, di impianto, ecc.*) montaggio, impianto, collocazione, sistemazione **CONTR.** smontaggio.
instancàbile agg. **1** (*di persona*) infaticabile, indefesso, resistente, perseverante **CONTR.** affaticato, spossato, stanco, estenuato, fiacco, stremato, sfibrato **2** (*est.*) (*di attività, di impegno, ecc.*) incessante, continuo, ininterrotto, assiduo, costante **CONTR.** discontinuo, interrotto, intermittente.
instancabilménte avv. infaticabilmente, indefessamente **CONTR.** fiaccamente.
instauràre A v. tr. (*di ordine, di metodo, ecc.*) fondare, istituire, stabilire, dare avvio **CONTR.** abolire, annullare, sopprimere **B instaurarsi** v. intr. pron. avere inizio, prendere avvio, cominciare, aprirsi **CONTR.** finire, concludersi, terminare.
instauratóre s. m. (f. *-trice*) fondatore, istitutore, iniziatore **CONTR.** demolitore, sovvertitore.
instaurazióne s. f. costituzione, istituzione, formazione, avvio, apertura **CONTR.** fine, chiusura.
instillàre v. tr. **1** versare a goccia a goccia, versare **2** (*fig.*) (*di odio, di amore, ecc.*) ispirare, insinuare, infondere, suggerire **CONTR.** sradicare, liberare.
instillàto part. pass. di **instillare**; anche agg. **1** versato **2** (*fig.*) (*di odio, di amore, ecc.*) ispirato, insinuato, infuso, suggerito **CONTR.** sradicato, strappato.
instradàre A v. tr. (*anche fig.*) avviare, indirizzare, incamminare, guidare **CONTR.** sviare, far deviare **B instradarsi** v. intr. pron. indirizzarsi, avviarsi, intraprendere.
insubordinataménte avv. indocilmente, riottosamente **CONTR.** docilmente, ubbidientemente.
insubordinàto agg.; anche s. m. indisciplinato, indocile, ribelle, riottoso, disobbediente, irrispettoso **CONTR.** subordinato, ubbidiente, docile, sottomesso.
insubordinazióne s. f. indisciplina, indocilità, disobbedienza, ribellione, ammutinamento **CONTR.** subordinazione, ubbidienza, docilità, sottomissione.
insuccèsso s. m. cattivo esito, fallimento, fiasco, scacco, smacco, sconfitta, crollo **CONTR.** successo, buon esito, riuscita, trionfo, vittoria.
insudiciàre A v. tr. **1** imbrattare, insozzare, sporcare, bruttare (*lett.*), lordare **CONTR.** pulire, tergere, detergere, nettare **2** (*fig.*) (*di nome, di fama, ecc.*) disonorare, macchiare, infamare, svergognare **CONTR.** onorare, celebrare, esaltare, ossequiare **B insudiciarsi** v. rifl. **1** sporcarsi, imbrattarsi, bruttarsi (*lett.*), lordarsi **CONTR.** pulirsi, tergersi, detergersi **2** (*fig.*) compromettersi, disonorarsi **CONTR.** farsi onore.
insufficiènte agg. non sufficiente, inadeguato, scarso, manchevole, difettoso □ inidoneo, incapace **CONTR.** sufficiente, bastante, bastevole, abbondante □ idoneo, capace.
insufficienteménte avv. scarsamente, inade-

guatamente, poco **CONTR.** sufficientemente, abbondantemente, molto.

insufficiènza s. f. **1** inadeguatezza, inidoneità **CONTR.** adeguatezza, idoneità **2** manchevolezza, difetto, carenza, deficienza, mancanza, scarsezza, scarsità **CONTR.** sufficienza, abbondanza, copia, dovizia, pienezza **3** voto insufficiente **CONTR.** sufficienza.

insulàre agg. e s. m. isolano **CONTR.** continentale.

insulsàggine s. f. **1** (*di cibo*) insipidezza, scipitezza **CONTR.** sapore **2** (*di persona*) imbecillaggine, melensaggine, sciocchezza, futilità, balordaggine **CONTR.** arguzia, saggezza, assennatezza, intelligenza, spirito.

insùlso agg. **1** (*raro*) privo di sale, insipido, scipito, insapore **CONTR.** sapido (*lett.*), saporito, gustoso **2** (*fig.*) (*di persona, di discorso, ecc.*) sciocco, stupido, futile, melenso, stolido **CONTR.** arguto, intelligente, saggio, spiritoso.

insultàre v. tr. ingiuriare, insolentire, offendere, oltraggiare, schernire, vilipendere, vituperare **CONTR.** elogiare, encomiare, esaltare, lodare, ossequiare.

insùlto s. m. **1** offesa, improperio, ingiuria, insolenza, oltraggio, villania, affronto **CONTR.** elogio, encomio, esaltazione, lode, ossequio, plauso **2** (*di malattia*) accesso, attacco, colpo.

insuperàbile agg. **1** insormontabile, invalicabile, invincibile **CONTR.** superabile, valicabile, vincibile **2** (*fig.*) (*di attore, di film, ecc.*) eccellente, straordinario, imbattibile, inarrivabile, impareggiabile, eccezionale **CONTR.** mediocre, modesto, cattivo, pessimo.

insuperàto agg. non superato, imbattuto, invitto, indomito **CONTR.** superato, vinto, battuto.

insuperbìre A v. tr. inorgoglire, imbaldanzire, gonfiare **CONTR.** abbassare, avvilire, deprimere, umiliare **B** v. intr. e **insuperbirsi** intr. pron. diventare superbo, montare in superbia, darsi delle arie, imbaldanzirsi, gonfiarsi, grandeggiare, esaltarsi, inorgoglirsi, guardare dall'alto in basso **CONTR.** abbassarsi, avvilirsi, umiliarsi, strisciare.

insuperbito part. pass. di **insuperbire**; anche agg. reso superbo, imbaldanzito, inorgoglito **CONTR.** umiliato.

insurrezionàle agg. rivoluzionario, sedizioso, sovversivo, turbolento **CONTR.** pacifico, tranquillo □ reazionario, repressivo.

insurreziòne s. f. sollevazione, rivolta, sommossa, sommovimento, sedizione, ribellione **CONTR.** reazione, repressione.

insussistènte agg. infondato, inesistente, fantastico, irreale, immaginario, falso, nullo, non vero □ inattendibile, inconsistente **CONTR.** sussistente, esistente, fondato, reale, vero.

insussistènza s. f. **1** (*di reato, di testimoni, ecc.*) inesistenza, irrealtà, finzione **CONTR.** sussistenza, esistenza, realtà **2** (*di accusa, di notizia, ecc.*) infondatezza, falsità, inconsistenza, erroneità, nullità **CONTR.** consistenza, fondamento, fondatezza, sussistenza.

intabarràre A v. tr. incappottare, imbacuccare, ammantellare **CONTR.** spogliare, svestire, scoprire **B intabarrarsi** v. rifl. incappottarsi, imbacuccarsi, ammantellarsi **CONTR.** spogliarsi, svestirsi, scoprirsi.

intaccàre A v. tr. **1** incidere, graffiare, solcare, scalfire **2** (*est.*) (*di infezione, di malattia e sim.*) attaccare, corrodere, consumare □ infettare **3** (*fig.*) (*di capitale, di provviste, ecc.*) cominciare a consumare **CONTR.** accrescere, aumentare **4** (*fig.*) (*di onore, di reputazione, ecc.*) ledere, offendere, nuocere, compromettere, pregiudicare **CONTR.** esaltare, accrescere □ difendere, proteggere, salvaguardare, salvare **B** v. intr. tartagliare, balbettare, incepparsi **CONTR.** parlare speditamente.

intaccàto part. pass. di **intaccare**; anche agg. **1** inciso, graffiato, scalfito **2** (*est.*) (*da malattia, da infezione e sim.*) attaccato, corroso, consumato □ infettato **3** (*fig.*) (*di capitale, di provviste e sim.*) consumato, diminuito **CONTR.** accresciuto, aumentato **4** (*fig.*) (*di onore, di reputazione, ecc.*) leso, offeso, compromesso **CONTR.** esaltato, accresciuto □ difeso, salvato.

intaccatùra s. f. tacca, incisione, solco, scalfittura, intacco.

intàcco s. m. **1** tacca, incisione, intaccatura **2** (*raro*) diminuzione, menomazione, calo **CONTR.** aumento, crescita.

intagliàre v. tr. scolpire a rilievo, incidere, scalfire, frastagliare.

intagliàto part. pass. di **intagliare**; anche agg. scolpito, inciso □ frastagliato.

intagliatóre s. m. (f. *-trice*) scultore.

intàglio s. m. **1** incisione, incavo, frastaglio **2** rilievo, cammeo.

intangìbile agg. **1** intoccabile, impalpabile **CONTR.** tangibile, palpabile, toccabile **2** (*est., fig.*) (*di libertà, di autorità, ecc.*) inviolabile, inoffensibile, sacro **CONTR.** violabile, offendibile (*raro*).

intangibilità s. f. intoccabilità, inviolabilità **CONTR.** violabilità.

intànto A avv. **1** frattanto, nel frattempo, nel mentre **CONTR.** poi, dopo, più tardi, in seguito **2** per il momento, per ora **B** nella loc. cong. *intanto che*, mentre.

intarsiàre v. tr. **1** lavorare a intarsio **2** (*fig.*) (*di scritto*) abbellire, decorare, ornare **CONTR.** imbruttire, deturpare.

intarsiàto part. pass. di **intarsiare**; anche agg. **1** lavorato a intarsio **2** (*fig.*) (*di scritto*) abbellito, infiorato, ornato **CONTR.** imbruttito, deturpato.

intàrsio s. m. intarsiatura, tarsia, agemina, incrostatura.

intasaménto s. m. intasatura, ostruzione, otturazione, occlusione, blocco, ingorgo, ingombro **CONTR.** sturamento, sblocco, liberazione.

intasàre A v. tr. **1** occludere, ostruire, otturare, bloccare, ingorgare, ingombrare **CONTR.** stasare, sturare, sgorgare, sbloccare, liberare **2** (*est.*) produrre un ingorgo (stradale) **CONTR.** liberare **B intasarsi** v. intr. pron. ostruirsi, otturarsi, occludersi, bloccarsi, ingorgarsi, ingombrarsi **CONTR.** stasarsi, sturarsi, sgorgarsi, sbloccarsi, liberarsi.

intasàto part. pass. di **intasare**; anche agg. ostruito, occluso, bloccato, ingombro **CONTR.** stasato, sbloccato, aperto, libero.

intasatùra s. f. *V.* **intasamento**.

intascàre v. tr. mettere in tasca □ (*est.*) guadagnare, riscuotere **CONTR.** sborsare, spendere.

intascàto part. pass. di **intascare**; anche agg. messo in tasca □ (*est.*) guadagnato, riscosso **CONTR.** sborsato, speso.

intàtto agg. **1** mai toccato □ intero, incolume, illeso **CONTR.** guastato, sciupato, usato **2** (*est.*) (*di ragazza, di fama, ecc.*) incorrotto, integro, illibato, immacolato, incontaminato, inviolato, puro □ vergine **CONTR.** contaminato, corrotto, depravato, pervertito, viziato.

intavolàre v. tr. **1** (*raro*) mettere in tavola **2** (*fig.*) (*di discorso, di trattativa, ecc.*) dare inizio, cominciare, avviare, aprire, introdurre **CONTR.** concludere, finire, terminare.

integèrrimo agg. incorruttibile, intemerato, onestissimo **CONTR.** corrotto, corruttibile, depravato, disonesto.

integràle agg. intero, totale, completo **CONTR.** incompleto, parziale □ raffinato, setacciato.

integralménte avv. completamente, interamente, totalmente **CONTR.** parzialmente, affatto (*in frase negativa*).

integraménte avv. **1** interamente, completamente **CONTR.** incompletamente, parzialmente **2** onestamente, virtuosamente, illibatamente, puramente **CONTR.** disonestamente, corrottamente, impuramente.

integrànte part. pres. di **integrare**; anche agg. fondamentale, indispensabile, necessario **CONTR.** accessorio, complementare.

integràre A v. tr. **1** completare, compiere, finire, terminare, perfezionare **CONTR.** lasciare incompiuto **2** (*di persona*) inserire **B integrarsi** v. rifl. rec. **1** completarsi **2** inserirsi bene, identificarsi.

integratìvo agg. aggiuntivo, complementare, supplementare □ di completamento.

integràto part. pass. di **integrare**; anche agg. e s. m. **1** completato, compiuto, finito, terminato, perfezionato, arricchito **CONTR.** lasciato incompiuto **2** (*di persona*) pienamente inserito **CONTR.** sradicato, isolato.

integraziòne s. f. **1** completamento, compimento, supplemento **2** (*di persona*) inserimento **CONTR.** isolamento **FRAS.** *integrazione razziale*, fusione tra diversi gruppi etnici.

integrità s. f. **1** interezza, compiutezza, completezza, finitezza, totalità **CONTR.** incompiutezza, incompletezza, imperfezione **2** (*fig.*) probità, rettitudine, onestà, lealtà, illibatezza, purezza, virtù, immacolatezza, incorruttibilità **CONTR.** corruttibilità, corruzione, depravazione, disonestà, vizio, impurità.

ìntegro agg. **1** intatto, intero, perfetto, completo **CONTR.** incompleto, difettoso, imperfetto, mutilo (*lett.*) **2** incorruttibile, probo, onesto, illibato, intemerato, incorrotto, puro, virtuoso **CONTR.** corrotto, depravato, disonesto, impuro, vizioso.

intelaiatùra s. f. **1** sostegno, incastellatura **2** (*fig.*) orditura, trama.

intellettìvo agg. razionale **CONTR.** irrazionale.

intellètto s. m. **1** capacità di intendere, capacità di ragionare, raziocinio, mente, intelligenza, ingegno, cervello, ragione, senno, criterio, perspicacia, discernimento **2** (*est.*) (*di persona*) ingegno, genio **CONTR.** idiota, cretino.

intellettuàle A agg. dell'intelletto, dell'ingegno, spirituale, mentale, razionale **CONTR.** materiale, manuale **B** agg.; anche s. m. e f. persona colta, studioso, testa d'uovo (*fig.*) **CONTR.** ignorante, analfabeta.

intellettualìsmo s. m. cerebralismo.

intellettualìstico agg. cerebralistico.

intellettualità s. f. **1** intellettualismo, cerebralismo **2** intellettuali, persone di cultura.

intellettualménte avv. culturalmente, scientificamente **CONTR.** praticamente, materialmente.

intelligènte agg. capace di intendere, capace di giudicare, accorto, acuto, avveduto, ingegnoso, lucido, perspicace, pronto, sagace, sveglio **CONTR.** idiota, stupido, lento, tardo, ottuso, duro.

intelligenteménte avv. accortamente, acutamente, ingegnosamente, lucidamente **CONTR.** stupidamente, lentamente, ottusamente.

intelligènza s. f. **1** capacità di intendere, capacità di giudicare, cervello, comprendonio, ingegno, intelletto, levatura, mente, perspicacia, ragione, sagacia **CONTR.** idiozia, ignoranza, ottusità, stupidità **2** (*est.*) (*di persona*) cervello, ingegno, mente **CONTR.** idiota, cretino **3** (*lett.*) intendimento, interpretazione, comprensione **4** accordo, intesa.

intelligìbile agg. chiaro, piano, comprensibile, facile, evidente, afferrabile, decifrabile, percettibile **CONTR.** inintelligibile, incomprensibile, involuto, oscuro, astruso, complicato.

intelligibilità s. f. comprensibilità, facilità, chiarezza, evidenza **CONTR.** inintelligibilità, astrusità, difficoltà, oscurità.

intemperànte agg. incontinente, smodato, smoderato, eccessivo, sfrenato, sregolato **CONTR.** temperante, sobrio, regolato, moderato.

intemperànza s. f. incontinenza, smoderatezza, eccesso, sfrenatezza, sregolatezza, abuso

CONTR. temperanza, sobrietà, moderazione, freno, regola.

intempèrie s. f. inv. perturbazione atmosferica, cattivo tempo, maltempo, tempaccio **CONTR.** sereno, bel tempo.

intempestìvo agg. inopportuno, fuori di tempo, fuori di proposito, sconveniente **CONTR.** tempestivo, opportuno, conveniente.

intèndere A v. tr. **1** capire, comprendere, intuire, interpretare, conoscere, decifrare, giudicare, penetrare **CONTR.** non capire, fraintendere, travisare, alterare, stravolgere **2** udire, sentire, percepire □ venire a sapere **3** (*di consigli, di ragioni, ecc.*) accettare, ascoltare, seguire **4** (*di partire, di sapere, ecc.*) avere intenzione □ volere, esigere, pretendere **B** v. intr. **1** rivolgere l'attenzione, attendere (*lett.*) **2** (*al bene, al male, ecc.*) tendere, mirare **C intendersi** v. rifl. rec. essere d'accordo, comprendersi, capirsi **D** v. intr. pron. (*di pittura, di musica, ecc.*) conoscere a fondo, essere esperto, essere intenditore, capire **CONTR.** essere ignorante, essere profano **FRAS.** *dare a intendere*, far credere □ *lasciare intendere*, fare capire □ *intendersela*, essere d'accordo; (*est.*) amoreggiare □ *non intendere ragione*, non lasciarsi convincere in alcun modo.

intendiménto s. m. **1** proposito, scopo, intenzione **2** facoltà di intendere, intelligenza, intelletto, discernimento, intuito, intuizione, cervello, mente, ragione **CONTR.** ottusità.

intenditóre s. m. (f. *-trice*) esperto, conoscitore, competente, specialista **CONTR.** incompetente, inesperto, ignaro, profano.

inteneriménto s. m. commozione, compassione, pietà, tenerezza, dolcezza **CONTR.** freddezza, impassibilità, indifferenza, crudeltà.

intenerìre A v. tr. **1** ammollire, ammorbidire **CONTR.** indurire, rassodare **2** (*fig.*) muovere a pietà, commuovere, impietosire, addolcire **CONTR.** muovere a odio, indurire **B** v. intr. e **intenerirsi** intr. pron. **1** divenire tenero, ammorbidirsi **CONTR.** indurirsi, rassodarsi **2** (*fig.*) commuoversi, impietosirsi, addolcirsi **CONTR.** incrudelire, inferocire, infierire.

intensaménte avv. fortemente, vivamente, acutamente **CONTR.** debolmente, fiaccamente.

intensificàre A v. tr. (*est.*) rafforzare, aumentare, moltiplicare **CONTR.** attenuare, diminuire, indebolire, moderare, scemare, smorzare **B intensificarsi** v. intr. pron. farsi più intenso, rafforzarsi, moltiplicarsi **CONTR.** attenuarsi, diminuire, indebolirsi, scemare.

intensificazióne s. f. rafforzamento, aumento, accentuazione, moltiplicazione **CONTR.** attenuazione, diminuzione, indebolimento.

intensità s. f. energia, forza, efficacia, veemenza, vigore, violenza, vivacità, profondità **CONTR.** debolezza, modicità, scarsità, tenuità, leggerezza.

intensìvo agg. **1** intenso, profondo **CONTR.** estensivo **2** accrescitivo **CONTR.** diminutivo.

intènso agg. **1** forte, energico, efficace, vigoroso, veemente, violento, profondo **CONTR.** debole, scarso, leggero **2** (*di colore*) vivo, carico, cupo, vivace, concentrato, denso **CONTR.** lieve, leggero, spento, smorto, smorzato, tenue.

intènto (1) agg. attento, applicato, assorto, impegnato, rivolto, teso, fiso (*lett.*), intenzionato **CONTR.** distratto, svagato, disimpegnato, disinteressato.

intènto (2) s. m. fine, scopo, intenzione, intendimento, proposito, proponimento, mira, obiettivo.

intenzionàle agg. volontario, voluto, premeditato, consapevole, fatto apposta, calcolato **CONTR.** involontario, preterintenzionale, forzato.

intenzionalità s. f. volontarietà, premeditazione, consapevolezza **CONTR.** involontarietà, inconsapevolezza.

intenzionalménte avv. volontariamente, apposta, calcolatamente, consapevolmente, premeditatamente **CONTR.** involontariamente, inconsapevolmente.

intenzionàto agg. disposto, propenso, deciso, animato **CONTR.** contrario, alieno, restio.

intenzióne s. f. proposito, proponimento, progetto, desiderio, animo, disegno, intento, idea, meta, mira, scopo, fine, obiettivo.

interagènte agg. interattivo.

interaménte avv. del tutto, completamente, integralmente, totalmente, assolutamente, pienamente **CONTR.** per nulla, affatto (*in frase negativa*).

interattìvo agg. interagente.

intercalàre (1) A agg. intercalato, interposto **B** s. m. **1** modo di dire, espressione, parola **2** (*letter.*) ritornello **FRAS.** *anno intercalare*, anno bisestile □ *giorno intercalare*, 29 febbraio.

intercalàre (2) v. tr. **1** frammettere, inframmettere, frapporre, inframmezzare, inserire, interporre **2** ripetere.

intercalàto part. pass. di **intercalare (2)**; anche agg. frammesso, frapposto, inserito □ ripetuto.

intercambiàbile agg. sostituibile **CONTR.** insostituibile.

intercapèdine s. f. interstizio, intervallo, vuoto, spazio vuoto.

intercèdere A v. intr. **1** (*raro*) intercorrere, esserci **2** intervenire, interporsi, intromettersi, farsi mediatore **B** v. tr. (*raro*) cercare di ottenere, chiedere, domandare, impetrare, pregare, propiziare **CONTR.** ottenere, conseguire, raggiungere.

intercessióne s. f. interposizione, intervento, mediazione □ preghiera.

intercettàre v. tr. **1** ostacolare, bloccare, impedire, arrestare, fermare, interrompere **CONTR.** far proseguire **2** (*di comunicazione telefonica e sim.*) ricevere, captare, cogliere, ascoltare di nascosto.

intercettàto part. pass. di **intercettare**; anche agg. **1** fermato, arrestato **2** (*di comunicazione*) ricevuto, captato, colto, ascoltato □ ascoltato di nascosto.
intercettazióne s. f. intercettamento, ricezione, ascolto □ (*di telefonata e sim.*) ascolto clandestino.
intercorrènte part. pres. di **intercorrere**; anche agg. frapposto, sopraggiunto.
intercórrere v. intr. frapporsi, passare in mezzo, trovarsi in mezzo □ sopraggiungere.
intercórso part. pass. di **intercorrere**; anche agg. passato, trascorso.
interdétto (1) A part. pass. di **interdire**; anche agg. proibito, vietato, impedito, negato **CONTR.** concesso, consentito, ammesso, autorizzato, lecito, permesso **B** s. m. **1** (*dir.*) incapace di agire □ impedito **2** (*est., fam.*) sciocco, stupido **CONTR.** intelligente.
interdétto (2) agg. sorpreso, turbato, sbigottito, stupito, sbalordito **CONTR.** impassibile, imperturbabile, indifferente, tranquillo.
interdìre v. tr. **1** vietare, proibire, impedire, inibire, ostacolare **CONTR.** consentire, acconsentire, autorizzare, concedere, permettere, favorire **2** (*dir.*) privare della capacità di agire **3** (*relig.*) dare l'interdetto **4** (*sport*) (*nel calcio*) intervenire di anticipo.
interdizióne s. f. **1** proibizione, divieto, privazione **CONTR.** autorizzazione, concessione, permesso **2** (*dir.*) incapacità d'agire □ interdetto □ (*est.*) scomunica.
interessaménto s. m. interesse, cura, impegno, partecipazione, premura, sollecitudine, zelo **CONTR.** disinteresse, indifferenza, freddezza, noncuranza.
interessànte part. pres. di **interessare**; anche agg. attraente, avvincente, divertente, notabile, degno d'attenzione, importante, stimolante, intrigante **CONTR.** indifferente, noioso, uggioso, seccante, pesante, monotono, molesto **FRAS.** *stato interessante*, gravidanza.
interessàre A v. tr. **1** riguardare, concernere, importare **2** destare l'interesse, attirare, intrigare, incuriosire, divertire, appassionare **CONTR.** annoiare, seccare, infastidire **3** (*al dibattito, allo studio, ecc.*) far partecipare, cointeressare, coinvolgere **CONTR.** estromettere, allontanare **4** (*di sindaco, di stampa, ecc.*) fare intervenire **B** v. intr. importare, premere □ essere interessante **C interessarsi** v. intr. pron. prendere interesse, avere interesse □ prendersi cura, occuparsi, adoperarsi **CONTR.** disinteressarsi, trascurare, fregarsene (*pop.*).
interessataménte avv. per interesse, egoisticamente, per lucro, calcolatamente **CONTR.** disinteressatamente, altruisticamente, generosamente.
interessàto A part. pass. di **interessare**; anche agg. **1** partecipe, coinvolto, implicato **CONTR.** estraneo **2** avido di guadagno, avaro, calcolatore, esoso, venale □ fatto a scopo di lucro **CONTR.** disinteressato, altruista, generoso, liberale, munifico, splendido **B** s. m. parte in causa **CONTR.** estraneo.
interèsse s. m. **1** (*econ.*) compenso, frutto, rendita, dividendo, saggio, tasso, aggio **2** (*est.*) tornaconto, utilità, guadagno, profitto □ vantaggio, convenienza **CONTR.** perdita, danno, scapito **3** (*spec. al pl.*) affari, beni **4** avidità di guadagno, desiderio di lucro, egoismo, venalità, calcolo, avarizia **CONTR.** disinteresse, altruismo, generosità **5** (*per uno, per una cosa*) interessamento, partecipazione, premura, sollecitudine, zelo **CONTR.** disinteresse, indifferenza, freddezza, noncuranza, disprezzo **6** (*con grande, poco, ecc.*) importanza, attrattiva, fascino **CONTR.** irrilevanza, trascurabilità.
interézza s. f. **1** totalità, compiutezza, completezza **CONTR.** parzialità, incompiutezza **2** (*fig., lett.*) integrità, onestà, probità, rettitudine, moralità **CONTR.** disonestà, immoralità.
interferènza s. f. **1** sovrapposizione, intersecazione **2** (*fig.*) ingerenza, intromissione, intrusione, invadenza **CONTR.** disinteresse, indifferenza, noncuranza.
interferìre v. intr. **1** sovrapporsi, intersecarsi **2** (*fig.*) intervenire, intromettersi, inserirsi, ingerirsi **CONTR.** disinteressarsi, trascurare.
interfònico s. m. interfono, telefono interno, citofono.
interfòno s. m. telefono interno, citofono, interfonico.
interiezióne s. f. esclamazione.
interióra s. f. pl. intestini, visceri.
interióre agg. **1** interno **CONTR.** esteriore, esterno **2** (*fig.*) spirituale, della coscienza **CONTR.** materiale.
interiorizzàre v. tr. introiettare **CONTR.** esteriorizzare.
interiorménte avv. internamente, all'interno **CONTR.** esteriormente, esternamente.
interìsta agg. e s. m. e f. (*calcio*) nerazzurro.
interlocutòrio agg. provvisorio, ancora aperto **CONTR.** definitivo.
interloquìre v. intr. intervenire, prendere la parola, metter bocca **CONTR.** tacere, stare zitto.
interlùdio s. m. (*fig., lett.*) intermezzo, pausa, sosta, diversivo.
intermediàrio A agg. intermedio, di collegamento **B** s. m. mediatore, intercessore, negoziatore, remisier (*fr., banca*), mezzano, sensale, rappresentante.
intermèdio agg. mediano, medio **CONTR.** iniziale, terminale, esterno, estremo.
intermèzzo s. m. **1** intervallo, pausa, sospensione **CONTR.** continuazione, ripresa **2** (*mus.*) interludio.
interminàbile agg. **1** infinito, eterno, illimitato, inesauribile, senza termine **CONTR.** terminabile, temporaneo, transitorio, passeggero, effimero, provvisorio, limitato **2** (*est.*) lun-

ghissimo CONTR. brevissimo.

intermittènte agg. discontinuo, interrotto, intervallato, saltuario CONTR. inintermittente, continuo, continuato, continuativo, ininterrotto.

intermittènza s. f. discontinuità, interruzione, intervallo, sospensione, saltuarietà CONTR. continuazione, durata, insistenza, permanenza, persistenza.

internaménte avv. dalla parte interna, dentro, di dentro, all'interno CONTR. esternamente, fuori, di fuori.

internaménto s. m. **1** relegamento, relegazione □ prigionia CONTR. liberazione **2** ricovero.

internàre A v. tr. relegare, rinchiudere, ricoverare CONTR. liberare, far uscire **B internarsi** v. intr. pron. **1** addentrarsi, entrare, penetrare, insinuarsi CONTR. uscire, trarsi fuori **2** (*fig.*) (*nello studio, in una questione, ecc.*) sprofondarsi, immergersi, concentrarsi, dedicarsi.

internàto part. pass. di **internare**; anche agg. e s. m. **1** confinato, relegato **2** ricoverato.

intèrno A agg. di dentro, interiore, intimo, profondo CONTR. esterno, esteriore, superficiale **B** s. m. **1** parte di dentro, parte interna CONTR. esterno, parte di fuori **2** (*fig.*) sfera interiore, intimo, animo, spirito **3** (*nel calcio*) mezzala **4** (*anche pl.*) (*di uno Stato*) affari interni **5** (*di istituto, di collegio, ecc.*) collegiale CONTR. esterno.

intéro A agg. **1** completo, compiuto, integrale, integro, intatto, tutto d'un pezzo CONTR. incompleto, incompiuto, parziale, frammentario **2** (*di fiducia, di libertà, ecc.*) perfetto, assoluto, saldo, pieno, senza restrizioni, totale CONTR. limitato, esiguo, scarso **B** s. m. tutto, totalità CONTR. nulla FRAS. *per intero*, interamente □ *latte intero*, latte non scremato □ *animale intero*, animale non castrato.

interpellànza s. f. domanda, interrogazione, richiesta di spiegazione CONTR. risposta.

interpellàre v. tr. richiedere, consultare, interrogare, chiedere spiegazioni CONTR. rispondere.

interpellàto part. pass. di **interpellare**; anche agg. e s. m. interrogato CONTR. interpellante.

interpersonàle agg. interindividuale CONTR. personale, individuale.

interpòl s. f. polizia internazionale.

interpolàre v. tr. **1** inserire, introdurre, aggiungere, frammettere, frapporre, intromettere, intercalare CONTR. estrapolare, sopprimere **2** (*dir.*) modificare.

interpolàto part. pass. di **interpolare**; anche agg. inserito, introdotto, aggiunto, intercalato CONTR. estrapolato, soppresso, tolto.

interpolazióne s. f. **1** interpolamento, inserimento, introduzione CONTR. estrapolazione, soppressione **2** (*ling.*) parola inserita, locuzione inserita CONTR. estrapolazione.

interpórre A v. tr. porre in mezzo, frammettere, frapporre, introdurre, intromettere CONTR. eliminare, levare, togliere **B interporsi** v. intr. pron. porsi in mezzo, frammettersi, frapporsi □ intervenire, intercedere, far da mediatore CONTR. opporsi.

interposizióne s. f. **1** frapposizione, inserimento, inserzione **2** intervento, intercessione CONTR. opposizione **3** (*ling.*) parentesi, inciso.

interpósto part. pass. di **interporre**; anche agg. messo in mezzo, frapposto, intercalato, intramezzato CONTR. eliminato, tolto FRAS. *per interposta persona*, con la mediazione di uno.

interpretàre v. tr. **1** (*di scritto, di sogno, ecc.*) intendere, capire, spiegare, decifrare, decodificare □ commentare, esporre, parafrasare, volgarizzare **2** (*di gesto, di parola, ecc.*) giudicare, intendere, valutare **3** (*di volontà, di intenzione, ecc.*) intuire, indovinare, svelare **4** (*teat., cine.*) portare sulla scena, rappresentare, recitare.

interpretatìvo agg. esplicativo, esegetico, ermeneutico.

interpretàto part. pass. di **interpretare**; anche agg. **1** (*di scritto, di sogno, ecc.*) chiarito, spiegato, commentato **2** (*di gesto, di parola, ecc.*) giudicato, inteso, valutato **3** (*di volontà, di intenzione, ecc.*) intuito, indovinato **4** (*teat., cine.*) recitato, rappresentato.

interpretazióne s. f. **1** spiegazione, decodificazione, chiarimento, commento, esegesi, esplicazione, decifrazione, parafrasi, chiosa, glossa **2** (*teat., cine.*) recitazione, rappresentazione.

intèrprete s. m. e f. **1** espositore, commentatore, esegeta, chiosatore, critico **2** traduttore **3** attore, artista, cantante, musicista FRAS. *farsi interprete*, esprimere, manifestare.

interpunzióne s. f. punteggiatura.

interraménto s. m. sotterramento, seppellimento, sepoltura, inumazione CONTR. dissotterramento, disseppellimento, esumazione.

interràre A v. tr. **1** mettere sotto terra, sotterrare, seppellire, inumare CONTR. dissotterrare, disseppellire, esumare **2** colmare di terra, riempire di terra CONTR. dragare, sgombrare **B interrarsi** v. intr. pron. colmarsi di terra, riempirsi di terra.

interràto part. pass. di **interrare**; anche agg. **1** sotterrato, sepolto, inumato CONTR. dissotterrato, dissepolto, esumato **2** riempito di terra **3** sotto il livello stradale.

interrogànte part. pres. di **interrogare**; anche agg. e s. m. e f. interpellante, richiedente CONTR. interrogato, interpellato.

interrogàre v. tr. **1** porre domande, domandare, chiedere, richiedere, interpellare, intervistare CONTR. rispondere, replicare, ribattere **2** (*di testimone, di imputato, ecc.*) sottoporre a interrogatorio **3** (*di coscienza, di storia, ecc.*) esaminare, consultare □ sondare, scandagliare.

interrogatìvo A agg. di interrogazione □ interrogatorio, inquisitorio **B** s. m. **1** interrogazione, quesito, domanda **CONTR.** risposta, replica **2** (*fig.*) problema, dubbio, mistero **3** (*ling.*) punto di domanda.

interrogàto part. pass. di **interrogare**; anche agg. **1** interpellato, intervistato **2** sottoposto a interrogatorio, sottoposto a interrogazione **3** esaminato, consultato, scandagliato.

interrogatòrio A agg. interrogativo, inquisitore, inquisitorio **B** s. m. **1** esame, inchiesta **2** (*est.*) serie di interrogazioni, serie di domande **FRAS.** *interrogatorio di terzo grado* (*fig.*), domande incalzanti e precise.

interrogazióne s. f. **1** domanda **CONTR.** risposta, replica **2** esame, quesito, quiz, questionario, inchiesta, intervista, serie di domande **3** interpellanza.

interrómpere A v. tr. **1** rompere a mezzo, troncare, far cessare, far smettere, sospendere, arrestare **CONTR.** cominciare, riprendere, continuare **2** (*di traffico, di comizio, ecc.*) impedire, ostruire, bloccare, ostacolare, intralciare **CONTR.** aprire, sbloccare, liberare **3** fare tacere, togliere la parola **CONTR.** lasciar parlare **B interrompersi** v. intr. pron. arrestarsi, fermarsi, cessare □ smettere di parlare, tacere **CONTR.** cominciare, iniziare, riprendere.

interrótto part. pass. di **interrompere**; anche agg. **1** rotto, troncato, sospeso, arrestato **CONTR.** cominciato, iniziato, ripreso **2** (*di traffico, di comizio, ecc.*) impedito, ostacolato, bloccato **CONTR.** sbloccato, ripreso.

interruttóre s. m. reotomo, deviatore □ (*est.*) chiave, bottone, pulsante.

interruzióne s. f. sospensione, blocco, arresto, pausa, sosta **CONTR.** avvio, sblocco, continuazione, ripresa.

intersecàre A v. tr. attraversare, tagliare □ incrociare, intrecciare **B intersecarsi** v. rifl. rec. incrociarsi, tagliarsi, attraversarsi.

intersecazióne s. f. intersecamento (*raro*), intersezione, attraversamento, crocicchio, incrocio, confluenza, intreccio.

intersezióne s. f. *V.* **intersecazione.**

interspaziàle agg. (*raro*) interplanetario, interstellare.

interstellàre agg. interspaziale (*raro*), interplanetario.

interstìzio s. m. intervallo, spazio, apertura, fessura, intercapedine.

interurbàna s. f. (*di telefonata*) extraurbana.

intervallàre v. tr. porre a intervalli, distanziare **CONTR.** restringere, infittire.

intervàllo s. m. **1** distanza **2** interstizio, intercapedine, spazio vuoto **3** intermezzo, interruzione, sospensione □ pausa, indugio, tregua **CONTR.** continuazione, prosecuzione **4** (*mus.*) distanza, salto.

intervenìre v. intr. **1** (*in una discussione, in una lite, ecc.*) intromettersi, frapporsi, interporsi, interessarsi **CONTR.** disinteressarsi, restar fuori **2** (*a una cerimonia, a uno spettacolo, ecc.*) partecipare, assistere, presenziare **CONTR.** essere assente, assentarsi **3** (*lett.*) accadere, avvenire, capitare, accorrere, sopravvenire, succedere, verificarsi **4** (*med.*) operare.

intervènto s. m. **1** (*a una cerimonia, a una riunione, ecc.*) partecipazione, presenza □ adesione **CONTR.** assenza, lontananza, astensione **2** (*in un affare, in una questione, ecc.*) ingerenza, inframmettenza, intromissione **CONTR.** disinteresse, indifferenza, noncuranza **3** intercessione, mediazione, aiuto, cooperazione **4** discorso **5** (*med.*) atto chirurgico, operazione.

intervenùto part. pass. di **intervenire**; anche agg. e s. m. partecipante, presente **CONTR.** assente, astenuto.

intervìsta s. f. serie di domande □ incontro, colloquio, conversazione, scambio di idee.

intervistàre v. tr. fare un'intervista, interrogare.

intervistàto part. pass. di **intervistare**; anche agg. e s. m. interrogato.

intervistatóre s. m. (f. *-trice*) (*est.*) giornalista, interrogante **CONTR.** intervistato.

intésa s. f. **1** accordo, alleanza, patto, convenzione □ intelligenza **CONTR.** disaccordo, inimicizia, ostilità **2** collaborazione, cooperazione □ (*sport*) coordinazione.

intéso part. pass. di **intendere**; anche agg. **1** capito, compreso, intuito, interpretato, decifrato, decodificato **CONTR.** frainteso, alterato, stravolto **2** udito, sentito, percepito **3** pattuito, convenuto, deciso, fissato, stabilito **4** (*raro*) informato **5** (*lett.*) intento, dedito, attento **FRAS.** *non darsene per inteso*, fingere di non capire.

intèssere v. tr. **1** tessere, intrecciare, contessere (*lett.*) **CONTR.** sfilare **2** (*fig.*) (*di lodi, di melodie, ecc.*) comporre **3** (*fig.*) (*di trame, di inganni, ecc.*) ordire, tramare, macchinare.

intessùto part. pass. di **intessere**; anche agg. **1** tessuto, intrecciato **2** (*fig.*) formato, composto **3** (*fig.*) ordito, tramato.

intestardìrsi v. intr. pron. ostinarsi, fissarsi, incaparsi (*tosc.*), incaponirsi, intestarsi **CONTR.** cedere, arrendersi, piegarsi.

intestàre A v. tr. **1** (*di azienda, di lettera, ecc.*) intitolare □ dedicare □ indirizzare **2** (*di casa, di auto, ecc.*) far registrare **B intestarsi** v. intr. pron. intestardirsi, ostinarsi, fissarsi, incaparsi (*tosc.*), incaponirsi **CONTR.** cedere, arrendersi, piegarsi.

intestatàrio s. m. titolare, beneficiario □ (*est.*) proprietario.

intestàto part. pass. di **intestare**; anche agg. **1** intitolato □ dedicato □ indirizzato **2** registrato.

intestazióne s. f. dicitura, titolo, nome, intitolazione, testata.

intestinàle agg. (*anat., est.*) enterico.

intestìno s. m. (*anat., est.*) visceri, budella.

intiepidìre A v. tr. **1** rendere tiepido **CONTR.** raffreddare □ riscaldare **2** (*fig.*) mitigare, attenuare, affievolire, smorzare **CONTR.** accendere, esaltare, infervorare, infiammare **B** v. intr. e **intiepidirsi** intr. pron. **1** diventare tiepido **CONTR.** raffreddarsi □ riscaldarsi **2** (*fig.*) mitigarsi, attenuarsi, affievolirsi, smorzarsi **CONTR.** accendersi, esaltarsi, infervorarsi, infiammarsi.

intiepidito part. pass. di **intiepidire**; anche agg. **1** divenuto tiepido **CONTR.** raffreddato □ riscaldato **2** (*fig.*) mitigato, affievolito, attenuato, smorzato **CONTR.** acceso, riscaldato, infiammato, rafforzato.

intimaménte avv. **1** profondamente, nell'intimo **CONTR.** superficialmente **2** strettamente **CONTR.** liberamente.

intimàre v. tr. dichiarare, indire, ordinare, comandare, imporre, ingiungere, notificare **CONTR.** accettare, accogliere.

intimazióne s. f. comando, imposizione, ingiunzione, ordine, notifica, notificazione, dichiarazione, diffida □ (*dir.*) precetto, citazione **CONTR.** accettazione, accoglimento, sottomissione.

intimidatòrio agg. minaccioso, minatorio **CONTR.** bonario, mite, gentile.

intimidazióne s. f. minaccia, ricatto, prepotenza **CONTR.** preghiera, invito, persuasione.

intimidìre A v. tr. **1** rendere timido, imbarazzare **CONTR.** mettere a proprio agio **2** intimorire, impaurire, spaurire, spaventare, sgomentare, minacciare, atterrire **CONTR.** incoraggiare, rassicurare, rianimare, rincuorare **B** v. intr. e **intimidirsi** intr. pron. diventare timido □ intimorirsi, impaurirsi, spaurirsi, spaventarsi, sgomentarsi, smarrirsi **CONTR.** incoraggiarsi, rassicurarsi, rianimarsi, rincuorarsi.

intimidito part. pass. di **intimidire**; anche agg. intimorito, impaurito, spaventato, sgomentato, smarrito **CONTR.** incoraggiato, rassicurato, rianimato, rincuorato.

intimità s. f. **1** (*della casa, della famiglia e sim.*) intimo, privacy (*ingl.*) **2** confidenza, dimestichezza, familiarità, intrinsichezza, stretta amicizia **CONTR.** soggezione, ritegno, riserbo, diffidenza **3** (*spec. al pl.*) espressioni confidenziali, atti confidenziali.

ìntimo A agg. **1** (*di luogo*) più interno, più profondo **CONTR.** esteriore, esterno, superficiale **2** (*fig.*) (*di significato, di valore, ecc.*) più nascosto, più segreto **CONTR.** esteriore, apparente **3** (*fig.*) interiore, spirituale **CONTR.** esteriore, materiale **4** (*fig.*) (*di coesione, di connessione, ecc.*) fondamentale, intrinseco **5** (*fig.*) (*di amicizia, di persona, ecc.*) strettissimo, sviscerato, carissimo, prediletto, preferito, favorito **CONTR.** odiato, trascurato, meno amato **B** s. m. **1** interno **CONTR.** esterno **2** (*fig.*) intimità, profondità **3** amico stretto, parente stretto **FRAS.** *rapporti intimi* (*euf.*), relazione amorosa □ *intimo colloquio* (*euf.*), convegno amoroso □ *cena intima*, cena tra pochi amici, cena tra pochi parenti.

intimorìre A v. tr. incutere timore, impaurire, intimidire, spaventare, sgomentare, atterrire **CONTR.** incoraggiare, rassicurare, rianimare **B intimorirsi** v. intr. pron. impaurirsi, intimidirsi, spaurirsi, spaventarsi, sgomentarsi **CONTR.** incoraggiarsi, rassicurarsi, rianimarsi, farsi animo.

intimorito part. pass. di **intimorire**; anche agg. impaurito, spaventato, intimidito, sgomentato **CONTR.** incoraggiato, rassicurato, rianimato.

intìngere v. tr. tuffare leggermente, immergere, immollare, bagnare, inzuppare.

intìngolo s. m. **1** sugo, salsa **2** (*est.*) manicaretto, cibreo, pietanza gustosa **CONTR.** brodaglia, intruglio, sbobba (*pop.*).

intirizziménto s. m. indolenzimento, intorpidimento, intormentimento, torpore, irrigidimento, rigidità, insensibilità **CONTR.** calore, scioltezza, agilità, mobilità, speditezza.

intirizzìre A v. tr. intorpidire, intormentire, irrigidire, aggranchire, rattrappire **CONTR.** scaldare, sciogliere **B** v. intr. e **intirizzirsi** intr. pron. intorpidirsi, intormentirsi, irrigidirsi, perdere la sensibilità **CONTR.** scaldarsi, sciogliersi.

intirizzìto part. pass. di **intirizzire**; anche agg. gelato, ghiacciato, agghiacciato, assiderato, infreddolito □ intorpidito, intormentito, irrigidito, aggranchito, rattrappito **CONTR.** scaldato, sciolto.

intitolàre A v. tr. **1** (*di libro, di quadro e sim.*) fornire del titolo, dare il titolo, chiamare **2** (*di strada, di scuola, ecc.*) intestare, dedicare, nominare, denominare **B intitolarsi** v. intr. pron. avere per titolo.

intitolàto part. pass. di **intitolare**; anche agg. **1** (*di libro, di quadro, ecc.*) che ha per titolo, chiamato **2** (*di strada, di scuola, ecc.*) dedicato, intestato, denominato.

intoccàbile A agg. intangibile, inviolabile **CONTR.** violabile **B** s. m. e f. (*in India*) paria.

intolleràbile agg. insopportabile, insoffribile □ indecente, indecoroso **CONTR.** sopportabile, tollerabile □ decente, decoroso.

intollerabilità s. f. insopportabilità, insoffribilità □ indecenza **CONTR.** sopportabilità, tollerabilità □ decoro.

intollerànte agg. e s. m. e f. insofferente, impaziente, intransigente □ fanatico, settario, prepotente **CONTR.** tollerante, paziente, arrendevole, docile, remissivo □ moderato, liberale, democratico.

intollerànza s. f. insofferenza, impazienza, intransigenza □ fanatismo, settarismo **CONTR.** tolleranza, sopportazione, arrendevolezza, docilità, remissività □ liberalità, democrazia.

intonacàre v. tr. rivestire d'intonaco, rinzaffare, scialbare (*raro*), incalcinare **CONTR.** stonacare (*raro*), scalcinare, scrostare.

intonacàto part. pass. di **intonacare**; anche agg. incalcinato, rinzaffato **CONTR.** scalcinato, scrostato.

intònaco s. m. intonacatura, rinzaffo, rinzaffatura, scialbatura (*raro*) CONTR. scalcinatura, scrostatura.

intonàre A v. tr. **1** (*di strumento*) accordare, dare il giusto tono **2** cantare senza stonare □ prendere il tono giusto CONTR. stonare **3** (*fig.*) (*di colori, di discorsi, ecc.*) accordare, armonizzare, comporre **4** (*di canzone*) cominciare a cantare **B intonarsi** v. intr. pron. essere in tono, armonizzare, adattarsi.

intonàto part. pass. di **intonare**; anche agg. (*anche fig.*) accordato, armonizzato, adattato CONTR. stonato.

intonazióne s. f. **1** attacco musicale **2** (*fig.*) armonia, stile □ tonalità, colore **3** (*di voce*) modulazione, tono, flessione.

intontiménto s. m. stordimento, stupore, torpore.

intontìre A v. tr. stordire, frastornare □ inebetire, istupidire **B** v. intr. e **intontirsi** intr. pron. diventare tonto, istupidirsi.

intontìto part. pass. di **intontire**; anche agg. stordito, frastornato, inebetito CONTR. sveglio, vivace.

intòppo s. m. ostacolo, impedimento, incaglio, inciampo, ingombro, difficoltà CONTR. facilità, agio, agevolezza.

intorbidàre A v. tr. **1** rendere torbido, insudiciare, inquinare, intorbidire CONTR. depurare, disinquinare, illimpidire, purificare **2** (*fig.*) (*di amicizia, di ordine, ecc.*) turbare, sconvolgere, sovvertire CONTR. calmare, placare, rasserenare **3** (*fig.*) (*di mente, di idee e sim.*) confondere, offuscare, annebbiare, appannare CONTR. illimpidire, rasserenare **B** v. intr. e **intorbidarsi** intr. pron. **1** diventare torbido CONTR. schiarirsi **2** (*fig.*) (*di mente, di situazione, ecc.*) turbarsi, confondersi, annebbiarsi CONTR. illimpidirsi, schiarirsi FRAS. *intorbidare le acque* (*fig.*), provocare disordini.

intórno A avv. attorno, d'intorno, all'intorno, in giro, tutt'in giro, in cerchio, circolarmente **B** nella loc. prep. *intorno a* **1** attorno a **2** riguardo, sopra, su **3** circa, suppergiù, pressappoco **C** in funzione di agg. inv. circostante, attorno.

intorpidiménto s. m. indolenzimento, intormentimento, intirizzimento, torpore, irrigidimento, rigidità, insensibilità CONTR. calore, scioltezza, agilità, elasticità, mobilità, speditezza.

intorpidìre A v. tr. **1** rendere torpido, indolenzire, intormentire, informicolire, intirizzire **2** (*fig.*) (*di mente, di animo e sim.*) impigrire, infiacchire CONTR. rafforzare, rinvigorire **B** v. intr. e **intorpidirsi** intr. pron. **1** diventare torpido **2** (*fig.*) impigrirsi, infiacchirsi, oziare CONTR. scuotersi, svegliarsi.

intossicàre A v. tr. **1** avvelenare, attossicare (*lett.*), inquinare CONTR. disintossicare, disinquinare **2** (*fig.*) (*di animo, di gioventù, ecc.*) turbare, depravare, corrompere, pervertire CONTR. elevare, migliorare **B intossicarsi** v. rifl. avvelenarsi.

intossicàto part. pass. di **intossicare**; anche agg. e s. m. avvelenato □ inquinato CONTR. disintossicato □ disinquinato.

intossicazióne s. f. (*med.*) avvelenamento □ inquinamento CONTR. disintossicazione □ disinquinamento.

intraducìbile agg. (*est.*) ineffabile, inesprimibile CONTR. traducibile, esprimibile.

intralciàre A v. tr. ostacolare, bloccare, inceppare, imbarazzare, imbrogliare, impacciare, impedire CONTR. liberare, sbloccare, districare, agevolare, facilitare, favorire **B intralciarsi** v. rifl. rec. impacciarsi, ostacolarsi.

intralciàto part. pass. di **intralciare**; anche agg. confuso, ostacolato, impedito CONTR. libero, sbloccato, sciolto.

intràlcio s. m. ostacolo, impedimento, impaccio, ingombro, intoppo, difficoltà CONTR. agevolazione, facilitazione.

intrallazzàre v. intr. fare intrallazzi, intrigare, imbrogliare.

intrallazzatóre s. m. (f. *-trice*) intrigante, maneggione, faccendiere, imbroglione, trafficone.

intrallàzzo s. m. **1** traffico illecito, affare illegale **2** (*est.*) intrigo, imbroglio, compromesso, disonestà.

intramezzàre v. tr. frammezzare (*raro*), inframmezzare, tramezzare, alternare.

intramontàbile agg. (*fig.*) imperituro, perpetuo, duraturo CONTR. perituro, effimero, passeggero, precario.

intransigènte agg. e s. m. e f. irremovibile, inflessibile, ostinato □ intollerante, fanatico, estremista, settario, esclusivista, massimalista CONTR. transigente, tollerante, moderato, remissivo, arrendevole, condiscendente □ possibilista, liberale.

intransigènza s. f. irremovibilità, inflessibilità, ostinazione □ intolleranza, fanatismo, estremismo, settarismo, massimalismo, rigidezza, esclusivismo CONTR. transigenza, patteggiamento, tolleranza, moderazione, remissività, arrendevolezza, condiscendenza □ liberalità.

intransitàbile agg. impervio, impraticabile, inaccessibile CONTR. transitabile, pervio (*lett.*), praticabile, accessibile.

intransitabilità s. f. impraticabilità, inaccessibilità CONTR. transitabilità, praticabilità, accessibilità.

intrappolàre v. tr. **1** prendere in trappola, accalappiare, invescare (*lett.*) **2** (*fig.*) imbrogliare, ingannare, raggirare, trappolare (*raro*), truffare, frodare, fregare (*pop.*), bidonare (*gerg.*) CONTR. trattare onestamente.

intraprendènte part. pres. di **intraprendere**; anche agg. industrioso, ingegnoso, laborioso, solerte, sveglio, svelto, volenteroso, ardito, audace, coraggioso, risoluto, abile, destro **CONTR.** accidioso, apatico, indolente, inerte, inetto, neghittoso, noncurante, pigro, torpido, pavido, timido, timoroso, esitante.

intraprendènza s. f. ingegnosità, laboriosità, solerzia, sveltezza, volontà, ardimento, audacia, coraggio, risolutezza, abilità, destrezza **CONTR.** accidia, apatia, indolenza, inerzia, inettitudine, neghittosità, noncuranza, pigrizia, torpidezza, timidezza, timore, esitazione.

intraprèndere v. tr. cominciare, iniziare, accingersi, imprendere (*lett.*), metter mano **CONTR.** finire, terminare, concludere, desistere, abbandonare, tralasciare.

intrapréso part. pass. di **intraprendere**; anche agg. cominciato, iniziato, avviato **CONTR.** finito, terminato, concluso, interrotto, abbandonato.

intrattàbile agg. **1** (*di persona*) scontroso, irascibile, iracondo, collerico, insocievole, aspro, duro, indocile, impaziente **CONTR.** trattabile, affabile, amabile, cortese, garbato, gentile, mansueto, mite, docile, accondiscendente, socievole **2** (*di argomento, di affare, ecc.*) difficile, scabroso, insolubile **CONTR.** trattabile, facile, risolvibile.

intrattabilità s. f. **1** (*di persona*) scontrosità, insocievolezza, asprezza, durezza, indocilità, irascibilità, irritabilità, impazienza **CONTR.** trattabilità, affabilità, amabilità, cortesia, garbo, gentilezza, mansuetudine, mitezza, docilità, socievolezza **2** (*di argomento, di affare, ecc.*) difficoltà, scabrosità, insolubilità **CONTR.** trattabilità, facilità, risolvibilità.

intrattenére A v. tr. trattenere, fermare, far indugiare □ tenere occupato, interessare **CONTR.** mandare via, licenziare **B intrattenersi** v. intr. pron. **1** fermarsi, indugiare **CONTR.** andarsene, affrettarsi **2** soffermarsi a parlare.

intrattenimento s. m. divertimento, passatempo, trattenimento, festa, ricevimento.

intravedére v. tr. **1** vedere di sfuggita, vedere confusamente, scorgere **CONTR.** vedere chiaramente, distinguere, individuare **2** (*fig.*) presagire, prevedere, indovinare, intuire.

intravìsto part. pass. di **intravedere**; anche agg. **1** visto di sfuggita, visto confusamente, scorto **CONTR.** visto chiaramente, individuato **2** (*fig.*) previsto, indovinato, intuito.

intrecciàre A v. tr. **1** (*di capelli, di corda, ecc.*) unire in treccia **2** (*est., anche fig.*) (*di fiori, di relazioni, ecc.*) intessere, contessere, ordire □ avviluppare, attorcigliare, arruffare, aggrovigliare **CONTR.** sciogliere, sbrogliare **3** (*fig.*) (*di movimenti, di congiura, ecc.*) coordinare, organizzare, ordire **B intrecciarsi** v. rifl. rec. incrociarsi, avvilupparsi, arruffarsi, intersecarsi.

intrecciàto part. pass. di **intrecciare**; anche agg. tessuto, intessuto, avviluppato, inviluppato, attorcigliato **CONTR.** sciolto, sbrogliato.

intréccio s. m. **1** intessitura, treccia, orditura, intersecamento, nodo □ complicazione, intrico, viluppo **2** (*fig.*) (*di romanzo, di film, ecc.*) argomento, fatto, tela, trama, soggetto, canovaccio □ eventi, casi.

intrepidézza s. f. ardimento, ardire, arditezza, audacia, coraggio, valore, animo, cuore, eroismo, fierezza, sicurezza **CONTR.** viltà, vigliaccheria, pusillanimità, paura, timore, timidezza.

intrèpido agg. ardito, animoso, audace, coraggioso, impavido, imperterrito, valoroso, eroico, fiero **CONTR.** pauroso, pavido, timoroso, trepidante, timido, pusillanime, vile, vigliacco.

intricàre A v. tr. **1** avviluppare, aggrovigliare, arruffare, imbrogliare, intrecciare, complicare **CONTR.** districare, sbrogliare, sciogliere **2** (*gerg.*) interessare, attirare, coinvolgere, sollecitare **CONTR.** annoiare, seccare **B intricarsi** v. intr. pron. (*lett.*) imbrogliarsi, confondersi, disorientarsi.

intricàto part. pass. di **intricare**; anche agg. **1** avviluppato, aggrovigliato, arruffato, imbrogliato, inviluppato, ingarbugliato **CONTR.** districato, sbrogliato, sciolto **2** (*fig.*) (*di questione, di problema, ecc.*) complicato, confuso, difficile, arduo **CONTR.** aperto, chiaro, evidente, lineare, manifesto, palese, semplice.

intrìdere v. tr. inzuppare, immollare, imbevere, stemperare, bagnare **CONTR.** seccare.

intrigànte part. pres. di **intrigare**; anche agg. e s. m. e f. **1** faccendiere, intrallazzatore, impiccione, ficcanaso, maneggione, invadente **CONTR.** riservato, discreto, prudente □ menefreghista **2** stuzzicante, affascinante, interessante.

intrigàre A v. intr. macchinare, brigare, imbrogliare, tramare, congiurare, cospirare, complottare **CONTR.** agire lealmente **B intrigarsi** v. intr. pron. (*fam.*) impicciarsi, intromettersi, immischiarsi, ingerirsi, ficcare il naso **CONTR.** disinteressarsi, trascurare, fregarsene (*pop.*) **C** v. tr. incuriosire, interessare, stuzzicare, affascinare.

intrìgo s. m. **1** congiura, macchinazione, raggiro, imbroglio, frode, complotto, intesa, maneggio, mena **2** impiccio, situazione imbrogliata, complicazione, garbuglio.

intrìnseco agg. **1** (*di forza, di valore, ecc.*) inerente, congiunto, connesso **CONTR.** estrinseco, esterno **2** (*di amico, di rapporto, ecc.*) intimo, stretto, familiare **CONTR.** estraneo, nemico, ostile.

intrìso A part. pass. di **intridere**; anche agg. inzuppato, immollato, imbevuto, bagnato **CONTR.** arido, asciutto, secco **B** s. m. impasto, intruglio, miscuglio.

intristìre v. intr. **1** (*di persona*) rattristarsi, affliggersi **CONTR.** allietarsi, rallegrarsi **2** (*di persona, di pianta*) perdere la freschezza, deperire, avvizzire, disseccarsi, imbozzacchire **CONTR.** fiorire, rifiorire.

intristìto part. pass. di **intristire**; anche agg. triste, afflitto, deperito, esaurito **CONTR.** allegro, felice, forte, rigoglioso.

introdótto part. pass. di **introdurre**; anche agg. **1** messo dentro, immesso, inserito, incastrato □ importato, fatto entrare **CONTR.** estratto, cavato, tirato □ esportato **2** (*di moda, di prodotto, ecc.*) lanciato, propagandato, diffuso **3** (*allo studio, alla professione, ecc.*) avviato, iniziato **CONTR.** distolto, allontanato **4** (*nelle scienze, nel commercio, ecc.*) esperto, istruito, pratico, provetto **CONTR.** inesperto, ignaro, ignorante, digiuno **5** (*in un ambiente*) ben inserito, appoggiato, raccomandato, che ha molte aderenze **CONTR.** sconosciuto, ignoto.

introdùrre A v. tr. **1** far penetrare, mettere dentro, ficcare, infilare, inserire, incastrare, immergere **CONTR.** estrarre, cavar fuori, far uscire **2** (*est.*) (*di merci*) importare, far venire **CONTR.** esportare **3** (*in un ambiente, a persone*) far entrare □ (*est.*) presentare, fare ricevere, fare conoscere, appoggiare, raccomandare **CONTR.** cacciare, allontanare, espellere **4** (*di moda, di prodotto, ecc.*) lanciare, propagandare, diffondere **5** (*fig.*) (*allo studio, alla professione, ecc.*) iniziare, avviare, incamminare **CONTR.** distogliere, allontanare **B introdursi** v. intr. pron. **1** insinuarsi, penetrare, entrare, ficcarsi **CONTR.** uscire **2** (*in un ambiente*) affermarsi, farsi conoscere.

introduttìvo agg. di introduzione, di presentazione □ iniziale □ propedeutico, preparatorio **CONTR.** conclusivo, finale.

introduzióne s. f. **1** immissione, inserimento **CONTR.** estrazione **2** (*di merci*) importazione **CONTR.** esportazione **3** (*in un ambiente*) presentazione **4** (*di libro, di lezioni e sim.*) trattato introduttivo, prefazione, proemio, prologo, prolusione, esordio **CONTR.** conclusione, epilogo, fine, termine **5** (*alla scienza, alla storia, ecc.*) avviamento, guida.

introiettàre v. tr. interiorizzare **CONTR.** esteriorizzare.

intròito s. m. entrata, guadagno, incasso, provento, riscossione **CONTR.** uscita, sborso, esborso, spesa.

intromettènte part. pres. di **intromettere**; anche agg. e s. m. intrigante, impiccione, ficcanaso **CONTR.** discreto, prudente □ menefreghista.

introméttere A v. tr. (*raro*) mettere dentro, mettere in mezzo, frammettere, frapporre, interporre, introdurre, ficcare **CONTR.** estromettere, estrarre, cacciar fuori **B intromettersi** v. rifl. ingerirsi, impicciarsi, immischiarsi, interporsi, cacciarsi, ficcarsi, insinuarsi, intervenire **CONTR.** tirarsi fuori, estraniarsi, fregarsene (*pop.*).

intromissióne s. f. ingerenza, inframmettenza, intrusione □ intervento, intercessione **CONTR.** disinteresse, indifferenza, noncuranza.

intronàre A v. tr. assordare, stordire, frastornare **B** v. intr. **1** (*raro*) rintronare **2** (*raro*) rimanere stordito.

intronàto part. pass. di **intronare**; anche agg. intontito, stordito.

introspettìvo agg. (*est.*) interiore **CONTR.** esteriore.

introspezióne s. f. (*psicol.*) ispezione interna, analisi interiore, esame, meditazione, riflessione, introversione, concentrazione **CONTR.** estroversione.

introvàbile agg. irreperibile **CONTR.** trovabile, reperibile.

introversióne s. f. (*psicol.*) introspezione, riflessione **CONTR.** estroversione.

introvèrso agg.; anche s. m. chiuso, poco espansivo, taciturno **CONTR.** estroverso, aperto, espansivo, loquace.

intrufolàre A v. tr. introdurre di nascosto, infilare **B intrufolarsi** v. rifl. introdursi di nascosto, intromettersi, infilarsi, cacciarsi **CONTR.** uscire, togliersi di mezzo.

intrugliàre A v. tr. **1** mescolare malamente □ impiastricciare **2** (*fig.*) ingarbugliare, imbrogliare **B intrugliarsi** v. rifl. **1** insudiciarsi, sbrodolarsi **2** (*fig.*) intromettersi, immischiarsi, impicciarsi **CONTR.** andarsene, disinteressarsi.

intrùglio s. m. **1** miscuglio sgradevole **2** (*fig.*) mescolanza, confusione **3** (*fig.*) imbroglio, intrallazzo, faccenda losca, affare sospetto, maneggio.

intrusióne s. f. **1** intromissione, introduzione **CONTR.** estromissione **2** (*est.*) interferenza, inframmettenza **CONTR.** disinteresse, noncuranza, menefreghismo.

intrùso A part. pass. di **intrudere**; anche agg. (*raro*) introdotto, inserito **CONTR.** estratto, tirato fuori **B** s. m. estraneo □ (*spreg.*) ficcanaso, invadente **CONTR.** familiare □ riservato.

intuìbile agg. comprensibile, indovinabile, prevedibile **CONTR.** incomprensibile, imprevedibile.

intuibilità s. f. prevedibilità **CONTR.** imprevedibilità.

intuìre v. tr. **1** capire, afferrare, indovinare **2** (*est.*) accorgersi, rendersi conto, avvertire.

intuitivaménte avv. per intuito, istintivamente, spontaneamente **CONTR.** razionalmente, ponderatamente.

intuitività s. f. immediatezza, intuizione.

intuitìvo agg. istintivo, naturale, spontaneo, immediato, evidente, facile, ovvio **CONTR.** calcolato, meditato, ponderato, studiato.

intuìto (1) part. pass. di **intuire**; anche agg. capito, afferrato □ indovinato, avvertito.

intùito (2) s. m. intuizione, percezione, comprensione, intelligenza, acume, acutezza, perspicacia, prontezza, fiuto, sesto senso **CONTR.** meditazione, riflessione, studio, calcolo.

intuizióne s. f. intuito, fiuto, sesto senso, perspicacia.

inumanità s. f. crudeltà, efferatezza, ferocia,

inesorabilità, spietatezza, durezza, barbarie, brutalità, violenza CONTR. bontà, dolcezza, benignità, mansuetudine, misericordia, mitezza, pietà, umanità.

inumàno agg. disumano, crudele, feroce, spietato, efferato, inesorabile, bruto, duro, brutale, violento, malvagio CONTR. buono, benigno, dolce, mansueto, mite, pietoso, misericordioso, umano.

inumàre v. tr. seppellire, sotterrare, interrare CONTR. esumare, disseppellire, dissotterrare.

inumazióne s. f. seppellimento, sotterramento, sepoltura CONTR. esumazione, disseppellimento, dissotterramento.

inumidìre A v. tr. bagnare leggermente, umettare, irrorare CONTR. asciugare, seccare, disseccare **B inumidirsi** v. intr. pron. diventare umido, umettarsi, bagnarsi CONTR. asciugarsi, seccarsi, disseccarsi.

inumidìto part. pass. di **inumidire**; anche agg. umido, umettato, irrorato CONTR. asciutto, secco, disseccato.

inurbaménto s. m. trasferimento in città, urbanizzazione.

inurbàno agg. incivile, scortese, rozzo, maleducato, ineducato, insolente, villano, zotico, grossolano CONTR. urbano, educato, fine, cortese, garbato, gentile, civile.

inurbàrsi v. intr. pron. **1** trasferirsi in città, urbanizzarsi **2** (*fig.*, *lett.*) incivilirsi, ingentilirsi.

inurbàto part. pass. di **inurbarsi**; anche agg. urbanizzato.

inusitàto agg. inconsueto, insolito, infrequente, nuovo, straordinario CONTR. abituale, consueto, frequente, ordinario, solito, usuale.

inùtile agg. senza effetto, inefficace, superfluo, vano, sterile, infruttifero, infruttuoso, inservibile CONTR. utile, efficace, giovevole, proficuo, fruttuoso.

inutilità s. f. inefficacia, inanità, infruttuosità, inefficienza, inservibilità, vanità, vacuità CONTR. utilità, vantaggio, proficuità, efficenza.

inutilizzàbile agg. inservibile, inutile CONTR. utilizzabile, utile.

inutilménte avv. vanamente, invano, infruttuosamente, sterilmente, senza utilità CONTR. utilmente, fruttuosamente, vantaggiosamente.

invadènte part. pres. di **invadere**; anche agg. e s. m. e f. ficcanaso, indiscreto, indelicato, intrigante, intromettente, petulante CONTR. discreto, delicato, prudente □ menefreghista.

invadènza s. f. inframmettenza, intromissione, intrusione, indiscrezione, indelicatezza, petulanza CONTR. discrezione, delicatezza, prudenza □ indifferenza, menefreghismo.

invàdere v. tr. **1** occupare, irrompere, conquistare, impadronirsi, usurpare CONTR. liberare □ ritirarsi, abbandonare **2** (*di fiume*, *di male*, *ecc.*) dilagare, inondare, devastare □ contagiare CONTR. ritirarsi, abbandonare, lasciare □ liberare, guarire **3** (*fig.*) (*di diritti*, *di poteri*, *ecc.*) attribuirsi illegittimamente.

invaghìre A v. tr. (*lett.*) innamorare CONTR. disamorare, disinnamorare **B invaghirsi** v. intr. pron. incapricciarsi, innamorarsi, infiammarsi CONTR. disamorarsi, disinnamorarsi.

invaghìto part. pass. di **invaghire**; anche agg. incapricciato, innamorato CONTR. disamorato.

invalicàbile agg. intransitabile □ insormontabile, insuperabile CONTR. valicabile, transitabile, superabile.

invalidàre v. tr. **1** infirmare, annullare, impugnare CONTR. convalidare, ratificare, sanzionare **2** (*est.*) (*di obiezioni*, *di ragionamento*, *ecc.*) dimostrare infondato, confutare CONTR. approvare.

invalidàto part. pass. di **invalidare**; anche agg. infirmato, annullato, impugnato CONTR. convalidato, ratificato, sanzionato.

invalidità s. f. **1** menomazione CONTR. integrità, sanità **2** (*dir.*) nullità, non idoneità CONTR. validità, idoneità.

invàlido A agg. **1** inabile, menomato, minorato, impedito, handicappato, andicappato CONTR. integro, sano **2** (*dir.*) nullo, privo di validità CONTR. valido **B** s. m. inabile, minorato, impedito, handicappato, andicappato, mutilato.

invàlso part. pass. di **invalere**; anche agg. venuto in uso, venuto in vigore, adottato, diffuso, affermato, di moda, in (*ingl.*) CONTR. disusato, fuori moda, out (*ingl.*).

invàno avv. senza effetto, inutilmente, vanamente, indarno (*lett.*), a vuoto, senza profitto CONTR. utilmente, efficacemente, proficuamente.

invariàbile agg. immutabile, inalterabile, costante, fisso, stabile □ (*mat.*) invariantivo CONTR. variabile, mutevole, mutabile, incostante, instabile.

invariabilità s. f. immutabilità, inalterabilità, costanza, fissità, stabilità CONTR. variabilità, mutabilità, mutevolezza, incostanza, instabilità.

invariabilménte avv. immutabilmente, inalterabilmente □ costantemente, stabilmente CONTR. mutabilmente, mutevolmente □ incostantemente, instabilmente.

invariàto agg. immutato, inalterato, costante, fermo, fisso, stabile, uguale CONTR. variato, diverso, mutato, cambiato, modificato, trasformato.

invasaménto s. m. ossessione □ esaltazione, infatuazione.

invasàre A v. tr. ossessionare, indemoniare □ (*fig.*) turbare, scombussolare CONTR. calmare, placare, rasserenare, tranquillizzare **B invasarsi** v. intr. pron. (*raro*) infatuarsi, esaltarsi, infervorarsi CONTR. calmarsi, placarsi, tranquillizzarsi.

invasàto part. pass. di **invasare**; anche agg. e s. m.

1 ossesso, indemoniato, spiritato, posseduto **2** (*fig.*) infatuato, infervorato, esaltato, fanatico, ossessionato **CONTR.** calmo, freddo, impassibile, imperturbabile, indifferente.

invasióne s. f. **1** occupazione, conquista □ incursione, irruzione, scorreria **CONTR.** liberazione □ ritirata, ripiegamento, sgombero **2** (*di acque*) inondazione **CONTR.** ritiro **3** (*fig., med.*) contagio dilagante.

invàso (1) part. pass. di **invadere**; anche agg. **1** occupato, conquistato, percorso **CONTR.** liberato **2** (*da acque*) inondato **CONTR.** liberato, libero **3** (*med.*) infettato **CONTR.** disinfettato.

invàso (2) s. m. (*di serbatoio idrico*) capacità utilizzabile □ (*est.*) serbatoio.

invasóre s. m.; anche agg. (f. *invaditrice*) conquistatore, occupante □ nemico **CONTR.** liberatore.

invecchiaménto s. m. **1** vecchiaia **CONTR.** ringiovanimento, giovinezza **2** stagionatura, maturazione □ modificazione.

invecchiàre A v. intr. **1** diventare vecchio, avanzare negli anni □ incanutire **CONTR.** ringiovanire **2** (*est.*) (*di vino, di formaggio, ecc.*) stagionarsi, maturarsi □ modificarsi **3** (*est.*) (*di persona, di cosa*) perdere in freschezza, sfiorire, decadere, declinare, logorarsi **CONTR.** rifiorire, rinnovarsi **4** (*fig.*) (*di vestito, di uso, ecc.*) passare di moda, cadere in disuso, essere out (*ingl.*) **CONTR.** tornare di moda, essere in (*ingl.*) **B** v. tr. **1** far diventare vecchio, rendere vecchio **CONTR.** svecchiare, ringiovanire **2** (*di formaggio, di vino, ecc.*) far maturare, stagionare □ modificare.

invecchiàto part. pass. di **invecchiare**; anche agg. **1** divenuto vecchio □ incanutito **CONTR.** ringiovanito **2** (*est.*) (*di vino, di formaggio, ecc.*) stagionato, maturato □ modificato **3** (*di persona, di cosa*) sfiorito, decaduto, avvizzito **CONTR.** rifiorito, rinnovato **4** (*fig.*) (*di vestito, di uso, ecc.*) fuori moda, disusato, in disuso, out (*ingl.*) **CONTR.** in uso, di moda, alla moda, in (*ingl.*).

invéce A avv. al contrario, all'opposto **B** nella loc. prep. *invece di*, in luogo di, al posto di, in cambio di, anziché **CONTR.** come.

inveìre v. intr. rivolgersi contro, scagliarsi contro, scatenarsi, apostrofare, assalire, infierire, ingiuriare, oltraggiare, gridare, urlare, insolentire **CONTR.** parlare dolcemente, blandire, lodare.

invelenìre A v. tr. **1** rendere velenoso **2** (*fig.*) inasprire, irritare, inviperire, rendere astioso **CONTR.** rabbonire, raddolcire, mitigare, placare, ammansire **B** v. intr. e **invelenirsi** intr. pron. irritarsi, arrabbiarsi, accanirsi, inasprirsi, inviperirsi, sdegnarsi **CONTR.** rabbonirsi, raddolcirsi, placarsi, ammansirsi.

invelenìto part. pass. di **invelenire**; anche agg. irritato, arrabbiato, inviperito, incavolato (*euf.*), incazzato (*volg.*).

invendìbile agg. inalienabile **CONTR.** vendibile, alienabile, commerciabile.

invendicàto agg. impunito, inulto (*lett.*) **CONTR.** vendicato, punito.

invendùto agg. non venduto, giacente **CONTR.** venduto, esitato, spacciato.

inventàre v. tr. **1** (*di cosa*) escogitare, scoprire, creare, trovare, ideare □ brevettare **CONTR.** copiare, imitare, plagiare, ricalcare, riprodurre **2** (*di storie, di situazioni, ecc.*) immaginare, concepire, creare con la fantasia □ fingere, mentire, affermare falsamente.

inventariàre v. tr. registrare □ protocollare.

inventàrio s. m. **1** rilevazione, registrazione, catalogo, lista, nota, repertorio **2** registro □ protocollo **3** (*fig.*) (*di malattie, di guai, ecc.*) enumerazione, lista, elenco.

inventàto part. pass. di **inventare**; anche agg. **1** (*di cosa*) scoperto, escogitato, trovato, creato, ideato □ brevettato **CONTR.** copiato, imitato, plagiato **2** (*di storie, di situazioni, ecc.*) immaginato, concepito □ infondato, falso, finto, menzognero □ fantastico, immaginario **CONTR.** effettivo, reale, vero, autentico.

inventiva s. f. fantasia, immaginazione, immaginativa, creatività.

inventóre A agg. (f. *-trice*) creatore **B** s. m. autore, scopritore, ideatore, creatore, ritrovatore, fondatore.

invenzióne s. f. **1** scoperta, ideazione, creazione, ritrovamento □ trovata **CONTR.** copia, imitazione, plagio **2** creatività, immaginativa, immaginazione, inventiva, fantasia **3** (*est.*) notizia inventata, bugia, fandonia, favola, fola, menzogna, balla (*fam.*) **CONTR.** realtà, vero, verità **4** (*dir.*) ritrovamento.

inverdire A v. tr. rendere verde, rinverdire **B** v. intr. e **inverdirsi** intr. pron. diventare verde, verdeggiare **CONTR.** ingiallire.

inverecóndia s. f. impudicizia, spudoratezza, immodestia, incontinenza, indecenza, immoralità, impudenza, lascivia, licenziosità, libertinaggio, scostumatezza, oscenità, sfacciataggine, sfrontatezza **CONTR.** verecondia, pudicizia, pudore, castità, illibatezza, decenza, modestia, moralità, onestà, continenza, costumatezza.

inverecóndo agg. impudico, spudorato, lascivo, licenzioso, immodesto, immorale, osceno, impudente, libertino, sfacciato, sfrontato **CONTR.** verecondo, pudico, casto, illibato, intemerato, continente, modesto, onesto, costumato.

invernàle agg. dell'inverno, d'inverno **CFR.** primaverile, estivo, autunnale.

invernàta s. f. inverno.

invèrno s. m. stagione fredda, invernata **CONTR.** estate.

inverosimigliànza s. f. incredibilità, improbabilità, inattendibilità, inconcepibilità, assurdità, stranezza **CONTR.** verosimiglianza, credibilità, attendibilità, probabilità, concepibilità.

inverosìmile agg. incredibile, improbabile, inammissibile, inattendibile, inconcepibile, assurdo, inaudito, illogico, strano **CONTR.** verosimile, credibile, attendibile, probabile, concepibile, logico.

inverosimilménte avv. incredibilmente, assurdamente, inconcepibilmente, illogicamente, stranamente **CONTR.** verosimilmente, credibilmente, attendibilmente.

inversaménte avv. in modo inverso, contrariamente **CONTR.** direttamente.

inversióne s. f. **1** capovolgimento, rovesciamento, stravolgimento □ trasposizione **2** (*fig.*) anormalità, perversione **CONTR.** normalità **FRAS.** *inversione di tendenza*, mutamento di direzione □ *inversione sessuale*, omosessualità □ *inversione di parola*, anagramma.

invèrso agg. contrario, opposto, rovescio, rovesciato **CONTR.** diritto, dritto.

invertebràto A agg. senza colonna vertebrale **CONTR.** vertebrato **B** agg. e s. m. (*fig.*) fiacco, indolente **CONTR.** alacre, attivo, energico, operoso, solerte.

invertìbile agg. (*elettr.*) reversibile.

invertìre v. tr. **1** (*di strada, di marcia, ecc.*) volgere, cambiare, mutare **2** (*di ordine, di situazione, ecc.*) capovolgere, rovesciare, voltare, rivoltare, stravolgere, ribaltare **CONTR.** riordinare, raddrizzare.

invertìto A part. pass. di **invertire**; anche agg. messo al contrario, capovolto, rivoltato, ribaltato, rovesciato **CONTR.** raddrizzato **B** s. m. omosessuale, diverso, gay (*ingl.*), pederasta, sodomita, finocchio (*pop., fam.*), recchione (*centr.*) **CONTR.** eterosessuale.

investigàre v. tr. cercare, ricercare, esaminare, esplorare, indagare, inquisire, frugare, perquisire, rovistare, scandagliare, scrutare, sviscerare **CONTR.** scoprire, rinvenire, scovare, svelare, trovare.

investigatìvo agg. inquisitivo □ indagatore, investigatore.

investigatóre agg.; anche s. m. (f. *-trice*) investigativo □ ricercatore, esaminatore, scrutatore □ indagatore, informatore, detective (*ingl.*), zerozerosette.

investigazióne s. f. indagine, ricerca, esame, esplorazione, inchiesta, inquisizione, perquisizione, scrutamento, analisi **CONTR.** rinvenimento, ritrovamento, scoperta.

investiménto s. m. **1** (*di denaro*) collocamento, impiego **2** (*est.*) (*di veicolo*) collisione, scontro, urto.

investìre A v. tr. **1** (*di titolo, di carica, ecc.*) concedere, dare, promuovere, innalzare, elevare **CONTR.** dimettere, estromettere, esonerare **2** (*di compito, di impegno, ecc.*) incaricare, affidare **3** (*di denaro*) collocare, impiegare **4** (*di veicolo*) urtare, cozzare **5** (*di persona*) premere, incalzare, aggredire, assalire, affrontare **B investirsi** v. rifl. rec. urtarsi □ assalirsi, ferirsi **C** v. rifl. **1** (*di titolo, di carica, ecc.*) appropriarsi **2** (*di compito, di parte, ecc.*) immedesimarsi, compenetrarsi, sobbarcarsi **CONTR.** essere indifferente, disinteressarsi.

investìto part. pass. di **investire**; anche agg. e s. m. **1** (*di titolo, di carica, ecc.*) elevato, promosso **CONTR.** dimesso, esonerato **2** (*di compito, di impegno, ecc.*) incaricato, delegato **3** (*di denaro*) collocato, impiegato **4** (*da veicolo*) urtato, colpito **5** (*di persona*) premuto, assalito, incalzato, aggredito, affrontato **6** (*fig.*) (*da paura, da dolore, ecc.*) compenetrato, pervaso, immedesimato **CONTR.** indifferente, apatico.

investitùra s. f. **1** (*di feudo, di carica, ecc.*) attribuzione, concessione □ infeudamento **2** insediamento, nomina □ presa di possesso **CONTR.** destituzione, esonero, rimozione.

inveteràto agg. invecchiato, connaturato, radicato, abbarbicato, incarognito, indurito, inguaribile, profondo **CONTR.** fresco, nuovo, recente.

invettìva s. f. apostrofe, attacco, filippica, sfuriata, tirata, rampogna, intemerata □ insolenza, maledizione **CONTR.** elogio, lode, encomio, esaltazione, plauso, adulazione, incensamento □ benedizione.

inviàre v. tr. mandare, spedire, indirizzare, inoltrare, trasmettere **CONTR.** ricevere, accogliere, accettare.

inviàto A part. pass. di **inviare**; anche agg. mandato, spedito, indirizzato, inoltrato, trasmesso **CONTR.** ricevuto, accolto, accettato **B** s. m. **1** incaricato, delegato, rappresentante, ambasciatore, messo, mandatario **CONTR.** mandante **2** giornalista, cronista.

invìdia s. f. **1** gelosia, livore, bile, malevolenza, astio, acrimonia, rivalità **CONTR.** compiacimento, altruismo, disinteresse, consenso, ammirazione **2** ammirazione, piacere **CONTR.** disprezzo, dispiacere.

invidiàbile agg. ammirevole, auspicabile, desiderabile, appetibile, eccellente, straordinario □ felice, fausto **CONTR.** indesiderabile, detestabile □ funesto, infelice.

invidiàre v. tr. **1** provare invidia, provare rancore **CONTR.** compiacersi, ammirare **2** ammirare, ambire, desiderare ardentemente **CONTR.** odiare, disprezzare.

invidiàto part. pass. di **invidiare**; anche agg. guardato con invidia, ammirato, ambito, desiderato **CONTR.** odiato, disprezzato.

invidiosaménte avv. **1** con invidia, astiosamente, gelosamente **CONTR.** con ammirazione □ amichevolmente **2** con ammirazione, con compiacimento **CONTR.** astiosamente.

invidióso agg. pieno d'invidia, astioso, geloso, ìnvido (*lett.*) □ bramoso □ emulo, rivale **CONTR.** ammiratore, esaltatore □ amico.

invigorìre A v. tr. **1** dar vigore, irrobustire, rinforzare CONTR. indebolire, svigorire, debilitare 2 (*fig.*) incoraggiare, animare, rianimare CONTR. scoraggiare, disanimare **B** v. intr. e **invigorirsi** intr. pron. **1** prendere vigore, irrobustirsi, rinforzarsi, ingagliardirsi CONTR. indebolirsi, svigorirsi, debilitarsi **2** (*fig.*) rianimarsi, incoraggiarsi CONTR. scoraggiarsi, perdersi d'animo.

invilìre A v. tr. **1** rendere vile, umiliare, avvilire, scoraggiare, indebolire CONTR. rafforzare, invigorire, rinvigorire, incoraggiare **2** (*lett.*) svilire, disistimare, rinvilire, diminuire, ribassare, sminuire CONTR. accrescere, aumentare, stimare **B** v. intr. e **invilirsi** intr. pron. **1** divenire vile, umiliarsi, scoraggiarsi, avvilirsi, disanimarsi, indebolirsi CONTR. rianimarsi, incoraggiarsi, rinvigorirsi **2** decadere, perdere pregio CONTR. acquistare pregio, acquistare valore.

inviluppàre A v. tr. **1** avvolgere, fasciare, avviluppare, involgere, ravvolgere, ravvoltolare CONTR. sviluppare, sciogliere, svolgere, disinvolgere **2** (*fig.*) irretire, imbrogliare, intrappolare, impelagare, impegolare CONTR. liberare, tirare fuori **B invilupparsi** v. rifl. **1** avvilupparsi, avvolgersi CONTR. liberarsi **2** (*fig.*) impelagarsi, impegolarsi CONTR. liberarsi, tirarsi fuori.

inviluppàto part. pass. di **inviluppare**; anche agg. **1** avvolto, fasciato, avviluppato, ravvolto CONTR. liberato **2** (*fig.*) irretito, impegolato, impelagato CONTR. liberato **3** (*fig.*) imbrogliato, intricato CONTR. chiaro, perspicuo, semplice.

invincìbile agg. imbattibile, inespugnabile, indomabile, indomito, invitto □ insormontabile, insuperabile CONTR. vincibile, superabile, vinto, sconfitto, sopraffatto.

invincibilità s. f. imbattibilità, inespugnabilità, insuperabilità CONTR. superabilità, debolezza.

invìo s. m. **1** spedizione, trasmissione, inoltro CONTR. ricevimento, ricezione **2** (*letter.*) (*di poesia*) commiato, congedo.

inviolàbile agg. imprescindibile, infrangibile, intrasgredibile □ invulnerabile □ invincibile, imbattibile CONTR. violabile □ vulnerabile □ battibile.

inviolabilità s. f. imprescindibilità, infrangibilità □ invulnerabilità □ invincibilità CONTR. violabilità □ vulnerabilità □ battibilità.

inviolàto agg. intatto, integro, illeso, incontaminato □ imbattuto CONTR. violato, contaminato □ battuto, vinto.

inviperìre A v. tr. irritare, inasprire, invelenire, incazzare (*volg.*), incavolare (*euf.*) CONTR. calmare, rabbonire, ammansire, placare, quietare **B** v. intr. e **inviperirsi** intr. pron. irritarsi, arrabbiarsi, adirarsi, infuriarsi, incazzarsi (*volg.*), incavolarsi (*euf.*) CONTR. calmarsi, rabbonirsi, ammansirsi, placarsi.

inviperìto part. pass. di **inviperire**; anche agg. irritato, arrabbiato, esacerbato, furente, incazzato (*volg.*), incavolato (*euf.*) CONTR. calmo, rabbonito, placato.

invischiàre A v. tr. **1** spalmare di vischio **2** prendere col vischio, impaniare, invescare (*lett.*) CONTR. liberare **3** (*fig.*) adescare, lusingare, sedurre CONTR. disgustare, allontanare, respingere **B invischiarsi** v. intr. pron. (*anche fig.*) impaniarsi, impegolarsi, impelagarsi, impantanarsi, ingolfarsi CONTR. liberarsi.

invischiàto part. pass. di **invischiare**; anche agg. (*fig.*) impegolato, impelagato, impantanato, ingolfato CONTR. liberato, libero.

invisìbile agg. impossibile a vedersi, impercettibile, indistinguibile, microscopico, piccolissimo □ nascosto, occulto □ immateriale, incorporeo CONTR. visibile, appariscente, enorme, grandissimo □ materiale, corporeo.

invisibilménte avv. impercettibilmente CONTR. visibilmente.

invìso agg. (*lett.*) malvisto, antipatico, sgradito, detestato, odiato CONTR. ben visto, gradito, accetto, caro.

invitànte part. pres. di **invitare (1)**; anche agg. allettante, seducente, attraente, affascinante, ammaliante CONTR. repellente, ripugnante, disgustoso, antipatico.

invitàre (1) A v. tr. **1** chiamare, far venire, fare intervenire □ (*est.*) convocare CONTR. respingere, mandar via **2** convitare, ospitare **3** indurre, esortare, incitare, persuadere, sollecitare, spingere □ allettare, invogliare CONTR. dissuadere, distogliere, allontanare, rimuovere **4** (*nel gioco*) chiamare **B invitarsi** v. rifl. rec. farsi inviti, scambiarsi inviti.

invitàre (2) v. tr. avvitare, inserire la vite □ stringere con vite CONTR. svitare.

invitàto (1) part. pass. di **invitare (1)**; anche agg. e s. m. **1** chiamato, convocato **2** convitato, ospite CONTR. ospitante, anfitrione **3** indotto, esortato, persuaso, sollecitato, spinto CONTR. dissuaso, allontanato.

invitàto (2) part. pass. di **invitare (2)**; anche agg. avvitato □ stretto con vite CONTR. svitato.

invìto s. m. **1** convocazione, chiamata □ sollecitazione, incitamento, stimolo □ preghiera, proposta, offerta CONTR. rifiuto, ripulsa **2** biglietto di invito **3** ingiunzione, ordine, richiesta **4** (*fig.*) richiamo, allettamento, lusinga, seduzione.

invivìbile agg. inabitabile CONTR. abitabile, vivibile.

invocàre v. tr. **1** (*di persona, di nome, ecc.*) chiamare, supplicare, implorare, impetrare, pregare, richiedere pregando, fare appello CONTR. maledire, esecrare, imprecare **2** (*di aiuto, di pietà, ecc.*) chiedere, implorare □ ambire, desiderare CONTR. dare, offrire, prestare **3** (*di legge, di diritto, ecc.*) citare a sostegno, chiamare a sostegno CONTR. confutare.

invocàto part. pass. di **invocare**; anche agg. **1** (*di persona, di nome, ecc.*) chiamato, implorato, pregato CONTR. maledetto, esecrato **2** (*di aiu-*

to, di pietà, ecc.) chiesto, implorato □ ambito, desiderato CONTR. dato, offerto, prestato **3** (*di legge, di diritto, ecc.*) chiamato a sostegno CONTR. confutato.

invocazióne s. f. **1** implorazione, preghiera, supplica, grido, richiesta, istanza CONTR. comando, imposizione, ingiunzione □ rifiuto, rigetto, ripulsa **2** (*di poema*) protasi.

invogliàre A v. tr. allettare, eccitare, incitare, indurre, invitare, stimolare CONTR. dissuadere, distogliere, disamorare, allontanare, stancare **B invogliarsi** v. intr. pron. bramare, desiderare, incapricciarsi, invaghirsi CONTR. disamorarsi, disgustarsi, nausearsi, stomacarsi.

invogliàto part. pass. di **invogliare**; anche agg. allettato, invitato, stimolato, eccitato, preso, bramoso, desideroso, voglioso CONTR. svogliato, disamorato, disgustato, nauseato, stanco, stomacato.

invòlgere A v. tr. **1** avviluppare, avvolgere, fasciare, involtare (*fam.*), ravvolgere, rivestire CONTR. svolgere, disinvolgere, scartare, aprire, sfasciare **2** (*raro, lett.*) implicare, coinvolgere, immischiare **B involgersi** v. intr. pron. **1** avvolgersi CONTR. liberarsi **2** (*fig.*) essere coinvolto, essere implicato CONTR. liberarsi.

involontariaménte avv. senza volerlo, senza farlo apposta, casualmente, accidentalmente, fortuitamente, inconsapevolmente CONTR. volontariamente, intenzionalmente, volutamente, apposta.

involontàrio agg. non voluto, casuale, accidentale, fortuito □ colposo, preterintenzionale □ istintivo, meccanico CONTR. volontario, voluto, fatto apposta, intenzionale, premeditato.

involtìno s. m. **1** dim. di **involto 2** fagottino, pacchetto.

invòlto s. m. **1** fagotto, pacco, fardello, plico, cartoccio **2** involucro.

invòlucro s. m. **1** involto, copertura, fodera, astuccio, contenitore □ corteccia, scorza **2** (*bot.*) brattee.

involutìvo agg. regressivo, involutorio CONTR. evolutivo.

involùto agg. complesso, intricato, confuso, contorto, imbrogliato, oscuro, tortuoso CONTR. aperto, chiaro, evidente, facile, intelligibile, lineare, piano, perspicuo, semplice.

involutòrio agg. involutivo, regressivo □ degenerativo CONTR. evolutivo.

involuzióne s. f. **1** complicazione, intrico, tortuosità CONTR. chiarezza, evidenza, intelligibilità, linearità, perspicuità, semplicità **2** regresso, regressione, decadimento, decadenza, declino, degenerazione CONTR. evoluzione, progresso, perfezionamento, sviluppo, svolgimento, avanzamento.

invulneràbile agg. inattaccabile, inviolabile □ invincibile CONTR. vulnerabile, violabile.

invulnerabilità s. f. inviolabilità □ invincibilità, inattaccabilità CONTR. vulnerabilità, violabilità.

inzaccheràre A v. tr. schizzare di fango, infangare, impillaccherare **B inzaccherarsi** v. rifl. infangarsi, impillaccherarsi.

inzeppàre v. tr. (*anche fig.*) riempire, colmare, rimpinzare, stipare, caricare CONTR. vuotare, svuotare, sgombrare.

inzuppàre v. tr. **1** bagnare, ammollare, immollare, impregnare, infradiciare CONTR. asciugare, seccare **2** (*est.*) immergere, imbevere.

inzuppàto part. pass. di **inzuppare**; anche agg. bagnato, zuppo, immollato CONTR. asciutto, secco.

ìo s. m. inv. **1** proprio essere, soggetto pensante, individualità **2** (*psicol.*) ego (*lat.*) FRAS. *io come io*, per quanto mi riguarda.

ióne s. m. (*fis.*) atomo elettrizzato.

iòsa vc.; solo nella loc. avv. *a iosa*, in grande quantità, in abbondanza, a bizzeffe CONTR. poco, scarsamente.

iperacidità s. f. (*med.*) ipercloridria CONTR. ipocloridria.

ipèrbole s. f. **1** (*ling.*) amplificazione **2** (*est.*) esagerazione, eccesso, ingrandimento, gonfiatura, ampollosità CONTR. attenuazione, diminuzione, moderazione.

iperbolicaménte avv. **1** per iperbole **2** (*fig.*) esageratamente, eccessivamente, enormemente CONTR. misuratamente, modestamente, moderatamente.

ipèrbolico agg. **1** (*ling.*) di iperbole **2** (*est.*) eccessivo, esagerato, smodato, smoderato, enorme, grandioso CONTR. misurato, moderato, modico, contenuto, limitato, sobrio, semplice, discreto, minimo.

ipercalòrico agg. CONTR. ipocalorico.

iperdosàggio s. m. overdose (*ingl.*).

ipereccitàbile agg. molto eccitabile, sovreccitabile, ipersensibile □ nevrotico CONTR. apatico, calmo, flemmatico, freddo, impassibile, indifferente, imperturbabile.

ipereccitabilità s. f. sovreccitabilità, ipersensibilità CONTR. impassibilità, imperturbabilità.

iperglicemìa s. f. (*med.*) CONTR. ipoglicemia.

iperglicèmico agg. (*med.*) CONTR. ipoglicemico.

ipermètrope agg.; anche s. m. e f. presbite CONTR. ipometrope, miope.

ipermetropìa s. f. presbiopia CONTR. ipometropia, miopia.

ipernutrìto agg. iperalimentato, superalimentato CONTR. ipoalimentato, denutrito.

ipernutrizióne s. f. iperalimentazione, superalimentazione, supernutrizione CONTR. iponutrizione, ipoalimentazione.

ipersensìbile agg. eccessivamente sensibile, ipereccitabile □ suscettibile CONTR. apatico, freddo, impassibile, imperturbabile.

ipersensibilità s. f. iperestesia, eccessiva sensibilità, sensibilità morbosa CONTR. apatia, calma, flemma, freddezza, impassibilità, imperturbabilità, indifferenza.

ipertensióne s. f. (*med.*) alta pressione **CONTR.** ipotensione, bassa pressione.

ipertéso agg.; anche s. m. **CONTR.** ipoteso.

ipnòsi s. f. sonno artificiale, ipnotismo, trance (*ingl.*).

ipnòtico A agg. dell'ipnosi **B** agg. e s. m. sonnifero, ipnogeno **CONTR.** eccitante.

ipnotìsmo s. m. ipnosi, sonno artificiale.

ipnotizzàre v. tr. **1** indurre in ipnosi, addormentare **2** (*fig.*) dominare, suggestionare.

ipnotizzàto part. pass. di **ipnotizzare**; anche agg. **1** addormentato **2** (*fig.*) dominato, suggestionato.

ipoalimentàto agg. sottoalimentato, iponutrito, denutrito **CONTR.** iperalimentato, ipernutrito.

ipoalimentazióne s. f. iponutrizione, denutrizione, alimentazione insufficiente **CONTR.** iperalimentazione, supernutrizione, superalimentazione, ipernutrizione.

ipocalòrico agg. **CONTR.** ipercalorico.

ipocondrìa s. f. **1** (*med.*) atrabile **2** (*est.*) abbattimento, avvilimento, sconforto, depressione, scoramento, tristezza, tetraggine (*lett.*), pessimismo **CONTR.** allegrezza, contentezza, gaiezza, gioia, letizia, euforia, ottimismo.

ipocondrìaco agg. (*est.*) abbattuto, avvilito, cupo, depresso, sconfortato, triste, tetro, pessimista **CONTR.** allegro, contento, gaio, lieto, ottimista.

ipocrisìa s. f. falsità, finzione, doppiezza, impostura, insincerità, infingimento, affettazione, simulazione, dissimulazione, fariseismo, gesuitismo, tartufismo, bacchettoneria, pietismo **CONTR.** candore, dirittura, franchezza, ingenuità, onestà, semplicità, sincerità, schiettezza, trasparenza.

ipòcrita agg. e s. m. falso, finto, doppio, insincero, impostore, simulatore, dissimulatore, affettato, bugiardo, menzognero, bacchettone, bigotto, fariseo, gesuita, tartufo, sepolcro imbiancato, strisciante **CONTR.** aperto, candido, diritto, franco, ingenuo, onesto, semplice, schietto, sincero.

ipocritaménte avv. falsamente, fintamente, doppiamente, simulatamente, affettatamente **CONTR.** apertamente, candidamente, francamente, ingenuamente, onestamente, schiettamente, semplicemente, sinceramente.

ipodèrmico agg. sottocutaneo.

ipodermoclìsi s. f. (*med.*) fleboclisi.

ipoglicemìa s. f. (*med.*) **CONTR.** iperglicemia.

ipoglicèmico agg. (*med.*) **CONTR.** iperglicemico.

iponutrìto agg. sottoalimentato, ipoalimentato **CONTR.** ipernutrito, iperalimentato, superalimentato.

iponutrizióne s. f. insufficiente nutrizione, sottoalimentazione, ipoalimentazione **CONTR.** ipernutrizione, supernutrizione.

iposònico agg. **CONTR.** ultrasonico, supersonico.

ipòstasi s. f. **1** (*teol.*) persona della Trinità □ incarnazione **2** (*ling.*) ricategorizzazione **3** (*med.*) stasi sanguigna.

ipotàssi s. f. (*ling.*) subordinazione **CONTR.** paratassi, coordinazione.

ipotàttico agg. (*ling.*) subordinativo **CONTR.** paratattico, coordinativo.

ipotèca s. f. **1** garanzia **2** (*fig.*) impegno, obbligo.

ipotecàre v. tr. **1** (*dir.*) gravare d'ipoteca, impegnare **2** (*fig.*) cercare di assicurarsi, fare proprio.

ipotensióne s. f. (*med.*) bassa pressione **CONTR.** ipertensione, alta pressione.

ipòtesi s. f. **1** (*est.*) congettura, supposizione, presupposto, presunzione **CONTR.** certezza, sicurezza **2** caso, eventualità, possibilità.

ipotéso agg.; anche s. m. (*med.*) **CONTR.** iperteso.

ipotètico agg. **1** fatto per ipotesi, fondato su un'ipotesi **2** (*est.*) dubbio, incerto □ possibile, eventuale **CONTR.** certo, indubbio, sicuro.

ipotizzàbile agg. supponibile, congetturabile, ammissibile **CONTR.** inammissibile.

ipotizzàre v. tr. congetturare, immaginare, supporre, postulare.

ipovitaminòsi s. f. (*med.*) carenza di vitamine **CONTR.** ipervitaminosi.

ìppica s. f. (*sport*) equitazione **FRAS.** *darsi all'ippica* (*scherz.*), cambiare mestiere.

ìppico agg. equestre.

ippocàmpo s. m. (*zool.*) cavalluccio marino (*pop.*), ippuro.

ìra s. f. **1** collera, corruccio, furia, furore, indignazione, iracondia, irritazione, esacerbazione, rabbia, sdegno, stizza, bile, fiele **CONTR.** calma, placidità, quiete, tranquillità, mansuetudine, mitezza, flemma, impassibilità, imperturbabilità **2** (*spec. al pl.*) gravi discordie **3** (*fig.*) furia **FRAS.** *è un'ira di Dio* (*fig., fam.*), è una persona terribile, è una cosa terribile.

iracóndia s. f. propensione all'ira, irritabilità, irascibilità, suscettibilità, permalosità, intrattabilità **CONTR.** calma, placidezza (*raro*), placidità, quiete, tranquillità, mansuetudine, mitezza, flemma, impassibilità, imperturbabilità.

iracóndo agg. pronto all'ira, bilioso, irascibile, iroso, collerico, furente, furioso, iroso, permaloso, suscettibile, irritabile, rabbioso, ringhioso, risentito, stizzito, stizzoso, violento, intrattabile **CONTR.** calmo, pacifico, placido, quieto, tranquillo, mansueto, mite, flemmatico, impassibile, imperturbabile.

irascìbile agg. pronto all'ira, iroso, iracondo, irritabile, bilioso, collerico, permaloso, suscettibile **CONTR.** calmo, pacifico, placido, quieto, tranquillo, mansueto, mite, flemmatico, impassibile, imperturbabile.

irascibilità s. f. propensione all'ira, iracondia, collera, irritabilità, suscettibilità, permalosità **CONTR.** calma, placidezza, placidità, quiete, mansuetudine, mitezza, flemma, impassibilità, imperturbabilità.

iràto agg. adirato, sdegnato, indignato, incollerito, risentito, rabbioso, incazzato (*volg.*) □ tempestoso, burrascoso **CONTR.** calmo, pacifico, placido, quieto, tranquillo, mansueto, mite, flemmatico, impassibile, imperturbabile.

ìrbis s. m. (*zool.*) leopardo delle nevi.

ìreos s. m. (*bot.*) giaggiolo, iris, iride.

iridàto A agg. iridescente **B** s. m. (*sport*) (*di ciclismo e altri sport*) campione mondiale **FRAS.** *maglia iridata*, maglia di campione del mondo □ *campione iridato*, campione del mondo.

ìride s. f. **1** arcobaleno □ (*est.*) iridescenza **2** (*bot.*) giaggiolo, iris, ireos **FRAS.** *vestirsi dell'iride*, indossare la maglia di campione del mondo.

iridescènte agg. iridato □ variopinto, cangiante.

iridescènza s. f. colorazione cangiante.

iris s. f. (*bot.*) giaggiolo, ireos, iride.

ironìa s. f. derisione, sarcasmo, scherno □ umorismo **CONTR.** serietà, severità, austerità.

ironicaménte avv. beffardamente, sarcasticamente, sardonicamente, mordacemente □ umoristicamente **CONTR.** seriamente.

irònico agg. beffardo, derisorio, sarcastico, sardonico, mordace □ umoristico **CONTR.** serio, severo, austero.

ironizzàre v. tr. e intr. fare dell'ironia, scherzare, fare dell'umorismo.

irosaménte avv. rabbiosamente, furiosamente, con ira **CONTR.** placidamente, tranquillamente, flemmaticamente.

iróso agg. bilioso, iracondo, irato, irascibile, adirato, collerico, furioso, rabbioso **CONTR.** calmo, pacifico, placido, quieto, tranquillo, mansueto, mite, flemmatico, impassibile, imperturbabile.

irraccontàbile agg. inenarrabile, indicibile **CONTR.** raccontabile, narrabile, dicibile.

irradiaménto s. m. irradiazione, irraggiamento.

irradiàre A v. tr. **1** illuminare, rischiarare **CONTR.** oscurare, ottenebrare **2** raggiare, irraggiare □ diffondere, emanare, sprigionare **B** v. intr. **1** risplendere, brillare **2** (*fig.*) sprigionarsi **C irradiarsi** v. intr. pron. estendersi, propagarsi, diffondersi.

irradiàto part. pass. di **irradiare**; anche agg. **1** illuminato, rischiarato **CONTR.** oscurato, ottenebrato **2** diffuso, emanato, sprigionato.

irradiazióne s. f. **1** irraggiamento, irradiamento □ illuminazione **2** (*est., fig.*) diffusione, propagazione.

irraggiàre A v. tr. **1** irradiare □ illuminare, rischiarare **CONTR.** oscurare, ottenebrare **2** diffondere, sprigionare **B** v. intr. e **irraggiarsi** intr. pron. irradiarsi, diffondersi, propagarsi.

irraggiungìbile agg. difficile da raggiungere, inconseguibile □ impareggiabile **CONTR.** raggiungibile.

irragionévole agg. **1** (*di animale*) privo di ragione, irrazionale, bruto **CONTR.** ragionevole **2** (*di persona*) dissennato, stolto, matto, pazzo, sconsiderato, scriteriato **CONTR.** ragionevole, giudizioso, prudente, saggio, savio **3** (*di sospetto, di timore, ecc.*) illogico, incoerente, incongruo, inconseguente, infondato **CONTR.** ragionevole, logico, coerente, fondato.

irragionevolézza s. f. **1** (*di persona*) dissennatezza, stoltezza, pazzia, sconsideratezza, sconsigliatezza **CONTR.** ragionevolezza, giudizio, prudenza, saggezza **2** (*di discorso, di decisione, ecc.*) illogicità, incoerenza, infondatezza **CONTR.** coerenza, fondatezza, logicità.

irragionevolménte avv. dissennatamente, stoltamente, follemente **CONTR.** ragionevolmente, assennatamente.

irrancidìre v. intr. diventare rancido □ guastarsi, andare a male.

irrancidìto part. pass. di **irrancidire**; anche agg. rancido, stantio □ guasto, andato a male **CONTR.** sano.

irrazionàle agg. **1** privo di ragione, irragionevole, bruto **CONTR.** razionale, ragionevole **2** (*di decisione, di teoria, ecc.*) illogico, assurdo **CONTR.** logico, razionale **3** (*di cosa, di utensile, ecc.*) privo di funzionalità **CONTR.** funzionale, razionale.

irrazionalità s. f. irragionevolezza □ illogicità, assurdità **CONTR.** razionalità, logicità.

irrazionalménte avv. irragionevolmente, illogicamente, assurdamente **CONTR.** razionalmente, logicamente.

irreàle agg. privo di realtà, fantastico, immaginario, chimerico, fittizio, illusorio **CONTR.** reale, vero, concreto, positivo.

irrealizzàbile agg. impossibile, inattuabile **CONTR.** realizzabile, possibile, attuabile.

irrealtà s. f. mancanza di realtà □ fantasia, immaginazione, illusione **CONTR.** realtà, concretezza.

irrecuperàbile agg. definitivamente perduto, irrimediabile □ inservibile, inutilizzabile **CONTR.** recuperabile □ utilizzabile.

irredènto agg. occupato, oppresso, non redento, non liberato **CONTR.** redento, liberato.

irredimìbile agg. inestinguibile **CONTR.** redimibile, estinguibile.

irrefrenàbile agg. inarrestabile, incoercibile, incontenibile, sfrenato, travolgente **CONTR.** frenabile, arrestabile, contenibile, moderato.

irrefrenabilménte avv. inarrestabilmente, incoercibilmente, incontenibilmente, sfrenatamente **CONTR.** moderatamente, controllatamente.

irrefutàbile agg. certo, evidente, indiscutibile, inconfutabile, irrecusabile, incontrastabile, irrefragabile (*lett.*) **CONTR.** confutabile, discutibile.

irrefutabilità s. f. indiscutibilità, incontestabilità, certezza **CONTR.** discutibilità, contestabilità, incertezza.

irrefutabilménte avv. inconfutabilmente, indiscutibilmente, innegabilmente **CONTR.** discutibilmente, incertamente.

irreggimentàre v. tr. **1** incorporare in un reggimento **2** (*fig.*) inquadrare, disciplinare □ intruppare.

irregolàre agg. **1** anomalo, anormale, diverso, insolito **CONTR.** regolare, normale, solito **2** (*di bocca, di naso, ecc.*) sproporzionato, disarmonico **CONTR.** armonioso, proporzionato **3** (*di fenomeno, di rendimento, ecc.*) discontinuo, incostante, aritmico, intermittente **CONTR.** costante, uniforme **4** (*sport*) scorretto **CONTR.** corretto **5** (*ling.*) anomalo.

irregolarità s. f. **1** anomalia, anormalità **CONTR.** norma, normalità **2** (*di fenomeno, di rendimento, ecc.*) discontinuità, incostanza **CONTR.** continuità, costanza **3** (*di tratti, di viso, ecc.*) disarmonia, sproporzione **CONTR.** regolarità, armonia **4** (*di legge, di norma, ecc.*) violazione, abuso **CONTR.** osservanza, ossequio **5** (*sport*) fallo, scorrettezza **6** (*ling.*) anomalia, eccezione.

irregolarménte avv. fuori regola □ confusamente, disordinatamente **CONTR.** regolarmente, ordinatamente.

irreligiosità s. f. empietà, ateismo, incredulità, miscredenza, irreligione **CONTR.** religiosità, pietà, fede.

irreligióso agg. empio, miscredente, ateo, incredulo, non praticante, antireligioso **CONTR.** religioso, pio, fedele, credente, praticante.

irremissìbile agg. imperdonabile, inescusabile (*lett.*) **CONTR.** remissibile, perdonabile, scusabile.

irremovìbile agg. **1** (*raro*) fermo, fisso, saldo **CONTR.** movibile, mobile, spostabile, rimovibile **2** (*fig.*) inflessibile, irriducibile, ostinato, caparbio, pervicace, intransigente **CONTR.** arrendevole, condiscendente, docile, remissivo.

irremovibilità s. f. inflessibilità, ostinazione, caparbietà, intransigenza, pervicacia **CONTR.** arrendevolezza, condiscendenza, docilità.

irremovibilménte avv. inflessibilmente, ostinatamente, caparbiamente **CONTR.** docilmente, arrendevolmente.

irreparàbile agg. irrimediabile, ineluttabile, inevitabile **CONTR.** riparabile, evitabile.

irreparabilità s. f. irrimediabilità, ineluttabilità, inevitabilità **CONTR.** riparabilità, evitabilità.

irreparabilménte avv. irrimediabilmente, ineluttabilmente.

irreperìbile agg. introvabile, scomparso **CONTR.** reperibile.

irreprensìbile agg. corretto, incensurabile, ineccepibile, inattaccabile, inappuntabile **CONTR.** reprensibile, biasimevole, censurabile, criticabile, scorretto.

irrequietézza s. f. irrequietudine, inquietudine, agitazione, smania, vivacità **CONTR.** calma, placidità, quiete, tranquillità, flemma, posatezza.

irrequièto agg. inquieto, agitato, smanioso, vivace **CONTR.** calmo, placido, quieto, tranquillo, flemmatico, posato.

irresistìbile agg. **1** irrefrenabile, invincibile, inesorabile, indomabile, incoercibile **CONTR.** domabile, vincibile, coercibile **2** (*di persona*) affascinante, avvincente, attraente, fascinoso **CONTR.** ributtante, orrendo, orribile.

irresistibilménte avv. irrefrenabilmente, invincibilmente.

irresolutézza s. f. incertezza, indecisione, perplessità, irresoluzione, esitazione, insicurezza, titubanza, dubbio **CONTR.** decisione, determinatezza, risolutezza, sicurezza, ardire, slancio.

irresolùto agg. **1** incerto, indeciso, perplesso, esitante, tentennante, titubante, dubbioso, insicuro **CONTR.** deciso, determinato, risoluto, sicuro, ardito **2** (*lett.*) insoluto **CONTR.** risolto.

irrespiràbile agg. **1** (*est.*) dannoso, inquinato **CONTR.** respirabile **2** (*fig.*) (*di ambiente, di situazione, ecc.*) intollerabile, insopportabile, grave, opprimente **CONTR.** sopportabile, tollerabile, leggero, sereno.

irresponsàbile agg.; anche s. m. e f. incosciente, sconsiderato □ inconsapevole □ leggero, facilone **CONTR.** responsabile, cosciente, consapevole, equilibrato, serio.

irresponsabilità s. f. incoscienza, inconsapevolezza, sconsideratezza **CONTR.** responsabilità, coscienza, consapevolezza.

irresponsabilménte avv. sconsideratamente, incoscientemente □ follemente **CONTR.** responsabilmente, prudentemente.

irretìre v. tr. **1** (*raro*) prendere nella rete **2** (*fig.*) ingannare, imbrogliare, accalappiare, sedurre.

irretìto part. pass. di **irretire**; anche agg. (*fig.*) ingannato, imbrogliato, accalappiato, sedotto.

irreversìbile agg. ininvertibile, inconvertibile □ inarrestabile **CONTR.** reversibile.

irreversibilità s. f. inconvertibilità **CONTR.** reversibilità.

irrevocàbile agg. immutabile, invariabile, definitivo, irreparabile □ fatale, ineluttabile **CONTR.** revocabile, mutabile, variabile.

irrevocabilità s. f. immutabilità, invariabilità, irreparabilità, irremovibilità □ fatalità, ineluttabilità **CONTR.** revocabilità, mutabilità.

irrevocabilménte avv. immutabilmente, definitivamente, irreparabilmente □ ineluttabilmente, fatalmente **CONTR.** per nulla, affatto (*in frase negativa*).

irriconoscìbile agg. **CONTR.** riconoscibile, individuabile.

irrìdere v. tr. (*lett.*) deridere, schernire, beffare,

dileggiare, prendere in giro, canzonare **CONTR.** elogiare, encomiare, lodare, onorare, ossequiare.

irriducìbile agg. (*di persona, di volontà, ecc.*) inflessibile, incoercibile, irremovibile, incorreggibile, ostinato, tenace **CONTR.** riducibile, correggibile, arrendevole, docile, condiscendente, remissivo.

irriducibilità s. f. (*di persona, di volontà, ecc.*) irremovibilità, incoercibilità, inesorabilità, inflessibilità, ostinazione, tenacia **CONTR.** arrendevolezza, docilità, condiscendenza, remissività.

irriflessióne s. f. leggerezza, sbadataggine, sconsideratezza, spensieratezza, superficialità, sventatezza, avventatezza **CONTR.** riflessione, consideratezza, ponderatezza, ponderazione, prudenza, accortezza, avvedutezza.

irriflessìvo agg. sventato, sconsiderato, spensierato, leggero, superficiale, avventato, impulsivo **CONTR.** riflessivo, considerato, ponderato, prudente, accorto, avveduto.

irrigaménto s. m. irrigazione **CONTR.** prosciugamento, drenaggio **FRAS.** *irrigazione a pioggia*, irrigazione per aspersione.

irrigàre v. tr. **1** bagnare, adacquare, annacquare, annaffiare, innaffiare, inondare, irrorare **CONTR.** drenare, asciugare, prosciugare, seccare, disseccare **2** (*est.*) (*di fiume*) attraversare, bagnare.

irrigàto part. pass. di **irrigare**; anche agg. **1** bagnato, irriguo □ ricco d'acqua **CONTR.** arido, secco **2** (*da un fiume*) bagnato, attraversato.

irrigazióne s. f. irrigamento, annaffiamento, innaffiamento, adacquamento **CONTR.** drenaggio, prosciugamento, disseccamento.

irrigidiménto s. m. **1** indurimento **CONTR.** intenerimento **2** (*fig.*) inflessibilità, ostinazione **CONTR.** condiscendenza, docilità, pieghevolezza.

irrigidìre A v. tr. rendere rigido, indurire, intirizzire, aggranchire, aggricciare (*dial.*) **CONTR.** intenerire, distendere, rilassare, riscaldare **B** **irrigidirsi** v. intr. pron. e raro intr. **1** diventare rigido, indurirsi, intirizzirsi, aggranchirsi **CONTR.** intenerirsi, distendersi, rilassarsi, riscaldarsi **2** (*sull'attenti e sim.*) immobilizzarsi, impalarsi **3** (*fig.*) ostinarsi, non transigere **CONTR.** cedere, transigere, patteggiare.

irrigidito part. pass. di **irrigidire**; anche agg. **1** indurito, intirizzito, intorpidito **CONTR.** intenerito, disteso, rilassato, riscaldato **2** (*sull'attenti e sim.*) immobile, impalato **3** (*fig.*) inflessibile, irremovibile, ostinato **CONTR.** arrendevole, docile, pieghevole, sensibile.

irriguardóso agg. insolente, impertinente, irriverente, arrogante, incivile, scortese **CONTR.** riguardoso, cortese, garbato, gentile, rispettoso, civile.

irrilevànte agg. poco importante, inconsistente, irrisorio, trascurabile, insignificante **CONTR.** rilevante, importante, notevole, considerevole, essenziale.

irrilevànza s. f. scarsa importanza, inconsistenza, irrisorietà **CONTR.** rilevanza, importanza, rilievo, interesse, entità.

irrimediàbile agg. irreparabile, ineluttabile, inevitabile, fatale **CONTR.** rimediabile, riparabile, evitabile.

irrimediabilità s. f. irreparabilità, ineluttabilità, fatalità **CONTR.** rimediabilità.

irrimediabilménte avv. inevitabilmente, ineluttabilmente, fatalmente, per sempre **CONTR.** per nulla, affatto (*in frase negativa*).

irripetìbile agg. **1** irriproducibile, unico **CONTR.** ripetibile, riproducibile **2** (*di parole, di gesti, ecc.*) indecente, irriferibile, osceno, sconcio **CONTR.** decente, decoroso, conveniente, pulito.

irripetibilità s. f. **1** unicità **CONTR.** ripetibilità **2** (*di parole, di gesti, ecc.*) indecenza, oscenità, sconcezza **CONTR.** decenza, decorosità, pulizia.

irrisióne s. f. scherno, beffa, derisione, dileggio, sarcasmo **CONTR.** rispetto, omaggio, deferenza, riguardo.

irrìso part. pass. di **irridere**; anche agg. (*lett.*) deriso, schernito, beffato, canzonato **CONTR.** apprezzato, onorato, ossequiato, rispettato.

irrisóre agg.; anche s. m. beffeggiatore, schernitore, sarcastico, derisorio **CONTR.** esaltatore, ossequente.

irrisoriaménte avv. inadeguatamente, irrilevantemente, insufficientemente, esiguamente **CONTR.** notevolmente, molto, adeguatamente.

irrisòrio agg. **1** derisorio, ironico, sarcastico, irrisore **CONTR.** esaltatore, elogiativo **2** (*di prezzo, di costo, ecc.*) inadeguato, minimo, irrilevante, esiguo, insufficiente **CONTR.** rilevante, notevole, sufficiente, adeguato.

irrispettosaménte avv. insolentemente, irriverentemente, sfrontatamente, sfacciatamente, villanamente **CONTR.** rispettosamente, riguardosamente, riverentemente, deferentemente, ossequiosamente.

irrispettóso agg. insolente, irriverente, sfrontato, sfacciato, villano **CONTR.** rispettoso, riguardoso, riverente, deferente, ossequioso.

irritàbile agg. suscettibile, eccitabile, irascibile, permaloso **CONTR.** calmo, pacifico, placido, quieto, tranquillo, flemmatico, impassibile, imperturbabile.

irritabilità s. f. suscettibilità, eccitabilità, irascibilità, permalosità **CONTR.** calma, quiete, flemma, impassibilità, imperturbabilità.

irritànte part. pres. di **irritare**; anche agg. fastidioso, indisponente, molesto, sgradevole **CONTR.** amabile, gradevole, gradito, piacevole.

irritàre A v. tr. **1** sdegnare, adirare, aizzare, esasperare, eccitare, inasprire, indispettire, contrariare, infastidire **CONTR.** calmare, mitigare, placare, quietare, rabbonire, raddolcire **2**

(*med.*) infiammare **CONTR.** sfiammare **B irritarsi** v. intr. pron. **1** adirarsi, incollerirsi, eccitarsi, esasperarsi, inasprirsi, indispettirsi, sdegnarsi, incavolarsi (*euf.*), incazzarsi (*volg.*) **CONTR.** calmarsi, mitigarsi, placarsi, quietarsi, rabbonirsi, raddolcirsi **2** (*med.*) infiammarsi **CONTR.** sfiammarsi.

irritàto part. pass. di **irritare**; anche agg. **1** esasperato, indispettito, impermalito, inasprito, adirato, incavolato (*euf.*), incazzato (*volg.*) **CONTR.** calmo, quieto, tranquillo, rabbonito, raddolcito **2** (*med.*) infiammato **CONTR.** sfiammato.

irritazióne s. f. **1** provocazione, irritamento, stuzzicamento, inasprimento **2** sdegno, ira, esasperazione, eccitazione, furore **CONTR.** bonarietà, benignità, benevolenza, affetto, simpatia **3** (*med.*) processo infiammatorio, infiammazione.

irriverènte agg. irrispettoso, insolente, sfrontato, sfacciato, irriguardoso, impertinente, tracotante **CONTR.** riverente, rispettoso, riguardoso, ossequioso.

irriverentemente avv. insolentemente, sfrontatamente, sfacciatamente **CONTR.** riverentemente, rispettosamente, riguardosamente.

irriverènza s. f. insolenza, sfacciataggine, sfrontatezza, impertinenza **CONTR.** riverenza, rispetto, riguardo, ossequio.

irrobustìre A v. tr. fortificare, invigorire, rinforzare, rafforzare, ingagliardire, rinvigorire **CONTR.** indebolire, debilitare, fiaccare, illanguidire, snervare, svigorire **B irrobustirsi** v. intr. pron. divenire robusto, rafforzarsi, fortificarsi, ingagliardirsi, invigorirsi, rinvigorirsi **CONTR.** indebolirsi, fiaccarsi, infiacchirsi, illanguidire, snervarsi, svigorirsi.

irrómpere v. intr. entrare a forza, fare irruzione, prorompere, invadere **CONTR.** erompere, uscire.

irroràre v. tr. aspergere, bagnare, inumidire, innaffiare, spruzzare **CONTR.** asciugare, seccare, disseccare.

irroràto part. pass. di **irrorare**; anche agg. bagnato, irrigato, spruzzato **CONTR.** asciutto, secco.

irrorazióne s. f. innaffiamento, irrigazione, spruzzamento.

irruènte o (*raro*) **irruènto** agg. impetuoso, violento, aggressivo, impulsivo, collerico **CONTR.** calmo, flemmatico, lento, pigro, tardo.

irruentemente avv. impetuosamente, violentemente, aggressivamente, impulsivamente, collericamente **CONTR.** flemmaticamente, lentamente, pigramente, dolcemente, blandamente.

irruènza s. f. aggressività, impetuosità, impeto, violenza, impulsività **CONTR.** calma, flemma, lentezza, dolcezza.

irruvidìre A v. tr. rendere ruvido, indurire **CONTR.** levigare, lisciare, spianare **B irruvidirsi** v. intr. pron. e intr. diventare ruvido, indurirsi.

irruzióne s. f. entrata violenta, incursione, invasione, scorreria, attacco **CONTR.** ritirata, ripiegamento **FRAS.** *fare irruzione*, irrompere.

irsùto agg. pieno di peli, peloso, villoso, irto, ispido □ barbuto **CONTR.** glabro, depilato, liscio, lisciato, rasato.

ìrto agg. **1** ispido, irsuto, dritto, pungente, spinoso, stecchito **CONTR.** levigato, liscio, morbido **2** (*fig.*, *lett.*) aspro, ruvido, selvaggio □ complicato, difficile **CONTR.** facile, agevole, piano.

ischeletrìre A v. tr. **1** ridurre come uno scheletro **2** (*fig.*) stremare, infiochire **B ischeletrirsi** v. intr. pron. e intr. **1** ridursi come uno scheletro, dimagrire troppo **2** (*di alberi e sim.*) spogliarsi, diventare nudo **CONTR.** rivestirsi.

iscrìtto part. pass. di **iscrivere**; anche agg. e s. m. **1** registrato, incluso, catalogato, immatricolato, segnato **2** (*est.*) membro, socio.

iscrìvere A v. tr. registrare, includere, catalogare, immatricolare, ammettere, associare, aggregare **CONTR.** cancellare, togliere, espungere, radiare **B iscriversi** v. rifl. farsi socio, farsi ammettere, aderire, associarsi **CONTR.** dimettersi, ritirarsi.

iscrizióne s. f. **1** registrazione, immatricolazione, catalogazione, ammissione, aggregazione **CONTR.** depennamento, cancellamento, cassazione **2** epigrafe, lapide, epitaffio □ cartello, scritta, leggenda.

islàm o (*evit.*) **ìslam** s. m. islamismo, maomettismo, musulmanesimo.

islàmico agg. e s. m. musulmano, maomettano.

islamìsmo s. m. islam, maomettismo, musulmanesimo.

isocronìsmo s. m. **1** uguale durata **2** (*med.*) simultaneità.

isòcrono agg. di uguale durata □ simultaneo.

ìsola s. f. **1** (*fig.*) territorio isolato, area staccata **2** (*di case*) isolato **3** piattaforma pedonale, salvagente **FRAS.** *isola corallina*, atollo.

isolaménto s. m. **1** segregazione, separazione, distacco □ esclusione **2** ritiro, solitudine **CONTR.** compagnia, società, rapporti sociali **3** quarantena.

isolàno agg. e s. m. **CONTR.** continentale.

isolànte A part. pres. di **isolare**; anche agg. dielettrico **CONTR.** conduttore **B** s. m. isolatore.

isolàre A v. tr. separare, staccare, tagliare fuori □ emarginare, segregare □ distinguere □ difendere, proteggere **CONTR.** unire, congiungere, attaccare, connettere, saldare **B isolarsi** v. intr. pron. ritirarsi, appartarsi, segregarsi **CONTR.** frequentare gente, avere rapporti sociali.

isolataménte avv. separatamente, singolarmente **CONTR.** congiuntamente, insieme.

isolàto (1) part. pass. di **isolare**; anche agg. **1** separato, diviso, scisso **CONTR.** unito, congiunto **2** (*di persona*) solitario, appartato □ emarginato **CONTR.** in compagnia, in società **3** (*di caso*, *di fenomeno*, *ecc.*) particolare, unico

CONTR. frequente, numeroso.
isolàto (2) s. m. isola urbanistica, caseggiato, insula (*lat.*), edificio.
isòscele agg. (*mat.*) con due lati uguali **CFR.** equilatero, scaleno.
isotèrmo agg. (*di temperatura*) costante.
ispànico agg. spagnolo, iberico.
ispanìsmo s. m. (*ling.*) spagnolismo.
ispàno agg. (*lett.*) spagnolo.
ispessìre A v. tr. **1** aumentare lo spessore, ingrossare **CONTR.** assottigliare, sfoltire **2** rendere più denso, condensare, infittire, coagulare **CONTR.** diradare, rarefare **B ispessirsi** v. intr. pron. addensarsi, condensarsi, infittirsi **CONTR.** diradarsi, rarefarsi.
ispettoràto s. m. (*est.*) sovrintendenza.
ispettóre s. m. (f. *-trice*) controllore, revisore, sovrintendente.
ispezionàre v. tr. controllare, sottoporre a ispezione, esaminare, osservare, sorvegliare, sovrintendere, visitare, indagare.
ispezióne s. f. **1** esame, osservazione, revisione, accertamento **2** indagine, controllo, visita.
ìspido agg. **1** irto, irsuto, peloso, ruvido, spinoso, setoloso **CONTR.** glabro, liscio, morbido, rasato **2** (*fig.*) (*di persona, di carattere e sim.*) intrattabile, scontroso, sgarbato, scostante, rozzo, ruvido, ombroso **CONTR.** affabile, amabile, cortese, garbato, gentile, trattabile, alla buona, alla mano.
ispiràre A v. tr. **1** (*di fiducia, di paura, ecc.*) infondere, suscitare, incutere, far nascere, comunicare **CONTR.** togliere, liberare **2** (*di idea, di soluzione, ecc.*) suggerire, consigliare, presentare, proporre **CONTR.** plagiare, portare via, strappare, sottrarre **3** (*est.*) eccitare l'estro creativo **4** (*di stampa, di risposta, ecc.*) guidare, orientare **B ispirarsi** v. intr. pron. **1** trarre ispirazione, derivare, risalire **2** adeguarsi, conformarsi **CONTR.** divergere, allontanarsi.
ispiràto part. pass. di **ispirare**; anche agg. **1** (*di fiducia, di paura, ecc.*) infuso, suscitato, comunicato **CONTR.** tolto **2** (*di idea, di soluzione, ecc.*) suggerito, consigliato, presentato, proposto **CONTR.** plagiato, sottratto, strappato **3** (*est.*) eccitato **CONTR.** placato **4** (*di stampa, di risposta, ecc.*) guidato, orientato, improntato **5** (*di discorso, di appello e sim.*) appassionato, eloquente, elevato, commosso **CONTR.** arido, freddo, monotono **6** scritto per ispirazione divina □ profetico.
ispiratóre s. m.; anche agg. (f. *-trice*) consigliere, suggeritore, suscitatore.
ispirazióne s. f. **1** estro, potenza creativa **2** consiglio, suggerimento, suggestione, imbeccata **3** impulso, trovata, idea **4** indirizzo, orientamento, tendenza.
israeliàno agg.; anche s. m. ebreo, ebraico, giudaico.
israelìta s. m. e f.; anche agg. ebreo, ebraico, giudeo, israelitico.
israelìtico agg. ebraico, giudaico, israelita.
issàre A v. tr. alzare, innalzare, sollevare, tirar su **CONTR.** abbassare, calare, tirar giù □ ammainare **B issarsi** v. intr. pron. porsi, salire **CONTR.** calarsi, scendere.
istallàre *V.* **installare**.
istantaneaménte avv. in un istante, in un attimo, improvvisamente, immediatamente, subito, subitamente, repentinamente **CONTR.** adagio, lentamente, pian piano.
istantaneità s. f. immediatezza **CONTR.** lentezza.
istantàneo agg. improvviso, subitaneo, immediato, repentino **CONTR.** lento, graduale, previsto.
istànte s. m. attimo, momento, minuto, lampo **CONTR.** prima □ dopo **FRAS.** *all'istante, sull'istante*, immediatamente, subito.
istànza s. f. **1** (*est.*) domanda, richiesta, petizione, ricorso, supplica, sollecitazione **2** insistenza, perseveranza **3** aspirazione, necessità, esigenza, bisogno.
isterìa s. f. **1** (*med.*) isterismo **2** (*est.*) eccitazione, fanatismo, esaltazione, rabbia, ira **CONTR.** apatia, indifferenza, freddezza, calma.
istericaménte avv. (*est.*) fanaticamente, ossessivamente, eccitatamente, irosamente, rabbiosamente, forsennatamente **CONTR.** apaticamente, indifferentemente, freddamente.
istèrico agg. (*est.*) esaltato, fanatico, rabbioso, iroso **CONTR.** apatico, indifferente, freddo, calmo.
isteriliménto s. m. **1** sterilità **CONTR.** fecondità **2** (*fig.*) impoverimento, inaridimento **CONTR.** arricchimento.
isterilìre A v. tr. **1** rendere sterile, inaridire **CONTR.** fecondare, bonificare **2** (*fig.*) impoverire, svigorire **CONTR.** arricchire, rinvigorire **B isterilirsi** v. intr. pron. divenire sterile, inaridirsi **CONTR.** rinvigorirsi.
isterilìto part. pass. di **isterilire**; anche agg. **1** divenuto sterile, inaridito **CONTR.** fecondato, fecondo **2** (*fig.*) impoverito, svigorito **CONTR.** rinvigorito.
isterìsmo s. m. **1** (*med.*) isteria **2** (*est.*) eccitazione, fanatismo, esaltazione, rabbia, ira **CONTR.** apatia, indifferenza, freddezza, calma.
istigàre v. tr. indurre, spingere, aizzare, stimolare, incitare, eccitare, sobillare, stuzzicare, subornare **CONTR.** calmare, distogliere, frenare, placare, rabbonire, trattenere.
istigàto part. pass. di **istigare**; anche agg. indotto, spinto, aizzato, stimolato, incitato, eccitato, sobillato, stuzzicato, subornato **CONTR.** calmato, frenato, placato, rabbonito, trattenuto, distolto.
istigatóre s. m.; anche agg. (f. *-trice*) animatore, fomentatore, eccitatore, sobillatore, stimolatore, subornatore, suscitatore, provocatore, aizzatore, attizzatore **CONTR.** sedatore, placatore, mitigatore.

istigazióne s. f. incitamento, istigamento, spinta, sobillamento, sobillazione, subornazione, eccitamento, eccitazione, stimolo **CONTR.** freno, mitigamento, mitigazione, attenuazione.

istillàre *V.* **instillare.**

istintivaménte avv. naturalmente, impulsivamente, spontaneamente **CONTR.** volutamente, volontariamente, ponderatamente, apposta.

istintività s. f. impulsività, spontaneità **CONTR.** riflessione, ponderatezza.

istintìvo agg. **1** naturale, spontaneo, innato **CONTR.** volontario, voluto, meditato, ponderato **2** (*di persona*) impulsivo **CONTR.** riflessivo.

istìnto s. m. **1** impulso congenito, inclinazione naturale, disposizione naturale, propensione, attitudine, tendenza **CONTR.** volontà, volere, proposito, intenzione, ragione **2** indole, natura, genio, facoltà.

istituìre v. tr. **1** fondare, impiantare, costituire, stabilire, creare **CONTR.** abolire, abrogare, sopprimere **2** (*di erede e sim.*) nominare, designare **3** (*di confronto, di ricerca, ecc.*) iniziare, impostare **CONTR.** finire, terminare, ultimare.

istituìto part. pass. di **istituire**; anche agg. **1** fondato, costituito, stabilito, creato **CONTR.** abolito, abrogato, soppresso **2** (*di erede e sim.*) designato, nominato **3** (*di confronto, di ricerca, ecc.*) iniziato, impostato **CONTR.** ultimato, terminato.

istitutìvo agg. costitutivo **CONTR.** abrogativo.

istitùto s. m. **1** ente, istituzione, organizzazione, organismo □ congregazione, collegio **2** accademia, biblioteca, laboratorio **3** scuola **FRAS.** *istituto di credito*, banca.

istitutóre s. m. (f. *-trice*) **1** fondatore, creatore, iniziatore **2** precettore, educatore, aio, pedagogo, maestro, insegnante **CONTR.** alunno, allievo, collegiale.

istituzionalizzàre v. tr. **1** dare forma giuridica **2** (*est.*) (*di uso, di consuetudine e sim.*) riconoscere definitivamente, imporre stabilmente **CONTR.** abolire, sopprimere.

istituzionalizzàto part. pass. di **istituzionalizzare**; anche agg. **1** riconosciuto giuridicamente **2** (*est.*) (*di uso, di consuetudine e sim.*) riconosciuto definitivamente, imposto stabilmente **CONTR.** abolito, soppresso.

istituzionalizzazióne s. f. **1** riconoscimento giuridico **2** (*est.*) riconoscimento definitivo **CONTR.** abolizione, soppressione.

istituzióne s. f. **1** costituzione, fondazione, fondamento, ordinamento **2** istituto, ente, organismo, organo **3** norma, consuetudine **4** (*spec. al pl.*) nozioni fondamentali, fondamenti, principi.

istogràmma s. m. grafico, diagramma.

istoriàre v. tr. ornare, dipingere, illustrare.

istoriàto part. pass. di **istoriare**; anche agg. ornato, dipinto, illustrato.

istradàre *V.* **instradare.**

ìstrice s. m. e raro f. **1** (*zool.*) porcospino **2** (*fig.*) (*di persona*) difficile, scontroso, intrattabile, selvatico, misantropo, orso (*fig.*).

istrióne s. m. **1** (*nell'antica Roma*) attore di teatro **2** (*spreg.*) attore di poco conto, teatrante, commediante, mimo **3** (*fig.*) ciarlatano, esibizionista, impostore, imbonitore.

istriònico agg. di istrione, da istrione □ (*spreg.*) istrionesco, ciarlatanesco.

istrionìsmo s. m. (*spreg.*) ciarlataneria, esibizionismo.

istruìre A v. tr. **1** ammaestrare, erudire, addottrinare, addottorare, educare, insegnare **CONTR.** apprendere, imparare **2** rendere edotto, informare, avvertire, avvisare, ragguagliare **B istruirsi** v. rifl. **1** darsi un'istruzione, imparare, apprendere, studiare □ impratichirsi **2** informarsi.

istruìto part. pass. di **istruire**; anche agg. **1** colto, dotto, erudito, sapiente, addottrinato **CONTR.** ignorante, illetterato, incolto, rozzo, analfabeta **2** informato, avvertito, avvisato, edotto **CONTR.** tenuto all'oscuro.

istruttìvo agg. educativo, didascalico, didattico, pedagogico.

istruttóre A agg. inquirente, inquisitore **CONTR.** inquisito **B** s. m. (f. *-trice*) maestro, insegnante, istitutore **CONTR.** allievo, alunno, scolaro.

istruttòria s. f. (*dir.*) istruzione.

istruzióne s. f. **1** ammaestramento, addestramento, educazione, insegnamento **2** cultura, erudizione, dottrina, sapere, conoscenza, scienza **CONTR.** ignoranza, rozzezza, zoticaggine, asineria, somaraggine **3** informazione, norma, ragguaglio, regola, avvertimento, consiglio, disposizione, direttiva □ prescrizione **4** (*dir.*) istruttoria.

istupidìre A v. tr. rendere stupido, incretinire, rimbecillire □ intontire, frastornare **CONTR.** rendere sveglio, mantenere sveglio, svegliare **B** v. intr. e **istupidirsi** intr. pron. rincretinire, rimbecillire, rimbambire **CONTR.** svegliarsi.

istupidìto part. pass. di **istupidire**; anche agg. incretinito, rincretinito, rimbecillito, rimbambito □ intontito, frastornato **CONTR.** mantenuto sveglio.

italiàno agg. italico (*lett.*), italo (*lett.*).

itàlico agg. (*lett.*) italiano, italo (*lett.*).

item /*lat.* 'item/ [vc. lat., propriamente 'parimenti'] avv. parimenti, similmente.

iter /*lat.* 'iter/ [vc. lat., letteralmente 'viaggio'] s. m. inv. procedura, percorso, itinerario □ serie di formalità.

iteràre v. tr. (*lett.*) ripetere, reiterare, replicare, rinnovare.

iteratìvo agg. ripetitivo □ (*ling.*) frequentativo.

itinerànte agg. viaggiante, mobile **CONTR.** stabile.

itineràrio s. m. percorso, viaggio, tragitto, cammino □ rotta.

iuventìno *V.* **juventino.**

j, J

jabot /*fr.* ʒa'bo/ [vc. fr., originariamente 'rigonfiamento dell'esofago degli uccelli'] s. m. inv. (*di camicetta, di vestito femminile*) davantino, pettino, pettorina.

jack /*ingl.* dʒæk/ [vc. ingl., riconducibile al n. proprio *Jacke* soprannome di *Johan* = John = Giovanni] s. m. inv. **1** (*nelle carte da gioco*) fante **2** (*tecnol.*) spinotto □ spina (telefonica).

jeep /*ingl.* 'dʒi:p/ [lettura della sigla G.P., da *g(eneral) p(urpose)* (*car*) 'veicolo di uso generale'] s. f. inv. camionetta, fuoristrada.

jet /*ingl.* dʒet/ s. m. inv. aereo a reazione, reattore, aviogetto.

jet-set /*ingl.* 'dʒet set/ [vc. ingl., propriamente 'società (*set*) usa a muoversi in jet'] loc. sost. m. inv. alta società, high society (*ingl.*), jet-society (*ingl.*), haute (*fr.*).

jet-society /*ingl.* 'dʒet sə'saiəti/ [vc. ingl., propriamente 'società (*society*) che si muove prevalentemente in jet'] loc. sost. f. inv. alta società, high society (*ingl.*), jet-set (*ingl.*), haute (*fr.*).

jeunesse dorée /*fr.* ʒœ'nɛs dɔ're/ loc. sost. f. inv. gioventù dorata, gioventù ricca, figli di papà.

jockey /*ingl.* 'dʒɔki/ [da *Jockey*, diminutivo di Giovanni, in scozzese] s. m. inv. **1** (*nelle carte da gioco*) fante **2** (*nelle corse al galoppo*) fantino.

jolly /*ingl.* 'dʒɔli/ [vc. ingl., abbr. di *jolly joker* 'l'allegro (*jolly*) buffone (*joker*)'] s. m. inv. **1** (*nel gioco di carte*) matta **2** (*est., fig.*) tuttofare □ asso.

juke-box /*ingl.* 'dʒu:k bɔks/ [vc. dell'ingl. d'America, letteralmente 'scatola (*box*) da sala da ballo (*juke*)'] loc. sost. m. inv. giradischi a gettone.

jumbo o **jumbo-jet** /*ingl.* 'dʒʌmbou 'dʒet/ [dal nome *Jumbo* dato a un elefante portato a Londra da Barnum] s. m. inv. grande aereo a reazione, boeing (*ingl.*).

junior /*lat.* 'junjor/ [vc. lat., propriamente 'il più giovane', compar. di *iŭvenis* 'giovane'] agg. (pl. *juniores*) più giovane, minore **CONTR.** senior, maggiore.

juventino s. m.; anche agg. (*calcio*) bianconero.

k, K

kafkiàno [da F. *Kafka*, scrittore cecoslovacco di opere drammatico-esistenziali] agg. (*est.*, *fig.*) allucinante, angoscioso, assurdo.

kaiser /*ted.* 'kaizər/ [lat. *Caesar* 'Cesare', poi 'imperatore'] s. m. inv. (*stor.*) imperatore.

kamikàze [vc. giapp., propriamente 'vento (*kaze*) di dio (*kami*)'] s. m. inv. **1** (*in Giappone*) pilota suicida **2** (*est.*) suicida.

kappaò [dalla pron. delle iniziali della loc. *knock out*] avv.; anche s. m. inv. (*nel pugilato*) knock out (*ingl.*) FRAS. *stendere kappaò* (*anche fig.*), stendere al tappeto.

kaputt /*ted.* ka'put/ [vc. ted., dall'espressione fr., usata nel gioco delle carte, *faire capot* 'vincere senza che l'avversario faccia punti'] agg. inv.; anche avv. rovinato, annientato, distrutto, finito, morto.

karakìri *V.* **harakiri**.

kayàk s. m. inv. canoa (eschimese).

kermesse /*fr.* ker'mɛs/ [vc. fr., dal fiammingo *kèrkmisse* 'messa', allargatasi poi nel senso di 'festa (patronale) della chiesa (*kerk*)'] s. f. inv. **1** (*nelle Fiandre e nel Belgio*) festa patronale □ sagra, festa popolare, fiera **2** (*est.*) manifestazione allegra, manifestazione rumorosa, tripudio.

khan s. m. inv. (*titolo mongolo*) principe.

khmèr [nella lingua del luogo: 'cambogiano'] agg. inv.; anche s. m. e f. inv. cambogiano.

kibbùtz [vc. ebr. (*qibbûtz*), col sign. fondamentale di 'riunione, assemblea'] s. m. inv. (*in Israele*) fattoria collettiva.

kiefer /*ingl.* 'kifə/ [dal n. di Adolf *Kiefer*, il campione americano che l'adottò per primo] s. f. inv. (*nel nuoto*) capovolta.

killer /*ingl.* 'kilə/ [vc. ingl., da *to kill* 'uccidere'] s. m. inv. assassino prezzolato, sicario, scherano.

kilt /*ingl.* kilt/ [vc. scozzese, da *to kilt* 'alzare la sottana'] s. m. inv. gonnellino scozzese.

kindergarten /*ted.* 'kindərgartən/ [vc. ted., propriamente 'giardino (*Garten*) dei bambini (*Kinder*)'] s. m. inv. asilo infantile, giardino d'infanzia, kinderheim (*ted.*).

kinderheim /*ted.* 'kindərhaim/ [vc. ted., propriamente 'casa (*Heim*) dei bambini (*Kinder*)'] s. m. inv. kindergarten (*ted.*), giardino d'infanzia.

kirsch /*ted.* kirʃ/ [vc. ted., che sta per il comp. *Kirschgeist* 'spirito (*Geist*) di ciliegia (*Kirsche*)'] s. m. inv. acquavite di marasche.

kitsch /*ted.* kitʃ/ **A** s. m. inv. **1** cattivo gusto CONTR. gusto, eleganza, raffinatezza **2** cosa di cattivo gusto **B** agg. di cattivo gusto, pacchiano CONTR. elegante, raffinato.

kìwi o **kìvi** s. m. (*bot.*) ribes cinese, actinidia.

knickerbockers /*ingl.* 'nikəbɔkəz/ [vc. ingl., dal n. (D. *Knickerbockers*) dello pseudoautore della 'Storia di New York' di W. Irving, libro illustrato con disegni di olandesi immigrati a New York, che indossavano tale tipo di calzoni] s. m. pl. calzoni corti alla zuava □ calzettoni.

knock out /*ingl.* nɔk 'aut/ **A** loc. avv. (*nel pugilato*) kappaò, fuori combattimento **B** loc. sost. m. inv. (*nel pugilato*) kappaò, colpo da fuori combattimento.

know how /*ingl.* 'nou hau/ [loc. anglo-americana, propriamente 'sai (*know*) come (*how*)'] loc. sost. m. inv. capacità ed esperienza.

koinè [gr. *koinḗ*, f. sost. di *koinós* 'comune'] s. f. inv. (*ling.*) lingua comune □ comunità culturale.

kolchoz /*russo* kal'xɔs/ [vc. russa, abbr. di *Kol(lektivnoe) choz(jajstvo)* 'azienda collettiva'] s. m. inv. (*in Unione Sovietica*) fattoria collettiva.

kriss o **kris** [voce malese *kĕris*] s. m. inv. pugnale.

kursaal /*ted.* 'ku:rza:l/ [vc. ted., letteralmente 'sala (*Saal*) di cura (*Kur*)'] s. m. inv. **1** casa da gioco, casinò **2** casa di cura, terme.

I, L

la A art. det. f. sing. **1** questa, quella **2** (*con valore distributivo*) ogni, ciascuna **3** (*con valore temporale*) nella, durante la **B** pron. pers. e dimostr. f. sing. (*come compl. ogg.*) lei, essa □ colei, costei.

là avv. **1** in quel luogo, in quel punto, colà, lì □ verso quel luogo **CONTR.** qui, qua, in questo luogo **2** (*con valore temporale*) circa, approssimativamente **FRAS.** *tirarsi in là*, scansarsi □ *essere in là con gli anni*, essere anziano □ *essere più di là che di qua*, essere vicino a morire □ *l'al di là*, l'oltretomba □ *qua e là*, un po' dappertutto □ *non andare molto in là* (*fig.*, *fam.*), non capire molto.

làbbro s. m. **1** (*spec. al pl.*) (*est.*) bocca **2** (*est.*) (*di ferita e sim.*) margine, bordo **3** (*est.*) (*di vaso*) orlo, bordo, ciglio **FRAS.** *a fior di labbra*, sussurrando appena □ *avere sulla punta delle labbra* (*fig.*), non ricordare sul momento □ *pendere dalle labbra di uno* (*fig.*), seguire uno con attenzione, ascoltare uno con grande interesse.

làbile agg. **1** (*lett.*) caduco, effimero, fragile, fugace, fuggevole, incostante, passeggero □ impercettibile **CONTR.** costante, durevole, duraturo, fermo, incrollabile, saldo, stabile **2** (*di memoria*) debole, corto, che dimentica **CONTR.** ferreo, forte, tenace **3** (*psicol.*) fragile, influenzabile **CONTR.** forte, sicuro.

labilità s. f. **1** (*lett.*) caducità, debolezza, fragilità, fugacità, fuggevolezza (*raro*), inconsistenza **CONTR.** costanza, durevolezza, saldezza, stabilità **2** debolezza di memoria.

labirìnto [da *labirinto*, la leggendaria reggia di Minosse, dalla quale non si poteva uscire senza guida] s. m. **1** (*est.*) intreccio di strade, intreccio di sentieri, dedalo, casba **2** (*fig.*) situazione complicata, ginepraio, imbroglio, garbuglio.

laboratòrio s. m. **1** (*di ricerca, di analisi, ecc.*) gabinetto, studio **2** manifattura, officina, opificio.

laboriosaménte avv. **1** con laboriosità, operosamente **CONTR.** neghittosamente, oziosamente, pigramente **2** faticosamente, stentatamente **CONTR.** facilmente, rapidamente.

laboriosità s. f. alacrità, attività, industriosità, operosità, solerzia **CONTR.** indolenza, inerzia, infingardaggine, neghittosità, ozio, pigrizia, poltroneria.

laborióso agg. **1** (*di lavoro, di digestione, ecc.*) faticoso, gravoso, penoso, pesante, stancante, difficile, macchinoso **CONTR.** agevole, facile, leggero, lieve, rapido **2** (*di persona, di città, ecc.*) alacre, attivo, industrioso, operoso, solerte **CONTR.** indolente, inerte, infingardo, neghittoso, ozioso, poltrone **3** (*di giornata*) operoso, attivo, denso di lavoro **CONTR.** inattivo, vuoto.

laburista agg. e s. m. e f. socialista riformista □ socialdemocratico.

làcca [ar. *lakk*, dal persiano *lák*, di origine sanscrita (*lākṣā* 'migliaia', con allusione al gran numero degli insetti, che la producono)] s. f. **1** (*est.*) smalto **2** (*per pettinatura*) fissatore.

laccàre v. tr. verniciare con lacca □ (*est.*) smaltare.

laccàto part. pass. di **laccare**; anche agg. verniciato con lacca □ (*est.*) smaltato.

laccétto s. m. **1** dim. di **laccio 2** lacciolo, stringa.

lacchè s. m. **1** valletto □ domestico, servitore, staffiere **2** (*spreg.*) persona servile, adulatore, incensatore, tirapiedi **CONTR.** calunniatore, denigratore, diffamatore.

làccio s. m. **1** cappio, calappio, legaccio, stringa, tirante □ guinzaglio □ capestro **2** (*fig.*) inganno, insidia, macchinazione, tranello, trappola **3** (*fig.*) difficoltà, impedimento, ostacolo **4** (*fig.*) legame, nodo, vincolo.

lacciòlo s. m. **1** dim. di **laccio 2** laccetto, stringa **3** (*fig.*) inganno, insidia, macchinazione, tranello, trappola.

lacerànte part. pres. di **lacerare**; anche agg. **1** che lacera **2** (*fig.*) (*di dolore, di rumore, ecc.*) straziante, assordante, fragoroso **CONTR.** debole, fioco, silenzioso.

laceràre A v. tr. **1** ridurre a brandelli, stracciare, strappare, squarciare, sbrindellare **CONTR.** accomodare, rammendare, rattoppare **2** (*fig.*) (*di dolore, di rumore, ecc.*) straziare, torturare □ assordare **B lacerarsi** v. intr. pron. strapparsi, squarciarsi.

lacerazióne s. f. laceramento, squarciamento, squarcio, strappo **CONTR.** rammendatura, rattoppo.

làcero agg. strappato, stracciato, squarciato □ logoro, frusto, consunto, consumato, liso, sbrindellato, cencioso **CONTR.** intatto, integro, nuovo □ rammendato, rappezzato.

laconicaménte avv. concisamente, brevemente, stringatamente, succintamente **CONTR.** diffusamente, prolissamente, verbosamente.

laconicità s. f. concisione, brevità, compendiosità, essenzialità, stringatezza **CONTR.** prolissità, magniloquenza, verbosità, logorrea.

lacònico [vc. dotta, lat. *Lacōnicu(m)*, dal gr. *Lakonikós* 'proprio dei *Laconi*', cioè degli spartani, famosi per la loro scarsa loquacità] agg. conciso, breve, compendioso, essenziale, sintetico, stringato, succinto **CONTR.** ampolloso, diffuso, magniloquente, prolisso, verboso.

làcrima s. f. **1** goccia di pianto, stilla di pianto, luccicone □ pianto **2** (*est.*) (*di liquido*) goccia, piccola quantità, stilla **FRAS.** *valle di lacrime*, la terra □ *asciugare le lacrime* (*fig.*), consolare.

lacrimàre A v. intr. **1** versare lacrime, piangere **CONTR.** ridere **2** (*est.*, *raro*) gocciolare, stillare, trasudare **B** v. tr. (*lett.*) compiangere.

lacrimàto part. pass. di **lacrimare**; anche agg. (*lett.*) compianto, rimpianto □ desiderato appassionatamente **CONTR.** illacrimato (*poet.*).

lacrimévole agg. degno di lacrime, lacrimabile (*lett.*) □ (*est.*) compassionevole, mesto, triste □ deplorevole, riprovevole **CONTR.** allegro, lieto, ridente.

lacrimògeno agg. **1** che provoca lacrime **2** (*scherz.*, *spreg.*) (*di attore, di film, ecc.*) commovente, patetico, sdolcinato, svenevole **CONTR.** allegro, gaio, lieto, ridente.

lacrimóso agg. **1** bagnato di lacrime, gonfio di lacrime **2** (*di storia, di film, ecc.*) commovente, lacrimevole, patetico, straziante □ sentimentale, sdolcinato **CONTR.** allegro, gaio, lieto, ridente.

lacùna s. f. interruzione, mancanza, manchevolezza, difetto, insufficienza, omissione, vuoto □ dimenticanza **CONTR.** aggiunta, completamento, integrazione, inserimento, interpolazione.

lacunóso agg. pieno di lacune, discontinuo, difettoso, incompleto, interrotto, insufficiente, mancante, manchevole **CONTR.** continuo, ininterrotto, integro, pieno.

làdro A s. m. chi ruba, borsaiolo, scippatore, tagliaborse, rapinatore, predatore, scassinatore, lesto di mano **B** agg. **1** che ruba **2** (*fig.*) (*di occhi, di sguardo*) attraente, affascinante, seducente **CONTR.** disgustoso, orrendo, ripugnante **3** (*fig.*) (*di tempo, di mondo, ecc.*) pessimo, brutto **CONTR.** bellissimo, stupendo.

ladrocìnio s. m. furto, ruberia, ladroneccio, ladroneria, rapina, truffa.

ladróne s. m. **1** ladro incallito, ladro astuto **2** masnadiero, grassatore, brigante, predone, bandito, pirata.

ladrùncolo s. m. giovane ladro, ladro da poco, ladroncello.

lady /*ingl.* 'leidi/ [vc. ingl., letteralmente 'signora'] s. f. inv. signora □ moglie di lord.

lager /*ted.* 'la:gər/ [vc. ted., da *liegen* 'giacere'] s. m. inv. campo di concentramento □ campo di sterminio, gulag (*russo*).

laggiù avv. là in basso, là verso il basso, là in fondo, giù **CONTR.** lassù.

làgna s. f. **1** lamento, lagno **2** (*fam.*) piagnisteo □ noiosità **3** (*fam.*) noioso, rompiscatole (*fam.*) **CONTR.** spiritoso.

lagnànza s. f. lamentela, lamento, protesta, rimostranza.

lagnàrsi v. intr. pron. lamentarsi, gemere, crucciarsi, dolersi, protestare, rammaricarsi, recriminare **CONTR.** compiacersi, esultare, gioire, godere, rallegrarsi.

lagnosaménte avv. lamentosamente, piagnucolosamente □ noiosamente **CONTR.** allegramente.

lagnóso agg. **1** lamentoso, piagnucoloso, querulo **2** (*pop.*) (*di persona*) noioso, pedante, pesante **CONTR.** vivace, allegro.

làgo s. m. (*est.*, *fig.*) (*di liquido*) grande quantità, pozza.

làgrima *V.* **lacrima**.

laicàle agg. laico, secolare **CONTR.** clericale, ecclesiastico, confessionale.

laicìsmo s. m. aconfessionalismo **CONTR.** clericalismo, confessionalismo.

laicità s. f. aconfessionalità **CONTR.** confessionalità.

laicizzàre v. tr. secolarizzare.

làico agg. secolare, profano, aconfessionale □ laicale **CONTR.** ecclesiastico, religioso, sacerdotale, confessionale.

laidaménte avv. brutamente, disgustosamente, sconvenientemente, turpemente, vergognosamente **CONTR.** bellamente, gradevolmente, piacevolmente, nobilmente.

laidézza s. f. **1** bruttezza, deformità □ sozzura **CONTR.** bellezza □ pulizia **2** immoralità, disonestà, oscenità, sconcezza, turpitudine **CONTR.** onestà, probità, purezza, rettitudine.

làido agg. **1** (*lett.*) sporco, sozzo, brutto, ripugnante, sconcio **CONTR.** pulito, immacolato, netto, mondo **2** (*fig.*, *lett.*) disonesto, ignobile, impudico, osceno, turpe, vergognoso **CONTR.** onesto, puro, retto, pudico.

làma (1) s. f. **1** (*di coltello, di rasoio e sim.*) taglio, filo **2** (*est.*) coltello, arma bianca, rasoio, falce.

làma (2) s. m. inv. (*zool.*, *est.*) alpaca, vigogna.

lambiccàre A v. tr. **1** distillare **2** (*fig.*) esaminare attentamente, esaminare minuziosamente, ponderare **B lambiccarsi** v. intr. pron. scervellarsi, sforzarsi, arrovellarsi, arzigogolare.

lambiccàto part. pass. di **lambiccare**; anche agg. **1** distillato **2** (*fig.*) artificioso, non naturale, complicato, astruso, ricercato, sforzato, studiato **CONTR.** immediato, naturale, semplice, spontaneo.

lambìcco s. m. (*ant.*) distillatore.
lambìre v. tr. **1** leccare leggermente **2** (*fig.*) (*di acqua, di fiamma, ecc.*) sfiorare, toccare appena, rasentare □ accarezzare.
lambrétta [nome commerciale; da *Lambrate*, nome del luogo di produzione] s. f. (*est.*) motorscooter (*ingl.*), motoretta.
lamé /*fr.* la'me/ [vc. fr., letteralmente 'stoffa laminata'] s. m. inv. (*di tessuto*) laminato.
lamèlla s. f. **1** dim. di **lama (1)** **2** sottile lamina, laminetta □ (*est.*) scaglia.
lamentàre **A** v. tr. compiangere, deplorare **CONTR.** desiderare, invidiare **B** **lamentarsi** v. intr. pron. **1** gemere, piangere, sospirare **CONTR.** ridere, sorridere **2** borbottare, brontolare, crucciarsi, dolersi, lagnarsi, mormorare, protestare, recriminare, rammaricarsi, reclamare, querelarsi, fare rimostranze **CONTR.** compiacersi, gioire, godere, rallegrarsi, essere soddisfatto.
lamentèla s. f. lamento, lagnanza, querimonia (*lett.*), rammarico **CONTR.** esultanza, gioia, letizia, tripudio.
lamentévole agg. **1** (*di voce, di discorso, ecc.*) lamentoso, lagnoso, querulo, lacrimoso, piagnucoloso **CONTR.** allegro, festante, gaio, giocondo, giulivo, lieto **2** (*di sorte, di destino, ecc.*) compassionevole, lacrimevole, miserando, miserevole, pietoso **CONTR.** auspicabile, desiderabile, invidiabile.
laménto s. m. **1** compianto, gemito **CONTR.** risata, grido di gioia **2** lagnanza, lamentela, protesta, querela (*lett.*), querimonia (*lett.*), rammarico, reclamo, rincrescimento **CONTR.** contentezza, piacere, appagamento, soddisfazione.
lamentóso agg. **1** gemebondo, lacrimoso, piagnucoloso, querulo **CONTR.** allegro, festante, gaio, giocondo, giulivo, lieto, ridente **2** accorato, dolente, doloroso, lamentevole, triste **CONTR.** ameno, divertente, piacevole, spassoso.
laméttà s. f. **1** dim. di **lama (1)** **2** lamina.
lamièra s. f. lastra metallica, lamina, piastra, bandone, latta.
làmina s. f. piastra sottile, lamella, lamiera.
laminàre v. tr. **1** calandrare **2** coprire con lamine.
laminàto (1) part. pass. di **laminare**; anche agg. e s. m. calandrato.
laminàto (2) agg.; anche s. m. (*di tessuto*) lamé.
làmpada s. f. lanterna, lucerna, luce, lume, lampione, faro, fanale, riflettore, lampara **FRAS.** *lampada a stelo*, piantana.
lampadàrio s. m. lumiera □ doppiere (*lett.*), candelabro, candeliere.
lampànte agg. **1** limpido, lucente, luccicante, luminoso, brillante, splendente **CONTR.** offuscato, appannato, oscurato, ottenebrato **2** (*fig.*) (*di verità, di prova, ecc.*) chiaro, evidente, manifesto, palese, tangibile **CONTR.** astruso, confuso, incomprensibile, oscuro.
lampeggiàre **A** v. intr. impers. balenare **B** v. intr. (*est., fig.*) brillare, folgorare, sfolgorare, fiammeggiare, luccicare, raggiare, risplendere, scintillare.
lampeggiatóre s. m. **1** (*di veicolo*) indicatore di direzione **2** (*foto, cine.*) lampo fotografico, flash (*ingl.*).
lampióne s. m. fanale, lanterna, lampada, lume.
làmpo **A** s. m. **1** baleno, lampeggiamento, lampeggio □ fulmine **2** (*est.*) luce improvvisa, bagliore, luccichio, sfolgoramento □ fiamma, vampa **CONTR.** luce continua **3** (*fig.*) (*di tempo*) attimo, istante, momento, batter d'occhio, battibaleno **CONTR.** eternità **4** (*fig.*) (*di ingegno, di speranza, ecc.*) intuizione improvvisa, colpo **B** in funzione di agg. inv. (posposto al s.) (*di guerra, di impresa*) velocissimo, brevissimo **CONTR.** lentissimo, lunghissimo.
làna s. f. (*di animali*) pelo, vello **FRAS.** *buona lana* (*fig.*), briccone □ *questione di lana caprina*, questione futile.
lancétta s. f. **1** dim. di **lancia (1)** **2** (*di strumento di misura*) indice □ sfera (*dial.*) **3** bisturi **4** (*zool.*) anfiosso.
lància (1) s. f. **1** asta, picca, alabarda, partigiana, spuntone, zagaglia **2** (*est.*) (*di persona*) guerriero □ lanciere **FRAS.** *spezzare una lancia in favore di uno* (*fig.*), prendere le difese di uno, aiutare uno.
lància (2) s. f. scialuppa.
lanciàre **A** v. tr. **1** tirare, avventare, buttare, gettare, scagliare, scaraventare, proiettare □ fulminare, saettare **2** (*est.*) (*di auto, di cavallo, ecc.*) far scattare, guidare velocemente, spingere **CONTR.** frenare, rallentare **3** (*fig.*) (*di persona, di prodotto, ecc.*) pubblicizzare, reclamizzare, rendere noto □ portare al successo **B** **lanciarsi** v. rifl. (*anche fig.*) avventarsi, buttarsi, gettarsi, precipitarsi, scagliarsi.
lanciàto part. pass. di **lanciare**; anche agg. **1** scagliato, gettato, buttato, proiettato, scaraventato **2** (*di veicolo, di cavallo, ecc.*) spinto a gran velocità **CONTR.** frenato, rallentato.
lanciatóre s. m. (f. *-trice*) scagliatore, tiratore.
lancinànte agg. acutissimo, intensissimo, violentissimo, straziante **CONTR.** debole, leggero, lieve, sopportabile, tollerabile.
làncio s. m. **1** getto, tiro, gettata **2** (*nel calcio*) tiro lungo, passaggio **3** (*fig.*) (*di prodotto*) campagna pubblicitaria, propaganda, pubblicità, réclame (*fr.*) **4** (*giorn.*) trasmissione.
lànda s. f. pianura incolta, pianura sterile □ distesa.
languidaménte avv. debolmente, fiaccamente, mollemente, senza vigore **CONTR.** fortemente, energicamente, gagliardamente, vigorosamente.
languidézza s. f. debolezza, languore, estenuazione, fiacchezza, mollezza, sfinimento, spos-

satezza **CONTR.** forza, energia, gagliardia, robustezza, vigore.

lànguido agg. **1** debole, esausto, estenuato, fiacco, floscio, molle, sfinito, snervato, spossato, cascante **CONTR.** forte, energico, gagliardo, robusto, vigoroso **2** (*di luce, di suono, ecc.*) fioco, smorzato **CONTR.** brillante, luminoso, vivo **3** (*di modi, di sguardo, ecc.*) carezzevole □ provocante, seducente □ sdolcinato, svenevole **CONTR.** aspro, ruvido.

languìre v. intr. **1** (*di persona*) perdere le forze, venir meno, sentirsi mancare, svenire, illanguidire, struggersi, snervarsi, svigorirsi **CONTR.** irrobustirsi, rafforzarsi, rinforzarsi, essere forte, essere energico **2** (*di luce, di suono, ecc.*) scemare, attenuarsi, svanire, spegnersi **CONTR.** aumentare, crescere, ingrandirsi, riaccendersi **3** (*di persona*) oziare, poltrire **CONTR.** essere attivo, darsi da fare.

languóre s. m. **1** debolezza, languidezza, estenuazione, fiacchezza, mollezza, sfinimento, spossatezza, svigorimento **CONTR.** forza, energia, gagliardia, robustezza, vigore **2** abbandono, struggimento, tenerezza, turbamento amoroso □ svenevolezza, smanceria.

lantèrna s. f. **1** lume, lampada, lampione, lucerna, fanale **2** (*mar.*) faro **3** (*arch.*) lucernario **4** (*spec. al pl.*) (*fig., scherz.*) occhi □ (*fam.*) occhiali **FRAS.** *prendere lucciole per lanterne* (*fig.*), prendere un grosso abbaglio.

lanùgine s. f. **1** peluria **2** primo pelo.

lapalissiàno [dal n. del capitano fr. de *La Palisse* celebrato in versi involontariamente ovvii] agg. ovvio, chiaro, evidente, lampante, indiscutibile, scontato **CONTR.** astruso, confuso, oscuro, discutibile.

lapidàre v. tr. **1** uccidere a sassate □ prendere a sassate **2** (*fig.*) inveire, attaccare, criticare, screditare **CONTR.** adulare, elogiare, lodare.

lapidariaménte avv. incisivamente, sentenziosamente □ brevemente, concisamente.

lapidàrio agg. (*fig.*) incisivo, conciso, solenne, sentenzioso.

làpide s. f. **1** pietra sepolcrale, pietra tombale **2** iscrizione commemorativa.

làpis s. m. matita.

lapsus /*lat.* 'lapsus/ [vc. lat., propriamente 'scivolata', 'caduta'] s. m. inv. distrazione, errore involontario **FRAS.** *lapsus calami*, errore nello scrivere □ *lapsus linguae*, errore nel parlare.

làrdo s. m. (*di maiale*) adipe □ strutto.

lardóso agg. obeso, pingue **CONTR.** magro, stecchito, allampanato.

largaménte avv. estesamente, in lungo e in largo □ abbondantemente □ ampiamente, diffusamente **CONTR.** strettamente □ poco, scarsamente.

largheggiàre v. intr. essere generoso, essere liberale, liberaleggiare, grandeggiare, donare, regalare **CONTR.** lesinare, risparmiare, essere di manica stretta.

larghézza s. f. **1** (*est.*) ampiezza, estensione, latitudine (*raro*), vastità, capacità **CONTR.** strettezza, ristrettezza, angustia **2** (*fig.*) (*di mente, di giudizio, ecc.*) mancanza di pregiudizi, indulgenza, elasticità **CONTR.** intransigenza, rigidezza, severità **3** (*fig.*) generosità, liberalità, munificenza, prodigalità **CONTR.** avarizia, parsimonia, taccagneria, grettezza, meschinità, piccineria **4** abbondanza, copia (*lett.*), profusione, dovizia (*lett.*) **CONTR.** scarsezza, scarsità, insufficienza.

làrgo A agg. **1** ampio, esteso, spazioso, vasto, capace **CONTR.** stretto, corto, ristretto, scarso, misero **2** (*di persona*) grasso, obeso, pingue, adiposo, corpulento **CONTR.** magro, asciutto, secco, allampanato **3** (*fig.*) (*di parte, di influenza, ecc.*) abbondante, copioso (*lett.*), grande, notevole **CONTR.** piccolo, scarso **4** (*fig.*) (*di persona*) liberale, generoso, munifico, prodigo **CONTR.** avaro, parsimonioso, taccagno, gretto, meschino **B** s. m. **1** larghezza **2** mare aperto, alto mare **3** piazzetta, piazza □ radura, spiazzo **4** (*mus.*) movimento lento **FRAS.** *essere di manica larga* (*fig.*), essere generoso □ *stare alla larga*, stare lontano □ *a larghi tratti* (*fig.*), trascurando i particolari □ *su larga scala* (*fig.*), in proporzioni notevoli □ *farsi largo*, aprirsi la strada; (*fig.*) fare carriera.

laringìte s. f. (*med.*) infiammazione della laringe **FRAS.** *laringite difterica*, crup.

làrva s. f. **1** (*lett.*) spettro, fantasma, ombra **2** (*fig.*) persona emaciata, scheletro, ombra **CONTR.** colosso, gigante, ercole **3** (*fig.*) falsa apparenza **CONTR.** realtà **4** (*fig.*) abbozzo, barlume.

larvataménte avv. nascostamente, occultamente **CONTR.** manifestamente, palesemente.

larvàto agg. mascherato, nascosto, celato, occulto, camuffato, ambiguo **CONTR.** manifesto, aperto, palese, verace.

lasàgna s. f. spec. al pl. (*cuc.*) fettuccina, nastrino, pappardella, tagliatella.

lasciapassàre s. m. inv. salvacondotto, passi □ (*est.*) permesso.

lasciàre A v. tr. **1** (*di presa*) allentare, mollare, liberare **CONTR.** tenere, trattenere, stringere, tirare **2** (*di persona, di paese, ecc.*) abbandonare, allontanarsi, separarsi, andarsene **CONTR.** ritornare **3** (*di lavoro, di posto, ecc.*) desistere, rinunciare, tralasciare, interrompere, troncare, omettere **CONTR.** conservare, tenere, mantenere, praticare, continuare **4** affidare, consegnare □ assegnare per testamento **5** (*con inf. o prop. dipendente*) dare, concedere, permettere, accordare, consentire **CONTR.** negare, rifiutare **6** far rimanere □ dimenticare **7** (*con* di *e inf.*) cessare, smettere, finire **CONTR.** cominciare, ricominciare, riprendere **B lasciarsi** v. rifl. rec. separarsi, dividersi **CONTR.** riunirsi, riavvicinarsi **FRAS.** *lasciar correre* (o *andare* o *perdere*) (*fig.*), non curarsi □ *lasciarsi andare* (*fig.*), divenire trasandato, trascurarsi.

lasciàto part. pass. di **lasciare**; anche agg. **1** abbandonato **2** libero, sgombro **CONTR.** occupato **3** causato, suscitato.

làscito s. m. (*dir.*) legato.

lascìvia s. f. dissolutezza, impudicizia, concupiscenza, libidine, lussuria, sensualità **CONTR.** castità, costumatezza, morigeratezza, pudicizia, pudore, verecondia.

lascìvo agg. impudico, dissoluto, disonesto, lussurioso, libidinoso, provocante, seducente **CONTR.** casto, costumato, morigerato, pudico, puro, verecondo.

lassatìvo agg. e s. m. purgante, purgativo **CONTR.** astringente.

lassìsmo s. m. (*est.*) eccessiva indulgenza, noncuranza, permissivismo **CONTR.** rigore, severità.

lassìsta agg. eccessivamente indulgente, permissivo **CONTR.** rigido, severo.

làsso s. m. periodo, spazio, intervallo.

lassù avv. **1** là in alto, là verso l'alto **CONTR.** laggiù **2** in cielo, in Paradiso **CONTR.** all'inferno.

làstra s. f. **1** lamina, lamiera, piastra, placca □ lapide **2** pellicola radiografica **FRAS.** *farsi le lastre*, sottoporsi a un esame radiologico, farsi i raggi.

lastricàre v. tr. pavimentare, selciare, ammattonare **CONTR.** disselciare.

lastricàto A part. pass. di **lastricare**; anche agg. pavimentato, selciato **CONTR.** disselciato **B** s. m. lastrico, pavimento, selciato.

lastricatùra s. f. pavimentazione, selciato.

làstrico s. m. **1** pavimentazione stradale, rivestimento stradale, selciato **2** (*est.*) strada **FRAS.** *sul lastrico* (*fig.*), in miseria.

latènte agg. celato, nascosto, occulto, riposto, segreto □ potenziale, virtuale **CONTR.** aperto, evidente, manifesto, palese.

lateràle A agg. **1** di fianco, ai lati **2** (*fig.*, *lett.*) accessorio, secondario, marginale **CONTR.** fondamentale, essenziale, principale **B** s. m. (*nel calcio*) mediano.

laterìzio A agg. di terracotta, di mattoni **B** s. m. spec. al pl. mattoni, tegole, embrici.

latifondìsta s. m. e f. proprietario di latifondo □ (*est.*) agrario.

latinìsta s. m. e f. (*est.*) umanista.

latìno A agg. **1** del Lazio antico, dell'antica Roma, romano **2** (*est.*) (*di popolo, di lingua, ecc.*) neolatino **3** cattolico romano **B** s. m. romano **C** s. m. solo sing. lingua romana.

latitànte agg.; anche s. m. e f. (*dir.*) contumace, clandestino.

latitànza s. f. (*dir.*) contumacia, clandestinità.

latitùdine s. f. **1** (*geogr.*) **CFR.** longitudine **2** (*lett.*) larghezza □ ampiezza, estensione.

làto s. m. **1** parte, ala, banda, faccia, fianco, bordo, canto, costa, zona □ direzione **2** (*fig.*) (*di questione, di problema, ecc.*) aspetto, punto di vista.

latóre s. m. (f. *-trice*) corriere, portatore, presentatore **CONTR.** ricevente, destinatario.

latràre v. intr. **1** (*di cane*) abbaiare furiosamente, abbaiare **CONTR.** guaire **2** (*est.*) (*di persona*) sbraitare, vociare **CONTR.** bisbigliare, sussurrare.

latràto s. m. **1** abbaiamento furioso **CONTR.** guaito **2** (*est.*) (*di persona*) urlo rabbioso, urlo minaccioso **CONTR.** bisbiglio, sussurro.

làtta s. f. **1** lamierino, bandone **2** (*di recipiente*) stagnata (*dial.*), bidone, lattina (*fam.*), barattolo.

lattànte agg. e s. m. e f. poppante, fantolino, neonato, infante □ (*di animale*) lattonzolo, lattone **CFR.** divezzato, slattato, svezzato.

làtte A s. m. (*bot.*) latice, succo **B** in funzione di agg. inv. (posposto al s.) (*di colore*) bianco, lattato **FRAS.** *il latte dei vecchi* (*fig.*), il vino □ *far venire il latte alle ginocchia* (*fig.*), essere insopportabile, annoiare, seccare.

làtteo agg. **1** di latte, a base di latte **2** simile al latte, lattiginoso, bianco, candido **CONTR.** nero, nerastro, scuro, fosco.

latterìa s. f. **1** rivendita di latte **2** (*est.*) caseificio.

lattiginóso agg. simile al latte, lattescente, bianco, biancastro, biancheggiante, opalescente **CONTR.** nero, nerastro, scuro.

lattìna s. f. barattolo, scatola.

lattonière s. m. stagnaio, stagnino □ (*est.*) fontaniere, idraulico.

lattùga s. f. (*bot.*, *est.*) scarola (*dial.*) **FRAS.** *lattuga di mare*, ulva.

làurea [vc. dotta, lat. *lāurea(m)*, sott. *corōna(m)* 'corona d'alloro'] s. f. dottorato.

laureàre A v. tr. addottorare, conferire la laurea **B laurearsi** v. intr. pron. ottenere la laurea, addottorarsi.

laureàto A part. pass. di **laureare**; anche agg. addottorato **B** s. m. dottore.

làuro s. m. **1** (*lett.*) alloro **2** (*fig.*) gloria, onore.

lautaménte avv. abbondantemente, copiosamente (*lett.*), largamente, magnificamente, riccamente, sontuosamente, splendidamente, sfarzosamente, generosamente **CONTR.** scarsamente, miseramente, meschinamente, poveramente, avaramente.

làuto agg. abbondante, cospicuo, largo, lussuoso, magnifico, ricco, sfarzoso, sontuoso, splendido, luculliano, sardanapalesco (*lett.*), generoso **CONTR.** scarso, misero, meschino, insufficiente, limitato.

làva s. f. magma.

lavabiancherìa s. f. inv. lavatrice.

lavàbo [vc. dotta, lat. *lavābo*, letteralmente 'laverò', parola iniziale della formula che accompagnava la lavatura delle mani del sacerdote durante la messa, passata poi a designare la 'pila della sacrestia' e quindi il 'lavamano']

s. m. **1** (*nella messa*) abluzione delle mani **2** acquaio, lavamano, catino, catinella □ lavandino.

lavàggio s. m. lavacro, lavanda, lavatura □ sgrassatura **FRAS.** *lavaggio del cervello* (*fig.*), processo di spersonalizzazione.

lavàgna [dal n. della località ligure dove è estratta, *Lavagna*] s. f. (*miner.*) ardesia.

lavànda (1) s. f. lavacro, lavaggio, lavata, lavatura, bagno, abluzione.

lavànda (2) s. f. (*bot.*) spigo.

lavanderìa s. f. (*est.*) lavasecco.

lavandìno s. m. acquaio, lavello, lavabo.

lavapiàtti A s. m. e f. sguattero **B** s. f. (*di macchina*) lavastoviglie.

lavàre A v. tr. **1** nettare, pulire, ripulire, mondare, tergere, astergere, detergere, sciacquare, risciacquare □ rigovernare **CONTR.** sporcare, insozzare, insudiciare, lordare, imbrattare **2** (*fig.*) (*di colpa, di peccato, ecc.*) purificare, riscattare, purgare **CONTR.** contaminare, corrompere **B lavarsi** v. rifl. **1** pulirsi, tergersi **CONTR.** sporcarsi, insudiciarsi **2** (*fig.*) (*da colpa, da disonore, ecc.*) riscattarsi, liberarsi **FRAS.** *lavare il capo a uno* (*fig.*), sgridare uno □ *lavare la testa all'asino* (*fig.*), fare cosa inutile, beneficare un ingrato □ *lavarsene le mani* (*fig.*), non volere responsabilità.

lavasécco s. m. o f. inv. (*est.*) lavanderia.

lavastovìglie A s. m. e f. inv. sguattero **B** s. f. (*di macchina*) lavapiatti.

lavàta s. f. lavanda, lavacro, lavaggio, lavatura, abluzione, bagno **FRAS.** *lavata di capo* (*fig.*), aspro rabbuffo.

lavatìvo s. m. **1** (*pop.*) clistere **2** (*fig.*) fannullone, pigrone, poltrone, scansafatiche **CONTR.** lavoratore.

lavàto part. pass. di **lavare**; anche agg. **1** pulito, mondo, netto, deterso **CONTR.** sporco, sudicio, lercio, lurido, sozzo **2** asperso, bagnato, irrorato **CONTR.** asciutto, secco.

lavatrìce s. f. lavabiancheria.

lavatùra s. f. **1** lavanda, lavacro, lavaggio, lavata, abluzione, bagno **2** sciacquatura **FRAS.** *lavatura di piatti* (*fig.*), brodo acquoso, brodo scipito, caffè allungato.

lavèllo s. m. acquaio, lavatoio, lavandino, vasca, conca, catino.

lavorànte part. pres. di **lavorare**; anche agg. e s. m. e f. lavoratore, operaio □ bracciante, colono □ artigiano □ apprendista.

lavoràre A v. intr. **1** esercitare un lavoro, dedicarsi a un mestiere, dedicarsi a una professione □ applicarsi, affaticarsi, faticare, sfaccendare, sfacchinare, sgobbare, sudare **CONTR.** oziare, poltrire, riposare, bighellonare, girovagare, stare con le mani in mano, stare in panciolle **2** (*di macchine, di parti del corpo, ecc.*) funzionare **3** (*di persona, di negozio, ecc.*) fare affari, avere molti clienti **4** macchinare, tramare **B** v. tr. **1** (*di materia*) elaborare, maneggiare, manipolare, trasformare **2** (*di abiti, di scarpe, ecc.*) confezionare, eseguire, fare, fabbricare, costruire, preparare, produrre **FRAS.** *lavorare di cervello* (*fig.*), svolgere un'attività intellettuale □ *lavorarsi uno* (*fig.*), circuire uno per ottenere vantaggi □ *lavorare sott'acqua* (*fig.*), intrigare, complottare.

lavoratìvo agg. **1** (*di terreno*) coltivo, fertile **CONTR.** sterile **2** (*di giorno*) feriale **CONTR.** festivo **3** (*di capacità, di attitudini, ecc.*) di lavoro, al lavoro.

lavoràto part. pass. di **lavorare**; anche agg. **1** (*di materia*) fatto, fabbricato, confezionato, trasformato **CONTR.** greggio **2** (*di soffitto, di stoffa, ecc.*) abbellito, adorno, ornato □ elaborato **CONTR.** semplice, spoglio, disadorno **3** (*di terreno*) coltivato, arato **CONTR.** incolto, abbandonato.

lavoratóre A s. m. (f. *-trice*) **1** lavorante, operaio, contadino, bracciante, garzone, manovale, salariato, dipendente, impiegato □ artigiano, professionista **CFR.** datore di lavoro, imprenditore, benestante, possidente **2** sgobbone, stacanovista **CONTR.** fannullone, poltrone, scioperato **B** agg. attivo, intraprendente, dinamico □ dei lavoratori.

lavorazióne s. f. elaborazione, trasformazione, fabbricazione, produzione.

lavorìo s. m. **1** lavoro assiduo **2** (*fig.*) assillo, travaglio **3** (*fig.*) intrigo, macchinazione, raggiro.

lavóro s. m. **1** attività produttiva □ opera, operazione, azione, compito, faccenda, fatica, fattura, manifattura, confezione, elaborazione **CONTR.** inattività, inerzia, ozio, pigrizia, riposo **2** attività, occupazione, mestiere, professione, impiego, ufficio □ luogo di lavoro **3** classe lavoratrice, lavoratori **4** oggetto lavorato, manufatto, prodotto □ studio, saggio, opera **5** (*fig.*) faccenda intricata, imbroglio **6** (*raro*) fatica, sforzo **7** (*fig.*) (*di una forza*) grandezza scalare.

lay-out /*ingl.* 'lei 'aut/ [loc. ingl., propriamente 'disposizione', da *to lay* 'porre' e *out* 'fuori'] loc. sost. m. inv. **1** disposizione □ istruzioni **2** rappresentazione, planimetria **3** grafico, schema.

lazzaróne o **lazzeróne** [sp. *lázaro* 'povero, straccione', dal n. di Lazzaro, il mendico lebbroso del Vangelo] s. m. **1** mascalzone, canaglia, delinquente, farabutto, imbroglione **CONTR.** galantuomo **2** (*est., scherz.*) fannullone, poltrone, scansafatiche, scioperato, vagabondo **CONTR.** lavoratore.

làzzo s. m. battuta, frizzo.

leader /*ingl.* 'li:də/ [vc. ingl., da *to lead* 'guidare'] **A** s. m. inv. **1** (*di partito, di schieramento politico, ecc.*) capo □ (*est.*) esponente di punta **2** (*est., sport*) capoclassifica, conducente **B** agg. inv. (*di azienda, di scienza, ecc.*) all'avanguardia, di punta, guida, modello **CONTR.** ultimo, fanalino di coda.

leadership /*ingl.* 'li:dəʃip/ [vc. ingl., comp. di *leader* 'capo, guida' e il suff. di qualità *-ship*] s. f. inv. posizione di preminenza, guida, egemonia.

leàle agg. fedele, fidato, fido (*lett.*), giusto, integro, onesto, probo, retto, schietto, sincero CONTR. falso, infido, infedele, sleale, traditore, disonesto.

lealménte avv. fedelmente, onestamente, onorevolmente, rettamente, schiettamente, sinceramente CONTR. infedelmente, infidamente, falsamente, slealmente.

lealtà s. f. buona fede, fedeltà, fidatezza, dirittura, galantomismo, onoratezza (*raro*), onorabilità, onestà, probità, rettitudine, schiettezza, sincerità CONTR. falsità, infedeltà, malafede, perfidia, slealtà, disonestà.

leasing /*ingl.* 'li:ziŋ/ [vc. ingl., propriamente 'il noleggiare', da *to lease* 'affittare'] s. m. inv. (*econ.*) locazione finanziaria.

lébbra s. f. **1** (*med.*) morbo di Hansen **2** (*fig.*) corruzione, male morale, vizio CONTR. virtù.

leccapièdi s. m. e f. (*spreg.*) adulatore, incensatore, piaggiatore.

leccàre A v. tr. **1** lambire con la lingua □ (*est.*) sfiorare, toccare leggermente **2** (*fig.*) adulare, blandire, lisciare, lusingare CONTR. criticare, denigrare, diffamare, screditare **3** (*fig.*) (*di lavoro, di scritto, ecc.*) rifinire con cura **B leccarsi** v. rifl. (*fig.*) lisciarsi, agghindarsi, azzimarsi.

leccàta s. f. leccatura.

leccàto part. pass. di **leccare**; anche agg. (*fig.*) affettato, lezioso, lisciato, manierato CONTR. rozzo, sciatto, trasandato, trascurato.

leccatùra s. f. **1** leccata **2** (*fig.*) leggera ferita **3** (*fig.*) adulazione, servilismo CONTR. biasimo, diffamazione, denigrazione, critica **4** (*fig.*) eccessiva limatura, leziosaggine, ricercatezza CONTR. rozzezza, sciattezza, trascuratezza.

leccornìa o (*evit.*) **leccòrnia** s. f. cibo ghiotto, ghiottoneria, golosità, squisitezza, delicatezza CONTR. porcheria, schifezza.

lecitaménte avv. giustamente, legalmente, legittimamente CONTR. ingiustamente, illegalmente, illegittimamente.

lécito agg. legale, legittimo, autorizzato, concesso, consentito, conveniente, permesso, giusto, onesto CONTR. illecito, proibito, illegale, vietato, ingiusto, disonesto, sconveniente.

lèdere v. tr. danneggiare, nuocere, offendere, pregiudicare, rovinare CONTR. giovare, essere utile, recare vantaggio.

léga s. f. **1** (*di persone*) associazione, società, federazione, partito, sindacato **2** accordo, alleanza, coalizione CONTR. inimicizia, ostilità **3** combriccola, combutta, cricca, gang (*ingl.*) **4** (*di metalli*) amalgama, miscela **5** (*fig.*) (*di persone o cose*) genere, tipo, indole, forma, sorta.

legàccio s. m. laccio, stringa, nastro, corda.

legàle A agg. **1** della legge, giuridico, giudiziario **2** stabilito dalla legge, conforme alla legge, giusto, lecito, legittimo, consentito, permesso, regolamentare, regolare CONTR. illegale, illecito, illegittimo, irregolare, proibito, vietato **B** s. m. avvocato, procuratore, giurista, notaio FRAS. *carta legale*, carta bollata.

legalità s. f. legittimità, costituzionalità, conformità alle leggi, formalità CONTR. illegittimità, illegalità, incostituzionalità.

legalizzàre v. tr. **1** (*di documento*) autenticare **2** (*di atto*) rendere legale, legittimare, approvare CONTR. infirmare, invalidare.

legalizzazióne s. f. autenticazione □ legittimazione, approvazione.

legalménte avv. legittimamente, lecitamente, secondo la legge CONTR. illegittimamente, illecitamente, contro la legge.

legàme s. m. **1** laccio, legaccio, legamento, legatura, allacciatura, cinghia, correggia, cappio, calappio, nodo di catena, corda, filo, fune, spago **2** (*fig.*) (*di amicizia, di morale, ecc.*) vincolo, obbligo, dovere □ difficoltà, impedimento **3** (*fig.*) (*tra cose, tra fatti, ecc.*) nesso, connessione, relazione; interdipendenza.

legaménto s. m. legame.

legànte agg.; anche s. m. e f. (*dir.*) testatore.

legàre A v. tr. **1** avvolgere, stringere, accappiare, allacciare, ammanettare, annodare, assicurare, attaccare, avvincere, saldare, avvinghiare, fissare, fermare, impastoiare, incatenare □ congiungere, unire CONTR. sciogliere, disciogliere, slegare, slacciare, liberare, prosciogliere □ dividere, disgiungere, disunire, separare **2** (*fig.*) (*di persone*) unire, tenere insieme CONTR. disunire, dividere **3** (*di libro*) rilegare **4** (*fig.*) costringere, obbligare, trattenere □ impedire, ostacolare CONTR. lasciare libero □ agevolare, permettere **5** incastonare, incastrare **B** v. intr. **1** far lega, associarsi **2** (*fig.*) andare d'accordo CONTR. discordare, dissentire **C legarsi** v. rifl. unirsi con un vincolo, stringersi □ obbligarsi CONTR. liberarsi FRAS. *legare le mani e i piedi* (*fig.*), impedire di agire liberamente □ *legare la lingua* (*fig.*), impedire di parlare □ *legarsela al dito* (*fig.*), ricordarsi di un torto, pensare alla vendetta.

legàto (1) part. pass. di **legare**; anche agg. **1** unito, stretto insieme, fermato, fissato CONTR. sciolto, slegato, snodato **2** (*fig.*) costretto, impedito, obbligato, vincolato CONTR. libero, svincolato **3** (*fig.*) (*di comportamento*) goffo, impacciato CONTR. disinvolto, spigliato.

legàto (2) s. m. **1** (*dell'antica Roma e del Vaticano*) ambasciatore, inviato **2** nunzio.

legazióne s. f. **1** ambasceria, ambasciata **2** missione diplomatica.

légge s. f. **1** diritto, giure (*raro*), giurisprudenza, scienza giuridica, giustizia **2** norma giuridica, bando, decreto, decreto-legge, disposizione, editto, regolamento, statuto, costituzione, canone, precetto, prescrizione, grida □ consuetudine **3** autorità giudiziaria, apparato statale **4** (*di società, di convivenza, ecc.*) modello, criterio **5** (*est.*) (*della pittura, della poesia, ecc.*) regola, tecnica **FRAS.** *dettar legge*, imporre la propria volontà.

leggènda s. f. **1** racconto fantastico, narrazione, mito, saga, tradizione, favola, ciclo **CONTR.** storia, realtà **2** (*fig.*) fandonia, bugia **CONTR.** verità, vero **3** didascalia, spiegazione □ scritta, epigrafe.

leggendàrio agg. **1** favoloso, immaginario, mitico, tradizionale, eroico **CONTR.** storico, vero, attuale **2** (*est.*) eccezionale, impressionante, meraviglioso, straordinario **CONTR.** comune, normale, ordinario.

lèggere v. tr. **1** (*di scritto*) scorrere con gli occhi, decifrare, leggicchiare, leggiucchiare, compitare, recitare, dare una scorsa □ (*ass.*) dedicarsi alla lettura, sprofondarsi nella lettura **2** (*lett.*) (*di testo*) capire, comprendere, interpretare **3** (*fig.*) (*di pensiero e sim.*) intuire, penetrare, scoprire.

leggerézza s. f. **1** levità (*lett.*), tenuità □ sottigliezza **CONTR.** gravità, pesantezza, peso **2** agilità, elasticità, scioltezza, speditezza **CONTR.** impaccio, goffaggine, lentezza **3** (*fig.*) frivolezza, incostanza, sconsideratezza, volubilità, mancanza di serietà **CONTR.** ponderatezza, riflessione, serietà □ sussiego.

leggerménte avv. **1** lievemente, agilmente □ debolmente, delicatamente, dolcemente **CONTR.** pesantemente □ fortemente, molto **2** (*fig.*) con leggerezza, imprudentemente, irriflessivamente, precipitosamente, sconsideratamente □ superficialmente **CONTR.** ponderatamente, profondamente, meditatamente, seriamente.

leggèro agg. **1** poco pesante, lieve, tenue □ (*est.*) (*di cibo*) ben digeribile, frugale **CONTR.** grave, greve, pesante **2** (*est.*) (*di voce, di vento, ecc.*) fievole, sommesso, debole **CONTR.** forte **3** (*fig.*) (*di spesa, di ferita, ecc.*) piccolo, modesto, modico **CONTR.** grande, notevole, considerevole **4** (*di sonno, di profumo, ecc.*) debole, delicato, sottile **CONTR.** pesante, acuto **5** (*di persona, di passo, ecc.*) agile, elastico, snello, sciolto, spedito **CONTR.** goffo, impacciato, lento **6** (*fig.*) (*di discorso, di comportamento, ecc.*) fatuo, frivolo, incostante, spensierato, superficiale, irriflessivo **CONTR.** costante, ponderato, riflessivo, serio, profondo **7** (*di musica*) poco impegnativo **CFR.** classico, sinfonico.

leggiadrìa s. f. avvenenza, garbo, gentilezza, galanteria, grazia, venustà (*lett.*), bellezza, armonia **CONTR.** bruttezza, goffaggine, rozzezza.

leggiàdro agg. aggraziato, avvenente, bello, carino, gentile, garbato, grazioso, piacevole, vezzoso □ elegante **CONTR.** brutto, goffo, sgarbato, sgraziato, rozzo.

leggìbile agg. decifrabile, comprensibile **CONTR.** illeggibile, indecifrabile, incomprensibile.

leggibilità s. f. chiarezza, perspicuità **CONTR.** oscurità, incomprensibilità.

legiferàre v. intr. **1** emanare leggi, promulgare leggi **2** (*scherz.*) dettar legge, imporsi, farsi valere.

legióne s. f. **1** (*di carabinieri, di finanzieri*) corpo, unità **2** (*fig.*) schiera foltissima, moltitudine, folla, quantità, caterva.

legislatóre s. m. **1** (*dir.*) autore di leggi **2** (*per anton.*) parlamento.

legislatùra s. f. legislazione.

legislazióne s. f. **1** legislatura, leggi **2** (*fig.*) norme, disciplina.

legittimaménte avv. legalmente, lecitamente, giustamente, a buon diritto **CONTR.** illegalmente, illecitamente, ingiustamente, a torto.

legittimàre v. tr. **1** (*dir.*) riconoscere legittimo **2** (*est.*) convalidare, ratificare □ giustificare **CONTR.** invalidare, infirmare.

legittimàto part. pass. di **legittimare**; anche agg. convalidato, ratificato □ giustificato **CONTR.** invalidato, infirmato.

legittimazióne s. f. approvazione, convalida, ratifica □ giustificazione **CONTR.** annullamento, invalidamento, invalidazione.

legittimità s. f. conformità alle leggi, legalità, regolarità, validità, costituzionalità □ fondatezza **CONTR.** illegittimità, illegalità, incostituzionalità.

legittimo agg. **1** conforme alla legge, legale, lecito, giusto, regolare, valido **CONTR.** illegittimo, illegale, illecito, ingiusto **2** (*est.*) (*di desiderio, di affermazione, ecc.*) giustificato, lecito, motivato, accettabile, plausibile **CONTR.** ingiustificato, immotivato, inaccettabile.

légna s. f. legname da ardere □ tronchi, rami, ceppo, ciocco, combustibile.

legnàceo agg. di legno, legnoso, ligneo (*lett.*).

legnàre v. tr. bastonare, manganellare, randellare □ (*est.*) picchiare.

legnàta s. f. bastonata, manganellata, randellata □ (*est.*) percossa.

légno s. m. **1** (*est.*) legname, legna, pezzo di legno □ bastone, mazza, randello **2** (*lett.*) albero **3** (*fig.*) carrozza **4** (*fig.*) bastimento, nave **FRAS.** *testa di legno*, marionetta; (*fig.*) zuccone.

legnosità s. f. (*est.*) (*di persona*) durezza, rigidità **CONTR.** elasticità.

legnóso agg. **1** di legno **2** legnaceo, ligneo (*lett.*), fibroso, tiglioso **CONTR.** molle, soffice, tenero **3** (*fig.*) (*di persona*) impacciato, rigido, privo di scioltezza, compassato **CONTR.** disinvolto, franco, sciolto.

legùme s. m. baccello.

leguminóse s. f. pl. (*bot.*) papilionacee.

lèi A pron. pers. di terza pers. f. sing. **1** (*come compl.*)

essa **2** (*come sogg.*) ella **3** (*in segno di rispetto*) ella **B** in funzione di s. m. terza persona **C** in funzione di s. f. (*fam.*) donna amata.

leitmotiv /*ted.* 'laitmoti:f/ [vc. ted. da *leiten* 'guidare, dirigere' e *Motiv* 'motivo'] s. m. inv. **1** (*mus.*) tema ricorrente, motivo guida **2** (*est.*) concetto ricorrente, argomento ricorrente **3** (*est.*) ritornello.

lèmbo s. m. **1** falda □ (*est.*) bordo, estremità, margine, orlo **2** (*di terra, di cielo, ecc.*) zona, fascia, parte □ frammento, pezzetto.

lèmma s. m. **1** (*mat.*) teorema secondario **2** proposizione, argomento **3** (*di dizionario*) esponente, voce.

lèmme lèmme avv. (*fam.*) piano piano, adagio adagio, flemmaticamente, lentamente □ pigramente **CONTR.** in fretta, frettolosamente.

léna s. f. **1** ardore, energia, forza, gagliardia, vigore, vigoria **CONTR.** debolezza, fiacca, rilassatezza, svogliatezza **2** fiato, respiro, respirazione.

leniménto s. m. **1** addolcimento, alleviamento, attenuazione, mitigazione **CONTR.** inasprimento, rincrudimento, irritazione **2** (*di medicamento*) lenitivo, calmante **CONTR.** eccitante, stimolante.

lenìre v. tr. mitigare, calmare, placare, addolcire, raddolcire, attenuare, ridurre, scemare **CONTR.** inasprire, acuire, esacerbare, esasperare, irritare, aggravare.

lenitìvo agg.; anche s. m. calmante, sedativo, lenimento **CONTR.** eccitante, stimolante.

lentaménte avv. adagio, piano piano, passo passo □ con calma, senza fretta, flemmaticamente, gradatamente, a poco a poco, pacatamente, tranquillamente, a rilento, stentatamente **CONTR.** affrettatamente, celermente, rapidamente, velocemente, frettolosamente, in fretta e furia.

lènte s. f. **1** cristallo oculare **2** (*spec. al pl.*) occhiali **3** (*bot.*) lenticchia.

lentézza s. f. calma, flemma □ ritardo, indugio, pausa □ indolenza, infingardaggine, pigrizia, poltroneria, svogliatezza **CONTR.** celerità, lestezza, speditezza, rapidità, velocità □ alacrità, attività, dinamicità, energia, operosità, solerzia, vivacità.

lentìcchia s. f. (*bot.*) lente **FRAS.** *dare per un piatto di lenticchie* (*fig.*), dare per nulla.

lentìggine s. f. (*med.*) efelide, crusca (*pop.*).

lènto agg. **1** calmo, flemmatico, tardo, torpido, tardigrado (*lett.*), lungo, serotino (*lett.*) □ (*est.*) misurato, prudente **CONTR.** celere, lesto, pronto, spedito, svelto, rapido, veloce **2** (*di persona, di carattere, ecc.*) indolente, pigro, svogliato □ apatico, indifferente **CONTR.** alacre, attivo **3** (*di vite, di fune, ecc.*) allentato, molle **CONTR.** tirato.

lènza s. f. **1** filo per l'amo **2** (*fig., mer.*) furbone, furbastro, dritto (*fam.*).

leóne s. m. (*fig.*) uomo forte, coraggioso **CONTR.** pecora, coniglio, fifone **FRAS.** *far la parte del leone* (*fig.*), prendersi la parte migliore □ *leone d'America*, puma □ *leone marino*, otaria.

leonìno agg. **1** di leone, da leone **2** (*fig.*) coraggioso, fiero, intrepido, valoroso **CONTR.** pauroso, timido, timoroso, vile.

leopàrdo s. m. (*zool.*) pantera, pardo **FRAS.** *leopardo delle nevi*, irbis.

lèrcio o **lércio** agg. sozzo, lurido, sudicio, sordido, sporco □ ripugnante, ributtante, schifoso **CONTR.** pulito, lindo, mondo, netto, terso.

lerciùme s. m. sudiciume, sporcizia, luridume, sozzura **CONTR.** pulizia, nettezza, lindezza, purezza.

lèsbica s. f. omosessuale, gay (*ingl.*), tribade (*med.*).

lésina s. f. **1** (*fig.*) avarizia, spilorceria, taccagneria, tirchieria, sordidezza, grettezza **CONTR.** generosità, larghezza, liberalità, prodigalità **2** (*est., fig.*) (*di persona*) avaraccio, spilorcio, tirchio **CONTR.** prodigo, dissipatore, scialacquatore.

lesinàre v. tr. e intr. essere avaro, essere tirchio, fare economie, economizzare, risparmiare **CONTR.** largheggiare, spendere, sperperare, scialacquare.

lesionàre v. tr. rendere instabile, rendere pericolante, danneggiare.

lesionàto part. pass. di **lesionare**; anche agg. pericolante, danneggiato, leso.

lesióne s. f. **1** (*med.*) ferita, taglio, lacerazione, scalfittura, ammaccatura, contusione, ecchimosi □ frattura **2** (*di muro, di bicchiere, ecc.*) crepa, fenditura, incrinatura, screpolatura **3** (*fig.*) (*di dignità, di libertà, ecc.*) danno, offesa, pregiudizio, torto.

lesìvo agg. dannoso, nocivo, offensivo, pregiudizievole **CONTR.** giovevole, propizio, utile, vantaggioso.

léso o **lèso** part. pass. di **ledere**; anche agg. **1** (*med.*) ferito, lacerato, contuso, colpito **CONTR.** illeso, indenne **2** (*di muro, di bicchiere, ecc.*) crepato, incrinato **3** (*di dignità, di libertà, ecc.*) danneggiato, offeso, oltraggiato, vilipeso, violato **CONTR.** osservato, rispettato.

lessàre v. tr. allessare (*raro*), bollire **CFR.** arrostire.

lessàto part. pass. di **lessare**; anche agg. allesso, lesso, bollito **CFR.** arrostito, in umido.

lèssico s. m. **1** dizionario, vocabolario **2** linguaggio.

lessicògrafo s. m. vocabolarista.

lésso A agg. bollito, allesso, lessato **CFR.** arrostito, in umido **B** s. m. carne lessa, bollito **CFR.** arrosto.

lèsto agg. celere, fulmineo, presto (*lett.*), pronto, rapido, ratto (*lett.*), spedito, svelto, veloce □ sbrigativo, spicciativo □ agile, destro, sciolto □ abile, astuto **CONTR.** lento, pigro, tardo, torpido.

letàle agg. mortale, mortifero □ fatale, funesto **CONTR.** vitale.

letamàio s. m. **1** concimaia **2** (*est.*) luogo sudicio **3** (*fig.*) luogo corrotto, luogo malfamato.

letàme s. m. **1** concime, concio (*tosc.*), fimo (*lett.*), strame, stabbio **2** (*fig.*) immondezza, sudiciume, corruzione.

letàrgo s. m. **1** (*zool.*) letargia, torpore, sonnolenza **2** (*med.*) obnubilamento **3** (*fig.*) inerzia, inazione, oblio **CONTR.** operosità, solerzia, laboriosità.

letìzia s. f. allegrezza, allegria, contentezza, contento (*lett.*), felicità, festa, giocondità, gioia, giubilo, piacere, soddisfazione **CONTR.** malinconia, mestizia, tristezza, abbattimento, afflizione, depressione.

lètta s. f. rapida lettura, scorsa.

lèttera o **léttera** s. f. **1** segno dell'alfabeto, grafema **2** carattere, forma, grafia, scrittura **3** senso letterale, interpretazione letterale **CONTR.** senso lato **4** (*di medaglia, di stampa, ecc.*) iscrizione, leggenda **5** (*al pl.*) letteratura □ cultura **6** (*di corrispondenza*) comunicazione, scritto, missiva □ (*al pl.*) epistolario **7** documento **FRAS.** *alla lettera*, parola per parola, puntualmente □ *a lettere di fuoco* (*fig.*), con tono energico □ *restare lettera morta* (*fig.*), restare senza effetto □ *belle lettere*, studi umanistici □ *lettera pontificia, lettera apostolica*, breve, bolla, enciclica.

letteràle agg. formale, preciso, testuale, parola per parola **CONTR.** allegorico, metaforico □ approssimativo, a senso.

letteralménte avv. **1** alla lettera, parola per parola, testualmente **CONTR.** approssimativamente, a senso **2** (*fig.*) assolutamente, completamente, totalmente, del tutto, nel vero senso della parola **CONTR.** per nulla.

letteràto A agg. istruito in letteratura □ colto, dotto, istruito **CONTR.** illetterato, ignorante **B** s. m. **1** uomo di lettere, persona colta, umanista □ scrittore, autore **2** grammatico.

letteratùra s. f. **1** lettere □ cultura letteraria, umanità **2** (*est.*) produzione letteraria □ bibliografia.

lettièra s. f. **1** (*est.*) letto **2** (*di animale*) giaciglio, paglia, strame.

lettiga s. f. **1** portantina, bussola **2** barella □ autolettiga.

lètto (1) part. pass. di **leggere**; anche agg. (*lett.*) interpretato, capito □ recitato.

lètto (2) s. m. **1** giaciglio, branda, talamo (*lett.*), ottomana, amaca, cuccia, culla □ lettiera **2** (*fig.*) matrimonio **3** (*di fiume*) fondo, alveo **4** (*est.*) (*di concime, di foglie, ecc.*) piano, strato **5** (*med.*) tavolo **FRAS.** *andare a letto*, andare a dormire □ *mettersi a letto*, ammalarsi □ *letto di spine* (*fig.*), situazione difficile.

lettùra s. f. **1** il leggere **2** interpretazione **3** libro, testo, opera, pubblicazione, scritto **4** lezione.

leucocìta o **leucocìto** s. m. (*anat.*) globulo bianco **CFR.** eritrocita, emazia.

lèva (1) s. f. **1** manovella, martinetto, cricco, cric **2** (*fig.*) (*di ambizione, di denaro, ecc.*) stimolo, spinta, impulso **3** asta, sbarra **FRAS.** *far leva su* (*fig.*), agire su, premere su, puntare su.

lèva (2) s. f. **1** arruolamento, coscrizione, reclutamento **2** reclute □ classe.

levànte A part. pres. di **levare**; anche agg. (*di astro*) sorgente **CONTR.** calante **B** s. m. **1** oriente, est **CONTR.** occidente, ponente, ovest **2** (*est.*) Medio Oriente.

levantìno agg.; anche s. m. **1** del Levante **2** (*raro, fig.*) astuto, furbo, sleale **CONTR.** onesto, leale.

levàre A v. tr. **1** alzare, sollevare, innalzare, drizzare, ergere, tirar su, mandar su, tendere verso l'alto **CONTR.** abbassare, calare, tirar giù, mandar giù **2** (*di ostacolo, di dente, ecc.*) togliere, rimuovere, spostare, asportare, portar via, tirar via, prender via, cavare, sottrarre □ allontanare, evitare **CONTR.** mettere, porre, introdurre, inserire, aggiungere **3** (*di selvaggina*) stanare, scovare **B levarsi** v. rifl. **1** alzarsi, elevarsi, sollevarsi, erigersi, emergere, sorgere **CONTR.** abbassarsi, calarsi **2** alzarsi (da letto) **CONTR.** coricarsi **3** allontanarsi, scostarsi **CONTR.** avvicinarsi, appressarsi **C** v. intr. pron. (*di astro, di vento, ecc.*) sorgere, alzarsi **CONTR.** cadere, tramontare, calare **FRAS.** *levare il bollore*, cominciare a bollire □ *levare di mezzo*, eliminare □ *levare l'ancora*, salpare □ *levare le tende* (*fig.*), andarsene □ *levare le parole di bocca*, prevenire nel parlare.

levàta s. f. **1** (*di astro, di vento, ecc.*) comparsa, il sorgere **CONTR.** tramonto, scomparsa, caduta **2** (*di terreno*) rilievo (topografico) **3** acquisto all'ingrosso **FRAS.** *levata di scudi* (*fig.*), ribellione, protesta.

levàto part. pass. di **levare**; anche agg. alzato, sollevato, teso in alto, volto in su **CONTR.** abbassato, calato, volto in giù.

levatóio agg. (*di ponte*) mobile □ spostabile **CONTR.** fisso.

levatrìce s. f. (*pop.*) ostetrica, mammana (*dial.*).

levatùra s. f. livello intellettuale, intelligenza □ autorevolezza, prestigio **CONTR.** nullità.

levigàre v. tr. rendere liscio, lisciare, spianare, molare, polire, piallare **CONTR.** irruvidire, rendere scabro.

levigatézza s. f. liscezza, morbidità, politezza **CONTR.** ruvidezza, ruvidità, scabrosità.

levigàto part. pass. di **levigare**; anche agg. **1** liscio, lisciato, polito, spianato □ morbido **CONTR.** aspro, ruvido, scabro, scabroso, rugoso **2** (*fig.*) (*di scritto, di lavoro, ecc.*) accurato, perfetto, rifinito **CONTR.** farraginoso, raffazzonato, sciatto, trasandato, trascurato.

levigatùra s. f. *V.* **levigazione**.

levigaziòne s. f. lisciatura, finitura, rifinitura,

levigatura, honing (*ingl.*).

levità s. f. (*lett.*) leggerezza, tenuità □ delicatezza CONTR. gravità, peso, pesantezza, ponderosità (*lett.*).

levulòsio s. m. (*chim.*) fruttosio.

lezióne s. f. **1** insegnamento, studio, lettura **2** dissertazione **3** (*fig.*) ammaestramento, esortazione **4** (*fig.*) sgridata, rimprovero, punizione, castigo, esempio, lavata di capo.

leziosàggine s. f. **1** affettazione, posa, svenevolezza, smanceria CONTR. naturalezza, semplicità, spontaneità **2** lezio, moina, smorfia, vezzo.

lezióso agg. affettato, manierato, mellifluo, smanceroso, smorfioso, svenevole, privo di naturalezza CONTR. naturale, semplice, spontaneo.

lézzo s. m. fetore, graveolenza (*lett.*), miasma, puzza, puzzo, tanfo CONTR. profumo, fragranza, olezzo (*lett.*), buon odore.

lì avv. **1** (*di luogo*) in quel luogo, là CONTR. qui, qua **2** (*di tempo*) in quel momento, allora, in quel punto □ circa in quel tempo FRAS. *giù di lì*, pressappoco □ *lì per lì*, sul momento.

libagióne s. f. **1** offerta sacrificale, oblazione sacrificale **2** (*est.*, *scherz.*) bevuta □ brindisi.

libéccio s. m. vento da sud-ovest, garbino, africo.

libèllo s. m. **1** operetta **2** pubblicazione diffamatoria, scritto scandalistico CONTR. apologia.

liberàle agg. **1** generoso, largo, munifico, splendido, magnanimo, prodigo CONTR. avaro, gretto, meschino, parsimonioso, sordido, spilorcio, taccagno, tirchio, tirato **2** libertario, largo di vedute CONTR. reazionario, retrogrado, oscurantista **3** (*lett.*) (*di studi, di professioni, ecc.*) proprio di uomo libero, non servile.

liberalità s. f. generosità, larghezza, munificenza, prodigalità, magnanimità, grandezza, cortesia CONTR. avarizia, grettezza, meschinità, parsimonia, spilorceria, taccagneria, tirchieria.

liberalizzàre v. tr. rendere più libero, svincolare, agevolare CONTR. vincolare, controllare, regolamentare.

liberalizzazióne s. f. svincolo □ (*econ.*) deregulation (*ingl.*) CONTR. controllo, vincolo, chiusura.

liberalménte avv. generosamente, magnanimamente, munificamente, splendidamente CONTR. avaramente, grettamente, meschinamente.

liberaménte avv. **1** con libertà, senza impedimenti, indipendentemente CONTR. obbligatamente, per forza **2** apertamente, chiaramente, francamente, sinceramente, senza riguardo CONTR. nascostamente, copertamente, ipocritamente.

liberàre A v. tr. **1** rendere libero, affrancare, disimpegnare, emancipare, sciogliere, prosciogliere, svincolare, redimere, restituire alla libertà □ scarcerare CONTR. asservire, assoggettare, sottomettere, avvincere, incatenare, legare, imprigionare **2** (*di valori, di debiti, ecc.*) pagare **3** (*da incendio, da pericolo, ecc.*) salvare, scampare, preservare, salvaguardare, tutelare CONTR. esporre **4** (*da tasse, da obbligo, ecc.*) esimere, esentare, esonerare, dispensare CONTR. imporre, obbligare, vincolare **B liberarsi** v. rifl. rendersi libero, sciogliersi, svincolarsi, districarsi, disimpegnarsi □ preservarsi CONTR. legarsi, obbligarsi.

liberatóre s. m.; anche agg. (f. *-trice*) affrancatore, redentore, riscattatore, salvatore □ liberatorio CONTR. oppressore, tiranno, despota.

liberazióne s. f. affrancamento, affrancazione, disimpegno, emancipazione, scioglimento, proscioglimento, redenzione □ esenzione, esonero, dispensa □ scarcerazione □ preservazione, salvaguardia, salvezza CONTR. asservimento, assoggettamento, sottomissione, incatenamento, imprigionamento.

liberìsmo s. m. libero scambio CONTR. protezionismo, mercantilismo.

liberìsta agg.; anche s. m. e f. CONTR. protezionista, mercantilista.

lìbero A agg. **1** affrancato, franco, autonomo, emancipato, indipendente, prosciolto, sciolto, svincolato, senza padrone CONTR. asservito, assoggettato, sottomesso, soggetto, servo, legato **2** (*da tasse, da obblighi, ecc.*) esentato, esente, esonerato, dispensato CONTR. obbligato, vincolato **3** (*est.*) (*di linguaggio, di comportamento, ecc.*) ardito, audace □ indecente, licenzioso, sconveniente CONTR. morigerato, decente, controllato **4** (*di ingresso, di passaggio e sim.*) permesso a tutti, consentito a tutti □ gratuito, gratis CONTR. proibito, vietato □ a pagamento **5** (*di posto*) non occupato, non riservato □ disponibile CONTR. occupato, riservato **B** s. m. (*sport*) battitore libero.

libertà s. f. **1** emancipazione, indipendenza, franchigia, autonomia, autodecisione, autodeterminazione CONTR. servitù, schiavitù, soggezione, dipendenza **2** arbitrio, facoltà, licenza, permesso, possibilità, diritto CONTR. divieto, proibizione, interdizione **3** (*al pl.*) eccessiva familiarità, confidenza, scorrettezza CONTR. riservatezza, autocontrollo, riguardo.

libertàrio agg.; anche s. m. liberale □ anarchico, nichilista CONTR. assolutista, reazionario.

libertinàggio s. m. **1** dissolutezza, licenziosità, lussuria, scostumatezza, sregolatezza, eccesso, licenza, intemperanza CONTR. continenza, costumatezza, morigeratezza, pudicizia, temperanza **2** libertà di pensiero, autonomia CONTR. conformismo, soggezione.

libertìno A agg. e s. m. dissoluto, licenzioso, lussurioso, scostumato, sregolato, intemperante, vizioso □ (*est.*) osceno, sconcio CONTR. continente, costumato, morigerato, pudico, temperante, virtuoso **B** s. m. **1** (*nel dir. romano*) liberto **2** donnaiolo, dongiovanni, playboy (*ingl.*).

liberty /*ingl.* 'libəti/ [dal n. di un magazzino londinese di prodotti di artigianato orientale, fondato da A.L. *Liberty*] **A** s. m. inv. stile floreale **B** agg. floreale.

libìdine s. f. **1** concupiscenza, incontinenza, lascivia, lussuria, brama sessuale, sensualità, foia (*raro*), fregola (*pop.*) **CONTR.** castità, continenza, morigeratezza, pudicizia, temperanza **2** (*est.*) bramosia (*lett.*), cupidigia, desiderio smodato **CONTR.** ripugnanza, avversione, indifferenza.

libidinóso agg. dissoluto, impudico, incontinente, lascivo, lussurioso, sensuale **CONTR.** casto, continente, morigerato, pudico, temperante.

libràre A v. tr. **1** (*lett.*) pesare, ponderare **2** (*lett.*, *fig.*) giudicare **B librarsi** v. rifl. stare in aria, equilibrarsi, roteare.

libreria s. f. **1** negozio di libri **2** biblioteca **3** (*di mobile*) scaffale, scansia.

librétto s. m. **1** dim. di **libro 2** taccuino, notes, quadernetto **3** fascicoletto **4** (*di melodramma*) testo.

libro s. m. **1** volume, opera stampata, manuale, trattato, tomo, opuscolo **2** (*di opera*, *di poema*) sezione, parte, canto **3** (*spec. al pl.*) (*fig.*) studi **4** (*di ufficio*, *di azienda*, *ecc.*) registro □ scritture contabili **5** (*bot.*) floema □ (*est.*) corteccia **FRAS.** *libro di testo*, libro scolastico □ *libro nero* (*fig.*), lista di sospetti, lista dei colpevoli □ *libro giallo* (*fig.*), libro poliziesco □ *libri sacri*, Bibbia □ *non essere nel libro di uno*, non essere gradito a uno.

licàntropo [gr. *lykánthrōpos*, letteralmente 'uomo (*ánthrōpos*)-lupo (*lýkos*)'] s. m. lupo mannaro.

licènza s. f. **1** permesso, autorizzazione, facoltà, consenso, concessione, assenso **CONTR.** divieto, proibizione, interdizione, freno, impedimento **2** commiato, congedo **CONTR.** ricevimento, accoglienza **3** (*dir.*) disdetta **4** (*di studi*) diploma, titolo **5** libertà, abuso, arbitrio, sfrenatezza, indisciplina, anarchia, insubordinazione **CONTR.** disciplina, disciplinatezza, ubbidienza □ assolutismo, tirannia **6** dissolutezza, licenziosità, libidine, lussuria, scostumatezza, sregolatezza **CONTR.** castigatezza, continenza, morigeratezza, pudicizia, temperanza.

licenziaménto s. m. congedo, allontanamento, esonero, risoluzione di contratto □ sfratto **CONTR.** assunzione, insediamento.

licenziàre A v. tr. **1** (*di ospite*, *di visitatore*, *ecc.*) accomiatare, congedare, mandar via **CONTR.** accogliere, ricevere **2** (*di dipendente*) allontanare, esonerare, destituire □ (*di inquilino*) sfrattare **CONTR.** assumere, insediare **3** (*di studente*) promuovere, diplomare **CONTR.** bocciare, respingere **B licenziarsi** v. rifl. **1** (*raro*) (*da un ospite*) accomiatarsi, congedarsi, andarsene **CONTR.** presentarsi **2** (*dal lavoro*) dimettersi, ritirarsi **3** (*di studente*) diplomarsi.

licenziàto part. pass. di **licenziare**; anche agg. e s. m. **1** allontanato, esonerato, destituito □ sfrattato **CONTR.** assunto **2** diplomato.

licenzióso agg. dissoluto, immorale, impudico, libertino, lussurioso, osceno, scostumato, sregolato, scandaloso, vergognoso **CONTR.** casto, castigato, morigerato, pudico, puro, temperante, virtuoso.

licére o **lìcere** v. intr. (*poet.*) essere permesso, essere concesso, essere possibile **CONTR.** essere proibito, essere vietato.

licitazióne s. f. asta, incanto, vendita all'asta.

lìdar [vc. ingl., comp. di *li(ght)* 'luce' e *(ra)dar*] s. m. inv. radar ottico.

lìdo s. m. **1** costa, litorale, riva, spiaggia, sponda, lingua di sabbia **2** (*lett.*) territorio, paese.

lied /*ted.* li:t/ [vc. ted., letteralmente 'canto'] s. m. inv. canzone, canto.

lietaménte avv. allegramente, felicemente, festosamente, gaiamente, giocondamente, gioiosamente **CONTR.** malinconicamente, mestamente, tristemente.

lièto agg. **1** allegro, contento, esultante, felice, festante, gaio, giocondo, giulivo, ilare, soddisfatto, di buon umore **CONTR.** abbattuto, addolorato, afflitto, avvilito, infelice, malinconico, mesto, triste □ accigliato, tetro **2** (*di luogo*) ameno, leggiadro, piacevole, ridente **CONTR.** brutto, sgradevole, spiacevole.

lième agg. **1** leggero, lene (*lett.*), tenue, impercettibile **CONTR.** grave, greve, pesante, ponderoso **2** (*fig.*) (*di compito*, *di impegno*, *ecc.*) agevole, comodo, facile **CONTR.** difficile, gravoso **3** (*fig.*) (*di movimento*, *di dislivello*, *ecc.*) debole, fiacco □ piccolo, dappoco, poco importante **CONTR.** forte □ grande, notevole, importante.

lieveménte avv. leggermente, debolmente, impercettibilmente □ agilmente **CONTR.** gravemente, pesantemente.

lievità s. f. *V.* **levità**.

lievitàre v. intr. **1** (*di pasta*) gonfiarsi, fermentare **2** (*fig.*) (*di prezzi*, *di malcontento*, *ecc.*) crescere, aumentare **CONTR.** calare, diminuire.

lievitazióne s. f. **1** (*di pasta*) fermentazione **2** (*fig.*) (*di prezzi*) aumento, crescita **CONTR.** calo, diminuzione **3** (*fig.*) eccitazione, irrequietudine **CONTR.** calma, tranquillità.

lièvito s. m. **1** fermento **2** (*fig.*) causa, impulso, stimolo.

lìgio agg. devoto, fedele, legato, ossequente, rispettoso, affezionato, dedito, diligente □ sottomesso, servo, schiavo **CONTR.** avverso, avversario, contrario, nemico, ostile, ribelle.

lignàggio s. m. discendenza, schiatta, casata, famiglia, stirpe, progenie (*lett.*).

lìgneo agg. **1** di legno, legnoso **2** (*est.*) duro, coriaceo, fibroso **CONTR.** molle, morbido, tenero.

lignìte s. f. (*est.*) carbone fossile.

lillipuziàno [fr. *lilliputien*, dall'ingl. *Lilliputian* 'piccolissimo abitante del paese di *Lilliput*', immaginato da J. Swift nel romanzo *I viaggi di Gulliver*] **A** agg. minuscolo, piccolissimo, ridottissimo **CONTR.** enorme, gigantesco, grandissimo, ciclopico, colossale **B** s. m. nano, nanerottolo, pigmeo **CONTR.** colosso, gigante, ercole, ciclope, omone, omaccione.

lìma s. f. **1** raspa, ingordina (*raro*), scuffina **2** (*fig.*) (*di scritto*) revisione, rifinitura, perfezionamento **3** (*fig.*) affanno, preoccupazione, tormento, rodimento.

limacciόso agg. **1** (*di luogo*) fangoso, melmoso, motoso (*raro*), poltiglioso **CONTR.** arido, asciutto, secco **2** (*fig.*) (*di vino, di acqua, ecc.*) denso, torbido, inquinato, sporco **CONTR.** chiaro, limpido, terso, trasparente, pulito.

limàre v. tr. **1** (*di utensile*) raspare, raschiare, levigare, lisciare **2** (*fig.*) (*di preoccupazione, di pensiero, ecc.*) consumare, rodere, corrodere **CONTR.** rafforzare, rinvigorire **3** (*fig.*) (*di scritto*) correggere, perfezionare, rifinire, migliorare **CONTR.** peggiorare, guastare.

limatùra s. f. **1** (*di cosa*) raschiatura, levigatura **2** (*di scritto*) correzione, rifinitura.

lìmbo s. m. (*fig.*) incertezza, indeterminatezza, vaghezza **CONTR.** sicurezza.

limitàbile agg. contenibile, circoscrivibile, delimitabile, racchiudibile, riducibile **CONTR.** illimitabile (*lett.*), allargabile, aumentabile, ampliabile.

limitàre (1) s. m. **1** soglia □ (*est.*) porta, uscio **2** (*fig.*) (*della vita, degli studi, ecc.*) principio, inizio, avvio **CONTR.** fine, termine, conclusione.

limitàre (2) **A** v. tr. circoscrivere, delimitare, contenere, racchiudere, restringere, ridurre, diminuire, decurtare **CONTR.** ampliare, amplificare, aumentare, allargare, estendere **B limitarsi** v. rifl. contenersi, frenarsi **CONTR.** abbandonarsi, sfogarsi □ largheggiare.

limitataménte avv. moderatamente, raramente □ relativamente **CONTR.** illimitatamente, smoderatamente.

limitatézza s. f. ristrettezza, angustia, imperfezione, manchevolezza **CONTR.** ampiezza, abbondanza, estensione, larghezza, vastità.

limitatìvo agg. restrittivo, riduttivo **CONTR.** amplificativo, amplificatore.

limitàto part. pass. di **limitare (2)**; anche agg. **1** circoscritto, delimitato, definito, racchiuso **CONTR.** senza limiti, illimitato **2** (*est.*) (*di mente, di risorse, ecc.*) esiguo, scarso, modesto, corto, insufficiente **CONTR.** abbondante, ampio, largo, sufficiente.

limitaziόne s. f. restrizione, riduzione, limite stabilito □ condizionamento, impedimento **CONTR.** ampliamento, accrescimento, aumento.

lìmite **A** s. m. **1** confine, barriera, termine, delimitazione, demarcazione, linea esterna, margine, estremità □ ultimo, massimo □ plafond (*fr.*), tetto **2** ambito, estensione **B** in funzione di agg. inv. (posposto al s.) (*fig.*) (*di ipotesi, di caso, ecc.*) definitivo, insuperabile **FRAS.** *al limite* (*fig.*), tutt'al più □ *entro certi limiti*, fino a un certo punto □ *passare i limiti* (*fig.*), eccedere.

limìtrofo agg. confinante, contiguo, finitimo, attiguo, adiacente, viciniore **CONTR.** distante, lontano, staccato.

lìmo s. m. (*lett.*) fango, melma, fanghiglia, loto (*lett.*), poltiglia, mota (*lett.*), motriglia (*tosc.*).

limόne in funzione di agg. inv. (posposto al s.) (*di colore*) giallo-verde **FRAS.** *limone spremuto* (*fig.*), persona già sfruttata.

limousine /*fr.* limu'zin/ [vc. fr., *limousine*: da *limousine* 'mantello di stoffa grossolana' fabbricato a *Limoges*, a cui poteva rassomigliare questo tipo di automobile chiusa] s. f. inv. berlina.

limpidaménte avv. **1** chiaramente, nitidamente, tersamente **CONTR.** torbidamente **2** (*fig.*) francamente, apertamente, schiettamente **CONTR.** falsamente, ipocritamente.

limpidézza s. f. **1** chiarezza, nitidezza, trasparenza, diafanità, lucentezza, purezza, limpidità (*raro*) **CONTR.** opacità, torbidità, torbidezza, offuscamento **2** (*fig.*) franchezza, lealtà, schiettezza, sincerità **CONTR.** falsità, ipocrisia, slealtà, insincerità.

lìmpido agg. **1** chiaro, trasparente, diafano, nitido, puro, terso, cristallino, lucente, splendente **CONTR.** opaco, torbido, fosco, offuscato, oscuro **2** (*est.*) (*di suono*) sonoro, squillante **CONTR.** smorzato, roco, fioco **3** (*fig.*) (*di persona, di stile, ecc.*) genuino, puro, schietto, sincero **CONTR.** falso, ipocrita, insincero, ricercato.

lìndo agg. **1** pulito, netto, terso **CONTR.** sporco, sudicio, sozzo, lurido, lordo **2** elegante, azzimato, attillato, ordinato **CONTR.** sciatto, trasandato, trascurato.

lìnea s. f. **1** riga, tratto, segno, frego, retta, segmento □ fascia, striscia **2** (*di separazione, di vegetazione, ecc.*) limite, confine, delimitazione **3** contorno, lineamento, tratto □ silhouette (*fr.*) **4** (*di abito*) foggia, taglio, modello, stile □ eleganza, classe **5** (*mil.*) fronte, schieramento **6** (*di proiettile, di strada, ecc.*) direzione, traiettoria, tracciato □ itinerario, percorso □ conduttura **7** (*fig.*) (*di condotta, di politica, ecc.*) comportamento, indirizzo, norma, regola **8** (*fig.*) (*di pensiero, di discorso, ecc.*) sviluppo logico, filo **9** (*di persone, di cose*) serie, fila, successione **10** (*biol.*) discendenza, successione, genealogia **FRAS.** *linea d'arrivo*, traguardo □ *su tutta la linea* (*fig.*), completamente □ *passare in seconda linea* (*fig.*), essere meno importante □ *a grandi linee*, sommariamente □ *in linea di massima*, nel complesso □ *in linea di principio*, teoricamente □ *mantenersi in linea*, mantenersi agile.

lineaménto s. m. **1** (*raro*) linea **2** (*al pl.*) contorno, profilo, aspetto, fattezze, fisionomia, sembianze **3** (*al pl.*) (*fig.*) (*di una disciplina*) elementi essenziali, fondamenti.

lineàre agg. **1** di linea, delle linee □ a forma di linea **2** (*fig.*) (*di discorso, di ragionamento, ecc.*) chiaro, semplice **CONTR.** complicato, confuso **3** (*fig.*) (*di persona, di carattere, ecc.*) fermo, costante, coerente **CONTR.** incoerente, instabile, incostante.

linearità s. f. **1** sviluppo rettilineo **2** (*fig.*) (*di discorso, di ragionamento, ecc.*) chiarezza, semplicità **CONTR.** complicatezza (*raro*), confusione **3** (*fig.*) (*di persona, di carattere, ecc.*) fermezza, costanza, coerenza **CONTR.** incoerenza, instabilità, incostanza.

lineétta s. f. **1** dim. di **linea 2** trattino.

lìnfa s. f. **1** (*poet.*) acqua **2** (*fig.*) alimento, nutrimento, ispirazione.

linfàtico A agg. della linfa **B** s. m.; anche agg. anemico, debole, fiacco **CONTR.** forte, gagliardo, sanguigno.

linfatismo s. m. (*med., est.*) anemia.

linfocìta s. m. (*biol.*) globulo bianco **CFR.** eritrocita.

lingerìa s. f. biancheria.

lingòtto s. m. (*di metallo*) blocco.

lìngua s. f. **1** organo del gusto **2** (*est.*) (*di terra, di fuoco, ecc.*) lista, striscia **3** linguaggio, favella, idioma, parlata, dizione, discorso, eloquio **4** (*ass.*) italiano, lingua italiana **5** (*fig.*) nazione **FRAS.** *mordersi la lingua* (*fig.*), sforzarsi di tacere, pentirsi di aver parlato □ *avere la lingua lunga* (*fig.*), parlare troppo □ *non aver peli sulla lingua* (*fig.*), parlare senza riguardi □ *malalingua*, persona maligna □ *lingua morta*, lingua non più in uso □ *lingue classiche*, greco e latino □ *lingua di bue*, fistulina.

linguacciùto agg. e s. m. chiacchierone, ciarliero, ciarlone, maldicente, pettegolo, petulante **CONTR.** silenzioso, taciturno, laconico.

linguàggio s. m. **1** lingua, idioma, parlata, favella □ dialetto, gergo, vernacolo **2** (*est.*) modo di esprimersi, espressione □ significato, segno □ comportamento.

linguétta s. f. **1** dim. di **lingua 2** (*est.*) (*di pelle, di stoffa e sim.*) lista, listello **3** (*mus.*) ancia.

linguìsta s. m. e f. filologo, glottologo, grammatico.

linguìstica s. f. filologia, glottologia, grammatica.

linguìstico agg. della lingua □ filologico, glottologico.

linkage /*ingl.* 'liŋkidʒ/ [vc. ingl., propriamente 'concatenazione', da *link* 'anello d'una catena'] s. m. inv. (*biol.*) associazione.

liofilizzàre v. tr. crioessiccare.

liofilizzàto part. pass. di **liofilizzare**; anche agg. crioessiccato.

liquàme s. m. liquido putrido, putridume.

liquefàre A v. tr. **1** fondere, sciogliere, squagliare, struggere, diluire, stemperare, disfare, fluidificare **CONTR.** coagulare, far rapprendere, solidificare **2** (*fig.*) (*di denaro, di sostanze*) dissipare, dissolvere, disperdere □ sprecare, scialacquare **CONTR.** economizzare, risparmiare, lesinare **B liquefarsi** v. intr. pron. **1** diventare liquido, fondersi, sciogliersi, squagliarsi **CONTR.** coagularsi, solidificarsi **2** (*fig.*) (*di denaro, di sostanze*) finire, dissiparsi, dissolversi.

liquefàtto part. pass. di **liquefare**; anche agg. **1** fuso, sciolto, squagliato, disfatto, diluito, stemperato **CONTR.** coagulato, rappreso, solidificato **2** (*fig.*) (*di denaro, di sostanze*) dissipato, dissolto, disperso □ sprecato, scialacquato **CONTR.** economizzato, risparmiato, lesinato.

liquefazióne s. f. **1** fusione, scioglimento, diluizione, stemperamento (*raro*) **CONTR.** coagulazione, solidificazione **2** (*fig.*) (*di denaro, di sostanze*) dissoluzione, dissipazione, sperpero **CONTR.** economia, risparmio.

liquidàbile agg. saldabile, pagabile.

liquidàre v. tr. **1** (*di conto, di eredità, ecc.*) calcolare, accertare **2** (*di debito, di conto, ecc.*) pagare, saldare □ retribuire **CONTR.** aprire **3** (*di merce*) svendere **4** (*fig.*) (*di argomento*) concludere, esaurire **CONTR.** cominciare, iniziare **5** (*fig.*) (*di cosa*) eliminare, scartare □ (*di persona*) allontanare, togliere di mezzo, sopprimere, uccidere.

liquidàto part. pass. di **liquidare**; anche agg. **1** (*di conto, di eredità, ecc.*) calcolato, accertato **2** (*di debito, di conto, ecc.*) pagato, saldato □ retribuito **3** (*fig.*) (*di persona*) allontanato, tolto di mezzo, finito, ucciso, soppresso.

liquidazióne s. f. **1** (*di conto, di debito, ecc.*) pagamento, saldo **2** (*di pensionato, di lavoratore, ecc.*) buonuscita **3** (*di merce*) svendita.

liquidità s. f. **1** fluidità, scorrevolezza **CONTR.** viscosità □ solidità **2** (*econ.*) (*di denaro*) disponibilità, riserva **CONTR.** passività, deficit (*lat.*).

lìquido A agg. **1** fluido, scorrevole **CONTR.** viscoso □ solido □ gassoso **2** fuso, disciolto, liquefatto **CONTR.** solido, solidificato, coagulato, rappreso **3** (*fig.*) (*di denaro*) contante, in contanti **4** (*fig., lett.*) (*di voce, di fonte, ecc.*) chiaro, limpido, luminoso, puro, terso, sereno, cristallino **CONTR.** offuscato, oscuro, scuro, torbido, opaco **B** s. m. **1** (*est.*) acqua **2** (*di denaro*) contante.

liquóre s. m. **1** bevanda alcolica **2** (*lett.*) liquido, acqua.

lìra s. f. (*est.*) denaro, moneta.

lìrica s. f. **1** (*est.*) poesia □ ode, sonetto, canzone **CONTR.** prosa **2** (*mus.*) opera teatrale,

melodramma □ romanza, lied (*ted.*).
liricaménte avv. poeticamente.
liricità s. f. lirismo, ispirazione.
lìrico A agg. **1** di poesia, poetico **CONTR.** di prosa, prosaico **2** (*est.*) appassionato, sentimentale **B** s. m. (*est.*) poeta **FRAS.** *opera lirica*, melodramma.
lirìsmo s. m. liricità □ (*est.*) ispirazione, esaltazione, entusiasmo.
lìsca s. f. (*di pesce*) spina, resta.
liscézza s. f. levigatezza, politezza **CONTR.** ruvidità, scabrosità.
lisciaménto s. m. **1** lisciata, lisciatura, strofinamento □ carezza **2** (*fig.*) adulazione, lusinga, incensamento, piaggeria **CONTR.** biasimo, critica, denigrazione, diffamazione, disprezzo.
lisciàre A v. tr. **1** rendere liscio, levigare, polire, spianare, piallare □ rifinire, raffinare **CONTR.** irruvidire, rendere scabro **2** (*est.*) (*di capelli, di pelo, ecc.*) sfregare, accarezzare, strofinare □ ravviare, pettinare **3** (*fig.*) (*di persona*) adulare, blandire, lusingare, incensare, piaggiare **CONTR.** biasimare, criticare, denigrare, diffamare, disprezzare, maltrattare **4** (*nel gioco delle carte*) strisciare **CONTR.** bussare **B lisciarsi** v. rifl. curarsi, pulirsi, pettinarsi, agghindarsi.
lisciàto part. pass. di **lisciare**; anche agg. **1** levigato, polito, spianato **CONTR.** ruvido, scabro **2** (*di persona*) imbellettato □ elegante **3** (*fig.*) (*di cosa*) accurato, rifinito, limato, raffinato **CONTR.** abborracciato, raffazzonato, trascurato.
lisciatùra s. f. **1** levigatura, levigazione, lisciata, lisciamento □ carezza **2** (*tecnol.*) finitura, levigatura, honing (*ingl.*) **3** (*fig.*) adulazione, lusinga **CONTR.** biasimo, critica, denigrazione, diffamazione, disprezzo **4** (*fig.*) (*di cosa*) accuratezza, rifinitura **CONTR.** abborracciatura, raffazzonamento.
lìscio agg. **1** levigato, lisciato, spianato, piallato, polito, glabro, morbido, rasato □ piatto, uniforme **CONTR.** ruvido, scabro, irto, aspro **2** (*est.*) (*di stile, di finitura, ecc.*) semplice, naturale, spontaneo, schietto **CONTR.** ornato, elaborato, ricercato **3** (*fig.*) (*di affare, di vicenda, ecc.*) facile, chiaro, intelligibile **CONTR.** oscuro, difficile, complicato **4** (*fig.*) (*di traffico, di scritto, ecc.*) scorrevole, fluido **CONTR.** pesante, lento **5** (*di bevanda*) schietto, puro **CONTR.** annacquato, corretto **FRAS.** *filare liscio*, svolgersi senza difficoltà □ *passarla liscia*, cavarsela senza danni.
lìso agg. consumato, logoro, consunto, frusto, usato, vecchio, sdrucito **CONTR.** nuovo, intatto, integro, compatto.
lìsta s. f. **1** striscia, fascia, benda, fettuccia, nastro, orlatura, gallone **2** catalogo, elenco, nota, ruolo, registro, listino **3** (*est.*) (*di lavoro, di ristorante, ecc.*) conto.
listàre v. tr. **1** fregiare □ rigare, venare **2** contornare, fiancheggiare.
listèllo s. m. **1** dim. di **lista 2** righello **3** travicello.
listìno s. m. **1** dim. di **lista 2** nota, elenco, bollettino, catalogo.
litanìa s. f. (*est., fig.*) filastrocca, sequela, serie noiosa, tiritera.
lìte s. f. **1** (*dir.*) causa, contesa, controversia, vertenza **2** alterco, baruffa, disputa, contrasto, litigio, rissa, questione, battibecco, diverbio, briga **CONTR.** accomodamento, accordo, pace, pacificazione, rappacificamento, riconciliazione.
litigànte part. pres. di **litigare**; anche agg. e s. m. e f. contendente □ litigioso, attaccabrighe, rissoso **CONTR.** pacifico, pacato.
litigàre A v. intr. **1** contrastare, contendere, altercare, bisticciare, questionare, disputare, polemizzare, abbaruffarsi, rissare, rimbeccarsi, venire ai ferri corti, attaccar briga, cavarsi gli occhi **CONTR.** andar d'accordo □ rappacificarsi, fare la pace **2** (*dir.*) essere in causa **B litigarsi** v. rifl. rec. contendersi, bisticciarsi, disputarsi, rivendicare.
litìgio s. m. alterco, bisticcio, diverbio, conflitto, contesa, contrasto, diatriba, discussione, disputa, dissidio, lite, lotta, questione, rissa, bega, briga, battibecco **CONTR.** accomodamento, accordo, pacificazione, rappacificamento, rappacificazione, riconciliazione.
litigiosaménte avv. polemicamente, aggressivamente **CONTR.** pacificamente, pacatamente, con calma.
litigiosità s. f. irascibilità, permalosità, suscettibilità **CONTR.** calma, flemma, pacatezza, pazienza.
litigióso agg. attaccabrighe, litighino, rissoso, petulante, piantagrane, bisbetico, cavilloso, polemico, aggressivo **CONTR.** bonario, pacioso, accomodante, conciliante, flemmatico, pacato, pacifico, paziente.
litoràle A agg. litoraneo, costiero, marittimo **CONTR.** interno, continentale **B** s. m. costa, lido, riva, spiaggia **CFR.** entroterra, retroterra, hinterland (*ted.*) □ altomare.
litoràneo agg. litorale, costiero, marittimo **CONTR.** interno, continentale.
littòrio agg. (*est.*) fascista.
liturgìa s. f. cerimoniale, rituale □ cerimonia, rito.
litùrgico agg. sacro **CONTR.** profano.
liutàio s. m. violinaio.
liùto s. m. (*est.*) mandola.
livèlla s. f. livello □ traguardo.
livellaménto s. m. **1** spianamento, appianamento **2** (*fig.*) (*di stipendi, di funzioni, ecc.*) uguagliamento, appiattimento, parificazione, perequazione **CONTR.** differenziazione, sperequazione.
livellàre A v. tr. appianare, pareggiare, spianare, agguagliare (*raro*), uguagliare, uniformare,

perequare, appiattire **CONTR.** differenziare, spareggiare, sperequare **B livellarsi** v. intr. pron. uguagliarsi, equilibrarsi, pareggiarsi **CONTR.** squilibrarsi, spareggiarsi, differenziarsi.

livellatóre s. m.; anche agg. (f. *-trice*) equilibratore, pareggiatore **CONTR.** squilibratore, differenziatore.

livèllo s. m. **1** superficie, piano **2** (*di altura*) altezza, quota, altitudine **3** (*fig.*) (*di intelligenza, di vita, ecc.*) condizione, standard (*ingl.*), grado, importanza, valore, tenore **4** (*di salario*) parametro **5** (*di strumento*) livella, traguardo.

lividézza s. f. lividore (*lett.*), colore smorto, colore bluastro.

lìvido A agg. **1** (*di colore*) bluastro, violaceo, paonazzo □ grigio **2** (*est.*) (*di cielo, di occhi, ecc.*) plumbeo, cupo **CONTR.** chiaro, sereno **B** s. m. lividura, lividore (*lett.*), ecchimosi, contusione.

livóre s. m. astio, invidia, rancore, inimicizia, malanimo, malevolenza, odio, ostilità, risentimento **CONTR.** affetto, affezione, benevolenza, benignità, amicizia, simpatia.

livrèa s. f. uniforme, assisa, divisa.

lìzza s. f. **1** palizzata, steccato, recinto **2** (*per torneo, giostra e sim.*) campo **3** (*fig.*) lotta, contesa, gara.

lo A art. det. m. sing. **B** pron. dimostr. e pers. di terza pers. m. sing. **1** (*come compl. ogg.*) lui, esso, colui, costui **2** ciò, questo, quello **3** (*davanti al v. essere*) tale.

locàle (1) agg. del luogo, ambientale □ parziale □ limitato, circoscritto **CONTR.** esterno, esotico □ generale, universale.

locàle (2) s. m. **1** ambiente, camera, stanza, vano **2** ritrovo, esercizio.

località s. f. luogo, centro, zona, sito, cittadina, paese.

localizzàbile agg. individuabile, distinguibile □ circoscrivibile, isolabile **CONTR.** allargabile, ampliabile.

localizzàre A v. tr. **1** individuare, determinare la posizione □ distinguere **2** circoscrivere, isolare, delimitare, restringere **CONTR.** allargare, ampliare, estendere, propagare **B localizzarsi** v. intr. pron. circoscriversi, limitarsi **CONTR.** allargarsi, diffondersi.

localizzàto part. pass. di **localizzare**; anche agg. limitato, circoscritto □ individuato **CONTR.** allargato, diffuso.

localizzazióne s. f. collocazione, circoscrizione, individuazione □ classificazione.

localménte avv. nel luogo, sul posto □ limitatamente.

locànda s. f. pensione, albergo □ trattoria, osteria.

locandière s. m. albergatore, oste, trattore.

locandìna s. f. volantino, civetta, avviso.

locatàrio s. m. (*dir.*) conduttore, inquilino, affittuario, fittavolo, pigionante, contraente **CONTR.** locatore, proprietario, padrone.

locatóre s. m. (f. *-trice*) (*dir.*) proprietario, padrone **CONTR.** locatario, affittuario, conduttore, inquilino.

locazióne s. f. (*dir.*) affitto, pigione, nolo, noleggio **FRAS.** *locazione finanziaria,* leasing (*ingl.*).

locomotìva s. f. vaporiera, elettromotrice, locomotore, motrice, automotrice.

locomotóre s. m. motrice, elettromotrice, automotrice.

locomotrìce s. f. elettromotrice.

locomozióne s. f. spostamento, movimento **FRAS.** *mezzo di locomozione,* veicolo.

lòculo s. m. **1** nicchia cimiteriale **2** (*di vespaio*) celletta, cavità **3** (*bot.*) loggia.

locùsta s. f. (*zool.*) cavalletta.

locuzióne s. f. **1** modo di dire, frase idiomatica, frase, espressione □ proverbio **2** (*ling.*) unità lessicale.

lodàbile agg. lodevole, apprezzabile, encomiabile, meritorio, meritevole **CONTR.** criticabile, condannabile, censurabile.

lodàre A v. tr. **1** elogiare, esaltare, encomiare, celebrare, decantare, approvare, incensare, glorificare, magnificare **CONTR.** biasimare, censurare, criticare, rimproverare, riprendere, sindacare, vituperare, disapprovare, condannare **2** (*relig.*) adorare, onorare, riverire, venerare **CONTR.** bestemmiare, maledire, imprecare **B lodarsi** v. rifl. esaltarsi, gloriarsi, incensarsi, vantarsi **CONTR.** abbassarsi, denigrarsi, disprezzarsi, umiliarsi.

lodàto part. pass. di **lodare**; anche agg. celebrato, elogiato, esaltato, glorificato, magnificato, decantato, incensato **CONTR.** biasimato, criticato, condannato, disapprovato, sindacato.

lodatóre s. m.; anche agg. (f. *-trice*) esaltatore, celebratore □ incensatore **CONTR.** denigratore, critico, censore.

lòde s. f. **1** approvazione, elogio, plauso, consenso, encomio, esaltazione, celebrazione, glorificazione, incensamento, magnificazione (*lett.*) □ apologia, apoteosi, panegirico **CONTR.** biasimo, censura, critica, condanna, disapprovazione, detrazione **2** (*relig.*) preghiera, orazione, implorazione, invocazione **CONTR.** bestemmia, imprecazione, maledizione.

lodévole agg. lodabile, encomiabile, ammirevole, ammirabile, commendevole (*lett.*), apprezzabile, meritevole, meritorio **CONTR.** biasimevole, censurabile, criticabile, condannabile, riprovevole.

lodevolménte avv. con lode, meritoriamente, mirabilmente, bene **CONTR.** biasimevolmente, male.

lòffio agg. (*region.*) cascante, fiacco □ frollo □ sciocco, stupido **CONTR.** energico, forte, gagliardo, vigoroso, duro, rigido.

lòggia s. f. **1** loggiato, galleria, ballatoio, porticato, portico, terrazza, veranda **2** (*di masso-*

ni) tempio □ (*est.*) massoneria **3** (*bot.*) loculo.

loggiàto s. m. loggia, ballatoio, veranda, galleria, portico, porticato.

loggióne s. m. (*di teatro*) piccionaia (*scherz.*).

lògica s. f. **1** dialettica **2** rigore di ragionamento, intelligenza, coerenza, criterio, razionalità **CONTR.** illogicità, irrazionalità, irragionevolezza.

logicaménte avv. in modo logico, ragionevolmente, razionalmente, coerentemente **CONTR.** illogicamente, irragionevolmente, irrazionalmente, incoerentemente.

logicità s. f. ragionevolezza, razionalità, sensatezza, coerenza, criterio **CONTR.** illogicità, irragionevolezza, irrazionalità, insensatezza.

lògico agg. **1** dialettico **2** razionale, ragionevole, ragionato, coerente, prudente, sensato **CONTR.** illogico, irrazionale, irragionevole, insensato, scriteriato.

lòglio s. m. (*bot.*) zizzania.

logoraménto s. m. consumo, logorio, usura, guasto, sciupio.

logorànte part. pres. di **logorare**; anche agg. debilitante, spossante, affaticante, faticoso, pesante, monotono, noioso **CONTR.** corroborante, eccitante, rinforzante □ riposante, leggero, agevole, piacevole, vario.

logoràre A v. tr. **1** consumare, corrodere, erodere, intaccare, danneggiare, guastare **CONTR.** restaurare, riparare, ricostruire, ripristinare **2** (*fig.*) affaticare, sforzare, stancare, appesantire □ sciupare, consumare, rovinare **CONTR.** rinforzare, rafforzare, riposare, rilassare □ conservare, risparmiare **B logorarsi** v. intr. pron. consumarsi, sciuparsi, stancarsi, affaticarsi **CONTR.** rinforzarsi, rafforzarsi, riposarsi, rilassarsi.

logorìo s. m. **1** consumo, deterioramento, logoramento, sciupio **CONTR.** irrobustimento, ricostituzione **2** (*fig.*) affanno, struggimento, tormento.

lógoro agg. **1** (*di cosa*) consunto, sciupato, logorato, frusto, liso, sdrucito, spelacchiato, roso, rovinato, tarlato, usato **CONTR.** nuovo, intatto, integro **2** (*fig.*) (*di fisico, di persona, ecc.*) stanco, sfinito, spossato, depresso **CONTR.** energico, instancabile, vigoroso **3** (*fig.*) (*di discorso, di moda, ecc.*) abusato, sorpassato, superato **CONTR.** nuovo, originale.

logorròico agg. verboso, loquace **CONTR.** laconico, taciturno.

lògos s. m. solo sing. **1** (*filos.*) ragione, intelletto, pensiero **2** (*teol.*) Verbo incarnato, Cristo.

lolìta [da *Lolita*, la protagonista dell'omonimo romanzo di V. Nabokov] s. f. ninfetta.

lombàggine s. f. (*med.*) lombalgia, mialgia lombare.

lombàta s. f. lombo, arista, filetto, lonza, braciola.

lómbo s. m. **1** (*anat.*) regione lombare **2** (*est.*) fianco, anca **3** (*fig., iron.*) famiglia, stirpe **4** lombata.

lombrìco s. m. (*est.*) verme.

longa manus /*lat.* 'lɔnga 'manus/ [loc. lat., letteralmente 'lunga mano'] loc. sost. f. inv. persona di fiducia, persona influente, braccio destro □ (*est.*) factotum.

longànime agg. (*lett.*) clemente, indulgente, paziente, tollerante, misericordioso □ generoso **CONTR.** inclemente, intollerante, rigido, spietato, severo.

longanimità s. f. (*lett.*) clemenza, indulgenza, pazienza, tolleranza, misericordia □ generosità, magnanimità **CONTR.** inclemenza, intolleranza, rigidità, spietatezza, severità.

longevità s. f. **1** vita lunga, anzianità, vecchiaia **2** (*fig.*) persistenza, stabilità **CONTR.** breve durata, precarietà, provvisorietà.

longèvo agg. che vive a lungo, di lunga età, molto vecchio **CONTR.** di breve durata.

longilìneo agg.; anche s. m. (*est.*) alto, slanciato, lungo **CONTR.** brevilineo, corto, piccolo, tozzo.

longitudinàle agg. in lunghezza, orizzontale **CONTR.** trasversale, verticale.

longitùdine s. f. (*est.*) lunghezza **CFR.** latitudine, larghezza.

long playing /*ingl.* 'lɔŋ pleiŋ/ [loc. ingl., da *long* 'a lungo' e *playing* 'che suona'] loc. agg. e sost. m. inv. long play (*ingl., fam.*), microsolco, trentatré giri.

lontanaménte avv. **1** lontano, in lontananza, da lontano **CONTR.** vicino **2** (*fig.*) pressappoco, alla lontana **CONTR.** esattamente, precisamente.

lontanànza s. f. **1** (*di spazio, di tempo*) distanza, intervallo **CONTR.** vicinanza, adiacenza, prossimità **2** (*dagli amici, dalla patria, ecc.*) assenza, distacco, separazione **CONTR.** vicinanza.

lontàno A agg. **1** (*di spazio, di tempo*) distante, discosto, remoto **CONTR.** vicino, adiacente, attiguo, contiguo, prossimo **2** (*di persona*) assente, diviso, separato **CONTR.** presente, unito **3** (*fig.*) (*di idee, di proposte, ecc.*) diverso, differente, discordante, divergente **CONTR.** simile, somigliante, uguale **4** (*fig.*) (*di persona*) alieno, contrario **CONTR.** favorevole, propizio **5** (*fig.*) (*di somiglianza, di sospetto, ecc.*) vago, indeterminato, indefinito, incerto **CONTR.** definito, determinato, certo **B** avv. distante **CONTR.** vicino, nelle vicinanze **FRAS.** *alla lontana*, in distanza; (*fig.*) vagamente □ *veder lontano* (*fig.*), essere lungimirante □ *andar lontano* (*fig.*), far carriera, aver successo □ *mirare lontano* (*fig.*), avere grandi ambizioni.

look /*ingl.* 'luk/ [vc. ingl., propriamente 'immagine'] s. m. inv. immagine, apparenza, aspetto, stile □ moda.

loquàce agg. **1** (*di persona*) chiacchierone, ciarliero, linguacciuto, parolaio, verboso, discorsivo **CONTR.** muto, silenzioso, taciturno, conciso, laconico **2** (*fig.*) (*di gesto, di silenzio, ecc.*) eloquente, espressivo, significativo **CONTR.** inespressivo, insignificante.

loquaceménte avv. verbosamente, prolissamente, diffusamente **CONTR.** brevemente, concisamente, laconicamente.

loquacità s. f. facilità di parola, chiacchiera, parlantina, verbosità, garrulità, logorrea **CONTR.** brevità, concisione, laconicità.

loquèla s. f. **1** facoltà di parlare, favella, linguaggio, parlata, parola, modo di parlare **2** facilità di parola, eloquenza.

lord /*ingl.* 'lɔ:d/ [dall'anglosassone *hláford* 'guardiano (*ward*) del pane (*hlaf*)'] s. m. inv. (*pop., fig.*) milord (*ingl.*), ricco, raffinato, elegantone **CONTR.** poveraccio, pezzente, straccione.

lordàre A v. tr. **1** imbrattare, sporcare, insozzare, bruttare (*lett.*), macchiare, deturpare **CONTR.** pulire, nettare, detergere, sbrattare **2** (*fig.*) corrompere, contaminare, depravare, pervertire **CONTR.** moralizzare, purificare **B lordarsi** v. rifl. insudiciarsi, imbrattarsi, insozzarsi, sporcarsi, macchiarsi **CONTR.** pulirsi, mondarsi, purificarsi.

lórdo agg. **1** sporco, imbrattato, sudicio, lurido, macchiato □ ributtante, schifoso **CONTR.** pulito, mondo, netto, terso **2** (*fig.*) (*di coscienza, di vita, ecc.*) corrotto, dissoluto, impuro, turpe, vizioso **CONTR.** incorrotto, morigerato, onesto, puro, virtuoso **3** (*di peso, di importo e sim.*) con la tara, non defalcato **CONTR.** netto.

lordùme s. m. lordezza, lordura, sozzura, sporcizia **CONTR.** pulizia, lindezza, nettezza.

lordùra s. f. **1** sporcizia, sozzura, immondizia, pattume, feccia **CONTR.** pulizia, lindezza, nettezza **2** (*fig.*) (*di morale*) corruzione, depravazione, immoralità □ disonore, infamia **CONTR.** moralità, onestà, purezza.

lóro A pron. pers. di terza pers. m. e f. pl. **1** essi, esse, quelli, quelle, coloro **2** ad essi, ad esse, a quelli, a quelle, a coloro **B** agg. e pron. poss. di terza persona pl. di essi, di esse **C** s. m. e f. sing. loro roba, loro ricchezza, loro denaro **D** s. m. e f. pl. familiari, parenti, amici **FRAS.** *dire la loro*, dire la loro opinione □ *stare dalla loro*, stare dalla loro parte.

losànga s. f. (*geom.*) rombo.

loscaménte avv. biecamente, torvamente, ambiguamente **CONTR.** chiaramente, serenamente, pulitamente.

lósco agg. **1** (*di persona, di occhio*) guercio, strabico, miope **2** (*est.*) (*di sguardo, di parole, ecc.*) bieco, torvo **CONTR.** benigno, sereno, ridente **3** (*fig.*) (*di persona, di affare, ecc.*) ambiguo, equivoco, di dubbia onestà **CONTR.** onesto, irreprensibile, incensurabile, pulito, chiaro.

lòtta s. f. **1** combattimento, battaglia, conflitto, guerra **CONTR.** pace, concordia **2** (*sport*) competizione, gara, meeting (*ingl.*) **3** (*di partiti, di idee, ecc.*) contrasto, disaccordo, discordia, dissidio □ rissa, zuffa **CONTR.** accordo, armonia, intesa.

lottàre v. intr. **1** combattere, battagliare, guerreggiare, pugnare (*lett.*), venire alle mani, accapigliarsi, azzuffarsi, percuotersi, picchiarsi, scontrarsi, litigare **CONTR.** essere in pace, essere d'accordo, essere in amicizia **2** (*sport*) competere, gareggiare, misurarsi □ fare alla lotta **CONTR.** ritirarsi **3** (*fig.*) impegnarsi, sforzarsi □ resistere **CONTR.** arrendersi, cedere, rinunciare.

lottatóre s. m.; anche agg. (f. *-trice*) combattente, atleta, campione □ (*est.*) avversario, oppositore.

lotteria s. f. pesca, riffa, tombola, lotto.

lottizzàre v. tr. suddividere, frazionare □ dividere **CONTR.** accorpare, unificare.

lottizzazióne s. f. suddivisione, frazionamento □ divisione **CONTR.** accorpamento.

lòtto s. m. **1** lotteria, riffa, sorteggio **2** (*di divisione*) parte, frazione **3** (*di merce*) quantità, blocco, gruppo **CONTR.** intero, tutto **FRAS.** *dare i numeri del lotto* (*fig.*), parlare sconclusionatamente □ *vincere un terno al lotto* (*fig.*), avere un colpo di fortuna.

love story /*ingl.* lʌv 'stɔ:ri/ [loc. ingl., propr. 'storia d'amore', dal titolo di un romanzo di E. Segal] loc. sost. f. inv. relazione amorosa, amore.

lozióne s. f. soluzione medicamentosa □ abluzione, lavanda.

lùbrico o (*evit.*) **lubrìco** agg. **1** (*lett.*) liscio, levigato, sdrucciolevole, scorrevole **CONTR.** aspro, ruvido, scabro **2** (*fig.*) (*di gesto, di parola, ecc.*) indecente, impudico, inverecondo, immorale, licenzioso, disonesto, osceno, scurrile, turpe **CONTR.** casto, decente, irreprensibile, morale, morigerato, onesto, pudico, verecondo.

lubrificànte A part. pres. di **lubrificare**; anche agg. (*per macchina*) lubrificatore, ingrassatore **B** s. m. olio, unto, grasso.

lubrificàre v. tr. oliare, ungere, ingrassare.

lubrificàto part. pass. di **lubrificare**; anche agg. oliato, unto, ingrassato.

lubrificatóre A s. m. ingrassatore, oliatore **B** agg. (f. *-trice*) lubrificante.

lubrificazióne s. f. oliatura, ingrassatura, grassaggio, unzione.

luccicànte part. pres. di **luccicare**; anche agg. brillante, lucente, lucido, rilucente, lampeggiante, scintillante, sfavillante **CONTR.** opaco, appannato, offuscato, oscuro, velato.

luccicàre v. intr. brillare, rilucere, splendere, risplendere, scintillare, sfavillare, lampeggiare, mandare bagliori **CONTR.** essere opaco, essere appannato, essere offuscato, essere velato.

luccichìo s. m. brillio, scintillio, sfavillio.

luccicóre s. m. (*raro*) bagliore, luminosità,

scintillamento (*raro*), scintillio, sfavillio, splendore.

lùcciola s. f. **1** (*zool.*) lampiride, lucia (*pop.*) **2** (*fig.*) prostituta, passeggiatrice (*euf.*), battona (*pop.*) **FRAS.** *prendere lucciole per lanterne* (*fig.*), fraintendere.

lùce s. f. **1** lume, chiarore, bagliore, fulgore, luccicore (*raro*), lucore (*ant.*), luminosità, splendore, balenio, barlume, fosforescenza, sorgente luminosa **CONTR.** buio, oscurità, tenebre, notte, ombra, foschia **2** raggi del sole, sole **3** (*di auto, di torre, ecc.*) faro, fanale, fanalino □ sorgente luminosa **4** (*est.*) energia elettrica, illuminazione **5** (*di pietra preziosa, di superficie luminosa, ecc.*) riflesso **6** (*fig.*) (*di ragione, di scienza, ecc.*) lume, valore, forza, perfezione **7** (*poet.*) occhi **8** (*di finestra*) vano **9** (*di un condotto*) apertura, bocca **FRAS.** *dare alla luce* (*fig.*), partorire □ *venire alla luce* (*fig.*), nascere □ *far luce* (*fig.*), chiarire □ *alla luce del sole* (*fig.*), apertamente □ *luci della ribalta* (*fig.*), palcoscenico, ribalta.

lucènte part. pres. di **lucere**; anche agg. brillante, chiaro, fiammante, fiammeggiante, fulgente (*lett.*), rifulgente (*lett.*), fulgido, luccicante, lucido, luminoso, lustro, rilucente, scintillante, sfavillante, sfolgorante, splendente, vivido **CONTR.** opaco, oscuro, scuro, torbido, appannato, annebbiato, offuscato, spento, velato.

lucentézza s. f. fulgore, splendore, luminosità, lucchichio, luccicore (*raro*), lucidità, scintillio, sfavillio **CONTR.** opacità, oscurità, offuscamento, torbidezza, torbidità.

lucèrna s. f. **1** lume a olio, lampada, lanterna **2** (*poet.*) luce, splendore **3** (*pop., scherz.*) cappello a due punte (dei carabinieri).

lucertolóne s. m. (*zool.*) iguana □ ramarro.

lucidaménte avv. **1** (*lett.*) brillantemente, luminosamente **CONTR.** buiamente, opacamente **2** (*fig.*) (*di ragionare, di agire, ecc.*) chiaramente, logicamente, coerentemente **CONTR.** confusamente, incoerentemente, oscuramente.

lucidàre v. tr. **1** lustrare □ (*est.*) pulire, forbire, tergere, detergere **CONTR.** offuscare, appannare, velare **2** (*tecnol.*) ricopiare, ricalcare.

lucidatùra s. f. lustratura.

lucidità s. f. **1** brillantezza, lucentezza, luminosità, limpidezza, limpidità, nitidezza, splendore **CONTR.** opacità, oscurità, offuscamento, torbidezza **2** (*fig.*) (*di mente, di parola, ecc.*) chiarezza, acutezza, perspicuità □ obiettività **CONTR.** confusione, incertezza, oscurità.

lùcido (1) agg. **1** brillante, chiaro, limpido, lucente, luminoso, lustro, luccicante, nitido, rilucente, sfavillante, sfolgorante, splendente **CONTR.** opaco, oscuro, torbido, appannato, offuscato, velato **2** (*fig.*) (*di mente, di parola, ecc.*) chiaro, evidente, perspicuo □ acuto, perspicace **CONTR.** confuso, incerto □ ottuso.

lùcido (2) s. m. **1** lucentezza, luminosità, splendore **CONTR.** opacità, offuscamento, oscurità, torbidezza **2** (*per scarpe, per mobili, ecc.*) crema **3** (*tecnol.*) trasparente.

lucìfero [vc. dotta, lat. *lucĭferu(m)*, comp. di *lūx*, genit. *lūcis*, 'luce', e *-feru(m)* '-fero'] s. m. **1** (*lett.*) Venere (pianeta) **2** (*relig.*) diavolo, demonio, satana.

lucìgnolo s. m. **1** stoppino **2** (*fig., scherz.*) spilungone.

lucóre s. m. (*lett.*) luce, splendore.

lucràbile agg. guadagnabile, ottenibile.

lucràre v. tr. **1** meritare, ottenere **CONTR.** demeritare **2** (*econ.*) guadagnare, profittare, speculare **CONTR.** rimetterci, perderci.

lùcro s. m. guadagno, profitto, speculazione **CONTR.** perdita, passivo, deficit (*lat.*).

lucróso agg. lucrativo, redditizio, rimunerativo, vantaggioso, conveniente **CONTR.** improduttivo, dannoso, passivo.

luculliàno [dal n. del gastronomo buongustaio romano Lucio Licinio *Lucullo*] agg. (*di pranzo, di piatto e sim.*) magnifico, sontuoso, splendido, abbondante **CONTR.** frugale, modesto, povero, misero.

ludìbrio s. m. beffa, scherno, derisione, disprezzo, zimbello.

lùdico agg. di gioco, di passatempo, ricreativo, lusorio (*lett.*).

lùdo s. m. gara, gioco, spettacolo □ (*lett.*) divertimento, svago.

lùgubre agg. funebre, funereo, ferale (*lett.*), luttuoso, mortuario, tetro, triste, contristato, accigliato, afflitto **CONTR.** allegro, festante, festoso, gaio, giocondo, lieto, ridente.

lugubreménte avv. malinconicamente, tristemente, angosciosamente, sconsolatamente **CONTR.** lietamente, allegramente, gaiamente, festosamente.

lùi A pron. pers. di terza pers. m. sing. **1** (*come compl. ogg.*) lo **2** (*come sogg. fam.*) egli **B** in funzione di s. m. (*fam.*) amato **CONTR.** lei.

lumàca s. f. **1** (*zool.*) limaccia **2** (*pop.*) chiocciola **3** (*fig.*) persona lenta.

lumacóne s. m. **1** accr. di **lumaca 2** (*fig.*) persona lenta, fiaccone **3** (*fig.*) finto tonto, sornione **4** (*fig.*) brontolone.

lùme s. m. **1** lampada, lanterna, lucerna, lampione, fanale, fiaccola, torcia, candela **2** (*est., poet.*) stella, astro **3** chiarore, luce, splendore, brillantezza **CONTR.** opacità, oscurità **4** (*fig.*) vista **5** (*fig.*) guida, ammaestramento, consiglio □ chiarimento, spiegazione **6** (*lett.*) (*di persona*) luminare, celebrità **FRAS.** *perdere il lume degli occhi* (*fig.*), arrabbiarsi violentemente □ *il secolo dei lumi*, il Settecento.

lumeggiàre v. tr. **1** (*lett.*) illuminare, rischiarare **CONTR.** offuscare, oscurare **2** (*pitt.*) dare rilievo **3** (*fig.*) (*di scritto, di idea, ecc.*) chiarire, spiegare, evidenziare **CONTR.** complicare.

lumeggiàto part. pass. di **lumeggiare**; anche agg. **1** (*lett.*) illuminato, rischiarato **CONTR.** offuscato, oscurato **2** (*pitt.*) messo in rilievo **3** (*fig.*) chiarito, spiegato, evidenziato **CONTR.** complicato.

lumicìno s. m. **1** dim. di **lume 2** lumino, fiammella **FRAS.** *essere al lumicino* (*fig.*), essere alla fine (spec. della vita).

luminàre s. m. (*fig.*) (*di persona*) celebrità, lume, gloria.

luminària s. f. **1** illuminazione pubblica (per feste) **2** (*est.*) fiaccolata □ lumi □ scintillio di luci.

luminescènte agg. brillante, luminoso **CONTR.** offuscato, opaco.

luminescènza s. f. brillantezza, luminosità **CONTR.** offuscamento, opacità.

luminosaménte avv. (*anche fig.*) chiaramente, fulgidamente, splendidamente **CONTR.** confusamente, oscuramente.

luminosità s. f. chiarore, fulgore, bagliore, lucentezza, splendore **CONTR.** opacità, oscurità.

luminóso agg. **1** brillante, fulgente (*lett.*), fulgido, fiammeggiante, luccicante, lucente, risplendente, scintillante, sfavillante, sfolgorante, splendente **CONTR.** offuscato, annebbiato, appannato, opaco, oscuro, scuro **2** (*fig.*) (*di ragionamento, di trovata, ecc.*) chiaro, evidente, manifesto, palese, perspicuo, inconfutabile □ ingegnoso **CONTR.** incomprensibile, oscuro, confuso □ piatto, insignificante.

lùna s. f. **1** satellite della Terra **2** lunazione, mese lunare **3** (*fig.*) luogo irreale, regione fantastica **FRAS.** *aver la luna* (*di traverso*) (*fig.*), essere di malumore □ *chiaro come la luna* (*fig.*), chiarissimo, irrefutabile □ *essere ancora nel mondo della luna*, non essere ancora nato □ *da luna* (*gerg.*), stupendo, meraviglioso, da schianto (*gerg.*).

lunàrio s. m. almanacco, calendario, effemeride, agenda **FRAS.** *sbarcare il lunario* (*fig.*), vivere stentatamente.

lunàtico agg. e s. m. bizzarro, capriccioso, incostante, instabile, mutevole, strambo, stravagante, volubile **CONTR.** costante, coerente, normale, equilibrato.

lunàto agg. a mezza luna, curvo, ricurvo, arcuato, falcato.

lunch /*ingl.* lʌntʃ/ s. m. inv. spuntino, pasto leggero.

lunétta s. f. **1** dim. di **luna 2** (*est.*) mezzaluna.

lùnga s. f. **1** (*ant.*) lunghezza **2** (*di campana*) suono a distesa **FRAS.** *alla lunga*, col passare del tempo □ *di gran lunga*, molto, moltissimo □ *mandare per le lunghe*, differire □ *andare per le lunghe*, protrarsi molto.

lungàggine s. f. indugio, lentezza, prolissità □ verbosità **CONTR.** brevità, prestezza (*raro*), rapidità.

lungaménte avv. **1** per lungo tempo, a lungo **2** estesamente, diffusamente, prolissamente **CONTR.** concisamente, succintamente, brevemente.

lunghézza s. f. **1** (*di spazio*) estensione, misura □ altezza, statura **CONTR.** brevità, cortezza **2** (*di tempo*) durata, prolissità □ indugio, ritardo **CONTR.** brevità, breve durata.

lùngi avv. (*lett.*) lontano, distante, in lontananza **CONTR.** vicino, accanto, nei pressi.

lungimirànte agg. accorto, avveduto, previdente **CONTR.** avventato, imprevidente, irriflessivo.

lungimirànza s. f. accortezza, avvedutezza, previdenza **CONTR.** avventatezza, imprevidenza, sconsideratezza.

lùngo A agg. **1** esteso □ allungato, bislungo, oblungo **CONTR.** breve, corto **2** (*di persona*) alto, elevato, allampanato **CONTR.** basso, piccolo **3** (*di vita, di pace, ecc.*) durevole, duraturo, costante □ molto **CONTR.** fugace, passeggero, transitorio □ poco **4** (*di persona*) lento, tardo **CONTR.** rapido, veloce, svelto **5** (*di liquido*) diluito, allungato **CONTR.** condensato, concentrato **B** in funzione di avv. lungamente, a lungo **CONTR.** brevemente **C** prep. **1** rasente, accosto **2** durante **D** s. m. lunghezza, distanza **FRAS.** *muso lungo* (*fig.*), broncio □ *avere le mani lunghe* (*fig.*), rubare; essere molto potente □ *avere la lingua lunga* (*fig.*), essere pettegolo, essere maldicente □ *saperla lunga* (*fig.*), essere furbo □ *avere la vista lunga* (*fig.*), essere lungimirante □ *a lungo*, per molto tempo □ *a lungo andare*, col passare del tempo □ *tirare di lungo*, proseguire □ *tirarla in lungo*, rimandare continuamente.

lungometràggio s. m. **CONTR.** cortometraggio.

luògo s. m. **1** posto, punto, parte, sede, sito, spazio, angolo **2** paese, regione, territorio, zona, località □ centro abitato, città, villaggio **3** casa, costruzione, edificio □ ambiente, camera, stanza, sgabuzzino **4** (*fig.*) agio, modo, occasione, momento, opportunità **5** (*fig., lett.*) ceto, condizione, famiglia **6** (*di libro*) brano, passo, punto **FRAS.** *in luogo di*, invece di □ *fuori luogo* (*fig.*), inopportuno □ *a tempo e luogo* (*fig.*), nel momento opportuno □ *aver luogo* (*fig.*), avvenire, verificarsi □ *luoghi santi* (*per anton.*), Palestina.

luogotenènte s. m. (*in cariche importanti*) sostituto, vice, delegato, governatore.

lupàra [da *lupo*, perché usata per la caccia a questo animale] s. f. **1** cartuccia a pallettoni **2** fucile a canne mozze.

lùpo s. m. **FRAS.** *lupo delle praterie*, coyote □ *cane lupo*, pastore tedesco □ *lupo di mare* (*fig.*), marinaio esperto □ *lupo mannaro*, licantropo □ *gridare al lupo* (*fig.*), dare un allarme per burla □ *tempo da lupi* (*fig.*), tempo burrascoso, tempo freddissimo □ *in bocca al lupo!*, auguri!

luridaménte avv. sozzamente, sudiciamente □ schifosamente, turpemente **CONTR.** pulitamente □ onestamente.

lùrido agg. **1** (*di persona o cosa*) lordo, sozzo,

lercio, sporco, sudicio □ disgustoso, ripugnante, schifoso CONTR. pulito, mondo, terso, netto, nitido **2** (*fig.*) (*di persona*) abietto, detestabile, spregevole □ scostumato, turpe, vizioso CONTR. onorato, onorevole, onesto, virtuoso.

luridùme s. m. **1** sporcizia, sudiciume, porcheria CONTR. pulizia, lindura, nettezza **2** (*fig.*) abiezione, bassezza CONTR. dignità, elevatezza, nobiltà.

lusìnga s. f. **1** allettamento, adulazione, attrattiva, blandizia, lisciamento, lisciatura, carezza, moina, seduzione, vezzo, leziosaggine, smorfia CONTR. ingiuria, insulto, insolenza, vituperio **2** illusione, inganno, sogno □ piacere CONTR. certezza, sicurezza, realtà.

lusingàre A v. tr. **1** allettare, illudere, blandire, adulare, accarezzare, lisciare, sedurre, vezzeggiare, far sperare, menare per il naso CONTR. deludere, disingannare, disilludere □ denigrare **2** (*est.*) dilettare, deliziare, soddisfare, fare piacere CONTR. irritare, scontentare, far dispiacere **3** (*fig.*) alimentare, fomentare, sollecitare **B lusingarsi** v. intr. pron. **1** (*raro*) illudersi **2** sperare, osare, credere.

lusingatóre s. m.; anche agg. (f. *-trice*) adulatore, adescatore CONTR. detrattore, denigratore.

lusinghièro agg. allettante, attraente, gradevole, invitante, lusinghevole (*lett.*), carezzevole, piacevole, seducente, soddisfacente, incoraggiante CONTR. malevolo, ripugnante, repellente, deludente, scoraggiante.

lusitàno [vc. dotta lat. *Lusitānu(m)*, da *Lusus*, figlio di Bacco, leggendario conquistatore del Portogallo] agg.; anche s. m. portoghese.

lussàre v. tr. (*med.*) produrre lussazione □ (*est.*) slogare, disarticolare, storcere.

lussazióne s. f. (*med.*, *est.*) slogatura, distorsione, storpiamento, storta.

lùsso s. m. **1** sfarzo, fasto, fastosità, gala, magnificenza, pompa, scialo, sontuosità □ ricchezza, benessere CONTR. miseria, povertà, meschinità, modestia, semplicità, sobrietà **2** agio, comodità □ prelibatezza **3** (*est.*) (*di cultura, di citazioni, ecc.*) abbondanza, larghezza, esuberanza CONTR. mancanza, scarsità.

lussuosaménte avv. sfarzosamente, sontuosamente, fastosamente, riccamente, splendidamente CONTR. miseramente, poveramente, semplicemente.

lussuóso agg. fastoso, sfarzoso, sontuoso, magnifico, splendido, vistoso □ ricco CONTR. misero, meschino, modesto, povero, semplice.

lussureggiànte part. pres. di **lussureggiare**; anche agg. **1** (*di pianta, di luogo*) prosperoso, rigoglioso CONTR. arido, avvizzito, secco, desertico **2** (*fig.*) (*di stile, di ornamento, ecc.*) copioso (*lett.*), abbondante □ ampolloso, verboso CONTR. scarso □ conciso, stringato, succinto, semplice.

lussureggiàre v. intr. **1** essere rigoglioso, prosperare CONTR. essere arido **2** (*fig.*) (*di stile, di ornamento, ecc.*) essere ampolloso, essere verboso CONTR. scarseggiare □ essere conciso, essere succinto.

lussùria s. f. lascivia, libidine, carnalità, concupiscenza, impudicizia, incontinenza, sensualità, voluttà CONTR. castità, continenza, pudicizia, purezza □ frigidità.

lussuriosaménte avv. lascivamente, libidinosamente, sensualmente CONTR. castamente, pudicamente.

lussurióso agg.; anche s. m. lascivo, libidinoso, impudico, incontinente, carnale, sensuale, libertino, vizioso, satiro CONTR. casto, continente, costumato, morigerato, onesto, pudico, puro.

lustràre A v. tr. lucidare, forbire, rendere brillante, far risplendere, dar lucidezza CONTR. appannare, offuscare **B** v. intr. brillare, luccicare, risplendere CONTR. essere opaco, essere spento.

lustrascàrpe s. m. e f. inv. (*fig.*) adulatore, leccapiedi, incensatore, cortigiano CONTR. indipendente, autonomo □ denigratore, spregiatore.

lustràta s. f. pulita, pulitura.

lustràto part. pass. di **lustrare**; anche agg. lucidato, lucido, lustro, forbito CONTR. appannato, opaco.

lustrìno s. m. paillette (*fr.*), perlina.

lùstro (1) agg. lucido, lucidato, lustrato, luccicante, lucente, rilucente, sfavillante, splendente CONTR. appannato, opaco, offuscato, oscuro, scuro.

lùstro (2) s. m. **1** lucentezza, splendore **2** (*fig.*, *lett.*) decoro, gloria, vanto, fama, onore, distinzione CONTR. infamia, disonore, vergogna.

lùstro (3) s. m. quinquennio.

luteranésimo s. m. (*est.*) protestantesimo.

luteràno [dal n. del riformatore ted. Martin *Lutero*] agg.; anche s. m. (*est.*) protestante.

lùtto s. m. **1** cordoglio, dolore, mestizia, tristezza, pianto □ gramaglie CONTR. allegria, festa, gioia, giocondità, letizia **2** (*est.*) disgrazia, sciagura, calamità, disastro CONTR. fortuna FRAS. *abito da lutto*, abito nero.

luttuosaménte avv. con lutto, dolorosamente, lacrimevolmente CONTR. gioiosamente, lietamente.

luttuóso agg. doloroso, funesto, funereo, triste, calamitoso □ scuro, tetro CONTR. allegro, festoso, gioioso, giocondo, lieto.

m, M

ma **A** cong. però, bensì, tuttavia, ciononostante □ invece, al contrario, all'opposto **B** in funzione di s. m. inv. obiezione, incertezza, difficoltà.
màcabro [dal fr. (*danse*) *macabre*, alterazione di *danse macabré* 'danza dei Maccabei', eroi biblici il cui culto era avvicinato a quello dei morti] agg. funereo, funebre, lugubre, spettrale □ orrido, orrendo, orripilante, raccapricciante, spaventoso □ opprimente, tetro, triste **CONTR.** allegro, ameno, giocondo, ridente.
macàco s. m. (*fig.*) uomo brutto, omarello **CONTR.** bell'uomo, adone, apollo.
maccabèo [da *Maccabeo*, personaggio biblico] s. m. tanghero, sciocco, stupidone **CONTR.** furbone, dritto.
macché inter. niente affatto, assolutamente no.
maccheroncìno s. m. **1** dim. di **maccherone 2** (*spec. al pl.*) bucatini.
maccheróne s. m. (*fig.*) stupidone, cretino, insulso **CONTR.** intelligentone, furbone **FRAS.** *il cacio sui maccheroni* (*fig.*), cosa opportuna, cosa che capita a proposito.
maccherònico agg. **1** (*di latino*) grossolano, parodiato **2** (*est.*) (*di lingua*) alterato, scorretto, sgrammaticato **CONTR.** corretto, puro.
màcchia (1) s. f. **1** macula (*ant., lett.*), segno, frego, baffo, frittella, patacca, pillacchera (*tosc.*), sgorbio, schizzo, chiazza, imbrattatura, imbrodolatura, sbrodolatura, lordura **2** (*di colore*) screziatura, chiazza, venatura **3** (*fig.*) colpa, peccato, fallo, mancanza, reato, taccia, vergogna, vizio, difetto, menda, neo **CONTR.** virtù, merito, dote, pregio **4** (*fig.*) offesa, oltraggio **CONTR.** elogio, lode.
màcchia (2) s. f. boscaglia, selva, sterpaia, sterpeto, cespuglio **FRAS.** *darsi alla macchia* (*fig.*), nascondersi, darsi al brigantaggio □ *alla macchia* (*fig.*), di nascosto.
macchiàre **A** v. tr. **1** imbrattare, impataccare, impiastricciare, impillaccherare (*tosc.*), insozzare, insudiciare, inzaccherare, lordare, sporcare **CONTR.** smacchiare, pulire, ripulire, tergere, astergere, mondare, nettare **2** (*fig.*) (*di onore, di nome, ecc.*) disonorare, infamare, contaminare, deturpare □ calunniare, denigrare, oltraggiare **CONTR.** onorare, lodare, esaltare **3** dipingere a macchie **B** **macchiarsi** v. intr. pron. **1** imbrattarsi, sporcarsi, insudiciarsi, lordarsi, insozzarsi, impataccarsi, inzaccherarsi, impiastricciarsi **CONTR.** smacchiarsi, pulirsi, ripulirsi, tergersi **2** (*fig.*) (*di infamia, di delitto, ecc.*) disonorarsi, infamarsi, contaminarsi.
macchiàto part. pass. di **macchiare**; anche agg. **1** (*di persona o cosa*) imbrattato, sporcato, insudiciato, insozzato, impataccato, impiastricciato, lordato, sporco, sudicio, sozzo, lordo **CONTR.** pulito, netto, terso **2** (*di colore*) chiazzato, screziato, variegato, venato, macchiettato, maculato, picchiettato, punteggiato **3** (*fig.*) (*di persona*) disonorato, infamato □ offeso **CONTR.** onorato, lodato, esaltato.
macchiétta s. f. **1** dim. di **macchia (1)**; macchiolina **2** schizzo, bozzetto, caricatura **3** (*di persona*) tipo originale, tipo bizzarro, persona divertente, persona comica, caricatura.
màcchina s. f. **1** apparecchio, congegno, meccanismo, strumento, dispositivo **2** (*per anton.*) automobile, veicolo □ aereo, nave □ calcolatrice **3** (*fig.*) (*dello Stato, della burocrazia, ecc.*) organismo, organizzazione **4** (*fig.*) (*di persona*) fantoccio, automa, robot **FRAS.** *macchina della verità*, lie detector (*ingl.*).
macchinalménte avv. **1** automaticamente, meccanicamente **2** istintivamente, inconsciamente, involontariamente **CONTR.** volutamente, volontariamente, consapevolmente, coscientemente.
macchinaménto s. m. (*raro*) macchinazione, complotto, congiura.
macchinàre v. tr. ordire, tramare, complottare, congiurare, cospirare, intrigare.
macchinàrio s. m. **1** macchine **2** meccanismo.
macchinazióne s. f. congiura, complotto, cospirazione, macchinamento (*raro*) □ insidia, intrigo, inganno, trama, tranello, trappola.
macchinìsta s. m. **1** manovratore, guidatore, conducente, conduttore □ meccanico **2** (*di teatro, TV e sim.*) montatore, operatore □ scenografo.
macchinosaménte avv. artificiosamente, complicatamente **CONTR.** semplicemente.
macchinosità s. f. artificiosità, complessità **CONTR.** semplicità, facilità, chiarezza.
macchinóso agg. artificioso, complicato, complesso **CONTR.** semplice, facile, chiaro.
macedònia [dal fr. *macédoine*, detta così perché formata con diversi tipi di frutta, come la

Macedonia era formata da diversi popoli] s. f. **1** mescolanza di frutta varia **2** (*est.*) ammasso eterogeneo, accozzaglia **CONTR.** insieme uniforme.

macellàio s. m. **1** macellatore, beccaio **2** (*fig.*, *spreg.*) chirurgo maldestro.

macellàre v. tr. **1** mattare, abbattere, ammazzare **2** (*fig.*) massacrare, trucidare, assassinare, sterminare **3** (*fig.*) rovinare, guastare.

macellàto part. pass. di **macellare**; anche agg. **1** ammazzato, abbattuto **2** (*fig.*) massacrato, trucidato, assassinato, sterminato **3** (*fig.*) rovinato, guastato.

macellazióne s. f. abbattimento, mattazione (*raro*).

macellerìa s. f. beccheria, bottega del macellaio.

macèllo s. m. **1** mattatoio, ammazzatoio, scannatoio **2** (*raro*) beccheria, macelleria **3** (*fig.*) carneficina, massacro, sterminio, strage **4** (*fig.*) disastro, guaio, rovina **FRAS.** *andare al macello* (*fig.*), andare verso la morte □ *carne da macello* (*fig.*), soldati destinati a morte sicura.

maceràre A v. tr. **1** ammollare, ammorbidire, sottoporre a macerazione **2** (*fig.*) (*di persona*) percuotere duramente, picchiare selvaggiamente, pestare **3** (*fig.*) (*di animo, di forze, ecc.*) logorare, infiacchire, spossare, svigorire **CONTR.** rinforzare, rinvigorire **B macerarsi** v. rifl. **1** infiacchirsi, consumarsi, logorarsi, svigorirsi **2** (*fig.*) (*di rabbia, di dolore, ecc.*) rodersi, tormentarsi, angustiarsi, torturarsi **CONTR.** allietarsi, consolarsi.

macerazióne s. f. **1** maceramento (*raro*), maceratura, ammollamento **2** (*fig.*) mortificazione, penitenza, tormento.

macèria s. f. spec. al pl. rovine, ruderi, avanzi, frantumi, detriti, rottami.

machiavellicaménte avv. (*fig.*) astutamente, furbamente, scaltramente, spregiudicatamente, subdolamente, senza scrupoli **CONTR.** francamente, lealmente, onestamente, semplicemente, sinceramente.

machiavèllico [dalla interpretazione deteriore del pensiero di N. *Machiavelli*] agg. (*fig.*) astuto, furbo, scaltro, spregiudicato, subdolo, senza scrupoli **CONTR.** franco, leale, onesto, retto, semplice, sincero.

macìgno s. m. **1** masso, pietrone, grosso sasso **2** rupe, dirupo **3** (*fig.*) (*di persona*) testardo, testone, mulo, ostinato, caparbio, cocciuto, incaponito **CONTR.** arrendevole, condiscendente, conciliante, docile, remissivo.

macilènto agg. magrissimo, smunto, emaciato, spossato □ denutrito, indebolito **CONTR.** florido, fresco, prosperoso, robusto.

màcina s. f. **1** mola, palmento **2** (*fig.*) oppressione, affanno, cosa insopportabile **3** (*fig.*) (*di persona*) lavoratore instancabile.

macinacaffè s. m. macinino.

macinàre v. tr. **1** (*di grano, orzo, ecc.*) ridurre in farina **2** (*est.*) (*di altre sostanze*) polverizzare, tritare, stritolare **3** (*fig.*) (*di persona*) mangiare molto, mangiare avidamente **CONTR.** mangiucchiare, mangiare di malavoglia **4** (*fig.*) (*di denaro e sim.*) consumare, spendere **FRAS.** *macinare chilometri*, camminare a lungo senza sosta.

macinàto A part. pass. di **macinare**; anche agg. **1** (*di grano, orzo, ecc.*) ridotto in farina **2** (*di altre sostanze*) polverizzato, frantumato, tritato, triturato, stritolato **B** s. m. **1** farina, semola **2** carne tritata.

macinatóio s. m. **1** (*per cereali*) mulino **2** (*per olive*) frantoio.

macinatóre s. m.; anche agg. (f. *-trice*) molitore, mugnaio.

macinatùra s. f. **1** (*di grano, orzo, ecc.*) macinazione **2** (*di altre sostanze*) polverizzazione, frantumazione, tritatura, trituramento (*raro*), triturazione, stritolamento.

macinazióne s. f. **1** (*di grano, orzo, ecc.*) macinatura **2** (*di altre sostanze*) polverizzazione, frantumazione, tritatura, trituramento (*raro*), triturazione, stritolamento.

macinìno s. m. **1** dim. di **macina 2** (*fig.*, *scherz.*) veicolo malridotto, trappola (*fam.*), bidone (*pop.*).

macìste [dal n. di un personaggio cinematografico; tratto dal gr. *mákistos*, sup. di *makrós* 'lungo'] s. m. (*scherz.*) uomo fortissimo, omone, omaccio, ercole **CONTR.** ometto, mingherlino, gracilino, debole.

maciullàre v. tr. **1** gramolare **2** (*est.*) stritolare, polverizzare, frantumare, macinare, tritare, triturare **3** (*anche fig.*) (*di persona*) dilaniare, lacerare, massacrare, stritolare.

maciullàto part. pass. di **maciullare**; anche agg. **1** gramolato **2** (*est.*) polverizzato, frantumato, macinato, tritato, triturato **3** (*anche fig.*) (*di persona*) stritolato, dilaniato, lacerato, massacrato.

maciullatùra s. f. **1** gramolatura **2** (*est.*) macinatura, macinazione, polverizzazione, frantumazione, tritatura, trituramento (*raro*), triturazione **3** (*anche fig.*) (*di persona*) stritolamento, dilaniamento, lacerazione, massacro.

macrocòsmo s. m. universo **CONTR.** microcosmo.

macroscòpico agg. (*fig.*) evidentissimo, grandissimo, enorme □ madornale, grossolano **CONTR.** microscopico, minimo, piccolissimo, insignificante, trascurabile.

maculàre v. tr. **1** (*lett.*) macchiare, imbrattare, lordare, insudiciare, insozzare, sporcare **CONTR.** smacchiare, pulire, ripulire, mondare, nettare, tergere **2** macchiettare, picchiettare **3** (*fig.*) (*di onore, di nome e sim.*) contaminare, disonorare, infamare, oltraggiare **CONTR.** onorare, lodare, esaltare.

maculàto part. pass. di **maculare**; anche agg. **1**

(*lett.*) macchiato, imbrattato, lordato, insudiciato, insozzato, sporcato, sporco CONTR. smacchiato, pulito, mondo, netto, terso, immacolato **2** macchiettato, picchiettato **3** (*fig.*) (*di onore, di nome e sim.*) contaminato, disonorato, infamato □ colpevole, reo CONTR. onorato, lodato, esaltato □ innocente.

maddaléna [dal nome di Maria di *Magdala*, la peccatrice convertita da Gesù] s. f. **1** peccatrice pentita **2** (*est.*) donna ipocrita, opportunista FRAS. *fare la maddalena pentita*, mostrarsi umile e pentita.

màdido agg. umido, bagnato, rorido (*poet.*), trasudante, umidiccio □ fradicio, impregnato, intriso, zuppo CONTR. arido, asciutto, riarso, secco.

madònna s. f. **1** (*lett., ant.*) (*di titolo di rispetto*) signora, donna, monna (*ant.*) **2** (*est.*) Vergine, madre di Gesù, Maria **3** (*est.*) raffigurazione di Maria **4** (*est.*) donna casta e bella.

madonnìna s. f. dim. di **madonna** FRAS. *madonnina infilzata*, finta virtuosa.

madornàle agg. grandissimo, spropositato, grossissimo, enorme, macroscopico CONTR. minimo, piccolissimo, insignificante, trascurabile, microscopico.

màdre A s. f. **1** genitrice, mamma (*fam.*) CONTR. figlio, figlia **2** (*est.*) (*di animali*) femmina **3** (*di comunità religiosa*) superiora, priora, badessa **4** (*fig.*) (*di cose*) origine, causa, motivo, movente, fonte, radice, ragione, principio, sorgente CONTR. conseguenza, effetto **B** in funzione di agg. (posposto al s.) **1** con figli **2** (*est.*) principale FRAS. *divenire madre*, partorire □ *regina madre*, madre del re □ *casa madre*, sede principale □ *scena madre*, scena principale; sceneggiata.

madrelìngua o **màdre lìngua** s. f. lingua della propria patria CONTR. lingua straniera.

madrepàtria s. f. **1** patria d'origine **2** patria, territorio metropolitano CONTR. estero, patria adottiva.

madreperlàceo agg. **1** di madreperla **2** simile alla madreperla.

madresélva s. f. (*bot.*) caprifoglio.

madrevìte s. f. **1** vite femmina, dado CONTR. vite maschio **2** filettatrice.

madrigàle s. m. **1** poemetto d'amore **2** (*est.*) espressione galante □ frase gentile, complimento.

madrìna s. f. **1** comare CONTR. padrino, compare **2** (*est.*) (*di inaugurazione*) inauguratrice, presidentessa, patrona.

maestà s. f. maestosità, magnificenza, grandiosità, imponenza, solennità, nobiltà □ dignità CONTR. modestia, semplicità, umiltà, meschinità FRAS. *Sua Maestà*, il re □ *lesa maestà*, offesa al re.

maestosaménte avv. grandiosamente, solennemente, magnificamente, regalmente CONTR. modestamente, semplicemente, umilmente, meschinamente.

maestosità s. f. maestà, grandiosità, solennità, imponenza, magnificenza, gravità, nobiltà CONTR. modestia, semplicità, umiltà, meschinità.

maestóso agg. imponente, grandioso, solenne, magnifico, magnificente (*raro*), splendido, sontuoso, sfarzoso CONTR. modesto, semplice, umile, dimesso, meschino.

maèstra o **maéstra** s. f. **1** insegnante elementare, insegnante □ insegnante di musica **2** (*est.*) donna abile, donna esperta, artista.

maestràle s. m. **1** maestro, vento di maestro, vento di nord-ovest CONTR. libeccio **2** (*di punto cardinale*) nord ovest.

maestrànza s. f. spec. al pl. operai, lavoratori.

maestrìa s. f. abilità, perizia, bravura, esperienza, eccellenza, valentia CONTR. imperizia, inesperienza, inabilità, inferiorità.

maèstro o **maéstro A** s. m. **1** insegnante elementare, insegnante □ docente, istitutore, precettore, professore □ insegnante di musica **2** (*est.*) esperto, provetto, perito, artista CONTR. apprendista, praticante, tirocinante, principiante, inesperto **3** caposcuola, fondatore **4** (*fig.*) capo, guida **5** compositore □ direttore d'orchestra **6** maestrale, vento di nord-ovest CONTR. libeccio **B** agg. **1** (*di strada, di muro, ecc.*) principale, maggiore, più importante CONTR. minore, secondario **2** abile, astuto, esperto, provetto, artista CONTR. inabile, incapace, inetto, inesperto, maldestro FRAS. *muro maestro*, muro perimetrale □ *colpo maestro*, colpo abilissimo.

màfia s. f. **1** onorata società **2** (*est.*) camorra, cricca, cosca, malavita, racket (*ingl.*).

mafiosaménte avv. **1** in modo mafioso, da mafioso **2** (*est.*) prepotentemente, con la prepotenza.

mafióso agg.; anche s. m. **1** della mafia, uomo della mafia **2** (*est.*) camorrista, malavitoso (*gerg.*) □ prepotente, prevaricatore.

màga s. f. **1** strega, fata □ fattucchiera, indovina **2** (*fig.*) donna abilissima, donna espertissima **3** (*fig.*) ammaliatrice, incantatrice, maliarda.

magàgna s. f. **1** difetto, imperfezione, deformazione, malformazione, storpiatura CONTR. perfezione, bellezza **2** (*fig.*) vizio segreto, difetto, macchia, vergogna CONTR. virtù, merito, dote.

magàri A inter. fosse vero!, così fosse!, volesse il cielo! **B** cong. volesse il cielo che, oh se **C** avv. **1** forse, probabilmente, eventualmente **2** anche, persino.

magazzinàggio s. m. **1** deposito, stoccaggio **2** costo di deposito.

magazzinière s. m. (*di magazzino*) sorvegliante, custode.

magazzìno s. m. emporio, deposito, fondaco, dock (*ingl.*).

maggiolìno s. m. (*zool.*) melolonta.

maggioràna s. f. (*bot.*) amaraco.

maggiorànza s. f. **1** i più, maggior parte, maggior numero □ gruppo maggioritario **CONTR.** minoranza **2** prevalenza **CONTR.** minoranza **FRAS.** *in maggioranza*, per lo più, generalmente.

maggioràre v. tr. aumentare, accrescere, rendere maggiore **CONTR.** diminuire, scemare, calare.

maggioràto part. pass. di **maggiorare**; anche agg. **1** aumentato, accresciuto, reso maggiore **CONTR.** diminuito, scemato, calato **2** (*est.*, *scherz.*) (*di persona*) prosperoso, ben dotato **CONTR.** minorato.

maggiorazióne s. f. aumento, accrescimento, aggiunta **CONTR.** calo, diminuzione, ribasso.

maggiordòmo s. m. capo della servitù, maestro di casa, maître (*fr.*).

maggióre A agg. **1** compar. di **grande** **2** più grande, superiore, più numeroso, più alto, più intenso **CONTR.** minore, più piccolo □ più basso, meno numeroso **3** più importante, più rilevante, più cospicuo **CONTR.** meno importante **4** (*mil.*) di grado superiore **5** più anziano, più vecchio **CONTR.** minore, più giovane **B** s. m. e f. **1** (*per età*) anziano **CONTR.** più giovane **2** (*per grado*) superiore **CONTR.** inferiore **C** s. m. al pl. genitori, progenitori □ predecessori **FRAS.** *andare per la maggiore*, essere in voga, essere di moda, avere un gran successo.

maggiorènne s. m. e f.; anche agg. maggiore **CONTR.** minorenne, minore.

maggiorènte s. m. spec. al pl. notabile, capo, magnate, persona influente (*fig.*), vip (*ingl.*).

maggioritàrio agg. della maggioranza **CONTR.** minoritario.

maggiorménte avv. più, grandemente, in maggior misura **CONTR.** meno, in minor misura.

magìa s. f. **1** stregoneria, negromanzia, scienza occulta, occultismo, incantesimo, incanto, incantagione (*lett.*), fattucchieria, diavoleria, malia, sortilegio, fattura, iettatura, malocchio **2** (*fig.*) fascino, attrattiva, malia.

magicaménte avv. meravigliosamente, incredibilmente, straordinariamente.

màgico agg. **1** della magia, dei maghi **2** prodigioso, straordinario, fatato, stregato **3** (*fig.*) affascinante, incantevole, attraente, seducente, irresistibile, piacevole **CONTR.** brutto, spiacevole, repellente, ripugnante.

magistèro s. m. **1** compito di insegnante, mansione di maestro **2** (*est.*) insegnamento, ammaestramento, direttiva, precetto **3** (*est.*) abilità, perizia.

magistràle agg. **1** di maestro, da maestro **2** eccellente, ottimo, perfetto, squisito, fatto con maestria **CONTR.** pessimo, spregevole.

magistralménte avv. abilmente, eccellentemente, ottimamente, perfettamente **CONTR.** malamente, pessimamente, imperfettamente.

magistràto s. m. **1** giudice □ pretore **2** pubblico funzionario **3** ufficio amministrativo, carica amministrativa.

magistratùra s. f. **1** funzione del magistrato **2** organi giudiziari **3** magistrati.

màglia s. f. **1** intreccio di fili **2** (*di catena*) anello **3** (*di indumento*) golf (*ingl.*), pullover, corpetto a maglia **4** corazza a maglia.

maglierìa s. f. **1** indumenti di maglia **2** negozio di maglie **3** maglificio.

magliétta s. f. **1** dim. di **maglia** **2** maglia leggera.

maglificio s. m. maglieria.

màglio s. m. **1** mazza, mazzapicchio, mazzeranga, mazzuolo, battipalo **2** martello pneumatico.

maglióne s. m. **1** accr. di **maglia** **2** maglia pesante.

màgma s. m. (*fig.*) (*di idee, di passioni, ecc.*) caos, confusione, massa confusa, massa disordinata.

magnanimaménte avv. generosamente, largamente, liberalmente, munificentemente (*lett.*), nobilmente **CONTR.** abiettamente, bassamente, meschinamente, vilmente.

magnanimità s. f. grandezza d'animo, generosità, larghezza, liberalità, munificenza, nobiltà **CONTR.** abiettezza, bassezza, meschinità, viltà d'animo, pusillanimità.

magnàte s. m. **1** notabile, maggiorente, ottimate (*lett.*), nobile, big (*ingl.*), vip (*ingl.*), boss (*ingl.*) **2** persona influente.

magnèsia s. f. ossido di magnesio □ citrato di magnesio, citrato.

magnète s. m. **1** calamita **2** elettrocalamita.

magnètico agg. **1** di magnete **2** (*fig.*) (*di sguardo, di parola, ecc.*) affascinante, attraente, irresistibile, seducente, suggestivo **CONTR.** ripugnante, repellente **FRAS.** *forza magnetica*, forza di attrazione □ *ago magnetico*, ago calamitato (della bussola).

magnetìsmo s. m. **1** (*fis.*) attrazione **2** (*est.*) ipnotismo, suggestione **3** (*fig.*) fascino, attrattiva, seduzione, suggestione **CONTR.** antipatia, ripugnanza.

magnetite s. f. (*miner.*) ossido di ferro.

magnetizzàre v. tr. **1** (*elettr.*) calamitare **2** (*est.*) (*di persona*) ipnotizzare **3** (*fig.*) (*con lo sguardo, con la parola, ecc.*) affascinare, avvincere, rapire, sedurre, suggestionare **CONTR.** allontanare, respingere.

magnetizzatóre s. m. (f. *-trice* nei sign. 2 e 3) **1** elettromagnete **2** (*fig.*) ipnotizzatore **3** (*fig.*) trascinatore, affascinatore.

magnetòfono s. m. registratore.

magnificaménte avv. **1** grandiosamente, splendidamente, stupendamente, sontuosamente, sfarzosamente, lussuosamente **CONTR.** miseramente, modestamente, meschinamente, dimessamente, umilmente **2** benissimo, ottimamente, perfettamente **CONTR.** malissimo, pessimamente.

magnificàre A v. tr. onorare, glorificare, lodare □ vantare, esaltare, decantare **CONTR.** disprezzare, sprezzare, spregiare, disistimare, vilipendere, screditare **B magnificarsi** v. rifl. vantarsi, esaltarsi, incensarsi, glorificarsi **CONTR.** disprezzarsi, svalutarsi, buttarsi giù, screditarsi.

magnificàto part. pass. di **magnificare**; anche agg. celebrato, vantato, esaltato, decantato **CONTR.** disprezzato, spregiato, disistimato, vilipeso.

magnificènte agg. **1** (*raro, lett.*) magnanimo, generoso, largo, liberale, munifico, nobile, grande **CONTR.** avaro, tirchio, taccagno, meschino **2** (*ant.*) grandioso, maestoso, meraviglioso, pomposo, fastoso, sfarzoso, splendido, stupendo, bellissimo **CONTR.** misero, meschino, dimesso, modesto, povero, umile.

magnificènza s. f. **1** magnanimità, generosità, larghezza, liberalità, munificenza **CONTR.** avarizia, tirchieria, taccagneria, grettezza, meschinità **2** grandiosità, maestosità, imponenza, pompa, fasto, lusso, sfarzo, splendore **CONTR.** miseria, meschinità, modestia, povertà, umiltà **3** (*di cosa*) meraviglia, splendore **CONTR.** orrore, schifo.

magnìfico agg. **1** magnanimo, generoso, largo, liberale, munifico, nobile, grande **CONTR.** avaro, tirchio, taccagno, gretto, meschino **2** grandioso, maestoso, imponente, meraviglioso, pomposo, fastoso, lussuoso, sfarzoso, splendido, stupendo, bellissimo, eccellente **CONTR.** misero, meschino, dimesso, modesto, povero, umile.

magniloquènte agg. (*lett.*) molto eloquente, grandiloquente □ retorico, ridondante, ampolloso, enfatico **CONTR.** breviloquente (*lett.*), laconico, tacitiano, stringato, succinto.

magniloquènza s. f. grande eloquenza, grandiloquenza □ ampollosità, enfasi, gonfiezza, ridondanza, retorica **CONTR.** breviloquenza (*lett.*), laconicità, concisione, stringatezza.

magnitùdine s. f. grandezza stellare.

màgno agg. (*ant., lett.*) grande, maggiore, massimo **CONTR.** piccolo, minore, minimo **FRAS.** *in pompa magna* (*fig., scherz.*), con grande sfarzo, solennemente.

màgo s. m. **1** stregone, negromante, fattucchiere, affatturatore, incantatore, indovino, maliardo **2** illusionista **3** (*fig.*) (*in una attività*) genio, artista **CONTR.** incapace, inetto.

màgra s. f. **1** (*di fiume*) secca **CONTR.** piena **2** (*fig.*) (*di cose*) penuria, scarsezza, carestia **CONTR.** abbondanza, dovizia, profusione, ricchezza **3** (*fam.*) brutta figura.

magraménte avv. scarsamente, esiguamente, limitatamente, poco **CONTR.** abbondantemente, molto, assai.

magrézza s. f. **1** (*di persona, di viso, ecc.*) secchezza, esilità, gracilità, sottigliezza **CONTR.** grassezza, adiposità, corpulenza, obesità, pinguedine **2** (*di terreno*) aridità, improduttività, scarsa fertilità **CONTR.** fertilità, fecondità, feracità (*lett.*).

màgro A agg. **1** (*di persona, di viso, ecc.*) scarno, sottile, asciutto, ossuto, adusto (*lett.*), segaligno, smilzo, esile, gracile, mingherlino, sparuto, allampanato **CONTR.** grasso, adiposo, corpulento, massiccio, obeso, pingue, tondo **2** (*di cibo*) povero di grassi **CONTR.** grasso **3** (*di terreno*) arido, improduttivo, poco fertile **CONTR.** fertile, fecondo, ferace (*lett.*) **4** (*fig.*) (*di guadagno, di cena, ecc.*) povero, scarso, insufficiente, inadeguato, misero, meschino **CONTR.** abbondante, ricco, adeguato, sufficiente **B** s. m. (*di carne*) parte magra **CONTR.** grasso.

mah inter. (*di dubbio, incertezza, ecc.*) chi lo sa!, non lo so!, chissà!

maharajah /maara'dʒa/ [dal sanscrito *mahâ* 'grande' e *râjâ* 're'] s. m. inv. **1** (*in India*) principe, sovrano **2** (*est.*) principe.

mài avv. **1** giammai, nessuna volta, in nessun tempo, in nessun caso **CONTR.** sempre **2** no, assolutamente no, niente affatto **CONTR.** sì, certo, certamente **3** talvolta, talora, qualche volta, in qualche caso **4** in altro tempo, in altra occasione **FRAS.** *caso mai, se mai*, eventualmente □ *il giorno del mai* (*scherz.*), il giorno che non verrà.

maiàle [dal lat. *maiale(m)*, detto così, perché lo si sacrificava alla dea *Maia* (?)] s. m. **1** (*zool.*) porco, suino, porcello, verro **2** carne suina **3** (*fig.*) (*di persona*) sudicione, sporcaccione, sozzone **4** (*fig.*) porcaccione, scostumato.

maiòlica [da *Maiolica*, forma ant. di *Maiorca*, isola delle Baleari, da dove fu importata] s. f. porcellana, ceramica, terracotta, terraglia.

màis s. m. inv. (*bot.*) granoturco, frumentone, granone.

maître /*fr.* mɛtr/ [vc. fr., dal latino *magister* 'maestro'] s. m. inv. **1** (*di ristorante*) capocameriere **2** (*di casa signorile*) maggiordomo.

maître à penser /*fr.* mɛtr a pã'se/ [loc. fr., propriamente 'maestro per pensare'] s. m. inv. guida, maestro.

maiùscola s. f. **CONTR.** minuscola.

maiùscolo agg. **1 CONTR.** minuscolo **2** (*fig.*) (*di cosa*) grande, grandissimo, enorme □ incredibile, madornale, spropositato **CONTR.** piccolo, piccolissimo, minimo, minuscolo.

make-up /*ingl.* 'meik ʌp/ [vc. ingl., da *to make up* 'truccare, imbellettare'] s. m. inv. trucco (del volto), maquillage (*fr.*).

malaccètto agg. sgradito, inviso **CONTR.** gradito, accetto.

malaccòrto agg. imprudente, incauto, malavveduto, sconsigliato, sconsiderato, sprovveduto **CONTR.** accorto, astuto, avveduto, sagace, scaltro, furbo.

malacòpia o **màla còpia** s. f. mala, minuta, brutta, brutta copia, brogliaccio **CONTR.** buo-

na, buona copia, bella, bella copia.
malacreànza o **màla creànza** s. f. scortesia, grossolanità, maleducazione, sgarbatezza, inciviltà **CONTR.** finezza, garbo, garbatezza, cortesia, urbanità, civiltà, educazione, buona creanza.
malafède o **màla fède** s. f. slealtà, disonestà, dolo, frode, inganno **CONTR.** buona fede, onestà, lealtà.
malaffàre s. m. solo nella loc. agg. *di malaffare*, disonesto, immorale **CONTR.** onesto, morale **FRAS.** *donna di malaffare*, prostituta, puttana (*volg.*) □ *casa di malaffare*, postribolo, casino (*pop.*), bordello.
malagévole agg. difficile, duro, faticoso, disagevole, aspro, impraticabile, scomodo **CONTR.** agevole, comodo, facile.
malagràzia s. f. sgarbatezza, scortesia, malacreanza, grossolanità, mancanza di tatto □ atto scortese, villania, sgarberia **CONTR.** finezza, garbo, garbatezza, cortesia, urbanità, civiltà, tatto, buona creanza.
malalìngua o **màla lìngua** s. f. linguaccia, calunniatore, diffamatore, maldicente **CONTR.** lodatore, elogiatore, esaltatore, adulatore.
malaménte avv. male, in malo modo □ affrettatamente, superficialmente, trascuratamente **CONTR.** bene □ accuratamente, attentamente.
malandàto agg. **1** (*di cosa*) malridotto, cadente, sgangherato, rovinato **CONTR.** intatto, nuovo **2** (*di persona*) malaticcio, malazzato (*raro*), acciaccato **CONTR.** sano, arzillo, robusto, vigoroso.
malandrìno A s. m. **1** brigante, rapinatore, malfattore, delinquente, farabutto, bandito **CONTR.** galantuomo **2** (*fig.*, *scherz.*) birichino, furbacchione **CONTR.** ingenuo, sempliciotto **B** agg. **1** ladro, disonesto **CONTR.** onesto, retto **2** (*scherz.*, *fig.*) birichino, furbacchione **CONTR.** ingenuo, sempliciotto.
malànimo s. m. malevolenza, animosità, avversione, astio, inimicizia, livore, ostilità, rancore **CONTR.** simpatia, affetto, affezione, amicizia, amorevolezza, benevolenza **FRAS.** *di malanimo*, contro voglia, malvolentieri, a malincuore.
malànno s. m. **1** male, malattia, acciacco, accidente, indisposizione, malessere, malore **CONTR.** sanità, salute **2** danno, disgrazia, calamità, guaio, iattura (*raro*) **CONTR.** vantaggio, guadagno, fortuna **3** (*fig.*) (*di persona*) guastafeste, seccatore, scocciatore (*fam.*), noioso, rompiscatole (*volg.*), disastro, sciagura.
malapéna s. f. solo nella loc. avv. *a malapena*, a stento, con fatica **CONTR.** facilmente, bene.
malària s. f. **1** (*med.*) terzana **2** (*est.*) mefite, miasma.
malasòrte o **màla sòrte** s. f. sfortuna, avversità, disgrazia, destino avverso **CONTR.** fortuna, buona sorte.
malatìccio agg. malazzato (*raro*), malandato, cagionevole, acciaccoso **CONTR.** sano, fiorente, florido, robusto, vegeto.
malàto A agg. **1** (*di persona*) ammalato, infermo, malandato, acciaccato, indisposto, sofferente, degente, allettato (*raro*) **CONTR.** sano, fiorente, florido, robusto, vegeto **2** (*fig.*) (*di cosa*) guasto, corrotto **CONTR.** sano **3** (*fig.*) (*per amore, per invidia, ecc.*) ossessionato, dominato, sconvolto, tormentato **B** s. m. ammalato, infermo, paziente, degente **CONTR.** sano.
malattìa s. f. **1** infermità, morbo, male, malanno, affezione, patologia □ acciacco, incomodo, malessere, indisposizione **CONTR.** salute, sanità **2** (*fig.*) male, vizio, peccato **CONTR.** virtù, morigeratezza.
malaugurataménte avv. disgraziatamente, sventuratamente, sfortunatamente **CONTR.** fortunatamente.
malauguràto agg. disgraziato, maledetto, nefasto, sventurato, sfortunato **CONTR.** fortunato, benaugurato (*raro*), avventurato (*ant.*), desiderato.
malavìta s. f. solo sing. malandrinaggio, camorra, mafia, delinquenza □ mala (*gerg.*), delinquenti.
malavitóso s. m. (*gerg.*) malvivente, mafioso, camorrista, uno della mala.
malavòglia o **màla vòglia** s. f. pigrizia, fiacca, svogliatezza, indolenza, infingardaggine **CONTR.** alacrità, premura, prontezza, solerzia **FRAS.** *di malavoglia*, malvolentieri, svogliatamente.
malavvedùto agg. malaccorto, imprudente, incauto, sconsigliato, sconsiderato, sprovveduto **CONTR.** accorto, astuto, avveduto, sagace, scaltro, furbo.
malcapitàto agg.; anche s. m. disgraziato, infelice, sfortunato, sventurato **CONTR.** avventurato, fortunato.
malcóncio agg. malridotto, maltrattato, pesto, guasto, in cattivo stato **CONTR.** in buono stato.
malcontènto A agg. scontento, insoddisfatto, disgustato □ afflitto, amareggiato, rammaricato **CONTR.** contento, soddisfatto, pago **B** s. m. scontentezza, insoddisfazione, malumore, disapprovazione **CONTR.** contentezza, soddisfazione, approvazione, buonumore.
malcostùme s. m. dissolutezza, scostumatezza, immoralità, libertinaggio □ corruzione, disonestà **CONTR.** moralità, costumatezza, buon costume □ irreprensibilità, onestà.
maldestraménte avv. inettamente, sprovvedutamente, malamente **CONTR.** bene, abilmente.
maldèstro agg. inabile, inesperto, inetto, incapace, sprovveduto **CONTR.** abile, esperto, capace, provetto.
maldicènte agg.; anche s. m. e f. calunniatore, denigratore, detrattore, diffamatore, linguaccia, linguacciuto, malalingua, maledico (*lett.*),

maligno, pettegolo, sparlatore CONTR. lodatore, elogiatore, esaltatore, adulatore.

maldicènza s. f. calunnia, denigrazione, diffamazione, malignità, pettegolezzo, mordacità CONTR. lode, elogio, esaltazione, adulazione.

maldispósto agg. avverso, ostile, contrario, malevolo, sfavorevole CONTR. benevolo, favorevole, ben disposto.

màle A avv. **1** (*di fare, ecc.*) malamente, in malo modo, in modo cattivo CONTR. bene **2** (*di comprare, di vendere, ecc.*) svantaggiosamente, sconvenientemente, insoddisfacentemente CONTR. vantaggiosamente, soddisfacentemente **3** (*di vedere, di riuscire, ecc.*) imperfettamente, incompletamente CONTR. perfettamente, completamente, bene **B** s. m. **1** ingiustizia, disonestà, colpa, peccato, scelleratezza CONTR. bene, onestà **2** danno, svantaggio, inconveniente CONTR. vantaggio, utilità, convenienza **3** disgrazia, sventura, sfortuna, avversità, calamità, guaio CONTR. fortuna, ventura **4** sofferenza, malanno, malattia, infermità, morbo, acciacco, dolore fisico CONTR. salute, sanità FRAS. *rimanere male*, rimanere deluso □ *stare male*, essere a disagio; essere indisposto □ *aversene a male*, offendersi □ *andare a male*, guastarsi, rovinarsi.

maledettaménte avv. moltissimo, eccessivamente, esageratamente, estremamente □ terribilmente, orribilmente CONTR. poco, moderatamente, scarsamente.

maledétto part. pass. di **maledire**; anche agg. **1** (*di giorno, di episodio, ecc.*) sfortunato, malaugurato, esecrato, nefasto CONTR. benedetto, fortunato **2** (*di tempo*) orribile, bruttissimo, pessimo CONTR. calmo, sereno **3** (*fig.*) (*di caldo, di sete, ecc.*) insopportabile, molesto, fastidioso CONTR. sopportabile, tollerabile, piacevole.

maledire v. tr. esecrare, anatematizzare, scomunicare, abominare, imprecare, rinnegare, augurare male CONTR. benedire, augurare bene.

maledizióne s. f. esecrazione, anatema, abominazione, scomunica, imprecazione, malaugurio CONTR. benedizione, buon augurio.

maleducàto agg.; anche s. m. ineducato, incivile, screanzato, villano, zotico CONTR. beneducato, garbato, gentile, cortese, raffinato, urbano.

maleducazióne s. f. malacreanza, grossolanità, villania, volgarità CONTR. garbo, gentilezza, cortesia, raffinatezza, urbanità.

malefàtta s. f. **1** birbonata, birbanteria, bricconata, bricconeria, canagliata, disonestà, furfanteria, gherminella, infamia, marioleria, ribalderia, scelleratezza, delitto **2** errore, colpa, sbaglio, mancanza **3** guaio, malestro.

malefìcio s. m. **1** malia, stregoneria, fattura **2** (*raro, lett.*) delitto, misfatto, crimine, peccato, colpa □ disonestà CONTR. beneficio, bene □ onestà.

malèfico agg. dannoso, cattivo, maligno, perfido, pregiudizievole, pericoloso CONTR. benefico, buono, utile, vantaggioso.

malèssere s. m. **1** indisposizione □ stanchezza, spossatezza CONTR. benessere **2** (*est.*) inquietudine, turbamento, disagio, fastidio, nervosismo CONTR. quiete, serenità, sicurezza, tranquillità.

malevolènza s. f. animosità, astio, malanimo, odio, ostilità, inimicizia, rancore □ antipatia, avversione CONTR. amicizia, affetto, benevolenza □ simpatia.

malèvolo agg.; anche s. m. astioso, aspro, maldisposto, ostile, nemico, maligno, malvagio, perfido CONTR. amico, benevolo.

malfamàto agg. screditato, famigerato, disistimato, di cattiva fama CONTR. rinomato, famoso, stimato.

malfàtto A agg. **1** (*di persona, di cosa*) deforme, imperfetto, malcostruito CONTR. bello, benfatto **2** (*fig.*) (*di azione*) riprovevole, sconcio, biasimevole, brutto CONTR. encomiabile, lodevole **B** s. m. colpa, misfatto.

malfattóre s. m. (f. *-trice*) ribaldo, malandrino, furfante, delinquente, malvivente, assassino, criminale, canaglia, brigante, bandito, ladro CONTR. galantuomo.

malférmo agg. insicuro, instabile, incerto, debole CONTR. sicuro, stabile, fermo, saldo.

malfidàto agg.; anche s. m. diffidente, sospettoso CONTR. fiducioso, fidente.

malformàto agg. non ben formato, malfatto, deforme, deformato, imperfetto, difettoso, brutto CONTR. ben formato, benfatto, perfetto, bello.

malformazióne s. f. anomalia, imperfezione, deformità, difetto CONTR. regolarità, perfezione.

màlga s. f. baita, alpe □ (*est.*) pascolo alpino.

malgovèrno s. m. **1** cattivo governo, cattiva amministrazione CONTR. buon governo **2** (*est.*) trascuratezza, mancanza di cura CONTR. accuratezza, cura.

malgràdo A prep. nonostante, a dispetto di, contro la volontà di **B** cong. nonostante, sebbene, benché, quantunque.

malìa s. f. **1** fattucchieria, fattura, incantesimo, maleficio, sortilegio, stregoneria **2** (*fig.*) incanto, fascino, attrattiva, suggestione.

maliàrda s. f. **1** maga, strega, fattucchiera **2** (*est.*) ammaliatrice, donna affascinante, donna fatale, sirena, vamp (*ingl.*).

maliàrdo agg. **1** mago, stregone, fattucchiere **2** (*est.*) ammaliatore.

malignàre v. intr. sparlare, pettegolare, fare insinuazioni, dire malignità CONTR. lodare, elogiare.

malignità s. f. **1** malvagità, malizia, maltalento (*lett.*), malvolere, perversità, perfidia CONTR. bontà, benignità **2** calunnia, detrazione, diffamazione, insinuazione maligna CONTR. lode, elogio, encomio **3** avversità CONTR. favore.

malìgno A agg. **1** cattivo, perverso, malvagio, malefico, tristo, malizioso, velenoso **CONTR.** buono, benigno, bonario **2** (*di malattia*) pericoloso, nefasto, incurabile **CONTR.** benigno **B** s. m. persona malevola, malvagio, cattivo, perverso **CONTR.** persona buona, bonario, buono **FRAS.** *il maligno*, il demonio.

malinconìa s. f. mestizia, tristezza, abbattimento, afflizione, ipocondria, tedio, uggia, malumore, umor nero, tetraggine, spleen (*ingl.*) **CONTR.** letizia, allegrezza, allegria, gaiezza, giocondità, serenità, buonumore.

malinconicaménte avv. mestamente, tristemente, infelicemente, sconsolatamente **CONTR.** lietamente, allegramente, gaiamente, giocondamente, serenamente.

malincònico agg. mesto, triste, abbattuto, afflitto, dolente, ipocondriaco, annoiato, tediato, tetro, infelice, sconsolato, di malumore **CONTR.** lieto, allegro, gaio, giocondo, sereno, di buon umore.

malincuòre vc.; solo nella loc. avv. *a malincuore*, di malavoglia, controvoglia, malvolentieri, con rincrescimento **CONTR.** volentieri, di buonavoglia.

malintenzionàto agg.; anche s. m. malevolo, maldisposto □ contrario, avverso **CONTR.** benintenzionato □ favorevole.

malintéso A agg. frainteso, equivocato, male interpretato **CONTR.** capito a volo, capito perfettamente **B** s. m. equivoco, fraintendimento, falsa interpretazione **CONTR.** interpretazione esatta.

malìzia s. f. **1** cattiveria, malvagità, perversità, malignità **CONTR.** bontà, benignità **2** astuzia, accorgimento, furberia, scaltrezza **CONTR.** franchezza, lealtà, dirittura, schiettezza, sincerità **3** tranello, trappola, sotterfugio.

maliziosaménte avv. **1** malignamente, con malizia **CONTR.** benignamente **2** astutamente, abilmente, accortamente, destramente, scaltramente **CONTR.** francamente, lealmente, schiettamente, sinceramente.

maliziόso agg. **1** malevolo, maligno, perverso **CONTR.** buono, benigno **2** astuto, accorto, furbo, scaltro **CONTR.** franco, leale, schietto, sincero.

malleàbile agg. **1** (*di metallo*) duttile, pieghevole, flessibile **CONTR.** duro, rigido **2** (*fig.*) (*di persona*) arrendevole, cedevole, docile, remissivo, flessibile **CONTR.** duro, rigido, inflessibile.

malleabilità s. f. **1** (*di metallo*) duttilità, flessibilità **CONTR.** durezza **2** (*fig.*) (*di persona*) arrendevolezza, cedevolezza, remissività **CONTR.** durezza, inflessibilità, rigore, rigidità.

malleverìa s. f. garanzia, fideiussione, responsabilità.

màllo s. m. (*di noce, di mandorla e sim.*) scorza, corteccia, involucro.

mallòppo s. m. **1** involto, fagotto **2** (*fig., dial.*) groppo **3** (*est.*) gruzzolo, capitale **4** (*gerg.*) refurtiva.

malmenàre v. tr. **1** percuotere, picchiare, conciare male **2** (*fig.*) bistrattare, maltrattare, strapazzare, tartassare **CONTR.** curare, trattar bene.

malmésso agg. **1** sciatto, trasandato, trascurato, dimesso, malvestito **CONTR.** agghindato, azzimato, elegante **2** mal ridotto, mal sistemato **CONTR.** ben messo, ben sistemato.

malnàto agg. **1** di umile stirpe, di origini ignobili **CONTR.** nobile, di buona famiglia **2** (*fig.*) villano, maleducato, ignorante, screanzato, malcreato **CONTR.** educato, cortese, gentile **3** (*fig.*) tristo, cattivo, sciagurato **CONTR.** buono, onesto, retto.

malnutrìto agg. nutrito insufficientemente, denutrito, deperito **CONTR.** ben nutrito.

malòcchio s. m. iettatura, maleficio **FRAS.** *di malocchio*, con antipatia, con odio, malamente.

malóra s. f. perdizione, rovina, disgrazia **CONTR.** fortuna, ventura.

malóre s. m. indisposizione improvvisa, malessere, svenimento □ malanno, malattia.

malpensànte agg.; anche s. m. e f. **CONTR.** benpensante.

malridótto agg. malconcio, malandato, danneggiato **CONTR.** intatto, sano, ben messo.

malsàno agg. **1** (*di persona*) malato, malaticcio, infermo, sofferente **CONTR.** sano, robusto, vegeto **2** (*di clima, di luogo*) insalubre, insano **CONTR.** salubre **3** (*di cibo*) dannoso, pesante, indigesto **CONTR.** digeribile, assimilabile, tollerabile **4** (*fig.*) (*di idee, di gesti, ecc.*) cattivo, insano, riprovevole, immorale, licenzioso, peccaminoso **CONTR.** sano, pulito, puro.

malsicùro agg. **1** (*di cosa*) pericoloso, pericolante, insicuro, instabile **CONTR.** sicuro, stabile **2** (*fig.*) (*di persona*) incerto, dubbio, dubbioso, indeciso **CONTR.** sicuro, deciso, certo.

màlta s. f. **1** calce, calcina, cemento **2** (*dial.*) fango.

maltèmpo s. m. cattivo tempo, brutto tempo, cattiva stagione **CONTR.** bel tempo, buona stagione.

maltollerànte agg. intollerante, insofferente, impaziente **CONTR.** paziente, tollerante, docile.

maltòlto agg.; anche s. m. tolto indebitamente □ refurtiva, furto.

maltrattaménto s. m. cattivo trattamento, trattamento duro, sevizia, violenza, offesa, prepotenza, sgarbo **CONTR.** buon trattamento, garbo, garbatezza, cortesia, gentilezza.

maltrattàre v. tr. malmenare, strapazzare, bistrattare, offendere, ingiuriare, calpestare, tartassare, vessare, angariare, travagliare **CONTR.** rispettare, onorare, blandire, accarezzare, trattare bene.

maltrattàto part. pass. di **maltrattare**; anche agg.

malmenato, strapazzato, bistrattato, offeso, ingiuriato, calpestato, tartassato, vessato, angariato, travagliato **CONTR.** rispettato, onorato, blandito, accarezzato.

malùccio avv. malino, alquanto male, piuttosto male, non molto bene **CONTR.** benino.

malumóre s. m. **1** malcontento, malinconia, tristezza, depressione, irritabilità, scontentezza, scontrosità, broncio, cruccio, uggia, luna storta **CONTR.** allegrezza, allegria, serenità, buon umore, gaiezza, letizia **2** (*est.*) malanimo, astio, rancore, discordia **CONTR.** benevolenza, indulgenza, simpatia.

malvagiaménte avv. crudelmente, efferatamente, ferocemente, iniquamente, perfidamente, perversamente, scelleratamente, spietatamente **CONTR.** mitemente, misericordiosamente, umanamente.

malvàgio A agg. cattivo, crudele, empio, feroce, efferato, infame, iniquo, perfido, perverso, scellerato, sinistro, spietato, tristo **CONTR.** buono, mite, mansueto, misericordioso, probo, umano **B** s. m. farabutto, delinquente, cattivo soggetto, poco di buono **CONTR.** galantuomo, uomo buono.

malvagità s. f. cattiveria, crudeltà, empietà, ferocia, efferatezza, iniquità, perfidia, perversità, ribalderia, scelleratezza **CONTR.** bontà, mitezza, mansuetudine, probità, umanità.

malversazióne s. f. (*est.*) prevaricazione □ peculato.

malvestìto agg. con abiti logori □ inelegante, trascurato nel vestire **CONTR.** ben vestito, elegante.

malvìsto agg. inviso, sgradito, odiato, detestato, disprezzato **CONTR.** ben visto, amato, considerato, stimato.

malvivènte agg.; anche s. m. e f. delinquente, malfattore, assassino, canaglia, criminale, bandito, brigante, ladro **CONTR.** galantuomo, onesto.

malvolentièri avv. controvoglia, poco volentieri, a malincuore, senza entusiasmo **CONTR.** volentieri, con entusiasmo.

malvolére A v. tr. detestare, odiare, avere in antipatia **CONTR.** amare, voler bene, avere in simpatia **B** s. m. malanimo, malevolenza, animosità, avversione, astio, inimicizia, livore, ostilità, odio, rancore **CONTR.** amore, amicizia, affezione, affetto, benevolenza, simpatia.

màmma o (*mer.*) **mammà** s. f. (*fam.*) madre, genitrice (*lett.*).

mammalùcco [dall'ar. *mamlûk* 'schiavo comperato'] s. m. (*fig.*) sciocco, stupido, scimunito, stolido, balordo, rimbambito, allocco, fesso **CONTR.** sveglio, intelligente, pronto, vivace, sagace.

mammèlla s. f. (*anat.*) poppa, seno, tetta (*fam.*), zinna (*dial.*).

management /*ingl.* 'mænidʒmənt/ [vc. ingl., 'direzione, governo', da *to manage* 'maneggiare'] s. m. inv. (*di azienda, di organizzazione*) amministrazione, direzione, gestione.

manager /*ingl.* 'mænidʒə/ [ingl., da *to manage* 'maneggiare'] s. m. inv. **1** dirigente, direttore, imprenditore, amministratore **2** (*sport*) allenatore.

manageriàle agg. del manager, dirigenziale, direzionale □ imprenditoriale, aziendale.

managerialità s. f. capacità direttiva, capacità organizzativa.

manàta s. f. **1** pacca, botta, colpo **2** (*di soldi, di grano, ecc.*) manciata □ mannello, mazzo.

mànca s. f. mancina, sinistra, mano sinistra □ parte sinistra **CONTR.** dritta, destra **FRAS.** *a dritta e a manca*, a destra e a sinistra, per ogni verso.

mancaménto s. m. **1** malore, collasso, deliquio, svenimento, perdita dei sensi **2** (*fig.*) colpa, fallo, mancanza, peccato □ imperfezione, difetto **CONTR.** pregio, virtù, qualità, merito.

mancànza s. f. **1** penuria, carenza, insufficienza, difetto, assenza, privazione, carestia **CONTR.** abbondanza, copia (*lett.*), dovizia (*lett.*), eccedenza, ricchezza **2** fallo, peccato, infrazione, trasgressione **CONTR.** osservanza, ubbidienza **3** imperfezione, errore, difetto **CONTR.** pregio, virtù, qualità, merito.

mancàre A v. intr. **1** non esserci, non esistere, difettare, scarseggiare, far difetto, non bastare, essere insufficiente **CONTR.** abbondare, sovrabbondare, eccedere, traboccare **2** (*di forze, di fiato, ecc.*) venir meno, scomparire **CONTR.** tornare, ritornare **3** (*est.*) (*di persona*) svenire, cadere in deliquio, perdere i sensi **CONTR.** rinvenire, riprendere i sensi **4** deperire, struggersi **CONTR.** rifiorire, rinforzarsi **5** estinguersi, morire **CONTR.** nascere, crescere **6** essere assente, essere lontano **CONTR.** essere presente **7** (*di informare, di ringraziare, ecc.*) omettere, tralasciare, trascurare **CONTR.** avere cura, interessarsi **8** (*di patto, di promessa, ecc.*) violare, non mantenere **CONTR.** rispettare, mantenere **9** (*verso persone*) essere in colpa, essere in errore, sbagliare, peccare **CONTR.** essere innocente, avere ragione **B** v. tr. (*di colpo, di bersaglio, ecc.*) fallire, sbagliare **CONTR.** azzeccare, imbroccare.

mancàto part. pass. di **mancare**; anche agg. **1** (*di artista, di cantante, ecc.*) non riuscito, fallito **CONTR.** riuscito **2** (*di promessa, di parola, ecc.*) omesso, tralasciato **CONTR.** mantenuto **3** (*di impegno, di controllo, ecc.*) insufficiente, inadeguato **CONTR.** sufficiente, adeguato.

manche /*fr.* mãʃ/ [vc. fr., propriamente 'manica', perché in origine le partite erano due come le maniche] s. f. **1** (*di giochi*) partita, giro, mano **2** (*sport*) eliminatoria, prova.

manchévole agg. difettoso, imperfetto, inadeguato, mancante, incompleto, debole **CONTR.** perfetto, adeguato, completo, sufficiente.

manchevolézza s. f. imperfezione, difetto, deficienza, insufficienza, carenza, inadeguatezza **CONTR.** perfezione, abbondanza.
mància [dal fr. *manche* 'manica', con riferimento alla manica che la dama regalava al cavaliere nelle cerimonie cavalleresche] s. f. donativo, buonamano, incerto, regalia, strenna.
manciàta s. f. manata, pugno □ piccola quantità.
mancìna s. f. manca, mano sinistra, parte sinistra **CONTR.** destra, dritta.
mancìno agg. **1** sinistro **CONTR.** destro **2** (*fig.*) (*di tiro, di scherzo, ecc.*) maligno, cattivo, sleale, scorretto **CONTR.** leale, corretto.
mandànte part. pres. di **mandare**; anche agg. e s. m. e f. mandatore (*raro*) **CONTR.** mandatario.
mandaràncio s. m. (*bot.*) clementina.
mandàre v. tr. **1** far andare, inviare, spedire □ fare giungere, fare pervenire, fare venire, fare recapitare, indirizzare, dirigere **CONTR.** ricevere, avere, accogliere **2** (*di dipendente*) assegnare, destinare, trasferire **CONTR.** accettare, accogliere, assumere **3** (*di veicolo*) mettere in moto, fare funzionare, guidare **4** (*di voce, di suono, ecc.*) emettere, proferire, cacciar fuori **CONTR.** frenare, trattenere **5** (*di fumo, di odore, ecc.*) emanare, esalare **CONTR.** assorbire, riassorbire **6** (*di fortuna, di bene, ecc.*) concedere **CONTR.** togliere **FRAS.** *mandare a monte, mandare all'aria* (*fig.*), far fallire □ *mandare all'altro mondo*, uccidere □ *mandare in fumo* (*fig.*), rendere vano □ *mandare in pezzi*, spezzare □ *mandare giù*, ingoiare; (*fig.*) sopportare pazientemente □ *mandare al diavolo, mandare a quel paese* (*fig.*), non volerne più sapere □ *mandare in onda*, trasmettere □ *piove come Dio la manda*, piove a catinelle.
mandàta s. f. **1** (*di cose*) invio, inoltro, spedizione **2** (*di persone*) scaglione, contingente, serie **3** (*di chiave*) giro, tratto.
mandatàrio s. m. incaricato, inviato, agente, delegato, emissario **CONTR.** mandante.
mandàto A part. pass. di **mandare**; anche agg. inviato, spedito, indirizzato **B** s. m. **1** (*dir.*) procura, facoltà, autorità **2** incarico, commissione □ comando, ordine.
mandìbola s. f. (*anat.*) mascella (inferiore).
màndorla s. f. frutto del mandorlo **FRAS.** *occhi a mandorla*, occhi di taglio allungato.
mandorlàto A agg. con mandorle **B** s. m. pasta con mandorle.
màndria o **màndra** s. f. **1** (*di animali*) branco, armento, bestiame □ gregge **2** (*spreg.*) (*di persone*) torma, moltitudine, folla.
mandriàno s. m. custode di mandria, buttero, vaccaro, cow-boy (*ingl.*), gaucho (*sp.*), pastore.
mandrìno s. m. **1** (*tecnol.*) albero principale **2** (*tecnol.*) piattaforma **3** (*tecnol.*) allargatoio.
maneggévole agg. **1** (*di cosa*) maneggiabile, facile da maneggiare **2** (*fig.*) (*di persona*) docile, arrendevole, malleabile, remissivo, trattabile **CONTR.** duro, indocile, intrattabile, restio, scontroso.
maneggevolézza s. f. **1** (*di cosa*) facilità di maneggio, facilità di uso **2** (*fig.*) (*di persona*) docilità, arrendevolezza, trattabilità **CONTR.** durezza, intrattabilità, scontrosità.
maneggiàre A v. tr. **1** manipolare, toccare, tastare, palpare, palpeggiare, brancicare **2** (*di strumento, di macchina*) usare (abilmente), sapere usare, adoperare **3** (*fig.*) (*di somme, di capitali*) amministrare **B maneggiarsi** v. intr. pron. (*raro*) destreggiarsi, barcamenarsi, cavarsela.
maneggiàto part. pass. di **maneggiare**; anche agg. **1** manipolato, toccato, tastato, palpato **2** (*fig.*) trattato, gestito, condotto.
manéggio (1) s. m. **1** (*raro*) (*di strumenti*) uso, impiego **2** (*di capitali, di affari, ecc.*) amministrazione, direzione, governo **3** (*est.*) intrigo, espediente, macchinazione, raggiro, trama **4** (*equitazione*) cavallerizza, pista per cavalli.
maneggìo (2) s. m. armeggio, traffichio.
maneggióne s. m. intrigante, faccendone, trafficone, intrallazzatore.
manésco agg. facile a menar le mani, rissoso, attaccabrighe **CONTR.** conciliante, pacifico, tranquillo.
manétta s. f. **1** leva, manopola, manubrio **2** (*al pl.*) ferri, catenelle, manichini □ ceppi.
manfòrte s. f. inv. aiuto, soccorso.
manganellàta s. f. bastonata, legnata, randellata, colpo di manganello.
manganèllo s. m. bastone, randello.
mangeréccio agg. commestibile, mangiabile, edule, esculento **CONTR.** immangiabile, non commestibile.
mangerìa s. f. peculato, malversazione, profitto illecito □ sperpero □ ruberia, scrocco, truffa.
mangiàbile agg. commestibile, mangereccio, edule, esculento **CONTR.** immangiabile, non commestibile.
mangiadìschi s. m. inv. giradischi.
mangianàstri s. m. inv. giranastri.
mangiàre A v. tr. **1** ingerire cibo, prendere cibo □ cibarsi, nutrirsi, alimentarsi, rifocillarsi, sostentarsi, saziarsi, sfamarsi □ pranzare, cenare, pasteggiare □ divorare, banchettare, gozzovigliare, pappare, taffiare (*pop.*), rimpinzarsi, trangugiare **CONTR.** digiunare, astenersi dal cibo **2** (*fig.*) (*di ruggine, ecc.*) intaccare, corrodere, consumare **3** (*fig.*) (*di capitale, di fortuna, ecc.*) dissipare, sperperare, distruggere **CONTR.** economizzare, risparmiare, lesinare **4** (*di denaro e sim.*) rubare, estorcere, scroccare **5** (*nel gioco della dama, delle carte, ecc.*) eliminare, prendere **B** s. m. vivanda, cibo, alimento **FRAS.** *mangiare la foglia* (*fig.*), accorgersi di un tranello □ *mangiarsi il fegato* (*fig.*), rodersi di rabbia □ *mangiarsi le parole*

(*fig.*), pronunciare male le parole.
mangiàta s. f. scorpacciata, spanciata, strippata (*pop.*), pappata, bisboccia, gozzoviglia, repulisti **CONTR.** digiuno.
mangiàto part. pass. di **mangiare**; anche agg. **1** (*di cibo*) ingerito, consumato **2** (*fig.*) (*di cosa o persona*) intaccato, roso, logoro **CONTR.** intatto.
mangiatóia s. f. **1** greppia, rastrelliera □ truogolo **2** (*fig.*) peculato, malversazione □ sperpero □ mangeria, ruberia, scrocco, truffa.
mangiatóre s. m. (f. *-trice*) mangione, ghiottone, epulone, crapulone, goloso, golosone, ingordo, divoratore, pappone (*fam.*), pappatore, pappalardo (*raro*), leccapiatti, vorace, lurco (*lett.*) **CONTR.** parco, regolato, temperante, sobrio.
mangìme s. m. becchime, pastone □ biada, foraggio.
mangióne s. m.; anche agg. mangiatore, ghiottone, crapulone, epulone, goloso, golosone, ingordo, divoratore, pappone (*fam.*), pappatore, pappalardo (*raro*), leccapiatti, vorace, lurco (*lett.*) **CONTR.** parco, regolato, temperante, sobrio.
mangiucchiàre v. tr. mangiare poco, mangiare a stento □ sbocconcellare, mordicchiare **CONTR.** divorare, ingurgitare.
màni s. m. pl. (*presso gli antichi Romani*) anime dei defunti □ lari, penati.
manìa s. f. **1** alienazione, delirio, squilibrio, demenza, follia **2** (*fig.*) smania, fissazione, idea fissa, desiderio incontenibile □ capriccio, ghiribizzo.
maniacàle agg. di mania, delirante, demenziale.
manìaco agg.; anche s. m. **1** alienato, folle, pazzo, demente, malato di mente **CONTR.** sano di mente, equilibrato **2** (*fig.*) fissato, fanatico, fan (*ingl.*), patito.
mànica s. f. **1** (*est.*) (*per acqua o aria*) segnavento, banderuola □ manicotto, manichetta **2** (*fig.*, *spreg.*) (*di persone*) accozzaglia, manipolo, banda, squadraccia **FRAS.** *essere di manica larga* (*fig.*), essere indulgente □ *essere di manica stretta* (*fig.*), essere severo □ *rimboccarsi le maniche* (*fig.*), mettersi al lavoro □ *essere nella manica di uno* (*fig.*), godere la protezione di uno.
manicarétto s. m. ghiottoneria, leccornia, bocconcino, mangiarino, pietanzina, vivanda appetitosa, vivanda squisita **CONTR.** intruglio, brodaglia, sbobba (*pop.*), cibo grossolano.
manicheìsmo [da *Mani*, fondatore di una dottrina religiosa basata sul conflitto tra il bene e il male] s. m. (*est.*) intransigenza, inconciliabilità □ estremismo assolutista **CONTR.** conciliabilità, relatività.
manichìno s. m. **1** (*per artisti*, *sarti*, *ecc.*) fantoccio, modello **2** (*fig.*) (*di persona*) automa, robot.
mànico s. m. presa, impugnatura, maniglia, manubrio, manetta.
manicòmio s. m. **1** frenocomio, ospedale psichiatrico **2** (*fig.*, *scherz.*) babele, babilonia, casino (*pop.*).
manicòtto s. m. **1** (*di abbigliamento*) manichetta **2** (*per acqua o aria*) manica, manichetta, tubo di collegamento.
manièra s. f. **1** modo □ costume, usanza, guisa, foggia **2** (*di vita*) norma, regola, condotta, comportamento **3** tatto, garbo, creanza **CONTR.** sgarbatezza, scortesia **4** (*di artista*, *di pensatore*, *ecc.*) stile, gusto, tecnica **5** (*est.*) affettazione, ricercatezza, convenzionalità **CONTR.** naturalezza, spontaneità.
manieràto agg. affettato, ricercato, lezioso, leccato, lambiccato, artificioso, convenzionale **CONTR.** naturale, semplice, spontaneo.
manierìsmo s. m. **1** (*est.*) (*in arte*, *in letteratura*) imitazione del modello **2** (*est.*) affettazione, artificiosità, ricercatezza, convenzionalismo **CONTR.** naturalezza, semplicità, spontaneità.
manierìsta A agg. (*est.*) imitativo **CONTR.** originale **B** s. m. e f. (*est.*) (*di artista*, *di scrittore*) imitatore, convenzionale **CONTR.** creativo, originale, maestro.
manifattùra s. f. **1** lavorazione, lavoro **2** (*di luogo*) stabilimento, fabbrica, opificio, officina **3** (*raro*) (*di lavoro*) confezione, manufatto, merce.
manifatturièro agg. di manifattura.
manifestaménte avv. palesemente, chiaramente, apertamente, inequivocabilmente, indiscutibilmente **CONTR.** nascostamente, celatamente.
manifestànte part. pres. di **manifestare**; anche agg. e s. m. e f. dimostrante.
manifestàre A v. tr. palesare, rivelare, svelare, dimostrare, mostrare, notificare, esprimere, esternare, enunciare, dichiarare, confessare, far conoscere **CONTR.** nascondere, occultare, celare, tacere, tenere dentro di sé **B** v. intr. partecipare a una manifestazione, dimostrare, scendere in piazza **C manifestarsi** v. rifl. **1** rivelarsi, palesarsi, mostrarsi, farsi conoscere **CONTR.** nascondersi, occultarsi, celarsi, tacere **2** (*di malattia*) insorgere **CONTR.** scomparire, cessare.
manifestàto part. pass. di **manifestare**; anche agg. palesato, espresso, esternato **CONTR.** nascosto, celato, occultato, taciuto.
manifestazióne s. f. **1** (*di idee*, *di sentimenti*, *ecc.*) dimostrazione, espressione, rivelazione, confessione **CONTR.** occultamento **2** (*di cittadini*) dimostrazione □ protesta □ sfilata **3** (*di musica*, *di sport*, *ecc.*) spettacolo.
manifestìno s. m. **1** dim. di **manifesto 2** volantino, avviso.
manifèsto A agg. chiaro, aperto, evidente, palese, lampante, notorio, tangibile **CONTR.** na-

scosto, occulto, celato, ignorato, riservato **B** s. m. **1** avviso, affisso, affiche (*fr.*), cartellone, bando, giornale murale **2** (*di partito, di movimento culturale, ecc.*) programma □ proclama.

manìglia s. f. manico, manetta, ansa, impugnatura, manubrio.

manigóldo s. m. furfante, briccone, birbante, farabutto, canaglia, malfattore, ribaldo **CONTR.** galantuomo.

manipolàre v. tr. **1** (*di cose*) maneggiare, rimestare, impastare, mescolare, preparare, trattare con le mani **2** (*anche fig.*) (*di cibo, di notizia, ecc.*) alterare, adulterare, falsificare, sofisticare, preparare con truffe.

manipolàto part. pass. di **manipolare**; anche agg. **1** (*di cosa*) maneggiato, rimestato, impastato, mescolato **2** (*anche fig.*) (*di cibo, di notizia, ecc.*) alterato, adulterato, falsificato, sofisticato, preparato con truffa **CONTR.** inalterato, autentico, genuino.

manipolazióne s. f. **1** mescolanza, impasto, miscuglio □ preparazione **2** (*est.*) (*di notizie, di scritto, ecc.*) adulterazione, falsificazione, mistificazione **3** (*fig.*) intrigo, imbroglio, macchinazione, raggiro, manovra, trama, tranello, trappola.

manìpolo s. m. **1** (*di grano, di erba, ecc.*) mannello, manciata, manata, mazzo □ covone, fascina **2** (*mil.*) drappello, schiera, reparto **3** (*est.*) (*di persone*) gruppetto compatto.

mànna [dall'ebr. *manâ*, il cibo che, secondo la Bibbia, piovve sugli Ebrei che attraversavano il deserto] s. f. **1** (*est.*) grazia celeste, verità rivelata **2** squisitezza, cibo squisito, bevanda squisita **CONTR.** intruglio, brodaglia, sbobba (*pop.*) **3** (*fig.*) provvidenza, cuccagna, fortuna **CONTR.** sfortuna, iella, scalogna, disdetta.

mannàia s. f. scure, ascia, bipenne (*lett.*), accetta □ (*est.*) lama (della ghigliottina).

mannequin /*fr.* manə'kɛ̃/ [vc. fr., dall'ol. *mannekijn*, dim. di *man* 'uomo'] s. f. inv. indossatrice, modella.

màno s. f. **1** (*anat.*) organo tattile e prensile **2** (*fig.*) potere, potestà, custodia **3** (*fig.*) scrittura, carattere, grafia **4** (*fig.*) (*di scritto, di pittura, ecc.*) stile, impronta, caratteristica **5** (*fig.*) (*di vernice, di colore, ecc.*) strato, passata **6** (*fig.*) (*di luogo*) lato, parte, banda **7** (*nel gioco delle carte*) distesa, giro □ prima giocata **FRAS.** *di prima mano* (*fig.*), proveniente direttamente dalla fonte; scelto, nuovo □ *di seconda mano* (*fig.*), usato, scadente; avuto indirettamente □ *col cuore in mano* (*fig.*), con tutta sincerità □ *mettersi le mani nei capelli* (*fig.*), disperarsi □ *mordersi* (o *mangiarsi*) *le mani* (*fig.*), pentirsi; sfogare la propria rabbia □ *per mano di*, per mezzo di □ *avere le mani legate* (*fig.*), non poter agire liberamente □ *lavarsene le mani* (*fig.*), disinteressarsi □ *avere le mani bucate* (*fig.*), spendere troppo □ *a mano a mano*, gradatamente □ *sotto mano* (*fig.*), vicino, a disposizione □ *fuori mano* (*fig.*), lontano □ *avere la mano pesante* (*fig.*), essere troppo duro, essere troppo severo □ *avere le mani lunghe* (*fig.*), essere molto potente; (*fam.*) essere portato al furto □ *a mano*, con le mani; portatile □ *mettere le mani avanti* (*fig.*), cercare scuse; cautelarsi, premunirsi □ *largo di mano* (*fig.*), generoso □ *prendere la mano* (*fig.*), sfuggire al controllo □ *dare una mano* (*fig.*), aiutare □ *venire alle mani*, azzuffarsi □ *menar le mani*, picchiare □ *calcare la mano* (*fig.*), eccedere □ *fare man bassa*, arraffare tutto □ *avere la mano a...*, essere pratico di... □ *avere le mani in pasta* (*fig.*), essere ben introdotto □ *dare l'ultima mano* (*fig.*), completare □ *stare con le mani in mano* (*fig.*), stare senza far nulla □ *uomo alla mano* (*fig.*), uomo affabile □ *cedere la mano*, dare la precedenza.

manodòpera o **màno d'òpera** s. f. solo sing. **1** lavoratori, operai, dipendenti **2** costo del lavoro.

manomésso part. pass. di **manomettere**; anche agg. danneggiato, sciupato, leso, violato **CONTR.** integro, intatto, inalterato.

manòmetro s. m. misuratore di pressione.

manométtere v. tr. **1** (*di botte, di risparmi, ecc.*) cominciare a usare, cominciare **CONTR.** non toccare **2** alterare, danneggiare, guastare, sciupare □ offendere, ledere, profanare, violare **CONTR.** riparare, risistemare **3** (*di pacco, di documento, ecc.*) forzare, frugare, aprire abusivamente **4** (*di schiavo*) liberare.

manomissióne s. f. **1** (*di cosa*) alterazione, danneggiamento, manipolazione □ violazione **CONTR.** rispetto, osservanza **2** (*di schiavo*) liberazione.

manòpola s. f. **1** guantone, paramano, bracciale, risvolto **2** (*di racchetta, di manubrio, ecc.*) impugnatura **3** (*di congegno*) pomello □ manovella.

manoscrìtto A agg. scritto a mano **CFR.** dattiloscritto, stampato **B** s. m. autografo, opera autografa, originale □ codice.

manovàle s. m. operaio □ aiutante, garzone.

manovèlla s. f. asta, manopola, pomello.

manòvra s. f. **1** (*di veicolo, di macchina*) movimento, mutamento di marcia, mutamento di velocità, cambio di velocità **2** (*spec. al pl.*) (*mar.*) cavi, cime **3** (*al pl.*) (*mil.*) esercitazioni, evoluzione di truppe, finta battaglia **4** (*fig.*) maneggio, raggiro, stratagemma, tattica.

manovràbile agg. **1** (*di cosa*) che si può manovrare **2** (*fig.*) (*di persona*) arrendevole, influenzabile, remissivo, docile **CONTR.** riluttante, ricalcitrante, restio.

manovràre A v. tr. **1** (*di veicolo, di congegno, ecc.*) far funzionare, mettere in moto, azionare □ usare, maneggiare **2** (*fig.*) (*di persona*) influenzare, dirigere, condurre **B** v. intr. **1** eseguire manovre, esercitarsi **2** (*fig.*) tramare, brigare, intrigare, intrallazzare.

manovràto part. pass. di **manovrare**; anche agg. **1** (*di cosa*) fatto funzionare, messo in moto **2** maneggiato, usato **3** (*fig.*) (*di persona*) influenzato, condizionato.

manovratóre s. m. (f. *-trice*) **1** (*di veicolo*) guidatore □ addetto alla manovra **2** (*fig.*) maneggione, intrigante, intrallazzatore □ stratega.

mansàrda [fr. *mansarde*, dall'architetto F. *Mansard*, che la ideò] s. f. abbaino, soffitta.

mansióne s. f. attribuzione, incarico, incombenza, compito, ufficio, funzione.

mansuèto agg. **1** (*di animale*) ammansito, addomesticato **CONTR.** selvatico, selvaggio, feroce **2** (*di persona*) docile, mite, paziente, arrendevole, benigno, remissivo, trattabile, calmo **CONTR.** indomito, duro, indomabile, intrattabile.

mansuetùdine s. f. docilità, mitezza, pazienza, arrendevolezza, benignità, remissività, trattabilità, calma, placidità **CONTR.** indocilità, riottosità, arroganza, prepotenza.

mantèlla s. f. cappa □ mantello, manto.

mantellìna s. f. **1** dim. di **mantella** **2** (*di bersaglieri, alpini, ecc.*) mantello **3** (*di pozzo*) camicia, intonaco interno.

mantèllo s. m. **1** manto, cappa, ferraiolo, mantella, pellegrina, pipistrello, domino, palandrana, zimarra, tabarro, poncho (*sp.*), burnus (*ar.*) □ (*relig.*) piviale □ (*giur.*) toga □ cappotto, pastrano, paletot (*fr.*), soprabito **2** (*fig.*) (*di neve, di cenere, ecc.*) coltre, manto, strato **3** (*di animali*) pelame **4** (*fig.*) (*di persona*) finzione, maschera, falsa apparenza.

mantenére A v. tr. **1** (*di cose*) conservare, far durare, far continuare **CONTR.** distruggere, mandare in rovina, far finire **2** (*di persona*) sostentare, nutrire, alimentare, sfamare, provvedere al sostentamento, dar da vivere **3** finanziare, dotare **4** (*di ordine, di disciplina, ecc.*) proteggere, difendere, conservare **CONTR.** abbandonare, trascurare **5** (*di patto, di parola, ecc.*) osservare, adempiere, rispettare, tenere fede **CONTR.** contravvenire, trasgredire, disubbidire, violare **B mantenersi** v. rifl. **1** alimentarsi, sostentarsi, vivere **2** tenersi, serbarsi **C** v. intr. pron. conservarsi, rimanere, resistere.

manteniménto s. m. **1** (*di cosa*) conservazione, custodia, difesa □ manutenzione **CONTR.** abbandono **2** (*di persona, di animale*) alimento, cibo, vitto, sostentamento.

mantenùta s. f. (*spreg.*) amante.

mantenùto A part. pass. di **mantenere**; anche agg. conservato, custodito, difeso **CONTR.** abbandonato, distrutto, mandato in rovina **B** s. m. (*spreg.*) sfruttatore, magnaccia (*dial.*), parassita.

màntice s. m. **1** soffietto **2** (*di vettura*) copertura.

mànto s. m. **1** mantello, paludamento □ ammanto (*lett.*), cappa **2** (*contro le infiltrazioni d'acqua*) strato protettivo, protezione **3** (*fig.*) (*di neve, di cenere, ecc.*) coltre **4** (*di animale*) pelame, mantello **5** (*fig.*) (*di persona*) finzione, falsa apparenza.

manuàle (1) agg. delle mani, eseguito con le mani, a mano **CONTR.** meccanico, a macchina.

manuàle (2) s. m. prontuario, trattatello, compendio, vademecum, guida, baedeker (*ted.*).

manualìstico agg. di manuale, da manuale, nozionistico.

manualménte avv. con la mano, a mano **CONTR.** a macchina, meccanico.

manùbrio s. m. **1** manico, manovella □ volano **2** (*di bicicletta, di motocicletta*) manopola, impugnatura.

manufàtto A agg. fatto a mano **CONTR.** fatto a macchina, meccanico **B** s. m. **1** prodotto, oggetto fatto a mano **2** (*est.*) opera edile, costruzione.

manutenzióne s. f. mantenimento, conservazione **CONTR.** distruzione, rovina.

mànzo s. m. vitello, vitellone, giovenco, bue giovane.

maomettàno agg. e s. m. **1** musulmano, islamita, islamico **2** (*est.*) arabo, moro, saraceno.

màppa s. f. carta topografica □ pianta.

mappamóndo s. m. planisfero □ globo terrestre.

maquillage /*fr.* maki'jaʒ/ [vc. fr., da *maquiller* 'truccare'] s. m. inv. trucco, truccatura, imbellettamento, imbellettatura, make-up (*ingl.*).

marachèlla s. f. bricconata, bricconeria, gherminella, imbroglio, inganno, marioleria, raggiro, truffa.

maramàldo [dal n. di F. *Maramaldo* che nel 1530 a Gavinana uccise F. Ferrucci, ferito e impossibilitato a difendersi] s. m. vile, codardo, traditore **CONTR.** fedele, leale.

maraschìno s. m. liquore di ciliegie.

maràsma s. m. **1** (*med.*) deperimento organico (per vecchiaia), consunzione **2** (*fig.*) (*di istituzioni, di ordini e sim.*) decadenza **3** (*fig., est.*) confusione, disordine, bailamme, caos, casino (*pop.*) □ incertezza **CONTR.** ordine, quiete, regolatezza.

maratóna [dal nome della città di *Maratona*, in Attica, dalla quale un messaggero corse velocissimamente alla volta di Atene] s. f. **1** (*est.*) lunga camminata, camminata faticosa **2** (*fig.*) fatica estenuante.

maratonèta s. m. e f. corridore di maratona.

màrca s. f. **1** contrassegno, marchio, bollo, timbro, impronta, segno, etichetta □ marchio di fabbrica **2** scontrino, contromarca, bolletta **3** (*est.*) qualità **4** (*fig.*) carattere, impronta.

marcàre v. tr. **1** marchiare, contrassegnare, bollare, timbrare, apporre un marchio **2** (*fig.*) (*di suono, di segno, ecc.*) accentuare, scandire, dar rilievo **CONTR.** attenuare, velare **3** (*di avversario*) controllare, neutralizzare, bloccare

□ (*nel calcio*) segnare un goal, fare rete **FRAS.** *marcare visita*, darsi malato.

marcàto part. pass. di **marcare**; anche agg. **1** marchiato, timbrato, bollato, contrassegnato, fornito di marchio □ segnato **2** accentuato, rilevato, spiccato, ben distinto **CONTR.** indistinto, confuso **3** (*di avversario*) controllato, neutralizzato, bloccato **CONTR.** libero.

marcatóre s. m. (f. *-trice*) **1** marchiatore, timbratore **2** (*nel calcio*) goleador (*sp.*) **3** (*di avversario*) controllore.

marcatùra s. f. **1** marchiatura, punzonatura, bollatura **2** marchio, bollo, contrassegno, timbro, punzone, segno **3** (*nel calcio*) rete, goal (*ingl.*) **4** (*di avversario*) controllo, blocco.

marchétta s. f. **1** marca previdenziale, marca assistenziale **2** contrassegno **3** (*pop.*) prostituta, puttana (*volg.*) **FRAS.** *fare marchette* (*pop.*), prostituirsi.

marchiàno agg. (*spec. fig.*) madornale, grossolano, colossale, spropositato **CONTR.** piccolo, minuscolo, insignificante, da nulla.

marchiàre v. tr. **1** marcare, bollare, contrassegnare, timbrare, apporre un marchio **2** (*fig.*) biasimare, condannare, additare al disprezzo **CONTR.** lodare, elogiare, esaltare, onorare.

marchiàto part. pass. di **marchiare**; anche agg. marcato, timbrato, bollato, contrassegnato, fornito di marchio.

marchiatùra s. f. **1** marcatura, bollatura, timbratura **2** marchio, bollo, timbro, segno, contrassegno.

màrchio s. m. **1** bollo, segno, contrassegno, timbro, punzone, marchiatura, griffe (*fr.*) **2** (*fig.*) impronta, indice, indizio, caratteristica **3** (*fig.*) cattiva fama, taccia infamante **CONTR.** onore, buona fama.

màrcia (1) s. f. **1** marciata, andatura □ (*est.*) camminata, scarpinata, passeggiata lunga, passeggiata faticosa **2** (*di veicoli, di meccanismo*) moto, movimento, corsa **3** corteo, sfilata **4** (*di motore*) rapporto di trasmissione □ movimento **FRAS.** *far marcia indietro*, retrocedere; (*fig.*) abbandonare un'impresa, ritirarsi.

màrcia (2) s. f. (*pop.*) pus, sanie (*lett.*), purulenza, marcio, marciume, materia.

marciapiède s. m. banchina, salvagente **FRAS.** *battere il marciapiede* (*fig.*), esercitare la prostituzione □ *donna da marciapiede* (*fig.*), prostituta, battona (*pop.*).

marciàre v. intr. **1** (*mil.*) sfilare, camminare a passo di marcia **2** (*est.*) procedere, avanzare, camminare, andare, muoversi **CONTR.** star fermo, arrestarsi, fermarsi **3** (*di veicolo*) andare, muoversi **CONTR.** fermarsi **4** (*est.*) (*di orologio, di meccanismo, ecc.*) funzionare, procedere regolarmente, andare bene **CONTR.** andare male, bloccarsi, fermarsi.

marciatóre s. m. (f. *-trice*) camminatore.

màrcio A agg. **1** putrido, putrefatto, decomposto □ fradicio, guasto, avariato **CONTR.** fresco, intatto, sano **2** (*med.*) giunto a suppurazione □ (*di dente*) guasto, cariato **CONTR.** sano **3** (*fig.*) (*di persona*) corrotto, depravato, spregevole **CONTR.** incorrotto, puro, onesto, retto **4** (*con valore intensivo*) molto, assai □ fradicio **B** s. m. **1** marcia (*pop.*), marciume, pus, putridume, purulenza, materia **2** parte infetta, parte malata □ infezione **CONTR.** parte sana **3** (*fig.*) corruzione, depravazione, malcostume **CONTR.** morigeratezza, purezza, castigatezza, onestà, rettitudine **FRAS.** *aver torto marcio* (*fig.*), essere del tutto in torto.

marcìre v. intr. **1** imputridire, putrefarsi, infracidire (*raro*), corrompersi, decomporsi □ avariarsi, deteriorarsi **2** (*med.*) suppurare **3** (*fig.*) (*di persona*) consumarsi, languire, infiacchirsi, snervarsi **CONTR.** rinvigorirsi, rinforzarsi.

marcìto part. pass. di **marcire**; anche agg. marcio, imputridito, putrido, putrefatto, decomposto □ avariato, deteriorato **CONTR.** fresco, sano, intatto.

marciùme s. m. **1** putridume, fradiciume, purulenza, marcio, pus **2** (*fig.*) depravazione, corruzione, degenerazione **CONTR.** morigeratezza, purezza, castigatezza, onestà, rettitudine.

màre s. m. **1** pelago (*lett.*) □ oceano □ (*est.*) superficie marina **2** (*est.*) (*di erba, di sabbia, ecc.*) distesa, grande estensione, immensità **3** (*fig.*) (*di guai, di soldi, ecc.*) abbondanza, grande quantità **FRAS.** *frutti di mare*, crostacei commestibili □ *essere in alto mare* (*fig.*), essere lontano dalla soluzione □ *per terra e per mare* (*fig.*), dappertutto □ *buttare a mare* (*fig.*), disfarsi □ *promettere mari e monti* (*fig.*), fare grandi promesse □ *porto di mare* (*fig.*), luogo molto frequentato; continuo andirivieni.

marèa s. f. **1** (*di mare*) flusso e riflusso, corso e ricorso, risucchio **2** (*fig.*) massa, folla, moltitudine.

mareggiàre v. intr. impers. **1** far mare grosso, essere in burrasca □ (*est.*) incresparsi **CONTR.** essere calmo, stagnare **2** (*fig.*) muoversi, fluttuare, ondeggiare **CONTR.** star fermo.

mareggiàta s. f. tempesta, burrasca **CONTR.** mare calmo, bonaccia.

maréggio s. m. (*di mare*) ondosità, agitazione.

marginàle agg. **1** a margine **CONTR.** centrale **2** (*di argomento, di cosa, ecc.*) accessorio, secondario, non essenziale, non rilevante **CONTR.** principale, precipuo, essenziale **3** (*di variazione, di costo, ecc.*) trascurabile, minimo **CONTR.** notevole, rilevante.

marginalménte avv. secondariamente, di riflesso, indirettamente **CONTR.** principalmente, essenzialmente, molto.

marginàre v. tr. delimitare, circoscrivere **CONTR.** smarginare.

marginàto part. pass. di **marginare**; anche agg. delimitato, circoscritto **CONTR.** smarginato.

marginatùra s. f. margine, orlatura, limite, contorno, bordo, orlo.

màrgine s. m. **1** contorno, estremità, bordo, orlo, lembo, confine **CONTR.** centro, parte centrale **2** (*est.*) (*di fiume*) riva, sponda **3** (*di ferita*) labbro **4** (*fig.*) spazio disponibile, disponibilità **5** guadagno, profitto.

margòtta s. f. (*bot.*) talea, propaggine, magliuolo, margotto.

mariàno agg. di Maria, della Madonna **FRAS.** *mese mariano*, mese di maggio.

marijuana /*ingl.* mæri'wa:nə/ s. f. inv. canapa indiana, erba (*gerg.*), basilico (*gerg.*), insalata (*gerg.*), Maria Giovanna (*gerg.*).

marìna s. f. **1** (*poet.*) mare **2** costa, lido, spiaggia, fascia costiera **3** (*di quadro*) veduta di mare, paesaggio marino **4** flotta, naviglio □ marineria.

marinàio s. m. **1** marittimo □ soldato di marina **2** (*al pl.*) (*di nave*) equipaggio **3** (*est.*) navigante, navigatore, uomo di mare **FRAS.** *promessa di marinaio* (*fig.*), promessa che non verrà mantenuta.

marinàra s. f. **FRAS.** *alla marinara*, secondo l'uso dei marinai, come i marinai.

marinàre v. tr. **1** (*di pesce, di cipolline, ecc.*) conservare sottaceto **2** (*fig.*) (*di scuola*) salare (*region.*), bigiare (*sett.*), bruciare, disertare **CONTR.** frequentare.

marinarésco agg. della marina, dei marinai, marino, marittimo, marinaro □ nautico, navale.

marinàro A agg. del mare, della marina, marino, marittimo, marinaresco □ navale, nautico **CFR.** terrestre, lacustre, fluviale, aereo **B** s. m. marinaio.

marinàto part. pass. di **marinare**; anche agg. **1** (*di pesce, di cipolline, ecc.*) sottaceto **2** (*fig.*) (*di scuola*) salato (*region.*), bigiato (*sett.*), bruciato, disertato **CONTR.** frequentato.

marine /*ingl.* mə'ri:n/ [vc. ingl., da *Marine* (*Corps*) 'corpo di marina'] s. m. inv. soldato da sbarco.

marìno agg. di mare, del mare, marittimo, marinaro, marinaresco □ navale, nautico **CFR.** terrestre, aereo, fluviale, lacustre.

mariòlo s. m. **1** briccone, furfante, disonesto, imbroglione, frodatore, malfattore **CONTR.** galantuomo, brav'uomo **2** (*fam.*, *scherz.*) monello, birbante.

marionétta s. f. **1** fantoccio □ (*est.*) burattino **2** (*fig.*) (*di persona*) persona senza carattere, automa, burattino, robot, manichino **CONTR.** volitivo, persona di carattere.

marionettìsta s. m. e f. burattinaio, puparo.

maritàle agg. **1** di marito, del marito **2** (*est.*) matrimoniale, coniugale.

maritàre A v. tr. **1** (*di donna*) accasare, sposare **2** (*fig.*) congiungere, unire **B maritarsi** v. intr. pron. **1** accasarsi, sposarsi, prendere marito **2** (*fig.*) (*di cose*) unirsi, accoppiarsi.

maritàta s. f. signora, donna sposata **CONTR.** nubile, zitella, ragazza.

maritàto part. pass. di **maritare**; anche agg. **1** sposato, coniugato **CONTR.** scapolo, nubile **2** (*fig.*) (*di cose*) congiunto, unito, accoppiato.

marìto s. m. sposo, coniuge, consorte, uomo **CFR.** moglie, sposa.

marìttimo (1) agg. **1** del mare, marino, marinaro, marinaresco □ navale, nautico **CFR.** terrestre, lacustre, fluviale, aereo **2** che si svolge sui mari.

marìttimo (2) s. m. marinaio □ portuale.

market /*ingl.* 'ma:kit/ [vc. ingl. 'mercato'] s. m. inv. acrt. di **supermarket**; supermercato.

marketing /*ingl.* 'ma:kitiŋ/ [vc. ingl., gerundio di *to market* 'vendere'] s. m. inv. tecnica mercantile, tecnica di mercato, ricerca di mercato.

marmàglia s. f. canaglia, ciurmaglia, gentaglia, plebaglia, accozzaglia, genìa **CONTR.** gente ammodo, gente per bene.

marmellàta s. f. conserva di frutta.

marmìsta s. m. marmoraio, marmorario (*lett.*) □ (*est.*) scalpellino, lapicida (*ant.*), tagliapietre.

marmìtta s. f. **1** pentolone, pignatta **2** (*di motore*) tubo di scappamento.

màrmo s. m. **1** calcare **2** scultura (in marmo) **3** (*poet.*) lapide, tomba.

marmòreo agg. **1** di marmo **2** simile al marmo.

marmòtta s. f. (*fig.*) indolente, inetto, goffo, oca, barbagianni **CONTR.** furbo, dritto (*fam.*), svelto, vivace.

maróso s. m. cavallone, grossa onda □ flutto, ondata.

marpióne s. m. furbacchione, furbastro, furbone, astuto **CONTR.** semplicione, babbeo, gonzo, minchione (*pop.*).

marràno [sp. *marrano* 'porco', dall'ar. *muharram* 'cosa vietata', perché la carne di maiale era vietata ai musulmani] s. m. **1** (*est.*, *fig.*) traditore, furfante, mascalzone, maramaldo, persona infida **CONTR.** galantuomo, persona leale **2** (*scherz.*) zotico, villanzone, screanzato **CONTR.** raffinato, distinto.

marronàta s. f. (*pop.*) grossa sciocchezza, errore madornale, marrone (*pop.*).

marróne s. m. **1** castagno □ castagna **2** (*di colore*) bruno scuro **3** (*pop.*, *fig.*) marronata (*pop.*), sproposito, granchio, errore grossolano, errore madornale **FRAS.** *marrone chiaro*, beige (*fr.*), nocciola.

marron glacé /*fr.* ma'rõ gla'se/ loc. sost. m. inv. marrone candito.

marsùpio s. m. **1** (*zool.*) tasca ventrale (dei marsupiali) **2** (*fig.*, *scherz.*) gruzzolo, capitale, ricchezza.

màrte [da *Marte*, dio romano della guerra] s. m. **1** (*raro*, *fig.*) guerra, arte militare **2** (*raro*, *lett.*) battaglia **FRAS.** *campo di Marte*, piazza d'armi.

martellaménto s. m. **1** colpi ripetuti **2** (*anche fig.*) bombardamento.

martellànte part. pres. di **martellare**; anche agg. (*fig.*) molto intenso, molto vivo, molto assillante, molto insistente.

martellàre A v. tr. **1** percuotere (col martello), lavorare a martello **2** (*di porta, ecc.*) battere con forza, battere con insistenza, picchiare, bussare **3** (*anche fig.*) (*di nemico, di pubblicità, ecc.*) bombardare senza tregua **4** (*fig.*) (*di domande, ecc.*) incalzare □ assillare, affliggere, angustiare, travagliare **B** v. intr. (*di polso, di tempie, ecc.*) pulsare forte, battere forte.

martellàta s. f. **1** colpo di martello, mazzata **2** (*fig., fam.*) sventura improvvisa, duro colpo.

martellàto part. pass. di **martellare**; anche agg. **1** battuto (col martello), lavorato col martello **2** picchiato violentemente **3** (*anche fig.*) angustiato, afflitto, tormentato **CONTR.** allietato, rallegrato.

martèllo s. m. **1** (*est.*) maglio, mazza, battente, battipalo, mazzuola, mazzuolo, mazzapicchio, martellina, piccozza, picchiotto **2** (*di campana*) battaglio, battacchio.

martinétto s. m. cricco.

martìn pescatóre s. m. (*zool.*) vetriolo.

màrtire s. m. e f. **1** (*relig.*) eroe della fede, testimone della fede, confessore della fede **2** (*est.*) vittima **3** (*fig.*) maltrattato, tormentato, tribolato, travagliato.

martìrio s. m. **1** (*relig.*) morte, uccisione, supplizio, sevizia, tortura **2** (*fig.*) pena, tormento, dolore, sofferenza, patimento, sacrificio □ inquietudine, struggimento **CONTR.** gaudio, gioia, contentezza, letizia, piacere, sollievo.

martirizzàre v. tr. **1** (*relig.*) sottoporre a martirio, uccidere, torturare, martoriare, seviziare, suppliziare, tormentare **2** (*fig.*) affliggere, tormentare, far soffrire, rattristare, addolorare, amareggiare, angosciare **CONTR.** allietare, rallegrare, dilettare, consolare.

martirizzàto part. pass. di **martirizzare**; anche agg. **1** (*relig.*) sottoposto al martirio, ucciso, tormentato, martoriato, torturato, seviziato, suppliziato **2** (*fig.*) afflitto, tormentato, rattristato, amareggiato, angosciato, addolorato **CONTR.** allietato, rallegrato, dilettato, consolato.

martoriàre v. tr. **1** (*di persona*) martirizzare, torturare, seviziare, suppliziare, tormentare **2** (*fig.*) (*di preoccupazione, di mali, ecc.*) affliggere, tormentare, far soffrire, rattristare, addolorare, amareggiare, angosciare **CONTR.** allietare, rallegrare, dilettare, consolare.

martoriàto part. pass. di **martoriare**; anche agg. **1** martirizzato, torturato, seviziato, suppliziato **2** (*fig.*) afflitto, tormentato, rattristato, amareggiato, angosciato, addolorato **CONTR.** allietato, rallegrato, dilettato, consolato.

marxìsmo [dal filosofo, economista e politico tedesco K. *Marx*] s. m. materialismo storico, comunismo.

marxìsta A s. m. e f. comunista, socialista **B** agg. del marxismo, marxiano □ comunista, socialista.

marziàle agg. **1** (*lett.*) di Marte **2** (*est.*) di guerra, guerresco, bellicoso, militaresco, battagliero, combattivo □ fiero, energico **CONTR.** pacifico, sereno.

marziàno s. m. **1** abitante di Marte **2** (*fam., fig.*) strano, indecifrabile □ estraneo, isolato.

mascalzonàta s. f. lazzaronata, birbonata, bricconata, disonestà, marioleria **CONTR.** buona azione, azione meritoria, azione onesta.

mascalzóne s. m. farabutto, furfante, disonesto, lazzarone, malfattore, imbroglione, birbone, avanzo di galera **CONTR.** galantuomo, brav'uomo, gentiluomo, persona onesta, persona retta.

mascèlla s. f. mandibola, ganascia □ (*est.*) guancia.

mascellàre A agg. della mascella, mandibolare **B** s. m. osso della mascella.

màschera s. f. **1** finto volto **2** (*est.*) travestimento, costume □ persona mascherata **3** (*fig.*) finzione, simulazione, impostura, menzogna, atteggiamento ipocrita **CONTR.** franchezza, sincerità, schiettezza, lealtà **4** (*fig.*) figura, personaggio **5** (*di defunto*) calco **6** (*di teatro, di cinematografo e sim.*) inserviente, controllore.

mascheraménto s. m. **1** travestimento, camuffamento **2** (*fig.*) dissimulazione, finzione, ipocrisia, falsità, simulazione **CONTR.** franchezza, sincerità, schiettezza.

mascheràre A v. tr. **1** coprire con maschera **CONTR.** togliere la maschera **2** (*est.*) travestire, camuffare, contraffare, truccare **CONTR.** smascherare, svelare **3** (*fig.*) (*di sentimenti*) nascondere, celare, occultare, coprire, mimetizzare, dissimulare **CONTR.** scoprire, mostrare, rivelare, fare sapere, lasciar vedere **B mascherarsi** v. rifl. **1** mettersi in maschera **CONTR.** togliersi la maschera **2** (*est.*) travestirsi, camuffarsi, truccarsi **CONTR.** smascherarsi, svelarsi **3** (*fig.*) spacciarsi, fingersi, farsi credere **CONTR.** rivelarsi, palesarsi, farsi conoscere.

mascheràta s. f. **1** compagnia di maschere **2** (*fig.*) messa in scena **3** (*fig.*) finzione, inganno **CONTR.** franchezza, schiettezza, sincerità.

mascheràto part. pass. di **mascherare**; anche agg. **1** con maschera **2** (*est.*) travestito, camuffato, truccato **CONTR.** smascherato, svelato **3** (*fig.*) (*di sentimenti*) falso, ipocrita, finto, simulato, dissimulato, travisato **CONTR.** franco, schietto, sincero, aperto.

mascherìna s. f. **1** dim. di **maschera 2** (*sul muso di animale*) macchia.

maschiàccio s. m. ragazzaccio.

maschiétto s. m. **1** dim. di **maschio 2** bimbetto,

bambino, bimbo.

maschìle A agg. **1** di maschio, da maschio, mascolino **CONTR.** femminile, muliebre, donnesco **2** (*est.*) virile, forte, vigoroso **CONTR.** femmineo, effeminato, debole **B** s. m. genere maschile **CONTR.** genere femminile.

maschilìsmo s. m. fallocrazia **CONTR.** femminismo, vulvocrazia.

maschilìsta s. m. e f.; anche agg. fallocrate, fallocratico **CONTR.** femminista.

màschio A s. m. **1** (*biol.*) individuo di sesso maschile **CONTR.** femmina **2** (*fam.*) bambino, ragazzo, uomo □ figlio **3** (*di castello, di fortezza*) torrione, torre principale **B** agg. **1** maschile **CONTR.** femmina, femminile **2** (*est.*) virile, forte, robusto, vigoroso **CONTR.** femmineo, effeminato, debole.

mascolinità s. f. virilità **CONTR.** femminilità.

mascolìno agg. maschile, maschio, virile **CONTR.** femminile, muliebre, donnesco.

mascotte /*fr.* mas'kɔt/ [vc. fr., dal provz. moderno *mascoto* 'sortilegio, portafortuna', da *masco* 'strega'] s. f. inv. (*di persona o animale*) portafortuna.

masnadièro o **masnadière** s. m. **1** bandito, brigante, malfattore, assassino **2** (*est.*) ladro, persona disonesta **CONTR.** galantuomo, persona perbene **3** soldato, uomo d'arme.

masochìsmo [ted. *Masochismus*, dal n. del romanziere L. von Sacher-*Masoch*, autore di romanzi i cui personaggi erano affetti da questa perversione] s. m. (*est.*) autolesionismo **CONTR.** sadismo.

masochìsta s. m. e f. (*est.*) autolesionista, tormentatore di sé stesso **CONTR.** sadico.

màssa s. f. **1** (*di cose*) ammasso, agglomerato, agglomerazione, mucchio, catasta, congerie, cumulo, quantità **CONTR.** parte, elemento, suddivisione **2** (*di persone*) moltitudine, folla □ (*est.*) popolo □ collettività **CONTR.** individuo, persona singola **3** maggioranza, maggior parte, più **CONTR.** minoranza, meno.

massacrànte part. pres. di **massacrare**; anche agg. spossante, estenuante, sfibrante, logorante **CONTR.** riposante, leggero, distensivo.

massacràre v. tr. **1** trucidare, fare strage, fare scempio **2** malmenare, percuotere selvaggiamente **3** (*est.*) guastare, rovinare, distruggere **CONTR.** accomodare, riparare, restaurare, ricostruire **4** (*fig.*) logorare, stremare **CONTR.** rinforzare, rinvigorire.

massacràto part. pass. di **massacrare**; anche agg. **1** trucidato, ucciso **2** malmenato, picchiato selvaggiamente **3** (*est.*) guastato, danneggiato, distrutto **CONTR.** accomodato, riparato, restaurato, ricostruito **4** (*fig.*) sconvolto, deluso **CONTR.** contento, soddisfatto.

massàcro s. m. **1** eccidio, strage, carneficina, macello **2** (*fig.*) disastro, rovina.

massaggiàre v. tr. fare un massaggio, frizionare, fregare, manipolare, stropicciare, stirare.

massaggiàto part. pass. di **massaggiare**; anche agg. sottoposto a massaggio, frizionato.

massaggiatóre s. m. (f. *-trice*) **1** masseur (*fr.*), massoterapista **2** (*di apparecchio*) vibratore.

massàggio s. m. frizione, fregamento, manipolazione, stropicciamento, stiramento.

massàia s. f. donna di casa, casalinga.

massèllo s. m. **1** dim. di **massa 2** (*di metallo*) lingotto **3** (*costr.*) (*di pietra, di legno, ecc.*) blocco.

masserìa s. f. fattoria, tenuta, poderi, possedimenti.

masserìzia s. f. spec. al pl. mobili, mobilia, mobilio, suppellettili, arredi, arredamento.

massìccio A agg. **1** (*di cosa*) compatto, solido, pieno, pesante **CONTR.** vuoto, sottile, leggero **2** (*di persona*) corpulento, grosso, nerboruto, tarchiato **CONTR.** esile, gracile, mingherlino, minuto, magro, smilzo, snello **3** (*fig.*) (*di bombardamento, ecc.*) grande, rilevante, importante, imponente **CONTR.** piccolo, irrilevante **4** (*fig.*) (*di errore, ecc.*) grave, enorme, imperdonabile **CONTR.** lieve, leggero, superficiale **B** s. m. montagna, acrocoro.

massificàre v. tr. uniformare, livellare, standardizzare **CONTR.** differenziare, diversificare.

massificàto part. pass. di **massificare**; anche agg. uniformato, livellato, standardizzato **CONTR.** differenziato, diversificato.

màssima s. f. **1** principio, precetto, sentenza, insegnamento, detto, motto, proposizione, proverbio, aforisma, apoftegma **2** (*di temperatura, di pressione, ecc.*) grado massimo **CONTR.** minima.

massimàle A agg. massimo **CONTR.** minimale **B** s. m. limite massimo, misura massima, massimo **CONTR.** minimale, minimo.

massimalìsmo s. m. bolscevismo, comunismo □ estremismo, radicalismo **CONTR.** riformismo.

massimalìsta s. m. e f. bolscevico, comunista □ estremista, radicale **CONTR.** riformista, moderato, menscevico.

màssimo A agg. **1** sup. di **grande 2** grandissimo, il più grande, sommo, estremo, principalissimo **CONTR.** minimo, il più piccolo **B** s. m. il grado più elevato, il punto più elevato, la misura più elevata **CONTR.** minimo **FRAS.** *al massimo,* al più, tutt'al più.

mass media /*ingl.* mæs 'mi:djə/ [loc. ingl., da *mass* 'massa' e *media* 'mezzi'] loc. sost. m. pl. mezzi di comunicazione di massa □ industria culturale.

màsso s. m. macigno, pietrone, roccia, grosso sasso, blocco.

massóne s. m. frammassone, franco muratore, libero muratore.

massonerìa s. f. **1** frammassoneria **2** (*est.*) consorteria, conventicola.

massònico agg. della massoneria.

mastèllo s. m. tinozza, bigoncia, bigoncio, conca, mastella (*region.*).

masticàre v. tr. **1** tritare con i denti, biascicare, maciullare, rodere, sgranocchiare, ruminare □ (*est.*) mangiare **2** (*fig.*) (*di parole*) borbottare, biascicare **3** (*fig.*) (*di lingua*) conoscere un po', avere un'infarinatura **CONTR.** conoscere a fondo **FRAS.** *masticare amaro, masticare veleno* (*fig.*), soffrire in silenzio.

masticàto part. pass. di **masticare**; anche agg. **1** triturato coi denti, biascicato, sgranocchiato □ (*est.*) mangiato **2** (*fig.*) borbottato, biascicato.

masticazióne s. f. biascicatura, triturazione □ il masticare.

màstice s. m. colla.

mastodòntico agg. enorme, gigantesco, smisurato, spropositato **CONTR.** piccolissimo, minuscolo.

màstro A s. m. **1** artigiano provetto, artefice provetto **2** registro **B** agg. inv. maestro.

masturbazióne s. f. onanismo, autoerotismo.

matàssa s. f. **1** gavetta, mannella, rotolo, ruffello (*pop.*) □ (*est.*) intrico, groviglio, viluppo □ complesso, quantità **2** (*fig.*) imbroglio, intrigo, confusione, macchinazione, trama, raggiro.

match /*ingl.* mætʃ/ [vc. ingl., da *to match* 'gareggiare'] s. m. inv. gara, competizione, sfida, lotta, incontro.

matemàtica s. f. **1** scienza dei numeri □ aritmetica, geometria, algebra **2** (*fig.*) logica, cosa inoppugnabile.

matematicaménte avv. **1** mediante la matematica □ razionalmente **CONTR.** empiricamente **2** (*est.*) assolutamente, con assoluta certezza **CONTR.** relativamente.

matemàtico A agg. **1** della matematica **2** (*est.*) assoluto, esatto, preciso, rigoroso, sicuro **CONTR.** relativo, incerto **B** s. m. studioso di matematica.

materassìno s. m. **1** dim. di **materasso 2** (*sport*) tappeto imbottito.

materàsso s. m. coltrice (*lett.*), materassa (*raro*), strapunto.

matèria s. f. **1** mondo sensibile, mondo, corporeità **CONTR.** spirito **2** (*di cosa*) sostanza, materiale, corpo **3** pus, marcio **4** (*di discussione, ecc.*) argomento, soggetto, contenuto, tema **5** (*di studio*) disciplina **6** (*di scandalo, di chiacchiere, ecc.*) occasione, motivo, pretesto, ragione.

materiàle A agg. **1** (*di sostanza*) fisico, corporeo, corporale □ (*est.*) sensuale **CONTR.** immateriale, spirituale, intellettuale, morale **2** (*di tempo, di beni, ecc.*) concreto, reale, sensibile, effettivo **CONTR.** apparente **3** (*di persona, di discorso, ecc.*) grosso, grossolano, maleducato, rozzo, sgraziato **CONTR.** fine, delicato, educato, gentile, raffinato **B** s. m. materia, sostanza □ strumenti.

materialìsmo s. m. **1 CONTR.** spiritualismo, idealismo **2** (*spreg.*) edonismo, utilitarismo, interesse **FRAS.** *materialismo storico*, marxismo.

materialìsta agg.; anche s. m. e f. **1 CONTR.** spiritualista **2** edonista, utilitarista.

materialìstico agg. del materialismo, dei materialisti □ marxista **CONTR.** spiritualistico, idealistico.

materialità s. f. **1** corporeità, fisicità **CONTR.** spiritualità, immaterialità **2** realtà, concretezza, tangibilità **CONTR.** apparenza **3** grossolanità, rozzezza, volgarità **CONTR.** finezza, gentilezza, garbo, urbanità.

materializzàre A v. tr. rendere materiale □ concretizzare, realizzare **CONTR.** idealizzare, spiritualizzare **B materializzarsi** v. intr. pron. prendere corpo, prendere forma, concretizzarsi, realizzarsi.

materialménte avv. **1** fisicamente, concretamente □ sensibilmente **CONTR.** spiritualmente **2** grossolanamente, rozzamente **CONTR.** finemente, gentilmente, garbatamente **3** sostanzialmente, praticamente.

maternaménte avv. **1** da madre **2** (*est.*) affettuosamente, amorevolmente, premurosamente **CONTR.** freddamente, duramente, severamente.

maternità s. f. **1** condizione di madre **2** (*est.*) gravidanza **3** (*di ospedale*) ostetricia.

matèrno agg. **1** di madre, da madre **CONTR.** paterno **2** (*di parentela*) per parte di madre **CONTR.** paterno **3** (*est.*) (*di paese, di lingua, ecc.*) natio, patrio, di origine **CONTR.** straniero, forestiero **4** (*est.*) (*di cura, di indulgenza, ecc.*) amorevole, indulgente, premuroso, sollecito **CONTR.** freddo, duro, severo.

matinée /*fr.* mati'ne/ [vc. fr., propriamente 'mattinata'] s. f. inv. (*teat.*) mattinata, spettacolo diurno.

matita s. f. **1** lapis **2** grafite, piombaggine.

matriarcàto s. m. **CONTR.** patriarcato.

matrìce s. f. **1** (*lett.*) utero **2** (*biol.*) strato germinativo **3** (*fig.*) (*di male, di scienza, ecc.*) fonte, origine, causa, provenienza **CONTR.** effetto, conseguenza **4** (*per riproduzione originale*) stampo, forma, madre, punzone **CONTR.** duplicato, copia, pezzo, derivazione, esemplare **5** (*di bollettario*) madre **CONTR.** figlia.

matrìcola s. f. **1** registro d'iscrizione **2** (*est.*) numero di registrazione, numero **3** (*di studente*) novizio, del primo anno, cappella (*gerg.*) **CONTR.** anziano **4** (*est.*) novellino, pivello, principiante, recluta **CONTR.** veterano, anziano.

matricolàto agg. **1** (*fig., raro*) noto, riconosciuto **CONTR.** ignoto, sconosciuto **2** (*fig.*) (*di ladro, di imbroglione, ecc.*) patentato, famigerato, incallito, incorreggibile **CONTR.** pentito, contrito **3** (*scherz.*) abilissimo, scaltrissimo **CONTR.** ingenuo, maldestro.

matrìgna s. f. **1 CFR.** patrigno **2** (*fig.*) madre

poco affettuosa, madre snaturata, madre crudele **3** (*fig.*) (*di cosa*) ostile, avverso, crudele CONTR. benigno, favorevole, propizio.

matrimònio s. m. connubio, coniugio (*lett.*), maritaggio (*lett.*), accasamento, legittima unione □ nozze, sposalizio, sponsali CFR. celibato, nubilato, separazione, divorzio.

matròna s. f. **1** (*nell'antica Roma*) signora **2** (*fig.*) donnona, donna imponente CONTR. donnino.

mattacchióne s. m. allegrone, burlone, buontempone, bellospirito, compagnone, chiassone, pazzerellone, capo ameno, capo scarico CONTR. musone, mutrione (*raro*), muso lungo.

mattatóio s. m. macello.

mattatóre s. m. (f. *-trice* nel sign. 3) **1** macellatore **2** (*raro*) (*di corrida*) matador (*sp.*) **3** (*fig.*) protagonista.

matterèllo s. m. spianatoio, rullo, lasagnolo (*dial.*), mestatoio, mestone.

mattìna s. f. mattino, mattinata, ore antimeridiane CFR. giorno, pomeriggio, sera, serata, notte.

mattinàta (1) s. f. mattina, mattino, ore antimeridiane CFR. giorno, pomeriggio, sera, serata, notte.

mattinàta (2) s. f. matinée (*fr.*), spettacolo diurno.

mattinièro agg. che si alza presto, sollecito □ mattutino.

mattìno s. m. mattina, mattinata CFR. giorno, pomeriggio, sera, serata, notte.

màtto (1) agg. e s. m. **1** (*di persona*) pazzo, folle, demente, alienato, forsennato, dissennato, mentecatto, irragionevole, stolto CONTR. assennato, giudizioso, savio **2** (*est.*) estroso, bizzarro, allegrone, mattacchione, pazzerellone, capo ameno CONTR. musone, mutrione (*raro*), muso lungo **3** (*fig.*) (*di voglia, di gusto, ecc.*) grande, enorme, straordinario CONTR. piccolo, moderato, scarso **4** (*fig.*) (*di oro, di pietra, ecc.*) falso, falsificato CONTR. vero, puro, genuino.

màtto (2) [persiano (*Shâh*) *mât* '(il re) è morto'] agg. solo nella loc. *scacco matto* (nel gioco degli scacchi) FRAS. *dare scacco matto a uno* (*fig.*), vincerlo, batterlo definitivamente.

mattóne A s. m. **1** laterizio □ pietra **2** (*fig.*) (*di cosa*) peso, oppressione □ (*est.*) (*di persona*) pedante, noioso **B** in funzione di agg. inv. (*di colore*) rosso cupo.

mattonèlla s. f. **1** dim. di **mattone 2** (*per rivestimento*) piastrella.

mattutìno agg. del mattino, della mattina, mattinale (*raro*), mattiniero □ diurno, antimeridiano CFR. meridiano, pomeridiano, serale, vespertino, notturno.

maturàre A v. tr. **1** rendere maturo, portare a maturazione, stagionare CONTR. inacerbire **2** (*fig.*) (*di persona*) rendere più giudizioso, rendere più adulto, equilibrare **3** (*fig.*) (*di decisione, ecc.*) meditare, valutare, considerare attentamente CONTR. improvvisare **4** (*fig.*) (*di progetto, di lavoro, ecc.*) portare a compimento □ sviluppare, perfezionare CONTR. interrompere, lasciare incompiuto **B** v. intr. e **maturarsi** intr. pron. **1** (*di frutti, di messi e sim.*) venire a maturità CONTR. inacerbire, inacerbirsi **2** (*fig.*) (*di persona*) raggiungere la maturità, diventare giudizioso, diventare adulto, equilibrarsi CONTR. rimanere immaturo, rimanere bambino **3** (*fig.*) (*di cose*) giungere a compimento, giungere, arrivare, avvenire **4** (*di interessi*) divenire esigibile.

maturàto part. pass. di **maturare**; anche agg. **1** (*di frutto*) giunto a maturazione CONTR. immaturo, acerbo **2** (*fig.*) (*di persona, di lavoro, ecc.*) cresciuto, sviluppato □ compiuto, terminato CONTR. non sviluppato, incompiuto **3** (*fig.*) (*di idea, di decisione, ecc.*) elaborato, meditato CONTR. improvvisato.

maturazióne s. f. **1** maturità, crescita completa CONTR. acerbità **2** (*fig.*) meditazione, elaborazione CONTR. improvvisazione **3** (*fig.*) (*di lavoro, di idea, ecc.*) compimento, perfezionamento CONTR. interruzione **4** (*di interessi*) esigibilità.

maturità s. f. **1** maturazione, crescita completa CONTR. acerbità **2** (*est.*) virilità, età adulta CFR. infanzia, fanciullezza, giovinezza, vecchiaia **3** (*fig.*) responsabilità, equilibrio, prudenza, gravità CONTR. immaturità **4** (*fig.*) (*di lavoro*) compimento, perfezione CONTR. incompletezza **5** (*scolastica*) licenza superiore, diploma, licenza.

matùro agg. **1** (*di frutto*) giunto a maturazione, fatto, stagionato CONTR. acerbo, immaturo **2** (*di persona, di età, ecc.*) adulto CFR. infantile, giovanile, anziano, vecchio **3** (*fig.*) (*di persona*) assennato, equilibrato, prudente, saggio CONTR. immaturo, avventato, imprudente **4** (*fig.*) (*di cosa*) meditato, ponderato, ben considerato CONTR. improvvisato **5** (*fig.*) (*di tempo*) adatto, opportuno CONTR. immaturo, inopportuno **6** (*di studente*) licenziato, diplomato.

mausolèo [vc. dotta, gr. *Mausōlêion*, da *Máusōlos*, re di Caria, in onore del quale fu costruito] s. m. sepolcro, tomba monumentale.

màzza s. f. **1** bastone, randello, clava **2** bastone da passeggio **3** martello **4** bastone da baseball □ bastone da golf.

mazzàta s. f. **1** colpo di mazza, martellata, bastonata **2** (*fig.*) batosta, duro colpo.

mazzétta s. f. **1** (*di banconote, di fogli, ecc.*) pacchetto, blocco **2** (*per corrompere*) bustarella, tangente.

mazzétto s. m. **1** fascetto, fastello, gruppetto □ mazzolino **2** (*bot.*) infiorescenza.

màzzo s. m. **1** (*di fiori, di erbe e sim.*) fascetto **2** (*est.*) (*di chiavi, di matite, ecc.*) fascio, fascicolo, gruppetto, mazzetta **3** (*fig.*, *spreg.*, *scherz.*) (*di persone*) gruppo, massa **4** (*di carte da gioco*) serie.

mea culpa /*lat.* 'mɛa 'kulpa / [loc. lat. tratta dal Confiteor, propriamente 'per mia colpa'] s. m. inv. riconoscimento di colpa, atto di pentimento.

meàndro [vc. dotta., lat. *maeăndru(m)*, gr. *Măiandros*, fiume dell'Asia Minore, famoso per le sue sinuosità] s. m. **1** (*di fiume*) ansa, serpeggiamento, sinuosità, tortuosità, giro, avvolgimento, labirinto, zig zag, intreccio **CONTR.** rettilineo, via diritta, tratto diritto **2** (*fig.*) intrico, raggiro, tortuosità, ambiguità **CONTR.** chiarezza, trasparenza.

mècca [ar. *Makka*, la città santa dell'islamismo] s. f. **1** (*fam.*) luogo remoto **2** (*fig.*) luogo di sogno, luogo desiderato, sogno □ baldoria.

meccànica s. f. **1** tecnologia **2** congegno, meccanismo, apparato meccanico **3** (*fig.*) (*di avvenimento*) svolgimento, sviluppo, processo.

meccanicaménte avv. **1** con mezzi meccanici **2** (*fig.*) macchinalmente, automaticamente, istintivamente, inconsciamente, senza riflettere **CONTR.** ponderatamente, meditatamente, coscientemente.

meccànico A agg. **1** della macchina □ di meccanica **2** fatto a macchina **CONTR.** manuale **3** (*fig.*) (*di comportamento*) automatico, istintivo, inconscio, involontario **CONTR.** ponderato, meditato, conscio, volontario **4** (*fig.*) (*di lavoro, di gesto, ecc.*) artificioso, innaturale □ monotono, ripetitivo **CONTR.** naturale, spontaneo □ vivace **5** (*fig.*) (*di impegno*) materiale, pratico **CONTR.** intellettuale, spirituale **B** s. m. operaio qualificato, tecnico.

meccanìsmo s. m. **1** congegno, macchinario, apparato meccanico **2** (*di organizzazione, di ente e sim.*) funzionamento, organizzazione **3** (*est.*) (*di mente*) processo.

meccanizzàre A v. tr. **1** (*di attività*) dotare di macchinari, rendere meccanico □ motorizzare **CONTR.** manualizzare **2** (*fig.*) (*di persona, di gesto, ecc.*) automatizzare, rendere macchinale, rendere abitudinario **B meccanizzarsi** v. intr. pron. **1** munirsi di macchine **2** (*fam.*) motorizzarsi.

meccanizzàto part. pass. di **meccanizzare**; anche agg. **1** (*di lavoro*) fatto a macchina, meccanico **CONTR.** manuale **2** (*di attività*) dotato di macchinari, motorizzato.

meccanizzazióne s. f. automazione, motorizzazione.

mecenàte [vc. dotta, lat. *Maecenāte(m)*, il protettore dei poeti latini Virgilio e Orazio] s. m. e f. (*di letterati, di artisti*) protettore.

mecenatismo s. m. (*verso letterati e artisti*) generosità, protezione.

medàglia s. f. **1** (*per meriti*) distintivo □ decorazione, onorificenza □ riconoscimento, premio **2** (*est., fig.*) decorato **FRAS.** *rovescio della medaglia* (*fig.*), lato meno bello (di una persona o di una situazione).

medaglióne s. m. **1** accr. di **medaglia 2** (*di scrittore*) bozzetto, profilo, saggio.

medésimo A agg. dimostr. **1** stesso, identico, uguale, preciso **CONTR.** differente, diverso, altro **2** (*raff.*) proprio, di persona **B** pron. dimostr. stessa persona, identica persona □ (*raro*) stessa cosa.

mèdia (1) s. f. **1** (*mat.*) valore intermedio **CFR.** massimo, minimo **2** (*a scuola*) votazione **3** scuola secondaria.

media (2) /*ingl.* 'mi:djə/ [vc. ingl., dal lat. *media*, pl. di *medium* 'mezzo'] s. m. pl. **1** acrt. di **mass media 2** mezzi di comunicazione di massa.

mediàno A agg. medio, mezzano, centrale, posto nel mezzo **CFR.** eccentrico, laterale, periferico **B** s. m. (*nel calcio*) giocatore di seconda linea.

mediànte prep. con, per mezzo di, per opera di, con l'aiuto di.

mediàre A v. intr. (*raro*) stare in mezzo, interporsi, fare da mediatore **B** v. tr. (*anche fig.*) conciliare, comporre, mettere d'accordo, fare da mediatore.

mediàto part. pass. di **mediare**; anche agg. indiretto, interposto **CONTR.** diretto, immediato.

mediatóre s. m. (f. *-trice*) intermediario, negoziatore □ sensale, cozzone (*tosc.*) □ intercessore □ mezzano, paraninfo, ruffiano.

mediazióne s. f. **1** intervento, intromissione, arbitrato □ senseria □ intercessione **2** compenso (al mediatore), costo (del mediatore).

medicàbile agg. curabile, guaribile **CONTR.** incurabile, inguaribile.

medicaménto s. m. **1** medicina, farmaco, medicinale, unguento, pomata, balsamo, sostanza curativa □ terapia **2** (*fig.*) rimedio, sollievo, conforto.

medicàre A v. tr. **1** (*di ferita, di piaga e sim.*) detergere, disinfettare, curare □ bendare, fasciare **2** (*fig., lett.*) addolcire, mitigare, lenire **CONTR.** acuire, aumentare **B medicarsi** v. rifl. farsi una medicazione, disinfettarsi, curarsi.

medicàto part. pass. di **medicare**; anche agg. **1** (*di ferita, di piaga e sim.*) curato, disinfettato □ bendato, fasciato **2** (*di prodotto*) medicamentoso.

medicazióne s. f. medicatura, cura, medicamento □ bendatura, fasciatura.

medicìna s. f. **1** scienza medica, arte medica **2** (*pop.*) medicamento, farmaco, medicinale **3** (*est.*) cura, rimedio **4** (*fig.*) (*di riposo, di viaggio, ecc.*) sollievo, conforto, consolazione.

medicinàle A agg. medicamentoso, curativo, terapeutico **B** s. m. farmaco, medicamento, medicina (*pop.*), prodotto farmaceutico.

mèdico A s. m. (f. *medichessa*) **1** dottore □ sanitario, clinico, specialista, professore **2** (*fig.*) consolatore, rimedio **B** agg. **1** di medico, di medicina **2** curativo, terapeutico.

medievàle agg. **1** del Medio Evo **2** (*fig.*, *spreg.*) arretrato, antiquato, reazionario, retrogrado **CONTR.** progressista, moderno, evoluto.

mèdio A agg. **1** mediano, mezzano, centrale, intermedio, di mezzo, posto nel mezzo **CFR.** eccentrico, periferico, laterale **2** (*di intelligenza, di capacità, ecc.*) mediocre, modesto **B** s. m. terzo dito **FRAS.** *media Italia*, l'Italia centrale □ *ceto medio*, piccola borghesia □ *scuola media*, scuola secondaria.

mediòcre A agg. **1** (*di statura, di intelligenza, ecc.*) medio, comune, discreto, passabile, giusto, né troppo né poco **2** (*di guadagno, di affare, ecc.*) modesto, inferiore alla media, scarso, piccolo **CONTR.** abbondante, largo, ricco, eccessivo **3** (*di lavoro, di abito, ecc.*) scadente, difettoso, imperfetto, dozzinale, ordinario, volgare, di cattivo gusto **CONTR.** eccellente, eccezionale, ottimo **B** s. m. (*di persona*) limitato, inetto, incapace **CONTR.** ingegno, bella mente.

mediocrità s. f. **1** medietà, posizione intermedia **2** inettitudine, inefficienza, scarsa abilità **CONTR.** abilità, eccellenza, perizia.

medioevàle *V.* **medievale.**

medioèvo s. m. età di mezzo.

meditabóndo agg. cogitabondo, pensieroso, pensoso, assorto **CONTR.** spensierato, svagato, noncurante.

meditàre A v. tr. **1** pensare, considerare, riflettere, lambiccarsi il cervello **2** (*di delitto, di fuga, ecc.*) premeditare, progettare, macchinare, ordire, tramare □ elaborare, inventare **B** v. intr. pensare, riflettere, rimuginare, ruminare, riandare col pensiero.

meditatìvo agg. pensoso, pensieroso, meditabondo **CONTR.** superficiale, distratto.

meditàto part. pass. di **meditare**; anche agg. **1** (*di decisione, di scelta, ecc.,*) pensato, esaminato attentamente, analizzato con cura, ben ponderato **CONTR.** non approfondito, superficiale **2** (*di delitto, di fuga, ecc.*) premeditato, progettato, macchinato, ordito, tramato, intenzionale □ elaborato, inventato **CONTR.** improvvisato, spontaneo, preterintenzionale.

meditazióne s. f. **1** riflessione, ponderazione, raccoglimento, concentrazione, attenta considerazione **CONTR.** distrazione, disattenzione, leggerezza, spensieratezza, superficialità **2** (*di delitto, di fuga, ecc.*) progetto, proposito, preparazione, elaborazione.

mèdium (1) s. m. e f. inv. sensitivo.

medium (2) /*ingl.* 'mi:djəm/ [vc. ingl., propriamente 'mezzo', dal lat. *mĕdium* 'mezzo'] s. m. inv. mezzo di comunicazione di massa.

medùsa [n. di una delle Gorgoni, con capelli di serpenti, che pietrificava chi la guardava] s. f. (*fig.*) ammaliatrice, incantatrice, seduttrice, sirena.

meeting /*ingl.* 'mi:tiŋ/ [vc. ingl., gerundio di *to meet* 'incontrarsi'] s. m. inv. riunione, convegno, incontro, raduno □ comizio.

mefitico agg. **1** fetido, puzzolente, infetto, malsano **CONTR.** profumato, odoroso, balsamico **2** (*fig.*) corrotto, impuro **CONTR.** incorrotto, puro.

megàfono s. m. amplificatore, altoparlante.

megalòmane agg.; anche s. m. e f. affetto da megalomania, gradasso, spaccone, paranoico, millantatore, smargiasso.

megalomanìa s. f. mania di grandezza, paranoia.

megalòpoli s. f. grande città, grande concentrazione urbana **CONTR.** cittadina.

megèra [da *Megera*, n. di una delle tre Erinni, l'"invidiosa', dal gr. *megáirein* 'invidiare'] s. f. arpia, strega, vecchiaccia, donna invidiosa, donna perfida, donna brutta, donna malvagia.

mèglio A avv. **1** compar. di **bene 2** in modo migliore □ più soddisfacentemente, più adeguatamente, con migliori risultati **CONTR.** peggio **3** più, maggiormente **CONTR.** meno **B** in funzione di agg. inv. **1** migliore, più bello, più pregiato **CONTR.** peggiore **2** preferibile, più conveniente, più opportuno **C** in funzione di s. m. e f. inv. cosa migliore □ parte migliore **CONTR.** peggio □ parte peggiore **FRAS.** *alla bell'e meglio*, il meno male possibile □ *per il meglio*, nel modo migliore.

méla s. f. **1** (*bot.*) pomo (*lett.*) **2** (*gerg.*) (*nel tennis*) palla **3** (*gerg.*) (*nella pallacanestro*) pallone **4** (*pop.*) natica, culo (*volg.*).

melanconìa e deriv. *V.* **malinconia** e deriv.

mélange /*fr.* me'lɑ̃ʒ/ [vc. fr., dal v. *mêler* 'mescolare'] s. m. inv. **1** (*di colori*) mescolanza **2** filato di vari colori **3** caffè o cioccolato con panna.

melanzàna s. f. (*bot.*) petonciano.

melènso agg. **1** (*di persona*) tardo, lento, sciocco, balordo, imbecille, scemo, scimunito, stupido, fatuo, inetto, ottuso, rimbambito, stordito **CONTR.** acuto, arguto, intelligente, spiritoso, sveglio **2** (*di discorso*) scipito, sciocco, stolido, lezioso, sdolcinato **CONTR.** serio, intelligente.

mellifluaménte avv. insinuantemente, sdolcinatamente, affettatamente □ falsamente, ipocritamente **CONTR.** francamente, schiettamente, sinceramente □ aspramente, rudemente.

mellifluità s. f. insincerità, ipocrisia, affettata dolcezza **CONTR.** franchezza, schiettezza, sincerità □ asprezza, rudezza.

mellìfluo agg. **1** (*lett.*) mellifero (*lett.*) **2** (*lett.*) dolce come il miele **3** (*fig.*) (*di tono, di voce, ecc.*) melato, lusingatore, insinuante, insincero, ipocrita, sdolcinato, falsamente gentile **CONTR.** franco, schietto, sincero □ aspro, rude.

mélma s. f. **1** fango, fanghiglia, limo, poltiglia, belletta (*lett.*), mota, motriglia (*tosc.*) **2** (*fig.*) abiezione, corruzione, bruttura morale

CONTR. elevatezza, nobiltà, onestà, moralità, purezza.

melmóso agg. fangoso, limaccioso, lutulento (*lett.*), poltiglioso.

melodìa s. f. **1** melos (*lat.*), canto poetico **2** (*mus.*) armonia, musicalità **CONTR.** cacofonia **3** (*est.*) aria, arietta, motivo, canto.

melodicaménte avv. musicalmente, melodiosamente, armoniosamente **CONTR.** disarmonicamente, sgradevolmente, aspramente.

melòdico agg. **1** di melodia **2** (*est.*) melodioso, dolce, soave **CONTR.** disarmonico, stonato.

melodiosaménte avv. dolcemente, soavemente, armoniosamente, musicalmente **CONTR.** disarmonicamente, sgradevolmente, aspramente.

melodióso agg. armonico, armonioso, dolce, soave, musicale **CONTR.** disarmonico, sgradevole, aspro.

melodràmma s. m. (*mus.*) opera (lirica), dramma musicale **FRAS.** *da melodramma*, esagerato, teatrale, enfatico.

melodrammàtico agg. **1** di melodramma, operistico **2** (*est.*) enfatico, esagerato, teatrale, ostentato, artificioso, retorico **CONTR.** naturale, semplice, spontaneo.

melogràno s. m. (*bot.*) pomo punico (*lett.*), punico granato (*lett.*).

melóne s. m. (*bot.*) popone **FRAS.** *melone d'acqua*, cocomero □ *melone dei tropici*, papaia.

membràna s. f. **1** pellicina, pellicola, tegumento, integumento (*raro*), tunica, pannicolo, lamina, strato **2** (*di frutto*) buccia, corteccia, involucro **3** (*di strumento musicale, di codice, ecc.*) pelle, pergamena, cartapecora **4** (*elettr.*) lamina **FRAS.** *membrana alare*, patagio.

membranóso agg. membranaceo □ pergamenaceo.

membratùra s. f. corporatura, complessione, struttura.

mèmbro s. m. **1** (*spec. al pl.*) arto, estremità, appendice **2** (*anat.*) pene, verga (*pop.*), asta (*raro*) **3** (*est.*) (*di collettività*) componente, socio, seguace □ individuo **4** (*est.*) (*di cosa*) elemento, parte.

memoràbile agg. memorando (*lett.*), degno di memoria, celebre, famoso, indimenticabile, notevole **CONTR.** immemorabile, degno d'oblio.

memorandum /*lat.* memo'randum/ [vc. lat., da *memorare* 'ricordare'] s. m. inv. **1** appunti, promemoria, comunicazione **2** agenda, taccuino, notes.

mèmore agg. (*lett.*) non dimentico, grato, riconoscente **CONTR.** immemore, dimentico, ingrato.

memòria s. f. **1** ritentiva □ ricordo, ricordanza (*lett.*), rimembranza (*lett.*), reminiscenza, richiamo, evocazione, sovvenire (*lett.*) **CONTR.** oblio, dimenticanza **2** tradizione □ monumento □ documento, menzione **3** appunto, nota, annotazione, promemoria **4** dissertazione, monografia **5** (*al pl.*) autobiografia, ricordi, confessioni, memoriale **FRAS.** *a memoria*, a mente □ *a memoria d'uomo*, da che mondo è mondo □ *memoria di transito*, (*di computer*) buffer (*ingl.*).

memoriàle s. m. **1** libro di memorie, memorie, ricordi, confessioni, autobiografia □ relazione, rapporto, resoconto □ promemoria **2** istanza, domanda, esposto, petizione, supplica.

memorialìsta s. m. e f. autore di memoriali, autore di memorie.

memorizzàre v. tr. fissare nella memoria, registrare □ ricordare **CONTR.** dimenticare, scordare □ cancellare.

memorizzàto part. pass. di **memorizzare**; anche agg. impresso nella memoria, registrato □ ricordato **CONTR.** dimenticato, scordato □ cancellato.

memorizzazióne s. f. **1** esercizio mnemonico **2** (*di dati*) registrazione.

menabò [vc. milanese, propriamente 'mena buoi', forse con allusione alla funzione di guida, di assetto] s. m. inv. (*edit.*) prova di impaginazione, impaginato.

menadìto vc.; solo nella loc. avv. *a menadito*, benissimo, perfettamente, a memoria **CONTR.** male.

ménage /*fr.* me'naʒ/ [vc. fr., dall'ant. fr. *maisnie* 'famiglia', dal lat. *mansio* 'alloggio'] s. m. inv. andamento familiare.

menàre A v. tr. **1** (*di animali, di acque, ecc.*) condurre, guidare, portare □ accompagnare, scortare **2** (*di persona, di animale, di cosa*) trascinare **3** (*di mani, di coda, ecc.*) agitare, scuotere, dimenare **CONTR.** fermare **4** (*di tempo*) passare, trascorrere **5** (*di colpo, di pugno, ecc.*) dare, assestare, infliggere, vibrare **6** (*di persona*) battere, picchiare, percuotere **B menarsi** v. rifl. rec. picchiarsi, prendersi a botte **FRAS.** *menare il can per l'aia* (*fig.*), tirare in lungo senza concludere □ *menare per il naso* (*fig.*), burlare, prendere in giro □ *menarla per le lunghe* (*fig.*), tirare in lungo □ *menar le mani*, picchiare □ *menar vanto*, gloriarsi.

menàta s. f. **1** colpo **2** (*fam.*) bastonatura **3** (*fig., fam.*) discorso noioso, seccatura, tiritera, barba, rottura di scatole (*volg.*).

mendàce agg. bugiardo, menzognero, mentitore, falso, fallace, ingannevole, simulatore **CONTR.** verace, veritiero, veridico, sincero, franco, schietto.

mendicànte part. pres. di **mendicare**; anche agg. e s. m. e f. mendico, accattone, pezzente, pitocco (*raro*), povero, questuante, indigente **CFR.** abbiente, agiato, benestante, facoltoso, ricco □ donatore, benefattore.

mendicàre A v. tr. **1** (*di denaro, di pane, ecc.*) elemosinare, questuare, accattare, pitoccare **CONTR.** dare, donare, concedere, elargire, largire **2** (*fig.*) (*di amore, di aiuto, ecc.*) procurarsi a stento, procurarsi con fatica, cercare, domandare □ invocare, reclamare **B** v. intr. chiedere l'elemosina, questuare, stendere la mano **CONTR.** fare l'elemosina, donare, elargire.

menefreghìsmo s. m. **1** noncuranza, indifferenza □ qualunquismo **CONTR.** diligenza, zelo □ impegno **2** strafottenza, villania, sprezzo, disprezzo **CONTR.** cortesia, gentilezza, garbo, civiltà.

menefreghìsta s. m. e f.; anche agg. **1** noncurante, indifferente □ qualunquista **CONTR.** diligente, zelante □ impegnato **2** strafottente, villano, sprezzante **CONTR.** educato, gentile, garbato, cortese.

menestrèllo s. m. giullare di corte, cantore ambulante, cantastorie □ giocoliere.

menìnge s. f. spec. al pl. (*pop.*) cervello **FRAS.** *spremersi le meningi* (*fig.*), scervellarsi.

meningìte s. f. (*med.*) infiammazione della meninge.

méno A avv. **1** in minor quantità, in minor misura, in minor grado **CONTR.** più, di più **2** (*in prop. disgiuntive*) no **CONTR.** sì **B** prep. eccetto, fuorché, tranne, escluso **CONTR.** compreso, incluso **C** agg. inv. minore **CONTR.** maggiore **D** in funzione di sost. m. inv. **1** la cosa minore, la parte minore **CONTR.** più **2** minoranza **CONTR.** maggioranza **FRAS.** *più o meno, poco più poco meno*, quasi, pressappoco □ *di meno*, in minor misura □ *né più né meno*, proprio □ *non meno*, ugualmente □ *senza meno*, senza dubbio □ *quanto meno*, almeno □ *venir meno*, mancare, svenire □ *essere da meno*, mostrarsi inferiore □ *fare a meno*, privarsi □ *a meno che, a meno di*, eccetto che.

menomàre A v. tr. **1** diminuire, ridurre, scemare, rimpiccolire, abbassare **CONTR.** aumentare, accrescere, ingrandire, esaltare, innalzare **2** (*anche fig.*) danneggiare, mutilare, lesionare **B** v. intr. e **menomarsi** intr. pron. **1** diminuire, venire meno **CONTR.** crescere, aumentare **2** mutilarsi, danneggiarsi.

menomàto part. pass. di **menomare**; anche agg. e s. m. **1** diminuito, rimpiccolito, abbassato **CONTR.** accresciuto, ingrandito **2** mutilato, minorato **CONTR.** integro, sano **3** (*fig.*) avvilito, depresso, umiliato, distrutto **CONTR.** confortato, rianimato, rinfrancato.

menomazióne s. f. **1** diminuzione, riduzione, impiccolimento, scemamento (*raro*), abbassamento **CONTR.** accrescimento, aumento, ingrandimento **2** (*anche fig.*) lesione, mutilazione □ danno.

menopàusa s. f. climaterio, età critica **CFR.** andropausa.

mènsa s. f. **1** desco, tavola □ imbandigione (*raro, lett.*) **2** (*relig.*) altare **3** (*est.*) pasto, pranzo.

mensìle A agg. **1** di ogni mese **2** mensuale (*raro*), di un mese **B** s. m. mesata, mensilità, stipendio.

mensilità s. f. **1** periodicità mensile **2** mensile, mesata, stipendio mensile.

mensilménte avv. ogni mese, con scadenza mensile.

mènsola s. f. **1** sostegno, tavoletta, piano d'appoggio, beccatello, modiglione, peduccio **2** console (*fr.*).

mentàle agg. **1** intellettuale, intellettivo, della mente **CONTR.** materiale **2** (*di calcolo, di orazione, ecc.*) fatto con la mente **CONTR.** scritto, a voce.

mentalità s. f. modo di vedere, modo di intendere, modo di ragionare, punto di vista, forma mentis (*lat.*).

mentalménte avv. interiormente, in silenzio, dentro di sé, col pensiero **CONTR.** apertamente, a parole.

ménte s. f. **1** intelligenza, intelletto, ragione, facoltà intellettive **2** senno, raziocinio, cervello, criterio **CONTR.** stoltezza, stolidità, stupidità □ leggerezza **3** attenzione **4** memoria **5** fantasia, immaginazione, sentimento, pensiero **6** (*est.*) (*di persona*) intelligenza, ingegno **CONTR.** idiota, cretino, stupido **7** intenzione, intendimento, animo, proposito.

mentecàtto agg.; anche s. m. folle, pazzo, pazzoide, insensato, squilibrato □ idiota, imbecille, scimunito **CONTR.** assennato, giudizioso, savio, sano di mente.

mentìre v. intr. dire il falso, dire bugie, inventare, fingere, alterare la verità, travisare i fatti **CONTR.** dire il vero.

mentìto part. pass. di **mentire**; anche agg. falso, ingannevole, alterato **CONTR.** vero, genuino.

mentitóre s. m.; anche agg. (f. *-trice*) bugiardo, menzognero, mendace, impostore, falso **CONTR.** veritiero, veridico, schietto, sincero.

ménto s. m. bazza (*scherz.*) **FRAS.** *onor del mento* (*scherz.*), barba.

méntre A cong. **1** nel tempo in cui, nel momento in cui, intanto che, quando **2** finché, fino a che, fino a tanto che **3** (*con valore avvers.*) quando, invece, laddove **B** in funzione di s. m. inv. nelle loc. *in questo mentre, in quel mentre*, in questo stesso momento, in quello stesso momento.

menu /*fr.* mə'ny/ [vc. fr., letteralmente '(elenco) minuto', dal lat. *minutum* 'minuto, particolareggiato'] s. m. inv. lista dei cibi, lista delle vivande □ (*est.*) vivande, cibi.

menù s. m. adattamento di **menu**.

menzionàre v. tr. ricordare, rimembrare (*lett.*), mentovare (*lett.*), citare, accennare, nominare, rammentare, rievocare, far menzione **CONTR.** dimenticare, scordare, tacere, trascurare.

menzionàto part. pass. di **menzionare**; anche agg. ricordato, citato, accennato, nominato, rammentato, rievocato **CONTR.** dimenticato, scordato, taciuto, trascurato.

menzióne s. f. ricordo, memoria, rimembranza (*lett.*), rievocazione, cenno, citazione, segnalazione **CONTR.** dimenticanza, silenzio.

menzógna s. f. bugia, mendacio (*lett.*), fandonia, panzana, bubbola, balla □ doppiezza, impostura, ipocrisia, simulazione **CONTR.** verità □ franchezza, schiettezza, sincerità.

menzognèro agg. bugiardo, mendacio (*lett.*), falso, mentitore, ballista (*pop.*) □ finto, simulato □ illusorio, ingannevole **CONTR.** veritiero, verace □ vero, reale.

meravìglia s. f. **1** ammirazione, sbalordimento, stupore, stordimento, stupefazione, emozione, sorpresa **2** persona stupenda, cosa stupenda, prodigio, miracolo, portento **CONTR.** orrore, mostro.

meravigliàre A v. tr. strabiliare, stupefare, stupire, far meravigliare, colmare di stupore **B meravigliarsi** v. intr. pron. e (*poet.*) intr. provare meraviglia, stupirsi, strabiliare, trasecolare, restare di sale, restare di stucco, restare a bocca aperta **CONTR.** restare impassibile, restare indifferente.

meravigliàto part. pass. di **meravigliare**; anche agg. stupefatto, stupito, strabiliato, attonito, incantato, sbalordito, sorpreso, trasecolato **CONTR.** impassibile, indifferente.

meravigliosaménte avv. **1** magnificamente, stupendamente **CONTR.** orrendamente, orribilmente **2** moltissimo, straordinariamente, grandemente **CONTR.** pochissimo.

meraviglióso agg. **1** magnifico, stupendo, splendido, bellissimo, ammirevole, incantevole, mirabile, mirifico (*raro*), grandioso, maestoso, imponente, spettacoloso, stupefacente, strabiliante, sublime **CONTR.** orrendo, orribile, bruttissimo, schifoso, ripugnante **2** (*lett.*) straordinario, incredibile, enorme **CONTR.** piccolo, poco, scarso.

mercànte s. m. (f. *-essa*) negoziante, commerciante, trafficante, venditore, bottegaio **CONTR.** compratore, acquirente, cliente.

mercanteggiàre A v. intr. **1** (*raro*) commerciare, contrattare, mercare, negoziare, trafficare, fare il mercante **CONTR.** comprare, acquistare **2** (*ass.*) contrattare tirando sul prezzo **B** v. tr. trafficare.

mercantésco agg. (*spec. spreg.*) di mercante, da mercante □ mercantile.

mercantìle A agg. **1** commerciale, di commercio **2** di mercante, da mercante, mercantesco **B** s. m. nave da carico, cargo.

mercanzìa s. f. merce, derrata, roba, prodotto, articoli.

mercàto s. m. **1** emporio, fiera, piazza, bazar, fondaco **2** contrattazioni, operazioni commerciali **3** scambio, compravendita **4** (*est.*, *spreg.*) mercimonio (*raro*), traffico illecito, intrallazzo **5** (*fig.*) luogo di grande confusione, babilonia, caos, casino (*pop.*) **FRAS.** *a buon mercato*, a prezzo conveniente.

mèrce s. f. mercanzia, derrata, generi, roba, prodotto, articoli.

mercé A s. f. (*lett.*) aiuto, grazia, pietà, compassione, misericordia **B** in funzione di prep. (*lett.*) per merito, per opera **FRAS.** *essere alla mercé di uno*, essere soggetto a uno.

mercéde o **mercède** s. f. **1** retribuzione, salario, paga, giornata, stipendio **2** (*est.*, *lett.*) ricompensa, premio, compenso.

mercenàrio A agg.; anche s. m. **1** pagato, salariato, assoldato, prezzolato **2** interessato, venale **CONTR.** disinteressato **3** soldato di ventura **B** agg. (*raro*) a pagamento, dietro compenso **CONTR.** gratuito, volontario.

mercerìa s. f. **1** articoli minuti, mercanzia minuta, merce **2** bottega di merciaio, chincaglieria.

merciàio s. m. venditore di mercerie, merciaiolo □ commerciante al minuto, negoziante, rivenditore.

mercùrio s. m. (*chim.*) idrargirio, argento vivo.

mèrda s. f. **1** (*volg.*) sterco, feci, deiezioni, escrementi, cacca (*inft. e pop.*) **2** (*fig.*, *volg.*) (*di persona*) nullità, vile, abietto **3** (*fig.*, *volg.*) (*di cosa*) schifo, schifezza, schifenza (*dial.*), porcheria, bruttura **4** (*fig.*, *volg.*) difficoltà, pericolo, imbroglio **FRAS.** *di merda* (*fig.*, *volg.*), spregevole, schifoso.

merènda s. f. spuntino pomeridiano, refezione, picnic (*ingl.*).

meridiàna s. f. orologio solare □ gnomone.

meridiàno agg. di mezzogiorno, del meriggio **CFR.** mattutino, pomeridiano, serale, notturno.

meridionàle A agg. **1** a sud, a mezzogiorno **CONTR.** settentrionale, a nord, nordico **2** del sud, dei paesi meridionali **CONTR.** del nord, dei paesi settentrionali **3** australe, antartico **CONTR.** boreale, artico **B** s. m. e f. nativo del meridione, abitante del sud **CONTR.** settentrionale, nativo del settentrione, abitante del nord.

meridióne s. m. **1** mezzogiorno, sud **CONTR.** settentrione, nord **2** (*est.*) Italia meridionale.

meritàre A v. tr. **1** (*di premio, di lode, ecc.*) essere degno, essere meritevole, rendersi degno **CONTR.** demeritare, essere indegno, rendersi immeritevole **2** (*di fama, ecc.*) procurare, assicurare, procacciare, far ottenere **B** v. intr. **1** (*fam.*) (*di cosa*) valere, avere pregio, aver valore **CONTR.** non valere nulla **2** (*di persona*) rendersi benemerito **CONTR.** demeritare **C** v. impers. valere la pena, importare.

meritataménte avv. giustamente, meritamente (*lett.*), meritevolmente, a buon diritto **CONTR.** ingiustamente, immeritatamente.

meritévole agg. degno **CONTR.** immeritevole, indegno.

meritevolménte avv. giustamente, meritatamente, a buon diritto **CONTR.** ingiustamente, immeritatamente.

mèrito s. m. **1** azione meritoria, azione lodevole □ benemerenza **CONTR.** demerito, torto, colpa **2** valore, pregio, validità, qualità **3** sostanza, ragione intrinseca **4** ricompensa, premio.

meritòrio agg. encomiabile, lodevole, degno di lode, degno di premio **CONTR.** biasimevole, immeritorio, indegno.

merlatùra s. f. (*di mura, di torre, ecc.*) merli.

merlétto s. m. pizzo, trina, blonda, macramè, dentelle (*fr.*).

mèrlo s. m. **1** (*fig.*) (*di persona*) imbecille, sempliciotto, gonzo, grullo, minchione (*pop.*), babbeo, babbaccione (*tosc.*), babbaleo (*tosc.*), baggeo (*raro*), baggiano, bietolone, credulone, sciocco, stupido, tonto, fesso, ingenuo, allocco, barbagianni, oca, ciuco **CONTR.** furbo, furbacchione, scaltro, astuto, malizioso, dritto (*fam.*), volpe **2** (*fig.*) spasimante, corteggiatore, cascamorto.

merlùzzo s. m. (*zool.*) baccalà, stoccafisso.

mèro agg. (*lett., anche fig.*) puro, genuino, naturale, pretto, schietto, semplice □ limpido, trasparente **CONTR.** mescolato, mischiato, alterato, adulterato.

méscere v. tr. **1** (*di liquido*) versare, servire **2** (*lett.*) mischiare, mescolare.

meschinaménte avv. **1** miseramente, poveramente, stentatamente **CONTR.** abbondantemente, copiosamente (*lett.*), riccamente **2** (*fig.*) grettamente, ottusamente **CONTR.** generosamente, largamente, splendidamente.

meschinità s. f. **1** miseria, povertà, strettezza **CONTR.** abbondanza, ricchezza **2** (*fig.*) grettezza, limitatezza, piccineria, pidocchieria, pitoccheria, ristrettezza, povertà morale **CONTR.** generosità, larghezza, liberalità, magnificenza, splendidezza.

meschìno agg. **1** (*di persona*) misero, infelice, povero, sventurato, afflitto, tapino **CONTR.** felice, contento, beato, lieto, soddisfatto, fortunato **2** (*di lavoro, di risultato, ecc.*) mediocre, insufficiente, esiguo, inadeguato, scarso, limitato, piccolo, ridicolo **CONTR.** abbondante, copioso (*lett.*), soddisfacente, ricco **3** (*est.*) (*di animo, di idee, ecc.*) angusto, stretto, ristretto, limitato, piccolo **CONTR.** generoso, largo, magnifico, splendido **4** (*fig.*) (*di persona*) futile, vile, spregevole, trascurabile **CONTR.** notevole, degno, meritevole, pregevole.

mescolaménto s. m. **1** (*raro*) mescolanza, amalgama, miscela, fusione, commistione, miscuglio, mélange (*fr.*) **CONTR.** separazione, divisione **2** (*fig.*) confusione, imbroglio, promiscuità, rimescolo (*dial.*), rimescolio.

mescolànza s. f. **1** mescolamento (*raro*), miscela, miscelazione, mistione (*lett.*), mistura, intruglio □ zibaldone □ cocktail (*ingl.*) **CONTR.** separazione, distinzione, scelta, cernita **2** (*di persone*) promiscuità, eterogeneità □ guazzabuglio, confusione, rimescolo (*dial.*), rimescolio.

mescolàre A v. tr. **1** (*di materie*) mischiare, miscelare, mescere (*lett.*), misturare, rimescolare, rimestare, amalgamare, frammischiare, manipolare, intrugliare, agitare, sbattere **CONTR.** dividere, separare, distinguere, scindere, scegliere **2** (*di carte*) scozzare **3** (*est., fig.*) (*di persone, di lingue, ecc.*) confondere, raccogliere, unire, mettere insieme **CONTR.** dividere, separare **B mescolarsi** v. intr. pron. **1** (*di materie*) unirsi, mischiarsi, amalgamarsi **CONTR.** separarsi, dividersi, scindersi **2** (*di persone, di lingue, ecc.*) confondersi, mettersi insieme **CONTR.** distinguersi **3** (*fig.*) (*di persona*) impicciarsi, immischiarsi, ingerirsi **CONTR.** estraniarsi, fregarsene (*pop.*).

mescolàta s. f. rimestata, rimescolata.

mescolàto part. pass. di **mescolare**; anche agg. **1** (*di cose*) mischiato, miscelato, misturato, amalgamato, frammischiato, manipolato **CONTR.** diviso, separato, distinto, scisso, scelto **2** unito, messo insieme **CONTR.** diviso, separato **3** (*di persona*) coinvolto, implicato, immischiato □ introdotto, inserito **CONTR.** alieno, estraneo.

mescolatóre s. m. (*di macchina*) impastatrice.

mése s. m. **1** trenta giorni **2** mesata (*raro*) **3** luna.

méssa (1) s. f. (*teol.*) divino sacrificio, sacrificio dell'altare **FRAS.** *messa piana*, messa ordinaria □ *messa solenne, messa grande*, messa cantata.

méssa (2) s. f. (*bot.*) germoglio, pollone **FRAS.** *messa in moto*, avviamento □ *messa a punto*, ultima revisione, puntualizzazione □ *messa a fuoco*, regolazione (di un apparecchio ottico) □ *messa in piega*, ondulazione □ *messa a dimora*, trapianto □ *messa in scena*, *V.* messinscena.

messaggèro A s. m. messo, inviato, nunzio, ambasciatore, legato □ latore, corriere **B** agg. (*fig., poet.*) annunciatore.

messàggio s. m. **1** annuncio, notizia, avviso, comunicazione, ambasciata, nuova **2** allocuzione, discorso solenne, comunicazione ufficiale.

mèsse s. f. **1** mietitura **2** distesa di spighe □ raccolto **3** (*est.*) (*di lodi, di consensi, ecc.*) grande quantità, molti **CONTR.** scarsità, pochezza **4** (*fig.*) profitto, risultato.

messère s. m. **1** (*raro*) ser (*ant.*), sere (*ant.*) **2** (*scherz., iron.*) signore.

messìa s. m. inv. (*con la maiuscola nel sign. 1*) **1** (*relig.*) Salvatore, Redentore, Gesù Cristo **2** (*fig.*) persona lungamente attesa **FRAS.** *aspettare il messia* (*fig.*), aspettare inutilmente uno.

messinscèna s. f. **1** sceneggiatura, allestimento scenico, apparato scenico **2** (*fig.*) montatura, finzione, sceneggiata, espediente, artificio, simulazione **CONTR.** realtà, verità, schiettezza, sincerità.

mésso (1) part. pass. di **mettere**; anche agg. **1** posto, collocato, sistemato, disposto, situato **2** (*di persona*) abbigliato, acconciato, vestito **3** arredato, ordinato, allestito **FRAS.** *ben messo*, robusto, in buona salute; ben vestito.

mésso (2) s. m. **1** messaggero, inviato, nunzio, ambasciatore, legato □ emissario □ corriere **2** (*di ufficio*) usciere, inserviente, fattorino, bidello.

mestaménte avv. malinconicamente, tristemente, accoratamente **CONTR.** lietamente, allegramente, gaiamente, giocondamente.

mestàre A v. tr. mescolare, rimescolare, rimestare, mischiare, miscelare, amalgamare, dimenare, manipolare **B** v. intr. (*fig.*) brigare, intrigare, imbrogliare.

mestatóre s. m. (f. *-trice*) **1** (*raro*) mescolatore **2** (*fig.*) faccendone, faccendiere, intrigante, maneggione, mesticcione (*raro*), trafficone, impiccione.

mesticherìa s. f. coloreria.

mestierànte s. m. e f. (*raro*) lavoratore, operaio, artigiano.

mestière s. m. **1** arte manuale, attività, lavoro, professione, impiego **2** compito, ufficio □ comportamento, condotta **3** (*fig.*) conoscenza, perizia, abilità, capacità, competenza **CONTR.** incapacità, imperizia, incompetenza, inettitudine.

mestìzia s. f. afflizione, tristezza, amarezza, accoramento, malinconia, abbattimento, scontentezza, turbamento, malumore **CONTR.** allegrezza, allegria, contentezza, gaiezza, giocondità, letizia, spensieratezza.

mèsto agg. **1** (*di persona*) afflitto, addolorato, accorato, amareggiato, dolente, triste, travagliato, scontento, sconsolato, malinconico, immalinconito, abbattuto, turbato, pensieroso **CONTR.** allegro, contento, gaio, giocondo, lieto, spensierato **2** (*di cosa*) doloroso, grave, lacrimoso, tetro **CONTR.** sereno, allegro, ridente.

méstola s. f. **1** mestolo, cucchiaione, ramaiolo **2** (*del muratore*) cazzuola.

méstolo s. m. mestola, cucchiaione, ramaiolo, mestone **FRAS.** *avere il mestolo in mano* (*fig.*), spadroneggiare, comandare.

mestolóne s. m. **1** accr. di **mestolo 2** (*fig.*, *lett.*) (*di persona*) gonzo, grullo, babbeo, bietolone, credulone, baggiano, minchione (*pop.*), sciocco, ingenuo, allocco, barbagianni, oca **CONTR.** furbo, furbacchione, astuto, scaltro, smaliziato, scettico, dritto (*fam.*), volpe.

mestruazióne s. f. menorrea, mestruo, flusso mestruale, ciclo mestruale **FRAS.** *mestruazione dolorosa*, dismenorrea.

mèstruo s. m. mestruazione, menorrea, flusso mestruale, ciclo mestruale.

mèta s. f. **1** termine, fine, traguardo **CONTR.** inizio, punto di partenza **2** (*fig.*) scopo, fine, risultato.

metà s. f. **1** mezza parte, mezzo **CFR.** doppio, triplo, ecc. **2** (*di strada, di mese, ecc.*) parte mediana, punto di mezzo **3** (*fam.*) marito, moglie.

metabolìsmo s. m. ricambio.

metafìsica s. f. **1 CONTR.** fisica **2** (*fig.*, *spreg.*) astrusità, cosa incomprensibile, invenzione, irrealtà **CONTR.** chiarezza, evidenza, realtà.

metafìsico agg. **1** di metafisica, metempirico **CONTR.** fisico **2** (*fig.*) astruso, oscuro, difficile, sottile **CONTR.** chiaro, facile, comprensibile, evidente, perspicuo.

metàfora s. f. (*retorica*) traslato, figura, tropo, allegoria **FRAS.** *sotto metafora*, in modo oscuro, allusivamente □ *fuor di metafora*, in modo chiaro, chiaramente.

metaforicaménte avv. **1** in modo metaforico, allusivamente, oscuramente **CONTR.** chiaramente **2** per metafora.

metafòrico agg. di metafora.

metaldetector /*ingl.* 'metl di'tektə/ s. m. inv. rivelatore di metalli.

metàllico agg. **1** di metallo **2** simile a metallo **3** (*fig.*) (*di suono*) sonoro, senza inflessioni.

metàllo s. m. (*fig.*, *raro*) (*di voce*) timbro.

metallurgìa s. f. lavorazione dei metalli.

metamòrfosi s. f. trasformazione, mutamento, mutazione, cambiamento.

metempsicòsi s. f. trasmigrazione dell'anima.

metèora s. f. **1** (*astron.*) bolide, stella cadente, stella filante **2** (*fig.*) (*di persona*) fugace splendore.

meteorìte s. m. o f. (*astron.*) aerolito, bolide, stella cadente.

metìccio s. m. (*biol.*) ibrido, mezzosangue, sanguemisto □ incrocio, mulatto, creolo **CFR.** bianco, giallo, negro.

meticolosaménte avv. esattamente, accuratamente, minuziosamente, scrupolosamente □ pedantemente **CONTR.** trascuratamente, superficialmente, disinvoltamente, con faciloneria.

meticolosità s. f. pedanteria, scrupolosità, minuziosità, pignoleria **CONTR.** faciloneria, superficialità, trascuratezza.

meticolóso agg. accurato, attento, diligente, metodico, scrupoloso, minuzioso □ pedante, pignolo, sofistico **CONTR.** facilone, trascurato, superficiale, corrivo, disinvolto.

metòdica s. f. metodologia, metodo.

metodicaménte avv. ordinatamente, sistematicamente, regolarmente, accuratamente, scrupolosamente, meticolosamente **CONTR.** disordinatamente, irregolarmente, saltuariamente.

metodicità s. f. ordine, sistematicità, regolarità, accuratezza, meticolosità, scrupolo **CONTR.** disordine, irregolarità, saltuarietà.

metòdico agg. **1** (*di lavoro, di studio, ecc.*) ordinato, regolare, sistematico, accurato, organico, scrupoloso, meticoloso **CONTR.** disordinato, irregolare, saltuario **2** (*di persona*) abitudinario, consuetudinario **CONTR.** capriccioso, volubile.

mètodo s. m. **1** criterio, norma, regola, legge, procedimento, sistema, mezzo, maniera, modo, consuetudine **2** (*est.*) ordine, sistema, metodica **CONTR.** confusione, disordine.

metodologìa s. f. metodica, metodo.

metràggio s. m. **1** metratura, misurazione a metri **2** (*cine.*) lunghezza.

metratùra s. f. lunghezza, metraggio □ misurazione in metri.

mètrica s. f. **1** (*ling.*) versificazione **2** metri, versi.

mètro (1) s. m. (*est.*, *lett.*) verso, poesia.

mètro (2) s. m. **1** 100 centimetri **2** (*fig.*) misura, criterio, modo di valutazione **3** (*fig.*) atteggiamento, comportamento, condotta.

métro /*fr.* me'tro/ [vc. fr., abbr. di *métropolitain* 'metropolitana'] s. m. inv. (*ferr.*) metropolitana.

metrònomo s. m. (*mus.*) plessimetro.

metròpoli s. f. **1** grande città, capitale **2** (*raro*) madrepatria.

metropolitàna s. f. sotterranea, métro (*fr.*), tube (*ingl.*).

metropolitàno A agg. di metropoli **B** s. m. vigile urbano.

méttere A v. tr. **1** porre, collocare, allogare, disporre, sistemare, situare, riporre, posare, appoggiare □ imporre **CONTR.** levare, togliere **2** (*di indumento*) vestire, indossare, calzare, portare abitualmente **CONTR.** togliere **3** (*di etichetta, di cartello, ecc.*) applicare, apporre, incollare □ installare, impiantare **CONTR.** staccare **4** (*di chiodo, di paletto, ecc.*) ficcare, conficcare **CONTR.** estrarre, togliere **5** (*di coraggio, di paura, ecc.*) infondere, incutere, destare, ispirare, instillare, suscitare, provocare, produrre, dare origine **CONTR.** togliere, alleviare, attenuare **6** (*di attività, di impegno, ecc.*) dedicare, impiegare, dare, esplicare **7** (*di piante*) germogliare, gettare, buttare **8** (*di voce*) emettere, pronunciare, proferire **9** (*di tempo*) trascorrere, consumare, occupare **10** (*di ipotesi*) ammettere, immaginare, supporre **B** v. intr. (*di strada, di fiume, ecc.*) sboccare, finire, terminare, fare capo **CONTR.** iniziare, cominciare, avere origine **C mettersi** v. rifl. **1** porsi, collocarsi, sistemarsi □ unirsi □ cacciarsi **CONTR.** levarsi, togliersi **2** (*di vestiti*) vestirsi, abbigliarsi **CONTR.** svestirsi, togliersi **D** v. intr. pron. **1** (*di cose*) disporsi, profilarsi, prendere una piega **2** (*a fare, a dire, ecc.*) cominciare, iniziare **CONTR.** finire, smettere, terminare **FRAS.** *mettere al corrente*, informare □ *mettere a sacco*, saccheggiare □ *mettere a ferro e a fuoco*, devastare □ *mettere a fuoco* (*fig.*), puntualizzare □ *mettere in pratica*, attuare □ *mettere in atto*, realizzare □ *mettere al mondo*, generare □ *mettere in chiaro*, chiarire.

meublé /*fr.* mœ'ble/ [vc. fr., propriamente 'ammobiliato'] agg. inv. garni (*fr.*).

mèzza s. f. mezzogiorno e mezzo, dodici e trenta.

mezzadrìa s. f. (*agr.*) colonia **FRAS.** *a mezzadria*, a metà.

mezzàdro s. m. colono, mezzaiolo (*tosc.*) □ (*est.*) contadino **CFR.** coltivatore diretto, padrone.

mezzàna s. f. ruffiana, paraninfa, pronuba □ favoreggiatrice.

mezzàno A agg. **1** medio, intermedio, mediano, di mezzo **CFR.** grande, piccolo **2** (*fig.*) mediocre **CONTR.** eccellente, eccezionale, ottimo **B** s. m. **1** intermediario, mediatore, conciliatore **2** (*est.*) ruffiano, lenone (*lett.*), paraninfo, protettore, magnaccia (*gerg.*).

mezzanòtte s. f. **1** (*di tempo*) le ventiquattro **CONTR.** mezzogiorno **2** (*di luogo*) tramontana, nord **CONTR.** sud.

mezzerìa s. f. **1** linea mediana **2** (*di segmento, di arco e sim.*) punto mediano.

mézzo (1) agg. **1** (*di frutto*) guasto, fradicio, quasi marcio, semifradicio **CONTR.** sano, intatto, integro **2** (*fig.*) (*di persona*) corrotto □ rammollito, snervato, infiacchito **CONTR.** incorrotto, incontaminato □ forte, robusto.

mèzzo (2) A agg. **1** metà, dimezzato **CONTR.** intero **2** medio, intermedio, mediano, centrale, posto nel mezzo **CONTR.** eccentrico, laterale, periferico **3** (*fam.*) quasi completo, quasi totale **B** s. m. **1** metà **CONTR.** intero **2** (*di luogo, di cammino, ecc.*) centro, cuore, interno, nucleo, parte centrale, cavità interna **CONTR.** periferia, parte esterna, parte laterale **3** (*fig.*) misura, moderazione **4** aiuto, strumento, espediente, metodo, modo, procedimento, ripiego, accorgimento, maniera, modo, via, chiave, canale, tramite **5** (*est.*) dote, capacità, virtù **6** veicolo □ automezzo **7** (*al pl.*) denari, averi, ricchezze, soldi, possibilità economiche **C** avv. a metà, quasi **FRAS.** *via di mezzo* (*fig.*), soluzione di compromesso □ *andare di mezzo* (*fig.*), patire danno; essere in gioco □ *per mezzo di*, *a mezzo di*, mediante, con l'aiuto di.

mezzobùsto o **mèzzo bùsto** s. m. (*est.*, *spreg.*) annunciatore (di TV).

mezzodì s. m. inv. mezzogiorno **CONTR.** mezzanotte.

mezzofondìsta s. m. e f. atleta di mezzofondo.

mezzogiórno s. m. **1** (*di tempo*) le dodici, mezzodì **2** (*di punto cardinale*) sud, meridione, ostro **CONTR.** nord, settentrione **3** vento da sud, libeccio, scirocco, ostro **CONTR.** vento da nord, tramontana, aquilone, maestrale **4** (*di regione*) meridione **CONTR.** settentrione.

mezzosàngue o **mèzzo sàngue** s. m. e f. inv. **1** sanguemisto, meticcio **2** (*di cavallo*) ibrido.

mezzùccio s. m. espediente meschino, ripiego meschino, trucco.

mi pron. pers. **1** me **2** a me.

miagolàre **A** v. intr. **1** (*del gatto*) fare miao, gnaulare (*pop.*) **2** (*fig.*, *scherz.*) (*di persona*) lamentarsi, lagnarsi, recriminare **CONTR.** rallegrarsi, gioire **B** v. tr. (*fig.*) (*di persona*) cantare male, stonare, strapazzare.

miagolìo s. m. **1** miagolamento, gnaulio (*pop.*), sgnaulio (*pop.*), miagolo (*lett.*), miao **2** (*est.*) (*di suono*) lamento, stridio.

miào s. m. inv. miagolio, miagolamento.

miàsma s. m. esalazione fetida, esalazione malsana, mefite (*lett.*), aria irrespirabile □ fetore, puzzo, lezzo, tanfo **CONTR.** aria pura, aria balsamica, profumo, olezzo (*lett.*).

mìca **A** s. f. (*lett.*) (*di pane e sim.*) briciola, minuzzolo, minuzia, granellino **B** avv. (*fam.*) affatto, punto, per nulla.

michelangiolésco [da *Michelangelo* Buonarroti, il possente scultore fiorentino] agg. (*est.*) maestoso, grandioso, imponente.

micidiàle agg. **1** letale, mortale, mortifero, nocivo, esiziale, funesto **CONTR.** vitale, benefico, giovevole **2** (*est.*) gravoso, insopportabile, molesto **CONTR.** gradito, piacevole.

mìcio s. m. (*fam.*) gatto, gattino.

micròbico agg. di microbo, da microbo, batterico.

mìcrobo o **micròbio** s. m. **1** bacillo, batterio, germe **2** (*fig.*, *spreg.*) (*di persona*) verme, meschino, dappoco.

microcefalìa s. f. **1** **CONTR.** macrocefalia **2** (*est.*, *scherz.*) stupidità, idiozia, imbecillità, deficienza, mancanza di intelligenza **CONTR.** acutezza, acume, intelligenza, perspicacia, cervello, ingegno.

microcèfalo agg.; anche s. m. **1** **CONTR.** macrocefalo **2** (*est.*) idiota, stupido, imbecille, deficiente **CONTR.** intelligentone, cervellone, ingegno.

microcòsmo s. m. **1** **CONTR.** macrocosmo **2** (*est.*) (*di ambiente*) piccolo mondo, limitatezza.

microelaboratóre s. m. microprocessore.

micròfono s. m. **1** amplificatore, altoparlante **2** ricevitore □ (*est.*) telefono.

microfotografìa s. f. **CONTR.** macrofotografia, gigantografia.

mìcron s. m. inv. micrometro, un millesimo di millimetro.

microprocessóre s. m. microelaboratore.

microscopìa s. f. osservazione col microscopio.

microscòpico agg. **1** visibile al microscopio **CONTR.** macroscopico **2** (*est.*) minuscolo, piccolissimo, ridottissimo, impercettibile **CONTR.** grandissimo, enorme, gigantesco, immenso, smisurato, stragrande.

microspìa s. f. spia telefonica, oliva (*fig.*).

midólla s. f. **1** (*del pane*) mollica □ polpa **CONTR.** crosta **2** (*raro*) midollo.

midollàre agg. del midollo, mielico.

midóllo s. m. (*fig.*) interno, parte interna, parte più tenera, sostanza intima **CONTR.** esterno, parte esterna, superficie.

mièle s. m. (*fig.*) dolcezza, soavità, amabilità, benignità, mansuetudine **CONTR.** asprezza, durezza, rudezza, ruvidezza **FRAS.** *luna di miele*, primo periodo di matrimonio.

mielóso agg. **1** (*raro*) dolciastro, simile al miele **CONTR.** amarognolo **2** (*fig.*) (*di persona, di discorso, ecc.*) sdolcinato, svenevole, falso, subdolo **CONTR.** franco, schietto, sincero □ brusco, rude, sgarbato.

miètere v. tr. **1** (*di cereali*) tagliare, falciare, segare, recidere **CONTR.** seminare **2** (*fig.*) (*di guerra, di malattia, ecc.*) stroncare, troncare, uccidere, far morire **3** (*fig.*) (*di medaglie, di record, ecc.*) raccogliere, ottenere, conseguire, ricavare.

mietitóre s. m.; anche agg. (f. *-trice*) falciatore, messore (*ant.*).

mietitrìce s. f. **1** falciatrice **2** macchina per mietere.

mietitùra s. f. **1** (*di cereali*) raccolta, falciatura, taglio **CONTR.** semina **2** (*est.*) tempo del mietere **3** (*est.*) messe, raccolta, raccolto.

migliàio s. m. circa mille □ (*al pl.*) (*est.*) moltissimi, numerosissimi.

mìglio (1) s. m. mille passi □ (*est.*) grande distanza **FRAS.** *essere lontano un miglio* o *le mille miglia*, essere lontanissimo.

mìglio (2) s. m. (*bot.*, *est.*) panico.

miglioraménto s. m. progresso □ accrescimento, arricchimento, profitto, avanzamento, incremento, risanamento, miglioria, rifiorimento, risorgimento, elevamento, evoluzione □ raffinamento **CONTR.** peggioramento, aggravamento, deterioramento, scadimento, decadimento, inquinamento, regressione, regresso, involuzione.

miglioràre **A** v. tr. rendere migliore, perfezionare, affinare, cambiare in meglio, abbellire, ingentilire, arricchire, avvantaggiare □ elevare, fare progredire □ correggere, revisionare **CONTR.** aggravare, peggiorare, cambiare in peggio, danneggiare, deteriorare □ fare arretrare **B** v. intr. **1** (*di salute*) rimettersi, ristabilirsi, riaversi, rifiorire, riprendersi, star meglio **CONTR.** peggiorare, crollare **2** (*di situazione*) avvantaggiarsi, progredire, prosperare, evolversi **CONTR.** peggiorare, regredire **3** (*di persona*) correggersi, emendarsi, comportarsi meglio **CONTR.** peggiorare.

miglioràto part. pass. di **migliorare**; anche agg. in via di guarigione, in ripresa, migliore **CONTR.** peggiorato, peggiore.

miglióre agg. **1** compar. di **buono** **2** (*di persona*) più buono □ più onesto, più virtuoso, più giusto, più retto □ superiore □ più abile, più capace, più esperto, più ingegnoso, più sapiente **CONTR.** peggiore □ inferiore **3** (*di cosa*) più utile, più vantaggioso, più proficuo, più comodo, preferibile **CONTR.** peggiore **4** (*di luogo*, *di cibo, ecc.*) più piacevole, più buono, più gradevole, più gradito □ superiore □ più prospero, più fortunato, meno disagiato **CONTR.** peggiore □ inferiore.

miglioria s. f. (*di fondi, di edifici e sim.*) bonifica, miglioramento, risanamento **CONTR.** peggioramento, deterioramento.

mignàtta s. f. **1** (*zool.*) sanguisuga **2** (*fig.*) seccatore, scocciatore (*fam.*), rompiscatole (*pop.*), persona importuna **CONTR.** persona piacevole, persona divertente, persona di grata compagnia **3** (*fig., spreg.*) usuraio.

mìgnolo s. m. il dito più piccolo, il quinto dito.

mignon /*fr.* mi'ɲɔ̃/ [vc. fr., propriamente 'piccolo, grazioso'] agg. inv. (*di dimensioni, di formato*) ridotto.

migràre v. intr. (*spec. di uccelli*) emigrare, partire, espatriare **CONTR.** restare, rimanere.

migratóre s. m.; anche agg. (f. *-trice*) chi migra, che migra.

migratòrio agg. di migrazione □ dell'emigrazione.

migrazióne s. f. emigrazione, partenza □ mutamento di sede **CONTR.** permanenza.

milanése agg.; anche s. m. e f. di Milano, ambrosiano, meneghino (*fam.*).

miliardàrio agg.; anche s. m. (*est.*) ricchissimo, creso.

miliàrdo s. m. bilione, mille milioni □ (*est.*) cifra incalcolabile.

miliàre agg. (*di pietra lungo le strade*) indicatore di chilometraggio **FRAS.** *pietra miliare* (*fig.*), avvenimento di grande importanza.

milionàrio agg.; anche s. m. (*est.*) ricchissimo, creso.

milióne s. m. **1** mille volte mille, mille migliaia **2** (*est.*) grande quantità, cifra molto elevata.

militànte part. pres. di **militare (1)**; anche agg. e s. m. e f. che milita □ appartenente, partecipante, iscritto, membro attivo, attivista.

militànza s. f. (*in organizzazioni, in partiti, ecc.*) partecipazione attiva □ attivismo politico.

militàre (1) v. intr. **1** fare il soldato □ (*est.*) combattere, guerreggiare **2** (*fig.*) (*in organizzazioni, in partiti, ecc.*) aderire attivamente, essere iscritto, appartenere **3** (*fig.*) (*di tesi, di prova, ecc.*) valere, servire di sostegno, essere convincente, essere di valido appoggio.

militàre (2) A agg. di milizia, di soldati, di forze armate □ bellico, guerresco **CONTR.** borghese, civile **B** s. m. soldato, milite.

militarésco agg. **1** da militare, da caserma, soldatesco, marziale **2** (*est.*) brusco, autoritario **CONTR.** dolce, permissivo.

militarìsmo s. m. bellicismo **CONTR.** pacifismo.

militarìsta s. m. e f.; anche agg. bellicista, guerrafondaio **CONTR.** pacifista.

militarìstico agg. del militarismo, bellicista **CONTR.** pacifistico.

militarménte avv. **1** in modo militare, con la forza militare **CONTR.** pacificamente **2** sotto l'aspetto militare **3** (*est.*) duramente, severamente, bruscamente **CONTR.** dolcemente, permissivamente.

mìlite s. m. **1** soldato, militare □ carabiniere, guardia di finanza, agente, guardia **CONTR.** borghese, civile **2** (*fig.*) (*di idee*) assertore, sostenitore, propugnatore.

milìzia s. f. **1** esercizio delle armi, pratica delle armi □ carriera militare, vita militare **CONTR.** vita civile **2** (*spec. al pl.*) istituzioni militari, esercito, truppe.

millantàre A v. tr. (*di virtù, di abilità, ecc.*) vantare, ostentare, esagerare, decantare, gloriare, magnificare **CONTR.** attenuare, impiccolire **B millantarsi** v. intr. pron. gloriarsi, vantarsi, vanagloriarsi, darsi delle arie, insuperbire, fare lo spaccone, fare il rodomonte, fare lo smargiasso **CONTR.** umiliarsi, abbassarsi, farsi piccino.

millantàto part. pass. di **millantare**; anche agg. vantato, ostentato, decantato, esaltato **CONTR.** calunniato, denigrato.

millantatóre s. m.; anche agg. (f. *-trice*) smargiasso, spaccone, fanfarone, vanaglorioso, gradasso, borioso, ostentatore, rodomonte, ammazzasette, spaccamontagne, bravaccio, tracotante, capitan fracassa, pataccone (*region.*) **CONTR.** modesto, riservato, delicato, riguardoso, umile.

millanterìa s. f. iattanza, vanagloria, vanteria, spacconeria, boria, tracotanza, grandigia, megalomania, ostentazione, spocchia, mania di grandezza □ fanfaronata, smargiassata, spacconata, bravata, bravazzata (*ant.*), guasconata, rodomontata **CONTR.** modestia, umiltà, riserbo, riservatezza, ritegno, riguardo, moderazione.

mìlle agg. num. card. inv. **1** dieci centinaia **2** (*est.*) moltissimi, numerosissimi, infiniti **CONTR.** pochissimi, scarsissimi **FRAS.** *i Mille*, i garibaldini sbarcati a Marsala.

millenàrio A agg. **1** (*di cosa*) millenne (*raro*), di mille anni **2** che ricorre ogni mille anni **B** s. m. millesimo anniversario.

millènnio s. m. mille anni, millesimo.

millepièdi s. m. (*zool.*) centopiedi, centogambe, scolopendra.

millèsimo A agg. num. ord. (*est.*) infinitesimo **B** s. m. **1** millesima parte **2** (*di era volgare*) anno, data **3** millennio.

millimètrico agg. **1** di un millimetro □ in millimetri **2** (*est.*) minimo, piccolissimo **CONTR.** grandissimo.

mimàre v. tr. (*con gesti*) imitare, rappresentare, scimmiottare.

mimèsi s. f. (*lett.*) imitazione □ mascheramento.

mimètico agg. **1** imitativo **2** mimetizzante.

mimetìsmo s. m. **1** (*zool.*) omocromia, mimicry (*ingl.*) **2** (*mil.*) mascheramento, mimetizzazione **3** (*fig.*) opportunismo, camaleon-

tismo.
mimetizzàre A v. tr. **1** (*mil.*) mascherare **2** (*est.*) nascondere, proteggere, far passare inosservato **CONTR.** scoprire, rivelare **B mimetizzarsi** v. rifl. **1** mascherarsi, nascondersi, camuffarsi **2** (*di animale*) adattarsi (all'ambiente) **3** (*fig.*) (*di persona*) adeguarsi (all'ambiente), nascondersi, confondersi, passare inosservato **CONTR.** scoprirsi, rivelarsi.
mimetizzàto part. pass. di **mimetizzare**; anche agg. **1** mascherato, camuffato, mimetico **2** (*fig.*) nascosto, dissimulato **CONTR.** scoperto, rivelato.
mìmica s. f. gesticolazione, gesti, movimento □ espressione, capacità espressiva □ atteggiamento.
mìmico agg. di mimica, basato sui gesti, a gesti.
mìmo s. m. imitatore □ attore mimico.
mìna s. f. **1** ordigno esplosivo, carica esplosiva **2** (*di matita*) grafite.
minàccia s. f. **1** intimidazione □ ingiunzione **CONTR.** allettamento, lusinga, seduzione **2** (*fig.*) pericolo, rischio.
minacciàre v. tr. **1** (*di persona*) spaventare, intimidire, intimorire, turbare **CONTR.** allettare, blandire, lusingare, sedurre, far sperare **2** (*di cosa*) compromettere, mettere in pericolo **3** (*di cadere, di andarsene, ecc.*) esserci rischio, esserci pericolo **4** correre pericolo.
minacciàto part. pass. di **minacciare**; anche agg. **1** (*di persona*) intimidito, spaventato, oppresso, perseguitato **CONTR.** allettato, blandito, lusingato, sedotto **2** (*di cosa*) insidiato, intaccato, compromesso, messo in pericolo **CONTR.** difeso, salvaguardato.
minacciosaménte avv. in modo minaccioso, con minaccia, intimidatoriamente, ostilmente, aggressivamente, torvamente **CONTR.** blandamente, affabilmente, carezzevolmente, bonariamente.
minacciόso agg. **1** (*di persona, di sguardo, ecc.*) intimidatorio, minatorio, minaccevole (*raro*), ostile, aggressivo □ corrucciato, torvo **CONTR.** allettante, lusinghevole (*lett.*), lusinghiero, carezzevole, seducente, attraente **2** (*di cosa*) pericoloso □ malsicuro □ preoccupante, angoscioso **CONTR.** sicuro **3** (*fig.*) (*di rupe, di castello, ecc.*) imponente □ orrido, vertiginoso.
minàre v. tr. **1** (*di ponte, di strada, ecc.*) mettere mine, mettere cariche esplosive **2** (*fig.*) (*di salute, di reputazione, ecc.*) insidiare, indebolire, compromettere **CONTR.** irrobustire, rafforzare, rinforzare, rinvigorire.
minatόre s. m. cavatore, lavoratore delle miniere.
minatòrio agg. minaccioso, intimidatorio, minaccevole (*raro*), ostile, aggressivo **CONTR.** allettante, lusinghevole (*lett.*), lusinghiero, carezzevole, seducente, attraente.
minèstra s. f. **1** primo □ zuppa, pappa, pasta, pasta asciutta, pasta in brodo **2** (*fig.*) vitto, pagnotta **3** (*fig.*) faccenda, affare, cosa, operazione.
minestrìna s. f. **1** dim. di **minestra 2** minestra leggera.
minestrόne s. m. **1** accr. di **minestra 2** minestra con verdure **3** (*fig.*) guazzabuglio, miscuglio eterogeneo **4** (*pop.*) mangiatore di minestra.
mingherlìno agg. esile, gracile, magro, sottile, smilzo, striminzito □ emaciato, smunto **CONTR.** grasso, grassone, corpacciuto, corpulento, obeso, membruto.
mìni in funzione di s. f. inv. minigonna **CONTR.** maxigonna.
miniàre v. tr. **1** alluminare (*ant.*), fare miniature **2** (*fig.*) ricamare, cesellare.
miniàto part. pass. di **miniare**; anche agg. **1** ornato di miniature □ eseguito con la miniatura **2** (*fig.*) cesellato, ricamato, raffinatissimo.
miniatόre s. m. (f. *-trice*) miniaturista.
miniatùra s. f. **1** (*fig.*) ricamo, cesello **2** (*fig.*) cosa piccola e graziosa **FRAS.** *in miniatura*, in piccolo, in proporzioni ridotte.
miniaturìsta s. m. e f. miniatore.
miniaturizzàre v. tr. (*elettron.*) ridurre □ (*est.*) ridurre al minimo **CONTR.** ingrandire.
miniaturizzaziόne s. f. (*elettron.*) riduzione □ (*est.*) riduzione al minimo **CONTR.** ingrandimento.
minièra s. f. **1** giacimento minerario **2** (*fig.*) fonte copiosa, pozzo **3** (*fig.*) fonte di guadagno, fonte di ricchezza.
minigόnna s. f. gonna cortissima **CONTR.** maxigonna.
mìnima s. f. (*meteor.*) temperatura minima **CONTR.** massima.
minimàle A agg. minimo **CONTR.** massimale **B** s. m. limite minimo, misura minima, minimo **CONTR.** massimale, massimo.
minimalìsta s. m. e f. riformista, menscevico **CONTR.** massimalista, bolscevico, comunista.
minimaménte avv. pochissimo, affatto, per nulla, il meno possibile **CONTR.** massimamente, moltissimo, assai.
minimizzàre v. tr. **1** ridurre al minimo **CONTR.** ingrandire al massimo **2** (*fig.*) sminuire, dare poca importanza, dare scarso rilievo **CONTR.** dare risalto, mettere in rilievo.
mìnimo A agg. **1** sup. di **piccolo 2** piccolissimo, più piccolo, menomo (*tosc.*) □ minutissimo, microscopico, quasi invisibile **CONTR.** massimo, grandissimo, il più grande **3** (*fig.*) (*di persona*) modestissimo, umilissimo **CONTR.** importantissimo **B** s. m. **1** parte più piccola, misura più piccola, quantità più piccola, grado più ridotto **CONTR.** il massimo **2** (*di motore*) più basso regime **CONTR.** massimo.
mìnio s. m. **1** ossido di piombo, cinabro, vermiglione **2** (*raro*) rossetto, belletto.
ministeriàle agg. **1** di ministro, di ministero **2** (*est.*) governativo.

ministèro s. m. **1** nobile ufficio, missione **2** (*polit.*) dicastero, ministri, consiglio dei ministri, governo, potere esecutivo **3** sede del ministro.

minìstro s. m. **1** membro del governo □ cancelliere, guardasigilli, sottosegretario □ ambasciatore **2** (*di culto*) sacerdote **3** (*fig.*) difensore, divulgatore □ responsabile, strumento **FRAS.** *primo ministro*, capo del governo, presidente del consiglio.

minorànza s. f. **1** i meno, minor parte, minor numero □ gruppo minoritario **CONTR.** maggioranza **2** (*polit.*) opposizione.

minoràto agg. e s. m. **1** diminuito, sminuito, scemato, ridotto, limitato **CONTR.** accresciuto, ampliato, aumentato, ingrandito, maggiorato **2** invalido, impedito, disabile, menomato, mutilato, andicappato, subnormale **CONTR.** superdotato.

minorazióne s. f. **1** riduzione, scadimento, diminuzione, abbassamento **CONTR.** accrescimento, ampliamento, aumento, ingrandimento, maggiorazione **2** menomazione, mutilazione, lesione, imperfezione, handicap (*ingl.*).

minóre A agg. **1** compar. di **piccolo 2** (*di dimensione*) più piccolo, meno ampio, meno grande, meno esteso, meno alto, meno intenso, meno numeroso **CONTR.** maggiore, più grande **3** (*di importanza*) inferiore, meno importante, di rilevanza ridotta **CONTR.** superiore, più importante **4** (*di scuola*, *di pena*, *ecc.*) di grado inferiore □ (*est.*) meno grave **5** (*di età*) più giovane **CONTR.** maggiore, più anziano **B** s. m. e f. **1** più giovane **CONTR.** maggiore, più anziano **2** (*dir.*) minorenne **CONTR.** maggiorenne.

minorènne s. m. e f.; anche agg. (*dir.*) minore **CONTR.** maggiorenne.

minorìle agg. dei minorenni **CONTR.** dei maggiorenni.

minorità s. f. **1** (*raro*) minoranza **CONTR.** maggioranza **2** (*dir.*) minore età **CONTR.** maggiore età.

minoritàrio agg. di minoranza **CONTR.** maggioritario.

minuèndo s. m. (*mat.*) diminuendo, primo termine **CFR.** sottraendo, secondo termine.

minùscola s. f. **CONTR.** maiuscola.

minùscolo agg. **1** (*di struttura*, *di carattere*) piccolo **CONTR.** maiuscolo **2** piccolissimo, molto piccolo, assai piccolo, piccolino, minuto, microscopico **CONTR.** grandissimo, enorme, colossale, immenso, mastodontico, smisurato, spropositato **3** (*est.*) insignificante, meschino, modesto **CONTR.** importante, magnifico, splendido.

minùta s. f. brutta copia, brutta, mala copia, mala bozza, abbozzo, prima stesura **CONTR.** bella copia, bella, buona copia, buona.

minutàglia s. f. **1** minuteria, chincaglieria, bigiotteria **2** pesci piccoli (per frittura) **3** (*di persone*) plebaglia, gentaglia, marmaglia, ciurmaglia, canaglia.

minutaménte avv. **1** a pezzetti, in briciole **CONTR.** grossolanamente **2** (*fig.*) particolarmente, per filo e per segno, accuratamente, precisamente, particolareggiatamente **CONTR.** sommariamente, approssimativamente, superficialmente.

minutézza s. f. piccolezza, sottigliezza, gracilità **CONTR.** grandezza, grossezza, robustezza.

minùto (1) agg. **1** (*di cosa*) piccolo, esiguo, minuscolo, microscopico **CONTR.** grande, grosso, enorme, colossale, immenso, smisurato, spropositato **2** (*est.*) (*di persona*, *di fisico*) gracile, mingherlino, delicato **CONTR.** grasso, grassone, corpulento, corpacciuto, membruto, obeso **3** (*fig.*) (*di particolare*) insignificante, irrilevante, trascurabile, poco importante **CONTR.** importante, rilevante, considerevole **4** (*fig.*) (*di condizione sociale*) umile, modesto **CONTR.** nobile **5** (*fig.*) (*di descrizione*) particolareggiato, minuzioso, meticoloso, preciso, circostanziato **CONTR.** riassuntivo, sommario, negligente, trascurato **6** (*di denaro*) spicciolo, scambio **FRAS.** *al minuto*, in piccola quantità, al dettaglio.

minùto (2) s. m. **1** sessanta secondi, primo **2** (*fig.*) momento, istante **FRAS.** *spaccare il minuto* (*fig.*), essere puntualissimo.

minùzia s. f. nonnulla, quisquilia, inezia, sottigliezza, futilità, sciocchezza, piccolezza, bagattella, bazzecola, particolare insignificante.

minuziosaménte avv. accuratamente, precisamente, particolareggiatamente, in modo particolareggiato, per filo e per segno **CONTR.** sommariamente, approssimativamente, superficialmente.

minuziosità s. f. meticolosità, scrupolosità, rigorosa precisione □ particolari, particolarità **CONTR.** faciloneria, negligenza, superficialità, trascuratezza.

minuzióso agg. **1** (*di persona*) meticoloso, scrupoloso, diligentissimo **CONTR.** facilone, negligente, superficiale, trascurato **2** (*di lavoro*, *di racconto*) precisissimo, perfetto □ particolareggiato **CONTR.** trascurato, grossolano.

minùzzolo s. m. pezzettino.

minzióne s. f. orinazione.

mìo A agg. poss. sing. (*fam.*) solito, abituale, consueto **B** pron. poss. sing. **1** la mia roba, le mie cose **2** (*al pl.*) i miei familiari, i miei parenti.

mìope agg. **1** (*med.*) affetto da miopia **CONTR.** presbite, ipermetrope **2** (*est.*) sbircio (*raro*), bircio (*raro*), losco (*ant.*) **3** (*fig.*) (*di mente*) poco acuto, poco perspicace, di mentalità ristretta, gretto **CONTR.** acuto, perspicace, di larghe vedute, lungimirante.

miopìa s. f. **1** (*med.*) vista corta **CONTR.** presbiopia, ipermetropia **2** (*fig.*) (*di mente*) scarso acume, scarsa perspicacia, scarsa lungimiranza, grettezza, meschinità **CONTR.** acume, acutezza, avvedutezza, lungimiranza, perspicacia, larghezza di vedute, mentalità aperta.

miosòtide s. m. o f. (*bot.*) nontiscordardimé, myosotis (*lat.*), occhio della Madonna.

mìra s. f. **1** (*di tiro*) puntamento, direzione **2** bersaglio, obiettivo **3** (*spec. al pl.*) (*fig.*) fine, meta, scopo, intento, intenzione, proponimento, proposito, aspirazione □ disegno, progetto, piano **CONTR.** attuazione, compimento, esecuzione, realizzazione **FRAS.** *prendere di mira* (*fig.*), bersagliare, tormentare, perseguitare.

miràbile agg. ammirevole, meraviglioso, bellissimo, grandissimo, eccezionale, straordinario, inaudito, miracoloso, stupefacente, stupendo **CONTR.** orrendo, orribile, bruttissimo, ripugnante, schifoso □ meschino, misero, spregevole.

mirabilménte avv. meravigliosamente, stupendamente, magnificamente, splendidamente □ eccezionalmente, straordinariamente **CONTR.** orrendamente, orribilmente □ per nulla.

mirabolànte agg. (*scherz.*) straordinario, stupefacente, incredibile, strabiliante **CONTR.** comune, solito, ordinario, consueto, normale.

miracolàto agg.; anche s. m. oggetto di miracolo □ (*est.*) salvato.

miràcolo s. m. **1** (*relig.*) fenomeno trascendente □ grazia **2** (*fig.*) caso incredibile, cosa straordinaria, portento, prodigio, meraviglia **3** (*fig.*) (*di persona*) fenomeno, eccezione, genio.

miracolosaménte avv. **1** in modo miracoloso, per miracolo **2** (*fig.*) meravigliosamente, incredibilmente, portentosamente, straordinariamente, contro ogni aspettativa **CONTR.** ordinariamente, solitamente, comunemente.

miracolóso agg. **1** che fa miracoli **2** soprannaturale, divino **CONTR.** naturale, umano **3** (*fig.*) portentoso, prodigioso, incredibile, eccezionale, straordinario, sorprendente, stupefacente **CONTR.** comune, ordinario.

miràggio s. m. **1** fata morgana **2** (*fig.*) illusione, seduzione, speranza, sogno, ideale irraggiungibile **CONTR.** realtà, concretezza.

miràre A v. tr. (*lett.*) osservare, guardare, contemplare, esaminare **B** v. intr. **1** (*ad un bersaglio*) prendere la mira, puntare, aggiustare il tiro **2** (*fig.*) (*a uno scopo*) tendere, aspirare, desiderare, vagheggiare, cercare di ottenere **CONTR.** rinunciare, desistere, recedere, ritirarsi **C mirarsi** v. rifl. rimirarsi, guardarsi, osservarsi, contemplarsi.

mirìade s. f. grandissimo numero, enorme quantità, infinità, moltitudine **CONTR.** pochissimi.

mirìno s. m. tacca di mira **FRAS.** *essere nel mirino* (*fig.*), essere osservato, essere controllato.

mìrto s. m. (*bot.*) mortella.

misantropìa s. f. **1** odio per l'uomo **CONTR.** filantropia **2** (*est.*) selvatichezza, scontrosità **CONTR.** socievolezza, espansività, affabilità.

misàntropo agg.; anche s. m. **1** che odia l'uomo **CONTR.** filantropo **2** (*est.*) persona poco socievole, insocievole, selvatico, solitario, orso **CONTR.** socievole, espansivo, affabile.

miscèla s. f. miscuglio, mescolanza, mistura, mistione (*lett.*), miscelatura, amalgama, unione, fusione □ cocktail (*ingl.*) **CONTR.** separazione, distinzione, divisione.

miscelàre v. tr. mescolare, mischiare **CONTR.** separare, dividere.

miscelàto part. pass. di **miscelare**; anche agg. mescolato, non puro, tagliato **CONTR.** puro, integro.

miscelatóre s. m.; anche agg. (f. *-trice*) mescolatore **CONTR.** separatore.

miscelatùra s. f. mescolanza, miscelazione, taglio **CONTR.** separazione, divisione.

miscelazióne s. f. miscelatura, mescolanza, taglio **CONTR.** separazione, divisione.

miscellànea s. f. **1** (*anche fig.*) mescolanza, misto **2** (*di scritti*) zibaldone, raccolta □ antologia, crestomazia (*lett.*).

miscellàneo agg. composito, misto, eterogeneo **CONTR.** unito, unico.

mìschia s. f. **1** rissa, zuffa, tafferuglio, baruffa, combattimento, scontro □ lite, contesa, dissidio **2** accozzaglia, affollamento **3** (*sport*) bagarre (*fr.*).

mischiàre A v. tr. mescolare, mescere (*lett.*), rimestare, miscelare, stemperare, amalgamare, diluire **CONTR.** dividere, separare, distinguere **B mischiarsi** v. rifl. e intr. pron. introdursi, unirsi, congiungersi, inserirsi, ingerirsi, intromettersi **CONTR.** restar fuori, estraniarsi, disinteressarsi.

mischiàto part. pass. di **mischiare**; anche agg. **1** mescolato, miscelato, rimestato, stemperato, amalgamato, diluito **CONTR.** diviso, separato, distinto **2** inserito, introdotto, aggiunto, connesso **CONTR.** tolto, levato.

miscìbile agg. mescolabile, frammischiabile.

misconoscènza s. f. indifferenza, disistima, ostilità **CONTR.** interessamento, riconoscimento, stima.

misconóscere v. tr. disconoscere, sottovalutare, rinnegare, negare, ignorare **CONTR.** riconoscere, apprezzare, stimare.

misconosciùto part. pass. di **misconoscere**; anche agg. disconosciuto, rinnegato, sottovalutato, trascurato **CONTR.** riconosciuto, apprezzato, stimato.

miscredènte agg.; anche s. m. e f. (*relig.*) ateo, eretico, incredulo, irreligioso, empio **CONTR.** credente, fedele.

miscùglio s. m. amalgama, impasto, mistione (*lett.*), miscela, mistura, combinazione, misto, mescolanza, miscellanea, guazzabuglio, accozzaglia, promiscuità, intruglio, zibaldone, macedonia.

mise /*fr.* 'miz/ [vc. fr., letteralmente 'messa', da *mettre* 'mettere'] s. f. inv. **1** modo di vestire **2** (*est.*) abito, vestito, abbigliamento.

miseràbile A agg. **1** misero, infelice, compassionevole, miserevole, sciagurato, tapino □ povero, poveraccio, pezzente **CONTR.** beato, felice, invidiabile **2** abietto, meschino, spregevole, indegno **CONTR.** degno, nobile, apprezzato **3** (*di cosa*) scadentissimo, di scarsissimo valore **CONTR.** pregevole **B** s. m. e f. disgraziato, abietto, persona spregevole **CONTR.** galantuomo, persona stimata, persona di valore.

miseraménte avv. dolorosamente, infelicemente, miserabilmente, compassionevolmente **CONTR.** felicemente, degnamente.

miserévole agg. **1** miserando, compassionevole, infelice, misero, sciagurato, tapino **CONTR.** beato, felice, invidiabile **2** gretto, meschino, sordido **CONTR.** aperto, generoso.

misèria s. f. **1** indigenza, povertà, fame, bolletta, lastrico **CONTR.** ricchezza, abbondanza, agiatezza, benessere, dovizia (*lett.*), opulenza **2** (*est.*) (*di cosa*) inezia, bazzecola, nonnulla, bagattella **3** (*fig.*) infelicità, disperazione, afflizione, sconforto **CONTR.** felicità, consolazione, conforto, serenità **4** (*spec. al pl.*) ristrettezza, grettezza, meschinità, bruttura morale **CONTR.** magnanimità, liberalità, grandezza d'animo.

misericòrdia s. f. **1** compassione, pietà, carità, commiserazione, compatimento **CONTR.** crudeltà, durezza, inesorabilità, implacabilità, spietatezza **2** grazia, perdono, clemenza **CONTR.** castigo, condanna, punizione, vendetta.

misericordiosaménte avv. pietosamente, caritatevolmente, benignamente, compassionevolmente **CONTR.** crudelmente, duramente, implacabilmente, inesorabilmente, spietatamente.

misericordióso agg. compassionevole, misericorde (*lett.*), pietoso, caritatevole, clemente, benigno, mansueto **CONTR.** crudele, duro, implacabile, inesorabile, spietato.

mìsero A agg. **1** (*economicamente*) povero, bisognoso, indigente, morto di fame, miserabile **CONTR.** agiato, benestante, ricco, danaroso, facoltoso **2** (*moralmente*) infelice, sventurato, disgraziato, sfortunato, tapino **CONTR.** beato, felice, fortunato **3** (*di stipendio, di cena, ecc.*) insufficiente, inadeguato, magro, meschino, scarso **CONTR.** abbondante, copioso (*lett.*), esuberante, traboccante **B** s. m. poveraccio, miserabile, disgraziato, sventurato, infelice **CONTR.** ricco, fortunato, felice.

misfàtto s. m. scelleratezza, delitto, crimine, nefandezza.

misògino agg.; anche s. m. che disprezza le donne, antifemminista **CONTR.** femminista, antimaschilista.

miss /*ingl.* mis/ [vc. ingl., 'signorina', da *mistress* 'signora'] s. f. inv. **1** signorina **2** (*spec. di un concorso di bellezza*) reginetta.

missàggio s. m. (*cine., tv., ecc.*) mixing (*ingl.*), mixage (*ingl.*) □ mixer (*ingl.*), registrazione simultanea.

mìssile s. m. **1** (*lett.*) dardo, proiettile **2** razzo.

missìno [da *MSI*, sigla del *M(ovimento) S(ociale) I(taliano)*] agg.; anche s. m. neofascista.

missionàrio A s. m. **1** (*relig.*) evangelizzatore □ catechista, predicatore **2** (*fig.*) (*di ideologie*) apostolo, propagandista, redentore **B** agg. **1** delle missioni **2** (*fig.*) propagandistico.

missióne s. f. **1** apostolato, evangelizzazione **2** (*est.*) compito, incombenza, incarico, ufficio, funzione, mandato **3** (*bur.*) trasferta **4** vocazione, compito morale, impegno morale □ dedizione.

mister /*ingl.* 'mistə/ [vc. ingl., letteralmente 'signore'] s. m. inv. **1** signore **2** (*in un concorso*) vincitore **3** (*nel calcio*) allenatore, direttore tecnico.

misteriosaménte avv. oscuramente, inesplicabilmente, incomprensibilmente, enigmaticamente, segretamente **CONTR.** chiaramente, apertamente, evidentemente, palesemente.

misterióso agg. **1** (*di cosa*) oscuro, inesplicabile, incomprensibile, inspiegabile, astruso, arcano, enigmatico **CONTR.** chiaro, comprensibile, evidente, aperto, palese, semplice **2** (*di persona, di discorso, ecc.*) segreto □ reticente, sospettoso, riservato **CONTR.** aperto, franco, schietto, sincero.

mistèro s. m. **1** (*teologia*) dogma, verità di fede **2** (*est.*) segreto, enigma, arcano, indovinello, cosa incomprensibile, cosa inesplicabile **CONTR.** evidenza, chiarezza.

misticaménte avv. **1** religiosamente, devotamente **2** (*fig.*) misteriosamente.

misticìsmo s. m. slancio mistico, misticità, devozione, ascetismo, contemplazione **CONTR.** scetticismo, indifferenza.

mìstico A agg. puro, spirituale, contemplativo, ascetico, devoto **CONTR.** scettico, indifferente **B** s. m. asceta, spiritualista, contemplativo **CONTR.** materialista, realista.

mistificàre v. tr. **1** (*di cosa*) adulterare, falsificare **2** (*di persona*) ingannare, raggirare, beffare, burlare, irretire, gabbare, turlupinare.

mistificàto part. pass. di **mistificare**; anche agg. **1** (*di persona*) imbrogliato, beffato, burlato, gabbato, irretito, turlupinato **2** (*di cosa*) falsato, falsificato.

mistificatóre s. m. (f. *-trice*) ingannatore, imbroglione, impostore, frodatore, turlupinatore.

mistificazióne s. f. **1** (*di cosa*) adulterazione, falsificazione, alterazione **2** (*di persona*) beffa, inganno, imbroglio, impostura, truffa, raggiro **3** (*di pensiero, di verità, ecc.*) manipolazione, distorsione, falsificazione, tendenziosità **CONTR.** veridicità, autenticità.

mìsto A agg. **1** (*di materie*) mescolato, mischiato, miscelato, amalgamato, impastato □ vario **CONTR.** diviso, distinto, separato **2** (*est.*) unito, congiunto, promiscuo **CONTR.** disgiunto, a sé **B** s. m. mescolanza, miscela, impasto, combinazione, composto, fusione, unione □ intruglio, guazzabuglio, accozzaglia **CONTR.** divisione, distinzione, separazione.

mistùra s. f. mescolanza, miscela, miscuglio, amalgama, impasto □ fusione, unione.

misùra s. f. **1** (*di spazio*) dimensione, estensione, lunghezza, larghezza, grandezza, superficie **2** misurazione, rilevamento **3** (*di quantità*) dose, quantità, porzione, razione **4** (*fig.*) (*di forze, di ingegno, ecc.*) valore, capacità, possibilità □ proporzione **5** (*fig.*) (*di valutazione*) giudizio, stima □ criterio di valutazione, canone **6** (*fig.*) (*nel dire, nel fare, ecc.*) discrezione, moderazione, limite, controllo, norma, legge, regola, temperanza, prudenza, tatto **CONTR.** indiscretezza (*raro*), indiscrezione **7** (*di sicurezza, di polizia, ecc.*) provvedimento, disposizione **8** (*mus.*) battuta **FRAS.** *a misura che*, secondo che.

misuràbile agg. calcolabile, rilevabile, valutabile, stimabile **CONTR.** incommensurabile, incalcolabile.

misuràre A v. tr. **1** prendere la misura □ calcolare, rilevare, calibrare, commisurare, considerare, sperimentare **2** (*di tempo*) cronometrare **3** (*fig.*) (*di parole, di atti, ecc.*) pesare, soppesare, controllare, ponderare, valutare **CONTR.** sottovalutare **4** (*est.*) (*di strada*) percorrere **5** (*di abito*) provare, indossare **6** (*fig.*) (*di merito, di difetto, ecc.*) stimare, giudicare, valutare **7** (*fig.*) (*di forze, di denaro, ecc.*) limitare, regolare, dosare, economizzare **CONTR.** sperperare, sprecare **B** v. intr. essere lungo, essere alto, essere largo, essere profondo, avere la misura, estendersi, alzarsi, allargarsi **C misurarsi** v. rifl. **1** contenersi, regolarsi, limitarsi **CONTR.** largheggiare, essere generoso, essere sregolato **2** (*fig.*) (*con uno*) contendere, competere, cimentarsi, venire alle mani.

misuràto part. pass. di **misurare**; anche agg. **1** calcolato, rilevato **2** (*di persona*) equilibrato, ponderato, prudente, discreto, limitato, moderato □ parco, sobrio **CONTR.** eccessivo, smodato, smoderato, sfrenato, sregolato, illimitato, smisurato **3** regolato, stabilito.

misurazióne s. f. misura, metratura, calcolo, rilievo, stima, valutazione.

misurìno s. m. dosatore.

mìte agg. **1** benevolo, clemente, indulgente, bonario, dolce, gentile, moderato, buono **CONTR.** crudele, feroce, aggressivo, violento, severo, duro, acre, spietato **2** (*di animale*) docile, mansueto, tranquillo **CONTR.** selvaggio, selvatico, brado, indocile **3** (*di clima*) temperato, buono, gradevole, dolce, tiepido **CFR.** inclemente □ afoso, torrido, soffocante □ rigido, gelido, polare **4** (*di prezzo*) accessibile, discreto, buono **CONTR.** eccessivo, esagerato, esorbitante.

miteménte avv. benevolmente, benignamente, bonariamente, dolcemente, gentilmente, indulgentemente, moderatamente, umanamente **CONTR.** crudelmente, ferocemente, inesorabilmente, severamente, spietatamente.

mitézza s. f. **1** benevolenza, benignità, bontà, bonarietà, clemenza, dolcezza, gentilezza, indulgenza, moderazione, tolleranza, umanità **CONTR.** crudeltà, disumanità, ferocia, severità, inesorabilità, spietatezza **2** (*di clima*) tiepidezza, dolcezza, gradevolezza **CONTR.** inclemenza □ afosità □ rigidità.

mìtico agg. **1** mitologico **2** (*fig.*) favoloso, leggendario, fantastico, fantasioso, immaginoso □ straordinario, meraviglioso **CONTR.** reale, concreto, vero, documentato.

mitigaménto s. m. mitigazione, attenuazione, alleviamento **CONTR.** accrescimento, aumento, inasprimento.

mitigàre A v. tr. attenuare, diminuire, scemare, addolcire, alleviare, attutire, calmare, lenire, moderare, placare, sedare, sopire, quietare, temperare **CONTR.** accrescere, attizzare, aumentare, inasprire, esacerbare, esasperare, irritare **B mitigarsi** v. intr. pron. calmarsi, moderarsi, placarsi **CONTR.** inasprirsi, irritarsi, esasperarsi.

mitigazióne s. f. mitigamento, attenuazione, diminuzione, addolcimento, alleviamento, lenimento, temperamento **CONTR.** accrescimento, aumento, esasperazione, esacerbamento, inasprimento.

mìtilo s. m. (*zool.*) cozza, muscolo, peocio, arsella, vongola, tellina.

mitizzàre v. tr. **1** miticizzare **2** (*est.*) esaltare, idealizzare.

mitizzazióne s. f. **1** miticizzazione **2** (*est.*) celebrazione, idealizzazione.

mìto s. m. **1** favola, leggenda, saga **CONTR.** storia, realtà **2** (*est.*) idealizzazione **3** (*est.*) sogno, utopia.

mitologìa s. f. **1** miti **2** (*est.*) favola, leggenda.

mitològico agg. **1** mitico **2** (*fig.*) favoloso, leggendario, fantastico **CONTR.** storico, reale, documentato.

mitòmane s. m. e f.; anche agg. **1** affetto da mitomania **2** (*est.*) paranoico, bugiardo.

mitòsi s. f. (*biol.*) cariocinesi.

mìtra s. m. inv. mitragliatore, fucile mitragliatore, fucile automatico, moschetto automatico.

mitràglia s. f. **1** (*gerg.*) mitragliatrice **2** (*fig.*) parlatore instancabile.

mitragliàre v. tr. **1** colpire con mitraglia **2** (*est.*) (*con sassi e sim.*) colpire ripetutamente **3** (*fig.*) (*con domande*) investire, incalzare, importunare, infastidire.

mitragliatóre s. m. mitra, fucile automatico, moschetto automatico.

mitragliatrice s. f. **1** mitraglia (*gerg.*), mitragliera **2** (*fig.*) parlatore instancabile.
mitraglièra s. f. mitragliatrice (contraerea).
mitteleuropèo agg. della media Europa, centroeuropeo.
mittènte s. m. e f. mandante, speditore CONTR. destinatario, ricevente.
mixage /*ingl.* 'miksidʒ/ [vc. ingl., da *to mix* 'mescolare'] s. m. inv. (*cine.*) missaggio, registrazione simultanea.
mixer /*ingl.* 'miksə/ [vc. ingl., da *to mix* 'mescolare'] s. m. inv. **1** (*di recipiente*) miscelatore, mescolatore **2** (*di persona*) tecnico del missaggio.
mixing /*ingl.* 'miksiŋ/ [vc. ingl., da *to mix* 'mescolare'] s. m. inv. (*cine.*, *tv.*) missaggio.
mnemonicaménte avv. **1** a memoria **2** (*spreg.*) meccanicamente CONTR. ragionatamente.
mnemònico agg. **1** della memoria **2** (*spreg.*) meccanico CONTR. ragionato.
mòbile A agg. **1** movibile, amovibile, asportabile, rimovibile, trasportabile □ girevole CONTR. immobile, fermo, inamovibile, stabile **2** (*di mente, di fuoco, ecc.*) vivo, inquieto, vivace, sempre in movimento CONTR. calmo, quieto, tranquillo **3** (*fig.*) (*di persona, di carattere*) incostante, volubile, instabile, mutevole, superficiale, leggero CONTR. costante, saldo, perseverante, tenace **B** s. m. suppellettile, arredo □ mobilio, masserizia.
mobìlia s. f. mobilio, mobili.
mobiliàre (1) v. tr. ammobiliare, arredare CONTR. smobiliare.
mobiliàre (2) agg. di beni mobili CONTR. immobiliare.
mobìlio s. m. mobilia, mobili.
mobilità s. f. **1** movibilità, facilità di muoversi □ agilità, vivacità CONTR. immobilità **2** (*fig.*) (*di idee, di carattere, ecc.*) incostanza, leggerezza, mutevolezza, instabilità, volubilità CONTR. costanza, fermezza, imperturbabilità, perseveranza, saldezza, tenacia.
mobilitàre A v. tr. **1** chiamare alle armi, mettere sul piede di guerra CONTR. smobilitare **2** (*fig.*) (*di forze, di capacità, ecc.*) smuovere, mettere in moto, impegnare CONTR. fermare, bloccare, inibire **B mobilitarsi** v. rifl. mettersi in moto, impegnarsi.
mobilitàto part. pass. di **mobilitare**; anche agg. **1** chiamato alle armi □ in assetto di guerra CONTR. smobilitato **2** (*fig.*) (*di forze, di capacità, ecc.*) messo in moto, impegnato, sollecitato CONTR. fermato, bloccato, inibito.
mobilitazióne s. f. **1** chiamata alle armi CONTR. smobilitazione **2** (*fig.*) (*di opinione, di partiti, ecc.*) appello a partecipare, impegno, sollecitazione, messa in moto CONTR. blocco, disimpegno.
moccióso A agg. sporco di moccio **B** s. m. **1** bambinetto **2** (*fig.*, *spreg.*) ragazzetto pretenzioso.
mòccolo o **móccolo** s. m. **1** (*di candela*) colaticcio □ mozzicone **2** (*pop.*) bestemmia, imprecazione **3** (*pop.*) moccio.
mòda s. f. **1** (*di abbigliamento, acconciatura e sim.*) foggia, novità, gusto, usanza CONTR. disuso **2** (*est.*) voga, abitudine, andazzo, attualità, conformismo CONTR. anticonformismo.
modalità s. f. **1** caratteristica, schema, norma, procedura, modo **2** (*est.*, *dir.*) accidente, circostanza particolare CONTR. fondamento, essenza.
modanatùra s. f. (*arch.*) aggetto, rilievo, listello, fascia, regolo.
modèlla s. f. **1** (*di artista*) posatrice **2** (*di moda*) mannequin (*fr.*), indossatrice.
modellàbile agg. plasmabile, foggiabile.
modellàre A v. tr. **1** formare, plasmare, foggiare, conformare, configurare, sagomare □ (*est.*) delineare, tratteggiare CONTR. sformare **2** (*di abito*) mettere in risalto le forme **3** (*fig.*) (*di idee, di comportamento, ecc.*) adattare, improntare □ indirizzare **B modellarsi** v. rifl. conformarsi, adattarsi, adeguarsi, imitare CONTR. differenziarsi, distinguersi.
modellàto part. pass. di **modellare**; anche agg. **1** plasmato, conformato, configurato □ abbozzato **2** (*fig.*) (*di idee, di comportamento, ecc.*) adattato, improntato, indirizzato.
modellatóre s. m. (f. *-trice*) (*raro*) plasmatore (*lett.*).
modellìno s. m. **1** dim. di **modello 2** riproduzione in miniatura.
modellìsta s. m. e f. (*di moda*) ideatore di modelli, disegnatore di modelli, designer (*ingl.*), stilista.
modèllo s. m. **1** originale, archetipo, esemplare, tipo, prototipo, abbozzo, bozzetto, bozza, campione □ stampo, forma, calco □ rilievo CONTR. copia, duplicato, imitazione, riproduzione **2** (*est.*) (*di comportamento*) esempio □ foggia, maniera **3** (*bur.*) stampato, modulo.
moderàbile agg. regolabile, disciplinabile, governabile, contenibile CONTR. ingovernabile, incontrollabile, sfrenato.
moderàre A v. tr. **1** (*raro*) governare, reggere **2** limitare, contenere, disciplinare, regolare □ attenuare, addolcire, mitigare, temperare CONTR. alzare, elevare □ sfrenare, aizzare, eccitare, incitare **B moderarsi** v. rifl. contenersi, controllarsi, frenarsi, limitarsi, regolarsi CONTR. sfrenarsi, eccedere, trasmodare, trascendere.
moderataménte avv. con moderazione, con equilibrio, senza eccedere, cautamente, ponderatamente, regolatamente CONTR. eccessivamente, smoderatamente, esageratamente, soverchiamente (*lett.*).
moderàto A part. pass. di **moderare**; anche agg. **1** temperato, corretto, regolato, misurato, modesto, modico, discreto, giusto □ parco, so-

brio, morigerato **CONTR.** eccessivo, esagerato, indiscreto, smoderato, smodato □ intemperante, sregolato **2** (*polit.*) conservatore, centrista, riformista **CONTR.** estremista, rivoluzionario **B** s. m. (*polit.*) centrista, riformista, conservatore **CONTR.** estremista, rivoluzionario.

moderatóre s. m.; anche agg. (f. *-trice*) coordinatore, disciplinatore, regolatore.

moderazióne s. f. moderatezza (*lett.*), misura, discrezione, discretezza (*raro*), equilibrio, compostezza, prudenza, cautela, ponderatezza, ponderazione □ sobrietà, morigeratezza, temperanza **CONTR.** eccesso, esagerazione, indiscrezione, smoderatezza □ intemperanza, sregolatezza.

modernaménte avv. **1** attualmente, oggi **CONTR.** anticamente, una volta **2** con modernità, in modo moderno, secondo i gusti moderni **CONTR.** in modo antiquato.

modernìsmo s. m. tendenza al rinnovamento □ (*est.*) modernità, innovazione **CONTR.** passatismo.

modernìsta s. m. e f. innovatore, sostenitore del moderno **CONTR.** passatista.

modernità s. f. novità □ moda, attualità, contemporaneità □ freschezza **CONTR.** antichità, passato, passatismo □ conservatorismo.

modernizzàre A v. tr. rimodernare, ammodernare, rinnovare, aggiornare, adeguare ai tempi moderni **CONTR.** invecchiare **B modernizzarsi** v. rifl. rinnovarsi, aggiornarsi, adeguarsi ai gusti moderni.

modèrno A agg. odierno, attuale, corrente, presente, recente, nuovo, fresco, giovane, in (*ingl.*) **CONTR.** antico, vecchio, antiquato, vetusto, arcaico, sorpassato, superato, arretrato, disusato, demodé (*fr.*), out (*ingl.*) **B** s. m. solo sing. attualità, modernità, contemporaneità **CONTR.** antico, passato **C** s. m. spec. al pl. i contemporanei **CONTR.** antichi.

modestaménte avv. **1** dimessamente, semplicemente, umilmente, con discrezione □ dignitosamente, pudicamente, con riservatezza **CONTR.** immodestamente (*lett.*), superbamente, orgogliosamente □ impudicamente, sfacciatamente, sfrontatamente **2** poco, scarsamente **CONTR.** molto, assai, oltremodo.

modèstia s. f. **1** discrezione, discretezza (*lett.*), misura, moderatezza (*lett.*), moderazione, equilibrio, compostezza, prudenza, riserbo, riservatezza, timidezza □ semplicità, umiltà **CONTR.** eccesso, esagerazione, indiscrezione, smoderatezza □ ambizione, presunzione, vanità, vanagloria, esibizionismo, superbia **2** pudore, verecondia, pudicizia, onestà **CONTR.** immodestia, sfacciataggine, sfrontatezza, impudenza, arroganza, spavalderia.

modèsto agg. **1** discreto, misurato, equilibrato, prudente, riservato, schivo, timido, umile **CONTR.** immodesto, superbo, vanitoso, ambizioso, borioso, esibizionista, gradasso, spaccone, presuntuoso, vanaglorioso **2** (*di contegno*) pudico, verecondo, costumato, timorato **CONTR.** impudente, sfacciato, sfrontato **3** (*di valore, di intelligenza, ecc.*) mediocre, comune, irrisorio, meschino, limitato **CONTR.** eccellente, straordinario **4** (*di casa, di abito, ecc.*) privo di sfarzo, poco vistoso **CONTR.** sfarzoso, vistoso, sontuoso.

modicaménte avv. limitatamente, esiguamente, moderatamente, modestamente **CONTR.** eccessivamente, esageratamente, soverchiamente (*lett.*).

mòdico agg. limitato, moderato, esiguo, modesto, temperato, tenue, accessibile **CONTR.** eccessivo, esagerato, smoderato, esorbitante, soverchio (*lett.*), inaccessibile.

modìfica s. f. modificazione, rettificazione, cambiamento, correzione, variazione, variante, trasformazione **CONTR.** immutabilità, stabilità.

modificàbile agg. cambiabile, variabile, trasformabile **CONTR.** immutabile, invariabile.

modificàre A v. tr. cambiare, mutare, trasformare, variare, correggere, ritoccare **CONTR.** lasciare immutato, lasciare invariato **B modificarsi** v. intr. pron. cambiarsi, mutarsi, trasformarsi **CONTR.** restare immutato, restare invariato.

modificàto part. pass. di **modificare**; anche agg. cambiato, mutato, trasformato, diverso **CONTR.** immutato, invariato, uguale.

modificazióne s. f. cambiamento, mutamento, modifica, variante, variazione, trasformazione, emendamento, correzione, rettifica **CONTR.** immutabilità, stabilità.

modìsta s. f. modellista, stilista □ sarta, crestaia (*tosc.*).

mòdo s. m. **1** maniera □ foggia, regola, guisa **2** mezzo, espediente, sistema, metodo, occasione, possibilità **3** (*spec. al pl.*) tratto, comportamento, condotta, contegno **4** abitudine, usanza, stile, maniera **5** (*ling.*) locuzione linguistica, idiotismo **6** limite, misura, norma, regola **FRAS.** *in special modo*, specialmente □ *modo di dire*, locuzione, idiotismo □ *in ogni modo*, comunque, con tutti i mezzi □ *in malo modo*, sgarbatamente, con violenza □ *persona a modo*, persona perbene.

modulàbile agg. variabile, regolabile.

modulàre (1) v. tr. variare, regolare.

modulàre (2) agg. **1** composto di elementi, costituito da moduli **2** (*est.*) ripetitivo.

modulàto part. pass. di **modulare (1)**; anche agg. variato, regolato.

modulatóre s. m. (f. *-trice*) **1** chi modula **2** compositore **3** (*fis.*) dispositivo di modulazione.

modulazióne s. f. **1** variazione □ intonazione, inflessione **2** (*fig.*) variazione di frequenza **CONTR.** demodulazione.

mòdulo (1) s. m. **1** esemplare, modello **CONTR.**

copia, riproduzione **2** forma □ misura, regola □ schema, disegno **3** (*bur.*) stampato **4** (*numism.*) (*di moneta*) diametro.

mòdulo (2) s. m. parte separabile, parte separata.

mògio agg. avvilito, abbattuto, dimesso, malinconico □ fiacco, lento, indolente, assonnato **CONTR.** baldanzoso, tracotante, sicuro di sé □ sveglio, vivace, spigliato, arzillo.

móglie s. f. sposa, coniuge, consorte, signora, donna, donna maritata, metà (*scherz.*), mogliera (*ant.*) **CFR.** marito, sposo.

moìna s. f. spec. al pl. carezza leziosa, lezio, leziosaggine, leziosità, attuccio (*region.*), smanceria, vezzo, svenevolezza, lusinga, smorfia, daddolo (*tosc.*) **CONTR.** sgarberia, sgarbo, sgarbatezza, malgarbo, scortesia, villania.

mòla s. f. macina □ levigatrice.

molàre (1) v. tr. affilare, arrotare □ levigare, smerigliare.

molàre (2) agg. (*di dente*) mascellare.

molàto part. pass. di **molare (1)**; anche agg. arrotato, affilato □ levigato, smerigliato.

molatùra s. f. arrotatura, affilatura □ levigatura, smerigliatura.

mòle s. f. **1** masso, massa **2** edificio grandissimo **3** dimensione, misura, grandezza, grossezza, taglia, volume **4** (*fig.*) entità, quantità, importanza **CONTR.** irrilevanza, trascurabilità.

molècola s. f. (*est.*) particella, frammento, minuzzolo, briciola, piccolissima parte, minima parte.

molestàre v. tr. **1** infastidire, importunare, disturbare, seccare, scocciare (*fam.*), annoiare, stancare, incomodare, dar noia, pungere, travagliare **CONTR.** allietare, dilettare **2** perseguitare, vessare, maltrattare □ preoccupare, turbare **CONTR.** aiutare, soccorrere, favorire.

molestàto part. pass. di **molestare**; anche agg. **1** importunato, infastidito, seccato **CONTR.** allietato, dilettato **2** perseguitato, oppresso **CONTR.** aiutato, soccorso, favorito.

molestatóre s. m. (f. *-trice*) importuno, seccatore, scocciatore (*fam.*).

molèstia s. f. **1** noia, fastidio, incomodo, seccatura, disturbo, gravezza, briga, cruccio, grattacapo, imbarazzo, scocciatura (*fam.*), tormento **CONTR.** piacere, gioia, divertimento, spasso **2** danno, rovina.

molèsto agg. noioso, fastidioso, gravoso, importuno, irritante, indisponente, seccante, spiacevole, sgradito, scocciante (*fam.*), pesante, tedioso **CONTR.** gradito, gradevole, amabile, divertente, piacevole, spassoso.

mòlla s. f. **1** (*fig.*) stimolo, impulso, spinta □ causa, motivo **2** (*al pl.*) pinze, pinzette **FRAS.** *da prendere con le molle* (*fig.*), poco raccomandabile; difficile da trattare.

mollàre A v. tr. **1** allentare, lasciare andare □ liberare, sciogliere **CONTR.** stringere, trattenere **2** (*fig., fam.*) (*di schiaffo, di pedata*) dare, appioppare, assestare **B** v. intr. cedere, desistere, rinunciare, smettere **CONTR.** insistere, continuare, perseverare, persistere, resistere.

mòlle A agg. **1** (*di materia*) morbido, soffice, tenero, cedevole al tatto **CONTR.** duro, consistente, resistente, rigido, sodo **2** (*di giunco, di capelli, ecc.*) flessibile, flessuoso, elastico, pieghevole **CONTR.** rigido **3** (*fig.*) (*di voce, di modi, ecc.*) mite, dolce, tenero, carezzevole, soave, seducente **CONTR.** aspro, sgradevole, brusco **4** (*fig.*) (*di persona, di carattere, ecc.*) debole, fiacco, languido, remissivo, privo di energia **CONTR.** forte, energico, deciso, fermo, risoluto **5** (*di pane, di persona, ecc.*) bagnato, inzuppato, fradicio, intriso, umido, immollato, zuppo **CONTR.** arido, asciutto, secco **B** s. m. bagnato, umidità **CONTR.** asciutto.

molleggiàre A v. intr. (*di cuscino, di letto, ecc.*) essere elastico, essere morbido **CONTR.** essere rigido **B** v. tr. (*di divano, di sedile, ecc.*) rendere elastico, dotare di molleggio, mettere le molle **C molleggiarsi** v. rifl. (*di persona*) muoversi con elasticità, muoversi con leggerezza **CONTR.** irrigidirsi.

molleggiàto part. pass. di **molleggiare**; anche agg. **1** dotato di molle **2** (*di andatura, di corpo, ecc.*) elastico, flessuoso **CONTR.** rigido, impacciato.

molléggio s. m. **1** molle, sospensioni **2** elasticità, flessuosità **CONTR.** rigidità **3** flessione.

molleménte avv. **1** fiaccamente, pigramente, svogliatamente **CONTR.** energicamente, fortemente, risolutamente **2** delicatamente, lievemente, con garbo **CONTR.** aspramente, duramente.

mollétta s. f. **1** dim. di **molla 2** pinzetta.

mollézza s. f. **1** (*di cosa*) cedevolezza, delicatezza, morbidezza, tenerezza, elasticità, flessibilità **CONTR.** durezza, consistenza, resistenza, rigidezza, sodezza **2** (*fig.*) (*di persona*) debolezza, languidezza, fiacchezza, rilassatezza **CONTR.** forza, energia, decisione, fermezza, risolutezza **3** (*spec. al pl.*) comodità, lusso, piaceri **CONTR.** povertà, miseria, bisogno, ristrettezza.

mollìca o (*evit.*) **mòllica** s. f. **1** (*di pane*) midolla **CONTR.** crosta **2** (*spec. al pl.*) briciole, pezzetti, minuzzoli.

mollìccio agg. **1** bagnaticcio, umidiccio **CONTR.** asciutto, arido, secco **2** floscio, cascante, flaccido **CONTR.** duro, resistente, sodo.

mollùsco s. m. (*fig., spreg.*) smidollato, debole **CONTR.** risoluto, duro.

mòlo s. m. argine, diga □ approdo.

mòlotov [dal n. di V. M. *Molotov*, uomo politico sovietico] s. f. (*ell.*) bottiglia incendiaria.

moltéplice agg. complesso, composito, composto, complicato, multiforme, svariato, vario, di molte specie, poliedrico □ numeroso, copioso (*lett.*) **CONTR.** semplice, unico, singolo, uniforme.

molteplicità s. f. varietà, differenza, diversità, svariatezza, complessità, pluralità **CONTR.** semplicità, uniformità, unicità, singolarità.

moltìplica s. f. **1** (*tra ruote dentate*) rapporto **2** (*di bicicletta*) ruota dentata **3** (*pop.*) moltiplicazione **CONTR.** divisione.

moltiplicàre A v. tr. **1** (*mat.*) **CFR.** dividere **2** accrescere, aumentare, ingrandire □ accentrare □ duplicare, triplicare, quadruplicare, ecc. **CONTR.** diminuire, calare, ridurre, scemare **B moltiplicarsi** v. intr. pron. **1** aumentare, accrescersi, ingrandirsi **CONTR.** diminuire, calare, ridursi **2** riprodursi, proliferare.

moltiplicàto part. pass. di **moltiplicare**; anche agg. accresciuto, aumentato, ingrandito **CONTR.** diminuito, scemato, ridotto.

moltiplicazióne s. f. **1** (*mat.*) **CFR.** divisione **2** accrescimento, aumento, incremento, propagazione, riproduzione □ duplicazione, triplicazione, ecc. **CONTR.** diminuzione, calo, riduzione.

moltitùdine s. f. **1** grande quantità, grande numero, massa, infinità, mare, ammasso **CONTR.** esiguità, scarsità **2** (*di persone*) folla, ressa, calca, turba, caterva, affollamento, assembramento, marea, sciame, schiera, stuolo, concorso, formicolio, esercito, pigia pigia.

mólto A avv. assai, tanto, grandemente **CONTR.** poco **B** agg. indef. **1** numeroso, parecchio, in grande quantità □ lungo **CONTR.** poco, niente □ breve **2** grande, notevole **CONTR.** piccolo **C** s. m. **1** gran quantità, parecchio **CONTR.** poco **2** (*al pl.*) molte persone **CONTR.** pochi.

momentaneaménte avv. adesso, in questo momento, al momento, temporaneamente, per ora.

momentàneo agg. passeggero, temporaneo, transitorio, provvisorio, precario, labile, caduco, fugace, effimero, breve, istantaneo **CONTR.** stabile, saldo, durevole, duraturo, fisso, costante, invariabile.

moménto s. m. **1** attimo, istante, minuto, secondo, lampo, baleno, battibaleno, batter d'occhio, punto, respiro **2** circostanza, occasione, congiuntura, situazione □ ora, tempo **FRAS.** *per il momento*, per ora □ *sul momento*, lì per lì, immediatamente □ *dal momento che*, dato che.

mònaca s. f. religiosa, suora, sorella, sposa del Signore.

monacàle agg. **1** monastico, claustrale **CONTR.** laicale, secolare, mondano **2** (*fig.*) austero, semplice, severo, rigoroso **CONTR.** corrivo, indulgente.

monacàrsi v. rifl. farsi monaca, farsi suora □ farsi monaco, farsi frate **CONTR.** smonacarsi □ spretarsi.

mònaco s. m. religioso, frate, fratello, padre, eremita.

monàrca s. m. sovrano, re, principe, sire (*ant.*), imperatore, zar (in Russia), kaiser (in Germania), negus (in Etiopia), Gran Khan (in Mongolia), Gran Mogol (in Mongolia e in India).

monarchìa s. f. regno, impero, principato **CFR.** repubblica, diarchia, triarchia, poliarchia.

monàrchico agg.; anche s. m. **1** della monarchia **CONTR.** repubblicano **2** (*di persona*) sostenitore della monarchia **CONTR.** repubblicano **3** (*di Stato*) retto a monarchia **CONTR.** repubblicano.

monastèro s. m. convento, chiostro, ritiro, abbazia, badia, cenobio, certosa, comunità, eremo.

monàstico agg. **1** conventuale, monacale, claustrale, cenobitico **CONTR.** secolare **2** (*est.*) (*di vita, di abbigliamento, ecc.*) austero, semplice, disadorno **CONTR.** ornato, sfarzoso.

moncherìno s. m. moncone, troncone, braccio monco, gamba monca.

mónco agg. **1** (*di arto*) mozzato, troncato, mutilato **2** (*di persona*) storpio, minorato □ privato, privo **CONTR.** intero, integro **3** (*fig.*) (*di notizia, di scritto, ecc.*) incompleto, insufficiente, carente □ poco convincente **CONTR.** completo, esauriente.

moncóne s. m. **1** (*di arto*) moncherino, troncone, braccio monco, gamba monca **2** (*di cosa*) resto, avanzo, mozzicone.

mondanità s. f. **1** futilità, vanità, frivolezza, spensieratezza **CONTR.** serietà, severità **2** divertimento, spasso **CONTR.** penitenza, mortificazione **3** bel mondo, vita mondana **CONTR.** vita ritirata, vita claustrale.

mondàno agg. **1** del mondo, terreno, terrestre, secolare, umano **CONTR.** celeste, divino, sacro, spirituale **2** (*di vita, di ambiente, ecc.*) frivolo, futile, caduco, profano, snob (*ingl.*) □ gaudente **CONTR.** austero, severo.

mondàre A v. tr. **1** (*di patata, di frutta, ecc.*) sbucciare, pelare **2** (*di cosa*) nettare, pulire, purgare, lavare, tergere, astergere **CONTR.** insozzare, lordare, sporcare **3** (*fig., raro*) (*di persona*) purificare, riscattare, redimere **CONTR.** corrompere, depravare, viziare, contaminare **B mondarsi** v. rifl. (*fig., lett.*) purificarsi, redimersi, farsi puro **CONTR.** corrompersi.

mondiàle agg. **1** del mondo □ universale **2** (*fig., fam.*) (*di trovata, di impresa, ecc.*) eccezionale, meraviglioso, straordinario **CONTR.** mediocre, modesto, ordinario.

mondìna s. f. mondariso.

móndo (1) agg. **1** (*di cereale, di frutto, ecc.*) sbucciato, sgusciato, scortecciato **2** (*di cosa*) nettato, netto, nitido, pulito, ripulito, terso **CONTR.** sporco, lercio, lurido, insozzato, sozzo **3** (*fig.*) (*di persona*) immacolato, puro **CONTR.** immondo, impuro.

móndo (2) s. m. **1** cosmo, universo, creato **2** astro, corpo celeste □ pianeta **3** Terra, globo terrestre, globo terracqueo **4** (*est.*) regione, territorio, plaga, zona □ continente **5** consorzio umano, genere umano, uomini, società **6** civiltà **7** ambiente **8** sfera di idee **9** (*est.*) vita frivola, vita spensierata, mondanità, bel mondo CONTR. vita ritirata, clausura **10** (*fam.*) gran quantità, molto, moltissimo CONTR. poco FRAS. *vivere nel mondo della luna* (*fig.*), essere distratto; essere fuori dalla realtà □ *l'altro mondo*, l'aldilà □ *cose dell'altro mondo* (*fig.*), cose incredibili □ *venire al mondo*, nascere.

monellerìa s. f. birichinata, ragazzata, marachella, bricconata □ scherzo.

monèllo s. m. **1** ragazzo di strada, discolo, ragazzaccio, ragazzo insolente, teppista **2** (*est.*) ragazzo vivace, ragazzo irrequieto, birichino, bricconcello, furfantello.

monéta s. f. **1** denaro, valuta, soldi □ divisa □ metallo coniato, carta moneta **2** denaro spicciolo FRAS. *moneta sonante*, contanti.

monetàrio agg. valutario.

monetizzàre v. tr. monetare (*raro*), trasformare in contante.

mongolfièra [dal n. dei fratelli *Montgolfier* che la inventarono nel 1782] s. f. pallone aerostatico, aerostato.

mongolìsmo [dall'aspetto di *mongolo* assunto da chi è affetto da questa anomalia] s. m. (*med.*) sindrome di Down.

monìle s. m. collana, vezzo □ (*est.*) gioiello.

mònito s. m. avvertimento, ammonimento, ammonizione, rimprovero □ esortazione CONTR. lode, elogio.

monitor /*ingl.* 'mɔnitə/ s. m. inv. apparecchio di segnalazione, apparecchio di controllo.

monòcolo s. m. (*di lente*) caramella (*fam.*).

monocolóre **A** agg. inv. **1** di un solo colore, monocromo, monocromatico CFR. bicolore, tricolore, policromo **2** (*polit.*) di un solo partito CFR. bipartito, tripartito, quadripartito, pentapartito **B** s. m. governo di un solo partito CFR. governo di coalizione, bipartito, tripartito, quadripartito, pentapartito.

monocromàtico agg. monocromo, monocolore, di un solo colore CONTR. policromo.

monocromìa s. f. un solo colore □ stampa monocroma CFR. policromia, bicromia, tricromia, quadricromia.

monòcromo o **monocròmo** agg. monocolore, monocromatico, di un solo colore CONTR. policromo.

monodìa s. f. CONTR. polifonia.

monogamìa s. f. CFR. bigamia, poligamia, poliandria.

monògamo agg.; anche s. m. CFR. bigamo, poligamo.

monogènesi s. f. CONTR. poligenesi.

monografìa s. f. saggio, trattato, trattatello, dissertazione, studio.

monogràmma s. m. cifra, sigla, iniziale.

monolìngue agg. CFR. bilingue, trilingue, plurilingue.

monolìtico agg. **1** di un solo blocco **2** (*fig.*) (*di opposizione, di sciopero, ecc.*) compatto, unitario, unanime □ imperturbabile CONTR. discorde, dissenziente.

monòlogo s. m. soliloquio CONTR. dialogo, colloquio.

monomanìa s. f. (*psicol.*) fissazione.

monomanìaco agg.; anche s. m. (*psicol.*) fissato.

mônopòlio s. m. **1** privativa, esclusiva □ appalto CONTR. libera vendita, concorrenza **2** (*fig.*) privilegio, prerogativa.

monopolìstico agg. di monopolio.

monopolizzàre v. tr. **1** avere il monopolio □ (*est.*) incettare, accaparrare CONTR. liberalizzare **2** (*fig.*) accentrare su di sé, volere per sé solo, riservarsi.

monopolizzatóre s. m.; anche agg. (f. *-trice*) **1** chi monopolizza □ accaparratore, incettatore **2** (*fig.*) accentratore.

monopolizzazióne s. f. **1** monopolio □ accaparramento, incetta CONTR. liberalizzazione **2** (*fig.*) accentramento.

monopósto agg. inv. CONTR. biposto.

monosillàbico agg. monosillabo CFR. bisillabico, trisillabico, quadrisillabico, polisillabico.

monosìllabo **A** agg. monosillabico **B** s. m. parola di una sola sillaba CFR. polisillabo, bisillabo, trisillabo, quadrisillabo, ecc.

monoteìsmo s. m. (*relig.*) CONTR. politeismo.

monoteìsta s. m. e f. CONTR. politeista.

monoteìstico agg. CONTR. politeistico.

monotonaménte avv. uniformemente □ noiosamente □ ininterrottamente CONTR. variamente, diversamente.

monotonìa s. f. uniformità, unicità, noiosità, noia CONTR. varietà, molteplicità, diversità.

monòtono agg. uniforme, sempre uguale, privo di varietà □ noioso CONTR. vario, molteplice, diverso.

monovalènte agg. CFR. polivalente, bivalente, trivalente, ecc.

monovalènza s. f. CFR. polivalenza, bivalenza, trivalenza, ecc.

mónta s. f. (*di animali*) accoppiamento.

montacàrichi s. m. ascensore (per merci).

montàggio s. m. montatura, collegamento, assemblaggio.

montàgna s. f. **1** monte □ catena di monti, giogaia CONTR. pianura, piana, piano **2** zona montuosa, regione montuosa, paese montuoso **3** (*fig.*) (*di cose*) ammasso, massa, mucchio, grande quantità CONTR. esiguità, scarsezza.

montagnóso agg. montuoso CONTR. pianeggiante.

montanàro **A** agg. di montagna, montano, montanino (*tosc.*), alpestre **B** s. m. CFR. valligiano, pianigiano.

montàno agg. montanino (*tosc.*), montanaro, della montagna, alpestre, alpino CFR. di pianura, di valle, vallivo.

montànte s. m. **1** (*di carrozza*) montatoio, pre-

dellino **2** (*nel calcio*) palo verticale (della porta) **3** (*pugilato*) uppercut (*ingl.*).
montàre A v. intr. **1** salire, salire sopra, andare su, ascendere **CONTR.** scendere, venir giù □ smontare **2** (*ass.*) andare a cavallo **3** (*di prezzo, di rabbia, ecc.*) crescere, aumentare, accrescersi, alzarsi **CONTR.** calare, decrescere, diminuire **B** v. tr. **1** salire □ (*di cavallo*) inforcare, cavalcare **2** (*di congegno*) mettere insieme, assemblare □ (*est.*) sistemare **CONTR.** smontare **3** (*spec. fig.*) (*di notizia, di fatto, ecc.*) gonfiare, innalzare, elevare, esagerare **CONTR.** sgonfiare, smontare □ minimizzare, ridimensionare **4** (*di animale*) coprire, fecondare **5** (*di pietra preziosa*) incastonare **6** (*di pellicola*) eseguire il montaggio **C montarsi** v. intr. pron. agitarsi, eccitarsi, esaltarsi, insuperbire **CONTR.** smontarsi, inchinarsi, strisciare **FRAS.** *montare in collera, montare in bestia*, arrabbiarsi □ *montarsi la testa* (*fig.*), esaltarsi; agitarsi.
montàto part. pass. di **montare**; anche agg. salito, asceso **CONTR.** disceso.
montatùra s. f. **1** montaggio **2** (*di occhiali, di quadri, ecc.*) telaio, intelaiatura, supporto, struttura, cornice **3** (*fig.*) (*di notizia, di stampa, ecc.*) esagerazione, gonfiatura **CONTR.** attenuazione, minimizzazione **4** (*di abito*) guarnizione.
mónte s. m. **1** montagna, altura, alpe, poggio, colle, collina, contrafforte, giogo, giogaia, catena, massiccio **CONTR.** pianura, piana, piano, bassopiano, valle, vallata **2** (*fig.*) grande quantità, mucchio, massa, caterva **CONTR.** esiguità, scarsezza **3** banca, istituto di credito **FRAS.** *a monte*, verso la sommità; (*fig.*) all'inizio □ *mandare a monte* (*fig.*), far fallire □ *andare a monte* (*fig.*), fallire □ *monte di pietà*, monte dei pegni.
montóne s. m. ariete, capro, caprone.
montuosità s. f. zona montuosa □ monte, colle.
montuóso agg. montagnoso □ fatto di monti **CONTR.** pianeggiante, piano.
monumentàle agg. **1** di monumento **2** (*est.*) grandioso, imponente, magnifico, splendido, solenne **CONTR.** meschino, misero, piccolo **3** (*di zona*) ricco di monumenti.
monuménto s. m. **1** opera architettonica □ obelisco, colonna, arco trionfale □ statua, busto □ sarcofago, mausoleo, sepolcro, tomba □ tempio, chiesa □ teatro, palazzo **2** (*fig.*) testimonianza, documento.
mòra (1) s. f. frutto del gelso □ frutto del rovo.
mòra (2) s. f. ritardo, indugio, dilazione □ (*raro, lett.*) intervallo, pausa **CONTR.** anticipo, anticipazione.
moràle A agg. **1** (*di cosa*) etico, spirituale, interiore □ simbolico, astratto **CONTR.** materiale, corporeo, fisico, sensibile □ concreto, effettivo **2** (*di persona, di azione, ecc.*) onesto, buono, giusto, retto, probo, virtuoso, castigato, intemerato, continente, casto, decente **CONTR.** immorale, amorale, disonesto, licenzioso, turpe **B** s. f. **1** (*filos.*) etica **2** condotta, costume, consuetudine, principio, precetto, educazione **3** (*di favola, di discorso, ecc.*) ammaestramento, insegnamento, senso allegorico **CONTR.** lettera, senso letterale **C** s. m. condizione psicologica, animo, umore **FRAS.** *schiaffo morale*, bruciante umiliazione.
moraleggiànte part. pres. di **moraleggiare**; anche agg. moralistico, rigido, austero **CONTR.** lassista, indulgente.
moraleggiàre v. intr. moralizzare, sentenziare, fare il moralista.
moralìsmo s. m. rigidità morale, integralismo **CONTR.** lassismo, indulgenza.
moralìsta s. m. e f. integralista, rigido, austero **CONTR.** lassista, indulgente.
moralìstico agg. moraleggiante, integralistico, rigido, austero **CONTR.** lassista, indulgente.
moralità s. f. **1** senso morale, comportamento morale, dirittura, onestà, rettitudine, integrità, probità, costumatezza, castigatezza **CONTR.** immoralità, amoralità, disonestà, corruzione, depravazione, licenziosità **2** (*di un discorso, di una favola, ecc.*) morale, ammaestramento, insegnamento.
moralizzàre v. tr. rendere morale, rendere onesto □ ripulire **CONTR.** corrompere, depravare, guastare, viziare.
moralizzatóre s. m.; anche agg. (f. *-trice*) (*est.*) educatore **CONTR.** corruttore.
moralizzazióne s. f. (*est.*) pulizia **CONTR.** corruzione.
moralménte avv. **1** onestamente, rettamente, castamente, virtuosamente **CONTR.** disonestamente, licenziosamente, turpemente **2** sotto l'aspetto morale.
moratòria s. f. dilazione, differimento, proroga, sospensiva, sospensione **CONTR.** intimazione.
moratòrio agg. dilatorio, sospensivo **CONTR.** anticipatorio.
morbidaménte avv. dolcemente, delicatamente, con morbidezza **CONTR.** aspramente, duramente, ruvidamente.
morbidézza s. f. tenerezza, delicatezza, levigatezza, sofficità **CONTR.** durezza, asprezza, ruvidezza, scabrosità, legnosità.
mòrbido A agg. **1** tenero, soffice, molle, pastoso, cedevole **CONTR.** duro, sodo, consistente, resistente **2** dolce, liscio, delicato, vellutato **CONTR.** duro, aspro, ruvido, scabroso, legnoso, coriaceo **3** leggero, sfumato, vaporoso **CONTR.** intenso, vivo, vivace, carico, accentuato **4** (*fig.*) affabile, arrendevole, condiscendente, duttile, malleabile, elastico **CONTR.** inflessibile, rigido, irremovibile **B** s. m. solo sing. morbidezza, cosa morbida **CONTR.** duro.
mòrbo s. m. **1** malattia, epidemia, contagio **2**

(*fig.*) malanno, piaga **FRAS.** *morbo gallico*, sifilide, malfrancese.

morbosaménte avv. eccessivamente, esageratamente, fanaticamente □ patologicamente **CONTR.** moderatamente, modicamente, poco.

morbosità s. f. **1** (*lett.*) malattia, infermità **2** (*fig.*) fanatismo, eccessivo attaccamento □ anomalia **CONTR.** indifferenza, disinteresse, freddezza.

morbóso agg. **1** (*med.*) di morbo **2** (*est.*) anormale, patologico, eccessivo, esagerato, sconsiderato **CONTR.** moderato, modico, scarso.

mordàce agg. **1** (*di cane*) che morde **2** (*fig.*) (*di parola, di persona, ecc.*) aspro, caustico, pungente, acre, satirico, ironico □ maledico (*lett.*), velenoso, maldicente, maligno **CONTR.** benigno, bonario, mite, benevolo, indulgente.

mordènte A part. pres. di **mordere**; anche agg. (*est.*) aspro, acre, irritante, insopportabile **CONTR.** benigno, indulgente, mite **B** s. m. **1** fissatore, fissante **2** (*fig.*) (*di persona*) combattività, aggressività, grinta **CONTR.** remissività, benignità, bonarietà, mitezza **3** (*fig.*) (*di discorso, di pittura, ecc.*) forza, carattere, efficacia, incisività **CONTR.** inefficacia, inutilità.

mòrdere A v. tr. **1** addentare, morsicare, azzannare, dare morsi □ mordicchiare, brucare, masticare **2** (*est.*) stringere, fermare, serrare **CONTR.** allentare, allargare **3** (*di acido*) intaccare, corrodere **4** (*di insetto*) pungere, pinzare (*pop.*) **5** (*di pneumatico*) aderire, far presa **B mordersi** v. rifl. morsicarsi, addentarsi, azzannarsi **FRAS.** *mordersi le mani* (o *le dita*) (*fig.*), pentirsi.

mordicchiàre v. tr. mordere leggermente, mordere adagio **CONTR.** addentare, azzannare.

morèllo agg. **1** (*di colore*) scuro, bruno, nero **CONTR.** chiaro, bianco **2** (*di cavallo*) corvino **CFR.** baio, sauro.

morènte part. pres. di **morire**; anche agg. e s. m. e f. moribondo, morituro (*lett.*) **CONTR.** nascente □ sorgente.

morétta s. f. **1** negretta **2** (*est.*) brunetta **CONTR.** biondina.

morétto s. m. **1** negretto **2** (*est.*) brunetto **CONTR.** biondino.

morfologìa s. f. (*di una parola, di organismi, ecc.*) studio della forma, studio della struttura.

morìa s. f. (*spec. di animali*) alta mortalità □ epidemia, pestilenza, contagio.

moribóndo agg.; anche s. m. **1** vicino a morte, morente, agonizzante, in fin di vita, al lumicino (*fig.*) **CONTR.** nascente, nascituro **2** (*est.*) ormai finito, vicino a spegnersi **CONTR.** incipiente, all'inizio.

morigerataménte avv. con morigeratezza, sobriamente, onestamente **CONTR.** sregolatamente, corrottamente, viziosamente.

morigeratézza s. f. onestà, irreprensibilità □ continenza, sobrietà, temperanza **CONTR.** corruttela (*raro*), corruzione, depravazione, pervertimento, incontinenza, sregolatezza, vizio.

morigeràto agg. onesto, irreprensibile, puro, di buoni costumi □ continente, moderato, sobrio, temperante **CONTR.** corrotto, depravato, pervertito, vizioso, sregolato, incontinente, intemperante.

morìre v. intr. **1** cessare di vivere, spirare, mancare, decedere, perire, trapassare, soccombere, crepare (*fam.*), schiattare (*fam.*), dipartirsi (*lett.*) □ uscire di vita, andare all'altro mondo, andare al Creatore, andare nel numero dei più, andare nel mondo di là, andarsene per sempre, passare a miglior vita, rendere l'anima a Dio, esalare l'ultimo respiro, mancare ai vivi, chiudere i propri giorni, chiudere gli occhi per sempre, mancare all'affetto dei propri cari, cedere al fato, finire di penare, finire di tribolare, tirare le cuoia, andare a Patrasso (*fig.*) **CONTR.** nascere, venire al mondo, venire alla luce, essere partorito **2** (*est.*) (*di fame, di rabbia, ecc.*) soffrire, patire, crepare (*fig., fam.*) **3** (*fig.*) (*di giorno, di luce, ecc.*) finire, terminare, estinguersi, consumarsi, mancare, dileguarsi □ affievolirsi, smorzarsi, spegnersi **CONTR.** cominciare, iniziare, avere inizio, ridestarsi □ rinforzarsi, rinvigorirsi, riaccendersi.

mormoràre A v. intr. **1** (*di fronde, di acqua, ecc.*) mormoreggiare (*lett.*), frusciare, fremere, stormire □ gorgogliare, borbottare **CONTR.** rumoreggiare, strepitare **2** (*di persona*) bisbigliare, sussurrare, parlare sottovoce, parlottare sommessamente **CONTR.** gridare, sbraitare, urlare **3** borbottare, brontolare, lagnarsi, protestare □ sparlare, biasimare, denigrare, diffamare, parlare dietro le spalle **CONTR.** parlare in faccia, elogiare, esaltare, lodare **B** v. tr. dire a bassa voce, borbottare, balbettare **CONTR.** gridare.

mormoràto part. pass. di **mormorare**; anche agg. bisbigliato, sussurrato **CONTR.** gridato, urlato.

mormorazióne s. f. mormoramento (*ant.*), denigrazione, diffamazione, calunnia, detrazione, diceria, chiacchiere **CONTR.** elogio, encomio, esaltazione, lode, apologia.

mormorìo s. m. **1** (*di fronde, di acqua, ecc.*) rumorio, gorgoglio, fremito, fruscio, frascheggio (*tosc.*) **CONTR.** strepito, baccano, frastuono, fragore **2** (*di persona*) bisbiglio, sussurro, brontolio, borbottio **CONTR.** grido, urlio.

mòro agg.; anche s. m. (*est.*) (*di colore, di carnagione*) bruno **CONTR.** biondo.

morosità s. f. ritardo, indugio **CONTR.** anticipo.

moróso (1) agg. ritardatario **CONTR.** in anticipo.

moróso (2) s. m. (*pop.*) innamorato, amoroso, ganzo (*tosc.*), ragazzo (*fam.*), fidanzato.

mòrsa s. f. **1** (*spec. al pl.*) (*di mattoni*) addentellato **2** (*fig.*) stretta □ oppressione, angoscia, tormento.

morsicàre v. tr. **1** mordere, dar di morso, addentare, azzannare **2** (*di insetto*) pungere.

mòrso (1) part. pass. di **mordere**; anche agg. **1** addentato, azzannato, roso **2** (*fig.*) (*dal dolore, dal rimorso, ecc.*) tormentato, turbato.

mòrso (2) s. m. **1** morsicatura **2** (*di insetto*) puntura **3** (*di cibo*) boccone, pezzetto **4** (*fig.*) (*di fame, di dolore, ecc.*) fitta □ oppressione, tormento **5** (*fig.*) (*di invidia, di morte, ecc.*) attacco, assalto, danno.

mortàle A agg. **1** letale, esiziale, morituro (*lett.*), perituro (*lett.*) **CONTR.** immortale **2** umano, caduco, effimero, vano **CONTR.** duraturo, durevole, saldo, stabile, imperituro (*lett.*) **3** (*di offesa, di lotta, ecc.*) gravissimo, micidiale, letale, dannosissimo, pericolosissimo **CONTR.** benefico, giovevole, innocuo, salutare, vantaggioso **4** (*est.*) (*di noia, di giornata, ecc.*) insopportabile, micidiale, estremo **5** (*di odio, di ira, ecc.*) feroce, insanabile **B** s. m. spec. al pl. uomo **CONTR.** dio, divinità.

mortalità s. f. (*est.*) moria □ pestilenza, epidemia **CONTR.** natalità.

mortalménte avv. **1** in modo mortale, a morte □ gravissimamente **CONTR.** leggermente, lievemente **2** (*fig.*) sommamente, aspramente, insopportabilmente **CONTR.** moderatamente, poco.

mòrte s. f. **1** decesso, fine, trapasso, dipartita, transito, sonno eterno, scomparsa **CONTR.** nascita, vita **2** pena capitale **3** fine, caduta, decadenza, distruzione, rovina **CONTR.** rinascita, rinnovamento, rifiorimento **FRAS.** *questione di vita o di morte*, questione decisiva □ *avere la morte nel cuore*, essere profondamente addolorato □ *averla a morte con uno*, odiarlo profondamente.

mortèlla s. f. (*bot.*) mirto.

mortìfero agg. mortale, letale, pernicioso, fatale □ velenoso □ dannosissimo **CONTR.** vivificante, vivifico (*lett.*).

mortificànte part. pres. di **mortificare**; anche agg. umiliante, avvilente, offensivo, vergognoso **CONTR.** esaltante, onorevole.

mortificàre A v. tr. **1** (*di discorso, di azione, ecc.*) umiliare, avvilire, ferire, offendere, svergognare **CONTR.** esaltare, elogiare, glorificare, magnificare, onorare **2** (*di istinto, di desiderio, ecc.*) reprimere, dominare, frenare, regolare, rintuzzare **CONTR.** sfrenare, liberare, dar libero sfogo **B mortificarsi** v. rifl. **1** punirsi □ umiliarsi **CONTR.** esaltarsi, elogiarsi **2** (*relig.*) fare penitenza **C** v. intr. pron. dispiacersi □ vergognarsi **CONTR.** godere □ vantarsi.

mortificàto part. pass. di **mortificare**; anche agg. avvilito, abbattuto, confuso, umiliato **CONTR.** rianimato, rinfrancato, esaltato, insuperbito.

mortificazióne s. f. **1** (*di persona*) umiliazione, avvilimento, costernazione, pentimento, vergogna, senso di frustrazione **CONTR.** baldanza, orgoglio, sicurezza, spavalderia, vanto **2** (*di cosa*) repressione, costrizione, soffocamento □ astensione, rinuncia, privazione **CONTR.** sfogo, scatenamento □ godimento.

mòrto A part. pass. di **morire**; anche agg. **1** defunto, deceduto, estinto, perito, spirato, trapassato, scomparso, crepato (*spec. spreg.*) □ stecchito, esanime, cadavere **CONTR.** nato, vivo, vivente **2** (*est.*) inerte, atrofizzato, paralizzato □ appassito, secco **CONTR.** vitale, sano, rigoglioso **3** (*fig.*) (*di ambiente*) inanimato, spento □ solitario, desolato **CONTR.** animato, vivace □ frequentato **4** (*fig.*) (*di tempo, di età*) passato, trascorso **CONTR.** presente, attuale **5** (*fig.*) (*di capitale, di pianta, ecc.*) inutilizzabile, inattivo, improduttivo, inefficace, infruttifero **CONTR.** utilizzabile, efficace, produttivo, fruttifero **6** (*di lingua*) non più parlato, spento **CONTR.** parlato, vivo **7** (*come rafforzativo di agg.*) molto, assai **CONTR.** poco, per nulla **B** s. m. defunto, estinto, persona morta, cadavere, salma, spoglia, corpo **CONTR.** vivo.

mortuàrio agg. **1** funebre, funerario **2** (*est.*) lugubre, funereo, squallido, luttuoso **CONTR.** gaio, ridente, vivace.

mosàico s. m. (*fig.*) mescolanza eterogenea.

mósca s. f. **1** (*fig.*) persona noiosa, persona insopportabile **CONTR.** persona divertente, persona piacevole **2** (*di barba*) pizzetto **FRAS.** *mosca bianca* (*fig.*), persona rarissima, cosa rarissima □ *saltare la mosca al naso* (*fig.*), incollerirsi.

moschèa [dall'ar. *masgid* 'luogo di culto'] s. f. meschita (*ant.*), tempio islamico.

móscio agg. **1** (*di cosa*) flaccido, floscio, cascante, molle, mencio (*tosc.*) **CONTR.** duro, rigido, resistente **2** (*di pelle, di fiore, ecc.*) appassito, vizzo, avvizzito **CONTR.** fresco, fiorente, florido, sodo **3** (*fig.*) (*di persona*) abbattuto, depresso, rassegnato **CONTR.** ardito, baldanzoso, spavaldo, sicuro di sé.

moscóne s. m. **1** accr. di **mosca** **2** (*fig.*) corteggiatore, spasimante **3** (*di imbarcazione*) pattino.

mòssa s. f. **1** movimento, moto, spostamento **2** atto, gesto, movenza □ comportamento **3** (*fig.*) azione, iniziativa, intervento, passo **4** (*di un pezzo nella dama, negli scacchi*) spostamento **5** (*fig.*) avvio, inizio, partenza **FRAS.** *prendere le mosse* (*fig.*), cominciare.

mòsso part. pass. di **muovere**; anche agg. **1** in movimento, scosso **2** (*di terreno*) arato, scavato □ accidentato **3** (*anche fig.*) (*di ritmo, di film, ecc.*) accelerato, veloce, agitato, animato, movimentato, vivace, vivo **CONTR.** fermo, immobile, fiacco, inerte, lento.

mósto s. m. succo dell'uva.

móstra s. f. **1** ostentazione, sfoggio, esibizione **2** finta, finzione, simulazione, apparenza, lustro **3** esposizione, fiera **4** (*di negozio*) vetrina, vetrinetta **5** (*di merce*) campione, saggio, esemplare **6** (*di bavero*) risvolto, mostrina **7**

(*di orologio*) quadrante.

mostràre v. tr. **1** far vedere, esporre, sottoporre alla vista, mettere in mostra □ ostentare □ esibire CONTR. celare, occultare, nascondere, tener nascosto **2** indicare, additare □ rivelare, insegnare **3** manifestare, dimostrare, palesare, rivelare, dichiarare, rendere noto, far conoscere, spiattellare, spifferare CONTR. tacere, nascondere, tener segreto **4** fingere, simulare, far finta, dare a intendere.

mostrìno s. m. **1** (*di negozio*) vetrina, vetrinetta **2** (*di orologio*) quadrante (dei secondi).

móstro s. m. **1** essere deforme, essere bruttissimo, essere anormale, essere strano **2** (*fig.*) persona repellente, persona ripugnante, persona tarata □ persona disumana, belva, bestia **3** (*fig.*) (*di persona*) prodigio, portento, miracolo.

mostruosaménte avv. **1** orrendamente **2** bestialmente, crudelmente, ferocemente CONTR. umanamente, benignamente, benevolmente **3** enormemente, stroardinariamente CONTR. moderatamente, poco.

mostruosità s. f. **1** anormalità, deformità □ bruttura, orrore CONTR. normalità □ bellezza **2** (*di azione*) brutalità, crudeltà, ferocia CONTR. umanità.

mostruóso agg. **1** anormale, deforme, orrendo, bruttissimo CONTR. normale, bello, seducente **2** (*fig.*) enorme, smisurato, straordinario □ singolare, portentoso CONTR. modesto, meschino, piccolo **3** (*di persona, di azione*) bestiale, crudele, disumano, feroce CONTR. umano, benigno, indulgente, mite.

motèl [amer., comp. di *mot(or)* 'automobile' e *(ho)tel*] s. m. inv. albergo con parcheggio, autostello.

motivàre v. tr. **1** giustificare, rendere plausibile, spiegare, esporre CONTR. demotivare **2** causare, provocare, dare motivo CONTR. evitare, impedire **3** (*di persona*) incentivare, stimolare, spingere CONTR. demotivare, abbattere.

motivataménte avv. a ragione, con giusto motivo, ragionando, razionalmente CONTR. senza motivo, irrazionalmente.

motivàto part. pass. di **motivare**; anche agg. **1** (*di cosa*) esposto, spiegato, giustificato CONTR. immotivato, demotivato **2** causato, provocato CONTR. evitato, impedito **3** (*di persona*) stimolato, incentivato CONTR. demotivato, privo di motivazioni.

motivazióne s. f. causa, motivo □ giustificazione, spiegazione.

motìvo s. m. **1** ragione, causa, cagione, motivazione □ impulso, stimolo, movente, occasione CONTR. effetto, conseguenza **2** (*mus.*) aria, melodia **3** (*est.*) tema, tematica, leitmotiv (*ted.*), argomento principale, filo conduttore.

mòto (1) s. m. **1** movimento, spostamento CONTR. immobilità, quiete, staticità **2** il camminare, camminata, passeggiata CONTR. sedentarietà **3** atto, gesto, mossa, movenza **4** (*di animo*) impulso, impeto, slancio □ sentimento, commozione **5** tumulto popolare, sommossa, insurrezione.

mòto (2) s. f. inv. acrt. (*fam.*) di **motocicletta.**

motociclétta s. f. motociclo, moto (*fam.*), motore (*region.*).

motociclìsta s. m. e f. centauro (*fig.*).

motocìclo s. m. motocicletta, motoleggera, motoretta, vespa, lambretta, motorscooter (*ingl.*), scooter (*ingl.*), motoscuter, scuter.

motonàve s. f. nave a motore.

motóre A agg. (f. *-trice*) che muove, che fa muovere **B** s. m. **1** (*filos.*) causa prima **2** (*fig.*) causa, impulso, movente, origine, stimolo **3** motrice, apparato motore, propulsore **4** (*region.*) motocicletta, moto (*fam.*).

motorétta s. f. motoleggera, motorino, motociclo, motorscooter (*ingl.*), motoscuter, scooter (*ingl.*), scuter.

motorìno s. m. **1** dim. di **motore 2** (*fam.*) ciclomotore, motoleggera, motociclo, motorscooter (*ingl.*), motoscuter, scooter (*ingl.*), scuter.

motorizzàto agg. provvisto di motore □ dotato di automezzi.

motorizzazióne s. f. meccanizzazione.

motorscooter /*ingl.* 'moutə 'sku:tə/ [vc. ingl., comp. di *motor* 'motore' e *scooter* 'monopattino', da *to scoot* 'correre'] s. m. inv. motoscuter, scooter (*ingl.*), scuter, motoretta, motoleggera □ lambretta, vespa.

motoséga s. f. sega a motore.

motrìce s. f. locomotore, automotrice.

motteggiàre A v. intr. dire battute spiritose, scherzare, ironizzare **B** v. tr. schernire, beffare, burlare, canzonare, deridere, pungere, punzecchiare, prendere in giro, prendere per il bavero, prendere per i fondelli (*fam.*) CONTR. complimentare, elogiare, esaltare, lodare, ossequiare.

mottéggio s. m. **1** scherzo, facezia, arguzia, barzelletta, frizzo, battuta di spirito, piacevolezza **2** scherno, derisione, irrisione, frecciata, punzecchiatura CONTR. complimento, elogio, esaltazione, lode.

mòtto s. m. **1** detto sentenzioso, sentenza, massima, aforisma **2** arguzia, facezia, freddura, frizzo, battuta **3** (*lett.*) parola.

movènte part. pres. di **muovere**; anche agg. e s. m. motivo, ragione, causa, stimolo, impulso, spinta CONTR. effetto, conseguenza.

movimentàre v. tr. agitare, animare, vivacizzare CONTR. calmare, smorzare.

movimentàto part. pass. di **movimentare**; anche agg. agitato, animato, mosso, vivace □ chiassoso CONTR. calmo, tranquillo □ silenzioso.

moviménto s. m. **1** spostamento, mossa, moto □ scatto, guizzo, scossa CONTR. fissità, immobilità **2** atto, gesto, atteggiamento, movenza □ andatura **3** (*mil.*) manovra, evoluzione **4** animazione, agitazione, folla, gente, viavai, traf-

fico **5** (*di denaro, di affari*) giro, passaggio, entrata e uscita **6** (*di cultura, di politica, ecc.*) corrente, scuola □ tendenza, organizzazione **7** (*lett.*) sentimento, stato d'animo.
mozióne s. f. proposta, interpellanza **CONTR.** risposta.
mozzafiàto agg. inv. **1** (*fam.*) impressionante, spaventoso **2** che lascia a bocca aperta, meraviglioso, eccezionale, emozionante, sconvolgente.
mozzàre v. tr. troncare, recidere, tagliare □ amputare, mutilare.
mozzàto part. pass. di **mozzare**; anche agg. troncato, reciso, tagliato □ amputato, mutilato.
mozzicóne s. m. avanzo □ cicca.
mózzo (1) agg. **1** troncato, reciso, mozzato □ amputato, mutilato **CONTR.** intero, integro **2** (*di parole*) tronco, breve.
mózzo (2) s. m. **1** marinaio giovanissimo **2** (*di stalla*) garzone.
mùcca s. f. vacca da latte.
mùcchio s. m. **1** ammasso, massa, catasta, cumulo, acervo (*lett.*), congerie, monte, agglomerato, fascio **2** (*est., fig., fam.*) grande quantità, grande numero, moltissimo, moltitudine, sacco, fracco (*dial.*), fracasso (*fam.*) **CONTR.** scarsa quantità, piccolo numero, insufficienza.
mùco s. m. catarro □ mucosità, moccio.
mucósa s. f. (*anat.*) membrana.
mùffa s. f. (*di vino*) fiore, fioretta **FRAS.** *fare la muffa* (*fig.*), ammuffire, intristire; rimanere inattivo.
muffìre v. intr. **1** ammuffire, fare la muffa **2** (*fig.*) ammuffire, intristire.
muffito part. pass. di **muffire**; anche agg. ammuffito.
mugghiàre v. intr. **1** (*di animale*) muggire □ belare □ bramire **2** (*est.*) (*di persona*) lamentarsi forte, gridare **3** (*fig.*) (*di mare, di vento*) rumoreggiare cupamente, rombare, rimbombare.
mùgghio s. m. **1** (*di animale*) muggito □ verso **2** (*di persona*) ruggito (*lett.*) □ fragore □ vociare confuso.
muggìre v. intr. **1** (*di animale*) emettere muggiti, mugghiare, mugliare (*lett.*) **2** (*fig., lett.*) (*di mare, di vento*) rumoreggiare, risuonare, rimbombare.
muggìto s. m. **1** (*di animale*) mugghio, muglio (*tosc.*) **2** (*fig., lett.*) (*di mare, di vento*) urlo, boato, rimbombo, rombo.
mughétto s. m. **1** (*bot.*) giglio delle convalli **2** (*med.*) moniliasi orale.
mugnàio s. m. mulinaro (*pop.*).
mugolàre A v. intr. **1** (*di cane*) emettere mugolii, guaire **CFR.** abbaiare, latrare **2** (*est.*) (*di animale*) muggire, ruggire, belare **3** (*est.*) (*di persona*) lamentarsi **B** v. tr. mormorare, borbottare.
mugolìo s. m. uggiolio □ (*est.*) gemito, piagnucolio.
mugugnàre v. intr. (*dial.*) brontolare, borbottare.
mugùgno s. m. (*dial.*) brontolio, brontolamento.
mulattièra s. f. sentiero di montagna.
mulàtto s. m.; anche agg. **CFR.** creolo, meticcio.
mulétto s. m. **1** (*gerg.*) (*nelle corse automobilistiche*) macchina di riserva **2** (*fam.*) elevatore.
mulìebre o (*raro*) **mulièbre** agg. femminile, femmineo, effeminato, donnesco, di donna **CONTR.** maschile, virile, maschio.
mulinàre A v. tr. **1** (*raro*) (*di cosa*) roteare, girare, muovere **2** (*fig.*) (*di progetto, di idee, ecc.*) architettare, macchinare, vagheggiare □ fantasticare **B** v. intr. **1** far mulinello, girare in tondo, vorticare **2** (*fig.*) (*di idee, di pensieri, ecc.*) agitarsi, frullare.
mulinèllo s. m. **1** vortice, gorgo □ turbina **2** (*est.*) rotazione, roteazione **3** argano **4** (*aer.*) tonneau (*fr.*).
mulino s. m. **FRAS.** *tirare l'acqua al proprio mulino* (*fig.*), fare il proprio interesse □ *lottare con i mulini a vento* (*fig.*), lottare contro nemici inesistenti; accingersi a un'impresa inutile.
mùlo s. m. (*fig.*) (*di persona*) ostinato, cocciuto, testardo, testone.
mùlta s. f. pena pecuniaria □ (*est.*) ammenda, contravvenzione.
multàre v. tr. condannare a una multa, fare la multa.
multicolóre agg. variopinto, policromo, di molti colori **CONTR.** monocromo.
multifórme agg. **1** di varie forme, di diversi aspetti **CONTR.** uniforme **2** (*di persona*) versatile, eclettico.
multimiliardàrio agg.; anche s. m. plurimiliardario □ ricchissimo, creso (*lett.*) **CONTR.** nullatenente, poverissimo.
multimilionàrio agg.; anche s. m. plurimilionario □ ricchissimo, creso (*lett.*) **CONTR.** nullatenente, poverissimo.
mùltiplo A agg. **1** di più parti **2** molteplice **B** s. m. (*arte*) copia, esemplare identico.
mùmmia s. f. **1** cadavere imbalsamato **2** (*fig.*) persona rinsecchita, persona incartapecorita **3** (*fig.*) (*di persona*) sorpassato, fossile, relitto, matusa (*fam., scherz.*).
mummificàre A v. tr. imbalsamare **B mummificarsi** v. intr. pron. (*fig.*) incartapecorirsi, fossilizzarsi **CONTR.** aggiornarsi.
mummificàto part. pass. di **mummificare**; anche agg. **1** imbalsamato **2** (*fig.*) avvizzito, incartapecorito **CONTR.** fiorente, florido **3** (*fig.*) sorpassato, fossilizzato **CONTR.** aggiornato.
mummificazióne s. f. imbalsamazione.
mùngere v. tr. (*fig.*) sfruttare, spremere, succhiare, spillare soldi.
municipàle agg. **1** del municipio, comunale,

civico **2** (*spreg.*) campanilistico, provinciale.
municipalìsmo s. m. (*raro, spreg.*) campanilismo, provincialismo.
municipalità s. f. autorità municipali, consiglio comunale.
municipalizzàre v. tr. (*di servizi*) trasferire al comune.
municipalizzàto part. pass. di **municipalizzare**; anche agg. (*di servizi*) gestito dal comune, comunale.
municìpio s. m. comune □ palazzo comunale □ amministrazione comunale.
munificènza s. f. **1** generosità, larghezza, liberalità, magnificenza **CONTR.** avarizia, grettezza, parsimonia, spilorceria, taccagneria **2** dono □ atto munifico.
munìfico agg. generoso, largo, liberale, magnifico, splendido **CONTR.** avaro, gretto, parsimonioso, spilorcio, taccagno.
munìre A v. tr. **1** fortificare, armare, guarnire, difendere **CONTR.** indebolire, sguarnire **2** (*est.*) dotare, fornire, provvedere, corredare **CONTR.** privare **B munirsi** v. intr. pron. (*anche fig.*) fornirsi, provvedersi **CONTR.** privarsi, rinunciare.
munìto part. pass. di **munire**; anche agg. **1** difeso, fortificato **CONTR.** sguarnito **2** (*est.*) dotato, provvisto, provveduto **CONTR.** privato, privo.
munizióne s. f. **1** (*mil.*) rifornimenti, apparato bellico □ vettovaglie **2** (*spec. al pl.*) proiettili □ esplosivo.
mùnto part. pass. di **mungere**; anche agg. (*spec. fig.*) spremuto, sfruttato.
muòvere A v. tr. **1** mettere in moto, mettere in movimento □ spostare, rimuovere, smuovere, trarre, trascinare, trasportare, spingere, sospingere □ agitare, dondolare, scuotere, scrollare **CONTR.** frenare, fermare, immobilizzare **2** (*di meccanismo*) far funzionare, mettere in azione **CONTR.** fermare **3** (*di sentimenti*) suscitare □ commuovere **CONTR.** frenare **4** (*di persona*) indurre, eccitare, incitare, sollecitare, persuadere **CONTR.** trattenere, dissuadere, distogliere **5** (*ass.*) (*a scacchi, a dama, ecc.*) fare la mossa, spostare, aprire **B** v. intr. **1** partire □ avviarsi, avanzare **CONTR.** restare, rimanere **2** cominciare, iniziare **CONTR.** finire, terminare **3** (*fig., tosc.*) (*di pianta*) germogliare **C muoversi** v. rifl. **1** mettersi in movimento, mettersi in moto □ allontanarsi, avviarsi, spostarsi, andare **CONTR.** fermarsi, star fermo **2** (*di meccanismo*) funzionare **CONTR.** fermarsi **3** adoperarsi, darsi da fare □ agire **CONTR.** rimanere inattivo □ oziare, poltrire **4** (*fig.*) agitarsi, sollevarsi **CONTR.** calmarsi **D** v. intr. pron. **1** essere in movimento **CONTR.** stare fermo, essere immobile **2** commuoversi.
muràglia s. f. **1** muro, baluardo, cinta **2** (*est.*) (*di roccia*) parete **3** (*raro, fig.*) impedimento, barriera, ostacolo.
muràle (1) agg. di muro.
muràle (2) [vc. sp., da *mural* 'murale'] s. m. pittura murale, affresco.
muràre A v. tr. **1** far muri, edificare **2** (*di apertura*) chiudere (con un muro) **3** mettere nel muro, chiudere nel muro **B murarsi** v. rifl. rinchiudersi, sbarrarsi **CONTR.** uscire.
muràta s. f. (*di nave*) fiancata.
muràto part. pass. di **murare**; anche agg. chiuso (da un muro) □ cinto da muro.
muratóre s. m. (*est.*) edile **FRAS.** *franco muratore*, massone, frammassone.
muricciòlo s. m. **1** dim. di **muro 2** muretto, spalletta.
mùro s. m. **1** costruzione muraria □ muraglia, mura □ parete **2** (*est., anche fig.*) riparo, difesa **3** (*est., anche fig.*) (*di nebbia, di fumo, ecc.*) barriera, ostacolo **FRAS.** *muro maestro*, muro portante □ *mettere al muro* (*fig.*), fucilare □ *mettere con le spalle al muro* (*fig.*), mettere alle strette □ *avere le spalle al muro* (*fig.*), essere al sicuro.
mùsa s. f. **1** (*mitol.*) dea delle arti **2** (*est.*) ispirazione poetica, estro poetico □ poesia **3** ispiratrice **4** (*fig.*) poeta **FRAS.** *decima musa* (*fig.*), cinema.
mùschio s. m. musco □ (*est.*) borraccina.
muscolatùra s. f. muscolosità □ muscoli.
mùscolo s. m. **1** (*al pl.*) (*fig.*) vigoria, robustezza, forza **2** (*di carne macellata*) polpa **3** (*sett., zool.*) mitilo, cozza, peocio.
muscolosità s. f. muscolatura.
muscolóso agg. forzuto, nerboruto, gagliardo, robusto, forte **CONTR.** debole, gracile, mingherlino, esile, delicato.
musèo s. m. galleria, pinacoteca, gipsoteca **FRAS.** *roba da museo* (*fig.*), anticaglia □ *pezzo da museo* (*fig.*), persona antiquata, matusa (*fam.*).
museruòla s. f. musoliera (*raro*), mordacchia **FRAS.** *mettere la museruola* (*fig.*), far tacere.
mùsica s. f. **1** arte dei suoni **2** composizione musicale □ stile musicale **3** banda, fanfara **4** (*fig.*) armonia, melodia, suono melodioso, dolcezza di suono, rumore piacevole **CFR.** cacofonia, fracasso, frastuono **5** (*iron.*) suono sgradevole, rumore fastidioso **6** (*est.*) monotonia, tiritera.
musical /*ingl.* 'mju:zikəl/ [vc. ingl., da *musical* (*comedy*) 'commedia musicale'] s. m. inv. commedia musicale.
musicàle agg. **1** di musica **2** armonioso, melodioso, dolce, sonoro **CONTR.** aspro, disarmonico, dissonante, sgradevole.
musicalità s. f. armonia, melodia **CONTR.** asprezza, disarmonia, discordanza.
musicalménte avv. **1** secondo la musica **2** armoniosamente, dolcemente **CONTR.** aspramente, disarmonicamente, sgradevolmente.
musicànte s. m. e f. suonatore, musico, bandista, musicista.
musicàre v. tr. mettere in musica.
music-hall /*ingl.* 'mju:zik 'hɔ:l/ [vc. ingl.,

propriamente 'sala da musica'] s. m. inv. **1** teatro di varietà, tabarin (*fr.*), night (*ingl.*), night-club (*ingl.*) □ sala da concerti **2** varietà, variété (*fr.*).

musicìsta s. m. e f. (*di musica*) compositore, esecutore, musicante, musico, concertista, bandista.

mùsico s. m. musicista, musicante, suonatore.

mùso s. m. **1** (*di animale*) parte anteriore della testa □ (*est.*) (*di automobile*) parte anteriore **2** (*scherz., spreg.*) viso, volto, faccia, grugno □ ceffo, individuo **3** broncio.

musóne s. m. scontroso, selvatico **CONTR.** cordialone, persona socievole.

musulmàno agg.; anche s. m. islamico, maomettano.

mùta (1) s. f. **1** cambiamento, mutazione, scambio **2** (*di pelle, di penne*) muda **3** (*di vestiti, di arredi e sim.*) corredo **4** tuta (da sub).

mùta (2) s. f. (*per la caccia*) cani.

mutàbile agg. **1** cambiabile, mutevole, variabile **CONTR.** immutabile, invariabile, stabile **2** (*est.*) incerto, insicuro, effimero **CONTR.** durevole, duraturo, stabile **3** (*est.*) (*di persona*) incostante, volubile, leggero **CONTR.** costante, fermo, ostinato.

mutabilità s. f. **1** mutevolezza, instabilità, variabilità **CONTR.** immutabilità, invariabilità **2** (*est., fig.*) (*di persona*) incostanza, volubilità, leggerezza **CONTR.** costanza, fermezza, ostinazione, perseveranza.

mutaménto s. m. cambiamento, mutazione, modificazione, trasformazione, variazione □ metamorfosi □ alterazione **CONTR.** invariabilità, stabilità.

mutandìne s. f. pl. slip (*ingl.*), monokini.

mutàre A v. tr. cambiare, sostituire, modificare, variare, trasformare □ alterare □ correggere, migliorare, ritoccare, riformare **CONTR.** lasciare inalterato, lasciare invariato **B** v. intr. diventare diverso, variare □ alterarsi **CONTR.** rimanere uguale, rimanere lo stesso **C mutarsi** v. intr. pron. **1** trasformarsi, alterarsi **CONTR.** rimanere inalterato **2** (*d'abito*) cambiarsi.

mutàto part. pass. di **mutare**; anche agg. cambiato, modificato, variato, trasformato □ alterato **CONTR.** immutato, invariato.

mutazióne s. f. cambiamento, mutamento, modificazione, trasformazione, variazione □ metamorfosi □ alterazione **CONTR.** immutabilità, invariabilità, stabilità.

mutévole agg. **1** mutabile, variabile, soggetto a mutamento **CONTR.** immutabile, invariabile, stabile **2** (*est., fig.*) (*di persona*) volubile, incostante **CONTR.** costante, fermo, ostinato.

mutevolézza s. f. mutabilità, incostanza, volubilità **CONTR.** costanza, fermezza, ostinazione, perseveranza.

mutevolménte avv. volubilmente, incostantemente **CONTR.** costantemente, stabilmente.

mutilàre v. tr. **1** (*di corpo*) amputare, mozzare, troncare, tagliare **2** (*est., fig.*) ridurre, impoverire, sminuire **CONTR.** accrescere, aumentare, arricchire.

mutilàto A part. pass. di **mutilare**; anche agg. **1** (*di corpo*) amputato, troncato, mozzato, mozzo **CONTR.** integro, intatto **2** (*est., fig.*) incompleto, sminuito, alterato, ridotto **CONTR.** completo **B** s. m. (*di guerra, del lavoro, ecc.*) invalido, minorato, storpio, monco.

mutilazióne s. f. **1** amputazione, mozzatura, troncamento **2** (*fig.*) riduzione, impoverimento **CONTR.** accrescimento, aumento, arricchimento.

mùtilo agg. **1** (*lett.*) mutilato, mozzo, troncato **CONTR.** integro, intatto **2** (*fig.*) (*di libro, di codice, ecc.*) incompleto, lacunoso, privato di una parte **CONTR.** completo, compiuto.

mutìsmo s. m. **1** mancanza della parola **2** silenzio ostinato, reticenza □ scarsa loquacità **CONTR.** parlantina, logorrea.

mùto A agg. **1** privo della parola, mutolo (*lett.*) **2** (*est.*) ammutolito, attonito **3** (*di simpatia, di emozione, ecc.*) tacito, inespresso **CONTR.** chiaro, manifesto, palese **4** (*anche fig.*) privo di suoni, silenzioso **CONTR.** chiassoso, fragoroso, rumoroso **B** s. m. non parlante, mutolo (*lett.*).

mùtua s. f. previdenza, assistenza.

mutualìstico agg. previdenziale, assistenziale.

mutuaménte avv. scambievolmente, a vicenda.

mutuàre v. tr. **1** (*raro*) dare in mutuo, ricevere in mutuo **2** (*fig.*) (*di concetti, di idee, ecc.*) prendere da altri, derivare, ricavare.

mutuàto s. m. assistito.

mùtuo (1) agg. scambievole, vicendevole, reciproco.

mùtuo (2) s. m. prestito.

n, N

nabàbbo s. m. (*scherz.*) persona straricca, riccone, miliardario, pascià, creso **CONTR.** poveraccio, miserabile, pezzente, morto di fame.

naïf /*fr.* na'if/ [vc. fr., dal lat. *nativus* 'nativo, ingenuo'] **A** agg. inv. (*di artista*) istintivo, privo di scuola, primitivo **CONTR.** manierato, raffinato **B** s. m. e f. inv. artista istintivo, artista privo di scuola.

nanìsmo s. m. (*med.*) (*di persona, animale o pianta*) scarso sviluppo **CONTR.** gigantismo.

nànna s. f. (*inft.*) (*di bambini*) il dormire, sonno □ (*est.*) cantilena, nenia **FRAS.** *fare la nanna*, dormire.

nàno A agg. (*di persona, animale o pianta*) molto piccolo, piccolissimo, molto basso, molto ridotto **CONTR.** gigantesco, enorme, colossale, smisurato **B** s. m. (*est.*) uomo molto piccolo, omarino, ometto, omiciattolo, lillipuziano, nanerottolo, pigmeo **CONTR.** omone, omaccione, colosso, gigante, titano.

napoleóne [dal nome di Napoleone che lo coniò] s. m. marengo.

napoletàno agg.; anche s. m. di Napoli, partenopeo.

nàppa s. f. **1** fiocco, fiocchetto, ciondolo, penero, mazzetto (di fili) **2** tovaglia (d'altare) **3** (*pop., scherz.*) nasone **CONTR.** nasino.

narcisìsmo [da *narciso (2)*] s. m. autocompiacimento, autoammirazione, autoesaltazione □ vanità, vanagloria **CFR.** masochismo, autolesionismo, disprezzo di sé, autocommiserazione, vittimismo.

narcisìstico agg. di autoammirazione, di autocompiacimento.

narcìso (1) s. m. (*bot.*) giunchiglia, giracapo, fiore di maggio.

narcìso (2) [da *Narciso*, il mitico giovane che si innamorò della sua immagine riflessa nell'acqua e fu tramutato in narciso] s. m. vanesio, fatuo, vagheggino.

narcòsi s. f. anestesia (generale), anestesia (totale).

narcòtico s. m.; anche agg. sonnifero, ipnotico, soporifero □ stupefacente, barbiturico, anestetico **CFR.** eccitante, stimolante.

narcotizzàre v. tr. **1** sottoporre a narcosi, anestetizzare, addormentare **CONTR.** risvegliare, far rinvenire **2** (*est.*) stordire, tramortire **CONTR.** eccitare.

narcotizzàto part. pass. di **narcotizzare**; anche agg. **1** sottoposto a narcosi, addormentato, anestetizzato **CONTR.** risvegliato, fatto rinvenire **2** (*est.*) stordito, tramortito **CONTR.** eccitato **3** (*est.*) assonnato **CONTR.** desto, sveglio **4** (*fig.*) affascinato **CONTR.** disgustato, nauseato, stomacato.

narràbile agg. raccontabile, descrivibile, riferibile **CONTR.** inenarrabile, indescrivibile, indicibile.

narràre A v. tr. raccontare, esporre, dire, riferire, descrivere, contare (*lett.*), menzionare, ricordare, far conoscere **CONTR.** tacere, tener nascosto **B** v. intr. raccontare, riferire, parlare, trattare **CONTR.** tacere, nascondere.

narrativa s. f. romanzi, novelle, racconti **CFR.** saggistica, critica, poesia, lirica, epica, ecc.

narratìvo agg. di romanzo, di racconto **CFR.** saggistico, critico, poetico, lirico, ecc.

narratóre s. m. (f. *-trice*) raccontatore, espositore, romanziere, novelliere **CFR.** saggista, critico, poeta, ecc.

narrazióne s. f. racconto, esposizione, relazione, resoconto, rendiconto □ romanzo, novella, cronaca, storia, favola, fiaba, opera narrativa.

nascènte part. pres. di **nascere**; anche agg. che nasce, sorgente, che sorge, che ha inizio **CONTR.** morente, tramontante, calante, che finisce.

nàscere v. intr. **1** (*di persona, di animale*) venire al mondo, venire alla luce, aprire gli occhi alla luce, essere partorito **CONTR.** morire **2** (*di pianta*) spuntare, germogliare, sbocciare, germinare **CONTR.** morire, inaridire, disseccarsi **3** (*di astro*) sorgere, spuntare, apparire **CONTR.** tramontare, morire, calare **4** (*di corso d'acqua*) scaturire, sgorgare, avere origine **CONTR.** sfociare, sboccare, gettarsi **5** (*fig.*) provenire, derivare, dipendere □ trarre origine, cominciare **CONTR.** finire, terminare, cessare, morire **6** (*fig.*) manifestarsi, rivelarsi **CONTR.** rimanere celato **FRAS.** *nascere con la camicia* (*fig.*), essere fortunato □ *essere nato sotto cattiva stella* (*fig.*), essere sfortunato □ *essere nato con gli occhi aperti* (*fig.*), essere furbo □ *essere nato ieri* (*fig.*), essere ingenuo □ *essere nato per*, avere disposizione per,

nàscita s. f. **1** il nascere, il venire al mondo,

nascimento (*lett.*), natività, natale CONTR. morte **2** famiglia, stirpe, lignaggio (*lett.*), schiatta (*lett.*) **3** (*fig.*) origine, principio, inizio CONTR. fine, termine, cessazione, morte.

nascitùro A agg. che dovrà nascere, che nascerà CONTR. morituro (*lett.*) **B** s. m. chi sta per nascere CONTR. morituro (*lett.*).

nascóndere A v. tr. **1** sottrarre alla vista, impedire alla vista, celare, occultare, appiattare (*raro*), rimpiattare, coprire, ricoprire □ eclissare CONTR. mostrare, scoprire, svelare, portare alla luce **2** (*fig.*) (*di pensiero, di sentimento, ecc.*) dissimulare, tacere, non manifestare, tenere dentro di sé □ velare, offuscare CONTR. far conoscere, palesare, rivelare, manifestare **B nascondersi** v. rifl. celarsi, sottrarsi alla vista, occultarsi, rimpiattarsi, rintanarsi, segregarsi, sgattaiolare CONTR. mostrarsi, palesarsi, farsi vedere, scoprirsi, rivelarsi, manifestarsi.

nascondiglio s. m. luogo nascosto, luogo segreto, rifugio, recesso (*lett.*), ripostiglio, latebra (*poet.*).

nascondino s. m. (*di gioco*) rimpiattino.

nascostaménte avv. di nascosto, occultamente, segretamente, furtivamente, celatamente, clandestinamente, larvatamente, tacitamente, alla chetichella, di soppiatto, di straforo, quatto quatto, sotto sotto CONTR. apertamente, manifestamente, allo scoperto, alla luce del sole.

nascòsto agg. celato, occultato, occulto, ascoso (*poet.*), coperto, latente, invisibile, riposto, acquattato, quatto, chiuso, segreto, non percepibile □ furtivo, dissimulato CONTR. aperto, manifesto, palese, evidente, visibile, chiaro, esplicito, scoperto, patente.

nasèllo s. m. (*zool.*) (*est.*) merluzzo.

nàso s. m. **1** (*anat.*) organo dell'olfatto □ (*est.*) odorato, olfatto **2** (*fig.*) intuito, fiuto, perspicacia □ discrezione, giudizio FRAS. *arricciare* (o *torcere*) *il naso*, essere contrariato (o disgustato) □ *non vedere più in là del proprio naso* (*fig.*), essere di idee molto ristrette □ *ficcare* (o *mettere*) *il naso* (*fig.*), impicciarsi □ *montare la mosca al naso* (*fig.*), arrabbiarsi □ *menare per il naso* (*fig.*), ingannare, imbrogliare □ *restare con un palmo* (o *con tanto*) *di naso* (*fig.*), restare deluso, restare ingannato □ *avere naso* (*fig.*), avere buon fiuto □ *andare a naso* (o *a lume di naso*) (*fig.*), fidarsi del proprio intuito.

nastrino s. m. **1** dim. di **nastro 2** (*est.*) (*di decorazione*) coccarda, distintivo **3** (*cuc.*) fettuccina.

nàstro s. m. fettuccia, passamano, ciniglia, canutiglia □ fiocco, nappa, gala, gallone FRAS. *nastro trasportatore*, piano scorrevole, tapis roulant (*fr.*) □ *nastro perforato*, banda perforata □ *sega a nastro*, sega a lama continua.

natàle A s. m. **1** giorno natalizio □ genetliaco, compleanno CFR. onomastico **2** natività di Cristo **3** (*spec. al pl.*) nascita, ceto, famiglia, stirpe, lignaggio (*lett.*), prosapia (*lett.*) **B** agg. **1** (*di luogo*) della nascita, natio, d'origine **2** (*raro*) natalizio.

natalità s. f. nascita CONTR. mortalità, denatalità.

natalìzio A agg. **1** del Natale **2** natale **B** s. m. compleanno, genetliaco CFR. onomastico.

natànte A agg. che nuota, che galleggia, galleggiante CONTR. sommerso, affondato **B** s. m. galleggiante, chiatta, imbarcazione.

nàtica s. f. chiappa (*pop.*), gluteo □ (*al pl.*) (*est.*) sedere, culo (*pop.*), deretano.

natività s. f. **1** (*raro*) nascita **2** (*di Cristo*) Natale.

natìvo A agg. **1** della nascita, natio (*lett.*), originario, del paese d'origine CONTR. forestiero, straniero **2** (*raro*) (*di qualità*) naturale, innato, insito, congenito CONTR. acquisito, acquistato **3** (*est.*) schietto, sincero, autentico, spontaneo CONTR. artificioso, forzato, voluto, ricercato, affettato **B** s. m. (*di persona, di usi, ecc.*) indigeno, autoctono, aborigeno CONTR. forestiero, immigrato, straniero.

nàto A part. pass. di **nascere**; anche agg. **1** venuto al mondo, venuto alla luce, generato, partorito □ generato, creato CONTR. morto, defunto **2** (*di astro, di usi, ecc.*) sorto, spuntato, cominciato, apparso CONTR. tramontato, calato, cessato, finito **3** (*di corso d'acqua*) scaturito, sgorgato CONTR. sfociato, sboccato **B** s. m. figlio.

natùra s. f. **1** creato, universo **2** potenza generatrice **3** (*di persona o cosa*) essenza, essere, sostanza □ istinto, indole, carattere, animo, temperamento, costituzione, inclinazione, tendenza **4** specie, tipo, genere, qualità.

naturàle A agg. **1** della natura, di natura **2** (*di cosa, di fenomeno, ecc.*) ordinario, normale, usuale, consueto, comune, abituale, ovvio CONTR. innaturale, insolito, inconsueto, diverso, straordinario **3** (*di qualità*) insito, innato, congenito, connaturale, connaturato CONTR. acquisito, acquistato **4** (*di sostanza*) genuino, semplice, schietto, puro, non artefatto, non alterato CONTR. artefatto, alterato, artificiale, falsificato, adulterato, sofisticato, manipolato, contraffatto, falso **5** (*di comportamento*) semplice, franco, istintivo, spontaneo, schietto CONTR. artificioso, innaturale, forzato, sforzato **B** s. m. (*raro*) indole, natura, carattere FRAS. *al naturale*, così com'è in natura; con esattezza, fedelmente □ *è naturale che*, è logico che, è ovvio che.

naturalézza s. f. **1** semplicità, spontaneità, schiettezza, candore, ingenuità, sincerità, franchezza CONTR. falsità, finzione, ipocrisia, affettazione, doppiezza **2** disinvoltura, spigliatezza, scioltezza CONTR. impaccio, goffaggine, ritegno **3** (*di prodotto*) autenticità, genuinità, schiettezza, purezza CONTR. adulterazione, alterazione, sofisticazione.

naturalìsmo s. m. (*letter., arte*) realismo, verismo **CFR.** idealismo, spiritualismo, romanticismo.

naturalìsta s. m. e f. (*letter., arte*) verista, realista **CFR.** idealista, spiritualista, romantico.

naturalìstico agg. (*letter., arte*) veristico, realistico **CFR.** idealistico, spiritualista, romantico.

naturalménte avv. **1** spontaneamente, istintivamente, per natura, secondo natura **CONTR.** artificiosamente, contro natura, forzatamente **2** logicamente, ovviamente, normalmente, abitualmente, ordinariamente, comunemente, per lo più **CONTR.** insolitamente, diversamente, raramente **3** sì, certamente **CONTR.** no.

nature /*fr.* na'tyr/ [vc. fr., letteralmente 'natura'] agg. inv. naturale, genuino, puro, integro, schietto, intatto, originale **CONTR.** adulterato, alterato, sofisticato, manipolato, contraffatto, falsificato.

naturìsmo s. m. nudismo.

naturìsta s. m. e f.; anche agg. nudista.

naufragàre v. intr. **1** (*di imbarcazione*) far naufragio, affondare, inabissarsi, colare a picco, essere inghiottito dal mare **2** (*di persone*) annegare **3** (*fig.*) (*di persona, di progetto, ecc.*) fallire, andare in rovina, non riuscire, avere cattivo esito, venir meno **CONTR.** trionfare, vincere, riuscire, affermarsi.

naufràgio s. m. **1** (*di imbarcazione*) affondamento, sommersione (*raro*), distruzione **2** (*fig.*) (*di persona, di progetto, ecc.*) fallimento, rovina, distruzione **CONTR.** trionfo, buona riuscita, esito favorevole, affermazione.

nàufrago s. m. superstite (da naufragio), scampato (da naufragio) **CONTR.** annegato.

nàusea s. f. **1** (*med.*) senso di sazietà, senso di vomito **CFR.** appetenza, appetito **2** (*fig.*) fastidio, avversione, disgusto, ripugnanza, noia □ abbattimento, depressione **CONTR.** piacere, desiderio, gradimento, simpatia.

nauseabóndo agg. (*anche fig.*) nauseante, disgustoso, ripugnante, stomachevole, stucchevole, ributtante, sgradevole **CONTR.** appetitoso, appetente, gustoso □ piacevole, gradevole, attraente.

nauseànte part. pres. di **nauseare**; anche agg. **1** (*di odore, di gusto, ecc.*) che dà nausea, disgustoso, ripugnante, stomachevole, nauseabondo, stucchevole, sgradevole **CONTR.** appetitoso, appetente, gustoso, gradevole, piacevole **2** (*fig.*) (*di persona, di discorso, ecc.*) fastidioso, noioso, irritante □ sconveniente **CONTR.** desiderabile, gradito, gradevole, delizioso.

nauseàre v. tr. e intr. **1** (*di odore, di gusto, ecc.*) dare nausea, stomacare, disgustare **CONTR.** piacere, essere gradito **2** (*fig.*) (*di persona, di discorso, ecc.*) infastidire, disgustare, ripugnare, stomacare, ributtare, stuccare **CONTR.** piacere, essere gradito.

nauseàto part. pass. di **nauseare**; anche agg. disgustato, stomacato, sazio, schifato, infastidito, ristucco **CONTR.** desideroso, voglioso, avido, bramoso (*lett.*).

nàutica s. f. marina.

nàutico agg. della navigazione, navale, marinaresco **FRAS.** *sci nautico*, sci d'acqua.

navàle agg. di nave, di navi □ marinaresco, marinaro.

navàta s. f. (*di chiesa*) nave (*raro*).

nàve s. f. **1** imbarcazione, bastimento, naviglio, legno (*poet.*) **2** (*raro*) (*di chiesa*) navata **FRAS.** *nave traghetto*, ferry-boat (*ingl.*).

navétta s. f. **1** dim. di **nave 2** (*di telaio*) spola.

navicèlla s. f. **1** vezz. di **nave**; piccola nave, barca **2** (*aer.*) abitacolo, carlinga **3** (*per l'incenso*) recipiente.

navigàbile agg. (*di acque*) percorribile.

navigabilità s. f. **1** (*di imbarcazione, di aereo*) galleggiabilità, stabilità **2** (*di acque*) percorribilità.

navigànte part. pres. di **navigare**; anche agg. e s. m. e f. marinaio, navigatore, nauta (*lett.*).

navigàre A v. intr. **1** (*di imbarcazione*) solcare il mare, percorrere il mare, veleggiare, fare vela, fare rotta **2** salpare, levare le ancore, prendere il largo **CONTR.** approdare, attraccare, gettare l'ancora **3** (*di aereo, di missile*) viaggiare, volare, andare, dirigersi, fare rotta **4** (*fig.*) (*di persona*) barcamenarsi, destreggiarsi, manovrare **B** v. tr. (*raro*) (*di nave, di aereo*) percorrere, attraversare.

navigàto part. pass. di **navigare**; anche agg. **1** (*di acqua*) percorso da navi **2** (*di marinaio*) esperto di navigazione, veterano **3** (*fig.*) (*di persona*) molto esperto, accorto, avveduto □ scaltro, sveglio, furbo □ corrotto, disonesto **CONTR.** inesperto, ingenuo, semplice, novellino.

navigatóre A agg. che naviga, marinaro **B** s. m. (f. *-trice*) **1** navigante, marinaio, nauta (*poet.*) **2** esploratore (di mari) **3** (*aer.*) ufficiale di rotta.

navigazióne s. f. **1** arte del navigare **2** viaggio (per acque o nello spazio), traversata, crociera, percorso **FRAS.** *della navigazione*, navigatorio.

navìglio s. m. **1** imbarcazione, bastimento, nave **2** flotta **3** navile, canale navigabile.

navìle s. m. naviglio, canale navigabile.

nazionàle agg. **1** della nazione, statale □ nostrano, interno, paesano, cittadino **CONTR.** estero, forestiero, straniero **2** nazionalistico (*spreg.*).

nazionalìsmo s. m. patriottismo □ patriottismo eccessivo, sciovinismo **CONTR.** internazionalismo.

nazionalìsta A s. m. e f. patriota, patriottardo (*spreg.*) **CONTR.** internazionalista **B** agg. nazionalistico □ patriottardo (*spreg.*) **CONTR.** internazionalista.

nazionalità s. f. **1** identità nazionale, coscienza nazionale **2** cittadinanza □ nazione, stirpe, razza.

nazionalizzàre v. tr. statalizzare, statizzare □ municipalizzare CONTR. snazionalizzare, privatizzare.

nazionalizzazióne s. f. statalizzazione, statizzazione □ municipalizzazione CONTR. snazionalizzazione, privatizzazione.

nazionalsocialìsmo s. m. nazismo.

nazionalsocialìsta agg.; anche s. m. e f. nazista.

nazióne s. f. **1** popolo, gente, stirpe, razza, famiglia etnica **2** stato, patria.

nazìsmo s. m. nazionalsocialismo.

nazìsta s. m. e f.; anche agg. nazionalsocialista.

ne **A** particella pron. atona m. e f. sing. e pl. **1** di lui, di lei, di essi, di esse **2** di questo, di quello, di questa, di quella, di questi, di quelli, di queste, di quelle **3** di ciò, di questo, di questa cosa **4** da ciò, da questo, da questa cosa **B** avv. di lì, di là, da quel luogo, di qui, di qua.

né cong. e non, neppure, nemmeno, neanche CONTR. e, sia, e anche, e pure.

neànche avv. e cong. neppure, nemmeno CONTR. anche, pure.

nébbia s. f. **1** bruma, foschia, smog (*ingl.*), caligine, vapori CONTR. aria limpida, aria tersa, sereno **2** (*fig.*) (*di pensiero, di discorso, ecc.*) offuscamento, nebulosità, confusione CONTR. chiarezza, lucidità **3** (*bot.*) albugine, mal bianco, oidio.

nebbióso agg. **1** coperto di nebbia, brumoso (*lett.*), caliginoso, fosco, nebuloso CONTR. chiaro, terso, sereno **2** (*fig.*) (*di pensiero, di discorso, ecc.*) confuso, poco chiaro, nebuloso, indistinto CONTR. chiaro, comprensibile, perspicuo, evidente, lucido.

nebulizzàre v. tr. atomizzare, polverizzare, spruzzare finemente, inalare.

nebulizzàto part. pass. di **nebulizzare**; anche agg. vaporizzato, atomizzato, spray (*ingl.*).

nebulizzatóre s. m. umidificatore, vaporizzatore, spruzzatore, spray (*ingl.*), inalatore, aerosol.

nebulosaménte avv. (*fig.*) (*di pensiero, di discorso, ecc.*) confusamente, vagamente, oscuramente CONTR. chiaramente, lucidamente.

nebulosità s. f. **1** caligine, nuvolosità, foschia, bruma □ nebbia CONTR. limpidezza, limpidità, trasparenza **2** (*fig.*) (*di pensiero, di discorso, ecc.*) indeterminatezza, vaghezza, nebbia, confusione, astrattezza CONTR. chiarezza, perspicuità, lucidità.

nebulóso agg. **1** caliginoso, fosco, nebbioso, brumoso (*lett.*) CONTR. limpido, terso, trasparente **2** (*fig.*) (*di pensiero, di discorso, ecc.*) oscuro, incerto, vago, confuso CONTR. chiaro, comprensibile, lucido, perspicuo, evidente.

necessariaménte avv. per necessità, di necessità, assolutamente, inevitabilmente, obbligatoriamente □ ovviamente, evidentemente □ logicamente, certamente CONTR. niente affatto, per nulla, minimamente.

necessàrio **A** agg. indispensabile, essenziale, fondamentale, insopprimibile, inevitabile, obbligatorio, logico, urgente □ utile, occorrente, doveroso, debito, giusto, conveniente CONTR. superfluo, secondario, sovrabbondante, eccessivo, facoltativo, eccedente □ inutile, vano, ozioso, insignificante, infruttuoso, sterile □ sconveniente, inopportuno, ingiusto **B** s. m. solo sing. fabbisogno, occorrente, indispensabile CONTR. superfluo, eccesso, eccedenza.

necessità s. f. **1** esigenza, urgenza, occorrenza, bisogno, convenienza, opportunità □ indispensabile CONTR. eccedenza, sovrabbondanza **2** ineluttabilità, inevitabilità, fatalità, destino CONTR. contingenza □ evitabilità **3** povertà, miseria, indigenza, penuria CONTR. benessere, ricchezza, opulenza, sovrappiù, soverchio (*lett.*), sovrabbondanza, superfluo FRAS. *fare di necessità virtù*, rassegnarsi all'inevitabile.

necròforo s. m. becchino, beccamorti (*spreg.*).

necrologìa s. f. necrologio, annuncio mortuario □ elogio funebre.

necrològio s. m. **1** necrologia, annuncio mortuario □ elogio funebre **2** (*eccl.*) registro dei morti, obituario.

necròpoli s. f. **1** (*archeol.*) città dei morti, sepolcreto **2** (*est.*) cimitero.

necròsi s. f. cancrena.

nefandézza s. f. infamia, turpitudine, indegnità, empietà, vergogna, scelleratezza, scelleratággine, abominio, ignominia, atrocità □ crimine, delitto □ barbarie.

nefàndo agg. abominevole, turpe, empio, infame, vergognoso, scellerato, vituperabile, esecrabile, esecrando, atroce □ delittuoso, criminale □ barbaro CONTR. encomiabile, lodevole, onorevole, onesto, virtuoso, civile.

nefàsto agg. infausto, funesto, luttuoso, disgraziato, malaugurato, sfortunato CONTR. fausto, felice, fortunato, favorevole, lieto, propizio.

negàbile agg. confutabile CONTR. innegabile, inconfutabile.

negàre v. tr. **1** non riconoscere, disdire, smentire, ritrattare, confutare, contestare, contraddire, non ammettere CONTR. affermare, confermare, asserire, ribadire, ammettere, riconoscere **2** (*ass.*) dire di no, rispondere di no □ (*est.*) non confessare CONTR. affermare, confermare, dire di sì, rispondere di sì **3** non concedere, rifiutare, ricusare CONTR. dare, concedere.

negativaménte avv. **1** (*di risposta*) con una negazione, rifiutando, dicendo di no, con un no CONTR. affermativamente, dicendo di sì, con un sì **2** (*di comportamento*) in modo negativo, sfavorevolmente CONTR. positivamente, favorevolmente.

negatività s. f. esito negativo, valore negativo **CONTR.** positività, validità.

negativo A agg. **1** di negazione, di rifiuto **CONTR.** affermativo **2** contrario, opposto, svantaggioso, sfavorevole, avverso, ostile **CONTR.** positivo, favorevole, propizio, vantaggioso **3** (*mat.*) minore di zero **CONTR.** positivo **B** s. m. (*fot.*) **CONTR.** positivo.

negàto part. pass. di **negare**; anche agg. **1** rifiutato, non concesso **CONTR.** concesso, consentito **2** inadatto, non portato, inetto **CONTR.** adatto, portato, inclinato.

negazióne s. f. **1** rifiuto, diniego, smentita, negativa, ritrattazione, sconfessione, contraddizione **CONTR.** affermazione, asserzione **2** contrario, antitesi, opposto, rovescio **CONTR.** affermazione, realizzazione, attuazione.

neghittóso agg. pigro, lento, poltrone, accidioso, indolente, infingardo, ignavo (*lett.*), fiacco, scansafatiche, svogliato, apatico **CONTR.** attivo, operoso, solerte, sollecito, svelto, dinamico, alacre.

negligènte agg.; anche s. m. e f. **1** (*di persona*) trascurato, sciatto, disordinato, poco sollecito, incurante □ disattento, sbadato □ pigro, indolente, svogliato, neghittoso **CONTR.** accurato, elegante, attento, diligente, solerte, sollecito, volenteroso **2** (*di lavoro*) sciatto, trascurato, poco preciso, impreciso, disordinato **CONTR.** accurato, preciso, ordinato, diligente.

negligènza s. f. trascuratezza, disattenzione, svogliatezza, sbadataggine, svogliataggine, ignavia (*lett.*), incuria, indolenza, noncuranza, pigrizia □ dimenticanza **CONTR.** attenzione, cura, diligenza, solerzia, buona voglia, volontà.

negoziànte s. m. e f. commerciante, mercante, esercente, bottegaio, venditore, trafficante.

negoziàre v. tr. **1** (*di merce*) commerciare, trafficare, comprare e vendere, contrattare, mercanteggiare **2** (*est.*) (*di accordo, di pace, ecc.*) trattare, patteggiare, intavolare trattative.

negoziàto A part. pass. di **negoziare**; anche agg. **1** (*di merce*) trattato, contrattato **2** (*di accordo, di pace, ecc.*) trattato, patteggiato, concordato **B** s. m. trattative, patto, patteggiamento, negoziazione □ contrattazione, discussione.

negoziatóre s. m. (f. *-trice*) mediatore, intermediario □ incaricato, inviato, legato.

negoziazióne s. f. negoziato, trattative, patteggiamento □ contrattazione, discussione.

negòzio s. m. **1** (*di attività*) affare, faccenda, traffico, commercio, compravendita, smercio, operazione commerciale □ scambio, baratto **2** (*di luogo*) bottega, laboratorio, emporio, spaccio, esercizio, rivendita **3** (*lett.*) occupazione, attività, lavoro.

negrière o **negrièro** s. m. **1** mercante di schiavi □ schiavista **2** (*fig.*) sfruttatore, padrone esoso, strozzino, aguzzino.

négro A agg. **1** (*di persona*) di razza negra **CFR.** bianco, giallo, ecc. **2** (*di poesia, di arte, ecc.*) dei negri **CONTR.** bianco **B** s. m. **1** persona di razza negra **2** (*scherz.*) schiavo.

némbo s. m. **1** nube bassa, nube oscura, nube temporalesca □ (*poet.*) pioggia, scroscio, temporale, tempesta **2** (*fig., lett.*) moltitudine, abbondanza, sciame, grande quantità **CONTR.** scarsità.

nemìco A agg. **1** avverso, contrario, ostile, infesto (*lett.*), malevolo **CONTR.** amico, favorevole **2** (*fig.*) dannoso, nocivo, infesto (*lett.*) **CONTR.** benefico, giovevole, utile **B** s. m. avversario, oppositore, antagonista **CONTR.** alleato, socio, amico.

nemméno avv. e cong. neanche, neppure, nemmanco (*dial.*).

nènia s. f. **1** canto funebre, lamento funebre **2** cantilena □ ninna nanna **3** (*fig.*) lagna, piagnisteo.

nèo s. m. **1** (*med.*) macchia cutanea, voglia **2** (*fig.*) imperfezione, difettuccio, pecca.

neofascìsmo s. m. (*polit.*) nuovo fascismo □ M.S.I. **CFR.** fascismo, antifascismo.

neofascìsta s. m. e f.; anche agg. missino **CFR.** fascista, antifascista.

neòfita o **neòfito** s. m. e f. **1** catecumeno, proselito, iniziato, nuovo convertito **2** (*est., fig.*) novizio **CONTR.** veterano.

neologìsmo s. m. (*ling.*) nuova formazione, parola nuova, vocabolo nuovo, frase nuova **CONTR.** arcaismo.

neonàto A agg. **1** (*di essere*) appena nato, nato da poco **2** (*di cose*) formato da poco, sorto da poco □ nuovissimo, recentissimo **B** s. m. bambino appena nato.

neoplasìa s. f. (*med.*) neoplasma, neoformazione, tumore, cancro.

neorealìsmo s. m. neoverismo.

neorealìstico agg. neoveristico.

neozòico s. m.; anche agg. (*geol.*) quaternario **CFR.** azoico, archeozoico, paleozoico, mesozoico, cenozoico.

neppùre avv. e cong. neanche, nemmeno **CONTR.** anche, pure.

neràstro agg. tendente al nero, nericcio, nerognolo **CFR.** biancastro, rossastro, verdastro, ecc.

nerazzùrro agg.; anche s. m. (*calcio*) interista.

nèrbo s. m. **1** tendine (*lett.*) **2** scudiscio, staffile, frusta □ (*est.*) bastone **3** (*fig.*) (*di esercito e sim.*) parte più forte, parte più importante **CONTR.** punto debole **4** (*fig.*) (*di persona, di discorso, ecc.*) forza, vigore, vigoria, robustezza, energia **CONTR.** debolezza, gracilità.

nerborùto agg. muscoloso, robusto, gagliardo, forzuto **CONTR.** debole, delicato, gracile, mingherlino.

nerétto s. m. **1** dim. di **nero 2** (*tip.*) grassetto **3** (*giorn.*) articolo in grassetto.

néro A agg. **1** scurissimo, corvino, atro (*lett.*),

bruno intenso, moro **CFR.** bianco, chiaro **2** (*est.*) (*spec. di tempo*) buio, fosco, cupo, tenebroso **CONTR.** luminoso, soleggiato **3** (*fig.*) (*di avvenimento*) luttuoso, funesto, doloroso **CONTR.** lieto, fausto, fortunato, piacevole **4** (*fig.*) (*di giorno, di umore, ecc.*) triste, malinconico, mesto **CONTR.** allegro, festoso, gaio, gioioso, lieto, felice **5** (*fig.*) (*di persona*) cattivo, malvagio, crudele, spietato **CONTR.** buono, benigno, dolce, mite, mansueto, umano **6** (*fig., polit.*) clericale □ fascista **CONTR.** laico □ antifascista **7** (*fig.*) (*di fondi*) segreto **B** s. m. scuro **CFR.** bianco, chiaro **FRAS.** *pane nero*, pane integrale □ *vino nero*, vino rosso scuro □ *occhiali neri*, occhiali affumicati □ *vedere tutto nero* (*fig.*), essere pessimista.

neróngnolo agg. nericcio, nerastro **CFR.** biancastro, bianchiccio.

nervatùra s. f. **1** (*di foglia*) nervo **2** (*arch.*) cordonatura, costoloni **3** (*di libro, di abito*) cordoncino.

nèrvo s. m. **1** (*impropriamente*) fascio muscolare, tendine, muscolo **2** (*raro, fig.*) nerbo, forza, energia, vigore, vigoria **CONTR.** debolezza, gracilità **3** (*bot.*) (*di foglia*) nervatura **4** (*dell'arco*) corda **5** staffile, sferza, scudiscio **FRAS.** *dare ai nervi* o *far venire i nervi*, irritare, infastidire □ *avere i nervi*, essere di cattivo umore □ *avere i nervi a fior di pelle*, essere molto nervoso.

nervosaménte avv. con nervosismo, stizzosamente, agitatamente **CONTR.** con calma, placidamente, tranquillamente.

nervosìsmo s. m. eccitazione, irritazione, eccitabilità, nervoso, nervosità, tensione, irritabilità **CONTR.** calma, placidezza, placidità, tranquillità, imperturbabilità.

nervóso A agg. **1** di nervo, di nervi **2** debole di nervi, irritabile, eccitabile, suscettibile, teso □ isterico, nevrastenico **CONTR.** calmo, sereno, pacifico, placido, tranquillo, imperturbabile **3** (*di persona*) agile, asciutto, snello, scattante, vigoroso, tutto muscoli **CONTR.** adiposo, corpulento, grasso, obeso, pingue, pesante, lento **4** (*di stile*) conciso, stringato, efficace, espressivo **CONTR.** debole, fiacco, prolisso, sciatto, trascurato **B** s. m. (*fam.*) nervosità, nervosismo, tensione, eccitazione **CONTR.** calma, tranquillità, serenità, equilibrio.

nèspola s. f. **1** frutto del nespolo **2** (*fam.*) colpo, percossa **FRAS.** *nespole!*, perbacco!

nèsso s. m. connessione, collegamento, legame, relazione, rapporto **CONTR.** sconnessione.

nessùno A agg. indef. dif. del pl. **1** neanche uno, neppure uno, nemmeno uno, niuno (*lett.*) **CONTR.** tutti **2** (*spec. in prop. interr. o dubitative*) qualche, alcuno **B** pron. indef. **1** neanche uno, neppure uno, nemmeno uno **CONTR.** tutti **2** (*spec. in prop. interr. o dubitative*) qualcuno, qualcheduno, qualche persona **C** in funzione di s. m. inv. persona di nessun valore **CONTR.** qualcuno **FRAS.** *figlio di nessuno*, trovatello.

net /*ingl.* net/ [vc. ingl., letteralmente 'rete'] s. m. inv. (*nel tennis e nel ping pong*) colpo nullo, rete.

nettaménte avv. **1** chiaramente, comprensibilmente, con precisione □ distintamente, nitidamente **CONTR.** confusamente, oscuramente **2** decisamente, assolutamente, di gran lunga **CONTR.** per nulla **3** francamente, schiettamente **CONTR.** ipocritamente, falsamente.

nèttare (1) s. m. **1** (*di fiori, di foglie*) liquido dolce **2** (*mitol.*) ambrosia **3** (*est.*) bevanda dolce, vino squisito **CONTR.** beverone, beveraggio, intruglio.

nettàre (2) v. tr. pulire, ripulire, tergere, astergere, detergere, forbire, mondare, scopare, spazzare **CONTR.** sporcare, insudiciare, insozzare, imbrattare, lordare.

nettézza s. f. **1** pulizia, pulitezza (*raro*), lindezza, lindura (*raro*), nitidezza, nitore **CONTR.** sporcizia, lordura, lordezza (*raro*), sudiciume **2** (*fig.*) integrità, onestà, probità, purezza **CONTR.** impurità, impudicizia, corruzione, disonestà **3** (*fig.*) precisione, esattezza, chiarezza, pulizia **CONTR.** negligenza, trascuratezza, imprecisione.

nétto A agg. **1** pulito, nitido, mondo, terso, lucido, senza macchie **CONTR.** sporco, sudicio, insudiciato, imbrattato, lordo, sozzo, insozzato **2** (*fig.*) (*di persona*) puro, illibato, onesto, virtuoso, senza colpa **CONTR.** impuro, impudico, corrotto, depravato, disonesto **3** (*fig.*) (*di discorso, di contorno, ecc.*) chiaro, esatto, preciso □ secco, deciso **CONTR.** confuso, vago, impreciso, sfumato **4** (*di peso, di denaro, ecc.*) depurato, senza tara, detratte le spese **CONTR.** lordo **B** avv. chiaramente, chiaro, preciso, chiaro e tondo, senza reticenze, senza riserbo **CONTR.** ambiguamente, confusamente, vagamente, copertamente **FRAS.** *di netto*, completamente □ *al netto*, fatte le dovute detrazioni □ *peso netto*, peso senza tara.

netturbìno s. m. spazzino.

neuròlogo s. m. neuropatologo.

neuropatòlogo s. m. specialista in malattie nervose, neurologo.

neutràle agg. imparziale, estraneo, indifferente, né per l'uno né per l'altro, equidistante □ non allineato **CFR.** partigiano □ parziale □ interventista, belligerante.

neutralìsmo s. m. neutralità **CFR.** interventismo, belligeranza.

neutralìsta s. m. e f.; anche agg. sostenitore del neutralismo **CFR.** interventista, belligerante.

neutralità s. f. **1** imparzialità, indifferenza, equidistanza **CONTR.** parzialità, partigianeria, spirito di parte **2** neutralismo, non intervento **CFR.** intervento, belligeranza.

neutralizzàre v. tr. **1** (*di persona, di popoli*) rendere neutrale **CONTR.** militarizzare **2** (*chim.*) togliere acidità, togliere alcalinità **3**

(*fig.*) (*di persona, di impresa*) fermare, bloccare, rendere vano, rendere innocuo, impedire, sventare, vanificare **CONTR.** aiutare, appoggiare, favorire.
neutralizzazióne s. f. smilitarizzazione **CONTR.** militarizzazione.
nèutro agg. **1** (*di persona, di cosa*) né l'uno né l'altro, né dell'uno né dell'altro **2** (*di genere*) né maschile né femminile **CFR.** maschile, femminile **3** neutrale, imparziale **CONTR.** partigiano, parziale **4** (*di colore, di sapore, ecc.*) indefinibile, poco distinguibile, poco brillante, poco espressivo **CONTR.** ben definito, spiccato, netto, brillante, espressivo.
neutróne s. m. (*fis.*) **CFR.** protone.
néve A s. f. **1 CFR.** nevischio, tormenta, ghiaccio **2** (*fig.*) candore, bianchezza **B** agg. inv. (posposto al s.) (*di colore*) candido, bianchissimo.
nevicàre v. intr. impers. cadere neve, venir giù neve, fioccare.
nevóso agg. **1** di neve **2** (*est.*) (*di luogo*) coperto di neve □ soggetto a nevicate □ (*di tempo*) foriero di neve.
nevràlgico agg. di nevralgia **FRAS.** *punto nevralgico* (*fig.*), punto più delicato, punto più difficile, fase più delicata.
nevrastenìa s. f. **1** debolezza di nervi **2** (*est.*) eccitabilità, irritabilità, suscettibilità, nervosismo, nervoso, tensione, eccitazione **CONTR.** calma, placidità, tranquillità, serenità.
nevrastènico A agg. **1** di nevrastenia **2** (*anche sost.*) nervoso, irritabile, iroso **CONTR.** calmo, placido, tranquillo, sereno **B** s. m. ammalato di nevrastenia.
nevròsi s. f. malattia nervosa **FRAS.** *nevrosi ossessiva*, psicastenia.
nevròtico agg.; anche s. m. **1** di nevrosi **2** affetto da nevrosi, psicastenico, nervoso, nevrastenico, irritabile **CONTR.** calmo, placido, tranquillo.
nevvéro inter. (*sett., fam.*) non è vero?, vero?
nìcchia s. f. **1** cavità, incavo, vano, vuoto □ (*est.*) cameretta, sgabuzzino □ loculo **2** (*pop., tosc.*) conchiglia **3** (*fig.*) occupazione, ufficio, carica poco impegnativa.
nicchiàre v. intr. **1** (*lett.*) (*di partoriente*) lamentarsi, gemere **2** (*fig.*) (*di persona*) esitare, tentennare, tergiversare, titubare, essere incerto, essere indeciso, schermirsi **CONTR.** essere risoluto, agire con risolutezza, essere deciso.
nìcchio s. m. **1** (*di mollusco*) conchiglia, guscio, valva **2** lucerna a tre punte **3** cappello a tre punte, tricorno **4** (*cuc.*) cappelletto.
nichilìsmo s. m. (*est.*) nullismo □ anarchia.
nichilìsta s. m. e f.; anche agg. (*est.*) anarchico, sovversivo.
nidiàta s. f. **1** covata **2** (*est.*) (*di animali piccoli, di bambini*) famiglia, gruppo **3** (*fig.*) figliolanza, prole.
nidificàre v. intr. fare il nido □ (*est.*) stabilirsi, fissarsi.
nìdo s. m. **1** (*di animali*) ricovero di uccelli □ (*est.*) tana, covo, covacciolo (*tosc.*) **2** (*fig.*) casa, casa natia, focolare domestico □ (*est.*) patria **3** (*fig.*) (*di banditi, di spie, ecc.*) nascondiglio, base, rifugio, covo **FRAS.** *asilo nido*, asilo per bambini, pouponnière (*fr.*).
niènte A pron. indef. **1** nulla, nessuna cosa **CONTR.** tutto **2** poca cosa, inezia, quisquilia **3** (*spec. in prop. interr. o dubitative*) qualcosa **B** agg. indef. inv. (*fam.*) nessuno, nessuna **C** in funzione di s. m. inv. **1** nulla **CONTR.** tutto **2** poca cosa **D** avv. non affatto, per nulla, in alcun modo, punto **FRAS.** *non fa niente*, non ha importanza □ *non farsi niente*, non farsi male □ *cosa da niente*, cosa di poco valore □ *persona da niente*, persona inetta □ *essere un niente*, essere una nullità □ *venire dal niente*, avere umili origini □ *ridursi al niente*, perdere tutto □ *per niente*, in nessun modo; gratis.
nientediméno avv. addirittura, nientemeno, perfino.
nienteméno avv. nientedimeno, addirittura, perfino.
nìffo s. m. (*lett., spreg.*) faccia, muso, grugno.
night /*ingl.* 'nait/ [ingl., acrt. di *night-club*] s. m. inv. (*fam.*) night-club (*ingl.*), tabarin (*fr.*), locale notturno, tavernetta.
night-club /*ingl.* 'nait klʌb/ [vc. ingl., comp. di *night* 'notte' e *club*] loc. sost. m. inv. locale notturno, tabarin (*fr.*), night (*ingl.*), taverna.
nìmbo s. m. (*dei santi*) raggiera luminosa □ aureola □ bagliore, sfolgorio.
nìnfa s. f. **1** (*mitol.*) dea minore **2** (*fig., lett.*) fanciulla graziosa **3** (*zool.*) crisalide, pupa.
ninfétta s. f. **1** dim. di **ninfa 2** ragazza precoce, lolita.
ninfòmane s. f.; anche agg. andromane.
ninfomanìa s. f. andromania.
ninnanànna o **nìnna nànna** s. f. (*per addormentare i bambini*) cantilena, filastrocca, berceuse (*fr.*).
nìnnolo s. m. **1** trastullo, balocco, giocattolo **2** fronzolo, gingillo □ soprammobile.
nipóte s. m. e f. **1** figlio del figlio (o della figlia), figlio del fratello (o della sorella) **2** (*al pl.*) (*fig.*) discendenti, posteri, eredi.
nippònico agg. giapponese.
nirvàna s. m. inv. **1** (*nel buddismo*) quiete assoluta, beatitudine perfetta **2** (*fig.*) beatitudine, tranquillità, quiete □ astrazione dal mondo.
nitidaménte avv. limpidamente, luminosamente, chiaramente, nettamente **CONTR.** confusamente, vagamente, in modo indistinto.
nitidézza s. f. **1** pulizia, nettezza, chiarezza, limpidezza, lucentezza, lucidità, luminosità, splendore **CONTR.** sporcizia, sudiciume, opacità, oscurità **2** (*fig.*) (*di stile*) precisione, chiarezza, pulizia, trasparenza **CONTR.** confusione, imprecisione, nebulosità.
nìtido agg. **1** netto, pulito, lucente, limpido,

lindo, terso **CONTR.** sporco, sudicio, opaco, fosco, scuro **2** (*fig.*) netto, ben delineato **CONTR.** vago, nebuloso, impreciso **3** (*fig.*) (*di stile*) chiaro, elegante, forbito, pulito, preciso **CONTR.** confuso, sciatto, disadorno, trasandato, trascurato.

nitóre s. m. **1** pulizia, ordine, chiarezza, limpidezza, lucentezza, lucidità, luminosità, splendore **CONTR.** sporcizia, sudiciume, disordine, opacità, oscurità **2** (*fig.*) (*di stile*) eleganza, forbitezza, chiarezza, pulizia, precisione **CONTR.** confusione, sciattezza, trascuratezza.

nitroglicerìna s. f. (*chim.*) trinitrina, trinitroglicerina □ dinamite.

no A avv. **1 CONTR.** sì **2** (*in frasi interrogative*) è vero?, non è vero? **B** s. m. inv. **1** rifiuto, negazione, risposta negativa **2** (*spec. al pl.*) voto contrario **FRAS.** *dire di no*, negare □ *se no*, altrimenti □ *sì e no*, all'incirca □ *stare tra il sì e il no*, essere indeciso.

nobildònna s. f. donna nobile, gentildonna □ dama.

nòbile A agg. **1** titolato, patrizio, aristocratico **CFR.** plebeo, proletario, popolano, borghese **2** (*est.*) decoroso, dignitoso, eletto, elevato, gentile, insigne, signorile, illustre, ragguardevole, elegante **CONTR.** ignobile, basso, indecoroso, spregevole, volgare **B** s. m. e f. titolato, aristocratico, gentiluomo, patrizio **CFR.** plebeo, proletario, popolano, borghese.

nobiliàre agg. gentilizio, aristocratico, patrizio **CFR.** popolare, borghese.

nobilitàre A v. tr. **1** insignire di titolo nobiliare **2** (*fig.*) conferire dignità, elevare, ingentilire, innalzare, migliorare **CONTR.** abbassare, avvilire, involgarire **B nobilitarsi** v. rifl. elevarsi, innalzarsi, migliorarsi **CONTR.** abbassarsi, involgarirsi.

nobilitàto part. pass. di **nobilitare**; anche agg. ingentilito, elevato, innalzato **CONTR.** abbassato, involgarito.

nobilitazióne s. f. elevazione, esaltazione, innalzamento **CONTR.** abbassamento, involgarimento.

nobilménte avv. decorosamente, dignitosamente, generosamente **CONTR.** bassamente, indecorosamente, ignobilmente, volgarmente.

nobiltà s. f. **1** condizione nobiliare, blasone, aristocrazia, patriziato, nobili, casta nobiliare **CFR.** plebe, volgo, popolino, borghesia **2** (*fig.*) (*di professione*) importanza, eccellenza, superiorità **CONTR.** irrilevanza, trascurabilità, inferiorità **3** (*fig.*) (*di sentimenti*) distinzione, elevatezza, finezza, signorilità □ generosità, magnanimità **CONTR.** bassezza, trivialità, volgarità, meschinità, cafoneria.

nobiluòmo s. m. uomo nobile, aristocratico, patrizio, gentiluomo **CFR.** popolano, plebeo, borghese.

nòcca s. f. **1** (*delle dita*) giuntura **2** (*del cavallo*) nodello **3** (*mecc.*) snodo.

nocciòla A s. f. frutto del nocciolo, nocchia (*dial.*), nocella (*dial.*) **B** in funzione di agg. inv.; anche s. m. (*di colore*) marrone chiaro, beige (*fr.*), noisette (*fr.*).

nocciolìna s. f. **1** dim. di **nocciola 2** nocciolina americana, bagigi (*sett.*), arachide **3** avellana (*dial.*).

nocciòlo (1) s. m. (*bot.*, *est.*) avellano.

nòcciolo (2) s. m. **1** (*bot.*) (*di frutto*) anima (*pop.*) **2** (*fig.*) essenza, sostanza, nucleo, significato sostanziale, aspetto peculiare **CONTR.** esterno, apparenza, superficie **3** (*di congegno*) parte centrale.

nóce s. m. **1** (*fig.*) pezzetto, piccola quantità **2** (*della coscia del bue e del vitello macellati*) parte interna **3** (*pop.*) (*del piede*) malleolo.

nocivo agg. dannoso, deleterio, svantaggioso, pernicioso, malefico, infesto (*lett.*), pericoloso, nocevole (*raro*) **CONTR.** innocuo □ benefico, giovevole, proficuo, utile, vantaggioso.

nodàle agg. **1** di nodo, di incrocio **2** (*fig.*) centrale, essenziale, fondamentale, basilare **CONTR.** accessorio, secondario.

nòdo s. m. **1** (*di corda, di filo, ecc.*) legamento, legatura, annodamento, annodatura, cappio, intreccio, viluppo, groppo, groviglio **2** (*fig.*) (*di sentimenti*) legame, vincolo **3** (*fig.*) intoppo, difficoltà, problema intricato, groviglio **4** (*fig.*) (*di questioni, di faccende*) essenza, sostanza, nocciolo, nucleo, punto cruciale **5** (*fig.*) (*di emozione*) groppo, senso di oppressione **6** (*fig.*) (*di dramma, di vicenda*) intreccio, trama **7** (*di linee*) punto d'incrocio **8** (*bot.*) nocchio, ingrossamento **9** (*mar.*) miglio marino (1852 m).

nodosità s. f. **1 CONTR.** levigatezza **2** nodo, indurimento, ingrossamento.

nodóso agg. pieno di nodi, nocchioso (*raro*), nocchiuto, nocchieruto (*raro*) **CONTR.** liscio, levigato.

nòdulo s. m. (*med.*) indurimento, formazione tondeggiante.

nòia s. f. **1** scontentezza, insoddisfazione, malinconia, monotonia, malumore, tedio, tristezza, uggia **CONTR.** allegria, giocondità, letizia, piacere **2** disgusto, molestia, nausea, sazietà, stanchezza **CONTR.** desiderio, brama, bramosità (*ant.*) **3** seccatura, briga, fastidio, disappunto, cruccio □ dolore, male, bega □ incombenza gravosa.

noiosaménte avv. **1** in modo noioso, tediosamente, malinconicamente **CONTR.** gioiosamente, festosamente **2** fastidiosamente, insopportabilmente, intollerabilmente **CONTR.** sopportabilmente, tollerabilmente.

noiosità s. f. noia, fastidiosità, molestia **CONTR.** piacere.

noióso agg. fastidioso, importuno, molesto, monotono, pesante, seccante, tedioso, uggioso, sazievole, stucchevole, sgradevole, sgradi-

to, insopportabile CONTR. gradevole, gradito, piacevole, dilettevole, interessante.
noleggiàre v. tr. dare a nolo, prendere a nolo □ affittare.
noléggio s. m. nolo, affitto.
nolènte agg. (*lett.*) che non vuole, restio, renitente, ricalcitrante CONTR. volente FRAS. *volente o nolente*, che voglia o no.
nòlo s. m. **1** noleggio, affitto **2** (*su navi e aerei*) prezzo del trasporto.
nòmade A agg. **1** (*di popolazione*) senza dimora stabile, non fisso, migratore CONTR. stanziale, con dimora stabile **2** (*est.*) (*di persona, di fauna*) errante, ramingo, randagio, vagante, vagabondo, girovago CONTR. fisso, stabile, stanziale □ casalingo **B** s. m. persona vagante □ zingaro, girovago.
nomadìsmo s. m. **1** migrazione **2** (*est.*) vagabondaggio.
nóme s. m. **1** vocabolo **2** sostantivo, termine, parola, denominazione **3** appellativo, nome proprio □ cognome, casato □ schiatta, famiglia □ soprannome, nomignolo, pseudonimo, titolo **4** (*fig.*) fama, rinomanza, reputazione, notorietà FRAS. *a nome di*, da parte di □ *in nome di*, in rappresentanza di □ *chiamare le cose col loro nome* (*fig.*), parlare chiaro □ *nome d'arte*, pseudonimo □ *senza nome*, anonimo.
nomenclatóre s. m. classificatore.
nomenclatùra s. f. terminologia □ classificazione □ serie ordinata.
nomenklatùra s. f. (*in URSS*) funzionari, alta burocrazia.
nomìgnolo s. m. **1** dim. di **nome 2** soprannome.
nòmina s. f. **1** (*a una carica, a un ufficio*) assegnazione, chiamata **2** (*fig.*) reputazione, fama, notorietà.
nominàbile agg. CONTR. innominabile.
nominàle agg. **1** del nome **2** (*di appello*) per nome **3** (*di potere, di valore*) solo di nome, attribuito, convenzionale, teorico CONTR. effettivo, reale, vero.
nominalménte avv. soltanto di nome, in teoria CONTR. di fatto, effettivamente, realmente.
nominàre v. tr. **1** chiamare, porre il nome, dare il nome **2** chiamare per nome, denominare, designare, battezzare, intitolare **3** rammentare, menzionare **4** (*a una carica*) eleggere, scegliere, preporre.
nomination /*ingl.* nɔmi'neiʃən/ s. f. inv. (*in USA*) designazione (ad una carica).
nominativaménte avv. nominatamente, per nome, a uno a uno.
nominatìvo A avv. **1** (*di elenco e sim.*) di nomi **2** (*econ.*) intestato al proprietario CONTR. al portatore **B** s. m. **1** (*bur.*) nome **2** (*ling.*) caso del soggetto.
nón avv. FRAS. *non c'è di che*, non importa □ *un non so che*, qualcosa □ *non che*, non solo.
nonagenàrio agg.; anche s. m. di novanta anni, novantenne.
nonché cong. (*fam.*) e anche, e inoltre, come pure □ tanto più, tanto meno.
nonconformìsta agg.; anche s. m. e f. anticonformista, ribelle, insofferente CONTR. conformista.
noncurànte agg. incurante, indifferente, negligente, trascurato, disinteressato □ indolente, apatico CONTR. attento, diligente, interessato, appassionato, zelante.
noncurànza s. f. incuria, indifferenza, negligenza, trascuratezza, disinteresse □ indolenza, apatia CONTR. attenzione, diligenza, interesse, passione, zelo.
nondiméno cong. tuttavia, pure, ciò nonostante.
nònna s. f. madre del padre, madre della madre, ava CFR. bisnonna, trisnonna □ nipote.
nònno s. m. **1** padre del padre, padre della madre, avo □ (*est.*) antenato CFR. bisnonno, trisnonno □ nipote **2** (*fam., sett.*) vecchio **3** (*mil.*) veterano CONTR. recluta, novellino, cappellone (*scherz.*).
nonnùlla s. m. inv. cosa da nulla, inezia, minuzia, quisquilia, bazzecola, bagattella.
nonostànte A prep. a dispetto di, senza curarsi di, malgrado □ tuttavia, ugualmente **B** cong. sebbene, benché, quantunque FRAS. *pur nonostante, ciò nonostante*, tuttavia.
non plus ultra /*lat.* 'nɔn plus 'ultra/ [lat., propriamente 'non più oltre'] loc. sost. m. inv. massimo, sommo CONTR. minimum.
nonsènso s. m. assurdità, illogicità, sciocchezza.
non stop /*ingl.* 'nɔn 'stɔp/ [vc. ingl., propriamente 'senza fermata'] loc. agg. inv. senza interruzione, ininterrotto, continuativo, continuo CONTR. interrotto, con intervallo, con pausa.
nonviolènto s. m. pacifista.
nonviolènza s. f. rifiuto della violenza, pacifismo.
nòrd A s. m. settentrione □ mezzanotte □ tramontana, borea, aquilone CONTR. meridione, sud, mezzogiorno **B** in funzione di agg. inv. settentrionale CONTR. meridionale.
nòrdico agg.; anche s. m. del nord, settentrionale □ boreale, artico CONTR. del sud, meridionale □ australe, antartico.
nordìsta agg.; anche s. m. e f. **1** (*stor.*) unionista CONTR. sudista, confederato **2** (*est.*) settentrionale CONTR. meridionale.
nòrma s. f. **1** regola, esempio, modello, criterio, metodo, guida, legge, canone, principio, prescrizione **2** informazione, avvertenza, istruzione, direttiva FRAS. *a norma di*, secondo.
normàle A agg. regolare, abituale, consueto, ordinario, solito, usuale, quotidiano, naturale CONTR. anormale, eccezionale, inconsueto, insolito, irregolare **B** s. f. (*mat.*) ortogonale, perpendicolare CONTR. orizzontale.
normalità s. f. regolarità, naturalezza □ quoti-

dianità **CONTR.** anormalità, irregolarità, novità.

normalizzàre A v. tr. **1** regolarizzare, regolare, disciplinare, ordinare **CONTR.** disordinare, scombussolare, sovvertire **2** (*di misura, di oggetti*) uniformare, unificare, standardizzare **CONTR.** pluralizzare **B normalizzarsi** v. intr. pron. regolarsi, disciplinarsi.

normalizzàto part. pass. di **normalizzare**; anche agg. regolarizzato, regolato □ uniformato, unificato, standardizzato **CONTR.** disordinato, scombussolato, sovvertito.

normalizzazióne s. f. regolarizzazione, regolamentazione, organizzazione □ unificazione, standardizzazione **CONTR.** scombussolamento, sconvolgimento, disorganizzazione.

normatìvo agg. prescrittivo □ didascalico.

nossignóre loc. avv. (*ints.*) no, signornò.

nostalgìa s. f. desiderio, rimpianto □ tristezza, malinconia, mestizia.

nostalgicaménte avv. con nostalgia □ malinconicamente, tristemente, mestamente.

nostàlgico agg.; anche s. m. **1** triste, malinconico, mesto **2** (*est.*) passatista, reazionario □ neofascista, missino.

nostràno agg. del nostro paese, nostrale, nazionale, locale, regionale **CONTR.** estero, forestiero, straniero.

nòstro A agg. poss. di prima pers. pl. **1** di noi **CONTR.** altrui **2** (*fam.*) abituale, consueto, solito **3** (*lett.*) (*pl. maiestatico o di modestia*) mio **B** pron. poss. di prima pers. pl. **1** di noi **2** ciò che ci appartiene □ nostro avere, nostre cose **3** (*al pl.*) nostri familiari, nostri amici, nostri sostenitori.

nostròmo s. m. (*mar.*) (*di marinai*) capo □ sottoufficiale, nocchiero.

nòta s. f. **1** (*per distinguere, per ricordare*) segno, contrassegno, distintivo, marchio **2** (*mus.*) segno **3** (*est.*) parola, accento **4** (*di scritto*) appunto, annotazione, promemoria, notabene **5** (*fig.*) considerazione, memoria, menzione, rilievo **6** (*di scritto, di discorso*) osservazione, commento, postilla, glossa, chiarificazione, chiarimento, spiegazione, chiosa **7** (*di documento ufficiale*) comunicazione, lettera, memoria, osservazione □ giudizio informativo **8** (*di persone, di cose*) lista, elenco □ fattura **FRAS.** *a chiare note*, chiaramente.

nòta bène o **notabène** s. m. inv. (*spec. in fondo a uno scritto*) avvertenza, richiamo, poscritto.

notàbile A agg. (*lett.*) degno di nota □ (*est.*) notevole, pregevole, considerabile, importante, rilevante, significativo **CONTR.** trascurabile, irrilevante, insignificante, comune, qualunque **B** s. m. autorità, maggiorente.

notabilità s. f. **1** importanza, ragguardevolezza, cospicuità **CONTR.** trascurabilità, irrilevanza **2** notabile, autorità, maggiorente.

notàio s. m. pubblico ufficiale, attuario, notaro (*pop.*).

notàre v. tr. **1** (*di scritto*) segnare, contrassegnare, sottolineare, postillare **2** (*di appunti*) prendere nota, annotare, registrare, elencare, scrivere **3** (*di persone o cose*) osservare, considerare, guardare attentamente, accorgersi □ vedere **4** (*di cosa*) mettere in evidenza, far presente, far rilevare, dire, sottolineare **CONTR.** trascurare, non dare importanza.

notarìle agg. di notaio, notaresco.

notazióne s. f. **1** segno, segnatura, annotazione □ nota, postilla **2** (*mus.*) nota, segno **3** (*fig.*) considerazione, osservazione.

nòtes s. m. inv. taccuino, agenda.

notévole agg. degno di nota, ragguardevole, rilevante, considerevole, cospicuo, notabile, importante, pregevole, insigne, segnalato **CONTR.** trascurabile, irrilevante, insignificante.

notevolménte avv. in modo notevole, considerevolmente, molto, assai **CONTR.** poco, scarsamente.

notìfica s. f. (*bur.*) notificazione, comunicazione.

notificàre v. tr. **1** (*dir.*) (*di atti pubblici*) render noto, comunicare **2** denunciare, dichiarare, divulgare, rivelare, far sapere **CONTR.** nascondere, occultare, tacere.

notificazióne s. f. (*bur.*) notifica □ comunicazione, informazione.

notìsta s. m. e f. (*giorn.*) commentatore.

notìzia s. f. **1** (*lett.*) cognizione, conoscenza, nozione, cenno **2** annuncio, fatto, novità, nuova, avviso, comunicazione, comunicato, dichiarazione, rivelazione, voce, informazione, ragguaglio, partecipazione, relazione.

notiziàrio s. m. **1** bollettino, gazzettino, rubrica **2** notizie, avvisi.

nòto agg. **1** conosciuto **CONTR.** ignoto, sconosciuto **2** celebre, famoso, illustre, rinomato, apprezzato, approvato □ notorio, risaputo, manifesto, trito e ritrito □ famigerato **CONTR.** oscuro, ignoto.

notoriaménte avv. manifestamente, palesemente, pubblicamente, ufficialmente □ ovviamente.

notorietà s. f. celebrità, fama, grido, rinomanza, gloria, nomea (*spreg.*) **CONTR.** oscurità, discredito.

notòrio agg. pubblico, manifesto, palese, notissimo, saputo, risaputo **CONTR.** ignoto, ignorato, oscuro, sconosciuto.

nottàta s. f. notte **CONTR.** giornata.

nòtte s. f. **1** nottata **CONTR.** giorno, giornata **2** (*fig.*) tenebre, buio, oscurità **CONTR.** luce, piena luce, luminosità **3** (*fig.*) cecità **FRAS.** *nel cuore della notte*, a notte fonda □ *notte bianca*, notte insonne □ *giorno e notte*, continuamente □ *buona notte al secchio*, non ne parliamo più □ *peggio che andar di notte*, di male in peggio.

nòttola s. f. **1** (*zool.*) pipistrello **2** (*zool.*, *raro*) civetta **3** saliscendi (di legno) **4** (*dial.*) guardia, gendarme.

nottùrna s. f. gara notturna, manifestazione notturna.

nottùrno A agg. di notte, della notte **CONTR.** diurno **B** s. m. (*mus.*) musica languida (per piano).

nouvelle vague /*fr.* nu'vɛl 'vag/ loc. sost. f. inv. **1** (*cine.*) giovani registi **2** (*fig.*) ultime generazioni, nuove generazioni, nuove leve, giovani **CONTR.** anziani, vecchi, vecchie generazioni.

novantènne agg.; anche s. m. e f. nonagenario.

novantèsimo agg. num. ord. nonagesimo (*lett.*).

nòve s. m. inv. **FRAS.** *prova del nove*, verifica, riprova.

novecènto agg. num. card. inv.; anche s. m. inv. ventesimo secolo.

novèlla s. f. **1** racconto, narrazione, storia □ favola, fiaba **2** (*lett.*) notizia, nuova, annuncio.

novellière s. m. **1** scrittore di novelle, novellista □ narratore □ (*est.*) chiacchierone **2** raccolta di novelle.

novellìno A agg. nuovo, primaticcio, fresco **CONTR.** tardivo, vecchio, stagionato **B** agg.; anche s. m. novizio, inesperto, esordiente, tirocinante, praticante, principiante, pivello, pivellino **CONTR.** esperto, pratico, provetto, abile, capace, veterano.

novèllo agg. **1** (*di prodotto*) appena spuntato, nato da poco, venuto da poco □ tenero, primaticcio **CONTR.** vecchio, invecchiato, antico, tardivo, stantio **2** (*di notizia*, *di persona*, *ecc.*) nuovo, recente, fresco □ redivivo **CONTR.** vecchio, antico **FRAS.** *la stagione novella*, la primavera □ *l'età novella*, la giovinezza.

novilùnio s. m. (*astron.*) luna nuova.

novìssimo A agg. (*lett.*) ultimo, estremo **CONTR.** primo **B** s. m. al pl. (*relig.*) Morte, Giudizio, Inferno, Paradiso.

novità s. f. **1** cosa nuova, cosa recente, cosa insolita **2** innovazione, mutamento, trasformazione, riforma **3** articolo di moda, oggetto di moda **4** nuova, notizia recente **5** originalità, modernità.

noviziàto s. m. (*est.*) periodo di prova, apprendistato, tirocinio, addestramento, allenamento.

novìzio s. m. **1** neofita, catecumeno **2** (*est.*) apprendista, praticante, principiante, esordiente, tirocinante □ inesperto, novellino **CONTR.** esperto, abile, capace, pratico, provetto.

noziòne s. f. **1** conoscenza, cognizione, concetto, idea, notizia, principio, consapevolezza, esperienza **CONTR.** ignoranza, inconsapevolezza **2** (*spec. al pl.*) (*di una scienza*, *di un argomento*) rudimenti, primi fondamenti.

nòzze s. f. pl. **1** sposalizio, matrimonio, connubio, maritaggio (*lett.*), sponsali (*lett.*), imeneo (*lett.*) **CFR.** celibato, vedovanza, divorzio **2** festa nuziale, banchetto nuziale.

nùbe s. f. **1** nuvola **CFR.** nembo, cumulo, strato, cirro **2** (*est.*) (*di cose*, *di insetti*) quantità, ammasso **3** (*fig.*) (*di cose*, *di sentimenti*) offuscamento, ciò che dà ombra, velo **4** (*fig.*) (*di guerra*, *di sventure e sim.*) minaccia, pericolo.

nubifràgio s. m. temporale, diluvio, acquazzone, procella (*lett.*), rovescione.

nùbile A agg. (*di ragazza*) da marito **B** s. f. donna non maritata, zitella, ragazza **CONTR.** maritata, sposa **CFR.** scapolo, celibe.

nùca s. f. cervice, occipite, collottola, cuticagna (*scherz.*), coppa (*lett.*).

nucleàre agg. del nucleo, atomico.

nùcleo s. m. **1** (*di cosa*, *di atomo*) parte centrale, parte più interna, centro, nocciolo **CONTR.** esterno **2** (*biol.*) primo embrione, primo elemento **3** (*min.*) (*di roccia*, *di terra*) carota, testimone **4** (*fig.*) (*di idee*) principio ispiratore, carattere dominante **5** (*fig.*) (*di una questione*) punto centrale, nocciolo **6** (*fig.*) (*di persone*) gruppo, gruppetto □ reparto □ partito politico, sezione di partito.

nudìsmo s. m. naturismo.

nudìsta s. m. e f.; anche agg. naturista.

nudìstico agg. naturistico.

nudità s. f. al pl. **1** (*del corpo*) parti nude **2** (*fig.*) schiettezza, purezza, semplicità, sobrietà **CONTR.** artificio, artificiosità, ricercatezza.

nùdo A agg. **1** (*di persona*) ignudo, denudato, spogliato, svestito, senza veli, in costume adamitico **CONTR.** vestito, rivestito, coperto, ricoperto **2** (*fig.*, *lett.*) (*di persona*) indifeso, inerme, debole **CONTR.** difeso, armato, forte **3** (*est.*) (*di persona o cosa*) privo, mancante, spoglio **CONTR.** fornito, munito, completo, in possesso di **4** (*fig.*) (*di discorso*, *di verità*, *ecc.*) schietto, semplice, crudo, senza reticenze, palese, chiaro **CONTR.** complesso, elaborato, reticente, oscuro **5** (*fig.*) (*di luogo*, *di cosa*) disadorno, squallido, privo di ornamenti **CONTR.** adorno, ornato **B** s. m. (*di dipinto*, *disegno*, *ecc.*) figura nuda **FRAS.** *testa nuda*, testa senza cappello □ *spada nuda*, spada sguainata □ *a occhio nudo*, senza lenti.

nùgolo s. m. (*fig.*) (*di insetti*, *di uccelli*, *di bambini*) frotta, stormo, gran quantità, moltitudine.

nùlla A pron. indef. inv.; anche s. m. inv. niente □ zero □ caos □ vuoto **CONTR.** tutto **B** avv. niente, niente affatto, punto **FRAS.** *per nulla*, niente affatto □ *da nulla*, dappoco.

nullaòsta s. m. inv. autorizzazione, approvazione **CONTR.** divieto, proibizione.

nullatenènte agg.; anche s. m. e f. non abbiente, povero, squattrinato □ proletario **CONTR.** abbiente, possidente, agiato, benestante, ricco □ capitalista.

nullità s. f. **1** (*di cosa*) inefficacia, inconsistenza, irrilevanza □ incapacità **CONTR.** importanza, valore □ capacità **2** (*di persona*) persona di nessun valore, persona nulla, incapace **CONTR.** persona capace, persona di valore **3** (*dir.*) invalidità, illegittimità **CONTR.** validità, legittimità.

nùllo A agg. **1** senza valore, senza importanza, trascurabile □ inutile **CONTR.** di valore, valido, importante □ utile **2** (*sport*) (*di match*) pari **3** (*dir.*) invalido, illegittimo **CONTR.** valido, legittimo **B** agg. e pron. indef. (*lett.*) nessuno.

nùme s. m. **1** volontà divina, potenza divina **2** divinità, dio **3** (*fig.*) guida, protettore.

numeràbile agg. calcolabile **CONTR.** innumerabile, incalcolabile.

numeràle agg. numerario (*raro*).

numeràre v. tr. **1** (*di pagine, ecc.*) segnare con numero, mettere il numero **2** (*raro*) contare, noverare (*lett.*), annoverare, elencare.

numeràrio A agg. (*raro*) numerale **B** s. m. (*econ.*) denaro, contante, moneta.

numeratóre s. m. (*mat.*) **CONTR.** denominatore.

numerazióne s. f. (*delle strade, ecc.*) numero.

numericaménte avv. secondo il numero, per mezzo dei numeri, quantitativamente.

numèrico agg. **1** di numero, del numero, con numeri **2** (*elab.*) digitale.

nùmero s. m. **1** cifra, insieme di cifre □ sigla, segno numerico □ numerazione **2** quantità indeterminata, massa, folla, moltitudine **3** schiera, classe, categoria, novero, serie **4** (*di scarpe, abiti, ecc.*) misura, grossezza, qualità **5** parte (di spettacolo), esibizione, sketch (*ingl.*) **6** (*di giornale o rivista*) fascicolo, copia, dispensa **7** (*lett.*) ritmo **8** (*spec. al pl.*) (*di persona*) qualità, requisito, dote, titolo **FRAS.** *numero chiuso*, numero limitato, limite stabilito □ *dare i numeri* (*fig.*), dire cose strane, farneticare.

numeróso agg. **1** molto, grande, parecchio, abbondante, copioso (*lett.*), molteplice **CONTR.** scarso, esiguo, poco, piccolo, limitato, raro **2** (*lett.*) armonioso, ritmico.

nùnzio s. m. **1** (*lett.*) messaggero, ambasciatore, messo, legato **2** (*del Vaticano*) legato, ambasciatore.

nuòcere v. intr. danneggiare, fare del male, pregiudicare, ledere, compromettere, guastare, rovinare, offendere **CONTR.** aiutare, giovare, avvantaggiare, essere utile.

nuotàre A v. intr. **1** muoversi in acqua, andare a nuoto □ (*est.*) galleggiare **CFR.** affondare, annegare **2** (*fig.*) (*nel benessere e sim.*) guazzare, sguazzare **B** v. tr. percorrere a nuoto.

nuòto s. m. **FRAS.** *nuoto alla marinara*, over (*ingl.*).

nuòva s. f. notizia □ novità.

nuovaménte avv. **1** un'altra volta, ancora, di nuovo **2** (*raro*) poco fa, or ora, da poco.

nuòvo A agg. **1** (*di cosa*) appena fatto, appena accaduto □ recente, fresco, novello □ moderno **CONTR.** vecchio □ antico **2** (*di attività, di anno, ecc.*) che inizierà tra poco, che è all'inizio, principiante **CONTR.** vecchio, terminante, che sta per finire **3** mai visto prima, mai conosciuto prima, insolito, inaudito, straordinario □ originale **CONTR.** consueto, solito, usuale **4** (*di cosa*) rinnovato, mutato **CONTR.** immutato **5** (*di persona*) novizio, novellino **CONTR.** esperto, pratico, provetto, veterano **6** altro, secondo, diverso **B** s. m. solo sing. novità **CONTR.** vecchio **FRAS.** *nuovo di zecca*, nuovissimo □ *di nuovo*, un'altra volta, ancora.

nurse /*ingl.* nə:s/ [vc. ingl., dal lat. *nutrice(m)* 'nutrice'] s. f. inv. bambinaia, governante, istitutrice, baby-sitter (*ingl.*), bonne (*fr.*), fräulein (*ted.*).

nursery /*ingl.* 'nə:sri/ [vc. ingl., deriv. da *nurse*] s. f. inv. nido d'infanzia, asilo nido, asilo, pouponnière (*fr.*).

nutriènte part. pres. di **nutrire**; anche agg. nutritivo, sostanzioso, corroborante.

nutriménto s. m. **1** (*raro*) alimentazione **2** (*anche fig.*) alimento, cibo, vivanda, vitto.

nutrìre A v. tr. **1** alimentare, cibare, pascere, satollare, saziare □ sfamare □ allattare □ sostentare, mantenere, dare di che vivere **CONTR.** lasciar morire **2** (*fig.*) (*di mente, di animo e sim.*) alimentare, arricchire □ educare, plasmare **3** (*fig.*) (*di sentimenti*) alimentare, coltivare, serbare, custodire **B nutrirsi** v. rifl. (*anche fig.*) alimentarsi, cibarsi, sostentarsi, mangiare **CONTR.** digiunare.

nutritìvo agg. nutriente, nutritizio, nutrizionale, sostanzioso, corroborante.

nutrìto part. pass. di **nutrire**; anche agg. **1** alimentato, pasciuto, saziato, sazio, satollo **CONTR.** denutrito, digiuno **2** (*di persona*) forte, robusto **CONTR.** debole, gracile, delicato, mingherlino **3** (*fig.*) numeroso, grande, intenso, denso, fitto, ricco, forte **CONTR.** scarso, esiguo.

nutritóre s. m. alimentatore.

nutrizionàle agg. della nutrizione □ nutritivo, nutriente.

nutrizióne s. f. **1** alimentazione □ dieta **2** cibo, alimento, vitto.

nutrizionìsta s. m. e f. alimentarista □ dietologo.

nùvola s. f. **1** nube **CFR.** nembo, strato, cirro **2** (*fig.*) (*di persone, di insetti e sim.*) nugolo, nuvolo, moltitudine, grande quantità, frotta, stormo **CONTR.** scarsezza, scarsità, scarso numero.

nuvolàglia s. f. massa di nubi, nuvole.

nuvolosità s. f. copertura del cielo, nuvole, nuvolaglia.

nuvolóso agg. **1** coperto (di nubi), fosco, torbido, scuro, rannuvolato **CONTR.** sereno, terso, sgombro di nubi □ nebbioso **2** (*est.*) appannato, annebbiato **CONTR.** chiaro, limpido.

nuziàle agg. delle nozze, di nozze □ matrimoniale, coniugale.

o, O

o cong. **1** oppure, ovvero, ovverosia **2** (*con valore esplicativo*) cioè, ossia.

òasi s. f. **1** (*est.*, *fig.*) luogo piacevole, luogo riposante **2** (*fig.*) pausa, tregua, conforto, consolazione, refrigerio, sollievo **3** (*di caccia, di pesca, ecc.*) riserva, zona protetta.

obbligànte part. pres. di **obbligare**; anche agg. **1** obbligatorio, costrittivo, vincolante **CONTR.** facoltativo, libero **2** (*di modi*) affabile, amabile, cerimonioso, garbato, gentile, premuroso, servizievole **CONTR.** incivile, maleducato, rozzo, sgarbato, scortese, villano.

obbligàre A v. tr. **1** impegnare, vincolare, legare **CONTR.** disobbligare, disimpegnare **2** costringere, forzare, sforzare, coartare, imporre, indurre con la forza **CONTR.** lasciar libero, liberare **B obbligarsi** v. rifl. vincolarsi, impegnarsi, incaricarsi **CONTR.** disobbligarsi, disimpegnarsi.

obbligàto part. pass. di **obbligare**; anche agg. **1** (*di passaggio, ecc.*) obbligatorio, vincolante, vincolato, forzato **CONTR.** disobbligato, disimpegnato, libero **2** (*verso benefattori*) grato, riconoscente **CONTR.** ingrato, sconoscente **3** (*da impegno, da malattia, ecc.*) costretto, trattenuto **CONTR.** libero, sciolto.

obbligatoriaménte avv. necessariamente, inevitabilmente, forzosamente **CONTR.** facoltativamente, liberamente.

obbligatorietà s. f. vincolo, obbligo, imposizione **CONTR.** libertà, facoltatività.

obbligatòrio agg. coattivo, coercitivo, costrittivo, forzoso, imprescindibile, indispensabile, inevitabile, necessario, obbligante, vincolante, imposto **CONTR.** facoltativo, libero.

obbligazióne s. f. **1** vincolo, impegno, dovere, obbligo, debito **CONTR.** facoltà, libertà **2** (*verso benefattori*) gratitudine, riconoscenza **CONTR.** ingratitudine, irriconoscenza.

òbbligo s. m. **1** vincolo, impegno, dovere, obbligazione, costrizione, imposizione, necessità, legame, carico, onere **CONTR.** facoltà, libertà **2** (*di accordo*) dovere, condizione, patto **FRAS.** *fare obbligo*, obbligare □ *farsi un obbligo*, imporsi □ *sentirsi in obbligo*, ritenersi obbligato □ *d'obbligo*, obbligatorio.

obbròbrio s. m. **1** disonore, infamia, vituperio, ignominia, onta, vergogna **CONTR.** onore, vanto, gloria, pregio **2** (*est.*) schifo, schifezza.

obbrobrióso agg. **1** disonorevole, infame, vergognoso, turpe, ignominioso, ripugnante **CONTR.** onorevole, lodevole, meritorio, degno, decoroso **2** (*fig.*) (*di spettacolo, di quadro, ecc.*) bruttissimo, schifoso, orrendo **CONTR.** bellissimo, meraviglioso.

oberàto agg. **1** pieno di debiti **CONTR.** sdebitato **2** (*fig.*) (*di lavoro, di impegni, ecc.*) sovraccarico, aggravato **CONTR.** libero.

obesità s. f. pinguedine, grasso, grassezza, adiposità, corpulenza **CONTR.** magrezza, agilità, snellezza, esilità, gracilità.

obèso agg.; anche s. m. pingue, adiposo, grasso, corpacciuto, corpulento, panciuto, trippone (*fam.*) **CONTR.** magro, agile, snello, esile, gracile, allampanato, emaciato.

òbice s. m. cannone corto, mortaio.

obiettàre v. tr. fare obiezione, eccepire, opporre, contrapporre, notare, far osservare □ rimproverare **CONTR.** approvare, assentire, consentire, acconsentire.

obiettivaménte avv. imparzialmente, spassionatamente, oggettivamente, equamente **CONTR.** parzialmente, soggettivamente.

obiettività s. f. imparzialità, spassionatezza, equità, oggettività **CONTR.** parzialità, soggettività.

obiettivo A agg. imparziale, spassionato, equo, neutrale, oggettivo **CONTR.** parziale, soggettivo, settario, fanatico **B** s. m. **1** (*fot.*) lente □ (*est.*) macchina fotografica **2** (*mil.*) bersaglio **3** (*est.*) fine, scopo, meta, risultato.

obiettóre s. m. contraddittore, oppositore.

obiezióne s. f. opposizione, eccezione, contestazione, osservazione, rilievo, recriminazione, disapprovazione **CONTR.** accettazione, approvazione, consenso, assenso, adesione.

obitòrio s. m. camera mortuaria □ morgue (*fr.*).

oblazióne s. f. offerta, donazione, contribuzione, contributo, obolo, erogazione, beneficenza, elemosina.

oblìo s. m. dimenticanza, abbandono □ negligenza, trascuratezza **CONTR.** ricordo, memoria, ricordanza (*lett.*), rimembranza (*lett.*).

obliquaménte avv. **1** in modo obliquo, trasversalmente, di sghembo, di sghimbescio, di sbieco, diagonalmente, tortuosamente **CONTR.** rettamente, dirittamente, verticalmente **2**

(*fig.*) subdolamente, slealmente, falsamente **CONTR.** lealmente, francamente, schiettamente, sinceramente.

obliquità s. f. **1** inclinazione **CONTR.** perpendicolarità **2** (*fig.*) (*di ragionamento*) tortuosità, malignità, malvagità, perversione **CONTR.** limpidezza, probità, rettitudine.

oblìquo agg. **1** (*di posizione*) inclinato, sghembo, sghimbescio, diagonale, divergente, trasversale, storto, tortuoso **CONTR.** diritto, retto, verticale, perpendicolare **2** (*fig.*) (*di discorso*) indiretto **CONTR.** diretto **3** (*fig.*) (*di sguardo*) bieco, torvo **CONTR.** diritto **4** (*fig.*) (*di fine, di discorso*) sleale, disonesto, falso, subdolo, perverso **CONTR.** franco, leale, onesto, retto.

oblò s. m. (*di nave*) finestrino, portellino.

oblùngo agg. bislungo, allungato, più lungo che largo.

òbolo s. m. offerta, elemosina, carità, contribuzione.

obsolèto agg. antico, disusato, invecchiato, antiquato, sorpassato, vieto, out (*ingl.*) **CONTR.** attuale, in uso, solito, consueto, in (*ingl.*).

obtorto collo /*lat.* ob'tɔrto 'kɔllo/ [loc. lat., propriamente 'col collo piegato'] loc. avv. (*lett.*) malvolentieri, controvoglia **CONTR.** volentieri.

òca s. f. **1** papero, papera **2** (*fig.*) sciocco, stupido, balordo, sbadato, imbranato (*centr.*) **CONTR.** sveglio, intelligente, astuto, furbacchione **FRAS.** *avere* (o *fare*) *la pelle d'oca* (*fig.*), rabbrividire □ *oca marina*, smergo.

occasionàle agg. **1** (*di causa*) pretestuoso, giustificativo **2** (*di cosa*) accidentale, casuale, fortuito, contingente, imprevisto, eventuale **CONTR.** concordato, convenuto, pattuito, prestabilito, voluto, previsto.

occasionalménte avv. **1** casualmente, fortuitamente, per caso **CONTR.** volutamente, volontariamente, intenzionalmente, di proposito **2** saltuariamente, di tanto in tanto **CFR.** sempre, mai.

occasióne s. f. **1** opportunità, destro, momento buono, momento adatto, fortuna **CONTR.** sfortuna, disgrazia **2** causa, motivo, pretesto, appiglio, stimolo, impulso **3** avvenimento, circostanza, occorrenza, situazione, evenienza, caso, congiuntura, combinazione **4** affare, interesse **FRAS.** *d'occasione*, a prezzo favorevole □ *cogliere l'occasione*, saper approfittare del momento.

occhiàia s. f. **1** (*anat.*) orbita **2** (*spec. al pl.*) calamaro.

occhiàle A agg. oculare **B** s. m. occhialino, monocolo, caramella (*fam.*), lorgnette (*fr.*).

occhiàli s. m. pl. lenti **FRAS.** *serpente dagli occhiali* (*pop.*), cobra □ naja.

occhialìno s. m. **1** dim. di **occhiale 2** occhialetto, monocolo, caramella □ lorgnette (*fr.*).

occhialùto agg. (*scherz.*) con gli occhiali.

occhiàta s. f. sguardo, guardata, adocchiamento, strizzata d'occhio.

occhieggiàre A v. tr. guardare con desiderio **B** v. intr. apparire, fare capolino.

occhièllo s. m. **1** (*raro*) dim. di **occhio 2** asola □ (*est.*) taglio, foro, apertura □ ferita **3** (*tip.*) soprattitolo, occhietto.

occhiétto s. m. **1** dim. di **occhio 2** (*tip.*) occhiello, soprattitolo **FRAS.** *fare l'occhietto*, ammiccare.

òcchio s. m. **1** (*est.*) sguardo, vista **2** (*fig.*) senso estetico, gusto **3** (*fig.*) espressione, atteggiamento, stato d'animo **4** (*fig.*) (*nel giudicare*) discernimento, capacità di intendere, acume, intuito **5** (*fig.*) attenzione **6** (*di portico, di ciclone, ecc.*) tondo, volta, volto, cerchio, centro □ sfera □ foro □ anello **7** (*bot.*) gemma **FRAS.** *avere gli occhi fuori dalle orbite* (*fig.*), essere molto meravigliato (spaventato, arrabbiato, ecc.) □ *far tanto d'occhi*, stupirsi □ *tener d'occhio*, sorvegliare □ *in un batter d'occhio* (*fig.*), in un attimo □ *strizzare l'occhio*, ammiccare □ *sognare a occhi aperti* (*fig.*), fantasticare □ *chiudere un occhio* (*fig.*), fingere di non vedere □ *a occhi chiusi* (*fig.*), con sicurezza □ *a quattr'occhi*, in confidenza □ *un occhio della testa* (*fam.*), moltissimo □ *dare nell'occhio*, colpire □ *fare l'occhio*, abituarsi □ *saltare agli occhi* (*fig.*), essere molto evidente □ *gettare la polvere negli occhi* (*fig.*), ingannare □ *essere tutt'occhi* (*fig.*), fare grande attenzione.

occhiolìno s. m. dim. di **occhio FRAS.** *fare l'occhiolino*, ammiccare.

occidentàle agg. dell'occidente, dell'ovest □ a ovest □ ovest **CONTR.** orientale.

occidènte s. m. ponente, ovest, occaso (*poet.*) **CONTR.** oriente, levante, est.

occlùdere v. tr. otturare, ostruire, interrompere, chiudere, intasare, bloccare, impedire **CONTR.** schiudere, stasare, sturare, aprire, liberare.

occlusióne s. f. ostruzione, otturamento, intasamento, interruzione, chiusura, blocco, impedimento **CONTR.** sblocco, liberazione, apertura.

occorrènte A part. pres. di **occorrere**; anche agg. necessario, essenziale, indispensabile, opportuno, utile **CONTR.** superfluo, inutile, eccedente, esorbitante, soverchio **B** s. m. necessario, fabbisogno, indispensabile **CONTR.** superfluo, eccedente.

occorrènza s. f. **1** evenienza, circostanza, occasione **2** necessità, bisogno □ affare, faccenda **CONTR.** inutilità, superfluità.

occórrere v. intr. **1** essere necessario, bisognare, abbisognare, essere opportuno, essere utile **CONTR.** essere inutile, essere superfluo **2** accadere, succedere, capitare.

occultaménto s. m. nascondimento (*lett.*), occultazione □ mascheramento **CONTR.** palesamento, manifestazione, rivelazione.

occultàre A v. tr. nascondere, tenere nascosto, celare, coprire, sottrarre alla vista, dissimulare **CONTR.** mostrare, far vedere, palesare, rivelare **B occultarsi** v. rifl. nascondersi, sottrarsi alla vista, rimpiattarsi **CONTR.** mostrarsi, rivelarsi, mettersi in mostra.

occultàto part. pass. di **occultare**; anche agg. nascosto, celato, sottratto alla vista **CONTR.** mostrato, palesato, rivelato, manifestato.

occultìsmo s. m. scienze occulte □ spiritismo, parapsicologia, magia.

occùlto agg. nascosto, celato, coperto, segreto, ermetico, arcano, misterioso, invisibile, non manifesto **CONTR.** manifesto, palese, chiaro, evidente, aperto, visibile.

occupànte part. pres. di **occupare**; anche agg. e s. m. e f. **1** occupatore **2** invasore.

occupàre A v. tr. **1** (*di luogo*) invadere, impossessarsi, impadronirsi, prendere, conquistare **CONTR.** lasciare, abbandonare, evacuare, liberare **2** (*est.*) (*di appartamento e sim.*) abitare **3** (*di ufficio, carica e sim.*) avere, tenere, sostenere □ assumere **CONTR.** dimettersi, abbandonare **4** (*di personale*) dare lavoro, impiegare **5** (*di spazio*) ingombrare, riempire □ diffondersi, estendersi **6** (*di mente, di tempo, ecc.*) passare, trascorrere, utilizzare □ impegnare, tenere assorto, tenere intento **CONTR.** distrarre, svagare **B occuparsi** v. intr. pron. **1** interessarsi, curarsi, dedicarsi, accudire, attendere **CONTR.** trascurare, disinteressarsi, infischiarsi, disprezzare **2** impiegarsi, farsi assumere **CONTR.** dimettersi, rinunciare, ritirarsi **3** impicciarsi, immischiarsi, ingerirsi **CONTR.** disinteressarsi, infischiarsi.

occupàto part. pass. di **occupare**; anche agg. **1** (*di luogo*) preso, non libero □ ingombro, impedito □ invaso **CONTR.** libero, liberato, vacante, disponibile, lasciato **2** (*di persona, di mente, ecc.*) impegnato, indaffarato, affaccendato, assorbito □ impiegato **CONTR.** disoccupato, libero □ senza lavoro.

occupazióne s. f. **1** (*di luogo*) presa di possesso □ invasione **CONTR.** abbandono, evacuazione, liberazione **2** (*di persona*) lavoro, impiego, ufficio, mansione, attività, carica □ affare, faccenda □ cura, preoccupazione **CONTR.** disoccupazione, ozio.

oceànico agg. **1** dell'oceano **2** (*fig.*) (*di folla, di manifestazione*) immenso, dilagante, grandioso, senza limiti **CONTR.** piccolo, scarso, limitato, esiguo.

ocèano s. m. **1** (*lett.*) mare **2** (*fig.*) (*di gente, di erba, ecc.*) immensità, gran quantità, grande distesa, vastità **CONTR.** scarsità, limitatezza, esiguità.

oceanografìa s. f. (*fis.*) talassologia.

òcra A s. f. **1** (*miner.*) limonite **2** colore giallo rossastro **B** in funzione di agg. inv. (*di colore*) giallo rossastro.

oculàre A agg. dell'occhio **B** s. m. lente.

oculataménte avv. accortamente, avvedutamente, attentamente, acutamente, sagacemente **CONTR.** avventatamente, sbadatamente, sconsideratamente.

oculatézza s. f. accortezza, avvedutezza, discernimento, attenzione, cautela, circospezione, prudenza, sagacia, vigilanza **CONTR.** avventatezza, sbadataggine, disattenzione, disavvedutezza, imprudenza, sconsideratezza.

oculàto agg. accorto, avveduto, astuto, cauto, circospetto, sagace, vigile, vigilante, attento, scrupoloso **CONTR.** avventato, sbadato, disattento, disavveduto, imprudente, malaccorto, sconsiderato.

oculìsta s. m. e f. oftalmologo.

oculìstica s. f. oftalmologia □ oftalmoiatria.

oculìstico agg. oftalmico.

òde s. f. canto, carme, lirica **CFR.** ditirambo, peana, anacreontica, saffica, alcaica, pindarica.

odiàbile agg. odioso, detestabile, abominevole, esecrabile, esecrando **CONTR.** amabile, adorabile.

odiàre A v. tr. avere in odio, aborrire, abominare, detestare, esecrare, maledire □ avversare, avere in antipatia, non poter soffrire, avere a noia, disprezzare, disdegnare, sdegnare **CONTR.** amare, adorare, voler bene □ prediligere, apprezzare, stimare **B odiarsi** v. rifl. rec. detestarsi **CONTR.** amarsi, adorarsi, volersi bene.

odiàto part. pass. di **odiare**; anche agg. aborrito, detestato, esecrato, maledetto, odioso, inviso □ disprezzato, spregiato **CONTR.** amato, adorato □ apprezzato, stimato.

odièrno agg. **1** di oggi **2** del giorno d'oggi, del presente, dei nostri giorni, attuale, presente, contemporaneo, moderno **CFR.** passato, antico, d'altri tempi, futuro, del domani.

òdio s. m. **1** (*di persone*) profonda avversione, aborrimento, abominazione, animosità, astio, esecrazione, inimicizia, livore, malevolenza, ostilità, rancore, fiele, ruggine **CONTR.** amore, affetto, affezione, adorazione **2** (*di cose*) intolleranza, antipatia, ripugnanza, disprezzo, rifiuto **CONTR.** simpatia, predilezione.

odiosaménte avv. **1** con odio, ostilmente, ferocemente **CONTR.** amichevolmente, affabilmente **2** fastidiosamente, insopportabilmente, antipaticamente **CONTR.** amabilmente, adorabilmente, simpaticamente.

odiosità s. f. **1** l'essere odioso **CONTR.** amabilità **2** atto odioso, comportamento odioso.

odióso agg. odiabile, esecrabile, malvagio, abominevole, detestabile, ripugnante, esoso □ (*est.*) molesto, sgradito, antipatico, insopportabile, fastidioso **CONTR.** amabile, adorabile □ simpatico, gradito, accetto.

odissèa [dal poema omerico *Odissea*, che narra le travagliate vicende del ritorno di Ulisse] s. f. (*fig.*) serie di vicende dolorose, vicissitudini, peripezie.

odontoiàtra s. m. e f. dentista.

odontoiàtrico agg. dentistico.

odoràre A v. tr. **1** percepire con l'olfatto, sentire l'odore, annusare, annasare (*lett.*, *dial.*), fiutare **2** (*fig.*) (*di affare, di intrigo, ecc.*) presentire, intuire, indovinare, subodorare **3** (*di cosa*) profumare, aromatizzare **B** v. intr. **1** profumare, olezzare (*lett.*) **CONTR.** puzzare **2** (*fig.*) (*di imbroglio, ecc.*) sapere, dare indizio, dare sentore.

odoràto s. m. **1** olfatto, fiuto **2** (*fig.*) intuito, perspicacia.

odóre s. m. **1** effluvio, esalazione **2** profumo, aroma, fragranza, olezzo (*lett.*) **CONTR.** puzzo, puzza (*dial.*, *lett.*), tanfo, fetore, lezzo **3** fetore, puzzo, puzza (*dial.*, *lett.*), afrore, lezzo, tanfo **CONTR.** profumo, aroma, fragranza, olezzo (*lett.*) **4** essenza odorosa **5** (*fig.*) (*di intrigo, ecc.*) indizio, sentore **6** (*al pl.*) (*per condimenti*) erbette odorose.

odoróso agg. profumato, fragrante, olezzante (*lett.*), aromatico, balsamico, odorifero (*lett.*) **CONTR.** fetido, puzzolente, puzzoso (*lett.*), fetente, pestifero.

off /*ingl.* ɔf/ [vc. ingl., propriamente 'fuori'] agg. inv. (*di dicitura*) chiuso, fuori servizio, guasto **CONTR.** on (*ingl.*), aperto, in funzione.

offèndere A v. tr. **1** (*di persona*) ingiuriare, insolentire, insultare, maltrattare, oltraggiare, vilipendere, vituperare, schernire, svillaneggiare, mancare di rispetto **CONTR.** accarezzare, adulare, elogiare, lodare, onorare, rispettare **2** (*di legge, di pudore, ecc.*) trasgredire, violare, contravvenire, urtare, disubbidire, non tener conto **CONTR.** osservare, conformarsi, ubbidire, rispettare **3** (*di parole, di comportamento*) affliggere, infastidire, molestare, urtare, disgustare **CONTR.** dilettare, piacere, essere gradito **4** (*di parti del corpo*) ledere, ferire, colpire **B offendersi** v. rifl. rec. ingiuriarsi, insultarsi **CONTR.** complimentarsi, felicitarsi **C** v. intr. pron. impermalirsi, infastidirsi, risentirsi, sdegnarsi, aversene a male **CONTR.** avere piacere, essere contento.

offensìva s. f. attacco, assalto □ pressione **CONTR.** difensiva, controffensiva.

offensivaménte avv. ingiuriosamente, oltraggiosamente, insolentemente, arrogantemente, provocatoriamente, villanamente **CONTR.** rispettosamente, riguardosamente.

offensìvo agg. **1** ingiurioso, spregiativo, oltraggioso, arrogante, insolente, insultante, irriverente, provocatorio, villano **CONTR.** elogiativo, encomiastico, lodativo, laudativo (*lett.*), rispettoso, riguardoso **2** (*di arma*) lesivo, atto a ferire **CONTR.** inoffensivo, innocuo **3** (*di guerra, ecc.*) di attacco, ostile **CONTR.** difensivo.

offerènte part. pres. di **offrire**; anche agg. e s. m. e f. oblatore, donatore, benefattore.

offèrta s. f. **1** (*di matrimonio, di lavoro, ecc.*) proposta, profferta, esibizione **CONTR.** accettazione, accoglimento, gradimento □ rifiuto, ripulsa **2** (*di denaro, ecc.*) oblazione, obolo, contribuzione, erogazione, elemosina, dono, regalo.

offèrto part. pass. di **offrire**; anche agg. **1** proposto, profferto (*lett.*), esibito, dato, elargito, donato, regalato **CONTR.** accettato, accolto, gradito □ respinto, rifiutato **2** (*relig.*) consacrato, dedicato.

offésa s. f. **1** affronto, ingiuria, insolenza, insulto, maltrattamento, oltraggio, onta, svillaneggiamento, scherno, vilipendio, villania, provocazione, schiaffo morale **CONTR.** elogio, lode, encomio, esaltazione, glorificazione, adulazione **2** (*di parte del corpo*) danno, lesione **3** (*di ostilità*) attacco, offensiva **CONTR.** difensiva, difesa.

offéso A part. pass. di **offendere**; anche agg. **1** (*di persona, di morale, ecc.*) ingiuriato, disonorato, infamato, insultato, maltrattato, oltraggiato, provocato, schiaffeggiato moralmente, vilipeso, svillaneggiato **CONTR.** elogiato, lodato, encomiato, esaltato, glorificato, adulato **2** (*di parte del corpo*) danneggiato, leso, ferito, colpito **CONTR.** integro, intatto **B** s. m. **CONTR.** offensore.

office /*ingl.* 'ɔfis/ [vc. ingl., stessa radice dell'it. *ufficio*, dal lat. *officium* 'lavoro'] s. m. inv. (*in una casa*) disimpegno, servizio.

officiànte part. pres. di **officiare**; anche agg. e s. m. celebrante.

officiàre v. intr. (*di funzione religiosa*) celebrare.

officìna s. f. laboratorio, opificio, fabbrica, cantiere, stabilimento, fonderia, bottega.

off-limits /*ingl.* ɔf 'limitz/ [loc. ingl., propriamente 'fuori (*off*) dei limiti (*limits*)'] loc. avv. (*est.*) proibito, vietato **CONTR.** consentito, permesso, lecito.

off-line /*ingl.* ɔ:f 'lain/ [loc. ingl., propriamente 'fuori (*off*) linea (*line*)'] loc. agg. (*elab.*) non collegato direttamente **CONTR.** on-line (*ingl.*).

offrìre A v. tr. **1** porgere, proporre, proferire (*lett.*), promettere, presentare, esibire, esporre □ dare, concedere, fornire □ donare, regalare **CONTR.** accettare, accogliere, prendere □ rifiutare, respingere **2** (*di merce*) mettere in vendita, vendere **CONTR.** comprare, acquistare **3** (*di terra*) produrre **B offrirsi** v. rifl. **1** proporsi, esibirsi, presentarsi, proferirsi (*lett.*) **CONTR.** ritrarsi, ritirarsi **2** esporsi **C** v. intr. pron. (*di occasione, ecc.*) presentarsi, occorrere.

off-shore /*ingl.* 'ɔ:f ʃɔ:/ [loc. ingl., propriamente 'fuori (*off*) spiaggia (*shore*)'] **A** agg. inv. (*di gara, di ricerche petrolifere, ecc.*) marino, d'alto mare **B** s. m. inv. motonautica d'altura.

offuscaménto s. m. (*anche fig.*) annebbiamento, oscuramento, adombramento, obnubilamento (*lett.*), obnubilazione (*lett.*), intorbidamento CONTR. rasserenamento, rischiaramento, illuminamento, illuminazione.

offuscàre A v. tr. **1** (*di cosa*) oscurare, ottenebrare, adombrare, annebbiare, appannare, intorbidire, velare CONTR. illuminare, rasserenare, rischiarare **2** (*fig.*) (*di mente, di sensi*) ottenebrare, annebbiare, turbare, sconvolgere, intorpidire CONTR. aprire, schiarire **3** (*fig.*) (*di fama e sim.*) screditare, sminuire, abbassare CONTR. esaltare, celebrare, glorificare, magnificare, onorare **B offuscarsi** v. intr. pron. annebbiarsi, oscurarsi, ottenebrarsi, velarsi CONTR. rischiararsi, rasserenarsi.

offuscàto part. pass. di **offuscare**; anche agg. (*anche fig.*) oscurato, ottenebrato, annebbiato, appannato, velato, intorpidito CONTR. rischiarato, rasserenato.

oftàlmico agg. oculistico.

oggettivaménte avv. obiettivamente, imparzialmente, spassionatamente, equamente CONTR. soggettivamente, parzialmente.

oggettivàre A v. tr. concretizzare, estrinsecare **B oggettivarsi** v. intr. pron. concretizzarsi.

oggettività s. f. **1** obiettività, oggettivismo, realtà CONTR. soggettività **2** (*di giudizio*) imparzialità, equità, spassionatezza CONTR. parzialità, partigianeria.

oggettìvo agg. **1** obiettivo, effettivo, reale CONTR. soggettivo **2** (*di giudizio, di comportamento, ecc.*) imparziale, equo, spassionato, impersonale CONTR. parziale, partigiano, personale.

oggètto s. m. **1** cosa □ arnese, attrezzo □ roba, bene CONTR. soggetto **2** (*di viaggio, ecc.*) termine, fine, scopo, obiettivo □ contenuto **3** (*di discorso, di studio, ecc.*) motivo, occasione □ argomento, tema, materia.

òggi A avv. **1** oggidì, oggigiorno, in questo giorno, quest'oggi CFR. ieri, domani **2** (*est.*) ora, adesso, attualmente, modernamente, nel nostro tempo, al giorno d'oggi CFR. in passato, in avvenire **B** s. m. **1** giorno presente, giorno corrente **2** epoca attuale, epoca contemporanea CFR. ieri, domani FRAS. *oggi a otto*, tra otto giorni □ *oggi come oggi*, al presente □ *al giorno d'oggi*, oggigiorno □ *da oggi innanzi*, per l'avvenire □ *dall'oggi al domani*, improvvisamente.

oggidì A avv. oggigiorno, al giorno d'oggi, presentemente, attualmente CFR. ieri, domani, nel passato, in altri tempi, in futuro **B** s. m. solo sing. oggi, tempo presente CFR. ieri, domani.

oggigiórno A avv. oggi, oggidì, al giorno d'oggi, nel tempo presente, presentemente, attualmente CFR. ieri, domani, nel passato, in altri tempi, in futuro **B** s. m. solo sing. il tempo presente.

ogìva s. f. **1** (*arch.*) arco acuto, sesto acuto **2** finestra a sesto acuto **3** (*di proiettile, di missile*) testa, capsula.

ogivàle agg. **1** a ogiva, a sesto acuto **2** gotico.

ógni agg. indef. m. e f. sing. **1** ciascuno, tutti CONTR. nessuno **2** qualunque, qualsiasi, qualsivoglia FRAS. *ogni momento*, sempre □ *in ogni dove*, dappertutto.

ognùno pron. indef. solo sing. ogni persona, ciascuno, tutti CONTR. nessuno.

ohimè o **ohimé A** inter. ahimè, povero me **B** in funzione di s. m. inv. lamento.

okay /*ingl.* 'əukei/ [dalla sigla *O.K.*, iniziali di *O(ld) K(inderhook)*, nome del paese del candidato democratico Martin van Buren, usato come slogan poi come formula di approvazione] **A** inter. va bene, d'accordo, sì, all right (*ingl.*) **B** s. m. benestare, visto.

olandése A agg.; anche s. m. e f. fiammingo **B** s. m. (*di surrogato del caffè*) estratto di cicoria.

oleàto agg. **1** oliato **2** impermeabilizzato.

oleificio s. m. frantoio, elaiopolio.

oleodótto s. m. pipeline (*ingl.*).

oleogràfico agg. (*fig.*) banale, convenzionale, manierato, insulso CONTR. nuovo, originale, di gusto.

oleóso agg. **1** contenente olio **2** oleico **3** (*est.*) unto, sporco di grasso □ denso.

olfattivo agg. olfattorio (*raro*).

olfàtto s. m. odorato.

oliàre v. tr. ungere (con olio), lubrificare.

oliàto part. pass. di **oliare**; anche agg. **1** unto (con olio), lubrificato **2** condito con olio.

olièra s. f. ampolliera, portampolle, ampolle.

oligarchìa s. f. governo di pochi, governo di ricchi CFR. democrazia, tirannide.

oligàrchico agg. di pochi □ dell'oligarchia CFR. democratico, tirannico.

oligocène s. m. (*geol.*) CFR. miocene, pliocene.

oligopòlio s. m. (*econ.*) CFR. monopolio, privativa, esclusiva, liberismo.

olimpìade [da *Olimpia*, l'antica città della Grecia dove ogni quattro anni di svolgevano le famose gare in onore di Giove] s. f. spec. al pl. giochi olimpici.

olìmpico agg. **1** olimpiaco, olimpio, di Olimpia **2** (*est.*) divino, celeste, superumano CONTR. terreno, umano **3** (*fig.*) imperturbabile, sereno, calmo, tranquillo, sicuro, impassibile CONTR. inquieto, affannato, agitato, ansioso, turbato **4** olimpionico.

olimpiònico agg. olimpico.

olìmpo [dal monte *Olimpo*, ritenuto dagli antichi Greci sede degli dei] s. m. **1** (*lett.*) cielo □ paradiso **2** (*fig., iron.*) aristocrazia □ (*est.*) sprezzante superiorità.

òlio s. m. FRAS. *liscio come l'olio* (*fig.*), calmissimo; senza contrasti □ *calmo come l'olio* (*fig.*), calmissimo □ *gettare olio sul fuoco* o *sulle fiamme* (*fig.*), attizzare le ire □ *olio di gomito* (*fig.*), fatica, impegno □ *olio santo*, estrema unzione □ *olio di vaselina*, paraffina liquida □ *olio di vetriolo*, acido solforico □ *oli minerali*, idrocarburi liquidi.

olìva A s. f. **1** frutto dell'olivo **2** (*lett.*) olivo □ ramo d'olivo **3** (*giorn.*) microspia **B** in funzione di agg. inv. (*di colore*) verde spento **FRAS.** *domenica d'oliva*, domenica delle palme.

olivàstro agg. (*di colore*) bruno verdognolo, olivigno.

olocàusto s. m. (*est.*) sacrificio, immolazione □ martirio.

ològrafo agg. (*di testamento*) autografo **CONTR.** verbale.

oltraggiàre v. tr. **1** ingiuriare, insolentire, insultare, offendere, svillaneggiare, vilipendere **CONTR.** elogiare, encomiare, lodare, complimentare, adulare **2** (*di legge, costumi, ecc.*) violare, non rispettare, contravvenire **CONTR.** mantenere, osservare, rispettare.

oltràggio s. m. soperchieria, prepotenza, sopruso, violenza, affronto, ingiuria, insolenza, insulto, improperio, offesa, onta, vilipendio, villania □ danno **CONTR.** complimento, elogio, encomio, lode, onore, rispetto.

oltraggiosaménte avv. insolentemente, villanamente □ sfacciatamente, spudoratamente **CONTR.** riguardosamente, garbatamente, gentilmente.

oltraggióso agg. ingiurioso, insolente, offensivo □ sgarbato, scortese □ arrogante, superbo, tracotante **CONTR.** elogiativo, encomiastico, laudativo □ benigno, bonario, mite, mansueto, umile.

oltranzìsmo s. m. estremismo, massimalismo **CFR.** moderatismo, reazione.

oltranzìsta s. m. e f. estremista, massimalista **CFR.** moderato, reazionario.

óltre A avv. **1** (*anche fig.*) più in là, più in avanti **CONTR.** di qua, al di qua **2** più, di più, ancora **B** prep. **1** di là da, dall'altra parte di **CONTR.** di qua da, da questa parte di **2** più di **CONTR.** meno di **3** in aggiunta a, in più di **4** all'infuori di, eccetto, tranne **FRAS.** *farsi oltre*, avanzare □ *andare troppo oltre* (*fig.*), oltrepassare la misura.

oltremànica agg. inv. **1** al di là della Manica **2** (*raro*) inglese.

oltremàre A avv. di là dal mare **B** in funzione di s. m. solo sing. paese di là dal mare **C** in funzione di agg. inv. (*di colore*) azzurro.

oltremòdo avv. oltremisura (*lett.*), eccessivamente, eccezionalmente, moltissimo, smisuratamente, straordinariamente **CONTR.** poco, scarsamente, esiguamente, limitatamente.

oltrepassàre v. tr. **1** (*di luogo*) andare oltre, superare, varcare, valicare, travalicare (*raro*) □ doppiare **CONTR.** fermarsi, rimanere indietro **2** (*fig.*) (*di misura*) eccedere, trasgredire, non rispettare **CONTR.** osservare, rispettare.

oltretómba s. m. inv. aldilà **CONTR.** mondo.

omàggio A s. m. **1** ossequio, onore, onoranza, venerazione □ galanteria **CONTR.** scortesia, sgarberia, sgarbatezza, sgarbo, villania **2** offerta, dono **3** (*spec. al pl.*) dichiarazione di ossequio, cortesia, saluto **B** in funzione di agg. inv. (posposto al s.) gratuito, in dono.

ombelìco s. m. **1** (*anat.*) onfalo **2** (*fig.*) centro, zona centrale **CONTR.** esterno, periferia.

ómbra s. f. **1** oscurità, tenebre, offuscamento, adombramento □ penombra, semioscurità **CONTR.** luce **2** luogo ombroso, rezzo (*poet.*) **CONTR.** sole **3** (*di corpo*) sagoma scura **4** fantasma, spettro, spirito, anima **5** (*fig.*) apparenza, inconsistenza, parvenza **CONTR.** realtà **6** poco, pochino, velo **CONTR.** abbondanza **7** (*fig.*) difesa, protezione, riparo, tutela **8** (*fig.*) sospetto, dubbio, timore **FRAS.** *nell'ombra* (*fig.*), di nascosto □ *restare nell'ombra* (*fig.*), non farsi notare □ *vivere nell'ombra* (*fig.*), vivere appartato □ *essere l'ombra di sé stesso* (*fig.*), essere molto dimagrito □ *avere paura della propria ombra* (*fig.*), avere paura di tutto.

ombràto part. pass. di **ombrare**; anche agg. offuscato, adombrato, ombroso, ombreggiato, velato **CONTR.** illuminato, rischiarato.

ombreggiàre v. tr. **1** adombrare, far ombra □ riparare **CONTR.** soleggiare, illuminare, rischiarare **2** (*di colore*) sfumare, tratteggiare, dare il chiaroscuro.

ombreggiàto part. pass. di **ombreggiare**; anche agg. coperto d'ombra, ombroso **CONTR.** soleggiato, illuminato.

ombreggiatùra s. f. ombreggiamento (*raro*), ombratura, ombreggio (*raro*).

ombrellìno s. m. **1** dim. di **ombrello** **2** parasole (per signora).

ombrèllo s. m. paracqua, parapioggia □ parasole.

ombrellóne s. m. **1** accr. di **ombrello** **2** ombrello da spiaggia, ombrello da giardino.

ombrosità s. f. **1** (*di luogo*) ombra **2** (*di carattere*) permalosità, suscettibilità, diffidenza **CONTR.** bonarietà, cordialità, tolleranza.

ombróso agg. **1** coperto d'ombra, ombreggiato, opaco, oscuro **CONTR.** assolato, soleggiato, solatio, esposto al sole **2** (*di albero*) frondoso, fronzuto **CONTR.** spoglio, sfrondato **3** (*fig.*) (*di cavallo*) nervoso, facile a spaventarsi **4** (*fig.*) (*di persona*) permaloso, suscettibile, diffidente, sospettoso, scontroso **CONTR.** fidente, fiducioso, bonario, cordiale, tollerante.

omèga o (*raro*) **òmega** s. m. **1** ultima lettera dell'alfabeto greco **CONTR.** alfa **2** (*fig.*) fine, termine, compimento **CONTR.** inizio, avvio, principio **FRAS.** *dall'alfa all'omega* (*fig.*), dal principio alla fine.

omelìa s. f. **1** sermone, predica **2** (*fig.*) esortazione.

omeopatìa s. f. **CONTR.** allopatia.

omeopàtico agg. **CONTR.** allopatico.

omeotèrmo agg. (*di animale*) a temperatura costante **CONTR.** eterotermo.

omèrico agg. **1** di Omero **2** (*fig.*) fragoroso, irrefrenabile **CONTR.** minimo.

òmero s. m. **1** (*anat.*, *est.*) braccio **2** (*lett.*) spalla.

omertà s. f. (*tra criminali*) complicità □ (*est.*) tacita intesa, acquiescenza.

omésso part. pass. di **omettere**; anche agg. dimenticato, lasciato, saltato, sorvolato, sottinteso, taciuto, trascurato, negletto (*lett.*) **CONTR.** fatto, effettuato, eseguito, realizzato, adempiuto.

ométtere v. tr. tralasciare, saltare, sorvolare, sottintendere, tacere, trascurare, negligere (*lett.*), non fare, dimenticare, lasciare **CONTR.** fare, compiere, effettuare, eseguire, realizzare, adempiere, mettere, includere.

ométto s. m. **1** dim. di **uomo 2** (*fig.*) bambino giudizioso **3** (*del biliardo*) birillo **4** (*dial.*) (*per abiti*) gruccia, portabiti.

omicìda A agg. **1** di assassino, da assassino **2** mortale **B** s. m. e f. assassino, uccisore, killer (*ingl.*).

omicìdio s. m. assassinio, uccisione **FRAS.** *omicidio premeditato*, omicidio volontario □ *omicidio colposo*, omicidio accidentale.

omìno s. m. **1** dim. di **uomo 2** nano **CONTR.** omone, omaccione, gigante **3** (*est.*) fanciullo, ragazzino.

omissióne s. f. dimenticanza, tralasciamento (*raro*), salto, sorvolamento (*raro*), esclusione, lacuna □ mancanza, errore **CONTR.** adempimento, compimento, effettuazione, esecuzione, realizzazione, inclusione, cosa inclusa.

omissis /*lat.* o'missis/ [dalla loc. lat. (*ceteris rebus*) *omissis* 'omesse le altre cose'] s. m. inv. (*giur.*) omissione, parti tralasciate.

omnibus /*lat.* 'ɔmnibus/ [fr. *omnibus*, dal lat. *omnibus* '(carrozza) per tutti', forse legato anche al nome di *Omnès*, il fondatore della *Compagnie des Omnibus* di Parigi] s. m. inv. **1** diligenza (a cavalli) **2** treno locale.

omnicomprensìvo agg. totale, generale, globale **CONTR.** parziale.

omogeneaménte avv. conformemente, ugualmente, analogamente, similmente □ armonicamente, armoniosamente **CONTR.** eterogeneamente, incoerentemente, diversamente □ disarmonicamente.

omogeneità s. f. uguaglianza, affinità, analogia, somiglianza □ compattezza **CONTR.** eterogeneità.

omogèneo agg. **1** (*di materie*) dello stesso genere, della stessa natura, della stessa razza **CONTR.** eterogeneo **2** (*di superficie, ecc.*) compatto □ levigato **CONTR.** incoerente □ ruvido **3** (*di cose o persone*) affine, analogo, conforme, simile **CONTR.** differente, diverso, vario **4** (*fig.*) (*di colore, di suono, ecc.*) armonico, armonioso **CONTR.** discordante, disarmonico.

omologaménte avv. conformemente, analogamente **CONTR.** diversamente, differentemente.

omologàre v. tr. approvare, convalidare, ratificare, riconoscere ufficialmente **CONTR.** abrogare, annullare, invalidare, revocare, cassare, non riconoscere.

omologazióne s. f. approvazione, convalida, ratifica, riconoscimento ufficiale **CONTR.** abrogazione, annullamento, invalidamento (*raro*), invalidazione, revoca.

omologìa s. f. affinità, analogia, conformità, corrispondenza, equivalenza **CONTR.** diversità, dissomiglianza, disuguaglianza, contrasto.

omòlogo agg. affine, analogo, consentaneo, conforme, corrispondente, equivalente **CONTR.** diverso, differente, dissomigliante, disuguale, opposto.

omonimìa s. f. (*di persone*) uguaglianza di nome **CONTR.** eteronimia.

omònimo agg. d'ugual nome, dello stesso nome **CONTR.** eteronimo.

omosessuàle agg.; anche s. m. e f. invertito, omosex, diverso, sodomita, gay (*ingl.*), pederasta, finocchio (*pop.*, *fam.*), recchione (*centr.*), lesbica, tribade **CONTR.** eterosessuale.

omosessualità s. f. (*di uomo*) pederastia □ (*di donna*) lesbismo, tribadismo **CONTR.** eterosessualità.

on /*ingl.* ɔn/ [vc. ingl., propriamente 'su, sopra'] agg. inv. (*di dicitura*) in servizio, in funzione, attivato **CONTR.** off (*ingl.*), chiuso, fuori servizio.

óncia s. f. (*fig.*) minima quantità, inezia, minuzia **CONTR.** abbondanza, quantità.

ónda s. f. **1** (*di mare, fiume o lago*) flutto, maroso, cavallone, ondata, increspatura **2** (*lett.*) acque □ (*poet.*) mare **3** (*fig.*) (*di sentimenti*) impeto, veemenza, forza travolgente **4** (*fig.*) (*di gente*) grande quantità, massa **CONTR.** scarsità, esiguità **5** linea sinuosa, linea serpeggiante, superficie sinuosa **6** (*di capelli*) arricciatura **7** movimento fluttuante **8** (*spec. al pl.*) vibrazione, oscillazione **FRAS.** *seguire l'onda* (*fig.*), seguire l'andazzo generale □ *mandare in onda*, trasmettere per radio o TV.

ondàta s. f. **1** colpo d'onda, colpo di mare □ cavallone, maroso **2** (*fig.*) afflusso, effusione **3** (*fig.*) massa, gran quantità.

ònde A avv. **1** (*lett.*) da dove, da quel luogo, donde **2** (*est.*) da chi, da quale fonte **3** dal quale, dalla quale, da cui, nel luogo da cui **4** da ciò, dalla qual cosa **5** (*poet.*) di cui, da cui, con cui, per cui **B** cong. affinché, perché.

ondeggiaménto s. m. **1** fluttuazione, ondulazione, oscillazione **CONTR.** immobilità, fissità, ristagno, stagnamento **2** (*fig.*) (*di pensiero, di situazione, ecc.*) esitazione, dubbio, incertezza, tentennamento, indecisione, ambiguità **CONTR.** decisione, prontezza, risolutezza.

ondeggiànte part. pres. di **ondeggiare**; anche agg. **1** fluttuante, ondulante, oscillante, tremolante, vacillante **CONTR.** immobile, fisso, stagnante **2** (*fig.*) (*di persona, di pensiero, ecc.*) esitante, dubbioso, incerto, indeciso, irresoluto **CONTR.** deciso, determinato, pronto, risoluto.

ondeggiàre v. intr. **1** fluttuare, oscillare, muoversi in su e in giù □ tremolare **CONTR.** essere immobile, essere fermo, stagnare **2** (*fig.*) (*di persone*) agitarsi, accalcarsi **3** (*fig.*) (*di persone, di cose*) barcollare, vacillare **CONTR.** andare dritto, star dritto **4** (*fig.*) (*di persona, di pensiero, ecc.*) essere dubbioso, essere incerto, esitare, tentennare **CONTR.** essere deciso, essere risoluto.

ondóso agg. fluttuante, ondeggiante, mareggiante □ pieno di onde **CONTR.** fermo, immobile, liscio, stagnante.

ondulàto agg. **1** (*di mare, di terreno, ecc.*) irregolare, mosso **CONTR.** liscio, piano **2** (*di lamiera, di capelli, ecc.*) serpeggiante, sinuoso □ a onde, increspato **CONTR.** dritto, liscio.

ondulatòrio agg. che si propaga a onde **CONTR.** sussultorio.

ondulazióne s. f. **1** (*di apparecchio*) oscillazione, vibrazione, ondeggiamento, fluttuazione **CONTR.** fissità, immobilità **2** (*di terreno*) disposizione a onde, movimento **3** (*di capelli*) messa in piega □ arricciatura, permanente.

oneràto agg. gravato **CONTR.** sgravato.

ònere s. m. **1** (*dir.*) obbligo, peso, aggravio, spesa, gravame **CONTR.** sgravio **2** (*fig.*) impegno, incarico, dovere, obbligo, responsabilità gravosa **CONTR.** sinecura.

onerosaménte avv. pesantemente, gravosamente, costosamente.

onerosità s. f. peso, costosità, pesantezza, gravosità **CONTR.** leggerezza.

oneróso agg. pesante, grave, molesto, gravoso, duro **CONTR.** leggero, lieve.

onestà s. f. **1** (*di carattere*) dirittura, integrità, lealtà, giustizia, probità, irreprensibilità, incorruttibilità, onorabilità, onore, rettitudine, scrupolosità **CONTR.** disonestà, improbità (*raro*), slealtà, fraudolenza, ingiustizia, iniquità **2** (*di morale*) costumatezza, castità, decenza, illibatezza, morigeratezza, pudicizia, pudore, purità, modestia **CONTR.** immoralità, impudicizia, svergognatezza, inverecondia, licenziosità, dissolutezza.

onestaménte avv. con onestà, lealmente, probamente (*lett.*), rettamente, moralmente, decorosamente **CONTR.** disonestamente, slealmente, immoralmente (*lett.*).

onèsto A agg. **1** leale, retto, buono, giusto, probo (*lett.*), galantuomo, irreprensibile, incorruttibile, incorrotto, intemerato, scrupoloso, specchiato **CONTR.** disonesto, improbo (*lett.*), sleale, fraudolento (*lett.*), ingiusto, iniquo **2** (*di lavoro, ecc.*) onorevole, onorato **CONTR.** disonorevole, indegno **3** (*di donna, di ragazza, ecc.*) casto, costumato, illibato, morigerato, pudico, puro, modesto **CONTR.** immorale, impudico, inverecondo, dissoluto, licenzioso, svergognato **4** (*di proposta, di prezzo, ecc.*) giusto, decoroso, lecito, accettabile, plausibile **CONTR.** illecito, inaccettabile **B** s. m. persona perbene **CONTR.** disonesto **C** s. m. solo sing. giusto, dovuto **CONTR.** ingiusto.

onnipotènte A agg. **1** (*di Dio*) che può tutto, onnipossente (*lett.*) **2** (*est.*) (*di persona*) molto potente, potentissimo **B** s. m. (*per anton.*) Dio.

onnipresènza s. f. **1** ubiquità **2** (*scherz.*) l'essere dappertutto.

onnisciènte agg. **1** (*di Dio*) che sa tutto **2** (*scherz.*) (*di persona*) informatissimo, sapientone.

onnìvoro agg.; anche s. m. che mangia di tutto **CFR.** carnivoro, erbivoro.

onoràbile agg. degno d'onore, onorando (*lett.*), onorevole, meritevole, venerando **CONTR.** disprezzabile, indegno, spregevole.

onorabilità s. f. buon nome, buona fama, onoratezza (*raro*), onore, dignità, rispettabilità **CONTR.** infamia, nomea, discredito, indegnità, disonore.

onoràre A v. tr. **1** (*di persona*) rendere onore, rendere omaggio, ossequiare, celebrare, esaltare, glorificare, incensare, lodare, magnificare, osannare, riverire □ adorare, venerare **CONTR.** disprezzare, disdegnare, disistimare, spregiare, vilipendere **2** (*di impegno*) adempiere, soddisfare **CONTR.** venir meno, mancare **B onorarsi** v. rifl. pregiarsi, fregiarsi, reputarsi onorato, vantarsi, gloriarsi **CONTR.** vergognarsi.

onoràrio (1) agg. **1** (*di cittadinanza, di titolo*) a titolo d'onore, ad honorem (*lat.*) **2** (*di carica*) nominale **CONTR.** effettivo.

onoràrio (2) s. m. compenso, remunerazione, emolumento, pagamento, stipendio.

onorataménte avv. con onore, onorevolmente, dignitosamente, decorosamente, nobilmente, onestamente **CONTR.** disonorevolmente, disonestamente.

onoratìssimo agg. **1** sup. di **onorato 2** (*spec. in formule di cortesia*) felicissimo.

onoràto part. pass. di **onorare**; anche agg. **1** degno di onore, degno di stima, stimato, rispettato, onesto, intemerato, elevato, nobile **CONTR.** disonorato, infame, ignobile **2** (*di servizio, di vita, ecc.*) onorevole, lodevole **CONTR.** disonorevole, biasimevole **3** (*in frasi di cortesia*) felicissimo.

onóre s. m. **1** buon nome, buona fama, buona reputazione, decoro, dignità, onorabilità, onoratezza (*raro*), credito, stima, stimabilità **CONTR.** disonore, disdoro, indegnità, infamia, ignominia □ inverecondia, spudoratezza **2** (*di donna*) castità, illibatezza, pudore **3** gloria, fama, vanto, lode, lustro, merito **CONTR.** vergogna, onta **4** bellezza, ornamento **5** prestigio, credibilità, credito, fiducia **CONTR.** disistima, discredito, sfiducia **6** soddisfazione, piacere, riconoscimento **7** omaggio, ossequio □ riguardo, rispetto **8** (*a Dio, ai santi*) culto, adorazione, venerazione **9** carica, dignità, alto ufficio **10** trattamento onorevole, accoglienza benevola FRAS. *uomo d'onore*, galantuomo □ *dare la parola d'onore*, impegnarsi sul proprio buon nome □ *a onor del vero*, in verità □ *l'onor del mento*, la barba □ *farsi onore*, affermarsi, riuscire bene □ *fare gli onori di casa*, ricevere gli ospiti.

onorévole A agg. **1** degno di onore, onorabile, onorato, degno, decoroso, meritevole, ragguardevole, rispettabile, stimabile, stimato, elogiabile, encomiabile, lodevole CONTR. disonorevole, indegno, infamante, ignominioso, abietto, vituperevole, disprezzabile, spregevole **2** (*di carica, di titolo, ecc.*) che fa onore, onorifico CONTR. disonorante, vergognoso **B** s. m. e f. parlamentare, deputato, senatore.

onorevolézza s. f. (*raro*) onorabilità, onore, rispettabilità, dignità CONTR. indegnità, infamia, discredito, disprezzabilità.

onorificènza s. f. carica onorifica, titolo onorifico, onoranza, segno d'onore □ decorazione, medaglia, diploma.

onorìfico agg. dato per onore, fatto per onore, ad honorem (*lat.*) □ che conferisce onore, onorevole CONTR. disonorevole, disonorante, infamante.

ónta s. f. **1** vergogna, disonore, infamia, ignominia CONTR. onore, gloria, fama, lustro, vanto **2** affronto, oltraggio, ingiuria, offesa, danno, discredito CONTR. lode, elogio, complimento, adulazione FRAS. *a onta di*, a dispetto di.

opacità s. f. **1** oscurità, foschia CONTR. trasparenza, diafanità (*raro*), traslucidità, brillantezza **2** (*fig.*) (*di mente, di discorso, ecc.*) mancanza di vivacità, mancanza di espressione, insipidezza, monotonia CONTR. vivacità, espressività.

opàco agg. **1** non trasparente, velato, spento, smorzato □ denso, fitto, caliginoso, oscuro CONTR. diafano, trasparente, traslucido, luminoso, brillante, lucido **2** (*fig.*) (*di mente, di discorso, ecc.*) senza vivacità, inespressivo, monotono CONTR. vivace, espressivo, efficace.

opalescènte agg. opalino, iridescente, lattescente, semitrasparente, traslucido CFR. opaco □ trasparente.

opalescènza s. f. iridescenza, lattescenza, semitrasparenza CFR. opacità □ trasparenza.

opalìno agg. simile all'opale, opalescente, iridescente, pallido, traslucido CFR. opaco □ trasparente.

òpera s. f. **1** attività, azione, lavoro, fatica, impresa, prestazione lavorativa **2** (*di farmaco, di malattia, ecc.*) efficacia, effetto, risultato **3** (*est.*) lavoro a giornata □ bracciante, giornaliero, lavoratore, manovale **4** (*di attività artistica, letteraria, ecc.*) componimento, composizione, libro, scritto, trattato, volume, disegno, quadro, statua, monumento, costruzione **5** ente, associazione, istituzione **6** (*mus.*) melodramma □ (*est.*) teatro dell'opera.

operàbile agg. **1** che si può operare CONTR. inoperabile **2** fattibile CONTR. impossibile.

operàio A s. m. prestatore d'opera, lavorante, lavoratore □ bracciante, manovale, giornaliero, apprendista, garzone, salariato **B** agg. degli operai.

operànte part. pres. di **operare**; anche agg. efficace, attivo, agente, operativo CONTR. inefficace, inattivo, senza effetto.

operàre A v. tr. **1** fare, effettuare, eseguire, compiere, esercitare, realizzare □ porre in essere **2** (*chir.*) sottoporre a operazione, sottoporre a intervento **3** (*di tessuto, carta, ecc.*) ricamare, damascare **B** v. intr. **1** agire, fare, lavorare, adoperarsi CONTR. essere inattivo, oziare, poltrire **2** influire, avere efficacia, avere effetto CONTR. essere inefficace **3** (*mil.*) guerreggiare **4** (*chir.*) eseguire un intervento chirurgico, intervenire **C operarsi** v. intr. pron. **1** realizzarsi, verificarsi, accadere **2** sottoporsi a intervento chirurgico.

operatività s. f. efficacia □ possibilità di operare CONTR. inefficacia.

operatìvo agg. **1** operazionale, pratico CONTR. teorico **2** efficace CONTR. inefficace **3** (*med.*) operatorio.

operàto A part. pass. di **operare**; anche agg. **1** fatto, effettuato, eseguito, compiuto, realizzato **2** che ha subito un intervento chirurgico **3** (*di tessuto, carta e sim.*) lavorato, damascato, damaschinato CONTR. liscio, semplice **B** s. m. **1** opera, azione, comportamento **2** (*chir.*) chi ha subito un intervento.

operatóre s. m. (f. *-trice*) **1** esecutore **2** (*med.*) chirurgo **3** (*ad un congegno*) addetto □ tecnico **4** (*comm.*) imprenditore **5** (*econ.*) venditore, compratore FRAS. *operatore turistico*, tour operator (*ingl.*).

operatòrio agg. (*med.*) chirurgico.

operazionàle agg. operativo.

operazióne s. f. **1** atto, azione, lavoro, opera, attività **2** (*chir.*) intervento **3** (*di pubblicità*) campagna **4** (*mil.*) azione, impresa **5** (*mat.*) calcolo.

opèrcolo s. m. **1** (*bot.*) piccolo coperchio **2** (*est.*) coperchio □ buco, apertura □ lamina, membrana.

operétta s. f. **1** dim. di **opera 2** commedia musicale □ vaudeville (*fr.*) FRAS. *da operetta* (*fig.*), frivolo, fatuo, poco serio, ridicolo.

operosaménte avv. attivamente, alacremente, dinamicamente, laboriosamente CONTR. pigramente, fiaccamente, indolentemente.

operosità s. f. attività, laboriosità, alacrità, dinamismo, solerzia, sollecitudine, zelo CONTR. pigrizia, fiacca, indolenza, inerzia, oziosità, neghittosità.

operóso agg. attivo, laborioso, alacre, solerte, dinamico, instancabile, sollecito, zelante CONTR. pigro, fiacco, indolente, ozioso, neghittoso.

opifìcio s. m. stabilimento, fabbrica, officina, laboratorio.

opinàbile agg. incerto, insicuro, discutibile, presumibile **CONTR.** certo, sicuro, indiscutibile.

opinabilménte avv. (*raro*) discutibilmente, presumibilmente **CONTR.** certamente, sicuramente.

opinàre v. tr. e intr. ritenere, supporre, pensare, credere, giudicare, immaginare, reputare, stimare, arguire, dedurre, presumere, presupporre **CONTR.** ricredere, negare.

opinióne s. f. **1** convinzione, convincimento, credenza, animo, avviso, parere, idea, persuasione, congettura, deduzione, giudizio, impressione, pensiero, teoria, veduta, fissazione **2** stima, considerazione, fama, reputazione, voce.

opinionist /*ingl.* 'əpinjənist/ [vc. ingl., da *opinion* 'opinione'] s. m. e f. inv. opinionista, commentatore, editorialista, columnist (*ingl.*), fondista.

opinionìsta s. m. e f. opinion-maker (*ingl.*), opinionist (*ingl.*), commentatore, editorialista, columnist (*ingl.*), fondista.

opinion-maker /*ingl.* 'əpinjən 'meikə/ [vc. ingl., comp. di *opinion* 'opinione' e *maker* 'fabbricante'] s. m. e f. inv. opinionista, persuasore, opinion-leader (*ingl.*).

opponènte part. pres. di **opporre**; anche agg. e s. m. e f. oppositore, contraddittore **CONTR.** fautore, sostenitore.

oppórre A v. tr. **1** porre contro, contrapporre □ paragonare, obiettare, contraddire, contestare, contrastare, confutare **CONTR.** ammettere, approvare, consentire **2** (*di barricata, di ostacolo, ecc.*) ergere, innalzare, presentare **B opporsi** v. rifl. **1** fare opposizione, avversare, resistere, ribellarsi **CONTR.** cedere, piegarsi **2** (*raro*) stare di fronte.

opportunaménte avv. a ragion veduta, giustamente, utilmente, efficacemente, acconciamente □ tempestivamente, a tempo opportuno, a proposito, al momento buono **CONTR.** inopportunamente, intempestivamente.

opportunìsmo s. m. acrobatismo, camaleontismo, funambolismo, doppio gioco □ compromesso □ calcolo **CONTR.** coerenza, lealtà, rettitudine.

opportunìsta s. m. e f. doppiogiochista, profittatore, camaleonte, calcolatore **CONTR.** galantuomo, persona coerente.

opportunità s. f. circostanza, momento, tempestività, occasione, destro, comodità, convenienza □ utilità, tornaconto, vantaggio **CONTR.** inopportunità, intempestività.

opportùno agg. adatto, acconcio, appropriato, conveniente, comodo, favorevole, idoneo, propizio, provvidenziale, tempestivo, a proposito, pertinente, efficace, utile **CONTR.** inopportuno, intempestivo, inadatto, inefficace, disadatto, sconveniente.

oppositóre s. m.; anche agg. (f. *-trice*) antagonista, avversario, contraddittore, contestatore, critico **CONTR.** fautore, sostenitore, seguace, amico, favoreggiatore.

opposizióne s. f. **1** antagonismo, antitesi, contrapposizione, contrasto, contraddizione, conflitto, disaccordo, lotta, incaglio, intoppo, ostacolo, reazione, resistenza, ribellione, protesta, obiezione **CONTR.** approvazione, accordo, accettazione, favore, adattamento, sottomissione, soggezione, ubbidienza **2** (*polit.*) oppositori, minoranza.

oppósto A part. pass. di **opporre**; anche agg. **1** contrario, contrapposto, contrastante □ avverso, nemico, ostile **CONTR.** concordante, analogo, corrispondente, simile, uguale **2** (*di luogo*) di fronte **B** s. m. contrario **CONTR.** uguale.

oppressióne s. f. **1** tirannia, tirannide, schiavitù, servitù, soggezione, sopraffazione, sopruso, angheria, vessazione, prepotenza, soperchieria, soverchieria, coercizione, conculcamento (*raro*), costrizione **CONTR.** liberazione, libertà, indipendenza, autonomia **2** (*fig.*) (*di sentimenti*) peso, angoscia, ambascia, affanno, afflizione, ansia, preoccupazione, pena, tormento, depressione, disagio **CONTR.** pace, serenità, tranquillità, calma, sollievo, benessere, refrigerio.

oppressìvo agg. **1** tirannico, crudele, dispotico, prepotente **CONTR.** mite, indulgente, clemente, benigno, umano **2** (*fig.*) (*di caldo, di insistenza, ecc.*) opprimente, insopportabile, deprimente **CONTR.** leggero, lieve, sopportabile.

opprèsso part. pass. di **opprimere**; anche agg. e s. m. **1** (*da debiti, da impedimenti, ecc.*) premuto, gravato, schiacciato, impedito □ coperto, sommerso, avvolto **CONTR.** sgravato, liberato **2** (*da persona*) assoggettato, soggiogato, asservito, schiavo □ angariato, vessato, maltrattato, perseguitato **CONTR.** libero, indipendente □ aiutato, favorito, trattato bene, trattato con i guanti.

oppressóre s. m.; anche agg. tiranno, despota, dittatore, angariatore, conculcatore (*raro*), persecutore, soverchiatore **CONTR.** liberatore, difensore, fautore, favoreggiatore.

opprimènte part. pres. di **opprimere**; anche agg. pesante, gravoso, oppressivo, insopportabile, molto fastidioso **CONTR.** leggero, lieve, sopportabile.

opprìmere v. tr. **1** (*di carico, di dovere, ecc.*) appesantire, gravare, premere, pesare, schiacciare **CONTR.** sgravare, alleggerire **2** (*est.*) (*di caldo, di stanchezza, ecc.*) sopraffare, sovraccaricare, soffocare, estenuare, deprimere **CONTR.** sollevare, confortare, ricreare **3** (*di persona*) tiranneggiare, asservire, calpestare, conculcare (*lett.*), vessare, perseguitare, tenere in soggezione, tenere in schiavitù, molestare **CONTR.** liberare, lasciar libero, rimettere in libertà.

oppugnàre v. tr. **1** (*lett.*) (*di nemico*) assaltare, attaccare, investire □ assediare **2** (*fig.*) (*di teoria, di documento, ecc.*) contrastare, avversare, confutare, contraddire, contestare, combattere, impugnare, criticare, osteggiare **CONTR.** accettare, accogliere, ammettere, approvare, consentire.

oppùre cong. **1** o, ovvero, o invece **2** se no, in caso contrario, altrimenti.

optàre v. intr. scegliere, decidere, preferire.

optimum /*lat.* 'ɔptimum/ [vc. lat., letteralmente 'ottimo'] s. m. inv. massimo **CONTR.** minimum (*lat.*), minimo.

opulènto agg. **1** (*lett.*) abbondante, dovizioso (*lett.*), ricchissimo □ (*est.*) carnoso, formoso **CONTR.** misero, indigente, povero □ magro, striminzito **2** (*fig.*) eccessivamente carico, splendidamente ornato **CONTR.** disadorno, spoglio, nudo, secco.

opulènza s. f. (*anche fig.*) abbondanza, dovizia (*lett.*), lusso, grande ricchezza **CONTR.** miseria, povertà, indigenza, scarsezza, scarsità, bisogno.

opùscolo s. m. libretto, operetta, trattatello, fascicolo, dispensa, estratto, plaquette (*fr.*) □ pubblicazione pubblicitaria.

opzionàle agg. a libera scelta, facoltativo **CONTR.** obbligatorio, necessario.

opzióne s. f. libera scelta, diritto di scelta □ prelazione.

ór avv. forma tronca di **ora (2)**.

óra (1) s. f. **1** ventiquattresima parte del giorno □ 60 minuti **2** momento, tempo □ occasione **3** (*est.*) (*della giornata*) parte **FRAS.** *a tarda ora*, tardi □ *ore piccole*, prime ore dopo mezzanotte □ *di buon'ora*, al mattino presto □ *ora di punta*, ora di maggior traffico, attività, consumo e sim. □ *passare un brutto quarto d'ora* (*fig.*), trovarsi in grave difficoltà □ *non vedere l'ora* (*fig.*), desiderare ardentemente □ *di ora in ora*, da un momento all'altro.

óra (2) **A** avv. **1** in questo momento, adesso, mo' (*dial.*) **2** attualmente, al presente **CONTR.** prima, in passato □ dopo, in futuro **3** poco fa □ tra poco, tra un attimo **4** (*correl.*) un momento, ... un altro momento **B** cong. **1** ma, invece **2** dunque, allora **C** nella loc. cong. *ora che*, adesso che **FRAS.** *or ora*, poco fa □ *ora come ora*, per il momento □ *un anno or sono*, un anno fa.

oràcolo s. m. **1** responso, predizione, profezia, vaticinio □ (*est.*) divinità **2** (*fig.*, *iron.*) sentenza autorevole □ (*est.*) bocca della verità □ consigliere autorevole, ispiratore, maestro.

òrafo **A** s. m. (*lett.*) orefice, gioielliere **B** agg. di orefice □ di oreficeria.

oràle **A** agg. **1** della bocca, boccale **2** a voce, espresso a voce **CONTR.** scritto **B** s. m. esame orale **CONTR.** esame scritto.

oralménte avv. **1** a voce **CONTR.** per scritto **2** (*med.*) per bocca.

oràngo s. m. (*zool.*) orangutan, orangutano.

oràrio **A** agg. dell'ora, delle ore □ di un'ora **B** s. m. (*di lezioni, di treni, ecc.*) successione, ordine, prospetto, tabella, tabellone.

oratóre s. m. (f. *-trice*) parlatore eloquente □ conferenziere, arringatore, concionatore (*lett.*), declamatore, comiziante, tribuno □ avvocato □ predicatore, panegirista.

oratòria s. f. arte del dire, arte del parlare, eloquenza, facondia, dialettica, retorica.

oratòrio (1) agg. **1** dell'oratore, dell'eloquenza, declamatorio **2** (*est.*) retorico, ampolloso, artificioso, gonfio **CONTR.** semplice, naturale, asciutto, conciso, rapido, schietto.

oratòrio (2) s. m. **1** (*relig.*) chiesetta, cappella **2** (*di parrocchia*) ricreatorio **3** (*mus.*) composizione sacra.

orazióne s. f. **1** preghiera, prece (*lett.*), prego (*lett.*) **2** discorso □ allocuzione, arringa, concione (*iron.*) □ predica, panegirico.

orbène cong. dunque.

òrbita s. f. **1** (*astron.*) traiettoria, eclittica **2** (*fig.*) ambito, limite **3** (*anat.*) cavità (dell'occhio).

òrbo **A** agg. **1** (*lett.*) privo, privato, orbato (*lett.*) **CONTR.** fornito, provvisto **2** guercio, cieco **B** s. m. (*fig.*) poco intelligente, miope.

orchèstra s. f. **1** (*archeol.*) area del coro **2** (*mus.*) golfo mistico □ musicisti **3** strumenti musicali **4** (*fig.*, *scherz.*) rumori sgradevoli.

orchestràre v. tr. **1** scrivere la partitura **2** (*fig.*) organizzare, coordinare.

òrco s. m. **1** (*mitol.*) averno, ade, inferi **2** (*delle favole*) mostro, essere mostruoso, babau, mangiabambini **3** (*fig.*) persona orrenda, persona paurosa.

òrda s. f. (*spesso scherz. o spreg.*) torma, frotta, accozzaglia, branco, folla, massa, moltitudine.

ordìgno s. m. **1** arnese, congegno, macchina, meccanismo, strumento, utensile □ (*est.*) oggetto strano **2** oggetto esplosivo **3** (*fig.*) maneggio, intrigo.

ordinàbile agg. che si può ordinare.

ordinaménto s. m. **1** ordine, disposizione, costituzione, sistema coerente **2** (*al pl.*) leggi.

ordinànza s. f. **1** decreto, ordine, disposizione, statuto, provvedimento normativo **2** (*mil.*) prescrizione **3** (*mil.*) attendente **FRAS.** *marciare in ordinanza*, marciare in schiera □ *ufficiale d'ordinanza*, aiutante di campo □ *d'ordinanza*, regolare □ *fuori ordinanza*, irregolare.

ordinàre **A** v. tr. **1** (*di cose*) mettere in ordine, sistemare, assettare, accomodare, acconciare, aggiustare, allineare, apparecchiare, assestare, classificare, coordinare, disporre, distribuire, organizzare, preparare, regolare, riordinare, rassettare **CONTR.** disordinare, scompigliare, mettere sottosopra, buttare all'aria, rimescolare, scombussolare **2** (*di persone*) comandare, ingiungere, imporre, intimare, prescrivere □ commissionare **CONTR.** ubbidire □ disdire, revocare l'ordine **3** (*relig.*) consacrare **B ordinarsi** v. rifl. e intr. pron. mettersi in ordine, disporsi, schierarsi, prepararsi.

ordinariaménte avv. abitualmente, comunemente, solitamente, di solito, di consueto, per lo più **CONTR.** insolitamente, eccezionalmente.

ordinàrio A agg. **1** abituale, comune, consueto, familiare, normale, solito, tradizionale, usuale **CONTR.** insolito, inconsueto, inusitato, straordinario **2** grossolano, rozzo, comune, dozzinale, banale, mediocre, scadente □ volgare, triviale **CONTR.** fino, fine, elegante, chic (*fr.*), scelto, pregiato □ distinto, signorile **3** di ruolo **CONTR.** avventizio **B** s. m. solo sing. consuetudine, normalità **C** s. m. **1** professore di ruolo **2** (*di una diocesi*) vescovo **FRAS.** *per l'ordinario*, di solito □ *d'ordinario*, normalmente.

ordinataménte avv. in ordine, con ordine □ accuratamente, sistematicamente **CONTR.** disordinatamente, imprecisamente, negligentemente.

ordinatìvo A agg. ordinatore, regolatore **B** s. m. (*di merce*) commissione, ordinazione, richiesta.

ordinàto part. pass. di **ordinare**; anche agg. **1** in ordine, rassettato, assestato, assettato, sistemato, allineato, disposto, aggiustato, classificato, distribuito, preparato **CONTR.** disordinato, scompigliato, rimescolato, buttato all'aria, messo sottosopra **2** preciso, accurato, diligente, metodico, sistematico, attento, puntuale **CONTR.** negligente, trasandato, trascurato, impreciso, sbadato, caotico **3** comandato, imposto, ingiunto, prescritto, richiesto **CONTR.** disdetto, revocato.

ordinazióne (1) s. f. **1** (*di merce*) commissione, ordinativo, ordine **2** (*di medicina*) prescrizione, ricetta.

ordinazióne (2) s. f. (*relig.*) consacrazione.

órdine s. m. **1** (*di cose*) assetto, disposizione, sistemazione, armonia, assestamento, collocazione, coordinazione, distribuzione, ordinamento, sesto □ (*est.*) criterio ordinatore **CONTR.** disordine, confusione, scompiglio, sconvolgimento, baraonda, putiferio, babilonia, caos, casino (*pop.*) **2** (*mil.*) formazione, ordinanza **3** (*di persone e cose*) serie, fila, complesso, piano **4** (*di arrivo, ecc.*) successione, classifica **5** (*di professionisti, di religiosi, ecc.*) ceto, classe, associazione, categoria, corporazione, raggruppamento **6** (*fig.*) carattere, natura, indole **7** (*fig.*) importanza, livello, qualità, valore **8** comando, ingiunzione, imposizione, intimazione, ordinanza, disposizione, decreto, direttiva, editto, norma, disposto **9** (*di merce*) commissione, ordinativo, ordinazione **FRAS.** *ritirarsi in buon ordine* (*fig.*), desistere □ *i tutori dell'ordine*, gli agenti di polizia □ *di prim'ordine* (*fig.*), eccellente □ *di second'ordine* (*fig.*), scadente □ *impiegato d'ordine*, impiegato di grado inferiore □ *ordine del giorno*, argomenti in discussione □ *all'ordine del giorno* (*fig.*), abituale □ *all'ordine* (*banca*), trasferibile mediante girata.

ordìre v. tr. **1** (*di filato*) disporre i fili sul telaio, preparare l'ordito **2** (*fig.*) (*di racconto, di film, ecc.*) congegnare, predisporre □ abbozzare, schizzare, tracciare **3** (*fig.*) (*di inganno*) macchinare, tramare, congiurare, tessere, concertare, architettare.

ordìto A part. pass. di **ordire**; anche agg. **1** disposto sul telaio **2** (*fig.*) (*di lavoro*) iniziato, cominciato, intrapreso **CONTR.** finito, concluso, terminato, ultimato **3** (*fig.*) (*di inganno*) tramato, architettato, macchinato **B** s. m. **1** (*di stoffa*) orditura, intreccio, trama **2** (*fig.*) (*di romanzo, di film, ecc.*) disegno, trama, canovaccio, intreccio.

orécchia s. f. (*anche fig.*) orecchio.

orecchìno s. m. monile per le orecchie, buccola, ciondolo, pendente.

orécchio s. m. **1** organo dell'udito, orecchia **2** (*est.*) udito **3** (*fig.*) sensibilità musicale **4** padiglione auricolare **5** (*fig.*) (*di foglio, di pagina*) piega, becca, angolo **FRAS.** *prestare orecchio, porgere l'orecchio* (*fig.*), dare ascolto □ *essere tutt'orecchi* (*fig.*), stare molto attento □ *sentirsi fischiare le orecchie* (*fig.*), avere la sensazione che si stia parlando di noi □ *da questo orecchio non ci sento* (*fig.*), non voglio sentir parlare di ciò □ *mettere una pulce nell'orecchio* (*fig.*), insinuare dubbi o sospetti □ *tirare le orecchie* (*fig.*), rimproverare aspramente □ *fare orecchie da mercante* (*fig.*), fingere di non sapere □ *essere duro d'orecchi*, sentirci poco □ *non avere orecchio*, essere stonato.

oréfice s. m. **1** gioielliere **2** orafo **CFR.** cesellatore, battiloro, doratore, argentiere.

oreficerìa s. f. **1** arte dell'orafo **2** (*di negozio*) gioielleria.

òrfano agg.; anche s. m. **1** senza padre, senza madre, senza genitori **2** (*fig.*) abbandonato.

organétto s. m. **1** dim. di **organo 2** organino □ (*pop.*) armonica a bocca □ (*pop.*) fisarmonica.

organicaménte avv. armonicamente, coerentemente **CONTR.** incoerentemente, disorganicamente.

organicità s. f. armonicità, coerenza, connessione **CONTR.** disorganicità.

orgànico A agg. **1** (*di corpo, di struttura*) che ha organi, costituito da organi □ di organi □ (*est.*) del mondo animale, del mondo vegetale **CONTR.** inorganico **2** (*fig.*) armonico, omogeneo, ordinato, regolare, ben equilibrato **CONTR.** disarmonico, sproporzionato **B** s. m. (*di ufficio, di azienda*) personale, impiegati, dipendenti.

organìno s. m. **1** dim. di **organo 2** organetto.

organìsmo s. m. **1** essere vivente □ (*dell'uomo*) corpo **2** congegno, meccanismo **3** (*fig.*) complesso, complessione, struttura, costituzione, organizzazione.

organizzàre A v. tr. ordinare, disporre, preparare, costituire, congegnare, formare, istituire, predisporre **CONTR.** disorganizzare, disordinare, dissestare, scombinare, scompigliare, mettere sottosopra **B organizzarsi** v. rifl. disporsi, predisporsi, prepararsi.

organizzatìvo agg. di organizzare, di organizzazione.

organizzàto part. pass. di **organizzare**; anche agg. e s. m. **1** fornito di organi **2** ordinato, congegnato, formato, predisposto, preparato **CONTR.** disorganizzato, disordinato, scombinato, scompigliato.

organizzatóre s. m.; anche agg. (f. *-trice*) chi organizza, ordinatore, preparatore, iniziatore, promotore **CONTR.** disorganizzatore, demolitore.

organizzazióne s. f. **1** costituzione, formazione, ordinamento, preparazione, disposizione **CONTR.** disorganizzazione **2** complesso organizzato, organismo, associazione, società, ente, corporazione, istituto.

òrgano s. m. **1** (*anat.*) parte □ membro **2** (*est.*) (*di congegno*) parte □ congegno, strumento, macchina **3** (*di attività*) ente, complesso, centro **4** (*fig.*) (*di stampa*) portavoce, interprete □ giornale, periodico **5** (*mus.*) armonium a canne.

orgàsmo s. m. **1** (*di coito*) massima eccitazione **2** (*est.*) agitazione, ansia, eccitazione, sovreccitazione, frenesia, alterazione, commozione, inquietudine, irrequietezza, turbamento **CONTR.** calma, flemma, imperturbabilità, indifferenza, pacatezza, placidezza (*raro*), placidità, quiete, serenità, tranquillità.

òrgia [dal nome delle feste in onore di Bacco] s. f. **1** (*stor.*) baccanale **2** (*est.*) bagordo, crapula, gozzoviglia, stravizio, bisboccia, festino **3** (*fig.*) (*di colori, di suoni, ecc.*) grande quantità, abbondanza, tripudio.

orgóglio s. m. **1** presunzione, superbia, alterigia, albagia, alterezza, arroganza, boria, burbanza, iattanza, insolenza, sicurezza, spocchia, sussiego, tracotanza, vanteria, vanto, millanteria **CONTR.** umiltà, modestia, discrezione, riserbo, semplicità **2** fierezza, amor proprio, dignità **3** onore, gloria, vanto **CONTR.** vergogna, disonore.

orgogliosaménte avv. con orgoglio, superbamente, alteramente, altezzosamente, arrogantemente, burbanzosamente, insolentemente □ fieramente **CONTR.** umilmente, modestamente, discretamente, semplicemente.

orgoglióso agg. **1** presuntuoso, superbo, altero, altezzoso, arrogante, borioso, burbanzoso, insolente, pettoruto, sprezzante, tronfio **CONTR.** umile, modesto, discreto, riservato, semplice **2** fiero, soddisfatto, contento **CONTR.** insoddisfatto, malcontento, scontento.

orientàle A agg. **1** dell'est □ a oriente, a est, levantino (*poet.*) **CONTR.** occidentale, a ovest **2** dell'oriente **CONTR.** occidentale **B** s. m. e f. abitante dei paesi orientali **CONTR.** occidentale.

orientaménto s. m. **1** orientazione **CONTR.** disorientamento **2** (*fig.*) indirizzo, tendenza, avviamento.

orientàre A v. tr. **1** rivolgere a oriente (*raro*) **2** (*secondo i punti cardinali*) disporre, dirigere, orizzontare **CONTR.** disorientare **3** (*fig.*) indirizzare, avviare, dirigere, guidare, instradare **B orientarsi** v. rifl. **1** (*di luogo*) orizzontarsi, ritrovarsi **CONTR.** perdersi, smarrirsi **2** (*fig.*) (*di situazione*) raccapezzarsi **CONTR.** confondersi, perdere la bussola **3** (*fig.*) (*di scelta di studi, di attività, ecc.*) indirizzarsi, avviarsi, scegliere, propendere.

orientatìvo agg. di orientamento.

orientazióne s. f. orientamento.

orïènte s. m. **1** est, levante **CONTR.** ovest, occidente, ponente, occaso (*poet.*) **2** paesi orientali □ Asia.

orifìzio s. m. apertura, buco, foro, meato, pertugio.

originàle A agg. **1** (*raro*) delle origini **2** (*di progetto, di modello, ecc.*) iniziale, primitivo, primigenio (*lett.*) **CONTR.** attuale, odierno **3** (*di scritto, di spartito, ecc.*) proprio dell'autore, di mano dell'autore, di suo pugno, autografo **CONTR.** copiato, imitato, riprodotto **4** (*di prodotto*) autentico, originario, genuino **CONTR.** artefatto, alterato, contraffatto **5** (*di forma*) nuovo, inedito, singolare, straordinario **CONTR.** solito, comune, normale, consueto, ordinario **6** (*di carattere*) strano, bizzarro, stravagante, eccentrico **CONTR.** naturale, normale, semplice **B** s. m. **1** opera originale, modello, autografo **CONTR.** copia, riproduzione, apografo **2** opera fatta apposta **3** lingua originale **C** s. m. e f. persona bizzarra, persona stravagante, eccentrico, anticonformista □ matto **CONTR.** persona equilibrata, persona sensata, conformista.

originalità s. f. **1** (*di opera, di scritto, ecc.*) autenticità **CONTR.** falsità **2** (*di un fatto, di un modello, ecc.*) novità, singolarità **CONTR.** banalità, insulsaggine **3** (*di pensiero*) trovata, pensata, ingegnosità **4** (*di persona*) bizzarria, stranezza, eccentricità, stravaganza **CONTR.** assennatezza, buon senso, ragionevolezza.

originalménte avv. **1** all'origine, in origine, originariamente, dapprima, inizialmente **CONTR.** alla fine, da ultimo **2** con originalità, bizzarramente, stranamente, eccentricamente **CONTR.** banalmente, insulsamente.

originàre A v. tr. dare origine, far nascere, cagionare, causare, generare, produrre, provocare **CONTR.** compiere, concludere, finire, terminare **B** v. intr. e **originarsi** v. intr. pron. essere cagionato, essere determinato, dipendere, derivare, nascere, procedere, provenire, scaturire **CONTR.** concludersi, aver fine, aver termine.

originariaménte avv. in origine, originalmente, anticamente, inizialmente, dapprima **CONTR.** alla fine, da ultimo.

originàrio agg. **1** (*di luogo*) di origine □ nativo, natio, oriundo, derivante **2** (*di natura, di lingua, ecc.*) primitivo, primordiale, iniziale, antico **CONTR.** attuale, moderno, odierno **3** (*di opera, di scritto, ecc.*) autentico, genuino □ autografo **CONTR.** falso, contraffatto □ apocrifo.

orìgine s. f. **1** (*di cosa, di azione*) momento iniziale, fase iniziale, inizio, nascita, principio, punto di partenza, fonte, sorgente, capo **CONTR.** fine, termine, conclusione, punto finale **2** (*di persona, di lingua, ecc.*) provenienza, derivazione, discendenza □ ceppo, stirpe **3** (*di fatto, di questione, ecc.*) causa, cagione, motivo **CONTR.** effetto, conseguenza **FRAS.** *dare origine*, causare □ *origine delle parole*, etimologia.

origliàre v. tr. e intr. ascoltare di nascosto, spiare, orecchiare (*raro*), usciolare (*raro*).

orìna s. f. (*fisiol.*) piscia (*pop.*), piscio (*pop.*), pipì (*inft.*), acqua.

orinàre v. intr. e tr. pisciare (*pop.*), mingere, spandere acqua, fare la pipì (*inft.*).

oriùndo agg.; anche s. m. originario, nativo, derivante.

orizzontàle agg. **1** parallelo (ad un piano) **CONTR.** verticale, perpendicolare, ortogonale **2** (*fig.*) sullo stesso piano, di uguale natura **CONTR.** differente, diverso, altro.

orizzontalménte avv. in senso orizzontale, in posizione orizzontale **CONTR.** verticalmente, perpendicolarmente, ortogonalmente.

orizzontàre A v. tr. disporre (secondo un punto cardinale) □ (*est.*) orientare **B orizzontarsi** v. rifl. **1** (*di luogo*) orientarsi, ritrovarsi **CONTR.** perdersi, smarrirsi **2** (*fig.*) (*di situazione*) raccapezzarsi, raccogliere le idee **CONTR.** confondersi, perdere la bussola.

orizzónte s. m. **1** circolo dell'orizzonte **2** (*fig.*) (*di persona*) idee, ideali, aspirazioni **3** (*fig.*) (*di situazione politica, culturale, ecc.*) quadro, campo, prospettiva **4** (*della scienza*) limite, meta, scopo **FRAS.** *fare un giro d'orizzonte* (*fig.*), esaminare nel suo complesso.

orlàre v. tr. fornire di orlo, bordare, contornare, filettare, listare **CONTR.** sfrangiare.

orlàto part. pass. di **orlare**; anche agg. bordato, contornato, filettato, listato **CONTR.** sfrangiato.

orlatóre s. m. (f. *-trice*) bordatore.

orlatùra s. f. orlo, bordo, filettatura, margine **CONTR.** sfrangiatura.

órlo s. m. **1** (*di strada, di bicchiere, ecc.*) margine, bordo, estremità, cornice, labbro, lembo, limite **2** (*di vestito, di tovaglia, ecc.*) ripiegatura, bordo, bordatura, bordura, balza, contorno, vivagno, cimosa, lisiera.

órma s. f. **1** pesta, pedata, calpestamento (*raro*), vestigio **2** (*fig.*) impronta, segno, traccia □ (*spec. al pl.*) resti, vestigia **FRAS.** *ricalcare le proprie orme*, tornare sui propri passi □ *ricalcare le orme di uno* (*fig.*), seguire il suo esempio.

ormài avv. **1** (*con valore enfatico*) già, adesso **2** (*di conclusione vicina*) quasi, finalmente **3** (*con valore conclusivo*) stando così le cose, giunti a questo punto **4** (*con valore di rassegnazione*) a questo punto, ora, ora purtroppo.

ormeggiàre A v. tr. assicurare alla riva, ancorare, attraccare, dar fondo **CONTR.** disancorare, disormeggiare **B ormeggiarsi** v. intr. pron. ancorarsi **CONTR.** disancorarsi.

orméggio s. m. **1** ancoraggio **2** (*al pl.*) (*di attrezzi*) cavi, catene, gomene.

ornamentàle agg. decorativo, esornativo (*lett.*), ornativo (*raro*), migliorativo **CONTR.** deturpante, peggiorativo.

ornaménto s. m. **1** abbellimento, addobbo, adornamento, agghindamento (*raro*), apparato, arredo, decorazione, fregio, guarnizione, ornamentazione, ornato, paramento, riabbellimento (*raro*) **CONTR.** deturpamento, deturpazione, imbruttimento **2** (*fig.*) dote, pregio.

ornàre A v. tr. **1** rendere bello, abbellire, addobbare, adornare, agghindare, arredare, arricchire, azzimare, corredare, decorare, fregiare, guarnire, parare, pavesare, riabbellire (*raro*), ornamentare (*raro*) □ arabescare, dorare, drappeggiare, frangiare, fiorire, infiorare, ingemmare, ingioiellare, inorpellare (*raro*), istoriare, miniare, tappezzare **CONTR.** deturpare, imbruttire, disabbellire (*lett.*), guastare, sconciare (*raro*) **2** (*fig.*) (*di virtù, di cultura, ecc.*) arricchire, impreziosire **CONTR.** impoverire **B ornarsi** v. rifl. abbellirsi, acconciarsi, abbigliarsi, azzimarsi.

ornàto (1) part. pass. di **ornare**; anche agg. **1** adorno, bello, addobbato, decorato, guarnito, fregiato **CONTR.** deturpato, imbruttito, guastato, sconciato (*raro*) **2** (*di virtù, di cultura, ecc.*) fornito, dotato **CONTR.** privo, sprovvisto **3** (*di stile*) elegante, forbito, terso **CONTR.** sciatto, dimesso, disadorno.

ornàto (2) s. m. ornamento, disegno ornamentale.

òro s. m. **1** (*est.*) moneta aurea **2** (*est.*) denaro, ricchezza **3** (*di colore*) giallo brillante **4** (*spec. al pl.*) oggetti d'oro **FRAS.** *oro nero*, petrolio □ *dare l'oro*, indorare □ *cuore d'oro* (*fig.*), buono e generoso □ *oro colato* (*fig.*), verità sacrosanta □ *a peso d'oro* (*fig.*), a carissimo prezzo □ *nuotare nell'oro* (*fig.*), essere ricchissimo.

orològio s. m. misuratore del tempo, oriolo (*tosc.*) **CFR.** clessidra, meridiana, sveglia, cronometro, cronografo, pendola FRAS. *orologio solare*, meridiana □ *orologio ad acqua* (o *a sabbia*), clessidra □ *come un orologio* (*fig.*), molto preciso; perfettamente.

oròscopo s. m. **1** divinazione, predizione **2** (*est.*) pronostico, previsione.

orpèllo s. m. **1** similoro, oro falso, princisbecco **2** (*fig.*) falsa apparenza, esteriorità, scusa CONTR. realtà, verità **3** (*spec. al pl.*) fronzoli.

orrendaménte avv. orribilmente, orridamente, spaventosamente, terribilmente, atrocemente, crudelmente, mostruosamente CONTR. dolcemente, soavemente, delicatamente.

orrèndo agg. orribile, orrido, spaventoso, terribile, tremendo, terrificante, atroce, crudele, mostruoso, raccapricciante □ (*est.*) bruttissimo CONTR. bellissimo, meraviglioso, affascinante, ammirabile, ammirevole, gentile, grazioso, splendido, rasserenante, piacevole.

orribile agg. orrendo, orrido, spaventoso, terribile, terrificante, tremendo, atroce, crudele, mostruoso, raccapricciante □ (*est.*) bruttissimo, pessimo CONTR. bellissimo, meraviglioso, affascinante, ammirabile, ammirevole, gentile, grazioso, splendido, rasserenante, piacevole.

òrrido A agg. **1** orribile, orrendo, spaventoso, terribile, terrificante, tremendo, atroce, crudele, mostruoso, raccapricciante CONTR. bellissimo, meraviglioso, affascinante, ammirabile, ammirevole, gentile, grazioso, splendido, rasserenante, piacevole **2** (*est.*) (*di suono, di colore, ecc.*) sgradevolissimo, schifoso CONTR. delizioso, gradevolissimo **3** (*di luogo*) selvaggio, pericolosissimo CONTR. ameno **B** s. m. forra, burrone, antro.

orripilànte agg. che fa rizzare i capelli, raccapricciante CONTR. rasserenante, piacevole.

orróre s. m. **1** ribrezzo, ripugnanza, raccapriccio, paura, spavento, terrore, brivido, tremito CONTR. ammirazione, fascino, suggestione **2** cosa brutta, cosa orrenda, cosa orribile, cosa spaventosa □ schifo, schifezza, schifenza (*dial.*), mostruosità, oscenità CONTR. meraviglia **3** (*fig., fam.*) enormità, esagerazione CONTR. inezia, piccolezza.

órsa s. f. **1** femmina dell'orso **2** (*astron.*) Orsa maggiore, gran Carro □ Orsa minore, piccolo Carro.

órso s. m. **1** (*fig.*) persona goffa, persona sgraziata **2** misantropo, scontroso, selvatico, burbero CONTR. persona socievole, cordialone FRAS. *orso del bambù*, panda gigante.

orsù inter. suvvia!, animo!

ortàggio s. m. erbaggio, ortaglia (*raro*), verdure, erbe.

ortìca s. f. FRAS. *ortica bianca*, ramiè □ *gettare la tonaca alle ortiche* (*fig.*), spretarsi.

orticoltóre s. m. ortolano.

òrto s. m. verziere (*lett.*) □ pometo, frutteto, giardino, pomario.

ortodossìa s. f. **1** (*relig.*) retta credenza, retta dottrina □ fede CONTR. eterodossia, eresia **2** (*est.*) (*a idee, a principi*) stretta osservanza, stretta adesione CONTR. eresia.

ortodòsso A agg. **1** (*relig., anche est.*) osservante, credente, fedele CONTR. eterodosso, eretico **2** greco-scismatico **B** s. m. **1** (*relig.*) cristiano greco-scismatico **2** (*est.*) (*a idee, a principi*) fedele seguace CONTR. eretico.

ortogonàle agg. (*mat.*) perpendicolare, verticale, a piombo, normale CONTR. orizzontale, parallelo.

ortogonalità s. f. (*mat.*) perpendicolarità, verticalità, normalità CONTR. orizzontalità, parallelismo.

ortogonalménte avv. perpendicolarmente, verticalmente, normalmente CONTR. orizzontalmente, parallelamente.

ortografìa s. f. **1** (*ling.*) scrittura corretta, giusta scrittura **2** modo di scrivere, scrittura.

ortogràfico agg. di ortografia.

ortolàno A s. m. **1** orticoltore **2** erbaiolo **B** agg. ortivo, ortense (*raro*).

òrza s. f. (*mar.*) (*di nave*) fianco sopravvento CONTR. poggia.

osànna A inter. (*raro*) evviva!, gloria! CONTR. crucifige! **B** in funzione di s. m. inv. grido di esultanza, grido di gioia, applauso CONTR. esecrazione.

osàre A v. tr. ardire, arrischiare, azzardare CONTR. temere **B** v. intr. arrischiarsi, attentarsi, azzardarsi, avere il coraggio, avere l'audacia, avere il cuore, avere il fegato, avere la faccia tosta CONTR. esitare, peritarsi, titubare, aver paura.

òscar [da *Oscar*, il nome dello zio del segretario dell'Accademia, scambiato con l'uomo che portava la statuetta data in premio] s. m. inv. **1** (*fig.*) primo premio **2** opera eccezionale, persona eccezionale.

oscenità s. f. **1** indecenza, impudicizia, impurità, dissolutezza, lascivia, licenziosità, lubricità (*raro*), scurrilità, schifosità, sconcezza, spudoratezza, svergognatezza, turpitudine, bruttura, disonestà, pornografia CONTR. decenza, pudicizia, verecondia, moralità, onestà, purezza, pudore, virtù **2** (*di azione, di cosa*) indecenza, scandalo, vergogna, orrore CONTR. cosa bellissima, capolavoro.

oscèno agg. **1** indecente, impudico, impuro, dissoluto, lascivo, lubrico (*lett.*), scurrile, schifoso, sconcio, spudorato, scostumato, scandaloso, svergognato, sozzo, sporco, sudicio, turpe, brutto, disonesto, pornografico CONTR. decente, decoroso, castigato, costumato, pudico, verecondo, onesto, puro, virtuoso **2** (*di azione, di cosa*) bruttissimo, ripugnante, deforme, vergognoso, scandaloso, orribile CONTR. bellissimo, straordinario.

oscillànte part. pres. di **oscillare**; anche agg. **1** (*di cosa*) dondolante, ciondolante, fluttuante, ondeggiante, tremolante **CONTR.** fermo, fisso, immobile, immoto, rigido, stabile **2** (*fig.*) (*di persona*) tentennante, dubbioso, incerto **CONTR.** deciso, determinato, risoluto, sicuro.

oscillàre v. intr. **1** (*di cosa*) dondolare, ciondolare, fluttuare, ondeggiare, tremolare, vibrare, barcollare, pencolare, vacillare □ beccheggiare, rollare **CONTR.** essere fisso, stare fermo, stare immobile, essere saldo, essere stabile **2** (*di prezzo, di valore, ecc.*) variare **CONTR.** stabilizzarsi **3** (*fig.*) (*di persona*) dubitare, tentennare, esitare, essere indeciso, essere incerto **CONTR.** agire risolutamente, decidersi, determinarsi, risolversi.

oscillazióne s. f. **1** dondolamento, dondolio, ciondolamento, fluttuazione, ondeggiamento, tremolio, vibrazione, vibramento (*raro*), vacillamento, vacillazione (*raro*), barcollamento □ beccheggio, rollio **CONTR.** fissità, immobilità, saldezza, stabilità **2** (*di prezzo, di valore, ecc.*) variazione **CONTR.** invariabilità.

oscuraménte avv. con oscurità, ambiguamente, misteriosamente, enigmaticamente, confusamente **CONTR.** chiaramente.

oscuraménto s. m. adombramento, offuscamento, ottenebramento, ottenebrazione (*raro*), oscurazione (*raro*), appannamento, annebbiamento, annerimento, buio **CONTR.** illuminazione, rischiaramento.

oscurantìsmo s. m. **1 CONTR.** illuminismo **2** (*spreg.*) reazione, conservazione **CONTR.** progressismo.

oscurantìsta s. m. e f.; anche agg. reazionario, conservatore **CONTR.** progressista.

oscuràre A v. tr. **1** adombrare, offuscare, ottenebrare, appannare, annebbiare, abbuiare, ombrare, annerire, scurire, affumicare, intorbidare, eclissare, coprire **CONTR.** illuminare, rischiarare, schiarire **2** (*fig.*) (*di fama, di gloria, ecc.*) eclissare, far impallidire □ denigrare, diffamare **CONTR.** esaltare, lodare, vantare, portare alle stelle **B oscurarsi** v. intr. pron. e (*lett.*) intr. **1** (*di cielo, di sole, ecc.*) divenire oscuro **CONTR.** schiarirsi **2** (*fig.*) (*di persona*) rannuvolarsi, abbuiarsi, accigliarsi **CONTR.** rasserenarsi, allietarsi, sorridere.

oscurità s. f. **1** assenza di luce, buio, tenebre, tenebrore (*poet.*), caligine, ombra, foschia, nebbia, notte, torbidezza, torbidità (*raro*) **CONTR.** chiarore, luce, illuminazione, luminosità, splendore **2** (*fig.*) (*di mente, di vista*) ottenebramento **3** (*fig.*) (*di pensiero, di discorso, ecc.*) mancanza di chiarezza, inintelligibilità, astrusità, incomprensibilità, ambiguità, confusione **CONTR.** chiarezza, intelligibilità, comprensibilità, nitidezza, perspicuità, semplicità **4** (*fig.*) ignoranza □ mancanza di notizie **CONTR.** conoscenza □ informazione **5** (*fig.*) mancanza di fama, mancanza di notorietà, anonimato **CONTR.** fama, notorietà.

oscùro A agg. **1** privo di luce, non illuminato, poco illuminato, buio, fosco, nero, scuro, tenebroso, tetro, atro (*lett.*), caliginoso, cupo, annebbiato, nebbioso, appannato, ombroso, torbido **CONTR.** chiaro, luminoso, splendido, splendente, lucente, illuminato **2** (*di corpo*) opaco **CONTR.** trasparente **3** (*di colore*) carico, scuro **CONTR.** tenue, sfumato **4** (*fig.*) (*di pensiero, di discorso, ecc.*) astruso, incomprensibile, enigmatico, misterioso, ambiguo, confuso, intricato **CONTR.** comprensibile, chiaro, evidente, manifesto, nitido, perspicuo, semplice **5** (*fig.*) (*di persona, di vita, ecc.*) privo di notorietà, ignoto, sconosciuto, anonimo **CONTR.** notorio, conosciuto **6** (*fig.*) (*di espressione, di fatto*) bieco, fosco, triste **CONTR.** gaio, lieto, sereno **B** s. m. solo sing. **1** buio **CONTR.** luce **2** (*fig.*) ignoranza **CONTR.** conoscenza.

osé /fr. o'ze/ [vc. fr., propriamente 'osato'] agg. inv. (*di discorso, di vestito, ecc.*) scandalistico, scandaloso, spinto, ardito, audace **CONTR.** castigato, edificante.

ospedàle s. m. nosocomio, spedale (*tosc.*), clinica, policlinico, casa di cura, casa di salute **CFR.** sanatorio, astanteria, pronto soccorso, infermeria, frenocomio, manicomio, dispensario, maternità.

ospedalièro A agg. dell'ospedale, degli ospedali **B** s. m. dipendente di ospedale, medico di ospedale, infermiere di ospedale.

ospitàle agg. **1** (*di persona*) che ospita cordialmente, cortese, cordiale, gentile **CONTR.** scortese, sgarbato **2** (*di luogo*) accogliente, sereno **CONTR.** inospitale, inabitabile **FRAS.** *casa ospitale*, casa d'appuntamenti.

ospitalità s. f. **1** buona accoglienza □ cordialità, generosità, liberalità □ accoglienza **CONTR.** scortesia, sgarbatezza **2** alloggio.

ospitàre v. tr. dare ospitalità, accogliere, alloggiare, albergare, ricevere.

òspite s. m. e f. **1** ospitante, alloggiatore, albergatore □ anfitrione **2** persona ospitata, forestiero, straniero.

ospìzio s. m. **1** ricovero, casa di riposo □ orfanotrofio, brefotrofio, gerontocomio **2** (*fig.*) asilo, rifugio **3** (*lett.*) dimora, alloggio.

ossatùra s. f. **1** (*anat.*) (*di corpo*) ossa, scheletro, carcassa **CONTR.** carne, muscolatura **2** (*fig.*) (*di costruzione, di apparecchio, ecc.*) struttura, intelaiatura, telaio, castello, sostegno **3** (*fig.*) (*di opera letteraria o artistica*) orditura.

òsseo agg. **1** di osso, dell'osso **2** simile a osso, duro come l'osso.

ossequiàre v. tr. rendere ossequio, rendere omaggio, onorare, riverire, complimentare **CONTR.** disprezzare, umiliare.

ossèquio s. m. **1** rispetto, deferenza, onore, osservanza, omaggio, riverenza, ubbidienza **CONTR.** disprezzo, disdegno, sgarbatezza, superbia **2** (*spec. al pl.*) (*nei saluti*) omaggi, complimenti, deferente saluto.

ossequióso agg. deferente, rispettoso, riverente, ossequente, cerimonioso, complimentoso, ufficioso **CONTR.** altero, sgarbato, sprezzante, irriverente.
osservàbile agg. visibile, controllabile **CONTR.** invisibile, incontrollabile.
osservànte A part. pres. di **osservare**; anche agg. rispettoso, ubbidiente **CONTR.** inosservante, inadempiente, disubbidiente **B** s. m. e f. **1** (*di fede, di idee*) praticante, ortodosso, credente **CONTR.** eretico, miscredente **2** (*al pl.*) frati minori francescani.
osservànza s. f. **1** adempimento, ubbidienza, deferenza □ pratica **CONTR.** inosservanza, inadempienza, disubbidienza **2** ossequio, rispetto **FRAS.** *di stretta osservanza*, del tutto conforme.
osservàre v. tr. **1** guardare attentamente, guardare, considerare, esaminare, esplorare, investigare, notare, ponderare, badare, scandagliare, scrutare, squadrare, spiare **CONTR.** guardare di sfuggita, guardare distrattamente, guardare superficialmente, dare un'occhiata **2** obiettare, rilevare, ridire **CONTR.** approvare **3** (*di ordine, di disciplina, ecc.*) curare attentamente, mantenere **CONTR.** trascurare **4** (*di precetti, di legge, ecc.*) adempiere, rispettare, non trasgredire, ubbidire **CONTR.** venir meno, trasgredire, violare, disubbidire.
osservatóre A agg. (f. *-trice*) **1** che osserva, scrutatore, indagatore, investigatore **2** (*a convegni, a congressi, ecc.*) partecipante □ delegato, inviato **B** s. m. chi osserva.
osservatòrio s. m. specola □ belvedere, terrazzo.
osservazióne s. f. **1** (*di cose, di fenomeni, ecc.*) considerazione, contemplazione, esame, esplorazione, indagine, ispezione, ricerca, studio, rilievo, disamina (*raro*) **2** (*su qualcuno o qualcosa*) rilievo, critica, giudizio, obiezione, riflessione **3** (*a persone*) ammonimento, rimprovero, riprensione (*lett.*) **CONTR.** elogio, encomio, lode.
ossessionànte part. pres. di **ossessionare**; anche agg. ossessivo, assillante, opprimente, tormentoso □ fastidioso, molesto, importuno **CONTR.** che dà sollievo, tranquillante, calmante.
ossessionàre v. tr. tormentare, assillare, opprimere, perseguitare □ (*est.*) infastidire, molestare, importunare **CONTR.** sollevare, tranquillizzare, calmare.
ossessióne s. f. **1** (*da demonio*) invasamento, possessione **2** (*fig.*) fissazione, assillo, tormento, angoscia, ansia, incubo, mania □ paranoia, psicosi.
ossessìvo agg. ossessionante, assillante, opprimente, tormentoso, maniacale.
ossèsso agg.; anche s. m. **1** invasato dal demonio, posseduto, indemoniato, indiavolato, spiritato, energumeno **2** (*fig.*) infuriato, furibondo, furioso, fuori di sé **CONTR.** calmo, flemmatico, pacifico, placido, quieto, sereno, tranquillo.
ossìa cong. o, oppure, ovvero, cioè, o per meglio dire, o per maggior chiarezza □ o meglio.
ossidàbile agg. **CONTR.** inossidabile.
ossidàre A v. tr. combinare con l'ossigeno □ arrugginire **CONTR.** disossidare **B ossidarsi** v. intr. pron. combinarsi con l'ossigeno □ arrugginirsi.
ossidàto part. pass. di **ossidare**; anche agg. combinato con l'ossigeno □ arrugginito.
ossidazióne s. f. combinazione con l'ossigeno □ ruggine.
òssido s. m. (*chim.*) composto di un metallo con l'ossigeno □ ruggine.
ossigenàre v. tr. **1** trattare con ossigeno, arricchire di ossigeno **2** (*di capelli*) decolorare **3** (*fig.*) (*di attività, di azienda*) incrementare, aiutare.
ossigenàto part. pass. di **ossigenare**; anche agg. **1** (*di capelli*) decolorato **2** (*di acqua*) arricchito di ossigeno.
ossìgeno s. m. (*fig.*) aiuto, soldi, finanziamento.
òsso s. m. **1** (*spec. al pl.*) (*di cadavere*) resti **2** (*di frutto*) nocciolo **FRAS.** *avere le ossa rotte* (*fig.*), essere stanchissimo □ *essere di carne e d'ossa* (*fig.*), essere soggetto a sbagliare □ *in carne e ossa*, di persona □ *rimetterci l'osso del collo* (*fig.*), rovinarsi □ *farci l'osso* (*fig.*), abituarsi □ *ridurre all'osso* (*fig.*), ridurre al minimo □ *osso duro* (*fig.*), ostacolo molto difficile.
ostacolàre v. tr. essere di ostacolo, impedire, intralciare, intercettare, imbarazzare, inceppare, inibire, opporsi, ostare (*raro*), ostruire, precludere, proibire, sbarrare, vietare, arginare, arrestare, attraversare, contrariare, contrastare, fermare **CONTR.** lasciare libero, dare agio, aiutare, agevolare, facilitare, favorire.
ostàcolo s. m. impedimento, inciampo, intralcio, incaglio, ingombro, intoppo, impaccio, argine, barriera, muraglia, pastoia, scoglio, contrarietà, difficoltà, inconveniente, opposizione **CONTR.** agio, aiuto, facilità, facilitazione, libertà, opportunità.
ostàggio s. m. (*est.*) prigioniero.
òste s. m. gestore di osteria, taverniere, bettoliere, cantiniere, vinaio, vinattiere (*raro*) □ albergatore, locandiere, trattore.
osteggiàre v. tr. avversare, contrastare, combattere, contrariare, oppugnare (*lett.*) **CONTR.** aiutare, favorire, incoraggiare, appoggiare, secondare, sostenere.
ostentàre v. tr. mostrare con affettazione, far mostra, far pompa, affettare, vantare, simulare, fingere **CONTR.** celare, nascondere, occultare □ essere modesto, essere umile.
ostentataménte avv. con ostentazione, sfacciatamente, affettatamente **CONTR.** celatamen-

te, nascostamente □ umilmente.

ostentàto part. pass. di **ostentare**; anche agg. esagerato, affettato, sbandierato □ finto, simulato CONTR. celato, nascosto □ umile, modesto.

ostentazióne s. f. ostentamento, affettazione, mostra, sfoggio, vanteria, vanto, pompa, esagerazione, grandigia, iattanza, millanteria, prosopopea, superbia, vanagloria CONTR. modestia, riserbo, riservatezza, ritegno, ritrosia, semplicità, umiltà.

osterìa s. f. bettola, taverna, bottiglieria, fiaschetteria, canova, cantina, mescita, gargotta.

ostètrica s. f. levatrice, mammana (*dial.*), comare (*ant.*).

ostetrìcia s. f. (*est.*) ginecologia.

ostètrico **A** agg. (*est.*) ginecologico **B** s. m. (*est.*) ginecologo.

òstia **A** s. f. **1** (*lett.*) vittima sacrificale **2** (*relig.*) particola, specie (*lett.*) □ viatico **3** cialda, capsula, cachet (*fr.*) **B** in funzione di inter. **1** (*volg.*) (*di meraviglia*) ma no! **2** (*di disappunto*) porca miseria!

òstico agg. **1** (*lett.*) (*di sapore, di gusto, ecc.*) ripugnante, sgradevole CONTR. gradevole, buono, gustoso **2** (*fig.*) (*di persona, di discorso, ecc.*) difficile, complicato, duro, ingrato, spiacevole, sgradito, insopportabile, intollerabile CONTR. gradito, grato, piacevole, accetto, amabile, sopportabile, tollerabile.

ostìle agg. **1** nemico, avversario CONTR. alleato **2** avverso, contrario, maldisposto, sfavorevole CONTR. amico, amichevole, benevolo, favorevole, propizio.

ostilità s. f. **1** avversione, inimicizia, malanimo, animosità, contrarietà CONTR. amicizia, benevolenza, benignità, favore **2** (*spec. al pl.*) fatti d'arme, azioni belliche □ (*est.*) guerra.

ostilménte avv. con ostilità, con malevolenza CONTR. amichevolmente, benevolmente, benignamente, favorevolmente.

ostinàrsi v. intr. pron. impuntarsi, intestardirsi, intestarsi, incaparsi (*ant.*, *tosc.*), incaponirsi, incocciarsi (*tosc.*), insistere, persistere, fissarsi, piccarsi, inzuccarsi, puntare i piedi, cozzare col muro, fare il mulo CONTR. arrendersi, cedere, piegarsi, accondiscendere, condiscendere, lasciar perdere.

ostinataménte avv. caparbiamente, testardamente, cocciutamente, pervicacemente (*lett.*), irriducibilmente CONTR. docilmente, mansuetamente, remissivamente, arrendevolmente.

ostinatézza s. f. ostinazione, caparbietà, caponaggine, caponeria (*raro*), cocciutaggine, pervicacia (*lett.*), pertinacia, testardaggine, accanimento, inflessibilità, insistenza, irremovibilità, persistenza □ costanza, fermezza, perseveranza, tenacia CONTR. arrendevolezza, condiscendenza, docilità, mansuetudine, remissività, sottomissione □ incostanza, volubilità.

ostinàto agg. **1** (*di persona*) caparbio, cocciuto, incaponito, incocciato (*tosc.*), intestato, incrollabile, inflessibile, irremovibile, irriducibile, pervicace (*lett.*), restio, testardo □ costante, fermo, perseverante, tenace CONTR. arrendevole, condiscendente, docile, mansueto, remissivo, sottomesso **2** (*di resistenza, di silenzio, ecc.*) duro, tenace, resistente, forte, accanito, indomito CONTR. debole, fiacco, fragile.

ostinazióne s. f. ostinatezza, caparbietà, caponaggine, caponeria (*raro*), cocciutaggine, pervicacia (*lett.*), pertinacia, testardaggine, accanimento, inflessibilità, insistenza, irremovibilità, persistenza □ costanza, fermezza, perseveranza, tenacia CONTR. arrendevolezza, condiscendenza, docilità, mansuetudine, remissività, sottomissione □ incostanza, volubilità.

ostracìsmo [dal greco *óstrakon* 'coccio', sul quale gli Ateniesi scrivevano il nome del cittadino che volevano mandare in esilio] s. m. **1** esilio, espulsione, bando **2** (*est.*) (*da un ambiente*) esclusione, allontanamento FRAS. *dare l'ostracismo* (*anche fig.*), mettere al bando, esiliare, allontanare, espellere.

òstrica s. f. **1** (*zool.*, *est.*) poveraccia, vongola **2** (*fig.*, *volg.*) sputo catarroso, scaracchio (*pop.*) FRAS. *ostrica perlifera*, meleagrina.

ostricoltóre s. m. allevatore di ostriche, ostricaio, ostricaro (*dial.*).

ostruìre v. tr. chiudere, occludere, otturare, tappare, turare, intasare, ingorgare, impedire, oppilare (*lett.*), sbarrare, serrare CONTR. aprire, schiudere, disoppilare (*raro*), sgorgare, stasare, sturare, liberare.

ostruzióne s. f. occlusione, chiusura, otturazione, ingorgo, intasamento, oppilazione (*raro*), otturamento, arresto, ristagno, imbarazzo, impedimento CONTR. apertura, schiusura, stasamento, sgorgamento (*raro*), liberazione.

ostruzionìsmo s. m. intralcio, ostacolo □ (*est.*, *polit.*) boicottaggio, filibustering (*ingl.*), sabotaggio CONTR. accordo, collaborazione, appoggio, favore, sostegno.

ostruzionìsta s. m. e f. chi fa ostruzionismo, boicottatore, oppositore, sabotatore CONTR. collaboratore, favoreggiatore, sostenitore.

ostruzionìstico agg. di ostruzionismo, di impedimento, di boicottaggio CONTR. di appoggio, favorevole, collaborazionista.

otorinolaringoiàtra s. m. e f. specialista in otorinolaringoiatria, medico dell'udito, del naso e della gola.

ótre s. m. **1** recipiente di pelle, ghirba **2** (*fig.*) pancia **3** (*fig.*) beone.

ottantènne agg.; anche s. m. e f. di ottant'anni; ottuagenario.

ottantèsimo **A** agg. num. ord. ottagesimo (*raro*, *lett.*) **B** s. m. ottantesima parte.

ottantìna s. f. **1** circa ottanta **2** (*di età*) ottant'anni.

ottatìvo s. m. (*ling.*) desiderativo.

ottàva s. f. **1** (*mus.*) ottavo suono, intervallo

di otto gradi **2** (*letter.*) stanza di otto endecasillabi **3** (*econ.*) settimana.

ottemperànza s. f. obbedienza, ubbidienza, ossequio, sottomissione **CONTR.** disubbidienza, renitenza, deroga.

ottemperàre v. intr. ubbidire, conformarsi, uniformarsi, adempiere, eseguire, assecondare **CONTR.** disobbedire, contravvenire, ribellarsi, trasgredire.

ottenebràre **A** v. tr. **1** offuscare, oscurare, abbuiare, adombrare, annebbiare **CONTR.** illuminare, rischiarare, schiarire **2** (*fig.*) (*di mente*) confondere, offuscare, turbare **CONTR.** rasserenare **B** **ottenebrarsi** v. intr. pron. (*anche fig.*) oscurarsi, offuscarsi **CONTR.** illuminarsi, rischiararsi.

ottenére v. tr. **1** (*di scopo*) riuscire ad avere, conseguire, guadagnare, acquistare, raggiungere, riportare, riscuotere, avere, impetrare, prendere, conquistare, procurarsi, procacciarsi, accaparrarsi **CONTR.** perdere, rimettere, smarrire, scapitare, fallire **2** (*di prodotto, di numero*) ricavare, estrarre.

ottenìbile agg. conseguibile, raggiungibile, acquistabile, impetrabile (*raro*), facile, possibile, a portata di mano **CONTR.** inconseguibile, irraggiungibile, difficile, impossibile.

òttica s. f. **1** scienza dei fenomeni luminosi **2** (*fig.*) modo di vedere, punto di vista, prospettiva.

òttico **A** agg. **1** della vista **2** dell'ottica **B** s. m. occhialaio.

ottimàle agg. ottimo, migliore, più favorevole **CONTR.** pessimo, peggiore.

ottimaménte avv. molto bene, benissimo, eccellentemente, meravigliosamente, nel migliore dei modi □ perfettamente **CONTR.** pessimamente, malissimo.

ottimìsmo s. m. **CONTR.** pessimismo.

ottimìsta **A** s. m. e f. **CONTR.** pessimista **B** agg. ottimistico **CONTR.** pessimistico.

ottimisticaménte avv. in modo ottimistico, da ottimista, con ottimismo **CONTR.** pessimisticamente.

ottimìstico agg. ottimista, di ottimismo **CONTR.** pessimistico.

òttimo **A** agg. **1** molto buono, buonissimo, eccellente, eccelso, magnifico, migliore **CONTR.** pessimo, cattivissimo **2** bellissimo **CONTR.** bruttissimo **B** s. m. solo sing. meglio.

òtto s. m. inv. (*fig.*) percorso a forma di otto **FRAS.** *oggi a otto*, tra una settimana □ *in quattro e quattr'otto* (*fig.*), in brevissimo tempo, subito.

ottocentésco agg. **1** del diciannovesimo secolo, del secolo decimonono **2** (*fig.*) reazionario, conservatore **CONTR.** innovatore, progressista.

ottocentista s. m. e f. **1** scrittore dell'Ottocento, artista dell'Ottocento **2** studioso dell'Ottocento **3** atleta degli 800 metri piani.

ottocènto **A** agg. num. card. inv. otto centinaia **B** s. m. inv. **1** diciannovesimo secolo, secolo decimonono **2** (*al pl.*) (*di corsa*) ottocento metri piani.

ottomàna s. f. divano, sofà, canapè, turca, sultana.

ottomàno agg.; anche s. m. turco.

ottóne s. m. **1** lega di rame e zinco **2** (*al pl.*) (*mus.*) strumenti a fiato di ottone **CFR.** corno, tromba, trombone, cornetta, tuba.

ottuagenàrio agg.; anche s. m. ottantenne.

otturàre **A** v. tr. turare, chiudere, ostruire, occludere, tappare, ingorgare, intasare, impedire, oppilare (*lett.*), sbarrare, serrare **CONTR.** aprire, schiudere, disoppilare (*raro*), sgorgare, stasare, sturare, liberare **B** **otturarsi** v. intr. pron. chiudersi, intasarsi, ingorgarsi, tapparsi **CONTR.** aprirsi, sgorgarsi, stasarsi, sturarsi.

otturazióne s. f. otturamento, ostruzione, occlusione, chiusura, ingorgo, intasamento, oppilazione (*raro*), arresto, ristagno, imbarazzo, impedimento **CONTR.** apertura, schiusura, stasamento, sgorgamento (*raro*), liberazione.

ottusaménte avv. in modo ottuso, stupidamente, scioccamente, grossolanamente **CONTR.** acutamente, sagacemente, sottilmente.

ottusità s. f. (*fig.*) (*di mente*) mancanza di acume, torpidezza, torpidità, idiozia, stupidità, grossolanità, materialità **CONTR.** acume, acutezza, perspicacia, sottigliezza, intelligenza, sagacia **FRAS.** *ottusità d'orecchio*, durezza d'orecchio, sordità.

ottùso agg. **1** (*di cosa*) senza punta, senza taglio, smussato, spuntato **CONTR.** acuto, aguzzo, appuntito, tagliente **2** (*fig.*) (*di persona*) poco perspicace, lento, corto di mente, tardo, stupido, ebete, torpido **CONTR.** acuto, fine, perspicace, penetrante, sagace, sveglio, intelligente **3** (*fig.*) (*di suono*) sordo, oscuro **CONTR.** chiaro, limpido **4** (*mat.*) (*di angolo*) maggiore del retto, minore del piatto **CFR.** retto, piatto, acuto.

out /*ingl.* 'aut/ [vc. ingl., propriamente 'fuori'] **A** avv. e agg. inv. (*di persona, di moda*) superato, sorpassato, fuori moda **CONTR.** in (*ingl.*), aggiornato, alla moda, up to date (*ingl.*) **B** s. m. inv. (*nel pugilato*) fuori combattimento.

output /*ingl.* 'autput/ [vc. ingl., propriamente 'produzione, rendimento', comp. di *out* 'fuori' e *to put* 'mettere, calcolare'] s. m. inv. **1** (*elab.*) elemento finale **CONTR.** input (*ingl.*) **2** estrazione dei dati **CONTR.** input (*ingl.*).

ouverture /*fr.* uvɛr'tyr/ [vc. fr., propriamente 'apertura'] s. f. inv. (*mus.*) apertura, introduzione, preludio, prologo.

ovàle **A** agg. (*di forma*) simile a uovo, ovulare, ovato (*raro*), ellittico **B** s. m. **1** ellissi **2** conformazione del viso **FRAS.** *palla ovale*, rugby (*ingl.*).

ovàtta s. f. cotone per imbottire, cotone in falde, bambagia □ cotone idrofilo **FRAS.** *nell'ovatta* (*fig.*), con ogni riguardo.

ovattàto agg. (*fig.*) (*di rumore, di passo, ecc.*) attutito, attenuato, smorzato **CONTR.** accresciuto, aumentato, rafforzato.

ovazióne s. f. **1** (*stor.*) (*nell'antica Roma*) trionfo minore **2** (*est.*) festosa accoglienza, acclamazione, applausi **CONTR.** disapprovazione, fischi.

óve A avv. **1** (*lett.*) dove **2** (*lett.*) dovunque **B** cong. **1** (*lett.*) se mai, nel caso che, qualora **2** (*lett.*) mentre, invece.

overdose /*ingl.* 'ouvədous/ [vc. ingl., da *over* 'sopra' e *dose* 'dose'] s. f. inv. (*di droga*) dose eccessiva, iperdosaggio.

òvest s. m. occidente, ponente, tramonto, occaso (*poet.*) **CONTR.** est, oriente, levante, orto (*poet.*).

ovìno A agg. di pecora, pecorino **B** s. m. capra, pecora.

ovoidàle agg. ovoide, ovale, ovulare.

òvulo s. m. (*anat.*) cellula uovo.

ovvéro cong. **1** ossia, ovverosia (*raro*), cioè **2** oppure.

ovvìa inter. orsù!, forza!, coraggio!

ovviaménte avv. evidentemente, logicamente, naturalmente, comprensibilmente **CONTR.** assurdamente, difficilmente.

ovviàre v. intr. porre rimedio, rimediare, riparare, opporsi, impedire **CONTR.** favorire, permettere, sopportare, tollerare.

ovvietà s. f. evidenza, logica, naturalezza, regolarità, semplicità, facilità, frequenza **CONTR.** difficoltà, rarità, illogicità, assurdità, incomprensibilità.

òvvio agg. evidente, logico, comprensibile, normale, naturale, ordinario, regolare, semplice, facile, comune, frequente **CONTR.** difficile, raro, illogico, assurdo, incomprensibile, ricercato, straordinario.

oziàre v. intr. stare in ozio, bighellonare, ciondolare, gingillarsi, impigrire, ozieggiare (*raro*), poltrire, poltroneggiare (*raro*), stare con le mani in mano, stare in panciolle, battere la fiacca, darsi bel tempo, far l'arte di Michelaccio **CONTR.** lavorare, affannarsi, arrabattarsi, operare, agire, fare, affaticarsi.

òzio s. m. **1** inattività, inazione, inerzia, inoperosità, neghittosità, oziosaggine, oziosità, pigrizia, infingardaggine, poltronaggine, poltroneria, scioperataggine, scioperatezza, fannullaggine (*raro*) **CONTR.** alacrità, attività, dinamismo, laboriosità, operosità, solerzia, sollecitudine, zelo **2** tempo libero, riposo.

oziosaménte avv. **1** pigramente, neghittosamente **CONTR.** attivamente, alacremente, laboriosamente, operosamente **2** inutilmente **CONTR.** utilmente.

ozióso agg. **1** (*di persona*) inattivo, inerte, inoperoso, infingardo, pigro, poltrone, scioperato, sfaccendato, fannullone, bighellone, ciondolone, gingillone, perdigiorno, scaldapanche, scansafatiche, pelandrone, vagabondo **CONTR.** alacre, attivo, dinamico, laborioso, operoso, solerte, sollecito, zelante **2** (*di vita*) inoperoso, pigro **CONTR.** operoso, dinamico **3** (*di discorso, di ragionamento, ecc.*) vano, inutile, disutile, superfluo **CONTR.** necessario, indispensabile, essenziale, utile.

p, P

pa' s. m. (*dial.*) papà (*fam.*), babbo (*fam.*).
pacataménte avv. con calma, tranquillamente, serenamente, pacificamente, quietamente **CONTR.** agitatamente, nervosamente, rabbiosamente.
pacatézza s. f. tranquillità, calma, serenità, quiete, flemma, placidezza, distensione, placidità, posatezza **CONTR.** furia, irascibilità, frenesia, foga, irrequietezza, tensione.
pacàto agg. calmo, tranquillo, sereno, posato, equilibrato, disteso, pacifico, quieto, flemmatico **CONTR.** irrequieto, agitato, irritabile, inquieto, irascibile, turbolento, rabbioso.
pàcca s. f. **1** colpo, manata **2** schiaffo, botta, percossa **3** (*fig.*, *fam.*) danno, umiliazione **CONTR.** fortuna, vantaggio, trionfo.
pacchétto s. m. **1** dim. di **pacco** **2** involto, involtino **3** (*di proposte, di soluzioni, ecc.*) insieme, blocco.
pacchiàno agg. vistoso, volgare, pretenzioso, grossolano, rozzo, kitsch (*ted.*) **CONTR.** elegante, raffinato, fine, chic (*fr.*).
pàcco s. m. involto, involucro, collo, plico, cartoccio □ corredo.
paccottìglia s. f. cianfrusaglia, raccattaticcio (*raro, pop.*), scarto, robaccia, robetta.
pàce s. f. **1** tregua, armistizio **CONTR.** conflitto, lotta, guerra **2** pacificazione, rappacificazione, conciliazione, accomodamento **CONTR.** discordia, contrasto, urto, lite, screzio **3** concordia, accordo, unione, serenità, armonia, intesa **CONTR.** discordia, attrito, disaccordo, dissidio, disunione, antagonismo, incompatibilità **4** (*di spirito, di sensi, ecc.*) quiete, calma, riposo, silenzio, tranquillità, pacatezza, serenità, requie **CONTR.** chiasso, scompiglio, disordine, confusione, trambusto **5** (*lett.*) felicità, beatitudine **CONTR.** infelicità, tribolazione **FRAS.** *lasciare in pace*, non disturbare □ *darsi pace*, rassegnarsi □ *non dare pace*, perseguitare, assillare.
pace-maker /*ingl.* 'peismeikə/ [vc. ingl., propr. 'chi fa il passo', comp. di *pace* 'passo' e *maker* 'che fa'] loc. sost. m. inv. stimolatore cardiaco.
pacière s. m. pacificatore, conciliatore, intermediario **CONTR.** sobillatore, agitatore, provocatore, istigatore.
pacificaménte avv. **1** tranquillamente, serenamente, placidamente, bonariamente, quietamente **CONTR.** nervosamente, inquietamente, litigiosamente, irosamente **2** (*fig.*) ovviamente, evidentemente, indiscutibilmente **CONTR.** discutibilmente, opinabilmente.
pacificàre **A** v. tr. **1** (*di persona*) riconciliare, conciliare, amicare **CONTR.** inimicare, fare litigare **2** (*di animo*) conciliare, placare, quietare, calmare, sedare, addolcire, rabbonire, acquietare **CONTR.** irritare, eccitare, fomentare, aizzare, pungolare **B** **pacificarsi** v. rifl. rec. riconciliarsi, rappacificarsi, rappattumarsi, accomodarsi **CONTR.** pungolarsi, litigare **C** v. intr. pron. **1** trovare pace **2** fare pace **CONTR.** inimicarsi.
pacificazióne s. f. conciliazione, rappacificamento, rappacificazione, accordo, accomodamento, riconciliazione **CONTR.** contrasto, ostilità, provocazione, disaccordo.
pacìfico agg. **1** placido, calmo, tranquillo, sereno, quieto, remissivo, mite, pacato, mansueto, bonario, flemmatico, pacioso **CONTR.** litigioso, irascibile, inquieto, irrequieto, eccitabile, bellicoso, turbolento **2** (*fig.*) evidente, ovvio, indiscusso, incontrovertibile **CONTR.** discutibile, incerto, opinabile, dubbio.
pacioccóne s. m. bonaccione, pacione, bonario **CONTR.** energumeno, forsennato, agitato, turbolento.
paciόso agg. (*dial.*) pacifico, quieto, calmo, sereno, tranquillo, placido, remissivo, mite, pacato, mansueto, bonario, flemmatico **CONTR.** litigioso, irascibile, inquieto, irrequieto, eccitabile, turbolento.
pack /*ingl.* pæk/ [vc. ingl., abbr. di *pack-ice*, da *pack* 'pacco' e *ice* 'ghiaccio'] s. m. inv. (*est.*) banchisa.
package /*ingl.* 'pækidʒ/ [vc. ingl., propr. 'pacco, imballaggio', da *pack* 'pacco'] s. m. inv. (*elab.*) programma.
padèlla s. f. **1** (*est.*) padellata **2** scaldaletto **3** crogiuolo **4** (*sett.*) macchia **FRAS.** *fare padella*, sbagliare il bersaglio.
padiglióne s. m. **1** stand (*ingl.*), reparto **2** chiosco, pergola **3** tenda **4** baldacchino, cortinaggio **5** (*dell'automobile*) tetto **6** (*mus.*) campana.
padovàno agg.; anche s. m. patavino (*lett.*).
pàdre s. m. **1** babbo (*fam.*), papà (*fam.*), geni-

tore, capofamiglia **2** (*est.*) creatore, procreatore **3** (*est.*) guida, protettore **4** antenato **5** (*di stirpe*) fondatore, capostipite **6** (*fig.*) (*della medicina, della scuola moderna, ecc.*) maestro, iniziatore, fondatore, promotore **7** (*relig.*) sacerdote, frate **FRAS.** *di padre in figlio*, di generazione in generazione □ *Santo Padre*, Papa □ *padre coscritto* (nell'antica Roma), senatore.

padrenòstro s. m. paternostro, paternoster (*lat.*), pater (*lat.*).

padretèrno s. m. **1** Dio **2** (*fig.*) potente, big (*ingl.*), boss (*ingl.*).

padrìno s. m. **1** compare **2** (*di duellanti*) testimonio, secondo **3** (*gerg.*) (*di mafia*) capo, boss (*ingl.*).

padronànza s. f. **1** autorità, signoria **CONTR.** asservimento, obbedienza **2** (*di strumento, di nervi, ecc.*) controllo, dominio, autodominio, sicurezza **CONTR.** incertezza, insicurezza **3** (*di disciplina, di lingua, ecc.*) conoscenza, sicurezza **CONTR.** ignoranza.

padróne s. m. **1** proprietario, possessore **2** principale, capo, boss (*ingl.*), imprenditore, datore di lavoro **CONTR.** dipendente, subalterno, garzone, impiegato **3** (*di un paese, di una situazione, ecc.*) dominatore, signore, despota, sovrano, arbitro **CONTR.** servitore, servo, schiavo **4** (*fig.*) (*di materia, di argomento e sim.*) conoscitore, esperto, specialista, intenditore **CONTR.** ignorante, inesperto, incompetente **5** (*mar.*) armatore **FRAS.** *andare a padrone*, andare a servizio □ *cercare padrone*, cercare lavoro.

padroneggiàre A v. tr. **1** dominare, spadroneggiare, comandare, controllare, disporre, tiranneggiare, predominare, domare **CONTR.** obbedire, servire, sottostare **2** (*fig.*) (*di materia, di argomento, ecc.*) conoscere bene, conoscere a fondo **CONTR.** ignorare, essere incompetente **B padroneggiarsi** v. rifl. dominarsi, controllarsi, contenersi, frenarsi, moderarsi, sorvegliarsi, temperarsi **CONTR.** abbandonarsi, cedere.

paesàggio s. m. **1** panorama, vista, veduta **2** (*est.*) natura.

paesàno A agg. del paese, nostrano, indigeno **B** s. m. **1** borghigiano, terrazzano (*lett.*) **CFR.** cittadino, campagnolo **2** (*dial.*) compaesano, conterraneo **CONTR.** forestiero.

paése s. m. **1** territorio, regione, terra, plaga, landa, contrada, luogo **2** nazione, stato **3** patria **4** cittadini **5** villaggio, borgo, borgata, abitato, centro, località **FRAS.** *mandare a quel paese* (*fig.*), mandare all'inferno, mandare al diavolo.

paesìsta s. m. e f. paesaggista (*raro*).

paesìstico agg. paesaggistico (*raro*).

paffùto agg. florido, grassoccio, pienotto, tondo, pasciuto, pingue, cicciuto, butirroso **CONTR.** magro, emaciato, macilento, affilato, secco, segaligno, rinsecchito, asciutto.

pàga s. f. **1** salario, stipendio, compenso, mercede, soldo, onorario, parcella, retribuzione, rimunerazione, corresponsione, diaria **2** (*fig.*) ricompensa, riconoscenza **CONTR.** punizione, castigo **3** (*fig., fam.*) percosse, botte □ batosta, sconfitta **FRAS.** *dare la paga* (*fig.*), sconfiggere, battere.

pagàia s. f. remo.

pagaménto s. m. **1** sborso, versamento **2** (*est.*) acconto, anticipo, caparra, saldo, liquidazione, canone **3** compenso, corresponsione, mercede, paga, parcella, rimunerazione.

paganésimo s. m. idolatria.

pagàno agg.; anche s. m. gentile, idolatra, infedele **CONTR.** cristiano.

pagàre v. tr. **1** (*di persona o cosa*) remunerare, retribuire, compensare, rifondere, ripagare, rimborsare, risarcire, liquidare, saldare **2** (*di denaro*) versare, sborsare, dare, corrispondere **CONTR.** riscuotere, incassare, ricevere, intascare **3** (*fam.*) (*di bevanda, di cibo, ecc.*) offrire **4** (*fig.*) (*di amore, di vita, ecc.*) ricompensare, contraccambiare, corrispondere **5** (*fig.*) (*di torto, di pena, ecc.*) scontare, espiare **FRAS.** *pagare il fio* (*fig.*), espiare una colpa.

pagàto part. pass. di **pagare**; anche agg. **1** (*di persona o cosa*) remunerato, retribuito, compensato, rimborsato, risarcito, liquidato, saldato **2** (*di denaro*) versato, sborsato, corrisposto **CONTR.** riscosso, incassato, ricevuto, intascato **3** (*fam.*) (*di bevanda, di cibo, ecc.*) offerto **4** (*fig.*) (*di amore, di vita, ecc.*) ricompensato, contraccambiato, corrisposto **5** (*fig.*) (*di torto, di pena, ecc.*) scontato, espiato.

pàggio s. m. donzello, damigello.

pàgina s. f. **1** (*di libro, di quaderno e sim.*) facciata, faccia **2** (*est.*) foglio **3** (*est.*) scritto, brano, passo **4** (*fig.*) (*di storia, di vita, ecc.*) episodio, vicenda **5** (*bot.*) (*di foglia*) faccia **FRAS.** *voltare pagina* (*fig.*), cambiare discorso; mutare radicalmente.

pàglia A s. f. stelo, fuscello, festuca, stoppia, culmo **B** in funzione di agg. inv. (*di colore*) giallo chiaro, paglierino, giallino **FRAS.** *uomo di paglia* (*fig.*), prestanome, comparsa □ *avere la coda di paglia* (*fig.*), sentirsi in colpa; adombrarsi facilmente.

pagliaccià̀ta s. f. buffonata, messinscena, ciarlatanata, lazzo, farsa.

pagliàccio s. m. buffone, clown (*ingl.*), giullare, zanni, saltimbanco, fantoccio, ciarlatano.

pagliàio s. m. (*est.*) fienile, capannone **FRAS.** *cane da pagliaio* (*fig.*), cane bastardo.

paglióne s. m. **1** accr. di **paglia** **2** (*raro*) pagliume, tritume **3** (*sett.*) pagliericcio, saccone, giaciglio **FRAS.** *bruciare il paglione* (*fig.*), andarsene alla chetichella; mancare a una promessa.

pagliùzza s. f. **1** dim. di **paglia** **2** fuscellino, pagliuca, festuca.

pagnòtta s. f. **1** pane **2** (*fig.*) paga, stipendio, vitto.

pàgo agg. appagato, soddisfatto, contento, sazio CONTR. inappagato, insoddisfatto, scontento, smanioso.

paillette /*fr.* pa'jɛt/ [vc. fr., lett. 'paglietta, pagliuzza'] s. f. inv. lustrino.

pàio s. m. coppia, due, pariglia, paro (*dial.*) FRAS. *un paio* (*fig.*), alcuni □ *un altro paio di maniche* (*fig.*), tutt'altra cosa.

paiòlo s. m. caldaia, calderone, pentolone, caldaio.

pàla s. f. badile □ mestola.

paladìno s. m. **1** (*est.*) cavaliere **2** (*fig.*) difensore, sostenitore, campione, propugnatore, tutore.

palafitta s. f. palizzata, palificata (*raro*) □ costruzione su pali.

palandràna s. f. **1** vestaglia □ mantello, cappottone, palamidone (*scherz.*), pastrano, soprabito, zimarra, giubbone **2** (*scherz.*) gabbana, gabbano, gabbanone.

palàto s. m. (*fig.*) gusto FRAS. *palato molle*, velopendulo.

palàzzo s. m. **1** (*lett.*) palagio (*lett.*), corte, reggia CONTR. casupola, tugurio, capanna, abituro **2** (*est.*) casa, villa, villona □ caseggiato, isolato.

palchétto s. m. **1** dim. di **palco** **2** (*di armadio, di scaffale, ecc.*) ripiano, asse.

pàlco s. m. **1** tavolato, assito, impalcatura **2** (*di libreria, di mobile*) scaffale, ripiano **3** (*di frutta, di canne, ecc.*) strato, piano **4** (*di teatro*) palchetto □ barcaccia □ palcoscenico **5** (*mar.*) ponte di comando **6** (*di corna*) ramificazione.

palesàre **A** v. tr. manifestare, mostrare, rivelare, svelare, esternare, esprimere, scoprire, denudare, dire, propalare CONTR. nascondere, tacere, celare, occultare **B palesarsi** v. intr. pron. e rifl. manifestarsi, mostrarsi, rivelarsi, svelarsi, dimostrarsi CONTR. nascondersi, celarsi, occultarsi.

palesàto part. pass. di **palesare**; anche agg. manifestato, mostrato, rivelato, espresso, detto CONTR. nascosto, taciuto, celato, occultato.

palése agg. manifesto, noto, chiaro, indubbio, evidente, visibile, notorio, risaputo, conosciuto CONTR. ignoto, nascosto, occulto, segreto, ignorato, sconosciuto.

paleseménte avv. chiaramente, evidentemente, manifestamente, apertamente, francamente CONTR. oscuramente, nascostamente, ambiguamente, segretamente.

paletot /*fr.* pal'to/ [vc. fr., dall'ingl. *paltok* 'giacca'] s. m. inv. paltò, cappotto, soprabito, pastrano, mantello.

palétto s. m. **1** dim. di **palo** **2** spranga, chiavistello, chiavaccio, catorcio, catenaccio, piolo, cavicchio.

palinsèsto s. m. **1** manoscritto **2** (*scherz.*) scritto illeggibile **3** (*tv*) schema, scaletta.

pàlio s. m. **1** drappo **2** (*est.*) gara.

palizzàta s. f. steccato, stecconata, palancato, staccionata.

pàlla s. f. **1** globo, sfera, boccia **2** pallone **3** (*di arma*) pallottola, proiettile, proietto **4** (*volg.*) testicolo FRAS. *palla basca*, pelota □ *mancare una palla* (*fig.*), mancare un'occasione favorevole □ *essere in palla* (*fig.*), essere in forma □ *palla al piede* (*fig.*), ostacolo □ *rompere le palle* (*fig.*), infastidire, seccare □ *che palle!*, che noia, che seccatura!

pallacanèstro s. f. basket-ball (*ingl.*), basket (*ingl.*).

pallavólo s. m. volley (*ingl.*), volley-ball (*ingl.*).

palleggiàre **A** v. tr. **1** maneggiare **2** sballottare **B palleggiarsi** v. rifl. rec. (*fig.*) (*di responsabilità, di decisione, ecc.*) attribuirsi, scambiarsi, sballottarsi, addossarsi.

pàllido agg. **1** cereo, smorto, bianco, sbiancato, biancastro, esangue, livido, terreo, slavato, illividito, smunto CONTR. colorito, rosso, rubicondo **2** (*di luce, di colore, ecc.*) tenue, scialbo, scolorito, sbiadito, dilavato CONTR. acceso, intenso, forte, vivo, vivace **3** (*fig.*) (*di idea, di visione, ecc.*) minimo, debole, vago, confuso CONTR. sicuro, preciso, chiaro.

pallìna s. f. **1** dim. di **palla** **2** sferetta, biglia.

pallìno s. m. **1** dim. di **palla** **2** (*nel gioco delle bocce*) boccino **3** (*di cartuccia*) munizione, piombino **4** (*su tessuto, su stoffa*) disco, pois (*fr.*) **5** (*fig.*) fissazione, mania, hobby (*ingl.*).

pallonàta s. f. **1** colpo di pallone **2** (*fig.*) bugia, balla (*fig.*), esagerazione, fandonia, millanteria, fanfaronata, spacconata.

pallóne s. m. **1** accr. di **palla** **2** (*sport*) football (*ingl.*), calcio **3** (*mar.*) spinnaker (*ingl.*), fiocco **4** (*aer.*) aerostato FRAS. *pallone gonfiato* (*fig.*), borioso, vanesio □ *avere la testa come un pallone* (*fig., fam.*), essere intontito.

pallóre s. m. pallidezza (*raro*), pallidore (*ant.*), bianchezza, lividore CONTR. colorito, rossore.

pallòttola s. f. **1** dim. di **palla**; pallina **2** (*di arma*) proiettile, proietto, colpo.

pàlma (1) s. f. (*di mano*) palmo CONTR. dorso FRAS. *portare in palma di mano* (*fig.*), stimare moltissimo.

pàlma (2) s. f. **1** (*bot.*) palmizio **2** ramo d'ulivo, ulivo **3** (*fig.*) premio, vittoria, gloria, onore.

pàlmo s. m. **1** (*tosc.*) (*di mano*) palma CONTR. dorso **2** spanna FRAS. *restare con un palmo di naso* (*fig.*), restare deluso □ *a palmo a palmo*, con accanimento; alla perfezione.

pàlo s. m. **1** pertica, asta, stanga, antenna, pennone, piolo, puntello, palanca, sostegno, trave **2** pilone **3** (*gerg., fig.*) (*di rapina, di delitto e sim.*) complice, basista (*gerg.*).

palombàro s. m. sommozzatore □ (*est.*) subacqueo.

palpàbile agg. **1** (*di corpo*) tangibile, toccabile,

materiale **CONTR.** impalpabile, immateriale, tenue, aereo, intoccabile, intangibile **2** (*fig.*) (*di errore, di segno, ecc.*) chiaro, manifesto, evidente, lampante, patente, palese, irrefutabile, indiscusso, indubbio, innegabile, incontestabile, apodittico **CONTR.** oscuro, dubbio, incerto, dubitabile, ambiguo, discutibile, sfuggente.

palpàre v. tr. tastare, palpeggiare, toccare, brancicare □ (*raro*) accarezzare.

palpeggiàre v. tr. palpare, tastare, toccare, brancicare, maneggiare □ (*raro*) accarezzare.

palpitànte part. pres. di **palpitare**; anche agg. vivo, fremente, sussultante, guizzante, vibrante, commosso, emozionante □ grande **CONTR.** insensibile, indifferente, freddo, apatico, inerte, calmo □ scarso, piccolo.

palpitàre v. intr. **1** (*di cuore, di vena, ecc.*) pulsare, battere, martellare, sussultare, guizzare **2** (*fig.*) (*di gioia, di paura, ecc.*) fremere, vibrare, agitarsi, commuoversi, emozionarsi.

palpitazióne s. f. **1** (*di cuore, di polso e sim.*) batticuore, cardiopalmo, tachicardia, pulsazione, sussulto **2** (*fig.*) (*per gioia, per paura, ecc.*) commozione, emozione, fremito, agitazione.

pàlpito s. m. **1** (*di cuore, di polso e sim.*) pulsazione, sussulto, palpitazione, battito **2** (*fig.*) (*di gioia, di paura, ecc.*) agitazione, tremore, tremito **CONTR.** indifferenza, insensibilità, freddezza.

palùde s. f. acquitrino, stagno, pantano, padule (*tosc.*), maremma, lama, biviere (*merid.*).

paludóso agg. acquitrinoso, palustre, pantanoso **CONTR.** asciutto, riarso, secco.

palùstre agg. di palude □ paludoso.

pamphlet /*fr.* pã:flɛ/ [vc. fr., dall'ingl. *pamphlet*, da *Pamphilet*, n. di una commedia pop. del sec. XII] s. m. inv. opuscolo polemico, libello.

pàmpino s. m. **1** foglia di vite **2** (*est.*) vite.

pànca s. f. **1** sedile, scanno, banco, panchina **2** cassapanca.

pancétta s. f. **1** dim. di **pancia 2** (*fam.*) ventre, adipe **3** (*di maiale*) lardo, ventresca **FRAS.** *pancetta affumicata*, bacon (*ingl.*).

panchétto s. m. **1** dim. di **panca 2** sgabello, poggiapiedi.

panchìna s. f. **1** dim. di **panca 2** sedile **3** (*est.*) (*di calcio, di pallacanestro, ecc.*) allenatore **4** (*est., sport*) riserva.

pància s. f. **1** (*pop., fam.*) ventre, addome, buzzo (*pop.*), epa (*lett.*), trippa (*fam.*), intestino **2** (*fig.*) (*di botte, di vaso, ecc.*) rigonfiamento, rotondità **FRAS.** *grattarsi la pancia* (*fig.*), oziare □ *a pancia all'aria*, supino.

panciàta s. f. scorpacciata, spanciata, mangiata.

pancièra s. f. ventriera, reggipancia.

pancióne s. m. **1** accr. di **pancia 2** (*zool.*) rumine **3** (*fam.*) grassone, ciccione □ mangione **CONTR.** mingherlino, esile, smilzo.

panciòtto s. m. gilè, farsetto, corpetto, giustacuore.

panciùto agg. **1** (*di persona*) obeso, pingue, corpacciuto, corpulento, pancione **CONTR.** allampanato, striminzito, secco, magro, smilzo **2** (*est.*) (*di cosa*) tondeggiante, rotondeggiante, prominente **CONTR.** sottile, allungato.

pancòtto s. m. pappa, pane bollito □ ribollita (*tosc.*) **FRAS.** *essere di pancotto* (*fig.*), essere smidollato.

pànda s. m. inv. **FRAS.** *panda gigante*, orso del bambù.

pandemònio [ingl. *pandemonium*, vc. creata da Milton, nel suo poema *Paradiso perduto*, per indicare la capitale dell'inferno, comp. del gr. *pân* 'tutto' e *daimónion* 'demonio'] s. m. confusione, frastuono, tumulto, baraonda, finimondo, diavolio, babele, babilonia, casino (*pop.*) **CONTR.** silenzio, quiete, calma, pacatezza, ordine.

pàne (1) s. m. **1** (*est.*) pagnotta **2** (*est., fig.*) (*della scienza, della mente, ecc.*) sostentamento, nutrimento, cibo, vitto **FRAS.** *non è pane per i suoi denti* (*fig.*), è cosa superiore alle sue capacità □ *trovare pane per i propri denti* (*fig.*), trovare un avversario molto duro; trovare un ostacolo molto duro □ *dire pane al pane* (*fig.*), parlare con chiarezza □ *se non è zuppa è pan bagnato* (*fig.*), è la stessa cosa □ *rendere pan per focaccia* (*fig.*), vendicarsi □ *pane perso* (*fig.*), uomo da nulla, scioperato □ *pani di metallo*, lingotti □ *a pan di zucchero*, a cono □ *pane degli angeli* (*fig.*), eucaristia □ *pan di serpe*, gigaro italico.

pàne (2) s. m. (*mecc.*) (*di vite*) filetto, spira.

panegìrico s. m. **1** lode, elogio, apologia **CONTR.** biasimo, detrazione (*lett.*), riprovazione **2** (*fig.*) esaltazione.

panetterìa s. f. panificio, forno.

panettière s. m. fornaio, panificatore, pistore.

panétto s. m. **1** dim. di **pane 2** (*teat.*) applauso a scena aperta.

pànfilo s. m. yacht (*ingl.*).

pània s. f. **1** vischio, pegola, visco **2** (*fig.*) lusinga, inganno, trappola, adescamento, raggiro, allettamento, insidia, tranello, rete.

pànico (1) [vc. dotta, lat. *pānicu(m)*, nom. *pānicus*, dal gr. *panikós*, agg. 'del dio Pan', che incuteva timore ai viandanti] s. m. sgomento, terrore, spavento, paura, costernazione, sbigottimento **CONTR.** coraggio, ardimento, spavalderia.

panìco (2) s. m. (*bot., est.*) miglio.

panière s. m. cesta, cesto, canestro, corba, corbello, sporta **FRAS.** *rompere le uova nel paniere a uno* (*fig.*), mandare all'aria i progetti di uno □ *fare la zuppa nel paniere* (*fig.*), fare cosa inutile □ *paniere sfondato* (*fig.*), mangione; scialacquatore.

panificatóre s. m. fornaio, panettiere.

panificio s. m. forno, panetteria.
panino s. m. **1** dim. di **pane** **2** pagnottina, michetta (*sett.*), tartina, tramezzino, sandwich (*ingl.*).
pànna s. f. (*di latte*) crema, lattemiele, capo di latte, fior di latte.
panne /*fr.* pan/ [vc. fr. di etim. incerta] s. f. inv. (*di autoveicolo*) panna, guasto, arresto.
pannéggio s. m. drappeggio, festone, parato, addobbo.
pannèllo s. m. **1** festone, parato, addobbo **2** riquadro, tavoletta, tavola, lastra **3** (*tecnol.*) quadro dei comandi, pulsantiera.
pànno s. m. **1** tessuto, stoffa **2** (*est.*) (*di lana*) pezza **3** drappo, coltre, coperta **4** (*spec. al pl.*) abiti, vesti, vestiti **5** (*fig.*) pellicola, membrana, patina, pellicina **FRAS.** *non stare nei panni per la gioia* (*fig.*), essere contentissimo □ *mettersi nei panni di uno* (*fig.*), mettersi nella situazione di uno □ *tagliare i panni addosso a uno* (*fig.*), parlare male di uno.
pannòcchia s. f. **1** (*bot.*) tirso **2** (*di mais, di miglio, ecc.*) spiga, tirso.
panoràma s. m. **1** (*di luogo*) veduta, visita, visuale, prospettiva, paesaggio, scenario, colpo d'occhio **2** (*fig.*) (*di situazione, di economia, ecc.*) rassegna, esame, esposizione, sommario, complesso, quadro (*fig.*) **3** (*gerg.*) (*di teatro*) fondale.
panoràmica s. f. (*fig.*) sguardo generale, carrellata.
panoràmico agg. (*spec. fig.*) globale, generale, totale, completo, ampio **CONTR.** ristretto, parziale, angusto.
panspeziàle s. m. certosino.
pantagruèlico [da *Pantagruel*, personaggio del romanzo *Gargantua et Pantagruel* di F. Rabelais, dotato di un formidabile appetito] agg. (*di pranzo, di appetito e sim.*) enorme, gigantesco, abbondantissimo, succulento **CONTR.** scarso, misero, povero, modesto.
pantalóne [fr. *pantalons*, da *Pantalone*, la maschera veneziana che li indossava] s. m. spec. al pl. calzoni, brache **FRAS.** *farsela nei pantaloni* (*fig.*), avere molta paura.
pantàno s. m. **1** fango, melma, mota **2** (*est.*) acquitrino, palude **3** (*fig.*) intrigo, impiccio, ginepraio.
pantanóso agg. limaccioso, fangoso, melmoso, paludoso, acquitrinoso, stagnante **CONTR.** asciutto, secco, arido, prosciugato.
pantèra s. f. **1** (*zool.*) leopardo, pardo **2** (*gerg.*) auto della polizia.
pantòfola s. f. babbuccia, ciabatta, pianella.
pantomìma s. f. **1** mimo, pantomimo **2** comunicazione gestuale **3** (*fig.*) messinscena, commedia, sceneggiata.
panzàna s. f. fandonia, frottola, bugia, fanfaluca, balla (*fig.*), millanteria, esagerazione **CONTR.** verità.
panzer /*ted.* 'pantsər/ [ted., propr. 'corazza', dall'it. *panciera*] s. m. inv. carro armato, tank (*ingl.*).
paonàzzo [lat. *pavonăceu(m)* 'simile alla coda del pavone', da *pāvo*, genit. *pavōnis* 'pavone'] agg. **1** violaceo **2** (*fig.*) congestionato, alterato.
pàpa s. m. pontefice, Santo Padre, Vicario di Cristo **FRAS.** *a ogni morte di papa* (*fig.*), molto raramente □ *stare da papa* (*fig.*), stare benissimo; condurre una vita agiata □ *papa nero*, generale dei gesuiti.
papà s. m. (*fam.*) padre, babbo (*fam.*), pa' (*merid.*), papi (*fam.*).
papàbile agg. (*est.*) eleggibile, favorito **CONTR.** sfavorito.
papàle agg. pontificio, pontificale, apostolico.
papalino A agg. (*iron., spreg.*) papale, pontificio **B** s. m. soldato pontificio.
paparàzzo [da *Paparazzo*, cognome di un fotografo nel film *La dolce vita* di F. Fellini] s. m. fotoreporter.
papàto s. m. **1** pontificato **2** governo papale.
papàvero s. m. (*bot., est.*) rosolaccio **FRAS.** *alto papavero* (*fig.*), pezzo grosso, persona importante, big (*ingl.*).
pàpera s. f. **1** oca **2** (*fig., fam.*) persona stupida, sciocca, insulsa **CONTR.** persona intelligente, astuta **3** (*fig.*) errore, lapsus (*lat.*), strafalcione, sproposito.
pàpero s. m. **1** oca maschio, ocone **2** (*fig., fam.*) sciocco, inetto, tonto, insulso **CONTR.** svelto, intelligente, astuto.
papillon /*fr.* papi'jɔ̃/ [vc. fr., lett. 'farfalla'] s. m. inv. cravatta a farfalla, farfallino.
papiro s. m. **1** (*bot.*) giunco del Nilo **2** (*est., arc.*) carta, documento **3** (*fam.*) lettera prolissa.
pàppa s. f. **1** pancotto, pane bollito **2** (*spreg.*) pappolata, sbobba (*pop.*), sbroscia **3** (*nel linguaggio infantile*) cibo **FRAS.** *voler la pappa fatta* (*fig.*), volere ottenere qualcosa senza fare fatica.
pappagàllo s. m. (*zool.*) parrocchetto **FRAS.** *a pappagallo*, meccanicamente, macchinalmente.
pappàre v. tr. **1** mangiare, divorare, ingozzare **CONTR.** digiunare **2** (*fig.*) lucrare illecitamente.
pappatóre s. m. mangiatore, ingordo, divoratore, mangione, pappone **CONTR.** sobrio, parco, digiunatore.
pappatòria s. f. **1** (*fam.*) mangiata **2** (*fig.*) mangeria, guadagno illecito.
parà s. m. inv. paracadutista.
paràbile agg. **CONTR.** imparabile.
paràbola (1) s. f. **1** (*di proiettile*) traiettoria **2** (*est.*) (*della vita, di un avvenimento, ecc.*) corso, percorso.
paràbola (2) s. f. (*del Vangelo*) racconto morale, similitudine, allegoria.
paracadutista s. m. e f. parà.

paradisìaco agg. **1** del paradiso **2** (*fig.*) celestiale, divino, sovrumano □ delizioso, bello, piacevole, incantevole, stupendo, meraviglioso, dolcissimo **CONTR.** infernale, orrendo, spaventoso.

paradìso s. m. **1** eden, cielo, empireo, eliso **CONTR.** inferno, abisso, ade, averno, tartaro **2** (*fig.*) luogo delizioso **3** (*est.*) beatitudine, delizia, felicità **CONTR.** infelicità, tribolazione.

paradossàle agg. **1** assurdo, insensato, irragionevole, esagerato, incredibile **CONTR.** normale, sensato, ragionevole, razionale **2** (*est.*) bizzarro, stravagante, eccentrico, estroso **CONTR.** comune, normale.

paradòsso s. m. **1** assurdità, esagerazione, errore **CONTR.** verità, realtà **2** bizzarria, stravaganza, stranezza, eccentricità **CONTR.** normalità.

parafrasàre v. tr. spiegare, ripetere, chiarire, interpretare.

parafrasàto part. pass. di **parafrasare**; anche agg. spiegato, chiarito, interpretato.

paràfrasi s. f. circonlocuzione, esposizione, interpretazione.

paràggio s. m. dintorno, vicinanza, prossimità, adiacenza **CONTR.** lontananza.

paragonàbile agg. comparabile, confrontabile, equiparabile, pareggiabile, ragguagliabile (*raro*) **CONTR.** inconfrontabile.

paragonàre A v. tr. comparare, confrontare, raffrontare, commisurare, accostare, misurare, ragguagliare, contrapporre **B paragonarsi** v. rifl. confrontarsi, compararsi, raffrontarsi, commisurarsi, misurarsi, contrapporsi.

paragonàto part. pass. di **paragonare**; anche agg. confrontato, comparato, raffrontato, commisurato, ragguagliato, contrapposto.

paragóne s. m. **1** raffronto, confronto, parallelo, comparazione, similitudine, riscontro, agguaglio, contrapposizione **2** esempio, esemplare, modello **FRAS.** *pietra di paragone* (*fig.*), termine di confronto; modello.

paràgrafo s. m. articolo, comma, alinea, capoverso.

paràlisi s. f. **1** (*med.*) apoplessia, colpo, accidente, paresi **2** (*fig.*) (*di traffico, di attività, ecc.*) blocco, arresto, stasi **CONTR.** movimento, traffico, attività.

paralìtico agg. e s. m. (*est.*) paraplegico.

paralizzàre v. tr. (*anche fig.*) fermare, arrestare, immobilizzare, bloccare, inceppare, impedire, soffocare **CONTR.** muovere, agitare, scuotere □ promuovere, animare.

paralizzàto part. pass. di **paralizzare**; anche agg. (*anche fig.*) bloccato, immobilizzato, inceppato, immobile, fermo **CONTR.** mosso, agitato, scosso □ promosso, animato.

parallelaménte avv. (*fig.*) simmetricamente □ (*est.*) analogamente, comparativamente, ugualmente **CONTR.** diversamente.

parallelìsmo s. m. (*fig.*) simmetria, equivalenza **CONTR.** asimmetria, differenza **FRAS.** *parallelismo morfologico*, convergenza.

parallèlo A agg. **1** (*est.*) equidistante **2** (*fig.*) corrispondente, analogo, equivalente **CONTR.** opposto, diverso **B** s. m. comparazione, confronto, paragone, raffronto, riscontro **CONTR.** contrapposizione.

paralùme s. m. ventola, schermo, abat-jour (*fr.*).

paraménto s. m. **1** ornamento, addobbo, parato, drappo **2** (*relig.*) indumento sacro.

paràmetro s. m. **1** (*fig.*) criterio, misura, norma, regola, principio **2** livello salariale, livello retributivo.

parànco s. m. carrucola, puleggia □ (*mar.*) poggia.

parapètto s. m. muretto, spalletta, ringhiera, balaustra, balaustrata, davanzale, sponda.

parapìglia s. m. inv. tafferuglio, trambusto, subbuglio, confusione, rissa, baruffa, scompiglio, pigia pigia **CONTR.** ordine, quiete.

paraplègico agg. e s. m. (*est.*) paralitico.

paràre A v. tr. **1** (*di persona, di cosa*) abbigliare, addobbare, rivestire, ornare, decorare **CONTR.** spogliare **2** riparare, difendere, coprire, proteggere, schermare, custodire, guardare **CONTR.** esporre, scoprire, liberare **3** (*di colpo, di danno, ecc.*) scansare, schivare, stornare, impedire, evitare, fermare, trattenere **CONTR.** cercare **4** (*raro*) porgere, offrire, presentare **B** v. intr. andare a finire, tendere, mirare **C pararsi** v. rifl. **1** presentarsi, opporsi **2** abbigliarsi, ornarsi **CONTR.** spogliarsi **3** difendersi, schermirsi **4** interporsi.

parasóle s. m. inv. **1** ombrellino **2** paraluce.

parassìta A agg. (*di ente, di società, ecc.*) improduttivo, inutile, deficitario, passivo **CONTR.** produttivo, utile, attivo **B** s. m. (*fig.*) scroccone, sanguisuga, succhione, leccapiatti, cortigiano, mangiaufo.

parassitàrio agg. **1** di parassita, di parassiti **2** (*fig.*) (*di ente, di società, ecc.*) improduttivo, inutile, passivo, deficitario **CONTR.** attivo, produttivo, utile.

paràta s. f. **1** situazione, pericolo, piega, avviamento, prospettive **2** (*di cose*) sfoggio, mostra, sfarzo, pompa □ gala, festa **3** (*di persone, di armi, ecc.*) rivista, rassegna, schieramento, sfilata **4** difesa, reazione, schivata □ (*sport*) presa.

paràto A part. pass. di **parare**; anche agg. addobbato, ornato, rivestito, decorato **CONTR.** disadorno, spoglio **B** s. m. **1** cortinaggio, paramento, addobbo, ornamento **2** rivestimento, tappezzeria.

paraùrti s. m. inv. paracolpi.

paravènto s. m. copertura, riparo, difesa.

parcaménte avv. sobriamente, frugalmente, parsimoniosamente, moderatamente **CONTR.** eccessivamente, smodatamente, molto, assai.

parcèlla s. f. **1** nota, conto, specifica, pagamento **2** (*dir.*) particella.

parcellizzàre v. tr. frazionare, dividere **CONTR.** accorpare.

parcellizzazióne s. f. frazionamento, divisione **CONTR.** accorpamento.

parcheggiàre v. tr. posteggiare.

parchéggio s. m. posteggio.

parchìmetro s. m. tassametro.

pàrco (1) s. m. **1** bosco, giardino **2** (*di materiale, di macchine, ecc.*) deposito □ insieme, complesso □ materiali, mezzi **3** (*per automobili*) parcheggio.

pàrco (2) agg. **1** sobrio, frugale, parsimonioso, moderato, temperante, controllato, misurato, morigerato, modico **CONTR.** intemperante, avido, dissoluto, ingordo, vorace, sciupone, smodato, eccessivo, sfrenato **2** avaro, gretto, limitato **CONTR.** prodigo, largo, generoso.

pàrdo s. m. (*zool.*) leopardo, pantera.

pardon /*fr.* par'dɔ̃/ [vc. fr., propriamente 'perdono'] inter. **1** scusa, scusi, scusate **2** prego.

parécchio A agg. indef. molto, alquanto **CONTR.** poco, scarso **B** pron. indef. alquanto, molto **CONTR.** poco, nulla, niente, nessuno **C** avv. alquanto, notevolmente, assai, molto, abbastanza **CONTR.** poco.

pareggiàbile agg. **1** (*lett.*) uguagliabile, comparabile, confrontabile, paragonabile **CONTR.** impareggiabile **2** (*di terreno, di materiale*) livellabile, spianabile.

pareggiàre A v. tr. **1** (*di terreno, di muro, ecc.*) rendere pari, livellare **2** (*di conto, di peso, ecc.*) far quadrare, equilibrare **CONTR.** spareggiare (*ant.*), squilibrare **3** (*di diritto, di paga, ecc.*) uguagliare, ragguagliare, perequare, equiparare **CONTR.** sperequare, differenziare **B pareggiarsi** v. rifl. adeguarsi, equipararsi **CONTR.** differenziarsi, diversificarsi **C** v. intr. pron. essere pari, equilibrarsi, uguagliarsi **CONTR.** squilibrarsi.

pareggiàto part. pass. di **pareggiare**; anche agg. **1** uguagliato, livellato □ equilibrato **CONTR.** spareggiato, squilibrato **2** (*di paga, di diritto, ecc.*) perequato, equiparato, parificato **CONTR.** differenziato, diversificato, sperequato.

paréggio s. m. **1** pareggiamento, uguaglianza, parificazione, equilibrio, livellamento, perequazione **CONTR.** disuguaglianza, disparità, differenza, sperequazione, spareggio **2** conguaglio, agguaglio **3** (*sport*) patta, parità, pari **CFR.** vittoria, sconfitta.

parènte s. m. e f. **1** congiunto, consanguineo **CONTR.** estraneo **2** (*lett.*) genitore **3** (*fig.*) affine, simile, somigliante **CONTR.** dissimile, diverso, opposto, contrario.

parentèla s. f. **1** consanguineità **2** parenti, parentado, famiglia, casato, lignaggio, stirpe **3** (*fig.*) (*di idee, di gusti, ecc.*) affinità, similitudine, comunanza, somiglianza **CONTR.** diversità, estraneità, contrarietà.

parèntesi s. f. **1** inciso **2** (*est.*) digressione **3** (*fig.*) (*di tempo*) intervallo, intermezzo.

parére A v. intr. **1** apparire, sembrare, figurare **2** pensare, credere, reputare, ritenere, giudicare, stimare, essere dell'opinione **3** (*fam.*) volere □ piacere **B** v. intr. impers. sembrare **C** s. m. opinione, giudizio, avviso, convinzione, consiglio.

paréte s. f. **1** muro, tramezzo **2** (*fig.*) riparo □ ostacolo.

pàri A agg. **1** uguale, identico, stesso, medesimo, equivalente, corrispondente, simile **CONTR.** diverso, impari, dispari **2** (*di terreno, di muro, ecc.*) liscio, livellato, pareggiato, piano **CFR.** ondulato, rientrante, pendente, irregolare, accidentato **3** (*fig.*) (*ad un compito, ad una necessità, ecc.*) adeguato, sufficiente, atto, adatto, idoneo, all'altezza **CONTR.** inidoneo, impari, insufficiente, inadeguato, inadatto, incapace **B** avv. egualmente, similmente, parimenti, allo stesso modo, in modo pari **CONTR.** diversamente, differentemente, dissimilmente **C** s. m. uguaglianza, parità, patta **CONTR.** dispari, disparità **D** s. m. e f. (*di grado, di condizione, ecc.*) simile **FRAS.** *di pari passo* (*fig.*), contemporaneamente; all'unisono □ *a piè pari*, con i piedi uniti; (*fig.*) completamente, del tutto □ *far pari*, impattare □ *far pari e patta*, terminare in parità □ *alla pari*, au-pair (*fr.*) □ *pari pari*, alla lettera, di sana pianta, testualmente, senza variazioni; direttamente, senza indugio □ *al pari di*, come □ *in pari*, sullo stesso piano; (*fig.*) al corrente; in regola □ *non trovarla mai pari* (*fig.*), non essere mai soddisfatto □ *senza pari*, incomparabile, eccellente.

pària [ingl. *pariah*, dal tamil *paraiyan*, propr. 'tamburini', da *parai* 'tamburo'] s. m. inv. **1** (*in India*) intoccabile **2** (*est.*) sottoproletario, miserabile, reietto **CONTR.** privilegiato, ricco, aristocratico.

parificàre v. tr. pareggiare, uguagliare, equiparare, adeguare, perequare **CONTR.** differenziare, diversificare, sperequare.

parificàto part. pass. di **parificare**; anche agg. pareggiato, uguagliato, equiparato, adeguato **CONTR.** diversificato **FRAS.** *scuola parificata*, equiparata a una scuola statale.

parificazióne s. f. pareggiamento, equiparamento, adeguamento □ riconoscimento pubblico □ parifica (*bur.*) **CONTR.** differenziazione, diversificazione.

pariglia s. f. **1** coppia, paio, due **2** contraccambio **FRAS.** *rendere la pariglia*, ricambiare (un torto, un'offesa).

parisìllabo agg. e s. m. **CONTR.** imparisillabo.

parità s. f. **1** uguaglianza, equivalenza **CONTR.** differenza, disuguaglianza, disparità **2** (*sport*) pareggio, patta, pari **CFR.** vittoria, sconfitta **FRAS.** *in parità*, a punti pari.

paritàrio agg. paritetico.

paritètico agg. paritario.

parlamentàre (1) v. intr. **1** trattare **2** (*est.*) discutere, parlare, perorare.

parlamentàre (2) A agg. **1** del parlamento **2** (*fig.*) formale, corretto, dignitoso **B** s. m. e f. deputato, senatore, onorevole.

parlaménto s. m. **1** camera, senato, assemblea legislativa **2** assemblea, convegno, adunanza.

parlànte part. pres. di **parlare**; anche agg. **1** (*fig.*) evidente, lampante **CONTR.** ambiguo, oscuro, enigmatico **2** (*fig.*) (*di ritratto, di fisionomia e sim.*) identico, somigliantissimo **CONTR.** diversissimo.

parlantìna s. f. (*fam.*) loquacità, chiacchiera, verbosità **CONTR.** laconicità, mutismo.

parlàre A v. intr. **1** dire, favellare, esprimersi, comunicare, fiatare **CONTR.** tacere, ammutolire **2** conversare, confabulare, ragionare, discorrere, interloquire, chiacchierare, discutere, ciarlare, bofonchiare, esclamare, inveire, mormorare, parlottare, sbraitare, sussurrare, strepitare **CONTR.** tacere, ammutolire **3** (*di notizie, di dati, ecc.*) rivelare, confessare, confidare, divulgare, svelare, disvelare (*lett.*), propalare, riferire, spiattellare, spifferare (*fam.*) **CONTR.** tacere, nascondere **4** intrattenersi **5** conferire **6** (*in pubblico, alla gente, ecc.*) arringare, predicare, concionare **7** (*di arte, di politica, ecc.*) trattare, discutere, dissertare **8** (*a persona o cosa*) riferirsi, alludere □ vociferare **9** (*fig.*) (*di occhi, di atteggiamenti, ecc.*) essere vivace, essere espressivo, toccare, commuovere **B parlarsi** v. rifl. rec. (*pop.*) amoreggiare, flirtare **C** s. m. **1** discorso, parola **2** parlata, linguaggio, lingua, idioma, dialetto, favella **FRAS.** *parlare come un libro stampato* (*fig.*), parlare benissimo, dire cose esatte □ *parlare in punta di forchetta* (*fig.*), parlare con affettazione □ *parlare al vento, al muro, al deserto* (*fig.*), parlare invano, parlare a chi non vuole ascoltare □ *parlare coi piedi* (*fig.*), dire spropositi □ *far parlare di sé*, esporsi a chiacchiere, esporsi a critiche; diventare famoso □ *parlare arabo, turco* (*fig.*), parlare in modo incomprensibile.

parlàta s. f. **1** lingua, idioma, gergo, dialetto, cantilena, pronuncia, favella, intercalare, linguaggio **2** (*est.*) sproloquio, predicozzo (*fam.*), cicalata, chiacchierata, tiritera.

parlàto part. pass. di **parlare**; anche agg. **1** (*di lingua, di uso, ecc.*) corrente, quotidiano, popolare, vivo **CONTR.** scritto □ letterario **2** (*di cinema e sim.*) sonoro **CONTR.** muto.

parlatóre s. m. (f. *-trice*) oratore, dicitore □ parolaio, chiacchierone, ciarlone.

parlottàre v. intr. confabulare, mormorare, chiacchierare.

parodia s. f. (*est.*) imitazione, copiatura, caricatura, buffonata.

parodiàre v. tr. imitare, copiare □ mettere in caricatura, mettere in ridicolo.

parodìstico agg. caricaturale.

paròla s. f. **1** vocabolo, termine, motto, verbo **2** (*spec. al pl.*) ragionamento, discorso □ consiglio, insegnamento **3** precetto, sentenza, massima **4** espressione, frase, detto **5** (*spec. al pl.*) chiacchiere, ciance □ discorso inutile, discorso inconsistente **CONTR.** fatto, concetto, idea **6** voce, favella, loquela (*lett.*) **7** cenno, menzione **8** promessa, impegno, assicurazione **FRAS.** *gioco di parole*, freddura □ *giro di parole*, frase, perifrasi □ *in una parola*, brevemente; per concludere □ *in parola*, di cui si tratta □ *è una parola!*, facile a dirsi! □ *prendere la parola*, cominciare a parlare □ *darsi la parola*, accordarsi □ *parola per parola*, alla lettera, letteralmente □ *non fare parola*, non parlare.

parolàccia s. f. **1** pegg. di **parola** **2** volgarità, offesa, bestemmia, imprecazione, vituperio, moccolo (*pop.*), sproposito.

parolàio A agg. loquace, ciarliero, verboso, facondo **CONTR.** taciturno, silenzioso, laconico, conciso, succinto **B** s. m. chiacchierone, ciarlatano, ciarlone, linguacciuto.

parossìsmo s. m. **1** (*med.*) acme, crisi, colmo **2** (*fig.*) massima intensità □ escandescenza, esacerbazione, esasperazione.

parossìstico agg. esasperato, esacerbato, violento, intenso **CONTR.** calmo, quieto, contenuto.

parròcchia s. f. **1** cura, pieve □ prepositura **2** (*est.*) parrocchiani.

parrocchiàno s. m. fedele.

pàrroco s. m. curato, prevosto, pievano, priore.

parrùcca s. f. **1** acconciatura, posticcio, toupet (*fr.*) **2** (*scherz.*) capigliatura, zazzera, chioma **3** (*spec. al pl.*) (*fig.*) parruccone, antiquato, retrogrado, reazionario **CONTR.** progressista.

parrucchièra s. f. coiffeuse (*fr.*), acconciatrice, pettinatrice.

parrucchière s. m. barbiere, acconciatore, coiffeur (*fr.*).

parsimònia s. f. **1** frugalità, risparmio, economia, lesina **CONTR.** sperpero, larghezza, lusso, spreco, scialacquio, prodigalità **2** (*fig.*) moderazione, scarsità, temperanza, sobrietà, contenutezza, misura **CONTR.** esagerazione, smoderatezza, intemperanza, eccesso.

parsimonióso agg. **1** parco, sobrio, frugale, temperato, economo, contenuto, misurato, moderato, morigerato, temperante, risparmiatore, previdente **CONTR.** prodigo, sperperatore, sprecone, scialacquatore **2** (*fig.*) (*di linguaggio, di stile, ecc.*) scarso, povero **CONTR.** ricco, abbondante.

pàrte s. f. **1** pezzo, porzione, brano, frammento, dose, fetta, ritaglio, scheggia, spicchio, brandello, razione, boccone, lembo **CONTR.** tutto, intero, globalità **2** unità, sezione, settore, frazione, tratto, segmento, spicchio **CONTR.** tutto, intero **3** (*del corpo, di una macchina,* *ecc.*) organo, membro, elemento **4** (*di luogo*) paese, plaga (*lett.*), regione, territorio **5** cantone, quartiere, luogo, zona **6** (*di foglio, di moneta, ecc.*) lato, banda, faccia, versante, angolo, canto **7** (*di luogo*) direzione, senso, verso **8** quantità limitata, numero, alcuni **9** (*di idee, di seguaci, ecc.*) fazione, partito, setta, gruppo **10** categoria, reparto, settore **11** (*dir.*) contraente, litigante **12** (*di denaro, di eredità, ecc.*) quota, porzione, aliquota, percentuale, tangente, partecipazione **13** (*di pagamento*) rata **14** (*di attore*) ruolo, personaggio **15** (*fig.*) compito, dovere, ruolo, ufficio, incombenza, funzione **16** (*fam.*) figura **17** (*fig.*) atteggiamento, azione, comportamento **18** (*est.*) partaccia, rimprovero, ammonizione, rabbuffo, sfuriata, scenata **FRAS.** *mettere a parte*, far sapere □ *da una parte* (*fig.*), in un certo senso □ *d'altra parte*, d'altronde □ *da parte di*, per conto di □ *in parte*, limitatamente □ *essere senz'arte né parte*, essere uno spiantato □ *spirito di parte*, parzialità.

partecipànte part. pres. di **partecipare**; anche agg. e s. m. e f. presente, concorrente, partecipe **CONTR.** estraneo, assente.

partecipàre **A** v. intr. **1** intervenire, assistere, aderire □ condividere **2** compartecipare **B** v. tr. (*di notizia, di gioia, ecc.*) comunicare, informare, annunciare.

partecipazióne s. f. **1** presenza, intervento, adesione **CONTR.** opposizione **2** (*est.*) complicità **CONTR.** estraneità **3** (*di matrimonio, di morte, ecc.*) annunzio, comunicazione **4** (*econ.*) cointeressenza.

partécipe agg. partecipante, compartecipe, compartecipante, socio, compagno **CONTR.** estraneo.

parteggiàre v. intr. favorire, sostenere, difendere **CONTR.** avversare, opporsi.

partènza s. f. **1** dipartita (*lett.*), allontanamento, distacco, separazione, commiato **CONTR.** arrivo **2** (*est.*) (*di impresa, di lavoro, ecc.*) inizio, principio, origine **CONTR.** fine, termine **3** (*di gara*) avviamento, avvio **CONTR.** arrivo □ traguardo.

particolàre **A** agg. **1** specifico, peculiare, speciale, caratteristico, esclusivo, personale, individuale, proprio, singolo, distinto, determinato **CONTR.** generale, comune, universale, complessivo **2** (*di persona, di avvenimento, ecc.*) insolito, originale, strano, eccezionale, straordinario, singolare **CONTR.** comune, normale, solito **B** s. m. **1** particolarità, peculiarità, caratteristica **CONTR.** universalità **2** dettaglio, minuzia, sfumatura **CONTR.** complesso, insieme, totalità, generalità.

particolarità s. f. **1** peculiarità, tipicità, caratteristica, singolarità, specialità **2** circostanza, dettaglio, minuzia, sfumatura **CONTR.** insieme, generalità, complesso, totalità **3** (*di fatto, di avvenimento, ecc.*) stranezza, originalità.

partigianerìa s. f. faziosità, parzialità **CONTR.** imparzialità, neutralità.

partigiàno **A** agg. **1** fazioso, settario, fanatico **CONTR.** imparziale, neutrale, spassionato **2** (*della Resistenza*) patriota, antifascista **CONTR.** fascista **B** s. m. **1** fautore, seguace, sostenitore **2** combattente, guerrigliero, patriota, antifascista, resistente, maquis (*fr.*) **CONTR.** fascista.

partìre (1) **A** v. tr. (*lett.*) tagliare, dividere, suddividere, spartire, distribuire, staccare **CONTR.** unire, riunire **B** **partirsi** v. intr. pron. **1** (*lett.*) separarsi, dividersi **CONTR.** congiungersi **2** (*lett.*) allontanarsi, distaccarsi **CONTR.** avvicinarsi.

partìre (2) v. intr. **1** (*di persona*) allontanarsi, dipartirsi (*lett.*), andarsene, assentarsi **CONTR.** arrivare, giungere, ritornare **2** (*di veicolo, di aereo, ecc.*) muoversi, salpare, decollare, avviarsi **CONTR.** fermarsi, arrivare, atterrare **3** (*fig.*) (*di strada, di proposta, ecc.*) provenire, avere origine, iniziare, cominciare, prendere l'avvio **CONTR.** terminare, finire, concludersi.

partìta s. f. **1** (*di porta, di finestra e sim.*) elemento, sezione **2** (*di merce*) quantità, stock (*ingl.*), blocco **3** (*rag.*) registrazione □ conto **4** (*fig.*) (*di calcio, a carte, ecc.*) sfida, competizione, incontro, gara, gioco **5** (*di caccia*) battuta.

partìto **A** part. pass. di **partire (1)**; anche agg. (*raro*) suddiviso, diviso, spartito **CONTR.** unito **B** s. m. **1** parte politica, setta, fazione, consorteria **2** decisione, determinazione, risoluzione, accordo, alternativa, deliberazione, consiglio, proposito, passo **3** (*di matrimonio*) occasione, offerta **4** condizione, stato, situazione **5** espediente, risorsa, mezzo **FRAS.** *mettere la testa a partito*, ravvedersi □ *trarre partito*, trarre vantaggio, sapere approfittare.

partitùra s. f. (*mus.*) spartito □ strumentatura, strumentazione.

partizióne s. f. **1** divisione, spartizione, ripartizione **CONTR.** unione, accorpamento, cumulo, accumulo **2** (*di testo, di catalogo, ecc.*) parte, sezione.

partner /*ingl.* 'pa:tnə/ [vc. ingl., dall'ant. fr. *parçonier*, dal lat. *partionarius* 'che ha una parte'] s. m. e f. inv. compagno □ (*est.*) socio.

pàrto s. m. **1** (*est.*) figlio **2** (*fig.*) (*di ingegno, di fantasia e sim.*) opera, prodotto, trovata.

partorìre v. tr. **1** generare, sgravarsi, dare alla luce, mettere al mondo **2** (*fig.*) (*della mente*) produrre, creare **3** (*fig.*) (*di odio, di danno, ecc.*) cagionare, causare.

part time /*ingl.* 'pa:t 'taim/ [vc. ingl., propr. 'mezzo (*part*) tempo (*time*)'] **A** loc. agg. inv. e avv. a tempo definito, a metà tempo **CONTR.** a tempo pieno **B** loc. sost. m. inv. tempo definito, metà tempo **CONTR.** tempo pieno.

party /*ingl.* 'pa:ti/ [vc. ingl., dal fr. *partie* 'partita'] s. m. inv. trattenimento, ricevimento.

parure /*fr.* pa'ryr/ [vc. fr., da *parer* 'preparare'] s. f. inv. (*di biancheria femminile, di gioielli, ecc.*) completo, insieme.

parvenu /*fr.* parvə'ny/ [vc. fr., da *parvenir* 'arrivare'] s. m. inv. arricchito, nuovo ricco.

parvènza s. f. **1** (*lett.*) apparenza, finzione, esteriorità, mostra, vista, aspetto, lustra (*ant.*) **CONTR.** concretezza, realtà **2** (*fig.*) (*di bontà, di giustizia, ecc.*) ombra, velo, patina.

parziàle agg. **1** (*di cosa*) diviso, frazionato, limitato, ridotto **CONTR.** totale, intero **2** (*est.*) (*di persona, di giudizio, ecc.*) ingiusto, interessato, personale, influenzato, fazioso, partigiano **CONTR.** imparziale, spassionato, giusto, equo.

parzialità s. f. ingiustizia, favoritismo, partigianeria **CONTR.** imparzialità, equità, giustizia.

parzialménte avv. **1** in parte **CONTR.** totalmente **2** ingiustamente, interessatamente, faziosamente **CONTR.** imparzialmente, spassionatamente, equamente, disinteressatamente.

pàscere A v. tr. **1** (*di erbivoro*) mangiare, brucare **2** pascolare, condurre al pascolo **3** (*fig.*) (*di mente e sim.*) alimentare, nutrire **B** v. intr. pascolare, pasturare (*raro*) **C pascersi** v. rifl. **1** nutrirsi **2** (*fig.*) (*di speranze, di ideali, ecc.*) appagarsi, dilettarsi, compiacersi.

pasciùto part. pass. di **pascere**; anche agg. nutrito, sazio, satollo, grasso, paffuto **CONTR.** affamato, digiuno, denutrito, emaciato, scarno.

pascolàre A v. tr. pascere, pasturare, portare al pascolo **B** v. intr. brucare, cibarsi.

pàscolo s. m. **1** prato, prateria, alpe, alpeggio, pabulo (*ant.*), pastura **2** (*est.*) foraggio **3** (*fig.*) (*della mente e sim.*) alimento, nutrimento, cibo.

pasquinàta [da *Pasquino*, n. di una statua a Roma, dove si affiggevano le satire] s. f. satira, epigramma.

passàbile agg. accettabile, discreto, tollerabile, sufficiente, mediocre **CONTR.** inaccettabile, intollerabile.

passàggio s. m. **1** transito, tragitto, traversata, attraversamento, trasferimento, emigrazione, spostamento, trasporto **2** moto, movimento, via vai, andirivieni, passeggio **3** apertura, varco, passo, cammino, accesso, adito, uscita, guado, gola **CONTR.** chiusura, blocco **4** (*di proprietà, di condizione, ecc.*) successione, mutamento, cambiamento, trapasso **5** (*di libro, di autore*) brano, citazione, passo **6** (*di musica*) episodio **7** (*astron.*) transito **8** (*sport*) invio.

passamanerìa s. f. guarnizioni.

passànte A part. pres. di **passare**; anche agg. **1** transitante **2** (*ferr.*) di transito **3** (*di vino*) flessibile, non ruvido **CONTR.** ruvido **B** s. m. e f. pedone, viandante, viaggiatore.

passapòrto s. m. visto, salvacondotto.

passàre A v. intr. **1** transitare, circolare, percorrere **CONTR.** fermarsi, indugiare, sostare **2** (*fig.*) (*di fiume, di strada, ecc.*) toccare, estendersi, snodarsi, bagnare **3** andare, venire **4** muoversi, sfilare, procedere **CONTR.** sostare **5** (*fig.*) (*di rapporti, di anni, ecc.*) esistere, esserci, intercorrere, avere luogo **6** entrare, uscire, penetrare, scivolare, sgusciare **7** (*fig.*) (*di limite, di numero, ecc.*) oltrepassare, eccedere **8** allontanarsi **9** (*fig.*) (*di concorrente, di proposta, ecc.*) essere promosso, essere approvato, riuscire, avere successo **CONTR.** essere bocciato, essere respinto, fallire **10** (*fig.*) (*per intelligente, per buono, ecc.*) essere considerato, figurare, sembrare, parere **11** (*di tempo*) trascorrere, scorrere, finire, fluire **CONTR.** fermarsi **B** v. tr. **1** attraversare, varcare, guadare, valicare, saltare, superare, oltrepassare, traversare, scavalcare, sorpassare, traghettare, trasbordare □ (*raro*) percorrere **2** (*fig.*) (*di scritto*) leggere, scorrere **3** (*di corda, di chiave, ecc.*) fare entrare, fare uscire, infilare, infilzare **CONTR.** togliere, sfilare **4** (*di persona o cosa*) trafiggere, trapassare, ferire **5** (*di frutta, di liquido, ecc.*) filtrare, colare, depurare □ ridurre in poltiglia **6** (*di lucido, di vernice, ecc.*) strofinare, spalmare, applicare **7** (*di cosa*) dare, porgere, cedere □ assegnare **8** (*di messaggio, di notizia, ecc.*) comunicare, trasmettere, tramandare **9** (*di limite, di esame, ecc.*) oltrepassare, sorpassare, superare **10** (*est.*) (*di guai, di umiliazione, ecc.*) subire, soffrire, sopportare, esperimentare **11** (*di candidato, di proposta, ecc.*) approvare, promuovere **CONTR.** bocciare, respingere **12** (*di azione, di comportamento, ecc.*) perdonare, accettare, ammettere, tollerare **13** trascorrere **C** s. m. (*di tempo*) decorso **FRAS.** *passare sopra* (*fig.*), lasciare correre □ *passare per il rotto della cuffia* (*fig.*), cavarsela per un pelo, farcela a malapena □ *passare per le armi*, fucilare □ *passare il segno* (*fig.*), eccedere □ *passare al voto*, votare □ *passare la voce*, far sapere □ *passare parola*, comunicare, far sapere □ *passarsela*, vivere, stare.

passàta s. f. **1** occhiata, scorsa, guardata **2** (*di colore, di vernice, ecc.*) spalmatura, mano, pennellata **3** (*cuc.*) rosolatura, scottatura **4** (*di selvaggina*) passaggio.

passatèmpo s. m. divertimento, diversivo, svago, diporto, spasso, ricreazione, gioco, trastullo, hobby (*ingl.*) **CONTR.** lavoro, fatica, mestiere, professione.

passàto part. pass. di **passare**; anche agg. **1** trascorso, avvenuto, superato, andato, trapassato, scorso, finito, anteriore, precedente, cessato, vecchio, antico, antecedente **CFR.** presente, futuro, avvenire **2** (*di cibo, di bellezza, ecc.*) guasto, appassito, passo (*ant.*), sfiorito **CONTR.** fresco **3** (*di persona*) anziano **CONTR.** giovane.

passatóre s. m. traghettatore.

passatùtto s. m. inv. passaverdura.

passaverdùra s. m. inv. passatutto.

passeggèro A agg. caduco, momentaneo,

temporaneo, transitorio, fugace, effimero, breve, labile, fuggevole CONTR. stabile, costante, durevole, duraturo, lungo, permanente, continuo **B** s. m. **1** viaggiatore **2** viandante, passante, forestiero, pellegrino □ turista □ escursionista.

passeggiàre A v. intr. andare a spasso, gironzolare, camminare, girellare, vagare, girare **B** v. tr. (*raro, lett.*) percorrere.

passeggiàta s. f. **1** camminata, giro, escursione, gita, girata **2** viale, lungomare, giardino, parco, corso, passeggio.

passeggìno s. m. seggiolino, carrozzino.

passéggio s. m. **1** passeggiata **2** (*est.*) corso, viale, strada, lungomare, giardino.

passe-partout /*fr.* 'pas par'tu/ [vc. fr., propriamente 'che passa dappertutto'] s. m. inv. **1** (*di chiave*) comunella **2** (*fig.*) soluzione per tutto.

passeràcei s. m. pl. (*zool.*) passeriformi.

passerèlla s. f. **1** ponticello, passaggio **2** (*ferr.*) passatoia **3** (*di teatro, di sfilate*) pedana **4** (*est.*) sfilata.

passerifórmi s. m. pl. (*zool.*) passeracei.

passìbile agg. suscettibile.

passìno s. m. colino.

passionàle A agg. di passione, per passione □ d'amore **B** agg.; anche s. m. e f. emotivo, istintivo, estroverso, romantico, appassionato, patetico, affettivo CONTR. freddo, gelido, indifferente, insensibile, introverso.

passionalménte avv. con passione, emotivamente, istintivamente, appassionatamente, pateticamente, romanticamente CONTR. freddamente, razionalmente.

passióne s. f. **1** (*fisica o morale*) pena, sofferenza, dolore, crepacuore, patimento, affanno, tormento CONTR. gioia, felicità, serenità **2** (*di sentimenti*) febbre, delirio, frenesia, smania, esaltazione, fanatismo, ardore, perturbamento, eccitazione, follia, fiamma, furore CONTR. indifferenza, imperturbabilità, freddezza, calma **3** amore □ bramosia (*lett.*), brama, infatuazione, cupidità, ebbrezza, trasporto, calore CONTR. odio **4** (*del gioco, del vino, ecc.*) propensione, interesse, inclinazione, predilezione, attaccamento, desiderio, vizio CONTR. indifferenza, distacco **5** (*di giudizio, di comportamento*) parzialità CONTR. imparzialità **6** (*letter.*) mistero.

passività s. f. **1** inerzia, apatia, indifferenza, insensibilità CONTR. attivismo, reattività, reazione **2** (*econ.*) passivo, debito, deficit (*lat.*), perdita, scapito CONTR. attività, attivo.

passìvo A agg. inerte, indifferente, abulico, inattivo, indolente, inoperoso CONTR. attivo, solerte, alacre, appassionato, emotivo **B** s. m. (*econ.*) debito, perdita, passività, deficit (*lat.*), spesa, uscita CONTR. attività, attivo, guadagno, entrata, credito.

pàsso (1) s. m. **1** andatura, mossa, movenza, movimento **2** (*est.*) orma, impronta **3** (*fig.*) (*per uno scopo*) mossa, iniziativa, pratica, atto, azione, provvedimento, risoluzione, decisione, tentativo **4** (*fig.*) (*di libro*) brano, citazione **5** (*mus.*) passaggio FRAS. *passo a passo*, lentamente □ *segnare il passo* (*fig.*), fermarsi □ *a ogni passo* (*fig.*), spessissimo □ *tornare sui propri passi* (*fig.*), rivedere □ *di passo in passo*, successivamente □ *di pari passo* (*fig.*), all'unisono.

pàsso (2) s. m. **1** passaggio **2** valico, colle **3** varco.

pàsta s. f. **1** (*est.*) impasto **2** (*est.*) pasta alimentare, pastasciutta **3** (*fig.*) (*di persona*) indole, natura **4** pasticcino, dolce.

pasteggiàre v. intr. pranzare, cenare, mangiare.

pastétta s. f. **1** dim. di **pasta 2** pastella **3** (*fig.*) broglio, imbroglio, frode, pasticcio, raggiro.

pastìcca s. f. pastiglia, compressa, cachet (*fr.*), caramella.

pasticcerìa s. f. **1** confetteria **2** paste, dolci.

pasticciàre v. tr. imbrattare, confondere □ (*ass.*) fare pasticci.

pasticcière s. m. confettiere, caramellaio.

pastìccio s. m. **1** (*cuc.*) timballo, sformato **2** (*fig.*) confusione, garbuglio, disordine, casino (*pop.*), pastrocchio (*dial.*) **3** (*fig.*) guaio **4** (*fig.*) imbroglio, truffa, inganno.

pasticcióne s. m.; anche agg. arruffone, confusionario, disordinato, casinista (*pop.*), casinaro (*pop.*) □ imbroglione CONTR. ordinato, metodico, preciso, scrupoloso.

pastìglia s. f. pasticca, compressa, cachet (*fr.*).

pàsto s. m. **1** cibo, nutrimento, alimento, vitto **2** refezione, colazione, desinare, pranzo, cena FRAS. *dare in pasto al pubblico* (*fig.*), far sapere a tutti.

pastoràle agg. **1** di pastore, da pastore □ idilliaco, bucolico, georgico, arcadico **2** (*est.*) episcopale, vescovile □ sacerdotale.

pastóre s. m. **1** pecoraio, capraio □ (*est.*) buttero, cavallaro, mandriano, bovaro, vaccaro, cow-boy (*ingl.*) **2** (*fig.*) guida, reggitore □ sacerdote, vescovo **3** (*fig.*) ignorantone, rozzo, primitivo CONTR. raffinato, ricercato FRAS. *pastore tedesco*, cane lupo.

pastorizzàre v. tr. (*est.*) sterilizzare.

pastorizzazióne s. f. (*est.*) sterilizzazione.

pastosità s. f. morbidezza, dolcezza, amabilità CONTR. asprezza, durezza.

pastóso agg. **1** molle, morbido, soffice CONTR. ruvido, duro **2** (*fig.*) (*di stile, di colore, ecc.*) morbido, tenero, gradevole CONTR. ruvido, aspro, duro **3** (*di vino*) dolce, abboccato, amabile CONTR. secco, asciutto.

patàta s. f. FRAS. *patata americana* o *patata dolce*, batata □ *patata bollente* (*fig.*), argomento scottante □ *spirito di patata* (*fig.*), battuta insulsa, scherzo di cattivo gusto.

patatràc s. m. crollo, disastro, dissesto, fallimento.

pâté /*fr.* pa'te/ [vc. fr., da *pâte* 'pasta'] s. m. inv. (*cuc.*) pasta, mousse (*fr.*), spuma, crema.

patèma s. m. sofferenza, afflizione, passione, dolore, ansia, affanno, accoramento, ansietà **CONTR.** gioia, gaudio, letizia, sollievo.

patènte s. f. brevetto, diploma, licenza, permesso, attestato, autorizzazione.

paternàle s. f. ramanzina, rimprovero, rampogna, riprensione, predicozzo (*fam.*), tirata, rabbuffo, sgridata **CONTR.** lode, elogio, plauso, approvazione.

paternaménte avv. benevolmente, amorevolmente, benignamente, affettuosamente **CONTR.** ostilmente, severamente, duramente.

paternità s. f. **1** **CFR.** maternità **2** (*fig.*) (*di opera, di invenzione, ecc.*) appartenenza.

patèrno agg. benevolo, amorevole, benigno, affettuoso, condiscendente, comprensivo **CONTR.** ostile, severo, scostante, duro.

paternòstro s. m. paternoster (*lat.*), padrenostro, pater (*lat.*).

patètico agg. **1** mesto, malinconico, commovente, pietoso, sentimentale, lamentoso **2** (*di cenno, di discorso, ecc.*) svenevole, affettato, languido, sdolcinato.

patetìsmo s. m. sentimentalismo.

pàthos [dal gr. *páthos* 'patimento, commozione, affetto'] s. m. inv. lirismo, liricità, intensità di sentimento, emozione, sentimento, passione, emotività, commozione □ malinconia **CONTR.** freddezza, indifferenza.

patìbile agg. soffribile, sopportabile **CONTR.** insopportabile.

patìbolo s. m. (*est.*) forca, ghigliottina, capestro.

patiménto s. m. dolore, privazione, sofferenza, martirio, passione, afflizione, tormento, pena, accoramento, affanno, crepacuore, travaglio, tribolazione **CONTR.** gioia, gaudio, esultanza, godimento, soddisfazione.

pàtina s. f. strato, velatura, velo □ vernice, colore.

patire A v. tr. **1** (*di fame, di freddo, ecc.*) subire, soffrire, penare **CONTR.** godere, gustare, assaporare **2** (*di insulto, di incomprensione, ecc.*) sopportare, tollerare, consentire, ammettere **CONTR.** causare, provocare **B** v. intr. **1** soffrire, penare, tribolare, angustiarsi **CONTR.** godere, gioire, esultare **2** (*per umidità, per siccità, ecc.*) guastarsi, sciuparsi, deteriorarsi, deperire **CONTR.** rafforzarsi, riprendersi, prosperare.

patìto A part. pass. di **patire**; anche agg. **1** (*di danno, di insulto, ecc.*) subito, sofferto, tollerato **CONTR.** causato, provocato **2** (*di persona, di fisico, ecc.*) sofferente, deperito, smunto, malaticcio, scarno, gracile, magro, macilento, sciupato, vizzo, avvizzito **CONTR.** fiorente, sano, florido, rubicondo **B** s. m. **1** (*raro*) innamorato **2** fanatico, fan (*ingl.*), ammalato, esaltato, tifoso.

patologìa s. f. (*est.*) malattia.

pàtria s. f. luogo natale, luogo di origine, città, paese, nazione, madrepatria □ zona, terra.

patriàrca s. m. **1** capostipite **2** (*est.*) capofamiglia.

patriarcàle agg. (*est.*) (*di famiglia*) numeroso **CONTR.** piccolo, mononucleare.

patrimoniàle A agg. del patrimonio □ ereditario **B** s. f. imposta sul patrimonio.

patrimònio s. m. **1** sostanza, averi, beni, fortuna, proprietà, ricchezza, appannaggio **2** (*fig.*) (*di cultura, di affetti, ecc.*) retaggio, eredità, valore.

patriòta s. m. e f. **1** (*pop.*) compatriota, connazionale, concittadino, compaesano **2** (*della Resistenza*) partigiano, antifascista **CONTR.** fascista.

patriòttico agg. patrio.

patriottìsmo s. m. amor patrio.

patrìstica s. f. patrologia.

patriziàto s. m. (*est.*) aristocrazia, nobiltà **CFR.** proletariato, borghesia.

patrìzio agg.; anche s. m. (*est.*) nobile, aristocratico, titolato, blasonato **CONTR.** popolare, popolano, plebeo, borghese.

patrocinànte part. pres. di **patrocinare**; anche agg. difensore, protettore, sostenitore, patrocinatore.

patrocinàre v. tr. **1** (*dir.*) difendere, assistere, rappresentare **CONTR.** accusare, perseguire **2** (*est.*) (*di candidatura, di proposta, ecc.*) proteggere, sostenere, appoggiare **CONTR.** avversare, respingere, combattere.

patrocinàto part. pass. di **patrocinare**; anche agg. **1** (*dir.*) difeso, assistito, rappresentato **2** (*est.*) (*di candidato, di proposta, ecc.*) sostenuto, appoggiato, protetto **CONTR.** avversato, combattuto.

patrocinatóre s. m. **1** (*dir.*) patrocinante, difensore, avvocato **2** (*est.*) (*di arti, di lettere, ecc.*) protettore, sostenitore, mecenate.

patrocìnio s. m. difesa, assistenza, protezione.

patrologìa s. f. patristica.

patronàto s. m. (*lett.*) protezione, favore, auspicio, patrocinio, assistenza.

patròno s. m. **1** (*dir.*) difensore **2** (*di santo*) protettore **3** (*di istituzione*) promotore.

pàtta s. f. (*di abito*) pattina, finta.

patteggiàre A v. tr. trattare, contrattare, pattuire, stabilire, stipulare, negoziare **B** v. intr. trattare, accordarsi, mercanteggiare □ scendere a patti.

pattìna s. f. (*di vestito*) finta, patta.

pattinàggio s. m. schettinaggio, skating (*ingl.*).

pattìno s. m. moscone.

pàtto s. m. **1** accordo, convenzione, negoziato, trattato, trattativa, intesa, alleanza, impegno **2** (*est.*) promessa **3** condizione, clausola **4** legge **FRAS.** *venire a patti*, trattare, transigere.

pattùglia s. f. drappello, guardia, ronda.

pattugliaménto s. m. sorveglianza, perlustrazione.

pattugliàre v. tr.; anche intr. sorvegliare, perlustrare.

pattuìre v. tr. patteggiare, trattare, contrattare, stabilire, stipulare, concludere.

pattuìto part. pass. di **pattuire**; anche agg. stabilito, concordato, stipulato, definito.

pattùme s. m. immondizia, spazzatura, pacciame, robaccia, rifiuti.

patùrnia s. f. spec. al pl. (*pop.*) malumore, stizza, tristezza, malinconia.

paùra s. f. **1** spavento, sgomento, terrore, panico, fifa (*fam.*), sbigottimento, orrore, fobia, ribrezzo, tremore, tremarella (*fam.*) **CONTR.** coraggio, ardire, intrepidezza, animo, animosità, fermezza, audacia, baldanza **2** batticuore, timore, preoccupazione, apprensione, trepidazione, sospetto, ansia, inquietudine, allarme **CONTR.** sicurezza, serenità, tranquillità, fermezza, risolutezza.

paurosaménte avv. **1** spaventosamente, terribilmente, orribilmente, tremendamente **CONTR.** allegramente, piacevolmente **2** (*est.*, *fam.*) straordinariamente, incredibilmente, eccezionalmente **CONTR.** modestamente, poco.

pauróso agg. **1** spaventoso, terrificante, orrendo, orribile, terribile, spaventevole, raccapricciante, tremendo **CONTR.** divertente, allegro, piacevole, allettante, attraente, seducente **2** (*est.*, *fam.*) straordinario, incredibile, eccezionale, fenomenale, inusitato, raro **CONTR.** piccolo, insignificante **3** (*di persona*) pavido, pusillanime, codardo, vigliacco, timoroso, trepidante, fifone (*fam.*, *scherz.*) **CONTR.** coraggioso, impavido, intrepido, audace, ardito, temerario, ardimentoso, baldanzoso **4** impaurito, spaurito, sbigottito, spaventato, sgomento **CONTR.** coraggioso, sicuro, tranquillo, risoluto, fermo **5** timido, irresoluto, trepidante, ansioso, inquieto **CONTR.** sicuro, fermo, risoluto.

pàusa s. f. intervallo, intermezzo, sosta, interruzione, tregua, posa, riposo, sospensione, break (*ingl.*) **CONTR.** continuazione, proseguimento.

paventàre A v. tr. (*lett.*) temere **CONTR.** desiderare **B** v. intr. **1** (*lett.*) aver paura **CONTR.** desiderare **2** (*di animali*) adombrarsi, spaventarsi.

pavidaménte avv. paurosamente, timorosamente, vilmente, codardamente, vigliaccamente **CONTR.** coraggiosamente, audacemente, arditamente, impavidamente, risolutamente.

pavidità s. f. paura, codardia, viltà □ timidezza, ansia **CONTR.** coraggio, audacia, ardimento, temerarietà □ sicurezza.

pàvido agg.; anche s. m. **1** pauroso, pusillanime, codardo, vigliacco, vile, timoroso, trepidante, fifone (*fam.*, *scherz.*) **CONTR.** coraggioso, impavido, intrepido, audace, ardito, temerario, ardimentoso, baldanzoso **2** timido, irresoluto, trepidante, ansioso, inquieto **CONTR.** sicuro, fermo, risoluto.

pavimentàre v. tr. lastricare, selciare, ammattonare **CONTR.** disselciare.

pavimentatóre s. m. posatore, pavimentista.

pavimentazióne s. f. pavimento, selciato, lastricato, impiantito, piancito (*dial.*).

pavimentìsta s. m. pavimentatore, posatore.

paviménto s. m. impiantito, piancito (*dial.*), ammattonato, assito, selciato, lastricato, pavimentazione.

pavóne s. m. (*fig.*) (*di persona*) fatuo, vanaglorioso, vanesio, vanitoso, tronfio **CONTR.** umile, modesto **FRAS.** *farsi bello con le penne del pavone*, attribuirsi i meriti altrui.

pavoneggiàrsi v. intr. pron. compiacersi, vantarsi, ostentare, gonfiarsi, vagheggiarsi (*lett.*), gloriarsi, sfoggiare, pompeggiare **CONTR.** umiliarsi, deprezzarsi.

pazientàre v. intr. **1** tollerare, sopportare **2** attendere, aspettare.

pazïènte A agg. **1** buono, tollerante, mite, mansueto, longanime, indulgente, clemente, condiscendente, calmo **CONTR.** impaziente, insofferente, intollerante, nervoso, nevrotico **2** (*di lavoro*, *di studio*, *ecc.*) diligente, meticoloso, preciso **CONTR.** affrettato, frettoloso, trasandato, impreciso **B** s. m. e f. ammalato, degente, sofferente □ mutuato **CONTR.** sano.

pazienteménte avv. **1** con pazienza, tranquillamente, serenamente **CONTR.** impazientemente, nervosamente, insofferentemente **2** diligentemente, meticolosamente, con precisione **CONTR.** affrettatamente, frettolosamente, trasandatamente.

pazïènza s. f. **1** sopportazione, rassegnazione, tolleranza, calma, mansuetudine, pacatezza **CONTR.** impazienza, intolleranza, insofferenza, smania, nervoso **2** (*est.*) (*nel lavoro*, *nello studio*, *ecc.*) diligenza, precisione, meticolosità, costanza **CONTR.** negligenza, trascuratezza, fretta, imprecisione.

pazzaménte avv. follemente, furiosamente, irragionevolmente, esageratamente, assurdamente, eccessivamente, immensamente, incredibilmente **CONTR.** equilibratamente, ragionevolmente □ per nulla.

pazzerèllo agg. **1** dim. di **pazzo 2** (*fig.*, *scherz.*) capriccioso, bizzarro, stravagante, balzano, fantasioso, ghiribizzoso (*raro*), strano, strambo **CONTR.** equilibrato, savio, saggio.

pazzésco agg. **1** folle, demenziale, dissennato, insensato, pazzoide, furioso, esaltato □ irrazionale, sconclusionato, incoerente **CONTR.** equilibrato, savio, razionale, ragionevole, logico, tranquillo, calmo **2** (*fam.*) incredibile, straordinario, eccezionale, fenomenale, inaudito, assurdo, paradossale, sbalorditivo, bellissimo, da luna (*gerg.*) **CONTR.** comune, solito, normale, consueto, brutto, modesto, da poco.

pazzìa s. f. **1** (*di mente*) insania, follia, demenza, alienazione, frenesia, squilibrio, mania, dissennatezza, furia, mattana (*fam.*), aberrazione, anormalità **CONTR.** equilibrio, senno, ragionevolezza, saggezza **2** (*est.*) (*di comportamento, di azione, ecc.*) stravaganza, bizzarria, assurdità, stoltezza, nonsenso, balordaggine, stranezza, stramberia, eccentricità, originalità, capriccio, ghiribizzo **CONTR.** assennatezza, normalità, sensatezza, buonsenso, equilibrio.

pàzzo agg.; anche s. m. **1** folle, matto, mentecatto, demente, alienato, squilibrato, forsennato, insensato, maniaco, insano, mattoide, psicopatico, scemo **CONTR.** saggio, savio, ragionevole, assennato, normale **2** (*est.*) sciocco, stolto, insensato, sconsiderato, irragionevole, scriteriato **CONTR.** ragionevole, sensato, equilibrato, saggio, prudente **3** (*fig.*) stravagante, strano, bizzarro, strambo, eccentrico, originale, ghiribizzoso (*raro*) **CONTR.** normale, sensato **4** (*fig.*) eccezionale, eccessivo, enorme **CONTR.** piccolissimo.

pazzòide agg.; anche s. m. e f. strano, stravagante, strambo, bizzarro, scriteriato, eccentrico, strampalato **CONTR.** normale, saggio, savio, equilibrato.

pècca s. f. vizio, difetto, mancanza, manchevolezza, imperfezione, menda, magagna, fallo **CONTR.** pregio, virtù, merito, dote.

peccaminosaménte avv. colpevolmente, delittuosamente **CONTR.** innocentemente, virtuosamente.

peccaminóso agg. colpevole, vizioso, scellerato, delittuoso **CONTR.** innocente, candido, virtuoso.

peccàre v. intr. mancare, trasgredire, delinquere, fallare (*raro*), errare, sbagliare.

peccàto s. m. **1** colpa, mancanza, fallo, delitto, vizio, errore, caduta, traviamento, pervertimento, sbaglio **CONTR.** virtù, innocenza, candore **2** rammarico, dispiacere, rincrescimento, cruccio **CONTR.** piacere, contentezza, soddisfazione, gaudio, gioia.

peccatóre s. m.; anche agg. (f. *-trice*) colpevole, trasgressore, prevaricatore, traviato, vizioso, reo, malfattore **CONTR.** giusto, innocente, santo **FRAS.** *pubblica peccatrice*, prostituta.

péce s. f. (*est.*) bitume, catrame **FRAS.** *pece greca*, colofonia.

pècora s. f. **1** ovino **2** (*fig.*) (*di persona*) mansueto, vile, codardo, rassegnato, debole, pavido, pauroso, timido **CONTR.** lupo, prepotente □ audace, risoluto, coraggioso, ardito **FRAS.** *pecora nera* (*fig.*), disonore, vergogna.

pecoróne s. m.; anche agg. **1** accr. di **pecora 2** (*fig.*) inetto, vile, sottomesso, servile, imbelle, sciocco, codardo, pavido, pauroso **CONTR.** ribelle, ardimentoso, risoluto, indipendente, coraggioso.

pecułàto s. m. (*dir.*) malversazione □ (*est.*) mangeria, ruberia, furto, sottrazione.

peculiàre agg. particolare, proprio, speciale, tipico, singolare, specifico, caratteristico, esclusivo **CONTR.** generale, universale, comune.

peculiarità s. f. caratteristica, particolarità, singolarità, tipicità **CONTR.** generalità.

pedàggio s. m. tassa, tributo □ dazio, gabella.

pedagogicaménte avv. educativamente.

pedagògico agg. educativo □ scolastico.

pedagògo s. m. istitutore, precettore, maestro, educatore, pedagogista.

pedalàbile agg. ciclabile.

pedalatóre s. m. (f. *-trice*) ciclista.

pedàna s. f. **1** poggiapiedi, ripiano, predella **2** palco, podio **3** tappeto, scendiletto.

pedànte agg.; anche s. m. e f. **1** sofistico, formalista, pedantesco, cattedratico **CONTR.** disinvolto, agile, spigliato, semplice, familiare **2** (*est.*) pignolo, meticoloso, minuzioso, scrupoloso, tedioso, noioso, saccente **CONTR.** sbrigativo, disinvolto, facilone □ piacevole, divertente.

pedanterìa s. f. meticolosità, pignoleria, pedantaggine (*raro*), formalismo, minuzia, capziosità, cavillosità, noiosità, sofisticheria, tediosità **CONTR.** disinvoltura, leggerezza, vivacità, piacevolezza.

pedàta s. f. **1** impronta, orma, pesta **2** calcio.

pederàsta s. m. omosessuale, gay (*ingl.*), invertito, diverso, finocchio (*pop.*) **CONTR.** eterosessuale.

pederastìa s. f. omosessualità.

pedèstre agg. (*fig.*) banale, sciatto, mediocre, comune, umile, basso, dimesso, ordinario, pedissequo, volgare **CONTR.** pregevole, nobile, elevato, poetico, geniale, originale, profondo, estroso.

pediàtrico agg. (*est.*) infantile.

pedigree /*ingl.* 'pedigri:/ [vc. ingl., dal fr. *pied de grue* 'piede di gru', dal segno di cui ci si serviva nei registri ufficiali inglesi per indicare i gradi o le ramificazioni di una genealogia] s. m. inv. **1** (*di animale*) genealogia **2** certificato genealogico.

pedìna s. f. (*fig.*) (*di persona*) emissario, strumento.

pedinàre v. tr. seguire, spiare, braccare, sorvegliare.

pedissequaménte avv. pedestremente, alla lettera, ciecamente **CONTR.** autonomamente, liberamente.

pedìssequo agg.; anche s. m. pedestre, impersonale, basso, volgare **CONTR.** originale, geniale, individuale, autonomo, libero.

pedòmetro s. m. contapassi.

pedùncolo s. m. (*bot.*) pedicello, gambo, stelo, picciolo.

pèggio A avv. **1** compar. di **male 2** in modo peggiore, peggiormente (*raro*), meno bene

CONTR. meglio **3** (*di vedere, di sentire, ecc.*) meno chiaramente, meno distintamente, meno limpidamente, meno luminosamente, meno manifestamente, meno speditamente **CONTR.** meglio **4** (*con compar. e sup.*) meno **CONTR.** meglio, più **B** agg. inv. **1** peggiore **CONTR.** migliore **2** meno opportuno, meno preferibile **CONTR.** preferibile, meglio **C** s. m. e f. cosa peggiore, parte peggiore **CONTR.** meglio **FRAS.** *alla peggio, alla meno peggio,* nell'ipotesi peggiore; come si può; in qualche modo; più male che bene □ *avere la peggio,* essere battuto □ *per il peggio,* nel modo peggiore.

peggioraménto s. m. aggravamento, inasprimento, recrudescenza, deterioramento, deperimento, decadenza, declino □ imbruttimento **CONTR.** miglioramento, progresso □ abbellimento.

peggioràre A v. tr. deteriorare, danneggiare, rovinare, guastare □ imbruttire **CONTR.** migliorare □ abbellire **B** v. intr. deteriorarsi, aggravarsi, inasprirsi, tralignare, regredire, degenerare **CONTR.** migliorare, progredire, alleggerirsi **C** in funzione di s. m. solo sing. peggioramento, aggravamento, recrudescenza, inasprimento **CONTR.** miglioramento, alleggerimento.

peggiorativo agg. e s. m. spregiativo **CFR.** accrescitivo, diminutivo, vezzeggiativo.

peggióre agg. **1** compar. di **cattivo 2** inferiore, peggio **CONTR.** migliore **3** più cattivo, più brutto **CONTR.** migliore **4** meno utile, meno vantaggioso **CONTR.** migliore **FRAS.** *rendere peggiore,* peggiorare.

pégno s. m. **1** malleveria, cauzione, caparra, arra, acconto **2** (*fig.*) (*di amicizia, di fedeltà, ecc.*) segno, testimonianza, prova, attestato.

pelandróne s. m. scansafatiche, ozioso, poltrone, pigrone, infingardo, bighellone, fannullone, perdigiorno, sfaccendato, vagabondo, neghittoso, scioperato, ciondolone **CONTR.** attivo, faccendone, solerte.

pelàre A v. tr. **1** (*di animale*) spennare, spelacchiare, spelare, spennacchiare **2** (*di patate, di mela, ecc.*) sbucciare, spellare **3** (*di persona*) radere, depilare, sbarbare **4** (*fig.*) (*di vento, di freddo, ecc.*) pungere, scorticare, screpolare **5** (*fig.*) (*di cliente*) scorticare (*fig.*), ripulire (*fig.*), spennare (*fig.*), mettere in bolletta, rapinare, far pagare salato **B pelarsi** v. intr. pron. raparsi, radersi □ perdere i capelli.

pelàto A part. pass. di **pelare**; anche agg. **1** (*di animale*) spennato, spelato, spellato, spelacchiato **2** (*di patata, di mela, ecc.*) sbucciato **3** (*di viso, di testa, ecc.*) raso, depilato, sbarbato **4** (*di mano, di tronco, ecc.*) escoriato, scorticato **B** s. m. (*fam.*) calvo.

pellàccia s. f. **1** pegg. di **pelle 2** (*fig.*) (*di persona*) duro **CONTR.** debole **3** (*fig., spreg.*) volpone, furbacchione, astuto **CONTR.** ingenuo, innocente.

pellàgra s. f. maidismo, zeismo.

pèlle s. f. **1** cute, epidermide, derma **2** (*est.*) carnagione **3** cotenna, cotica **4** (*est.*) (*di frutta, di patata, ecc.*) buccia, corteccia, tegumento, membrana **5** pellame, cuoio **6** (*di muro, di metallo, ecc.*) tonaca, crosta, rivestimento, strato, pellicola **7** (*fig.*) superficie **8** (*fig., fam.*) vita, corpo, salute **FRAS.** *a fior di pelle,* superficialmente □ *avere i nervi a fior di pelle* (*fig.*), essere nervosissimo, essere molto teso □ *in pelle* (*fig.*), alla superficie □ *fare la pelle,* uccidere □ *non stare più nella pelle* (*fig.*), non contenersi più □ *essere pelle e ossa,* essere magrissimo □ *non volere essere nella pelle di uno,* non volere essere nella situazione di uno □ *amici per la pelle,* amici inseparabili □ *pelle sintetica,* skai.

pellegrinàggio s. m. **1** (*raro*) peregrinazione, esilio **2** viaggio **3** pellegrini.

pellegrinàre v. intr. (*lett.*) vagabondare, andare, errare, viaggiare **CONTR.** stare, sostare.

pellegrino A agg. **1** errante, ramingo, vagabondo **CONTR.** sedentario **2** (*lett.*) forestiero, straniero **CONTR.** indigeno, locale **B** s. m. (*raro*) viandante, viaggiatore.

pelleróssa s. m. e f. indiano (del Nord America).

pelletteria s. f. oggetti in pelle □ (*est.*) valigeria.

pellicciàio s. m. pellicciere □ pellaio, conciatore.

pelliccière s. m. pellicciaio □ pellaio, conciatore.

pellicola s. f. **1** pelle, membrana, squama **2** film □ cinema.

pélo s. m. **1** capello, ciglio, baffo, crine **2** peluria, lanugine **3** (*di animale*) tricoma, setola □ pelliccia, vello, manto, mantello, pelame **4** (*di vegetale*) fibra **5** (*di liquido*) superficie, livello **6** (*di marmo, di muro e sim.*) fessura, crepa, incrinatura, filamento, venatura **7** (*di tempo, di cosa, ecc.*) pochissimo, nonnulla, nulla **CONTR.** molto, moltissimo **FRAS.** *lisciare il pelo* (*fig.*), adulare; picchiare di santa ragione □ *avere il pelo al cuore* o *sullo stomaco* (*fig.*), essere crudele, essere senza scrupoli, essere insensibile □ *non avere peli sulla lingua* (*fig.*), parlare senza mezzi termini □ *cercare il pelo nell'uovo* (*fig.*), essere molto pignolo □ *essere a un pelo da* (*fig.*), essere lì lì per □ *di primo pelo,* giovanissimo; (*fig.*) inesperto, ingenuo □ *non torcere un pelo* (*fig.*), non fare alcun male □ *non ci corre un pelo,* non c'è la minima differenza.

pelóso agg. **1** villoso, ispido, irsuto, setoloso, lanoso, velloso, capelluto, barbuto **CONTR.** glabro, pelato, spelacchiato, imberbe **2** (*fig.*) (*di bontà, di carità e sim.*) interessato, fatto per interesse **CONTR.** disinteressato.

peluche /*fr.* pəˈlyʃ/ [vc. fr., da un ant. *peluchier* 'tagliare i peli'] s. f. inv. felpa.

pelùria s. f. villosità, lanuggine, calugine (*ra-*

ro), pelosità, pelo.

péna s. f. **1** castigo, punizione, fio, penitenza, ammenda, espiazione **CONTR.** ricompensa, premio **2** (*est.*) (*fisica o morale*) tormento, supplizio, martirio, tortura, sofferenza, dolore, patimento, afflizione, strazio **CONTR.** gioia, gaudio, godimento, piacere, sollievo **3** angoscia, pietà, cruccio, struggimento, affanno, travaglio **CONTR.** gioia, piacere, sollievo **4** stento, fatica, sforzo, difficoltà **CONTR.** facilità **FRAS.** *a pena di, sotto pena di* (*fig.*), con minaccia di □ *prendersi pena*, affaticarsi □ *valere la pena*, meritare, convenire.

penàle A agg. (*est.*) giudiziario **B** s. f. (*est.*) multa, penalità.

penalità s. f. sanzione, pena, penale.

penalizzàre v. tr. **1** punire **CONTR.** premiare **2** (*est.*) trascurare **CONTR.** curare.

penàre v. intr. **1** patire, soffrire, tormentarsi, affliggersi, angosciarsi, consumarsi, angustiarsi **CONTR.** godere, gioire **2** faticare, stentare, tribolare, sudare (*fig.*).

pendàglio s. m. ciondolo, pendente, penzolo, medaglione.

pendant /*fr.* pã'dã/ [vc. fr., lett. 'pendente'] s. m. inv. riscontro, corrispondenza.

pendènte A part. pres. di **pendere**; anche agg. **1** appeso, sospeso, pendulo, inclinato, declive (*lett.*) **CONTR.** ritto, diritto, rigido **2** (*fig.*) (*di causa, di problema, ecc.*) irrisolto, dubbio, sospeso **CONTR.** risolto, concluso, finito, deciso **B** s. m. ciondolo, orecchino, pendaglio.

pendènza s. f. **1** pendio, declivio, costa, salita, discesa **2** inclinazione, dislivello **3** (*dir.*) vertenza, controversia **CONTR.** definizione, conclusione **4** (*fig.*) conto, debito **CONTR.** credito.

pèndere v. intr. **1** (*di cosa*) penzolare, ciondolare, scendere, dondolare, oscillare **CONTR.** alzarsi, ergersi **2** (*di terreno, di muro, ecc.*) strapiombare, inclinare, piegare, declinare, tendere, pencolare **CONTR.** essere diritto **3** (*fig.*) (*di pericolo*) incombere, minacciare **4** (*fig.*) (*di persona*) tentennare, esitare, titubare **CONTR.** essere sicuro, essere deciso **5** (*fig.*) (*di disposizione, di decisione, ecc.*) propendere, tendere **CONTR.** avversare, essere contrario **FRAS.** *la bilancia pende dalla sua parte* (*fig.*), la situazione gli è favorevole □ *pendere dalle labbra di uno* (*fig.*), ascoltare uno con attenzione; dipendere da uno.

pendìce s. f. pendio, declivio, china, costa, discesa, pendenza, scoscendimento, scesa, versante, scarpata, calata, piaggia (*raro, lett.*).

pendìo s. m. **1** pendenza, inclinazione **2** pendice, declivio, china, costa, discesa, pendenza, scoscendimento, scesa, versante, scarpata, calata, piaggia (*raro, lett.*).

pèndola s. f. orologio a pendolo.

pendolàre agg. oscillatorio.

pendolìno s. m. (*di rabdomante*) pendolo.

pèndolo s. m. (*di pendola, di filo a piombo*) peso.

pèndulo agg. (*lett.*) pendente, ciondolante, dondolante, penzolante, penzoloni, ricascante, appeso, sospeso **FRAS.** *velo pendulo*, velo palatino.

pène s. m. (*anat.*) membro, verga (*pop.*), asta (*raro*), fallo, pisello (*pop.*), uccello (*pop., volg.*), pipì (*inft.*).

penèlope s. f. (*zool.*) fischione, anatra matta, capirosso.

penetràbile agg. attraversabile, accessibile, permeabile, compenetrabile, perforabile, trapassabile, pervio **CONTR.** impenetrabile, inaccessibile, impervio, impermeabile.

penetrànte part. pres. di **penetrare**; anche agg. **1** compenetrante, perforante, appuntito, aguzzo, affilato **2** (*di odore, di suono, ecc.*) acuto, pungente **CONTR.** debole **3** (*fig.*) (*di sguardo, di parola, ecc.*) profondo, acuto, sagace, attento **CONTR.** inespressivo, superficiale **4** (*fig.*) (*di dolore*) straziante, lancinante.

penetràre A v. intr. entrare, addentrarsi, introdursi, insinuarsi, ficcarsi, spingersi, irrompere, invadere, incunearsi, infiltrarsi, infilarsi, compenetrare **CONTR.** uscire, sortire (*pop.*), allontanarsi □ erompere, scaturire **B** v. tr. **1** (*anche fig.*) (*di spada, di sguardo, ecc.*) trapassare **2** (*di liquido, di profumo, ecc.*) permeare, pervadere **CONTR.** emanare, esalare **3** (*di significato, di mistero, ecc.*) comprendere, intendere, intuire, capire, decifrare.

penetràto part. pass. di **penetrare**; anche agg. **1** entrato, addentratosi, introdottosi, insinuatosi, infiltratosi **CONTR.** uscito, allontanatosi **2** permeato, pervaso **3** compreso, capito, decifrato.

penetraziòne s. f. **1** addentramento, compenetrazione, infiltrazione, introduzione, invasione **CONTR.** uscita, fuoriuscita **2** (*fig.*) acutezza, intuito, acume, perspicacia, intendimento, intuizione, sottigliezza **CONTR.** ottusità, torpidità.

penìsola s. f. (*est.*) promontorio.

penitènte agg.; anche s. m. pentito, contrito, ravveduto, convertito, umiliato, compunto, mortificato **CONTR.** impenitente, ostinato, pervicace, indurito, ribelle, incorreggibile, incallito.

penitènza s. f. **1** pentimento, contrizione, mortificazione, espiazione, ammenda, compunzione, ravvedimento **CONTR.** impenitenza (*raro*), ostinazione, protervia **2** sacrificio, privazione, macerazione, astinenza, digiuno **CONTR.** baldoria, gozzoviglia, bagordo, bisboccia **3** (*per riparazione di errori*) castigo, punizione, pena, fio.

penitenziàrio s. m. carcere, prigione, reclusorio (*raro*), galera, stabilimento penale, ergastolo.

pénna s. f. **1** (*zool.*) piuma **2** (*per scrivere*) pennino, stilografica, biro **3** (*est.*) scrittore **4** (*pl.*) ali **FRAS.** *a penna*, manoscritto □ *lasciar-*

ci o *rimetterci le penne* (*fig.*), morire; subire gravissimi danni □ *uomo di penna*, letterato □ *cane da penna*, cane da caccia □ *penne nere*, alpini.

pennàcchio s. m. **1** (*di penne*) ciuffo, mazzo, piumetto **2** (*fig.*) (*di fumo e sim.*) fiocco.

pennellàre v. tr. e intr. dipingere, colorare, verniciare.

pennellàta s. f. tratto, tocco, colpo.

pennùto A agg. piumato **CONTR.** implume, spiumato **B** s. m. uccello, volatile.

penny /*ingl.* 'peni/ [vc. ingl., da avvicinare al ted. *Pfennig* 'centesimo'] s. m. inv. (*di sterlina*) centesimo □ (*est.*) soldo, quattrino.

penómbra s. f. semioscurità, crepuscolo, barlume **CFR.** luce, buio.

penosaménte avv. **1** con pena, faticosamente **CONTR.** piacevolmente, senza fatica **2** tristemente, dolorosamente **CONTR.** lietamente, allegramente.

penóso agg. **1** (*di situazione, di problema, ecc.*) triste, doloroso, increscioso, tormentoso, crudele, acerbo (*lett.*) **CONTR.** lieto, grato, gradevole, piacevole, rallegrante **2** (*di compito, di lavoro, ecc.*) molesto, faticoso, fastidioso, affliggente, ingrato, affannoso **CONTR.** gradito, piacevole, dilettevole, allettante.

pensàbile agg. immaginabile **CONTR.** impensabile, inimmaginabile.

pensànte part. pres. di **pensare**; anche agg. e s. m. e f. ragionante, logico, razionale **CONTR.** irragionevole, illogico.

pensàre A v. intr. **1** riflettere, meditare, ponderare, considerare, escogitare, elucubrare, rimuginare, ruminare (*fig.*), filosofare, scervellarsi **2** (*a fantasticherie, a viaggi, ecc.*) immaginare, figurarsi, fantasticare, almanaccare **3** (*a persona o cosa*) badare, interessarsi, occuparsi, guardare □ provvedere **CONTR.** disinteressarsi, infischiarsi, fregarsene (*pop.*) **B** v. tr. **1** (*per lo più seguito da* che) ragionare, arguire, dedurre, supporre, credere, opinare, giudicare, stimare, ritenere **2** (*di partire, di fare, ecc.*) decidere, deliberare □ proporsi, avere in animo **3** (*di trovata, di idea, ecc.*) escogitare, inventare, concepire, ideare, progettare, scervellarsi, architettare, macchinare, arzigogolare, elucubrare, congetturare.

pensàta s. f. idea, trovata, pensiero, pretesto, espediente.

pensatóre s. m. filosofo □ dialettico.

pensée /*fr.* pã'se/ [vc. fr., propr. 'pensata'] s. f. inv. (*bot.*) viola del pensiero, pansé.

pensierìno s. m. **1** dim. di **pensiero 2** (*fam.*) attenzione, riguardo □ regalino **FRAS.** *fare un pensierino su qualcosa, farci un pensierino*, desiderare una cosa.

pensièro s. m. **1** mente, intelletto, intelligenza, spirito, immaginazione, ponderazione, speculazione **2** (*sul bene, sulla vita, ecc.*) riflessione, meditazione, elucubrazione **3** (*di ciò che si pensa*) idea, concetto, ispirazione, opinione, giudizio, supposizione, congettura, pensata, considerazione □ proposito, intenzione, disegno, progetto **4** (*di Platone, di Marx, ecc.*) dottrina, teoria, convinzione, concezione, mentalità **5** detto, sentenza, massima, aforisma **6** (*per una persona o cosa*) ansia, preoccupazione, cruccio, inquietudine, timore, cura (*lett.*), fastidio, assillo **7** (*fam.*) (*gentile, nobile, ecc.*) atto, comportamento, gesto **8** (*fam.*) dono, regalo, pensierino.

pensierosaménte avv. pensosamente, con preoccupazione **CONTR.** spensieratamente, lietamente.

pensieróso agg. meditabondo, pensoso, assorto, cogitabondo (*lett.*), preoccupato, raccolto, intento, meditativo, riflessivo, speculativo, concentrato, taciturno **CONTR.** spensierato, svagato, distratto, irriflessivo.

pènsile agg. (*lett.*) pendente, sospeso, appeso.

pensilìna s. f. tettoia.

pensionànte s. m. e f. dozzinante.

pensionàre v. tr. mandare in pensione □ (*raro*) giubilare.

pensióne s. f. **1** quiescenza, riposo **2** vitalizio **3** (*per vitto e alloggio*) retta, dozzina (*raro*) □ vitto e alloggio **4** (*est.*) locanda, alberghetto, garni (*fr.*).

pensosaménte avv. pensierosamente, assortamente **CONTR.** spensieratamente.

pensóso agg. pensieroso, assorto, cogitabondo (*lett.*), preoccupato, raccolto, intento, meditativo, preso, riflessivo, speculativo, concentrato, taciturno **CONTR.** spensierato, svagato, distratto, irriflessivo.

pentagràmma s. m. rigo musicale, rigo.

pentapartito s. m. governo di cinque partiti **CFR.** monocolore, bipartito, tripartito, quadripartito.

pentecòste s. f. pasquetta (*dial., pop.*).

pentiménto s. m. ravvedimento, rimorso, contrizione, rammarico, rimpianto, conversione, compunzione, espiazione, mortificazione, penitenza, rincrescimento **CONTR.** gioia, piacere.

pentìrsi v. intr. pron. **1** ravvedersi, emendarsi, convertirsi, contristarsi, correggersi, dolersi, espiare, ricredersi **CONTR.** provare piacere, essere fiero **2** rammaricarsi, rimpiangere **CONTR.** essere contento, essere felice.

pentìto part. pass. di **pentirsi**; anche agg. e s. m. ravveduto, convertito □ (*est.*) dissociato.

péntola s. f. pignatta, marmitta, casseruola **FRAS.** *qualcosa bolle in pentola* (*fig.*), si sta macchinando qualcosa.

penùria s. f. mancanza, scarsezza, scarsità, carestia, rarità, carenza, insufficienza, pochezza, povertà **CONTR.** abbondanza, larghezza, ricchezza, dovizia (*lett.*), copia (*lett.*), esuberanza.

penzolóni avv. dondoloni, ciondoloni, pendoloni (*raro*).

pepàto agg. **1** condito col pepe **2** piccante, saporito **3** (*fig.*) (*di carattere, di risposta, ecc.*) acre, pungente, mordace, frizzante, salace, brioso, vivace, ardito, stuzzicante, arguto **CONTR.** mite, benigno, benevolo, mansueto, blando.

pépe s. m. **FRAS.** *pepe di Caienna*, paprika □ *pepe di Giamaica*, pimento □ *color pepe e sale*, brizzolati (di capelli) □ *tutto pepe* (*fig.*), molto vivace, molto brioso.

pèptico agg. digestivo.

pér prep. **1** (*di luogo*) attraverso, lungo, secondo **2** verso, in direzione di **3** in **4** (*di tempo*) durante **5** (*di causa*) a causa di **6** (*di fine*) con lo scopo di, al fine di **7** (*di vantaggio*) a vantaggio di, a favore di **8** (*di mezzo*) a, con, di **9** (*di limitazione*) secondo, quanto a **10** (*di modo*) come **FRAS.** *per tempo*, in tempo; presto □ *per il momento*, per ora □ *per di più*, in aggiunta □ *per certo*, sicuramente □ *per l'appunto*, proprio, quindi, perciò □ *essere per, stare per*, essere sul punto di, essere in procinto di, avere intenzione di.

perbàcco inter. (*euf.*) perdindirindina, perdio (*pop.*), perdiana.

perbène A agg. inv. onesto, probo (*lett.*), costumato, ammodo, beneducato, benpensante, garbato, benallevato (*raro, lett.*), dabbene **CONTR.** maleducato, sgarbato, disonesto, scostumato, malcreato **B** avv. ordinatamente, scrupolosamente, accuratamente, garbatamente, bene **CONTR.** malamente, disordinatamente, sgarbatamente.

perbenìsmo s. m. conformismo, ossequiosità □ ipocrisia **CONTR.** anticonformismo.

perbenìstico agg. conformistico □ ipocrita **CONTR.** anticonformistico □ genuino.

percentuàle A agg. percento **B** s. f. **1** percento, provvigione, royalty (*ingl.*) **2** (*est.*) guadagno.

percentualménte avv. in percentuale □ (*est.*) proporzionalmente.

percepìbile agg. **1** (*con i sensi, con la mente*) percettibile, distinguibile, avvertibile, comprensibile, udibile, visibile **CONTR.** impercettibile, inavvertibile, incomprensibile **2** (*di denaro, di credito e sim.*) riscuotibile, incassabile, esigibile **CONTR.** inesigibile.

percepìre v. tr. **1** (*con i sensi, con la mente*) distinguere, avvertire, comprendere, intendere, capire, apprendere, riconoscere, sentire, udire **2** (*di denaro, di credito, ecc.*) ricevere, riscuotere, incassare, esigere.

percepìto part. pass. di **percepire**; anche agg. **1** (*con i sensi, con la mente*) distinto, avvertito, compreso, capito, sentito, udito **2** (*di denaro, di credito, ecc.*) ricevuto, riscosso, incassato.

percettìbile agg. percepibile, avvertibile, distinguibile, comprensibile, udibile, visibile **CONTR.** impercettibile, inavvertibile, incomprensibile.

percettibilità s. f. percepibilità, comprensibilità **CONTR.** impercettibilità, incomprensibilità.

percettìvo agg. conoscitivo, intuitivo.

percezióne s. f. conoscenza, intuito, idea, concetto, nozione □ (*est.*) impressione, sensazione.

perché A avv. per quale ragione, come mai **B** cong. poiché, giacché, affinché, cosicché, talché, che **C** s. m. inv. **1** motivo, causa, scopo, ragione, cagione **2** interrogativo, incertezza, dubbio **CONTR.** certezza, sicurezza **FRAS.** *il perché e il percome*, tutte le ragioni.

perciò cong. per questo, pertanto, dunque, allora, or dunque.

percorrènza s. f. percorso, tragitto, viaggio.

percórrere v. tr. attraversare, andare, muoversi, spostarsi, transitare, esplorare, perlustrare, girare, visitare, peregrinare, vagare, viaggiare.

percorrìbile agg. transitabile **CONTR.** impercorribile, intransitabile.

percórso A part. pass. di **percorrere**; anche agg. **1** (*di luogo*) attraversato, esplorato, visitato **2** (*di tempo*) passato, trascorso **B** s. m. tragitto, cammino, itinerario, viaggio, attraversamento □ tratto, strada.

percòssa s. f. **1** colpo, botta, bussa, urto, bastonata, pugno, schiaffo, manata, calcio, ceffone, legnata, pacca **2** (*fig.*) avversità, batosta, colpo, disavventura, traversia **CONTR.** fortuna, ventura.

percòsso part. pass. di **percuotere**; anche agg. battuto, picchiato, colpito, ferito, schiaffeggiato, urtato, malmenato.

percuòtere A v. tr. **1** battere, picchiare, colpire, bastonare, bussare, legnare, malmenare, pestare, schiaffeggiare, frustare, fustigare, sferzare **2** (*anche fig.*) ferire **3** (*contro qualcosa*) sbattere, urtare, colpire, cozzare **4** (*fig.*) (*di carestia, di pestilenza, ecc.*) affliggere, perseguitare, tormentare, flagellare **CONTR.** allietare, confortare **5** (*fig.*) (*di animo, di sentimenti*) addolorare, commuovere, agitare **CONTR.** rallegrare, allietare **B percuotersi** v. rifl. rec. **1** picchiarsi, battersi **CONTR.** accarezzarsi **2** combattersi.

percussionìsta s. m. e f. batterista.

perdènte part. pres. di **perdere**; anche agg. e s. m. e f. soccombente, vinto, battuto **CONTR.** vincente.

pèrdere A v. tr. **1** restare privo, non avere più □ lasciare, abbandonare **CONTR.** acquistare **2** smarrire **CONTR.** ritrovare, trovare, recuperare, rintracciare **3** (*di treno, di film, ecc.*) lasciarsi sfuggire **CONTR.** prendere, vedere **4** (*in affari*) rimetterci, scapitare **CONTR.** guadagnare **5** (*di tempo, di forze, ecc.*) sciupare, sprecare, consumare, dissipare, scialacquare **CONTR.** guadagnare, utilizzare **6** (*di liquido, di gas*) lasciare uscire □ gocciolare **7** (*di persona*) rovinare, danneggiare, screditare **CONTR.** aiutare, salvare, esaltare **8** essere vinto, essere battuto, essere sconfitto **CONTR.** vincere **B** v.

intr. scendere, diminuire, calare CONTR. crescere, aumentare **C perdersi** v. intr. pron. **1** smarrirsi CONTR. ritrovarsi, orientarsi **2** (*fig.*) (*di animo, di coraggio, ecc.*) confondersi, scoraggiarsi, disperdersi, turbarsi, disanimarsi, sconcertarsi CONTR. riaversi, rinfrancarsi, confortarsi **3** (*di suono, di profumo, ecc.*) svanire, dissolversi, sfumare, dileguarsi, svaporare, dissiparsi CONTR. giungere, arrivare **4** (*economicamente, moralmente*) rovinarsi CONTR. fare fortuna, rafforzarsi FRAS. *perdere le staffe*, perdere la bussola □ *perdere la tramontana* (*fig.*), perdere il controllo di sé □ *perdere la faccia* (*fig.*), fare una pessima figura □ *perdere terreno* (*fig.*), essere in difficoltà, calare.

perdigiórno s. m. e f. inv. ozioso, bighellone, scioperato, perditempo, sfaccendato, inconcludente, fannullone, vagabondo, ciondolone, inoperoso CONTR. lavoratore, stacanovista.

pèrdita s. f. **1** (*di beni, di persona, ecc.*) privazione CONTR. acquisto **2** (*di persona*) morte CONTR. nascita **3** (*di cosa*) smarrimento CONTR. ritrovamento, rinvenimento **4** (*di forze, di vista, ecc.*) diminuzione, esaurimento, danno, discapito, detrimento, rovina, nocumento (*lett.*), calo CONTR. crescita, aumento **5** (*di liquido, di gas*) fuoriuscita, fuga, emanazione, versamento, flusso, dispersione CONTR. infiltrazione, immissione **6** (*di denaro*) disavanzo, rimessa, passivo, deficit (*lat.*) CONTR. attivo, guadagno, aumento **7** (*di tempo*) spreco **8** (*di sangue*) emorragia **9** disfatta, sconfitta CONTR. vittoria **10** (*nel gioco*) svantaggio, rimessa CONTR. vantaggio, rimonta FRAS. *perdite bianche*, leucorrea.

perditèmpo s. m. e f. inv. perdigiorno, ozioso, bighellone, scioperato, sfaccendato, inconcludente, fannullone, vagabondo, ciondolone, inoperoso CONTR. lavoratore, stacanovista.

perdizióne s. f. rovina, danno, dannazione, castigo.

perdonàbile agg. scusabile, giustificabile, remissibile, assolvibile CONTR. imperdonabile, ingiustificabile.

perdonàre v. tr.; anche intr. **1** (*di colpa, errore, fallo, ecc.*) assolvere, condonare, amnistiare, graziare, prosciogliere CONTR. condannare, infierire, vendicare **2** (*di età, di difetto, ecc.*) comprendere, indulgere, scusare, compatire, obliare (*lett.*), dimenticare CONTR. essere rigidi, non tener conto **3** (*fig.*) (*di mali, di umiliazione, ecc.*) risparmiare CONTR. infierire.

perdonàto part. pass. di **perdonare**; anche agg. condonato, graziato CONTR. condannato.

perdóno s. m. **1** (*di colpa, di peccato, ecc.*) remissione, assoluzione, venia (*lett.*), indulgenza, clemenza, grazia, indulto, condono CONTR. condanna, punizione, inesorabilità, implacabilità, vendetta **2** (*di torto, di contegno, ecc.*) scusa, giustificazione, compatimento, comprensione CONTR. punizione, condanna.

perduràre v. intr. **1** (*di situazione, di febbre, ecc.*) permanere, continuare, seguitare, proseguire, mantenere CONTR. cessare, finire **2** (*nei propositi, nella vendetta, ecc.*) persistere, perseverare, ostinarsi, insistere, accanirsi, impuntarsi, incaponirsi CONTR. desistere, arrendersi, cedere, piegarsi.

perdutaménte avv. appassionatamente, infinitamente, disperatamente CONTR. poco, scarsamente.

perdùto part. pass. di **perdere**; anche agg. **1** perso, smarrito, scomparso, sparito CONTR. trovato, ritrovato, rinvenuto, ricuperato **2** (*fig.*) (*di persona*) smarrito, sbigottito, disperato, avvilito, confuso CONTR. baldanzoso, sicuro, spavaldo **3** (*fig.*) (*di persona*) corrotto, depravato, dissoluto, immorale CONTR. onesto, incorrotto.

peregrinàre v. intr. vagare, errare, vagabondare, viaggiare CONTR. sostare, stare, fermarsi.

peregrinazióne s. f. vagabondaggio, viaggio, pellegrinaggio CONTR. sosta, permanenza.

perènne agg. eterno, perpetuo, costante, illimitato, continuo, incessante, inesauribile, inestinguibile CONTR. temporaneo, effimero, momentaneo, caduco, discontinuo.

perenneménte avv. eternamente, perpetuamente, continuamente, incessantemente CONTR. momentaneamente, temporaneamente.

perennità s. f. perpetuità, eternità, durevolezza CONTR. caducità, provvisorietà, transitorietà, precarietà.

perentoriaménte avv. esplicitamente, tassativamente, improrogabilmente, categoricamente CONTR. facoltativamente, allusivamente.

perentòrio agg. **1** esplicito, energico CONTR. allusivo, dubbio **2** decisivo, improrogabile, irremissibile, tassativo, indilazionabile, categorico CONTR. prorogabile, dilazionabile, rimandabile.

perfettaménte avv. esattamente, precisamente □ assolutamente, affatto, del tutto CONTR. imperfettamente □ per nulla.

perfettìbile agg. correggibile, migliorabile, perfezionabile CONTR. incorreggibile.

perfètto agg. **1** (*di opera, di lavoro, ecc.*) compiuto, finito, realizzato, ultimato CONTR. incompiuto **2** (*est.*) (*di accordo, di intesa, ecc.*) totale, completo, assoluto CONTR. incompleto, incompiuto, parziale **3** eccellente, esemplare, ottimo, ineccepibile CONTR. pessimo, mediocre.

perfezionàbile agg. migliorabile, perfettibile, correggibile CONTR. incorreggibile.

perfezionaménto s. m. miglioramento, compimento, raffinamento, rifinimento, approfondimento CONTR. peggioramento.

perfezionàre A v. tr. migliorare, correggere, ritoccare, rifinire, limare, raffinare, affinare CONTR. peggiorare, deteriorare, guastare **B**

perfezionarsi v. intr. pron. (*est.*) affinarsi, migliorare, correggersi, raffinarsi □ approfondire gli studi, specializzarsi **CONTR.** peggiorare.

perfezióne s. f. **1** (*di doti*) eccellenza, esemplarità, ottimo, apice, vertice, ideale, quintessenza **CONTR.** imperfezione, difetto **2** (*di lavoro, di accordo, ecc.*) compimento, compiutezza, finitezza □ realizzazione.

perfezionìsmo s. m. (*est.*) pignoleria, meticolosità **CONTR.** leggerezza, approssimazione, imprecisione.

perfezionìsta s. m. e f. (*est.*) pignolo, meticoloso, scrupoloso **CONTR.** leggero, impreciso, ciabattone.

perfìdia s. f. malvagità, crudeltà, bassezza, slealtà, tradimento, malignità, cattiveria **CONTR.** lealtà, sincerità, onestà, bontà, benignità, benevolenza.

pèrfido agg. infido, sleale, maligno, malvagio, cattivo, traditore, crudele **CONTR.** leale, sincero, fido (*lett.*), fedele, buono, benigno.

perfìno avv. persino, finanche, addirittura, infino (*lett.*), fino, anche **CONTR.** neppure, neanche, nemmeno.

perforàbile agg. traforabile, bucabile, trapassabile, trivellabile, trapanabile, permeabile **CONTR.** imperforabile, impermeabile.

perforàre v. tr. forare, traforare, bucare, trapassare, trivellare, trapanare.

perforàto part. pass. di **perforare**; anche agg. bucato, forato, trapassato, trivellato, trapanato.

perforazióne s. f. **1** perforamento, trapanazione, trivellamento □ buco, bucatura □ foratura, fori **2** (*med.*) (*di organo cavo*) rottura.

performance /*ingl.* pəˈfɔːməns/ [vc. ingl., dall'ant. fr. *parformance*, da *parformer* 'compiere'] s. f. inv. **1** (*sport*) prova, prestazione, impresa □ risultato □ forma, condizione, stato **2** (*arte*) risultato **3** (*teat.*, *arte*) happening (*ingl.*) **4** (*ling.*) esecuzione **5** manifestazione.

pergamèna [vc. dotta, lat. (*chărtam*) *pergamēna(m)* 'carta di Pergamo', così detta perché l'uso di essa venne introdotto da Eumene II di *Pergamo*] s. f. **1** cartapecora **2** (*est.*) documento, diploma.

pèrgola s. f. pergolato, frascato, intelaiatura, graticcio, padiglione, ombracolo (*ant.*), bersò, berceau (*fr.*).

pergolàto s. m. pergola, frascato, ombracolo (*ant.*), padiglione, bersò, berceau (*fr.*), intelaiatura, graticcio.

pericolànte agg. malsicuro, traballante, pencolante, pendente, lesionato, fatiscente **CONTR.** saldo, sicuro, stabile, robusto.

perìcolo s. m. **1** rischio, minaccia, emergenza, repentaglio, cimento, frangente □ azzardo **CONTR.** sicurezza, riparo, rifugio **2** (*est.*) persona pericolosa **3** (*fig.*, *fam.*) probabilità, possibilità, eventualità **CONTR.** impossibilità.

pericolosaménte avv. rischiosamente □ dannosamente, nocivamente **CONTR.** sicuramente □ utilmente, vantaggiosamente.

pericolosità s. f. **1** insicurezza **CONTR.** sicurezza **2** nocività, rischiosità, dannosità **CONTR.** utilità, vantaggio.

pericolóso agg. **1** (*di viaggio, di situazione, ecc.*) rischioso, malsicuro, temibile, difficile, critico **CONTR.** sicuro, tranquillo **2** (*di persona, di sostanza, ecc.*) sconsigliabile, nocivo, dannoso, dubbio, pernicioso, deleterio, fatale **CONTR.** utile, vantaggioso, buono, sicuro, consigliabile.

periferìa s. f. **1** circonferenza, perimetro **2** esterno **3** sobborgo, hinterland (*ted.*), banlieue (*fr.*) **CONTR.** centro.

perifèrico agg. **1** di periferia □ esterno **CONTR.** centrale **2** (*fig.*) (*di argomento, di critica, ecc.*) marginale, superficiale, secondario **CONTR.** centrale, principale.

perìfrasi s. f. circonlocuzione, giro di parole.

perimetràle agg. esterno **CONTR.** interno.

perìmetro s. m. **1** circonferenza, contorno, periferia **2** (*mat.*) (*di figura*) lati **3** (*est.*) giro, orlo, margine, circuito, ambito, recinto.

periodicaménte avv. a periodi, a intervalli, regolarmente, sistematicamente **CONTR.** saltuariamente, discontinuamente, irregolarmente.

periodicità s. f. regolarità, sistematicità **CONTR.** saltuarietà, irregolarità, discontinuità.

periòdico A agg. regolare, sistematico **CONTR.** saltuario, discontinuo, irregolare **B** s. m. giornale, rivista, mensile, quindicinale, settimanale.

perìodo s. m. **1** intervallo, spazio, fase, momento, ciclo, età, epoca, secolo, tempo **2** (*ling.*) frase, proposizione.

peripezìa s. f. caso, vicenda, avventura, vicissitudine, traversia, guaio, disgrazia.

pèriplo s. m. circumnavigazione □ giro.

perìre v. intr. **1** morire, mancare, soccombere **CONTR.** vivere **2** (*fig.*) (*d'amore*) languire **3** (*est.*) (*di fama, di ricordo, ecc.*) finire, estinguersi, perdersi **CONTR.** durare, resistere, prosperare, progredire.

perìto (1) part. pass. di **perire**; anche agg. morto, finito, estinto **CONTR.** sopravvissuto, vivo.

perìto (2) A agg. esperto, pratico, abile, competente, capace, bravo **CONTR.** incapace, inesperto, incompetente, inetto, ignorante, ignaro **B** s. m. esperto, consulente, stimatore, specialista.

perìzia s. f. **1** maestria, esperienza, competenza, abilità, capacità, bravura, pratica **CONTR.** imperizia, incapacità, ignoranza, inettitudine **2** (*di parte*) stima, estimo, valutazione.

perizòma s. m. fascia, cintura, benda □ gonnellino.

pèrla s. f. **1** (*est.*) sferetta, globuletto **2** (*fig.*) (*di persona*) bontà, tesoro **3** (*fig.*) (*di cosa*) gioiello **4** (*fig.*) errore grossolano, marrone (*pop.*) **5** (*med.*) capsula.

perlàceo agg. chiaro, opalescente, opalino,

madreperlaceo, lattiginoso, perlato.
perlìna s. f. **1** dim. di **perla** **2** lustrino, margheritina □ (*solo al pl.*) conterie.
perloméno avv. a dir poco, almeno.
perlopiù avv. quasi sempre, di solito, solitamente, spesso, generalmente **CONTR.** quasi mai, raramente, insolitamente.
perlustràre v. tr. ispezionare, esplorare, visitare, percorrere.
perlustraziόne s. f. ricognizione, ispezione, esplorazione, sopralluogo, visita.
permalosità s. f. ombrosità, suscettibilità, sospettosità, scontrosità **CONTR.** tolleranza, bonarietà.
permalóso agg.; anche s. m. suscettibile, ombroso, scontroso, sdegnoso, sospettoso **CONTR.** tollerante, bonario.
permanènte A part. pres. di **permanere**; anche agg. stabile, fisso, duraturo, durevole, perpetuo, continuo, eterno **CONTR.** provvisorio, transitorio, fugace, passeggero, instabile, discontinuo, saltuario **B** s. f. (*di capelli*) ondulazione, arricciatura.
permanenteménte avv. stabilmente, durevolmente, perpetuamente, continuamente, eternamente **CONTR.** provvisoriamente, transitoriamente, fugacémente, saltuariamente.
permanènza s. f. **1** stabilità, continuità, durata **CONTR.** discontinuità, scomparsa **2** soggiorno, dimora, sosta.
permanére v. intr. **1** durare, perdurare, continuare **CONTR.** mutare **2** rimanere, sostare, abitare **CONTR.** transitare.
permeàbile agg. penetrabile, assorbente **CONTR.** impermeabile, impenetrabile, coibente, isolante.
permeabilità s. f. penetrabilità **CONTR.** impermeabilità.
permeàre v. tr. **1** passare, attraversare, compenetrare, intridere, impregnare, inzuppare **2** (*fig.*) (*di idee, di cultura, ecc.*) penetrare, condizionare, influenzare, influire, pervadere.
permésso A part. pass. di **permettere**; anche agg. **1** autorizzato, consentito, concesso, tollerato, ammesso, sopportato **CONTR.** proibito, vietato **2** lecito, possibile **CONTR.** illecito, impossibile **B** s. m. **1** autorizzazione, consenso, facoltà, concessione **CONTR.** proibizione, divieto, impedimento, inibizione **2** (*di militare, di impiegato, ecc.*) licenza, congedo.
perméttere v. tr. autorizzare, acconsentire, consentire, concedere, tollerare, sopportare, accordare, ammettere, assentire **CONTR.** proibire, vietare, ostacolare, inibire **FRAS.** *permettersi di*, prendersi la libertà di, concedersi di.
permissivaménte avv. indulgentemente, tollerantemente **CONTR.** rigorosamente, intransigentemente.
permissività s. f. permissivismo, eccessiva indulgenza, tolleranza **CONTR.** rigorismo, rigore, intransigenza.
permissìvo agg. tollerante, indulgente, comprensivo, condiscendente **CONTR.** intransigente, severo, inflessibile.
pèrmuta s. f. permutazione, scambio, baratto, interscambio, cambio.
permutàbile agg. mutabile, commutabile, barattabile **CONTR.** incommutabile, impermutabile.
permutabilità s. f. mutabilità, commutabilità **CONTR.** incommutabilità, impermutabilità.
permutàre v. tr. barattare, cambiare, scambiare, tramutare, commutare, trasformare, cangiare (*lett.*).
permutaziόne s. f. permutamento (*raro*), permuta, scambio, baratto, cambio, interscambio, commutazione, trasformazione.
pernìce s. f. (*zool., gener.*) starna.
perniciόso agg. dannoso, deleterio, nocivo, pericoloso, rovinoso, malefico, funesto, esiziale **CONTR.** benefico, positivo, utile.
pèrno s. m. **1** (*mecc.*) fulcro, cardine, asse **2** (*fig.*) (*della famiglia, della vicenda, ecc.*) sostegno, fondamento, base, riferimento, fulcro (*fig.*).
però cong. **1** ma **2** tuttavia, nondimeno.
peróne s. m. (*anat.*) fibula.
peroràre A v. tr. difendere, patrocinare **B** v. intr. arringare, concionare (*lett.*).
perpendicolàre agg. ortogonale, a piombo, a perpendicolo.
perpendicolarménte avv. ortogonalmente, a piombo, a perpendicolo.
perpetràre v. tr. eseguire, commettere, compiere.
perpètua [dal n. di *Perpetua*, la serva di don Abbondio nei 'Promessi Sposi' del Manzoni] s. f. **1** (*di sacerdote*) domestica, serva **2** (*est.*) serva ciarliera.
perpetuaménte avv. eternamente, perennemente, sempre, permanentemente, ininterrottamente **CONTR.** temporaneamente, momentaneamente, provvisoriamente □ mai.
perpetuàre A v. tr. immortalare, eternare, tramandare **B perpetuarsi** v. intr. pron. eternarsi, continuare, estendersi, durare, immortalarsi.
perpètuo agg. eterno, perenne, continuo, ininterrotto, costante, indistruttibile, inestinguibile, permanente, infinito, immortale **CONTR** passeggero, temporaneo, provvisorio, transitorio, precario, fugace, effimero **FRAS.** *leva perpetua*, puleggia.
perplessaménte avv. dubbiosamente, con titubanza **CONTR.** sicuramente, con sicurezza.
perplessità s. f. incertezza, indecisione, irresolutezza, titubanza, esitazione, dubbio, dubbiosità, imbarazzo **CONTR.** decisione, risolutezza, sicurezza, certezza.
perplèsso agg. dubbioso, indeciso, irresoluto incerto, titubante, esitante **CONTR.** sicuro, certo, deciso, determinato, risoluto, fermo.
perquisìre v. tr. cercare, frugare, rovistare, in

vestigare.
perquisizióne s. f. ricerca, indagine, investigazione.
persecutóre s. m.; anche agg. (f. *-trice*) avversatore, nemico, oppositore, oppressore □ torturatore CONTR. fautore, favoreggiatore.
persecutòrio agg. vessatorio.
persecuzióne s. f. **1** vessazione, oppressione, maltrattamento, angheria, ostilità, sopruso CONTR. favoreggiamento, favore **2** (*fig.*) (*di persona o cosa*) molestia, seccatura, tormento, ossessione CONTR. gioia, piacere, spasso, diversivo.
perseguìre v. tr. inseguire, cercare, ripromettersi.
perseguitàre v. tr. **1** vessare, angariare, maltrattare, tormentare, braccare, travagliare CONTR. aiutare, beneficare, favorire **2** (*fig.*) infastidire, molestare, importunare, seccare, tediare CONTR. divertire, rallegrare.
perseguitàto part. pass. di **perseguitare**; anche agg. e s. m. vessato, angariato, tormentato, maltrattato, braccato, travagliato □ (*per politica*) vittima CONTR. aiutato, favorito, beneficato □ beniamino.
perseverànte part. pres. di **perseverare**; anche agg. tenace, pertinace, costante, insistente, assiduo CONTR. incostante, instabile, mutevole, volubile, leggero.
perseverànza s. f. costanza, pertinacia, tenacia, fermezza, persistenza, insistenza, assiduità CONTR. incostanza, instabilità, mutevolezza, volubilità, mutabilità, leggerezza.
perseveràre v. intr. continuare, insistere, persistere, seguitare, proseguire CONTR. desistere, lasciare.
persiàna [fr. *persienne*, f. sost. di *persien* 'persiano', perché ritenuta originaria della *Persia*] s. f. gelosia □ (*est.*) imposta, scuretto, scuro.
persistènte part. pres. di **persistere**; anche agg. insistente, perseverante, tenace, caparbio, ostinato, costante, fermo, pertinace, continuo, assiduo, durevole CONTR. docile, arrendevole □ incostante, mutevole, instabile, effimero, debole, leggero.
persistenteménte avv. insistentemente, tenacemente, ostinatamente CONTR. debolmente, instabilmente, fiaccamente, arrendevolmente.
persistènza s. f. insistenza, perseveranza, ostinazione, costanza, durevolezza, caparbietà, pertinacia, continuità, pervicacia, fermezza CONTR. docilità, arrendevolezza □ instabilità, mutabilità, volubilità, incostanza, debolezza.
persìstere v. intr. insistere, continuare, perseverare, durare, seguitare, proseguire CONTR. cedere, rinunciare, desistere, tralasciare.
pèrso part. pass. di **perdere**; anche agg. **1** smarrito, perduto, scomparso, sparito CONTR. ritrovato, recuperato, rinvenuto **2** (*di tempo, di forze, ecc.*) sprecato, sciupato, inutile CONTR. utilizzato, usato **3** (*di beni, di denaro*) sprecato, dissipato, scialacquato CONTR. guadagnato.
persóna s. f. **1** individuo, uomo, donna, essere **2** qualcuno, alcuno **3** personale, corpo, corporatura, figura, fisico, statura, complessione **4** (*est.*) atteggiamento, indole, carattere, portamento **5** (*di romanzo, di commedia, ecc.*) personaggio, figura FRAS. *in persona, di persona,* personalmente □ *persona di servizio,* domestico, domestica.
personàggio s. m. **1** autorità, personalità, notabile, big (*ingl.*), boss (*ingl.*) **2** (*fig., scherz.*) tipo, soggetto, elemento **3** (*est.*) (*di romanzo, di dramma e sim.*) protagonista, attore, interlocutore, eroe, figura.
personàle A agg. **1** proprio, esclusivo, individuale, privato, particolare, soggettivo, caratteristico CONTR. impersonale, generale, generico, comune **2** (*di discorso, di lettera, ecc.*) privato, riservato, confidenziale CONTR. ufficiale, pubblico **B** s. m. **1** (*di azienda, di ufficio, ecc.*) dipendenti, addetti, impiegati, operai **2** figura, statura, complessione, fattezze, corporatura, persona **C** s. f. (*di artista*) mostra, esposizione.
personalità s. f. **1** individualità **2** temperamento, carattere, qualità, natura, indole **3** personaggio, autorità, notabile, big (*ingl.*), boss (*ingl.*), luminare.
personalménte avv. **1** di persona, in persona, da sé, direttamente, a voce, per conto proprio **2** da parte mia (tua, sua, nostra, vostra, loro).
personificàre v. tr. incarnare, impersonare, rappresentare, simboleggiare.
personificàto part. pass. di **personificare**; anche agg. impersonato, rappresentato, simboleggiato.
personificazióne s. f. rappresentazione, figurazione CONTR. astrazione.
perspicàce agg. **1** sagace, acuto, vivace, penetrante, intelligente, astuto, intuitivo CONTR. ottuso, tardo, lento, tonto **2** (*est.*) lungimirante, previdente, avveduto, accorto CONTR. imprevidente, sconsiderato.
perspicàcia s. f. sagacia, intelligenza, astuzia, acutezza, avvedutezza, accortezza, intuizione, acume CONTR. ottusità, chiusura.
perspìcuo agg. evidente, chiaro, comprensibile, trasparente CONTR. oscuro, incomprensibile.
persuadènte part. pres. di **persuadere**; anche agg. convincente, persuasivo, suasivo (*lett.*), efficace CONTR. dissuasivo, inefficace.
persuadére A v. tr. convincere, indurre, consigliare, incitare, piegare CONTR. dissuadere, distogliere **B persuadersi** v. rifl. capacitarsi, convincersi.
persuasìbile agg. persuadibile (*raro*), convincibile, piegabile, malleabile CONTR. ostinato, pervicace, caparbio.

persuasióne s. f. **1** esortazione, ammonimento CONTR. dissuasione **2** opinione, convinzione, convincimento, idea, certezza, fissazione, sicurezza CONTR. dubbio, incertezza, titubanza.

persuasìvo s. f. convincente, efficace, incalzante, suasivo (*lett.*), invitante, allettante CONTR. inefficace, dissuasivo.

persuàso part. pass. di **persuadere**; anche agg. convinto, risoluto, certo, sicuro, fissato □ rassegnato CONTR. dubbioso, incerto, perplesso.

pertànto cong. **1** perciò, quindi, dunque **2** tuttavia, nondimeno.

pèrtica s. f. bastone, palo, asta, stanga, stecca.

pertinàce agg. tenace, costante, perseverante, ostinato, pervicace, cocciuto, caparbio, insistente, protervo CONTR. docile, arrendevole, remissivo, condiscendente, aperto □ incostante, titubante.

pertinàcia s. f. perseveranza, fermezza, costanza, ostinazione, cocciutaggine, caparbietà, insistenza CONTR. docilità, arrendevolezza, remissività, condiscendenza □ incostanza, titubanza, perplessità, incertezza.

pertinènte agg. attinente, relativo, riguardante, inerente, appartenente.

pertinènza s. f. **1** (*di osservazione, di discorso, ecc.*) giustezza, attinenza, appartenenza, relazione, coerenza CONTR. estraneità **2** (*dir.*) competenza, giurisdizione, spettanza CONTR. incompetenza.

pertósse s. f. tosse canina, tosse asinina, tosse cattiva, tosse convulsa.

pertùgio s. m. buco, foro, fessura, occhiello, spiraglio.

perturbaménto s. m. perturbazione, turbamento, confusione, disordine, caos, scompiglio, agitazione, alterazione CONTR. quiete, ordine, tranquillità, serenità.

perturbàre A v. tr. turbare, sconvolgere, disordinare, scompigliare, agitare, sobillare, smuovere CONTR. calmare, sopire, assopire, placare, quietare, normalizzare **B perturbarsi** v. intr. pron. agitarsi, turbarsi, sconvolgersi CONTR. calmarsi, sopirsi, placarsi, quietarsi.

perturbàto part. pass. di **perturbare**; anche agg. turbato, agitato, sconvolto CONTR. calmo, quieto, tranquillo, sereno.

perturbazióne s. f. **1** (*di animo*) perturbamento, turbamento, agitazione CONTR. quiete, serenità, pace, tranquillità **2** (*meteor.*) turbamento atmosferico, tempo perturbato, cattivo tempo, depressione, temporale CONTR. sereno, bel tempo.

pervàdere v. tr. invadere, penetrare, permeare, impregnare.

pervenìre v. intr. **1** giungere, arrivare, venire, capitare CONTR. partire, allontanarsi **2** (*di eredità, di rendita, ecc.*) toccare, ereditare, spettare.

perversaménte avv. malvagiamente, malignamente, perfidamente, diabolicamente, sadicamente CONTR. onestamente, benevolmente, lealmente, rettamente.

perversióne s. f. depravazione, degenerazione, pervertimento, alterazione, vizio, corruzione CONTR. onestà, rettitudine, bontà, innocenza.

perversità s. f. malvagità, cattiveria, iniquità, malignità, nequizia (*lett.*), crudeltà, depravazione, scelleratezza CONTR. bontà, innocenza, virtù, onestà.

pervèrso agg. malvagio, maligno, vizioso, perfido, diabolico, sadico, efferato, degenerato, corrotto, depravato CONTR. buono, onesto, innocente, virtuoso, puro.

pervertìre A v. tr. depravare, degenerare, corrompere, stravolgere, guastare, rovinare CONTR. moralizzare, migliorare, educare **B pervertirsi** v. intr. pron. corrompersi, degenerare, depravarsi, guastarsi CONTR. moralizzarsi, normalizzarsi, migliorarsi.

pervertìto part. pass. di **pervertire**; anche agg. e s. m. degenerato, depravato, corrotto, guasto, anormale, vizioso CONTR. virtuoso, innocente, puro, onesto.

pervicàce agg. ostinato, caparbio, testardo, cocciuto, pertinace, accanito, protervo, persistente, costante, duro CONTR. incostante, debole, volubile, mutevole, leggero, variabile.

pervicàcia s. f. ostinazione, caparbietà, testardaggine, cocciutaggine, pertinacia, accanimento, protervia, tenacia, perseveranza, costanza, fermezza, persistenza CONTR. incostanza, debolezza, volubilità, instabilità, mutevolezza.

pervìnca agg. e s. m. (*di colore*) azzurro-violaceo.

pèrvio agg. (*lett.*) accessibile, praticabile, penetrabile, attraversabile, aperto CONTR. impervio, impenetrabile, inaccessibile.

pesànte part. pres. di **pesare**; anche agg. **1** grave, ponderoso, greve, gravoso, faticoso, schiacciante, grande CONTR. leggero, lieve, piccolo **2** (*fig.*) (*di aria, di cielo, ecc.*) afoso, plumbeo CONTR. sereno, leggero, frizzante, terso **3** (*est.*) (*di sonno*) profondo CONTR. leggero **4** (*est.*) (*di cibo*) indigesto, indigeribile CONTR. leggero, digeribile **5** (*fig.*) (*di persona*) tardo, lento, impacciato, ottuso CONTR. agile, leggero **6** (*est., fig.*) (*di stile, di scritto, ecc.*) grave, sovraccarico, lento CONTR. agile, svelto **7** (*fig.*) (*di discorso, di compagnia, ecc.*) noioso, molesto, irritante, seccante, affliggente, insopportabile CONTR. piacevole, ameno, divertente **8** (*fig.*) (*di situazione*) grave, preoccupante CONTR. felice **9** (*est., sport*) (*di gioco*) scorretto CONTR. corretto.

pesanteménte avv. **1** con difficoltà, lentamente, faticosamente CONTR. leggermente **2** (*di dormire*) profondamente CONTR. leggermente **3** (*di parlare, di fare, ecc.*) noiosamente, insopportabilmente **CONTR.** piacevolmente **4** (*sport*) (*di giocare*) scorrettamente **CONTR.** correttamente **5** (*di rimproverare, di criticare, ecc.*) duramente, severamente **CONTR.** benevolmente, benignamente.

pesantézza s. f. **1** peso, gravezza, gravosità, ponderosità (*raro*) **CONTR.** leggerezza, levità **2** (*fig.*) (*di persona, di discorso, ecc.*) noiosità, insopportabilità, molestia **CONTR.** leggerezza, piacevolezza **3** (*fig.*) (*di aria, di clima*) afosità **CONTR.** leggerezza **4** (*fig.*) (*di mente*) lentezza, ottusità **CONTR.** vivacità, agilità.

pesàre A v. tr. **1** trovare il peso, stabilire il peso **2** (*fig.*) (*con la mente*) ponderare, calcolare, valutare, giudicare, esaminare, considerare, soppesare, analizzare **B** v. intr. **1** essere pesante **2** (*fig.*) (*di fatica, di impegno, ecc.*) gravare, opprimere, affliggere, annoiare, rincrescere, costare **CONTR.** dare piacere, divertire, rallegrare **3** (*fig.*) (*di decisione, di discorso, ecc.*) influire, essere importante **4** (*fig.*) (*di minaccia, di male, ecc.*) incombere.

pesàto part. pass. di **pesare**; anche agg. ponderato, calcolato, valutato, giudicato, analizzato.

pescàre v. tr. **1** (*di pesce*) prendere, catturare **2** (*fig.*) (*di notizia, di oggetto, ecc.*) trovare, reperire **CONTR.** perdere, smarrire **3** (*est.*) (*di carta, di premio, ecc.*) estrarre, prendere, vincere **4** (*fig.*) (*di persona*) beccare (*fam.*), sorprendere.

pescàto part. pass. di **pescare**; anche agg. **1** (*di pesce*) preso, catturato **2** (*fig.*) (*di notizia, di oggetto, ecc.*) trovato, reperito **CONTR.** perso, smarrito **3** (*est.*) (*di carta, di premio, ecc.*) estratto, preso, vinto **4** (*fig.*) (*di persona*) beccato (*fam.*), sorpreso.

pésce s. m. **FRAS.** *pesce angelo*, squadro □ *pesce cane*, squalo □ *pesce combattente*, betta □ *pesce istrice*, diodonte □ *pesce lupo*, spigola □ *pesce palla*, tetraodonte □ *pesce prete*, uranoscopo □ *pesce rondine*, dattilottero □ *pesce rosso*, carassio dorato □ *pesce tamburo*, mola, pesce luna □ *pesce tigre*, piranha □ *pesce pipistrello*, malte □ *pesce volante*, esoceto □ *pesce d'aprile* (*fig.*), burla □ *non sapere che pesci prendere* (*fig.*), non sapere come agire □ *sentirsi un pesce fuor d'acqua* (*fig.*), sentirsi a disagio □ *fare il pesce in barile* (*fig.*), mostrarsi indifferente □ *prendere a pesci in faccia* (*fig.*), trattare villanamente.

pescecàne s. m. **1** squalo **2** (*fig.*) arricchito (spec. durante la guerra), affarista, incettatore.

pescheréccio A agg. (*raro*) pescoso **B** s. m. nave da pesca.

pescivéndolo s. m. pesciaiolo.

pescóso agg. peschereccio (*raro*), ricco di pesce.

péso s. m. **1** (*est.*) carico, soma, fardello, zavorra **2** pesantezza, gravità **CONTR.** leggerezza **3** (*fig.*) autorità, rilievo, valore, importanza, influenza **4** (*fig.*) preoccupazione, assillo, obbligo, responsabilità **5** molestia, angustia, noia, affanno, fastidio, tedio, tormento **6** onere, gravame **7** (*sport*) (*nell'ippica*) handicap (*ingl.*) **FRAS.** *peso gallo*, bantam.

pessimaménte avv. malissimo **CONTR.** benissimo.

pessimìsmo s. m. (*est.*) sfiducia **CONTR.** ottimismo, fiducia.

pessimìsta s. m. e f. (*est.*) sfiduciato **CONTR.** ottimista, fiducioso.

pessimìstico agg. (*est.*) sfiduciato, scoraggiato **CONTR.** ottimistico, fidente, fiducioso.

pèssimo agg. **1** sup. di **cattivo 2** cattivissimo, il più cattivo **CONTR.** ottimo, buonissimo **3** bruttissimo, orrendo, schifoso **CONTR.** bellissimo, meraviglioso, stupendo.

pestàggio s. m. **1** bastonatura, pestatura **2** rissa, zuffa.

pestàre v. tr. **1** calpestare, schiacciare, pigiare, acciaccare, calcare, spiaccicare **2** (*di pepe, di erbe, ecc.*) frantumare, sminuzzare, polverizzare **3** (*di carne, di verdura, ecc.*) tritare, battere **4** (*est.*) picchiare, battere, percuotere, riempire di botte.

pestàto part. pass. di **pestare**; anche agg. **1** calpestato, schiacciato, pigiato, calcato **2** (*di pepe, di erbe, ecc.*) frantumato, sminuzzato, polverizzato **3** (*di carne, di verdura, ecc.*) tritato, battuto **4** (*di persona*) picchiato, percosso, menato (*fam.*).

pèste s. f. **1** pestilenza, morbo **2** (*fig.*) fetore, puzzo, lezzo, afrore, tanfo, miasma **CONTR.** profumo, fragranza, olezzo (*lett.*) **3** (*fig.*) (*anche di persona*) calamità, rovina, sciagura, sventura **CONTR.** ventura, benedizione, fortuna **4** (*fig.*) (*di bambino*) diavolo, giamburrasca **FRAS.** *dire peste e corna di uno* (*fig.*), parlare malissimo di uno.

pestìfero agg. **1** pestilenziale **2** (*fig.*) puzzolente, putrido, fetido, mefitico, graveolente (*lett.*) **CONTR.** fragrante, olezzante (*lett.*), profumato, odoroso **3** (*fig.*) dannoso, esiziale, funesto, maligno, ferale (*lett.*), nefasto, infausto **CONTR.** fausto, favorevole, propizio, benefico, buono **4** (*fig.*) (*di bambino, di persona*) noioso, molesto, fastidioso, seccatore, insopportabile, intollerabile **CONTR.** piacevole, divertente, gradito, quieto, tranquillo.

pestilènza s. f. **1** peste **2** (*fig.*) calamità, rovina, flagello, sciagura, sventura, cataclisma **CONTR.** fortuna, ventura, benedizione **3** (*fig.*) fetore, puzzo, lezzo, afrore, tanfo, miasma **CONTR.** profumo, fragranza, olezzo (*lett.*).

pestilenziàle agg. **1** pestifero **2** (*fig.*) dannoso, pestifero, esiziale, funesto, maligno, ferale (*lett.*), nefasto, infausto **CONTR.** fausto, favorevole, propizio, benefico, buono **3** (*fig.*) fetido, puzzolente, putrido, mefitico, graveolente (*lett.*) **CONTR.** fragrante, olezzante (*lett.*), profumato, odoroso **4** (*fig.*) (*di persona*) molesto, noioso, fastidioso, seccatore, insopportabile, intollerabile **CONTR.** piacevole, divertente, gradito, quieto, tranquillo.

pésto agg. **1** ammaccato, pestato, contuso, livido **2** (*fig.*) (*di buio*) fitto, totale, completo, assoluto.

petàrdo s. m. castagnola, mortaretto, bombetta, detonante.

petizióne s. f. domanda, istanza, supplica, richiesta.

péto s. m. (*volg.*) scoreggia (*volg.*), loffa, vento.

petroniàno [da san *Petronio*, protettore di Bologna] agg.; anche s. m. **1** (*lett.*) bolognese, felsineo (*lett.*) **2** (*sport*) sostenitore del Bologna, tifoso del Bologna, rossoblù.

pettegolézzo s. m. chiacchiera, diceria, malignità, maldicenza, ciancia, ciarla, chiacchiericcio.

pettégolo agg.; anche s. m. chiacchierone, linguacciuto, gazzettino, ciarliero, maldicente, ciarlone, maligno, calunniatore, mormoratore, sussurrone (*fam.*).

pettinàre A v. tr. **1** (*di capelli*) ravviare, acconciare, lisciare, districare **CONTR.** spettinare, arruffare, scarmigliare **2** (*di lana, di seta e sim.*) cardare, scardassare, scapecchiare, carminare **3** (*fig.*) rimproverare, rabbuffare, sgridare **CONTR.** lodare, encomiare, elogiare **B pettinarsi** v. rifl. ravviarsi □ acconciarsi.

pettinàta s. f. **1** ravviata **CONTR.** spettinata **2** (*fig.*) sgridata, strigliata, rabbuffata **CONTR.** lode, encomio, elogio.

pettinàto part. pass. di **pettinare**; anche agg. ravviato, acconciato, lisciato **CONTR.** spettinato, arruffato, scarmigliato.

pettinatùra s. f. acconciatura.

pètto s. m. **1** (*est.*) torace, torso, costato, busto **CONTR.** dorso **2** (*est.*) polmoni **3** (*est.*) seno, mammella **4** (*di abito*) davanti **5** (*fig.*) forza, energia **6** (*fig.*) fronte, parte anteriore **CONTR.** schiena **7** (*fig.*) cuore, animo **FRAS.** *prendere di petto* (*fig.*), affrontare con energia □ *a petto*, a confronto.

pettorìna s. f. pettino, davantino.

petulànte agg. impertinente, insolente, arrogante, indiscreto, sfacciato, seccante, provocante, inopportuno, molesto, insistente, indelicato **CONTR.** discreto, riguardoso, riservato.

petulànza s. f. insolenza, arroganza, impertinenza, sfacciataggine, molestia, insistenza, indelicatezza **CONTR.** discrezione, riservatezza, riguardo, educazione.

pèzza s. f. **1** toppa, rattoppo **2** (*est.*) stoffa, tessuto **3** straccio, cencio, striscia **4** (*lett.*) tratto, tempo **5** (*di terreno*) appezzamento **6** carta, documento **7** (*sul manto di animale*) chiazza, macchia **FRAS.** *pezza da piedi* (*fig.*), nullità, individuo insignificante □ *metterci una pezza* (*fig.*), rimediare alla meno peggio □ *pezza d'appoggio*, documento giustificativo.

pezzàto agg. (*di animale*) macchiato, maculato, chiazzato.

pezzènte s. m. e f. straccione, mendicante, accattone, povero, pitocco (*raro*), miserabile, questuante **CONTR.** ricco, benestante.

pèzzo s. m. **1** brandello, frammento, brano, parte, tocco, frantume, ritaglio, scheggia, coccio, minuzzolo, scampolo, resto, avanzo **CONTR.** intero **2** (*di pane e sim.*) tozzo, fetta, morso, boccone **3** (*di macchina, di mobile, ecc.*) parte **4** (*di opera musicale, letteraria e sim.*) brano, parte **5** (*fig.*) (*di spazio, di tempo*) tratto, parte **6** (*di terra*) appezzamento **7** (*fig.*) persona **8** (*est.*) elemento, esemplare **9** arma, cannone **10** (*di giornale*) articolo **FRAS.** *fare a pezzi*, frantumare; (*fig.*) stroncare, distruggere, uccidere □ *a pezzi e a bocconi* (*fig.*), un po' per volta, alla meno peggio □ *tutto d'un pezzo* (*fig.*), inflessibile, incorruttibile □ *pezzo grosso*, persona influente, big (*ingl.*), boss (*ingl.*) □ *pezzo d'uomo*, omone □ *pezzo da novanta* (*fig.*), mafioso potente □ *pezzo di carta* (*fam.*), diploma, laurea.

piacènte part. pres. di **piacere**; anche agg. avvenente, cordiale, gradevole, piacevole, bello, amabile, simpatico, affabile **CONTR.** brutto, sgradevole, spiacevole, antipatico.

piacenteménte avv. (*ant.*) gradevolmente, piacevolmente, amabilmente, affabilmente, simpaticamente **CONTR.** sgradevolmente, spiacevolmente, antipaticamente.

piacére A v. intr. **1** garbare, soddisfare, aggradare (*lett.*), attirare, incantare, dilettare, allettare, attrarre, deliziare, interessare **CONTR.** dispiacere, infastidire, ripugnare, annoiare, tediare **2** (*di leggere, di dormire, ecc.*) desiderare, volere, gradire, avere voglia **CONTR.** dispiacere, nauseare **3** sembrare giusto **B** s. m. **1** godimento, diletto, soddisfazione, voluttà, delizia, dolcezza, gioia, sollievo, appagamento, beatitudine, consolazione, contentezza **CONTR.** dispiacere, disgusto, fastidio, noia, ansia, affanno, angoscia, afflizione **2** divertimento, distrazione, spensieratezza, serenità **CONTR.** noia, affanno, afflizione, angoscia, grattacapo **3** onore, soddisfazione, fortuna **CONTR.** sventura, sfortuna, fastidio **4** favore, servigio, beneficio **CONTR.** inconveniente, fastidio, impiccio **5** desiderio, volontà, gusto, arbitrio.

piacévole agg. dilettevole, gradevole, grazioso, attraente, simpatico, divertente, spassoso, ameno, amabile, allettevole, affabile, garbato, brioso, delizioso, allettante, gentile, soave, affascinante **CONTR.** spiacevole, antipatico, sgradito, noioso, pesante, opprimente, fastidioso, sgradevole, insopportabile, irritante, ingrato.

piacevolézza s. f. **1** amenità, amabilità, festevolezza (*raro*), grazia, giovialità, brio, dolcezza **CONTR.** gravità, scontrosità, musoneria, pesantezza, oppressione **2** facezia, scherzo, spiritosaggine, motto, lepidezza.

piacevolménte avv. bene, gradevolmente, divertentemente, briosamente, affabilmente, simpaticamente, gentilmente, soavemente **CONTR.** sgradevolmente, antipaticamente, spiacevolmente.

piaciménto s. m. piacere, gradimento, voglia, volontà, desiderio.

piaciùto part. pass. di **piacere**; anche agg. gradito, desiderato **CONTR.** sgradito, sgradevole.

piàga s. f. **1** (*med.*) lesione, ferita, ulcera, ulcerazione **2** (*fig.*) (*di grandine, di pestilenza, ecc.*) flagello, danno, male, afflizione, sciagura **CONTR.** beneficio, benedizione, fortuna **3** (*fig.*) (*di animo*) afflizione **4** (*fig., scherz.*) (*di persona*) noioso, pesante, pedante, lagnone, piagnone, insopportabile **CONTR.** delizia, spasso, spiritoso.

piaggerìa s. f. blandizia, lusinga, adulazione, cortigianeria, incensatura, sviolinata, blandimento (*lett.*) **CONTR.** ingiuria, vituperio, disprezzo, biasimo, denigrazione.

piagnistèo s. m. **1** piagnucolamento, piagnucolio, pianto **CONTR.** risata **2** (*est.*) lamento, lamentela, geremiade.

piagnucolàre v. intr. frignare □ piangere sommessamente.

piagnucolìo s. m. piagnucolamento, piagnisteo, lamento **CONTR.** riso, risata.

piagnucolóso agg. querulo, gemebondo, lamentoso, piagnoloso (*lett.*), lacrimoso, pesante **CONTR.** ridanciano, ridente, scherzoso, allegro.

piallàre v. tr. lisciare, appianare, pareggiare, spianare.

piallàto part. pass. di **piallare**; anche agg. **1** liscio, spianato **CONTR.** ruvido, scabro **2** (*fig.*) (*di donna*) senza seno **CONTR.** pettoruta, tettona (*pop.*).

piaménte avv. **1** devotamente, religiosamente **CONTR.** empiamente **2** pietosamente, caritatevolmente, misericordiosamente **CONTR.** impietosamente, malamente.

pianeggiànte part. pres. di **pianeggiare**; anche agg. piano, pari **CONTR.** ondulato, montuoso, erto, scosceso.

pianeggiàre v. tr. livellare, pareggiare.

pianèlla s. f. pantofola, ciabatta, babbuccia.

pianeròttolo s. m. ripiano □ spiazzo.

pianéta s. m. **1** (*fig.*) destino, sorte **2** oroscopo.

pianetìno s. m. **1** dim. di **pianeta 2** (*astron.*) asteroide.

piangènte part. pres. di **piangere**; anche agg. gemebondo, piagnucoloso, lamentoso, querulo, lacrimoso, lacrimante, gemente, singhiozzante, flebile, piagnone (*fam.*) **CONTR.** ridanciano, ridente, sorridente, gaio, giocondo, scherzoso.

piàngere A v. intr. **1** lacrimare, singhiozzare, gemere, piagnucolare, frignare **CONTR.** ridere, rallegrarsi, gioire, sghignazzare, sogghignare **2** (*est.*) soffrire, rammaricarsi, dolersi, lamentarsi **3** (*di liquido*) gocciolare, stillare, gocciare **B** v. tr. **1** versare, emettere **2** deplorare, lamentare **CONTR.** gioire, godere **3** (*est.*) rimpiangere **C** s. m. pianto, lacrime **CONTR.** riso.

pianificàre v. tr. **1** (*raro*) pareggiare, livellare **2** progettare, organizzare, programmare □ disciplinare, regolare, controllare **CONTR.** liberalizzare.

pianificàto part. pass. di **pianificare**; anche agg. programmato, organizzato □ disciplinato, regolato, controllato **CONTR.** libero, liberalizzato.

pianificazióne s. f. programmazione, organizzazione □ disciplina, regolamentazione, controllo **CONTR.** liberalizzazione.

piàno (1) A agg. **1** piatto, pianeggiante, pari, liscio, uniforme, spianato, livellato, piallato, orizzontale, uguale, levigato **CONTR.** montuoso, accidentato, scosceso, diseguale, scabro, ruvido, granuloso **2** (*fig.*) (*di parlare*) sommesso, basso, dolce, moderato, leggero **CONTR.** forte **3** (*fig.*) (*di faccenda, di argomento, ecc.*) agevole, facile, chiaro, intelligibile, semplice **CONTR.** difficile, arduo, scabroso **B** avv. **1** adagio, lentamente **CONTR.** forte, velocemente **2** (*fig.*) (*di posare, di agire, ecc.*) prudentemente, cautamente **CONTR.** imprudentemente, incautamente **3** (*di parlare, di cantare, ecc.*) sommessamente, dolcemente, leggermente, delicatamente **CONTR.** forte, violentemente, sgarbatamente.

piàno (2) s. m. **1** superficie **2** pianura, piana, pianoro, spianata, tavoliere, piattaforma **CONTR.** montagna, monte **3** (*di acque, di persona, ecc.*) livello, grado, altezza **4** (*di frutta, di crema, ecc.*) strato, ordine **5** (*di libreria, di mobile*) palco, palchetto, ripiano **6** (*di edificio*) ordine **FRAS.** *piano nobile*, piano padronale □ *di primo piano* (*fig.*), importante □ *di secondo piano* (*fig.*), secondario.

piàno (3) s. m. **1** (*di costruzione, di oggetto, ecc.*) progetto, disegno, planimetria **2** (*di studio, di libro, ecc.*) schema, disposizione **3** (*di azione, di lavoro, ecc.*) progetto, proposito, programma, previsione.

piàno (4) s. m. pianoforte.

pianofòrte s. m. piano.

pianòro s. m. altopiano, piano, pianura, spianata, tavoliere □ spiazzo **CFR.** altura, monte, montagna, collina, bassura, avvallamento, depressione.

pianotèrra s. m. inv. pianterreno.

piànta s. f. **1** vegetale, arbusto, arboscello, albero, erba **2** (*est.*) piede **3** (*di scarpa*) suola **4** (*di edificio, di mobile, ecc.*) proiezione, planimetria, progetto **5** (*est.*) (*di luogo*) mappa, carta **6** (*bur.*) ruolo, organico **FRAS.** *di sana pianta* (*fig.*), totalmente, interamente, completamente, radicalmente.

piantagióne s. f. coltivazione, coltura □ piantata.

piantagràne s. m. e f. inv. cavilloso, pedante, rompiscatole (*pop.*), rompiballe (*volg.*)

CONTR. pacioso (*dial.*), pacifico.

piantàre A v. tr. **1** (*di pianta, di semi*) interrare, coltivare □ seminare CONTR. sradicare, spiantare (*raro*), svellere, strappare **2** (*di palo, di chiodo, ecc.*) conficcare, ficcare, infiggere, configgere CONTR. strappare, svellere **3** (*est.*) (*di tenda, di fondamenta, ecc.*) collocare, posare, installare, piazzare CONTR. togliere, levare **4** (*di azienda, di impresa, ecc.*) impiantare, fondare, iniziare, fissare, stabilire CONTR. chiudere **5** (*fig.*) (*di persona*) abbandonare, lasciare **6** (*di lavoro, di scrivere, ecc.*) finire, smettere CONTR. cominciare, riprendere **B piantarsi** v. intr. pron. **1** (*di chiodo, di palo, ecc.*) conficcarsi, ficcarsi, infiggersi, configgersi **2** (*di persona*) collocarsi, sistemarsi, fermarsi CONTR. andarsene, partire FRAS. *piantare chiodi* (*fig.*), fare debiti □ *piantare grane* (*fig.*), sollevare questioni spiacevoli □ *piantare baracca e burattini* (*fig.*), abbandonare tutto □ *piantare in asso*, abbandonare a sé stesso □ *piantarla*, finirla.

piantàto part. pass. di **piantare**; anche agg. **1** (*di terreno*) coltivato, alberato CONTR. incolto **2** (*est.*) (*di persona*) solido, robusto, saldo, massiccio, vigoroso, tarchiato, nerboruto, forzuto CONTR. debole, gracile, mingherlino **3** (*fig.*) immobile, impettito, impalato, rigido CONTR. agitato, mobile **4** (*fig.*) (*di persona, di lavoro, ecc.*) abbandonato, lasciato.

pianterréno s. m. pianoterra.

piànto (1) part. pass. di **piangere**; anche agg. rimpianto, compianto.

piànto (2) s. m. **1** piangere, piagnucolio, piagnisteo CONTR. riso, risata **2** (*est.*) lacrime, singhiozzo, gemito, lamento, singulto, lagna CONTR. riso, sorriso **3** afflizione, dolore, lutto, compianto, cordoglio CONTR. esultanza, allegria, gioia, allegrezza **4** (*scherz.*) (*di persona*) disastro, sfacelo, noia, delusione.

piantonaménto s. m. vigilanza, sorveglianza, controllo.

piantonàre v. tr. vigilare, sorvegliare, controllare.

piantonàto part. pass. di **piantonare**; anche agg. vigilato, sorvegliato, controllato.

piantóne s. m. sentinella, guardia □ (*est.*) palo (*gerg.*), basista (*gerg.*), sorvegliante.

pianùra s. f. piano, pianoro, spianata, landa, tavoliere, steppa CFR. monte, montagna, collina, vetta, avvallamento, depressione.

piàstra s. f. **1** lastra, lamina, placca □ strato □ crosta **2** (*di registrazione*) deck (*ingl.*).

piastrèlla s. f. mattonella.

piattafórma s. f. **1** spianata **2** trampolino **3** (*di roccia*) ripiano **4** (*fig.*) (*di lavoro*) programma **5** (*fig.*) (*di trattativa, di discussione*) base.

piattézza s. f. (*di discorso, di idee, ecc.*) banalità, monotonia, noiosità, aridità CONTR. ricchezza, originalità, espressività.

piattìno s. m. **1** dim. di **piatto 2** sottocoppa **3** manicaretto.

piàtto A agg. **1** piano, liscio, levigato, uniforme, schiacciato, livellato, pianeggiante CONTR. rilevato, accidentato, ruvido, rugoso, montuoso, ondulato, inuguale **2** (*fig.*) (*di persona, di discorso, ecc.*) scialbo, scipito, inespressivo, monotono, banale, insignificante, incolore, inelegante, prosaico CONTR. vario, colorito, vivace, vivo, espressivo, originale, significativo, adorno, immaginoso, poetico **B** s. m. **1** scodella, stoviglia, fondina **2** (*est.*) cibo, vivanda, pietanza **3** portata **4** (*di giradischi*) portadischi **5** (*nel gioco*) posta FRAS. *piatto forte* (*fig.*), parte migliore □ *il piatto piange* (*fig.*), mancano le poste.

piàttola s. f. **1** (*zool.*) pidocchio (del pube) **2** (*fig.*) persona noiosa, seccatore, impiccione, impiastro, rompiscatole (*pop.*), scocciatore (*fam.*).

piàzza s. f. **1** largo, piazzale, spiazzo, slargo, sagrato, agorà, foro, campo (*dial.*), rondò CONTR. strettoia, vicolo **2** (*est.*) area, spazio, posto **3** mercato, centro commerciale **4** (*fig.*) popolo, pubblico, gente, folla **5** (*mil.*) fortezza, campo trincerato, piazzaforte FRAS. *mettere in piazza* (*fig.*), far sapere a tutti, sbandierare □ *fare piazza pulita* (*fig.*), sgomberare tutto, spazzare via tutto □ *scendere in piazza* (*est.*), dimostrare, manifestare, scioperare □ *rovinare la piazza* (*fig.*), rovinare la reputazione □ *letto a una piazza*, letto singolo □ *letto a due piazze*, letto matrimoniale.

piazzàle s. m. piazza, spiazzo, largo, slargo, campo (*dial.*).

piazzaménto s. m. **1** (*raro*) collocazione, sistemazione, allogamento **2** (*di classifica, di graduatoria, e sim.*) posizione, posto.

piazzàre A v. tr. **1** collocare, situare, porre, mettere, sistemare CONTR. togliere, levare **2** (*di merce*) vendere, collocare **B piazzarsi** v. rifl. collocarsi, sistemarsi, mettersi, piantarsi □ classificarsi.

piazzàto part. pass. di **piazzare**; anche agg. **1** collocato, situato, sistemato, messo, posto CONTR. tolto, levato **2** (*in classifica, in graduatoria e sim.*) classificato.

piazzìsta s. m. rappresentante, propagandista, commesso viaggiatore.

piazzòla s. f. **1** dim. di **piazza 2** spiazzo, slargo **3** area.

piccànte agg. **1** pungente, pepato, saporito, stuzzicante, forte CONTR. insipido, dolce **2** (*fig.*) (*di discorso, di immagine, ecc.*) spinto, audace, licenzioso, osé (*fr.*), eccitante □ arguto, caustico, pungente, maledico (*lett.*), velenoso CONTR. serio, pudico, controllato □ benigno, benevolo, mite.

picchettàre v. tr. (*di luogo di lavoro*) bloccare, sorvegliare.

picchétto s. m. **1** paletto **2** (*mil.*) squadra, drappello **3** (*di operai*) gruppo di sorveglianza, sorveglianti.

picchiàre **A** v. tr. **1** battere, colpire, martellare **2** percuotere, bastonare, sculacciare, legnare, malmenare, randellare, pestare **CONTR.** carezzare, vezzeggiare **B** v. intr. **1** (*la porta*) bussare **2** (*contro qualcosa*) urtare, cozzare **3** (*fig.*) (*su un argomento*) battere, insistere, persistere, perseverare **CONTR.** desistere, smettere, rinunciare **C** **picchiarsi** v. rifl. rec. percuotersi, bastonarsi, malmenarsi, menarsi, legnarsi, darsele **CONTR.** carezzarsi, vezzeggiarsi.

picchiatèllo agg.; anche s. m. (*scherz.*) strambo, stravagante, tocco, svagato, bizzarro, strano, pazzerello, bislacco, balzano, curioso, singolare, eccentrico, capriccioso, mattoide **CONTR.** comune, normale, posato, sensato, assennato, avveduto.

picchiàto part. pass. di **picchiare**; anche agg. **1** percosso, bastonato, battuto, malmenato, menato, pestato **CONTR.** accarezzato **2** (*fig.*) picchiatello, strambo, stravagante, bizzarro, bislacco, balzano **CONTR.** normale, sano, sensato.

picchiettàre **A** v. tr. e intr. picchierellare, tamburellare **B** v. tr. punteggiare, macchiettare, screziare.

picchiettatùra s. f. macchiatura, punteggiatura, maculatura, screziatura.

picchiettìo s. m. ticchettio, tamburellio.

picchio s. m. **1** bussata, colpo, busso, percossa, battitura **2** picchiotto, batacchio, battiporta, martello, batocchio, battaglio, battente, mazzapicchio.

picchiòtto s. m. battiporta, batacchio, picchio, martello, batocchio, battaglio, battente, mazzapicchio.

piccìno **A** agg. **1** piccolino, minuscolo, minuto, lillipuziano **CONTR.** grande, maestoso, imponente, alto **2** (*fig.*) (*di persona*) umile, basso, dimesso, debole **CONTR.** superbo, orgoglioso, altero **3** (*fig.*) (*di animo, di mente, ecc.*) angusto, gretto, meschino, pedante, insignificante, pitocco, ristretto, misero **CONTR.** largo, generoso, aperto, liberale **B** s. m. neonato, bambino **CFR.** ragazzo, adulto, grande, maturo, anziano, vecchio.

piccionàia s. f. **1** colombaia **2** sottotetto, soffitta **3** (*scherz.*) (*di teatro*) loggione.

piccióne s. m. colombo **FRAS.** *prendere due piccioni con una fava* (*fig.*), raggiungere due scopi con un solo mezzo.

pìcco s. m. vetta, cima, pizzo, guglia, pinnacolo **FRAS.** *colare a picco* (*fig.*), andare in rovina, andare a fondo □ *a picco*, verticalmente, perpendicolarmente, a piombo.

piccolézza s. f. **1** (*di qualità*) insufficienza, pochezza **CONTR.** grandezza, rilevanza **2** (*est.*) (*di cosa*) inezia, sciocchezza, frivolezza, minuzia, quisquilia **CONTR.** importanza, grandezza, enormità **3** (*fig.*) (*di animo, di mente, ecc.*) grettezza, meschinità, piccineria, ristrettezza, pitoccheria, pedanteria **CONTR.** larghezza, generosità, magnificenza, apertura, liberalità.

pìccolo **A** agg. **1** (*di misura*) minuscolo, minuto, piccino, basso, lillipuziano, esile, nano, nanerottolo, scarso, esiguo, ridotto, sottile, microscopico **CONTR.** grande, immenso, sterminato, maestoso, imponente, alto, grosso **2** (*di somma, di pensione, ecc.*) scarso, insufficiente, inadeguato, limitato, modesto, tenue, stentato **CONTR.** abbondante, grande, ricco, dovizioso (*lett.*) **3** (*di tempo*) breve, corto **CONTR.** lungo **4** (*di età*) giovane **CONTR.** adulto, vecchio, cresciuto **5** (*di errore, di protesta, ecc.*) modesto, trascurabile **CONTR.** grande, grave, grosso **6** (*di persona*) modesto, mediocre, umile **CONTR.** grande, superiore **7** (*fig.*) (*di animo, di mente, ecc.*) gretto, insignificante, meschino, misero, pusillanime, angusto, pedante, ristretto **CONTR.** generoso, aperto, liberale, largo **B** s. m. **1** bambino **2** (*est.*) (*di animale*) cucciolo **3** piccolezza, esiguità, minuzia **CONTR.** grandezza **FRAS.** *in piccolo*, in proporzioni ridotte □ *nel mio piccolo*, nell'ambito delle mie possibilità □ *piccolo borghese* (*est., anche agg.*), meschino, gretto.

piccóso agg. permaloso, puntiglioso, caparbio, suscettibile, ombroso, musone, scontroso, ostinato **CONTR.** remissivo, arrendevole, docile, tollerante.

picnic /*ingl.* pik'nik/ [vc. ingl. *picnic*, dal fr. *piquenique*, comp. di *piquer* 'rubacchiare', e *nique* 'cosa di nessun valore'] s. m. inv. **1** colazione, merenda, merendina **2** (*est.*) scampagnata, gita.

pidocchióso agg. (*fig.*) taccagno, sordido, avaro, spilorcio, pitocco, gretto, miserabile, laido **CONTR.** generoso, prodigo, liberale, magnanimo, munifico.

pièce /*fr.* pjes/ [vc. fr., letteralmente 'pezzo'] s. f. inv. opera teatrale, commedia, tragedia, comica.

pied-à-terre /*fr.* pjeta'tɛ:r/ [vc. fr., propriamente 'piede a terra'] s. m. inv. **1** appartamentino **2** trappolone (*dial.*).

piède s. m. **1** estremità (inferiore) **2** (*di animale*) zampa, zoccolo, artiglio **3** (*fig.*) (*di mobile, di lampadario, ecc.*) base, basamento, sostegno, piedistallo, parte inferiore **CONTR.** testa, testata, parte superiore **4** (*di albero, di fungo, ecc.*) base, gambo □ ceppo **5** (*di monte*) falda **6** (*fig.*) (*di guerra, di parità, ecc.*) condizione, stato **7** (*di verso*) misura **FRAS.** *a piedi*, pedibus calcantibus (*lat., scherz.*) □ *piedi piatti* (*fig.*), cameriere, poliziotto □ *andare coi piedi di piombo* (*fig.*), agire con grande cautela □ *essere tra i piedi* (*fig.*), seccare □ *prendere piede* (*fig.*), rafforzarsi, diffondersi □ *mettere in piedi* (*fig.*), allestire □ *cadere in piedi* (*fig.*), uscirne senza danno □ *puntare i piedi* (*fig.*), ostinarsi, incaponirsi □ *fatto coi piedi* (*fig.*), fatto malissimo □ *su due piedi* (*fig.*), subito, lì per lì □ *darsi la zappa sui piedi* (*fig.*), danneggiarsi da sé □ *con le ali ai piedi* (*fig.*), a grande velocità □ *tenere il piede in due staffe* (*fig.*), barcamenarsi □ *mettere piede*, entrare; attecchire □ *restare a piedi* (*fig.*), restare senza risorse.

piedipiàtti s. m. (*spreg.*) poliziotto, questurino (*pop.*).

piedistàllo s. m. basamento, base, sostegno, supporto, zoccolo, piede.

pièga s. f. **1** piegatura, increspatura, ondulazione, crespa, grinza, ruga **2** (*di strada, di fiume, ecc.*) circonvoluzione, curva, gomito **3** (*geol.*) curvatura, flessione **4** (*fig.*) (*di discorso, di ragionamento, ecc.*) sinuosità **5** (*est.*) (*di coscienza, di mente, ecc.*) intimo, anfratto **6** (*fig., fam.*) andamento, indirizzo, verso, tendenza, inclinazione **FRAS.** *non fare una piega* (*fig.*), essere conseguente, essere chiaro.

piegaménto s. m. flessione.

piegàre A v. tr. **1** curvare, incurvare, torcere, inarcare, flettere, inclinare, abbassare, voltare, far pendere, reclinare **CONTR.** raddrizzare **2** (*di stoffa, di carta, ecc.*) ripiegare, raddoppiare, accartocciare, arricciare, increspare, ravvolgere, spiegazzare, gualcire **CONTR.** lisciare, stirare, spiegare, svolgere **3** (*fig.*) (*di persona, di mente, ecc.*) indurre, persuadere, domare, vincere, umiliare **CONTR.** dissuadere, distogliere **B** v. intr. (*di strada, di fiume, ecc.*) volgere, dirigersi, voltare, curvare **CONTR.** drizzarsi **C piegarsi** v. rifl. e intr. pron. **1** flettersi, incurvarsi, abbassarsi, pendere, inclinarsi, volgersi, dirigersi, voltarsi **CONTR.** alzarsi, raddrizzarsi **2** (*fig.*) (*alla violenza, alle preghiere, ecc.*) arrendersi, cedere, inchinarsi, condiscendere, adattarsi, rassegnarsi, sottomettersi **CONTR.** ribellarsi, rifiutarsi, rivoltarsi, opporsi, dissentire, irrigidirsi.

piegàto part. pass. di **piegare**; anche agg. **1** curvato, ricurvo, incurvato, torto, inarcato, inclinato, abbassato, voltato, reclinato **CONTR.** dritto **2** (*di stoffa, di carta, ecc.*) ripiegato, accartocciato, arricciato, increspato, ravvolto, spiegazzato, gualcito **CONTR.** lisciato, stirato, spiegato, svolto **3** (*di persona, di mente, ecc.*) domato, vinto, umiliato **CONTR.** invitto **4** (*di strada, di fiume, ecc.*) volto, voltato, diretto, curvo, inclinato, abbassato **CONTR.** dritto **5** (*alla violenza, alle preghiere, ecc.*) sottomesso, rassegnato **CONTR.** ribelle.

piegatùra s. f. piega, curva, gomito.

pieghettàre v. tr. plissettare.

pieghettàto part. pass. di **pieghettare**; anche agg. plissettato, plissé (*fr.*).

pieghettatùra s. f. plissettatura.

pieghévole A agg. **1** flessibile, flessuoso, piegabile, malleabile, elastico, duttile **CONTR.** rigido **2** (*fig.*) (*di persona, di carattere, ecc.*) arrendevole, cedevole, docile, trattabile, facile, accondiscendente, accomodante, acquiescente **CONTR.** indocile, intrattabile, restio, ribelle, ostinato, inflessibile **B** s. m. dépliant (*fr.*).

pieghevolézza s. f. **1** flessibilità, flessuosità, duttilità, elasticità **CONTR.** rigidezza **2** (*fig.*) (*di persona*) arrendevolezza, cedevolezza, docilità, trattabilità, morbidezza, acquiescenza, mitezza, accondiscendenza **CONTR.** indocilità, intrattabilità, ostinazione, inflessibilità.

pièna s. f. **1** fiumana, inondazione, straripamento **CONTR.** magra, aridità **2** (*fig.*) (*di discorso, di affetti, ecc.*) sovrabbondanza, copia (*lett.*), intensità, foga, impeto **CONTR.** freddezza, indifferenza, povertà, pochezza **3** (*di persone*) folla, calca, affollamento, pienone, gente.

pienaménte avv. completamente, esaurientemente, interamente, del tutto, totalmente **CONTR.** parzialmente, scarsamente, per nulla, niente affatto.

pienézza s. f. compiutezza, totalità, maturità, colmo, interezza **CONTR.** deficienza, scarsità.

pièno A agg. **1** colmo, ricolmo, zeppo, gonfio, imbottito, riboccante, traboccante, raso, straripante, folto, fitto, irto, gremito, stipato, affollato, impregnato, imbevuto, saturo, ricco, empito, pregno, pigiato **CONTR.** vuoto, scarso, manchevole, privo **2** (*est.*) (*di mobili, di libri, ecc.*) ingombro, occupato **CONTR.** sgombro, libero **3** (*fig.*) (*di gioia, di speranza, ecc.*) invaso, pervaso **CONTR.** libero, sgombro, vuoto **4** (*fam.*) (*di cibo*) rimpinzato, sazio, satollo **CONTR.** vuoto, affamato **5** (*fig.*) (*di beghe, di pensieri, ecc.*) stufo, stanco **CONTR.** desideroso **6** (*di muro, di oro, ecc.*) massiccio **CONTR.** vuoto, cavo **7** (*di persona, di faccia, ecc.*) rotondo, grassottello, abbondante **CONTR.** magro, smilzo, sottile **8** (*fig.*) (*di guarigione, di efficienza, ecc.*) completo, perfetto, totale, intero **CONTR.** parziale, scarso, relativo **9** (*fig.*) (*di vino*) corposo **10** (*mus.*) (*di accordo*) complesso **11** (*di giorno, di notte, ecc.*) inoltrato, fatto, profondo **CONTR.** iniziato, finito **B** s. m. **1** (*della notte, dell'inverno, ecc.*) culmine, colmo, cuore **CONTR.** inizio, fine **2** (*spec. di carburante*) carico completo, rifornimento completo **CONTR.** vuoto **FRAS.** *a piene mani*, abbondantemente □ *averne piene le tasche* (o *le scatole*) (*fig., pop.*), essere seccato, essere stufo.

pienóne s. m. **1** accr. di **piena 2** (*fam.*) grande folla, affollamento, calca **CONTR.** vuoto.

pienòtto agg. **1** accr. di **pieno 2** grassoccio, grassottello, paffuto, ciccioso (*raro*), carnoso, florido, abbondante **CONTR.** magro, smilzo, scarno, rinsecchito, esile, diafano.

pietà s. f. **1** compassione, commiserazione, misericordia, compatimento, benignità, comprensione, carità, indulgenza, umanità, benevolenza **CONTR.** crudeltà, durezza, efferatezza, cinismo, insensibilità **2** (*verso uno, verso la* *patria, ecc.*) rispetto, amore, tenerezza **CONTR.** irriverenza, disprezzo, odio **3** (*relig.*) devozione, culto, venerazione **CONTR.** empietà.

pietànza s. f. vivanda, secondo, piatto, portata.

pietìsmo s. m. religiosità affettata, bigottismo **CONTR.** pietà, religiosità.

pietosaménte avv. **1** caritatevolmente, misericordiosamente, compassionevolmente, umanamente, indulgentemente **CONTR.** impietosamente, disumanamente, malvagiamente, cattivamente, spietatamente, crudelmente **2** tristemente, pateticamente **CONTR.** lietamente, gioiosamente **3** rispettosamente, teneramente, amorosamente **CONTR.** impietosamente, irriverentemente.

pietóso agg. **1** caritatevole, misericordioso, compassionevole, sensibile, umano, indulgente **CONTR.** impietoso, insensibile, disumano, malvagio, cinico, cattivo **2** (*di vicenda, di racconto, ecc.*) triste, patetico, commovente, lacrimevole, toccante, drammatico, rattristante **CONTR.** rallegrante, lieto, giocondo, gaio **3** (*verso i genitori, verso gli anziani, ecc.*) rispettoso, tenero, amoroso **CONTR.** impietoso, irriverente, duro.

piètra s. f. **1** roccia, sasso, masso, macigno, rupe, scoglio, ciottolo, breccia, ghiaia, scheggia, monolito, rocchio **2** (*est.*) lastra, lapide, cippo, blocco **3** gemma **4** (*med., raro*) calcolo **FRAS.** *di pietra* (*fig.*), duro, insensibile □ *metterci una pietra sopra* (*fig.*), non parlarne più □ *pietra dello scandalo* (*fig.*), causa di scandalo □ *pietra miliare* (*fig.*), fatto importante, data importante □ *pietra tombale* (o *sepolcrale*), lapide.

pietrificàre **A** v. tr. **1** indurire, cristallizzare, fossilizzare **2** (*fig.*) (*di persona*) irrigidire, immobilizzare, impietrire **CONTR.** intenerire, commuovere **B** **pietrificarsi** v. intr. pron. **1** indurirsi, cristallizzarsi, fossilizzarsi **2** (*fig.*) (*di persona*) irrigidirsi, immobilizzarsi, impietrirsi **CONTR.** intenerirsi, commuoversi.

pietrificàto part. pass. di **pietrificare**; anche agg. **1** indurito, cristallizzato, fossilizzato **2** (*fig.*) (*di persona*) irrigidito, immobilizzato, impietrito **CONTR.** intenerito, commosso.

pietróso agg. **1** sassoso, ciottoloso, ghiaioso, breccioso **CONTR.** acquitrinoso, melmoso **2** (*fig., lett.*) (*di persona*) duro, aspro, insensibile **CONTR.** pietoso, sensibile, intenerito.

pìffero s. m. **1** ottavino **2** (*est.*) zampogna.

pigiàre **A** v. tr. **1** (*di uva, di tabacco, ecc.*) calcare, premere, pestare, schiacciare, spremere **2** (*di un luogo*) stivare, stipare, empire **CONTR.** vuotare **B** v. intr. (*di persone*) affollarsi, accalcarsi, stivarsi, gremire.

pigiatùra s. f. pigiamento (*raro*), pigiata, torchiatura, pressione.

pigióne s. f. affitto, locazione.

pigliàre **A** v. tr. (*fam.*) prendere, afferrare, catturare, acchiappare, acciuffare, arraffare **CONTR.** lasciare, abbandonare **B** v. intr. (*di pianta, di neve, ecc.*) attecchire.

pigmentàto agg. colorato.

pigménto s. m. (*est.*) colore.

pigmèo [vc. dotta, lat. *Pygmăeu(m)*, nom. *Pygmăeus*, dal gr. *pygmâios* 'alto un cubito', da *pygmḗ* 'pugno, cubito'] s. m. (*fig.*) piccolo, nano, lillipuziano **CONTR.** gigante.

pignolerìa s. f. pedanteria, cavillosità, meticolosità, sottigliezza, sofisticaggine (*raro*), noiosità **CONTR.** disinvoltura, leggerezza, scioltezza, vivacità.

pignòlo agg.; anche s. m. pedante, cavilloso, meticoloso, noioso, minuzioso, sofistico, formalista, sentenzioso, cavillatore **CONTR.** sbrigativo, spiccio, disinvolto, sciolto.

pignoràbile agg. sequestrabile, espropriabile.

pignoraménto s. m. espropriazione, esproprio, sequestro □ ipoteca **CONTR.** dissequestro.

pignoràre v. tr. espropriare, sequestrare □ ipotecare **CONTR.** spignorare, dissequestrare.

pignoràto part. pass. di **pignorare**; anche agg. sequestrato, ipotecato **CONTR.** dissequestrato, disponibile.

pigolàre v. intr. **1** (*di uccello*) pipiare, piare, pipilare (*lett.*) **2** (*fig.*) (*di persona*) lamentarsi, piagnucolare, frignare.

pigolio s. m. (*fig.*) lamentio, piagnisteo, mugolio **CONTR.** riso, risata.

pigraménte avv. **1** indolentemente, neghittosamente, accidiosamente, svogliatamente **CONTR.** attivamente, operosamente, laboriosamente **2** lentamente, torpidamente, apaticamente **CONTR.** alacremente, velocemente, vivacemente.

pigrìzia s. f. indolenza, infingardaggine, neghittosità, accidia, ignavia, inerzia, negligenza, malavoglia, poltroneria, trascuratezza, torpore, fiacca, poltronaggine, lentezza, scioperataggine, apatia, svogliatezza **CONTR.** operosità, attività, solerzia, laboriosità, dinamicità, alacrità, sveltezza, vivacità, acutezza.

pìgro agg. **1** (*di persona*) indolente, infingardo, neghittoso, accidioso, svogliato, poltrone, addormentato, scansafatiche, pelandrone, posapiano, ignavo **CONTR.** attivo, solerte, laborioso, dinamico **2** sonnolento **CONTR.** sveglio, desto **3** (*est.*) (*di carattere, di mente, ecc.*) inerte, ottuso, torpido, lento, sonnolento, apatico, addormentato **CONTR.** veloce, svelto, vivace, acuto.

pìla s. f. **1** (*di libri, di piatti, ecc.*) catasta, mucchio, cumulo **CONTR.** distesa **2** (*fis.*) batteria **3** vaschetta, conca, conchetta **4** (*est.*) acquasantiera **5** (*edil.*) piedritto, pilastro, pilone, sostegno **FRAS.** *pila nucleare, pila atomica*, reattore.

pilàstro s. m. **1** piedritto, pilone, pila, sostegno **2** (*fig.*) (*della famiglia, della società, ecc.*) sostegno, base, fondamento.

pillola s. f. **1** compressa, bolo, cachet (*fr.*), capsula, pastiglia **2** (*per anton.*) anticoncezionale **3** (*fig.*) amarezza, difficoltà, dispiacere **CONTR.** piacere **FRAS.** *indorare la pillola* (*fig.*), rendere meno gravoso un dispiacere □ *a pillole* (*fig.*), a piccole dosi, un po' alla volta.

pilóne s. m. **1** accr. di **pila 2** piedritto, pilastro, pila, sostegno **3** traliccio **4** (*nel rugby*) giocatore di prima linea.

pilòta A s. m. e f. **1** (*di imbarcazione*) nocchiere (*lett.*) **2** (*di veicolo*) aviatore, conducente, guidatore, autista, guida **B** in funzione di agg. inv. (posposto al s.) guida, modello, campione.

pilotàre v. tr. (*anche fig.*) guidare, governare.

pilotàto part. pass. di **pilotare**; anche agg. (*anche fig.*) guidato, governato.

piluccàre v. tr. **1** spizzicare, spiluccare (*tosc.*), spilluzzicare, sbocconcellare, mangiucchiare **CONTR.** divorare, inghiottire **2** (*fig.*) (*di denaro, di roba*) spillare, arraffare, estorcere.

pimpànte agg. **1** (*fam.*) sgargiante, vistoso, appariscente, chiassoso **CONTR.** modesto, incolore, squallido, dimesso, smorto **2** (*est.*) vivace, allegro, esuberante, entusiasta, brioso, vispo **CONTR.** calmo, fiacco, indolente, apatico, inerte.

pinacotèca s. f. galleria, museo.

pince /*fr.* pɛ̃s/ [vc. fr., da *pincer* 'pizzicare, stringere'] s. f. inv. (*di abito*) cucitura, piega, piegolina, ripresa.

ping-pong s. m. inv. tennis da tavolo.

pìngue agg. **1** (*di persona, di viso, ecc.*) adiposo, grasso, obeso, carnoso, paffuto, cicciuto, panciuto, corpulento **CONTR.** magro, scarno, macilento, secco, asciutto **2** (*est., fig.*) (*di terra*) fertile, fecondo **CONTR.** sterile, arido, improduttivo **3** (*fig.*) (*di banchetto, di rendita, ecc.*) lauto, ricco, abbondante □ lucroso, redditizio **CONTR.** scarso, povero, misero.

pinòlo s. m. pinocchio.

pin-up /*ingl.* 'pin ʌp/ [loc. ingl., abbr. di *pin-up girl*, propr. 'ragazza (*girl*) da appuntare (*pin*) su (*up*)'] loc. sost. f. inv. ragazza-copertina, cover girl (*ingl.*) □ (*est.*) vamp (*ingl.*).

pìnza s. f. **1** tenaglia **2** (*zool.*) chela.

pinzatrìce s. f. (*per ufficio*) cucitrice.

pinzillàcchera s. f. (*scherz.*) inezia, bagattella, sciocchezza, minuzia, bazzecola, quisquilia.

pio agg. **1** devoto, religioso, credente, osservante **CONTR.** empio, miscredente, sacrilego, ateo **2** pietoso, caritatevole, misericordioso, buono, magnanimo, giusto **CONTR.** impietoso, ingiusto, malvagio **3** (*fig.*) (*di desiderio, di illusione, ecc.*) vano, irrealizzabile **CONTR.** realizzabile, possibile.

pioggerèlla s. f. **1** dim. di **pioggia 2** acquerugiola.

piòggia s. f. **1** precipitazione, acquazzone, scroscio, rovescio, piovasco, diluvio, nubifragio, acquerugiola, pioggerella, spruzzata **CONTR.** siccità **2** (*fig.*) (*di improperi, di telegrammi, ecc.*) grande quantità, grande numero, abbondanza, mucchio, moltitudine, copia (*lett.*).

piòlo s. m. cavicchio, paletto, picchetto □ piantatoio.

piombàre (1) v. intr. **1** cadere, precipitare, stramazzare **CONTR.** alzarsi, sollevarsi **2** (*fig.*) (*nella miseria, nella disperazione, ecc.*) sprofondare, cadere, crollare, abbandonarsi **CONTR.** riemergere, risollevarsi **3** (*sul ladro, sulla folla, ecc.*) gettarsi, investire, assalire **4** (*in casa, all'improvviso, ecc.*) arrivare, giungere, precipitarsi **CONTR.** andarsene, allontanarsi.

piombàre (2) v. tr. **1** (*di vagone, di pacco, ecc.*) chiudere, sigillare, impiombare **CONTR.** aprire, spiombare **2** (*di dente, di buco, ecc.*) otturare **CONTR.** aprire.

piombàto part. pass. di **piombare (2)**; anche agg. **1** (*di vagone, di pacco, ecc.*) chiuso, sigillato **CONTR.** aperto **2** (*di dente, di buco, ecc.*) otturato **CONTR.** aperto.

piombatùra s. f. otturazione **CONTR.** apertura.

piómbo A s. m. **1** (*est.*) piombino **2** sigillo **3** proiettile, pallottola **B** in funzione di agg. (*di colore*) grigio scuro **FRAS.** *cadere di piombo*, cadere di schianto, di colpo □ *con i piedi di piombo* (*fig.*), con estrema cautela □ *di piombo*, color grigio scuro □ *filo a piombo*, perpendicolo □ *a piombo*, perpendicolarmente.

pionière s. m. **1** (*fig.*) precursore, antesignano, avanguardista, anticipatore **CONTR.** seguace **2** esploratore **3** (*mil.*) guastatore, geniere.

piòppo s. m. (*bot.*) pioppa **FRAS.** *pioppo bianco*, gattice, alberello, albarello, tremolo.

piòvere A v. intr. impers. **1** cadere la pioggia, piovigginare, diluviare, scrosciare **2** (*est.*) stillare, gocciolare **B** v. intr. **1** (*anche fig.*) (*di cenere, di sassi, ecc.*) scendere, cadere, giungere **2** (*fig.*) (*di lettere, di proteste, ecc.*) arrivare, affluire, capitare **3** (*di tetto e sim.*) pendere, essere spiovente.

piovigginóso agg. piovoso, piovorno (*lett.*) **CONTR.** sereno, limpido, asciutto.

piovóso agg. piovigginoso, piovorno (*lett.*) **CONTR.** sereno, limpido, asciutto.

pipì A s. f. (*inft.*) urina, piscia (*volg.*) **B** s. m. (*inft.*) pene, pistolino (*fam.*).

pipistrèllo s. m. nottola.

piramidàle agg. (*fig.*) (*di errore*) madornale, enorme, gigantesco, grandissimo **CONTR.** piccolo, minuscolo, microscopico, irrisorio.

piranha /*port.* pi'raɲa/ s. m. inv. (*zool.*) pesce tigre.

piràta A s. m. **1** corsaro, filibustiere, bucaniere, predatore, avventuriero, bandito □ dirottatore **2** (*fig.*) ladro, sfruttatore, profittatore, sanguisuga, truffatore, imbroglione **B** in funzione di agg. inv. (*fig.*) (*di radio, di televisione, ecc.*) abusivo **CONTR.** legale.

pirateria s. f. **1** filibusteria **2** (*fig.*) ruberia, sac-

cheggio, truffa, frode, sopraffazione.
piratésco agg. **1** da pirata, da corsaro **2** (*fig.*) truffaldino, ladresco **CONTR.** onesto.
pirètico agg. febbrile □ febbricitante **CONTR.** antipiretico, febbrifugo □ apiretico, sfebbrato.
piroétta s. f. capriola, giravolta, prillo (*dial.*), volteggiamento, giro.
piròga s. f. (*est.*) canoa.
piròmane s. m. e f. incendiario.
piròscafo s. m. nave, bastimento, vapore, transatlantico, battello.
pìscia s. f. (*volg.*) orina, pipì (*inft.*).
pisciàre v. intr. e tr. **1** (*volg.*) mingere, orinare **2** (*volg.*, *est.*) perdere, versare.
pisèllo s. m. (*pop.*) pene, pipì (*inft.*), pistolino (*fam.*).
pìsolo s. m. (*fam.*) pisolino, sonnellino, riposino, pennichella (*dial.*).
pìsta s. f. **1** traccia, orma, pesta **2** percorso, circuito **3** pedana **4** (*di nastro magnetico*) banda **FRAS.** *pista!*, largo!
pistàcchio agg. e s. m. inv. (*di colore*) verde tenero.
pistòla s. f. rivoltella, revolver **FRAS.** *pistola a spruzzo*, aerografo.
pistolèro s. m. tiratore di pistola □ (*est.*) killer (*ingl.*).
pistóne s. m. stantuffo.
pitcher /*ingl.* 'pitʃə/ [vc. ingl., 'lanciatore' da *to pitch* 'lanciare'] s. m. inv. (*nel baseball*) lanciatore.
pitoccherìa s. f. **1** (*spreg.*) povertà, accattonaggio, mendicità, accatto **CONTR.** ricchezza **2** (*est.*) taccagneria, tirchieria, spilorceria, avarizia, meschinità, grettezza **CONTR.** generosità, prodigalità, larghezza, magnificenza, liberalità.
pitòcco s. m.; anche agg. **1** (*raro*) pezzente, mendicante, accattone **CONTR.** benestante, ricco **2** (*fig.*) tirchio, taccagno, spilorcio, avaro, avido, esoso, tirato, arpagone **CONTR.** generoso, prodigo, liberale, largo, magnanimo.
pittóre s. m. (f. *-trice*) **1** artista, paesaggista, ritrattista **2** (*est.*) decoratore, imbianchino.
pittorescaménte avv. espressivamente, coloritamente, vivacemente, curiosamente.
pittorésco agg. **1** (*est.*) (*di paesaggio, di scena, ecc.*) ameno, suggestivo, caratteristico **CONTR.** triste, squallido, piatto, monotono **2** (*fig.*) (*di stile, di modo di parlare, ecc.*) colorito, vivace, espressivo, efficace □ caratteristico, folcloristico **CONTR.** inespressivo, incolore, monotono, impersonale.
pittoricità s. f. espressività, vivacità **CONTR.** monotonia, conformismo.
pittòrico agg. **1** di pittura **2** (*fig.*) espressivo, efficace, vivace **CONTR.** inespressivo, incolore, monotono.
pittùra s. f. **1** (*est.*) dipinto, quadro, tavola, tela, affresco, olio **2** (*fig.*) descrizione, rappresentazione.
pitturàre A v. tr. **1** dipingere **2** (*est.*) verniciare, tinteggiare **B pitturarsi** v. rifl. (*fam.*) imbellettarsi, truccarsi.
più A avv. **1** maggiormente, soprattutto, principalmente **CONTR.** meno **2** (*in frasi negative indica cessazione*) oltre, ancora **3** (*nelle addizioni*) sommato, addizionato a **CONTR.** meno **B** prep. oltre a, con l'aggiunta di **C** agg. **1** maggiore **CONTR.** meno, minore **2** parecchi, molti, diversi **CONTR.** pochi **D** s. m. **1** maggior parte, grosso **CONTR.** meno **2** maggioranza, maggior numero **CONTR.** minoranza **FRAS.** *di più*, in maggior misura □ *tanto più*, molto più, ancor più, a maggior ragione □ *per di più*, inoltre □ *più o meno*, circa, all'incirca.
piùma s. f. **1** penna **2** lanugine, peluria, calugine (*raro*) **3** (*lett.*, *fig.*) guanciale, cuscino, letto **4** (*fig.*, *poet.*) comodità, agi **CONTR.** sacrificio, disagio.
piumàto agg. piumoso, pennuto **CONTR.** spennato, spiumato, implume.
piumìno s. m. **1** dim. di **piuma 2** guanciale □ (*est.*) imbottita, trapunta **3** pennacchio **4** spolverino (*tosc.*) **5** (*di giacca*) duvet (*fr.*).
piumóne s. m. **1** trapunta **2** giaccone imbottito.
piuttòsto avv. **1** meglio, anzi, di preferenza, più volentieri, più facilmente, più spesso **2** alquanto, abbastanza, quasi **CONTR.** neanche, poco **FRAS.** *piuttosto che*, *piuttosto di*, anziché, più che, invece di.
pivèllo s. m. **1** novellino, principiante, inesperto, sbarbatello, cappellone (*mil.*) **CONTR.** esperto, provetto **2** giovincello **CONTR.** anziano, veterano.
pìzza s. f. **1** focaccia, schiacciata, stiacciata (*pop.*, *tosc.*) **2** (*fig.*) (*di persona*) impiastro (*fig.*), seccatore, rompiscatole (*pop.*), rompiballe (*volg.*), disturbatore **3** (*fig.*) (*di libro, di film, ecc.*) noia, solfa, tiritera, lungaggine, barba (*pop.*) **4** (*gerg.*, *cine.*) pellicola.
pizzicàre A v. tr. **1** (*di persona*) pizzicottare **2** (*di insetto*) pungere, pinzare (*pop.*), beccare **3** (*mus.*) far vibrare **4** (*pop.*) (*di ladro, di ricercato, ecc.*) cogliere, beccare (*fam.*), sorprendere, catturare **5** (*fig.*) (*con parole, con battute e sim.*) punzecchiare, stuzzicare **B** v. intr. **1** (*di mani, di naso, ecc.*) prudere, pungere **2** (*di cibo, di freddo, ecc.*) essere pungente.
pizzicàto part. pass. di **pizzicare**; anche agg. **1** (*da insetto*) punto, beccato **2** (*pop.*) (*di ladro, di ricercato, ecc.*) colto, beccato (*fam.*), sorpreso, catturato **3** (*fig.*) (*con parole, con battute e sim.*) punzecchiato, stuzzicato.
pizzicherìa s. f. salumeria.
pìzzico s. m. **1** pizzicotto **2** (*est.*) (*di sale, di tabacco, ecc.*) presa, presina, spizzico **3** (*fig.*) (*di ingegno, di volontà, ecc.*) piccola quantità, poco, pochino **4** (*di insetto*) puntura, morso.
pizzicóre s. m. **1** prurito, prudore (*raro*), solletico, prurigine (*lett.*) **2** (*fig.*) desiderio, voglia, capriccio, stimolo, uzzolo (*tosc.*), ghiri-

bizzo, fregola FRAS. *pizzicore alle mani* (*fig.*), voglia di menare botte.

pizzo s. m. **1** (*di montagna*) punta, estremità, sommità **2** merletto, trina, dentelle (*fr.*) **3** barbetta □ basette **4** (*di mafia*) tangente.

placàbile agg. mitigabile CONTR. implacabile.

placàre A v. tr. **1** (*di dolore, di fame, ecc.*) mitigare, sedare, lenire, spegnere, sopire CONTR. stimolare, irritare, aumentare, accrescere **2** (*di persona, di onde, ecc.*) calmare, chetare, quietare, tranquillizzare, abbonire, addolcire, ammansire, rabbonire, pacificare, temperare, rasserenare CONTR. irritare, urtare, aizzare, inasprire, provocare, eccitare **B placarsi** v. intr. pron. calmarsi, chetarsi, quietarsi, tranquillizzarsi, ammansirsi, rabbonirsi, rasserenarsi, mitigarsi CONTR. irritarsi, inasprirsi, innervosirsi, eccitarsi.

placàto part. pass. di **placare**; anche agg. **1** mitigato, lenito, spento CONTR. irritato, aumentato, accresciuto **2** calmato, quietato, tranquillizzato, addolcito, ammansito, rasserenato CONTR. irritato, inasprito, innervosito, eccitato.

plàcca s. f. **1** lastra, lamina, piastra, targa **2** patina, rivestimento.

placcàre v. tr. **1** rivestire, ricoprire **2** (*nel rugby*) bloccare, arrestare.

placcàto part. pass. di **placcare**; anche agg. **1** rivestito, ricoperto **2** (*nel rugby*) arrestato, bloccato.

placcatùra s. f. rivestimento, rivestitura, doppiatura.

placidaménte avv. tranquillamente, pacificamente, pacatamente, flemmaticamente, serenamente, bonariamente CONTR. nervosamente, ansiosamente, convulsamente, freneticamente.

placidità s. f. flemma, tranquillità, calma, quiete, imperturbabilità, serenità, placidezza (*raro*), posatezza CONTR. irrequietezza, irritabilità, eccitabilità, agitazione, nervosismo, impulsività, avventatezza, ira.

plàcido agg. flemmatico, pacifico, tranquillo, pacato, pacioso (*dial.*), quieto, calmo, mite, mansueto, imperturbabile, sereno, bonario CONTR. agitato, nervoso, irrequieto, inquieto, irritabile, eccitabile, ansioso, turbolento, convulso, frenetico, violento.

plàcito s. m. beneplacito, placet (*lat.*), approvazione CONTR. veto, opposizione.

plagiàre v. tr. **1** (*di scritto, di musica, ecc.*) copiare, contraffare, imitare CONTR. creare, inventare **2** (*di persona*) assoggettare, influenzare CONTR. liberare.

plàgio s. m. **1** (*di scritto, di musica, ecc.*) copiatura, imitazione CONTR. creazione, invenzione **2** (*di persona*) assoggettamento CONTR. liberazione.

plaid /*ingl.* plæd/ [vc. ingl. di etim. incerta] s. m. inv. coperta di lana, panno □ scialle.

planimetrìa s. f. (*di terreno, di edificio, ecc.*) pianta.

planisfèro s. m. mappamondo, globo.

plaquette /*fr.* pla'kɛt/ [vc. fr., dim. di *plaque* 'placca'] s. f. inv. opuscolo.

plasmàbile agg. (*anche fig.*) modellabile, malleabile, formabile, foggiabile, manovrabile CONTR. rigido, indeformabile, duro.

plasmàre v. tr. **1** (*di creta, di cera, ecc.*) creare, formare, modellare, foggiare □ (*est.*) fare, realizzare, compiere CONTR. disfare, distruggere **2** (*fig.*) (*di carattere, di persona, ecc.*) formare, modificare, educare.

plasmàto part. pass. di **plasmare**; anche agg. **1** creato, modellato, foggiato □ (*est.*) fatto, realizzato CONTR. disfatto **2** (*fig.*) formato, modificato, educato.

plàstica s. f. (*chir.*) intervento correttivo FRAS. *plastica nasale*, rinoplastica.

plasticaménte avv. con plasticità, nitidamente, scultoreamente.

plasticatóre s. m. modellatore.

plasticità s. f. **1** flessibilità, duttilità, elasticità, malleabilità, pieghevolezza CONTR. rigidezza, inflessibilità, resistenza, durezza **2** (*est.*) armonia.

plàstico A agg. **1** flessibile, duttile, elastico, malleabile, pieghevole CONTR. rigido, resistente, duro, inflessibile **2** rilevato **3** (*est.*) armonioso, scultoreo CONTR. disarmonico **4** (*est.*) nitido, evidente **B** s. m. **1** modello **2** esplosivo.

plastificàre v. tr. plasticare.

plastificàto part. pass. di **plastificare**; anche agg. plasticato.

platèa s. f. **1** (*di teatro*) sala **2** (*est.*) pubblico, spettatori **3** (*di oceano*) piattaforma.

plateàle agg. **1** (*di gesto, di offesa, ecc.*) volgare, plebeo, triviale, grossolano, piazzaiolo CONTR. raffinato, distinto, garbato, signorile, fine **2** (*di errore, di comportamento, ecc.*) evidente, ostentato, appariscente, smaccato, esibizionistico CONTR. semplice, dimesso, modesto, umile.

platonicaménte avv. spiritualmente, idealmente CONTR. sensualmente, passionalmente, materialmente.

platònico [da *Platone*, il celebre filosofo greco] agg. **1** (*est.*) (*di sentimento, di amore*) elevato, nobile, spirituale, puro, ideale CONTR. sensuale, carnale, passionale, materiale **2** (*fig.*) (*di desiderio, di aspirazione e sim.*) immaginario, irreale, impossibile CONTR. reale, positivo, effettivo, concreto.

plausìbile agg. ammissibile, possibile, probabile, credibile, verosimile, accettabile, tollerabile, giusto, razionale CONTR. improbabile, impossibile, assurdo, inverosimile, inammissibile, inaccettabile, intollerabile.

plausibilità s. f. ammissibilità, possibilità, probabilità, credibilità, verosimiglianza, accettabilità, tollerabilità CONTR. improbabilità, impossibilità, assurdità, inverosimiglianza, inammissibilità, inaccettabilità, intollerabilità.

plausibilménte avv. giustamente, visibilmente, credibilmente **CONTR.** ingiustamente, assurdamente.

playboy /*ingl.* 'pleibɔi/ [vc. ingl., comp. di *to play* 'recitare, giocare, scherzare' e *boy* 'ragazzo'] s. m. inv. dongiovanni, mondano, libertino, donnaiolo, seduttore.

play-off /*ingl.* 'plei'ɔ:f/ [vc. ingl., der. di (*to*) *play off* 'finire, concludere'] s. m. inv. (*sport*) finale.

plebàglia s. f. (*spreg.*) canaglia, marmaglia, feccia, gentaglia, popolaccio, teppa **CONTR.** gente bene, bel mondo.

plèbe s. f. volgo, popolino, proletariato **CONTR.** nobiltà, patriziato, bel mondo.

plebèo A agg. **1** popolare, proletario, popolano **CONTR.** nobile, patrizio **2** (*fig.*) (*di parola, di gesto, ecc.*) volgare, triviale, plateale, piazzaiolo **CONTR.** raffinato, distinto, fine, delicato, corretto, educato **B** s. m. **1** proletario, popolano **CONTR.** signore, patrizio, nobile **2** becero (*tosc.*), lazzarone, trivialone **CONTR.** gentiluomo, signore.

plebiscìto s. m. **1** voto, referendum **2** (*fig.*) consenso unanime, approvazione unanime.

plenilùnio s. m. luna piena **CONTR.** luna nuova.

pleonàsmo s. m. (*ling.*) ridondanza, sovrappiù, superfluità, sovrabbondanza.

pleonasticaménte avv. superfluamente, ridondantemente, inutilmente.

pleonàstico agg. (*est.*) superfluo, inutile, ridondante **CONTR.** scarso, incompleto.

pletòrico agg. **1** corpulento **CONTR.** magro **2** (*fig.*) sovraccarico, sovrabbondante, eccessivo **CONTR.** scarso, insufficiente.

plico s. m. busta, involto, pacchetto, pacco.

plissé /*fr.* pli'se/ [vc. fr., part. pass. di *plisser* 'pieghettare'] agg. inv. pieghettato, plissettato.

plissettàre v. tr. pieghettare.

plissettàto part. pass. di **plissettare**; anche agg. plissé (*fr.*), pieghettato.

plissettatùra s. f. pieghettatura.

plotóne s. m. (*est.*) drappello, manipolo, schiera, gruppo.

plùmbeo agg. **1** grigio, scuro, tetro **CONTR.** chiaro, limpido, sereno, trasparente **2** (*fig.*) (*di scritto, di atmosfera, ecc.*) noioso, pesante, opprimente, soffocante, greve **CONTR.** leggero, lieve, vivace.

pluràle agg. **CONTR.** singolare.

pluralismo s. m. **CONTR.** totalitarismo.

pluralista s. m. e f.; anche agg. **CONTR.** totalitario.

pluralità s. f. molteplicità, numerosità, copiosità **CONTR.** unicità, singolarità.

pluralizzàre v. tr. moltiplicare.

plùrimo agg. molteplice, multiplo **CONTR.** unico.

plurivalènte agg. **CONTR.** monovalente.

pluviàle agg. piovano.

pneumàtico A agg. **1** gonfiabile **2** (*di freno e sim.*) ad aria **3** (*di copertura*) a pallone **B** s. m. (*est.*) (*di veicolo*) ruota.

pochézza s. f. **1** scarsezza, scarsità **CONTR.** abbondanza, ricchezza, dovizia (*lett.*) **2** (*fig.*) (*di animo, di ingegno, ecc.*) povertà, meschinità, debolezza, modestia **CONTR.** forza, potenza, ricchezza, generosità.

pocket book /*ingl.* 'pɔkit buk/ [vc. ingl., comp. di *pocket* 'tasca' e *book* 'libro'] loc. sost. m. inv. tascabile.

pòco A avv. **1** (*di misura*) scarsamente, esiguamente, insufficientemente, modicamente, parcamente, moderatamente **CONTR.** molto, eccessivamente, esageratamente, abbondantemente **2** (*di tempo*) brevemente **CONTR.** lungamente, a lungo **3** raramente **CONTR.** spesso, frequentemente **B** agg. indef. **1** (*di gente, di alberi, ecc.*) raro, rado, scarso **CONTR.** molto, numeroso, frequente **2** (*di spesa, di aiuto, ecc.*) piccolo **CONTR.** grande, molto **3** (*di forza, di luce, ecc.*) insufficiente, inadeguato, scarso, limitato, esiguo, modico, minimo, tenue **CONTR.** molto, abbondante, eccessivo, forte, esagerato, intenso **4** (*di tempo*) breve, corto **CONTR.** lungo **C** s. m. piccola quantità, poche cose **FRAS.** *un po', un poco, un bel po'*, alquanto, parecchio □ *a dir poco*, come minimo □ *per poco non*, quasi □ *da poco*, di poco valore, di scarsa importanza □ *un poco di buono*, un cattivo soggetto, un disonesto □ *a poco a poco*, pian piano □ *poco o nulla*, pochissimo.

podére s. m. fondo, masseria, tenuta, campo.

poderosaménte avv. potentemente, robustamente **CONTR.** debolmente.

poderóso agg. potente, possente, gagliardo, robusto, forte **CONTR.** debole, fiacco, meschino.

pòdio s. m. **1** basamento, zoccolo **2** palco, tribuna.

podìsta s. m. e f. marciatore, camminatore.

poèma s. m. **1** composizione poetica, canto, carme □ (*est.*) poesia **2** (*fig.*) meraviglia, splendore □ (*fig., scherz.*) stravaganza.

poesìa s. f. **1** versi, lirica, canto, carme, cantico, idillio, poema **CONTR.** prosa **2** (*gener.*) metrica **3** (*est., fig.*) idealità, ispirazione, tensione **4** (*fig.*) illusione, immaginazione, finzione, evasione **CONTR.** realtà, materialità.

poèta s. m. (f. *poetessa*) **1** verseggiatore, versificatore, rimatore, cantore **CONTR.** prosatore **2** (*est., fig.*) sognatore, illuso, idealista **CONTR.** calcolatore, materialista **FRAS.** *il divino poeta*, Dante.

poetàre v. intr. verseggiare, versificare, rimare.

poeticaménte avv. **1** liricamente **2** (*est.*) romanticamente, sentimentalmente, teneramente **CONTR.** prosaicamente, volgarmente.

poètico agg. **1** di poeta, da poeta **2** di poesia, della poesia **3** (*est.*) fantasioso, immaginario, ideale CONTR. reale 4 (*est.*) lirico, ispirato, idilliaco, romantico, sentimentale, tenero, appassionato CONTR. prosaico, prosastico, materiale, rude, volgare.

poggiàre **A** v. tr. **1** appoggiare, posare **2** (*fig.*) fondare, basare **B** v. intr. (*anche fig.*) sostenersi, basarsi, fondarsi, gravare.

pòi **A** avv. **1** in seguito, successivamente, dopo, in futuro, in avanti, ulteriormente CONTR. prima **2** inoltre, in secondo luogo, quindi **3** dunque, infine, allora **B** s. m. futuro, avvenire CFR. presente, passato FRAS. *a poi*, un'altra volta; più tardi □ *il giorno del poi* (*scherz.*), mai □ *prima o poi*, un giorno o l'altro □ *un prima e un poi*, una causa e un effetto.

poiché cong. **1** dato che, dal momento che, per il fatto che, perché, giacché **2** (*lett.*) dopo che, dal giorno in cui.

pois /*fr.* pwa/ [vc. fr., letteralmente 'pisello'] s. m. inv. pallino.

polàre agg. **1** del polo **2** (*fig.*) (*di freddo, di temperatura e sim.*) freddissimo, intensissimo CONTR. equatoriale, caldissimo.

polarizzàre **A** v. tr. (*fig.*) accentrare, attirare, attrarre, concentrare CONTR. respingere, allontanare, distrarre **B** **polarizzarsi** v. intr. pron. (*fig.*) volgersi, orientarsi, dirigersi CONTR. allontanarsi, distrarsi.

polarizzazióne s. f. (*fig.*) attrazione, concentrazione CONTR. repulsione, distrazione.

polèmica s. f. controversia, contrasto, contesa □ discussione, disputa, diatriba.

polemicaménte avv. provocatoriamente, aggressivamente CONTR. conciliantemente, pacatamente.

polèmico agg. **1** battagliero CONTR. pacifico **2** (*est.*, *spreg.*) provocatorio, aggressivo CONTR. conciliante.

polemizzàre v. intr. discutere, disputare, contendere, battagliare, lottare.

policèntrico agg. CONTR. monocentrico.

policlìnico agg. (*est.*) ospedale.

policromàtico agg. policromo, variopinto, multicolore CONTR. monocromo, monocromatico.

policromìa s. f. CFR. monocromia, bicromia, tricromia, quadricromia.

polìcromo agg. policromatico, variopinto, multicolore CONTR. monocromo, monocromatico.

poliedricità s. f. (*fig.*) versatilità, diversità, varietà CONTR. uniformità, conformismo, monotonia.

polièdrico agg. (*fig.*) versatile, multiforme, geniale, capace, vario, diverso CONTR. monotono, monocorde, uniforme.

poliennàle agg. pluriennale CFR. annuale, biennale, triennale, ecc.

polifonìa s. f. CONTR. monodia.

polifònico agg. CONTR. monodico.

poligamìa s. f. poliginia CONTR. monogamia.

polìgono s. m. FRAS. *poligono di lancio*, spazioporto.

polinòmio s. m. (*mat.*) somma di monomi CFR. monomio, binomio, trinomio.

pòlipo s. m. **1** (*impropriamente*) polpo, piovra **2** (*fig.*) parassita, sanguisuga, scroccone **3** (*med.*) (*delle mucose*) tumore benigno.

polìre v. tr. **1** levigare, lisciare, lustrare, limare, forbire, lucidare, affilare **2** (*fig.*) perfezionare, rifinire, migliorare.

polisìllabo s. m.; anche agg. CFR. monosillabo, bisillabo, trisillabo, quadrisillabo.

polisìndeto s. m. CONTR. asindeto.

politècnico s. m. (*est.*) università.

politeìsmo s. m. CONTR. monoteismo.

politeìsta s. m. e f.; anche agg. CONTR. monoteista.

politeìstico agg. CONTR. monoteistico.

polìtica s. f. (*fig.*) tatto, accortezza, astuzia, furberia, avvedutezza, scaltrezza CONTR. ingenuità, sprovvedutezza.

politicaménte avv. **1** sotto l'aspetto politico **2** (*fig.*) accortamente, diplomaticamente, astutamente, opportunisticamente CONTR. ingenuamente, sprovvedutamente.

politicànte agg.; anche s. m. e f. (*spreg.*) diplomatico, intrigante, opportunista, funambolo, arrivista, politico, agitatore.

polìtico **A** agg. **1** di politica, della politica CONTR. apolitico **2** (*fig.*) furbo, astuto, diplomatico CONTR. ingenuo, sprovveduto **B** s. m. (*fig.*) diplomatico, arrivista, politicante, intrigante, opportunista, funambolo, politicone (*fam.*) CONTR. ingenuo, sprovveduto.

polìttico s. m. CFR. dittico, trittico.

politùra s. f. levigazione, levigatura, lisciatura, levigamento.

polivalènte agg. **1** CFR. monovalente, bivalente, trivalente, tetravalente **2** (*fig.*) multiforme, vario, multiuso CONTR. uniforme, piatto.

polivalènza s. f. CFR. monovalenza, bivalenza, trivalenza, tetravalenza.

polizìa s. f. **1** pubblica sicurezza □ 113, centotredici **2** (*pop.*) questura, commissariato.

poliziésco agg. **1** della polizia **2** (*spreg.*) inquisitorio, arbitrario, prepotente **3** (*di romanzo, di film, ecc.*) giallo.

poliziòtto s. m. **1** agente di polizia, agente, questurino (*pop.*), guardia **2** (*spreg.*) sbirro, birro.

pòlizza s. f. ricevuta, contrassegno, obbligazione, bolletta, cartella.

pollàio s. m. **1** stia, gallinaio **2** (*fig.*) confusione, baraonda, baccano, chiasso.

pòllice s. m. (*della mano*) dito grosso, primo dito FRAS. *non cedere di un pollice* (*fig.*), resistere a tutti i costi □ *avere il pollice verde* (*fig.*), essere un abile giardiniere.

pollivéndolo s. m. pollaiolo.

póllo s. m. **1** gallo, gallina, pollastro **2** (*fig.*) credulone, semplicione, ingenuo, sempliciotto, merlo, merlotto CONTR. furbastro, birbone, furbacchione **FRAS.** *conoscere i propri polli* (*fig.*), sapere bene con chi si ha a che fare □ *far ridere i polli* (*fig.*), dire delle enormità; essere ridicolo □ *andare a letto con i polli* (*fig.*), coricarsi molto presto.

pollóne s. m. **1** (*bot.*) germoglio, getto, sprocco (*ant.*), gemma, messa, rampollo **2** (*fig.*, *lett.*) (*di persona*) rampollo, erede.

polmóne s. m. **1** (*fig.*) (*di zona verde*) regolatore di ossigeno, ossigeno **2** (*fig.*) (*di economia e sim.*) motore **FRAS.** *polmone d'acciaio*, respiratore automatico.

pòlo s. m. **1** (*est.*) regione polare **2** (*fig.*) estremità, capo **3** (*fig.*) centro (di attrazione), elemento centrale, fulcro, fondamento, modello.

pólpa s. f. **1** (*est.*) (*di frutto*) mesocarpo **2** carne, muscolo **CONTR.** osso **3** (*anat.*) tessuto **4** (*fig.*) (*di discorso e sim.*) succo, sostanza, nucleo, essenza **5** (*pop.*) polpaccio.

polpàccio s. m. polpa (*pop.*).

polpétta s. f. **1** (*di cibo*) crocchetta **2** (*per animali*) boccone avvelenato **FRAS.** *fare polpette di uno* (*fig.*), conciarlo male, farne scempio.

polpettóne s. m. **1** accr. di **polpetta 2** (*fig.*) (*di romanzo, di film e sim.*) pasticcio, pasticciaccio.

polpóso agg. **1** (*est.*) (*di frutta*) succoso **2** (*di persona*) polputo, polpacciuto, grasso, paffuto **CONTR.** scarno, rinsecchito, macilento, patito, ossuto.

polsìno s. m. **1** dim. di **polso 2** (*di manica*) paramano, listino **3** gemello.

pólso s. m. **1** (*med.*) pulsazione, battito **2** (*fig.*) forza, energia, potenza, gagliardia, vigore, nerbo, volontà, carattere **CONTR.** debolezza, fiacchezza, rilassatezza, impotenza **FRAS.** *tastare il polso a uno* (*fig.*), cercare di conoscere le intenzioni di uno.

poltìglia s. f. **1** intruglio, pappa, impiastro **2** fango, fanghiglia, mota **FRAS.** *ridurre in poltiglia* (*fig.*), conciare per le feste.

poltrìre v. intr. **1** sonnecchiare, riposare **CONTR.** essere sveglio, vegliare **2** oziare, ciondolare, impigrire, bighellonare **CONTR.** lavorare, operare, agire, affannarsi.

poltróna s. f. (*fig.*) carica, ufficio □ posto importante **FRAS.** *starsene in poltrona* (*fig.*), oziare.

poltronàggine s. f. pigrizia, poltroneria, neghittosità, accidia, ozio, inazione, fiacchezza, inattività, inerzia, inoperosità, scioperataggine, infingardaggine **CONTR.** attività, operosità, laboriosità, alacrità.

poltróne agg.; anche s. m. neghittoso, ozioso, accidioso, inerte, inoperoso, scioperato, infingardo, pigro, scansafatiche, indolente, ignavo (*lett.*) **CONTR.** attivo, operoso, solerte, alacre, laborioso.

pólvere s. f. **1** pulviscolo, polverio, polverone, terra, sabbia □ frammenti **2** farina, cipria, limatura, raschiatura, cenere **3** (*fig.*) nulla **FRAS.** *gettare* (o *buttare*) *la polvere negli occhi* (*fig.*), illudere □ *mordere la polvere* (*fig.*), rimanere sconfitto □ *ridurre in polvere*, macinare; (*fig.*) annientare □ *sentire odore di polvere* (*fig.*), presentire lotte, battaglie, pericolo.

polverizzàre **A** v. tr. **1** macinare, frantumare, stritolare, sminuzzare, pestare, sfarinare, incenerire **2** (*est.*) (*di medicinali, di vernice, ecc.*) nebulizzare **3** (*di zucchero, di cacao, ecc.*) spruzzare, cospargere **4** (*fig.*) (*di persona*) annientare, annullare, distruggere, annichilire **5** (*est.*) (*di record*) battere, superare **B** **polverizzarsi** v. intr. pron. dissolversi, frantumarsi, sminuzzarsi, sfarinarsi.

polverizzàto part. pass. di **polverizzare**; anche agg. **1** in polvere, macinato, frantumato, sminuzzato, sfarinato, incenerito **2** (*di medicinali, di vernice, ecc.*) nebulizzato **3** (*fig.*) (*di persona*) annientato, annullato, distrutto, annichilito **4** (*est.*) (*di record*) battuto, superato.

polverizzatóre s. m. nebulizzatore.

polverizzazióne s. f. **1** frantumazione, distruzione, sminuzzamento, sfarinamento, incenerimento **2** (*di medicinali, di vernice, ecc.*) nubulizzazione **3** (*fig.*) dissolvimento, annientamento, annullamento.

polveróne s. m. **1** accr. di **polvere 2** nube di polvere **3** (*fig.*) confusione.

polveróso agg. **1** impolverato **CONTR.** spolverato **2** (*est.*) velato, coperto, offuscato **CONTR.** terso, limpido, pulito.

pomàta s. f. crema, unguento, manteca, cosmetico, brillantina.

pomèllo s. m. **1** dim. di **pomo 2** pomolo, impugnatura □ maniglia **3** (*est.*) zigomo.

pomeridiàno agg. **CONTR.** antimeridiano.

pomerìggio s. m. dopopranzo.

pométo s. m. frutteto, pomario, orto.

pómo s. m. **1** (*lett.*) mela **2** (*est.*) frutto **3** pomolo, pomello, impugnatura **FRAS.** *pomo punico* (*lett.*), melograno.

pómpa (1) s. f. **1** sfarzo, sontuosità, fasto, lusso, sfoggio, magnificenza, solennità, gala **CONTR.** semplicità, modestia **2** vanagloria, ostentazione, vanteria, ampollosità **CONTR.** semplicità, modestia.

pómpa (2) s. f. (*di carburanti*) distributore.

pompàre v. tr. **1** (*di liquido*) tirare, aspirare □ immettere, premere **2** (*di pneumatico*) gonfiare **CONTR.** sgonfiare **3** (*fig.*) (*di notizia e sim.*) esagerare, ingrandire **CONTR.** sminuire, minimizzare **4** (*volg.*) fottere (*volg.*), chiavare (*volg.*).

pompàto part. pass. di **pompare**; anche agg. **1** (*di liquido*) aspirato, tirato □ immesso, premuto **2** (*di pneumatico*) gonfiato **CONTR.** sgonfiato **3** (*fig.*) (*di notizia e sim.*) esagerato, ingrandito **CONTR.** sminuito, minimizzato **4** (*fam.*, *gerg.*) (*di persona*) montato, gasato (*gerg.*), esaltato.

pompière s. m. vigile del fuoco.

pompon /*fr.* pɔ̃'pɔ̃/ [vc. fr. di origine espressiva] s. m. inv. fiocco, nappa.

pomposaménte avv. **1** solennemente, fastosamente, sfarzosamente, splendidamente, grandiosamente, lussuosamente, magnificamente, regalmente **CONTR.** modestamente, semplicemente, dimessamente **2** tronfiamente, ampollosamente, enfaticamente **CONTR.** misuratamente, moderatamente, umilmente.

pomposità s. f. **1** enfaticità, ampollosità **CONTR.** semplicità, modestia, riservatezza, misura **2** grandiosità, magnificenza, lussuosità, fastosità, sfarzo, solennità **CONTR.** semplicità, modestia, misura.

pompóso agg. **1** solenne, fastoso, sfarzoso, appariscente, splendido, grandioso, lussuoso, magnifico, principesco, regale, maestoso, spettacoloso **CONTR.** semplice, modesto, dimesso **2** (*fig.*) vanaglorioso, tronfio, ampolloso, enfatico **CONTR.** misurato, temperato, semplice, modesto, riservato, schivo, umile.

pònce s. m. inv. punch (*ingl.*).

ponderàbile agg. **1** pesabile, misurabile, determinabile, tangibile **CONTR.** imponderabile, indeterminabile **2** (*fig.*) soppesabile, esaminabile, valutabile, giudicabile **CONTR.** imponderabile.

ponderàre v. tr. e intr. **1** (*raro*) pesare **2** (*fig.*) considerare, calcolare, soppesare, valutare, esaminare, giudicare.

ponderataménte avv. riflessivamente, ragionatamente, equilibratamente **CONTR.** avventatamente, irriflessivamente, impulsivamente, sconsideratamente.

ponderàto part. pass. di **ponderare**; anche agg. **1** vagliato, considerato, valutato, giudicato **2** equilibrato, prudente, cauto **CONTR.** avventato, irriflessivo, impulsivo, sconsiderato.

ponderazióne s. f. riflessione, meditazione, ponderatezza, considerazione, cautela, equilibrio **CONTR.** irriflessione, sconsideratezza, impulsività, precipitazione.

ponderosaménte avv. pesantemente, onerosamente, faticosamente **CONTR.** leggermente, facilmente.

ponderóso agg. **1** pesante, oneroso **CONTR.** lieve, leggero **2** (*est.*) (*di lavoro, di impegno, ecc.*) faticoso, impegnativo, grave, arduo, difficile □ importante **CONTR.** facile, leggero, lieve.

ponènte s. m. occidente, ovest, occaso (*lett.*), west (*ingl.*) **CONTR.** levante, est, oriente.

pónte A s. m. **1** cavalcavia, viadotto, passerella **2** collegamento **3** (*di nave*) tolda, coperta **4** impalcatura, palco, castello, ponteggio **5** (*tra giorni festivi*) vacanza **6** bridge (*ingl.*) **B** in funzione di agg. inv. (posposto al s.) (*di governo, di legge, ecc.*) di collegamento, transitorio **FRAS.** *tagliare i ponti* (*fig.*), troncare ogni rapporto □ *fare ponti d'oro* (*fig.*), offrire grandi vantaggi.

pontéfice s. m. papa, Santo Padre.

pontéggio s. m. ponte, impalcatura, palco, castello, intelaiatura.

pontificàle agg. **1** papale, pontificio □ vescovile **2** (*scherz.*) maestoso, solenne, sussiegoso **CONTR.** dimesso, umile, modesto.

pontificàre v. intr. (*fig., iron.* o *scherz.*) sentenziare, sputare sentenze, parlare con sussiego.

pontificàto s. m. papato.

pontifìcio agg. **1** pontificale, papale **2** (*spreg.*) papalino.

pontile s. m. imbarcadero, molo, ormeggio, attracco.

popò A s. f. (*inft.*) escremento, cacca (*pop.*) **B** s. m. (*inft.*) culo (*pop.*), culino (*pop., inft.*), sedere.

popolàno A agg. popolare, popolaresco **CONTR.** nobile, aristocratico, raffinato **B** s. m. **1** plebeo **2** abitante.

popolàre (1) A v. tr. **1** colonizzare, ripopolare **CONTR.** spopolare **2** abitare **3** riempire **CONTR.** svuotare, vuotare **B popolarsi** v. intr. pron. riempirsi **CONTR.** vuotarsi.

popolàre (2) agg. **1** del popolo, della popolazione □ comune **2** plebeo, popolaresco, popolano **CONTR.** nobile, raffinato **3** conosciuto, noto, rinomato, famoso, celebre **CONTR.** impopolare, sconosciuto, ignoto **4** democratico.

popolarésco agg. **1** popolano, popolare □ plebeo **CONTR.** nobile, raffinato **2** (*est.*) volgare, triviale **CONTR.** raffinato.

popolarità s. f. fama, successo, notorietà, celebrità, voga, gloria **CONTR.** impopolarità.

popolàto part. pass. di **popolare**; anche agg. **1** abitato **CONTR.** disabitato **2** riempito, pieno **CONTR.** vuoto, vuotato.

popolazióne s. f. **1** abitanti, gente, cittadini **2** (*est.*) nazione, popolo, stirpe, razza, gente.

popolìno s. m. **1** dim. di **popolo 2** (*spreg.*) plebe, plebaglia, volgo, gentaglia **CONTR.** nobiltà, aristocrazia, signori.

pòpolo s. m. **1** popolazione, cittadinanza **2** (*est.*) nazione, stirpe, razza, gente **3** plebe, volgo, proletariato **CONTR.** nobiltà, aristocrazia, signori **4** moltitudine, folla.

popolóso agg. popolato, abitato, affollato **CONTR.** spopolato, deserto.

póppa s. f. **1 CONTR.** prua **2** (*poet.*) nave **FRAS.** *avere il vento in poppa* (*fig.*), andare bene, avere fortuna.

poppànte part. pres. di **poppare**; anche agg. e s. m. e f. **1** lattante, neonato **2** (*fig., scherz.*) novellino, pivello, inesperto **CONTR.** esperto, navigato, provetto, veterano.

poppàre v. tr. **1** (*est.*) succhiare, pocciare (*dial.*), suggere (*poet.*), assorbire **2** (*fig.*) bere golosamente.

poppatóio s. m. biberon (*fr.*).

porcellàna s. f. maiolica, ceramica, terracotta.

porcellìno s. m. dim. di **porco**; maialino **FRAS.** *porcellino d'India*, cavia.

porcherìa s. f. **1** sporcizia, sudiciume, immondizia, robaccia **2** (*fig.*) oscenità, sconcezza, scurrilità **3** (*fig.*) disonestà, mascalzonata, birbonata, bricconata **4** (*fig.*) cosa brutta, porcata, boiata (*pop.*), schifo, schifezza **CONTR.** capolavoro, meraviglia, bontà.

porcile s. m. **1** porcilaia, stabbiolo, stalletto, stalluccio **2** (*fig.*) porcaio, letamaio, porcume, sudiciume, laidume.

pòrco A s. m. **1** maiale, suino, verro **2** (*fig.*) (*di persona*) sudicione, sporcaccione, sozzone (*pop.*), immorale, luridone **B** agg. **1** (*spreg.*) indecente, schifoso, sudicio, laido, immorale, lurido **CONTR.** onesto, pulito, bello **2** nelle loc. inter. (*volg.*) (*di mondo, di miseria, ecc.*) boia di.

porcospino s. m. **1** (*zool.*) istrice **2** (*pop.*) riccio.

pòrgere A v. tr. **1** (*di cosa*) tendere, dare, offrire, presentare **CONTR.** ritirare, togliere, riprendere, portare via **2** (*fig.*) (*di aiuto, di assistenza, ecc.*) dare, concedere, accordare **CONTR.** negare, rifiutare **B** v. intr. declamare, recitare, pronunziare, dire, parlare **FRAS.** *porgere orecchio*, ascoltare □ *porgere la mano* (*fig.*), aiutare, soccorrere.

pòrno A agg. inv. pornografico, osceno, indecente, sconcio, scandaloso, scurrile **CONTR.** casto, pudico, morale **B** s. m. inv. pornografia □ film pornografico.

pornogràfico agg. porno, osceno, immorale, indecente, lascivo, scandaloso, sconcio, scurrile, soft-core (*ingl.*), cochon (*fr.*) **CONTR.** casto, costumato, decente, morale, pudico.

porosità s. f. **CONTR.** compattezza, densità.

poróso agg. spugnoso, bucherellato, cavernoso **CONTR.** compatto, denso, liscio.

pórpora A s. f. **1** (*di colore*) ostro (*lett.*), vermiglio **2** (*est.*) cardinalato **B** agg. (*di colore*) vermiglio **FRAS.** *indossare la porpora*, diventare cardinale.

pórre A v. tr. **1** mettere, collocare, posare, appoggiare, deporre, riporre, stabilire, piantare **CONTR.** levare, togliere, sollevare **2** (*di lapide, di monumento e sim.*) dedicare **3** (*fig.*) (*seguito da* che) supporre, ammettere **4** (*di scuse, di domanda, ecc.*) rivolgere, presentare **5** (*di argomento*) esporre, impostare, asserire **6** (*di occhi, di attenzione, ecc.*) fissare, rivolgere **CONTR.** distogliere **B porsi** v. rifl. **1** mettersi, collocarsi **CONTR.** levarsi, togliersi **2** (*al lavoro e sim.*) accingersi, apprestarsi **CONTR.** smettere.

pòrta s. f. **1** uscio, portone **2** accesso, adito, varco, apertura, entrata, ingresso **3** (*pl.*) imposte, battenti **4** (*di mobile, di caldaia, ecc.*) sportello □ portello **5** (*geogr.*) valico, passo **6** (*sport*) rete □ (*est.*) goal (*ingl.*) **FRAS.** *fuori porta*, in periferia □ *essere alle porte* (*fig.*), essere molto vicino □ *mettere alla porta*, cacciare via □ *prendere la porta*, andarsene □ *trovare la porta chiusa* (*fig.*), ottenere solo rifiuti □ *sfondare una porta aperta* (*fig.*), tentare cose già fatte.

portabagàgli s. m. **1** (*di persona*) facchino **2** (*di contenitore*) portapacchi, baule, bagagliaio.

portabandièra s. m. e f. inv. **1** alfiere, vessillifero, gonfaloniere, portainsegna **2** (*fig.*) antesignano, pioniere, precursore **CONTR.** epigono.

portàbiti s. m. inv. ometto (*dial.*), gruccia.

portaborràcce s. m. inv. portacqua.

portacénere s. m. inv. posacenere.

portafògli o **portafòglio** s. m. inv. **1** portamonete, borsellino **2** (*est.*) busta, cartella **3** (*fig.*) ministero.

portafortùna s. m. inv.; anche agg. talismano, mascotte (*fr.*), amuleto.

portafrùtta s. m. inv. fruttiera.

portagiòie s. m. inv. cofanetto, portagioielli.

portaimmondìzie s. m. inv. pattumiera, secchio, bidone.

portàle s. m. portone.

portalèttere s. m. e f. inv. postino.

portamatite s. m. inv.; anche agg. portalapis, astuccio.

portaménto s. m. **1** andatura, incesso (*lett.*), movenza, cadenza **2** (*fig.*) comportamento, modo, atteggiamento, maniera, contegno, condotta.

portamonéte s. m. inv. borsellino.

portantino s. m. barelliere.

portapàcchi s. m. **1** portabagagli, bagagliaio **2** (*di persona*) fattorino, facchino.

portapénne s. m. inv. **1** asticciola, cannello **2** astuccio.

portàre A v. tr. **1** (*di pacco, di vassoio, ecc.*) reggere, sostenere, tenere, avere **CONTR.** lasciare, abbandonare **2** (*di conto, di risposta, ecc.*) consegnare, recare, dare, recapitare, comunicare, trasmettere **CONTR.** ritirare, ricevere **3** (*di provviste, di abito, ecc.*) prendere con sé, recare, trasportare **CONTR.** lasciare **4** (*di esempio, di prova, ecc.*) proporre, designare, addurre, presentare **5** (*di persona, di animale, ecc.*) condurre, menare **CONTR.** ricondurre, riportare **6** (*di strada, di acquedotto, ecc.*) fare arrivare **CONTR.** interrompere, fare finire **7** (*di fiume, di vento, ecc.*) trascinare, trasportare, trasferire **8** (*di autoveicoli*) guidare **9** (*fig.*) (*di danno, di disturbo, ecc.*) indurre □ causare, generare, produrre, cagionare **10** (*di abito, di scarpe, di capelli, ecc.*) indossare, calzare, usare, tenere **11** (*fig.*) (*di rancore, di odio, ecc.*) provare, nutrire, serbare, conservare **12** (*di conseguenze, di vino, ecc.*) sopportare **CONTR.** dimenticare **B portarsi** v. intr. pron. **1** trasferirsi, recarsi **CONTR.** venire, arrivare **2** comportarsi, agire **3** (*di salute*) stare.

portàta s. f. **1** vivanda, piatto, pietanza **2** (*di carico*) capacità, carico **3** (*di tiro, di lancio*) gittata, distanza, lunghezza **4** (*fig.*) (*di prezzo, di incarico, ecc.*) possibilità, livello, limite **5** (*fig.*) capacità, calibro, potenza, forza **6** (*fig.*)

(*di avvenimento, di gesto, ecc.*) importanza, valore, rilievo.

portàtile agg. trasportabile, trasferibile **CONTR.** intrasportabile.

portàto A part. pass. di **portare**; anche agg. **1** tenuto, sostenuto **CONTR.** lasciato, abbandonato **2** consegnato, recato, recapitato, comunicato, trasmesso **CONTR.** ritirato, ricevuto **3** (*fig.*) (*di esempio, di prova, ecc.*) proposto, designato, addotto, presentato **4** (*di persona, animale, ecc.*) condotto, menato **CONTR.** ricondotto, riportato **5** (*da fiume, da vento, ecc.*) trascinato, trasportato, trasferito **6** (*di autoveicolo*) guidato **7** (*di danno, di disturbo, ecc.*) indotto, causato, generato, cagionato **8** (*di abito, di scarpe, ecc.*) usato, indossato, calzato **9** (*fig.*) (*di rancore, di odio, ecc.*) provato, nutrito, conservato **10** (*allo studio, per la musica, ecc.*) incline, predisposto, adatto, idoneo, propenso **CONTR.** contrario, alieno, allergico (*fig.*) **B** s. m. prodotto, risultato, conseguenza.

portatóre s. m. **1** latore **2** facchino, portabagagli.

portavàsi s. m. portafiori, trespolo.

portavivànde s. m. inv. portapranzi.

portavóce s. m. inv. **1** (*mar.*) megafono **2** (*di persona*) messaggero, latore, ambasciatore.

portèllo s. m. **1** dim. di **porta 2** porticina, sportello, botola, apertura.

portènto s. m. prodigio, miracolo, meraviglia.

portentosaménte avv. miracolosamente, prodigiosamente, straordinariamente, stupefacentemente, incredibilmente.

portentóso agg. prodigioso, miracoloso, straordinario, stupefacente, ammirabile, incredibile.

porticàto s. m. portico, loggiato, colonnato □ pronao, propileo, vestibolo.

pòrtico s. m. porticato, loggiato, galleria, colonnato □ pronao, propileo, vestibolo.

portièra s. f. **1** (*di autoveicolo*) sportello **2** tenda, drappeggio.

portière s. m. portinaio, usciere, custode.

portinàio s. m. portiere, custode.

portinerìa s. f. guardiola.

pòrto (1) s. m. **1** trasporto, spedizione **2** spesa di trasporto.

pòrto (2) part. pass. di **porgere**; anche agg. (*raro*) teso, avvicinato, offerto.

pòrto (3) s. m. **1** insenatura, scalo, ancoraggio, bacino, banchina, calata, dock (*ingl.*) **2** (*fig.*) meta, conclusione, rifugio.

portuàle agg. portuario.

portuàrio agg. portuale.

porzióne s. f. **1** parte, quota, quantità, rata, percentuale **2** (*di cibo e sim.*) razione, spicchio, fetta, dose, pezzo.

pòsa s. f. **1** (*di peso, di pietra, ecc.*) deposizione, appoggio, collocazione **CONTR.** sollevamento **2** quiete, riposo, sosta, pausa, interruzione **3** (*fot.*) esposizione **4** (*di persona*) atteggiamento, posizione **5** ostentazione, affettazione, artificio **6** (*raro*) (*di materiale*) sedimento, deposito, posatura, fondo, fondaccio, precipitato, residuato **7** (*mus.*) pausa, fermata.

posacénere s. m. inv. portacenere.

posàre A v. tr. mettere, deporre, adagiare, collocare **CONTR.** sollevare, togliere, levare **B** v. intr. **1** (*anche fig.*) (*di cosa, di ragionamento, ecc.*) fondarsi, basarsi, poggiare **2** (*fig.*) (*di persona*) atteggiarsi, ostentare **3** (*di liquido*) depositare, sedimentare, precipitare **C posarsi** v. intr. pron. appoggiarsi, sostare, adagiarsi, mettersi, fermarsi, riposare **CONTR.** alzarsi, muoversi, agitarsi.

posàta s. f. **1** (*est.*) cucchiaio, coltello, forchetta **2** coperto.

posàto part. pass. di **posare**; anche agg. **1** messo, deposto, adagiato, collocato **CONTR.** sollevato, tolto **2** (*anche fig.*) (*di ipotesi, di ragionamento, ecc.*) fondato, basato **3** (*di andamento, di movimento, ecc.*) grave, rilassato, lento **CONTR.** svelto, veloce, vivace, gagliardo, scattante **4** (*fig.*) (*di persona*) riflessivo, ponderato, accorto, quieto, tranquillo, calmo, prudente, equilibrato **CONTR.** irrequieto, agitato, avventato, sventato, irriflessivo, imprudente.

posatùra s. f. fondo, deposito, sedimento, feccia, fondaccio, fondiglio, precipitato, residuato, posa.

positivìsmo s. m. razionalismo, realismo □ naturalismo **CONTR.** romanticismo, idealismo, irrazionalismo.

positivìsta s. m. e f.; anche agg. razionalista, realista □ naturalista **CONTR.** romantico, idealista, irrazionalista.

positivìstico agg. razionalistico, realistico □ naturalistico **CONTR.** romantico, idealistico, irrazionalistico.

positività s. f. concretezza, realtà, effettività, materialità **CONTR.** astrattezza, astrazione, indeterminatezza, fantasia.

positìvo A agg. **1** (*di fatto, di notizia, ecc.*) reale, concreto, effettivo, vero, accertato, certo, sicuro, evidente, affermativo **CONTR.** incerto, irreale, astratto, insicuro, dubbio, negativo **2** (*di persona, di mente, ecc.*) pratico, costruttivo, concreto, calcolatore **CONTR.** astratto, poetico, ideale, teorico, disinteressato **3** (*di esito, di aspetto, ecc.*) affermativo, favorevole, vantaggioso, buono **CONTR.** negativo, sfavorevole **B** s. m. reale, concreto **CONTR.** irreale, astratto **C** avv. certamente, sicuramente, senza dubbio **CONTR.** no.

posizionàre v. tr. **1** sistemare, collocare **2** (*elab.*) registrare.

posizionàto part. pass. di **posizionare**; anche agg. **1** sistemato, collocato **2** (*elab.*) registrato.

posizióne s. f. **1** collocazione, sito, luogo, punto, ubicazione, posto, postura (*raro*) **2** (*di persona, del corpo, ecc.*) atteggiamento, posa,

portamento **3** (*fig.*) (*sociale, economica, ecc.*) condizione, situazione, grado, ceto.
pospórre v. tr. **1** rimandare, posticipare, differire **CONTR.** anticipare **2** (*di interesse, di lavoro, ecc.*) trascurare, tralasciare, sacrificare **CONTR.** anteporre, preferire.
possedére v. tr. **1** avere, tenere, disporre, fruire, godere **CONTR.** essere privo, mancare **2** (*di ira, di demonio, ecc.*) dominare, soggiogare, vincere, padroneggiare, occupare **CONTR.** liberare, sgombrare **3** (*di materia, di argomento, ecc.*) conoscere bene, essere padrone **CONTR.** ignorare.
possediménto s. m. **1** dominio, colonia **2** terra, tenuta, podere, campagna, proprietà.
possedùto A part. pass. di **possedere**; anche agg. **1** avuto, tenuto, goduto **2** (*da ira, da demonio, ecc.*) soggiogato, dominato, occupato, invasato **CONTR.** libero **3** (*di materia, di argomento, ecc.*) ben conosciuto **CONTR.** ignorato **B** s. m. indemoniato, ossesso.
possènte agg. **1** potente, forte, poderoso, valido, vigoroso, energico **CONTR.** debole, meschino **2** grande, imponente **CONTR.** piccolo.
possessìvo agg. **1** di possesso **2** dominatore, invadente **CONTR.** distaccato, apatico.
possèsso s. m. **1** proprietà, fruizione, uso, godimento **2** (*di materia, di argomento, ecc.*) padronanza, conoscenza, cognizione **CONTR.** ignoranza **3** (*di sentimenti, di sensi, ecc.*) dominio, potere, controllo **4** (*spec. al pl.*) (*di beni*) possedimento, proprietà, possessione (*raro*), podere, terra, campagna, fondo, feudo, tenuta.
possessóre s. m. possidente, proprietario, padrone, signore, detentore **CONTR.** nullantenente.
possìbile agg. **1** eventuale, probabile, avverabile, ottenibile **CONTR.** impossibile, improbabile, inavverabile, difficile **2** (*di ipotesi, di proposta, ecc.*) accettabile, ammissibile, ragionevole, credibile, attendibile, plausibile, pensabile, concepibile, immaginabile, supponibile, ipotizzabile, verosimile **CONTR.** impossibile, improbabile, inaccettabile, inammissibile, inverosimile, assurdo, irragionevole, incredibile, inconcepibile, inimmaginabile **3** (*di progetto, di lavoro, ecc.*) fattibile, effettuabile, realizzabile, adempibile, eseguibile, attuabile, tentabile **CONTR.** impossibile, inattuabile, ineffettuabile, difficile, irrealizzabile, intentabile.
possibilità s. f. **1** eventualità, condizione, circostanza, evenienza, occorrenza, opportunità, occasione, casualità **CONTR.** impossibilità **2** capacità, facoltà, potenzialità, mezzo, modo, potere **CONTR.** impossibilità **3** probabilità, eventualità, attuabilità, effettuabilità, fattibilità, plausibilità, verosimiglianza, attendibilità, credibilità, prevedibilità **CONTR.** impossibilità, improbabilità, inattuabilità, inattendibilità **4** (*spec. al pl.*) mezzi, facoltà, risorse, denaro.
possibilménte avv. probabilmente, eventualmente, potendo, per quanto possibile, prevedibilmente, all'occasione.
possidènte s. m. e f.; anche agg. proprietario, signore, possessore, padrone **CONTR.** nullatenente.
pòsta s. f. **1** (*di carrozza, di corriere*) fermata, tappa, sosta **2** corrispondenza **3** ufficio postale **4** (*al gioco*) puntata, somma **5** (*lett.*) piacere, volontà **FRAS.** *a bella posta*, di proposito, deliberatamente.
postazióne s. f. (*mil., est.*) fortino, base, area.
postbèllico agg. **CONTR.** prebellico, anteguerra.
posteggiàre v. tr. e intr. parcheggiare, parcare (*raro*), depositare, fermarsi.
posteggiatóre s. m. parcheggiatore, custode.
postéggio s. m. **1** (*di veicolo*) parcheggio **2** (*di ambulante*) posto, spazio.
poster /*ingl.* 'poustə/ [vc. ingl. 'manifesto, affisso', da *to post* 'piazzare'] s. m. inv. (*est.*) manifesto, riproduzione.
posterióre A agg. **1** (*di tempo*) successivo, seguente, conseguente **CONTR.** anteriore, antecedente, precedente **2** (*di luogo*) dopo, dietro, a tergo **CONTR.** davanti, anteriore **B** s. m. (*euf.*) deretano, sedere, culo (*pop.*).
posteriorménte avv. **1** di dietro, nel retro **CONTR.** anteriormente, sul davanti **2** successivamente, dopo **CONTR.** prima.
posterità s. f. discendenza, figli, eredi **CONTR.** ascendenza, avi.
pòstero s. m. discendente, pronipote, posterità **CONTR.** avo, antenato.
postfazióne s. f. conclusione, nota finale, aggiunta **CONTR.** prefazione, introduzione.
postìccio A agg. artificiale, finto, falso, appiccicato □ provvisorio **CONTR.** naturale, vero □ stabile **B** s. m. toupet (*fr.*).
posticipàre v. tr. posporre, prorogare, rinviare, differire, rimandare, ritardare **CONTR.** anticipare.
posticipazióne s. f. differimento, rinvio, proroga, procrastinazione **CONTR.** anticipazione.
postilla s. f. chiosa, codicillo, glossa, nota, annotazione.
postillàre v. tr. annotare, chiosare, glossare, commentare.
postìno s. m. portalettere.
pósto (1) part. pass. di **porre**; anche agg. **1** collocato, situato, messo, piantato **CONTR.** levato, tolto **2** (*seguito da* che) supposto, ammesso, premesso, dato, affermato **CONTR.** escluso, rifiutato, negato **3** (*di scusa, di domanda, ecc.*) rivolto, presentato **4** (*di occhi, di attenzione, ecc.*) fissato, rivolto **CONTR.** distolto.
pósto (2) s. m. **1** luogo, sede, sito, punto, posizione, ubicazione, collocazione **2** (*est.*) spazio □ box (*ingl.*) □ sede, insediamento **3** (*a scuola, al cinema, ecc.*) sedile, sedia □ banco □ seggio, stallo, poltrona **4** (*in banca, in ferro-*

via, ecc.) incarico, impiego, ufficio, carica, lavoro, incombenza **5** (*di villeggiatura, di mare, ecc.*) località, luogo, paese, contrada, terreno **6** locale pubblico, locale **FRAS.** *persona a posto* (*fig.*), persona degna di fiducia □ *essere a posto*, essere in ordine □ *quel posto, quel certo posto* (*euf.*), gabinetto □ *mettere a posto* (*anche fig.*), sistemare □ *al posto di*, invece di.

postscriptum /*lat.* post'skriptum/ s. m. inv. poscritto, aggiunta, nota bene.

postulàre v. tr. **1** chiedere, domandare, richiedere, supplicare, invocare **CONTR.** concedere, esaudire, accordare **2** mendicare, questuare.

postulàto A part. pass. di **postulare**; anche agg. richiesto, domandato, invocato □ mendicato **CONTR.** concesso, esaudito **B** s. m. assioma.

pòstumo A agg. **1** posteriore **CONTR.** anteriore **2** (*est.*) (*di gloria, di riconoscimento, ecc.*) tardivo **CONTR.** tempestivo **B** s. m. spec. al pl. (*di malattia*) conseguenza, effetto **CONTR.** sintomi.

potàbile agg. bevibile **CONTR.** imbevibile.

potàre v. tr. tagliare, recidere, accorciare, amputare.

potàto part. pass. di **potare**; anche agg. tagliato, reciso, accorciato, amputato.

potatùra s. f. taglio.

potènte agg. **1** poderoso, forte, vigoroso, energico, valido, possente, gagliardo **CONTR.** debole, meschino, impotente, fiacco **2** (*di veleno, di medicina, ecc.*) efficace, forte **CONTR.** inefficace, debole **3** (*di persona*) autorevole, influente, ricco **CONTR.** da nulla, ininfluente, povero.

potenteménte avv. energicamente, intensamente, vigorosamente, efficacemente **CONTR.** debolmente, inefficacemente.

potènza s. f. **1** forza, energia, intensità, gagliardia, vigore **CONTR.** debolezza, impotenza, inefficacia **2** (*di veleno, di arma, ecc.*) capacità, facoltà, potenzialità, possibilità, efficacia, portata **CONTR.** inefficacia, debolezza **3** (*di persona*) influsso, prestigio, autorità, ascendente, potere **CONTR.** nullità **FRAS.** *all'ennesima potenza* (*fig.*), estremamente, massimamente.

potenziàle A agg. virtuale, possibile, implicito **CONTR.** reale, presente, attuale **B** s. m. **1** energia, tensione **2** (*fig.*) possibilità, potenzialità, forza.

potenzialità s. f. facoltà, possibilità, potenziale.

potenzialménte avv. virtualmente, implicitamente, forse **CONTR.** realmente, attualmente.

potenziaménto s. m. incremento, aumento □ rafforzamento **CONTR.** calo, diminuzione □ indebolimento.

potenziàre v. tr. incrementare, aumentare □ rafforzare **CONTR.** diminuire □ indebolire.

potenziàto part. pass. di **potenziare**; anche agg. incrementato, aumentato □ rafforzato **CONTR.** diminuito □ indebolito.

potére A v. intr. **1** riuscire, essere in grado, avere la forza, avere il diritto, avere la facoltà, avere la capacità, avere la possibilità **2** essere possibile, essere probabile, essere credibile □ essere lecito, essere conveniente, essere permesso, essere consentito **3** essere augurabile, essere desiderabile **4** avere forza, avere autorità **5** ottenere **6** reggere, sopportare **B** s. m. **1** possibilità, mezzo, autorità, potenza, facoltà, potestà, balìa, arbitrio **CONTR.** impotenza, impossibilità **2** efficacia, vigore, effetto **CONTR.** inefficacia, inutilità **3** virtù, potenza, forza **4** capacità, proprietà **CONTR.** incapacità **5** possesso, dominio **6** comando, signoria, governo, dominio **7** supremazia, sopravvento **8** diritto.

potestà s. f. **1** potere, autorità, possibilità, potenza, facoltà, arbitrio, balìa **2** (*dir.*) tutela.

poveràccio s. m. **1** pegg. di **povero 2** poveruomo, meschino, poveretto, poverino, tapino (*lett.*), sfortunato **CONTR.** fortunato.

poveraménte avv. miseramente, dimessamente, umilmente, miserabilmente **CONTR.** riccamente, abbondantemente □ elegantemente, sontuosamente.

povarétto s. m.; anche agg. **1** dim. di **povero 2** infelice, poverino, poveraccio, poveruomo, tapino (*lett.*), meschino, sfortunato **CONTR.** fortunato.

pòvero A agg. **1** (*di persona*) misero, meschino, umile, sventurato, indigente, bisognoso, miserabile, disagiato **CONTR.** ricco, abbiente, danaroso, facoltoso **2** (*di cosa*) misero, modesto, scadente **CONTR.** splendido, magnifico, sontuoso **3** (*di acqua, di ingegno, ecc.*) scarso, privo, mancante, sterile, infruttuoso, infecondo, improduttivo **CONTR.** abbondante, traboccante, copioso, ricco, fertile, fecondo, produttivo **4** (*di parole, di discorso e sim.*) disadorno, scarno, nudo **CONTR.** elegante, fiorito, ornato **5** (*di abito e sim.*) logoro, stracciato, miserevole, lacero **CONTR.** nuovo, elegante, sontuoso **6** (*di paese, di popolo, ecc.*) depresso, sottosviluppato **CONTR.** ricco **7** (*fam.*) defunto, fu **CONTR.** vivo **B** s. m. indigente, spiantato, tapino (*lett.*), nullatenente, bisognoso □ mendico, mendicante, accattone, straccione, pitocco, pezzente **CONTR.** ricco, riccone, capitalista, miliardario, fortunato.

povertà s. f. **1** (*di persona*) indigenza, miseria, necessità, bisogno, ristrettezza, inopia (*lett.*), privazione, stenti, miserabilità, mendicità, angustia **CONTR.** ricchezza, opulenza, abbondanza, sontuosità **2** (*di cosa*) difetto, scarsezza, penuria, mancanza **CONTR.** abbondanza, dovizia (*lett.*).

poveruòmo s. m. poveraccio, poveretto, poverino, tapino (*lett.*), meschino **CONTR.** fortunato.

poziòne s. f. decotto, beveraggio, tisana, infuso.

pózza s. f. **1** pozzanghera **2** buca, fossatello.
pozzànghera s. f. pozza.
pózzo s. m. **1** cisterna, serbatoio **2** buca, cavità **3** (*fig.*) (*di soldi, di debiti, ecc.*) grande quantità, enormità, mucchio, massa, fracco (*dial.*), casino (*pop.*) **FRAS.** *essere il pozzo di S. Patrizio* (*fig.*), essere ricchissimo □ *pozzo di scienza* (*fig.*), persona molto colta.
prammàtica s. f. uso, consuetudine, pratica, obbligo.
prammaticaménte avv. (*est.*) praticamente □ obbligatoriamente **CONTR.** teoricamente.
prammàtico agg. (*est.*) pratico, realistico, concreto, d'uso **CONTR.** teorico.
prammatìsmo s. m. (*est.*) realismo, concretezza **CONTR.** teoria.
pranzàre v. intr. mangiare, desinare, banchettare, fare pranzo.
prànzo s. m. pasto, banchetto, convito.
pràssi s. f. **1** pratica, azione, uso, consuetudine **CONTR.** teoria **2** procedura corrente.
prateria s. f. prato, pascolo, landa, steppa, pampa.
pràtica s. f. **1** attività, azione, concretezza □ esercizio, uso, tirocinio **CONTR.** teoria, astrazione **2** esperienza, abitudine, abilità, cognizione, competenza, perizia, sicurezza, conoscenza **CONTR.** imperizia, inesperienza, ignoranza **3** (*di persone*) familiarità, frequentazione, amicizia **4** (*di procedura*) usanza, consuetudine, prassi **5** (*spec. al pl.*) trattativa, passo, operazione, affare, negozio **6** (*est.*) documento, incartamento, fascicolo, cartella **FRAS.** *in pratica*, praticamente □ *mettere in pratica*, attuare.
praticàbile agg. **1** (*di cura, di attività, ecc.*) possibile, fattibile, effettuabile, attuabile **CONTR.** impossibile, inattuabile, impraticabile **2** (*di luogo*) accessibile, frequentabile, raggiungibile, attraversabile, penetrabile, pervio **CONTR.** impraticabile, inaccessibile, impervio, impenetrabile, irraggiungibile **3** (*di persona*) trattabile, frequentabile, avvicinabile **CONTR.** intrattabile, inavvicinabile, inaccostabile.
praticabilità s. f. accessibilità, raggiungibilità, penetrabilità, pervietà **CONTR.** impraticabilità, inaccessibilità, impervietà, irraggiungibilità.
praticaménte avv. concretamente, effettivamente, realmente, in realtà, in sostanza **CONTR.** teoricamente, astrattamente.
praticànte part. pres. di **praticare**; anche agg. e s. m. e f. **1** apprendista, tirocinante □ principiante, esordiente, novellino **CONTR.** veterano, maestro, esperto **2** (*spreg.*) praticone **CONTR.** specialista □ perfezionista.
praticàre v. tr. **1** (*di mestiere, di professione*) esercitare, professare **2** (*di luogo, di persona*) frequentare, trattare, bazzicare **3** (*di sconto, di sport, ecc.*) eseguire, fare, applicare, effettuare, operare.
praticità s. f. utilità, semplicità, facilità, comodità, maneggevolezza **CONTR.** scomodità, difficoltà, complicazione.
pràtico agg. **1** (*di metodo, di discorso, ecc.*) concreto, reale, effettivo **CONTR.** teorico, astratto **2** (*di cosa*) utile, semplice, facile, comodo, maneggevole **CONTR.** difficile, complicato, scomodo **3** (*di persona*) esperto, competente, abile, sicuro, provetto, scaltrito, sperimentato, esercitato □ conoscitore, intenditore, perito **CONTR.** inesperto, incapace, incompetente, inabile.
pràto s. m. (*est.*) terreno erboso, prateria, pascolo, erbaio.
pratolìna s. f. margheritina, pratellina, prataiola, fiore di primavera.
preàmbolo s. m. esordio, introduzione, prefazione, preludio, preliminare, proemio, premessa, cappello **CONTR.** fine, chiusa, conclusione, epilogo.
preannunciàre e deriv. *V.* **preannunziare** e deriv.
preannunziàre v. tr. **1** preavvertire, preavvisare, preludere **2** (*est.*) predire, presagire, profetare.
preannùnzio s. m. **1** preavvertimento, preavviso **2** predizione, profezia, presagio.
preavvertiménto s. m. preannunzio, preavviso □ premonizione.
preavvertìre v. tr. preavvisare, preannunziare, avvertire.
preavvisàre v. tr. preavvertire, preannunziare, avvertire.
preavvìso s. m. preavvertimento, preannunzio.
prebèllico agg. anteguerra **CONTR.** postbellico.
prebènda s. f. **1** congrua, beneficio **2** (*est.*) guadagno, lucro.
precariaménte avv. **1** temporaneamente, momentaneamente, provvisoriamente **CONTR.** stabilmente, durevolmente, sempre **2** instabilmente, insicuramente **CONTR.** sicuramente.
precarietà s. f. instabilità, incertezza, temporaneità, provvisorietà, transitorietà, revocabilità, mutabilità, insicurezza **CONTR.** stabilità, certezza, irrevocabilità, sicurezza.
precàrio agg. **1** (*di lavoro, di domicilio, ecc.*) temporaneo, incerto, provvisorio, transitorio, revocabile, mutabile, insicuro, problematico, effimero, momentaneo **CONTR.** stabile, fisso, durevole, duraturo, permanente, costante, certo, irrevocabile **2** (*di equilibrio, di situazione, ecc.*) instabile, malsicuro, oscillante, malfermo **CONTR.** stabile, sicuro, fermo, saldo **3** (*di salute*) cagionevole, debole **CONTR.** robusto, sano.
precauzionàle agg. cautelativo, preventivo.
precauzióne s. f. cautela, circospezione, attenzione, prudenza, riguardo, discernimento **CONTR.** avventatezza, imprudenza, imprevidenza, precipitazione, impulsività.
precedènte A part. pres. di **precedere**; anche agg.

antecedente, anteriore, passato, scorso, prima, avanti CONTR. seguente, successivo, susseguente **B** s. m. antefatto CONTR. conseguenza.

precedenteménte avv. prima, in precedenza, anteriormente, in passato CONTR. dopo, successivamente, poi, in seguito.

precedènza s. f. antecedenza, priorità FRAS. *in precedenza*, anteriormente, prima.

precèdere v. tr. e intr. andare innanzi, antecedere (*lett.*), precorrere, prevenire, antivenire (*ant.*) □ essere anteriore, accadere prima CONTR. seguire, succedere □ essere posteriore, accadere dopo.

precedùto part. pass. di **precedere**; anche agg. preannunciato CONTR. seguito.

precètto s. m. **1** comando, prescrizione, intimazione, ordine, ammonizione **2** insegnamento, norma, regola, dettame, comandamento, ammaestramento.

precettóre s. m. (f. *-trice*) istitutore, pedagogo, mentore (*lett.*), educatore, insegnante, maestro, professore.

precipitàre A v. tr. **1** gettare, scagliare, scaraventare **2** (*fig.*) (*di giudizio, di partenza, ecc.*) affrettare, accelerare CONTR. rallentare, frenare **B** v. intr. (*anche fig.*) cadere, cascare, piombare, stramazzare, crollare, rovinare, franare **C precipitarsi** v. rifl. gettarsi, lanciarsi, buttarsi, tuffarsi CONTR. alzarsi, sollevarsi, innalzarsi **D** v. intr. pron. accorrere, affrettarsi.

precipitàto A part. pass. di **precipitare**; anche agg. **1** gettato, scagliato, scaraventato **2** caduto, cascato, piombato, stramazzato □ crollato, rovinato, franato **3** (*di giudizio, di partenza, ecc.*) affrettato, accelerato, precipitoso, sconsiderato, sconsigliato CONTR. meditato, ragionato, frenato, rallentato, ponderato **B** s. m. posa, deposito, sedimento.

precipitazióne s. f. **1** caduta **2** (*fig.*) fretta, furia, impazienza CONTR. calma, flemma **3** (*fig.*) avventatezza, impulsività, imprevidenza, irriflessione, sconsideratezza, leggerezza, impeto, imprudenza CONTR. lentezza, ponderazione, prudenza, riflessione, cautela, circospezione, oculatezza, discernimento.

precipitosaménte avv. **1** frettolosamente, affrettatamente, furiosamente, precipitevolmente, rovinosamente, impetuosamente, all'impazzata, alla cieca, a rompicollo, a precipizio CONTR. lentamente, adagio, prudentemente **2** (*fig.*) avventatamente, impulsivamente, sconsideratamente, imprudentemente CONTR. cautamente, prudentemente, oculatamente, moderatamente.

precipitóso agg. **1** (*di acqua, di frana, ecc.*) impetuoso, precipite (*raro*), rovinoso, irruente, violento CONTR. lento, calmo, pacato **2** (*est.*) (*di decisione, di fuga, ecc.*) velocissimo, rapidissimo CONTR. lento **3** (*fig.*) (*di persona*) imprudente, impaziente, frettoloso, avventato, affrettato, sconsiderato CONTR. posato, prudente, moderato, ponderato.

precipìzio s. m. **1** dirupo, voragine, abisso, baratro, burrone **2** (*fig.*) baratro, rovina, perdizione.

precìpuo agg. principale, essenziale, fondamentale, peculiare, proprio, preminente CONTR. secondario.

precisaménte avv. **1** esattamente, proprio, appunto, propriamente **2** diligentemente, scrupolosamente, rigorosamente, accuratamente, ordinatamente CONTR. negligentemente, trascuratamente.

precisàre v. tr. circostanziare, specificare, spiegare, determinare, definire, stabilire CONTR. accennare vagamente.

precisàto part. pass. di **precisare**; anche agg. circostanziato, specificato, spiegato, definito, stabilito.

precisazióne s. f. **1** determinazione, delineamento, delineazione (*lett.*) **2** spiegazione, chiarimento □ (*est.*) smentita, confutazione.

precisióne s. f. esattezza, ordine, cura, diligenza, puntualità, attenzione, accuratezza, scrupolosità, proprietà CONTR. imprecisione, indeterminazione, inesattezza, confusione, trascuratezza, negligenza.

precìso agg. **1** (*di ora, di orologio, ecc.*) esatto, giusto, puntuale **2** (*di idea, di ordine, ecc.*) determinato, chiaro, categorico, rigoroso, inequivocabile CONTR. impreciso, dubbio, indeterminato, vago, incerto **3** (*di persona, di lavoro, ecc.*) diligente, scrupoloso, attento, solerte, ordinato, accurato, puntuale CONTR. impreciso, inesatto, confuso, trascurato, negligente **4** (*di abiti, di forme, ecc.*) uguale, identico, corrispondente, coincidente CONTR. diverso, differente, contrario.

preclùdere v. tr. impedire, vietare, ostacolare, sbarrare, bloccare CONTR. agevolare, facilitare, aprire.

preclusióne s. f. impedimento, ostacolo, blocco □ esclusione, rifiuto CONTR. agevolazione, facilitazione □ benevolenza.

preclusìvo agg. impeditivo (*raro*).

preclùso part. pass. di **precludere**; anche agg. impedito, sbarrato, vietato, ostacolato.

precòce agg. **1** (*di frutto*) acerbo, primaticcio CONTR. tardivo **2** prematuro, immaturo, anticipato CONTR. tardivo.

precoceménte avv. anticipatamente, prematuramente CONTR. tardivamente.

precocità s. f. immaturità □ anticipo, anticipazione □ intempestività CONTR. ritardo, tardività.

preconcètto A agg. (*di idea, di atteggiamento*) prevenuto, soggettivo CONTR. libero, oggettivo **B** s. m. prevenzione, fisima, superstizione, pregiudizio, tabù.

precórrere v. tr. **1** (*lett.*) (*nella corsa*) precedere, superare CONTR. seguire **2** (*fig.*) (*di tempo, di evento, ecc.*) prevenire, anticipare, prean-

nunciare, presagire.
precorritóre s. m.; anche agg. (f. *-trice*) annunziatore, anticipatore, precursore, foriero □ preconizzatore **CONTR.** epigono, seguace.
precursóre A agg. precorritore, annunziatore, anticipatore, foriero □ preconizzatore **B** s. m. antesignano, anticipatore, precorritore, avanguardia, pioniere **CONTR.** seguace, epigono.
prèda s. f. **1** bottino, spoglie **2** (*est.*) razzia, spoliazione, saccheggio, sacco **3** (*fig.*) balìa, potere.
predàre v. tr. **1** rapinare, derubare, depredare, razziare, saccheggiare **2** (*di animale*) catturare.
predatóre A agg. (*di animale*) rapace **B** s. m. predone, saccheggiatore, pirata, corsaro.
predecessóre s. m. **1** antecessore **CONTR.** successore **2** antenato, avo **CONTR.** discendente, nipote, erede.
predestinàre v. tr. designare, predeterminare, preordinare, prestabilire, destinare.
predestinàto part. pass. di **predestinare**; anche agg. e s. m. prestabilito, designato, preordinato, prescelto, destinato □ inevitabile, fatale.
predestinazióne s. f. predeterminazione (*raro*), preordinazione, designazione □ inevitabilità, fatalità.
predeterminàre v. tr. predestinare, preordinare, prestabilire, destinare, predisporre.
predeterminàto part. pass. di **predeterminare**; anche agg. predestinato, preordinato, prestabilito, destinato, predisposto.
predétto part. pass. di **predire**; anche agg. **1** (*di argomento, di persona, ecc.*) suddetto, succitato, anzidetto, sopraddetto, precitato, sunnominato **2** (*di destino, di giorno, ecc.*) pronosticato, annunziato, preannunziato, presagito, previsto.
prèdica s. f. **1** sermone, omelia, predicazione, discorso **2** (*fig.*) ramanzina, rimprovero, ammonizione, fervorino, predicozzo (*fam.*), paternale, pistolotto.
predicàre v. tr.; anche intr. **1** sermoneggiare (*raro*), evangelizzare, parlare □ annunciare **2** (*di pace, di teoria, ecc.*) spiegare, insegnare, pubblicare, divulgare, esortare, ammonire, propagare, raccomandare **3** (*di meriti, di virtù e sim.*) esaltare, lodare, celebrare, magnificare **CONTR.** denigrare, sminuire, disprezzare.
predicàto part. pass. di **predicare**; anche agg. **1** (*di vangelo, di pace, ecc.*) annunciato, divulgato, spiegato, propagato **2** (*di meriti, di virtù e sim.*) esaltato, lodato, celebrato, magnificato **CONTR.** denigrato, sminuito, disprezzato.
predicatóre s. m. **1** oratore, quaresimalista, apostolo, evangelizzatore **2** (*di idee*) sostenitore, banditore, diffusore.
predicazióne s. f. predica, sermone.
predicòzzo s. m. (*fam.*) ammonizione, ammonimento, ramanzina, paternale, rimprovero, esortazione, fervorino.
predilètto part. pass. di **prediligere**; anche agg. e s. m. preferito, beniamino, favorito, eletto, amato, cocco (*fam.*) **CONTR.** disprezzato, trascurato, detestato, malvisto.
predilezióne s. f. preferenza, simpatia, amore **CONTR.** antipatia, avversione, rifiuto, idiosincrasia, odio.
predilìgere v. tr. preferire, prescegliere, anteporre, preporre, favorire, amare **CONTR.** avversare, odiare, detestare, aborrire.
predìre v. tr. profetizzare, pronosticare, preannunciare, presagire, vaticinare, divinare, preconizzare, astrologare.
predispórre A v. tr. preordinare, ordinare, preparare, sistemare, allestire, disporre, organizzare, apparecchiare, approntare **B predispórsi** v. rifl. prepararsi, premunirsi, organizzarsi.
predisposizióne s. f. **1** (*med.*) diatesi **2** inclinazione, attitudine, tendenza, vocazione, talento, bernoccolo **CONTR.** inettitudine, inabilità, idiosincrasia, avversione.
predizióne s. f. profezia, vaticinio, pronostico, oracolo, auspicio, preannunzio, divinazione, previsione.
predominànte part. pres. di **predominare**; anche agg. prevalente, preponderante, maggioritario, diffuso, comune **CONTR.** secondario, minoritario.
predominàre A v. intr. prevalere, imporsi, preponderare, padroneggiare, signoreggiare, sovrastare, emergere, superare, sopravanzare **CONTR.** soggiacere **B** v. tr. (*raro*) vincere, sopraffare, sconfiggere.
predomìnio s. m. **1** supremazia, signoria, egemonia, dominio **CONTR.** dipendenza, soggezione, obbedienza **2** preponderanza, predominanza, prevalenza, predominazione (*raro*), superiorità, maggioranza **CONTR.** inferiorità, minoranza.
preesistènte agg. precedente, antecedente, anteriore, passato, di prima **CONTR.** seguente, posteriore, successivo, futuro.
prefazióne s. f. introduzione, proemio, prologo, preambolo, premessa **CONTR.** epilogo, conclusione, fine, chiusa, postfazione.
preferènza s. f. predilezione, simpatia, favore, prelazione, precedenza □ parzialità **CONTR.** odio, avversione, antipatia □ imparzialità.
preferìbile agg. migliore, più opportuno **CONTR.** inopportuno, scartabile **FRAS.** *è preferibile*, è meglio.
preferibilménte avv. più volentieri, a preferenza, meglio, piuttosto **CONTR.** peggio.
preferìre v. tr. anteporre, preporre, scegliere, prediligere □ favorire **CONTR.** posporre □ avversare, odiare, detestare.
preferìto part. pass. di **preferire**; anche agg. e s. m. beniamino, prediletto, favorito, eletto, amato **CONTR.** disprezzato, trascurato, detestato, odiato, malvisto.
prefìggere v. tr. fissare, stabilire, prestabilire,

determinare, predisporre □ proporsi, prefissarsi, risolversi.
prefiguràre v. tr. simboleggiare, rappresentare.
prefiguràto part. pass. di **prefigurare**; anche agg. simboleggiato, rappresentato.
prefigurazióne s. f. figurazione, figura, simbolo, emblema, anticipazione.
prefisso part. pass. di **prefiggere**; anche agg. (*raro*) prestabilito, predisposto, prefissato, predeterminato.
pregàre v. tr. **1** (*di fare, di dire, ecc.*) richiedere, domandare, chiedere, invitare, sollecitare, raccomandare **2** (*di divinità, di santi, ecc.*) supplicare, implorare, scongiurare, invocare, orare (*lett.*) CONTR. bestemmiare, esecrare.
pregévole agg. **1** (*di cosa*) pregiato, pregiabile (*raro*), prezioso, notevole, ragguardevole CONTR. dozzinale, andante, comune, ordinario **2** (*di persona*) apprezzato, rinomato, stimato, degno, onorevole, eccellente, meritevole CONTR. spregevole, disprezzabile, indegno, turpe.
preghièra s. f. **1** orazione, prece (*lett.*), invocazione, implorazione, impetrazione (*lett.*) CONTR. bestemmia, imprecazione **2** (*est.*) supplica, domanda, richiesta, invito, raccomandazione.
pregiatissimo agg. **1** sup. di **pregiato** **2** stimatissimo, onoratissimo, degnissimo, eccellente CONTR. spregevolissimo.
pregiàto agg. **1** pregevole, pregiabile (*raro*), prezioso, notevole, ragguardevole CONTR. comune, ordinario, dozzinale, andante **2** apprezzato, stimato, rinomato, degno, onorevole, eccellente, meritevole CONTR. spregevole, disprezzabile.
prègio s. m. **1** valore, qualità **2** decoro, onore, stima, considerazione, merito, conto, credito, reputazione CONTR. spregio, disprezzo, dispregio, disonore **3** (*est.*) dote, qualità, prerogativa, virtù, dono, merito CONTR. difetto, demerito, colpa.
pregiudicàre v. tr. compromettere, nuocere, danneggiare, sciupare, rovinare, guastare, ostacolare CONTR. giovare, avvantaggiare, aiutare, favorire.
pregiudicàto **A** part. pass. di **pregiudicare**; anche agg. compromesso, danneggiato, sciupato, rovinato, guastato CONTR. giovato, avvantaggiato, aiutato **B** s. m. recidivo CONTR. incensurato.
pregiudiziàle **A** agg. **1** preliminare, iniziale, introduttivo CONTR. conclusivo, finale **2** (*raro*) pregiudizievole, dannoso, nocivo, svantaggioso CONTR. utile, favorevole, vantaggioso **B** s. f. (*dir.*) condizione, eccezione.
pregiudiziévole agg. pericoloso, dannoso, compromettente CONTR. giovevole, favorevole, utile.
pregiudìzio s. m. **1** preconcetto, prevenzione, tabù, errore **2** (*est.*) superstizione, fanatismo, fisima, ubbia, fantasia **3** danno, detrimento, svantaggio, scapito, nocumento (*lett.*) CONTR. vantaggio, giovamento, utilità, favore.
pregnànte agg. **1** (*lett.*) pregno, gravido **2** (*fig.*) (*di discorso, di parola, ecc.*) ricco di significati, denso, fitto, complesso, molteplice, ridondante CONTR. vuoto, privo **3** (*fig.*) implicito CONTR. esplicito.
prégno agg. **1** gravido **2** (*fig.*) saturo, impregnato, pieno, zeppo, denso, fitto, ridondante, colmo CONTR. privo, vuoto.
pregustàre v. tr. gustare, assaporare, assaggiare, prelibare, delibare (*lett.*).
preistòrico agg. (*fig., scherz.*) vecchissimo, antidiluviano, arcaico, fossile, primitivo, out (*ingl.*) CONTR. moderno, attuale, giovane, in (*ingl.*).
prelevaménto s. m. prelievo, ritiro □ asportazione, sottrazione CONTR. apporto, immissione.
prelevàre v. tr. **1** detrarre, ritirare, prendere, togliere, sottrarre CONTR. depositare, versare **2** asportare, portare via CONTR. portare.
prelibatézza s. f. squisitezza, bontà □ ghiottoneria, leccornia CONTR. schifezza, porcheria.
prelibàto agg. eccellente, squisito, gustoso, buonissimo, ghiotto, succulento, delicato CONTR. disgustoso, cattivo, nauseabondo, schifoso.
prelièvo s. m. prelevamento, ritiro □ asportazione.
preliminàre **A** avv. iniziale, introduttivo, preparatorio, pregiudiziale CONTR. conclusivo, finale **B** s. m. premessa, preludio, prefazione CONTR. epilogo, finale.
preliminarménte avv. inizialmente, pregiudizialmente, dapprima CONTR. da ultimo, infine.
prelùdere v. intr. **1** preannunciare, precorrere, precedere, anticipare CONTR. seguire **2** introdurre, preparare.
prelùdio s. m. **1** (*mus.*) introduzione, prefazione **2** (*fig.*) prodromo, preannuncio, principio, inizio, preambolo, proemio, preparazione, introduzione, prefazione CONTR. epilogo, conclusione, fine.
prematuraménte avv. precocemente, anticipatamente, immaturamente, prima CONTR. tardivamente, tardi.
prematùro agg. precoce, anticipato, immaturo CONTR. tardivo.
premeditàre v. tr. tramare, ordire, meditare, preparare, prestabilire.
premeditàto part. pass. di **premeditare**; anche agg. meditato, preparato, ordito, prestabilito CONTR. improvviso, improvvisato, spontaneo.
premeditazióne s. f. preparazione, proposito, intenzione CONTR. spontaneità, improvvisazione.
prèmere **A** v. tr. **1** comprimere, schiacciare, pigiare, pressare, calcare, calpestare **2** (*raro*)

stringere, strizzare, spremere **3** (*fig.*) (*di dolore, di preoccupazione, ecc.*) opprimere, gravare, angustiare, tormentare **CONTR.** alleviare, alleggerire **4** (*fig.*) (*di persona*) inseguire, incalzare, spingere **B** v. intr. **1** (*di dolore, di preoccupazione, ecc.*) pesare □ gravare, scaricarsi **2** (*fig.*) importare, stare a cuore, interessare □ (*raro*) essere urgente.

premèssa s. f. precedente, preliminare, presupposto, preambolo, prefazione, introduzione **CONTR.** deduzione, epilogo, conclusione, fine.

premésso part. pass. di **premettere**; anche agg. anteposto, preaccennato, anticipato **CONTR.** posposto.

preméttere v. tr. anteporre, preaccennare, anticipare **CONTR.** concludere, posporre.

premiàre v. tr. ricompensare, riconoscere, retribuire, remunerare, gratificare **CONTR.** punire, castigare, rimproverare.

premiàto part. pass. di **premiare**; anche agg. e s. m. ricompensato, gratificato, retribuito, remunerato **CONTR.** punito, castigato, rimproverato.

premiazióne s. f. premio, riconoscimento **CONTR.** punizione, castigo.

preminènte agg. superiore, migliore, eminente, emergente, prevalente, più importante **CONTR.** secondario, inferiore, minore.

preminènza s. f. superiorità, autorità, predominio, prevalenza, supremazia **CONTR.** secondarietà, inferiorità.

prèmio s. m. **1** riconoscimento, ricompensa, compenso, gratificazione, onore **CONTR.** punizione, castigo, rimprovero **2** vincita **CONTR.** perdita **3** gratifica, indennità **4** (*di assicurazione, di ingaggio, ecc.*) somma, denaro, costo.

premonitóre agg. (f. *-trice*) premonitorio, preavvertitore, preannunciatore, presago, anticipatore.

premonizióne s. f. preavvertimento, avviso, preavviso.

premunìre A v. tr. **1** predisporre, preparare, apprestare, difendere **2** garantire, assicurare, preordinare **B premunirsi** v. rifl. armarsi, provvedersi □ difendersi.

premùra s. f. **1** fretta, urgenza, furia **CONTR.** calma, lentezza, flemma **2** cura, riguardo, sollecitudine, zelo, attenzione **CONTR.** trascuratezza, disinteresse, indifferenza, noncuranza, negligenza.

premuràre A v. tr. sollecitare **B premurarsi** v. rifl. curarsi, preoccuparsi, darsi premura **CONTR.** trascurare, disinteressarsi.

premurosaménte avv. con cura, sollecitamente, gentilmente, solertemente **CONTR.** con indifferenza, trascuratamente.

premuróso agg. sollecito, attento, gentile, zelante, solerte, generoso **CONTR.** noncurante, indifferente, trascurato, egoista.

prèndere A v. tr. **1** afferrare, pigliare, agguantare, acciuffare, acchiappare, abbrancare, accalappiare, ghermire, carpire **CONTR.** lasciare, abbandonare, cedere, dare **2** (*est.*) (*di armi*) stringere, brandire, impugnare **CONTR.** lasciare **3** portare **CONTR.** lasciare **4** (*di treno, di tram e sim.*) servirsi, utilizzare, usare **5** (*di merce*) acquistare, procurarsi, comprare **CONTR.** vendere **6** (*di lettera, di pacco, ecc.*) ritirare **CONTR.** portare **7** (*di stipendio, di compenso, ecc.*) ricevere, percepire, riscuotere, incassare, guadagnare, raccogliere **CONTR.** perdere, rimetterci, scapitare **8** (*di cosa, di animale*) rubare, arraffare, sottrarre, strappare, togliere, portare via, carpire, impadronirsi, impossessarsi **CONTR.** dare, regalare **9** (*di ladro, di pesce, ecc.*) catturare, arrestare, beccare (*fam.*) **10** (*di persona*) cogliere, sorprendere, raggiungere **11** (*di luogo*) impadronirsi, usurpare, invadere, conquistare, espugnare, impossessarsi, occupare **CONTR.** abbandonare, lasciare **12** (*fig.*) (*di spazio, di tempo*) occupare **13** (*fig.*) ritrarre, fotografare **14** misurare, calcolare, valutare **15** (*fig.*) (*di persona, di situazione, ecc.*) trattare, affrontare **16** (*di strada, di decisione, ecc.*) scegliere, adottare, assumere **17** (*di cibo*) mangiare, bere, ingerire, ingoiare **CONTR.** rimettere, vomitare **18** (*di aria*) respirare **19** (*di impegno, di abitudine, ecc.*) assumere, contrarre □ derivare, ereditare **20** (*di persona o cosa*) credere, giudicare, considerare, stimare, valutare □ scambiare, intendere, interpretare **21** (*di caldo, di botte, ecc.*) subire, sopportare, accettare □ buscare **22** (*di colpa, di responsabilità, ecc.*) addossarsi, assumersi, darsi **CONTR.** rifiutare **23** (*unito al pron.* la) preoccuparsi, adirarsi, risentirsi **CONTR.** tranquillizzarsi, pacificarsi, calmarsi **B** v. intr. **1** (*a sinistra, per di là, ecc.*) andare **CONTR.** venire, tornare **2** (*di pianta*) attecchire, allignare, radicare **CONTR.** morire, seccarsi **3** (*di fuoco, di fiamma*) appiccarsi **CONTR.** spegnersi **4** (*di colla e sim.*) rapprendersi, solidificarsi **C prendersi** v. rifl. rec. **1** andare d'accordo, mettersi d'accordo **CONTR.** litigare **2** azzuffarsi, attaccarsi, afferrarsi **FRAS.** *prendere per il naso, prendere in giro, prendere per il sedere, prendere per il culo*, ingannare, imbrogliare; burlarsi □ *prendere piede* (*fig.*), affermarsi □ *prendere di mira* (*fig.*), bersagliare □ *prendere con le molle* (*fig.*), trattare con precauzione □ *prendere in castagna* (*fig.*), cogliere in fallo □ *prendere tempo*, indugiare □ *prendere il velo*, farsi monaca.

prendìbile agg. **1** espugnabile, vincibile **CONTR.** inespugnabile, invincibile **2** afferrabile, acciuffabile, accalappiabile **CONTR.** imprendibile, inafferrabile.

prenotàre A v. tr. fissare, accaparrare **CONTR.** disdire **B prenotarsi** v. rifl. mettersi in nota.

preoccupànte part. pres. di **preoccupare**; anche agg. inquietante, serio, pericoloso **CONTR.** sereno □ felice □ innocuo.

preoccupàre A v. tr. impensierire, angustiare, inquietare, innervosire **CONTR.** rassicurare, rasserenare, calmare **B preoccuparsi** v. intr. pron. impensierirsi, angustiarsi, inquietarsi, innervosirsi **CONTR.** rasserenarsi, rassicurarsi, calmarsi.

preoccupàto part. pass. di **preoccupare**; anche agg. angustiato, inquieto, impensierito, agitato, nervoso **CONTR.** rassicurato, sereno, tranquillo, calmo.

preoccupazióne s. f. inquietudine, angustia, pensiero, apprensione, timore, cruccio, ansia, assillo, tormento, nervosismo **CONTR.** felicità, spensieratezza, noncuranza, calma, serenità, tranquillità.

preordinàre v. tr. organizzare, predisporre, prestabilire, preparare, ordinare **CONTR.** improvvisare.

preordinàto part. pass. di **preordinare**; anche agg. organizzato, predisposto, prestabilito, preparato **CONTR.** improvvisato.

preparàre A v. tr. **1** (*di tavola, di cibo, ecc.*) approntare, allestire, apparecchiare, disporre, apprestare, acconciare, ammannire **CONTR.** disfare, buttare all'aria, fare saltare **2** (*fig.*) (*di animo, di cuore*) predisporre **3** (*di guerra, di difesa, ecc.*) organizzare, predisporre, preordinare, prestabilire **4** (*di scritto, di progetto, ecc.*) elaborare, fare **5** (*fig.*) (*di avvenire, di destino, ecc.*) riservare, serbare, destinare **B prepararsi** v. rifl. **1** (*di persona*) accingersi, predisporsi, apprestarsi **2** (*di tempo, di crisi, ecc.*) avvicinarsi.

preparativo s. m. **1** preparazione, apparecchiamento, allestimento, apprestamento (*lett.*) **2** organizzazione, preordinamento, predisposizione **CONTR.** smobilitazione, sgombero, demolizione **3** (*di accordo, di contratto, ecc.*) preliminare **CONTR.** conclusione **4** (*sport*) allenamento, addestramento.

preparàto part. pass. di **preparare**; anche agg. disposto, pronto, apparecchiato, predisposto, acconciato, apprestato, approntato, preordinato, allestito, ammannito, elaborato, fatto, organizzato **CONTR.** disfatto, demolito, distrutto □ impreparato.

preparatòrio agg. iniziale, preliminare **CONTR.** conclusivo, risolutivo.

preparazióne s. f. **1** preparativo, allestimento, apprestamento (*lett.*), apparecchiamento, organizzazione, preordinamento, predisposizione **2** (*di accordo, di contratto, ecc.*) preliminare **CONTR.** conclusione **3** addestramento, allenamento.

preponderànte agg. prevalente, predominante, dominante, superiore, imperante, eminente **CONTR.** inferiore, soggiacente, minoritario.

preponderànza s. f. prevalenza, superiorità, predominio, maggioranza, supremazia **CONTR.** inferiorità, soggezione, minoranza.

prepórre v. tr. **1** anteporre, premettere **CONTR.** posporre **2** (*lett.*) eleggere, mettere a capo **3** (*fig.*) preferire, prediligere, prescegliere **CONTR.** posporre.

prepósto A part. pass. di **preporre**; anche agg. anteposto **B** s. m. prevosto, parroco, curato.

prepotènte A agg. e s. m. e f. (*di persona, di atteggiamento, ecc.*) arrogante, insolente, villano, violento, autoritario, dispotico, soverchiatore, sopraffattore, tirannico **CONTR.** mite, debole, timido, arrendevole, sottomesso **B** agg. (*di bisogno, di desiderio, ecc.*) irresistibile, forte, imperioso, impellente, intenso **CONTR.** debole, tenue.

prepotentemènte avv. **1** arrogantemente, insolentemente, villanamente, violentemente, autoritariamente, dispoticamente, tirannicamente **CONTR.** mitemente, debolmente, timidamente **2** (*fig.*) irresistibilmente, impellentemente, intensamente **CONTR.** debolmente, tenuemente.

prepotènza s. f. arroganza, insolenza, villania, violenza, dispotismo, sopraffazione, soperchieria, sopruso, ingiustizia **CONTR.** umiltà, sottomissione, arrendevolezza, mitezza, timidezza.

prepotére s. m. strapotere.

prerogativa s. f. **1** vantaggio, privilegio **CONTR.** svantaggio **2** (*est.*) dote, facoltà, capacità, pregio, virtù, caratteristica, proprietà, peculiarità.

présa s. f. **1** appiglio, attacco, collegamento, manico **2** (*di mano*) stretta **3** (*di persona o animale*) cattura **4** (*di pianta*) attecchimento **5** (*di sale, di tabacco, ecc.*) pizzico, dose, presina **6** (*sport*) (*calcio*) parata, blocco **7** (*di potere, di città, ecc.*) occupazione, conquista, espugnazione, assalto **8** (*tecn.*) conduttore □ bocca □ derivazione **9** (*cine., foto*) ripresa **FRAS.** *venire alle prese*, litigare □ *essere alle prese* (*fig.*), cimentarsi □ *presa in giro*, canzonatura □ *cane da presa*, cane da ferma □ *fare presa*, mordere; attecchire; rapprendersi; (*di notizia, di pubblicità*) fare colpo □ *presa di posizione* (*fig.*), atteggiamento, comportamento □ *in presa diretta*, ripreso direttamente.

presàgio s. m. **1** presentimento, intuizione, indizio **2** previsione, profezia, pronostico, auspicio, predizione.

presagìre v. tr. **1** presentire, intuire **2** prevedere, pronosticare, profetizzare, predire.

presàgo agg. indovino, profeta, divinatore, annunziatore, rivelatore.

presbiopìa s. f. presbitismo.

prescégliere v. tr. **1** scegliere, preferire, prediligere, anteporre **CONTR.** posporre **2** eleggere, predestinare.

prescélto part. pass. di **prescegliere**; anche agg. e s. m. preferito, scelto, prediletto, anteposto, eletto **CONTR.** trascurato, scartato, negletto.

prescìndere v. intr. escludere, tralasciare, astrarre, omettere, eccettuare, trascurare **CONTR.** considerare, includere, comprendere.

prescrìtto part. pass. di **prescrivere**; anche agg. **1** ordinato, comandato, stabilito, determinato, imposto, obbligatorio **CONTR.** libero, facoltativo **2** (*di usanza, di norma, ecc.*) decaduto, vecchio, estinto **CONTR.** vigente, attuale, vivo, in uso.

prescrìvere A v. tr. **1** ordinare, stabilire, comandare, imporre, statuire, deliberare, disporre **2** (*dir.*) mandare in prescrizione, far decadere, estinguere **CONTR.** mettere in vigore, instaurare **B prescriversi** v. intr. pron. (*dir.*) cadere in prescrizione, estinguersi.

prescrizióne s. f. **1** norma, regola, precetto, ordine, disposizione **2** (*med.*) ricetta **3** (*dir.*) estinzione **CONTR.** entrata in vigore.

presentàbile agg. decente, decoroso, conveniente, dignitoso, onorevole, corretto **CONTR.** impresentabile, sconveniente, indecoroso, indecente, scorretto.

presentàre A v. tr. **1** mostrare, esporre, esibire **CONTR.** nascondere, occultare **2** (*fig.*) (*di soluzione, di vantaggio, ecc.*) prospettare **3** (*di dono, di omaggio, ecc.*) offrire, porgere, donare, consegnare, portare, regalare **4** (*di viso, di facciata, ecc.*) volgere, esporre, girare **5** (*di candidatura*) proporre, suggerire **CONTR.** ritirare, disdire **6** (*di denuncia, di reclamo e sim.*) sporgere **CONTR.** ritirare **7** (*di dimissioni*) rassegnare, dare **8** (*di persona*) introdurre, raccomandare **9** (*di scusa, di prova, ecc.*) addurre, produrre **B presentarsi** v. rifl. **1** recarsi, andare **2** comparire, costituirsi **3** farsi vedere, farsi conoscere **C** v. intr. pron. (*di occasione, di caso, ecc.*) capitare, accadere, occorrere □ offrirsi, prospettarsi □ apparire, mostrarsi.

presentazióne s. f. **1** (*di documento, di assegno, ecc.*) esibizione, mostra **2** (*di libro e sim.*) introduzione, premessa, prefazione **CONTR.** conclusione **3** (*di persona*) introduzione, raccomandazione **4** (*di candidato e sim.*) proposta.

presènte (1) A agg. **1** (*di persona*) spettatore **CONTR.** assente, lontano **2** (*di persona o cosa*) questo **3** (*di tempo, di situazione, ecc.*) attuale, odierno **CONTR.** passato, trascorso, finito **4** (*est.*) (*di legge, di norma, ecc.*) vigente, corrente **CONTR.** abrogato, abolito, annullato **B** s. m. e f. astante, convenuto, spettatore, testimone **CONTR.** assente **C** s. m. oggigiorno, oggi, tempo attuale **CONTR.** passato □ futuro **D** s. f. lettera, epistola, missiva **FRAS.** *avere presente, tenere presente*, ricordare □ *fare presente*, ricordare □ *al presente*, per ora, per il momento, attualmente □ *essere presente*, assistere.

presènte (2) s. m. dono, regalo.

presentiménto s. m. intuizione, sensazione, percezione, presagio, previsione, prescienza, preveggenza.

presentìre v. tr. e intr. prevedere, indovinare, intuire, percepire, presagire, antivedere (*lett.*).

presènza s. f. **1** esistenza **CONTR.** assenza **2** intervento, partecipazione, intromissione, ingerenza **CONTR.** assenza **3** cospetto **4** (*fig.*) (*di spirito*) prontezza **5** (*di persona*) figura, apparenza, aspetto.

presenziàre v. tr. e intr. assistere, partecipare, intervenire **CONTR.** assentarsi, andarsene.

presèpe s. m. presepio.

presèpio s. m. **1** (*lett.*) stalla, mangiatoia **2** presepe.

preservàre v. tr. salvaguardare, difendere, proteggere, premunire, salvare, conservare, garantire **CONTR.** rovinare, guastare, consumare.

preservatìvo A agg. protettivo, difensivo, preventivo, preservatore **CONTR.** distruttivo **B** s. m. profilattico, antifecondativo, anticoncezionale.

preservàto part. pass. di **preservare**; anche agg. salvaguardato, difeso, protetto, salvato, conservato, garantito **CONTR.** rovinato, guastato, consumato.

preservazióne s. f. conservazione, difesa, protezione, salvaguardia, profilassi **CONTR.** rovina, guasto, consumazione.

presidènte s. m. direttore, capo, sovrintendente, coordinatore.

presidiàre v. tr. **1** (*di luogo*) occupare **CONTR.** sguarnire, abbandonare **2** (*fig.*) (*di pace, di morale, ecc.*) difendere, proteggere, tutelare **CONTR.** combattere, osteggiare.

presìdio s. m. **1** (*di luogo*) truppe, guarnigione **2** circoscrizione **3** (*fig.*) (*di pace, di istituzione, ecc.*) difesa, protezione, aiuto, sussidio, custodia, garanzia, salvaguardia, tutela.

presìdium s. m. inv. (*polit.*) presidenza, ufficio di presidenza.

presièdere v. tr. reggere, governare, guidare □ dirigere, essere a capo, sovrintendere, vigilare.

presiedùto part. pass. di **presiedere**; anche agg. retto, governato, guidato, diretto.

préso part. pass. di **prendere**; anche agg. **1** afferrato, catturato, acchiappato, agguantato, abbrancato, accalappiato, stretto, impugnato **CONTR.** lasciato, abbandonato **2** (*est.*) (*di armi*) stretto, brandito, impugnato **CONTR.** lasciato, abbandonato **3** (*di merce*) acquistato, comprato **CONTR.** venduto **4** (*di lettera, di pacco*) ritirato **CONTR.** portato **5** (*di stipendio, di compenso, ecc.*) ricevuto, percepito, riscosso, incassato, guadagnato **CONTR.** perso **6** (*di cosa, di animale*) rubato, sottratto, carpito, trafugato, rapinato **7** (*di animale*) catturato, beccato (*fam.*) **CONTR.** lasciato, rilasciato **8** (*di persona*) sorpreso, colto **9** (*di luogo*) invaso, conquistato, occupato **CONTR.** abbandonato.

prèssa s. f. **1** calca, ressa, folla, pigia pigia, affollamento, moltitudine, mischia **CONTR.** vuoto **2** (*region.*) premura, fretta **CONTR.** calma,

flemma, lentezza **3** torchio, torchietto, pressoio, soppressa (*ant.*).
press-agent /*ingl.* 'pres'eidʒənt/ [loc. ingl., propriamente 'agente (*agent*) per la stampa (*press*)'] s. m. e f. inv. agente pubblicitario.
pressànte part. pres. di **pressare**; anche agg. urgente, incalzante, impellente, assillante, indilazionabile, imminente, incombente, imperioso, stringente **CONTR.** prorogabile, dilazionabile, rimandabile, ritardabile.
pressappochìsmo s. m. approssimazione, imprecisione **CONTR.** precisione, accuratezza, serietà.
pressappòco avv. all'incirca, a un dipresso, quasi, circa, pressoché, suppergiù, approssimativamente **CONTR.** esattamente, precisamente, totalmente, del tutto.
pressàre v. tr. **1** premere, schiacciare, calcare, serrare, torchiare, pigiare **CONTR.** allentare, mollare **2** (*fig.*) incalzare, sollecitare, sospingere, incitare **CONTR.** frenare, trattenere.
pressatùra s. f. torchiatura, compressione, pigiatura, pigiamento (*raro*), schiacciamento.
pressióne s. f. **1** (*est.*) forza **2** (*di uva, di olive, ecc.*) compressione, torchiatura, pigiatura **3** (*di liquido*) tensione **4** (*fig.*) insistenza, premura, urgenza, sollecitazione, petulanza.
prèsso A avv. vicino, dappresso, accanto, a lato **CONTR.** lontano, distante **B** prep. **1** vicino, accanto, in prossimità, accosto, a lato **CONTR.** lontano, distante **2** (*est.*) in casa di, da □ in **3** (*est.*) sul punto di **4** (*est., fig.*) nell'opinione di, nelle opere di, nel pensiero di □ nell'ambiente, nella cerchia di **C** s. m. spec. al pl. prossimità, dintorni, vicinanza, paraggi, sobborghi.
prestabilìre v. tr. preordinare, stabilire, determinare, prefiggere, fissare, disporre, predisporre.
prestabilìto part. pass. di **prestabilire**; anche agg. preordinato, stabilito, fissato, predisposto.
prestànte agg. aitante, gagliardo, vigoroso, robusto, imponente, forte, bello **CONTR.** sparuto, mingherlino, macilento, meschino.
prestànza s. f. gagliardia, vigoria, robustezza, imponenza, forza, bellezza **CONTR.** gracilità, esilità, bruttezza.
prestàre A v. tr. **1** imprestare **CONTR.** restituire **2** (*di aiuto, di attenzione, ecc.*) concedere, porgere, dare, offrire **CONTR.** rifiutare, negare **B prestarsi** v. rifl. e intr. pron. **1** (*di persona*) offrirsi, adoperarsi, darsi, prodigarsi **CONTR.** rifiutarsi, negarsi **2** (*di cosa*) adattarsi, addirsi **FRAS.** *prestare orecchio* (*fig.*), ascoltare.
prestazióne s. f. **1** (*sport*) risultato, performance (*ingl.*), prova **2** (*di macchina*) rendimento, produttività, resa.
prestigiatóre s. m. (f. *-trice*) **1** illusionista, prestidigitatore, giocoliere **2** (*fig.*) impostore, ciarlatano, imbroglione, truffatore, vendifrottole **CONTR.** galantuomo.
prestìgio s. m. **1** fascino, ascendente, influsso, credito, autorità, reputazione **2** illusione □ destrezza, trucco **3** (*lett.*) suggestione, illusione, incantesimo **CONTR.** realtà, verità.
prestigiosaménte avv. autorevolmente, grandemente, elegantemente, lussuosamente **CONTR.** modestamente, mediocremente, male, poco.
prestigióso agg. importante, seducente, affascinante, attraente, fascinoso, malioso, irresistibile, lussuoso, elegante, chic (*fr.*) **CONTR.** modesto, mediocre, da poco, sgradevole.
prèsto A avv. **1** fra poco, fra breve, fra non molto **CONTR.** tardi **2** rapidamente, velocemente, sollecitamente, prontamente, in fretta, alla svelta, al volo, celermente, subito, tosto (*lett.*), subitamente **CONTR.** piano, adagio, lentamente, con calma **3** (*est., fig.*) facilmente **CONTR.** difficilmente **4** in anticipo, prima **CONTR.** tardi, dopo **5** (*est.*) di buon'ora, per tempo **CONTR.** tardi **B** agg. **1** (*lett.*) sollecito, rapido, spedito, agile, destro, lesto, svelto **CONTR.** lento, tardo, pigro, flemmatico, indolente **2** (*lett.*) pronto, acconcio (*lett.*), preparato **CONTR.** impreparato.
prèsule s. m. vescovo, prelato.
presùmere v. tr. **1** ritenere, credere, pensare, congetturare, immaginare, supporre **2** ardire, arrogarsi, reputare, piccarsi, pretendere.
presumìbile agg. probabile, prevedibile, possibile, supponibile, pensabile, verosimile, plausibile, ragionevole **CONTR.** improbabile, impossibile.
presumibilménte avv. probabilmente, prevedibilmente, possibilmente, verosimilmente, plausibilmente, ragionevolmente **CONTR.** improbabilmente, impossibilmente.
presùnto part. pass. di **presumere**; anche agg. supposto, creduto, ritenuto, opinato, stimato, immaginato, presupposto □ previsto, probabile **CONTR.** inopinato □ improbabile, imprevisto.
presuntuóso agg. e s. m. ambizioso, borioso, orgoglioso, vanitoso, superbo, pieno di sé, pallone gonfiato, tracotante, arrogante, saccente **CONTR.** umile, modesto, semplice, ritroso.
presunzióne s. f. **1** opinione, congettura, supposizione, dubbio, idea **CONTR.** certezza, verità, prova, documentazione **2** immodestia, presuntuosità, albagia, pretesa, sicumera, orgoglio, boria, tracotanza, superbia, ambizione **CONTR.** modestia, umiltà, ritegno, semplicità.
presuppórre v. tr. **1** immaginare, prevedere, supporre, presumere, opinare, congetturare, pensare, credere, temere, dubitare **CONTR.** constatare, affermare **2** implicare, richiedere, comportare **CONTR.** escludere, eliminare.
presupposizióne s. f. congettura, supposizione, ipotesi, presupposto, dubbio, opinione **CONTR.** certezza.
presuppósto A part. pass. di **presupporre**; anche agg. previsto, immaginato, supposto, opinato,

congetturato **B** s. m. **1** presupposizione, supposizione, ipotesi, congettura **CONTR.** certezza **2** premessa, preliminare **CONTR.** conclusione.

prète s. m. sacerdote, padre.

pretendènte part. pres. di **pretendere**; anche s. m. e f. **1** (*a cariche, al trono, ecc.*) aspirante, candidato **2** (*in amore*) corteggiatore, spasimante.

pretèndere A v. tr. **1** (*di giustizia, di retribuzione, ecc.*) esigere, reclamare, volere, richiedere **CONTR.** rinunziare **2** (*di avere ragione, di essere il padrone, ecc.*) presumere, arrogarsi, vantarsi, spacciarsi, reputarsi □ sostenere, asserire, affermare **CONTR.** negare **B** v. intr. (*al trono, ad una carica, ecc.*) ambire, aspirare **CONTR.** rifiutare, rinunciare.

pretensióne s. f. **1** pretesa, esigenza, aspirazione, proposito, presunzione **CONTR.** rinuncia **2** prepotenza, arroganza, alterigia, superbia, sussiego, albagia, pretenziosità, vanagloria **CONTR.** modestia, misura, umiltà.

pretenziosaménte avv. presuntuosamente, vanitosamente, sussiegosamente, saccentemente, arrogantemente **CONTR.** modestamente, umilmente.

pretenzióso agg. presuntuoso, vanitoso, sussiegoso, saccente, arrogante **CONTR.** modesto, umile.

pretésa s. f. **1** richiesta **2** ambizione, mira, smania, cupidigia **3** esigenza, necessità, pretensione, aspirazione **CONTR.** rinuncia **4** (*fig.*) superbia, presuntuosità, presunzione, vanità **CONTR.** semplicità, modestia, umiltà.

pretéso part. pass. di **pretendere**; anche agg. **1** reclamato, richiesto, voluto **CONTR.** ricusato, rifiutato **2** supposto, ritenuto □ dubbio, incerto, opinabile, ipotetico **CONTR.** certo, accertato, sicuro.

pretèsto s. m. **1** scusa, cavillo, ripiego, storia, trovata, giustificazione, scappatoia **2** appiglio, motivo, occasione, cagione, causa, opportunità.

prettaménte avv. schiettamente, tipicamente, autenticamente **CONTR.** falsamente.

prevalènte part. pres. di **prevalere**; anche agg. preponderante, predominante, dominante, superiore, imperante **CONTR.** minoritario, minore, inferiore, subordinato.

prevalenteménte avv. in prevalenza, più che altro, in maggioranza, in maggior parte, per la maggior parte **CONTR.** in minoranza, in minor parte.

prevalènza s. f. maggioranza, preponderanza, superiorità, predominio, supremazia **CONTR.** inferiorità, soggezione, dipendenza **FRAS.** *in prevalenza*, in maggior numero, per la maggior parte, in maggior parte.

prevalére A v. intr. **1** predominare, preponderare (*raro*) **CONTR.** essere inferiore **2** vincere, imporsi, superare, sopraffare, trionfare **CONTR.** sottostare **B** v. intr. pron. (*raro*) servirsi, approfittarsi, avvalersi, abusare.

prevàlso part. pass. di **prevalere**; anche agg. vincente, vincitore, superiore **CONTR.** sconfitto, battuto, inferiore.

prevaricàre v. intr. **1** malversare, rubare, estorcere **2** trasgredire, tralignare, disobbedire **CONTR.** osservare, obbedire.

prevaricatóre s. m.; anche agg. (f. *-trice*) malversatore, ladro □ prepotente.

prevaricazióne s. f. peculato, malversazione, ruberia, concussione, furto □ prepotenza.

prevedére v. tr. **1** (*di futuro*) indovinare, divinare, profetare, antivedere (*lett.*), preannunziare, vaticinare, pronosticare, anticonoscere (*ant.*), predire, anticipare, prevenire **2** (*di tempo, di successo, ecc.*) presagire, presentire, aspettarsi, attendersi **3** (*di legge, di statuto, ecc.*) considerare, disciplinare, contemplare.

prevedìbile agg. presumibile, immaginabile, probabile, possibile, intuibile, presagibile, pronosticabile **CONTR.** imprevedibile, impensabile, improbabile, impossibile, assurdo.

prevedibilménte avv. presumibilmente, probabilmente, possibilmente **CONTR.** assurdamente.

preveggènza s. f. **1** prescienza, divinazione, antiveggenza (*lett.*), chiaroveggenza, chiromanzia **2** (*lett.*) presentimento □ previdenza, cautela, assennatezza, prudenza **CONTR.** imprevidenza, imprudenza.

prevenìre v. tr. **1** precedere □ anticipare, precorrere **CONTR.** seguire **2** (*di malattia, di danno, ecc.*) impedire, ostacolare, bloccare, trattenere, intralciare **CONTR.** facilitare, agevolare, permettere **3** (*di persona*) preavvertire, preavvisare, avvisare, avvertire, preannunciare.

preventivaménte avv. **1** precauzionalmente, per cautela **2** anticipatamente, prima **CONTR.** posticipatamente, dopo.

preventivàre v. tr. calcolare, stanziare.

preventivàto part. pass. di **preventivare**; anche agg. calcolato, stanziato.

preventìvo (1) s. m. presuntivo **CONTR.** consuntivo.

preventìvo (2) agg. precauzionale, cautelativo, difensivo.

prevenùto A part. pass. di **prevenire**; anche agg. **1** preavvisato **2** (*est.*) sospettoso, malfidente, dubbioso, diffidente, guardingo, maldisposto, ostile **CONTR.** favorevole, fiducioso, fidente **B** s. m. (*raro*) imputato.

prevenzióne s. f. **1** (*di malattia, di danno, ecc.*) profilassi, difesa, precauzione **2** pregiudizio, preconcetto, sospetto, dubbio, diffidenza.

previdènte agg. provvido, prudente, lungimirante, preveggente, attento, accorto, avveduto, cauto, riflessivo **CONTR.** improvvido, imprevidente, imprudente, avventato, incauto, sconsiderato.

previdènza s. f. prudenza, lungimiranza, accortezza, avvedutezza, cautela, riflessione, precauzione CONTR. imprevidenza, sconsideratezza, avventatezza.

prèvio agg. precedente, antecedente CONTR. posteriore, seguente.

previsióne s. f. presentimento, predizione, auspicio, presagio, pronostico □ calcolo, congettura, valutazione FRAS. *in previsione di*, prevedendo.

previsto part. pass. di **prevedere**; anche agg. **1** (*di futuro*) indovinato, profetato, preannunziato, vaticinato, predetto **2** visto, considerato, preveduto, immaginato, ponderato, stimato CONTR. imprevisto, impensato, inimmaginato.

preziosaménte avv. **1** costosamente, riccamente, sfarzosamente, sontuosamente CONTR. miseramente, poveramente, modestamente **2** (*fig.*) gelosamente, accuratamente, premurosamente CONTR. trascuratamente.

preziosismo s. m. ricercatezza, preziosità, affettazione, leziosaggine, maniera, artificiosità, artifizio CONTR. semplicità, naturalezza, schiettezza, immediatezza.

preziosità s. f. **1** (*di gemma, di dono, ecc.*) pregio, valore, costosità, rarità, unicità CONTR. pochezza **2** (*di stile, di arredamento, ecc.*) eleganza, ricercatezza, preziosismo, affettazione, leziosaggine, maniera, artificiosità CONTR. semplicità, naturalezza, immediatezza.

prezióso A agg. **1** (*di gioiello, di dono, ecc.*) pregiato, costoso, ricco, sfarzoso, sontuoso, cospicuo CONTR. modesto, povero, misero, meschino, deprezzato **2** (*fig.*) (*di libro, di libertà, ecc.*) raro, unico, magnifico, splendido, eccellente, inestimabile, impareggiabile, impagabile CONTR. di nessun valore **3** (*fig.*) (*di stile, di arredamento, ecc.*) ricercato, affettato, artificioso, manierato, lezioso, raffinato, leccato CONTR. spontaneo, naturale, semplice, immediato **4** (*fam.*) (*di persona*) difficile, schizzinoso, altezzoso, superbo, borioso CONTR. modesto, semplice, alla buona **B** s. m. gioiello.

prezzémolo s. m. (*bot.*) petrosello (*dial.*), erbetta (*dial.*) FRAS. *essere come il prezzemolo* (*fig.*), intrufolarsi dappertutto.

prèzzo s. m. **1** valore, costo, importo, spesa, compenso **2** (*est.*) cartellino **3** (*raro, fig.*) pregio, stima, valutazione, conto FRAS. *senza prezzo* (*fig.*), inestimabile.

prezzolàto agg. **1** assoldato, mercenario, pagato, retribuito CONTR. gratuito, volontario, disinteressato **2** (*est.*) corrotto, venale, venduto CONTR. onesto.

prigióne s. f. **1** carcere, galera, penitenziario, reclusorio (*raro*), casa di pena, ergastolo, bagno penale, fresco (*fig.*), gattabuia (*pop.*) CONTR. libertà **2** (*fig.*) oppressione, coercizione, costrizione, vessazione, schiavitù CONTR. libertà, liberazione.

prigionìa s. f. **1** carcerazione, detenzione, cattività, reclusione CONTR. libertà, liberazione **2** (*fig.*) asservimento, soggezione, sottomissione CONTR. libertà.

prigionièro agg.; anche s. m. **1** carcerato, detenuto, galeotto, recluso, ergastolano CONTR. libero **2** arrestato, catturato, internato, ostaggio CONTR. liberato, libero, riscattato **3** (*fig.*) schiavo, soggiogato, dominato CONTR. libero, liberato.

prìma A avv. **1** (*di tempo*) antecedentemente, anteriormente, precedentemente, in principio, dianzi (*lett.*), inizialmente, anticamente, un tempo, una volta CONTR. dopo, poi, in seguito, infine, successivamente, più tardi **2** (*fam.*) più presto, più rapidamente, più velocemente, più celermente CONTR. più tardi, più lentamente **3** (*di luogo*) avanti, davanti, innanzi, dapprima CONTR. dietro **4** in primo luogo, anzitutto, soprattutto CONTR. poi, in seguito **5** preventivamente, anticipatamente **B** loc. prep. avanti, davanti CONTR. dopo, dietro **C** loc. cong. piuttosto di, piuttosto che, anziché.

primàrio A agg. **1** primo CONTR. ultimo **2** più importante, principale, predominante, prevalente, preponderante, dominante, superiore, essenziale CONTR. secondario, inferiore, meno importante **B** s. m. (*di ospedale*) direttore di reparto.

primatìsta s. m. e f. campione, recordman (*ingl.*).

primàto s. m. **1** preminenza, superiorità, supremazia, priorità, predominio, egemonia CONTR. inferiorità, dipendenza, soggezione **2** (*sport* e *est.*) record.

primavèra s. f. **1** (*est., poet.*) dolce stagione **2** (*est.*) clima mite **3** (*fig.*) giovinezza, inizio **4** (*fig., est.*) anno.

primaverile agg. **1** della primavera **2** (*lett., fig.*) fresco, giovanile CONTR. spento, vecchio.

primeggiàre v. intr. dominare, emergere, spiccare, sovrastare, risaltare, predominare, segnalarsi, distinguersi CONTR. sottostare, essere inferiore.

primigènio agg. **1** primitivo, primordiale, iniziale, primevo (*raro, lett.*), originario, antichissimo, remoto CONTR. attuale, odierno, ultimo, finale **2** (*est.*) (*di forza, di impulso, ecc.*) oscuro, misterioso, ignoto CONTR. chiaro, comprensibile.

primitìvo agg. **1** originario, iniziale, primigenio, primo, primario, primevo (*raro, lett.*) CONTR. ultimo, finale, attuale **2** (*di vita, di popolazione, ecc.*) preistorico, arcaico, primordiale, antichissimo, antidiluviano CONTR. moderno, odierno, attuale **3** (*fig.*) (*di persona, di modi, ecc.*) semplice, rozzo, rudimentale, elementare, ingenuo, infantile, incolto CONTR. evoluto, maturo, civile, colto, raffinato.

primìzia s. f. **1** frutto, primaticcio **2** (*est.*) novità.

prìmo A agg. **1** iniziale **CONTR.** finale, ultimo **2** primitivo **3** principale, fondamentale, precipuo, primario, migliore, massimo, dominante, sommo, supremo **CONTR.** secondario, ultimo **B** s. m. **1** iniziatore, antesignano, capofila, capolista, innovatore, promotore, precursore **CONTR.** seguace **2** (*di gara*) vincitore **CONTR.** ultimo **3** (*di pasto*) prima portata, minestra **4** (*di tempo*) minuto **FRAS.** *in primo luogo*, principalmente, essenzialmente, sostanzialmente □ *a prima vista*, subito □ *di prim'ordine*, eccellente □ *di prima mano* (*fig.*), recentissimo, fresco □ *a tutta prima*, dapprima □ *primo cittadino*, presidente della Repubblica; sindaco.

primogènito agg. e s. m. (*di figlio*) maggiore.

primogenitùra s. f. maggiorascato.

primordiàle agg. **1** originario, iniziale, primitivo, primo, primigenio, primevo (*raro, lett.*), arcaico, antichissimo, remoto, preistorico **CONTR.** futuro **2** (*est., fig.*) arretrato, retrogrado **CONTR.** evoluto, civile.

primòrdio s. m. spec. al pl. principio, origine, inizio, albore **CONTR.** fine.

prìmula s. f. primavera **FRAS.** *primula rossa* (*fig.*), persona inafferrabile.

principàle A agg. precipuo, primario, massimo, dominante, essenziale, sostanziale, fondamentale, cardinale, capitale, maggiore **CONTR.** secondario, accessorio **B** s. m. padrone, capo, direttore, boss (*ingl.*) **CONTR.** dipendente, operaio, garzone, commesso, impiegato.

principalménte avv. soprattutto, in primo luogo, essenzialmente, fondamentalmente, sostanzialmente, massimamente **CONTR.** secondariamente.

principàto s. m. signoria, monarchia, governo, sovranità.

prìncipe A s. m. **1** sovrano, signore, re, imperatore **CONTR.** suddito **2** (*fig.*) autorità, capo, principale, primo **B** agg. (*raro*) primo, primario, principale **CONTR.** ultimo **FRAS.** *principe degli apostoli*, san Pietro □ *principe del foro*, avvocato insigne □ *principe della Chiesa*, cardinale □ *principe consorte*, marito della regina □ *principe azzurro* (*fig.*), sposo ideale.

principésco agg. (*est.*) lussuoso, sontuoso, sfarzoso, pomposo, fastoso, ricco, elegante, maestoso, magnifico, regale, splendido **CONTR.** povero, misero, modesto, umile, dimesso, austero, economico, semplice, parco, squallido.

principiànte agg. e s. m. e f. esordiente, novizio, inesperto, tirocinante, praticante, apprendista, debuttante, pivello, pivellino **CONTR.** veterano, maestro, esperto.

princìpio s. m. **1** avvio, inizio, fase iniziale **CONTR.** termine, fine, conclusione, compimento **2** (*est.*) (*di favola, di film, ecc.*) introduzione, preliminare, prefazione, prologo, proemio, esordio **CONTR.** fine, conclusione, epilogo, chiusura **3** (*di bene, di male, ecc.*) origine, causa, fonte, sorgente, cagione, matrice, germe, provenienza, scaturigine (*lett.*), spunto **CONTR.** conseguenza, esito, risultato **4** (*est.*) (*di civiltà, di libertà, ecc.*) nascita, primordio, alba (*fig.*), infanzia (*fig.*), genesi **CONTR.** fine, termine, esito **5** (*spec. al pl.*) (*di teoria, di sistema, ecc.*) base, fondamento, cardine, caposaldo **6** (*di stato, di società, ecc.*) legge **7** (*di morale, di politica, ecc.*) canone, idea, concetto, convinzione, convincimento, norma, criterio, morale **FRAS.** *questione di principio*, questione fondamentale.

prióre s. m. (*di convento*) superiore.

priorità s. f. anteriorità, precedenza, antecedenza **CONTR.** posteriorità.

prioritàrio agg. primo, primario, principale **CONTR.** secondario, accessorio.

privacy /*ingl.* 'praivəsi/ [vc. ingl., da *private* 'privato'] s. f. inv. privatezza, vita privata, intimità, riservatezza, privato, intimo **CONTR.** vita pubblica, pubblicità.

privàre A v. tr. togliere, defraudare, strappare, spogliare, levare, espropriare, sottrarre, derubare **CONTR.** dare, donare, concedere, offrire, provvedere **B privarsi** v. rifl. rinunciare, sacrificare, astenersi, mortificarsi **CONTR.** concedersi, procurarsi, prendersi, offrirsi.

privataménte avv. in privato, segretamente, in confidenza **CONTR.** pubblicamente, manifestamente, evidentemente.

privàto A agg. **1** (*di vita, di interesse, ecc.*) proprio, personale **CONTR.** pubblico **2** (*di discorso, di confidenza e sim.*) segreto, riservato, intimo, familiare, confidenziale **CONTR.** pubblico, palese, manifesto **B** part. pass. di **privare**; anche agg. privo, spoglio, spogliato, espropriato, mancante, sprovvisto, carente **CONTR.** fornito, provvisto, munito **C** s. m. **1** cittadino semplice **CONTR.** funzionario, uomo pubblico **2** singolo **3** privacy (*ingl.*), vita privata, intimità.

privazióne s. f. **1** spoliazione, perdita, mancanza, assenza, difetto **CONTR.** concessione, presenza **2** rinuncia, sacrificio, stento, astensione, abbandono, abnegazione, povertà, disagio, miseria, patimento **CONTR.** abbondanza, ricchezza.

privilegiàre v. tr. favorire, avvantaggiare, proteggere, facilitare □ preferire **CONTR.** osteggiare, avversare, contrariare.

privilegiàto part. pass. di **privilegiare**; anche agg. **1** favorito, fortunato, facilitato, avvantaggiato **CONTR.** disgraziato, sfortunato, sfavorito **2** (*est.*) (*di condizione, di posizione, ecc.*) migliore, favorevole, propizio, benigno, fausto **CONTR.** sfavorevole, avverso, contrario, ostile.

privilègio s. m. **1** esenzione, immunità, franchigia, beneficio, concessione, favore, dispensa, monopolio, privativa, eccezione, vantaggio **CONTR.** svantaggio, danno, inconveniente **2** (*est.*) onore, vanto, dote, prerogativa, pregio, merito, caratteristica, dono, virtù, qualità, attributo **CONTR.** disonore, svantaggio, difetto.

prìvo agg. sprovvisto, mancante, sfornito, scevro (*lett.*), orbato (*lett.*), spoglio, privato, destituito, sguarnito, vuoto, nudo, mutilo (*lett.*) **CONTR.** provvisto, fornito, rifornito, munito, provveduto, ricco, dotato.

pro (1) prep. in favore di, a vantaggio di, per, in difesa di **CONTR.** contro, a svantaggio di.

pro (2) s. m. utilità, vantaggio, giovamento, guadagno, profitto, favore, utile, tornaconto **CONTR.** svantaggio, danno, perdita.

probàbile agg. credibile, verosimile, possibile, prevedibile, presumibile, ammissibile, attendibile, plausibile, facile, eventuale, ragionevole **CONTR.** improbabile, impossibile, inverosimile, inammissibile, inattendibile, incredibile, difficile, irragionevole, imprevedibile.

probabilità s. f. possibilità, prevedibilità, presumibilità, attendibilità, plausibilità, facilità, verosimiglianza, eventualità, ragionevolezza, credibilità □ (*raro*) caso **CONTR.** improbabilità, impossibilità, inverosimiglianza, inattendibilità, irragionevolezza, incredibilità.

probabilménte avv. forse, facilmente, presumibilmente, verosimilmente, quasi certamente **CONTR.** difficilmente.

probànte agg. convincente, persuasivo, probativo, indiscutibile, dimostrativo, efficace **CONTR.** inefficace, discutibile, incerto, assurdo.

probatìvo agg. dimostrativo, convincente, persuasivo, probante, indiscutibile, efficace **CONTR.** assurdo, discutibile, inefficace, incerto.

probità s. f. onestà, rettitudine, dirittura, integrità, virtù, moralità, coscienza, correttezza, dignità, incorruttibilità, irreprensibilità, lealtà, scrupolosità, giustizia **CONTR.** disonestà, immoralità, bassezza, ingiustizia, fraudolenza, improbità (*lett.*), scorrettezza.

problèma s. m. **1** quesito **CONTR.** soluzione **2** (*fig.*) questione, dubbio, faccenda, difficoltà, incertezza **3** (*fig.*) (*di persona*) incognita, enigma.

problematicità s. f. incertezza, dubbio, opinabilità (*raro*), discutibilità, perplessità, insicurezza **CONTR.** certezza, sicurezza.

problemàtico agg. dubbio, incerto, discutibile, difficile, oscuro, ambiguo, indeterminato, opinabile, controvertibile, disputabile, inattendibile, provvisorio **CONTR.** certo, indiscutibile, chiaro, evidente, sicuro, dogmatico, inoppugnabile, risoluto.

pròbo agg. (*lett.*) integro, onesto, retto, giusto, intemerato, virtuoso, integerrimo, incorrotto, fidato, inattaccabile, incensurabile, galantuomo, ineccepibile, ligio, specchiato **CONTR.** disonesto, corrotto, ingiusto, sleale, depravato, malvagio, iniquo.

procacciàre v. tr. procurare, cercare, trovare, assicurare, provvedere **CONTR.** togliere, sottrarre, rubare.

procàce agg. **1** (*lett.*) protervo, sfacciato, petulante, presuntuoso, insolente, sfrontato **CONTR.** ritroso, riguardoso, timido, dignitoso, riservato **2** licenzioso, sfrontato, provocante, lascivo, stuzzicante, eccitante, impudico **CONTR.** verecondo, pudico, pudibondo (*lett.*), modesto.

pro capite /*lat.* prɔ 'kapite/ [loc. lat., letteralmente 'per testa'] loc. agg. e avv. a testa, per ciascuno, ad ognuno, singolarmente **CONTR.** a tutti.

procèdere v. intr. **1** camminare, marciare, avanzare, incedere, inoltrarsi, muovere, proseguire, andare **CONTR.** sostare, fermarsi, arrestarsi **2** (*fig.*) (*di pratica, di studio, ecc.*) seguitare, proseguire, continuare, progredire **CONTR.** regredire, fermarsi, interrompersi **3** (*di affari, di situazione, ecc.*) svolgersi, svilupparsi, evolversi **CONTR.** bloccarsi, arrestarsi, cessare, finire **4** (*con onestà, da galantuomo, ecc.*) comportarsi, operare, condursi, agire, fare **5** (*di male, di fiume, ecc.*) derivare, provenire, dipendere, scaturire, originare, discendere **CONTR.** pervenire, finire, terminare **6** (*all'esecuzione, all'arresto, ecc.*) effettuare, iniziare, fare, mettere mano.

procediménto s. m. **1** (*di fatti*) progresso, progressione, corso, svolgimento, andamento, successione, evoluzione, ordine **2** (*per fare, per ottenere, ecc.*) metodo, ragionamento, sistema, mezzo, criterio, maniera **3** (*dir.*) processo, procedura **4** (*di persona*) comportamento, condotta, contegno.

procedùra s. f. **1** (*dir.*) diritto processuale □ processo, giudizio **2** (*per fare, per risolvere, ecc.*) procedimento, formalità, prassi.

processàre v. tr. **1** sottoporre a processo, muovere causa **2** (*fig.*) indagare, inquisire, investigare, spiare.

processióne s. f. **1** corteo **2** (*est.*) fila, serie, moltitudine.

procèsso s. m. **1** (*di fatti*) successione, svolgimento, sviluppo, corso, andamento, evoluzione **2** (*per fare, per ottenere, ecc.*) procedura, metodo, procedimento, ragionamento, criterio **3** (*dir.*) dibattito, udienza **4** (*est.*) incartamento, fascicolo.

proclàma s. m. appello, bando, editto, grida, decreto, allocuzione.

proclamàre A v. tr. **1** (*di editto, di legge e sim.*) pubblicare, promulgare, bandire, emanare **2** (*est.*) (*di verità, di innocenza, ecc.*) affermare, dichiarare, asserire □ divulgare, diffondere, propagare, propalare **CONTR.** tacere, nascondere **B proclamarsi** v. rifl. dichiararsi, affermarsi, professarsi, protestarsi.

proclamazióne s. f. dichiarazione, riconoscimento.

procrastinàre v. tr.; anche intr. differire, rimandare, prorogare, rinviare, dilazionare, tardare, ritardare, protrarre, temporeggiare CONTR. anticipare.

procreàre v. tr. generare, concepire, partorire, prolificare.

procreatóre s. m.; anche agg. (f. *-trice*) generatore, genitore.

procreazióne s. f. generazione, nascita, riproduzione, creazione.

procùra s. f. mandato, incarico, delega, rappresentanza.

procuràre v. tr. **1** procacciare, fornire, trovare, fare avere CONTR. togliere, sottrarre, rubare **2** (*di guai, di malessere, ecc.*) provocare, attirare, suscitare, cagionare **3** (*di fare, di dire, ecc.*) cercare, ingegnarsi, sforzarsi, adoperarsi, studiare, provvedere, curare.

procuratóre s. m. (f. *-trice*) **1** rappresentante, incaricato, delegato, inviato **2** amministratore, legale **3** (*sport*) manager (*ingl.*), impresario.

pròde agg.; anche s. m. (*lett.*) valoroso, coraggioso, intrepido, impavido, bravo, strenuo, ardito, fiero, ardimentoso, animoso, eroico, valente CONTR. pauroso, vile, vigliacco, pusillanime, imbelle, incapace, inabile, inetto, codardo.

prodézza s. f. **1** valore, coraggio, ardimento, gagliardia (*lett.*), intrepidezza, eroismo, valentia (*ant.*) CONTR. viltà, pusillanimità, vigliaccheria, codardia, paura, bassezza **2** impresa eroica **3** (*fam.*) vanteria, bravata, spacconata, smargiassata, millanteria.

prodigalità s. f. larghezza, generosità, liberalità, profusione, sperpero, scialacquio, sciupio, eccesso, dissipazione CONTR. avarizia, parsimonia, taccagneria, spilorceria, risparmio, economia, grettezza, calcolo.

prodigàre A v. tr. **1** (*di sostanze, di beni*) sperperare, scialacquare, dilapidare, sciupare, largheggiare, dissipare, consumare, rovinare, sprecare, spendere CONTR. risparmiare, lesinare, economizzare, misurare, tesaurizzare **2** (*fig.*) (*di lodi, di complimenti, ecc.*) dare, elargire, largire, profondere, spargere, distribuire, versare CONTR. lesinare, risparmiare, misurare **B prodigarsi** v. rifl. adoperarsi, sacrificarsi, affannarsi, arrabattarsi.

prodìgio A s. m. (*anche fig.*) fenomeno, portento, miracolo, meraviglia **B** in funzione di agg. inv. (posposto al s.) eccezionale.

prodigiosaménte avv. **1** portentosamente, miracolosamente **2** straordinariamente, eccezionalmente, incredibilmente CONTR. ordinariamente, comunemente.

prodigióso agg. **1** portentoso, miracoloso, soprannaturale **2** raro, straordinario, eccezionale, incredibile, sorprendente, stupefacente, mirabile, sbalorditivo, strabiliante CONTR. naturale, ordinario, comune.

pròdigo agg. **1** scialacquatore, dilapidatore, dissipatore, sciupone CONTR. avaro, parsimonioso, economo, parco, sobrio, frugale, misurato **2** (*fig.*) generoso, liberale, munifico, splendido, magnanimo, largo CONTR. egoista, avaro, gretto, meschino, ingeneroso, spilorcio, tirchio, taccagno.

proditòrio agg. sleale, vile, infido, disonesto, a tradimento, ingannevole CONTR. leale, fido (*lett.*), fidato, amichevole, schietto, sincero.

prodótto A part. pass. di **produrre**; anche agg. **1** (*di frutto, di cosa, ecc.*) creato, generato, procreato, fatto, confezionato, made (*ingl.*), elaborato, lavorato CONTR. distrutto, rovinato, annientato **2** (*di scritto, di quadro, ecc.*) creato, composto **3** (*di male, di febbre, ecc.*) causato, cagionato, provocato, originato, determinato **4** (*di documento, di motivo, ecc.*) esibito, allegato, addotto, presentato, mostrato CONTR. nascosto **B** s. m. **1** (*della terra, del lavoro, ecc.*) frutto, derrata, articolo, manufatto, merce □ preparato **2** (*di operazione, di attività, ecc.*) risultato, frutto, profitto, provento, guadagno, rendita **3** (*mat.*) moltiplicazione.

pròdromo s. m. principio, preludio, indizio, sintomo CONTR. effetto, conseguenza, postumo.

prodùrre A v. tr. **1** (*di terra, di albero, ecc.*) dare, rendere, fruttare, fruttificare, fiorire **2** (*di animale*) generare, partorire, concepire, riprodurre **3** (*est.*) (*di fabbrica, di miniera, ecc.*) dare, fornire □ fabbricare, fare, elaborare **4** (*fig.*) (*di scrittore, di pittore, ecc.*) creare, comporre **5** (*di male, di febbre, ecc.*) cagionare, provocare, causare, originare, determinare **6** (*di documento, di motivo, ecc.*) presentare, pubblicare, esporre, mostrare, allegare, esibire **B prodursi** v. rifl. presentarsi, esordire, esibirsi, comparire CONTR. nascondersi, celarsi, occultarsi, allontanarsi.

produttivaménte avv. (*anche fig.*) fecondamente, utilmente, fertilmente, vantaggiosamente CONTR. improduttivamente, inutilmente, svantaggiosamente.

produttività s. f. redditività.

produttìvo agg. **1** fecondo, fertile CONTR. sterile, improduttivo **2** (*anche fig.*) redditizio, fruttifero, rimuneratore, vantaggioso, utile CONTR. improduttivo, inutile.

produttóre s. m.; anche agg. (f. *-trice*) **1** generatore, creatore **2** fabbricante, costruttore **3** (*di spettacolo*) impresario, organizzatore, finanziatore **4** (*comm.*) propagandista, procacciatore.

produzióne s. f. **1** (*raro*) (*di piante e animali*) generazione, procreazione, origine, riproduzione **2** (*di cose*) fabbricazione, creazione, confezione **3** (*di libro, di quadro, ecc.*) opera **4** (*di dati*) elaborazione **5** (*dir.*) presentazione, esibizione **6** (*med.*) formazione, proliferazione.

proèmio s. m. introduzione, prefazione,

preambolo, esordio, prologo, protasi, preludio CONTR. epilogo, conclusione, chiusa.

profanàre v. tr. 1 violare, sconsacrare, offendere, dissacrare CONTR. consacrare, dedicare, votare 2 (*est.*) (*di ricordo, di nome, ecc.*) contaminare, macchiare, disonorare, infamare, sciupare, insozzare CONTR. onorare, rispettare, venerare.

profanàto part. pass. di **profanare**; anche agg. 1 violato, sconsacrato, offeso, dissacrato CONTR. consacrato, dedicato, votato 2 (*est.*) (*di ricordo, di nome, ecc.*) macchiato, disonorato, infamato, insozzato CONTR. onorato, rispettato, venerato.

profanatóre s. m.; anche agg. (f. *-trice*) 1 sacrilego, empio, sconsacratore CONTR. pio 2 (*est.*) irrispettoso, ingiurioso CONTR. rispettoso.

profanazióne s. f. 1 sacrilegio, contaminazione, violazione, sconsacrazione, offesa, turpitudine CONTR. adorazione, venerazione, rispetto 2 (*fig.*) (*di ricordo, di nome, ecc.*) violazione, contaminazione, offesa CONTR. rispetto, venerazione, considerazione.

profàno A agg. 1 (*di cosa*) mondano, terreno, terrestre, laico, secolare, temporale CONTR. sacro, religioso, divino 2 (*di mano, di persona, ecc.*) empio, sacrilego, profanatore CONTR. devoto, misericordioso, pio, caritatevole **B** s. m.; anche agg. incompetente, inesperto, nuovo, ignorante CONTR. esperto, iniziato, competente.

proferìre A v. tr. 1 (*di nome, di giudizio, ecc.*) pronunziare, dire, esprimere, manifestare, articolare, emettere CONTR. tacere 2 (*lett.*) (*di dono, di omaggio, ecc.*) offrire, esibire, mostrare CONTR. nascondere, tacere **B proferirsi** v. rifl. offrirsi, darsi, donarsi, proporsi, esibirsi CONTR. rifiutarsi, ritirarsi.

professàre A v. tr. 1 (*di idee, di amore, ecc.*) dichiarare, confessare, manifestare, ostentare, mostrare, dimostrare, riconoscere CONTR. tacere, nascondere, dissimulare, occultare 2 (*di professione*) esercitare, praticare **B professarsi** v. rifl. dichiararsi, proclamarsi, protestarsi, manifestarsi, riconoscersi CONTR. tacere, negarsi, rifiutarsi.

professàto part. pass. di **professare**; anche agg. 1 (*di idee, di omaggio, ecc.*) dichiarato, confessato, manifestato, dimostrato CONTR. nascosto, taciuto, dissimulato 2 (*di professione*) esercitato, praticato.

professionàle agg. della professione, del mestiere.

professionalità s. f. formazione professionale, capacità, preparazione, competenza CONTR. incompetenza.

professióne s. f. 1 (*di fede, di idee*) confessione, dichiarazione, manifestazione, dimostrazione, promessa, impegno, giuramento 2 attività, arte, mestiere, impiego, esercizio, condizione, occupazione, carriera.

professionìsta s. m. e f. 1 (*est.*) esperto 2 (*di sport*) CONTR. dilettante 3 (*di giornalismo*) CONTR. pubblicista.

professóre s. m. 1 docente 2 (*pop., gener.*) insegnante, maestro CONTR. allievo, discepolo, studente, scolaro 3 (*est.*) conoscitore, esperto, specialista, intenditore CONTR. ignaro, profano 4 (*est., spreg.*) saccente, pedante.

profèta s. m. 1 annunziatore, vate 2 (*est.*) veggente, indovino, rivelatore, chiaroveggente, divinatore, mago.

profetéssa s. f. 1 indovina 2 (*lett.*) Sibilla.

profètico agg. 1 di profeta □ biblico, divino 2 fatidico.

profetizzàre v. tr. e intr. (*est.*) indovinare, profetare, prevedere, predire, preannunziare, pronosticare, presagire, antivedere, vaticinare, divinare.

profezìa s. f. 1 rivelazione 2 (*est.*) predizione, vaticinio, pronostico, presagio, oracolo, auspicio, divinazione, preannunzio, previsione.

proficuaménte avv. utilmente, vantaggiosamente, efficacemente CONTR. dannosamente, funestamente, rovinosamente.

profìcuo agg. utile, giovevole, vantaggioso, efficace CONTR. dannoso, inutile, inefficace.

profilàre A v. tr. 1 (*di contorno, di tratto, ecc.*) delineare, disegnare 2 (*di abito, di stoffa, ecc.*) orlare, bordare, filettare, listare, contornare □ ornare, guarnire **B profilarsi** v. intr. pron. 1 (*di montagna, di campanile, ecc.*) stagliarsi, disegnarsi, spiccare 2 (*fig.*) (*di situazione, di crisi, ecc.*) delinearsi, presentarsi, intravedersi CONTR. scomparire, svanire, sfumare.

profilàssi s. f. prevenzione, protezione, preservazione, difesa, precauzione.

profilàto A part. pass. di **profilare**; anche agg. 1 (*di contorno, di tratto, ecc.*) delineato, disegnato 2 (*di abito, di stoffa, ecc.*) filettato, orlato, listato, contornato, ornato, bordato, guarnito 3 (*di naso*) affilato, sottile CONTR. grosso **B** s. m. laminato.

profilàttico A agg. preventivo, protettivo **B** s. m. preservativo.

profilatùra s. f. orlatura, filettatura, bordatura, contorno, lista, guarnizione.

profìlo s. m. 1 contorno, sagoma, silhouette (*fr.*), disegno, linea 2 (*morale, economico, ecc.*) aspetto 3 (*letter.*) (*di personaggio, di periodo*) biografia, ritratto, saggio 4 (*di abito, di stoffa, ecc.*) bordatura, orlatura, filettatura, contorno □ guarnizione 5 diagramma FRAS. *di profilo*, di fianco □ *sotto il profilo*, per quanto riguarda, circa.

profittatóre s. m. (f. *-trice*) sfruttatore, vampiro, strozzino, succhione □ paraculo (*dial., pop.*) CONTR. sfruttato.

profittévole agg. utile, fruttuoso, proficuo, giovevole, fecondo, favorevole, conveniente, vantaggioso, fruttifero, produttivo, redditizio CONTR. svantaggioso, infruttuoso, inutile, dannoso, nocivo.

profitto s. m. **1** utile, vantaggio, giovamento, frutto, guadagno, interesse, tornaconto, utilità, beneficio **CONTR.** danno, svantaggio, perdita **2** (*fig.*) (*nello studio, nel lavoro, ecc.*) progresso, avanzamento, miglioramento **CONTR.** regresso.

proflùvio s. m. **1** (*di odore e sim.*) flusso, ondata **2** (*fig.*) (*di parole, di insolenze, ecc.*) abbondanza, copia (*lett.*), quantità, diluvio, subisso, caterva, valanga **CONTR.** scarsezza, scarsità, mancanza.

profondaménte avv. **1** a fondo, intimamente **CONTR.** superficialmente, esternamente **2** intensamente, fortemente, molto, assai **CONTR.** poco, per nulla.

profondità s. f. **1** (*di pozzo, di ghiaccio, ecc.*) altezza, spessore **2** (*di mare, di terra, ecc.*) abisso, voragine, baratro, fondo, precipizio **3** (*fig.*) (*di sentimento*) intensità, forza, potenza **CONTR.** tenuità, labilità, inconsistenza, leggerezza **4** (*dell'animo, del cuore e sim.*) intimità, interiorità, segreto **CONTR.** esteriorità, superficialità.

profóndo A agg. **1** fondo, alto, imo (*lett.*) **CONTR.** basso **2** interno, radicato, infiltrato **CONTR.** superficiale, esterno, elevato, rilevato **3** (*fig.*) (*di cultura, di sapere, ecc.*) vasto, largo **CONTR.** scarso, poco **4** (*di sentimento*) intenso, sentito, radicato **CONTR.** leggero, superficiale **5** (*fig.*) (*di sguardo e sim.*) penetrante, acuto, indagatore, attento, scrutatore **CONTR.** superficiale, distratto **6** (*di notte*) avanzato, alto **CONTR.** iniziato **7** (*fig.*) (*di discorso, di ragionamento e sim.*) difficile, grave, serio, penetrante, meditato, esauriente, attento **CONTR.** superficiale, leggero, generico **8** (*di silenzio*) assoluto, totale, completo, immenso, infinito **9** (*di sonno*) pesante **CONTR.** leggero **10** (*di suono*) grave, cupo, cavernoso **CONTR.** squillante, argentino, limpido **11** (*di colore*) carico, intenso, cupo, forte **CONTR.** tenue, delicato, leggero **12** (*di buio*) cupo, denso, totale, fitto **13** (*di respiro, di sospiro*) pieno, largo **CONTR.** leggero **B** s. m. **1** profondità, fondo **CONTR.** superficie **2** (*fig.*) intimità, interiorità **3** (*psicol.*) inconscio.

profórma o **pro forma** /*lat.* prɔ 'forma/ [loc. lat., propriamente 'per la forma'] **A** loc. avv.; anche agg. formale, per formalità, formalmente **B** s. m. inv. formalità.

pròfugo agg.; anche s. m. esule, fuggiasco, fuoruscito, ramingo, esiliato.

profumàre A v. tr. aromatizzare **CONTR.** appuzzare (*lett.*), appestare, ammorbare **B** v. intr. olezzare (*lett.*), odorare, sapere **CONTR.** puzzare.

profumataménte avv. (*fig.*) generosamente, lautamente, caro, salato (*fig.*), largamente, abbondantemente **CONTR.** poco, scarsamente.

profumàto part. pass. di **profumare**; anche agg. odoroso, olezzante (*lett.*), fragrante, aromatico, olente (*ant.*) **CONTR.** puzzolente, fetido, fetente, graveolente (*lett.*).

profùmo s. m. **1** fragranza, olezzo (*lett.*), effluvio, aroma, odore **CONTR.** puzzo, fetore **2** (*di soluzione odorosa*) essenza **3** (*fig.*) (*di innocenza, di giovinezza, ecc.*) delicatezza, grazia, incanto.

profusióne s. f. **1** (*fig.*) abbondanza, quantità, copia (*lett.*), iosa, dovizia (*lett.*), eccesso **CONTR.** mancanza, scarsezza, carestia **2** (*fig.*) prodigalità, sperpero, scialacquamento, scialo, dispendio, sciupio **CONTR.** risparmio, economia, parsimonia.

progènie s. f. inv. **1** (*lett.*) stirpe, prole, discendenza, schiatta, generazione, lignaggio, razza **2** (*spreg.*) genia, gentaglia, canaglia, canagliume.

progenitóre s. m. (f. *-trice*) capostipite, avo, antenato **CONTR.** discendente, nipote.

progettàre v. tr. **1** (*di viaggio, di ricerca, ecc.*) ideare, meditare, concepire, immaginare, escogitare, divisare (*lett.*), proporre, pensare **CONTR.** realizzare, effettuare, attuare **2** (*di costruzione, di ferrovia, ecc.*) disegnare, schizzare, fare il progetto.

progettazióne s. f. preparazione, ideazione □ disegno, progetto **CONTR.** esecuzione, realizzazione, effettuazione.

progettìsta s. m. e f. disegnatore, ideatore, inventore, creatore.

progètto s. m. **1** (*di ponte, di strada, ecc.*) piano, disegno, schizzo, pianta **2** (*fig.*) (*di viaggio, di ricerca, ecc.*) idea, intenzione, proponimento, proposito, concezione, programma, intento, disegno, pensiero, mira **CONTR.** realizzazione, esecuzione, attuazione, compimento.

prògnosi s. f. (*med.*) previsione, diagnosi.

progràmma s. m. **1** (*di lavoro, di studio, ecc.*) progettazione, enunciazione, esposizione, piano, schema, progetto, prospetto **2** (*di svago, di viaggio, ecc.*) proposito, proposta, idea **3** (*di spettacolo*) cartellone, elenco **4** (*di radio, tv.*) trasmissione **5** (*est.*) spettacolo, rappresentazione **6** (*di partito, di governo e sim.*) manifesto, dottrina, teoria, ideologia **7** (*elab.*) istruzioni **FRAS.** *fuori programma* (*fig.*), cosa imprevista.

programmàre v. tr. **1** (*di viaggio, di lezione, ecc.*) organizzare, progettare, preparare, fissare, stabilire, pianificare, includere **CONTR.** improvvisare, inventare **2** (*di teoria, di piano economico, ecc.*) formulare.

programmàto part. pass. di **programmare**; anche agg. organizzato, progettato, preparato, fissato, stabilito, pianificato, incluso **CONTR.** improvvisato, inventato.

programmazióne s. f. **1** organizzazione, progettazione, preparazione, pianificazione **CONTR.** improvvisazione, invenzione **2** (*elab.*) sequenza di istruzioni.

progredìre v. intr. **1** precedere, avanzare **CONTR.** regredire, retrocedere **2** (*di tecnica, di economia, ecc.*) crescere, migliorare, perfezionarsi, evolvere, svolgersi **CONTR.** regredire, peggiorare.

progredito part. pass. di **progredire**; anche agg. avanzato, evoluto, migliorato, perfezionato, cresciuto **CONTR.** regredito, peggiorato.

progressióne s. f. **1** aumento, accrescimento, avanzamento **CONTR.** regresso, regressione **2** (*mat.*) successione, serie **FRAS.** *in progressione geometrica* (*fig.*), rapidamente, vertiginosamente.

progressìsta s. m. e f. riformatore, innovatore, modernista **CONTR.** retrogrado, reazionario, conservatore, codino.

progressivaménte avv. gradualmente, a mano a mano, a grado a grado, a poco a poco, via via, crescendo **CONTR.** repentinamente, bruscamente, a scatti.

progressività s. f. gradualità, successione, sequenza **CONTR.** saltuarietà, sbalzo, salto.

progressìvo agg. **1** graduale, successivo, progrediente (*raro*), avanzante **CONTR.** improvviso, saltuario, subitaneo **2** crescente **CONTR.** calante, regressivo.

progrèsso s. m. **1** (*di malattia, di tecnica, ecc.*) avanzamento, sviluppo, cammino, evoluzione, progressione, rinnovamento **CONTR.** regresso, arretramento, decadenza, involuzione **2** (*di studio*) profitto **CONTR.** peggioramento, regressione **3** (*economico, sociale, ecc.*) rinnovamento, perfezionamento, miglioramento, incremento **CONTR.** regresso, peggioramento, regressione, recessione, involuzione **4** (*gener.*) civiltà, civilizzazione **CONTR.** barbarie.

proibìre v. tr. **1** vietare, negare, interdire, inibire, rifiutare **CONTR.** permettere, consentire, acconsentire, autorizzare, tollerare, concedere **2** (*di vento, di mare, ecc.*) impedire, ostacolare, frenare, intralciare, precludere, contrastare, arrestare, fermare **CONTR.** favorire, facilitare, aiutare, agevolare.

proibitìvo agg. **1** inibitorio, proibitorio (*raro*) **CONTR.** permissivo, concessivo, coadiuvante **2** (*di prezzo*) altissimo, elevato, impossibile, eccessivo **CONTR.** accessibile, moderato, contenuto, possibile **3** (*di tempo*) bruttissimo, orrendo **CONTR.** bellissimo.

proibìto part. pass. di **proibire**; anche agg. vietato, illecito, interdetto, impedito, escluso, negato **CONTR.** permesso, concesso, ammesso, autorizzato.

proibizióne s. f. divieto, interdizione, inibizione, impedimento, ostacolo, opposizione **CONTR.** permesso, autorizzazione, concessione.

proiettàre v. tr. **1** gettare, scagliare, lanciare, buttare, scaraventare **2** (*mat.*) sviluppare, disegnare **3** (*di film e sim.*) riprodurre, dare, fare vedere.

proiettàto part. pass. di **proiettare**; anche agg. **1** gettato, scagliato, lanciato, buttato, scaraventato **2** (*mat.*) sviluppato, disegnato **3** (*di film e sim.*) riprodotto, dato, fatto vedere, presentato.

proièttile s. m. proietto.

proiettóre s. m. **1** (*est.*) lanterna magica, episcopio **2** (*di auto*) faro **3** (*mil.*) fotoelettrica.

proiezióne s. f. **1** (*di ombra, di immagine, ecc.*) riproduzione, rappresentazione **2** (*stat.*) calcolo, previsione.

pròle s. f. **1** figliolanza, figlio, figlia, figli, discendenti, rampolli, marmocchi, figliolame, covata, nidiata **2** (*est.*) generazione, progenie, stirpe, discendenza, razza.

proletariàto s. m. popolo, plebe □ lavoratori, salariati, operai **CONTR.** capitalisti, proprietari.

proletàrio s. m.; anche agg. **1** lavoratore, salariato, operaio **CONTR.** possidente, capitalista, proprietario **2** (*est.*) povero, indigente, nullatenente **CONTR.** ricco, possidente, capitalista.

proliferàre v. intr. **1** (*biol.*) riprodursi **2** (*fig.*) (*di idee, di malattia, ecc.*) espandersi, dilatarsi, estendersi, allargarsi, diffondersi, moltiplicarsi **CONTR.** diminuire, restringersi, limitarsi, contenersi.

proliferazióne s. f. **1** (*biol.*) riproduzione, generazione **2** (*fig.*) (*di notizie, di attentati, ecc.*) moltiplicazione, espansione, diffusione, estensione **CONTR.** diminuzione, limitazione, riduzione.

prolificàre v. intr. **1** (*di persona o animale*) procreare, figliare, generare, progenerare (*raro, lett.*) **2** (*di pianta*) germogliare, buttare, gemmare **3** (*fig.*) (*di idee, di usi, ecc.*) riprodursi, espandersi, diffondersi, proliferare, allargarsi, moltiplicarsi **CONTR.** scomparire, morire, spegnersi.

prolìfico agg. **1** (*di persona o animale*) fecondo, fertile **CONTR.** sterile, infecondo **2** (*fig.*) (*di scrittore, di artista, ecc.*) fecondo, produttivo, fertile, ferace (*lett.*) **CONTR.** sterile, improduttivo.

prolissaménte avv. verbosamente, loquacemente, ampollosamente **CONTR.** concisamente, laconicamente, brevemente, stringatamente.

prolissità s. f. verbosità, ridondanza, lunghezza, lungaggine, ampollosità **CONTR.** concisione, brevità, laconicità, stringatezza.

prolìsso agg. **1** (*di persona, di discorso, ecc.*) verboso, loquace, parolaio, ampolloso **CONTR.** conciso, laconico, taciturno, stringato, breve **2** (*di racconto, di brano e sim.*) particolareggiato, esteso, circostanziato **CONTR.** sintetico, breve, conciso **3** (*lett., scherz.*) (*di barba, di capelli*) lungo **CONTR.** corto.

pròlogo s. m. **1** (*di discorso, di opera teatrale*) introduzione, esordio, principio, prefazione, proemio, preludio, preambolo, protasi **CONTR.**

epilogo, conclusione, chiusa, fine, finale **2** (*fig.*) (*di avvenimenti*) preannunzio, avvisaglia, preavviso, presagio CONTR. conclusione, fine.

prolùnga s. f. (*tecn.*) giunta, prolungamento.

prolungàbile agg. **1** (*di cosa*) allungabile, estendibile **2** (*fig.*) (*di termine, di scadenza e sim.*) dilazionabile, differibile, prorogabile, procrastinabile, rinviabile CONTR. improrogabile, indilazionabile, indifferibile.

prolungaménto s. m. **1** prolungazione (*raro*), allungamento, estensione, prosecuzione, continuazione, seguito CONTR. accorciamento, taglio **2** (*tecn.*) prolunga **3** (*di termine, di scadenza e sim.*) dilazione, proroga, rinvio, protrazione, procrastinazione (*raro*), differimento CONTR. abbreviazione, anticipo.

prolungàre A v. tr. **1** (*di linea, di muro, ecc.*) allungare, estendere, continuare CONTR. accorciare, scorciare, abbreviare, dimezzare, tagliare **2** (*fig.*) (*di attesa, di riunione, ecc.*) protrarre, dilungare (*ant.*), allungare □ prorogare, dilazionare, rinviare, procrastinare, differire CONTR. anticipare **B prolungarsi** v. intr. pron. **1** estendersi, allungarsi, protendersi, stendersi CONTR. troncarsi, fermarsi **2** (*fig.*) (*di persona*) indugiare, dilungarsi, soffermarsi, diffondersi CONTR. troncare, abbreviare.

prolungàto part. pass. di **prolungare**; anche agg. **1** (*di linea, di muro, ecc.*) allungato, esteso, continuato CONTR. accorciato, abbreviato, tagliato **2** (*fig.*) (*di attesa, di riunione, ecc.*) protratto, esteso, continuato □ prorogato, dilazionato, rinviato CONTR. accorciato, abbreviato, anticipato, troncato.

promemòria s. m. inv. nota, appunto, annotazione, memorandum (*lat.*).

proméssa s. f. **1** impegno, parola, patto, assicurazione, giuramento, voto **2** (*fig.*) (*di persona*) speranza FRAS. *promessa di marinaio* (*fig.*), promessa subito dimenticata.

promésso A part. pass. di **promettere**; anche agg. assicurato, garantito, giurato **B** s. m. fidanzato.

promettènte part. pres. di **promettere**; anche agg. lusinghiero, allettante, piacevole, attraente, seducente, cattivante CONTR. deludente, scoraggiante.

prométtere A v. tr. **1** assicurare, garantire, giurare, impegnarsi **2** (*est.*) fare presagire, minacciare **B promettersi** v. rifl. impegnarsi, votarsi, offrirsi, darsi.

prominènte agg. sporgente, rilevato, sopraelevato, eminente, protuberante, sporto, gibboso CONTR. rientrante, rientrato, infossato, concavo, scavato, incavato.

prominènza s. f. sporgenza, protuberanza, rilievo, gibbosità, gobba, risalto, altura, sporto, bitorzolo, convessità, rialzo, rilevamento, bernoccolo, aggetto CONTR. rientranza, concavità, cavità, incavo, scavo, rientramento, avvallamento, infossatura, buca, solco, sprofondamento.

promiscuaménte avv. mescolato, confusamente, insieme, in promiscuità CONTR. isolatamente, separatamente, distintamente.

promiscuità s. f. **1** mescolanza, comunanza CONTR. divisione, separazione, distinzione **2** (*est.*) varietà, molteplicità, confusione CONTR. divisione, distinzione, separazione, ordine.

promìscuo agg. misto, mescolato, confuso, vario, molteplice CONTR. separato, diviso, distinto, isolato.

promontòrio s. m. (*geogr.*) sporgenza, capo □ (*est.*) penisola CONTR. insenatura.

promòsso part. pass. di **promuovere**; anche agg. e s. m. **1** (*di progetto, di allievo, ecc.*) approvato, ammesso, accettato CONTR. respinto, bocciato, rimandato, trombato (*fig., scherz.*) **2** (*di attività, di iniziativa, ecc.*) favorito, incoraggiato, appoggiato, istituito, fondato, iniziato, caldeggiato CONTR. avversato, contrastato, osteggiato, ostacolato, impedito **3** (*di febbre, di freddo, ecc.*) causato, stimolato, provocato, mosso CONTR. spento, eliminato, tolto **4** (*di causa e sim.*) iniziato, avviato CONTR. concluso, chiuso.

promotion /*ingl.* prə'mouʃən/ s. f. inv. (*econ.*) promozione, sviluppo, propaganda.

promotóre s. m.; anche agg. (f. *-trice*) fautore, iniziatore, fondatore, auspice CONTR. abolitore, soppressore.

promozionàle agg. propagandistico, di sviluppo.

promozióne s. f. **1** avanzamento, passaggio, miglioramento, approvazione, accettazione, ammissione CONTR. retrocessione, bocciatura, degradazione, disapprovazione, trombatura (*fam., scherz.*) **2** (*econ.*) promotion (*ingl.*), sviluppo, propaganda.

promulgàre v. tr. **1** (*di legge e sim.*) emanare, pubblicare, bandire **2** (*est.*) (*di idee, di notizie, ecc.*) diffondere, divulgare, proclamare CONTR. nascondere, tenere nascosto.

promulgatóre s. m.; anche agg. (f. *-trice*) divulgatore, banditore, promotore.

promulgazióne s. f. **1** (*di legge e sim.*) emanazione, pubblicazione **2** (*est.*) (*di idee, di notizie, ecc.*) diffusione, divulgazione CONTR. occultamento.

promuòvere v. tr. **1** (*di attività, di iniziativa, ecc.*) favorire, incoraggiare, istituire, appoggiare, sostenere, dare impulso, approvare, caldeggiare CONTR. avversare, contrastare, osteggiare, ostacolare, impedire **2** (*di causa e sim.*) avviare, proporre, cominciare, iniziare CONTR. concludere, chiudere **3** (*di allievo, di progetto, ecc.*) approvare, accettare, ammettere, passare CONTR. respingere, disapprovare, rimandare, bocciare, trombare (*fam., scherz.*) **4** (*di sudore, di vomito, ecc.*) muovere, stimolare, provocare, sollecitare, eccitare.

pronipóte s. m. e f. spec. al pl. discendente, postero.

pròno agg. 1 (*lett.*) piegato, curvo, chino, prostrato, bocconi, reclinato CONTR. ritto, diritto, rigido, supino 2 (*fig.*) (*allo studio, alle passioni, ecc.*) propenso, incline, sottomesso, arrendevole, remissivo, supino, succube, disposto, condiscendente, facile CONTR. insensibile, apatico, restio, indifferente, freddo, ribelle.

pronóme s. m. sostituente.

pronosticàre v. tr. preannunziare, indovinare, predire, presagire, vaticinare, prevedere, profetare, profetizzare, preconizzare, divinare.

pronòstico s. m. predizione, previsione, annunzio, presagio, profezia, divinazione, oroscopo, preannuncio, preconoscimento (*lett.*), vaticinio.

prontézza s. f. rapidità, sollecitudine, solerzia, immediatezza, lestezza, agilità, scioltezza, disinvoltura, vivacità, facilità □ intuito CONTR. lentezza, pigrizia, inerzia, neghittosità, pedanteria, indugio.

prónto agg. 1 preparato, predisposto, disponibile, disposto, apparecchiato, preordinato, finito, compiuto, allestito, organizzato □ sollecito, celere, risoluto CONTR. disorganizzato, impreparato, disfatto □ tardo, indolente, indeciso, pigro 2 (*di ingegno, di risposta, ecc.*) franco, disinvolto, intelligente, spigliato, vivo, brillante, acuto, arguto, vivace □ calzante, appropriato CONTR. tardo, lento, pedante, impacciato, ottuso □ inadatto, improprio 3 (*di decisione, di effetto, ecc.*) rapido, immediato, istantaneo CONTR. lento, tardo 4 (*all'ira, alla commozione, ecc.*) facile, propenso, favorevole, disposto, portato, incline CONTR. indifferente, insensibile, apatico FRAS. *a pronti contanti*, immediatamente □ *a pronta cassa*, alla consegna.

prontuàrio s. m. libro, fascicolo, manuale, prospetto, guida, agenda, vademecum, rubrica, registro, opuscolo □ (*farm.*) elenco.

pronùnzia s. f. 1 articolazione 2 modo di parlare, parlata, accento, intonazione, tono 3 (*est.*) dizione 4 (*dir.*) decisione.

pronunziàbile agg. 1 articolabile, proferibile CONTR. impronunziabile 2 (*est.*) dicibile, riferibile, ripetibile, rivelabile CONTR. indicibile, impronunziabile, irriferibile, irripetibile, tabù.

pronunziàre A v. tr. 1 (*di suono, di parola*) articolare, emettere, proferire, formare 2 (*est.*) (*di discorso, di giudizio, ecc.*) dire, esporre, dichiarare, recitare, declamare, enunciare CONTR. tacere **B pronunziarsi** v. intr. pron. dichiararsi, professarsi.

pronunziàto part. pass. di **pronunziare**; anche agg. 1 (*di suono, di parola*) articolato, emesso, proferito 2 (*di discorso, di giudizio, ecc.*) detto, esposto, dichiarato, declamato, enunciato CONTR. taciuto, sottinteso 3 (*fig.*) (*di simpatia, di cadenza, ecc.*) rilevato, spiccato, marcato, eccessivo CONTR. delicato, tenue, leggero, lieve, minimo 4 (*est.*) (*di naso, di mento, ecc.*) sporgente, prominente, protuberante CONTR. rientrante, piatto, rincagnato.

propagànda s. f. 1 (*di idee*) diffusione, divulgazione, apostolato 2 pubblicità, réclame (*fr.*), promozione, promotion (*ingl.*), sviluppo.

propagandàre v. tr. diffondere, divulgare, pubblicizzare, reclamizzare, promuovere CONTR. nascondere, tenere nascosto.

propagandìsta s. m. e f. pubblicitario, rappresentante, diffusore, propagatore, divulgatore.

propagandìstico agg. pubblicitario, promozionale, di sviluppo.

propagàre A v. tr. 1 (*biol.*) moltiplicare 2 (*fig.*) (*di idea, di notizia, ecc.*) diffondere, spargere, divulgare, propalare, diramare, spacciare, pubblicare CONTR. tacere, nascondere, frenare, contenere 3 (*lett.*) (*di influenza, di potere, ecc.*) allargare, dilatare, estendere, stendere, espandere CONTR. restringere, contenere, limitare **B propagarsi** v. intr. pron. spargersi, diffondersi, spandersi, dilatarsi, estendersi, espandersi CONTR. limitarsi, contenersi, restringersi.

propagazióne s. f. 1 diffusione, propalazione, divulgazione, espansione, moltiplicazione, spargimento, diramazione 2 (*fis.*) trasmissione, trasporto.

propàggine s. f. 1 ramo 2 (*fig.*) diramazione, ramificazione 3 (*lett., fig.*) prole, rampollo.

propedèutica s. f. avviamento, introduzione, preparazione, preliminari CONTR. approfondimento, perfezionamento, conclusione.

propedèutico agg. preparatorio, introduttivo, preliminare CONTR. conclusivo.

propellènte A agg. propulsorio **B** s. m. combustibile.

propèndere v. intr. essere favorevole, inclinare, preferire, pendere, simpatizzare, prediligere CONTR. avversare, osteggiare, contrariare.

propensióne s. f. 1 (*allo studio, alla musica, ecc.*) tendenza, inclinazione, attitudine CONTR. inattitudine, indisposizione, idiosincrasia, avversione, ostilità 2 (*verso persona*) preferenza, predilezione, simpatia, amore, passione CONTR. avversione, antipatia, ostilità.

propènso part. pass. di **propendere**; anche agg. favorevole, incline, disposto, proclive (*lett.*), facile, orientato CONTR. avverso, maldisposto, contrario, restio, alieno.

propinàre v. tr. somministrare, mescere, dare, distribuire.

propiziàre v. tr. cattivarsi, conciliarsi, ingraziarsi CONTR. inimicarsi, urtarsi.

propiziatòrio agg. propiziante, propiziativo (*raro*), espiatorio, placatore (*raro*).

propiziazióne s. f. conciliazione, placazione (*ant.*), espiazione.

propìzio agg. 1 (*di vento, di clima, ecc.*) favorevole, benigno, fausto, prospero, felice CONTR. infausto, nefasto, avverso, contrario **2** (*di momento, di occasione, ecc.*) opportuno, adatto, buono, acconcio, idoneo, adeguato, conveniente, giusto, utile CONTR. sbagliato, inadatto, inopportuno.

proponìbile agg. suggeribile, consigliabile, presentabile CONTR. improponibile, sconsigliabile, impresentabile.

proponiménto s. m. proposito, intenzione, progetto, intendimento, divisamento (*raro*), disegno, piano.

propórre v. tr. **1** (*di partire, di comprare, ecc.*) suggerire, consigliare, prospettare, offrire CONTR. sconsigliare, distogliere, dissuadere **2** (*fig.*) (*di progetto, di idea, ecc.*) presentare, sottoporre, esporre **3** (*di persona*) designare, indicare, segnalare **4** (*di meta, di scopo, ecc.*) stabilire, determinare, prefiggersi, progettare, riproporsi.

proporzionàle agg. graduale, commisurato, adeguato, conveniente, equilibrato, perequato CONTR. inadeguato, sproporzionato, squilibrato, sperequato.

proporzionalménte avv. in proporzione, adeguatamente, convenientemente CONTR. sproporzionatamente, inadeguatamente.

proporzionàre v. tr. adattare, adeguare, perequare, commisurare, graduare, equilibrare CONTR. sproporzionare, sperequare, squilibrare.

proporzionataménte avv. **1** adeguatamente, convenientemente, equamente CONTR. sproporzionatamente, ingiustamente **2** armonicamente, simmetricamente, armoniosamente CONTR. disarmonicamente, sproporzionatamente.

proporzionàto part. pass. di **proporzionare**; anche agg. **1** adeguato, perequato, commisurato, graduato, equilibrato CONTR. sproporzionato, sperequato, squilibrato **2** (*di figura, di corpo, ecc.*) armonico, simmetrico, armonioso CONTR. disarmonico, sproporzionato **3** (*est.*) (*di guadagno, di lavoro, ecc.*) conforme, adeguato, atto, adatto, giusto, conveniente, commisurato, economico CONTR. sproporzionato, inadeguato, inadatto, antieconomico.

proporzióne s. f. **1** (*tra cose*) rapporto, corrispondenza, relazione, correlazione **2** (*di membra, di peso, ecc.*) simmetria, equilibrio, armonia, rispondenza, convenienza CONTR. sproporzione, asimmetria **3** (*di terremoto, di innovazione, ecc.*) dimensione, grandezza, estensione, scala, portata FRAS. *in proporzione*, proporzionalmente, nella giusta misura □ *senza proporzione* (*raro*), senza confronto, senza paragone.

propòsito s. m. **1** proponimento, intenzione, idea, pensiero, disegno, volontà, deliberazione, determinazione, risoluzione, premeditazione, progetto, divisamento (*raro*), piano, intento, prefiggimento (*raro*), programma, animo **2** (*est.*) fine, scopo, meta, obiettivo, mira **3** (*di discorso*) materia, argomento, tema, assunto FRAS. *di proposito*, apposta, intenzionalmente □ *a proposito di*, quanto a, intorno a □ *a proposito*, al momento opportuno □ *male a proposito*, inopportunamente.

proposizióne s. f. **1** giudizio, affermazione, enunciazione **2** (*ling.*) frase, periodo **3** premessa, esordio, postulato, tesi.

propósta s. f. **1** (*di lavoro, di pace, ecc.*) offerta, invito **2** progetto, mozione, disegno, parere, idea, intenzione, suggerimento.

propósto part. pass. di **proporre**; anche agg. **1** suggerito, consigliato, offerto, prospettato CONTR. sconsigliato **2** (*fig.*) (*di progetto, di idea, ecc.*) presentato, sottoposto, esposto **3** (*di persona*) designato, indicato, segnalato **4** (*di meta, di scopo, ecc.*) stabilito, determinato, progettato.

propriaménte avv. veramente, realmente, esattamente, proprio, in verità □ specificamente, particolarmente CONTR. impropriamente, inesattamente.

proprietà s. f. **1** appartenenza, possesso, diritto, dominio, pertinenza **2** (*di medicina, di erba, ecc.*) qualità, facoltà, virtù, prerogativa, caratteristica, attributo, dono, dote **3** possedimento, bene, patrimonio, terreno, avere **4** (*di linguaggio*) precisione, esattezza, correttezza CONTR. imprecisione, inesattezza, scorrettezza **5** (*di vestire, di comportarsi, ecc.*) eleganza, decoro, ricercatezza, accuratezza, garbo CONTR. trascuratezza, sciatteria, ineleganza.

proprietàrio s. m. possessore, possidente, padrone, signore, detentore.

pròprio A agg. **1** caratteristico, tipico, appartenente, inerente, specifico, peculiare, personale, esclusivo, speciale, particolare CONTR. generale, comune, aspecifico **2** (*di nome, di motivo, ecc.*) personale, particolare CONTR. comune **3** (*di parola, di frase e sim.*) appropriato, preciso, giusto, esatto, adatto, legittimo CONTR. approssimato, figurato, impreciso, inesatto, improprio **4** (*di vestito, di comportamento, ecc.*) adatto, decoroso, conveniente, opportuno, confacente, acconcio, corretto, garbato, elegante CONTR. indecoroso, inopportuno, sconveniente, scorretto **B** agg. poss. suo, loro, personale CONTR. altrui **C** avv. **1** precisamente, appunto, esattamente, veramente, davvero CONTR. vagamente, approssimativamente, pressappoco **2** affatto, per nulla, niente affatto FRAS. *in proprio*, di proprietà personale; personalmente; senza dipendere da altri.

propulsióne s. f. spinta, impulso.

propulsóre s. m. **1** motore **2** (*fig.*) (*di persona*) animatore, sostenitore.

pròra s. f. **1** prua **2** (*fig., lett.*) nave.

pròroga s. f. differimento, dilazione, rinvio, aggiornamento, procrastinazione (*raro*), prolungamento, protrazione, indugio CONTR. anticipo, anticipazione.

prorogàbile agg. differibile, dilazionabile, rinviabile, aggiornabile, procrastinabile (*raro*), rimandabile, prolungabile, ritardabile **CONTR.** improrogabile, improcrastinabile, indilazionabile, indifferibile.

prorogàre v. tr. posticipare, procrastinare, rinviare, differire, dilazionare, prolungare, ritardare, aggiornare, rimandare, protrarre **CONTR.** anticipare, accelerare.

prorompènte part. pres. di **prorompere**; anche agg. impetuoso, incontenibile, traboccante, indomabile, irruente, aggressivo, veemente, violento **CONTR.** calmo, tranquillo, pacato, lento.

prorómpere v. intr. **1** (*di folla, di fiume, ecc.*) erompere, sboccare, traboccare, irrompere, straripare, straboccare (*pop.*) **2** (*fig.*) (*in lacrime, in grida, ecc.*) scoppiare, sbottare.

pròsa s. f. **1** scritto, opera, componimento, brano **2** lingua, stile **3** (*fig.*) (*di vita, di azioni e sim.*) prosaicità, realtà, materialità, quotidianità, banalità, volgarità **CONTR.** poesia (*fig.*).

prosaicità s. f. (*fig.*) banalità, quotidianità, materialità, volgarità, realtà, prosa **CONTR.** poesia (*fig.*), idealità, illusione.

prosàico agg. (*fig.*) materiale, banale, quotidiano, concreto, pratico, pedestre, volgare, meschino **CONTR.** ideale, poetico, spirituale, irreale.

prosàstico agg. dimesso, discorsivo **CONTR.** poetico, aulico.

prosatóre s. m. (f. *-trice*) scrittore, romanziere, saggista, letterato, autore **CONTR.** poeta, lirico.

proscènio s. m. avanscena.

prosciògliere v. tr. liberare, assolvere, sciogliere, dispensare **CONTR.** condannare □ vincolare.

proscioglimènto s. m. liberazione, assoluzione **CONTR.** condanna □ vincolo.

prosciòlto part. pass. di **prosciogliere**; anche agg. liberato, assolto **CONTR.** condannato, vincolato.

prosciugaménto s. m. **1** (*di terreno*) bonifica, risanamento **CONTR.** allagamento **2** (*di fonte, di cosa, ecc.*) disseccamento, inaridimento, essiccazione.

prosciugàre **A** v. tr. **1** (*di terreno*) bonificare, risanare **2** (*di cacio, di prato, ecc.*) asciugare, seccare, disseccare, inaridire **CONTR.** allagare, inondare, inumidire **B** **prosciugarsi** v. intr. pron. asciugarsi, disseccarsi, seccarsi, inaridirsi **CONTR.** allagarsi, inondarsi, inumidirsi.

prosciùtto s. m. (*est.*) speck (*ted.*).

proscrìtto **A** part. pass. di **proscrivere**; anche agg. **1** (*di persona*) esiliato, bandito, espulso, deportato, scacciato **2** (*fig.*) (*di cosa*) abolito, vietato, eliminato, soppresso **CONTR.** accolto, permesso, consentito **B** s. m. esule, esiliato, profugo, confinato.

proscrìvere v. tr. **1** (*est.*) (*di persona*) esiliare, bandire, espellere, scacciare, confinare **2** (*fig.*) (*di cosa*) abolire, vietare, eliminare, sopprimere, cancellare, proibire, annullare **CONTR.** accogliere, accettare, permettere, consentire, concedere, autorizzare.

proscrizióne s. f. **1** (*di persona*) esilio, bando, deportazione, confino, espulsione, espatrio **2** (*fig.*) (*di cosa*) abolizione, divieto, soppressione, cancellazione, annullamento, proibizione **CONTR.** accettazione, permesso, concessione, autorizzazione.

prosecuzióne s. f. continuazione, seguito, prolungamento, proseguimento, prosieguo **CONTR.** cessazione, fine, interruzione, sospensione, troncamento, taglio, arresto, sosta.

proseguiménto s. m. continuazione, seguito, prosecuzione, prolungamento **CONTR.** cessazione, fine, interruzione, sospensione, troncamento, taglio, arresto, sosta.

proseguìre **A** v. tr. (*di lavoro, di cammino, ecc.*) seguitare, continuare **CONTR.** interrompere, troncare, sospendere, cessare, smettere **B** v. intr. **1** (*di lavoro, di cammino, ecc.*) procedere, andare avanti, durare, prolungarsi **CONTR.** arrestarsi, fermarsi, smettere, interrompersi, cessare, sospendere **2** (*nel lavoro, nel cammino, ecc.*) persistere, perseverare, insistere **CONTR.** rinunciare, desistere.

prosèlito o (*raro*) **prosèlite** s. m. adepto, aderente, seguace, iniziato, neofita, convertito **CONTR.** precursore, pioniere.

prosìndaco s. m. vicesindaco.

prosit /*lat.* 'prɔzit/ [terza pers. cong. pres. di *prodesse* 'giovare'] inter. buon pro!, salute!

prosodìa s. f. metrica.

prosopopèa s. f. **1** (*retorica*) personificazione **2** (*fig.*) boria, presunzione, solennità, alterigia, sussiego, superbia, albagia, spocchia, burbanza, pomposità, sicumera **CONTR.** modestia, semplicità, naturalezza, umiltà.

prosperàre v. intr. crescere, fiorire, svilupparsi, attecchire, abbondare **CONTR.** deperire, intristire, languire, stentare.

prosperità s. f. agiatezza, floridezza, ricchezza, prosperosità, fortuna, abbondanza, rigoglio **CONTR.** indigenza, povertà, stentatezza, debolezza, miseria, penuria, scarsità.

pròspero agg. **1** (*di situazione, di vento, ecc.*) favorevole, felice, fortunato, fausto, propizio, benigno **CONTR.** infausto, nefasto, infelice **2** (*di persona*) prosperoso, fiorente, robusto, gagliardo, formoso, esuberante, vigoroso, florido, vegeto **CONTR.** stentato, stento, debole, gracile, delicato, malaticcio, malandato, esile **3** (*di commercio, attività, ecc.*) florido, redditizio, fruttifero, solido, ricco **CONTR.** difficoltoso, stentato, misero, povero **4** (*est.*) (*di pianta*) rigoglioso, lussureggiante, abbondante, esuberante **CONTR.** avvizzito, intristito, stentato, scarso.

prosperóso agg. **1** (*di terra, di pianta, ecc.*) prospero, rigoglioso, abbondante, ricco CONTR. povero, misero, stentato **2** (*di persona*) fiorente, robusto, florido, gagliardo, formoso, esuberante CONTR. stentato, stento (*tosc.*), debole, gracile, delicato, malandato, esile.

prospettàre A v. tr. **1** (*raro*) (*di edificio*) guardare, fronteggiare **2** (*fig.*) (*di situazione, di ipotesi, ecc.*) mostrare, esporre, presentare, far notare, proporre, prevedere **B** v. intr. (*di edificio, di giardino, ecc.*) affacciarsi, aprirsi, specchiarsi **C prospettarsi** v. rifl. (*di situazione, di tempo, ecc.*) presentarsi, profilarsi, delinearsi, apparire, prevedersi.

prospettìva s. f. **1** lontananza, profondità, gradazione, sfondo **2** (*di luogo*) veduta, panorama, vista, scorcio, visuale, paesaggio **3** (*fig.*) (*di economia, di politica, ecc.*) previsione, possibilità, aspettativa **4** (*fig.*) ottica, punto di vista, visuale, angolatura, luce.

prospètto s. m. **1** (*di luogo*) veduta, vista, scorcio, visuale, panorama, paesaggio **2** (*di costruzione*) faccia, facciata, fronte **3** (*di dati, di verbi, ecc.*) tabella, specchietto, programma, quadro, sinossi, sintesi, riassunto.

prospiciènte agg. volto, rivolto, fronteggiante, guardante, di fronte CONTR. retrostante.

prossimaménte avv. tra poco, presto, fra non molto CONTR. più tardi, tardi.

prossimità s. f. **1** vicinanza, attiguità, contiguità, adiacenza, dintorni, propinquità (*ant.*) CONTR. lontananza, distanza **2** (*fig.*) somiglianza, affinità, analogia CONTR. diversità, differenza, dissimiglianza.

pròssimo A agg. **1** (*di luogo*) vicino, propinquo (*lett.*), attiguo, contiguo, adiacente, limitrofo, confinante CONTR. lontano, distante, staccato, discosto **2** (*di tempo*) futuro, venturo, successivo, seguente CONTR. precedente, antecedente **3** (*di parente*) stretto, diretto, immediato CONTR. lontano, remoto **4** (*fig.*) (*di persona o cosa*) affine, analogo, simile, somigliante CONTR. diverso, differente, dissimile **B** s. m. **1** parente, congiunto, consanguineo **2** (*est.*) umanità, simili, altri.

prostituìre A v. tr. avvilire, vendere, abbassare, disonorare CONTR. onorare, nobilitare **B** v. rifl. vendersi, puttaneggiare (*volg.*), battere (*volg.*).

prostitùta s. f. meretrice, mondana, passeggiatrice (*euf.*), puttana (*volg.*), sgualdrina, donnaccia, cortigiana, squillo (*gerg.*), lucciola (*pop.*), battona (*pop.*).

prostituzióne s. f. meretricio, lenocinio.

prostràre A v. tr. **1** (*materialmente*) abbattere, atterrare, piegare, prosternare (*lett.*) □ fiaccare, stancare indebolire, accasciare, logorare, affaticare, sfinire, spossare, estenuare, stremare, infiacchire CONTR. sollevare, alzare, rinvigorire, rinforzare **2** (*fig.*) (*moralmente*) abbattere, umiliare, avvilire, scoraggiare, disanimare, mortificare, deprimere CONTR. incoraggiare, confortare, rianimare, rinfrancare, rincorare **B prostrarsi** v. rifl. **1** inginocchiarsi, prosternarsi, genuflettersi, ripiegarsi CONTR. rizzarsi, ergersi **2** (*fig.*) (*moralmente*) abbassarsi, umiliarsi, avvilirsi, accasciarsi CONTR. rinfrancarsi, rianimarsi.

prostràto part. pass. di **prostrare**; anche agg. **1** (*materialmente*) abbattuto, atterrato, piegato, prosternato □ fiaccato, stanco, indebolito, accasciato, logorato, sfinito, spossato, stremato CONTR. sollevato, alzato, rinvigorito, rinforzato **2** (*moralmente*) umiliato, avvilito, accasciato CONTR. rinfrancato, rianimato **3** inginocchiato, genuflesso, piegato CONTR. alzato, ritto.

prostrazióne s. f. **1** (*di fisico*) spossatezza, sfinimento, languore, stanchezza, debolezza, affaticamento, esaurimento, sfinimento, infiacchimento CONTR. vigore, gagliardia, energia, vigoria, robustezza **2** (*di morale*) accasciamento, avvilimento, abbattimento, depressione, svilimento, disperazione CONTR. coraggio, fervore, ardore, vigore.

protagonista s. m. e f. personaggio, eroe □ primo attore, star (*ingl.*) □ big (*ingl.*), grande.

protèggere v. tr. **1** (*di persona o cosa*) difendere, riparare, coprire, custodire, preservare, premunire, salvaguardare, garantire CONTR. danneggiare, nuocere, rovinare, guastare **2** (*di persona*) soccorrere, difendere, tutelare, appoggiare, sostenere, aiutare, beneficare, parteggiare, privilegiare CONTR. danneggiare, nuocere, avversare, osteggiare, combattere **3** (*di attività, di arti, ecc.*) favorire, patrocinare, promuovere CONTR. avversare, combattere, nuocere.

protèico agg. proteinico.

proteìna s. f. protide.

protèndere A v. tr. stendere, distendere, allungare, sporgere, porgere CONTR. ritirare **B protendersi** v. rifl. spingersi, sporgersi, stendersi, estendersi, allungarsi CONTR. ritirarsi.

protèrvia s. f. arroganza, superbia, sfrontatezza, ostinazione, insolenza, sfacciataggine, iattanza, albagia, pervicacia, presunzione CONTR. umiltà, modestia, mitezza, arrendevolezza.

protèrvo agg. arrogante, insolente, sfacciato, ostinato, superbo, borioso, sfrontato, pervicace, presuntuoso CONTR. umile, mite, condiscendente, arrendevole, riguardoso, modesto, ritroso, cortese.

pròtesi s. f. (*med.*) apparecchio sostitutivo, arto artificiale FRAS. *protesi dentaria*, dentiera.

protéso part. pass. di **protendere**; anche agg. steso, disteso, allungato, sporgente CONTR. ritirato.

protèsta s. f. **1** opposizione, disapprovazione, reazione, ribellione, contestazione, sciopero, manifestazione, querela (*lett.*), lamentela, reclamo **CONTR.** consenso, assentimento, assenso, approvazione, adesione **2** (*di fedeltà, di gratitudine, ecc.*) dichiarazione, assicurazione, notificazione **CONTR.** negazione.

protestàre A v. tr. (*di fedeltà, di gratitudine, ecc.*) dichiarare, attestare, affermare, assicurare, palesare **CONTR.** negare **B** v. intr. opporsi, insorgere, ribellarsi, contrastare, lamentarsi, reclamare, gridare, strepitare, contestare, disapprovare **CONTR.** accettare, ammettere, approvare, appoggiare, parteggiare, fiancheggiare, consentire **C protestarsi** v. rifl. dichiararsi, professarsi, riconoscersi, proclamarsi **CONTR.** negare, rifiutarsi.

protestatàrio agg.; anche s. m. protestatore, contestatore **CONTR.** sostenitore, fiancheggiatore.

protettìvo agg. **1** (*di sistema, di materiale, ecc.*) difensivo, preservatore, conservativo **CONTR.** distruttivo, demolitore **2** (*di sguardo, di atteggiamento, ecc.*) difensivo, benevolo, benigno **CONTR.** cattivo, minaccioso, offensivo.

protètto A part. pass. di **proteggere**; anche agg. **1** difeso, riparato, coperto, salvaguardato, schermato **CONTR.** danneggiato, rovinato, guastato, esposto, scoperto **2** (*di persona*) favorito, tutelato, appoggiato, aiutato, sostenuto, spalleggiato, giustificato **CONTR.** avversato, osteggiato, perseguitato, abbandonato **B** s. m. (*di persona*) raccomandato, beniamino, prediletto, cliente **CONTR.** vittima, perseguitato, capro espiatorio.

protettóre s. m.; anche agg. (f. *-trice*) **1** difensore, soccorritore, tutore, paladino, patrono, sostenitore, benefattore, favoreggiatore, fautore, mecenate **CONTR.** oppositore, nemico, persecutore **2** (*di prostitute*) pappa (*dial.*), pappone (*dial.*), sfruttatore, magnaccia (*dial.*), lenone (*lett.*).

protezióne s. f. **1** difesa, aiuto, appoggio, favore, patrocinio, scudo (*fig.*), sostegno, salvaguardia, asilo, cooperazione **CONTR.** opposizione, avversione, persecuzione, ostilità, sopruso, vessazione **2** (*dell'infanzia, della gioventù, ecc.*) assistenza, tutela **3** favoreggiamento, parzialità, agevolazione, favore, favoritismo, privilegio, raccomandazione **CONTR.** imparzialità.

protezionìsmo s. m. **CONTR.** liberismo.

protezionìsta s. m. e f.; anche agg. **CONTR.** liberista.

protocollàre (1) v. tr. registrare.

protocollàre (2) agg. cerimoniale, rituale, formale **CONTR.** privato.

protocòllo s. m. **1** registro, formulario **2** cerimoniale **3** accordo internazionale.

protòtipo A s. m. **1** modello, archetipo, campione, originale **CONTR.** copia, imitazione, riproduzione **2** (*di sgobbone, di mascalzone, ecc.*) tipico esempio, perfetto esemplare **CONTR.** contrario, opposto **B** agg. originale, esemplare, primitivo **CONTR.** copiato, imitato, riprodotto, derivato.

protràrre A v. tr. **1** (*di durata*) prolungare, allungare, continuare **CONTR.** abbreviare, accorciare, sbrigare **2** (*di riunione, di data, ecc.*) differire, prorogare, rimandare, rinviare, procrastinare, dilazionare, ritardare **CONTR.** sbrigare, anticipare **B protrarsi** v. intr. pron. prolungarsi, durare, continuare **CONTR.** cessare, finire.

protràtto part. pass. di **protrarre**; anche agg. **1** (*di durata*) prolungato, allungato, continuato **2** (*di riunione, di data, ecc.*) rinviato, differito, rimandato, procrastinato, prorogato, dilazionato.

protuberànza s. f. sporgenza, escrescenza, prominenza, bozza, bernoccolo, bitorzolo, gibbosità, gobba, gonfiore, rilievo **CONTR.** incavo, cavità, infossamento, buco.

pròva s. f. **1** (*di velocità, di resistenza, ecc.*) esperimento, controllo, collaudo, verifica, riscontro, accertamento, analisi, test (*ingl.*) **2** (*di lavoro, di studio, ecc.*) esame, tirocinio, noviziato **3** (*teat., cine.*) saggio, provino **4** (*di stampa*) bozza **5** cimento, impresa, competizione, gara, contesa, agone (*lett.*) □ dolore, difficoltà **6** (*di colpa, di reato, ecc.*) testimonianza, documento, elemento, attestato, riprova, indizio, argomento **7** (*fig.*) (*d'amore*) pegno **8** (*dir.*) argomento, argomentazione **9** (*di coraggio, di abilità, ecc.*) dimostrazione, saggio, segno **10** esperienza □ tentativo, sforzo **11** (*mat.*) dimostrazione, verifica.

provàbile agg. dimostrabile, documentabile **CONTR.** indimostrabile.

provàre A v. tr. **1** (*di resistenza, di abito, ecc.*) sperimentare, saggiare, controllare, collaudare, verificare, misurare, accertare, analizzare, appurare, scandagliare **2** (*di metodo, di lavoro, ecc.*) tentare, sperimentare **3** (*di verità, di intenzione, ecc.*) chiarire, appurare **4** (*di dolore, di odio, ecc.*) sentire, nutrire, avvertire, percepire **5** (*di persona*) mettere alla prova, cimentare **6** (*di fatto, di innocenza, ecc.*) dimostrare, testimoniare, attestare, circostanziare, comprovare, documentare **CONTR.** negare **B provarsi** v. intr. pron. esercitarsi, tentare □ cimentarsi, misurarsi.

provàto part. pass. di **provare**; anche agg. **1** (*di resistenza, di abito, ecc.*) sperimentato, saggiato, controllato, verificato, misurato **2** (*di metodo, di lavoro, ecc.*) tentato, sperimentato **CONTR.** nuovo **3** (*di dolore, di odio, ecc.*) sentito, nutrito, avvertito, percepito **4** (*di fatto, di innocenza, ecc.*) dimostrato, sperimentato, conosciuto, confermato, evidente, certo, accertato, garantito **CONTR.** ipotetico, supposto **5** (*di persona*) fedele, sicuro, fidato, devoto, fido (*lett.*) **CONTR.** infedele, infido, falso, ingannatore **6** (*di fisico, di morale*) affaticato, stanco, stremato, spossato, indebolito, esaurito

CONTR. riposato, sereno, forte.
proveniènte part. pres. di **provenire**; anche agg. originario, derivato, venuto, giunto.
proveniènza s. f. (*fig.*) origine, derivazione, principio, fonte, sorgente, ceppo □ paese **CONTR.** termine, destinazione.
provenire v. intr. **1** venire, giungere, arrivare (da) **CONTR.** arrivare (a), pervenire **2** (*fig.*) originare, derivare, procedere, scaturire, discendere, nascere **CONTR.** arrivare, pervenire.
provènto s. m. entrata, rendita, guadagno, introito, reddito, incasso, ricavo, utile, frutto, attivo **CONTR.** spesa, perdita, deficit (*lat.*).
proverbiàle agg. (*fig.*) famoso, notorio, risaputo, manifesto, conosciuto, palese **CONTR.** ignoto, ignorato, sconosciuto.
provèrbio s. m. detto, adagio, sentenza, massima, aforisma.
provétto agg. **1** pratico, esperto, abile, competente, consumato, capace, valente, ingegnoso, valido, conoscitore **CONTR.** incompetente, inesperto, inetto, novizio, novellino, principiante **2** (*lett.*) anziano, non più giovane **CONTR.** giovane.
provincia s. f. **1** circoscrizione **2** (*est.*) paese, piccolo centro, cittadina **CONTR.** capoluogo, metropoli.
provinciàle agg.; anche s. m. e f. (*spreg.*) semplice, goffo, impacciato, arretrato, rozzo **CONTR.** cittadino, raffinato.
provino s. m. **1** dim. di **prova** **2** (*cine.*) breve prova **3** (*di materiale*) campione.
provocànte part. pres. di **provocare**; anche agg. **1** (*di persona*) provocatore, provocatorio, irritante, offensivo, urtante **CONTR.** conciliante, bonario **2** (*di sguardo, di atteggiamento, ecc.*) attraente, procace, eccitante, stuzzicante, stimolante, allettante, tentatore, adescante, seducente **CONTR.** riservato, verecondo, modesto, casto, pudico, pudibondo (*lett.*), costumato.
provocanteménte avv. **1** offensivamente, provocatoriamente **CONTR.** benevolmente, bonariamente **2** procacemente, allettantemente **CONTR.** verecondamente, pudicamente.
provocàre v. tr. **1** (*di danno, di malattia, ecc.*) cagionare, suscitare, causare, determinare, occasionare, scatenare **CONTR.** impedire, frenare, arrestare, trattenere, mitigare **2** (*di legge, di decisione, ecc.*) sollecitare, promuovere **CONTR.** rallentare, ritardare **3** (*di sguardo, di atteggiamento, ecc.*) eccitare, muovere, spingere, indurre, stimolare **CONTR.** calmare, frenare, sedare **4** (*di persona, di ira, ecc.*) irritare, aizzare, istigare, stuzzicare, pungolare, offendere, sfidare, accendere (*fig.*) **CONTR.** blandire, calmare, frenare, quietare, placare, acquietare, mitigare.
provocatóre s. m.; anche agg. (f. *-trice*) istigatore, eccitatore, fomentatore, stimolatore, agitatore, aizzatore, sobillatore, suscitatore **CONTR.** placatore (*raro*), mitigatore.
provocatòrio agg. provocante, fomentatore, istigatore, stimolatore, offensivo, sfidatore (*lett.*) **CONTR.** benevolo, benigno, amico.
provocazióne s. f. **1** istigazione, incitamento, pungolo **2** offesa, sfida, bravata, ingiuria.
provvedére A v. intr. **1** predisporre, preparare, disporre, curare, organizzare **CONTR.** disinteressarsi **2** (*a un danno, a un inconveniente e sim.*) rimediare, riparare, sopperire **B** v. tr. **1** (*di cibo, di carburante, ecc.*) procacciare, procurare, acquistare, comperare, preparare, approntare, disporre **CONTR.** togliere, sottrarre, rubare **2** (*di mezzi, di denaro, ecc.*) fornire, rifornire, dotare, munire, premunire **CONTR.** privare, sfornire **C provvedersi** v. rifl. premunirsi, fornirsi, munirsi, procurarsi, procacciarsi **CONTR.** sprovvedersi, sfornirsi.
provvediménto s. m. **1** rimedio, riparo □ misura, cautela, cura, accorgimento **2** disposizione, legge, decreto.
provvedùto part. pass. di **provvedere**; anche agg. **1** (*di cibo, di carburante, ecc.*) procacciato, procurato, acquistato, preparato **2** (*di mezzi, di denaro, ecc.*) provvisto, fornito, rifornito, dotato, munito **CONTR.** privo, sfornito **3** (*di persona*) attento, cauto, accorto, prudente **CONTR.** sprovveduto, incauto, imprudente.
provvidènza s. f. **1** assistenza divina, Dio **2** (*fig.*) dono, favore, manna (*fig.*), fortuna, benedizione, soccorso **CONTR.** sventura, sciagura, sfortuna.
provvidenziàle agg. **1** divino **2** (*est.*) opportuno, benefico, utile, provvido, tempestivo, favorevole **CONTR.** inopportuno, intempestivo, malefico, nefasto.
pròvvido agg. **1** (*di persona*) previdente, prudente, saggio **CONTR.** improvvido, imprevidente, imprudente, avventato **2** (*di cosa*) utile, opportuno, benefico, favorevole, provvidenziale, tempestivo **CONTR.** dannoso, inopportuno, intempestivo.
provvigióne s. f. **1** (*di affare*) senseria, mediazione, percentuale **2** (*ant.*) (*di lavoro*) stipendio, assegno, emolumento, pagamento **3** (*lett.*) (*di viveri, di legna, ecc.*) provvista, approvvigionamento, scorta.
provvisoriaménte avv. temporaneamente, momentaneamente, transitoriamente, per ora, per il momento **CONTR.** sempre, permanentemente, stabilmente.
provvisòrio agg. temporaneo, transitorio, momentaneo □ (*est.*) instabile, precario, incerto, effimero, caduco, fugace, passeggero **CONTR.** definitivo, stabile, permanente, fisso, durevole, duraturo, continuo, saldo **FRAS.** *in via provvisoria*, temporaneamente.
provvista s. f. **1** rifornimento, approvvigionamento **2** scorta, riserva.
prùa s. f. (*mar.*) prora.
prudènte agg. cauto, circospetto, giudizioso,

previdente, accorto, avveduto, lungimirante, oculato, saggio, guardingo, assennato, provvido, riflessivo, vigile, controllato, misurato, ponderato, provveduto **CONTR.** imprudente, audace, inconsiderato, sconsiderato, avventato, incauto, temerario, arrischiato.

prudenteménte avv. cautamente, giudiziosamente, accortamente, avvedutamente, oculatamente, saggiamente, assennatamente, misuratamente, ponderatamente **CONTR.** imprudentemente, avventatamente, sconsideratamente, incautamente, temerariamente.

prudènza s. f. **1** previdenza, accortezza, avvedutezza, oculatezza, senno, saggezza, lungimiranza, saviezza, assennatezza, riflessione, circospezione, cautela, precauzione, ragionevolezza **CONTR.** imprudenza, avventatezza, irriflessione, leggerezza, sventatezza, temerarietà, precipitazione, spensieratezza **2** riguardo, riserbo, ritegno, riservatezza, scrupolo.

prùdere v. intr. pizzicare, solleticare, dare prurito **FRAS.** *sentirsi prudere le mani* (*fig.*), avere voglia di picchiare.

prùgna **A** s. f. (*bot.*) susina **B** in funzione di agg. inv. (posposto al s.) (*di colore*) rosso violaceo, rosso scuro, violaceo.

prùgno s. m. (*bot.*) susino.

prunéto s. m. prunaio, prunaia, roveto, spineto.

pruriginóso agg. **1** irritante **CONTR.** lenitivo, calmante **2** (*fig.*) (*di discorso, di film, ecc.*) stuzzicante, eccitante, stimolante, solleticante, provocante.

prurìto s. m. **1** pizzicore, solletico, prurigine (*lett.*) **2** (*fig.*) voglia, capriccio, ghiribizzo, uzzolo (*tosc.*), smania.

pseudònimo s. m. nome d'arte, nome fittizio.

psicanàlisi s. f. analisi, psicodinamica (*raro*), psicoterapia.

psicanalìsta s. m. e f. analista, psicoterapeuta, alienista, psichiatra (*est.*).

psicanalìtico agg. psicoterapeutico, psicoterapico.

psiche s. f. (*est.*) spirito, anima, mente, intelletto.

psichedèlico agg. (*est.*) allucinogeno.

psichiàtra s. m. e f. psicopatologo, alienista.

psichiatrìa s. f. psicopatologia.

psichicaménte avv. psicologicamente, mentalmente **CONTR.** fisicamente.

psìchico agg. psicologico, introspettivo, interiore, mentale, metafisico **CONTR.** fisico, esteriore, materiale.

psicofàrmaco s. m. sedativo, calmante, sonnifero, tranquillante **CONTR.** eccitante, stimolante.

psicolàbile agg.; anche s. m. e f. emotivo, impressionabile **CONTR.** apatico, indifferente, calmo.

psicologìa s. f. **1** conoscenza dell'anima, studio della psiche **2** (*est.*) (*del venditore, delle donne, ecc.*) modo di pensare □ sensibilità, intuizione.

psicològico agg. (*est.*) introspettivo, metafisico, interiore, psichico **CONTR.** esteriore, materiale, fisico.

psicòlogo s. m. **1** studioso di psicologia **2** (*est.*) conoscitore dell'anima, conoscitore dell'uomo.

psicopatìa s. f. pazzia, demenza, alienazione, follia, insania (*lett.*) **CONTR.** equilibrio, senno.

psicopàtico agg.; anche s. m. pazzo, demente, alienato, folle, insano, pazzoide **CONTR.** saggio, equilibrato, assennato.

psicòsi s. f. **1** (*est.*) paura, fobia, terrore **2** (*est.*) esaltazione collettiva, eccitazione collettiva.

pubblicàbile agg. divulgabile **CONTR.** impubblicabile.

pubblicaménte avv. in pubblico, apertamente, davanti a tutti **CONTR.** privatamente, individualmente.

pubblicàre v. tr. **1** annunziare, divulgare, diffondere, rivelare, presentare, proclamare, bandire, propagare, propalare, dichiarare, svelare, manifestare **CONTR.** occultare, nascondere, tacere **2** (*di libro, di giornale e sim.*) stampare, editare (*raro*).

pubblicàto part. pass. di **pubblicare**; anche agg. **1** divulgato, diffuso, rivelato, presentato, propagato, svelato, rivelato **CONTR.** occultato, taciuto, nascosto **2** (*di libro, di giornale e sim.*) stampato, edito.

pubblicazióne s. f. **1** presentazione, comparsa, apparizione, stampa, diffusione, propalazione, divulgazione **2** giornale, rivista, bollettino, opuscolo, libro, stampato.

pubblicista s. m. e f. giornalista saltuario **CONTR.** professionista.

pubblicità s. f. **1** divulgazione, diffusione □ propaganda, battage (*fr.*), promozione, promotion (*ingl.*) **2** (*est.*) annuncio, inserzione, réclame (*fr.*), avviso **3** (*est.*) fama, notorietà, clamore, chiasso.

pubblicitàrio **A** agg. propagandistico, promozionale **B** s. m. **1** creativo, copy-writer (*ingl.*) **2** propagandista.

pubblicizzàre v. tr. diffondere, divulgare □ propagandare, reclamizzare.

pubblicizzàto part. pass. di **pubblicizzare**; anche agg. diffuso, divulgato □ propagandato, reclamizzato.

pubblicizzazióne s. f. divulgazione, diffusione □ pubblicità, propaganda.

pùbblico **A** agg. **1** (*di utilità, di ordine, ecc.*) comune, collettivo, generale, popolare **CONTR.** privato, individuale **2** (*di luogo*) aperto, accessibile **CONTR.** chiuso, privato, inaccessibile, vietato **3** (*di fatto, di notizia, ecc.*) notorio, conosciuto, manifesto, palese, diffuso, noto, popolare, famigerato **CONTR.** ignoto, sconosciuto, segreto **B** s. m. gente, folla, spettatori, presenti, astanti, intervenuti **FRAS.** *forza pub-*

blica, polizia □ *vita pubblica*, vita politica □ *atto pubblico*, documento ufficiale □ *in pubblico*, pubblicamente.

pùbe s. m. (*anat.*) inguine.

pubertà s. f. adolescenza.

pudicaménte avv. vergognosamente, compostamente, castigatamente, timidamente, schivamente **CONTR.** impudicamente, oscenamente, svergognatamente, sfacciatamente.

pudicìzia s. f. pudore, verecondia, modestia, candore, decenza, castità, compostezza, costumatezza, castigatezza, purezza □ riservatezza, ritegno, discrezione, ritrosia **CONTR.** impudicizia, inverecondia, impudenza, oscenità, svergognatezza, indecenza, spudoratezza □ sfacciataggine, sfrontatezza.

pudìco agg. **1** verecondo, pudibondo, vergognoso, castigato, casto, composto, costumato **CONTR.** impudico, inverecondo, osceno, spudorato, svergognato, procace **2** (*lett.*) modesto, timido, riservato, ritroso, schivo **CONTR.** sfacciato, sfrontato.

pudóre s. m. **1** pudicizia, verecondia, modestia, candore, decenza, castità, compostezza, costumatezza, castigatezza, purezza **CONTR.** impudicizia, inverecondia, impudenza, oscenità, svergognatezza, indecenza, spudoratezza **2** (*est.*) discrezione, ritegno, riservatezza, riguardo, ritrosia **CONTR.** sfacciataggine, sfrontatezza.

puericultùra s. f. pedologia.

puerìle agg. **1** infantile, fanciullesco, bambinesco **CONTR.** maturo, virile **2** (*spreg.*) ingenuo, sciocco, ridicolo, immaturo, frivolo, leggero, inconsiderato **CONTR.** maturo, assennato, saggio, ponderato, serio.

puerilità s. f. **1** (*spreg.*) sciocchezza, ingenuità, semplicità, fanciullaggine, immaturità **CONTR.** serietà, maturità, assennatezza, saggezza **2** (*spreg.*) ragazzata, monelleria, bambinata.

pugilàto s. m. boxe (*fr.*).

pùgile s. m. boxeur (*fr.*), pugilatore (*raro*).

pugnalàre v. tr. ferire, colpire, stilettare.

pugnalàta s. f. **1** ferita, stilettata, stoccata **2** (*fig.*) colpo a tradimento.

pugnalatóre s. m. (f. *-trice*) (*raro*) feritore, uccisore.

pugnàle s. m. stiletto.

pùgno s. m. **1** colpo, cazzotto (*volg.*), sergozzone (*tosc.*), percossa **CONTR.** carezza, moina **2** (*di grano, di sale, ecc.*) manciata, manata, pugnello **3** (*est.*) (*di uomini, di terra, ecc.*) piccola quantità, poco, pochino **CONTR.** molto, grande quantità **FRAS.** *tenere in pugno* (*fig.*), avere in proprio potere □ *avere in pugno* (*fig.*), essere sicuro di ottenere □ *fare a pugni* (*fig.*), contrastare, stonare □ *pugno di ferro*, tirapugni.

pùlce s. f. **FRAS.** *pulce nell'orecchio* (*fig.*), sospetto, scrupolo □ *mercato delle pulci*, mercatino, mercato dell'usato.

pulcinèlla [da *Pulcinella*, la famosa maschera napoletana] s. m. inv. (*fig.*) buffone, burattino, pagliaccio, voltagabbana, girella **FRAS.** *il segreto di pulcinella*, il segreto noto a tutti.

pulcìno s. m. **1** (*fig.*) timido **CONTR.** audace **2** (*est., fam.*) bambino **CONTR.** adulto.

pulìre v. tr. **1** nettare, detergere, tergere, forbire, mondare, lavare, sgrassare, smacchiare, fregare, sfregare, strofinare, rigovernare, purgare, lucidare, strigliare, depurare **CONTR.** sporcare, insudiciare, lordare, insozzare, imbrattare, macchiare, ungere **2** (*raro*) polire, levigare, lisciare, rifinire.

pulìta s. f. lavata, ripulita, ripulitura, spolverata, spazzata **CONTR.** sporcata, imbrattamento, insozzata.

pulitaménte avv. (*fig.*) onestamente, lealmente, correttamente **CONTR.** disonestamente, slealmente, scorrettamente.

pulìto part. pass. di **pulire**; anche agg. **1** netto, mondo, terso, immacolato, lavato, lucente, lustro, lindo, nitido, forbito, deterso, spurgato **CONTR.** sporco, sudicio, lurido, lordo, lercio, sozzo, immondo, imbrattato, macchiato, bisunto, sordido **2** (*fig.*) (*di stile*) elegante, ornato **3** (*fig.*) (*di persona*) dabbene, leale, onesto, corretto **CONTR.** scorretto, disonesto, sconcio, volgare **4** (*di tavolo, di stanza, ecc.*) sgombro, libero **CONTR.** ingombro **5** (*di energia, di armi, ecc.*) non inquinante, rinnovabile **CONTR.** inquinante **6** (*est.*) (*di materiale*) liscio, levigato **CONTR.** ruvido, grezzo **FRAS.** *avere la coscienza pulita* (*fig.*), essere tranquillo, non avere nulla da rimproverarsi □ *rimanere pulito* (*fig.*), rimanere in bolletta.

pulitùra s. f. **1** (*di legno, di ferro, ecc.*) levigatura, levigamento, politura **2** (*di vestito, di finestra, ecc.*) detersione, ripulitura, depuramento, pulizia, ripulimento, nettamento (*raro*).

pulizìa s. f. **1** nettezza, pulitezza (*raro*), forbitezza, lindezza, mondezza, nitidezza **CONTR.** sporcizia, sudiciume, lordura, impurità, sozzura **2** (*di vestito, di finestra, ecc.*) ripulitura, detersione, depuramento, ripulimento, nettamento (*raro*), depurazione.

pull /*ingl.* pul/ [abbr. dall'ingl. *pullover*] s. m. inv. (*fam.*) pullover (*ingl.*), gilè.

pùllman [dal n. dell'inventore, l'americano G. M. *Pullmann*] s. m. inv. **1** autocorriera, corriera, autobus **2** (*ferr.*) carrozza salone.

pullòver [vc. ingl., *pull-over*, propriamente 'tira sopra'] s. m. inv. gilè, pull (*ingl., fam.*).

pullulàre v. intr. **1** (*di pianta*) germogliare, rampollare, buttare **2** (*ant.*) (*di acqua*) scaturire, sgorgare, gorgogliare **3** (*fig.*) (*di gente, di insetti, ecc.*) brulicare, formicolare, sciamare.

pulsànte **A** part. pres. di **pulsare**; anche agg. palpitante, martellante, sussultante, guizzante □ vivo, vivace, fervido **CONTR.** spento, monotono, lento, morto **B** s. m. (*di apparecchio*) in-

terruttore, bottone, tasto.
pulsàre v. intr. **1** palpitare, battere, martellare, sussultare **2** (*est.*) (*di traffico, di città, ecc.*) fervere, palpitare, essere vivo, essere animato, essere movimentato **CONTR.** essere tranquillo, spegnersi, morire.
pulsazióne s. f. **1** (*di cuore, di arterie*) battito, palpito, polso, palpitazione **CONTR.** arresto **2** (*mus.*) oscillazione.
pulsióne s. f. **1** impulso, spinta, spinta emotiva **2** (*psicanalisi*) tendenze istintive.
pulvìscolo s. m. polvere, polverio.
pùma s. m. inv. (*zool.*) coguaro, leone d'America.
pungènte part. pres. di **pungere**; anche agg. **1** (*di cosa*) aguzzo, acuto, appuntito, penetrante **CONTR.** spuntato, arrotondato **2** (*di trafittura, di freddo, ecc.*) pizzicante, irritante, intenso **CONTR.** dolce, delicato **3** (*fig.*) (*di parola, di discorso e sim.*) aspro, offensivo, provocante, mordace, piccante, risentito, salace, pepato, provocatorio **CONTR.** cortese, dolce, adulatore, blando, soave.
pùngere v. tr. **1** (*di cosa*) ferire, bucare, penetrare **2** (*di insetto, di freddo, ecc.*) pinzare (*pop.*), pizzicare, punzecchiare, morsicare, irritare **3** (*lett.*) (*di cavallo*) incitare, spronare **4** (*lett., fig.*) (*di voglia, di desiderio e sim.*) stimolare **5** (*fig.*) (*di parola, di discorso e sim.*) offendere, punzecchiare, molestare, ferire, tormentare **CONTR.** blandire, lenire, lusingare, adulare.
pungiglióne s. m. aculeo, punta.
pungitòpo s. m. (*bot.*) rusco.
pùngolo s. m. **1** bastone appuntito **2** (*fig.*) (*allo studio, al lavoro, ecc.*) incitamento, sprone, stimolo, incentivo, incoraggiamento, spinta, esortazione **CONTR.** freno, dissuasione, remora **3** (*est.*) (*di fame, di bisogno, ecc.*) assillo, tormento, afflizione, chiodo (*fig.*), fissazione **CONTR.** piacere, godimento, sollievo, gioia.
punìbile agg. condannabile, perseguibile, castigabile **CONTR.** assolvibile, perdonabile.
punìre v. tr. **1** castigare, condannare, far pagare il fio **CONTR.** premiare, ricompensare, perdonare, amnistiare **2** (*est.*) battere, percuotere, picchiare **CONTR.** accarezzare.
punìto part. pass. di **punire**; anche agg. **1** castigato, condannato **CONTR.** premiato, perdonato, amnistiato **2** (*est.*) battuto, picchiato, percosso **CONTR.** accarezzato.
punizióne s. f. castigo, pena, penitenza, penalità, sanzione, correzione **CONTR.** premio, ricompensa, lode □ perdono, condono.
pùnta s. f. **1** estremità □ spunzone, spuntone, puntale, puntone (*ant.*), aculeo **2** (*di albero, di campanile, ecc.*) cima, cuspide, colmo, guglia, pinnacolo **3** (*di fenomeno, di traffico, ecc.*) massima intensità, massima frequenza, limite **4** (*fig.*) (*di sale, di cacio, ecc.*) frammento, scaglia, pizzico, presina **5** (*geogr.*) (*di monte*) sommità, apice, vertice, vetta, picco, cocuzzolo **6** (*di costa*) sporgenza, capo **7** (*fig.*) (*di partito, di movimento, ecc.*) parte più avanzata, avanguardia **CONTR.** retroguardia **8** (*raro, fig.*) (*di dolore e sim.*) trafittura **9** (*raro, fig.*) frizzo, frecciata **10** (*di vino*) spunto, forte **FRAS.** *prendere di punta* (*fig.*), affrontare con accanimento □ *in punta di penna* (*fig.*), con ricercatezza □ *in punta di forchetta* (*fig.*), affettatamente □ *avere sulla punta delle dita* (*fig.*), conoscere bene □ *uomo di punta* (*fig.*), uomo emergente, avanguardia □ *ora di punta*, ora di maggior traffico, attività, consumo e sim.
puntàre A v. tr. **1** (*di gomito, di chiodo, ecc.*) appoggiare, premere, gravare **2** (*di arma, di dito, ecc.*) rivolgere, dirigere, mirare, drizzare, spianare, indirizzare **3** (*est.*) (*di sguardo, di attenzione, ecc.*) fissare, guardare **4** (*al gioco*) scommettere, giocare **B** v. intr. **1** avanzare, dirigersi, avviarsi, tendere, procedere **CONTR.** retrocedere **2** (*fig.*) (*su una persona*) fare assegnamento, confidare, affidarsi, contare.
puntaspìlli s. m. portaspilli.
puntàta (1) s. f. **1** stoccata, colpo, imbroccata **2** giterella, viaggetto, scappata **3** (*al gioco*) scommessa □ posta, somma.
puntàta (2) s. f. (*di pubblicazione, di film, ecc.*) parte, dispensa, fascicolo, brano, numero.
puntàto part. pass. di **puntare**; anche agg. **1** appoggiato **2** (*di arma, di dito, ecc.*) rivolto, diretto, spianato **3** (*est.*) (*di sguardo, di attenzione, ecc.*) fissato **4** (*al gioco*) scommesso, giocato.
punteggiàre v. tr. **1** interpungere **2** macchiettare, picchiettare **3** (*fig.*) intercalare, inframmezzare, alternare.
punteggiàto part. pass. di **punteggiare**; anche agg. **1** (*fig.*) intercalato, inframmezzato, alternato **2** cosparso di punti, a punti.
punteggiatùra s. f. **1** interpunzione **2** macchiettatura, picchiettatura.
puntéggio s. m. punti.
puntellàre A v. tr. sorreggere, sostenere, appoggiare **CONTR.** abbattere, atterrare, demolire **B** **puntellarsi** v. rifl. sostenersi, reggersi, appoggiarsi, assicurarsi.
puntèllo s. m. **1** trave, sostegno, appoggio, palo, rincalzo, supporto **2** (*fig.*) appoggio, sostegno, protezione, aiuto, rimedio, difesa, supporto.
puntìglio s. m. **1** ostinazione, picca, ripicca, capriccio, caparbietà **CONTR.** remissività, cedevolezza, arrendevolezza, mitezza **2** (*est.*) volontà, impegno, pertinacia, amor proprio **CONTR.** apatia, abulia, svogliatezza, rilassatezza, pigrizia.
puntigliόso agg. ostinato, caparbio, piccoso, capriccioso, tenace, incaponito, cocciuto, irriducibile, pertinace □ meticoloso **CONTR.** remissivo, arrendevole, cedevole, mite, docile, trattabile.
puntìna s. f. **1** dim. di **punta** **2** (*raro*) pennino,

penna **3** bulletta **4** (*est.*) (*di grammofono*) testina.

puntinìsmo s. m. (*pitt.*) divisionismo.

pùnto (1) A s. m. **1** posizione, posto, luogo, sito, ubicazione **2** segno **3** forellino **4** macchiolina **5** (*di discorso, di film, ecc.*) passo, brano, parte **6** (*est.*) (*di discussione e sim.*) argomento, questione, problema **7** (*di tempo*) istante, attimo, momento, circostanza **8** (*di ebollizione, di cottura, ecc.*) termine, segno, limite, grado, fase, stadio **9** (*est.*) (*di persona*) condizione, stato **10** (*di graduatoria, di merito e sim.*) voto, punteggio **11** (*di colore*) gradazione, sfumatura **12** (*di filo*) tratto **13** centesimo di carato **B** avv. niente affatto, per nulla, affatto **CONTR.** molto, completamente, totalmente **C** agg. indef. (*tosc.*) niente, alcuno, nessuno **CONTR.** molto, tanto, parecchio **FRAS.** *fare il punto* (*fig.*), definire esattamente; fare l'esame □ *punto morto* (*fig.*), punto di arresto, blocco □ *dare dei punti* (*fig.*), superare, insegnare □ *punto per punto*, con ordine, particolareggiatamente □ *punto d'onore*, questione delicata □ *di tutto punto*, completamente □ *in punto*, preciso, esatto □ *di punto in bianco*, all'improvviso □ *punto di vista* (*fig.*), opinione, modo di vedere □ *mettere i punti sulle i* (*fig.*), chiarire, precisare □ *a buon punto*, al momento giusto; avanti □ *essere sul punto di*, stare per □ *mettere a punto*, sistemare, definire, precisare.

pùnto (2) part. pass. di **pungere**; anche agg. **1** bucato, ferito **2** (*fig.*) punzecchiato, offeso, ferito (*fig.*), colpito, irritato **3** (*fig.*) stimolato, pungolato, spronato, esortato.

puntuàle agg. esatto, preciso, tempestivo, in orario **CONTR.** impreciso, inesatto, intempestivo □ ritardatario, in anticipo.

puntualità s. f. esattezza, precisione, tempestività □ orario **CONTR.** imprecisione, inesattezza □ anticipo, ritardo.

puntualizzàre v. tr. precisare, definire, fare il punto.

puntualizzazióne s. f. precisazione, definizione.

puntualménte avv. esattamente, precisamente, rigorosamente, tempestivamente **CONTR.** inesattamente, intempestivamente, imprecisamente □ anticipatamente, prima, in ritardo, dopo.

puntùra s. f. **1** (*di insetto, di ago, ecc.*) punzecchiatura, pinzatura (*pop.*) **2** (*pop.*) iniezione **3** (*a una costola, alla spalla, ecc.*) dolore, trafittura, fitta **4** (*fig.*) frizzo, frecciata.

punzecchiàre A v. tr. **1** (*di insetto, di ago, ecc.*) pungere, pizzicare **2** (*fig.*) (*di persona*) molestare, ferire, canzonare, tormentare, irritare, infastidire **B punzecchiarsi** v. rifl. rec. infastidirsi, tormentarsi, irritarsi, attaccarsi.

punzonatùra s. f. marcatura, bollatura.

punzóne s. m. conio, impronta, bollo.

pùpa s. f. **1** bambola, bambolotto, pupazzo, pupattola **2** (*pop.*) bambina, fanciulla, ragazza.

pupazzétto s. m. **1** dim. di **pupazzo**; fantoccio, bambolotto, pupo, burattino **2** caricatura.

pupàzzo s. m. **1** fantoccio, bambolotto, pupo, burattino **2** (*fig., spreg.*) (*di persona*) sciocco, banderuola, girella, voltagabbana; marionetta (*fig.*).

pupìlla s. f. (*est.*) iride, occhio **FRAS.** *la pupilla dei propri occhi* (*fig.*), la cosa più cara.

pupìllo s. m. (*est.*) protetto, preferito, prediletto, beniamino, cocco (*fam.*).

pùpo s. m. **1** (*fam.*) bambino, bimbo, bimbetto **2** burattino, marionetta, bamboccio, pupazzo, fantoccio.

puraménte avv. **1** castamente, illibatamente, onestamente, pulitamente, ingenuamente, schiettamente **CONTR.** impuramente, disonestamente **2** semplicemente, autenticamente, schiettamente, meramente **CONTR.** falsamente **3** solamente, unicamente, del tutto, completamente **CONTR.** in parte, parzialmente.

purché cong. a patto che, a condizione che **CONTR.** anche se, quand'anche.

pùre A (troncato in **pur**) cong. **1** tuttavia, nondimeno, eppure, nonostante **2** anche se, sebbene, quand'anche **B** avv. **1** anche, parimenti **2** (*pleon.*) già **3** (*lett.*) proprio, davvero **4** se così vi piace **FRAS.** *pur di*, al fine di, per, purché.

purè s. m. purea, passato.

purèa s. f. purè, passato.

purézza s. f. **1** (*di cristallo, di acqua, ecc.*) limpidità, schiettezza, trasparenza, purità, genuinità **CONTR.** offuscamento, inquinamento, opacità **2** (*fig.*) (*di persona, di animo*) candore, castità, purità, innocenza, illibatezza **CONTR.** impurità, impudicizia, corruzione **3** onestà, probità, rettitudine **CONTR.** disonestà.

pùrga s. f. **1** purgante, lassativo, evacuante (*raro*), purgativo **CONTR.** astringente **2** (*di materiale*) depurazione, purificazione **3** (*polit.*) epurazione, eliminazione **CONTR.** riabilitazione.

purgànte A part. pres. di **purgare**; anche agg. purificante, depurativo, depuratore, depurante, spurgante **CONTR.** sporcante, inquinante **B** agg.; anche s. m. purga, purgativo, lassativo **CONTR.** astringente.

purgàre A v. tr. **1** (*di sostanza*) purificare, nettare, depurare, spurgare, mondare, pulire, ripulire **CONTR.** insozzare, sporcare, inquinare, contaminare **2** (*fig.*) (*di scritto*) castigare **3** (*fig., polit.*) epurare **4** (*fig.*) (*di peccato, di errore, ecc.*) espiare, emendare, riparare, scontare, pagare **B purgarsi** v. rifl. **1** prendere la purga **2** (*fig.*) (*da colpe, da errori, ecc.*) purificarsi, mondarsi.

purgàto part. pass. di **purgare**; anche agg. **1** nettato, depurato, spurgato, pulito, mondato

CONTR. sporcato, inquinato, insozzato, contaminato **2** (*di scritto, di stile*) castigato, corretto **CONTR.** osceno **3** (*fig., polit.*) epurato **4** (*fig.*) (*di colpa, di errore, ecc.*) espiato, riparato, scontato.

purificàre A v. tr. **1** (*di sostanza*) depurare, purgare, nettare, spurgare, mondare, pulire, ripulire, chiarificare, lavare, disinfettare, raffinare **CONTR.** inquinare, sporcare, insozzare, contaminare **2** (*fig.*) (*di peccato, di errore, ecc.*) espiare, emendare, riparare, scontare **B purificarsi** v. intr. pron. liberarsi, mondarsi, purgarsi **CONTR.** contaminarsi.

purificàto part. pass. di **purificare**; anche agg. **1** (*di sostanza*) depurato, purgato, mondato, pulito, ripulito, chiarificato, disinfettato, raffinato, lavato **CONTR.** inquinato, sporcato, contaminato **2** (*fig.*) (*di peccato, di errore, ecc.*) espiato, emendato, scontato, riparato.

purificatòrio agg. purificativo (*raro*), espiatorio.

purificazióne s. f. **1** (*di sostanza*) espurgazione, chiarificazione, depurazione, pulizia, lavaggio **CONTR.** inquinamento, contaminazione **2** (*fig.*) (*di peccato, di errore, ecc.*) riparazione, espiazione, catarsi **CONTR.** corruzione, corrompimento (*raro*).

puritanésimo s. m. (*est.*) rigore, intransigenza, moralismo, integralismo.

puritàno agg.; anche s. m. (*est.*) moralista, intransigente, integralista.

pùro agg. **1** (*di vino, di olio, ecc.*) genuino, schietto, pretto, naturale, solo, fine **CONTR.** misto, adulterato, diluito, sofisticato **2** (*di acqua, di cristallo, ecc.*) limpido, terso, chiaro, trasparente **CONTR.** impuro, torbido □ fangoso, putrido **3** (*di aria, di cielo, ecc.*) sano, salubre, sereno, trasparente, leggero **CONTR.** offuscato, inquinato, malsano, fosco, pesante, insalubre **4** (*anche fig.*) (*di mani, di cuore, ecc.*) nitido, netto, pulito, purgato **CONTR.** sporco, contaminato, torbido **5** (*di scienza, di disciplina, ecc.*) teorico, speculativo **CONTR.** applicato, pratico, sperimentale **6** (*di verità, di storia, ecc.*) mero, solo, schietto, semplice, autentico **CONTR.** falso, complesso **7** (*fig.*) (*di persona, di animo, ecc.*) immacolato, incorrotto, mondo, incontaminato, integro, casto, illibato, adamantino, onesto, innocente, verecondo, angelico, verginale, ingenuo, schietto **CONTR.** impuro, corrotto, disonesto, depravato.

purosàngue agg. inv.; anche s. m. **1** (*di persona*) autentico, schietto **CONTR.** oriundo **2** cavallo di razza.

purpùreo agg. rosso vivo, rosso sangue.

purtròppo avv. disgraziatamente, malauguratamente, sciaguratamente, sfortunatamente **CONTR.** fortunatamente.

purulènto agg. putrido, suppurante, marcio.

purulènza s. f. marcia (*pop.*), marcio, putrefazione, pus, putrescenza (*ant.*), suppurazione, materia (*pop.*), marciume.

pus s. m. marcia (*pop.*), marcio, marciume, purulenza, materia (*pop.*).

pusillànime agg.; anche s. m. e f. vigliacco, vile, pauroso, pavido, codardo, timoroso, fifone (*fam., scherz.*) **CONTR.** coraggioso, ardito, audace, ardimentoso, impavido, intrepido, temerario.

pusillanimità s. f. vigliaccheria, viltà, paura, meschinità, dappocaggine, pavidità, codardia **CONTR.** coraggio, ardire, audacia, ardimento.

pùstola s. f. (*med.*) foruncolo, fignolo (*tosc.*), bolla.

pustolóso agg. foruncoloso.

putatìvo agg. supposto, fittizio **CONTR.** vero, autentico, proprio.

putifèrio s. m. schiamazzo, clamore, baccano, tumulto, parapiglia, tafferuglio, strepito, pandemonio, babilonia, confusione, casino (*pop.*), bailamme, baraonda, chiasso, vespaio **CONTR.** quiete, silenzio, ordine, tranquillità, calma.

putrefàre v. intr. e **putrefàrsi** intr. pron. imputridire, corrompersi, decomporsi, alterarsi, guastarsi, infracidire (*raro*), marcire.

putrefàtto part. pass. di **putrefare**; anche agg. **1** (*materialmente*) fradicio, imputridito, corrotto, decomposto, alterato, guastato, marcito, marcio, rancido, putrescente, purulento, putrido, suppurato, infetto **CONTR.** sano, puro, fresco, integro, pulito **2** (*fig.*) (*moralmente*) corrotto, immorale, depravato, degenerato, dissoluto, pervertito, vizioso **CONTR.** morale, retto, onesto, sano, virtuoso.

putrefazióne s. f. **1** (*materiale*) decomposizione, putredine, putrescenza (*ant.*), marcimento (*raro*), disfacimento, fradiciume, marcia (*pop.*), marcio, rancidezza (*raro*), marciume, necrosi, purulenza, putridità (*raro*), putridume, infradiciamento, cancrena, suppurazione **CONTR.** sanità, purezza, freschezza, integrità **2** (*fig.*) (*morale*) corruzione, corruttela, depravazione, degenerazione, dissoluzione, pervertimento, immoralità, vizio **CONTR.** moralità, rettitudine, onestà, virtù, dirittura.

pùtrido agg. **1** (*materialmente*) imputridito, putrefatto, marcio, guasto, fradicio, alterato, putrescente, purulento, marcito, decomposto, verminoso, infetto, inquinato, irrancidito, suppurato **CONTR.** sano, fresco, puro, integro, intatto, pulito **2** (*fig.*) (*moralmente*) corrotto, immorale, depravato, degenerato, dissoluto, pervertito, vizioso **CONTR.** morale, retto, onesto, sano, virtuoso.

putridùme s. m. **1** (*materiale*) fradiciume, marciume, porcheria, purulenza, materia (*pop.*), sudiciume, lerciume **2** (*fig.*) (*morale*) sozzura, corruzione, corruttela, pervertimento, immoralità, depravazione, dissoluzione, degenerazione, vizio **CONTR.** moralità, rettitudine, onestà, virtù, dirittura.

putsch /*ted.* putʃ/ [vc. ted. di origine espressiva] s. m. inv. complotto, colpo di mano, colpo di stato, pronunciamento, pronunciamiento (*sp.*).

puttàna s. f. **1** (*volg.*) prostituta, meretrice, etera, passeggiatrice (*euf.*), battona (*pop.*), lucciola (*pop.*), malafemmina (*dial.*), mondana, sgualdrina, donnaccia, cortigiana, mantenuta, zoccola (*fig.*, *volg.*), squillo (*gerg.*) **2** (*est.*, *spreg.*) immorale, venduto, corrotto, corrompibile, voltagabbana, banderuola, girella.

puttanàta s. f. (*volg.*) **1** stupidaggine, sciocchezza **2** boiata (*pop.*), porcheria, mascalzonata.

pùzza s. f. **1** (*dial.*, *lett.*) puzzo, lezzo, tanfo, fetore, miasma **CONTR.** profumo, odore, aroma, olezzo (*lett.*), fragranza **2** (*fig.*, *fam.*) (*di imbroglio, di corruzione, ecc.*) sentore, indizio, sintomo, sospetto.

puzzàre v. intr. **1** (*di persona o cosa*) mandare puzzo, emanare puzzo, putire (*lett.*), ammorbare, appestare, impuzzare, impuzzire (*raro*), mandare fetore **CONTR.** olezzare (*lett.*), profumare, odorare **2** (*fig.*) stancare, annoiare, infastidire **CONTR.** divertire, rallegrare **3** (*fig.*) (*di imbroglio, di truffa, ecc.*) sapere di, sembrare, parere, assomigliare.

puzzle /*ingl.* pʌzl/ [vc. ingl., di etim. incerta] s. m. inv. **1** rompicapo, gioco di pazienza, rebus (*lat.*) **2** (*raro*) cruciverba.

pùzzo s. m. **1** lezzo, tanfo, fetore, afrore, miasma, odoraccio, esalazione, pestilenza, leppo (*lett.*) **CONTR.** profumo, fragranza, olezzo (*lett.*), aroma, effluvio **2** (*fig.*, *fam.*) (*di imbroglio, di corruzione, ecc.*) indizio, sentore, presagio, percezione, segno, sintomo, traccia, sospetto.

puzzolènte agg. **1** fetido, fetente, graveolente (*lett.*), putido (*lett.*), pestifero, ammorbante, pestilenziale, maleodorante, maleolente (*lett.*), lezzoso (*ant.*), marcio, marcescente **CONTR.** odoroso, fragrante, olezzante (*lett.*), profumato, gradevole **2** (*raro*, *fig.*) (*di persona*) osceno, sporco, sozzo, sudicio, laido **CONTR.** pudico, pulito, onesto.

q, Q

qua A avv. **1** (*di luogo*) in questo luogo, in questo posto **CFR.** lì, là **2** (*fig.*) a questo punto **3** nella loc. avv. *in qua*, a oggi, a questa parte, verso questa parte **CONTR.** in là **4** nella loc. avv. *di qua*, di questo luogo, da questo luogo □ in questa stanza □ (*fig.*) in questo mondo **B** nelle loc. prep. *di qua da, al di qua di, in qua di, in qua da*, dalla parte di, dal versante di, vicino a **FRAS.** *essere più di là che di qua* (*fig.*), essere mezzo morto, essere sul punto di morire.

quadèrno s. m. fascicolo, opuscolo, quinterno, scartafaccio, rubrica, album (*lat.*), albo, carnet (*fr.*), notes (*fr.*), taccuino □ libro, volume.

quadràngolo A agg. quadrangolare, quadro, quadriforme (*raro*) **B** s. m. quadrilatero, parallelogramma, rettangolo, quadrato, rombo, romboide, trapezio.

quadrànte s. m. **1** (*di cerchio*) quarta parte, quarto **2** (*di bussola e sim.*) parte, settore, spicchio, superficie graduata **3** (*di orologio*) mostra.

quadràre A v. tr. **1** (*mat.*) calcolare l'area **2** dare forma quadra, ridurre a quadrato, ridurre in forma quadra **3** (*mat.*) elevare al quadrato **B** v. intr. **1** (*di calcolo e sim.*) essere esatto, tornare **CONTR.** essere sbagliato **2** (*est.*) corrispondere, coincidere, combaciare, adattarsi, calzare, concordare, appropriarsi, stare bene, andare bene, convenire **3** (*fig., fam.*) (*di discorso, di ragionamento e sim.*) piacere, soddisfare, garbare, andare a genio **CONTR.** dispiacere, urtare.

quadràto A part. pass. di **quadrare**; anche agg. **1** (*mat.*) quadro, quadrangolare **CFR.** tondo, ovale, triangolare, ecc. **2** (*fig.*) (*di persona, di fisico e sim.*) solido, robusto, tarchiato, gagliardo, largo, grosso **CONTR.** debole, mingherlino, magro, sottile, allampanato, esile **3** (*fig.*) (*di mente, di animo e sim.*) equilibrato, assennato, misurato, saggio, giudizioso, maturo **CONTR.** squilibrato, dissennato, immaturo, superficiale, debole **B** s. m. **1** (*mat.*) quadrangolo **2** (*mat.*) seconda potenza **3** (*di cosa*) pezzo, frammento, quadratino **4** (*sport*) ring (*ingl.*) **FRAS.** *salire sul quadrato*, disputare un incontro di pugilato.

quadratùra s. f. **1** (*mat.*) area □ calcolo dell'area □ calcolo di un integrale **2** (*fig.*) levatura, moralità, qualità, equilibrio **3** (*di conti*) esattezza, precisione **FRAS.** *quadratura mentale*, chiarezza di idee.

quadrettàre v. tr. dividere in quadretti □ rigare a quadretti.

quadrettàto part. pass. di **quadrettare**; anche agg. diviso a quadretti, rigato a quadretti, a quadretti.

quadrettatùra s. f. divisione in quadretti, righettatura.

quadrétto s. m. **1** dim. di **quadro (2)** **2** quadratino **3** piccolo riquadro **4** (*fig.*) scenetta, spettacolo, tableau vivant (*fr.*) **5** (*spec. al pl.*) (*di pasta*) quadruccio.

quadricromìa s. f. tetracromia **CFR.** monocromia, bicromia, tricromia, policromia, ecc.

quadridimensionàle agg. tetradimensionale, stereometrico **CFR.** unidimensionale, bidimensionale, tridimensionale, ecc.

quadriennàle A agg. di quattro anni **B** s. m. quarto anniversario **C** s. f. esposizione, mostra, manifestazione (quadriennale) **CFR.** biennale, triennale, decennale, ecc.

quadrifòglio s. m. (*fig.*) (*di strade*) raccordo.

quadrìfora s. f. finestra con quattro aperture **CFR.** monofora, bifora, trifora, polifora.

quadrilàtero A agg. (*mat.*) di quattro lati, quadrangolare **B** s. m. **1** quadrangolo, parallelogramma, rettangolo, quadrato, rombo, romboide, trapezio **2** fortificazione quadrangolare.

quadrimestràle agg. di quadrimestre, di quattro mesi **CFR.** mensile, annuale, bimestrale, trimestrale, semestrale, ecc.

quadrimèstre s. m. quattro mesi **CFR.** bimestre, trimestre, semestre, ecc.

quadrimotóre s. m. quadrigetto, quadrireattore **CFR.** bimotore, trimotore.

quadripartìto A agg. diviso in quattro parti **CFR.** bipartito, tripartito, ecc. **B** s. m. (*spec. di governo*) governo di quattro partiti **CFR.** monocolore, bipartito, tripartito, pentapartito.

quadrireattóre s. m. quadrigetto, quadrimotore **CFR.** bimotore, trimotore.

quadrisìllabo agg. di quattro sillabe **CFR.** monosillabo, bisillabo, trisillabo, polisillabo.

quadrìvio s. m. incrocio, crocicchio, crocevia, diramazione **CFR.** bivio, trivio **FRAS.** *arti del quadrivio*, aritmetica, geometria, musica, astronomia.

quàdro A s. m. **1** pittura, dipinto, tela, tavola, olio, tempera, acquerello, incisione **2** (*fig.*) (*di situazione, di malattia, ecc.*) descrizione, rappresentazione, figura, immagine, resoconto **3** (*fig.*) foglio, tabella, schema, sintesi, compendio **4** (*tecnol.*) pannello, pannello di controllo, pannello di comando, comando **5** (*di spettacolo*) parte, scena, sketch (*ingl.*) **6** (*cine.*) fuoco!, centro! **7** (*al pl.*) (*di partiti, di aziende, ecc.*) dirigenti **B** in funzione di agg. (posposto al s.) fondamentale, generale.

quadrùpede A agg. (*di animale*) che ha quattro zampe **B** s. m. **1** animale con quattro zampe **CFR.** bipede **2** (*fam., scherz., spreg.*) ignorantone, rozzo.

quadruplicàre A v. tr. **1** moltiplicare per quattro **CFR.** doppiare, raddoppiare, triplicare, quintuplicare, ecc. **2** (*est.*) accrescere enormemente, ingrandire **B quadruplicarsi** v. intr. pron. **1** aumentare di quattro volte **2** (*est.*) aumentare enormemente, ingrandirsi.

quàdruplo agg.; anche s. m. quattro volte maggiore, quattro volte tanto **CFR.** doppio, triplice, ecc.

quaggiù avv. **1** qui in basso, qua in basso **CONTR.** quassù **2** (*est.*) in pianura □ al Sud **CONTR.** in montagna □ al Nord **3** (*fig.*) sulla terra, in questo mondo **CONTR.** nell'aldilà, nell'altro mondo.

quàlche agg. indef. m. e f. solo sing. **1** alcuni, non molti **2** (*con valore indeterminato*) uno, un qualunque, un qualsiasi **3** (*seguito da un sost. astratto*) un certo, parecchio, molto **CONTR.** poco, scarso, nessuno **4** (*enf.*) appropriato, idoneo, determinato.

qualcòsa pron. indef. m. e f. solo sing. **1** una cosa, alcune cose **2** un po' di soldi, un po' di roba.

qualcùno pron. indef. solo sing. **1** (*di quantità*) alcuni, non molti **CONTR.** molti □ nessuno **2** (*di persona*) uno **3** personalità, autorità, big (*ingl.*).

quàle A agg. interr. m. e f. che, che tipo di, che genere di **B** agg. escl. m. e f. (*enf.*) che, che razza di **C** agg. rel. m. e f. **1** (*specie in correl. con* tale) come, come quello che **2** (*est.*) della qualità di **3** come, per esempio, ad esempio **D** pron. interr. m. e f. chi, che **E** pron. rel. m. e f. che, cui **F** pron. indef. m. e f. alcuni, altri, gli uni, gli altri, l'uno, l'altro e sim. **G** avv. (*pop.*) in qualità di, in funzione di **H** in funzione di s. m. (*poet.*) qualità **FRAS.** *tale quale, tale e quale, tal quale*, somigliantissimo, identico, proprio come □ *per la quale*, come deve essere, come dovrebbe essere, come si deve.

qualìfica s. f. **1** (*di capacità, di qualità, ecc.*) giudizio, considerazione, definizione **2** (*di lavoratore*) grado, posizione, qualificazione, mansione, attributo **3** (*di professionista*) dote, titolo, ufficio.

qualificàbile agg. giudicabile, definibile, che si può qualificare **CONTR.** inqualificabile, indefinibile.

qualificàre A v. tr. **1** (*di qualità, di capacità e sim.*) giudicare, definire, riconoscere, ritenere, caratterizzare **2** (*di lavoratore*) preparare, formare **CONTR.** squalificare **B qualificarsi** v. rifl. **1** presentarsi, definirsi, designarsi, dichiararsi, farsi riconoscere **2** (*in un concorso, in una prova e sim.*) classificarsi.

qualificatìvo agg. qualitativo.

qualificàto part. pass. di **qualificare**; anche agg. **1** (*di persona*) abile, capace, preparato, esperto, provetto, provato, riconosciuto, adatto, bravo, accreditato, valido, valente, competente, eccellente **CONTR.** squalificato, screditato, incapace, ignorante, incompetente, inesperto, inidoneo, cattivo, tristo **2** (*di lavoro*) specialistico, particolare **CONTR.** generico **3** (*di ceto, di condizione, ecc.*) distinto, ragguardevole, nobile, perbene, bene (*gerg.*), notabile, importante **CONTR.** modesto, povero, umile.

qualificazióne s. f. **1** qualifica, grado, posizione **2** (*sport*) ammissione, accettazione **CONTR.** squalifica, esclusione.

qualità s. f. **1** (*di cosa*) natura, proprietà, specie, caratteristica, peculiarità, prerogativa **2** (*di qualità morali*) requisito, pregio, dote, dono, virtù, merito, valore, indole, attributo, disposizione □ intelligenza, mente, spirito □ stampo, stoffa, tempra, temperamento **CONTR.** difetto, vizio, tara, demerito, svantaggio, inconveniente **3** (*di cose e persone*) specie, genere, varietà, grado, classe, categoria, condizione, maniera, tipo, forma, sorta **4** condizione sociale, professione, titolo, mansione **5** modo **FRAS.** *in qualità di*, in veste di, come □ *di prima qualità*, ottimo, eccellente □ *di qualità superiore*, extra, superlativo □ *marchio di qualità*, contrassegno di garanzia □ *salto di qualità*, balzo in avanti, mutamento radicale.

qualitatìvo A agg. di qualità **B** s. m. qualità, natura, specie, peculiarità, caratteristica.

qualóra cong. **1** nel caso che, se mai, semmai, se **2** (*lett.*) allorché, quando.

qualsìasi agg. indef. m. e f. qualsisia (*lett.*), qualunque, qualsivoglia (*lett.*), purchessia **CONTR.** particolare, singolare.

qualùnque A agg. indef. m. e f. solo sing. **1** l'uno o l'altro che sia, qualsiasi, qualsisia (*lett.*) **CONTR.** particolare **2** (*spreg.*) qualsiasi, insignificante, comune, medio **CONTR.** importante, noto, celebre, famoso **3** (*est., enf.*) ogni **B** agg. indef. rel. m. e f. l'uno o l'altro, il quale, qualsivoglia (*lett.*) **FRAS.** *uomo qualunque*, uomo comune, uomo medio.

qualunquìsmo s. m. (*est.*) indifferentismo, indifferenza, disinteresse, apatia □ indifferenza politica, insensibilità sociale.

qualunquìsta A s. m. e f. (*in politica*) indifferente, apatico **B** agg. qualunquistico.

qualunquìstico agg. qualunquista, da qualunquista.

quàndo A avv. in quale tempo, in quale momento, in quale periodo **B** cong. **1** mentre, allorché, allorquando, ogni volta che, nel tempo in cui, nel momento in cui **2** (*con valore rel.*) nel quale, in cui **3** (*con valore avversativo*) mentre, laddove **4** (*con valore cond.*) se, qualora **5** (*con valore causale*) giacché, poiché, dal momento che **C** in funzione di s. m. inv. momento, circostanza, tempo, occasione, attimo **FRAS.** *di quando in quando*, ogni tanto, qua e là □ *da quando?*, da quanto tempo?

quantificàbile agg. valutabile, determinabile, misurabile **CONTR.** indeterminabile, incommensurabile.

quantificàre v. tr. quantizzare, misurare, determinare, valutare, specificare.

quantificàto part. pass. di **quantificare**; anche agg. quantizzato, misurato, determinato, valutato, specificato **CONTR.** indeterminato, vago.

quantificazióne s. f. misurazione, determinazione, specificazione.

quantìstico agg. (*fis.*) quantico.

quantità s. f. **1** entità, numero, peso, grandezza, misura, dose, parte, quota, aliquota, somma, cifra, volume **2** gran numero, abbondanza, peso, copia, profusione, assortimento, ammasso, congerie, massa, mucchio, infinità, moltitudine, subisso (*fam.*), miriade, fracasso (*fam.*), fracco (*dial.*) **3** (*ling.*) durata.

quantitativaménte avv. per quantità, numericamente.

quantitativo A agg. di quantità **B** s. m. quantità, numero, volume.

quantizzàre v. tr. quantificare, misurare, determinare, valutare, specificare.

quànto (1) A agg. rel. tutto quello che **B** pron. interr. **1** in che misura, in che quantità, in che numero **2** quanto tempo **3** (*est.*) quanta strada **4** quanto denaro **C** pron. rel. **1** (*al pl.*) tutti coloro che, tutti quelli che **2** quello che **D** in funzione di s. m. **1** quantità, entità **2** denaro, somma, importo, prezzo, costo.

quànto (2) avv. **1** (*in prop. interr. ed escl.*) in quale misura, in quale quantità **2** (*in prop. rel.*) nella misura che, nella quantità che **3** (*nelle comparazioni*) come **FRAS.** *in quanto*, come, in qualità di, perché, per il fatto che □ (*in*) *quanto a*, per ciò che riguarda □ *quanto mai*, come mai, moltissimo □ *per quanto*, nonostante che, anche se, tuttavia.

quantùnque cong. sebbene, benché, ancorché, per quanto.

quarantèna s. f. **1** quaranta giorni **2** isolamento □ contumacia **FRAS.** *mettere in quarantena* (*fig.*), tenere lontano, tenere in disparte.

quarantènne agg.; anche s. m. e f. quadragenario (*raro*), di quarant'anni.

quarantènnio s. m. quarant'anni, otto lustri.

quarantèsimo agg. num. ord. quadragesimo (*lett.*).

quarantìna s. f. **1** quaranta, circa quaranta **2** (*di età*) quarant'anni, circa quarant'anni.

quarantòtto [dal 1848, anno delle grandi rivoluzioni europee] s. m. (*fig.*, *fam.*) confusione, subbuglio, baccano, casino (*fam.*), babele, babilonia, bailamme **CONTR.** ordine, disciplina, silenzio, tranquillità, pace **FRAS.** *mandare a carte quarantotto*, mandare all'aria, mandare al diavolo, mandare a monte.

quarésima s. f. **1** quadragesima (*raro*) **2** (*fig.*) penitenza □ digiuno **3** (*fig.*, *fam.*) persona magrissima, stoccafisso (*fig.*), baccalà (*fig.*), allampanato, mingherlino **CONTR.** grassone, ciccione **FRAS.** *lungo come la quaresima*, prolisso, pedante, noioso.

quaresimàle A agg. **1** di quaresima **2** (*fig.*) lungo, prolisso, pedante, noioso **B** s. m. **1** serie di prediche (in quaresima) **2** libro di prediche **3** (*fig.*) predica noiosa, ramanzina noiosa, sermone noioso, borsa (*pop.*).

quàrta s. f. **1** quarta classe **2** (*di autoveicolo*) quarta marcia **FRAS.** *partire in quarta* (*fig.*), iniziare con la massima energia, gettarsi con grande entusiasmo, scatenarsi.

quartière s. m. **1** (*di città*) rione, zona, settore, sestiere **2** (*mil.*) acquartieramento, alloggiamento, caserma **3** (*tosc.*) appartamento **4** (*arald.*) quarto **FRAS.** *chiedere quartiere*, arrendersi □ *non dare quartiere* (*fig.*), non accettare la resa □ *senza quartiere* (*fig.*), senza esclusione di colpi.

quàrto agg. num. ord.; anche s. m. **1** quarta parte, metà della metà □ (*di peso*) due etti e mezzo □ (*di tempo*) quindici minuti **2** quarta persona **3** (*di luna*) fase **4** (*arald.*) quartiere **FRAS.** *quarto potere*, stampa □ *quarto stato*, proletariato, popolo □ *quarta dimensione*, tempo □ *quarta malattia*, scarlattina □ *quarta arma*, aeronautica □ *passare un brutto quarto d'ora* (*fig.*), essere nei guai, vivere in ansia □ *quarti di finale*, terz'ultima fase.

quàsi A avv. **1** circa, approssimativamente, poco più che, poco meno che, pressoché, pressappoco, a un dipresso, all'incirca **2** forse, probabilmente **3** ormai, per poco **B** cong. come, come se.

quassù avv. **1** qui sopra, qui in alto, qua sopra, qua in alto **CONTR.** quaggiù **2** (*est.*) in montagna, al Nord **CONTR.** in pianura, al Sud.

quaternàrio agg. e s. m. neozoico, antropozoico **CFR.** paleozoico.

quàtto agg. **1** acquattato, chinato, nascosto **CONTR.** in piedi, scoperto **2** silenzioso, zitto, quieto **CONTR.** rumoroso, chiassoso, irrequieto.

quattordicèsimo agg. num. ord.; anche s. m. decimoquarto (*lett.*), quartodecimo (*lett.*).

quattrìno s. m. (*est.*) moneta spicciola, spicciolo, denaro, soldi, mezzi, ricchezza **FRAS.** *non valere un quattrino* (*fig.*), non valere nulla □ *non avere il becco di un quattrino* (*fig.*), essere in bolletta □ *fior di quattrini* (*fig.*), gran quantità di denaro □ *tirare al quattrino*, essere avido, guardare solo al guadagno.

quàttro agg. num. card. inv.; anche s. m. e f. inv. **1** (*est.*) pochi, alcuni **CONTR.** molti **2** (*di tempo*) quattro del mattino, sedici **FRAS.** *gridare ai quattro venti* (*fig.*), rendere di pubblico dominio, divulgare □ *tra quattro mura* (*fig.*), in casa, lontano da tutti □ *a quattr'occhi*, in confidenza, in segreto, senza testimoni □ *avere quattr'occhi* (*scherz.*), portare gli occhiali □ *fare quattro salti*, ballare in famiglia □ *quattro gatti* (*spreg.*), pochissime persone □ *sudare quattro camicie* (*fig.*), faticare moltissimo □ *fare le scale a quattro a quattro*, salire le scale velocissimamente □ *farsi in quattro* (*fig.*), impegnarsi a fondo, lavorare sodo □ *dirne quattro*, fare una scenata, rimproverare aspramente □ *fare il diavolo a quattro* (*fig.*), fare molta confusione, fare una scenata, reagire violentemente □ *in quattro e quattr'otto* (*fig.*), in un attimo.

quattrocènto agg. num. card. inv.; anche s. m. inv. **1** quattro centinaia, quattro volte cento **2** quindicesimo secolo, secolo decimoquinto.

quégli pron. dimostr. m. solo sing. quella persona, quello, colui **CONTR.** questo, questi, costui.

quéllo pron. dimostr. **1** quegli, la persona **CONTR.** questo **2** colui □ ciò (*seguito da pron. rel.*) **3** come, quanto (*seguito da pron. rel.*) **FRAS.** *quelli di*, gli abitanti di □ *in quel*, *in quella*, in quel preciso istante □ *in quel di*, nel territorio di.

quèrcia s. f. (*bot.*) rovere **FRAS.** *quercia da sughero*, sughera □ *quercia gentile*, farnia □ *quercia dei tintori*, quercitrone □ *essere una quercia* (*fig.*), essere robustissimo, essere fortissimo.

querèla s. f. **1** (*dir.*) denuncia, reclamo □ causa **CONTR.** remissione **2** (*lett.*) lamento, lamentela, lagnanza, querimonia, doglianza.

querelànte part. pres. di **querelare**; anche agg. e s. m. e f. denunciante, accusante, accusatore **CONTR.** querelato, accusato.

querelàre A v. tr. dare querela, denunciare, accusare **B querelarsi** v. intr. pron. lamentarsi, rammaricarsi, lagnarsi, dolersi, deplorare, compiangere **CONTR.** rallegrarsi, complimentarsi.

querelàto part. pass. di **querelare**; anche agg. e s. m. denunciato, accusato **CONTR.** querelante, denunciante, accusatore.

querelle /*fr.* kərɛl/ [vc. fr., dal lat. *querela* 'querela'] s. f. inv. disputa, discussione, controversia, polemica, dibattito.

quèrulo agg. lamentoso, lamentevole, piagnucoloso **CONTR.** gaio, festoso, allegro, gioioso.

quesìto s. m. interrogativo, problema, domanda, questione, quiz (*ingl.*) **CONTR.** risposta, soluzione.

quésti pron. dim. m. solo sing. (*lett.*) questo, questa persona, costui, quest'uomo **CONTR.** quegli.

questionàre v. intr. discutere, disputare, polemizzare, contendere, dibattere, ragionare, dissertare, bisticciare, litigare, altercare **CONTR.** andare d'accordo, fare pace, pacificarsi.

questionàrio s. m. domande, serie di domande, quiz (*ingl.*) □ modulo (delle domande).

questióne s. f. **1** problema, argomento, quesito, caso, quiz (*ingl.*), tema **2** (*raro*) dubbio **3** controversia, disputa **4** litigio, diverbio, causa, lite, vertenza.

quésto A agg. dimostr. **1** (*enf.*) mio **2** (*di mese, di anno, ecc.*) corrente, attuale, in corso **CONTR.** scorso, passato □ prossimo, venturo **3** simile, di tal genere **CONTR.** diverso **B** pron. dimostr. **1** costui, costei **CONTR.** quello **2** (*lett.*) (*in correlazione con* quello) il primo, il secondo, l'ultimo **CONTR.** quello **3** ciò **CONTR.** quello **FRAS.** *con tutto questo*, nonostante ciò □ *e con questo?*, e allora? □ *quest'oggi*, oggi stesso.

quèstua s. f. **1** elemosina, cerca, busca, accattonaggio **2** (*est.*) accatto, colletta, raccolta.

questuànte part. pres. di **questuare**; anche agg. e s. m. e f. mendicante, mendico, accattone.

questuàre A v. intr. elemosinare, chiedere l'elemosina, mendicare, accattare, andare alla questua, tendere la mano (*fig.*) **CONTR.** fare l'elemosina, dare, donare, regalare, offrire, largire, elargire **B** v. tr. (*spec. fig.*) elemosinare, mendicare, accattare **CONTR.** donare, elargire, largire, offrire, dare.

questùra s. f. **1** ufficio del questore, sede del questore **2** (*est.*) polizia, ufficio di polizia.

qui avv. **1** (*di luogo*) qua, in questo luogo, in questo posto, in questa parte **CONTR.** lì, là, costì, costà, in quel luogo **2** (*di tempo*) ora, in questo momento, a questo punto **FRAS.** *di qui*, originario, nativo □ *giù di qui*, da queste parti □ *di qui a...*, tra...

quiescènte agg. **1** in riposo, inerte, inattivo, quieto, latente **CONTR.** attivo, in attività, in movimento, sveglio **2** (*fig.*) acquiescente, docile, amorevole, obbediente, sottomesso, condiscendente, conciliante, accomodante **CONTR.** indocile, disobbediente, ribelle.

quiescènza s. f. **1** riposo, inerzia, inattività **CONTR.** attività, operosità **2** pensione, riposo **CONTR.** servizio, lavoro, attività **3** (*fig.*) acquiescenza, docilità, arrendevolezza, sottomissione, condiscendenza, obbedienza **CONTR.** indocilità, disobbedienza, ribellione.

quietaménte avv. tranquillamente, placidamente, pacificamente, serenamente, pacatamente **CONTR.** agitatamente, nervosamente.

quietànza s. f. ricevuta □ saldo.

quietàre A v. tr. calmare, placare, acquietare, sedare, saziare, appagare **CONTR.** irritare, esasperare, inasprire, innervosire **B quietarsi** v. intr. pron. calmarsi, placarsi, acquietarsi, mitigarsi **CONTR.** irritarsi, esasperarsi, innervosirsi, incazzarsi (*volg.*).

quietàto part. pass. di **quietare**; anche agg. calmato, placato, appagato, tranquillizzato **CONTR.** innervosito, esasperato, irritato.

quiète s. f. **1** immobilità, stabilità, inerzia **CONTR.** moto, mobilità, movimento **2** (*anche fig.*) tranquillità, riposo, distensione, raccoglimento, calma, pace, silenzio **CONTR.** agitazione, tensione, inquietudine, affanno, irrequietezza □ frastuono, rumore, disordine, babilonia, casino (*pop.*).

quièto agg. **1** calmo, fermo, immobile, statico, stabile □ tranquillo, silenzioso, disteso, raccolto, distensivo **CONTR.** agitato, mosso □ rumoroso, disordinato **2** (*fig.*) placido, pacifico, sereno, posato, pacato, flemmatico, pacioccone (*fam.*), bonaccione, mite **CONTR.** irrequieto, inquieto, eccitabile, teso, nervoso, nevrotico, nevrastenico.

quìndi A avv. **1** (*con valore temporale*) poi, in seguito, più tardi, successivamente **2** (*lett.*) (*con valore locale*) di qui, di lì **CONTR.** di là **3** (*lett.*) per quel luogo **4** (*lett.*) (*in correlazione con* quinci) di là, dall'altra parte **B** cong. **1** (*con valore conclusivo*) perciò, per questo, per questa ragione, di conseguenza **2** (*con valore causale*) per tale motivo, quindi **FRAS.** *V.* **quinci**.

quindicènne agg. quindicennale.

quindicèsimo agg. decimoquinto (*lett.*), quintodecimo (*lett.*).

quindicìna s. f. **1** (*di quantità*) quindici, circa quindici **2** (*fam.*) (*di tempo*) quindici giorni, due settimane, circa quindici giorni, mezzo mese **3** (*est.*) paga di quindici giorni, paga.

quindicinàle A agg. di quindici giorni, bisettimanale **CFR.** settimanale, semestrale, mensile, ecc. **B** s. m. rivista bisettimanale, bisettimanale **CFR.** settimanale, mensile, semestrale, ecc.

quinquènnio s. m. cinque anni, lustro.

quìnta s. f. **1** (*teat.*) scena **2** (*di scuola*) quinta classe, quinto anno **3** (*di autoveicolo*) quinta marcia, quinta velocità **FRAS.** *tra le quinte* (*fig.*), nascostamente, di nascosto □ *stare dietro le quinte* (*fig.*), partecipare di nascosto, spingere gli altri stando nascosto.

quìnto agg. num. ord.; anche s. m. quinta parte **FRAS.** *quinto dito*, mignolo □ *quinto potere*, televisione □ *quinta malattia*, morbillo □ *quinta colonna*, nemico interno.

quintuplicàre A v. tr. moltiplicare per cinque, accrescere di cinque volte **CFR.** raddoppiare, triplicare, quadruplicare, ecc. **B quintuplicarsi** v. intr. pron. aumentare di cinque volte **CFR.** raddoppiarsi, triplicarsi, quadruplicarsi, ecc.

quìntuplo A agg. cinque volte maggiore □ di cinque parti **CFR.** doppio, triplo, quadruplo, ecc. **B** s. m. cinque volte **CFR.** doppio, triplo, quadruplo, ecc.

qui pro quo /*lat.* 'kwi prɔ 'kwɔ/ [loc. lat. mediev. '*qui* invece di *quo*'] loc. sost. m. inv. equivoco, abbaglio, malinteso, svista, errore, sbaglio.

quìz [dall'ingl. *quiz*, di etim. incerta] s. m. inv. **1** domanda, quesito, indovinello □ questionario, serie di domande **2** gioco a quesiti, concorso a quesiti.

quòta s. f. **1** parte, porzione, rata, aliquota, percentuale, caratura (*raro*), entità, quantità **2** (*geogr.*) altitudine, livello, altezza sul mare **3** (*mar.*) profondità **FRAS.** *prendere quota* (*di aereo*), alzarsi; (*fig.*) affermarsi □ *perdere quota* (*di aereo*), abbassarsi; (*fig.*) indebolirsi, perdere di prestigio.

quotàre A v. tr. **1** (*per contribuzione*) impegnare, obbligare **2** (*in borsa*) fissare, stabilire, determinare (il prezzo) **3** (*fig.*) valutare, stimare, apprezzare **B quotarsi** v. intr. pron. (*per contribuzione*) obbligarsi, impegnarsi **CONTR.** liberarsi.

quotàto part. pass. di **quotare**; anche agg. **1** (*di cosa*) valutato, stimato, fissato, stabilito, determinato **CONTR.** svalutato, di poco valore **2** (*fig.*) (*di persona*) valutato, apprezzato, stimato **CONTR.** screditato, squalificato, disprezzato.

quotazióne s. f. prezzo, valore, stima, apprezzamento, valutazione, fixing (*ingl.*).

quotidianaménte avv. giornalmente, tutti i giorni □ (*est.*) spesso, molto frequentemente **CONTR.** raramente, di rado.

quotidianità s. f. (*est.*) consuetudine, abitudine, trantran, ménage (*fr.*).

quotidiàno A agg. **1** di ogni giorno, di tutti i giorni, giornaliero, diurno **2** (*est.*) solito, ordinario, normale **CONTR.** insolito, raro **B** s. m. giornale **CFR.** settimanale, quindicinale, mensile, bimestrale, trimestrale, ecc.

quoziènte s. m. **1** (*mat.*) quoto, risultato **2** (*est.*) capacità, quantità, misura, numero.

r, R

rabberciàre v. tr. **1** (*di cosa*) accomodare, raffazzonare, rappezzare, rattoppare, rimediare, racconciare, riparare **2** (*fig.*) (*di scritto*) correggere, sistemare, rimediare, rimaneggiare.

ràbbia s. f. **1** idrofobia **2** (*fig.*) sdegno, furore, irritazione, collera, ira, disdegno **CONTR.** calma, serenità, imperturbabilità, bonarietà, impassibilità **3** dispetto, stizza, dispiacere, bile, disappunto, rovello (*lett.*), indignazione **CONTR.** piacere, soddisfazione, godimento **4** accanimento, arrovellamento **CONTR.** calma, pacatezza, freddezza **5** (*est.*) (*di vento, di acque, ecc.*) furia, veemenza, violenza, impeto, forza **CONTR.** calma, mitezza, dolcezza.

rabbiosaménte avv. irosamente, astiosamente, collericamente, stizzosamente, biliosamente, violentemente, furiosamente, accanitamente, esasperatamente **CONTR.** mitemente, pacatamente, serenamente, bonariamente, placidamente, pazientemente, amabilmente.

rabbióso agg. **1** idrofobo **2** (*fig.*) (*di persona*) arrabbiato, collerico, iroso, astioso, fegatoso, irascibile, irritabile, stizzoso, bizzoso, bilioso, iracondo, violento, bisbetico **CONTR.** calmo, pacato, mite, bonario, gioviale, sereno, bonaccione, benigno, placido, paziente, conciliante, arrendevole, ragionevole, amabile, tollerante **3** (*est.*) (*di sentimento, di discorso, ecc.*) furioso, furente, accanito, infuriato, esasperato, furibondo, indiavolato, inviperito, concitato **CONTR.** calmo, placido, sereno, impassibile, tranquillo, bonario, gioviale, pacato, conciliante **4** (*est.*) (*di paura, di fame, ecc.*) smodato, violento, eccessivo, esagerato, sfrenato, irrefrenabile, incontrollato, incontenibile **CONTR.** moderato, misurato.

rabbonìre A v. tr. calmare, placare, acquietare, quietare, tranquillizzare, ammansire, sedare, rassicurare, rasserenare, chetare, mansuefare **CONTR.** irritare, inasprire, agitare, eccitare, infiammare, esasperare, esacerbare **B rabbonirsi** v. intr. pron. calmarsi, placarsi, quietarsi, tranquillizzarsi, ammansirsi, rassicurarsi, chetarsi **CONTR.** irritarsi, adirarsi, sdegnarsi, eccitarsi, infiammarsi, inasprirsi, esasperarsi.

rabbonìto part. pass. di **rabbonire**; anche agg. calmo, placato, tranquillo, tranquillizzato, rasserenato **CONTR.** agitato, nervoso, eccitato, esasperato.

rabbrividìre v. intr. **1** (*per freddo*) provare i brividi, sentire i brividi, rattrappirsi, intirizzire **2** (*per paura, per dolore, ecc.*) raccapricciare, inorridire, raggelare, accapponare, fremere.

rabbuiàrsi v. intr. pron. **1** (*di tempo, di cielo*) oscurarsi, annottare, abbuiarsi, ottenebrarsi **CONTR.** rischiararsi, illuminarsi **2** (*est.*) annuvolarsi **CONTR.** rasserenarsi **3** (*fig.*) (*di persona*) adombrarsi, turbarsi, inquietarsi, aggrondarsi, adirarsi **CONTR.** calmarsi, distendersi, rasserenarsi.

raccapezzàre A v. tr. **1** (*di cosa*) raggranellare, raccogliere, mettere insieme, racimolare, ritrovare, raccattare, raccozzare, radunare **2** (*di significato, di discorso, ecc.*) comprendere, afferrare, intendere **B raccapezzarsi** v. intr. pron. orientarsi, capire **CONTR.** disorientarsi, confondersi, frastornarsi, smarrirsi.

raccapricciànte part. pres. di **raccapricciare**; anche agg. orripilante, spaventoso, agghiacciante, orrido, orrendo, raggelante, impressionante, terrorizzante, orribile, terrificante, macabro, pauroso **CONTR.** rasserenante, allietante, piacevole, rallegrante, gradevole.

raccapricciàre v. intr. inorridire, rabbrividire, agghiacciare, raggelare **CONTR.** distendere, rasserenare, allietare.

raccaprìccio s. m. ribrezzo, orrore, spavento, paura, terrore, impressione **CONTR.** fascino, suggestione, ammirazione □ sollievo, gioia, piacere.

raccattàre v. tr. **1** raccogliere, sollevare, tirar su, riprendere, ripigliare **CONTR.** gettare, buttare **2** radunare, raccapezzare, raggranellare, racimolare, mettere insieme, raccozzare.

raccattàto part. pass. di **raccattare**; anche agg. **1** raccolto, sollevato, tirato su **2** radunato, racimolato, raggranellato, messo insieme.

racchétta s. f. **1** (*da sci*) bastoncino **2** (*est.*) tennista.

racchiùdere v. tr. **1** contenere, comprendere, includere, abbracciare, cingere **CONTR.** escludere **2** (*fig.*) implicare, comportare, sottintendere, significare **CONTR.** escludere.

raccògliere A v. tr. **1** cogliere, raccattare, sollevare, tirar su, riprendere, ripigliare **CONTR.** gettare, buttare, scaraventare **2** (*di frutta, di grano, ecc.*) cogliere, rastrellare, spigolare, mietere, falciare **CONTR.** spargere, disseminare

3 (*est.*) (*di guadagno, di vantaggio, ecc.*) ricavare, trarre, ottenere, guadagnare, tirare (*pop.*), conseguire 4 (*fig.*) (*di approvazione, di simpatia, ecc.*) incontrare, ottenere, guadagnarsi 5 (*di persone, di cose*) radunare, mettere insieme, raggranellare, racimolare, accumulare, raccapezzare, raccozzare CONTR. disseminare, sparpagliare, disperdere 6 (*di monete, di francobolli, ecc.*) collezionare 7 (*di truppe, di aiuti, ecc.*) riunire, adunare, radunare, accentrare, ammassare, accogliere, mettere insieme CONTR. sparpagliare, dividere, disperdere 8 (*est.*) (*di persona, di animale*) soccorrere, ricoverare, ospitare 9 (*di cose*) concentrare, condensare □ (*raro*) ridurre, restringere, riassumere CONTR. allungare, diluire 10 (*di lembi, di pieghe, ecc.*) riunire, ripiegare, piegare CONTR. spiegare 11 (*fig.*) (*di consigli, di opinioni, ecc.*) accogliere, accettare CONTR. rifiutare B **raccogliersi** v. rifl. 1 comporsi, accomodarsi 2 concentrarsi, riflettere CONTR. distrarsi C v. intr. pron. 1 (*di persone*) riunirsi, radunarsi, raggrupparsi, adunarsi, accentrarsi, ammassarsi, convenire, accalcarsi, stiparsi, stringersi 2 (*di cose*) ammassarsi, addensarsi, concentrarsi, accumularsi CONTR. disperdersi, sparpagliarsi.

raccogliménto s. m. 1 concentrazione, meditazione, riflessione, contemplazione, cogitazione (*lett.*) CONTR. distrazione, divagamento (*raro*), spensieratezza 2 (*est.*) ritiro, riposo, pace.

raccoglitóre s. m. (f. *-trice*) 1 (*di monete, di francobolli, ecc.*) collezionista 2 (*di scritti*) compilatore 3 custodia, cartella, catalogatore, schedario 4 (*gener.*) vaschetta.

raccòlta s. f. 1 (*gener.*) raccattatura, coglitura 2 insieme, mucchio 3 zibaldone, assortimento, collezione □ antologia 4 (*di persone*) adunata, massa, accolta (*lett.*), assemblea, raduno, riunione.

raccòlto A part. pass. di **raccogliere**; anche agg. 1 sollevato, raccattato, ripreso, colto, adunato, radunato CONTR. gettato, buttato, sparso, sparpagliato, disseminato 2 (*fig.*) (*di persona*) dignitoso, composto, contenuto, riservato, contegnoso CONTR. scomposto, disordinato, incomposto, sguaiato, scorretto 3 (*fig.*) pensoso, pensieroso, concentrato, cogitabondo (*lett.*), meditabondo CONTR. distratto, svagato, dispersivo 4 (*di luogo*) tranquillo, intimo, discreto, chiuso, calmo, quieto, silenzioso, silente (*lett.*), appartato CONTR. popolato, frequentato, rumoroso, chiassoso 5 (*di sentimento*) contenuto, moderato, frenato, misurato, regolato, temperato, discreto CONTR. smodato, intemperante, esagerato, eccessivo, sregolato, sfrenato B s. m. 1 (*di campo, di frutteto, ecc.*) messe, produzione, raccolta 2 (*est.*) mietitura CFR. semina.

raccomandàbile agg. affidabile, sicuro, serio, consigliabile CONTR. sconsigliabile.

raccomandàre A v. tr. 1 affidare, consegnare, dare, rimettere CONTR. abbandonare 2 (*lett.*) commettere, affidare, assicurare 3 (*a un sostegno*) attaccare, assicurare, fissare, agganciare, fermare CONTR. staccare, togliere, sganciare 4 appoggiare, favorire, caldeggiare, intercedere CONTR. denigrare, screditare, calunniare, diffamare 5 consigliare, esortare, ammonire, ricordare, suggerire CONTR. sconsigliare, dissuadere, distogliere B **raccomandarsi** v. rifl. 1 chiedere, implorare, supplicare, scongiurare 2 affidarsi, darsi.

raccomandàto part. pass. di **raccomandare**; anche agg. e s. m. (*di persona*) appoggiato, favorito, protetto, tutelato CONTR. denigrato, screditato.

raccomandazióne s. f. 1 preghiera, esortazione, avvertimento, consiglio 2 aiuto, appoggio, protezione, mediazione, intercessione, favore CONTR. discredito, denigrazione, disistima.

raccontàbile agg. narrabile, descrivibile CONTR. inenarrabile, indescrivibile.

raccontàre v. tr. 1 riferire, esporre, dire, riportare, ragguagliare, ridire, rivelare, spifferare CONTR. tacere 2 narrare, descrivere, contare (*lett.*, *dial.*), novellare (*lett.*), favolare (*ant.*), favoleggiare.

raccontàto part. pass. di **raccontare**; anche agg. narrato, riferito, rivelato, descritto.

raccónto s. m. 1 narrazione, relazione, resoconto, esposizione 2 novella, favola, fiaba, storia.

raccordàre v. tr. collegare, congiungere, connettere, unire, allacciare, legare CONTR. disgiungere, separare, dividere, staccare, slegare.

raccòrdo s. m. 1 collegamento, ricongiungimento, connessione, allacciamento CONTR. disgiunzione, divisione 2 attacco, giunto, giunzione, giuntura 3 (*di strade*) bretella, collegamento.

racèmo s. m. grappolo, racimolo, raspo.

rachìtico agg. (*fig.*) stentato, mingherlino, striminzito, intristito, gracile, patito, esile, debole CONTR. vigoroso, robusto, forte, aitante, gagliardo, rigoglioso, prospero.

rachitìsmo s. m. (*fig.*) debolezza, gracilità, esilità, stentatezza, fragilità CONTR. robustezza, vigore, vigoria, forza, gagliardia.

racimolàre v. tr. (*fig.*) raggranellare, raggruzzolare, rabbruscolare (*ant.*, *tosc.*), raccapezzare CONTR. disperdere, spargere, diffondere, buttare.

racket /*ingl.* 'rækit/ [vc. ingl., propriamente 'chiasso, frastuono'] s. m. inv. malavita, camorra, mafia □ estorsione, ricatto □ (*spreg.*) associazione, sindacato.

ràdar [sigla dell'ingl. *ra(dio) d(etecting) a(nd) r(anging)* 'rivelatore e misuratore di distanza'] s. m. inv. radiolocalizzatore, radiotelemetro, radiorivelatore **FRAS.** *radar ottico*, lidar.

raddensàre A v. tr. addensare, condensare, concentrare **CONTR.** diluire, sciogliere, liquefare **B raddensarsi** v. intr. pron. addensarsi, condensarsi, concentrarsi **CONTR.** diluirsi, sciogliersi, liquefarsi.

raddolcìre A v. tr. **1** dolcificare, zuccherare, addolcire **2** (*fig.*) mitigare, placare, calmare, sedare, temperare, disacerbare (*lett.*), lenire **CONTR.** esacerbare, inasprire, amareggiare, invelenire **B raddolcirsi** v. intr. pron. **1** rabbonirsi, placarsi, calmarsi, quietarsi **CONTR.** inasprirsi, indurirsi **2** (*di tempo*) mitigarsi, rasserenarsi, migliorare, addolcirsi **CONTR.** inasprirsi, irrigidirsi.

raddoppiaménto s. m. **1** raddoppio, duplicazione, duplicatura **CONTR.** sdoppiamento **2** (*di lettere*) ripetizione.

raddoppiàre A v. tr. **1** duplicare **CONTR.** sdoppiare **2** (*est.*) accrescere, aumentare, intensificare, accentuare **CONTR.** diminuire, calare, ridurre **B** v. intr. **1** duplicarsi **CONTR.** sdoppiarsi **2** (*est.*) accrescersi, aumentare, intensificarsi **CONTR.** diminuire, calare.

raddóppio s. m. **1** raddoppiamento, duplicazione, duplicatura **CONTR.** sdoppiamento **2** (*teatr.*) doppione.

raddrizzàbile agg. (*fig.*) correggibile, accomodabile, aggiustabile **CONTR.** incorreggibile, irriducibile, impenitente, indocile.

raddrizzàre A v. tr. **1** drizzare, rizzare **CONTR.** piegare **2** (*fig.*) correggere, aggiustare, ristabilire **CONTR.** guastare, corrompere **B raddrizzarsi** v. rifl. **1** drizzarsi, rizzarsi **CONTR.** piegarsi **2** (*fig.*) correggersi **CONTR.** guastarsi, corrompersi.

radènte part. pres. di **radere**; anche agg. rasente, sfiorante.

ràdere A v. tr. **1** sbarbare, rasare, tosare, fare la barba **2** (*raro*) raschiare, pulire, limare **3** (*di costruzione, di albero, ecc.*) abbattere, diroccare, distruggere, demolire **CONTR.** ricostruire, riedificare, rifare **4** (*fig.*) rasentare, sfiorare **B radersi** v. rifl. sbarbarsi, rasarsi, tosarsi (*scherz.*), farsi la barba.

radiànte part. pres. di **radiare**; anche agg. (*raro*) raggiante, splendente, luminoso, radioso, lucente **CONTR.** fosco, opaco, cupo, oscuro.

radiàre v. tr. espellere, cancellare, cassare (*raro*) **CONTR.** accogliere, ammettere.

radiatóre s. m. (*est.*) termosifone.

radiazióne (1) s. f. irradiamento, irradiazione.

radiazióne (2) s. f. espulsione, cancellazione, cassazione (*raro*) **CONTR.** accoglimento.

radicàle A agg. **1** della radice **2** (*fig.*) totale, completo, efficace, energico **CONTR.** blando, parziale **3** (*polit.*) rivoluzionario, innovatore **CONTR.** conservatore **B** s. m. **1** (*di vocabolo*) radice **2** (*chim.*) residuo.

radicalizzàre A v. tr. estremizzare, acuire, portare alle estreme conseguenze **CONTR.** attenuare, moderare **B radicalizzarsi** v. intr. pron. estremizzarsi, acuirsi, giungere alle estreme conseguenze **CONTR.** attenuarsi, moderarsi.

radicalizzazióne s. f. estremizzazione, accentuazione, inasprimento **CONTR.** attenuazione, moderazione.

radicalménte avv. (*fig.*) completamente, totalmente, del tutto **CONTR.** parzialmente, in parte.

radicàre A v. intr. attecchire, allignare, barbicare **CONTR.** estirpare, sbarbare, svellere, sradicare **B radicarsi** v. intr. pron. (*fig.*) attaccarsi, abbarbicarsi, inserirsi, penetrare **CONTR.** sradicarsi, staccarsi.

radìcchio s. m. (*bot.*) cicoria.

radìce s. f. **1** (*di piante*) radica (*pop., dial.*), barba, bulbo, tubero, rizoma **2** (*est., fig.*) (*di cosa*) piede, fondamenta, base, parte bassa **CONTR.** cima, vertice **3** (*fig.*) (*del male, di un conflitto, ecc.*) origine, principio, inizio, fonte, causa, sorgente, nascita **CONTR.** fine, termine, conclusione, esito.

ràdio s. f. inv. **1** radiofonia, radiotelefonia, radiotelegrafia **2** radioricevitore **3** (*est.*) radiotrasmissione.

radiodiffusióne s. f. radiotrasmissione.

radiofonìa s. f. radiotelefonia.

radiofònico agg. **1** radiotelefonico **2** radioricevente.

radiografìa s. f. radioscopia.

radiogràfico agg. radioscopico.

radiolìna s. f. **1** dim. di **radio 2** radio a transistor.

radioricevènte agg.; anche s. f. radioricevitore **CONTR.** radiotrasmittente.

radioricevitóre agg.; anche s. m. radioricevente **CONTR.** radiotrasmettitore, radiotrasmittente.

radiorivelatóre s. m. radar, radiolocalizzatore, radiotelemetro.

radiosaménte avv. (*fig.*) gioiosamente, fulgidamente, felicemente **CONTR.** mestamente, tristemente.

radiosità s. f. (*anche fig.*) luminosità, splendore, fulgore, sfolgorio, fulgidezza **CONTR.** opacità, oscurità, cupezza.

radióso agg. **1** raggiante, sfolgorante, luminoso, splendente, risplendente, fulgido, fulgente (*lett.*), smagliante, brillante, sfavillante, scintillante, luccicante, corrusco (*lett.*) **CONTR.** fosco, opaco, offuscato, cupo, oscuro **2** (*fig.*) felice, gioioso, estatico, giocondo, beato, lieto **CONTR.** mesto, malinconico, addolorato, triste, dolente, afflitto.

radiotelegrafìa s. f. marconigrafia.

radiotelegrafista s. m. e f. marconista.

radiotrasmésso part. pass. di **radiotrasmettere**; anche agg. radiodiffuso.

radiotrasméttere v. tr. radiodiffondere.

radiotrasmettitóre agg.; anche s. m. radiotrasmittente **CONTR.** radioricevitore, radioricevente.

radiotrasmissióne s. f. radiodiffusione.

radiotrasmittènte agg.; anche s. f. radiotrasmettitore **CONTR.** radioricevente, radioricevitore.

ràdo agg. **1** spaziato, largo **CONTR.** fitto, compatto, spesso **2** (*di capelli, di alberi, ecc.*) scarso, distanziato, rarefatto, sparso, disperso, poco, sparpagliato **CONTR.** folto, fitto, denso, spesso, abbondante, numeroso, serrato **3** (*di incontri, di visite, ecc.*) infrequente, raro, rarefatto **CONTR.** frequente, assiduo, ripetuto, continuo.

radunàre A v. tr. **1** riunire, adunare, convocare, raccogliere, accentrare **CONTR.** sparpagliare, dividere, allontanare, licenziare, disperdere **2** (*est.*) ammassare, accumulare, ammucchiare, collezionare, stipare, accatastare, ammonticchiare, affastellare **CONTR.** sparpagliare **B radunarsi** v. intr. pron. raccogliersi, riunirsi, affollarsi, adunarsi, accentrarsi, ammassarsi, assembrarsi **CONTR.** sparpagliarsi, dividersi, disperdersi, sbandarsi.

radùno s. m. radunata, adunata, raccolta, accolta, assembramento, radunanza (*raro*).

radùra s. f. prato, spiazzo **CFR.** bosco, foresta.

ràfano s. m. (*bot.*) cren, barbaforte □ (*est.*) ravanello.

raffaellésco [dal pittore *Raffaello* Sanzio] agg. (*est.*) elegante, fine, puro, delicato **CONTR.** rozzo, grossolano.

raffazzonaménto s. m. accomodatura, rattoppo, raccomodatura, rabberciamento, raffazzonatura, abborracciatura, improvvisazione, pasticcio, rappezzatura.

raffazzonàre v. tr. rabberciare, rattoppare, racconciare, abborracciare, raccomodare, acciabattare, raggiustare, racciabattare (*raro*), racciarpare (*raro*).

raffazzonatóre s. m. rabberciatore, rattoppatore.

rafférmo agg. indurito, vecchio, rassodato **CONTR.** fresco, caldo, soffice, morbido, tenero.

ràffica s. f. **1** (*di vento*) folata, ventata, refolo **CONTR.** brezza, venticello, zefiro **2** (*di proiettili, di colpi*) scarica, sventagliata **3** (*fig.*) (*di pugni, di scioperi, ecc.*) furia, impeto, rapida successione.

raffiguràbile agg. rappresentabile, riproducibile.

raffiguràre v. tr. **1** riconoscere, ravvisare, distinguere, individuare **2** figurare, rappresentare, effigiare, riprodurre **3** simboleggiare.

raffigurazióne s. f. rappresentazione, riproduzione □ effigie □ simbolo.

raffinaménto s. m. perfezionamento, miglioramento, affinamento **CONTR.** peggioramento, deterioramento, scadimento.

raffinàre A v. tr. **1** (*di prodotto*) purificare, purgare, digrossare **CONTR.** inquinare **2** (*fig.*) (*di modi, di mente, ecc.*) sgrossare, ingentilire, dirozzare, perfezionare, migliorare, educare **CONTR.** peggiorare, imbarbarire, inselvatichire **B raffinarsi** v. intr. pron. affinarsi, ingentilirsi, dirozzarsi, perfezionarsi, migliorarsi **CONTR.** peggiorarsi, imbarbarirsi, inselvatichirsi.

raffinataménte avv. elegantemente, signorilmente, con gusto, finemente, forbitamente **CONTR.** rozzamente, sciattamente, grossolanamente.

raffinatézza s. f. **1** (*fig.*) finezza, perfezione, distinzione, delicatezza, grazia, ricercatezza, gentilezza **CONTR.** rozzezza, grossolanità, zotichezza, volgarità, goffaggine **2** (*di cibo, di bevanda, ecc.*) squisitezza, prelibatezza, ghiottoneria.

raffinàto A part. pass. di **raffinare**; anche agg. **1** (*di prodotto*) purificato, purgato, lavorato, digrossato **CONTR.** grezzo, greggio **2** (*fig.*) (*di persona, di stile, ecc.*) elegante, fine, signorile, delicato, squisito, aggraziato, chic (*fr.*) **CONTR.** rozzo, ignorante, incivile, sgraziato, villano, grossolano, kitsch (*ted.*) **3** (*fig.*) (*di astuzia, di tortura, ecc.*) sottile, perfezionato, sofisticato □ crudele **B** s. m. signore, gentiluomo, persona di gusto, snob (*ingl.*), dandy (*ingl.*) **CONTR.** zoticone, ignorantone, primitivo, rozzo, villano.

rafforzaménto s. m. invigorimento, fortificamento, irrobustimento **CONTR.** indebolimento.

rafforzàre A v. tr. **1** confermare, consolidare, fortificare, rinforzare, rinsaldare, afforzare (*ant.*) **CONTR.** indebolire, demolire, abbattere **2** (*fig.*) (*di ingegno, di carattere, ecc.*) rinvigorire, irrobustire, tonificare, rinsaldare, rinfrancare **CONTR.** indebolire, abbattere, snervare, affievolire **B rafforzarsi** v. intr. pron. (*anche fig.*) fortificarsi, rinvigorirsi, irrobustirsi, tonificarsi, rinfrancarsi **CONTR.** indebolirsi, abbattersi.

raffreddaménto s. m. **1** refrigeramento (*raro*), refrigerazione **CONTR.** riscaldamento **2** (*fig.*) (*di scala mobile, di inflazione, ecc.*) contenimento, congelamento, freno, blocco, rallentamento **3** (*fig.*) (*di amicizia, di rapporto e sim.*) affievolimento, indebolimento **CONTR.** rafforzamento **4** (*med.*) infreddatura, raffreddore, rinite.

raffreddàre A v. tr. **1** refrigerare, rinfrescare **CONTR.** riscaldare **2** (*fig.*) (*di amicizia, di rapporto, ecc.*) affievolire, indebolire, attenuare, intiepidire, smorzare **CONTR.** aumentare, accrescere, rafforzare **3** (*fig.*) (*di scala mobile, di inflazione, ecc.*) contenere, frenare, congelare, bloccare, rallentare **B raffreddarsi** v. intr. pron. **1** refrigerarsi, rinfrescarsi □ infreddolirsi **CONTR.** riscaldarsi **2** prendere il raffreddore, infreddarsi **3** (*fig.*) (*di amicizia, di rapporto, ecc.*) intiepidirsi, indebolirsi, attenuarsi, affievolirsi, smorzarsi **CONTR.** rafforzarsi, rinsaldarsi, accrescersi, fortificarsi, rinvigorirsi.

raffreddàto part. pass. di **raffreddare**; anche agg. **1** refrigerato, rinfrescato **CONTR.** riscaldato **2** infreddolito **CONTR.** caldo **3** col raffreddore **4**

(*fig.*) (*di prezzo, di scala mobile, ecc.*) contenuto, bloccato, frenato **5** (*fig.*) (*di amicizia, di rapporto e sim.*) intiepidito, indebolito, attenuato, smorzato **CONTR.** rafforzato, rinsaldato, accresciuto.

raffreddóre s. m. infreddatura, costipazione, corizza, rinite.

raffrontàre v. tr. confrontare, paragonare, riscontrare, agguagliare, comparare.

raffrónto s. m. paragone, riscontro, confronto, parallelo, comparazione.

ragàzza s. f. **1** giovinetta, fanciulla, adolescente **CFR.** bambina, donna, vecchia **2** (*est.*) figlia **3** signorina, nubile **4** commessa **5** (*fam.*) innamorata, fidanzata, morosa (*pop.*).

ragazzàta s. f. bambinata, monelleria, monellata, leggerezza, sconsideratezza.

ragàzzo s. m. **1** giovinetto, fanciullo, adolescente, monello **CFR.** bambino, adulto, uomo, vecchio **2** (*est.*) figlio **3** giovanotto **4** garzone, fattorino, commesso, aiuto **5** (*fam.*) innamorato, fidanzato, moroso (*pop.*).

raggiànte part. pres. di **raggiare**; anche agg. **1** sfolgorante, sfavillante, splendente, radioso, lucente, scintillante, luccicante, fulgido, fulgente (*lett.*), rutilante, smagliante, brillante, corrusco (*lett.*), radiante (*raro*) **CONTR.** opaco, fosco, offuscato, cupo, fumoso, velato, spento, appannato, annebbiato, oscurato **2** (*fig.*) (*di persona*) contento, esultante, felice, tripudiante, trionfante, giulivo **CONTR.** abbattuto, avvilito, triste, depresso, accasciato, scoraggiato, infelice, mesto, afflitto.

raggiàre A v. intr. **1** (*anche fig.*) splendere, risplendere, scintillare, balenare, lampeggiare, sfolgorare, sfavillare, luccicare, brillare **2** (*di luce, di calore, ecc.*) propagarsi, irradiarsi, diffondersi, riflettersi **B** v. tr. **1** (*anche fig.*) riflettere, irradiare, emanare, diffondere **2** (*poet.*) illuminare.

ràggio s. m. **1** radiazione **2** (*ass.*) luce, raggio solare, sole **3** (*fig.*) lampo, sprazzo, guizzo, barlume **4** fascio, striscia **5** (*fig.*) ambito, spazio, area, zona **6** (*di ruota*) razza **7** (*di carcere*) ala, braccio.

raggiràre v. tr. **1** (*raro*) (*di ostacolo*) aggirare, evitare, rigirare **2** (*fig.*) (*di persona*) circuire, ingannare, abbindolare, imbrogliare, truffare, rigirare, circonvenire, irretire.

raggiràto part. pass. di **raggirare**; anche agg. ingannato, imbrogliato, circuito, truffato, abbindolato.

raggìro s. m. imbroglio, inganno, truffa, frode, intrigo, maneggio, raggiramento (*raro*), broglio, abbindolamento.

raggiùngere v. tr. **1** (*di luogo*) giungere, arrivare, pervenire **2** (*est.*) (*di bersaglio*) colpire, toccare, azzeccare, cogliere, centrare **3** (*fig.*) (*di scopo, di posto, ecc.*) conseguire, guadagnare, ottenere, conquistare.

raggiungìbile agg. accessibile, accostabile **CONTR.** irraggiungibile, inarrivabile, inaccostabile.

raggiungiménto s. m. conseguimento, ottenimento.

raggomitolàre A v. tr. aggomitolare **CONTR.** sgomitolare, svolgere, dipanare **B raggomitolarsi** v. rifl. (*fig.*) rannicchiarsi, avvolgersi, ravvolgersi **CONTR.** stendersi, distendersi, raddrizzarsi.

raggranellàre v. tr. racimolare, raccogliere, raggruzzolare, raccapezzare **CONTR.** disperdere, sparpagliare.

raggrinzìre v. tr., intr. e **raggrinzìrsi** intr. pron. raggrinzarsi, corrugarsi, incresparsi, contrarsi **CONTR.** distendersi, appianarsi, rasserenarsi.

raggrinzìto part. pass. di **raggrinzire**; anche agg. contratto, increspato **CONTR.** disteso, piano.

raggrumàre A v. tr. aggrumare, rapprendere, condensare **CONTR.** sciogliere, liquefare **B raggrumarsi** v. intr. pron. rapprendersi, aggrumarsi, coagularsi, condensarsi **CONTR.** sciogliersi, liquefarsi.

raggrumàto part. pass. di **raggrumare**; anche agg. condensato, rappreso, coagulato **CONTR.** sciolto, liquido.

raggruppaménto s. m. gruppo, insieme, ammassamento, ammasso, concentramento, riunione.

raggruppàre A v. tr. riunire, ammassare, aggruppare, concentrare **CONTR.** dividere, separare, sparpagliare **B raggrupparsi** v. intr. pron. riunirsi, ammassarsi, aggrupparsi **CONTR.** dividersi, separarsi, sparpagliarsi.

raggruppàto part. pass. di **raggruppare**; anche agg. riunito, ammassato, concentrato **CONTR.** sparpagliato, diviso, separato.

raggruzzolàre v. tr. raggranellare, racimolare, raccapezzare **CONTR.** disperdere, sparpagliare.

ragguagliàre v. tr. **1** livellare, pareggiare, spianare, uguagliare **CONTR.** spareggiare, differenziare **2** paragonare, confrontare, raffrontare, comparare **3** (*di persona*) informare, istruire, erudire.

ragguàglio s. m. **1** confronto, paragone, raffronto, comparazione, parallelo **2** informazione, notizia, indicazione.

ragguardévole agg. **1** insigne, notevole, importante, pregevole, stimabile, distinto, influente, autorevole, famoso, eminente **CONTR.** insignificante, modesto, trascurabile, irrilevante, spregevole, disprezzabile **2** cospicuo, ingente, considerevole, grande **CONTR.** modesto, piccolo, trascurabile, esiguo, insignificante.

ragià s. m. inv. (*in India*) re □ principe □ dignitario.

ragionaménto s. m. **1** argomentazione, dimostrazione, discorso, discussione, dissertazione **2** riflessione, raziocinio **3** induzione, deduzione, inferenza.

ragionàre v. intr. **1** pensare, riflettere, congetturare, arguire, argomentare, dedurre, indurre, desumere, calcolare, connettere, raziocinare (*raro*), sillogizzare, cavillare **2** (*pop.*) discorrere, conversare, parlare, trattare, dissertare, discutere.

ragionataménte avv. in modo ragionevole, secondo ragione, razionalmente, logicamente, ragionevolmente **CONTR.** irrazionalmente, irragionevolmente, illogicamente.

ragionàto part. pass. di **ragionare**; anche agg. logico, razionale, coerente, ragionevole.

ragióne s. f. **1** intelletto, intelligenza, raziocinio, logica, mente, intendimento, discernimento, giudizio, riflessione **2** (*est.*) criterio, senno, ragionevolezza, saggezza **CONTR.** irragionevolezza, pazzia, offuscamento **3** argomentazione, argomento, prova, dimostrazione **CFR.** supposizione, ipotesi **4** cagione, causa, motivo, movente, perché, impulso, pretesto, principio **CONTR.** effetto, conseguenza **5** giustizia, giusto motivo, giusta causa **CONTR.** torto **6** (*est.*) appartenenza, competenza, pertinenza, spettanza, inerenza **7** (*est., fig.*) soddisfazione, conto, giustificazione **8** (*est.*) misura, rapporto, proporzione **FRAS.** *di pubblica ragione*, noto a tutti □ *a ragione*, giustamente, di diritto □ *di santa ragione* (*fig.*), in abbondanza, forte □ *farsi una ragione* (*fig.*), rassegnarsi.

ragionévole agg. **1** (*di persona*) razionale, ragionante, pensante, raziocinante, logico **CONTR.** irragionevole, illogico, stolido **2** assennato, giudizioso, equilibrato, prudente, saggio, ponderato, riflessivo **CONTR.** dissennato, avventato, sventato, scriteriato **3** (*di ragionamento e sim.*) sensato, ammissibile, valido, coerente, logico, fondato, legittimo, plausibile, giustificato, opportuno **CONTR.** irragionevole, infondato, incongruo, insensato, incoerente, assurdo, illogico, contraddittorio, irrazionale, ingiustificato **4** (*di richiesta, di prezzo, ecc.*) giusto, conveniente, equo, proporzionato, congruo, accettabile, legittimo **CONTR.** esagerato, eccessivo, inadeguato, sproporzionato, incongruo.

ragionevolézza s. f. **1** ragione, criterio, razionalità **CONTR.** irragionevolezza, illogicità, irrazionalità, stolidità **2** saggezza, prudenza, giudizio, equilibrio, ponderatezza **CONTR.** irragionevolezza, insensatezza, incoerenza, sconsideratezza **3** (*di richiesta, di prezzo, ecc.*) convenienza, equità **CONTR.** esagerazione, inadeguatezza.

ragliàre v. intr. **1** (*di asino*) mandare ragli **2** (*fig.*) (*di persona*) sbraitare, berciare, vociare, strepitare.

ragnatéla s. f. **1** ragna (*lett.*) **2** (*fig.*) insidia, inganno, tranello, trappola, trama, intrigo.

ràgno s. m. **FRAS.** *non cavare un ragno da un buco* (*fig.*), non riuscire a nulla.

ragù s. m. inv. **1** sugo, condimento **2** stufato, umido.

raid /*ingl.* reid/ [vc. scozzese corrispondente all'ingl. *road* 'strada'] s. m. inv. **1** viaggio, corsa, percorso **2** incursione, scorreria.

rallegraménto s. m. **1** (*raro*) allegrezza, contentezza **2** (*spec. al pl.*) congratulazione, felicitazione, complimento, plauso **CONTR.** condoglianza, compianto.

rallegràre A v. tr. allietare, sollazzare, deliziare, dilettare, inebriare, ricreare, svagare, esilarare **CONTR.** rattristare, contristare, immalinconire, addolorare, affliggere **B rallegrarsi** v. intr. pron. **1** gioire, allietarsi, esultare **CONTR.** rattristarsi, dolersi, affliggersi, crucciarsi **2** congratularsi, felicitarsi, complimentarsi, compiacersi **CONTR.** compiangere, condolersi, commiserare, deplorare.

rallentaménto s. m. **1** diminuzione, calo, riduzione, decremento **CONTR.** aumento, accrescimento **2** decelerazione **CONTR.** accelerazione **3** (*fig.*) diradamento, rarefazione **CONTR.** aumento.

rallentàre A v. tr. **1** diminuire, moderare, ridurre **CONTR.** aumentare, affrettare **2** (*ass.*) frenare, decelerare **CONTR.** accelerare **3** (*fig.*) diradare, rarefare **CONTR.** aumentare, moltiplicare **B rallentarsi** v. intr. pron. (*fig.*) diminuire, diventare più lento, attenuarsi, indebolirsi **CONTR.** aumentare, crescere.

rally /*ingl.* 'ræli/ [vc. ingl., dal fr. *rallier* 'radunare'] s. m. inv. (*autom.*) (*est.*) corsa, gara.

ramanzìna [detta così perché è lunga come un *romanzo*] s. f. paternale, predicozzo (*fam., scherz.*), sgridata, rimprovero, rabbuffo.

ramàrro s. m. (*zool.*) lucertolone.

ramàto agg. (*di colore*) color rame, rossiccio.

ramificàre A v. intr. produrre rami **B ramificarsi** v. intr. pron. (*fig.*) biforcarsi, diramarsi, espandersi, estendersi, dilatarsi.

ramificàto part. pass. di **ramificare**; anche agg. (*fig.*) diramato, esteso, dilatato, biforcato.

ramificazióne s. f. **1** produzione di rami, rami **2** (*fig.*) diramazione, espansione, biforcazione, diffusione.

rammaricàre A v. tr. amareggiare, rattristare, addolorare, affliggere, angustiare, crucciare **CONTR.** rallegrare, allietare, consolare, confortare **B rammaricarsi** v. intr. pron. **1** rincrescersi, pentirsi, rattristarsi, dolersi, affliggersi, crucciarsi, accorarsi, angustiarsi **CONTR.** rallegrarsi, gioire, allietarsi, compiacersi, esultare **2** lamentarsi, lagnarsi, querelarsi, sospirare **CONTR.** rallegrarsi, compiacersi.

rammaricàto part. pass. di **rammaricare**; anche agg. **1** amareggiato, triste, afflitto, angustiato, addolorato **CONTR.** consolato, allietato, confortato, rallegrato **2** pentito, rincresciuto, dispiaciuto **CONTR.** felice, compiaciuto, contento.

rammàrico s. m. **1** rincrescimento, rimorso, rimpianto, cruccio, dolore, pentimento **CONTR.** consolazione, compiacimento, gioia, piacere **2** amarezza, afflizione, dispiacere, angustia, accoramento **CONTR.** contentezza, gioia, piacere, allegrezza **3** lamento, lagnanza **CONTR.** compiacimento, soddisfazione.

rammendàre v. tr. ricucire, rattoppare, rappezzare, raccomodare **CONTR.** strappare, lacerare, stracciare, sdrucire.

rammendàto part. pass. di **rammendare**; anche agg. rattoppato, ricucito, rappezzato, riparato **CONTR.** strappato, lacerato, sdrucito.

rammèndo s. m. rammendatura, rattoppo, ricucitura.

rammentàre A v. tr. **1** ricordare, rimembrare (*lett.*), rievocare, rivivere **CONTR.** scordare, dimenticare, obliare **2** (*est.*) menzionare, nominare, citare **B rammentarsi** v. intr. pron. ricordarsi, rimembrarsi (*lett.*) **CONTR.** scordarsi, dimenticarsi, obliarsi (*lett.*).

rammolliménto s. m. (*fig.*) indebolimento, rilassamento, infiacchimento □ rimbecillimento, rimbambimento, rincretinimento **CONTR.** rafforzamento □ ringiovanimento.

rammollìre A v. tr. **1** (*di materia*) ammorbidire, ammollire **CONTR.** indurire, assodare **2** (*fig.*) (*di persona, di mente, ecc.*) indebolire, rilassare, infiacchire, debilitare, sfibrare, illanguidire, snervare, estenuare, prostrare **CONTR.** rafforzare, rinforzare, rinvigorire **3** (*fig.*) impietosire, intenerire, commuovere **CONTR.** indurire **B** v. intr. e **rammollirsi** intr. pron. **1** (*di materia*) ammorbidirsi, ammollirsi **CONTR.** indurirsi, assodarsi **2** (*fig.*) (*di persona, di mente, ecc.*) indebolirsi, infiacchirsi, debilitarsi, sfibrarsi, illanguidirsi, snervarsi, estenuarsi, prostrarsi **CONTR.** rafforzarsi, rinforzarsi, rinvigorirsi **3** (*fig.*) impietosirsi, intenerirsi, commuoversi **CONTR.** indurirsi **4** (*fig.*) rimbecillirsi, rimbambirsi, rincretinirsi.

rammollìto A part. pass. di **rammollire**; anche agg. **1** (*di materia*) ammorbidito, ammollito **CONTR.** indurito, assodato **2** (*fig.*) (*di persona, di mente, ecc.*) infiacchito, debilitato, sfibrato, illanguidito, snervato, estenuato, prostrato, debole **CONTR.** rafforzato, rinforzato, rinvigorito **3** (*fig.*) impietosito, intenerito, commosso **CONTR.** indurito **B** agg. e s. m. (*fig.*) rimbecillito, rimbambito, rincretinito, incapace **CONTR.** lucido, vivo, capace.

ràmo s. m. **1** (*di pianta*) fronda, frasca, tralcio, virgulto **2** (*est.*) ramificazione, propaggine, diramazione **3** (*fig.*) (*di studio, di attività*) branca, braccio, parte □ campo, settore □ materia, disciplina **FRAS.** *avere un ramo di pazzia* (*fig.*), essere stravagante.

ramoscèllo s. m. rametto.

ràmpa s. f. **1** piano inclinato **2** (*est.*) salita **3** (*raro*) zampa, artiglio.

rampógna s. f. (*lett.*) rimprovero, rimbrotto, sgridata, biasimo, strapazzata, paternale, ramanzina, rabbuffo, strigliata **CONTR.** lode, elogio, encomio, approvazione, plauso.

rampóllo s. m. **1** (*di acqua*) sorgente, polla, zampillo **2** (*di pianta*) germoglio, pollone, getto, virgulto **3** (*fig., scherz.*) (*di persona*) discendente, figlio, erede.

rampóne s. m. **1** fiocina **2** gancio, uncino.

ranch /*ingl.* 'ra:ntʃ/ [vc. ingl., dallo sp. *rancho*] s. m. inv. (*nel Middle-Far West americano*) fattoria □ (*est.*) riserva.

ràncido agg. **1** irrancidito, stantio, guasto, corrotto, raffermo **CONTR.** fresco **2** (*fig.*) vecchio, antiquato, sorpassato, vieto, disusato, superato **CONTR.** moderno, odierno, attuale, nuovo, giovane, contemporaneo.

rancidùme s. m. (*fig.*) vecchiume, anticaglie **CONTR.** novità, modernità, attualità.

rancóre s. m. livore, risentimento, astio, malanimo, ruggine, animosità, dissapore **CONTR.** indulgenza, condiscendenza, sopportazione, tolleranza.

randàgio agg. vagabondo, errabondo, ramingo, vagante, errante, sperduto, nomade **CONTR.** fermo, sedentario, casalingo, stabile.

randellàre v. tr. bastonare, percuotere, battere, picchiare, legnare, malmenare.

randellàta s. f. bastonata, legnata, mazzata, percossa, manganellata, bastonatura.

randèllo s. m. bastone, mazza, manganello.

ràngo s. m. **1** schiera, riga, fila, allineamento, ordine, ordinanza (*ant.*) **2** (*est.*) grado, condizione, ceto, classe.

rannicchiàre A v. tr. contrarre, ripiegare, raggomitolare, rincantucciare **CONTR.** distendere, stendere, sdraiare, allungare, spiegare, allargare **B rannicchiarsi** v. rifl. raccogliersi, ripiegarsi, aggomitolarsi, raggomitolarsi, restringersi, rincantucciarsi, accovacciarsi, accucciarsi **CONTR.** distendersi, stendersi, sdraiarsi, allungarsi.

rannuvolaménto s. m. **1** annuvolamento, oscuramento **CONTR.** rasserenamento **2** (*fig.*) (*di persona*) turbamento, incupimento, corrucciamento **CONTR.** rasserenamento, distensione.

rannuvolàre A v. tr. (*anche fig.*) oscurare, annuvolare, velare, offuscare, incupire, rabbuiare **CONTR.** rischiarare, rasserenare, illuminare, distendere **B rannuvolarsi** v. intr. pron. **1** coprirsi di nuvole, rabbuiarsi **2** (*fig.*) (*di persona*) turbarsi, oscurarsi, offuscarsi, velarsi, rattristarsi, corrucciarsi, incupirsi, rabbuiarsi, aggrondarsi **CONTR.** rasserenarsi, placarsi, distendersi, rischiararsi, illuminarsi.

rannuvolàto part. pass. di **rannuvolare**; anche agg. **1** coperto di nuvole **2** (*fig.*) (*di persona*) turbato, rattristato, aggrondato, triste **CONTR.** allegro, felice, sereno.

ranòcchio s. m. (*fam.*) ranocchia, rana verde.

rantolàre v. intr. **1** ansare, ansimare, boccheggiare **2** (*est.*) agonizzare.

ràntolo s. m. rantolio, affanno, ansito.

rantolóso agg. (*di respiro*) affannoso, faticoso,

difficile **CONTR.** facile, libero, calmo, tranquillo.

rapàce A agg. **1** predatore, predace (*lett.*) **2** (*est., fig.*) (*di persona*) avido, ingordo, prepotente, ladro, bramoso, cupido, grifagno **CONTR.** generoso, prodigo, disinteressato **B** s. m. uccello da preda, predatore.

rapacità s. f. (*fig.*) avidità, cupidità, ingordigia, cupidigia, bramosità (*ant.*), bramosia, prepotenza, ladreria **CONTR.** prodigalità, generosità, disinteresse, liberalità.

rapàre A v. tr. tosare, radere, pelare, rasare **B raparsi** v. rifl. tosarsi, pelarsi, rasarsi.

rapàta s. f. pelata, tosata, rasata.

rapàto part. pass. di **rapare**; anche agg. tosato, pelato, rasato **CONTR.** capelluto.

ràpida s. f. corrente.

rapidaménte avv. celermente, velocemente, prontamente, lestamente, in fretta **CONTR.** lentamente, adagio, pigramente.

rapidità s. f. prontezza, sveltezza, velocità, celerità, prestezza (*raro*), dinamismo, lestezza, fretta, sollecitudine, solerzia **CONTR.** lentezza, calma, flemma, lungaggine, indugio, pigrizia.

ràpido agg. **1** celere, veloce, presto (*lett.*), ratto (*lett.*), svelto, lesto, fulmineo, precipite (*lett.*), precipitoso, sollecito, pronto, istantaneo **CONTR.** lento, tardo, calmo **2** (*est.*) (*di sosta, di visita, ecc.*) breve **CONTR.** lungo.

rapiménto s. m. **1** ratto **2** estasi, esaltazione **3** (*fig.*) emozione, incanto, stupore, meraviglia, commozione, entusiasmo **CONTR.** indifferenza, freddezza, disinteresse.

rapìna s. f. **1** furto, ruberia, spoliazione, ladreria, depredazione (*raro*) **2** (*est.*) estorsione, appropriazione **3** (*lett.*) (*di bufera, di vento e sim.*) forza, violenza.

rapinàre v. tr. **1** derubare, rubare, depredare, predare, saccheggiare, spogliare **2** (*est.*) estorcere, appropriarsi, impossessarsi, trafugare.

rapinàto part. pass. di **rapinare**; anche agg. rubato, derubato, depredato, saccheggiato, spogliato □ estorto.

rapinatóre s. m. (f. *-trice*) ladro, predone, bandito, depredatore (*lett.*), saccheggiatore, brigante.

rapìre v. tr. **1** portare via, sequestrare, ghermire, rubare, sottrarre, carpire, estorcere, strappare, involare (*lett.*), trafugare, sottrarre **2** (*fig.*) estasiare, affascinare, entusiasmare, incantare, avvincere, sedurre, ammaliare **CONTR.** disgustare, allontanare.

rapìto part. pass. di **rapire**; anche agg. portato via, sequestrato, rubato, sottratto, carpito, estorto, strappato, trafugato.

rapitóre s. m.; anche agg. (f. *-trice*) rapinatore, brigante □ sequestratore, bandito.

rappacificaménto s. m. rappacificazione, pacificazione, riconciliazione, pace **CONTR.** discordia, inimicizia, risentimento, odio.

rappacificàre A v. tr. **1** riconciliare, accordare, rappattumare **CONTR.** inimicare, mettere discordia **2** (*est.*) quietare, calmare, acquietare, placare **CONTR.** irritare, esasperare, inasprire **B rappacificarsi** v. rifl. rec. riconciliarsi, ravvicinarsi **CONTR.** inimicarsi, litigare.

rappacificazióne s. f. riconciliazione, rappacificamento, pacificazione, pace **CONTR.** discordia, inimicizia, odio, risentimento.

rappezzàre v. tr. **1** aggiustare, rattoppare, accomodare, riparare, riaggiustare, racconciare **CONTR.** strappare, lacerare, stracciare, rompere **2** (*fig.*) rabberciare, raffazzonare, rimediare **CONTR.** preparare, curare.

rappezzàto part. part. di **rappezzare**; anche agg. **1** aggiustato, rattoppato, riparato, accomodato **2** (*fig.*) raffazzonato, rimediato **CONTR.** preparato, accurato.

rapportàbile agg. confrontabile, riferibile, riconducibile.

rapportàre v. tr. **1** (*di notizia*) riferire, riportare, ridire **2** (*di cose*) confrontare, ricondurre **3** (*di disegno, di misura, ecc.*) riprodurre, trasportare.

rapportatóre s. m. goniometro.

rappòrto s. m. **1** (*su persona o cosa*) relazione, informazione, resoconto, ragguaglio, esposizione **2** (*di autorità*) denuncia, notificazione **3** (*tra persone o cose*) connessione, relazione, dipendenza, nesso, correlazione, riferimento, attinenza, legame, analogia, somiglianza, contatto **4** relazione sessuale **5** (*di bicicletta*) cambio di velocità, cambio.

rapprèndere A v. tr. coagulare, rappigliare (*raro*), rassodare, cagliare, raggrumare, quagliare (*region.*), assodare **CONTR.** sciogliere, liquefare **B** v. intr. e **rapprendersi** intr. pron. rappigliarsi (*raro*), coagularsi, rassodarsi, raggrumarsi, cagliarsi, assodarsi **CONTR.** sciogliersi, liquefarsi.

rappresàglia s. f. **1** ritorsione, vendetta, rivalsa, punizione **2** reazione.

rappresentàbile agg. raffigurabile, descrivibile, esprimibile **CONTR.** indescrivibile, inesprimibile.

rappresentànte part. pres. di **rappresentare**; anche agg. e s. m. e f. esponente, portavoce, delegato, deputato, mandatario, incaricato, agente.

rappresentàre v. tr. **1** (*di immagine*) raffigurare, figurare, ritrarre, riprodurre, dipingere, effigiare **2** (*est.*) (*di situazione, di ambiente, ecc.*) descrivere, narrare, mostrare, delineare **3** (*di stemma, di simbolo, ecc.*) simboleggiare, significare, esprimere, incarnare, impersonare, personificare **4** essere, costituire **5** (*di parte*) recitare, interpretare, sostenere **6** (*di spettacolo*) dare, eseguire **7** (*di persona*) fare le veci, fungere □ parlare, operare, decidere.

rappresentativo agg significativo, tipico, caratteristico, peculiare, proprio.

rappresentàto part. pass. di **rappresentare**; anche agg. **1** raffigurato, effigiato, ritratto **2** descritto, delineato **3** impersonato, incarnato **4** interpretato, sostenuto **5** dato, eseguito.

rappresentazióne s. f. **1** personificazione, figurazione, simbolo, immagine, descrizione, adombramento **2** (*di immagine*) figura, riproduzione, effigie, disegno **3** spettacolo, recita.

rappréso part. pass. di **rapprendere**; anche agg. coagulato, cagliato, raggrumato **CONTR.** sciolto, liquefatto.

rapsodìa s. f. poema epico, epica.

rapsòdico agg. **1** di rapsodo, di rapsodia □ epico **2** (*est.*) frammentario, saltuario, spezzettato **CONTR.** organico, continuativo.

raptus /*lat.* 'raptus/ [vc. lat., propr. 'strappo, rapimento'] s. m. inv. **1** impulso improvviso, impulso violento **2** (*fig.*) (*di ispirazione*) culmine, apice.

raraménte avv. rare volte, di rado, poche volte, di tanto in tanto, a lunghi intervalli, a ogni morte di papa, infrequentemente **CONTR.** spesso, frequentemente, continuamente, sovente, molte volte.

rarefàre A v. tr. **1** (*di gas*) dilatare **CONTR.** addensare, condensare **2** (*fig.*) (*di traffico, di incontri, ecc.*) diradare **CONTR.** infittire, intensificare **B rarefarsi** v. intr. pron. **1** dilatarsi **CONTR.** addensarsi, condensarsi **2** (*fig.*) diradarsi **CONTR.** infittirsi, intensificarsi.

rarefàtto part. pass. di **rarefare**; anche agg. **1** (*di gas*) dilatato **CONTR.** condensato **2** (*fig.*) (*di traffico, di incontri, ecc.*) diradato, più rado, meno frequente **CONTR.** infittito, intensificato.

rarefazióne s. f. **1** dilatazione **CONTR.** condensazione, ispessimento, addensamento **2** (*fig.*) diradamento **CONTR.** intensificazione.

rarità s. f. **1** curiosità, singolarità, particolarità, originalità, eccezionalità, peregrinità **CONTR.** normalità, banalità **2** scarsità, scarsezza, penuria, carestia **CONTR.** abbondanza, frequenza, ricchezza, dovizia.

ràro agg. **1** insolito, singolare, speciale, eccezionale, straordinario, unico, particolare, peregrino, curioso, inconsueto **CONTR.** ordinario, comune, usuale, solito, consueto, banale **2** (*fig., est.*) (*di pietra, di ingegno, ecc.*) prezioso, pregiato, nobile **CONTR.** comune, di poco valore **3** (*di traffico, di incontri, ecc.*) infrequente, rado, sporadico, saltuario, discontinuo **CONTR.** frequente, numeroso, abituale, quotidiano **4** rarefatto, diluito **CONTR.** denso, spesso.

rasàre A v. tr. **1** (*di capelli, di peli*) radere, tosare, rapare **2** (*di prato, di siepe, ecc.*) pareggiare, livellare, lisciare, spianare, levigare **B rasarsi** v. rifl. radersi, raparsi.

rasàto part. pass. di **rasare**; anche agg. **1** (*di viso, di pelle*) sbarbato, raso **2** (*di prato, di siepe, ecc.*) liscio, lisciato, levigato □ pareggiato, livellato.

rasatùra s. f. **1** (*del capo, del viso*) tosatura (*scherz.*), sbarbatura **2** (*di prato, di siepe, ecc.*) lisciatura, raschiatura, raschiamento □ livellamento, pareggiamento.

raschiaménto s. m. raschiatura.

raschiàre v. tr. fregare, grattare, levigare, raspare, scrostare, ripulire, abradere (*lett.*), limare.

raschiàto part. pass. di **raschiare**; anche agg. fregato, grattato, levigato, raspato, scrostato, ripulito, limato.

rasentàre v. tr. **1** sfiorare, lambire, strisciare □ toccare appena **2** (*fig.*) avvicinarsi, accostarsi, appressarsi **CONTR.** allontanarsi, scostarsi.

rasènte prep. vicinissimo, presso, accosto, prossimo, a pelo, a livello, a breve distanza **CONTR.** lontano, distante, scostato, a distanza, discosto.

ràso A part. pass. di **radere**; anche agg. **1** (*di viso, di pelle*) rasato, glabro, sbarbato **CONTR.** barbuto, irsuto **2** (*di cosa*) lisciato, liscio, levigato, spianato **CONTR.** scabro, ruvido, irto **3** (*est.*) (*di recipiente*) pieno **CONTR.** vuoto **B** s. m. tessuto liscio, stoffa lucente, satin (*fr.*) **C** prep. nella loc. avv. *raso terra*, rasente la terra, vicino a terra **CONTR.** alto, in alto; (*fig.*) di basso livello, da poco **CONTR.** di valore, interessante, importante **FRAS.** *fare tabula rasa* (*fig.*), consumare tutto, far piazza pulita, eliminare tutto.

rasotèrra A avv. rasente la terra, vicino a terra **CONTR.** alto, in alto **B** agg. (*fig.*) mediocre, di poco valore, da poco, modesto **CONTR.** di valore, importante, interessante **C** s. m. (*sport*) tiro radente.

raspàre A v. tr. **1** levigare, limare, lisciare, polire, molare **CONTR.** rendere ruvido **2** (*est.*) (*di vino, di fumo, ecc.*) irritare la gola **CONTR.** calmare **3** (*di spazzola, di unghie, ecc.*) grattare, raschiare **4** (*di gallina*) razzolare, ruspare **5** (*fig., pop.*) rubare **B** v. intr. **1** grattare, raschiare **2** (*fig., spreg.*) scrivere male.

rasségna s. f. **1** (*mil.*) rivista, ispezione **2** (*est.*) esame **3** (*di fatti, di notizie, ecc.*) resoconto, cronaca, rubrica, bollettino, rendiconto, descrizione **4** (*di merci, di film, ecc.*) fiera, mostra, esposizione, festival, concorso.

rassegnàre A v. tr. (*di dimissioni, di esposto, ecc.*) consegnare, presentare **CONTR.** ritirare **B rassegnarsi** v. intr. pron. adattarsi, sottomettersi, arrendersi, sopportare, sottostare, conformarsi **CONTR.** opporsi, protestare, insorgere, ribellarsi.

rassegnataménte avv. con rassegnazione, obbedientemente, pazientemente **CONTR.** protestando, opponendosi, ribellandosi, contestando.

rassegnàto part. pass. di **rassegnare**; anche agg. sottomesso, arresosi, obbediente, fatalista **CONTR.** ribelle, contestatore, oppositore.

rassegnazióne s. f. accettazione, obbedienza, sottomissione, pazienza, sopportazione, adattamento, acquiescenza **CONTR.** protesta, ribellione, opposizione, resistenza, contestazione.

rasserenaménto s. m. schiarimento **CONTR.** rannuvolamento, oscuramento.

rasserenànte part. pres. di **rasserenare**; anche agg. tranquillizzante, tranquillante, rassicurante, confortante **CONTR.** avvilente, sconfortante, inquietante.

rasserenàre A v. tr. **1** (*di cielo, di aria*) schiarire, pulire **CONTR.** offuscare, rannuvolare, oscurare, annebbiare **2** (*fig.*) (*di persona*) tranquillizzare, rinfrancare, rassicurare, confortare, acquietare, placare, rincorare, calmare **CONTR.** agitare, sconvolgere, turbare, abbattere, avvilire, inasprire, inquietare **B** v. intr. e **rasserenarsi** intr. pron. **1** (*di cielo, di aria*) schiarirsi, pulirsi **CONTR.** offuscarsi, rannuvolarsi, oscurarsi, annebbiarsi **2** (*fig.*) (*di persona*) tranquillizzarsi, calmarsi, rinfrancarsi, rassicurarsi, confortarsi, rincorarsi, acquietarsi **CONTR.** agitarsi, turbarsi, sconvolgersi, abbattersi, avvilirsi.

rasserenàto part. pass. di **rasserenare**; anche agg. **1** (*di cielo, di aria*) schiarito, pulito, chiaro, sereno **CONTR.** nuvoloso, scuro **2** (*fig.*) (*di persona*) tranquillizzato, rinfrancato, confortato, rassicurato **CONTR.** turbato, sconvolto, scioccato, agitato.

rassicurànte part. pres. di **rassicurare**; anche agg. confortante, tranquillizzante, rasserenante, incoraggiante **CONTR.** allarmante, inquietante, conturbante, scoraggiante.

rassicuràre A v. tr. tranquillizzare, rasserenare, incoraggiare, rincorare, rinfrancare, confortare, acquietare, calmare **CONTR.** allarmare, intimorire, impaurire, spaventare, inquietare, agitare, sconvolgere, turbare, avvilire, scoraggiare **B rassicurarsi** v. intr. pron. tranquillizzarsi, rasserenarsi, rincorarsi, rinfrancarsi, acquietarsi, calmarsi **CONTR.** allarmarsi, impaurirsi, spaventarsi, agitarsi, turbarsi, sconvolgersi, avvilirsi, scoraggiarsi.

rassicuràto part. pass. di **rassicurare**; anche agg. incoraggiato, confortato, rincorato, rinfrancato **CONTR.** scoraggiato, impaurito, spaventato, avvilito, sconfortato.

rassicurazióne s. f. incoraggiamento, conforto, assicurazione, affidamento (*raro, lett.*) **CONTR.** scoraggiamento, allarme, timore.

rassodaménto s. m. assodamento, indurimento **CONTR.** ammollimento, rammollimento, ammorbidimento, rilassamento.

rassodànte part. pres. di **rassodare**; anche agg. tonificante, consolidante **CONTR.** ammorbidente.

rassodàre A v. tr. **1** assodare, indurire, rapprendere, rappigliare, solidificare **CONTR.** rammollire, ammorbidire, sciogliere, liquefare, diluire **2** (*di potere, di autorità, ecc.*) consolidare, rinsaldare, rafforzare **CONTR.** indebolire **B** v. intr. e **rassodarsi** intr. pron. **1** indurirsi, assodarsi, rapprendersi, rappigliarsi, solidificarsi **CONTR.** rammollirsi, ammorbidirsi, sciogliersi, liquefarsi **2** (*fig.*) (*di potere, di autorità, ecc.*) consolidarsi, rinsaldarsi, rafforzarsi **CONTR.** indebolirsi.

rassodàto part. pass. di **rassodare**; anche agg. **1** indurito, rappreso, solidificato **CONTR.** rammollito, liquefatto **2** (*di potere, di autorità, ecc.*) consolidato, rafforzato **CONTR.** indebolito.

rassomigliànte part. pres. di **rassomigliare**; anche agg. somigliante, assomigliante, simile, paragonabile, consimile **CONTR.** dissimile, diverso, differente.

rassomigliànza s. f. somiglianza, conformità, analogia, affinità, corrispondenza, assonanza **CONTR.** dissimiglianza, diversità, disparità, difformità.

rassomigliàre A v. intr. e intr. pron. somigliare, assomigliare, rammentare, ricordare, arieggiare, sembrare **CONTR.** differenziarsi, distinguersi **B rassomigliarsi** v. rifl. rec. somigliarsi, assomigliarsi **CONTR.** essere dissimile, essere differente, essere diverso.

rastrellaménto s. m. **1** (*fig.*) (*di persone*) cattura, sequestro **2** (*fig.*) (*di luogo*) ispezione, controllo, perquisizione.

rastrellàre v. tr. **1** (*di fieno*) raccogliere col rastrello **2** (*di prato, ecc.*) ripulire col rastrello **3** (*di persone*) catturare, sequestrare **4** (*fig.*) (*di luogo*) ispezionare, controllare, perquisire, frugare.

rastrellàto part. pass. di **rastrellare**; anche agg. **1** (*di fieno*) raccolto col rastrello **2** (*di prato*) ripulito col rastrello **3** (*fig.*) (*di persona*) catturato, sequestrato **4** (*fig.*) (*di luogo*) ispezionato, controllato, perquisito.

rastrèllo s. m. (*dial.*) cancello, steccato.

ràta s. f. quota, parte, porzione.

rateàle agg. **1** di rata, di rate **2** a rate.

rateizzàre v. tr. rateare, suddividere.

rateizzazióne s. f. rateazione, rateo.

ratìfica s. f. (*dir.*) approvazione, convalidazione, convalida, sanzione, conferma, approvazione.

ratificàre v. tr. approvare, confermare, sanzionare, convalidare, riconoscere, omologare **CONTR.** invalidare, infirmare, respingere.

ratificàto part. pass. di **ratificare**; anche agg. approvato, convalidato, omologato **CONTR.** invalidato, infirmato.

ràtto (1) s. m. rapimento.

ràtto (2) s. m. topo.

rattoppaménto s. m. rappezzamento, rattoppo, rammendo.

rattoppàre v. tr. **1** rappezzare, aggiustare, accomodare, riparare, raggiustare, rammendare, racconciare **CONTR.** strappare, lacerare, stracciare, rompere **2** (*fig.*) (*di scritto, di discorso, ecc.*) rabberciare, raffazzonare, rimediare.

rattoppàto part. pass. di **rattoppare**; anche agg. **1** rappezzato, rammendato, aggiustato, riparato

2 (*fig.*) (*di scritto, di discorso, ecc.*) rabberciato, raffazzonato.

rattòppo s. m. **1** rattoppatura, aggiustatura, rappezzatura, accomodatura, rammendo, toppa **CONTR.** rottura, strappo, squarcio **2** (*fig.*) (*di discorso, di situazione, ecc.*) rimedio, rabberciatura, ripiego, scusa.

rattrappìre A v. tr. contrarre, rattrarre (*lett.*), aggranchire, raggranchiare, anchilosare □ intirizzire, intorpidire **CONTR.** distendere, allungare, stirare **B rattrappirsi** v. intr. pron. contrarsi, intorpidirsi, intirizzirsi, rattrarsi (*lett.*), anchilosarsi, aggranchiarsi, raggranchirsi **CONTR.** distendersi, allungarsi, stirarsi.

rattrappìto part. pass. di **rattrappire**; anche agg. contratto, rattratto (*lett.*), anchilosato □ intorpidito, intirizzito.

rattristàre A v. tr. addolorare, affliggere, attristare (*lett.*), contristare, immalinconire, accorare, amareggiare, crucciare, angustiare, desolare **CONTR.** allietare, rallegrare, sollazzare, deliziare, dilettare, divagare, divertire, ricreare **B rattristarsi** v. intr. pron. addolorarsi, affliggersi, attristarsi (*lett.*), contristarsi, immalinconirsi, accorarsi, amareggiarsi, crucciarsi, angustiarsi **CONTR.** allietarsi, rallegrarsi, sollazzarsi, deliziarsi, dilettarsi, divagarsi, divertirsi, ricrearsi.

rattristàto part. pass. di **rattristare**; anche agg. addolorato, afflitto, accorato, amareggiato, crucciato, desolato, triste **CONTR.** allietato, rallegrato, divertito, lieto, allegro, felice.

raucèdine s. f. arrochimento □ (*est.*) abbassamento di voce.

ràuco agg. basso, roco, abbassato, velato, arrochito, chioccio □ (*est.*) debole, fioco, flebile **CONTR.** chiaro, squillante, forte, limpido, acuto, argentino.

ravanèllo s. m. (*bot., est.*) rafano.

raviòlo s. m. (*reg.*) tortello, tortellone.

ravvedérsi v. intr. pron. pentirsi, correggersi, emendarsi, convertirsi, ricredersi, raddrizzarsi (*fig.*), migliorarsi.

ravvedùto part. pass. di **ravvedersi**; anche agg. pentito, ricreduto.

ravvicinaménto s. m. **1** accostamento **CONTR.** allontanamento **2** riconciliazione, pacificazione, accordo **CONTR.** discordia, dissidio.

ravvicinàre A v. tr. **1** avvicinare, accostare, approssimare **CONTR.** allontanare, scostare **2** (*fig.*) confrontare, raffrontare, paragonare, riscontrare, comparare **3** (*fig.*) rappacificare, rappaciare, riconciliare, accordare **CONTR.** inimicare, mettere discordia **B ravvicinarsi** v. rifl. e rifl. rec. (*fig.*) rappacificarsi, riconciliarsi.

ravvicinàto part. pass. di **ravvicinare**; anche agg. **1** avvicinato, accostato **2** (*fig.*) confrontato, paragonato.

ravvisàbile agg. riconoscibile, identificabile □ distinguibile **CONTR.** irriconoscibile □ indistinguibile.

ravvisàre v. tr. **1** riconoscere, identificare, discernere, individuare **2** (*est.*) distinguere, percepire.

ravvivàre A v. tr. **1** (*di cosa*) vivificare, rianimare, rinvigorire, animare **CONTR.** smorzare, spegnere **2** (*fig.*) (*di persona*) rincorare, incitare, incoraggiare **CONTR.** disanimare, scoraggiare, abbattere, avvilire **B ravvivarsi** v. intr. pron. **1** (*di cosa*) vivificarsi, rianimarsi, rinvigorirsi, animarsi **CONTR.** smorzarsi, spegnersi **2** (*fig.*) (*di persona*) rincorarsi, riconfortarsi **CONTR.** disanimarsi, scoraggiarsi, abbattersi, avvilirsi.

ravvivàto part. pass. di **ravvivare**; anche agg. **1** (*di cosa*) vivificato, rinvigorito, reso più vivo **2** (*di persona*) rincuorato, incoraggiato, confortato.

raziocinànte part. pres. di **raziocinare**; anche agg. ragionante, pensante, argomentante, logico **CONTR.** sragionante, illogico.

raziocinàre v. intr. ragionare, argomentare, riflettere, dedurre, sillogizzare **CONTR.** sragionare, divagare, fantasticare.

raziocìnio s. m. **1** logica, ragione, mente, intelletto, criterio, ragionevolezza **2** ragionamento, argomentazione.

razionàle agg. **1** (*di persona*) ragionevole **CONTR.** irrazionale **2** (*di ragionamento, di ordine, ecc.*) coerente, logico, conseguente **CONTR.** illogico, incoerente, contraddittorio **3** (*di metodo, di cura, ecc.*) scientifico, rigoroso **CONTR.** empirico, sperimentale **4** (*est.*) (*di architettura, di mobile, ecc.*) funzionale, pratico.

razionalìsta agg. **1** razionalistico **CONTR.** irrazionalista **2** logico, ragionevole, coerente **CONTR.** illogico, irrazionalistico.

razionalìstico agg. **1** razionalista **CONTR.** irrazionalistico **2** (*est.*) logico, ragionevole, coerente **CONTR.** illogico, irrazionalistico.

razionalità s. f. (*est.*) logicità, ragionevolezza, coerenza **CONTR.** irrazionalità, illogicità.

razionalménte avv. **1** logicamente, secondo ragione, coerentemente, rigorosamente, scientificamente **CONTR.** irrazionalmente □ empiricamente, sperimentalmente **2** praticamente, funzionalmente.

razionaménto s. m. limitazione, controllo, disciplina.

razionàre v. tr. **1** dividere, suddividere, ripartire **2** (*est.*) dosare, limitare, disciplinare, controllare □ lesinare.

razióne s. f. **1** porzione, parte **2** quantità, dose.

ràzza s. f. **1** (*di persone*) specie, genere **2** (*di persone, animali e piante*) schiatta (*lett.*), generazione, discendenza, stirpe, ceppo, seme (*lett.*), origine, sangue **3** (*di cose*) tipo, qualità, sorta **FRAS.** *far razza a sé* (*fig.*), essere diverso dagli altri; non cercare la compagnia degli altri.

razzìa s. f. **1** scorreria, depredazione, saccheggio, incursione **2** (*est.*) (*di animale*) furto, ru-

beria **3** (*raro*) retata, requisizione.
razziàre v. tr. saccheggiare, depredare, predare, derubare.
razzìsmo s. m. **1** intolleranza razziale **2** (*est.*) intolleranza, pregiudizio.
razzìsta s. m. e f.; anche agg. (*est.*) intollerante, fanatico, fazioso **CONTR.** tollerante.
ràzzo s. m. **1** (*aer.*) endoreattore **2** fuoco di artificio **3** missile **4** proiettile tracciante.
razzolàre v. intr. **1** raspare, ruspare, grattare **2** (*est., scherz.*) frugare, rovistare, cercare.
re s. m. inv. **1** sovrano, monarca, sire, maestà, imperatore, sultano, regnante, zar, scià, ragià **2** (*est.*) signore, padrone □ magnate **3** (*fig.*) campione, migliore, eroe.
reagènte part. pres. di **reagire**; anche agg. e s. m. reattivo.
reagire v. intr. opporsi, protestare, ribellarsi, rivoltarsi, scattare, insorgere **CONTR.** accettare, adattarsi, sottomettersi, rassegnarsi, subire.
reàle (1) agg. **1** vero, positivo, concreto, verace (*lett.*), certo, evidente, tangibile **CONTR.** irreale, illusorio, falso, apparente, immaginario, fantastico **2** fondato, sostanziale, effettivo **CONTR.** infondato, ipotetico, assurdo, ideale **3** (*tosc.*) sincero, schietto **CONTR.** falso.
reàle (2) agg. **1** regale, regio, imperiale, cesareo **2** (*fig.*) sontuoso, solenne, magnifico, sfarzoso, fastoso, splendido, maestoso, pomposo **CONTR.** povero, misero, modesto, umile, dimesso, meschino.
realìsmo s. m. **1** oggettivismo, oggettività **CONTR.** soggettivismo, soggettività **2** (*est.*) concretezza, praticità, positività, effettività **CONTR.** astrattezza, indeterminatezza, approssimazione, idealismo.
realìsta s. m. e f.; anche agg. (*est.*) positivo, pratico, effettivo, realistico, concreto **CONTR.** idealista, utopista, astratto, indeterminato, approssimativo.
realisticaménte avv. praticamente, concretamente, con i piedi per terra **CONTR.** astrattamente, utopisticamente.
realìstico agg. realista, pratico, materialistico, positivistico, naturalistico, veristico **CONTR.** astratto, idealistico, trascendente, utopistico.
realizzàbile agg. **1** attuabile, eseguibile, fattibile, effettuabile, concretizzabile **CONTR.** irrealizzabile, impossibile, inattuabile, ineffettuabile, difficile **2** (*di beni, di titoli e sim.*) convertibile, trasformabile **CONTR.** inconvertibile.
realizzàre A v. tr. **1** attuare, effettuare, eseguire, concretizzare, concretare, produrre, compiere, fare **2** (*di gol, di punto e sim.*) segnare **3** (*fig.*) comprendere, capire, intendere **4** (*di titoli e sim.*) convertire, trasformare **B** v. intr. guadagnare **C realizzarsi** v. intr. pron. **1** (*di evento*) attuarsi, avvenire, avverarsi, verificarsi **2** (*di persona*) autoaffermarsi, affermarsi, esprimersi, trovare sé stesso.
realizzatóre s. m. (f. *-trice*) produttore, concretizzatore.
realizzazióne s. f. **1** (*di cosa*) attuazione, effettuazione, esecuzione, compimento, concretamento **2** (*di persona*) affermazione □ personalità **3** opera, creazione, modello.
realìzzo s. m. (*di titoli e sim.*) riscossione, conversione.
realménte avv. veramente, effettivamente, tangibilmente, davvero, proprio, sul serio, in realtà, in effetti, certamente, di fatto **CONTR.** idealmente, irrealmente, apparentemente, per finta.
realtà s. f. **1** concretezza, effettività, consistenza, oggettività, positività, verità **CONTR.** irrealtà, apparenza, idealità, astrattezza **2** mondo, ambiente, vita.
reàto s. m. infrazione, delitto, crimine, colpa, misfatto, malefatta, infrazione.
reattìvo s. m. reagente.
reattóre s. m. **1** (*aer.*) motopropulsore **2** aeroplano a reazione **3** pila nucleare, pila atomica **4** (*elettr.*) bobina.
reazionàrio agg.; anche s. m. (*est.*) retrogrado, parruccone, codino, retrivo, sanfedista, conservatore **CONTR.** innovatore, progressista, rivoluzionario.
reazióne s. f. **1** resistenza, opposizione, contrasto, ribellione, rivolta **CONTR.** accettazione, adattamento **2** effetto, contraccolpo **CONTR.** azione **3** (*polit.*) conservazione, conservatorismo, oscurantismo □ conservatori **CONTR.** radicalismo, progressismo □ progressisti **4** (*chim.*) trasformazione **5** (*fis. nucl.*) disintegrazione **6** (*biol.*) risposta (ad uno stimolo).
rébbio s. m. (*di forca, di forchetta*) punta, dente.
reboànte agg. **1** (*di voce, di suono*) rimbombante, altisonante, sonoro, rumoroso, tonante, rintronante **CONTR.** flebile, fievole, sommesso, tenue, debole **2** (*fig., spreg.*) (*di stile, di discorso*) ampolloso, declamatorio, magniloquente, gonfio, tronfio, esagerato, borioso, enfatico, declamatorio, iperbolico **CONTR.** sobrio, semplice, dimesso, moderato, stringato.
rèbus [lat. *rēbus* 'per mezzo di cose, di oggetti', abl. pl. di *rēs* 'cosa'] s. m. inv. **1** indovinello **2** (*fig.*) enigma, astrusità, mistero, arcano, ambiguità, rompicapo.
recapitàre v. tr. consegnare, rimettere, portare **CONTR.** spedire, mandare.
recàpito s. m. **1** indirizzo, domicilio, abitazione, dimora **2** (*di lettera e sim.*) consegna **CONTR.** spedizione.
recàre A v. tr. **1** portare, condurre, trasportare, menare, addurre, recapitare, consegnare **CONTR.** andare a prendere, prendere, ritirare **2** (*di firma, di timbro e sim.*) avere, portare **3** (*di danno, di vantaggio, ecc.*) arrecare, cagionare, produrre, apportare, causare, determinare **4** riportare, ricondurre **5** (*di notizia*) riferire, annunciare **6** (*di esempio*) citare **B re-**

carsi v. intr. pron. andare, trasferirsi, portarsi, condursi **CONTR.** venire, giungere, arrivare.

recàto part. pass. di **recare**; anche agg. portato, consegnato, recapitato **CONTR.** preso, ritirato.

recèdere v. intr. **1** (*raro*) arretrare, indietreggiare, retrocedere, ritirarsi, ripiegare, rinculare **CONTR.** avanzare, andare avanti, proseguire, progredire **2** (*fig.*) (*da un'impresa*) tirarsi indietro, ritirarsi, desistere, rinunziare, declinare, abbandonare **CONTR.** proseguire, continuare.

recensióne s. f. revisione, esame, critica, esame critico, giudizio.

recensìre v. tr. esaminare, criticare, dare un giudizio.

recensóre s. m. critico, revisore.

recènte agg. ultimo, attuale, nuovo, fresco, odierno, di poco fa **CONTR.** vecchio, invecchiato, antico, disusato, superato.

recenteménte avv. da poco, poco tempo fa, ultimamente, or ora, poc'anzi, poco fa **CONTR.** anticamente, da molto tempo, da un pezzo, molto tempo fa, una volta, in altri tempi.

recentìssime s. f. pl. ultimissime, ultime notizie.

recepìre v. tr. accogliere, ricevere, far proprio, includere □ capire, rendersi conto **CONTR.** escludere, allontanare, rifiutare.

recessióne s. f. **1** ritiro, abbandono, rinunzia **2** (*econ.*) ristagno, rallentamento, crisi, depressione **CONTR.** espansione, boom (*ingl.*), crescita.

recèsso s. m. nascondiglio, anfratto, ritiro, rifugio, latebra (*lett.*).

recìdere A v. tr. **1** tagliare, troncare, mozzare **2** (*di arto*) amputare **3** (*fig.*) (*di discorso, di pratica, ecc.*) interrompere **4** (*raro, fig.*) omettere, eliminare **B recidersi** v. intr. pron. (*raro*) fendersi, tagliarsi, screpolarsi.

recidìvo agg.; anche s. m. pregiudicato □ (*est.*) incorreggibile, incallito, ostinato.

recintàre v. tr. circondare, chiudere, recingere, siepare (*ant.*).

recìnto A agg. cinto, circondato, chiuso, recintato, cerchiato **CONTR.** aperto **B** s. m. steccato, palizzata, cerchia, recinzione □ paddock (*ingl.*).

recinzióne s. f. recinto, steccato, palizzata, cerchia.

recipiènte s. m. contenitore, vaso.

reciprocaménte avv. vicendevolmente, scambievolmente, l'un l'altro **CONTR.** unilateralmente.

reciprocità s. f. scambievolezza (*raro*), alternanza, vicendevolezza (*raro*).

recìproco agg. scambievole, vicendevole, mutuo, alterno **CONTR.** unilaterale.

recisaménte avv. bruscamente, risolutamente, categoricamente, decisamente, seccamente, nettamente, brevemente **CONTR.** dubbiosamente, con incertezza, con indecisione.

recìso part. pass. di **recidere**; anche agg. **1** tagliato, mozzato, troncato, amputato □ interrotto **2** (*fig.*) brusco, risoluto, categorico, asciutto, secco, deciso, netto, breve, crudo, tagliente **CONTR.** titubante, tentennante, dubbioso, incerto, indeciso, irresoluto, vacillante.

rècita s. f. recitazione, rappresentazione, spettacolo.

recital /*ingl.* ri'saitl/ [vc. ingl., da *to recite* 'recitare'] s. m. inv. spettacolo, esibizione.

recitàre v. tr.; anche intr. **1** declamare, scandire, pronunciare, ripetere, rappresentare **2** (*est.*) fingere, drammatizzare, esagerare, fare l'esibizionista.

recitàto part. pass. di **recitare**; anche agg. declamato, pronunciato, rappresentato.

recitazióne s. f. recita, declamazione.

reclamàre A v. intr. protestare, lagnarsi, lamentarsi, ricorrere, contestare **CONTR.** consentire, approvare, applaudire **B** v. tr. **1** pretendere, esigere, richiedere, volere **CONTR.** rinunziare, declinare, rifiutare **2** (*fig.*) abbisognare, richiedere, necessitare, occorrere.

réclame /*fr.* re'klam/ [vc. fr., letteralmente 'richiamo'] s. f. inv. **1** propaganda, pubblicità **2** (*est.*) cartellone, locandina, opuscolo pubblicitario, annuncio, inserzione, avviso economico, slogan.

reclamìstico agg. **1** pubblicitario **2** (*fig., spreg.*) esibizionistico.

reclamizzàre v. tr. pubblicizzare, propagandare, diffondere, fare la réclame.

reclamizzàto part. pass. di **reclamizzare**; anche agg. pubblicizzato, propagandato, diffuso.

reclàmo s. m. protesta, lamentela, rimostranza, lagnanza, ricorso, querela **CONTR.** consenso, approvazione.

reclinàre A v. tr. chinare, piegare, inclinare **CONTR.** alzare, rialzare, sollevare, ergere **B** v. intr. piegarsi, inclinarsi **CONTR.** raddrizzarsi, alzarsi, sollevarsi.

reclinàto part. pass. di **reclinare**; anche agg. chinato, piegato, inclinato **CONTR.** dritto, ritto, sollevato.

reclusióne s. f. **1** (*dir.*) pena detentiva, detenzione, prigionia, carcerazione, imprigionamento, segregazione **CONTR.** libertà, liberazione, scarcerazione **2** (*est.*) prigione, carcere, galera, reclusorio (*raro*).

reclùso agg. e s. m. carcerato, ingabbiato, rinserrato, internato, prigioniero, segregato, rinchiuso, imprigionato, detenuto, condannato, galeotto, ergastolano **CONTR.** libero, liberato.

rècluta s. f. **1** (*mil.*) coscritto, cappella (*gerg.*), cappellone (*gerg.*) **CONTR.** veterano, anziano **2** (*fig.*) novizio, novellino, iniziato, tirocinante, principiante, pivello **CONTR.** anziano, navigato.

reclutaménto s. m. **1** (*mil.*) arruolamento, coscrizione, leva **CONTR.** congedo, riforma **2** (*di personale*) ingaggio, assunzione **CONTR.** licen-

ziamento.
reclutàre v. tr. **1** (*mil.*) arruolare **CONTR.** congedare, riformare **2** (*di personale*) ingaggiare, assumere, assoldare **CONTR.** licenziare.
recòndito agg. **1** (*di luogo*) nascosto, segreto, celato, riposto, appartato **CONTR.** palese, noto, conosciuto **2** (*fig.*) (*di pensiero, di sentimento, ecc.*) occulto, misterioso, inconfessato, segreto, celato **CONTR.** aperto, chiaro, esplicito, espresso, evidente, palese, manifesto.
record /*ingl.* 'rɛkɔ:d/ [vc. ingl., dal lat. *recordari* 'ricordare'] **A** s. m. inv. **1** primato □ massimo **CONTR.** minimo **2** disco, registrazione **B** in funzione di agg. inv. (posposto al s.) massimo, più alto, superiore in assoluto **CONTR.** minimo, più piccolo.
recriminàre A v. tr. (*raro*) ritorcere, controbattere, contraccusare **B** v. intr. affliggersi, lagnarsi, lamentarsi, crucciarsi, pentirsi, rammaricarsi **CONTR.** rallegrarsi, gioire.
recriminàto part. pass. di **recriminare**; anche agg. lamentato, reclamato.
recriminazióne s. f. **1** ritorsione, contraccusa **2** lamentela, lagnanza, reclamo, protesta, rimostranza, querimonia (*lett.*) **CONTR.** soddisfazione.
recrudescènza s. f. **1** inasprimento, ripresa, rincrudimento **CONTR.** attenuazione, diminuzione **2** (*di male*) ricaduta, aggravamento, peggioramento **CONTR.** miglioramento, guarigione.
recto /*lat.* 'rɛkto/ [lat., (*fŏlio*) *rēcto* 'sulla parte dritta del foglio'] s. m. (*di foglio*) faccia, pagina anteriore **CONTR.** verso.
recuperàre e deriv. *V.* **ricuperare** e deriv.
redarguìbile agg. rimproverabile, biasimevole **CONTR.** lodevole, encomiabile.
redarguìre v. tr. rimproverare, riprendere, rimbrottare, rampognare, biasimare, rabbuffare, sgridare, strapazzare **CONTR.** lodare, elogiare, encomiare, approvare.
redàtto part. pass. di **redigere**; anche agg. compilato, scritto, steso, elaborato.
redattóre s. m. (f. *-trice*) **1** (*di scritto*) estensore **2** (*giorn.*) giornalista **3** (*edit.*) curatore **FRAS.** *redattore pubblicitario*, copywriter (*ingl.*).
redazionàle agg. del redattore □ della redazione.
redazióne s. f. **1** stesura, scrittura, compilazione, composizione **2** (*giorn.*) redattori, giornalisti.
redditìzio agg. produttivo, fruttifero, fruttuoso, remunerativo, conveniente **CONTR.** improduttivo, antieconomico, deficitario.
rèddito s. m. entrata, rendita, attivo, provento, frutto, guadagno, introito, salario **CONTR.** spesa, uscita, perdita, deficit (*lat.*).
redènto part. pass. di **redimere**; anche agg. e s. m. liberato, riscattato **CONTR.** irredento, oppresso, schiavo.
redentóre A agg.; anche s. m. (f. *-trice*) affrancatore, liberatore, salvatore **CONTR.** oppressore **B** s. m. Gesù Cristo, il Salvatore.
redenzióne s. f. liberazione, riscatto, affrancamento **CONTR.** oppressione, assoggettamento, asservimento.
redìgere v. tr. stendere, scrivere, compilare, comporre.
redìmere A v. tr. affrancare, liberare, riscattare, riabilitare **CONTR.** asservire, assoggettare, opprimere **B redimersi** v. rifl. liberarsi, riscattarsi, affrancarsi, riabilitarsi, salvarsi **CONTR.** perdersi, dannarsi, soggiacere.
redimìbile agg. riscattabile, affrancabile, liberabile, riabilitabile, ricuperabile **CONTR.** irredimibile, irrecuperabile, perduto.
rèdine s. f. **1** (*di finimenti*) briglia **2** (*di Stato, di situazione, ecc.*) comando, direzione, governo, guida, potere.
redivìvo agg. rinato, rinnovato, risuscitato **CONTR.** defunto, morto, dimenticato.
rèduce agg.; anche s. m. e f. ritornato, superstite, veterano.
reduplicàre v. tr. (*lett.*) raddoppiare.
referendàrio s. m. **1** relatore **2** (*fig., scherz.*) spia.
referèndum [lat., propriamente 'da riferire', da *referre* 'riferire'] s. m. inv. plebiscito, voto popolare.
referènte A agg. relatore, che riferisce **B** s. m. **1** (*ling.*) contesto **2** (*est.*) punto di riferimento.
referènza s. f. informazione, raccomandazione, presentazione.
refèrto s. m. **1** relazione clinica **2** rapporto, relazione, ragguaglio, informazione, perizia, resoconto □ parere, giudizio.
refettòrio s. m. (*di convitto*) sala da pranzo.
refezióne s. f. colazione, pranzo □ (*raro*) pasto.
refill /*ingl.* 'ri:fil/ [vc. ingl., da *to refill* 'riempire di nuovo'] s. m. inv. (*di penna a sfera, di accendino, ecc.*) ricambio, cartuccia, caricatore.
rèfolo s. m. (*di vento*) folata, soffio, buffo, ventata.
refrattàrio agg. **1** (*di materiale*) inalterabile, resistente **2** (*med.*) insensibile (a stimoli) **3** (*fig.*) restio, ribelle, recalcitrante, pervicace, irriducibile, ostinato, indocile, insensibile, negato **CONTR.** docile, adattabile, arrendevole, sensibile, ricettivo, propenso.
refrigerànte A part. pres. di **refrigerare**; anche agg. rinfrescante **CONTR.** riscaldante **B** s. m. frigorifero, frigo (*fam.*), frigidaire (*fr.*), ghiacciaia, refrigeratore **CONTR.** calorifero.
refrigeràre A v. tr. rinfrescare, raffreddare, gelare **CONTR.** riscaldare **B refrigerarsi** v. rifl. rinfrescarsi, raffreddarsi **CONTR.** riscaldarsi.
refrigeràto part. pass. di **refrigerare**; anche agg. rinfrescato, raffreddato **CONTR.** riscaldato.
refrigeratóre A agg. refrigerante, rinfrescante

CONTR. riscaldante **B** s. m. frigorifero, frigo (*fam.*), frigidaire (*fr.*), ghiacciaia **CONTR.** calorifero.
refrigèrio s. m. **1** ristoro, freschezza, rinfrescamento **CONTR.** calura, caldo, afosità, arsura **2** (*fig.*) sollievo, conforto, consolazione, benessere, alleviamento, ristoro **CONTR.** oppressione, afflizione, dolore, sconforto.
refurtìva s. f. roba rubata, bottino, furto, malloppo (*gerg.*).
regalàre v. tr. **1** donare, offrire, elargire, dare, porgere **2** vendere a buon mercato **3** (*fig.*) concedere, accordare, permettere **CONTR.** negare, rifiutare.
regalàto part. pass. di **regalare**; anche agg. **1** donato, elargito, dato **2** avuto a buon prezzo.
regàle agg. **1** reale, principesco, regio **2** (*est.*) maestoso, magnifico, sontuoso, splendido, sfarzoso, pomposo, lussuoso, imponente, solenne, fastoso **CONTR.** povero, misero, modesto, umile, semplice **3** (*est.*) munifico, generoso, condiscendente **CONTR.** gretto, meschino, pitocco.
regalità s. f. **1** maestà **2** (*est.*) munificenza, generosità, condiscendenza, magnanimità, grandezza, splendore **CONTR.** grettezza, meschinità.
regalménte avv. **1** da re, da sovrano, principescamente **2** (*est.*) maestosamente, magnificamente, sontuosamente, sfarzosamente, pomposamente, fastosamente, solennemente **CONTR.** poveramente, miseramente, modestamente, umilmente, semplicemente **3** munificamente, generosamente **CONTR.** grettamente, meschinamente.
regàlo s. m. **1** dono, strenna, presente, donativo, donazione, regalia, elargizione, omaggio **2** (*fig.*) piacere, favore **CONTR.** dispiacere, dolore, afflizione, angoscia.
reggènte part. pres. di **reggere**; anche agg. e s. m. e f. **1** governatore, vicerè **2** (*a San Marino*) capo di Stato.
reggènza s. f. governatorato.
règgere A v. tr. **1** sorreggere, sostenere, puntellare, trattenere, tenere ritto, tenere, portare **CONTR.** lasciare, abbandonare **2** (*di peso, di pressione*) sopportare, resistere **3** (*di Stato, di impresa, ecc.*) guidare, regolare, dirigere, governare, dominare, amministrare **B** v. intr. **1** (*a fatica, a peso, ecc.*) resistere, sostenere, sopportare **2** (*est.*) (*in un'impresa*) perseverare, insistere, continuare, tenere duro **CONTR.** rinunciare, desistere, mollare **3** (*di stagione, di tempo, ecc.*) durare **C reggersi** v. rifl. e intr. pron. **1** sostenersi, appoggiarsi, aggrapparsi, puntellarsi, trattenersi, stare saldo, stare ritto **CONTR.** abbandonarsi, crollare, cadere **2** (*fig.*) dominarsi, controllarsi, padroneggiarsi, frenarsi, vincersi **CONTR.** abbandonarsi **3** governarsi **D** v. rifl. rec. sostenersi, aiutarsi.
règgia s. f. **1** palazzo reale, corte **2** (*fig.*) palazzo lussuoso **CONTR.** tugurio, catapecchia, stamberga.
reggiménto s. m. **1** (*lett.*) governo, regime **2** (*fig.*) moltitudine, quantità, folla, turba, torma, stuolo, caterva, infinità.
reggipètto s. m. reggiseno.
reggiséno s. m. reggipetto.
regìa s. f. **1** direzione artistica **2** (*est.*) direzione **3** (*di cerimonia, di manifestazione e sim.*) organizzazione, allestimento, preparazione, approntamento, messinscena **4** (*di sale e tabacchi*) monopolio, privativa.
regìme s. m. **1** governo, reggimento (*raro*) **2** (*spreg.*) dittatura **3** (*di vita*) regola, sistema, canone, metodo, consuetudine, forma **4** dieta **5** (*di fenomeno*) andamento **6** (*di macchina*) andamento, funzionamento.
regìna s. f. **1** sovrana, maestà **2** (*fig.*) primadonna, padrona, signora **3** (*di carta da gioco*) donna.
reginétta s. f. **1** dim. di **regina 2** miss (*ingl.*).
règio agg. **1** reale, regale **2** (*fig.*) principesco, maestoso, sontuoso, splendido, sfarzoso, solenne, fastoso **CONTR.** povero, modesto, umile, semplice.
regionàle agg. **1** della regione **2** in regioni **3** (*est.*) locale.
regióne s. f. **1** plaga, territorio, contrada, terra, paese, zona, area **2** dipartimento, compartimento, circoscrizione.
regìsta s. m. e f. **1** direttore artistico **2** (*est.*) direttore **3** (*fig.*) (*di cerimonia, di manifestazione e sim.*) organizzatore, allestitore.
registràre v. tr. **1** annotare, inscrivere, catalogare, immatricolare, allibrare, rubricare, raccogliere, notare, segnare, appuntare, schedare, protocollare **2** (*est.*) (*di avvenimento*) ricordare, rammentare **3** (*di suono*) incidere **4** (*di congegno*) mettere a punto, regolare **5** (*di conto*) allibrare.
registratóre A agg. (*mus.*) incisore **B** s. m. (*mus.*) incisore, deck (*ingl.*) **FRAS.** *registratore di volo*, scatola nera.
registrazióne s. f. **1** annotazione, catalogazione, immatricolazione **2** (*di suono*) incisione **3** (*di meccanismo*) messa a punto, regolazione **4** (*di conto*) allibramento.
regìstro s. m. **1** mastro, matricola, catalogo, repertorio, elenco, inventario, scadenziario, protocollo **2** (*di voce*) ampiezza, estensione **FRAS.** *cambiare registro* (*fig.*), cambiare contegno, cambiare sistema □ *registro dei morti*, obituario, necrologio.
regnànte part. pres. di **regnare**; anche agg. e s. m. e f. **1** re, regina, sovrano, sovrana, monarca □ (*est.*) capo di Stato **2** (*di uso, di opinione, ecc.*) dominante, prevalente, imperante, predominante, comune, maggioritario **CONTR.** minoritario, di pochi.
regnàre v. intr. **1** governare, essere sovrano **CONTR.** sottostare, ubbidire **2** (*est.*) dominare,

comandare, imperare **CONTR.** sottostare, ubbidire **3** (*fig.*) (*di pace, di ignoranza, ecc.*) essere presente, prevalere, predominare **4** (*di piante*) allignare, prosperare, attecchire.

régno s. m. **1** reame, principato, impero **2** (*est.*) dominio, sovranità, governo **3** (*est.*) dimora, luogo, mondo.

règola s. f. **1** norma, modello **CONTR.** eccezione, irregolarità, anomalia **2** (*est.*) precetto, prescrizione, legge, canone, criterio, direttiva **3** (*di gioco, di uso, ecc.*) metodo, sistema **4** (*nello spendere, nel lavoro, ecc.*) misura, modo, moderazione, freno **5** (*di comunità*) disciplina, ordine, insegnamento **6** (*spec. al pl.*) mestruazioni **FRAS.** *avere le carte in regola* (*fig.*), avere i requisiti necessari □ *per tua norma e regola* (*fig.*), perché tu ti sappia regolare □ *di regola*, normalmente, di solito, usualmente.

regolàbile agg. (*di meccanismo*) registrabile.

regolamentàre (1) agg. (*bur.*) regolare, normale, legale, conforme **CONTR.** irregolare, illegale, anomalo, straordinario.

regolamentàre (2) v. tr. sistemare, regolare, disciplinare, ordinare **CONTR.** disordinare, scompigliare, sconvolgere.

regolaménto s. m. **1** (*di acque, di faccenda, ecc.*) sistemazione, assestamento, assetto, regolarizzazione, riorganizzazione **2** (*di scuola, di società, ecc.*) regola, norma, ordinamento **3** (*di debito*) pagamento **FRAS.** *regolamento di conti* (*gerg.*), vendetta.

regolàre (1) A v. tr. **1** (*di traffico, di acque, ecc.*) ordinare, sistemare, disciplinare **CONTR.** sconvolgere, rivoluzionare, scoordinare **2** (*est.*) (*di legge, di autorità, ecc.*) governare, guidare, dirigere **3** (*di spesa e sim.*) ridurre, limitare **4** (*di meccanismo, di congegno*) registrare, accomodare, correggere, modificare **5** (*fig.*) (*di questione, di conto, ecc.*) sistemare, definire, determinare, risolvere **B regolarsi** v. rifl. **1** comportarsi, contenersi, procedere, agire **2** (*nello spendere, nel dire, ecc.*) limitarsi, controllarsi, frenarsi, moderarsi **CONTR.** sfrenarsi, eccedere, trascendere, abbandonarsi **FRAS.** *regolare i conti* (*fig., gerg.*), vendicarsi.

regolàre (2) agg. **1** (*di movimento, di passo, ecc.*) metodico, uniforme, ordinato, costante, regolato, misurato, corretto, equo, equilibrato, ritmico, compassato **CONTR.** irregolare, scorretto, disordinato, aritmico, incostante, squilibrato, discontinuo **2** (*di comportamento, di avvenimento, ecc.*) usuale, consueto, solito, normale, ordinario **CONTR.** eccezionale, anormale, raro, insolito, straordinario, anomalo **3** (*di documento, di arma, ecc.*) regolamentare, lecito, legale **CONTR.** illegale, illecito.

regolarità s. f. **1** normalità, uniformità, metodicità, costanza, continuità, equilibrio, misura, ritmicità, ordine, esattezza **CONTR.** irregolarità, disordine, discontinuità, saltuarietà **2** (*di documento, di arma, ecc.*) legalità, regolamentarità **CONTR.** illegalità.

regolarizzàre v. tr. regolare, legalizzare, normalizzare, legittimare.

regolarizzazióne s. f. legalizzazione, ordine, normalizzazione, legittimazione.

regolarménte avv. metodicamente, uniformemente, ordinatamente, costantemente, correttamente, misuratamente, equilibratamente, equamente, ritmicamente, compassatamente, secondo le regole **CONTR.** irregolarmente, scorrettamente, disordinatamente, aritmicamente, incostantemente, con discontinuità.

regolàto part. pass. di **regolare (1)**; anche agg. **1** (*di traffico, di andamento*) ordinato, disciplinato, sistemato **CONTR.** disordinato, sregolato, caotico **2** (*di comunità, di azienda, ecc.*) governato, retto, diretto, guidato **3** (*di persona*) moderato, morigerato, misurato, sobrio, temperante **CONTR.** smodato, eccessivo, intemperante, sregolato **4** (*di meccanismo*) registrato, messo a punto **5** (*di questione, di conto, ecc.*) sistemato, definito, risolto **CONTR.** irrisolto, sospeso.

regolatóre s. m. misuratore, dosatore.

regolazióne s. f. **1** sistemazione, coordinamento, riorganizzazione **2** (*di meccanismo*) registrazione, messa a punto.

règolo s. m. listello, riga, righello.

regredìre v. intr. (*anche fig.*) tornare indietro, retrocedere, indietreggiare, arretrare □ peggiorare, deteriorarsi **CONTR.** avanzare, progredire, procedere.

regredìto part. pass. di **regredire**; anche agg. **1** retrocesso, indietreggiato, arretrato, regresso **CONTR.** avanzato, progredito **2** (*fig.*) peggiorato, involuto, deteriorato **CONTR.** migliorato, avanzato, progredito.

regressióne s. f. **1** ritorno, arretramento **CONTR.** avanzamento **2** (*fig.*) regresso, decadenza, involuzione, peggioramento, deterioramento **CONTR.** miglioramento, evoluzione **3** (*astron.*) retrodatazione.

regressìvo agg. **1** regrediente, retrocedente **CONTR.** progressivo, avanzante **2** (*di processo, di età, ecc.*) involutivo, involutorio **CONTR.** evolutivo **3** (*filos.*) induttivo **CONTR.** deduttivo **4** (*di imposta*) gravante sui redditi minori **CONTR.** progressivo.

regrèsso s. m. regressione, involuzione, decadenza, decadimento, deterioramento **CONTR.** progresso, evoluzione, avanzamento.

reiètto agg.; anche s. m. respinto, allontanato, ripudiato, derelitto, discreditato, paria, scacciato, emarginato, escluso, fallito **CONTR.** gradito, accolto, ricevuto.

reincarnazióne s. f. **1** metempsicosi **2** (*fig.*) modello perfetto, copia perfetta **CONTR.** opposto.

reintegràre A v. tr. **1** (*di metodo, di ordine, ecc.*) ristabilire, rinnovare, restaurare, ripristinare **CONTR.** abolire, togliere **2** (*di persona*) riassumere, rimettere, ricollocare **CONTR.** togliere, allontanare, cacciare **3** (*per danni*) restituire, risarcire, indennizzare **B reintegrarsi** v. rifl. ricollocarsi, risistemarsi.

reintegràto part. pass. di **reintegrare**; anche agg. **1** (*di metodo, di ordine, ecc.*) ristabilito, ripristinato **CONTR.** abolito, tolto **2** (*di persona*) riassunto, ripreso, rimesso **CONTR.** allontanato, cacciato **3** (*per danni*) risarcito, indennizzato.

reintegraziòne s. f. **1** reintegramento (*raro*), risarcimento, restaurazione (*ant.*) **2** restauro, ripristino **3** (*di persona*) ricollocazione, riassunzione **CONTR.** allontanamento, cacciata, degradazione.

reità s. f. colpevolezza, colpa, misfatto, scelleratággine **CONTR.** innocenza, incolpevolezza.

reiteràto agg. ripetuto, replicato, ribadito, rinnovato, riconfermato.

relativaménte avv. **1** in relazione, a proposito, in rapporto a, proporzionalmente, rispetto a **CONTR.** assolutamente **2** abbastanza **CFR.** poco, troppo.

relativìsmo s. m. **CONTR.** dogmatismo.

relatività s. f. soggettività, parzialità **CONTR.** oggettività, generalità.

relativo agg. **1** attinente, concernente, appartenente, pertinente, spettante, corrispondente, connesso, riferibile, riguardante, rispettivo **CONTR.** estraneo **2** (*di opinione, di scelta, ecc.*) soggettivo, parziale **CONTR.** assoluto **3** (*di possibilità, di tempo, ecc.*) condizionato, limitato, ristretto, scarso **CONTR.** ampio, illimitato.

relatóre s. m. (f. *-trice*) oratore, conferenziere □ referendario.

relax /*ingl.* ri'læks/ [vc. ingl., da *to relax* 'rilassarsi', dal lat. *relaxāre* 'rilassare'] s. m. inv. riposo, quiete, sosta, rilassamento, distensione **CONTR.** tensione, sforzo, fatica, affaticamento, nervosismo.

relazionàre v. tr. e intr. ragguagliare, informare.

relazióne s. f. **1** (*tra cose, tra fatti, ecc.*) rapporto, connessione, legame, nesso, collegamento, riferimento, attinenza, affinità, analogia **2** (*d'affetto, di affari, ecc.*) amicizia, conoscenza, corrispondenza, vincolo, legame, contatto, intimità **3** rapporto sessuale **4** (*di situazione, di vicenda, ecc.*) rapporto, ragguaglio, narrazione, esposizione, resoconto, referto, rendiconto.

relegàre v. tr. confinare, esiliare, allontanare, isolare, segregare, emarginare, bandire.

relegàto part. pass. di **relegare**; anche agg. confinato, isolato, segregato, emarginato, bandito, esiliato.

religióne s. f. **1** fede, credo, confessione, credenza **CONTR.** ateismo, irreligiosità, empietà **2** culto, rito **3** rispetto, reverenza, venerazione, devozione, amore, considerazione, adorazione, riguardo **CONTR.** disprezzo, spregio, noncuranza, disistima, irriverenza **4** solennità, santità.

religiosaménte avv. **1** piamente, santamente, devotamente **CONTR.** empiamente **2** (*fig.*) rispettosamente, deferentemente **CONTR.** sprezzantemente, disdegnosamente **3** (*fig.*) scrupolosamente, accuratamente, coscienziosamente, meticolosamente, minuziosamente, diligentemente **CONTR.** negligentemente, trascuratamente, senza riguardo.

religiosità s. f. **1** pietà, religione, devozione, culto **CONTR.** empietà, irreligiosità, ateismo **2** scrupolo, zelo, esattezza, accuratezza **CONTR.** superficialità, leggerezza, trascuratezza.

religióso A agg. **1** sacro, santo, consacrato **CONTR.** profano **2** pio, credente, devoto, fedele, osservante **CONTR.** empio, infedele, irreligioso, laico **3** (*fig.*) (*di silenzio, di rispetto, ecc.*) riverente, rispettoso, deferente, ossequioso, riguardoso **CONTR.** sprezzante, disdegnoso **4** (*fig.*) (*di attenzione, di cura, ecc.*) scrupoloso, accuratissimo, esatto, coscienzioso, meticoloso, minuzioso, diligente **CONTR.** trascurato, noncurante, negligente **B** s. m. sacerdote, ecclesiastico, frate **CONTR.** laico.

relìquia s. f. **1** resto, cimelio, ricordo, vestigia **2** (*fig.*) cosa cara, cosa preziosa.

relitto s. m. **1** (*di nave*) rottame, resto, carcassa **2** (*fig., est.*) (*di persona*) reietto, derelitto, larva.

remake /*ingl.* 'ri:'meik/ [vc. ingl., da *to remake* 'rifare'] s. m. inv. (*cine.*) nuova versione, rifacimento.

remàre v. intr. vogare, remigare (*lett.*), remeggiare.

remàta s. f. **1** vogata **2** colpo di remo.

rematóre s. m. (f. *-trice*) remigante (*lett.*), vogatore, canottiere, barcaiolo.

reminiscènza s. f. ricordo, memoria, rimembranza (*lett.*), ricordanza **CONTR.** dimenticanza, oblio.

remissióne s. f. **1** (*di pena, di peccato e sim.*) condono, perdono **CONTR.** condanna **2** (*di debito*) estinzione **3** (*fig.*) scampo, salvezza **4** remissività, sottomissione, acquiescenza, arrendevolezza **CONTR.** indocilità, ribellione, pervicacia.

remissività s. f. acquiescenza, docilità, remissione, sottomissione, arrendevolezza, accondiscendenza, deferenza, mitezza, mansuetudine **CONTR.** indocilità, indomabilità, ribellione, ostinatezza, pervicacia, disubbidienza.

remissìvo agg. acquiescente, docile, sottomesso, arrendevole, ubbidiente, mansueto, condiscendente, conciliante, deferente **CONTR.** indocile, restio, riluttante, recalcitrante, indomabile, ribelle, ostinato, pervicace, disubbidiente.

rèmo s. m. pala, pagaia.

rèmora s. f. (*lett.*) indugio, freno, dilazione, ritardo, impedimento, ostacolo, rallentamento, intralcio, pastoia, lentezza **CONTR.** immediatezza, sollecitudine, fretta, premura.

remòto agg. **1** (*di tempo*) lontano, immemorabile CONTR. vicino, presente, attuale **2** (*lett.*) (*di luogo*) appartato, solitario, isolato, distante, ermo (*lett.*), romito (*lett.*) CONTR. vicino, vicinissimo, prossimo.

rèndere A v. tr. **1** ridare, restituire, rifondere, rimborsare, risarcire CONTR. tenere, trattenere, conservare, serbare **2** (*di favore, di regalo, ecc.*) ricambiare, contraccambiare **3** (*di persona, di cosa*) consegnare, riconsegnare, rimandare, rassegnare (*raro*) **4** (*est.*) (*di onore, di omaggio, ecc.*) dare, tributare, offrire, presentare **5** (*di servizio, di aiuto, ecc.*) fare, prestare **6** (*di denaro, di lavoro, ecc.*) fruttare, produrre, fruttificare, ricompensare CONTR. costare, essere infruttuoso **7** (*est.*) (*di immagine, di aspetto*) raffigurare, ritrarre **8** (*di idea, di impressione, ecc.*) rappresentare, descrivere, esprimere, manifestare, riprodurre **9** (*in lingua diversa*) tradurre **10** (*di persona, di cosa*) far diventare, trasformare, ridurre **11** (*lett.*) (*di suono, di respiro, ecc.*) emettere, far uscire **B rendersi** v. intr. pron. **1** diventare, comportarsi **2** dirigersi, recarsi FRAS. *rendere la pariglia* (*fig.*), vendicarsi di un torto □ *rendere pan per focaccia* (*fig.*), ricambiare (un torto, uno sgarbo, ecc.).

rendez-vous /*fr.* rã'de 'vu/ [vc. fr., propriamente imper. del verbo *se rendre* 'incontrarsi'] s. m. inv. appuntamento, incontro, ritrovo, convegno.

rendicónto s. m. **1** (*est.*) (*di contabilità*) resoconto, consuntivo, bilancio **2** (*di avvenimento, di situazione*) relazione, rapporto.

rendiménto s. m. **1** produttività, guadagno **2** reddito, frutto, rendita, utile, interesse, resa CONTR. passivo, deficit (*lat.*).

rèndita s. f. entrata, censo, frutto, reddito, interesse, provento, cespite CONTR. spesa, uscita, passivo, deficit (*lat.*).

réni s. f. pl. schiena, lombi, fianchi.

renitènte agg. **1** restio, riluttante, recalcitrante, ribelle, indocile, refrattario, resistente, ritroso CONTR. docile, arrendevole, cedevole, disposto, adattabile, remissivo, condiscendente, conciliante **2** (*alla leva militare*) disertore □ obiettore di coscienza.

renitènza s. f. **1** resistenza, riluttanza, ritrosia, indocilità, ribellione, opposizione CONTR. cedevolezza, arrendevolezza, docilità, condiscendenza, sottomissione **2** (*alla leva militare*) diserzione □ obiezione di coscienza.

rentrée /*fr.* rã'tre/ [vc. fr., letteralmente 'rientrata'] s. f. inv. **1** (*di attore*) ritorno al teatro, ritorno alle scene **2** (*in un ambiente*) ricomparsa.

rèo A s. m. **1** colpevole, accusato, imputato **2** (*lett.*) manigoldo, malfattore, malvivente, farabutto, delinquente, criminale CONTR. innocente, galantuomo **B** agg. (*lett.*) malvagio, crudele, cattivo, iniquo, infame, perverso, scellerato, tristo, pravo (*lett.*), perfido, malefico, pestifero CONTR. buono, onesto, dabbene.

repàrto s. m. **1** (*raro*) (*di cose*) divisione, distribuzione, ripartizione **2** (*di luogo*) parte, settore, compartimento, sezione, dipartimento **3** (*di truppa*) distaccamento.

repellènte agg. (*fig.*) ripugnante, ributtante, repulsivo, disgustoso, schifoso, rivoltante, nauseante, stomachevole, nauseabondo, disgustante CONTR. piacevole, gradevole, attraente, allettante, seducente, invitante.

repentàglio s. m. rischio, pericolo CONTR. riparo, sicurezza.

repènte A agg. (*poet.*) improvviso, subitaneo, rapido, istantaneo, fulmineo, repentino, precipitoso CONTR. lento, graduale **B** avv. (*lett.*) improvvisamente, rapidamente, subitaneamente, istantaneamente, precipitosamente, repentinamente, fulmineamente CONTR. lentamente, gradualmente, adagio, piano, cautamente.

repentinaménte avv. improvvisamente, subitaneamente, istantaneamente, fulmineamente, all'improvviso, repente (*lett.*) CONTR. lentamente, gradualmente, pian piano, adagio adagio.

repentìno agg. improvviso, rapido, subitaneo, istantaneo, precipitoso, fulmineo CONTR. lento, graduale, previsto, calcolato.

reperìbile agg. trovabile, ritrovabile, rinvenibile, rintracciabile CONTR. irreperibile, introvabile.

reperiménto s. m. **1** ritrovamento, rinvenimento CONTR. smarrimento, perdita **2** (*raro, stat.*) dépistage (*fr.*).

reperìre v. tr. (*lett.*) trovare, ritrovare, rinvenire CONTR. smarrire, perdere.

reperìto part. pass. di **reperire**; anche agg. trovato, ritrovato, rinvenuto CONTR. perduto, smarrito, perso.

repèrto A part. pass. di **reperire**; anche agg. (*lett.*) reperito **B** s. m. **1** ritrovamento, resto, rinvenimento **2** corpo del reato **3** (*med.*) referto, relazione.

repertòrio s. m. **1** (*teat.*) programma, elenco di opere **2** indice, prontuario, inventario, raccolta, registro, catalogo, elenco, formulario, lista.

replay /*ingl.* 'ri:'plei/ [vc. ingl., 'rigiocare', da *to play* 'suonare, recitare'] s. m. inv. (*mus., radio, tv., ecc.*) playback, riproduzione, ripetizione.

rèplica s. f. **1** ripetizione, reiterazione **2** (*a discorso, a lettera, ecc.*) risposta, obiezione, contraddizione, confutazione, eccezione **3** (*teat.*) ripetizione, bis **4** (*di opera d'arte*) riproduzione, copia, facsimile CFR. originale.

replicàbile agg. ripetibile, riproducibile.

replicàre v. tr. **1** (*di esperimento, di azione, ecc.*) ripetere, rifare, reiterare, rinnovare **2** (*a discorso, a scritto*) rispondere, ribattere, obiet-

tare, contraddire, ridire, ribadire, controbattere, opporre, eccepire, rimbeccare.
replicàto part. pass. di **replicare**; anche agg. reiterato, ripetuto, rinnovato, rifatto □ ribadito.
reportage /*fr.* rəpɔr'taʒ/ [vc. fr., da *reporter*, lo stesso che l'ingl. *reporter*] s. m. inv. **1** servizio **2** (*est.*) inchiesta.
reporter /*ingl.* ri'pɔ:tə/ [vc. ingl., da *to report* 'riportare'] s. m. inv. cronista, inviato.
repressióne s. f. soffocamento, smorzamento, soppressione, costrizione, compressione, mortificazione **CONTR.** liberazione □ ribellione.
repressìvo agg. costrittivo, coercitivo, opprimente **CONTR.** liberatorio.
reprèsso part. pass. di **reprimere**; anche agg. domato, frenato, vinto, soffocato, impedito, smorzato, compresso, schiacciato, fiaccato, mortificato **CONTR.** liberato □ incitato, istigato, aizzato, spinto.
reprimènda s. f. sgridata, riprensione (*lett.*), rimprovero, rampogna (*lett.*), redarguizione (*ant.*), strapazzata **CONTR.** lode, encomio, elogio, approvazione, complimento.
reprìmere A v. tr. **1** (*di sentimenti, di passioni*) raffrenare, trattenere, contenere, frenare, padroneggiare, costringere, arrestare, dominare, comprimere **CONTR.** liberare **2** (*di rivolta, di sciopero, ecc.*) soffocare, domare, vincere, schiacciare, sopprimere, fiaccare **CONTR.** favorire, aiutare □ incitare, istigare, aizzare **B reprimersi** v. rifl. frenarsi, dominarsi, trattenersi, contenersi, padroneggiarsi, controllarsi, moderarsi **CONTR.** eccitarsi, esaltarsi, scatenarsi.
reprint /*ingl.* 'ri:'print/ [vc. ingl., da *to reprint* 'ristampare'] s. m. inv. (*di libro*) copia anastatica, ristampa anastatica, riproduzione.
rèprobo agg.; anche s. m. **1** dannato, empio, maledetto **CONTR.** benedetto, redento **2** (*est.*) malvagio, cattivo, ribelle, perfido **CONTR.** buono, mite, benigno, probo.
repùbblica s. f. **CONTR.** monarchia, impero.
repubblicàno agg. e s. m. **CONTR.** monarchico.
repulsióne s. f. avversione, ripugnanza, incompatibilità, idiosincrasia, fastidio, antipatia, fobia, disgusto, ribrezzo **CONTR.** simpatia, gradimento, attrazione, affinità.
reputàre A v. tr. considerare, stimare, credere, giudicare, ritenere, valutare **B reputarsi** v. rifl. stimarsi, credersi, considerarsi, giudicarsi, ritenersi, valutarsi.
reputazióne s. f. stima, considerazione, giudizio, credito, nome, nomea, rinomanza.
requiem /*lat.* 'rɛkwjem/ [vc. lat., prima parola della preghiera per i defunti: *Requiem aeternam* (propriamente 'pace eterna')] s. m. o f. preghiera per i defunti **FRAS.** *messa di requiem*, messa funebre.
requisìre v. tr. sequestrare, incettare, confiscare **CONTR.** restituire, svincolare, liberare.
requisìto (1) part. pass. di **requisire**; anche agg. sequestrato, catturato, confiscato **CONTR.** liberato, restituito, svincolato.
requisìto (2) s. m. condizione, titolo, qualità, dote, pregio, capacità **CONTR.** manchevolezza, insufficienza, difetto.
requisitòria s. f. **1** arringa **2** (*est.*) rimprovero, biasimo, ramanzina **CONTR.** elogio, lode.
requisizióne s. f. incetta, sequestro, confisca.
résa s. f. **1** (*di persona, di città, ecc.*) capitolazione **2** (*di cosa*) restituzione, rimborso **3** rendimento, produttività □ utile **4** (*di contabilità*) rendiconto, bilancio, consuntivo **5** merce invenduta, giacenza.
rescìsso agg. annullato, sciolto, eliminato, troncato, invalidato **CONTR.** ratificato, convalidato.
rescrìtto s. m. decreto, ordinanza.
residence /*ingl.* 'rezidəns/ [vc. ingl., dal fr. *résidence* 'residenza'] s. m. inv. **1** complesso alberghiero **2** complesso di abitazioni, complesso turistico.
residènte agg. e s. m. e f. abitante, cittadino.
residènza s. f. **1** sede, dimora, abitazione, domicilio **2** (*est.*) edificio, casa, abitazione.
residenziàle agg. **1** di residenza **2** (*di zona, di quartiere*) urbanizzato, destinato ad abitazioni.
resìduo A agg. restante, rimanente, eccedente, sopravanzante, rimasto, avanzato **CONTR.** mancante, difettante **B** s. m. **1** resto, avanzo, eccedenza, differenza, rimanenza, sopravanzo **2** scoria, impurità, scarto, deposito, fondo, fondiglio, posa, rimasuglio, feccia **3** relitto, rottame.
rèsina s. f. (*est.*) pece, colla, gomma, mastice.
resistènte part. pres. di **resistere**; anche agg. **1** tenace, durevole, saldo, fermo, duraturo, stabile, robusto, solido, massiccio, compatto **CONTR.** fragile, tentennante, malfermo **2** (*fig.*) (*di persona*) costante, incrollabile, instancabile, irremovibile, perseverante, pertinace, irriducibile, infaticabile, indefesso **CONTR.** debole, fiacco, cedevole, svogliato, arrendevole, spossato, svigorito, snervato.
resistènza s. f. **1** (*fis.*) attrito, forza, impedimento **2** (*mil.*) difesa, difensiva **CONTR.** offesa, attacco, assalto **3** (*a nemico, ad ostacolo, ecc.*) opposizione, rifiuto, contrasto, ostacolo, rigidità, ostinatezza, inflessibilità, riluttanza, ritrosia, ostinazione, caparbietà, renitenza, indocilità **CONTR.** docilità, arrendevolezza, cedevolezza, remissività **4** opposizione al fascismo, guerra partigiana, guerra di liberazione **5** (*di materiale*) solidità, compattezza, durevolezza, stabilità, saldezza, consistenza, robustezza, durata **CONTR.** fragilità, inconsistenza, friabilità **6** (*fig.*) (*di carattere*) saldezza, fermezza, energia, sopportazione, instancabilità, perseveranza, infaticabilità, incrollabilità, costanza, tenacia **CONTR.** debolezza, fiacca, fiacchezza, spossatezza, svogliatezza, cedevolezza

7 (*est.*) fiato, vigore, lena, forza, gagliardia.

resìstere v. intr. **1** (*nel tempo*) durare, perdurare, rimanere, persistere, continuare, conservarsi CONTR. cedere **2** (*est.*) (*al nemico, ad una proposta, ecc.*) opporsi, tener testa, tener duro, far fronte, difendersi, sostenere, fermare, reggere, bloccare, respingere, contrastare CONTR. cedere, arrendersi **3** (*est.*) (*a uno*) contrastare, ostacolare, contrariare, rispondere, reagire □ ostinarsi, incaponirsi, impuntarsi CONTR. arrendersi, cedere, piegarsi, rimettersi, adeguarsi, accettare **4** (*al freddo, al dolore, ecc.*) sopportare, tollerare, sostenere, reggere CONTR. cedere.

resocónto s. m. **1** (*di contabilità, di seduta, ecc.*) rapporto, rendiconto, relazione, ragguaglio, verbale **2** (*est.*) (*di avvenimento*) esposizione, narrazione, cronaca.

respìngere v. tr. **1** (*di persona*) spingere indietro, ributtare, ricacciare, far retrocedere, mettere in fuga, allontanare, cacciare, risospingere, scacciare CONTR. attrarre, attirare, accogliere, accettare **2** (*di proposta, di dono, ecc.*) rifiutare, scartare □ rimandare, ripudiare, restituire CONTR. accettare, accogliere, ricevere, gradire **3** (*di accusa, di obiezione, ecc.*) ribattere, rintuzzare, ricusare CONTR. ricevere, accettare **4** (*di studente, di candidato, ecc.*) bocciare, riprovare, rimandare CONTR. ammettere, promuovere.

respìnto part. pass. di **respingere**; anche agg. e s. m. **1** (*di persona*) rimandato, ricacciato, scacciato, allontanato, risospinto CONTR. accolto, accettato **2** (*di dono, di proposta, ecc.*) rifiutato, ripudiato, reietto, scartato □ rimandato, restituito CONTR. accettato, accolto, gradito **3** (*di studente, di candidato, ecc.*) bocciato CONTR. promosso.

respiràbile agg. puro, pulito CONTR. inquinato.

respiràre v. intr. **1** alitare, fiatare, soffiare, ansare, ansimare, sbuffare, boccheggiare, rantolare **2** (*est.*) vivere CONTR. morire **3** (*fig.*) riposare, riaversi, fermarsi, distendersi, rilassarsi CONTR. affannarsi, agitarsi, affaccendarsi, affaticarsi.

respiratóre s. m.; anche agg. (f. *-trice*) respiratorio FRAS. *respiratore automatico*, polmone d'acciaio.

respirazióne s. f. (*est.*) respiro, fiato, soffio, alito.

respìro s. m. **1** respirazione, fiato, soffio, alito, sospiro, ansito, sbuffo, affanno, rantolo **2** (*fig.*) sollievo, riposo, pausa, interruzione, tregua, conforto, quiete CONTR. fatica, stanchezza, affanno, esagitazione, angustia **3** (*fig.*) (*di opera letteraria*) portata, forza, potenza.

responsàbile A agg. **1** (*di affare, di locale, ecc.*) garante, mallevadore, avallante **2** (*di sé stesso*) conscio, consapevole, assennato, sensato, cosciente, giudizioso, prudente, savio, avveduto, ragionevole CONTR. irresponsabile, insensato, incosciente, dissennato **3** (*di misfatto, di reato, ecc.*) colpevole CONTR. innocente **B** s. m. e f. **1** (*della vita pubblica, di azienda, ecc.*) capo, dirigente, governante □ incaricato, sorvegliante, custode **2** (*di negozio*) gerente, gestore **3** (*di misfatto, di reato*) colpevole, reo CONTR. innocente.

responsabilità s. f. consapevolezza, assennatezza, sensatezza, giudizio, avvedutezza, ragionevolezza CONTR. irresponsabilità, insensatezza, dissennatezza.

responsabilizzàre v. tr. consapevolizzare, rendere responsabile CONTR. deresponsabilizzare.

responsabilizzàto part. pass. di **responsabilizzare**; anche agg. consapevolizzato, reso responsabile, coinvolto CONTR. deresponsabilizzato.

responsabilizzazióne s. f. consapevolizzazione, coinvolgimento, responsabilità.

responsabilménte avv. consciamente, coscientemente, consapevolmente, sensatamente, giudiziosamente CONTR. irresponsabilmente, incoscientemente, imprudentemente.

respònso s. m. **1** (*lett.*) (*di oracolo*) risposta **2** risposta, parere, giudizio, sentenza, opinione.

rèssa s. f. calca, folla, pigia pigia, moltitudine, torma, turba, brulicame, stuolo, formicolio, serra serra.

restànte A part. pres. di **restare**; anche agg. residuo, rimanente, rimasto **B** s. m. resto, avanzo, eccedenza, rimanenza.

restàre v. intr. **1** fermarsi, arrestarsi, trattenersi, rimanere, permanere CONTR. andarsene, partire, allontanarsi, proseguire **2** (*in salute, in rapporto, ecc.*) mantenersi **3** (*est.*) sopravvivere **4** (*cieco, muto, ecc.*) divenire, diventare, rimanere **5** (*di cose*) avanzare, eccedere **6** (*di luogo*) trovarsi, essere situato **7** (*lett.*) (*di vento, di bufera, ecc.*) cessare, smettere, desistere FRAS. *restare a bocca asciutta* (*fig.*), non trarre nessun vantaggio □ *restare con un palmo di naso* (*fig.*), restare deluso □ *restare di stucco, di sale* (*fig.*), rimanere molto meravigliato □ *restare al verde, restare in bolletta* (*fig.*), rimanere senza denaro □ *restare sul colpo*, morire all'improvviso.

restauràre v. tr. **1** (*di quadro, di mobile, ecc.*) riparare, ritoccare, accomodare, risanare, ricostruire CONTR. deteriorare, distruggere, guastare **2** (*di ordine, di usi, ecc.*) ripristinare, ristabilire, rimettere in vita CONTR. abolire, sopprimere.

restàuro s. m. riparazione, ripristino, rifacimento, risanamento, riattamento.

restìo agg. **1** (*di animale*) recalcitrante, scalciante CONTR. docile, sottomesso **2** (*est.*) (*di persona*) ritroso, schivo, riluttante, recalcitrante, alieno, contrario, renitente, refrattario CONTR. docile, arrendevole, favorevole, ubbidiente, cedevole, disposto, compiacente, propenso.

restituìbile agg. rendibile.

restituìre v. tr. **1** ridare, rendere, riportare, riconsegnare, rispedire □ rimborsare, rifondere, rimettere **CONTR.** prestare, dare **2** (*di favore, di saluto, ecc.*) ricambiare, contraccambiare **3** (*lett.*) (*di ordine, di usi, ecc.*) restaurare, rimettere, ristabilire, ripristinare, reintegrare, richiamare.

restituìto part. pass. di **restituire**; anche agg. **1** ridato, riconsegnato, riportato □ rimborsato **2** ricambiato, contraccambiato.

restituzióne s. f. **1** resa, rifusione, saldo, rimborso, rimessa, risarcimento, indennizzo, pagamento **2** (*lett.*) (*in un posto*) reintegrazione, ristabilimento, restaurazione, ripristinamento.

rèsto s. m. **1** (*di cosa*) rimanente, restante, avanzo, sopravanzo, rimanenza, residuo **2** (*di racconto, di avvenimento, ecc.*) seguito, proseguimento, continuazione **3** (*di denaro*) differenza **4** (*spec. al pl.*) (*di monumento, di costruzione, ecc.*) rovina, rudere, relitto, rottame **5** (*al pl.*) (*di morto*) spoglia, reliquia, salma, ceneri.

restrìngere A v. tr. **1** diminuire, rimpiccolire, ridurre, impiccolire **CONTR.** ingrandire, aumentare, estendere, ampliare, ingrossare **2** (*fig.*) (*di spese, di indagini, ecc.*) limitare, contenere, localizzare, delimitare, circoscrivere, ridurre **CONTR.** allargare, ampliare, estendere **B restringersi** v. intr. pron. **1** ridursi, rimpicciolirsi, impiccolirsi **CONTR.** ingrandirsi, estendersi, ampliarsi, ingrossarsi **2** raccogliersi **3** (*nelle spese e sim.*) limitarsi, moderarsi, contenersi, rattenersi, ridursi **CONTR.** allargarsi, estendersi, ampliarsi.

restringiménto s. m. **1** restrizione, riduzione, limitazione, diminuzione, contrazione **CONTR.** allargamento, espansione, ingrossamento **2** (*fig.*) angoscia **CONTR.** gioia.

restrittìvo agg. limitativo, circoscrittivo, condizionante, delimitante, riduttivo **CONTR.** largo, aperto.

restrizióne s. f. **1** (*fig.*) diminuzione, limitazione, freno, disciplina, costrizione **2** (*fig.*) riserva, eccezione.

resurrezióne *V.* **risurrezione**.

resuscitàre *V.* **risuscitare**.

réte s. f. **1** (*est.*) intreccio, maglia, reticolato, reticolo **2** (*est.*) recinzione **3** borsa, sacca, sacchetto **4** (*fig.*) agguato, insidia, inganno, laccio, tranello, imboscata, trappola, trama, trabocchetto **5** (*est.*) intrico, labirinto, ragnatela **6** (*di canali, di strade, ecc.*) sistema, intersecamento, intreccio **7** (*sport*) porta □ goal (*ingl.*), gol, punto **8** (*cuc.*) omento del maiale.

reticènte agg. riluttante, restio, insincero, impreciso.

reticènza s. f. riluttanza, renitenza, ritrosia **CONTR.** franchezza, sincerità, loquacità, schiettezza, chiarezza.

reticolàto agg.; anche s. m. intreccio, grata, barriera, rete, reticolo.

retìcolo s. m. (*di linee, di strade, ecc.*) reticolato, intreccio, intersecamento, intrico.

retìna s. f. **1** dim. di **rete 2** reticella, cuffia.

rètore s. m. **1** oratore **2** maestro di retorica **3** (*spreg.*) formalista, prolisso, retorico, enfatico.

retòrica s. f. **1** eloquenza, oratoria **2** precettistica, stilistica **3** (*spreg.*) ridondanza, ampollosità, esagerazione, prolissità, enfasi **CONTR.** brevità, concisione, stringatezza, efficacia, laconicità **4** (*est.*) formalità, formalismo, superficialità, convenzionalità.

retoricaménte avv. in modo retorico, ampollosamente, enfaticamente, prolissamente **CONTR.** stringatamente, concisamente, concretamente.

retòrico agg. (*spreg.*) vuoto, ampolloso, ridondante, gonfio, magniloquente, declamatorio, enfatico, prolisso, sovrabbondante **CONTR.** laconico, conciso, succinto, scarno, stringato, efficace.

retribuìre v. tr. compensare, ricompensare, rimunerare, pagare, rimborsare, stipendiare.

retributìvo agg. della retribuzione □ (*est.*) salariale □ parametrico.

retribuzióne s. f. ricompensa, rimunerazione, compenso, paga, emolumento, mercede, salario, stipendio, onorario, corresponsione.

rètro A avv. **1** (*poet.*) dietro, dopo, sotto, a tergo **CONTR.** prima, davanti **2** (*raro*) indietro **CONTR.** avanti **B** s. m. inv. parte posteriore **CONTR.** davanti.

rétro /*fr.* re'tro/ [acrt. di *rétrospectif* 'retrospettivo'] agg. inv. **1** ispirato al passato, passatista **CONTR.** innovativo **2** retrospettivo.

retrobottéga s. f. (*est.*) laboratorio, deposito, ripostiglio.

retrocèdere A v. intr. **1** indietreggiare, ritirarsi, arretrare, ripiegare, rinculare **CONTR.** avanzare, proseguire, procedere **2** (*fig.*) regredire, recedere, desistere, abbandonare **CONTR.** avanzare, progredire **B** v. tr. (*di militare, di squadra, ecc.*) declassare, riportare indietro **CONTR.** promuovere, avanzare.

retrocessióne s. f. **1** indietreggiamento **CONTR.** avanzamento, proseguimento **2** (*di militare, di squadra, ecc.*) degradazione, arretramento **CONTR.** promozione.

retrògrado agg.; anche s. m. (*fig.*) retrivo, reazionario, antiprogressista, codino, conservatore **CONTR.** progressista, innovatore.

retromàrcia s. f. marcia indietro, contromarcia **FRAS.** *fare retromarcia* (*fig.*), ritirarsi; cambiare idea.

retroscèna s. m. inv. (*fig.*) maneggio nascosto, manovra, intrigo, briga, raggiro, macchinazione, trama.

retrospettìva s. f. mostra attraverso il tempo, rassegna.

retrospettivaménte avv. indietro nel tempo, attraverso il tempo.
retrospettìvo agg. indietro nel tempo, attraverso il tempo.
retrostànte agg. che sta dietro, di dietro, dietro, posteriore CONTR. antistante, anteriore.
retrotèrra s. m. inv. **1** entroterra, hinterland (*ted.*), banlieue (*fr.*) **2** (*fig.*) sfondo, background (*ingl.*), sostrato, substrato, fondo, sottofondo, base.
retrovisóre **A** agg. retrovisivo **B** s. m. specchio retrovisivo.
rètta [da (*somma*) *retta* 'somma giusta'] s. f. pensione, dozzina (*raro*), pigione.
rettaménte avv. **1** onestamente, lealmente, giustamente, correttamente, irreprensibilmente CONTR. disonestamente, slealmente **2** precisamente, esattamente, ineccepibilmente, rigorosamente, scrupolosamente CONTR. imprecisamente, inesattamente, erratamente, confusamente.
rettìfica s. f. **1** rettificazione, correzione **2** (*di alcol, di liquore, ecc.*) purificazione.
rettificàbile agg. correggibile, purificabile.
rettificàre v. tr. **1** raddrizzare, aggiustare CONTR. piegare, curvare **2** (*fig.*) (*di errore, di inesattezza, ecc.*) correggere, emendare, rimediare, migliorare, cambiare CONTR. guastare, peggiorare **3** (*fig.*) (*di notizia, di dichiarazione, ecc.*) smentire, chiarire, spiegare **4** (*tecnol.*) rifinire, molare **5** (*chim.*) purificare, purgare.
rettificàto part. pass. di **rettificare**; anche agg. **1** (*di notizia, di errore, ecc.*) corretto, smentito, chiarito **2** (*tecnol.*) rifinito, molato **3** (*chim.*) purificato.
rettifilo s. m. rettilineo CFR. zig-zag, curva, serpeggiamento, tortuosità.
rèttile s. m. **1** serpe, serpente **2** (*fig., spreg.*) vile, malvagio, infido, viscido, ipocrita.
rettilìneo **A** agg. **1** (*di andamento, di strada, ecc.*) retto, diritto CFR. curvilineo, curvo, serpeggiante, tortuoso **2** (*fig.*) (*di condotta, di comportamento, ecc.*) giusto, leale, onesto, probo (*lett.*), integro, corretto, coerente CONTR. disonesto, sleale, ingiusto, scorretto, incoerente **B** s. m. rettifilo CFR. curva, serpeggiamento, tortuosità.
rettitùdine s. f. dirittura, onestà, probità, lealtà, schiettezza, sincerità, integrità, giustizia, irreprensibilità, incorruttibilità CONTR. disonestà, ingiustizia, slealtà, scorrettezza, malvagità, immoralità, improbità (*lett.*).
rètto (1) **A** agg. **1** (*di linea, di strada, ecc.*) diritto, rettilineo CFR. curvilineo, curvo, serpeggiante, tortuoso, sinuoso, incurvato **2** (*fig.*) (*di persona*) onesto, probo (*lett.*), giusto, leale, integro, corretto, coerente, ineccepibile, irreprensibile, schietto, sincero, incorruttibile CONTR. disonesto, ingiusto, sleale, scorretto, immorale, improbo **3** (*di pronuncia, di procedimento, ecc.*) corretto, giusto, esatto, appropriato, rigoroso, preciso CONTR. inesatto, impreciso, errato, scorretto, confuso **B** s. m. **1** giustizia, onestà, giusto, onesto **2** (*anat.*) intestino retto □ (*est.*) ano.
rètto (2) part. pass. di **reggere**; anche agg. **1** (*di costruzione, di mobile, ecc.*) sorretto, sostenuto, puntellato, trattenuto, frenato **2** (*di Stato, di azienda, ecc.*) guidato, governato, diretto **3** (*di spesa, di fatica, ecc.*) sostenuto, sopportato **4** (*di persona*) sostenuto, aiutato, tenuto.
rettóre s. m. (f. *-trice*) (*lett.*) reggitore (*lett.*), governatore, capo.
reumatismo s. m. reuma.
revanscìsmo s. m. (*polit.*) volontà di rivincita.
reverèndo **A** agg. (*lett.*) rispettabile, venerando, venerabile, onorando (*lett.*), onorabile **B** s. m. (*fam.*) sacerdote, prete.
reverenziàle agg. riverente, rispettoso, ossequente, ossequioso, deferente, riguardoso, devoto CONTR. irriverente, irrispettoso, irriguardoso, sgarbato, villano, scortese.
reversìbile agg. invertibile, rovesciabile □ trasferibile, trasmissibile CONTR. irreversibile.
revisionàre v. tr. riesaminare, controllare, rivedere, correggere.
revisióne s. f. esame, riscontro, controllo, correzione.
revisionìsmo s. m. (*est.*) moderatismo CONTR. massimalismo.
revisionìsta s. m. e f. (*est.*) moderato CONTR. massimalista, rivoluzionario.
revisóre s. m. controllore, correttore, censore, esaminatore.
revival /*ingl.* riˈvaivəl/ [vc. ingl., propriamente 'ritorno alla vita', da *to revive* 'rivivere'] s. m. inv. (*di tendenze, di moda, ecc.*) riproposta, reviviscenza, ritorno.
rèvoca s. f. abrogazione, annullamento, cancellazione, cassazione, disdetta, ritrattazione, revocazione, deroga, ritiro CONTR. emissione, emanazione, approvazione.
revocàbile agg. annullabile, abrogabile, cancellabile, cassabile, ritrattabile CONTR. irrevocabile.
revocabilità s. f. possibilità di revoca CONTR. irrevocabilità.
revocàre v. tr. **1** (*lett.*) richiamare **2** (*di ordine, di impegno, ecc.*) annullare, disdire, abrogare, cancellare, cassare, ritirare, ritrattare, derogare CONTR. emanare, approvare, emettere, fissare.
revocàto part. pass. di **revocare**; anche agg. annullato, disdetto, abrogato, cancellato, ritirato CONTR. emanato, proclamato, fissato, approvato.
revolver /*ingl.* riˈvɔlvə/ [vc. ingl., da *to revolve* 'girare'] s. m. inv. rivoltella, pistola.
revolveràta s. f. pistolettata, rivoltellata.
riabbracciàre **A** v. tr. **1** abbracciare di nuovo **2** (*est.*) rivedere **B** **riabbracciarsi** v. rifl. rec. **1**

abbracciarsi di nuovo **2** (*est.*) rivedersi.

riabilitàre A v. tr. **1** abilitare nuovamente **2** (*dir.*) reintegrare **3** (*fig.*) restituire onore, ridare fama, ridare stima, redimere **CONTR.** disonorare, diffamare **4** (*di strada, di veicolo, ecc.*) ripristinare, rendere di nuovo servibile **B riabilitarsi** v. intr. pron. redimersi, riconquistarsi la stima, raddrizzarsi **CONTR.** disonorarsi, screditarsi.

riabilitazióne s. f. **1** reintegrazione, riacquisto **2** (*fig.*) redenzione, riconquista della stima.

riaccèndere A v. tr. **1** accendere nuovamente **2** (*fig.*) (*di speranza, di passione, ecc.*) ravvivare, rinnovare, rinvigorire, vivificare **CONTR.** spegnere, abbattere, avvilire **B riaccendersi** v. intr. pron. **1** accendersi di nuovo **2** (*fig.*) ravvivarsi, rinnovarsi, rinvigorirsi, vivificarsi **CONTR.** spegnersi, avvilirsi, abbattersi.

riaccomodàre A v. tr. accomodare di nuovo **B riaccomodarsi** v. rifl. rec. (*fig.*) rappacificarsi, riconciliarsi, accordarsi **CONTR.** litigare, questionare.

riacquistàre A v. tr. **1** acquistare di nuovo, ricomperare **CONTR.** rivendere **2** (*di stima, di fiducia, ecc.*) ricuperare, riavere, riottenere, riconquistare, riprendere, riguadagnare **CONTR.** perdere, riperdere **B** v. intr. (*lett.*) avvantaggiarsi, riavvantaggiarsi, guadagnare, riprendersi, rimpadronirsi **CONTR.** perdere, riperdere.

riacquìsto s. m. ricupero, riconquista **CONTR.** perdita.

riadattaménto s. m. riattamento, rimodernamento, rinnovamento.

riadattàre A v. tr. adattare di nuovo, rimodernare, rinnovare **B riadattarsi** v. intr. pron. adattarsi di nuovo, rimodernarsi, rinnovarsi.

riaffermàre A v. tr. confermare, riconfermare, ribadire, attestare, rinnovare **B riaffermarsi** v. rifl. riconfermarsi.

riafferràre A v. tr. **1** riacchiappare, riagguantare, riprendere, riacciuffare, ricuperare, ripigliare (*fam.*) **CONTR.** abbandonare, lasciare **2** (*fig.*) riappropriarsi, riconquistare, rimpossessarsi, rimpadronirsi, riprendersi, ripigliarsi (*fam.*) **CONTR.** lasciare, abbandonare, rinunciare **B riafferrarsi** v. intr. pron. riattaccarsi, afferrarsi con più forza.

riaggravàre A v. tr. peggiorare **CONTR.** migliorare **B riaggravarsi** v. intr. pron. peggiorare, deteriorarsi, rincrudirsi **CONTR.** migliorare.

riallacciàre A v. tr. **1** allacciare di nuovo, riannodare **CONTR.** sciogliere **2** (*fig.*) riprendere **CONTR.** troncare **B riallacciarsi** v. rifl. (*fig.*) ricongiungersi, ricollegarsi, riannodarsi, rifarsi **CONTR.** sciogliersi.

rialzàre A v. tr. **1** sollevare, alzare, issare **CONTR.** abbassare, atterrare **2** elevare, sopraelevare **CONTR.** abbassare **3** (*fig.*) (*di prezzo, di valore, ecc.*) aumentare, rincarare, accrescere **CONTR.** calare, diminuire, abbassare, ribassare **B** v. intr. **1** rincarare, aumentare di prezzo, crescere **CONTR.** calare, diminuire, ribassare **2** salire, elevarsi **CONTR.** diminuire, calare, abbassarsi **C rialzarsi** v. rifl. **1** sollevarsi **CONTR.** abbassarsi, cadere **2** (*di prezzo, di valore, ecc.*) crescere, aumentare **CONTR.** diminuire, calare.

rialzàto part. pass. di **rialzare**; anche agg. **1** sollevato, alzato **CONTR.** calato, abbassato **2** (*di prezzo, di valore, ecc.*) aumentato, salito, rincarato **CONTR.** calato, diminuito, ribassato **3** (*di piano*) più alto del livello stradale **CFR.** seminterrato, ammezzato, terreno, ecc.

riàlzo s. m. **1** (*di prezzo, di valore, ecc.*) rincaro, aumento, rialzamento **CONTR.** diminuzione, calo, ribasso **2** (*di terreno, di mobile, ecc.*) sporgenza, rialto, prominenza, rilievo, dosso, protuberanza, montuosità, rialzamento, elevazione **CONTR.** avvallamento, bassura, concavità, incavo, cavità, depressione, valloncello.

riandàre A v. intr. andare di nuovo **B** v. tr. (*fig.*) (*col pensiero*) ricordare, rievocare, rivangare.

rianimàre A v. tr. **1** ridare forza **CONTR.** abbattere, indebolire, infiacchire **2** (*fig.*) ridare coraggio, ravvivare, rincorare, consolare **CONTR.** avvilire, abbattere, scoraggiare **B rianimarsi** v. intr. pron. **1** riaversi, ravvivarsi, rinvigorirsi **CONTR.** indebolirsi, infiacchirsi **2** (*fig.*) rincorarsi, consolarsi **CONTR.** abbattersi, scoraggiarsi, avvilirsi, demoralizzarsi **3** (*fig.*) movimentarsi, animarsi, ravvivarsi.

riapertùra s. f. ripresa, rentrée (*fr.*), nuova apertura **CONTR.** chiusura.

riapparìre v. intr. apparire di nuovo, ricomparire, riaffacciarsi, ripresentarsi, rimanifestarsi **CONTR.** scomparire, sparire, eclissarsi, dileguarsi.

riaprìre v. tr. **1** aprire di nuovo **CONTR.** richiudere **2** (*fig.*) (*di dolore, di ricordo, ecc.*) rinnovare, ridestare, risvegliare, rinfocolare **CONTR.** assopire, spegnere **3** (*fig.*) (*di negozio, ecc.*) riprendere, ricominciare, iniziare, avviare, cominciare **CONTR.** chiudere, concludere, finire.

riàrmo s. m. riarmamento **CONTR.** disarmo.

riàrso agg. arido, secco, bruciato, asciutto, rinsecchito, assetato, adusto, inaridito **CONTR.** umido, bagnato, irrigato, rorido (*poet.*), inumidito, fertile.

riascoltàre v. tr. risentire, riudire.

riassalìre v. tr. riattaccare, riassaltare.

riassestàre A v. tr. **1** assestare di nuovo, riaggiustare, risistemare, accomodare, racconciare, riparare **CONTR.** guastare, disfare, distruggere, rompere **2** riordinare, rassettare **CONTR.** disordinare, scompigliare, buttare all'aria **B riassestarsi** v. rifl. e intr. pron. assestarsi di nuovo, risistemarsi, riaggiustarsi, racconciarsi **CONTR.** guastarsi, disfarsi, distruggersi.

riassorbìre A v. tr. **1** assorbire di nuovo, assorbire **2** (*fig.*) (*di denaro, di energie, ecc.*) impegnare, inghiottire, risucchiare **3** (*fig.*) (*di *corridore*) riprendere, riacchiappare **B riassorbirsi** v. intr. pron. asciugarsi, prosciugarsi, seccarsi.

riassùmere v. tr. **1** (*di persona*) riprendere **2** (*di scritto, di discorso, ecc.*) ricapitolare, riepilogare, sintetizzare, compendiare, abbreviare, accorciare, condensare, ridurre, restringere **CONTR.** allungare, estendere, diluire, analizzare, ampliare, aumentare, dilatare.

riassumìbile agg. compendiabile, riepilogabile, sintetizzabile, abbreviabile, accorciabile, condensabile **CONTR.** ampliabile, allargabile.

riassuntìvo agg. riepilogativo, ricapitolativo, sintetico **CONTR.** dettagliato, ampliato.

riassùnto A part. pass. di **riassumere**; anche agg. **1** (*di persona*) assunto di nuovo, ripreso, riaccettato **CONTR.** licenziato **2** (*di scritto, di discorso, ecc.*) compendiato, riepilogato, sintetizzato, abbreviato, accorciato, condensato, ridotto **CONTR.** ampliato, allungato, esteso, dilatato **B** s. m. compendio, riepilogo, sunto, sommario, riepilogazione, ricapitolazione, sintesi, estratto, sinossi, abrégé (*fr.*) **CONTR.** ampliamento.

riattaccàre v. tr. **1** attaccare di nuovo **2** (*di discorso, di battaglia, ecc.*) riprendere, ricominciare, ripigliare **CONTR.** terminare, cessare, interrompere, smettere.

riattivàre v. tr. ripristinare, rimettere in uso, rimettere in attività **CONTR.** disattivare.

riavére A v. tr. avere di nuovo, ricuperare, riacquistare, riottenere, riconquistare, riprendere, riguadagnare, rimpadronirsi **CONTR.** perdere, riperdere **B riaversi** v. intr. pron. rianimarsi, rinvenire, rimettersi, riprendersi **CONTR.** svenire, disanimarsi, venire meno.

riavvicinaménto s. m. **1** riaccostamento **CONTR.** allontanamento **2** (*fig.*) rappacificamento, pacificazione, raccomodamento, riconciliazione.

riavvicinàre A v. tr. **1** accostare, riaccostare **CONTR.** allontanare, scostare **2** (*fig.*) rappacificare, conciliare, riconciliare, raccomodare **B riavvicinarsi** v. rifl. e rifl. rec. riaccostarsi, rappacificarsi, riconciliarsi, raccomodarsi.

ribadìre A v. tr. **1** (*di chiodo*) ribattere **2** (*fig.*) confermare, rafforzare, avvalorare, riconfermare, ribattere, rinnovare, calcare, insistere **CONTR.** negare, smentire **B ribadirsi** v. intr. pron. (*fig.*) confermarsi, imprimersi, fissarsi.

ribadìto part. pass. di **ribadire**; anche agg. **1** (*di chiodo*) ribattuto **2** (*fig.*) confermato, riconfermato, rinnovato, rafforzato **CONTR.** smentito.

ribàldo s. m. briccone, birbante, tristo (*raro*), malandrino, malfattore, perfido, furfante, mascalzone, scellerato, farabutto, gaglioffo, mariolo, lazzarone, malvivente, manigoldo, canaglia, teppista □ prepotente, gangster (*ingl.*) **CONTR.** galantuomo.

ribàlta s. f. **1** piano, sportello **2** (*teat.*) proscenio **3** (*est.*) teatro **FRAS.** *venire alla ribalta, salire alla ribalta* (*fig.*), emergere, acquistare notorietà, farsi strada.

ribaltàbile agg. sollevabile, rovesciabile, alzabile.

ribaltaménto s. m. **1** rovesciamento, capovolgimento **CONTR.** raddrizzamento **2** (*fig.*) (*di situazione*) inversione, cambiamento **CONTR.** immutabilità, invariabilità.

ribaltàre A v. tr. rovesciare, capovolgere **CONTR.** raddrizzare, sollevare **B ribaltarsi** v. intr. e intr. pron. rovesciarsi, rivoltarsi, capovolgersi, cappottare, traballare **CONTR.** raddrizzarsi, alzarsi.

ribaltàto part. pass. di **ribaltare**; anche agg. rovesciato, capovolto, rivoltato, cappottato **CONTR.** raddrizzato, rialzato.

ribassàre v. tr.; anche intr. scemare, diminuire, calare, deprezzare, svendere, abbassare **CONTR.** rincarare, aumentare, crescere.

ribàsso s. m. **1** diminuzione, calo, abbassamento **CONTR.** aumento, rincaro, rialzo, maggiorazione **2** sconto, riduzione, abbuono **CONTR.** aumento, aggravio **FRAS.** *essere in ribasso* (*fig.*), avere perduto stima, essere meno importante.

ribàttere v. tr. **1** (*di palla*) respingere, rimandare, rinviare **2** (*fig.*) (*di discorso, di scritto*) contraddire, replicare, confutare, controbattere, contrastare, rintuzzare, rimbeccare, opporsi, respingere **CONTR.** approvare, assentire, ammettere.

ribellàrsi v. intr. pron. **1** sollevarsi, insorgere, rivoltarsi, levarsi, ammutinarsi, tumultuare **CONTR.** soggiacere, subire, sottostare **2** (*est.*) opporsi, dissentire, disubbidire, protestare, infuriarsi **CONTR.** ubbidire, dare retta.

ribèlle s. m. e f.; anche agg. **1** (*al potere*) insorto, rivoltoso, rivoluzionario, ammutinato, sedizioso, sovversivo, agitatore, facinoroso **CONTR.** sottomesso □ repressore □ paciere, pacificatore **2** (*est.*) (*di temperamento*) insofferente, indocile, disubbidiente, avverso, insubordinato, indisciplinato, turbolento, caparbio **CONTR.** obbediente, arrendevole, sottomesso, quieto, tranquillo, arrendevole **3** (*est.*) (*di malattia, di febbre, ecc.*) ostinato, incurabile, indomabile, invincibile, incontrollabile **CONTR.** curabile, guaribile.

ribellióne s. f. **1** (*al potere*) rivolta, sommossa, insurrezione, sollevazione, sedizione, tumulto, ammutinamento, rivolgimento, rivoluzione, agitazione, fermento **CONTR.** sottomissione □ repressione, soffocamento **2** (*est.*) (*a disciplina, a controllo, ecc.*) insubordinazione, indisciplina, indomabilità, renitenza, riottosità **CONTR.** disciplina, ubbidienza, docilità, sottomissione, rassegnazione, adattamento **3** (*est.*) (*a decisioni, a provvedimenti, ecc.*) resistenza, reazione, opposizione, protesta, indignazione, sdegno, rifiuto **CONTR.** approvazione, consenso, accordo, accettazione, adattamento.

ribolliménto s. m. **1** ribollio (*raro*), gorgoglio, bollitura **2** (*fig.*) (*di persona*) turbamento, agitazione, fermento, commozione, emozione, passione **CONTR.** indifferenza, insensibilità, durezza.

ribollire v. intr. **1** bollire **2** fermentare, spumeggiare **3** (*fig.*) (*di persona*) agitarsi, accendersi, riscaldarsi.

ribrézzo s. m. ripugnanza, schifo, repulsione, orrore, disgusto, raccapriccio, nausea **CONTR.** attrazione, piacere.

ributtàre A v. tr. **1** (*di palla, di sasso, ecc.*) buttare di nuovo, rilanciare, ribattere **CONTR.** trattenere **2** (*di cibo*) vomitare, rigettare, rigurgitare **3** (*di attacco, di nemico, ecc.*) respingere, ricacciare, risospingere, cacciare, allontanare, fugare **CONTR.** attirare, ricevere, accogliere **B** v. intr. **1** ripugnare, stomacare, nauseare, disgustare, infastidire **CONTR.** attrarre **2** (*di piante*) germogliare, buttare, rampollare **C ributtarsi** v. rifl. rilanciarsi, rituffarsi **CONTR.** ritirarsi, andarsene.

ricacciàre A v. tr. **1** (*di persona*) cacciare, allontanare, respingere, risospingere, scacciare, fugare, espellere **CONTR.** accogliere, ricevere, introdurre **2** (*di cosa*) rificcare, rimettere, introdurre, conficcare, incastrare **CONTR.** strappare, svellere, tirare fuori, estirpare, estrarre **B ricacciarsi** v. rifl. cacciarsi di nuovo, ributtarsi, entrare **CONTR.** tirarsi fuori, uscire.

ricadére v. intr. **1** ricascare, ripiombare, piombare, precipitare **2** pendere, penzolare, ciondolare **3** (*fig.*) (*di colpa, di responsabilità e sim.*) riversarsi, toccare, spettare **4** (*fig.*) (*in malattia*) riammalarsi, riaggravarsi.

ricadùta s. f. recidiva, recrudescenza **CONTR.** miglioramento **FRAS.** *ricaduta radioattiva*, fall-out (*ingl.*).

ricalcàre v. tr. **1** calcare di nuovo **2** (*di disegno*) ricopiare, riprodurre **3** (*fig.*) (*di esempio, di orme, ecc.*) imitare, seguire, ripetere **4** (*est.*) (*di persona*) scimmiottare.

ricalcàto part. pass. di **ricalcare**; anche agg. **1** (*di disegno*) ricopiato, riprodotto **2** (*fig.*) (*di esempio, di orma, ecc.*) imitato, seguito, ripetuto **3** (*est.*) (*di persona*) scimmiottato.

ricambiàre A v. tr. **1** contraccambiare, restituire, ripagare, corrispondere, rimunerare (*lett.*) **2** cambiare di nuovo **B ricambiarsi** v. rifl. rec. scambiarsi, contraccambiarsi, corrispondersi.

ricambiàto part. pass. di **ricambiare**; anche agg. contraccambiato, restituito, corrisposto.

ricàmbio s. m. **1** scambio, contraccambio, reciprocità **2** riserva, scorta **3** (*med.*) metabolismo **4** (*di penna, di accendino, ecc.*) cartuccia, refill (*ingl.*).

ricantàre v. tr. **1** cantare di nuovo **2** (*fam.*) ridire, ripetere.

ricapitolàre v. tr. **1** riassumere, riepilogare, compendiare, sintetizzare, condensare, ridurre, restringere **CONTR.** ampliare, allungare, estendere, diluire **2** (*est.*) ripetere, ridire.

ricapitolazióne s. f. riepilogo, riassunto, sintesi, riduzione, sunto, compendio, sommario, estratto **CONTR.** ampliamento, allargamento.

ricascàre v. intr. **1** ricadere, ripiombare, riprecipitare **CONTR.** risollevarsi, uscire **2** (*di stoffa*) pendere, penzolare, essere floscio.

ricattàre v. tr. estorcere.

ricattàto part. pass. di **ricattare**; anche agg. estorto □ vittima di ricatto.

ricàtto s. m. estorsione, coercizione □ racket (*ingl.*).

ricavàbile agg. ottenibile, guadagnabile, che si può ricavare.

ricavàre v. tr. **1** (*di materia*) cavare, ottenere, estrarre **2** (*di conclusione, di regola, ecc.*) dedurre, capire, derivare, attingere, raccogliere **3** (*di denaro, di vantaggio, ecc.*) guadagnare, incassare, trarre, riscuotere **CONTR.** rimetterci, perdere.

ricavàto A part. pass. di **ricavare**; anche agg. **1** (*di materia*) cavato, ottenuto, estratto **2** (*di conclusione, di regola, ecc.*) dedotto, derivato, capito **3** (*di denaro, di vantaggio, ecc.*) guadagnato, incassato, riscosso **CONTR.** perso **B** s. m. **1** utile, profitto, ricavo, guadagno **CONTR.** perdita, deficit (*lat.*) **2** (*fig.*) vantaggio, frutto, utilità, beneficio, convenienza, aiuto, tornaconto **CONTR.** svantaggio, discapito, perdita, scapito.

ricàvo s. m. **1** ricavato, utile, guadagno, profitto **CONTR.** perdita, deficit (*lat.*) **2** (*fig.*) vantaggio, frutto, utilità, beneficio, convenienza, aiuto, tornaconto **CONTR.** svantaggio, discapito, perdita, scapito.

riccaménte avv. **1** agiatamente, da ricco **CONTR.** poveramente, miseramente **2** (*est.*) abbondantemente, opulentemente, pinguemente **CONTR.** scarsamente, miseramente **3** (*est.*) preziosamente, lussuosamente, sfarzosamente, sontuosamente, splendidamente **CONTR.** misuratamente, modestamente, poveramente.

ricchézza s. f. **1** (*anche fig.*) abbondanza, dovizia (*lett.*), copia (*lett.*) **CONTR.** povertà, scarsezza, miseria **2** beni, averi, sostanza, patrimonio, capitale, rendita, denaro, risorsa, tesoro **CONTR.** povertà, miseria, indigenza **3** agiatezza, prosperità, benessere □ opulenza, lusso, sfarzo **CONTR.** povertà, miseria, indigenza, bisogno **4** (*di vestito*) abbondanza, ampiezza **5** (*est.*) risorsa.

rìccio A agg. ricciuto, arricciolato (*raro*), inanellato, crespo, riccioluto, ondulato **CONTR.** liscio, teso, stirato, irto **B** s. m. **1** ricciolo, anello, boccolo, tirabaci, ondulazione, cincinno (*lett.*) **2** (*est.*) voluta, giravolta.

rìcciolo s. m. riccio, anello, boccolo, tirabaci, ondulazione, cincinno (*lett.*).

ricciolùto agg. riccio, arricciolato, inanellato, crespo, ricciuto **CONTR.** liscio, teso, irto, stirato.

ricciùto agg. riccio, arricciolato, inanellato, crespo, ricciolùto **CONTR.** liscio, teso, irto, stirato.

rìcco A agg. **1** danaroso, facoltoso, milionario, miliardario, abbiente, agiato **CONTR.** povero, indigente, bisognoso, misero, mendico **2** (*est.*) abbondante, fornito, dotato, prosperoso, dovizioso (*lett.*), provvisto, pieno, carico, pingue, lauto, opulento (*lett.*), traboccante **CONTR.** povero, scarso, scarseggiante, stentato, limitato **3** (*est.*) (*di terra*) fertile, fecondo, generoso, prodigo, pingue, ubertoso (*lett.*) **CONTR.** sterile, arido, povero, magro **4** (*di vegetazione*) folto, lussureggiante **CONTR.** scarso, stentato, arido **5** (*di merce, di gioiello, ecc.*) prezioso, costoso, cospicuo, pregiato, raro **CONTR.** spregevole, povero **6** (*est.*) (*di vestito, di cerimonia, ecc.*) vistoso, lussuoso, sfarzoso, magnifico, sontuoso, splendido, superbo **CONTR.** modesto, misero, povero **B** s. m. signore, capitalista, plutocrate, riccone, creso, possidente, nababbo, milionario, miliardario **CONTR.** indigente, povero, pitocco, mendicante, accattone, tapino (*lett.*).

ricérca s. f. **1** (*di persona, di cosa*) caccia, investigazione, ricognizione **2** (*di argomento, di fenomeno, ecc.*) analisi, studio, inchiesta, esame, osservazione, indagine, screening (*ingl.*).

ricercàre v. tr. cercare, investigare, frugare, perlustrare, indagare, esplorare, rovistare, inquisire, perquisire, ispezionare **CONTR.** nascondere, coprire.

ricercatézza s. f. eleganza, raffinatezza, snobismo, affettazione, maniera, manierismo, leziosaggine, posa **CONTR.** disinvoltura, semplicità, naturalezza, spontaneità, scioltezza, spigliatezza □ cattivo gusto, kitsch (*ted.*), rozzezza, ineleganza.

ricercàto part. pass. di **ricercare**; anche agg. **1** (*di ladro, di perseguitato, ecc.*) braccato, inseguito **2** (*di persona, di merce, ecc.*) richiesto, apprezzato, desiderato **3** (*di persona, di vestito, ecc.*) manierato, affettato, studiato, artificioso, snob (*ingl.*), lezioso, sofisticato, caricato, esagerato, ostentato **CONTR.** disinvolto, semplice, naturale, spigliato, spontaneo **4** elaborato, elegante, prezioso **CONTR.** rozzo, trascurato, trasandato, sciatto, kitsch (*ted.*).

ricercatóre s. m. (f. *-trice*) **1** studioso, scienziato **2** indagatore, amatore, osservatore.

ricetrasmittènte s. f.; anche agg. walkie-talkie (*ingl.*), ricetrasmettitore.

ricètta s. f. **1** prescrizione, recipe (*lat.*) **2** (*est.*) formula **3** (*est., fig.*) rimedio, espediente, trucco, antidoto, cura.

ricettività s. f. **1** sensibilità, percettività **CONTR.** apatia, insensibilità, indifferenza **2** (*est.*) emotività, suscettibilità, delicatezza, reattività **CONTR.** impassibilità, insensibilità, freddezza **3** (*radio, tv.*) sensibilità **4** (*di luogo, di albergo, ecc.*) capacità ricettiva, capienza.

ricettìvo agg. **1** sensibile, percettivo, reattivo **CONTR.** apatico, insensibile, indifferente **2** (*est.*) emotivo, sensitivo, suscettibile, delicato **CONTR.** impassibile, insensibile, freddo, duro **3** (*di luogo, di albergo, ecc.*) capiente, capace.

ricevènte A part. pres. di **ricevere**; anche agg. captante **B** s. m. e f. destinatario **CONTR.** mittente.

ricévere v. tr. **1** accettare, prendere **CONTR.** mandare, inviare, spedire **2** (*di denaro, di compenso, ecc.*) riscuotere, incassare **CONTR.** dare **3** (*di offesa, di schiaffo, ecc.*) subire, sostenere, sopportare, buscare, beccarsi (*fam.*) **CONTR.** dare, appioppare **4** (*di persona*) ammettere, accogliere, ospitare, accettare **CONTR.** respingere, rifiutare, allontanare, cacciare **5** (*di vaso, di luogo*) trattenere, contenere **6** (*di luce, di alimentazione, ecc.*) prendere, trarre **7** (*di gioia, di dolore, ecc.*) avere, provare, sentire **8** (*ass.*) tenere ricevimento □ dare ascolto, accogliere **9** (*di segnale, di onda, ecc.*) captare.

riceviménto s. m. trattenimento, festa, serata, pranzo, cocktail (*ingl.*).

ricevitóre s. m. **1** (*raro*) ricevente **2** (*di tasse*) esattore **3** (*sport*) (*nel baseball*) catcher (*ingl.*), prenditore **4** (*fis.*) **CONTR.** trasmettitore.

ricevitorìa s. f. **1** esattoria **2** (*del lotto*) botteghino.

ricevùta s. f. quietanza, bolletta, scontrino, ticket (*ingl.*).

ricezióne s. f. **1** (*di segnale, di onda, ecc.*) captazione **2** ricevimento, accoglienza.

richiamàre A v. tr. **1** chiamare di nuovo, riconvocare **2** (*di soldati*) ritirare □ riarruolare, mobilitare **3** (*di persona, di attenzione, ecc.*) attirare, fare accorrere, allettare, lusingare **CONTR.** allontanare, dissuadere, respingere **4** riprendere, rimproverare, ammonire, redarguire, sgridare, strapazzare, strigliare **CONTR.** lodare, elogiare, encomiare, approvare **5** (*di ricordo, di poesia, ecc.*) citare, riportare, rievocare, ricordare **B richiamarsi** v. intr. pron. riferirsi, rifarsi, fare appello.

richiamàto part. pass. di **richiamare**; anche agg. **1** allettato, attirato, attratto **CONTR.** allontanato, respinto **2** sgridato, ammonito, redarguito, rimproverato **CONTR.** approvato, lodato, elogiato.

richiàmo s. m. **1** chiamata, appello, invito **2** (*est.*) ammonimento, avvertimento, esortazione **3** segno, gesto, cenno **4** allettamento, attrazione, attrattiva **5** (*est.*) pubblicità **6** (*caccia*) zimbello **7** (*in uno scritto*) rimando, postilla, nota.

richiedènte part. pres. di **richiedere**; anche agg. e s. m. e f. postulante, istante, ricorrente, appellante.

richièdere v. tr. **1** ridomandare **2** (*di aiuto, di sussidio, ecc.*) domandare, sollecitare, reclamare **3** (*di giustizia, di riparazione, ecc.*) ricercare, esigere, pretendere, volere **4** (*di fatica, di esperienza, ecc.*) comportare.

richièsta s. f. **1** domanda, preghiera, invito, istanza, petizione **2** domanda, bisogno, ricerca **3** compenso, pretesa.

richièsto part. pass. di **richiedere**; anche agg. chiesto, domandato, cercato.

richiùdere v. tr. chiudere di nuovo, chiudere, sigillare, serrare.

riciclàbile agg. riutilizzabile.

riciclàggio s. m. **1** (*di cosa*) riutilizzazione **2** (*fig.*) (*di persona*) riqualificazione, aggiornamento.

riciclàre v. tr. **1** (*di cosa*) riutilizzare □ (*di denaro*) rimettere in circolazione **2** (*fig.*) (*di persona*) riqualificare, aggiornare.

ricognitóre s. m. **1** esploratore, osservatore **2** aereo da ricognizione, aereo spia.

ricognizióne s. f. **1** riconoscimento, identificazione **2** esplorazione, indagine, perlustrazione, osservazione, verifica, esame, ricerca.

ricollegàre A v. tr. **1** (*di cose*) collegare di nuovo, ricongiungere, unire, abbinare, legare, aggregare, allacciare, attaccare, congiungere, rannodare, riunire, ricucire, riallacciare, saldare, riattaccare **CONTR.** disunire, staccare, dividere, separare, allontanare **2** (*fig.*) (*di fatti, di pensieri, ecc.*) concatenare, accomunare, associare **CONTR.** dividere, separare, distinguere, isolare, scindere **B ricollegarsi** v. rifl. (*di persona*) riferirsi, richiamarsi, riportarsi, rapportarsi **C** v. rifl. rec. (*di cosa*) legarsi, concatenarsi, accomunarsi, associarsi **CONTR.** scindersi, dividersi, distinguersi.

ricollocàre v. tr. rimettere, risistemare, riporre, mettere, riordinare, posare, deporre **CONTR.** ritogliere, togliere, levare, prendere.

ricólmo agg. pieno, traboccante, straripante, riempito, gremito, inzeppato, ripieno, rigonfio, rigurgitante, saturo, fitto, stipato, stivato, straboccante, imbottito, ingombro, zeppo, rimpinzato **CONTR.** vuoto, sgombro, deserto, libero.

ricominciàre A v. tr. riattaccare, riprendere, ripigliare, riavviare **CONTR.** finire, concludere, cessare, smettere, ultimare, terminare **B** v. intr. iniziare nuovamente, rifarsi da capo, riprendere **CONTR.** cessare, terminare.

ricominciàto part. pass. di **ricominciare**; anche agg. ripreso **CONTR.** cessato, finito.

ricomparìre v. intr. comparire di nuovo, riapparire, apparire, presentarsi, manifestarsi, mostrarsi, spuntare **CONTR.** sparire, scomparire, eclissarsi, dileguarsi, disparire (*lett.*).

ricompàrsa s. f. apparizione, arrivo, riapparizione **CONTR.** partenza, scomparsa.

ricompàrso part. pass. di **ricomparire**; anche agg. riapparso **CONTR.** scomparso.

ricompènsa s. f. retribuzione, remunerazione, contraccambio, compenso, mercede, premio, riconoscimento, gratificazione, paga, salario, emolumento, onorario, prezzo.

ricompensàre v. tr. **1** premiare, compensare, contraccambiare, gratificare, ricambiare, riconoscere **CONTR.** punire, misconoscere **2** retribuire, pagare.

ricompórre A v. tr. **1** comporre di nuovo, rifare, ripetere **CONTR.** disfare, distruggere **2** riordinare, ricostruire, ricostituire, rassettare, riorganizzare, rimaneggiare, ricreare, riformare **CONTR.** disfare, demolire, distruggere **B ricomporsi** v. intr. pron. rassettarsi, riaversi, riprendersi, risistemarsi **CONTR.** scomporsi, turbarsi, agitarsi.

ricomposizióne s. f. **1** rifacimento, rimaneggiamento, rimpasto, rifusione **CONTR.** disfacimento, distruzione, demolizione **2** ricollocazione, riordinamento, risistemazione, ricostituzione, ripristino **CONTR.** distruzione, disfacimento, dispersione, scioglimento.

ricompósto part. pass. di **ricomporre**; anche agg. riordinato, rassettato **CONTR.** disordinato, scomposto.

riconciliàre A v. tr. **1** (*di persone*) rappacificare, appaciare, pacificare, rappattumare, raggiustare, accordare, riavvicinare, placare, accomodare **CONTR.** allontanare, inimicare **2** (*di stima e sim.*) ridonare, ridare, far riacquistare, restituire, rendere **CONTR.** privare, togliere **B riconciliarsi** v. rifl. rec. rappacificarsi, appaciarsi, pacificarsi, riavvicinarsi, accomodarsi **CONTR.** inimicarsi, litigare, allontanarsi.

riconciliàto part. pass. di **riconciliare**; anche agg. rappacificato **CONTR.** inimicato.

riconciliazióne s. f. rappacificazione, pacificazione, riavvicinamento, accomodamento, accordo, pace **CONTR.** discordia, dissidio, disaccordo, inimicizia, litigio, lite.

riconducìbile agg. **1** riportabile, riadducibile (*lett.*) **2** riferibile, attribuibile.

ricondùrre v. tr. riportare, rimenare, guidare, rendere, riaddurre (*lett.*) **CONTR.** rimandare, ricacciare.

riconférma s. f. conferma, assicurazione **CONTR.** disdetta, ritrattazione, contrordine.

riconfermàre v. tr. confermare di nuovo, confermare, riaffermare, ripetere, ribadire **CONTR.** negare, contraddire.

riconfortàre A v. tr. **1** confortare di nuovo **2** (*est.*) ristorare, sollevare, rincorare, incoraggiare, consolare, rassicurare **CONTR.** scoraggiare, sconfortare, deprimere, avvilire **B riconfortarsi** v. intr. pron. rincorarsi, consolarsi, rassicurarsi **CONTR.** avvilirsi, scoraggiarsi, deprimersi.

ricongiùngere A v. tr. riunire, riattaccare, attaccare, aggiuntare, allacciare, incollare, ricomporre, rannodare, riallacciare, ricollegare

CONTR. dividere, disunire, staccare, allontanare, scindere, sciogliere, separare **B ricongiungersi** v. rifl. e rifl. rec. riunirsi, riallacciarsi, ricollegarsi **CONTR.** dividersi, separarsi, allontanarsi.

ricongiungiménto s. m. ricongiunzione, riunione **CONTR.** separazione, distacco.

ricongiunzióne s. f. ricongiungimento, riunione **CONTR.** distacco, separazione.

riconoscènte part. pres. di **riconoscere**; anche agg. grato, memore, obbligato **CONTR.** ingrato, irriconoscente, dimentico, disconoscente, immemore.

riconoscènza s. f. gratitudine, riconoscimento, obbligo **CONTR.** ingratitudine, disconoscenza, oblio, irriconoscenza.

riconóscere v. tr. **1** (*una persona, una cosa*) ravvisare, identificare, raffigurare, individuare, discernere **2** (*di pianta, di vino, ecc.*) distinguere, discernere, giudicare, differenziare, scegliere **3** (*di patto, di autorità, ecc.*) dichiarare legittimo, dichiarare legale, approvare **CONTR.** disconoscere, disapprovare **4** (*di torto, di merito, ecc.*) ammettere, confessare, convenire, accettare **CONTR.** ricusare, negare, respingere, escludere **5** (*di luogo*) verificare, ispezionare, esaminare.

riconoscìbile agg. identificabile, ravvisabile, individuabile, distinguibile, discernibile, raffigurabile **CONTR.** irriconoscibile, indistinguibile.

riconosciménto s. m. **1** identificazione, ravvisamento, individuazione, scoprimento, discernimento **2** (*di favore, di servizio*) contraccambio, compenso, ricompensa, premio, ricambio **3** (*di colpa, di errore, ecc.*) ammissione, dichiarazione, confessione **4** (*di diritto, di autorità, ecc.*) accettazione **5** (*teat.*) agnizione.

riconosciùto part. pass. di **riconoscere**; anche agg. **1** ravvisato, identificato, individuato **2** (*di torto, di merito, ecc.*) ammesso, confessato **CONTR.** ricusato, rifiutato.

riconquìsta s. f. ricupero, riacquisto **CONTR.** perdita, abbandono.

riconquistàre v. tr. **1** conquistare di nuovo **2** (*di fiducia, di salute, ecc.*) ricuperare, riacquistare, ripigliare (*fam.*), riprendere, riottenere, riavere, riguadagnare **CONTR.** smarrire, perdere.

riconségna s. f. restituzione.

riconsegnàre v. tr. **1** consegnare di nuovo **2** restituire, ridare, rendere, rimandare, riportare **CONTR.** riprendere, tenere, conservare.

riconsideràre v. tr. **1** (*di questione, di situazione, ecc.*) considerare di nuovo, riesaminare, rianalizzare, rivedere, scandagliare, vagliare, verificare **2** (*su qualcosa*) riflettere, ripensare, ponderare.

riconversióne s. f. trasformazione.

ricopèrto part. pass. di **ricoprire**; anche agg. **1** coperto, rivestito, foderato, avvolto, tappezzato, placcato **CONTR.** scoperto, grezzo **2** colmato, ricolmo **3** nascosto, celato, occultato, riparato.

ricopiàre v. tr. **1** (*di scritto*) copiare, trascrivere **2** (*di modello, di artista, ecc.*) imitare, riprodurre, ritrarre, ricalcare, contraffare, simulare.

ricopiàto part. pass. di **ricopiare**; anche agg. copiato, trascritto, riprodotto, ricalcato □ imitato.

ricopiatùra s. f. copiatura, trascrizione.

ricoprìbile agg. copribile, avvolgibile, foderabile.

ricoprìre A v. tr. **1** coprire di nuovo **2** coprire, rivestire, avvolgere, incartare, foderare, tappezzare, placcare, patinare, tegumentare (*raro*), fasciare **CONTR.** scoprire, svolgere **3** (*est.*) (*di trincea, di postazione, ecc.*) riparare, proteggere **CONTR.** scoprire **4** (*di attenzioni, di denaro, ecc.*) colmare, riempire, circondare, ricolmare **5** (*di pensiero, di difetto, ecc.*) nascondere, celare, occultare, riparare, difendere **CONTR.** mostrare, palesare **6** (*di incarico, di ruolo, ecc.*) avere, assumere, occupare **B ricoprirsi** v. rifl. **1** rivestirsi, coprirsi, vestirsi, tappezzarsi, avvolgersi **CONTR.** scoprirsi, svolgersi **2** (*est., fig.*) ripararsi, difendersi, occultarsi, celarsi, nascondersi **CONTR.** scoprirsi.

ricordàre A v. tr. **1** (*di fatto, di persona, ecc.*) rammentare, rammemorare (*lett.*), rimembrare (*poet.*), rivangare, ripensare, rievocare, rimpiangere, riesumare, rivivere **CONTR.** dimenticare, scordare, obliare **2** (*di persona, di quadro, ecc.*) rassomigliare, assomigliare, ravvisare, rammentare, rievocare **3** (*di persona*) nominare, menzionare, citare **4** (*di morti, di vittoria, ecc.*) celebrare, rievocare **B ricordarsi** v. intr. pron. rammentarsi, risovvenirsi (*poet.*) **CONTR.** dimenticarsi, scordarsi.

ricordàto part. pass. di **ricordare**; anche agg. **1** rammentato, rievocato, rimembrato (*poet.*) **CONTR.** dimenticato, scordato, obliato (*lett.*) **2** nominato, menzionato, citato **3** celebrato, rievocato.

ricòrdo s. m. **1** memoria, rimembranza (*lett.*), ricordanza (*poet.*), reminiscenza **CONTR.** oblio, dimenticanza **2** (*di persona, di data, ecc.*) rimpianto, nostalgia **3** (*di vittoria, di morti, ecc.*) rievocazione, commemorazione **4** (*di civiltà, di tempo, ecc.*) vestigia, traccia, orma, segno, testimonianza, documento, monumento **5** nota, appunto **6** regalo, dono, gingillo.

ricorrènte A part. pres. di **ricorrere**; anche agg. intermittente, periodico □ frequente **CONTR.** continuo, ininterrotto, incessante **B** s. m. e f. richiedente, reclamante.

ricorrènza s. f. **1** periodicità **2** (*est.*) anniversario □ festa.

ricórrere v. intr. **1** (*col pensiero*) riandare, ritornare **2** (*di date, di festa, ecc.*) ripetersi, ripresentarsi **3** (*a qualcuno, a qualcosa*) rivolgersi, indirizzarsi, appellarsi, invocare, pregare, raccomandarsi, fare appello, implorare, affidarsi **4** (*al dizionario, alla forza, ecc.*) utilizzare, valersi, servirsi, adoperare, richiamarsi **5** (*dir.*) domandare, reclamare, impugnare.

ricórso s. m. **1** (*all'autorità*) istanza, domanda, reclamo, supplica, richiesta, appello, petizione **2** (*di avvenimento*) periodicità, ricorrenza, ritorno, ritmo.

ricostituènte A part. pres. di **ricostituire**; anche agg. fortificante, rinforzante **CONTR.** debilitante **B** s. m. corroborante, energetico, tonico, stimolante.

ricostituìre A v. tr. **1** (*di governo, di società, ecc.*) rifare, ricomporre, ripristinare, riordinare, rinnovare, riformare **CONTR.** disfare, sciogliere, disciogliere **2** (*fig.*) (*di forze, di organismo, ecc.*) corroborare, rinvigorire, rinforzare, fortificare, tonificare **CONTR.** debilitare, indebolire, infiacchire **B ricostituirsi** v. intr. pron. **1** (*di governo, di società, ecc.*) ricomporsi, riordinarsi, riformarsi, rifarsi **CONTR.** sciogliersi, disciogliersi, disgregarsi **2** (*di persona*) rimettersi, rinforzarsi, corroborarsi, rinvigorirsi **CONTR.** debilitarsi, indebolirsi, infiacchirsi.

ricostituìto part. pass. di **ricostituire**; anche agg. ricomposto, riordinato, rifatto, riformato **CONTR.** sciolto, disciolto.

ricostituzióne s. f. ricomposizione, ripristino, riordinamento, rinnovamento, riformazione, restaurazione, ristrutturazione **CONTR.** scioglimento, discioglimento.

ricostruìre v. tr. **1** costruire di nuovo, riedificare, rifare **CONTR.** abbattere, demolire, distruggere, diroccare **2** restaurare, rinnovare, riparare, riattare, ripristinare **CONTR.** rovinare, guastare.

ricostruìto part. pass. di **ricostruire**; anche agg. rifatto, riedificato **CONTR.** demolito, distrutto, abbattuto.

ricostruzióne s. f. ripristino, riedificazione, restauro, rifacimento **CONTR.** distruzione, abbattimento, demolizione.

ricoveràre A v. tr. **1** (*in ospedale, in ospizio*) accogliere, ospitare **2** (*in manicomio, in riformatorio, ecc.*) rinchiudere, internare **B ricoverarsi** v. intr. pron. ripararsi, rifugiarsi, nascondersi, rinchiudersi, ritirarsi.

ricoveràto A part. pass. di **ricoverare**; anche agg. accolto, ospitato □ internato, rinchiuso **B** s. m. (*in ospedale, in ospizio, ecc.*) degente, ospite.

ricòvero s. m. **1** rifugio, riparo, asilo, ricetto (*lett.*), ritiro **2** ospizio, brefotrofio.

ricreàre A v. tr. **1** creare di nuovo, rifare, rinnovare **CONTR.** rompere, rovinare, disfare, distruggere **2** (*di spirito, di vista, ecc.*) ristorare, sollevare, confortare, consolare, rilassare **CONTR.** affliggere, rattristare, avvilire **3** (*est., ass.*) (*di persona*) divertire, rallegrare, dilettare, distrarre, svagare **CONTR.** affliggere, rattristare, annoiare, avvilire, demoralizzare **4** (*di fisico, di forze*) rinvigorire, ritemprare **CONTR.** indebolire, abbattere, infiacchire **B ricrearsi** v. rifl. **1** sollevarsi, confortarsi, consolarsi, rilassarsi, ristorarsi **CONTR.** affliggersi, rattristarsi, avvilirsi **2** (*di fisico, di forze*) rinvigorirsi, ritemprarsi **CONTR.** indebolirsi, abbattersi, infiacchirsi **3** (*est.*) divertirsi, dilettarsi, distrarsi, divagarsi, svagarsi, sollazzarsi, spassarsela **CONTR.** affliggersi, rattristarsi, avvilirsi □ annoiarsi.

ricreatìvo agg. distensivo, piacevole, divertente **CONTR.** triste, rattristante, demoralizzante □ noioso.

ricreazióne s. f. ristoro, riposo, sollievo, relax (*ingl.*), distrazione, svago.

ricrédersi v. intr. pron. credere diversamente, cambiare opinione, convincersi del contrario.

ricucìre v. tr. **1** cucire di nuovo, rammendare **2** (*fig.*) (*di scritti, di componimenti, ecc.*) accozzare, unire, riunire, raffazzonare, acconciare **3** (*chir.*) rimarginare, suturare **4** (*fig.*) (*di amicizia, di controversia, ecc.*) ricomporre, ricostituire.

ricuperàbile agg. **1** (*di cosa*) riottenibile, riacquistabile □ trovabile □ rimontabile □ riutilizzabile **CONTR.** irrecuperabile, perduto **2** (*fig.*) (*di persona*) salvabile, redimibile □ reinseribile **CONTR.** irrecuperabile.

ricuperàre v. tr. **1** (*di cosa*) riprendere, riacquistare, riconquistare, ripigliare (*fam.*), ritrovare, riavere, riottenere **CONTR.** perdere, smarrire, abbandonare, lasciare **2** (*est.*) scovare, trovare, rinvenire **CONTR.** perdere **3** (*di cosa o persona*) salvare, ripescare **CONTR.** perdere, abbandonare **4** (*fig.*) (*di persona*) redimere □ reinserire, reintrodurre **CONTR.** escludere, allontanare **5** (*di svantaggio*) rimontare, riguadagnare **6** (*di materiale, sostanza e sim.*) riutilizzare, riciclare **CONTR.** perdere, disperdere, gettare.

ricùpero s. m. **1** riacquisto, riscatto, riottenimento, ripresa **CONTR.** perdita, smarrimento **2** ritrovamento **CONTR.** perdita, smarrimento **3** (*di materiale, di energia e sim.*) riutilizzazione, riciclaggio **CONTR.** perdita, dispersione **4** (*fig.*) (*di disadattato, di minorato e sim.*) reinserimento, reintroduzione **CONTR.** esclusione, allontanamento **5** (*di persona*) rimonta, ripresa **CONTR.** calo, caduta.

ricùrvo agg. **1** curvo, curvato, ritorto, arcuato, falcato, lunato, inarcato, incurvato, curvilineo **CONTR.** diritto, rettilineo, rigido, verticale **2** (*est.*) (*di persona*) piegato, chino, ripiegato, reclinato, inclinato, curvo, storto **CONTR.** diritto, eretto, rigido, impalato, impettito, ritto.

ricusàbile agg. rifiutabile, rinunziabile, ripudiabile **CONTR.** accettabile, accoglibile.

ricusàre A v. tr. rifiutare, negare, respingere, declinare, escludere, scartare **CONTR.** accettare, gradire, accogliere, prendere **B ricusarsi** v.

intr. pron. rifiutarsi, sottrarsi, astenersi, opporsi, rinunciare CONTR. accettare, acconsentire, gradire.

ridàre v. tr. **1** dare di nuovo CONTR. riprendere **2** restituire, rendere, rifondere, rimborsare, risarcire, riconsegnare, ripagare, rimandare, riportare CONTR. riprendere, trattenere, tenere.

rìdda s. f. (*est.*) turbine, vortice, pandemonio, confusione, guazzabuglio, babilonia, bailamme, baraonda, concitazione, disordine, caos, mischia, congestione CONTR. ordine.

ridènte part. pres. di **ridere**; anche agg. **1** (*di persona, di occhi, ecc.*) sorridente, ilare, brioso, gaio, lepido (*lett.*), arguto, ridanciano, spiritoso, sereno, vivace CONTR. serio, imbronciato, triste, musone, piangente, piagnucoloso, gemebondo, ingrugnito, burbero, uggioso, sconsolato, funereo, dolente **2** (*di luogo*) piacevole, ameno, dilettevole, allegro, gaio, gioioso, bello, delizioso, paradisiaco CONTR. cupo, chiuso, triste, uggioso, desolato, malinconico, lugubre, tetro, squallido.

rìdere A v. intr. **1** sorridere, ridacchiare, sogghignare, ghignare, sghignazzare, sbellicarsi, scompisciarsi (*pop.*), sganasciarsi, smascellarsi CONTR. piangere, rattristarsi, lamentarsi, lagnarsi, singhiozzare, frignare **2** gioire, esultare, rallegrarsi, tripudiare CONTR. rattristarsi, affliggersi, addolorarsi, soffrire, sconfortarsi, penare, crucciarsi **3** (*fig., lett.*) (*di occhi, di natura, ecc.*) brillare, splendere, irradiare, luccicare, raggiare, rifulgere, rilucere, risplendere, scintillare, balenare, sfolgorare, sfavillare, fiammeggiare CONTR. offuscarsi, incupirsi, ottenebrarsi, spegnersi, velarsi, annebbiarsi **4** (*lett.*) (*di fortuna e sim.*) arridere, essere favorevole CONTR. avversare, contrariare **B ridersi** v. intr. pron. **1** burlarsi, beffarsi, prendersi gioco **2** non temere, non considerare, fregarsene (*pop.*), infischiarsene CONTR. considerare, importarsene.

ridestàre A v. tr. **1** risvegliare CONTR. riaddormentare, riassopire **2** (*fig.*) (*di fiamma, di fuoco*) ravvivare, scuotere, rianimare, rinvigorire, vivificare CONTR. abbattere, avvilire, scoraggiare **3** (*fig.*) (*di sentimenti*) riaccendere, rinfocolare, risuscitare, eccitare, stimolare, riattizzare, infiammare, fomentare, rieccitare CONTR. spegnere, smorzare, mitigare, placare, calmare **B ridestarsi** v. intr. pron. **1** risvegliarsi, destarsi, scuotersi CONTR. addormentarsi, assopirsi **2** (*fig.*) (*di persona, di sentimenti*) risorgere, riaccendersi, scuotersi, rianimarsi, rinvigorirsi, vivificarsi CONTR. abbattersi, avvilirsi, scoraggiarsi □ riassopirsi, spegnersi.

ridicolàggine s. f. **1** ridicolezza, goffaggine, buffonata, caricatura, comica, sciocchezza, scimunitaggine **2** (*est.*) inezia, piccolezza, meschinità, coserella, bagattella, baggianata, sciocchezzuola.

ridicolménte avv. **1** buffamente, comicamente, grottescamente, goffamente CONTR. seriamente, severamente, tragicamente **2** (*est.*) meschinamente, irrisoriamente CONTR. notevolmente, considerevolmente.

ridìcolo A agg. **1** risibile, comico, buffo, grottesco, caricaturale, buffonesco, pagliaccesco, parodistico, goffo, burlesco, strampalato, eccessivo, assurdo, curioso, bislacco, ameno CONTR. serio, severo, grave, drammatico, tragico, rattristante **2** (*est.*) meschino, inadeguato, esiguo, irrisorio, inconsistente, irrilevante CONTR. consistente, rilevante, ragguardevole, notevole **B** s. m. comicità, ridicolaggine, arguzia, spirito, parodia.

ridìre v. tr. **1** dire di nuovo, ripetere, replicare, ribadire, confermare, riconfermare, riaffermare, ricantare (*fam.*) **2** riferire, riportare, spifferare (*fam.*), rivelare, svelare, confidare, propalare, divulgare, diffondere CONTR. tacere, celare, occultare, nascondere **3** narrare, raccontare, esporre, dire, riferire CONTR. tacere, celare **4** criticare, biasimare, censurare, obiettare, riprendere, disapprovare, condannare CONTR. lodare, approvare, elogiare, esaltare, decantare □ assentire, consentire.

ridomandàre v. tr. **1** richiedere **2** sollecitare, reclamare, esigere, pretendere, volere.

ridondànte agg. **1** sovrabbondante, eccessivo, abbondante, traboccante, esuberante, riboccante, rigurgitante CONTR. moderato, temperato, dimesso, limitato, sobrio **2** retorico, prolisso, ampolloso CONTR. scarno, conciso, stringato, laconico.

ridondànza s. f. **1** sovrabbondanza, abbondanza, eccesso, esuberanza, profusione CONTR. povertà, moderatezza, limitatezza **2** retorica, prolissità, ampollosità, enfasi CONTR. semplicità, stringatezza, sobrietà, laconicità, concisione.

ridòsso s. m. riparo, contrafforte FRAS. *a ridosso* (*fig.*), alle spalle.

ridòtto A part. pass. di **ridurre**; anche agg. rimpicciolito, diminuito, ristretto, compendiato, limitato, abbreviato CONTR. aumentato, accresciuto, esteso **B** s. m. **1** (*di cinema, di teatro*) atrio, foyer (*fr.*), hall (*ingl.*) **2** (*mil.*) ridotta, postazione, fortino.

ridùrre A v. tr. **1** ricondurre, portare, condurre, riportare **2** raccogliere, adunare, ammassare, radunare CONTR. sparpagliare, respingere, allontanare, disperdere **3** far diventare, rendere, mutare, trasformare, modificare, cambiare **4** (*di discorso, di scritto*) adattare, compendiare, abbreviare CONTR. allargare **5** (*di locale, di vestito, ecc.*) restringere, rimpiccolire CONTR. ingrandire, allargare **6** (*fig.*) (*di tempo, di spesa, ecc.*) diminuire, limitare, contenere CONTR. aumentare, espandere, abbondare, largheggiare **7** (*di persona*) costringere, obbligare, indurre **B ridursi** v. intr. pron. **1** (*di persona*) conciarsi, ritrovarsi **2** (*di cosa*) restringersi, diminuire, rimpiccolirsi **CONTR.** allargarsi, aumentare, ingrandirsi **3** (*di persona*) rifugiarsi, ritirarsi, ripararsi, nascondersi.

riduttìvo agg. limitativo **CONTR.** estensivo.

riduttóre s. m. regolatore, trasformatore.

riduzióne s. f. **1** diminuzione, limitazione, calo, contrazione, decremento, rimpiccolimento, restringimento **CONTR.** aumento, ingrandimento, allargamento **2** (*est.*) sconto, abbuono **CONTR.** aumento, maggiorazione **3** adattamento, trasformazione, modificazione **4** (*est.*) (*di discorso, di scritto*) semplificazione, riassunto, accorciamento, abrégé (*fr.*), compendio **CONTR.** ampliamento.

riecheggiàre v. intr. **1** echeggiare, risonare, rimbombare, rintronare **2** (*fig.*) (*di ricordi, di parole, ecc.*) risentirsi, avvertirsi, ravvisarsi, notarsi.

riedificàre v. tr. ricostruire, rifare, rifabbricare.

riedificazióne s. f. ricostruzione, rifacimento.

rieducazióne s. f. **1** correzione **2** (*di parti del corpo*) riattivazione.

rielaboràre v. tr. elaborare di nuovo, rifare, adattare.

rielaborazióne s. f. rifacimento, adattamento.

riempìre A v. tr. **1** colmare, ricolmare, imbottire, farcire, inzeppare, stipare, stivare **CONTR.** vuotare, svuotare, liberare **2** (*di modulo, di scheda e sim.*) compilare, redigere **B riempirsi** v. intr. pron. diventare pieno, stiparsi, colmarsi **CONTR.** vuotarsi, svuotarsi, liberarsi **C** v. rifl. ingozzarsi, satollarsi, saziarsi.

riempitìvo A agg. (*fig.*) superfluo, eccessivo, pleonastico **B** s. m. **1** additivo, filler (*ingl.*) **2** (*fig.*) pleonasmo, zeppa.

rientràbile agg. retrattile.

rientrànte part. pres. di **rientrare**; anche agg. incurvato, incavato, concavo **CONTR.** sporgente, prominente, rilevato, protuberante, convesso.

rientrànza s. f. **1** rientramento, cavità, incavo, concavità **CONTR.** sporgenza, prominenza, protuberanza, rialto, rialzo **2** (*di costa*) insenatura, seno, golfo, cala.

rientràre v. intr. **1** tornare, rincasare, ritornare **CONTR.** uscire, andarsene **2** (*di tessuto e sim.*) restringersi, accorciarsi, ritirarsi, ridursi **CONTR.** allargarsi, allungarsi, estendersi **3** (*di muro, di fiume, ecc.*) incurvarsi, piegarsi **4** (*di lavoro, di denaro, ecc.*) ricadere, essere compreso **CONTR.** essere escluso.

rientràto part. pass. di **rientrare**; anche agg. **1** ritornato, rincasato **CONTR.** uscito **2** (*di tessuto e sim.*) accorciato, ritirato, ristretto **CONTR.** allargato, allungato **3** (*fig.*) (*di tentativo, di azione*) fallito, mancato, incompiuto **CONTR.** riuscito, compiuto, completo.

riéntro s. m. **1** ritorno, rimpatrio **CONTR.** andata, uscita **2** (*di tessuto e sim.*) accorciamento, restringimento **CONTR.** allargamento, allungamento.

riepilogàre v. tr. riassumere, ricapitolare, compendiare, sintetizzare, condensare, abbreviare, ridurre, restringere, stringere, concludere **CONTR.** estendere, allungare, analizzare.

riepìlogo s. m. riassunto, ricapitolazione, compendio, sommario, sintesi, riduzione, conclusione, estratto, sinossi, abrégé (*fr.*).

riesaminàre v. tr. riprovare, ricontrollare, disaminare, riguardare, riscontrare, rivedere, ripassare, verificare.

riesumàre v. tr. **1** (*di cadavere*) dissotterrare, disseppellire, esumare **CONTR.** seppellire, sotterrare, interrare, inumare, tumulare **2** (*fig.*) (*di ricordo, di tempo, ecc.*) ricordare, evocare, rievocare, ritrovare **CONTR.** dimenticare, obliare.

riesumazióne s. f. **1** (*di cadavere*) dissotterramento, disseppellimento, esumazione **CONTR.** seppellimento, inumazione **2** (*fig.*) (*di ricordo, di tempo, ecc.*) ricordo, rievocazione **CONTR.** dimenticanza, oblio.

rievocàre v. tr. **1** ricordare, riparlare, ridestare, evocare, rinvangare, rammemorare (*lett.*), rimemorare (*ant.*), riesumare, rimembrare (*poet.*), risovvenire (*lett.*), rivivere **CONTR.** dimenticare, obliare, scordare **2** commemorare, celebrare.

rievocazióne s. f. **1** ricordo, memoria, rimembranza (*lett.*), rammemorazione (*lett.*), risovvenimento (*ant.*) **CONTR.** dimenticanza, oblio **2** commemorazione, celebrazione.

rifaciménto s. m. rielaborazione, riedificazione, rimaneggiamento, rimanipolazione, remake (*ingl.*), riordinamento, rinnovo, ricostruzione, ristrutturazione, rinnovamento, rimodernamento.

rifàre A v. tr. **1** (*di azione, di errore, ecc.*) fare di nuovo, ripetere **2** (*di edificio, di cosa, ecc.*) riedificare, ristrutturare, rimodernare, ricostruire, rifabbricare **CONTR.** abbattere, distruggere **3** (*di letto, di compito, ecc.*) rassettare, riordinare, rimaneggiare, rielaborare **CONTR.** disfare **4** (*di orlo, di polsini, ecc.*) riparare, accomodare, racconciare **5** (*di persona*) rieleggere, eleggere **6** (*di gesto, di voce, ecc.*) imitare, contraffare, scimmiottare, mimare, parodiare **7** (*di danni, di spese, ecc.*) compensare, risarcire, rimediare, indennizzare, rifondere, rimborsare **8** (*di alimento*) ricucinare, ricuocere **B rifarsi** v. intr. pron. **1** ridiventare **2** cominciare, ricominciare **3** (*fisicamente, moralmente*) ricuperare, ristabilirsi, rianimarsi, rimettersi, ristorarsi **4** (*di danno, di perdita*) prendersi la rivincita, risarcirsi, rifondersi.

riferìbile agg. **1** (*di discorso, di segreto, ecc.*) raccontabile, rivelabile, ripetibile, narrabile, dicibile **CONTR.** irriferibile, inenarrabile, indicibile, irripetibile **2** (*di discorso, di azione, ecc.*) ascrivibile, attribuibile, concernente, riguardante, relativo.

riferiménto s. m. **1** relazione, rapporto, richiamo, citazione **2** informazione, notizia, ragguаglio **3** (*di discorso e sim.*) allusione, accenno, menzione **4** (*di cosa*) attinenza, nesso, connessione, confronto, paragone.

riferire A v. tr. **1** (*di discorso*) ridire, riportare, narrare, raccontare **CONTR.** tacere **2** (*est.*) (*di segreto*) rivelare, spifferare (*fam.*), svelare **CONTR.** tacere, nascondere **3** (*di fatto, di errore, ecc.*) ascrivere, attribuire, addossare, rapportare, richiamare, riportare, adattare **B riferirsi** v. intr. pron. **1** rapportarsi, richiamarsi, riportarsi, adattarsi, rimettersi **2** (*di discorso*) accennare, alludere **3** riguardare, concernere.

riferito part. pass. di **riferire**; anche agg. **1** (*di discorso*) ridetto, riportato, raccontato **2** (*est.*) (*di segreto*) rivelato, spifferato (*fam.*), svelato **CONTR.** taciuto, nascosto **3** (*di fatto, di errore, ecc.*) ascritto, attribuito, addossato, rapportato, adattato.

rifilàre v. tr. **1** tagliare a filo, rifinire, pareggiare, uguagliare, livellare **2** (*pop.*) (*di cosa falsa, di cosa di poco valore, ecc.*) dare per buono, sbarazzarsi, sbolognare (*fam.*) **3** (*fam.*) (*di compito sgradevole, di pugni, ecc.*) affibbiare, appioppare (*fam.*), mollare (*fam.*), assestare.

rifilatùra s. f. rifinitura, pareggiamento, pareggiatura.

rifinìre v. tr. **1** finire, terminare, compiere, completare **2** curare, perfezionare, ritoccare **3** (*tosc.*) consumare, esaurire **CONTR.** rinforzare, rafforzare.

rifinìto part. pass. di **rifinire**; anche agg. **1** curato, completo, perfezionato, compiuto, perfetto **CONTR.** incompiuto, incompleto, abborracciato, raffazzonato, trascurato **2** (*tosc.*) esausto, consumato, consunto, sfatto, logorato, spossato, esaurito, sfinito **CONTR.** fiorente, gagliardo, vigoroso, florido.

rifinitùra s. f. **1** perfezionamento, compimento, completamento, ritocco **CONTR.** raffazzonamento, abborracciatura **2** guarnizione □ rifinizione.

rifiorìre v. intr. **1** tornare a fiorire **2** (*fig.*) (*di salute*) rinvigorirsi, rinforzarsi, migliorare, ravvivarsi, ringiovanire **CONTR.** sfinirsi, spossarsi, estenuarsi, stancarsi **3** (*fig.*) (*di civiltà, di arte, ecc.*) prosperare, rinascere, espandersi, rinnovarsi, ricominciare, risorgere, restaurarsi, rigenerarsi **CONTR.** decadere, deteriorarsi, guastarsi, declinare **4** (*di macchia, di muffa, di ruggine*) ricomparire, riaffiorare, rispuntare, riemergere **CONTR.** sparire, scomparire.

rifioritùra s. f. **1** rifiorimento **2** (*est.*) abbellimento, ornamento, fronzolo, frangia **3** (*fig.*) (*di salute*) miglioramento, ravvivamento, rinvigorimento, ringiovanimento, floridezza **CONTR.** peggioramento **4** (*fig.*) (*di civiltà, di arte, ecc.*) rinnovamento, progresso, rifiorimento, rinascenza (*lett.*), rinascita, rinnovo, risveglio, sviluppo, trasformazione, svecchiamento **CONTR.** decadenza, decadimento, logoramento, deterioramento, invecchiamento.

rifiutàre v. tr. **1** respingere, ricusare, rigettare, scartare, ripudiare **CONTR.** accettare, approvare, accogliere, ammettere **2** (*di incarico, di responsabilità, ecc.*) declinare, sottrarsi, rinunciare, scartare, rinnegare, escludere, disdire, abbandonare, astenersi **CONTR.** accettare, consentire, acconsentire □ arrendersi, cedere, concedere **3** (*di consenso, di permesso, ecc.*) negare **CONTR.** concedere, permettere.

rifiùto s. m. **1** diniego, ricusa, no, negazione, ripulsa (*lett.*), rigetto, ricusazione (*lett.*), rinuncia **CONTR.** accettazione, accoglimento, consenso **2** (*di persona, di merce*) scarto, avanzo, residuo □ canaglia **3** (*al pl.*) immondizie, ciarpame, spazzatura.

riflessióne s. f. **1** meditazione, considerazione, attenzione, ponderatezza, avvertenza, prudenza, posatezza, raccoglimento **CONTR.** leggerezza, irriflessione, spensieratezza, avventatezza, sconsideratezza, impulso, impulsività **2** (*fis.*) ripiegamento, riverberazione, riverberamento (*raro*), riverbero, riflesso **3** osservazione, pensiero, idea, introspezione, consiglio, perscrutazione (*raro, lett.*), rilievo, studio.

riflessivaménte avv. **1** ragionevolmente, ponderatamente, sensatamente, giudiziosamente **CONTR.** irragionevolmente, irriflessivamente, sconsideratamente, avventatamente **2** (*gramm.*) in senso riflessivo.

riflessìvo agg. giudizioso, posato, ponderato, ragionevole, savio, prudente, ragionatore, meditativo, attento, cogitabondo (*lett.*), assennato, sensato **CONTR.** scriteriato, imprudente, avventato, irriflessivo, impulsivo, sconsiderato, superficiale.

riflèsso (1) s. m. **1** riverbero **2** (*fig.*) conseguenza, reazione, effetto.

riflèsso (2) part. pass. di **riflettere**; anche agg. **1** rimandato, riverberato, ripercosso **2** (*fig.*) rispecchiato, manifestato, svelato, rivelato **CONTR.** nascosto, celato.

riflèttere A v. tr. **1** rimandare, riverberare, riecheggiare, ripercuotere **2** (*fig.*) (*di discorso, di azione, ecc.*) rispecchiare, manifestare, mostrare, svelare, rivelare, significare, trapelare **CONTR.** nascondere, celare **B** v. intr. (*di persona*) meditare, pensare, ragionare, congetturare, considerare, esaminare, lambiccarsi, perscrutare (*raro, lett.*), pesare, ponderare, rimuginare, ripensare, soppesare, calcolare, almanaccare **C riflettersi** v. rifl. **1** riverberarsi, rispecchiarsi **2** (*fig.*) (*di decisione, di danno, ecc.*) ripercuotersi, influire.

riflettóre s. m. faro, proiettore.

rifluìre v. intr. **1** scorrere, fluire **2** scorrere indietro, ritornare **3** (*fig.*) (*di merci, di denaro, ecc.*) affluire, confluire.

riflùsso s. m. **1** (*di marea, di folla, ecc.*) flusso contrario, ritorno **2** bassa marea **CONTR.** alta marea **3** (*fig.*) (*di idee, di economia*) recessione □ ritorno al passato, reazione □ rigurgito

(*fig.*) **CONTR.** ripresa, avanzata, progresso.
rifocillàre A v. tr. ristorare, ricreare, satollare, nutrire **CONTR.** affamare **B rifocillarsi** v. rifl. ristorarsi, mangiare, satollarsi, nutrirsi, cibarsi, saziarsi **CONTR.** digiunare, estenuarsi.
rifocillàto part. pass. di **rifocillare**; anche agg. ristorato, ricreato, satollato, nutrito, sazio **CONTR.** digiuno, estenuato.
rifóndere v. tr. **1** fondere nuovamente **2** (*fig.*) (*di scritto*) ricomporre, rimaneggiare, rifare **3** (*fig.*) (*di danni, di spese*) risarcire, rimborsare, restituire, indennizzare, rendere, pagare.
rifórma s. f. modifica, miglioramento, innovazione, cambiamento, revisione, trasformazione, mutamento, modificazione □ emendamento, rinnovamento, correzione **CONTR.** conservazione, status quo (*lat.*) □ controriforma.
riformàre A v. tr. **1** formare di nuovo, rifare **2** (*di società, di leggi, ecc.*) cambiare, innovare, migliorare, riordinare, correggere, rivedere, mutare, svecchiare, rinnovare, emendare, modificare, trasformare, rifare **CONTR.** conservare, confermare □ peggiorare **3** (*mil.*) scartare, dichiarare inabile, congedare **CONTR.** arruolare, fare abile **B riformarsi** v. intr. pron. rifarsi, ricrearsi **CONTR.** disfarsi, sciogliersi.
riformàto part. pass. di **riformare**; anche agg. **1** cambiato, mutato, innovato, migliorato, corretto, riveduto, modificato, trasformato, rifatto, svecchiato **CONTR.** immutato, conservato **2** (*mil.*) scartato, inabile, congedato **CONTR.** arruolato, abile.
riformatóre s. m.; anche agg. (f. *-trice*) innovatore, novatore, rinnovatore, progressista, riformista **CONTR.** conservatore, retrivo, codino, retrogrado.
riformatòrio s. m. casa di correzione, carcere minorile, correzionale.
riforniménto s. m. provvisione (*ant.*), provvista, approvvigionamento, scorta, riserva.
rifornìre A v. tr. approvvigionare, fornire, provvedere, munire, dare, equipaggiare, corredare, attrezzare **CONTR.** sfornire, spogliare, privare **B rifornirsi** v. rifl. fornirsi, munirsi, provvedersi, approvvigionarsi, equipaggiarsi, corredarsi, attrezzarsi **CONTR.** sfornirsi, spogliarsi, privarsi.
rifornìto part. pass. di **rifornire**; anche agg. fornito, provvisto, dotato, corredato, equipaggiato, munito, attrezzato **CONTR.** sfornito, privo, sprovvisto.
rifornitóre s. m.; anche agg. (f. *-trice*) fornitore.
rifràngere A v. tr. **1** (*raro*) frangere, spezzare, infrangere **2** (*fis.*) deviare **B rifrangersi** v. intr. pron. spezzarsi, rompersi, frangersi, infrangersi.
rifràtto part. pass. di **rifrangere**; anche agg. **1** (*fis.*) deviato **2** (*di farmaco*) in piccole dosi.
rifuggìre A v. intr. **1** fuggire di nuovo **2** (*fig.*) (*da azioni, da discorsi, ecc.*) aborrire, guardarsi, evitare, detestare, esecrare, abominare **CONTR.** amare, adorare, ammirare **B** v. tr. scansare, fuggire, evitare, schivare **CONTR.** gradire, accettare.
rifugiàrsi v. intr. pron. ricoverarsi, nascondersi, riparare, fuggire, annidarsi, rimpiattarsi, rintanarsi, celarsi, rincantucciarsi **CONTR.** esporsi, avventurarsi, rivelarsi, svelarsi, mostrarsi.
rifugiàto part. pass. di **rifugiarsi**; anche agg. e s. m. fuoruscito, proscritto, esule □ ricercato.
rifùgio s. m. **1** asilo, riparo, difesa, protezione, ricovero, nascondiglio, ricetto (*lett.*) **2** (*di montagna*) capanna, baita **3** (*per anziani, per malati, ecc.*) ospizio, ricovero **4** (*di sfaccendati, di giocatori, ecc.*) ritrovo, ricettacolo, ricetto (*lett.*), porto, covo, covile **5** (*di bisognosi, di deboli, ecc.*) protezione, aiuto, conforto, sostegno.
rìga s. f. **1** linea, tratto, trattino, frego, rigo, solco, striatura, striscia, segno **2** (*est.*) (*di soldati, di alberi, ecc.*) serie, fila, ordine, allineamento, teoria, filza, infilata, coda, schieramento, incolonnamento **3** fila di parole **4** (*di capelli*) scriminatura, divisa, scriminale **5** (*di strumento*) regolo, righello, righino, stecca **6** (*di stoffa, di colore, ecc.*) banda, lista **FRAS.** *rimettersi in riga* (*fig.*), tornare all'obbedienza, filare diritto □ *leggere tra le righe* (*fig.*), capire ciò che è sottinteso □ *riga tipografica*, cicero.
rigàgnolo s. m. rivolo, rivoletto, rio, ruscelletto, canaletto.
rigàre v. tr. **1** tracciare, segnare, listare, striare, sfregiare □ scannellare, scanalare, solcare **2** righettare, vergare **3** (*di lacrime*) solcare, bagnare **FRAS.** *rigare diritto* (*fig.*), fare il proprio dovere.
rigàto part. pass. di **rigare**; anche agg. solcato, segnato, righettato, striato, sfregiato □ listato, traversato, vergato, reticolato, zebrato, quadrettato, scanalato, scannellato **CONTR.** liscio, pulito, bianco.
rigattière s. m. rivendugliolo, ferrovecchio, straccivendolo, robivecchio, cenciaiolo, stracciaiolo.
rigatùra s. f. righettatura, striatura, scanalatura □ riga, sfregio.
rigeneràbile agg. riciclabile.
rigeneràre A v. tr. **1** generare di nuovo, fare rinascere, redimere **2** (*fig.*) (*di forze*) ritemprare, rinnovare, migliorare **CONTR.** indebolire, fiaccare, peggiorare **3** (*di cose*) ricostituire, riprodurre, ripristinare, riattivare, reintegrare, riciclare **CONTR.** distruggere **B** v. intr. e **rigenerarsi** intr. pron. **1** riprodursi, ricostituirsi, ripristinarsi, riattivarsi **CONTR.** distruggersi **2** (*fig.*) (*di persona*) migliorarsi, rinnovarsi.
rigenerazióne s. f. **1** riproduzione, ricostituzione, ripristino, riattivazione **2** (*fig.*) (*di persona*) redenzione, rinnovazione, liberazione, nuova vita, riscatto **CONTR.** decadimento, decadenza, corruzione, guasto **FRAS.** *rigenera-*

zione nucleare, reprocessing (*ingl.*), ritrattamento.

rigettàre A v. tr. **1** rilanciare, ributtare, rimandare, respingere **CONTR.** trattenere **2** (*bot.*) germogliare, gemmare, buttare, spuntare, rampollare **CONTR.** disseccarsi, inaridirsi, morire **3** restituire **CONTR.** trattenere **4** (*fig.*) (*di proposta, di domanda, ecc.*) respingere, rifiutare, scartare, ricusare **CONTR.** accettare, accogliere, prendere **5** vomitare, rimettere, rigurgitare **B rigettarsi** v. rifl. ributtarsi, ritornare **C** v. intr. (*fig.*) (*di macchie*) rifiorire, ricomparire, riaffiorare, rispuntare, riemergere **CONTR.** sparire, scomparire.

rigètto s. m. **1** rifiuto, ripulsa, ricusazione, reiezione (*raro*), respingimento **CONTR.** accettazione, accoglimento, consenso **2** (*bot.*) pollone **3** (*biol.*) distacco, espulsione **CONTR.** attecchimento.

righèllo s. m. riga, righino, regolo, stecca.

righìno s. m. **1** dim. di **rigo 2** righello, riga, regolo, stecca.

rigidaménte avv. severamente, duramente, austeramente, rigorosamente, inflessibilmente, aspramente **CONTR.** elasticamente, indulgentemente, tollerantemente, benevolmente, bonariamente.

rigidità s. f. **1** inflessibilità, resistenza **CONTR.** flessibilità **2** (*fig.*) (*di carattere, di modi, ecc.*) durezza, severità, inflessibilità, rigore, austerità, fermezza, rigidezza, intransigenza, asprezza, inesorabilità **CONTR.** indulgenza, bonarietà, elasticità, arrendevolezza, tolleranza, condiscendenza, benignità.

rìgido agg. **1** duro, inflessibile, indeformabile **CONTR.** deformabile, flessibile, elastico, piegabile **2** (*di membra*) inarticolato, impalato, stecchito, intirizzito, anchilosato, paralizzato **CONTR.** elastico, articolato, agile, flessibile, pieghevole, sciolto, snodato **3** (*di clima*) freddo, inclemente, aspro, crudo **CONTR.** mite, dolce, clemente **4** (*fig.*) (*di carattere, di modi, ecc.*) severo, austero, rigoroso, inflessibile, scrupoloso, tenace, inesorabile, burbero, tetro, immutabile, implacabile, aspro, intollerante **CONTR.** condiscendente, clemente, bonario, arrendevole, indulgente, elastico, tollerante, benigno.

rigiràre A v. tr. **1** (*di cosa*) girare, rivolgere, volgere, rivoltare, voltare **2** (*fig.*) (*di persona*) raggirare, imbrogliare, ingannare, maneggiare **B** v. intr. muoversi, andare in giro **C rigirarsi** v. rifl. voltarsi, rivoltarsi, volgersi, rivolgersi.

rigìro s. m. **1** giro **2** (*fig.*) viluppo, garbuglio, intrico, confusione, intreccio **3** (*fig.*) imbroglio, intrigo, raggiro, inganno, maneggio, ginepraio, truffa, broglio.

rigóglio s. m. **1** (*bot.*) grande sviluppo **2** (*est.*) esuberanza, vigore, floridezza, prosperosità, vigoria, ricchezza, rigogliosità, gagliardia, forza, energia **CONTR.** debolezza, languore, fragilità, stentatezza.

rigogliosaménte avv. prosperosamente, esuberantemente, floridamente, gagliardamente, vigorosamente **CONTR.** debolmente, stentatamente.

rigogliosità s. f. (*fig.*) rigoglio, floridezza, esuberanza, vigore, prosperosità, vigoria, gagliardia, forza, energia **CONTR.** debolezza, languore, fragilità, stentatezza.

rigoglióso agg. (*fig.*) florido, prosperoso, vigoroso, esuberante, lussureggiante, vivace, fiorente, prospero, vegeto **CONTR.** intristito, cadente, debole, illanguidito, fragile, stentato, avvizzito, vizzo.

rigonfiaménto s. m. gonfiezza, gonfiore, turgidezza, turgore, tumefazione, protuberanza **CONTR.** infossamento, incavo.

rigonfiàre A v. tr. gonfiare, enfiare, inturgidire, dilatare, riempire **CONTR.** sgonfiare **B** v. intr. lievitare, crescere **C rigonfiarsi** v. intr. pron. tumefarsi, intumidirsi, inturgidirsi **CONTR.** sgonfiarsi.

rigónfio agg. tumido, turgido, tumefatto, pieno, enfiato, ripieno **CONTR.** sgonfio, vuoto, infossato, incavato.

rigóre s. m. **1** (*di clima*) rigidità, freddo, asprezza, rigidezza, durezza, inclemenza, acerbità, crudezza **CONTR.** dolcezza, mitezza, tepore **2** (*med.*) spasmo, contrattura **3** (*di carattere, di modi, ecc.*) severità, inflessibilità, disciplina, fermezza, rigorosità, gravità, imperturbabilità, tenacia, risolutezza, energia **CONTR.** clemenza, tolleranza, indulgenza, bonarietà, flessibilità, condiscendenza, benignità, volubilità **4** (*est.*) (*di idee*) intolleranza, inesorabilità, irremovibilità, intransigenza, fanatismo **CONTR.** tolleranza, pazienza, moderazione, liberalità, permissività **5** (*di qualità morale*) austerità, durezza, rigorosità, rettitudine, serietà, gravità, severità **CONTR.** leggerezza, superficialità, futilità, mollezza, sconsideratezza **6** (*sport*) penalty (*ingl.*) **7** (*di metodo, di indagine, ecc.*) precisione, esattezza, scrupolo, scrupolosità, diligenza, meticolosità **CONTR.** noncuranza, disinvoltura, negligenza, trascuratezza, inesattezza, imprecisione.

rigorìsmo s. m. rigorosità, rigore, rigidezza, pedanteria, rigidità, pignoleria **CONTR.** rilassatezza, indulgenza, bonarietà.

rigorìsta s. m. e f. pedante, meticoloso, formalista, sottilizzatore, minuzioso **CONTR.** bonario, facilone, pressappochista, superficiale.

rigorosaménte avv. **1** rigidamente, severamente, duramente, austeramente, spietatamente **CONTR.** bonariamente, benignamente **2** esattamente, precisamente, meticolosamente, scrupolosamente **CONTR.** superficialmente, negligentemente, con leggerezza.

rigorosità s. f. severità, rigidezza, rigore, inflessibilità, disciplina, fermezza, gravità, imperturbabilità, tenacia, risolutezza, austerità, serietà, rettitudine **CONTR.** leggerezza, superficialità, clemenza, tolleranza, indulgenza, bonarietà, condiscendenza, benignità, volubilità.

rigoróso agg. **1** (*di persona, di disciplina, ecc.*) severo, rigido, ferreo, duro, austero, inesorabile, inflessibile, implacabile, irremovibile, irriducibile, spietato, crudo **CONTR.** clemente, tollerante, mite, comprensivo, bonario, flessibile, benigno **2** (*di metodo, di controllo, ecc.*) esatto, preciso, meticoloso, scrupoloso, pignolo **CONTR.** noncurante, disinvolto, negligente, trascurato, inesatto, impreciso, superficiale.

rigovernàre v. tr. **1** (*di stoviglie e sim.*) lavare, pulire **2** (*di animali*) custodire, accudire, dare da mangiare **CONTR.** trascurare.

riguadagnàre v. tr. guadagnare di nuovo □ ricuperare, riacquistare, ripigliare, riottenere, riprendere **CONTR.** perdere, riperdere.

riguardànte part. pres. di **riguardare**; anche agg. concernente, riferentesi, appartenente, interessante.

riguardàre A v. tr. **1** guardare di nuovo, contemplare, guatare (*lett.*), osservare, squadrare, scrutare **2** (*di conti, di bozze, ecc.*) riscontrare, rivedere, riesaminare, ripassare, verificare, ricontrollare **3** (*di persona*) considerare, stimare, valutare, giudicare, ritenere **4** concernere, appartenere, riferirsi, toccare, interessare **5** (*di persona o cosa*) custodire, conservare, curare **CONTR.** trascurare, abbandonare **B riguardarsi** v. rifl. risparmiarsi, guardarsi, preservarsi, cautelarsi, aver riguardo di sé, aver cura di sé **CONTR.** esporsi, essere imprudente.

riguardàta s. f. ripassata, revisione, occhiata, rilettura.

riguàrdo s. m. **1** cura, attenzione, cautela, precauzione, avvertenza, diligenza, circospezione, prudenza, accuratezza, delicatezza, oculatezza **CONTR.** incuria, trascuratezza, noncuranza, inavvertenza, sbadataggine, disattenzione **2** (*di persona*) soggezione, timore **CONTR.** indifferenza **3** (*di persona o cosa*) stima, rispetto, considerazione, deferenza, cortesia, premura, sollecitudine, riverenza, credito, omaggio **CONTR.** disistima, disprezzo, sprezzo, noncuranza, discredito, denigrazione, disonore **4** (*con una cosa*) relazione, attinenza, nesso, legame, inerenza, connessione, correlazione, corrispondenza, riferimento.

rigurgitànte part. pres. di **rigurgitare**; anche agg. traboccante, riboccante, straboccante, straripante, rigonfio, pieno, strapieno, tracimante **CONTR.** scarseggiante, scarso, vuoto, privo, mancante.

rigurgitàre A v. intr. traboccare, riboccare, straboccare, straripare, rigonfiarsi, sovrabbondare, tracimare, stramoggiare (*pop., tosc.*) **CONTR.** mancare, scarseggiare **B** v. tr. (*di cibo, di vino e sim.*) rimettere, vomitare, rigettare.

rigùrgito s. m. **1** ritorno all'indietro □ sbocco, trabocco, traboccamento, versamento **2** (*fig.*) (*di idee*) ritorno, riflusso.

rilanciàre v. tr. **1** (*di cosa*) rigettare, ributtare, respingere **CONTR.** trattenere **2** (*fig.*) (*di moda, di prodotto, ecc.*) riproporre, riorganizzare, fare rivivere **CONTR.** fare morire **3** (*all'asta, al gioco*) aumentare l'offerta, aumentare la somma **CONTR.** ribassare.

rilàncio s. m. riproposta.

rilasciaménto s. m. rilassamento, allentamento, infiacchimento, abbandono, rilassatezza **CONTR.** rinvigorimento, rinforzo, vigore, energia.

rilasciàre A v. tr. **1** lasciare di nuovo **2** (*bur.*) (*di documento, di dichiarazione*) dare, concedere, consegnare, accordare **CONTR.** negare, rifiutare **3** (*di persona*) liberare, prosciogliere **CONTR.** trattenere, arrestare, fermare **4** (*raro*) (*di freno, di lingua, ecc.*) allentare, sciogliere **CONTR.** frenare, contenere **B rilasciarsi** v. rifl. rec. (*di persone*) lasciarsi, separarsi, abbandonarsi **CONTR.** rimettersi insieme, riunirsi.

rilàscio s. m. **1** abbandono **2** (*bur.*) (*di documento, di dichiarazione*) consegna, concessione, accordo, cessione **CONTR.** rifiuto, negazione **3** (*di merce*) svincolo **CONTR.** vincolo **4** (*di persona*) liberazione, proscioglimento **CONTR.** fermo, arresto.

rilassaménto s. m. **1** (*anche fig.*) (*di muscoli, di costumi, ecc.*) allentamento, cedimento, abbandono, stanchezza, svogliatezza **CONTR.** energia, tono, vigore, esuberanza, alacrità, fervore **2** (*fig.*) relax (*ingl.*), sollievo, riposo, distensione **CONTR.** tensione, nervosismo.

rilassànte part. pres. di **rilassare**; anche agg. riposante, distensivo, tranquillante **CONTR.** eccitante □ affaticante, snervante, stancante.

rilassàre A v. tr. **1** (*di muscolo, di mente, ecc.*) allentare, distendere, riposare, sollevare, alleggerire **CONTR.** affannare, affaticare, stancare, snervare □ eccitare **2** (*fig.*) (*di disciplina, di costumi, ecc.*) indebolire, affievolire, snervare, estenuare, infiacchire, scemare **CONTR.** rinvigorire, rinforzare, rafforzare, irrobustire **B rilassarsi** v. rifl. (*di persona, di mente, ecc.*) distendersi, sollevarsi, riposarsi, alleggerirsi **CONTR.** affannarsi, affaticarsi, stancarsi **C** v. intr. pron. (*di disciplina, di costumi, ecc.*) infiacchirsi, scadere, affievolirsi, scemare, indebolirsi **CONTR.** rinforzarsi, rinvigorirsi, rafforzarsi, irrobustirsi.

rilassatézza s. f. rilassamento, allentamento, indebolimento, fiacchezza, languidezza, svogliatezza, languore, abbandono, tiepidezza, dissolutezza, ignavia, inerzia, lentezza, debolezza **CONTR.** energia, vigore, esuberanza, alacrità, fervore, prontezza.

rilegàre v. tr. **1** (*di libro*) legare, mettere la copertina **2** (*di pietra preziosa*) incastonare.

rilegatóre s. m. (f. *-trice*) legatore.

rilegatùra s. f. **1** (*di libro*) legatura □ copertina

2 (*di pietra preziosa*) incastonatura.

rilèggere v. tr. leggere di nuovo □ ripassare, rivedere, riguardare.

rilettùra s. f. revisione, riesame, seconda lettura, nuova lettura.

rilevaménto s. m. **1** (*di dati*) rilievo, rilevazione, accertamento **2** (*di strada, di struttura*) sporgenza, risalto **CONTR.** rientranza.

rilevànte part. pres. di **rilevare**; anche agg. importante, considerevole, notevole, saliente, ragguardevole, rimarchevole, cospicuo, grande, interessante, autorevole **CONTR.** irrilevante, scarso, modesto, trascurabile, insignificante, piccolo.

rilevànza s. f. **1** (*raro*) rilievo **2** importanza, entità, peso, rilievo, calibro, valore, interesse, gravità **CONTR.** irrilevanza, trascurabilità.

rilevàre A v. tr. **1** (*raro*) ricavare, trarre, attingere, derivare, estrarre, dedurre, raccogliere **2** (*di notizia*) sapere, conoscere, apprendere **3** spiccare, risaltare **4** (*di errore, di informazione, ecc.*) notare, osservare, evidenziare, cogliere, riscontrare, arguire, capire, comprendere **5** (*di azienda, di merce*) comperare, assumere, acquistare □ sostituire, subentrare, dare il cambio **6** (*di persona*) andare a prendere **7** (*di dati*) accertare, determinare **B** v. intr. alzarsi, sollevarsi, spiccare, risaltare, evidenziarsi, campeggiare, emergere **C rilevarsi** v. intr. pron. alzarsi, sollevarsi **CONTR.** abbassarsi.

rilevàto part. pass. di **rilevare**; anche agg. rialzato, sporgente, prominente, accentuato, spiccante, pronunziato, rigonfio, gonfio, rilevante **CONTR.** incavato, infossato, rientrante, rientrato.

rilevatóre s. m. (*fis.*) rivelatore.

rilièvo s. m. **1** (*di cosa, di luogo*) sporgenza, prominenza, aggetto, risalto, rialzo □ altura, montagna, colle, collina **CONTR.** rientranza, incavo, avvallamento, valle, abbassamento **2** scultura, fregio, bassorilievo, altorilievo, intaglio **3** (*fig.*) spicco, risalto, evidenza, entità, importanza, rilevanza, peso, valore, efficacia, autorità, considerazione **CONTR.** irrilevanza, trascurabilità **4** osservazione, nota, appunto □ chiarimento.

riluttànte agg. restio, contrario, ritroso, refrattario, schivo, recalcitrante, disdegnoso (*lett.*), resistente **CONTR.** disposto, consenziente, arrendevole, docile.

riluttànza s. f. ritrosia, resistenza, renitenza, indocilità, ritrosaggine, opposizione, contrarietà **CONTR.** docilità, arrendevolezza, cedevolezza, compiacenza.

rìma s. f. **1** consonanza **2** (*est.*) versi, poesia.

rimandàre v. tr. **1** ridare, restituire, rispedire, respingere, rinviare **CONTR.** ricevere, accogliere, trattenere **2** (*di impegno, di lavoro, ecc.*) differire, rinviare, posporre, posticipare, prorogare, ritardare, procrastinare, dilazionare **CONTR.** anticipare, anteporre **3** (*di scolaro*) rinviare, bocciare **CONTR.** promuovere.

rimandàto part. pass. di **rimandare**; anche agg. e s. m. rinviato ad altra prova, bocciato **CONTR.** promosso.

rimàndo s. m. **1** (*di palla, di domanda, ecc.*) rilancio **2** (*di pagamento, di impegno, ecc.*) dilazione, differimento, proroga, protrazione, rinvio **CONTR.** anticipazione **3** (*di persona, di nota, ecc.*) rinvio □ richiamo.

rimaneggiàre v. tr. riordinare, ricomporre, rifare, rimpastare, rinnovare, ricostituire, raffazzonare, raccomodare.

rimanènte A part. pres. di **rimanere**; anche agg. residuo, restante, avanzato, rimasto, eccedente **B** s. m. resto, avanzo, rimanenza, eccedenza.

rimanènza s. f. avanzo, rimanente, resto, residuo, eccedenza, surplus (*fr.*), scampolo.

rimanére v. intr. **1** (*di persona*) fermarsi, restare, sostare, trattenersi, indugiare, stare **CONTR.** andare, partire, allontanarsi **2** restare, essere, risultare, finire **3** (*di persona o cosa*) durare, persistere, perdurare, resistere, continuare, conservarsi, reggere **CONTR.** finire, cessare, terminare **4** (*di luogo*) essere posto, essere situato, essere ubicato, essere collocato **5** (*fig.*) (*di persona*) morire **6** (*di cosa*) avanzare, sopravanzare, residuare **7** (*di tempo, di occasione, ecc.*) restare □ mancare **8** sopravvivere **CONTR.** morire.

rimarcàre v. tr. notare, rilevare, osservare □ evidenziare, sottolineare, marcare **CONTR.** nascondere, occultare □ minimizzare.

rimarchévole agg. notevole, considerevole, importante, ragguardevole, rilevante, apprezzabile, cospicuo **CONTR.** trascurabile, modesto, comune, ordinario, insignificante, irrilevante.

rimàre v. intr. rimeggiare (*raro*), poetare.

rimarginàre A v. tr. **1** (*di ferita*) ricongiungere, saldare, cicatrizzare **CONTR.** riaprire, aprire **2** (*fig.*) (*di dolore, di ricordo*) lenire, calmare **B** v. intr. e **rimarginarsi** intr. pron. (*anche fig.*) cicatrizzarsi, chiudersi **CONTR.** riaprirsi, riacutizzarsi.

rimarginàto part. pass. di **rimarginare**; anche agg. (*anche fig.*) cicatrizzato, saldato, richiuso □ lenito **CONTR.** riaperto, riacutizzato.

rimasùglio s. m. avanzo, resto, residuo, avanzaticcio (*raro*), briciola, tritume, ciarpame, minutaglia, ritaglio, brindello, scarto, sopravanzo, fondiglio.

rimatóre s. m. (f. *-trice*) verseggiatore, poeta.

rimbalzàre v. intr. **1** (*di palla, di luce, ecc.*) balzare, riflettersi **2** (*fig.*) (*di notizia e sim.*) trasmettersi, divulgarsi, propalarsi, diffondersi.

rimbàlzo s. m. **1** (*di palla, di luce, ecc.*) salto, balzo □ riflesso **2** (*di notizia e sim.*) contraccolpo, scossa **FRAS.** *di rimbalzo* (*fig.*), di riflesso, indirettamente.

rimbambiménto s. m. rimbecillimento, istupidimento, rincretinimento.

rimbambìre v. intr. e **rimbambìrsi** intr. pron. rimbecillirsi, rincretinirsi, istupidirsi, intontirsi, incitrullirsi.
rimbambìto part. pass. di **rimbambire**; anche agg. e s. m. rimbecillito, rincretinito, ebete, inebetito, babbeo, istupidito **CONTR.** sveglio, intelligente, agile.
rimbeccàre A v. tr. (*fig.*) contraddire, ribattere, replicare, rispondere, rintuzzare **CONTR.** approvare, assentire **B rimbeccarsi** v. rifl. rec. (*fig.*) rintuzzarsi, ribattersi.
rimbecillìre v. intr. e **rimbecillìrsi** intr. pron. rimbambirsi, rincretinirsi, istupidirsi, intontirsi, incitrullirsi.
rimbecillìto part. pass. di **rimbecillire**; anche agg. e s. m. rimbambito, rincretinito, ebete, inebetito, istupidito, intontito, intronato **CONTR.** sveglio, intelligente, agile.
rimboccàre v. tr. (*di orlo, di manica e sim.*) arrovesciare, ripiegare, arrotolare.
rimboccàto part. pass. di **rimboccare**; anche agg. arrovesciato, arrotolato, ripiegato.
rimbombànte part. pres. di **rimbombare**; anche agg. risonante, tonante, rintronante, rumorosissimo, echeggiante, riecheggiante, sonante **CONTR.** sommesso, fievole, debole, fioco, lamentoso.
rimbombàre v. intr. rintronare, risonare, echeggiare, ripercuotersi, rombare, tuonare, assordare.
rimbómbo s. m. fragore, frastuono, boato, tuono, rombo, risonanza, eco, intronamento, rintronamento.
rimborsàbile agg. restituibile, risarcibile.
rimborsàre v. tr. restituire, rendere, rifondere, ridare, risarcire, indennizzare, rimettere, ripagare, ritornare.
rimbórso s. m. restituzione, rifusione, indennità, indennizzo.
rimboschiménto s. m. rimboscamento, riforestazione **CONTR.** disboscamento, disboschimento.
rimboschìre v. tr. rimboscare, riforestare, alberare **CONTR.** disboscare.
rimediàbile agg. **1** (*di danno, di guasto, ecc.*) riparabile, aggiustabile, accomodabile **CONTR.** irrimediabile, irreparabile **2** (*fam.*) (*di cosa*) trovabile **CONTR.** introvabile.
rimediàre A v. intr. **1** (*di danno, di guasto, ecc.*) ovviare, riparare, aggiustare, accomodare, rabberciare, rettificare, racconciare, rattoppare, raccomodare, rappezzare **CONTR.** guastare, rovinare, distruggere **2** (*di situazione*) provvedere, supplire, sostituire **B** v. tr. (*fam.*) (*di cibo, di scusa, ecc.*) procurare, trovare, mettere insieme □ accomodare.
rimèdio s. m. **1** (*ad un male*) medicamento, farmaco, medicina, medicinale, palliativo, toccasana, panacea **2** (*est.*) (*ad una situazione*) provvedimento, riparo, ripiego, soluzione, aiuto, scampo.
rimescolaménto s. m. **1** (*di cose*) mescolanza, rimestamento, mistione, confusione, tramestio, arruffio, scombussolamento **2** (*fig.*) (*di sentimenti*) turbamento, ansia, commozione, agitazione, sconvolgimento, fermento **CONTR.** tranquillità, impassibilità, calma, imperturbabilità, indifferenza.
rimescolàre A v. tr. **1** (*di pasta, di colori, ecc.*) rimestare, mescolare, rimischiare, rimenare, tramestare, mischiare **2** (*fig.*) (*di pensieri, di sentimenti*) agitare, turbare, conturbare, scombussolare **CONTR.** quietare, calmare, tranquillizzare **3** (*di carte da gioco*) scozzare, mischiare **B rimescolarsi** v. intr. pron. **1** (*di persona*) agitarsi, turbarsi, conturbarsi, scombussolarsi **CONTR.** quietarsi, calmarsi, tranquillizzarsi **2** (*di cose*) mischiarsi, mescolarsi, confondersi, perdersi.
riméssa s. f. **1** stallatico □ autorimessa, garage (*fr.*), box (*ingl.*) **2** (*di merci*) magazzino, deposito **3** (*di denaro, di merce*) invio, spedizione, consegna **4** scapito, perdita, discapito, danno **CONTR.** guadagno, vantaggio **5** (*di pianta*) germoglio, getto **6** (*nel tennis*) risposta al servizio.
riméssο part. pass. di **rimettere**; anche agg. **1** ricollocato, risistemato, riposto, riordinato, ridisposto **CONTR.** tolto, spostato □ disordinato, scompigliato, arruffato **2** (*di salute*) ristabilito **3** (*di peccato, di errore*) condonato, perdonato.
riméttere A v. tr. **1** (*di cosa*) collocare, ricollocare, riporre, risistemare, riordinare, ridisporre **CONTR.** spostare, togliere □ disordinare, scompigliare, arruffare **2** (*di pianta*) riprodurre, buttare, rispuntare, rinascere **CONTR.** morire **3** (*di palla e sim.*) rimandare, rinviare, restituire, rendere **4** (*fig.*) (*di decisione e sim.*) trasferire, assegnare, affidare, lasciare **5** (*di peccato, di errore, ecc.*) perdonare, condonare **6** (*fam.*) (*di denaro e sim.*) scapitare, perdere **CONTR.** guadagnare **7** (*di riunione, di gita, ecc.*) differire, rimandare, posporre, posticipare, prorogare, rinviare, ritardare **CONTR.** anticipare **8** (*di lettera, di assegno, ecc.*) inviare, mandare, spedire, consegnare, rilasciare, recapitare **CONTR.** ritirare, ricevere **9** (*di cibo, di bevanda*) vomitare, rigettare, ributtare **B rimettersi** v. intr. pron. **1** mettersi di nuovo **2** (*di salute*) ristabilirsi, guarire **CONTR.** ammalarsi **3** (*di tempo*) rasserenarsi, schiarirsi **CONTR.** annuvolarsi, rabbuiarsi **4** (*a persona, a cosa*) appellarsi, affidarsi, riferirsi.
rimodernaménto s. m. rinnovamento, innovazione, svecchiamento, restauro, miglioramento, ammodernamento, novazione (*raro*) **CONTR.** invecchiamento, decadenza, decadimento, rovina, logoramento, deterioramento.
rimodernàre A v. tr. rinnovare, riadattare, aggiornare, svecchiare, innovare, restaurare, migliorare, ammodernare, rammodernare

CONTR. invecchiare, logorare, deteriorare, guastare **B rimodernarsi** v. intr. pron. aggiornarsi, rinnovarsi, svecchiarsi.
rimónta s. f. ripresa, ricupero, risalita, aumento CONTR. calo, diminuzione, crisi, caduta, défaillance (*fr.*).
rimontàre A v. tr. **1** risalire CONTR. ridiscendere **2** (*di svantaggio, di distacco*) ricuperare, riprendere, risalire □ ridurre, annullare CONTR. perdere, calare **B** v. intr. risalire CONTR. ridiscendere.
rimorchiàre v. tr. **1** (*di veicolo*) trascinare, trainare, tirarsi dietro, guidare **2** (*fig.*) (*di persona*) trascinare **3** (*fig.*) indurre, convincere, istigare, tentare.
rimòrso s. m. tormento, cruccio, pentimento, tarlo (*fig.*), rammarico, rimpianto, cordoglio, dolore, rincrescimento, spina (*fig.*) CONTR. soddisfazione, compiacimento, piacere.
rimostrànza s. f. reclamo, protesta, lagnanza, querimonia (*lett.*), biasimo, lamentela, rimprovero, doglianza (*lett.*), contestazione, disapprovazione, recriminazione CONTR. consenso, assenso, approvazione, compiacimento.
rimostràre A v. tr. mostrare di nuovo, mostrare ancora, riscoprire CONTR. ritirare, rinascondere, ricoprire **B** v. intr. protestare, reclamare, opporsi, lagnarsi, contestare, disapprovare, strepitare CONTR. accettare, consentire, assentire, approvare, compiacersi.
rimovìbile agg. spostabile, scostabile, amovibile, movibile, trasferibile, trasportabile, allontanabile, scansabile CONTR. inamovibile, intrasportabile.
rimozióne s. f. **1** (*di cosa*) spostamento, allontanamento, eliminazione CONTR. collocazione, sistemazione **2** (*fig.*) (*di idea, di pensiero*) allontanamento, esclusione, eliminazione CONTR. accoglimento, ammissione, convincimento, conferma **3** (*di persona*) sospensione, dimissione, destituzione CONTR. assunzione, promozione.
rimpacchettàre v. tr. riavvolgere, ravviluppare, imballare, infagottare CONTR. svolgere, spacchettare, scartocciare, aprire.
rimpastàre v. tr. (*fig.*) (*di governo, di scritto, ecc.*) rimaneggiare, ricomporre, riordinare, cambiare, modificare, migliorare, rinnovare, ricostituire.
rimpiàngere v. tr. ricordare con rammarico □ rammaricarsi, dolersi, rincrescersi, pentirsi, dispiacersi, deplorare CONTR. compiacersi, rallegrarsi, rammentare con piacere.
rimpiànto A part. pass. di **rimpiangere**; anche agg. ricordato con rammarico □ compianto **B** s. m. nostalgia, rammarico, pentimento, cordoglio, sospiro, rimorso, rincrescimento, doglianza (*lett.*) CONTR. indifferenza, apatia.
rimpiazzàre v. tr. sostituire, supplire.
rimpicciolìre v. tr., intr. e intr. pron. *V.* **rimpiccolire**.
rimpiccolìre A v. tr. ridurre, impiccolire, rimpicciolire, diminuire, restringere CONTR. ingrandire, ingigantire, ingrossare, aumentare, accrescere **B** v. intr. e **rimpiccolirsi** intr. pron. ridursi, impiccolirsi, rimpicciolirsi CONTR. ingrandirsi, ingigantirsi, ingrossarsi, accrescersi.
rimpinguàre v. tr. **1** impinguare, ingrassare CONTR. dimagrire **2** (*fig.*) arricchire, accrescere, aumentare CONTR. impoverire.
rimpinzàre A v. tr. satollare, empire, impinzare, inzeppare, imbottire, stipare, stivare, colmare CONTR. vuotare, svuotare **B rimpinzarsi** v. rifl. riempirsi, ingozzarsi, mangiare troppo, ingurgitare CONTR. liberarsi.
rimproveràre v. tr. **1** biasimare, ammonire, riprendere, sgridare, rampognare (*lett.*), rimbrottare, redarguire, strapazzare, deplorare, mortificare, rabbuffare, strigliare CONTR. lodare, elogiare, encomiare, approvare **2** rinfacciare, rammentare.
rimpròvero s. m. ammonizione, rimbrotto, sgridata, riprensione, ammonimento, cicchetto, biasimo, appunto, brontolio, brontolamento, deplorazione, lezione, ripassata, ramanzina, predicozzo (*fam.*), rampogna (*lett.*), rabbuffo, strigliata, strapazzata, tirata, paternale, sfuriata CONTR. lode, elogio, approvazione, complimento, encomio.
rimuginàre v. tr. e intr. **1** frugare, rimestare, rivoltare, agitare, ricercare **2** (*fig.*) (*di pensiero, di idea, ecc.*) meditare, ripensare, fantasticare, arzigogolare, escogitare, elucubrare, scervellarsi, congetturare.
rimuneràre v. tr. (*lett.*) ricompensare, contraccambiare, premiare, compensare, rimeritare (*lett.*) □ pagare, retribuire.
rimunerativo agg. redditizio, compensativo, rimuneratorio (*raro*).
rimunerazióne s. f. retribuzione, ricompensa, paga, pagamento, compenso, rimerito (*raro*).
rimuòvere A v. tr. **1** spostare, scostare, allontanare, togliere, eliminare, smuovere, muovere, sgombrare, portare via, scartare, scansare CONTR. rimettere, collocare, ricollocare, risistemare, lasciare al suo posto **2** (*fig.*) (*di persona*) distogliere, dissuadere, sconsigliare, stornare, distrarre CONTR. persuadere, convincere, confermare **3** (*da una carica, da un posto*) deporre, destituire, cacciare, esonerare, liquidare, licenziare, silurare (*fig.*) CONTR. assumere, promuovere, mantenere **B rimuoversi** v. intr. pron. (*fig.*) allontanarsi, distogliersi, stornarsi, dissuadersi CONTR. persuadersi, convincersi, confermarsi.
rinascènte part. pres. di **rinascere**; anche agg. (*fig.*) risorgente, rifiorente CONTR. decadente.
rinàscere v. intr. **1** ricrescere, rivivere, rigermogliare, rivegetare CONTR. rimorire, rinsecchire, appassire **2** (*fig.*) (*di sentimenti, di idee, ecc.*) risorgere, rinnovarsi, ridestarsi, risvegliarsi,

rinvigorire, rifiorire CONTR. decadere, finire.
rinasciménto s. m. (*fig.*) rinascita, rinnovamento, rifiorimento CONTR. decadimento, decadenza, fine.
rinàscita s. f. (*fig.*) rinascimento, rinnovamento, rifiorimento CONTR. decadimento, decadenza, fine.
rinàto part. pass. di **rinascere**; anche agg. (*fig.*) rinnovato, rifiorito CONTR. decaduto, spento, sfiorito, morto.
rincalzàre v. tr. (*anche fig.*) rinforzare, assicurare, sostenere, ribadire, rinsaldare, puntellare CONTR. scalzare, indebolire.
rincàlzo s. m. **1** rincalzamento (*raro*), rincalzatura, aiuto, rinforzo, sostegno, zeppa, bietta, cuneo, calzatoia **2** (*sport*) riserva.
rincaràre v. tr. e intr. aumentare, accrescere, rialzare CONTR. ribassare.
rincàro s. m. aumento, rialzo, crescita CONTR. diminuzione, calo, riduzione, ribasso.
rincasàre v. intr. e **rincasàrsi** intr. pron. rientrare, ritirarsi CONTR. uscire.
rinchiùdere A v. tr. **1** chiudere dentro, serrare, chiudere, rinserrare, racchiudere CONTR. lasciare fuori **2** (*di delinquenti, di animali, ecc.*) recludere (*lett.*), internare, imprigionare, ingabbiare CONTR. liberare, affrancare, sciogliere, scarcerare **B rinchiudersi** v. rifl. **1** chiudersi, appartarsi, isolarsi, ritirarsi, internarsi, barricarsi, serrarsi, asserragliarsi, tapparsi CONTR. mostrarsi, comparire **2** chiudersi in sé, immusonirsi.
rinchiùso A part. pass. di **rinchiudere**; anche agg. **1** chiuso, serrato, rinserrato, racchiuso **2** (*di delinquente, di animale, ecc.*) recluso, internato, imprigionato, ingabbiato CONTR. libero, affrancato, liberato, scarcerato **3** chiuso in sé, immusonito **B** s. m. recinto.
rincollàre v. tr. riattaccare, riappiccicare CONTR. scollare, staccare.
rincominciàre v. tr. riprendere.
rincontràre v. tr. rivedere, ritrovare.
rincoràre A v. tr. confortare, incoraggiare, riconfortare, racconsolare (*lett.*), rassicurare, consolare, animare, sostenere CONTR. scoraggiare, avvilire, disanimare, sconfortare, rattristare, affliggere, addolorare **B rincorarsi** v. intr. pron. riconfortarsi, racconsolarsi (*lett.*), rassicurarsi, consolarsi, sostenersi, confortarsi, incoraggiarsi CONTR. scoraggiarsi, avvilirsi, sconfortarsi, rattristarsi, affliggersi, addolorarsi, deprimersi.
rincórrere A v. tr. (*anche fig.*) inseguire, tallonare, correre dietro **B rincorrersi** v. rifl. rec. inseguirsi, tallonarsi, corrersi dietro.
rincréscere v. intr. dispiacere, increscere (*lett.*), rammaricarsi, addolorare, affliggere, rattristare, contristare, amareggiare, angustiare, crucciare, desolare CONTR. rallegrare, allietare, sollevare, consolare, confortare.
rincresciménto s. m. rammarico, dispiacere, amarezza, afflizione, angustia, cruccio, tristezza, rimpianto, malcontento, scontentezza, inquietudine, contrarietà, affanno CONTR. piacere, gioia, soddisfazione, allegrezza, letizia, consolazione, compiacimento, contentezza, gaudio.
rinfacciaménto s. m. rinfaccio, rimprovero.
rinfacciàre v. tr. rimproverare, accusare □ rammentare, ricordare con risentimento, ridire.
rinforzàre A v. tr. **1** rinvigorire, rafforzare, fortificare, irrobustire, rinsaldare, ringagliardire, rinfrancare, ravvivare, ritemprare, corroborare CONTR. indebolire, fiaccare, stancare, stremare, svigorire **2** (*mil.*) puntellare, consolidare, blindare **3** (*fig.*) (*di ipotesi, di discorso, ecc.*) avvalorare, appoggiare, rincalzare CONTR. togliere valore, indebolire **B** v. intr. e **rinforzarsi** intr. pron. rafforzarsi, fortificarsi, irrobustirsi, rinsaldarsi, rinfrancarsi, ravvivarsi, ritemprarsi, corroborarsi CONTR. indebolirsi, infiacchirsi, stancarsi, stremarsi, svigorirsi.
rinfòrzo s. m. **1** puntello, rincalzo, supporto **2** (*fig.*) aiuto, appoggio, sostegno **3** (*mil.*) aiuto, nuove forze, nuovi mezzi.
rinfrancàre A v. tr. rassicurare, incoraggiare, rincorare, riconfortare, racconsolare (*lett.*), rianimare, sostenere CONTR. scoraggiare, avvilire, sconfortare, affliggere, rattristare **B rinfrancarsi** v. intr. pron. rassicurarsi, rincorarsi, riconfortarsi, racconsolarsi (*lett.*), rianimarsi CONTR. scoraggiarsi, avvilirsi, sconfortarsi, affliggersi, rattristarsi.
rinfrancàto part. pass. di **rinfrancare**; anche agg. rassicurato, incoraggiato, rincorato, riconfortato, racconsolato (*lett.*), rianimato, sostenuto CONTR. scoraggiato, avvilito, sconfortato, afflitto, rattristato.
rinfrescànte part. pres. di **rinfrescare**; anche agg. **1** refrigerante **2** (*fam.*) (*di medicina e sim.*) calmante.
rinfrescàre A v. tr. **1** raffreddare, refrigerare **2** (*fam.*) (*di medicina e sim.*) calmare, mitigare, moderare CONTR. riscaldare, surriscaldare **3** (*di parete, di dipinto, ecc.*) ritoccare, restaurare, rinnovare, ripristinare **4** (*di memoria, di idee, ecc.*) rinnovare, ravvivare CONTR. togliere, spegnere **B** v. intr. **1** (*di tempo, di stagione*) raffreddarsi, diventare fresco CONTR. riscaldarsi **2** (*di vento*) rafforzarsi, aumentare, intensificarsi CONTR. diminuire, calare **C rinfrescarsi** v. rifl. **1** ristorarsi, riposarsi, ricrearsi CONTR. affaticarsi, spossarsi **2** (*est.*) lavarsi, ripulirsi.
rinfrescàta s. f. **1** (*di tempo*) fresco CONTR. caldo **2** (*est.*) ripulita, lavata.
rinfùsa s. f. solo nella loc. avv. *alla rinfusa*, confusamente, disordinatamente, sossopra, caoticamente CONTR. ordinatamente, in ordine.
ring /*ingl.* riŋ/ [vc. ingl., letteralmente ‘anello’] s. m. inv. (*di pugilato*) quadrato.

ringhiàre v. intr. digrignare (i denti).
ringhièra s. f. parapetto, corrimano, balaustrata, appoggiamano.
rìnghio s. m. (*di cane*) brontolio.
ringhióso agg. (*fig.*) (*di persona*) iroso, iracondo, stizzoso, rabbioso, astioso, bilioso, collerico, fegatoso, irascibile **CONTR.** calmo, pacifico, tranquillo, placido, mite, mellifluo.
ringiovaniménto s. m. (*fig.*) rinnovamento, rifioritura, ripresa **CONTR.** invecchiamento, decadimento.
ringiovanìre A v. tr. (*anche fig.*) fare ritornare giovane □ rinnovare, rinvigorire **CONTR.** invecchiare **B** v. intr. e **ringiovanirsi** intr. pron. (*fig.*) tornare giovane, rinnovarsi, rinvigorirsi, rifiorire, riprosperare, rinverdire, rinascere, prosperare **CONTR.** decadere, invecchiare, intristire.
ringraziaménto s. m. grazie, riconoscenza, omaggio.
ringraziàre v. tr. rendere grazie.
ringuainàre v. tr. rinfoderare **CONTR.** sfoderare.
rinìte s. f. (*med.*) raffreddore, corizza, infreddatura.
rinnegaménto s. m. sconfessione, sconfessamento (*raro*), abiura, tradimento, apostasia **CONTR.** accettazione, riconoscimento.
rinnegàre v. tr. **1** disconoscere, ripudiare, rifiutare, maledire **CONTR.** riconoscere, accettare **2** sconfessare, abiurare, tradire, apostatare **CONTR.** riconoscere, accettare.
rinnegàto part. pass. di **rinnegare**; anche agg. e s. m. rinnegatore, spergiuro, apostata, infedele, traditore.
rinnovàbile agg. **1** ripetibile, ribadibile, reiterabile **CONTR.** non confermabile, irripetibile **2** (*di energia*) pulito, non inquinante **CONTR.** sporco, inquinante.
rinnovaménto s. m. **1** (*di persone o cose*) rimodernamento, innovazione, rifioritura, risveglio, svecchiamento, rinnovellamento (*poet.*), trasformazione, rinascita, rinascimento, ringiovanimento **CONTR.** invecchiamento, decadenza, decadimento **2** (*di cose*) restauro, ricostruzione, rifacimento, ristrutturazione **CONTR.** rovina, deterioramento, consunzione, logoramento, decadimento.
rinnovàre A v. tr. **1** (*di discorso, di invito, ecc.*) ripetere, rifare, ribadire, reiterare (*lett.*), ridire, replicare, riaffermare **2** (*di abito, di locale, ecc.*) rimodernare, svecchiare, ammodernare, cambiare, innovare, divecchiare (*ant.*), modernizzare, rammodernare, restaurare, sostituire, riformare, rimaneggiare, rigenerare, rinfrescare, rinverdire, ripristinare, accomodare, racconciare, migliorare, trasformare **CONTR.** invecchiare, logorare, fare decadere, deteriorare, guastare, corrompere, consumare, rovinare **3** (*fig.*) (*di aria*) cambiare **B** **rinnovarsi** v. intr. pron. **1** ravvivarsi, rifiorire, rifarsi, rigenerarsi, ringiovanire **CONTR.** intristire, decadere, invecchiare, avvizzire **2** (*di fenomeno, di ricorrenza, ecc.*) ripetersi, avvenire di nuovo, riaccadere, ripresentarsi.
rinnovatóre s. m.; anche agg. (f. *-trice*) innovatore, novatore, riformatore.
rinnovazióne s. f. innovazione, rinnovamento, rinnovo, rifioritura, risveglio, svecchiamento, rinnovellamento (*poet.*), trasformazione, rinascita **CONTR.** invecchiamento, decadenza, decadimento, avvizzimento.
rinnòvo s. m. rinnovamento, rimodernamento, restauro, ristrutturazione, svecchiamento, trasformazione, rifacimento **CONTR.** invecchiamento, decadenza, decadimento, scadimento, rovina □ demolizione, abbattimento.
rinomàre v. tr. celebrare, lodare, esaltare, ricordare **CONTR.** ignorare, dimenticare, obliare (*poet.*).
rinomàto part. pass. di **rinomare**; anche agg. famoso, celebre, notissimo, conosciuto, illustre, insigne, celebrato, eminente, esimio, memorabile, preclaro (*lett.*), pregiato **CONTR.** oscuro, ignoto, sconosciuto, ignorato.
rinsaldàre A v. tr. (*anche fig.*) raffermare (*raro*), rafforzare, rinvigorire, consolidare, ravvivare, rinforzare, ritemprare, corroborare **CONTR.** attenuare, svigorire, indebolire, spegnere, fare morire, distruggere **B** **rinsaldarsi** v. intr. pron. raffermarsi (*raro*), rafforzarsi, rinvigorirsi, consolidarsi, ravvivarsi, rinforzarsi, ritemprarsi, corroborarsi **CONTR.** attenuarsi, svigorirsi, indebolirsi, spegnersi, svanire, morire.
rinsavìre v. intr. tornare in senno, correggersi, ravvedersi, riprendersi **CONTR.** ammattire, impazzire.
rinsavìto part. pass. di **rinsavire**; anche agg. tornato in senno, saggio **CONTR.** impazzito, pazzo.
rinserràre A v. tr. rinchiudere, serrare, recludere, internare, imprigionare, ingabbiare **CONTR.** liberare, affrancare, sciogliere, scarcerare **B** **rinserrarsi** v. rifl. chiudersi, rinchiudersi, tapparsi, serrarsi **CONTR.** uscire, mostrarsi.
rintanàrsi v. intr. pron. (*fig.*) nascondersi, rifugiarsi, segregarsi, seppellirsi (*fig.*), appartarsi, ritirarsi, ripararsi **CONTR.** uscire.
rintócco s. m. (*di campana*) tocco, botto.
rintontìre A v. tr. intontire, stordire, intronare, rintronare, istupidire **B** v. intr. e **rintontirsi** intr. pron. intontirsi, intronarsi, rintronarsi, istupidirsi, rincoglionirsi (*volg.*).
rintracciàbile agg. rinvenibile, trovabile, ritrovabile **CONTR.** introvabile, perdibile (*raro*).
rintracciàre v. tr. trovare, scovare, ripescare, scoprire, ritrovare, rinvenire **CONTR.** perdere, smarrire.
rintronaménto s. m. **1** rimbombo, riecheggiamento, echeggiamento, tuono **2** assordamento, stordimento, intontimento.
rintronàre A v. intr. rimbombare, riecheggiare, risonare, echeggiare, ripercuotersi, tuonare **B**

v. tr. **1** (*di suono*) assordare, stordire, intontire, intronare **2** (*di cosa*) far tremare, scuotere.

rinùncia s. f. **1** rifiuto, abbandono, abdicazione, cessione, negazione, diniego **CONTR.** accettazione, accoglimento, consenso **2** (*est.*) privazione, sacrificio, mortificazione **3** (*sport*) (*nel tennis*) scratch (*ingl.*).

rinunciàre v. intr. **1** astenersi, ricusare, rifiutare, lasciare, abbandonare, declinare, recedere, desistere, smettere **CONTR.** accettare, accogliere, prendere, consentire, insistere, pretendere **2** (*a cibi, a divertimenti, ecc.*) sacrificare, privarsi **3** (*a cariche, a eredità, ecc.*) abdicare, cedere, ritirarsi, dimettersi, abiurare, rinnegare **CONTR.** godere, usufruire.

rinunciatàrio s. m.; anche agg. **1** dimissionario, abdicante **2** (*est.*) debole, irresoluto, fiacco, neghittoso, incerto, titubante **CONTR.** risoluto, determinato, energico, attivo.

rinunziàre e deriv. *V.* **rinunciare** e deriv.

rinveniménto s. m. ritrovamento, scoperta **CONTR.** perdita, smarrimento.

rinvenìre (1) v. tr. **1** (*di cosa*) ritrovare, ricuperare **CONTR.** perdere, smarrire **2** (*di resti*) scoprire, disseppellire, trovare **CONTR.** nascondere, occultare.

rinvenìre (2) v. intr. **1** (*di persona*) riaversi, rianimarsi **CONTR.** svenire, abbattersi **2** (*di cosa*) rigonfiarsi, ammorbidirsi, riprendersi, riprendere freschezza **CONTR.** appassire, afflosciarsi, spegnersi.

rinverdìre A v. tr. (*fig.*) (*di speranza, di ricordo, ecc.*) ravvivare, rinnovare, rigenerare, rinnovellare (*poet.*), ricreare, vivificare, riaccendere, rianimare **CONTR.** spegnere, mortificare, avvilire, abbattere **B** v. intr. e **rinverdirsi** intr. pron. **1** (*di pianta, di prato e sim.*) ritornare verde, verzicare (*poet.*) **CONTR.** ingiallire, appassire, seccare **2** (*fig.*) (*di speranza, di ricordo, ecc.*) rinnovarsi, rifiorire, ringiovanire, rinvigorirsi, ridestarsi **CONTR.** logorarsi, invecchiarsi, consumarsi.

rinviàbile agg. differibile, prorogabile, dilazionabile **CONTR.** indifferibile, improrogabile, indilazionabile.

rinviàre v. tr. **1** (*di palla, di colpo, ecc.*) respingere, ridare **CONTR.** prendere, trattenere **2** (*di lettera, di pacco, ecc.*) rimandare, rendere, mandare, restituire, riconsegnare, rimettere **CONTR.** ricevere, accogliere **3** (*di seduta, di festa, ecc.*) aggiornare, differire, posticipare, procrastinare, prorogare, dilazionare, ritardare **CONTR.** anticipare.

rinvigoriménto s. m. irrobustimento, rafforzamento **CONTR.** indebolimento, debilitazione, affievolimento.

rinvigorìre A v. tr. irrobustire, rafforzare, rinforzare, fortificare, rinsaldare, vivificare, rinverdire **CONTR.** indebolire, debilitare, stancare, estenuare, infiacchire **B** v. intr. e **rinvigorirsi** intr. pron. irrobustirsi, rinforzarsi, fortificarsi, rinsaldarsi, rianimarsi, vivificarsi, rinnovarsi, ringiovanire, rinverdire **CONTR.** indebolirsi, infiacchirsi, debilitarsi, estenuarsi, stremarsi, affievolirsi, attenuarsi.

rinvigorìto part. pass. di **rinvigorire**; anche agg. irrobustito, rinfrancato, fortificato, vivificato, rianimato **CONTR.** indebolito, debilitato, infiacchito, estenuato, stancato.

rinvìo s. m. **1** (*di palla, di colpo, ecc.*) respinta, restituzione **2** (*in un libro*) rimando **3** (*di seduta, di festa, ecc.*) differimento, aggiornamento, proroga, dilazione **CONTR.** anticipo, anticipazione.

rinvoltàre v. tr. inviluppare, rinvolgere, avvolgere, avviluppare, involtare (*fam.*), ravvolgere, fasciare, ravvoltolare, infagottare **CONTR.** svolgere.

rioccupàre v. tr. occupare di nuovo, riprendere, ripigliare (*fam.*), riconquistare, rimpossessarsi, rimpadronirsi **CONTR.** perdere, riabbandonare.

rióne s. m. quartiere, sestiere, contrada, zona.

riordinaménto s. m. riordino, riassetto, riassestamento, riorganizzazione, risistemazione, sistemazione, riforma **CONTR.** dissestamento, confusione, disorganizzazione.

riordinàre A v. tr. **1** rassettare, accomodare, riaccomodare, risistemare, ricollocare **CONTR.** disordinare, confondere **2** riorganizzare, riformare, ridisporre **CONTR.** disorganizzare, dissestare **B** **riordinarsi** v. rifl. rassettarsi, accomodarsi, risistemarsi, rimettersi in ordine.

riordinatóre s. m.; anche agg. (f. *-trice*) riorganizzatore, riformatore **CONTR.** disorganizzatore.

riorganizzàre A v. tr. riordinare, risistemare, ripreparare, riformare **CONTR.** disordinare, disorganizzare **B** **riorganizzarsi** v. rifl. riordinarsi, risistemarsi **CONTR.** disorganizzarsi.

riorganizzatóre s. m. (f. *-trice*) riordinatore, riformatore **CONTR.** disorganizzatore.

riorganizzazióne s. f. riordinamento, riordino, riforma, risistemazione **CONTR.** disorganizzazione, dissesto.

riottosaménte avv. (*lett.*) litigiosamente, rissosamente □ caparbiamente, cocciutamente, pervicacemente, puntigliosamente **CONTR.** mitemente, docilmente, arrendevolmente.

riottóso agg. **1** (*lett.*) litigioso, attaccabrighe, iracondo, rissoso, bellicoso, prepotente, manesco **CONTR.** pacifico, conciliante, placido, mite, pacato, quieto, mansueto **2** (*est.*) caparbio, indocile, restio, recalcitrante, intrattabile, cocciuto, incorreggibile, pervicace, puntiglioso, irriducibile, pertinace, zuccone **CONTR.** arrendevole, remissivo, condiscendente, docile, persuadibile.

ripagàre v. tr. **1** (*di cosa*) pagare di nuovo **2** (*di persona*) ricompensare, contraccambiare, ricambiare, restituire, rimeritare **3** (*di danno*) risarcire, indennizzare, rimborsare, rifondere, rendere.

riparàbile agg. aggiustabile, accomodabile, rappezzabile □ espiabile, rimediabile CONTR. irriparabile, inaggiustabile □ inespiabile, irrimediabile.

riparàre **A** v. tr. **1** proteggere, difendere, coprire CONTR. esporre, scoprire, mostrare **2** (*di male, di danno, ecc.*) ovviare, rimediare, risarcire, sanare, redimere, scontare, espiare **3** (*di attrezzo, di strada, ecc.*) aggiustare, accomodare, restaurare, rappezzare, racconciare, acconciare, rabberciare, riattare, ripristinare, rifare, ricostruire CONTR. rovinare, rompere, guastare **B** v. intr. (*a inconvenienti, mancanze, ecc.*) ovviare, rimediare, opporsi CONTR. provocare, causare **C** **ripararsi** v. rifl. mettersi al riparo, ricoverarsi, coprirsi, salvarsi, rifugiarsi, nascondersi □ difendersi, proteggersi CONTR. esporsi, offrirsi.

riparàto part. pass. di **riparare**; anche agg. **1** (*di cosa*) aggiustato, sistemato, accomodato, restaurato, rappezzato, racconciato, acconciato, rabberciato, riattato, ripristinato, rifatto CONTR. rovinato, guastato **2** (*di danno*) risarcito, ripagato □ espiato **3** ricoverato, coperto, protetto, difeso CONTR. indifeso, scoperto, esposto.

riparazióne s. f. **1** (*di cosa*) accomodatura, aggiustatura, restauro, racconciamento, raccomodatura, rammendatura, rammendo, rattoppo, ripristinazione, reintegrazione, riattamento, riassetto, riadattamento CONTR. guasto, deterioramento, rottura **2** (*di danno, di torto e sim.*) risarcimento, soddisfazione, rimedio, riparo, pagamento, eliminazione □ espiazione CONTR. provocazione.

ripàro s. m. **1** schermo, difesa, baluardo, barriera, protezione, scudo, copertura, argine, diga, barricata, chiusa, contrafforte **2** (*di animali*) ricovero, rifugio, tana **3** (*al male, al vizio, ecc.*) rimedio, provvedimento, misura, ripiego CONTR. incentivo, spinta.

ripartìre (1) v. intr. partire di nuovo, riandare CONTR. ritornare, rientrare □ fermarsi.

ripartìre (2) v. tr. **1** dividere, suddividere, ordinare, compartire, scompartire, spartire CONTR. unificare, unire, riunire, accorpare **2** assegnare, dare, conferire, attribuire, distribuire CONTR. togliere, sottrarre.

ripartizióne s. f. **1** spartizione, divisione, suddivisione, partizione CONTR. unificazione, riunificazione, accorpamento **2** divisione, assegnazione, distribuzione, conferimento CONTR. sottrazione.

ripassàre **A** v. tr. **1** (*di luogo*) passare di nuovo, riattraversare **2** (*di scritto, di dipinto, ecc.*) scorrere, rileggere, rivedere, riesaminare, correggere, ritoccare **B** v. intr. ritornare, riattraversare, tornare, indietro, rientrare.

ripassàta s. f. **1** (*di scritto, ecc.*) riguardata, rilettura, scorsa, occhiata, ripasso, ripetizione **2** (*fam.*) ammonizione, sgridata, cicchetto, ramanzina, rabbuffo, rimbrotto, sfuriata, strapazzata, strigliata, tirata CONTR. lode, plauso, elogio, approvazione, encomio.

ripàsso s. m. ripetizione, ripassata, riguardata, rilettura, scorsa, occhiata.

ripensaménto s. m. **1** riflessione, meditazione, considerazione, ponderazione **2** (*di idea, di decisione, ecc.*) mutamento, cambiamento di opinione, ravvedimento.

ripensàre **A** v. intr. **1** riflettere, meditare, considerare, ponderare **2** cambiare pensiero, cambiare parere **3** ricordare, rievocare, rammemorare (*lett.*), rimemorare (*ant.*) CONTR. dimenticare, scordare, obliare (*lett.*) **B** v. tr. (*lett.*) riconsiderare, rievocare CONTR. dimenticare, scordare, obliare (*lett.*).

ripercórrere v. tr. **1** (*anche fig.*) percorrere di nuovo, riandare **2** ricordare CONTR. dimenticare.

ripercuòtersi v. intr. pron. **1** (*di luce, di acqua, ecc.*) rimbalzare, riflettersi, riverberare **2** (*di suono*) rintronare, echeggiare, rimbombare, risonare.

ripercussióne s. f. **1** contraccolpo, rimbalzo, ripercuotimento (*raro*) **2** (*di luce, di suono, ecc.*) riecheggiamento, risonanza, rimbombo, eco, riverbero **3** (*di avvenimento, di notizia, ecc.*) conseguenza, riflesso, stimolo, reazione, effetto.

ripètere **A** v. tr. **1** dire di nuovo, ridire, replicare, reiterare, rinnovare, ribattere, ribadire, confermare, riconfermare, ricominciare **2** (*di successo*) bissare, rinnovare, replicare **3** rifare, replicare, reiterare **4** (*di lezione*) ripassare □ rispiegare **B** **ripetersi** v. intr. pron. **1** ridire **2** insistere, ostinarsi **3** (*di fatto, di avvenimento, ecc.*) ricorrere, ritornare, succedersi, avvenire, accadere.

ripetitìvo agg. ridetto, replicato, rifatto □ (*est.*) monotono, noioso CONTR. nuovo.

ripetitóre s. m. (f. *-trice*) insegnante privato FRAS. *ripetitore di impulsi*, teletaxe.

ripetizióne s. f. **1** iterazione, reiterazione, replica **2** ribadimento, riconferma, rinnovazione, rinnovamento □ ritorno, ritornello **3** lezione privata.

ripetutaménte avv. spesso, più volte, frequentemente, sovente CONTR. di rado, raramente, talvolta, sporadicamente.

ripetùto part. pass. di **ripetere**; anche agg. **1** ridetto, replicato, rifatto **2** numeroso, frequente, molto, molteplice, vario, diverso CONTR. rado, raro, sporadico, casuale.

ripiàno s. m. **1** (*di mobile*) piano, scaffale, mensola **2** (*di terreno*) pianale, terrazzo, gradone, lenza **3** (*di edificio*) pianerottolo.

ripìcca s. f. ripicco, puntiglio, dispetto.

ripicchiàre v. tr. (*fig.*) insistere, persistere, perseverare, impuntarsi CONTR. desistere, smettere.

ripidaménte avv. con ripidezza, scoscesa-

mente.
ripidità s. f. ripidezza, scoscesità.
rìpido agg. erto, scosceso, arduo, difficile, malagevole, acclive (*lett.*) **CONTR.** piano, pianeggiante.
ripiegaménto s. m. (*mil.*) arretramento, ritirata **CONTR.** avanzamento, avanzata.
ripiegàre A v. tr. **1** piegare più volte **2** (*di vela, di bandiera*) ammainare **CONTR.** alzare **B** v. intr. (*mil.*) indietreggiare, ritirarsi, cedere, arretrare, retrocedere, rinculare **CONTR.** avanzare, proseguire, affrontare **C ripiegarsi** v. intr. pron. incurvarsi, piegarsi, flettersi **CONTR.** raddrizzarsi, rizzarsi **D** v. rifl. (*fig.*) (*di persona*) rinchiudersi, chiudersi, rifugiarsi **CONTR.** aprirsi.
ripiegatùra s. f. piega, piegatura.
ripiègo s. m. espediente, trovata, rimedio, mezzuccio, compromesso, stratagemma, artificio, scappatoia, appiglio.
ripièno A agg. **1** colmo, pienissimo, raso, rigurgitante, straripante, traboccante, ricolmo, gonfio, imbottito, inzeppato, pigiato, repleto (*ant.*), rigonfio, denso, fitto, stipato, stivato, zeppo **CONTR.** vuoto, scarso, sgonfio **2** sazio, satollo, rimpinzato **CONTR.** affamato, vuoto, digiuno **3** (*fig.*) invaso, pervaso, penetrato **B** s. m. (*di vivanda*) pieno, impasto, imbottitura.
ripiombàre v. intr. e tr. ricadere **CONTR.** risollevarsi.
ripórre A v. tr. **1** rimettere, ricollocare, risistemare, riordinare **CONTR.** togliere, levare **2** conservare **3** nascondere, celare **4** (*fig.*) (*di fiducia, di affetto, ecc.*) affidare, dare, accordare **CONTR.** togliere **B riporsi** v. rifl. mettersi, risistemarsi.
riportàre A v. tr. **1** restituire, ridare, rispedire **CONTR.** trattenere **2** ricondurre, rimenare **3** (*di notizia, di discorso e sim.*) riferire, ripetere, ridire, spifferare (*fam.*), raccontare, rivelare **CONTR.** nascondere, celare (*lett.*), tacere **4** (*di scritto, di prova, ecc.*) citare, allegare **5** (*di disegno e sim.*) ridurre, trasportare, trasferire **6** (*fig.*) (*di approvazione, di premio, ecc.*) conseguire, acquistare, ottenere, ricevere **B riportarsi** v. intr. pron. **1** tornare, andare, ritornare **2** (*a scritto, a discorso, ecc.*) richiamarsi, riferirsi **3** (*con la mente*) riandare, ricordare **4** (*in un luogo*) trasferirsi, riandare, ritornare **CONTR.** rimanere.
riposànte part. pres. di **riposare**; anche agg. calmo, tranquillo, sereno, distensivo, conciliante, rilassante, quieto, tranquillizzante **CONTR.** irritante, eccitante □ irrequieto, agitato, nervoso, ansioso, convulso.
riposàre (1) A v. tr. posare di nuovo, rimettere, riadagiare, risistemare, ricollocare **CONTR.** risollevare, rialzare **B riposarsi** v. rifl. riadagiarsi, rimettersi, risistemarsi, ricollocarsi **CONTR.** risollevarsi, rialzarsi.
riposàre (2) v. intr. **1** (*di persona*) fermarsi, sostare, distendersi, ristare **CONTR.** lavorare, faticare, agire, affannarsi, affaccendarsi **2** ristorarsi, rinfrescarsi, rilassarsi, allentarsi, rifiatare, riprendersi **CONTR.** affaticarsi, debilitarsi, affannarsi, affaccendarsi, spossarsi, stancarsi **3** (*est.*) dormire **4** (*euf.*) essere sepolto □ essere morto **5** (*anche fig.*) (*di cosa*) poggiare, reggersi, appoggiarsi.
riposàto part. pass. di **riposare (2)**; anche agg. (*lett.*) tranquillo, calmo, sereno, ristorato, fresco, rinvigorito, acquietato **CONTR.** stanco, spossato, esausto, inquieto, ansioso, turbato.
ripòso s. m. **1** respiro, sosta, pausa, tregua, intermezzo **CONTR.** lavoro, attività, fatica **2** (*est.*) ristoro, sollievo **CONTR.** stanchezza, spossatezza, tensione **3** (*est.*) sonno, pisolino **4** letargo **5** quiete, tranquillità, pace, requie **CONTR.** agitazione, frenesia, tensione, irrequietezza, ansia, ansietà **6** (*est.*) vacanza, ozio, ricreazione, distrazione **7** quiescenza, pensione **FRAS.** *eterno riposo* (*euf.*), morte.
ripostìglio s. m. nascondiglio, bugigattolo, sgabuzzino, sottoscala, cantuccio, stambugio, stanzino, sottotetto.
ripósto part. pass. di **riporre**; anche agg. **1** (*di luogo*) appartato, recondito, solitario, isolato **CONTR.** frequentato, affollato **2** (*di pensiero, di sentimento, ecc.*) segreto, nascosto, celato, occulto **CONTR.** palese, evidente, chiaro, manifesto **3** (*di cosa*) conservato, messo da parte.
riprèndere A v. tr. **1** (*di cosa*) ripigliare (*fam.*), ricuperare, ritogliere, riacquistare, riacchiappare, riacciuffare, riafferrare **CONTR.** perdere, lasciare, riabbandonare **2** (*di luogo*) rioccupare, riconquistare **CONTR.** perdere **3** (*di lavoro, di discorso, ecc.*) ricominciare, continuare, riattaccare, seguitare, proseguire **CONTR.** interrompere, troncare, smettere **4** (*di persona, di comportamento, ecc.*) biasimare, ammonire, sgridare, rimproverare, correggere, riprovare (*lett.*) **CONTR.** lodare, elogiare, esaltare **5** fotografare, filmare **6** (*di cucitura, di modello, ecc.*) ritoccare, modificare, correggere **B riprendersi** v. intr. pron. **1** rinforzarsi, rinvigorirsi, rianimarsi, irrobustirsi **CONTR.** indebolirsi, infiacchirsi, abbattersi, avvilirsi **2** correggersi, ravvedersi, emendarsi, pentirsi **CONTR.** peggiorarsi **C** v. intr. **1** ricominciare, riattaccare, continuare, seguitare **CONTR.** smettere, interrompersi **2** (*di pianta, di fuoco, ecc.*) rinvigorirsi, rinforzarsi, ravvivarsi **CONTR.** appassirsi, seccarsi, inaridirsi, spegnersi.
riprésa s. f. **1** (*di ostilità, di attività, ecc.*) rinnovo, risveglio, incremento, aumento, recupero, progresso **CONTR.** diminuzione, calo, cessazione, fine **2** (*di motore*) accelerazione **3** (*sport*) fase, tempo **4** (*di abito*) piega, cucitura, pince (*fr.*), piegolina **5** (*mus.*) ritorno, ritornello.
ripresentàre A v. tr. presentare di nuovo, riproporre **CONTR.** ritirare **B ripresentarsi** v. rifl. **1** riapparire **CONTR.** scomparire **2** (*di occasio-*

ne, di avvenimento, ecc.) ricapitare, ritornare CONTR. svanire, scomparire **3** (*di candidato*) riproporsi CONTR. ritirarsi.

ripristinaménto s. m. ripristino, riattivamento, reintegrazione, restaurazione, ricostituzione, riparazione, rinnovamento, restauro, rinnovo, risistemazione, riattamento, racconciamento CONTR. rovina, demolizione, deterioramento.

ripristinàre v. tr. **1** restaurare, ristabilire, reintegrare, riattivare, riprendere, ricostituire, ricomporre, riordinare, rinnovare, riparare, risistemare, riattare CONTR. guastare, demolire, deteriorare **2** (*fig.*) (*di ordine, di usi, ecc.*) ristabilire, rinnovare, riproporre CONTR. abbandonare, far morire.

ripristino s. m. ripristinamento, riattivamento, reintegrazione, restaurazione, ricostituzione, riparazione, rinnovamento, restauro, rinnovo, risistemazione, riattamento, racconciamento CONTR. rovina, demolizione, deterioramento.

ripròdurre A v. tr. **1** produrre di nuovo, riprovocare, rifare **2** (*di immagine, di disegno, ecc.*) copiare, rifare, ripetere, ricopiare, ricalcare **3** (*est.*) (*di libro*) stampare, pubblicare, ristampare **4** (*di paesaggio, di situazione, ecc.*) ritrarre, rappresentare, effigiare, rendere, esprimere **5** (*fig.*) (*di pensiero, di discorso, ecc.*) riferire, trascrivere CONTR. travisare **B riprodursi** v. intr. pron. **1** moltiplicarsi □ rigenerarsi, riformarsi **2** (*di fenomeno, di situazione, ecc.*) ripetersi, rinnovarsi CONTR. cessare, scomparire.

riproduzióne s. f. **1** generazione, rigenerazione, proliferazione **2** (*biol.*) procreazione, prolificazione **3** (*di disegno, di stampa, ecc.*) copia, calco, facsimile, stampo, fotografia, imitazione, rifacimento □ ristampa.

riprométtere v. tr. **1** promettere di nuovo **2** sperare, aspettarsi, prevedere **3** prefiggersi, proporsi.

ripropórre v. tr. e **ripropórsi** rifl. e intr. pron. riavanzare, riesporre, riprospettare, ripresentare CONTR. ritirare.

ripròva s. f. verifica, verificazione, controllo, conferma, prova, riscontro.

riprovàre A v. tr. **1** ritentare **2** dimostrare, comprovare, confermare, spiegare **B** v. intr. e **riprovarsi** intr. pron. cimentarsi, esercitarsi, tentare, allenarsi.

riprovazióne s. f. (*lett.*) disapprovazione, condanna, rimprovero, biasimo, riprensione (*lett.*), deplorazione CONTR. approvazione, elogio, complimento, encomio.

riprovévole agg. biasimevole, indegno, condannabile, deplorevole, riprensibile (*lett.*), criticabile, censurabile, vituperabile, inqualificabile, deprecabile, denigrabile CONTR. incensurabile, encomiabile, lodevole, ammirabile, ammirevole.

ripudiàre v. tr. rifiutare, respingere, disconoscere, abbandonare, rinnegare, sconfessare, tradire CONTR. accettare, accogliere, riconoscere.

ripudiàto part. pass. di **ripudiare**; anche agg. rifiutato, respinto, disconosciuto, rinnegato, sconfessato, tradito CONTR. accettato, accolto, riconosciuto.

ripùdio s. m. rifiuto, disconoscimento, abbandono, rinnegamento, sconfessione, tradimento, ripulsa, reiezione (*raro*) CONTR. accettazione, riconoscimento.

ripugnànte part. pres. di **ripugnare**; anche agg. disgustoso, nauseante, repellente, ributtante, spiacevole, stomachevole, nauseabondo, schifoso, odioso, rivoltante, ripulsivo, sgradevole CONTR. gradevole, piacevole, allettante, attraente, affascinante.

ripugnànza s. f. **1** idiosincrasia, nausea, ribrezzo, ripulsione, avversione, disgusto, ribrezzo, intolleranza, incompatibilità **2** (*a fare, a dire, ecc.*) riluttanza, renitenza, resistenza, antipatia, ritrosia, indocilità CONTR. disposizione, disponibilità, arrendevolezza, accettazione.

ripugnàre v. intr. **1** (*di cibo, di sapore, ecc.*) disgustare, nauseare, ributtare, schifare, fare schifo, stomacare CONTR. gradire, piacere **2** (*di persona, di guerra, ecc.*) aborrire, rifuggire, odiare CONTR. piacere, accettare, accogliere.

ripulìre A v. tr. **1** nettare (*tosc.*), mondare, tergere, lavare, forbire, spolverare, spazzare CONTR. insudiciare, sporcare, imbrattare, insozzare, lordare **2** riordinare, riassettare, sistemare CONTR. disordinare **3** (*fig.*) (*di scritto, di lavoro*) perfezionare, rivedere, correggere, limare, rifinire, ultimare, finire, migliorare, polire CONTR. peggiorare, rovinare **4** (*lett., fig.*) (*di persona, di costumi, ecc.*) dirozzare, ingentilire, raffinare, affinare, digrossare, incivilire, scozzonare, educare CONTR. inselvatichire, imbarbarire, peggiorare, degenerare **B ripulirsi** v. rifl. **1** lavarsi, pettinarsi, forbirsi, riassettarsi, rivestirsi CONTR. insudiciarsi, imbrattarsi, insozzarsi, lordarsi **2** (*fig.*) incivilirsi, ingentilirsi, raffinarsi, affinarsi, scozzonarsi, educarsi CONTR. inselvatichirsi, imbarbarirsi, peggiorarsi.

ripulìta s. f. ripulitura, lavata, spolverata, spazzata, riordinata, riassettata, risistemata.

ripulsióne s. f. avversione, ripugnanza, fobia, antipatia, idiosincrasia, fastidio, ribrezzo, disgusto CONTR. attrazione, simpatia, allettamento, gradimento, affinità.

ripulsìvo agg. ripugnante, sgradevole, ributtante, repellente, rivoltante, disgustoso, nauseante, nauseabondo, stomachevole CONTR. gradevole, allettante, piacevole, gradito.

riquàdro s. m. riquadratura, pannello, compartimento.

risàcca s. f. **1** (*di onda*) ritorno, rifrangimento (*raro*) **2** (*est.*) bagnasciuga.

risalìre **A** v. tr. salire, rimontare, ascendere (*lett.*) **CONTR.** scendere, ridiscendere **B** v. intr. **1** salire, rimontare, arrampicarsi, inerpicarsi, issarsi **CONTR.** scendere, ridiscendere **2** (*fig.*) (*di merce, di prezzo, ecc.*) rincarare, aumentare, crescere **CONTR.** calare, diminuire **3** (*di fatto, di costruzione, ecc.*) accadere, avvenire, avere origine **4** (*fig.*) (*di pensiero, di ricordo, ecc.*) ripensare, ritornare, riandare, risovvenire, rievocare.

risaltàre **A** v. tr. e intr. rimbalzare **B** v. intr. **1** (*di struttura*) sporgere, aggettare, rilevarsi, sopravanzare, sportare (*ant.*) **CONTR.** rientrare **2** (*est.*) (*di colore, di suono, ecc.*) spiccare, emergere, campeggiare, staccare, evidenziare **CONTR.** sfumare, svanire, uniformarsi **3** (*fig.*) (*di persona*) emergere, distinguersi, segnalarsi, eccellere, evidenziarsi.

risàlto s. m. **1** spicco, rilievo, appariscenza, stacco, evidenza, apparenza **CONTR.** uniformità, piattezza, irrilevanza **2** (*di struttura*) rilievo, prominenza, aggetto, sporgenza, sbalzo, sporto, rilevamento.

risanàbile agg. **1** (*di persona*) guaribile **CONTR.** inguaribile **2** (*di luogo*) bonificabile, disinfestabile, prosciugabile **3** (*di cosa*) emendabile, riparabile, riformabile, modificabile.

risanaménto s. m. **1** (*di persona*) guarigione **CONTR.** malattia **2** (*di luogo*) bonifica, disinfestazione, prosciugamento **CONTR.** inquinamento, infestazione **3** (*di economia, di situazione*) riassetto, miglioramento **CONTR.** peggioramento, rovina.

risanàre **A** v. tr. **1** (*di persona*) guarire, ristabilire, curare, sanare **CONTR.** ammalare **2** (*di luogo*) bonificare, disinfestare, prosciugare **CONTR.** inquinare, infestare **3** (*fig.*) (*di economia, di situazione, ecc.*) riassestare, migliorare, emendare, riparare, riassettare, riformare, purgare, modificare, correggere, rettificare **CONTR.** peggiorare, rovinare **B** v. intr. guarire, rimettersi, ristabilirsi **CONTR.** ammalarsi.

risapùto agg. noto, arcinoto, notorio, palese, cognito (*lett.*), conosciuto **CONTR.** ignorato, ignoto, sconosciuto.

risarcìbile agg. indennizzabile, rifondibile, rimborsabile, reintegrabile, ripagabile.

risarciménto s. m. riparazione, rifusione, indennizzo, rimborso, reintegrazione □ restauro (*raro*).

risarcìre v. tr. ripagare, indennizzare, rendere, rifondere, rimborsare, compensare, ricompensare □ restaurare (*raro*).

risàta s. f. riso **CONTR.** pianto.

riscaldàre **A** v. tr. **1** scaldare, intiepidire **2** (*fig.*) (*di animo, di sentimento, ecc.*) eccitare, infiammare, accendere, rinfocolare, ravvivare, infervorare **CONTR.** calmare, quietare, sedare **3** (*est.*) (*di cibo, di bevanda*) infiammare, irritare **CONTR.** rinfrescare **B** **riscaldarsi** v. rifl. riprendere calore, intiepidirsi **CONTR.** raffreddarsi **C** v. intr. pron. (*fig.*) infervorarsi, accendersi, accaldarsi, accalorarsi, infiammarsi, eccitarsi **CONTR.** calmarsi, quietarsi.

riscattàbile agg. **1** riacquistabile, ricuperabile, ricomprabile **2** svincolabile **CONTR.** vincolato **3** redimibile, liberabile, salvabile, affrancabile, riabilitabile, riparabile.

riscattàre **A** v. tr. **1** (*di cosa*) riacquistare, ricomprare, ricuperare, riavere **2** (*fig.*) svincolare **CONTR.** vincolare, ipotecare **3** (*fig.*) (*di persona*) redimere, liberare, salvare, affrancare, riabilitare **B** **riscattarsi** v. rifl. riabilitarsi, redimersi, salvarsi, affrancarsi, rifarsi, riparare.

riscàtto s. m. **1** (*di cosa*) ricupero, svincolo **2** (*fig.*) (*di persona*) liberazione, redenzione, espiazione, affrancamento **3** (*dir.*) retratto, rivendicazione.

rischiaràre **A** v. tr. (*anche fig.*) illuminare, schiarire, chiarire **CONTR.** oscurare, offuscare, incupire, intorpidire **B** v. intr. e **rischiararsi** intr. pron. **1** (*di tempo, di cielo*) schiarire, schiarirsi, rasserenarsi **CONTR.** rannuvolarsi, rabbuiarsi **2** (*di voce, di colore, ecc.*) diventare limpido **CONTR.** incupirsi.

rischiàre **A** v. tr. arrischiare, ardire, osare, azzardare, affrontare **B** v. intr. arrischiarsi, avventurarsi, azzardarsi, attentarsi, cimentarsi **CONTR.** peritarsi.

rìschio s. m. pericolo, repentaglio, alea, azzardo, cimento, ventura.

rischiosaménte avv. pericolosamente, azzardatamente, imprudentemente, avventatamente, temerariamente **CONTR.** sicuramente, assennatamente, prudentemente.

rischióso agg. pericoloso, aleatorio, azzardoso, imprudente, avventato, periglioso (*lett.*), malsicuro, temerario, audace **CONTR.** sicuro, assennato, meditato, prudente.

risciacquàre v. tr. sciacquare, lavare.

risciacquàta s. f. **1** risciacquo, risciacquatura **2** (*fig., fam.*) sgridata, rimprovero, paternale, ramanzina, predicozzo (*fam.*), rabbuffo, rimbrotto, ripassata (*fam.*), strapazzata, strigliata, tirata **CONTR.** lode, plauso, applauso, elogio, complimento, panegirico.

risciàcquo s. m. risciacquatura, risciacquata.

riscontràbile agg. trovabile, rintracciabile, verificabile, controllabile, accertabile, appurabile **CONTR.** incontrollabile, introvabile.

riscontràre **A** v. tr. **1** (*di documenti, di ricevute, ecc.*) raffrontare, confrontare, paragonare **2** (*di peso, di conto, ecc.*) verificare, controllare, provare, esaminare, accertare, appurare **3** (*di errore, di ammanco, ecc.*) riconoscere, rilevare, scoprire, arguire, notare, capire, osservare, vedere **B** v. intr. accordarsi, corrispondere, coincidere, concordare **CONTR.** discordare.

riscóntro s. m. **1** (*di documenti, di ricevute, ecc.*) confronto, raffronto, paragone, collazione, parallelo **2** (*di conto, di peso, ecc.*) revisione, verifica, controllo, riprova, conferma, esame **3** (*est.*) (*di cose*) corrispondenza, contrapposizione, simmetria **4** (*di meccanismo*) corrispondenza **5** (*di corrispondenza*) risposta, ricevuta **6** (*di aria*) corrente.

riscòssa s. f. **1** rivincita, riconquista, ribellione, rivolta, insurrezione, reazione **CONTR.** oppressione, schiavitù, rassegnazione **2** ricupero, redenzione, riscatto.

riscossióne s. f. incasso, esazione, riscotimento (*raro*) **CONTR.** pagamento, versamento, esborso.

riscrìvere A v. tr. scrivere di nuovo, trascrivere □ copiare **B** v. intr. rispondere.

riscuòtere A v. tr. **1** scuotere, risvegliare, ridestare **CONTR.** addormentare **2** (*di denaro*) ricevere, ritirare, percepire, incassare, raccogliere, pigliare (*fam.*) **CONTR.** pagare, versare, sborsare **3** (*fig.*) (*di fama, di consenso, ecc.*) riportare, conseguire, ottenere, acquistare, raggiungere **B riscuotersi** v. intr. pron. **1** scuotersi, riaversi, risvegliarsi, rianimarsi, tornare in sé, ridestarsi, trasalire **CONTR.** assopirsi, addormentarsi, riposare, disanimarsi **2** reagire, ribellarsi, rivoltarsi, insorgere, riscattarsi **CONTR.** subire, soggiacere, adattarsi.

risentiménto s. m. sdegno, rancore, ruggine, puntiglio, ripicca, animosità, malanimo, odio **CONTR.** generosità, cordialità, indulgenza, sopportazione, tolleranza, perdono.

risentìre A v. tr. **1** riudire, riascoltare, ricogliere □ rivedere **2** (*di dolore, di mancanza, ecc.*) patire, soffrire **CONTR.** gioire, godere **3** (*di vantaggio, di svantaggio, ecc.*) riportare, ricavare, attingere, derivare, guadagnare, ottenere, conseguire **CONTR.** perdere **B risentirsi** v. intr. pron. **1** (*lett.*) svegliarsi, destarsi, rianimarsi, riaversi **CONTR.** assopirsi, addormentarsi, disanimarsi **2** offendersi, sdegnarsi, impermalirsi, reagire, adirarsi, adontarsi **CONTR.** rallegrarsi, godere.

risentìto part. pass. di **risentire**; anche agg. **1** sdegnoso, suscettibile, piccato, permaloso **CONTR.** indulgente, bonario **2** vivo, forte, intenso, gagliardo **CONTR.** leggero, tenue, debole, impercettibile.

risèrbo s. m. riservatezza, ritegno, discrezione, delicatezza, riguardo, circospezione, cautela, prudenza, segretezza, precauzione, contegno, avvertenza, misura, moderazione, ritrosia **CONTR.** sfrontatezza, cinismo, sfacciataggine, disinvoltura, impudenza.

risèrva s. f. **1** (*di caccia, di pesca*) bandita, diritto **2** (*di cose*) provvista, scorta, fondo, deposito, provvisione (*ant.*), approvvigionamento, rifornimento, accantonamento, accaparramento **3** (*di accettazione, di pensiero*) restrizione, limitazione, eccezione **4** (*di persona*) riservista.

riservàre v. tr. tenere, serbare, conservare, mantenere, custodire, riporre, risparmiare **CONTR.** dare, largire, prodigare.

riservataménte avv. con riservatezza, in via riservata, segretamente, privatamente **CONTR.** apertamente, pubblicamente □ sfacciatamente.

riservatézza s. f. riserbo, discrezione, segretezza, riguardo, circospezione, cautela, prudenza, precauzione, tatto, misura **CONTR.** sfacciataggine, disinvoltura, sfrontatezza, impudenza, imprudenza.

riservàto part. pass. di **riservare**; anche agg. **1** (*di luogo, di informazione, ecc.*) privato, appartato, riposto, confidenziale, segreto, personale, intimo, familiare **CONTR.** aperto, pubblico, comune **2** (*di persona, di carattere, ecc.*) contegnoso, sostenuto, taciturno, introverso, scostante, compassato **CONTR.** affabile, disinvolto, ciarliero, socievole, comunicativo, espansivo.

risìbile agg. ridicolo, buffo, ameno, derisibile (*lett.*), comico, bizzarro, farsesco, buffonesco, burlesco, grottesco, pagliaccesco **CONTR.** serio, grave, drammatico, tragico.

risièdere v. intr. **1** (*di persona*) dimorare, abitare, stare, vivere **2** (*fig.*) (*di cosa*) stare, consistere.

rìso s. m. **1** risata, sorriso, ghigno, sogghigno, risolino, sghignazzata **2** (*est.*) ilarità, allegrezza, giocondità, allegria, briosità **CONTR.** tristezza, malinconia **3** (*poet.*) bocca.

risollevàre A v. tr. **1** sollevare, rialzare, innalzare, drizzare, issare **CONTR.** abbassare, adagiare, distendere, stendere **2** (*fig.*) (*di animo, di morale, ecc.*) confortare, ricreare, rallegrare, consolare, rasserenare, incoraggiare, tranquillizzare **CONTR.** rattristare, intristire, immalinconire, sconfortare, scoraggiare, avvilire **B risollevarsi** v. rifl. **1** sollevarsi, rialzarsi, innalzarsi, drizzarsi, issarsi **CONTR.** abbassarsi, adagiarsi, distendersi, stendersi **2** (*di animo, di morale, ecc.*) confortarsi, ricrearsi, rallegrarsi, consolarsi, rasserenarsi, tranquillizzarsi **CONTR.** sconfortarsi, avvilirsi, scoraggiarsi, intristirsi, rattristarsi.

risollevàto part. pass. di **risollevare**; anche agg. (*di animo, di morale, ecc.*) confortato, consolato, tranquillizzato, rasserenato **CONTR.** sconfortato, avvilito, scoraggiato, rattristato.

risòlto part. pass. di **risolvere**; anche agg. **1** (*di dubbio, di problema, ecc.*) chiarito, spiegato, decifrato, semplificato, appianato **CONTR.** irrisolto, oscuro **2** (*di questione, di lite, ecc.*) deciso, deliberato, determinato, definito, stabilito □ terminato, concluso **CONTR.** indefinito, indeciso.

risolùbile agg. risolvibile, spiegabile, solubile, chiaribile, decifrabile, determinabile **CONTR.** irrisolvibile, irresolubile, insolubile, insolvibile, inspiegabile.

risolutézza s. f. decisione, audacia, ardire, energia, prontezza, saldezza, intraprendenza, coraggio, determinazione, determinatezza, deliberazione CONTR. esitazione, dubbio, titubanza, indecisione, irresolutezza, perplessità, incertezza.

risolutivo agg. decisivo, conclusivo, definitivo, ultimo CONTR. incerto, dubbio.

risolùto part. pass. di **risolvere**; anche agg. sicuro, deciso, energico, pronto, fermo, intraprendente, ardito, audace, determinato, animoso, franco, esplicito, sbrigativo, sicuro, spiccio CONTR. irresoluto, indeciso, incerto, dubbioso, perplesso, titubante, debole, vacillante, esitante, tentennante.

risoluzióne s. f. **1** (*di problema, di dubbio, ecc.*) scioglimento, soluzione, risolvimento **2** decisione, determinazione, proposito, deliberazione, definizione **3** espediente, metodo, mossa, partito, sistema, soluzione **4** risolutezza, coraggio, ardire **5** scomposizione **6** (*di contratto*) annullamento, rescissione CONTR. ratificazione, convalida, conferma, rinnovo.

risòlvere A v. tr. **1** (*di dubbio, di problema, ecc.*) dissolvere, sciogliere, spiegare, chiarire, decifrare, chiarificare, semplificare, appianare CONTR. confondere, complicare, intricare, imbrogliare **2** (*di impegno, di lite, ecc.*) eliminare, estinguere, rescindere, annullare, dirimere, invalidare, troncare CONTR. convalidare, ratificare, confermare, rinnovare **3** (*di elementi*) scomporre, dividere, dissolvere, disciogliere **4** (*di questione*) decidere, deliberare, stabilire, determinare, definire, statuire CONTR. esitare, tergiversare **B risolversi** v. intr. pron. **1** (*raro*) (*di elementi*) sciogliersi, stemperarsi **2** (*fig.*) (*di questione, di lite, ecc.*) ridursi, concludersi, finire **3** (*di persona*) decidersi CONTR. tergiversare, esitare, tentennare, titubare.

risolvìbile agg. **1** (*di dubbio, di difficoltà, ecc.*) solubile, risolubile, spiegabile, chiaribile, decifrabile CONTR. irresolubile, irrisolvibile, insolubile, insolvibile, inspiegabile **2** (*di impegno, di debito, ecc.*) estinguibile, rescindibile, annullabile, dirimibile, invalidabile CONTR. ratificabile, confermabile, rinnovabile.

risonànte part. pres. di **risonare**; anche agg. rimbombante, tonante, rintronante, rumoroso, forte, sonoro, echeggiante, riecheggiante CONTR. sordo, silenzioso, flebile, fievole, attutito.

risonànza s. f. **1** (*fis.*) eco, ripercussione, rimbombo, ripercuotimento, sonorità **2** (*fig.*) notorietà, clamore, fama, nomea, rinomanza, popolarità, interesse.

risonàre A v. tr. suonare di nuovo **B** v. intr. **1** suonare di nuovo **2** rimbombare, ripercuotersi, echeggiare, diffondersi, rintronare, tonare, rintoccare.

risorgènte part. pres. di **risorgere**; anche agg. rinascente.

risórgere v. intr. **1** (*di astro*) sorgere di nuovo, rinascere, ripresentarsi, riapparire, riaffacciarsi, rispuntare CONTR. tramontare, calare, morire, scomparire, nascondersi **2** (*di persona*) risuscitare, rivivere, rinascere CONTR. morire **3** sollevarsi, alzarsi, rialzarsi, riemergere, ergersi, risollevarsi CONTR. abbassarsi **4** riaversi, rianimarsi, riprendersi, rinvenire CONTR. svenire, disanimarsi, scoraggiarsi **5** (*fig.*) (*di arte, di cultura e sim.*) riprendersi, rifiorire, risollevarsi, ravvivarsi CONTR. spegnersi, esaurirsi, morire.

risorgiménto s. m. rinascita, rifioritura, rinascenza, rinnovamento CONTR. decadenza, declino, decadimento.

risorgìva s. f. fontanile.

risórsa s. f. **1** mezzo, espediente, aiuto, stratagemma, accorgimento, argomento, cavata, ripiego **2** (*di persona*) qualità, dote, capacità, facoltà **3** cespite, ricchezza, vantaggio, patrimonio, denaro, capitale CONTR. miseria, povertà.

risórto part. pass. di **risorgere**; anche agg. **1** (*di astro*) riapparso, rispuntato CONTR. calato, tramontato **2** (*di persona*) risuscitato CONTR. morto **3** (*fig.*) (*di arte, di cultura e sim.*) rifiorito CONTR. spento, morto.

risparmiàre A v. tr. **1** serbare, non usare, mettere da parte, accumulare, conservare, immagazzinare CONTR. sperperare, consumare, prodigare, dissipare, dilapidare **2** (*di forze, di denaro, ecc.*) economizzare, lesinare, sparagnare (*dial.*) CONTR. sperperare, dissipare, dilapidare, scialacquare, profondere **3** (*di persona*) rispettare, avere riguardo CONTR. abusare, strapazzare, vessare **4** (*di vita, di persona*) salvare, graziare CONTR. togliere, uccidere **B risparmiarsi** v. rifl. riguardarsi, preservarsi, cautelarsi, astenersi CONTR. affaticarsi, prodigarsi, esporsi, impegnarsi.

risparmiatóre s. m.; anche agg. (f. *-trice*) economo, parsimonioso, frugale, previdente, sobrio CONTR. spendaccione, sprecone, scialacquatore, sperperatore, sciupone.

rispàrmio s. m. **1** economia, parsimonia, morigeratezza, lesina, frugalità, sobrietà CONTR. sperpero, larghezza, prodigalità, consumo **2** gruzzolo □ denaro, soldi.

rispecchiàre v. tr. e **rispecchiarsi** rifl. **1** (*di luce, di immagine, ecc.*) specchiare, riflettere **2** (*fig.*) (*di situazione, di idee, ecc.*) esprimere, rendere, rappresentare, riprodurre, manifestare, rivelare CONTR. nascondere, celare (*lett.*), mascherare.

rispedìre v. tr. **1** spedire di nuovo **2** (*di lettera, di plico, ecc.*) rimandare, rinviare, respingere.

rispettàbile agg. **1** stimabile, onorevole, degno, ragguardevole, nobile CONTR. spregevole, denigrabile, disprezzabile, sprezzabile (*lett.*), indecoroso **2** (*est.*) onesto, dabbene, probo, retto, integro CONTR. disonesto, dissoluto **3** (*impr.*) (*di patrimonio, di posto, ecc.*) considerevole, notevole, cospicuo, ragguardevole CONTR. misero, trascurabile, irrisorio, ridicolo, minimo.

rispettabilità s. f. stimabilità, onorabilità, dignità, spettabilità, stima, riguardo, rispetto, decoro **CONTR.** spregevolezza (*lett.*, *raro*), indegnità, ignobiltà.

rispettàre v. tr. **1** onorare, riverire, ossequiare, stimare, venerare **CONTR.** disprezzare, vituperare, biasimare, spregiare, svilire, vilipendere, denigrare, strapazzare, vessare **2** (*di idea, di usi, ecc.*) considerare, riconoscere, ammettere, accettare **CONTR.** ledere, danneggiare, disprezzare **3** (*di legge, di regola, ecc.*) osservare, obbedire, seguire, soddisfare **CONTR.** trascurare, disobbedire, trasgredire.

rispettivaménte avv. relativamente, a proposito, a rispetto, a riguardo, ordinatamente, in ordine, secondo l'ordine **CONTR.** complessivamente, globalmente, totalmente.

rispettìvo agg. proprio, suo, relativo, attinente, concernente, riguardante.

rispètto s. m. **1** deferenza, riverenza, venerazione, stima, riconoscenza, reputazione **CONTR.** disistima, disprezzo, biasimo, spregio **2** riguardo, considerazione, premura, sollecitudine **CONTR.** trascuratezza, negligenza, disprezzo **3** (*di legge, di ordine, ecc.*) osservanza, ossequio, obbedienza, adempimento **CONTR.** inosservanza, disubbidienza **4** confronto, paragone, relazione, attinenza.

rispettóso agg. **1** deferente, ossequioso, riguardoso, ossequente, riverente, premuroso, sollecito, cerimonioso **CONTR.** irrispettoso, irriguardoso, scortese, noncurante, grossolano, irriverente **2** (*di legge, di ordine, ecc.*) obbediente, osservante, sottomesso **CONTR.** disobbediente, inosservante, recalcitrante, inadempiente.

rispiegàre v. tr. **1** (*di cosa*) spiegare di nuovo, dispiegare, ridistendere, svolgere **CONTR.** ripiegare, riavvolgere **2** (*fig.*) (*di lezione, di problema, ecc.*) chiarire, chiarificare, delucidare, esplicare **CONTR.** complicare, confondere.

risplendènte part. pres. di **risplendere**; anche agg. splendente, lucente, rilucente, fiammante, fiammeggiante, rifulgente (*lett.*), fulgido, brillante, radioso, raggiante, sfavillante, scintillante, sfolgorante, smagliante, balenante, corrusco (*lett.*), luccicante, lucido, luminoso, rutilante (*lett.*), tralucente **CONTR.** opaco, oscuro, cupo, buio, offuscato, spento, smorto, fumoso, caliginoso, nebbioso, tenebroso, tetro, torbido.

risplèndere v. intr. **1** brillare, splendere, rifulgere, rilucere, ardere, fiammeggiare, balenare, folgorare, fulgere (*lett.*), raggiare, sfavillare, scintillare, luccicare, irradiare, irraggiare, lampeggiare, sfolgorare, smagliare **CONTR.** offuscarsi, oscurarsi, annebbiarsi, ottenebrarsi, incupirsi, spegnersi **2** (*fig.*) (*di persona*) distinguersi, emergere, spiccare, segnalarsi, farsi notare, eccellere, sopravanzare **CONTR.** confondersi, nascondersi, passare inosservato.

rispolveràre v. tr. **1** spolverare di nuovo **2** (*fig.*) (*di nozioni, di progetto, ecc.*) riesumare, ripescare **CONTR.** dimenticare, abbandonare.

rispondènte part. pres. di **rispondere**; anche agg. proporzionato, armonico, in armonia, conveniente, adatto, conforme, corrispondente, adeguato, confacente, proprio, concorde **CONTR.** inadeguato, inadatto, improprio, dissonante, disarmonico, contrastante.

rispondènza s. f. **1** conformità, accordo, armonia, consonanza, correlazione, relazione, concordanza **CONTR.** disarmonia, dissonanza, difformità, discordanza, disaccordo **2** riflesso, ripercussione, conseguenza, reazione, effetto.

rispóndere A v. intr. **1** (*a domanda*) dare risposta, dialogare, replicare **CONTR.** chiedere, domandare **2** (*a un discorso, a un'offesa, ecc.*) ribattere, rimbeccare, confutare, controbattere, ribadire, ridire, rintuzzare, contraddire, obiettare, soggiungere, annuire, confermare **CONTR.** tacere **3** (*fig.*) (*di voto, di speranza, ecc.*) esaudire, soddisfare, appagare **CONTR.** deludere, contrariare, scontentare **4** (*fig.*) (*di conto, di provvedimento, ecc.*) quadrare, corrispondere, servire, giovare **5** (*ad una regola, ad un ordine, ecc.*) obbedire, sottostare, sottomettersi **CONTR.** disubbidire, ribellarsi, ignorare **6** (*di azione, di comportamento, ecc.*) essere responsabile **7** (*di apertura, di costruzione*) guardare, aprirsi, dare **8** (*fig.*) (*di dolore, di sensazione, ecc.*) riflettersi, ripercuotersi **B** v. tr. replicare.

rispósta s. f. **1** responso, parere, sentenza, giudizio **CONTR.** domanda, richiesta, interpellanza, consulto **2** replica, battuta, controproposta, contraccambio **3** (*ad un'azione*) reazione **4** (*di corrispondenza*) riscontro.

rispuntàre A v. intr. **1** (*di piante, di barba, ecc.*) spuntare di nuovo, rinascere, ricrescere, germogliare **2** (*fig.*) (*di persona*) riapparire, ricomparire, rifarsi vivo **CONTR.** sparire, scomparire **B** v. tr. (*di piante, di capelli, ecc.*) accorciare, tagliare, pareggiare.

rìssa s. f. zuffa, alterco, disputa, lite, baruffa, tafferuglio, parapiglia, mischia, tumulto, colluttazione, cagnara (*fam.*), battibecco **CONTR.** intesa, accordo, pacificazione.

rissóso agg. rissaiolo, litigioso, attaccabrighe, litighino, riottoso, bellicoso, violento, prepotente **CONTR.** calmo, tranquillo, pacifico, mite, conciliante.

ristabiliménto s. m. **1** (*di edificio, di traffico, ecc.*) ripristino, riattivamento □ restauro **CONTR.** distruzione, demolizione, blocco **2** (*di persona*) guarigione **CONTR.** malattia.

ristabilire A v. tr. **1** ripristinare, riattivare, reintegrare, rifare, restaurare **CONTR.** abbandonare, lasciare, guastare, distruggere **2** (*di persona*) guarire, risanare **CONTR.** ammalare **B ristabilirsi** v. intr. pron. guarire, risanarsi, rimettersi CONTR. ammalarsi.

ristagnàre v. intr. **1** (*di liquido*) impaludarsi, stagnare, marcire CONTR. fluire, scorrere **2** (*est.*) fermarsi CONTR. fluire **3** (*fig.*) (*di attività, di economia, ecc.*) diminuire, calare, arrestarsi, rallentare, ridursi CONTR. aumentare, espandersi, svilupparsi, riprendere.

ristàgno s. m. **1** (*di liquido*) ristagnamento (*raro*), impaludamento CONTR. scorrimento **2** (*fig.*) (*di attività, di economia, ecc.*) arresto, inerzia, diminuzione, calo, recessione, crisi, stasi, paralisi, rallentamento, riduzione CONTR. aumento, espansione, sviluppo, ripresa, attività.

ristàmpa s. f. ripubblicazione □ reprint (*ingl.*).

ristampàre v. tr. ripubblicare.

ristampàto part. pass. di **ristampare**; anche agg. ripubblicato.

ristorànte s. m. trattoria, ristoratore (*raro*), restaurant (*fr.*).

ristoràre A v. tr. **1** riconfortare, confortare, riposare, rinfrescare, rinvigorire, ricreare, ritemprare, ringagliardire, rafforzare CONTR. affaticare, affliggere, stancare, debilitare, fiaccare, spossare, logorare, indebolire **2** (*est.*) (*di cibo e sim.*) rifocillare, sostentare, nutrire, alimentare CONTR. affamare **B ristorarsi** v. rifl. **1** rifocillarsi, riposarsi, rinfrescarsi, riconfortarsi, confortarsi, rinvigorirsi, ricrearsi, ritemprarsi, rafforzarsi CONTR. affaticarsi, debilitarsi, fiaccarsi, stancarsi, spossarsi, logorarsi, indebolirsi, affliggersi **2** (*est.*) (*con cibo e sim.*) rifocillarsi, sostentarsi, nutrirsi, alimentarsi.

ristoratóre A agg. (f. *-trice*) riposante, confortante, riconfortante, energetico, rinfrescante, ricostituente CONTR. affaticante, debilitante, spossante, logorante **B** s. m. (*raro*) ristorante, trattoria, restaurant (*fr.*).

ristòro s. m. **1** refrigerio, riposo, conforto, sollievo, ricreazione, intermezzo, respiro, pausa CONTR. stanchezza, spossatezza, esaurimento **2** (*est.*) (*di cibo e sim.*) rifocillamento, spuntino.

ristrettaménte avv. **1** (*anche fig.*) angustamente, poveramente, miseramente CONTR. riccamente, abbondantemente **2** (*di senso, di uso, ecc.*) strettamente, rigorosamente, precisamente CONTR. vagamente **3** (*di mente, di animo, ecc.*) grettamente, meschinamente CONTR. apertamente, generosamente, intelligentemente.

ristrettézza s. f. **1** strettezza, piccolezza CONTR. larghezza, ampiezza **2** (*fig.*) (*di cibo, di denaro, ecc.*) angustia, scarsità, penuria, scarsezza, carestia, insufficienza, mancanza, povertà, miseria, indigenza CONTR. abbondanza, larghezza, ricchezza, dovizia **3** (*est.*) (*spec. al pl.*) privazioni, bisogno, stento, sacrificio CONTR. abbondanza, agiatezza **4** (*fig.*) (*di mente, di animo, ecc.*) grettezza, meschinità CONTR. apertura, liberalità, larghezza.

ristrétto A part. pass. di **restringere**; anche agg. **1** (*di cosa*) racchiuso, chiuso, stretto, serrato, celato, riparato, nascosto, raccolto CONTR. aperto, schiuso **2** (*est.*) (*di spazio*) angusto, scarso, striminzito, disagevole, piccolo CONTR. ampio, spazioso, largo, dilatato, aperto **3** (*di quantità*) limitato, circoscritto, piccolo, finito, determinato CONTR. illimitato, numeroso, ampio **4** (*di pranzo, di riunione, ecc.*) riservato, limitato, privato CONTR. pubblico, allargato **5** (*di mezzi*) insufficiente, scarso, misero, inadeguato, irrisorio CONTR. abbondante, largo, ricco, dovizioso (*lett.*) **6** (*di liquido*) concentrato, condensato CONTR. diluito **7** (*di volume*) ridotto, diminuito CONTR. ampliato **8** (*di scritto*) riassunto, abbreviato, compendiato, sintetizzato CONTR. ampliato, esteso **9** (*fig.*) (*di significato, di uso, ecc.*) rigoroso, preciso, rigido CONTR. impreciso, indeterminato, flessibile, elastico, vago, indistinto **10** (*fig.*) (*di mente, di animo, ecc.*) gretto, meschino, misero, scarso, limitato, calcolatore CONTR. aperto, generoso, illuminato, intelligente **B** s. m. riassunto, compendio, sommario, riepilogo, ricapitolazione, estratto, sunto, sintesi, epitome, resumé (*fr.*).

ristrutturàre v. tr. **1** modificare, riattare, risistemare, restaurare, rinnovare, riparare, rifare CONTR. abbattere, distruggere, deteriorare, guastare, rovinare **2** (*est.*) (*di azienda, di organizzazione*) riorganizzare, riordinare CONTR. rovinare, distruggere, gettare nel caos.

ristrutturàto part. pass. di **ristrutturare**; anche agg. **1** modificato, riattato, risistemato, restaurato, rinnovato, riparato, rifatto CONTR. distrutto, deteriorato, guastato, rovinato **2** (*di azienda, di organizzazione*) riorganizzato, riordinato CONTR. rovinato, distrutto, gettato nel caos.

ristrutturazióne s. f. **1** restauro, riattamento, risistemazione, rinnovamento, rifacimento CONTR. abbattimento, distruzione, deterioramento, guasto **2** (*est.*) (*di azienda, di organizzazione*) riorganizzazione, riordino CONTR. rovina, distruzione.

ristuccàre v. tr. **1** stuccare di nuovo **2** (*fig.*) saziare, annoiare, nauseare, infastidire, seccare, disgustare, stomacare, stancare CONTR. piacere, allettare, attirare, attrarre, garbare, interessare.

risucchiàre v. tr. succhiare, attirare, assorbire.

risùcchio s. m. **1** vortice, gorgo, mulinello **2** risacca, rifrangimento (*raro*).

risultànte A part. pres. di **risultare**; anche agg. derivante, causato, dipendente, conseguente **B** s. m. e f. **1** (*fis.*) forza, vettore **2** (*fig.*) risultato.

risultàre v. intr. **1** provenire, derivare, conseguire, dipendere, seguire, venire, originarsi, nascere **2** scaturire, evidenziarsi, emergere **3** (*est.*) rivelarsi, dimostrarsi, apparire **4** riuscire.

risultàto A part. pass. di **risultare**; anche agg. derivato, causato, dipendente, conseguente **B** s. m. **1** effetto, esito, riuscita, successo, conseguenza, frutto, prodotto, conclusione, risultanza CONTR. inizio, principio, partenza, causa **2** (*sport*) performance (*ingl.*).

risurrezióne s. f. **1** (*di persona*) rinascita CONTR. morte, fine **2** (*est., fig.*) (*di usi, di cultura, ecc.*) rifioritura, ripristinamento, ripresa, ricupero, rinnovamento, rinascita CONTR. fine, crollo, scomparsa.

risuscitàre A v. tr. **1** (*di persona*) richiamare in vita **2** (*fig.*) (*di parole, di cibo, ecc.*) riconfortare, rinvigorire, rianimare CONTR. abbattere, indebolire, fiaccare **3** (*fig.*) (*di usi, di moda, ecc.*) restaurare, ripristinare **4** (*fig.*) (*di speranza, di coscienza, ecc.*) ravvivare, ridestare, rinnovare, risvegliare **B** v. intr. **1** risorgere **2** riprendersi, rianimarsi, rinvigorirsi, risvegliarsi, scuotersi CONTR. abbattersi, indebolirsi, fiaccarsi.

risvegliàre A v. tr. **1** svegliare, ridestare CONTR. addormentare **2** (*fig.*) (*di memoria, di ricordo e sim.*) richiamare, ravvivare, stimolare, rianimare **3** (*fig.*) (*di animo, di sentimento, ecc.*) stimolare, eccitare, suscitare, risuscitare, scuotere, riscuotere CONTR. disanimare, abbattere, avvilire, fiaccare **B risvegliarsi** v. intr. pron. **1** svegliarsi, destarsi CONTR. addormentarsi **2** (*fig.*) (*da torpore, da avvilimento, ecc.*) ridestarsi, riscuotersi, scuotersi, rianimarsi, ravvivarsi CONTR. disanimarsi, abbattersi, avvilirsi.

risvéglio s. m. **1** sveglia **2** (*fig.*) (*di sentimento, di cultura, ecc.*) rinascita, ripresa, espansione, sviluppo, rinnovamento, ravvivamento CONTR. stasi, ristagno, paralisi, arresto, regresso.

risvòlto s. m. **1** arrovesciatura, mostra, risvolta, rovescia **2** (*di libro*) risguardo, aletta, bandella **3** (*fig.*) (*di situazione, di questione, ecc.*) aspetto, conseguenza, ripercussione, sviluppo, effetto.

ritagliàre v. tr. tagliare, rifilare.

ritàglio s. m. pezzo, brano, frammento, scampolo, rimasuglio, taglio, brandello, pezzetto.

ritardàre A v. intr. **1** indugiare CONTR. anticipare **2** essere in ritardo **3** essere indietro **B** v. tr. rallentare, trattenere, ostacolare, inceppare □ rimandare, differire, dilazionare, prorogare, procrastinare CONTR. anticipare, sollecitare, accelerare, affrettare.

ritardatàrio s. m. indugiatore, temporeggiatore.

ritàrdo s. m. **1** indugio, remora (*lett.*), lentezza CONTR. rapidità, celerità, fretta, velocità, anticipo **2** dilazione, aggiornamento, proroga, procrastinazione, protrazione, rinvio CONTR. anticipo **3** rallentamento CONTR. accelerazione.

ritégno s. m. freno, riserbo, riguardo, misura, discrezione, controllo, prudenza, contegno, pudore, imbarazzo, remora, inibizione CONTR. impeto, sfrenatezza, precipitazione, slancio, rilassatezza, impudenza, sfacciataggine, sfrontatezza.

ritempràre A v. tr. **1** ridare la tempra **2** (*fig.*) rafforzare, rinvigorire, rinfrancare, fortificare, rinsaldare, ravvivare, rianimare, vivificare, irrobustire CONTR. indebolire, affievolire, debilitare, stancare, spossare, svigorire **B ritemprarsi** v. rifl. (*fig.*) rafforzarsi, rinvigorirsi, fortificarsi, rianimarsi, irrobustirsi CONTR. indebolirsi, debilitarsi, spossarsi, stancarsi.

ritenére A v. tr. **1** trattenere, contenere, arrestare, fermare, frenare, reggere, tenere, ostacolare, impedire CONTR. lasciare, abbandonare **2** (*fig., lett.*) (*di sentimenti, di istinti, ecc.*) reprimere, controllare, contenere, soffoçare, dominare, rattenere CONTR. sfogare, liberare, abbandonare **3** credere, stimare, considerare, opinare, reputare, giudicare **B ritenersi** v. rifl. **1** stimarsi, considerarsi, credersi, giudicarsi, reputarsi **2** (*lett.*) trattenersi, contenersi, frenarsi, astenersi, padroneggiarsi, dominarsi, vincersi CONTR. abbandonarsi.

ritentàre v. tr. riprovare CONTR. abbandonare, ritirarsi.

ritenùta s. f. trattenuta, detrazione.

ritiràre A v. tr. **1** (*di palla, di sasso, ecc.*) rilanciare, ributtare, scagliare CONTR. trattenere **2** (*di mano, ecc.*) ritrarre, tirare indietro, togliere CONTR. porgere, mettere avanti, lasciare **3** (*est.*) (*di persona*) richiamare, rimuovere, allontanare, togliere CONTR. mandare **4** (*est.*) (*di denaro, di lettera, ecc.*) riprendere, riscuotere, incassare, prendere, pigliare (*fam.*) **5** (*fig.*) (*di decreto, di proposta, ecc.*) revocare, annullare, disdire, ritrattare, recedere CONTR. proporre, avanzare **B ritirarsi** v. rifl. **1** tirarsi indietro, indietreggiare, ripiegare, rinculare CONTR. avanzare, procedere **2** (*est.*) allontanarsi, andarsene CONTR. venire, arrivare **3** rincasare, rientrare CONTR. uscire **4** ricoverarsi, raccogliersi, appartarsi, isolarsi, segregarsi, chiudersi, ridursi, serrarsi, rifugiarsi, rintanarsi CONTR. uscire **5** (*da un'attività*) lasciare, abbandonare, cedere, dimettersi, revocare CONTR. cominciare, iniziare, gettarsi **6** (*da un impegno*) disdire, rinunciare, desistere, recedere CONTR. assumere, assumersi, prendersi **C** v. intr. pron. **1** (*di tessuti*) restringersi, accorciarsi CONTR. allargarsi, allungarsi **2** (*di acqua*) defluire CONTR. avanzare.

ritiràta s. f. **1** abbandono, ripiegamento, indietreggiamento CONTR. avanzata **2** (*est.*) (*da impegno*) rinuncia CONTR. assunzione, accettazione **3** (*di militari, di collegiali e sim.*) rientro CONTR. uscita, libera uscita **4** (*fig.*) latrina, gabinetto, toilette (*fr.*), water (*ingl.*), bagno (*euf.*).

ritiràto part. pass. di **ritirare**; anche agg. **1** (*di luogo*) appartato, isolato, lontano, remoto, solitario, solingo (*lett.*), recondito (*lett.*), romito (*lett.*), ermo (*lett.*), riposto, sperduto **CONTR.** popolato, frequentato **2** (*di persona*) solo, solitario, selvatico **CONTR.** socievole.

ritìro s. m. **1** (*di documento, di pacco, ecc.*) presa, accettazione **CONTR.** consegna **2** (*di proposta, di ambasciatore, ecc.*) revoca, revocamento, abrogazione **CONTR.** proposta, invio **3** (*est.*) (*di luogo*) rifugio, asilo, eremo, eremitaggio, romitorio, recesso (*lett.*) **4** (*da un'attività, da una gara, ecc.*) allontanamento, rinuncia, abbandono, rifiuto **CONTR.** entrata, ingresso, accettazione, partecipazione **5** (*di stoffa, di metallo, ecc.*) diminuzione, restringimento, rimpiccolimento, contrazione **CONTR.** allargamento, ingrandimento.

ritmàre v. tr. cadenzare, scandire, modulare □ verseggiare (*ant.*).

rìtmico agg. **1** ritmato, cadenzato, modulato, armonico, accentato, misurato **CONTR.** aritmico, disarmonico, inarmonico (*lett.*) **2** (*est.*) regolare, periodico **CONTR.** irregolare, saltuario.

rìtmo s. m. **1** (*di suoni, di accenti, ecc.*) successione, alternanza, tempo, cadenza, ordine, accento, consonanza, battuta, inflessione, scansione **2** (*di persona*) passo, andatura **3** (*di cuore, di polso, ecc.*) battito, palpito **4** (*fig.*) (*di fenomeno, di tempo, ecc.*) fase, periodo, ciclo, successione.

rito s. m. **1** (*relig.*) liturgia, culto **2** usanza, costume, procedura, cerimoniale, rituale, procedimento, iter (*lat.*) **FRAS.** *di rito*, usuale, consueto, solito, normale.

ritoccàre v. tr. **1** toccare di nuovo **2** (*di scritto, di pittura, ecc.*) correggere, modificare, variare, ripassare, rivedere, perfezionare, migliorare, abbellire, restaurare.

ritócco s. m. correzione, modifica, variazione, revisione, miglioramento, perfezionamento, ritoccata, ritoccamento (*raro*).

ritògliere v. tr. riprendere, ripigliare (*fam.*), riafferrare, rimpadronirsi, rimpossessarsi **CONTR.** ridare, restituire.

ritòrcere v. tr. **1** (*di filo, di metallo, ecc.*) torcere di nuovo, torcere **CONTR.** svolgere **2** (*di danno*) rivolgere contro **CONTR.** andare a vantaggio, favorire.

ritornàre v. intr. **1** tornare, rivenire, rientrare, ripassare, rincasare, rimpatriare **CONTR.** allontanarsi, fuggire, scappare, sparire, partire, uscire, espatriare, emigrare **2** (*su una questione*) riconsiderare, ristudiare, rianalizzare **CONTR.** tralasciare, abbandonare **3** (*di persona, di febbre, ecc.*) ricomparire, ripresentarsi, ricorrere, ripetersi **CONTR.** scomparire, andarsene **4** ridiventare, ricuperare, riacquistare, ridivenire **5** (*lett.*) (*a danno, a vantaggio, ecc.*) volgersi, riuscire.

ritornèllo s. m. **1** (*di canzone*) refrain (*fr.*), periodo musicale **2** (*fig.*) (*di discorso*) ripetizione, manfrina (*pop.*).

ritórno s. m. **1** rientro, rimpatrio **CONTR.** partenza, andata **2** (*di fenomeno, di febbre, ecc.*) ricomparsa, ripresentazione, ripetizione **CONTR.** scomparsa **3** (*di corrispondenza, di oggetto, ecc.*) restituzione, riconsegna **CONTR.** ritiro **4** (*di luce, di fiamma, ecc.*) riflesso, rimbalzo.

ritorsióne s. f. rivalsa, vendetta, rappresaglia.

ritòrto part. pass. di **ritorcere**; anche agg. **1** contorto, storto **2** attorcigliato, ravvolto.

ritràrre A v. tr. **1** ritirare, togliere, tirare indietro **CONTR.** avanzare, mettere avanti **2** (*fig.*) (*da un pericolo, da un luogo, ecc.*) allontanare, distogliere **CONTR.** avvicinare, spingere **3** (*di utile, di denaro, ecc.*) ricavare, ottenere, percepire, cavare, raccogliere, riscuotere, derivare, incassare **CONTR.** perdere, rimetterci **4** (*di immagine*) riprodurre, rappresentare, raffigurare, disegnare, rendere, dipingere, scolpire, effigiare, fotografare **5** (*est.*) (*di situazione, di persona, ecc.*) raccontare, descrivere, rappresentare **B ritrarsi** v. rifl. **1** ritirarsi, indietreggiare, rinculare **CONTR.** avanzare, proseguire **2** appartarsi, allontanarsi, ridursi, raccogliersi **3** (*fig.*) ritirarsi, sottrarsi, recedere, rinunciare.

ritrattàre A v. tr. disdire, ritirare, negare, rimangiare, ringoiare, sconfessare, revocare, rinnegare, smentire **CONTR.** riaffermare, confermare, mantenere **B ritrattarsi** v. rifl. disdirsi, ritirarsi, ritrarsi, correggersi, rimangiarsi, emendarsi **CONTR.** impegnarsi.

ritrattazióne s. f. revoca, disdetta, rettifica, correzione, negazione, sconfessione **CONTR.** impegno, conferma.

ritràtto s. m. **1** (*di persona*) effigie, immagine, disegno, simulacro, caricatura, fotografia, raffigurazione, dipinto, pittura **2** (*est.*) (*di ambiente, di situazione, ecc.*) descrizione **3** (*fig.*) immagine, personificazione.

ritrazióne s. f. accorciamento, rimpiccolimento, restringimento **CONTR.** allargamento, allungamento.

ritrosìa s. f. **1** riluttanza, ritrosaggine, ritrosità (*raro*), renitenza, ripugnanza, contrarietà, schifiltà (*raro*), resistenza, repulsione **CONTR.** compiacenza, cedevolezza **2** selvatichezza, scontrosità, rustichezza, rozzezza, ombrosità, permalosità, ritiratezza **CONTR.** cordialità, cortesia, socievolezza, affabilità.

ritróso agg. **1** restio, riluttante, recalcitrante, renitente, contrario, schifiltoso, refrattario, riottoso **CONTR.** arrendevole, compiacente **2** scontroso, schivo, selvatico, rustico, rozzo, ombroso, permaloso, intrattabile, ostico **CONTR.** cordiale, cortese, socievole **FRAS.** *a ritroso*, all'indietro, in senso inverso **CONTR.** in avanti.

ritrovaménto s. m. rinvenimento, scoperta.

ritrovàre A v. tr. **1** rinvenire, rintracciare, ricuperare, ripescare, riscoprire **CONTR.** perdere, smarrire **2** (*fig.*) (*di salute, di calma, ecc.*) riacquistare, riavere, riottenere, riconquistare, riguadagnare CONTR. perdere **3** (*fig.*) (*di sembianze, di modi, ecc.*) conoscere, riconoscere **B ritrovarsi** v. rifl. rec. trovarsi di nuovo, incontrarsi, riunirsi, convenire, capitare insieme, imbattersi, combinarsi, incrociarsi **C** v. rifl. (*in una situazione, in un posto*) raccapezzarsi, orientarsi, orizzontarsi, sentirsi a proprio agio CONTR. perdersi, disorientarsi.

ritrovàto A part. pass. di **ritrovare**; anche agg. rinvenuto, rintracciato, ricuperato, ripescato, riscoperto, riavuto, riottenuto, riconquistato, riguadagnato, riconosciuto CONTR. perduto, smarrito **B** s. m. **1** scoperta, invenzione, congegno **2** espediente, rimedio, risorsa, ripiego, astuzia.

ritròvo s. m. **1** circolo, club (*ingl.*), sala, ridotto, caffè **2** (*spreg.*) covo **3** riunione, convegno, adunanza, crocchio, raduno, cerchia.

rìtto agg. **1** diritto, dritto, eretto, rizzato □ (*tosc.*) verticale, perpendicolare □ alzato CONTR. steso, sdraiato, giacente □ orizzontale, pendente, obliquo **2** (*fig.*) (*di persona, di testa, ecc.*) impalato, rigido, impettito, compassato CONTR. pendente, ciondolante, dinoccolato, rilassato **3** (*tosc.*) destro CONTR. sinistro.

rituàle A agg. **1** di rito **2** (*est.*) consueto, abituale, solito, ordinario, usuale, usitato (*lett.*) CONTR. insolito, inconsueto, inusitato, straordinario, desueto (*lett.*) **B** s. m. **1** cerimoniale, cerimonia **2** norma, regola **3** liturgia.

riudìre v. tr. riascoltare, risentire.

riunióne s. f. **1** adunanza, convegno, meeting (*ingl.*), assemblea, raduno, adunata, accolta (*lett.*), raggruppamento, conferenza, congresso, ricevimento □ (*di dirigenti*) panel (*ingl.*) **2** (*est.*) accozzaglia, accozzamento, ammassamento **3** banda, brigata, camerata, circolo, cenacolo, comitiva, gruppo, assembramento, crocchio, congrega, consesso, conventicola (*lett.*) **4** alleanza, fratellanza, confederazione **5** (*sport*) incontro, gara **6** ricongiungimento □ riconciliazione FRAS. *riunione al vertice*, summit (*ingl.*).

riunìre A v. tr. **1** (*di cose*) ricongiungere, riattaccare, congiungere, unire, attaccare, incollare, saldare, cementare, rilegare, riannodare, ricollegare CONTR. staccare, separare, dividere **2** raggruppare, adunare, ammassare CONTR. sparpagliare, disperdere, separare **3** (*di persone*) riconciliare, ravvicinare, rappacificare, riaccostare CONTR. dividere, inimicare **4** convocare, radunare, adunare **B riunirsi** v. intr. pron. **1** ricongiungersi, ravvicinarsi CONTR. dividersi, separarsi **2** adunarsi, convenire CONTR. separarsi, disperdersi **C** v. rifl. rec. rappacificarsi, riaccostarsi, ravvicinarsi, ricongiungersi CONTR. separarsi, dividersi, litigare.

riunìto part. pass. di **riunire**; anche agg. **1** associato, consociato, confederato, aggregato CONTR. disciolto, separato, dissociato **2** ammassato □ adunato, convocato CONTR. disperso.

riuscìre v. intr. **1** uscire di nuovo CONTR. rientrare, rincasare **2** (*di strada, di fiume, ecc.*) finire, terminare, sboccare, fare capo, andare a finire, arrivare, approdare, terminare CONTR. derivare, provenire, venire **3** (*di faccenda, di impresa, ecc.*) concludersi, avere esito, risultare, procedere CONTR. cominciare, iniziare, iniziarsi **4** (*ass.*) avere buon effetto, avere successo, sortire buon effetto CONTR. fallire **5** (*di scopo*) ottenere, conseguire, raggiungere **6** (*in una gara, nella carriera, ecc.*) trionfare, avere fortuna, imbroccare, spuntarla, farcela CONTR. fallire **7** (*in una disciplina, in una attività, ecc.*) essere capace, avere attitudine, essere dotato, potere CONTR. essere incapace, non riuscire **8** (*simpatico, buono, ecc.*) apparire, dimostrarsi, risultare, rivelarsi, essere, sembrare.

riuscìta s. f. esito, risultato, fine, conclusione □ conseguimento, raggiungimento □ successo, trionfo, vittoria CONTR. insuccesso, fiasco, fallimento, sconfitta.

riutilizzàre v. tr. riusare, riadoperare, riciclare CONTR. buttare, gettare, scartare.

riutilizzazióne s. f. riciclaggio CONTR. scarto.

rìva s. f. **1** spiaggia, litorale, lido □ sponda, costa, piaggia (*ant.*), costiera, arenile, argine, proda, approdo, battigia, bagnasciuga **2** (*est.*) estremità, orlo, margine, ciglio.

rivàle agg.; anche s. m. e f. antagonista, avversario, emulo, gareggiatore, oppositore, competitore, concorrente, nemico CONTR. alleato, compagno, uguale, solidale, amico, aiutante.

rivaleggiàre v. intr. competere, gareggiare, emulare, contrastare, concorrere, contendere CONTR. collaborare, cooperare, allearsi, accordarsi.

rivalérsi v. intr. pron. rifarsi, risarcirsi, indennizzarsi.

rivalità s. f. antagonismo, concorrenza, gara, lotta, emulazione, opposizione, competizione, contrasto, contesa CONTR. accordo, solidarietà, amicizia, aiuto, alleanza.

rivàlsa s. f. **1** rivincita, compensazione, risarcimento, indennizzo **2** (*est.*) vendetta.

rivangàre A v. tr. vangare di nuovo **B** v. tr. e intr. (*fig.*) (*di ricordo, di passato, ecc.*) ricercare, riandare, rifrugare, rimescolare, rimestare, riesumare, rievocare, rimenare CONTR. dimenticare, scordare, obliare (*lett.*).

rivedére A v. tr. **1** vedere di nuovo, ritrovare **2** (*di lezione, di scritto, ecc.*) ripassare, rileggere, ristudiare, riguardare, scorrere **3** (*di documento, di conto, ecc.*) riesaminare, esaminare, controllare, correggere, riscontrare, verificare, riguardare **4** (*di prezzo e sim.*) ritoccare, correggere, modificare **B rivedersi** v. rifl. rec. incontrarsi di nuovo, ritrovarsi.

rivedìbile agg. **1** riesaminabile, ricontrollabile,

verificabile, riguardabile **2** (*mil.*) temporaneamente inabile CONTR. abile.

rivedùta s. f. riguardata, scorsa, ripassata, occhiata, rilettura.

rivedùto part. pass. di **rivedere**; anche agg. **1** rivisto **2** (*di lezione, di scritto, ecc.*) ripassato, riletto, scorso **3** (*di documento, di conto, ecc.*) riesaminato, controllato, verificato **4** (*di prezzo e sim.*) ritoccato, corretto, modificato.

rivelàre A v. tr. **1** (*di notizia, di segreto, ecc.*) svelare, scoprire, confidare, palesare, manifestare, confessare, denunciare, smascherare, propalare, propagare, divulgare, spargere, diffondere, propagandare, raccontare, riferire, riportare, ridire, far sapere, spifferare (*fam.*) CONTR. celare (*lett.*), nascondere, tacere, occultare, tenere segreto, omettere **2** (*di qualità*) mostrare, denotare, dare prova di **B rivelarsi** v. rifl. mostrarsi, dimostrarsi, farsi conoscere, manifestarsi.

rivelatóre agg. e s. m. (f. *-trice*) scopritore, annunciatore, divulgatore, propalatore, denunciatore.

rivelazióne s. f. **1** propalazione, manifestazione, palesamento **2** (*est.*) scoperta, sorpresa **3** (*relig.*) verità rivelata, teofania **4** (*est.*) Bibbia, Corano.

rivendicàre v. tr. **1** (*di bene, di merito, ecc.*) reclamare, richiedere, pretendere, esigere, chiedere, accampare diritti CONTR. abbandonare, rinunziare **2** (*est.*) (*di diritto*) lottare, battersi **3** (*di responsabilità*) avocare a sé, attribuirsi CONTR. negare.

rivendicazióne s. f. **1** richiesta, reclamo, pretesa, istanza **2** attribuzione CONTR. negazione.

rivéndita s. f. negozio, bottega □ spaccio.

rivenditóre s. m. (f. *-trice*) **1** bottegaio, mercante, merciaio, negoziante, venditore al minuto **2** (*di cose vecchie*) rivendugliolo, rigattiere.

riverberàre A v. tr. riflettere, rispecchiare, ripercuotere, ribattere **B riverberarsi** v. intr. pron. riflettersi, ripercuotersi, rispecchiarsi.

rivèrbero s. m. **1** (*di luce, di suono, ecc.*) riflesso, riverberazione, irradiazione, rifrazione, diffusione, ripercussione, riverberamento (*raro*) **2** calore.

riverènte part. pres. di **riverire**; anche agg. ossequioso, ossequente, rispettoso, deferente, riguardoso, cortese, cerimonioso CONTR. irriverente, irrispettoso, sgarbato, noncurante.

riverènza s. f. **1** ossequio, rispetto, devozione, considerazione, riguardo, deferenza, omaggio, obbedienza, venerazione CONTR. disprezzo, noncuranza □ alterigia, altezzosità **2** inchino, genuflessione, scappellata.

riverìre v. tr. **1** rispettare, onorare, venerare CONTR. disprezzare, disdegnare **2** ossequiare, inchinarsi, riverenziare (*ant.*), sberrettarsi (*raro*) CONTR. insultare, offendere.

riverìto part. pass. di **riverire**; anche agg. onorato, stimato, venerato, nobile CONTR. disprezzato, spregevole, ignobile.

riversàre A v. tr. versare di nuovo, rovesciare, rivoltare, rigettare, spandere, versare **B riversarsi** v. intr. pron. (*fig.*) affluire, spargersi, rovesciarsi, traboccare, invadere, sfociare, immettersi, confluire, sgorgare, irrompere, prorompere.

rivestiménto s. m. protezione, copertura, ricopertura, riparo, involucro, custodia, fodera, rivestitura, pellicola, strato, mano, patina.

rivestìre A v. tr. **1** (*di persona*) vestire di nuovo CONTR. svestire **2** vestire, indossare **3** (*di cosa*) ricoprire, foderare, avvolgere, proteggere, riparare, incapsulare, incamiciare, inguainare, tappezzare, placcare, patinare, tegumentare, fasciare CONTR. scoprire, svolgere **4** (*fig.*) (*di neve, di verde, ecc.*) ammantare, coprire, velare, mascherare **5** (*fig.*) (*di valore, di carattere, ecc.*) assumere, avere **6** (*fig.*) (*di carica, di ufficio*) ricoprire, avere CONTR. perdere, lasciare **B rivestirsi** v. rifl. **1** vestirsi di nuovo CONTR. svestirsi **2** mettersi, indossare CONTR. togliersi.

rivestìto part. pass. di **rivestire**; anche agg. **1** vestito, coperto, ricoperto, foderato, tappezzato, ammantato, protetto CONTR. scoperto, sfoderato **2** (*di carica, di ufficio, ecc.*) ricoperto, avuto, tenuto CONTR. lasciato, perso.

rivièra s. f. costa, riva, sponda, arenile, costiera, lido, litorale, marina, spiaggia.

rivìncita s. f. **1** rivalsa, ricupero, riconquista **2** (*di tempo, di malattia, ecc.*) sopravvento □ vendetta.

rivisitàre v. tr. **1** visitare di nuovo **2** (*est.*) (*di opera letteraria, di scrittore, ecc.*) riconsiderare, riesaminare, rivedere.

rivisitazióne s. f. riesame, revisione, riconsiderazione.

rivìsta s. f. **1** revisione, ripassata **2** (*di persone*) rassegna, ispezione □ parata, sfilata **3** (*di stampa*) periodico, pubblicazione, rassegna **4** (*di spettacolo*) varieté (*fr.*), varietà, operetta, avanspettacolo.

rivìvere A v. intr. **1** (*anche fig.*) vivere di nuovo, rinascere, risorgere, rifiorire, rinvigorire CONTR. indebolirsi, morire **2** (*fig.*) (*di usi, di cultura, ecc.*) rifiorire, tornare in uso CONTR. spegnersi, morire **3** rinnovarsi, perpetuarsi, eternarsi, durare CONTR. svanire, finire **B** v. tr. **1** tornare a vivere **2** (*di ricordo, di tempo, ecc.*) ricordare, rammentare CONTR. dimenticare.

rìvo s. m. ruscello, rio, rivolo, torrentello, rivoletto, rigagnolo, fossatello, canaletto.

rivolére v. tr. richiedere, esigere, pretendere.

rivòlgere A v. tr. **1** volgere di nuovo **2** rovesciare, rivoltare, rivoltolare, girare **3** (*di pensiero, di parola, ecc.*) dirigere, indirizzare, volgere **B rivolgersi** v. rifl. **1** voltarsi, rigirarsi, girare **2** dirigersi, indirizzarsi, ricorrere **3** (*fig.*) darsi, applicarsi.

rivolgiménto s. m. **1** (*est.*) (*di stomaco e sim.*) rovesciamento, sconvolgimento **2** (*fig.*) cambiamento, mutamento, sconvolgimento, turbamento, rivolta, rivoluzione.

rìvolo s. m. rivo, ruscello, rio, torrentello, rivoletto, rigagnolo, fossatello, canaletto.

rivòlta s. f. (*fig.*) insurrezione, ribellione, sommossa, rivoluzione, ammutinamento, sedizione, sovvertimento.

rivoltànte part. pres. di **rivoltare**; anche agg. ripugnante, stomachevole, nauseante, ributtante, repellente, disgustoso, schifoso, nauseabondo **CONTR.** gradevole, allettante, piacevole, attraente.

rivoltàre A v. tr. **1** (*di cosa*) rovesciare, capovolgere, ribaltare, invertire, volgere, capovoltare, arrovesciare **CONTR.** drizzare, raddrizzare **2** (*fig.*) (*di persona*) sconvolgere, ripugnare, disgustare, turbare, rimescolare, agitare, nauseare, disturbare **CONTR.** calmare, quietare □ piacere **B rivoltarsi** v. rifl. volgersi, voltarsi, girarsi □ rovesciarsi, capovolgersi, ribaltarsi, arrovesciarsi **CONTR.** drizzarsi, raddrizzarsi **C** v. intr. pron. **1** ribellarsi, insorgere, opporsi **CONTR.** sottomettersi, obbedire **2** (*di tempo*) mutare, cambiare **3** (*di stomaco e sim.*) sconvolgersi, turbarsi, rimescolarsi.

rivoltèlla s. f. pistola, revolver (*ingl.*).

rivòlto part. pass. di **rivolgere**; anche agg. diretto, indirizzato.

rivoltóso agg. e s. m. ribelle, insorto, tumultuante, rivoluzionario, fazioso, sedizioso, ammutinato.

rivoluzionàre v. tr. **1** (*fig.*) mutare radicalmente, modificare, trasformare, rinnovare **2** (*fig.*) sovvertire, sconvolgere, disordinare.

rivoluzionàrio agg. e s. m. **1** sovversivo, sovvertitore, agitatore, ribelle, ammutinato, insorto, fazioso, rivoltoso, giacobino, barricadiero, tumultuante **CONTR.** conservatore, reazionario **2** (*fig.*) rinnovatore, innovatore **CONTR.** conservatore.

rivoluzióne s. f. **1** rivolta, insurrezione, sollevazione, ribellione, moto, disordine, agitazione, tumulto, fermento **CONTR.** ordine, pace, tranquillità **2** (*est., fig.*) radicale trasformazione, rivolgimento, sovvertimento, rovesciamento, rinnovamento, cambiamento, sconvolgimento, mutamento **CONTR.** conservazione **3** (*fig., fam.*) confusione, turbamento, caos, scompiglio, baraonda, pandemonio, tramestio **CONTR.** ordine, quiete, tranquillità.

rizzàre A v. tr. **1** alzare, drizzare, ergere, adergere (*poet.*), inalberare **CONTR.** abbassare, smontare **2** (*di costruzione, di monumento, ecc.*) costruire, innalzare, fabbricare, erigere **CONTR.** atterrare, abbattere **B rizzarsi** v. rifl. alzarsi, drizzarsi, levarsi, ergersi, adergersi (*poet.*) **CONTR.** abbassarsi, abbattersi.

ròba s. f. **1** cosa, arnese, aggeggio, materiale, oggetto □ masserizie, mobilio, suppellettile, arredo **2** proprietà, beni, averi, possedimenti, denaro, patrimonio, sostanze **3** cibo, alimento, bevanda, vitto **4** faccenda, affare, azione, opera, impresa, negozio, commercio, lavoro □ consuetudine, abitudine, organizzazione **5** parola, pensiero, discorso, affermazione, accenno, notizia, informazione, sensazione, conoscenza, giudizio, idea, problema, difficoltà, questione, realtà **6** stoffa □ abito, indumento, acconciatura □ monile, gioiello **7** merce, mercanzia, articolo.

robivècchi s. m. rigattiere, cenciaiolo, ferrovecchio, rivendugliolo, straccivendolo, stracciaio, stracciaiolo.

roboànte *V.* **reboante.**

ròbot [dal ceco *ròbota* 'lavoro'; il nome fu coniato dallo scrittore ceco Čapek per gli automi che agivano nel suo dramma '*R.U.R.*'] s. m. inv. automa, uomo meccanico.

robustézza s. f. forza, vigore, vigoria, saldezza, resistenza, energia, gagliardia, possanza, potenza, solidità **CONTR.** debolezza, fiacchezza, fragilità, fralezza (*lett.*), bolsaggine, sfinimento, prostrazione.

robùsto agg. **1** energico, forte, resistente, vigoroso, gagliardo, poderoso, aitante, nerboruto, quadrato, erculeo, solido, massiccio, resistente, atticciato, compatto, ferreo, potente, possente, forzuto, tarchiato, prosperoso, rigoglioso, saldo, fermo, incrollabile **CONTR.** debole, fiacco, malfermo, gracile, snervato, svigorito, sfinito, prostrato, malato, impotente, fievole, languido, molle **2** (*fig.*) intrepido, coraggioso, impavido, audace, ardito **CONTR.** trepido, timoroso, timido, pauroso **3** (*fig.*) (*di stile*) efficace, espressivo, significativo, eloquente **CONTR.** inefficace, inespressivo, insignificante **4** (*fig.*) (*di ingegno*) acuto, pronto, vigoroso, penetrante, sottile, perspicace.

rocambolésco [da *Rocambole*, il protagonista dei romanzi di Ponson du Terrail] agg. audace, strabiliante, avventuroso, ardito, ardimentoso, impavido, temerario, spericolato.

ròcca s. f. cittadella, roccaforte, forte, fortilizio, fortificazione, fortezza, piazzaforte, castello.

roccafòrte s. f. **1** fortezza, rocca, cittadella, forte, fortilizio, fortificazione, piazzaforte, castello **2** (*fig.*) ambiente sicuro, dominio.

rocchétto s. m. bobina, cannello, cilindretto, rullo.

ròccia s. f. **1** pietra **2** (*est.*) masso, rupe, dirupo, parete, picco, macigno, blocco, scoglio.

roccióso agg. pietroso, litoide.

rococò [dal fr. *rococo*, deformazione di *rocaille* 'pietrame, opera a nicchi', per ornamento di grotte artificiali, ecc.] agg. **1** barocco **2** (*est.*) lambiccato, arzigogolato, bizzarro, ghiribizzoso (*raro*) **CONTR.** semplice, lineare.

rodàggio s. m. (*fig.*) adattamento, assestamento.

ródere A v. tr. **1** rosicchiare, sgretolare, tritare, intaccare, mordere, smangiare, corrodere, erodere, consumare, distruggere, limare, raschiare, rosicare, scarnire, sgranocchiare **2** (*scherz.*) mangiare **B rodersi** v. rifl. (*fig.*) consumarsi, tormentarsi, logorarsi, affliggersi, crucciarsi, macerarsi, struggersi, travagliarsi (*lett.*) **CONTR.** rasserenarsi, placarsi, allietarsi, quietarsi, rassegnarsi.

rodiménto s. m. **1** rosicchiamento, sgretolamento, trituramento, erosione, corrosione, limatura, corrodimento **2** (*fig.*) cruccio, travaglio, tormento, inquietudine, irritazione, struggimento, macerazione, logorio, afflizione **CONTR.** calma, tranquillità, serenità.

roditóre s. m. (*zool.*) rosicante (*pop.*).

rogàre v. tr. (*dir.*) stipulare, stendere.

rògito s. m. (*dir.*) atto notarile, stipulazione.

rógna s. f. **1** (*di malattia*) scabbia **2** (*fig.*, *fam.*) grana, briga, fastidio, seccatura, scocciatura (*fam.*), noia, molestia, impiccio, uggia.

rognóso agg. **1** affetto da rogna, scabbioso **2** (*fig.*) fastidioso, noioso, seccante, scocciante (*fam.*), molesto, uggioso, brigoso.

rògo s. m. **1** pira **2** (*est.*) falò, incendio, fiammata.

rollàre v. intr. oscillare, dondolare, ballare.

rollìo s. m. oscillazione.

romàno agg.; anche s. m. (*est.*) capitolino.

romanticaménte avv. pateticamente, sentimentalmente, idillicamente, malinconicamente, appassionatamente **CONTR.** freddamente, realisticamente.

romanticherìa s. f. (*est.*) sentimentalismo, affettazione, leziosità, smanceria, languore, svenevolezza **CONTR.** rudezza, severità, durezza, realismo.

romanticìsmo s. m. sentimentalismo, pathos, patos □ poesia **CONTR.** realismo.

romàntico [dal fr. *romantique*, da *roman* 'romanzo'] agg. malinconico, patetico, fantastico, sentimentale, appassionato, sospiroso, sognante □ poetico, idillico **CONTR.** duro, freddo, realistico.

romanzàre v. tr. (*est.*) esagerare, enfatizzare, romanzeggiare (*raro*), romantizzare (*raro*).

romanzésco agg. **1** di romanzo **2** (*est.*, *fig.*) straordinario, singolare, avventuroso, inverosimile, fantastico, irreale, incredibile, rocambolesco.

romànzo (1) [ant. fr. *romanz*, dal latino *romanice loqui* 'parlare una lingua romana', cioè neolatina] agg. neolatino.

romànzo (2) s. m. **1** narrazione, componimento narrativo **CFR.** romanzo storico, romanzo epistolare, romanzo d'appendice, romanzo fiume, romanzo nero, romanzo rosa, romanzo giallo, romanzo poliziesco, romanzo psicologico, romanzo ciclico, romanzo a fumetti, romanzo sceneggiato **2** (*fig.*) storia incredibile, fantasticheria, invenzione, chimera, fandonia **CONTR.** realtà, verità **3** (*est.*, *fig.*) avventura, vicenda complessa.

rombànte part. pres. di **rombare**; anche agg. rimbombante, risonante, tonante, echeggiante, rumoreggiante, strepitante.

rombàre v. intr. rimbombare, strepitare, rumoreggiare, risonare, rintronare, tuonare, echeggiare, riecheggiare, ronzare, bombire.

rómbo (1) s. m. rimbombo, rintronamento, rintrono, tuono, risonanza, fragore, frastuono, boato, rimbombamento (*raro*), rumore, strepito **CONTR.** silenzio, calma, tranquillità, quiete.

rómbo (2) s. m. losanga.

rombòide s. m. (*mat.*) parallelogramma.

romìto A agg. (*lett.*) (*di luogo*) solitario, solingo (*lett.*), lontano, abbandonato, appartato, ermo (*lett.*), deserto, isolato, recondito, riposto, sperduto, disabitato **CONTR.** frequentato, affollato, popolato, popoloso **B** s. m. **1** (*di persona*) eremita, anacoreta, cenobita, stilita **2** (*est.*) misantropo, solitario.

rómpere A v. tr. **1** spezzare, scindere, dividere, spaccare, stroncare, scavezzare, schiantare, troncare **CONTR.** ricomporre, unire, riparare, aggiustare, rabberciare, rappezzare **2** infrangere, frantumare, fracassare, sfasciare, sgangherare, sconquassare, frangere (*lett.*), incrinare, sfondare, forzare, scassinare, devastare, distruggere, scheggiare, sbrindellare, scassare (*fam.*), smozzicare, spezzettare **CONTR.** aggiustare, accomodare, assestare, ricomporre, risistemare, riparare, rabberciare, rattoppare, rappezzare **3** stritolare, sfracellare, squarciare, squartare, maciullare, triturare, schiacciare **4** (*di carta*, *di stoffa*, *ecc.*) stracciare, lacerare, sminuzzare, strappare, tagliuzzare, spezzettare **CONTR.** accomodare, incollare, rammendare, rattoppare **5** (*di ordine*, *di fila*, *ecc.*) scomporre, disfare, scompaginare, scompigliare **CONTR.** ordinare, riordinare, riformare **6** (*di torrente*, *di folla*, *ecc.*) dividere, fendere, aprire **CONTR.** congiungere, ricongiungere, richiudere **7** (*di festa*, *di armonia*, *ecc.*) guastare, deteriorare, danneggiare, disfare, rovinare, sciupare **CONTR.** accomodare, aggiustare, riparare **8** (*di lavoro*, *di vacanza*, *ecc.*) interrompere, sospendere, fermare **CONTR.** continuare, proseguire, riprendere **9** (*fig.*) (*di ordine*, *di patto*, *ecc.*) violare, trasgredire, tradire **CONTR.** rispettare, osservare, mantenere **B** v. intr. **1** (*di acqua*) frangersi **2** (*di amicizia*, *di rapporto*, *ecc.*) troncare, interrompere, mettersi in urto, inimicarsi **CONTR.** pacificarsi **3** (*in pianto*, *in riso*, *ecc.*) scoppiare, prorompere, dirompere (*raro*, *lett.*) **4** (*di fiume*) straripare, tracimare **5** (*volg.*) (*di persona*) scocciare (*fam.*), annoiare, infastidire, importunare **C rompersi** v. intr. pron. **1** spezzarsi, spaccarsi, troncarsi, schiantarsi, stroncarsi, scavezzarsi (*raro*) **CONTR.** ricomporsi, riunirsi, rabberciarsi, aggiustarsi, ripararsi **2** infrangersi, frantumarsi, fracassarsi, sfasciarsi, sgangherarsi, sconquassarsi, incrinarsi, sfondarsi, scheggiarsi, sbrindellarsi, spezzettarsi **CONTR.** aggiustarsi, accomodarsi, assestarsi, ricomporsi **3** (*di testa, di mano, ecc.*) stritolarsi, sfracellarsi, squarciarsi, maciullarsi **4** (*di carta, di stoffa, ecc.*) stracciarsi, lacerarsi, sminuzzarsi, strapparsi, spezzettarsi **5** (*di ordine, di fila, ecc.*) scomporsi, disfarsi, scompaginarsi, scompigliarsi **CONTR.** riordinarsi, riformarsi **6** (*di vaso, di argine, ecc.*) dividersi, fendersi, aprirsi **CONTR.** richiudersi, ricongiungersi **7** (*di congegno*) guastarsi, deteriorarsi, danneggiarsi, rovinarsi, sciuparsi **CONTR.** accomodarsi, aggiustarsi **FRAS.** *rompere le scatole* (*fig., pop.*), infastidire, annoiare □ *rompersi il capo* (*fig.*), scervellarsi.

rompibàlle *V.* **rompipalle.**

rompicàpo s. m. **1** indovinello, rebus, quiz (*ingl.*), puzzle (*ingl.*), enigma, sciarada **2** fastidio, preoccupazione, molestia, noia, bega.

rompicòllo s. m. **1** sconsiderato, scapestrato, sventato, scavezzacollo □ scioperato, vagabondo **CONTR.** assennato, saggio, prudente **2** nella loc. avv. *a rompicollo*, precipitosamente, a rotta di collo, a gran velocità, furiosamente, sconsideratamente **CONTR.** adagio, lentamente, cautamente, prudentemente.

rompipàlle s. m. e f. (*volg.*) rompiscatole (*pop.*), seccatore, scocciatore (*fam.*), impiccione, noioso, pittima, importuno.

rompiscàtole s. m. e f. inv. (*pop.*) rompitore (*pop.*), seccatore, importuno, rompitasche (*pop.*), scocciatore (*fam.*), rompiballe (*volg.*), rompipalle (*volg.*), fastidioso, impiccione, invadente, impiastro, disturbatore, pittima, tafano.

róncola s. f. ronca, ronchetto, falcetto, falciola, potatoio.

rónda s. f. pattuglia, guardia.

rondèlla s. f. (*mecc.*) riparella, rosetta.

róndine s. f. **FRAS.** *rondine di mare*, pesce rondine □ *coda di rondine*, frac, marsina.

ronzàre v. intr. **1** bombire, brusire (*lett.*), fischiare, sussurrare, mormorare **2** (*est.*) (*di insetto*) volare **3** (*est.*) (*di idea, di pensiero*) girare, mulinare, frullare, agitarsi, dibattersi, prillare (*region.*).

ronzìno s. m. brenna, rozza.

ronzìo s. m. **1** brusio, bombito **2** (*est.*) bisbiglio, mormorio, brontolio, sussurro, sussurrio.

ròsa A s. f. **1** (*fig.*) (*di persone*) gruppo, serie, insieme, cerchia **2** (*sulla pelle*) macchia, alone **3** (*di carne*) noce **B** s. m. inv. (*di colore*) carnicino, incarnato **C** agg. inv. carnicino, incarnato, rosato, roseo.

rosàrio s. m. **1** corona **2** (*est., fig.*) (*di insolenze, di disgrazie, ecc.*) sequela, serie, successione, filza, sfilza, fila, litania.

rosàto agg. roseo, carnicino, incarnato.

ròseo agg. **1** rosa, rosato, carnicino, incarnato **2** (*fig.*) (*di avvenire, di speranze, ecc.*) lieto, felice, sereno, fausto, propizio, fortunato, prospero, favorevole **CONTR.** infausto, sfortunato, triste.

rosicchiàre v. tr. rosicare, rodere, sbocconcellare, mangiucchiare, sgretolare, corrodere, intaccare, consumare, sgranocchiare.

róso part. pass. di **rodere**; anche agg. corroso, consumato, eroso, rosicchiato, logorato, logoro, intaccato, sgretolato, mangiucchiato.

rosolàre A v. tr. soffriggere **B rosolarsi** v. intr. pron. **1** soffriggersi **2** (*fig., est.*) (*di persona*) abbronzarsi.

rosolàto part. pass. di **rosolare**; anche agg. soffritto.

rosóne s. m. (*arch.*) fiorone.

ròspo s. m. **1** botta **2** (*fig., spreg.*) persona ripugnante **3** (*est., spreg.*) scontroso, selvatico, asociale **CONTR.** socievole.

rossàstro agg. rossiccio, rosseggiante, sanguigno, ruggine, fulvo, tizianesco.

rosseggiànte part. pres. di **rosseggiare**; anche agg. tendente al rosso, rossiccio, rutilante (*lett.*).

rosseggiàre v. intr. tendere al rosso, arrossarsi, imporporarsi, rutilare (*lett.*).

rósso agg.; anche s. m. **1** scarlatto, vermiglio, purpureo, porpora, porporino, amaranto, carminio, cremisi, fulvo, sanguigno, paonazzo, rossastro, rossiccio, puniceo (*lett.*), rubino, ponsò (*raro*) **2** comunista, socialista **FRAS.** *diventare rosso*, arrossire, vergognarsi □ *essere in rosso, andare in rosso*, essere a debito.

rossóre s. m. **1** arrossamento, erubescenza (*lett.*) **CONTR.** pallore **2** (*est., fig.*) vergogna, pudore **CONTR.** spudoratezza.

rosticcerìa s. f. friggitoria.

rotàbile A agg. girevole □ percorribile, transitabile, carrozzabile, carreggiabile **B** s. m. strada carrozzabile **C** s. m. (*di ferrovia, di tramvia*) veicolo.

rotàia s. f. **1** (*di ruota*) solco, striscia **2** (*mecc.*) guida, binario **3** (*ferr.*) binario.

rotànte part. pres. di **rotare**; anche agg. girevole, roteante.

rotàre A v. intr. **1** girare, mulinare **2** volteggiare, roteare **3** (*di persone*) alternarsi, avvicendarsi **B** v. tr. (*di braccio, di spada, ecc.*) roteare, voltare, volgere, mulinare.

rotativo agg. rotatorio.

rotatòrio agg. rotativo.

rotazióne s. f. **1** giro **2** (*fig.*) (*di colture, di cariche, ecc.*) avvicendamento, successione, turno, scambio.

roteàre A v. intr. turbinare, rotare, volteggiare **B** v. tr. (*di occhi, di braccia, ecc.*) girare, torcere, mulinare.

rotèlla s. f. (*anat.*) rotula, patella.

rotocàlco s. m. (*est.*) periodico illustrato, settimanale.

rotolaménto s. m. rotolio, ruzzolio.
rotolàre A v. tr.; anche intr. **1** ruzzolare, girare, fare girare, precipitare, voltolare **2** (*raro*) arrotolare, avvolgere **CONTR.** srotolare **B rotolarsi** v. rifl. girarsi, rivoltarsi, voltolarsi, capitombolare.
ròtolo s. m. **1** (*di carta, di stoffa, ecc.*) involto, rocchio **2** (*di pellicola e sim.*) rullo, rullino, bobina **3** nella loc. avv. (*fig.*) *a rotoli*, in malora, in rovina.
rotónda s. f. spiazzo, rondò, terrazza.
rotondeggiànte part. pres. di **rotondeggiare**; anche agg. rotondo, circolare, tondo, sferico, arrotondato, globoso, orbicolare, tondeggiante, globulare.
rotondeggiàre v. intr. tondeggiare.
rotondità s. f. **1** sfericità **2** (*fig.*) (*di periodo, di stile e sim.*) pienezza, simmetria, armonia, tornitura **CONTR.** stringatezza, asciuttezza **3** (*spec. al pl.*) (*di membra*) forma rotonda, curva.
rotóndo agg. **1** tondo, circolare, sferico, rotondeggiante, arrotondato, globoso, orbicolare, tondeggiante, globulare **2** (*fig.*) (*di periodo, di stile e sim.*) sonoro, pieno, armonico **CONTR.** inarmonico (*lett.*), disarmonico, stringato **3** (*fig., raro*) (*di cifra, di prezzo*) tondo, netto, senza decimali.
rotóre s. m. (*fis., mat.*) rotazionale □ (*mecc.*) statore.
rótta (1) s. f. **1** (*di argine, di muro, ecc.*) breccia, rottura, apertura, spaccatura **2** (*fig.*) (*di persone*) rottura, lite, contrasto **CONTR.** accordo **3** (*di esercito, di insorti, ecc.*) sconfitta, disfatta, sbaraglio, fuga, sbandamento **CONTR.** vittoria **FRAS.** *a rotta di collo* (*fig.*), a precipizio, in gran fretta, di corsa.
rótta (2) s. f. (*di nave, di aereo, ecc.*) direzione, percorso, itinerario, cammino, viaggio, via.
rottàme s. m. **1** (*di cosa*) frammento, avanzo, resto, relitto, sfasciume, pezzo, frantume, coccio, scheggia, brandello, maceria **2** (*fig.*) (*di persona*) rudere, relitto, sopravvissuto, avanzo umano.
rótto A part. pass. di **rompere**; anche agg. **1** (*di cosa*) spezzato, infranto, spaccato, incrinato, bucato, crepato, frantumato, lacero, lacerato, sbocconcellato, sbrindellato, sbrecciato, scassinato, sconquassato, sdrucito, sfondato, sgangherato, stracciato, strappato, schiantato, disfatto, fracassato, scompaginato, squarciato, squartato, stroncato, troncato, sfasciato, stritolato, deteriorato, devastato, distrutto, guastato, rovinato, maciullato, sminuzzato **CONTR.** intero, intatto, sano, nuovo, integro **2** (*di persona*) pesto, malconcio, fiaccato, pestato, contuso, ammaccato, piagato, sfregiato, ferito, scorticato **CONTR.** sano, indenne, illeso **3** (*a fatica, a intemperie, ecc.*) resistente, avvezzo, abituato, assuefatto, agguerrito **CONTR.** disabituato, disavvezzo **4** (*fig., volg.*) annoiato, seccato, stufo, scocciato (*fam.*) **B** s. m. **1** (*raro*) rottura **2** (*al pl.*) spiccioli **FRAS.** *per il rotto della cuffia*, senza danno; a stento.
rottùra s. f. **1** (*di cosa*) frattura, spacco, squarcio, strappo, buco, falla, fenditura, incrinatura, guasto, apertura, breccia, bucatura, crepa, crepaccio, screpolatura, fessura, spaccatura, laceramento, laceratura, lacerazione, lesione, sbocconcellatura, sbrindello, scucitura, sdrucitura, fracassamento, stracciatura, troncamento, taglio, frantumazione, scrostatura **CONTR.** integrità **2** (*di patto, di tregua, ecc.*) interruzione, cessazione, violazione **CONTR.** continuità, mantenimento **3** (*tra persone*) disunione, discordia, divisione **CONTR.** unione, accordo **4** (*fig., volg.*) noia, seccatura, fastidio, bega, scocciatura (*fam.*).
ròtula s. f. (*anat.*) rotella, patella.
roulotte /*fr.* ru'lɔt/ [vc. fr., da *rouler* 'rotolare'] s. f. inv. caravan (*ingl.*).
round /*ingl.* raund/ [vc. ingl., letteralmente 'turno'] s. m. inv. (*sport*) fase, ripresa, tempo.
routine /*fr.* ru'tin/ [vc. fr., dim. di *route* 'strada'] s. f. inv. trantran, pratica, uniformità, abitudine, ripetizione **CONTR.** novità, diversità, varietà.
rovènte agg. caldo, infocato, ardente, cocente, torrido, arroventato, caldissimo, scottante, incandescente, bollente, bruciante, avvampante **CONTR.** freddo, freddissimo, gelato, gelido, glaciale.
róvere s. m. o f. quercia.
rovesciàbile agg. rivoltabile, invertibile, ribaltabile, capovolgibile.
rovesciaménto s. m. capovolgimento, ribaltamento, caduta, crollo, distruzione **CONTR.** sollevamento, alzata.
rovesciàre A v. tr. **1** versare,. buttare, far cadere, spargere, spandere, scaricare, riversare, scodellare **2** (*pop.*) rimettere, vomitare, rigettare **3** voltare, rivoltare, invertire, capovolgere, ribaltare **CONTR.** alzare, raddrizzare, riassestare, rizzare, drizzare **4** (*fig.*) (*di situazione, di ordine, ecc.*) invertire, modificare, capovolgere, cambiare, trasformare, stravolgere **CONTR.** mantenere **5** (*fig.*) (*di governo*) abbattere **CONTR.** formare **6** (*mil.*) (*di nemico*) atterrare, abbattere, travolgere, distruggere, sgominare **7** (*di testa, di corpo*) reclinare, chinare, piegare **CONTR.** rialzare, sollevare, ergere **8** (*di colpa, di responsabilità, ecc.*) riversare, buttare, gettare **CONTR.** liberare, togliere **B rovesciarsi** v. intr. pron. **1** (*di fiume, di frana, ecc.*) piombare, precipitarsi, franare, riversarsi, sfociare, gettarsi **2** (*di auto, ecc.*) capovolgersi, ribaltarsi, cappottare, trabaltare (*ant.*), rivoltarsi **CONTR.** raddrizzarsi, rizzarsi, drizzarsi **3** (*di liquido*) versarsi, spandersi, spargersi **4** (*fig.*) (*di folla*) accorrere, riversarsi, precipitarsi **CONTR.** allontanarsi, andarsene, disperdersi **5** (*fig.*) (*di persona*) sdraiarsi, abbando-

narsi, stendersi, mettersi supino **CONTR.** rizzarsi, raddrizzarsi, alzarsi.

rovesciàto part. pass. di **rovesciare**; anche agg. **1** (*di auto, ecc.*) capovolto, ribaltato, cappottato, rivoltato **2** (*di liquido*) versato, sparso **3** (*di folla*) accorso, precipitato **CONTR.** disperso, allontanatosi **4** (*di persona*) sdraiato, steso, supino **CONTR.** alzato, dritto, in piedi.

rovèscio A agg. **1** voltato, rovesciato, capovolto, inverso, invertito, ribaltato **CONTR.** diritto **2** contrario, posteriore, opposto **CONTR.** davanti, diritto, anteriore **3** (*di persona*) riverso, supino **CONTR.** dritto, alzato **B** s. m. **1** (*fig.*) disgrazia, dissesto, contrarietà, rovina, sconfitta **CONTR.** fortuna **2** contrario, opposto **CONTR.** diritto, giusto **3** (*di acqua, di grandine e sim.*) acquazzone, scroscio **4** manrovescio, rovescione **FRAS.** *per diritto e per rovescio* (*fig.*), in ogni modo □ *il rovescio della medaglia* (*fig.*), il lato negativo □ *a rovescio*, capovolto; all'opposto.

rovéto s. m. pruneto, prunaio, macchia, spineto, sterpaia.

rovìna s. f. **1** disastro, crollo, distruzione, sfacelo, catastrofe, scempio, disfacimento, devastazione, calamità, cataclisma **2** (*di costruzione*) maceria, rudere, avanzi, resti **3** (*est., econ.*) danno, tracollo, disfatta, fallimento, dissesto **CONTR.** fortuna, successo **4** (*di costumi, di morale, ecc.*) decadenza, degenerazione, deterioramento **CONTR.** miglioramento, salvezza **5** (*fig.*) (*di persona*) perdizione, flagello, disgrazia **CONTR.** fortuna, salvezza.

rovinàre A v. intr. **1** crollare, cadere, franare, precipitare **2** (*di costumi, di civiltà, ecc.*) deperire, decadere, andare in rovina **CONTR.** fiorire, rifiorire **B** v. tr. **1** danneggiare, guastare, sciupare, devastare, fracassare, sconquassare, abbattere, demolire, distruggere, deteriorare, diroccare, disfare, frantumare, rompere, sfasciare, sfracellare **CONTR.** costruire, erigere, innalzare, salvare, migliorare **2** (*fig.*) (*di salute, di economia, ecc.*) guastare, compromettere, danneggiare, nuocere **CONTR.** favorire, migliorare, aiutare **C rovinarsi** v. rifl. danneggiarsi, compromettersi, andare in malora, fallire.

rovinóso agg. **1** (*di terremoto, di impresa, ecc.*) disastroso, dannoso, deleterio, funesto, esiziale, fatale, micidiale, demolitore **CONTR.** provvidenziale, benefico, utile, vantaggioso, giovevole, salutare, provvido **2** (*di persona*) impetuoso, furioso, precipitoso, tempestoso, irruente, violento **CONTR.** quieto, lento, calmo, tranquillo.

rovistàre v. tr. frugare, cercare.

róvo s. m. pruno.

rozzézza s. f. grossolanità, zotichezza, inciviltà, ignoranza, maleducazione, ineleganza, incultura, ruvidezza, grossezza **CONTR.** finezza, gentilezza, eleganza, raffinatezza, squisitezza, urbanità.

rózzo agg. **1** (*di cosa*) grezzo, grossolano, scabro, ruvido, greggio, disadorno **CONTR.** rifinito, levigato, curato, ornato, abbellito, adorno **2** (*fig.*) (*di persona, di discorso, ecc.*) goffo, barbaro, semplice, grossolano, selvatico, inesperto, maldestro, rustico, ignorante, incolto, primitivo, orso, rude, sgraziato **CONTR.** raffinato, gentile, delicato, cortese, fine, colto, civile **3** (*spreg.*) zotico, villano, maleducato, cafone, inurbano, intrattabile, sgarbato, incivile, malcreato, screanzato, scortese, volgare, sguaiato **CONTR.** educato, beneducato, cortese, garbato.

rubacuòri s. m. e f.; anche agg. conquistatore, dongiovanni.

rubamàzzo s. m. rubamonte, calabrache.

rubàre v. tr. (*anche fig.*) portare via, carpire, trafugare, arraffare, sottrarre, estorcere, appropriarsi, impadronirsi, spogliare, derubare, svaligiare, depredare, frodare, truffare, alleggerire, acchiappare, sgraffignare (*fam.*), borseggiare, defraudare, grattare (*fig., pop.*), involare (*lett.*), impossessarsi, ghermire, ladroneggiare, predare, rapinare, rapire, ripulire, razziare, rubacchiare, saccheggiare, soffiare (*est.*) **CONTR.** donare, regalare, largire, offrire, prestare.

rubàto part. pass. di **rubare**; anche agg. (*anche fig.*) sottratto, carpito, trafugato, arraffato, estorto, acchiappato, sgraffignato (*fam.*), involato (*lett.*), ghermito, trafugato, soffiato **CONTR.** donato, regalato, largito, prestato.

ruberìa s. f. **1** ladreria, furto, ladrocinio, frode, peculato, appropriazione **2** saccheggio, rapina, spoliazione, razzia, depredazione, estorsione **3** (*di denaro pubblico*) mangeria.

rubicóndo agg. rosso, rosseggiante, colorito, sanguigno, rubicante (*ant.*), acceso **CONTR.** pallido, slavato, sbiancato, esangue, smorto, livido, terreo, cereo, smunto.

rubinétto [dal fr. *robinet*, da *robin*, n. pop. del montone, perché i rubinetti erano spesso ornati con la testa di un montone] s. m. chiavetta, interruttore.

rubìno A s. m. corindone rosso **B** agg. (*di colore*) rosso intenso, vermiglio.

rubrìca s. f. **1** (*di libro*) titolo, indice, sommario **2** (*per appunti*) libretto, agenda, notes (*fr.*), block-notes (*ingl.*), bloc-notes (*fr.*) **3** (*est.*) (*di giornale, di trasmissione radiofonica, ecc.*) sezione, parte.

ruchétta s. f. (*bot.*) ruca, rucola (*dial.*), eruca.

rùde agg. **1** (*lett.*) rozzo, grossolano, selvatico, rustico **CONTR.** raffinato, gentile, delicato, cortese, fine, colto, civile **2** ruvido, aspro, duro, severo **CONTR.** mite, sensibile, dolce, bonario, gioviale, cortese.

rudeménte avv. **1** rozzamente, grossolanamente **CONTR.** finemente, raffinatamente **2** aspramente, duramente, severamente **CONTR.** delicatamente, dolcemente, bonariamente, cortesemente.

rùdere s. m. **1** (*spec. al pl.*) avanzo, rovina, vestigia, resto, macerie **2** (*spec. al pl.*) (*fig.*) memoria, testimonianza, reminiscenza **3** (*fig.*) (*di persona*) sopravvissuto, rovina, rottame, relitto, avanzo umano.

rudimentàle agg. **1** elementare, iniziale, semplice, facile **CONTR.** complicato, difficile, complesso **2** (*est.*) informe, indefinito, embrionale, primitivo, abbozzato, grossolano **CONTR.** maturo, evoluto, perfetto, compiuto, completo.

rudiménto s. m. **1** (*spec. al pl.*) primi elementi, prime nozioni, avviamento, ammaestramento **2** (*est.*) abbozzo, accenno, embrione, principio.

ruffianerìa s. f. (*est.*) adulazione, piaggeria.

ruffianésco agg. **1** da ruffiano **2** (*est.*) adulatorio, adulatore, lusinghiero.

ruffiàno s. m. **1** mezzano, lenone (*lett.*), prosseneta (*lett.*), mediatore **2** (*est.*) intrallazzatore, intrigante, raggiratore **3** (*est.*) adulatore, lusingatore, piaggiatore.

rùga (1) s. f. grinza, crespa, piega, solco, increspatura.

rùga (2) s. f. (*pop.*) bruco.

rugby /*ingl.* 'rʌgbi/ [dalla città inglese di *Rugby*] s. m. inv. palla ovale.

ruggènte part. pres. di **ruggire**; anche agg. **1** urlante, strepitante, rugghiante (*lett.*), rugliante **CONTR.** silenzioso **2** (*fig.*) (*di anno, ecc.*) febbrile, fremente, assai vivace **CONTR.** spento, grigio.

rùggine s. f. (*fig.*) (*tra persone*) malanimo, rancore, astio, risentimento, dissidio, discordia, dissapore **CONTR.** simpatia, accordo, benevolenza, amore.

ruggìre v. intr. **1** (*di animale*) urlare, rugghiare (*lett.*), rugliare **2** (*fig.*) (*di persona*) strepitare, gridare, berciare (*tosc.*), vociare, sbraitare **CONTR.** mormorare, sussurrare, bisbigliare **3** (*fig.*) (*di vento, di tempesta, ecc.*) rumoreggiare, ululare, tuonare, rimbombare.

ruggìto s. m. **1** (*di animale*) rugghio (*lett.*), ruglio **2** (*di persona*) urlo, grido **3** (*di vento, di tempesta*) strepito, fragore, rimbombo, frastuono.

rugiàda s. f. **1** guazza, brina, serena **2** (*fig.*) consolazione, conforto, ristoro.

rugosità s. f. grinzosità, scabrosità **CONTR.** levigatezza, morbidezza.

rugóso agg. grinzoso, vizzo, increspato, solcato, segnato, aggrinzito, raggrinzito, avvizzito, incartapecorito **CONTR.** liscio, levigato, morbido, fresco, giovanile.

rullàre v. intr. **1** (*di tamburo*) risuonare **2** (*di nave*) *V.* **rollare**.

rullìno s. m. **1** dim. di **rullo 2** (*di pellicola*) rotolo.

rùllo s. m. **1** (*di tamburo*) colpo, battuta, tambureggiamento **2** (*di macchina, di attrezzo*) cilindro, compressore, schiacciasassi, appianatoio **3** (*di pellicola*) rotolo, rullino.

ruminàre v. tr. **1** (*di animale*) rimasticare **2** (*fig.*) biascicare, masticare a lungo **3** (*fig.*) (*di idea, di progetto, ecc.*) riconsiderare, meditare, rimuginare, ripensare **CONTR.** dimenticare, scordare.

rumóre s. m. **1** suono **CONTR.** silenzio **2** (*est.*) strepito, fracasso, baccano, chiasso, frastuono, rombo, clamore, fragore, schiamazzo, subbuglio, gazzarra, putiferio, baraonda, vocio, gridio, diavolio, strillio, urlio, cagnara (*fam.*), bailamme, bordello (*est.*), casino (*pop.*), chiassata, sarabanda, strombettio **3** (*fig.*) chiacchiera, diceria, scalpore, risonanza, voce **4** (*raro*) tumulto, rivolta, sollevazione.

rumoreggiaménto s. m. **1** strepitio, rombo, rintronamento, rimbombo, tuono, ululato, schiamazzo, tumulto **2** borbottio, brontolio, mormorio, bisbiglio, ronzio, scroscio, sciabordio, cigolio, scricchiolio, stridio, crepitio, echeggiamento, ruglio, scalpiccio **CONTR.** silenzio.

rumoreggiànte part. pres. di **rumoreggiare**; anche agg. strepitante, rintronante, rimbombante, ululante, tonante, crepitante, scrosciante, brontolante.

rumoreggiàre v. intr. **1** strepitare, rombare, rintronare, assordare, rimbombare, tuonare, muggire, ululare, schiamazzare **2** mormorare, bisbigliare, brontolare, borbottare, ronzare, frusciare, stormire, gorgogliare, scrosciare, sciabordare, fischiare, cigolare, scricchiolare, stridere, crepitare, tamburellare, scoppiettare, tintinnare, echeggiare, riecheggiare, risuonare, rugghiare (*lett.*), rugliare, scalpicciare **CONTR.** tacere **3** (*fig.*) (*di persone*) tumultuare, mormorare, disapprovare.

rumorosaménte avv. chiassosamente, fragorosamente, clamorosamente, sonoramente, stridulamente **CONTR.** silenziosamente, tacitamente, quietamente, tranquillamente, pacificamente.

rumorosità s. f. rumore, chiasso, fragore, frastuono **CONTR.** silenzio.

rumoróso agg. chiassoso, fragoroso, tonante, rimbombante, clamoroso, strepitante, sonoro, altisonante, altitonante, reboante, roboante, rintronante, rombante, toneggiante, fracassone, rumoreggiante, strillante, stridulo, urlante **CONTR.** silenzioso, silente (*lett.*), tacito, quieto, tranquillo, pacifico.

ruòlo s. m. **1** matricola, registro, lista, elenco, catalogo, nota **2** assegnazione, indicazione **3** (*in un racconto, in un film, ecc.*) parte, personaggio **4** (*est., fig.*) funzione, parte, ufficio, posto, posizione, atteggiamento □ importanza, influenza.

ruòta s. f. **1** disco, volano, volante **2** puleggia, carrucola, girella **3** rotella **4** voluta, spira, spirale, avvolgimento **5** (*nel lotto*) urna □ sede **6** (*fig.*) (*di tempo, di avvenimenti, ecc.*) avvicendamento, successione, alternanza **FRAS.** *a ruota libera* (*fig.*), liberamente, senza controllo □ *a ruota*, circolare; (*fig.*) a brevissima distanza □ *ungere le ruote* (*fig.*), corrompere □ *mettere i bastoni tra le ruote* (*fig.*), ostacolare □ *essere l'ultima ruota del carro* (*fig.*), non contare nulla □ *fare la ruota* (*fig.*), pavoneggiarsi.

ruotàre *V.* **rotare.**

rùpe s. f. roccia, sperone, picco, balza, parete, dirupo, macigno, masso, croda, pietrone, scoglio, ronchione (*ant.*).

rupèstre agg. roccioso, dirupato, scosceso, petroso (*lett.*), erto, aspro **CONTR.** piano, liscio, agevole, facile.

ruràle A agg. agricolo, agreste, campestre, rustico, contadino, forese, bucolico, villereccio, rusticano, contadinesco **CONTR.** cittadino, urbano, civico, borghigiano **B** s. m. campagnolo, contadino, villano, agricoltore **CONTR.** cittadino.

ruscèllo s. m. rivo, rivoletto, torrentello, rio, rigagnolo, fosso.

rush /*ingl.* rʌʃ/ [vc. ingl., letteralmente 'fretta', da *to rush* 'correre in fretta'] s. m. inv. sforzo finale, scatto finale.

rùspa s. f. escavatrice, scavatrice, scraper (*ingl.*).

ruspànte agg. **1** (*di pollo*) razzolante **2** (*est.*, *fig.*) autentico, naturale, genuino **CONTR.** alterato, artificiale, adulterato.

russàre v. intr. ronfare (*fam.*), stronfiare (*tosc.*).

rusticàno agg. contadino, campagnolo, rustico, popolano **CONTR.** cittadino, urbano.

rusticità s. f. rustichezza, selvatichezza, asprezza, ruvidezza, rozzezza, zotichezza, grossolanità, rudezza **CONTR.** gentilezza, garbo, finezza, cortesia.

rùstico agg. **1** (*di luogo, di casa, ecc.*) campagnolo, rurale, agricolo, agreste, campestre, villereccio, rusticano, contadinesco **CONTR.** urbano, cittadino **2** (*fig.*) (*di persona, di modi, ecc.*) zotico, rozzo, grossolano, selvatico, villano **CONTR.** gentile, raffinato, cortese, fine, elegante, delicato **3** (*est.*) timido, scontroso, scostante, schivo, ritroso, ombroso **CONTR.** socievole, affabile, cordiale.

ruttàre v. intr. emettere rutti, eruttare.

rùtto s. m. eruttazione, flato.

ruvidaménte avv. (*fig.*) rozzamente, zoticamente, sgarbatamente, scortesemente **CONTR.** garbatamente, gentilmente, cortesemente.

ruvidità s. f. **1** (*di cosa*) ruvidezza, asprezza, rugosità, scabrosità, granulosità, squamosità **CONTR.** levigatezza, morbidezza, liscezza **2** (*fig.*) (*di persona, di modi, ecc.*) rozzezza, zotichezza, rudezza, rustichezza, sgarbatezza, scortesia, selvatichezza, asprezza **CONTR.** garbo, cortesia, gentilezza.

rùvido agg. **1** (*di cosa*) scabro, granuloso, aspro, rugoso, squamoso, bernoccoluto, grossolano, granelloso, grinzoso, irregolare **CONTR.** liscio, levigato, morbido, tenero, soffice **2** (*fig.*) (*di persona, di modi, ecc.*) brusco, burbero, scontroso, rude, sgarbato, aspro, scortese **CONTR.** gentile, cortese, fine, garbato.

ruzzolàre A v. intr. cadere, capitombolare, rotolare **B** v. tr. voltolare, girare, rotolare.

ruzzolóne s. m. **1** capitombolo, caduta, ruzzolata, cascatone (*fam.*), tombolone **2** (*fig.*) (*di potere, di economia, ecc.*) tracollo, rovescio, rovina, fallimento.

s, S

sàbbia A s. f. arena, rena □ zavorra **B** in funzione di agg. inv. (posposto a un s.) (*di colore*) marrone chiaro, beige **FRAS.** *costruire sulla sabbia* (*fig.*), fare una cosa di breve durata □ *seminare nella sabbia* (*fig.*), fare un lavoro inutile.

sabbióso agg. **1** pieno di sabbia □ ricco di sabbia **2** simile a sabbia.

sabotàggio s. m. **1** danneggiamento, distruzione, rappresaglia **CONTR.** riparazione, ricostruzione **2** (*fig.*) disturbo, intralcio, ostacolo □ ostruzionismo, boicottaggio, filibustering (*ingl.*) **CONTR.** aiuto, appoggio, assistenza, cooperazione, soccorso, sostegno.

sabotàre v. tr. **1** danneggiare, distruggere **CONTR.** accomodare, aggiustare, restaurare, riparare **2** (*fig.*) intralciare, impedire, ostacolare, boicottare, fare ostruzionismo **CONTR.** aiutare, appoggiare, favorire, secondare, sostenere.

sabotatóre s. m. (f. *-trice*) **1** guastatore **CONTR.** riparatore **2** (*fig.*) ostruzionista **CONTR.** sostenitore, fautore.

sàcca s. f. **1** sacco, bisaccia, borsa, scarsella (*dial.*), saccoccia (*dial.*), tasca **2** (*fig.*) (*di fiume, di spiaggia, ecc.*) curvatura, insenatura, rientranza **CONTR.** punta, prominenza, sporgenza, rilievo **3** (*scient.*) cavità, ricettacolo **4** (*mil.*) isolamento, zona accerchiata.

saccarìfero agg. zuccherino.

saccaròsio s. m. (*chim.*) zucchero.

saccènte agg.; anche s. m. e f. presuntuoso, saputo, saputello, sapientone, pedante, sputasenno (*spreg.*), sputasentenze (*spreg.*), cacasenno (*fam.*) **CONTR.** modesto, riservato, ritroso, schivo, umile.

saccenterìa s. f. presunzione, pedanteria, sentenziosità □ sfacciataggine **CONTR.** modestia, riservatezza, ritrosia, umiltà.

saccheggiàre v. tr. **1** mettere a sacco, predare, depredare, razziare, spogliare, devastare, rovinare □ rubare, derubare, svaligiare **2** (*fig.*) (*di scritto, di musica, ecc.*) appropriarsi indebitamente, far proprio, plagiare.

saccheggiatóre s. m.; anche agg. (f. *-trice*) predatore, depredatore, predone, ladrone, razziatore, rapinatore, devastatore, brigante.

sacchéggio s. m. sacco, saccheggiamento (*raro*), depredamento, razzia, rapina, devastazione, distruzione.

sacchétto s. m. involucro □ borsa, borsetta.

sàcco s. m. **1** sacca, bisaccia, balla, borsa, tasca, zaino **2** (*fig.*, *fam.*) gran quantità, mucchio, fracasso (*fam.*), fracco (*dial.*), moltissimo **CONTR.** scarsità, piccola quantità, pochissimo **3** (*est.*) rozza veste, saio **4** (*est.*, *fig.*) cavo, cavità **5** (*scherz.*) stomaco **6** saccheggio **7** (*fig.*, *scherz.*) mille lire **FRAS.** *farina del proprio sacco* (*fig.*), lavoro personale, opera propria □ *colmare il sacco* (*fig.*), oltrepassare i limiti □ *vuotare il sacco* (*fig.*), dire tutto senza riserve □ *mettere nel sacco* (*fig.*), ingannare, battere □ *cogliere con le mani nel sacco* (*fig.*), sorprendere in flagrante □ *tornare con le pive nel sacco* (*fig.*), tornare deluso □ *con la testa nel sacco* (*fig.*), alla cieca, sbadatamente □ *reggere il sacco, tenere il sacco* (*fig.*), essere complice.

sacerdotàle agg. **1** di sacerdote, da sacerdote, ecclesiastico □ ieratico **CONTR.** laico, profano **2** (*di abito*) talare **CONTR.** borghese.

sacerdòte s. m. **1** prete, ecclesiastico, religioso, ministro di Dio, celebrante, reverendo **CONTR.** laico, secolare **2** (*fig.*) (*della giustizia, della scienza, ecc.*) apostolo, missionario, difensore, propugnatore, divulgatore.

sacerdotéssa s. f. (*in alcune religioni*) pretessa, devadasi, druidessa, pizia, sibilla.

sacerdòzio s. m. **1** vita sacerdotale **2** (*fig.*) missione, apostolato.

sacràle agg. sacro **CONTR.** profano.

sacralità s. f. **1** santità, religiosità **2** (*est.*) inviolabilità, intangibilità **CONTR.** violabilità.

sacramentàre v. tr. **1** giurare □ (*est.*) affermare risolutamente, asserire, assicurare, asseverare (*raro*) **CONTR.** negare **2** (*pop.*) imprecare, bestemmiare, maledire **CONTR.** pregare, invocare, supplicare.

sacraménto s. m. **1** **CFR.** battesimo, cresima, penitenza, eucaristia, ordine, matrimonio, estrema unzione **2** (*per anton.*) eucaristia, comunione **3** (*lett.*) giuramento.

sacràrio s. m. **1** sacello, santuario, tempietto, cappella **2** (*fig.*) (*della famiglia e sim.*) intimità.

sacrestàno *V.* **sagrestano**.

sacrificàre A v. tr. **1** offrire in sacrificio, immolare **2** (*ass.*, *liturgia*) celebrare la Messa **3** (*est.*) (*di interesse, di libertà, ecc.*) rinunciare, abbandonare, privarsi, spogliarsi **CONTR.** profittare, trarre guadagno **4** (*fig.*) (*di persona, di intelligenza, ecc.*) mortificare, sprecare, umiliare **CONTR.** valorizzare, lanciare **B sacrificarsi** v. rifl. **1** offrirsi in sacrificio, immolarsi **2** sopportare privazioni, sostenere disagi, consacrarsi, rinunciare **CONTR.** disinteressarsi, trascurare **C** v. intr. ossequiare **CONTR.** disprezzare.

sacrificàto part. pass. di **sacrificare**; anche agg. **1** offerto in sacrificio, immolato **2** (*di vita, di lavoro, ecc.*) disagiato, difficile **CONTR.** agiato, comodo, facile **3** (*di persona, di intelligenza, ecc.*) danneggiato, sprecato, sciupato, inutilizzato **CONTR.** valorizzato, lanciato, avvantaggiato, beneficato.

sacrifìcio o (*lett.*) **sacrifìzio** s. m. **1** offerta agli dei, immolazione (*raro*) **2** (*relig.*) Messa **3** olocausto, morte **4** privazione, perdita, rinuncia, abnegazione, disagio, scapito **CONTR.** guadagno, vantaggio.

sacrilègio s. m. **1** (*di cose sacre*) profanazione, violazione, contaminazione □ furto **CONTR.** adorazione, venerazione **2** (*fig.*) (*verso persone*) mancanza di rispetto, irriverenza **CONTR.** onore, rispetto, riverenza.

sacrìlego agg. **1** profanatore **2** (*est.*) empio, irriverente, bestemmiatore, disonesto, malvagio, scellerato **CONTR.** devoto, pio, religioso, buono, onesto.

sàcro A agg. **1** dedicato alla divinità □ divino, santo, sacrosanto, religioso, venerabile □ liturgico **CONTR.** profano, sconsacrato, satanico, diabolico **2** (*est.*) (*di ospite, di memoria, ecc.*) venerabile, venerando, rispettabile **CONTR.** disprezzabile, spregevole **3** (*est.*) (*di giuramento, di dovere, ecc.*) inviolabile, intangibile **CONTR.** violabile **4** (*alla patria, al riposo, ecc.*) consacrato, dedicato **B** s. m. **CONTR.** profano.

sacrosànto agg. **1** santissimo **2** (*di dovere, di diritto, ecc.*) inviolabile, intangibile **CONTR.** violabile **3** (*est.*) (*di verità, di parole, ecc.*) indubitabile, giusto, vero **CONTR.** ingiusto, iniquo **4** (*scherz.*) (*di botte, di avvertimento, ecc.*) appropriato, ben fatto, meritato **CONTR.** immeritato.

sàdico agg.; anche s. m. **1** **CONTR.** masochista **2** (*est.*) crudele, feroce **CONTR.** buono, generoso.

sadìsmo [dal nome del marchese D. *de Sade* esponente del 'romanzo nero'] s. m. **1** **CONTR.** masochismo **2** (*est.*) crudeltà, ferocia, efferatezza **CONTR.** bontà, mitezza, umanità.

saétta s. f. **1** (*lett.*) freccia, dardo, strale **2** fulmine, folgore **3** (*dell'orologio*) lancetta, sfera.

saettàre v. tr. **1** (*est., fig.*) (*di sole*) raggiare **2** (*est., fig.*) lanciare, gettare, scagliare.

sàga s. f. **1** leggenda epica, epopea **2** (*est.*) (*di famiglia, di personaggio, ecc.*) storia, romanzo, racconto.

sagàce agg. (*fig.*) accorto, acuto, astuto, avvertito, cauto, fine, furbo, intelligente, penetrante, perspicace, oculato, raffinato, scaltro, sottile **CONTR.** malaccorto, incauto, imprudente, inconsiderato, sconsigliato, avventato.

sagaceménte avv. acutamente, accortamente, astutamente, scaltramente, finemente, sottilmente, oculatamente, raffinatamente, intelligentemente, furbamente **CONTR.** malaccortamente, incautamente, imprudentemente, inconsideratamente, sconsideratamente, sconsigliatamente, avventatamente.

sagàcia s. f. sagacità (*raro*), accortezza, acume, acutezza, astuzia, avvertenza, avvedutezza, finezza, oculatezza, sottigliezza, perspicacia, discernimento, fiuto, intelligenza, furberia, furbizia **CONTR.** imprudenza, inconsideratezza, sconsideratezza, sconsigliatezza, avventatezza.

saggézza s. f. senno, assennatezza, avvedutezza, sensatezza, criterio, giudizio, ponderatezza, prudenza, buon senso, senso comune, equilibrio, sapienza **CONTR.** avventatezza, imprudenza, inconsideratezza (*raro*), sconsideratezza, sconsigliatezza, insipienza, ottusità, stolidità, stoltezza, stupidità.

saggiaménte avv. assennatamente, sensatamente, saviamente, giudiziosamente, ponderatamente, prudentemente, con equilibrio **CONTR.** avventatamente, imprudentemente, dissennatamente, sconsideratamente, sconsigliatamente, stoltamente, stupidamente.

saggiàre v. tr. **1** (*fig.*) mettere alla prova, verificare, provare, investigare, cercare di conoscere **2** assaggiare (*dial.*).

sàggio (1) agg.; anche s. m. assennato, accorto, avveduto, sensato, savio, giudizioso, ponderato (*raro*), prudente, equilibrato, sapiente **CONTR.** malaccorto, avventato, imprudente, scriteriato, sconsiderato, sconsigliato, insipiente, ottuso, stolido, stolto, stupido, tonto, fesso (*fam.*).

sàggio (2) s. m. **1** assaggio, prova, esperimento, esame, esperienza, analisi **2** campione, esempio, modello, specimen (*lat.*) **3** (*econ.*) tasso, percentuale □ interesse □ sconto.

sàggio (3) s. m. ricerca, scritto, monografia, studio, dissertazione, trattatello.

saggìsta s. m. e f. scrittore di saggi, critico, letterato, storico.

sàgoma s. f. **1** (*di persona o cosa*) profilo, linea, forma □ silhouette (*fr.*) **2** (*di lavoro*) modello, profilo, modano, modanatura, centina **3** (*fig., fam.*) tipo bizzarro, tipo originale, bel tipo, stravagante.

sagomàre v. tr. modellare, foggiare.

sagomàto part. pass. di **sagomare**; anche agg. delineato, foggiato, modellato **CONTR.** informe.

sàgra s. f. **1** commemorazione, celebrazione, festività, solennità **2** (*est.*) festa, fiera, mercato.

sagrestàno s. m. sacrista, scaccino.

sàio s. m. abito monacale, tonaca.

sàla s. f. salone, stanza da pranzo, stanza da ricevimento □ aula.

salàce agg. **1** afrodisiaco **2** (*est.*) lascivo, libidinoso, lussurioso, impudico, osceno, scurrile **CONTR.** casto, onesto, pudico, puro, verecondo, castigato, morigerato **3** (*est.*) mordace, pungente, piccante, eccitante **CONTR.** insipido, insulso, scipito.

salamelècco [dall'ar. *salām 'alaik* 'pace su di te'] s. m. saluto cerimonioso, cerimonia, complimento, ossequio, inchino, riverenza **CONTR.** sgarbo, sgarberia, villania, impertinenza, insolenza.

salàre v. tr. **1** condire con sale **2** (*fig.*) (*di scuola*) marinare, bigiare (*sett.*).

salariàto agg. e s. m. stipendiato, pagato.

salàrio s. m. retribuzione, stipendio, paga, compenso, mercede, onorario.

salàto A part. pass. di **salare**; anche agg. **1** contenente sale, condito con sale, saporito □ troppo saporito **CONTR.** insipido, insulso, scipito, sciocco (*tosc.*) **2** (*fig.*) (*di prezzo*) carissimo **CONTR.** a buon mercato **3** (*fig.*) (*di discorso, di parole, ecc.*) pungente, mordace, aspro, caustico, arguto **CONTR.** benevolo, bonario, benigno, soave, mellifluo **B** s. m. **1 CONTR.** dolce **2** salume, affettato **FRAS.** *pagare salato* (*fig.*), scontare duramente.

salatùra s. f. salagione.

saldaménte avv. **1** fermamente, solidamente, stabilmente **CONTR.** instabilmente, precariamente **2** (*fig.*) costantemente, tenacemente **CONTR.** mutevolmente, variabilmente.

saldàre A v. tr. **1** congiungere, ricongiungere, attaccare, riattaccare, incollare, appiccicare, riappiccicare, piombare, stagnare, rimarginare, unire **CONTR.** dissaldare, disunire, separare, distaccare **2** (*fig.*) (*di concetti, di brani, ecc.*) coordinare, legare, armonizzare, fondere **CONTR.** staccare, separare **3** (*di conto, di debito, ecc.*) pareggiare, pagare, chiudere **CONTR.** contrarre, fare, aprire **4** (*fig.*) (*di questione e sim.*) definire, risolvere, comporre **CONTR.** aprire **B saldarsi** v. intr. pron. cicatrizzarsi, rimarginarsi.

saldatùra s. f. **1** saldamento, stagnatura, impiombatura, riattaccatura **2** (*fig.*) (*tra episodi, tra brani, ecc.*) congiunzione, coordinazione, collegamento, fusione **CONTR.** distacco, disaccordo, contrasto.

sàldo (1) agg. **1** compatto, intero, massiccio, tutto d'un pezzo □ forte, fermo, fisso, resistente, robusto, sodo, solido, stabile **CONTR.** debole, fragile, instabile, malfermo, tentennante, vacillante **2** (*fig.*) (*di carattere, di animo, ecc.*) fermo, costante, irremovibile, forte, incrollabile, perseverante, risoluto, tenace, adamantino **CONTR.** incostante, leggero, irresoluto, volubile, fatuo, superficiale **3** (*fig.*) (*di argomento, di ragione, ecc.*) fondato, valido **CONTR.** infondato, dubbio.

sàldo (2) s. m. **1** (*di conto*) pareggiamento, pareggio □ attivo, passivo **2** pagamento definitivo, resto, residuo **CONTR.** acconto **3** (*spec. al pl.*) merci residue, rimanenze, giacenze, fondi □ liquidazione, svendita.

sàle s. m. **1** (*est.*) cloruro di sodio **2** (*fig.*) senno, giudizio, criterio, discernimento, prudenza, saggezza, buon senso, sensatezza **CONTR.** avventatezza, dissennatezza, imprudenza, sconsideratezza, sconsigliatezza, leggerezza **3** (*fig.*) arguzia, mordacità, spirito, salacità **CONTR.** insipidezza, insulsaggine, scipitaggine **FRAS.** *restare di sale* (*fig.*), rimanere di stucco □ *color sale e pepe*, grigiastro □ *sale inglese*, epsomite.

salgèmma s. m. inv. cloruro di sodio (in cristalli), halite.

saliènte A agg. **1** (*lett.*) che sale, montante **CONTR.** calante, discendente **2** (*di cosa*) sporgente, prominente, rilevato, in rilievo **CONTR.** incavato, concavo, rientrante **3** (*fig.*) (*di fatto, di particolare, ecc.*) importante, notevole, rilevante, cospicuo, considerevole, principale **CONTR.** irrilevante, irrisorio, trascurabile, secondario **B** s. m. prominenza, sporgenza.

salìno agg. **1** di sale **2** salato **CONTR.** dolce.

salìre A v. intr. **1** andare su, ascendere, montare, elevarsi, alzarsi, innalzarsi, issarsi, levarsi, sollevarsi, prendere quota, estollersi (*lett.*) □ arrampicarsi, inerpicarsi, scalare **CONTR.** scendere, discendere, smontare, abbassarsi, calare, atterrare **2** (*di astro*) sorgere, spuntare, levarsi **CONTR.** tramontare, calare **3** (*di strada e sim.*) essere in salita **CONTR.** scendere **4** (*fig.*) (*nella stima, in fama, ecc.*) crescere, arrivare **CONTR.** decadere **5** (*fig.*) (*di numero, di prezzo, ecc.*) crescere, accrescersi, aumentare □ rincarare **CONTR.** calare, diminuire **B** v. tr. percorrere verso l'alto, montare □ scalare **CONTR.** scendere, discendere **FRAS.** *salire al cielo* (*fig.*), morire □ *salire in cattedra* (*fig.*), fare il saccente.

salìta s. f. **1** ascensione, ascesa, innalzamento, montata (*raro*), scalata **CONTR.** discesa, calata, abbassamento **2** costa, erta, pendio, rampa **CONTR.** china, declivio, scesa, pendio.

salìto part. pass. di **salire**; anche agg. **1** asceso, innalzatosi, montato **CONTR.** sceso, disceso, calato, abbassato **2** (*di temperatura, di prezzo, ecc.*) cresciuto, accresciuto, aumentato **CONTR.** calato, diminuito.

salìva s. f. salivazione, sputo, bava, acquolina.

salivazióne s. f. (*est.*) saliva.

sàlma s. f. **1** (*poet.*) corpo **CONTR.** anima **2** cadavere, spoglia, resti.

salmàstro A agg. **1** salino **2** salso, salato □ amarognolo **CONTR.** dolciastro □ insipido **B** s. m. (*est.*) salsedine.

sàlmo s. m. canto sacro, cantico, inno.

salóne (1) s. m. **1** accr. di **sala 2** (*est.*) soggiorno.

salóne (2) s. m. **1** (*dell'automobile, della moda, ecc.*) mostra, esposizione **2** (*di barbiere, di* *parrucchiere*) negozio.

saloon /*ingl.* səˈluːn/ [vc. ingl. d'America, derivato dal fr. *salon*, dall'it. *salone*] s. m. inv. **1** sala, salone **2** (*est.*) bar.

salopette /*fr.* salɔˈpɛt/ [vc. fr., prob. da *salope* 'persona mal vestita, poco pulita'] s. f. inv. tuta, tutina.

salottièro agg. (*est.*) vacuo, superficiale, frivolo, mondano **CONTR.** serio, austero, solenne.

salòtto s. m. **1** salone, soggiorno **2** (*est.*) (*letterario, artistico, ecc.*) riunione **3** (*fig.*) ambiente frivolo, luogo di pettegolezzi.

salpàre A v. tr. (*di ancora, di mina, ecc.*) sollevare, tirare su, ricuperare **CONTR.** calare, gettare **B** v. intr. **1** (*di nave*) levare le ancore, sciogliere gli ormeggi, prendere il largo, partire **CONTR.** gettare l'ancora, attraccare, ormeggiare **2** (*fig., scherz.*) partire, andarsene, alzare i tacchi **CONTR.** arrivare, giungere.

sàlsa s. f. intingolo, sugo, sughetto, brodetto, condimento, guazzetto.

salsèdine s. f. salinità, salso □ (*est.*) sale.

saltàre A v. intr. **1** spiccare un salto, balzare, zompare (*dial.*) □ ballare □ gettarsi, lanciarsi, slanciarsi, scagliarsi, precipitarsi, buttarsi **2** sussultare, sobbalzare, trasalire, trabalzare (*raro*) **3** (*di scheggia, di bottone, ecc.*) schizzare, volare via □ scattare **4** (*di mina, di valvola, ecc.*) esplodere, scoppiare □ fondersi, bruciarsi **5** (*a cavallo, sul treno, ecc.*) salire, montare **CONTR.** scendere, smontare, venir giù **6** (*fig.*) (*da un argomento ad un altro, ecc.*) passare bruscamente **B** v. tr. **1** (*di fosso, di muro, ecc.*) oltrepassare, attraversare **2** (*fig.*) (*di parola, di capitolo, ecc.*) omettere, tralasciare, sorvolare **CONTR.** aggiungere **3** (*di vivanda*) rosolare **FRAS.** *saltare agli occhi*, avventarsi contro; (*fig.*) essere evidente □ *saltare la mosca al naso* (*fig.*), perdere la pazienza □ *saltare il pasto*, non mangiare □ *fare saltare*, distruggere.

saltàto part. pass. di **saltare**; anche agg. **1** oltrepassato **2** omesso, tralasciato, sorvolato **CONTR.** incluso **3** (*di vivanda*) rosolato, sauté (*fr.*).

saltellànte part. pres. di **saltellare**; anche agg. ballonzolante, guizzante, vibrante.

saltellàre v. intr. **1** salterellare, salticchiare (*raro*), balzellare, ballonzolare, sgambettare **2** (*fig.*) (*di cuore*) palpitare, battere, pulsare **CONTR.** arrestarsi, fermarsi.

salterellàre v. intr. saltellare, salticchiare (*raro*), balzellare, ballonzolare, sgambettare.

saltimbànco s. m. **1** acrobata, funambolo, equilibrista, giocoliere, cantambanco **2** (*fig., spreg.*) ciarlatano, opportunista, impostore, pagliaccio, voltagabbana, girella.

sàlto s. m. **1** balzo, sbalzo, strabalzo (*raro*), balzello, balzellone, zompo (*dial.*), guizzo, slancio, scatto, falcata □ sobbalzo, sussulto **2** (*est.*) visitina, scappata **3** (*est.*) brevissimo tempo, minuto **4** (*est.*) dislivello □ sbalzo **5** (*est.*) (*di fiume*) rapida, cascata **6** (*fig.*) (*di temperatura, di moneta, ecc.*) rapido passaggio, rapido cambiamento, crollo, improvviso calo □ impennata, rincaro **7** (*fig.*) (*di pagina, di riga, ecc.*) lacuna, omissione, dimenticanza **8** (*fam.*) ballo **FRAS.** *fare i salti mortali* (*fig.*), fare l'impossibile per riuscire □ *salto della quaglia* (*fig.*), scavalcamento □ *a salti*, senza continuità, in modo saltuario.

saltuariaménte avv. di tanto in tanto, ogni tanto, qualche volta, incostantemente, sporadicamente **CONTR.** continuamente, costantemente, sempre, ininterrottamente.

saltuàrio agg. discontinuo, intermittente, incostante, sporadico, interrotto **CONTR.** continuo, costante, perpetuo, persistente.

salùbre agg. salutare, sano, puro, igienico, balsamico **CONTR.** insalubre, malsano, nocivo, dannoso, pernicioso.

salubrità s. f. sanità, purezza, igiene **CONTR.** insalubrità, dannosità, pericolosità.

salumerìa s. f. pizzicheria.

salumière s. m. salumaio, pizzicagnolo.

salutàre (1) agg. **1** salubre, sano, puro, igienico, balsamico **CONTR.** insalubre, malsano, dannoso, nocivo, pernicioso **2** (*fig.*) (*di consiglio, di decisione, ecc.*) giovevole, proficuo, utile, vantaggioso, efficace **CONTR.** inutile, dannoso, deleterio, svantaggioso, inefficace.

salutàre (2) A v. tr. **1** rivolgere il saluto, porgere i saluti, dare il benvenuto, dare il bentornato □ accomiatarsi, dire addio **2** inchinarsi, inginocchiarsi, genuflettersi, riverire, presentare gli omaggi, sberrettarsi (*raro*), scappellarsi **3** (*con applausi, con fischi, ecc.*) accogliere, ricevere **4** (*lett.*) proclamare, acclamare **B salutarsi** v. rifl. rec. scambiarsi i saluti **FRAS.** *non salutarsi più*, rompere i rapporti.

salùte s. f. **1** benessere, sanità **CONTR.** malattia, malessere, infermità **2** (*gener.*) condizioni, stato **3** (*lett.*) salvezza □ redenzione **4** (*lett.*) aiuto, scampo, rifugio **FRAS.** *casa di salute*, casa di cura, clinica psichiatrica.

salùto s. m. **1** salutazione (*lett.*) □ inchino, stretta di mano, baciamano, riverenza, sberrettata, scappellata, ossequio, cerimonia **2** (*est.*) benvenuto.

sàlva s. f. **1** (*di armi da fuoco*) sparo simultaneo, sparo multiplo, bordata **2** (*fig.*) (*di applausi, di fischi, ecc.*) esplosione □ bordata.

salvagènte s. m. **1** (*gener.*) cintura di salvataggio, ciambella **2** isola pedonale, marciapiede, pensilina.

salvaguardàre A v. tr. custodire, difendere, proteggere, tutelare, aiutare **CONTR.** colpire, danneggiare, offendere **B salvaguardarsi** v. rifl. difendersi, ripararsi, proteggersi, tutelarsi **CONTR.** esporsi, offrirsi, presentarsi.

salvaguàrdia s. f. custodia, difesa, protezione, tutela.

salvaménto s. m. **1** salvezza, salute, incolumità □ redenzione **CONTR.** pericolo, rischio, perdizione **2** (*raro*) salvataggio.

salvàre A v. tr. trarre in salvo, strappare alla morte □ difendere, preservare, proteggere, campare, scampare, tutelare, aiutare, assicurare, redimere □ serbare, riservare, mettere in serbo, conservare, risparmiare **CONTR.** uccidere, rovinare, perdere, compromettere **B salvarsi** v. rifl. **1** sottrarsi alla morte, fuggire, sfuggire, liberarsi, restare illeso **CONTR.** morire, perire, cadere **2** trovare scampo, rifugiarsi, fuggire, riparare **3** (*da critiche, da attacchi, ecc.*) difendersi, proteggersi, tutelarsi **4** (*relig.*) andare in paradiso **CONTR.** dannarsi.

salvatàggio s. m. **1** salvamento, salvezza **CONTR.** pericolo, rischio, perdizione, danno **2** (*fig.*) aiuto, assistenza, soccorso.

salvatóre s. m. (f. *-trice*) liberatore, affrancatore, redentore **CONTR.** oppressore **FRAS.** *il Salvatore*, Cristo.

sàlve inter. (*lett.*, *fam.*) salute.

salvézza s. f. salvamento, salvazione, salute, incolumità, riparo, rifugio, scampo, sicurezza □ redenzione, riscatto, liberazione **CONTR.** pericolo, rischio, perdizione, danno □ dannazione.

salviétta s. f. **1** tovagliolo **2** (*dial.*) asciugamano, asciugatoio.

sàlvo A agg. illeso, indenne, immune, incolume, salvato, sano, sicuro, esente, libero, franco □ redento **CONTR.** danneggiato, compromesso, perduto, rovinato, morto **B** prep. all'infuori di, fuorché, tranne, eccetto, eccettuato **FRAS.** *salvo che*, a meno che; eccetto il caso che.

sanàbile agg. **1** risanabile, guaribile **CONTR.** insanabile, inguaribile **2** (*fig.*) (*di danno, di situazione, ecc.*) rimediabile, riparabile, ricuperabile **CONTR.** irrimediabile, irreparabile, irrecuperabile.

sanaménte avv. **1** salubremente (*raro*), igienicamente **CONTR.** dannosamente **2** (*fig.*) moralmente, onestamente, rettamente **CONTR.** immoralmente, disonestamente, licenziosamente.

sanàre A v. tr. **1** guarire, risanare □ bonificare **2** (*est.*) (*di danno, di bilancia, ecc.*) correggere, emendare, rimediare, riparare, ristabilire, migliorare **CONTR.** correggere, guastare, peggiorare, rovinare **B sanarsi** v. intr. pron. **1** guarire, risanarsi, rimettersi, ristabilirsi **CONTR.** ammalarsi **2** (*fig.*) correggersi, emendarsi, migliorare **CONTR.** corrompersi, guastarsi, peggiorare, rovinarsi.

sanatòrio s. m. tubercolosario, casa di cura, casa di salute.

sancìre v. tr. sanzionare, ratificare, consacrare, convalidare □ confermare, decretare, stabilire, statuire (*raro*), promulgare, fissare, disporre **CONTR.** abrogare, abolire, annullare, cancellare, cassare, sopprimere, revocare, estinguere.

sancìto part. pass. di **sancire**; anche agg. sanzionato, ratificato, consacrato, convalidato □ confermato, decretato, stabilito, statuito (*raro*), promulgato **CONTR.** abrogato, abolito, annullato, cancellato, cassato, soppresso, revocato, estinto.

sandwich /*ingl.* 'sɛnduitʃ/ [vc. ingl., dal nome di John Montague conte di *Sandwich*, che, per non lasciare il tavolo da gioco, si faceva preparare questo tipo di cibo] s. m. inv. panino imbottito, panino ripieno, tartina, tramezzino.

sàngue s. m. **1** (*fig.*) discendenza, parentela, famiglia, stirpe, schiatta, razza □ figlio, discendente **2** (*fig.*) forza, energia, vigore, spirito, salute **CONTR.** debolezza, fiacca, fiacchezza, spossatezza, stanchezza **3** (*fig.*) stato d'animo, cuore, sentimento **FRAS.** *far sangue*, sanguinare □ *fatto di sangue*, delitto, strage, omicidio □ *pagare col sangue* (*fig.*), rimetterci la vita □ *sudar sangue* (*fig.*), sostenere una gran fatica □ *sangue freddo* (*fig.*), autocontrollo □ *a sangue freddo* (*fig.*), senza scomporsi □ *avere il sangue caldo* (*fig.*), essere facile preda delle passioni □ *guastarsi il sangue* (*fig.*), tormentarsi □ *farsi cattivo sangue* (*fig.*), arrabbiarsi □ *sentirsi rimescolare il sangue*, essere preso dallo sdegno □ *sentirsi gelare il sangue*, essere paralizzato dallo spavento □ *non correre buon sangue* (*fig.*), non esserci simpatia □ *sangue del proprio sangue*, i figli.

sanguìgno A agg. **1** di sangue, del sangue **2** (*di persona*) ricco di sangue, pletorico **CONTR.** esangue, pallido, smorto, clorotico, anemico **B** s. m. (*lett.*) color sangue, rosso, rossastro, rosseggiante.

sanguinàccio s. m. biroldo.

sanguinànte part. pres. di **sanguinare**; anche agg. insanguinato, sanguinolento, sanguinoso, cruento (*raro*) **CONTR.** esangue.

sanguinàre v. intr. **1** far sangue, versare sangue, stillare sangue, perdere sangue **2** (*fig.*) addolorare, addolorarsi **CONTR.** rallegrare, rallegrarsi, gioire.

sanguinàrio agg.; anche s. m. crudele, efferato, feroce, inumano, spietato **CONTR.** buono, clemente, compassionevole, indulgente, mansueto, mite, misericordioso, pietoso, umano.

sanguinolènto agg. sanguinante, stillante sangue, lordo di sangue, insanguinato, sanguinoso, sanguineo (*poet.*) **CONTR.** esangue, dissanguato.

sanguinosaménte avv. **1** cruentemente **CONTR.** incruentemente **2** (*fig.*) duramente, gravemente, crudelmente, violentemente.

sanguinóso agg. **1** (*di ferita, di mano, ecc.*) sanguinante, insanguinato **CONTR.** esangue, dissanguato **2** (*di battaglia, di vittoria, ecc.*) cruento (*lett.*), con molte vittime **CONTR.** incruento **3** (*fig.*) (*di offesa, di parole, ecc.*) gravissimo, durissimo, dolorosissimo, dannosissimo, imperdonabile, inescusabile **CONTR.** lieve, leggero, perdonabile, scusabile.

sanguisùga s. f. **1** (*zool.*) mignatta **2** (*fig.*) esoso, avido, usuraio □ parassita, scroccone, piovra **3** (*fig.*) seccatore, scocciatore (*fam.*), rompiscatole (*fam.*), rompiballe (*volg.*) **4** (*sport*) succhiaruote.

sanità s. f. **1** salute, benessere, forza, robustezza, prosperità, vigore **CONTR.** malattia, infermità, indisposizione, acciacco, malanno, cagionevolezza, debolezza **2** (*fig.*) (*di mente, di principi, ecc.*) integrità, pienezza □ onestà, rettitudine, morigeratezza **CONTR.** debolezza, infermità □ corruzione, depravazione, disonestà, immoralità, perversione, scostumatezza **3** (*di aria, di clima, ecc.*) salubrità, purezza, igiene **CONTR.** insalubrità, dannosità, perniciosità.

sanitàrio A agg. della sanità **B** s. m. (*bur.*) medico, dottore, clinico.

sàno A agg. **1** (*di persona, di aspetto, ecc.*) esente da malattie, in buona salute, fiorente, florido, fresco, robusto, vegeto, prosperoso, rubizzo **CONTR.** malato, ammalato, malaticcio, infermo, infermiccio, malazzato (*raro*), cagionevole **2** (*di cosa*) intero, integro, intatto, inalterato, perfetto **CONTR.** guasto, difettoso, alterato, imperfetto, rotto, infranto **3** (*di clima, di aria, ecc.*) salubre, balsamico, igienico **CONTR.** insalubre, dannoso, nocivo, pernicioso **4** (*fig.*) (*di principi, di ambiente, ecc.*) onesto, retto, integro, probo, costumato, morigerato **CONTR.** corrotto, depravato, disonesto, immorale, pervertito, scostumato **B** s. m. **CONTR.** ammalato, malato.

sansóne [da *Sansone*, l'eroe di Israele, famoso per la sua forza] s. m. (*per anton., fam.*) omone, omaccio, forzuto, ercole **CONTR.** omino, deboluccio.

santaménte avv. da santo, devotamente, piamente, religiosamente **CONTR.** empiamente, irreligiosamente, sacrilegamente, malvagiamente, scelleratamente.

santarèllo s. m. santocchio, baciapile, bacchettone, bigotto, ipocrita, gattamorta **CONTR.** mangiapreti, anticlericale.

santificàre v. tr. **1** (*di defunto*) dichiarare santo, canonizzare, beatificare, porre sugli altari **2** (*di luogo, di matrimonio, ecc.*) consacrare **CONTR.** profanare, sconsacrare, violare **3** (*di nome di Dio, di feste, ecc.*) venerare, adorare, celebrare, onorare, benedire □ osservare **CONTR.** bestemmiare, maledire, disprezzare, vilipendere.

santificàto part. pass. di **santificare**; anche agg. venerato, adorato, onorato, benedetto □ osservato **CONTR.** bestemmiato, maledetto, disprezzato, vilipeso □ dissacrato.

santificazióne s. f. canonizzazione, beatificazione.

santìssimo A agg. (*abbr.* **SS.**) **1** sup. di **santo** **2** venerabilissimo **B** s. m. (*ell.*) Santissimo Sacramento, Ostia.

santità s. f. **1** divinità, sacralità □ venerabilità, inviolabilità, intangibilità **CONTR.** empietà **2** (*di vita, di costumi, ecc.*) integrità, illibatezza, purezza, onestà, probità, rettitudine, bontà, virtù **CONTR.** disonestà, impurità, corruzione, corruttela, depravazione, malvagità, pervertimento, vizio.

sànto A agg. **1** divino, soprannaturale □ religioso **CONTR.** diabolico, infernale, demoniaco, satanico □ empio, profano **2** canonizzato, beatificato, venerabile **3** (*di luogo, di giorno, ecc.*) sacro, benedetto, consacrato, sacrosanto **CONTR.** sconsacrato, empio, maledetto **4** (*di persona, di azione, ecc.*) pio, religioso □ (*est.*) buono, onesto, giusto, probo, retto, virtuoso **CONTR.** disonesto, corrotto, depravato, malvagio, pervertito, vizioso **5** (*fig., fam.*) (*di rimedio, di punizione, ecc.*) efficace, giovevole, salutare, vantaggioso, utile **CONTR.** inefficace, inutile, svantaggioso, dannoso, nocivo, pernicioso **B** s. m. **1** canonizzato, beato, venerabile □ martire, patrono **2** (*est.*) persona virtuosissima, persona onestissima **CONTR.** farabutto, canaglia, mascalzone **3** (*fam.*) onomastico **FRAS.** *Terra Santa*, Palestina □ *Santo Padre*, papa □ *Santa Sede*, curia romana, Vaticano □ *anno santo*, giubileo □ *di santa ragione*, a ragione, con forza; in gran quantità □ *non c'è santo che tenga*, non c'è niente da fare □ *avere un santo dalla propria* (*fig.*), avere molta fortuna □ *avere dei santi in Paradiso* (*fig.*), avere un protettore molto potente □ *non sapere a che santo votarsi*, non sapere a chi rivolgersi □ *non essere uno stinco di santo*, essere senza scrupoli.

santóne s. m. **1** eremita, asceta **2** (*spreg.*) bacchettone, bigotto, baciapile, santarello, gattamorta **CONTR.** mangiapreti, anticlericale.

santuàrio s. m. **1** luogo sacro, tempio, chiesa, sacrario, sancta sanctorum (*lat.*) **2** (*fig.*) (*di famiglia, di affetti, ecc.*) intimità **3** (*di guerriglieri, di fuorilegge e sim.*) asilo, rifugio, nascondiglio.

sanzionàre v. tr. **1** sancire, approvare, confermare, decretare, ratificare, convalidare **CONTR.** abolire, abrogare, annullare, cancellare, cassare, estinguere, invalidare, revocare, sopprimere **2** (*raro*) punire **CONTR.** premiare.

sanzionàto part. pass. di **sanzionare**; anche agg. sancito, approvato, confermato, convalidato, decretato, ratificato **CONTR.** annullato, abolito, abrogato, cancellato, cassato, invalidato, revocato, soppresso.

sanzióne s. f. **1** approvazione, conferma, convalida, convalidamento, convalidazione (*raro*), ratifica, ratificazione **CONTR.** annullamento, abolizione, abrogazione, cancellazione, cassazione, invalidazione, revoca, soppressione **2** pena, penale, penalità, punizione, comminatoria □ ostracismo **CONTR.** premio, ricompensa.

sapére A v. tr. **1** conoscere □ (*ass.*) essere colto, essere dotto, essere erudito, essere istruito, essere un'arca di scienza **CONTR.** ignorare, essere ignorante, essere incolto, essere rozzo, essere un analfabeta, essere un beota **2** (*di mestiere, di regole, ecc.*) essere abile, essere bravo, essere capace, essere esperto, essere pratico, intendersi **CONTR.** essere inabile, essere incapace, essere inesperto, non intendersi **3** (*di notizia, di fatto, ecc.*) conoscere, apprendere, essere informato, venire a conoscere, aver notizia **4** (*di mentire, come fare, ecc.*) avere ben chiaro, aver coscienza, essere consapevole, rendersi conto **5** (*di agire, di leggere, ecc.*) essere in grado, essere capace **B** v. intr. **1** (*di sale, di menta, ecc.*) avere sapore □ avere odore **2** (*di truffa, che sia vero, ecc.*) sembrare, parere, dare l'impressione **C** in funzione di s. m. solo sing. nozioni, conoscenze, scienza, sapienza **CONTR.** ignoranza **FRAS.** *sapere il fatto suo, saperci fare*, essere in gamba, essere molto abile □ *saperla lunga*, essere molto astuto □ *far sapere*, informare □ *non volerne sapere*, disinteressarsi □ *saper vivere*, conoscere il mondo □ *mi sa che*, ho l'impressione che.

sapiènte agg. e s. m. e f. **1** (*di persona*) colto, dotto, erudito, luminare, maestro, enciclopedico, scienziato, arca di scienza **CONTR.** ignorante, incolto, illetterato, insipiente (*lett.*), analfabeta, zuccone, asino, somaro, ciuco, bestia, beota **2** (*di consiglio, di decisione, ecc.*) accorto, avveduto, intelligente, saggio, sagace, prudente **CONTR.** malaccorto, avventato, imprudente, insensato, sconsiderato, sciocco, sconsigliato, scriteriato **3** (*di mano, di arte, ecc.*) abile, capace, esperto, perito, pratico **CONTR.** inabile, incapace, inesperto, imperito, inetto.

sapienteménte avv. intelligentemente, abilmente, accortamente, bene, prudentemente, saggiamente **CONTR.** malaccortamente, male, imprudentemente, inettamente (*raro*).

sapientóne agg.; anche s. m. saccente, saccentone, presuntuoso, saputo, intelligentone, sputasentenze (*spreg.*) **CONTR.** modesto, riservato, umile.

sapiènza s. f. **1** dottrina, cultura, sapere, conoscenze, erudizione, scienza **CONTR.** ignoranza, insipienza, rozzezza, zoticaggine, asineria, somaraggine, bestialità **2** accortezza, avvedutezza, intelligenza, prudenza, sagacia, saviezza, saggezza **CONTR.** avventatezza, imprudenza, insensatezza, sconsideratezza, sciocchezza, sconsigliatezza **3** abilità, capacità, esperienza, perizia, pratica **CONTR.** inabilità, incapacità, inesperienza, imperizia, inettitudine.

sapóre s. m. **1** gusto, gustosità, sapidità (*lett.*), saporosità (*raro*) **CONTR.** insipidezza, scipitezza **2** (*fig.*) (*di parole, di romanzo, ecc.*) tono, carattere, intonazione **3** (*fig.*) finezza, piacevolezza, spirito, squisitezza **CONTR.** grossolanità, rozzezza.

saporitaménte avv. **1** con sapore **2** (*fig.*) di gusto, con piacere, saporosamente (*raro*) **CONTR.** svogliatamente, contro voglia.

saporìto agg. **1** gradevole, gustoso, sapido (*lett.*), saporoso (*raro*), appetitoso, stuzzicante, succulento, squisito **CONTR.** insaporo, insipido, scipito, insulso, sciocco (*tosc.*), scondito **2** (*fig.*) (*di risata, di dormita, ecc.*) profondo, gustoso, piacevole **CONTR.** svogliato **3** (*fig.*) (*di conto, di prezzo, ecc.*) caro, elevato, salato, pepato **CONTR.** basso, modesto, modico, moderato **4** (*fig.*) (*di racconto, di stile, ecc.*) arguto, frizzante, pungente, spiritoso **CONTR.** insulso, sciocco, stupido, melenso.

saputèllo agg.; anche s. m. **1** dim. di **saputo** nel sign. B **2** ragazzo saccente.

sapùto A part. pass. di **sapere**; anche agg. **1** noto, conosciuto, notorio, palese, manifesto, risaputo **CONTR.** ignorato, ignoto, oscuro, sconosciuto **2** (*est., lett.*) saggio, avveduto **CONTR.** sciocco, ingenuo, semplicione **B** agg.; anche s. m. presuntuoso, saccente, intelligentone, sapientone, sputasenno (*spreg.*), sputasentenze (*spreg.*) **CONTR.** modesto, discreto, prudente, riservato, umile.

saracèno [lat. tardo *Saracēnu(m)*, dall'ar. *šarqī* 'orientale'] s. m. mussulmano □ arabo, turco, moro, maomettano.

saracinésca [abbr. di *porta saracinesca*, cioè, come quella dei saraceni] s. f. **1** serranda, chiudenda, avvolgibile □ cateratta **2** cancellata.

sarcàsmo s. m. ironia, scherno, beffa, irrisione **CONTR.** adulazione, complimento, incensamento, lusinga.

sarcasticaménte avv. acremente, amaramente, aspramente, beffardamente, mordacemente, velenosamente **CONTR.** complimentosamente, lusinghevolmente, mellifluamente.

sarcàstico agg. acre, amaro, aspro, mordace, pungente, sprezzante, velenoso **CONTR.** adulatorio, complimentoso, lusingatore, mellifluo.

sarcòfago s. m. arca, sepolcro, tomba, avello (*lett.*).

sardìna s. f. (*zool.*) sarda, sardella.

sardònico agg. maligno, ironico, beffardo, mordace, amaro, pungente **CONTR.** adulatorio, complimentoso, lusinghevole (*lett.*), mellifluo.

sàrta s. f. cucitrice, pantalonaia □ modista, stilista.

sàrto s. m. pantalonaio □ stilista, modellista.

sartorìa s. f. atelier (*fr.*).

sassàia s. f. sasseto, ghiareto (*raro*), petraia, greto.

sassàta s. f. colpo di sasso, pietrata.

sasséto s. m. sassaia, ghiareto (*raro*), petraia, greto.

sàsso s. m. **1** pietra, masso, blocco, macigno, roccia, rupe, scoglio **2** materia pietrosa **3** ciottolo, frammento di pietra, cogolo (*sett.*), selce **4** (*di monte*) parete **5** (*lett.*) pietra sepolcrale, sepolcro **FRAS.** *essere di sasso* (*fig.*), essere duro d'animo □ *rimanere di sasso* (*fig.*), rimanere attonito, restare stupito □ *far piangere i sassi*, essere penoso; essere ridicolo.

sassóso agg. pietroso, ciottoloso, ghiaioso.

sàtana s. m. inv. demonio, diavolo, Lucifero, Belzebù, spirito maligno, tentatore, angelo delle tenebre, satanasso (*pop.*) **CONTR.** angelo, spirito celeste, creatura celeste, intelligenza celeste.

satànico agg. **1** demoniaco, diabolico **2** (*fig.*) perfido, maligno, malvagio, perverso **CONTR.** buono, benigno, innocente.

satèllite A s. m. **1** (*lett.*) (*di persona*) guardia del corpo, accompagnatore, servitore, sgherro, scherano (*lett.*), birro, bravo, giannizzero, gorilla (*fig.*), guardaspalle **2** (*est.*) seguace, persona di fiducia □ (*spreg.*) tirapiedi, ruffiano **3** (*astron.*) pianetino **4** veicolo spaziale **5** (*mecc.*) ruota planetaria **B** in funzione di agg. (posposto al s.) (*polit.*) dipendente, subordinato, vassallo, suddito **CONTR.** autonomo, indipendente.

satinàre v. tr. lucidare, calandrare.

satinatùra s. f. lucidatura, calandratura.

sàtira s. f. **1** poesia mordace **2** (*est.*) critica, caricatura, ironia, epigramma, parodia, sarcasmo, sferzata **CONTR.** apologia, elogio, encomio, esaltazione, incensamento, lode, plauso, panegirico.

satireggiàre A v. tr. mettere in satira, beffeggiare, canzonare, motteggiare, pungere, punzecchiare, schernire **CONTR.** elogiare, encomiare, esaltare, incensare, lodare, celebrare, glorificare **B** v. intr. fare della satira.

satiricaménte avv. ironicamente, mordacemente, sarcasticamente **CONTR.** encomiasticamente.

satìrico agg. di satira □ canzonatorio, ironico, mordace, motteggiatore, pungente, sferzante **CONTR.** benevolo, benigno, bonario, elogiativo, laudatorio (*raro*).

sàtiro s. m. (*fig.*) lascivo, libidinoso, mandrillo (*fig.*) **CONTR.** casto, morigerato, pudico.

satóllo agg. sazio, pieno, saziato, rimpinzato, saturo, pago, soddisfatto **CONTR.** affamato, famelico, digiuno, morto di fame.

saturàre A v. tr. (*fig.*) riempire, rimpinzare, colmare, satollare, saziare **CONTR.** vuotare, svuotare **B saturarsi** v. intr. pron. riempirsi, saziarsi, satollarsi, rimpinzarsi **CONTR.** svuotarsi, digiunare, non mangiare.

saturazióne s. f. **1** saturità (*raro*), sazietà **CONTR.** fame, inedia **2** (*gener.*) massimo, massima quantità **CONTR.** minimo **FRAS.** *arrivare al punto di saturazione* (*fig.*), averne abbastanza, non sopportare oltre.

sàturo agg. (*fig.*) pieno, traboccante, saturato, impregnato, pregno, satollo, sazio **CONTR.** vuoto, privo.

savàna s. f. (*est.*) prateria.

saviaménte avv. assennatamente, avvedutamente, accortamente, giudiziosamente, ponderatamente, prudentemente, saggiamente, sensatamente, seriamente, sapientemente **CONTR.** avventatamente, malaccortamente, inconsideratamente, sconsideratamente, leggermente, imprudentemente, stoltamente, dissennatamente, insensatamente, follemente.

sàvio agg. e s. m. assennato, avveduto, accorto, giudizioso, ponderato, prudente, saggio, sensato, riflessivo, serio, sapiente **CONTR.** avventato, malaccorto, sventato, scapato, imprudente, inconsiderato, sconsiderato, leggero, dissennato, irriflessivo, stolto, folle, matto.

savoir-faire /*fr.* sa'vwar 'fɛr/ [vc. fr., propriamente 'saper (*savoir*) fare (*faire*)'] loc. sost. m. inv. tatto, diplomazia, accortezza, prudenza **CONTR.** avventatezza, imprudenza, sconsideratezza.

saziàre A v. tr. **1** rimpinzare, riempire, satollare, saturare, pascere abbondantemente, sfamare **CONTR.** lasciar digiuno, affamare **2** (*est.*) nauseare, stomacare, disgustare, stuccare, annoiare, tediare, stancare, infastidire **CONTR.** allietare, dilettare, divertire, svagare, rallegrare, ricreare **3** (*fig.*) (*di desiderio, di ambizione, ecc.*) appagare, accontentare, soddisfare **CONTR.** lasciare inappagato, deludere **B saziarsi** v. intr. pron. **1** riempirsi, rimpinzarsi, satollarsi, mangiare a sazietà **CONTR.** digiunare, non mangiare, morir di fame **2** (*fig.*) appagarsi, contentarsi, levarsi la voglia **CONTR.** rimanere insoddisfatto.

saziàto part. pass. di **saziare**; anche agg. **1** sazio, satollo, pieno, rimpinzato, sfamato **CONTR.** insaziato, affamato, digiuno, morto di fame **2** (*fig.*) appagato, contento **CONTR.** inappagato, scontento.

sazietà s. f. **1** pienezza, rimpinzamento (*raro*), satollamento (*raro*), appagamento, saturazione, saturità (*raro*) **CONTR.** fame, appetito, digiuno **2** (*fig.*) disgusto, fastidio, noia, nausea, repulsione, ripugnanza **CONTR.** brama, bramosia (*lett.*), desiderio, avidità, voglia, sete.

sàzio agg. **1** pieno, satollo, ripieno, saziato, sfamato □ pago, soddisfatto **CONTR.** affamato, famelico, digiuno □ inappagato, insoddisfatto **2** (*fig.*) stufo, arcistufo, stucco, ristucco, annoiato, disgustato, infastidito, nauseato, stomacato, stanco **CONTR.** avido, bramoso, desideroso, cupido (*lett.*), voglioso, assetato.

sbaciucchiàre A v. tr. baciucchiare **B sbaciucchiarsi** v. rifl. rec. baciucchiarsi.

sbadatàggine s. f. disattenzione, inavvedutezza, sventatezza, distrazione, inavvertenza, incuria, leggerezza, negligenza, noncuranza, storditaggine, trascurataggine, trascuratezza **CONTR.** attenzione, cautela, prudenza, cura, applicazione, diligenza, assiduità, concentrazione, esattezza, solerzia, scrupolo.

sbadataménte avv. distrattamente, imprudentemente, inconsideratamente, leggermente, inavvertitamente, inavvedutamente, negligentemente, sventatamente, trascuratamente **CONTR.** attentamente, accuratamente, diligentemente, assiduamente, esattamente, prudentemente, scrupolosamente.

sbadàto agg.; anche s. m. disattento, inavveduto, sventato, distratto, incurante, inconsiderato, noncurante, negligente, spensierato, stordito, trascurato **CONTR.** attento, avveduto, cauto, prudente, guardingo, posato, diligente, solerte, scrupoloso.

sbagliàre A v. tr. errare, fallire, mancare □ confondere, scambiare **CONTR.** azzeccare, cogliere, colpire, imbroccare, indovinare, prendere **B** v. intr. errare, fallare, fallire, equivocare, ingannarsi, sgarrare, spropositare, prendere un abbaglio, prendere un granchio, prendere una cantonata **CONTR.** essere esatto, essere preciso **C sbagliarsi** v. intr. pron. errare, ingannarsi, equivocare, essere in errore **CONTR.** essere nel giusto, avere ragione.

sbagliàto part. pass. di **sbagliare**; anche agg. erroneo, errato, fallito, mancato □ malfatto **CONTR.** giusto, esatto □ ben fatto.

sbàglio s. m. **1** errore, equivoco, granchio, inesattezza, imprecisione, sproposito, svarione, svista, farfallone, sfarfallone (*fam.*), abbaglio, cantonata, qui pro quo, passo falso, lapsus (*lat.*), marrone (*fam.*) **CONTR.** correzione, rettifica, rettificazione, miglioramento **2** fallo, neo, peccato.

sbalestràto agg. **1** smarrito, spaesato, sperduto, a disagio, disambientato **CONTR.** ambientato **2** (*fig.*) disordinato, spostato □ illogico, incoerente, squilibrato, scriteriato **CONTR.** coerente, equilibrato, logico, ordinato, ponderato, riflessivo, saggio, savio **3** (*fig.*) (*di persona*) trasferito, spostato, cacciato **CONTR.** chiamato, fatto venire.

sballàre A v. tr. disfare, aprire, disinvolgere, sviluppare, scartare **CONTR.** imballare, avvolgere, avviluppare **B** v. intr. eccedere, sbagliare □ oltrepassare il limite.

sballàto agg. **1** aperto **CONTR.** imballato **2** (*fig.*) infondato, illogico, inattendibile, assurdo, insensato, campato in aria **CONTR.** attendibile, fondato, logico, sensato, ragionevole **3** (*fig.*) esagerato, inventato, bugiardo, menzognero **CONTR.** verace (*lett.*), veritiero, veridico, sincero.

sballottaménto s. m. scuotimento, vibrazione.

sballottàre v. tr. agitare, scuotere, palleggiare, sbalzellare.

sbalordiménto s. m. stordimento, turbamento, conturbamento, intontimento, intorpidimento, intronamento (*raro*) □ frastornamento (*raro*), sbigottimento, sconcerto, disorientamento, confusione, meraviglia, stupore **CONTR.** freddezza, impassibilità, imperturbabilità, indifferenza.

sbalordìre A v. tr. **1** stordire, tramortire, intronare, istupidire **CONTR.** far rinvenire **2** (*fig.*) frastornare, intontire, turbare, conturbare, sbigottire, sconcertare, disorientare, confondere, meravigliare, stupire, affascinare, ammaliare **CONTR.** lasciare freddo, lasciare indifferente **B** v. intr. (*est.*) impressionarsi, sconcertarsi, restare di sasso **CONTR.** restare impassibile.

sbalorditìvo agg. incredibile, straordinario, stupefacente, sconcertante, meraviglioso □ eccessivo, esagerato **CONTR.** credibile, comune, naturale, semplice □ moderato, modesto, modico.

sbalordìto part. pass. di **sbalordire**; anche agg. **1** stordito, tramortito, intronato, istupidito **CONTR.** rinvenuto **2** (*fig.*) attonito, disorientato, frastornato, turbato, conturbato, sorpreso, meravigliato, stupito, stupefatto, affascinato, ammaliato **CONTR.** calmo, freddo, impassibile, imperturbabile, indifferente, apatico.

sbalzàre (1) A v. tr. **1** far balzare, lanciare, sbalestrare **2** (*fig.*) (*da una carica, da una sede, ecc.*) allontanare, cacciare, rimuovere **CONTR.** chiamare, far venire **B** v. intr. **1** balzare, sobbalzare **2** rimbalzare.

sbalzàre (2) v. tr. modellare a sbalzo, cesellare.

sbalzàto part. pass. di **sbalzare (2)**; anche agg. lavorato a sbalzo, cesellato.

sbàlzo (1) s. m. **1** balzo, rimbalzo, salto **2** (*fig.*) (*di temperatura, di pressione, ecc.*) oscillazione improvvisa, variazione improvvisa, salto.

sbàlzo (2) s. m. rilievo, cesello.

sbancàre A v. tr. **1** (*al gioco*) vincere, far saltare il banco **CONTR.** perdere **2** (*fig.*) rovinare, far fallire, spogliare, ridurre al verde, dissestare **CONTR.** riassestare **B sbancarsi** v. intr. pron. (*fig.*) rovinarsi, fallire, ridursi al verde **CONTR.** rimpannucciarsi.

sbandaménto s. m. **1** (*di veicolo*) scarto laterale **2** (*fig.*) (*di persona, di coscienza, ecc.*) deviazione, disorientamento, sconcerto, turbamento **CONTR.** coerenza, costanza, fermezza, perseveranza.

sbandàre v. intr. **1** (*di nave*) inclinarsi, perdere la direzione **CONTR.** raddrizzarsi **2** (*di veicolo*) scartare lateralmente, deviare **3** (*fig.*) deviare.

sbandàta s. f. deviazione **CONTR.** raddrizzamento **FRAS.** *prendere una sbandata* (*fig.*), innamorarsi ciecamente.

sbandàto agg. e s. m. **1** disperso, isolato, separato dagli altri **CONTR.** riunito **2** (*fig.*) confuso, disorientato, smarrito □ spostato, disinserito, fallito **CONTR.** coerente, costante, fermo, perseverante □ realizzato.

sbandieraménto s. m. **1** sventolamento di

bandiere, sbandierata **2** (*fig.*) ostentamento, ostentazione, sfoggio, mostra, pompa.

sbandieràre v. tr. **1** sventolare le bandiere **2** (*fig.*) ostentare, far mostra, sfoggiare, affettare, vantare, esaltare, magnificare **CONTR.** celare (*lett.*), nascondere, mascherare, occultare, dissimulare.

sbaragliaménto s. m. rotta, dispersione, sconfitta, disfatta, sbaraglio, annientamento **CONTR.** vittoria, successo, trionfo □ riunione, riordinamento, riorganizzazione.

sbaragliàre v. tr. mettere in rotta, disperdere, scompigliare, sparpagliare □ battere, vincere, sconfiggere **CONTR.** riunire, raccogliere, riordinare, riorganizzare.

sbaràglio s. m. sbaragliamento, dispersione, scompiglio, confusione, fuga, sconfitta, rotta, disfatta **CONTR.** vittoria, successo, trionfo □ riunione, riordinamento, riorganizzazione **FRAS.** *mandare allo sbaraglio*, esporre a grave pericolo □ *buttarsi allo sbaraglio*, avventurarsi avventatamente.

sbarazzàre A v. tr. liberare, sgomberare, ripulire, riordinare **CONTR.** imbarazzare, ingombrare, impacciare, impedire, intralciare **B sbarazzarsi** v. rifl. liberarsi, disfarsi, allontanare **CONTR.** chiamare, far venire.

sbarazzìno A s. m. ragazzo vivace □ birichino, monello, birbantello, bricconcello **B** agg. vivace, furbo, birichino **CONTR.** posato, spento.

sbarbàre A v. tr. **1** sradicare, estirpare, svellere, divellere (*lett.*), sbarbicare (*lett.*), strappare **CONTR.** piantare, conficcare **2** fare la barba, radere **B sbarbarsi** v. rifl. radersi, farsi la barba.

sbarbatèllo s. m. ragazzo presuntuoso, saccentello, immaturo, inesperto, pivello, novellino, principiante **CONTR.** esperto, navigato, veterano.

sbarcàre A v. tr. **1** (*da nave, da aereo*) far scendere **CONTR.** imbarcare, far salire **2** (*est.*) far scendere, far smontare, scaricare **CONTR.** far salire, far montare **3** (*fig.*) (*di tempo*) trascorrere, passare alla meglio **B** v. intr. (*da nave, da aereo*) scendere, arrivare, smontare **CONTR.** imbarcarsi, salire, montare **FRAS.** *sbarcare il lunario*, vivere alla meglio, tirare a campare.

sbarcàto part. pass. di **sbarcare**; anche agg. smontato, sceso, arrivato **CONTR.** imbarcato, salito.

sbàrco s. m. (*da nave, da aereo*) discesa, arrivo □ scarico **CONTR.** imbarco.

sbàrra s. f. **1** asta, spranga, barra, stanga, bastone, palo, traversa **2** tramezzo, parapetto, assito, balaustra, balaustrata.

sbarraménto s. m. **1** chiusura, sprangatura, ostruzione, occlusione, otturamento **CONTR.** apertura **2** barriera, barricata, steccato, trincea, riparo, ostacolo.

sbarràre v. tr. **1** sprangare, chiudere □ barricare, serrare, tappare, asserragliare **CONTR.** aprire, spalancare, disserrare **2** (*est.*) (*di carriera, di passaggio, ecc.*) ostacolare, impedire **CONTR.** favorire **3** (*di occhi*) spalancare, allargare, dilatare **CONTR.** chiudere, stringere.

sbarràto part. pass. di **sbarrare**; anche agg. **1** chiuso, sprangato □ barricato, serrato, tappato **CONTR.** aperto, spalancato, disserrato **2** (*est.*) ostacolato, impedito **CONTR.** aperto, libero **3** (*di occhi*) spalancato, allargato, dilatato **CONTR.** chiuso, semichiuso, stretto.

sbatacchiaménto s. m. percossa, urto, sbattimento.

sbatacchiàre A v. tr. e intr. sbattere □ percuotere, urtare **B sbatacchiarsi** v. rifl. (*raro*) agitarsi, dibattersi, dimenarsi.

sbàttere A v. tr. **1** (*di ali, di tappeti, ecc.*) battere, percuotere **2** (*contro il muro, per terra, ecc.*) gettare, scagliare, scaraventare, lanciare **3** (*est., fig.*) mandare via, cacciare, buttare **4** urtare, battere **5** (*di sostanza, di uova, ecc.*) agitare, mescolare, scekerare **B sbattersi** v. intr. pron. agitarsi, dibattersi **CONTR.** calmarsi **C** v. intr. **1** battere violentemente **2** (*per vento*) scuotersi, gonfiarsi **FRAS.** *sbattere fuori*, cacciare in malo modo □ *non sapere dove sbattere la testa* (*fig.*), essere in grave difficoltà □ *sbattere la porta in faccia* (*fig.*), negare un aiuto.

sbattùto part. pass. di **sbattere**; anche agg. **1** (*di cosa*) battuto, scosso, sbatacchiato, agitato, dimenato □ frullato, scekerato □ percosso, urtato **2** (*di persona*) abbattuto, pallido, smorto, scolorito, disfatto **CONTR.** colorito, fresco, riposato, rubicondo, vivace.

sbellicàrsi v. intr. pron. smascellarsi, scompisciarsi (*pop.*), sganasciarsi.

sbendàre v. tr. sfasciare **CONTR.** bendare, fasciare.

sbèrla s. f. schiaffo, manrovescio, ceffone.

sberlèffo s. m. gesto di scherno, smorfia, boccaccia, irrisione, dileggio (*lett.*) **CONTR.** moina, complimento, vezzeggiamento.

sbiadìre A v. intr. e **sbiadirsi** intr. pron. scolorire, schiarire, stingersi, impallidire, spegnersi **CONTR.** avvivarsi, ravvivarsi, intensificarsi **B** v. tr. scolorire, stingere, schiarire, spegnere **CONTR.** colorire, avvivare, ravvivare.

sbiadìto part. pass. di **sbiadire**; anche agg. **1** scolorito, stinto, schiarito, smorto, scialbo, spento **CONTR.** colorito, acceso, vivo, vivace, intenso, carico **2** (*fig.*) (*di stile, di persona, ecc.*) scialbo, spento □ sfiorito **CONTR.** vivace, brillante □ fiorente, florido.

sbiancànte part. pres. di **sbiancare**; anche agg. e s. m. candeggiante.

sbiancàre A v. tr. imbiancare, imbianchire, sbianchire, candeggiare **B** v. intr. e **sbiancarsi** intr. pron. diventare bianco □ (*di persona*) impallidire, scolorire **CONTR.** arrossire.

sbiancàto part. pass. di **sbiancare**; anche agg. **1** imbiancato, imbianchito, candeggiato **CONTR.** offuscato, oscurato, annerito **2** (*di persona*) pallido, impallidito, smorto **CONTR.** arrossito, rosso.

sbièco agg. obliquo, storto, di traverso, fuori di squadra **CONTR.** diritto, dritto **FRAS.** *di sbieco*, obliquamente, di traverso □ *guardare di sbieco* (*fig.*), guardare con malanimo.

sbigottiménto s. m. sgomento, paura, spavento, terrore, costernazione, profondo timore, turbamento □ meraviglia, stupore, sbalordimento, sconcerto **CONTR.** gioia, felicità.

sbigottìre A v. tr. turbare, sconcertare, sgomentare, atterrire, impaurire, intimorire, spaurire, spaventare, impressionare, costernare, sconvolgere, avvilire, scoraggiare **CONTR.** rincorare, confortare, incoraggiare, rassicurare, far animo, tranquillizzare, calmare, quietare, rallegrare, dare gioia **B** v. intr. e **sbigottirsi** intr. pron. turbarsi, smarrirsi, scoraggiarsi, avvilirsi, impressionarsi, impaurirsi, spaventarsi **CONTR.** farsi animo, rincorarsi, rassicurarsi, imbaldanzirsi, confortarsi, calmarsi, tranquillizzarsi, quietarsi □ rallegrarsi, gioire.

sbigottìto part. pass. di **sbigottire**; anche agg. turbato, impressionato, impaurito, spaurito, intimorito, spaventato, angustiato, sgomento, avvilito, smarrito, scoraggiato, scorato □ stupefatto, stupito, sbalordito, meravigliato, attonito, stordito **CONTR.** rincorato, rianimato, confortato, incoraggiato, rassicurato, rallegrato, imbaldanzito, calmo, disteso, quieto, sereno, tranquillo.

sbilanciaménto s. m. squilibrio **CONTR.** equilibrio.

sbilanciàre A v. tr. **1** squilibrare **CONTR.** bilanciare, equilibrare **2** (*fig.*) (*di finanze, di economia e sim.*) dissestare, mettere in crisi **CONTR.** dare impulso, incrementare **3** (*fig.*) (*di progetto, di piano, ecc.*) turbare, sconcertare, sconvolgere, scombussolare **CONTR.** sistemare, organizzare **B** v. intr. perdere l'equilibrio, pendere da una parte **C sbilanciarsi** v. intr. pron. **1** (*in economia*) dissestarsi, rovinarsi **CONTR.** fare fortuna **2** compromettersi, arrischiarsi, promettere troppo **CONTR.** controllarsi, contenersi.

sbilènco agg. **1** storto, bilenco, sciancato, storpio, fuori sesto **CONTR.** diritto, dritto, in sesto **2** (*fig.*) (*di ragionamento, di idea, ecc.*) malfatto, balordo, sciocco, illogico, incoerente **CONTR.** coerente, logico, sensato.

sbirciàre v. tr. guardare di traverso, guardare di sfuggita, occhieggiare **CONTR.** osservare, fissare.

sbirciàta s. f. rapido sguardo.

sbìrro s. m. (*spreg.*) poliziotto, sgherro, questurino (*pop.*), gendarme, agente.

sbizzarrìre A v. tr. togliere i capricci, far passare le bizzarrie, scapricciare (*raro*) **B sbizzarrirsi** v. intr. pron. scapricciarsi, sbrigliarsi **CONTR.** frenarsi, contenersi, trattenersi, moderarsi.

sbloccàre v. tr. (*anche fig.*) liberare, sciogliere, svincolare □ liberalizzare **CONTR.** bloccare, vincolare, impedire, impacciare, intralciare, ostacolare.

sbloccàto part. pass. di **sbloccare**; anche agg. libero, sciolto, svincolato □ liberalizzato **CONTR.** bloccato, vincolato.

sboccàre A v. intr. **1** (*di fiume*) sfociare, gettarsi, confluire, riversarsi **CONTR.** nascere **2** (*di strada*) terminare, metter capo, immettere, immettersi, condurre **CONTR.** cominciare, partire **3** (*di persone*) arrivare, giungere, pervenire, irrompere **CONTR.** partire **4** (*fig.*) (*di situazione, di discussione, ecc.*) andare a finire, concludersi, terminare **CONTR.** iniziare, cominciare **B** v. tr. (*di vaso, di orlo, ecc.*) sbreccare, sbeccucciare, sbocconcellare.

sboccàto agg. **1** (*di persona, di discorso, ecc.*) sfrenato, licenzioso, osceno, spudorato, scurrile, volgare **CONTR.** casto, castigato, discreto, pudico, decente, verecondo, onesto **2** (*di vaso, di orlo, ecc.*) sbreccato, sbeccucciato, sbocconcellato.

sbocciàre v. intr. **1** (*di fiore, di pianta*) aprirsi, schiudersi, germogliare, fiorire **CONTR.** sfiorire, appassire, avvizzire, inaridirsi, seccarsi, disseccarsi **2** (*fig.*) (*di amore, di poesia, ecc.*) nascere, avere origine, scaturire, sorgere, manifestarsi, palesarsi **CONTR.** finire, tramontare, spegnersi.

sbócco s. m. **1** (*di fiume*) bocca, imboccatura, foce □ delta, estuario **CONTR.** sorgente **2** (*di strada, di grotta, ecc.*) uscita, apertura, sfogo **3** (*fig.*) approdo, emporio, scalo **4** (*econ.*) collocamento, smercio, mercato **5** (*di liquido, di gas*) fuoriuscita □ (*pop.*) emottisi.

sbocconcellàre v. tr. **1** mangiucchiare **CONTR.** divorare, ingoiare, trangugiare **2** (*di vaso, di orlo, ecc.*) sbeccare, sbreccare, sbeccucciare.

sbocconcellàto part. pass. di **sbocconcellare**; anche agg. **1** mangiucchiato **CONTR.** divorato, ingoiato, trangugiato **2** (*di vaso, di orlo, ecc.*) sbeccato, sbreccato, sbeccucciato.

sbollìre v. intr. **1** cessare di bollire **CONTR.** bollire, ribollire **2** (*fig.*) (*di ira, di entusiasmo, ecc.*) calmarsi, placarsi, raffreddarsi, diminuire, scemare, cessare **CONTR.** inasprirsi, acuirsi, accrescersi, aumentare, esacerbarsi, esasperarsi.

sbòrnia s. f. (*pop.*) ubriacatura, sbronza (*fam.*), cotta (*pop.*), balla (*dial.*), scimmia (*dial.*).

sborsàre v. tr. (*est.*) pagare, versare, snocciolare **CONTR.** incassare, intascare, introitare, riscuotere.

sbottàre v. intr. **1** erompere, scoppiare, prorompere **CONTR.** frenare, contenere, trattenere, soffocare **2** inveire, sfogarsi, prorompere **CONTR.** contenersi, frenarsi, trattenersi, mandar giù, ingoiare, subire.

sbottonàre A v. tr. slacciare **CONTR.** abbottonare, allacciare **B sbottonarsi** v. rifl. (*fig.*, *fam.*)

confidarsi, aprirsi **CONTR.** tacere, tener segreto.

sbozzàre v. tr. **1** sgrossare, digrossare, assottigliare **CONTR.** compiere, finire, rifinire, terminare **2** (*fig.*) (*di discorso, di progetto, ecc.*) delineare, schizzare, abbozzare, schematizzare **CONTR.** finire, rifinire, terminare, concludere.

sbracàto agg. **1** trasandato **CONTR.** curato, elegante **2** (*fig.*) sboccato, sguaiato, smodato, scomposto **CONTR.** composto, educato, fine, garbato, gentile, perbene.

sbracciàrsi v. intr. pron. **1** rimboccarsi le maniche **2** gesticolare, agitare le braccia **3** (*fig.*) darsi d'attorno, darsi da fare, adoperarsi, affannarsi, ingegnarsi, sforzarsi, sbracarsi **CONTR.** oziare, poltrire, stare con le mani in mano, stare in panciolle.

sbracciàto part. pass. di **sbracciarsi**; anche agg. **1** (*di persona*) con le braccia nude **2** (*di indumento*) senza maniche, con maniche corte.

sbraitàre v. intr. gridare, strepitare, vociare, strillare, urlare, berciare (*tosc.*) **CONTR.** mormorare, bisbigliare, sussurrare.

sbranaménto s. m. dilaniamento, laceramento, lacerazione, strappo, smembramento, squarciamento, squartamento, strazio, scempio.

sbranàre A v. tr. **1** fare a brani, dilaniare, lacerare, dilacerare (*lett.*), smembrare, squarciare, squartare, stracciare, strappare, straziare, fare scempio □ rompere, sminuzzare, tritare **CONTR.** riunire, ricostruire, ricomporre **2** (*est., fig.*) (*di dolore, di pena, ecc.*) lacerare, squarciare **3** (*fig.*) (*di avversario*) attaccare, cercare di rovinare **CONTR.** aiutare, appoggiare, favorire, proteggere **B sbranarsi** v. rifl. rec. (*fig.*) dilaniarsi, attaccarsi, cercare di rovinarsi **CONTR.** aiutarsi, appoggiarsi, favorirsi.

sbreccàre v. tr. sbeccare, sbeccucciare, scheggiare, sbocconcellare.

sbriciolàre A v. tr. ridurre in briciole, sminuzzare, tritare, triturare, frantumare, stritolare, spezzettare, tagliuzzare **CONTR.** unire, amalgamare **B sbriciolarsi** v. intr. pron. ridursi in briciole, frantumarsi, stritolarsi **CONTR.** unirsi, amalgamarsi.

sbriciolatùra s. f. sbriciolamento, sminuzzamento, sminuzzatura.

sbrigàre A v. tr. **1** finire, liberare, disimpegnare, districare, sbrogliare, risolvere, adempiere, soddisfare **CONTR.** tirare in lungo, rallentare, intralciare, ostacolare **2** (*est.*) (*di persona*) servire, accontentare, soddisfare **B sbrigarsi** v. intr. pron. fare presto, spicciarsi, affrettarsi □ sbrogliarsi, liberarsi **CONTR.** rallentare, andare per le lunghe.

sbrigativaménte avv. **1** prontamente, speditamente, sollecitamente **CONTR.** lentamente, pigramente **2** (*est.*) superficialmente, frettolosamente, sommariamente **CONTR.** accuratamente, ponderatamente.

sbrigatìvo agg. **1** spiccio, spicciativo, spedito, svelto, rapido, pronto, lesto, sollecito **CONTR.** lento, tardo, pigro **2** (*est.*) (*di esame, di giudizio, ecc.*) superficiale, frettoloso, sommario **CONTR.** profondo, accurato **3** (*di persona, di modi, ecc.*) deciso, risoluto, determinato, animoso, ardito, energico, dinamico **CONTR.** indeciso, irresoluto, perplesso, incerto, tentennante, titubante.

sbrigliàre A v. tr. **1 CONTR.** imbrigliare **2** (*fig.*) (*di fantasia, di immaginazione, ecc.*) dare piena libertà, liberare, sfrenare **CONTR.** frenare, impedire, ostacolare, domare **B sbrigliarsi** v. intr. pron. (*fig.*) sfrenarsi, sbizzarrirsi **CONTR.** frenarsi, contenersi, dominarsi, trattenersi.

sbrigliàto part. pass. di **sbrigliare**; anche agg. sfrenato, scatenato, sregolato, irriflessivo, avventato □ intemperante, scapestrato **CONTR.** moderato, contegnoso, ponderato, prudente, riflessivo, considerato, controllato.

sbrindellàre A v. tr. sbrandellare (*raro*), lacerare, strappare, rompere **CONTR.** rammendare, rappezzare, rattoppare, ricucire **B** v. intr. cadere a brandelli, sbrendolare (*tosc.*).

sbrindellàto part. pass. di **sbrindellare**; anche agg. lacero, strappato, rotto **CONTR.** rammendato, rappezzato, rattoppato, ricucito.

sbrodolaménto s. m. imbrodolamento (*raro*).

sbrodolàre A v. tr. **1** insudiciare di brodo, imbrodare (*raro*), imbrodolare **2** (*fig.*) (*di scritto, di discorso, ecc.*) rendere prolisso, tirare in lungo, diluire **CONTR.** essere conciso **B sbrodolarsi** v. rifl. insudiciarsi con brodo, imbrodarsi (*raro*), imbrodolarsi.

sbrodolàto part. pass. di **sbrodolare**; anche agg. **1** sporco di brodo, imbrodato (*raro*), imbrodolato **2** (*fig.*) (*di scritto, di discorso, ecc.*) prolisso, troppo lungo **CONTR.** breve, conciso, laconico, serrato, stringato, succinto.

sbrogliàre A v. tr. **1** (*di nodi, di grovigli, ecc.*) sciogliere, districare **CONTR.** imbrogliare, ingarbugliare, arruffare, intricare **2** (*fig.*) (*di questione, di situazione, ecc.*) risolvere **B sbrogliarsi** v. rifl. (*fig.*) liberarsi, districarsi, distrigarsi **CONTR.** impegolarsi, invischiarsi.

sbrogliàto part. pass. di **sbrogliare**; anche agg. districato, sciolto **CONTR.** imbrogliato, ingarbugliato, arruffato, intricato.

sbrónza s. f. (*fam.*) ubriacatura, sbornia (*pop.*), cotta (*pop.*), balla (*dial.*).

sbrónzo agg. (*fam.*) ubriaco, avvinazzato, sborniato (*pop.*), brillo **CONTR.** sobrio, temperante, astemio.

sbruffàre v. tr. **1** spruzzare □ aspergere, irrorare **2** (*fig.*) vantarsi, vanagloriarsi, fare lo sbruffone **3** (*fig.*) corrompere, dare la bustarella.

sbruffóne s. m. (*dial.*) spaccone, millantatore, smargiasso, gradasso, patacca (*dial.*) **CONTR.** modesto.

sbucàre A v. intr. **1** uscire, venire fuori **CONTR.**

imbucarsi, rintanarsi, entrare **2** apparire, presentarsi **B** v. tr. (*raro*) stanare, snidare.
sbucciàre A v. tr. **1** (*di patata, di mela, ecc.*) levare la buccia, pelare **2** (*di pelle*) escoriare, spellare **B sbucciarsi** v. intr. pron. escoriarsi, spellarsi.
sbucciatùra s. f. spellatura, abrasione, escoriazione.
sbudellàre A v. tr. **1** (*di animale*) sventrare, sbuzzare (*tosc.*) **2** (*di persona*) accoltellare, ammazzare, uccidere **B sbudellarsi** v. rifl. rec. accoltellarsi, uccidersi **FRAS.** *sbudellarsi dalle risa* (*fig.*), ridere a crepapelle.
sbuffànte part. pres. di **sbuffare**; anche agg. **1** soffiante **2** (*di abito*) rigonfio, a sboffi.
sbuffàre v. intr. **1** soffiare □ ansimare **2** (*di ciminiera, di locomotiva, ecc.*) emettere fumo, fumare.
sbuffàta s. f. soffio, sbuffo.
sbugiardàre v. tr. smentire, smascherare, svergognare.
sbullonàre v. tr. schiavardare **CONTR.** inchiavardare.
scàbbia s. f. (*med.*) psoriasi, rogna.
scabbióso agg.; anche s. m. rognoso.
scabrosaménte avv. **1** ruvidamente **CONTR.** delicatamente **2** con difficoltà, con delicatezza **CONTR.** pesantemente.
scabrosità s. f. **1** (*di cosa*) asprezza, ruvidezza, ruvidità (*lett.*), scabrezza **CONTR.** levigatezza, liscezza (*raro*), morbidezza **2** (*fig.*) (*di scritto, di stile, ecc.*) concisione, stringatezza, concettosità, compendiosità **CONTR.** prolissità, lungaggine, verbosità **3** (*fig.*) (*di problema, di argomento, ecc.*) difficoltà, delicatezza, complicazione **CONTR.** facilità, agevolezza, semplicità.
scabróso agg. **1** (*di cosa*) scabro, aspro, ruvido, non liscio **CONTR.** levigato, liscio, morbido, piano **2** (*fig.*) (*di scritto, di stile, ecc.*) conciso, stringato, succinto, concettoso, compendioso **CONTR.** prolisso, diffuso, troppo lungo, verboso **3** (*fig.*) (*di problema, di argomento, ecc.*) difficile, delicato, riservato, che richiede tatto **CONTR.** facile, semplice, chiaro.
scacciapensièri s. m. inv. (*fig.*) passatempo, svago.
scacciàre v. tr. **1** mandare via, cacciare, espellere, rimuovere, bandire, esiliare, sfrattare, licenziare, respingere **CONTR.** fare venire, chiamare, accogliere **2** (*fig.*) (*di malinconia, di pensieri, ecc.*) allontanare, far dimenticare, far passare **CONTR.** far venire.
scacciàta s. f. cacciata, espulsione, bando, esilio, sfratto, licenziamento, rimozione **CONTR.** richiamo, riammissione.
scacciàto part. pass. di **scacciare**; anche agg. cacciato, espulso, escluso, bandito, esiliato, sfrattato, licenziato, rimosso **CONTR.** chiamato, accolto, fatto venire.
scàcco s. m. **1** (*est.*) quadratino **2** (*fig.*) fallimento, insuccesso, sconfitta, mortificazione, fiasco **CONTR.** successo, vittoria, trionfo **FRAS.** *tenere in scacco* (*fig.*), tenere sotto minaccia; tenere in stato di inferiorità; bloccare; impedire.
scaccomàtto o **scàcco màtto** s. m. solo sing. (*fig.*) sconfitta definitiva, insuccesso completo **CONTR.** vittoria, successo, trionfo.
scadènte part. pres. di **scadere**; anche agg. **1** di poco pregio, andante, inferiore, difettoso, imperfetto, mediocre, dozzinale **CONTR.** pregevole, pregiato, eccellente, egregio, ottimo, prezioso, raro **2** (*di voto, di alunno, ecc.*) insufficiente, scarso **CONTR.** sufficiente, discreto, bravo, abile, valente.
scadènza s. f. **1** (*di tempo*) termine, limite, decorso **2** (*est.*) (*di impegno*) pagamento □ obbligo, impegno.
scadére v. intr. **1** perdere valore, decadere, declinare, svalutarsi, deprezzarsi, degenerare, peggiorare **CONTR.** valorizzarsi, migliorare **2** (*di tempo, di pagamento, ecc.*) finire, passare **3** (*di documento e sim.*) perdere validità, non valere più **CONTR.** valere.
scadùto part. pass. di **scadere**; anche agg. **1** decaduto, declinato, degenerato, peggiorato **CONTR.** migliorato, progredito, rifiorito **2** (*di tempo, di pagamento, ecc.*) finito, passato **3** (*di documento*) non valido **CONTR.** valido, ancora in vigore.
scaffalatùra s. f. scaffali, scansia.
scaffàle s. m. scansia, casellario, etagère (*fr.*) □ libreria.
scàfo s. m. (*di navi, di idrovolanti*) fusto, guscio, fasciame, ossatura, intelaiatura.
scagionàre A v. tr. scolpare, discolpare, giustificare, difendere, scusare **CONTR.** accagionare (*ant.*), accusare, imputare, incolpare, incriminare, tacciare **B scagionarsi** v. rifl. scolparsi, discolparsi, giustificarsi, difendersi, scusarsi **CONTR.** accusarsi, incolparsi, incriminarsi.
scàglia s. f. **1** (*zool.*) squama, placchetta **2** (*est., gener.*) falda, placca, frammento, lamina, piastra, piastrina, scheggia.
scagliàre A v. tr. **1** gettare, buttare, lanciare, tirare, proiettare, scaraventare, avventare **2** (*fig.*) (*di insulti, di ingiurie e sim.*) lanciare, inviare, pronunciare **B scagliarsi** v. rifl. **1** avventarsi, gettarsi, lanciarsi, buttarsi, proiettarsi **CONTR.** ritirarsi **2** (*fig.*) (*a parole*) inveire, aggredire, apostrofare.
scagliàto part. pass. di **scagliare**; anche agg. avventato, buttato, gettato, lanciato, tirato, proiettato, scaraventato **CONTR.** ritirato.
scaglionàbile agg. frazionabile, divisibile, distribuibile **CONTR.** indivisibile.
scaglionaménto s. m. frazionamento, ripartizione, distribuzione, divisione □ intervallo.
scaglionàre v. tr. disporre a scaglioni □ disporre a intervalli □ frazionare, distribuire, dividere **CONTR.** unire, unificare.

scaglióne s. m. **1** contingente, gruppo, reparto **2** frazionamento, distribuzione, divisione **CONTR.** unificazione.

scagnòzzo s. m. **1** prete miserabile **2** (*est.*) (*di professionista, di artista, ecc.*) cane (*fig.*), incapace, incompetente **CONTR.** competente, bravo **3** (*spreg.*) tirapiedi □ gorilla, guardaspalle.

scàla s. f. **1** scalini □ scalinata, gradinata, scalea, scaleo, scalera (*raro*), cordonata **2** (*di valori, di misure, ecc.*) successione, sequenza, serie, gamma **3** (*geogr.*) rapporto **4** (*fig.*) proporzione, misura, dimensione **5** (*nei giochi di carte*) sequenza **FRAS.** *a scala*, in ordine crescente o decrescente □ *su vasta scala* (*fig.*), in grandi proporzioni.

scalàre (1) agg. **1** a scala **2** graduato, graduale, proporzionale.

scalàre (2) v. tr. **1** salire □ ascendere, arrampicarsi, inerpicarsi, issarsi **CONTR.** scendere, discendere, calarsi, digradare, ruzzolar giù, rotolar giù, precipitare **2** (*da un conto, da un credito, ecc.*) detrarre, diminuire, ridurre, scemare **CONTR.** accrescere, aumentare, aggiungere **3** (*di colori, di oggetti, ecc.*) disporre gradualmente.

scalàta s. f. arrampicata, ascensione, salita **CONTR.** discesa, calata.

scalàto part. pass. di **scalare (2)**; anche agg. **1** asceso **CONTR.** disceso **2** graduato, digradato.

scalatóre s. m. (f. *-trice*) arrampicatore □ (*nel ciclismo*) grimpeur (*fr.*).

scalcinàto agg. **1** (*di muro*) senza intonaco **CONTR.** intonacato **2** (*fig.*) (*di persona*) malridotto, scalcagnato, sgangherato, male in arnese **CONTR.** elegante, ben messo, ben vestito, agghindato, attillato.

scalcinatùra s. f. (*di muro*) raschiamento.

scaldabàgno s. m. scaldaacqua, boiler (*ingl.*).

scaldalètto s. m. prete, suora.

scaldàre A v. tr. **1** rendere caldo, riscaldare, incalorire (*raro*) **CONTR.** raffreddare, rinfrescare, refrigerare **2** (*fig.*) (*di persona, di animo, ecc.*) agitare, eccitare, accendere, infervorare, infiammare, appassionare, elettrizzare, entusiasmare, commuovere, turbare, impressionare **CONTR.** calmare, placare, quietare **B scaldarsi** v. rifl. procurarsi calore, riscaldarsi **CONTR.** raffreddarsi **C** v. intr. pron. **1** divenire caldo, riscaldarsi, incalorirsi (*raro*) **CONTR.** raffreddarsi, rinfrescarsi **2** (*fig.*) (*di persona, di animo, ecc.*) agitarsi, eccitarsi, accalorarsi, accendersi, infervorarsi, infiammarsi, appassionarsi, elettrizzarsi, entusiasmarsi, commuoversi, turbarsi, impressionarsi □ perdere il controllo **CONTR.** calmarsi, placarsi, quietarsi.

scaldàta s. f. riscaldata **CONTR.** raffreddamento.

scaldìno s. m. caldano (*tosc.*), braciere, veggio (*tosc.*), prete (*dial.*) □ boule (*fr.*).

scalèno agg. (*mat.*) con i lati disuguali **CFR.** equilatero, isoscele.

scalétta s. f. **1** dim. di **scala 2** (*di film, di discorso, ecc.*) abbozzo, schema, traccia, linea, appunti, palinsesto.

scalfìre v. tr. incidere, intaccare, graffiare, segnare □ ferire leggermente.

scalfittùra s. f. lesione superficiale, ferita, graffio, graffietto, graffiatura.

scalinàta s. f. ampia scala, scalone, gradinata, scalea.

scalìno s. m. **1** gradino □ ripiano, pedata **2** (*fig.*) grado, condizione, rango.

scalmàna s. f. **1** (*al viso*) vampata **2** (*fig.*) infatuazione, entusiasmo, esaltazione, fanatismo **CONTR.** freddezza, indifferenza, antipatia, avversione.

scalmanàrsi v. intr. pron. **1** affaticarsi, sudare, accaldarsi **CONTR.** raffreddarsi, rinfrescarsi, riposarsi **2** (*fig.*) darsi da fare, agitarsi, affannarsi, affaccendarsi, scaldarsi, preoccuparsi **CONTR.** calmarsi, quietarsi.

scalmanàto part. pass. di **scalmanarsi**; anche agg. e s. m. **1** accaldato, affaticato, sudato **CONTR.** fresco, riposato, tranquillo **2** (*fig.*) agitato, affannato, affaccendato, preoccupato □ turbolento, fanatico **CONTR.** calmo, quieto, tranquillo, composto, impassibile.

scàlo s. m. **1** approdo, sbarco, imbarcatoio, imbarcadero, banchina, molo, calata □ porto, aeroporto, stazione **2** fermata intermedia, sosta.

scalóne s. m. scala, scalinata, scalea, gradinata.

scalpellàre v. tr. scalpellinare (*tosc.*), incidere, intagliare, scheggiare □ cancellare.

scalpellìno s. m. marmista, marmoraio (*lett.*), tagliapietre, lapidario.

scalpèllo s. m. bulino, sgorbia, ugnetto, tagliaferro.

scalpitànte part. pres. di **scalpitare**; anche agg. (*anche fig.*) impaziente, nervoso, irrequieto **CONTR.** calmo, tranquillo.

scalpitàre v. intr. **1** (*di cavallo*) zampare **2** (*fig.*) (*di persona*) essere impaziente, essere irrequieto **CONTR.** stare calmo, stare tranquillo, pazientare.

scalpitìo s. m. scalpitamento, scalpiccio.

scalpóre s. m. **1** chiasso, clamore, rumore, strepito, frastuono **CONTR.** silenzio, pace, quiete, tranquillità **2** (*fig.*) eco, risonanza, impressione, pubblicità, scandalo.

scaltraménte avv. accortamente, astutamente, avvedutamente, sagacemente, destramente, finemente, furbamente **CONTR.** candidamente, ingenuamente, innocentemente, malaccortamente, sconsigliatamente.

scaltrézza s. f. accortezza, astutezza (*raro*), astuzia, avvedutezza, sagacia, destrezza, esperienza, finezza, perspicacia, furberia, malizia **CONTR.** candidezza (*raro*), candore, inesperienza, dabbenaggine, ingenuità, minchioneria (*fam.*), innocenza, semplicità, schiettezza.

scàltro agg. accorto, astuto, avveduto, scaltrito, sagace, destro, abile, dritto (*fam.*), esperto, fino, perspicace, furbo, furbacchione, smaliziato **CONTR.** candido, inesperto, ingenuo, innocente, semplice, semplicione, schietto, bonaccione, malaccorto, sconsigliato, minchione (*fam.*).

scalzàre A v. tr. **1** (*di piede*) denudare **CONTR.** calzare **2** (*di pianta*) levare la terra **CONTR.** rincalzare, interrare **3** (*fig.*) (*di muro, di costruzione, ecc.*) abbattere, atterrare, demolire, distruggere **CONTR.** costruire, edificare, erigere, innalzare **4** (*fig.*) (*di persona, di fama, ecc.*) screditare, indebolire, rovinare **CONTR.** accreditare, rafforzare, accrescere **5** (*fig.*) (*da un posto*) allontanare, cacciare **CONTR.** assumere **B scalzarsi** v. rifl. togliersi scarpe e calze.

scalzàto part. pass. di **scalzare**; anche agg. **1** scalzo **2** senza sostegno, senza appoggio □ scosso, smosso, abbattuto, atterrato, demolito **CONTR.** rincalzato □ eretto, innalzato **3** (*da un posto*) allontanato, cacciato **CONTR.** assunto.

scambiàre A v. tr. **1** prendere per un altro, confondere **CONTR.** riconoscere, ravvisare, identificare **2** confondere, equivocare, errare, sbagliare **CONTR.** indovinare, azzeccare **3** (*di cose*) cambiare, barattare, permutare **4** (*di favore, di saluto, ecc.*) ricambiare, contraccambiare, rendere, restituire **5** discorrere, conversare **B scambiarsi** v. rifl. rec. ricambiarsi, contraccambiarsi.

scambiévole agg. vicendevole, reciproco, mutuo.

scambievolménte avv. reciprocamente, vicendevolmente, a vicenda, mutuamente, l'un l'altro.

scàmbio s. m. **1** (*tra persone o cose*) confusione, errore, sbaglio, abbaglio, equivoco **CONTR.** riconoscimento, identificazione **2** cambio, cambiamento, commutazione, baratto, permuta **3** (*di saluti, di favori, ecc.*) ricambio, contraccambio **4** (*di merci*) commercio, traffico **5** (*ferr.*) deviatoio.

scambista s. m. (*ferr.*) deviatore.

scamiciàto A agg. in maniche di camicia □ (*est.*) scomposto, inelegante, sciatto, disordinato, trasandato **CONTR.** curato, ordinato, composto, elegante **B** s. m. abito scollato.

scampagnàta s. f. gita in campagna, picnic (*ingl.*).

scampanellàta s. f. scampanellio, scampanio.

scampanellio s. m. scampanellata, scampanio.

scampàre A v. tr. salvare, liberare, preservare, difendere, tutelare, proteggere □ evitare, schivare **CONTR.** esporre, gettare **B** v. intr. **1** uscire illeso, salvarsi, sottrarsi **CONTR.** incorrere, incappare **2** rifugiarsi, scappare, andare, nascondersi **CONTR.** presentarsi, consegnarsi.

scampàto part. pass. di **scampare**; anche agg. e s. m. salvato, liberato, preservato, sottratto, salvo, immune **CONTR.** esposto.

scàmpo (1) s. m. salvezza, liberazione □ rimedio, difesa, protezione, tutela **CONTR.** perdizione, rovina.

scàmpo (2) s. m. (*zool.*) nefrope.

scàmpolo s. m. avanzo, residuo, resto, rimasuglio, ritaglio, pezzo, pezzetto.

scanalàre v. tr. scannellare, solcare, incavare.

scanalàto part. pass. di **scanalare**; anche agg. incavato, scannellato, solcato.

scanalatùra s. f. incavo, scannellatura □ rigatura □ (*arch.*) glifo.

scancellàre *V.* **cancellare**.

scandagliàre v. tr. **1** (*di acque*) misurare con lo scandaglio **2** (*fig.*) (*di sentimenti, di intenzioni, ecc.*) tentare di conoscere, investigare, indagare, inquisire, calcolare, esplorare, esaminare, saggiare, soppesare, tastare.

scandalistico agg. di scandalo □ denigratorio, diffamatorio **CONTR.** elogiativo, propagandistico, celebrativo.

scandalizzàre A v. tr. dare scandalo, suscitare scandalo, offendere, turbare, indignare, disgustare □ indurre al male, indurre a peccare **CONTR.** edificare, dare buon esempio **B scandalizzarsi** v. intr. pron. sdegnarsi, indignarsi, crucciarsi, irritarsi, turbarsi, vergognarsi.

scàndalo s. m. **1** turbamento morale, sconvolgimento morale □ immoralità, indecenza, disgusto **CONTR.** edificazione **2** cattivo esempio **CONTR.** buon esempio **3** (*est.*) scalpore, putiferio **4** (*est.*) scenata, lite, litigio, piazzata.

scandalosaménte avv. **1** indecentemente, immoralmente, licenziosamente, disonestamente, oscenamente, vergognosamente **CONTR.** onestamente, decentemente, castamente, esemplarmente **2** (*scherz.*) eccessivamente, esageratamente **CONTR.** modestamente, scarsamente, per nulla.

scandalóso agg. **1** causa di scandalo, disonesto, immorale, indecente, infame, licenzioso, osceno, vergognoso **CONTR.** onesto, morale, casto, castigato, decente, edificante, esemplare **2** (*scherz.*) grandissimo, eccessivo, esagerato **CONTR.** minimo, pochissimo, da nulla.

scandire v. tr. (*est.*) (*di parole*) pronunciare distintamente, pronunciare lentamente, sillabare, staccare □ ritmare, cadenzare **CONTR.** borbogliare (*raro*), balbettare, borbottare, farfugliare.

scannàre v. tr. **1** sgozzare □ uccidere, ammazzare **2** (*fig.*) (*di tasse, di prezzi, ecc.*) opprimere, angariare, strangolare, strozzare, giugulare (*lett.*), rovinare.

scannellatùra s. f. scanalatura.

scansafatiche s. m. e f. inv. fannullone, bighellone, ciondolone, infingardo, ozioso, perdigiorno, poltrone, scioperato, vagabondo, lavativo **CONTR.** lavoratore □ sgobbone, stacanovista.

scansàre A v. tr. **1** (*di cosa*) allontanare, rimuovere, scostare, spostare **CONTR.** avvicinare, accostare, appressare **2** (*di persona, di pe-*

ricolo, ecc.) schivare, evitare, sfuggire, eludere **CONTR.** cercare, ricercare, andare incontro, affrontare, fronteggiare **B scansarsi** v. intr. pron. farsi da parte, scostarsi, discostarsi, allontanarsi, staccarsi **CONTR.** avvicinarsi, accostarsi, accompagnarsi.

scansìa s. f. scaffale, casellario, etagère (*fr.*) □ libreria, armadio.

scansióne s. f. **1** (*di verso*) divisione □ lettura metrica **2** scanning (*ingl.*).

scànso s. m. nella loc. prep. *a scanso di*, per evitare, per prevenire.

scantinàto s. m. seminterrato.

scanzonàto agg. disinvolto, smaliziato, spregiudicato, furbo **CONTR.** serio, ponderato, riflessivo □ ingenuo, semplice.

scapacciόne s. m. scappellotto, scoppola (*region.*).

scapestràto agg.; anche s. m. dissoluto, scostumato, licenzioso, sfrenato, sregolato, sbrigliato, scioperato, scapato, spregiudicato, caposcarico, scavezzacollo, rompicollo **CONTR.** galantuomo, uomo serio, morigerato, equilibrato.

scapicollàrsi v. intr. pron. (*dial.*, *fig.*) affannarsi, affaticarsi, darsi da fare, adoperarsi **CONTR.** disinteressarsi.

scapigliàre A v. tr. scompigliare i capelli, scarmigliare, spettinare, arruffare **CONTR.** pettinare, ravviare, lisciare, acconciare **B scapigliarsi** v. rifl. e intr. pron. scompigliarsi i capelli, spettinarsi, scarmigliarsi, arruffarsi **CONTR.** pettinarsi, ravviarsi, lisciarsi, acconciarsi.

scapigliàto part. pass. di **scapigliare**; anche agg. **1** spettinato, scarmigliato, arruffato **CONTR.** pettinato, ravviato, lisciato **2** (*fig.*) dissoluto, scapato, scapestrato, sregolato, sfrenato, spregiudicato **CONTR.** morigerato, serio, equilibrato, quadrato.

scàpito s. m. perdita, danno, pregiudizio, svantaggio, rimessa, discapito (*raro*) **CONTR.** guadagno, profitto, utile, vantaggio, lucro (*raro*).

scàpola s. f. (*anat.*) omoplata, paletta (*fam.*).

scàpolo agg.; anche s. m. non ammogliato, celibe **CONTR.** ammogliato, sposato, coniugato **CFR.** nubile, zitella.

scappaménto s. m. **1** (*mecc.*) scarico (dei gas) **2** (*di orologio*) regolatore.

scappàre v. intr. **1** darsi alla fuga, fuggire, svignarsela (*fam.*), evadere, filare, scantonare, sgattaiolare, dileguarsi, darsela a gambe, alzare il tacco, pigliare il volo **CONTR.** arrivare, consegnarsi, presentarsi **2** correre, affrettarsi, andare di corsa **CONTR.** andare piano, rallentare **3** (*di occasione, di treno, ecc.*) sfuggire, perdere **CONTR.** approfittare, cogliere **4** (*di acqua, di gas, ecc.*) fuoriuscire, sbucar fuori **5** (*fig.*) (*a dire, in una risata, ecc.*) prorompere, scoppiare, sbottare **CONTR.** frenarsi, trattenersi.

scappàta s. f. **1** corsa, scappatina, puntata, salto, visita, visitina **2** frase inattesa, gesto imprevisto □ frizzo, motto, battuta, spiritosaggine, trovata **3** mancanza, leggerezza, imprudenza, fallo, errore, trascorso, follia, scappatella.

scappatèlla s. f. **1** dim. di **scappata 2** lieve mancanza, leggerezza, peccatuccio.

scappatóia s. f. espediente, sotterfugio, scusa, pretesto, rimedio, ripiego, risorsa, appiglio.

scarabocchiàre v. tr. **1** coprire di scarabocchi, sgorbiare, scribacchiare, scrivacchiare **2** (*fig.*) scrivere svogliatamente.

scarabòcchio s. m. **1** macchia d'inchiostro, sgorbio, frego, imbratto, ghirigoro **2** disegno informe **3** (*fig.*) (*di persona*) nanerottolo, scherzo di natura **CONTR.** adone, apollo, fusto (*fam.*).

scarafàggio s. m. (*zool.*) blatta.

scaramàntico agg. propiziatorio.

scaramanzìa s. f. scongiuro, malìa **CONTR.** iettatura, maleficio, malocchio.

scaraventàre A v. tr. **1** scagliare, sbattere, gettare, lanciare, avventare, buttare, proiettare **2** (*fig.*) (*di persona*) trasferire, sbalestrare, sbalzare, sbattere, spostare **CONTR.** chiamare, far venire **B scaraventarsi** v. intr. pron. gettarsi, avventarsi, slanciarsi, buttarsi **CONTR.** recarsi, andare incontro.

scarceràre v. tr. liberare, dimettere, far uscire di prigione **CONTR.** carcerare, incarcerare, imprigionare.

scarcerazióne s. f. liberazione, dimissione, uscita dal carcere **CONTR.** carcerazione, incarceramento, imprigionamento.

scardassàre v. tr. **1** (*di lana*) cardare, pettinare **2** (*fig.*) maltrattare, bistrattare, malmenare, strapazzare **CONTR.** accarezzare, carezzare, blandire, viziare.

scardassatùra s. f. cardatura.

scardinàre v. tr. levare dai cardini, sgangherare, sbandellare (*raro*), scassinare **CONTR.** incardinare.

scàrica s. f. **1** spari simultanei, raffica **2** (*di sassi, di insulti, ecc.*) rovescio, subisso, valanga (*fig.*), mucchio, gran quantità **CONTR.** penuria, scarsità **3** (*di ventre*) violenta evacuazione **4** (*elettr.*) passaggio di corrente **FRAS.** *tubo a scarica*, tubo a gas.

scaricàre A v. tr. **1** (*di veicolo, di merce, ecc.*) levare il carico, sgravare del carico □ liberare, svuotare, vuotare □ deporre, depositare, portare **CONTR.** caricare **2** (*est.*) (*di cisterna, di arma, ecc.*) vuotare, svuotare, evacuare, liberare **CONTR.** empire, riempire, colmare, ricolmare, caricare **3** (*di fiume, di conduttura, ecc.*) versare, riversare, rovesciare **CONTR.** ricevere, accogliere **4** (*fig.*) (*di coscienza, di mente, ecc.*) liberare, alleggerire **CONTR.** gravare, appesantire, aggravare **5** (*di sasso, di proiettile, ecc.*) scagliare, vibrare □ sparare **6** (*fis.*) togliere la carica **B scaricarsi** v. rifl. **1** togliersi un peso, deporre il carico, sbarazzarsi, sgravarsi **CONTR.** caricarsi, gravarsi **2** (*fig.*) (*di responsabilità, di colpa, ecc.*) liberarsi, alleggerirsi **3** (*ass., fig.*) distendersi, rilassarsi **CONTR.** tendersi, innervosirsi **C** v. intr. pron. **1** (*di fiume, di conduttura, ecc.*) gettarsi, sfociare, versarsi, sboccare, finire **CONTR.** nascere, cominciare **2** (*di fulmine*) scoppiare **3** (*di pila, di orologio, ecc.*) perdere la carica, esaurirsi.

scaricatóre s. m. facchino.

scàrico (1) agg. **1** libero, privo, vuoto, sgombro **CONTR.** carico, pieno **2** (*di pila, di orologio, ecc.*) esaurito, scaricato **CONTR.** carico **FRAS.** *capo scarico*, buontempone.

scàrico (2) s. m. **1** scaricamento, scaricatura (*raro*), alleggerimento **CONTR.** caricamento, carico **2** getto di rifiuti, getto di immondizie □ deposito di rifiuti, scolo **3** (*raro, fig.*) discarico, giustificazione, difesa, discolpa, sgravio **CONTR.** colpa, aggravio **4** (*di materiale*) espulsione, eliminazione, svuotamento, deflusso **5** (*di merce, di denaro, ecc.*) uscita **CONTR.** carico, entrata **FRAS.** *tubo di scarico*, tubo di scappamento.

scarnificàre v. tr. scarnire, scarificare, raschiare, spolpare.

scarnificazióne s. f. scarificazione, raschiamento.

scàrno agg. **1** magro, affilato, scarnito, secco, smilzo, gracile, emaciato, smunto, sparuto **CONTR.** grasso, carnoso, polputo, polpacciuto, rimpolpato, pingue **2** (*fig.*) (*di contenuto, di idee, ecc.*) povero, insufficiente, scarso **CONTR.** ricco, abbondante, diffuso, ridondante, prolisso **3** (*fig.*) (*di stile, di linguaggio, ecc.*) essenziale, spoglio, sobrio **CONTR.** ornato, elegante.

scàrpa s. f. **1** calzatura, calzare (*lett.*) **2** freno □ cuneo, puntello **FRAS.** *fare le scarpe* (*fig.*), fare del male fingendosi amico □ *scarpa rotta* (*fig.*), persona da nulla.

scarpàta s. f. pendio, argine, terrapieno, scarpa.

scarsaménte avv. poco, insufficientemente, limitatamente, miseramente, modestamente, inadeguatamente, poveramente, stentatamente, debolmente **CONTR.** molto, assai, abbondantemente, adeguatamente, riccamente, fortemente.

scarseggiàre v. intr. essere scarso, mancare, difettare **CONTR.** abbondare, sovrabbondare, traboccare.

scarsézza s. f. mancanza, penuria, difetto, deficienza, insufficienza, inadeguatezza, manchevolezza, carenza, pochezza, povertà, rarità, strettezza, tenuità, miseria □ carestia **CONTR.** abbondanza, copia (*lett.*), dovizia (*lett.*), esuberanza, eccesso, sovrabbondanza, larghezza, ricchezza.

scarsità s. f. *V.* **scarsezza.**

scàrso agg. manchevole, insufficiente, inadeguato, scarseggiante, carente, deficiente, limitato, misurato, modesto, misero, stentato, tenue □ raro, stretto, corto □ (*est.*) mancante, povero, indigente **CONTR.** abbondante, copioso (*lett.*), dovizioso (*lett.*), esuberante, eccessivo, sovrabbondante, largo, ricco.

scartabellàre v. tr. scorrere rapidamente, leggere qua e là, consultare.

scartafàccio s. m. **1** brogliaccio, taccuino **2** libro malridotto.

scartàre (1) v. tr. togliere dalla carta, scartocciare, svolgere, aprire **CONTR.** incartare, accartocciare, avvolgere.

scartàre (2) v. tr. **1** eliminare, togliere, respingere, rifiutare □ mettere da parte **CONTR.** mettere, aggiungere, accettare **2** (*mil.*) riformare **CONTR.** abilitare, arruolare.

scartàto part. pass. di **scartare**; anche agg. **1** scartocciato, svolto, aperto **CONTR.** incartato, accartocciato, avvolto **2** respinto, rifiutato, messo da parte **CONTR.** messo, aggiunto, accettato **3** (*mil.*) riformato **CONTR.** abile, arruolato.

scàrto (1) s. m. **1** eliminazione, esclusione **CONTR.** immissione, accettazione **2** avanzo, scampolo, residuo, rimasuglio, fondo, fondaccio, ciarpame, ciarpume, feccia **CONTR.** roba scelta, roba pregiata **3** (*fig.*) (*di persona*) scartina (*fam.*), nullità **CONTR.** personalità, autorità.

scàrto (2) s. m. **1** salto brusco, improvviso spostamento, scartata **2** (*est.*) deviazione **3** (*tra persone o cose*) differenza, distacco, distanza.

scartòffia s. f. spec. al pl. (*spreg.*) incartamento, pratica □ foglio, carta.

scassàre A v. tr. **1** arare a fondo, dissodare **2** (*fam.*) rompere, rovinare, guastare, sconquassare, spaccare, sfasciare **CONTR.** accomodare, aggiustare, riparare, restaurare, riassestare **B scassarsi** v. intr. pron. (*fam.*) rompersi, rovinarsi, guastarsi, sconquassarsi, spaccarsi, sfasciarsi.

scassinàre v. tr. forzare, rompere, manomettere, sconquassare, scardinare, sgangherare, sconficcare, scassare **CONTR.** accomodare, aggiustare, restaurare, riparare, riassestare.

scassinatóre s. m. (f. *-trice*) (*est.*) ladro.

scàsso s. m. **1** rottura, effrazione, scassinamento **2** aratura profonda, dissodamento.

scatenaménto s. m. sfrenamento (*raro*), scioglimento, liberazione □ furia, scoppio **CONTR.** freno, contenimento.

scatenàre A v. tr. **1** (*raro*) (*di animale*) liberare dalla catena, sciogliere **CONTR.** incatenare, legare **2** (*fig.*) (*di passioni, di disordini, ecc.*) sollevare, incitare, eccitare, sfrenare, istigare, spingere, aizzare, provocare **CONTR.** contenere, frenare, moderare, trattenere **B scatenarsi** v. rifl. (*raro*) liberarsi dalla catena, sciogliersi **C** v. intr. pron. **1** (*fig.*) sollevarsi, agitarsi, sfrenarsi, precipitarsi, gettarsi, scagliarsi **CONTR.** contenersi, frenarsi, moderarsi, trattenersi **2** (*fig.*) (*di tempesta, di vento, ecc.*) infuriare, imperversare, scoppiare, prorompere CONTR. calmarsi, quietarsi, cessare.

scatenàto part. pass. di **scatenare**; anche agg. **1** (*di animale*) liberato dalla catena, sciolto CONTR. incatenato, legato **2** (*fig.*) (*di persona, di passione, ecc.*) sfrenato, sbrigliato, smodato, smoderato □ infuriato, furioso, furente CONTR. moderato, misurato, equilibrato, discreto □ calmo, quieto, tranquillo.

scàtola s. f. **1** contenitore, astuccio, cofanetto, cassettina, custodia, teca, scrigno **2** (*est.*) involucro **3** (*spec. al pl.*) palle (*volg.*), balle (*volg.*), coglioni (*volg.*) FRAS. *a scatola chiusa* (*fig.*), senza controllare □ *scatola nera*, registratore di volo □ *caratteri di scatola* (*fig.*), lettere cubitali □ *rompere le scatole* (*fig., pop.*), importunare □ *togliersi dalle scatole* (*fig., pop.*), togliersi di mezzo □ *averne piene le scatole* (*fig.*), non poterne più □ *scatola armonica*, carillon (*fr.*).

scatolàme s. m. **1** scatole **2** cibi in scatola.

scattànte part. pres. di **scattare**; anche agg. svelto, agile, pronto, veloce, spedito, leggero CONTR. lento, tardo, goffo, impacciato, pesante.

scattàre A v. intr. **1** (*di molle, di congegno*) liberarsi, allentarsi □ funzionare **2** (*est.*) balzare, saltare, slanciarsi, scagliarsi **3** (*fig.*) (*di ora legale, di momento, ecc.*) cominciare CONTR. finire **4** (*fig.*) (*di tempo utile*) finire CONTR. cominciare **5** (*fig.*) (*in insulti, in applausi, ecc.*) prorompere, erompere, scoppiare, sbottare CONTR. contenersi, frenarsi, moderarsi, trattenersi **B** v. tr. fotografare.

scattìsta s. m. e f. (*sport*) sprinter (*ingl.*), velocista CONTR. fondista.

scàtto s. m. **1** balzo, salto, sussulto, impeto, irruenza, slancio □ sprint (*ingl.*) **2** (*est.*) (*di meccanismo*) rumore, scoppio **3** (*di velocità*) accelerazione CONTR. rallentamento **4** (*tel.*) unità, impulso **5** (*fig.*) (*di ira, di gioia, ecc.*) manifestazione violenta, impulso, esplosione, scoppio **6** (*fig.*) (*di grado, di stipendio, ecc.*) aumento CONTR. diminuzione, calo.

scaturìre v. intr. **1** zampillare, sgorgare, pullulare, erompere, spicciare, sprizzare, stillare, uscire **2** (*fig.*) derivare, avere origine, provenire, emanare, nascere, discendere, conseguire, risultare CONTR. finire, terminare.

scavalcàre v. tr. **1** sbalzare da cavallo, disarcionare, appiedare CONTR. mettere a cavallo **2** (*di muro, di ostacolo, ecc.*) passare al disopra, superare, oltrepassare **3** (*fig.*) (*di persona*) passare avanti, precedere, superare, sopravanzare (*raro*) CONTR. rimanere indietro.

scavàre v. tr. **1** (*di buca, di fosso, ecc.*) incavare, scanalare, solcare, intaccare □ fare, formare CONTR. interrare, colmare, riempire **2** (*fig.*) indagare, studiare a fondo, approfondire, investigare, esplorare, ricercare, scrutare **3** (*di resti, di tesoro, ecc.*) riportare alla luce, dissotterrare, disseppellire, estrarre, cavar fuori CONTR. seppellire, sotterrare **4** (*fig.*) (*di storia, di idea, ecc.*) escogitare, inventare, trovare FRAS. *scavarsi la fossa con le proprie mani* (*fig.*), rovinarsi da sé.

scavàto part. pass. di **scavare**; anche agg. **1** estratto, dissotterrato, disseppellito CONTR. seppellito, sotterrato **2** cavo, incavato, infossato, scanalato, solcato **3** (*est.*) (*di persona, di viso, ecc.*) magro, scarno, smunto, emaciato CONTR. pieno, paffuto, fiorente, florido, grasso.

scavatrìce s. f. scavatore, ruspa.

scàvo s. m. **1** sterramento, escavazione, scavatura (*raro*) CONTR. interramento, colmata, colmatura **2** incavo, incavatura, cavo, concavità, fossa, solco CONTR. convessità, rilievo, gobba, sporgenza.

scégliere v. tr. **1** prendere, discernere, eleggere □ dividere, separare, selezionare CONTR. confondere, prendere alla rinfusa **2** preferire, prescegliere, preporre, anteporre, prediligere, dare la preferenza CONTR. posporre, rifiutare, respingere.

scekeràre v. tr. (*di cocktail*) agitare, scuotere, amalgamare.

scekeràto part. pass. di **scekerare**; anche agg. agitato, scosso, amalgamato.

scelleratàggine s. f. **1** scelleratezza, infamia, atrocità, empietà, iniquità, malvagità, malizia, nefandezza, nefandità (*raro*), nequizia (*lett.*), cattiveria, perfidia, perversità, ribalderia CONTR. bontà, onestà, probità, umanità, innocenza **2** canagliata, birbanteria, furfanteria, bricconata.

scellerataménte avv. infamemente, sciaguratamente, empiamente, iniquamente, perversamente, perfidamente, esecrabilmente, malvagiamente CONTR. onestamente, umanamente, innocentemente.

scelleratézza s. f. *V.* **scellerataggine**.

scelleràto A agg. infame, sciagurato, malvagio, cattivo, tristo, empio, iniquo, perfido, perverso, esecrabile, esecrando CONTR. benigno, buono, onesto, probo, umano, innocente **B** s. m. canaglia, malfattore, malvivente, ribaldo, sciagurato, birbante, birbone, briccone, farabutto, delinquente CONTR. galantuomo, brav'uomo.

scélta s. f. **1** cernita, elezione, selezione, opzione, preferenza □ separazione, spoglio, vaglio CONTR. confusione, mescolanza, miscuglio **2** meglio, selezione, antologia, fiore, florilegio, collezione, raccolta.

scélto part. pass. di **scegliere**; anche agg. **1** ottimo, migliore, squisito CONTR. pessimo, scadente **2** (*est.*) elegante, raffinato, distinto, eccellente, eletto, fine, selezionato, squisito CONTR. comune, dozzinale, rozzo, grossolano, volgare, ordinario, qualunque **3** (*di tiratore, di guardia, ecc.*) abile, addestrato, capace, esperto, specializzato CONTR. inesperto, inetto, incapace, inabile.

scemàre A v. tr. ridurre, diminuire, calare, accorciare, attenuare, impiccolire **CONTR.** aumentare, accrescere, incrementare **B** v. intr. calare, decrescere, diminuire, ridursi, restringersi, impiccolirsi, rimpiccolirsi, assottigliarsi, accorciarsi □ indebolirsi **CONTR.** aumentare, crescere, accrescersi, ingrandirsi, ingrossarsi □ rafforzarsi, rinvigorirsi.

scemàto part. pass. di **scemare**; anche agg. diminuito, calato, ridotto, impiccolito, rimpiccolito, accorciato, attenuato, indebolito **CONTR.** aumentato, cresciuto, accresciuto, incrementato, ingrandito, ingrossato, rafforzato.

scemènza s. f. **1** imbecillità, imbecillaggine, idiozia, cretineria, sciocchezza, scempiaggine, stupidaggine, stupidità, stolidezza, stolidità, citrullaggine, grulleria, minchioneria (*pop.*), balordaggine, asineria **CONTR.** accortezza, acutezza, avvedutezza, finezza, intelligenza, comprendonio, cervello, ingegno, capacità, perspicacia, sagacia, saviezza, saggezza, sapienza, scaltrezza, furberia **2** baggianata, castroneria (*pop.*) **3** cosa da nulla, inezia, piccolezza, quisquilia, miseria.

scémo A agg. (*raro*) non pieno, diminuito, calato, mancante, manchevole □ povero, scarso **CONTR.** pieno, intero, integro, completo **B** agg.; anche s. m. imbecille, idiota, cretino, deficiente, insensato, rimbambito, scempio, scimunito, sciocco, stupido, stolido, stolto, citrullo, grullo, gonzo, minchione (*pop.*), tonto, babbeo, babbaleo (*raro*), babbione (*raro*), credulone, asino, ciuco, barbagianni, merlo, oca, coglione (*volg.*), rapa, beota, salame, bischero (*tosc.*), bietolone **CONTR.** intelligente, avveduto, fine, sagace, sveglio, saggio, scaltro, astuto, furbo, furbacchione, dritto (*fam.*), volpe.

scempiàggine s. f. scemenza, stupidità, stupidaggine, idiozia, balordaggine □ baggianata, castroneria (*pop.*) **CONTR.** avvedutezza, intelligenza, ingegno, sagacia.

scémpio s. m. **1** strazio, tormento □ massacro, strage, carneficina, sterminio, macello, eccidio **2** (*fig.*) (*di paesaggio, di ambiente, ecc.*) danno, deturpazione, guasto, sciupio, distruzione, rovina.

scèna s. f. **1** (*teat.*) parte di un atto **2** (*spec. al pl.*) (*est.*) teatro **3** palcoscenico **4** scenario, fondale, quinta **5** (*di vicenda*) luogo, ambiente **6** azione, recitazione **7** (*est.*) (*di luogo*) spettacolo, vista, panorama, veduta **8** (*spec. al pl.*) chiasso, litigio, piazzata, scenata, sceneggiata **FRAS.** *mettere in scena*, rappresentare □ *andare in scena*, essere rappresentato □ *darsi alle scene*, intraprendere la carriera teatrale □ *scena madre*, scena principale; (*fig.*) scenata □ *far scena muta* (*fig.*), non parlare □ *uscire dalla scena del mondo*, morire; ritirarsi a vita privata □ *cambiamento di scena* (*fig.*), mutamento improvviso □ *agire dietro le scene* (*fig.*), agire nascostamente.

scenàrio s. m. **1** (*di teatro*) scena, fondale, quinta **2** (*est.*) (*di luogo*) paesaggio, sfondo, ambiente **3** (*di film, di romanzo*) trama, canovaccio, sceneggiatura.

scenàta s. f. litigio violento, alterco, scena, sceneggiata, piazzata, putiferio, scandalo.

scéndere A v. intr. **1** venir giù, calare, discendere, smontare □ atterrare, ammarare, sbarcare **CONTR.** andar su, salire, decollare, montare, arrampicarsi, inerpicarsi **2** (*in albergo, in città, ecc.*) fermarsi, sostare, alloggiare **CONTR.** partire, ripartire, andarsene **3** (*in campo, in gara, ecc.*) presentarsi, venire **CONTR.** ritirarsi **4** (*di strada, di terreno, ecc.*) pendere **5** (*fig.*) (*a patti, a compromessi, ecc.*) indursi, piegarsi, decidersi, risolversi □ abbassarsi **6** (*fig.*) (*di temperatura, di prezzo, ecc.*) diminuire, calare, scemare, abbassarsi, decrescere, declinare **CONTR.** aumentare, crescere, accrescersi, salire, alzarsi **B** v. tr. (*di scale, di monte, ecc.*) discendere, calare, venire giù **CONTR.** salire, montare.

scendilètto s. m. inv. **1** pedana, tappetino **2** vestaglia, accappatoio.

sceneggiàre v. tr. (*teat., cine.*) adattare.

sceneggiàta s. f. (*est.*) messinscena, scena □ piazzata.

sceneggiàto A part. pass. di **sceneggiare**; anche agg. messo in scena, adattato **B** s. m. (*tv.*) riduzione, adattamento.

sceneggiatóre s. m. (f. *-trice*) scenarista.

sceneggiatùra s. f. suddivisione in scene □ copione □ adattamento, riduzione.

scenografìa s. f. elementi scenici □ scena.

scenogràfico agg. (*fig., spreg.*) appariscente, sfarzoso, grandioso, spettacolare **CONTR.** modesto, semplice, dimesso.

scerìffo s. m. **1** (*negli Stati Uniti*) capo della polizia **2** (*est.*) gorilla (*fig.*), guardaspalle, sorvegliante.

scervellàrsi v. intr. pron. stillarsi il cervello, lambiccarsi, riflettere, rimuginare, pensare.

scervellàto agg.; anche s. m. privo di giudizio, scriteriato, sventato, dissennato, stolto **CONTR.** assennato, giudizioso, ragionevole, saggio, serio.

scéso part. pass. di **scendere**; anche agg. **1** disceso, calato □ smontato, atterrato, sbarcato **CONTR.** salito, montato, decollato **2** (*in albergo, ecc.*) alloggiato, fermatosi **CONTR.** partito **3** (*in campo, in gara, ecc.*) presentatosi, venuto **CONTR.** ritiratosi **4** (*fig.*) (*a patti, a compromessi, ecc.*) indotto, venuto, piegato **5** (*di temperatura, di prezzo, ecc.*) diminuito, calato **CONTR.** aumentato, cresciuto.

scetticìsmo s. m. dubbio, incredulità, indifferenza, pessimismo □ agnosticismo, qualunquismo **CONTR.** certezza, convinzione, fede, dogmatismo, ottimismo.

scèttico agg. e s. m. dubbioso, incredulo, indifferente, pessimista □ agnostico, qualunquista

CONTR. credulo, certo, convinto, credente, ottimista.

scèttro s. m. **1** (*est.*) potere monarchico **2** (*fig.*) primato, predominio.

sceveràre v. tr. (*lett.*) separare, dividere, distinguere, discernere, scegliere, selezionare, vagliare **CONTR.** mescolare, mischiare, frammischiare, confondere, accozzare, raccozzare.

scévro agg. (*lett.*) privo, esente, immune, libero, alieno, mancante, mondo, netto, puro, spoglio **CONTR.** fornito, dotato, pieno, ricco □ implicato, coinvolto, compromesso, invischiato, infetto, inquinato.

schèda s. f. cartellina, cartellino, cartoncino, biglietto, foglio, foglietto □ modulo □ riquadro.

schedàre v. tr. registrare, catalogare □ segnalare □ (*est.*) recensire.

schedàrio s. m. **1** raccolta di schede, archivio, raccolta **2** (*est.*) casellario.

schedàto part. pass. di **schedare**; anche agg. e s. m. registrato, catalogato □ segnalato □ (*est.*) recensito.

schedatùra s. f. registrazione □ segnalazione □ (*est.*) recensione.

schéggia s. f. frammento, pezzo, pezzetto, frantume, scaglia, schiappa.

scheggiàre A v. tr. sbreccare, sbeccucciare, sbocconcellare □ ridurre in schegge, fendere, rompere, crepare **CONTR.** riattaccare, riparare, restaurare **B scheggiarsi** v. intr. pron. rompersi in schegge, sbreccarsi □ fendersi, creparsi.

scheggiàto part. pass. di **scheggiare**; anche agg. sbreccato, sbeccucciato, sbocconcellato □ crepato □ frastagliato **CONTR.** intatto, integro, intero, sano.

schelètrico agg. **1** (*est.*) (*di persona, di viso, ecc.*) scarno, magrissimo, scheletrito, scarnito, spolpato **CONTR.** grasso, grosso, adiposo, cicciuto, corpulento, corpacciuto, obeso, quartato (*raro*), membruto **2** (*fig.*) (*di stile, di scritto, ecc.*) essenziale, ridotto al minimo, succinto, breve, compendioso, conciso **CONTR.** prolisso, diluito, esteso, troppo lungo.

scheletrìre A v. tr. ridurre a scheletro **CONTR.** ingrassare, ingrossare **B scheletrirsi** v. intr. pron. ridursi a scheletro, dimagrire **CONTR.** ingrassarsi, ingrossarsi.

scheletrìto part. pass. di **scheletrire**; anche agg. **1** (*di persona, di viso, ecc.*) scheletrico, scarno, scarnito, magrissimo, spolpato **CONTR.** grasso, grosso, adiposo, cicciuto, corpulento, corpacciuto, membruto, obeso, quartato (*raro*) **2** (*di albero, di ramo e sim.*) secco, nudo, spoglio **CONTR.** frondoso, fronzuto **3** (*fig.*) (*di stile, di scritto, ecc.*) ridotto al minimo, essenziale, breve, compendioso, conciso, succinto **CONTR.** prolisso, diluito, esteso, troppo lungo.

schèletro s. m. **1** (*anat.*) ossa □ carcassa, carcame (*raro*) **CONTR.** carne, polpa **2** (*fig.*) persona magrissima **CONTR.** grassone, ciccione **3** (*est.*) (*di nave, di mobile, ecc.*) ossatura, struttura, sostegno, armatura, incastellatura **4** (*fig.*) (*di commedia, di romanzo, ecc.*) schema, trama, canovaccio, scaletta.

schèma s. m. **1** (*di mobile, di casa, ecc.*) disegno, lineamenti, traccia, progetto, modulo, figura **2** (*di commedia, di romanzo, ecc.*) trama, abbozzo, piano, traccia, scaletta, palinsesto **3** (*ideologico, politico, ecc.*) sistema, modello **FRAS.** *schema di legge*, proposta di legge, disegno di legge.

schematicaménte avv. brevemente, compendiosamente, concisamente, sommariamente, stringatamente, succintamente **CONTR.** ampiamente, diffusamente, estesamente, lungamente, prolissamente.

schematicità s. f. brevità, compendiosità, concisione, sommarietà, stringatezza **CONTR.** ampiezza, diffusione, lunghezza, prolissità.

schemàtico agg. abbozzato, breve, compendioso, conciso, sommario, stringato, succinto **CONTR.** completo, sviluppato, svolto □ ampio, diffuso, esteso, lungo, prolisso.

schematìsmo s. m. (*est., filos.*) schema, modello.

schematizzàre v. tr. ridurre a schema, semplificare □ modellare, abbozzare **CONTR.** sviluppare, svolgere.

schematizzazióne s. f. riduzione a schema, semplificazione **CONTR.** sviluppo, svolgimento.

schermàto agg. difeso, protetto, riparato.

schermidóre s. m. spadaccino.

schermìre A v. tr. difendere, riparare, proteggere **B schermirsi** v. rifl. sottrarsi abilmente, destreggiarsi, esimersi, eludere, sfuggire **CONTR.** esporsi, affrontare, fronteggiare.

schérmo o **schèrmo** s. m. **1** (*anche fig.*) riparo, difesa, protezione, scudo □ argine, diga **2** (*per proiezione*) telone, tela **3** (*est.*) cinematografo, cinema **FRAS.** *piccolo schermo*, televisore, televisione.

schermografìa s. f. (*med.*) raggi (*pop.*).

schernìre v. tr. burlare, canzonare, deridere, dileggiare, irridere, beffare, beffeggiare, motteggiare, punzecchiare, satireggiare **CONTR.** adulare, elogiare, encomiare, esaltare, lodare, celebrare, incensare.

schernìto part. pass. di **schernire**; anche agg. burlato, beffato, beffeggiato, canzonato, deriso, dileggiato, irriso, satireggiato **CONTR.** adulato, elogiato, encomiato, esaltato, lodato, celebrato, incensato.

schérno s. m. beffa, canzonatura, derisione, dileggio, irrisione, ludibrio, motteggio, ironia, sarcasmo, satira, baia, minchionatura (*fam.*) **CONTR.** adulazione, elogio, esaltazione, lode, ammirazione.

scherzàre A v. intr. **1** giocare, trastullarsi, baloccarsi, divertirsi, ruzzare **2** burlare, celiare, motteggiare, parodiare, prendere in giro

CONTR. fare sul serio, dire sul serio □ essere imbronciato, avere il muso **B** v. tr. (*dial., pop.*) schernire, deridere, canzonare, punzecchiare **CONTR.** adulare, elogiare, esaltare, lodare, celebrare, incensare.

schérzo s. m. **1** beffa, burla, burletta, celia, facezia, gioco, motteggio, baia, canzonatura, bizzarria, buffonata, lazzo **2** (*antifr.*) (*brutto, cattivo, ecc.*) tiro, partaccia, sorpresa **3** (*fig.*) (*risolvere un problema, sollevare un quintale, ecc.*) roba da ridere, facilissimo **CONTR.** difficilissimo **4** (*mus.*) capriccio **FRAS.** *non stare allo scherzo*, essere permaloso □ *scherzo di natura*, mostro □ *per scherzo*, non sul serio □ *senza scherzi*, sul serio □ *neppure per scherzo*, per nessuna ragione.

scherzosaménte avv. amenamente, argutamente, briosamente, facetamente (*raro*), giocosamente, piacevolmente, spiritosamente, allegramente, beffardamente, buffamente, comicamente **CONTR.** seriamente, austeramente, solennemente.

scherzóso agg. ameno, arguto, brioso, faceto, giocoso, piacevole, spiritoso, allegro, beffardo, buffo, comico, mattacchione, burlone, ridanciano **CONTR.** serio, austero, solenne, posato, sostenuto, burbero, imbronciato, permaloso, musone.

schiacciànte part. pres. di **schiacciare**; anche agg. **1** comprimente, deformante **2** (*fig.*) (*di prova, di accusa, ecc.*) evidente, chiarissimo, innegabile, indiscutibile, inoppugnabile, incontrovertibile, lampante, manifesto, palese **CONTR.** dubbio, incerto, malsicuro, ipotetico, oscuro, problematico.

schiacciàre A v. tr. **1** calcare, comprimere, ammaccare, acciaccare, calpestare, premere, pressare, pigiare, spremere, torchiare □ rompere, schiantare, infrangere **CONTR.** gonfiare, rigonfiare, sollevare **2** (*est.*) (*di abito, di pettinatura, ecc.*) deformare, appiattire **CONTR.** far risaltare **3** (*fig.*) (*di persona*) annientare, opprimere, annichilire, umiliare, scornare, sgonfiare, mettere in ginocchio **CONTR.** sollevare, risollevare, rinfrancare, rianimare, rincorare **B schiacciarsi** v. intr. pron. deformarsi, appiattirsi □ rompersi, infrangersi, schiantarsi.

schiacciàta s. f. **1** pestata, ammaccatura, acciaccatura **2** focaccia **3** (*dial.*) bocciatura **4** (*nel tennis*) smash (*ingl.*).

schiacciàto part. pass. di **schiacciare**; anche agg. **1** ammaccato, acciaccato, calcato, compresso, pestato, pigiato, spremuto, torchiato □ rotto, infranto, schiantato **CONTR.** gonfio, rigonfio, sollevato, sporgente, tondeggiante **2** (*est.*) (*di naso, di forma, ecc.*) piatto, appiattito, deformato **CONTR.** appuntito **3** (*fig.*) (*di persona*) oppresso, vinto, annientato, soggiogato, umiliato **CONTR.** libero, sciolto.

schiacciatùra s. f. schiacciamento, ammaccamento, acciaccamento, compressione, appiattimento, deformazione **CONTR.** gonfiamento, rigonfiamento.

schiaffàre A v. tr. gettare, buttare, sbattere, sbatacchiare **B schiaffarsi** v. intr. pron. buttarsi, gettarsi, sprofondarsi.

schiaffeggiàre v. tr. **1** prendere a schiaffi **CONTR.** carezzare, accarezzare **2** (*fig.*) colpire con forza **CONTR.** accarezzare, sfiorare.

schiàffo s. m. **1** ceffata, ceffone, sganascione (*fam.*), mostaccione (*raro*), manrovescio, sberla **CONTR.** carezza **2** (*fig.*) umiliazione, mortificazione, offesa, torto **CONTR.** adulazione, elogio, lode.

schiamazzàre v. intr. fare schiamazzo, gridare, strepitare, vociare, vociferare **CONTR.** tacere, far silenzio.

schiamazzatóre s. m.; anche agg. (f. *-trice*) chiassone, fracassone **CONTR.** silenzioso, quieto, pacificone.

schiamàzzo s. m. chiasso, baccano, clamore, fracasso, gridio, strepito **CONTR.** silenzio, tranquillità.

schiantàre A v. tr. **1** rompere, spezzare, fendere, spaccare, fare a pezzi **2** (*est.*) (*di pianta*) strappare, svellere **3** (*di cuore, di persona, ecc.*) affliggere, colpire, ferire, trafiggere **CONTR.** allietare, rallegrare, confortare, riconfortare, sollevare, risollevare **B schiantarsi** v. intr. pron. scoppiare, rompersi, fracassarsi, spaccarsi, spezzarsi **C** v. intr. (*fam.*) (*dal ridere, dall'ira, ecc.*) scoppiare, crepare.

schiànto s. m. **1** rumore secco, scoppio, rottura **2** (*fig.*) (*al cuore*) strappo, dolore, fitta, colpo, trafittura **3** (*fig., fam.*) (*di persona o cosa*) bellezza, meraviglia **FRAS.** *di schianto*, all'improvviso.

schiariménto s. m. **1** schiarita □ illuminazione **CONTR.** oscuramento, offuscamento, ottenebramento **2** (*fig.*) spiegazione, delucidazione, chiarimento, commento, dichiarazione, precisazione, ragione.

schiarìre A v. tr. **1** chiarire, rischiarare □ illuminare **CONTR.** annerire, oscurare, offuscare, ottenebrare, annebbiare, intorbidare **2** (*fig., raro*) spiegare, chiarire, dichiarare **B** v. intr. e **schiarirsi** intr. pron. **1** diventare chiaro, diventare più chiaro, sbiancarsi, sbiadire, rischiararsi □ illuminarsi, rasserenarsi **CONTR.** oscurarsi, offuscarsi, ottenebrarsi, annebbiarsi, intorbidarsi **2** (*di cielo*) farsi chiaro, tornare sereno, rasserenarsi **CONTR.** annuvolarsi, rannuvolarsi, coprirsi, incupirsi **C** v. intr. impers. **1** tornare sereno, rasserenarsi **CONTR.** annuvolarsi, rannuvolarsi, coprirsi, incupirsi **2** aggiornare, farsi giorno **CONTR.** annottare.

schiarìta s. f. **1** rasserenamento **CONTR.** annuvolamento **2** (*fig.*) (*di rapporti, di situazione, ecc.*) miglioramento **CONTR.** peggioramento, deterioramento.

schiattàre v. intr. scoppiare, crepare, schiantare.

schiavìsmo s. m. (*est.*) schiavitù.

schiavitù s. f. **1** servitù, servaggio (*lett.*), cattività (*lett.*) □ giogo, oppressione **CONTR.** libertà, indipendenza, autonomia, emancipazione, riscatto, redenzione **2** (*fig.*) soggezione, dipendenza.

schiàvo s. m.; anche agg. (*anche fig.*) privo della libertà, assoggettato, soggetto, dipendente, dominato **CONTR.** libero, indipendente, affrancato, emancipato, esente, immune.

schièna s. f. dorso, dossò, tergo, groppa, groppone **FRAS.** *filo della schiena*, spina dorsale □ *voltare la schiena* (*fig.*), andarsene, fuggire □ *colpire alla schiena*, colpire a tradimento □ *curvare la schiena* (*fig.*), umiliarsi □ *a schiena d'asino*, ad arco.

schienàle s. m. **1** spalliera **2** (*di animale da macello*) schiena.

schièra s. f. **1** (*mil.*) reparto schierato, fila, linea, ordine **2** (*est.*) folla, massa, moltitudine, torma, stuolo, gruppo **FRAS.** *a schiera*, in fila, in ordine □ *a schiere*, in gran quantità.

schieraménto s. m. **1** allineamento, ordinamento, scaglionamento □ disposizione **2** (*sport*) composizione, formazione, squadra **3** (*di forze politiche e sim.*) insieme, gruppo, coalizione.

schieràre A v. tr. **1** ordinare, allineare, indrappellare (*raro*), spiegare **2** (*est.*) disporre, sistemare, mettere a posto **CONTR.** disordinare, scompigliare, confondere, rimescolare, mettere sottosopra **B schierarsi** v. rifl. **1** ordinarsi in schiera, allinearsi, spiegarsi **2** (*fig.*) (*a favore, contro*) prendere posizione, mettersi, appoggiare, favorire □ osteggiare, combattere.

schiettaménte avv. francamente, candidamente, ingenuamente, lealmente, naturalmente, onestamente, semplicemente, sinceramente, apertamente **CONTR.** falsamente, fintamente, ipocritamente, doppiamente, slealmente.

schiettézza s. f. **1** purezza, purità (*lett.*), genuinità, autenticità □ sanità **CONTR.** manipolazione, falsificazione, adulterazione □ impurità, contaminazione, mescolanza **2** (*fig.*) (*di persona, di discorso, ecc.*) franchezza, candidezza, candore, ingenuità, lealtà, naturalezza, onestà, semplicità, sincerità **CONTR.** finzione, ipocrisia, dissimulazione, doppiezza, falsità, insincerità, impostura.

schiètto agg. **1** puro, non contaminato, non mescolato, genuino, autentico, mero (*lett.*), pretto **CONTR.** adulterato, artefatto, contraffatto, lavorato □ impuro, contaminato, mescolato **2** (*est.*) (*di frutta, di vino, ecc.*) sano, perfetto **CONTR.** guasto, marcio **3** (*est.*) (*di stile, di prosa, ecc.*) liscio □ semplice, nudo, disadorno **CONTR.** nodoso, pesante, ornato, ridondante **4** (*fig.*) (*di persona, di parole, ecc.*) sincero, franco, leale, aperto, candido, ingenuo, pulito, naturale, onesto **CONTR.** falso, finto, doppio, insincero, impostore, ipocrita, sleale, dissimulatore.

schifàre A v. tr. **1** avere a schifo, avere a noia, sdegnare, disdegnare, disprezzare, spregiare, sgradire (*raro*), rifiutare **CONTR.** apprezzare, gradire, accogliere, accettare **2** fare schifo, disgustare, stomacare, nauseare, ripugnare **CONTR.** allettare, attrarre, piacere, garbare, gustare, andare a genio **B schifarsi** v. intr. pron. provare schifo, provare nausea, disgustarsi, stomacarsi, non poterne più **CONTR.** attrarre, piacere, garbare, gustare, andare a genio.

schifézza s. f. schifosaggine, schifosità (*raro*), porcheria, boiata (*pop.*), laidezza, sporcizia, sudiceria **CONTR.** bontà, delizia, delicatezza, raffinatezza, squisitezza.

schìfo s. m. **1** ripugnanza, nausea, disgusto, orrore, raccapriccio, ribrezzo **CONTR.** ammirazione, attrazione, appetenza, gradimento, piacere **2** (*fig.*) (*di cosa, di persona*) vergogna, orrore, boiata (*pop.*), indecenza **CONTR.** meraviglia, bellezza.

schifosaménte avv. disgustosamente, stomachevolmente, male **CONTR.** gradevolmente, piacevolmente, bene.

schifóso agg. **1** ributtante, disgustoso, stomachevole, immondo, laido (*lett.*), nauseante, ripugnante, lercio, sozzo, sporco, sudicio, osceno, sconcio **CONTR.** allettante, ammirevole, attraente, gradevole, gustoso, lindo, pulito, piacevole, simpatico **2** (*est., pop.*) pessimo, scadentissimo, cattivissimo **CONTR.** eccellente, ottimo, pregevole **3** (*antifr., pop.*) grande, smisurato, eccessivo **CONTR.** limitato, poco, scarso.

schiòcco s. m. rumore secco, colpo, scocco.

schiodàre v. tr. dischiodare (*raro*), sbullettare, sconficcare, aprire **CONTR.** inchiodare, imbullettare, chiudere.

schiodatùra s. f. sbullettatura (*raro*) **CONTR.** inchiodatura.

schioppettàta s. f. fucilata, sparo.

schiòppo s. m. (*gener.*) fucile.

schiùdere A v. tr. aprire, dischiudere, disserrare, socchiudere **CONTR.** chiudere, serrare □ spalancare **B schiudersi** v. intr. pron. **1** (*di pianta, di fiore, ecc.*) aprirsi, dischiudersi, socchiudersi □ sbocciare **CONTR.** chiudersi, serrarsi **2** (*fig., lett.*) manifestarsi, palesarsi **CONTR.** chiudersi, nascondersi, celarsi, occultarsi.

schiùma s. f. **1** spuma, effervescenza, bolle **2** (*fig.*) (*di persone*) feccia, rifiuto, canaglia, gentaglia, ciurmaglia **CONTR.** crema, fior fiore, élite (*fr.*).

schiumóso agg. spumoso, spumeggiante, spumante, effervescente.

schiùso part. pass. di **schiudere**; anche agg. (*lett.*) aperto, dischiuso, disserrato □ sbocciato **CONTR.** chiuso, serrato.

schivàre v. tr. scansare, evitare, fuggire, rifuggire, sfuggire, eludere **CONTR.** cercare, ricercare, andare incontro, affrontare.

schìvo agg. **1** alieno, contrario, restio, riluttante **CONTR.** favorevole, incline, proclive (*raro*), propenso **2** ritroso, sdegnoso, schifiltoso, timido, selvatico, misantropo **CONTR.** ardito, audace, coraggioso, intraprendente, intrigante, sfacciato, sfrontato, spudorato.

schizofrenìa s. f. (*psicol.*) dissociazione mentale □ (*est.*) follia, pazzia **CONTR.** assennatezza, saggezza, equilibrio.

schizofrènico agg.; anche s. m. (*est.*) folle, matto, pazzo **CONTR.** assennato, giudizioso, sano, saggio, equilibrato.

schizzàre A v. tr. **1** (*di acqua, di sangue, ecc.*) emettere, buttar fuori, spruzzare **2** (*di fango, di vernice, ecc.*) insudiciare, inzaccherare **3** (*fig.*) (*di progetto, di ambiente, ecc.*) abbozzare, delineare □ (*est.*) descrivere sommariamente **CONTR.** completare, perfezionare, rifinire **B** v. intr. **1** (*di liquido*) zampillare, sprizzare, sgorgare, spicciare **2** (*est.*) (*di persona, di animale*) saltar fuori, balzare, scappare, sgusciare **FRAS.** *schizzar veleno* (*fig.*), manifestare invidia, manifestare rancore.

schizzinóso agg.; anche s. m. difficile, incontentabile, delicato, schifiltoso, sofistico, smorfioso, raffinato, sdegnoso, stomacato **CONTR.** contentabile, adattabile, di bocca buona, alla buona, semplice.

schìzzo s. m. **1** spruzzo, zampillo □ pillacchera, zacchera, macchia **2** (*di casa, di discorso, ecc.*) abbozzo, bozzetto, disegno, traccia, progetto, studio □ bozza, minuta, schema, trama, scaletta.

scìa s. f. **1** (*nell'acqua*) traccia, solco **2** (*est.*) (*di sensazioni olfattive*) traccia, odore, profumo □ puzza (*dial., lett.*), puzzo, fetore **FRAS.** *seguire la scia di uno* (*fig.*), imitare uno.

scià s. m. inv. (*stor.*) (*dell'Iran*) sovrano, imperatore.

sciàbola s. f. spada, scimitarra.

sciabordàre A v. tr. **1** (*di liquido*) agitare **2** (*di panni*) sciacquare **B** v. intr. (*di onda*) battere, frangersi.

sciacàllo s. m. **1** (*fig.*) ladro **2** (*fig.*) sfruttatore, piovra (*fig.*), strozzino **CONTR.** sfruttato, vittima.

sciacquàre v. tr. lavare più volte, rilavare, risciacquare, agitare nell'acqua **FRAS.** *sciacquarsi la bocca sul conto di uno* (*fig.*), sparlare di uno.

sciagùra s. f. disgrazia, disavventura, iattura, infortunio, sfortuna, iella (*dial.*), avversità, calamità, disastro, sventura, sinistro **CONTR.** fortuna, bazza, cuccagna.

sciaguratamént̀e avv. disgraziatamente, sfortunatamente, infelicemente **CONTR.** fortunatamente, felicemente.

sciaguràto agg. e s. m. **1** (*di persona*) disgraziato, infelice, misero, sfortunato, sventurato, scalognato (*fam.*), iellato (*dial.*) **CONTR.** fortunato, felice, avventurato, nato con la camicia **2** (*di evento*) calamitoso, disastroso, doloroso, brutto **CONTR.** felice, piacevole, bello **3** (*di persona, di gesto, ecc.*) malvagio, cattivo, iniquo, perverso, scellerato, perfido, vile, ribaldo, birbante, birbone, canaglia, mascalzone **CONTR.** buono, onesto, probo, galantuomo **4** (*di idea, di proposta, ecc.*) malaugurato, brutto, infelice, inopportuno **CONTR.** felice, bello.

scialacquaménto s. m. scialo, sperpero, spreco, sciupio, dilapidazione, dissipazione, prodigalità **CONTR.** economia, risparmio, parsimonia, avarizia, taccagneria, tirchieria, spilorceria.

scialacquàre v. tr. **1** sperperare, dissipare, dilapidare, scialare, divorare, ingoiare **CONTR.** economizzare, risparmiare, mettere da parte, lesinare **2** (*fig.*) (*di elogi, di saluti, ecc.*) profondere, prodigare **CONTR.** essere avaro, contenere.

scialacquatóre s. m.; anche agg. (f. *-trice*) dilapidatore, dissipatore, prodigo, sciupone, sprecone, scialone (*fam.*), scialacquone (*pop.*), spendereccio, spendaccione **CONTR.** economo, risparmiatore, parsimonioso, avaro, spilorcio, taccagno, tirchio, tirato.

scialàcquo s. m. spreco, sperpero, profusione, scialo, dilapidazione, sciupio **CONTR.** economia, risparmio, parsimonia, avarizia, taccagneria, tirchieria.

sciàlbo agg. **1** pallido, scolorito, smorto, sbiadito, stinto **CONTR.** colorito, colorato **2** (*fig.*) (*di persona, di scritto, ecc.*) privo di personalità, anonimo, inespressivo, squallido, insignificante **CONTR.** espressivo, brioso, vivace.

sciàlle s. m. sciarpa, fisciù, fichu (*fr.*), plaid (*ingl.*).

scialùppa s. f. barca di salvataggio, lancia.

sciàme s. m. **1** gruppo di api **2** (*fig.*) (*di persone*) moltitudine, grande numero, folla, massa, caterva, stuolo, turba.

sciancàre A v. tr. storpiare **CONTR.** raddrizzare **B sciancarsi** v. intr. pron. diventare sciancato, storpiarsi **CONTR.** raddrizzarsi.

sciancàto A part. pass. di **sciancare**; anche agg. **1** storpio, storpiato, zoppicante, claudicante **CONTR.** diritto, snello, agile, sciolto, svelto **2** (*di mobile, di sedia, ecc.*) che non si regge in piedi, malandato **CONTR.** nuovo, robusto **B** s. m. storpio.

sciantósa s. f. canzonettista, chanteuse (*fr.*).

sciàrpa s. f. fascia, fusciacca □ tracolla.

sciàtica s. f. (*med.*) sciatalgia, ischialgia.

sciàtico agg. (*anat.*) ischiatico.

sciatterìa s. f. trascuratezza, sciattaggine (*raro*), sciattezza, trascurataggine, negligenza, incuria, disordine **CONTR.** accuratezza, cura, diligenza, ordine, eleganza, compostezza, finezza.

sciàtto agg. negligente, trasandato, trascurato, disordinato, disadorno, negletto (*lett.*), discinto, sciamannato, scomposto, sbrindellato **CONTR.** elegante, agghindato, attillato, composto, diligente, ordinato.
scìbile s. m. sapere, scienza, dottrina.
scientemènte avv. consapevolmente, consciamente, deliberatamente, apposta **CONTR.** inconsapevolmente, inconsciamente.
scientìfico agg. **1** fondato sulla scienza **CONTR.** pratico, antiscientifico, sperimentale, empirico **2** (*di materia di studio*) **CONTR.** letterario, umanistico.
sciènza s. f. **1** (*raro*) conoscenza, cognizione **CONTR.** ignoranza **2** cognizioni, dottrina, sapere, sapienza, scibile **CONTR.** ignoranza **FRAS.** *uomo di scienza*, scienziato □ *pozzo di scienza* (*fig.*), persona coltissima □ *scienze occulte*, magia, negromanzia □ *scienza pura*, scienza fine a sé stessa.
scienziàto s. m. uomo di scienza, dotto, sapiente, dottore, maestro, luminare **CONTR.** profano, ignaro, ignorante, incolto.
sciìstico agg. sciatorio.
scimitàrra s. f. sciabola.
scìmmia s. f. **1** (*fig.*) (*di persona*) imitatore **2** (*fig.*) persona sgraziata, dispettoso **3** (*dial.*) sbornia (*pop.*), sbronza (*fam.*), balla (*pop.*) **4** (*gerg.*) droga.
scimmiottàre v. tr. contraffare, imitare, copiare, rifare il verso, seguire pedestramente **CONTR.** essere originale.
scìndere A v. tr. separare, dividere, staccare, fendere, spaccare, spezzare, tagliare, sdoppiare, frazionare **CONTR.** attaccare, unire, riunire, congiungere, ricongiungere, legare, collegare, connettere, aggregare, mettere insieme **B scindersi** v. intr. pron. dividersi, spaccarsi **CONTR.** riunirsi, ricongiungersi.
scindìbile agg. separabile, divisibile **CONTR.** inscindibile, inseparabile, indivisibile.
scintigrafìa s. f. (*med.*) scintillografia.
scintìlla s. f. **1** favilla, monachina □ sprazzo □ luce, fiamma, lampeggiamento **2** (*fig.*) (*di genio, di creatività, ecc.*) illuminazione, sprazzo, intuizione **3** (*fig.*) (*di lite, di guerra, ecc.*) motivo, causa, occasione, pretesto, scusa.
scintillànte part. pres. di **scintillare**; anche agg. sfavillante, brillante, fiammante, risplendente, lampeggiante, corrusco (*poet.*), rutilante (*poet.*), luminoso **CONTR.** opaco, annebbiato, fosco, offuscato, scuro, oscuro, buio, cupo.
scintillàre v. intr. sfavillare, luccicare, splendere, risplendere, balenare, lampeggiare, brillare, tremolare, rutilare (*poet.*) **CONTR.** essere opaco, essere annebbiato, essere offuscato, essere buio.
scintillìo s. m. sfavillio.
sciocàre e deriv. *V.* **shoccare** e deriv.
sciocchézza s. f. **1** scemenza, imbecillità, idiozia, cretineria, stupidità, balordaggine **CONTR.** intelligenza, cervello, accortezza, perspicacia, furberia, scaltrezza **2** baggianata, castroneria **3** cosa da nulla, inezia, piccolezza, bazzecola, quisquilia, miseria.
sciòcco A agg. (*tosc.*) privo di sale, insipido, insapore, insulso **CONTR.** salato, saporito, saporoso (*lett.*), sapido (*lett.*), gustoso **B** s. m. scemo, stupido, imbecille, idiota, cretino, deficiente, scimunito, stolido, stolto, citrullo, grullo, gonzo, tonto, babbeo, coglione (*volg.*) **CONTR.** intelligente, sveglio, scaltro, astuto, furbo □ serio, equilibrato, assennato.
sciògliere A v. tr. **1** (*di nodo, di pacco, ecc.*) disfare, snodare, slegare, disciogliere, districare, slacciare, svolgere, sviluppare (*lett.*), sciorre (*poet.*) □ liberare, affrancare, disimpacciare (*raro*), prosciogliere, svincolare **CONTR.** allacciare, annodare, avvolgere, avviluppare, imballare, involgere, avvincere, stringere, vincolare, unire, collegare, legare **2** (*di metallo, di cera, ecc.*) fondere, liquefare, struggere, dissolvere, squagliare **CONTR.** coagulare, condensare, far rapprendere, solidificare **3** (*fig.*) (*di riunione, di comizio, ecc.*) scomporre, smembrare, disunire, disperdere **CONTR.** riunire, raccogliere **4** (*di voto, di obbligo, ecc.*) porre fine, annullare □ adempiere, compiere, soddisfare **CONTR.** stipulare, contrarre, fare **5** (*fig.*) (*di dubbio, di problema, ecc.*) spiegare, risolvere, appianare, chiarire, delucidare **CONTR.** porre, insinuare **6** (*fig.*) (*di muscoli, di gambe, ecc.*) slegare, snellire, disimpacciare, rendere agile **CONTR.** bloccare, irrigidire **7** (*di colori, di colla, ecc.*) diluire, stemperare **B sciogliersi** v. rifl. liberarsi, svincolarsi **CONTR.** vincolarsi **C** v. intr. pron. liquefarsi, fondersi, struggersi, squagliarsi **CONTR.** coagularsi, condensarsi, rapprendersi, solidificarsi **FRAS.** *sciogliersi in lacrime*, piangere accoratamente.
scioglimènto s. m. **1** dissolvimento, disfacimento, slegamento, soluzione, dissoluzione, scissione, decomposizione, scomposizione, disgregamento, disgregazione □ liberazione, svincolamento, disimpegno **CONTR.** legamento, legame, unione, riunione, congiungimento, ricongiungimento, connessione, fusione **2** (*di patto, di impegno, ecc.*) rottura, rescissione, annullamento **CONTR.** stipulazione, accordo **3** (*fig.*) (*di commedia, di romanzo, ecc.*) conclusione, epilogo, fine, chiusa **CONTR.** inizio, introduzione, proemio, prefazione, premessa.
scioltamènte avv. **1** agilmente, destramente, prestamente, speditamente **CONTR.** lentamente, pesantemente **2** (*fig.*) spigliatamente, vivacemente, spiritosamente **CONTR.** goffamente, timidamente.
scioltézza s. f. **1** agilità, destrezza, prestezza, snellezza, speditezza, sveltezza, facilità di movimenti **CONTR.** lentezza, pesantezza **2** (*fig.*) (*nel parlare, nell'agire, ecc.*) disinvoltura, spi-

gliatezza, brio, vivacità, spirito **CONTR.** goffaggine, imbarazzo, impaccio, perplessità, timidezza.

sciòlto part. pass. di **sciogliere**; anche agg. **1** (*di nodo, di pacco, ecc.*) disciolto, snodato, slegato, slacciato, discinto, disgiunto, disunito, scisso, decomposto, disgregato □ diluito, squagliato, stemperato □ libero, liberato, prosciolto, svincolato **CONTR.** legato, collegato, allacciato, avviluppato, avvolto, annodato, avvinto, congiunto, ricongiunto □ coagulato, condensato, rappreso, solidificato **2** (*di accordo, di patto, ecc.*) rescisso, annullato, rotto **CONTR.** stipulato, concordato **3** (*fig.*) (*di passo, di membra, ecc.*) agile, spedito, snello, svelto **CONTR.** lento, pesante, tardo **4** (*fig.*) (*nel parlare, nell'agire, ecc.*) disinvolto, disimpacciato, spigliato, brioso, vivace, spiritoso **CONTR.** goffo, imbarazzato, impacciato, perplesso, timido.

scioperànte part. pres. di **scioperare**; anche agg. e s. m. e f. (*est.*) manifestante **CONTR.** crumiro.

scioperàre v. intr. astenersi dal lavoro, incrociare le braccia □ (*est.*) manifestare **CONTR.** fare il crumiro.

scioperàto agg.; anche s. m. sfaccendato, sfaticato, fannullone, ozioso, scansafatiche, neghittoso, poltrone, infingardo, accidioso □ scapestrato **CONTR.** alacre, attivo, laborioso, operoso, solerte, dinamico, lavoratore.

sciòpero s. m. astensione dal lavoro □ (*est.*) manifestazione **CONTR.** crumiraggio □ serrata **FRAS.** *sciopero articolato*, sciopero per settori □ *sciopero a singhiozzo*, sciopero a intervalli □ *sciopero selvaggio* o *a gatto selvaggio*, sciopero indiscriminato □ *sciopero della fame*, digiuno di protesta.

sciovinìsta s. m. e f. nazionalista fanatico, patriottardo □ (*est.*) campanilista **CONTR.** internazionalista.

sciovinìstico agg. nazionalistico, patriottardo □ (*est.*) campanilistico **CONTR.** internazionalista.

scippàre v. tr. (*anche fig.*) derubare.

scippatóre s. m. (f. *-trice*) ladro.

scìppo s. m. furto.

sciroppàre v. tr. candire, confettare, giulebbare **FRAS.** *sciropparsi* (*fig., fam.*), dover sopportare.

sciròppo s. m. soluzione zuccherina, giulebbe.

sciroppóso agg. **1** denso, spesso **CONTR.** liquido **2** (*fig.*) (*di film, di racconto, ecc.*) languido, sentimentale, sdolcinato, dolciastro **CONTR.** realistico, crudo.

scìsma s. m. **1** (*relig.*) separazione, distacco **2** (*est.*) divisione, scissione, frattura, rottura, discordia **CONTR.** unione □ accordo, armonia, concordia, intesa.

scissióne s. f. **1** divisione, separazione, distacco □ discordia, disaccordo, dissidio, disunione □ scisma □ secessione **CONTR.** unione □ accordo, armonia, concordia, intesa **2** (*fis.*) fissione.

scìsso part. pass. di **scindere**; anche agg. separato, diviso, disgiunto, disunito, staccato, distaccato, avulso **CONTR.** unito, attaccato, congiunto, legato, collegato.

scissùra s. f. **1** (*raro*) fessura, fenditura **2** (*fig.*) discordia, dissidio, disunione, disaccordo, rottura **CONTR.** accordo, armonia, concordia, intesa.

sciupàre A v. tr. **1** (*di cosa*) ridurre in cattivo stato, conciare male, gualcire, sgualcire, logorare, danneggiare, rovinare, sconciare (*raro*) **CONTR.** curare, aver cura, conservare **2** (*est.*) (*di denaro, di tempo, ecc.*) dissipare, sprecare, sperperare, impiegare male, spendere male, consumare, dilapidare, buttare via **CONTR.** utilizzare, impiegare bene, mettere a frutto, mettere da parte, economizzare, risparmiare **B sciuparsi** v. intr. pron. **1** (*di cosa*) sgualcirsi, logorarsi, danneggiarsi, rovinarsi, sconciarsi (*raro*) **CONTR.** rimanere nuovo, conservarsi bene **2** (*ass.*) (*di persona*) deperire, indebolirsi, imbruttire **CONTR.** rifiorire, imbellirsi.

sciupìo s. m. spreco, sperpero, sciupo (*raro*), dispersione, logorio, cattivo uso **CONTR.** conservazione, economia, risparmio, buon uso.

scivolàre v. intr. **1** (*di persona*) slittare, sdrucciolare, glissare, derapare □ perdere l'equilibrio **2** (*est.*) (*di pesce, di bottiglia, ecc.*) sfuggire, guizzar via, cadere **FRAS.** *scivolare su un argomento* (*fig.*), evitare un argomento.

scivolàta s. f. slittamento, sdrucciolamento, sdrucciolone, scivolone.

scivolóne s. m. **1** scivolata, slittamento, sdrucciolamento, sdrucciolone **2** (*fig.*) grave errore, grave peccato □ (*sport*) sconfitta inattesa.

scivolóso agg. **1** sdrucciolevole, sdruccioloso (*raro*), lubrico **CONTR.** ruvido, scabro **2** (*di pesce, di bottiglia, ecc.*) sfuggente, viscido **CONTR.** ruvido **3** (*fig.*) (*di persona*) falso, finto, ipocrita, simulatore, sfuggente, viscido, insinuante, subdolo, untuoso **CONTR.** aperto, franco, leale, schietto, sincero.

scleròsi o **sclèrosi** s. f. **1** (*biol.*) indurimento **2** (*fig.*) (*in economia, in politica, ecc.*) paralisi, rigidità, irrigidimento, blocco **CONTR.** vivacità, elasticità.

scoccàre A v. tr. **1** (*di freccia, di sasso, ecc.*) tirare, scagliare, lanciare, far scattare **2** (*di orologio*) battere, suonare, scandire **3** (*fig.*) (*di bacio, di occhiata, ecc.*) dare, rivolgere, indirizzare **B** v. intr. **1** (*di ore*) battere, suonare, scandire **2** (*di freccia, di trappola, ecc.*) scattare **3** (*di scintilla e sim.*) balenare, guizzare, sprigionarsi.

scocciàre A v. tr. (*fam.*) importunare, infastidire, seccare, annoiare, stufare, tediare, disturbare, rompere le scatole (*pop.*), rompere le palle (*volg.*), rompere (*gerg., volg.*) **CONTR.** distrarre, divertire, interessare, rallegrare, ri-

creare, svagare **B scocciarsi** v. intr. pron. (*fam.*) seccarsi, annoiarsi, infastidirsi, tediarsi, stufarsi, rompersi (*gerg.*, *volg.*) **CONTR.** distrarsi, divertirsi, interessarsi, rallegrarsi, svagarsi.
scocciatùra s. f. (*fam.*) seccatura, noia, fastidio, disturbo, molestia, bega, rompimento di scatole (*fam.*), rottura (*gerg.*, *volg.*) **CONTR.** divertimento, piacere, passatempo.
scodèlla s. f. piatto fondo, fondina, ciotola, tazza □ zuppiera, terrina (*region.*).
scodinzolàre v. intr. **1** (*di cane*) dimenare la coda **2** (*fig.*, *pop.*) (*di persona*) dimenarsi.
scoglièra s. f. scogli, faraglioni.
scòglio s. m. **1** roccia affiorante, frangente, faraglione **2** (*est.*, *lett.*) rupe, masso, sasso, pietra, macigno **3** (*fig.*) ostacolo, difficoltà, handicap (*ingl.*).
scoglionàto agg.; anche s. m. **1** (*volg.*) sfortunato, iellato (*dial.*), sfigato (*volg.*) **CONTR.** fortunato **2** (*volg.*) annoiato, infastidito, scontento **CONTR.** contento, felice.
scoglióso agg. pieno di scogli □ (*fig.*) pericoloso.
scolàre A v. tr. sgocciolare, far gocciolare **B** v. intr. colare, scorrere in giù, gocciare, gocciolare, sgocciolare.
scolarésca s. f. scolari.
scolarétto s. m. **1** dim. di **scolaro 2** (*est.*, *fig.*) ingenuo, goffo, impacciato **CONTR.** smaliziato, furbo, dritto (*fam.*).
scolàro s. m. alunno, allievo, discente, educando, studente □ discepolo, seguace **CONTR.** insegnante, maestro, professore, istitutore, precettore, aio.
scolàstico agg. (*fig.*, *spreg.*) conformista, dogmatico, impersonale **CONTR.** personale, originale.
scolatùra s. f. colaticcio.
scòlio s. m. chiosa, annotazione, postilla, glossa, nota critica.
scollacciàto agg. **1** (*di abito*) scollato **CONTR.** accollato **2** (*fig.*) (*di discorso*, *di scritto*, *ecc.*) licenzioso, immorale, indecente, lascivo, osceno, pornografico, sboccato **CONTR.** castigato, casto, pudico, decente, verecondo.
scollacciatùra s. f. **1** scollo eccessivo **CONTR.** accollatura **2** (*fig.*, *raro*) licenziosità, indecenza, scurrilità, oscenità, trivialità **CONTR.** castigatezza, verecondia, decenza.
scollàre A v. tr. staccare, dividere, separare, dissaldare, disgiungere, disunire **CONTR.** incollare, attaccare, appiccicare, saldare, unire, congiungere **B scollarsi** v. intr. pron. **1** disgiungersi, sconnettersi, staccarsi **CONTR.** incollarsi, attaccarsi, unirsi **2** (*fig.*) (*di persone*, *di partiti*, *ecc.*) rompersi, dividersi **CONTR.** unirsi, stringersi.
scollàto (1) agg. (*di abito*) aperto sul collo, scollacciato **CONTR.** accollato.
scollàto (2) part. pass. di **scollare**; anche agg. staccato, dissaldato, disgiunto, disunito, separato **CONTR.** incollato, attaccato, appiccicato, saldato, unito, congiunto.
scollatùra s. f. (*di abito*) scollo.
scólo s. m. **1** sgrondo, scorrimento, flusso **2** scolatura, colaticcio **3** condotto, tubatura, canale, scolmatore **4** (*volg.*) blenorragia, blenorrea, gonorrea.
scoloriménto s. m. scoloramento (*raro*), decolorazione, sbiadimento **CONTR.** coloramento, colorazione.
scolorire A v. tr. **1** scolorare, stingere, decolorare, sbiadire, sbiancare **CONTR.** colorare, colorire, tingere **2** (*fig.*) (*di ricordo*, *di episodio*, *ecc.*) spegnere, sbiadire, affievolire **CONTR.** animare, avvivare, ravvivare, vivacizzare **B** v. intr. e **scolorirsi** intr. pron. **1** stingersi, sbiadire, schiarirsi **CONTR.** colorarsi, colorirsi **2** (*est.*) (*di persona*, *di viso*) impallidire **CONTR.** arrossire.
scolorito part. pass. di **scolorire**; anche agg. decolorato, sbiadito, sbiancato, stinto, schiarito □ pallido, smorto **CONTR.** colorato, colorito, tinto □ roseo, rosso, rubizzo.
scolpàre A v. tr. discolpare, giustificare, scagionare, discriminare **CONTR.** accusare, incolpare, incriminare, accagionare (*ant.*) **B scolparsi** v. rifl. difendersi, discolparsi, giustificarsi, scagionarsi **CONTR.** accusarsi, incolparsi, confessarsi colpevole.
scolpire v. tr. **1** lavorare a rilievo, incidere □ ritrarre, effigiare **2** (*fig.*) (*nella mente*, *nel cuore*, *ecc.*) imprimere, fissare **CONTR.** cancellare.
scolpito part. pass. di **scolpire**; anche agg. **1** inciso, intagliato **2** (*fig.*) (*di ricordo*, *di immagine*, *ecc.*) distinto, rilevato, netto, spiccato **CONTR.** vago, indistinto.
scombinàre v. tr. **1** scomporre, disordinare, sconvolgere, mettere sottosopra **CONTR.** ordinare, assestare, assettare, combinare **2** (*di affare*, *di incontro*, *ecc.*) mandare a monte, far saltare, disdire **CONTR.** concordare, preparare.
scombinàto part. pass. di **scombinare**; anche agg. e s. m. **1** mal combinato, disordinato, confuso, messo sottosopra **CONTR.** ordinato, assestato, assettato **2** (*di persona o cosa*) sconclusionato, incoerente, stravagante **CONTR.** coerente, metodico, ordinato, equilibrato.
scombussolaménto s. m. sconvolgimento, turbamento, agitazione, inquietudine, rimescolamento, sconcerto, smarrimento **CONTR.** calma, pace, quiete, serenità, tranquillità, impassibilità, imperturbabilità.
scombussolàre v. tr. **1** confondere, disordinare, scompigliare, mettere sottosopra, mettere a soqquadro **CONTR.** ordinare, riordinare, assestare, riassestare **2** (*fig.*) frastornare, sconvolgere, turbare, perturbare, agitare **CONTR.** calmare, pacificare, placare, quietare, rasserenare, tranquillizzare.
scombussolàto part. pass. di **scombussolare**; anche agg. **1** confuso, disordinato, scompiglia-

to, sottosopra **CONTR.** ordinato, riordinato, assestato, riassestato **2** (*fig.*) confuso, frastornato, sconvolto, rimescolato, turbato, agitato **CONTR.** calmo, placido, quieto, sereno, tranquillo.

scomméssa s. f. **1** patto, impegno, intesa, accordo **2** somma, posta **3** impresa difficile, rischio.

scomméttere v. tr. **1** fare una scommessa, pattuire **2** (*est.*) affermare, asserire, assicurare, sostenere, essere sicuro **CONTR.** negare **3** (*al gioco*) puntare.

scomodaménte avv. disagiatamente, male **CONTR.** comodamente, agiatamente.

scomodàre A v. tr. incomodare, disturbare, infastidire, molestare, seccare, scocciare (*fam.*) **CONTR.** far piacere, essere gradito **B** v. intr. causare disagio, essere scomodo **C scomodarsi** v. rifl. disturbarsi, incomodarsi.

scomodità s. f. incomodo, disturbo, fastidio, imbarazzo, impiccio, inconveniente **CONTR.** comodità, comodo, agio.

scòmodo agg. incomodo, disagevole, malagevole, disagiato, fastidioso, arduo, difficile, faticoso **CONTR.** comodo, agevole, facile.

scompaginàre A v. tr. **1** turbare, disordinare, scompigliare, scombussolare, sconvolgere, scomporre, rompere **CONTR.** ordinare, riordinare, assestare, riassestare **2** (*tip.*) spaginare **CONTR.** impaginare **B scompaginarsi** v. intr. pron. scomporsi, disgregarsi, disordinarsi, turbarsi, sconvolgersi **CONTR.** comporsi, ricomporsi, riordinarsi.

scompaginàto part. pass. di **scompaginare**; anche agg. **1** disordinato, scombussolato, sconvolto **CONTR.** ordinato **2** (*tip.*) spaginato **CONTR.** impaginato.

scompagnàto agg. spaiato, diviso, separato, unico, isolato, solo **CONTR.** appaiato, accompagnato, accoppiato, unito.

scomparìre v. intr. **1** dileguarsi, sparire, disparire (*raro*), dissolversi, svanire, eclissarsi, squagliarsi (*fam.*) **CONTR.** apparire, comparire, farsi vedere, manifestarsi, mostrarsi, palesarsi **2** (*fig.*) fare magra figura, sfigurare **CONTR.** fare bella figura **3** (*fig.*) non spiccare, non risaltare **CONTR.** spiccare, risaltare.

scompàrsa s. f. **1** sparizione, eclisse, eclissamento, dipartita (*lett.*), allontanamento **CONTR.** apparizione, comparsa, manifestazione **2** (*euf.*) morte.

scompàrso A part. pass. di **scomparire**; anche agg. sparito, eclissato, dileguato **CONTR.** apparso, comparso **B** s. m. (*euf.*) morto, defunto.

scompàrto s. m. scompartimento.

scompensàre v. tr. rompere l'equilibrio, squilibrare **CONTR.** compensare.

scompensàto part. pass. di **scompensare**; anche agg. alterato, squilibrato, sbilanciato, disarmonico **CONTR.** compensato, bilanciato, equilibrato, armonico.

scompènso s. m. alterazione, sbilancio, squilibrio, disarmonia □ insufficienza **CONTR.** compensazione, armonia, equilibrio, stabilità.

scompigliàre v. tr. disordinare, mettere sottosopra, arruffare, confondere, sconvolgere, scombussolare, intricare, scombinare **CONTR.** ordinare, riordinare, assestare, riassestare, assettare, rassettare.

scompigliàto part. pass. di **scompigliare**; anche agg. disordinato, confuso, sconvolto, scombussolato **CONTR.** ordinato, riordinato, assestato, riassettato, rassettato.

scompìglio s. m. confusione, babele, casino (*pop.*), disordine, agitazione, arruffio, trambusto, rimescolio □ turbamento, perturbazione **CONTR.** ordine, assetto, armonia.

scomponìbile agg. divisibile, separabile □ componibile **CONTR.** indivisibile, inseparabile.

scomponibilità s. f. divisibilità, separabilità **CONTR.** indivisibilità, inseparabilità.

scompórre A v. tr. **1** disfare, disgiungere, disgregare, disunire, dividere, separare, sconnettere, sfasciare, smembrare, smontare, scompaginare **CONTR.** comporre, ricomporre, unire, riunire, congiungere, ricongiungere **2** disordinare, scompigliare, arruffare, mettere sottosopra **CONTR.** ordinare, riordinare, mettere a posto, assettare, rassettare **3** (*fig.*) (*di persona*) turbare, conturbare, agitare **B scomporsi** v. intr. pron. alterarsi, turbarsi, agitarsi **CONTR.** ricomporsi, riprendere il controllo di sé.

scomposizióne s. f. sconnessura, scompaginamento, scompaginatura, scompaginazione (*raro*), sconnessione, scollatura, distacco, divisione, separazione □ decomposizione **CONTR.** composizione, ricomposizione, connessione, unificazione, riunificazione, incastro.

scompostaménte avv. disordinatamente, sciattamente, sconvenientemente, scorrettamente **CONTR.** compostamente, correttamente, decorosamente, educatamente, ordinatamente.

scompostézza s. f. incompostezza, disordine, sciattezza (*raro*), sciatteria, sguaiataggine, sconvenienza, scorrettezza, maleducazione **CONTR.** compostezza, correttezza, decoro, educazione, serietà, ordine.

scompósto part. pass. di **scomporre**; anche agg. **1** disfatto, distaccato, diviso, disordinato, scompigliato, separato, disunito **CONTR.** unito, attaccato, congiunto, ordinato **2** (*fig.*) (*di persona, di gesto, ecc.*) incomposto, sciatto, sconveniente, indecente, scorretto, sguaiato, maleducato **CONTR.** composto, corretto, decoroso, educato, serio, contegnoso.

scomùnica s. f. **1** (*eccl.*) censura ecclesiastica, anatema, interdetto **2** (*da un partito, da un'associazione, ecc.*) espulsione **CONTR.** accoglimento, accettazione □ riabilitazione.

scomunicàre v. tr. **1** (*eccl.*) infliggere la scomunica, anatematizzare, interdire **2** (*fig.*) (*da partito, da associazione, ecc.*) espellere □ escludere, condannare, sconfessare CONTR. ammettere, accogliere □ riabilitare.

scomunicàto part. pass. di **scomunicare**; anche agg. e s. m. **1** (*eccl.*) colpito da scomunica, anatematizzato, interdetto **2** (*fig.*) (*da un partito, da un'associazione, ecc.*) espulso □ sconfessato, condannato CONTR. ammesso, accolto □ riabilitato **3** (*fig.*) profano, empio, sacrilego, iniquo, malvagio CONTR. giusto, onesto, buono.

sconcertànte part. pres. di **sconcertare**; anche agg. sconvolgente, impressionante, conturbante CONTR. insignificante.

sconcertàre A v. tr. **1** (*di piano, di progetto, ecc.*) disturbare, confondere, scompigliare, scompaginare, sconvolgere CONTR. ordinare, riordinare, rassettare, ricomporre, rimettere a posto **2** (*fig.*) (*di persona*) turbare, conturbare, disorientare, impressionare, sconvolgere, emozionare CONTR. lasciare impassibile, lasciare indifferente **B sconcertarsi** v. intr. pron. rimanere disorientato, turbarsi, confondersi, impressionarsi CONTR. restare indifferente.

sconcertàto part. pass. di **sconcertare**; anche agg. turbato, confuso, interdetto, perplesso, disorientato, sconvolto, impressionato, emozionato CONTR. impassibile, imperturbabile, indifferente.

sconcèrto s. m. **1** disarmonia, disordine, confusione CONTR. ordine, armonia **2** (*fig.*) turbamento, inquietudine, sconvolgimento, perplessità CONTR. calma, impassibilità, imperturbabilità, indifferenza.

sconcézza s. f. vergogna, bruttura, indecenza, sconcio, laidezza, oscenità, porcheria, sudiceria, turpitudine CONTR. decenza, decoro, onestà, pulizia, pudore, morigeratezza □ meraviglia, bellezza.

sconciaménte avv. vergognosamente, laidamente (*lett.*), disonestamente, oscenamente, turpemente CONTR. onestamente, decentemente, decorosamente, pudicamente, castamente, pulitamente.

scóncio A agg. **1** (*di persona, di corpo, ecc.*) brutto, deforme, schifoso, difettoso, malfatto, mostruoso CONTR. bello, delicato, grazioso, ben fatto, avvenente, perfetto **2** (*di discorso, di atto, ecc.*) indecente, turpe, osceno, vergognoso, laido (*lett.*), schifoso, sudicio, sporco, sconveniente, stomachevole CONTR. decoroso, dignitoso, decente, pulito, casto, castigato, costumato, onesto, pudico, verecondo **B** s. m. bruttura, sconciatura, sconcezza, porcheria, schifezza □ danno, guasto, inconveniente CONTR. bellezza, squisitezza, rarità, meraviglia.

sconclusionataménte avv. assurdamente, incoerentemente, illogicamente CONTR. coerentemente, logicamente.

sconclusionàto agg. inconcludente, disordinato, inconseguente, incoerente, illogico, confuso, assurdo CONTR. concludente, conseguente, coerente, logico, ragionevole, chiaro.

sconditо agg. non condito, insipido CONTR. condito, saporito.

sconfessàre v. tr. rinnegare, abiurare, rifiutare, ripudiare, riprovare, contestare, ritrattare, disdire, smentire CONTR. accettare, ammettere, approvare, confermare, confessare.

sconfessióne s. f. rinnegamento, rinnegazione (*raro*), abiura, rifiuto, ripudio, ritrattazione, disdetta, smentita, contestazione CONTR. accettazione, ammissione, approvazione, conferma, confessione, consenso.

sconfiggere v. tr. vincere, battere, sbaragliare, debellare, sgominare, disperdere, sterminare, annientare, superare, sopraffare CONTR. perdere, essere vinto.

sconfinaménto s. m. uscita dai confini □ invasione CONTR. rientro, rimpatrio.

sconfinàre v. intr. **1** uscire dai confini, oltrepassare i confini □ invadere **2** (*fig.*) passare i limiti, eccedere, trasmodare CONTR. contenersi, moderarsi **3** (*fig.*) (*da un tema*) uscire, andare fuori.

sconfinàto part. pass. di **sconfinare**; anche agg. senza limiti, immenso, infinito, illimitato, enorme CONTR. limitato, finito, angusto, ristretto.

sconfìtta s. f. **1** disfatta, rotta, sbaraglio, sbandamento, fuga CONTR. vittoria **2** (*est.*) perdita, scacco, smacco, fallimento, tracollo CONTR. affermazione, trionfo, successo.

sconfìtto part. pass. di **sconfiggere**; anche agg. e s. m. vinto, superato, sopraffatto, sbaragliato, battuto, debellato, sgominato, sterminato, disperso, annientato, disfatto CONTR. vincente, vincitore, vittorioso, trionfante, trionfatore.

sconfortànte part. pres. di **sconfortare**; anche agg. deprimente, avvilente, scoraggiante, sconsolante, demoralizzante, umiliante CONTR. confortante, consolante, incoraggiante, rassicurante.

sconfortàre A v. tr. scoraggiare, avvilire, disanimare, costernare, sconsolare, abbattere, deprimere, umiliare CONTR. confortare, riconfortare, rianimare, incoraggiare, rincorare **B sconfortarsi** v. intr. pron. perdersi d'animo, disanimarsi, abbattersi, avvilirsi, scoraggiarsi, costernarsi, disperare CONTR. confortarsi, rianimarsi, rincorarsi, riprendersi, risollevarsi, consolarsi, sperare.

sconfortàto part. pass. di **sconfortare**; anche agg. avvilito, depresso, abbattuto, desolato, disperato, accasciato, costernato, scoraggiato, afflitto, addolorato CONTR. consolato, confortato, riconfortato, sollevato, risollevato, rianimato, rincorato.

sconfòrto s. m. abbattimento, afflizione, avvilimento, scoraggiamento, accasciamento, demoralizzazione, costernazione, disperazione, smarrimento **CONTR.** conforto, consolazione, euforia, gioia, felicità.

scongelàre v. tr. decongelare, sgelare □ fondere **CONTR.** congelare.

scongiuràre v. tr. **1** (*fig.*) (*di persona*) pregare, supplicare, invocare, implorare **2** (*fig.*) (*di pericolo, di danno, ecc.*) allontanare, scansare, evitare **CONTR.** affrontare, fronteggiare.

scongiùro s. m. **1** scaramanzia, esorcismo, magia **2** (*lett.*) preghiera, invocazione, supplica.

sconnessióne s. f. mancanza di connessione, mancanza di nesso, disgiungimento, scollamento, incongruenza **CONTR.** connessione, nesso, unione, congruenza.

sconnèsso part. pass. di **sconnettere**; anche agg. **1** (*di cosa*) disunito, slegato, staccato, sgangherato **CONTR.** connesso, unito, legato, collegato, attaccato **2** (*fig.*) (*di discorso, di idee, ecc.*) sconclusionato, illogico, incoerente, incongruente, inconcludente, disorganico **CONTR.** ordinato, logico, coerente, razionale.

sconnèttere A v. tr. separare, disgiungere, disunire, dividere, smembrare, scompaginare **CONTR.** connettere, unire, collegare, raccordare, attaccare, fondere **B** v. intr. (*fig.*) (*di persona*) sragionare, delirare **CONTR.** connettere, ragionare.

sconosciùto A agg. **1** ignoto, ignorato, oscuro, senza fama **CONTR.** noto, conosciuto, illustre, famoso **2** (*di luogo*) inesplorato **CONTR.** esplorato **B** s. m. ignoto, tale.

sconquassàto agg. **1** (*di cosa*) scardinato, rotto, fracassato, rovinato, scassato (*fam.*) **CONTR.** intatto, integro, nuovo **2** (*fig.*) (*di persona*) stancato, scombussolato, disturbato.

sconsacràre v. tr. dissacrare, profanare **CONTR.** consacrare.

sconsacrazióne s. f. dissacrazione, profanazione **CONTR.** consacrazione.

sconsiderataménte avv. avventatamente, imprudentemente, irriflessivamente, leggermente, sventatamente, sbadatamente, temerariamente, precipitosamente, inconsideratamente, incautamente, sconsigliatamente **CONTR.** prudentemente, riflessivamente, cautamente, ponderatamente, consideratamente.

sconsideratézza s. f. avventatezza, imprudenza, irriflessione, leggerezza, inconsideratezza (*raro*), sventatezza, sbadataggine, sconsigliatezza, precipitazione, impulsività, temerarietà **CONTR.** avvedutezza, riflessione, cautela, prudenza, considerazione, ponderatezza.

sconsideràto agg.; anche s. m. avventato, imprudente, incauto, inconsiderato, irriflessivo, sconsigliato, sventato, sbadato, precipitoso, impulsivo, temerario, leggero **CONTR.** avveduto, riflessivo, cauto, prudente, considerato, ponderato.

sconsigliàre v. tr. dissuadere, distogliere **CONTR.** consigliare, persuadere, incitare, spingere, stimolare.

sconsigliataménte avv. inconsultamente, incautamente, sconsideratamente, imprudentemente **CONTR.** cautamente, prudentemente, consideratamente.

sconsigliàto agg. inavveduto, incauto, sconsiderato, imprudente, temerario, leggero **CONTR.** avveduto, cauto, prudente, considerato, riflessivo.

sconsolànte part. pres. di **sconsolare**; anche agg. sconfortante, avvilente, deprimente, demoralizzante, scoraggiante **CONTR.** confortante, consolante, incoraggiante, rassicurante.

sconsolàre A v. tr. sconfortare, scoraggiare, avvilire, abbattere, costernare, deprimere, demoralizzare **CONTR.** confortare, riconfortare, rianimare, corroborare, rincorare **B sconsolarsi** v. intr. pron. sconfortarsi, avvilirsi, deprimersi, demoralizzarsi, abbattersi, disanimarsi, disperare **CONTR.** confortarsi, rianimarsi, rincorarsi, risollevarsi, riprendersi, consolarsi, sperare.

sconsolàto part. pass. di **sconsolare**; anche agg. sconfortato, avvilito, abbattuto, depresso, accasciato, desolato, disperato, costernato, scoraggiato, afflitto, addolorato **CONTR.** allegro, felice, contento, festoso.

scontàbile agg. **1** detraibile, deducibile **2** espiabile.

scontàre v. tr. **1** (*da un conto*) detrarre, dedurre, scomputare □ estinguere **CONTR.** contare, computare **2** (*di pena, di colpa, ecc.*) pagare il fio, espiare **3** (*di successo, di fallimento, ecc.*) prevedere, presagire, presentire.

scontàto part. pass. di **scontare**; anche agg. **1** (*da un conto*) detratto, scomputato **CONTR.** contato, computato **2** (*di pena, di errore, ecc.*) pagato, espiato **3** (*di risultato, di esito, ecc.*) previsto, prevedibile, immaginabile, ovvio **CONTR.** imprevisto, imprevedibile, inimmaginabile **4** (*di ragionamento, di critica, ecc.*) superato.

scontentàre v. tr. lasciare insoddisfatto, lasciare inappagato, deludere, disgustare **CONTR.** accontentare, contentare, appagare, piacere, soddisfare.

scontentézza s. f. insoddisfazione, malcontento, scontento, malumore, disgusto, dispiacere, delusione, irritazione **CONTR.** contentezza, allegrezza, gioia, letizia, piacere, soddisfazione.

scontènto (1) agg. insoddisfatto, malcontento, disgustato, dispiaciuto, inappagato, irritato, deluso **CONTR.** contento, soddisfatto, pago, appagato, gioioso, lieto, sazio, saziato.

scontènto (2) s. m. insoddisfazione, scontentezza, malcontento, malumore, disgusto, dispiacere, delusione, irritazione **CONTR.** contentezza, gioia, letizia, allegrezza, piacere, soddisfazione.

scónto s. m. **1** (*da un conto*) detrazione, scomputo, abbuono **CONTR.** computo, addebito **2** (*di prezzo*) ribasso, riduzione, calo **CONTR.** aumento, rincaro.

scontràre A v. tr. incontrare, rincontrare, imbattersi, incappare **B scontrarsi** v. intr. pron. **1** (*raro*) imbattersi **2** (*spec. di veicoli*) cozzare, urtarsi, investirsi, sbattere **C** v. rifl. rec. **1** cozzare l'uno contro l'altro, urtarsi **2** combattere, azzuffarsi, affrontarsi **3** (*fig.*) (*di opinioni, di progetti, ecc.*) divergere, discordare, dissentire **CONTR.** concordare, combinare, convergere.

scontrino s. m. contrassegno, marca, contromarca, ricevuta.

scóntro s. m. **1** cozzo, collisione, urto **2** mischia, combattimento, scaramuccia, zuffa **3** (*fig.*) (*di idee, di modo di agire, ecc.*) discussione, divergenza, conflitto, contrasto, alterco, battibecco, bisticcio, questione **CONTR.** concordanza, accordo, consenso.

scontrosità s. f. permalosità, ombrosità, suscettibilità, ritrosia, insocievolezza, selvatichezza, ruvidezza **CONTR.** cordialità, espansività, affabilità, gentilezza, socievolezza.

scontróso agg. permaloso, ombroso, suscettibile, ritroso, introverso, insocievole, selvatico, ruvido, dispettoso, irritabile, orso **CONTR.** bonario, cordiale, espansivo, cortese, estroverso, socievole.

sconveniènte agg. **1** indecente, indecoroso, sconvenevole (*lett.*), brutto, disdicevole, biasimevole, disadatto, inadatto, indegno, indelicato, sgarbato, inopportuno, disonorevole, ripugnante, sconcio, scorretto **CONTR.** conveniente, adatto, degno, decente, decoroso, delicato, garbato, onorevole, corretto **2** (*di prezzo, di proposta, ecc.*) svantaggioso, caro, alto, eccessivo, esagerato **CONTR.** conveniente, moderato, modesto, basso.

sconvenienteménte avv. indegnamente, inopportunamente, disonorevolmente, sconciamente, scorrettamente **CONTR.** convenientemente, degnamente, opportunamente, onorevolmente, correttamente.

sconveniènza s. f. **1** indecenza, bruttezza, indegnità, indelicatezza, sgarbatezza, scortesia, inopportunità, disonore, sconcezza, scorrettezza **CONTR.** convenienza, decenza, cortesia, garbo, garbatezza, opportunità, correttezza **2** (*di prezzo, di proposta, ecc.*) svantaggio, eccesso **CONTR.** vantaggio, convenienza.

sconvolgènte part. pres. di **sconvolgere**; anche agg. impressionante, conturbante, sconcertante **CONTR.** insignificante.

sconvòlgere v. tr. **1** disordinare, scompigliare, mettere sottosopra, buttare all'aria, confondere, rimescolare, rivoluzionare, scomporre, scombinare (*raro*) **CONTR.** ordinare, riordinare, sistemare, assestare, riassestare, mettere a posto **2** (*fig.*) (*di persona, di mente, ecc.*) scombussolare, sconcertare, agitare, turbare, perturbare, commuovere **CONTR.** calmare, placare, quietare, rasserenare, tranquillizzare.

sconvolgiménto s. m. **1** disordine, scompiglio, rimescolio, subbuglio, scombuglio (*raro*), rivoluzione, sconquasso, casino (*volg.*) **CONTR.** ordine, assetto, sistemazione **2** (*fig.*) (*di animo, di mente, ecc.*) turbamento, scombussolamento, agitazione, inquietudine, sconcerto **CONTR.** calma, pace, quiete, serenità, tranquillità, distensione, rilassamento, relax (*ingl.*).

scoop /*ingl.* sku:p/ [vc. ingl., di orig. germ.] s. m. inv. (*giorn.*) colpo, notizia sensazionale, colpo giornalistico.

scooter /*ingl.* 'sku:tə/ [vc. ingl., dal v. fam. to *scoot* 'guizzar via'] s. m. inv. motoretta, motorscooter (*ingl.*).

scopàta s. f. **1** pulita, ripulita **2** (*volg.*) amplesso, coito.

scoperchiàre v. tr. levare il coperchio, scoprire □ (*est.*) togliere il tetto **CONTR.** coprire, ricoprire.

scopèrta s. f. **1** scoprimento, ritrovamento, rinvenimento **2** (*fig.*) rivelazione **3** esplorazione, ricognizione, avanscoperta, perlustrazione.

scopèrto A part. pass. di **scoprire**; anche agg. **1** scoperchiato, aperto, indifeso, esposto **CONTR.** coperto, riparato, ricoperto, difeso, protetto **2** (*di corpo, di braccia, ecc.*) nudo **CONTR.** coperto, vestito, rivestito **3** (*di intenzione, di scopo, ecc.*) visibile, rivelato, manifesto, aperto, franco, sincero **CONTR.** celato, nascosto, occulto, falso **B** s. m. **1** fuori, addiaccio **CONTR.** chiuso **2** (*banca*) passivo, deficit (*lat.*), debito **CONTR.** attivo, credito **FRAS.** *a viso scoperto* (*fig.*), francamente, apertamente □ *a carte scoperte* (*fig.*), senza sotterfugi.

scòpo s. m. fine, intento, proposito, meta, obiettivo, aspirazione, oggetto, bersaglio, destinazione.

scoppiàre v. intr. **1** esplodere, deflagrare, detonare (*raro*), conflagrare (*raro*), spaccarsi, schiantarsi, crepare, fendersi, rompersi, brillare, saltare, squarciarsi □ (*fig.*) morire **2** (*fig.*) (*in pianto, in risa, ecc.*) prorompere, erompere, sbottare **3** (*fig.*) (*di guerra, di scandalo, ecc.*) manifestarsi improvvisamente, accadere, avvenire **4** (*per fatica*) cedere, non farcela più, ritirarsi **FRAS.** *scoppiare dal ridere* (*fig.*), ridere a più non posso.

scoppiàto part. pass. di **scoppiare**; anche agg. **1** esploso, brillato, rotto, crepato □ (*fig.*) morto **2** (*fig.*) (*di guerra, di scandalo, ecc.*) manifestatosi, avvenuto, accaduto.

scoppiettànte part. pres. di **scoppiettare**; anche agg. crepitante, crosciante (*lett.*).

scoppiettàre v. intr. **1** crepitare, crosciare (*lett.*) **2** (*fig.*) risonare, echeggiare.

scoppiettìo s. m. crepitio.

scòppio s. m. **1** esplosione, detonazione, deflagrazione, conflagrazione, schianto, crepito, tuono, brillamento **2** (*fig.*) (*di guerra, di scandalo, ecc.*) verificarsi improvviso, manifestarsi.

scoprìre A v. tr. **1** scoperchiare □ svelare, denudare □ liberare **CONTR.** coprire, ricoprire **2** (*di corpo, di fianco, ecc.*) lasciare indifeso, esporre **CONTR.** coprire, difendere, proteggere **3** (*fig.*) (*di verità, di intenzione, ecc.*) rivelare, svelare, manifestare, palesare, propalare **CONTR.** celare, nascondere, occultare, dissimulare **4** (*di tesoro, di colpevole, ecc.*) rinvenire, trovare, ritrovare, scovare □ intuire, inventare **B scoprirsi** v. rifl. **1** alleggerirsi, svestirsi, denudarsi **CONTR.** coprirsi, ricoprirsi, vestirsi, rivestirsi **2** togliersi il cappello **3** manifestarsi, mostrarsi, palesarsi, farsi conoscere, rivelarsi **CONTR.** nascondersi, celarsi, coprirsi, occultarsi **4** uscire dai ripari, uscire allo scoperto **CONTR.** ripararsi, rifugiarsi.

scoraggiaménto s. m. demoralizzazione, sconforto, sfiducia, scoramento (*lett.*), abbattimento, abbandono, avvilimento, accasciamento, costernazione, prostrazione, depressione, smarrimento, tristezza, umiliazione **CONTR.** coraggio, animo, ardimento, ardire, baldanza, risolutezza, sicurezza, spavalderia.

scoraggiànte part. pres. di **scoraggiare**; anche agg. demoralizzante, deprimente, sconfortante, sconsolante, avvilente, umiliante **CONTR.** confortante, incoraggiante, rassicurante.

scoraggiàre A v. tr. demoralizzare, sconfortare, scorare (*lett.*), abbattere, accasciare, avvilire, disanimare (*raro*), fiaccare, sconsolare, sgomentare **CONTR.** rianimare, confortare, consolare, incoraggiare, rincorare, imbaldanzire **B scoraggiarsi** v. intr. pron. perdersi di coraggio, disanimarsi, abbattersi, accasciarsi, avvilirsi, scorarsi (*lett.*), demoralizzarsi, sconfortarsi, sconsolarsi, disperare **CONTR.** rianimarsi, confortarsi, riconfortarsi, consolarsi, incoraggiarsi, rincorarsi.

scoraggiàto part. pass. di **scoraggiare**; anche agg. disanimato, abbattuto, accasciato, avvilito, costernato, depresso, fiaccato, intimorito, sconfortato, sconsolato, scorato (*lett.*), sgomentato, disperato **CONTR.** rianimato, rincorato, incoraggiato, ardito, animoso.

scoraménto s. m. (*lett.*) scoraggiamento **CONTR.** animo, coraggio.

scorbùtico agg. bisbetico, stravagante, irascibile, scontroso, insocievole, selvatico **CONTR.** cordiale, affabile, garbato, gentile, amabile, cortese, educato.

scorciàre A v. tr. accorciare, abbreviare, ridurre, restringere, contrarre **CONTR.** allungare, prolungare, dilungare, protendere **B scorciarsi** v. intr. pron. accorciarsi, abbreviarsi, ridursi, restringersi, contrarsi **CONTR.** allungarsi, prolungarsi, dilungarsi, protendersi.

scorciatóia s. f. **1** via più breve **2** (*fig.*) mezzo spiccio, espediente.

scórcio s. m. **1** prospettiva **2** (*di tempo*) fine, ultima parte **CONTR.** inizio, principio **FRAS.** *di scorcio*, di sfuggita.

scordàre A v. tr. dimenticare, obliare (*lett.*) □ omettere, tralasciare **CONTR.** ricordare, ricordarsi, rammentare, rammentarsi **B scordarsi** v. intr. pron. dimenticarsi **CONTR.** ricordarsi, rammentarsi.

scoréggia s. f. (*pop.*) peto, vento, flato, flatulenza.

scòrfano s. m. **1** (*zool.*) scorpena **2** (*fig., pop.*) persona brutta, persona malfatta, mostro **CONTR.** bellezza, adone, apollo, venere.

scòrgere v. tr. **1** intravedere, riconoscere, distinguere, ravvisare, discernere **2** (*fig.*) accorgersi.

scòria s. f. **1** residuo, rimanenza, rimasuglio, avanzo, scarto **2** (*fig.*) parte peggiore, peggio **CONTR.** parte migliore, meglio.

scòrno s. m. vergogna, umiliazione, beffa, dileggio, derisione, irrisione, ignominia, infamia, vituperio, onta, sconfitta, delusione **CONTR.** onore, ossequio, trionfo, vittoria.

scorpacciàta s. f. grande mangiata, strippata (*pop.*), abbuffata (*fam.*).

scorrazzàre A v. intr. **1** correre qua e là □ fare scorrerie **2** (*fig.*) (*di lavoro, di argomento, ecc.*) toccare di sfuggita, soffermarsi brevemente **CONTR.** approfondire **B** v. tr. percorrere rapidamente.

scórrere A v. intr. **1** spostarsi velocemente, correre, scivolare, strisciare **2** (*di liquido, di fiume, ecc.*) fluire, defluire, colare, scolare, fuoriuscire **3** (*fig.*) (*di ragionamento, di film, ecc.*) procedere bene, svolgersi **4** (*di tempo*) trascorrere, passare **CONTR.** fermarsi **B** v. tr. **1** fare scorrerie □ saccheggiare, razziare **2** (*di libro, di giornale e sim.*) percorrere con lo sguardo, leggere □ (*di ricordo*) riandare.

scorrerìa s. f. incursione, scorribanda, irruzione, razzia, devastazione □ raid (*ingl.*).

scorrettaménte avv. **1** in modo scorretto, con errori **CONTR.** correttamente **2** indelicatamente, sconvenientemente, senza riguardo □ slealmente **CONTR.** convenientemente, delicatamente, educatamente □ lealmente.

scorrettézza s. f. **1** imprecisione, inesattezza □ errore, sbaglio **CONTR.** correttezza, precisione, esattezza **2** indelicatezza, sconvenienza, grossolanità, maleducazione, mancanza di riguardo □ slealtà **CONTR.** convenienza, delicatezza, riguardo, educazione □ lealtà.

scorrètto agg. **1** (*di scritto, di parola, ecc.*) non corretto, errato, sbagliato, inesatto **CONTR.** corretto, esatto **2** (*di persona, di atto, ecc.*) indelicato, sconveniente, incivile, sgarbato, scortese, grossolano, maleducato **CONTR.** delicato, conveniente, civile, cortese, garbato, educato □ onesto, irreprensibile, incensurabile **3** (*di persona, di comportamento, ecc.*) leale, sincero, pulito, onesto **CONTR.** sleale, falso, disonesto.

scorrévole agg. **1** girevole □ (*di porta*) a coulisse (*fr.*) **CONTR.** fisso **2** (*di materia*) fluido, liquido, liscio **CONTR.** viscoso, viscido, appiccicaticcio, attaccaticcio **3** (*fig.*) (*di stile, di racconto, ecc.*) agile, disinvolto, facile, sciolto, spigliato, vivace **CONTR.** impacciato, faticoso, pesante, lento.

scorrevolézza s. f. **1** (*di materia*) fluidità **CONTR.** viscosità **2** (*fig.*) (*di stile, di racconto, ecc.*) agilità, disinvoltura, facilità, scioltezza, spigliatezza, vivacità **CONTR.** impaccio, durezza, pesantezza, lentezza.

scorrevolménte avv. con scorrevolezza, agilmente, scioltamente, speditamente, spigliatamente, vivacemente **CONTR.** lentamente, stentatamente, sforzatamente.

scorriménto s. m. **1** (*di liquido, di fiume, ecc.*) deflusso **CONTR.** ristagno **2** (*di cancello, di veicolo, ecc.*) spostamento □ scivolamento □ passaggio **FRAS.** *strada di scorrimento*, strada di comunicazione veloce.

scórsa s. f. occhiata, occhiatina, rapida lettura.

scórso A part. pass. di **scorrere**; anche agg. trascorso, passato, percorso □ sfuggito **CFR.** attuale, odierno, presente □ futuro, prossimo, venturo **B** s. m. errore, svista.

scòrta s. f. **1** (*di persone*) accompagnamento, compagnia, corteggio □ guida **2** (*est.*) guardia, reparto armato, drappello, difesa □ gorilla (*fig.*), guardaspalle, guardia del corpo **3** (*di cibi, di denaro, ecc.*) provvista, rifornimento, provvisione (*raro*), accantonamento **4** (*spec. al pl.*) riserve □ capitale agrario.

scortàre v. tr. fare scorta, accompagnare, condurre, guidare □ difendere, tutelare.

scortése agg. sgarbato, villano, rustico, scompiacente, incivile, inurbano, maleducato, grossolano, rozzo, ruvido, scontroso, scorbutico **CONTR.** affabile, amabile, cortese, cordiale, gentile, garbato, civile, educato, fine, compiacente, benevolo, benigno, umano.

scortesemente avv. sgarbatamente, villanamente, rusticamente, grossolanamente, rozzamente, scontrosamente **CONTR.** cortesemente, affabilmente, amabilmente, cordialmente, garbatamente, gentilmente, civilmente, educatamente.

scortesìa s. f. inurbanità, sgarbo, villania, malgarbo, malacreanza, sgarberia, sgarbatezza, scompiacenza (*raro*), inciviltà, ruvidezza, scontrosità, rustichezza **CONTR.** cortesia, affabilità, amabilità, civiltà, compiacenza, cordialità, educazione, garbo.

scorticàre v. tr. **1** (*di animale*) spellare, scoiare **2** (*di pelle, di mano, ecc.*) sbucciare, escoriare, lacerare **3** (*fig.*) (*di cliente, di avventore, ecc.*) pelare (*fig.*), strozzare, mettere in bolletta **4** (*fig.*) (*di scolaro*) tartassare.

scorticatùra s. f. escoriazione, sbucciatura, spellatura, abrasione, piaga.

scòrza s. f. **1** corteccia, tegumento **2** (*est.*) buccia, guscio, baccello, involucro, membrana, crosta **3** (*est.*) pelle **4** (*fig.*) (*di persona*) aspetto, apparenza, esteriorità, facciata **CONTR.** realtà, sostanza, interiorità.

scoscéso agg. dirupato, erto, ripido, precipite (*lett.*) **CFR.** agevole, liscio, piano.

scòssa s. f. **1** scotimento, crollamento (*raro*), crollo, scrollo, scrollamento (*raro*), scossone, scrollone, sussulto, balzo, strabalzo (*raro*), trabalzo (*raro*), sobbalzo, sballottamento, squassamento (*lett.*), squasso (*raro*) **2** (*pop.*) (*di elettricità*) scarica **3** (*fig.*) grande dolore, viva impressione, turbamento, commozione **CONTR.** gioia, felicità **4** (*fig., econ.*) danno, contrarietà **CONTR.** vantaggio, impulso.

scòsso part. pass. di **scuotere**; anche agg. agitato, emozionato, impressionato, commosso, turbato, sconvolto □ addolorato **CONTR.** calmo, sereno, tranquillo, impassibile, imperturbabile, indifferente.

scostaménto s. m. allontanamento, rimozione **CONTR.** accostamento, avvicinamento.

scostànte part. pres. di **scostare**; anche agg. antipatico, odioso, burbero, freddo, insocievole **CONTR.** simpatico, piacevole, affabile, cordiale, socievole, aperto, espansivo.

scostàre A v. tr. **1** allontanare, discostare, rimuovere, separare, staccare **CONTR.** accostare, avvicinare, unire **2** (*di persona*) evitare, sfuggire **CONTR.** cercare, ricercare **B scostarsi** v. rifl. e intr. pron. (*anche fig.*) allontanarsi, discostarsi, separarsi, staccarsi □ deviare **CONTR.** accostarsi, appressarsi, avvicinarsi □ rimanere fedele.

scostumatézza s. f. dissolutezza, libertinaggio, licenza, licenziosità (*raro*), scapestrataggine, intemperanza, smoderatezza, corruzione, corruttela (*raro*), disonestà, immoralità, impurità, oscenità, spudoratezza, indecenza, dissipatezza (*raro*), sfrenatezza, sregolatezza **CONTR.** onestà, castigatezza, castità, costumatezza, decenza, morigeratezza, pudicizia, pudore, moralità, temperanza, freno, regola, ritegno.

scostumàto agg.; anche s. m. dissoluto, vizioso, libertino, scapestrato, immorale, impuro, osceno, indecente, dissipato, disonesto, corrotto, sbrigliato, sfrenato, smodato, smoderato, sregolato, intemperante **CONTR.** onesto, casto, castigato, costumato, decente, morigerato, pudico, puro, temperante, corretto.

scotiménto s. m. scossa, scossone, crollamento (*raro*), crollo, sballottamento, squassamento (*raro*), squasso (*raro*) □ ancheggiamento, dimenio.

scottànte part. pres. di **scottare**; anche agg. **1** ardente, bruciante, caldissimo, cocente, arroventato, rovente **CONTR.** freddo, gelato, gelido, ghiacciato **2** (*fig.*) (*di questione, di argomento, ecc.*) grave, urgente, assillante, eccitante, impellente, preoccupante, vitale, interessantissimo □ delicato □ irritante **CONTR.** insignificante, insulso, futile, poco importante.

scottàre A v. tr. **1** bruciare, ardere, ustionare **CONTR.** raffreddare, rinfrescare, refrigerare **2** (*est.*) (*di vivanda*) cuocere appena, sbollentare **3** (*fig.*) (*di parole, di giudizio, ecc.*) irritare, offendere, addolorare **CONTR.** rallegrare, piacere, confortare **4** (*fig.*) (*di questione, di argomento, ecc.*) preoccupare, impensierire, angustiare □ interessare □ essere delicato **CONTR.** lasciare indifferente **B scottarsi** v. rifl. e intr. pron. **1** bruciarsi, ustionarsi **2** (*fig.*) rimanere deluso, subire danno **C** v. intr. **1** bruciare, ardere **CONTR.** gelare **2** (*fig.*) (*di questione, di argomento, ecc.*) interessare, preoccupare, impensierire □ essere delicato **CONTR.** lasciare indifferente.

scottàto part. pass. di **scottare**; anche agg. **1** bruciato, ustionato □ sbollentato **2** (*fig.*) (*in amore, in affari, ecc.*) deluso, amareggiato, colpito, scornato □ danneggiato **CONTR.** appagato, contento, soddisfatto □ favorito.

scottatùra s. f. **1** bruciatura, ustione □ breve cottura **2** (*fig.*) (*in amore, in affari, ecc.*) delusione, amarezza, scorno □ danno **CONTR.** soddisfazione □ vantaggio.

scòtto agg. troppo cotto, stracotto **CFR.** crudo, al dente, al sangue.

scovàre v. tr. **1** (*di animale*) stanare, snidare **CONTR.** nascondere, rintanare **2** (*fig.*) (*di persona o cosa*) trovare, scoprire, rinvenire, ritrovare, pescare **CONTR.** perdere.

screanzàto agg.; anche s. m. ineducato, maleducato, malcreato, malnato, scortese, sgarbato, sguaiato, incivile, inurbano, grossolano, rozzo, villano, zotico, rustico, tanghero, facchino **CONTR.** educato, cortese, civile, fine, garbato, gentile, compito, delicato, premuroso, gentiluomo.

screditàre A v. tr. diffamare, disonorare, infamare, denigrare, calunniare, demolire, sputtanare (*volg.*) **CONTR.** elogiare, esaltare, incensare, lodare, onorare **B screditarsi** v. intr. pron. disonorarsi, sputtanarsi (*volg.*) **CONTR.** farsi stimare, valorizzarsi.

screditàto part. pass. di **screditare**; anche agg. disonorato, sputtanato (*volg.*) **CONTR.** accreditato, stimato.

screening /*ingl.* 'skri:niŋ/ [vc. ingl., da *to screen* 'vagliare'] s. m. inv. indagine.

scremàre v. tr. **1** spannare, sfiorare, sburrare **2** (*fig.*) selezionare, scegliere **CONTR.** scartare.

scremàto part. pass. di **scremare**; anche agg. **1** sburrato, spannato, sfiorato **2** (*fig.*) selezionato, scelto **CONTR.** scartato.

scrematùra s. f. **1** sfioritura, spannatura **2** (*fig.*) selezione, scelta **CONTR.** scarto.

screpolàre A v. tr. fendere, crepare **B screpolarsi** v. intr. pron. e intr. fendersi, incrinarsi, creparsi, sgretolarsi.

screpolatùra s. f. crepa, apertura, fenditura, fessura, crepatura, spaccatura.

screziàre v. tr. chiazzare, picchiettare, variegare, macchiare.

screziàto part. pass. di **screziare**; anche agg. picchiettato, chiazzato, variegato, macchiato **CONTR.** monocolore, uniforme.

screziatùra s. f. picchiettatura, variegatura, macchia **CONTR.** tinta unica.

scrèzio s. m. discordia, dissenso, contrasto, dissapore, disaccordo, dissidio, urto **CONTR.** accordo, concordia, armonia, intesa, unanimità.

scribacchiàre v. tr. scrivere malamente, scrivere di malavoglia.

scribacchìno s. m. **1** imbrattacarte, scrittorello, scrittoruccio, scrittorucolo **2** impiegato d'ordine, impiegatuccio, scritturale.

scricchiolàre v. intr. cricchiare, crocchiare, scrocchiare (*raro*), scricchiare (*raro*), crepitare, cigolare.

scricchiolìo s. m. scricchiolamento, cricchio, scricchio, crocchio, crepitio, cigolio.

scrìcciolo s. m. **1** (*zool.*) reattino, forasiepe **2** (*fig.*) (*di persona*) mingherlino **CONTR.** omone, omaccione.

scrìgno s. m. forziere, cassetta, cofano, astuccio, scatola.

scrìtta s. f. **1** scritto, frase, iscrizione □ cartello **2** scrittura, contratto, obbligo.

scrìtto A part. pass. di **scrivere**; anche agg. **1** (*di documento, di lettera, ecc.*) vergato, redatto, steso **2** (*nel destino e sim.*) destinato, decretato **3** (*fig.*) (*di ricordo, di nome, ecc.*) impresso, stampato **CONTR.** cancellato, dimenticato **B** s. m. **1** notazione, espressione, appunto, bozza, nota, comunicazione, pagina □ lettera **2** opera, lavoro, saggio, manoscritto, autografo.

scrittòio s. m. scrivania, tavolino □ secrétaire (*fr.*).

scrittóre s. m. (f. *-trice*) autore, compositore, letterato, romanziere, novelliere, saggista, poeta, pubblicista, redattore □ amanuense, scrivano.

scrittùra s. f. **1** scritto, iscrizione, nota **2** grafia, calligrafia, mano **3** (*di lettera, di documento, ecc.*) redazione, stesura **4** (*lett.*) opera, lavoro, saggio, scritto, testo **5** (*per anton.*) Bibbia **6** (*dir.*) documento, atto, contratto, scritta **7** (*di attore e sim.*) scritturazione, ingaggio **CONTR.** licenziamento **8** (*spec. al pl.*) contabilità.

scritturàre v. tr. **1** (*di attore e sim.*) impegnare, ingaggiare **CONTR.** licenziare **2** (*di contabilità*) annotare, contabilizzare, registrare.

scritturazióne s. f. **1** (*di attore e sim.*) assunzione, contratto, ingaggio, scrittura **CONTR.** licenziamento **2** (*di contabilità*) registrazione, annotazione.

scrivanìa s. f. scrittoio, tavolino □ secrétaire (*fr.*).

scrivàno s. m. copista, amanuense, scritturale.

scrivènte part. pres. di **scrivere**; anche agg. e s. m. e f. **1** compilatore, estensore, redattore, scrittore **2** sottoscritto, firmatario.

scrìvere v. tr. **1** (*di lettera, di appunto, ecc.*) redigere, registrare, stendere, vergare, annotare, stilare □ scribacchiare, scarabocchiare **2** (*di romanzo, di poesia, ecc.*) comporre, creare, produrre **3** (*per lettera*) comunicare, essere in corrispondenza **4** (*ad un giornale e sim.*) collaborare **5** (*di scrittore*) affermare, sostenere, asserire, dichiarare **6** (*fig., lett.*) (*nella memoria, nel cuore, ecc.*) imprimere, fissare, stampare **CONTR.** cancellare, dimenticare.

scròfa s. f. porca, troia.

scrollaménto s. m. scossa, scotimento, crollo, crollamento (*raro*), scossone, sballottamento.

scrollàre A v. tr. crollare, scuotere, agitare, sbattere, dibattere, muovere, dimenare **CONTR.** fermare, arrestare, frenare, bloccare, immobilizzare, trattenere **B scrollarsi** v. intr. pron. **1** muoversi, scuotersi, agitarsi, dimenarsi **CONTR.** star fermo, bloccarsi, immobilizzarsi **2** (*fig.*) (*dall'abbattimento, dall'inerzia, ecc.*) scuotersi, destarsi (*fig.*), svegliarsi (*fig.*) **CONTR.** impigrirsi, addormentarsi (*fig.*).

scrosciànte part. pres. di **scrosciare**; anche agg. **1** (*di acqua, di pioggia*) fragoroso, rumoroso, assordante **CONTR.** silenzioso, tacito, tenue **2** (*fig.*) (*di applauso, di risata, ecc.*) impetuoso, caloroso, entusiastico, fervido **CONTR.** freddo, fiacco, svogliato.

scrosciàre v. intr. **1** (*di acque, di pioggia*) crosciare, rumoreggiare **CONTR.** gocciare, stillare **2** (*fig.*) (*di applauso, di risa, ecc.*) susseguirsi, scoppiare.

scròscio s. m. **1** rumore, strepito, croscio (*lett.*), scoppio **2** (*di pioggia*) acquazzone, rovescio.

scrostàre A v. tr. levare la crosta, scortecciare, sbucciare, sverniciare, raschiare **CONTR.** incrostare, intonacare, inverniciare, ricoprire **B scrostarsi** v. intr. pron. perdere la crosta, perdere l'intonaco.

scrùpolo s. m. **1** (*di coscienza, di morale, ecc.*) timore, apprensione, turbamento, ansia, angustia, dubbio, inquietudine □ incertezza, esitazione **2** (*est.*) (*nel chiedere, nel parlare, ecc.*) delicatezza, riguardo, premura, prudenza, tatto **CONTR.** indelicatezza, improntitudine, sfacciataggine, sfrontatezza **3** (*nel lavoro*) diligenza, esattezza, precisione, meticolosità, minuziosità **CONTR.** fretta, negligenza, noncuranza, trascurataggine, trascuratezza **FRAS.** *senza scrupoli*, disonesto, spregiudicato □ *fino allo scrupolo*, al massimo.

scrupolosaménte avv. diligentemente, esattamente, meticolosamente, accuratamente, minuziosamente **CONTR.** frettolosamente, affrettatamente, negligentemente, trascuratamente.

scrupolosità s. f. scrupolo, coscienziosità, diligenza, meticolosità, esattezza, precisione, delicatezza □ pedanteria, sofisticheria **CONTR.** disinvoltura, fretta, negligenza, noncuranza, trascurataggine, trascuratezza.

scrupolóso agg. **1** pieno di scrupoli, timorato, onesto, coscienzioso **CONTR.** senza scrupoli, disonesto, spregiudicato **2** diligente, meticoloso, esatto, minuzioso, preciso, attento, delicato □ pedante, sofistico **CONTR.** disinvolto, frettoloso, negligente, noncurante, facilone, trascurato.

scrutàre v. tr. esaminare, osservare, indagare, investigare, ricercare, perscrutare (*lett.*), esplorare, frugare, inquisire **CONTR.** dare un'occhiata, guardare di sfuggita.

scrutatóre A s. m. (f. *-trice*) **1** studioso, indagatore, osservatore, investigatore **2** (*di schede*) scrutinatore **B** agg. (*lett.*) indagatore, studioso.

scrutinatóre s. m. (f. *-trice*) scrutatore.

scrutìnio s. m. **1** (*in una votazione*) spoglio **2** (*scol.*) computo dei voti, valutazione.

scucìre A v. tr. **1** disfare la cucitura, sdrucire, rompere □ disfare, disgiungere, separare, staccare **CONTR.** cucire, ricucire, attaccare, riattaccare **2** (*pop.*) (*di denaro*) pagare, sborsare, tirar fuori **B scucirsi** v. intr. pron. perdere la cucitura, sdrucirsi.

scucìto part. pass. di **scucire**; anche agg. **1** sdrucito **CONTR.** cucito, ricucito **2** (*fig.*) (*di discorso, di ragionamento e sim.*) sconnesso, incoerente, slegato, sconclusionato, illogico, inconcludente **CONTR.** coerente, concludente, conseguente, logico, razionale.

scucitùra s. f. **1** sdrucitura, rottura **2** (*fig.*) distacco, separazione **CONTR.** unificazione.

scuderìa s. f. **1** (*per cavalli*) stalla **2** (*est.*) cavalli (spec. da corsa) **3** (*est., autom.*) macchine (da corsa) □ (*sport*) team (*ingl.*), squadra.

scudétto s. m. **1** distintivo **2** (*est., sport*) vittoria □ campionato.

scudìscio s. m. frustino, sferza, staffile, nerbo, disciplina, knut (*russo*).

scùdo s. m. **1** brocchiere, pavese, targa, clipeo, egida, parma, pelta, rotella **2** (*est.*) rivestimento, corazza **3** (*est., anche fig.*) riparo, difesa, protezione **4** (*zool.*) corazza, piastra **5** (*arald.*) stemma gentilizio, blasone.

sculacciàta s. f. sculaccione.

sculettàre v. intr. dimenarsi, ancheggiare.

scultóre s. m. (f. *-trice*) marmista, marmorario, bronzista, intagliatore, cesellatore, incisore, lapicida, scalpellatore, scalpellino.

scultòreo agg. **1** (*est.*) (*di profilo, di figura, ecc.*) statuario, marmoreo, imponente, rilevato, solenne **CONTR.** misero, meschino **2** (*fig.*) (*di stile, di parola, ecc.*) incisivo, forte, rilevato, efficace, icastico **CONTR.** debole, fiacco, sbiadito.

scultùra s. f. **1** statuaria (*raro*) **2** (*est.*) statua, busto, monumento, lapide, rilievo, bassorilievo, altorilievo.

scuòcere v. intr. e **scuòcersi** v. intr. pron. cuocersi eccessivamente.

scuòla s. f. **1** istituzioni scolastiche **2** (*est.*) insegnamento □ tirocinio **3** (*est.*) edificio scolastico **4** insegnanti □ scolaresca, scolari □ discepoli, allievi **5** (*fig.*) ammaestramento, pratica, esercizio □ ammonimento, esempio **6** tecnica, addestramento **7** (*letteraria, artistica, ecc.*) indirizzo.

scuòtere A v. tr. **1** agitare, scrollare, crollare, sbattere, sbatacchiare, dimenare, dibattere (*raro*), sconquassare **CONTR.** fermare, arrestare, frenare, bloccare, immobilizzare, trattenere **2** (*fig.*) (*di animo, di opinione, ecc.*) agitare, eccitare □ turbare, commuovere, impressionare, inquietare, scombussolare, sconvolgere **CONTR.** lasciare indifferente **B scuotersi** v. intr. pron. **1** scrollarsi, agitarsi, dimenarsi, dibattersi, divincolarsi **CONTR.** fermarsi, bloccarsi, immobilizzarsi **2** (*fig.*) (*di persona, di animo, ecc.*) agitarsi, turbarsi, commuoversi, impressionarsi, inquietarsi, trasalire □ insorgere, ribellarsi **CONTR.** rimanere quieto, rimanere freddo, rimanere indifferente **3** (*anche fig.*) (*dal sonno, dall'apatia, ecc.*) destarsi, svegliarsi, risvegliarsi **CONTR.** addormentarsi, intorpidirsi **C** v. intr. dondolare.

scuotiménto *V.* **scotimento.**

scùre s. f. accetta, ascia, bipenne (*lett.*), mannaia, pennato.

scurìre A v. tr. rendere scuro, abbuiare, abbrunire, annerire, offuscare, oscurare, ottenebrare, affumicare **CONTR.** imbiancare, schiarire, rischiarare **B scurirsi** v. intr. pron. diventare scuro, abbuiarsi, annerirsi, offuscarsi, oscurarsi **CONTR.** imbiancarsi, schiarirsi, rischiararsi **C** v. intr. impers. annottare, imbrunire **CONTR.** albeggiare, aggiornare.

scùro A agg. **1** privo di luce, oscuro, buio, offuscato, fosco, tenebroso, nero, ombroso, opaco, caliginoso, affumicato, torbido **CONTR.** chiaro, limpido, luminoso, lucente, rilucente, splendente, risplendente, brillante, fulgente (*lett.*), fulgido **2** (*di colore*) cupo, spento **CONTR.** brillante, caldo, vivo, vivace **3** (*fig.*) (*di persona, di viso*) fosco, turbato, torvo, corrucciato, accigliato **CONTR.** sereno, sorridente, tranquillo, disteso, lieto **4** (*fig.*) (*di scritto, di discorso, ecc.*) difficile, astruso **CONTR.** chiaro, facile, evidente, perspicuo **5** (*fig.*) (*di tempi, di momenti, ecc.*) triste, penoso, doloroso, sfortunato **CONTR.** felice, fortunato **B** s. m. **1** buio, oscurità, tenebra **CONTR.** chiaro, chiarore, luce, lume, splendore **2** (*di disegno, di pittura*) ombra, tratteggio.

scurrìle agg. triviale, volgare, sguaiato, lascivo, licenzioso, lubrico (*lett.*), impudico, inverecondo, osceno, salace (*lett.*), sboccato, scandaloso, buffonesco **CONTR.** casto, castigato, onesto, pudico, corretto, morigerato, austero, serio □ elegante, fine.

scurrilità s. f. trivialità, volgarità, sguaiataggine, lascivia, licenziosità (*raro*), lubricità (*lett.*), impudicizia, inverecondia, oscenità, salacità (*lett.*), sboccataggine **CONTR.** castigatezza, costumatezza (*raro*), correttezza, morigeratezza, pudicizia, austerità, serietà □ eleganza, finezza.

scùsa s. f. **1** giustificazione, discolpa, perdono, scarico, discarico □ attenuante, scusante **CONTR.** colpa, accusa **2** pretesto, ripiego, scappatoia, astuzia, cavillo, finta ragione **CONTR.** buona ragione, valido motivo.

scusàbile agg. giustificabile, perdonabile **CONTR.** inescusabile, ingiustificabile, imperdonabile.

scusànte A part. pres. di **scusare**; anche agg. giustificativo, attenuante **CONTR.** incriminante **B** s. f. scusa, scappatoia, pretesto, cavillo, finta ragione **CONTR.** buona ragione, valido motivo.

scusàre A v. tr. scagionare, giustificare, scolpare, discolpare, perdonare, coonestare (*lett.*), difendere **CONTR.** accusare, incolpare, imputare **B scusarsi** v. rifl. chiedere scusa, difendersi, giustificarsi, scolparsi, mendicare pretesti, cercare attenuanti **CONTR.** accusarsi, incolparsi.

scusàto part. pass. di **scusare**; anche agg. scagionato, giustificato, difeso, discolpato **CONTR.** accusato, incolpato.

sdebitàre A v. tr. (*raro*) liberare dai debiti **CONTR.** indebitare **B sdebitarsi** v. rifl. **1** pagare i debiti **CONTR.** indebitarsi **2** (*fig.*) disobbligarsi, contraccambiare **CONTR.** obbligarsi.

sdegnàre A v. tr. **1** disprezzare, sprezzare (*lett.*), spregiare, dispregiare (*raro*), disistimare, abominare, aborrire **CONTR.** apprezzare, approvare, lodare, stimare, rispettare **2** (*lett., tosc.*) provocare sdegno, indignare, irritare, esasperare, inasprire **CONTR.** calmare, placare, raddolcire **B sdegnarsi** v. intr. pron. adirarsi, indignarsi, corrucciarsi, crucciarsi, irritarsi, incollerirsi, arrabbiarsi, stizzirsi, alterarsi, incazzarsi (*volg.*), andare in bestia **CONTR.** calmarsi, placarsi, quietarsi, ammansirsi, rabbonirsi.

sdegnàto part. pass. di **sdegnare**; anche agg. **1** indignato, corrucciato, crucciato, irritato, inasprito, esasperato, incazzato (*volg.*), risentito, offeso **CONTR.** calmo, placato, quieto, rabbonito, ammansito, tranquillo, sereno **2** spregiato, disprezzato, aborrito, odiato **CONTR.** apprezzato, lodato, rispettato, amato.

sdégno s. m. **1** riprovazione, indignazione, ira, corruccio, collera, risentimento, dispetto, disgusto, rabbia **CONTR.** benignità, benevolenza, affetto, simpatia, indulgenza **2** disprezzo, spregio (*lett.*), sprezzo, odio **CONTR.** approvazione, rispetto, stima, amore.

sdegnóso agg. sprezzante, disdegnoso (*raro*), altero, arrogante, borioso, burbanzoso, permaloso, scontroso, ombroso, superbo, traco-

tante, schifiltoso **CONTR.** affabile, amabile, benigno, bonario, cordiale, cortese, gentile, socievole.
sdentàto A agg.; anche s. m. privo di denti, senza denti **CONTR.** dentato **B** s. m. pl. (*zool.*) maldentati.
sdoganàre v. tr. sdaziare.
sdolcinataménte avv. languidamente, leziosamente, svenevolmente, affettatamente, stucchevolmente **CONTR.** bruscamente, rozzamente, rudemente, severamente.
sdolcinàto agg. (*fig.*) languido, svenevole, lezioso, affettato, smanceroso, sdilinquito, smaccato, stucchevole **CONTR.** brusco, rude, ruvido, rozzo, rigido, rigoroso, severo, sgarbato.
sdolcinatùra s. f. sdolcinatezza, svenevolezza, leziosità, languidezza, sdilinquimento, smanceria, moina, smorfia **CONTR.** durezza, rudezza, rigore, severità, sgarbatezza.
sdoppiaménto s. m. **1** divisione in due, dimezzamento **CONTR.** raddoppiamento (*raro*), raddoppio **2** (*psicol.*) dissociazione.
sdoppiàre A v. tr. dividere in due, dimezzare **CONTR.** raddoppiare □ accoppiare **B sdoppiarsi** v. intr. pron. **1** dividersi in due, dimezzarsi **CONTR.** raddoppiarsi **2** (*psicol.*) dissociarsi.
sdraiàre A v. tr. coricare, adagiare, distendere **CONTR.** alzare, sollevare, mettere in piedi **B sdraiarsi** v. rifl. coricarsi, adagiarsi, distendersi, abbandonarsi **CONTR.** alzarsi, rialzarsi, sollevarsi, risollevarsi, rizzarsi, raddrizzarsi, tirarsi su.
sdraiàto part. pass. di **sdraiare**; anche agg. steso, disteso, coricato, adagiato, abbandonato **CONTR.** ritto, dritto, drizzato, in piedi.
sdràio s. m. sdraia, sedia a sdraio.
sdrammatizzàre v. tr. alleggerire, minimizzare **CONTR.** drammatizzare, esagerare.
sdrucciolaménto s. m. scivolamento, scivolata.
sdrucciolàre v. intr. **1** scivolare, scorrere, strisciare **2** (*fig., raro*) (*in un tranello, in un argomento scabroso, ecc.*) incorrere, incappare, imbattersi, cascare.
sdrucciolévole agg. **1** scivoloso, sdrucciolоso (*raro*), scorrevole, lubrico (*lett.*) **CONTR.** ruvido, aspro, scabro, scabroso **2** (*fig.*) (*di discorso, di argomento, ecc.*) ingannevole, malsicuro, pericoloso **CONTR.** sicuro, tranquillo.
sdrucìto agg. scucito □ lacerato, strappato, stracciato, squarciato, rotto, logoro **CONTR.** cucito, rammendato, rappezzato, rattoppato, aggiustato, riparato.
se A cong. **1** nel caso che, nell'eventualità che, qualora **2** poiché, dato che, dal momento che **3** come, quanto **B** in funzione di s. m. inv. **1** condizione, patto, limitazione, riserva **2** esitazione, incertezza, dubbio **FRAS.** *se Dio vuole*, finalmente □ *se non altro*, per lo meno.
sé pron. pers. di terza pers. m. e f. sing. e pl. **FRAS.** *essere pieno di sé*, essere vanitoso □ *fra sé e sé*, nel proprio intimo □ *uscire di sé*, impazzire; perdere il controllo □ *essere fuori di sé*, non sapersi dominare; essere impazzito □ *tornare in sé*, rinvenire □ *a sé*, a parte □ *in sé e per sé*, nella sostanza □ *va da sé*, è naturale.
sebbène cong. benché, quantunque, nonostante, anche se, pure.
sèbo s. m. (*est.*) (*della pelle*) grasso.
sécca s. f. **1** (*di sabbia*) banco, sirte, duna **2** (*fig.*) difficoltà, necessità, pericolo **3** (*dial.*) aridità, siccità.
seccaménte avv. asciuttamente, bruscamente, aspramente, decisamente, esplicitamente, recisamente, risolutamente, scortesemente, sgarbatamente **CONTR.** cortesemente, delicatamente, dolcemente, garbatamente, gentilmente, finemente.
seccànte part. pres. di **seccare**; anche agg. (*fig.*) noioso, fastidioso, scocciante (*fam.*), importuno, molesto, spiacevole, tedioso **CONTR.** ameno, dilettevole, divertente, gradito, piacevole.
seccàre A v. tr. **1** disseccare, essiccare, insecchire (*raro*), inaridire, asciugare, prosciugare **CONTR.** bagnare, inzuppare, imbevere, immollare, adacquare (*raro*), innaffiare, irrigare, irrorare, inumidire **2** (*fig.*) (*di inventiva, di ispirazione, ecc.*) esaurire, svigorire, infiacchire, inaridire **CONTR.** invigorire, rinvigorire, rafforzare, stimolare **3** (*fig.*) (*di persona*) importunare, infastidire, annoiare, disturbare, molestare, irritare, stancare, stufare, tediare, scocciare (*fam.*), rompere (*gerg.*), rompere le palle (*volg.*) **CONTR.** divertire, rallegrare, interessare **B** v. intr. e **seccarsi** intr. pron. **1** disseccarsi, essiccarsi, inaridirsi, asciugarsi, prosciugarsi **CONTR.** bagnarsi, inzupparsi, imbeversi, immollarsi, inumidirsi **2** (*fig.*) annoiarsi, infastidirsi, stancarsi, stufarsi, irritarsi, tediarsi, scocciarsi (*fam.*), rompersi (*gerg.*) **CONTR.** divertirsi, rallegrarsi, interessarsi.
seccàto part. pass. di **seccare**; anche agg. **1** secco, disseccato, essiccato, inaridito, asciutto, prosciugato **CONTR.** bagnato, inzuppato, zuppo, imbevuto, intriso, ammollato, inumidito **2** (*fig.*) infastidito, irritato, importunato, molestato, annoiato, sazio, stanco, stufo, stucco, ristucco, tediato, uggiato (*raro*), scocciato (*fam.*), rotto (*gerg.*) **CONTR.** divertito, allegro, contento, sereno, sollevato, interessato.
seccatóre s. m.; anche agg. (f. *-trice*) fastidioso, noioso, importuno, seccante, scocciatore (*fam.*), tedioso, pesante, uggioso, impiastro, pittima, cataplasma, mosca cavallina, tafano, rompiscatole (*fam.*), rompiballe (*volg.*) **CONTR.** buontempone, allegrone, compagnone, giovialone, simpaticone.
seccatùra s. f. **1** (*raro*) essiccatura, essiccazione, essiccamento, disseccamento, prosciugamento **CONTR.** adacquamento (*raro*), annaf-

fiamento, irrigazione, inumidimento **2** (*fig.*) noia, disturbo, fastidio, molestia, scocciatura (*fam.*), imbarazzo, impiccio, tedio, tormento **CONTR.** divertimento, diversivo, piacere, spasso.

secchézza s. f. aridità, arsura, asciuttezza, siccità, secca (*dial.*) **CONTR.** bagnato, umidità, umido, umore.

sécchio s. m. secchia □ (*est.*) recipiente, vaso.

sécco A agg. **1** arido, seccato, rinsecchito, essiccato, disseccato, asciutto, prosciugato, arso, riarso **CONTR.** bagnato, umido, inumidito, acquoso, molle **2** (*di persona*) magro, scarno, smunto, sparuto, pelle e ossa, allampanato **CONTR.** grasso, grosso, carnoso, corpulento, massiccio, pingue, tarchiato, tozzo **3** (*fig.*) (*di modi, di tono, ecc.*) brusco, deciso, duro, reciso, risoluto, sgarbato **CONTR.** affabile, amabile, benigno, cordiale, garbato, gentile, delicato **4** (*di stile*) stentato, arido, disadorno, povero, laconico **CONTR.** ricco, fiorito, colorito, elevato, vivace **5** (*fig.*) (*di colpo, di partenza, ecc.*) improvviso, netto **CONTR.** calcolato, meditato, programmato **6** (*di vino*) non dolce, asciutto **CONTR.** amabile, dolce **B** s. m. **1** asciutto **CONTR.** umido **2** aridità, siccità, arsura, asciuttezza, secchezza **CONTR.** bagnato, umidità, umido, umore **FRAS.** *pane secco*, pane raffermo □ *fare secco*, uccidere, fulminare □ *rimanere a secco* (*fig.*), restare senza risorse □ *a secco*, senz'acqua; senza calcina; senza bere; (*fig.*) all'improvviso, inaspettatamente.

secentésco agg. **1** del diciassettesimo secolo, del secolo decimosettimo **2** (*est.*) barocco.

secentismo s. m. (*est.*) barocchismo, eufuismo, marinismo, gongorismo, preziosismo.

secèrnere v. tr. mandare fuori, emettere, espellere, produrre.

secessióne s. f. ritiro, defezione, separazione, scissione, ribellione □ discordia **CONTR.** unione, unanimità, accordo, concordia, armonia, pace.

secessionìsta s. m. e f. **1** separatista, scissionista **CONTR.** unionista **2** (*stor.*) sudista, confederato **CONTR.** nordista.

secolàre A agg. centenario □ (*est.*) annoso, antichissimo, vecchissimo, vetusto (*lett.*) **CONTR.** nuovo, recente, giovane, attuale, moderno **B** s. m. **1** (*di persona, di abito, ecc.*) laico, civile **CONTR.** ecclesiastico **2** (*di vita, di beni, ecc.*) mondano, terreno **CONTR.** spirituale.

secolarizzazióne s. f. laicizzazione.

sècolo s. m. **1** cento anni □ (*est.*) molto tempo, molti anni, eternità **CONTR.** attimo, istante, momento **2** periodo, età, epoca, era, evo, tempo **3** (*di scoperta, di male, ecc.*) tempo attuale, giorno, oggi **4** (*al pl.*) (*gener.*) tempo **5** vita terrena, vita mortale **CONTR.** vita eterna, eternità **6** (*di piaceri, di cure, ecc.*) vita mondana, mondo, mondanità **CONTR.** vita religiosa, vita monastica **FRAS.** *avvenimento del secolo*, avvenimento di grande risonanza □ *per tutti i secoli*, per sempre □ *lasciare il secolo*, entrare in convento □ *il secolo dei lumi*, il Settecento □ *dell'altro secolo*, superato, sorpassato.

secondariaménte avv. **1** in secondo luogo, poi, in seguito, in un secondo tempo **CONTR.** in primo luogo, prima, primariamente **2** in grado minore, marginalmente, accessoriamente **CONTR.** principalmente, essenzialmente, fondamentalmente.

secondàrio agg. **1** seguente, successivo, consecutivo **CONTR.** precedente, anteriore **2** accessorio, meno importante, complementare, marginale, sussidiario **CONTR.** primario, principale, essenziale, fondamentale, precipuo (*lett.*), sostanziale, importantissimo **3** (*di proposizione*) dipendente **CONTR.** principale, reggente **FRAS.** *attività secondaria* (*econ.*), industria □ *scuola secondaria*, scuola superiore.

secondìno s. m. guardia carceraria, carceriere, agente di custodia.

secóndo (1) A agg. num. ord. **1** (*est.*) (*di possibilità, di casa, ecc.*) altro, differente, diverso, nuovo **CONTR.** vecchio, solito, usuale □ unico **2** (*est.*) (*di categoria, di qualità, ecc.*) inferiore, minore, scadente, meno importante, meno costoso **CONTR.** maggiore, superiore, più importante, più costoso **3** (*lett.*) (*di vento, di fortuna, ecc.*) favorevole, prospero, propizio **CONTR.** sfavorevole, avverso, contrario **B** s. m. **1** attimo, momento **2** (*cuc.*) pietanza **3** (*nei duelli*) padrino **4** (*nel pugilato*) assistente **FRAS.** *di seconda mano*, usato □ *di seconda scelta*, scartato □ *secondo fine*, scopo nascosto □ *seconda colazione*, pranzo □ *secondo vino*, vinello.

secóndo (2) A prep. **1** lungo, nella direzione di, nel verso di, seguendo **CONTR.** contro **2** (*fig.*) nel modo richiesto, conformemente a, in base a, in dipendenza di **3** stando a **4** in rapporto a, in proporzione a **B** cong. (*lett.*) nella maniera in cui, come.

secondogènito agg.; anche s. m. (*di famiglia nobile*) cadetto **CONTR.** primogenito.

secrétaire /*fr.* səkre'tɛr/ [vc. fr., dal lat. mediev. *secretarium* 'cancelliere'] s. m. inv. stipetto, scrittoio, scrivania.

secrezióne s. f. (*biol.*) escrezione, secreto.

sedàre v. tr. calmare, placare, quietare, lenire, alleviare, attutire, mitigare, addolcire, raddolcire □ frenare, contenere, reprimere, soffocare **CONTR.** eccitare, esasperare, inasprire, irritare, acuire, stimolare, stuzzicare.

sedatìvo agg. e s. m. calmante, lenitivo, palliativo, antispasmodico, tranquillante, anodino **CONTR.** eccitante, stimolante, corroborante, tonico □ irritante, stuzzicante.

sède s. f. **1** residenza, dimora, domicilio □ località □ luogo, città **2** spazio, punto, posto □ casa, edificio □ ufficio **3** (*di azienda, di ente e sim.*) centrale **CONTR.** filiale, dipendenza **4**

(*di strada*) carreggiata **5** (*di malattia*) parte, organo **FRAS.** *in sede di*, durante □ *in separata sede* (*fig.*), in privato.

sedentàrio A agg. (*di persona*) che si muove poco □ stabile, fisso **CONTR.** attivo, dinamico □ nomade, vagante **B** s. m. persona sedentaria.

sedére A v. intr. **1** star seduto, stare, posare **2** (*in parlamento, in regione e sim.*) avere seggio **3** (*lett.*) essere situato, stare, giacere, trovarsi **B sedersi** v. intr. pron. mettersi a sedere, accomodarsi, adagiarsi, sprofondarsi **CONTR.** alzarsi, rizzarsi, drizzarsi, tirarsi su **C** in funzione di s. m. **1** deretano, culo (*fam.*), didietro, natiche **2** (*est.*) (*di bottiglia, di vaso, ecc.*) fondo, base **FRAS.** *avere del sedere* (*fig.*), essere fortunato □ *prendere per il sedere* (*fig.*), prendere in giro, imbrogliare.

sèdia s. f. seggiola, scranna (*dial.*) □ sedile, scanno.

sedicènte agg. falso, finto **CONTR.** autentico, vero.

sedile s. m. sedia, seggiola, seggiolino, panca, panchina, scranna (*dial.*), scanno, sgabello, seggio, banco, stallo.

sedimentàre v. intr. depositarsi **CONTR.** venire a galla, galleggiare.

sedimentazióne s. f. deposizione, deposito □ decantamento.

sediménto s. m. deposito, fondo, fondiglio, fondaccio, posata (*raro*), posatura, feccia, residuo.

sedizióne s. f. ribellione, sommossa, sollevamento, sollevazione, tumulto, insurrezione, disordine, moto, rivoluzione **CONTR.** pace, quiete, tranquillità.

sedizióso agg. e s. m. ribelle, sovversivo, rivoltoso, rivoluzionario, agitatore, fazioso, settario, turbolento, fanatico **CONTR.** moderato, pacifico, sottomesso, reazionario.

sedótto part. pass. di **sedurre**; anche agg. adescato, corrotto, circuito, insidiato, invischiato, ingannato, raggirato.

seducènte part. pres. di **sedurre**; anche agg. affascinante, allettante, attraente, accattivante, amabile, ammaliante, incantevole, fascinatore (*lett.*), piacevole, simpatico, provocante **CONTR.** repellente, ripugnante, nauseante, schifoso, stomachevole, disgustoso, ributtante, antipatico, spiacevole.

sedùrre v. tr. **1** irretire, adescare, corrompere, circuire, invischiare, insidiare, ingannare, raggirare **2** (*est.*) attrarre, avvincere, affascinare, allettare, ammaliare, accattivare, lusingare, incantare, stregare **CONTR.** allontanare, disgustare, ripugnare, nauseare, schifare, stomacare.

sedùta s. f. **1** adunanza, riunione, assemblea, sessione, udienza, congresso, consesso, tornata **2** (*di modello*) posa **3** (*dal medico, dall'estetista, ecc.*) visita, incontro, appuntamento.

seduttóre s. m.; anche agg. **1** conquistatore, adescatore, lusingatore, accalappiatore, ganzo (*spreg.*), dongiovanni, playboy (*ingl.*) **2** corruttore, depravatore.

seduttrice s. f.; anche agg. **1** ammaliatrice, incantatrice, sexy (*ingl.*), maga, maliarda, sirena, strega **2** corruttrice.

seduzióne s. f. **1** adescamento, allettamento, lusinga, corruzione **2** fascino, malia, incantesimo, incanto, magia, prestigio, attrattiva, charme (*fr.*), sex appeal (*ingl.*) **CONTR.** disgusto, nausea, ripugnanza, repulsione, schifo, antipatia.

séga s. f. **1** lama dentata □ saracco, gattuccio, frullone **2** (*pop.*, *volg.*) masturbazione **FRAS.** *sega meccanica*, segatrice □ *a sega*, seghettato.

segàre v. tr. **1** dividere con la sega **2** (*di vena, di grano, ecc.*) recidere, tagliare, troncare □ falciare, mietere **3** (*di cintura, di laccio e sim.*) solcare, stringere.

segatùra s. f. **1** recisione, troncamento, troncatura □ mietitura, falciatura **2** polvere di legno.

sèggio s. m. **1** stallo, scanno, scranna, scagno (*lett.*), sedia □ trono □ sede **2** (*est.*) (*di parlamento, di consiglio regionale, ecc.*) posto, carica.

seggiovìa s. f. (*est.*) teleferica.

seghettàre v. tr. dentellare.

seghettàto part. pass. di **seghettare**; anche agg. dentellato, a sega.

segmentàre A v. tr. dividere, suddividere, frazionare **CONTR.** unire **B segmentarsi** v. intr. pron. dividersi **CONTR.** unirsi.

segmentàto part. pass. di **segmentare**; anche agg. diviso, suddiviso, frazionato **CONTR.** unito.

segmentazióne s. f. divisione, suddivisione, frazionamento **CONTR.** unione.

segménto s. m. **1** porzione, parte, sezione **2** (*di stoffa, di carta, ecc.*) striscia, ritaglio, avanzo, scampolo **3** (*mecc.*) fascia elastica.

segnalàre A v. tr. **1** (*di un pericolo, di un arrivo, ecc.*) avvertire, avvisare, trasmettere, comunicare □ additare, indicare, significare **2** (*fig.*) (*di caso, di situazione, ecc.*) far conoscere, far notare, accennare, informare **CONTR.** celare (*lett.*), nascondere, tacere **3** (*di persona*) raccomandare **B segnalarsi** v. rifl. distinguersi, farsi notare, farsi conoscere, affermarsi, aver successo, farsi un nome **CONTR.** screditarsi, fallire □ rimanere sconosciuto.

segnalàto part. pass. di **segnalare**; anche agg. **1** comunicato, indicato, accennato, trasmesso **CONTR.** celato (*lett.*), nascosto, taciuto **2** (*di persona, di meriti, ecc.*) insigne, illustre, famoso, eccezionale, cospicuo, grandissimo, notevolissimo, considerevole, importante **CONTR.** mediocre, modesto, insignificante, minimo, trascurabile, irrilevante, irrisorio **3** (*di persona, di caso, ecc.*) raccomandato.

segnalatóre s. m. **1** (*di persona*) semaforista **2** (*di strumento*) indicatore.

segnalazióne s. f. **1** indicazione, segnale, segno □ segnaletica **2** (*est.*) notizia, avvertimento, avviso, comunicazione **3** (*fig.*) (*di persona, di caso, ecc.*) menzione, raccomandazione.

segnàle s. m. segno, segnalazione, avvertimento, avviso, indicazione, indicatore, contrassegno, insegna, cartello, guida □ cenno, indizio.

segnalètica s. f. segnali.

segnalètico agg. indicatore.

segnàre A v. tr. **1** notare, distinguere □ contrassegnare, marcare, marchiare, bollare, imprimere, improntare, stampare **2** (*est.*) (*di indirizzo, di appuntamento, ecc.*) prendere nota, registrare, annotare, scrivere **3** (*di ora, di gradi, ecc.*) indicare, mostrare, additare **4** (*fig.*) (*di gesto, di discorso, ecc.*) annunciare, rappresentare **5** (*di cosa appuntita*) scalfire, incidere, rigare, scavare, graffiare □ sfregiare, ammaccare **6** (*di carte da gioco*) truccare **7** (*sport*) (*di punto, di rete, ecc.*) realizzare, fare **8** (*ass., sport*) fare il punto, fare goal, fare rete **B segnarsi** v. rifl. farsi il segno della croce.

segnatèmpo s. m. inv. marcatempo.

segnàto part. pass. di **segnare**; anche agg. **1** contrassegnato, marcato, marchiato, bollato, impresso, stampato **2** (*di indirizzo, di numero, ecc.*) indicato, scritto **3** (*di ora, di destino, ecc.*) deciso, stabilito **4** (*di carrozzeria, di vetro, ecc.*) solcato, rigato, graffiato □ sfregiato, ammaccato, contuso **5** (*sport*) (*di punto, di rete, ecc.*) realizzato, fatto.

segnatùra s. f. **1** notazione, indicazione, marcatura, marchiatura **2** (*sport*) punti, punteggio.

segnavènto s. m. inv. banderuola, manica a vento, anemoscopio.

ségno s. m. **1** (*di piede, di confine, ecc.*) impronta, linea, riga, punto, nota, traccia, tratto, orma, impressione, stampa **2** (*di pace, di partito, ecc.*) figura, simbolo, immagine **3** (*di riconoscimento*) contrassegno, distintivo, contromarca, iniziale, cifra, sigla **4** (*di saluto, di gioia, ecc.*) cenno, gesto, atto, parola **5** (*di malattia, di ripresa, ecc.*) accenno, indizio, sintomo, avvisaglia **6** (*di sopportazione, di stanchezza, ecc.*) punto, grado, limite, misura, regola **7** bersaglio **FRAS.** *in segno di*, come prova di □ *lasciare il segno* (*fig.*), rimanere impresso; avere conseguenze □ *non dare segni di vita*, sembrare morto; non dare più notizie di sé □ *cogliere nel segno* (*fig.*), indovinare, azzeccare □ *essere fatto segno di*, essere oggetto di □ *per filo e per segno*, punto per punto; con tutti i particolari.

segregàre A v. tr. isolare, separare, staccare, appartare, allontanare **CONTR.** aggregare, unire, riunire, congiungere, mischiare □ accogliere **B segregarsi** v. intr. pron. isolarsi, appartarsi, separarsi, staccarsi, allontanarsi **CONTR.** aggregarsi, unirsi, riunirsi, mischiarsi, socializzare.

segregàto part. pass. di **segregare**; anche agg. isolato, appartato, separato □ solitario, ritirato **CONTR.** in compagnia, in società, associato □ accolto.

segregazióne s. f. **1** isolamento, separazione, allontanamento **CONTR.** aggregamento, aggregazione, unione, socializzazione **2** apartheid (*ol.*).

segretaménte avv. nascostamente, occultamente, celatamente, privatamente, riservatamente, clandestinamente, misteriosamente **CONTR.** apertamente, manifestamente, palesemente, chiaramente, visibilmente.

segretàrio s. m. **1** persona di fiducia □ impiegato di fiducia **2** (*di partito, di organizzazione, ecc.*) dirigente, capo, responsabile **3** (*di verbale*) estensore **FRAS.** *segretario di Stato*, ministro.

segreterìa s. f. (*di partito, di organizzazione, ecc.*) direzione, responsabilità **FRAS.** *Segreteria di Stato*, dicastero degli Esteri.

segretézza s. f. circospezione, riservatezza, riserbo, delicatezza, discrezione, prudenza, tatto **CONTR.** indiscretezza (*raro*), indiscrezione, indelicatezza.

segréto (1) agg. **1** (*di luogo, di porta, ecc.*) appartato, nascosto, occulto, celato, recondito (*lett.*), riposto **CONTR.** noto, conosciuto **2** (*di pensiero, di gioia, ecc.*) riservato, arcano (*lett.*), intimo, confidenziale, privato **CONTR.** dichiarato, manifesto, pubblico, palese **3** (*di associazione, di attività, ecc.*) clandestino, illegale, illegittimo **CONTR.** pubblico, legale, legittimo **4** (*di persona*) riservato, discreto, abbottonato, chiuso, cauto, circospetto, delicato, prudente **CONTR.** avventato, imprudente, chiacchierone, indelicato, pettegolo, ciarliero, ciarlone **FRAS.** *in segreto*, segretamente; di nascosto □ *fondi segreti*, fondi neri.

segréto (2) s. m. **1** mistero, arcano (*lett.*), enigma, confidenza **2** (*di professionista, di sacerdote, ecc.*) vincolo, riserbo, riservatezza **3** (*di lavoro, di lunga vita, ecc.*) metodo, sistema, espediente, modo, maniera, ricetta **4** (*di cassaforte, di mobile, ecc.*) congegno, serratura **5** (*dell'animo, della famiglia, ecc.*) intimità, intimo, profondo **FRAS.** *segreto di Pulcinella* (*scherz.*), cosa nota a tutti.

seguàce s. m. e f. discepolo, adepto, proselito, scolaro, accolito, aderente, affiliato, fautore, favoreggiatore, ammiratore, emulo, gregario, epigono (*lett.*), imitatore, partigiano, satellite (*lett.*) **CONTR.** precursore □ antagonista, avversario, competitore, nemico, oppositore, concorrente.

seguènte part. pres. di **seguire**; anche agg. consecutivo, successivo, posteriore, futuro **CONTR.** anteriore, precedente.

segùgio s. m. **1** bracco leggero **2** (*fig.*) agente di polizia, poliziotto, sbirro, pedinatore, investigatore.

seguìre A v. tr. **1** (*di persona*) andare dietro, tener dietro, accodarsi, venire appresso, pedinare □ accompagnare, scortare **CONTR.** precedere, antecedere (*raro*) **2** (*di rotta, di orme, ecc.*) procedere, avanzare **3** (*fig.*) (*di ideologia, di ordine, ecc.*) accettare, accogliere, professare, farsi seguace □ attenersi, conformarsi, aderire, uniformarsi □ imitare **CONTR.** respingere, rifiutare, ripudiare, scartare **4** (*di lezione, di corso, ecc.*) frequentare **5** (*di novità, di teatro, ecc.*) informarsi, tenersi al corrente, aggiornarsi **6** (*fig.*) (*di manovra, di gesti, ecc.*) osservare, fare attenzione □ studiare **B** v. tr. e intr. venire dopo **CONTR.** venire prima, precedere **C** v. intr. **1** derivare, conseguire **CONTR.** causare **2** accadere, avvenire, capitare, succedere **3** (*di scritto, di film, ecc.*) continuare **CONTR.** finire, terminare.

seguitàre A v. tr. (*di lavoro, di cammino, ecc.*) seguire □ continuare, proseguire **CONTR.** interrompere, sospendere, troncare **B** v. intr. **1** (*a piovere, a parlare, ecc.*) continuare, durare **CONTR.** cessare, arrestarsi, fermarsi, interrompersi **2** (*lett.*) venire dopo, venire di seguito **CONTR.** venire prima, precedere.

séguito s. m. **1** accompagnamento, corteo, scorta, codazzo, corteggio, compagnia **2** discepoli, seguaci, accoliti, ammiratori, fan (*ingl.*) □ claque (*fr.*) **3** (*fig.*) aderenza, favore, successo, consenso **CONTR.** avversione, dissenso, insuccesso **4** (*di vicende, di insuccessi, ecc.*) sequela, successione, fila, filza, serie **5** (*di racconto, di film, ecc.*) continuazione, proseguimento **CONTR.** fine, termine **6** (*di lite, di malattia, ecc.*) conseguenza, risultato, esito □ strascico **CONTR.** risoluzione, composizione.

seicènto s. m. inv. diciassettesimo secolo, secolo decimosettimo.

selciàre v. tr. pavimentare, lastricare.

selciàto A part. pass. di **selciare**; anche agg. pavimentato, lastricato **B** s. m. (*est.*) pavimento, lastricato.

selettìvo agg. eliminatorio, discriminatorio □ esclusivo, elitario.

selezionàre v. tr. scegliere, vagliare, distinguere, dividere, separare, discriminare, sceverare (*lett.*), cernere (*lett.*), preferire **CONTR.** prendere indiscriminatamente, accogliere in massa.

selezionàto part. pass. di **selezionare**; anche agg. scelto, vagliato, distinto, diviso, separato, preferito □ discriminato **CONTR.** preso in massa, indiscriminato.

seleziòne s. f. **1** scelta, cernita, distinzione, discriminazione, sceveramento (*raro*), separazione, elezione, preferenza **CONTR.** assunzione indiscriminata **2** (*di attitudini*) valutazione **3** (*di scritti, di musiche, ecc.*) antologia, raccolta, fiore, florilegio, crestomazia (*lett.*) **4** (*tel.*) combinazione.

self-control /*ingl.* 'self 'kən'troul/ [vc. ingl., da *self* 'sé stesso' e *control* 'controllo'] s. m. inv. autocontrollo, autogoverno, padronanza di sé, sangue freddo □ autarchia, autonomia.

sèlla s. f. **1** sedile, seggiolino, sellino □ (*est.*) arcione, basto **2** (*fig.*) posizione eminente, carica importante **3** (*geogr.*) valico, varco, passo.

sellàre v. tr. mettere la sella, bardare.

sellìno s. m. **1** dim. di **sella 2** (*di bicicletta, di motocicletta e sim.*) sella.

sèltz [fr. *seltz*, dal nome di *Seltz*, ted. *Selters*, città della Prussia nota per le sue sorgenti di acqua gassata] s. m. inv. (*est.*) acqua gassata.

sélva s. f. **1** bosco, foresta, boscaglia, macchia **2** (*fig.*) (*di gente, di bandiere, ecc.*) moltitudine, gran quantità, folla, massa.

selvaggiaménte avv. barbaramente, brutalmente, crudelmente, efferatamente, ferocemente, furiosamente, inumanamente, bestialmente, spietatamente **CONTR.** civilmente, bonariamente, mitemente, blandamente, pacificamente, placidamente, umanamente.

selvaggìna s. f. cacciagione, uccellagione, uccellame.

selvàggio A agg. **1** (*di pianta, di animale*) selvatico **CONTR.** coltivato, domestico **2** (*est.*) (*di luogo*) deserto, disabitato, orrido, pauroso, impervio, inospitale, silvestre **CONTR.** abitato, ameno, ridente **3** (*di persona*) incivile, sgarbato, maleducato, grossolano, rozzo, screanzato, villano, zotico **CONTR.** affabile, amabile, civile, cordiale, cortese, educato, garbato, gentile, socievole **4** (*fig.*) (*di attacco, di delitto, ecc.*) disumano, efferato, crudele, feroce, barbaro, brutale, inumano, aspro, bestiale, spietato, violento, furibondo **B** agg.; anche s. m. incivile, primitivo **CONTR.** civile, civilizzato.

selvàtico agg. **1** (*di pianta*) silvestre, incolto **CONTR.** coltivato **2** (*di animale*) selvaggio, brado, non domestico **CONTR.** domestico, addomesticato **3** (*di persona*) poco socievole, insocievole, rozzo, rustico, ritroso, grossolano, incivile, villano, zotico **CONTR.** affabile, amabile, civile, cortese, educato, fine, garbato, gentile, raffinato, socievole.

selvóso agg. **1** boscoso **CONTR.** brullo **2** (*fig.*) (*di testa, di viso*) peloso **CONTR.** glabro, depilato.

sembiànza s. f. **1** (*poet.*) somiglianza **2** sembiante (*poet.*), aspetto, figura, apparenza **3** (*spec. al pl.*) lineamenti, fattezze.

sembràre A v. intr. parere, somigliare, rassomigliare **B** v. intr. impers. parere, dare l'impressione □ avere l'impressione, credere, giudicare, ritenere, stimare.

séme s. m. **1** embrione, germe □ semente, semenza **2** (*est., pop.*) (*di ciliegia, di zucca, ecc.*) nocciolo, anima, granello **3** (*biol.*) sperma **4** (*lett.*) razza, discendenza, schiatta, stirpe □ antenati, progenitori **5** (*fig.*) (*della discordia, della violenza, ecc.*) origine, principio, causa, fonte, genesi, sorgente **CONTR.** conseguenza, effetto **6** (*delle carte da gioco*) simbolo, colore.

seménte s. f. seme, semenza.

semènza s. f. **1** seme, semente **2** (*fig.*) origine, causa, fonte, genesi, semente **CONTR.** conseguenza, effetto **3** (*est.*) chiodino.

semestràle agg. di sei mesi **CFR.** annuale, mensile, bimestrale, trimestrale, quadrimestrale, ecc.

semestralménte avv. ogni semestre, ogni sei mesi **CFR.** mensilmente, annualmente, bimestralmente, trimestralmente, ecc.

semèstre s. m. **1** sei mesi **CFR.** bimestre, trimestre, quadrimestre, ecc. **2** (*est.*) (*di affitto, di pensione, ecc.*) rata semestrale.

semiapèrto agg. socchiuso, semichiuso **CFR.** aperto, spalancato □ chiuso, serrato.

semichiùso agg. socchiuso, semiaperto **CFR.** chiuso, serrato □ aperto, spalancato.

semicircolàre agg. (*di arco*) a tutto sesto.

semiconsonànte s. f. (*ling.*) semivocale.

semidiàfano agg. semitrasparente, pellucido (*lett.*) **CFR.** diafano, trasparente □ opaco.

sémina s. f. seminagione (*lett.*), seminatura (*raro*).

seminàbile agg. seminativo, coltivabile **CONTR.** arido, infecondo, sterile.

seminàre v. tr. **1** (*di sementi*) spargere **2** (*fig.*) (*di cose*) spargere qua e là, lasciar cadere, disseminare **CONTR.** raccogliere, raccattare, riunire **3** (*fig.*) (*di panico, di discordia, ecc.*) diffondere, suscitare, promuovere, provocare **CONTR.** calmare, lenire, placare, sopire, smorzare **4** (*sport*) (*di avversario*) staccare, distanziare.

seminàrio s. m. **1** (*est.*) collegio **2** (*su un argomento*) esercitazione □ corso di aggiornamento, corso di addestramento □ riunione, simposio, tavola rotonda.

seminàto part. pass. di **seminare**; anche agg. **1** cosparso di semi **2** (*anche fig.*) (*di fiori, di difficoltà, ecc.*) cosparso, disseminato **FRAS.** *uscire dal seminato* (*fig.*), divagare, deviare dall'argomento.

seminatóre s. m. (f. *-trice*) (*fig.*) (*di odio, di idee, ecc.*) diffusore, propagatore, suscitatore, divulgatore, propalatore.

seminterràto s. m. scantinato.

seminùdo agg. mezzo nudo, quasi nudo **CFR.** vestito, rivestito, coperto, ricoperto □ nudo, svestito.

semioscurità s. f. penombra **CONTR.** oscurità, buio, tenebre □ luce.

semipièno agg. mezzo pieno, quasi pieno **CFR.** pieno, colmo, ricolmo, zeppo □ vuoto.

semivocàle s. f. (*ling.*) semiconsonante.

sémola s. f. **1** crusca **2** farina grossolana **3** (*pop.*) efelidi, lentiggini.

semolàto agg. (*di zucchero*) raffinato **CONTR.** grezzo, greggio.

sémplice A agg. **1** (*di cosa*) solo, unico, scempio (*raro*), nudo **CONTR.** doppio, duplice, duplicato, gemello, composto **2** (*di discorso, di problema, ecc.*) elementare, facile, ovvio, evidente, chiaro, palese, piano, manifesto, agevole **CONTR.** difficile, complesso, complicato, arduo, astruso, enigmatico, intricato, incomprensibile, oscuro **3** (*di stile, di abito, ecc.*) sobrio, essenziale, misurato, privo di affettazione, disinvolto, sciolto, naturale **CONTR.** affettato, ricercato, manierato, artificioso, leccato, lezioso **B** agg. e s. m. **1** (*di persona*) modesto, schietto, sincero, leale, alla buona, senza malizia □ inesperto, ingenuo, candido, innocente □ semplicione, sempliciotto, minchione (*fam.*), sciocco, stolto **CONTR.** astuto, scaltro, furbo, furbacchione, malizioso **2** (*mil.*) non graduato **CONTR.** graduato.

sempliceménte avv. **1** con semplicità, alla buona, senza malizia, onestamente **CONTR.** astutamente, maliziosamente, disonestamente **2** soltanto, solo, unicamente.

semplicìsmo s. m. superficialità **CONTR.** profondità.

semplicìsta s. m. e f. superficiale **CONTR.** profondo.

semplicìstico agg. superficiale, generico, vago **CONTR.** profondo, riflessivo.

semplicità s. f. **1** facilità, chiarezza, evidenza, ovvietà (*raro*) **CONTR.** difficoltà, complessità, astrusità, incomprensibilità, oscurità **2** (*di modi, di parole, ecc.*) naturalezza, misura, sobrietà, essenzialità, disinvoltura, scioltezza **CONTR.** affettazione, artificiosità, ricercatezza, leziosità **3** (*di animo, di mente*) candidezza, candore, inesperienza, ingenuità, innocenza, schiettezza, sincerità □ dabbenaggine, sciocchezza, puerilità, stoltezza, minchioneria (*pop.*) **CONTR.** astuzia, scaltrezza, furberia, furbizia, malizia.

semplificàre A v. tr. rendere semplice, rendere più semplice, agevolare, facilitare, chiarire, appianare **CONTR.** complicare, imbrogliare, intricare **B semplificarsi** v. intr. pron. diventare più semplice, chiarirsi, appianarsi **CONTR.** complicarsi, ingarbugliarsi.

semplificazióne s. f. facilitazione, chiarimento, chiarificazione, appianamento **CONTR.** complicazione, difficoltà.

sèmpre avv. **1** senza fine, in ogni tempo, eternamente, perpetuamente, ininterrottamente **CONTR.** mai, giammai **2** continuamente, con persistenza, tutte le volte, ogni volta □ spesso **CONTR.** raramente, a intervalli **3** ancora **4** ma, però, a patto che **5** nondimeno, pur tuttavia **FRAS.** *per sempre*, per l'eternità; per tutto il tempo □ *da sempre*, fin dall'inizio; da lunghissimo tempo □ *di sempre*, di tutti i tempi; di una volta.

sènape agg. e s. m. (*di colore*) marron-giallo, giallo marrone.

senàto s. m. **1** (*nell'antica Roma*) senatori, Padri coscritti **2** Curia **3** (*attualmente*) senatori, Camera alta **4** (*est.*) Palazzo Madama.

senìle agg. vecchio **CONTR.** giovanile.

senilità s. f. vecchiaia, vecchiezza **CONTR.** giovinezza, gioventù, freschezza.

senior /*lat.* 'sɛnjor/ [vc. lat., propriamente 'il più vecchio', compar. di *sĕnex* 'vecchio'] agg. (pl. *seniores*) **1** più vecchio, anziano **CONTR.** junior, giovane **2** (*est.*) più esperto, veterano **CONTR.** inesperto, matricola.

sénno s. m. criterio, discernimento, assennatezza, sensatezza, giudizio, buonsenso, prudenza, ragione, ragionevolezza, raziocinio, intelligenza, saggezza **CONTR.** avventatezza, dissennatezza, inconsideratezza (*raro*), sconsideratezza, faciloneria, imprevidenza, imprudenza, leggerezza, insania, follia.

séno s. m. **1** petto □ (*est.*) mammelle, poppe, tette (*fam.*) **CONTR.** dorso, schiena, tergo **2** (*euf.*) (*di madre*) ventre, grembo, utero **3** (*fig.*) intimità, intimo, animo, cuore **4** (*di veste*) sinuosità, piega **5** (*della terra, della montagna, ecc.*) interno, viscere, cavità, incavo, rientranza **CONTR.** rilievo, risalto, prominenza, sporgenza **6** (*di mare, di fiume e sim.*) insenatura, baia, rada, golfo **CONTR.** capo, punta, promontorio.

senofilìa e deriv. *V.* **xenofilia** e deriv.

senofobìa e deriv. *V.* **xenofobia** e deriv.

sensàle s. m. mediatore, agente, intermediario, negoziatore, procuratore d'affari.

sensataménte avv. assennatamente, avvedutamente, giudiziosamente, intelligentemente, prudentemente, ragionevolmente, saggiamente, saviamente **CONTR.** avventatamente, dissennatamente, imprudentemente, incautamente, inconsideratamente, sconsideratamente, imprevidentemente, leggermente.

sensatézza s. f. senno, criterio, discernimento, giudizio, buonsenso, prudenza, ragionevolezza, saggezza, intelligenza **CONTR.** dissennatezza, avventatezza, sconsideratezza, imprudenza, leggerezza, faciloneria, follia.

sensàto agg. assennato, avveduto, giudizioso, intelligente, prudente, ragionevole, saggio **CONTR.** avventato, dissennato, imprudente, incauto, inconsiderato, sconsiderato, facilone, imprevidente, leggero, scriteriato.

sensazionàle agg. eccezionale, meraviglioso, straordinario, impressionante, sconvolgente, conturbante, emozionante, appassionante, entusiasmante, fenomenale, commovente, bestiale (*gerg.*) **CONTR.** irrilevante, mediocre, modesto, di nessun valore, da nulla.

sensazióne s. f. **1** senso, percezione □ presentimento, coscienza, impressione **2** ammirazione, emozione, interesse, meraviglia, sbalordimento, sorpresa, stupore **CONTR.** disinteresse, freddezza, indifferenza.

sensìbile agg. **1** percepibile, percettibile, reale, rilevabile, tangibile, concreto, materiale **CONTR.** impercettibile, intangibile, immateriale, astratto **2** (*di segno, di aumento, ecc.*) chiaro, evidente □ apprezzabile, forte, intenso, notevole, rilevante **CONTR.** debole, fievole, impercettibile, tenue, piccolo, modesto **3** (*di persona*) sensitivo, delicato, emotivo, eccitabile, impressionabile □ cosciente, aperto, disponibile **CONTR.** freddo, insensibile, indifferente, apatico, distaccato, disinteressato, duro, incurante, noncurante □ chiuso.

sensibilità s. f. **1** percettibilità, tangibilità, concretezza **CONTR.** impercettibilità, immaterialità, insensibilità **2** (*di persona*) emotività, impressionabilità, eccitabilità □ coscienza, delicatezza, senso, sentimento, finezza, gentilezza, raffinatezza, squisitezza, tenerezza □ disponibilità, apertura **CONTR.** freddezza, insensibilità, indifferenza, apatia, distacco, disinteresse, durezza, incuranza, noncuranza □ chiusura.

sensibilizzàre v. tr. **1** rendere sensibile, rendere più sensibile **2** (*fig.*) (*di persone, di opinione, ecc.*) rendere cosciente, rendere consapevole, coinvolgere, attirare, interessare **CONTR.** distrarre, disinteressare, deviare.

sensibilménte avv. **1** percettibilmente, materialmente **CONTR.** impercettibilmente, mentalmente, spiritualmente **2** notevolmente, considerevolmente, molto, parecchio **CONTR.** poco, lievemente, leggermente, scarsamente.

sensitività s. f. sensibilità, ricettività □ emotività, eccitabilità, impressionabilità **CONTR.** insensibilità, indifferenza, apatia, disinteresse, freddezza, incuranza.

sensitìvo A agg. sensibile, emotivo, eccitabile, impressionabile □ disponibile **CONTR.** insensibile, indifferente, apatico, distaccato, disinteressato, freddo, chiuso **B** s. m. medium.

sènso s. m. **1** percezione, sensazione, sensibilità, sensitività **CONTR.** insensibilità **2** (*al pl.*) coscienza, conoscenza, consapevolezza **3** (*al pl.*) sensualità, concupiscenza, appetito sessuale, pulsione erotica **CONTR.** freddezza, frigidità **4** (*di strettezza, di vuoto, ecc.*) sensazione, sentimento, impressione **5** (*con* fare, dare) raccapriccio, ribrezzo, ripugnanza **CONTR.** piacere **6** (*della giustizia, dell'orientamento, ecc.*) capacità di giudicare, criterio, intelligenza, intuizione, coscienza **7** (*spec. al sing.*) (*di parola, di frase, ecc.*) significato, concetto, idea, accezione **8** (*di luogo*) direzione, verso, parte, lato **9** (*positivo, negativo, ecc.*) modo, maniera, tono **FRAS.** *perdere i sensi*, svenire □ *senso comune*, buonsenso; modo comune di intendere □ *senso pratico*, capacità di risolvere le cose della vita □ *senso critico*, obiettività □ *a senso*, non alla lettera; liberamente □ *a doppio senso*, con duplice interpretazione □ *a senso di, ai sensi di*, in conformità; secondo.

sensoriàle agg. sensorio.

sensuàle agg. **1** dei sensi, materiale □ carnale **CONTR.** spirituale **2** erotico, lascivo, libidinoso, lussurioso, impudico, eccitante **CONTR.** casto, pudico, puro, temperante □ frigido, freddo.

sensualità s. f. **1** materialità **CONTR.** spiritualità **2** eros, concupiscenza, lascivia, libidine, lussuria, impudicizia, voluttà, carnalità **CONTR.** castità, morigeratezza, pudicizia, purezza, temperanza □ freddezza, frigidità.

sensualménte avv. eroticamente, lascivamente, libidinosamente, lussuriosamente, voluttuosamente **CONTR.** castamente, morigeratamente, pudicamente.

sentènza s. f. **1** decisione, verdetto, giudizio, giudicato, lodo, declaratoria, ordinanza, decreto **2** (*raro, lett.*) avviso, parere, opinione **3** massima, detto, motto, adagio, aforisma, apoftegma, assioma, principio, verità **FRAS.** *sputare sentenze*, dare giudizi inutili, sentenziare presuntuosamente.

sentenziàre v. tr. e intr. **1** emettere la sentenza, giudicare, proclamare **2** giudicare con sussiego, sputar sentenze.

sentenzióso agg. **1** ricco di sentenze, concettoso, compendioso, conciso, sintetico, aforistico **CONTR.** prolisso **2** pedante, dogmatico, saccente, sofistico **CONTR.** facilone, sbrigativo, frivolo, fatuo, vacuo.

sentièro s. m. **1** viottolo, stradicciola, scorciatoia, calle (*poet.*), mulattiera, pista, cavedagna **2** (*fig.*) via, strada **FRAS.** *essere sul sentiero di guerra* (*fig., scherz.*), dare inizio ad una controversia; avere intenzioni bellicose.

sentimentàle agg. e s. m. e f. passionale, affettuoso, appassionato, tenero, patetico, romantico, delicato, gentile □ affettato, languido, svenevole, sdolcinato, lezioso, smanceroso, smorfioso **CONTR.** sensuale □ rude, duro, ruvido, grossolano, rozzo, violento, arido, cinico.

sentimentalìsmo s. m. sentimentalità, sentimento, romanticismo □ romanticheria, smanceria, sdolcinatura, pateticità **CONTR.** sensualità □ rudezza, ruvidezza, rozzezza, durezza, severità, realismo, aridità, cinismo.

sentimentalità s. f. sentimentalismo.

sentiménto s. m. **1** (*di sé, della famiglia, ecc.*) coscienza, consapevolezza, percezione, sensazione, sensibilità, senso, idea **2** (*di gioia, di pietà, ecc.*) affetto, passione, emozione, impulso □ delicatezza, finezza, gentilezza, raffinatezza, squisitezza, tenerezza **CONTR.** freddezza, distacco, disinteresse, indifferenza, insensibilità, noncuranza **3** (*spec. al pl.*) (*con esprimere, manifestare, ecc.*) pensiero, opinione, parere, concetto, convincimento, convinzione **4** (*al sing.*) (*ass.*) sfera affettiva, sfera emozionale **CONTR.** ragione.

sentinèlla s. f. guardia, guardiano, vedetta, scolta (*lett.*), segnalatore, vigile, piantone □ palo (*gerg.*).

sentìre A v. tr. **1** (*di odore, di cibo, ecc.*) avvertire, percepire □ assaggiare, gustare, toccare **2** (*di suono*) ascoltare, udire **3** (*di medico, di consulente, ecc.*) consultare, interpellare, chiedere consiglio **4** (*di notizia*) apprendere, venire a sapere, imparare **5** (*di dolore, di gioia, ecc.*) provare, risentire, patire, soffrire **6** (*di arrivo, di assenza, ecc.*) avvertire, accorgersi, aver coscienza, aver sentore, presentire **7** (*di poesia, di musica, ecc.*) capire, comprendere, intendere, conoscere, saper gustare **B** v. intr. sapere, avere odore, aver sapore **C sentirsi** v. rifl. **1** (*bene, male, ecc.*) stare **2** (*offeso, in debito, ecc.*) conoscersi, riconoscersi, sapersi **3** (*di partire, di lottare, ecc.*) avere la forza, avere il coraggio, essere in grado, essere disposto **D** in funzione di s. m. solo sing. (*lett.*) sentimento, sensibilità.

sentìto part. pass. di **sentire**; anche agg. **1** (*di rumore, di persona, ecc.*) ascoltato, udito, avvertito **2** (*di dolore, di gioia, ecc.*) provato, patito, sofferto **3** (*di notizia*) appreso, imparato **4** (*di simpatia, di cordoglio, ecc.*) vivo, sincero, cordiale, caldo, intenso, profondo **CONTR.** freddo, distaccato, superficiale **FRAS.** *per sentito dire*, per conoscenza indiretta.

sènza prep. **1** privo di, privato di, spoglio di, sfornito di, sprovvisto di **CONTR.** fornito di, provvisto di, con **2** escludendo, in assenza di, senza contare **CONTR.** incluso, includendo, comprendendo **FRAS.** *senza dubbio*, certamente □ *senza tregua*, incessantemente □ *senza indugio*, subito □ *non senza*, con; dopo □ *senza fili* (*elettr.*), per radioonde.

senzatétto s. m. e f. inv.; anche agg. baraccato.

separàbile agg. divisibile, scindibile, componibile **CONTR.** indivisibile, inseparabile, inscindibile (*raro*).

separàre A v. tr. **1** disgiungere, disunire, dividere, dissociare, allontanare, scostare, staccare, distaccare, smembrare, scindere (*lett.*), sconnettere, spartire, fendere, spaccare, strappare, svellere □ appartare, isolare, segregare **CONTR.** unire, riunire, congiungere, ricongiungere, legare, collegare, attaccare, fondere, stringere, unificare, raggruppare, avvicinare, accostare **2** (*di bene, di giusto, ecc.*) distinguere, tenere distinto, differenziare, sceverare (*lett.*) **CONTR.** accomunare, confondere, equiparare, associare **B separarsi** v. rifl. e rifl. rec. dividersi, staccarsi, distaccarsi, allontanarsi, scompagnarsi □ appartarsi, isolarsi, segregarsi **CONTR.** unirsi, riunirsi, congiungersi, ricongiungersi, collegarsi, unificarsi, avvicinarsi, accostarsi.

separataménte avv. disgiuntamente, disunitamente, sparsamente, partitamente (*lett.*), a parte, da solo, uno per volta, pochi per volta, alla spicciolata **CONTR.** insieme, congiuntamente, unitamente, inseparabilmente, indissolubilmente.

separatismo s. m. (*polit.*) autonomismo □ scissionismo **CONTR.** unionismo.

separatista s. m. e f.; anche agg. autonomista □ scissionista, secessionista **CONTR.** unionista.

separatistico agg. separatista □ scissionista **CONTR.** unionista.

separàto part. pass. di **separare**; anche agg. **1** disgiunto, disunito, diviso, allontanato, scostato, staccato, distaccato, sconnesso, spartito **CONTR.** unito, riunito, congiunto, ricongiunto, legato, collegato, attaccato, fuso, stretto, unificato, raggruppato, avvicinato, accostato **2** distinto, disgiunto, differenziato **CONTR.** unito, associato **3** (*di persona*) diviso, divorziato **CONTR.** unito, sposato.

separatóre s. m.; anche agg. (f. *-trice*) divisore **CONTR.** collegatore (*raro*).

separazióne s. f. **1** disgiungimento, disunione, divisione, dissociazione, allontanamento, distaccamento, distacco, scissione, spartizione, smembramento, sdoppiamento, scompagnamento □ analisi, dialisi □ (*fis.*) fissione **CONTR.** unione, riunione, congiungimento, ricongiungimento, ricongiunzione, legame, fusione, unificazione, raggruppamento, accostamento, riaccostamento, avvicinamento **2** distinzione, differenziazione **CONTR.** unione, associazione **3** (*di coniugi*) divisione, divorzio **CONTR.** unione, matrimonio.

séparé /*fr.* sepa're/ [vc. fr., part. pass. di *séparer* 'separare'] s. m. inv. (*di pubblico locale*) salottino.

sepolcràle agg. **1** tombale, cimiteriale **2** (*fig.*) triste, mesto, cupo, funereo, lugubre, pauroso, desolato □ (*di silenzio*) assoluto **CONTR.** allegro, gaio, lieto, ridente **3** (*fig.*) (*di voce*) cavernoso, cupo, basso, profondo **CONTR.** alto, chiaro, argentino, squillante.

sepólcro s. m. monumento funebre, sarcofago, tomba, tumulo, arca, avello (*lett.*), urna, cenotafio, mausoleo **FRAS.** *sepolcro imbiancato* (*fig.*), ipocrita.

sepólto part. pass. di **seppellire**; anche agg. **1** seppellito, interrato, inumato, sotterrato, tumulato **CONTR.** disseppellito, dissepolto, dissotterrato, esumato, riesumato, tratto alla luce **2** (*fig.*) (*nei libri, nel sonno, ecc.*) immerso, sprofondato, sommerso **3** (*fig.*) (*di manoscritto, di segreto, ecc.*) occultato, nascosto, celato, coperto, dimenticato, obliato (*lett.*) **CONTR.** alla portata di tutti, visibile.

sepoltùra s. f. **1** seppellimento, sotterramento, interramento, inumazione, tumulazione □ cerimonia funebre, funerale, esequie **CONTR.** disseppellimento, dissotterramento, esumazione **2** (*est.*) sepolcro, tomba, fossa, tumulo.

seppellìre A v. tr. **1** deporre nella tomba, inumare, interrare, sotterrare, tumulare, infossare **CONTR.** disseppellire, dissotterrare, esumare, riesumare, trarre alla luce **2** (*di tesoro, di refurtiva, ecc.*) nascondere, celare (*lett.*), occultare, ricoprire, sotterrare □ travolgere **CONTR.** trovare, rinvenire, mostrare, riportare alla luce **3** (*fig.*) (*di passato, di torti, ecc.*) dimenticare, non parlare più, obliare (*lett.*) **CONTR.** ricordare, rammentare **B seppellirsi** v. intr. pron. (*fig.*) rinchiudersi, appartarsi, rintanarsi, immergersi, sprofondarsi **CONTR.** uscire.

seppellìto part. pass. di **seppellire**; anche agg. **1** deposto nella tomba, sepolto, interrato, inumato, sotterrato, tumulato **CONTR.** disseppellito, dissepolto, dissotterrato, esumato, riesumato, tratto alla luce **2** (*di tesoro, di refurtiva, ecc.*) nascosto, celato, sotterrato **CONTR.** trovato, rinvenuto **3** (*fig.*) (*di persona*) rinchiuso, rintanato, appartato □ immerso, sprofondato **CONTR.** uscito.

séppia agg.; anche s. m. (*di colore*) grigio-bruno, grigio nero.

sèpsi s. f. (*med.*) infezione, suppurazione, corruzione, decomposizione, putrefazione **CONTR.** asepsi, antisepsi.

sequèla s. f. serie, sequenza, seguito, successione, catena, concatenazione, fila, filza, sfilza.

sequènza s. f. **1** sequela, seguito, serie, successione, catena, concatenazione, fila, filza, sfilza **2** (*cine.*) serie di inquadrature **3** (*in giochi di carte*) scala **4** (*elab.*) frame (*ingl.*).

sequestràbile agg. (*dir.*) confiscabile, pignorabile **CONTR.** insequestrabile.

sequestrabilità s. f. (*dir.*) pignorabilità **CONTR.** insequestrabilità.

sequestràre v. tr. **1** (*dir.*) porre sotto sequestro □ incamerare, espropriare, pignorare, avocare, confiscare, requisire, intercettare, incettare **CONTR.** spegnare, spignorare □ rendere, restituire, ridare **2** (*di persona*) catturare, rapire, segregare, isolare, bloccare **CONTR.** liberare, riscattare.

sequestràto part. pass. di **sequestrare**; anche agg. **1** (*dir.*) sottoposto a sequestro □ espropriato, pignorato, confiscato, requisito, intercettato **CONTR.** spegnato, spignorato □ reso, restituito, ridato **2** (*di persona*) catturato, rapito, segregato, isolato, bloccato **CONTR.** liberato, riscattato.

sequestratóre s. m. (f. *-trice*) catturatore, rapitore □ (*est.*) bandito **CONTR.** liberatore.

sequèstro s. m. **1** (*dir.*) confisca, esproprio, incameramento, pignoramento, avocazione, requisizione, intercettazione, incetta **CONTR.** spignoramento □ restituzione, resa, riconsegna **2** (*di persona*) cattura, rapimento, segregazione, isolamento **CONTR.** liberazione, riscatto.

sequòia s. f. (*bot.*) wellingtonia.

séra s. f. (*est.*) tramonto, crepuscolo, vespro (*poet.*), vespero (*poet.*) □ serata □ pomeriggio **CONTR.** mattino, mattina, alba, aurora **FRAS.** *abito da sera*, abito da società □ *dalla mattina* *alla sera*, tutto il giorno.

seràfico agg. **1** angelico, celestiale **CONTR.** demoniaco, diabolico, satanico **2** (*fig., fam.*) pacifico, placido, tranquillo, sereno, impassibile, imperturbabile □ estatico **CONTR.** agitato, eccitato, inquieto, irrequieto, smanioso, turbato, nervoso.

seràle agg. vespertino, serotino (*lett.*) □ pomeridiano **CONTR.** mattutino.

seràta s. f. **1** sera **CONTR.** mattina **2** festa serale, ricevimento serale, veglia □ spettacolo serale, recita, beneficiata (*raro*).

serbàre A v. tr. mettere da parte, risparmiare □ conservare, custodire, mantenere, riporre, riserbare, riservare, immagazzinare, salvare **CONTR.** dare, donare, distribuire, offrire, regalare, consumare, adoperare, usare, dissipare, sperperare **B serbarsi** v. rifl. conservarsi, mantenersi, restare, rimanere.

serbàto part. pass. di **serbare**; anche agg. risparmiato □ conservato, custodito, mantenuto, riposto, riserbato, riservato **CONTR.** dato, donato, regalato, distribuito, offerto, consumato, adoperato, usato, dissipato, sperperato.

serbatóio s. m. **1** recipiente, cisterna, caldaia, conserva, vasca, piscina **2** (*fig.*) riserva.

serenaménte avv. **1** tranquillamente, lietamente, pacatamente, placidamente, quietamente **CONTR.** nervosamente, inquietamente, ansiosamente, affannosamente, angosciosamente **2** (*fig.*) imparzialmente, spassionatamente, disinteressatamente, equamente **CONTR.** parzialmente, interessatamente.

serenità s. f. **1** (*di cielo*) chiarezza, limpidezza, nitidezza, purezza, trasparenza **CONTR.** nuvolosità, nebbia, foschia, caligine, oscurità **2** (*fig.*) (*di persona, di discorso, ecc.*) pacatezza, placidità, tranquillità, letizia **CONTR.** agitazione, inquietudine, irrequietudine, ansia, ansietà, affanno, angoscia, trepidazione, turbamento **3** (*fig.*) (*di giudizio*) imparzialità, spassionatezza, disinteresse, equità **CONTR.** parzialità, partigianeria, interesse, pregiudizio, preconcetto.

seréno A agg. **1** (*di cielo*) chiaro, limpido, nitido, puro, diafano, terso, trasparente, senza nubi **CONTR.** annuvolato, rannuvolato, coperto, fosco, nebbioso, caliginoso, minaccioso, scuro, tenebroso **2** (*fig.*) (*di persona, di discorso, ecc.*) calmo, pacato, placido, quieto, tranquillo, lieto, sorridente **CONTR.** nervoso, agitato, inquieto, irrequieto, ansioso, angosciato, affannato, turbato, cupo, imbronciato **3** (*fig.*) (*di giudizio*) imparziale, spassionato, disinteressato, equo, equilibrato **CONTR.** parziale, partigiano, interessato, iniquo, preconcetto **B** s. m. bel tempo, serenità **CONTR.** nuvolo (*region.*), nuvoloso, tempo coperto.

seriaménte avv. **1** giudiziosamente, assennatamente, ponderatamente, saggiamente, sensatamente **CONTR.** dissennatamente, insensatamente, scioccamente, stoltamente, stupidamente **2** molto, assai, gravemente, pericolosamente **CONTR.** poco, lievemente, leggermente, appena.

sèrie s. f. **1** sequela, sequenza, successione, seguito, schiera, insieme, catena, concatenazione, ordine, progressione, fila, filza, sfilza □ batteria **2** (*sport*) gruppo, raggruppamento, categoria, divisione **FRAS.** *di serie B* (*fig.*), meno importante, di scarto.

serietà s. f. **1** coscienziosità, onestà, probità, scrupolosità **CONTR.** incoscienza, disonestà **2** austerità, sostenutezza, posatezza, compostezza, riservatezza, severità, cipiglio **CONTR.** frivolezza, fatuità, spensieratezza, superficialità, sventatezza **3** (*di situazione, di danno, ecc.*) gravità, importanza, pericolosità **CONTR.** leggerezza, tenuità.

sèrio agg. **1** coscienzioso, onesto, probo, retto, scrupoloso **CONTR.** disonesto, infido, sleale **2** composto, posato, riservato, giudizioso, riflessivo, sensato, saggio, assennato □ austero, contegnoso, accigliato, cupo, burbero, sostenuto, sussiegoso, rigido, severo, serioso, duro, scostante **CONTR.** amabile, ameno, faceto, frivolo, gaio, leggero, lieto, scherzoso, spensierato **3** (*di situazione, di danno, ecc.*) grave, importante, pericoloso, preoccupante **CONTR.** superficiale, innocuo, sicuro, rassicurante.

sermóne s. m. **1** (*lett.*) lingua, idioma, linguaggio **2** discorso, conversazione **3** predica, omelia **4** predicozzo, ramanzina, paternale, rimprovero, riprensione (*lett.*) **CONTR.** elogio, encomio, lode, approvazione **5** (*est.*) satira **6** poesiola natalizia.

serpeggiànte part. pres. di **serpeggiare**; anche agg. tortuoso, sinuoso, a zigzag, con molte curve, tortile (*lett.*) **CONTR.** diritto, rettilineo, in linea retta.

serpeggiàre v. intr. **1** procedere tortuosamente, andare a zigzag, zigzagare, strisciare **CONTR.** andare diritto **2** (*fig.*) (*di malcontento, di dicerie, ecc.*) circolare, insinuarsi, diffondersi **CONTR.** manifestarsi, esplodere, scoppiare, prorompere, divampare.

serpènte s. m. **1** ofide (*est.*), serpe, aspide, biscia, biscione **2** (*fig.*) (*di persona*) subdolo, maligno, ipocrita **CONTR.** persona fidata, persona leale, galantuomo **FRAS.** *serpente dagli occhiali*, cobra □ *serpente a sonagli*, crotalo □ *serpente d'acqua*, natrice.

serpentìna s. f. nella loc. *a serpentina*, serpeggiante, a zigzag, a spirale **CONTR.** rettilineo, rettifilo.

serpentìno agg. (*fig.*) infido, ipocrita, maledico (*lett.*), velenoso, malizioso, maligno **CONTR.** innocuo, benigno, benevolo, bonario, indulgente, mite.

serrànda s. f. **1** saracinesca □ avvolgibile, chiudenda, caterrata **2** cancellata.

serràre A v. tr. **1** chiudere, rinchiudere, rinserrare, sbarrare, sigillare, bloccare CONTR. aprire, schiudere, dischiudere, disserrare, spalancare **2** (*di pugni, di denti, di vite, ecc.*) stringere, comprimere CONTR. aprire, allargare, allentare **3** (*di tempo, di ritmo, ecc.*) intensificare, accelerare CONTR. diminuire, rallentare **4** (*di nemico, di ladro, ecc.*) premere, incalzare, inseguire, stare alle calcagna **B** v. intr. (*tosc.*) combaciare, commettere, aderire, coincidere, chiudere **C serrarsi** v. rifl. chiudersi, rinchiudersi, rinserrarsi, sbarrarsi, bloccarsi, stringersi CONTR. aprirsi.

serràta s. f. (*di datore di lavoro*) chiusura, blocco CONTR. sciopero.

serràto part. pass. di **serrare**; anche agg. **1** chiuso, rinchiuso, rinserrato, sbarrato, sigillato, bloccato CONTR. aperto, disserrato, schiuso, dischiuso, spalancato **2** (*di file, di tessuto, ecc.*) compatto, fitto, denso, stretto □ folto CONTR. lento, rado, allentato, allargato **3** (*di discorso, di ragionamento, ecc.*) conciso, breve, essenziale, condensato, stringato, succinto, compendioso □ veloce, rapido, incalzante CONTR. diffuso, prolisso, lento, verboso, profuso, ridondante.

serratùra s. f. serrame, serramento, chiusura □ lucchetto, nottola, nottolino, saliscendi, catenaccio, chiavistello, paletto.

servìbile agg. adoperabile, utilizzabile CONTR. inservibile, inutilizzabile.

servìgio s. m. servizio, cortesia, favore, piacere, beneficio □ incarico, mansione.

servìle agg. **1** di servo, da servo CONTR. padronale **2** (*spreg.*) basso, vile, indegno, abietto, spregevole, umile, meschino CONTR. nobile, degno, alto, elevato □ altero, altezzoso, orgoglioso, arrogante, prepotente, superbo.

servilìsmo s. m. servilità, adulazione, cortigianeria, incensamento, piaggeria CONTR. autonomia □ nobiltà, elevatezza □ alterigia, orgoglio, superbia.

servìre A v. tr. e intr. **1** (*di schiavo, di oppresso, ecc.*) essere schiavo, essere soggetto, soggiacere, sottostare CONTR. comandare, dominare, predominare, signoreggiare, dettar legge **2** (*di lavoratore*) dipendere, lavorare, prestare la propria opera **3** (*di bottegaio, di commerciante, ecc.*) fornire di merce, provvedere, rifornire, vendere □ avere come cliente, accontentare CONTR. rifornirsi, comprare **4** (*di cameriere*) portare in tavola, mettere in tavola, preparare la tavola **B** v. tr. **1** (*di patria, di società, ecc.*) prodigarsi, adoperarsi, essere utile, obbedire, rispondere, aiutare CONTR. disinteressarsi, infischiarsi **2** (*nel calcio*) passare il pallone **C** v. intr. **1** (*ad uno scopo, alla salute, ecc.*) giovare, essere utile, aiutare, coadiuvare, collaborare CONTR. contrastare, danneggiare, nuocere, ostacolare **2** (*fam.*) (*di aiuto, di consiglio, ecc.*) bisognare, occorrere, volerci, essere necessario **D servirsi** v. intr. pron. **1** usare, adoperare, fare uso, impiegare, utilizzare **2** (*di cosa offerta*) prendere, accettare CONTR. respingere, rifiutare **3** essere cliente, fornirsi, rifornirsi, comprare CONTR. rifornire, vendere.

servìto part. pass. di **servire**; anche agg. **1** (*di merce*) fornito, dato, venduto, presentato CONTR. acquistato, preso **2** (*di vivanda*) messo in tavola, portato, preparato, pronto **3** (*sport*) (*di pallone*) passato.

servitóre s. m. (f. *-tora*) **1** servo, domestico, cameriere, dipendente □ lacchè, valletto CONTR. padrone, signore **2** (*est.*) (*della patria, dello Stato, ecc.*) fedele, osservante, legalitario, devoto CONTR. nemico, ribelle.

servitù s. f. **1** schiavitù, soggezione, servaggio (*lett.*), dipendenza, giogo, sottomissione, subordinazione, sudditanza, vassallaggio □ prigionia, cattività (*lett.*) CONTR. libertà, liberazione, affrancamento, emancipazione **2** (*fig.*) (*del lavoro, della famiglia, ecc.*) legame, obbligo, obbligazione, onere, vincolo, impegno CONTR. disinteresse, indifferenza, noncuranza **3** servi, servidorame, servitorame, personale di servizio CONTR. padrone, signore **4** (*dir.*) limitazione, vincolo.

serviziévole agg. compiacente, cortese, gentile, officioso, premuroso, sollecito CONTR. scompiacente, scortese, sgarbato, indifferente, noncurante □ arrogante, prepotente.

servìzio s. m. **1** (*raro*) servitù **2** (*di persona*) disposizione **3** attività, lavoro, opera, prestazione **4** (*giorn.*) articolo, corrispondenza, scritto, intervista **5** (*fig.*) favore, cortesia, finezza, gentilezza, servigio, beneficio, piacere CONTR. dispetto, sgarbo, scortesia, villania **6** (*pop.*) faccenda, affare **7** (*dello Stato, di enti*) prestazioni, organizzazione, uffici, ripartizione, reparto, personale **8** (*da tè, da cucina, ecc.*) completo, batteria, attrezzatura, set (*ingl.*) **9** (*spec. al pl.*) (*di appartamento*) bagno.

sèrvo A agg. (*lett.*) schiavo, oppresso, prigioniero, soggetto CONTR. affrancato, emancipato, liberato **B** s. m. servitore, domestico, famiglio (*lett.*), cameriere, garzone, fattorino, inserviente, valletto CONTR. padrone, signore.

sessantènne agg.; anche s. m. e f. (*di persona*) sessagenario (*lett.*).

sessantottìno [da *sessantotto*, anno in cui scoppiò la contestazione giovanile] s. m. (*est.*) contestatore.

sessióne s. f. seduta, commissione, adunanza, assemblea, consiglio, collegio.

sèsso s. m. **1** organi genitali **2** (*est.*) pene, cazzo (*volg.*) □ vulva, fica (*volg.*) FRAS. *sesso forte*, uomini □ *sesso debole* o *gentil sesso*, donne □ *il sesso degli angeli*, problema irresolubile.

sessuàle agg. del sesso □ (*est.*) erotico.

sessualità s. f. (*est.*) erotismo.

sessuàto agg. CONTR. asessuato.

sestìna s. f. **1** (*di poesia*) sesta rima **2** (*alla *roulette*) trasversale semplice.

sèsto (1) agg. num. ord. e s. m. **FRAS.** *ora sesta*, mezzogiorno □ *sesta rima*, sestina □ *sesto continente*, mondo subacqueo; antartide □ *sesto senso*, capacità intuitiva.

sèsto (2) s. m. (*arch.*) (*di arco*) curvatura **FRAS.** *a tutto sesto*, semicircolare □ *a sesto acuto*, ogivale, gotico.

sèsto (3) s. m. disposizione, posizione, ordine, assetto, sistemazione, giusta misura □ formato **FRAS.** *mettere in sesto*, sistemare □ *essere fuori sesto* (*fig.*), non essere in forma.

set /*ingl.* set/ [vc. ingl., propriamente 'partita'] s. m. inv. **1** (*sport*) (*di tennis*) partita **2** (*est.*) (*di film*) ripresa □ teatro di posa **3** (*di oggetti*) completo, serie, insieme, apparecchiatura □ linea.

setacciàre v. tr. **1** stacciare, vagliare, abburattare **2** (*fig.*) esaminare, osservare, vagliare, studiare.

setàccio s. m. staccio, vaglio, buratto, crivello, tramoggia.

séte s. f. **1** desiderio di bere, arsione (*lett.*), arsura, gola secca **2** (*est.*) aridità, secchezza, asciuttezza, siccità **CONTR.** umidità, acquosità **3** (*fig.*) (*di potere, di denaro, ecc.*) desiderio, brama, bramosia (*lett.*), avidità, voglia **CONTR.** sazietà, pienezza, appagamento, soddisfacimento.

sétola s. f. pelo, tricoma.

sètta s. f. **1** fazione, partito, parte, associazione, combriccola, camarilla, congrega, conventicola **2** società segreta.

settantènne agg.; anche s. m. e f. di settant'anni, settuagenario (*lett.*).

settantènnio s. m. settant'anni.

settantèsimo agg. num. ord.; anche s. m. settuagesimo (*lett.*).

settàrio agg.; anche s. m. (*fig.*) fazioso, turbolento, fanatico, estremista, favoreggiatore, sedizioso, partigiano, parziale **CONTR.** imparziale, equilibrato □ moderato, pacifico.

settarìsmo s. m. faziosità, partigianeria, parzialità, spirito di parte, fanatismo **CONTR.** imparzialità, moderazione, equilibrio.

settecentésco agg. **1** del diciottesimo secolo, del secolo decimottavo **2** (*est.*) illuministico, illuminista □ (*di stile*) rococò.

settecènto s. m. inv. diciottesimo secolo, secolo decimottavo.

settentrionàle A agg. del nord, nordico, boreale □ rivolto a settentrione, iperboreo (*lett.*) **CONTR.** del sud, meridionale, australe **B** s. m. e f. nordico **CONTR.** meridionale.

settentrióne s. m. **1** nord, mezzanotte **CONTR.** sud, meridione, mezzogiorno **2** tramontana □ regione boreale **CONTR.** sud, meridione, mezzogiorno, austro (*lett.*).

setticemìa s. f. (*med.*) sepsi, piemia.

sèttico agg. (*med.*) infettivo, virulento **CONTR.** antisettico, asettico.

settimàna s. f. **1** ebdomada (*lett.*) **2** paga settimanale **3** (*di gioco*) campana.

settimanàle agg.; anche s. m. ebdomadario (*lett.*).

sèttimo agg. num. ord. e s. m. **FRAS.** *essere al settimo cielo* (*fig.*), essere al colmo della gioia.

sètto s. m. (*anat.*) parete, membrana divisoria, sepimento.

settóre s. m. **1** sezione, parte, porzione, divisione □ spazio, zona **2** (*fig.*) (*di ricerca, di attività, ecc.*) ramo, campo, branca, ripartizione.

settoriàle agg. (*fig.*) particolare, circoscritto, limitato, ristretto **CONTR.** comune, complessivo, generale, universale.

severaménte avv. **1** rigidamente, rigorosamente, aspramente, duramente, fermamente, inesorabilmente, inflessibilmente **CONTR.** indulgentemente, benignamente, benevolmente, bonariamente, mitemente, pazientemente **2** (*est.*) austeramente, seriamente, sostenutamente, solennemente **CONTR.** amenamente, allegramente, gaiamente, giocondamente, lietamente.

severità s. f. **1** intransigenza, rigidezza, rigorosità, asprezza, durezza, fermezza, inesorabilità, inflessibilità, fiscalità **CONTR.** indulgenza, benignità, bonarietà, benevolenza, clemenza, mitezza, pazienza, tolleranza **2** (*est.*) austerità, serietà, solennità, sostenutezza **CONTR.** amenità, allegrezza, allegria, gaiezza, giocondità, letizia **3** (*est.*) importanza, entità, consistenza, rilevanza.

sevèro agg. **1** intransigente, rigido, rigoroso, arcigno, aspro, duro, fermo, fiscale, inesorabile, inflessibile, irremovibile, vessatorio **CONTR.** indulgente, benigno, bonario, benevolo, clemente, mite, tollerante, paziente **2** (*est.*) austero, serio, compassato, contegnoso, solenne, sostenuto **CONTR.** ameno, allegro, gaio, giocondo, lieto, ridente **3** (*est.*) (*di perdita, di controllo, ecc.*) grande, ingente, grave, rilevante □ profondo **CONTR.** leggero, lieve, piccolo □ superficiale **4** (*di stile, di linea, ecc.*) sobrio, semplice, schietto **CONTR.** ricco, carico, barocco, fastoso, vistoso.

sevìzia s. f. spec. al pl. tormento, tortura, percossa, maltrattamento, martirio, supplizio, violenza, crudeltà, ferocia, atrocità, brutalità.

seviziàre v. tr. tormentare, torturare, martirizzare, incrudelire, percuotere, malmenare, maltrattare.

seviziatóre s. m. (f. *-trice*) torturatore, tormentatore, aguzzino.

sex appeal /*ingl.* 'seks ə'pi:l / [vc. ingl., comp. di *sex* 'sesso' e *appeal* 'richiamo', propriamente 'richiamo del sesso'] loc. sost. m. inv. carica erotica, attrattiva, seduzione, fascino, charme (*fr.*).

sexy /*ingl.* 'seksi/ [vc. ingl., agg. da *sex* 'sesso'] agg. inv. erotico, conturbante, provocante, seducente, sensuale, procace (*lett.*).

sezionaménto s. m. sezione, dissezione, taglio, apertura, incisione, spaccatura.

sezionàre v. tr. **1** dividere **2** (*med.*) anatomizzare, dissecare, tagliare, aprire, spaccare **3** (*fig.*) (*di argomento*) analizzare, sviscerare **CONTR.** sfiorare.

sezionàto part. pass. di **sezionare**; anche agg. **1** diviso, tagliato, inciso, aperto □ anatomizzato **2** (*fig.*) (*di argomento*) analizzato, sviscerato **CONTR.** sfiorato.

seziόne s. f. **1** (*med.*) apertura, taglio, incisione, spaccatura □ autopsia, dissezione **2** (*di disegno*) spaccato **3** (*fig.*) (*di partito, di ospedale, ecc.*) ripartizione, suddivisione, reparto, settore □ succursale **4** (*di libro e sim.*) parte, partizione.

sfaccendàre v. intr. lavorare, affaccendarsi, faticare, sfacchinare, affannarsi, darsi d'attorno **CONTR.** oziare, poltrire, riposare, stare con le mani in mano, stare in panciolle, bighellonare, girovagare, vagabondare.

sfaccendàto agg.; anche s. m. fannullone, scioperato, ozioso, pigro, poltrone, scansafatiche, bighellone, perdigiorno, vagabondo **CONTR.** affaccendato, alacre, attivo, laborioso, lavoratore, operoso, solerte, dinamico.

sfaccettàto agg. (*fig.*) (*di argomento*) molteplice, vario.

sfacchinàre v. intr. lavorare, sgobbare, faticare, affaticarsi, affaccendarsi **CONTR.** oziare, poltrire, riposarsi, stare con le mani in mano, stare in panciolle, bighellonare, girovagare, vagabondare.

sfacchinàta s. f. lavoro gravoso, lavoro pesante, facchinata, sforzo, corvé **CONTR.** riposo, sinecura.

sfacciatàggine s. f. impertinenza, impudenza, sfrontatezza, spudoratezza, insolenza, improntitudine, irriverenza, indiscrezione, sconvenienza, scortesia, villania, petulanza, protervia, cinismo, faccia tosta, faccia di bronzo □ immodestia, inverecondia, procacità (*lett.*) **CONTR.** modestia, pudore, riguardo, riserbo, ritrosia, ritegno, rispetto, discrezione, pudicizia, verecondia.

sfacciataménte avv. sfrontatamente, spudoratamente, impudentemente, insolentemente, irriverentemente, indiscretamente, sconvenientemente, scortesemente, villanamente, petulantemente, protervamente (*raro*), cinicamente **CONTR.** modestamente, discretamente, riguardosamente, rispettosamente, ritrosamente, pudicamente, verecondamente.

sfacciàto agg.; anche s. m. **1** impertinente, impudente, sfrontato, spudorato, svergognato, insolente, indiscreto, irriguardoso, petulante, protervo, scortese, villano, cinico □ immodesto, inverecondo, procace (*lett.*) **CONTR.** modesto, pudico, riguardoso, riservato, rispettoso, discreto, ritroso, verecondo **2** (*di abbigliamento, di colore, ecc.*) chiassoso, vistoso, sgargiante, appariscente, abbagliante **CONTR.** incolore, scialbo, smorto, insignificante.

sfacèlo s. m. **1** (*di organo*) dissoluzione, cancrena **2** (*fig.*) disfacimento, rovina, crollo, tracollo, disorganizzazione.

sfaldaménto s. m. sfaldatura, trinciamento.

sfaldàre A v. tr. sfogliare, squamare, trinciare, disgregare, scomporre, sfasciare **B sfaldarsi** v. intr. pron. dividersi, disgregarsi, scomporsi, sfasciarsi.

sfalsàto agg. non allineato **CONTR.** allineato.

sfamàre A v. tr. levare la fame, dar da mangiare, nutrire, alimentare, cibare, pascere, rifocillare, ristorare, saziare, satollare, riempire, rimpinzare, appagare **CONTR.** affamare **B sfamarsi** v. rifl. levarsi la fame, mangiare, alimentarsi, cibarsi, nutrirsi, pascersi, rifocillarsi, ristorarsi, saziarsi, satollarsi, riempirsi, rimpinzarsi **CONTR.** morire di fame, digiunare, non toccar cibo.

sfarfallàre v. intr. **1** volare qua e là, svolazzare **2** (*est., fig.*) essere incostante, essere leggero **3** (*di luce e sim.*) tremolare, ondeggiare.

sfàrzo s. m. lusso, fasto, fastosità, magnificenza, pompa, sfoggio, sontuosità, splendore, gala, ostentazione, mostra, apparato **CONTR.** modestia, miseria, povertà, discrezione, semplicità, umiltà.

sfarzosaménte avv. lussuosamente, fastosamente, dispendiosamente, magnificamente, pomposamente, sontuosamente, splendidamente, ostentatamente **CONTR.** modestamente, miseramente, poveramente, discretamente, semplicemente, umilmente, dimessamente.

sfarzόso agg. fastoso, sontuoso, lussuoso, appariscente, lauto, magnifico, pomposo, splendido, grandioso, ricco, dispendioso, principesco, regale, superbo **CONTR.** meschino, misero, modesto, povero, dimesso, discreto, semplice, umile.

sfasaménto s. m. **1** (*est.*) differenza, dislivello **CONTR.** parità, uguaglianza **2** (*fig., fam.*) disorientamento, confusione.

sfasàto agg. **1** (*elettr.*) fuori fase **2** (*fig., fam.*) disorientato, stordito, confuso **CONTR.** sveglio, attento, vigile.

sfasciàre (1) v. tr. sbendare **CONTR.** fasciare, bendare.

sfasciàre (2) A v. tr. rompere, sconquassare, abbattere, distruggere, rovinare, scompaginare, sconnettere, dissolvere, mandare a catafascio **CONTR.** fare, costruire □ restaurare, riparare, ricostruire, riedificare, rifare, erigere, ricomporre, rimettere in sesto **B sfasciarsi** v. intr. pron. **1** (*di cosa*) rompersi, sconquassarsi, scompaginarsi, sconnettersi, dissolversi, crollare, disfarsi **2** (*fig.*) (*di persona*) perdere la linea, ingrassare **CONTR.** dimagrire, acquistare la linea.

sfasciàto part. pass. di **sfasciare (2)**; anche agg. **1** (*di cosa*) rovinato, sconquassato, crollato, rotto, sfatto, disfatto, distrutto, scompaginato, sconnesso **CONTR.** restaurato, riparato, ricostruito, riedificato, rifatto □ florido, prosperoso **2** (*di persona*) grasso, grosso, adiposo, obeso, panciuto **CONTR.** agile, snello, slanciato, smilzo, sottile.

sfàscio s. m. sfacelo, rovina **CONTR.** floridezza, prosperità.

sfatàre v. tr. (*est.*) smentire, screditare, demolire, esautorare **CONTR.** accreditare, confermare.

sfaticàto agg.; anche s. m. fannullone, scioperato, ozioso, poltrone, scansafatiche, bighellone, perdigiorno, vagabondo **CONTR.** affaccendato, alacre, attivo, laborioso, lavoratore, operoso, solerte, dinamico.

sfàtto agg. **1** (*di vivanda*) stracotto **CONTR.** crudo □ al dente **2** (*di frutto*) troppo maturo **CONTR.** acerbo **3** (*di persona*) disfatto, appesantito, flaccido, floscio, avvizzito, vizzo, cadente, cascante, molle, moscio **CONTR.** duro, sodo, fiorente, florido, fresco, gagliardo, rigoglioso, vigoroso.

sfavillànte part. pres. di **sfavillare**; anche agg. scintillante, lampeggiante, luccicante, lucente, rilucente, raggiante, brillante, splendente, sfolgorante, corrusco (*lett.*) **CONTR.** opaco, offuscato, fosco, appannato, buio.

sfavillàre v. intr. mandare faville □ balenare, luccicare, splendere, risplendere, brillare, rifulgere, fulgere (*poet.*), raggiare, sfolgorare **CONTR.** essere opaco, essere offuscato, essere appannato.

sfavillìo s. m. sfavillamento (*raro*), scintillamento (*raro*), scintillio, luccichio, luce, splendore, sfolgoramento (*raro*), sfolgorio **CONTR.** opacità, offuscamento, oscurità.

sfavorévole agg. contrario, avverso, contrastante, maldisposto, nemico, ostile, opposto, negativo, alieno □ dannoso, svantaggioso □ negativo **CONTR.** favorevole, amico, propizio, bendisposto, propenso □ utile, vantaggioso □ positivo.

sfebbraménto s. m. defervescenza.

sfebbràto agg. senza febbre, apiretico **CONTR.** febbricitante, piretico.

sfegatàto agg. e s. m. appassionato, sviscerato, fanatico, entusiasta **CONTR.** freddo, indifferente, tiepido, disinteressato, distaccato.

sfèra s. f. **1** (*est.*) globo, palla, boccia □ gomitolo, disco, pomo **2** (*di orologio*) lancetta, freccia **3** (*fig.*) condizione, grado, ambiente **4** (*fig.*) (*di attività, di ricerche, ecc.*) ambito, campo, settore, ramo, branca **FRAS.** *a sfera*, sferico □ *penna a sfera*, biro.

sfericità s. f. rotondità.

sfèrico agg. a sfera, tondo, rotondo □ (*est.*) tondeggiante.

sferoidàle agg. (*est.*) tondeggiante.

sferzànte part. pres. di **sferzare**; anche agg. pungente, acre, aspro, mordace, amaro, caustico, tagliente, velenoso, maligno **CONTR.** innocuo, benevolo, benigno, bonario, blando, carezzevole, delicato.

sferzàre v. tr. **1** frustare, scudisciare, staffilare, flagellare, battere **2** (*fig.*) (*di persona, di costumi, ecc.*) riprendere, biasimare, censurare, criticare, rimproverare, sgridare **CONTR.** adulare, elogiare, encomiare, esaltare, incensare, lodare, complimentare **3** (*fig.*) incitare, spingere, pungolare, sollecitare, stimolare.

sferzàta s. f. **1** frustata, scudisciata, staffilata **2** (*fig.*) frecciata, punzecchiatura, critica, rimprovero, sgridata **CONTR.** adulazione, elogio, encomio, esaltazione, incensamento, lode, complimento **3** (*fig.*) incitamento, sprone, pungolo □ spinta, impulso.

sfiammàre A v. tr. (*est.*) attenuare, mitigare, lenire **B** v. intr. pron. attenuarsi, mitigarsi.

sfiancàre A v. tr. **1** (*di argine, di riparo, ecc.*) rompere, sconquassare, sfondare **2** (*fig.*) (*di persona*) fiaccare, logorare, spossare, stremare, sfibrare, snervare, svigorire, estenuare, indebolire **CONTR.** rafforzare, rinforzare, invigorire, rinvigorire, irrobustire **3** (*di abito*) sciancrare, avvitare, attillare **CONTR.** allargare **B sfiancarsi** v. intr. pron. **1** rompersi, sconquassarsi **2** (*fig.*) perdere forza, indebolirsi, fiaccarsi, logorarsi, sfibrarsi, spossarsi **CONTR.** riposarsi, riprendere forza, rafforzarsi, rinforzarsi, rinvigorirsi, irrobustirsi.

sfiancàto part. pass. di **sfiancare**; anche agg. **1** (*di cosa*) rotto, sconquassato, sfondato **2** (*fig.*) (*di persona*) indebolito, spossato, sfibrato, stremato, sfinito **CONTR.** riposato, ristorato □ forte, energico, gagliardo, robusto **3** (*di abito*) sciancrato, avvitato, attillato, aderente, stretto **CONTR.** largo, abbondante.

sfiatàre A v. intr. (*di gas, di vapore, ecc.*) uscire **B sfiatarsi** v. intr. pron. **1** (*di strumenti a fiato*) perdere il timbro **2** (*fig.*) (*di persona*) sgolarsi, spolmonarsi, gridare a squarciagola **CONTR.** tacere, far silenzio, ammutolire, azzittirsi.

sfiatatóio s. m. apertura, sfogo, sfogatoio, sfiato, buco, fessura, spiraglio.

sfibràre v. tr. (*fig.*) indebolire, svigorire, estenuare, fiaccare, spossare, stremare, snervare, sfiancare **CONTR.** rafforzare, rinforzare, invigorire, rinvigorire, irrobustire.

sfibràto part. pass. di **sfibrare**; anche agg. (*fig.*) spossato, indebolito, estenuato, fiaccato, snervato, sfiancato, stremato, svigorito **CONTR.** energico, forte, gagliardo, robusto, rafforzato, rinforzato, irrobustito, rinvigorito.

sfìda s. f. invito a battersi, provocazione, disfida (*lett.*), intimazione □ duello, gara, tenzone (*lett.*), certame (*lett.*) □ competizione, ribellione.

sfidànte part. pres. di **sfidare**; anche agg. e s. m. e f. provocatore **CONTR.** sfidato.

sfidàre A v. tr. **1** invitare a battersi, provocare **2** (*est.*) (*a dire, a fare, ecc.*) incitare, esortare, indurre, spingere, spronare, stimolare **CONTR.** frenare, trattenere, dissuadere, distogliere **3** (*fig.*) (*di morte, di pericolo, ecc.*) affrontare, fronteggiare, andare incontro **CONTR.** evitare, fuggire, sfuggire, scansare, schivare **B sfidarsi** v. rifl. rec. mandarsi la sfida, provocarsi, misurarsi.

sfidàto part. pass. di **sfidare**; anche agg. e s. m. provocato **CONTR.** sfidante, provocatore.

sfidùcia s. f. **1** mancanza di fiducia □ diffidenza, dubbio, sospetto **CONTR.** fiducia **2** abbattimento, avvilimento, sconforto, scoraggiamento, demoralizzazione, depressione **CONTR.** animo, baldanza, coraggio, ardimento, ardire, speranza.

sfiduciàrsi v. intr. pron. perdere la fiducia, abbattersi, avvilirsi, scoraggiarsi, demoralizzarsi, deprimersi **CONTR.** rianimarsi, incoraggiarsi, confortarsi, riconfortarsi, consolarsi, tirarsi su.

sfiduciàto part. pass. di **sfiduciarsi**; anche agg. diffidente, dubbioso, sospettoso □ abbattuto, avvilito, scoraggiato, demoralizzato, depresso, smarrito, disanimato, disperato **CONTR.** fiducioso, fidente (*lett.*) □ sicuro di sé, speranzoso, confidente, sereno.

sfiga s. f. (*volg.*) sfortuna, iella (*pop.*) **CONTR.** fortuna.

sfigàto agg.; anche s. m. (*volg.*) sfortunato, iellato (*pop.*) **CONTR.** fortunato.

sfiguràre A v. tr. deturpare, alterare, sfregiare **B** v. intr. fare cattiva figura, dare cattiva impressione **CONTR.** fare bella figura, figurare bene.

sfiguràto part. pass. di **sfigurare**; anche agg. deturpato, stravolto, imbruttito, irriconoscibile, rovinato □ sfregiato **CONTR.** abbellito, imbellito, rimbellito.

sfilacciàre A v. tr. sfilare, sfrangiare **B** v. intr. e **sfilacciarsi** intr. pron. sfilarsi, sfrangiarsi.

sfilacciàto part. pass. di **sfilacciare**; anche agg. sfilato, sfrangiato.

sfilàre (1) A v. tr. **1 CONTR.** infilare **2** (*di indumento*) togliere **CONTR.** infilare, mettere **3** (*di tessuto*) sfilacciare, sfrangiare **B sfilarsi** v. intr. pron. **1** (*di perle*) uscire dal filo **2** (*di tessuto*) sfilacciarsi, disfarsi.

sfilàre (2) v. intr. **1** (*di persona*) marciare, passare **2** (*fig.*) (*di pensieri, di ricordi, ecc.*) susseguirsi, succedersi.

sfilàta s. f. **1** (*di persone*) corteo, marcia, passaggio **2** (*di moda*) passerella, defilé (*fr.*) **3** (*di cose*) serie, fila, successione, teoria, fuga.

sfilza s. f. serie, fila, successione, teoria, sequela, catena, grande numero.

sfinge [dalla *Sfinge*, il mitico mostro che proponeva enigmi insolubili] s. f. (*fig.*) persona enigmatica, enigma.

sfiniménto s. m. prostrazione, languore, spossamento, spossatezza, debolezza, sfinitezza, abbattimento, esaurimento, debilitazione, astenia, deliquio **CONTR.** energia, forza, gagliardia, resistenza, robustezza, vigore, vigoria.

sfinìre A v. tr. spossare, stremare, rifinire, esaurire, sfibrare, stroncare, indebolire, debilitare, stancare molto, far perdere le forze **CONTR.** dar riposo □ rafforzare, rinforzare, invigorire, rinvigorire, irrobustire **B sfinirsi** v. intr. pron. stancarsi, esaurirsi, consumarsi, languire, snervarsi, sfibrarsi **CONTR.** riposarsi, risparmiarsi, rafforzarsi, rinforzarsi, invigorirsi, rinvigorirsi, irrobustirsi.

sfioràre v. tr. **1** (*anche fig.*) rasentare, toccare appena, lambire **CONTR.** urtare, investire **2** (*fig.*) (*di argomento*) trattare di sfuggita, toccare superficialmente **CONTR.** approfondire, studiare.

sfioràto part. pass. di **sfiorare**; anche agg. **1** (*anche fig.*) rasentato, toccato appena **CONTR.** investito, urtato **2** (*fig.*) (*di argomento*) trattato di sfuggita **CONTR.** approfondito.

sfiorìre v. intr. **1** appassire, avvizzire, spampanarsi, seccare **CONTR.** fiorire, rifiorire, sbocciare **2** (*fig.*) perdere la freschezza, decadere, invecchiare **CONTR.** ringiovanire.

sfiorìto part. pass. di **sfiorire**; anche agg. **1** appassito, avvizzito, spampanato, secco **CONTR.** fiorito, rifiorito, sbocciato **2** (*fig.*) sciupato, invecchiato **CONTR.** fiorente, florido, prospero, sano.

sfìtto agg. non affittato, vuoto, libero **CONTR.** affittato, occupato.

sfocàto agg. **1** fuori fuoco **CONTR.** a fuoco **2** (*fig.*) (*di personaggio, di argomento, ecc.*) confuso, scialbo, scolorito **CONTR.** ben delineato, chiaro, marcato.

sfociàre v. intr. **1** sboccare, gettarsi, defluire, versarsi, scaricarsi **CONTR.** nascere, scaturire, avere origine **2** (*fig.*) (*in una lite, in una scommessa, ecc.*) dar luogo, concludersi, terminare, condurre, convergere **CONTR.** iniziare, scaturire.

sfoderàre v. tr. **1** sguainare, snudare **CONTR.** porre, riporre **2** (*fig.*) (*di cultura, di grinta, ecc.*) mostrare, dimostrare □ esibire, ostentare, sfoggiare **CONTR.** celare (*lett.*), dissimulare, nascondere, occultare, tacere.

sfoderàto part. pass. di **sfoderare**; anche agg. **1** sguainato, snudato, nudo **2** (*fig.*) ostentato, sfoggiato **CONTR.** celato (*lett.*), nascosto.

sfogàre A v. tr. (*di sentimenti*) dare sfogo, dare libero corso, manifestare, esprimere **CONTR.** contenere, frenare, trattenere, soffocare □ nascondere, dissimulare, tacere **B** v. intr. (*di acqua, di gas, ecc.*) sgorgare, esalare, emanare □ prorompere, scoppiare, erompere, sboccare **C sfogarsi** v. intr. pron. **1** confidarsi, liberarsi, aprirsi, svelenirsi **CONTR.** dissimulare, nascondere, tacere, tenere dentro di sé **2** (*di desiderio*) levarsi la voglia.

sfoggiàre A v. tr. (*anche fig.*) esibire, mettere in mostra, ostentare, affettare, sbandierare, sfoderare, vantare **CONTR.** celare (*lett.*), dissimulare, nascondere, occultare **B** v. intr. fare sfoggio, far pompa, grandeggiare, scialare □ vivere sfarzosamente.

sfòggio s. m. (*anche fig.*) ostentazione, sfarzo, sontuosità, pompa, grandigia, opulenza □ mostra, vanto, esaltazione, sbandieramento, sfoderamento **CONTR.** occultamento □ dissimulazione.

sfòglia s. f. falda, lamina, lamella, strato.

sfogliàre (1) A v. tr. levare le foglie, levare i petali, sfrondare □ scartocciare, spannocchiare **B sfogliarsi** v. intr. pron. perdere le foglie, perdere i petali **CONTR.** mettere le foglie.

sfogliàre (2) A v. tr. (*di libro e sim.*) scorrere, voltare in fretta, dare un'occhiata, scartabellare **CONTR.** leggere attentamente **B sfogliarsi** v. intr. pron. sfaldarsi.

sfógo s. m. **1** passaggio, apertura, sfiatatoio, sfiato, buco, fessura, spiraglio **2** sbocco, foce, uscita **3** (*fig.*) (*di sentimenti, di passioni*) libero corso, effusione, esplosione, espansione □ confidenza **CONTR.** dissimulazione, nascondimento (*lett.*), occultamento **4** (*pop.*) eruzione cutanea.

sfolgorànte part. pres. di **sfolgorare**; anche agg. rilucente, splendente, risplendente, brillante, folgorante, fulgido, luminoso, radioso, raggiante, sfavillante **CONTR.** opaco, offuscato, appannato, annebbiato, adombrato, velato, oscuro, buio.

sfolgoràre v. intr. risplendere, folgorare, balenare, brillare, lampeggiare, scintillare, luccicare, corruscare (*lett.*) **CONTR.** essere opaco, essere offuscato.

sfolgorìo s. m. brillamento, brillio, sfolgoramento (*raro*), fulgore, splendore, luminosità, luccichio, sfavillamento, sfavillio **CONTR.** opacità, offuscamento, oscurità.

sfollagènte s. m. inv. bastone, staffile, manganello.

sfollaménto s. m. **1** diradamento, sfoltimento □ evacuazione **CONTR.** affollamento **2** (*di personale*) diminuzione, calo □ fuga □ allontanamento **CONTR.** assunzione □ aumento.

sfollàre A v. tr. **1** sgombrare, disperdere, allontanare, sbandare □ evacuare **CONTR.** riunire **2** (*di personale*) sfoltire, diminuire, licenziare **CONTR.** assumere, aumentare **B** v. intr. diradarsi, sfoltirsi, disperdersi, allontanarsi, sbandarsi **CONTR.** affollarsi, ammassarsi, accalcarsi, assieparsi, convenire, accorrere.

sfollàto part. pass. di **sfollare**; anche agg. e s. m. trasferito, rifugiato.

sfoltìre A v. tr. **1** diradare **CONTR.** infittire, infoltire **2** (*di personale*) diminuire, licenziare **CONTR.** aumentare, assumere **B sfoltirsi** v. intr. pron. diradarsi **CONTR.** infittirsi, infoltirsi.

sfondaménto s. m. **1** rottura, sfasciamento, sfascio, scompaginamento **CONTR.** restauro, riparazione, ricostruzione **2** (*di fronte*) rottura.

sfondàre A v. tr. **1** rompere il fondo **2** (*est.*) schiantare, sfasciare, scassare (*fam.*), scompaginare, fracassare, forzare, sprofondare □ consumare **CONTR.** restaurare, riparare, accomodare, aggiustare, ricostruire, rifare □ chiudere, coprire **3** (*di fronte*) rompere **B** v. intr. affermarsi, avere successo, riuscire, farsi avanti, farsi un nome **CONTR.** fallire, far fiasco **C sfondarsi** v. intr. pron. rompersi nel fondo, cedere **CONTR.** resistere.

sfondàto part. pass. di **sfondare**; anche agg. **1** col fondo rotto, senza fondo **2** (*est.*) rotto, scassato (*fam.*), sfasciato, scompaginato, fracassato **CONTR.** intero, integro, intatto **3** (*fam.*) (*di persona*) insaziabile, ingordo, ghiotto, vorace **CONTR.** moderato **FRAS.** *ricco sfondato* (*fam.*), ricchissimo.

sfóndo s. m. **1** (*di quadro*) campo, fondo **2** (*teat.*) fondale, scenario **3** (*fig.*) (*di avvenimento, di romanzo, ecc.*) ambiente, clima, temperie □ finalità, prospettiva.

sforbiciàre v. tr. tagliuzzare.

sformàre v. tr. alterare, deformare, ammaccare, schiacciare, sgualcire **CONTR.** formare, plasmare, sagomare, modellare.

sformàto (1) part. pass. di **sformare**; anche agg. alterato, deformato, deforme, ammaccato, schiacciato, sgualcito **CONTR.** plasmato, modellato, sagomato.

sformàto (2) s. m. (*est.*) budino, soufflé (*fr.*).

sfornàre v. tr. **1** estrarre dal forno **CONTR.** infornare **2** (*fig.*) produrre, buttare nel mercato, mandar fuori, scodellare.

sfortùna s. f. cattiva fortuna, sorte avversa, disdetta, disgrazia, disastro, disavventura, sventura, avversità, iettatura, calamità, iella (*pop.*), sfiga (*volg.*), scalogna (*fam.*) **CONTR.** fortuna, successo, buona sorte, buona stella, felicità, prosperità, bazza, cuccagna.

sfortunataménte avv. per cattiva sorte, per sfortuna, disgraziatamente, sventuratamente **CONTR.** fortunatamente, felicemente, prosperamente.

sfortunàto agg. **1** (*di persona*) perseguitato dalla sfortuna, disgraziato, sventurato, iettato, iellato (*pop.*), scalognato (*fam.*), sfigato (*volg.*), infelice, malavventurato (*lett.*), misero **CONTR.** fortunato, avventurato, felice **2** (*di anno, di esito, ecc.*) infausto, nefasto, avverso, sfavorevole, doloroso, malaugurato **CONTR.** fausto, prospero, fortunato, propizio, favorevole **3** (*di film, di libro, ecc.*) senza successo, senza fortuna, scalognato (*fam.*) **CONTR.** fortunato, di successo.

sforzàre A v. tr. **1** sottoporre a sforzo **2** (*di porta, di serratura, ecc.*) forzare, scassinare, scassare, scardinare, rompere, sconquassare **CONTR.** restaurare, riparare, accomodare, aggiustare **3** (*a parlare, a mangiare, ecc.*) costringere, forzare, obbligare **CONTR.** dissuadere, distogliere **B sforzarsi** v. intr. pron. adoperarsi, affaccendarsi, affannarsi, arrabattarsi, industriarsi, ingegnarsi, sbracciarsi, scalmanarsi, sfiancarsi, sgobbare, brigare, darsi da fare **CONTR.** rifiutarsi, ricusare, astenersi, opporsi, essere contrario.

sforzàto part. pass. di **sforzare**; anche agg. **1** fatto per forza, costretto, forzato, coatto **CONTR.** istintivo, spontaneo **2** innaturale, affettato, artefatto, artificioso, astruso **CONTR.** naturale, genuino, schietto, semplice, spontaneo.

sfòrzo s. m. fatica, impegno, applicazione, forza, veemenza, violenza, decisione □ conato □ tentativo **CONTR.** abbandono, rinuncia, resa, cedimento, crollo.

sfóttere A v. tr. (*pop.*) farsi gioco, canzonare, beffare, burlare, deridere, dileggiare, schernire, prendere in giro **B sfottersi** v. rifl. rec. prendersi in giro, canzonarsi, deridersi, schernirsi.

sfracellàre A v. tr. rompere, schiacciare, massacrare, frangere (*lett.*), infrangere, fracassare, spezzare, frantumare, schiantare, stritolare, sbriciolare, sconquassare, spiaccicare, squarciare **CONTR.** accomodare, aggiustare, restaurare, riparare, ricomporre, rimettere in sesto **B sfracellarsi** v. intr. pron. rompersi, schiacciarsi, spiaccicarsi, sbriciolarsi, infrangersi, fracassarsi, frantumarsi, schiantarsi, spezzarsi, squarciarsi.

sfrangiàre v. tr. sfilacciare, sfilare **CONTR.** orlare.

sfrangiàto part. pass. di **sfrangiare**; anche agg. sfilacciato, sfilato **CONTR.** orlato.

sfrattàre A v. tr. dare lo sfratto, mandar via □ (*est.*) bandire, cacciare, espellere, esiliare, licenziare **CONTR.** accogliere, ospitare **B** v. intr. andar via, allontanarsi, abbandonare **CONTR.** tornare, ritornare, rientrare.

sfrattàto part. pass. di **sfrattare**; anche agg. e s. m. mandato via □ senza casa **CONTR.** accolto, ospitato.

sfràtto s. m. disdetta □ (*est.*) bando, cacciata, espulsione, esilio **CONTR.** accoglimento, accoglienza.

sfregaménto s. m. sfregata, strofinamento, strofinata, stropicciamento, stropicciata, strusciamento, strusciata.

sfregàre A v. tr. **1** strofinare, strusciare, stropicciare **2** sfregiare, strisciare **B** v. tr. e intr. strisciare.

sfregàta s. f. sfregamento, strofinamento, strofinata, stropicciamento, stropicciata, strusciamento, strusciata.

sfregàto part. pass. di **sfregare**; anche agg. **1** strofinato, strusciato, stropicciato **2** graffiato, sfrisato (*dial.*).

sfregiàre A v. tr. deturpare con sfregi, sfigurare □ graffiare, sfrisare (*dial.*) **B sfregiarsi** v. intr. pron. sfigurarsi, deturparsi.

sfregiàto part. pass. di **sfregiare**; anche agg. e s. m. **1** (*di cosa*) strisciato **2** (*di persona, di viso e sim.*) deturpato, sfigurato.

sfrégio s. m. **1** taglio, cicatrice, deturpazione □ (*est.*) graffio **2** (*fig.*) offesa, disonore, insulto, villania, oltraggio, infamia **CONTR.** onore, ossequio, omaggio, complimento.

sfrenàre A v. tr. **1** (*raro*) togliere il freno **CONTR.** mettere il freno **2** (*fig.*) lasciar libero, sbrigliare, scatenare, sciogliere, svincolare **CONTR.** frenare, contenere, moderare, domare, dominare, trattenere, padroneggiare, vincere **B sfrenarsi** v. intr. pron. (*fig.*) scatenarsi, sfogarsi, perdere il controllo, passare i limiti **CONTR.** frenarsi, contenersi, moderarsi, dominarsi, trattenersi, padroneggiarsi, vincersi.

sfrenataménte avv. senza freno, senza ritegno, smodatamente □ licenziosamente, sregolatamente, scostumatamente, dissolutamente **CONTR.** moderatamente, morigeratamente, discretamente, misuratamente.

sfrenàto part. pass. di **sfrenare**; anche agg. senza freno, eccessivo, esagerato, smodato, scatenato, sbrigliato □ licenzioso, scapestrato, scostumato, sregolato, dissoluto, immorale, incontinente, intemperante, scavezzacollo **CONTR.** frenato, contenuto, misurato, moderato, morigerato, sobrio, temperante, virtuoso.

sfrondàre A v. tr. **1** levare le fronde, diradare le fronde, sfogliare **2** (*fig.*) (*di scritto, di discorso, ecc.*) eliminare il superfluo, alleggerire, ridurre, semplificare, snellire **CONTR.** appesantire, caricare, complicare, amplificare, esagerare, ingrandire **B sfrondarsi** v. intr. pron. perdere le fronde, sfogliarsi.

sfrontatézza s. f. impudenza, sfacciataggine, sfrontataggine (*raro*), spudoratezza, improntitudine, insolenza, irriverenza, sconvenienza, indiscrezione, scortesia, petulanza, protervia, villania, cinismo, grinta, faccia tosta, faccia di bronzo **CONTR.** modestia, riguardo, riserbo, rispetto, ritegno, ritrosia, discrezione, pudore, verecondia.

sfrontàto agg.; anche s. m. impudente, sfacciato, impertinente, spudorato, inverecondo, svergognato, insolente, indiscreto, irriguardoso, petulante, protervo, scortese, villano, cinico, audace, faccia di bronzo **CONTR.** modesto, pudico, riguardoso, riservato, rispettoso, discreto, ritroso, verecondo.

sfruttàbile agg. utilizzabile **CONTR.** inutilizzabile.

sfruttaménto s. m. **1** (*di risorse, di impianti, ecc.*) utilizzazione, uso **CONTR.** abbandono **2** (*di ambiente*) depauperamento, depauperazione, esaurimento, isterilimento □ profitto, abuso **CONTR.** risparmio **3** (*di persona*) abuso, speculazione.

sfruttàre v. tr. **1** (*di terreno*) far rendere al massimo, utilizzare, usare **CONTR.** abbandonare **2** (*di ambiente*) depauperare, esaurire, isterilire **CONTR.** risparmiare **3** (*fig.*) (*di persona, di si-*

tuazione, ecc.) profittare, abusare, mungere, pelare, scorticare, spolpare, strozzare.

sfruttàto part. pass. di **sfruttare**; anche agg. e s. m. **CONTR.** sfruttatore.

sfruttatóre s. m.; anche agg. (f. *-trice*) profittatore, strozzino, negriero, speculatore, succhione, vampiro, usuraio, parassita **CONTR.** sfruttato.

sfuggènte part. pres. di **sfuggire**; anche agg. ambiguo, non chiaro, indefinibile, elusivo, evasivo, poco leale **CONTR.** aperto, chiaro, leale, schietto, sincero, franco.

sfuggìre A v. tr. schivare, evitare, eludere, fuggire, scansare **CONTR.** affrontare, fronteggiare **B** v. intr. **1** sottrarsi, scampare, salvarsi, liberarsi **CONTR.** esporsi, offrirsi, presentarsi, tener fronte **2** (*di cosa*) scivolare, cadere **3** (*di fatto, di notizia, ecc.*) passare inosservato **4** (*di parola, di ricordo, ecc.*) uscire dalla memoria.

sfumàre A v. tr. (*di colore*) attenuare gradatamente, graduare, far digradare **CONTR.** accrescere, intensificare, calcare, ravvivare **B** v. intr. **1** dissolversi, dileguarsi, evaporare, svaporare **2** (*fig.*) (*di sogno, di progetto, ecc.*) svanire, andare in fumo **CONTR.** concretarsi, realizzarsi **3** (*di colore*) diminuire gradatamente.

sfumàto A part. pass. di **sfumare**; anche agg. **1** (*di paesaggio, di ricordo, ecc.*) vago, impreciso, indefinito **CONTR.** preciso, definito **2** (*di sogno, di progetto, ecc.*) dissolto, svanito, dileguato, dissipato, disperso **CONTR.** concretato, realizzato **3** (*di colore*) digradato, morbido, pastoso **CONTR.** intenso, vivo, vivace, marcato **B** s. m. chiaroscuro.

sfumatùra s. f. **1** tono, tonalità, gradazione, gamma, tocco, nuance (*fr.*) **2** (*fig.*) (*di ironia, di scherno, ecc.*) intonazione, accenno, allusione, traccia.

sfuocàre e deriv. *V.* **sfocare** e deriv.

sfuriàta s. f. **1** sfogo violento □ rabbuffo, rimprovero furioso, sgridata **2** (*est.*) (*di tempo*) acquazzone, temporale, tempesta.

sfùso agg. **1** sciolto, fuso, liquefatto, squagliato **CONTR.** rappreso, coagulato, condensato, solidificato, indurito **2** (*di merce*) sciolto, non confezionato, non impacchettato **CONTR.** confezionato, impacchettato.

sgabèllo s. m. sedile, seggiolino, panchetto, panchettino, deschetto, scanno, poggiapiedi.

sgabuzzìno s. m. stanzino, bugigattolo, ripostiglio, stambugio.

sgambettàre A v. intr. **1** dimenare le gambe **2** camminare a passettini **B** v. tr. fare lo sgambetto.

sgambétto s. m. gambetto **FRAS.** *fare lo sgambetto* (*fig.*), cercar di soppiantare.

sganasciàre A v. tr. **1** smascellare **2** (*est., tosc.*) sgangherare, sconnettere, sfasciare **CONTR.** accomodare, aggiustare, riparare **B** **sganasciarsi** v. intr. pron. **1** slogarsi le ganasce **2** (*est.*) (*dal ridere*) sbellicarsi, smascellarsi, scompisciarsi (*pop.*).

sganciaménto s. m. liberazione, distacco **CONTR.** aggancio, agganciamento.

sganciàre A v. tr. **1** liberare, staccare **CONTR.** agganciare, attaccare **2** (*fig., fam.*) (*di denaro*) sborsare, versare, spendere, snocciolare, mollare **CONTR.** incassare, introitare, riscuotere **B** **sganciarsi** v. intr. pron. **1** liberarsi, staccarsi **CONTR.** agganciarsi, attaccarsi **2** (*fig., fam.*) liberarsi, tagliare la corda (*fam.*).

sgangheràto agg. **1** tolto dai gangheri, scardinato, scassinato, sconnesso □ sfasciato, sconquassato, rotto, spezzato **CONTR.** incardinato □ accomodato, aggiustato, assestato, riassestato, riparato □ intatto, nuovo **2** (*est.*) sciancato, zoppicante **3** (*fig.*) (*di idea, di discorso, ecc.*) sconnesso, incoerente, illogico, slegato **CONTR.** coerente, logico, legato, ragionato **4** (*fig.*) (*di risata, di voce, ecc.*) sgarbato, sguaiato, smodato, smoderato, volgare **CONTR.** composto, garbato, misurato, moderato.

sgarbataménte avv. scortesemente, grossolanamente, sguaiatamente, rozzamente, villanamente, zoticamente **CONTR.** cortesemente, finemente, delicatamente, garbatamente, gentilmente.

sgarbatézza s. f. **1** sgarbataggine, sgarberia, malgarbo, inurbanità, malagrazia, indelicatezza, ineducazione, maleducazione, scortesia, sconvenienza, sguaiataggine, rozzezza, ruvidezza, grossolanità, zoticaggine, zotichezza, villania, manieraccia, modaccio **CONTR.** cortesia, finezza, delicatezza, gentilezza, garbo, garbatezza, grazia, creanza, educazione, urbanità **2** sgarbo, villanata, villania **CONTR.** cortesia, finezza, gentilezza.

sgarbàto agg.; anche s. m. scortese, villano, rozzo, rustico, ruvido, rude, grossolano, indelicato, ineducato, maleducato, sguaiato, zotico, triviale, volgare, becero (*tosc.*) **CONTR.** cortese, fine, delicato, garbato, gentile, educato, grazioso, urbano, civile.

sgàrbo s. m. scortesia, villania, villanata, sgarberia, sgarbatezza **CONTR.** cortesia, finezza, gentilezza.

sgargiànte agg. chiassoso, vistoso, appariscente, smagliante **CONTR.** sbiadito, smorto, spento, scialbo, pallido.

sgarràre v. tr. e intr. errare, sbagliare **CONTR.** essere esatto, essere preciso.

sgàrro s. m. **1** inesattezza, imprecisione, sbaglio, errore **CONTR.** esattezza, precisione **2** (*dial.*) offesa, onta **CONTR.** lode, elogio.

sgattaiolàre v. intr. uscire velocemente □ (*est.*) svignarsela.

sghémbo agg. storto, torto, tortuoso, obliquo, sghimbescio **CONTR.** diritto, dritto.

sghignazzàre v. intr. ridere sguaiatamente, ridere scompostamente **CONTR.** sorridere.

sghignazzàta s. f. risata di scherno, risata sguaiata, sghignazzamento **CONTR.** risatina, sorriso.

sghimbèscio agg. sghembo, obliquo, storto, torto, tortuoso **CONTR.** diritto, dritto.

sghiribìzzo s. m. ghiribizzo, fantasia, capriccio, grillo.

sgobbàre v. intr. (*fam.*) faticare, affaticarsi, affaccendarsi, sfacchinare **CONTR.** bighellonare, oziare, poltrire, stare con le mani in mano, stare in panciolle.

sgobbóne s. m. lavoratore accanito, stacanovista □ secchia (*fam.*), secchione (*fam.*) **CONTR.** fannullone, scioperato, ozioso, infingardo, scansafatiche, perdigiorno, vagabondo.

sgocciolàre (1) v. intr. gocciare, gocciolare, stillare, colare, scolare.

sgocciolàre (2) A v. tr. scolare, vuotare **B** v. intr. scolare, vuotarsi.

sgolàrsi v. intr. pron. sfiatarsi, spolmonarsi, gridare a squarciagola **CONTR.** ammutolire, tacere □ mormorare, sussurrare, bisbigliare, borbottare.

sgómbero s. m. **1** liberazione, disimpegno, rimozione, spostamento **CONTR.** ingombro **2** cambiamento di casa, trasloco, trasferimento.

sgombràre v. tr. **1** liberare, disimpegnare, rimuovere, spostare, sbarazzare, sbrattare **CONTR.** ingombrare, impacciare, impedire, ostruire **2** (*di luogo*) evacuare, abbandonare, lasciare, allontanarsi, andarsene, sloggiare **CONTR.** occupare, invadere **3** cambiar casa, traslocare, trasferirsi **4** (*di macerie, di nuvole, ecc.*) portare via, asportare, togliere **CONTR.** portare.

sgomentàre A v. tr. sbigottire, spaventare, impaurire, intimidire, atterrire, terrorizzare, turbare, conturbare, perturbare (*raro*), impressionare **CONTR.** fare ridere, rallegrare □ calmare, tranquillizzare, rianimare, rincorare, rinfrancare, incoraggiare, confortare, riconfortare, imbaldanzire, ringalluzzire **B sgomentarsi** v. intr. pron. provare sgomento, perdersi d'animo, disanimarsi, sbigottirsi, scoraggiarsi, sconfortarsi, avvilirsi, turbarsi, conturbarsi **CONTR.** rallegrarsi □ rianimarsi, incoraggiarsi, riconfortarsi, rincorarsi, rassicurarsi, imbaldanzirsi, ringalluzzirsi.

sgoménto (1) s. m. apprensione, turbamento, depressione, ansia □ panico, sbigottimento, spavento, timore, trepidazione, atterrimento, terrore **CONTR.** animo, ardimento, ardire, audacia, coraggio, cuore, fegato, intrepidezza, fermezza, baldanza, risolutezza, sicurezza.

sgoménto (2) agg. sgomentato, sbigottito, spaventato, trepidante, atterrito, timoroso, terrorizzato, sbalordito, disorientato, frastornato **CONTR.** animoso, ardimentoso, ardito, audace, coraggioso, fermo, intrepido, risoluto, baldanzoso, sicuro, rassicurato, rinfrancato.

sgominàre v. tr. sconfiggere, sbaragliare, mettere in fuga, disperdere, scompigliare **CONTR.** fuggire, scappare.

sgonfiàre A v. tr. **1** togliere l'aria, togliere il gas, svuotare **CONTR.** gonfiare **2** (*est.*) togliere il gonfiore **CONTR.** gonfiare **3** (*pop.*) annoiare, infastidire, seccare, scocciare (*fam.*) **CONTR.** divertire **4** (*fig.*) (*di notizia, di fatto, ecc.*) sminuire, minimizzare □ (*di persona*) mortificare, umiliare **CONTR.** gonfiare, esagerare, ingrandire □ esaltare **B sgonfiarsi** v. intr. pron. e intr. **1** svuotarsi, afflosciarsi **CONTR.** gonfiarsi, riempirsi **2** (*fig.*) (*di persona*) sbaldanzirsi (*ant.*), accasciarsi, avvilirsi, disanimarsi, scoraggiarsi **CONTR.** imbaldanzirsi, ringalluzzirsi, inorgoglirsi, darsi delle arie.

sgonfiàto part. pass. di **sgonfiare**; anche agg. **1** sgonfio, afflosciato, floscio **CONTR.** gonfio, gonfiato, dilatato, teso, turgido, inturgidito **2** (*fig.*) ridimensionato, ridotto **CONTR.** accresciuto, ampliato, ingrandito.

sgónfio agg. sgonfiato **CONTR.** gonfio.

sgòrbio s. m. **1** macchia d'inchiostro □ (*est.*) scarabocchio, frego, fregaccio, sgorbiatura, ghirigoro □ parola illeggibile, disegno malfatto **2** (*fig.*) (*di persona*) mostro, mostriciattolo **CONTR.** adone, apollo, fusto (*fam.*).

sgorgàre A v. intr. **1** (*di liquidi*) uscire, scaturire, erompere, schizzare, spicciare, sboccare, sprizzare, zampillare, riversarsi **CONTR.** entrare, penetrare **2** (*fig.*) (*di parole, di pensieri, ecc.*) scaturire, erompere, provenire, derivare **B** v. tr. (*di condotto*) liberare, sturare, stasare, aprire **CONTR.** ingorgare, otturare, intasare, occludere, tappare.

sgórgo s. m. flusso, deflusso, sbocco, scolo, versamento, zampillo **CONTR.** ingorgo, blocco, ostruzione.

sgozzàre v. tr. **1** scannare, tagliare la gola **2** (*fig.*) (*di usuraio*) strozzare, sfruttare.

sgradévole agg. ingrato, spiacevole, antipatico, fastidioso, disgustoso, repellente, ripugnante, ributtante, rivoltante, nauseante, nauseabondo, stomachevole **CONTR.** gradevole, gradito, amabile, piacevole, simpatico, attraente, seducente.

sgradevolménte avv. spiacevolmente, antipaticamente **CONTR.** gradevolmente, piacevolmente.

sgradìto agg. non gradito, sgradevole, antipatico, fastidioso, disgustoso, repellente, ributtante, ripugnante, rivoltante, nauseante, nauseabondo, stomachevole **CONTR.** gradito, gradevole, amabile, piacevole, simpatico, attraente, seducente.

sgrammaticàto agg. scorretto **CONTR.** corretto.

sgranàre A v. tr. **1** sbucciare, sgusciare, sbaccellare **2** (*fig., fam.*) (*di occhi*) spalancare, sbarrare **B sgranarsi** v. intr. pron. disfarsi, rompersi, frantumarsi.

sgranatùra s. f. sgranamento, sgusciatura, sbaccellatura.

sgranchìre v. tr. sciogliere, stirare, distendere.

sgrassàre v. tr. **1** digrassare **CONTR.** ingrassare, ungere **2** (*est.*) ripulire, smacchiare **CONTR.** macchiare, sporcare.

sgravàre A v. tr. liberare, alleggerire, alleviare, scaricare **CONTR.** gravare, aggravare, appesantire, caricare **B sgravarsi** v. intr. pron. liberarsi, alleggerirsi, scaricarsi, sbarazzarsi **CONTR.** gravarsi, caricarsi, accollarsi, addossarsi, assumersi **C** v. intr. e intr. pron. partorire.

sgravàto part. pass. di **sgravare**; anche agg. libero, liberato, alleggerito **CONTR.** gravato, caricato, carico.

sgràvio s. m. **1** alleggerimento, alleviamento, liberazione, scarico, scaricamento, diminuzione, eliminazione, sollievo **CONTR.** aggravamento, aggravio, carico, onere, peso **2** (*fig.*) (*di morale, di coscienza, ecc.*) esonero □ discolpa, giustificazione, scusa **CONTR.** accusa, imputazione, incriminazione, addebito.

sgraziataménte avv. goffamente, grossolanamente, rozzamente, sciattamente, sconvenientemente, volgarmente, villanamente, scortesemente **CONTR.** graziosamente, finemente, cortesemente, garbatamente, gentilmente, delicatamente, convenientemente, elegantemente, compitamente, squisitamente, urbanamente.

sgraziàto agg. goffo, brutto, deforme, grossolano, rozzo, inelegante, sciatto, scortese, sgarbato, sguaiato, rustico, villano, volgare **CONTR.** aggraziato, grazioso, bello, fine, garbato, gentile, cortese, delicato, compito, elegante, squisito, urbano.

sgretolaménto s. m. sbriciolamento, frantumazione, triturazione, sgretolio, stritolamento, sminuzzamento, scheggiamento, scheggiatura.

sgretolàre A v. tr. scheggiare, stritolare, sminuzzare, frantumare, triturare, sbriciolare, sgranocchiare, rompere **CONTR.** accomodare, aggiustare, restaurare, riparare, racconciare, rabberciare, rifare **B sgretolarsi** v. intr. pron. scheggiarsi, sminuzzarsi, sbriciolarsi, frantumarsi, rompersi, disfarsi.

sgridàre v. tr. rimproverare, riprendere, rabbuffare, rimbrottare, strapazzare **CONTR.** elogiare, encomiare, esaltare, lodare, magnificare.

sgridàta s. f. rimprovero, rabbuffo, rimbrotto, strapazzamento (*raro*), strapazzata, lavata di capo **CONTR.** elogio, encomio, lode.

sgrillettàre v. intr. sfrigolare, crepitare, grillettare.

sgrondàre A v. tr. sgocciolare, scolare **B** v. intr. grondare □ scolare.

sgroppàta s. f. **1** inarcamento della groppa **2** cavalcata **3** (*di cavallo*) sgambatura **4** (*nel ciclismo*) corsa di allenamento **5** (*est.*) corsa.

sgrossàre A v. tr. **1** digrossare, assottigliare, abbozzare, sbozzare **CONTR.** finire, rifinire **2** (*fig.*) (*di persona, di mente, ecc.*) affinare, raffinare, dirozzare, ingentilire, perfezionare **CONTR.** imbarbarire, involgarire **B sgrossarsi** v. intr. pron. ingentilirsi, dirozzarsi, raffinarsi **CONTR.** imbarbarirsi, involgarirsi.

sguaiataménte avv. scompostamente, volgarmente, villanamente, sgarbatamente, incivilmente, grossolanamente, maleducatamente, trivialmente, zoticamente, rozzamente **CONTR.** compostamente, educatamente, civilmente, finemente, garbatamente, gentilmente, delicatamente, discretamente, riguardosamente, urbanamente.

sguaiàto agg.; anche s. m. volgare, villano, sgarbato, scomposto, incivile, malcreato, ineducato, inurbano, maleducato, triviale, grossolano, scurrile, rozzo, zotico, zoticone **CONTR.** educato, composto, fine, garbato, gentile, delicato, civile, discreto, riguardoso, urbano.

sguainàre v. tr. (*anche fig.*) estrarre, sfoderare, snudare **CONTR.** inguainare, ringuainare, rinfoderare.

sgualcìre A v. tr. spiegazzare, gualcire, sciupare, sciupacchiare (*fam.*) **CONTR.** stirare, lisciare **B sgualcirsi** v. intr. pron. spiegazzarsi, gualcirsi, sciuparsi.

sgualdrìna s. f. prostituta, meretrice, puttana (*volg.*), puttanella (*volg.*), baldracca, troia (*volg.*), donnina allegra, vacca (*volg.*), battona (*pop.*).

sguàrdo s. m. **1** occhiata, guardata, adocchiata (*raro*), sbirciata **2** (*di occhio*) espressione, piglio **3** (*est.*) vista, occhi **4** veduta, panorama.

sguàttero s. m. aiutante cuoco, lavapiatti.

sguazzàre v. intr. **1** agitarsi nell'acqua, guazzare, diguazzare **2** (*di persona*) trovarsi a proprio agio, godere, gioire, divertirsi, dilettarsi, spassarsela **CONTR.** soffrire, patire, penare, tribolare, trovarsi a disagio **3** (*fig.*) (*nell'oro, nell'abbondanza, ecc.*) nuotare, navigare, scialare, traboccare **CONTR.** scarseggiare, mancare **4** (*di liquido*) sbattere, sciaguattare, sciabordare.

sguinzaglìàre v. tr. **1** (*di cane*) sciogliere, liberare **CONTR.** legare, incatenare **2** (*fig.*) (*di poliziotti, di inseguitori, ecc.*) mettere alle calcagna, mandare alla ricerca, mettere sulle tracce, mandare all'inseguimento, aizzare **CONTR.** richiamare.

sgusciàre (1) A v. tr. (*di legumi, di castagne, ecc.*) sbaccellare, sgranare □ sbucciare **B** v. intr. (*di uccelli*) uscire dal guscio **C sgusciarsi** v. intr. pron. **1** sbucciarsi, sgranarsi **2** (*di rettili*) cambiar pelle.

sgusciàre (2) v. intr. **1** (*di cosa, di pesce*) scappare via, scivolare, sfuggire **2** (*fig.*) (*di persona*) sottrarsi, sfuggire, scappare, liberarsi, svignarsela, tagliare la corda **CONTR.** arrivare, giungere, presentarsi.

sgusciatùra s. f. sbaccellatura, sgranatura, sbucciatura.

shaker /*ingl.* 'ʃeikə/ [vc. ingl., propriamente 'sbattitore', da *to shake* 'scuotere'] s. m. inv.

sbattighiaccio.

shakeràre e deriv. *V.* **scekerare** e deriv.

shoccànte part. pres. di **shoccare**; anche agg. traumatizzante, sconvolgente, impressionante, emozionante.

shoccàre v. tr. impressionare, sbalordire, emozionare, colpire, confondere, traumatizzare.

shoccàto part. pass. di **shoccare**; anche agg. traumatizzato, impressionato, sbalordito, sconvolto, emozionato.

shock /*ingl.* ʃɔk/ [vc. ingl., propriamente 'colpo', da *to shock* 'percuotere'] s. m. inv. forte emozione, choc (*fr.*), colpo, trauma.

shopping /*ingl.* 'ʃɔpiŋ/ [vc. ingl., propriamente gerundio di *to shop* 'comperare'] s. m. inv. compere, spese, acquisti.

short /*ingl.* ʃɔ:t/ [vc. ingl., abbr. di *short film* 'breve pellicola, cortometraggio'] s. m. inv. cortometraggio.

shorts /*ingl.* ʃɔ:ts/ [vc. ingl., pl. sost. dell'agg. *short* 'corto'] s. m. pl. calzoncini corti.

show /*ingl.* 'ʃou/ [vc. ingl., propriamente 'mostra, esibizione', da *to show* 'mostrare'] s. m. inv. **1** spettacolo di varietà □ spettacolo **2** (*est.*) numero, esibizione.

show-down /*ingl.* ʃou daun/ [loc. ingl., propriamente 'mostra giù', comp. di *to show* 'mostrare' e *down* 'giù'] loc. sost. m. inv. carte in tavola □ resa dei conti □ prova di forza.

showgirl /*ingl.* 'ʃougə:l/ [vc. ingl., comp. di *show* 'spettacolo' e *girl* 'ragazza'] s. f. inv. ballerina, primadonna, soubrette (*fr.*).

showman /*ingl.* 'ʃoumən/ [vc. ingl., comp. di *show* 'spettacolo' e *man* 'uomo'] s. m. inv. **1** presentatore, conduttore, mattatore, anchorman (*ingl.*) **2** (*est.*) esibizionista, attore nato.

show-room /*ingl.* 'ʃou ru:m/ [loc. ingl. 'sala di esposizione', comp. di *show* 'mostra' e *room* 'sala, stanza'] loc. sost. m. inv. sala di esposizione, mostra.

sì A avv. **1** certo, certamente **CONTR.** no **2** (*enf.*) davvero, proprio, veramente, senz'altro **B** s. m. **1** assenso, consenso, risposta affermativa, parere favorevole **CONTR.** no, rifiuto, risposta **2** (*spec. al pl.*) voto favorevole **CONTR.** voto contrario **FRAS.** *dire di sì*, affermare, accettare □ *se sì*, in caso affermativo □ *e sì che*, eppure, e dire che □ *un giorno sì e uno no*, a giorni alterni □ *tra il sì e il no*, incerto, indeciso □ *la lingua del sì*, l'italiano.

sìa cong. tanto, così, non solo, come **FRAS.** *sia... sia*, non solo... ma anche.

siamése [da *Siam*, antico nome della Tailandia] agg.; anche s. m. e f. tailandese **FRAS.** *fratelli siamesi* (*fig.*, *scherz.*), compagni inseparabili.

sibèria [dalla regione russa, nota per il suo rigidissimo clima invernale] s. f. (*fam.*) luogo freddissimo.

sibilànte agg. fischiante.

sibilàre v. intr. **1** emettere sibili, fischiare **2** (*fig.*) (*di vento*) soffiare.

sibillìno agg. (*fig.*) oscuro, misterioso, enigmatico, astruso, incomprensibile **CONTR.** chiaro, comprensibile, evidente, manifesto, palese, intelligibile, perspicuo.

sìbilo s. m. (*anche fig.*) fischio.

sicàrio s. m. assassino, killer (*ingl.*) **CFR.** mandante.

siccità s. f. aridità, arsura, secchezza, secco, asciutto **CONTR.** umidità, umido, umore, acquosità.

siccóme cong. **1** poiché, giacché, dal momento che **2** come, nel modo in cui **3** (*lett.*) come, in qual modo.

siciliàno agg.; anche s. m. siculo (*lett.*, *scherz.*), trinacrio (*lett.*).

sicùra s. f. (*nelle armi, nei meccanismi*) congegno di sicurezza □ (*est.*) antifurto.

sicuraménte avv. **1** in modo sicuro, con sicurezza, senza pericolo, senza rischio **CONTR.** pericolosamente, rischiosamente **2** di sicuro, senza dubbio, certamente, certo, indubbiamente **CONTR.** forse, probabilmente □ no.

sicurézza s. f. **1** mancanza di pericolo, garanzia **CONTR.** pericolosità, rischio **2** (*di persona*) fede, fiducia, baldanza, confidenza, decisione, serenità, tranquillità **CONTR.** sfiducia, diffidenza, dubbio, esitazione, indecisione, irresolutezza, perplessità, timore, titubanza **3** (*di riuscire, di vincere, ecc.*) certezza, convinzione, persuasione **CONTR.** incertezza, dubbio **4** (*in un lavoro*) abilità, destrezza, perizia, pratica **CONTR.** inabilità, incapacità, imperizia, inettitudine **FRAS.** *uscita di sicurezza*, uscita di emergenza □ *congegno di sicurezza*, sicura □ *vetro di sicurezza*, vetro infrangibile □ *misure di sicurezza* (*fig.*), precauzioni □ *pubblica sicurezza*, polizia □ *agente di pubblica sicurezza*, poliziotto.

sicùro A agg. **1** (*di persona, di luogo, ecc.*) senza pericoli, senza rischi, tranquillo, protetto, riparato, ben difeso, munito **CONTR.** indifeso, scoperto, insicuro, malsicuro, pericoloso, rischioso **2** (*di fare, di venire, ecc.*) certo, deciso **CONTR.** incerto, indeciso **3** (*di colpo, di riuscita, ecc.*) certo, immancabile, infallibile, assicurato, garantito, incontestabile, indubbio, indubitabile **CONTR.** incerto, dubbio, discutibile, improbabile, problematico, aleatorio **4** (*di persona*) ardimentoso, ardito, animoso, coraggioso, baldanzoso, deciso, intrepido, risoluto **CONTR.** incerto, indeciso, dubbioso, timoroso **5** (*in un lavoro*) abile, capace, destro, esperto, pratico, perito, fiducioso **CONTR.** inabile, inetto, incapace, inesperto, incerto **6** (*di persona*) fidato, fedele, fido (*lett.*), devoto, leale, onesto, sincero **CONTR.** infido, sleale, perfido, disonesto, falso **7** (*di congegno, di arnese*) perfetto, funzionante **B** in funzione di avv. certamente, sì, certo, sicuramente, senza dubbio **CONTR.** forse, probabilmente □ no **C** s. m. solo sing. **1** certezza, certo, sicurezza **2** luogo sicuro, luogo protetto, riparo **FRAS.** *a colpo sicuro*, senza possibilità di sbagliare □ *di sicuro*, senza dubbio, certamente, sicuramente □ *dare per sicuro*, avere la certezza □ *camminare sul sicuro* (*fig.*), non correre rischi.

sidecar /*ingl.* 'saidka:/ [vc. ingl., propriamente 'carrozzino (*car*) a lato (*side*)'] s. m. inv. motocarrozzetta.

sideràle agg. sidereo, stellare, celeste **CONTR.** terreno, terrestre.

siderurgìa s. f. metallurgia, industria pesante.

siderùrgico agg. e s. m. metallurgico.

sìdro s. m. vino di mele.

sièpe s. f. **1** (*di piante, rami e sim.*) riparo, cinta, chiusura, spalliera **2** (*fig.*) (*di persone, di ostacoli, ecc.*) barriera, impedimento, riparo □ serie.

sièro s. m. (*med.*) plasma sanguigno.

sièrra [vc. sp., propriamente 'sega', dal lat. *serra(m)* 'sega'] s. f. catena montuosa, contrafforte, montagne.

sièsta s. f. riposino pomeridiano, pisolino (*fam.*), sonnellino, pennichella (*dial.*).

sifilide [da *Syphilus*, n. del pastorello protagonista del poema *Syphilus, sive de morbo gallico* di G. Fracastoro, 1530] s. f. (*med.*) lue, mal francese, morbo gallico.

sigarétta s. f. **1** bionda (*gerg.*), cicca **2** (*di filo*) spagnoletta.

sigillàre v. tr. **1** (*di plico, di lettera, ecc.*) chiudere, suggellare, piombare **CONTR.** dissigillare, dissuggellare, spiombare **2** (*est.*) (*di finestra, di bottiglia, ecc.*) tappare **CONTR.** aprire, stappare, sturare.

sigillàto part. pass. di **sigillare**; anche agg. **1** chiuso, suggellato, piombato **CONTR.** dissigillato, spiombato **2** (*est.*) tappato.

sigillatùra s. f. suggellamento, piombatura □ chiusura ermetica **CONTR.** apertura.

sigìllo s. m. **1** impronta, suggello (*lett.*), bollo, marchio, timbro **2** matrice, stampo **3** (*est.*) chiusura.

sìgla s. f. abbreviatura, abbreviazione, iniziale, cifra, monogramma, acronimo □ firma, parafa **FRAS.** *sigla musicale*, motivetto, frase musicale.

siglàre v. tr. **1** parafare, firmare **2** contrassegnare, marcare **3** sottoscrivere, aderire, ratificare.

siglatùra s. f. firma.

significànte agg. significativo, espressivo, efficace, eloquente, energico, importante **CONTR.** insignificante, inespressivo, irrilevante, fiacco, scialbo, trascurabile.

significàre v. tr. **1** (*lett.*) (*di sentimenti, di pensiero, ecc.*) esprimere, comunicare, far conoscere, indicare, manifestare, palesare, notificare, far intendere **CONTR.** celare (*lett.*), nascondere, occultare, dissimulare **2** (*di parola, di gesto, ecc.*) voler dire, denotare, dimostrare, indicare, equivalere, provare, rappresentare, simboleggiare □ preannunciare, presagire **3** (*nulla, poco, ecc.*) avere importanza, importare, valere.

significatìvo agg. **1** (*di discorso, di comportamento, ecc.*) indicativo **2** (*di sguardo, di scritto, ecc.*) ricco di significato, significante, eloquente, espressivo, efficace, energico **CONTR.** insignificante, inespressivo, fiacco, irrilevante, scialbo, trascurabile.

significàto s. m. concetto, senso, accezione, valore.

signóra s. f. **1** (*lett.*) padrona, dominatrice, regina **CONTR.** serva, schiava, soggetta **2** padrona di casa **CONTR.** serva, domestica, cameriera, fantesca (*lett.* o *scherz.*), colf **3** moglie, coniuge **4** (*gener.*) donna, femmina **CONTR.** uomo, maschio **5** donna di classe, dama, gentildonna, lady (*ingl.*), madame (*fr.*) **CONTR.** donnetta, popolana **6** donna ricca, riccona **CONTR.** poveraccia, nullatenente, stracciona **7** cliente **CONTR.** venditrice **8** spettatrice, ascoltatrice.

signóre s. m. **1** principe, sovrano, dominatore, padrone, reggitore **CONTR.** servo, schiavo, suddito **2** (*est.*) padrone di casa **CONTR.** servo, domestico, cameriere, dipendente **3** Dio, Gesù Cristo **4** marito, coniuge **5** (*gener.*) uomo, maschio **CONTR.** donna, femmina **6** uomo di classe, raffinato, gentiluomo, gentleman (*ingl.*) **CONTR.** villanzone, zoticone, screanzato **7** uomo ricco, riccone, miliardario, nababbo **CONTR.** poveraccio, miserabile, nullatenente, pezzente, straccione **8** cliente **CONTR.** venditore **9** spettatore, ascoltatore.

signoreggiàre A v. tr. **1** (*lett.*) tenere sottomesso, dominare, comandare, padroneggiare, spadroneggiare, predominare, tiranneggiare **CONTR.** dipendere, servire, sottostare, soggiacere **2** (*fig.*) (*di istinti, di passioni, ecc.*) tenere a freno, dominare, contenere, controllare, reprimere, soffocare, trattenere **CONTR.** lasciare libero, scatenare, sfrenare **B** v. intr. esercitare il dominio.

signorìa s. f. potere, potestà, dominio, autorità, comando, dominazione, egemonia, predominio, padronanza, giurisdizione, governo **CONTR.** servitù, schiavitù, soggezione, sudditanza, dipendenza, vassallaggio, servaggio (*lett.*), sottomissione, subordinazione.

signorìle agg. **1** (*di palazzo, ecc.*) di signore, gentilizio, nobile **CONTR.** servile **2** (*di persona, di modi, ecc.*) distinto, raffinato, nobile, elegante, fine, delicato **CONTR.** rozzo, grossolano, zotico, volgare, gretto, meschino, villano, screanzato, cafonesco (*dial.*).

signorilità s. f. **1** distinzione, eleganza, finezza, delicatezza, nobiltà, raffinatezza **CONTR.** grossolanità, rozzezza, volgarità, zoticaggine, villania, malacreanza, cafoneria (*dial.*) **2** generosità, liberalità, munificenza, larghezza **CONTR.** avarizia, grettezza, meschinità, taccagneria, tirchieria (*fam.*), pitoccheria.

signorilménte avv. **1** distintamente, elegantemente, finemente, delicatamente, nobilmente, raffinatamente **CONTR.** grossolanamente, rozzamente, volgarmente, villanamente, zoticamente **2** generosamente, munificamente **CONTR.** avaramente, meschinamente.

signorìna s. f. **1** fanciulla, ragazza, giovinetta, damigella, donzella (*lett.*) **2** nubile, zitella **CONTR.** signora, sposa, sposata.

silènzio s. m. **1** silenziosità □ (*est.*) pace, quiete, tranquillità **CONTR.** rumore, fracasso, fragore, frastuono, chiasso, strepito **2** taciturnità **CONTR.** loquacità **3** (*est.*) dimenticanza, oblio **FRAS.** *fare silenzio*, tacere □ *ridurre al silenzio*, mettere a tacere.

silenziosaménte avv. **1** in silenzio, tacitamente, senza parlare, mutamente, zitto **CONTR.** loquacemente, chiassosamente, rumorosamente **2** (*est.*) subdolamente, segretamente, nascostamente **CONTR.** apertamente, palesemente.

silenzióso agg. **1** senza rumori □ quieto, tacito, tranquillo, silente (*lett.*) **CONTR.** rumoroso, fragoroso, chiassoso, rumoreggiante, strepitoso, strepitante **2** (*di persona*) taciturno, di poche parole, laconico **CONTR.** loquace, ciarliero, chiacchierone.

silhouette /*fr.* si'lwɛt/ [vc. fr., dal nome del finanziere E. de *Silhouette*, con allusione all'estrema parsimonia della sua amministrazione] s. f. inv. contorno, sagoma, linea, profilo □ figura.

sillaba s. f. **1** (*di parola*) unità fonica **2** niente, nulla □ parola.

sillabàre v. tr. **1** (*di parola*) compitare, scandire, pronunciare **2** (*est.*) balbettare, farfugliare, barbugliare.

sillabàrio s. m. abbecedario.

sillogìsmo s. m. (*est.*) argomentazione, argomento, ragionamento, deduzione.

siluràre v. tr. **1** (*di nave*) colpire con un siluro **2** (*fig.*) (*di persona*) bocciare, trombare (*fam.*), esonerare, licenziare, allontanare, deporre, destituire **CONTR.** promuovere, eleggere **3** (*fig.*) (*di progetto, di legge, ecc.*) mandare a monte, bocciare **CONTR.** accogliere, approvare.

silùro s. m. **1** (*est.*) torpedine **2** (*fig.*) manovra, minaccia, colpo.

silvèstre agg. **1** (*lett.*) silvano (*lett.*), boschereccio **2** (*di luogo*) selvoso, boschivo **CONTR.** deserto **3** (*di pianta*) selvatico **CONTR.** coltivato.

simbiòsi s. f. **1** (*biol.*) associazione **2** (*fig.*) stretto rapporto, connessione, legame, interdipendenza.

simboleggiàre v. tr. rappresentare, significare, configurare, personificare, raffigurare, adombrare (*poet.*), allegorizzare, metaforeggiare, metaforizzare (*raro*).

simbolicaménte avv. per simboli, emblematicamente, allegoricamente, metaforicamente □ copertamente, oscuramente **CONTR.** letteralmente, concretamente, realmente □ apertamente, chiaramente.

simbòlico agg. allegorico, metaforico, emblematico, paradigmatico, rappresentativo □ oscuro, misterioso **CONTR.** letterale, concreto, reale □ aperto, chiaro.

simbolizzàre v. tr. simboleggiare, rappresentare, raffigurare, configurare, personificare.

sìmbolo s. m. **1** emblema, figura, figurazione, prefigurazione, configurazione, immagine, personificazione, rappresentazione, allegoria, metafora **CONTR.** significato letterale, concretezza, realtà **2** marchio, sigla **3** abbreviazione □ segno □ figura, immagine.

similàre agg. simile, omogeneo, della stessa natura, affine, analogo **CONTR.** dissimile, diverso, eterogeneo, di altra specie.

similarità s. f. somiglianza, affinità, analogia, conformità, omogeneità **CONTR.** dissomiglianza, diversità, difformità, eterogeneità.

sìmile A agg. **1** affine, analogo, somigliante, assomigliante, similare, consimile, congenere, corrispondente, compagno, conforme, parente, vicino, comparabile, paragonabile, equivalente **CONTR.** differente, dissimile, diverso, difforme, dissomigliante, discordante, altro, eterogeneo, contrario, opposto **2** tale, di tale fatta, di tale sorta, siffatto **B** s. m. e f. **1** compagno □ persona della stessa condizione, persona della stessa classe **2** (*spec. al pl.*) prossimo.

similitùdine s. f. **1** (*raro, lett.*) somiglianza, conformità, affinità, analogia, omogeneità, rassomiglianza, equivalenza **CONTR.** differenza, dissomiglianza, diversità, difformità, discordanza, eterogeneità, opposizione **2** (*retorica*) comparazione, paragone, allegoria, analogia, figura, immagine, metafora, parallelo, traslato, tropo (*lett.*).

similménte avv. allo stesso modo, analogamente, ugualmente **CONTR.** diversamente, differentemente.

simmetrìa s. f. armonia, rispondenza, corrispondenza, disposizione ordinata, equilibrio, riscontro, proporzione **CONTR.** asimmetria, disarmonia, sproporzione, squilibrio.

simmetricaménte avv. armonicamente, armoniosamente, proporzionatamente **CONTR.** disarmonicamente, sproporzionatamente.

simmètrico agg. armonico, rispondente, corrispondente, equilibrato, proporzionato **CONTR.** asimmetrico, disarmonico, sproporzionato, squilibrato.

simonìa [da *Simone* Mago, il samaritano che cercò di comperare da S. Pietro il potere di trasmettere i doni dello Spirito Santo] s. f. (*di cose sacre*) commercio, baratteria, lucro.

simpatìa s. f. attrazione, attrattiva, debole, penchant (*fr.*), inclinazione, conformità di sentimenti, amicizia, accordo, affinità, affetto, favore, propensione, predisposizione **CONTR.** antipatia, avversione, contrasto, ostilità, repulsione, ripugnanza, allergia, incompatibilità, idiosincrasia.

simpàtico agg. amabile, affettuoso, benigno, caro, cortese, cordiale, delicato, espansivo, gentile, piacente, sensibile □ (*est.*) divertente, gradevole, grazioso, piacevole **CONTR.** antipatico, odioso, repellente, ripugnante, urtante, fastidioso, spiacevole, indisponente, irritante.

simpatizzànte part. pres. di **simpatizzare**; anche agg. e s. m. e f. amico, difensore, fautore, favoreggiatore, partigiano, sostenitore, fan (*ingl.*), tifoso, zelatore, seguace **CONTR.** avversario, nemico, antagonista, oppositore.

simpatizzàre v. intr. **1** provare simpatia, incontrarsi □ riuscire simpatico **CONTR.** essere in urto □ essere antipatico, essere inviso **2** (*per una persona, per una cosa*) sostenere, parteggiare, tifare (*fam.*), essere tifoso, propendere **CONTR.** avversare, contrariare, osteggiare (*lett.*).

simpòsio (1) s. m. (*lett.*) banchetto, convito, convivio, colazione, cena.

simpòsio (2) s. m. convegno, congresso, seminario, tavola rotonda, meeting (*ingl.*).

simulàcro s. m. **1** statua, immagine, effigie, ritratto □ idolo **2** (*lett., fig.*) immagine vaga, somiglianza vaga, ombra, fantasma, parvenza.

simulàre v. tr. **1** fingere, inventare, far credere, dare a vedere, dare a intendere **CONTR.** palesare, rivelare **2** (*raro*) imitare, riprodurre, contraffare.

simulataménte avv. falsamente, fintamente, ipocritamente **CONTR.** apertamente, francamente, lealmente, schiettamente, sinceramente.

simulàto part. pass. di **simulare**; anche agg. non vero, falso, finto, insicuro **CONTR.** vero, verace (*lett.*), autentico, sincero.

simulatóre s. m.; anche agg. (f. *-trice*) ipocrita, impostore, ingannatore, bugiardo, mentitore **CONTR.** veritiero, leale, sincero.

simulazióne s. f. finzione, impostura, infingimento (*raro*), ipocrisia, falsità, mostra, menzogna □ dissimulazione **CONTR.** verità, veracità, franchezza, lealtà, schiettezza, sincerità, ingenuità, candore.

simultaneaménte avv. contemporaneamente, nello stesso tempo **CONTR.** prima, anteriormente, precedentemente □ dopo, posteriormente.

simultaneità s. f. contemporaneità, coincidenza, sincronismo, concomitanza, coesistenza **CONTR.** diacronia, diacronicità □ anteriorità, precedenza □ posteriorità, successione.

simultàneo agg. contemporaneo, coincidente, sincrono, concomitante, coesistente **CONTR.** anteriore, antecedente, precedente □ seguente, susseguente, successivo, posteriore.

sinagòga s. f. **1** (*degli ebrei*) tempio **2** adunanza **3** (*est.*) nazione ebraica, religione ebraica.

sinceraménte avv. francamente, schiettamente, lealmente, spontaneamente, semplicemente, candidamente, ingenuamente, innocentemente **CONTR.** falsamente, ipocritamente, doppiamente, fintamente, slealmente, simulatamente, mendacemente (*lett.*).

sinceràre A v. tr. (*lett.*) convincere, assicurare, persuadere **CONTR.** dissuadere **B sincerarsi** v. intr. pron. accertarsi, assicurarsi, verificare, controllare.

sincerità s. f. **1** franchezza, schiettezza, lealtà, spontaneità, semplicità, candidezza, candore, ingenuità, innocenza **CONTR.** falsità, insincerità, ipocrisia, doppiezza, finzione, slealtà, ambiguità, inganno, simulazione, dissimulazione, menzogna **2** (*di prodotto, di codice, ecc.*) autenticità, purezza, genuinità, bontà **CONTR.** falsità.

sincèro agg. **1** (*di cosa*) puro, genuino, autentico, pretto, non alterato, non adulterato, non sofisticato **CONTR.** adulterato, alterato, falsificato, sofisticato, artefatto, contraffatto, impuro **2** (*di persona, di parole, ecc.*) franco, schietto, leale, semplice, candido, ingenuo, innocente, aperto, veritiero, verace (*lett.*) **CONTR.** falso, insincero, doppio, ipocrita, finto, ambiguo, bugiardo, mendace, sleale, simulatore **3** (*di dolore, di gioia, ecc.*) non simulato, istintivo, naturale, sentito, spontaneo, immediato **CONTR.** artificioso, forzato, convenzionale, controllato, simulato.

sincopàre v. tr. (*est.*) abbreviare **CONTR.** allungare.

sincopàto part. pass. di **sincopare**; anche agg. (*est.*) abbreviato **CONTR.** allungato.

sìncope s. f. **1** (*est.*) accorciamento **CONTR.** allungamento **2** (*med.*) perdita di coscienza, deliquio, svenimento, paralisi **CONTR.** rinvenimento.

sincronìa s. f. sincronismo, contemporaneità, simultaneità, coincidenza, coesistenza **CONTR.** diacronia □ anteriorità □ posteriorità.

sincrònico agg. sincrono, contemporaneo, simultaneo, coincidente, concomitante **CONTR.** diacronico □ anteriore □ posteriore.

sincronìsmo s. m. sincronia, contemporaneità, coincidenza, simultaneità, coesistenza **CONTR.** diacronia □ anteriorità, precedenza □ posteriorità, successione.

sincronizzàre v. tr. rendere sincrono, mettere in sincronia, far corrispondere, coordinare, abbinare, regolare.

sincronizzàto part. pass. di **sincronizzare**; anche agg. reso sincrono, messo in sincronia, coordinato, abbinato, regolato.

sincronizzazióne s. f. coordinazione, abbinamento, regolazione.

sìncrono agg. contemporaneo, coincidente, simultaneo, concomitante, coesistente **CONTR.** diacronico □ anteriore, antecedente, precedente □ seguente, susseguente, posteriore, successivo.

sindacàbile agg. controllabile □ biasimabile,

censurabile, criticabile, reprensibile, condannabile CONTR. insindacabile, indiscutibile, incontrollabile, intoccabile □ incensurabile, irreprensibile.

sindacàre v. tr. **1** (*di operato, di attività, ecc.*) esaminare, controllare, vigilare, sorvegliare, rivedere i conti CONTR. trascurare **2** (*fig.*) (*di persona, di comportamento, ecc.*) biasimare, censurare, criticare, riprendere, condannare, disapprovare, riprovare CONTR. approvare, elogiare, encomiare, esaltare, lodare, decantare.

sindacàto s. m. **1** organizzazione di lavoratori, lega, corporazione **2** (*econ.*) cartello, accordo, pool (*ingl.*), trust (*ingl.*) **3** (*di malviventi*) racket (*ingl.*).

sìndaco s. m. **1** primo cittadino **2** (*comm.*) revisore dei conti.

sìndrome s. f. (*med.*) sintomi, sintomatologia.

sinèddoche s. f. (*retorica*) metonimia.

sinfonìa s. f. **1** (*est.*) concerto, brano strumentale **2** (*fig.*) (*di colori, di suoni, ecc.*) armonia CONTR. disarmonia **3** (*fig., fam., antifr.*) complesso sgradevole □ lagna, borsa (*pop.*), solfa.

singhiozzàre v. intr. **1** avere il singhiozzo **2** piangere dirottamente CONTR. ridere, sghignazzare **3** (*fig.*) avanzare a sbalzi.

singhiózzo s. m. **1** singulto **2** (*spec. al pl.*) pianto dirotto, pianto convulso CONTR. riso, risata, sghignazzata **3** (*fig.*) sbalzo, interruzione.

single /*ingl.* 'siŋgl/ [vc. ingl., 'dal lat. *singŭlus* 'singolo'] s. m. e f. inv. scapolo, celibe, solo □ nubile, signorina, zitella CONTR. sposato, ammogliato, coniugato.

singolàre agg. **1** solo, unico CONTR. plurale, molteplice **2** (*est.*) (*di persona, di parlata, ecc.*) unico, caratteristico, particolare, proprio, peculiare, personale, specifico, tipico □ eccellente, egregio, eccezionale, impareggiabile, incomparabile, insolito, raro, straordinario CONTR. comune, normale, ordinario, solito, usuale, consueto, diffuso □ modesto, modico, mediocre **3** (*di persona, di moda, ecc.*) originale, eccentrico, strano, bizzarro, strambo, curioso CONTR. comune, naturale, normale, semplice.

singolarità s. f. **1** unicità CONTR. pluralità **2** particolarità, peculiarità, prerogativa, proprietà, caratteristica, specificità, tipicità, monopolio □ rarità, eccellenza, incomparabilità, sommità CONTR. normalità, usualità (*raro*), diffusione, mediocrità, modestia, modicità **3** (*di persona, di moda, ecc.*) originalità, eccentricità, stranezza, bizzarria, curiosità, stramberia CONTR. naturalezza, normalità, semplicità.

singolarménte avv. in modo singolare, particolarmente, distintamente, specificamente, tipicamente □ eccezionalmente, insolitamente, impareggiabilmente, straordinariamente CONTR. comunemente, normalmente, ordinariamente, solitamente, usualmente □ mediocremente, modestamente, modicamente.

sìngolo A agg. **1** considerato a sé, isolato **2** unico, personale, individuale CONTR. comune, collettivo **B** s. m. **1** uomo, individuo, persona **2** (*sport*) (*nel tennis*) singolare □ (*nel canottaggio*) skiff (*ingl.*).

singùlto s. m. **1** singhiozzo **2** pianto convulso CONTR. riso, risata, sghignazzata.

sinìstra s. f. **1** mano sinistra, manca, mancina CONTR. destra, dritta **2** (*polit.*) partiti di sinistra, progressisti CFR. destra, centro **3** (*di un partito, di un movimento, ecc.*) ala progressista **4** (*mar.*) babordo.

sinistràto agg. e s. m. **1** danneggiato **2** senzatetto, sfollato.

sinìstro A agg. **1** mancino, manco CONTR. destro, dritto **2** a sinistra CONTR. destro, dritto **3** (*fig.*) (*di sorte, di presagio, ecc.*) sfavorevole, avverso, contrario, funesto, infausto, nefasto, malaugurato, negativo CONTR. fausto, favorevole, felice, lieto, propizio **4** (*fig.*) (*di persona, di sguardo, ecc.*) bieco, minaccioso, torvo, truce, losco, ostile, maligno CONTR. amichevole, benigno, bonario, mite, ridente, sereno **B** s. m. disgrazia, accidente, disastro, incidente, infortunio, sciagura, catastrofe CONTR. fortuna, successo.

sinistròrso A agg. CONTR. destrorso **B** agg.; anche s. m. sinistroide CONTR. destroide.

sìnodo s. m. (*eccl.*) riunione, concilio, assemblea.

sinònimo s. m. (*ling., est.*) sinonimia CONTR. contrario, antonimo.

sinòttico agg. compendioso, riassuntivo, riepilogativo, sintetico, succinto, breve, conciso, concettoso, serrato, stringato CONTR. analitico □ diffuso, prolisso, ridondante, troppo lungo, profuso.

sìntesi s. f. **1** unione, riunione, fusione, unificazione, composizione CONTR. analisi, scomposizione, separazione **2** riassunto, sunto, compendio, ricapitolazione, riepilogo, estratto, sommario, conclusione CONTR. ampliamento, allargamento, specificazione.

sinteticaménte avv. **1** per sintesi CONTR. analiticamente **2** sommariamente, succintamente, rapidamente, brevemente, concettosamente, compendiosamente, concisamente, serratamente, stringatamente CONTR. diffusamente, profusamente, prolissamente, ridondantemente (*raro*).

sintètico agg. **1** (*est.*) essenziale, succinto, compendioso, riassuntivo, sommario, rapido, breve, condensato, concettoso, conciso, incisivo, serrato, stringato CONTR. analitico, particolareggiato, prolisso, profuso, diffuso, troppo lungo, ridondante **2** (*di prodotto*) ottenuto per sintesi □ artificiale CONTR. naturale.

sintetizzàre v. tr. riassumere, compendiare,

condensare, ricapitolare, riepilogare, restringere, ridurre, toccare per sommi capi **CONTR.** allargare □ analizzare, specificare.
sintetizzatóre s. m. moog (*ingl.*), ampli-tuner (*ingl.*).
sintomàtico agg. (*fig.*) significativo, rivelatore.
sintomatologìa s. f. (*med.*) sintomi □ semeiotica.
sìntomo s. m. **1** (*med.*) segno, prodromo □ sindrome **CONTR.** postumo **2** (*fig.*) (*di bontà, di fame, ecc.*) indizio, avvisaglia, segno, sentore, preannuncio, presagio, avviso **CONTR.** conseguenza, effetto, strascico.
sintonìa s. f. (*fig.*) accordo, armonia, concordia, coerenza **CONTR.** disaccordo, discordia, dissidio, contrasto.
sintonizzàre v. tr. e **sintonizzàrsi** v. intr. pron. (*fig.*) concordare, andare d'accordo, armonizzare **CONTR.** contrastare, litigare.
sintonizzatóre s. m. tuner (*ingl.*), radio.
sinuosaménte avv. flessuosamente, tortuosamente **CONTR.** dirittamente, dritto, in linea retta.
sinuosità s. f. flessuosità, tortuosità, piegatura, curva, giravolta, meandro, serpeggiamento **CONTR.** linearità, rigidità, dirittura, rettifilo, rettilineo.
sinuóso agg. serpeggiante, tortuoso, flessuoso, a zigzag, a giravolte **CONTR.** lineare, rigido, diritto, dritto, rettilineo.
sipàrio s. m. **1** (*teat.*) tenda, tendaggio, tela, telone, velario **2** (*est.*) cortina □ confine **FRAS.** *calare il sipario su una cosa* (*fig.*), non parlarne più.
sirèna [da *Sirena*, il mitico mostro marino metà donna e metà pesce, il cui canto affascinava i naviganti e provocava naufragi] s. f. allettatrice, ammaliatrice, fascinatrice (*lett.*), donna fatale, vamp (*ingl.*) **CONTR.** megera, strega.
sirìnga s. f. **1** zampogna, flauto **2** cilindro (di vetro) per iniezioni □ catetere.
sìsmo s. m. terremoto, scossa.
sistèma s. m. **1** complesso, compagine, organismo, struttura, insieme □ gruppo **2** (*di insegnamento, di difesa, ecc.*) metodo, criterio, regola, principio □ modo, maniera □ condotta, consuetudine, tattica **3** (*di riscaldamento, di illuminazione, ecc.*) impianto **4** (*politico, sociale, ecc.*) istituzione, regime, costituzione.
sistemàre A v. tr. **1** (*la casa, i conti, ecc.*) organizzare, ordinare, mettere a posto, assestare, correggere, moderare, regolare **CONTR.** disordinare, confondere, scompigliare, mettere sottosopra, buttare all'aria, rivoluzionare, sconvolgere **2** (*di affare, di lite, ecc.*) risolvere, definire, concludere **CONTR.** cominciare, iniziare **3** (*est.*) (*di persona*) alloggiare, accogliere □ occupare, dare lavoro, procurare lavoro, collocare **CONTR.** sloggiare, sfrattare, cacciare **4** far sposare, maritare, accasare **5** (*fam.*) punire, castigare, dare una lezione **B sistemarsi** v. rifl. **1** alloggiare, trovare alloggio, abitare **CONTR.** sloggiare **2** occuparsi, impiegarsi **CONTR.** licenziarsi **3** sposarsi, mettere su famiglia **CONTR.** dividersi, separarsi, divorziare.
sistematicaménte avv. **1** metodicamente, meticolosamente, ordinatamente □ coerentemente **CONTR.** incoerentemente, disordinatamente, confusamente, caoticamente **2** sempre, regolarmente, normalmente, ordinariamente **CONTR.** mai, raramente, a intervalli, irregolarmente.
sistematicità s. f. metodicità, regolarità **CONTR.** irregolarità, saltuarietà.
sistemàtico agg. **1** metodico, meticoloso, ordinato, coerente, preciso, regolare □ continuo **CONTR.** disordinato, confuso, caotico, capriccioso, improvviso □ saltuario, discontinuo **2** (*di opposizione, di rifiuto, ecc.*) fatto per principio, ostinato, caparbio, piccoso, puntiglioso, fazioso **CONTR.** impulsivo, irrazionale, blando.
sistemazióne s. f. assestamento, assetto, collocazione, definizione, disposizione, ordine **CONTR.** confusione, caos, disordine, scompiglio, sconvolgimento, trambusto, casino (*pop.*).
sìstole s. f. **1** (*med.*) contrazione cardiaca **CONTR.** diastole **2** (*gramm.*) abbreviazione **CONTR.** allungamento.
situàre v. tr. porre, collocare, mettere, stabilire, ubicare **CONTR.** levare, togliere, rimuovere, spostare.
situazióne s. f. **1** condizione, stato, posizione □ dislocazione **2** circostanza, momento.
sketch /*ingl.* sketʃ/ [vc. ingl., dall'ol. *schets*, deriv. dall'it. *schizzo*] s. m. inv. (*di varietà, pubblicitario, ecc.*) scenetta, numero, trovata, gag (*ingl.*).
ski-lift /*ingl.* 'ski:lift/ [vc. ingl., comp. di *ski* 'sci' e *lift* 'ascensore'] s. m. inv. sciovia.
slabbràre A v. tr. **1** (*di vaso e sim.*) sbreccare, scheggiare, sbocconcellare **2** (*di ferita*) allargare, lacerare **CONTR.** cucire **B** v. intr. traboccare **C slabbrarsi** v. intr. pron. scheggiarsi.
slabbràto part. pass. di **slabbrare**; anche agg. **1** (*di vaso e sim.*) sbreccato, scheggiato, sbocconcellato **2** (*di ferita*) lacerato, allargato **CONTR.** cucito.
slabbratùra s. f. **1** (*di vaso e sim.*) scheggiatura, sbocconcellatura **2** (*di ferita*) apertura, lacerazione **CONTR.** cucitura.
slacciàre A v. tr. sciogliere, sfibbiare, sbottonare, slegare, aprire **CONTR.** allacciare, affibbiare, abbottonare, legare, annodare **B slacciarsi** v. rifl. sfibbiarsi, sbottonarsi, sciogliersi, slegarsi, aprirsi **CONTR.** allacciarsi, affibbiarsi, abbottonarsi.
slàlom [vc. norv., comp. di *sla* 'piegato' e *lăm* 'traccia dello sci'] s. m. inv. (*sport*) (*nello sci*) discesa obbligata, discesa a zigzag **CONTR.** di-

scesa libera.

slanciàre A v. tr. **1** (*raro*) lanciare, buttare, gettare, scagliare, scaraventare **CONTR.** fermare, tenere, trattenere **2** (*di abito, ecc.*) snellire **CONTR.** ingoffare, appesantire **B slanciarsi** v. rifl. (*di persona*) gettarsi, buttarsi, avventarsi, scagliarsi, cacciarsi, precipitarsi **CONTR.** ritirarsi, ritrarsi, retrocedere, arretrare, indietreggiare, rinculare, frenarsi, trattenersi **C** v. intr. pron. (*di albero, di campanile, ecc.*) protendersi, svettare.

slanciàto part. pass. di **slanciare**; anche agg. **1** (*raro*) gettato, buttato, avventato, scagliato, scaraventato **CONTR.** ritirato, ritratto, frenato, trattenuto **2** alto, snello, flessuoso, sottile, agile, svelto **CONTR.** basso, corpulento, grosso, massiccio, pesante, tarchiato, tozzo, tracagnotto.

slàncio s. m. **1** balzo, salto, scatto, zompo (*centr.*) □ sprint (*ingl.*) **2** (*fig.*) (*di rabbia, di generosità, ecc.*) impeto, impulso, empito (*lett.*), entusiasmo, fervore, foga, ardore, concitazione, furia, scatto, scoppio, sfogo, veemenza **CONTR.** indolenza, inerzia, pigrizia, indifferenza, apatia, disinteresse, freddezza, insensibilità.

slang /*ingl.* slæŋ/ [vc. ingl., propriamente 'gergo'] s. m. inv. gergo, argot (*fr.*), lingua settoriale.

slàrgo s. m. allargamento, allargatura □ largo, piazza **CONTR.** restringimento, strettoia, stretta.

slavàto agg. **1** sbiadito, smorto, scialbo, dilavato, pallido, scolorito **CONTR.** colorito, rosso, acceso, carico **2** (*fig.*) (*di stile, di figura, ecc.*) debole, incolore, inespressivo, fiacco, sbiadito, scialbo **CONTR.** energico, espressivo, efficace, colorito, vivace, vigoroso, brillante.

sleàle agg. infedele, infido, insincero, malfido, fellone (*lett.*), perfido, traditore, doppio, falso, subdolo, fedifrago **CONTR.** leale, fedele, fidato, fido, irreprensibile, integro, onesto, retto, schietto, sincero, verace, aperto, franco.

slealménte avv. infedelmente, insinceramente, doppiamente, falsamente, fraudolentemente **CONTR.** lealmente, irreprensibilmente, onestamente, onoratamente, rettamente, schiettamente, sinceramente, apertamente, francamente.

slealtà s. f. infedeltà, insincerità, doppiezza, falsità, fraudolenza, frode, malafede, perfidia, fellonia (*lett.*), tradimento **CONTR.** lealtà, fedeltà, fidatezza, schiettezza, sincerità, veracità, franchezza.

slegàre A v. tr. sciogliere, slacciare, sfibbiare, snodare, sgrovigliare, sviluppare, svincolare □ prosciogliere, liberare **CONTR.** legare, allacciare, annodare, avvincere, assicurare, incatenare, serrare, vincolare **B slegarsi** v. intr. pron. sciogliersi, slacciarsi, svincolarsi, liberarsi.

slegàto part. pass. di **slegare**; anche agg. **1** sciolto, disciolto, slacciato, sfibbiato, snodato, sgrovigliato, svincolato □ non rilegato **CONTR.** legato, allacciato, annodato, avvinto (*lett.*), assicurato, incatenato, serrato, vincolato □ rilegato **2** (*fig.*) (*di ragionamento, di pensiero, ecc.*) illogico, incoerente, sconnesso □ scollegato **CONTR.** coerente, connesso, logico, unito, concatenato.

slegatùra s. f. (*anche fig.*) slegamento, sconnessione **CONTR.** legamento, legame, connessione.

slip /*ingl.* slip/ [vc. ingl., da *to slip* 'scivolare, scorrere', propriamente 'indumento che si infila con facilità'] s. m. inv. mutandine.

slìtta s. f. **1** traino, treggia, guidoslitta, troica, troika **2** (*mecc.*) scorrevole.

slittaménto s. m. **1** sdrucciolamento (*raro*), scivolamento, scivolata, sbandamento **2** (*fig.*) (*di moneta, di prezzo, ecc.*) diminuzione, deprezzamento, svilimento, svalutazione, calo **CONTR.** apprezzamento, rincaro, rivalutazione, crescita **3** (*fig.*) (*di ideologia*) deviazione, spostamento **CONTR.** fedeltà, coerenza.

slittàre v. intr. **1** scivolare, sdrucciolare □ (*di ruota*) girare a vuoto **CONTR.** far presa **2** (*fig.*) (*di moneta, di prezzo, ecc.*) diminuire, calare, deprezzarsi, ribassare, svalutarsi, svilirsi **CONTR.** apprezzarsi, crescere, rincarare, rivalutarsi.

slògan [vc. ingl., dallo scozzese *sluaghghairm* 'grido (*ghairm*) di guerra (*sluagh*)'] s. m. inv. frase pubblicitaria, motto, réclame (*fr.*).

slogàre A v. tr. lussare **B slogarsi** v. intr. pron. lussarsi.

slogatùra s. f. lussazione.

sloggiàre A v. tr. sfrattare, scasare (*raro*) □ scacciare, allontanare, espellere, estromettere, mandare via **CONTR.** alloggiare, dare alloggio □ accogliere, accettare, ricevere **B** v. intr. cambiar casa, traslocare □ allontanarsi, partire, sgombrare, andare via, andarsene, far fagotto **CONTR.** entrare □ occupare.

smacchiàre v. tr. pulire, tergere **CONTR.** macchiare, sporcare, insozzare, insudiciare, ungere, chiazzare.

smacchiatóre s. m. detergente, detersivo.

smacchiatùra s. f. pulitura.

smàcco s. m. insuccesso, sconfitta, onta, ingiuria, vergogna, umiliazione **CONTR.** successo, vittoria, trionfo.

smagliànte agg. splendente, brillante, risplendente, sfavillante, sfolgorante, lucente, radioso, rilucente, abbagliante **CONTR.** offuscato, opaco, oscuro, smorto, spento, velato.

smagliàre A v. tr. disfare le maglie **CONTR.** ammagliare **B smagliarsi** v. intr. pron. (*di maglia*) disfarsi □ cedere.

smagliatùra s. f. **1** rottura, strappo **2** (*fig.*) mancanza di coesione, incoerenza, sconnessione **CONTR.** coesione, coerenza, unità.

smagrìre A v. tr. rendere magro, dimagrire, far

dimagrire CONTR. ingrassare, ingrossare **B** v. intr. e **smagrirsi** intr. pron. divenire magro, dimagrare, smagrare (*raro*), dimagrire CONTR. ingrassare, ingrassarsi, ingrossare, ingrossarsi.

smaliziàre A v. tr. scaltrire, infurbire, disincantare **B smaliziarsi** v. intr. pron. scaltrirsi, farsi furbo.

smaliziàto part. pass. di **smaliziare**; anche agg. scaltrito, disincantato, furbo, malizioso, esperto CONTR. ingenuo, candido, innocente, inesperto, minchione (*pop.*), semplicione, fesso (*fam.*).

smaltàre v. tr. (*est.*) verniciare, laccare.

smaltàto part. pass. di **smaltare**; anche agg. (*est.*) verniciato, laccato.

smaltìre v. tr. **1** digerire, assimilare, mandar giù □ far passare **2** (*raro, fig.*) (*di offesa, di dolore, ecc.*) tollerare, sopportare, ingoiare (*fig.*) CONTR. reagire, ribellarsi **3** (*di merce*) vendere completamente, smerciare, liquidare, esitare, spacciare **4** (*di acque, di immondizie, ecc.*) dare scolo, scaricare □ eliminare.

smàlto s. m. **1** (*est.*) vernice **2** (*fig.*) capacità combattiva, impeto agonistico.

smancerìa s. f. spec. al pl. leziosaggine, moina, svenevolezza, sdolcinatura, smorfia, affettazione, sdilinquimento CONTR. rudezza, ruvidezza, sgarbataggine, sgarberia, sgarbo, scortesia, villania □ austerità, gravità, serietà, solennità.

smanceróso agg. lezioso, sdolcinato, svenevole, smorfioso, affettato, sdilinquito, smaccato CONTR. rozzo, rude, ruvido, scortese, sgarbato, villano □ austero, grave, serio, solenne.

smània s. f. **1** agitazione, inquietudine, affanno, ansia, impazienza, nervosismo, fastidio, frenesia, fermento, concitazione, irrequietudine, nervoso, nervosismo, orgasmo, sovreccitazione CONTR. calma, pace, pazienza, quiete, serenità, tranquillità, equilibrio, impassibilità, imperturbabilità **2** (*fig.*) (*di successo, di divertimento, ecc.*) desiderio, brama, bramosia (*lett.*), avidità, cupidigia, struggimento, voglia CONTR. indifferenza, svogliatezza, apatia, avversione, ripugnanza.

smaniàre v. intr. **1** agitarsi, affannarsi, arrovellarsi, impazientirsi, innervosirsi, inquietarsi, conturbarsi, eccitarsi, sovreccitarsi, delirare CONTR. stare calmo, essere tranquillo, non scomporsi □ pazientare, tollerare **2** (*fig.*) desiderare, bramare (*lett.*), struggersi, anelare, sognare, sospirare CONTR. disdegnare, aborrire, disinteressarsi.

smaniosaménte avv. **1** affannosamente, nervosamente, impazientemente CONTR. tranquillamente, pazientemente, quietamente, placidamente **2** ardentemente, avidamente CONTR. disdegnosamente, apaticamente.

smanióso agg. **1** affannato, agitato, ansioso, conturbato, impaziente, inquieto, irrequieto, sovreccitato, nervoso CONTR. calmo, paziente, placido, pacifico, quieto, equilibrato, tranquillo, tollerante **2** (*di denaro, di gloria, ecc.*) bramoso (*lett.*), desideroso, avido, cupido (*lett.*), voglioso, assetato CONTR. disdegnoso, restio, indifferente.

smantellaménto s. m. abbattimento, demolizione, distruzione, diroccamento, atterramento, spianamento CONTR. costruzione, edificazione, erezione.

smantellàre v. tr. **1** abbattere, atterrare, demolire, diroccare, spianare □ distruggere, rendere inefficiente, mettere fuori uso CONTR. costruire, edificare, erigere □ rendere efficiente, rimettere in funzione **2** (*fig.*) (*di idee, di ragionamento, ecc.*) confutare, dimostrare infondato, screditare CONTR. accreditare, avvalorare, convalidare.

smargiàsso s. m. ammazzasette, fanfarone, gradasso, spaccone, millantatore, rodomonte, guascone, bravaccio, spaccamontagne, spavaldo, vanaglorioso, patacca (*dial.*) CONTR. modesto, umile, dimesso, discreto, riservato, semplice.

smarriménto s. m. **1** (*di cosa*) perdita, dimenticanza CONTR. ritrovamento, rinvenimento **2** (*med.*) svenimento, perdita di coscienza, mancamento, deliquio CONTR. rinvenimento **3** (*fig.*) confusione, sconcerto, sconvolgimento, paura, timore, sbigottimento, turbamento, perturbazione, rimescolamento, scombussolamento CONTR. calma, placidità, quiete, serenità, tranquillità, impassibilità, imperturbabilità.

smarrìre A v. tr. perdere CONTR. trovare, rinvenire **B smarrirsi** v. intr. pron. **1** perdersi □ sperdersi, sviarsi CONTR. ritrovare la strada **2** (*fig.*) turbarsi, confondersi, sbigottirsi, sconcertarsi, avvilirsi, disanimarsi, scoraggiarsi, sgomentarsi, deprimersi, demoralizzarsi, spaurirsi, spaventarsi, intimorirsi CONTR. rianimarsi, riaversi, rimettersi, rinfrancarsi, rincorarsi, riprendersi, riconfortarsi, risollevarsi.

smarrìto part. pass. di **smarrire**; anche agg. **1** perso, perduto □ sperduto CONTR. trovato, rinvenuto **2** (*fig.*) sbigottito, confuso, disorientato, sconcertato, sconvolto, sgomento, impaurito, spaurito, timoroso, avvilito, disanimato, scoraggiato, depresso, demoralizzato CONTR. rianimato, rinfrancato, riconfortato, risollevato, baldanzoso, animoso, spavaldo, sicuro di sé.

smascheraménto s. m. rivelazione, manifestazione, palesamento CONTR. occultamento, occultazione, dissimulazione.

smascheràre A v. tr. **1** togliere la maschera **2** (*fig.*) rivelare, manifestare, palesare, scoprire, svelare, denudare CONTR. celare, coprire, nascondere, occultare, dissimulare, mascherare **B smascherarsi** v. rifl. **1** togliersi la maschera **2** (*fig.*) rivelarsi, scoprirsi, svelarsi CONTR. nascondersi, celarsi, occultarsi, dissimularsi, mascherarsi.

smembraménto s. m. divisione, disgregamento, frazionamento, scomposizione, separazione, scorporo **CONTR.** aggregamento, aggregazione, accorpamento, composizione, unione, costruzione.

smembràre v. tr. **1** (*raro*) tagliare a pezzi **2** (*fig.*) dividere, disgregare, frazionare, scomporre, separare, disgiungere, scorporare **CONTR.** aggregare, comporre, accorpare, congiungere, unire, mettere insieme.

smemoratàggine s. f. mancanza di memoria, amnesia, dimenticanza, distrazione, sbadataggine, storditaggine, sventatezza **CONTR.** memoria, ricordo □ attenzione.

smemoràto agg. e s. m. sbadato, disattento, distratto, immemore, stordito, sventato **CONTR.** memore (*lett.*), di buona memoria, attento, pronto.

smentìre A v. tr. **1** (*di persona, di notizia, ecc.*) negare, rinnegare, contraddire, sbugiardare, sconfessare, smascherare **CONTR.** approvare, confermare, riconfermare **2** (*di deposizione, di dichiarazione, ecc.*) ritrattare, ritrarre, disdire, rinnegare **CONTR.** confermare, ribadire, convalidare **3** (*di aspettativa, di promessa, ecc.*) deludere, venir meno, mancare **CONTR.** mantenere, confermare **B smentirsi** v. rifl. contraddirsi, disdirsi, ritrattarsi **CONTR.** essere coerente.

smentìta s. f. negazione, sconfessione, ritrattazione, rifiuto, palinodia **CONTR.** approvazione, conferma, riconferma, convalida, ribadimento (*raro*).

smentìto part. pass. di **smentire**; anche agg. **1** (*di persona, di notizia, ecc.*) negato, rinnegato, contraddetto, sconfessato, smascherato **CONTR.** approvato, confermato, riconosciuto **2** (*di deposizione, di dichiarazione, ecc.*) ritrattato, disdetto **CONTR.** riconosciuto, confermato, convalidato **3** (*di aspettativa, di speranza, ecc.*) deluso **CONTR.** mantenuto, confermato.

smeraldìno agg. (*di colore*) verde vivo, smeraldo.

smeràldo s. m. **1** (*miner., est.*) corindone, berillo **2** (*di colore*) verde vivo.

smerciàre v. tr. vendere, spacciare, smaltire, esitare **CONTR.** acquistare, comprare.

smèrcio s. m. vendita, spaccio, esito **CONTR.** acquisto, compera.

smèrlo s. m. festone, ricamo, merlo.

smésso part. pass. di **smettere**; anche agg. **1** interrotto, abbandonato, sospeso **CONTR.** cominciato, iniziato **2** (*di abito*) disusato **CONTR.** rinnovato, spianato (*fam.*).

sméttere A v. tr. **1** interrompere, abbandonare, lasciare, tralasciare, sospendere **CONTR.** cominciare, iniziare, principiare □ continuare, proseguire **2** non indossare più, abbandonare **CONTR.** rinnovare, spianare (*fam.*), bagnare (*fam.*) **B** v. intr. desistere, cessare, terminare, finire **CONTR.** cominciare, iniziare □ insistere, persistere, seguitare.

smidollàto agg. e s. m. debole, fiacco, privo di energia, sfibrato, slombato (*raro*), snervato, spossato, svigorito, rammollito, debosciato **CONTR.** energico, dinamico, forte, vigoroso, virile.

smilitarizzàre v. tr. demilitarizzare □ smobilitare **CONTR.** militarizzare □ mobilitare.

smilitarizzàto part. pass. di **smilitarizzare**; anche agg. demilitarizzato □ smobilitato **CONTR.** militarizzato □ mobilitato.

smilitarizzazióne s. f. demilitarizzazione □ smobilitazione **CONTR.** militarizzazione □ mobilitazione.

smìlzo agg. **1** magro, snello, esile, sottile, gracile, allampanato, asciutto, secco, magrissimo **CONTR.** grasso, grosso, corpacciuto, corpulento, obeso, atticciato, quartato (*raro*), tarchiato, tozzo **2** (*fig.*) (*di stile*) inconsistente □ essenziale, sobrio, povero, scarno **CONTR.** ricco, fiorito, forbito, smagliante, splendido.

sminuìre v. tr. **1** diminuire, abbassare, calare, ridurre, scemare, impiccolire **CONTR.** accrescere, aumentare, ingrandire **2** (*fig.*) (*di merito, di importanza, ecc.*) deprezzare, menomare, svalutare, minimizzare **CONTR.** apprezzare, esaltare, ingrandire, lodare, valutare, rivalutare.

sminuito part. pass. di **sminuire**; anche agg. deprezzato, svalutato **CONTR.** apprezzato, rivalutato.

sminuzzàre A v. tr. sbriciolare, spezzettare, frantumare, infrangere, smozzicare, stritolare, tritare, triturare **B sminuzzarsi** v. intr. pron. sbriciolarsi, frantumarsi.

sminuzzàto part. pass. di **sminuzzare**; anche agg. sbriciolato, spezzettato, frantumato, tritato, triturato.

smistaménto s. m. **1** separazione, scomposizione, divisione, ripartizione □ decentramento **2** (*sport*) (*del pallone*) passaggio.

smistàre v. tr. **1** selezionare, suddividere, cernere **CONTR.** conglobare, raggruppare **2** inviare, trasferire □ distaccare, decentrare **3** (*sport*) (*di pallone*) passare.

smisurataménte avv. enormemente, immensamente, illimitatamente, incommensurabilmente, infinitamente, sterminatamente □ eccessivamente, esageratamente, smoderatamente **CONTR.** esiguamente, limitatamente, modestamente, poco, scarsamente.

smisuratézza s. f. enormità, illimitatezza, immensità, infinità, incommensurabilità, sterminatezza □ eccesso, esagerazione, smoderatezza **CONTR.** piccolezza, esiguità, limitatezza, modestia, pochezza, scarsità.

smisuràto agg. immenso, grandissimo, enorme, gigantesco, illimitato, incommensurabile, infinito, sconfinato, sterminato □ eccessivo, esagerato, smoderato **CONTR.** piccolo, minimo, infinitesimale, minuscolo, microscopico, esiguo, limitato, modesto, scarso.

smitizzàre v. tr. demitizzare **CONTR.** mitizzare, idealizzare.

smitizzàto part. pass. di **smitizzare**; anche agg. demitizzato **CONTR.** mitizzato, idealizzato.

smobilitàre v. tr. congedare □ smilitarizzare **CONTR.** mobilitare □ militarizzare.

smobilitazióne s. f. congedo □ smilitarizzazione **CONTR.** mobilitazione □ militarizzazione.

smoderataménte avv. smodatamente, immoderatamente, eccessivamente, esageratamente, smisuratamente, sproporzionatamente □ sregolatamente, sfrenatamente **CONTR.** moderatamente, modestamente, misuratamente, discretamente, limitatamente, parcamente □ controllatamente, regolatamente.

smoderatézza s. f. immoderatezza, eccesso, esagerazione, smisuratezza □ indiscrezione, intemperanza, sfrenatezza, sregolatezza **CONTR.** moderatezza, moderazione, misura □ discrezione, ritegno, freno, limite, regola, controllo, temperanza.

smoderàto agg. smodato, immoderato, eccessivo, esagerato, smisurato, spropositato □ indiscreto, incontinente, intemperante, sfrenato, sregolato, senza controllo **CONTR.** moderato, misurato, modesto □ controllato, discreto, limitato, regolato, parco, temperante.

smog /*ingl.* smɔg/ [vc. ingl., sovrapposizione di *smoke* 'fumo' a *fog* 'nebbia'] s. m. inv. (*di zone industriali*) nebbione, fumo, cappa di fumo.

smoking /*ingl.* 'smoukiŋ/ [vc. ingl., abbr. di *smoking-jacket* 'giacca per fumare'] s. m. inv. abito da sera (per uomini).

smontàbile agg. scomponibile, divisibile, separabile **CONTR.** massiccio, tutto d'un pezzo.

smontàggio s. m. smontatura, scomposizione **CONTR.** montaggio, montatura (*raro*), ricomposizione.

smontàre A v. tr. **1** (*da un veicolo*) far scendere **CONTR.** far salire **2** (*di meccanismo, di giocattolo, ecc.*) scomporre, scommettere, disgiungere, scongiungere (*raro*), disfare □ (*est.*) distruggere, rendere inefficiente **CONTR.** montare, comporre, assemblare, costruire **3** (*anche fig.*) (*di panna, di notizia, ecc.*) sgonfiare **CONTR.** montare, gonfiare **4** (*fig.*) (*di persona*) abbattere, avvilire, disanimare, demoralizzare, deprimere, scorare, scoraggiare **CONTR.** animare, rianimare, incoraggiare, sollevare, risollevare, rinfrancare **B** v. intr. **1** scendere **CONTR.** montare, salire **2** (*di lavoratore, di sentinella, ecc.*) terminare, finire, smettere, staccare (*fam.*), uscire, lasciare il lavoro **CONTR.** attaccare (*fam.*), cominciare, iniziare **3** (*di colore*) schiarire, scolorire, stingere, sbiadire, impallidire **CONTR.** colorarsi, colorirsi, tingersi **4** (*di panna, di uovo, ecc.*) sgonfiarsi **CONTR.** montare **C smontarsi** v. intr. pron. perdere l'entusiasmo, sfiduciarsi, abbattersi, avvilirsi, disanimarsi, demoralizzarsi, deprimersi, scorarsi, scoraggiarsi **CONTR.** animarsi, rianimarsi, incoraggiarsi, rinfrancarsi, risollevarsi.

smontàto part. pass. di **smontare**; anche agg. **1** (*di meccanismo, di giocattolo, ecc.*) scomposto, disfatto □ distrutto **CONTR.** montato, assemblato, composto **2** (*anche fig.*) (*di panna, di notizia, ecc.*) sgonfiato **CONTR.** gonfiato **3** (*fig.*) (*di persona*) abbattuto, avvilito, demoralizzato, depresso **CONTR.** sollevato, rinfrancato, incoraggiato.

smòrfia s. f. **1** boccaccia, ghigno, lazzo, sberleffo, versaccio **2** lezio, leziosaggine, affettazione, moina, svenevolezza, smanceria, sdilinquimento.

smorfióso agg.; anche s. m. **1** lezioso, svenevole, smanceroso, affettato, sdolcinato **CONTR.** brusco, duro, rude, sgarbato, rozzo, aspro **2** schizzinoso, schifiltoso.

smòrto agg. **1** (*di colore*) pallido, spento, sbiadito, scialbo, scolorito, squallido **CONTR.** colorito, rosso, rubicondo, acceso **2** (*fig.*) (*di persona, di stile, ecc.*) privo di vigore, inespressivo, debole, dimesso, fiacco, umile **CONTR.** energico, espressivo, efficace, vigoroso, vivace.

smorzàre A v. tr. **1** spegnere **CONTR.** accendere **2** (*fig.*) (*di ira, di entusiasmo, ecc.*) attutire, attenuare, calmare, diminuire, frenare, moderare, scemare, temperare, estinguere **CONTR.** accrescere, rafforzare, rinforzare, intensificare, ravvivare **B smorzarsi** v. intr. pron. (*anche fig.*) spegnersi, attenuarsi, attutirsi **CONTR.** accendersi, accrescersi, rinforzarsi, intensificarsi, ravvivarsi.

smorzàto part. pass. di **smorzare**; anche agg. attenuato, attutito, diminuito, moderato, scemato, spento, temperato **CONTR.** accresciuto, rafforzato, rinforzato, intensificato, ravvivato, acceso, vivo.

smòsso part. pass. di **smuovere**; anche agg. **1** mosso, spostato, instabile, malfermo, tentennante, traballante, vacillante **CONTR.** fermo, fisso, immobile, saldo, solido, stabile **2** (*di terra*) arato, lavorato da poco.

smottaménto s. m. scivolamento, smottatura □ frana.

smottàre v. intr. (*di terreno*) scivolare □ franare.

smozzicàre v. tr. **1** spezzettare, tagliuzzare, sbriciolare, sminuzzare, stritolare, tritare, triturare **2** (*fig.*) (*di parola, di discorso e sim.*) abbreviare malamente □ spiccicare.

smùnto agg. pallido, emaciato, scarno, magrissimo, affilato, prosciugato, sparuto, spolpato, macilento, spettrale **CONTR.** fiorente, florido, grasso, grosso, corpulento, pieno, paffuto, prosperoso, robusto, vigoroso.

smuòvere A v. tr. **1** spostare, muovere, rimuovere **CONTR.** fermare, fissare **2** (*fig.*) (*da una decisione, da un'idea, ecc.*) allontanare, dissuadere, distogliere, rimuovere, stornare, distornare (*lett.*) **CONTR.** persuadere, indurre, convincere, incitare, spingere, stimolare **3** (*fig.*) (*di animo, di gente, ecc.*) muovere, commuovere, piegare, scuotere, trascinare, sensibilizzare **B** **smuoversi** v. intr. pron. **1** spostarsi, muoversi **CONTR.** star fermo, stare immobile **2** (*fig.*) (*da una decisione, da un'idea, ecc.*) allontanarsi, discostarsi, abbandonare, rinunciare **CONTR.** prendere, aggrapparsi.

smussaménto s. m. arrotondamento, spianamento, smusso **CONTR.** aguzzamento, assottigliamento.

smussàre **A** v. tr. **1** arrotondare, spianare, spuntare, ottundere (*lett.*), limare **CONTR.** appuntire, acuire, aguzzare, acuminare, affusolare, assottigliare **2** (*fig.*) (*di carattere, di difficoltà, ecc.*) addolcire, attenuare, attutire, diminuire, mitigare, moderare, temperare **CONTR.** accrescere, inasprire, irritare, esacerbare, esasperare, esulcerare **B** **smussarsi** v. intr. pron. perdere il filo, spuntarsi, arrotondarsi, spianarsi, limarsi **CONTR.** acuirsi, assottigliarsi, appuntirsi.

smussàto part. pass. di **smussare**; anche agg. **1** arrotondato, spianato, spuntato, limato **CONTR.** appuntito, acuto, affusolato **2** (*fig.*) (*di carattere, di difficoltà, ecc.*) addolcito, attenuato, attutito, mitigato **CONTR.** inasprito, esasperato, esacerbato.

snack-bar /*ingl.* 'snæk ba:/ [vc. ingl., comp. di *snack* 'spuntino' e *bar*] s. m. inv. tavola calda.

snaturàre v. tr. (*anche fig.*) far cambiare natura, far degenerare, alterare, svisare, travisare, falsare.

snaturàto agg.; anche s. m. **1** alterato, svisato, travisato, falsato **2** (*est.*) crudele, duro, efferato, disumano, inumano, barbaro, malvagio, scellerato, bestiale, brutale **CONTR.** benigno, bonario, buono, dolce, mansueto, mite, compassionevole, pietoso, umano.

snellézza s. f. agilità, leggerezza, eleganza, finezza, flessuosità, sottigliezza, scioltezza, slancio, sveltezza **CONTR.** goffaggine, grossezza, grassezza, pesantezza.

snellìre **A** v. tr. **1** (*di persona*) rendere snello □ far dimagrire **CONTR.** appesantire **2** (*fig.*) (*di traffico, di servizi, ecc.*) rendere più rapido, rendere più efficiente, sveltire **CONTR.** intralciare, rallentare **B** **snellirsi** v. intr. pron. diventare snello, dimagrire **CONTR.** appesantirsi, ingrassare.

snèllo agg. **1** (*di persona, di figura, ecc.*) agile, svelto, leggero, slanciato, smilzo, sottile, sciolto, flessuoso, snodato **CONTR.** grosso, grasso, goffo, corpacciuto, corpulento, atticciato, obeso, pesante, quartato (*raro*), tarchiato, tozzo **2** (*fig.*) (*di stile, di romanzo, ecc.*) spigliato, agile, disinvolto, scorrevole, fluido **CONTR.** stentato, goffo, impacciato.

snervaménto s. m. indebolimento, infiacchimento, rammollimento **CONTR.** rafforzamento, rinvigorimento.

snervànte part. pres. di **snervare**; anche agg. spossante, debilitante, deprimente, estenuante, sfibrante, slombante (*raro*), stressante □ opprimente, asfissiante, assillante, soffocante **CONTR.** eccitante, rinforzante, corroborante, tonico □ rilassante, riposante, distensivo.

snervàre **A** v. tr. infiacchire, spossare, indebolire, illanguidire, debilitare, sfibrare, svigorire, slombare (*raro*), smidollare **CONTR.** rinforzare, eccitare, corroborare, invigorire, rinvigorire **B** **snervarsi** v. intr. pron. infiacchirsi, spossarsi, indebolirsi, debilitarsi, sfibrarsi, svigorirsi, slombarsi (*raro*) **CONTR.** rafforzarsi, rinvigorirsi, irrobustirsi.

snervàto part. pass. di **snervare**; anche agg. fiaccato, infiacchito, estenuato, affranto, debilitato, sfibrato, spossato, stremato, svigorito, slombato (*raro*), smidollato, rammollito, effeminato **CONTR.** energico, forte, gagliardo, rinforzato, rinvigorito, nerboruto, robusto, vigoroso, baldanzoso, maschio.

snòb [vc. ingl., di origine scandinava, propriamente 'calzolaio, uomo rozzo'; divulgata dal *Libro degli Snob* di Thackeray, ma presente nel gergo ant. dell'università di Cambridge per indicare ogni estraneo a quell'ambiente e quindi non socialmente qualificato] s. m. e f. inv.; anche agg. (*est.*) eccentrico, bizzarro, ricercato, raffinato, stravagante, esibizionista, dandy (*ingl.*) **CONTR.** conformista.

snobbàre v. tr. umiliare, disdegnare, disprezzare, ignorare **CONTR.** apprezzare, rispettare, stimare.

snobìsmo s. m. (*est.*) eccentricità, bizzarria, ricercatezza, raffinatezza, stravaganza, esibizionismo **CONTR.** conformismo, modestia, riservatezza, discrezione, umiltà.

snobìsta s. m. e f. snob **CONTR.** conformista.

snobìstico agg. eccentrico, bizzarro, ricercato, raffinato, stravagante, esibizionistico **CONTR.** conformista.

snocciolàre v. tr. **1** togliere il nocciolo **2** (*fig.*) (*di bugie, di sentenze, ecc.*) dire rapidamente, spiattellare, spifferare **CONTR.** tacere, celare (*lett.*), nascondere, occultare **3** (*fig., fam.*) (*di denaro*) sborsare, pagare.

snodàbile agg. pieghevole, flessibile **CONTR.** duro, rigido, inflessibile.

snodàre **A** v. tr. **1** disfare il nodo, slegare, sgrovigliare **CONTR.** annodare, legare, aggrovigliare **2** (*di membra*) sciogliere, sveltire, sgranchire **CONTR.** irrigidire, aggranchire **3** (*di elementi rigidi*) rendere mobile, rendere pieghevole, distendere, svolgere **B** **snodarsi** v. intr. pron. **1** piegarsi, flettersi **CONTR.** irrigidirsi **2** (*di tubazione, di elementi, ecc.*) articolarsi **3** (*di strada, di fiume, ecc.*) procedere serpeggiando, distendersi sinuosamente, andare a zigzag **CONTR.** andare dritto.

snodàto part. pass. di **snodare**; anche agg. **1** slegato, sciolto **CONTR.** annodato, legato **2** agile, mobile, pieghevole, flessibile, flessuoso, sciolto, elastico **CONTR.** goffo, impacciato, pesante, rigido, duro, tutto d'un pezzo.

snodatùra s. f. snodo, giuntura, giunto.

soàve agg. amabile, delicato, gradevole, gradito, grato, dolce, piacevole □ blando, benigno, gentile, mansueto, mite **CONTR.** aspro, aggressivo, duro, rozzo, rude, sgradevole, sgradito, ingrato, spiacevole, amaro.

soaveménte avv. amabilmente, delicatamente, dolcemente, gradevolmente, piacevolmente □ blandamente, benignamente, mitemente **CONTR.** aspramente, rozzamente, rudemente, sgradevolmente, spiacevolmente.

soavità s. f. amabilità, delicatezza, dolcezza, gradevolezza (*raro*), piacevolezza □ benignità, bontà, gentilezza, grazia, mansuetudine, mitezza, squisitezza **CONTR.** asprezza, durezza, rozzezza, rudezza, spiacevolezza, amarezza.

sobbalzàre v. intr. **1** (*di persona o cosa*) balzare, rimbalzare, saltare **2** (*di persona*) trasalire, sussultare, rimescolarsi **CONTR.** rimanere impassibile.

sobbàlzo s. m. **1** balzo, rimbalzo, salto, scatto **2** scossa, sussulto, trasalimento, tuffo.

sobbarcàre A v. tr. (*raro*) sottoporre, assoggettare, addossare **CONTR.** liberare, esonerare **B sobbarcarsi** v. rifl. assumersi, accollarsi, assoggettarsi, sottoporsi, addossarsi, prendere su di sé, accettare **CONTR.** esimersi, sottrarsi, liberarsi, respingere, ricusare, rifiutare.

sobbórgo s. m. borgo, dintorni, suburbio, periferia, quartiere periferico, banlieue (*fr.*), hinterland (*ted.*).

sobillàre v. tr. istigare, aizzare, eccitare, spingere, stimolare, subornare, suggestionare **CONTR.** calmare, frenare, trattenere, dissuadere, distogliere.

sobillatóre s. m.; anche agg. (f. *-trice*) agitatore, istigatore, eccitatore, perturbatore, provocatore, sovvertitore **CONTR.** conciliatore, pacificatore, paciere.

sobrietà s. f. misura, moderatezza, moderazione, parsimonia, regola, frugalità, astinenza, castigatezza, morigeratezza, temperanza **CONTR.** immoderatezza, smoderatezza, sregolatezza, intemperanza, eccesso, esagerazione.

sòbrio agg. parco, temperante, moderato, misurato, contenuto, regolato, frugale, morigerato **CONTR.** smodato, smoderato, immoderato, intemperante, sregolato, eccessivo, esagerato.

socchiùdere v. tr. schiudere, dischiudere, accostare **CONTR.** aprire, spalancare □ chiudere, serrare.

socchiùso part. pass. di **socchiudere**; anche agg. schiuso, dischiuso, accostato, semiaperto **CONTR.** aperto, spalancato □ chiuso, serrato.

soccombènte part. pres. di **soccombere**; anche agg. vinto, battuto, perdente, sconfitto **CONTR.** vincente, vittorioso, trionfante, trionfatore.

soccómbere v. intr. **1** cadere, cedere, soggiacere, sottostare **CONTR.** vincere, sconfiggere, dominare **2** morire, perire.

soccórrere A v. tr. e intr. aiutare, assistere, sostenere, appoggiare, favorire, sovvenire (*lett.*) **CONTR.** avversare, combattere, danneggiare, colpire **B** v. intr. (*lett.*) venire alla mente, sovvenire (*lett.*).

soccorritóre A s. m.; anche agg. (f. *-trice*) aiutante □ caritatevole, benevolo **B** s. m. (*mecc.*) relais (*fr.*).

soccórso s. m. **1** aiuto, assistenza, appoggio, sostegno, difesa, protezione, mano **CONTR.** ostacolo, danno **2** (*est.*) sussidio, sovvenzione, carità, elemosina, beneficenza **3** (*spec. al pl.*) rifornimenti, rinforzi.

socialdemocràtico agg. e s. m. socialista riformista **CONTR.** massimalista.

socialdemocrazìa s. f. socialismo riformista □ riformismo, trasformismo **CONTR.** massimalismo.

sociàle agg. **1** (*di persona*) socievole **CONTR.** asociale, isolato **2** (*di servizio, di bene, ecc.*) comune, pubblico **CONTR.** individuale, privato **3** dei soci, della società, societario, associativo, dell'associazione **FRAS.** *animale sociale* (*per anton.*), uomo.

socialìsmo s. m. (*est.*) comunismo, collettivismo, marxismo **CONTR.** individualismo, liberalismo.

socialìsta agg.; anche s. m. e f. (*est.*) comunista, collettivista, marxista **CONTR.** individualista, liberale.

socialità s. f. convivenza sociale □ consapevolezza sociale **CONTR.** asocialità.

socializzàre A v. tr. nazionalizzare, statalizzare **CONTR.** privatizzare **B** v. intr. familiarizzare, inserirsi, legare, affiatarsi **CONTR.** isolarsi.

socializzazióne s. f. nazionalizzazione, statalizzazione **CONTR.** privatizzazione.

società s. f. **1** collettività, gruppo, consorzio umano, consorzio civile □ compagnia **2** (*sportiva, musicale, ecc.*) associazione, compagnia, confraternita, congrega, congregazione, circolo, club, consorteria, corporazione, cooperativa, ente, fazione, fratellanza, lega, ordine, partito, setta **3** (*econ.*) ditta, azienda, casa commerciale □ unione **4** ambiente elegante, ambiente mondano, mondo, ceto elevato **CONTR.** plebe, volgo **FRAS.** *fare società con uno*, mettersi in affari con uno □ *giochi di società*, passatempi da salotto □ *l'onorata società*, la mafia □ *abito da società*, abito scuro, smoking (*ingl.*) □ *alta società*, gran mondo.

sociévole agg. **1** sociale **CONTR.** asociale, isolato **2** affabile, abbordabile, accostabile, accostevole (*lett.*), amabile, accessibile, avvicinabile, benigno, bonario, cordiale, cortese, compiacente, comunicativo, espansivo, facile, gentile, semplice, trattabile, alla mano, alla buona CONTR. insocievole, chiuso, ritroso, selvatico, misantropo, ombroso, scontroso, inavvicinabile, intrattabile, orso.

socievolézza s. f. affabilità, amabilità, benignità, bonarietà, compiacenza, comunicativa, cordialità, cortesia, espansività, gentilezza, semplicità, trattabilità CONTR. insocialità (*lett.*), insocievolezza, asocialità, ritrosaggine, ritrosia, scontrosaggine (*raro*), scontrosità, selvatichezza, misantropia.

socievolménte avv. affabilmente, amabilmente, benignamente, bonariamente, cordialmente, cortesemente, gentilmente, semplicemente, alla mano, alla buona CONTR. insocievolmente, ritrosamente, selvaticamente, ombrosamente.

sòcio s. m. **1** compagno, associato, consocio, consociato, sodale (*lett.*), alleato, amico, confederato, collega, confratello, gregario, partecipe, seguace CONTR. avversario, antagonista, competitore, concorrente, contendente, contrario, emulo, nemico, oppositore **2** (*di associazione, di circolo, ecc.*) membro, iscritto, aderente.

sòda s. f. **1** (*chim.*) carbonato di sodio **2** acqua gasata, seltz.

sodalizio s. m. **1** associazione, società, confraternita, congregazione, compagnia **2** (*lett.*) comunanza di vita.

sodaménte avv. duramente, profondamente, pesantemente □ saldamente CONTR. debolmente, leggermente.

soddisfacènte part. pres. di **soddisfare**; anche agg. appagante □ buono, discreto CONTR. insoddisfacente.

soddisfàre A v. tr. e intr. **1** (*di domanda, di desiderio, ecc.*) adempiere, appagare, compiacere, esaudire, accogliere, dare ascolto CONTR. respingere, rifiutare, rigettare **2** (*di pubblico, di lettori, ecc.*) contentare, accontentare □ piacere CONTR. deludere, ingannare, scontentare **3** (*di impegno, di debito, ecc.*) eseguire, compiere, attuare □ dare soddisfazione, fare ammenda, pagare, riparare, rimborsare, risarcire, onorare CONTR. mancare, venir meno **4** (*con presupposti, con teorie, ecc.*) concordare, corrispondere, accordarsi CONTR. discordare, contrastare, stornare **B soddisfarsi** v. rifl. contentarsi, accontentarsi, appagarsi CONTR. essere insoddisfatto, brontolare, protestare.

soddisfàtto part. pass. di **soddisfare**; anche agg. **1** appagato, contento, allegro, felice, lieto, pago □ sazio, saziato, satollo CONTR. insoddisfatto, deluso, scontento, malcontento, inappagato **2** (*di dovere, di impegno, ecc.*) adempiuto, compiuto, assolto, esaudito CONTR. respinto, rifiutato, rigettato **3** (*di debito, di danno, ecc.*) pagato, risarcito, rimborsato.

soddisfazióne s. f. **1** compiacimento, appagamento, contentezza, felicità, gioia, letizia, gusto, godimento, gradimento, piacere, soddisfacimento CONTR. insoddisfazione, scontentezza, scontento, malcontento, malumore, dispiacere, delusione, disinganno **2** (*di dovere, di impegno, ecc.*) adempimento, compimento, esecuzione, realizzazione CONTR. inadempimento, inadempienza **3** (*di debito, di danno, ecc.*) riparazione, risarcimento, pagamento, rimborso CONTR. danno, danneggiamento.

sodézza s. f. compattezza, durezza, consistenza, saldezza, solidità □ floridità, freschezza CONTR. mollezza, flaccidità.

sòdo A agg. **1** compatto, duro, consistente, massiccio, saldo, solido CONTR. molle, soffice, flaccido, floscio, moscio, cascante **2** (*di materia*) denso, fitto, spesso CONTR. rado, rarefatto, diluito **3** (*di mani, di pugni, ecc.*) forte, pesante, robusto, resistente, gagliardo, vigoroso CONTR. debole, fiacco, leggero, lieve **4** (*fig.*) (*di argomento, di discorso, ecc.*) saldo, solido, consistente, fondato, ponderato, serio, sicuro CONTR. infondato, inconsistente, scarso, inadeguato **B** in funzione di avv. **1** (*di picchiare e sim.*) con forza, duramente CONTR. leggermente, lievemente, debolmente **2** (*di lavorare e sim.*) intensamente, seriamente, molto CONTR. poco, scarsamente, saltuariamente **3** (*di dormire*) profondamente CONTR. leggermente **C** s. m. **1** terreno duro, terreno massiccio **2** consistenza, reale valore.

sodomìa [da *Sodoma*, la biblica città distrutta dal fuoco, a causa della sua corruzione] s. f. omosessualità (maschile), pederastia.

sodomìta s. m. pederasta, omosessuale, finocchio (*pop.*).

sofà s. m. divano, canapè.

sofferènte part. pres. di **soffrire**; anche agg. e s. m. e f. **1** malato, ammalato, degente, infermo, paziente CONTR. sano **2** addolorato, dolorante, martire, vittima, spasimante □ tollerante.

sofferènza s. f. **1** patimento, tormento, tribolazione, male, dolore, pena, spasimo, martirio, strazio, angoscia, passione, doglia (*lett.*), fitta, trafittura □ pazienza, sopportazione, tolleranza CONTR. gioia, godimento, diletto, piacere, sollievo, voluttà □ impazienza, insofferenza, intolleranza **2** (*fig.*) (*di pagamento*) ritardo CONTR. anticipo.

soffermàre A v. tr. fermare, trattenere CONTR. distogliere **B soffermarsi** v. intr. pron. fermarsi, sostare, trattenersi, arrestarsi, indugiare, indugiarsi CONTR. avanzare, procedere, proseguire, continuare.

soffèrto part. pass. di **soffrire**; anche agg. **1** patito, sopportato, tollerato **2** (*di decisione, di separazione, ecc.*) travagliato, doloroso, tormentato CONTR. pacifico, sereno.

soffiàre A v. tr. **1** (*di aria, di fuoco, ecc.*) emettere, buttar fuori CONTR. inspirare, immettere, aspirare **2** (*pop.*) (*di segreto, di notizia, ecc.*) insinuare, mormorare, spifferare (*fam.*), spiattellare □ (*ass.*) fare la spia **3** (*est.*) (*di posto, di ragazza, ecc.*) sottrarre, portare via, rubare **4** (*nel gioco della dama*) mangiare, eliminare **B** v. intr. **1** (*di persona o animale*) alitare, sbuffare, affannare, ansare, ansimare **2** (*di vento*) spirare, tirare **CONTR.** cadere, cessare.

sòffice agg. morbido, tenero, cedevole, duttile, elastico, molle, boffice (*raro*), delicato, vellutato □ comodo **CONTR.** duro, resistente, consistente, rigido, sodo □ incomodo, scomodo.

sofficeménte avv. morbidamente, teneramente, mollemente **CONTR.** rigidamente, scomodamente.

soffiétto s. m. **1** mantice **2** (*giorn.*) articolo elogiativo, elogio **CONTR.** critica.

sóffio s. m. **1** alito, buffo, sbuffo □ folata, ventata **2** (*fig.*, *lett.*) (*dell'arte, della poesia, ecc.*) ispirazione, impulso, estro **3** rumorino, ronzio, fruscio, stormire **CONTR.** rumore, frastuono.

soffióne s. m. (*bot.*) dente di leone.

soffìtta s. f. solaio, soppalco, lucernaio, mansarda.

soffìtto s. m. cielo, volta, plafond (*fr.*).

soffocaménto s. m. **1** soffocazione, asfissia, oppressione, affogamento **2** (*fig.*) (*di libertà, di idee, ecc.*) repressione, soppressione, mortificazione **CONTR.** liberazione, libertà.

soffocànte part. pres. di **soffocare**; anche agg. **1** asfissiante, opprimente, insopportabile, afoso **CONTR.** aerato, arieggiato, arioso, ventilato **2** (*fig.*) opprimente, assillante, snervante.

soffocàre A v. tr. **1** strangolare, strozzare, asfissiare, affogare **2** (*di caldo, di arsura, ecc.*) opprimere, mozzare il fiato, impedire il respiro **CONTR.** aerare, ventilare **3** (*di fuoco, di fiamme e sim.*) estinguere, spegnere **CONTR.** accendere **4** (*fig.*) (*di passione, di scandalo, ecc.*) frenare, reprimere, contenere, coprire, imbavagliare, mettere a tacere **CONTR.** scoprire, rivelare, mostrare, far luce **B soffocarsi** v. intr. e intr. pron. non poter respirare, respirare male, affogare.

soffocàto part. pass. di **soffocare**; anche agg. **1** asfissiato, affogato **2** (*da caldo, da arsura, ecc.*) oppresso **CONTR.** ventilato **3** (*di passione, di scandalo, ecc.*) coperto, represso, impedito, trattenuto **CONTR.** scoperto.

soffrìbile agg. **1** sopportabile, tollerabile **CONTR.** insopportabile, intollerabile **2** compatibile, comprensibile, comportabile (*raro*), perdonabile, scusabile **CONTR.** incompatibile, imperdonabile, inescusabile.

soffrìre A v. tr. (*di affanni, di dolori, ecc.*) patire, sopportare, sostenere, subire, tollerare, risentire **B** v. intr. **1** penare, spasimare, tribolare, stentare, affliggersi, angosciarsi **CONTR.** allietarsi, gioire, giubilare, godere, esultare, rallegrarsi **2** (*di piante, di frutta, ecc.*) andare a male, avvizzire, deteriorarsi, guastarsi **CONTR.** godere.

soffùso agg. (*lett.*) cosparso, asperso, sparso, diffuso, colorito.

sofìsma s. m. cavillo, sottigliezza, arzigogolo, capziosità, paralogismo.

sofisticàre A v. intr. cavillare, sottilizzare, criticare, guardare per il sottile, trovar da ridire, cercare il pelo nell'uovo, spaccare un capello in quattro **B** v. tr. (*di alimenti*) alterare, adulterare, contraffare, falsificare, snaturare.

sofisticàto part. pass. di **sofisticare**; anche agg. **1** (*di alimento*) adulterato, alterato, contraffatto, falsificato, snaturato, artificiale **CONTR.** naturale, puro, genuino **2** (*fig.*) (*di persona, di moda, ecc.*) raffinato, ricercato, snob (*ingl.*) **CONTR.** semplice, naturale, elementare.

sofisticazióne s. f. alterazione, adulterazione, contraffazione, falsificazione, snaturamento (*raro*) **CONTR.** genuinità, purezza, naturalezza, autenticità.

sofìstico A agg. scrupolosissimo, cavilloso, meticoloso, pedante, pignolo, ipercritico **CONTR.** semplice, spontaneo, disinvolto, spiccio **B** agg.; anche s. m. esigente, di gusti difficili, schifiltoso, schizzinoso, incontentabile **CONTR.** facile, semplice, contentabile, di bocca buona, alla buona.

software /*ingl.* 'sɔftwɛə/ [vc. ingl., letteralmente 'elementi (*ware*) molli (*soft*)'] s. m. inv. (*elab.*, *est.*) programmi **CONTR.** hardware (*ingl.*).

soggettivaménte avv. in modo soggettivo □ personalmente **CONTR.** oggettivamente.

soggettivàre v. tr. rendere soggettivo □ personalizzare **CONTR.** oggettivare □ spersonalizzare.

soggettivìsmo s. m. individualismo, personalismo, solipsismo (*lett.*) **CONTR.** oggettivismo.

soggettivìstico agg. personalistico, personale, solipsistico (*lett.*) **CONTR.** oggettivistico.

soggettività s. f. particolarità, individualità **CONTR.** oggettività.

soggettìvo agg. personale, individuale **CONTR.** oggettivo.

soggètto (1) agg. **1** sottomesso, sottoposto, asservito, assoggettato, soggiogato, dipendente, ligio **CONTR.** libero, indipendente, autonomo, emancipato, affrancato, redento, riscattato **2** (*est.*) (*a malattie, a entusiasmi, ecc.*) esposto □ disposto, incline **CONTR.** resistente, refrattario.

soggètto (2) s. m. **1** argomento, tema, contenuto, materia, oggetto, assunto, concetto, canovaccio, trama, tesi, proposito **2** (*filos.*) io pensante **CONTR.** oggetto **3** (*fam.*, *spec. iron.* o *spreg.*) individuo, persona, tipo **4** suddito.

soggezióne s. f. **1** sottomissione, dipendenza, subordinazione, sudditanza, vassallaggio, giogo, obbedienza, schiavitù, servitù, inferiorità

CONTR. libertà, indipendenza, autonomia, emancipazione, affrancamento, redenzione, riscatto, insubordinazione, ribellione □ dominio, dominazione, autorità, comando, potere, superiorità, supremazia **2** (*verso persone o ambienti*) riguardo, rispetto, riverenza, timidezza, imbarazzo, timore CONTR. disinvoltura, spigliatezza, scioltezza, sfacciataggine, faccia tosta, faccia di bronzo.

sogghignàre v. intr. ghignare, ridere sprezzantemente, ridere sotto i baffi CONTR. sghignazzare.

soggiacére v. intr. essere sottoposto, essere soggetto, sottostare, dipendere, star sotto, sottomettersi, subire □ essere esposto CONTR. sovrastare, dominare, imporsi, farsi valere.

soggiogàre v. tr. **1** debellare, sottomettere, assoggettare, domare, sottoporre, ridurre in schiavitù CONTR. liberare, affrancare, emancipare, redimere, riscattare **2** (*fig.*) (*con lo sguardo, con la parola, ecc.*) dominare, signoreggiare, vincere, frenare, controllare CONTR. cedere, piegarsi.

soggiornàre v. intr. trattenersi, stare, vivere, abitare, dimorare.

soggiórno s. m. **1** sosta, dimora □ villeggiatura **2** tinello, salotto, sala, salone.

sòglia s. f. **1** limitare **2** (*est.*) porta, entrata, ingresso **3** (*fig.*) (*di civiltà, di storia, ecc.*) primordio, principio, inizio CONTR. fine, termine, conclusione **4** (*fig.*) valore minimo, limite inferiore □ livello minimo CONTR. limite massimo, tetto.

sognànte part. pres. di **sognare**; anche agg. attonito, imbambolato, incantato.

sognàre **A** v. tr. **1** vedere in sogno, vedere **2** (*fig.*) (*di vacanze, di casetta, ecc.*) desiderare ardentemente, bramare, sospirare, vagheggiare CONTR. sdegnare, disdegnare (*raro*), disprezzare, infischiarsi, fregarsene (*pop.*) **3** (*fig.*) (*di promozione, di farcela, ecc.*) illudersi, sperare invano **4** (*fig.*) (*di vederti, di trovarti, ecc.*) immaginare, supporre, pensare, credere, sperare **B** v. intr. **1** fare sogni **2** (*fig.*) fantasticare □ stentare a credere **C** v. intr. e **sognarsi** intr. pron. vedere in sogno, vedere.

sognatóre s. m.; anche agg. (f. *-trice*) idealista, utopista, vaneggiante, visionario CONTR. uomo pratico, realista, realizzatore.

sógno s. m. **1** visione onirica □ allucinazione, delirio, vaneggiamento CONTR. realtà, verità, concretezza **2** fantasia, irrealtà, illusione, immaginazione, vano desiderio, ideale, fantasticheria, vagheggiamento, vana speranza, chimera CONTR. realtà, quotidianità □ delusione **3** (*di persona o cosa molto bella*) bellezza, meraviglia, incanto CONTR. orrore, mostro, schifezza.

sòia s. f. (*bot.*) fagiolo cinese.

soirée /*fr.* swa're/ [vc. fr., letteralmente 'serata', da *soir* 'sera'] s. f. inv. serata, serata di gala, veglia mondana.

solàio s. m. soffitta, soppalco □ mansarda.

solaménte avv. solo, soltanto, unicamente CONTR. anche, inoltre, in aggiunta, per di più.

solarium /*lat.* so'larium/ [vc. dotta, dal lat. *solarium* 'luogo esposto al sole'] s. m. inv. **1** terrazzo soleggiato **2** lettino solare.

solatìo agg. esposto al sole, esposto a sud, soleggiato, assolato, aprico (*lett.*) CONTR. esposto a nord, ombroso FRAS. *a solatio*, a mezzogiorno, a sud CONTR. a bacio.

solcàre v. tr. **1** fendere, arare, scavare, incavare **2** (*fig.*) (*di imbarcazione*) navigare **3** (*fig.*) (*di segno, di coltello, ecc.*) rigare, segnare, incidere.

solcàto part. pass. di **solcare**; anche agg. **1** (*di terreno*) arato, scavato, incavato **2** (*di viso, di legno, ecc.*) rigato, segnato, inciso **3** (*di mare*) percorso.

sólco s. m. **1** scavo, fossa, fenditura **2** (*est.*) (*di ruota, di coltello, ecc.*) incavatura, segno, incisione □ grinza, ruga **3** (*est.*) (*di imbarcazione, di stella, ecc.*) scia, traccia.

soldàto s. m. **1** militare, coscritto □ fante CONTR. civile, borghese **2** uomo d'armi, combattente, guerriero **3** gregario CONTR. graduato **4** (*fig.*) difensore, propugnatore.

sòldo s. m. **1** (*est.*) moneta, quattrino, baiocco **2** (*al pl.*) (*gener.*) denari, quattrini **3** (*est.*) paga, mercede, stipendio FRAS. *non valere un soldo*, non valer nulla □ *fare i soldi*, arricchire.

sóle s. m. **1** (*est.*) luce □ calore del sole **2** (*gener.*) corpo celeste, astro, stella **3** (*poet.*) giorno **4** (*fig.*) splendore, bellezza, potenza **5** (*fig., poet.*) amato, amore FRAS. *colpo di sole*, insolazione □ *orologio a sole*, meridiana □ *vedere il sole a scacchi* (*scherz.*), essere in prigione □ *avere qualcosa al sole*, possedere terreni □ *chiaro come il sole*, lampante □ *alla luce del sole* (*fig.*), senza sotterfugi, apertamente.

soleggiàre v. tr. esporre al sole, mettere al sole CONTR. ombreggiare.

soleggiàto part. pass. di **soleggiare**; anche agg. esposto al sole, solatio, assolato, aprico (*lett.*) CONTR. ombreggiato, ombroso.

solènne agg. **1** grandioso, fastoso, magnifico, sfarzoso, splendido, pomposo, straordinario CONTR. dimesso, ordinario, modesto, semplice, umile **2** imponente, maestoso, serio, severo, contegnoso CONTR. scherzoso, faceto, giocoso, gaio, superficiale **3** (*antifr.*) (*di mascalzone, di imbroglione, ecc.*) famoso, noto, matricolato, grosso **4** (*di schiaffo, di sgridata, ecc.*) forte, grosso, grande, pesante CONTR. piccolo, leggero, lieve **5** (*di promessa, di giuramento, ecc.*) formale, ufficiale CONTR. informale, ufficioso FRAS. *Messa solenne*, Messa cantata □ *festa solenne*, solennità.

solenneménte avv. **1** grandiosamente, fastosamente, magnificamente, pomposamente, sfarzosamente, splendidamente CONTR. dimessamente, modestamente, semplicemente, umilmente **2** maestosamente, seriamente, severamente CONTR. scherzosamente, gioiosamente, gaiamente, superficialmente **3** ufficialmente, formalmente CONTR. ufficiosamente.

solennità s. f. **1** maestosità, apparato, grandiosità, fasto, fastosità, pompa CONTR. miseria, modestia, meschinità, povertà **2** festa, festività, cerimonia solenne, ricorrenza solenne CONTR. giorno feriale, giorno lavorativo.

solennizzàre v. tr. celebrare, festeggiare, onorare.

solére v. intr. avere l'abitudine, essere abituato, essere avvezzo, essere solito, usare.

solèrte agg. alacre, sollecito, attento, diligente, accurato, attivo, industrioso, intraprendente, laborioso, operoso, zelante, premuroso, dinamico, energico, svelto, volenteroso CONTR. lento, inerte, fiacco, neghittoso, pigro, tardo, trascurato, apatico, accidioso, svogliato, abulico.

solèrzia s. f. alacrità, sollecitudine, attenzione, accuratezza, attività, laboriosità, industriosità, intraprendenza, operosità, zelo, premura, dinamismo, energia, sveltezza, volontà CONTR. inerzia, lentezza, fiacca, neghittosità, pigrizia, accidia, apatia, trascuratezza, svogliatezza, abulia.

solidàle agg. compartecipe, concorde, accomunato, unito, unanime, consenziente, sostenitore CONTR. avverso, avversario, contrario, nemico, ostile, discorde.

solidaménte avv. fermamente, stabilmente, saldamente, forte, robustamente CONTR. debolmente, fragilmente, instabilmente.

solidarietà s. f. fratellanza, amicizia, cameratismo, unione, accordo, consenso, partecipazione, aiuto vicendevole CONTR. disaccordo, dissenso, discordia, disunione, avversione, animosità, inimicizia, ostilità.

solidarizzàre v. intr. fraternizzare, appoggiare, aiutare CONTR. avversare, combattere, contrastare, contrariare, odiare.

solidificàre A v. tr. rendere solido, coagulare, assodare, rassodare, indurire, cristallizzare CONTR. liquefare, sciogliere, diluire, fondere, ammollire, rammollire, ammorbidire, intenerire **B** v. intr. e **solidificarsi** intr. pron. diventare solido, coagularsi, assodarsi, rassodarsi, indurirsi, cristallizzarsi CONTR. liquefarsi, sciogliersi, fondersi, ammollirsi, rammollirsi, ammorbidirsi, intenerirsi.

solidificazióne s. f. assodamento, rassodamento, indurimento, coagulazione, cristallizzazione CONTR. liquefazione, scioglimento, diluizione, fusione, ammollimento, rammollimento, ammorbidimento, intenerimento.

solidità s. f. **1** compattezza, durezza, sodezza, consistenza □ saldezza, stabilità, resistenza, robustezza CONTR. mollezza, flaccidità, floscezza (*raro*), debolezza, fragilità, inconsistenza **2** (*fig.*) (*di carattere, di teoria, ecc.*) fermezza, fondatezza, serietà, validità CONTR. debolezza, infondatezza, insussistenza.

sòlido agg. **1** compatto, duro, sodo CONTR. liquido □ gassoso □ molle, flaccido, floscio **2** consistente, massiccio, stabile, resistente, forte, robusto CONTR. debole, fragile, inconsistente **3** (*fig.*) (*di tradizioni e sim.*) profondo, radicato **4** (*fig.*) (*di ragionamento, di azienda, ecc.*) ben basato, fondato, serio, valido, sicuro CONTR. infondato, inconsistente, vago, incerto **5** (*mat.*) tridimensionale.

solilòquio s. m. monologo CONTR. dialogo, colloquio, conversazione.

solitaménte avv. abitualmente, per lo più, di solito, comunemente, generalmente, ordinariamente CONTR. insolitamente, eccezionalmente, straordinariamente.

solitàrio (1) agg. e s. m. **1** solo, isolato, appartato, solingo (*lett.*), segregato, scompagnato □ asociale, selvatico, introverso □ anacoreta, eremita, misantropo CONTR. socievole, estroverso, affabile, cordiale, festaiolo, buontempone **2** (*di luogo*) non frequentato, deserto, disabitato, abbandonato, fuori mano, sperduto, selvaggio CONTR. frequentato, abitato, affollato, popolato, popoloso.

solitàrio (2) s. m. brillante □ (*est.*) anello con brillante.

sòlito A agg. abituale, consueto, ordinario, usuale, usato, comune, corrente, ovvio, quotidiano □ dozzinale, mediocre, trito, volgare CONTR. insolito, inusitato, nuovo, strano, straordinario, singolare, eccezionale **B** s. m. solo sing. abitudine, consueto, consuetudine, costume, usanza, usato CONTR. eccezione.

solitùdine s. f. **1** isolamento, segregamento, segregazione, ritiro CONTR. compagnia, affollamento, società **2** eremo, eremitaggio, recesso, romitaggio, romitorio, ritiro □ deserto CONTR. calca, ressa.

sollazzàre A v. tr. divertire, rallegrare, ricreare, dilettare, svagare CONTR. affliggere, annoiare, infastidire, opprimere, tediare, seccare, stufare (*fam.*), scocciare (*fam.*) **B sollazzarsi** v. intr. pron. divertirsi, ricrearsi, dilettarsi, rallegrarsi, svagarsi, spassarsela, trastullarsi, gioire, godere CONTR. affliggersi, annoiarsi, immalinconirsi, infastidirsi, seccarsi, stufarsi (*fam.*), scocciarsi (*fam.*), soffrire.

sollàzzo s. m. (*lett.*) piacere, divertimento, passatempo, spasso, svago, trastullo, gioco, ricreazione CONTR. afflizione, malinconia, mestizia, tristezza, fastidio, noia, tedio, uggia.

sollecitàre v. tr. **1** far fretta, far premura, affrettare, incalzare, indurre, premere, spingere, spronare CONTR. frenare, ritardare, trattenere, rallentare **2** (*di favori, di incarichi, ecc.*) chiedere insistentemente, brigare per ottenere CONTR. respingere, non accettare, ricusare, rifiutare, rigettare **3** (*di fantasia, di appetito, ecc.*) stimolare, eccitare, risvegliare, spronare CONTR. attutire, spegnere.

sollecitazióne s. f. **1** fretta, insistenza, premura, pressione, sollecitamento, stimolo, invito pressante, urgenza □ sollecito (*bur.*) CONTR. indugio, ritardo, temporeggiamento, lentezza **2** (*fig.*) (*a migliorare, a dipingere, ecc.*) incitamento, stimolo, invito.

sollecitùdine s. f. **1** alacrità, impegno, interessamento, premura, solerzia, zelo, pensiero, prontezza, celerità, lestezza, sveltezza, diligenza, accuratezza, attenzione CONTR. inerzia, lentezza, neghittosità, pigrizia, noncuranza, trascuratezza, indifferenza, egoismo **2** (*lett.*) affanno, preoccupazione, pensiero.

solleóne s. m. (*est.*) canicola, calura, afa CONTR. gelo, freddo intenso, rigore.

solleticànte part. pres. di **solleticare**; anche agg. **1** stuzzicante, titillante, vellicante **2** (*fig.*) (*di cibo, di argomento, ecc.*) invitante, appetitoso, eccitante, elettrizzante, piacevole, gradevole, attraente, stimolante, stuzzicante CONTR. nauseabondo, disgustoso, repellente, ributtante, ripugnante.

solleticàre v. tr. **1** stuzzicare, fare il solletico, titillare, vellicare, irritare **2** (*fig.*) (*di fantasia, di sensi, ecc.*) eccitare, stimolare, attivare, attrarre, allettare, lusingare CONTR. disgustare, nauseare, ributtare, ripugnare, stomacare.

sollético s. m. **1** stuzzicamento, titillamento, titillazione (*raro*), vellicamento, pizzicorino, prurito **2** (*fig.*) eccitamento, stimolo.

sollevaménto s. m. **1** innalzamento, erezione, elevamento, elevazione CONTR. abbassamento **2** (*raro*) insurrezione, sollevazione, rivolta, sedizione, tumulto, moto.

sollevàre A v. tr. **1** levar su, tirar su, alzare, elevare, issare, drizzare, rialzare CONTR. abbassare, calare, metter giù, abbattere, atterrare **2** (*fig.*) (*di preghiera, di invito, ecc.*) innalzare, rivolgere **3** (*fig.*) (*dalla miseria, dal dolore, ecc.*) risollevare, liberare, dar sollievo, alleggerire, alleviare, confortare, riconfortare, mitigare, ricreare, rianimare, rincorare CONTR. affliggere, contristare, deprimere, gravare, aggravare, opprimere, disanimare, schiacciare **4** (*fig.*) (*di persone*) fare insorgere, far ribellare, istigare, sobillare, aizzare, eccitare, stimolare CONTR. calmare, placare, sedare, quietare, frenare, trattenere **5** (*fig.*) (*di dubbio, di questione, ecc.*) far sorgere, causare, originare, muovere **B sollevarsi** v. intr. pron. **1** levarsi, alzarsi, elevarsi, innalzarsi, rizzarsi, salire, sorgere CONTR. abbassarsi, calarsi, scendere, discendere **2** (*fig.*) (*dalla miseria, dal dolore, ecc.*) riaversi, riprendersi, rianimarsi, rincorarsi, riconfortarsi CONTR. abbattersi, affliggersi, avvilirsi, deprimersi, demoralizzarsi, disanimarsi, scoraggiarsi, sconfortarsi **3** (*fig.*) (*di persone*) ribellarsi, insorgere CONTR. soggiacere, sopportare, subire.

sollevàto part. pass. di **sollevare**; anche agg. **1** levato in alto, elevato, innalzato, rizzato CONTR. abbassato, calato, tirato giù **2** (*fig.*) rianimato, confortato, rincorato CONTR. abbattuto, afflitto, avvilito, demoralizzato, depresso, sconfortato.

sollièvo s. m. alleviamento, alleggerimento, conforto, consolazione, lenimento, refrigerio, rilassamento, relax (*ingl.*), ristoro, respiro, distensione, benessere, contentezza, piacere CONTR. affanno, afflizione, aggravamento, carico, oppressione, peso, dolore, molestia, fastidio, noia, tormento.

sólo A agg. **1** senza compagnia, scompagnato, non accompagnato □ soletto, solitario, isolato, solingo (*lett.*), abbandonato, derelitto, appartato, segregato, separato CONTR. accompagnato, in compagnia, insieme, associato, aggregato, imbrancato, unito **2** (*di figlio, di verità, ecc.*) semplice, unico □ puro CONTR. più, diversi, vari, molteplici **B** in funzione di avv. solamente, soltanto, semplicemente, unicamente CONTR. anche, inoltre, per di più, altresì **C** in funzione di cong. ma, però, tuttavia **D** s. m. (*mus.*) solista FRAS. *da solo*, senza gli altri; senza l'aiuto di altri □ *da solo a solo*, a quattr'occhi □ *solo che*, purché.

soltànto avv. unicamente, semplicemente, solo, solamente CONTR. anche, inoltre, per di più, altresì.

solùbile agg. **1** scioglibile (*raro*), decomponibile CONTR. insolubile **2** (*fig.*) (*di enigma, di problema, ecc.*) risolvibile, spiegabile, esplicabile CONTR. irresolubile, inesplicabile, inspiegabile.

solubilità s. f. **1** CONTR. insolubilità **2** (*fig.*) solvibilità, solvenza CONTR. insolvibilità, insolvenza.

soluzióne s. f. **1** scioglimento, diluizione, liquefazione, squagliamento CONTR. rapprendimento, coagulamento, coagulazione, solidificazione **2** (*est.*) soluto □ miscela CONTR. solvente **3** (*di questione, di problema, ecc.*) spiegazione, risoluzione, chiarimento, precisazione □ appianamento, decisione, deliberazione, definizione, conclusione CONTR. complicazione, difficoltà, impedimento, incaglio, intoppo **4** (*di debito*) pagamento, assolvimento CONTR. insolvenza FRAS. *soluzione di continuità*, interruzione □ *in un'unica soluzione*, in una sola volta.

solvènte agg.; anche s. m. **1** (*chim.*) diluente CONTR. coagulante **2** (*di debitore*) solvibile CONTR. insolvente, insolvibile.

solvènza s. f. solubilità, solvibilità CONTR. insolvenza, insolvibilità.

solvìbile agg. **1** (*di debitore*) solvente CONTR. insolvente, insolvibile **2** (*di debito*) solubile CONTR. insolvibile.

sòma s. f. **1** carico, fardello, bagaglio **2** (*fig.*, *lett.*) onere, responsabilità **3** (*fig.*, *lett.*) oppressione, peso, giogo.

somaràggine s. f. **1** (*di qualità*) asinaggine, asineria, ciucaggine, bestialità, ignoranza, sciocchezza, stolidità, balordaggine **CONTR.** intelligenza, sapere, sapienza, scienza, cultura, istruzione **2** (*di azione*) somarata (*raro*), asinata, bestialità, corbelleria, sproposito.

somàro A s. m.; anche agg. **1** asino, ciuco **2** (*fig.*) ignorantone, zuccone, testone, analfabeta, beota, bestia, idiota, cretino **CONTR.** saggio, colto, istruito, intelligente, acuto, capace, perspicace **B** in funzione di agg. ignorante **CONTR.** istruito, colto.

somàtico agg. fisico.

somigliànte part. pres. di **somigliare**; anche agg. rassomigliante, simile, consimile, analogo, affine, similare, concorde, conforme, corrispondente, compagno, equivalente, omogeneo, quasi uguale **CONTR.** dissimile, dissomigliante, differente, diverso, disuguale, distinto, contrario, opposto.

somigliànza s. f. rassomiglianza, analogia, affinità, similitudine, similarità (*raro*), concordanza, conformità, corrispondenza, equivalenza, omogeneità, parentela, legame, rapporto, relazione **CONTR.** dissomiglianza, differenza, diversità, disuguaglianza, ineguaglianza, disparità, contrarietà, opposizione, contrapposizione.

somigliàre A v. tr. e intr. essere simile, assomigliare, rassomigliare, sembrare, parere, arieggiare, rammentare, ricordare, accostarsi **CONTR.** dissomigliare, differire, differenziarsi, discostarsi, distaccarsi, distinguersi, essere diverso **B** v. tr. (*lett.*) paragonare, comparare **C** **somigliarsi** v. rifl. rec. essere simili, assomigliarsi, rassomigliarsi **CONTR.** essere diversi, differire, differenziarsi, distinguersi.

sómma s. f. **1** importo, totale **2** (*mat.*) addizione **CONTR.** sottrazione **3** (*di denaro*) quantità **4** (*di affari*, *di opere*, *ecc.*) complesso, insieme, totalità, massa **5** (*di un discorso*, *di un ragionamento*, *ecc.*) sostanza, essenza, essenzialità, natura **6** (*raro*) compendio, sintesi, sommario, summa (*lat.*).

sommaménte avv. straordinariamente, eccezionalmente, enormemente, moltissimo, incredibilmente, superlativamente **CONTR.** minimamente, pochissimo, per nulla.

sommàre A v. tr. **1** addizionare, fare la somma, assommare **CONTR.** sottrarre **2** (*est.*) aggiungere, aggregare, unire **CONTR.** detrarre, levare, togliere **B** v. intr. ammontare, ascendere, salire, arrivare, giungere.

sommariaménte avv. per sommi capi, all'ingrosso, a grandi linee, brevemente, sinteticamente, rapidamente, concisamente, succintamente, in generale **CONTR.** analiticamente, particolareggiatamente, circostanziatamente, meticolosamente, minuziosamente, diffusamente, partitamente, specificatamente.

sommàrio (1) agg. per sommi capi, schematico, sintetico, abbreviato, approssimativo, rapido, affrettato, complessivo **CONTR.** analitico, particolareggiato, meticoloso, minuzioso, diffuso, specificato.

sommàrio (2) s. m. compendio, sintesi, sunto, riassunto, riepilogo, indice, somma (*raro*), summa (*lat.*), abregé (*fr.*).

sommàto part. pass. di **sommare**; anche agg. addizionato, aggiunto **CONTR.** sottratto, tolto **FRAS.** *tutto sommato*, tutto considerato.

sommèrgere v. tr. **1** coprire d'acqua, allagare, inondare **CONTR.** asciugare, scoprire **2** (*di imbarcazione*, *di carico*, *ecc.*) affondare, mandare a fondo, mandare a picco, inabissare, attuffare (*lett.*), immergere □ sprofondare **CONTR.** far emergere, mandar fuori **3** (*fig.*) (*di ricordo*, *di affanno*, *ecc.*) estinguere, far dimenticare, far scomparire, annullare, cancellare, eliminare, distruggere, disperdere **CONTR.** far riemergere, richiamare **4** (*fig.*) (*di doni*, *di richieste*, *ecc.*) coprire, subissare, tempestare.

sommergìbile s. m. sottomarino.

sommèrso part. pass. di **sommergere**; anche agg. **1** coperto dalle acque, allagato, inondato □ sprofondato **CONTR.** emerso, riemerso **2** affondato **CONTR.** emerso **3** (*fig.*) annullato, perduto **CONTR.** riaffiorato, richiamato **4** (*fig.*) coperto, subissato, tempestato **5** (*fig.*) (*di economia*, *ecc.*) sotterraneo, nascosto, occulto **CONTR.** palese, evidente.

sommessaménte avv. a bassa voce, sottovoce, piano, bisbigliando **CONTR.** ad alta voce, forte.

somméssso agg. **1** (*di persona*, *di atteggiamento*, *ecc.*) sottomesso, umile, dimesso, rispettoso, modesto **CONTR.** altero, altezzoso, borioso, burbanzoso, superbo, tracotante, tronfio, vanaglorioso **2** (*di voce*, *di pianto*, *ecc.*) basso, contenuto, leggero, smorzato, debole **CONTR.** alto, elevato, forte, sonoro, squillante, acuto.

somministràre v. tr. **1** dare, fornire, porgere, largire (*lett.*), servire, distribuire, amministrare, propinare, provvedere **CONTR.** accettare, accogliere, gradire, prendere, ricevere **2** (*scherz.*) (*di schiaffo e sim.*) appioppare (*fam.*), affibbiare **CONTR.** ricevere.

somministratóre s. m.; anche agg. (f. *-trice*) fornitore, datore, largitore (*raro*), distributore.

somministraziòne s. f. rifornimento, fornitura, distribuzione, provvedimento (*raro*, *lett.*) **CONTR.** accettazione, accoglimento, gradimento, ricevimento **FRAS.** *contratto di somministrazione*, contratto di fornitura.

sommità s. f. **1** cima, vertice, vetta, punta, cocuzzolo, cuspide, tetto **CONTR.** base, fondo **2** (*fig.*) (*del sapere*, *della gloria*, *ecc.*) eccellenza, sommo grado, apice, fastigio, sublimità, vertice.

sómmo A agg. **1** (*di vetta*, *di monte*, *ecc.*) altissimo **CONTR.** bassissimo **2** (*fig.*) (*di bene, di grado, ecc.*) superiore, supremo, massimo, grandissimo, eccellente, eccelso, insigne, sublime, sovrumano, divino **CONTR.** infimo, piccolissimo, minimo, modesto, mediocre, misero, oscuro, trascurabile **B** s. m. sommità, colmo, apice, vertice **CONTR.** base, fondo.

sommòssa s. f. sollevazione, insurrezione, ribellione, rivolta, tumulto, moto, sedizione, rivoluzione.

sommoviménto s. m. **1** agitazione, movimento **CONTR.** stasi, immobilità **2** tumulto, sollevazione, sommossa, moto, insurrezione, ribellione, rivolta, rivoluzione.

sommozzatóre s. m. (f. *-trice*) sub, subacqueo □ uomo rana □ palombaro.

sonàglio s. m. campanello, campanellino, campano, bubbolo, tintinnabolo (*lett.*) **FRAS.** *serpente a sonagli*, crotalo.

sonànte part. pres. di **sonare**; anche agg. **1** risonante, sonoro, altisonante, squillante, reboante (*lett.*) **CONTR.** muto, silenzioso, tacito **2** (*fig.*) (*di sconfitta, di punteggio, ecc.*) clamoroso, eccezionale, straordinario **CONTR.** mediocre, misero, modesto, piccolo **FRAS.** *moneta sonante*, contanti.

sònar [vc. ingl., abbr. di *so(und) n(avigation) a(nd) r(anging)*, propriamente 'navigazione e misurazione per mezzo del suono'] s. m. inv. ecogoniometro.

sonàre e deriv. *V.* **suonare** e deriv.

sónda s. f. **1** scandaglio, piombino **2** (*med.*) specillo, catetere, siringa **3** (*aer.*) veicolo spaziale, capsula spaziale □ pallone.

sondàggio s. m. **1** ricerca, rilevamento, scandagliata □ (*med.*) specillatura, siringatura **2** (*fig.*) (*di opinione, di intenzione, ecc.*) indagine, inchiesta, ricerca, rilevamento, esame, esplorazione, tentativo.

sondàre v. tr. **1** esaminare, esplorare **2** (*fig.*) saggiare, cercare, indagare, esplorare.

sonnecchiàre v. intr. **1** dormicchiare, pisolare (*fam.*), fare un pisolino, appisolarsi **CONTR.** essere desto, essere sveglio □ dormire profondamente **2** (*fig.*) essere inerte, oziare, essere pigro, poltrire, andare a rilento **CONTR.** essere attivo, industriarsi, ingegnarsi, arrabattarsi, darsi d'attorno, affaccendarsi.

sonnìfero agg.; anche s. m. **1** ipnotico, sedativo, tranquillante, soporifero, narcotico, barbiturico **CONTR.** eccitante, eccitativo, stimolante **2** (*fig.*) (*di discorso*) noioso, pesante, tedioso, uggioso, barboso, lagnoso **CONTR.** divertente, piacevole, spassoso.

sónno s. m. **1** assopimento, dormita, sopore, torpore, riposo, pisolino, siesta, sonnolenza, letargo **CONTR.** risveglio, veglia, insonnia **2** torpore, inerzia, indolenza, pesantezza **CONTR.** attività, alacrità, prontezza, solerzia, sveltezza, vivacità, dinamismo **3** (*fig.*) calma, silenzio, quiete, pace **CONTR.** confusione, chiasso, fracasso, rumore **4** (*poet.*) sogno **FRAS.** *prender sonno*, addormentarsi □ *far venire sonno* (*fig.*), annoiare □ *l'ultimo sonno*, la morte.

sonnolènza s. f. **1** torpore, sopore, pesantezza, cascaggine (*raro*) **CONTR.** veglia, vigilia, insonnia, eccitazione **2** (*fig.*) pigrizia, lentezza, inerzia, indolenza, apatia, torpore **CONTR.** alacrità, attività, prontezza, solerzia, sveltezza, vivacità, dinamismo.

sonorità s. f. acustica, risonanza **CONTR.** sordità.

sonòro agg. **1** sonante, risonante, argentino, squillante, tintinnante, tinnulo (*lett.*), trillante, vocale □ alto, chiaro, forte, limpido, vibrante □ rumoroso, rumoreggiante, fragoroso **CONTR.** cupo, sordo, smorzato, spento, silenzioso, tacito **2** (*fig.*) (*di discorso*) enfatico, altisonante, gonfio, magniloquente (*lett.*), retorico, ampolloso **CONTR.** dimesso, naturale, piano, schietto, semplice **3** (*fig.*) (*di sconfitta, di ceffone, ecc.*) pesante, notevole, considerevole, grave, grosso **CONTR.** leggero, lieve, modesto, piccolo.

sontuosaménte avv. fastosamente, sfarzosamente, lussuosamente, riccamente, magnificamente, splendidamente, spettacolosamente, vistosamente, principescamente **CONTR.** miseramente, modestamente, poveramente, semplicemente, naturalmente, umilmente.

sontuosità s. f. fastosità, pompa, sfarzosità, sfarzo, lusso, lussuosità, gala, sfoggio, ricchezza, magnificenza, maestosità, splendidezza, splendore **CONTR.** miseria, modestia, povertà, semplicità, naturalezza, umiltà.

sontuóso agg. fastoso, pomposo, sfarzoso, lussuoso, ricco, magnifico, maestoso, splendido, spettacoloso, vistoso, principesco **CONTR.** misero, modesto, povero, semplice, naturale, umile.

sopìre v. tr. **1** (*lett.*) (*di persona*) addormentare, assopire **CONTR.** destare, ridestare, svegliare, risvegliare **2** (*fig.*) (*di persona, di affanno, ecc.*) acquietare, calmare, placare, attutire, lenire, mitigare, addolcire, attenuare, smorzare **CONTR.** acuire, eccitare, esacerbare, esasperare, inasprire, irritare.

sopóre s. m. sonnolenza, assopimento, dormiveglia □ letargo, narcosi, coma **CONTR.** veglia, insonnia.

soporìfero agg. **1** sonnifero, ipnotico, sedativo, narcotico **CONTR.** eccitante, stimolante **2** (*fig.*) (*di persona, di discorso, ecc.*) noioso, pesante, tedioso, uggioso, monotono **CONTR.** divertente, piacevole, spassoso.

soppàlco s. m. palco, soffitta, solaio.

sopperìre v. intr. far fronte, supplire, provvedere, bastare, rimediare, metter riparo, sovvenire (*lett.*) **CONTR.** essere insufficiente.

soppesàre v. tr. **1** pesare **2** (*fig.*) (*di vantaggi, di pro e contro, ecc.*) esaminare, ponderare, considerare, valutare, riflettere, tener presente.

soppiantàre v. tr. scavalcare, sostituire, sottentrare, fare lo sgambetto, soffiare il posto, passar davanti.

soppiàtto agg. nella loc. avv. *di soppiatto*, di nascosto, occultamente, celatamente, con sotterfugi, quatto quatto, slealmente, perfidamente **CONTR.** apertamente, manifestamente, palesemente, alla luce del sole, lealmente, schiettamente, sinceramente.

sopportàbile agg. tollerabile, compatibile, comportabile (*raro, lett.*), comprensibile, giustificabile, passabile, perdonabile, scusabile, soffribile **CONTR.** insopportabile, insoffribile, intollerabile, maltollerabile (*raro*), inescusabile (*lett.*), imperdonabile, ingiustificabile.

sopportabilità s. f. tollerabilità **CONTR.** insopportabilità, intollerabilità.

sopportàre v. tr. **1** (*di peso*) reggere, sostenere **2** (*fig.*) (*di spesa, di dolore, ecc.*) sostenere, soffrire, patire, subire, tollerare, assoggettarsi, durare (*fam.*), inghiottire, trangugiare, sorbettarsi (*fam.*) □ adattarsi, rassegnarsi, resistere, reggere, superare **CONTR.** rifiutare, respingere, reagire, ribellarsi, insorgere, rivoltarsi, sollevarsi, opporsi **3** (*fig.*) (*di indugio, di scuse, ecc.*) accettare, comportare (*raro*), acconsentire, concedere, permettere, tollerare **CONTR.** proibire, vietare, impedire, negare.

sopportàto part. pass. di **sopportare**; anche agg. **1** (*di spesa, di dolore, ecc.*) sostenuto, sofferto, patito, subito, tollerato **CONTR.** rifiutato, respinto **2** (*fig.*) (*di indugio, di scusa, ecc.*) accettato, permesso, concesso **CONTR.** proibito, negato, vietato.

sopportazióne s. f. pazienza, tolleranza, rassegnazione, adattamento, condiscendenza, indulgenza **CONTR.** impazienza, intolleranza, opposizione, reazione, ribellione, inesorabilità, rigidezza, rigore, severità, durezza.

soppressióne s. f. **1** (*di legge, di libertà, ecc.*) abolizione, annullamento, cancellazione, cassatura, cassazione, eliminazione, liquidazione □ repressione, soffocamento **CONTR.** inaugurazione, instaurazione, impianto, riattivazione **2** (*di persona*) uccisione, assassinio, liquidazione □ eccidio.

sopprèsso part. pass. di **sopprimere**; anche agg. **1** (*di legge, di libertà, ecc.*) abolito, annullato, cancellato, cassato, eliminato, liquidato □ represso, soffocato **CONTR.** emanato, inaugurato, instaurato, impiantato, riattivato □ dato, concesso **2** ucciso, assassinato, liquidato.

sopprìmere v. tr. **1** (*di legge, di libertà, ecc.*) abolire, annullare, cancellare, cassare, eliminare, liquidare, scartare, distruggere □ reprimere, soffocare **CONTR.** emanare, inaugurare, instaurare, impiantare, riattivare □ dare, concedere **2** uccidere, togliere di mezzo, assassinare, liquidare.

sópra **A** prep. **1** (*di luogo*) su, al di sopra **CONTR.** sotto, al di sotto **2** addosso **3** oltre, più in su di □ al di là di, più a nord di **CONTR.** al di qua di, più a sud di **4** (*di tempo*) dopo **CONTR.** prima **5** (*di argomento*) intorno a, riguardo, circa **6** (*di paragone*) più di, più che **CONTR.** meno di, meno che **B** avv. **1** in alto **CONTR.** sotto, di sotto **2** precedentemente, anteriormente, prima **CONTR.** dopo, sotto, posteriormente **3** oltre **C** in funzione di agg. inv. superiore, più alto **CONTR.** inferiore, più basso **FRAS.** *tornare sopra* (*fig.*), riesaminare □ *passare sopra* (*fig.*), trascurare; dimenticare; tollerare □ *mettere una pietra sopra* (*fig.*), dimenticare □ *prendere sopra di sé* (*fig.*), assumersi □ *essere sopra pensiero*, essere distratto □ *averne fin sopra i capelli* (*fig.*), essere stufo, essere nauseato.

sopràbito s. m. impermeabile, spolverino, cappotto, mantello.

sopraccennàto agg. predetto, suddetto, sopraddetto, sopraccitato, precitato, sopraindicato, anzidetto, già ricordato, sullodato.

sopraccopèrta **A** s. f. **1** copertina, fodera **2** (*mar.*) ponte di coperta **CONTR.** sottocoperta **B** in funzione di avv. sul ponte di coperta **CONTR.** sottocoperta.

sopraddétto agg. detto prima, suddetto, predetto, sopraccennato, sopraccitato, precitato, anzidetto, sopraindicato, già ricordato, sullodato.

sopraffàre v. tr. **1** soverchiare, dominare, opprimere, fare sopruso, usare violenza **CONTR.** aiutare, soccorrere **2** (*anche fig.*) (*di nemico, di avversario e sim.*) superare, vincere, sconfiggere, battere, sbaragliare **CONTR.** essere vinto, essere sconfitto, perdere, avere la peggio.

sopraffazióne s. f. soperchieria, sopruso, prepotenza, violenza, affronto, arbitrio, ingiuria, oltraggio **CONTR.** rassegnazione, sottomissione, adattamento, pazienza, tolleranza, umiliazione □ concessione, favore, piacere.

sopraffìno agg. **1** (*di pranzo, di oggetto, ecc.*) finissimo, eccellente, ottimo **CONTR.** pessimo, orrendo, disgustoso **2** (*fig.*) (*di malizia, di ragionamento, ecc.*) raffinato, straordinario **CONTR.** grossolano, ordinario, rozzo.

sopraggiùngere **A** v. intr. **1** arrivare, sopravvenire, capitare, piombare □ avvenire, intervenire □ accadere, succedere **2** (*di persona inattesa*) arrivare dopo, aggiungersi **CONTR.** precedere **B** v. tr. **1** cogliere, prendere **2** raggiungere.

sopraggiùnto part. pass. di **sopraggiungere**; anche agg. **1** arrivato, sopravvenuto, capitato **CONTR.** venuto prima **2** posteriore **CONTR.** precedente.

sopraindicàto agg. indicato prima, predetto, suddetto, sopraddetto, sopraccitato, precitato, anzidetto, ricordato, sullodato.

sopralluògo s. m. visita, ispezione, controllo, indagine.

soprammòbile s. m. oggettino, ninnolo, ornamento □ (*spreg.*) carabattola.
soprannaturàle agg. **1** sovrumano, trascendente, sopramondano (*raro*), ultranaturale □ ultraterreno, spirituale, divino **CONTR.** naturale, comune, ordinario □ terreno, materiale, umano **2** (*est.*, *fig.*) meraviglioso, miracoloso, prodigioso, portentoso, grandissimo.
soprannóme s. m. nome particolare, nomignolo, epiteto.
soprannominàre v. tr. designare, dire, chiamare.
soprannominàto part. pass. di **soprannominare**; anche agg. chiamato, detto.
soprannùmero avv. in più **FRAS.** *in soprannumero*, soprannumerario, in più.
soprappensièro o **sópra pensièro** avv. assorto, distratto **CONTR.** attento, vigile.
soprascàrpa s. f. spec. al pl. caloscia, galoscia.
soprassàlto s. m. balzo, scossa, sobbalzo, sussulto.
soprassedére v. intr. differire, aspettare, attendere, indugiare, rimandare, rinviare, procrastinare, prorogare □ sospendere, lasciar perdere, tralasciare, omettere **CONTR.** decidersi, affrettarsi, sbrigarsi, spicciarsi.
soprastànte part. pres. di **soprastare**; anche agg. e s. m. e f. **1** sovrastante **2** (*raro*) sorvegliante, soprintendente, capo **CONTR.** dipendente, subordinato.
soprastàre v. intr. essere a capo, essere superiore, soprintendere □ dominare **CONTR.** sottostare.
soprattàssa s. f. tassa aggiunta □ multa.
soprattùtto avv. prima di tutto, particolarmente, principalmente, specialmente.
sopravalutàre e deriv. *V.* **sopravvalutare** e deriv.
sopravànzo s. m. avanzo, residuo, resto, rimanenza, soprappiù, eccedenza **CONTR.** ammanco, disavanzo.
sopravvalutàre v. tr. supervalutare (*raro*), stimare eccessivamente, dar troppo valore **CONTR.** sottovalutare.
sopravvalutazióne s. f. valutazione eccessiva **CONTR.** sottovalutazione.
sopravvenìre v. intr. sopraggiungere, arrivare all'improvviso, giungere inaspettatamente □ capitare, accadere, succedere, intervenire (*raro*), darsi il caso.
sopravvènto s. m. **1** **CONTR.** sottovento **2** (*fig.*) vantaggio, preminenza, preponderanza, prevalenza, superiorità, supremazia **CONTR.** svantaggio, inferiorità, scapito.
sopravvissùto part. pass. di **sopravvivere**; anche agg. **1** rimasto in vita, scampato, superstite **CONTR.** morto, deceduto, defunto, vittima **2** (*fig.*) sorpassato, arretrato, antiprogressista, retrivo, fuori tempo, fuori moda, matusa (*gerg.*) **CONTR.** moderno, progressista, innovatore.
sopravvivènza s. f. permanenza in vita.
sopravvìvere v. intr. **1** continuare a vivere, scampare, salvarsi, sfuggire, sottrarsi **CONTR.** morire □ soccombere **2** (*fig.*) (*di ricordo, di consuetudine, ecc.*) rimanere vivo, rimanere attuale □ durare, perdurare **CONTR.** scomparire, svanire, finire.
soprelevàre v. tr. alzare, sopredificare, elevare **CONTR.** abbassare.
soprelevàta s. f. viadotto **CONTR.** sotterranea.
soprelevàto part. pass. di **soprelevare**; anche agg. elevato, rialzato **CONTR.** abbassato.
soprelevazióne s. f. sopralzo.
soprintendènte part. pres. di **soprintendere**; anche agg. e s. m. e f. dirigente, vigilante, ispettore, funzionario.
soprintendènza s. f. ispettorato.
soprintèndere v. intr. vigilare, controllare, dirigere, sorvegliare, curare.
soprùso s. m. prepotenza, soperchieria, sopraffazione, arbitrio, affronto, ingiuria, oltraggio **CONTR.** rassegnazione, sottomissione, tolleranza, umiliazione.
soqquàdro s. m. confusione, scompiglio, grande disordine, scombussolamento, rimescolamento **CONTR.** ordine, assestamento, assetto, sistemazione **FRAS.** *a soqquadro*, sottosopra, in gran disordine.
sorbétto s. m. gelato.
sorbìre A v. tr. sorseggiare, centellinare **CONTR.** ingoiare, ingollare, tracannare **B sorbirsi** v. rifl. sopportare, sciropparsi (*fig.*), sorbettarsi (*fam.*), subire.
sórcio s. m. topo **FRAS.** *far vedere i sorci verdi* (*fig.*), sbalordire; mettere in gravi difficoltà; spaventare.
sordidaménte avv. avaramente, grettamente, meschinamente **CONTR.** generosamente, largamente, liberalmente, signorilmente, splendidamente.
sòrdido agg. **1** (*anche fig.*) sporco, sozzo, sudicio, squallido, lordo **CONTR.** pulito, lindo, mondo, netto, terso **2** (*fig.*) avaro, spilorcio, taccagno, tirchio (*fam.*), tirato **CONTR.** generoso, largo, liberale, magnifico, munifico, signorile, splendido, prodigo.
sordità s. f. **1** (*med.*) cofosi **2** (*fig.*) scarsa sensibilità, insensibilità **CONTR.** sensibilità.
sórdo A agg. **1** audioleso **2** (*fig.*) (*a inviti, a preghiere, ecc.*) indifferente, insensibile **CONTR.** sensibile **3** poco sonoro, antiacustico **4** (*di suono*) basso, cupo, fondo, grave, smorzato **CONTR.** chiaro, limpido, sonante, sonoro, squillante, vibrante **5** (*fig.*) (*di guerra, di invidia, ecc.*) tacito, celato, nascosto, occulto, coperto **CONTR.** aperto, evidente, manifesto, palese **6** (*fig.*) (*di dolore*) continuo, diffuso **B** s. m. audioleso.
sorèlla s. f. **1** germana (*raro*) **CONTR.** fratello **2** (*fig.*) (*di lingue, di nazioni, ecc.*) affine, analogo, simile **CONTR.** differente, diverso, dissi-

mile **3** suora.

sorgènte (1) s. f. **1** acqua sorgiva, fonte, polla, vena, fontanile, scaturigine (*lett.*), zampillo **2** (*fig.*) (*di ricchezza, di odio, ecc.*) origine, causa, principio, radice, movente **CONTR.** effetto, conseguenza **3** (*di luce, di onde, ecc.*) punto.

sorgènte (2) part. pres. di **sorgere**; anche agg. nascente **CONTR.** calante, tramontante, morente.

sórgere A v. intr. **1** (*di persona*) alzarsi, tirarsi su, saltar su, levarsi, rizzarsi, drizzarsi, sollevarsi **CONTR.** abbassarsi, coricarsi, sedersi, sdraiarsi, stendersi **2** (*di monte, di edificio, ecc.*) alzarsi, elevarsi, innalzarsi, risaltare, spiccare **3** (*di astro*) nascere, alzarsi, spuntare, apparire **CONTR.** tramontare, calare **4** (*di fiume e sim.*) scaturire, sgorgare, pullulare, riversarsi, spicciare, zampillare **5** (*fig.*) (*di dubbio, di idea, ecc.*) nascere, venire, derivare **6** (*fig.*) (*a potenza, a gloria, ecc.*) assurgere, elevarsi **B** s. m. (*di astro*) levata, alzata **CONTR.** tramonto, calata.

sórgo s. m. (*bot.*) saggina.

sormontàre A v. tr. **1** oltrepassare, sorpassare, superare, soverchiare **CONTR.** restare sotto **2** (*fig.*) (*di ostacolo, di competitore, ecc.*) vincere, abbattere, sconfiggere, trionfare su **CONTR.** soggiacere, sottostare, cedere, soccombere **B** v. intr. sovrapporsi.

sornióne agg.; anche s. m. gattamorta, acqua cheta, madonnina infilzata, furbastro, finto tonto **CONTR.** aperto, franco, leale, schietto, sincero.

sorpassàre v. tr. **1** superare, passare sopra **CONTR.** essere inferiore **2** (*di veicolo*) superare, oltrepassare, passare oltre, passare avanti **3** (*di competitore e sim.*) sopravanzare, vincere, essere superiore, precedere **CONTR.** cedere, essere inferiore **4** (*fig.*) (*di limiti*) eccedere, trascendere, trasmodare **CONTR.** frenarsi, moderarsi, limitarsi, trattenersi.

sorpassàto part. pass. di **sorpassare**; anche agg. **1** oltrepassato **2** (*di veicolo*) superato **3** (*di competitore*) vinto **4** (*fig.*) (*di limiti*) trasceso **5** (*fig.*) (*di persona, di moda, ecc.*) superato, arretrato, arcaico, disusato, vieto (*lett.*), out (*ingl.*) **CONTR.** attuale, moderno, nuovo, in (*ingl.*).

sorpàsso s. m. superamento.

sorprendènte part. pres. di **sorprendere**; anche agg. **1** impreveduto, imprevisto, inatteso **CONTR.** previsto, atteso **2** (*est.*) strano, singolare □ eccezionale, meraviglioso, sbalorditivo, stupefacente, stupendo **CONTR.** comune, naturale, normale, ordinario, usuale □ brutto, orrendo.

sorprendenteménte avv. singolarmente, stranamente, eccezionalmente, meravigliosamente, stupendamente **CONTR.** comunemente, ordinariamente, normalmente, naturalmente, usualmente □ orrendamente.

sorprèndere A v. tr. **1** cogliere, acchiappare, beccare (*fam.*), pizzicare (*fam.*) **2** (*fig.*) (*di buona fede e sim.*) carpire, ingannare **3** (*fig.*) meravigliare, sbalordire, stupire, lasciare a bocca aperta **CONTR.** lasciare impassibile, lasciare indifferente **B sorprendersi** v. intr. pron. meravigliarsi, sbalordire, stupirsi **CONTR.** rimanere impassibile, rimanere indifferente, non scomporsi.

sorprésa s. f. **1** improvvisata **2** meraviglia, sbalordimento, stupore **CONTR.** indifferenza, freddezza, disinteresse **3** (*est.*) dono, regalo, pensierino **FRAS.** *di sorpresa*, all'improvviso, senza preavviso.

sorpréso part. pass. di **sorprendere**; anche agg. **1** colto sul fatto, beccato (*fam.*), pizzicato (*fam.*) **2** (*fig.*) meravigliato, sbalordito, stupito **CONTR.** indifferente, freddo, disinteressato, incurante, noncurante.

sorrèggere A v. tr. **1** sostenere, reggere, tenere su, sollevare **CONTR.** metter giù, posare, lasciar cadere **2** (*fig.*) (*di persona*) confortare, aiutare, soccorrere, incoraggiare, rincorare **CONTR.** abbandonare, lasciar solo **B sorreggersi** v. rifl. tenersi ritto, reggersi, sostenersi, appoggiarsi.

sorridènte part. pres. di **sorridere**; anche agg. allegro, gaio, lieto, ilare, giocondo, felice, sereno **CONTR.** serio, severo, accigliato, aggrondato, burbero, cupo, imbronciato, ingrugnato, rabbuiato.

sorrìdere v. intr. **1** ridere a fior di labbra **2** (*fig.*) (*di fortuna, di vita, ecc.*) essere favorevole, arridere, aiutare **CONTR.** essere contrario, bersagliare **3** (*fig.*) (*di idea, di pensiero, ecc.*) fare piacere, allettare, attirare, riuscire gradito **CONTR.** spiacere, dispiacere, rincrescere, ripugnare, nauseare, stomacare.

sorrìso s. m. **1** (*est.*) risolino **2** (*fig., lett.*) (*della natura, dei fiori, ecc.*) letizia, bellezza, splendore.

sorseggiàre v. tr. sorbire, centellinare **CONTR.** tracannare, ingollare, ingurgitare, sbevazzare.

sórso s. m. centellino (*raro*), sorsata.

sòrta s. f. specie, qualità, genere, forma, guisa, categoria, classe, tipo, varietà, risma.

sòrte s. f. **1** caso, destino, fato, fatalità, fortuna **2** condizione, stato □ vita, futuro **FRAS.** *estrarre a sorte*, sorteggiare.

sorteggiàre v. tr. tirare a sorte, estrarre.

sortéggio s. m. estrazione □ lotteria.

sortilègio s. m. magia, incantesimo, malia, stregoneria, maleficio, fattucchieria.

sortìta s. f. **1** (*di assediati*) irruzione, assalto, uscita improvvisa **2** entrata in scena **3** (*pop.*) uscita **CONTR.** entrata **4** battuta, frase spiritosa, arguzia, facezia, motto, spiritosaggine, gag (*ingl.*).

sórto part. pass. di **sorgere**; anche agg. **1** (*di edificio*) eretto, innalzato **CONTR.** abbattuto **2** (*di astro*) apparso, spuntato, nato **CONTR.** calato, tramontato **3** (*di dubbio, di idea, ecc.*) nato, venuto, originato, derivato.

sorvegliànte part. pres. di **sorvegliare**; anche s. m.

e f. assistente, guardiano, custode, osservatore, ispettore, vigile, vigilatore □ baby-sitter (*ingl.*), bonne (*fr.*).

sorveglìanza s. f. vigilanza, guardia, assistenza, cura, controllo, ispezione, soprintendenza.

sorvegliàre v. tr. **1** (*di persona*) tenere d'occhio, tenere sotto controllo, controllare, seguire, non perdere di vista, vigilare, piantonare **2** (*di persona o cosa*) badare, custodire, curare **CONTR.** trascurare, abbandonare, fregarsene (*pop.*), infischiarsi **3** (*di cosa*) dirigere, interessarsi, attendere, occuparsi **CONTR.** trascurare, abbandonare, disinteressarsi.

sorvegliàto part. pass. di **sorvegliare**; anche agg. e s. m. **1** custodito, badato, controllato **CONTR.** trascurato, abbandonato **2** vigilato, piantonato.

sorvolàre v. tr. e intr. **1** (*di aereo e sim.*) volare sopra, passare sopra **2** (*fig.*) (*di particolare, di episodio, ecc.*) tralasciare, trascurare, omettere, non badare, non considerare **CONTR.** badare, considerare, curare, osservare.

sòsia [da *Sosia*, il servo di Anfitrione nell'omonima commedia di Plauto e di Molière] s. m. inv. persona somigliantissima, copia, gemello, controfigura.

sospèndere v. tr. **1** (*al muro, ad un ramo, ecc.*) attaccare, appendere, appiccare, agganciare, alzar su, sollevare □ (*raro*) impiccare **CONTR.** staccare, sganciare **2** (*fig.*) (*di lavoro, di riunione, ecc.*) interrompere, arrestare, fermare, cessare, smettere, tralasciare □ differire, prorogare, posticipare, procrastinare, aggiornare, rimandare, rinviare **CONTR.** cominciare, iniziare □ finire, terminare □ riprendere, continuare **3** (*fig.*) (*da una carica, dalle lezioni, ecc.*) allontanare, rimuovere, destituire, licenziare **CONTR.** richiamare, reintegrare □ assumere.

sospensióne s. f. **1** agganciamento **CONTR.** sganciamento, distacco **2** (*di lavoro, di riunione, ecc.*) interruzione, cessazione □ differimento, dilazione, proroga, rinvio, rimando **CONTR.** inizio □ fine, termine □ ripresa □ continuazione, prosecuzione, proseguimento, seguito **3** (*da una carica, dalle lezioni, ecc.*) allontanamento, rimozione, licenziamento, destituzione **CONTR.** richiamo, reintegrazione □ assunzione **4** (*fig.*) incertezza, apprensione, suspense (*ingl.*), ansia, ansietà, esitazione **CONTR.** calma, sicurezza, tranquillità **5** (*mecc.*) balestre, ammortizzatori, molle.

sospéso part. pass. di **sospendere**; anche agg. **1** (*al muro, ad un ramo, ecc.*) attaccato, appeso, agganciato, pendente, pensile, pendulo (*lett.*), penzolante, librato □ (*raro*) impiccato **CONTR.** sganciato, staccato **2** (*di lavoro, di riunione, ecc.*) interrotto, differito, rimandato, rinviato, posticipato, procrastinato, aggiornato **CONTR.** cominciato, iniziato □ finito, terminato □ continuato, proseguito **3** (*di animo, di situazione, ecc.*) incerto, ansioso, dubbioso, esitante, perplesso, titubante **CONTR.** calmo, sicuro, tranquillo, impassibile, imperturbabile.

sospettàbile agg. sospetto **CONTR.** insospettabile.

sospettàre **A** v. tr. (*di furto, di tradimento, ecc.*) ritenere colpevole □ (*spec.* *seguito da* che) credere, pensare, immaginare, supporre, intuire, subodorare, dubitare **B** v. intr. (*di persona*) nutrire sospetti □ diffidare, dubitare, temere, insospettirsi **CONTR.** fidarsi, confidare, aver fiducia.

sospètto (1) agg. **1** (*di persona*) indiziato **CONTR.** insospettabile, insospettato **2** (*di persona, di luogo, ecc.*) ambiguo, dubbio, equivoco, infido, malfido, poco sicuro **CONTR.** fidato, fido (*lett.*), leale, serio, pulito.

sospètto (2) s. m. **1** (*di reato*) indizio **2** diffidenza, dubbio, esitazione, incertezza, perplessità, titubanza **CONTR.** certezza, realtà, sicurezza **3** timore, presentimento, paura, impressione **CONTR.** certezza, convinzione, sicurezza.

sospettóso agg. diffidente, dubbioso, cauto, circospetto, guardingo, ombroso, prudente, sfiduciato, timoroso **CONTR.** fiducioso, sicuro, baldanzoso, animoso, speranzoso.

sospìngere v. tr. **1** spingere **CONTR.** tirare indietro **2** (*fig.*) (*di persona*) spronare, incitare, muovere, incoraggiare, indurre, stimolare **CONTR.** distogliere, dissuadere, allontanare.

sospìnto part. pass. di **sospingere**; anche agg. **1** spinto, cacciato avanti **CONTR.** tirato indietro **2** (*fig.*) (*di persona*) incitato, indotto, spronato, stimolato **CONTR.** distolto, dissuaso **FRAS.** *ad ogni piè sospinto*, a ogni passo; (*fig.*) molto spesso.

sospiràre **A** v. intr. emettere sospiri, trarre sospiri **B** v. tr. **1** (*di vacanze, di promozione, ecc.*) desiderare, bramare, anelare, agognare, aspirare, aspettare con ansia **CONTR.** odiare, disprezzare, sdegnare, disdegnare **2** (*di persona cara, di patria lontana, ecc.*) rimpiangere, avere nostalgia **CONTR.** esultare, gioire, rallegrarsi.

sospiràto part. pass. di **sospirare**; anche agg. aspettato, atteso, desiderato, bramato (*lett.*), agognato, anelato, invocato □ rimpianto **CONTR.** odiato, detestato, deprecato □ temuto.

sospìro s. m. **1** (*est.*) respiro, soffio, alito □ inspirazione, espirazione □ gemito **2** (*fig.*) aspettazione, attesa, desiderio, brama, invocazione □ deplorazione, rimpianto, pena **FRAS.** *dare l'ultimo sospiro*, morire.

sòsta s. f. fermata, arresto □ (*est.*) pausa, tregua, interruzione, indugio, posa, quiete **CONTR.** continuazione, prosecuzione, proseguimento, ripresa, seguito.

sostantìvo s. m. nome, vocabolo, parola.

sostànza s. f. **1** (*di discorso, di questione, ecc.*) essenza, esistenza □ midollo, sugo **CONTR.** apparenza, aspetto esteriore, forma, accidente **2**

(*gener.*) materia, materiale, corpo □ composto, elemento, prodotto **3** (*di cosa*) parte importante, parte utile, fondamento **4** (*di alimento*) capacità nutritiva, nutrizione **5** (*spec. al pl.*) patrimonio, ricchezza, beni **FRAS.** *in sostanza*, in conclusione.

sostanziàle agg. fondamentale, essenziale, basilare, principale, primario, più importante **CONTR.** accidentale, secondario, meno importante, irrilevante, trascurabile □ apparente, formale, illusorio.

sostanzialménte avv. in modo sostanziale □ essenzialmente, fondamentalmente, principalmente **CONTR.** secondariamente, apparentemente.

sostanzióso agg. **1** nutriente, nutritivo, nutrizionale **2** (*fig.*) giovevole, concreto, utile, efficace, vantaggioso **CONTR.** inutile, vano, inefficace, dannoso **3** (*fig.*) consistente, cospicuo, rilevante **CONTR.** esiguo, irrilevante.

sostàre v. intr. **1** fermarsi, soffermarsi, rimanere, trattenersi **CFR.** arrivare, giungere □ andarsene, allontanarsi, partire, ripartire **2** interrompere, astenersi, fare una pausa **CFR.** cominciare, iniziare □ continuare, proseguire, seguitare.

sostégno s. m. **1** appoggio, basamento, base, fondamento, mensola, palo, piede, piedistallo, puntello, supporto, piantana **2** (*fig.*) (*della famiglia, della casa, ecc.*) aiuto, appoggio, conforto, difesa, protezione, soccorso, sussidio.

sostenére A v. tr. **1** reggere, sorreggere, puntellare, tener su □ mantenere, rinforzare **CONTR.** lasciar cadere □ indebolire **2** (*fig.*) (*di impegno, di spesa, ecc.*) prendere su di sé, accollarsi, addossarsi, assumersi **CONTR.** esimersi, liberarsi, sottrarsi, respingere, rifiutare **3** (*fig.*) (*di prezzo, di azioni e sim.*) mantenere alto, alzare □ inflazionare **CONTR.** calare, diminuire □ deflazionare **4** (*fig.*) (*di persona, di candidatura, ecc.*) aiutare, proteggere, appoggiare, confortare, favorire, fiancheggiare, difendere, patrocinare, secondare, assecondare, caldeggiare, propugnare, spalleggiare, soccorrere **CONTR.** abbandonare, trascurare □ avversare, contrariare, contrastare, combattere, opporsi, ostacolare, osteggiare **5** (*fig.*) (*di alimento*) nutrire, dare vigore **CONTR.** impoverire, svigorire **6** (*fig.*) (*di tesi, di idea, ecc.*) asserire, dire, affermare **CONTR.** negare **7** (*fig.*) (*di freddo, di assalto, ecc.*) tollerare, sopportare, resistere **CONTR.** soccombere, cedere **B sostenersi** v. rifl. **1** tenersi dritto, appoggiarsi, reggersi **CONTR.** lasciarsi andare, crollare, cadere **2** (*fig.*) mantenersi, sostentarsi **C** v. intr. pron. **1** (*di cosa*) stare dritto, reggersi **CONTR.** cadere, crollare **2** (*fig.*) (*di idea, di ipotesi, ecc.*) essere plausibile, essere convincente, reggersi **CONTR.** non stare in piedi, crollare.

sostenibile agg. **1** (*di idea, di posizione, ecc.*) difendibile, logico, ragionevole **CONTR.** indifendibile, insostenibile, illogico, assurdo **2** (*di spesa, di impegno, ecc.*) possibile, assumibile **CONTR.** impossibile, insostenibile.

sostenitóre agg. e s. m. (f. *-trice*) difensore, fautore, favoreggiatore, partigiano, propugnatore, fiancheggiatore, patrocinatore, protettore, amico, collaboratore, simpatizzante, fan (*ingl.*) **CONTR.** avversario, nemico, oppositore, critico, denigratore, detrattore.

sostentaménto s. m. **1** mantenimento, alimentazione, nutrimento **2** alimento, cibo, vitto.

sostentàre A v. tr. mantenere, nutrire, alimentare **B sostentarsi** v. rifl. mantenersi, sostenersi.

sostenùto part. pass. di **sostenere**; anche agg. **1** sorretto, tenuto, puntellato □ mantenuto, rinforzato **CONTR.** lasciato cadere □ indebolito **2** (*di prezzo, di azioni e sim.*) alto **CONTR.** basso **3** (*fig.*) (*di impegno, di spesa, ecc.*) accollatosi, assunto **CONTR.** rifiutato, respinto **4** (*fig.*) (*di persona, di candidatura, ecc.*) aiutato, appoggiato, difeso, favorito, secondato, soccorso, spalleggiato, patrocinato, caldeggiato **CONTR.** abbandonato, trascurato □ avversato, combattuto, contrastato, ostacolato, osteggiato **5** (*fig.*) (*di tesi, di idea, ecc.*) asserito, detto, affermato **CONTR.** negato **6** (*fig.*) (*di freddo, di assalto, ecc.*) tollerato, sopportato **7** (*fig.*) (*di persona, di carattere, ecc.*) contegnoso, chiuso, serio, riservato, austero, distaccato, compassato, altezzoso □ duro, fermo, rigido, severo **CONTR.** affabile, amabile, aperto, cordiale, espansivo, gentile, gioviale, socievole **8** (*fig.*) (*di stile*) classico, elevato, nobile, severo, solenne **CONTR.** dimesso, sciatto, trascurato, trasandato, disadorno **9** (*mus.*) largo e grave **CONTR.** allegro, allegretto, presto **10** (*sport*) (*di velocità, di ritmo, ecc.*) elevato, intenso, grande, forte **CONTR.** debole, fiacco **11** (*di tessuto*) rigido **CONTR.** morbido, cascante.

sostituìbile agg. rimpiazzabile, surrogabile **CONTR.** insostituibile.

sostituìre A v. tr. cambiare □ rimpiazzare, surrogare, succedere, subentrare, supplire, avvicendare, scambiare □ licenziare **CONTR.** assumere, chiamare, prendere **B sostituirsi** v. rifl. rimpiazzare, subentrare, succedere.

sostitutivo agg. surrogatorio.

sostitùto s. m. facente funzione, supplente, vicario, vice, successore, subentrante, interino, luogotenente, reggente **CONTR.** effettivo, titolare, stabile.

sostituzióne s. f. cambio, scambio, surroga, surrogamento, surrogazione, supplenza, avvicendamento, rimpiazzo.

sostràto s. m. **1** strato sottostante, fondo **2** (*fig.*) essenza base, sottofondo, sfondo, fondo.

sottàna s. f. **1** sottoveste □ gonna, gonnella, gonnellino **2** (*spec. al pl.*) (*per anton., fam.*)

donna, femmina **3** (*eccl.*) veste talare, tonaca CFR. clergyman (*ingl.*).

sotterfùgio s. m. accorgimento, scappatoia, espediente. stratagemma, pretesto, scusa, inganno, insidia, imbroglio, malizia, tranello, simulazione.

sotterraménto s. m. inumazione, seppellimento, sepoltura CONTR. dissotterramento, esumazione.

sotterràneo A agg. **1** sotterra, sottoterra CONTR. superficiale **2** (*fig.*) (*di manovre e sim.*) nascosto, segreto, occulto, celato, clandestino, riservato CONTR. aperto, chiaro, evidente, manifesto, notorio, palese **B** s. m. cantina, scantinato, sottosuolo □ catacomba, cripta, ipogeo, galleria, tunnel.

sotterràre v. tr. **1** nascondere sotto terra, seppellire □ inumare CONTR. dissotterrare, disseppellire □ esumare **2** (*fig.*) (*di ricordo, di dispiacere, ecc.*) dimenticare, scordare CONTR. ricordare, rammentare.

sotterràto part. pass. di **sotterrare**; anche agg. messo sottoterra, nascosto sottoterra, seppellito □ inumato CONTR. dissotterrato, disseppellito □ esumato.

sottigliézza s. f. **1** esilità, finezza, tenuità □ agilità, gracilità, magrezza, snellezza CONTR. grossezza, corpulenza, mole **2** (*fig.*) (*di ingegno e sim.*) acume, acutezza, astuzia, finezza, penetrazione, perspicacia, raffinatezza, sagacia CONTR. goffaggine, grossolanità, ottusità, rozzezza **3** (*spec. al pl.*) (*fig.*) cavillo, pedanteria, pignoleria, sofisticheria.

sottile agg. **1** acuto, aguzzo, esile, fino, capillare CONTR. grosso, spesso **2** (*est.*) (*di persona, di collo, ecc.*) agile, gracile, magro, minuto, snello CONTR. grosso, massiccio, tarchiato, tozzo, atticciato, quartato (*raro*) **3** (*fig.*) (*di aria, di brezza e sim.*) puro, fresco, leggero □ delicato CONTR. grave, greve, pesante **4** (*fig.*) (*di vista, di mente, ecc.*) acuto, arguto, astuto, fine, penetrante, perspicace, raffinato, sagace CONTR. goffo, grossolano, ottuso, rozzo **5** (*fig.*) (*di discorso, di argomento, ecc.*) cavilloso, pedante, pignolo, sofistico CONTR. facilone, sbrigativo, spiccio, superficiale FRAS. *andare per il sottile*, badare alle minuzie □ *mal sottile* (*pop.*), tisi.

sottilizzàre v. intr. e tr. esaminare minuziosamente, guardare per il sottile, cavillare, sofisticare CONTR. ragionare alla buona □ sintetizzare.

sottilménte avv. acutamente, finemente □ diligentemente, minutamente, minuziosamente, raffinatamente CONTR. goffamente, grossolanamente, ottusamente, rozzamente.

sottintèndere v. tr. **1** accennare, alludere, lasciar intendere □ comportare, implicare, includere, racchiudere CONTR. escludere, scartare **2** omettere, tacere, sottacere, tralasciare CONTR. dichiarare, manifestare, palesare, specificare.

sottintéso part. pass. di **sottintendere**; anche agg. non espresso, implicito, omesso, tralasciato CONTR. detto, dichiarato, espresso FRAS. *per sottintesi*, non esplicitamente □ *senza sottintesi*, chiaramente.

sótto A prep. **1** (*di luogo*) al di sotto, inferiormente CONTR. sopra, superiormente **2** presso, vicino CONTR. lontano **3** più in basso di □ inferiore a, meno di CONTR. più in alto di □ superiore a, più di **4** al di qua di, a sud di CONTR. al di là di, a nord di **5** (*fig.*) alle dipendenze di, sotto il comando di □ sotto il governo di **6** (*di causa*) per, a causa di **7** (*di tempo*) verso, nell'imminenza di, poco prima di, durante CONTR. subito dopo **B** avv. **1** abbasso □ (*est.*) al piano inferiore, nella parte inferiore, in fondo CONTR. sopra, nella parte superiore □ (*est.*) al piano superiore **2** (*fig.*) nell'intimo, nel profondo **3** oltre **4** addosso **C** in funzione di agg. inv. inferiore, più basso CONTR. superiore, più alto **D** in funzione di s. m. inv. basso, fondo CONTR. coperchio, cima, vetta, alto FRAS. *sott'occhio*, a portata dello sguardo □ *tenere sott'occhio*, non perdere di vista □ *guardare sott'occhio*, guardare di sottecchi □ *sotto le armi*, nell'esercito □ *farsi sotto*, avvicinarsi □ *mettere sotto*, investire □ *darci sotto*, impegnarsi □ *sotto sotto*, di nascosto.

sottobànco avv. di nascosto CONTR. apertamente.

sottobicchière s. m. piattino, sottocoppa, centrino.

sottobòsco s. m. **1** arbusti, erbe **2** (*fig.*) corruzione, sottogoverno, illegalità, clientelismo.

sottochiàve avv. chiuso a chiave □ (*est.*) ben custodito.

sottocopèrta loc. avv. CONTR. sopraccoperta.

sottocòsto avv. a prezzo inferiore, sottomercato.

sottofóndo s. m. **1** (*fig.*) sfondo, sostrato **2** (*mus.*) commento musicale.

sottogàmba avv. disinvoltamente, trascuratamente, negligentemente, senza riguardo CONTR. accuratamente, diligentemente.

sottogovèrno s. m. (*est.*) corruzione, corruttela (*raro*), favoritismo, sottobosco, clientelismo.

sottoinsième s. m. (*mat.*) parte, subset (*ingl.*), componente (*est.*).

sottolineàre v. tr. **1** (*di parola, di errore, ecc.*) segnare **2** (*fig.*) (*di discorso, di carattere, ecc.*) marcare, rimarcare, rilevare, evidenziare, calcare, accentuare, mettere l'accento CONTR. attenuare, attutire, sminuire.

sottolineatùra s. f. segnatura □ segno.

sottomàno A avv. **1** a portata di mano, vicino CONTR. fuori mano, lontano **2** (*fig.*) di nascosto CONTR. apertamente **B** in funzione di s. m. mancia, regalia.

sottomarìno s. m. (*mar.*) sommergibile.

sottoméssо part. pass. di **sottomettere**; anche agg. soggiogato, assoggettato, sottoposto, domato, ridotto in servitù □ docile, ossequente, remissivo, rispettoso, ubbidiente **CONTR.** autonomo, affrancato, emancipato, indipendente, libero □ insofferente, intollerante, disubbidiente, renitente, ribelle.

sottométtere A v. tr. **1** assoggettare, soggiogare, aggiogare, asservire, sottoporre, ridurre all'ubbidienza □ battere, domare, sconfiggere, vincere, sbaragliare **CONTR.** liberare, affrancare, emancipare, redimere (*lett.*) **2** (*lett.*) (*di ragione, di morale, ecc.*) subordinare, posporre **CONTR.** anteporre **3** (*raro*) (*di problema, di merce, ecc.*) sottoporre, presentare **B sottomettersi** v. intr. pron. piegarsi, arrendersi, rassegnarsi, sottostare, ubbidire, chinare il capo, soggiacere **CONTR.** emanciparsi, insorgere, ribellarsi, disubbidire.

sottomissióne s. f. **1** (*di persona, di popolo*) conquista, assoggettamento **CONTR.** ribellione, rivolta, insurrezione, emancipazione, affrancamento **2** (*di qualità*) soggezione, subordinazione, ossequio, rispetto, ubbidienza, rassegnazione, sopportazione **CONTR.** insofferenza, intolleranza, disobbedienza, resistenza.

sottopassàggio s. m. sottopasso **CONTR.** sovrappasso, cavalcavia, ponte, viadotto.

sottopórre A v. tr. **1** (*di persona, di popolo, ecc.*) assoggettare, soggiogare, sottomettere, aggiogare, asservire, ridurre all'ubbidienza **CONTR.** liberare, affrancare, emancipare, redimere (*lett.*) **2** (*a tortura, a prova, ecc.*) far subire, costringere **3** (*fig.*) (*un'idea, un progetto, ecc.*) presentare, illustrare, spiegare, esporre **B sottoporsi** v. intr. pron. sottomettersi, rassegnarsi, rimettersi, piegarsi, sottostare, ubbidire **CONTR.** affrancarsi, emanciparsi, insorgere, ribellarsi, disubbidire.

sottopósto A part. pass. di **sottoporre**; anche agg. **1** assoggettato, soggiogato, sottomesso, soggetto, asservito **CONTR.** libero, liberato, affrancato, emancipato **2** (*a tortura, a prova, ecc.*) costretto **3** (*di idea, di progetto, ecc.*) presentato, illustrato, spiegato, esposto **B** s. m. dipendente, subordinato, inferiore □ suddito, vassallo, tributario **CONTR.** padrone, signore, superiore, capo, dirigente, comandante.

sottoscrìtto A part. pass. di **sottoscrivere**; anche agg. firmato **B** s. m. scrivente, firmatario.

sottoscrìvere A v. tr. firmare **B** v. tr. e intr. **1** aderire, appoggiare, approvare, consentire, favorire, sostenere □ finanziare **CONTR.** avversare, contrastare, combattere, ostacolare, osteggiare **2** abbonarsi.

sottoscrizióne s. f. **1** firma, raccolta di firme □ raccolta di denaro, colletta **2** abbonamento.

sottosópra A avv. **1** alla rovescia, in modo capovolto, sossopra (*dial., lett.*) **2** (*est., fig.*) in gran disordine, in gran confusione, a soqquadro, in subbuglio, incasinato (*pop.*) □ in grande agitazione, in gran turbamento **CONTR.** in ordine, in pace, in quiete, in tranquillità **B** in funzione di agg. inv. turbato, confuso, sconvolto □ disordinato, incasinato (*pop.*) **CONTR.** calmo, sereno, tranquillo □ ordinato **C** in funzione di s. m. inv. confusione, scompiglio, soqquadro, scombussolamento, casino (*pop.*) **CONTR.** ordine, assetto, quiete.

sottospècie s. f. inv. (*est., spreg.*) qualità inferiore, varietà.

sottostànte part. pres. di **sottostare**; anche agg. **1** (*di cosa*) posto sotto, inferiore **CONTR.** posto sopra, sovrastante **2** (*fig.*) (*di persona*) subordinato, dipendente, inferiore **CONTR.** superiore, dirigente, capo.

sottostàre v. intr. **1** (*raro, lett.*) stare sotto, essere situato sotto **CONTR.** soprastare, sovrastare **2** (*fig.*) essere sottoposto, essere soggetto, soggiacere, piegarsi, cedere, adattarsi, assoggettarsi, rassegnarsi, sottoporsi, ubbidire, chinare il capo, curvare la schiena, sopportare, subire **CONTR.** assoggettare, dominare, soggiogare, sottomettere □ reagire, ribellarsi, rivoltarsi, sollevarsi, insorgere.

sottosuòlo s. m. **1 CONTR.** soprassuolo **2** sotterraneo, cantina, scantinato □ fondamenta, costruzione.

sottosviluppàto agg. poco sviluppato, arretrato **CONTR.** avanzato, sviluppato, industrializzato, evoluto.

sottosvilùppo s. m. scarso sviluppo, arretratezza **CONTR.** progresso, industrializzazione, benessere.

sottotèrra A avv. sotto il suolo, sotterra **CONTR.** sopra, in superficie **B** in funzione di agg. inv. (*raro*) sotterraneo **C** in funzione di s. m. inv. sotterraneo, cantina, scantinato.

sottotétto s. m. soffitta, mansarda □ solaio.

sottotìtolo s. m. (*edit.*) titolo secondario □ (*cine.*) didascalia.

sottovalutàre v. tr. sminuire, svalutare, non valutare abbastanza **CONTR.** sopravvalutare.

sottovènto avv. e agg. inv. **CONTR.** sopravvento.

sottovèste s. f. sottabito □ camicetta, maglietta **CONTR.** sopravveste.

sottovóce avv. a voce bassa, piano, flebilmente, sommessamente **CONTR.** ad alta voce, forte, acutamente, sonoramente, a gran voce.

sottovuòto avv. e agg. senz'aria.

sottraèndo s. m. (*mat.*) **CFR.** minuendo □ addendo.

sottràrre A v. tr. **1** levare, togliere □ liberare, salvare, scampare, strappare, trarre **CONTR.** mettere, dare □ esporre, offrire, abbandonare **2** (*fig.*) (*di documento, di denaro, ecc.*) rapire, rubare, carpire, portar via, sgraffignare (*fam.*), fregare (*pop.*) **CONTR.** dare, offrire, portare **3** (*mat.*) **CONTR.** addizionare **4** (*di spesa, di onere e sim.*) defalcare, dedurre, scomputare, falcidiare **CONTR.** addizionare, aggiungere, sommare **B sottrarsi** v. intr. pron. sfuggire, liberarsi, evitare, scampare, scansare, schivare, eludere, tenersi lontano CONTR. cercare, andare incontro, offrirsi, abbandonarsi.

sottràtto part. pass. di **sottrarre**; anche agg. **1** tolto, levato □ liberato, strappato CONTR. messo, esposto **2** (*fig.*) (*di documento, di denaro, ecc.*) rapito, rubato, carpito CONTR. dato, offerto, portato **3** (*mat.*) CONTR. addizionato **4** (*di spesa, di onere e sim.*) defalcato, dedotto, scomputato CONTR. aggiunto, addizionato.

sottrazióne s. f. **1** furto, rapina, ruberia, ladreria CONTR. restituzione, riconsegna, rimborso **2** (*mat.*) differenza CONTR. addizione **3** (*di spesa, di onere e sim.*) defalco, deduzione, detrazione, falcidia CONTR. addizione, aggiunta.

sottufficiàle s. m. CFR. sergente, sergente maggiore, maresciallo, brigadiere, furiere.

soubrette /*fr.* su'brɛt/ [vc. fr., dal provz. moderno *soubreto* '(ragazza) affettata', dall'ant. *sobrar* 'essere di troppo', risalente al lat. *superare*] s. f. inv. (*di varietà*) prima attrice.

soufflé /*fr.* su'fle/ [vc. fr., propriamente 'gonfiato', part. pass. di *souffler* 'soffiare, gonfiare'] s. m. inv. sformato.

souvenir /*fr.* suvə'nir/ [vc. fr., dal v. *souvenir* 'ricordare'] s. m. inv. ricordo, ricordino.

sovènte avv. (*lett.*) spesso, spesse volte, frequentemente, ripetutamente, ogni momento CONTR. di rado, raramente, rare volte, quasi mai.

soverchiàre A v. tr. **1** (*lett.*) sormontare, oltrepassare, sopravanzare, superare CONTR. essere inferiore, rimanere al di sotto **2** (*fig.*) sopraffare, opprimere, assoggettare, sottomettere, calcare, calpestare, schiacciare, soggiogare **B** v. intr. sovrabbondare, ridondare (*lett.*), traboccare, eccedere, avanzare, restare CONTR. mancare, difettare, scarseggiare.

sovièt o (*evit.*) **sòviet** [dal russo *sovjét*, 'consiglio'] s. m. inv. (*est.*) consiglio.

soviètico agg.; anche s. m. (*est.*) russo □ comunista.

sovrabbondànte part. pres. di **sovrabbondare**; anche agg. abbondantissimo, soverchio (*lett.*), eccessivo, esagerato, eccedente, sovreccedente, ridondante (*lett.*), smisurato, strabocchevole, straripante, superfluo, troppo CONTR. mancante, manchevole, difettoso, insufficiente, scarso, scarseggiante, poco.

sovrabbondànza s. f. eccedenza, sovreccedenza, eccesso, ridondanza, esagerazione, esuberanza, piena, profusione, rigurgito, soprappiù, superfluità CONTR. mancanza, deficienza, difetto, miseria, scarsità, scarsezza, insufficienza, penuria, pochezza, povertà, assenza.

sovrabbondàre v. intr. eccedere, sovreccedere, rigurgitare, traboccare, riboccare, trascendere, essere strapieno, avanzare, ridondare (*lett.*) CONTR. mancare, difettare, scarseggiare, far difetto, non bastare.

sovraccaricàre v. tr. caricare troppo □ gravare, opprimere.

sovraccàrico A agg. troppo carico, stracarico, strapieno, pieno zeppo CONTR. vuoto, semivuoto **B** s. m. carico eccessivo, eccesso.

sovraffaticàre A v. tr. affaticare eccessivamente, stancare troppo. sfiancare CONTR. riposare **B sovraffaticarsi** v. intr. pron. affaticarsi eccessivamente, stancarsi troppo, sfiancarsi CONTR. riposarsi, oziare.

sovraffaticàto part. pass. di **sovraffaticare**; anche agg. stanchissimo, molto affaticato, sfibrato, sfiancato CONTR. riposatissimo, freschissimo.

sovraffollàto agg. affollatissimo, strapieno, pieno zeppo CONTR. vuoto, deserto.

sovranità s. f. **1** (*dir.*) potere sovrano, potestà suprema **2** autorità, dominio, potere, padronanza, signoria, egemonia, governo, principato, imperio (*lett.*) CONTR. soggezione, sottomissione, sudditanza, dipendenza **3** (*fig.*) superiorità, supremazia, eccellenza, eminenza, maestà CONTR. inferiorità.

sovrannaturàle *V.* **soprannaturale**.

sovràno A agg. **1** regale □ imperiale □ presidenziale **2** sommo, superiore, maggiore, massimo, eccellente, eccelso, eminente, altissimo, grandissimo CONTR. peggiore, pessimo **3** (*dir.*) imperativo, supremo **B** s. m. re, principe, imperatore, monarca, regnante, signore, tiranno, scià, negus, zar, mikado, sultano, aga kan.

sovrappórre A v. tr. **1** porre sopra, impilare CONTR. porre sotto **2** (*fig.*) addossare, accollare, imporre **3** (*fig.*) anteporre, preporre, preferire CONTR. posporre, valutare meno **B sovrapporsi** v. intr. pron. **1** porsi sopra CONTR. sottoporsi **2** aggiungersi, unirsi, far seguito.

sovrappósto part. pass. di **sovrapporre**; anche agg. posto sopra, messo sopra, impilato.

sovrapproduzióne s. f. eccedenza, surplus (*fr.*), soprappiù CONTR. sottoproduzione.

sovrastànte part. pres. di **sovrastare**; anche agg. **1** posto sopra CONTR. sottostante **2** imminente, prossimo CONTR. lontano, remoto.

sovrastàre v. tr. e intr. **1** stare sopra, ergersi CONTR. stare sotto **2** (*fig.*) (*di pericolo, di minaccia, ecc.*) essere imminente, incombere, approssimarsi, avvicinarsi CONTR. essere lontano **3** (*fig.*) (*per altezza, per ingegno, ecc.*) essere superiore, superare, vincere CONTR. essere inferiore, cedere, soccombere.

sovrastruttùra s. f. **1** CONTR. sottostruttura **2** (*fig.*) aggiunta inutile, orpello.

sovrattàssa *V.* **soprattassa**.

sovreccedènza s. f. sovrabbondanza, surplus (*fr.*) □ eccesso, esagerazione, esuberanza, piena, ridondanza, profusione, profluvio (*lett.*), rigurgito, soprappiù, superfluità CONTR. mancanza, deficienza, difetto, insufficienza, penuria, pochezza, povertà, assenza.

sovreccèdere v. tr. e intr. sovrabbondare, ridondare (*lett.*), rigurgitare, riboccare, traboccare, trascendere, essere strapieno, avanzare CONTR. mancare, difettare, scarseggiare, non bastare.

sovreccitàbile agg. eccitabilissimo, agitatissimo, irritabile, nervoso, suscettibile CONTR. calmo, flemmatico, pacifico, placido, sereno, tranquillo, impassibile, imperturbabile.

sovreccitàre v. tr. agitare molto, innervosire, irritare, scombussolare, conturbare CONTR. calmare, placare, rasserenare, tranquillizzare.

sovreccitàto part. pass. di **sovreccitare**; anche agg. agitatissimo, eccitatissimo, nervosissimo CONTR. calmissimo, tranquillissimo.

sovreccitazióne s. f. grave eccitazione, forte agitazione, scombussolamento CONTR. calma, flemma, serenità, tranquillità, impassibilità, imperturbabilità.

sovrintèndere e deriv. *V.* **soprintendere** e deriv.

sovrumàno agg. **1** soprannaturale, divino CONTR. umano, naturale **2** (*est., fig.*) (*di virtù, di sforzo, ecc.*) grandissimo, eccelso, eccezionale, straordinario, sublime, divino, meraviglioso CONTR. piccolissimo, debolissimo, pochissimo, meschino.

sovvenìre **A** v. tr. (*lett.*) aiutare, soccorrere CONTR. abbandonare □ avversare, danneggiare **B** v. intr. aiutare CONTR. danneggiare **C** **sovvenirsi** v. intr. pron. ricordare, ricordarsi, rammentare, tornare a mente, venire alla memoria CONTR. dimenticare, dimenticarsi.

sovvenzionàre v. tr. sussidiare, finanziare, sovvenire (*lett.*), sostenere, dotare di fondi.

sovvenzióne s. f. sussidio, finanziamento, aiuto finanziario, dotazione.

sovversióne s. f. turbamento, sconvolgimento, rivoluzione, sovvertimento □ sovversivismo, anarchia CONTR. ordine □ reazione.

sovversìvo agg.; anche s. m. ribelle, sedizioso, rivoluzionario, estremista, perturbatore, sovvertitore (*raro*), anarchico, agitatore CONTR. conservatore, tradizionalista, uomo d'ordine, moderato, reazionario.

sovvertiménto s. m. sconvolgimento, rovesciamento, capovolgimento, perturbamento CONTR. ordine, assetto, assestamento, sistemazione.

sovvertìre v. tr. mandare sottosopra, mutare radicalmente, rovinare, rivoluzionare, rovesciare, sconvolgere, perturbare, agitare, sommuovere (*lett.*) CONTR. mettere in ordine, ordinare, imporre □ difendere, mantenere, proteggere, salvaguardare.

sovvertitóre s. m.; anche agg. (f. *-trice*) (*raro*) rivoluzionario, ribelle, perturbatore, agitatore CONTR. uomo d'ordine, conservatore, reazionario.

sózzo agg. **1** sporco, lordo, imbrattato, sudicio, immondo, lercio, lurido CONTR. pulito, lindo, mondo, nitido, netto **2** (*fig.*) (*di ambiente, di discorso, ecc.*) sordido, turpe, immorale, immondo, basso, corrotto, disonesto, impuro, osceno, indecente, vergognoso CONTR. onesto, pulito, morale, puro, casto, incorrotto, morigerato.

sozzùra s. f. **1** sordidezza, lordura, sporcizia, sudiciume, sozzume CONTR. pulizia, lindezza, nettezza **2** (*fig.*) bruttura, turpitudine, indecenza, schifosaggine, vergogna, bassezza CONTR. bellezza, onore, meraviglia.

spaccalégna s. m. inv. taglialegna.

spaccàre **A** v. tr. spezzare, fendere, rompere, aprire, squarciare, scindere, dividere CONTR. attaccare, riattaccare, incollare, accomodare, aggiustare, rimettere insieme **B** **spaccarsi** v. intr. pron. rompersi, spezzarsi, fendersi, creparsi, aprirsi, scindersi, dividersi, scoppiare, squarciarsi CONTR. attaccarsi, unirsi, aggiustarsi.

spaccàto **A** part. pass. di **spaccare**; anche agg. **1** spezzato, rotto, squarciato, aperto, scisso, diviso CONTR. attaccato, incollato, accomodato, aggiustato **2** (*fig.*) (*di adulazione, di bugiardo, ecc.*) patente, evidente, chiaro, manifesto □ tale e quale **B** s. m. sezione, profilo.

spaccatùra s. f. **1** rottura, spacco, crepa, crepatura, fenditura, squarcio, screpolatura **2** (*fig.*) (*di politica, di amicizia, ecc.*) divisione, scissione, rottura □ divergenza CONTR. unione, unificazione □ convergenza.

spacciàre **A** v. tr. **1** (*raro*) sbrigare, spicciare, disimpegnare, eseguire **2** (*di merce*) vendere, smerciare, smaltire, esitare, distribuire CONTR. acquistare, comperare **3** (*di moneta, di notizia, ecc.*) mettere in circolazione, diffondere, divulgare, propagare, propalare, spargere CONTR. ritirare □ ritrattare, negare **4** (*una cosa per un'altra*) fare passare, contrabbandare **5** (*fam.*) (*di persona*) dichiarare inguaribile, condannare, dare per morto, dare per finito **6** levar di mezzo, fare fuori, uccidere **B** **spacciarsi** v. rifl. darsi a credere, farsi passare, gabellarsi, figurare.

spacciàto part. pass. di **spacciare**; anche agg. **1** (*di merce*) venduto, smaltito, smerciato, distribuito CONTR. acquistato, comperato **2** (*di moneta, di notizia*) fatto circolare, messo in circolazione, diffuso, divulgato, propalato CONTR. ritirato, ritrattato **3** (*di una cosa per un'altra*) fatto passare, contrabbandato **4** (*fam.*) dichiarato inguaribile, condannato, spedito, dato per morto, finito.

spacciatóre s. m.; anche agg. (f. *-trice*) **1** (*di monete false, di droga, ecc.*) venditore, distributore **2** (*fig.*) (*di idee, di notizie, ecc.*) diffusore, divulgatore, propagatore, propalatore.

spàccio s. m. **1** (*di merce*) vendita **2** (*di locale*) bottega, rivendita, negozio □ privativa **3** (*fig.*) (*di notizie e sim.*) diffusione, divulgazione, propagazione.

spacconàta s. f. fanfaronata, smargiassata,

millanteria, gradassata, guasconata, pataccata (*dial.*).

spaccóne s. m. ammazzasette, fanfarone, smargiasso, millantatore, spaccamontagne, spaccamonti, gradasso, guascone, pataccone (*dial.*) CONTR. timido, riservato, introverso.

spàda s. f. **1** brando (*lett.*), gladio (*lett.*), daga, durlindana, scimitarra, stocco, fioretto **2** (*di persona*) spadaccino, schermidore FRAS. *passare a fil di spada*, trafiggere □ *a spada tratta* (*fig.*), con slancio, con impeto □ *spada di Damocle* (*fig.*), minaccia sempre incombente.

spadaccino s. m. schermidore, spada.

spadroneggiàre v. intr. fare da padrone, signoreggiare, predominare, tiranneggiare, sovraneggiare (*raro*) CONTR. dipendere, servire, sottostare, soggiacere, ubbidire.

spaesàto agg. disambientato, disorientato, confuso, smarrito, sperduto □ sradicato, déraciné (*fr.*) CONTR. ambientato, inserito, sicuro.

spaghétto (1) s. m. **1** dim. di **spago (1)** **2** (*spec. al pl.*) vermicelli (*mer.*) FRAS. *spaghetti-western*, western all'italiana.

spaghétto (2) s. m. (*dial.*) spago (*fam.*), paura, fifa (*fam., scherz.*).

spagnòlo agg.; anche s. m. ispanico, iberico (*est.*).

spàgo (1) s. m. funicella, cordicella.

spàgo (2) s. m. (*fam.*) spaghetto (*fam.*), paura, fifa (*fam., scherz.*).

spaiàre v. tr. scompagnare, spargliare, dividere, separare CONTR. appaiare, accoppiare, accompagnare, abbinare, unire.

spaiàto part. pass. di **spaiare**; anche agg. scompagnato, sparigliato, diviso, separato CONTR. appaiato, abbinato, accoppiato, accompagnato, unito.

spalancàre A v. tr. aprire interamente, allargare □ (*di occhi*) sbarrare CONTR. chiudere, richiudere, serrare, sigillare, sbarrare, sprangare **B spalancarsi** v. intr. pron. aprirsi del tutto, allargarsi CONTR. chiudersi, rinchiudersi.

spalancàto part. pass. di **spalancare**; anche agg. aperto del tutto, allargato □ (*di occhi*) sbarrato CONTR. chiuso, richiuso, serrato, sigillato, sbarrato, sprangato.

spàlla s. f. **1** (*anat.*) omero (*lett.*) □ (*est.*) dorso, schiena **2** (*di monte*) falda □ contrafforte **3** argine, scarpata **4** (*teat.*) collaboratore, partner (*ingl.*) FRAS. *prendersi sulle spalle una cosa* (*fig.*), assumersene la responsabilità □ *vivere alle spalle* (*fig.*), farsi mantenere □ *voltare le spalle*, fuggire, andarsene; abbandonare □ *lavorare di spalle*, farsi largo a spallate □ *colpire alle spalle*, colpire a tradimento □ *ridere alle spalle di uno*, burlarsi di uno □ *violino di spalla*, primo violinista □ *mettere con le spalle al muro* (*fig.*), mettere alle strette.

spallàta s. f. **1** colpo di spalla **2** alzata di spalle, spallucciata.

spalleggiàre A v. tr. sostenere, proteggere, aiutare, appoggiare, assistere, difendere, soccorrere CONTR. avversare, combattere, contrariare, osteggiare, perseguitare **B spalleggiarsi** v. rifl. rec. difendersi a vicenda, sostenersi, aiutarsi CONTR. combattersi, osteggiarsi.

spallièra s. f. **1** schienale **2** (*di letto*) sponda.

spallìna s. f. **1** bretella **2** (*mil., fig.*) grado di ufficiale.

spalmàre v. tr. stendere, distendere, cospargere.

spalmàta s. f. spalmatura, strato.

spàlto s. m. **1** scarpata, bastione, parapetto **2** (*al pl.*) (*di stadio*) gradinate.

spàndere A v. tr. **1** (*di grano, di cera, ecc.*) stendere, distendere, espandere, allargare, sparpagliare, spargere □ spalmare CONTR. ammassare, ammucchiare, accumulare, ammonticchiare, raccogliere, radunare, riunire **2** (*di profumo, di odore, ecc.*) effondere, emanare **3** (*di liquido*) versare, rovesciare, spruzzare **4** (*fig., lett.*) (*di notizie, di voci e sim.*) divulgare, diffondere, propagare, propalare, pubblicare, diramare, far circolare **5** (*di denaro, di energie, ecc.*) scialacquare, sperperare, dilapidare, dissipare CONTR. risparmiare **B spandersi** v. intr. pron. **1** spargersi, allargarsi, sparpagliarsi **2** (*di notizia, di profumo, ecc.*) diffondersi **3** (*lett.*) (*di persone*) riversarsi, rovesciarsi, affluire.

spànna s. f. **1** palmo **2** (*est.*) lunghezza minima □ minima distanza FRAS. *alto una spanna* (*fig.*), molto piccolo.

spappolàre A v. tr. ridurre in pappa, ridurre in poltiglia, disfare CONTR. rassodare, indurire, solidificare **B spappolarsi** v. intr. pron. ridursi in poltiglia, disfarsi, sbriciolarsi, schiacciarsi CONTR. rassodarsi, indurirsi, solidificarsi.

sparàre A v. tr. **1** (*raro*) (*di arma da fuoco*) esplodere, scaricare **2** (*di calci, di pallone, ecc.*) tirare, scagliare, sferrare **3** (*fig.*) (*di fandonie e sim.*) inventare, sballare (*pop.*), esagerare **4** (*fig.*) (*di notizia, di titolo, ecc.*) far risaltare, dare grande rilievo CONTR. minimizzare, nascondere **B** v. intr. **1** far fuoco **2** (*tv.*) abbagliare FRAS. *sparare a zero*, sparare a bruciapelo; (*fig.*) attaccare violentemente □ *sparare nel mucchio* (*fig.*), colpire alla rinfusa.

sparàta s. f. **1** scarica, esplosione, sparo **2** (*di pallone, di prezzo, ecc.*) tiro, colpo **3** (*fig.*) millanteria, vanto, vanteria, smargiassata, spacconata, fanfaronata, pataccata (*dial.*).

sparàto part. pass. di **sparare**; anche agg. **1** (*di arma da fuoco*) esploso, scaricato **2** (*di calci, di pallone, ecc.*) tirato, scagliato, sferrato **3** (*di fandonie e sim.*) inventato, sballato (*pop.*), esagerato **4** (*fig.*) (*di notizia, di titolo, ecc.*) messo in risalto CONTR. minimizzato, nascosto **5** (*di arrivare, di partire, ecc.*) velocissimo, fulmineo CONTR. adagio adagio, lentissimo.

sparatòria s. f. spari, fucilate, scarica □ conflitto a fuoco.

sparecchiàre v. tr. **1** sgombrare, liberare □ (*ass.*) sgombrare la tavola **CONTR.** apparecchiare **2** (*fig.*) mangiare avidamente, strippare (*pop.*).

sparéggio s. m. **1** disavanzo, deficit (*lat.*), passivo **CONTR.** pareggio □ attivo, avanzo, eccedenza **2** (*sport*) partita decisiva, bella (*pop.*).

spàrgere A v. tr. **1** gettare qua e là, cospargere, spandere, sparpagliare, disperdere, seminare, disseminare, stendere, distendere, allargare **CONTR.** raccogliere, radunare, riunire, concentrare, ammassare, ammucchiare, accatastare, accumulare, ammonticchiare **2** (*di liquido*) versare, rovesciare, spruzzare, aspergere **3** (*di luce, di calore, ecc.*) emanare, emettere, mandare intorno **4** (*di notizia e sim.*) diffondere, divulgare, propagare, propalare, pubblicare, diramare, far circolare **5** (*lett.*) (*di denaro, di lodi, ecc.*) dare, elargire, spendere **B spargersi** v. intr. pron. **1** sparpagliarsi, spandersi, disperdersi, disseminarsi □ riversarsi, rovesciarsi, affluire **2** (*di notizia e sim.*) diffondersi, divulgarsi, propagarsi, propalarsi, circolare.

spargiménto s. m. **1** diffusione, dispersione, disseminazione, distensione, sparpagliamento **CONTR.** raccolta, riunione, concentramento, ammassamento, ammasso, accumulazione, accatastamento **2** (*di liquidi*) effusione, versamento, riversamento, flusso, scorrimento.

sparìre v. intr. **1** sottrarsi alla vista, disparire (*raro*), dileguarsi, perdersi, dissolversi, scomparire, svanire □ fuggire, involarsi, prendere il volo, rendersi irreperibile **CONTR.** apparire, riapparire, comparire, ricomparire, mostrarsi, farsi vedere, far ritorno **2** (*di persona, di usanza, ecc.*) morire, perire **CONTR.** nascere **3** (*di cibo, di denaro, ecc.*) consumarsi presto, venir meno, finire.

sparizióne s. f. scomparsa, dileguamento (*lett.*), dissolvimento, eclisse, eclissamento □ fuga **CONTR.** apparizione, riapparizione, comparsa, ricomparsa □ venuta, ritorno.

sparlàre v. intr. parlare male, far maldicenza, denigrare, diffamare, infamare, malignare, calunniare, screditare, spettegolare, vituperare, tagliare i panni addosso **CONTR.** dir bene, elogiare, encomiare, esaltare, lodare, onorare, incensare.

spàro s. m. sparata, colpo, scarica, tiro □ fucilata, schioppettata, revolverata, rivoltellata □ rumore, detonazione, rimbombo.

sparpagliaménto s. m. spargimento, spandimento, diffusione, dispersione, disseminazione, effusione, allargamento □ sbandamento, sbrancamento, fuga □ (*fis.*) scattering (*ingl.*) **CONTR.** raccolta, riunione, concentramento, ammasso, accumulazione, accatastamento.

sparpagliàre A v. tr. spargere, disperdere, spandere, seminare, disseminare, distendere, allargare □ mandare qua e là, sbandare **CONTR.** raccogliere, riunire, concentrare, radunare, ammassare, ammucchiare, accatastare, accumulare, ammonticchiare **B sparpagliarsi** v. intr. pron. spargersi, disperdersi, disseminarsi, sbandarsi **CONTR.** raccogliersi, riunirsi, radunarsi.

sparpagliàto part. pass. di **sparpagliare**; anche agg. sparso, sciolto, disunito, disordinato, scompigliato **CONTR.** raccolto, riunito, concentrato, ammassato, ammucchiato.

spàrso part. pass. di **spargere**; anche agg. **1** sciolto, disciolto, disunito, diffuso, sparpagliato, disseminato, disordinato, scompigliato **CONTR.** raccolto, radunato, riunito, concentrato, ammassato, ammucchiato, accatastato, accumulato **2** cosparso **3** (*di liquidi*) versato, rovesciato, asperso.

spartàno agg. **1** di Sparta, lacedemone (*lett.*) **2** (*fig.*) fiero, austero, forte, rigido, duro □ frugale, stoico **CONTR.** molle, delicato, fiacco, effeminato.

spartiàcque s. m. inv. displuvio, crinale.

spartìre v. tr. **1** dividere, distribuire, compartire (*lett.*), ripartire, scompartire, partire (*lett.*) **CONTR.** raccogliere, radunare, riunire, accentrare, ammassare, ammucchiare, accumulare **2** (*di litiganti e sim.*) allontanare, separare.

spartìto (1) part. pass. di **spartire**; anche agg. diviso, distribuito, scompartito **CONTR.** raccolto, radunato, riunito □ complessivo, concentrato.

spartìto (2) s. m. **1** (*mus.*) riduzione **2** (*mus.*) partitura, strumentatura.

spartizióne s. f. partizione, ripartizione, divisione, distribuzione, spartimento (*raro*) **CONTR.** raccolta, riunione, concentramento, accumulo, ammassamento, ammucchiamento.

sparvièro s. m. (*zool., est.*) falco **FRAS.** *sparviero delle Asturie*, astore.

spasimànte s. m. e (*raro*) f. (*scherz.*) innamorato, corteggiatore, cascamorto (*raro*), patito, vagheggino, flirt (*ingl.*) □ fan (*ingl.*).

spasimàre v. intr. **1** soffrire, penare, dolorare **2** (*fig.*) desiderare, agognare, anelare, struggersi, consumarsi, tormentarsi, agitarsi **CONTR.** essere indifferente, disprezzare, rifiutare, trascurare **FRAS.** *spasimare per una*, essere innamorato di una.

spàsimo s. m. **1** dolore acuto, dolore lancinante, fitta, trafittura □ spasmo, crampo, contrazione **2** (*fig.*) affanno, ansia, pena, patimento, sofferenza, tormento, tribolazione, strazio **CONTR.** piacere, diletto, gioia, consolazione, contentezza, sollievo.

spàsmo s. m. (*med.*) contrazione muscolare, crampo.

spasmodicaménte avv. angosciosamente, affannosamente, stressantemente **CONTR.** serenamente, tranquillamente, quietamente.

spasmòdico agg. angoscioso, affannoso, inquieto, irrequieto, stressante **CONTR.** sereno, quieto, tranquillo.

spassàre A v. tr. divertire, trastullare, sollazzare **CONTR.** affliggere, annoiare, infastidire, rattristare, tediare, scocciare (*fam.*) **B spassarsi** v. rifl. divertirsi, distrarsi, godersela, sollazzarsi, svagarsi **CONTR.** affliggersi, annoiarsi, infastidirsi, rattristarsi, tediarsi, seccarsi, scocciarsi (*fam.*).

spassionataménte avv. imparzialmente, obiettivamente, oggettivamente, equamente, giustamente, disinteressatamente, freddamente **CONTR.** appassionatamente, caldamente, parzialmente, iniquamente, ingiustamente, soggettivamente, interessatamente.

spassionàto agg. imparziale, obiettivo, oggettivo, equanime, equo, giusto, neutrale, disinteressato, freddo **CONTR.** parziale, partigiano, soggettivo, iniquo, ingiusto, fazioso, interessato.

spàsso s. m. **1** divertimento, passatempo, svago, diletto, diporto, ricreazione, trastullo **CONTR.** afflizione, fastidio, noia, peso, tedio, tristezza, malinconia, mestizia **2** passeggiata, passeggiatina, passeggio **FRAS.** *mandare a spasso* (*fig.*), licenziare □ *essere a spasso* (*fig.*), essere disoccupato.

spassosaménte avv. piacevolmente, allegramente, gioiosamente **CONTR.** tristemente, malinconicamente, noiosamente.

spassóso agg. divertente, dilettevole, piacevole, allegro, gioviale, simpatico, vivace **CONTR.** fastidioso, noioso, pesante, tedioso, triste, malinconico, mesto.

spàstico agg. e s. m. (*est.*) paralitico.

spàtola s. f. mestichino.

spauràcchio s. m. **1** spaventapasseri **2** (*fig.*) (*di persona*) mostro, orco, babau.

spaurìto agg. impaurito, sbigottito, sgomento, spaventato, turbato **CONTR.** rianimato, rincorato, rinfrancato, coraggioso □ baldanzoso, spavaldo, temerario.

spavalderìa s. f. baldanza, arroganza, insolenza, sfacciataggine, sfrontatezza, improntitudine, temerarietà □ millanteria, sicumera, prosopopea **CONTR.** timidezza, timore, discrezione, moderatezza, modestia, riservatezza, umiltà.

spavàldo agg.; anche s. m. baldanzoso, arrogante, insolente, sfacciato, sfrontato, temerario □ millantatore **CONTR.** timido, timoroso, discreto, moderato, modesto, umile.

spaventapàsseri s. m. **1** spauracchio **2** (*fig.*) (*di persona*) mostro, orrore.

spaventàre A v. tr. impaurire, inorridire, intimorire, sgomentare, spaurire, atterrire, costernare, sbigottire, intimidire, disanimare, scorare, scoraggiare, allarmare, terrificare, terrorizzare, turbare, conturbare, far tremare **CONTR.** animare, rianimare, incoraggiare, rassicurare, rinfrancare, rincorare, rasserenare, tranquillizzare **B spaventarsi** v. intr. pron. impaurirsi, atterrirsi, costernarsi, sbigottirsi, sgomentarsi, intimidirsi, intimorirsi, inorridire, allibire, agghiacciarsi, raccapricciare, smarrirsi, tremare, rabbrividire, trasalire **CONTR.** farsi coraggio, rianimarsi, rincorarsi, rinfrancarsi, riprendersi, rasserenarsi, tranquillizzarsi.

spaventàto part. pass. di **spaventare**; anche agg. atterrito, impaurito, intimidito, intimorito, sgomentato, sgomento, spaurito, costernato, sbigottito, disanimato, scoraggiato, sconvolto, terrorizzato, tremante, allibito, smarrito, allarmato, turbato, scombussolato, shoccato, scioccato **CONTR.** rianimato, rinfrancato, rincorato, rassicurato, tranquillo □ animoso, baldanzoso, coraggioso, audace, intrepido, risoluto.

spavènto s. m. paura, sgomento, sbigottimento, timore, orrore, terrore, panico, smarrimento, allarme, atterrimento, batticuore, raccapriccio, tremarella, apprensione, impressione, rimescolamento, sconvolgimento, turbamento, choc (*fr.*), shock (*ingl.*) **CONTR.** ardimento, ardire, audacia, animo, coraggio, baldanza, intrepidezza, risolutezza, sicurezza, fegato.

spaventosaménte avv. orrendamente, orribilmente, paurosamente, spaventevolmente (*raro*) **CONTR.** amabilmente, deliziosamente, dolcemente, gradevolmente, piacevolmente.

spaventóso agg. **1** orrendo, orribile, bruttissimo, pauroso, orrido, orripilante, spaventevole, terribile, tremendo, terrificante, raccapricciante, agghiacciante, shoccante, scioccante **CONTR.** ammirevole, allettante, attraente, bello, gradevole, piacevole □ confortante, incoraggiante, rasserenante, rassicurante **2** (*est.*, *fam.*) grandissimo, enorme, formidabile, incredibile, straordinario **CONTR.** piccolissimo, esiguo.

spaziàle agg. (*est.*) aereo □ cosmico.

spaziàre v. intr. **1** muoversi liberamente, librarsi, volteggiare □ allargarsi, distendersi, diffondersi, espandersi **CONTR.** restringersi, raccogliersi, rannicchiarsi, ridursi **2** (*fig.*) (*di sguardo*, *di pensiero*, *ecc.*) vagare, percorrere.

spazientìre A v. intr. e **spazientìrsi** intr. pron. perdere la pazienza, impazientirsi, adirarsi, irritarsi, scocciarsi (*pop.*) **CONTR.** pazientare, sopportare, tollerare **B** v. tr. (*raro*) far perdere la pazienza, rompere (*gerg.*), scocciare (*pop.*).

spazientìto part. pass. di **spazientire**; anche agg. irritato, urtato, scocciato (*pop.*) **CONTR.** paziente, rassegnato, tollerante.

spàzio s. m. **1** (*di luogo*) estensione, distesa □ superficie, area, campo, largo, spiazzo, tratto, zona, circuito □ aria, cielo, immensità, infinito, universo **2** intervallo, interstizio, intercapedine, distanza, margine **3** (*di tempo*) estensione, corso, durata, tempo, periodo □ intervallo.

spaziosaménte avv. ampiamente, estesamente, largamente, vastamente CONTR. angustamente, strettamente, ristrettamente, limitatamente.

spaziosità s. f. ampiezza, vastità, estensione, larghezza, ariosità, apertura CONTR. angustia, strettezza, ristrettezza, limitatezza.

spazióso agg. ampio, vasto, esteso, largo, aperto, arioso CONTR. angusto, stretto, ristretto, chiuso, limitato, soffocato.

spazzanéve s. m. inv. spartineve, sgombraneve.

spazzàre v. tr. **1** (*anche ass.*) pulire, scopare, ramazzare (*fam.*), mondare, nettare CONTR. sporcare, imbrattare, insozzare, insudiciare, lordare **2** (*di pattume, di polvere, ecc.*) togliere, levare **3** (*fam.*) mangiare avidamente, divorare, ingollare, ingurgitare **4** (*fig.*) (*di pregiudizio, di nuvola, ecc.*) togliere di mezzo, sgombrare, eliminare, far sparire, allontanare CONTR. portare, produrre.

spazzatùra s. f. **1** pulitura, pulizia **2** immondezza, immondizia, pattume, sporcizia, sudiciume, rifiuti, concio (*tosc.*), monnezza (*dial.*), rusco (*dial.*).

spazzino s. m. scopino, netturbino.

spàzzola s. f. setola, setolino, brusca, bruschino, striglia, scopetta.

spazzolàre v. tr. pulire, spolverare □ bruschinare, strofinare, strigliare.

spazzolàta s. f. pulita, pulitura, ripulitura, spolverata, spolveratura, strofinata.

spazzolino s. m. setolino, scopettino.

speaker /*ingl.* 'spi:kə/ [vc. ingl., propriamente 'annunciatore', da *to speak* 'parlare'] s. m. inv. **1** (*radio, tv.*) annunciatore, lettore **2** (*sport*) cronista **3** (*della camera dei deputati dei paesi anglosassoni*) presidente.

specchiàrsi A v. rifl. **1** guardarsi allo specchio, mirarsi allo specchio, contemplarsi **2** (*fig.*) prendere esempio, imitare, seguire **B** v. intr. pron. (*in uno specchio d'acqua*) riflettersi, essere riflesso.

specchiàto part. pass. di **specchiarsi**; anche agg. **1** riflesso nello specchio, rispecchiato **2** (*fig.*) (*di persona, di onestà, ecc.*) puro, integro, esemplare, probo, onesto, retto, virtuoso, incorrotto CONTR. corrotto, disonesto, impuro, scostumato, immorale, vizioso.

specchièra s. f. toeletta, toletta.

specchiétto s. m. **1** dim. di **specchio 2** prospetto, nota, riassunto, compendio, sommario, sinossi (*lett.*), tabella, paradigma **3** (*per uccelli*) richiamo FRAS. *specchietto per le allodole* (*fig.*), vana lusinga, tranello, trappola.

spècchio s. m. **1** superficie riflettente □ specchiera, caminiera **2** (*fig.*) immagine, ritratto **3** (*fig.*) (*di virtù, di onestà, ecc.*) esempio, esemplare, modello **4** superficie liscia □ cosa lucida **5** nota, prospetto, specchietto, compendio, sinossi (*lett.*), sommario, tabella, paradigma **6** (*sport*) (*nella pallacanestro*) tabellone □ (*nel calcio, di porta*) spazio frontale **7** (*mar.*) quadro di poppa.

speciàle agg. **1** (*est.*) particolare, singolare, caratteristico, tipico, individuale, peculiare, proprio, privato, personale CONTR. comune, generale, generico, totale **2** (*di cosa*) scelto, di buona qualità, ottimo, eccellente, eccezionale, straordinario CONTR. normale, comune, dozzinale, mediocre, ordinario, scadente.

specialista s. m. e f. **1** specializzato, esperto, perito, competente, conoscitore, tecnico CONTR. inesperto, incompetente, nullità, schiappa **2** medico specializzato CONTR. medico generico.

specialità s. f. **1** (*raro*) particolarità, singolarità, peculiarità CONTR. generalità, genericità **2** (*di professionista, di studioso, ecc.*) ramo, settore, sfera, professione **3** (*sport*) tipo **4** prodotto tipico, esclusiva □ piatto caratteristico, manicaretto tipico **5** (*al pl.*) (*mil.*) reparti speciali, corpi speciali.

specializzàre A v. tr. qualificare □ perfezionare **B specializzarsi** v. rifl. qualificarsi □ perfezionarsi.

specializzàto part. pass. di **specializzare**; anche agg. **1** qualificato CONTR. comune, generico **2** abile, capace, competente, esperto, perito CONTR. inabile, incompetente, incapace, inesperto, inetto.

specializzazióne s. f. qualificazione □ perfezionamento.

specialménte avv. specie, particolarmente, in modo particolare, principalmente, soprattutto, massimamente CONTR. generalmente, in genere.

spècie A s. f. inv. **1** (*lett.*) immagine, apparenza, aspetto, somiglianza **2** (*est.*) genere, razza, stirpe □ uomini, individui **3** caso particolare CONTR. caso generale **4** (*di cose*) sorta, qualità, genere, tipo, varietà, risma, forma, categoria, classe, fatta **5** impressione, meraviglia, stupore **B** in funzione di avv. in modo particolare, specialmente, principalmente, soprattutto CONTR. generalmente, in genere.

specìfica s. f. descrizione analitica, nota, distinta, catalogo, elenco, lista.

specificàre v. tr. indicare, precisare, spiegare, determinare, descrivere, dettagliare, circostanziare, esporre, illustrare, inquadrare, puntualizzare CONTR. generalizzare.

specificataménte avv. particolarmente, distintamente, esattamente, precisamente CONTR. generalmente, indeterminatamente, vagamente.

specificàto part. pass. di **specificare**; anche agg. indicato, precisato, spiegato, determinato, descritto, esposto, illustrato, dettagliato, circostanziato, inquadrato, puntualizzato CONTR. generico, indeterminato, indistinto, vago.

specificazióne s. f. indicazione, determinazione, dichiarazione, spiegazione, puntualizzazione, inquadramento.
specificità s. f. particolarità, peculiarità □ (*farm.*) specialità, elezione.
specìfico A agg. particolare, determinato, concreto, precisato, caratteristico, proprio □ (*farm*) speciale, elettivo CONTR. generale, generico **B** s. m. **1** medicamento particolare, farmaco **2** individualità, esclusività, peculiarità.
speciόso agg. (*lett.*) allettante, apparente, appariscente, attraente, lusinghevole (*lett.*), lusinghiero, illusorio, seducente, vistoso □ pretestuoso CONTR. autentico, reale, vero, effettivo, schietto, sincero, essenziale, sostanziale.
speck /*ted.* ʃpɛk/ [vc. ted., propriamente 'lardo'] s. m. inv. prosciutto affumicato.
speculàre A v. tr. e intr. indagare, investigare, considerare, contemplare, riflettere, studiare, esaminare, osservare, scrutare **B** v. intr. **1** commerciare, mercanteggiare, fare speculazioni, trafficare, guadagnare, trar profitto **2** (*est.*) sfruttare, profittare.
speculativaménte avv. teoricamente CONTR. praticamente.
speculatìvo agg. **1** contemplativo, teorico, teoretico, astratto, puro CONTR. pratico **2** (*econ.*) utile, vantaggioso, remunerativo, lucroso (*raro*), speculatorio, di lucro, di speculazione, di sfruttamento CONTR. disinteressato □ svantaggioso, dannoso.
speculatóre s. m.; anche agg. (f. *-trice*) **1** (*raro*) pensatore, filosofo, studioso, ricercatore **2** trafficante, affarista, profittatore, faccendiere, maneggione, mercante □ strozzino, usuraio CONTR. disinteressato, generoso.
speculazióne s. f. **1** ricerca, indagine, studio, contemplazione, meditazione, pensiero **2** guadagno, affare, traffico, lucro, negozio, commercio, mercanteggiamento □ sfruttamento, strozzinaggio, usura CONTR. disinteresse, generosità **3** (*spec. in politica*) pretesto, opportunità, scusa, motivo.
spedire v. tr. (*di merce, di lettera, ecc.*) inviare, mandare, indirizzare, trasmettere, destinare, far recapitare CONTR. ricevere, avere FRAS. *spedire all'altro mondo*, uccidere.
speditaménte avv. celermente, prontamente, rapidamente, sollecitamente, sveltamente, velocemente, presto CONTR. lentamente, adagio, piano, pigramente, fiaccamente.
speditézza s. f. celerità, prontezza, rapidità, sveltezza, sollecitudine, scioltezza, velocità CONTR. lentezza, fiacca, pigrizia, flemma.
spedito A part. pass. di **spedire**; anche agg. **1** (*di merce, di lettera, ecc.*) inviato, mandato, trasmesso, indirizzato, destinato **2** (*di persona, di discorso, ecc.*) svelto, celere, veloce, sciolto, sollecito, facile, pronto CONTR. lento, tardo, fiacco, pigro, flemmatico **3** (*fam.*) (*di persona*) spacciato, finito, morto CONTR. vivo, vegeto **B** avv. speditamente, velocemente, scioltamente CONTR. lentamente, pigramente, impacciatamente.
spedizióne s. f. **1** invio, rimessa CONTR. ricevimento **2** collo, pacco, plico **3** (*mil.*) operazione, impresa **4** esplorazione, viaggio di studio □ équipe (*fr.*).
spedizionière s. m. corriere, trasportatore, agente di trasporto □ vettore.
spègnere o **spégnere A** v. tr. **1** estinguere, smorzare CONTR. accendere, riaccendere, dar fuoco **2** (*est.*) (*di circuito elettrico*) interrompere, aprire, bloccare CONTR. accendere, chiudere **3** (*est.*) (*di conto, di debito, ecc.*) chiudere, estinguere CONTR. aprire **4** (*fig.*) (*di ricordo, di odio, ecc.*) far svanire, distruggere, cancellare, far cessare, far dimenticare □ affievolire, attenuare, smorzare, calmare CONTR. riaccendere, infiammare, attizzare, inasprire, ravvivare **B spegnersi** v. intr. pron. **1** cessare di ardere CONTR. riaccendersi **2** (*est.*) (*di apparecchiature elettriche*) non funzionare, interrompersi, bloccarsi CONTR. funzionare, accendersi, aprirsi **3** (*fig.*) (*di ricordo, di odio, ecc.*) venir meno, affievolirsi, estinguersi, smorzarsi, dileguarsi, finire, svigorirsi CONTR. accendersi, ravvivarsi, inasprirsi.
spegniménto s. m. smorzamento, interruzione CONTR. accensione.
spelacchiàto agg. **1** con pochi peli □ con pochi capelli CONTR. peloso, irsuto, villoso □ capelluto **2** logoro, consunto CONTR. nuovo, intatto.
spelàre A v. tr. pelare, depilare, spelacchiare **B spelarsi** v. intr. perdere il pelo, pelarsi, spelacchiarsi.
spellàre A v. tr. **1** levare la pelle, scuoiare, scorticare **2** (*fam.*) escoriare, sbucciare, graffiare **3** (*fig., fam.*) (*al gioco, dal bottegaio, ecc.*) pelare, scorticare, scannare, mettere in bolletta **B spellarsi** v. intr. pron. escoriarsi, graffiarsi, sbucciarsi, scorticarsi, lacerarsi.
spellatùra s. f. escoriazione, sbucciatura, scorticatura, abrasione, graffio, lacerazione.
spelling /*ingl.* 'speliŋ/ [vc. ingl., da *to spell* 'compitare'] s. m. inv. compitazione.
spelónca s. f. **1** antro, caverna, grotta, speco (*lett.*) **2** (*fig.*) luogo squallido, stamberga, tugurio, abituro, bicocca, catapecchia, topaia, buco CONTR. palazzo, villa, castello, reggia, magione (*lett.*).
spendaccióne s. m. prodigo, sprecone, dissipatore, scialacquatore, sperperatore, sciupone, scialone (*fam.*) CONTR. avaro, tirato, taccagno, tirchio (*fam.*), spilorcio, arpagone (*lett.*) □ economo, parsimonioso, risparmiatore.
spèndere v. tr. **1** pagare, sborsare, corrispondere, versare, erogare CONTR. incassare, riscuotere, introitare **2** (*ass.*) fare acquisti, fare spese, comprare, fare lo shopping **3** (*fig.*) (*di

denaro, di tempo, ecc.) consumare, dissipare, dilapidare, scialare (*raro*), scialacquare, sperperare **CONTR.** economizzare, risparmiare, accumulare, ammucchiare, mettere da parte, tesorizzare, tesoreggiare, tesaurizzare **4** (*fig.*) (*di fatica, di tempo, ecc.*) adoperare, impiegare, usare.

spennacchiàre **A** v. tr. **1** spennare **2** (*fig., fam.*) (*al gioco, dal bottegaio, ecc.*) pelare, scorticare, scannare, mettere al verde **B** **spennacchiarsi** v. intr. pron. perdere le penne.

spennàre **A** v. tr. **1** levare le penne, spennacchiare **2** (*fig., fam.*) (*al gioco, dal bottegaio, ecc.*) pelare, scorticare, scannare, mettere al verde **B** **spennarsi** v. intr. pron. perdere le penne.

spennellàre v. tr. verniciare, dipingere.

spennellatùra s. f. **1** spennellata **2** (*med.*) pennellatura, toccatura.

spensieratamènte avv. **1** allegramente, beatamente, serenamente, tranquillamente **CONTR.** tristemente, mestamente, pensosamente **2** avventatamente, inconsultamente (*raro*), imprudentemente, incautamente, irriflessivamente, sbadatamente, sconsideratamente, sventatamente, trascuratamente, leggermente, a cuor leggero, alla carlona **CONTR.** attentamente, diligentemente, cautamente, ponderatamente, prudentemente, riflessivamente.

spensieratézza s. f. **1** allegria, felicità, serenità, tranquillità **CONTR.** tristezza, mestizia, malinconia **2** avventatezza, imprudenza, sbadataggine, sconsideratezza, storditaggine, frivolezza, leggerezza, irriflessione, incuria, noncuranza, trascuratezza **CONTR.** attenzione, cura, diligenza, cautela, ponderatezza, ponderazione, equilibrio, prudenza, riflessione.

spensieràto **A** agg. allegro, felice, sereno, tranquillo **CONTR.** triste, mesto, malinconico, pensieroso **B** agg.; anche s. m. avventato, frivolo, leggero, irriflessivo, imprudente, sbadato, sconsiderato, stordito, incurante, noncurante, trascurato, scapigliato, sventato, caposcarico **CONTR.** attento, diligente, cauto, ponderato, prudente, riflessivo, posato, equilibrato.

spènto part. pass. di **spegnere**; anche agg. **1** (*di fuoco, di luce, ecc.*) estinto, smorzato **CONTR.** acceso **2** (*fig.*) (*di ricordo, di odio, ecc.*) svanito, cancellato, cessato, estinto, finito, passato **CONTR.** vivo **3** (*fig.*) (*di colore, di suono, ecc.*) attenuato, attutito, fioco, scialbo, smorto, sbiadito, pallido **CONTR.** forte, intenso, brillante, vivo, vivace, vivido.

speràbile agg. augurabile, auspicabile, desiderabile **CONTR.** insperabile.

sperànza s. f. **1** fiducia, fede, attesa, aspettazione, assegnamento, affidamento, augurio, auspicio, prospettiva, voto □ chimera, fantasia, illusione, lusinga, miraggio, sogno, utopia □ possibilità, probabilità, eventualità **CONTR.** abbattimento, avvilimento, costernazione, scoramento, sconforto, sfiducia, disperazione, dubbio, incertezza □ certezza, convinzione, sicurezza **2** (*di persona*) promessa.

speranzóso agg. (*anche scherz.*) pieno di speranza, fiducioso, fidente (*lett.*), illuso, ottimista **CONTR.** abbattuto, avvilito, costernato, disperato, sconfortato, sfiduciato, pessimista.

speràre v. tr. e intr. aspettare fiduciosamente, attendersi, augurarsi, auspicare (*lett.*), fidare, confidare, aver fiducia, contare, fare assegnamento, promettere, ripromettersi □ fantasticare, illudersi, lusingarsi, sognare, vagheggiare **CONTR.** disperare, abbattersi, avvilirsi, disanimarsi, sconfortarsi, scoraggiarsi, sfiduciarsi (*raro*), disilludersi.

sperdùto agg. **1** disperso, sparpagliato, sbandato, vagante **CONTR.** raccolto, riunito, radunato **2** (*di luogo*) remoto, isolato, solitario, selvaggio **3** (*fig.*) (*di persona*) perduto, smarrito, a disagio, disambientato, sradicato **CONTR.** ambientato, inserito.

sperequàre v. tr. distribuire male, distribuire ingiustamente, squilibrare **CONTR.** perequare, equilibrare.

sperequazióne s. f. ingiusta distribuzione, difformità, disparità, disuguaglianza, squilibrio, ingiustizia **CONTR.** perequazione, uniformità, equità, giustizia.

spergiuràre v. intr. giurare il falso □ mentire **CONTR.** giurare □ dire la verità.

spergiùro agg.; anche s. m. mentitore, mendace (*lett.*), menzognero, falso, bugiardo, impostore, sleale **CONTR.** aperto, franco, leale, schietto, sincero, veritiero, veridico, degno di fede.

spericolàto agg.; anche s. m. sprezzante del pericolo, temerario, imprudente, incosciente, sconsiderato, sventato, spensierato **CONTR.** attento, avveduto, cauto, guardingo, prudente □ pusillanime, pauroso, timoroso, vile, fifone (*fam.*).

sperimentàle agg. **1** esperienziale, basato sull'esperienza, empirico, prammatico (*raro*), pratico **CONTR.** teorico, scientifico **2** (*di scuola, di campo, ecc.*) di sperimentazione, di prova, di avanguardia **CONTR.** conservatore, passatista.

sperimentalìsmo s. m. empirismo, positivismo.

sperimentalménte avv. empiricamente **CONTR.** teoricamente.

sperimentàre **A** v. tr. **1** provare, verificare, saggiare, scandagliare, tentare **2** (*di metodi, di sistemi, ecc.*) usare, ricorrere, servirsi **CONTR.** abbandonare, lasciare, respingere, disapprovare **3** (*fig.*) (*di volontà, di sentimenti, ecc.*) mettere alla prova, cimentare **4** (*di miseria, di fame, ecc.*) provare, conoscere **CONTR.** ignorare **B** **sperimentarsi** v. rifl. cimentarsi, mettersi alla prova.

sperimentàto part. pass. di **sperimentare**; anche agg. **1** provato, verificato, saggiato, dimostrato, conosciuto per esperienza **CONTR.** ignoto, sconosciuto **2** (*di persona*) abile, capace, esperto, perito **CONTR.** inabile, incapace, inesperto, inetto, imperito (*lett.*).

sperimentazióne s. f. indagine, esperienza, ricerca.

spèrma s. m. (*biol.*) liquido seminale, seme.

spermicìda agg.; anche s. m. antifecondativo.

speronàre v. tr. (*mar.*) urtare, colpire □ investire, tamponare.

speronàto part. pass. di **speronare**; anche agg. urtato, colpito □ investito, tamponato.

speróne s. m. **1** (*di nave*) rostro, prua **2** (*geogr.*) (*di contrafforte*) diramazione **3** (*mar.*) sporgenza **4** (*arch.*) contrafforte, rinforzo.

sperperàre v. tr. dissipare, prodigare, scialacquare, scialare (*raro*), sprecare, profondere, dilapidare, buttar via, spendere male □ (*est.*) consumare **CONTR.** economizzare, risparmiare, lesinare.

sperperàto part. pass. di **sperperare**; anche agg. dissipato, prodigato, scialacquato, sprecato, dilapidato, buttato via **CONTR.** economizzato, risparmiato, lesinato.

spèrpero s. m. dissipazione, scialo, spreco, dilapidazione, sperperamento (*raro*), sciupio, scialacquamento, scialacquo, prodigalità, profusione, dispendio **CONTR.** economia, parsimonia, risparmio □ lesina, taccagneria, tirchieria, grettezza.

spèrso part. pass. di **sperdere**; anche agg. perso, sperduto, disperso, smarrito □ disambientato, disorientato, spaesato **CONTR.** ritrovato, rinvenuto □ ambientato, orientato, inserito, a proprio agio.

spésa s. f. **1** sborso, esborso, erogazione, importo, somma, costo, prezzo, quota □ uscita **CONTR.** incasso, introito, riscossione, provento, guadagno □ entrata **2** compera, acquisto, shopping (*ingl.*) □ merce, roba comprata **CONTR.** vendita, esito, smercio **FRAS.** *a proprie spese* (*fig.*), a proprio danno.

spesàre v. tr. mantenere, pagare le spese.

spesàto part. pass. di **spesare**; anche agg. mantenuto, senza spese.

spésso A agg. **1** (*di pioggia, di bosco, ecc.*) denso, addensato, condensato □ fitto, folto, compatto, pieno, unito **CONTR.** raro, rarefatto, diradato, rado, diluito **2** (*di misura*) grosso, largo, alto **CONTR.** sottile **3** (*est.*) (*di volte, ecc.*) numeroso, frequente **CONTR.** raro, rado **B** avv. di frequente, frequentemente, sovente **CONTR.** raramente, di rado, poche volte.

spessóre s. m. grossezza, larghezza, altezza.

spettàbile agg. rispettabile, onorevole, segnalato, cospicuo.

spettacolàre agg. **1** scenografico **2** spettacoloso, grandioso, enorme, eccezionale, straordinario, splendido, vistoso, magnifico, meraviglioso **CONTR.** povero, misero, modesto, scadente, squallido.

spettacolarità s. f. grandiosità, eccezionalità, meraviglia.

spettàcolo s. m. **1** manifestazione, trattenimento, festa, recita, commedia, dramma, tragedia, concerto, recital (*ingl.*), varietà, serata **2** veduta, vista, panorama **FRAS.** *dare spettacolo* (*fig.*), attirare l'attenzione.

spettacolosaménte avv. grandiosamente, eccezionalmente, enormemente, magnificamente, meravigliosamente, splendidamente, vistosamente **CONTR.** miseramente, modestamente, poveramente, squallidamente.

spettacolóso agg. straordinario, grandioso, spettacolare, eccezionale, enorme, magnifico, meraviglioso, pomposo, splendido, vistoso **CONTR.** misero, scadente, insignificante, povero, squallido.

spettànte part. pres. di **spettare**; anche agg. appartenente, dovuto □ concernente, pertinente, relativo, riguardante **CONTR.** alieno (*lett.*), estraneo.

spettànza s. f. **1** appartenenza, competenza, proprietà, pertinenza, diritto, giurisdizione **2** (*spec. al pl.*) competenze, diritti □ paga, onorario, compenso.

spettàre v. intr. appartenere, competere, concernere, riguardare, toccare, incombere, riferirsi.

spettatóre s. m.; anche agg. (f. *-trice*) **1** (*di spettacolo*) ascoltatore, uditore □ astante, presente **2** (*di un fatto*) testimone.

spettegolàre v. intr. fare pettegolezzi, chiacchierare, pettegolare (*raro*), ciarlare, sparlare, criticare, malignare, tagliare i panni addosso.

spettinàre A v. tr. arruffare, scarmigliare, scapigliare, scarruffare, scompigliare **CONTR.** pettinare, lisciare, ravviare, ordinare **B spettinarsi** v. rifl. e intr. pron. scapigliarsi, scarmigliarsi **CONTR.** pettinarsi, lisciarsi, ravviarsi.

spettinàto part. pass. di **spettinare**; anche agg. scarmigliato, arruffato, scapigliato **CONTR.** pettinato, lisciato, ravviato.

spettràle agg. **1** di spettro □ simile a spettro **2** (*est.*) sinistro, irreale.

spèttro s. m. **1** fantasma, larva, ombra, apparizione, spirito, anima **2** (*fig.*) (*della guerra, della fame, ecc.*) paura, minaccia, pericolo, spauracchio **CONTR.** speranza, fiducia **3** campo di azione, raggio di azione **FRAS.** *spettro solare*, colori dell'iride.

spèzie s. f. pl. (*cuc.*) aromi, droghe.

spezzàre A v. tr. **1** rompere, fendere, frangere (*lett.*), infrangere, frantumare, schiacciare, schiantare, spaccare, fracassare **CONTR.** accomodare, aggiustare, ricomporre, riparare, racconciare, restaurare, rifare, riassestare, ricostruire **2** (*fig.*) (*di giornata, di orario, ecc.*) dividere, interrompere **B spezzarsi** v. intr. pron. rompersi, frantumarsi, infrangersi, schiacciarsi, schiantarsi, spaccarsi, fracassarsi.

spezzatìno s. m. stufato.

spezzàto A part. pass. di **spezzare**; anche agg. rotto, infranto, frantumato, schiacciato, schiantato, spaccato, fracassato □ diviso, interrotto **CONTR.** intero, integro, intatto, sano **B** s. m. **1** (*cuc.*) spezzatino, stufato **2** (*ant.*, *al pl.*) (*di moneta*) spiccioli.

spezzatùra s. f. **1** rompimento, rottura, frantumazione, frattura, fracassamento, infrazione, spaccatura **CONTR.** accomodamento, aggiustatura, restauro, riparazione, ricostruzione, rifacimento **2** (*econ.*) frazione.

spezzettàre v. tr. ridurre in pezzetti, sminuzzare, sbriciolare.

spezzettatùra s. f. spezzettamento, sminuzzamento, sbriciolamento, sbriciolatura.

spezzóne s. m. **1** bomba (d'aereo) **2** (*di pellicola, di stoffa, ecc.*) pezzo, parte **CONTR.** intero.

spìa s. f. **1** confidente, delatore, informatore □ spione (*spreg.*), sicofante (*lett.*), emissario, segugio □ detective (*ingl.*) **2** (*fig.*) (*di malattia, di crisi, ecc.*) indizio, sintomo, pronostico, segno, avvisaglia **3** (*di apparecchio*) avvisatore, segnalatore, segnale, lampadina rossa **4** (*di uscio, di parete, ecc.*) spioncino, fessura, apertura, finestrina, buco.

spiaccicàre A v. tr. schiacciare, ammaccare, acciaccare **B spiaccicarsi** v. intr. pron. schiacciarsi, ammaccarsi, acciaccarsi.

spiacènte part. pres. di **spiacere**; anche agg. dispiaciuto, rammaricato, dolente, afflitto, addolorato, dispiacente **CONTR.** contento, felice, lieto, soddisfatto.

spiacére A v. intr. dispiacere, affliggere, amareggiare, addolorare, rammaricare, rattristare, rincrescere, urtare **CONTR.** piacere, rallegrare, allietare, divertire **B spiacersi** v. intr. pron. dispiacersi, rammaricarsi, addolorarsi, affliggersi, rattristarsi **CONTR.** rallegrarsi, divertirsi, compiacersi, gioire.

spiacévole agg. fastidioso, molesto, odioso, sgradevole, sgradito, seccante, amaro, antipatico, brutto, duro, disgustoso, insopportabile, ributtante, ripugnante, rivoltante, nauseante, stomachevole, urtante **CONTR.** piacevole, piacente, accetto, amabile, gradevole, gradito, grato, simpatico, divertente, gustoso, bello, caro.

spiacevolézza s. f. sgradevolezza, molestia, odiosità, amarezza, durezza, bruttezza □ seccatura, fastidio **CONTR.** piacere, piacevolezza, amabilità, bellezza, gradevolezza, simpatia.

spiacevolménte avv. sgradevolmente, fastidiosamente, molestamente, odiosamente, amaramente, duramente, disgustosamente, insopportabilmente **CONTR.** piacevolmente, gradevolmente, amabilmente, gustosamente, simpaticamente.

spiàggia s. f. costa, lido, costiera, arenile, riva □ battigia, bagnasciuga **FRAS.** *tipo da spiaggia* (*scherz.*), tipo stravagante □ *ultima spiaggia* (*fig.*), momento conclusivo (della vita); ultima possibilità, ultima speranza.

spianaménto s. m. lisciamento, lisciatura, levigatura, livellamento, pareggiamento, stiratura.

spianàre v. tr. **1** lisciare, levigare, distendere, pareggiare, livellare, stirare, polire **2** (*fig.*) (*di cammino, di strada, ecc.*) agevolare, appianare, facilitare **CONTR.** ostacolare, impedire, intralciare, impacciare, imbarazzare **3** (*di costruzione*) abbattere, demolire, diroccare, distruggere **CONTR.** erigere, costruire, edificare, innalzare, fabbricare.

spianàta s. f. ripiano, pianoro, spiazzo, radura, piana, largo.

spianàto part. pass. di **spianare**; anche agg. **1** liscio, levigato, stirato **CONTR.** ruvido, scabro **2** (*fig.*) agevolato, facilitato **CONTR.** ostacolato, impedito **3** abbattuto, demolito, distrutto **CONTR.** costruito, eretto.

spiantàto agg. e s. m. **1** sradicato, estirpato, sbarbato, strappato **CONTR.** piantato, radicato, conficcato **2** (*fig.*) ridotto in miseria, rovinato, miserabile, povero, nullatenente, disperato, squattrinato, persona al verde, persona in bolletta □ disoccupato, senza lavoro **CONTR.** agiato, benestante, danaroso, facoltoso, ricco, ben provvisto, signore □ sistemato, occupato.

spiàre v. tr. **1** (*di persona*) pedinare, braccare, seguire, stare alle calcagna **2** (*di intenzioni, di mosse, ecc.*) cercare di conoscere, osservare segretamente, esplorare, indagare, ascoltare, origliare, sorvegliare, tener d'occhio, studiare **3** (*est.*) (*di occasione, di momento, ecc.*) aspettare, cercare di cogliere.

spiàta s. f. delazione, denuncia.

spiattellàre v. tr. spifferare (*fam.*), snocciolare, strombazzare, vuotare il sacco, buttare in faccia **CONTR.** tacere, star zitto, non fiatare.

spiazzàto agg. sfavorito, andicappato **CONTR.** favorito.

spiàzzo s. m. spazio, largo, spiano, piana, spianata, radura.

spiccànte part. pres. di **spiccare**; anche agg. **1** (*di struttura*) prominente, sporgente, rilevato **CONTR.** rientrante, incavato, cavo, infossato, avvallato **2** (*di colore, di abito, ecc.*) sgargiante, vistoso, appariscente **CONTR.** sbiadito, smorto, spento.

spiccàre A v. tr. **1** (*di fiore, di frutto, ecc.*) staccare, cogliere, disgiungere (*raro*), separare **CONTR.** attaccare, congiungere, unire **2** (*di parole, di sillabe*) pronunciare chiaramente, scandire, sillabare **CONTR.** confondere, mangiarsi **3** (*dir., comm.*) (*di mandato, di tratta, ecc.*) emettere, spedire **CONTR.** ritirare, annullare **B** v. intr. **1** (*di persona, di colore, ecc.*) fare spicco, risaltare, campeggiare, far effetto, colpire l'occhio **CONTR.** confondersi, sfumare, svanire, spegnersi, velarsi **2** (*di struttura*) emergere, sporgere **CONTR.** rientrare **C spiccarsi** v. intr. pron. staccarsi **FRAS.** *spiccare un sal-*

to, fare un salto □ *spiccare il volo*, alzarsi in volo; (*fig.*) fuggire.

spiccataménte avv. **1** chiaramente, evidentemente, distintamente **CONTR.** confusamente, indistintamente, vagamente **2** accentuatamente, marcatamente, tipicamente, fortemente.

spiccàto part. pass. di **spiccare**; anche agg. **1** (*di fiore, di frutto, ecc.*) staccato, colto **CONTR.** attaccato **2** (*di parola, di sillaba*) scandito, sillabato **CONTR.** confuso, mangiato **3** (*dir., econ.*) (*di mandato, di tratta, ecc.*) emesso, spedito **CONTR.** annullato, ritirato **4** (*di qualità*) grande, insigne, notevole, singolare **CONTR.** scarso, nessuno, pochissimo **5** (*di accento, di pronuncia, ecc.*) accentuato, marcato, forte, tipico **CONTR.** confuso, vago, indistinto.

spìcchio s. m. (*est.*) fetta, parte, sezione.

spicciatìvo agg. sbrigativo, spedito, spiccio, sollecito, energico, deciso, lesto, svelto □ facile **CONTR.** blando, lento, tardo, flemmatico □ laborioso.

spiccicàre A v. tr. **1** staccare, disgiungere, disunire, scollare **CONTR.** attaccare, incollare, unire **2** pronunciare, spiccare **B spiccicarsi** v. intr. pron. (*fig., fam.*) liberarsi, staccarsi.

spìccio agg. **1** sollecito, sbrigativo, spicciativo, spedito, deciso, energico, svelto, lesto □ facile **CONTR.** lento, pigro, tardo, flemmatico □ laborioso **2** (*raro*) libero, disimpegnato, sgombro, pronto **CONTR.** impegnato, occupato.

spìcciolo A agg. **1** (*di moneta*) minuto, spezzato, in piccoli tagli **2** (*tosc.*) (*di persona*) ordinario, semplice, comune **CONTR.** importante, ragguardevole, cospicuo **B** s. m. spec. al pl. moneta spicciola.

spìcco s. m. risalto, rilievo, stacco, efficacia, evidenza, apparenza, mostra, vistosità.

spider /*ingl.* 'spaidə/ [vc. ingl., propriamente 'ragno'] s. m. e f. inv. automobile sportiva, dueposti.

spièdo s. m. **1** (*di arma*) asta, lancia **2** (*del girarrosto*) schidione.

spiegàbile agg. **1** comprensibile, decifrabile, dimostrabile, esplicabile, conoscibile, intelligibile, percettibile **CONTR.** inspiegabile, incomprensibile, indecifrabile, inesplicabile, indimostrabile, impenetrabile, imperscrutabile, astruso, misterioso, inintelligibile, arcano, enigmatico, sibillino **2** giustificabile, perdonabile, scusabile **CONTR.** ingiustificabile, imperdonabile, inescusabile.

spiegaménto s. m. (*mil.*) schieramento □ concentramento.

spiegàre A v. tr. **1** (*di tovaglia, di bandiera, ecc.*) stendere, distendere, svolgere, allargare, sciorinare **CONTR.** avvolgere, involgere, piegare, ripiegare, arrotolare **2** (*fig.*) (*di parola, di enigma, ecc.*) far capire, appianare, chiarire, delucidare, esporre, illustrare, interpretare, decifrare, risolvere, volgarizzare, parafrasare, commentare, chiosare □ (*di strada, di posizione, ecc.*) insegnare, indicare, mostrare **3** (*mil.*) disporre, schierare **B spiegarsi** v. rifl. esprimersi, farsi capire, farsi intendere **C** v. rifl. rec. venire a una spiegazione, parlarsi chiaro **D** v. intr. pron. **1** (*di vela, di bandiera, ecc.*) aprirsi, svolgersi **2** diventare chiaro, diventare comprensibile **FRAS.** *spiegare le vele al vento*, salpare; (*est.*) partire.

spiegàto part. pass. di **spiegare**; anche agg. **1** (*di tovaglia, di bandiera, ecc.*) steso, disteso, svolto, allargato, sciorinato, dilatato **CONTR.** piegato, avvolto, involto, ravvolto, ripiegato, arrotolato **2** (*fig.*) (*di parola, di enigma, ecc.*) chiarito, appianato, delucidato, illustrato, commentato **FRAS.** *a voce spiegata*, a piena voce.

spiegazióne s. f. **1** (*di parola, di regola, ecc.*) chiarificazione, chiarimento, delucidazione, dichiarazione, dimostrazione, definizione, illustrazione, interpretazione, commento, parafrasi, specificazione, volgarizzazione, chiosa, esegesi **2** (*di fatto, di atteggiamento, ecc.*) giustificazione, scusa, discolpa □ motivo, chiave.

spiegazzàre v. tr. piegare malamente, gualcire, sgualcire, sciupare **CONTR.** lisciare, levigare, spianare, distendere, stirare.

spietataménte avv. crudelmente, inesorabilmente, disumanamente, inumanamente, implacabilmente, duramente, efferatamente, ferocemente, barbaramente, brutalmente, malvagiamente, bestialmente, violentemente **CONTR.** benignamente, bonariamente, mansuetamente, mitemente, misericordiosamente, pietosamente, umanamente.

spietatézza s. f. crudeltà, disumanità, inumanità, inesorabilità, implacabilità, durezza, efferatezza, ferocia, barbarie, bestialità, brutalità, malvagità, violenza **CONTR.** benignità, bonarietà, mansuetudine, mitezza □ misericordia, indulgenza, pietà, umanità.

spietàto agg. **1** senza pietà, crudele, inesorabile, inumano, disumano, duro, efferato, feroce, barbaro, brutale, implacabile, malvagio, bestiale, sanguinario, violento **CONTR.** benigno, bonario, buono, compassionevole, indulgente, mansueto, mite, pacifico □ pietoso, misericordioso, umano **2** (*fig.*) (*di corte, di concorrenza, ecc.*) accanito, ostinato, senza quartiere.

spifferàre A v. tr. (*fam.*) spiattellare, snocciolare, strombazzare, vuotare il sacco **CONTR.** tacere, star zitto, non fiatare **B** v. intr. (*di corrente d'aria*) fischiare.

spìffero s. m. (*fam.*) soffio di aria, corrente.

spìga s. f. (*bot., est.*) resta, arista (*lett.*).

spigliataménte avv. disinvoltamente, briosamente, scioltamente, agilmente, speditamente, spontaneamente, vivacemente, naturalmente, prontamente **CONTR.** goffamente, impacciatamente, irresolutamente, fiaccamente, pigramente □ artificiosamente.

spigliatézza s. f. disinvoltura, brio, scioltezza, speditezza, spontaneità, franchezza, naturalezza, prontezza, agilità, vivacità, spirito **CONTR.** goffaggine, impaccio, imbarazzo, incertezza, indecisione, irresolutezza, esitazione, titubanza.

spigliàto agg. disinvolto, franco, naturale, agile, pronto, sciolto, spedito, spontaneo, brioso, vivace, spiritoso **CONTR.** goffo, impacciato, imbarazzato, incerto, indeciso, irresoluto, tentennante, titubante, esitante.

spìgola s. f. (*zool.*) branzino, labrace.

spìgolo s. m. **1** (*gener.*) (*di muro, di mobile, ecc.*) angolo, canto, cantonata **CONTR.** curva, smussatura **2** (*spec. al pl.*) (*fig.*) (*di carattere*) asprezza, durezza, ruvidezza, scontrosità, suscettibilità, permalosità **CONTR.** affabilità, amabilità, bonarietà, gentilezza.

spigolóso agg. **1** pieno di spigoli, angoloso **CONTR.** liscio, smussato **2** (*fig.*) (*di persona, di carattere, ecc.*) aspro, duro, ruvido, permaloso, scontroso, suscettibile **CONTR.** affabile, amabile, bonario, cordiale, cortese, gentile, espansivo, socievole.

spillàre v. tr. **1** (*di liquido*) far uscire, far sgorgare, gocciare, scolare, prelevare, tirare **2** (*fig.*) (*di denaro, di segreto, ecc.*) ottenere astutamente, carpire, estorcere, strappare.

spillo s. m. spilla (*dial.*) □ (*est.*) ago **FRAS.** *colpo di spillo* (*fig.*), malignità, punzecchiatura □ *a spillo*, appuntito.

spilluzzicàre v. tr. **1** mangiucchiare, sbocconcellare, piluccare, spiluccare, spizzicare **CONTR.** divorare, ingoiare, ingollare, ingurgitare, trangugiare, inghiottire **2** (*fig.*) rubacchiare.

spilorcerìa s. f. avarizia, taccagneria, tirchieria (*fam.*), grettezza, sordidezza, lesina, pitoccheria **CONTR.** generosità, larghezza, liberalità, magnificenza, munificenza, prodigalità, splendidezza, signorilità.

spilórcio agg.; anche s. m. avarissimo, taccagno, tirchio (*fam.*), gretto, sordido, pitocco, arpagone (*lett.*) **CONTR.** generoso, largo, liberale, magnifico, munifico, prodigo, splendido, signorile.

spilungóne s. m. stanga (*fig., pop.*), pertica (*fig., fam.*), perticone (*fig., fam.*), allampanato **CONTR.** ometto, nanerottolo, tombolotto, tracagnotto.

spìna s. f. **1** (*bot.*) spino (*dial.*), tribolo (*lett.*), rovo **2** (*zool.*) aculeo, pungiglione □ (*di pesce*) lisca **3** (*fig., fam.*) trafittura, puntura **4** (*fig.*) dolore, pena, cruccio, tribolazione, angustia, fitta **CONTR.** gioia, conforto, consolazione, contentezza, piacere, soddisfazione **5** (*elettr.*) spinotto **CONTR.** presa **6** (*di botte*) foro □ cannella **FRAS.** *spina dorsale*, colonna vertebrale □ *stare sulle spine* (*fig.*), stare in ansia □ *birra alla spina*, birra spillata direttamente dalla botte.

spìngere A v. tr. **1** sospingere, muovere, spostare □ incalzare, pressare, premere, calcare, urtare □ mandare avanti □ dare impulso □ accelerare, affrettare, sollecitare, fare premura **CONTR.** fermare, fissare, frenare, trattenere **2** (*di pulsante e sim.*) premere, schiacciare **3** (*fig.*) (*di sguardo, di occhio*) protendere, allungare **4** (*fig.*) (*a fare, a dire, ecc.*) stimolare, indurre, incitare, eccitare, esortare, istigare, persuadere, spronare **CONTR.** dissuadere, distogliere, sconsigliare, frenare, trattenere **5** (*ass.*) premere, calcare, fare ressa, dare spinte **B** v. intr. fare pressione, premere, calcare **C** **spingersi** v. intr. pron. **1** andare, inoltrarsi, addentrarsi, penetrare, arrivare, giungere **2** (*fig.*) osare.

spinóso agg. **1** pieno di spine **CONTR.** liscio **2** (*fig.*) (*di questione, di discorso, ecc.*) difficile, arduo, astruso □ scabroso, delicato **CONTR.** facile, liscio, piano, semplice **3** (*fig.*) (*di persona, di carattere*) burbero, intrattabile, ruvido, selvatico, scontroso **CONTR.** affabile, amabile, bonario, cordiale, gentile, cortese, garbato, socievole.

spinòtto s. m. (*elettr.*) spina □ jack (*ingl.*) **CONTR.** presa.

spìnta s. f. **1** impulso, propulsione, urto, urtone, spintone □ impeto **CONTR.** freno **2** (*fig.*) (*a lavorare, allo studio, ecc.*) stimolo, esortazione, incentivo, incitamento, sprone **CONTR.** dissuasione, freno, ostacolo, impedimento **3** (*fig.*) aiuto, appoggio, favoreggiamento, protezione, raccomandazione, calcio (*fam.*), spintarella, buona parola.

spintarèlla s. f. **1** dim. di **spinta 2** (*fig.*) appoggio, raccomandazione, calcio (*fam.*), spinta, buona parola.

spìnto part. pass. di **spingere**; anche agg. **1** sospinto, mosso, spostato □ incalzato, pressato, premuto, calcato, urtato □ mandato avanti □ accelerato, affrettato, sollecitato **CONTR.** frenato, fermato, trattenuto **2** (*di pulsante e sim.*) premuto, schiacciato **3** (*di sguardo, di occhio*) proteso, allungato **4** (*a fare, a dire, ecc.*) stimolato, indotto, incitato, esortato, istigato, persuaso **CONTR.** dissuaso, sconsigliato, frenato, trattenuto **5** (*verso l'arte, a perdonare, ecc.*) disposto, incline, inclinato, portato, propenso □ forzato **CONTR.** alieno, avverso, contrario **6** (*di idee, di corte, ecc.*) eccessivo, esagerato, estremistico, sfrenato, arrischiato **CONTR.** moderato, modico, misurato, parco, sobrio, temperato **7** (*di discorso, di film, ecc.*) audace, piccante, indecente, scabroso, osceno, scurrile, pornografico, porno **CONTR.** decente, casto, castigato, morigerato, onesto, pudico, verecondo.

spintóne s. m. **1** accr. di **spinta 2** (*fig.*) aiuto, raccomandazione, spinta, spintarella, appoggio, favoreggiamento, protezione, calcio (*fam.*), buona parola.

spioncìno s. m. (*di porta, di muro*) spia, foro, buco.

spiovènte A agg. cascante, pendente, cadente, inclinato **CONTR.** ritto, diritto, dritto **B** s. m. **1** (*di tetto*) falda **2** (*geogr., raro*) versante, displuvio.

spiràglio s. m. **1** fessura, fenditura, apertura, interstizio, crepa, spaccatura, pertugio, buco □ (*est.*) soffio d'aria, raggio di luce **2** (*fig.*) (*di speranza e sim.*) barlume, indizio, segno, sintomo, possibilità.

spiràle A agg. a spire **B** s. f. spira, avvolgimento, voluta, giro, anello □ (*fig.*) vortice.

spiràre (1) A v. intr. **1** (*di aria, di vento*) soffiare, tirare **2** (*di odore, di profumo*) esalare, emanare, provenire, diffondersi, uscir fuori **B** v. tr. **1** (*di profumo, di serenità, ecc.*) emanare, spargere, diffondere **2** (*poet.*) ispirare, infondere.

spiràre (2) v. intr. **1** morire, esalare l'ultimo respiro **2** (*fig.*) (*di termine, di anno, ecc.*) terminare, finire, scadere, concludersi, trascorrere **CONTR.** cominciare, principiare.

spiràto part. pass. di **spirare (2)**; anche agg. **1** morto **2** (*fig.*) (*di termine, di anno, ecc.*) finito, terminato, scaduto, concluso, trascorso **CONTR.** cominciato, iniziato, principiato.

spiritàto agg. e s. m. **1** ossesso, indemoniato, invasato **2** (*fig.*) agitatissimo, sovreccitato, frenetico, sconvolto, terrorizzato □ vivace, pieno di vita **CONTR.** calmo, sereno, tranquillo, impassibile, imperturbabile.

spìrito (1) s. m. **1** principio immateriale, natura incorporea **CONTR.** materia **2** (*gener.*) anima **CONTR.** corpo, carne **3** essere immateriale, essere soprannaturale □ (*est.*) fantasma, ombra, spettro, larva **4** (*di carità, di sacrificio, ecc.*) disposizione, inclinazione, tendenza, senso, sentimento **5** animo, intelletto, intelligenza, ingegno, mente, pensiero, psiche **6** vivacità d'ingegno, arguzia, brio, finezza, piacevolezza, umorismo, humour (*ingl.*), vena comica **7** (*est.*) grand'uomo, personaggio, personalità **8** (*di legge, di discorso, ecc.*) essenza, significato, sostanza, contenuto, intendimento, senso, valore **CONTR.** apparenza, esteriorità **FRAS.** *spiriti celesti*, angeli □ *spiriti maligni*, demoni □ *spiriti beati*, anime del paradiso □ *povero di spirito*, persona semplice; (*est.*) sciocco □ *presenza di spirito*, prontezza □ *bollenti spiriti*, impulsi d'ira; entusiasmo improvviso, frenesia □ *spirito di parte*, partigianeria, faziosità, campanilismo □ *battuta di spirito*, arguzia □ *spirito di patata*, umorismo insulso.

spìrito (2) s. m. alcol □ (*gener.*) alcol etilico.

spiritosàggine s. f. **1** arguzia, freddura, frizzo, battuta, tratto di spirito, motto, facezia, barzeletta, gioco di parole, bisticcio **CONTR.** noiosità, pesantezza, borsa (*pop.*) **2** (*spreg.*) cretinata, stupidaggine, insulsaggine, balordaggine, goffaggine.

spiritosaménte avv. **1** argutamente, briosamente, facetamente, piacevolmente, scherzosamente **CONTR.** noiosamente, pedantemente **2** (*spreg.*) insulsamente, balordamente, scioccamente, stupidamente.

spiritóso agg. **1** (*raro*) alcolico **2** arguto, brioso, faceto, fine, frizzante, sottile, scherzoso, umoristico, brillante, burlone, comico **CONTR.** noioso, pedante, pesante, palloso (*gerg.*) **3** (*spreg.*) insulso, insipido, melenso, balordo, sciocco, stupido, cretino.

spirituàle agg. **1** dello spirito, immateriale, incorporeo, invisibile, mistico, ascetico, trascendente, trascendentale, celeste **CONTR.** materiale, corporeo, corporale, carnale, caduco, immanente, temporale, terrestre, tangibile, visibile **2** intellettuale, intellettivo, speculativo, mentale, morale, sentimentale **CONTR.** materiale, sensibile, istintivo, fisico.

spiritualità s. f. **1** essenza spirituale, immaterialità, incorporeità **CONTR.** materialità, corporeità **2** religiosità, mistica **3** (*est.*) elevatezza, bellezza, dignità, nobiltà **CONTR.** abiettezza, bassezza, volgarità.

spiritualménte avv. **1 CONTR.** materialmente **2** religiosamente **CONTR.** irreligiosamente **3** idealmente **CONTR.** fisicamente, materialmente.

spizzicàre v. tr. spilluzzicare, piluccare, spiluccare, mangiucchiare, sbocconcellare **CONTR.** divorare, inghiottire, ingoiare, ingollare, ingurgitare, trangugiare.

splendènte part. pres. di **splendere**; anche agg. lucente, rilucente, brillante, fulgente (*lett.*), rifulgente (*lett.*), fiammante, fiammeggiante, folgorante, fulgido, lampeggiante, lucido, luminoso, radioso, raggiante, risplendente, scintillante, sfavillante, sfolgorante, smagliante, splendido, vivido **CONTR.** opaco, fosco, offuscato, appannato, oscuro, smorto, spento, velato.

splèndere v. intr. risplendere, ardere, brillare, fulgere (*poet.*), rifulgere, balenare, fiammeggiare, folgorare, sfolgorare, luccicare, lampeggiare, raggiare, irraggiare, scintillare, sfavillare, sfolgorare, smagliare **CONTR.** offuscarsi, appannarsi, oscurarsi, ottenebrarsi, incupirsi, velarsi, spegnersi.

splendidaménte avv. fastosamente, lussuosamente, magnificamente, meravigliosamente, pomposamente, sfarzosamente, stupendamente, superbamente, grandiosamente, preziosamente, dispendiosamente, principescamente, regalmente, signorilmente **CONTR.** meschinamente, grettamente, miseramente, modestamente, dimessamente, poveramente, semplicemente, umilmente.

splèndido agg. **1** (*per luce*) splendente, risplendente, lucente, rilucente, lucido, chiaro, luminoso, brillante, fulgente (*lett.*), rifulgente (*lett.*), fiammante, fiammeggiante, folgorante, sfolgorante, fulgido, lampeggiante, radioso, raggiante, scintillante, sfavillante, smagliante, vivido **CONTR.** opaco, fosco, offuscato, appannato, oscuro, smorto, spento, velato **2** (*est.*) (*di donna, di festa, ecc.*) bellissimo, meraviglioso, stupendo, magnifico, fastoso, lussuoso, pomposo, sfarzoso, superbo, grandioso, prezioso, dispendioso, principesco, regale **CONTR.** meschino, misero, modesto, povero, dimesso, semplice, umile **3** (*fig.*) (*di persona*) generoso, largo, liberale, munifico, prodigo, signorile **CONTR.** avaro, gretto, meschino, taccagno, tirato, tirchio (*fam.*), spilorcio.

splendóre s. m. **1** (*di sole, di oro, ecc.*) lucentezza, luminosità, luce, lucidità, lume, candore, chiarezza, chiarore, fulgidezza (*raro*), fulgore, sfavillio, sfolgorio, bagliore, lampo **CONTR.** buio, oscurità, offuscamento, ombra, nebbia, velo **2** (*fig.*) (*di festa, di gioielli, ecc.*) fasto, lusso, magnificenza, pompa, sfarzo, grandiosità, meraviglia, sontuosità, bellezza, ricchezza, opulenza **CONTR.** meschinità, miseria, modestia, povertà, semplicità, umiltà **3** (*di persona, di cosa splendida*) meraviglia, bellezza, prodigio, miracolo □ lustro, vanto **CONTR.** orrore, mostro, schifezza □ vergogna.

spòcchia s. f. boria, vanteria, alterigia, grandigia, superbia, vanità, vanagloria, presunzione, millanteria, megalomania **CONTR.** moderazione, modestia, semplicità, umiltà.

spocchióso agg. (*raro, tosc.*) altero, altezzoso, borioso, presuntuoso, superbo, vanaglorioso, millantatore, megalomane **CONTR.** dimesso, modesto, semplice, umile.

spodestàre v. tr. **1** privare del potere, detronizzare, deporre □ scalzare, allontanare, rimpiazzare **CONTR.** intronizzare **2** (*raro*) espropriare, spossessare, spogliare.

spòglia s. f. **1** (*lett.*) abito, vestito **2** (*poet.*) cadavere, salma **3** (*di animali in muta*) pelle □ buccia, scorza **4** (*al pl.*) armi, armatura □ (*est.*) preda, bottino.

spogliàre A v. tr. **1** svestire, denudare, scoprire **CONTR.** vestire, rivestire, ricoprire **2** (*est.*) (*di foglie, di ornamenti, ecc.*) privare, levare, togliere, sfornire, sprovvedere (*raro, lett.*) **CONTR.** fornire, provvedere, arredare, guarnire, munire, corredare **3** (*fig.*) (*di denaro, di beni, ecc.*) depredare, rubare, derubare, saccheggiare **CONTR.** dare, regalare **4** (*di dati, di corrispondenza, ecc.*) fare lo spoglio, ordinare, classificare **5** (*di schede*) scrutinare **B spogliarsi** v. rifl. svestirsi, denudarsi **CONTR.** vestirsi, rivestirsi, ricoprirsi **C** v. intr. pron. **1** (*di qualcosa*) privarsi, cedere, donare, regalare **CONTR.** acquistare, fornirsi, procacciarsi, procurarsi **2** (*fig.*) (*dei pregiudizi, dei sospetti, ecc.*) lasciare, abbandonare, deporre, liberarsi **3** (*di albero, di bosco, ecc.*) diventare spoglio, perdere le foglie **CONTR.** rinverdire, rivestirsi.

spogliarèllo s. m. strip-tease (*ingl.*).

spogliàto part. pass. di **spogliare**; anche agg. **1** spoglio, svestito, denudato **CONTR.** vestito, rivestito, ricoperto **2** (*est.*) (*di foglie, di ornamenti, ecc.*) privato, privo, sfornito, sprovvisto, sguarnito **CONTR.** arredato, arricchito, fornito, guarnito, munito, provvisto □ rivestito **3** (*di schede*) scrutinato.

spogliatóio s. m. (*est.*) gabinetto.

spòglio (1) agg. spogliato, nudo, privo, sfornito, sguarnito **CONTR.** vestito, rivestito, ricoperto, fornito, munito, provvisto.

spòglio (2) s. m. **1** (*raro, lett.*) spoliazione **2** (*di dati, di giornali, ecc.*) raccolta, ordinamento, classificazione, cernita, scelta, smistamento **3** (*di schede*) scrutinio.

spòla s. f. **1** (*di filato*) bobina **2** (*di macchina per cucire*) spoletta, rocchetto □ navetta **FRAS.** *fare la spola* (*fig.*), andare e venire.

spoliazióne s. f. appropriazione indebita, furto, depredazione (*raro*), rapina, ruberia, saccheggio **CONTR.** donazione, elargizione, arricchimento.

spolpàre v. tr. **1** levare la polpa, scarnire, scarnificare **2** (*fig.*) (*di persona, di economia, ecc.*) snervare, svigorire, indebolire, esaurire **CONTR.** rafforzare, rinvigorire, irrobustire **3** (*fig.*) (*di denaro, di beni*) impoverire, mungere, pelare (*fam.*), sfruttare, strozzare **CONTR.** rimpolpare, arricchire.

spolveràre A v. tr. **1** togliere la polvere, pulire **CONTR.** impolverare **2** (*di zucchero, di cacao, ecc.*) spruzzare, cospargere **3** (*fig.*) divorare, ingurgitare, ingoiare, trangugiare, far fuori **4** (*fig.*) rubare, sgombrare, vuotare **B** v. intr. levare la polvere.

spolveràta s. f. **1** spolveratura, pulitura, pulitina **2** (*di zucchero, di neve, ecc.*) spruzzata.

spolverìno s. m. soprabito leggero.

spompàto agg. (*fam.*) estenuato, esaurito, sfinito, snervato, svigorito, indebolito **CONTR.** forte, robusto, vigoroso, gagliardo.

spónda s. f. **1** (*di mare, di fiume e sim.*) proda, argine, ripa, riva, spiaggia **2** (*di letto, di carro, ecc.*) bordo, ciglio, orlo **3** (*di ponte, di fosso, ecc.*) parapetto, riparo **4** (*est., lett.*) regione, paese **5** (*fig.*) (*di persona*) aiuto, appoggio, difesa, protezione.

sponsor /*ingl.* 'spɒnsə/ [vc. ingl., propriamente 'padrino, garante', dal lat. *sponsor* 'garante'] s. m. inv. **1** finanziatore **2** garante.

sponsorizzàre v. tr. **1** finanziare **2** garantire.

sponsorizzàto part. pass. di **sponsorizzare**; anche agg. **1** finanziato **2** garantito.

sponsorizzazióne s. f. **1** finanziamento **2** garanzia.

spontaneaménte avv. naturalmente, schiettamente, sinceramente, immediatamente, impulsivamente, istintivamente, francamente, semplicemente, genuinamente □ volontariamente CONTR. artificiosamente, forzatamente, sforzatamente □ obbligatoriamente.

spontaneità s. f. naturalezza, schiettezza, sincerità, immediatezza, impulsività, istintività, franchezza, semplicità, genuinità □ volontarietà CONTR. artificio, artificiosità, calcolo, forzatura, sforzo, insincerità □ imposizione, obbligo.

spontàneo agg. naturale, schietto, sincero, immediato, impulsivo, istintivo, franco, genuino, semplice □ volontario CONTR. artificiale, artificioso, artefatto, forzato, sforzato, convenzionale, insincero, innaturale □ obbligatorio, imposto.

spopolaménto s. m. diradamento della popolazione □ esodo, emigrazione, sfollamento CONTR. popolamento □ immigrazione.

spopolàre A v. tr. diradare la popolazione, sfollare CONTR. popolare, affollare **B** v. intr. (*fam.*) (*di cantante, di attore, ecc.*) avere grande successo, fare furore, eccellere CONTR. fallire **C spopolarsi** v. intr. pron. vuotarsi CONTR. popolarsi, affollarsi.

spopolàto part. pass. di **spopolare**; anche agg. poco abitato □ disabitato, deserto, solitario CONTR. popoloso, affollato.

sporadicità s. f. discontinuità, saltuarietà, intermittenza, interruzione CONTR. continuità, costanza.

sporàdico agg. isolato, discontinuo, raro, saltuario, intermittente, interrotto CONTR. continuo, continuato, ininterrotto, costante, generale.

sporcaccióne agg.; anche s. m. **1** molto sporco, lordo, sozzo, sudicione CONTR. pulito, lindo, mondo, netto **2** (*fig.*) maiale (*fig.*), porcaccione, scostumato, laido (*lett.*), osceno, sconcio, schifoso, turpe, vergognoso CONTR. morigerato, onesto, pudico, puro, virtuoso, verecondo.

sporcàre A v. tr. **1** imbrattare, insozzare, insudiciare, bruttare (*lett.*), lordare, inquinare, impataccare, imbrodolare, impiastricciare, infangare CONTR. pulire, ripulire, mondare, nettare (*tosc.*), tergere, detergere **2** (*fig.*) (*di nome, di onore, ecc.*) deturpare, disonorare, macchiare CONTR. onorare, riscattare **B sporcarsi** v. rifl. e intr. pron. insudiciarsi, imbrattarsi, lordarsi, impataccarsi, imbrodolarsi, impiastricciarsi, infangarsi CONTR. pulirsi, ripulirsi, mondarsi, nettarsi, tergersi, detergersi.

sporcizia s. f. sporcheria (*ant.*), porcheria, luridezza (*raro*), luridume, sordidezza, sudiciume, sudiceria, schifezza, turpitudine □ immondizia, spazzatura CONTR. pulizia, nettezza, lindezza, lindura (*raro*), nitore.

spòrco A agg. **1** sozzo, sudicio, imbrattato, insudiciato, lordo, lurido, lercio, sordido, unto, bisunto CONTR. pulito, lindo, mondo, netto, nitido, puro, terso **2** (*fig.*) (*di persona, di affare, ecc.*) volgare, immorale, osceno, turpe, impuro, indecente, inverecondo, sconcio, scurrile, scandaloso □ disonesto CONTR. morale, castigato, decente, decoroso, bello, nobile, puro, virtuoso, verecondo, pulito □ onesto **B** s. m. solo sing. sporcizia CONTR. pulito, pulizia.

sporgènte part. pres. di **sporgere**; anche agg. prominente, rilevato, protuberante, in fuori, pronunciato, saliente CONTR. rientrato, incavato, cavo, scavato, profondo, avvallato.

sporgènza s. f. prominenza, protuberanza, rilievo, sporto, gobba, rialto, escrescenza CONTR. rientranza, cavità, concavità, incavo, affossamento, avvallamento, buca, sprofondamento.

spòrgere A v. tr. tendere, protendere, stendere, porgere, allungare, spenzolare CONTR. ritirare, ritrarre, tirare indietro **B** v. intr. aggettare, fare aggetto, venire in fuori, aver rilievo, sopravanzare, risaltare, strapiombare CONTR. incavarsi, affossarsi, avvallarsi, rientrare, sprofondare **C sporgersi** v. rifl. tendersi, allungarsi, protendersi, stendersi, spenzolarsi CONTR. tirarsi indietro, ritirarsi, rientrare.

sport /*ingl.* spɔːt/ [vc. ingl., in origine 'divertimento', dall'ant. fr. *desport*] s. m. inv. **1** CFR. diporto, giochi, esercizi fisici, gara, competizione, incontro, spettacolo **2** (*est.*) (*della caccia, della pesca, ecc.*) divertimento, passatempo, svago, spasso, ricreazione, sollazzo (*lett.*).

spòrta s. f. **1** borsa □ paniere, cesta **2** (*est.*) grande quantità, abbondanza, mucchio.

sportèllo s. m. **1** imposta girevole, anta □ battente **2** (*di veicolo*) porta, portiera, portello **3** usciolino, portello, chiusino, porticina □ apertura **4** (*est.*) (*di banca*) ufficio, agenzia, filiale.

sportivaménte avv. da sportivo □ lealmente, correttamente CONTR. slealmente, scorrettamente.

sportività s. f. spirito sportivo □ lealtà, correttezza CONTR. slealtà, scorrettezza.

sportivo A agg. **1** di sport, atletico **2** amante dello sport □ tifoso CONTR. sedentario **3** (*est.*) leale, corretto CONTR. sleale, scorretto **B** s. m. **1** sportsman (*ingl.*) □ atleta **2** amante dello sport, tifoso.

spòrto A part. pass. di **sporgere**; anche agg. disteso, allungato, proteso CONTR. ritirato, tirato indietro **B** s. m. sporgenza, prominenza, rilievo, aggetto, protuberanza CONTR. rientranza, cavità, incavo, incavatura, avvallamento, infossamento.

spòsa s. f. **1** (*dial.*) fidanzata, promessa sposa **2** moglie, coniuge, consorte **3** (*fig.*) compagna, donna FRAS. *sposa di Dio*, Chiesa □ *sposa di Cristo*, Chiesa; suora, monaca.

sposalizio s. m. matrimonio, nozze, sponsali (*lett.*).

sposàre A v. tr. **1** maritare, prendere per marito, ammogliare, prendere in moglie, impalmare (*lett.*) CONTR. ripudiare, dividersi, separarsi, divorziare **2** (*di sacerdote, di sindaco,* *ecc.*) unire in matrimonio, congiungere in matrimonio, celebrare il matrimonio, coniugare **3** dare in moglie, dare per marito, ammogliare, maritare, accasare **4** (*raro, fig.*) mescolare, congiungere CONTR. dividere, separare **5** (*fig.*) (*di causa, di idea, ecc.*) abbracciare, sostenere, appoggiare, accettare, aderire CONTR. respingere, rifiutare, rigettare, ripudiare, scartare **B** v. intr. (*dial.*) sposarsi, maritarsi, ammogliarsi **C** **sposarsi** v. rifl. e rifl. rec. ammogliarsi, maritarsi, accasarsi, unirsi in matrimonio, contrarre matrimonio, stringersi in matrimonio, mettersi a posto, metter su casa CONTR. restare scapolo, restare zitella □ dividersi, separarsi, divorziare.

sposàto part. pass. di **sposare**; anche agg. **1** coniugato, ammogliato, maritato, congiunto in matrimonio CONTR. scapolo, nubile, zitella □ diviso, separato, divorziato **2** (*fig.*) unito, congiunto CONTR. diviso, separato.

spòso s. m. **1** (*dial.*) fidanzato **2** marito, coniuge, consorte **3** (*al pl.*) coniugi, marito e moglie.

spossànte part. pres. di **spossare**; anche agg. snervante, sfibrante, estenuante, logorante CONTR. rafforzante, rinforzante, tonico, energetico, corroborante.

spossàre **A** v. tr. estenuare, fiaccare, sfinire, stancare, straccare, stremare, svigorire, sfiancare, slombare (*raro*), debilitare, esaurire, infiacchire CONTR. irrobustire, rafforzare, rinforzare, invigorire, rinvigorire, fortificare, ingagliardire, ristorare **B** **spossarsi** v. intr. pron. stancarsi, estenuarsi, fiaccarsi, sfiancarsi, slombarsi (*raro*), straccarsi, esaurirsi, debilitarsi CONTR. irrobustirsi, rafforzarsi, rinforzarsi, invigorirsi, rinvigorirsi, ingagliardirsi.

spossatézza s. f. debolezza, sfinimento, spossamento, stanchezza, debilitazione, estenuazione, prostrazione CONTR. energia, forza, gagliardia, vigore, vigoria, robustezza, freschezza.

spossàto part. pass. di **spossare**; anche agg. abbattuto, affranto, esausto, stanco, sfinito, esaurito, fiaccato, debilitato, sfiancato, slombato (*raro*), stremato, svigorito, prostrato CONTR. energico, forte, gagliardo, rafforzato, irrobustito, rinvigorito, vigoroso.

spossessàre v. tr. privare del possesso, espropriare, spodestare, spogliare CONTR. dare □ restituire.

spostaménto s. m. rimozione, dislocamento, dislocazione, trasloco, trasporto CONTR. collocamento, sistemazione.

spostàre **A** v. tr. **1** muovere, rimuovere, cambiare di posto, traslocare, trasferire CONTR. collocare, sistemare **2** (*di appuntamento, di impegno, ecc.*) differire, dilazionare, rimandare, rinviare, posticipare □ anticipare **3** (*fig.*) danneggiare, nuocere, dissestare CONTR. favorire, essere utile **B** **spostarsi** v. rifl. (*di persona*) muoversi, traslocare, trasferirsi, recarsi, andare CONTR. restare, rimanere, fermarsi, trattenersi **C** v. intr. pron. (*di cosa*) muoversi CONTR. fermarsi.

spostàto part. pass. di **spostare**; anche agg. e s. m. **1** mosso, fuori posto, rimosso, trasferito CONTR. fermo, fisso, a posto **2** (*di appuntamento, di impegno, ecc.*) differito, rimandato, rinviato, posticipato □ anticipato **3** (*fig.*) (*di persona*) sbandato, disinserito, fallito CONTR. realizzato.

spot /*ingl.* spɔt/ [vc. ingl., abbr. di *spotlight* 'proiettore luminoso, faro'] s. m. inv. spazio pubblicitario, pubblicità televisiva, commercial (*ingl.*).

sprànga s. f. barra, sbarra, bandella, paletto, catenaccio, graffa, grappa.

sprangàre v. tr. sbarrare, chiudere, serrare CONTR. aprire, disserrare, spalancare.

sprangàto part. pass. di **sprangare**; anche agg. sbarrato, chiuso, serrato CONTR. aperto, spalancato.

spray /*ingl.* 'sprei/ [vc. ingl., propriamente 'spruzzo, getto vaporizzato'] **A** s. m. inv. **1** spruzzatore, nebulizzatore, polverizzatore **2** (*est.*) liquido nebulizzato **B** in funzione di agg. inv. (posposto al s.) **1** fornito di spray, con nebulizzatore **2** nebulizzato, vaporizzato.

spràzzo s. m. **1** spruzzo, sprizzo, getto, spargimento, zampillo **2** (*fig.*) (*di luce, di sole, ecc.*) baleno, lampo, raggio, fascio **3** (*fig.*) (*di ingegno, di intelligenza*) lampo, colpo, illuminazione.

sprecàre **A** v. tr. usare malamente, spendere male, buttar via, gettar via, sciupare, sperperare, dilapidare, dissipare, scialacquare, consumare, mangiare CONTR. spendere bene, utilizzare, risparmiare, economizzare, conservare **B** **sprecarsi** v. intr. pron. **1** affaticarsi inutilmente, perdersi **2** (*dial., iron.*) esaurirsi, affaticarsi, sforzarsi.

sprecàto part. pass. di **sprecare**; anche agg. buttato via, dissipato, dilapidato, sciupato, scialacquato, sperperato, usato malamente CONTR. speso bene, utilizzato, risparmiato, economizzato, tenuto da conto.

sprèco s. m. dissipazione, scialo, sciupio, sperpero, dispersione, dispendio, consumo inutile CONTR. risparmio, economia, parsimonia □ guadagno, profitto.

sprecóne agg.; anche s. m. dissipatore, scialacquatore, sciupone, spendaccione, sperperatore, prodigo CONTR. risparmiatore, economo, parsimonioso □ avaro, tirato, taccagno, tirchio (*fam.*), spilorcio, arpagone (*lett.*).

spregévole agg. ignobile, miserabile, disprezzabile, abietto, basso, indegno, vile CONTR. pregevole, nobile, degno, dignitoso, stimato.

spregiàre v. tr. sdegnare, disprezzare, dispregiare, disistimare, abominare, schifare, vilipendere CONTR. apprezzare, esaltare, lodare, rispettare, onorare, stimare, accettare.

spregiativo agg. dispregiativo **CONTR.** elogiativo, laudativo (*lett.*).

spregiàto part. pass. di **spregiare**; anche agg. sdegnato, disprezzato, vilipeso **CONTR.** apprezzato, stimato, rispettato, lodato.

sprègio s. m. (*lett.*) dispregio, disprezzo, disistima, irrisione, scherno **CONTR.** apprezzamento, stima, considerazione, elogio, lode, rispetto, ossequio.

spregiudicataménte avv. **1** senza pregiudizi, imparzialmente, equamente, spassionatamente **CONTR.** parzialmente, iniquamente, faziosamente **2** senza scrupoli, disonestamente, cinicamente **CONTR.** scrupolosamente, onestamente.

spregiudicatézza s. f. **1** assenza di pregiudizi, imparzialità, equanimità, spassionatezza **CONTR.** parzialità, partigianeria, iniquità, faziosità **2** cinismo, impudenza, disonestà **CONTR.** scrupolo, onestà, probità, rettitudine.

spregiudicàto agg.; anche s. m. **1** privo di pregiudizi, libero da preconcetti, imparziale, equanime, spassionato **CONTR.** parziale, partigiano, iniquo, fazioso, settario **2** privo di scrupoli, disonesto, cinico **CONTR.** scrupoloso, onesto, probo, retto.

sprèmere v. tr. **1** premere, stringere, schiacciare, pigiare, pressare, torchiare, strizzare, estrarre, far sprizzare □ mungere **2** (*fig.*) (*di denaro, di persona*) cavare, estorcere, far sborsare □ mungere (*fig.*), pelare, scorticare, spolpare, dissanguare, sfruttare **CONTR.** dare, regalare.

spremùta s. f. **1** spremitura **2** (*est.*) (*di arancia, di limone, ecc.*) succo □ aranciata, limonata.

spremùto part. pass. di **spremere**; anche agg. **1** premuto, pressato, pigiato, schiacciato, strizzato, torchiato **2** (*di denaro, di persona*) munto (*fig.*), sfruttato.

spretàto agg. e s. m. ex prete.

sprezzànte agg. sdegnoso, disdegnoso, altezzoso, borioso, burbanzoso, superbo, presuntuoso, spocchioso, tracotante **CONTR.** affabile, amabile, benigno, cordiale, compiacente, comprensivo, garbato, gentile □ ossequente, rispettoso, umile.

sprèzzo s. m. disprezzo □ noncuranza.

sprigionàre A v. tr. **1** (*raro*) scarcerare, liberare **CONTR.** imprigionare, incarcerare **2** (*fig.*) (*di gas, di calore, ecc.*) emettere, emanare, esalare, sprizzare **CONTR.** tenere, contenere, trattenere **B sprigionarsi** v. intr. pron. sprizzare, sgorgare □ manifestarsi, emanare, esalare, uscire.

sprint /*ingl.* sprint/ [vc. ingl., propriamente 'scatto'] **A** s. m. inv. **1** (*sport*) scatto, volata finale **2** (*est.*) scatto, slancio □ entusiasmo, dinamismo **3** (*di automobile*) ripresa **B** in funzione di s. f. inv. automobile sportiva **C** in funzione di agg. inv. (posposto al s.) (*di automobile*) sportivo, veloce □ (*est.*) scattante, dinamico **FRAS.** *avere dello sprint* (*fig.*), essere dinamico, essere veloce.

sprizzàre A v. intr. e tr. scaturire, zampillare, schizzare, spicciare, spruzzare **B** v. tr. (*fig.*) (*di gioia, di salute, ecc.*) esprimere, sprigionare, manifestare **CONTR.** nascondere.

sprofondaménto s. m. **1** affondamento, affossamento, infossamento, avvallamento, inabissamento, scoscendimento **CONTR.** emersione, innalzamento **2** cavità, forra, frana, dirupo, scoscendimento, smottamento □ buca.

sprofondàre A v. tr. precipitare, gettar giù, affondare, immergere, sommergere, tuffare **CONTR.** elevare, innalzare **B** v. intr. **1** inabissarsi, immergersi, sommergersi, cadere giù □ crollare, franare, rovinare **CONTR.** salire, innalzarsi **2** (*di pavimento, di muro, ecc.*) franare, crollare **3** (*nel fango, nella neve, ecc.*) affondare, immergersi **4** (*fig.*) (*nel dolore, nella miseria, ecc.*) lasciarsi vincere, abbandonarsi, cedere **CONTR.** opporsi, resistere **C sprofondarsi** v. rifl. e intr. pron. **1** (*di pavimento, di muro, ecc.*) avvallarsi, franare, crollare, rovinare **2** (*nel divano e sim.*) abbandonarsi, lasciarsi andare **3** (*fig.*) (*nel lavoro, nella lettura, ecc.*) lasciarsi assorbire, immergersi **CONTR.** distrarsi.

sprofondàto part. pass. di **sprofondare**; anche agg. **1** avvallato, affondato, affossato, inabissato, immerso, sommerso **CONTR.** emerso, riemerso, affiorato □ innalzato **2** (*nel divano e sim.*) abbandonato **3** (*fig.*) (*nel lavoro, nella lettura, ecc.*) assorbito, immerso, preso **CONTR.** distratto.

spròlòquio s. m. tirata, tiritera, discorso enfatico, discorso inconcludente, sermone, filastrocca, lungaggine, lungagnata **CONTR.** discorso conciso, discorso laconico.

spronàre v. tr. **1** (*di animale*) stimolare **CONTR.** frenare **2** (*fig.*) (*allo studio, al lavoro, ecc.*) stimolare, incitare, esortare, incoraggiare, indurre, sollecitare, spingere **CONTR.** dissuadere, distogliere, frenare.

spronàta s. f. **1** colpo di sprone **2** (*fig.*) incitamento, esortazione, incoraggiamento, spinta **CONTR.** freno, dissuasione.

spróne s. m. **1** (*fig.*) stimolo, incitamento, esortazione, incoraggiamento, sollecitazione, spinta **CONTR.** dissuasione, freno **2** (*abbigl.*) carré (*fr.*).

sproporzionataménte avv. **1** disarmonicamente, inadeguatamente, sconvenientemente **CONTR.** proporzionatamente, armonicamente, adeguatamente, convenientemente **2** (*est.*) eccessivamente, enormemente, esageratamente, smisuratamente, smodatamente **CONTR.** modestamente, moderatamente, modicamente □ giustamente, adeguatamente.

sproporzionàto agg. **1** asimmetrico, disarmonico, discordante, disadatto, inadeguato, sconveniente, incongruo, sperequato **CONTR.**

proporzionato, armonico, adatto, adeguato, congruo, conveniente, perequato, conforme, euritmico, simmetrico **2** (*est.*) eccessivo, enorme, esagerato, gigantesco, grossissimo, smisurato, smodato, spropositato, strabocchevole **CONTR.** modesto, moderato, modico □ adeguato, misurato, giusto.

sproporzióne s. f. **1** disarmonia, asimmetria, difformità, inadeguatezza, incongruità, sconvenienza **CONTR.** proporzione, armonia, euritmia, adeguatezza, perequazione, congruenza, conformità, convenienza, simmetria **2** (*est.*) enormità, esagerazione, eccesso, dismisura, smodatezza **CONTR.** modestia, moderazione, misura □ nullità, nulla, niente, minimo.

spropositàto agg. **1** (*di parole, di discorso, ecc.*) pieno di spropositi, errato, erroneo, sbagliato **CONTR.** esatto, giusto, preciso **2** (*fig.*) (*di spesa, di altezza, ecc.*) enorme, eccessivo, esagerato, smisurato, smodato, sproporzionato, strabocchevole **CONTR.** proporzionato, moderato, modesto, modico, misurato, giusto, piccolo, minimo.

spropòsito s. m. **1** cosa fuor di proposito, asineria, bestialità, corbelleria, enormità, scempiaggine, sciocchezza, somaraggine, somarata, indegnità, sconvenienza, indecenza **2** quantità enorme, eccesso, esagerazione, mucchio (*fig., fam.*) □ enormità **CONTR.** pochissimo **3** errore, grosso sbaglio, sfarfallone (*fam.*), strafalcione, svarione, sgrammaticatura, topica (*fam.*), granchio, cantonata, marrone (*fam.*), lapsus (*lat.*), papera, eresia.

sprovvedùto A agg. **1** sprovvisto, privo, sfornito, sguarnito, spoglio, manchevole **CONTR.** provveduto, provvisto, fornito, guarnito, munito **2** impreparato, incolto **CONTR.** preparato, colto **B** s. m. ingenuo, credulone, sciocco, inesperto.

sprovvisto agg. e s. m. **1** privo, sprovveduto, sfornito, sguarnito, manchevole, spoglio **CONTR.** provveduto, provvisto, fornito, guarnito, munito **2** sprovveduto, impreparato, incolto **CONTR.** preparato, colto.

spruzzàre v. tr. **1** (*di liquido*) aspergere, bagnare, annaffiare, innaffiare, irrorare, sbruffare, sprizzare **2** (*est.*) (*di zucchero, di cacao, ecc.*) spolverare, cospargere.

spruzzàta s. f. **1** spruzzo, annaffiata, bagnata **2** (*di zucchero, di cacao, ecc.*) spolverata **3** (*fig.*) pioggerellina.

spruzzàto part. pass. di **spruzzare**; anche agg. **1** bagnato, annaffiato, irrorato **2** (*est.*) (*di zucchero, di cacao, ecc.*) spolverato, cosparso.

spruzzatóre s. m. nebulizzatore, polverizzatore, vaporizzatore, spray (*ingl.*) **CONTR.** aspiratore.

sprùzzo s. m. getto, schizzo, sprizzo, sprazzo, sprillo (*raro*), sbruffo, zampillo.

spudoratamènte avv. **1** impudentemente, petulantemente, sfacciatamente, audacemente, cinicamente, indiscretamente, temerariamente **CONTR.** educatamente, civilmente, riguardosamente, timidamente, riservatamente **2** impudicamente, immoralmente, oscenamente, indecentemente, inverecondamente, svergognatamente **CONTR.** pudicamente, castamente, morigeratamente, onestamente, puramente, verecondamente, virtuosamente.

spudoratézza s. f. **1** impudenza, petulanza, sfacciataggine, audacia, faccia tosta, faccia di bronzo, sfrontatezza, cinismo, improntitudine, indiscrezione, temerarietà **CONTR.** educazione, civiltà, discrezione, riserbo, riguardo, riservatezza **2** impudicizia, oscenità, immoralità, inverecondia **CONTR.** pudicizia, moralità, morigeratezza, verecondia.

spudoràto agg.; anche s. m. **1** impudente, petulante, sfacciato, sfrontato, audace, cinico, indiscreto, temerario **CONTR.** educato, civile, discreto, riguardoso, riservato **2** impudico, osceno, immorale, inverecondo, indecente, svergognato **CONTR.** pudico, casto, morigerato, onesto, puro, verecondo.

spùgna s. f. **FRAS.** *dare un colpo di spugna* (*fig.*), cancellare, dimenticare □ *essere una spugna* (*fig.*), essere un gran bevitore □ *gettare la spugna* (*fig.*), arrendersi.

spugnóso agg. poroso, bucherellato **CONTR.** compatto, denso.

spulciàre A v. tr. **1** togliere le pulci **2** (*fig.*) esaminare minuziosamente, cercare diligentemente, compulsare **B spulciarsi** v. rifl. togliersi le pulci.

spùma s. f. **1** schiuma, effervescenza, bollicine **2** (*est.*) (*di bibita*) gassosa **3** (*cuc.*) mousse (*fr.*) **4** (*miner.*) spuma di mare, magnesite, sepiolite.

spumànte A agg. spumoso, spumeggiante, effervescente, frizzante, gassoso, schiumante, schiumoso, mussante **B** s. m. vino frizzante.

spumeggiànte part. pres. di **spumeggiare**; anche agg. **1** spumante, spumoso, effervescente, gassoso, schiumante, mussante **2** (*fig.*) (*di discorso, di commedia, ecc.*) vivace, frizzante, movimentato **3** (*fig., lett.*) (*di tessuto, di pizzo, ecc.*) soffice, vaporoso, leggerissimo.

spumeggiàre v. intr. spumare, frizzare, schiumare, mussare.

spumóso agg. **1** spumante, spumeggiante, effervescente, gassoso, schiumoso, schiumante, mussante **2** (*fig.*) (*di stoffa, di dolce, ecc.*) vaporoso, leggerissimo, soffice.

spuntàre A v. tr. **1** privare della punta, accorciare, scorciare, cimare, scamozzare, scapezzare, scapitozzare, ottundere, smussare, svettare **CONTR.** fare la punta, appuntare, appuntire, aguzzare **2** (*di fermaglio, di nastro, ecc.*) staccare, levare, togliere **CONTR.** mettere **3** (*fig.*) (*di difficoltà, di ostacolo, ecc.*) superare, vincere, rimuovere **B** v. intr. **1** (*di pianta, di dente, ecc.*) nascere, venir fuori, sbocciare

CONTR. cadere, morire **2** (*di astro*) sorgere, alzarsi, levarsi CONTR. scomparire, tramontare **3** (*di essere o cosa*) apparire, balzar fuori, saltar fuori, uscire CONTR. scomparire, svanire **C spuntarsi** v. intr. pron. **1** perdere la punta, smussarsi **2** (*fig.*) (*di ira, di furore, ecc.*) affievolirsi, perdere forza, calmarsi, quietarsi CONTR. accrescersi, esacerbarsi, inasprirsi **D** s. m. solo sing. apparizione, nascita CONTR. scomparsa, tramonto FRAS. *spuntarla*, averla vinta, farcela.

spuntàto part. pass. di **spuntare**; anche agg. **1** privo di punta, smussato, ottuso, svettato, accorciato, scorciato CONTR. appuntito, acuto, aguzzo, acuminato, puntuto **2** (*di astro, di dente, ecc.*) apparso, comparso, nato, sorto □ venuto fuori, balzato fuori, uscito CONTR. scomparso, sparito, tramontato, calato, svanito.

spuntatùra s. f. **1** accorciamento, accorciatura, smussamento, smussatura, svettamento (*raro*), svettatura CONTR. aguzzamento, aguzzatura **2** (*di carne, di tabacco, ecc.*) ritagli, rimasugli □ puntina.

spuntìno s. m. piccola refezione, merendina, snack (*ingl.*) □ picnic (*ingl.*).

spùnto s. m. **1** suggerimento □ prima battuta **2** (*est.*) (*di racconto, di azione, ecc.*) mossa, occasione, inizio, principio, avvio, punto di partenza **3** (*di vino*) acidità.

spurgàre v. tr. **1** liberare, pulire, purgare, nettare CONTR. sporcare, inquinare, ingombrare, ostruire **2** espettorare, scatarrare.

spùrio agg. **1** (*di figlio*) illegittimo, bastardo CONTR. legittimo **2** (*di opera, di scritto e sim.*) non autentico, falso, apocrifo CONTR. autentico, originale, vero.

sputacchiàre v. intr. sputare spesso, scatarrare.

sputàre A v. tr. **1** (*di saliva, di catarro, ecc.*) espellere, emettere **2** (*fig.*) (*di lava, di fumo, ecc.*) gettare fuori, lanciare, vomitare, scagliare **B** v. intr. espellere sputo, sputacchiare, espettorare, scatarrare, scaracchiare (*pop.*) FRAS. *sputar sangue* (*fig.*), faticare molto □ *sputar veleno* (*fig.*), vomitare ingiurie □ *sputar sentenze* (*fig.*), parlare con saccenteria □ *sputare l'osso* (*fig.*), dire ciò che si vorrebbe tacere; restituire ciò che si è tolto.

sputasentènze s. m. e f. inv. cacasenno, saccentone, pedante, saputo.

sputàto part. pass. di **sputare**; anche agg. **1** emesso, espulso **2** (*fig.*) vomitato, scagliato, lanciato FRAS. *nato e sputato* (*fig.*), identico, tale e quale.

spùto s. m. espettorazione, muco, scaracchio (*pop.*), saliva, sputacchio, escreato FRAS. *fatto con lo sputo* (*fig.*), fragilissimo.

sputtanàre A v. tr. (*volg.*) far perdere la reputazione, screditare, diffamare CONTR. esaltare, elogiare **B sputtanarsi** v. rifl. (*volg.*) perdere la reputazione, screditarsi CONTR. farsi stimare.

sputtanàto part. pass. di **sputtanare**; anche agg. (*volg.*) screditato, diffamato, svergognato CONTR. lodato, elogiato.

squàdra s. f. **1** unità, compagnia, gruppo, schiera, comitiva, brigata, drappello □ équipe (*fr.*) **2** (*sport*) formazione.

squadràre v. tr. **1** mettere in squadra, riquadrare **2** (*est.*) (*di persona*) osservare, guardare da capo a piedi, misurare CONTR. guardare di sfuggita.

squadratùra s. f. squadro □ riquadratura.

squadrìglia s. f. (*mil.*) (*di aerei, di navi*) unità, gruppo.

squadróne s. m. **1** accr. di **squadra**; folto gruppo, schiera numerosa CONTR. squadretta **2** (*di cavalleria*) unità.

squagliàre A v. tr. liquefare, sciogliere, fondere, struggere CONTR. coagulare, cagliare, condensare, rapprendere, rassodare, indurire **B squagliarsi** v. intr. pron. **1** liquefarsi, sciogliersi, fondersi, struggersi CONTR. coagularsi, condensarsi, cagliare, rapprendersi, solidificarsi, rassodarsi, indurirsi **2** (*fig.*) (*di persona*) andarsene furtivamente, dileguarsi, svignarsela, tagliare la corda (*fig.*).

squalìfica s. f. (*sport*) esclusione, eliminazione CONTR. ammissione, ingaggio.

squalificàre A v. tr. **1** riconoscere non idoneo, scartare, bocciare CONTR. accreditare, promuovere **2** (*sport*) sospendere, escludere, eliminare □ punire CONTR. assumere, ingaggiare **B squalificarsi** v. rifl. dimostrarsi incapace, screditarsi, farsi bocciare CONTR. accreditarsi, farsi stimare □ essere promosso.

squalificàto part. pass. di **squalificare**; anche agg. **1** dichiarato non idoneo, scartato, bocciato CONTR. idoneo, promosso **2** (*sport*) sospeso, escluso, eliminato □ punito, multato CONTR. assunto, ingaggiato **3** screditato, disonorato, infamato, compromesso CONTR. accreditato, onorato, stimato.

squallidaménte avv. miseramente, poveramente, desolatamente, tristemente, sordidamente CONTR. riccamente, sontuosamente, elegantemente, pulitamente □ lietamente, vivacemente.

squàllido agg. **1** misero, povero, desolato, triste, abbandonato, disadorno, nudo, negletto (*lett.*), trascurato, sporco, sordido CONTR. adorno, ornato, ricco, sontuoso, elegante, netto, mondo, pulito, curato **2** (*di persona*) emaciato, macilento, pallido, smorto, smunto, scolorito, sofferente CONTR. lieto, vivace, florido, prestante, rubicondo, gagliardo, vigoroso.

squallóre s. m. **1** squallidezza (*raro*), miseria, povertà, desolazione, tristezza, mestizia, abbandono, trascuratezza, sporcizia, sordidezza (*raro*) CONTR. ricchezza, sontuosità, splendore, eleganza, pulizia, nettezza, accuratezza **2** (*di persona*) pallore, pallidezza CONTR. floridezza, prestanza, bell'aspetto, vigore.

squàlo s. m. (*zool.*, *est.*) pescecane **FRAS.** *squalo azzurro*, verdone, verdesca, canesca.
squàma s. f. scaglia, lamina, lamella □ scorza, crosta.
squarciagóla vc.; solo nella loc. avv. *a squarciagola*, a tutta voce, fortissimo **CONTR.** sommessamente, sottovoce, pianissimo.
squarciàre A v. tr. **1** sbrindellare, sbranare, lacerare, strappare, stracciare, fendere, rompere, tagliare, squartare, schiantare, spezzare □ ferire **CONTR.** accomodare, aggiustare, riparare, ricomporre, ricostruire, rifare, riassestare □ curare, medicare **2** (*fig.*) (*di mistero, di destino, ecc.*) aprire, svelare, rivelare, scoprire **CONTR.** celare (*lett.*), coprire, occultare, nascondere **B squarciarsi** v. intr. pron. (*anche fig.*) fendersi, aprirsi.
squarciàto part. pass. di **squarciare**; anche agg. **1** lacerato, stracciato, strappato, tagliato, schiantato, rotto, spezzato □ ferito **CONTR.** intatto, intero, sano **2** (*di mistero, di destino, ecc.*) aperto, svelato, rivelato, scoperto **CONTR.** celato (*lett.*), coperto, occultato, nascosto.
squàrcio s. m. **1** lacerazione, taglio, squarciamento, strappo, falla, fenditura, spaccatura, spacco, rottura, ferita **2** (*fig.*) (*di romanzo, di musica, ecc.*) brano, passo, stralcio, frammento, pezzo **CONTR.** intero, tutto.
squartaménto s. m. smembramento, rottura, spezzatura.
squartàre v. tr. dividere, tagliare, smembrare, squarciare, spaccare, spezzare, spartire **CONTR.** ricomporre, ricucire, rimettere insieme, ricostruire, rifare.
squartàto part. pass. di **squartare**; anche agg. diviso, tagliato, smembrato, squarciato, spaccato, spezzato **CONTR.** intatto, intero.
squassàre v. tr. scuotere, agitare, crollare, scrollare **CONTR.** fermare.
squattrinàto agg.; anche s. m. spiantato, dissestato, povero, poveraccio, disperato, rovinato **CONTR.** agiato, danaroso, ricco, miliardario.
squaw /*ingl.* skwɔ:/ [adatt. ingl. di una parola degli indiani d'America] s. f. inv. (*nel linguaggio degli indiani d'America*) sposa, moglie.
squilibràre A v. tr. **1** (*raro*) sbilanciare, spareggiare **CONTR.** equilibrare, bilanciare **2** (*fig.*) dissestare, rovinare **CONTR.** sanare, risanare **B squilibrarsi** v. intr. pron. **1** (*raro*) perdere l'equilibrio **CONTR.** equilibrarsi **2** (*fig.*) dissestarsi, rovinarsi.
squilibràto part. pass. di **squilibrare**; anche agg. e s. m. **1** sbilanciato **CONTR.** bilanciato **2** (*fig.*) dissestato, rovinato **CONTR.** sano, attivo **3** (*fig.*) (*di persona*) privo di equilibrio, instabile, incoerente □ scriteriato, spostato, dissennato, strambo, mattoide, pazzoide **CONTR.** equilibrato, assennato, controllato, coerente, saggio.
squilìbrio s. m. **1** mancanza di equilibrio, sbilanciamento (*raro*) **CONTR.** equilibrio, bilanciamento (*raro*), assestamento **2** (*fig.*) (*di persona*) instabilità, incoerenza □ dissennatezza, insensatezza □ pazzia, follia **CONTR.** stabilità, fermezza, coerenza □ assennatezza, saggezza, equilibrio **3** (*econ.*) differenza, sbilancio, divario, distacco **CONTR.** equilibrio, parità, uguaglianza.
squillànte part. pres. di **squillare**; anche agg. **1** (*di suono*) chiaro, acuto, sonoro **CONTR.** basso, cupo, grave, profondo, smorzato, sordo **2** (*fig.*) (*di colore*) vivo, vivace, brillante, intenso **CONTR.** sbiadito, smorto, spento.
squillàre v. intr. suonare □ (*di campanello*) trillare.
squìllo s. m. suono □ tintinnio, trillo **FRAS.** *squillo* o *ragazza squillo* (*est.*), prostituta □ *casa squillo*, casa di appuntamenti.
squinternàto agg. e s. m. **1** squadernato, sfogliato, slegato **CONTR.** ricomposto, riunito, rilegato **2** (*fig.*) strambo, scriteriato, squilibrato, dissennato, mattoide, pazzoide **CONTR.** equilibrato, assennato, controllato, prudente, saggio.
squisitaménte avv. prelibatamente, gustosamente, delicatamente, eccellentemente □ finemente, raffinatamente, perfettamente, elegantemente **CONTR.** schifosamente, disgustosamente □ grossolanamente, rozzamente, trivialmente, volgarmente.
squisitézza s. f. **1** bontà, delicatezza, distinzione, eccellenza, eleganza, finezza, raffinatezza, perfezione □ amabilità, cortesia, garbo, gentilezza, grazia, sensibilità, tatto **CONTR.** grossolanità, rozzezza, trivialità, volgarità **2** (*spec. al pl.*) (*est.*) delicatezze, leccornie.
squisìto agg. **1** (*di cibo*) eccellente, prelibato, gustoso, ghiotto, succulento, ottimo, gradevole, delicato, soave **CONTR.** cattivo, disgustoso, nauseabondo, nauseante, ripugnante, repellente, schifoso, stomachevole **2** (*fig.*) (*di persona, di modi, ecc.*) fine, raffinato, perfetto, distinto, eletto, raro, ricercato, elegante **CONTR.** grossolano, ordinario, rozzo, triviale, volgare, brutto.
sradicàre v. tr. **1** strappare, estirpare, svellere, divellere (*lett.*), sbarbare **CONTR.** conficcare, piantare **2** (*fig.*) estirpare, distruggere, eliminare, rimuovere, annientare.
sradicàto part. pass. di **sradicare**; anche agg. e s. m. **1** strappato, estirpato, divelto, sbarbato **CONTR.** conficcato, piantato, radicato **2** (*fig.*, *est.*) spaesato, disambientato, disinserito, disadattato, déraciné (*fr.*) **CONTR.** ambientato, inserito, adattato, a proprio agio.
sragionàre v. intr. ragionare male, sconnettere, vaneggiare, delirare, farneticare, dare i numeri **CONTR.** ragionare, argomentare, riflettere, meditare, ponderare.
sregolataménte avv. disordinatamente, senza regola, senza misura, sfrenatamente □ dissolutamente, scapestratamente, licenziosamen-

te **CONTR.** regolatamente, misuratamente, moderatamente, sobriamente □ morigeratamente, castamente, onestamente.

sregolatézza s. f. disordine, dismisura, eccesso, intemperanza □ dissolutezza, scostumatezza, scapestrataggine, sfrenatezza, incontinenza, licenziosità **CONTR.** regola, regolatezza, misura, moderazione, sobrietà □ morigeratezza, continenza, temperanza.

sregolàto agg. senza regola, privo di misura, disordinato, sfrenato, smoderato □ dissoluto, scostumato, scapestrato, incontinente, licenzioso, scapigliato, scioperato **CONTR.** regolato, ordinato, misurato, moderato, sobrio, temperante □ continente, costumato, morigerato, casto, onesto.

srotolàre A v. tr. svolgere, stendere, distendere, spiegare, dispiegare, aprire, sciogliere **CONTR.** arrotolare, avvolgere, involgere, avviluppare, ravvolgere **B srotolarsi** v. intr. pron. stendersi, distendersi, spiegarsi.

stàbile A agg. **1** (*di edificio, di scala, ecc.*) saldo, fisso, inamovibile, forte, fermo, sodo, solido, robusto, massiccio, resistente **CONTR.** instabile, debole, fragile **2** (*fig.*) (*di persona, di impiego, ecc.*) sicuro, costante □ durevole, duraturo, permanente, invariabile, persistente, immutabile **CONTR.** instabile, mutevole, provvisorio, temporaneo **B** s. m. edificio, casa, fabbricato, immobile, casamento, costruzione.

stabiliménto s. m. **1** fabbrica, officina, opificio, manifattura **2** (*termale, ospedaliero, ecc.*) fabbricati, complesso, attrezzature **3** (*al pl.*) colonia, possedimento.

stabilìre A v. tr. **1** (*di sede, di attività, ecc.*) istituire, organizzare, costituire, fissare, fondare □ collocare, porre, piantare, impiantare, mettere, fermare, stanziare **CONTR.** trasferire, levare, togliere, allontanare, rimuovere **2** (*di legge, di regola, ecc.*) statuire, deliberare, decretare, decidere, proporsi, convenire, prefiggersi, disporre, risolvere □ comandare, ordinare, prescrivere **CONTR.** annullare, ritirare, ritirarsi **B stabilirsi** v. rifl. domiciliarsi, fissarsi, impiantarsi, stanziarsi, abitare, dimorare, risiedere **CONTR.** andarsene, trasferirsi, traslocare, espatriare.

stabilità s. f. **1** (*di cosa*) fermezza, saldezza, sodezza, solidità, consistenza, durata, durevolezza, fissità **CONTR.** instabilità, insicurezza, pericolosità **2** (*fig.*) (*di persona, di propositi, ecc.*) costanza, perseveranza, persistenza, pertinacia, equilibrio, immutabilità, incrollabilità, tenacia **CONTR.** instabilità, volubilità, mobilità, mutabilità, precarietà, squilibrio.

stabilìto part. pass. di **stabilire**; anche agg. **1** (*di sede, di attività, ecc.*) istituito, organizzato, costituito, fissato, fondato, collocato, posto, fermato **CONTR.** levato, tolto, rimosso, trasferito **2** (*di legge, di regola, ecc.*) disposto, fissato, decretato, deciso, convenuto, prescritto, sancito, sanzionato □ istituito **CONTR.** abolito, abrogato, annullato, cancellato, ritirato.

stabilizzàre A v. tr. consolidare, rafforzare, rinsaldare □ (*di dipendente*) rendere stabile, mettere in ruolo, assumere **CONTR.** destabilizzare, indebolire □ licenziare **B stabilizzarsi** v. intr. pron. diventare stabile, consolidarsi □ fermarsi, bloccarsi **CONTR.** indebolirsi.

stabilizzàto part. pass. di **stabilizzare**; anche agg. **1** consolidato □ stabile, fermo, bloccato **CONTR.** instabile **2** (*di dipendente*) stabile, in ruolo **CONTR.** precario, supplente.

stabilizzazióne s. f. consolidamento, rafforzamento, rinsaldamento □ assunzione in ruolo **CONTR.** destabilizzazione, indebolimento □ licenziamento.

stabilménte avv. fermamente, saldamente, solidamente, durevolmente □ (*fig.*) costantemente, immutabilmente, incrollabilmente **CONTR.** instabilmente, mutabilmente, precariamente.

stacanovìsmo [dal n. del minatore russo A. G. *Stachanov*, che nel 1935 segnò un primato nella quantità di carbone estratto] s. m. (*iron.*) (*nel lavoro*) zelo eccessivo, esagerato entusiasmo, fanatismo **CONTR.** abulia, lentezza, indifferenza.

stacanovìsta s. m. e f.; anche agg. (*iron.*) (*nel lavoro*) eccessivamente zelante, maniaco, fanatico **CONTR.** abulico, lento, indifferente.

staccàbile agg. divisibile, separabile **CONTR.** indivisibile, inseparabile.

staccàre A v. tr. **1** distaccare, disgiungere, disunire, dividere, spiccare, cogliere, spiccicare, slegare, scollare, sciogliere, schiodare, strappare, svellere, sradicare, scommettere, smembrare **CONTR.** attaccare, incollare, appiccicare, saldare, congiungere, unire, legare, intrecciare **2** (*sport*) (*di avversari*) distanziare, distaccare, seminare, avvantaggiarsi **B** v. intr. **1** risaltare, spiccare, campeggiare, fare spicco, fare effetto, avere rilievo **CONTR.** sfumare, svanire, spegnersi, confondersi, annullarsi **2** (*fam.*) smontare, cessare il lavoro, smettere di lavorare, andare a casa **CONTR.** attaccare, cominciare, montare **C staccarsi** v. intr. pron. **1** separarsi, disunirsi, slegarsi, scollarsi, sciogliersi, schiodarsi, strapparsi **CONTR.** attaccarsi, incollarsi, saldarsi, congiungersi, legarsi **2** (*di bottone, di foglio, ecc.*) venir via, saltar via, cadere **3** (*fig.*) (*dalla famiglia, dalle abitudini, ecc.*) allontanarsi, abbandonare.

staccàto part. pass. di **staccare**; anche agg. spiccato, distaccato, disgiunto, diviso, separato, slegato, scollato, schiodato, sciolto **CONTR.** attaccato, incollato, congiunto, unito, saldato, legato.

stàccio s. m. setaccio, vaglio, crivello, buratto.

staccionàta s. f. **1** steccato, palizzata, recinzione **2** (*sport*) (*ippica*) traversa, ostacolo.

stàcco s. m. **1** distacco, divisione, separazione, strappo **2** (*fig.*) (*tra parole, tra scene, ecc.*) intervallo □ discontinuità, salto, passaggio brusco □ (*radio-tv.*) annuncio pubblicitario **CONTR.** continuità, continuazione **3** (*fig.*) risalto, spicco, rilievo, contrasto, evidenza **CONTR.** uniformità, piattezza, confusione.

stadèra s. f. bilancia.

stàdio s. m. **1** campo sportivo, arena, anfiteatro **2** (*fig.*) (*di malattia, di lavoro, ecc.*) fase, grado, periodo, momento, parte.

staff /*ingl.* sta:f/ [vc. ingl., propriamente 'bastone', perché questo è simbolo di autorità] s. m. inv. (*di ricercatori, di consulenti, ecc.*) gruppo, équipe (*fr.*), team (*ingl.*).

stàffa s. f. predellino, montatoio **FRAS.** *perdere le staffe* (*fig.*), perdere la pazienza □ *tenere il piede in due staffe* (*fig.*), fare il doppio gioco □ *il gol della staffa*, il punto di prestigio □ *il bicchiere della staffa*, l'ultimo bicchiere, il bicchiere del commiato.

staffétta s. f. corriere, cursore, battistrada.

staffilàta s. f. **1** frustata, sferzata, scudisciata, nerbata **2** (*fig.*) critica, biasimo, censura **CONTR.** elogio, encomio, lode, approvazione.

staffìle s. m. frusta, sferza, scudiscio, frustino, nerbo, verga, flagello, knut (*russo*).

stage /*fr.* staʒ/ [vc. fr., propriamente 'tirocinio'] s. m. inv. periodo di addestramento, soggiorno-studio, tirocinio.

stagionàre A v. tr. invecchiare, maturare □ asciugare, prosciugare, seccare, disseccare **B** v. intr. e **stagionarsi** intr. pron. invecchiarsi, maturarsi □ asciugarsi, prosciugarsi, seccarsi, disseccarsi.

stagionàto part. pass. di **stagionare**; anche agg. **1** invecchiato, maturato, fatto □ asciugato, prosciugato, seccato, disseccato **CONTR.** fresco, recente, acerbo, immaturo, molle, umido **2** (*scherz.*) (*di persona*) attempato, in là con gli anni, maturo, anzianotto, vecchiotto **CFR.** bambino, fanciullo, giovane, di primo pelo, adolescente □ vecchio.

stagionatùra s. f. invecchiamento, maturazione.

stagióne s. f. **1** periodo **2** (*est.*) clima, tempo, aria, cielo **3** tempo propizio, tempo adatto, tempo opportuno **4** (*poet.*) epoca, età **FRAS.** *mezza stagione*, primavera; autunno.

stagliàre A v. tr. tagliare grossolanamente □ frastagliare **B stagliarsi** v. intr. pron. risaltare, spiccare, campeggiare, contrastare, distinguersi, staccarsi, essere evidente, colpire l'occhio **CONTR.** confondersi, mescolarsi, uniformarsi.

stagnàio s. m. lattoniere, stagnino (*region.*), calderaio.

stagnànte part. pres. di **stagnare**; anche agg. **1** ristagnante, paludoso, putrido, fermo **CONTR.** corrente, scorrente, fluente, pulito **2** (*fig.*) immobile, immutabile **CONTR.** mobile, mutevole.

stagnàre v. intr. **1** (*di acqua*) ristagnare, impaludarsi, fermarsi, imputridire, marcire **CONTR.** fluire, scorrere, sgorgare **2** (*est.*) (*di aria, di odore, ecc.*) non circolare, fermarsi **CONTR.** circolare, passare **3** (*fig.*) (*spec. di economia*) ristagnare, languire, essere fermo **CONTR.** essere attivo, fiorire.

stagnìno s. m. (*region.*) stagnaio, stagnaro (*region.*), lattoniere, calderaio.

stàgno s. m. acqua stagnante, acqua morta, acquitrino, palude, pantano, gora, laguna **CONTR.** acqua corrente.

stalagmìte s. f. **CONTR.** stalattite.

stàlla s. f. **1** ricovero, presepe (*lett.*), presepio (*lett.*), stallaggio, chiuso **CFR.** scuderia, ovile, porcile **2** (*fig.*) ambiente sporco, stamberga.

stallière s. m. cavallaro, garzone di stalla, mozzo.

stàllo s. m. **1** sedile, scanno, seggio, cattedra, scranna, posto **2** (*fig.*) impossibilità di muoversi, blocco, arresto, stasi.

stallóne s. m. cavallo da riproduzione.

stamattìna avv. stamane, stamani, questa mattina.

stambécco s. m. (*zool.*) ibice, egocero.

stambèrga s. f. tugurio, topaia, abituro, bicocca, buco, stambugio, catapecchia, casupola, stalla (*fig.*) **CONTR.** palazzo, villa, villetta, reggia.

stambùgio s. m. stanzino, bugigattolo, ripostiglio, sgabuzzino.

stàmpa A s. f. **1** impressione, impronta, carattere **2** grafica **3** (*gener.*) pubblicazione, giornale, periodico, opuscolo, rivista **4** (*gener.*) giornalisti, pubblicisti **5** riproduzione, incisione, disegno **6** (*fig.*) (*di persona*) indole, carattere □ sorta, specie **7** (*fig.*) reputazione, fama **B** in funzione di agg. inv. (posposto al s.) giornalistico □ riservato ai giornalisti **FRAS.** *dare alle stampe*, pubblicare □ *stampa gialla*, stampa scandalistica □ *stampa rosa*, stampa sentimentale, stampa galante □ *libertà di stampa*, libertà di espressione.

stampàre A v. tr. **1** (*di segno, di orma, ecc.*) imprimere, improntare, marcare, segnare **CONTR.** cancellare **2** (*di giornale, di libro, ecc.*) pubblicare, dare alle stampe, editare (*raro*), tirare □ riprodurre □ (*est.*) scrivere **3** (*fig.*) (*nella mente, nel cuore, ecc.*) imprimere, fissare **CONTR.** cancellare, dimenticare **B stamparsi** v. intr. pron. (*anche fig.*) restare impresso, imprimersi, fissarsi.

stampàto A part. pass. di **stampare**; anche agg. **1** (*di segno, di orma, ecc.*) impresso, marcato, segnato **CONTR.** cancellato **2** pubblicato, edito, tirato □ (*est.*) scritto **3** (*fig.*) (*nella mente, nel viso, ecc.*) impresso, visibile, evidente, manifesto, palese **CONTR.** confuso, incerto, indistinto, vago **B** s. m. foglio, fascicolo, modulo, opuscolo □ volantino, locandina, dépliant (*fr.*).

stampèlla s. f. gruccia, bastone.
stàmpo s. m. **1** impronta, modello, matrice, bollo, conio, forma, marchio, punzone, stampiglia, stampino, sigillo **2** (*fig.*) (*di persona*) indole, carattere, natura □ qualità, sorta, specie, tempra, categoria, genere, tipo □ (*spreg.*) risma.
stanàre v. tr. (*anche fig.*) snidare, scovare, fare uscire □ rintracciare, trovare.
stancàbile agg. estenuabile, esauribile, debole **CONTR.** instancabile, infaticabile.
stancaménte avv. fiaccamente, debolmente **CONTR.** instancabilmente, infaticabilmente.
stancàre A v. tr. **1** affaticare, estenuare, spossare, fiaccare, infiacchire, abbattere, accasciare, indebolire, prostrare, sfinire, sfiancare, slombare (*raro*), snervare, straccare, stremare, svigorire **CONTR.** rafforzare, rinforzare, invigorire, rinvigorire, irrobustire, rianimare **2** (*est.*) annoiare, tediare, infastidire, spazientire, nauseare, saziare, seccare, scocciare (*fam.*), stuccare, ristuccare, rompere (*gerg.*) **CONTR.** divertire, interessare, rallegrare **B stancarsi** v. intr. pron. **1** affaticarsi, fiaccarsi, indebolirsi, estenuarsi, infiacchirsi, abbattersi, accasciarsi, spossarsi, prostrarsi, sfinirsi, sfiancarsi, slombarsi (*raro*), svigorirsi **CONTR.** rafforzarsi, rinforzarsi, rinvigorirsi, rianimarsi, resistere **2** annoiarsi, infastidirsi, tediarsi, nausearsi, saziarsi, seccarsi, scocciarsi (*fam.*), spazientirsi, stuccarsi, rompersi (*gerg.*) **CONTR.** divertirsi, interessarsi, rallegrarsi, piacere.
stanchézza s. f. **1** spossatezza, abbattimento, accasciamento, affaticamento, debolezza, esaurimento, estenuazione, fiacchezza, infiacchimento, prostrazione, rilassatezza, sfinimento, snervamento (*raro*), stracchezza, sfiancamento (*raro*) **CONTR.** energia, forza, gagliardia, instancabilità, resistenza, vigore, vigoria, vivacità **2** noia, fastidio, nausea, sazietà, tedio, rottura (*gerg.*) **CONTR.** divertimento, interesse, piacere.
stànco agg. **1** fiacco, spossato, abbattuto, accasciato, affaticato, indebolito, esaurito, esausto, estenuato, prostrato, sfinito, sfiancato, slombato (*raro*), snervato, stracco, stremato, svigorito **CONTR.** energico, forte, gagliardo, instancabile, resistente, vigoroso, vivace **2** annoiato, infastidito, sazio, stufo, stucco, nauseato, stomacato, spazientito, rotto (*gerg.*) **CONTR.** divertito, interessato, rallegrato.
stand /*ingl.* stænd/ [vc. ingl., da *to stand* 'stare'] s. m. inv. **1** (*di mostra e sim.*) reparto, settore, esposizione **2** (*sport*) (*di tiro a volo*) campo.
stàndard [vc. ingl., propriamente 'insegna' e poi 'livello, qualità', dall'ant. fr. *estendart* 'stendardo'] **A** s. m. inv. **1** modello, esempio, campione □ valore, norma □ punto di riferimento **2** (*di vita, di allenamento, ecc.*) qualità, livello, tenore, grado **B** in funzione di agg. inv. (posposto al s.) tipico, unificato, uniforme **CONTR.** diversificato, diverso, vario.
standardizzàre v. tr. unificare, uniformare, normalizzare, tipizzare, tipicizzare (*raro*) **CONTR.** diversificare, differenziare □ individualizzare.
standardizzàto part. pass. di **standardizzare**; anche agg. unificato, uniformato, tipizzato □ normale, comune **CONTR.** diversificato, differenziato □ diverso, originale, singolo.
standardizzazióne s. f. unificazione, uniformazione, normalizzazione **CONTR.** diversificazione (*raro*), differenziazione.
standìsta s. m. e f. espositore.
stànga s. f. **1** barra, sbarra, palo, pertica, bastone, legno, leva, traversa **2** (*fig., pop.*) (*di persona*) spilungone, pertica (*fig., fam.*).
stangàre v. tr. **1** (*di cosa*) sbarrare, puntellare **2** (*di persona*) percuotere, picchiare, bastonare, legnare, randellare **3** (*fig.*) (*in affari, a scuola, ecc.*) danneggiare □ torchiare, tartassare, bocciare **CONTR.** avvantaggiare, favorire, promuovere **4** (*sport*) (*nel calcio*) tirare.
stangàta s. f. **1** colpo di stanga, bastonata, colpo, percossa, legnata, randellata **2** (*fig.*) danno, perdita, batosta, rovescio □ (*a scuola*) torchiata, tartassata, bocciatura **CONTR.** vantaggio, utile, promozione **3** (*sport*) (*nel calcio*) tiro forte.
stanghétta s. f. **1** dim. di **stanga 2** (*degli occhiali*) susta.
stantìo agg.; anche s. m. **1** rancido, irrancidito, raffermo, vieto (*lett.*), invecchiato **CONTR.** fresco, appena fatto **2** (*est.*) (*di discorso, di usanza, ecc.*) vecchio, disusato, vieto, antiquato, sorpassato, non più attuale, out (*ingl.*) **CONTR.** attuale, giovane, nuovo, recente, in (*ingl.*).
stantùffo s. m. (*mecc.*) pistone.
stànza s. f. **1** (*raro, lett.*) dimora, sede, domicilio, alloggiamento, soggiorno, luogo **2** (*gener.*) ambiente, camera, locale, vano, sala, salotto, tinello, studio **3** (*letter.*) ottava.
stanziaménto s. m. (*di denaro*) assegnazione, dotazione.
stanziàre A v. tr. mettere in bilancio, inserire in bilancio, assegnare, decretare, dotare, predisporre, stabilire **B** v. intr. (*ant.*) dimorare **C stanziarsi** v. intr. pron. stabilirsi, domiciliarsi, fissarsi, impiantarsi, insediarsi, abitare, dimorare, risiedere **CONTR.** andarsene, partire, trasferirsi, traslocare, espatriare.
stanziàto part. pass. di **stanziare**; anche agg. **1** (*di denaro*) assegnato, decretato, predisposto, concesso **2** (*di persona*) domiciliato, residente, abitante **CONTR.** partito, trasferito, espatriato.
stanzìno s. m. **1** dim. di **stanza 2** ripostiglio, spogliatoio, bugigattolo □ (*euf.*) gabinetto.
stappàre v. tr. sturare, aprire **CONTR.** tappare, turare, chiudere.

star /*ingl.* sta:/ [vc. ingl., propriamente 'stella'] s. f. inv. **1** stella, attrice □ (*est.*) personaggio **2** (*mar.*) imbarcazione da regata, stella.

stàre v. intr. **1** (*lett.*) essere fermo, essere immobile, non muoversi, non allontanarsi □ restare, rimanere, sostare, trattenersi, fermarsi **CONTR.** muoversi, spostarsi, andare, allontanarsi **2** indugiare, tardare, ritardare, temporeggiare **CONTR.** affrettarsi, sbrigarsi, spicciarsi **3** (*di ricordo, di segno, ecc.*) durare, mantenersi **CONTR.** scomparire, sparire **4** essere domiciliato, abitare, risiedere, dimorare, alloggiare □ vivere **5** essere, trovarsi, essere collocato, essere posto, essere situato □ essere contenuto, entrarci **6** (*a me, a te, ecc.*) spettare, competere, toccare **7** (*in me, in te, ecc.*) dipendere □ consistere, trovarsi **8** (*alla legge, ai consigli, ecc.*) aderire, attenersi, seguire **9** (*al gioco, ad una spesa, ecc.*) partecipare, intervenire **FRAS.** *stare bene*, essere in salute; essere ricco □ *stare a cuore*, importare □ *lasciar stare*, non occuparsi; non dar noia □ *starci*, acconsentire □ *stare per*, essere sul punto di □ *non stare né in cielo né in terra* (*fig.*), essere assurdo, essere privo di senso □ *stare sulle sue*, mostrarsi riservato.

starnazzàre v. intr. **1** agitare le ali, sbattere le ali **2** (*fig., scherz.*) agitarsi scioccamente, far chiasso.

start /*ingl.* sta:t/ [vc. ingl., propriamente 'partenza'] s. m. inv. **1** (*di film*) fotogramma di partenza, fotogramma di inizio **2** (*est.*) avvio, partenza, punto di partenza.

stàrter [vc. ingl., propriamente 'mossiere', da *to start* 'partire'] s. m. inv. **1** (*sport*) mossiere **2** (*autom.*) dispositivo d'avviamento.

staséra avv. questa sera, nella serata **CFR.** stamattina, stanotte.

stàsi s. f. (*anche fig.*) rallentamento, ristagno, arresto, paralisi, inazione, immobilità, inerzia, stallo, pausa **CONTR.** avvio, corsa, flusso, ripresa.

statàle A agg. dello Stato, nazionale, pubblico **CONTR.** privato **B** s. m. e f. impiegato dello Stato **C** s. f. (*gener.*) strada, via.

statalizzàre v. tr. statizzare, nazionalizzare **CONTR.** privatizzare.

statalizzàto part. pass. di **statalizzare**; anche agg. statizzato, nazionalizzato **CONTR.** privatizzato.

stàtica s. f. (*est.*) equilibrio, stabilità **CONTR.** dinamica □ instabilità, squilibrio.

staticaménte avv. immobilmente **CONTR.** dinamicamente.

staticità s. f. immobilità, fermezza □ (*fig.*) paralisi, ristagno, stasi **CONTR.** movimento □ avvio, corsa, flusso, ripresa, dinamismo.

stàtico agg. **1** fermo, fisso, immobile □ stabile, in equilibrio **CONTR.** mosso, instabile **2** (*fig.*) (*di economia, di situazione, ecc.*) fermo, senza sviluppo, morto, ristagnante **CONTR.** dinamico, mobile, vivo, vivace.

statìstica s. f. (*est.*) campionamento, raccolta di dati □ calcolo, indagine.

statizzazióne s. f. statalizzazione, nazionalizzazione **CONTR.** privatizzazione.

stàto s. m. **1** modo di essere, condizione, grado, situazione **2** modo di vivere □ condizione economica □ posizione sociale **3** classe sociale, ceto, categoria **4** organizzazione politica, nazione, governo, impero, regno, repubblica, confederazione □ potenza **FRAS.** *di Stato*, pubblico □ *affare di Stato* (*fig.*), cosa troppo importante □ *quarto Stato*, proletariato □ *uomo di Stato*, statista.

stàtua s. f. scultura, figura, marmo, bronzo, simulacro (*lett.*) □ monumento.

statuàrio agg. **1** di statua, da statua **2** (*est.*) (*di posa, di figura, ecc.*) imponente, maestoso, solenne **CONTR.** dimesso.

statunitènse agg.; anche s. m. e f. (*est.*) americano.

statùra s. f. **1** altezza □ lunghezza, corporatura, taglia, grandezza, mole, persona **2** (*fig.*) elevatezza, altezza, dignità, nobiltà, distinzione, signorilità **CONTR.** abiezione, bassezza, viltà.

status /*lat.* 'status/ [vc. lat., propriamente 'stato, condizione'] s. m. inv. posizione sociale, posizione, condizione sociale, classe □ stato giuridico.

statùto s. m. **1** (*di Stato*) legge fondamentale, costituzione, carta **2** (*est.*) (*di società*) ordinamento, regolamento, norme, normativa.

stazionàre v. intr. sostare, parcheggiare, posteggiare □ attendere **CONTR.** andarsene, allontanarsi, muoversi, spostarsi.

stazionàrio agg. **1** fermo, fisso, stabile, stanziale, invariabile **CONTR.** mobile, mosso, in movimento, di passaggio, variabile **2** (*fig.*) (*di situazione, di temperatura, ecc.*) costante, immutato, invariato **CONTR.** mutevole, variabile, incostante, in movimento, fluido **3** (*mat.*) autonomo.

stazióne s. f. **1** fermata, sosta, stazionamento, parcheggio, posteggio **2** (*ass., est.*) ferrovia **3** (*di villeggiatura, di cura, ecc.*) località, luogo **4** (*di meteorologia, di astronomia, ecc.*) osservatorio **5** (*raro*) (*del corpo*) posizione, modo di stare **6** (*mil.*) nucleo, minima unità **FRAS.** *stazione termale*, terme □ *stazione di servizio*, autostazione.

stàzza s. f. (*di nave*) capacità, tonnellaggio, portata.

stécca s. f. **1** asticella, bastoncino, bacchetta, riga, verghetta **2** (*fig.*) stonatura, nota stonata **FRAS.** *passare la stecca* (*fig.*), dare le consegne.

steccàre A v. tr. **1** cingere, recingere **2** (*di frattura*) fasciare, immobilizzare, ingessare **3** (*cuc.*) lardellare **4** (*fig.*) (*di nota*) sbagliare **B** v. intr. stonare.

steccàto s. m. **1** riparo, recinto, chiuso, stecconata, staccionata, assito, barriera, palizzata

2 (*nell'ippica*) corda.

stecchìto agg. **1** rinsecchito, magrissimo, scheletrito, striminzito **CONTR.** grasso, grosso, adiposo, corpulento, obeso **2** (*fig.*) sbalordito, di stucco **FRAS.** *morto stecchito*, morto sul colpo.

stèle s. f. colonna sepolcrale, lastra funeraria □ colonna votiva, cippo, erma, pilastro.

stélla s. f. **1** astro **2** (*al pl.*) (*poet.*) cielo, paradiso **3** (*al pl.*) (*fig.*) occhi lucenti, occhi brillanti, occhi meravigliosi **4** destino, sorte, fato **5** (*poet.*) donna bellissima □ donna amata **6** star (*ingl.*), attrice, attore □ personaggio **7** (*mar.*) star (*ingl.*) **8** (*tip.*) asterisco **9** protettore **FRAS.** *stella alpina*, edelweiss (*ted.*), fiore nobile □ *vedere le stelle* (*fig.*), sentire un dolore acuto □ *portare alle stelle* (*fig.*), esaltare □ *salire alle stelle* (*fig.*), rincarare moltissimo.

stellàre agg. a stella, stellato.

stellàto A agg. **1** pieno di stelle, cosparso di stelle, coperto di stelle **2** (*est.*) cosparso, disseminato **3** stellare **B** s. m. firmamento, cielo **FRAS.** *repubblica stellata*, USA.

stellétta s. f. **1** dim. di **stella 2** (*al pl.*) (*mil.*) grado □ distintivo **3** (*edit.*, *giorn.*) asterisco.

stellìna s. f. **1** dim. di **stella 2** attricetta, giovane attrice, starlet (*ingl.*).

stèlo s. m. **1** (*bot.*) fusto, culmo, gambo, peduncolo, rizoma **2** (*est.*) asta, sostegno.

stèmma s. m. scudo gentilizio, arma, blasone □ insegna, emblema, simbolo.

stemperàre A v. tr. **1** diluire, liquefare, sciogliere, disciogliere, disfare, intridere, squagliare, struggere **CONTR.** condensare, coagulare, raggrumare, indurire, assodare, rassodare, solidificare **2** togliere la tempera **CONTR.** temperare, dare la tempera **3** (*raro*) spuntare **CONTR.** appuntire, temperare **B stemperarsi** v. intr. pron. **1** perdere la tempera **2** spuntarsi **3** (*raro*) struggersi, sciogliersi.

stemperàto part. pass. di **stemperare**; anche agg. diluito, liquefatto, sciolto, disciolto, disfatto, intriso, squagliato **CONTR.** condensato, coagulato, raggrumato, indurito, rassodato, solidificato.

stendàrdo s. m. insegna, bandiera, gonfalone, vessillo.

stèndere A v. tr. **1** allungare, distendere, allargare, aprire, estendere, prolungare, protendere □ spiegare, dispiegare (*raro*), svolgere, sviluppare **CONTR.** contrarre, ridurre, stringere, restringere □ piegare, accartocciare **2** (*di panni*) sciorinare, mettere all'aria **3** (*di colore, di unto, ecc.*) spianare, spalmare, spargere **4** adagiare, sdraiare, distendere **CONTR.** rizzare, sollevare **5** (*con un pugno, ecc.*) abbattere, mettere K.O. □ (*est.*) uccidere **6** (*di lettera, di verbale, ecc.*) scrivere, vergare, redigere, stilare **B stendersi** v. rifl. allungarsi, distendersi, stiracchiarsi, adagiarsi, coricarsi, rilassarsi **CONTR.** alzarsi, tirarsi su, levarsi, sollevarsi **C** v. intr. pron. estendersi, arrivare, andare **FRAS.** *stendere la mano*, chiedere l'elemosina.

stenebràre v. tr. (*lett.*) rischiarare **CONTR.** ottenebrare.

stenografìa s. f. brachigrafia, tachigrafia.

stenogràfico agg. **1** di stenografia **2** (*est.*) (*di discorso e sim.*) rapidissimo, velocissimo, conciso, condensato **CONTR.** lungo, diffuso, prolisso.

stenòsi s. f. (*med.*) (*di canale, di condotto*) restringimento **CONTR.** allargamento, dilatazione.

stentàre v. intr. **1** durare fatica, faticare, penare, patire, affannarsi, incontrare difficoltà **CONTR.** riuscire facilmente **2** non avere il necessario, passarsela male **CONTR.** star bene, passarsela bene.

stentataménte avv. **1** a stento, con stento, a fatica, a mala pena, lentamente **CONTR.** facilmente, agevolmente, comodamente **2** di stenti, miseramente, poveramente **CONTR.** riccamente, splendidamente, da nababbo.

stentàto part. pass. di **stentare**; anche agg. **1** faticoso, tirato via **CONTR.** diligente, accurato **2** (*di saluto, di invito, ecc.*) non spontaneo, artificioso, convenzionale **CONTR.** naturale, spontaneo, genuino, schietto, semplice **3** (*di vita e sim.*) pieno di sofferenze, pieno di privazioni, povero, misero, disagiato, tribolato **CONTR.** agiato, comodo, ricco, splendido **4** (*di bambino, di pianta, ecc.*) debole, gracile, patito, striminzito **CONTR.** forte, gagliardo, robusto, vigoroso, prestante, aitante, atletico.

stènto s. m. **1** patimento, sofferenza, privazione, bisogno, disagio, miseria, povertà, ristrettezza **CONTR.** abbondanza, agiatezza, benessere, larghezza, dovizia (*lett.*), ricchezza **2** difficoltà, fatica, sforzo **CONTR.** facilità, comodità, agio **FRAS.** *a stento*, stentatamente, con difficoltà, faticosamente, a mala pena.

stentòreo [da *Stentore*, eroe omerico dal potente grido di guerra] agg. (*di voce*) forte e chiaro, forte, possente, robustissimo **CONTR.** debole, fievole, fioco, sommesso, basso, roco.

stéppa s. f. (*est.*) prateria.

stèrco s. m. (*di animali*) escrementi, feci, merda (*volg.*) □ letame, stabbio.

stereotipàto agg. (*fig.*) convenzionale, impersonale, fatto, fisso, immutabile, monotono, uniforme, grigio **CONTR.** variabile, vario, cangiante, mutevole, vivace.

stèrile agg. **1** (*di persona*) infecondo **CONTR.** fecondo, fertile **2** (*di pianta, di terreno*) improduttivo, infruttifero, infruttuoso, arido, secco **CONTR.** fecondo, fertile, fruttifero, fruttifico (*raro*), fruttuoso, produttivo **3** (*fig.*) (*di parole, di tentativo, ecc.*) inefficace, inutile, vacuo, vano, vuoto **CONTR.** efficace, utile, proficuo, vantaggioso, fruttuoso **4** (*di soluzione, di garza, ecc.*) sterilizzato, asettico **CONTR.** infetto, inquinato.

sterilità s. f. **1** infecondità, improduttività

CONTR. fecondità, fertilità, produttività **2** (*fig.*) inefficacia, inutilità, vacuità, vanità **CONTR.** efficacia, utilità, vantaggio, proficuità (*raro*).

sterilizzàre v. tr. **1** rendere sterile, isterilire □ (*est.*) castrare **2** disinfestare, disinfettare, purificare **CONTR.** infettare, inquinare.

sterilizzàto part. pass. di **sterilizzare**; anche agg. **1** isterilito □ (*est.*) castrato **CONTR.** fecondato **2** disinfettato, purificato, asettico, disinfestato **CONTR.** infettato, inquinato.

sterilizzazióne s. f. **1** (*med.*, *est.*) castrazione **2** disinfezione, disinfestazione, purificazione, asepsi **CONTR.** infezione, inquinamento, sepsi.

sterminàre v. tr. distruggere, annientare, far sparire, disperdere, mandare in rovina, far fuori, liquidare **CONTR.** perdonare, risparmiare □ salvare.

sterminataménte avv. enormemente, immensamente, smisuratamente, illimitatamente, infinitamente, sconfinatamente **CONTR.** esiguamente, limitatamente, ristrettamente.

sterminàto (1) part. pass. di **sterminare**; anche agg. distrutto, annientato, disperso, liquidato **CONTR.** perdonato, risparmiato.

sterminàto (2) agg. (*di luogo*, *di ignoranza*, *ecc.*) enorme, amplissimo, immenso, illimitato, smisurato, sconfinato, incommensurabile, vastissimo, oceanico **CONTR.** esiguo, limitato, circoscritto, piccolo, ristretto.

sterminatóre s. m.; anche agg. (f. *-trice*) distruttore, devastatore.

sterminio s. m. **1** carneficina, eccidio, massacro, strage, macello, scempio, liquidazione in massa **2** (*fig.*, *fam.*) quantità enorme, visibilio, mucchio (*pop.*, *fam.*), massa (*fam.*), sacco (*pop.*, *fam.*), fracco (*pop.*, *fam.*).

sterpàio s. m. sterpaia, sterpeto.

stèrpo s. m. ramo secco, pruno spinoso, bronco, broncone, brocco, stecco.

sterràre v. tr. scavare.

sterràto part. pass. di **sterrare**; anche agg. non lastricato, battuto **CONTR.** lastricato.

sterzàre v. tr. e intr. **1** (*di veicolo*) voltare, curvare, girare, dirigersi, prendere **2** (*fig.*, *fam.*) (*di persona*) cambiare idea, cambiare opinione □ spostarsi.

sterzàta s. f. **1** (*di veicolo*) voltata **2** (*fig.*, *fam.*) (*di persona*) cambiamento d'idea □ spostamento.

stèrzo s. m. (*di automobile*) volante □ (*di bicicletta*, *di moto*) manubrio.

stéso part. pass. di **stendere**; anche agg. **1** disteso, allungato, allargato, aperto, esteso, prolungato, proteso □ spiegato, svolto, sviluppato, sciorinato **CONTR.** piegato, ripiegato, avvolto, raccolto, riunito **2** (*di colore*, *di unto*, *ecc.*) spalmato, sparso **3** (*di lettera*, *di verbale*, *ecc.*) scritto, vergato, redatto, stilato.

stésso A agg. dimostr. **1** medesimo, identico, uguale, pari, tale, tale e quale, preciso, compagno, gemello, equipollente (*raro*), equivalente **CONTR.** altro, differente, dissimile, diverso, contrario, opposto **2** (*raff.*) proprio, in persona, addirittura, anche, persino, perfino, nientemeno **B** pron. dimostr. **1** medesima persona **2** (*solo sing.*) medesima cosa **FRAS.** *lo stesso*, ugualmente.

stesùra s. f. redazione, scrittura.

stetoscòpio s. m. (*med.*) fonendoscopio.

steward /*ingl.* 'stjuəd/ [vc. ingl., propriamente 'amministratore, dispensiere', dall'ant. ingl. *sti* 'recinto' e *weard* 'guardiano'] s. m. inv. (*di navi*, *aerei*, *ecc.*) assistente di bordo, assistente di volo, accompagnatore.

stick /*ingl.* stik/ [vc. ingl., propriamente 'bastone'] s. m. inv. (*di rossetto*, *di sapone*, *ecc.*) bastoncino, cilindretto, tubetto.

stìgmate s. f. pl. **1** (*di mani*, *di piedi*) ferite, piaghe **2** (*fig.*) segno caratteristico, impronta, marchio, stigma.

stigmatizzàre v. tr. **1** (*raro*) imprimere lo stigma, marchiare **2** (*fig.*) bollare, marchiare, censurare, criticare, biasimare, rimproverare, condannare **CONTR.** approvare, elogiare, esaltare, lodare.

stilàre v. tr. (*bur.*) redigere, scrivere, stendere.

stìle s. m. **1** (*di scritto*, *di pittura*, *ecc.*) espressione, modo, forma, maniera □ lingua, linea, scuola, tendenza **2** (*est.*) (*di vita*, *di modi*, *ecc.*) abitudine, consuetudine, costume, uso, usanza □ atteggiamento, comportamento, condotta, contegno, carattere, natura □ (*ass.*) correttezza, signorilità **3** (*di indumento*, *di pettinatura*, *ecc.*) foggia, moda **4** stiletto **FRAS.** *in grande stile*, di grandi proporzioni □ *stile libero*, (*nel nuoto*) crawl.

stilettàta s. f. **1** colpo di stiletto, pugnalata **2** (*est.*) dolore acuto, fitta, trafittura.

stilétto s. m. pugnale.

stilìsta s. m. e f. **1** scrittore raffinato **2** modellista, ideatore di moda, designer (*ingl.*).

stilìta [dal greco *stylítes* da *stŷlos* 'colonna'; *stilita* era infatti nella chiesa orientale l'anacoreta che passava la vita sopra una colonna] s. m. (*est.*) anacoreta, eremita.

stilizzàre v. tr. schematizzare, semplificare **CONTR.** particolareggiare.

stilizzàto part. pass. di **stilizzare**; anche agg. schematico, semplificato **CONTR.** particolareggiato.

stìlla s. f. (*lett.*) goccia, gocciolo, lacrima.

stillànte part. pres. di **stillare**; anche agg. (*lett.*) gocciolante, sgocciolante.

stillàre v. tr. e intr. gocciare, gocciolare, sgocciolare **CONTR.** inondare □ scrosciare, grondare.

stillicìdio s. m. **1** gocciolio, sgocciolio **CONTR.** scroscio, inondazione **2** (*fig.*) ripetizione continua, ripetizione monotona.

stilogràfica s. f. (*est.*) penna.

stìma s. f. **1** (*di cosa*) valutazione, estimo □ prezzo **2** (*di persona*) opinione buona, opinione favorevole, buon concetto, ammirazione, apprezzamento, considerazione, credito, fama, grido, nome, nominanza (*lett.*), onore, pregio, reputazione, riguardo, rinomanza, rispetto CONTR. disistima, discredito, disprezzo, dispregio, disonore.

stimàbile agg. **1** (*di cosa*) valutabile **2** (*di persona*) degno di stima, apprezzabile, considerevole, onorevole, pregevole, ragguardevole, spettabile, rispettabile CONTR. disprezzabile, spregevole, dispregevole, indegno, abietto, biasimevole.

stimàre A v. tr. **1** (*di cosa*) determinare il prezzo, valutare **2** (*giusto, onesto, ecc.*) reputare, giudicare, ritenere, considerare, credere **3** (*di persona*) tenere in considerazione, ammirare, apprezzare, onorare, rispettare, pregiare (*lett.*), venerare CONTR. disistimare, disprezzare, spregiare, denigrare, vilipendere (*lett.*), schernire **B stimarsi** v. rifl. **1** giudicarsi, ritenersi, considerarsi, credersi **2** vantarsi, gloriarsi, avere grande stima di sé CONTR. disprezzarsi, deprimersi, umiliarsi.

stimàto part. pass. di **stimare**; anche agg. **1** (*di cosa*) valutato **2** (*di persona*) ammirato, apprezzato, considerato, accreditato, famoso, noto, nominato, onorato, pregiato, rinomato, reputato, rispettato CONTR. disistimato, disprezzato, spregiato (*lett.*), screditato, disonorato, biasimato, criticato, denigrato.

stimolànte A part. pres. di **stimolare**; anche agg. **1** (*di medicamento, di clima, ecc.*) eccitante, tonico, corroborante CONTR. calmante, sedativo **2** (*fig.*) (*di persona, di spettacolo, ecc.*) solleticante, interessante, stuzzicante, piccante, pungente, provocante □ appetitoso, seducente CONTR. disgustoso, nauseante, repellente, ributtante, ripugnante, stomachevole **B** s. m. eccitante, tonico, corroborante CONTR. calmante, sedativo, tranquillante.

stimolàre v. tr. **1** (*raro, lett.*) (*di animale*) pungolare **2** (*fig.*) (*di persona, di fantasia, ecc.*) incitare, invogliare, spronare, esortare, eccitare, spingere, istigare, sollecitare, solleticare, stuzzicare □ provocare, sedurre CONTR. calmare, frenare, contenere, impedire, moderare, sedare, trattenere, deprimere.

stimolatóre s. m.; anche agg. (f. *-trice*) stimolante FRAS. *stimolatore cardiaco*, pace-maker (*ingl.*).

stimolazióne s. f. stimolo, eccitazione, provocazione, incentivo, incitamento, invito, incoraggiamento, sprone CONTR. freno, impedimento.

stìmolo s. m. **1** (*raro*) (*per animali*) pungolo **2** (*fig.*) (*della fame, del guadagno, ecc.*) bisogno, necessità □ incentivo, incitamento, eccitamento, eccitazione, impulso, incoraggiamento, invito, istigazione, persuasione, spinta, sprone, assillo CONTR. freno, dissuasione, impedimento, blocco.

stìnco s. m. (*pop.*) tibia □ (*di equino*) cannone.

stìngere A v. tr. scolorire, sbiadire CONTR. colorare, tingere **B** v. intr. e **stingersi** intr. pron. scolorirsi, sbiadire, smontare CONTR. tingersi, colorirsi, ravvivarsi.

stìnto part. pass. di **stingere**; anche agg. scolorito, sbiadito, smontato CONTR. colorito, vivace, vistoso, sgargiante.

stipàre A v. tr. ammassare, ammucchiare, gremire, stivare, addensare, condensare, calcare, pigiare, affollare CONTR. allargare, diradare, disseminare, spandere, spiegare **B stiparsi** v. intr. pron. accalcarsi, pigiarsi, affollarsi, ammassarsi, ammucchiarsi, addensarsi CONTR. allargarsi, diradarsi, disseminarsi, spiegarsi.

stipàto part. pass. di **stipare**; anche agg. affollato, pieno, pigiato, stivato, zeppo, pieno zeppo CONTR. libero, vuoto.

stipendiàre v. tr. **1** pagare, retribuire **2** assumere CONTR. licenziare.

stipendiàto part. pass. di **stipendiare**; anche agg. e s. m. **1** pagato, retribuito **2** dipendente, impiegato.

stipèndio s. m. retribuzione, rimunerazione □ paga, salario, saldo, compenso, assegno, appannaggio, mesata, mensile, onorario, emolumento, propina.

stìpite s. m. **1** (*bot.*) fusto □ gambo **2** (*di porta, di finestra e sim.*) battente, piedritto **3** (*fig.*) (*di persona*) ceppo, capostipite, progenitore □ famiglia, progenie (*lett.*), razza, schiatta (*lett.*), stirpe.

stìpo s. m. armadietto, scrigno, mobiletto, bureau (*fr.*).

stìpsi s. f. (*med.*) stitichezza CONTR. diarrea, dissenteria.

stipulàre v. tr. redigere, stendere, scrivere.

stipulazióne s. f. (*dir.*) contratto, obbligazione, rogito.

stiracchiaménto s. m. **1** (*di persona*) stiracchiatura, stiramento, sgranchimento **2** (*fam.*) lesina, mercanteggiamento.

stiracchiàto agg. **1** (*di membra*) sgranchito, disteso **2** (*fig.*) (*di ragionamento, di racconto, ecc.*) forzato, sforzato, stentato, faticoso CONTR. naturale, spontaneo, scorrevole.

stiraménto s. m. distensione, spianamento, stendimento □ stiracchiamento, sgranchimento CONTR. contrazione, accorciamento, rattrappimento.

stiràre A v. tr. stendere, distendere, tirare, allungare, lisciare, spianare, levigare CONTR. aggrinzire, raggrinzire, gualcire, sgualcire, spiegazzare **B stirarsi** v. rifl. (*fam.*) sgranchirsi, stendersi, stiracchiarsi CONTR. contrarsi, rattrappirsi.

stiratùra s. f. **1** (*di panni e sim.*) stiro, lisciatura, spianamento **2** (*med.*) (*di muscoli*) stiramento.

stìrpe s. f. schiatta (*lett.*), origine, casata, famiglia, lignaggio, razza, sangue, ceppo, classe.

stitichézza s. f. stipsi CONTR. diarrea, dissen-

teria.
stìtico agg.; anche s. m. **1** (*fig.*) lento, faticoso □ restio, ritroso **CONTR.** veloce, deciso □ accondiscendente, arrendevole, cedevole **2** (*fig.*) avaro, tirato, taccagno, tirchio **CONTR.** generoso, largo, liberale, munifico, prodigo, splendido.
stìva s. f. (*di nave*) magazzino, deposito.
stìzza s. f. collera, rabbia, irritazione, dispetto, bile, bizza, capriccio, furia, rovello, sdegno **CONTR.** calma, pazienza, sopportazione, impassibilità, imperturbabilità.
stizzìre A v. tr. indispettire, irritare, indignare, incollerire, fare arrabbiare **CONTR.** calmare, placare, quietare, rabbonire, tranquillizzare **B** v. intr. e **stizzirsi** intr. pron. arrabbiarsi, adirarsi, incollerirsi, indispettirsi, irritarsi, impermalirsi, imbizzirsi (*tosc.*), corrucciarsi, crucciarsi, impennarsi, seccarsi, scocciarsi (*fam.*) **CONTR.** calmarsi, placarsi, quietarsi, rabbonirsi, tranquillizzarsi.
stizzìto part. pass. di **stizzire**; anche agg. arrabbiato, adirato, incollerito, indispettito, impermalito, irritato, corrucciato, crucciato, contrariato, sdegnato, seccato, scocciato (*fam.*) **CONTR.** calmo, conciliante, arrendevole, paziente, tollerante, impassibile, imperturbabile.
stizzóso agg. pieno di stizza, rabbioso, bilioso, bizzoso, collerico, capriccioso, insofferente, permaloso, bisbetico **CONTR.** benigno, bonario, arrendevole, calmo, paziente, tollerante, indulgente, placido, sereno, tranquillo.
stoccafìsso s. m. **1** merluzzo disseccato □ (*est.*) baccalà **2** (*fig., fam.*) magrone, allampanato, stecco, baccalà (*fig.*) **CONTR.** grassone, ciccione, pletorico.
stoccàggio s. m. **1** accumulazione, immagazzinamento □ magazzinaggio **2** deposito, magazzino.
stoccàta s. f. **1** colpo di stocco, colpo, stilettata **2** (*nel calcio*) tiro violento, cannonata **3** (*fig.*) allusione pungente, battuta, motteggio, scherno, frecciata, punzecchiatura.
stock /*ingl.* stɔk/ [vc. ingl., propriamente 'tronco, ceppo', poi 'rifornimento, provvista'] s. m. inv. deposito, provvista, giacenza, rimanenza □ partita.
stòffa s. f. **1** tessuto, panno, drappo **2** (*fig., fam.*) capacità, dote, attitudine, inclinazione, disposizione **CONTR.** incapacità, inettitudine.
stoicaménte avv. fermamente, coraggiosamente, impassibilmente, imperturbabilmente, serenamente **CONTR.** paurosamente, timorosamente, vilmente, mollemente.
stoicìsmo [dal n. della scuola filosofica greca fondata da Zenone nel III sec. a.C.] s. m. (*est.*) fermezza, impassibilità, coraggio, sangue freddo **CONTR.** impressionabilità, paura, timore, trepidazione, viltà, mollezza.
stòico agg. (*est.*) fermo, coraggioso, impassibile, imperturbabile, sereno **CONTR.** impressionabile, pauroso, timoroso, pavido (*lett.*), trepidante, vile, molle.
stoìno s. m. tappetino, zerbino.
stòla s. f. (*di pelliccia*) sciarpa.
stoltaménte avv. scioccamente, stupidamente, balordamente, cretinamente, stolidamente **CONTR.** intelligentemente, sagacemente, astutamente, scaltramente.
stoltézza s. f. scemenza, stupidità, imbecillità, cretineria **CONTR.** intelligenza, perspicacia, furberia, scaltrezza.
stólto agg.; anche s. m. scemo, stupido, imbecille, idiota, cretino, deficiente, tonto, gonzo, babbeo **CONTR.** intelligente, sveglio, scaltro, furbo, astuto.
stomacàre A v. tr. **1** (*di cibo*) nauseare, disgustare, far vomitare, far rivoltare lo stomaco **CONTR.** piacere, gustare (*fam.*) **2** (*fig.*) (*di cosa*) disgustare, nauseare, ripugnare, far ribrezzo **CONTR.** allettare, essere gradito, far piacere **B stomacarsi** v. intr. pron. **1** (*di cibo*) sentirsi rivoltare lo stomaco **2** (*fig.*) (*di cosa*) disgustarsi, nausearsi **CONTR.** compiacersi, rallegrarsi.
stomachévole agg. (*anche fig.*) disgustoso, nauseante, schifoso, stomacante (*raro*), ripugnante, repellente, ributtante **CONTR.** appetitoso, gustoso □ allettante, gradevole, gradito, piacevole.
stòmaco s. m. **1** (*fig., fam.*) appetito **2** (*fig., fam.*) audacia, coraggio, spudoratezza **FRAS.** *avere sullo stomaco*, non aver digerito; (*fig.*) non poter sopportare □ *dare di stomaco*, vomitare □ *fare stomaco, rivoltare lo stomaco* (*anche fig.*), stomacare, nauseare □ *avere uno stomaco di ferro, avere uno stomaco di struzzo* (*fig.*), digerire tutto.
stonàre A v. tr. e intr. uscire di tono, fare stecche **CONTR.** essere intonato **B** v. intr. non armonizzarsi, contrastare, discordare **CONTR.** armonizzarsi, accordarsi, intonarsi.
stonàto part. pass. di **stonare**; anche agg. **1** fuori di tono, scordato **CONTR.** intonato **2** non armonizzato, contrastante, discordante **CONTR.** accordato, armonizzato, intonato.
stonatùra s. f. **1** disarmonia, discordanza, dissonanza, stecca **CONTR.** accordo, armonia, concordanza **2** cosa fuori di tono, cosa inopportuna, incongruenza **CONTR.** congruenza.
stòp [vc. ingl., propriamente 'fermata', da *to stop* 'fermarsi'] s. m. inv. **1** (*nei messaggi telegrafici*) punto **2** (*di autoveicolo*) fanalino d'arresto □ obbligo d'arresto **3** ordine di fermarsi, alt, arresto, fermata **CONTR.** avanti.
stóppa s. f. capecchio, cascame **FRAS.** *color stoppa*, biondo slavato □ *essere come un pulcino nella stoppa* (*fig.*), essere impacciato.
stòpper [vc. ingl., da *to stop* 'fermare'] s. m. inv. (*sport*) marcatore, stoppatore.
stoppóso agg. tiglioso, duro **CONTR.** tenero.
stòrcere A v. tr. **1** torcere, contorcere, distor-

cere, piegare CONTR. raddrizzare, tirare, distendere **2** (*raro, fig.*) (*di discorso*) fraintendere, travisare, stravolgere CONTR. capire, comprendere, intendere **B storcersi** v. rifl. contorcersi, dimenarsi.

stordiménto s. m. assordamento, confusione, disorientamento, frastornamento, intontimento, intronamento, rintronamento, annebbiamento, obnubilamento (*lett.*), sbigottimento, tramortimento, turbamento CONTR. calma, fermezza, impassibilità, imperturbabilità, saldezza, serenità, tranquillità, autocontrollo.

stordìre A v. tr. **1** privare dei sensi, tramortire □ assordare, confondere, disorientare, frastornare, intontire, intronare, rintronare, annebbiare, obnubilare (*lett.*), sbigottire, sconcertare, turbare CONTR. far rinvenire □ calmare, rasserenare, tranquillizzare **2** (*fig.*) far rimanere attonito, sbalordire, meravigliare, stupire, stupefare CONTR. lasciare indifferente **B** v. intr. (*raro*) rimanere attonito, rimanere sbalordito **C stordirsi** v. rifl. (*fig.*) distrarsi, ubriacarsi (*fig.*), svagarsi, togliersi le preoccupazioni.

storditàggine s. f. balordaggine, confusione, turbamento, storditezza (*raro*), sbadataggine, spensieratezza, sventataggine, dimenticanza, disorientamento, leggerezza, sconsideratezza, insensatezza, sciocchezza, stupidaggine CONTR. assennatezza, equilibrio, giudizio, ponderatezza, ponderazione, riflessione, senno, serietà, autocontrollo.

storditaménte avv. balordamente, sbadatamente, spensieratamente, sventatamente, sconsideratamente, insensatamente, scioccamente, stupidamente CONTR. assennatamente, ponderatamente, riflessivamente, seriamente.

stordìto part. pass. di **stordire**; anche agg. e s. m. **1** privo di sensi, tramortito □ assordato, confuso, disorientato, frastornato, intontito, intronato, rintronato, annebbiato, sbigottito, tramortito, turbato, istupidito CONTR. lucido, vigile, presente, padrone di sé **2** sbadato, inconsiderato, sconsiderato, sventato, irriflessivo, leggero, disattento, distratto, smemorato CONTR. assennato, giudizioso, ponderato, prudente, ragionatore, riflessivo, savio.

stòria s. f. **1** eventi umani, vicende umane, evento **2** narrazione, cronaca, cronologia, storiografia, racconto, cronistoria, biografia, annali, esposizione, serie di ricordi, memoriale **3** fatto, vicenda **4** (*gener.*) faccenda, questione, discorso **5** fandonia, invenzione □ favola **6** scusa, pretesto **7** (*spec. al pl.*) tergiversazioni, smancerie.

storicaménte avv. nei fatti, di fatto, realmente, sicuramente.

storicità s. f. veridicità, realtà.

stòrico (1) agg. **1** della storia **2** accaduto, vero, reale, documentato, documentabile, esatto CONTR. inventato, fittizio, favoloso, falso, immaginario **3** (*est.*) memorabile, memorando (*lett.*), importante, grande, famoso, indimenticabile CONTR. insignificante, trascurabile, banale.

stòrico (2) s. m. storiografo, annalista, narratore, cronista, biografo.

storièlla s. f. **1** dim. di **storia 2** fatterello, barzelletta, facezia, novellata (*ant.*) **3** bugia, fandonia, frottola, invenzione, pretesto, scappatoia, scusa CONTR. vero, verità, realtà, fatto.

stormìre v. intr. frusciare, sfrascare (*raro*), mormorare.

stórmo s. m. branco, schiera, nugolo, gruppo, moltitudine, folla, formicolio, frotta, torma (*lett.*), turba, caterva □ compagnia, drappello, unità FRAS. *suonare a stormo*, suonare a martello.

stornàre v. tr. **1** (*di indagini, di pericolo, ecc.*) allontanare, deviare, rimuovere, sviare **2** (*fig.*) (*di persona, di attenzione, ecc.*) distogliere, dissuadere, allontanare, sconsigliare CONTR. persuadere, consigliare, indurre, spingere, spronare, stimolare **3** (*rag.*) (*di denaro, di conto*) girare □ trasferire □ correggere, rettificare **4** (*comm.*) (*di affare*) annullare, estinguere, rompere CONTR. concludere.

stórno s. m. **1** (*rag.*) (*di denaro, di conto*) giro □ trasferimento □ rettifica **2** (*comm.*) (*di contratto*) annullamento CONTR. conclusione.

storpiaménto s. m. **1** storpiatura **2** (*fig.*) deformazione, alterazione.

storpiàre A v. tr. **1** (*di persona, di membra*) rendere storpio, sciancare (*raro*), deformare, azzoppare, rovinare CONTR. raddrizzare **2** (*fig.*) (*di parola*) pronunciare male, pronunciare erroneamente, deformare **B storpiarsi** v. intr. pron. diventare storpio, deformarsi.

storpiàto part. pass. di **storpiare**; anche agg. **1** (*di persona, di membra*) sciancato, storpio, stroppio (*pop.*), storto, sbilenco, deforme, rattrappito, rattratto CONTR. dritto, diritto, eretto, ben fatto **2** (*di parola*) pronunciato male, deformato.

storpiatùra s. f. **1** storpiamento **2** (*fig.*) deformazione, alterazione.

stòrpio agg.; anche s. m. storpiato, sciancato, sbilenco, storto, deforme, rattrappito, rattratto CONTR. dritto, diritto, eretto, ben fatto.

stòrta (1) s. f. **1** storcimento, contorcimento, torsione CONTR. raddrizzamento **2** (*fam.*) distorsione, lussazione.

stòrta (2) s. f. alambicco, lambicco, serpentina, distillatore.

stòrto A part. pass. di **storcere**; anche agg. **1** torto, contorto, distorto, tortuoso, curvo, sbilenco, a sghembo, a sghimbescio, fuori sesto □ sciancato, storpio, storpiato, stroppio (*pop.*), rattrappito, rattratto, deforme, malfatto CONTR. diritto, dritto, eretto, ben fatto **2** (*fig.*) (*di ragionamento, di idee, ecc.*) errato, sbagliato, falso, fallace CONTR. esatto, giusto, preciso, vero **3** (*fig.*) (*di sguardo*) torvo, bieco, minaccioso, ostile **CONTR.** diretto, franco **B** in funzione di avv. obliquamente, di tralice, di traverso **CONTR.** dritto.

stortùra s. f. **1** (*di arto*) storpiamento, lussazione **2** (*fig.*) (*di ragionamento*) deviazione, falsa interpretazione.

stovìglia s. f. spec. al pl. piatti, vasellame, terraglie, bicchieri, scodelle, tazze.

strabiliànte part. pres. di **strabiliare**; anche agg. straordinario, incredibile, inaudito, meraviglioso, sbalorditivo, sorprendente, strepitoso, stupefacente, scioccante **CONTR.** comune, banale, mediocre, da nulla, normale, ordinario, solito, usuale.

strabiliàre A v. intr. sbalordire, stupirsi, meravigliarsi, trasecolare, sorprendersi, rimanere attonito, cadere dalle nuvole **CONTR.** rimanere freddo, rimanere impassibile, rimanere imperturbabile **B** v. tr. sbalordire, stupire, meravigliare, stupefare, sorprendere, far restare di sasso **CONTR.** lasciare freddo, lasciare indifferente.

strabiliàto part. pass. di **strabiliare**; anche agg. sbalordito, stupito, stupefatto, meravigliato, attonito, sorpreso, trasecolato **CONTR.** freddo, impassibile, imperturbabile, indifferente.

straboccàre v. intr. (*pop.*) traboccare, straripare, sovrabbondare **CONTR.** scarseggiare, difettare, mancare.

stracàrico agg. sovraccarico, strapieno, stracolmo **CONTR.** scarico, scaricato, vuoto.

stracciaiòlo s. m. cenciaiolo, straccivendolo, rigattiere, rivendugliolo.

stracciàre A v. tr. **1** lacerare, strappare, fare a pezzi, rompere, sbrindellare, squarciare, sbranare **CONTR.** rammendare, rappezzare, rattoppare, ricucire, accomodare, aggiustare **2** (*fig., pop., sport*) (*di avversario*) stravincere, schiacciare, annientare **B stracciarsi** v. intr. pron. lacerarsi, strapparsi, rompersi, squarciarsi.

stracciàto part. pass. di **stracciare**; anche agg. **1** (*di carta, di stoffa, ecc.*) lacerato, strappato, rotto, sbrindellato, squarciato **CONTR.** rammendato, rappezzato, rattoppato, ricucito, aggiustato **2** (*fig.*) (*di prezzo*) bassissimo, assai ribassato **CONTR.** altissimo, da capogiro.

stràccio s. m. **1** cencio, brandello, brindello, brano, strofinaccio **2** (*fam.*) panno, vestito vecchio, vestito logoro **3** (*fam.*) (*di persona*) cencio (*fig.*).

straccióne s. m. pezzente, miserione (*raro*), miserabile, cencioso, sbrendolone (*tosc.*), sciattone, brindellone, sbrindellone, pidocchioso **CONTR.** elegantone, damerino, zerbinotto, gagà, figurino.

straccivéndolo s. m. cenciaiolo.

stràcco agg. **1** (*pop.*) (*di persona*) stanco, esausto, affaticato, fiaccato, sfinito, spossato, stremato, sfiancato, slombato (*raro*), esaurito, estenuato, indebolito, svigorito □ fiacco, languido **CONTR.** riposato, ricreato, ristorato, sollevato, energico, forte, gagliardo, robusto, vigoroso **2** (*fig.*) (*di macchina, di stampa, ecc.*) logoro, logorato, vecchio **CONTR.** nuovo.

stracontènto agg. sup. contentissimo, soddisfattissimo, felicissimo **CONTR.** scontentissimo, tristissimo.

stracòtto A agg. **1** cotto troppo **CONTR.** crudo **2** (*fig., scherz.*) innamoratissimo **B** s. m. stufato, spezzatino.

stràda s. f. **1** via □ (*est.*) stradone, viale, corso, autostrada, contrada, calle (*poet.*), viottolo, sentiero, pista, carraia, rotabile, scorciatoia, mulattiera, traccia, tratturo **2** (*fig.*) cammino, percorso **3** (*fig.*) condotta, modo di procedere, comportamento, contegno **4** (*gener.*) passaggio, varco **5** (*fig.*) (*per ottenere uno scopo*) mezzo, modo, metodo, sistema **FRAS.** *strada ferrata*, ferrovia □ *strada traversa*, scorciatoia □ *tagliare la strada* (*fig.*), ostacolare □ *donna di strada* (*fig.*), prostituta □ *buttare sulla strada* (*fig.*), licenziare, rovinare □ *farsi strada* (*fig.*), affermarsi □ *essere fuori strada* (*fig.*), essere in errore □ *mettere fuori strada* (*fig.*), indurre in errore.

stradìno s. m. cantoniere.

strafalcióne s. m. errore madornale, sproposito, enormità, sfarfallone (*fam.*), svarione, marrone (*pop., fig.*).

strafàre v. intr. esagerare, eccedere, uscire dai limiti, trasmodare **CONTR.** frenarsi, limitarsi, moderarsi, contenersi, trattenersi.

strafàtto part. pass. di **strafare**; anche agg. **1** (*di frutta e sim.*) troppo maturo **CONTR.** acerbo **2** (*di cosa*) fatto da tempo.

strafottènte agg. e s. m. e f. sfacciato, irriguardoso, irrispettoso, arrogante, impertinente, menefreghista (*fam.*) **CONTR.** discreto, modesto, riguardoso, rispettoso.

strafottènza s. f. sfacciataggine, arroganza, impertinenza, menefreghismo (*fam.*) **CONTR.** discrezione, modestia, riguardo, rispetto.

stràge s. f. **1** (*di persone e animali*) carneficina, massacro, sterminio, macello, scempio, eccidio, ecatombe, uccisione in massa, genocidio **2** (*di cose*) distruzione, rovina **3** (*fig.*) grave danno, rovina **4** (*per antifr.*) grande quantità, enormità, montagna, mare, mucchio **CONTR.** esiguità, scarsità.

stragiudiziàle agg. (*dir.*) extragiudiziale.

stralciàre v. tr. togliere, levar via, eliminare, escludere, liquidare, detrarre **CONTR.** aggiungere, accludere, allegare, includere, introdurre, inserire.

stràlcio s. m. **1** scelta, cernita, selezione □ passo, brano, estratto **2** liquidazione.

stralunàre v. tr. stravolgere, strabuzzare, sbarrare, torcere, storcere, roteare, rovesciare.

stralunàto part. pass. di **stralunare**; anche agg. stravolto, sbarrato □ fuori di sé, sconvolto

CONTR. calmo, sereno, impassibile, imperturbabile.

stramazzàre v. intr. piombare a terra, cadere, crollare, abbattersi CONTR. alzarsi, rialzarsi, tirarsi su, scattare in piedi.

stramberìa s. f. bizzarria, stranezza, stravaganza, eccentricità, originalità, pazzia CONTR. assennatezza, buonsenso, criterio, discernimento, giudizio, normalità, saggezza, senno, posatezza, serietà.

stràmbo agg. **1** strano, bizzarro, stravagante, bislacco, eccentrico, originale, snob (*ingl.*), strampalato, illogico, pazzesco CONTR. assennato, giudizioso, logico, normale, grave, posato, savio, serio **2** (*raro*) (*di gambe, di occhi*) torto, storto, strabico CONTR. diritto, dritto.

stràme s. m. paglia, fieno, foraggio, erba □ giaciglio, lettiera.

strampalàto agg. strano, stravagante, illogico, balzano, bislacco, sconclusionato □ straordinario, eccezionale CONTR. assennato, giudizioso, logico, normale, posato, saggio, serio, equilibrato □ scialbo.

stranaménte avv. bizzarramente, strambamente, eccentricamente, illogicamente, stravagantemente CONTR. assennatamente, giudiziosamente, logicamente, saviamente, seriamente.

stranézza s. f. bizzarria, stramberia, stravaganza, eccentricità, originalità, illogicità, singolarità, pazzia, strampaleria CONTR. assennatezza, buonsenso, criterio, discernimento, giudizio, logicità, normalità, posatezza, senno, serietà.

strangolaménto s. m. soffocamento, strozzamento (*raro*), strozzatura.

strangolàre A v. tr. **1** soffocare, strozzare **2** (*fig.*) (*di cravatta e sim.*) stringere il collo, impedire di respirare **3** (*fig.*) (*di debitore, ecc.*) rovinare, taglieggiare CONTR. favorire **B strangolarsi** v. intr. pron. morire strozzato.

strangolatóre s. m. (f. *-trice*) strozzatore.

stranièro A agg. **1** estero, forestiero, allogeno, esotico, immigrato □ alieno, avventizio, diverso, esterno, estraneo CONTR. nazionale, patrio, casalingo, autoctono, aborigeno, indigeno **2** (*di esercito, di popolo e sim.*) nemico, invasore CONTR. amico, alleato **B** s. m. **1** forestiero CONTR. compatriota, concittadino, connazionale **2** nemico, invasore CONTR. alleato.

stranìto agg. smarrito, intontito, turbato, stupefatto □ inquieto, innervosito, irritato CONTR. sereno, tranquillo.

stràno agg. bizzarro, strambo, stravagante, inconsueto, insolito, inusitato, curioso, raro, originale, singolare, speciale, incredibile, inverosimile, straordinario, strampalato CONTR. comune, consueto, normale, naturale, ordinario, solito, usuale, semplice.

straordinariaménte avv. eccezionalmente, enormemente, incredibilmente, fantasticamente, meravigliosamente, miracolosamente, prodigiosamente, singolarmente, strepitosamente CONTR. comunemente, naturalmente, normalmente, ordinariamente, solitamente, semplicemente, mediocremente, meschinamente, modestamente, poco, scarsamente.

straordinarietà s. f. enormità, incredibilità, meraviglia, rarità, singolarità CONTR. naturalezza, normalità, ordinarietà, semplicità, mediocrità, meschinità, pochezza, scarsità.

straordinàrio agg. **1** (*di fenomeno, di spesa, ecc.*) fuori dell'ordinario, non ordinario, non comune CONTR. ordinario, comune, quotidiano **2** (*di successo, di spettacolo, ecc.*) grandissimo, notevolissimo, eccezionale, enorme, inaudito, incredibile, fantastico, favoloso, fenomenale, meraviglioso, miracoloso, prodigioso, raro, singolare, strepitoso, sbalorditivo, stupefacente, senza precedenti CONTR. comune, consueto, naturale, normale, ordinario, solito, semplice, mediocre, modesto, meschino, piccolo, scarso.

strapazzàre A v. tr. **1** (*di persona*) maltrattare, rimproverare, rimbrottare, sgridare, redarguire, riprendere, offendere, umiliare CONTR. approvare, elogiare, encomiare, esaltare, incensare, lodare, blandire **2** (*di cosa*) adoperare senza riguardo, non aver cura, malmenare, sciupare, calpestare, conciare, abborracciare, acciabattare CONTR. curare, aver cura, fare accuratamente **3** (*di vista, di salute, ecc.*) affaticare eccessivamente, logorare CONTR. far riposare, far respirare **B strapazzarsi** v. rifl. affaticarsi troppo, spossarsi, sfibrarsi, sfinirsi, stremarsi CONTR. riposarsi, ricrearsi.

strapazzàta s. f. **1** grave rimprovero, sgridata, rabbuffo, rimbrotto CONTR. elogio, encomio, esaltazione, lode **2** fatica, faticaccia.

strapazzàto part. pass. di **strapazzare**; anche agg. **1** (*di cosa*) maltrattato, sciupato, malconcio, malmenato CONTR. curato, tenuto con cura, ben conservato **2** (*di persona, di vita, ecc.*) affaticato, spossato, sfibrato, sfinito, stremato CONTR. riposato, ricreato.

strapàzzo s. m. grave affaticamento, spossamento, sfinimento, strapazzata CONTR. riposo, respiro, sosta FRAS. *da strapazzo*, di poco valore.

strapiómbo s. m. luogo scosceso, scoscesità, scoscendimento, precipizio, parete a picco.

strappalàcrime agg. inv. molto commovente, strappacuore.

strappàre A v. tr. **1** (*di pianta, di capelli, ecc.*) sradicare, svellere, estirpare, sbarbare, spiccare, divellere (*lett.*) CONTR. ficcare, conficcare, piantare **2** (*di persona, di cosa*) rimuovere, allontanare, togliere, portar via CONTR. rendere, restituire, ricondurre, riportare, riunire **3** (*di carta, di stoffa, ecc.*) stracciare, lacerare, sbrindellare, sminuzzare, sbranare, rompere, squarciare CONTR. accomodare, aggiustare, cucire, ricucire, rammendare, rimarginare, riparare **4** (*fig.*) (*di promessa, di segreto, ecc.*) riuscire a ottenere, carpire, estorcere **B strapparsi** v. intr. pron. lacerarsi, stracciarsi, rompersi, squarciarsi.

strappàto part. pass. di **strappare**; anche agg. **1** (*di pianta, di capelli, ecc.*) sradicato, divelto, estirpato, tolto **CONTR.** piantato, conficcato **2** (*di persona, di cosa*) rimosso, allontanato, tolto, portato via **CONTR.** reso, restituito, riportato **3** (*di carta, di stoffa, ecc.*) lacerato, lacero, stracciato, rotto, squarciato **CONTR.** nuovo, intatto, integro.

stràppo s. m. **1** (*med.*) stiramento **2** (*di stoffa, di carta, ecc.*) strappamento, strappatura, laceramento, lacerazione, dilacerazione, rottura, sdrucio (*tosc.*), squarcio **CONTR.** rappezzatura, rappezzo, toppa **3** (*fig.*) (*di regola, di legge e sim.*) infrazione, violazione, eccezione, deroga **4** (*sport*) strappata, strattone **5** (*fig., pop.*) (*in macchina*) passaggio.

straripaménto s. m. traboccamento, inondazione, allagamento, tracimazione.

straripànte part. pres. di **straripare**; anche agg. (*anche fig.*) traboccante, straboccante, rigurgitante, strapieno, zeppo, stracolmo, affollatissimo □ eccedente, eccessivo **CONTR.** scarso, manchevole, insufficiente.

straripàre v. intr. **1** (*di liquidi*) traboccare, espandersi, allagare, inondare, tracimare **2** (*anche fig.*) eccedere, sovrabbondare □ rigurgitare, essere affollatissimo **CONTR.** scarseggiare, mancare.

stràscico s. m. **1** strascicamento, trascinamento, strascinamento **2** (*di vestito*) coda **3** (*di persone*) corteo, accompagnamento, codazzo, seguito **4** (*di debiti, di impegni, ecc.*) residuo, segno **5** (*di guerra, di malattia, ecc.*) conseguenza spiacevole, postumo.

strascinàre A v. tr. trascinare, strascicare, tirarsi dietro **B strascinarsi** v. rifl. trascinarsi a fatica, camminare a stento, strascicarsi **CONTR.** correre, camminare spedito.

stràss [vc. ted., dal n. dell'inventore G. *Strasser* di Vienna] s. m. inv. brillante artificiale.

stratagèmma s. m. accorgimento, arte, artificio, astuzia, espediente, frode, inganno, invenzione, malizia, ripiego, risorsa, sotterfugio, trovata □ trabocchetto, tranello, trappola, insidia.

stratèga *V.* **stratego.**

strategìa s. f. **1** arte militare □ tattica **2** (*fig.*) abilità, astuzia, capacità □ piano, disegno.

strategicaménte avv. (*fig.*) abilmente, astutamente **CONTR.** ingenuamente, scioccamente.

stratègico agg. (*fig.*) abile, astuto **CONTR.** ingenuo, sciocco.

stratègo s. m. comandante, condottiero, capitano, generale, duce.

stratificàre A v. tr. disporre a strati **B stratificarsi** v. intr. pron. disporsi a strati.

stratificàto part. pass. di **stratificare**; anche agg. a strati, affaldato.

stratificazióne s. f. strato, disposizione a strati.

stratigrafìa s. f. (*med.*) tomografia.

stràto s. m. **1** crosta, falda, pavimento, piano, sfoglia, tappeto **2** (*di vernice, di burro, ecc.*) mano, spalmatura, patina **3** (*fig.*) ceto, classe, grado sociale, casta, condizione, ordine.

stratosfèra s. f. (*fig.*) mondo irreale, irrealtà, mondo delle nuvole (*fig.*) **CONTR.** realtà.

strattóne s. m. scossa, strappo, stratta.

stravaccàrsi v. intr. pron. (*dial.*) sdraiarsi scompostamente, sedersi scompostamente.

stravagànte A agg. fuori del comune □ straordinario, singolare **CONTR.** comune, ordinario, solito **B** agg.; anche s. m. (*est.*) bizzarro, strano, eccentrico, originale, strambo, bislacco, capriccioso, curioso, inusitato, inverosimile, illogico, pazzesco, strampalato, singolare, sofistico, paradossale **CONTR.** naturale, normale, logico, ragionevole, sensato, semplice, verosimile.

stravaganteménte avv. stranamente, bizzarramente, curiosamente, capricciosamente, eccentricamente, illogicamente, pazzescamente, sofisticamente, paradossalmente **CONTR.** naturalmente, normalmente, logicamente, ragionevolmente, sensatamente, semplicemente, verosimilmente.

stravagànza s. f. bizzarria, originalità, stramberia, stranezza, eccentricità, illogicità, singolarità, strampaleria, sofisticheria **CONTR.** buonsenso, naturalezza, normalità, logicità, ragionevolezza, sensatezza, semplicità, verosimiglianza, equilibrio, giudizio.

stravedére v. tr. e intr. travedere, vedere male **FRAS.** *stravedere per* (*fig.*), ammirare moltissimo, amare moltissimo.

straviziàre v. intr. fare stravizi, bagordare, gozzovigliare, gavazzare (*lett.*) **CONTR.** contenersi, frenarsi, moderarsi, astenersi.

stravìzio s. m. disordine, eccesso, bagordo, gozzoviglia, gavazzamento (*lett.*), bisboccia, crapula **CONTR.** digiuno, temperanza, astinenza.

stravòlgere A v. tr. **1** volgere con violenza □ deviare, torcere, contorcere, storcere, distorcere **CONTR.** drizzare, raddrizzare **2** (*fig.*) (*di persona*) turbare, agitare, sconvolgere **CONTR.** lasciare impassibile, lasciare indifferente **3** (*fig.*) (*di pensiero, di discorso e sim.*) interpretare male, travisare, fraintendere, distorcere, alterare **CONTR.** capire, comprendere, intendere **B stravolgersi** v. rifl. torcersi, contorcersi.

stravòlto part. pass. di **stravolgere**; anche agg. **1** deviato, torto, contorto, storto, distorto **CONTR.** drizzato, raddrizzato **2** (*fig.*) (*di persona*) alterato, sconvolto □ turbato, agitato **CONTR.** calmo, sereno, tranquillo **3** (*fig.*) (*di pensiero, di discorso e sim.*) interpretato male, travisato, frainteso, distorto, alterato CONTR. inteso, compreso, capito.

straziànte part. pres. di **straziare**; anche agg. angoscioso, dolorosissimo, acutissimo, dilaniante, tormentoso CONTR. gradevole, gradito, piacevole, dolce.

straziàre v. tr. **1** tormentare, lacerare, torturare, attanagliare, dilaniare **2** (*di pensiero, di rimorso, ecc.*) affliggere, addolorare, angosciare, distruggere CONTR. allietare, rallegrare **3** (*fig.*) (*di cosa*) fare cattivo uso, sciupare, rovinare, guastare CONTR. aver cura, conservare, custodire, risparmiare.

straziàto part. pass. di **straziare**; anche agg. **1** torturato, lacerato, dilaniato, attanagliato **2** (*di pensiero, di rimorso, ecc.*) tormentato, addolorato, afflitto, travagliato, tribolato, angosciato, distrutto CONTR. allegro, contento, lieto, soddisfatto **3** (*di cosa*) sciupato, rovinato, guastato CONTR. curato, conservato, custodito, risparmiato.

stràzio s. m. **1** supplizio, tormento, tortura, macello, martirio, scempio, sterminio □ dolore atroce CONTR. godimento, piacere, diletto, gioia, sollievo, voluttà **2** (*fam.*) fastidio, noia, seccatura CONTR. divertimento, passatempo, spasso, svago **3** (*fig.*) (*di cose*) sciupio, consumo, spreco CONTR. economia, risparmio.

stréga s. f. **1** maga, maliarda, fattucchiera, incantatrice, versiera (*lett.*) CONTR. fata **2** (*fig.*) donna perfida, donna malefica □ vecchiaccia, befana CONTR. donna angelica, fatina.

stregàre v. tr. **1** affatturare, affattucchiare (*raro*) **2** (*fig.*) ammaliare, sedurre, affascinare, incantare, adescare, allettare, attrarre, abbagliare, irretire, lusingare CONTR. allontanare, disgustare, respingere.

stregóne s. m. **1** mago, fattucchiere, incantatore, negromante **2** (*est.*) guaritore, santone.

stregonerìa s. f. incantesimo, incanto, magia, malia, ammaliamento, fattucchieria, maleficio, sortilegio □ prodigio.

strégua s. f. misura, proporzione, criterio, ragguaglio FRAS. *alla stregua di*, come.

stremàre v. tr. ridurre allo stremo, indebolire, sfiancare, slombare (*raro*), sfibrare, spossare, stancare molto, esaurire, sfinire, straccare, abbattere, logorare, consumare CONTR. rafforzare, rinforzare, invigorire, rinvigorire, irrobustire, ingagliardire, ringagliardire, corroborare, fortificare.

stremàto part. pass. di **stremare**; anche agg. stanchissimo, indebolito, esaurito, esausto, fiaccato, sfiancato, sfibrato, slombato (*raro*), sfinito, spossato, stroncato, abbattuto, consumato CONTR. rafforzato, rinforzato, invigorito, rinvigorito, ingagliardito, ringagliardito, irrobustito, corroborato, fortificato □ energico, forte, gagliardo, robusto, vigoroso.

strènna s. f. regalo, dono, donativo (*lett.*), mancia, presente.

strenuaménte avv. valorosamente, coraggiosamente, arditamente, animosamente, audacemente, intrepidamente □ tenacemente, ostinatamente, infaticabilmente CONTR. paurosamente, vilmente, vigliaccamente, timorosamente, pavidamente □ debolmente, fiaccamente.

strènuo agg. **1** valoroso, coraggioso, ardimentoso, ardito, animoso, audace, intrepido, impavido, prode CONTR. pauroso, vile, vigliacco, timoroso, trepidante, trepido (*lett.*), pavido **2** (*est.*) (*di lavoratore, di ricercatore, ecc.*) tenace, infaticabile, instancabile, inesauribile CONTR. fiacco, sfaticato.

strepitàre v. intr. fare strepito, rumoreggiare, rimbombare, rintronare, rugghiare (*lett.*), scrosciare, strepere (*poet.*) □ parlare forte, gridare, schiamazzare, strillare, vociare, urlare CONTR. tacere, star zitto □ bisbigliare, mormorare, sussurrare.

strèpito s. m. baccano, clamore, frastuono, chiasso, fracasso, fragore, rumore, rumoreggiamento, rombo, rimbombo, rintronamento, scroscio CONTR. calma, pace, quiete, silenzio, tranquillità □ bisbiglio, mormorio, sussurro.

strepitosaménte avv. **1** clamorosamente, fragorosamente, rumorosamente CONTR. silenziosamente, sommessamente, tacitamente **2** (*fig.*) eccezionalmente, enormemente, straordinariamente CONTR. limitatamente, moderatamente, modestamente, poco, scarsamente.

strepitóso agg. **1** (*di rumore*) clamoroso, chiassoso, fragoroso, rumoroso, rumoreggiante, rombante, rimbombante, rintronante, scrosciante CONTR. silenzioso, tacito, tranquillo, sommesso, muto □ bisbigliante, mormorante, sussurrante **2** (*fig.*) (*di vittoria, di successo, ecc.*) eccezionale, enorme, grandissimo, straordinario, clamoroso CONTR. limitato, moderato, modesto, piccolo, scarso.

stress /*ingl.* stres/ [vc. ingl., propriamente 'sforzo, spinta'] s. m. inv. choc (*fr.*), shock (*ingl.*), eccitazione, emozione □ tensione, affaticamento, logorio.

stressànte part. pres. di **stressare**; anche agg. shoccante, scioccante, eccitante □ logorante, affaticante CONTR. calmante, riposante, tranquillo.

stressàre v. tr. shoccare, scioccare, eccitare, emozionare, colpire □ logorare, affaticare CONTR. calmare, riposare.

stressàto part. pass. di **stressare**; anche agg. shoccato, scioccato, eccitato, emozionato, colpito □ logorato, affaticato CONTR. riposato, calmo.

strétta s. f. **1** stringimento, pressione, compressione, strettura (*raro*) □ abbraccio, amplesso (*lett.*) CONTR. allargamento, allentamento, dilatamento, espansione, estensione, spiegamento **2** (*fig.*) turbamento, commozione, affanno, fitta, trafittura, oppressione **3** (*di *persone*) folla, calca, mischia, ressa **4** momento critico, punto culminante □ conclusione, fase risolutiva **5** varco angusto, gola, strettoia **6** situazione difficile, strettezza, bisogno, penuria.

strettaménte avv. **1** serratamente, stringendo **CONTR.** largamente, ampiamente **2** (*fig.*) rigidamente, rigorosamente, assolutamente **CONTR.** tiepidamente, vagamente.

strettézza s. f. **1** (*di luogo*) angustia, brevità, piccolezza, ristrettezza **CONTR.** ampiezza, grandezza, larghezza, vastità, spaziosità **2** (*fig.*) (*di tempo, di denaro, ecc.*) scarsezza, scarsità, insufficienza, deficienza, limitatezza **CONTR.** abbondanza, ricchezza, sufficienza **3** (*fig.*) (*di mezzi*) miseria, penuria, povertà, ristrettezza **CONTR.** agiatezza, benessere, dovizia, opulenza, ricchezza.

strétto (1) A part. pass. di **stringere**; anche agg. **1** premuto, serrato, calcato, pressato, compresso, pigiato, chiuso, legato, attanagliato **CONTR.** aperto, dischiuso, allentato, lento, rilassato, allargato, largo **2** (*a persona o cosa*) vicinissimo, rasente, addossato **CONTR.** discosto, diviso, scostato, separato **3** (*di amicizia, di affetto, ecc.*) legato □ intimo, profondo **CONTR.** superficiale **4** (*di parente*) prossimo **CONTR.** lontano **5** (*da necessità, da bisogno e sim.*) costretto, spinto, indotto, forzato, obbligato **6** (*di necessità e sim.*) urgente, impellente, assoluto, estremo, imprescindibile **7** (*di abito, di scarpe e sim.*) attillato, aderente, piccolo, scomodo **CONTR.** ampio, largo, spazioso, comodo **8** (*di persona*) avaro, spilorcio, tirchio, taccagno **CONTR.** generoso, prodigo **9** (*di sorveglianza, di obbedienza, ecc.*) rigoroso, severo, rigido, esatto, meticoloso, preciso, scrupoloso **CONTR.** negligente, tiepido **10** (*parlata*) puro, schietto **B** in funzione di avv. strettamente, stringendo.

strétto (2) s. m. braccio di mare, canale.

strettóia s. f. **1** (*di passaggio*) restringimento **CONTR.** slargo **2** (*fig.*) momento grave, difficoltà, angustia, complicazione.

striàre v. tr. segnare di strie, listare, rigare.

striàto part. pass. di **striare**; anche agg. listato, rigato, scanalato.

striatùra s. f. stria, striscia, rigatura.

stridènte part. pres. di **stridere**; anche agg. **1** (*di rumore*) cigolante, rumoroso, scricchiolante, stridulo, acuto, aspro, sgradevole **CONTR.** cupo, profondo **2** (*fig.*) (*di colori, di aspetti, ecc.*) contrastante, discordante □ evidente, sensibile **CONTR.** armonico, concordante, consonante (*raro*), gradevole, melodioso, piacevole.

stridere v. intr. **1** (*di cosa*) cigolare, cricchiare, scricchiare (*raro*), scricchiolare, crepitare **2** (*di persona o animale*) strillare, gridare, strepitare, urlare, squittire **3** (*fig.*) (*di colori, di aspetti, ecc.*) contrastare, discordare, stonare **CONTR.** accordarsi, armonizzarsi, intonarsi.

stridìo s. m. strido, vocio, gridio.

stridóre s. m. cigolio, scricchiolio, rumore aspro, rumore sgradevole **CONTR.** armonia, melodia, suono dolce.

strìdulo agg. stridente, acuto, cigolante, aspro, sgradevole, spiacevole **CONTR.** armonioso, dolce, gradevole, melodioso, piacevole.

strìglia s. f. spazzola, pettine, brusca.

strigliàre A v. tr. **1** (*con spazzola, con striglia*) fregare, pulire, spazzolare, pettinare **2** (*fig.*) (*di persona*) criticare aspramente, rimproverare, riprendere, censurare, frustare, sindacare **CONTR.** adulare, approvare, blandire, elogiare, esaltare, incensare, lodare **B strigliarsi** v. rifl. (*scherz.*) spazzolarsi bene, ripulirsi.

strigliàta s. f. **1** passata di striglia, spazzolata **2** (*fig.*) duro rimprovero, sgridata, paternale, rabbuffo, ramanzina, lavata di capo, critica, riprensione (*lett.*), censura **CONTR.** adulazione, approvazione, elogio, esaltazione, incensamento, lode.

strillàre A v. intr. **1** gridare, urlare **CONTR.** tacere, far silenzio **2** (*est.*) parlare forte **CONTR.** bisbigliare, mormorare, sussurrare **3** (*fig.*) protestare **B** v. tr. **1** urlare, gridare **2** (*fam.*) rimproverare, sgridare **CONTR.** elogiare, lodare.

strìllo s. m. grido, urlo.

striminzìto agg. **1** misero, stretto, scarso, scomodo **CONTR.** ampio, largo, comodo **2** (*di discorso e sim.*) esiguo, scarso, stiracchiato, stentato **CONTR.** ampio, esauriente **3** (*di persona*) magrissimo, esile, gracile, mingherlino, stentato **CONTR.** aitante, forte, forzuto, gagliardo, robusto, vigoroso, atletico.

strimpellàre v. tr. suonare male, strapazzare.

strinàre A v. tr. bruciacchiare, abbruciacchiare, abbronzare, abbrustolire, avvampare **B strinarsi** v. intr. pron. bruciacchiarsi □ abbrustolirsi.

strinàto part. pass. di **strinare**; anche agg. bruciacchiato, abbronzato, abbrustolito.

strìnga s. f. **1** nastro, laccio, laccetto, legaccio, aghetto (*tosc.*) **2** (*ling.*) sequenza.

stringàre v. tr. **1** legare, stringere **CONTR.** allargare, allentare, sciogliere **2** (*fig.*) (*di scritto, di discorso*) rendere conciso, condensare, restringere **CONTR.** ampliare, amplificare, diluire.

stringataménte avv. brevemente, concisamente, laconicamente, serratamente, succintamente, compendiosamente **CONTR.** ampiamente, diffusamente, estesamente, lungamente, prolissamente.

stringatézza s. f. brevità, concettosità, concisione, compendiosità, laconicità, sinteticità **CONTR.** ampiezza, diffusione, estensione, lunghezza, prolissità.

stringàto part. pass. di **stringare**; anche agg. **1** legato, stretto **2** (*fig.*) (*di scritto, di discorso*) conciso, succinto, laconico, compendioso, sintetico **CONTR.** ampio, diffuso, prolisso.

stringènte part. pres. di **stringere**; anche agg. (*di argomento, di ragionamento, ecc.*) persuasivo, convincente.

strìngere A v. tr. **1** avvicinare, congiungere, serrare □ premere, comprimere, calcare, pigiare, pressare, soppressare, schiacciare, torchiare □ ammorsare, attanagliare, strizzare □ annodare, legare, avvincere, avvinghiare, inchiavardare **CONTR.** allargare, slargare, allentare, mollare, rilassare, allontanare, scostare **2** (*lett.*) (*di arma*) brandire, impugnare **3** (*d'assedio*) cingere, circondare, chiudere **CONTR.** liberare, sciogliere **4** (*raro*) (*di persona*) obbligare, costringere, spingere **5** (*di patto e sim.*) concludere, stipulare, stabilire **6** (*di abito e sim.*) ridurre le misure, rimpicciolire, restringere **CONTR.** allargare, ampliare **7** (*fig.*) (*di discorso, di scritto*) riassumere, compendiare, sintetizzare **CONTR.** allungare, estendere **B** v. intr. **1** (*di tempo, di impegno, ecc.*) incalzare, urgere, premere **2** (*di abito, di scarpa*) essere stretto **CONTR.** essere largo **3** (*di alimento*) rendere stitico **CONTR.** provocare diarrea **C stringersi** v. rifl. **1** accostarsi, farsi molto vicino □ restringersi **CONTR.** allontanarsi, scostarsi **2** (*di materia*) contrarsi **CONTR.** dilatarsi **FRAS.** *stringere i tempi* (*fig.*), affrettarsi □ *stringere il cuore* (*fig.*), addolorare profondamente; commuovere profondamente.

strip /*ingl.* strip/ [vc. ingl., da *strip* 'striscia'] s. f. inv. fumetto, striscia.

strip-tease /*ingl.* strip 'ti:z/ [vc. ingl., comp. di *to strip* 'svestire' e *tease* 'provocazione'] s. m. inv. spogliarello.

strìscia s. f. **1** fettuccia, nastro, banda, lembo, lista, fascia, linguetta **2** riga **3** fumetto, strip (*ingl.*) **4** (*al pl.*) passaggio pedonale, zebratura, zebre.

strisciànte part. pres. di **strisciare**; anche agg. **1** serpeggiante **2** (*fig., spreg.*) (*di persona, di atteggiamento, ecc.*) subdolo, insinuante, servile, falso, sornione **CONTR.** aperto, franco, leale, schietto, sincero.

strisciàre A v. tr. **1** sfregare, strofinare, stropicciare, strusciare **2** toccare appena, sfiorare, rasentare, passare rasente **CONTR.** colpire, urtare **3** (*a carte*) lisciare **CONTR.** bussare **B** v. intr. **1** passare sfiorando, sfiorare, sfregare, passare rasente, rasentare **2** (*di pianta*) crescere rasoterra **3** (*fig.*) (*di persona*) umiliarsi, essere servile, lusingare, adulare, blandire, incensare, lisciare, piaggiare **CONTR.** umiliare, offendere, disprezzare, denigrare **C strisciarsi** v. rifl. **1** sfregarsi, strofinarsi, strusciarsi **2** (*fig.*) lusingare, adulare, umiliarsi, lisciare.

strisciàta s. f. **1** strisciatura, striscio, strofinamento, strusciamento, strusciatura **2** (*fig.*) adulazione, lisciata.

strìscio s. m. strisciata, strisciatura, strofinamento, strusciamento, strusciatura **FRAS.** *di striscio*, non in pieno, sfiorando.

stritolaménto s. m. tritamento (*raro*), trituramento (*raro*), spezzettamento, spezzettatura, sbriciolamento, sgretolamento, schiacciamento, macinatura, macinazione.

stritolàre v. tr. **1** tritare, triturare, sminuzzare, spezzettare, sbriciolare, sgretolare, polverizzare, schiacciare, macinare, pestare, spappolare, frantumare, infrangere, mandare in pezzi **CONTR.** accomodare, aggiustare, restaurare, riparare, ricomporre, rifare **2** (*fig.*) (*di avversario*) annientare, demolire, screditare **CONTR.** accreditare, avvalorare.

strizzàre v. tr. stringere, comprimere, pigiare, premere, spremere, torcere **CONTR.** bagnare, imbevere, intridere, inzuppare **FRAS.** *strizzare l'occhio*, ammiccare □ *strizza strizza* (*fam., fig.*), in conclusione.

strofinàccio s. m. cencio, canovaccio, straccio.

strofinaménto s. m. fregagione (*pop.*), fregamento, soffregamento (*raro*), sfregamento, sfregata, stropicciamento, stropicciatura, frizione, massaggio □ attrito.

strofinàre A v. tr. fregare, sfregare, soffregare, stropicciare, strusciare, frizionare, massaggiare, lisciare **B strofinarsi** v. intr. pron. **1** strisciarsi, sfregarsi, stropicciarsi **2** (*fig.*) adulare, blandire, incensare, lisciare, piaggiare **CONTR.** umiliare, denigrare, offendere.

strombazzàre A v. tr. vantare, divulgare, far sapere a tutti, snocciolare, spiattellare, spifferare (*fam.*), esaltare **CONTR.** celare (*lett.*), coprire, occultare, nascondere, tacere **B** v. intr. (*raro*) strombettare.

strombettàre v. intr. strombazzare.

stroncàre v. tr. **1** troncare, schiantare, spezzare, spaccare **2** (*fig.*) (*moralmente, fisicamente*) fiaccare, spossare, stremare, sfiancare, slombare (*raro*), abbattere **CONTR.** corroborare, rafforzare, rinforzare, invigorire, rinvigorire **3** (*fig.*) (*di rivolta, di opposizione, ecc.*) reprimere, soffocare, schiacciare **4** (*fig.*) (*di libro, di film, ecc.*) criticare aspramente, demolire, denigrare, censurare, frustare **CONTR.** approvare, elogiare, lodare, vantare.

stroncatùra s. f. **1** troncamento, troncatura (*raro*), spezzamento, spaccamento, spaccatura **2** (*fig.*) (*di libro, di film, ecc.*) critica acerba, demolizione, censura **CONTR.** elogio, lode, apologia, panegirico.

strong /*ingl.* strɔŋ/ [vc. ingl. 'forte, potente'] agg. inv. (*di carta*) forte, resistente **CONTR.** debole, leggero.

strónzo s. m. **1** (*volg.*) sterco, merda (*volg.*) **2** (*fig., volg.*) (*di persona*) stupido, cretino, ignorante, ignorantone **CONTR.** gentiluomo.

stropicciaménto s. m. fregagione (*pop.*), fregamento, soffregamento (*raro*), sfregamento, sfregata, strofinamento, stropicciatura.

stropicciàre A v. tr. **1** strofinare, fregare, sfregare, soffregare, strusciare, massaggiare, frizionare **2** (*dial., fam.*) (*di abiti, di stoffa e* *sim.*) gualcire, sgualcire **CONTR.** lisciare, spianare, stirare, distendere **B stropicciarsi** v. intr. pron. (*pop.*) infischiarsi, disinteressarsi, fregarsene (*volg.*) **CONTR.** interessarsi, curarsi.

stròzza s. f. fauci □ (*est.*) gola, gorgozzule.

strozzàre A v. tr. **1** (*di persona*) strangolare, uccidere strangolando, impiccare **2** (*est.*) impedire il respiro, soffocare **3** (*est.*) (*di conduttura, di passaggio, ecc.*) restringere, ridurre □ (*est.*) impedire, bloccare, ostruire **CONTR.** allargare, ampliare, dilatare **4** (*fig.*) (*di venditore*) far pagare troppo, pelare, spellare, spolpare, spennare, scorticare, mungere, prendere per la gola **B strozzarsi** v. intr. pron. **1** morire strozzato **2** (*per cibo*) soffocare **3** (*di conduttura, di passaggio, ecc.*) restringersi, ridursi □ (*est.*) bloccarsi, ostruirsi **CONTR.** dilatarsi, allargarsi **C** v. rifl. strangolarsi, impiccarsi.

strozzàto part. pass. di **strozzare**; anche agg. **1** strangolato, soffocato, impiccato **2** stretto □ ostruito, bloccato, impedito □ stentato **CONTR.** dilatato, allargato.

strozzatùra s. f. **1** strozzamento, strangolamento, soffocamento **2** (*di conduttura, di passaggio, ecc.*) restringimento, riduzione **CONTR.** allargamento, dilatazione, espansione **3** (*fig., econ.*) stretta, difficoltà.

strozzinàggio s. m. usura □ esosità, sfruttamento.

strozzìno s. m. **1** usuraio, sanguisuga, scortichino **2** (*est.*) esoso, profittatore, sfruttatore **CONTR.** sfruttato □ donatore, benefattore, mecenate.

struggènte part. pres. di **struggere**; anche agg. ardente, vivissimo, tormentoso, doloroso, disperato.

strùggere A v. tr. **1** liquefare, sciogliere, fondere, squagliare, stemperare, disfare **CONTR.** coagulare, condensare, far rapprendere, rassodare, solidificare, concentrare **2** (*fig.*) (*di dolore, di passione, ecc.*) consumare, far soffrire, affliggere, tormentare, addolorare **CONTR.** allietare, confortare, rallegrare **B struggersi** v. intr. pron. **1** fondersi, sciogliersi, liquefarsi, squagliarsi, stemperarsi, disfarsi **CONTR.** coagularsi, condensarsi, rapprendersi, rassodarsi, solidificarsi, concentrarsi **2** (*fig.*) (*di dolore, di passione, ecc.*) consumarsi, logorarsi, affliggersi, ardere, disperarsi, macerarsi, rodersi, smaniare, tormentarsi, essere in ansia **CONTR.** allietarsi, esultare, gioire, giubilare, godere, rallegrarsi.

struggiménto s. m. affanno, ansia, irrequietezza, irrequietudine, macerazione, rovello, smania, tormento □ brama, desiderio, passione **CONTR.** appagamento, contentezza, gioia, gaudio, giubilo, godimento, placamento (*raro*), sfogo, soddisfazione.

strumentàle agg. **1** (*mus.*) **CONTR.** vocale **2** utensile □ utilizzabile □ pratico, funzionale.

strumentalizzàre v. tr. servirsi, sfruttare, utilizzare **CONTR.** trascurare.

struménto s. m. **1** (*gener.*) apparecchio, arnese, attrezzo, congegno, dispositivo, ferro, macchina, meccanismo, ordigno, organo **2** (*fig.*) (*per uno scopo*) mezzo, intermediario, mediatore, tramite **3** atto notarile, atto pubblico, scrittura.

strusciàre A v. tr. e intr. **1** strofinare, fregare, sfregare, soffregare, stropicciare □ consumare, logorare, rovinare, sciupare **CONTR.** battere, percuotere, picchiare **2** (*fig.*) adulare, lisciare, piaggiare **CONTR.** denigrare, insultare, offendere **B strusciarsi** v. rifl. strofinarsi, sfregarsi.

strùtto A part. pass. di **struggere**; anche agg. liquefatto, sciolto, squagliato **CONTR.** coagulato, condensato, indurito, rassodato, solidificato **B** s. m. (*gener.*) grasso fuso, sugna.

struttùra s. f. **1** (*di materia*) composizione, costituzione, complessione, compagine, insieme, forma, organismo, ossatura **2** (*est.*) (*di lingua, di romanzo, ecc.*) disposizione, ordine, assetto, sistemazione, architettura, organizzazione.

strutturàle agg. costitutivo, organico.

strutturalménte avv. costituzionalmente, complessivamente, organicamente.

strutturàre v. tr. dare una struttura, organizzare, disporre, ordinare **CONTR.** distruggere, scompaginare.

strutturàto part. pass. di **strutturare**; anche agg. organizzato, disposto, ordinato.

strutturazióne s. f. assetto, disposizione, organizzazione, sistemazione, architettura.

strùzzo s. m. (*zool.*) **FRAS.** *struzzo d'America*, nandù □ *struzzo australiano*, emù □ *avere lo stomaco di struzzo* (*fig.*), digerire tutto □ *fare la politica dello struzzo* (*fig.*), fingere di ignorare.

stuccàre v. tr. **1** turare, rivestire **2** decorare con stucchi.

stucchévole agg. **1** nauseante, nauseabondo, disgustoso **CONTR.** appetitoso, stimolante, stuzzicante **2** (*fig.*) fastidioso, noioso, tedioso, sdolcinato, smaccato **CONTR.** gradevole, piacevole, ameno.

studentàto s. m. collegio □ educandato.

studènte s. m. alunno, allievo, discente, discepolo, scolaro, educando **CONTR.** maestro, docente, professore, insegnante, istitutore, istruttore, pedagogo.

studiàre A v. tr. **1** applicarsi mentalmente, dedicarsi allo studio, coltivare gli studi, cercare di conoscere, imparare, apprendere, addottrinarsi, stare curvo sui libri, stare a tavolino **2** (*ass.*) seguire gli studi, andare a scuola, frequentare gli studi **3** (*di argomento, di problema, ecc.*) esaminare, indagare, meditare, cercare, ricercare, osservare, approfondire □ preparare, progettare **4** (*di situazione, di contegno, ecc.*) ponderare, misurare, controllare **B** v. intr. e **studiarsi** intr. pron. industriarsi, sforzarsi, ingegnarsi, cercare, fare in modo, adoperarsi **C** v. rifl. osservarsi, esaminarsi, contemplarsi.

studiàto part. pass. di **studiare**; anche agg. **1** imparato, appreso, conosciuto **2** (*di argomento, di problema, ecc.*) esaminato, indagato, meditato, cercato, osservato □ preparato, progettato **3** (*di contegno, di discorso, ecc.*) meditato, artificioso, manierato, affettato, non spontaneo, ricercato CONTR. naturale, spontaneo, semplice, rozzo, rude.

stùdio s. m. **1** applicazione mentale □ apprendimento **2** scuola, scuole **3** (*di argomento, di problema, ecc.*) indagine, meditazione, ricerca, riflessione, osservazione, speculazione □ scritto, monografia, saggio **4** (*di costruzione, di opera artistica, ecc.*) progetto, disegno, preparazione, lavoro preparatorio, esercizio, bozzetto **5** (*lett.*) cura, diligenza, sollecitudine, premura, impegno, attenzione, zelo CONTR. negligenza, pigrizia, trascuratezza, disattenzione **6** (*di locale*) stanza da studio, biblioteca □ ufficio □ laboratorio, atelier (*fr.*) **7** (*nel medioevo*) università, ateneo **8** (*cine., tv.*) teatro di posa, sala di ripresa.

studiosaménte avv. diligentemente, premurosamente, attentamente, sollecitamente, zelantemente CONTR. negligentemente, pigramente, trascuratamente.

studióso A agg. **1** diligente, volonteroso, zelante □ sgobbone, secchione (*fam.*) CONTR. negligente, pigro, disattento, distratto, svogliato □ asino, somaro **2** (*raro, lett.*) premuroso, sollecito, zelante **B** s. m. uomo colto, uomo di cultura, intellettuale, testa d'uovo, specialista, specializzato, cultore, conoscitore, amatore, appassionato CONTR. dilettante, superficiale, ignaro, inesperto, profano.

stufàre A v. tr. **1** cuocere lentamente **2** (*fig., fam.*) annoiare, infastidire, seccare, saziare, scocciare (*fam.*), stuccare, tediare, rompere le scatole (*fam.*) CONTR. divertire, dilettare, interessare, rallegrare, sollazzare **B stufarsi** v. intr. pron. (*fig., fam.*) annoiarsi, infastidirsi, seccarsi, scocciarsi (*fam.*), stuccarsi, tediarsi, rompersi le scatole (*fam.*) CONTR. divertirsi, dilettarsi, interessarsi, rallegrarsi, sollazzarsi.

stufàto A part. pass. di **stufare**; anche agg. **1** cotto lentamente **2** stufo (*fam.*), stanco, seccato, infastidito CONTR. divertito, rallegrato, contento **B** s. m. (*di vivanda*) stracotto, spezzatino.

stùfo agg. (*fam.*) annoiato, infastidito, seccato, scocciato (*fam.*), nauseato, sazio, stucco, tediato CONTR. allietato, dilettato, divertito, interessato, rallegrato, sollazzato □ desideroso, avido, bramoso.

stunt-man /*ingl.* 'stʌnt mən/ [vc. ingl., propriamente 'uomo (*man*) di destrezza, di acrobazia (*stunt*)'] s. m. inv. (*cine., sport*) cascatore, saltatore □ controfigura.

stuòia s. f. graticcio, canniccio □ stoino, zerbino.

stuòlo s. m. (*gener.*) schiera, moltitudine, folla, falange, stormo, quantità, massa, mucchio (*pop.*).

stupefacènte A part. pres. di **stupefare**; anche agg. sorprendente, sbalorditivo, strabiliante, incredibile, meraviglioso, mirabile, straordinario, eccezionale, miracoloso CONTR. comune, naturale, normale, ordinario, solito, usuale **B** s. m.; anche agg. droga, narcotico □ sonnifero, ipnotico □ calmante □ eccitante.

stupefàre A v. tr. meravigliare, strabiliare, stupire, sbalordire, sorprendere, sbigottire, intontire CONTR. lasciare impassibile, lasciare indifferente **B** v. intr. e **stupefarsi** intr. pron. (*raro*) rimanere attonito, meravigliarsi, stupirsi, sorprendersi CONTR. rimanere indifferente.

stupefàtto part. pass. di **stupefare**; anche agg. pieno di stupore, stupito, meravigliato, sbalordito, sorpreso, strabiliato, sbigottito, stordito, intontito, attonito, confuso, intronato, trasecolato (*raro*), pietrificato CONTR. impassibile, indifferente, insensibile, freddo, imperturbabile, abulico.

stupefazióne s. f. stupore, meraviglia, sbalordimento, sorpresa, sbigottimento, trasecolamento (*raro*) CONTR. impassibilità, indifferenza, insensibilità, disinteresse, freddezza, noncuranza, abulia.

stupendaménte avv. meravigliosamente, mirabilmente, ammirabilmente, ammirevolmente, sorprendentemente, straordinariamente, eccezionalmente.

stupèndo agg. meraviglioso, mirabile, ammirabile, ammirevole, bellissimo, incantevole, inebriante, sbalorditivo, sorprendente, strabiliante, straordinario, eccezionale, coi fiocchi, da luna (*gerg.*) CONTR. bruttissimo, orrendo, orribile, orrido, nauseante, disgustoso, repellente, ripugnante, schifoso.

stupidàggine s. f. **1** stupidità, sciocchezza, stoltezza, idiozia, cretinata, balordaggine, baggianata **2** (*est.*) inezia, bagattella, bazzecola, quisquilia.

stupidaménte avv. scioccamente, stoltamente, cretinamente, balordamente CONTR. intelligentemente, saggiamente, astutamente, scaltramente.

stupidità s. f. sciocchezza, stoltezza, idiozia, cretineria CONTR. intelligenza, saggezza □ astuzia, scaltrezza.

stùpido agg.; anche s. m. sciocco, imbecille, idiota, cretino, deficiente, scimunito, stolido, stolto, grullo, gonzo, tonto, babbeo, coglione (*volg.*) CONTR. intelligente, sveglio, scaltro, astuto, furbo □ equilibrato, assennato.

stupìre A v. tr. riempire di stupore, meravigliare, sorprendere, incantare, stordire, strabiliare, stupefare CONTR. lasciare impassibile, lasciare indifferente **B** v. intr. e **stupirsi** intr. pron. restare attonito, meravigliarsi, stupefarsi, sorprendersi, strabiliarsi, incantarsi, trasecolare, restare di sasso, restare di stucco **CONTR.** restare impassibile, restare indifferente.

stupito part. pass. di **stupire**; anche agg. meravigliato, attonito, stupefatto, sorpreso, strabiliato, incantato, trasecolato, di stucco **CONTR.** impassibile, freddo, indifferente, insensibile, disinteressato, incurante.

stupóre s. m. meraviglia, sorpresa, sbalordimento, stordimento, stupefazione, sbigottimento, trasecolamento (*raro*), estasi, rapimento, impressione **CONTR.** impassibilità, indifferenza, insensibilità, disinteresse, freddezza, noncuranza.

stupràre v. tr. violentare.

stupratóre s. m. violentatore.

stùpro s. m. violenza (sessuale).

sturàre A v. tr. **1** (*di bottiglia, di botte e sim.*) aprire, stappare **CONTR.** tappare, chiudere **2** (*di tubatura, di vasca, ecc.*) liberare, sgorgare, stasare **CONTR.** occludere, otturare, ingorgare, intasare **B sturarsi** v. intr. pron. stapparsi.

stuzzicadènti s. m. **1** stecchino **2** (*fig.*) (*di persona*) chiodo (*fig.*), stoccafisso (*fig.*), allampanato **CONTR.** grassone, ciccione.

stuzzicànte part. pres. di **stuzzicare**; anche agg. eccitante, stimolante, allettante, appetitoso, piacevole, seducente □ pepato, pruriginoso **CONTR.** disgustoso, nauseante, nauseabondo, repellente, ributtante, ripugnante, schifoso, stomachevole.

stuzzicàre v. tr. **1** frugare leggermente, toccare insistentemente, pungere, punzecchiare, titillare, vellicare **2** (*fig.*) (*di persona o animale*) molestare, irritare, provocare, punzecchiare, tormentare, infastidire, seccare, scocciare (*fam.*), tediare **CONTR.** lasciare in pace **3** (*fig.*) (*di appetito, di curiosità, ecc.*) stimolare, eccitare, incitare, istigare, spingere, destare, risvegliare, accendere, aguzzare, suscitare **CONTR.** calmare, contenere, frenare, placare, sedare, trattenere.

stuzzicàto part. pass. di **stuzzicare**; anche agg. **1** toccato insistentemente, punzecchiato, titillato **2** (*fig.*) (*di persona o animale*) molestato, irritato, provocato, tormentato, infastidito, seccato, scocciato (*fam.*) **CONTR.** calmato, placato **3** (*fig.*) (*di appetito, di curiosità, ecc.*) stimolato, eccitato, incitato, istigato, risvegliato, acceso **CONTR.** calmato, frenato, contenuto, placato.

stuzzichino s. m. (*dial.*) cibo appetitoso, leccornia, manicaretto □ tartina, salatino □ spuntino.

su A prep. che introduce diverse determinazioni **1** (*di luogo*) sopra □ contro, verso **CONTR.** sotto **2** (*d'argomento*) riguardo a, intorno a **3** (*di tempo, età, stima, prezzo, peso, misura*) circa **B** avv. in alto, verso l'alto □ (*est.*) al piano superiore **CONTR.** sotto, giù □ al piano inferiore.

suadènte agg. (*lett.*) lusinghiero, allettante, avvincente, invitante, persuasivo, suasivo (*lett.*), suggestivo **CONTR.** dissuasivo, scoraggiante.

sub s. m. inv. sommozzatore, subacqueo □ uomo-rana □ palombaro.

subàcqueo A agg. (*di pianta, di cavo, ecc.*) posto sott'acqua, vivente sott'acqua **CONTR.** sopracqueo, superficiale **B** s. m. sub, sommozzatore □ palombaro.

subaltèrno agg. e s. m. dipendente, inferiore, in sott'ordine, soggetto, sottomesso, sottoposto, subordinato, gregario **CONTR.** dirigente, superiore, capo, principale, padrone □ indipendente.

subbùglio s. m. confusione, disordine, scompiglio, tumulto, fermento, trambusto, agitazione, putiferio, casino (*pop.*), bordello (*pop.*) **CONTR.** ordine, calma, pace, placidità, quiete, riposo, serenità, stasi, tranquillità.

subcònscio agg.; anche s. m. subcosciente, subcoscienza.

subcosciènte agg.; anche s. m. subconscio, subcoscienza.

subdolaménte avv. falsamente, ambiguamente, astutamente, ipocritamente, slealmente, sinistramente **CONTR.** apertamente, francamente, lealmente, onestamente, rettamente, schiettamente, sinceramente.

sùbdolo agg. falso, ambiguo, astuto, fraudolento (*lett.*), ingannatore, ingannevole, impostore, ipocrita, losco, infido, malfido, sleale, sinistro, sornione, torbido **CONTR.** aperto, franco, fido (*lett.*), fidato, leale, onesto, schietto, sincero, probo, retto.

subentrànte part. pres. di **subentrare**; anche agg. e s. m. sostituto, sostitutore (*raro*), successore.

subentràre v. intr. sottentrare, succedere, rimpiazzare, sostituire, soppiantare **CONTR.** andarsene.

subìre v. tr. assoggettarsi, sottostare, sottoporsi, essere sottoposto □ soffrire, sopportare, sostenere, tollerare **CONTR.** reagire, ribellarsi, opporsi.

subissàre A v. tr. **1** inabissare, sprofondare, rovinare, far precipitare **CONTR.** innalzare, rialzare, sollevare, risollevare **2** (*fig.*) (*di doni, di richieste, ecc.*) colmare, riempire, ricoprire, sommergere, tempestare **B** v. intr. (*raro*) sprofondare, precipitare.

subitaneaménte avv. improvvisamente, subitamente (*raro*), repentinamente, subito **CONTR.** meditatamente, premeditatamente.

subitàneo agg. repentino, improvviso □ impulsivo, involontario **CONTR.** lento, tardo □ meditato, premeditato, pensato, preparato, preordinato.

sùbito avv. **1** immediatamente, all'istante, senza indugio, immantinente (*lett.*), prontamente, di colpo, sul momento, improvvisamente, in un attimo, lì per lì, ipso facto (*lat.*) **CONTR.** poi, dopo, in seguito, più tardi, successiva-

mente, col tempo, lentamente **2** (*est.*) in brevissimo tempo, prestissimo **FRAS.** *subito che* (*lett.*, *pop.*), non appena.
sublimazióne (1) s. f. glorificazione, nobilitazione, esaltazione, trasfigurazione **CONTR.** abbassamento, denigrazione, depressione, biasimo, critica.
sublimazióne (2) s. f. (*chim.*) purificazione, raffinamento, volatilizzazione.
sublìme A agg. **1** (*lett.*) altissimo, elevatissimo, eccelso **CONTR.** basso, bassissimo, infimo **2** (*fig.*) illustre, nobile, eccelso, eccellente, insigne, eminente, grandissimo, sommo, impareggiabile, sovrano, soprannaturale, celeste, divino, sovrumano, magnifico, splendido **CONTR.** abietto, basso, mediocre, meschino, ignobile, indegno, spregevole, volgare **B** s. m. solo sing. sublimità, massimo grado **CONTR.** infimo grado, abiezione.
sublimità s. f. altezza, eccellenza, elevatezza, magnificenza, nobiltà, sommità **CONTR.** abiezione, bassezza, indegnità, mediocrità, meschinità, spregevolezza, volgarità.
subnormàle agg.; anche s. m. ipodotato, ritardato, andicappato, handicappato **CONTR.** normale, intelligente, iperdotato.
subodoràre v. tr. presentire, intuire, indovinare, fiutare, sospettare, temere.
subordinàre v. tr. far dipendere, assoggettare, sottomettere, sottoporre **CONTR.** anteporre, preporre, preferire.
subordinàta s. f. (*ling.*) **CONTR.** principale, reggente.
subordinataménte avv. in dipendenza da, dipendentemente da □ in modo subordinato **CONTR.** indipendentemente da.
subordinàto A part. pass. di **subordinare**; anche agg. **1** disciplinato, ubbidiente, rispettoso, ossequente **CONTR.** insubordinato, indisciplinato, disubbidiente, ribelle, refrattario, restio **2** dipendente, inferiore, soggetto, sottomesso, sottoposto, subalterno **CONTR.** dirigente, superiore □ indipendente, autonomo **3** (*ling.*) ipotattico, dipendente **CONTR.** paratattico, indipendente **B** s. m. dipendente, impiegato, gregario **CONTR.** capo, dirigente, padrone, principale.
subordinazióne s. f. **1** dipendenza, inferiorità, soggezione, sottomissione, ubbidienza **CONTR.** indipendenza, autonomia □ reazione, ribellione, disubbidienza **2** (*ling.*) ipotassi, dipendenza **CONTR.** paratassi.
subsidènza s. f. (*geol.*) abbassamento, bradisismo positivo **CONTR.** sollevamento, innalzamento, bradisismo negativo.
substràto *V.* **sostrato**.
suburbàno agg. del suburbio, periferico **CONTR.** cittadino, metropolitano.
subùrbio s. m. periferia, hinterland (*ted.*), sobborgo, banlieue (*fr.*) **CONTR.** città, metropoli, centro.
succèdere A v. intr. **1** (*di persona*) subentrare, sottentrare, sostituire, supplire, surrogare, rimpiazzare, prendere il posto, entrare nel posto, ereditare **2** (*di effetto, di pensiero, ecc.*) venire dopo, seguire, conseguire, derivare **CONTR.** precedere, venir prima **3** (*di fatto, di avvenimento, ecc.*) avvenire, accadere, capitare, darsi, sopraggiungere, sopravvenire **B succedersi** v. intr. pron. susseguirsi, venire l'uno dopo l'altro.
succedùto part. pass. di **succedere**; anche agg. **1** (*di persona*) subentrato, sottentrato **2** (*di effetto, di pensiero, ecc.*) seguito, derivato **CONTR.** precedente **3** (*di fatto, di avvenimento, ecc.*) avvenuto, accaduto, capitato, sopraggiunto, sopravvenuto.
successióne s. f. **1** (*dir.*) sostituzione, surroga □ eredità **2** (*di fatti, di numeri, ecc.*) ordine, serie, sequela, continuazione, concatenazione, fila, filza, progressione.
successivaménte avv. **1** in ordine successivo, progressivamente **2** in seguito, poi, dopo, quindi **CONTR.** prima, precedentemente.
successìvo agg. consecutivo, seguente, susseguente, posteriore **CONTR.** anteriore, antecedente, precedente.
succèsso (1) part. pass. di **succedere**; anche agg. **1** (*di persona*) sottentrato, subentrato **2** (*di fatto, di avvenimento, ecc.*) accaduto, avvenuto, capitato, sopraggiunto, sopravvenuto.
succèsso (2) s. m. **1** (*ant.*) avvenimento, evento, caso, fatto, avventura **2** (*buono, cattivo, ecc.*) esito, risultato, riuscita **3** (*ass.*) (*di artista, di film, ecc.*) esito favorevole, favore, buon risultato, trionfo, fortuna, frutto, ottima riuscita **CONTR.** insuccesso, fallimento, fiasco, smacco.
successóre s. m.; anche agg. (f. *succeditrice*) subentrante, sostitutore (*raro*) □ erede, figlio, discendente.
succhiàre v. tr. **1** (*di persona o animale*) suggere (*lett.*) □ poppare, ciucciare (*fam.*), tettare (*region.*) □ lambire, leccare **CONTR.** sputare, espellere, rigettare, vomitare **2** (*di cosa*) assorbire, attrarre, imbeversi **3** (*di bevanda*) sorbire, sorseggiare, centellinare, libare (*lett.*) **CONTR.** ingollare, ingurgitare, tracannare **4** (*fig.*) (*di venditore, di usuraio, ecc.*) sfruttare, pelare, spennare, scorticare, dissanguare, mungere, spremere, strozzare.
succhièllo s. m. trapano, trivella, foratoio, menarola, allargatoio.
succhiòtto s. m. tettarella, ciuccio (*fam.*).
succìnto agg. **1** (*raro, lett.*) (*di veste*) legato alla vita, sollevato **2** (*di abito*) corto, scollato □ provocante **CONTR.** lungo, accollato **3** (*fig.*) (*di resoconto, di relazione e sim.*) breve, conciso, compendioso, sintetico, concettoso, laconico, riassuntivo **CONTR.** analitico, abbondante, diffuso, esteso, lungo, prolisso.
sùcco s. m. **1** (*di frutta e sim.*) sugo, liquido,

umore, linfa **2** (*fig.*) (*di discorso, di scritto e sim.*) sostanza, essenza, parte essenziale, spirito, sugo.

succóso agg. **1** (*di frutto, di condimento, ecc.*) sugoso, succulento, saporoso **CONTR.** asciutto, stopposo, secco, tiglioso **2** (*fig.*) (*di discorso, di scritto, ecc.*) sostanzioso, ricco, interessante □ conciso, denso, condensato, essenziale **CONTR.** mediocre, povero, scadente.

sùccube o **sùccubo** s. m. e f. dominato, soggetto, sottomesso, sottoposto, schiavo **CONTR.** dominatore, padrone.

succulènto agg. **1** (*di frutto e sim.*) sugoso, succoso **2** (*est.*) (*di cibo, di scritto, ecc.*) gustoso, sostanzioso, saporito, eccellente, squisito **CONTR.** scipito, insapore, disgustoso, ripugnante, nauseante, nauseabondo, scadente.

succursàle s. f. (*di società, di scuola, ecc.*) sede secondaria, dipendenza, filiale **CONTR.** centrale.

sud s. m. inv. mezzogiorno, meridione, austro, ostro (*lett.*) **CONTR.** nord, mezzanotte.

sudàre A v. intr. **1** emettere sudore, traspirare, trasudare □ grondare, disfarsi **2** (*fig.*) affaticarsi, lavorare molto, penare, sforzarsi, sgobbare **CONTR.** oziare, poltrire, bighellonare, stare in panciolle, stare con le mani in mano **B** v. tr. **1** trasudare **2** guadagnarsi con fatica **3** (*di sangue, di fatica, ecc.*) affaticarsi, penare.

sudàrio s. m. panno, pannolino, asciugatoio.

sudàta s. f. **1** emissione di sudore **2** (*est.*) fatica, sforzo, sgobbata.

sudatìccio agg. alquanto sudato, molliccio, molle.

sudàto part. pass. di **sudare**; anche agg. **1** bagnato di sudore, grondante di sudore, madido, molle, fradicio **CONTR.** asciutto **2** (*fig.*) fatto con fatica, guadagnato con fatica, sofferto.

suddétto agg. anzidetto, sopraddetto, predetto, succitato, summenzionato, sunnominato, sullodato, surricordato (*raro*), surriferito (*raro*), sopraindicato, preannunciato, precitato.

sudditànza s. f. dipendenza, giogo, schiavitù, soggezione, sottomissione, subordinazione, vassallaggio **CONTR.** autonomia, indipendenza, sovranità, padronanza.

sùddito s. m. dipendente, soggetto, sottomesso, sottoposto, subordinato, tributario, vassallo **CONTR.** autonomo, indipendente □ capo, comandante, padrone, superiore, dirigente, re, sovrano.

suddivìdere v. tr. dividere, ripartire, spartire **CONTR.** raggruppare, riunire, congiungere, unificare.

suddivisìbile agg. divisibile, frazionabile, separabile **CONTR.** indivisibile, inseparabile.

suddivisióne s. f. divisione, ripartizione, frazionamento, distinzione, spartizione **CONTR.** raggruppamento, riunione, congiunzione, unificazione.

suddivìso part. pass. di **suddividere**; anche agg. diviso, ripartito, spartito, frazionato **CONTR.** riunito, unificato.

sudicerìa s. f. sporcizia, sudiciume, porcheria, lerciume, luridezza (*raro*), luridume, immondizia, schifezza, schifosità, sordidezza **CONTR.** pulizia, pulitezza (*raro*), nettezza, mondezza (*lett.*), lindezza, lindura (*lett.*).

sùdicio A agg. **1** imbrattato, sporco, lercio, lurido, lordo, macchiato, unto, bisunto, immondo, sordido **CONTR.** pulito, mondo, netto, lindo, immacolato, terso **2** (*fig.*) disonesto, turpe, immorale, spregevole, indecente, sconcio, osceno, brutto, inverecondo, laido (*lett.*), scurrile **CONTR.** pulito, onesto, morale, decente, puro, pudico, verecondo **B** s. m. solo sing. sudiciume, sporco **CONTR.** pulizia, pulito.

sudiciùme s. m. **1** lerciume, luridume, porcheria, sozzura, sporcizia **CONTR.** pulizia, lindezza (*raro*), lindura, mondezza (*lett.*), nettezza **2** (*fig.*) immoralità, disonestà, oscenità, sconcezza **CONTR.** moralità, onestà, pudicizia, purezza.

sudìsta s. m. e f.; anche agg. **1** (*stor.*) confederato, secessionista **CONTR.** nordista, unionista **2** (*est.*) meridionale **CONTR.** settentrionale.

sudorazióne s. f. sudore, traspirazione.

sudóre s. m. **1** traspirazione, sudorazione **2** (*fig.*) fatica, lavoro, sforzo.

sufficiènte A agg. **1** bastante, bastevole, necessario, occorrente □ adatto, atto, idoneo, adeguato, capace **CONTR.** insufficiente, manchevole, scarso □ inadatto, inadeguato, inidoneo **2** (*di aria, di atteggiamento e sim.*) borioso, presuntuoso, altezzoso, altero, saccente, sostenuto, sussiegoso, spocchioso **CONTR.** modesto, riservato, riguardoso, semplice, spontaneo, umile **B** s. m. solo sing. ciò che basta, necessario.

sufficienteménte avv. a sufficienza, quanto basta, abbastanza, bastevolmente **CONTR.** insufficientemente, manchevolmente.

sufficiènza s. f. **1** bastevolezza (*ant.*), idoneità **CONTR.** insufficienza, inidoneità **2** (*fig.*) (*di persona*) presunzione, boria, alterezza, altezzosità, saccenteria, sicumera, sostenutezza, spocchia, sussiego, aria, importanza **CONTR.** modestia, riguardo, riservatezza, semplicità, spontaneità, umiltà.

suffìsso s. m. **CONTR.** prefisso.

suffragàre v. tr. **1** (*lett.*) aiutare, favorire, giovare, appoggiare, sostenere, convalidare **CONTR.** avversare, contrastare, opporsi, ostacolare, disapprovare, deplorare **2** (*di anime dei morti*) raccomandare a Dio.

suffràgio s. m. **1** voto **2** (*lett.*) parere favorevole, approvazione, favore **CONTR.** biasimo, disapprovazione, denigrazione **3** (*est.*) aiuto, appoggio, rimedio, sostegno □ convalida, prova **CONTR.** contrasto, opposizione, ostacolo **4** (*per i morti*) preghiera, opera di carità.

suffumìgio s. m. fumigazione, vaporizzazione, inalazione.

suggellàre v. tr. **1** (*lett.*) (*di lettera, di plico, ecc.*) sigillare, chiudere **CONTR.** dissuggellare, dissigillare **2** (*fig.*) (*di patto, di amicizia, ecc.*) confermare, concludere, ratificare, sancire, sanzionare **CONTR.** disfare, disdire, rompere, sciogliere.

suggellàto part. pass. di **suggellare**; anche agg. **1** (*lett.*) (*di lettera, di plico, ecc.*) chiuso, sigillato **CONTR.** dissuggellato, aperto **2** (*fig.*) (*di patto, di amicizia, ecc.*) confermato, ratificato, concluso, sancito **CONTR.** rotto, sciolto.

suggeriménto s. m. consiglio, avvertimento, imbeccata, indicazione, ispirazione, indettatura (*raro*), esortazione, proposta.

suggerìre v. tr. **1** rammentare, far ricordare, richiamare alla mente, avvertire, dare l'imbeccata, indicare, ispirare, dettare **2** consigliare, esortare, persuadere, proporre **CONTR.** comandare, imporre, intimare, ordinare.

suggerìto part. pass. di **suggerire**; anche agg. **1** rammentato, ricordato, ispirato, richiamato alla mente **2** consigliato, proposto **CONTR.** comandato, imposto.

suggeritóre s. m. (f. *-trice*) esortatore, ispiratore, consigliatore (*raro*), consigliere □ rammentatore (*raro*).

suggestionàbile agg. impressionabile, emotivo, influenzabile **CONTR.** freddo, impassibile, indifferente.

suggestionabilità s. f. impressionabilità, emotività **CONTR.** freddezza, impassibilità, indifferenza.

suggestionàre A v. tr. **1** impressionare, indurre, influire, influenzare, eccitare, incitare, istigare, sobillare, subornare, spingere, stimolare, metter su **2** ipnotizzare, magnetizzare, plagiare **B suggestionarsi** v. intr. pron. impressionarsi, turbarsi, restare colpito.

suggestionàto part. pass. di **suggestionare**; anche agg. **1** colpito, impressionato, scosso, turbato, shoccato, scioccato **CONTR.** freddo, impassibile, indifferente **2** ipnotizzato, magnetizzato, plagiato.

suggestióne s. f. **1** (*est.*) istigazione, suggerimento, insinuazione, ispirazione, sobillazione, subornazione, spinta, stimolo **2** (*fig.*) fascino, impressione, incanto, malia, magia.

suggestivaménte avv. fascinosamente, meravigliosamente, straordinariamente **CONTR.** disgustosamente, negativamente.

suggestivo agg. (*fig.*) allettante, attraente, bello, affascinante, fascinoso, eccitante, incantevole, meraviglioso, splendido, straordinario, stimolante **CONTR.** brutto, orrendo, orrido, orribile, disgustoso, nauseante, repellente, ripugnante.

sùghero s. m. (*est.*) tappo, turacciolo □ galleggiante.

sùgo s. m. **1** (*di frutto, di erba, ecc.*) succo, spremitura, umore **2** (*di vivanda*) condimento, intingolo, salsa **3** (*fig.*) (*di discorso di scritto e sim.*) sostanza, essenza, idea fondamentale, senso, significato essenziale, costrutto, spirito **4** (*est.*) gusto, soddisfazione.

sugóso agg. **1** (*di frutto e sim.*) ricco di sugo, succoso, umido, succulento **CONTR.** arido, asciutto, secco, stopposo **2** (*fig.*) (*di discorso, di scritto e sim.*) sostanzioso, vigoroso, espressivo, significante, significativo **CONTR.** insignificante, inespressivo, insulso, insipido, scialbo.

suicidàrsi v. rifl. **1** ammazzarsi, uccidersi, togliersi la vita, sopprimersi, darsi la morte **2** (*fig.*) danneggiarsi, rovinarsi.

suicìdio s. m. (*fig.*) danno, rovina.

sui generis /*lat.* 'sui 'dʒɛneris/ [loc. lat., propriamente 'di suo proprio genere'] loc. agg. inv. singolare, particolare □ curioso, strano **CONTR.** normale, comune.

suìno A agg. porcino **B** s. m. maiale, porco.

suite /*fr.* sɥit/ [vc. fr., propriamente 'seguito', da *suivre* 'seguire'] s. f. inv. **1** (*mus.*) serie (di pezzi musicali) **2** (*di avvenimenti*) succedersi, seguito, fila **3** (*di albergo*) appartamento.

sulfùreo agg. solforoso.

sultàno s. m. (*stor.*) imperatore turco □ califfo **FRAS.** *vita da sultano* (*fig., scherz.*), vita lussuosa, vita sfarzosa.

sùmma [dal lat. mediev. *summa(m)* 'compendio'] s. f. (*est.*) raccolta sistematica, trattazione, compendio.

summit /*ingl.* 'sʌmit/ [vc. ingl., propriamente 'sommità, cima'] s. m. inv. vertice, riunione al vertice, incontro al vertice.

sùnto s. m. compendio, riassunto, sommario, riduzione, riepilogo, epitome, condensato **CONTR.** ampliamento, analisi, esposizione minuta.

suntuóso e deriv. *V.* **sontuoso** e deriv.

sùo agg. e pron. poss. di terza pers. sing. **1** di lui, di lei, di essi, di esse, di loro (*pop.*) **CONTR.** altrui **2** particolare, peculiare, proprio **CONTR.** comune, generale, universale **3** consueto, solito **CONTR.** inconsueto, insolito **4** adatto, conveniente, opportuno □ corrispondente, relativo, correlativo **CONTR.** disadatto, inadatto, inopportuno **5** (*al pl.*) familiari, parenti, cari **FRAS.** *stare sulle sue*, non dare confidenza □ *dire la sua*, dire la propria opinione.

suòcera s. f. (*fig., fam.*) donna autoritaria □ bisbetica.

suòlo s. m. **1** superficie, parte superficiale, strato superficiale, impiantito, pavimento, terra, terreno **2** fondo, piano, parte inferiore **3** (*fig., lett.*) luogo, paese.

suonàre A v. tr. **1** (*di allarme, di ore, ecc.*) annunciare, dare il segno, dare il segnale **2** (*di musica*) interpretare, eseguire **3** (*spreg.*) (*di strumento*) strimpellare **4** (*di strumenti a corda*) pizzicare **5** (*di campanello*) premere, pigiare □ tirare **6** (*fam.*) picchiare, percuotere, bastonare **B** v. intr. **1** (*di campana, di telefono,* *ecc.*) mandare un suono, trillare, squillare, tintinnare □ (*di sirena*) fischiare **2** (*di ore, a festa, ecc.*) rintoccare, battere, scoccare **3** (*lett.*) (*di fischi, di urla, ecc.*) risuonare, rimbombare **4** (*di orchestra, di musicista, ecc.*) dare concerto, esibirsi **C** v. tr. e intr. (*lett.*) (*di parole, di discorso e sim.*) significare, esprimere, voler dire.

suonàta s. f. **1** composizione strumentale, concerto, serenata, mattinata, toccata, fuga, ballata, fantasia **2** (*fam.*) spesa forte, conto salato, mazzata, batosta **3** (*fam.*) imbroglio, truffa **4** (*fam.*) bastonatura.

suonàto part. pass. di **suonare**; anche agg. **1** emesso mediante uno strumento **2** compiuto, finito, passato **3** (*fig.*) imbrogliato, ingannato **4** (*fig.*) rimbambito.

suonatóre s. m. (f. *-trice*) musicante, musico, esecutore **CFR.** pianista, violinista, flautista, violoncellista, concertista, solista, strumentista, chitarrista, professore d'orchestra.

suòno s. m. **1** (*est.*) armonia, melodia, consonanza, concento (*lett.*) □ rumore, voce, risonanza, vibrazione, squillo **CONTR.** pace, quiete, silenzio **2** tono, tonalità **3** parola, voce □ discorso **4** (*ling.*) fonema **5** (*poet.*) fama.

suòra s. f. **1** (*poet.*) sorella **2** monaca, religiosa **3** (*fig., fam.*) scaldino da letto.

sùper A in funzione di agg. inv. eccellente, superiore **B** in funzione di s. f. inv. (*fam.*) benzina super, supercarburante.

superàbile agg. oltrepassabile, sormontabile, sorpassabile, vincibile **CONTR.** insormontabile, insuperabile, invincibile, inarrivabile.

superaffollàto agg. affollatissimo **CONTR.** vuoto.

superalimentazióne s. f. supernutrizione, iperalimentazione, ipernutrizione **CONTR.** sottoalimentazione, iponutrizione.

superaménto s. m. sormontamento (*raro*), sorpasso □ vittoria **CONTR.** sconfitta.

superàre v. tr. **1** essere superiore, distinguersi, eccellere, eclissare, emergere, offuscare, oscurare, precedere, essere più bravo, essere più valente, battere, vincere □ eccedere, soverchiare, trascendere **CONTR.** essere inferiore, rimanere al disotto, perdere, soggiacere, sottostare **2** (*di luogo, di tempo, ecc.*) andare oltre, oltrepassare, sorpassare □ percorrere, traversare **3** (*fig.*) (*di esame, di crisi, ecc.*) affrontare vittoriosamente, sostenere felicemente, uscire senza danno **CONTR.** essere sconfitto, essere bocciato, perdere.

superàto part. pass. di **superare**; anche agg. **1** battuto, vinto, sopraffatto **CONTR.** insuperato, vincitore, vittorioso **2** non più valido, non più attuale, antiquato, sorpassato, fuori moda, out (*ingl.*) **CONTR.** attuale, nuovo, recente, aggiornato, alla moda, in (*ingl.*), up-to-date (*ingl.*).

superbaménte avv. **1** (*comportarsi*) alteramente, altezzosamente, boriosamente, burbanzosamente, presuntuosamente, protervamente **CONTR.** dimessamente, modestamente, umilmente □ discretamente, riguardosamente, riservatamente, semplicemente **2** (*preparare, arredare, ecc.*) fastosamente, grandiosamente, sontuosamente, magnificamente, meravigliosamente, sfarzosamente, splendidamente, straordinariamente **CONTR.** meschinamente, miseramente, poveramente.

supèrbia s. f. alterezza, alterigia, altezzosità, albagia, arroganza, boria, boriosità (*raro*), burbanza, disdegno, grandigia, iattanza, immodestia, impertinenza, oltracotanza (*lett.*), orgoglio, ostentazione, presunzione, prosopopea, protervia, spocchia, tracotanza, tronfiezza (*raro*), vanità, vanagloria, sufficienza, gonfiezza **CONTR.** modestia, remissività, umiltà □ discrezione, misura, ritegno, riguardo, riserbo, semplicità.

supèrbo A agg. **1** (*di persona, di comportamento, ecc.*) altero, altezzoso, arrogante, borioso, burbanzoso, disdegnoso, immodesto, impertinente, oltracotante (*lett.*), gonfio, pettoruto, presuntuoso, protervo, spocchioso (*raro, tosc.*), tracotante, tronfio, vanaglorioso **CONTR.** dimesso, modesto, remissivo, umile □ discreto, misurato, riguardoso, riservato, semplice **2** (*di pavone, di gallo e sim.*) tronfio **3** (*per qualcuno, per qualcosa*) fiero, compiaciuto, contento, soddisfatto **CONTR.** scontento, insoddisfatto **4** (*di palazzo, di bellezza, ecc.*) grandioso, imponente, fastoso, magnifico, meraviglioso, splendido, straordinario, sfarzoso, bellissimo, eccezionale **CONTR.** brutto, meschino, misero, povero, disadorno **B** s. m. ambizioso, altezzoso, borioso, presuntuoso, vanaglorioso **CONTR.** modesto, umile, semplice.

superdotàto agg.; anche s. m. iperdotato, intelligentissimo **CONTR.** ipodotato, subnormale, deficiente, idiota.

superficiàle A agg. **1** (*di strato, di parte, ecc.*) della superficie, superiore **CONTR.** interno, inferiore **2** (*di ferita, di macchia, ecc.*) epidermico, esterno, esteriore **CONTR.** interno, interiore, profondo **3** (*di lavoro, di occhiata, ecc.*) poco profondo, rapido, sbrigativo, veloce, generico **CONTR.** profondo, approfondito, accurato, diligente, esauriente, meditato **4** (*di discorso, di tono*) frivolo, salottiero, futile, banale **CONTR.** serio, riflessivo **B** agg.; anche s. m. e f. (*di persona, di intelligenza, ecc.*) leggero, distratto, impulsivo, facilone **CONTR.** serio, riflessivo, attento, diligente.

superficialità s. f. esteriorità, genericità, apparenza, scarsa profondità, dilettantismo **CONTR.** profondità, accuratezza, diligenza, riflessività.

superficialménte avv. (*anche fig.*) in superficie, esteriormente □ genericamente, leggermente **CONTR.** profondamente, accuratamente, diligentemente, riflessivamente.

superficie s. f. **1** piano □ esterno, parte esteriore, buccia, crosta, pelle, scorza, faccia, facciata, parete □ suolo **CONTR.** interno, midollo **2** (*fig.*) esteriorità, apparenza, aspetto **CONTR.** essenza, intimo, sostanza **3** (*est.*) (*di intonaco, di colore, ecc.*) strato, spessore, mano **4** (*geom.*) area.

supèrfluo A agg. eccedente, eccessivo, esuberante, inutile, pleonastico, ridondante, sovrabbondante, traboccante **CONTR.** deficiente, insufficiente, mancante, manchevole, scarso □ indispensabile, necessario, utile **B** s. m. solo sing. sovrappiù, eccedenza, surplus (*fr.*), superfluità **CONTR.** mancanza, insufficienza, penuria.

superióra s. f. (*di convento*) badessa, madre.

superióre A agg. **1** (*di luogo*) posto sopra, più in alto, sovrastante **CONTR.** inferiore, più basso, sottostante **2** (*di statura, di intelligenza, ecc.*) più alto, maggiore, migliore □ eccellente, eccelso, egregio, eccezionale, preminente, principale, primo, straordinario, sommo, supremo **CONTR.** inferiore, minore, peggiore, meschino, modesto, scarso **3** (*di persona*) disinteressato, distaccato, al di sopra **CONTR.** meschino, intrigante **B** s. m. maggiore di grado, dirigente, direttore, capo, principale, comandante, rettore, presidente **CONTR.** inferiore, subalterno, dipendente **C** s. f. spec. al pl. scuola di 2° grado **CFR.** liceo, ginnasio, istituto tecnico, istituto professionale **FRAS.** *istruzione superiore*, istruzione universitaria.

superiorità s. f. eccellenza, egemonia, predominio, preminenza, prevalenza, primato, supremazia **CONTR.** inferiorità, subordinazione, dipendenza.

superlativaménte avv. moltissimo, enormemente, straordinariamente **CONTR.** pochissimo, scarsamente, niente.

superlativo agg. massimo, sommo, eminente, eccellente, eccezionale, straordinario **CONTR.** minimo, modestissimo, scarsissimo.

supermercàto s. m. grande magazzino, emporio, supermarket (*ingl.*).

supernutrizióne s. f. (*med.*) ipernutrizione, superalimentazione, iperalimentazione **CONTR.** iponutrizione, sottoalimentazione, ipoalimentazione.

superstar /*ingl.* 'su:pəsta:/ [vc. ingl., comp. di *super-* e *star*] s. m. e f. inv.; anche agg. persona eccezionale.

supèrstite A agg.; anche s. m. e f. rimasto in vita, scampato, sopravvivente, sopravvissuto □ reduce, veterano **CONTR.** deceduto, morto, perito, scomparso, vittima **B** agg. restante, rimanente, rimasto.

superstizióne s. f. credenza assurda, credenza irrazionale, credenza vana □ pregiudizio, ubbia □ scrupolo eccessivo □ tabù □ scaramanzia.

superstiziosaménte avv. assurdamente, irrazionalmente □ scaramanticamente.

superstizióso agg. **1** credulo □ credulone **CONTR.** incredulo, scettico **2** (*est.*) scaramantico.

superuòmo s. m. (*est., iron.*) uomo superbo, presuntuoso, saccentone, sapientone, sputasentenze **CONTR.** semplice, umile.

supervalutàre v. tr. sopravvalutare **CONTR.** sottovalutare.

supervisióne s. f. (*cine., tv.*) direzione generale, controllo.

supervisóre s. m. (*gener., cine., tv.*) direttore generale, controllore.

supìno agg. **1** sul dorso, arrovesciato **CONTR.** prono, bocconi **2** (*fig.*) accondiscendente, ligio, ossequente, servile, sottomesso, passivo **CONTR.** autonomo, insofferente, intollerante, renitente, ricalcitrante, riluttante, ribelle **FRAS.** *ignoranza supina*, ignoranza crassa.

suppellèttile s. f. spec. al pl. arredi, arredamento, mobili, mobilia, mobilio, soprammobili, masserizie, carabattole.

supplementàre agg. aggiuntivo, complementare, integrativo, suppletivo, suppletorio **CONTR.** essenziale, fondamentale, effettivo, reale.

suppleménto s. m. **1** aggiunta, giunta, appendice, complemento, integrazione, extra (*lat.*), aggiornamento **CONTR.** detrazione **2** (*ferr.*) soprapprezzo **CONTR.** sconto.

supplènte part. pres. di **supplire**; anche agg. e s. m. e f. sostituto, sostitutore, vice, vicario, luogotenente, rappresentante, reggente, facente funzione, incaricato, interino **CONTR.** effettivo, stabile, titolare.

supplènza s. f. sostituzione, incarico, interinato, luogotenenza, reggenza, vicariato **CONTR.** stabilità, ruolo.

sùpplica s. f. preghiera, implorazione, supplicazione (*raro*), scongiuro □ istanza, petizione, ricorso **CONTR.** comando, ordine, esigenza, imposizione, intimazione, pretesa.

supplicànte part. pres. di **supplicare**; anche agg. e s. m. e f. implorante, supplice (*lett.*) □ istante, petente (*ant.*), postulante, richiedente **CONTR.** concedente, esaudiente.

supplicàre v. tr. e intr. pregare, chiedere, implorare, scongiurare **CONTR.** comandare, ordinare, esigere, imporre, ingiungere, intimare, pretendere.

supplichévole agg. supplicante, supplice (*lett.*), implorante **CONTR.** imperioso, altero, orgoglioso, prepotente.

supplichevolménte avv. umilmente **CONTR.** alteramente, orgogliosamente, prepotentemente.

supplìre A v. intr. sopperire, stare al posto di, completare, rimediare, surrogare, far fronte **B** v. tr. sostituire, fare le veci, prendere il posto, rimpiazzare, subentrare.

supplìzio s. m. **1** pena, tormento, tortura, martirio, strazio □ pena di morte, esecuzione capitale **2** (*fig.*) afflizione, pena, patimento, sofferenza, strazio **CONTR.** piacere, gioia, godimento, gaudio, diletto, contentezza, soddisfazione.

supponènte agg.; anche s. m. e f. altezzoso, sussiegoso, arrogante **CONTR.** modesto, umile.

supponènza s. f. alterigia, sussiego, altezzosità, fierezza, arroganza **CONTR.** modestia, umiltà.

supponìbile agg. pensabile, immaginabile, prevedibile, opinabile, presumibile **CONTR.** impensabile, inimmaginabile, imprevedibile.

suppórre v. tr. immaginare, opinare, presumere, congetturare, pensare, presupporre, figurarsi, ammettere, giudicare, ipotizzare, mettere il caso, far conto **CONTR.** affermare, asserire, constatare, avere la certezza.

supporter /*ingl.* sə'pɔ:tə/ [vc. ingl., da *to support* 'sostenere'] s. m. inv. (*sport*) tifoso, sostenitore, fan (*ingl.*).

suppòrto s. m. sostegno, appoggio, base.

suppositìvo agg. immaginabile, immaginario, ipotetico, ipotizzabile, supposto, presunto, congetturale **CONTR.** certo, reale, effettivo, concreto, positivo, sicuro, vero, documentato, provato.

supposizióne s. f. congettura, finzione, ipotesi, opinione, idea, concessione, presunzione, presupposizione **CONTR.** certezza, realtà, concretezza, sicurezza, verità.

suppósta s. f. suppositorio.

suppósto part. pass. di **supporre**; anche agg. creduto, ritenuto, pensato, immaginato, immaginario, ipotetico, congetturale, presupposto, presunto, ipotizzato **CONTR.** certo, concreto, effettivo, positivo, accertato, documentato, provato, sicuro, vero.

suppuràre v. intr. venire a suppurazione, marcire, maturare.

suppurazióne s. f. suppuramento (*raro*), marcia (*pop.*), pus, maturazione, marcimento (*raro*).

supremaménte avv. sommamente, moltissimo, straordinariamente, superlativamente **CONTR.** pochissimo, scarsamente.

supremazìa s. f. autorità assoluta, autorità suprema, egemonia, predominio, preminenza, primato, sovranità **CONTR.** dipendenza, soggezione, sottomissione, subordinazione, servitù, vassallaggio.

suprèmo agg. **1** (*fig.*) (*di bene, di capo, ecc.*) sommo, massimo, altissimo, eccelso, principale, sublime, superiore, sovrano **CONTR.** bassissimo, infimo, minimo, inferiore, vile **2** (*fig.*) (*di parole, di volontà, ecc.*) estremo, ultimo, finale **CONTR.** primo, iniziale.

surclassàre v. tr. (*di concorrenti*) superare, stravincere, dominare, stracciare (*fig.*), bruciare (*fig.*) **CONTR.** perdere, essere superato.

surf /*ingl.* sə:f/ [vc. angloamericana, ricavata da *surf-board*, comp. di *surf* 'frangente, cresta d'onda' e *board* 'asse'] s. m. inv. **1** (*sport*) tavola da salto **2** windsurf (*ingl.*).

surgelàto agg.; anche s. m. supercongelato.

surplus /*fr.* syr'ply/ [vc. fr., comp. di *sur* 'sur-' e *plus* 'più'] s. m. inv. (*econ.*) eccedenza, eccesso, avanzo, resto, sovrappiù, residuo **CONTR.** deficienza, mancanza.

surreàle agg. irrazionale, irreale, inconscio, suggestivo, fantastico **CONTR.** reale.

surriscaldàto agg. **1** caldissimo **2** (*fig.*) agitatissimo, nervosissimo, molto teso **CONTR.** calmo, disteso, pacifico, sereno, tranquillo.

surrogàbile agg. sostituibile, commutabile, permutabile, rimpiazzabile **CONTR.** insostituibile, incommutabile, impermutabile.

surrogàre v. tr. **1** (*di cosa*) mettere al posto, sostituire, cambiare, supplire, rimpiazzare **2** (*di persona*) subentrare, prendere il posto, sottentrare, succedere, soppiantare, scavalcare.

surrogàto A part. pass. di **surrogare**; anche agg. sostituito, sostituibile **B** s. m. succedaneo, prodotto sintetico.

surrogazióne s. f. surroga, sostituzione, supplenza, surrogamento, subentro.

suscettìbile agg. **1** (*di modifica, di proroga, ecc.*) capace di subire, passibile, soggetto **2** facile a offendersi, sensibile, ombroso, permaloso, scontroso, diffidente, sospettoso **CONTR.** equilibrato, sereno, socievole, remissivo.

suscettibilità s. f. ombrosità, permalosità, scontrosità, diffidenza, sospettosità **CONTR.** equilibrio, serenità, socievolezza, remissività.

suscitàre v. tr. **1** (*di incendio, di polvere, ecc.*) far sorgere, sollevare, risollevare **CONTR.** abbassare, abbattere, atterrare, far scendere, far calare, spegnere **2** (*fig.*) (*di entusiasmo, di interesse, ecc.*) eccitare, destare, ispirare, cagionare, muovere, promuovere, produrre, provocare, generare, incutere, infondere, suggerire, stimolare **CONTR.** calmare, placare, quietare, sedare, smorzare, sopire, spegnere.

suscitàto part. pass. di **suscitare**; anche agg. destato, eccitato, mosso, promosso, provocato, prodotto, generato, suggerito **CONTR.** calmato, placato, sedato, smorzato, sopito, spento.

suscitatóre s. m.; anche agg. (f. *-trice*) eccitatore, promotore, autore, ispiratore, istigatore, suggeritore **CONTR.** dissuasore (*raro*).

susìna s. f. prugna.

susìno s. m. (*bot.*) prugno.

suspense /*ingl.* səs'pens/ [vc. ingl., dal fr. (*en*) *suspens* '(in) sospeso'] s. f. (*raro*) m. inv. attesa ansiosa, ansia, emozione □ incertezza, indecisione.

susseguènte part. pres. di **susseguire**; anche agg. seguente, conseguente, consecutivo, posteriore, successivo, derivante **CONTR.** antecedente, anteriore, precedente, previo.

susseguìre A v. tr. e intr. seguire, venire dopo, conseguire, continuare, succedere, tener dietro, derivare **CONTR.** venir prima, antecedere (*raro*), precedere, precorrere, essere anteriore **B susseguirsi** v. rifl. rec. verificarsi a breve distanza, succedere, accadere, capitare, sopravvenire, venire.

sussidiàre v. tr. aiutare, sovvenzionare, soccorrere, finanziare, sovvenire (*lett.*) **CONTR.** sfruttare, danneggiare.

sussidiàrio A agg. accessorio, ausiliario, secondario, di appoggio **CONTR.** principale, primario **B** s. m. (*nelle scuole elementari*) libro di testo.

sussidiàto part. pass. di **sussidiare**; anche agg. aiutato, finanziato, sovvenzionato **CONTR.** sfruttato, danneggiato.

sussìdio s. m. **1** aiuto, soccorso, difesa, appoggio, sostegno **2** (*di denaro*) sovvenzione, finanziamento, elemosina.

sussiègo s. m. contegno dignitoso, contegnosità, serietà, sostenutezza, altezzosità, alterigia, sicumera, sufficienza, boria, superbia, affettazione, superiorità **CONTR.** affabilità, benignità, bonarietà, cordialità, cortesia, garbo, gentilezza, modestia, naturalezza, semplicità, spontaneità.

sussiegóso agg. altezzoso, contegnoso, dignitoso, serio, sostenuto, borioso, superbo, sdegnoso, di sufficienza **CONTR.** affabile, benigno, bonario, cordiale, cortese, garbato, gentile, modesto, naturale, semplice, spontaneo.

sussistènte part. pres. di **sussistere**; anche agg. esistente, effettivo **CONTR.** inesistente.

sussistènza s. f. **1** esistenza, realtà, fondatezza, effettività (*raro*), sostanza **CONTR.** inesistenza, infondatezza **2** (*mil.*) sostentamento, vettovagliamento, viveri.

sussìstere v. intr. **1** esistere, essere □ conservarsi, durare, perdurare, persistere, rimanere **CONTR.** mancare, venir meno **2** (*di motivo, di sospetto, ecc.*) essere fondato, aver consistenza, essere valido, valere, reggere, contare **CONTR.** essere infondato, essere inconsistente.

sussultàre v. intr. balzare, sobbalzare, trasalire, scuotersi, riscuotersi, rimescolarsi, sconvolgersi **CONTR.** fermarsi, restare immobile, restare calmo.

sussùlto s. m. balzo, sobbalzo, scossa, scatto, trasalimento, guizzo, salto, contrazione, convulsione.

sussultòrio agg. **CONTR.** ondulatorio.

sussurràre A v. tr. **1** dire piano, bisbigliare, mormorare, borbottare, parlottare **CONTR.** gridare, sbraitare, urlare **2** dire segretamente □ sparlare **CONTR.** dire apertamente, proclamare, propalare **B** v. intr. **1** (*di fronde, di acqua, ecc.*) frusciare, mormorare, stormire **2** sparlare di nascosto, mormorare.

sussùrro s. m. bisbiglio, mormorio, ronzio.

sutùra s. f. **1** (*anat.*) congiunzione, articolazione fissa, rafe **2** (*chir.*) cucitura **3** (*raro*) collegamento.

suturàre v. tr. (*chir.*) cucire, ricucire **CONTR.** togliere i punti, aprire.

suvvìa inter. orsù!, animo!, coraggio!, forza!

svagàre A v. tr. distrarre, far divagare, distogliere, sollevare □ divertire, ricreare, sollazzare **CONTR.** annoiare, infastidire, seccare, scocciare (*fam.*), tediare **B svagarsi** v. intr. pron. **1** distrarsi, distogliersi, sollevarsi **2** divertirsi, ricrearsi, spassarsi, sollazzarsi **CONTR.** annoiarsi, infastidirsi, seccarsi, scocciarsi (*fam.*), tediarsi.

svagàto part. pass. di **svagare**; anche agg. distratto, disattento, spensierato, sbadato, con la testa fra le nuvole **CONTR.** attento, intento.

svàgo s. m. distrazione, divertimento, passatempo, sollievo, sollazzo, gioco, ricreazione, distensione **CONTR.** afflizione, fastidio, molestia, noia, peso, seccatura, scocciatura (*fam.*), tedio □ applicazione, lavoro.

svaligiàre v. tr. rubare, derubare, depredare, saccheggiare, spogliare, vuotare.

svaligiàto part. pass. di **svaligiare**; anche agg. saccheggiato, spogliato, vuotato.

svaligiatóre s. m. (f. *-trice*) ladro, saccheggiatore, predatore.

svalutàre A v. tr. **1** (*di moneta, di beni*) ridurre di valore, deprezzare, ribassare **CONTR.** rivalutare **2** (*fig.*) (*di lavoro, di merito, ecc.*) sminuire, sottovalutare **CONTR.** apprezzare, valorizzare **B svalutarsi** v. intr. pron. diminuire di valore, perdere valore, calare, deprezzarsi **CONTR.** rivalutarsi, aumentare, crescere.

svalutazióne s. f. **1** (*econ.*) (*di moneta, di beni*) riduzione del valore, deprezzamento, calo □ riallineamento (*euf.*) **CONTR.** rivalutazione, aumento **2** (*fig.*) (*di lavoro, di merito, ecc.*) sminuimento, sottovalutazione **CONTR.** apprezzamento, valorizzazione.

svampìto agg.; anche s. m. (*di persona*) svaporato, svanito, istupidito, scemo □ vanesio, vuoto, fatuo **CONTR.** sveglio, desto, posato.

svanìre v. intr. **1** (*di profumo, di caldo, ecc.*) disperdersi, finire in nulla, evaporare, svaporare, esalare **CONTR.** giungere, arrivare **2** (*di apparizione, di illusione, ecc.*) dileguarsi, scomparire, sparire, dissiparsi, sfumare, andare in fumo, spegnersi, venir meno **CONTR.** apparire, comparire, manifestarsi, mostrarsi, presentarsi, spuntare, concretarsi **3** (*fig.*) (*di forza, di ira, ecc.*) esaurirsi, indebolirsi, placarsi, calmarsi **CONTR.** crescere, irrobustirsi.

svanìto part. pass. di **svanire**; anche agg. **1** (*di profumo, di caldo, ecc.*) disperso, esalato, evaporato, svaporato, finito **CONTR.** giunto, arrivato **2** (*anche fig.*) (*di apparizione, di illusione, ecc.*) dileguato, scomparso, sparito, dissipato, sfumato, spento, venuto meno **CONTR.** apparso, comparso, spuntato, presente, concretato **3** (*fig.*) (*di forza, di ira, ecc.*) esaurito, indebolito, placato, calmato **CONTR.** cresciuto, irrobustito **4** (*fig.*) (*di persona*) svampito, svaporato, intontito, istupidito, pazzo, scemo **CONTR.** sveglio, intelligente, perspicace, pronto.

svantaggiàto agg. danneggiato, andicappato, handicappato **CONTR.** avvantaggiato, favorito.

svantàggio s. m. pregiudizio, danno, incomodo, inconveniente, iattura (*raro*), detrimento, scapito, nocumento (*lett.*), handicap (*ingl.*) **CONTR.** vantaggio, frutto, guadagno, profitto, tornaconto, utile, utilità, favore.

svantaggiosaménte avv. dannosamente, sfavorevolmente **CONTR.** vantaggiosamente, favorevolmente, utilmente.

svantaggióso agg. dannoso, contrario, sconveniente, sfavorevole, pregiudizievole **CONTR.** vantaggioso, favorevole, fruttuoso, proficuo, utile.

svaporàre v. intr. **1** (*di sostanza*) perdere odore, perdere aroma, perdere sapore, evaporare **2** (*fig.*) (*di entusiasmo, di forze, ecc.*) svanire, esaurirsi, scomparire, sparire, dileguarsi, sfumare, spegnersi **CONTR.** apparire, comparire, manifestarsi, crescere, aumentare.

svaporàto part. pass. di **svaporare**; anche agg. **1** (*di sostanza*) evaporato **2** (*fig.*) (*di persona*) svampito, leggero, sciocco, svanito **CONTR.** sveglio, intelligente, perspicace, pronto.

svariàre v. tr. **1** rendere vario, rendere più vario, rendere più attraente, variare **2** (*fig.*) svagare, distrarre.

svariataménte avv. variamente, diversamente **CONTR.** ugualmente, uniformemente.

svariàto part. pass. di **svariare**; anche agg. **1** vario, diverso, molteplice, multiforme **CONTR.** uguale, unico, uniforme, identico, monotono **2** (*al pl.*) molti, numerosi, parecchi, diversi, molteplici **CONTR.** pochi.

svarióne s. m. grosso errore, sfarfallone (*pop.*), sproposito, strafalcione, granchio, cantonata, topica (*fam.*), marrone (*pop.*).

svasàre v. tr. **1** (*di pianta*) cambiare di vaso, rinvasare **2** (*di vestito*) allargare in basso, scampanare.

svasatùra s. f. **1** (*di pianta*) cambio di vaso, rinvasatura **2** (*di vestito*) allargamento in basso, scampanatura.

svecchiàre v. tr. rinnovare, ringiovanire, rammodernare, rimodernare, riformare **CONTR.** invecchiare.

svedése agg.; anche s. m. e f. della Svezia □ (*est.*) scandinavo **FRAS.** *fiammifero svedese*, fiammifero di sicurezza.

svéglia s. f. **1** risveglio **CONTR.** assopimento **2** orologio con suoneria **FRAS.** *dare la sveglia*, svegliare.

svegliàre A v. tr. **1** (*di persona*) risvegliare, destare, ridestare, dissonnare (*lett.*), scuotere dal sonno **CONTR.** addormentare, sopire, assopire, far prendere sonno **2** (*fig.*) scuotere □ scaltrire, scantare (*fam.*), smaliziare **CONTR.** intontire, intorpidire **3** (*fig.*) (*di desiderio, di appetito, ecc.*) eccitare, suscitare, stimolare, provocare, stuzzicare **CONTR.** calmare, placare, sedare, attutire, smorzare, spegnere **B svegliarsi** v. intr. pron. **1** risvegliarsi, destarsi, ridestarsi, scuotersi dal sonno **CONTR.** addormentarsi, assopirsi **2** (*fig.*) scaltrirsi, smaliziarsi, farsi furbo, scantarsi (*fam.*) **CONTR.** intorpidirsi **3** (*fig.*) (*di appetito, di male, ecc.*) manifestarsi, mettersi in azione, rimuoversi **CONTR.** calmarsi, assopirsi, placarsi.

svegliàto part. pass. di **svegliare**; anche agg. destato **CONTR.** addormentato.

svéglio agg. **1** svegliato, desto **CONTR.** addormentato, assopito **2** (*fig.*) attento, vigile, vigilante, sollecito **CONTR.** disattento, distratto, spensierato, svagato **3** (*fig.*) intelligente, pronto, alacre, accorto, avveduto, spigliato, vivace **CONTR.** lento, ottuso, torpido, incantato, tonto **4** (*fig.*, *fam.*) astuto, furbo, dritto (*fam.*) **CONTR.** ingenuo, candido.

svelàre A v. tr. **1** (*raro*) togliere il velo, scoprire, spogliare, denudare **CONTR.** velare, vestire, coprire **2** (*fig.*) (*di segreto, di intenzione, ecc.*) mostrare, dichiarare, diffondere, divulgare, palesare, rivelare, scoprire, snocciolare, spifferare, strombazzare, spiattellare, mettere in piazza **CONTR.** celare, coprire, nascondere, occultare, tacere **B svelarsi** v. rifl. (*fig.*) palesarsi, rivelarsi, mostrarsi, dimostrarsi.

svelàto part. pass. di **svelare**; anche agg. **1** (*raro*) scoperto **CONTR.** velato **2** (*fig.*) (*di segreto, di intenzione, ecc.*) rivelato, divulgato, spifferato (*fam.*) **CONTR.** celato, coperto, nascosto.

svèllere v. tr. (*lett.*) strappare, sradicare, estirpare, sbarbare, cavare, spiantare **CONTR.** conficcare, piantare.

sveltézza s. f. **1** agilità, lestezza, rapidità, prontezza, velocità, celerità **CONTR.** lentezza, pigrizia, pesantezza, flemma, torpore **2** (*di fisico*) forma slanciata, snellezza **CONTR.** goffaggine.

sveltìre A v. tr. **1** (*di persona*) rendere più svelto, rendere più disinvolto, svegliare, scuotere **CONTR.** addormentare, intorpidire **2** (*di traffico, di procedimento, ecc.*) snellire, accelerare **CONTR.** rallentare, bloccare, intasare **3** (*di fisico*) slanciare, snellire **CONTR.** ingoffare, appesantire **B sveltirsi** v. intr. pron. diventare più svelto, diventare più disinvolto, svegliarsi, scuotersi **CONTR.** intorpidirsi.

svèlto (1) agg. **1** veloce, rapido, lesto, ratto (*lett.*), presto (*lett.*) □ agile, disinvolto □ pronto, sbrigativo, sollecito, alacre **CONTR.** lento, tardo, goffo, impacciato, intrigato, pesante, torpido **2** (*di fisico*) sottile, slanciato, agile **CONTR.** pesante, goffo, basso, tozzo **3** (*di persona, di mente, ecc.*) sveglio, vivace, brioso **CONTR.** duro, ottuso, tardo **FRAS.** *alla svelta*, presto, rapidamente □ *svelto di lingua*, maldicente, ciarlone □ *svelto di mano*, ladro; manesco.

svèlto (2) part. pass. di **svellere**; anche agg. (*raro*) divelto, sradicato, estirpato **CONTR.** conficcato, piantato.

svenàre A v. tr. **1** dissanguare **2** (*fig.*) (*di strozzino e sim.*) privare di tutto, spogliare (*fig.*), rovinare **B svenarsi** v. rifl. **1** tagliarsi le vene, dissanguarsi **2** (*fig.*) sacrificarsi, impoverirsi, rovinarsi, dissanguarsi **CONTR.** rinsanguarsi, rimpolparsi.

svéndere v. tr. vendere sotto costo, liquidare **CONTR.** rincarare.

svéndita s. f. liquidazione, saldo, stralcio.

svenévole agg. languido, lezioso, sdolcinato, smanceroso, smorfioso, affettato, cascante, stucchevole **CONTR.** energico, forte, gagliardo, robusto □ rude, ruvido, sgarbato.

svenevolézza s. f. leziosaggine, sdolcinatezza, languidezza, smanceria, moina, smorfia, affettazione, stucchevolezza **CONTR.** energia, forza, gagliardia, robustezza □ rudezza, ruvidezza, sgarbatezza, sgarberia, sgarbo.

sveniménto s. m. perdita di sensi, perdita di coscienza, deliquio, mancamento, tramortimento **CONTR.** ritorno in sé, rinvenimento.

svenìre v. intr. perdere i sensi, cadere in deliquio, mancare, venir meno, tramortire, perdere coscienza **CONTR.** rinvenire, tornare in sé, riaversi, riprendere i sensi.

sventagliàta s. f. (*di arma automatica*) raffica, scarica.

sventàre v. tr. mandare a vuoto, rendere vano, fare fallire, disturbare, eludere, evitare **CONTR.** organizzare, preparare.

sventataménte avv. avventatamente, sbadatamente, distrattamente, imprudentemente, leggermente, spensieratamente, sconsideratamente **CONTR.** attentamente, diligentemente, ponderatamente, prudentemente, riflessivamente.

sventatézza s. f. sbadataggine, scapataggine, imprudenza, leggerezza, sconsideratezza, spensieratezza, sventataggine (*raro*) **CONTR.** avvedutezza, attenzione, diligenza, ponderatezza, prudenza, riflessione.

sventàto agg.; anche s. m. sbadato, scapato, imprudente, leggero, sconsiderato, spensierato, stordito, disattento, irriflessivo **CONTR.** attento, avveduto, diligente, ponderato, prudente, riflessivo, calcolatore.

sventolàre A v. tr. **1** (*di bandiera, di fazzoletto, ecc.*) muovere al vento, agitare, ventilare **2** (*di luogo*) dare aria, arieggiare **B sventolarsi** v. rifl. farsi vento **C** v. intr. muoversi, agitarsi, garrire (*lett.*).

sventolìo s. m. agitamento, sventolamento.

sventraménto s. m. **1** sbudellamento **2** (*di edifici*) demolizione, abbattimento **CONTR.** costruzione, ricostruzione, erezione.

sventràre v. tr. **1** sbudellare, sbuzzare (*tosc.*) **2** (*est.*) trafiggere, ferire al ventre **3** (*fig.*) (*di edifici*) demolire, abbattere, buttar giù **CONTR.** costruire, ricostruire, edificare, erigere, alzare.

sventùra s. f. **1** mala ventura, mala sorte, infelicità, sfortuna, disdetta, disavventura, iettatura, iella (*dial.*), scalogna (*fam.*) **CONTR.** fortuna, buona ventura, buona sorte, felicità, prosperità **2** disgrazia, sciagura, disastro, calamità, catastrofe, iattura (*raro*), infortunio, sinistro **CONTR.** fortuna, caso fortunato.

sventuràto agg. e s. m. **1** (*di persona*) disgraziato, infelice, sciagurato, misero, scalognato (*fam.*), scarognato (*pop.*), iellato (*dial.*) **CONTR.** fortunato, avventurato, felice, lieto **2** (*di caso, di giorno, ecc.*) doloroso, infausto, malaugurato **CONTR.** fausto, favorevole, propizio.

sverginaménto s. m. deflorazione.

sverginàre v. tr. deflorare.

sverginàto part. pass. di **sverginare**; anche agg. deflorato.

svergognàre v. tr. **1** far vergognare, scornare, scorbacchiare (*raro*), rimproverare, mortificare, umiliare **CONTR.** elogiare, encomiare, incensare, lodare, onorare **2** smascherare, smentire, sbugiardare.

svergognatézza s. f. spudoratezza, impudenza, sfacciataggine, sfrontatezza, cinismo **CONTR.** timidezza, discrezione, delicatezza, riguardo, riservatezza, pudore, vergogna.

svergognàto agg.; anche s. m. spudorato, impudente, sfacciato, sfrontato, cinico **CONTR.** timido, discreto, riguardoso, delicato, riservato, pudico, vergognoso.

svernàre A v. intr. passare l'inverno **B** v. tr. fare passare l'inverno.

svestìre A v. tr. privare delle vesti, spogliare, denudare □ scoprire **CONTR.** vestire, rivestire □ coprire **B svestirsi** v. rifl. spogliarsi, denudarsi **CONTR.** vestirsi, rivestirsi.

svestito part. pass. di **svestire**; anche agg. spogliato, denudato, scoperto, nudo **CONTR.** vestito, coperto, ricoperto.

svezzaménto s. m. divezzamento, slattamento **CONTR.** allattamento.

svezzàre A v. tr. **1** disabituare, disavvezzare **CONTR.** abituare, assuefare, avvezzare **2** (*di lattante*) slattare, spoppare, divezzare **CONTR.** allattare, dare il latte **B svezzarsi** v. intr. pron. disabituarsi, disavvezzarsi **CONTR.** abituarsi, assuefarsi, avvezzarsi.

sviàre A v. tr. **1** (*di indagine, di attenzione, ecc.*) deviare, volgere altrove, fuorviare, dirottare **CONTR.** indirizzare, rivolgere **2** (*fig.*) (*dal lavoro, dallo studio, ecc.*) distogliere, distrarre, allontanare, rimuovere, stornare **CONTR.** incitare, persuadere, spingere **3** (*fig.*) (*di persona*) traviare, corrompere, viziare **CONTR.** edificare, redimere **B** v. intr. e **sviarsi** intr. pron. **1** uscire di strada, sbagliare strada, perdersi, smarrirsi **CONTR.** trovare la strada **2** (*fig.*) corrompersi, depravarsi, traviarsi CONTR. correggersi, emendarsi, redimersi.

sviàto part. pass. di **sviare**; anche agg. e s. m. **1** fuori strada, perso, smarrito **2** (*fig.*) corrotto, depravato, traviato CONTR. puro, pulito, innocente.

svicolàre v. intr. scantonare, sfuggire, sgattaiolare, sgusciare, squagliarsela (*fam.*), andarsene, svignarsela (*fam.*) CONTR. arrivare, giungere.

svigorìre A v. tr. infiacchire, abbattere, debilitare, estenuare, prostrare, stancare, spossare, sfibrare, slombare (*raro*), sfiancare, smidollare, sfinire, stremare CONTR. rafforzare, rinforzare, invigorire, rinvigorire, irrobustire, ingagliardire **B svigorirsi** v. intr. pron. indebolirsi, infiacchirsi, sfiancarsi, slombarsi (*raro*), stancarsi CONTR. rafforzarsi, rinforzarsi, invigorirsi, rinvigorirsi, irrobustirsi, ingagliardirsi.

svilimènto s. m. deprezzamento, svalutazione, disprezzo CONTR. rivalutazione, valorizzazione, stima, apprezzamento.

svilìre v. tr. togliere valore, togliere pregio, avvilire, spregiare, deprezzare, svalutare, deprimere, sminuire CONTR. apprezzare, rivalutare, valorizzare, stimare.

sviluppàre A v. tr. **1** (*lett.*) (*di nodo e sim.*) disfare, sciogliere CONTR. avviluppare **2** (*di argomento, di discorso, ecc.*) trattare, svolgere, descrivere, approfondire, dettagliare, circostanziare, particolareggiare, illustrare CONTR. compendiare, condensare, riassumere, sintetizzare **3** (*di industria, di turismo, ecc.*) far progredire, accrescere, allargare, ampliare, aumentare, dilatare, espandere, incrementare, ingrandire, moltiplicare, potenziare CONTR. arrestare, calare, diminuire, frenare, contenere, limitare, ridurre, scemare **4** (*di esplosione, di calore, ecc.*) far nascere, produrre, suscitare, sprigionare CONTR. spegnere, impedire **B svilupparsi** v. rifl. (*lett.*) liberarsi, districarsi, sciogliersi **C** v. intr. e intr. pron. (*di persona, di pianta*) crescere, evolversi □ raggiungere la pubertà **D** v. intr. pron. **1** (*di economia, di studi, ecc.*) progredire, evolversi, crescere, ampliarsi CONTR. arrestarsi, calare, diminuire, regredire **2** (*di incendio, di epidemia, ecc.*) prodursi, manifestarsi, esplodere, diffondersi, espandersi, estendersi CONTR. finire, cessare.

sviluppàto part. pass. di **sviluppare**; anche agg. **1** (*di persona, di pianta*) cresciuto, evoluto □ pubere **2** (*di economia, di incendio, ecc.*) aumentato, ampliato, progredito □ robusto CONTR. calato, diminuito, scemato □ debole.

svilùppo s. m. **1** accrescimento, allargamento, ampliamento, aumento, crescita, dilatazione, espansione, incremento, potenziamento □ progresso, evoluzione CONTR. arresto, calo, diminuzione, limitazione, riduzione, regresso **2** (*di argomento*) svolgimento, trattazione, descrizione, illustrazione **3** (*di adolescente*) pubertà.

svincolàre A v. tr. liberare, slegare, sciogliere □ (*fig.*) affrancare, riscattare CONTR. vincolare, legare □ impegnare, obbligare **B svincolarsi** v. rifl. liberarsi, slegarsi, sciogliersi □ (*fig.*) affrancarsi, riscattarsi CONTR. vincolarsi, legarsi □ impegnarsi, obbligarsi.

svìncolo s. m. **1** affrancamento, riscatto, liberazione, svincolamento CONTR. legame, vincolo, impegno, obbligazione **2** (*di strada*) collegamento, raccordo, bretella.

sviolinàre v. tr. (*fam.*) adulare, blandire, incensare, lusingare CONTR. censurare, criticare, denigrare, screditare.

svisàre v. tr. travisare, alterare, falsare, fraintendere, snaturare, stravolgere, deformare CONTR. capire, comprendere, intendere.

svisceràre A v. tr. **1** (*raro*) privare dei visceri, sventrare **2** (*fig.*) (*di argomento*) indagare, investigare, analizzare, approfondire, scandagliare, scavare CONTR. sfiorare, trattare superficialmente **B sviscerarsi** v. rifl. (*fig.*) amare molto, stimare molto CONTR. disinteressarsi, fregarsene (*pop.*).

sviscerataménte avv. appassionatamente, con tutto il cuore, intensamente, profondamente, eccezionalmente, straordinariamente CONTR. moderatamente, poco, scarsamente, blandamente.

svisceràto part. pass. di **sviscerare**; anche agg. **1** (*di argomento*) indagato, investigato, approfondito, scandagliato CONTR. sfiorato, toccato di sfuggita **2** (*fig.*) appassionato, veemente, intenso, grandissimo, profondo, eccezionale, straordinario CONTR. blando, moderato, scarso.

svìsta s. f. sbaglio, errore, disattenzione, distrazione, inavvertenza, equivoco, topica (*fam.*), lapsus (*lat.*).

svitàre A v. tr. (*di vite*) allentare, togliere □ disunire CONTR. avvitare **B svitarsi** v. intr. pron. allentarsi, togliersi □ disunirsi CONTR. avvitarsi.

svitàto A part. pass. di **svitare**; anche agg. (*di vite*) allentato CONTR. avvitato **B** agg.; anche s. m. (*fam.*) (*di persona*) sconclusionato, stravagante, strambo, bizzarro, lunatico CONTR. posato, riflessivo, serio, equilibrato.

svìzzero A agg.; anche s. m. elvetico **B** s. m. guardia pontificia.

svogliàre A v. tr. togliere la voglia, disamorare CONTR. invogliare, innamorare **B svogliarsi** v. intr. pron. perdere la voglia, disamorarsi CONTR. invogliarsi, innamorarsi.

svogliataménte avv. fiaccamente, neghittosamente (*raro*), negligentemente, pigramente CONTR. alacremente, ardentemente, attivamente, laboriosamente, operosamente, diligentemente, volenterosamente.

svogliatézza s. f. fiacchezza, negligenza, neghittosità, pigrizia, disamore, inerzia, svogliataggine, malavoglia, indifferenza, apatia

CONTR. alacrità, ardore, attività, attivismo, fervore, laboriosità, operosità, slancio, solerzia, passione, volontà.

svogliàto agg.; anche s. m. fiacco, neghittoso, negligente, pigro, disamorato, inerte, indifferente, apatico, fannullone, vagabondo, sfaticato **CONTR.** alacre, ardente, dinamico, attivo, laborioso, operoso, solerte, volenteroso, diligente.

svolazzàre v. intr. **1** volare qua e là **2** (*fig.*) (*di mente*) vagare qua e là **3** sbattere le ali **4** (*di tenda, di bandiera, ecc.*) essere agitato dal vento, sventolare.

svolàzzo s. m. **1** svolazzamento (*raro*), volo **2** (*di lettera, di calligrafia*) ornamento, ghirigoro **3** (*spec. al pl.*) (*fig.*) ornamento eccessivo, frangia, fronzolo, ricercatezza.

svòlgere A v. tr. **1** (*di involto, di gomitolo, ecc.*) distendere, aprire, spiegare, sviluppare, disfare, sciogliere, disinvolgere (*lett.*) **CONTR.** avvolgere, involgere, ravvolgere, avvoltare, aviluppare, inviluppare, ripiegare, arrotolare **2** (*fig.*) (*di argomento, di tema*) sviluppare, trattare estesamente, elaborare, illustrare **CONTR.** compendiare, riassumere, sintetizzare **3** (*di attività, di professione*) mettere in opera, esplicare, fare, esercitare **4** (*raro*) distogliere, dissuadere, allontanare **CONTR.** consigliare, indurre, persuadere, spingere **B svolgersi** v. rifl. (*da impedimento, da impaccio, ecc.*) liberarsi, sciogliersi, svilupparsi **CONTR.** implicarsi, impegolarsi **C** v. intr. pron. **1** (*di filo, di sguardo, ecc.*) distendersi, spiegarsi, dispiegarsi, aprirsi **2** (*di vita, di romanzo, ecc.*) accadere, avvenire, succedere, esserci, avere luogo, compiersi □ essere ambientato.

svolgiménto s. m. **1** (*di avvenimento, di fatto*) sviluppo, spiegamento, andamento, corso, decorso, evoluzione, procedimento **2** (*di argomento, di tema*) trattazione, elaborazione, illustrazione □ componimento, tema.

svòlta s. f. **1** curva, cantonata, giro, gomito, angolo, voltata **CONTR.** rettilineo, rettifilo **2** (*fig.*) (*nella vita, nella storia, ecc.*) mutamento importante, cambiamento, punto critico, rivoluzione, giro di boa (*fig.*).

svoltàre v. intr. mutare direzione, voltare, piegare, curvare **CONTR.** andare diritto, procedere in linea retta.

svuotaménto s. m. vuotamento, evacuazione **CONTR.** riempimento.

svuotàre v. tr. **1** vuotare, evacuare, liberare **CONTR.** empire, riempire, colmare, far traboccare **2** (*fig.*) privare di significato.

symposium /*lat.* sim'pɔzjum/ s. m. inv. (*lett.*) simposio, convegno, congresso, seminario, tavola rotonda, meeting (*ingl.*).

t, T

tabaccàio s. m. tabacchino (*dial.*).
tabaccherìa s. f. spaccio, privativa, rivendita.
tabàcco in funzione di agg. inv. (*di colore*) marrone dorato, avana.
tabagismo s. m. nicotinismo.
tabàrro s. m. mantello, gabbano, pastrano.
tabèlla s. f. **1** prospetto, specchietto, schema, elenco, catalogo, nota, tabellone **2** (*fig.*) (*di tempi di lavoro*) prospetto, scadenze.
tabellóne s. m. **1** cartellone, prospetto **2** (*per affissioni di manifesti*) tavola, quadro, albo.
tabernàcolo s. m. **1** edicola, cappella, sacello, nicchia **2** (*di altare*) ciborio **3** (*per le tavole della legge ebraica*) tenda.
tabloid /*ingl.* 'tæblɔid/ [vc. ingl., comp. di *table* 'tavol(ett)a' e il suff. *oid*, dal gr. *êidos* 'forma'] **A** s. m. inv. giornale (di piccolo formato) **B** agg. (*di giornale*) di piccolo formato, piccolo **CONTR.** grande.
tabù [dal fr. *tabou*, da una vc. di origine polinesiana (*tapu*) col senso di 'sacro, proibito', letteralmente 'segnato (*ta*) straordinariamente (*pu*)'] **A** s. m. inv. **1** divieto sacrale **2** (*est.*) proibizione, interdizione, divieto □ cosa vietata **CONTR.** permesso, licenza **B** agg. inv. **1** sacro, sottoposto a divieto sacrale, inviolabile **2** (*est., scherz.*) innominabile, indiscutibile, inviolabile, intoccabile, vietato, proibito **CONTR.** permesso, lecito, consentito.
tabula rasa /*lat.* 'tabula 'raza/ [loc. lat., letteralmente 'tavola (*tabula*) raschiata (dal part. pass. di *rādere*, che significava 'cancellare', raschiando la cera incisa con scrittura)'] loc. sost. f. inv. **FRAS.** *fare tabula rasa* (*fig.*), eliminare completamente, togliere tutto, fare piazza pulita □ *essere tabula rasa* (*fig.*), non saper nulla.
tabulàto s. m. (*elab.*) elenco dei dati, prospetto.
tabulatóre s. m. (*nelle macchine per scrivere*) incolonnatore.
tàcca s. f. **1** intaccatura, scanalatura, incisione, taglio, intaglio, dente, dentello **2** (*fig.*) (*di persona*) statura, levatura **3** macchia, chiazza, venatura, screziatura **4** (*fig.*) magagna, difetto, neo, vizio **FRAS.** *di mezza tacca*, di media statura; (*fig.*) di poco valore.
taccagnerìa s. f. avarizia, pitoccheria, spilorceria, tirchieria (*fam.*), grettezza **CONTR.** generosità, prodigalità, liberalità, larghezza, magnanimità.
taccàgno agg.; anche s. m. avaro, spilorcio, tirchio (*fam.*), tirato, pitocco, pidocchio, sordido, gretto, arpagone (*lett.*) **CONTR.** generoso, prodigo, liberale, spendaccione, magnanimo, largo.
taccheggiàre v. tr. e intr. rubare, derubare, rapinare, arraffare, grattare (*fam.*), sgraffignare (col taccheggio) (*fam.*).
tacchéggio s. m. furto, ruberia, rapina, borseggio, sottrazione, ratto (*ant.*).
tacchettìo s. m. (*di tacchi*) ticchettio, crepitio, rumore, scalpiccio.
tacchìno s. m. (*zool.*) gallinaccio (*pop.*).
tacciàre v. tr. incolpare, imputare, attribuire, accusare □ biasimare.
tàcco s. m. **1** (*di scarpa*) rialzo **2** cuneo, zeppa **FRAS.** *battere* (o *alzare*) *il tacco* (*fig.*), andarsene, fuggire.
taccuìno s. m. **1** (*per appunti*) quadernetto, agenda, notes **2** (*ant.*) lunario, almanacco, calendario.
tacére **A** v. intr. **1** (*di persona*) stare zitto, astenersi dal parlare, non parlare, far silenzio, essere silenzioso, azzittire, cessare di parlare, ammutire (*raro*), ammutolire **CONTR.** parlare, chiacchierare **2** (*di persona*) non dire, non rilevare, non riferire nulla, non fiatare, non aprire bocca, chiudersi nel silenzio, chiudersi nel mutismo, mantenere il silenzio **CONTR.** dire, rivelare, riferire, rompere il silenzio, interloquire, informare **3** (*di cose*) essere silenzioso, non fare rumore, non farsi più sentire, non manifestarsi **CONTR.** far rumore, farsi sentire, manifestarsi **B** v. tr. (*anche fig.*) non dire, passare sotto silenzio, non rivelare, tenere segreto, nascondere, celare (*lett.*), mascherare, velare, dissimulare, sottacere, omettere **CONTR.** nominare, citare, dire, rivelare **C** in funzione di s. m. silenzio.
tachicardìa s. f. (*med.*) palpitazione, batticuore, cardiopalmo **CONTR.** brachicardia, bradicardia.
tachìmetro s. m. misuratore di velocità, contagiri, contachilometri.
tacitaménte avv. **1** in silenzio, quatto quatto, zitto zitto **CONTR.** rumorosamente **2** in segreto, nascostamente, sotto sotto **CONTR.** palese-

mente, apertamente.

tacitàre v. tr. **1** (*di creditore*) pagare, soddisfare **2** subornare, comperare il silenzio, rendere connivente **3** (*est.*) mettere a tacere.

tacitazióne s. f. pagamento □ accomodamento.

tàcito agg. **1** (*di persona*) silenzioso, silente (*lett.*), muto, quieto, taciturno, ammutolito, queto (*lett.*), quetato (*lett.*), cheto, chiotto, quatto, zitto **CONTR.** loquace, ciarliero, rumoroso, fragoroso, inquieto **2** (*di assenso, di rimprovero, ecc.*) non espresso, sottinteso, alluso, accennato □ nascosto, occulto **CONTR.** espresso, affermato, dichiarato, proclamato, palese, detto a chiare note, detto in modo aperto, esplicito.

tacitùrno agg. **1** silenzioso, tacito, cheto, chiotto, zitto, silente (*lett.*), muto, quatto, quieto, ammutolito, di poche parole **CONTR.** loquace, chiacchierone, rumoroso, ciarlone, parolaio, fragoroso, verboso **2** pensieroso, malinconico, misantropo, imbronciato, musone, cupo **3** riservato, abbottonato **CONTR.** ciarliero, pettegolo.

tafàno s. m. **1** (*zool.*) estro bovino, assillo, moscone, mosca canina, mosca cavallina, ronzone (*pop.*) **2** (*fig.*) (*di persona*) importuno, sfruttatore, succhiasangue.

tafferùglio s. m. mischia, parapiglia, baruffa, rissa, tumulto, lite, litigio, alterco, scompiglio, disordine, ribellione, confusione.

tàglia s. f. **1** prezzo per il riscatto, riscatto □ (*est.*) imposta, contribuzione □ premio, ricompensa **2** (*di persona, di abito, ecc.*) statura, corporatura, figura, complessione □ qualità, sorta □ misura.

taglialégna s. m. inv. tagliaboschi, boscaiolo, spaccalegna.

tagliàndo s. m. cedola, talloncino, tessera, biglietto, coupon (*fr.*), bolletta, scontrino.

tagliapiètre s. m. inv. scalpellino, spaccapietre.

tagliàre A v. tr. **1** (*con arnese tagliente*) separare, fendere, dividere, recidere, incidere, tagliuzzare, affettare, ritagliare, tranciare, trinciare, mozzare, squartare, sezionare, segare, resecare **CONTR.** unire, congiungere, attaccare **2** (*di arnese, di cosa*) essere tagliente, essere affilato **3** (*di diamante*) sfaccettare **4** (*di vino*) mescolare **5** (*di unghie, di rami, ecc.*) accorciare, amputare, segare, potare **6** (*di erba, di barba, ecc.*) falciare, mietere, radere, tosare **7** (*di montagna, di pietra e sim.*) spaccare, rompere, fendere **8** (*di scritto, di discorso e sim.*) accorciare, ridurre, abbreviare, compendiare, stringere **CONTR.** allargare, allungare, ampliare **9** (*di comunicazione, di viveri, ecc.*) interrompere, bloccare **CONTR.** aprire, sbloccare **10** (*di strada, di fiume, ecc.*) attraversare, incrociare **B** v. intr. attraversare, passare, accorciare **C tagliarsi** v. rifl. prodursi tagli, ferirsi, sfregiarsi **D** v. intr. pron. spezzarsi, rompersi, dividersi, lacerarsi **FRAS.** *tagliare i panni addosso* (*fig.*), sparlare □ *tagliare la testa al toro* (*fig.*), prendere una decisione.

tagliatèlla s. f. spec. al pl. (*di pasta*) fettuccia, fettuccina, pappardella.

tagliàto part. pass. di **tagliare**; anche agg. **1** separato, diviso, reciso, mozzato, affettato, trinciato, accorciato, ridotto **2** (*di norma e sim.*) tolto, soppresso, abolito **CONTR.** introdotto **3** (*di scritto, di discorso, ecc.*) abbreviato, compendiato **CONTR.** allungato, ampliato, allargato **4** (*di vino*) mescolato **CONTR.** genuino, integro **5** (*di carattere*) fatto, formato, conformato **6** (*fig.*) (*di persona*) portato, predisposto, incline **CONTR.** refrattario, sordo.

tagliatùra s. f. **1** taglio, tagliata, incisione **2** intaccatura, fenditura, incavatura, incavo, intagliamento, tacca.

tagliènte A agg. **1** (*di arnese*) affilato, arrotato, acuminato, aguzzo **CONTR.** smussato, ottuso, spuntato **2** (*fig.*) (*di discorso, di lingua e sim.*) mordace, maldicente, acre, aspro, caustico, velenoso **CONTR.** benevolo, benigno, cortese **3** (*di profilo*) senza sfumature, netto **B** s. m. taglio, parte affilata.

taglière s. m. (*di cucina*) asse.

tàglio s. m. **1** tagliatura, incisione, intaglio, squarcio, tacca, intaccatura, spaccatura, fenditura **2** (*del corpo*) ferita, lesione, lacerazione, amputazione, mutilazione, recisione, resezione **3** (*fig.*) (*di parola, di parte, ecc.*) soppressione, eliminazione **CONTR.** introduzione **4** (*di abito*) foggia, linea **5** (*fig.*) (*di scritto, di film e sim.*) angolazione, stile, strutturazione **6** (*di stoffa, di carne, ecc.*) pezzo **7** (*di lama*) parte tagliente, filo **8** (*di cosa*) formato, dimensione, misura **9** (*di pietra preziosa*) forma **FRAS.** *di taglio*, di fianco, di lato □ *di un bel taglio*, ben proporzionato □ *vino da taglio*, vino da mescolare a vini più leggeri □ *a doppio taglio* (*fig.*), che può rivolgersi contro chi l'usa □ *dare un taglio* (*fig.*), troncare, dire basta, interrompere.

tagliòla s. f. **1** trappola **2** (*fig.*) inganno, insidia.

taglióne s. m. contrappasso, occhio per occhio, dente per dente □ pena, punizione, supplizio.

tagliuzzàre v. tr. tagliare minutamente, tagliare a pezzetti.

tagliuzzàto part. pass. di **tagliuzzare**; anche agg. tagliato minutamente, tagliato a pezzetti.

tailleur /*fr.* ta'jœr/ [vc. fr., da (*costume*) *tailleur* '(abito fatto dal) sarto (da uomo)'] s. m. inv. completo femminile.

take off /*ingl.* 'teik ɔ:f/ [loc. ingl., comp. di *to take* 'prendere' e dall'avv. *off* 'via, lontano, distante'] s. m. inv. **1** (*di aereo, di missile*) decollo, partenza **CONTR.** arrivo **2** (*est., fig.*) (*di industria, di attività*) decollo, decollo economico **CONTR.** fine.

tàlamo s. m. **1** camera nuziale **2** (*lett.*) letto coniugale, letto matrimoniale **3** (*fig.*) nozze, matrimonio **4** (*bot.*) ricettacolo.

talàre agg. (*eccl.*) lungo **FRAS.** *veste talare, abito talare*, veste sacerdotale, sottana, tonaca **CFR.** clergyman (*ingl.*).

tàle A agg. dimostr. (troncato in **tal** spec. davanti a parole che cominciano per consonante) **1** simile, siffatto, di questa sorta, di quella sorta **2** così grande **3** (*in correl. con* tale) identico, uguale **4** questo, quello **B** agg. indef. **1** (*al sing. sempre preceduto dall'art. indet. con valore raff.*) certo **2** (*preceduto dall'art. det.*) quello **C** pron. dimostr. questa persona, quella persona **D** pron. indef. (*preceduto dall'art. indet.*) un tizio, una certa persona **FRAS.** *il tal dei tali*, quella persona □ *tale quale*, uguale, identico □ *un tal quale* (*fam.*), un certo.

talèa s. f. (*bot.*) getto, pollone, magliolo, propaggine, ramoscello.

talènto s. m. **1** (*lett.*) voglia, desiderio, brama, capriccio, gusto, piacere, propensione, volontà **CONTR.** avversione, disgusto, malanimo **2** ingegno, attitudine, capacità, intelligenza, genio, genialità **CONTR.** incapacità, inettitudine, inabilità, ottusità, stolidità, stupidità, asinità **FRAS.** *a proprio talento*, spontaneamente □ *andare a talento*, piacere, andare a genio.

talent scout /*ingl.* 'tælənt 'skaut/ [loc. ingl., letteralmente 'scopritore (*scout*) di talenti (*talent*)'] loc. sost. m. e f. inv. (*nell'editoria, nello spettacolo, ecc.*) ricercatore di talenti, scopritore di talenti.

talismàno s. m. amuleto, portafortuna □ idolo, feticcio, formula magica, segno magico, simbolo magico.

tallonaménto s. m. **1** inseguimento, marcatura, pressione **2** (*mecc.*) impuntamento.

tallonàre v. tr. inseguire, incalzare, premere, marcare, stare alle calcagna.

tallonàto part. pass. di **tallonare**; anche agg. seguito, incalzato, marcato, controllato.

talloncìno s. m. tagliando, cedola, cedoletta, biglietto, coupon (*fr.*) □ (*di medicinali*) fustella.

tallóne s. m. **1** (*anat.*) calcagno, astragalo **2** (*di calza*) rinforzo **3** (*di cosa*) parte sporgente, sporgenza **FRAS.** *tallone d'Achille* (*fig.*), punto debole.

talménte avv. così, tanto.

talóra avv. (poet. troncato in **talor**) talvolta, alle volte, qualche volta, di tanto in tanto **CONTR.** mai, giammai.

tàlpa A s. f. **1** (*fig.*) (*di persona*) ottuso, sciocco, stupido, tardo **CONTR.** intelligente, acuto, perspicace, sveglio, pronto **2** (*fig.*) spia, infiltrato, informatore **B** in funzione di agg. inv. (*di colore*) grigio-nero.

talvòlta avv. talora, alle volte, qualche volta, di tanto in tanto **CONTR.** mai, giammai.

tambureggiaménto s. m. **1** (*di tamburo*) rullio **2** (*fig.*) martellamento.

tambureggiàre A v. intr. stamburare (*raro*), battere il tamburo **B** v. tr. (*fig.*) battere insistentemente, colpire fittamente.

tamburellàre A v. intr. tambureggiare, suonare il tamburello **B** v. tr. e intr. (*fig.*) battere rapidamente, percuotere insistentemente.

tamburèllo s. m. **1** dim. di **tamburo 2** (*mus.*) cembalo.

tambùro s. m. **1** timballo (*lett.*), timpano (*lett.*), grancassa, tamtam **2** suonatore di tamburo, tamburino **3** (*tecnol.*) cilindro rotante **FRAS.** *a tamburo battente* (*fig.*), in tutta fretta □ *battere il tamburo* (*fig.*), farsi molta pubblicità.

tampinàre v. tr. tormentare, molestare, importunare, non dare pace, non dare tregua □ pedinare, stare continuamente alle costole.

tampinàto part. pass. di **tampinare**; anche agg. tormentato, molestato, importunato.

tamponaménto s. m. **1** (*di buco, di ferite e sim.*) chiusura, blocco **CONTR.** apertura, sblocco **2** (*di veicolo*) urto, cozzo, collisione, scontro.

tamponàre A v. tr. **1** (*di buco, di ferita, ecc.*) chiudere, bloccare, fermare, tappare, turare □ asciugare, assorbire **CONTR.** aprire, sbloccare **2** (*fig.*) rimediare **3** (*di veicoli*) cozzare, urtare, colpire **B tamponarsi** v. intr. pron. (*di veicoli*) urtarsi, scontrarsi, colpirsi.

tamponàto part. pass. di **tamponare**; anche agg. **1** chiuso, bloccato, tappato, turato □ asciugato, assorbito **CONTR.** aperto, sbloccato **2** (*di veicolo, di persona*) urtato, colpito.

tampóne s. m. **1** batuffolo, stoppaccio, zaffo □ assorbente interno **2** (*di timbro*) cuscinetto.

tamtàm o **tam-tam** s. m. inv. tamburo, gong.

tàna s. f. **1** (*di animali*) buca, antro, covile, covo, cuccia, fossa **2** (*fig.*) (*di persona*) rifugio, covo, nascondiglio **3** (*fig.*) (*di locale*) tugurio, stamberga, topaia, spelonca.

tàndem [applicazione scherzosa della vc. lat. *tandem* che fra gli studenti valeva anche 'alla lunga', 'per la lunghezza'] s. m. inv. **1** bicicletta a due posti **2** (*di atleti*) coppia □ accoppiata, duo.

tànfo s. m. **1** odore di rinchiuso, odore di muffa **2** (*est.*) puzzo, fetore, lezzo **CONTR.** profumo, aroma, fragranza, effluvio.

tànga s. m. monokini (ridottissimo).

tangènte A agg. che tocca, che sfiora **B** s. f. **1** (*mat.*) tangenziale (*raro*) **2** (*di denaro*) parte, porzione, quota, rata, percentuale, spettanza **3** (*est.*) mazzetta (*pop.*), bustarella, mediazione, denaro estorto, compenso illecito **FRAS.** *filare per la tangente*, svignarsela.

tangenziàle A agg. di tangente, di tangenza **B** s. f. **1** (*raro, mat.*) tangente **2** (*di strada*) circonvallazione.

tànghero s. m. villano, villanzone, incivile, ineducato, rozzo, screanzato, ignorantone **CONTR.** educato, civile, raffinato, fine, garbato, cortese.

tangìbile agg. **1** (*al tatto*) toccabile, palpabile CONTR. impalpabile **2** (*est.*, *fig.*) evidente, chiaro, palese, certo, concreto, manifesto CONTR. oscuro, occulto, celato, nascosto.

tànica s. f. (*per liquidi*) recipiente, contenitore, serbatoio, fusto, bidone, canestro, stagna.

tànto (1) A agg. indef. **1** (*al sing.*) così molto, così grande, così intenso **2** (*di numero o quantità*) molto, assai CONTR. poco, scarso, esiguo **3** altrettanto **4** tanto tempo, tanto denaro, tante cose, ecc. **B** pron. indef. **1** (*al pl.*) molti, parecchi, certuni, alcuni, diversi CONTR. pochi **2** (*in correl. con* quanto) altrettanto **3** (*con valore indet.*) una parte, un tot **C** con funzione di pron. dimostr. questo, ciò FRAS. *a dir tanto, a far tanto*, al massimo □ *essere da tanto*, essere capace, essere all'altezza □ *di tanto in tanto*, talora, di quando in quando □ *né tanto né quanto*, per niente, niente affatto.

tànto (2) A avv. **1** così, in questo modo, in questa misura **2** (*in correl. con* quanto *o* tanto) così, altrettanto **3** molto, assai **4** solamente, soltanto, solo **B** cong. **1** tuttavia, però, ma, comunque **2** ormai FRAS. *per una volta tanto*, soltanto per una volta.

tape /*ingl.* 'teip/ [vc. ingl., letteralmente 'nastro'] s. m. inv. nastro magnetico, nastro.

tapis roulant /*fr.* ta'pi ru'lã/ [loc. fr., letteralmente 'tappeto (*tapis*) rotolante (*roulant*)'] loc. sost. m. inv. nastro trasportatore, piano scorrevole, scala girevole.

tàppa s. f. **1** fermata, sosta **2** bivacco, riposo **3** (*in un giro ciclistico, motociclistico, ecc.*) frazione, percorso giornaliero FRAS. *bruciare le tappe* (*fig.*), affermarsi rapidamente, fare presto.

tappàre A v. tr. chiudere, turare, bloccare, tamponare, ostruire, fermare, otturare, piombare, zaffare, stoppare, sigillare, chiudere bene, serrare con cura CONTR. stappare, sturare, aprire, liberare, sbloccare, dissigillare **B tapparsi** v. rifl. chiudersi, serrarsi, rinserrarsi, trincerarsi, sbarrarsi, asserragliarsi, sprangarsi, nascondersi FRAS. *tapparsi le orecchie, gli occhi, la bocca* (*fig.*), non voler udire, vedere, parlare □ *tappare la bocca a uno* (*fig.*), impedirgli di parlare.

tappàto part. pass. di **tappare**; anche agg. chiuso, ostruito, bloccato, piombato, sigillato, tamponato CONTR. sbloccato, sturato, aperto, liberato, dissigillato.

tappéto s. m. **1** arazzo, drappo □ pedana, scendiletto, passatoia, guida, stuoia, moquette (*fr.*) **2** (*est.*) (*di erba, di fiori, ecc.*) spesso strato **3** (*sport*) pedana **4** (*nel pugilato*) quadrato □ (*est.*) ring (*ingl.*) FRAS. *bombardamento a tappeto* (*fig.*), bombardamento fitto □ *mettere sul tappeto* (*fig.*), intavolare una trattativa □ *mettere al tappeto, mandare al tappeto*, atterrare, abbattere; (*fig.*) rovinare del tutto.

tappezzàre v. tr. rivestire, ricoprire, foderare □ parare, addobbare.

tappezzàto part. pass. di **tappezzare**; anche agg. ricoperto di tappezzeria, ricoperto, rivestito, foderato □ parato, addobbato.

tappezzerìa s. f. **1** tessuto □ (*est.*) carta da parati, drappo, parato, addobbo, arazzo **2** bottega di tappezziere □ arte del tappezziere.

tappezzière s. m. attrezzista, paratore, decoratore, addobbatore, arredatore.

tàppo s. m. **1** turacciolo, sughero, zaffo **2** (*fig.*, *scherz.*) persona piccola e tarchiata, bassotto, tracagnotto CONTR. alto e snello.

tàra (1) s. f. (*ant.*) detrazione, sconto, riduzione, defalco CONTR. aggiunta, addizione FRAS. *fare la tara* (*fig.*), accogliere con riserva.

tàra (2) s. f. **1** malattia ereditaria **2** (*fig.*) difetto, pecca, imperfezione, macchia.

taràntola s. f. (*zool.*) geco, stellione, platidattilo muraiolo.

taràre v. tr. **1** fare la tara **2** (*di strumento*) mettere a punto, verificare, graduare.

taràssaco s. m. (*bot.*) dente di leone.

taràto (1) part. pass. di **tarare**; anche agg. **1** (*di peso*) netto da tara **2** (*di strumento*) messo a punto, verificato, graduato.

taràto (2) agg.; anche s. m. (*anche fig.*) (*di persona*) malato, anormale, viziato, bacato CONTR. sano, integro, robusto.

taratùra s. f. (*di strumento*) verifica, graduazione.

tarchiàto agg. grosso, quadrato, massiccio, atticciato, membruto, tracagnotto, tozzo, tombolotto (*fam.*) CONTR. esile, smilzo, mingherlino, sottile, gracile, magro.

tardàre A v. intr. ritardare, indugiare, far tardi, temporeggiare CONTR. affrettarsi, spicciarsi, fare presto, sbrigarsi **B** v. tr. ritardare, procrastinare, differire, aggiornare, rimandare, prorogare CONTR. affrettare, sollecitare, pressare, stimolare.

tàrdi avv. **1** a ora avanzata CONTR. presto **2** con ritardo, fuori ora CONTR. subito, puntualmente FRAS. *sul tardi*, verso sera □ *presto o tardi*, prima o poi □ *al più tardi*, al massimo.

tardìvo agg. **1** (*di pianta, di stagione, ecc.*) lento, tardo, serotino CONTR. precoce, primaticcio, prematuro, anticipato **2** (*fig.*) (*di persona, di mente*) tonto, duro, ritardato CONTR. acuto, sveglio, intelligente, precoce **3** inopportuno, intempestivo, inutile.

tàrdo agg. **1** (*lett.*) pigro, lento □ ottuso, tonto CONTR. pronto, svelto, alacre, lesto, presto (*lett.*), veloce □ intelligente, sveglio, pronto **2** (*di tempo*) inoltrato, avanzato CONTR. primo, iniziale.

tàrga s. f. **1** lastra, placca, piastra, cartello, insegna, tabella, etichetta **2** (*stor.*) scudo.

targàre v. tr. provvedere di targa, munire di targa.

targàto part. pass. di **targare**; anche agg. con targa, munito di targa.

target /*ingl.* 'ta:git/ [vc. ingl., propriamente 'scudo, targa'] s. m. inv. (*comm.*) obiettivo, meta.

tarìffa s. f. listino, tabella, calmiere, mercuriale □ prezzo, costo.

tariffàrio A agg. di tariffa **B** s. m. lista di tariffe, prezzario, prontuario (delle tariffe).

tarlàre A v. tr. tarmare, rodere, guastare, bucherellare, rovinare **B tarlarsi** v. intr. e intr. pron. intarlarsi, intarmarsi, guastarsi, rovinarsi.

tarlàto part. pass. di **tarlare**; anche agg. intarlato, roso, intignato, bucherellato, rovinato **CONTR.** integro, sano, intero, nuovo.

tàrma s. f. (*zool.*) tignola.

tarmàre A v. tr. (*di tarme*) guastare, rodere, rovinare **B tarmarsi** v. intr. e intr. pron. intarmarsi, guastarsi, rovinarsi.

tarmàto part. pass. di **tarmare**; anche agg. tarlato, intarlato, roso, intignato, bucherellato, rovinato **CONTR.** integro, sano.

tarsìa s. f. intarsiatura, intarsio, incrostatura, mosaico.

tartagliàre A v. intr. balbettare, balbutire (*lett.*), barbugliare, biascicare, cingottare, farfugliare, incespicare, annaspicare (*raro*), impappinarsi **CONTR.** parlare speditamente, parlare chiaramente **B** v. tr. dire a fatica, dire confusamente, biascicare **CONTR.** dire chiaramente.

tàrtaro s. m. **1** (*nelle botti*) incrostazione, gromma, gruma **2** (*miner.*) cristallizzazione calcarea **3** (*med.*) odontolito.

tartarùga [forse dal greco *tartarôuchos* 'abitante del tartaro', perché ritenuto animale demoniaco] s. f. **1** testuggine, chelone **2** (*fig.*) persona lenta **3** scaglia cornea, osso (di tartaruga).

tartassàre v. tr. (*raro*) vessare, angariare □ (*fam.*) maltrattare, strapazzare, malmenare **CONTR.** rispettare, onorare, curare, riverire, avere riguardo.

tartìna s. f. tramezzino, panino imbottito, sandwich (*ingl.*).

tartùfo [nel sign. 2, dal n. di Mr. *Tartuffe*, protagonista dell'omonima commedia di Molière] s. m. **1** trifola (*dial., sett.*) **2** (*fig.*) ipocrita, bigotto, falso, impostore, simulatore **CONTR.** aperto, franco, leale, schietto, sincero.

tàsca s. f. **1** saccoccia (*dial.*), scarsella (*dial.*), bisaccia, sacca **2** (*est.*) (*di borse, di valigie, ecc.*) scompartimento **FRAS.** *starsene con le mani in tasca* (*fig.*), restare inoperoso □ *conoscere come le proprie tasche* (*fig.*), conoscere molto bene □ *rompere le tasche* (*fig.*), annoiare, seccare, infastidire, scocciare (*fam.*) □ *averne piene le tasche* (*fig.*), essere annoiatissimo, essere scocciato (*fam.*).

tascàbile A agg. **1** che si può portare in tasca **2** (*est.*) piccolo, esiguo, ridotto **CONTR.** grande, largo, lungo, esteso **B** s. m. libriccino, dispensa, fascicolo, pocket book (*ingl.*).

tascapàne s. m. borsa, sacca, zaino.

taschìno s. m. (*di vestiti*) piccola tasca.

tàssa s. f. contributo, contribuzione, imposta, imposizione, tributo, balzello, pedaggio □ bollo.

tassàbile agg. imponibile.

tassàmetro s. m. (*di vettura*) contatore, contagiri □ parchimetro.

tassàre v. tr. sottoporre a tassa, imporre, gravare, taglieggiare **CONTR.** esonerare, sgravare.

tassativaménte avv. obbligatoriamente, assolutamente, perentoriamente, inderogabilmente **CONTR.** liberamente, facoltativamente.

tassatìvo agg. precisato, specificato, determinato □ imperativo, categorico, inderogabile, perentorio, assoluto, obbligatorio **CONTR.** indeterminato, indefinito, imprecisato □ relativo, libero.

tassàto part. pass. di **tassare**; anche agg. gravato di tassa □ taglieggiato **CONTR.** esonerato, sgravato.

tassazióne s. f. imposizione, gravame, taglia, tassa, balzello, pedaggio.

tassèllo s. m. (*di legno o altro materiale*) blocchetto, pezzetto, tessera, tarsia, zeppa, cuneo, incastro.

tassì s. m. inv. taxi, auto pubblica, automobile di piazza.

tassìsta s. m. e f. autista di taxi, conducente di taxi.

tàsso s. m. rapporto, interesse, saggio.

tastàre v. tr. **1** palpare, palpeggiare, brancicare, tasteggiare, toccare **2** (*di cibo*) assaggiare, gustare **3** scandagliare, saggiare **FRAS.** *tastare il polso* (*fig.*), cercare di conoscere le intenzioni □ *tastare il terreno* (*fig.*), cercare di rendersi conto della situazione.

tastàta s. f. tastamento (*raro*), palpamento, palpeggiamento, toccamento (*raro*).

tastièra s. f. (*mus.*) tasti □ console (*fr.*), consolle.

tàsto s. m. **1** toccamento (*raro*), palpamento, tatto **2** (*di apparecchi vari*) bottone, pulsante **3** (*di materiali*) prelievo, saggio **FRAS.** *toccare un brutto tasto, toccare un tasto delicato, toccare un tasto falso* (*fig.*), affrontare un argomento spiacevole o inopportuno.

tastóni o (*raro*) **tastóne** avv. **1** tentoni, brancoloni (*raro*), brancicando, annaspando **CONTR.** a occhi aperti **2** (*fig.*) alla cieca, in modo incerto **CONTR.** sicuramente, con sicurezza.

tàta s. f. (*inft.*) bambinaia, dada (*fam.*), baby-sitter (*ingl.*), bonne (*fr.*).

tàttica s. f. **1** (*mil.*) disposizione, schieramento, strategia **2** (*sport*) sistema, schieramento **3** (*est.*) metodo, sistema, modo, strategia, manovra **4** (*fig.*) prudenza, accortezza, diplomazia, accorgimento, astuzia, scaltrezza **CONTR.** avventatezza, imprudenza, leggerezza, sconsideratezza.

tatticaménte avv. (*est.*) accortamente, strategicamente, diplomaticamente, prudentemente □ scaltramente, abilmente, astutamente **CONTR.** avventatamente, sconsideratamente.

tàttico agg. **1** di tattica, strategico **2** (*fig.*) accorto, astuto, prudente, scaltro **CONTR.** ingenuo, candido, semplice □ avventato, sconsiderato, imprudente.

tàtto s. m. **1** tattilità, facoltà tattile **2** (*fig.*) accortezza, prudenza, discernimento, garbo, cortesia, educazione, delicatezza, discrezione, riguardo **CONTR.** scortesia, indelicatezza, malgarbo, sgarbo (*raro*), sgarbatezza, maleducazione, rozzezza.

tatuàggio s. m. pictografia.

taumaturgicaménte avv. miracolosamente □ (*est.*) prodigiosamente, portentosamente.

taumatùrgico agg. miracoloso □ (*est.*) prodigioso, portentoso, straordinario.

taumatùrgo s. m. operatore di miracoli □ guaritore.

taurìno agg. **1** di toro, da toro **2** (*fig.*) vigoroso, robusto, muscoloso, nerboruto **CONTR.** esile, gracile, delicato.

tavèrna s. f. trattoria, osteria, mescita, cantina, bettola, gargotta, tavernetta.

tavernétta s. f. dim. di **taverna**; cantinetta.

tàvola s. f. **1** (*di legno o altro materiale*) asse **2** (*est.*) lastra, lamina **3** (*al pl.*) tavolato, pavimento di legno, parquet (*fr.*) **4** tavolo □ scrivania, scrittoio **5** desco, mensa □ vivande **6** banco (da lavoro) **7** quadro, dipinto (su tavola di legno) **8** (*di libro*) pagina illustrata, illustrazione **9** tabella, prospetto, schema, prontuario **FRAS.** *tavola calda* (*fig.*), self-service (*ingl.*) □ *mettere le carte in tavola* (*fig.*), rivelare con chiarezza le proprie intenzioni □ *tavola rotonda* (*fig.*), dibattito, convegno, panel (*ingl.*) □ *tavola reale*, tric trac, backgammon (*ingl.*).

tavolàto s. m. **1** assito, palco, pavimento **2** (*geogr.*) altipiano livellato.

tavolétta s. f. **1** dim. di **tavola 2** panetto, stecca □ pezzo rettangolare **3** (*di autoveicolo*) pedale dell'acceleratore, acceleratore **FRAS.** *andare a tavoletta*, premere al massimo l'acceleratore.

tavolière s. m. **1** (*nel gioco della dama, degli scacchi, ecc.*) tavolino **2** (*geogr.*) regione piatta.

tavolìno s. m. tavolo □ scrittoio, scrivania □ tavolo da gioco.

tavolòzza s. f. **1** (*per pittore*) assicella (dei colori) **2** (*est.*) colori preferiti, colori caratteristici (di un pittore).

tàxi s. m. inv. tassì, auto pubblica.

tàzza s. f. **1** boccale, chicchera, ciotola **2** (*di fontana*) vaso, vasca **3** (*di macchine varie*) coppa, contenitore **4** (*fam.*) water closet (*ingl.*), water (*ingl.*).

tbc A s. f. inv. acrt. di **tubercolosi polmonare**; tubercolosi **B** s. m. e agg. inv. tubercolotico.

tea /*ingl.* ti:/ [vc. ingl., propriamente 'tè'] s. m. inv. tè.

team /*ingl.* ti:m/ [vc. ingl., propriamente 'gruppo'] s. m. inv. **1** (*sport*) squadra, formazione **2** (*di studiosi, di ricercatori*) gruppo, équipe (*fr.*).

teatràle agg. **1** di teatro **2** (*fig.*, *spreg.*) esagerato, caricato, pomposo, innaturale, patetico, melodrammatico **CONTR.** spontaneo, naturale, semplice, istintivo, sincero.

teatralità s. f. (*fig.*) esagerazione, artificiosità, pomposità, spettacolarità, melodrammaticità **CONTR.** semplicità, spontaneità, naturalezza.

teatralménte avv. (*fig.*) in modo teatrale, spettacolarmente, melodrammaticamente **CONTR.** semplicemente.

teàtro s. m. **1** arena, anfiteatro, politeama **2** (*est.*) rappresentazione teatrale, recita, commedia, opera **3** pubblico, spettatori **4** (*di avvenimento importante*) luogo **5** (*per le lezioni universitarie*) aula **FRAS.** *gente di teatro*, attori, cantanti, ballerini, registi, ecc.

tèca s. f. **1** (*raro*) custodia, astuccio, cassetta, scrigno □ bacheca, vetrinetta **2** reliquiario □ ciborio.

technicòlor s. m. inv. cinema a colori, film a colori **FRAS.** *in technicolor*, a colori.

tècnica s. f. **1** norme, regole □ tecnologia **2** procedimento, modo di lavorare, metodologia, sistema **3** ingegnosità, capacità, abilità, perizia, pratica **CONTR.** imperizia, inesperienza, incapacità.

tecnicaménte avv. con tecnica, secondo la tecnica, sotto l'aspetto tecnico.

tecnicìsmo s. m. **1** (*spesso in senso spreg.*) tecnica □ pignoleria, meticolosità, perfezionismo **2** (*di parola, di modo di dire*) termine tecnico.

tècnico A agg. proprio di una tecnica, proprio di una scienza □ specialistico, pratico **B** s. m. specialista, specializzato □ conoscitore, esperto, perito **CONTR.** incompetente, inesperto, impreparato.

tecnocrazìa s. f. **1** (*in politica*) governo dei tecnici **2** potere dei tecnici.

tecnologìa s. f. tecnica □ scienza tecnica.

tecnològico agg. della tecnologia, tecnico.

tedésco agg.; anche s. m. della Germania, germanico, teutonico, alemanno, crucco (*spreg.*).

tediàre A v. tr. annoiare, infastidire, disturbare, importunare, irritare, molestare, nauseare, scocciare (*fam.*), seccare, stancare, stufare, saziare **CONTR.** divertire, dilettare, rallegrare, ricreare □ distrarre **B tediarsi** v. intr. pron. annoiarsi, infastidirsi, irritarsi, seccarsi, stancarsi, stufarsi, scocciarsi (*fam.*) **CONTR.** divertirsi, dilettarsi, rallegrarsi, ricrearsi.

tèdio s. m. noia, fastidio, disgusto, molestia, nausea, ripugnanza, avversione, uggia □ tristezza, malinconia **CONTR.** gioia, gaudio, contentezza □ serenità, tranquillità.

teen-ager /*ingl.* 'ti:n 'eidʒə/ [vc. ingl., comp.

di *-teen* (da *ten* 'dieci') e *ager*, da *age* 'età'] s. m. e f. inv. adolescente, ragazzino, ragazzina.

tegàme s. m. teglia, terrina, testo, padella, pentola, casseruola.

téglia s. f. tegame, padella, terrina, testo.

tégola s. f. **1** coppo, embrice, tegolo **2** (*fig.*) accidente, disgrazia, guaio, infortunio, sciagura, sventura, avversità, contrarietà **CONTR.** fortuna, cuccagna, bazza.

téla s. f. **1** tessuto **2** quadro (su tela), pittura, dipinto, olio **3** sipario, telone, tenda **4** (*di libro*) trama, intreccio **5** (*fig.*) trama, imbroglio, insidia, macchinazione, raggiro, tranello, trappola.

telàio s. m. **1** macchina tessile **2** ossatura, armatura, intelaiatura, struttura □ scheletro metallico □ châssis (*fr.*).

telecomandàre v. tr. teleguidare, comandare a distanza, guidare a distanza.

telecomandàto part. pass. di **telecomandare**; anche agg. teleguidato, comandato a distanza.

telecomàndo s. m. comando a distanza.

telecrònaca s. f. videocronaca □ reportage (*fr.*).

telecronìsta s. m. e f. videocronista □ reporter (*ingl.*).

tèlefax s. m. inv. facsimile, fax, telecopia.

telefèrica s. f. funivia, filovia.

telefonìsta s. m. e f. **1** addetto ai telefoni □ centralinista **2** impiegato del telefono.

telegraficaménte avv. **1** per telegrafo **2** (*fig.*) concisamente, molto brevemente **CONTR.** prolissamente.

telegràfico agg. **1** del telegrafo, per telegrafo **2** (*fig.*) conciso, stringato, breve, succinto, compendioso, incisivo, serrato, laconico, tacitiano **CONTR.** prolisso, profuso (*raro*), verboso, diffuso, lungo.

teleguidàre v. tr. telecomandare, guidare a distanza.

telenovela /*sp.* teleno'vela/ [vc. sp., da *tele-* e *novela* 'romanzo'] s. f. inv. teleromanzo.

teleromànzo s. m. romanzo televisivo, telenovela (*sp.*).

telescòpio s. m. cannocchiale astronomico.

telescrivènte s. f. telestampante.

telestampànte s. f. telescrivente.

teletàxe s. m. inv. (*tel.*) ripetitore di impulsi.

televisióne s. f. **1** trasmissione a distanza **2** (*fam.*) televisore, tivù (*fam.*), apparecchio televisivo.

televisóre s. m. apparecchio televisivo, apparecchio ricevente, televisione (*fam.*), tivù (*fam.*).

tellìna s. f. cozza, mitilo, peocio (*dial.*), vongola, arsella.

tellùrico agg. terrestre, della terra **FRAS.** *movimento tellurico*, terremoto.

télo s. m. pezzo di tela, tela, drappo □ telone.

telóne s. m. **1** accr. di **telo 2** (*teat.*) sipario, tela, tenda, tendone.

tèma (1) s. m. **1** (*di uno scritto, di un discorso, ecc.*) argomento, soggetto, assunto, contenuto, concetto, materia, motivo, sostanza, tesi **2** (*scolastico*) componimento, composizione, lavoro, elaborato, compito **3** (*mus.*) idea melodica, motivo, leitmotiv (*ted.*) **4** (*ling.*) radice, parte invariabile.

téma (2) s. f. solo sing. (*lett.*) timore, paura, ansia, apprensione, sospetto, spavento, tremore, trepidazione **CONTR.** animo, ardire, coraggio, fegato, audacia, sangue freddo, sicurezza, valore.

temàtica s. f. temi, motivi, contenuti, concetti, tesi, argomenti.

temerarietà s. f. imprudenza, sconsideratezza, irriflessione, irriflessività, temerità □ leggerezza □ arditezza, audacia □ arroganza **CONTR.** avvedutezza, cautela, circospezione, precauzione, oculatezza, riflessione, prudenza.

temeràrio agg. e s. m. imprudente, sconsiderato, inconsulto, irragionevole, impetuoso □ ardito, audace □ arrogante □ avventato, precipitoso **CONTR.** prudente, cauto, circospetto, guardingo, oculato, riflessivo, ragionevole.

temére A v. tr. **1** paventare (*lett.*), avere paura **CONTR.** affrontare, sfidare **2** sospettare, dubitare, subodorare, supporre **CONTR.** fidarsi, confidare, essere certo **3** riverire, rispettare, onorare □ venerare **CONTR.** disprezzare, spregiare, schernire, sdegnare, disdegnare **B** v. intr. **1** preoccuparsi, spaventarsi, intimorirsi, sgomentarsi **CONTR.** farsi coraggio, osare, arrischiare **2** sospettare, diffidare, dubitare **CONTR.** confidare, fidarsi, essere certo.

temìbile agg. pericoloso, terribile, pauroso.

tempàccio s. m. **1** pegg. di **tempo 2** cattivo tempo, brutto tempo.

tèmpera s. f. **1** pittura ad acqua **2** (*est.*) quadro a tempera **3** *V.* **tempra**.

temperamatìte s. m. inv. temperalapis, temperino □ coltellino.

temperaménto s. m. **1** addolcimento, alleggerimento, alleviamento, diminuzione, mitigamento (*raro*), mitigazione, sollievo **CONTR.** aggravamento, inasprimento, peggioramento, recrudescenza **2** indole, natura, carattere, abito, animo, disposizione, tempra, umore **3** carattere, personalità.

temperànte agg. continente, astinente, frugale, parco, misurato, moderato, sobrio □ casto **CONTR.** intemperante, smodato, dissoluto, incontinente, licenzioso, sfrenato □ scostumato.

temperànza s. f. astinenza, continenza, frugalità, misura, moderazione, freno, sobrietà □ castità, costumatezza **CONTR.** intemperanza, eccesso, abuso, esagerazione, smoderatezza □ dissolutezza, libertinaggio.

temperàre A v. tr. **1** (*spec. di vino con l'acqua*) mescolare, stemprare **2** (*fig.*) (*di dolore, di carattere, ecc.*) addolcire, mitigare, lenire, attenuare, calmare, quietare, raddolcire, placare

CONTR. inasprire, esacerbare, esasperare, irritare **3** (*di matita, di lama, ecc.*) affilare, aguzzare, appuntire **B** **temperarsi** v. intr. pron. *V.* **temprarsi**.

temperàto part. pass. di **temperare**; anche agg. **1** (*di clima, ecc.*) moderato, mite, dolce **2** (*di prezzo*) non eccessivo **3** (*di persona*) moderato, misurato, frugale, parco, sobrio, temperante CONTR. smodato, smoderato, intemperante, incontinente, eccessivo, esagerato, sfrenato.

temperatùra s. f. **1** (*di corpo, di liquido, ecc.*) calore, grado di calore **2** (*di atmosfera*) clima, stato termico, condizione.

tempèrie s. f. inv. **1** stato dell'atmosfera **2** clima mite CONTR. intemperie **3** (*fig.*) (*di periodo, di ambiente, ecc.*) carattere, caratteristica.

temperìno s. m. temperamatite, temperalapis □ coltellino.

tempèsta s. f. **1** temporale, bufera, burrasca, ciclone, fortunale, procella (*lett.*), tifone, turbine, uragano □ (*di neve*) tormenta □ (*dial.*) grandine CONTR. bonaccia, calma, placidità, serenità **2** (*fig.*) (*di sentimenti*) veemenza, tumulto, impeto, furia, tormento CONTR. calma, pacatezza, posatezza, ponderazione, riflessione **3** (*fig.*) sconvolgimento, violenta agitazione.

tempestàre A v. tr. **1** picchiare, battere, colpire □ percuotere furiosamente **2** ornare fittamente **B** v. intr. impers. fare tempesta, infuriare la tempesta, grandinare.

tempestàto part. pass. di **tempestare**; anche agg. **1** battuto, colpito, percosso, picchiato **2** (*fig.*) adorno, carico, incrostato, smaltato.

tempestivaménte avv. per tempo, opportunamente, a tempo opportuno □ rapidamente, sollecitamente CONTR. intempestivamente, inopportunamente □ tardi.

tempestività s. f. rapidità, sollecitudine □ opportunità, convenienza CONTR. lentezza, ritardo □ inopportunità, intempestività.

tempestìvo agg. rapido, sollecito □ opportuno, provvidenziale, a proposito, al momento giusto CONTR. lento, tardo □ inopportuno, intempestivo.

tempestóso agg. **1** (*di tempo, di mare, ecc.*) burrascoso, temporalesco, procelloso (*lett.*), turbinoso CONTR. calmo, immobile, placido, sereno **2** (*fig.*) (*di colloquio, di vita, ecc.*) agitato, turbato, inquieto, turbolento, violento, sconvolto CONTR. calmo, flemmatico, posato, riflessivo, pacifico, pacioso, sereno.

tèmpio s. m. **1** basilica, chiesa, duomo, cattedrale, santuario, sacrario □ (*presso gli ebrei*) sinagoga □ (*presso i musulmani*) moschea **2** (*fig.*) luogo sacro, luogo venerabile **3** (*di massoneria*) loggia.

tempìsmo s. m. tempestività, puntualità □ prontezza, alacrità, immediatezza, rapidità, sollecitudine CONTR. lentezza, indugio, pigrizia, ritardo.

tempìsta s. m. e f. (*fig.*) tempestivo, puntuale □ pronto, alacre, immediato, rapido, sollecito CONTR. lento, indolente, pigro, tardo.

tèmpo s. m. **1** periodo, epoca, età, era, evo □ corso dei secoli □ (*al pl.*) condizioni, circostanze storiche **2** spazio, tratto, intervallo, durata, lasso, corso **3** agio, occasione, opportunità, possibilità □ momento adatto, momento conveniente **4** (*mus.*) unità ritmica, misura, battuta □ ritmo, movimento **5** (*di partita, di spettacolo, ecc.*) parte, frazione **6** (*meteor.*) cielo, clima, aria, temperatura **7** (*di motore*) fase FRAS. *dare tempo al tempo*, aspettare il momento opportuno □ *in tempo, a tempo, per tempo*, senza ritardo □ *di tempo in tempo*, ogni tanto □ *in tempo*, nel tempo stabilito, in tempo utile, in orario □ *senza por tempo in mezzo*, senza indugio □ *un tempo*, una volta □ *al tempo dei tempi*, nella notte dei tempi, nella più remota antichità □ *avere fatto il proprio tempo*, essere passato di moda; non contare più □ *a tempo e luogo*, nel momento adatto □ *lascia il tempo che trova*, non ha alcun risultato □ *fare il buono e il cattivo tempo* (*fig.*), dettar legge, avere autorità assoluta.

temporàle (1) agg. passeggero, caduco, fuggevole, temporaneo, transitorio □ mondano, secolare CONTR. duraturo, eterno, perpetuo, stabile □ religioso, sacro, spirituale.

temporàle (2) s. m. **1** burrasca, tempesta, procella (*lett.*) □ ciclone, nubifragio, uragano, turbine, fortunale, tifone CONTR. bonaccia, calma, placidità, serenità **2** (*fig.*) aspra lite, reazione violenta.

temporalésco agg. burrascoso, tempestoso CONTR. calmo, sereno.

temporaneaménte avv. provvisoriamente, fugacemente, momentaneamente, precariamente CONTR. durevolmente, permanentemente, persistentemente, stabilmente.

temporàneo agg. provvisorio, momentaneo □ precario, passeggero, transitorio, caduco, fugace CONTR. durevole, permanente, perenne.

temporeggiaménto s. m. indugio, tergiversazione (*raro*) □ (*ant.*) dilazione, proroga, rinvio, ritardo, aggiornamento CONTR. prontezza, immediatezza, alacrità, sollecitudine, puntualità.

temporeggiàre A v. intr. indugiare, tergiversare, guadagnar tempo, menare il can per l'aia CONTR. fare subito, affrettarsi **B** v. tr. (*ant.*) differire, dilazionare, procrastinare, rimandare, rinviare, ritardare, aggiornare CONTR. anticipare, accelerare.

temporeggiatóre s. m. (f. *-trice*) indugiatore (*raro*), indugiante, tergiversatore (*raro*) CONTR. pronto, rapido, sollecito, svelto.

tèmpra s. f. **1** (*di metalli*) durezza, resistenza □ indurimento **2** (*fig.*) natura, indole, carattere, temperamento □ costituzione (fisica) **3**

(*di voce o strumento musicale*) timbro, metallo.

tempràre A v. tr. **1** (*di metalli*) indurire □ dare la tempra **2** (*est.*, *fig.*) fortificare, consolidare, irrobustire, rinvigorire, rafforzare, agguerrire **CONTR.** indebolire, fiaccare, infiacchire, prostrare, snervare, svigorire **B temprarsi** v. rifl. e intr. pron. fortificarsi, irrobustirsi, rafforzarsi, rinvigorirsi, rinsaldarsi **CONTR.** indebolirsi, infiacchirsi, snervarsi, svigorirsi.

temùto part. pass. di **temere**; anche agg. **1** paventato **CONTR.** desiderato **2** rispettato, ossequiato, riverito **CONTR.** disprezzato.

tenàce agg. **1** forte, resistente, robusto, saldo **2** (*di terreno*) sodo, compatto **3** vischioso, adesivo, attaccaticcio **4** (*fig.*) (*di persona*) fermo, forte, costante, ferreo, indomabile, insistente, irremovibile, perseverante, persistente □ ostinato, caparbio, cocciuto, duro, incapato (*tosc.*), intestato, incaponito, pervicace, protervo **CONTR.** incostante, volubile, leggero, instabile, mutabile, mutevole.

tenaceménte avv. fortemente, fermamente, caparbiamente, rigidamente, puntigliosamente, decisamente, ostinatamente, cocciutamente, saldamente **CONTR.** debolmente, fiaccamente, senza troppa convinzione.

tenàcia s. f. **1** (*di materia*) vischiosità **2** (*fig.*) (*di persona*) costanza, fermezza, insistenza, perseveranza, pertinacia □ caparbietà, cocciutaggine, ostinazione, pervicacia, protervia **CONTR.** incostanza, volubilità, leggerezza, instabilità, mutabilità, mutevolezza.

tenacità s. f. **1** (*di materia*) vischiosità □ durezza, resistenza **2** (*fig.*, *raro*) (*di persona*) costanza, fermezza, tenacia □ caparbietà **CONTR.** incostanza, volubilità, instabilità.

tenàglia s. f. **1** (*spec. al pl.*) pinze, pinzette, molle **2** (*spec. al pl.*, *pop.*) (*di crostacei o scorpioni*) chele.

tènda s. f. **1** drappo, cortina, cortinaggio, sipario, tendale, tendina, velo, velario, rideau (*fr.*) **2** padiglione, attendamento, baracca □ baldacchino, tabernacolo **FRAS.** *piantare le tende* (*fig.*), accamparsi □ *levare le tende* (*fig.*), andarsene.

tendàggio s. m. tende.

tendènte part. pres. di **tendere**; anche agg. **1** mirante, proclive, propenso **CONTR.** avverso, contrario **2** (*di colore*) vicino **CONTR.** lontano.

tendènza s. f. **1** propensione, attitudine, inclinazione, impulso, istinto, proclività (*lett.*), simpatia, slancio, vocazione **CONTR.** avversione, incompatibilità, contrarietà, antipatia, odio, ostilità, ripugnanza, idiosincrasia **2** (*di movimenti culturali o politici*) corrente, orientamento.

tendenziosaménte avv. con tendenziosità, faziosamente, parzialmente, settariamente **CONTR.** imparzialmente, spassionatamente, equamente.

tendenziosità s. f. parzialità, favoritismo, partigianeria, settarismo **CONTR.** equità, imparzialità, giustizia, neutralità, serenità, spassionatezza.

tendenzióso agg. parziale, partigiano, interessato, ingiusto, iniquo, settario **CONTR.** imparziale, equo, disinteressato, giusto, neutrale, sereno, spassionato.

tèndere A v. tr. **1** (*di corda, di filo, ecc.*) tirare, distendere, spiegare, dispiegare, stendere, sciorinare □ preparare **CONTR.** allentare, avvolgere, aggomitolare, ravvolgere **2** (*di mano, di collo, ecc.*) porgere, allungare, stendere **CONTR.** ritirare, ritrarre **B** v. intr. **1** (*di persona*) aspirare, desiderare, inclinare, mirare, propendere, preferire **2** (*di colore*) avvicinarsi **CONTR.** allontanarsi **C tendersi** v. rifl. allungarsi, sporgersi **CONTR.** ritirarsi, ritrarsi.

tèndine s. m. (*anat.*) **FRAS.** *tendine d'Achille*, corda d'Ippocrate.

tendóne s. m. **1** grossa tenda **2** (*di teatro*) sipario, tela.

tendòpoli s. f. campeggio, camping (*ingl.*).

tènebra o (*raro*) **tenèbra** s. f. **1** (*spec. al pl.*) oscurità, buio pesto, tenebrore (*lett.*), tenebrìa (*lett.*) □ notte □ ombra, caligine **CONTR.** luce, luminosità, splendore, chiarore, fulgore **2** (*fig.*) ignoranza **CONTR.** sapienza.

tenebrosaménte avv. **1** cupamente, buiamente **CONTR.** allegramente, festosamente **2** occultamente, misteriosamente, segretamente, subdolamente **CONTR.** apertamente, chiaramente, alla luce del sole.

tenebróso agg. **1** oscuro, buio, nero □ cupo, caliginoso, nebbioso **CONTR.** luminoso, chiaro, fulgido, splendente, splendido **2** (*fig.*) misterioso, occulto, nascosto, enigmatico, incomprensibile, segreto **CONTR.** aperto, chiaro, manifesto, palese.

teneraménte avv. (*fig.*) dolcemente, affettuosamente, amorevolmente, compassionevolmente **CONTR.** aspramente, duramente, rigidamente, ruvidamente, disdegnosamente.

tenére A v. tr. **1** avere in mano, reggere, stringere, trattenere, non lasciarsi sfuggire **CONTR.** abbandonare, cedere, lasciare, lasciar andare, lasciar cadere, mollare **2** mantenere, conservare, custodire, serbare, lasciare □ osservare **CONTR.** buttar via, sprecare □ trasgredire **3** (*di riso, di pianto, ecc.*) trattenere, frenare, dominare, controllare **CONTR.** sfogare, sfrenare **4** (*di posto, di luogo*) occupare, ingombrare □ presidiare, difendere, proteggere **5** (*di recipiente*) contenere **6** (*di direzione*) seguire, mantenere **7** ritenere, considerare, stimare, credere, giudicare, reputare □ trattare **B** v. intr. **1** resistere, reggere, sopportare, sostenere □ tener duro, tener testa, stare saldo **CONTR.** cedere, piegarsi, ritirarsi, arrendersi **2** (*fig.*) contare, valere, essere valido **CONTR.** decadere, scadere **3** (*di chiusura*) reggere, stare ben chiuso, non aprirsi **4** (*di recipiente*) non lasciare uscire il liquido, non perdere **CONTR.** perdere **5** (*di colla, calce, ecc.*) far presa **CONTR.** staccarsi, scollarsi **6** (*di pianta*) attecchire **CONTR.** seccarsi, morire **7** (*per qualcuno*) parteggiare, appoggiare, favorire, sostenere, spalleggiare □ fare il tifo **CONTR.** biasimare, disapprovare, fischiare, schernire □ dare addosso **8** dare importanza, avere a cuore **CONTR.** trascurare **C tenersi** v. rifl. **1** aggrapparsi, attaccarsi, afferrarsi □ reggersi, stare **CONTR.** staccarsi, distaccarsi, allontanarsi **2** (*di direzione*) seguire, andare verso, mantenersi **3** attenersi, osservare, ubbidire **CONTR.** disattendere, disubbidire, trasgredire **4** (*dal ridere, dal piangere, ecc.*) trattenersi, contenersi, frenarsi **CONTR.** sfrenarsi, sfogarsi **5** ritenersi, stimarsi, giudicarsi, credersi, considerarsi **FRAS.** *tenere da conto*, custodire con cura □ *tenere d'occhio*, vigilare □ *tenere la strada*, non sbandare □ *tenere duro*, resistere □ *tenersi sulle sue* (*fig.*), trattare con distacco.

tenerézza s. f. **1** (*di cosa*) mollezza, morbidezza, cedevolezza, delicatezza **CONTR.** durezza, consistenza, rigidità, saldezza, solidità, sodezza **2** (*fig.*) (*di persona, di sentimento*) delicatezza, dolcezza, affetto, affezione, affettuosità, commozione, amore, compassione, pietà, sensibilità, simpatia, sollecitudine, indulgenza **CONTR.** asprezza, durezza, rigidità, rigore, ruvidezza, intrattabilità, disdegno **3** (*al pl.*) affettuosità, premure, carezze □ atti dolci, parole dolci.

tènero A agg. **1** (*di cosa*) molle, morbido, cedevole, delicato, soffice **CONTR.** duro, consistente, rigido, saldo, solido, sodo **2** (*di pianta, di bimbo*) nato da poco □ spuntato recentemente **CONTR.** adulto, cresciuto **3** (*fig.*) (*di persona, di sentimento*) dolce, affettuoso, arrendevole, carezzevole, amorevole, amoroso, intenerito, compassionevole, pietoso, premuroso, sensibile **CONTR.** aspro, duro, rigido, rigoroso, ruvido, intrattabile, sdegnoso, arcigno, sgarbato **B** s. m. **1** parte tenera **CONTR.** duro **2** (*di persona*) simpatia, affetto, debole, affezione, amicizia, amore, predilezione, propensione □ benevolenza, indulgenza **CONTR.** asprezza, durezza, rigidità, rigore, ruvidezza, intrattabilità, disdegno.

tènia s. f. (*med.*) verme solitario.

tènnis [vc. ingl., dal fr. *tenez!* 'tenete!', voce usata spesso lanciando la palla] s. m. inv. **FRAS.** *tennis da tavolo*, ping-pong.

tenóre s. m. **1** (*di persona*) comportamento, condotta, andamento, atteggiamento, contegno, modo, metodo **2** (*di una lettera, di un discorso, ecc.*) forma, tono, contenuto, concetto, soggetto, sostanza **3** (*di una soluzione*) proporzione, percentuale.

tensióne s. f. **1** (*di cosa*) stendimento (*raro*), trazione, espansione **CONTR.** allentamento, allargamento, distensione **2** (*fig.*) (*di persona*) ansia, affanno, ansietà, angustia, eccitazione, orgasmo □ angoscia, turbamento **CONTR.** distensione, rilassamento **3** (*fig.*) contrasto, attrito, inimicizia, ostilità □ atmosfera ostile **CONTR.** distensione □ miglioramento di rapporti **4** (*med.*) pressione.

tentàbile agg. sperimentabile, provabile □ possibile **CONTR.** intentabile □ impossibile.

tentacolàre agg. **1** (*di animale*) con tentacoli **2** simile a tentacolo **3** (*fig.*) (*di città, di vita, ecc.*) avvincente, seducente, attraente, ammaliatore (generalmente in senso negativo) **CONTR.** monotono, grigio, tranquillo.

tentàcolo s. m. **1** (*di animale*) appendice mobile **2** (*fig.*) attrattiva, allettamento, seduzione.

tentàre v. tr. **1** (*lett.*) (*di persona o cosa*) toccare lievemente, toccare, tastare, palpare **2** (*di cosa*) sperimentare, esperimentare, provare, cercare, sforzarsi, arrischiare, azzardare **CONTR.** abbandonare, rinunciare, ricusare, rifiutare **3** (*di persona*) istigare, incitare, eccitare, invogliare, insidiare, aizzare □ allettare, attirare, attrarre **CONTR.** dissuadere, distogliere, smuovere □ ripugnare, nauseare, disgustare, stomacare □ ispirare avversione.

tentativo s. m. prova, esperimento, sforzo, conato.

tentàto part. pass. di **tentare**; anche agg. **1** (*di cosa*) provato, sperimentato, esperimentato **CONTR.** intentato **2** (*di persona*) istigato, incitato, eccitato, indotto, invogliato, aizzato □ allettato, attirato, attratto **CONTR.** dissuaso, distolto, smosso □ stomacato, nauseato, disgustato.

tentazióne s. f. **1** istigazione, lusinga, corruzione, seduzione **2** voglia, desiderio, brama, capriccio, curiosità **CONTR.** avversione, disgusto, opposizione, resistenza.

tentennaménto s. m. **1** (*di cosa*) oscillazione, vacillamento **CONTR.** saldezza, stabilità **2** (*fig.*) (*di persona*) esitazione, indecisione, titubanza, dubbio, indugio, irresolutezza, perplessità **CONTR.** decisione, energia, determinatezza, determinazione, fermezza, sicurezza.

tentennànte part. pres. di **tentennare**; anche agg. **1** (*di cosa*) oscillante, vacillante, malfermo, smosso **CONTR.** fermo, saldo, stabile **2** (*fig.*) (*di persona*) esitante, indeciso, titubante, dubbioso, irresoluto, perplesso **CONTR.** deciso, determinato, energico, fermo, risoluto, sicuro.

tentennàre A v. intr. **1** oscillare, vacillare, traballare, pencolare, dondolare, ciondolare, ondeggiare **CONTR.** star fermo, star saldo **2** (*fig.*) esitare, dubitare, titubare, nicchiare, tergiversare **CONTR.** decidersi, risolversi □ agire prontamente **B** v. tr. scuotere, scrollare, dondolare □ muovere in qua e in là, fare oscillare **CONTR.** arrestare, fermare, frenare.

tènue agg. **1** (*lett.*) sottile, esile, leggero, piccolo, lieve, fino, fine, filiforme, esiguo **CONTR.**

grosso, massiccio, spesso, voluminoso, forte, grande **2** (*di colore*) delicato, discreto, evanescente **CONTR.** acceso, carico, vivo, intenso **3** (*di luce, di suono*) fioco, debole, flebile, fievole **CONTR.** forte **4** (*fig.*) scarso, di poco rilievo **CONTR.** importante, notevole.

tenuità s. f. sottigliezza, esilità, leggerezza, finezza, esiguità, piccolezza **CONTR.** grossezza, grandezza, voluminosità □ abbondanza.

tenùta s. f. **1** (*di un recipiente*) resistenza, solidità, saldezza □ capienza, capacità **2** (*di atleti*) resistenza **3** (*di terreno*) possedimento, fondi, terre, terreni, grande podere, estesa proprietà fondiaria **4** abito, abbigliamento □ uniforme, divisa.

tenutàrio s. m. gestore di bisca □ gestore di casino.

tenùto part. pass. di **tenere**; anche agg. **1** (*di terreno*) coltivato, lavorato **2** (*di nota*) sostenuto □ prolungato **3** (*di persona*) obbligato, impegnato, vincolato **CONTR.** disimpegnato, disobbligato.

teologàle agg. teologico.

teològico agg. teologale.

teorètico agg. (*filos.*) speculativo, teorico, conoscitivo **CONTR.** empirico, pratico.

teorìa s. f. **1** principi generali □ dottrina, sistema **2** principio, norma **CONTR.** prassi, pratica □ empirismo **3** opinione, idea, pensiero **4** (*lett.*) processione, corteo, fila, sfilata, filza, seguito, insieme.

teoricaménte avv. con deduzioni teoriche, in teoria, in modo teorico **CONTR.** praticamente, empiricamente, concretamente, in pratica.

teòrico A agg. speculativo, astratto, dottrinale, concettuale **CONTR.** pratico, empirico, concreto **B** s. m. **1** pensatore, studioso **CONTR.** pratico, praticone **2** sostenitore, fautore **CONTR.** nemico, avversario.

teorizzàre v. tr. formulare una teoria, sostenere.

tepóre s. m. calduccio, caldino, calorino, tiepidezza □ temperatura mite **CFR.** freddo, gelo, rigore □ afa, ardore, caldura, calura.

teppìsmo s. m. vandalismo, violenza □ delinquenza, malavita, mala (*gerg.*).

teppìsta s. m. e f. vandalo, violento □ teddy boy (*ingl.*) □ delinquente, malvivente, malavitoso (*gerg.*).

teppìstico agg. vandalico □ distruttore.

terapèutico agg. curativo.

terapìa s. f. terapeutica □ medicina curativa □ cura, trattamento **FRAS.** *terapia fisica*, fisioterapia.

tergicristàllo s. m. (*di auto*) tergivetro.

tergiversàre v. intr. indugiare, barcamenarsi, cavillare, eludere, nicchiare, rinviare, procrastinare (*raro*), traccheggiare (*raro*), temporeggiare, tentennare, menare il can per l'aia □ addurre pretesti **CONTR.** decidersi, risolversi □ agire prontamente.

termàle agg. delle terme □ minerale □ curativo, terapeutico.

tèrme s. f. pl. bagno pubblico □ stabilimento termale.

tèrmico agg. calorifico, del calore.

terminàbile agg. ultimabile, finibile **CONTR.** interminabile.

terminal /*ingl.* 'tə:minl/ [vc. ingl., acrt. di *air terminal* 'aerostazione', da *air* 'aria' e *terminal* 'capolinea'] s. m. inv. **1** (*di stazione, di aeroporto, ecc.*) terminale, capolinea **2** (*di apparecchio*) punto estremo, terminale.

terminàle A agg. **1** di confine **2** finale, estremo, ultimo **B** s. m. **1** estremità, punto estremo, terminal (*ingl.*) □ morsetto **2** (*elab.*) unità periferica.

terminàre A v. tr. **1** (*di opera*) ultimare, compiere, finire, concludere, completare □ cessare, smettere **CONTR.** cominciare, iniziare, principiare, avviare, intraprendere **2** (*raro*) (*di spazio*) limitare, delimitare □ porre termini, porre i confini **B** v. intr. **1** (*di cosa*) finire, cessare □ avere fine, arrivare al termine **CONTR.** iniziare, cominciare □ avere inizio **2** (*di parola*) uscire, finire **CONTR.** cominciare, iniziare.

terminàto part. pass. di **terminare**; anche agg. ultimato, finito, concluso, completato □ cessato **CONTR.** iniziato, cominciato, avviato, intrapreso.

terminazióne s. f. **1** (*di cosa*) termine, estremità □ punto terminale **CONTR.** inizio, principio, avvio **2** (*di parola*) uscita, desinenza **CFR.** radice, tema □ inizio.

tèrmine s. m. **1** (*di luogo*) confine, limite, demarcazione □ cippo, pietra miliare **2** (*di tempo*) limite **3** (*di cosa*) fine, estremità, estremo □ conclusione, compimento, chiusura, coronamento **CONTR.** inizio, principio □ avvio, avviamento **4** (*fig.*) punto, grado **5** (*fig.*) meta, scopo, traguardo □ punto di arrivo **6** stato, condizione □ modo di essere **7** parola, vocabolo, locuzione **FRAS.** *a rigor di termini*, secondo il significato delle parole □ *in altri termini*, per parlare più chiaro □ *mezzo termine* (*fig.*), espediente, ripiego □ *senza mezzi termini* (*fig.*), senza sotterfugi, apertamente.

termocoibènte s. m.; anche agg. termoisolante **CONTR.** termoconduttore.

termoisolànte agg. e s. m. termocoibente **CONTR.** termoconduttore.

termòmetro s. m. **1** misuratore di temperatura □ pirometro **2** (*fig.*) (*di situazione*) indizio, sintomo, segno, indicatore, spia.

termosifóne s. m. calorifero.

termòstato s. m. termoregolatore.

tèrna s. f. (*di persone e di cose*) gruppo di tre elementi □ terzetto, trio.

tèrno s. m. (*al lotto*) giocata di tre numeri **FRAS.** *un terno al lotto* (*fig.*), fortuna insperata.

tèrra A s. f. **1** mondo, orbe, globo terrestre, globo terracqueo, superficie emersa **CFR.** mare, cielo **2** vita terrena **CFR.** cielo, mondo soprannaturale, aldilà **3** territorio, regione, paese □ stato **4** suolo □ pavimento □ superficie **5** terreno, terriccio □ humus □ sostanza polverulenta **6** campagna □ tenuta, fondo, possedimento **7** (*raro*) borgo, borgata □ città **B** in funzione di agg. inv. **1** terreno **2** (*di colore*) marrone chiaro **FRAS.** *cercare per terra e per mare* (*fig.*), cercare dappertutto □ *prendere terra*, atterrare □ *scendere a terra*, sbarcare □ *Terra Santa*, la Palestina □ *fare terra bruciata* (*fig.*), distruggere tutto, fare il deserto □ *essere a terra* (*fig.*), essere molto avvilito; essere malridotto □ *stare con i piedi in terra* (*fig.*), essere realista □ *a fior di terra*, raso terra, al livello del suolo □ *terra terra*, vicino al suolo; (*fig.*) mediocre □ *terra nera*, cernozëm.

terracòtta s. f. ceramica, porcellana, cotto, terraglia, maiolica.

terraférma s. f. continente **CONTR.** isole.

terrapièno s. m. argine, scarpa, scarpata □ riparo di terra □ diga, molo, ciglione.

terràzza s. f. balcone, altana, belvedere, ballatoio, loggia, terrazzo, veranda.

terràzzo s. m. terrazza, balcone, loggetta, poggiolo, verone (*lett.*).

terremotàto agg. e s. m. danneggiato dal terremoto, colpito da terremoto.

terremòto s. m. **1** sisma, sismo, scossa □ maremoto **2** (*fig.*) (*di persona*) indemoniato, scatenato, giamburrasca **3** (*fig.*) (*di situazione*) sconvolgimento □ rivoluzione, perturbamento, subbuglio, sconquasso.

terréno (1) A agg. **1** terrestre □ mondano, profano **CONTR.** celeste, ultraterreno **2** (*di piano*) a livello del suolo, a livello della strada **B** s. m. livello stradale, livello del suolo.

terréno (2) s. m. **1** terra, suolo, spazio □ campagna, campo, appezzamento □ terra coltivata **2** area fabbricabile **3** campo di battaglia **4** (*fig.*) (*di discussione, di ricerca, ecc.*) soggetto, argomento.

tèrreo agg. (*di carnagione*) giallognolo, livido, giallastro, olivastro **CONTR.** rubicondo, colorito, rubizzo.

terrèstre A agg. **1** della terra, terreno **CFR.** marino, celeste, aereo **2** (*di bene, di gloria, ecc.*) di questa terra, mondano, caduco **CONTR.** celeste, ultraterreno **B** s. m. e f. abitante della terra **CFR.** celeste □ marziano, extraterrestre, alieno.

terrìbile agg. **1** (*di cosa, di persona*) spaventevole, spaventoso, orribile, orrendo, orrido, mostruoso, pauroso, terrificante **CONTR.** allettante, amabile, attraente, piacevole, simpatico **2** (*di persona*) crudele, spietato, feroce, disumano, inesorabile **CONTR.** buono, benigno, bonario, mite, pacioccone (*fam.*) **3** (*di dolore, di freddo, ecc.*) eccessivo, enorme, esagerato, formidabile, smisurato, smodato, soverchio □ notevole, rilevante, cospicuo **CONTR.** moderato, misurato □ debole, piccolo.

terribilménte avv. **1** spaventosamente, orribilmente, mostruosamente, orrendamente, paurosamente **CONTR.** amabilmente, piacevolmente **2** (*di misura*) molto, assai, enormemente, eccessivamente **CONTR.** minimamente.

terrìccio s. m. humus (*lat.*) □ terra vegetale.

terrièro A agg. di terra, agrario **B** s. m. proprietario di terre, agrario.

terrificànte agg. terribile, spaventevole, spaventoso, orribile, orrendo, orrido, mostruoso, pauroso, raccapricciante **CONTR.** allettante, amabile, attraente, piacevole.

terrìna s. f. zuppiera □ insalatiera, tegame.

territòrio s. m. regione, paese, terra, contrada □ provincia, giurisdizione.

terróre s. m. spavento, sgomento, panico, orrore, paura □ forte timore.

terrorìsmo s. m. terrore, paura □ eversione, sovversione □ intimidazione.

terrorista s. m. e f. dinamitardo, bombarolo □ brigatista.

terroristico agg. fondato sul terrore □ dinamitardo, violento.

terrorizzànte part. pres. di **terrorizzare**; anche agg. spaventoso, orribile, terrificante, spaventevole, orrendo, orrido, raccapricciante, orripilante, tremendo, mostruoso **CONTR.** rassicurante, tranquillizzante □ attraente, allettante, piacevole.

terrorizzàre v. tr. atterrire, spaventare, impaurire, sbigottire **CONTR.** rassicurare, tranquillizzare.

terrorizzàto part. pass. di **terrorizzare**; anche agg. atterrito, spaventato, impaurito, sbigottito **CONTR.** rassicurato, tranquillizzato.

terróso agg. **1** misto a terra □ fangoso, imbrattato di terra **2** simile alla terra.

tèrso agg. **1** (*di cosa*) nitido, pulito, forbito, lucente **CONTR.** appannato, annebbiato, fosco, offuscato **2** (*di cielo*) azzurro, limpido, sereno **CONTR.** nebbioso, nuvoloso **3** (*di scritto*) chiaro, elegante, forbito, raffinato **CONTR.** sciatto, trasandato, trascurato, negligente.

tèrza s. f. **1** (*di scuola*) terza classe **2** (*di autoveicoli*) terza marcia.

terzétto s. m. (*mus., anche fig.*) trio.

terziàrio A s. m. **1** (*geol.*) era cenozoica **CFR.** primario, secondario, quaternario **2** (*econ.*) settore dei servizi **B** agg. **1** cenozoico **2** dei servizi.

terzìno s. m. (*nel calcio*) difensore, difesa.

tèrzo s. m. **1** terza parte **2** (*dir.*) estraneo, altra persona **FRAS.** *il terzo Stato*, la borghesia □ *terza pagina*, (*nei giornali*) pagina culturale □ *terza rima*, terzina □ *di terz'ordine* (*fig.*), di qualità scadente □ *per conto di terzi*, per conto di altre persone □ *terzo incomodo*, importuno □ *terza età*, vecchiaia □ *terzo sesso*, omosessuali.

terzogènito agg. e s. m. terzo figlio.
tésa s. f. **1** (*di cappello*) ala, falda **2** (*di caccia*) paretaio, roccolo.
tesaurizzazióne s. f. capitalizzazione.
tèschio s. m. cranio.
tèsi s. f. **1** argomento, enunciato, proposizione, asserzione, dissertazione, problema, tema **2** (*mus.*) **CONTR.** arsi.
téso part. pass. di **tendere**; anche agg. **1** tirato, disteso, steso, allungato, allargato, aperto, spiegato **CONTR.** contratto, piegato, retratto **2** (*fig.*) (*di persona, di situazione, ecc.*) agitato, ansioso, inquieto, smanioso □ critico, difficile **CONTR.** calmo, tranquillo, pacifico, quieto, sereno.
tesorerìa s. f. erario, cassa.
tesorière s. m. cassiere.
tesòro s. m. **1** cosa preziosa □ preziosi, gioielli □ monete **2** (*est.*) molto denaro, ricchezze **3** erario **4** (*fig.*) ricchezza naturale, bene, capolavoro artistico **5** (*fig.*) (*di persona*) amore, delizia, persona amatissima.
tèssera s. f. **1** (*di riconoscimento*) cartoncino, libretto, carta, documento **2** (*nel domino*) pezzo **3** (*di mosaico*) tassello, pietruzza.
tesseraménto s. m. **1** (*di associazione*) iscrizione **2** (*di viveri, ecc.*) razionamento.
tesseràre A v. tr. **1** (*ad associazione*) iscrivere, provvedere di tessera **2** (*di viveri, di vestiario, ecc.*) razionare **B tesserarsi** v. intr. pron. (*ad associazione*) iscriversi, munirsi di tessera.
tesseràto part. pass. di **tesserare**; anche agg. e s. m. **1** (*di associazione*) iscritto, munito di tessera **2** (*di viveri, di vestiario, ecc.*) razionato.
tèssere v. tr. **1** lavorare al telaio **2** intessere, contessere (*lett.*), intrecciare **CONTR.** stessere, disfare, sciogliere, scomporre **3** (*fig.*) comporre con arte, compilare con cura **4** (*di trame, di imbrogli, ecc.*) macchinare, ordire, tramare **FRAS.** *tessere le lodi* (*fig.*), lodare.
tèssile A agg. di tessitura **B** s. m. (*spec. al pl.*) tessitore, operaio tessile □ tessuto, stoffa.
tessitóre s. m. (f. *-trice*) **1** operaio tessile □ filatore, cotoniere, lanaiolo **2** (*fig.*) (*di trame, di imbrogli, ecc.*) orditore, macchinatore.
tessitùra s. f. **1** il tessere **2** (*fig.*) (*di opera letteraria*) composizione, intreccio, trama.
tessùto s. m. **1** stoffa, drappo, panno, tela **2** (*fig.*) insieme, complesso, intreccio, trama.
test /*ingl.* test/ [vc. ingl., dall'ant. fr. *test*, originariamente 'vaso per saggiare i metalli'] s. m. inv. quesito, reattivo mentale □ prova, saggio, verifica, controllo □ esperimento □ interrogatorio, questionario.
tèsta s. f. **1** (*di persona, di animale*) capo □ cranio □ zucca (*scherz.*) □ persona **2** (*di cosa*) cima, vetta, inizio, parte superiore, davanti, parte anteriore, estremità **CONTR.** parte terminale, fine, coda, parte bassa **3** (*di azienda, di associazione, ecc.*) comandante, dirigente **CONTR.** dipendente, subordinato **4** mente □ cervello, intelligenza, intelletto, ingegno, genio, senno □ memoria **5** vita, esistenza **FRAS.** *chinare la testa* (*fig.*), rassegnarsi, sottomettersi □ *lavata di testa* (*fig.*), severo rimprovero □ *dare alla testa*, inebriare; (*fig.*) esaltare □ *mettersi in testa*, convincersi, decidere fermamente □ *avere la testa tra le nuvole* (*fig.*), essere distratto □ *mettere la testa a posto* (o *a partito*) (*fig.*), mettere giudizio □ *testa d'uovo* (*iron.*), intellettuale, scienziato □ *a testa*, a persona.
testaménto s. m. ultime volontà, ultime disposizioni **FRAS.** *Antico e Nuovo Testamento*, Bibbia.
testardàggine s. f. caparbietà, cocciutaggine, ostinazione, pervicacia, inflessibilità **CONTR.** arrendevolezza, condiscendenza, docilità, malleabilità.
testardaménte avv. caparbiamente, cocciutamente, ostinatamente, pervicacemente, inflessibilmente **CONTR.** arrendevolmente, docilmente, malleabilmente.
testàrdo agg.; anche s. m. caparbio, cocciuto, ostinato, pervicace, testone, inflessibile, mulo **CONTR.** arrendevole, condiscendente, docile, malleabile.
testàre v. tr. mettere alla prova, esaminare, verificare, controllare □ sperimentare.
testàta s. f. **1** colpo con la testa, capata, zuccata (*scherz.*) **2** (*di ponte, di valle, ecc.*) estremità □ parte anteriore, inizio **3** (*di rivista, di giornale*) titolo, parte superiore □ (*est.*) giornale **4** (*di letto*) spalliera, testiera.
tèste s. m. e f. (*dir.*) testimone, testimonio (*pop.*).
testìcolo s. m. (*anat.*) ghiandola genitale maschile, coglione (*volg.*), didimo (*lett.*).
testimòne A s. m. e f. **1** (*di persona*) teste, testimonio (*pop.*) **2** (*est., fig.*) (*di cosa*) attestazione, testimonianza, prova, indizio **B** s. m. **1** (*nella staffetta*) bastoncino **2** (*di roccia*) carota, campione.
testimoniànza s. f. attestazione, dichiarazione, deposizione, affermazione, assicurazione, garanzia □ indizio, dimostrazione, prova **CONTR.** smentita, negazione, sconfessione, ritrattazione.
testimoniàre A v. tr. **1** (*in tribunale*) testificare (*raro*), affermare, asserire, dichiarare, assicurare, attestare **CONTR.** smentire, negare, ritrattare, sconfessare **2** (*fig.*) (*di cosa*) provare, fare fede **B** v. intr. **1** (*in tribunale*) deporre, fare testimonianza **2** (*est.*) riferire.
testìna s. f. **1** dim. di **testa 2** (*di registratore, di giradischi, ecc.*) puntina, pick-up (*ingl.*).
tèsto s. m. **1** (*di scritto*) contenuto, contesto **2** originale, lezione □ scrittura originale **3** libro, manuale **FRAS.** *libro di testo*, libro scolastico.
testóne s. m. **1** accr. di **testa**; testa grossa **2** (*fig.*) testa dura, caparbio, cocciuto, ostinato, testardo, mulo □ ottuso **CONTR.** arrendevole, con-

discendente, docile, malleabile □ sveglio, intelligente.

testuàle agg. **1** del testo **2** fedele al testo □ esatto, preciso, fedele **CONTR.** impreciso, inesatto, infedele.

tête-à-tête /*fr.* 'tɛt a 'tɛt/ [loc. fr., letteralmente 'testa a testa'] s. m. inv. colloquio a quattr'occhi, conversazione intima, incontro riservato.

tetràgono agg. **1** quadrangolo **2** (*fig.*, *lett.*) (*di persona*) fermo, forte, resistente, incrollabile, irremovibile, impavido, saldo **CONTR.** arrendevole, remissivo, docile, conciliante, condiscendente.

tetraménte avv. cupamente, foscamente, lugubremente, paurosamente, torvamente, biecamente, orridamente, orrendamente **CONTR.** dolcemente, serenamente, lietamente, festosamente.

tètro agg. **1** scuro, buio, fosco □ lugubre, pauroso, orrido **CONTR.** chiaro, limpido, luminoso, illuminato **2** (*fig.*) (*di persona*) cupo, imbronciato, taciturno, malinconico **CONTR.** allegro, felice, lieto, festoso.

tétta s. f. (*fam.*) poppa, mammella, seno □ petto.

tettarèlla s. f. succhiotto.

tétto s. m. **1** (*di edificio*) copertura, coperto □ riparo □ coperchio **2** (*est.*) casa, abitazione **3** (*fig.*) apice, culmine, vertice, sommità, top (*ingl.*) □ limite massimo, plafond (*fr.*) **CONTR.** livello minimo, soglia.

tettóia s. f. **1** capannone, pensilina **2** (*est.*) riparo, copertura.

teutònico agg.; anche s. m. (*spesso spreg.*) tedesco, germanico, teutone, alemanno.

thriller /*ingl.* 'θrilə/ [vc. ingl., da *thrill* 'fremito, brivido'] s. m. inv. thrilling (*ingl.*), giallo.

thrilling /*ingl.* 'θriliŋ/ [vc. ingl., propriamente part. pres. di *to thrill* '(per)forare, trafiggere'] **A** agg. inv. emozionante, appassionante, orripilante **B** s. m. inv. giallo, thriller (*ingl.*).

tiàra s. f. triregno.

tìbia s. f. **1** (*anat.*) stinco **2** (*archeol.*) flauto.

tic s. m. inv. **1** colpetto □ clic, scatto **2** ticchio □ contrazione nervosa **3** (*fig.*) capriccio, ghiribizzo, uzzolo (*tosc.*), vezzo, mania, voglia, estro.

ticchettàre v. intr. picchiettare.

ticchettìo s. m. picchiettio.

tìcchio s. m. **1** tic **2** (*di animale*) vizio abituale **3** (*fig.*) (*di persona*) capriccio, ghiribizzo, uzzolo (*tosc.*), vezzo, voglia, mania, estro.

ticket /*ingl.* 'tikit/ [vc. ingl., dal fr. *estiquette*, var. ant. di *étiquette* 'etichetta'] s. m. inv. biglietto, cedola, scontrino, tagliando, buono, coupon (*fr.*), talloncino, bolletta, contromarca, tessera, ricevuta.

tic tac in funzione di s. m. inv. ticchettio.

tiepidaménte avv. (*fig.*) debolmente, fiaccamente □ freddamente, senza calore, senza entusiasmo **CONTR.** alacremente, energicamente □ caldamente, calorosamente, entusiasticamente, fervidamente, ardentemente.

tiepidézza o (*raro*) **tiepidità** s. f. **1** tepore, calduccio □ temperatura mite **CFR.** ardore, caldo, calore □ freddo, freddezza, gelo **2** (*fig.*) fiacchezza, debolezza □ disinteresse, scarso impegno, scarso slancio, scarso zelo **CONTR.** alacrità, energia, entusiasmo, fervore, passione, zelo.

tièpido agg. **1** (*di temperatura*) dolce, mite, moderato, temperato **CFR.** ardente, cocente, infocato, caldo □ freddo, gelido **2** (*fig.*) (*di temperamento, di sentimenti*) fiacco, debole □ poco affettuoso, poco zelante, poco sensibile **CONTR.** alacre, energico, entusiasta □ zelante, affettuoso.

tifàre v. intr. (*fam.*) (*per una persona, per una cosa*) sostenere, parteggiare, fare il tifo.

tìfo s. m. (*fam.*) (*per una persona, per una cosa*) fanatismo, entusiasmo, passione **CONTR.** indifferenza, apatia **FRAS.** *fare il tifo*, tifare, sostenere, esaltare.

tifóne [dall'ingl. *typhoon*, dal cinese *t'ai-fung* 'vento che soffia da *Tai(wan)* o Formosa'] s. m. ciclone, uragano, tromba d'aria, tornado.

tifóso agg.; anche s. m. (*fam.*) fanatico, entusiasta, sostenitore, appassionato, esaltato, fan (*ingl.*), aficionado (*sp.*).

tight /*ingl.* 'tait/ [vc. ingl., che significa 'stretto, attillato'] s. m. inv. finanziera □ redingote (*fr.*), stiffelius.

tiglióso agg. fibroso, stopposo, duro **CONTR.** tenero, frollo □ mangiabile.

tigràto agg. striato.

tilt /*ingl.* tilt/ [vc. ingl., che significa 'colpo, inclinazione'] s. m. inv. arresto, blocco, scacco, panne **FRAS.** *andare in tilt*, fermarsi, bloccarsi, arrestarsi.

timbràre v. tr. bollare, vidimare, marchiare, stampigliare □ annullare.

timbràto part. pass. di **timbrare**; anche agg. bollato, vidimato, marchiato, stampigliato □ annullato.

timbratùra s. f. timbro, bollatura, bollo □ annullo.

tìmbro s. m. **1** bollo, bollatura, timbratura, vidimazione, stampigliatura □ annullo □ impronta, segno, sigillo, stampo **2** (*di voce, di strumento*) colore **3** (*fig.*) (*di opera letteraria*) tono.

timer /*ingl.* 'taimə/ [vc. ingl., da *time* 'tempo'] s. m. inv. temporizzatore, contatore □ cronometro, cronografo, contasecondi.

timidaménte avv. timorosamente, trepidamente, pavidamente, paurosamente, peritosamente (*lett.*) **CONTR.** arditamente, audacemente, coraggiosamente, decisamente, impavidamente, sfacciatamente, risolutamente.

timidézza s. f. insicurezza, impaccio, ritrosia, riservatezza, timidità (*ant.*, *lett.*), vergogna □

timore, apprensione, trepidazione □ esitazione, incertezza **CONTR.** disinvoltura, sfacciataggine, sfrontatezza □ ardire, coraggio, audacia □ risolutezza, sicurezza.

tìmido agg. **1** (*di persona*) insicuro, impacciato, schivo, ritroso, riservato, introverso, vergognoso □ (*di persona* o *animale*) pavido, pusillanime, pauroso, timoroso, peritoso (*raro, lett.*), trepido □ indeciso, irresoluto **CONTR.** disinvolto, sicuro, sfacciato, sfrontato □ ardito, audace, coraggioso, impavido □ deciso, risoluto **2** (*di cosa*) vago, indeciso **CONTR.** chiaro, preciso.

timóne s. m. **1** (*di nave, di carro, ecc.*) organo direzionale **2** (*est., poet.*) carro **3** (*fig.*) governo, guida, direzione.

timonière s. m. nocchiero, guida, guidatore, pilota.

timoràto agg. scrupoloso, onesto, coscienzioso, retto □ riguardoso **CONTR.** spregiudicato, disonesto, impudico, scostumato □ irriguardoso, sfacciato, sfrontato.

timóre s. m. **1** ansia, apprensione, preoccupazione, sospetto, turbamento, paura, sbigottimento, spavento, tema (*lett.*), tremore, trepidazione **CONTR.** ardire, audacia, coraggio, decisione, risolutezza, sicurezza □ sfacciataggine, sfrontatezza **2** rispetto, riguardo, riverenza, soggezione **CONTR.** irriverenza, disprezzo, scherno, spregio.

timorosaménte avv. timidamente, pavidamente, paurosamente, peritosamente (*ant., lett.*), trepidamente, vergognosamente **CONTR.** arditamente, audacemente, coraggiosamente, decisamente, disinvoltamente, impavidamente, risolutamente □ sfacciatamente, sfrontatamente.

timoróso agg. pavido, pusillanime, pauroso, peritoso (*ant., lett.*), trepido □ timido, impacciato, vergognoso, indeciso, irresoluto **CONTR.** ardito, audace, coraggioso, impavido □ disinvolto, sicuro, deciso, risoluto □ sfacciato, sfrontato.

tìmpano s. m. **1** (*dell'orecchio*) membrana **2** (*mus.*) timballo □ (*lett.*) tamburo.

tinèllo s. m. **1** dim. di **tino** **2** saletta da pranzo □ soggiorno.

tìngere A v. tr. **1** colorare, colorire, dipingere, verniciare **CONTR.** stingere, scolorire **2** (*est., anche fig.*) macchiare, imbrattare, sporcare, insozzare, insudiciare **CONTR.** pulire, detergere, nettare (*tosc.*) **B tingersi** v. rifl. imbellettarsi **C** v. intr. pron. colorarsi.

tinòzza s. f. (*per il bagno*) vasca, bagnarola (*dial.*), mastello.

tìnta s. f. **1** colore, vernice, tintura, mestica, materia colorante □ colorazione, sfumatura □ carnagione, colorito, cera **2** (*di descrizione, di narrazione*) tratto, tocco, colorito, maniera **3** (*fig., fam.*) tendenza, opinione politica, partito **FRAS.** *mezza tinta*, sfumatura □ *a forti tinte* (*fig.*), con effetti drammatici □ *a fosche tinte* (*fig.*), pessimisticamente.

tintarèlla s. f. (*fam.*) abbronzatura.

tinteggiàre v. tr. colorire, tingere, dipingere, verniciare □ (*di parete*) imbiancare.

tinteggiàto part. pass. di **tinteggiare**; anche agg. tinto, dipinto, verniciato □ (*di parete*) imbiancato.

tinteggiatùra s. f. coloritura, pittura, verniciatura □ (*di pareti*) imbiancatura.

tintinnànte part. pres. di **tintinnare**; anche agg. squillante, trillante, risonante, sonoro.

tintinnàre v. intr. squillare, risuonare, tinnire (*lett.*), trillare □ scampanellare.

tintinnìo s. m. squillio, squillo, trillo □ scampanellio.

tìnto part. pass. di **tingere**; anche agg. colorato, dipinto, verniciato □ macchiato, imbrattato, insudiciato **CONTR.** stinto, scolorito, decolorato.

tintóre s. m. (f. *-tora*) tinteggiatore.

tintorìa s. f. (*est.*) lavanderia, lavasecco.

tintùra s. f. **1** colorazione, colore, tinta □ sostanza colorante □ belletto **2** (*farm.*) infusione, infuso.

tipicaménte avv. propriamente, specialmente, particolarmente, peculiarmente, specificatamente, specificamente, caratteristicamente **CONTR.** atipicamente, genericamente.

tìpico agg. caratteristico, particolare, peculiare, proprio, singolare, speciale, specifico **CONTR.** atipico, generale, generico, aspecifico.

tìpo A s. m. **1** (*di moneta, di medaglia*) impronta, segno, stampo, conio □ (*tip.*) carattere mobile □ (*solo al pl.*) torchio, edizione, casa editrice **2** (*di persona o cosa*) modello, esemplare, immagine, emblema, espressione, personificazione, quintessenza, specchio **3** (*anche iron.*) (*di prodotto, di persona*) genere, qualità, sorta, specie, varietà, campione **4** (*di stirpe, di popolazione*) fisionomia, caratteristica **5** (*est.*) (*di persona*) originale, singolare, bizzarro, eccentrico, strambo, stravagante **B** in funzione di agg. inv. tipico, medio, campione, modello, esemplare **CONTR.** particolare, singolare, eccezionale, atipico **FRAS.** *un tipo*, un tale □ *tipo da spiaggia* (*scherz.*), eccentrico, stravagante.

tipografìa s. f. stamperia.

tipògrafo s. m. stampatore, impressore.

tir [sigla di *T(ransports) I(nternationaux) R(outiers)*] s. m. inv. (*est.*) autotreno, articolato, autoarticolato, camion con rimorchio.

tiràggio s. m. **1** (*nei camini*) aspirazione **2** (*fig., fam.*) (*di persona*) attrattiva, attrazione.

tiranneggiàre A v. tr. signoreggiare, opprimere, angariare, assoggettare, asservire, calpestare, soffocare **CONTR.** affrancare, liberare **B** v. intr. spadroneggiare, infierire, incrudelire, imperversare.

tirannìa s. f. **1** tirannide, dittatura, autocrazia, arbitrio, dispotismo, oppressione, potere assoluto CONTR. democrazia **2** (*est.*) prepotenza, sopraffazione, sopruso CONTR. mitezza, dolcezza, moderazione, umanità **3** (*fig.*) costrizione, necessità, limitazione.

tirannicaménte avv. arbitrariamente, dispoticamente, crudelmente CONTR. mitemente, dolcemente, moderatamente, umanamente, liberamente.

tirànnico agg. dispotico, dittatoriale, oppressivo □ crudele, prepotente, violento CONTR. mite, dolce, moderato, umano, libero.

tirànno **A** s. m. **1** (*stor.*) signore, principe □ sovrano assoluto **2** (*est.*) autocrate, despota, dittatore, oppressore, usurpatore, conculcatore, prepotente, soverchiatore CONTR. mite, dolce, indulgente, liberale, moderato, umano **B** in funzione di agg. dispotico, prepotente, imperioso.

tiràre **A** v. tr. **1** portare verso di sé, trarre a sé, avvicinare a sé CONTR. spingere, respingere, allontanare **2** (*fig.*) (*di attenzione, di odio, ecc.*) attrarre, attirare CONTR. allontanare, rimuovere, respingere **3** (*di filo, di corda, ecc.*) tendere, distendere, allungare CONTR. allentare, mollare, lasciare andare **4** (*di carro, di slitta, ecc.*) trainare, trascinare, rimorchiare CONTR. spingere, sospingere **5** (*di oggetto*) muovere, spostare, mutare di posto **6** (*di sasso, di palla, ecc.*) lanciare, gettare, buttare, scagliare, scaraventare **7** (*di colpo*) sparare **8** (*di linea, di segno, ecc.*) tracciare, disegnare, segnare **9** (*di neonato*) succhiare, poppare **10** (*di somma, di conseguenze, ecc.*) ricavare, dedurre **11** (*di libri*) stampare, pubblicare **B** v. intr. **1** (*di persona*) procedere, continuare, proseguire CONTR. fermarsi, arrestarsi, retrocedere **2** (*fig.*) (*al bene, a campare, ecc.*) tendere, mirare, inclinare **3** (*di persona, di colore, ecc.*) assomigliare, avvicinarsi, richiamare **4** (*di sterzo, ecc.*) tendere, deviare **5** (*del vento*) soffiare, spirare CONTR. cadere, cessare **6** (*di camino*) aspirare **7** (*di attività*) essere in espansione, andare bene, rendere CONTR. essere in crisi, essere in recessione **8** (*fig.*) lesinare □ ridurre le spese, essere avaro CONTR. largheggiare, grandeggiare □ essere prodigo, essere generoso **9** (*di vestito*) stringere CONTR. essere largo **10** (*di arma*) sparare □ avere una gittata **11** (*di scherma, di boxe, ecc.*) praticare **C** **tirarsi** v. rifl. farsi, spostarsi FRAS. *tirare la cinghia* (*fam.*), vivere stentatamente □ *tirare l'acqua al proprio mulino* (*fig.*), fare il proprio interesse □ *tirare su*, sollevare; (*fig.*) allevare; (*fig.*) aiutare a superare una crisi □ *tirare via* (*fig.*), fare in fretta □ *tirarsi su*, alzarsi; (*fig.*) sollevarsi, farsi coraggio □ *tirarsi indietro*, ritirarsi.

tiràta s. f. **1** strappo, strappone, strappata, strappamento, stratta, strattone **2** (*fam.*) (*di fumo, di aria*) boccata **3** (*fig.*) sgridata, rimprovero, rabbuffo CONTR. elogio, lode **4** sgobbata, faticaccia, sgropponata (*fam.*) **5** (*di discorso*) sproloquio, lungagnata, tiritera □ invettiva FRAS. *far tutta una tirata*, non fermarsi, andare sempre di seguito.

tiràto part. pass. di **tirare**; anche agg. **1** (*di corda, di filo, ecc.*) teso, disteso, allungato CONTR. allentato, lento **2** (*di veicolo, di peso, ecc.*) trainato, trascinato, tratto CONTR. spinto, sospinto **3** (*di sasso, ecc.*) lanciato, scagliato, buttato **4** (*fig.*) (*di discorso, di ragionamento, ecc.*) stentato, sforzato, artificioso, non spontaneo CONTR. naturale, spontaneo, istintivo, immediato **5** (*di lineamenti*) irrigidito, teso CONTR. rilassato, disteso **6** (*di vestiti*) stretto CONTR. largo **7** (*di persona*) avaro, sordido, spilorcio, pitocco, taccagno, tirchio (*fam.*) □ parsimonioso, economo CONTR. generoso, liberale, prodigo, spendaccione, spendereccio, largo.

tiratóre s. m. (f. *-trice*) sparatore FRAS. *franco tiratore*, partigiano, guerrigliero; (*in una votazione*) avversario nascosto.

tiratùra s. f. (*di libri, di francobolli, ecc.*) stampa □ edizione □ numero.

tirchio agg.; anche s. m. (*fam.*) avaro, spilorcio, taccagno, pitocco, sordido CONTR. generoso, largo, liberale, prodigo, spendaccione, spendereccio.

tìro s. m. **1** tirata, tratta, tratto (*raro*), strappo, strappata □ traino **2** (*di armi, di sasso, ecc.*) sparo, sparata, scarica, colpo □ lancio, calcio □ gittata, portata **3** (*fig.*) colpo, tentativo □ trappola, inganno, macchinazione □ scherzo FRAS. *essere a tiro*, essere a portata dell'arma; (*fig., fam.*) essere a portata di mano □ *venire a tiro, capitare a tiro* (*fig., fam.*), capitare nel momento opportuno.

tirocinànte agg.; anche s. m. e f. apprendista, principiante, praticante, allievo, novizio CONTR. maestro, esperto, provetto, anziano.

tirocìnio s. m. apprendistato, addestramento, noviziato, volontariato.

tirolése agg.; anche s. m. e f. (*est.*) altoatesino, sudtirolese.

tisàna s. f. decotto, infuso, pozione.

tìsi s. f. inv. (*med.*) tubercolosi, mal sottile □ consunzione.

tìsico **A** agg. **1** tubercolotico **2** (*est.*) macilento, gracile, consunto CONTR. forte, gagliardo, robusto, sano, vigoroso **3** (*fig.*) (*di idee, di scritto, ecc.*) stentato, misero, fiacco, vuoto, povero **B** s. m. tubercolotico, etico (*raro*).

titànico agg. (*est.*) gigantesco, eccezionale, enorme, immenso, colossale, prometeico CONTR. piccolo, limitato, meschino, modesto.

titàno [dal greco *Titân*, prob. origine dall'Asia Minore col senso di 'figlio del sole'; nella mitol. greca i titani erano giganti che tentarono di assalire l'Olimpo] s. m. (*fig.*) gigante, colosso, uomo fortissimo □ genio CONTR. nano, ometto.

titillàre v. tr. **1** solleticare, fare il solletico, vellicare **2** (*fig.*) lusingare, attrarre, tentare, stimolare.

titolàre **A** agg. **1** di ruolo **CONTR.** incaricato, supplente, vicario **2** (*di santo*) patrono, protettore **B** s. m. e f. **1** (*di ufficio*) responsabile **CONTR.** incaricato, supplente, vicario **2** (*di azienda, di documento, ecc.*) proprietario, intestatario.

titolàto s. m. nobile, aristocratico, patrizio.

titolo s. m. **1** (*di libro, di film, ecc.*) intitolazione, nome, intestazione, iscrizione □ didascalia **2** (*di richiesta, di pretesa, ecc.*) giustificazione, motivazione, motivo, diritto, causa □ certificato, documento **3** (*di carica, di dignità, ecc.*) qualifica, appellativo, denominazione, qualificazione □ (*est.*) fama, nomea, vanto □ (*iron., scherz.*) epiteto, insulto **4** (*chim.*) percentuale, proporzione, rapporto **5** (*banca*) azione, obbligazione **FRAS.** *a titolo di*, sotto forma di, con valore di, come.

titubànte agg. incerto, indeciso, esitante, irresoluto, perplesso, tentennante, timoroso **CONTR.** deciso, determinato, energico, fermo, pronto, risoluto.

titubànza s. f. dubbio, esitazione, esitanza, incertezza, indecisione, irresolutezza, perplessità, timore **CONTR.** decisione, determinazione, energia, fermezza, prontezza, risolutezza, sicurezza.

titubàre v. intr. dubitare, esitare, nicchiare, tentennare, tergiversare □ essere indeciso, essere in forse, temere **CONTR.** decidersi, determinarsi, risolversi, essere risoluto, tagliare corto.

tìzio s. m. uno, tale, persona qualsiasi.

tizzóne s. m. tizzo, legno acceso, carbone acceso.

toast /*ingl.* 'toust/ [vc. ingl., da *to toast* 'tostare'] s. m. inv. tartina, tosto, tramezzino, panino imbottito, sandwich (*ingl.*).

toccàbile agg. **1** palpabile, tattile, tangibile **CONTR.** impalpabile, intoccabile, intangibile **2** (*fig.*) (*di prova, ecc.*) concreto, certo, sicuro, vero **CONTR.** incerto, immaginario, irreale, fittizio.

toccànte agg. commovente, emozionante, patetico.

toccàre **A** v. tr. **1** tastare, sfiorare, premere, palpare, palpeggiare □ spingere, urtare, colpire □ (*di strumento musicale*) far vibrare **2** (*di fiume, di strada, ecc.*) lambire, sfiorare, raggiungere, arrivare, essere a contatto **3** (*di cosa*) spostare □ usare, consumare, manomettere, danneggiare □ cambiare, modificare, alterare **4** riguardare, concernere, interessare, riferirsi **5** (*fig.*) (*di coscienza, di sensibilità, ecc.*) offendere, pungere, urtare □ colpire, commuovere **6** (*fig.*) (*di argomento*) accennare, trattare brevemente **B** v. intr. **1** (*di fortuna, di malattia, ecc.*) capitare, avvenire, accadere **2** (*di persona*) competere, dovere, essere dovere, essere compito, essere obbligato, essere costretto **3** (*di cosa*) appartenere, spettare, riguardare □ essere dovuto **C** **toccarsi** v. rifl. rec. tastarsi, sfiorarsi, palparsi, palpeggiarsi, premersi, urtarsi □ essere a contatto **FRAS.** *toccare il cielo con un dito* (*fig.*), essere al colmo della felicità □ *toccare sul vivo* (*fig.*), irritare, colpire nel punto debole.

toccàta s. f. **1** tocco, toccamento (*raro*), palpamento, palpata, palpeggiamento (*raro*), tastata **2** (*mus.*) sonata.

toccàto part. pass. di **toccare**; anche agg. **1** tastato, sfiorato, palpato, palpeggiato, premuto, colpito, urtato, spinto **2** (*fig.*) punto sul vivo, colpito, offeso □ commosso **3** capitato, accaduto, occorso, successo **4** (*di persona*) tocco, stravagante, mattoide, scombinato, strano, strambo, bizzarro, lunatico **CONTR.** assennato, giudizioso, prudente, saggio, sano, savio, sensato **5** (*di argomento*) sopraccennato, suaccennato, trattato, affrontato, visto.

tócco (1) s. m. **1** toccamento (*raro*), toccata, palpamento, palpata, palpeggiamento (*raro*), tastata **2** (*mus.*) mano, modo, maniera, arte **3** (*est.*) (*di artista*) impronta caratteristica, impronta personale, stile **4** (*est.*) colpo **5** (*di orologio*) rintocco, botto □ (*est.*) l'una, le tredici.

tòcco (2) s. m. **1** (*di pane, di carne, ecc.*) pezzo, grosso pezzo, grosso frammento **2** (*fig.*) persona robusta.

tòga s. f. mantello, sopravveste.

tògliere **A** v. tr. **1** levare, rimuovere, spostare, allontanare □ staccare, separare, dividere □ strappare, sradicare, svellere **CONTR.** mettere, porre, collocare, rimettere □ avvicinare, attaccare, congiungere, unire **2** (*di possesso*) riprendere, ripigliare (*fam.*), ritogliere □ privare **CONTR.** dare, ridare, rendere, restituire **3** (*di numero, di spese, ecc.*) dedurre, defalcare, sottrarre **CONTR.** addizionare, aggiungere, sommare **4** (*da vincoli*) liberare, disimpegnare, levare, sciogliere, prosciogliere, svincolare □ affrancare, emancipare, redimere, riscattare **CONTR.** cacciare, ficcare, spingere, intrappolare, irretire **5** (*di abito, di cappello, ecc.*) levarsi, cavarsi **CONTR.** mettersi, indossare **6** (*lett.*) impedire, proibire, vietare, escludere **CONTR.** permettere, concedere, consentire, accordare, autorizzare, dare la facoltà, dare la licenza **7** (*raro, lett.*) sollevare, prendere su, alzare da terra **CONTR.** deporre, mettere giù, posare a terra **8** (*lett.*) (*da un autore, da un'opera*) derivare, trarre, ricavare, estrarre **B** **togliersi** v. rifl. (*da un luogo*) allontanarsi, scostarsi, andarsene, partirsene **CONTR.** venire, arrivare, avvicinarsi **FRAS.** *togliersi una spina dal cuore* (*fig.*), liberarsi da un cruccio □ *togliersi la maschera* (*fig.*), rivelare la propria natura □ *togliersi di mezzo*, levarsi dai piedi, andarsene □ *togliere di mezzo*, allontanare; uccidere, sopprimere □ *togliere la parola di bocca a uno*, dire quello che l'altro stava per dire □

ciò non toglie che, ciò non esclude che.

toilette /*fr.* twa'lɛt/ [vc. fr., ant. dim. di *toile* 'tela', propriamente 'piccola tela'] s. m. inv. **1** mobile a specchiera **2** toletta, toeletta, gabinetto, bagno **3** (*di donna*) acconciatura, trucco **4** abito, veste, vestito, abbigliamento **FRAS.** *fare toilette*, abbigliarsi, agghindarsi.

tòlda s. f. (*di nave*) coperta, ponte.

tolleràbile agg. **1** sopportabile, soffribile (*raro*) **CONTR.** intollerabile, insopportabile **2** (*di comportamento, di atto, ecc.*) compatibile, comprensibile, perdonabile, scusabile, accettabile, ammissibile **CONTR.** incompatibile, inaccettabile, inammissibile, imperdonabile, inescusabile (*lett.*) **3** (*di opera*) passabile, mediocre.

tollerabilità s. f. **1** tolleranza, sopportabilità **CONTR.** intolleranza, insopportabilità **2** compatibilità, accettabilità **CONTR.** incompatibilità, inaccettabilità.

tollerabilménte avv. **1** sopportabilmente, soffribilmente (*raro*) **CONTR.** intollerabilmente, insopportabilmente, insoffribilmente (*raro*) **2** compatibilmente, comprensibilmente, scusabilmente, accettabilmente **CONTR.** incompatibilmente, imperdonabilmente, inescusabilmente (*lett.*).

tollerànte part. pres. di **tollerare**; anche agg. paziente, indulgente, accondiscendente, condiscendente, comprensivo, conciliante, arrendevole, adattabile, liberale, longanime □ alla buona **CONTR.** impaziente, intollerante, intransigente, fanatico, inadattabile, inflessibile, severo.

tollerànza s. f. **1** pazienza, sopportazione, adattabilità, arrendevolezza, indulgenza, condiscendenza, comprensione, liberalità **CONTR.** impazienza, intolleranza, intransigenza, fanatismo, inadattabilità, inflessibilità, severità **2** (*di orario*) ritardo ammesso **3** (*di prezzo, di quantità, di misura, ecc.*) scarto, margine, divergenza, riduzione, variabilità.

tolleràre v. tr. **1** sopportare, pazientare, comprendere, soffrire, sostenere, subire, reggere, resistere **CONTR.** rifiutare, respingere □ cedere, arrendersi **2** accettare, accogliere, ammettere, approvare, indulgere □ fare buon viso, chiudere un occhio **CONTR.** rifiutare, respingere, ricusare, rigettare, scartare, escludere, negare.

tolleràto part. pass. di **tollerare**; anche agg. **1** (*di dolore, di cura, ecc.*) sopportato, sostenuto, sofferto, subito **CONTR.** rifiutato, respinto **2** (*di ritardo, di errore, ecc.*) ammesso, accettato, accolto, giustificato **CONTR.** ricusato, negato, ingiustificato.

tòlto part. pass. di **togliere**; anche agg. **1** levato, rimosso, spostato, allontanato □ levato via, preso via □ staccato, strappato, sradicato, svelto, separato, diviso **CONTR.** messo, posto, collocato, avvicinato □ attaccato, congiunto, unito **2** (*di possesso*) ripreso, ripigliato (*fam.*), ritolto □ privato **CONTR.** dato, ridato, reso, restituito **3** (*di numero, di spese, ecc.*) dedotto, defalcato, sottratto **CONTR.** addizionato, aggiunto, sommato.

tómba s. f. **1** sepolcro, sepoltura, fossa, arca, avello (*lett.*), sarcofago, tumulo, nicchia, urna □ mausoleo □ sepolcreto, cimitero, ossario, colombario, catacomba □ dolmen **2** (*fig.*) tugurio, stamberga, catapecchia, topaia, abituro, caverna □ luogo buio, luogo tetro, luogo angusto **CONTR.** palazzo, casa sontuosa, villa, reggia.

tombàle agg. **1** di tomba, sepolcrale, cimiteriale **2** (*fig.*) funereo, lugubre, cupo, triste, pauroso **CONTR.** allegro, ameno, gaio, gioioso, lieto, piacevole, ridente.

tombìno s. m. **1** dim. di **tomba** **2** chiusino, chiavica, fogna.

tómbola s. f. (*di gioco*) lotteria familiare □ (*est.*) pesca.

tómbolo s. m. **1** cuscino, rullo **2** (*per la lavorazione dei merletti*) cuscinetto **3** (*fam., scherz.*) persona grassoccia, bombolo (*scherz.*), bombolotto.

tòmo (1) s. m. volume, libro.

tòmo (2) s. m. (*fam.*) persona strana, bell'umore, bel tipo, originalone, stravagante.

tomografìa s. f. (*med.*) stratigrafia **FRAS.** *tomografia assiale computerizzata*, tac.

tònaca s. f. abito talare, saio, sacco, veste sacerdotale, sottana **CFR.** clergyman (*ingl.*) **FRAS.** *vestire la tonaca*, farsi frate, farsi prete, farsi monaca □ *gettare la tonaca alle ortiche* (*fig.*), sfratarsi, spretarsi, smonacarsi.

tonàle agg. di tono, del tono, di tonalità.

tonalità s. f. (*di colore, di suono*) sfumatura, gradazione.

tonànte agg. rimbombante, risonante, rombante, roboante, reboante, rintronante, echeggiante □ stentoreo **CONTR.** basso, fievole, fioco, sommesso, debole.

tondeggiànte part. pres. di **tondeggiare**; anche agg. rotondeggiante, sferoidale.

tondeggiàre A v. intr. rotondeggiare, tendere al tondo **B** v. tr. (*raro*) arrotondare, rendere tondo **CONTR.** appianare, spianare, lisciare.

tondìno s. m. **1** dim. di **tondo** **2** piatto, piattino □ sottobicchiere, sottocoppa □ centrino **3** (*arch.*) bastoncino, astragalo, fusaiola.

tóndo A agg. **1** rotondo, tondeggiante, rotondeggiante, rotondato (*raro*), attondato (*raro*), arrotondato, circolare, sferico, globoso, globulare **CFR.** piano, piatto, spianato, liscio, cubico, poliedrico, angolare **2** (*fig.*) (*di tempo, di numero, ecc.*) compiuto, preciso, esatto, chiaro **CONTR.** approssimato, approssimativo □ a un di presso, all'incirca, pressappoco **B** s. m. **1** globo, circolo, sfera, cerchio, disco **2** (*pitt.*) dipinto circolare, affresco circolare.

tónfo s. m. **1** rumore, colpo sordo **2** caduta.

tònico A agg. **1** (*ling.*) accentato **CONTR.** atono, privo di accento **2** (*anche fig.*) (*di bevanda, di cibo, ecc.*) corroborante, eupeptico, fortificante, ricostituente, eccitante, stimolante, stuzzicante **CONTR.** debilitante, deprimente, logorante, spossante, affaticante **B** s. m. ricostituente, energetico, corroborante, eccitante, stimolante **CONTR.** calmante, debilitante.

tonificànte A part. pres. di **tonificare**; anche agg. (*anche fig.*) (*di bevanda, di cibo, ecc.*) corroborante, eupeptico, fortificante, ricostituente, eccitante, stimolante, stuzzicante **CONTR.** debilitante, deprimente, logorante, spossante **B** s. m. energetico, ricostituente, eccitante, stimolante **CONTR.** calmante, debilitante.

tonificàre v. tr. (*anche fig.*) rinforzare, fortificare, rinvigorire, irrobustire, corroborare, eccitare, stimolare, stuzzicare **CONTR.** debilitare, deprimere, logorare, spossare, affaticare.

tonificàto part. pass. di **tonificare**; anche agg. (*anche fig.*) rinforzato, fortificato, rinvigorito, irrobustito, corroborato, eccitato, stimolato **CONTR.** debilitato, abbattuto, depresso, spossato, affaticato.

tonificazióne s. f. irrobustimento, rinforzo, stimolo **CONTR.** indebolimento, debilitazione.

tonnellàggio s. m. (*mar.*) stazza, stazzatura.

tonnellàta s. f. mille chili, dieci quintali.

tòno s. m. **1** (*di suono, di voce*) modulazione, intonazione, espressione **2** (*di colore*) grado di luminosità, grado di intensità, tonalità, riflesso **3** (*di discorso, di scritto, ecc.*) stile, carattere **4** (*di comportamento*) aria, atteggiamento, maniera, modo **5** (*di organismo*) energia, vigore, vigoria, forza **CONTR.** atonia, debolezza, fiacca, spossatezza, sfinitezza **FRAS.** *rispondere a tono*, rispondere adeguatamente; controbattere vivacemente.

tonsilla s. f. (*anat.*) amigdala.

tonsùra s. f. (*eccl.*) chierica.

tónto agg.; anche s. m. stupido, sciocco, babbeo, balordo, beota, capocchione (*fam.*), citrullo, ciuco, gonzo, grullo, idiota, imbecille, melenso, minchione (*pop.*), rapa, rimbambito, scemo, scimunito, stolido, stolto, testone, zuccone **CONTR.** acuto, intelligente, pronto, sveglio, vivace.

top /*ingl.* tɔp/ [vc. ingl., propriamente 'vetta, cima'] s. m. inv. culmine, vertice, apice, sommità, grado più elevato, primo posto **CONTR.** fondo, ultimo posto.

topàia s. f. **1** nido di topi, tana di topi **2** (*fig.*) abituro, bicocca, buco, casupola, catapecchia, stamberga, tugurio **CONTR.** palazzo, villa, reggia, magione (*lett.*), palagio (*lett.*).

tòpica s. f. (*fam.*) errore, sbaglio, svista, abbaglio, cantonata, granchio, bestialità, sciocchezza, scorrettezza, sproposito □ gaffe (*fr.*).

topless /*ingl.* 'tɔplis/ [vc. ingl., da *top* 'copertura' e *less* 'privo'] s. m. inv. monokini **CFR.** bikini.

top manager /*ingl.* ˌtɔp 'mænidʒə/ [loc. ingl., letteralmente 'dirigente (*manager*) al vertice (*top*)'] loc. sost. m. inv. alto dirigente, alto funzionario.

tòpo s. m. ratto, sorcio **FRAS.** *topo d'albergo* (*fig.*), ladro d'albergo.

topolìno s. m. **1** vezz. di **topo**; topino, topetto **2** (*fig.*) (*di bimbo*) frugolo, frugolino, frugoletto.

toponimìa s. f. toponomastica.

topònimo s. m. nome di luogo.

toponomàstica s. f. toponimia.

tòppa s. f. **1** rappezzo, rappezzatura, rattoppo, rattoppatura, rammendo, rammendatura, pezza, taccone **CONTR.** rottura, lacerazione, sdrucio (*tosc.*), sdrucitura, strappo, squarcio, sette **2** (*fig.*) riparo, rimedio provvisorio, palliativo **3** buco (della serratura).

top secret /*ingl.* ˌtɔp 'si:krit/ [loc. ingl., letteralmente 'segreto (*secret*) che sta in cima (*top*)'] **A** loc. agg. inv. (*di notizia*) segretissimo, riservatissimo **CONTR.** aperto, manifesto, notorio, palese **B** loc. sost. m. inv. segreto, cosa riservatissima.

toràce s. m. (*anat.*) petto, torso, tronco, busto.

torbidézza s. f. torbidità, fangosità, melmosità, offuscamento, appannamento, impurità, impurezza, sporcizia **CONTR.** chiarezza, limpidezza, limpidità, lucentezza, nitidezza, nitore, trasparenza, pulitezza (*raro*).

tórbido A agg. **1** (*di liquido*) fangoso, melmoso, appannato, impuro, oscuro, scuro, sporco, torbo (*tosc.*), torbidiccio **CONTR.** chiaro, cristallino, limpido, lucente, nitido, terso, trasparente, pulito **2** (*fig.*) (*di cielo, di aria, ecc.*) annuvolato, conturbato (*ant.*), minaccioso **CONTR.** chiaro, limpido, sereno **3** (*di persona, di sguardo, ecc.*) accigliato, aggrondato, ambiguo, equivoco, sospetto, poco onesto, poco rassicurante **CONTR.** chiaro, onesto, franco, rassicurante, sincero **B** s. m. **1** ambiguità, equivoco, cosa poco chiara, situazione poco onesta **2** (*al pl.*) tumulti, disordini **FRAS.** *pescare nel torbido*, trarre profitto da situazioni equivoche.

tòrcere A v. tr. **1** (*di cosa*) avvolgere, attorcere, contorcere, attorcigliare, accordellare, arricciare, rattorcere (*lett.*), strizzare **CONTR.** svolgere, disinvolgere, distendere, disfare, disvolgere, spiegare, sviluppare (*lett.*) **2** (*di collo, di ramo, ecc.*) piegare, curvare, flettere, incurvare, inarcare □ storcere **CONTR.** addrizzare, drizzare, raddrizzare, raddirizzare (*raro*) **3** (*fig.*) (*di persona, di pensiero, ecc.*) allontanare, deviare, fare deviare, distogliere **CONTR.** ricondurre, rimettere, riportare **B** v. intr. (*raro*) piegare, voltare, mutare direzione **C torcersi** v. rifl. **1** contorcersi, piegarsi, ripiegarsi **2** (*lett.*) volgersi, voltarsi **FRAS.** *non torcere un capello*, non fare alcun male □ *dare del filo da torcere* (*fig.*), ostacolare, procurare noie.

torchiàre v. tr. **1** comprimere col torchio, pre-

mere, pressare, spremere, comprimere **2** (*fig.*, *fam.*) interrogare a lungo, interrogare duramente.
torchiatùra s. f. compressione, pressatura, soppressatura (*ant.*), spremitura, pigiamento (*raro*), pigiatura.
tòrchio s. m. pressa, pressatrice, soppressa (*ant.*), spremitoio, frantoio, mangano, trappeto **FRAS.** *sotto il torchio*, in corso di stampa; (*fig.*) sotto duro interrogatorio.
tòrcia s. f. **1** fiaccola, face (*lett.*), teda (*lett.*) □ (*elettrica*) pila **2** cero, candelotto, quadrone, torcetto.
torcigliόne s. m. cercine.
torciménto s. m. torsione, torcitura, attorcimento (*raro*), attorcigliamento, avvolgimento **CONTR.** svolgimento, stendimento, distendimento, spiegamento, sviluppo (*lett.*), stiramento, tiramento (*raro*).
tórma s. f. **1** (*lett.*) (*di soldati*) schiera, drappello, contingente, gruppo, stuolo □ (*di cavalieri*) squadrone **2** (*est.*) (*di persone*) folla, moltitudine, caterva, calca, frotta, massa, turba □ pigia pigia **3** (*di animali*) branco, armento, gregge, mandria.
torménta s. f. bufera, tempesta.
tormentàre A v. tr. **1** (*di fisico*) torturare, straziare, martoriare, martirizzare, suppliziare (*raro*) □ angariare, maltrattare, opprimere, perseguitare, tiranneggiare, travagliare, tribolare, vessare **2** (*est.*) maneggiare nervosamente, strapazzare, cincischiare, spiegazzare **3** (*fig.*) (*di morale*) affliggere, assillare, crucciare, infastidire, importunare, molestare, seccare, scocciare (*fam.*), turbare **CONTR.** allietare, deliziare, dilettare, divertire, rallegrare, svagare, confortare, consolare **B tormentarsi** v. rifl. affliggersi, crucciarsi, accorarsi, addolorarsi, amareggiarsi, contristarsi, rattristarsi **CONTR.** allietarsi, deliziarsi, dilettarsi, divertirsi, rallegrarsi, svagarsi, confortarsi, consolarsi.
tormentàto part. pass. di **tormentare**; anche agg. **1** (*di fisico*) torturato, straziato, martoriato, maltrattato, vessato **2** (*est.*) strapazzato, cincischiato, spiegazzato □ (*di terreno*) accidentato **3** (*fig.*) (*di morale*) afflitto, assillato, crucciato, molestato, seccato, scocciato (*fam.*), turbato **CONTR.** allietato, dilettato, deliziato, divertito, rallegrato, confortato, consolato **4** (*fig.*) (*di vita, di vicenda, ecc.*) travagliato, tribolato, difficoltoso, tormentoso **CONTR.** facile, lieto, piacevole.
tormentatóre s. m.; anche agg. (f. *-trice*) **1** aguzzino, carnefice, torturatore, martirizzatore, martoriatore □ angariatore, oppressore, persecutore, tiranno, vessatore **2** (*fig.*) noioso, seccatore, fastidioso, importuno, molesto, annoiatore, scocciatore (*fam.*), rompiscatole (*pop.*), rompiballe (*volg.*) **CONTR.** divertente, affabile, faceto, spassoso, gioviale, gradevole, simpatico.
torménto s. m. **1** (*di fisico*) tortura, martirio, strazio, supplizio, spasimo, dolore atroce □ angheria, maltrattamento, oppressione, persecuzione, sopruso, tribolazione, vessazione **2** (*fig.*) (*di morale*) assillo, cruccio, angoscia, fastidio, molestia, seccatura, scocciatura (*fam.*) **CONTR.** gioia, gaudio, godimento, letizia, piacere, sollievo.
tormentóso agg. **1** (*di male, di sete, ecc.*) doloroso, straziante, torturante, crudele **CONTR.** piacevole, delizioso **2** (*di pensiero, di preoccupazione, ecc.*) assillante, fastidioso, molesto **CONTR.** lieto, divertente, rallegrante, piacevole **3** (*fig.*) (*di vita, di vicenda, ecc.*) travagliato, tribolato, difficoltoso, tormentato **CONTR.** felice, facile, lieto, piacevole.
tornacónto s. m. utile, guadagno, profitto, utilità, vantaggio □ convenienza **CONTR.** danno, perdita, scapito, svantaggio.
tornàdo s. m. ciclone, tifone, turbine, tromba d'aria.
tornànte s. m. (*di strada*) serpentina, gomito, svolta, curva stretta, zigzag □ tourniquet (*fr.*).
tornàre A v. intr. **1** ritornare, rivenire, rientrare, fare ritorno, riedere (*lett.*) □ andare di nuovo **CONTR.** ripartire **2** riapparire, ricomparire, ripresentarsi, rinnovarsi **3** (*raro*, *lett.*) trasformarsi, cambiarsi, mutarsi □ volgersi, riuscire □ essere **4** ridiventare, ridivenire, rifarsi **5** (*di conto, di ragionamento, ecc.*) quadrare, corrispondere, risultare esatto **B** v. tr. **1** (*lett.*) ricondurre, rimettere, riportare, restituire **2** (*lett.*) girare, volgere **FRAS.** *tornare in sé*, riprendere i sensi; (*fig.*) ravvedersi □ *tornare alla carica*, insistere □ *tornare a galla*, riemergere; (*fig.*) tornare di attualità.
tornasóle s. m. inv. (*chim.*) laccamuffa □ reagente, reattivo.
tornàta s. f. **1** (*raro*, *lett.*) ritorno **CONTR.** andata, partenza **2** (*di assemblea*) sessione, riunione, seduta, incontro.
tornàto part. pass. di **tornare**; anche agg. ritornato, rientrato □ riapparso, ricomparso **CONTR.** ripartito □ riscomparso.
tornèo s. m. **1** (*stor.*) giostra, torneamento (*ant.*) **2** (*sport*) gare eliminatorie.
tornìre v. tr. **1** arrotondare, levigare, lavorare al tornio **2** (*fig.*) (*di discorso, di stile, ecc.*) rifinire, perfezionare, affinare, abbellire, ripulire □ rendere armonioso **CONTR.** abborracciare, raffazzonare, impasticciare, improvvisare.
tornìto part. pass. di **tornire**; anche agg. **1** arrotondato, levigato, lavorato al tornio **2** (*fig.*) (*di discorso, di stile, di membra, ecc.*) elegante, forbito, ornato □ armonioso, aggraziato, perfetto, ben fatto, rotondo e liscio **CONTR.** abbozzato, sgrossato □ angoloso, ruvido, rozzo, sgraziato.
tornitóre s. m. (f. *-trice*) tornaio (*ant.*).
tornitùra s. f. **1** levigazione, rifinitura, lavorazione al tornio **2** (*fig.*) (*di discorso, di stile,*

ecc.) affinamento, perfezionamento, rifinimento, rifinitura, ripulimento, ultima mano **CONTR.** peggioramento, deterioramento, imbarbarimento.

tòro s. m. **1** (*zool.*) maschio dei bovini **2** (*fig.*) (*di persona*) ercole **CONTR.** mingherlino, debole, gracile **FRAS.** *prendere il toro per le corna* (*fig.*), affrontare l'ostacolo senza esitazione □ *tagliare la testa al toro* (*fig.*), risolvere decisamente; troncare la discussione.

torpedinièra s. f. silurante, cacciatorpediniere, lanciasiluri, lanciamissili.

torpedóne s. m. pullman, autopullman, corriera, autocorriera, autobus, bus.

torpidaménte avv. pigramente, stancamente, neghittosamente, indolentemente, apaticamente □ ottusamente **CONTR.** alacremente, attivamente, agilmente □ vivacemente, prontamente.

torpidézza s. f. **1** (*di membra*) torpore, intorpidimento, intirizzimento, intormentimento, torpidità (*raro*) **2** (*est.*) (*di mente, di temperamento*) pigrizia, apatia, ignavia, indolenza, lentezza, sonnolenza **CONTR.** alacrità, attività, operosità, prontezza, rapidità, solerzia, sollecitudine, sveltezza, vivacità.

torpóre s. m. **1** (*di membra*) torpidezza, torpidità (*raro*), intorpidimento, intirizzimento, intormentimento **2** (*est.*) (*di mente, di comportamento*) pigrizia, apatia, ignavia, indolenza, lentezza, sonnolenza **CONTR.** sollecitudine, sveltezza, vivacità, alacrità, attività, operosità, prontezza, rapidità, solerzia.

tórre s. f. **CFR.** campanile, bertesca, maschio, mastio, minareto, torretta, torrione, torracchione **FRAS.** *torre campanaria*, campanile □ *torre di Babele* (*fig.*), caos, confusione □ *torre di perforazione*, derrick (*ingl.*) □ *chiudersi in una torre d'avorio* (*fig.*), isolarsi.

torrefazióne s. f. (*di caffè, di orzo e sim.*) tostatura, abbrustolimento.

torreggiàre v. intr. (*anche fig.*) levarsi, dominare, ergersi, innalzarsi, soverchiare, sovrastare, spiccare, stagliarsi □ eccellere, primeggiare.

torrènte s. m. **1** borro, botro, fiumana, fiumara **2** (*est.*) (*di parole, di insulti, ecc.*) profluvio, abbondanza, moltitudine, gran quantità.

torrenziàle agg. **1** torrentizio **2** (*est.*) (*di pioggia*) scrosciante, impetuoso, violento □ a torrenti, a catinelle **CONTR.** leggero, lieve, minuto, sottile.

tòrrido agg. ardente, bruciante, caldissimo, canicolare □ arso, riarso, bruciato, secco **CONTR.** gelido, gelato, freddissimo, agghiacciato, ghiacciato, diaccio.

torrióne s. m. **1** accr. di **torre 2** maschio, mastio.

torróne s. m. mandorlato, croccante.

torsióne s. f. torcimento, torcitura, storcimento, scontorcimento, contorcimento, contorsione.

tórsolo s. m. (*di piante erbacee*) fusto □ (*di frutti*) torso, parte centrale.

tortellìno s. m. **1** dim. di **tortello 2** cappelletto, agnellotto, agnolotto.

tortèllo s. m. raviolo.

tòrto s. m. ingiustizia, iniquità, angheria, ingiuria, offesa, slealtà, sopruso □ colpa, errore **CONTR.** giustizia □ diritto, ragione **FRAS.** *avere torto*, non avere ragione □ *non avere tutti i torti*, avere le proprie ragioni □ *a torto*, ingiustamente.

tórtora s. m. e agg. (*di colore*) grigio delicato.

tortuosaménte avv. **1** sinuosamente, in modo serpeggiante, a zigzag **CONTR.** dirittamente (*raro*), dritto **2** (*fig.*) ambiguamente, obliquamente, slealmente, subdolamente **CONTR.** apertamente, francamente, sinceramente, lealmente, schiettamente, spontaneamente.

tortuosità s. f. **1** (*di percorso, di fiume, ecc.*) sinuosità, serpeggiamento, anfrattuosità, curva, piegatura **CONTR.** dirittura, retta, linea diritta **2** (*fig.*) (*di discorso, di comportamento*) ambiguità **CONTR.** chiarezza.

tortuóso agg. **1** (*di percorso, di fiume, ecc.*) sinuoso, serpeggiante, anfrattuoso, curvo, piegato, tortile (*lett.*), a zigzag **CONTR.** diritto, rettilineo, in linea retta **2** (*fig.*) (*di discorso, di comportamento, ecc.*) ambiguo, intricato, obliquo, sleale, subdolo **CONTR.** aperto, franco, sincero, leale, schietto, spontaneo.

tortùra s. f. **1** (*di fisico*) martirio, sevizie, supplizio, autodafé **2** (*est.*) (*di morale*) sofferenza, dolore, angoscia, ambascia, tormento, grave afflizione **CONTR.** sollievo, conforto.

torturàre A v. tr. **1** (*di fisico*) martirizzare, seviziare, suppliziare (*raro*) **2** (*fig.*) (*di morale*) tormentare, angariare, addolorare, fare soffrire, affliggere, contristare, angosciare **CONTR.** confortare, sollevare, rallegrare **B torturarsi** v. rifl. tormentarsi, affliggersi, addolorarsi **CONTR.** allietarsi, rallegrarsi, confortarsi.

torturàto part. pass. di **torturare**; anche agg. **1** martirizzato, seviziato, suppliziato (*raro*) **2** (*fig.*) tormentato, angariato, addolorato, afflitto, angosciato **CONTR.** confortato, sollevato, rallegrato.

tórvo agg. bieco, losco, sinistro, feroce, malvagio □ accigliato, minaccioso **CONTR.** aperto, benigno, bonario, franco, gaio, ridente, sereno.

tosaèrba s. m. o f. inv. tosatrice.

tosàre v. tr. **1** radere, rasare, tagliare, abradere, tondere (*lett.*) **2** (*di siepi, di piante, ecc.*) potare, pareggiare **3** (*est., scherz.*) pelare, rapare, zucconare **4** (*fig.*) (*di fisco, di bottegaio, ecc.*) spogliare, pelare.

tosasièpi s. m. e f. tagliasiepe.

tosatrìce s. f. tosaerba.

tosatùra s. f. **1** tosamento (*raro*), rasatura, taglio, tosa (*raro*) **2** (*scherz.*) (*di capelli*) pelata, rapatura, rapata.

toscàno agg.; anche s. m. della Toscana, tosco (*lett.*) □ etrusco.
tossicità s. f. velenosità.
tòssico A agg. velenoso, venefico, avvelenato, attossicato □ malefico, pestifero **CONTR.** atossico, svelenito □ innocuo, inoffensivo **B** s. m. **1** veleno **2** (*est.*) cibo disgustoso **3** (*gerg.*) tossicodipendente.
tossicodipendènte s. m. e f.; anche agg. tossicomane, cocainomane, morfinomane, eroinomane, drogato abituale, tossico (*gerg.*).
tossicodipendènza s. f. tossicomania.
tossicòmane s. m. e f.; anche agg. tossicodipendente, drogato abituale.
tossicomanìa s. f. (*med.*) tossicodipendenza, morfinismo, morfinomania, cocainismo, cocainomania, eroinomania, intossicazione abituale.
tossìna s. f. **CONTR.** antitossina, anticorpo.
tostacaffè s. m. inv. tostino.
tostapàne s. m. inv. tostino.
tostàre v. tr. abbrustolire, torrefare.
tostàto part. pass. di **tostare**; anche agg. abbrustolito, torrefatto.
tostatùra s. f. abbrustolimento, torrefazione.
tòsto (1) A avv. (*lett.*) presto, subito, immediatamente, immantinente (*lett.*), rapidamente, celermente, in fretta, senza indugio **CONTR.** dopo, più tardi, con ritardo, lentamente **B** agg. (*lett.*) presto (*lett.*), veloce, celere, rapido **CONTR.** lento, tardo **FRAS.** *tosto che*, appena che, non appena.
tòsto (2) agg. (*dial.*) sodo, duro **CONTR.** floscio, molle **FRAS.** *faccia tosta* (*fig.*), sfrontato, sfacciato, ardito.
tòt [dal lat. *tot* 'tanti'] **A** agg. indef. **1** (*al pl.*) tanti, tante **2** (*al sing.*) tale **B** pron. indef. un tanto, una certa quantità, tanto, tanti.
totàle A agg. pieno, intero, completo, compiuto □ globale, assoluto, generale, universale □ complessivo **CONTR.** parziale, particolare, frazionario, incompleto, incompiuto, relativo **B** s. m. (*di addizione*) somma, risultato.
totalità s. f. totale, insieme, tutto, tutti □ globalità, generalità.
totalitariaménte avv. dispoticamente, dittatorialmente, tirannicamente **CONTR.** liberamente, democraticamente.
totalitàrio agg. **1** totale, pieno, assoluto, completo, compiuto □ globale, generale **CONTR.** parziale, particolare, frazionario, incompiuto, incompleto, relativo **2** (*di governo*) assoluto, dispotico, dittatoriale, tirannico **CONTR.** democratico, liberale.
totalitarìsmo s. m. assolutismo, dittatura, tirannide **CONTR.** democrazia, liberalismo.
totalizzàre v. tr. **1** calcolare in totale **2** (*di punti, di tempi, ecc.*) conseguire, raggiungere.
totalizzatóre s. m. **1** (*negli ippodromi*) gioco di scommesse □ (*est.*) banco di scommesse **2** (*di macchina*) addizionatrice, calcolatrice.
totalménte avv. pienamente, interamente, completamente, assolutamente, generalmente, universalmente, del tutto **CONTR.** parzialmente, incompletamente, incompiutamente, in parte, relativamente.
tòtem [dall'algonchino *t* 'suo' e *ote(m)* 'segno', 'famiglia'] s. m. inv. segno della tribù, segno del clan, feticcio.
toupet /*fr.* tu'pɛ/ [vc. fr., dim. dell'ant. fr. *top*, dal francone *top* 'cima, vetta'] s. m. inv. **1** posticcio, parrucchino **2** (*raro*) sfrontatezza, sfacciataggine, faccia tosta, faccia di bronzo **CONTR.** discrezione, riguardo, riserbo, riservatezza, peritanza (*raro, lett.*).
tour /*fr.* tur/ [vc. fr., letteralmente 'giro'] s. m. inv. **1** giro turistico **2** (*per anton.*) giro ciclistico di Francia.
tour de force /*fr.* 'tur d 'fɔrs/ [loc. fr., letteralmente 'giro (*tour*) di (*de*) forza (*force*)'] loc. sost. m. inv. (*est.*) sforzo intenso, fatica prolungata **CONTR.** riposo, relax (*ingl.*).
tournée /*fr.* tur'ne/ [vc. fr., letteralmente 'girata'] s. f. inv. (*di artisti, di sportivi, ecc.*) serie di incontri, serie di spettacoli □ itinerario.
tout court /*fr.* tu 'kur/ [loc. fr., letteralmente 'tutto (*tout*) corto (*court*)'] loc. avv. brevemente, a farla breve, senza aggiunta, senz'altro.
tovàglia s. f. mantile, drappo, panno.
tovagliòlo s. m. salvietta.
tòzzo agg. atticciato, grosso, massiccio, tarchiato, tombolotto (*fam.*), tracagnotto **CONTR.** esile, slanciato, smilzo, snello, sottile, mingherlino.
tra prep. **1** (*di luogo*) fra, in mezzo a □ da **2** (*di tempo*) fra, entro **3** (*di compagnia*) con, insieme con **4** (*partitivo*) fra, di **5** (*di causa*) per, a causa di **6** (*di relazione, di reciprocità*) fra **FRAS.** *tra tutti*, in tutto, tutti compresi □ *tra noi* (*fig.*), in confidenza.
traballaménto s. m. barcollamento, ciondolamento, dondolamento, fluttuazione, ondeggiamento, ondulazione, oscillazione, tentennamento, tremolio, vacillamento, vacillazione (*raro*), vibramento (*raro*), vibrazione **CONTR.** immobilità, fissità, stabilità.
traballànte part. pres. di **traballare**; anche agg. (*anche fig.*) barcollante, ciondolante, dondolante, ondeggiante, ondulante (*lett.*), oscillante, fluttuante, tremolante, tentennante, vacillante, vibrante **CONTR.** immobile, immoto, fisso, saldo, stabile, inerte.
traballàre v. intr. (*anche fig.*) barcollare, ciondolare, dondolare, fluttuare, ondeggiare, ondulare (*lett.*), oscillare, tentennare, tremolare, vacillare, vibrare **CONTR.** stare saldo, stare diritto, stare immobile, stare fisso.
trabalzóne s. m. scossone.
trabìccolo s. m. **1** scaldaletto, prete □ scaldino **2** (*scherz.*) baracca, baracchino, trappola (*fam.*).
traboccànte part. pres. di **traboccare**; anche agg.

(*anche fig.*) riboccante (*ant.*), ridondante, rigurgitante, straboccante (*pop.*), strabocchevole, strapieno, straripante, tracimante □ sovrabbondante, soverchiante, eccedente, eccessivo **CONTR.** scarso, manchevole, insufficiente.

traboccàre v. intr. **1** (*di liquido*) versarsi, rigurgitare, riboccare (*ant.*), sboccare (*raro*), straboccare (*pop.*), straripare, tracimare **2** (*anche fig.*) eccedere, sovrabbondare, soverchiare **CONTR.** scarseggiare, mancare, essere insufficiente.

traboccàto part. pass. di **traboccare**; anche agg. uscito, straripato, tracimato.

trabocchétto A s. m. **1** botola, bocca di lupo □ trappola, tagliola, laccio **2** (*fig.*) inganno, tranello, insidia, trama, macchinazione **B** in funzione di agg. inv. ingannevole, insidioso, subdolo.

tracagnòtto agg.; anche s. m. atticciato, grosso, massiccio, tarchiato, tombolotto (*fam.*), tozzo **CONTR.** esile, slanciato, smilzo, snello, sottile, mingherlino.

tracannàre v. tr. ingoiare, ingollare, ingurgitare, sbevacchiare, sbevazzare, cioncare **CONTR.** centellinare, sorseggiare.

tràccia s. f. **1** impronta, orma, pedata, pesta, scia, solco **2** (*est.*) indizio, segno, resto, testimonianza, vestigio, indice **3** (*di argomento*) abbozzo □ schema, sommario.

tracciànte part. pres. di **tracciare**; anche agg. (*di proiettili*) a scia luminosa.

tracciàre v. tr. **1** (*di linea, di confine, ecc.*) segnare, indicare □ (*est.*) disegnare **CONTR.** cancellare, cassare, fare scomparire **2** (*fig.*) (*di argomento*) abbozzare, fare lo schema, schizzare □ sintetizzare **CONTR.** dettagliare, circostanziare, particolareggiare.

tracciàto A part. pass. di **tracciare**; anche agg. delineato, indicato, descritto **B** s. m. (*di strada*) percorso, itinerario.

tracheìte s. f. (*med.*) infiammazione della trachea.

tracimàre v. intr. (*di liquido*) straripare, traboccare, straboccare (*pop.*).

tracòlla s. f. bandoliera, balteo (*lett.*), armacollo, cinturone, traversa.

tracollàre v. intr. perdere l'equilibrio, cadere, rovinare, precipitare.

tracòllo s. m. (*spec. fig.*) caduta, crollo, disastro, disgrazia, fallimento, perdita, rovina, grave danno, fine disastrosa, crack (*ingl.*), crac, bancarotta **CONTR.** ascesa, salita, successo, vantaggio, utile, utilità, tornaconto.

tracotànte agg.; anche s. m. e f. arrogante, burbanzoso, borioso, iattante, presuntuoso, prepotente, insolente, protervo, petulante, oltracotante (*lett.*) **CONTR.** accomodante, affabile, amabile, bonario, conciliante, cordiale, cortese, dolce, mite.

tracotànza s. f. arroganza, burbanza, prepotenza, boria, iattanza, insolenza, presunzione, protervia, petulanza, oltracotanza (*lett.*) **CONTR.** amabilità, affabilità, bonarietà, cordialità, cortesia, gentilezza, mitezza.

trade union /*ingl.* 'treid 'junjən/ [loc. ingl., letteralmente 'unione (*union*) di commercio (*trade*)'] loc. sost. f. inv. (*in Inghilterra e negli Stati Uniti*) sindacato, società operaia.

tradiménto s. m. **1** infedeltà, fellonia (*raro, lett.*), perfidia, diserzione, defezione, slealtà, voltafaccia □ adulterio **CONTR.** fedeltà, lealtà **2** (*est.*) inganno, frode, imbroglio **CONTR.** onestà, rettitudine, dirittura, integrità, probità **FRAS.** *a tradimento*, con l'inganno; (*est.*) all'improvviso.

tradìre A v. tr. **1** (*di persona*) mancare alla fede, essere infedele, essere perfido, defezionare, ingannare **CONTR.** essere fedele, essere leale, mantenere la fede, mantenersi fedele **2** (*fig.*) (*di fiducia, di speranza, ecc.*) mancare, venir meno, deludere □ (*di segreto*) divulgare, svelare **CONTR.** mantenere, tener fede, osservare **3** (*di sentimento*) rivelare, manifestare, scoprire **CONTR.** celare (*lett.*), occultare, nascondere, tacere, tener segreto **B tradirsi** v. rifl. (*di persona*) scoprirsi, smascherarsi, manifestarsi **CONTR.** occultare, nascondere, tacere, tenere segreto, celare (*lett.*).

tradìto part. pass. di **tradire**; anche agg. ingannato, deluso, frodato, imbrogliato, raggirato, truffato **CONTR.** rispettato, onorato, mantenuto, osservato.

traditóre A s. m. (f. *-trice*); anche agg. fedifrago (*lett.*), fellone (*lett.*), infedele, infido, perfido, sleale **CONTR.** fedele, fidato, fido (*lett.*), leale **B** agg. (*di vino, di parole, ecc.*) che tradisce, ingannatore, imbroglione, infido **CONTR.** genuino, sicuro.

tradizionàle agg. della tradizione □ solito, usuale, consueto, abituale, proverbiale **CONTR.** nuovo, recente, fresco, insolito, inusitato, mai visto.

tradizionalìsmo s. m. conservatorismo, passatismo, attaccamento alla tradizione **CONTR.** progressismo, riformismo, innovazione.

tradizionalìsta s. m. e f. conservatore, passatista, nostalgico **CONTR.** progressista, riformatore, innovatore, novatore.

tradizionalìstico agg. conservatore, passatista, nostalgico **CONTR.** progressista, innovatore, riformatore.

tradizionalménte avv. secondo la tradizione, in modo tradizionale □ usualmente, abitualmente, solitamente, di solito **CONTR.** in modo nuovo, contro l'uso, contro il solito.

tradizióne s. f. **1** (*di memorie, di leggi, ecc.*) trasmissione orale **2** consuetudine, costumanza, costume, memoria, usanza, uso, abitudine □ folklore **3** ciclo, leggenda, saga **4** (*giur.*) consegna.

tradótto part. pass. di **tradurre**; anche agg. **1** (*bur.*) (*di detenuto*) condotto, portato, trasportato, trasferito **2** (*di scritto, di discorso*) volto, trasportato, interpretato.

traducìbile agg. (*di scritto, di discorso*) trasportabile, interpretabile **CONTR.** intraducibile.

tradùrre v. tr. **1** (*di scritto, di discorso*) volgere, trasportare, rendere, traslatare (*ant.*), voltare, interpretare **2** (*bur.*) (*di detenuto*) portare, condurre, trasferire **FRAS.** *tradurre in atto* (*fig.*), realizzare.

traduttóre s. m. (f. *-trice*) **1** (*di scritto, di discorso*) interprete, volgarizzatore, traslatore (*ant.*) **2** (*di libro*) bigino.

traduzióne s. f. **1** versione, volgarizzamento, traslazione (*raro*) □ parafrasi, spiegazione, interpretazione **2** (*bur.*) (*di detenuto*) trasporto, trasferimento, trasferta.

trafelàre v. intr. (*ant.*) ansimare, ansare, boccheggiare, respirare affannosamente, avere il fiato grosso.

trafelàto agg. affannato, ansante, ansimante, esausto, spossato, stanco, col fiato grosso **CONTR.** fresco, riposato, ristorato.

trafficàbile agg. commerciabile, negoziabile.

trafficànte A part. pres. di **trafficare B** s. m. e f. **1** commerciante, mercante, negoziante □ bottegaio, rivenditore **2** (*spreg.*) speculatore, affarista, armeggione, faccendiere, maneggione, profittatore, trafficatore (*raro*), traffichino.

trafficàre A v. intr. **1** (*di cose*) commerciare, negoziare, comprare, vendere, comprare e vendere **2** (*est.*) (*per uno scopo*) affaccendarsi, industriarsi, adoperarsi, ingegnarsi, darsi d'attorno, darsi da fare **CONTR.** oziare, poltrire, bighellonare, ciondolare, stare con le mani in mano, stare in panciolle **B** v. tr. (*spec. spreg.*) vendere, mercanteggiare.

trafficàto part. pass. di **trafficare**; anche agg. (*gerg.*) (*di luogo*) frequentato, battuto, movimentato.

tràffico s. m. **1** (*di cose*) commercio, movimento d'affari, compravendita □ speculazione **2** (*di persone, di veicoli*) movimento, passaggio, andirivieni, va e vieni, viavai.

trafìggere v. tr. **1** infilzare, infilare, trapassare, passare da parte a parte **2** (*est.*) pungere, ferire, bucare, forare **3** (*fig.*) (*di persona*) pungere, colpire, ferire, addolorare, affliggere **CONTR.** lusingare, fare piacere.

trafila s. f. **1** filiera **2** (*fig.*) (*per uno scopo*) via, strada, sequenza, sequela, iter (*lat.*).

trafilàto A agg. (*di materiale*) filiforme, passato alla trafila **B** s. m. tubo, filo.

trafilétto s. m. (*giorn.*) stelloncino, asterisco, corsivo, articoletto, breve articolo.

trafitto part. pass. di **trafiggere**; anche agg. infilzato, infilato, trapassato □ (*anche fig.*) punto, colpito, ferito.

trafittùra s. f. trafitta, ferita, puntura □ dolore, fitta.

traforàre v. tr. **1** perforare, passare da parte a parte □ bucare, forare **2** lavorare di traforo.

traforàto part. pass. di **traforare**; anche agg. perforato, forato, bucherellato, lavorato al traforo.

trafóro s. m. **1** traforazione (*raro*), perforazione □ foro, buco **2** galleria, tunnel **3** ricamo a intaglio.

trafugaménto s. m. sottrazione, furto, rubamento (*raro*), rapina □ occultamento.

trafugàre v. tr. sottrarre, portare via (di nascosto), rubare, rapire □ occultare.

trafugatóre s. m. (f. *-trice*) ladro, rapinatore.

tragèdia s. f. **1** componimento tragico, dramma tragico **CONTR.** comica, farsa **2** (*est.*) vicenda tragica, calamità, catastrofe, disastro, disgrazia, lutto, rovina, sciagura, sinistro **CONTR.** fortuna, festa, successo, fausto evento **3** (*spreg., scherz.*) commedia, sceneggiata.

traghettaménto s. m. traghetto, passaggio, trasbordo.

traghettàre v. tr. tragittare (*raro*), trasbordare, trasportare, portare, fare passare, fare attraversare.

traghettatóre s. m. (f. *-trice*) tragittatore (*raro*), passatore □ barcaiolo.

traghétto s. m. **1** (*da una sponda all'altra*) passaggio, attraversamento, tragitto (*raro*), traversata **2** stazione d'imbarco, imbarcadero, molo **3** (*di mezzo*) barca, battello, nave, imbarcazione, ferry-boat (*ingl.*), aliscafo.

tragicaménte avv. atrocemente, crudelmente, dolorosamente, funestamente, luttuosamente, mortalmente, catastroficamente, fatalmente, tristemente **CONTR.** comicamente, piacevolmente, umoristicamente.

tragicità s. f. atrocità, crudeltà, luttuosità, fatalità, tristezza, violenza **CONTR.** comicità, umorismo.

tràgico A agg. **1** di tragedia **CONTR.** comico, farsesco **2** (*est., fig.*) atroce, cruento, crudele, doloroso, funesto, luttuoso, mortale, catastrofico, fatale, triste, violento **CONTR.** comico, umoristico, farsesco, burlesco, divertente, lieto, piacevole **B** s. m. tragediografo **C** s. m. solo sing. tragicità.

tragitto s. m. **1** passaggio, traversata □ (*ant.*) traghetto **2** (*est.*) cammino, percorso, strada, via.

traguàrdo s. m. **1** arrivo, punto di arrivo, linea di arrivo **CONTR.** partenza, punto di partenza, linea di partenza **2** (*fig.*) fine, meta, obiettivo, scopo.

traiettòria s. f. parabola □ linea, percorso, tragitto.

trainàre v. tr. tirare, trascinare □ strascicare, strascinare **CONTR.** spingere, sospingere.

training /*ingl.* 'treiniŋ/ [vc. ingl., da *to train* 'trascinare, trainare'] s. m. inv. allenamento, addestramento **FRAS.** *training autogeno*, autodistensione.

tràino s. m. **1** (*di azione*) trascinamento □ strascicamento, strascinamento, trasporto **2** (*di* *mezzo*) treggia, slitta □ troika □ veicolo **3** (*di merce*) carico, peso.

tralasciàre v. tr. **1** (*di lavoro, di cura, ecc.*) interrompere, sospendere, abbandonare, soprassedere, lasciare a mezzo □ differire, rimandare, rinviare **CONTR.** continuare, proseguire, ricominciare, riprendere **2** (*di discorso, di lettera, ecc.*) cessare, finire, smettere, terminare □ omettere, trascurare **CONTR.** ricominciare, riprendere □ includere, tener presente.

tràlcio s. m. (*di rampicante*) sarmento, palmite (*poet.*) □ rametto, ramoscello, ramo giovane □ pampano (*tosc.*), pampino.

tralìccio s. m. **1** tela robusta, fodera **2** (*di struttura*) armatura, ossatura, intelaiatura, sostegno, castello, reticolato.

tram s. m. inv. tranvai, tramvai □ tranvia, tramvia.

tràma s. f. **1** (*di tessuto*) ordito, tessitura, canovaccio, intreccio, tessuto **2** (*fig.*) maneggio, macchinazione, imbroglio, inganno, cabala, congiura, insidia, intrigo, raggiro, tranello, trappola **3** (*fig.*) (*di opera narrativa, teatrale, ecc.*) intreccio, canovaccio, argomento, soggetto, storia.

tramandàre v. tr. trasmettere □ consegnare, passare **CONTR.** ricevere.

tramàre v. tr. **1** (*di tessuto*) ordire, tessere, intessere **2** (*fig.*) tessere, macchinare, ordire, concertare, congiurare, intrigare, lavorare sott'acqua.

trambùsto s. m. agitazione, babele, baraonda, caos, casino (*volg.*), confusione, disordine, putiferio, scompiglio, sconquasso, soqquadro, subbuglio, diavolo a quattro **CONTR.** ordine, calma, quiete, tranquillità.

tramestìo s. m. **1** tramenio, confusione, disordine, movimento, rimestio **2** (*est.*) (*di persone*) andirivieni, viavai **3** (*di cose spostate*) rumore.

tramezzàre v. tr. interporre, frammezzare, frammettere, frapporre, intramezzare, interpolare.

tramezzìno s. m. **1** dim. di **tramezzo** **2** tartina, tosto, toast (*ingl.*), panino imbottito, sandwich (*ingl.*).

tramèzzo **A** avv. frammezzo **B** s. m. assito, diaframma, divisorio, paratia, paravento, tavolato, parete.

tràmite **A** s. m. **1** (*lett.*) sentiero □ corso, passaggio, mezzo di passaggio **2** (*fig.*) via, mezzo, trafila, percorso, strada **3** (*fig.*) (*di persona*) intermediario, mediatore, collegamento **B** in funzione di prep. per mezzo di.

tramontàna s. f. **1** (*di vento*) aquilone, borea □ buriana, sizza (*tosc.*), bora, vento freddo **2** (*di punto cardinale*) nord, settentrione **FRAS.** *perdere la tramontana* (*fig.*), perdere il controllo, perdere la bussola.

tramontànte part. pres. di **tramontare**; anche agg. **1** (*di sole, di luna, ecc.*) calante, morente, occiduo (*lett.*), declinante **CONTR.** sorgente, nascente **2** (*fig.*) (*di cosa*) discendente, declinante, morente **CONTR.** ascendente, nascente.

tramontàre v. intr. **1** (*di sole, di luna, ecc.*) calare, morire, declinare, discendere, scomparire, sparire **CONTR.** sorgere, nascere, alzarsi, levarsi, spuntare **2** (*fig.*) (*di cosa*) finire, avere fine, volgere alla fine, terminare, aver termine, volgere al termine, svanire, venir meno □ morire **CONTR.** cominciare, iniziare, avere inizio, principiare, aver principio.

tramontàto part. pass. di **tramontare**; anche agg. **1** (*di sole, di luna, ecc.*) calato, declinato, disceso, scomparso, sparito **CONTR.** nato, sorto, spuntato **2** (*fig.*) (*di cosa*) finito, terminato, svanito **CONTR.** cominciato, iniziato, principiato.

tramónto s. m. **1** (*di sole, di luna, ecc.*) calata, declino, discesa, occaso (*lett.*) **CONTR.** nascita, il sorgere, il levarsi, lo spuntare **2** crepuscolo, sera, occaso (*lett.*), vespero (*poet.*) **CONTR.** aurora, alba **3** (*di punto cardinale*) occidente, ponente **CONTR.** oriente, levante **4** (*fig.*) decadenza, declino, fine, termine, conclusione, il venir meno **CONTR.** alba, inizio, principio □ apice, apogeo, colmo, culmine, pienezza, sommità, vertice, vetta.

tramortìre **A** v. intr. venire meno, svenire **CONTR.** rinvenire, riaversi, riprendersi **B** v. tr. stordire, fare svenire **CONTR.** rianimare.

tramortìto part. pass. di **tramortire**; anche agg. stordito, svenuto, privo di sensi, esanime.

trampolìno s. m. (*sport*) pedana **FRAS.** *fare da trampolino a uno* (*fig.*), servirgli di aiuto (nella carriera).

tramutaménto s. m. cambiamento, mutamento, convertimento, trasmutamento (*ant.*) □ trasferimento □ travaso.

tramutàre **A** v. tr. **1** (*di cose*) trasferire, traslocare, trasportare **2** (*di liquido*) travasare **3** (*di pianta*) trapiantare **4** mutare, cambiare, trasmutare (*lett.*), convertire **B** **tramutarsi** v. rifl. e intr. pron. cambiarsi, mutarsi, convertirsi, trasformarsi, prendere l'aspetto di.

tramutazióne s. f. mutazione, cambiamento, mutamento, conversione, convertimento.

trance /*ingl.* 'tra:ns/ [vc. ingl., dall'ant. fr. *transe* 'trapasso'] s. f. inv. **1** sonno ipnotico **2** (*fam.*) estasi.

tranche /*fr.* trɑ̃ʃ/ [vc. fr., da *trancher* 'trinciare'] s. f. inv. **1** fetta, porzione **2** (*comm.*) quota, parte.

tranciàre v. tr. tagliare, recidere.

tràncio s. m. trancia, fetta, porzione.

tranèllo s. m. trappola, inganno, insidia, imbroglio, macchinazione, raggiro, trabocchetto, trama.

trangugiàre v. tr. **1** inghiottire, ingoiare, ingollare, ingozzare, ingurgitare, tracannare **CONTR.** rigettare, vomitare **2** (*fig.*) (*di dispiaceri, di umiliazioni, ecc.*) sopportare, subire, soffrire, tollerare **CONTR.** sfogare, dare sfogo **3** (*fig.*) (*di beni*) sperperare, dissipare, dilapidare, scialacquare, sprecare **CONTR.** economizzare, risparmiare.

trànne prep. eccetto, eccettuato, salvo, fuorché, all'infuori di, meno **CONTR.** compreso, incluso.

tranquillaménte avv. con calma, flemmaticamente, pacatamente, pacificamente, placidamente, posatamente, quietamente, serenamente **CONTR.** affannosamente, ansiosamente, inquietamente, irrequietamente, freneticamente.

tranquillànte A agg. **1** (*di aspetto*) rassicurante **2** (*di medicina*) calmante, sedativo **CONTR.** eccitante, stimolante, tonico **B** s. m. sedativo, calmante, neurosedativo **CONTR.** eccitante, tonico.

tranquillità s. f. calma, flemma, impassibilità, imperturbabilità, sangue freddo, pacatezza, placidità, posatezza □ pace, quiete, riposo, serenità **CONTR.** affanno, agitazione, ansia, inquietudine, irrequietudine, turbamento.

tranquillizzàre A v. tr. acquietare, calmare, chetare, pacificare, quietare, rassicurare, sedare, tranquillare **CONTR.** agitare, commuovere, eccitare, molestare, turbare **B tranquillizzarsi** v. intr. pron. acquietarsi, calmarsi, chetarsi, quietarsi, rasserenarsi, rassicurarsi, tranquillarsi, darsi pace **CONTR.** affannarsi, agitarsi, commuoversi, inquietarsi, turbarsi.

tranquillizzàto part. pass. di **tranquillizzare**; anche agg. calmato, pacificato, rassicurato **CONTR.** agitato, eccitato, turbato.

tranquìllo agg. (*anche fig.*) calmo, flemmatico, impassibile, imperturbabile, pacifico, placido, pacato, posato, quieto, sereno **CONTR.** affannato, ansioso, frenetico, agitato, inquieto, irrequieto, commosso, turbato, turbolento, teso.

transalpìno agg. oltramontano, al di là delle Alpi **CONTR.** cisalpino.

transatlàntico A agg. transoceanico **B** s. m. nave transoceanica.

transazióne s. f. accomodamento, accordo, aggiustamento, componimento, compromesso, conciliazione, concordato, convenzione, modus vivendi (*lat.*) **CONTR.** dissidio, controversia, discordia, rottura.

transènna s. f. **1** (*arch.*) lastra divisoria, parapetto, divisorio **2** barriera, sbarramento, cancello.

transeùnte agg. (*lett.*) passeggero, caduco, effimero, fugace, instabile, provvisorio, precario, temporaneo, transitorio **CONTR.** eterno, fisso, permanente, perpetuo, stabile.

trànsfert [dal lat. *transferre* 'trasportare, trasferire'] s. m. inv. **1** (*banca, dir.*) traslazione **2** (*psicol.*) trasferimento affettivo.

transigènte part. pres. di **transigere**; anche agg. accomodante, arrendevole, condiscendente, conciliante, cedevole, docile, indulgente, malleabile, remissivo, tollerante □ di manica larga **CONTR.** fanatico, inflessibile, insofferente, intollerante, intransigente, severo.

transìgere v. tr. accomodarsi, aggiustarsi, arrendersi, cedere, patteggiare, scendere a patti, venire a patti, venire a un compromesso, fare concessioni **CONTR.** essere inflessibile, essere intransigente, essere intollerante □ ostinarsi, resistere.

transitàbile agg. (*di luogo*) agibile, percorribile **CONTR.** intransitabile, inagibile.

transitabilità s. f. (*di luogo*) agibilità, percorribilità **CONTR.** intransitabilità, inagibilità.

transitàre v. intr. passare, percorrere **CONTR.** soffermarsi, sostare, rimanere.

transitàto part. pass. di **transitare**; anche agg. passato.

transitìvo agg. **CONTR.** intransitivo.

trànsito s. m. **1** passaggio □ passo, attraversamento □ trasferimento, trasmigrazione □ valico **CONTR.** permanenza, sosta **2** (*lett.*) morte, trapasso, decesso.

transitoriaménte avv. fugacemente, instabilmente, momentaneamente, precariamente, provvisoriamente, temporaneamente, di passaggio **CONTR.** durevolmente, immutabilmente, stabilmente.

transitorietà s. f. fugacità, momentaneità, instabilità, labilità, precarietà, provvisorietà, temporaneità **CONTR.** durevolezza, durata, immutabilità, stabilità.

transitòrio agg. **1** (*di moda, di bene, ecc.*) caduco, effimero, fugace, instabile, labile, precario **CONTR.** duraturo, durevole, fisso, immutabile, stabile **2** (*di legge, di provvedimento*) provvisorio, temporaneo.

transizióne s. f. passaggio □ trapasso, transito.

translùcido e deriv. *V.* **traslucido** e deriv.

transoceànico agg. oltreoceanico.

transumànza s. f. (*di gregge*) trasferimento.

transumàre v. intr. (*di gregge*) trasferirsi.

tran tran o **trantràn** s. m. (*della vita, di un'attività*) andamento monotono, monotonia, uniformità, routine (*fr.*) **CONTR.** varietà.

trapanàre v. tr. (*anche fig.*) forare, trafiggere, incidere (col trapano), bucare.

trapanàto part. pass. di **trapanare**; anche agg. forato, inciso, bucato.

trapanatùra s. f. trapanazione, trapanamento, foratura, bucatura, trafittura.

trapanazióne s. f. trapanamento, trapanatura, foratura, bucatura, trafittura.

tràpano s. m. perforatrice, trivella, trivello, succhiello, verrina, foratoio, menarola.

trapassàre A v. tr. **1** trafiggere, infilare, infilzare, penetrare, forare, bucare, passare da parte a parte **2** (*fig.*) (*di sentimenti*) affliggere, addolorare profondamente **CONTR.** allietare, confortare, rallegrare **3** (*lett.*) (*di limite, di misura, ecc.*) oltrepassare, superare, varcare, valicare **B** v. intr. **1** (*lett.*) passare, attraversare, andare oltre, trascorrere **2** (*raro*) cessare, finire □ morire, spirare.

trapassàto A part. pass. di **trapassare**; anche agg. **1** trafitto, infilato, infilzato, forato, bucato, passato da parte a parte **2** (*fig.*) (*di sentimenti*) afflitto, addolorato **CONTR.** allegro, contento, felice, gaio **3** (*lett.*) (*di tempo*) trascorso, passato **4** (*lett.*) morto, defunto **B** s. m. spec. al pl. (*lett.*) (*di persona*) morto, defunto.

trapàsso s. m. **1** passaggio, varco, valico, guado, passo, transito **2** (*fig.*) transizione, passaggio **3** (*lett.*) morte, decesso.

trapelàre v. intr. **1** (*di liquido, di luce*) filtrare, trasparire, colare, gocciare, gocciolare, spillare, stillare, trasudare **2** (*fig.*) (*di notizie, di sentimenti, ecc.*) manifestarsi, palesarsi, rivelarsi, sapersi, conoscersi, diffondersi, sfuggire, filtrare **CONTR.** rimanere celato, rimanere nascosto, rimanere occulto.

trapelàto part. pass. di **trapelare**; anche agg. **1** (*di liquido, di luce*) filtrato, colato, gocciolato, trasudato **2** (*fig.*) rivelatosi, uscito, sfuggito.

trapiantàre A v. tr. **1** (*di piante*) strapiantare (*pop.*), smargottare, tramutare, travasare, porre a dimora **2** (*fig.*) trasferire, trasportare, traslocare **B trapiantarsi** v. intr. pron. trasferirsi, emigrare, spostarsi, andare a vivere altrove **CONTR.** restare, rimanere.

trapiànto s. m. **1** (*di pianta*) trapiantamento (*raro*), tramutamento, travasamento (*raro*), travaso **2** (*fig.*) (*di moda, di usanza, ecc.*) introduzione **3** (*chir.*) (*di organo*) trasferimento, trasporto.

trappéto s. m. frantoio, oleificio.

tràppola s. f. **1** calappio, laccio, lacciolo, tagliola, trabocchetto **2** (*fig.*) agguato, imboscata □ imbroglio, inganno, insidia, macchinazione, mistificazione, raggiro, tiro, trama, tranello, fregatura (*pop.*) **3** (*fam.*) frottola, fandonia, balla (*pop.*) **4** (*fam.*) (*di oggetto, di veicolo che funziona male*) baracca, macinino, trespolo (*scherz.*), trabiccolo (*scherz.*).

trappolóne s. m. **1** (*di persona*) imbroglione, ciurmatore (*raro*), truffatore, turlupinatore **2** (*di luogo*) garçonnière (*fr.*).

trapùnta s. f. coperta imbottita, imbottita.

trapuntàre v. tr. ricamare, impuntire, trapungere (*lett.*).

trapùnto A agg. (*lett.*) ricamato **B** s. m. ricamo, impuntura.

tràrre A v. tr. **1** (*lett.*) tirare, trascinare, muovere **CONTR.** spingere **2** (*anche fig.*) portare, condurre □ attirare, attrarre, incitare, indurre, invogliare **CONTR.** dissuadere, distogliere, trattenere **3** (*lett.*) (*di sasso, di proiettile, ecc.*) gettare, lanciare, scagliare **4** levare, togliere **CONTR.** dare, offrire, porgere **5** (*di minerali e sim.*) cavare, estrarre **CONTR.** immettere, introdurre, mettere **6** (*anche fig.*) (*di guadagno, di vantaggio, ecc.*) ottenere, ricavare, derivare **7** (*di somma*) dedurre, detrarre, defalcare **8** (*di conclusioni, ecc.*) dedurre, desumere **B** v. intr. **1** (*lett.*) accorrere, recarsi □ passare, procedere, muoversi **2** (*di mandato, di tratta e sim.*) spiccare, emettere **C trarsi** v. rifl. **1** (*raro*) (*da un luogo*) spostarsi, muoversi **2** (*da difficoltà*) levarsi, cavarsi, liberarsi, sottrarsi, togliersi.

trasaliménto s. m. balzo, scossa, sobbalzo, sussulto, soprassalto.

trasalìre v. intr. sussultare, balzare, sobbalzare, scuotersi, riscuotersi, rimescolarsi, provare una scossa **CONTR.** rimanere impassibile, rimanere immobile, rimanere imperturbabile.

trasandàre v. tr. (*ant.*) trascurare, tralasciare, omettere, negligere (*lett.*) **CONTR.** interessarsi, occuparsi, curare, prendersi cura, avere a cuore, prendersi a cuore.

trasandàto agg. **1** (*di persona*) sciatto, malmesso, trascurato, disordinato, sciamannato **CONTR.** agghindato, attillato, azzimato, elegante, ordinato **2** (*fig.*) (*di lavoro, di stile, ecc.*) dimesso, disadorno, negletto (*lett.*), negligente, sciatto **CONTR.** accurato, diligente, ornato, ricercato.

trasbordàre A v. tr. (*di persone o cose*) trasferire, trasportare, far passare **B** v. intr. (*di persona*) passare, trasferirsi.

trasbórdo s. m. trasferimento, passaggio, trasporto.

trascendentàle agg. **1** (*filos.*) trascendente, soprannaturale, soprasensibile, noumenico **CONTR.** empirico, fenomenico, immanente **2** (*est.*) eccezionale, sublime **CONTR.** facile, istintivo, logico, semplice.

trascendènte agg. (*filos.*) trascendentale, soprasensibile, soprannaturale, inconoscibile, noumenico **CONTR.** empirico, fenomenico, immanente.

trascendènza s. f. inconoscibilità, soprannaturalità, noumeno **CONTR.** immanenza, fenomeno.

trascéndere A v. tr. oltrepassare, superare, trapassare □ eccedere **B** v. intr. eccedere, esagerare, esorbitare, sconfinare, trasmodare, passare i limiti, passare il segno, varcare il segno □ andare fuori dei gangheri, perdere le staffe **CONTR.** contenersi, dominarsi, frenarsi, moderarsi, padroneggiarsi, rimanere nei limiti, mantenere l'equilibrio.

trascinàre A v. tr. **1** strascinare, strascicare, strisciare, trainare, rimorchiare, tirarsi dietro **CONTR.** spingere, sospingere **2** (*fig.*) attirare, attrarre, avvincere **CONTR.** allontanare, disgustare, dispiacere **3** (*est.*) condurre a forza, portare con la forza **CONTR.** accompagnare, andare insieme **B trascinarsi** v. rifl. strisciare (per terra), portarsi con fatica, recarsi a fatica **C** v. intr. pron. (*di causa, di riunione, ecc.*) prolungarsi, protrarsi, non accennare a finire **CONTR.** concludersi, decidersi.

trascinàto part. pass. di **trascinare**; anche agg. **1**

trainato, tirato, rimorchiato CONTR. spinto, sospinto **2** (*fig.*) attirato, attratto, avvinto CONTR. allontanato, disgustato.

trascinatóre s. m.; anche agg. (f. *-trice*) (*fig.*) esaltatore, seduttore.

trascórrere A v. tr. **1** (*lett.*) percorrere, attraversare **2** (*est.*) (*con gli occhi*) scorrere, sorvolare, leggere in fretta CONTR. soffermarsi **3** (*di tempo*) passare, consumare, spendere **B** v. intr. **1** (*lett.*) andare oltre, correre oltre **2** (*di tempo*) passare, scorrere, andarsene.

trascórso A part. pass. di **trascorrere**; anche agg. (*di tempo*) passato, scorso, antecedente, consumato CONTR. futuro, venturo, di là da venire **B** s. m. errore, fallo, sbaglio.

trascrìtto part. pass. di **trascrivere**; anche agg. ricopiato.

trascrìvere v. tr. **1** copiare, ricopiare, fare copia □ mettere in bella copia **2** (*da un alfabeto a un altro*) traslitterare.

trascrizióne s. f. **1** copia, duplicato **2** (*giur.*) iscrizione, inserzione **3** scrittura, traduzione.

trascuràbile agg. insignificante, irrilevante, irrisorio, minimo, poco importante CONTR. significante, significativo, rilevante, essenziale, importante, considerevole.

trascuràre A v. tr. **1** trasandare (*raro*), disinteressarsi, infischiarsi, negligere (*lett.*), non badare, non curare, non darsi cura, non darsi pensiero, non dare importanza □ omettere, tralasciare CONTR. interessarsi, occuparsi, curare, prendersi cura, avere a cuore, prendersi a cuore **2** non tenere conto, non calcolare, non computare CONTR. calcolare, computare, contare **B trascurarsi** v. rifl. non curarsi, lasciarsi andare, non badare a sé, abbandonarsi CONTR. curarsi, avere cura di sé.

trascurataménte avv. negligentemente, sciattamente, sbadatamente, con noncuranza, con trascuratezza CONTR. accuratamente, diligentemente, esattamente, scrupolosamente, sollecitamente, studiosamente, zelantemente.

trascuratézza s. f. trascurataggine, trascuranza (*lett.*), trascuraggine (*raro*), incuria, negligenza, noncuranza, sciatteria □ dimenticanza, disinteresse CONTR. accuratezza, cura, diligenza, esattezza, scrupolo, solerzia, sollecitudine, studio, zelo.

trascuràto part. pass. di **trascurare**; anche agg. **1** trasandato, sciatto, sciamannato, disordinato, malmesso, negletto (*lett.*), non curato CONTR. curato, ordinato, attillato, azzimato, elegante **2** (*fig.*) incurante, negligente, pigro CONTR. diligente, scrupoloso, solerte, sollecito, zelante.

trasecolàre v. intr. stupefare (*raro*), stupefarsi (*raro*), stupire, stupirsi, meravigliarsi molto, rimanere stupefatto, cascare dalle nuvole, restare di stucco, restare di sasso, restare stordito CONTR. rimanere impassibile, rimanere indifferente, rimanere imperturbabile, rimanere imperturbato.

trasecolàto part. pass. di **trasecolare**; anche agg. sbalordito, stupito, stupefatto, sorpreso, meravigliato, di stucco, di sasso CONTR. impassibile, imperturbabile, imperturbato, indifferente.

trasferìbile agg. trasportabile, traslocabile, movibile □ cedibile CONTR. intrasferibile, intrasportabile, inamovibile □ non cedibile.

trasferibilità s. f. trasmissibilità, comunicabilità CONTR. intrasferibilità, incomunicabilità.

trasferiménto s. m. **1** (*di sede, di residenza, ecc.*) trasloco, traslocamento, traslazione, mutamento, cambiamento □ spostamento, trasbordo, trasporto CONTR. stabilizzazione **2** (*di proprietà*) alienazione, passaggio.

trasferìre A v. tr. **1** (*di sede, di residenza, ecc.*) traslocare, trasportare, far passare □ condurre, mandare CONTR. fermare, fissare, stabilire **2** (*di proprietà*) alienare, passare **B trasferirsi** v. intr. pron. cambiare residenza, cambiare domicilio, cambiare sede, andare ad abitare, andare a stare CONTR. fermarsi, stabilirsi, fissarsi.

trasfèrta s. f. **1** trasferimento **2** indennità di trasferimento **3** (*sport*) incontro in campo avversario.

trasfiguràre A v. tr. trasformare, fare cambiare aspetto □ alterare, far apparire diverso, mutare **B trasfigurarsi** v. rifl. cambiare figura, cambiare aspetto, trasformarsi, mutare.

trasfiguràto part. pass. di **trasfigurare**; anche agg. trasformato, alterato, mutato, cambiato, sfigurato, irriconoscibile.

trasfigurazióne s. f. trasformazione, metamorfosi, cambiamento di aspetto, mutamento CONTR. immutabilità, inalterabilità.

trasformàbile agg. cambiabile, convertibile, mutabile, modificabile, riducibile, tramutabile CONTR. immutabile, inalterabile.

trasformàre A v. tr. (*di forma, di sentimenti, ecc.*) cambiare, far cambiare, far mutare, convertire, modificare □ tramutare, trasfigurare CONTR. lasciare immutato, lasciare inalterato **B trasformarsi** v. intr. pron. cambiare, mutare, modificarsi □ travestirsi □ cambiare carattere, cambiare idee.

trasformàto part. pass. di **trasformare**; anche agg. cambiato, mutato □ trasfigurato CONTR. immutato, inalterato.

trasformatóre s. m.; anche agg. (f. *-trice*) **1** modificatore **2** (*elettr.*) commutatore, bobina di accensione.

trasformazióne s. f. cambiamento, mutamento, mutazione, modifica, modificazione, metamorfosi □ rinnovamento, palingenesi, trasfiguramento (*raro*), trasfigurazione CONTR. immutabilità, inalterabilità.

trasformìsmo s. m. **1** (*polit.*) equilibrismo, opportunismo, adattamento, doppiogioco CONTR. coerenza **2** (*biol.*) evoluzionismo, darvinismo.

trasformìsta s. m. e f. **1** (*polit.*) equilibrista, opportunista **CONTR.** coerente **2** (*est.*) camaleonte, girella, banderuola, doppiogiochista.

trasfusióne s. f. **1** (*raro*) travaso, immissione **2** (*med.*) apporto di sangue, traslazione di sangue **CONTR.** salasso, prelievo.

trasgredìre v. tr. e intr. contravvenire, disubbidire, eludere, infrangere, violare, prevaricare, non osservare, non rispettare □ omettere, trasandare (*raro, lett.*), trascurare, tralasciare **CONTR.** osservare, rispettare, adempiere, seguire, ubbidire.

trasgressióne s. f. violazione, disubbidienza, elusione, inadempienza, inosservanza, contravvenzione, infrazione, prevaricazione, trasgredimento (*raro*) **CONTR.** osservanza, ubbidienza, adempimento, rispetto.

trasgressóre s. m. (f. *trasgreditrice*) contravventore, inadempiente, inosservante, disubbidiente, prevaricatore, violatore, trasgreditore (*raro*) **CONTR.** osservante, ubbidiente, rispettoso, ligio.

traslàto A agg. **1** (*lett.*) trasferito, trasportato **2** metaforico, figurato **CONTR.** proprio **B** s. m. (*ling.*) tropo, metafora, parola figurata, espressione figurata.

traslazióne s. f. **1** trasporto, trasferimento, spostamento **2** (*giur.*) passaggio di proprietà **3** (*ant.*) traduzione.

traslitteràre v. tr. trascrivere.

traslitterazióne s. f. trascrizione.

traslocàre A v. tr. trasferire, trasportare, portare, mandare **CONTR.** fermare, fissare, stabilizzare **B** v. intr. e **traslocarsi** intr. pron. trasferirsi, cambiare sede, cambiare domicilio, andare a stare, andare ad abitare □ sloggiare, sgomberare **CONTR.** fermarsi, stabilizzarsi, fissarsi.

traslòco s. m. **1** trasferimento, traslocamento (*raro*), cambiamento, mutamento **CONTR.** stabilizzazione **2** sgombero, sgombro, trasporto.

traslùcido agg. diafano, semitrasparente, pellucido, opalescente, opalino □ (*lett.*) cristallino, ialino, limpido, luminoso **CONTR.** opaco, oscuro, scuro, torbo (*tosc.*), torbido.

trasmésso part. pass. di **trasmettere**; anche agg. mandato, passato, inviato, comunicato, indirizzato **CONTR.** ricevuto.

trasméttere v. tr. **1** (*di usi, di leggende, ecc.*) tramandare, far passare **2** (*di lettera, di libro, ecc.*) passare, inviare, mandare, spedire, indirizzare, far giungere, far arrivare, far pervenire □ comunicare **CONTR.** ricevere **3** (*di malattia*) attaccare, comunicare.

trasmettitóre s. m.; anche agg. (f. *-trice*) trasmittente.

trasmigràre v. intr. emigrare, migrare, andarsene, partire, trapiantarsi, cambiare sede, cambiare paese **CONTR.** rimanere, restare.

trasmigrazióne s. f. emigrazione, migrazione, trasmigramento (*raro*), partenza, trapiantamento (*raro*) **CONTR.** stabilizzazione, permanenza **FRAS.** *trasmigrazione delle anime*, metempsicosi.

trasmissìbile agg. trasferibile, tramandabile, comunicabile **CONTR.** intrasferibile, incomunicabile.

trasmissibilità s. f. trasferibilità, comunicabilità **CONTR.** intrasferibilità, incomunicabilità.

trasmissióne s. f. **1** trasferimento, passaggio, comunicazione **2** (*fis.*) propagazione **3** (*est.*) (*di radio, tv., ecc.*) programma, spettacolo.

trasmittènte A part. pres. di **trasmettere**; anche agg. trasmettitore **B** s. f. stazione radio □ stazione televisiva.

trasmodàre v. intr. eccedere, esagerare, esorbitare, sconfinare, trascendere, passare i limiti, passare il segno, varcare il segno □ andare fuori dei gangheri, perdere le staffe **CONTR.** contenersi, dominarsi, frenarsi, moderarsi, padroneggiarsi, rimanere nei limiti, mantenere l'equilibrio.

trasmodàto part. pass. di **trasmodare**; anche agg. intemperante, eccessivo, esagerato, incontinente, smodato, sregolato **CONTR.** temperante, continente, regolato, moderato, prudente.

trasognàto agg. distratto, smemorato, assorto, estatico, incantato □ sbalordito, sbigottito **CONTR.** attento, vigile, con i piedi per terra.

traspadàno agg. **CONTR.** cispadano.

trasparènte agg. **1** (*fis.*) (*di corpo*) diafano, traslucido (*lett.*), cristallino, ialino, limpido, luminoso, nitido, puro, pellucido **CONTR.** opaco, oscuro, torbo (*tosc.*), torbido **2** (*est., anche iron.*) (*di cosa, di persona*) sottilissimo, esilissimo **CONTR.** grosso, spesso **3** (*fig.*) (*di discorso, di bilancio, ecc.*) chiaro, evidente, perspicuo, comprensibile, esplicito **CONTR.** oscuro, dubbio, incerto **4** (*fig.*) (*di persona*) schietto, franco, semplice, ingenuo **CONTR.** falso, ipocrita **5** (*di stile*) nitido, appropriato, lucido, terso **CONTR.** astruso, complicato, oscuro.

trasparènza s. f. **1** chiarezza, diafanità, diafaneità, limpidità, limpidezza, luminosità, nitidezza, purezza, pellucidità, tersità, traslucidità (*lett.*) **CONTR.** opacità, oscurità, torbidezza, torbidità, offuscamento, impurità **2** (*fig.*) (*di discorso, di bilancio, ecc.*) evidenza, perspicuità, chiarezza **3** (*fig.*) (*di morale*) onestà, rettitudine.

trasparìre v. intr. **1** (*di corpo*) tralucere, risplendere **2** (*fig.*) (*di idee, di sentimenti, ecc.*) mostrarsi, manifestarsi, palesarsi, trapelare **CONTR.** nascondersi, celarsi, occultarsi **3** (*raro*) essere trasparente, lasciar passare la luce **CONTR.** essere opaco, essere offuscato, essere fosco, essere torbido, essere impuro.

traspiràre A v. intr. **1** (*di acqua, di sudore, ecc.*) esalare, evaporare, filtrare, sudare, trasudare, trapelare **2** (*fig.*) (*di idee, di sentimenti, ecc.*) mostrarsi, manifestarsi, palesarsi, trapelare, trasparire **CONTR.** celarsi, nascondersi, occultarsi **B** v. tr. (*raro, anche fig.*) lasciare trasparire, fare intravedere **CONTR.** nascondere.

traspirazióne s. f. sudore, esalazione, evaporazione, trasudamento (*raro*).

trasportàbile agg. trasferibile, spostabile, trapiantabile □ mobile **CONTR.** intrasferibile, intrasportabile □ immobile.

trasportàre v. tr. **1** portare, trasferire, traslatare (*lett.*), spostare, dislocare, condurre, tragittare (*raro*), traghettare □ rinviare **CONTR.** fissare, fermare **2** trascinare, spingere a forza, strascinare, trainare **3** (*fig.*) (*di sentimenti*) vincere, sopraffare, trascinare **4** (*di disegno e sim.*) riprodurre, copiare **5** (*ant.*) tradurre.

trasportàto part. pass. di **trasportare**; anche agg. **1** portato, trasferito, traslato (*lett.*), spostato, condotto, dislocato **CONTR.** fissato, fermato **2** trascinato, spinto a forza, strascinato, trainato **3** (*fig.*) (*da sentimenti*) vinto, sopraffatto, trascinato **4** (*di disegno e sim.*) riprodotto, copiato **5** (*ant.*) tradotto.

trasportatóre s. m.; anche agg. (f. *-trice*) portatore, latore, conduttore, traghettatore.

traspòrto s. m. **1** trasferimento, traslazione, dislocamento, carreggio, portatura (*raro*), vettura (*ant.*), tragitto (*ant.*), traghetto **2** (*di costo del trasporto*) porto, facchinaggio, nolo, noleggio **3** (*fig.*) (*di sentimenti*) impeto, impulso, moto, entusiasmo, passione.

trasposizióne s. f. trasferimento, trapianto, trasporto, cambiamento, spostamento.

trastullàre A v. tr. **1** divertire, baloccare, intrattenere, rallegrare, ricreare, sollazzare, spassare, distrarre, svagare **CONTR.** annoiare, tediare □ affliggere, contristare, rattristare **2** illudere, lusingare, ingannare, adescare, allettare, sedurre **CONTR.** disilludere, disingannare **B trastullarsi** v. rifl. **1** divertirsi, baloccarsi, giocare, rallegrarsi, sollazzarsi, spassarsi, distrarsi, svagarsi **CONTR.** annoiarsi, tediarsi □ affliggersi, rattristarsi **2** (*est.*) gingillarsi, giocherellare, oziare, perdere tempo **CONTR.** lavorare, essere attivo, non perdere tempo.

trastùllo s. m. **1** divertimento, gioco, passatempo, diversivo, sollazzo, spasso **CONTR.** afflizione, tristezza, cruccio □ noia **2** balocco, giocattolo.

trasudàre A v. intr. **1** filtrare, stillare, gemere, gocciare, gocciolare, spillare (*raro*), trapelare, traspirare □ sudare □ esalare, evaporare **2** mandare fuori **B** v. tr. **1** (*di umidità e sim.*) lasciare passare **2** (*fig.*) (*di sentimenti*) manifestare, mostrare, palesare, esprimere, rivelare **CONTR.** celare, nascondere, occultare.

trasudàto A part. pass. di **trasudare**; anche agg. sudato, madido di sudore **B** s. m. essudato.

trasudazióne s. f. trasudamento (*raro*), filtrazione, gocciolamento, gocciolatura, traspirazione □ esalazione, evaporazione.

trasumanàto agg. (*lett.*) trasfigurato.

trasversàle A agg. **1** obliquo, diagonale, traverso, sghembo, di sbieco **CFR.** diritto, dritto, perpendicolare **2** intersecante **B** s. f. linea trasversale □ (*di strada*) laterale, traversa **FRAS.** *trasversale semplice*, (*alla roulette*) sestina.

trasversalménte avv. traversalmente, obliquamente, di sghembo, di traverso, di sbieco **CFR.** dritto, perpendicolarmente.

trasvolàre A v. tr. attraversare a volo, traversare volando, volare oltre, attraversare, passare **B** v. intr. (*fig.*) accennare di sfuggita, trattare brevemente **CONTR.** analizzare, approfondire, sviscerare.

trasvolàta s. f. attraversamento a volo, attraversata, passaggio.

tràtta s. f. **1** (*raro*) tirata, tiro, strappata, strappo, stratta, tratto (*raro*) **CONTR.** allentamento, rilassamento **2** (*ant.*) intervallo, periodo **3** (*ferr.*) distanza, percorso, tratto **4** (*di persona*) mercato illegale, traffico illegale **5** (*comm.*) cambiale, titolo di credito.

trattàbile agg. **1** (*di materia*) lavorabile, manipolabile **2** (*di strumento*) maneggiabile, adoperabile, usabile **3** (*med.*) curabile **4** (*di argomento, di affare*) discutibile, negoziabile **CONTR.** indiscutibile **5** (*fig.*) (*di persona*) affabile, amabile, aperto, accessibile, cortese, benigno, bonario, compiacente, cordiale, docile, gentile, espansivo, socievole, alla mano **CONTR.** intrattabile, inavvicinabile, misantropo, ritroso, orso, scontroso, selvatico, insocievole, asociale.

trattabilità s. f. (*fig.*) affabilità, amabilità, accessibilità, benignità, bonarietà, cortesia, compiacenza, cordialità, docilità, espansività, socievolezza **CONTR.** intrattabilità, insocievolezza, asocialità, misantropia, scontrosità, selvatichezza.

trattaménto s. m. **1** (*di cosa*) manipolazione, lavorazione **2** (*di persona*) tratto, modo, maniera, accoglienza, modo di accogliere, accoglimento (*lett.*), ricevimento □ rinfresco, vitto **3** cura, terapia.

trattàre A v. tr. **1** (*di cosa*) lavorare, manipolare, sottoporre a lavorazione **2** (*di ammalato*) curare **3** (*di affare*) negoziare **4** (*di argomento*) parlare, discutere, esporre, sviluppare, svolgere, spiegare, illustrare, analizzare, esaminare **5** (*di persona*) agire, procedere, comportarsi, contenersi **B** v. intr. **1** (*di argomento*) discutere, discorrere, dissertare, ragionare, dibattere, disputare, parlare, scrivere **2** (*di persona*) avere a che fare, avere relazione, avere rapporti **C trattarsi** v. impers. essere oggetto, essere materia, riguardare, essere in discussione, essere in ballo **D** v. rifl. governarsi, curarsi, vivere.

trattativa s. f. spec. al pl. preliminari, negoziato, negoziazione, patteggiamento □ maneggio.

trattàto s. m. **1** (*di libro*) studio, scritto, monografia, trattazione, esposizione, dissertazione, tesi **2** (*di politica, di affari, ecc.*) patto, convenzione, concordato, capitolato, accordo, contratto □ gentlemen's agreement (*ingl.*).

trattazióne s. f. **1** (*di argomento*) esposizione, esame, analisi, relazione, illustrazione **2** (*di libro*) studio, scritto, monografia, trattato, tesi.

tratteggiàre v. tr. **1** (*di disegno*) delineare, fare tratti, disegnare □ abbozzare **2** (*fig.*) (*di scena, di personaggio, ecc.*) descrivere, narrare, rappresentare.

tratteggiàto part. pass. di **tratteggiare**; anche agg. **1** delineato □ abbozzato **2** descritto.

tratteggiatùra s. f. tratteggio.

trattéggio s. m. tratteggiatura, tratto.

trattenére A v. tr. **1** fermare, fare restare, fare rimanere, fare indugiare, non lasciare andare **CONTR.** congedare, accomiatare, dimettere, lasciare andare, mandar via, scacciare **2** (*di ospite, di spettatori, ecc.*) intrattenere, divertire, far compagnia **3** (*di ostaggio, di arrestato, ecc.*) tenere fermo, tenere a bada **4** (*di cosa*) tenere per sé, sequestrare, appropriarsi **CONTR.** cedere, consegnare, dare **5** (*di sentimenti, di respiro, ecc.*) frenare, impedire, rattenere (*lett.*), ritenere, reprimere **CONTR.** sfogare, dare libero corso **6** (*dal fare, dal dire, ecc.*) distogliere, dissuadere, sconsigliare **CONTR.** persuadere, consigliare, spingere, indurre, incitare **7** (*di somma*) sottrarre, dedurre, defalcare **CONTR.** aggiungere **B trattenersi** v. rifl. astenersi, frenarsi, dominarsi, moderarsi, resistere, evitare **CONTR.** sfrenarsi, prorompere, abbandonarsi **C** v. intr. pron. rimanere, indugiare, fermarsi, soffermarsi, sostare **CONTR.** andarsene, allontanarsi, partire.

tratteniménto s. m. **1** indugio, ritardo, dilazione **CONTR.** sollecitudine, premura, fretta **2** ricevimento, festa, ritrovo, festicciola, veglia □ divertimento, passatempo, spettacolo.

trattenùta s. f. ritenuta.

trattìno s. m. **1** dim. di **tratto 2** lineetta, breve tratto.

tràtto s. m. **1** (*raro*) tiro, tirata, strappata, strappo **2** rigo, segno, linea, frego **3** (*spec. al pl.*) (*di fisico*) lineamenti, fattezze **4** (*spec. al pl.*) (*fig.*) caratteristiche, elementi distintivi **5** (*raro*) divario, differenza **6** (*di cielo, di mare, ecc.*) spazio, striscia, pezzo, zona □ distanza, percorso **7** (*di scritto*) pezzo, brano **8** (*di tempo*) spazio, momento, periodo **9** (*di carattere*) comportamento, contegno, atteggiamento, condotta.

trattóre s. m. (*di macchina*) trattrice.

trattorìa s. f. ristorante, ristoratore (*raro*), osteria.

trattùro s. m. sentiero naturale, sentiero erboso, pista.

tràuma s. f. **1** (*med.*) lesione, ferita, contusione **2** (*fig.*) profondo turbamento, shock (*ingl.*), choc (*fr.*).

traumàtico agg. **1** (*med.*) provocato da trauma **2** (*fig.*) traumatizzante, scioccante, sconvolgente, impressionante.

traumatizzànte part. pres. di **traumatizzare**; anche agg. traumatico, sconvolgente, scioccante, impressionante, emozionante.

traumatizzàre v. tr. **1** (*med.*) provocare trauma □ ferire, lesionare **2** (*fig.*) sconvolgere, impressionare, scioccare, emozionare.

traumatizzàto part. pass. di **traumatizzare**; anche agg. e s. m. **1** colpito da trauma □ ferito, lesionato **2** (*fig.*) sconvolto, emozionato, impressionato, scioccato.

travagliàre A v. tr. **1** (*anche fig.*) tormentare, affannare, torturare, angariare, straziare, addolorare, fare soffrire **2** (*fig.*) affliggere, agitare, affaticare, inquietare, molestare, sconvolgere, turbare **CONTR.** acquietare, calmare, consolare, confortare, incoraggiare, pacificare, rasserenare, sollevare **B** v. intr. (*lett.*) affannarsi, affaticarsi, affliggersi, agitarsi, inquietarsi, preoccuparsi **CONTR.** calmarsi, acquietarsi, tranquillizzarsi, essere in pace.

travagliàto part. pass. di **travagliare**; anche agg. **1** tormentato, torturato, martoriato, straziato, addolorato, sofferente **2** (*fig.*) afflitto, affannato, agitato, affaticato, inquieto, preoccupato, sconvolto, tribolato, turbato **CONTR.** calmo, quieto, pacifico, sereno, tranquillo.

travàglio s. m. **1** (*lett.*) lavoro duro, lavoro faticoso **2** (*di fisico*) sofferenza, tormento, dolore, malessere, malattia, disturbo, patimento **CONTR.** benessere **3** (*di animo*) angoscia, afflizione, affanno, dolore, inquietudine, pena, preoccupazione, sconvolgimento, tribolazione, turbamento **CONTR.** calma, quiete, gioia, letizia, pace, riposo, serenità, tranquillità.

travasàre A v. tr. **1** (*di liquido*) versare, passare **2** (*fig.*) (*di cultura, di affetto, ecc.*) infondere, trasfondere, trasferire **B travasarsi** v. intr. pron. (*di liquido*) versarsi, passare.

travàso s. m. **1** (*di liquido*) travasamento (*raro*), trasfusione (*raro*), passaggio, versamento **2** (*med., raro*) fuoriuscita.

tràve s. f. putrella, longherina, longarina, travatura.

travéggole s. f. pl. solo nella loc. *avere le traveggole*, vedere una cosa per l'altra □ (*est., fig.*) ingannarsi, prendere un abbaglio.

travellers' cheque /*ingl.* 'trævləz 'tʃek/ loc. sost. m. inv. assegno turistico.

travèrsa s. f. **1** sbarra, stanga, asta, spranga **2** (*ell.*) via traversa, trasversale, laterale, accorciatoia, scorciatoia.

traversàre v. tr. **1** attraversare, passare attraverso, passare da una parte all'altra, incrociare, superare, valicare, varcare □ guadare **2** (*fig.*) ostacolare, impedire, contrastare **CONTR.** agevolare, aiutare, facilitare, appianare, spianare.

traversàta s. f. attraversata, passaggio, attraversamento.

traversóne s. m. **1** accr. di **traversa**; grossa traversa **2** (*raro*) (*di vento*) maestrale **3** (*di sciabola*) fendente obliquo, sciabolata obliqua **4** (*nel calcio*) centrata, cross (*ingl.*).

travestiménto s. m. **1** mascheramento, mascherata, camuffamento **2** (*fig.*) trasformazione, trasfiguramento, mutamento **3** maschera, domino.

travestìre A v. tr. **1** mascherare, camuffare **2** (*fig.*) trasformare, cambiare, mutare profondamente **B travestirsi** v. rifl. **1** mascherarsi, camuffarsi **2** (*fig.*) fingersi, farsi credere, voler sembrare, simulare.

travestìto A part. pass. di **travestire**; anche agg. (*anche fig.*) mascherato, camuffato □ trasformato **B** s. m. (*euf.*) omosessuale (in abiti femminili).

travèt [da Monsù *Travet*, il protagonista di una commedia di V. Bersezio] s. m. inv. (*scherz.*) impiegatuccio, impiegato di terz'ordine.

traviaménto s. m. aberrazione, forviamento, deviamento, deviazione, pervertimento, sviamento, tralignamento (*raro*), corruzione **CONTR.** riscatto, redenzione, riabilitazione.

traviàre v. tr. **1** (*raro, lett.*) portare fuori strada, far uscire di strada **2** (*fig.*) fuorviare, far deviare, pervertire, sviare, corrompere, guastare, depravare, viziare, far tralignare **CONTR.** riscattare, redimere, riabilitare, indirizzare al bene, mettere sulla retta via.

traviàto part. pass. di **traviare**; anche agg. corrotto, guastato, depravato, pervertito, sviato, tralignato **CONTR.** incorrotto, integro, incontaminato, illibato, onesto, puro, retto.

travisaménto s. m. alterazione, falsificazione, stravolgimento, svisamento, errata interpretazione **CONTR.** rispetto, fedeltà, giusta interpretazione.

travisàre v. tr. **1** (*raro*) (*di aspetto*) far cambiare, alterare **2** (*fig.*) (*di parole, di comportamento, ecc.*) svisare, falsare, falsificare, alterare, distorcere, storcere, capovolgere, snaturare, stravolgere, tradire, interpretare erroneamente **CONTR.** rispettare, rimaner fedele, interpretare rettamente.

travolgènte part. pres. di **travolgere**; anche agg. **1** (*di vento, di pioggia, ecc.*) impetuoso, rovinoso, violento **CONTR.** leggero, lieve **2** (*fig.*) (*di persona, di vicenda, ecc.*) trascinante, affascinante, irresistibile, sconvolgente **CONTR.** insignificante, incolore.

travòlgere v. tr. **1** (*di vento, di acqua, ecc.*) sconvolgere, abbattere, rovesciare, investire, trascinare **2** (*est., fig.*) (*di persona, di vicenda, ecc.*) sopraffare, sconvolgere, turbare, mettere sottosopra.

travolgiménto s. m. rivolgimento, rovesciamento, abbattimento, trascinamento, sconvolgimento.

travòlto part. pass. di **travolgere**; anche agg. **1** (*di cosa*) rovesciato, abbattuto, trascinato via **2** (*fig.*) (*di persona*) sconvolto, sopraffatto, turbato **CONTR.** imperturbabile, indifferente, sereno, tranquillo.

traziόne s. f. **1** (*di veicolo*) trascinamento **2** (*mecc.*) sollecitazione **3** (*med.*) tensione.

trébbia s. f. **1** trebbiatoio, coreggiato, correggiato □ trebbiatrice **2** (*di cereali, ecc.*) battitura, trebbiatura.

trebbiàre v. tr. (*di cereali, ecc.*) battere.

trebbiatrìce s. f. trebbia, trebbiatoio, coreggiato, correggiato.

trebbiatùra s. f. (*di cereali, ecc.*) battitura, trebbia.

tréccia s. f. **1** (*di capelli*) coda **2** (*est.*) (*di fili, di nastri, ecc.*) intreccio, intrecciatura, intrecciamento (*raro*).

trecentìsta agg. trecentesco.

trecènto s. m. quattordicesimo secolo, secolo decimoquarto.

tredicèsima s. f. tredicesima mensilità, gratifica natalizia.

trédici agg. num. card.; anche s. m. e f. inv. **FRAS.** *le tredici*, l'una (del pomeriggio), il botto, il tocco.

trégua s. f. **1** (*di guerra, di contese, ecc.*) armistizio, cessate il fuoco **CONTR.** continuazione, prosecuzione, proseguimento **2** (*fig.*) riposo, sosta, requie, pace, quiete **CONTR.** lotta, pena, molestia, travaglio, tribolazione.

tremànte part. pres. di **tremare**; anche agg. **1** (*per vento, per età, ecc.*) tremolante, ondeggiante, oscillante, tremulo, vacillante, palpitante **CONTR.** fermo, immoto, rigido, immobile, saldo, solido **2** (*fig.*) (*per paura, per freddo, ecc.*) tremebondo (*lett.*), trepidante, trepido, palpitante, pauroso, spaventato, timoroso **CONTR.** coraggioso, animoso, ardimentoso, ardito, baldanzoso, impavido, intrepido, risoluto, prode, valoroso □ calmo, tranquillo **3** (*fig.*) (*di voce*) esitante, incerto, timido, rotto **CONTR.** fermo.

tremàre v. intr. **1** (*per paura, per freddo, ecc.*) rabbrividire, fremere, battere i denti **2** (*per vento, per età, ecc.*) oscillare, ondeggiare, dondolare, ciondolare, tentennare, tremolare, vacillare, fluttuare **CONTR.** stare fermo, stare immobile, stare immoto, stare rigido, stare saldo **3** (*fig.*) (*per paura, ecc.*) trepidare, temere, paventare (*lett.*), impaurirsi, avere paura, intimorirsi, spaurirsi, spaventarsi, sbigottirsi, sgomentarsi, trepidare, essere in ansia **CONTR.** ardire, osare, avere coraggio □ restare calmo, restare tranquillo **4** (*fig.*) (*di aria*) essere mosso **CONTR.** essere calmo, essere immobile **5** (*di luce, di suono*) essere intermittente, essere discontinuo, variare d'intensità **CONTR.** essere fisso, essere continuo **6** (*di vista*) offuscarsi, confondersi **CONTR.** essere chiaro.

tremarèlla s. f. (*fam.*) **1** tremito **2** batticuore, tremore, agitazione, paura, timore, raccapriccio, fifa (*fam.*) **CONTR.** coraggio, animo, ardire, ardimento, audacia, baldanza, cuore, fegato, intrepidezza, sangue freddo.

tremendaménte avv. (*spec. fig.*) terribilmente, orribilmente, orrendamente, spaventosamente, spaventevolmente **CONTR.** deliziosamente, piacevolmente □ moderatamente, limitatamente, misuratamente.

tremèndo agg. **1** terribile, orrendo, orrido, spaventevole, spaventoso, raccapricciante, agghiacciante □ disastroso **CONTR.** allettante, attraente, delizioso, piacevole **2** (*est.*) (*di bimbo*) vivacissimo, irrequieto, sfrenato, pestifero **CONTR.** calmo, tranquillo **3** (*est.*) (*di calamità*) gravissimo, dolorosissimo, difficilissimo **4** (*fam.*, *iperbolico*) (*di caldo, di freddo, ecc.*) grandissimo, intensissimo, insopportabile **CONTR.** limitato, misurato, moderato.

trèmito s. m. **1** tremore **2** (*est.*) fremito, brivido, scossa, batticuore.

tremolànte part. pres. di **tremolare**; anche agg. oscillante, tremulo, ondeggiante, palpitante, vacillante, lievemente tremante **CONTR.** fermo, immobile, immoto, rigido, saldo, solido.

tremolàre v. intr. **1** tremare, oscillare, ondeggiare, palpitare, vacillare **CONTR.** stare fermo, stare immobile, stare immoto, stare rigido, stare saldo **2** (*est.*) (*di voce, di suono*) vibrare.

tremolìo s. m. oscillazione, vibrazione □ brillio, luccichio, scintillio.

tremóre s. m. **1** (*di febbre, di freddo, ecc.*) tremito, brivido, fremito **2** (*fig.*) spavento, paura, timore, agitazione, ansia, apprensione, angustia, batticuore, sbigottimento, sgomento, tremarella **CONTR.** coraggio, animo, ardire, ardimento, baldanza, fortezza, forza d'animo, intrepidezza, prodezza, valore □ calma, tranquillità.

trèmulo agg. tremolante, oscillante, ondeggiante, palpitante, vacillante **CONTR.** fermo, immobile, immoto, rigido, saldo, solido **FRAS.** *pioppo tremulo*, tremola, tremula.

trench /*ingl.* trentʃ/ [vc. ingl., riduzione di *trench coat* 'impermeabile militare', letteralmente 'soprabito (*coat*) da trincea (*trench*)'] s. m. inv. impermeabile, soprabito.

trèno s. m. **1** convoglio ferroviario **2** (*mil.*) affusto di cannone **3** (*fig.*) modo di vivere, tenor di vita, andamento **4** (*di gomme, di ingranaggi, ecc.*) insieme, serie, successione.

trentènnio s. m. trent'anni.

trentìno agg.; anche s. m. tridentino.

trepidaménte avv. ansiosamente, paurosamente, timorosamente **CONTR.** coraggiosamente, arditamente, animosamente □ tranquillamente, serenamente.

trepidànte part. pres. di **trepidare**; anche agg. ansioso, agitato, inquieto, preoccupato, turbato, pauroso, timoroso, tremante, tremebondo (*lett.*), trepido, travagliato **CONTR.** coraggioso, animoso, ardimentoso, ardito, baldanzoso, impavido, intrepido, risoluto, prode, valoroso □ calmo, tranquillo.

trepidàre v. intr. tremare, palpitare, temere, paventare, essere in ansia, affannarsi, essere agitato, essere inquieto, essere in angustia, essere in apprensione, essere spaventato, essere sbigottito **CONTR.** ardire, arrischiare, attentarsi, azzardare, avere l'audacia, avere coraggio □ restare calmo, restare tranquillo.

trepidazióne s. f. trepidanza (*lett.*), trepidità (*ant.*), agitazione, ansia, apprensione, angustia, batticuore, sbigottimento, sgomento, tremarella (*fam.*), paura, timore **CONTR.** coraggio, animo, ardire, ardimento, baldanza, fortezza, forza d'animo, intrepidezza, prodezza, valore □ calma, tranquillità.

trèpido agg. trepidante, ansioso, agitato, inquieto, preoccupato, turbato, pauroso, timoroso, tremante, tremebondo (*lett.*), travagliato **CONTR.** coraggioso, animoso, ardimentoso, ardito, baldanzoso, impavido, intrepido, risoluto, prode, valoroso □ calmo, tranquillo.

trésca s. f. **1** (*fig.*) intrigo, imbroglio, maneggio, macchinazione, trama **2** (*fig.*) amorazzo, relazione illecita, intrigo amoroso.

trìade s. f. **1** (*mus.*) accordo di tre note **2** (*est.*) trio.

triangolàre agg. di triangolo □ trilaterale, trigono, di tre angoli, di tre lati **CFR.** quadrangolare, pentagonale, esagonale, ecc.

triàngolo s. m. (*mat.*) trilatero **CFR.** quadrilatero, pentagono, esagono, ecc.

triarchìa s. f. triumvirato, governo a tre **CFR.** monarchia, diarchia, oligarchia, poliarchia.

tribolàre A v. tr. **1** (*di fisico*) tormentare, angariare, maltrattare, infierire, perseguitare, travagliare, martoriare, torturare, straziare, vessare, far soffrire **CONTR.** dare piacere, alleviare **2** (*fig.*) (*di animo*) affliggere, accorare, agitare, affaticare, inquietare, molestare, sconvolgere, turbare **CONTR.** acquietare, calmare, consolare, confortare, divertire, incoraggiare, lenire, pacificare, rasserenare, dare gioia, dar sollievo **B** v. intr. penare, patire, soffrire, stentare, angosciarsi, affliggersi, tormentarsi, essere travagliato **CONTR.** godere, gioire, divertirsi, rasserenarsi, riposarsi, provar piacere, provar sollievo.

tribolàto part. pass. di **tribolare**; anche agg. tormentato, travagliato, vessato, maltrattato, angariato, perseguitato □ afflitto, infelice, misero, povero □ stentato **CONTR.** allegro, gaio, giocondo, gioioso, lieto, sereno, contento, felice.

tribolazióne s. f. **1** (*di fisico*) sofferenza, dolore, malessere, malattia, tormento, patimento, disturbo **CONTR.** piacere, benessere **2** (*di animo*) angoscia, afflizione, affanno, dolore, inquietudine, pena, preoccupazione, sconvolgimento, travaglio, turbamento **CONTR.** calma, quiete, gioia, letizia, pace, riposo, serenità, tranquillità.

tribórdo s. m. (*mar.*) dritta **CONTR.** babordo.

tribù s. f. inv. **1** clan, gente, gens (*lat.*), gruppo di famiglie **2** (*fig.*, *scherz.*) (*di persone*) moltitudine, caterva, stuolo, sciame, massa, legione, gran numero.

tribùna s. f. **1** palco, podio, piattaforma **2** (*nelle antiche basiliche cristiane*) abside **3** (*nelle chiese*) pulpito, pergamo, cattedra.

tribunàle s. m. **1** organo giudiziario **2** palazzo di giustizia □ curia, foro.

tributàre v. tr. dare, rendere, concedere **CONTR.** negare, rifiutare.

tributàrio agg. **1** soggetto a tributo, contribuente **2** (*geogr.*) affluente □ immissario **CONTR.** emissario.

tributarìsta s. m. e f. fiscalista, commercialista.

tribùto s. m. **1** imposizione, imposta, tassa, gravezza (*ant.*), taglia, contribuzione, contributo **2** (*fig.*) contribuzione, impegno morale, dovere, obbligo **FRAS.** *pagare il proprio tributo alla natura* (*fig.*), morire.

triciclo s. m. treruote **CFR.** biciclo, dueruote.

tricolóre A agg. di tre colori **CFR.** monocolore, bicolore **B** s. m. bandiera tricolore □ (*per anton.*) bandiera italiana.

tricòrno s. m. cappello a tre punte □ nicchio □ lucerna.

tricot /*fr.* tri'ko/ [vc. fr., da *tricoter* 'lavorare a maglia'] s. m. inv. (*gener.*) maglia, lavoro a maglia, tessuto a maglia.

tricromìa s. f. **CFR.** policromia, monocromia, bicromia, quadricromia, ecc.

tric-trac s. m. inv. **1** (*gioco*) tavola reale, backgammon (*ingl.*) **2** mortaretto, bomba di carta.

tricuspidàle agg. tricuspide, tricuspidato, a tre punte **CFR.** bicuspidale, bicuspide, bicuspidato.

tricuspidàto agg. tricuspide, tricuspidale, a tre punte **CFR.** bicuspidale, bicuspide, bicuspidato.

tricùspide agg. tricuspidale, tricuspidato, a tre punte **CFR.** bicuspidale, bicuspide, bicuspidato.

tridènte s. m. forcone **CFR.** bidente.

tridentìno [dal lat. *Tridentinu(m)*, da *Tridentu(m)* 'Trento'] agg. trentino **FRAS.** *Venezia tridentina*, Trentino-Alto Adige.

tridimensionàle agg. **1** a tre dimensioni **CFR.** bidimensionale **2** (*mat.*) solido.

triennàle A agg. **1** trienne, di tre anni **CFR.** annuale, biennale, quadriennale, ecc. **2** (*di manifestazione*) che ricorre ogni tre anni **B** s. f. manifestazione, mostra, esposizione (che si svolge ogni tre anni).

trifòglio s. m. (*est.*) erba medica.

trifolàto agg. tartufato, con tartufo.

trìfora s. f. finestra a tre aperture **CFR.** monofora, bifora, quadrifora, polifora.

triforcùto agg. triforcato, trifido **CFR.** biforcuto, biforcato, bifido.

trilateràle agg. **1** trilatero, con tre lati **2** (*fig.*) (*di patto*) triplice, fra tre contraenti **CFR.** bilaterale.

trilìngue agg. **CFR.** monolingue, bilingue, plurilingue.

trillànte part. pres. di **trillare**; anche agg. **1** (*di voce*) gorgheggiante □ urlante **2** (*di campanello, di metalli*) squillante, scampanellante, tintinnante, tinnante (*raro*), tinnulo (*lett.*), risonante □ vibrante.

trillàre v. intr. **1** (*di voce*) gorgheggiare **2** (*di campanello, di metalli*) squillare, scampanellare, trilleggiare (*raro*), tintinnare, tinnire (*lett.*), tintinnire (*raro*), risuonare □ vibrare.

trìllo s. m. **1** (*di voce*) gorgheggio **2** (*di campanello, di metallo*) tintinno, tintinnio, tinnito (*lett.*), squillo, scampanellio □ vibrazione.

trilobàto agg. trifogliato, con tre lobi.

trilogìa s. f. (*est.*) (*di opere letterarie*) triade.

trimestràle agg. di tre mesi **CFR.** mensile, annuale, bimestrale, quadrimestrale, semestrale, ecc.

trimèstre s. m. tre mesi **CFR.** bimestre, quadrimestre, semestre, ecc.

trìna s. f. pizzo, merletto, dentelle (*fr.*), gala, blonda □ lavoro a trafori.

trincàre v. tr. sbevazzare, sbevacchiare, bere avidamente, bere smodatamente **CONTR.** sorseggiare, sorsare (*raro*), centellinare, centellare (*raro*).

trincèa s. f. **1** (*mil.*) fosso con parapetto, vallo **2** (*di fondamenta*) scavo **FRAS.** *guerra di trincea*, guerra di posizione.

trinceraménto s. m. **1** trincee, difesa, fortificazione **2** luogo trincerato □ camminamento.

trinceràre A v. tr. **1** munire di trincee, difendere con trincee **2** (*est.*) chiudere, difendere, fortificare **B trincerarsi** v. intr. pron. **1** proteggersi con trincee, difendersi con trincee **2** (*fig.*) difendersi, farsi scudo, farsi forte **3** (*fig.*) (*in casa*) chiudersi, sbarrarsi, barricarsi.

trinceràto part. pass. di **trincerare**; anche agg. **1** difeso con trincee, riparato in trincee **2** (*fig.*) protetto, riparato, difeso **3** (*fig.*) (*in casa*) chiuso, sbarrato, barricato.

trinciàre A v. tr. **1** tagliuzzare, sminuzzare, smozzicare, tritare, tagliare in striscioline, tagliare in pezzetti **2** (*anche fig.*) tagliare **B trinciarsi** v. intr. pron. tagliarsi, tagliuzzarsi.

trinciàto A part. pass. di **trinciare**; anche agg. tagliuzzato, sminuzzato, smozzicato, tritato **B** s. m. tabacco (in sottili striscioline).

trinciatùra s. f. **1** sminuzzatura, tagliuzzamento, tritatura **2** minuzzoli.

trìo s. m. (*est.*) terzetto.

trionfàle agg. **1** di trionfo, da trionfo **2** (*est.*) grandioso, magnifico, fastoso, pomposo, sfarzoso, splendido, superbo **CONTR.** modesto, semplice, umile.

trionfalìsmo s. m. eccessivo ottimismo, eccessivo entusiasmo, autoesaltazione **CONTR.** pessimismo, eccessiva modestia.

trionfalisticaménte avv. con eccessivo ottimismo, con eccessivo entusiasmo **CONTR.** pessimisticamente, modestamente.

trionfalìstico agg. eccessivamente ottimistico, eccessivamente entusiastico **CONTR.** pessimistico, molto modesto.

trionfalménte avv. grandiosamente, splendidamente, fastosamente, magnificamente, pomposamente, sfarzosamente, con tutti gli onori **CONTR.** modestamente, semplicemente, senza cerimonie.

trionfànte part. pres. di **trionfare**; anche agg. **1** vincitore, vittorioso, trionfatore, debellatore **CONTR.** vinto, sconfitto, sopraffatto, umiliato **2** (*est.*) contento, esultante, entusiasta, gioioso, raggiante, giubilante, soddisfatto **CONTR.** abbattuto, accasciato, avvilito, demoralizzato, depresso, prostrato, sconfortato, scoraggiato.

trionfàre v. intr. **1** (*nell'antica Roma*) ottenere il trionfo **2** (*est.*) vincere gloriosamente, ottenere una grande vittoria, stravincere, debellare, annientare, prevalere, sconfiggere, umiliare **CONTR.** perdere, soggiacere, soccombere, essere vinto, essere sconfitto, essere umiliato **3** (*est., fig.*) avere la meglio, dimostrarsi più forte □ ottenere grande successo **CONTR.** fallire, deludere, subire uno scacco **4** (*fig.*) esultare, festeggiare, gioire, giubilare, tripudiare, rallegrarsi **CONTR.** affliggersi, accorarsi, amareggiarsi, rattristarsi.

trionfatóre s. m.; anche agg. (f. *-trice*) trionfante, vincitore, vittorioso, debellatore □ conquistatore **CONTR.** vinto, abbattuto, sconfitto, sopraffatto.

triónfo [da *trionfo*, il massimo onore che il senato romano concedeva al generale vittorioso o all'imperatore] s. m. **1** (*est.*) grande vittoria, vittoria, grande successo □ esito positivo **CONTR.** sconfitta, rotta, disfatta, sbaraglio, scacco **2** esaltazione, glorificazione, celebrazione, apoteosi **CONTR.** umiliazione, mortificazione **3** (*nel gioco dei tarocchi*) tarocco.

tripartìto (1) agg. diviso in tre, trifido, trisulco (*lett.*), rinterzato (*lett.*) **CFR.** bipartito, bifido, quadripartito.

tripartìto (2) A agg. di tre partiti **CFR.** monocolore, bipartito, quadripartito, pentapartito **B** s. m. governo di tre partiti, alleanza di tre partiti **CFR.** monocolore, bipartito, quadripartito, pentapartito.

tripartizióne s. f. divisione in tre parti, tricotomia.

triplétta s. f. **1** fucile a tre canne **2** bicicletta a tre posti **3** (*di colpi, di domande, ecc.*) tre in fila, tre di seguito.

triplicàre A v. tr. **1** moltiplicare per tre, rendere triplo, rinterzare (*lett.*) **CFR.** duplicare, quadruplicare, quintuplicare, ecc. **2** (*est.*) accrescere notevolmente, aumentare molto **CONTR.** diminuire molto **B triplicarsi** v. intr. pron. **1** aumentare di tre volte **CFR.** duplicarsi, quadruplicarsi, ecc. **2** (*est.*) aumentare molto **CONTR.** diminuire molto.

triplicàto part. pass. di **triplicare**; anche agg. **1** aumentato di tre volte **CFR.** duplicato, quadruplicato, ecc. **2** (*est.*) molto aumentato **CONTR.** molto diminuito.

triplicazióne s. m. aumento di tre volte **CFR.** duplicazione, quadruplicazione, ecc.

trìplice agg. **1** triplo, di tre parti, trino (*lett.*) **CFR.** doppio, duplice, quadruplice, ecc. **2** (*di accordo*) fra tre contraenti, trilaterale **CFR.** bilaterale.

trìplo A agg. **1** tre volte maggiore **2** triplice, trino (*lett.*) **B** s. m. tre volte di più.

trìppa s. f. **1** (*di bovino macellato*) stomaco **2** (*est., fam., scherz.*) pancia, ventre, ventraia (*raro, lett.*), epa (*poet.*).

tripùdio s. m. **1** festa grande, rumorosa allegria □ esultanza, gioia, giubilo □ baldoria, gazzarra **CONTR.** afflizione, accoramento, amarezza, costernazione, mestizia, tristezza □ lutto **2** (*fig.*) (*di luce e sim.*) sfavillio, aspetto gaio, aspetto gioioso.

trirégno s. m. tiara.

trirème s. f. **CFR.** bireme, quadrireme, quinquireme.

tris s. m. inv. **1** (*nel poker*) tre carte dello stesso valore **2** (*est.*) trio, tre.

trisàvolo s. m. arcavolo, atavo (*raro*), abavo (*lett.*), padre del bisavolo.

trisillàbico agg. trisillabo, di tre sillabe **CFR.** polisillabico, monosillabico, bisillabico, ecc.

trisìllabo A agg. trisillabico, di tre sillabe **CFR.** polisillabo, monosillabo, bisillabo, ecc. **B** s. m. **1** parola di tre sillabe **2** verso di tre sillabe.

trìste agg. **1** (*di persona*) afflitto, malinconico, mesto, abbacchiato, abbattuto, avvilito, costernato, depresso, desolato, dolente, infelice, sconfortato, sconsolato **CONTR.** allegro, felice, festoso, gaio, giocondo, ilare, lieto **2** (*di cosa*) grigio, squallido, misero, povero, sordido, tetro, infausto, funesto, lugubre **CONTR.** ameno, bello, piacevole, ridente, vago, leggiadro, sereno **3** (*est.*) (*di esperienza e sim.*) negativo, spiacevole, amaro **CONTR.** bello, divertente, simpatico, spassoso.

tristeménte avv. malinconicamente, mestamente, infelicemente, sconsolatamente **CONTR.** allegramente, felicemente, festosamente, gaiamente, giocondamente, lietamente.

tristézza s. f. **1** (*di persona*) afflizione, malinconia, mestizia, abbattimento, avvilimento, costernazione, demoralizzazione, depressione, infelicità, sconforto, sconsolazione (*ant.*), sconsolatezza **CONTR.** allegria, contentezza, allegrezza, felicità, festosità, gaiezza, giocondità, ilarità, letizia **2** (*di cose, di avvenimento, ecc.*) grigiore, squallore, tetraggine, miseria, povertà □ amarezza **CONTR.** amenità, bellezza, piacevolezza, vaghezza.

trìsto agg. **1** (*lett.*) sventurato, sciagurato, infelice, malcapitato, sfortunato **CONTR.** felice, fortunato, beato **2** cattivo, malvagio, maligno, perfido, birbone, briccone, infame, perverso, scellerato, sciagurato **CONTR.** buono, benigno, mite, onesto, retto **3** astuto, furbo, malizioso **CONTR.** ingenuo, bonario, benigno, franco, semplice, sincero **4** (*di pianta, di animale*) stentato, malandato, misero **CONTR.** rigoglioso, lussureggiante, abbondante, copioso (*lett.*) **5** meschino, povero, scadente **CONTR.** eccellente, ottimo, splendido.

tritàbile agg. triturabile, sminuzzabile, frantumabile, macinabile, tagliuzzabile, sbriciolabile.

tritàre v. tr. triturare, sminuzzare, spezzettare, sbriciolare, tagliuzzare, macinare, frantumare, polverizzare, tagliare in pezzetti.

tritàto part. pass. di **tritare**; anche agg. triturato, sminuzzato, spezzettato, sbriciolato, tagliuzzato, macinato, frantumato, polverizzato, trito.

trìto agg. **1** (*di carne, di pane, ecc.*) tritato, sminuzzato, triturato, spezzettato, sbriciolato, tagliuzzato, macinato, frantumato, polverizzato **2** (*fig.*) (*di notizia, di argomento, ecc.*) risaputo, notissimo, conosciutissimo, banale, ovvio, già detto, già ripetuto, detto e ridetto **CONTR.** ignorato, inusitato, insolito, originale, inedito, nuovo, non comune.

tritòlo s. m. (*chim.*) acrt. di **trinitrotoluolo**; trotile (*raro*).

trìttico s. m. opera di tre parti, complesso di tre elementi □ (*est.*) tre, tris, trio **CFR.** dittico, polittico.

trittóngo s. m. **CFR.** monottongo, dittongo.

trituràbile agg. tritabile, sminuzzabile, frantumabile, macinabile, sbriciolabile, tagliuzzabile.

trituràre v. tr. tritare, sminuzzare, spezzettare, sbriciolare, frantumare, macinare, polverizzare, tagliuzzare, tagliare in pezzetti.

trituràto part. pass. di **triturare**; anche agg. tritato, sminuzzato, spezzettato, sbriciolato, frantumato, macinato, tagliuzzato.

triturazióne s. f. trituramento (*raro*), sminuzzamento, frantumazione, macinatura, macinazione, polverizzazione, tagliuzzamento, spezzettamento, spezzettatura.

triunviràto o **triumviràto** [dal n. della magistratura collegiale dell'antica Roma, costituita da tre persone] s. m. triarchia, troica (*fig.*) **CFR.** monarchia, duumvirato, diarchia.

trivèlla s. f. trapano, succhiello, trivello, foratoio □ perforatrice.

trivellàre v. tr. **1** bucare, forare, perforare, trapanare, trapassare **2** (*fig.*) (*di pensiero, di preoccupazione, ecc.*) assillare, inquietare, rodere, tormentare, torturare, turbare **CONTR.** calmare, acquietare, chetare, quietare, placare, tranquillare, tranquillizzare.

trivellàto part. pass. di **trivellare**; anche agg. perforato, forato, bucato, trapanato.

trivellatóre agg. e s. m. (f. *-trice*) perforatore, perforatrice, trivella.

trivellazióne s. f. trivellamento (*raro*), trivellatura, perforamento, perforatura (*raro*), perforazione.

triviàle [dal lat. *triviāle(m)*, da *trĭvium*, cioè 'che si trova nei crocicchi' e, quindi, 'comune, volgare'] agg. volgare, scurrile, sguaiato, grossolano, plebeo, villano, sgarbato, zotico, ignobile, dozzinale, plateale, rozzo, pacchiano, cafonesco **CONTR.** distinto, educato, fine, eletto, garbato, gentile, cortese, compito, raffinato, signorile, urbano.

trivialità s. f. volgarità, scurrilità, sguaiataggine, bassezza, villania, zoticaggine, zotichezza, rozzezza, cafonaggine, cafoneria **CONTR.** distinzione, educazione, finezza, garbo, gentilezza, compitezza, raffinatezza, signorilità, urbanità.

trivialménte avv. volgarmente, scurrilmente, sguaiatamente, villanamente, rozzamente, zoticamente **CONTR.** distintamente, compitamente, finemente, elegantemente, educatamente, civilmente.

trìvio s. m. incrocio (di tre strade) **CFR.** bivio, quadrivio **FRAS.** *da trivio*, volgare, scurrile, sguaiato □ *donna da trivio*, donna da strada.

trofèo [dal lat. *trop(h)ǣu(m)*, dal gr. *trópaion*, propriamente 'monumento per la sconfitta (*tropḗ*, letteralmente 'rivolgimento') del nemico'] s. m. **1** armi e spoglie (dei vinti) **2** (*fig., lett.*) vittoria **3** (*est.*) coppa, medaglia **4** (*mil.*) distintivo.

troglodìta [vc. dotta, lat. *troglŏdyta(s)* (pl.), dal gr. *trōglodýtēs*, 'chi è solito entrare (*dýein*) in caverne (*trō-glai*)', propriamente 'fori scavati da animali roditori', da *trôgein* 'mangiare'] s. m. e f. **1** cavernicolo, abitatore delle caverne **2** (*fig.*) rozzo, incolto, incivile, primitivo, zoticone, ignorantone **CONTR.** civile, fine, raffinato.

trogloditico agg. **1** dei trogloditi **2** (*est.*) rozzo, primitivo, incivile, incolto, grossolano **CONTR.** civile, cortese, fine, educato, raffinato.

tròia s. f. **1** (*pop.*) scrofa, porca, maiala **2** (*fig., volg.*) prostituta, donnaccia.

trómba s. f. **1** (*mus.*) tuba, buccina, bombardino, bombardone, cornetta, flicorno, oricalco (*poet.*) **2** (*fig.*) trombettiere, suonatore di tromba **3** (*di scala*) vano **4** (*idraul.*) pompa **5** (*di insetto*) proboscide, apparato succhiatore □ (*di elefante*) proboscide **6** (*anat.*) condotto, tuba **7** (*meteor.*) vortice turbinoso, turbine, ciclone, uragano **FRAS.** *partire in tromba* (*fig., fam.*), lanciarsi con entusiasmo.

trómbo s. m. (*med.*) coagulo, embolo.

trombóne s. m. **1** accr. di **tromba** **2** (*fig.*) suonatore di trombone **3** (*fig., spreg.*) vanaglorioso,

enfatico, gradasso, pataccone (*dial.*) **4** schioppo a bocca svasata.
trombòsi s. f. (*med.*) (*di vaso sanguigno*) occlusione.
troncàbile agg. spezzabile, tagliabile.
troncaménto s. m. **1** (*di cosa*) troncatura, spezzamento, recisione, mozzamento (*raro*), mozzatura □ amputazione, mutilazione **2** (*fig.*) (*di azione*) interruzione, sospensione, taglio **CONTR.** ripresa **3** (*ling.*) apocope.
troncàre v. tr. **1** (*di cosa*) rompere, spezzare, recidere, mozzare, stroncare, tagliare d'un colpo **2** privare di una parte, amputare, mutilare **3** (*fig.*) (*di fatica, di preoccupazione, ecc.*) fiaccare, infiacchire, spossare, stroncare, svigorire, prostrare, stremare **CONTR.** rinvigorire, rinforzare, irrobustire **4** (*fig.*) (*di azione*) interrompere, sospendere, tagliare bruscamente, lasciare a metà **CONTR.** riprendere, seguitare.
troncàto part. pass. di **troncare**; anche agg. **1** (*di cosa*) rotto, tagliato d'un colpo, spezzato, reciso, mozzato, mozzo, stroncato □ amputato, mutilato **2** (*di azione*) interrotto bruscamente, sospeso bruscamente, lasciato a metà **CONTR.** ripreso, seguitato **3** (*raro*) (*di parola, di sillaba*) tronco.
troncatùra s. f. troncamento, spezzamento, recisione, mozzamento (*raro*).
trónco (1) agg. **1** (*di cosa*) troncato, reciso, mozzato, mozzo, spezzato, scavezzato, tagliato **2** (*di parola, di sillaba*) troncato (*raro*) **3** (*fig.*) (*di azione*) interrotto, sospeso, lasciato a metà **CONTR.** ripreso, seguitato **4** (*raro, fig.*) (*per fatica, per preoccupazione, ecc.*) fiaccato, infiacchito, spossato, stroncato, svigorito, prostrato, stremato **CONTR.** rinvigorito, rinforzato, irrobustito **FRAS.** *in tronco*, incompiuto; a mezzo; senza preavviso.
trónco (2) s. m. **1** (*bot.*) fusto legnoso, ceppo **2** (*fig.*) ceppo, stipite □ stirpe, famiglia, progenie, schiatta **3** (*anat.*) torso, busto **4** (*fig.*) (*di strade, di ferrovie*) tratto, tratta.
troneggiàre v. intr. **1** sedere come sul trono **2** (*est., scherz.*) (*di persona*) sovrastare, dominare, imporsi, spiccare **3** (*est.*) (*di cosa*) far bella mostra.
tronfiézza s. f. (*raro*) altezzosità, boria, orgoglio, presunzione, superbia **CONTR.** modestia, semplicità, umiltà □ discrezione.
trónfio agg. **1** (*di persona*) altezzoso, altero, borioso, impettito, orgoglioso, presuntuoso, superbo, pieno di sé **CONTR.** dimesso, modesto, semplice, umile, discreto **2** (*est.*) (*di stile*) ampolloso, gonfio, ridondante **CONTR.** asciutto, conciso, rapido, robusto, secco, terso.
tròno s. m. **1** seggio, soglio (*lett.*) **2** (*fig.*) regalità, autorità sovrana □ regno.
tropicàle agg. **1** dei tropici **2** (*est.*) torrido, caldissimo **CONTR.** gelido, glaciale, freddissimo.
tròpico s. m. (*al pl.*) (*geogr.*) paesi tropicali.
tròpo s. m. (*ling.*) traslato, metafora, allegoria, figura.
tròppo A agg. indef. eccessivo, soverchio (*lett.*), esagerato, eccedente, esorbitante, sovrabbondante, strabocchevole, traboccante, fuori misura, oltre la misura, più del dovuto, più del necessario **CONTR.** poco, scarso, esiguo, insufficiente, modico **B** pron. indef. quantità esagerata, esagerazione, sovrabbondanza, soverchio (*lett.*) **CONTR.** poco **C** avv. eccessivamente, soverchiamente (*lett.*), oltremodo, smoderatamente, smodatamente, più del dovuto, più del necessario **CONTR.** poco, scarsamente, insufficientemente, inadeguatamente □ modicamente, moderatamente **D** s. m. solo sing. eccesso, eccedenza **CONTR.** mancanza.
trottàre v. intr. **1** (*di cavaliere*) andare di trotto **CFR.** galoppare, trotterellare **2** (*anche scherz.*) (*di persona*) correre, camminare svelto, andare in fretta, andare senza sosta **CONTR.** camminare adagio, passeggiare, fare quattro passi.
trottàta s. f. **1** (*del cavallo*) corsa al trotto **2** (*est.*) (*di persona*) cavalcata al trotto **3** (*est.*) corsa, camminata veloce **CONTR.** passeggiata.
trotterellàre v. intr. **1** (*di cavallo, di cavaliere*) andare al piccolo trotto **2** (*fig.*) camminare a piccoli passi svelti.
tròttola s. f. paleo.
troupe /*fr.* trup/ [vc. fr., equivalente a *truppa*] s. f. inv. (*teat., cine.*) compagnia, équipe (*fr.*).
trousse /*fr.* trus/ [vc. fr., da *trousser*, propriamente 'caricare la bestia da soma'] s. f. inv. **1** astuccio, fodero, custodia **2** borsetta (per signora).
trovàre A v. tr. **1** (*di persona*) incontrare, imbattersi, incappare, scorgere **CONTR.** cercare **2** (*di cosa*) rinvenire, recuperare, ritrovare, rintracciare, scovare, ripescare **CONTR.** perdere, smarrire **3** ottenere, conseguire, procurarsi □ ricavare, trarre **CONTR.** rimetterci, perderci **4** (*di ladro, di spia, ecc.*) sorprendere, cogliere, pescare, scoprire **5** avere □ (*est.*) ricevere **6** escogitare, inventare, scoprire, concepire, immaginare, vedere **7** riconoscere, riscontrare **8** pensare, giudicare, ritenere, stimare □ notare, accorgersi, avvedersi **B trovarsi** v. rifl. rec. incontrarsi, vedersi, darsi appuntamento **C** v. intr. pron. **1** essere, stare **2** arrivare, capitare **3** essere posto, essere collocato **FRAS.** *andare a trovare*, far visita, visitare □ *trovi?*, ti sembra proprio?
trovaròbe s. m. e f. inv. (*teat.*) attrezzista.
trovàta s. f. **1** pensata, pensiero, invenzione, scoperta □ espediente, ripiego **2** pretesto, scusa, appiglio, appicco (*raro*).
trovatèllo s. m. bambino abbandonato, esposto, innocente, bastardo.
trovàto A part. pass. di **trovare**; anche agg. **1** incontrato, scorto **CONTR.** cercato **2** rinvenuto, ricuperato, ritrovato, rintracciato, scovato, ri-

pescato **CONTR.** perso, smarrito **3** ottenuto, conseguito **4** (*di ladro, di spia, ecc.*) sorpreso, colto, pescato, scoperto **5** avuto, ricevuto **6** escogitato, inventato, concepito, immaginato, visto **7** riconosciuto, riscontrato **B** s. m. (*raro, lett.*) invenzione, scoperta.

trovatóre s. m. (f. *-trice*) (*ant.*) scopritore, inventore, esploratore.

truccàre A v. tr. **1** modificare, cambiare, trasformare, alterare **2** travestire, mascherare **3** (*fig.*) falsificare, alterare □ manomettere **4** imbellettare **B truccarsi** v. rifl. **1** mascherarsi, camuffarsi **2** (*est.*) imbellettarsi, dipingersi, darsi il trucco, farsi il maquillage.

truccàto part. pass. di **truccare**; anche agg. **1** trasformato, travestito, mascherato **2** falsificato, contraffatto, alterato □ manomesso **3** imbellettato, dipinto.

truccatóre s. m. (f. *-trice*) (*teat.*) specialista del trucco, visagista.

truccatùra s. f. **1** trasformazione, travestimento, mascheramento **2** trucco.

trùcco s. m. **1** camuffamento, mascheramento, truccatura **2** belletto, cosmetico, maquillage (*fr.*), make-up (*ingl.*) **3** (*est.*) frode, inganno, imbroglio, malizia, raggiro □ stratagemma, espediente.

trùce agg. **1** minaccioso, torvo, bieco, fiero, sinistro, terribile **CONTR.** lieto, sereno, sorridente, tranquillo **2** crudele, feroce, disumano, sanguinario, efferato, snaturato, truculento, spietato **CONTR.** buono, benigno, bonario, dolce, mite, misericordioso, pietoso, umano.

trucidàre v. tr. uccidere crudelmente, massacrare, scannare, sgozzare, fare a pezzi, fare scempio.

trucidàto part. pass. di **trucidare**; anche agg. crudelmente ucciso, massacrato, scannato, sgozzato, fatto a pezzi.

trùciolo s. m. piallatura, riccio.

truck /*ingl.* trʌk/ [vc. ingl., probabilmente dal gr. *trochós* 'ruota'] s. m. inv. **1** carrello, carretto **2** registratore su ruote **3** autocarro.

truculènto agg. truce, torvo, bieco, terribile, terrificante **CONTR.** sereno, pacifico, tranquillo.

trùffa s. f. frode, dolo, estorsione, ciurmeria (*raro*), imbroglio, inganno, insidia, raggiro, trappola, tranello, fregatura (*pop.*), turlupinatura.

truffàre v. tr. frodare, ciurmare (*raro*), imbrogliare, ingannare, raggirare, fregare (*pop.*), trappolare, turlupinare □ carpire, rubare □ barare.

truffàto part. pass. di **truffare**; anche agg. frodato, imbrogliato, ingannato, raggirato, fregato (*pop.*), turlupinato.

truffatóre s. m. (f. *-trice*) imbroglione, lestofante, ciurmatore (*raro*), raggiratore, truffaldino, ladruncolo, baro **CONTR.** galantuomo.

trumeau /*fr.* try'mo/ [vc. fr., col senso orig. di '(polpaccio della) gamba'] s. m. inv. cassettone a ribalta.

trùppa s. f. **1** soldati, milizie, militari, esercito **2** (*fig.*) (*spec. scherz.* o *spreg.*) frotta, moltitudine, attruppamento, gruppo, grande numero.

trust /*ingl.* trʌst/ [vc. ingl., letteralmente 'credito (che si dà al consorzio degli associati)'] s. m. inv. cartello, monopolio □ lega, alleanza **FRAS.** *trust dei cervelli* (*fig.*), gruppo di esperti.

tùba s. f. **1** tromba **2** (*est., lett.*) tromba di guerra **3** cilindro, cappello a staio **4** (*anat.*) salpinge, tromba, canale, condotto.

tubazióne s. f. tubatura, tubi.

tubèrcolo s. m. (*med.*) nodulo, granuloma, bitorzolo, pustola, ascesso, tumoretto.

tubercolòsi s. f. (*med.*) tisi, etisia, consunzione, mal sottile, tabe polmonare, tbc.

tubercolóso agg.; anche s. m. tubercolotico, tisico, etico (*raro*).

tubercolòtico A agg. di tubercolosi **B** agg.; anche s. m. tisico, tubercoloso.

tùbo s. m. **1** canna, cannello, doccione, condotto, cavo **2** (*anat.*) canale.

tubolàre A agg. **1** a forma di tubo, tubiforme **2** formato di tubi **B** s. m. **1** (*di bicicletta*) pneumatico **2** (*edil.*) piantana.

tuffàre A v. tr. immergere, sommergere, attuffare (*raro*), affondare, cacciare sott'acqua □ intingere **CONTR.** estrarre, far emergere, tirar fuori **B tuffarsi** v. rifl. **1** (*in acqua*) immergersi, buttarsi dentro **CONTR.** emergere **2** (*est.*) gettarsi giù, scendere velocemente **3** (*fig.*) lanciarsi, precipitarsi, scagliarsi **4** (*fig.*) (*nello studio, nel lavoro, ecc.*) sprofondarsi, dedicarsi interamente, dedicarsi con passione.

tuffàta s. f. tuffo, immersione.

tuffatóre s. m. (f. *-trice* nel sign. 1) **1** (*sport*) tuffista **2** (*zool.*) tuffetto.

tùffo s. m. **1** immersione, tuffata, salto in acqua, tonfo, sommersione (*raro*) **CONTR.** emersione **2** (*est.*) caduta in basso **3** (*fig.*) salto, slancio **4** (*fig.*) sobbalzo, sussulto, scossa, scatto, viva impressione, forte emozione.

tùfo s. m. (*miner.*) piperino, travertino.

tugùrio s. m. abituro, stamberga, tana, topaia, catapecchia, bicocca, baracca, casupola, buco **CONTR.** palazzo, villa, reggia, magione (*lett.*).

tùlle [dal n. della città di *Tulle*, dove era originariamente fabbricato] s. m. inv. (*est.*) velo.

tumefàre A v. tr. gonfiare, enfiare, rigonfiare, ingrossare, inturgidire, intumidire, dilatare **CONTR.** sgonfiare, svuotare **B tumefarsi** v. intr. pron. gonfiarsi, enfiarsi, rigonfiarsi, ingrossarsi, inturgidire, inturgidirsi, intumidire, dilatarsi **CONTR.** sgonfiarsi, svuotarsi.

tumefàtto part. pass. di **tumefare**; anche agg. gonfio, gonfiato, enfiato, rigonfio, ingrossato, inturgidito, turgido, tumido, dilatato **CONTR.** sgonfio, sgonfiato, svuotato.

tumefazióne s. f. (*med.*) gonfiore, gonfiezza, edema, enfiagione, enfiatura (*raro*), ingrossamento, intumescenza, tumidezza, turgidezza, turgore **CONTR.** sgonfiamento, sgonfiatura.

tumescènza s. f. gonfiore, tumefazione **CONTR.** sgonfiamento.

tumidézza s. f. gonfiore, gonfiezza, edema, enfiagione, enfiatura (*raro*), ingrossamento, intumescenza, tumefazione, turgidezza, turgore **CONTR.** sgonfiamento, sgonfiatura.

tùmido agg. **1** gonfio, gonfiato, enfiato, rigonfio, ingrossato, grosso, inturgidito, dilatato **CONTR.** sgonfio, sgonfiato, svuotato, schiacciato, piatto **2** carnoso, spesso, turgido **CONTR.** fine, sottile **3** (*fig.*, *lett.*) (*di stile*) ampolloso, ridondante (*lett.*), roboante, reboante, pomposo **CONTR.** asciutto, arido, conciso, dimesso, disadorno, secco, semplice **4** (*fig.*, *lett.*) (*di persona*) altezzoso, altero, superbo, pettoruto, spocchioso, tronfio **CONTR.** modesto, dimesso, umile, semplice, alla buona, alla mano.

tumoràle agg. cancerogeno, neoplastico.

tumóre s. m. **1** (*med.*) cancro, canchero (*pop.*), carcinoma, epitelioma, sarcoma, blastoma, neoplasma, neoplasia □ angioma, postema (*pop.*), cisti, fibroma **2** (*raro*) tumefazione, gonfiore, gonfiezza, edema.

tumulàre v. tr. seppellire, sotterrare, inumare **CONTR.** disseppellire, dissotterrare, esumare.

tumulàto part. pass. di **tumulare**; anche agg. sepolto, sotterrato, inumato **CONTR.** dissepolto, dissotterrato, esumato.

tumulazióne s. f. seppellimento, sotterramento, inumazione **CONTR.** disseppellimento, dissotterramento, esumazione.

tùmulo s. m. **1** cumulo **2** (*est.*) tomba, sepolcro, sepoltura.

tumùlto s. m. **1** sommossa, sollevazione, sollevamento (*raro*), insurrezione, rivolta, sedizione, agitazione **2** confusione, baraonda, baruffa, clamore, fermento, parapiglia, putiferio, subbuglio, serra serra, pandemonio, quarantotto, caos, casino (*pop.*) **CONTR.** calma, pace, quiete, silenzio, tranquillità **3** (*fig.*) (*dell'animo*) turbamento, agitazione, inquietudine, eccitazione, eccitamento, sconvolgimento **CONTR.** impassibilità, imperturbabilità, serenità, tranquillità.

tumultuànte A part. pres. di **tumultuare**; anche agg. tumultuoso, agitato, inquieto, esagitato **CONTR.** calmo, pacifico, quieto, sereno, tranquillo **B** s. m. e f. rivoltoso, ribelle, insorto, sedizioso.

tumultuàre v. intr. fare tumulto, ribellarsi, rivoltarsi □ essere in agitazione, essere inquieto **CONTR.** sottomettersi □ stare in pace, stare tranquillo.

tumultuosaménte avv. confusamente, impetuosamente, inquietamente, rumorosamente, burrascosamente **CONTR.** lentamente, pacificamente, tranquillamente, con calma.

tumultuóso agg. **1** (*di persona*, *di sentimento*) agitato, inquieto, esagitato, rumoroso, burrascoso, in tumulto □ confuso **CONTR.** calmo, pacifico, quieto, tranquillo □ chiaro, logico **2** (*di acqua*, *di vento*, *ecc.*) impetuoso, veemente, violento **CONTR.** lento, calmo.

tuner /*ingl.* 'tju:nə/ [vc. ingl., da *to tune* 'accordare'] s. m. inv. sintonizzatore, radio.

tùnica s. f. **1** sottoveste, veste **2** (*biol.*) membrana, rivestimento.

tùnnel [vc. ingl., dall'ant. fr. *tonnel*, dim. di *tonne* 'botte'] s. m. inv. galleria, traforo.

tùo A agg. poss. sing. di te **B** pron. poss. sing. **1** ciò che ti appartiene **2** (*al pl.*) i tuoi familiari, i tuoi parenti, i tuoi amici.

tuonàre v. intr. **1** scoppiare tuoni **2** (*est.*) (*di cielo*, *di cannone*, *ecc.*) brontolare, bubbolare, rimbombare, rombare, ringhiare (*lett.*), rumoreggiare **3** (*fig.*) (*di persona*) parlare a gran voce, gridare, urlare □ inveire, scagliarsi, assalire (a parole).

tuòno s. m. **1** (*meteor.*) rimbombo, fragore, scoppio, boato, brontolio, rombo **2** (*est.*) (*di cannone*, *di applausi*, *ecc.*) strepito, fragore, frastuono, chiasso, rumore.

tuòrlo s. m. (*dell'uovo*) vitello, deutoplasma, lecite.

turàcciolo s. m. tappo, sughero, turo (*raro*), zaffo, zipolo.

turàre A v. tr. **1** (*di bottiglia*, *di botte*, *ecc.*) tappare, chiudere, stoppare, sigillare, zaffare **CONTR.** stappare, sturare, aprire **2** (*di falla*) bitumare, calafatare, impeciare, coprire **3** (*di condotto*) occludere, otturare, intasare, oppilare (*raro*) □ tamponare **CONTR.** stasare, liberare, disoppilare (*raro*) **B turarsi** v. intr. pron. chiudersi, occludersi **CONTR.** aprirsi, schiudersi.

turàto part. pass. di **turare**; anche agg. tappato, ostruito, ben chiuso, otturato, intasato **CONTR.** stappato, aperto, pervio.

tùrba (1) s. f. (*anche spreg.*) moltitudine, folla, caterva, esercito, legione, schiera, stormo, stuolo, torma, massa, infinità, accozzaglia.

tùrba (2) s. f. (*med.*) turbamento, alteramento (*raro*), alterazione.

turbaménto s. m. **1** (*di situazione*) perturbazione, sovvertimento, pervertimento, rivolgimento, scompiglio, turbolenza **CONTR.** pacificazione, placamento (*raro*) **2** (*fig.*) (*di sentimenti*) perturbamento, commozione, emozione, inquietudine, smarrimento, agitazione, apprensione, alterazione, concitazione, cruccio, eccitamento, eccitazione, sovreccitazione, perturbazione, preoccupazione, rimescolamento, scombussolamento, sconcerto, sconvolgimento, scossa, scossone, trauma, choc (*fr.*) **CONTR.** imperturbabilità, impassibilità, placidità, quiete, serenità, tranquillità, autocontrollo, dominio di sé, padronanza di sé.

turbàre A v. tr. **1** (*lett.*) (*di liquido*) intorbidare, intorbare (*raro*), intorbidire, offuscare **CONTR.** illimpidire, rendere chiaro, rendere trasparente **2** (*di affare, di progetto, ecc.*) guastare, sconvolgere, mandare a monte **CONTR.** appoggiare, aiutare, favorire, secondare, assecondare, sostenere **3** (*di persona*) disturbare, importunare, infastidire, molestare **CONTR.** fare piacere, rallegrare **4** (*di situazione, di ambiente, ecc.*) sovvertire, sommuovere, rivoluzionare **CONTR.** ristabilire, restituire, conservare, mantenere **5** (*fig.*) (*di sentimenti*) agitare, alterare, commuovere, confondere, conturbare, crucciare, eccitare, esacerbare, esagitare, inquietare, perturbare, preoccupare, rimescolare, scombussolare, sconcertare, sconvolgere, scioccare **CONTR.** calmare, placare, quietare, rasserenare, tranquillizzare, pacificare **B turbarsi** v. intr. pron. **1** (*lett.*) (*del tempo*) guastarsi **CONTR.** rasserenarsi **2** (*fig.*) (*di persona*) agitarsi, inquietarsi, impensierirsi, preoccuparsi, crucciarsi, sconvolgersi □ confondersi, emozionarsi, rannuvolarsi, rimescolarsi, rabbuiarsi **CONTR.** rasserenarsi, quietarsi, placarsi, tranquillarsi, tranquillizzarsi, dominarsi, padroneggiarsi.

turbàto part. pass. di **turbare**; anche agg. (*spec. fig.*) agitato, alterato, commosso, confuso, crucciato, eccitato, esacerbato, esagitato, inquieto, interdetto, perturbato, scombussolato, sconcertato, sconvolto, stravolto, scioccato **CONTR.** calmo, impassibile, imperturbabile, pacifico, quieto, sereno, tranquillo, disteso.

turbìna s. f. **1** (*mecc.*) (*ad acqua*) idromotore **2** (*aer.*) turbomotore.

tùrbine s. m. **1** vortice, vento vorticoso, mulinello, tromba d'aria □ bufera, tempesta, ciclone, tifone, uragano, tornado **CONTR.** bonaccia, calma, quiete **2** (*fig.*) (*di pensieri, di idee, ecc.*) turbinio, ridda, infinità, grande quantità.

turbinìo s. m. **1** vortice **2** (*fig.*) (*di pensieri, di idee, ecc.*) turbine, ridda, infinità, grande quantità.

turbinóso agg. (*anche fig.*) vorticoso, impetuoso, tempestoso, procelloso (*lett.*) □ convulso **CONTR.** fermo, immobile, calmo, quieto, tranquillo.

turbolenteménte avv. agitatamente, inquietamente, molestamente, violentemente **CONTR.** tranquillamente, pacatamente, con calma.

turbolènto agg. **1** (*raro*) (*di liquido*) torbido, torbo (*tosc.*), torbiccio, turbato (*lett.*), fangoso, offuscato **CONTR.** chiaro, limpido, terso, trasparente **2** (*di persona*) agitatore, turbatore (*raro*), perturbatore, sovvertitore, sobillatore, sollevatore, fazioso, demagogo, arruffapopoli, rivoluzionario **CONTR.** conservatore, moderato, benpensante, uomo d'ordine **3** (*est.*) (*di persona, di carattere, ecc.*) inquieto, irrequieto, indisciplinato, molesto, ribelle **CONTR.** calmo, pacifico, placido, tranquillo **4** (*fig.*) (*di tempi*) burrascoso, agitato, tempestoso **CONTR.** quieto, tranquillo.

turbolènza s. f. **1** (*raro*) (*di liquido*) torbidità, torbidezza, fangosità **CONTR.** chiarezza, limpidezza, trasparenza **2** (*di persona*) inquietudine, irrequietudine, indisciplinatezza, insubordinazione **CONTR.** calma, pacatezza, placidità **3** (*fig.*) (*di tempi*) agitazione, sconvolgimento **CONTR.** calma, pace, quiete, tranquillità **4** (*raro*) disordine, sommossa, rivolta.

turboreattóre s. m. turbogetto, motore a reazione.

turchése [ant. fr. *turqueise*, propriamente '(pietra) turca'] agg.; anche s. m. (*di colore*) azzurro pallido.

turchìno agg.; anche s. m. azzurro cupo.

tùrco agg.; anche s. m. ottomano **FRAS.** *fumare come un turco* (*fig.*), fumare moltissimo □ *bestemmiare come un turco* (*fig.*), bestemmiare moltissimo □ *parlare turco* (*fig.*), parlare in modo incomprensibile □ (*divano alla*) *turca*, ottomana.

turgidézza s. f. turgidità, turgescenza, turgore, tumidezza, gonfiezza, gonfiore **CONTR.** sottigliezza, sottilità (*raro*), tenuità.

tùrgido agg. **1** gonfio, rigonfio, enfiato, carnoso, tumido □ grosso, pingue, spesso **CONTR.** piatto, schiacciato, sottile □ esile, magro **2** (*di stile*) ampolloso, ridondante (*lett.*), roboante, reboante, pomposo **CONTR.** arido, asciutto, conciso, dimesso, disadorno, secco, semplice, sobrio.

turìsmo s. m. **1** gite, viaggi, escursioni, escursionismo **2** attività turistica.

turìsta s. m. e f. viaggiatore, gitante, escursionista.

turìstico agg. **1** del turismo, dei turisti **2** (*di agenzia*) di viaggi **FRAS.** *classe turistica*, terza classe (sui transatlantici di lusso); seconda classe (sulle navi e aerei di linea) □ *assegno turistico*, travellers' cheque (*ingl.*).

turlupinàre [da *Turlupin*, nomignolo di Henry le Grand, famoso attore comico francese del '600] v. tr. imbrogliare, ingannare, ciurmare (*raro*), raggirare, infinocchiare (*fam.*), abbindolare, buscherare (*pop.*), frodare, gabbare, irretire, mistificare, trappolare, truffare, fregare (*pop.*).

tùrno s. m. **1** avvicendamento, turnover (*ingl.*), giro, volta, vicenda (*raro, lett.*), rotazione, ruota **2** periodo di servizio, servizio **FRAS.** *a turno*, un po' per uno □ *essere di turno*, essere di servizio, toccare a.

turnover /*ingl.* 'tə:n'ouvə/ [loc. ingl., comp. di *turn* 'rotazione' e *over* 'in eccesso'] s. m. inv. **1** turno, avvicendamento, rotazione, volta **2** (*di personale*) sostituzione **3** giro di affari, volume di affari.

tùrpe agg. **1** (*lett.*) (*di aspetto*) brutto, deforme, mostruoso, orrendo, orribile, orrido **CONTR.** bello, aggraziato, carino, grazioso, leggiadro, vezzoso **2** (*di accusa, di comportamento, ecc.*) infame, ignobile, vergognoso, vituperevole (*lett.*) **3** (*di discorso, di persona,* *ecc.*) immondo, laido (*lett.*), osceno, schifoso, sconcio, sozzo, sporco □ abietto, disonesto, perverso, vile **CONTR.** nobile, onesto, onorevole, pulito, puro, decoroso, decente, dignitoso.

turpeménte avv. laidamente (*lett.*), oscenamente, schifosamente, sconciamente, sozzamente, sporcamente □ infamemente, ignobilmente, vergognosamente □ abiettamente, disonestamente, perversamente, vilmente **CONTR.** nobilmente, onestamente, onorevolmente, pulitamente, puramente, castamente, decorosamente, decentemente, dignitosamente.

turpilòquio s. m. linguaggio turpe, linguaggio scurrile, linguaggio osceno, linguaggio infame, oscenità, turpitudine □ (*est.*) bestemmia.

turpitùdine s. f. laidezza, oscenità, schifosità, sconcezza, immoralità □ infamia, indegnità, nefandezza **CONTR.** onestà, purezza, purità, castità, innocenza, ingenuità, dirittura, limpidezza, pudore.

tùta [fr. *tout-de-même*, letteralmente ‘tutto della stessa’, sottinteso ‘stoffa’] s. f. (*da lavoro*) blusa, camiciotto □ salopette (*fr.*) □ (*di astronauti*) scafandro □ (*di sub*) muta.

tutèla s. f. patrocinio, protezione, difesa, salvaguardia, custodia, vigilanza **CONTR.** distruzione, rovina.

tutelàre **A** v. tr. difendere, salvaguardare, patrocinare, salvare, custodire, aiutare, proteggere **CONTR.** distruggere, rovinare **B** **tutelarsi** v. rifl. cautelarsi, premunirsi, proteggersi.

tutelàto part. pass. di **tutelare**; anche agg. difeso, salvaguardato, protetto, custodito **CONTR.** rovinato, distrutto.

tutóre s. m. (f. *-trice*) **1** (*dir.*) (*di minorenne*) incaricato della tutela **2** (*est.*) protettore, difensore, salvaguardia, custode **FRAS.** *tutore dell'ordine*, agente di polizia.

tuttavìa cong. pure, nondimeno, con tutto ciò.

tùtto **A** agg. indef. **1** intero, completo **2** compreso, incluso **3** tutti quanti, tutto quanto, tutti insieme, tutto insieme **CONTR.** nessuno **4** ogni, qualsiasi **5** (*con valore intensivo*) interamente, totalmente, in ogni parte, solo, esclusivamente **6** (*seguito da agg.*) molto, assai, oltremodo **CONTR.** poco **B** pron. indef. **1** ogni cosa **CONTR.** niente, nulla **2** ognuno **C** avv. completamente, interamente **CONTR.** per nulla **D** in funzione di s. m. inv. l'intero, il totale, l'insieme, il complesso **FRAS.** *a tutt'oggi*, fino a oggi incluso □ *tutto a un tratto*, improvvisamente □ *una volta per tutte*, una volta per sempre □ *di tutto punto*, perfettamente □ *a tutto andare*, con grande velocità □ *a tutto spiano*, senza interruzione □ *in tutto*, complessivamente □ *in tutto e per tutto*, completamente □ *con tutto che*, nonostante □ *del tutto*, interamente.

tuttóra avv. ancora, ancora adesso.

tutù s. m. inv. (*di ballerina*) gonnellino di tulle.

TV s. f. inv. **1** tivù (*fam.*), televisione **2** televisore, apparecchio televisivo.

tzigàno *V.* **zigano**.

u, U

ubbìa s. f. fisima, fissazione, capriccio, pregiudizio, superstizione, avversione infondata, scrupolo vano, timore infondato.

ubbidiènte part. pres. di **ubbidire**; anche agg. docile, ossequente, sottomesso, sottoposto, disciplinato, rispettoso **CONTR.** disubbidiente, ribelle, recalcitrante, indocile, autonomo.

ubbidienteménte avv. docilmente, ossequentemente, disciplinatamente, rispettosamente **CONTR.** indocilmente.

ubbidiènza s. f. sottomissione, ottemperanza, docilità, disciplina, subordinazione, soggezione □ rispetto, deferenza, ossequio **CONTR.** ribellione, rifiuto, trasgressione, contravvenzione, violazione □ disprezzo.

ubbidìre A v. intr. e tr. (*anche fig.*) ottemperare, sottomettersi, sottoporsi, sottostare, assoggettarsi, adempiere, dare retta, dare ascolto **CONTR.** disubbidire, disattendere, trasgredire, ribellarsi, contravvenire, calpestare, violare **B** v. intr. **1** (*di animale*) essere docile **CONTR.** ribellarsi, recalcitrare **2** (*est.*, *fig.*) (*di macchina*, *di veicolo*, *di strumento*) corrispondere **3** (*fig.*) (*di mano*, *di mente*, *ecc.*) assecondare, seguire **CONTR.** resistere **4** (*fig.*) (*di persona*) rassegnarsi, sottomettersi **CONTR.** ribellarsi, reagire **5** (*lett.*) essere suddito, essere sottoposto **CONTR.** essere libero.

ubertóso agg. (*lett.*) (*di suolo*, *di piante*) fertile, fecondo, opulento, rigoglioso, ricco, florido, pingue, ubere (*poet.*), produttivo, copioso (*lett.*) **CONTR.** sterile, infecondo, improduttivo, misero, arido, povero, scarso.

ubicàre v. tr. (*di abitato*, *di edificio*) disporre, situare, collocare, porre.

ubicàto part. pass. di **ubicare**; anche agg. (*di abitato*, *di edificio*) posto, collocato.

ubicazióne s. f. (*di abitato*, *di edificio*) posizione, collocazione, disposizione, situazione, posto.

ubiquità s. f. onnipresenza.

ubriacàre A v. tr. **1** rendere ubriaco, sborniare (*pop.*), avvinazzare (*raro*), inebriare **2** (*fig.*) (*di rumore*, *di movimento*, *ecc.*) stordire, frastornare, intontire, rimbecillire, rintronare, istupidire, tramortire **3** (*fig.*) (*di sentimenti*) offuscare, ottenebrare, eccitare, confondere, turbare, sconcertare, sconvolgere, obnubilare (*lett.*), disorientare **B ubriacarsi** v. intr. pron. **1** (*di vino*, *di alcol*) sborniarsi (*pop.*), sbronzarsi (*fam.*), inebriarsi, avvinazzarsi (*raro*), prendere la sbornia, alzare il gomito, andare in cimbali, fare gli occhi lustri **CONTR.** essere astemio **2** (*fig.*) (*di sentimenti*) eccitarsi, confondersi, turbarsi, sconcertarsi, sconvolgersi, disorientarsi, ottenebrarsi **3** (*di amore*) innamorarsi, prendere una cotta, prendere una cuffia (*pop.*), invaghirsi.

ubriacatùra s. f. **1** sbornia (*pop.*), vinolenza (*lett.*), balla (*dial.*), fumi del vino **2** (*fig.*) (*di sentimenti*) esaltazione, infatuazione, passione, fanatismo, entusiasmo, sconvolgimento, turbamento, confusione, disorientamento **3** (*di amore*) cotta (*pop.*), cuffia.

ubriachézza s. f. **1** ebbrezza **2** vinolenza (*lett.*), vizio del bere, alcolismo, etilismo **3** (*fig.*) (*di sentimenti*) esaltazione, eccitamento, confusione, turbamento, sconvolgimento, disorientamento.

ubriàco agg.; anche s. m. **1** sbronzo (*fam.*), ebbro, brillo, alticcio, avvinazzato, sborniato (*pop.*) □ beone, etilista, ubriacone, in cimbali **CONTR.** sobrio □ astemio **2** (*fig.*) (*di sentimenti*) esaltato, eccitato, confuso, turbato, sconvolto, disorientato **3** (*fig.*, *est.*) (*di rumore*, *di movimento*) frastornato, stordito, rintronato, rimbecillito, tramortito.

ubriacóne s. m. **1** accr. di **ubriaco 2** beone, etilista, sbornione (*pop.*) **CONTR.** astemio.

uccellétto s. m. **1** dim. di **uccello 2** (*spec. al pl.*) cacciagione.

uccèllo s. m. **1** volatile, pennuto, augello (*poet.*) **2** (*pop.*, *volg.*) pene, verga (*pop.*), asta (*raro*), membro **FRAS.** *uccello mosca*, colibrì □ *uccello del paradiso*, paradisea □ *uccello delle tempeste*, procellaria □ *uccel di bosco* (*fig.*), fuggiasco, fuggitivo □ *uccello del malaugurio* (*pop.*), civetta; (*fig.*) iettatore, menagramo, scalognatore □ *a volo d'uccello*, dall'alto; (*fig.*) globalmente, rapidamente.

uccìdere A v. tr. **1** ammazzare, assassinare, accoppare, sopprimere, estinguere (*lett.*), eliminare, liquidare, spacciare, abbattere, sterminare, trucidare, massacrare, far fuori (*pop.*), far morire, dare la morte, togliere la vita, far la pelle, far la festa, mandare all'altro mondo **CONTR.** risuscitare, far rivivere **2** (*est.*) (*di malattia*, *disgrazia*, *ecc.*) condurre a morte, portare alla morte **3** (*est.*) (*di prodotto, di manifestazione, ecc.*) far perire, mandare in rovina, mandare in malora, rovinare **CONTR.** dare vita, vivificare, rinvigorire, dare impulso **4** (*fig.*) (*di vizio, di passione, ecc.*) distruggere, abolire, eliminare, estirpare, soffocare **CONTR.** alimentare, coltivare **B uccidersi** v. rifl. suicidarsi, ammazzarsi, sopprimersi, togliersi la vita **C** v. intr. pron. (*per incidente*) perdere la vita, morire.

uccisióne s. f. ammazzamento, assassinio, omicidio, liquidazione, eccidio, massacro, strage, sterminio, macello, carneficina, ecatombe.

uccìso part. pass. di **uccidere**; anche agg. e s. m. ammazzato, assassinato, accoppato, massacrato, eliminato, liquidato, fatto fuori (*pop.*), morto, vittima **CONTR.** vivo.

uccisóre s. m. (f. *-sora* (*raro*), o *ucciditrice*) omicida, assassino, carnefice, boia, massacratore, sicario.

udìbile agg. ascoltabile, percepibile **CONTR.** inascoltabile, impercepibile, impercettibile, inaudibile.

udiènza s. f. **1** ascolto **2** colloquio, ricevimento, seduta, sessione, incontro.

udìre v. tr. **1** (*di suono*) percepire, sentire, intendere, avvertire, cogliere **2** (*est.*) (*di notizie*) venire a sapere, conoscere, apprendere, essere informato, scoprire, sentire dire **3** (*lett.*) (*di messa*) ascoltare **4** (*di testimone, di imputato*) ascoltare, accogliere le deposizioni **5** (*est.*) (*di preghiera, di comando*) dare ascolto, accogliere, accettare, ricevere **CONTR.** rifiutare, respingere.

udito A part. pass. di **udire**; anche agg. **1** (*di suono*) percepito, inteso, avvertito, colto **2** (*est.*) (*di notizia, di chiacchiera e sim.*) sentito dire, conosciuto, saputo **3** (*lett.*) (*di messa*) ascoltato **4** (*di preghiera, di comando*) accolto, accettato **CONTR.** rifiutato, respinto **B** s. m. (*est.*) orecchio.

uditóre s. m. (f. *-trice*) **1** (*spec. al pl.*) ascoltatore **2** (*ant.*) (*di scuola*) studente, alunno, allievo, scolaro.

uditòrio s. m. ascoltatori, pubblico.

ufficiàle (1) agg. **1** (*di documento, notizia, ecc.*) pubblico, formale, protocollare □ solenne, autorevole □ autentico **CONTR.** privato, ufficioso, riservato, informale **2** (*est.*) (*di manifestazione, comizio e sim.*) autorizzato, permesso, consentito **CONTR.** proibito, vietato **3** (*est.*) fatto pubblicamente, detto pubblicamente, noto a tutti **CONTR.** riservato, nascosto.

ufficiàle (2) s. m. (f. *-essa*) **1** funzionario, burocrate **2** (*mil.*) militare graduato, graduato **CFR.** sottufficiale, soldato semplice.

ufficialità s. f. pubblicità, autenticità, formalità **CONTR.** ufficiosità, privatezza, riservatezza.

ufficio s. m. **1** compito, dovere, missione, responsabilità, mansione, attribuzione **2** (*est., raro*) beneficio, favore, servigio **3** (*est.*) intervento, raccomandazione, sollecitazione **4** (*est.*) incarico, incombenza **5** (*dir.*) funzione, grado, carica **6** (*di impiegato*) impiego, posto, professione, occupazione **7** (*est.*) (*di impiegato, di dirigente e sim.*) stanza, luogo di lavoro, gabinetto **8** (*dir.*) organo **9** (*in un'azienda*) reparto, dipartimento, sezione **10** (*relig.*) preghiera, cerimonia, funzione **FRAS.** *d'ufficio*, d'autorità.

ufficiosità s. f. **1** (*raro*) gentilezza, cortesia, premura **CONTR.** ignoranza, rozzezza, sgarbatezza, villania **2** semiufficialità, privatezza, riservatezza **CONTR.** ufficialità, pubblicità.

ufficióso agg. **1** (*raro, lett.*) gentile, cortese, premuroso **CONTR.** ignorante, rozzo, sgarbato, villano **2** (*di bugia*) pietoso **3** (*di notizia, di comunicazione e sim.*) non ufficiale, semiufficiale, confidenziale, riservato, privato, informale **CONTR.** ufficiale, pubblico, formale.

ùfo vc.; solo nella loc. avv. *a ufo*, senza pagare, a spese altrui, gratis, gratuitamente, a sbafo **CONTR.** pagando, a pagamento.

ùgola s. f. (*est., scherz.*) gola.

uguagliànza s. f. **1** identità, uniformità **CONTR.** disuguaglianza, diversità **2** (*est.*) parità, pareggio, equilibrio, corrispondenza **CONTR.** disparità, spareggio, squilibrio, differenza.

uguagliàre A v. tr. **1** (*in un confronto*) rendere uguale, agguagliare, adeguare, conguagliare, mettere alla pari **CONTR.** differenziare, disuguagliare (*raro*), diversificare **2** (*di cose accidentate, di situazioni, ecc.*) pareggiare, livellare, rendere liscio, rendere omogeneo **CONTR.** spareggiare **3** (*fig.*) essere uguale, raggiungere, equivalere **4** (*di record*) conseguire **CFR.** superare, fallire **5** (*di cose, di persone*) confrontare, paragonare, considerare uguale, mettere sullo stesso piano, mettere alla pari **B uguagliarsi** v. rifl. mettersi sullo stesso piano, identificarsi, paragonarsi, confrontarsi **CONTR.** differenziarsi, diversificarsi **C** v. intr. pron. essere uguale, divenire uguale, coincidere, collimare, equivalere, concordare **CONTR.** differenziarsi, discordare, differire.

uguàle A agg. **1** simile, identico, pari, stesso, gemello, equivalente **CONTR.** differente, disuguale, diverso **2** (*di superficie*) piano, liscio, privo di asperità, allo stesso livello, livellato, spianato **CONTR.** disuguale, scosceso, ruvido, scabroso **3** (*fig.*) (*di moto, di andatura e sim.*) omogeneo, uniforme **CONTR.** difforme **B** in funzione di avv. allo stesso modo **C** s. m. e f. spec. al pl. (*di persone dello stesso ceto*) pari **CONTR.** diverso.

ugualménte avv. **1** in ugual modo, parimenti, equamente **CONTR.** diversamente **2** (*con significato avvers. conc.*) lo stesso, nonostante tutto.

ukulèle [vc. indigena delle Hawaii, dove *ukulele* significa 'pulce', cui viene paragonato il rapido movimento delle dita del suonatore] s. f. e m. inv. chitarra hawaiana.

ùlcera s. f. (*med.*) ulcerazione, lesione, piaga, fistola □ (*ass.*) ulcera gastrica, ulcera duodenale.

ulcerazióne s. f. ulcera, lesione, piaga.

ulceróso A agg. ulcerativo **B** agg.; anche s. m. affetto da ulcera.

ulterióre agg. **1** (*di collocazione*) al di là, oltre CONTR. citeriore, al di qua **2** (*est.*) (*di cose, di situazioni, ecc.*) nuovo, successivo, posteriore CONTR. precedente, antecedente, anteriore.

ulteriorménte avv. al di là, più oltre □ più avanti, in seguito CONTR. più indietro □ precedentemente, anteriormente.

ultimaménte avv. di recente, in questi ultimi tempi, recentemente, poco fa.

ultima ratio /*lat.* 'ultima 'rattsjo/ [loc. lat., letteralmente 'ultimo (*ultima*) argomento (*ratio*)'] loc. sost. f. inv. l'ultima soluzione, l'estrema possibilità, l'ultimo tentativo.

ultimàre v. tr. condurre a termine, terminare, compiere, finire, concludere □ smettere, cessare CONTR. iniziare, cominciare, principiare, dare inizio.

ultimatìvo agg. ultimo, definitivo, estremo, perentorio.

ultimàto (1) part. pass. di **ultimare**; anche agg. finito, terminato, compiuto, concluso CONTR. iniziato, incominciato.

ultimàto (2) s. m. *V.* **ultimatum**.

ultimàtum [vc. lat., di creazione moderna, da *ultimus* 'ultimo, estremo'] s. m. inv. **1** (*dir.*) ultime condizioni **2** (*est.*, *fig.*) proposta perentoria, proposta finale.

ultimìssima s. f. **1** (*di giornale*) ultima edizione **2** (*al pl.*) ultime notizie, novità recentissime.

ùltimo A agg. **1** (*nel tempo, nello spazio*) finale, terminale, conclusivo CONTR. primo, iniziale **2** (*fig.*) (*di parola, di promessa e sim.*) decisivo, estremo **3** (*di notizie, di moda, ecc.*) recente, recentissimo, nuovissimo, modernissimo **4** (*di cose, di avvenimenti, ecc.*) remoto, remotissimo, estremo CONTR. recente, prossimo **5** (*di luogo, di spazio*) più lontano, estremo CONTR. più vicino **6** (*fig.*) (*di importanza, merito, ecc.*) inferiore, peggiore, infimo CONTR. superiore, migliore **7** (*fig.*) massimo, sommo, supremo CONTR. minimo, infimo **8** (*fig.*, *lett.*) primario, fondamentale **B** s. m. **1** CONTR. primo **2** (*fig.*) momento finale, momento conclusivo, conclusione finale FRAS. *all'ultimo*, in ultimo, alla fine □ *da ultimo*, infine □ *fino all'ultimo*, fino alla fine □ *l'ultimo arrivato*, *l'ultimo venuto*, il meno importante, il meno capace □ *l'ultima ruota del carro* (*fig.*), la persona meno importante □ *dalla prima all'ultima parola* (*fig.*), dal principio alla fine □ *in ultima analisi*, in conclusione □ *all'ultima moda*, modernissimo □ *dell'ultima ora* (*fig.*), recentissimo.

ultrà s. m. e f. inv.; anche agg. estremista (spec. in politica).

ultramodèrno agg. modernissimo CONTR. antiquatissimo.

ultraràpido agg. rapidissimo CONTR. lentissimo.

ultrasònico agg. ultrasonoro.

ultrasuòno s. m. CONTR. infrasuono.

ultraterréno agg. (*relig.*) eterno, trascendente CONTR. terreno, terrestre, caduco.

ultraviolétto s. m.; anche agg. CFR. infrarosso.

ululàre v. intr. **1** (*di cane, di lupo*) emettere ululati **2** (*est.*, *lett.*) (*di persona*) lamentarsi cupamente **3** (*fig.*) (*del vento, del mare, ecc.*) rumoreggiare cupamente.

ululàto s. m. **1** (*di cane, di lupo*) ululo **2** (*est.*, *lett.*) (*di persona*) urlo cupo, urlo lamentoso **3** (*di vento, di mare, ecc.*) suono cupo, cupo rumore, rimbombo.

umanaménte avv. **1** dal punto di vista umano, materialmente, naturalmente CONTR. divinamente, spiritualmente **2** con umanità, benignamente, benevolmente, cortesemente, affabilmente, cordialmente, generosamente CONTR. disumanamente, crudelmente, spietatamente, senza umanità.

umanésimo s. m. **1** (*est.*) rinascimento letterario **2** (*est.*) studi classici.

umanìsta s. m. e f. (*est.*) letterato, classicista, filologo.

umanìstico agg. **1** dell'umanesimo, degli umanisti **2** (*est.*) classico, filologico, letterario **3** (*est.*) (*di facoltà universitaria*) letterario CFR. scientifico, giuridico, ecc.

umanità s. f. **1** natura umana CONTR. divinità **2** (*est.*) benevolenza, bontà, generosità, altruismo, benignità, pietà, affabilità, cortesia, cordialità, comprensione, solidarietà, fratellanza CONTR. disumanità, crudeltà, spietatezza, cattiveria, egoismo **3** (*raro, lett.*) studi letterari, letteratura **4** genere umano, consorzio umano, specie umana, società, gente, mondo, uomini.

umanitàrio agg.; anche s. m. umano, generoso, comprensivo, caritatevole, benefico, pietoso, altruista, filantropico, filantropo CONTR. egoista, egoistico.

umanitarìsmo s. m. filantropia, altruismo, generosità, solidarietà, fratellanza CONTR. misantropia, egoismo.

umanizzàre v. tr. rendere umano, incivilire CONTR. imbarbarire.

umàno A agg. **1** di uomo, dell'uomo, degli uomini **2** (*est.*) naturale, proprio della natura umana □ materiale, contingente CONTR. sovrumano, divino, soprannaturale **3** generoso, comprensivo, caritatevole, benefico, pietoso, altruista, compassionevole, mite, gentile, cortese, cordiale, affabile CONTR. disumano, inumano, malvagio, crudele, feroce, barbaro, incivile **4** (*fig.*) (*di sguardo, di voce e sim. spec.*

di animali) espressivo **CONTR.** inespressivo **B** s. m. spec. al pl. (*lett.*) uomo, genere umano, umanità, mondo.

umidìccio agg. **1** (*di atmosfera, di cose*) piuttosto umido, bagnaticcio **2** (*di parti del corpo*) sudaticcio, sgradevolmente umido, molliccio.

umidificàre v. tr. inumidire, umettare **CONTR.** seccare, asciugare, essiccare.

umidificatóre s. m. vaporizzatore, nebulizzatore.

umidità s. f. umidezza, umidore (*lett.*), acquosità □ vapor acqueo **CONTR.** asciuttezza, aridità, secchezza, siccità.

ùmido A agg. impregnato di umidità, bagnato, acquoso, molle, umidiccio, rorido (*poet.*) □ non completamente asciutto **CONTR.** asciutto, secco, arido **B** s. m. **1** umidità **2** (*cuc.*) sugo, vivanda al sugo **FRAS.** *in umido*, nel sugo, al sugo.

ùmile agg. **1** (*di grado sociale*) modesto, basso, povero, oscuro, poco elevato **CONTR.** nobile, elevato **2** (*est.*) (*di cose*) povero, modesto, dimesso, semplice **CONTR.** elegante, fastoso, sontuoso **3** (*est.*) (*di lavoro, di paga, ecc.*) meschino, misero, vile **CONTR.** bello, gratificante, buono, soddisfacente **4** (*di persona*) modesto, semplice, sottomesso, dimesso, remissivo **CONTR.** superbo, altezzoso, orgoglioso, tronfio, ambizioso, presuntuoso, arrogante, borioso **5** (*verso l'autorità*) ossequente, obbediente, rispettoso **CONTR.** ribelle, indocile, irrispettoso.

umiliànte part. pres. di **umiliare**; anche agg. che umilia, avvilente, mortificante, imbarazzante, demoralizzante **CONTR.** esaltante, incoraggiante, eccitante.

umiliàre A v. tr. **1** (*lett.*) (*di fronte, di capo, ecc.*) abbassare, chinare **CONTR.** alzare **2** (*di superbia, di orgoglio, ecc.*) sottomettere, reprimere, domare, fiaccare, annientare, abbattere **CONTR.** alimentare, esaltare **3** (*di persona*) avvilire, imbarazzare, offendere, mortificare, confondere, deprimere, ferire la dignità, far abbassare la cresta **CONTR.** esaltare, glorificare, onorare, lodare, ossequiare **B umiliarsi** v. rifl. farsi umile, sottomettersi, inchinarsi, inginocchiarsi, abbassarsi, mortificarsi, abbassare la cresta, chinare il capo, battersi il petto **CONTR.** insuperbirsi, inorgoglirsi, esaltarsi.

umiliazióne s. f. mortificazione, offesa, scorno □ avvilimento, sottomissione **CONTR.** esaltazione, glorificazione, onore, lode, ossequio □ coraggio, sollievo.

umilménte avv. **1** modestamente, dimessamente, ossequiosamente, rispettosamente, semplicemente **CONTR.** superbamente, altezzosamente, alteramente, ambiziosamente, orgogliosamente **2** servilmente, bassamente.

umiltà s. f. **1** modestia, semplicità, mansuetudine **CONTR.** orgoglio, superbia, alterigia, altezzosità, ambizione **2** deferenza, reverenza, sottomissione, rispetto **CONTR.** irriverenza, impudenza, insolenza.

umóre s. m. **1** (*lett.*) umidità, umido, liquido, succo, secrezione, linfa, essudato, sudore **2** (*fig.*) (*di persona*) indole, carattere, natura, temperamento, tendenza **3** (*est.*) (*di animo*) disposizione, inclinazione.

umorìsmo s. m. humour (*ingl.*), umore (*raro*), spirito, arguzia, comicità, vena comica, vis comica (*lat.*), brio.

umorìsta A s. m. e f. **1** spiritoso **2** barzellettista, vignettista **B** agg. umoristico **CONTR.** triste.

umoristicaménte avv. comicamente, argutamente, spiritosamente, ridicolmente **CONTR.** tristemente, seriamente.

umorìstico agg. comico, arguto, burlesco, spiritoso, faceto, ridicolo **CONTR.** triste, serio.

unànime agg. **1** (*di persona*) concorde, consenziente, d'accordo, all'unisono, dello stesso parere **CONTR.** discorde, discordante, dissenziente, in disaccordo **2** (*di cose*) condiviso da tutti, approvato da tutti, generale, universale, collettivo, completo, totale **CONTR.** discorde, discordante, parziale.

unanimeménte avv. all'unanimità, concordemente, tutti, da tutti **CONTR.** discordemente.

unanimità s. f. (*di idee, di aspirazioni e sim.*) totale concordanza, pieno accordo, consenso generale, concordanza, concordia, consonanza **CONTR.** discordanza, dissonanza, dissenso **FRAS.** *all'unanimità*, col consenso di tutti, unanimemente.

una tantum /*lat.* 'una 'tantum/ [loc. lat., letteralmente 'una volta (*una*) soltanto (*tantum*)'] **A** loc. agg. (*di retribuzione, premio e sim.*) straordinario, eccezionale **CONTR.** ordinario, comune, normale **B** s. f. imposta straordinaria.

uncinàre v. tr. **1** afferrare con un uncino **2** (*fig.*) (*di pallone*) arrestare al volo.

uncinàto part. pass. di **uncinare**; anche agg. **1** a uncino, adunco **CFR.** dritto, aguzzo, appuntito **2** (*di amo*) artigliato **FRAS.** *croce uncinata*, svastica.

uncinétto s. m. **1** dim. di **uncino 2** (*per lavori a maglia o a rete*) ago uncinato, croscé, crochet (*fr.*).

uncìno s. m. **1** ronciglio, raffio, gancio, rampino, granfia (*ant.*), rampone, arpione, amo **2** (*fig.*) scusa, pretesto, cavillo **3** (*sport*) (*nel pugilato*) gancio, hook (*ingl.*) **FRAS.** *a uncino*, uncinato, adunco.

under /*ingl.* 'ʌndə/ [vc. ingl., propriamente 'sotto'] agg. inv.; anche s. m. inv. (*sport*) al di sotto degli anni.

underground /*ingl.* 'ʌndəgraund/ [vc. ingl., letteralmente 'sotterraneo', da *under* 'sotto' e *ground* 'fondo'] agg. inv. **1** segreto, clandestino, alla macchia **CONTR.** pubblico, aperto **2** (*di musica, arte, letteratura*) anticonformista, contestatario **CONTR.** conformista.

ùngere A v. tr. **1** (*anche ass.*) (*di sostanze grasse*) spalmare, cospargere **2** (*est.*) macchiare d'unto, sporcare **3** (*est.*) ingrassare, lubrificare **4** (*fig.*) (*di persona*) blandire, lisciare, adulare **5** (*fig.*) pagare, corrompere **B ungersi** v. rifl. (*di sostanze grasse*) spalmarsi **C** v. intr. pron. (*di unto, di sugo e sim.*) macchiarsi, sporcarsi **FRAS.** *ungere le ruote, ungere le carrucole* (*fig.*), adulare, lusingare; corrompere.

ungherése agg.; anche s. m. e f. ungarico (*lett.*), magiaro.

ùnghia s. f. **1** (*anat.*) artiglio **2** (*al pl.*) (*fig.*) grinfie, mani, potere □ rapacità, avidità **3** (*fig.*) (*di misura*) distanza minima, grandezza minima, quantità minima, minimo **4** (*di coltello, di attrezzo*) taglio, tacca, intaccatura □ (*est.*) attrezzo con tacca **FRAS.** *avere le unghie lunghe* (*fig.*), rubare, essere propenso al furto □ *mettere fuori le unghie* (*fig.*), mostrare la propria aggressività □ *coi denti e con le unghie* (*fig.*), con ogni mezzo.

unghiàta s. f. **1** colpo d'unghia, colpo con le unghie, graffio, graffiata **2** (*su coltello, su temperino, ecc.*) intaccatura, tacca, unghia.

unguènto s. m. unto, pomata, manteca, linimento, balsamo, impasto profumato, profumo.

unìbile agg. congiungibile, attaccabile, legabile, collegabile, fondibile.

unicaménte avv. soltanto, solamente, solo.

unicellulàre agg. (*biol.*) di una sola cellula **CONTR.** pluricellulare.

unicità s. f. singolarità, esclusività, particolarità **CONTR.** molteplicità, pluralità.

ùnico A agg. **1** singolare, solo, singolo **CONTR.** numeroso, molteplice, diverso, plurimo **2** (*di scarpa, di vestiario, ecc.*) spaiato, scompagnato **CONTR.** appaiato **3** (*di bellezza, di valore, ecc.*) incomparabile, raro, prezioso, impareggiabile, straordinario, irripetibile **CONTR.** comune, ordinario, normale **B** s. m. solo **CONTR.** numerosi, diversi, parecchi.

unicòrno A agg. (*di animale*) con un corno solo **B** s. m. **1** (*nella mitologia*) liocorno **2** (*zool.*) narvalo.

unicum /*lat.* 'unikum/ [vc. lat., propriamente '(oggetto) unico'] s. m. inv. (*di libro, francobollo, ecc.*) esemplare unico.

unidirezionàle agg. (*di sistema, di circolazione stradale*) in una sola direzione.

unifamiliàre agg. (*di casa*) per una sola famiglia, monofamiliare **CONTR.** plurifamiliare.

unificàbile agg. fondibile, unibile □ uniformabile, standardizzabile **CFR.** divisibile, separabile □ diversificabile, moltiplicabile.

unificàre A v. tr. **1** (*di elementi*) fondere, unire, rendere unito, aggregare **CONTR.** dividere, separare, suddividere, frantumare **2** (*di prodotto, di misura, ecc.*) standardizzare, uniformare, rendere uguale **CONTR.** diversificare **B unificarsi** v. rifl. rec. unirsi, fondersi, uniformarsi, diventare uguali **CONTR.** dividersi, separarsi, diversificarsi.

unificàto part. pass. di **unificare**; anche agg. **1** fuso, unito, aggregato **CONTR.** diviso, separato **2** uniforme, uniformato, uguale, standardizzato **CONTR.** diverso, diversificato.

unificazióne s. f. **1** (*di elementi*) unità, fusione, aggregazione □ accorpamento **CONTR.** divisione, separazione, suddivisione, frantumazione □ lottizzazione, frazionamento **2** (*di prodotto, di misura, ecc.*) standardizzazione, uniformazione, uguagliamento **CONTR.** differenziazione, diversificazione.

uniformàre A v. tr. **1** (*di superficie*) rendere uniforme, spianare, appiattire, rendere pari **2** (*di gusti, di criteri, ecc.*) adeguare, accordare, conformare, adattare **CONTR.** distinguere, diversificare **B uniformarsi** v. rifl. adeguarsi, conformarsi, sottomettersi **CONTR.** ribellarsi, dissentire.

uniformazióne s. f. uniformità, standardizzazione, unificazione **CONTR.** diversificazione, diversità, difformità.

unifórme (1) agg. **1** (*di superficie*) uguale, pari **CONTR.** mosso, accidentato **2** (*fig.*) (*di scritto, di paesaggio, ecc.*) omogeneo □ piatto, monotono **CONTR.** vario, vivace **3** (*di comportamento, di azione, ecc.*) uguale, simile, somigliante, medesimo, stesso, concorde **CONTR.** difforme, diverso, discorde **4** (*di moto, di velocità e sim.*) costante **CONTR.** difforme, incostante, variabile.

unifórme (2) s. f. (*di militari, di collegiali, ecc.*) divisa, livrea, tenuta, assisa, montura (*raro, tosc.*).

uniformeménte avv. **1** con uniformità, ugualmente, similmente, parimenti **CONTR.** variamente, diversamente **2** conformemente, concordemente **CONTR.** diversamente.

uniformità s. f. **1** (*di paesaggio, di stile, ecc.*) uguaglianza, monotonia, piattezza □ omogeneità, armonia □ costanza **CONTR.** difformità, diversità, varietà, incostanza **2** (*di opinioni, di sentimenti e sim.*) conformità, concordanza, concordia, accordo **CONTR.** differenza, disaccordo, disparità, discordanza.

unilateràle agg. **1** rivolto a un solo lato **2** (*tecnol.*) unidirezionale **CONTR.** pluridirezionale **3** (*di promessa, di impegno, ecc.*) di una sola parte, di uno solo **CONTR.** bilaterale **4** (*fig., est.*) (*di opinione, di comportamento, ecc.*) personale, parziale, soggettivo, settario **CONTR.** generale, pluralistico.

unilateralità s. f. (*spec. fig.*) parzialità, soggettività, settarietà **CONTR.** pluralità, pluralismo.

unilateralménte avv. **1** (*di promessa, di impegno, ecc.*) da una sola parte **CONTR.** bilateralmente **2** (*fig.*) parzialmente, settariamente, da un solo punto di vista **CONTR.** pluralisticamente.

unióne s. f. **1** (*di elementi*) connessione, congiungimento, congiunzione, collegamento, fusione, attacco, aggiuntatura, abbinamento, accoppiamento, appaiamento □ aggregato, combinazione, mescolanza, miscuglio, complesso **CONTR.** separazione **2** (*ling.*) nesso, relazione **3** (*di persone*) legame, appaiamento, unità, vincolo, matrimonio **CONTR.** disunione, separazione, divorzio **4** (*di organizzazione politica, economica, ecc.*) associazione, accordo, consorzio, cooperazione, raggruppamento, alleanza □ gruppo, lega, cooperativa, federazione, confederazione, società, sodalizio, congregazione, confraternita, club (*ingl.*), blocco, coalizione **5** (*fig.*) (*di animo, di propositi e sim.*) accordo, intesa, concordia, solidarietà, consonanza, concordanza **CONTR.** discordia, disaccordo, contrasto, dissonanza, discrepanza, dissenso, dissidio, divergenza **6** (*di opera letteraria, artistica e sim.*) continuità, coesione, coerenza, armonia **CONTR.** discontinuità, incoerenza, disarmonia.

unìre A v. tr. **1** (*di cose, di parti, ecc.*) congiungere, accostare, connettere, collegare, saldare, attaccare, accoppiare, appaiare, aggregare, combinare, mescolare, amalgamare **CONTR.** separare, staccare, sconnettere, scindere, slacciare, slegare **2** (*est.*) (*di capitali, di forze, ecc.*) fondere, associare, riunire, raccogliere, far confluire, mettere insieme **CONTR.** dividere, dissociare, disgregare **3** (*est.*) (*di persona, di animi, ecc.*) stringere, legare, annodare, aggregare, raggruppare, affratellare, associare, avvicinare, avvincere, cementare, coalizzare, accomunare, saldare, vincolare, impegnare **CONTR.** disunire, disgregare **4** (*di via di comunicazione*) collegare, legare, congiungere, raccordare, mettere in comunicazione **CONTR.** separare, dividere **B unirsi** v. rifl. rec. **1** (*di persone*) mettersi insieme, formare una unione, associarsi, coalizzarsi □ sposarsi **CONTR.** dividersi, separarsi **2** (*di cose, di parti, ecc.*) congiungersi, accostarsi, mescolarsi, collegarsi, amalgamarsi **CONTR.** separarsi, staccarsi, scindersi, slegarsi **3** (*est.*) (*per uno scopo*) fare causa comune, allearsi, stringersi, coalizzarsi, associarsi, impegnarsi **CONTR.** disunirsi, disgregarsi **C** v. intr. pron. **1** (*di persone*) accompagnarsi, mettersi insieme, aggregarsi, raggrupparsi **CONTR.** dividersi, disgregarsi **2** (*di vie di comunicazione*) collegarsi, congiungersi, raccordarsi **CONTR.** separarsi, dividersi.

unisèx [comp. di *uni-* e dall'ingl. *sex* 'sesso'] agg. inv.; anche s. m. inv. (*di moda, di vestito, di comportamento, ecc.*) per entrambi i sessi.

unisìllabo agg.; anche s. m. monosillabo **CFR.** bisillabo, trisillabo, quadrisillabo, polisillabo.

unìsono A agg. **1** (*mus.*) simultaneo, della stessa nota, della stessa altezza **CONTR.** dissonante **2** (*fig.*) in pieno accordo, concorde, conforme **CONTR.** discorde, diverso, discordante, dissidente **3** (*ling.*) omofono **B** s. m. (*fig.*) totale concordanza, pieno accordo, piena armonia **CONTR.** discordia, dissonanza, dissidenza, dissidio.

unità s. f. **1** (*di spirito, di Dio e sim.*) indivisibilità, totalità, unicità, singolarità **CONTR.** molteplicità, diversità, divisibilità, pluralità **2** (*di nazione, di lingue, ecc.*) unione, omogeneità **CONTR.** divisione, diversità **3** (*di metodi, di interessi, ecc.*) convergenza, concordia, identità **CONTR.** divergenza, discordanza, diversità, contraddittorietà **4** (*di complesso, di insieme*) elemento, oggetto, individuo, gruppo **5** (*mat.*) numero uno, uno **6** (*fis.*) (*di misura*) grandezza **7** (*med.*) dose, misura □ reparto **8** (*econ.*) (*di sistema monetario*) moneta, divisa **9** (*mil.*) brigata, divisione, corpo d'armata □ nave, aereo **10** (*tel.*) tre minuti.

unitaménte avv. insieme, congiuntamente **CONTR.** separatamente, disgiuntamente.

unitàrio agg. **1** (*di complesso*) unico, unito **CONTR.** diviso, vario **2** (*di posto, di prezzo, ecc.*) per unità, singolo **CONTR.** globale, totale **3** (*di metodi, di intenti, ecc.*) organico, armonico, continuo **CONTR.** disorganico, disarmonico, discontinuo **4** (*fis.*) (*di misura*) che vale uno, di valore uno, pari all'unità.

unìto part. pass. di **unire**; anche agg. **1** (*di materia*) compatto, fitto, denso, spesso **CONTR.** rado, raro, poroso **2** (*di persone*) solidale, concorde, unanime □ affezionato, legato, attaccato **CONTR.** disunito, discorde **3** (*di tinta, di colore e sim.*) uniforme, uguale, senza disegni **CONTR.** variegato, policromo, a disegni, misto.

universàle A agg. **1** dell'universo **2** generale, comune, di tutti **CONTR.** particolare, singolare, unico **3** (*di concilio, di assemblea, ecc.*) ecumenico, cosmopolita **4** (*di questioni, di problemi, ecc.*) mondiale, di tutti □ (*est.*) importantissimo **CONTR.** particolare, singolo **5** (*di cose, di beni, ecc.*) totale, globale, assoluto **CONTR.** parziale, limitato **6** (*di erede*) dell'intero patrimonio, di tutto il patrimonio **7** (*di dispositivo, di attrezzo e sim.*) polifunzionale, adatto a tutto, atto a ogni condizione **CONTR.** monofunzionale **B** s. m. (*lett.*) (*di persone, di cose*) totalità, complesso, universalità, generalità **CONTR.** particolare, particolarità, unicità.

universalìsmo s. m. ecumenismo, cosmopolitismo **CONTR.** particolarismo, individualismo □ nazionalismo.

universalìsta s. m. e f. cosmopolita, internazionalista **CONTR.** individualista, nazionalista.

universalità s. f. **1** globalità, generalità, totalità **CONTR.** particolarità, unicità **2** universalismo, cosmopolitismo, internazionalismo **CONTR.** particolarismo, individualismo, nazionalismo.

universalizzàre A v. tr. **1** rendere universale **2** (*est.*) generalizzare, estendere, diffondere al massimo **CONTR.** limitare, localizzare, delimitare, restringere **B universalizzarsi** v. intr. pron. estendersi, generalizzarsi, diffondersi al massimo **CONTR.** limitarsi, localizzarsi, delimitarsi, restringersi.

universalménte avv. **1** a tutti, comunemente, generalmente **CONTR.** unicamente, singolarmente **2** (*lett.*) completamente, del tutto **CONTR.** minimamente.

università s. f. **1** (*di arti, di mestieri nel medioevo*) corporazione, associazione **2** (*di centro di studi*) ateneo, politecnico, istituto di studi superiori.

universitàrio A agg. dell'università, accademico **B** s. m. **1** studente dell'università **2** docente, professore dell'università, accademico.

univèrso s. m. **1** cosmo, infinito □ (*est.*) natura, creato, materia **CONTR.** nulla **2** terra, globo terrestre, cielo e terra □ umanità, uomini.

ùno A agg. num. card. **1 CFR.** due, tre, ecc. **2** (*est.*) unico, solo **CONTR.** molti, diversi, vari **3** (*est., lett.*) (*di idee, di sentimenti, ecc.*) unito, compatto **CONTR.** disunito, diviso, discorde **B** s. m. primo numero naturale **C** art. indet. m. solo sing. **1 CFR.** il, lo **2** (*pleon.*) (*di misura*) circa, pressappoco **D** pron. indef. **1** un tale, una certa persona, qualcuno **2** (*preceduto da* se, *con valore impersonale*) chi **3** (*correl. con* altro) questo **4** uno qualunque, uno qualsiasi, qualsivoglia **E** agg. indef. ciascuno, ogni, tutti **FRAS.** *l'uno e l'altro*, ambedue, entrambi □ *l'un l'altro*, vicendevolmente, reciprocamente □ *a uno a uno*, uno alla volta.

ùnto (1) A part. pass. di **ungere**; anche agg. **1** spalmato di grasso, sporco di grasso, bisunto, frittelloso, impataccato (*fam.*) **2** (*di ingranaggio, di ruota e sim.*) ingrassato, lubrificato **CONTR.** sgrassato, secco **3** (*di cibo*) grasso **CONTR.** magro **B** s. m. (*relig.*) **1** (*nella tradizione biblica*) eletto da Dio, Messia **2** (*nel cristianesimo*) re, sacerdote (consacrato da Dio) □ (*est.*) Cristo.

ùnto (2) s. m. **1** grasso, sostanza grassa, untume, grassume, morchia **2** (*di macchia di grasso*) frittella, patacca (*fam.*) **3** (*di condimento*) grasso, sugo, strutto.

untóre [da chi durante la peste di Milano nel '600 si credeva ungesse le porte delle case per propagare il contagio] s. m. (*fig.*) iettatore, scalognatore.

untuosaménte avv. (*fig.*) (*di comportamento*) ipocritamente, servilmente, subdolamente, viscidamente **CONTR.** lealmente, sinceramente, francamente □ rudemente.

untuosità s. f. **1** (*di materia*) grasso, grassume, unto, viscidume, oleosità **2** (*fig.*) (*di comportamento*) ipocrisia, servilismo, affettatezza, viscidità, bigotteria, falsa umiltà **CONTR.** sincerità, lealtà □ dignità □ rudezza, franchezza.

untuóso agg. **1** (*di materia*) unto, grasso, oleoso **2** (*fig.*) (*di comportamento*) ipocrita, mellifluo, servile, affettato, viscido, subdolo, insinuante, eccessivamente cortese **CONTR.** leale, sincero, dignitoso □ brusco, rude, franco.

uòmo s. m. **1** essere umano **2** (*est.*) specie umana, umanità, uomini, gente **CONTR.** animali **3** persona, individuo, mortale, cittadino, creatura, cristiano, figlio di Adamo, prossimo **4** maschio □ adulto **CONTR.** femmina □ bambino **5** (*pop.*) marito, sposo, coniuge, amante, compagno **CFR.** moglie, sposa, compagna **6** (*manodopera*) operaio, dipendente, lavoratore, lavorante, addetto **7** (*mil.*) soldato, militare, milite, uomo armato □ (*mar.*) marinaio **8** (*gener.*) uno, qualcuno **FRAS.** *da uomo*, maschile; come un uomo □ *come un sol uomo*, tutti insieme □ *uomo di paglia* (*spreg.*), prestanome, comparsa □ *da uomo a uomo*, in confidenza; con franchezza □ *uomo di mondo*, uomo di grande esperienza □ *uomo della strada*, cittadino comune, uomo qualunque □ *uomo di Stato*, statista □ *uomo di legge*, giurista, avvocato □ *uomo d'affari*, commerciante □ *uomo d'arma*, soldato, spadaccino □ *uomo di mare*, marinaio □ *uomo di lettere*, letterato □ *uomo di scienza*, scienziato.

uòvo s. m. (*per anton.*) uovo di gallina, cocco (*fam.*) **FRAS.** *bianco d'uovo*, chiara d'uovo, albume □ *rosso d'uovo*, tuorlo □ *pelle d'uovo* (*fig.*), tela finissima □ *l'uovo di Colombo* (*fig.*), espediente facilissimo, trovata elementare □ *cercare il pelo nell'uovo* (*fig.*), essere pignolissimo □ *testa d'uovo* (*spreg.*), intellettuale.

up-to-date /*ingl.* ʌp tə'deit/ [loc. ingl., letteralmente 'sulla (*up to*) data (*date*)'] loc. agg. inv. **1** (*di persona*) aggiornatissimo, informatissimo, à la page (*fr.*) **CONTR.** arretrato, disinformato **2** (*di moda, di abito, ecc.*) modernissimo, d'attualità, ultimo, recentissimo, in (*ingl.*), alla moda **CONTR.** vecchio, fuori moda, out (*ingl.*), antiquato.

ùpupa s. f. (*zool.*) bubbola (*tosc.*).

uragàno [da *Huracàn*, il dio caraibico che personificava i venti impetuosi] s. m. **1** (*est.*) ciclone, turbine, tifone, tempesta, bufera, burrasca, tormenta, fortunale, diluvio, procella (*lett.*), violento temporale **2** (*fig.*) (*di applausi, di fischi, ecc.*) grande quantità, bordata □ frastuono, finimondo, fracasso, putiferio.

urbanaménte avv. educatamente, civilmente, cortesemente, compitamente, garbatamente **CONTR.** maleducatamente, incivilmente, scortesemente, sgarbatamente.

urbanità s. f. educazione, civiltà, cortesia, garbo, garbatezza, grazia, gentilezza, buona creanza, belle maniere **CONTR.** rozzezza, scortesia, sgarbatezza, ignoranza, villania, maleducazione, malcreanza.

urbàno agg. **1** della città, civico, cittadino **CONTR.** rurale, campagnolo **2** (*fig.*) civile, cortese, educato, gentile, garbato, compito, beneducato **CONTR.** rozzo, ignorante, incivile, rude, screanzato, zotico, villano, maleducato.

urgènte part. pres. di **urgere**; anche agg. impellente, pressante, indilazionabile, improrogabile, indifferibile, incombente, premente, incalzante, stringente, imperioso **CONTR.** prorogabile, dilazionabile, differibile, non necessario.

urgenteménte avv. in fretta, presto, velocemente, pressantemente **CONTR.** con calma, tranquillamente.

urgènza s. f. **1** necessità, bisogno impellente, occorrenza estrema, premura **2** rapidità, sollecitudine, fretta **CONTR.** calma, lentezza, tranquillità.

ùrgere A v. tr. **1** (*lett.*) (*di avvenimento, di tempo, ecc.*) spingere, incalzare, premere, spronare, sospingere, far premura **CONTR.** rallentare, frenare, ritardare, dilazionare **2** (*est., ass.*) esercitare una pressione, premere, calcare **3** (*fig.*) (*di persone*) incitare, spronare, stimolare, sollecitare, assillare **CONTR.** calmare, frenare, ostacolare **B** v. intr. essere necessario, necessitare, occorrere, incombere.

ùrina *V.* **orina**.

urinàre *V.* **orinare**.

urlànte part. pres. di **urlare**; anche agg. strillante, sbraitante, vociante.

urlàre A v. intr. **1** (*di animale*) emettere urli, ululare, abbaiare, ruggire **2** (*est.*) (*di persona*) gridare, strillare **3** (*est.*) (*spec. di rimprovero, discussione, ecc.*) alzare la voce, sbraitare, vociare **B** v. tr. **1** (*di insulti, di parolacce, ecc.*) dire a voce alta, gridare **CONTR.** mormorare, sussurrare **2** (*di canzone*) cantare a piena voce.

urlatóre s. m.; anche agg. (f. *-trice*) che urla, urlante.

ùrlo s. m. **1** (*di animale*) grido, ululato, ululo, ruggito, latrato **2** (*est.*) (*di tempesta, di mare, ecc.*) strepito, fragore, stridore, sibilo **3** (*di persona*) grido, strido, esclamazione **CONTR.** bisbiglio, mormorio, sussurro, sussurrio **4** (*est.*) canto sguaiato.

ùrna s. f. **1** (*per reliquie, per ceneri, ecc.*) recipiente, cassetta, vaso **2** (*spec. al pl.*) (*est., lett.*) tomba, sepolcro **3** (*ass.*) cassetta elettorale **4** (*spec. al pl.*) (*fig.*) votazione, consultazione elettorale, elezione **5** (*bot.*) (*nei muschi*) sporangio.

urrà inter. evviva, viva, forza, bene, bravo, auguri.

urtànte part. pres. di **urtare**; anche agg. (*fig.*) antipatico, spiacevole, irritante, odioso, scostante, sgradevole, indisponente, offensivo **CONTR.** simpatico, piacevole, accattivante, allettante, attraente, gradevole, gradito.

urtàre A v. tr. **1** dar contro, investire, colpire, scontrarsi, sbattere, cozzare, dar di cozzo, andare a sbattere, inzuccarsi (*fam.*), inciampare **2** (*fig.*) (*di comportamento*) indisporre, irritare, indispettire, infastidire, offendere, disgustare, turbare **CONTR.** fare piacere, piacere, rallegrare, garbare **B** v. intr. **1** (*contro ostacoli*) dar di cozzo, andare a sbattere, inzuccarsi (*fam.*), inciampare **2** (*fig.*) imbattersi, incappare, scontrarsi, incorrere **C urtarsi** v. rifl. rec. **1** scontrarsi, spingersi, investirsi, cozzare reciprocamente **2** (*fig.*) essere in contrasto, inimicarsi **CONTR.** pacificarsi, riconciliarsi, far la pace **D** v. intr. pron. irritarsi, indispettirsi, infastidirsi, indisporsi, offendersi.

ùrto A s. m. **1** spinta, spintone, cozzo, contraccolpo **2** (*di autoveicoli*) scontro, collisione, investimento □ impatto **3** (*di armati*) cozzo, scontro **4** (*fig.*) (*di carattere, di idee, ecc.*) contrasto, attrito, discordia, conflitto **CONTR.** concordia, accordo, consenso **B** in funzione di agg. inv. (*spec. riferito a dosi di medicinali*) superiore alla media, forte, massiccio **CONTR.** ridotto, debole.

usàbile agg. utilizzabile, adoperabile, fruibile, servibile, godibile **CONTR.** inusabile, inservibile, inutilizzabile.

usànza s. f. **1** consuetudine, costume, costumanza, tradizione, abitudine **2** (*est.*) rito, prassi, metodo, regola, uso **3** (*est.*) moda, voga, foggia.

usàre A v. tr. **1** adoperare, impiegare, servirsi, far uso, utilizzare **2** (*di forza, di modi, ecc.*) ricorrere, adottare, far valere, applicare, esercitare, mettere in atto, recare a effetto **3** (*di favore, di cortesia e sim.*) fare **4** avere l'abitudine, essere solito, solere **B** v. intr. **1** servirsi, usufruire, fare uso **2** operare, agire, comportarsi, trattare **3** essere di moda, essere in voga, andare **CONTR.** essere in disuso **C** v. intr. impers. essere solito, essere normale, essere corrente, essere comune, costumare.

usàto A part. pass. di **usare**; anche agg. **1** (*di cosa*) già adoperato, non nuovo, vecchio **CONTR.** nuovo, intatto **2** (*lett.*) (*di persona*) avvezzo, abituato, pratico **3** (*lett.*) (*di lavoro, di ambiente*) consueto, solito, abituale, ordinario, quotidiano **CONTR.** insolito, disusato, inconsueto, inusitato **B** s. m. **1** uso, abitudine, consuetudine, prassi, regola **2** (*spec. di merce*) roba già adoperata, roba non nuova.

uscènte part. pres. di **uscire**; anche agg. **1** (*di tempo*) che sta per finire, ormai al termine **CONTR.** entrante **2** (*di persona*) che sta per lasciare il proprio ufficio **CONTR.** entrante, subentrante.

uscière s. m. **1** (*negli uffici*) messo, messo donzello (*ant.*), donzello (*ant.*), bidello **2** (*raro, dir.*) ufficiale giudiziario.

ùscio s. m. porta, entrata **FRAS.** *infilare l'uscio, prendere l'uscio* (*fig.*), andarsene.

uscìre v. intr. **1** (*di persona*) andare fuori, venire fuori, sortire (*lett.*) □ andarsene, sgombrare, scappare, scapolare (*fam.*), sgusciare, tagliare la corda **CONTR.** entrare **2** (*est.*) andare a spasso, andare a passeggio **3** (*est.*) (*da un gruppo*) allontanarsi, distaccarsi **4** (*est.*) (*di liquidi, di gas, ecc.*) scaturire, venir fuori, fuoriuscire, sgorgare, zampillare, gocciolare, gocciare, colare, trapelare, trasudare, esalare, sprigionarsi, liberarsi, emanare **CONTR.** entrare **5** (*est.*) (*di chi esce bruscamente, inaspettatamente*) saltar fuori, balzar fuori, emergere **6** (*fig.*) (*di persona agitata, in collera*) sbottare, esclamare **7** (*est.*) (*da uno spazio, da un limite, ecc.*) andare fuori, tracimare, traboccare, straripare **8** (*est., anche fig.*) (*da una strada, da uno spazio*) sbandare, deviare, slittare **9** (*est.*) (*da una superficie*) sporgere, aggettare **CONTR.** rientrare, incassarsi **10** (*est.*) (*da un sorteggio*) essere sorteggiato, essere estratto **11** (*fig.*) (*da una situazione e sim.*) lasciare, abbandonare, ritirarsi **CONTR.** ritornare, rientrare **12** (*est.*) (*dall'ordinario, dal comune e sim.*) emergere, esulare, eccedere, superare, oltrepassare, esorbitare, trascendere **13** (*fig.*) (*di derivazione*) trarre origine, provenire, venire, discendere, derivare **14** (*est.*) risultare, riuscire, essere scelto, essere eletto **15** (*di libri, di giornali e sim.*) essere pubblicato, essere edito, essere stampato, venire alla luce **16** (*fig., ling.*) avere desinenza, terminare, finire **CONTR.** cominciare, iniziare **FRAS.** *uscire dal seminato* (*fig.*), tralignare; deviare dall'argomento □ *uscire dai gangheri* (*fig.*), infuriarsi, arrabbiarsi □ *uscire di mano* (*fig.*), sfuggire al controllo □ *uscire di sé, uscire di senno* (*fig.*), impazzire.

uscìta s. f. **1** (*di persona*) partenza, dipartita (*lett.*), sortita (*pop.*) **CONTR.** ingresso, entrata **2** (*di liquidi, di gas, ecc.*) fuoriuscita, emanazione, esalazione, zampillo, fuga **3** (*mil.*) sortita **4** (*teat.*) entrata in scena **5** (*di luogo*) apertura, passaggio, varco, porta, uscio, sbocco **CONTR.** ingresso, entrata **6** (*ling.*) desinenza, terminazione **7** (*econ.*) esito, spesa, passivo, deficit (*lat.*), somma erogata **CONTR.** entrata, attivo **8** (*fig.*) frase spiritosa, frase scherzosa, motto di spirito, battuta **FRAS.** *via d'uscita* (*fig.*), via di scampo, via di salvezza □ *uscita di sicurezza*, uscita di emergenza.

usignòlo s. m. rosignolo (*lett.*).

ùso (1) agg. (*lett.*) abituato, avvezzo, solito.

ùso (2) s. m. **1** (*di cose*) impiego, utilizzazione □ consumo **2** (*di ragione, di parte del corpo, ecc.*) capacità, facoltà, possibilità di usare **CONTR.** disuso **3** (*dir.*) godimento, usufrutto **4** (*di arte, di tecnica, ecc.*) esercizio, pratica, maneggio **CONTR.** disuso **5** abitudine, consuetudine, usanza, costume, costumanza, tradizione, rito, rituale, regola, maniera, metodo, prassi **6** (*est.*) voga, moda, vezzo, andazzo **7** modo, maniera **8** (*est.*) (*di parola, di termine e sim.*) senso, significato **FRAS.** *d'uso*, usato, corrente, comune □ *a uso di*, fatto per, destinato a □ *fuori uso, fuori d'uso*, inservibile, inutilizzabile; fuori corso □ *all'uso di*, secondo la moda di, secondo il metodo di, secondo il sistema di, secondo i gusti di □ *uso ...*, da usare per; che imita, simile a.

ustionàre A v. tr. scottare, bruciare, strinare **B** **ustionarsi** v. rifl. e intr. pron. scottarsi, bruciarsi, strinarsi.

ustionàto part. pass. di **ustionare**; anche agg. e s. m. scottato, bruciato, strinato.

ustióne s. f. (*med.*) scottatura, bruciatura, strinatura.

usuàle agg. **1** solito, ordinario, consueto, frequente, abituale, quotidiano, normale **CONTR.** insolito, inusitato, straordinario, raro **2** (*est.*) comune, corrente, andante, dozzinale, ovvio, grossolano, trito **CONTR.** scelto, speciale, ricercato, raffinato, raro.

usualménte avv. di solito, solitamente, generalmente, abitualmente, ordinariamente, normalmente, per lo più **CONTR.** straordinariamente, eccezionalmente, raramente.

usufruìbile agg. godibile, utilizzabile, adoperabile **CONTR.** inutilizzabile, inadoperabile.

usufruìre v. intr. **1** (*dir.*) godere l'usufrutto **2** (*est.*) giovarsi, avvantaggiarsi, usare, godere, servirsi, sfruttare, adoperare, utilizzare, valersi.

usufrùtto s. m. (*di frutti, di beni*) godimento, uso.

usùra (1) s. f. (*di denaro prestato*) eccessivo interesse, interesse illecito, strozzinaggio.

usùra (2) s. f. **1** (*di cose, di congegni*) degradazione, consumo, deterioramento **2** (*fig.*) logoramento, logorio.

usuràio s. m. **1** strozzino **2** (*est.*) sfruttatore, negriero, vampiro, sanguisuga, succhione, avido, avarone.

usurpàre v. tr. **1** (*di un bene, di un posto, ecc.*) appropriarsi ingiustamente, sottrarre (con inganno, con forza), carpire, occupare, portare via, rapinare, impadronirsi **2** (*est.*) (*di fama, di gloria e sim.*) godere indegnamente, arrogarsi **CONTR.** meritare.

usurpatóre s. m.; anche agg. (f. *-trice*) **1** chi usurpa, che usurpa, occupante illecito **2** (*est.*) tiranno, intruso, invasore, predone, rapinatore.

usurpazióne s. f. **1** occupazione illecita, appropriazione illecita **2** rapina, invasione, grassazione.

utensìle o **utènsile A** agg. che serve, utile **B** s. m. attrezzo, arnese, strumento, congegno, ordigno, aggeggio, apparecchio, macchina, meccanismo, mezzo.

utensilerìa s. f. **1** fabbrica di utensili □ (*est.*) ferramenta **2** utensili, attrezzi, arnesi.

utènte s. m. e f. fruitore **CONTR.** fornitore.

uterìno agg. **1** dell'utero **2** (*scherz.*) (*di ragionamento*) viscerale, istintivo, impulsivo □ irrazionale, volubile, squilibrato **CONTR.** controllato □ razionale, equilibrato **3** (*di fratello*) della stessa madre ma di padre diverso.

ùtile A agg. **1** (*di persona, di cosa*) che serve, efficace, valido, valevole, vantaggioso, proficuo, buono, giovevole **CONTR.** inutile, svantaggioso, dannoso, pernicioso, nocivo **2** (*di* *tempo, di occasione, ecc.*) conveniente, comodo, favorevole, adatto, propizio, acconcio, opportuno **CONTR.** scomodo, sfavorevole, inadatto, inopportuno **B** s. m. **1** vantaggio, utilità, giovamento, tornaconto, interesse, bene **CONTR.** svantaggio **2** (*di attività economica*) guadagno, profitto, resa, frutto, entrata, rendimento, rendita, reddito, attivo, dividendo **CONTR.** perdita, danno, passivo, deficit (*lat.*).

utilità s. f. utile, vantaggio, beneficio, profitto, tornaconto, interesse, giovamento, bontà, bene □ efficacia, validità, comodità **CONTR.** inutilità, vanità, svantaggio, danno, inefficacia, dannosità.

utilitàrio A agg. **1** (*di sistema, di morale, ecc.*) utilitaristico **2** (*di cose*) vantaggioso, economico **CONTR.** costoso, lussuoso, antieconomico **3** (*di persona*) interessato, calcolatore, venale, avido, avaro **CONTR.** disinteressato, generoso **B** s. m. utilitarista, calcolatore, interessato **CONTR.** disinteressato, generoso.

utilitarìsmo s. m. (*est.*) calcolo, interesse, vantaggio **CONTR.** disinteresse, svantaggio.

utilitarìsta s. m. e f. utilitario, calcolatore, interessato **CONTR.** disinteressato, generoso.

utilitarìstico agg. utilitario, di utilità, di interesse.

utilizzàbile agg. usabile, adoperabile, godibile **CONTR.** inutilizzabile, inservibile.

utilizzàre v. tr. adoperare, usare, fare uso, impiegare, servirsi, valersi, mettere a profitto.

utilizzazióne s. f. uso, impiego, sfruttamento, utilizzabilità, godibilità **CONTR.** inutilizzazione.

utilìzzo s. m. utilizzazione, uso, impiego **CONTR.** inutilizzazione.

utilménte avv. vantaggiosamente, proficuamente, bene, convenientemente, efficacemente **CONTR.** inutilmente, svantaggiosamente, male.

utopìa [dal nome del paese immaginato da Tommaso Moro, derivato dal gr. *ou tópos* 'non luogo, nessun luogo'] s. f. chimera, sogno, fantasia, fantasticheria, cosa irrealizzabile, illusione **CONTR.** realtà.

utopìsta s. m. e f. sognatore, visionario, illuso **CONTR.** realista.

utopisticaménte avv. utopicamente, chimericamente, illusoriamente **CONTR.** realisticamente, concretamente.

utopìstico agg. utopico, chimerico, fantastico, irrealizzabile, illusorio **CONTR.** realistico, realizzabile, concreto, positivo.

ùva s. f. grappolo della vite **FRAS.** *uva di mare*, sargasso □ *uva spina*, uva selvaggia, uva dei frati, ribes, uva crispa □ *uva turca*, fitolacca □ *cura dell'uva*, ampeloterapia, botrioterapia.

uvétta s. f. **1** dim. di **uva 2** uva passa.

uxoricìda s. m. e f.; anche agg. uccisore del coniuge, uccisore della moglie, uccisore del marito.

uxoricìdio s. m. (*dir.*) omicidio contro il coniuge, uccisione del coniuge.

v, V

vacànte agg. **1** (*di impiego, di carica, ecc.*) vuoto, libero, mancante, privo CONTR. occupato, preso, provvisto **2** (*est.*) disponibile CONTR. indisponibile, impegnato, occupato.
vacànza s. f. **1** (*di impiego, di carica e sim.*) disponibilità, vuoto CONTR. indisponibilità **2** (*di attività, di lavoro, ecc.*) sospensione, chiusura, interruzione, cessazione, libertà CONTR. apertura, funzionamento **3** (*est.*) ferie, riposo, svago □ villeggiatura CONTR. lavoro.
vacanzière s. m. villeggiante, turista.
vàcca s. f. **1** mucca, giovenca, vaccina **2** (*fig., spreg.*) donnaccia, prostituta.
vaccinàre A v. tr. immunizzare **B vaccinarsi** v. intr. pron. **1** immunizzarsi **2** (*fig.*) premunirsi, difendersi, divenire insensibile.
vaccinàto part. pass. di **vaccinare**; anche agg. **1** immunizzato **2** (*fig.*) difeso, premunito, insensibile, indifferente.
vaccinazióne s. f. immunizzazione, inoculazione.
vaccìno agg. **1** (*di latte*) di vacca, di mucca **2** (*di carne*) bovino.
vacillaménto s. m. **1** barcollamento, barcollio, pencolamento, traballamento, ondeggiamento, oscillazione, ciondolamento CONTR. stabilità, fermezza, saldezza **2** (*fig.*) tentennamento, esitazione, incertezza, dubbio CONTR. certezza, fermezza, sicurezza, saldezza.
vacillànte part. pres. di **vacillare**; anche agg. **1** barcollante, ondeggiante, pencolante, traballante, oscillante, tremolante, ciondolante CONTR. stabile, fermo, saldo, immobile **2** (*fig.*) (*di persona*) tentennante, titubante, esitante, incerto, dubbioso, perplesso, irresoluto CONTR. sicuro, certo, deciso, saldo, fermo.
vacillàre v. intr. **1** barcollare, pencolare, tentennare, traballare, ondeggiare, oscillare CONTR. essere stabile, essere saldo, stare fermo **2** (*fig.*) (*di persona*) titubare, esitare, traccheggiare (*raro*), tentennare, dubitare CONTR. essere sicuro, essere deciso, essere costante **3** (*fig.*) (*di luce, di memoria, ecc.*) affievolirsi, tremolare, fluttuare, attenuarsi, indebolirsi, infiacchirsi, svigorirsi CONTR. rafforzarsi, aumentare, rinvigorirsi.
vacuaménte avv. a vuoto, inutilmente, futilmente, vanamente CONTR. motivatamente, a ragione, efficacemente.
vacuità s. f. **1** vuoto, vuotezza (*raro*), vuotaggine (*raro*) □ (*fig.*) fatuità, vanità, leggerezza, futilità, inanità (*lett.*), frivolezza, inutilità CONTR. pienezza, consistenza, validità, solidità **2** (*fig.*) (*di pensieri, di concetti, ecc.*) povertà, scarsità, pochezza, meschinità, miseria, nullità CONTR. ricchezza, consistenza, abbondanza, efficacia.
vàcuo A agg. **1** (*raro, lett.*) vuoto CONTR. pieno, colmo, zeppo **2** (*fig.*) (*di idee, di significato, ecc.*) vuoto, fatuo, vano, leggero, inutile, futile, inane (*lett.*), frivolo, povero, insipiente, stolido, sciocco, puerile, melenso CONTR. valido, consistente, ricco, intelligente, efficace **B** s. m. vuoto CONTR. pieno.
vademècum [vc. lat., propriamente 'vieni con me'] s. m. inv. prontuario, formulario, taccuino, manuale, prospetto □ guida, bädecker (*ted.*).
vagabondàggine s. f. oziosità, oziosaggine, scioperataggine, fannullaggine, poltroneria, inattività, inoperosità, inazione, scioperatezza CONTR. operosità, attività, laboriosità, alacrità, dinamicità.
vagabondàggio s. m. **1** vita vagabonda, peregrinazione CONTR. stabilità **2** (*fig.*) vagabondaggine, ozio, oziosità, fannullaggine, poltroneria, scioperataggine CONTR. attività, operosità, laboriosità, lavoro.
vagabondàre v. intr. **1** fare il vagabondo □ oziare, bighellonare, ciondolare CONTR. lavorare, affannarsi, arrabattarsi **2** (*est.*) peregrinare, girovagare, gironzolare, vagare, girellare, errare, ramingare (*lett.*), vagolare, pellegrinare (*lett.*) CONTR. fermarsi, sostare, stare, rimanere, stabilirsi, impiantarsi, dimorare **3** (*fig.*) (*di fantasia*) vagare, divagare, volare CONTR. fermarsi.
vagabóndo A agg. **1** errante, errabondo (*lett.*), ramingo (*lett.*), erratico, randagio (*lett.*), vagante, peregrinante, peregrino (*lett.*) CONTR. sedentario, fisso, stabile, fermo, immobile **2** (*fig.*) fannullone, scansafatiche, scioperato, ozioso, sfaticato, sfaccendato, inattivo CONTR. laborioso, affaccendato, operoso, attivo, alacre, solerte, fattivo **B** s. m. **1** girovago, giramondo, nomade, girellone, zingaro CONTR. sedentario **2** (*est., fig.*) ozioso, fannullone, scioperato, bighellone, sfaccendato, sfaticato,

scansafatiche, poltrone **CONTR.** lavoratore.

vagaménte avv. imprecisamente, approssimativamente, pressappoco **CONTR.** precisamente, esattamente, sicuramente.

vagànte part. pres. di **vagare**; anche agg. errante, vagolante □ divagante, fantasticante **CONTR.** fisso, stabile, fermo.

vagàre v. intr. **1** errare, vagabondare, gironzolare, girellare, vagolare, girovagare **CONTR.** fermarsi, stabilirsi, sostare, indugiare, soffermarsi **2** (*fig.*) (*di pensiero, di fantasia*) divagare, fantasticare **CONTR.** fermarsi, indugiare □ ponderare, riflettere.

vagheggiaménto s. m. **1** contemplazione, ammirazione □ desiderio **CONTR.** disprezzo, disdegno **2** (*est.*) immaginazione, sogno.

vagheggiàre v. tr. **1** (*lett.*) contemplare, mirare, rimirare, ammirare **CONTR.** disdegnare, disprezzare, aborrire **2** (*est., fig.*) desiderare, bramare (*lett.*), amare, agognare, anelare □ sognare, sospirare, aspirare, sperare, fantasticare, ambire **CONTR.** disprezzare, disdegnare, odiare □ aborrire.

vagheggiàto part. pass. di **vagheggiare**; anche agg. (*poet.*) desiderato, bramato (*lett.*), sognato, agognato, sospirato, sperato, amato **CONTR.** aborrito, disprezzato, odiato.

vaghézza s. f. **1** indeterminatezza, imprecisione, incertezza, approssimazione **CONTR.** precisione, esattezza, sicurezza **2** bellezza, grazia, attrattiva, leggiadria, eleganza, desiderabilità **CONTR.** bruttezza **3** piacere, diletto **CONTR.** dispiacere, disgusto, nausea **4** (*lett.*) desiderio, voglia, curiosità, capriccio, attrazione, inclinazione **CONTR.** indifferenza, apatia.

vagìna s. f. **1** (*lett.*) (*di arma*) guaina, fodero **2** vulva.

vaginàle agg. vulvare.

vagìre v. intr. (*di neonato*) piangere, frignare, piagnucolare, lamentarsi.

vagìto s. m. (*di neonato*) pianto, piagnucolio, lamento.

vàglia s. m. inv. (*gener.*) titolo di credito, assegno **FRAS.** *vaglia cambiario*, pagherò, cambiale.

vagliàre v. tr. **1** (*di granaglie, di legumi, ecc.*) setacciare, stacciare, mondare, nettare, cribrare (*lett.*), filtrare, purgare, cernere, abburattare **2** (*di ragione, di prova, ecc.*) valutare, esaminare, soppesare, ponderare, studiare, meditare, sceverare, considerare.

vàglio s. m. **1** (*di attrezzo*) staccio, crivello, cribro (*lett.*), setaccio, buratto, colino □ ventilabro **2** (*fig.*) (*di idea, di proposta, ecc.*) esame, valutazione, attenzione □ scelta.

vàgo A agg. **1** (*lett.*) (*di persona*) vagante, errabondo, errante, instabile **CONTR.** fermo, stabile, fisso, sedentario **2** (*est.*) (*di cosa*) indeterminato, indefinito, indefinibile, fuggevole, incerto, astratto, generico, impreciso, approssimato, nebuloso **CONTR.** determinato, preciso, certo, tangibile, positivo, sicuro **3** (*lett.*) (*di persona*) voglioso, desideroso, attratto, bramoso (*lett.*), avido **CONTR.** indifferente, apatico **4** (*fig.*) amabile, bello, grazioso, leggiadro, aggraziato, attraente, soave, dolce, allettante, desiderabile **CONTR.** brutto, sgradevole, sgraziato, ripugnante, scostante **B** s. m. indeterminatezza, imprecisione, incertezza, astrattezza, astratto **CONTR.** determinatezza, precisione, concretezza, concreto.

vagolàre v. intr. vagare, errare, vagabondare, gironzolare, girellare, ramingare (*lett.*) **CONTR.** fermarsi, sostare, stare.

vagonàta s. f. (*fig., fam.*) grande quantità.

vagóne s. m. **1** (*di treno*) carro, vettura, carrozza **2** (*pop.*) ciccione, grassone.

valànga s. f. **1** (*di neve*) slavina, lavina **2** (*fig.*) grande quantità, massa, abbondanza, subisso, miriade, profusione, cumulo, ammasso, infinità **FRAS.** *a valanga* (*fig.*), irruentemente, violentemente; in grande quantità.

valènte part. pres. di **valere**; anche agg. bravo, esperto, provetto, abile, egregio, capace, valido, eccellente, competente **CONTR.** inabile, inetto, incapace, inesperto, incompetente.

valentìa s. f. bravura, valore, abilità, capacità, talento, destrezza, perizia, maestria, competenza **CONTR.** inabilità, inettitudine, incapacità, incompetenza, inesperienza.

valére A v. intr. **1** (*di persona*) contare, potere, eccellere □ essere stimato, essere considerato, essere reputato **2** (*di persona o cosa*) meritare, avere valore **3** (*di rimedio, di parole, ecc.*) giovare, influire, fruttare, servire **4** (*di documento, di ragionamento, ecc.*) servire, contare, avere valore □ (*est.*) essere regolare, essere legittimo **CONTR.** essere inutile, non avere efficacia **B** v. intr. e tr. **1** (*di cose*) costare **2** (*di numero, di segno, ecc.*) equivalere, corrispondere **3** significare, volere dire **4** (*di beni, di terreni, ecc.*) fruttare, rendere **C** v. tr. (*di lode, di rimprovero, ecc.*) procurare, cagionare, attirare **D valersi** v. intr. pron. servirsi, giovarsi, utilizzare, adoperare, usufruire, avvantaggiarsi, sfruttare, avvalersi.

valévole agg. utile, efficace, giovevole, buono □ valido **CONTR.** inutile, dannoso, nocivo, pernicioso, inefficace □ scaduto.

valicàbile agg. sormontabile, attraversabile, superabile, transitabile, oltrepassabile, scavalcabile, traghettabile, guadabile **CONTR.** invalicabile, insuperabile.

valicàre v. tr. varcare, passare, oltrepassare, sorpassare, superare, scavalcare, attraversare, traghettare, guadare, sormontare.

vàlico s. m. varco, passo, passaggio, forcella, sella.

validaménte avv. vigorosamente, gagliardamente, coraggiosamente □ fortemente, robustamente **CONTR.** debolmente, fiaccamente.

validità s. f. **1** (*di persona*) resistenza, forza, gagliardia, vigoria, potenza **CONTR.** invalidità, debolezza, incapacità **2** (*fig.*) (*di documento, di legge, ecc.*) efficacia, valore, legittimità, regolarità, autenticità **CONTR.** inefficacia, illegittimità, irregolarità **3** (*di contratto, di documento, ecc.*) durata **4** (*di affare, di opera, ecc.*) positività, bontà **CONTR.** negatività.

vàlido agg. **1** forte, gagliardo, vigoroso, resistente, potente, robusto, poderoso **CONTR.** debole, fiacco, fragile, inconsistente **2** capace, abile, valente, esperto, provetto, bravo **CONTR.** inabile, inetto, incapace, inesperto, maldestro **3** (*dir.*) valevole, in corso □ legale, legittimo, ratificato, rato **CONTR.** scaduto, fuori corso □ nullo **4** (*di aiuto, di rimedio, ecc.*) efficace, efficiente, idoneo, giovevole, utile **CONTR.** inefficace, inutile, dannoso **5** (*di affare, di opera, ecc.*) positivo, buono **CONTR.** negativo, brutto.

valìgia s. f. bagaglio, sacca, borsa.

vallàta s. f. valle.

vàlle s. f. **1** (*geogr.*) vallata, vallea (*poet.*), vallone, convalle, forra, gola, burrone **CFR.** altura, monte, montagna, piana **2** bacino, avvallamento, laguna, conca **CFR.** altura, altopiano **FRAS.** *valle di lacrime* (*fig.*), il mondo, la terra □ *a valle* (*fig.*), alla fine, nella fase finale.

vallétto s. m. **1** paggio, staffiere, donzello, lacchè, damigello **2** (*di ufficio*) servente, usciere, messo **3** (*tv.*) aiutante.

valóre s. m. **1** merito, capacità, bravura, competenza, abilità, bontà, importanza, valentia, qualità, virtù, pregio, talento **CONTR.** incapacità, inabilità, inettitudine, incompetenza, inesperienza **2** coraggio, ardimento, eroismo, ardire, prodezza, baldanza, fermezza, forza, strenuità **CONTR.** paura, pusillanimità, viltà, vigliaccheria, timore, debolezza **3** (*di cosa*) prezzo, costo, pregio, valsente (*raro*) **4** (*di pietra preziosa*) peso, purezza, taglio **5** (*di documento, di rimedio, ecc.*) validità, efficacia **CONTR.** nullità, inefficacia **6** (*al pl.*) gioielli, titoli, obbligazioni, proprietà **7** (*di cosa*) importanza, rilievo, peso, considerazione **8** virtù, qualità, dote, ideale **9** (*fis.*) misura **10** equivalente, equivalenza **11** (*di parola*) significato, accezione, senso **12** (*al pl.*) (*di opera d'arte*) elemento stilistico, pregio.

valorizzàre v. tr. **1** avvalorare, dare valore, appoggiare, fare risaltare, esaltare, fare conoscere **CONTR.** svalutare, deprezzare, screditare **2** (*di territorio, di risorse, ecc.*) utilizzare, sfruttare, dare valore.

valorizzazióne s. f. **1** apprezzamento, esaltazione **CONTR.** svalutazione, deprezzamento **2** (*di territorio, di risorse, ecc.*) sfruttamento, utilizzazione, il dare valore.

valorosaménte avv. coraggiosamente, animosamente, arditamente, eroicamente, strenuamente, impavidamente **CONTR.** vilmente, vigliaccamente, paurosamente.

valoróso A agg. **1** coraggioso, animoso, prode, eroico □ strenuo, fiero, ardimentoso, impavido, gagliardo, valido **CONTR.** pauroso, vile, vigliacco, pusillanime, imbelle **2** valente, abile, capace, provetto, bravo, provato **CONTR.** incapace, inetto, inabile **B** s. m. eroe, prode **CONTR.** vile.

valùta s. f. **1** moneta, denaro, carta moneta, valsente (*raro*) **2** valore.

valutàbile agg. **1** calcolabile, stimabile, misurabile, determinabile, ponderabile, apprezzabile **CONTR.** incalcolabile, indeterminabile **2** (*fig.*) (*di idea, di discorso, ecc.*) analizzabile, vagliabile, giudicabile, esaminabile.

valutàre v. tr. **1** (*di prezzo, di valore*) determinare, calcolare, stimare, misurare, attribuire, ponderare, stabilire **2** (*fig.*) (*di persona*) stimare, apprezzare, considerare **3** (*fig.*) (*di idea, di discorso, ecc.*) vagliare, analizzare, soppesare, giudicare, esaminare, distinguere.

valutazióne s. f. **1** (*di persona*) stima, apprezzamento, giudizio **2** (*di cosa*) estimazione, determinazione, perizia, estimo, prezzo.

vàlvola s. f. **1** (*est.*) interruttore, regolatore, stabilizzatore **2** (*est., fig.*) sfogo, momento liberatorio.

vamp /*ingl.* væmp/ [vc. ingl. d'Amer. *vamp*, abbr. di *vampire* 'vampiro'] s. f. inv. fatalona, seduttrice, maliarda, donna vampiro (*scherz.*).

vàmpa s. f. **1** calore, fiammata, vampata, fiamma, calura **2** (*fig.*) ardore, veemenza □ rossore.

vampàta s. f. vampa, fiammata □ (*fig.*) veemenza □ (*fig.*) rossore.

vampìro [dal nome dello spettro che, secondo la leggenda popolare, lascia la tomba di notte e assale i vivi per succhiarne il sangue] s. m. (*fig.*) (*di persona*) dissanguatore, strozzino, usuraio, ingordo, speculatore, parassita, succhiasangue, sfruttatore, profittatore, sanguisuga.

vanaglòria s. f. boria, millanteria, vanità, albagia, superbia, presunzione, fatuità, burbanza, alterigia, spocchia, vanteria, megalomania **CONTR.** umiltà, modestia, discrezione.

vanagloriàrsi v. intr. pron. vantarsi, gloriarsi, pavoneggiarsi, esaltarsi, gonfiarsi □ lodarsi **CONTR.** denigrarsi, screditarsi, diffamarsi.

vanaglorióso agg. borioso, millantatore, vanitoso, vanesio, fatuo, tronfio, superbo, pretenzioso, presuntuoso, spocchioso (*raro, tosc.*) **CONTR.** modesto, umile, discreto, riservato, schivo, misurato.

vandalìsmo s. m. devastazione, distruzione, saccheggio.

vàndalo [dai *Vandali*, popolazione germanica che invase i territori dell'impero romano, assalì e saccheggiò Roma] s. m. **1** devastatore, saccheggiatore, distruttore, demolitore, sterminatore, flagello, rovina **2** (*est.*) barbaro, incolto.

vaneggiaménto s. m. farneticamento, vaniloquio, delirio, fantasticheria, farnetico, insensatezza, insania **CONTR.** ragionamento, logica, raziocinio, sensatezza, riflessione.

vaneggiàre v. intr. **1** delirare, farneticare, sragionare, straparlare, folleggiare **CONTR.** ragionare, riflettere, pensare, raziocinare, argomentare **2** (*lett.*) fantasticare.

vanèsio [da *Vanesio*, protagonista di alcune commedie di G.B. Fagiuoli, 1700] agg.; anche s. m. fatuo, vanitoso, vuoto, spensierato, frivolo, irriflessivo, leggero, vanaglorioso, vano, sciocco, sconsiderato, pretenzioso **CONTR.** serio, assennato, equilibrato, sensato, discreto, concreto.

vànga s. f. (*est.*) pala.

vangàre v. tr. dissodare, rivoltare.

vangèlo s. m. **1** buona novella, Nuovo Testamento **2** (*fig.*) ideologia **3** (*fig.*) verità assoluta, verità indiscutibile.

vanilòquio s. m. delirio, vaneggiamento, farneticamento, chiacchiera, ciancia, ciarla, sproloquio **CONTR.** discorso sensato.

vanità s. f. **1** (*di persona*) ambizione, vanagloria, ostentazione, immodestia, superbia, albagia, boria, sicumera **CONTR.** modestia, umiltà, semplicità, discrezione **2** (*di sforzo, di promessa, ecc.*) inutilità, inanità (*lett.*), sterilità, inefficacia, inconsistenza, infruttuosità □ (*lett.*) (*di cosa*) apparenza, illusorietà, caducità, illusione, incorporeità **CONTR.** utilità, validità, efficacia □ concretezza **3** lusinga, miraggio, pompa **4** (*di persona o cosa*) futilità, inanità (*lett.*), vacuità, fatuità, leggerezza, frivolezza, vuotaggine, civetteria, mania □ debolezza **CONTR.** serietà, concretezza, validità.

vanitosaménte avv. ambiziosamente, presuntuosamente, boriosamente, superbamente, futilmente **CONTR.** umilmente, modestamente, semplicemente, dimessamente.

vanitóso agg.; anche s. m. ambizioso, presuntuoso, vanaglorioso, vanesio, borioso, fatuo, vano, immodesto, futile, vuoto **CONTR.** modesto, umile, discreto, semplice, sensato, serio.

vàno A agg. **1** (*di cosa*) vuoto, vacuo (*raro, lett.*) **CONTR.** pieno, colmo **2** incorporeo **3** (*fig.*) (*di persona*) futile, frivolo, leggero, vanitoso, vanesio, vanaglorioso, tronfio, pretenzioso, sciocco, presuntuoso **CONTR.** umile, dimesso, modesto, saggio, assennato **4** (*fig.*) (*di tentativo, di promessa, ecc.*) inutile, inefficace, inconsistente, effimero, inane (*lett.*), falso, ingannevole, inconcludente, nullo, infruttuoso □ (*di cosa*) futile, frivolo, caduco **CONTR.** utile, efficace, fecondo **B** s. m. **1** spazio □ (*est.*) finestra **2** (*in un muro*) apertura, cavità, incavo **3** (*di appartamento e sim.*) ambiente, stanza, locale, camera.

vantàggio s. m. **1** beneficio, favore, facilitazione, agevolazione, fortuna □ privilegio, superiorità, prerogativa □ sopravvento **CONTR.** svantaggio, aggravio, discapito, inconveniente, scapito, handicap (*ingl.*) **2** (*di affare*) profitto, utile, guadagno, convenienza, interesse, tornaconto, beneficio, pro, utilità **CONTR.** inutilità, perdita, svantaggio **3** (*sport*) distacco, abbuono, giunta, buona misura, sovrappiù **CONTR.** svantaggio, handicap (*ingl.*).

vantaggiosaménte avv. proficuamente, utilmente, convenientemente, fruttuosamente **CONTR.** svantaggiosamente, dannosamente, infruttuosamente.

vantaggióso agg. proficuo, favorevole, conveniente, utile, giovevole, profittevole, acconcio, comodo, fortunato, fruttuoso, produttivo, propizio, redditizio, rimunerativo □ privilegiato **CONTR.** svantaggioso, avverso, calamitoso (*raro, lett.*), inefficace, infruttuoso, inutile, dannoso, pregiudizievole, sfortunato, vano.

vantàre A v. tr. lodare, ostentare, esaltare, magnificare, decantare, gloriare, millantare **CONTR.** denigrare, detrarre (*raro, lett.*), screditare, calunniare, diffamare **B vantarsi** v. rifl. gloriarsi, pavoneggiarsi, esaltarsi, imbaldanzire, lodarsi, pavoneggiarsi, spacciarsi, vanagloriarsi, compiacersi **CONTR.** denigrarsi, screditarsi, calunniarsi, diffamarsi.

vanterìa s. f. **1** millanteria, ostentazione **CONTR.** modestia, umiltà **2** spacconata, guasconata, fanfaronata, smargiassata, bravata, vanto.

vànto s. m. **1** ostentazione, vanteria, esaltazione, millanteria, iattanza, superbia, vanagloria, burbanza, presunzione, spocchia, spavalderia **CONTR.** umiltà, modestia, ritrosia, riserbo, semplicità, discrezione **2** pregio, merito, orgoglio, gloria, superiorità **CONTR.** demerito, colpa □ vergogna.

vànvera s. f. nella loc. avv. *a vanvera*, a casaccio, senza fondamento, insensatamente, sconclusionatamente, incoerentemente, senza riflessione, disordinatamente **CONTR.** sensatamente, ordinatamente, coerentemente.

vapóre s. m. **1** (*chim., fis.*) aeriforme **2** (*ferr.*) vaporiera, locomotiva **3** (*mar.*) piroscafo **4** (*spec. al pl.*) fumo, nebbia, esalazione, miasma, fumosità, effluvio □ vampa di calore **FRAS.** *a tutto vapore* (*fig.*), a gran velocità.

vaporétto s. m. **1** dim. di **vapore 2** battello a vapore.

vaporizzàre A v. tr. (*di liquido*) nebulizzare, polverizzare **CONTR.** condensare, liquefare **B** v. intr. e **vaporizzarsi** intr. pron. evaporare, svaporare, volatilizzare, svanire.

vaporizzàto part. pass. di **vaporizzare**; anche agg. evaporato □ nebulizzato, polverizzato **CONTR.** condensato, liquefatto.

vaporizzatóre s. m. evaporatore □ nebulizzatore, polverizzatore, umidificatore **CONTR.** condensatore.

vaporizzazióne s. f. evaporazione, svaporazione □ volatilizzazione □ suffumigio **CONTR.**

condensazione, liquefazione.
vaporosaménte avv. sofficemente, leggermente, morbidamente **CONTR.** pesantemente, gravemente, rozzamente.
vaporosità s. f. **1** (*di stoffa, di capelli, ecc.*) leggerezza, tenuità, evanescenza, levità, impalpabilità **CONTR.** pesantezza, grossolanità **2** (*fig.*) (*di discorso, di promessa, ecc.*) indeterminatezza, nebulosità, imprecisione, confusione **CONTR.** precisione, nitidezza, chiarezza.
vaporóso agg. **1** (*di luogo, di materia*) fumoso, caliginoso, nebbioso **CONTR.** limpido, terso, pulito, trasparente **2** (*fig.*) (*di stoffa, di capelli, ecc.*) leggero, tenue, evanescente, diafano, aereo, svaporante (*raro*), impalpabile, morbido, soffice **CONTR.** pesante, grosso, greve, grossolano, massiccio, rozzo **3** (*fig.*) (*di discorso, di promessa, ecc.*) indeterminato, vago, inconsistente, impreciso, nebuloso, fumoso **CONTR.** preciso, chiaro, esatto.
varàre A v. tr. **1** (*di nave*) inaugurare **2** (*fig.*) (*di opera*) finire, pubblicare, rappresentare, presentare **3** (*di legge*) approvare, ratificare, omologare, convalidare **CONTR.** bocciare, respingere **B vararsi** v. intr. pron. (*mar.*) arenarsi, incagliarsi.
varàto part. pass. di **varare**; anche agg. **1** (*di nave*) inaugurato **2** (*fig.*) (*di opera*) finito, pubblicato, presentato **3** (*di legge*) approvato, ratificato, convalidato.
varcàbile agg. superabile, oltrepassabile, sormontabile, valicabile, traversabile **CONTR.** insuperabile, insormontabile, invalicabile.
varcàre v. tr. **1** (*di luogo*) oltrepassare, valicare, passare, guadare, superare, trapassare, sormontare, saltare, traversare, attraversare **2** (*fig.*) (*di anni*) superare **3** (*fig.*) (*di limite, di confine, ecc.*) eccedere, superare, oltrepassare.
vàrco s. m. **1** (*di luogo*) passaggio, apertura, adito, accesso, porta **2** (*geogr.*) passo, transito, valico, colle.
varechìna o **varecchìna** s. f. candeggina, liscivia.
variàbile agg. instabile, mutabile, mutevole, incostante, volubile, incerto, vario, cangiante (*lett.*) **CONTR.** invariabile, immutabile, costante, fisso, stabile, fermo.
variabilità s. f. instabilità, mutabilità, volubilità, incertezza, incostanza, mutevolezza, varietà **CONTR.** costanza, fermezza, stabilità, immutabilità.
variaménte avv. diversamente, differentemente, disugualmente **CONTR.** uniformemente, ugualmente.
variànte A part. pres. di **variare**; anche agg. variabile, mutabile **CONTR.** immutabile, invariabile **B** s. f. **1** (*in un progetto, in un lavoro*) mutamento, modifica, variazione, mutazione, cambiamento, correzione, modificazione **2** (*filologia*) forma, lezione, redazione.
variàre v. tr. e intr. **1** mutare, cambiare, trasformare, modificare, correggere, cangiare (*lett.*) □ diversificare **2** (*est.*) (*di motivo musicale, di testo, ecc.*) abbellire, migliorare.
variàto part. pass. di **variare**; anche agg. vario, diverso, svariato, ineguale, assortito, disuguale, molteplice, multiforme □ mutato, cambiato, modificato, trasformato **CONTR.** uguale, invariato, uniforme, monotono, immutabile, unico.
variazióne s. f. **1** cambiamento, mutazione, variante, diversità, modificazione, diversificazione, modifica, oscillazione **CONTR.** immutabilità, uniformità, invariabilità, unicità, monotonia, uguaglianza, stabilità **2** (*mus.*) modificazione.
variegàto agg. screziato, variopinto, striato, multicolore, policromo, maculato, macchiato, macchiettato, cangiante, venato, variato **CONTR.** uniforme, monotono, monocromo, monocromatico.
varietà (1) s. f. **1** molteplicità, ricchezza, assortimento, scelta, gamma **CONTR.** uniformità, unicità, monotonia, fissità **2** (*tra persone o cose*) differenza, divario, diversità, disuguaglianza **CONTR.** uguaglianza, similitudine **3** (*di piante, di minerali, ecc.*) qualità, tipo **4** (*biol.*) gruppo, razza, sorta.
varietà (2) s. m. **1** (*di spettacolo*) variété (*fr.*), avanspettacolo, rivista, musical (*ingl.*) **2** (*di locale*) night-club (*ingl.*), night (*ingl.*), tabarin (*fr.*), cabaret (*fr.*).
vàrio A agg. **1** disuguale, diverso, multiforme, molteplice, svariato, differente, cangiante **CONTR.** uniforme, monotono, immutabile, uguale, unico **2** (*di clima, di carattere, ecc.*) instabile, mutevole, incostante, volubile **CONTR.** fermo, costante, stabile, saldo, immutabile **B** in funzione di agg. indef. solo pl. disparati, parecchi, diversi, molti, numerosi **CONTR.** pochi, rari **C** in funzione di pron. indef. diverse persone, diversi, molti, numerosi **CONTR.** pochi, rari **FRAS.** *varie*, (*di libri, scritti, miscellanee, rubriche*) argomenti vari.
variopìnto agg. multicolore, variegato, screziato, policromo **CONTR.** monocromatico, unitonale.
vàro (1) agg. **CONTR.** valgo.
vàro (2) s. m. **1** (*mar.*) (*di nave*) battesimo, lancio, inaugurazione **2** (*fig.*) (*di opera*) via, presentazione, rappresentazione, messa in moto **3** (*di legge, di progetto*) approvazione, ratifica, omologazione, convalida **CONTR.** bocciatura, rifiuto.
vasàio o (*dial.*) **vasàro** s. m. ceramista, stovigliaio (*raro*), cocciaio, orciaio, orciolaio.
vàsca s. f. **1** (*per bagno*) tinozza **2** (*per liquidi*) tinozza, cisterna, conca, coppa □ peschiera □ abbeveratoio **3** piscina.
vascèllo s. m. (*mar.*) nave.
vaschétta s. f. **1** dim. di **vasca 2** bacinella, catinella, catino, bacile, conca.

vascolàre agg. (*anat.*) vasale.
vasellàme s. m. stoviglie □ ceramiche, maioliche, terraglie.
vàso s. m. **1** recipiente, barattolo, contenitore **2** (*est.*) ciotola, anfora, cratere, orcio, giara, conca, coppa **3** (*da notte*) orinale, pitale **4** (*anat.*) condotto, canale, arteria, vena.
vasocostrittóre s. m.; anche agg. **CONTR.** vasodilatatore.
vasocostrizióne s. f. **CONTR.** vasodilatazione.
vasodilatatóre s. m.; anche agg. **CONTR.** vasocostrittore.
vasodilatazióne s. f. **CONTR.** vasocostrizione.
vassallàggio s. m. (*est.*) sudditanza, soggezione, sottomissione.
vassàllo A s. m. (*est.*) suddito, sottoposto, sottomesso, subordinato **B** agg. soggetto, sottoposto, dipendente, assoggettato, soggiogato **CONTR.** indipendente, autonomo, libero.
vassóio s. m. piatto, cabarè, cabaret (*fr.*), guantiera.
vastità s. f. spaziosità, ampiezza, grandezza, estensione, larghezza, immensità **CONTR.** piccolezza, ristrettezza, strettezza, angustia.
vàsto agg. spazioso, ampio, grande, grosso, esteso, immenso, smisurato, aperto, largo, dilatato, capace □ importante, significativo **CONTR.** stretto, limitato, piccolo, esiguo, insignificante.
vàte s. m. **1** (*lett.*) indovino, profeta, augure **2** poeta, cantore.
vaticàno A agg. (*est.*) pontificio, papale **B** s. m. Chiesa cattolica.
vaticìnio s. m. profezia, predizione, pronostico, auspicio, oracolo, divinazione, preannunzio.
vecchiàia s. f. vecchiezza, decrepitezza, senilità, canizie, tarda età, età senile **CFR.** infanzia, adolescenza, giovinezza, gioventù, maturità □ freschezza.
vecchierèllo s. m. **1** dim. di **vecchio 2** vecchietto, vecchiettino, nonnino.
vecchiézza s. f. **1** (*di persona*) vecchiaia, decrepitezza, senilità, canizie **CFR.** infanzia, adolescenza, giovinezza, gioventù, maturità □ freschezza **2** (*di cosa*) vetustà (*lett.*), antichità **CONTR.** modernità, attualità, novità.
vècchio A agg. **1** (*di persona*) anziano, attempato, senile, decrepito, centenario, bacucco, cadente, venerando, canuto **CFR.** infantile, adolescenziale, giovane, giovanile, maturo, fiorente **2** (*di cosa*) annoso, antico, vetusto (*lett.*), secolare **CONTR.** giovane, nuovo, rigoglioso **3** (*di formaggio, di vino, ecc.*) maturo, stagionato **CONTR.** fresco, nuovo, recente **4** (*est.*) stantio, rancido, ammuffito, irrancidito **CONTR.** fresco, nuovo **5** (*di costruzione*) antico, cadente, cascante **CONTR.** recente, nuovo, moderno **6** (*est., fig.*) (*di notizia, di abitudine e sim.*) trito, vieto, superato, inveterato, antiquato **CONTR.** nuovo, attuale, aggiornato, recente **7** (*fig.*) (*di persona, di metodo, ecc.*) pratico, navigato, valente, provato, sperimentato, provetto **CONTR.** inesperto, principiante, novizio **8** (*fig.*) (*di abito, di moda, ecc.*) usato, portato, logoro, consunto, smesso, sorpassato, out (*ingl.*), antiquato, frusto, liso **CONTR.** nuovo, alla moda, in (*ingl.*) **9** (*fig.*) cauto, esperto **B** s. m. **1** anziano, vegliardo, veglio (*lett.*), nonno **CFR.** bambino, ragazzo, giovane, uomo maturo **2** (*al pl.*) (*di persone*) antichi, predecessori, antenati.
vecchiòtto agg. alquanto vecchio, un po' vecchio □ antiquato, disusato **CONTR.** nuovo, fresco □ alla moda.
vecchiùme s. m. (*spreg.*) rancidume, anticaglia.
véce s. f. **1** (*lett.*) vicenda, mutamento, mutazione, avvicendamento **2** (*spec. al pl.*) funzione, mansione, ufficio, parte **FRAS.** *in vece di*, al posto di.
vedére A v. tr. **1** (*degli occhi*) percepire, scorgere, intravedere, adocchiare, avvistare, guardare, ravvisare, osservare, discernere, distinguere **2** (*di spettacolo*) assistere **3** (*di scritti, di conti, ecc.*) esaminare, leggere, rivedere, riesaminare, controllare **4** (*fig.*) (*di proposta, di azione, ecc.*) giudicare, discernere, reputare **5** visitare **6** (*di persona*) incontrare **7** (*fig.*) (*di Dio*) contemplare **8** (*di avvenimento*) prevedere, vaticinare, antivedere (*lett.*) **9** (*fig.*) (*di notizie, di voci, ecc.*) sentire **10** accorgersi **11** (*fig.*) intendere, conoscere, capire **12** tentare, provare, saggiare, cercare **13** riferirsi, essere in rapporto **B vedersi** v. rifl. **1** guardarsi, rimirarsi, osservarsi, scorgersi **2** (*fig.*) (*di persona*) credersi, ritenersi, sentirsi **3** (*fig.*) riconoscersi, ravvisarsi **C** v. rifl. rec. incontrarsi **D** in funzione di s. m. opinione, giudizio, parere, criterio **FRAS.** *non vedere l'ora, il momento* (*fig.*), essere molto impaziente □ *vedere qc. di buon occhio* (*fig.*), averlo in stima □ *vedere qc. di malocchio* (*fig.*), non stimarlo, averlo in antipatia □ *non poter vedere qc.* (*fig.*), averlo in antipatia.
vedétta s. f. **1** (*mil.*) (*di luogo*) veletta (*lett.*) **2** (*est.*) (*di persona*) guardia, sentinella, osservatore, scolta **3** (*teat., cine.*) vedette (*fr.*), divo, diva, stella, star (*ingl.*).
vedette /*fr.* və'dɛt/ [vc. fr., dall'it. *vedetta*] s. f. inv. divo, diva, stella, star (*ingl.*), vedetta.
védovo agg. (*fig., lett.*) privo, privato, vuoto, vacante, orbato (*lett.*), sprovvisto, spoglio **CONTR.** provvisto, fornito, munito.
vedùta s. f. **1** (*di luogo*) panorama, vista, paesaggio **2** (*di paesaggio, di monumento, ecc.*) riproduzione, immagine, incisione, stampa, quadro, bozzetto, disegno, fotografia **3** (*fig.*) (*di persona*) idea, convinzione, principio, mentalità, opinione, modo di pensare.
veemènte agg. impetuoso, intenso, violento, focoso, irruente, travolgente, precipitoso, ardente, impulsivo, sanguigno, infiammato

CONTR. calmo, tranquillo, placido, fiacco, debole, blando, lento.
veemènza s. f. foga, impetuosità, forza, impeto, ardore, violenza, furia, irruenza, impulsività, enfasi, frenesia, passione CONTR. calma, pacatezza, placidità, lentezza, fiacchezza, flemma, tranquillità.
vegetàle **A** agg. arboreo, vegetativo **B** s. m. (*est.*) albero, pianta, erba, arbusto, frutice.
vegetàre v. intr. **1** (*di pianta*) crescere, vivere, fiorire, pullulare, germogliare, verdeggiare CONTR. appassire, sfiorire, seccarsi, morire **2** (*fig.*) (*di persona*) sopravvivere, vivacchiare.
vegetatìvo agg. dei vegetali, vegetale FRAS. *vita vegetativa*, vita organica.
vegetazióne s. f. flora, verzura (*lett.*), verdeggiamento (*raro*), vegetali, piante.
vègeto agg. **1** (*di pianta*) rigoglioso, prospero, fiorente CONTR. sfiorito, appassito **2** (*est.*) (*di persona*) sano, vigoroso, gagliardo, florido, arzillo, robusto, forte, vivace CONTR. debole, fiacco, cascante, cadente.
veggènte **A** part. pres. di **vedere**; anche agg. (*ant.*) vedente CONTR. cieco **B** s. m. e f. **1** (*lett.*) profeta, vate (*lett.*) **2** mago, indovino, chiromante, cartomante, chiaroveggente.
véglia s. f. **1** nottata, vigilia, dormiveglia **2** vigilanza, sorveglianza **3** (*di festa*) festicciola, trattenimento, veglione.
vegliàrdo s. m. vecchio, veglio (*lett.*), anziano.
vegliàre **A** v. intr. **1** vigilare, badare, sorvegliare CONTR. dormire □ trascurare **2** (*su persona o cosa*) proteggere, difendere **B** v. tr. curare, assistere CONTR. trascurare.
veglióne s. m. gran ballo, festa danzante, veglia.
veìcolo s. m. **1** mezzo di trasporto **2** (*fig.*) (*di malattie, di idee, ecc.*) mezzo, tramite, via CONTR. impedimento, ostacolo **3** (*chim.*) eccipiente.
véla s. f. **1** (*mar.*) velame (*ant.*), velatura **2** (*est.*) veliero, nave FRAS. *a gonfie vele* (*fig.*), benissimo □ *raccogliere le vele* (*fig.*), concludere □ *calare le vele* (*fig.*), cedere, arrendersi.
velàre **A** v. tr. **1** coprire, nascondere, proteggere, schermare, mascherare CONTR. svelare, scoprire, rivelare, smascherare **2** (*fig.*) (*di luce, di sorriso, ecc.*) appannare, offuscare, indebolire, coprire, annebbiare, adombrare CONTR. rischiarare, illuminare, rasserenare, illimpidire **3** (*fig.*) (*di verità, di sentimenti e sim.*) nascondere, dissimulare, adombrare, mascherare, celare (*lett.*) CONTR. svelare, manifestare, dichiarare, esternare, palesare, rivelare, chiarire **B** **velarsi** v. intr. pron. **1** coprirsi CONTR. scoprirsi **2** offuscarsi, appannarsi CONTR. risplendere, rilucere, schiarirsi, brillare **C** v. rifl. **1** coprirsi CONTR. scoprirsi **2** monacarsi, prendere il velo CONTR. gettare il velo, smonacarsi.
velataménte avv. vagamente, indirettamente, oscuramente, mascheratamente CONTR. apertamente, chiaramente, scopertamente, palesemente.
velàto part. pass. di **velare**; anche agg. **1** (*di stoffa, di indumento e sim.*) trasparente, tenue, diafano CONTR. pesante, spesso **2** (*fig.*) (*di parole, di allusioni, ecc.*) coperto, nascosto, dissimulato, celato (*lett.*), schermato, mascherato, attenuato, ambiguo, equivoco, oscuro CONTR. chiaro, aperto, esplicito, scoperto, palese, evidente, manifesto **3** (*fig.*) (*di sguardo, di voce, ecc.*) fioco, debole, annebbiato, incerto CONTR. chiaro, forte, sicuro.
velatùra s. f. **1** copertura **2** patina, offuscamento, strato.
veléno [dal latino *venenu(m)*, da *Venus* 'Venere', col senso di 'filtro d'amore'] s. m. **1** tossico, tosco (*ant.*) CONTR. antidoto, contravveleno **2** (*est.*) (*di cosa disgustosa*) porcheria, schifezza, schifenza (*raro*) **3** (*fig.*) astio, rancore, odio, malignità, perfidia, cattiveria, livore, velenosità, acrimonia, animosità, fiele CONTR. affetto, simpatia, bontà, dolcezza, generosità.
velenosaménte avv. astiosamente, perfidamente, odiosamente, malignamente, animosamente CONTR. benevolmente, favorevolmente, generosamente, con simpatia.
velenóso agg. **1** (*di sostanza*) tossico, venefico, attossicato, avvelenato, virulento CONTR. atossico, innocuo **2** (*fig.*) (*di film, di libro e sim.*) nocivo, dannoso CONTR. benefico, utile, giovevole **3** (*fig.*) (*di parola, di scritto, ecc.*) astioso, malevolo, maligno, ostile, malefico CONTR. benevolo, buono, amichevole, gentile.
velièro s. m. nave, bastimento.
velìna s. f. **1** carta velina **2** copia **3** circolare.
velìvolo s. m. (*aer.*) aeroplano, aereo, aliante.
velleità s. f. ambizione, desiderio, aspirazione, voglia, sogno, capriccio, bizzarria CONTR. realtà, ragionevolezza.
velleitariaménte avv. da velleitario, irragionevolmente, sconsideratamente CONTR. realisticamente, concretamente.
velleitàrio agg. ambizioso, vanaglorioso, impossibile, capriccioso, irrealizzabile CONTR. realistico, ragionevole, credibile.
vellicàre v. tr. **1** solleticare, titillare, stuzzicare, carezzare **2** (*fig.*) stimolare, lusingare, eccitare, incitare, risvegliare CONTR. calmare, addormentare, acquietare.
vèllo s. m. **1** (*di animale*) pelo, lana, pelame, pelliccia, tosone **2** (*est., poet.*) chioma.
vellutàto agg. **1** liscio, morbido, delicato, felpato CONTR. ruvido, duro, scabro **2** (*fig.*) (*di colore*) intenso, caldo, morbido, lucente CONTR. freddo, tenue, sbiadito **3** (*fig.*) (*di voce, di suono*) armonioso, dolce, delicato CONTR. aspro, disarmonico, stonato.
vellùto s. m. felpa, velours (*fr.*), peluche (*fr.*).
vélo s. m. **1** (*di tessuto*) garza, tulle (*fr.*), organ-

za **2** (*est.*) veletta, crespo **3** (*di riparo*) tenda, zendado, conopeo, zanzariera, cortina, velario **4** (*fig.*) (*di polvere, di vernice, ecc.*) patina, patinatura, pellicola **5** (*fig.*) (*di passione, di ignoranza e sim.*) offuscamento, nebbia, obnubilamento, ombra, buio, ottundimento **6** (*fig.*) (*di idee*) pregiudizio, fanatismo, ubbia **7** (*lett.*) apparenza, maschera, illusione.

velóce agg. **1** celere, rapido, lesto, svelto, sollecito, ratto (*lett.*), folgorante, fulmineo, repentino, scattante, spedito, vertiginoso **CONTR.** lento, lungo **2** (*fig.*) (*di modi, di mente, ecc.*) sollecito, spicciativo □ sveglio, pronto **CONTR.** indolente, flemmatico, pigro □ tardo.

veloceménte avv. celermente, rapidamente, lestamente, sollecitamente, fulmineamente, repentinamente, speditamente, prontamente **CONTR.** lentamente, adagio, pigramente, flemmaticamente.

velocìsta s. m. e f. scattista, sprinter (*ingl.*).

velocità s. f. **1** rapidità, celerità, sveltezza, alacrità, dinamismo, lestezza, prontezza, solerzia, sollecitudine, speditezza, prestezza (*raro*) **CONTR.** lentezza, indugio, lungaggine, torpore, calma, flemma, pigrizia **2** (*di autoveicolo*) marcia **3** (*nel parlare*) tachifasia **CONTR.** bradifasia.

velopèndulo s. m. palato molle.

véna s. f. **1** vaso sanguigno □ (*est.*) arteria **2** (*fig., poet.*) sangue **3** (*est.*) (*di marmo, di legno, ecc.*) venatura, screziatura, segno, striatura **4** (*fig.*) traccia, indizio, segno **5** (*di acqua e sim.*) meato, polla, sorgente, fonte **6** (*di minerale*) filone **7** (*fig.*) estro, fantasia, creatività, ingegno **8** (*fig.*) disposizione, inclinazione, voglia.

venàle agg. **1** (*di cosa*) commerciabile, mercatabile (*ant.*) **2** (*di prezzo*) corrente, normale, di mercato **3** (*fig.*) (*di persona*) disonesto, corruttibile, prezzolato, corrotto **CONTR.** incorruttibile, disinteressato, onesto **4** (*fig.*) (*di persona*) avido, interessato, calcolatore **CONTR.** disinteressato, generoso.

venalità s. f. corruttibilità, disonestà □ avidità, interesse, cupidigia, brama **CONTR.** incorruttibilità, onestà □ disinteresse, noncuranza, generosità.

venàto agg. **1** striato, rigato, screziato, variegato, listato **2** (*fig.*) (*di malinconia, di nostalgia e sim.*) pervaso, soffuso.

venatòrio agg. di caccia.

venatùra s. f. segno, screziatura, vena, striatura.

vendémmia s. f. raccolta dell'uva.

vendemmiàre A v. tr.; anche intr. **1** (*di uva*) raccogliere **2** (*fig.*) (*di cosa*) spogliare, depredare □ procacciare, guadagnare **B** v. intr. raccogliere l'uva, fare la vendemmia.

véndere A v. tr. **1** smerciare, alienare, cedere □ commerciare, trafficare, spacciare, rivendere □ liquidare, svendere □ mercanteggiare, contrattare **CONTR.** comprare, acquistare **2** (*fig.*) (*di lavoro, di animo, ecc.*) concedere, dare, accordare **CONTR.** negare, rifiutare **3** (*est.*) (*di patria, di amici, ecc.*) tradire **4** (*di persona, di idee*) prostituire **5** (*fig.*) (*di fandonia e sim.*) spacciare, presentare **B vendersi** v. rifl. **1** (*di persona*) prostituirsi **2** farsi credere, spacciarsi, presentarsi, passare.

vendétta s. f. **1** rappresaglia, rivincita, rivalsa, contraccambio, faida, ripicca □ (*gerg.*) regolamento di conti **CONTR.** perdono **2** castigo, punizione **CONTR.** perdono.

vendìbile agg. alienabile, commerciabile, negoziabile, vendereccio, lucrabile, cedibile **CONTR.** invendibile, inalienabile.

vendicàre A v. tr. **1** (*di torto, di delitto, ecc.*) ricambiare, restituire, fare pagare **CONTR.** perdonare, rimettere, condonare **2** far giustizia **CONTR.** perdonare **B vendicarsi** v. rifl. rivalersi, farsi giustizia **CONTR.** perdonare, condonare.

vendicatìvo agg.; anche s. m. che si vendica, che non perdona, astioso, implacabile, inesorabile, crudele **CONTR.** indulgente, generoso.

vendicatóre s. m.; anche agg. (f. *-trice*) vindice (*lett.*), ultore (*poet.*) **CONTR.** indulgente, generoso.

véndita s. f. **1** (*dir.*) alienazione, cessione, trasferimento, commercio **CONTR.** compra, acquisto, compera **2** (*di prodotto*) smercio, distribuzione, liquidazione, svendita **3** (*di locale*) negozio, bottega, spaccio, rivendita.

venditóre s. m.; anche agg. (f. *-trice*) **1** commerciante, mercante, trafficante, grossista **CONTR.** compratore, acquirente, cliente **2** bottegaio, esercente, commesso, piazzista **CONTR.** compratore, acquirente, cliente, avventore **FRAS.** *venditore di fumo* (*fig.*), fanfarone, imbroglione □ *venditore all'ingrosso*, grossista □ *venditore al minuto*, minutante (*raro*), dettagliante.

vendùto part. pass. di **vendere**; anche agg. **1** (*di cosa*) smerciato, alienato **CONTR.** comprato, acquistato **2** (*fig.*) (*di persona*) corrotto, prostituito, guasto, subornato **CONTR.** incorrotto, incorruttibile, onesto.

veneràbile A agg. **1** venerando, onorando (*lett.*), onorabile, rispettabile **CONTR.** disprezzabile, spregevole, trascurabile **2** (*relig.*) santificabile, canonizzabile, santo, sacro, sacrato (*lett.*), benedetto **B** s. m. (*di loggia massonica*) presidente.

venerabilità s. f. onorabilità, rispettabilità **CONTR.** indegnità.

veneràndo agg. degno di venerazione, venerabile, onorando (*lett.*) **CONTR.** indegno, spregevole.

veneràre v. tr. onorare, riverire, rispettare, adorare, ossequiare, stimare **CONTR.** disprezzare, spregiare, trascurare.

venerazióne s. f. **1** rispetto, ossequio, reverenza, stima, considerazione, riguardo, deferenza

CONTR. disprezzo, spregio, noncuranza, disistima, irreverenza **2** devozione, culto, adorazione.

vènere [da *Venere*, la dea dell'amore] s. f. **1** (*est.*) bellissima donna, vamp (*ingl.*) **CONTR.** arpia, megera, strega **2** (*fig.*) sensualità, sesso, desiderio, lussuria **3** (*est.*) prostituta.

venèreo [da *Venere*] agg. **1** (*lett.*) sensuale, lascivo, lussurioso, lubrico, procace **2** sessuale.

veneziàna [acrt. di 'chiusura alla maniera *veneziana*'] s. f. tapparella, persiana avvolgibile.

vènia s. f. (*lett.*) indulgenza, perdono, grazia, remissione, comprensione, compatimento **CONTR.** castigo, punizione.

veniàle agg. **1** (*di peccato*) leggero **CONTR.** mortale **2** (*est.*) (*di errore*) perdonabile, meritevole d'indulgenza **CONTR.** imperdonabile.

venìre v. intr. **1** giungere, arrivare, sopraggiungere, comparire, avvicinarsi, appressarsi, approssimarsi □ provenire, procedere □ ritornare, capitare □ camminare **CONTR.** andare, andarsene, uscire, allontanarsi, partire **2** (*fig.*) (*a patti, a conclusioni, ecc.*) pervenire, addivenire **3** (*anche fig.*) (*di origine, di provenienza*) provenire, derivare, avere origine **4** (*di fatto, di fenomeno*) presentarsi, manifestarsi, capitare, accadere, sopraggiungere **5** (*di pianta*) attecchire, crescere, svilupparsi **CONTR.** morire, seccarsi **6** (*di lavoro, di opera*) riuscire, risultare **7** (*di calcolo*) ottenere, risultare **8** (*di prezzo*) costare **9** (*di festa, anniversario e sim.*) ricorrere, capitare, cadere **10** (*di cosa*) staccarsi, cedere **CONTR.** resistere **11** (*fam.*) (*di denaro, di eredità, ecc.*) toccare, spettare **12** raggiungere l'orgasmo, godere **FRAS.** *venire alla luce*, nascere; manifestarsi, rivelarsi, emergere □ *venire meno*, svenire.

ventàglio s. m. **1** ventola, flabello **2** (*fig.*) (*di proposte, di richieste, ecc.*) serie, elenco, sequenza.

ventàta s. f. **1** folata, soffio **2** (*fig.*) (*di sentimenti, di ribellione*) impulso, moto.

ventennàle s. m. ventennio.

ventènnio s. m. ventennale.

ventilàre v. tr. **1** (*agr.*) (*di sementi*) spulare, vagliare **2** (*fig.*) (*di proposta, di idea e sim.*) proporre, esporre, progettare, esaminare, discutere, valutare, soppesare **3** (*di locale*) arieggiare, areare.

ventilàto part. pass. di **ventilare**; anche agg. **1** (*di locale*) arieggiato, areato **CONTR.** soffocato, chiuso, soffocante, afoso, opprimente, asfissiante **2** (*fig.*) (*di proposta, di idea e sim.*) proposto, esposto, progettato, esaminato, discusso, valutato, soppesato.

ventilatóre s. m. sfiatatoio, aeratore.

ventilazióne s. f. aerazione.

ventiquattr'óre o **ventiquattróre** **A** s. f. pl. giorno, giornata **B** s. f. inv. valigetta da viaggio.

vènto s. m. **1** (*est.*) aria, corrente, fiato, bava, soffio, alito, buffo, brezza, folata, turbine, ciclone, tifone **2** (*euf.*) peto, scoreggia (*volg.*) **3** (*fig.*) inutilità, inconsistenza, futilità, mutabilità, vanità, leggerezza, frivolezza **FRAS.** *ai quattro venti* (*fig.*), a tutti □ *buttare al vento* (*fig.*), sprecare, sciupare □ *voltarsi a tutti i venti* (*fig.*), essere volubile, essere incostante □ *col vento in poppa* (*fig.*), benissimo,

vèntola s. f. **1** sventola, ventaglio, ventarola **2** (*di candele, di lampade*) braccio, applique (*fr.*) **FRAS.** *muro a ventola*, tramezzo, muro divisorio.

ventósa s. f. (*med.*) coppetta.

ventóso agg. **1** (*di luogo, di giorno*) ventilato, pieno di vento **2** (*fig.*) (*di persona, di discorso*) ampolloso, vuoto, tronfio, vanitoso **CONTR.** modesto.

vèntre s. m. **1** pancia, addome, intestino, visceri, budella, buzzo (*pop.*), trippa (*fam., scherz.*), epa (*lett.*) **2** (*est., lett.*) utero, seno **3** (*fig.*) grembo, viscere, interno, cavità **4** (*est.*) (*di oggetto*) rigonfiamento **5** (*tecnol.*) intradosso **CONTR.** estradosso.

ventùra s. f. **1** (*lett.*) destino, sorte, caso, fato, evenienza, combinazione, fatalità **2** fortuna, buona sorte **CONTR.** disgrazia, sventura, sfortuna.

ventùro agg. (*lett.*) futuro, avvenire, prossimo **CONTR.** passato, scorso, trascorso.

venùta s. f. arrivo, avvento, comparsa **CONTR.** partenza, allontanamento, dipartita (*lett.*).

venùto **A** part. pass. di **venire**; anche agg. **1** giunto, arrivato, comparso, sopraggiunto **CONTR.** partito, uscito, andato **2** (*di origine*) derivato, originato **3** (*di fatto, di fenomeno*) presentatosi, manifestatosi, capitato, accaduto **4** (*di pianta*) attecchito, cresciuto **CONTR.** morto, seccatosi **5** (*di lavoro, di opera*) riuscito, risultato **6** (*di calcolo*) ottenuto, risultato **7** (*di prezzo*) costato **8** (*di festa, di anniversario e sim.*) avvenuto, caduto **9** (*di denaro, di eredità, ecc.*) toccato, spettato **B** s. m. giunto, arrivato, comparso, sopraggiunto **CONTR.** partito, scomparso.

veràce agg. **1** (*lett.*) vero, reale **CONTR.** falso, fallace **2** sincero, veritiero, veridico □ naturale, schietto, genuino **CONTR.** menzognero, falso, bugiardo, mendace.

veraménte avv. **1** realmente, davvero, effettivamente, sicuramente, in verità **2** però, ma, nondimeno, tuttavia.

verànda s. f. loggia, balconata, loggiato, portico, terrazzo coperto.

verbàle **A** agg. **1** orale, a voce, a parole, di parole **CFR.** scritto □ gestuale **2** (*est., fig.*) superficiale, esteriore, apparente **CONTR.** concreto, reale, sincero **B** s. m. documento, atto, rapporto, relazione.

verbalìsmo s. m. verbosità, vacuità, superficialità, formalismo **CONTR.** concettosità, concisione, contenutismo.

verbalizzàre **A** v. tr. mettere a verbale, regi-

strare **B** v. intr. fare il verbale, redigere il verbale.
verbalménte avv. a voce, a parole, oralmente **CFR.** per scritto, con gesti.
vèrbo s. m. **1** parola □ linguaggio **2** (*relig.*) Gesù Cristo.
verbosità s. f. prolissità, loquacità, ampollosità, ridondanza, chiacchiera **CONTR.** concisione, brevità, laconicità.
verbóso agg. prolisso, lungo, parolaio, loquace, chiacchierone, facondo, ciarliero **CONTR.** taciturno, conciso, laconico, breve, stringato.
vérde A agg. **1** color erba, color prato **2** (*est.*) verdeggiante, virente (*poet.*), rigoglioso, lussureggiante **CONTR.** ingiallito, intristito, appassito, brullo, riarso **3** (*fig.*) (*di persona*) pallidissimo, livido, terreo, cereo, smorto, esangue **CONTR.** colorito, rubicondo **4** (*di frutto*) acerbo **CONTR.** maturo **5** (*est.*) (*di ortaggi, di legna e sim.*) fresco, nuovo **CONTR.** secco, stagionato **6** (*fig.*) (*di età*) giovane, giovanile, fiorente, vigoroso, florido **7** (*fig., econ.*) agricolo, agrario **B** s. m. **1** colore erba, colore prato **2** (*di semaforo*) luce verde □ via, avanti **3** (*est.*) vegetazione, zona erbosa **4** (*fig.*) (*di età*) vigore, rigoglio, vigoria, floridezza, freschezza **CONTR.** vecchiaia, senilità **5** (*polit.*) ecologista, ambientalista **FRAS.** *essere al verde* (*fig.*), essere in bolletta.
verdeggiànte part. pres. di **verdeggiare**; anche agg. rigoglioso, lussureggiante, virente (*poet.*), verzicante (*lett.*) **CONTR.** avvizzito, brullo, riarso, ingiallito, intristito.
verdeggiàre v. intr. **1** essere verde, tendere al verde, diventare verde **2** germogliare, vegetare, inverdire, rinverdire, lussureggiare **CONTR.** appassire, avvizzire, ingiallire, intristire.
verdétto s. m. giudizio, decisione, sentenza, deliberazione.
verdógnolo agg. **1** verdiccio, verdolino **2** (*fig.*) (*di persona*) verdastro, livido, pallido, terreo, cereo, smorto, esangue **CONTR.** colorito, rubicondo.
verdóne s. m. **1** verdello **2** verdesca, squalo azzurro, canesca.
verdùra s. f. **1** (*raro*) verde, verzura, vegetazione **2** (*spec. al pl.*) erba, erbaggio, insalata, ortaggio.
verduràio s. m. erbivendolo, fruttivendolo.
verecóndia s. f. pudicizia, pudore, decenza, costumatezza, vergogna □ modestia, riserbo, ritegno **CONTR.** sfacciataggine, inverecondia, spudoratezza, impudicizia, oscenità.
verginàle agg. **1** virgineo (*lett.*) **2** (*est.*) monacale **3** (*fig.*) candido, ingenuo, casto, intatto, incontaminato, fresco, soave, puro, delicato **CONTR.** impuro, corrotto, contaminato, malizioso.
vérgine A s. f. **1** ragazza, giovinetta, fanciulla **2** (*est.*) monaca, suora **3** (*per anton.*) Madonna **B** agg. **1** immacolato, incorrotto, puro, illibato, casto, intatto **CONTR.** impuro, corrotto, contaminato **2** (*est.*) innocente, candido, semplice, ingenuo □ libero, scevro, immune **CONTR.** smaliziato, corrotto, impuro **3** (*fig.*) (*di prodotto, di foresta, ecc.*) integro, incontaminato, naturale, inviolato, genuino **CONTR.** contaminato, corrotto, devastato, profanato, adulterato.
verginità s. f. **1** integrità, castità, illibatezza, purezza, purità **CONTR.** impurità, corruzione, depravazione **2** (*fig.*) innocenza, candore, ingenuità, freschezza **CONTR.** malizia, corruzione, impurità **3** (*fig.*) integrità, rettitudine, lealtà, schiettezza, sincerità, onestà **CONTR.** disonestà, corruzione, slealtà.
vergógna s. f. **1** turbamento, pentimento, ritegno **CONTR.** impassibilità, imperturbabilità **2** (*est.*) soggezione, timore, imbarazzo, pudore, modestia, riserbo, timidezza, verecondia, confusione, impaccio **CONTR.** sfacciataggine, protervia, sfrontatezza, cinismo, impudenza, sguaiataggine, svergognatezza, spudoratezza **3** rossore **4** onta, disdoro, disonore, ignominia, obbrobrio, macchia, scandalo, vituperio (*raro, lett.*), abominio, infamia **CONTR.** onore, lustro, decoro, dignità **5** (*al pl.*) organi genitali, pudende.
vergognàrsi v. intr. pron. sentire vergogna, provare vergogna □ arrossire □ intimidirsi, confondersi, smarrirsi, imbarazzarsi, impacciarsi □ scandalizzarsi.
vergognosaménte avv. **1** vergognandosi, turbandosi, confusamente **CONTR.** spudoratamente, svergognatamente, cinicamente **2** pudicamente, timidamente **CONTR.** sfacciatamente, impudentemente, sfrontatamente, protervamente **3** ignominiosamente, vilmente, turpemente, ignobilmente □ oscenamente, impudicamente, immondamente **CONTR.** nobilmente, dignitosamente, onorevolmente □ pudicamente, castigatamente.
vergognóso agg. **1** turbato, confuso **CONTR.** spudorato, protervo, cinico **2** schivo, riservato, verecondo, pudico, peritoso (*raro, lett.*), contegnoso, timido **CONTR.** temerario, sfacciato, svergognato, spudorato, audace **3** ignominioso, disonorevole, vituperoso, sconcio, vile, turpe, immorale, osceno, ignobile, indegno, obbrobrioso, immondo **CONTR.** onorevole, nobile, lodevole, puro, dignitoso.
veridicità s. f. veracità, verità, sincerità, realtà, autenticità **CONTR.** falsità, bugia, menzogna.
verìdico agg. vero, veritiero, verace, sincero, esatto, attendibile, credibile **CONTR.** falso, bugiardo, falsificato, menzognero.
verìfica s. f. accertamento, riprova, prova, verificazione, riscontro, controllo, convalida □ (*di campagna pubblicitaria*) posizionamento.
verificàbile agg. accertabile, esaminabile, controllabile, provabile, riscontrabile, appurabile, documentabile **CONTR.** inaccertabile, in-

controllabile.
verificabilità s. f. accertabilità, controllabilità **CONTR.** incontrollabilità, inaccertabilità.
verificàre A v. tr. accertare, appurare, constatare, controllare, provare, esaminare, riscontrare, convalidare **B verificarsi** v. intr. pron. avverarsi, realizzarsi, accadere, avvenire.
verificatóre s. m.; anche agg. (f. *-trice*) accertatore, controllore, esaminatore, revisore.
verificazióne s. f. verifica, accertamento, riprova, prova, riscontro, controllo.
verisìmile e deriv. *V.* **verosimile** e deriv.
verìsmo s. m. **1** realismo, naturalismo **CFR.** idealismo **2** (*est., fig.*) crudezza, brutalità.
verìsta A s. m. e f. naturalista **CFR.** idealista **B** agg. realistico, naturalistico **CFR.** idealistico.
veristicaménte avv. naturalisticamente, realisticamente **CFR.** idealisticamente.
verìstico agg. verista, realistico, naturalistico **CFR.** idealistico.
verità s. f. veridicità, veracità, autenticità, realtà, certezza, esattezza, giustezza □ vero **CONTR.** falsità, menzogna, bugia □ falso.
veritièro agg. vero, veridico, verace, sincero, schietto, attendibile, credibile, reale, naturale, fedele, esatto **CONTR.** falso, menzognero, bugiardo, mendace.
vèrme s. m. **1** anellide, ascaride, lombrico **2** (*al pl.*) (*pop.*) parassiti intestinali **3** (*fam.*) bruco, larva **4** (*fig.*) essere abbietto, vile, vigliacco, canaglia, furfante, mascalzone, farabutto, cialtrone **5** (*scherz.*) nullità, sciocco **6** (*fig.*) (*di invidia, di gelosia, ecc.*) tarlo, tormento, assillo.
vermicèllo s. m. **1** dim. di **verme 2** (*spec. al pl.*) spaghetti.
vermìfugo s. m. antielmintico.
vermìglio A agg.; anche s. m. rosso porpora, cremisi, rubino **B** s. m. cocciniglia.
vernàcolo A agg. (*raro*) paesano, locale, nativo **B** s. m. parlata locale □ (*est.*) dialetto.
vernìce (1) s. f. **1** (*est.*) smalto **2** (*fig.*) apparenza, infarinatura, lustro, patina **CONTR.** sostanza, realtà.
vernìce (2) s. f. (*di mostra*) vernissage (*fr.*), inaugurazione.
verniciatùra s. f. **1** inverniciatura, patinatura, invetriatura, smaltatura **2** verniciata, inverniciata, passata, tinta **3** (*fig.*) vernice, apparenza, patina **CONTR.** sostanza, realtà.
vernissage /*fr.* vɛrni'saʒ/ [vc. fr., da *vernis* 'vernice'] s. m. inv. (*di mostra*) inaugurazione, vernice.
véro agg. **1** reale, veridico, veritiero, verace (*lett.*), effettivo, attendibile, credibile, certo **CONTR.** falso, fallace, ingannevole, bugiardo, inventato, inattendibile **2** (*di risposte, di problema, ecc.*) giusto, esatto, proprio, preciso, reale **CONTR.** falso, sbagliato, impreciso, erroneo, inesatto **3** (*di persona, di prodotto*) genuino, autentico, schietto, originale **CONTR.** falso, fasullo, artificioso, adulterato, sofisticato, finto **4** (*fig.*) (*di sentimento*) intenso, sincero, profondo, schietto, franco, leale, sentito, spontaneo **CONTR.** falso, insincero, doppio, menzognero, ipocrita, finto **5** (*fig.*) (*di persona*) autentico, mero, puro, pretto **CONTR.** falso **FRAS.** *a onor del vero*, in verità.
verosimigliànza s. f. credibilità, attendibilità, plausibilità, probabilità, possibilità **CONTR.** incredibilità, improbabilità, inattendibilità, impossibilità.
verosìmile agg. plausibile, probabile, verosimigliante (*raro*), credibile, attendibile, possibile, logico **CONTR.** inverosimile, impossibile, incredibile, falso, assurdo.
verosimilménte avv. probabilmente, credibilmente, forse **CONTR.** improbabilmente.
verricèllo s. m. argano, burbera.
vèrro s. m. maiale, porco.
verrùca s. f. (*med.*) porro, escrescenza, protuberanza.
versaménto s. m. **1** travasamento, decorrimento, scorrimento, deflusso, flusso, spargimento, effusione **2** (*med.*) travaso, fuoriuscita **CONTR.** assorbimento **3** (*di denaro*) deposito, consegna, pagamento **CONTR.** riscossione.
versànte s. m. **1** (*di monte*) declivio, pendice, pendio, fianco **2** (*est.*) lato, parte.
versàre (1) A v. tr. **1** spandere, spargere, gettare, scaricare, rovesciare **CONTR.** raccogliere, riunire **2** (*di liquido*) mescere, far uscire, spargere **CONTR.** introdurre **3** (*di minestra*) scodellare **4** (*ass.*) (*di recipiente*) perdere, sgocciolare, stillare, colare, gocciare **5** (*est.*) (*di fiume, di corso d'acqua*) riversare **6** (*fig.*) (*di sentimento e sim.*) effondere (*lett.*), prodigare, confidare **7** (*di denaro*) depositare, pagare, sborsare **CONTR.** riscuotere, ritirare **B versarsi** v. intr. pron. **1** spargersi, spandersi, traboccare, rovesciarsi, rigurgitare, vuotarsi **CONTR.** empirsi **2** (*di fiume e sim.*) sboccare, confluire, sfociare, gettarsi □ straripare **CONTR.** defluire **3** (*fig.*) (*di folla*) riversarsi **CONTR.** ritirarsi, allontanarsi.
versàre (2) v. intr. trovarsi, essere.
versàtile agg. **1** (*raro, lett.*) girevole, instabile, flessibile **CONTR.** rigido, immobile, fermo **2** (*fig.*) (*di persona, di ingegno e sim.*) multiforme, proteiforme, agile, duttile, eclettico, adattabile, enciclopedico, molteplice **CONTR.** chiuso, unilaterale, rigido.
versatilità s. f. agilità, elasticità, eclettismo, adattabilità **CONTR.** rigidezza, chiusura.
versàto part. pass. di **versare (2)**; anche agg. dotato, esperto, pratico, perito, provetto, esercitato, competente, dotto, sapiente, specialista **CONTR.** inabile, inesperto, inadatto, maldestro, inetto.
versificàre v. tr. e intr. verseggiare, rimare, poetare.
versificatóre s. m. (f. *-trice*) verseggiatore, poe-

ta, rimatore.

versificazióne s. f. metrica.

versióne s. f. **1** traduzione **2** (*est.*) (*di avvenimenti*) narrazione, esposizione, interpretazione, resoconto **3** (*di film, di spettacolo, ecc.*) adattamento, arrangiamento **4** variante, variazione.

vèrso (1) s. m. rovescio, retro **CONTR.** retto, recto (*lat.*).

vèrso (2) s. m. **1** (*di poesia*) riga, unità ritmica □ (*al pl.*) poesia, composizione poetica **2** (*di persona, di animale*) grido, suono, voce, lamento, richiamo, modulazione **3** (*di persona*) atto, gesto, ticchio, atteggiamento **4** (*fam.*) boccaccia **5** (*di pelo, di fibra*) direzione, orientamento **6** (*di luogo*) senso, volta, direzione **7** (*di cosa*) lato, parte **8** (*fig.*) modo, maniera, mezzo, motivo, metodo.

vèrso (3) prep. **1** alla volta di, in direzione di, contro, incontro **2** dalle parti di, nelle vicinanze di, in prossimità di **3** circa, poco prima, poco dopo **4** prossimo, vicino **5** nei riguardi di, nei confronti di **6** (*lett.*) rispetto a, in confronto a **7** contro, dietro.

vertebràto agg.; anche s. m. **CONTR.** invertebrato.

vertènza s. f. lite, controversia, questione, pendenza, contesa, contrasto, litigio, disputa, dibattito, discussione **CONTR.** accordo, accomodamento, conciliazione, concordato.

vèrtere v. intr. **1** (*raro*) essere in corso, esserci **2** trattare, parlare, riguardare, aggirarsi, consistere.

verticàle agg. perpendicolare, diritto, a piombo, ritto **CONTR.** orizzontale, adagiato, steso.

verticalménte avv. perpendicolarmente **CONTR.** orizzontalmente.

vèrtice s. m. **1** cima, sommità, culmine, vetta, apice, cuspide, punta, estremità, sommo, colmo **2** (*est.*) dirigenti, massime autorità **3** (*est.*) summit (*ingl.*) **FRAS.** *al vertice* (*fig.*), al massimo livello.

verticìstico agg. dirigistico.

vertìgine s. f. **1** capogiro, stordimento **2** (*fig.*) turbamento, smarrimento, ebbrezza, sconvolgimento, alterazione, eccitazione, inquietudine.

vertiginosaménte avv. **1** vorticosamente, turbinosamente **CONTR.** lentamente, con calma **2** (*fig.*) esageratamente, pazzescamente □ febbrilmente, freneticamente **CONTR.** moderatamente □ lentamente, con calma.

vertiginóso agg. **1** vorticoso, turbinoso, turbinante **CONTR.** lento, calmo, quieto **2** (*fig.*) esagerato, eccessivo, incredibile, pazzesco, sbalorditivo, straordinario □ febbrile, frenetico, rapidissimo **CONTR.** moderato □ lento, calmo.

verve /*fr.* vɛrv/ [vc. fr., dal lat. parl. **vĕrva* per *vĕrba* 'parole'] s. f. inv. brio, vivacità, spigliatezza, estro, spirito, arguzia, disinvoltura, vivezza, animazione **CONTR.** noiosità, grigiore, goffaggine, imbarazzo, impaccio.

vérza s. f. cavolo.

vescìca s. f. bolla, bollicina, gonfietto, vescicola.

vescovàdo s. m. episcopio, episcopato □ diocesi.

vescovìle agg. episcopale.

véscovo s. m. episcopo (*ant.*), pastore, presule.

vespàio s. m. **1** nido di vespe **2** (*fig.*) ginepraio, pericolo, difficoltà, intrico, imbroglio □ pettegolezzo, scandalo **3** (*med.*) favo, antrace **4** (*arch.*) solaio.

vespasiano [dal n. dell'imperatore *Vespasiano*, che installò in Roma i primi orinatoi] s. m. orinatoio, pisciatoio (*volg.*), latrina.

vespertìno agg. serale, serotino (*lett.*).

vèspro s. m. **1** tardo pomeriggio, crepuscolo, sera, tramonto, avemaria **2** (*eccl.*) ufficio serale.

vessàre v. tr. tartassare, angariare, perseguitare, tiranneggiare, molestare, tormentare, tribolare, opprimere, strapazzare, travagliare, affliggere **CONTR.** favorire, assistere, aiutare, confortare, facilitare, beneficare.

vessatóre s. m.; anche agg. (f. *-trice*) oppressore, tiranno, despota, soverchiatore, prepotente, sopraffattore, fiscale **CONTR.** protettore, sostenitore.

vessatòrio agg. persecutorio, tirannico, oppressivo, opprimente, molesto, fiscale **CONTR.** favorevole, benevolo, benefico, compiacente.

vessazióne s. f. angheria, molestia, oppressione, tormento, tribolazione, sopruso, persecuzione, fiscalità, fiscalismo **CONTR.** favore, aiuto, assistenza, benevolenza.

vessìllo s. m. (*anche fig.*) bandiera, insegna □ emblema, simbolo.

vestàglia s. f. veste da camera.

vèste s. f. **1** (*di persona*) abito, vestito, indumento, panno, abbigliamento, costume, tenuta, divisa, uniforme **2** vestiario, panni **3** (*est.*) (*di cosa*) rivestimento, copertura, involucro, confezione **4** (*fig.*) forma, aspetto, apparenza **5** (*fig.*) (*di persona*) autorità, diritto **6** (*fig.*) qualità, funzione, titolo, facoltà.

vestiàrio s. m. **1** abbigliamento, vesti **2** guardaroba, corredo □ costumi.

vestìbolo s. m. **1** (*di edificio*) atrio, hall (*ingl.*), ingresso, entrata, anticamera, adito □ pronao, propileo, portico **2** (*anat.*) cavità.

vestìgio s. m. **1** impronta, orma, traccia, pedata **2** (*spec. al pl.*) avanzo, residuo, resto, rudere, rovina □ documento, reliquia, ricordo **3** (*fig.*) esempio **4** (*fig.*) traccia, indizio, segno.

vestìre A v. tr. **1** (*di persona*) coprire, rivestire, ammantare, abbigliare, agghindare, rimpannucciare, infagottare **CONTR.** spogliare, svestire, scoprire, denudare, alleggerire **2** (*di capo d'abbigliamento*) indossare, mettere, infilare, calzare **CONTR.** sfilare, togliere, levare **3** (*est.*) portare, avere, cingere **4** calzare, attagliare, adattarsi, stare a pennello **5** (*fig.*) (*di cosa*) rivestire, foderare, incamiciare, inguainare, fasciare, tappezzare **CONTR.** svestire, sfasciare **6** (*fig.*) (*di sole, di primavera, ecc.*) ricoprire, ammantare, avvolgere, riempire **CONTR.** svestire, spogliare **7** (*fig.*) adornare, addobbare, decorare, ornare **CONTR.** sguarnire **B vestirsi** v. rifl. **1** coprirsi, ammantarsi, rivestirsi, abbigliarsi, attillarsi, agghindarsi **CONTR.** spogliarsi, svestirsi, denudarsi, scoprirsi, togliersi **2** (*fig.*) (*di bosco, di prato, ecc.*) ammantarsi, ornarsi, ricoprirsi **CONTR.** spogliarsi **C** s. m. abito, abbigliamento, vestiario, veste.

vestito (1) part. pass. di **vestire**; anche agg. **1** (*di persona*) coperto, abbigliato, avvolto, fasciato, rivestito **CONTR.** scoperto, nudo, denudato, spogliato **2** (*fig.*) (*di bosco, di prato, ecc.*) ammantato, ornato, ricoperto **CONTR.** spoglio, privo.

vestito (2) s. m. **1** abito, veste, vestimento (*lett.*) **2** vestiario, abbigliamento, vesti.

veteràno A s. m. **1** reduce **CONTR.** recluta **2** (*est., fig.*) esperto, anziano **CONTR.** recluta, principiante, pivello, novellino **B** agg. vecchio, anziano, esperto, perito, pratico, navigato **CONTR.** giovane, inesperto.

veterinària s. f. zooiatria (*raro*).

veterinàrio A s. m. zooiatra (*raro*) **B** agg. zooiatrico (*raro*).

vèto s. m. **1** (*dir.*) opposizione, divieto **2** (*est.*) proibizione, rifiuto, divieto, disapprovazione, negazione **CONTR.** consenso, assenso, approvazione.

vetràta s. f. invetriata, vetriata (*raro*).

vetrerìa s. f. cristalleria.

vetrìna s. f. **1** (*di negozio*) mostra **2** (*di mobile*) armadio, armadietto, alzata, scansia, credenza, cristalliera, bacheca **3** (*al pl.*) (*fig., scherz.*) occhiali.

vetrìno s. m. **1** dim. di **vetro 2** lastrina.

vétro s. m. **1** cristallo **2** bicchiere, boccia, bottiglia, damigiana, vaso **3** (*di finestra, di vetrina, ecc.*) lastra **4** (*di occhiali, di cannocchiali, ecc.*) lente.

vétta s. f. **1** cima, sommità, sommo, estremità, picco, cresta, cacume (*lett.*), pizzo, punta **2** (*est.*) monte **3** (*fig.*) vertice, primo posto **4** (*fig.*) apice, culmine, apogeo, acme.

vettovàglia s. f. rifornimento, provvista, scorta, cibarie, viveri, vitto, provvigione, sussistenza, annona.

vettovagliaménto s. m. approvvigionamento, foraggiamento, rifornimento.

vettùra s. f. **1** carrozza, veicolo, calesse, carrozzone, diligenza, carrozzella, landò **2** autovettura, automobile, autobus, filobus, tassì, vagone, tram.

vetturìno s. m. cocchiere, vetturale, fiaccheraio.

vetùsto agg. **1** (*lett.*) antico, annoso, secolare, millenario, arcaico **CONTR.** moderno, recente, attuale, odierno **2** (*lett.*) vecchio **CONTR.** giovane.

vezzeggiaménto s. m. carezza, blandizia, blandimento (*lett.*), lusinga **CONTR.** maltrattamento, ostilità, crudezza.

vezzeggiàre v. tr. accarezzare, blandire, adulare, lisciare **CONTR.** maltrattare, malmenare.

vezzeggiativo agg. e s. m. (*est.*) diminutivo **CFR.** peggiorativo, accrescitivo.

vézzo s. m. **1** abitudine, vizio, ticchio, ghiribizzo, tic, pratica, mania **2** carezza, tenerezza **3** (*al pl.*) moine, smorfie, smancerie, leziosaggini, svenevolezze **CONTR.** sgarbo, sgarberia **4** grazia, leggiadria, fascino, brio, attrattiva, seduzione **CONTR.** goffaggine, sgraziataggine **5** monile, ornamento, collana.

vezzosaménte avv. **1** leggiadramente, graziosamente **CONTR.** goffamente, sgraziatamente **2** leziosamente, sdolcinatamente **CONTR.** burberamente, rozzamente.

vezzosità s. f. grazia, leggiadria, bellezza **CONTR.** bruttezza, rozzezza.

vezzóso agg. **1** leggiadro, bello, aggraziato, grazioso, avvenente, carino, seducente, carezzevole **CONTR.** brutto, goffo, sgraziato **2** (*di discorso, di modi, ecc.*) lezioso, smanceroso, sdolcinato, sdilinquito **CONTR.** rude, rozzo, burbero, sgarbato, scostante.

vi A pron. pers. **1** voi **2** a voi **B** pron. dimostr. (*di cosa*) a ciò, in ciò **C** avv. **1** (*di luogo*) qui, in questo luogo, là, in quel luogo, ci **2** per questo luogo, per quel luogo.

vìa (1) s. f. **1** strada, viale, corso, arteria, calle, vicolo, rotabile, carreggiata, contrada **2** (*est.*) pista, sentiero, varco, passaggio, viottolo, scorciatoia, tratturo, uscita, attraversamento **3** (*anat.*) canale, transito, passaggio, condotto **4** (*est.*) percorso, itinerario, tragitto, direzione **5** (*mar.*) rotta **6** (*est., lett.*) spazio **7** (*est.*) cammino, viaggio **8** (*fig.*) carriera, professione, attività, vocazione **9** (*fig.*) parte, lato **10** (*fig.*) mezzo, tramite, possibilità, sistema **11** (*fig.*) modo, maniera **12** (*per uno scopo*) accorgimento, partito, soluzione, stratagemma, compromesso **13** ragionamento, dimostrazione, argomentazione **14** causa, cagione **15** (*bur.*) procedimento.

vìa (2) A avv. **1** fuori, lontano, altrove, distante, lungi (*lett.*) **2** eccetera, e così di seguito, e così via, e via dicendo **B** inter. **1** fuori!, lontano! **2** (*come segnale di partenza, di inizio*) parti!, partite!, comincia!, cominciate! **3** (*per incoraggiare, incitare, ecc.*) coraggio!, forza!, animo! **C** s. m. inv. **1** (*di gara, di partenza*) segnale, start (*ingl.*) **2** (*di lavoro*) inizio **FRAS.** *via via*, di volta in volta, a mano a mano, man mano □ *andare via*, partire □ *mandare via*, spedire, cacciare.

viàbile agg. viario, stradale □ transitabile, carrabile, percorribile **CONTR.** impercorribile, intransitabile.

viabilità s. f. praticabilità, percorribilità, frequentabilità, transitabilità **CONTR.** impraticabilità, intransitabilità.

viadótto s. m. cavalcavia, ponte.

viaggiàre A v. intr. **1** andare, recarsi, errare, peregrinare, vagare **CONTR.** stare, rimanere, sostare, permanere, indugiare, restare **2** (*di mezzi di trasporto*) andare, muoversi, spostarsi **CONTR.** fermarsi **3** (*di merce*) essere trasportato **B** v. tr. attraversare, visitare, percorrere, esplorare.

viaggiatóre s. m. (f. *-trice*) **1** passeggero, turista **2** viandante, escursionista, esploratore, pellegrino, globe-trotter (*ingl.*), nomade, vagabondo **CONTR.** sedentario **3** commesso.

viàggio s. m. **1** cammino, itinerario, percorso, tragitto, traversata **2** escursione, gita, crociera, volo, giro, esplorazione **3** pellegrinaggio, peregrinazione **4** (*fam.*) (*di merci, suppellettili e sim.*) trasporto **5** (*gergo giovanile*) evasione, distrazione **6** (*gergo dei drogati*) sballo (*gerg.*), trip (*ingl.*).

viàle s. m. stradone, passeggiata, lungolago, lungomare, boulevard (*fr.*).

viandànte s. m. e f. passante, pellegrino, nomade, viaggiatore, globe-trotter (*ingl.*) **CONTR.** sedentario.

viàrio agg. stradale.

viàtico s. m. **1** (*nell'antica Roma*) vettovaglie, provviste **2** (*fig., lett.*) conforto, consolazione, sostentamento, aiuto **3** (*relig.*) (*a un moribondo*) comunione.

viavài s. m. andirivieni, traffico, su e giù, avanti e indietro.

vibrànte part. pres. di **vibrare**; anche agg. (*fig.*) fremente, concitato, appassionato, veemente, caldo, caloroso, risoluto, impetuoso **CONTR.** quieto, pacato, calmo, freddo, gelido.

vibràre A v. tr. **1** (*lett.*) agitare, scuotere, scrollare **2** (*est.*) (*di lancia, di palla, ecc.*) lanciare, scagliare, tirare, scoccare, gettare **CONTR.** trattenere **3** (*di colpo, di pugno, ecc.*) assestare, dare, menare, affibbiare, appioppare **B** v. intr. **1** (*di cosa*) oscillare, ondeggiare **2** (*fig.*) (*di passioni*) fremere, palpitare, tremolare, agitarsi, appassionarsi **3** (*fig.*) (*di suono*) risuonare, trillare, tremolare, echeggiare **4** (*fig.*) (*di luce, di lacrima, ecc.*) trasparire, trapelare **CONTR.** celarsi, nascondersi.

vibràto part. pass. di **vibrare**; anche agg. **1** (*di lancia, di palla, ecc.*) tirato, scagliato, lanciato, gettato **2** (*di colpo, di pugno, ecc.*) assestato, dato, affibbiato, appioppato, inferto **3** (*di protesta, di applauso, ecc.*) energico, concitato, forte, vigoroso, enfatico, fremente, appassionato, risentito **CONTR.** calmo, quieto, sereno, debole, fiacco.

vibrazióne s. f. **1** (*fis.*) oscillazione, onda □ scossa **2** (*fig.*) (*di voce, di stella, ecc.*) tremolio, tremito, tremore, trillo **3** (*fig.*) (*di sentimenti*) fremito.

vicariàto s. m. supplenza.

vicàrio s. m.; anche agg. supplente, vice, sostituto **FRAS.** *Vicario di Cristo, Vicario di Dio*, papa, pontefice.

vìce s. m. e f. inv. sostituto, vicario, supplente.

vicènda s. f. **1** successione, altalena, avvicendamento, serie, cambiamento, ricambio **2** (*agr.*) (*di colture*) avvicendamento, rotazione **3** caso, fatto, evento, circostanza, avvenimento, vicissitudine, peripezia, traversia, episodio, accidente, occasione **4** (*raro, lett.*) turno, volta, giro **FRAS.** *a vicenda*, vicendevolmente, l'un l'altro, scambievolmente, reciprocamente, mutuamente; a turno, alternativamente.

vicendévole agg. scambievole, reciproco, mutuo, alterno.

vicendevolménte avv. a vicenda, l'un l'altro, scambievolmente, reciprocamente, mutuamente □ a turno, alternativamente.

vicevèrsa A avv. all'inverso, all'opposto, al contrario □ altrettanto **B** cong. (*fam.*) invece, al contrario, diversamente **CONTR.** infatti.

vicinànza s. f. **1** prossimità, contiguità, contatto, adiacenza **CONTR.** lontananza, distacco, distanza **2** (*fig.*) (*di idee, di colori, ecc.*) affinità, somiglianza, analogia, conformità **CONTR.** diversità, differenza, dissomiglianza, disparità, antagonismo **3** (*al pl.*) adiacenze, paraggi, dintorni.

vicìno A agg. **1** prossimo, attiguo, adiacente, contiguo, comunicante, confinante, limitrofo, circostante, consecutivo, finitimo, contermine (*lett.*), propinquo (*lett.*), rasente **CONTR.** lontano, distante, staccato, remoto, discosto, disgiunto, separato **2** (*di avvenimento*) prossimo, imminente □ recente, fresco **CONTR.** lontano, remoto, passato **3** (*fig.*) (*di idee, di colori, ecc.*) affine, simile, somigliante **CONTR.** diverso, differente, dissimile, contrario, opposto **B** s. m. coinquilino, coabitante, condomino, confinante **C** avv. accanto, accosto, a lato, appresso, dappresso, attorno, presso **CONTR.** lontano **D** nella loc. prep. *vicino a* **1** accanto a, a fianco, presso **CONTR.** lontano da **2** nei pressi di, nei paraggi di, nelle vicinanze di.

vicissitùdine s. f. vicenda, evento, peripezia, traversia, avventura, avvenimento, accadimento.

vìcolo s. m. viuzza, stradetta, chiasso, angiporto.

vìdeo A s. m. **1** schermo televisivo **2** (*elab.*) videoterminale **B** agg. inv. televisivo.

videogame /*ingl.* 'vidiou geim/ [vc. ingl., da *video-* 'video-' e *game* 'gioco'] s. m. inv. videogioco.

videogiòco s. m. videogame (*ingl.*).

videotape /*ingl.* 'vidiou teip/ [vc. ingl., comp. di *video-* 'video-' e *tape* 'nastro'] s. m. inv. **1** videonastro **2** (*est.*) videoregistrazione.

vidimàre v. tr. autenticare, vistare, firmare.

vidimazióne s. f. visto, autenticazione, firma.

vietàre v. tr. impedire, proibire, interdire, inibire, ostacolare, opporsi, negare, rifiutare, ostare, precludere **CONTR.** permettere, consentire, concedere, agevolare, facilitare.
vietàto part. pass. di **vietare**; anche agg. proibito, precluso, interdetto **CONTR.** permesso, consentito, concesso.
vigènte part. pres. di **vigere**; anche agg. attuale, in vigore **CONTR.** abrogato, abolito, annullato, mutato.
vìgere v. intr. essere in vigore, valere **CONTR.** essere decaduto.
vigilànte part. pres. di **vigilare**; anche agg. e s. m. e f. sorvegliante.
vigilàntes [pl. della vc. spagn. *vigilante* 'guardia, guardiano'] s. m. pl. guardie private □ gorilla (*fig.*).
vigilànza s. f. **1** sorveglianza, guardia, custodia, controllo, tutela **2** attenzione, cura, oculatezza, sollecitudine, accortezza, premura, solerzia **CONTR.** noncuranza, trascuratezza, indifferenza, incuria, negligenza.
vigilàre A v. tr. (*di persone, di cose*) sorvegliare **B** v. intr. **1** (*lett.*) (*di persona*) vegliare, star desto, osservare **CONTR.** dormire, sonnecchiare **2** (*con* che *o* affinché) badare, sorvegliare, provvedere, curare, soprintendere, dirigere **CONTR.** trascurare, abbandonare.
vigilàto A part. pass. di **vigilare**; anche agg. sorvegliato, controllato, piantonato **B** s. m. sorvegliato.
vigilatóre s. m.; anche agg. (f. *-trice*) sorvegliante, assistente.
vìgile A agg. attento, accorto, sollecito, vigilante, guardingo, solerte, oculato, insonne, avveduto **CONTR.** sbadato, trascurato, distratto, avventato, noncurante, disattento, divagato **B** s. m. guardia **FRAS.** *vigile del fuoco*, pompiere.
vigìlia s. f. **1** (*lett.*) veglia **2** digiuno, astinenza, astensione **3** giorno precedente, giorno prima.
vigliaccaménte avv. vilmente, codardamente □ meschinamente **CONTR.** coraggiosamente, animosamente, arditamente □ nobilmente.
vigliaccàta s. f. vigliaccheria, bassezza.
vigliaccherìa s. f. **1** codardia, pusillanimità, viltà, paura □ abiezione **CONTR.** ardire, coraggio, ardimento □ nobiltà, dignità **2** vigliaccata, bassezza.
vigliàcco agg.; anche s. m. **1** codardo, pusillanime, vile, imbelle, poltrone (*ant.*), timoroso, pauroso, coniglio, pavido **CONTR.** coraggioso, animoso, impavido, intrepido, audace, temerario, ardito, ardimentoso, risoluto, prode **2** meschino, abietto **CONTR.** nobile, dignitoso.
vìgna s. f. vigneto, viti.
vignàio s. m. vignaiolo.
vignaiòlo s. m. vignaio.
vignéto s. m. vigna, viti.
vignétta [fr. *vignette*, propriamente dim. di *vigne* 'vigna': detta così perché un tempo l'inizio della prima pagina di un libro o anche dei capitoli era ornato con tralci e viticci] s. f. illustrazione satirica, barzelletta □ figura, disegno.
vignettìsta s. m. e f. disegnatore umoristico, umorista, barzellettista.
vigóre s. m. **1** forza, vigoria, robustezza, esuberanza, floridezza, instancabilità, lena, rigoglio, rigogliosità, vitalità **CONTR.** debolezza, delicatezza, fiacca, spossatezza, fragilità, fralezza (*lett.*), languore, rilassatezza, astenia **2** (*fig.*) (*di ingegno, di fantasia, ecc.*) energia, nerbo, potenza, vivacità **CONTR.** debolezza, grigiore, povertà **3** (*dir.*) efficacia, obbligatorietà, validità, autorità, valore **CONTR.** nullità, invalidità, inefficacia.
vigorìa s. f. vigore, forza, esuberanza, rigoglio, robustezza, floridezza, vitalità, energia, vivacità, vivezza, efficienza, slancio, baldanza **CONTR.** debolezza, fiacca, indolenza, ignavia, svogliatezza, torpore, rilassatezza.
vigorosaménte avv. energicamente, forte, impetuosamente, efficacemente **CONTR.** debolmente, fiaccamente, delicatamente.
vigorosità s. f. rigoglio, forza, vigore, robustezza, floridezza **CONTR.** debolezza, gracilità, delicatezza.
vigoróso agg. **1** energico, robusto, muscoloso, gagliardo, virile, prospero, esuberante, fiorente, florido, infaticabile, possente, saldo, solido, rigoglioso, lussureggiante **CONTR.** debole, fiacco, debilitato, gracile, cadente, delicato, esaurito, estenuato, vizzo, impotente **2** (*fig.*) (*di discorso, di scritto*) veemente, vibrato, concitato, impetuoso, efficace **CONTR.** fiacco, blando, inefficace, grigio, debole.
vìle A agg. **1** (*lett.*) (*di prezzo, di merce, ecc.*) ordinario, basso, povero **CONTR.** alto, ricco **2** (*est., lett.*) (*di vita, di pensione, ecc.*) misero, meschino **CONTR.** ricco, bello **3** (*fig.*) (*di atto, di comportamento, ecc.*) basso, spregevole, miserabile, ignobile, abbietto, sordido, infame **CONTR.** nobile, eletto, pregevole, generoso **4** (*lett.*) (*di condizione sociale*) plebeo, povero, infimo **CONTR.** elevato, nobile **5** (*fig.*) (*di persona*) codardo, pusillanime, vigliacco, pavido, pauroso, imbelle, poltrone (*ant.*) **CONTR.** valoroso, coraggioso, ardito, ardimentoso, audace, baldo, eroico, intrepido, prode **B** s. m. e f. vigliacco, codardo **CONTR.** eroe, coraggioso.
vilipèndere v. tr. disprezzare, schernire, insultare, ingiuriare, denigrare, spregiare, svilire **CONTR.** stimare, apprezzare, pregiare, rispettare, lodare, esaltare, glorificare.
vilipèndio s. m. ludibrio, scherno, disprezzo, umiliazione, scorno, ingiuria, infamia, offesa, disistima **CONTR.** stima, apprezzamento, lode, esaltazione, venerazione, glorificazione, onore.
vilipéso part. pass. di **vilipendere**; anche agg. disprezzato, offeso, schernito, insultato, ingiuriato, denigrato, spregiato, svilito, infamato

CONTR. stimato, apprezzato, rispettato, lodato, glorificato, esaltato, pregiato.

vìlla s. f. **1** casa di campagna, cottage (*ingl.*) **2** (*lett.*) campagna, contado, podere **3** (*poet.*) villaggio, paese, borgo.

villàggio s. m. paese, paesello, borgo, borgata, borghetto, vico (*raro, lett.*) **CFR.** città, metropoli.

villanaménte avv. zoticamente, ignorantemente, rozzamente, sgarbatamente **CONTR.** educatamente, gentilmente, civilmente, garbatamente.

villanìa s. f. **1** (*di qualità*) maleducazione, scortesia, malacreanza, zotichezza, malgarbo, malagrazia, ruvidezza, inciviltà **CONTR.** cortesia, gentilezza, creanza, compitezza, garbo, urbanità **2** (*di atto, di gesto, ecc.*) sgarbo, sgarberia, ingiuria, insolenza, offesa, contumelia, oltraggio, villanata, bifolcheria (*raro*), insulto, improperio **CONTR.** complimento, cortesia, lode.

villàno A s. m. **1** contadino, villico (*lett.*), bifolco **CONTR.** cittadino **2** (*di modi*) zoticone, villanzone, screanzato, mascalzone **CONTR.** gentiluomo, signore **B** agg. maleducato, scortese, screanzato, sgarbato, rozzo, insolente, ruvido, zotico, incivile, ineducato, inurbano, cafone, sguaiato, rustico, grossolano **CONTR.** educato, beneducato, cortese, garbato, gentile, civile, urbano.

villanzóne s. m. zoticone, trivialone, screanzato, tanghero, mascalzone, cialtrone **CONTR.** signore, gentiluomo.

villeggiatùra s. f. ferie, vacanza, riposo.

villóso agg. peloso, lanoso, irsuto **CONTR.** glabro, pelato, spelacchiato, sbarbato, imberbe.

viltà s. f. **1** (*di qualità*) codardia, pusillanimità, vigliaccheria **CONTR.** coraggio, ardimento, ardire, audacia **2** (*di azione*) bassezza, abiezione, meschinità, grettezza **CONTR.** nobiltà, dignità, elevatezza, generosità.

vilùppo s. m. **1** (*di cose*) intreccio, groviglio, groppo, nodo, garbuglio, confusione, arruffio, mucchio **2** (*fig.*) (*di situazioni, di fatti, ecc.*) imbroglio, intrico, ginepraio, pasticcio, rigiro.

vìmine s. m. spec. al pl. vinco, giunco.

vinàio s. m. oste, bettoliere (*lett.*), taverniere, vinattiere (*lett.*).

vincènte part. pres. di **vincere**; anche agg. e s. m. e f. vincitore □ superiore **CONTR.** perdente.

vìncere A v. tr. **1** superare, battere, sconfiggere, sgominare, sottomettere, debellare, sopraffare, abbattere, asservire, annientare, prevalere, assoggettare, conquistare, trionfare, atterrare, espugnare, sbaragliare □ (*fig.*) domare, piegare, spezzare, soggiogare, fiaccare, prostrare **CONTR.** perdere **2** (*di premio, di gara, ecc.*) conseguire, ottenere, aggiudicarsi, guadagnare, meritare **CONTR.** perdere **3** (*fig.*) (*di eloquenza, di parole e sim.*) persuadere, convincere **CONTR.** dissuadere, distogliere **4** (*fig.*) (*in bellezza, in abilità, ecc.*) superare, eclissare, sopravanzare **B** v. intr. eccellere, emergere, distinguersi **C vincersi** v. rifl. dominarsi, frenarsi, sopportare, padroneggiarsi.

vinchéto s. m. vincaia (*ant.*).

vincìbile agg. superabile, dominabile, debellabile, conquistabile, battibile, soggiogabile, sormontabile, domabile **CONTR.** invincibile, imbattibile, indomabile, insuperabile, indomito (*lett.*).

vìncita s. f. vittoria **CONTR.** perdita.

vincitóre s. m.; anche agg. (f. *-trice*) trionfatore, vincente, vittorioso, conquistatore, dominatore, espugnatore, debellatore **CONTR.** vinto, perdente, soccombente.

vincolànte part. pres. di **vincolare**; anche agg. obbligante, impegnativo **CONTR.** liberatorio.

vincolàre v. tr. **1** legare, stringere, frenare, unire, incatenare, allacciare, annodare **CONTR.** sciogliere, liberare **2** (*fig.*) (*di legge, di promessa, ecc.*) obbligare, costringere, impegnare **CONTR.** svincolare, riscattare, disobbligare **3** (*banca*) immobilizzare **CONTR.** svincolare.

vincolàto part. pass. di **vincolare**; anche agg. assoggettato, obbligato **CONTR.** svincolato, disobbligato.

vìncolo s. m. **1** (*raro, lett.*) laccio, legame, catena, nodo **2** (*fig.*) (*di legge, di patto, ecc.*) obbligo, impegno, obbligazione, soggezione, promessa, assoggettamento **3** (*di parentela, di affetto e sim.*) rapporto, unione.

vinèllo s. m. mezzo vino, secondo vino, acquerello.

vinìcolo agg. enologico.

vìno s. m. (*fig.*) ubriachezza **FRAS.** *vino di mele*, sidro.

vìnto part. pass. di **vincere**; anche agg. **1** sconfitto, battuto, sgominato, debellato, sottomesso, sopraffatto, superato, abbattuto, annientato, conquistato, espugnato, sbaragliato □ (*fig.*) prostrato, domato, piegato, spezzato, soggiogato, fiaccato **CONTR.** vincitore, vincente, trionfatore **2** (*di premio, di gara, ecc.*) conseguito, ottenuto, guadagnato, meritato **CONTR.** perduto **3** (*fig.*) (*da parole, da ragionamento, ecc.*) persuaso, convinto **CONTR.** dissuaso, distolto.

viòla A s. f. **1** (*est.*) mammola **2** (*calcio*) gigliato, fiorentino **B** in funzione di agg. inv. **1** (*di colore*) rosso-turchino **2** (*calcio*) fiorentino, gigliato.

violàceo agg.; anche s. m. violetto, viola, violato (*ant.*), rosso prugna, prugna.

violàre v. tr. **1** (*di legge, di patto, ecc.*) trasgredire, infrangere, disobbedire, eludere, contravvenire, prevaricare, conculcare **CONTR.** rispettare, osservare, mantenere **2** (*di cose sacre*) profanare, oltraggiare, contaminare, violentare, offendere **CONTR.** rispettare, venerare **3** (*di blocco, di porta, ecc.*) forzare, manomettere, rompere **4** (*di segreto*) propalare, diffondere, divulgare **CONTR.** mantenere.

violazióne s. f. **1** (*di legge, di patto, ecc.*) trasgressione, infrazione, inosservanza, contravvenzione, disobbedienza, travalicamento **CONTR.** osservanza, rispetto **2** (*di cosa sacra*) profanazione, oltraggio, contaminazione, violenza, offesa **CONTR.** rispetto, venerazione **3** (*di cosa*) manomissione, rottura **4** (*di segreto*) propalazione, diffusione, divulgazione.

violentàre v. tr. **1** (*di persona, di coscienza, ecc.*) costringere, forzare, obbligare, coartare, sforzare, sopraffare, conculcare, angariare, indurre **2** (*di persona, d'onore, ecc.*) profanare, offendere, oltraggiare □ abusare, deflorare **CONTR.** rispettare, venerare.

violenteménte avv. con violenza, energicamente, aggressivamente, brutalmente, furiosamente, rabbiosamente, impetuosamente, turbinosamente **CONTR.** tranquillamente, pacatamente, serenamente, pacificamente.

violènto A agg. **1** aggressivo, brutale, dispotico, prepotente, iroso, facinoroso, rabbioso, manesco, furioso, irascibile, crudele **CONTR.** mite, gentile, garbato, dolce, pacato, tranquillo, bonario, calmo, pacifico, placido, ragionevole **2** (*di rivolta, di vento, ecc.*) travolgente, impetuoso, burrascoso, tempestoso, furioso, turbinoso **3** (*di discorso e sim.*) energico, irruente, aggressivo, veemente, irresistibile, virulento, turbinoso, duro **CONTR.** calmo, pacato, sereno **4** (*fig.*) (*di colore, di suono, ecc.*) carico, intenso **CONTR.** debole, tenue, delicato, leggero **B** s. m. oppressore, facinoroso, prepotente **CONTR.** mite, pacifico.

violènza s. f. **1** (*di qualità*) aggressività, brutalità, forza, veemenza, impeto, insistenza, furia, furore, irruenza, impetuosità, virulenza **CONTR.** dolcezza, mitezza, persuasione, bontà, bonarietà, amabilità, ragionevolezza **2** (*di azione*) angheria, prepotenza, soperchieria, sopraffazione, sopruso, costrizione, abuso, vessazione **CONTR.** generosità, gentilezza.

violétta s. f. **1** dim. di **viola 2** (*bot.*) viola mammola.

violétto s. m.; anche agg. violaceo, viola, violato (*ant.*), livido, malva, lilla, indaco.

viòttolo s. m. viottola, sentiero, cavedagna, andana, mulattiera, tratturo, redola (*tosc.*).

vip [vc. ingl., da *v(ery) i(mportant) p(erson)* 'personaggio molto importante'] s. m. e f. inv.; anche agg. personaggio, notabile, boss (*ingl.*), persona importante.

vìpera s. f. **1** aspide **2** (*fig.*) (*di persona*) malalingua, linguaccia, detrattore, denigratore, calunniatore, malvagio.

viràre A v. tr. girare, cambiare, invertire **B** v. intr. voltare, girare, sterzare.

viràta s. f. **1** viraggio, viramento **2** inversione, cambiamento, voltata, sterzata.

virgùlto s. m. **1** (*di pianta*) germoglio, pollone, cespo, rimessiticcio, getto, vermena (*lett.*), arboscello, ramoscello **2** (*fig., lett.*) (*di persona*) rampollo, discendente.

virìle agg. **1** maschio, mascolino, maschile **CONTR.** femmineo, femminile, effeminato **2** maturo **CONTR.** infantile, immaturo, impubere **3** (*est., fig.*) (*di contegno, di comportamento, ecc.*) forte, equilibrato, sicuro, energico, risoluto, coraggioso, valoroso, gagliardo, strenuo, intrepido, vigoroso **CONTR.** debole, fiacco, imbelle, sdolcinato, languido, codardo, molle.

virilità s. f. **1** maturità **CONTR.** immaturità, acerbità, adolescenza **2** mascolinità, maschiezza (*raro*) **CONTR.** femminilità **3** (*est., fig.*) (*di comportamento*) coraggio, serietà, risolutezza, energia, fermezza, valore, gravità, vigore, vigoria, forza **CONTR.** debolezza, pusillanimità, languidezza, mollezza, fiacchezza, cedevolezza.

virilménte avv. da uomo, energicamente, risolutamente, coraggiosamente, valorosamente **CONTR.** da donna, debolmente, sdolcinatamente, codardamente, vilmente.

virtù s. f. **1** bontà, perfezione □ fortezza, giustizia, prudenza, temperanza □ fede, speranza, carità **CONTR.** vizio **2** (*ass.*) verecondia, castità, pudore, modestia, pudicizia **CONTR.** inverecondia, impudicizia, spudoratezza **3** (*est.*) qualità, capacità, pregio, dote, requisito, prerogativa, merito **CONTR.** difetto, incapacità **4** (*lett.*) abilità, preziosità, bravura, capacità, valentia, talento **CONTR.** inabilità, incapacità, ignoranza, incompetenza, vizio **5** (*est., lett.*) valore, coraggio, ardimento, eroismo, prodezza **CONTR.** viltà, vigliaccheria, codardia, paura, pusillanimità **6** (*lett.*) facoltà, potenza, potere, volontà **7** (*di medicina, di rimedio, ecc.*) efficacia, potenza, utilità **CONTR.** inefficacia, inutilità **FRAS.** *in virtù di*, in forza di □ *per virtù di*, grazie a.

virtuàle agg. **1** potenziale, implicito, possibile, eventuale **CONTR.** attuale, reale, effettivo **2** (*est.*) teorico **CONTR.** reale.

virtualità s. f. potenzialità, possibilità, eventualità **CONTR.** realtà, effettività.

virtualménte avv. potenzialmente, teoricamente **CONTR.** realmente, effettivamente.

virtuosaménte avv. **1** onestamente, probamente, moralmente **CONTR.** disonestamente, dissolutamente, corrottamente **2** abilmente, con perizia **CONTR.** male.

virtuosìsmo s. m. **1** abilità, padronanza, perfezione, virtuosità **CONTR.** inabilità, imperizia, incapacità **2** (*est., spreg.*) esibizione.

virtuosità s. f. **1** onestà, lealtà, rettitudine, integrità **CONTR.** disonestà, vizio **2** (*di artista*) virtuosismo, abilità, padronanza, perfezione.

virtuóso agg.; anche s. m. **1** onesto, probo, giusto, casto, temperante, illibato, morigerato, morale, leale, buono **CONTR.** vizioso, corrotto, dissoluto, depravato, degenerato, scostumato **2** (*di artista*) abile, esperto, bravo, perfetto **CONTR.** inabile, inesperto, incapace.

virulènto agg. **1** (*di microbo, di infezione, ecc.*)

maligno, violento, velenoso, tossico, infettivo **CONTR.** innocuo, benigno **2** (*fig.*) (*di discorso, di scritto, ecc.*) maligno, mordace, rabbioso, aspro, acre, corrosivo, velenoso, invelenito **CONTR.** mite, benevolo, dolce, umano, affettuoso, indulgente, affabile.

virulènza s. f. **1** (*di microbo, di infezione, ecc.*) velenosità, malignità, tossicità **CONTR.** innocuità, benignità **2** (*fig.*) (*di discorso, di scritto, ecc.*) violenza, asprezza, malignità, mordacità **CONTR.** mitezza, dolcezza, benevolenza, umanità.

visagìsta s. m. e f. estetista, truccatore, truccatrice.

visceràle agg. **1** dei visceri **2** (*fig.*) (*di odio, di amore, ecc.*) profondo, intenso **CONTR.** superficiale.

vìscere s. m. al pl. **1** interiora, intestini, budella, stomaco, frattaglie **2** (*est., lett.*) utero, grembo **3** (*raro, fig.*) cuore, sentimento, sensibilità, passione, calore **CONTR.** indifferenza **4** (*fig.*) (*di terra, di vulcano, ecc.*) profondità, intimo, intimità, interno **CONTR.** cima, superficie, esterno.

vischiosità s. f. viscosità, collosità, gommosità, resistenza, mucosità **CONTR.** fluidità.

vischióso agg. viscoso, colloso, gommoso, mucoso, attaccaticcio, appiccicoso, tenace, appiccicante, glutinoso **CONTR.** fluido, scorrevole.

viscidaménte avv. (*fig.*) subdolamente, equivocamente **CONTR.** apertamente, chiaramente.

viscidità s. f. scivolosità **CONTR.** ruvidità, scabrezza.

vìscido agg. **1** gelatinoso, scivoloso, molle, molliccio, mucillaginoso **CONTR.** scabro, ruvido **2** (*fig.*) (*di persona, di modi, ecc.*) sfuggevole, insinuante, equivoco **CONTR.** chiaro, aperto.

vìsciola s. f. (*bot.*) amarena, marasca.

viscóso agg. (*lett.*) vischioso, colloso, gommoso, mucoso, appiccicoso, tenace **CONTR.** fluido, scorrevole.

visìbile agg. **1** vedibile, distinguibile, percepibile, discernibile **CONTR.** invisibile, incorporeo, immateriale, impercettibile **2** (*est.*) (*di commozione, di gioia, ecc.*) chiaro, manifesto, evidente, palese, indubbio, certo **CONTR.** nascosto, celato (*lett.*), occulto, riservato.

visibìlio [dalle parole del credo: *Visibilium omnium et invisibilium* 'delle cose visibili e invisibili'] s. m. (*fam.*) quantità, abbondanza **FRAS.** *andare in visibilio*, entusiasmarsi, andare in estasi, estasiarsi, strabiliare.

visibilità s. f. (*est.*) vista.

visièra s. f. **1** (*di elmo*) buffa **2** (*di schermidore*) maschera **3** (*di cappello*) tesa, falda.

visionàre v. tr. controllare, osservare, esaminare, vedere.

visionàrio s. m.; anche agg. **1** allucinato, vaneggiante, vaneggiatore (*raro*) **2** (*fig.*) sognatore, utopista, idealista, illuso **CONTR.** positivo, pratico, realista, prosaico.

visióne s. f. **1** vista, veduta, panorama, paesaggio □ esame, osservazione **2** (*di film*) proiezione, spettacolo **3** (*est.*) (*della vita, della realtà, ecc.*) idea, concetto, quadro, immagine **4** (*est.*) scena, spettacolo **5** apparizione □ estasi **6** (*est.*) allucinazione, sogno, fantasia **7** fantasma, spettro.

vìsita s. f. **1** visitazione (*ant.*), abboccamento **2** (*med.*) esame, controllo **3** (*a scuola, a caserma, ecc.*) ispezione, perlustrazione, controllo, supervisione □ perquisizione.

visitàre v. tr. **1** fare visita, andare a trovare **2** (*med.*) esaminare **3** (*di città, di museo, ecc.*) vedere **4** (*raro*) controllare, ispezionare.

vìso s. m. **1** faccia, volto, muso (*spreg.*), grugno (*spreg.*), ceffo (*spreg.*) **2** (*est.*) espressione, fisionomia, aspetto, sembiante, cera, lineamenti, fattezze □ piglio, atteggiamento.

visóne s. m. mink (*ingl.*).

visóre s. m. **1** mirino **2** microlettore.

vìspo agg. pronto, svelto, brioso, vivace, agile, celere, ridente, sveglio, allegro, irrequieto **CONTR.** tardo, lento, pesante, torpido, ottuso.

vissùto A part. pass. di **vivere**; anche agg. **1** trascorso, passato **2** (*di persona*) esperto □ navigato **CONTR.** inesperto, ingenuo **B** s. m. passato.

vìsta s. f. **1** sguardo, occhio, lume □ percezione **2** occhiata, guardata □ impressione **3** visualità, campo visivo **4** (*raro, edil.*) luce, finestra, apertura **5** (*di luogo*) panorama, scena, spettacolo, veduta **6** aspetto, apparenza, sembianza, mostra **7** (*raro*) ostentazione, mostra **FRAS.** *in vista*, (*di persona*) noto, importante □ *in vista di*, vicino a; in considerazione di □ *a vista* (*econ.*), alla presentazione □ *punto di vista*, opinione, parere, giudizio □ *sparare a vista*, sparare senza preavviso.

vìsto s. m. vidimazione, autenticazione, firma, approvazione.

vistosaménte avv. sfarzosamente, pomposamente, chiassosamente, ostentatamente, notevolmente, considerevolmente **CONTR.** modestamente, moderatamente, poco.

vistosità s. f. appariscenza, risalto, evidenza, spicco □ sfoggio, sfarzo, ostentazione **CONTR.** modestia, squallore, insipidità, mediocrità, meschinità.

vistóso agg. **1** (*di colore, di vestito, ecc.*) chiassoso, sgargiante, appariscente, sfarzoso, pomposo, smagliante, ostentato, spettacoloso, evidente **CONTR.** modesto, misero, squallido, insipido, mediocre, incolore, insulso **2** (*fig.*) (*di somma, di vincita, ecc.*) notevole, considerevole, ingente, importante, imponente, cospicuo, ragguardevole, rilevante **CONTR.** esiguo, piccolo, mediocre, irrilevante, da poco.

visuàle A agg. visivo **B** s. f. **1** veduta, panorama, vista, prospettiva **2** campo visivo.

vita (1) s. f. **1** esistenza □ essere, spirito **CONTR.** morte **2** pelle, incolumità **3** (*fig.*) durata **CONTR.** fine **4** modo di vita, vivere **5** persona, individuo, essere **6** vigore, vitalità, vivacità, fervore, energia, esuberanza, forza, spirito, brio **CONTR.** inerzia, debolezza, fiacchezza, indolenza **7** (*fig.*) animazione, fermento, movimento, traffico **CONTR.** calma, quiete, silenzio **8** fama, nome, celebrità, gloria, notorietà, rinomanza, risonanza **CONTR.** oscurità **9** biografia, autobiografia, memorie **10** mondo.

vita (2) s. f. **1** cintura, cintola **2** (*est.*) torace, busto, corpo.

vitàle agg. **1** della vita **2** (*fig.*) (*di interesse, di questione, ecc.*) fondamentale, essenziale, necessario, primario, importante, capitale **CONTR.** trascurabile, secondario, superfluo **3** (*fig.*) (*di industria, di organismo, ecc.*) produttivo, attivo **CONTR.** improduttivo, passivo.

vitalità s. f. vivacità, vigoria, esuberanza, vita, energia, vigore, forza, spirito, brio, calore, impeto **CONTR.** inerzia, debolezza, impotenza, morte, fiacchezza, inattività, indolenza.

vitamìna s. f. **FRAS.** *vitamina A*, carotene □ *vitamina* B_1, tiamina □ *vitamina* B_2, riboflavina □ *vitamina* B_5, acido pantotenico □ *vitamina* B_8, piridossina □ *vitamina* B_{12}, cianocobalamina □ *vitamina C*, acido ascorbico □ *vitamina D*, calciferolo □ *vitamina E*, tocoferolo □ *vitamina F*, acido linoleico □ *vitamina H*, biotina □ *vitamina K*, naftochinone □ *vitamina M*, B_c, acido folico □ *vitamina P*, citrina □ *vitamina PP*, niacina.

vitellóne [nel sign. 2, dal film di Fellini, *I vitelloni*, 1953] s. m. **1** accr. di **vitello** **2** (*fig.*) perditempo, fannullone, figlio di papà.

vìtreo agg. **1** vetroso, vetrigno (*raro*), cristallino **2** (*di sguardo, di occhio*) fisso, immobile, inespressivo, sbarrato, dilatato **CONTR.** vivido, vivace, mobile, espressivo.

vìttima s. f. **1** (*relig.*) olocausto, offerta **2** (*di fede, di tirannide, ecc.*) martire **CONTR.** carnefice, persecutore **3** (*di terremoto, di guerra, ecc.*) morto, caduto **4** (*fig.*) zimbello, capro espiatorio.

vittimìsmo s. m. autocompatimento, autocommiserazione **CONTR.** narcisismo, autocompiacimento, autoesaltazione.

vìtto s. m. alimentazione, alimenti, nutrimento, cibo, viveri, sostentamento, vivande.

vittòria s. f. successo, vincita, trionfo, conquista **CONTR.** sconfitta, disfatta, perdita, resa, rotta, fallimento **FRAS.** *cantar vittoria* (*fig.*), rallegrarsi.

vittoriosaménte avv. trionfalmente, da vincitore **CONTR.** umiliantemente, da vinto.

vittorióso agg.; anche s. m. trionfante, vincitore, trionfatore, conquistatore, espugnatore, vincente **CONTR.** vinto, sconfitto.

vituperàbile agg. vituperevole (*lett.*), biasimevole, spregevole, riprovevole, obbrobrioso, abietto, vergognoso, ignominioso, infame, scandaloso, ingiurioso, infamante, disonorevole **CONTR.** lodevole, elogiabile, encomiabile, onorevole, nobile, dignitoso.

vituperàre v. tr. offendere, infamare, oltraggiare, ingiuriare, insultare, svergognare, disonorare, diffamare, denigrare, infangare, vilipendere **CONTR.** onorare, esaltare, lodare, encomiare, incensare, magnificare.

vitupèrio s. m. **1** ingiuria, improperio, insulto, oltraggio, offesa, diffamazione **CONTR.** elogio, lode, encomio, incensamento, adulazione **2** (*lett.*) onta, disonore, vergogna, obbrobrio, ignominia, infamia □ (*ant.*) biasimo **CONTR.** onore, merito, gloria, esaltazione.

vìva **A** inter. evviva **CONTR.** abbasso **B** s. m. plauso, approvazione **CONTR.** rimprovero, disapprovazione.

vivàce agg. **1** (*lett.*) (*di pianta, di persona*) rigoglioso, vitale, lussureggiante, vigoroso **CONTR.** stentato, intristito, avvizzito **2** (*di persona*) esuberante, focoso, scattante, dinamico, agile, impulsivo **CONTR.** calmo, quieto, lento, fiacco, indolente **3** (*di ingegno, di occhio, ecc.*) sveglio, attento, pronto, acuto, vivido, vispo **CONTR.** lento, tardo, inerte **4** (*est.*) (*di stile, di scrittore, ecc.*) brioso, animato, brillante, gaio, movimentato **CONTR.** serio, pedante, compassato, triste **5** (*fig.*) (*di parole*) animoso, eccitato, risentito, concitato **CONTR.** tranquillo, pacato **6** (*fig.*) (*di colore*) intenso, brillante, vivido **CONTR.** pallido, tenue, spento, smorto.

vivaceménte avv. **1** brillantemente, animatamente **CONTR.** pedantemente, grigiamente **2** animosamente, concitatamente **CONTR.** pacatamente, tranquillamente **3** intensamente, brillantemente **CONTR.** pallidamente, grigiamente.

vivacità s. f. **1** (*lett.*) (*di pianta*) vitalità, rigoglio **CONTR.** languore, stentatezza **2** (*di persona*) esuberanza, dinamismo, agilità, slancio, energia, vigore **CONTR.** stanchezza, apatia, lentezza, indolenza, fiacchezza, pigrizia **3** (*di discorso, di scritto, ecc.*) brio, gaiezza, vivezza, acutezza, arguzia, prontezza **CONTR.** lentezza, monotonia, pedanteria, aridità **4** irrequietezza, concitazione, animazione, impeto, foga, impulsività, passione **CONTR.** pacatezza, calma, tranquillità.

vivacizzàre v. tr. animare, ravvivare **CONTR.** smorzare, mortificare, intristire.

vivàgno s. m. **1** cimosa **2** (*est., lett.*) orlo, lembo, margine, balza.

vivàio s. m. **1** (*di piante*) semenzaio, seminario (*ant.*) **2** (*di pesci*) peschiera.

vivaménte avv. calorosamente, vivacemente, efficacemente, impetuosamente, molto **CONTR.** impassibilmente, freddamente, poco.

vivànda s. f. cibo, alimento, pietanza, piatto, manicaretto.

vivènte A part. pres. di **vivere**; anche agg. vivo, in vita **CONTR.** morto **B** s. m. essere vivente, uomo.

vìvere A v. intr. **1** esistere **CONTR.** morire **2** campare, sopravvivere, vivacchiare, stentare **CONTR.** crepare, defungere (*lett.*), perire, trapassare **3** (*in un luogo*) stare, abitare, risiedere, essere **4** (*da galantuomo, da studioso, ecc.*) comportarsi, agire, procedere **5** godere **6** (*fig.*) (*di fama, di ricordo, ecc.*) durare, sopravvivere, perdurare, prolungarsi, resistere, conservarsi, continuare **CONTR.** finire, cessare **B** v. tr. **1** (*di vita, di anni*) trascorrere, passare, fare, condurre **2** (*di sensazioni, di esperienze, ecc.*) provare, sperimentare, sentire **C** s. m. vita, esistenza.

vìveri s. m. pl. vettovaglie, derrate, cibarie, alimenti, cibo, provvista, sussistenza, scorta, vitto.

vìvido agg. **1** (*lett.*) vivo, vivace, vigoroso, rigoglioso **CONTR.** debole, vizzo, fiacco **2** (*di colore, di luce, ecc.*) intenso, brillante, luminoso, splendente, sfavillante, lucente, fiammante, scintillante, raggiante, sfolgorante, smagliante, rilucente, rutilante **CONTR.** opaco, spento, smorto, fioco, pallido, scuro, tetro, fosco, annebbiato **3** (*fig.*) (*di ingegno, di fantasia, ecc.*) acuto, penetrante, vivace, pronto, perspicace **CONTR.** ottuso, lento, tardo, inerte.

vivificàre v. tr. **1** rinvigorire **CONTR.** appassire, intristire **2** (*fig.*) ravvivare, animare, vivacizzare **CONTR.** mortificare, intristire.

vìvo A agg. **1** vivente, vitale **CONTR.** morto **2** (*di piante*) rigoglioso, fiorente **CONTR.** secco, intristito, avvizzito, appassito **3** (*est.*) (*di lingua, di consuetudine, ecc.*) attuale, contemporaneo, in uso **CONTR.** morto **4** (*di persona, di sguardo, ecc.*) espressivo, vivace, vigoroso, esuberante, brioso, allegro, attivo, irrequieto **CONTR.** fiacco, pigro, spento, indolente, inerte **5** (*di ingegno, di mente, ecc.*) acuto, versatile, vivido, pronto, vivace **CONTR.** lento, tardo **6** (*di discussione, di polemica, ecc.*) accanito, animato, aggressivo **CONTR.** calmo, pacato, quieto **7** (*di mercato, di attività, ecc.*) attivo, operoso, animato **CONTR.** spento, fermo **8** (*di luce, di colore, ecc.*) intenso, forte, violento, brillante, luminoso, acceso **CONTR.** spento, tenue, delicato, debole **9** (*di rumore, di suono e sim.*) acuto, forte, chiaro, squillante **CONTR.** tenue, debole, attutito **10** (*di sentimento, di passione*) forte, intenso, ardente, esaltante **CONTR.** tenue, debole, fiacco **11** (*fig.*) (*di aria, di clima, ecc.*) fresco, puro, frizzante **CONTR.** pesante, afoso **12** (*di acqua*) corrente **CONTR.** stagnante **13** (*di roccia, di carne*) nudo, scoperto **CONTR.** ricoperto **14** (*di angolo, di spigolo*) acuto **CONTR.** smussato **B** s. m. **1** vivente **CONTR.** morto **2** (*di un discorso, di una questione, ecc.*) intimo, profondo, cuore, essenza **CONTR.** superficie, esterno **FRAS.** *mangiarsi vivo uno* (*fig.*), sopraffarlo □ *farsi vivo* (*fig.*), dare notizie di sé, farsi vedere □ *non c'è anima viva* (*fig.*), non c'è nessuno □ *argento vivo* (*fig.*), irrequietezza □ *a fuoco vivo*, a fiamma alta.

viziàre A v. tr. **1** corrompere, guastare, macchiare, inquinare, infettare, ammorbare, depravare, traviare, pervertire, contaminare, degradare, deviare, fuorviare, rovinare **CONTR.** correggere, raddrizzare, educare **2** abituare male **B viziarsi** v. intr. pron. **1** (*di persona*) contrarre vizi, depravarsi, fuorviarsi **CONTR.** correggersi, raddrizzarsi **2** (*di cosa*) logorarsi, sciuparsi.

viziàto part. pass. di **viziare**; anche agg. **1** depravato, traviato, pervertito, contaminato, deviato, fuorviato **CONTR.** educato, corretto, raddrizzato **2** educato male **3** (*dir.*) invalido, irregolare, infirmato **CONTR.** valido, regolare **4** (*di acqua, di aria, ecc.*) inquinato, infettato, ammorbato, contaminato □ pesante, irrespirabile **CONTR.** puro.

vìzio s. m. **1** malcostume, corruzione, dissolutezza, depravazione, perversione, colpa, pervertimento, scostumatezza **CONTR.** virtù, morigeratezza **2** (*est.*) (*del fumo, del bere, ecc.*) difetto, vezzo, cattiva abitudine, debolezza, capriccio **3** (*anat.*) alterazione, malformazione, imperfezione **4** (*di cosa*) imperfezione, difetto, magagna, tara **5** (*di scrittura, di ortografia e sim.*) errore, scorrettezza **CONTR.** correttezza **6** (*dir.*) irregolarità, non conformità **CONTR.** regolarità, conformità.

viziosaménte avv. corrottamente, dissolutamente, licenziosamente, sregolatamente **CONTR.** virtuosamente, onestamente, morigeratamente.

vizióso A agg. **1** corrotto, dissoluto, depravato, traviato, degenerato, debosciato, licenzioso, pervertito, sregolato **CONTR.** virtuoso, morigerato, temperante, giusto, morale, onesto, misurato **2** (*est.*) (*di cosa*) difettoso, anomalo, guasto, magagnato, irregolare **CONTR.** perfetto, sano **3** (*di pronuncia, di discorso, ecc.*) imperfetto, inesatto, scorretto, errato **CONTR.** giusto, perfetto **B** s. m. (*di persona*) dissoluto, depravato, debosciato, pervertito.

vìzzo agg. appassito, grinzoso, cascante, avvizzito, rugoso, floscio, aggrinzito, increspato, raggrinzito, flaccido **CONTR.** liscio, sodo, fresco, fiorente, rigoglioso, saldo, levigato, turgido.

vocabolàrio s. m. **1** dizionario, glossario, calepino **2** (*di un autore, di una persona, ecc.*) lessico □ vocaboli, parole □ parlata.

vocàbolo s. m. **1** parola, voce, nome, termine, lemma **2** (*lett.*) nome proprio **CONTR.** nome comune.

vocàle agg. **1** di voce, della voce **2** (*poet.*) sonoro, canoro.

vocalist /*ingl.* 'voukəlist/ [vc. ingl., da *vocal*

'vocale'] s. f. e m. inv. cantante.

vocazióne s. f. **1** (*relig.*) chiamata, elezione, ispirazione **2** (*fig.*) (*per una cosa*) inclinazione, disposizione, tendenza, passione, predisposizione, propensione, attitudine, dote **CONTR.** avversione, contrarietà, riluttanza, idiosincrasia.

vóce s. f. **1** suono, fiato (*lett.*) □ grido □ tono, accento, inflessione **2** persona □ cantante **3** (*est.*) (*di animale*) verso, canto, grido, urlo **4** (*est.*) (*di strumento musicale*) armonia, accordo **5** (*di vento, di tuono, ecc.*) rumore, fragore, scroscio, rombo, fruscio, brontolio **6** (*fig.*) (*della cultura, della finanza, ecc.*) personaggio, personalità **7** (*del lessico*) parola, vocabolo, termine, lemma, nome **8** (*di verbo*) forma **9** (*fig.*) (*della coscienza, della natura, ecc.*) richiamo, suggerimento, ammonimento, insegnamento □ istinto, impulso **10** (*al pl.*) sensazione, allucinazione **11** (*di persona*) voto □ diritto, autorità **12** opinione □ fama, reputazione **13** notizia, informazione, diceria, chiacchiera, favola, pettegolezzo, indiscrezione □ maldicenza, calunnia **14** (*di elenco, di spesa, ecc.*) elemento, oggetto, argomento **FRAS.** *dar sulla voce*, contraddire, zittire □ *senza voce*, afono □ *fare la voce grossa* (*fig.*), minacciare □ *a una voce*, simultaneamente; (*fig.*) concordemente, unanimemente.

vociàre A v. intr. **1** sbraitare, gridare, berciare (*tosc.*), sgolarsi, schiamazzare, strepitare, urlare, strillare **CONTR.** sussurrare **2** (*est.*) pettegolare, spettegolare, ciarlare, cianciare **B** s. m. **1** rumore, clamore, vocio, gridio, schiamazzo, strepito, gazzarra, tumulto **CONTR.** silenzio, calma **2** (*est.*) chiacchiera, pettegolezzo.

vociferàre A v. intr. (*raro*) parlare, urlare **B** v. tr. dire, insinuare, sparlare, soffiare, spifferare, mormorare.

vociferazióne s. f. **1** gridio, rumore, clamore, vocio, schiamazzo, strepito, gazzarra **CONTR.** silenzio, calma, quiete **2** notizia, mormorio, diceria, insinuazione.

vóga s. f. **1** (*mar.*) spinta, remata **2** (*fig.*) impeto, slancio, entusiasmo, passione **CONTR.** apatia, indifferenza, calma **3** (*fig.*) moda, usanza, foggia, corrente (*fig.*) **4** (*fig.*) notorietà, successo, attualità, favore, fama, gloria **5** (*sport*) vogatore.

vogàre v. intr. remare, remigare (*raro, lett.*), remeggiare.

vogàta s. f. remata.

vogatóre s. m. (f. *-trice*) **1** rematore, remigatore (*raro, lett.*), remigante (*lett.*), canottiere, barcaiolo **2** (*di indumento*) canottiera.

vòglia s. f. **1** desiderio, brama, volontà, vaghezza (*lett.*), aspirazione **CONTR.** ripugnanza, avversione, odio, idiosincrasia **2** (*euf.*) bramosia (*lett.*), foia, libidine, concupiscenza **3** capriccio, velleità, smania, uzzolo (*tosc.*), appetito, tentazione, fregola, passione, prurito, fantasia, avidità **CONTR.** avversione, ripugnanza **4** (*pop.*) (*della pelle*) neo, macchia, angioma.

vogliosaménte avv. smaniosamente, avidamente, desiderosamente **CONTR.** svogliatamente.

vogliόso agg. desideroso, bramoso (*lett.*), avido, ingordo, cupido (*lett.*), smanioso, desioso (*lett.*) **CONTR.** indifferente, svogliato.

vói pron. pers. m. e f. di seconda pers. pl. **1** voialtri **2** vi, ve **FRAS.** *da voi*, al vostro paese, in casa vostra, nel vostro ufficio, ecc. □ *a voi!*, forza!, coraggio!

volàno A s. m. **1** organo rotante **2** (*est., fig.*) margine, riserva **B** in funzione di agg. inv. (*di circuito*) oscillatorio.

volànte (1) A part. pres. di **volare**; anche agg. **1** alato, svolazzante, volteggiante **2** (*di foglio, di appunto, ecc.*) staccato, distaccato **CONTR.** fisso **3** (*di lavoratore, di occupazione, ecc.*) saltuario, discontinuo, intermittente **CONTR.** fisso, stabile, costante **4** (*fig.*) (*di squadra, di colonna, ecc.*) celere, veloce, rapido, pronto **B** s. f. (*di squadra di polizia*) polizia, celere, 113.

volànte (2) s. m. sterzo.

volantino s. m. foglietto, manifestino □ locandina.

volàre v. intr. **1** muoversi nell'aria, aleggiare, librarsi, svolazzare, volteggiare, planare, sorvolare, trasvolare **2** (*est.*) viaggiare **3** (*fig.*) (*di persona, di tempo, ecc.*) correre, sfrecciare, passare in fretta **4** (*da un luogo*) precipitare, scendere, calare **5** (*est.*) (*di palloncino, di aquilone e sim.*) innalzarsi, sollevarsi, andare **6** (*di notizia*) diffondersi, propagarsi, spandersi.

volàta s. f. **1** volo **2** (*est.*) corsa **3** (*sport*) scatto, sprint (*ingl.*) **4** (*est.*) (*di uccelli*) branco, stormo.

volàtile A agg. **1** (*raro*) (*di animale*) volante **2** (*chim.*) evaporabile **B** s. m. (*gener.*) uccello, pennuto.

volatilizzàre A v. intr. e **volatilizzarsi** intr. pron. (*di sostanza*) svaporare, evaporare, sublimare **B** v. intr. pron. (*fig.*) (*di persona*) dileguarsi, scomparire, svanire, sparire, squagliarsi, dissolversi **CONTR.** apparire, comparire, presentarsi.

volènte part. pres. di **volere**; anche agg. disposto, consenziente **CONTR.** nolente, contrario.

volenterόso agg. zelante, diligente, pronto, sollecito, solerte, alacre, attivo, operoso **CONTR.** svogliato, negligente, noncurante.

volentièri avv. di buon grado, con piacere, di buona voglia, con gioia **CONTR.** malvolentieri, svogliatamente, controvoglia.

volére A v. tr. **1** desiderare, proporsi, aspirare, ambire **2** esigere, pretendere, chiedere, richiedere, reclamare **3** comandare, stabilire, ordinare, disporre, fissare, imporre **4** desiderare, appetire (*lett.*), concupire (*lett.*), sognare, sospirare **5** permettere, consentire, acconsentire, accordare, concedere, ammettere **CONTR.** vietare, impedire **6** accettare, gradire, preferire **7** (*di cosa*) richiedere, pretendere, esigere **8** (*di impegno, di lavoro, ecc.*) comportare, richiedere **9** (*di denaro, di aiuto, ecc.*) esserci bisogno, necessitare, avere bisogno, occorrere **10** (*gener. con* che *e il cong.*) credere, ritenere, affermare, pensare **11** tramandare, asserire **12** (*con l'inf.*) risolversi, decidersi **13** (*di verbo*) reggere **14** (*di piovere, di nevicare e sim.*) stare per, essere imminente, essere probabile **B** s. m. **1** volontà, desiderio **2** intento, determinazione **FRAS.** *voler dire*, significare, intendere; equivalere □ *vuoi... vuoi*, sia... sia; tanto... quanto □ *volere bene*, amare □ *volere male*, odiare □ *volere piuttosto*, preferire □ *non vuol dire*, non ha importanza.

volgàre A agg. **1** (*di pregiudizio, di parlata, ecc.*) popolare, plebeo, popolaresco **CONTR.** nobile, signorile, aristocratico, eletto **2** (*fig., spreg.*) (*di cosa*) comune, corrente, solito, consueto, usuale, normale, quotidiano, ovvio, trito, prosaico, pedestre **CONTR.** raro, eccezionale, insolito, singolare, infrequente, straordinario **3** (*fig., spreg.*) (*di persona o cosa*) rozzo, grossolano, ordinario, dozzinale, sconcio, osceno, triviale, scurrile, cafonesco, pacchiano, meschino, sguaiato, sciatto, zotico **CONTR.** distinto, fine, delicato, raffinato, squisito, gentile **B** s. m. idioma, dialetto, vernacolo.

volgarità s. f. scurrilità, trivialità, grossolanità, bassezza, pacchianeria, villania, scortesia, rozzezza, sgarbatezza, sgarbo, materialità, oscenità **CONTR.** garbo, delicatezza, raffinatezza, squisitezza, gentilezza, distinzione, finezza, nobiltà, cortesia.

volgarizzazióne s. f. **1** (*di scritto*) volgarizzamento, traduzione **2** (*di scienza, ecc.*) divulgazione, diffusione.

volgarménte avv. **1** rozzamente, grossolanamente, trivialmente, scurrilmente, cafonescamente, oscenamente, sguaiatamente, sciattamente **CONTR.** distintamente, finemente, delicatamente, raffinatamente, squisitamente, gentilmente **2** usualmente, normalmente, solitamente, quotidianamente, prosaicamente, pedestremente **CONTR.** eccezionalmente, raramente, straordinariamente, infrequentemente.

vòlgere A v. tr. **1** (*di sguardo, di pensiero, ecc.*) dirigere, indirizzare, girare, rivolgere, voltare, muovere, piegare **CONTR.** distogliere, stornare **2** (*fig.*) (*in bene, in male, ecc.*) mutare, capovolgere, ritorcere, rivoltare, cambiare **B** v. intr. e **volgersi** intr. pron. **1** (*a destra, a valle, ecc.*) piegare, dirigersi, girare, pendere, inclinare **2** (*al termine, al bello, ecc.*) avvicinarsi, approssimarsi, accostarsi, tendere **3** (*di colore*) tendere **C volgersi** v. rifl. **1** (*a destra, a valle, ecc.*) rivolgersi, dirigersi, piegarsi, voltarsi, girarsi **2** (*fig.*) (*allo studio, al lavoro, ecc.*) dedicarsi, indirizzarsi **D** v. intr. pron. (*contro uno*) sfogarsi, riversarsi.

vólgo s. m. **1** popolino, plebe **CONTR.** patriziato, nobiltà, aristocrazia **2** (*est., spreg.*) gente, turba, massa, moltitudine, folla.

volièra s. f. uccelliera, gabbia.

volitìvo agg. forte, energico, caparbio, risoluto, deciso, inflessibile, fermo, ferreo **CONTR.** debole, fiacco, irresoluto, neghittoso, abulico, apatico.

volley-ball /*ingl.* 'vɔli bɔ:l/ [vc. ingl., comp. di *volley* 'volata' e *ball* 'palla'] s. m. inv. (*sport*) pallavolo.

vólo s. m. **1** volata, ascesa, salita **2** (*est.*) traiettoria **3** (*est.*) salto, caduta **4** (*est.*) corsa, volata, slancio **5** (*fig.*) intuizione, fantasticheria **6** (*in aereo*) viaggio **7** (*est.*) stormo **FRAS.** *al volo* (*fig.*), subito, all'istante □ *prendere il volo* (*fig.*), fuggire, sparire □ *in un volo* (*fig.*), subito.

volontà s. f. **1** volere **CONTR.** indifferenza, apatia, abulia, inerzia, svogliatezza **2** intenzione, arbitrio, piacere, proposito, proponimento, decisione, voglia, desiderio **CONTR.** indifferenza, malavoglia, svogliatezza **3** (*di studiare, di lavorare, ecc.*) disposizione, inclinazione, piacere **CONTR.** incompatibilità, ripugnanza, avversione, idiosincrasia.

volontariaménte avv. intenzionalmente, di proposito, apposta **CONTR.** involontariamente.

volontàrio agg. libero, scelto, intenzionale, spontaneo, elettivo **CONTR.** forzato, obbligatorio, involontario, imposto, costretto.

vólpe s. f. (*fig.*) astuto, furbone, dritto (*fam.*) **CONTR.** ingenuo, semplice, candido, credulone, coglione (*volg.*), sempliciotto.

volpóne s. m. **1** accr. di **volpe 2** (*fig.*) furbacchione, furbone, dritto (*fam.*) **CONTR.** ingenuo, semplicione, credulone, coglione (*volg.*).

vòlta (1) s. f. **1** volgimento □ giro, svolta, piega, torsione □ rovesciamento, rivolgimento, balta **2** direzione, verso **3** (*fig.*) turno, vece, avvicendamento, successione, rotazione, alternanza **4** circostanza, momento, tempo **5** (*al pl.*) (*mat.*) (*nelle moltiplicazioni*) per, moltiplicato **FRAS.** *dar di volta il cervello* (*fig.*), impazzire □ *una buona volta*, alla fine □ *una volta per tutte*, definitivamente.

vòlta (2) s. f. (*est.*) copertura, soffitto □ arco, arcata, voltone.

voltafàccia s. m. inv. (*fig.*) (*di idee, di parole, ecc.*) cambiamento, mutamento □ tradimento.

voltàggio s. m. forza elettromotrice.

voltàre A v. tr. **1** (*di sguardo, di corpo, ecc.*) girare, volgere, piegare **2** (*di veicolo, di animale*) dirigere, guidare, condurre **3** (*raro*) (*di frase, di strada, ecc.*) mutare, cambiare, trasformare, deviare **4** (*di medaglia, di frittata, ecc.*) rivoltare, rovesciare, girare **5** (*di angolo* *e sim.*) oltrepassare, superare, sorpassare **B** v. intr. girare, virare, sterzare, svoltare **C voltarsi** v. intr. pron. (*di tempo, di vento, ecc.*) mutare, cambiare **D** v. rifl. (*di persona*) girarsi, volgersi, piegarsi.

voltastòmaco s. m. **1** nausea, vomito **2** (*fig.*) disgusto, ribrezzo, ripugnanza, fastidio, repulsione, schifo **CONTR.** piacere.

volteggiàre v. intr. **1** volare **2** (*est.*) girare.

voltéggio s. m. giravolta.

vòlto (1) part. pass. di **volgere**; anche agg. **1** (*di sguardo, di corpo, ecc.*) rivolto, girato, voltato, piegato **2** (*di veicolo, di animale*) diretto, indirizzato, guidato, condotto **3** (*verso un luogo*) inclinato, orientato, prospiciente **4** (*raro*) (*di frase, di strada, ecc.*) mutato, cambiato, trasformato, deviato.

vólto (2) s. m. **1** (*lett.*) viso, faccia **2** (*fig.*) aspetto, fisionomia, sembiante, espressione, fattezze, lineamenti **3** (*fig.*) carattere, essenza, natura **4** (*fig.*) ritratto.

volùbile agg. **1** (*lett.*) (*di ruota, di asse, ecc.*) girevole **CONTR.** fisso **2** (*lett.*) (*di tempo, di onda, ecc.*) mobile **CONTR.** immobile, fisso **3** (*fig.*) (*di persona, di carattere, ecc.*) instabile, mutevole, incostante, variabile, mutabile **CONTR.** costante, fermo, saldo, stabile, invariabile, immutabile.

volubilità s. f. instabilità, incostanza, leggerezza, mutabilità, mutevolezza, variabilità, discontinuità **CONTR.** costanza, fermezza, immutabilità, perseveranza, pertinacia, saldezza, stabilità.

volùme s. m. **1** (*est.*) (*di misura*) mole, massa, stazza, portata, tonnellaggio **2** (*fig.*) (*di affari, di produzione, ecc.*) quantità **3** (*di suono*) intensità **4** libro, tomo **5** (*est.*) opera, testo.

voluminóso agg. **1** (*di cosa*) ingombrante, grosso **CONTR.** piccolo, esiguo **2** (*est.*) (*di persona*) grasso, grosso, massiccio, corpulento **CONTR.** piccolo, esile, snello, mingherlino.

volùta s. f. **1** (*di conchiglia, di fumo, ecc.*) spira, spirale **2** (*arch.*) ornamento, avvolgimento, ricciolo **3** (*di violino*) riccio, chiocciola.

volùto part. pass. di **volere**; anche agg. premeditato, intenzionale, cercato, volontario □ (*fig.*) artificioso, ricercato **CONTR.** involontario, preterintenzionale.

voluttà s. f. **1** godimento, piacere, diletto, ebbrezza, dolcezza **CONTR.** sofferenza, pena, dolore **2** passione, libidine, lussuria, eros **CONTR.** temperanza, continenza, castità.

voluttuàrio agg. superfluo, inutile, eccessivo, eccedente, di lusso **CONTR.** necessario, utile, indispensabile.

voluttuóso agg. inebriante, sensuale, piacevole □ (*di persona*) libidinoso, lussurioso **CONTR.** continente, temperante.

vomitàre v. tr. e intr. **1** (*di cibo, di sangue, ecc.*) rigettare, rimettere, recere (*raro*), vomire (*raro, lett.*) **2** (*fig.*) (*di insolenze e sim.*) rigurgitare, emettere, dire rabbiosamente.

vomitàto part. pass. di **vomitare**; anche agg. **1** (*di cibo, di sangue, ecc.*) rigettato, rimesso **2** (*fig.*) (*di insolenze e sim.*) rigurgitato, detto rabbiosamente.

vòmito s. m. rigurgito, conato.

vóngola s. f. (*zool.*) mitilo, arsella, tellina.

voràce agg. **1** (*di animale*) edace (*lett.*) **2** (*est.*) (*di persona*) ingordo, divoratore, avido, insaziabile **CONTR.** parco, sobrio, temperante **3** (*fig.*) (*di fuoco, di acqua, ecc.*) divorante, consumante.

voraceménte avv. avidamente, ingordamente **CONTR.** sobriamente, moderatamente.

voracità s. f. ingordigia, avidità, insaziabilità, cupidigia, brama **CONTR.** sobrietà, temperanza, misura, moderazione.

voràgine s. f. **1** abisso, baratro, precipizio, profondità **CONTR.** culmine, cima, vetta **2** (*est.*) (*di mare, di fiume, ecc.*) gorgo, vortice **3** caverna.

vòrtice s. m. **1** turbine, gorgo, mulinello **2** (*fig.*) (*di passioni*) forza, turbine, impeto, richiamo irrefrenabile.

vorticosaménte avv. turbinosamente, impetuosamente, vertiginosamente **CONTR.** tranquillamente, placidamente.

vorticóso agg. **1** (*di acqua, di vento, ecc.*) turbinoso, tempestoso, velocissimo **CONTR.** statico, fermo, immobile, stagnante, immoto **2** (*fig.*) (*di attività, di danza, ecc.*) travolgente, impetuoso, sconvolgente **CONTR.** placido, tranquillo, calmo.

vòstro A agg. poss. di seconda pers. pl. di voi **B** agg. (*fam.*) abituale, consueto, solito □ personale.

votànte part. pres. di **votare**; anche agg. e s. m. e f. elettore.

votàre A v. tr. **1** (*di legge, di candidato, ecc.*) approvare, deliberare, suffragare, eleggere **2** (*relig.*) offrire, donare **B** v. intr. (*dir.*) deliberare **C votarsi** v. rifl. darsi, offrirsi, consacrarsi, dedicarsi, obbligarsi.

votazióne s. f. voto, suffragio, elezione, designazione, referendum, plebiscito, ballottaggio.

vóto s. m. **1** (*relig.*) promessa, impegno, proposito, giuramento, fioretto **2** (*est.*) ex voto **3** (*fig., lett.*) volontà, desiderio, aspirazione **4** augurio, auspicio **5** (*dir., est.*) votazione, dichiarazione **6** (*est.*) scheda **7** (*di merito*) giudizio, valutazione.

voyeur /*fr.* vwa'jœr/ [vc. fr., da *voir* 'vedere'] s. m. inv. guardone, scopofilo.

vulcànico agg. **1** di vulcano **2** (*fig.*) (*di temperamento, di amore, ecc.*) impetuoso, ardente, fervido, impulsivo, irruente, instancabile, tempestoso **CONTR.** calmo, tranquillo, posato, freddo, frigido.

vulcàno [da *Vulcano*, il dio del fuoco e della metallurgia] s. m. (*fig.*) (*di persona*) entusiasta, instancabile, irruente, mente fervida

CONTR. apatico, povero di idee.

vulneràbile agg. **1** feribile CONTR. invulnerabile **2** (*est.*) attaccabile, danneggiabile CONTR. invulnerabile, inattaccabile **3** (*fig.*) sensibile, emotivo CONTR. insensibile, indifferente.

vulneràre v. tr. **1** (*lett.*) ferire **2** (*fig.*) offendere, ledere, danneggiare, nuocere CONTR. difendere, aiutare.

vùlva s. f. vagina.

vuotàggine s. f. vacuità, insulsaggine, vuotezza, stupidità CONTR. pienezza, intelligenza.

vuotàre A v. tr. svuotare, evacuare, sgomberare, sbarazzare □ rovesciare CONTR. empire, riempire, colmare, stipare, gremire **B vuotarsi** v. intr. svuotarsi, sgombrarsi CONTR. riempirsi, colmarsi.

vuotàto part. pass. di **vuotare**; anche agg. svuotato, evacuato, sgomberato CONTR. riempito, colmato, stipato, gremito.

vuòto A agg. **1** senza contenuto, vacuo (*raro, lett.*) □ sgombro, deserto, libero, vacante, solitario, disabitato CONTR. pieno, occupato, stipato, colmo, gremito, ingombro, zeppo **2** (*fig.*) (*di discorso, di mente, ecc.*) privo, mancante □ vano, fatuo, frivolo, insignificante, leggero, sciocco CONTR. interessante, intelligente, impegnato **B** s. m. **1** cavità, vano, incavo **2** (*fig.*) nulla **3** (*fig.*) mancanza, carenza, insufficienza, deficienza, lacuna, assenza CONTR. ricchezza, abbondanza, sovrabbondanza **4** recipiente FRAS. *a vuoto*, invano, inutilmente, senza effetto □ *andare a vuoto*, fallire □ *assegno a vuoto*, assegno non coperto □ *vuoto di cassa*, ammanco □ *a mani vuote*, senza nulla.

w, W

wafer /*ingl.* ˈweifə/ [vc. ingl., letteralmente ‘cialda’] s. m. inv. cialda, biscotto di cialde.

wagon-lit /*fr.* vaˈgɔ̃ ˈli/ [vc. fr., comp. di *wagon* ‘vettura ferroviaria’ e *lit* ‘letto’] loc. sost. m. inv. vagone letto, vettura-letto, carrozza-letto.

wagon-restaurant /*fr.* vaˈgɔ̃ rɛstɔˈrɑ̃/ [vc. fr., comp. di *wagon* ‘vettura ferroviaria’ e *restaurant* ‘ristorante’] loc. sost. m. inv. vagone-ristorante, vettura-ristorante, carrozza-ristorante.

walkie-talkie /*ingl.* ˈwɔːki ˈtɔːki/ [vc. espressiva ingl., che vale ‘(apparecchio) parlatore (da *to talk* ‘parlare’) da passeggio (da *to walk* ‘camminare, passeggiare’)’] loc. sost. m. inv. ricetrasmettitore.

water closet /*ingl.* ˈwɔːtə ˈklɔzit/ [vc. ingl., comp. di *water* ‘acqua’ e *closet* ‘camerino’] loc. sost. m. inv. latrina, gabinetto, cesso (*pop.*) □ vater, water (*ingl.*), tazza.

watùsso [dal nome dei *Watussi*, popolazione africana di alta statura] s. m. (*est.*) gigante, corazziere, granatiere, omone **CONTR.** nano, pigmeo.

week-end /*ingl.* ˈwiːk end/ [comp. ingl. di *week* ‘settimana’ e *end* ‘fine’] loc. sost. m. inv. **1** fine settimana □ vacanza di fine settimana **2** (*est.*) vacanza, riposo.

weltanschauung /*ted.* ˈvɛlt-anʃau-uŋ/ [vc. ted., comp. di *Welt* ‘mondo’ e *Anschauung* ‘vista, visione’] s. f. inv. visione del mondo, concezione, punto di vista.

west /*ingl.* west/ [vc. ingl., letteralmente ‘ovest’, da avvicinare al gr. *hésperos*, da cui anche il lat. *vesper* e l’it. *vespro*] s. m. inv. ovest.

western /*ingl.* ˈwestən/ [vc. ingl., propriamente ‘occidentale’] **A** agg. inv. dell’ovest **B** s. m. inv. film dell’ovest, film di indiani **FRAS.** *western all’italiana*, spaghetti-western.

whisky /*ingl.* ˈwiski/ [vc. ingl., dall’irl. e gaelico *uisce* ‘acqua’, per abbreviazione di *uisce-beathad* ‘acqua (*uisce*) di vita (*beathad*)’] s. m. inv. acquavite.

winchester /*ingl.* ˈwintʃistə/ [dal nome del suo costruttore O. F. *Winchester*] s. m. inv. carabina a ripetizione.

windsurf /*ingl.* ˈwindsəːf/ [vc. ingl., comp. da *wind* ‘vento’ e *surf* ‘frangente, cresta dell’onda’] s. m. inv. tavola a vela, tavola da salto □ sport della tavola a vela.

würstel /*ted.* ˈvyrstəl/ [vc. ted., dim. di *Wurst* ‘salsiccia’] s. m. inv. salsiccia, frankfurter (*ted.*).

x, X

x **A** s. f. o m. **1** (*mat.*) incognita **2** (*nel gioco*) parità, pareggio, pari **B** in funzione di agg. inv. **1** indeterminato, sconosciuto, indefinibile, incerto, vago **CONTR.** noto, conosciuto □ definito, determinato, preciso, esatto **2** (*di evento, di ora e sim.*) cruciale, fatale, decisivo, importante, critico.

xenofilìa s. f. esterofilia **CONTR.** xenofobia, esterofobia.

xenofobìa s. f. esterofobia **CONTR.** xenofilia, esterofilia.

y, Y

yacht /*ingl.* jɔt/ [vc. ingl., dal neerlandese *jacht*, per *jacht(schiff)* 'battello (*schiff*) da caccia (*jacht*)'] s. m. inv. panfilo, yawl (*ingl.*), schooner (*ingl.*).

yachting /*ingl.* 'jɔtiŋ/ s. m. inv. navigazione da diporto.

yankee /*ingl.* 'jæŋki/ [forse dal n. neerlandese *Janke* (dim. di *Jan* 'Giovanni'), con cui i coloni ol. di New York chiamavano gli inglesi del Connecticut] s. m. inv.; anche agg. (*spec. spreg.* o *scherz.*) americano, statunitense.

yes-man /*ingl.* 'jesmən/ [vc. ingl., comp. di *jes* 'sì' e *man* 'uomo'] s. m. inv. persona servile, servo.

yèti [vc. di origine tibetana] s. m. inv. uomo delle nevi.

yògurt [dal turco *yoğurt*, di etim. incerta] s. m. inv. latte fermentato.

z, Z

zaffàta s. f. (*di liquido, di gas*) spruzzo, getto □ ondata, tanfata.
zafferàno **A** s. m. croco **B** in funzione di agg. inv. giallo intenso, croceo.
zaffìro s. m. corindone.
zàino s. m. sacco (da montagna) □ bagaglio.
zàmpa s. f. **1** (*di animale*) arto, artiglio **2** (*fig., spreg.*) (*di persona*) gamba, piede.
zampàta s. f. **1** (*di animale*) colpo di zampa, rampata, artigliata, brancata **2** (*est.*) (*di persona*) calcio **3** (*di animale*) orma, pesta, traccia, impronta.
zampillànte part. pres. di **zampillare**; anche agg. sgorgante, sprizzante.
zampillàre v. intr. sgorgare, sprizzare, schizzare, scaturire.
zampìllo s. m. getto, sprizzo, spruzzo, schizzo.
zampìno s. m. **1** dim. di **zampa** **2** (*est., iron.*) grinfia, artiglio **FRAS.** *mettere lo zampino* (*fig.*), immischiarsi, intromettersi, intrufolarsi.
zampógna s. f. cornamusa, piva, zufolo, piffero □ siringa (*mus., lett.*).
zampognàro s. m. suonatore di zampogna.
zannàta s. f. (*est.*) (*di animale*) morso, addentata, azzannata.
zanzàra s. f. (*fig., est.*) persona molesta, fastidioso, importuno, seccatore.
zanzarièra s. f. velo, reticella.
zappàre v. tr. dissodare, rivoltare, vangare, zappettare.
zappatóre s. m. **1** zappaterra **2** (*est.*) contadino.
zar [dal lat. *Cāesar* 'Cesare, imperatore'] s. m. inv. (*di Bulgaria e di Russia*) imperatore, sovrano.
zàttera s. f. **1** barcaccia, chiatta **2** (*est.*) galleggiante.
zavòrra s. f. **1** peso, massa **2** (*fig., spreg.*) ingombro, impiccio, fardello.
zàzzera s. f. **1** capigliatura, chioma **2** (*est., spreg.* o *scherz.*) capelli lunghi e incolti.
zebràto agg. **1** striato, rigato, tigrato **2** (*est., pop.*) (*di passaggio pedonale*) a strisce.
zèbre [dall'immagine della *zebra*, il mammifero con mantello a strisce] s. f. pl. (*fig., pop.*) strisce pedonali, passaggio zebrato.
zèfiro s. m. **1** vento di ponente, vento primaverile **2** (*est., lett.*) venticello, brezza, aura **CFR.** ventaccio, turbine, tempesta.
zelànte agg. sollecito, diligente, volonteroso, attivo, premuroso, coscienzioso, assiduo, pronto, solerte **CONTR.** trascurato, negligente, noncurante, svogliato, lento, inerte, pigro.
zelanteménte avv. con zelo, diligentemente, premurosamente **CONTR.** negligentemente, trascuratamente, svogliatamente.
zèlo s. m. **1** (*di sentimento*) fervore, ardore, entusiasmo, passione, impeto **CONTR.** tiepidezza, inerzia, fiacca, disinteresse **2** (*di attività*) diligenza, impegno, sollecitudine, premura, interessamento, operosità, cura, solerzia, assiduità, attenzione, prontezza **CONTR.** trascuratezza, lentezza, noncuranza, negligenza, pigrizia, inerzia, sbadataggine.
zènit s. m. inv. **1** **CONTR.** nadir **2** (*est.*) vertice, sommità, cima.
zénzero s. m. (*pop., tosc.*) peperoncino piccante.
zéppa s. f. **1** bietta, cuneo, conio, calzuolo **2** (*in tipografia*) listello **3** (*fig.*) (*contro danni, contro pericoli, ecc.*) rimedio, provvedimento, ripiego, riparo, pezza **4** (*fig.*) (*di frase, di parola*) riempitivo, taccone, ridondanza, superfluità, pleonasmo.
zéppo agg. pieno, strapieno, stipato, gremito, calcato, imbottito, rimpinzato, colmo, carico, stracarico, ricolmo, pigiato, rigurgitante, straboccante, traboccante, straripante **CONTR.** vuoto.
zerbìno s. m. stoino, tappetino, stuoia, pulisciepiedi.
zerbinòtto [da *Zerbino*, il giovane elegante personaggio dell'*Orlando Furioso*] s. m. damerino, bellimbusto, moscardino (*raro*), elegantone, vagheggino, gagà, playboy (*ingl.*) **CONTR.** straccione, pezzente, trasandato.
zèro s. m. **1** (*est.*) niente, nulla **CONTR.** tutto **2** (*est.*) (*di persona*) nullità **FRAS.** *sparare a zero* (*fig.*), criticare violentemente.
zèta s. f. o m. (*fig.*) fine **FRAS.** *dall'a alla zeta* (*fig.*), dal principio alla fine.
zibaldóne s. m. **1** mescolanza, miscuglio, confusione, polpettone, guazzabuglio, disordine **2** (*di scritti*) miscellanea, antologia, raccolta.
zìgomo s. m. (*della faccia*) pomello.
zigrinàto agg. (*di metallo, di carta, ecc.*) rigato, solcato.

zigzàg s. m. inv. tortuosità, serpeggiamento, giravolta, serpentina □ tornante, curva **CONTR.** rettilineo.

zigzagàre v. intr. serpeggiare, andare a zigzag **CONTR.** andare diritto.

zimbèllo s. m. **1** (*nella caccia*) richiamo, fischietto, chioccolo, quagliere **2** (*fig.*) lusinga, allettamento, esca, richiamo, adescamento, adulazione, seduzione, blandizia **3** (*fig.*) (*di persona*) favola, trastullo, sollazzo, spasso, ludibrio, passatempo, oggetto di derisione.

zingarésco agg. **1** (*di persona, di modi, ecc.*) da zingaro, da gitano, zigano **2** (*est.*) (*di persona*) nomade, errabondo, girovago, vagabondo, randagio, errante **CONTR.** sedentario.

zìngaro s. m. **1** gitano, zigano, tzigano **2** (*fig., est.*) nomade, girovago, vagabondo, randagio, giramondo **CONTR.** sedentario **3** (*spreg.*) trasandato, trascurato **CONTR.** elegantone, bellimbusto.

zìo s. m. **1** fratello del padre, fratello della madre **2** (*euf.*) Dio.

zip [vc. ingl., di origine onomat.] s. m. inv. chiusura lampo, lampo, cerniera.

zirlàre v. intr. (*di tordo, di topo, ecc.*) fischiare, sibilare, stridere.

zìrlo s. m. sibilo, fischio, stridio.

zitèlla s. f. (*di donna*) nubile, non maritata, non sposata, ragazza □ bisbetica **CFR.** scapolo, celibe.

zittìre v. tr. far tacere, interrompere, disapprovare **CONTR.** applaudire, approvare.

zitto A agg. **1** silenzioso, taciturno, muto, tacito, silente (*lett.*), ammutolito **CONTR.** loquace, ciarliero, garrulo, rumoroso, chiacchierone **2** (*est.*) cheto, tranquillo, acquiescente, consenziente, remissivo, arrendevole **CONTR.** dissenziente, ribelle **B** inter. silenzio!

zizzània s. f. **1** (*bot., raro*) loglio **2** (*fig.*) discordia, malcontento, dissapore, dissidia, contrasto, lite, disaccordo **CONTR.** concordia, pace, armonia, intesa.

zòccolo s. m. **1** calzatura **2** (*fig., spreg.*) villanzone, villano, rozzo, maleducato, ignorante, buzzurro, cafone, becero (*tosc.*) **CONTR.** beneducato, raffinato, snob (*ingl.*) **3** (*di cavallo*) unghia, unghione, ungula **4** (*di edificio, di mobile e sim.*) basamento, piedistallo, base, plinto, piede.

zòlla s. f. **1** (*di terra*) gleba (*lett.*) **2** (*est.*) campo, terreno **3** (*di zucchero e sim.*) pezzo, pezzetto, cubetto.

zollétta s. f. **1** dim. di **zolla** **2** (*di zucchero e sim.*) pezzetto, cubetto.

zombie /*ingl.* 'zɔmbi/ [vc. creola, di origine sconosciuta] s. m. inv. **1** (*nelle Antille*) spirito che risuscita **2** cadavere resuscitato **3** (*est., fig.*) (*di persona*) apatico, abulico **CONTR.** volitivo, energico.

zompàre v. intr. (*centr.*) saltare, saltellare, ballonzolare.

zòna s. f. **1** fascia, striscia, settore, porzione **2** (*est.*) superficie, spazio, area, tratto, distesa, piazza, spiazzo, posto, luogo, parte **3** (*est.*) territorio, luogo, regione, paese, plaga **4** (*di combattimento*) teatro **5** (*di abbigliamento*) fascia, striscia, cintura.

zónzo nella loc. avv. *a zonzo*, a spasso, a passeggio, qua e là, gironzolando, girellando, bighellonando.

zòo s. m. inv. giardino zoologico.

zoom /*ingl.* zu:m/ [da *Zoomak*, l'obiettivo a focale variabile costruito nel 1948 dalla ditta *Zoomar*] s. m. inv. (*est.*) carrellata (ottica), zumata.

zoppicànte part. pres. di **zoppicare**; anche agg. **1** (*di persona, di animale*) zoppo, claudicante, sciancato, storpio, sbilenco, ranco (*raro*) **CONTR.** diritto, eretto **2** (*fig.*) (*di mobile, di ragionamento, ecc.*) storto, malfatto, sgangherato, traballante, malfermo, vacillante, malsicuro, difettoso, sconnesso, irregolare **CONTR.** sicuro, normale, lineare, giusto □ assestato, stabile, saldo, fermo.

zoppicàre v. intr. **1** claudicare, rancare (*raro*), arrancare **2** (*est.*) (*di mobile, di ragionamento, ecc.*) traballare, vacillare, difettare, essere debole, pencolare **CONTR.** essere sicuro, essere saldo □ filare.

zòppo agg.; anche s. m. **1** zoppicante, claudicante, sciancato, storpio, sbilenco, ranco (*raro*) **CONTR.** diritto, eretto **2** (*est.*) (*di mobile*) traballante, vacillante, malfermo, instabile **CONTR.** stabile, fermo **3** (*fig.*) (*di verso, di ragionamento e sim.*) difettoso, debole, incompleto **CONTR.** esatto, completo.

zòtico A agg. **1** incolto, incivile, rozzo, grossolano, rustico, ignorante, maleducato, villano, volgare, ruvido, scortese, inurbano, facchinesco, sversato (*fam., tosc.*), sguaiato **CONTR.** garbato, cortese, gentile, educato, distinto, raffinato, fine, signorile **2** (*raro, est.*) (*di panno*) ruvido **CONTR.** morbido **B** s. m. cafone, villanzone, becero (*tosc.*), screanzato, villano **CONTR.** persona civile, persona educata, signore.

zùcca s. f. **1** (*bot.*) cucurbita, cocuzza **2** (*scherz.*) testa □ testa vuota, testone, testa dura, zuccone, ignorante, sciocco, testardo, rapa **CONTR.** intelligente, saggio, persona aperta, persona ragionevole.

zuccheràre v. tr. (*anche fig.*) inzuccherare, addolcire, dolcificare, edulcorare.

zuccheràto part. pass. di **zuccherare**; anche agg. **1** dolcificato, inzuccherato, edulcorato, dolce, addolcito **CONTR.** amaro **2** (*fig.*) (*di maniere, di parole, ecc.*) mellifluo, insinuante, melato, dolciastro, lusingatore **CONTR.** aspro, acre, rude □ schietto, sincero.

zuccherièro A agg. dello zucchero, saccarifero **B** s. m. industriale dello zucchero.

zuccherìno A agg. (*di sapore*) dolce **B** s. m. **1**

dolcino, confetto, pasticca **2** (*fig.*) favore, gentilezza, affettuosità, moina, carezza, lusinga, smanceria □ consolazione, ricompensa CONTR. sgarbo, sgarberia, freddezza, ruvidezza.

zùcchero s. m. **1** (*di barbabietola o canna da zucchero*) saccarosio □ glucosio, destrosio, esosio **2** (*est.*) cibo dolce, bevanda dolce **3** (*fig.*) (*di persona*) persona buona, persona mite.

zuccheróso agg. **1** dolce, dolciastro, melato CONTR. amaro, aspro **2** (*fig.*) (*di parole, ecc.*) lusinghiero, mellifluo, insinuante, lusingatore CONTR. aspro, acre, rude, schietto, sincero **3** (*di persona, di discorso, ecc.*) sdolcinato, stucchevole, melenso, lezioso, svenevole, smanceroso, smaccato, dolciastro, sdilinquito, languido CONTR. rude, brusco, immediato, energico.

zucchétto s. m. **1** dim. di **zucca 2** zucchina, zucchetta, zucchino **3** (*est.*) (*di copricapo*) calotta, calottina, papalina.

zucchìna s. f. **1** dim. di **zucca 2** zucchetta, zucchetto, zucchino.

zucchìno s. m. **1** dim. di **zucca 2** zucchina, zucchetta, zucchetto.

zucconàggine s. f. **1** testardaggine, puntigliosità, ostinazione, caparbietà, cocciutaggine, caponaggine, pervicacia CONTR. arrendevolezza, remissività, docilità, condiscendenza **2** stoltezza, balordaggine, stolidezza, stolidità, stupidità, sciocchezza, buaggine CONTR. intelligenza, acutezza, acume, perspicacia.

zuccóne s. m.; anche agg. **1** accr. di **zucca 2** (*pop.*) testone **3** (*est.*) (*di persona*) testardo, ostinato, caparbio, cocciuto, pervicace, puntiglioso CONTR. arrendevole, cedevole, remissivo, docile, persuadibile, condiscendente **4** (*fig., spreg.*) ottuso, sciocco, stolido, stolto, ignorante, stupido CONTR. intelligente, sagace, sveglio.

zùffa s. f. **1** combattimento, mischia, battaglia, scaramuccia, lotta, azzuffamento, colluttazione CONTR. pace, calma **2** rissa, baruffa, litigio, tafferuglio, parapiglia, contesa CONTR. intesa, accordo, pacificazione, concordia, armonia.

zùfolo s. m. **1** (*di strumento*) fischietto, piffero, piva **2** fischio, sibilo **3** (*fig., raro*) (*di persona*) sciocco, balordo, minchione (*pop.*) CONTR. furbo, furbacchione, scaltro.

zulù [dal nome di una popolazione bantu dell'Africa meridionale] s. m. e f. inv.; anche agg. (*fig., spreg.*) incivile, incolto, maleducato, villano, rozzo CONTR. civile, raffinato.

zumàta s. f. (*cine., tv., est.*) ripresa.

zùppa s. f. **1** (*di alimento*) pancotto, pappa **2** (*fig.*) (*di cose*) confusione, mescolanza, pasticcio, intruglio □ lungaggine, barba, noia.

zùppo agg. inzuppato, intriso, bagnato, madido, fradicio, molle, imbevuto CONTR. asciutto, arido, secco.

In edizione Zanichelli

DIZIONARIO ETIMOLOGICO DELLA LINGUA ITALIANA
di MANLIO CORTELAZZO E PAOLO ZOLLI
Vol. 1: A/C, 336 pagine. Vol. 2: D/H, 248 pagine. Vol. 3: I/N, 304 pagine. Vol. 4: O/R, 320 pagine. Vol. 5: S/Z, 376 pagine.

JEAN DUBOIS, MATHÉE GIACOMO, LOUIS GUESPIN, CHRISTIANE e JEAN-BAPTISTE MARCELLESI, JEAN-PIERRE MÉVEL
DIZIONARIO DI LINGUISTICA
376 pagine, 1 823 voci.

FLESSIONI, RIME, ANAGRAMMI: ***l'italiano in scatola di montaggio.***
REPERTORIO DELLE FORME VERBALI FLESSE. DIZIONARIO INVERSO.
CATALOGO DEI 172 662 ANAGRAMMI DELLA LINGUA ITALIANA
a cura di Daniela Ratti e di Lucia Marconi, Giovanna Morgavi, Claudia Rolando
Un libro utile a chiunque operi con la lingua, scrivendo o studiando, costruendo o giocando, inventando o classificando.

I PROMESSI SPOSI e STORIA DELLA COLONNA INFAME
di ALESSANDRO MANZONI
a cura di Tommaso Di Salvo
968 pagine, corredate di mappe e cartine per l'ambientazione delle vicende. Indice dei nomi e delle cose notevoli.

LA DIVINA COMMEDIA
di DANTE ALIGHIERI
a cura di Tommaso Di Salvo
2 048 pagine, con in appendice l'indice integrale delle parole e l'indice inverso delle rime. **Anche in edizione con *floppy disk*** a cura di Silvana Bettelli e Romolo Biolchini: il floppy disk contiene le tre cantiche più un programma che consente la visualizzazione e la stampa di ogni canto e la ricerca di parole, rime e sequenze di caratteri.

IL NUOVO RAGAZZINI
DIZIONARIO INGLESE-ITALIANO ITALIANO-INGLESE
di GIUSEPPE RAGAZZINI
Seconda edizione, 2 112 pagine, oltre 128 000 voci, 2 800 sigle, simboli e abbreviazioni, 3 200 nomi propri e toponimi. **Anche in edizione *gigante*.**

IL NUOVO RAGAZZINI/BIAGI *concise*
DIZIONARIO INGLESE E ITALIANO
ITALIAN AND ENGLISH DICTIONARY
di GIUSEPPE RAGAZZINI e ADELE BIAGI
Seconda edizione, 1 200 pagine, 74 000 voci. **In coedizione Zanichelli-Longman.**

ODD PAIRS & FALSE FRIENDS
DIZIONARIO DI FALSE ANALOGIE E AMBIGUE AFFINITÀ FRA INGLESE E ITALIANO
di VIRGINIA BROWNE
272 pagine, oltre 1 000 coppie di voci inglesi e italiane suddivise per accezione e ordinate alfabeticamente.

AMERICAN IDIOMS
DICTIONARY OF EVERYDAY EXPRESSIONS OF CONTEMPORARY AMERICAN ENGLISH
di RICHARD A. SPEARS

480 pagine, oltre 8 000 espressioni idiomatiche dell'inglese d'America. **In coedizione Zanichelli-National Textbook Company.**

***WEST'S* LAW & COMMERCIAL DICTIONARY**
DIZIONARIO GIURIDICO E COMMERCIALE
● INGLESE-ITALIANO-FRANCESE-SPAGNOLO-TEDESCO ● ITALIANO-INGLESE

1 856 pagine; 17 000 voci nella sezione inglese, 12 000 voci nella sezione italiana. *Nelle appendici:* tabelle delle abbreviazioni giuridiche, pesi e misure. **In coedizione Zanichelli-West.**

ECONOMICS & BUSINESS
DIZIONARIO ENCICLOPEDICO ECONOMICO E COMMERCIALE
INGLESE-ITALIANO ITALIANO-INGLESE
di FERNANDO PICCHI

1 344 pagine, 42 000 voci, 1 400 sigle, abbreviazioni, simboli inglesi, 14 tabelle comparative dei sistemi di misura, 5 repertori di terminologia.

McGRAW-HILL ZANICHELLI
DIZIONARIO ENCICLOPEDICO SCIENTIFICO E TECNICO
INGLESE-ITALIANO ITALIANO-INGLESE

Edizione italiana a cura di Lorenzo Enriques e Alfredo Suvero.

2 142 pagine, 3 000 illustrazioni, 98 000 voci. **Anche in edizione *small size* ridotta fotograficamente.**

IL GOULD CHIAMPO
DIZIONARIO ENCICLOPEDICO DI MEDICINA
INGLESE-ITALIANO ITALIANO-INGLESE

2 304 pagine con 26 tavole anatomiche a colori; 78 000 voci nella sezione inglese con 84 000 definizioni enciclopediche, 77 000 voci nella sezione italiana. *Nelle appendici:* tabelle anatomiche, componenti chimici del sangue, comuni sostanze radioattive di uso clinico, tabella di Ely per la durata della gravidanza, elementi chimici, termini greci e latini usati nelle ricette, segni e simboli usati in medicina, equivalenti termometrici, pesi e misure. **In coedizione Zanichelli-McGraw-Hill.**

IL NUOVO BOCH
DIZIONARIO FRANCESE-ITALIANO ITALIANO-FRANCESE
di RAOUL BOCH

Seconda edizione, 2 178 pagine, oltre 137 000 voci; 7 300 nomi propri di persona, luogo, popolazione; 1 000 sigle francesi, 600 proverbi, 700 illustrazioni; terminologie normalizzate.

IL BOCH MINORE
DIZIONARIO FRANCESE-ITALIANO ITALIANO-FRANCESE
di RAOUL BOCH

Edizione minore, 992 pagine, 62 000 voci, 7 300 nomi propri, 600 proverbi, 900 sigle, 26 tavole illustrative.